革命文獻與民國時期文獻
保護計劃

成果

百年大生企業號信

（清宣統元年、三年）

南通市檔案館　張謇研究中心　編

國家圖書館出版社

圖書在版編目（CIP）數據

百年大生企業號信：清宣統元年、三年 / 南通市檔案館，張謇研究中心編．— 北京：國家圖書館出版社，2019.10

ISBN 978-7-5013-6438-1

Ⅰ．①百… Ⅱ．①南… ②張… Ⅲ．①大生紡織公司—史料 Ⅳ．① F426.81

中國版本圖書館 CIP 數據核字（2018）第 100367 號

書　　名　百年大生企業號信：清宣統元年、三年
著　　者　南通市檔案館　張謇研究中心　編
責任編輯　于　浩　王亞宏
特約編輯　任雅君
封面設計　敬人設計工作室

出版發行　國家圖書館出版社（北京市西城區文津街 7 號 100034）
（原書目文獻出版社　北京圖書館出版社）
010-66114536 63802249 nlcpress@nlc.cn（郵購）
網　　址　http://www.nlcpress.com
印　　裝　北京金康利印刷有限公司
版次印次　2019 年 10 月第 1 版　2019 年 10 月第 1 次印刷

開　　本　889 × 1194（毫米）1/16
印　　張　35.5
書　　號　ISBN 978-7-5013-6438-1
定　　價　800.00 圓

百年大生企業號信

編委會

主　任：張小平

副主任：曹斌　尤世瑋

委　員（以姓氏筆畫爲序）：

朱　江　朱　慧　肖正德　陳春華　黃鶴群　曹曉紅

許建華　張廷栖　趙　鵬　戴致君　酈懿清

百年大生企業號信

（清宣統元年、三年）

編輯人員

主　　編：許建華

副 主 編：戴致君

執行主編：趙　鵬

執行副主編：朱　慧

出版說明

號信，或稱作號訊，是一種冠以序號的信件。在交通、通信不發達的年代，信件易遭遺失，采用號信的方式，就能够及時了解信件是否遞達。同時，這種編號的信件，也方便日後的查閱。號信一般用於對象固定且經常聯繫的雙方，各自獨立編號，通常以一年爲斷，第二年重新編號。

本書所刊號信，是《百年大生企業號信》第一階段整理成果之一部分。第一階段整理的號信，是清光緒三十三年（1907）至宣統三年（1911）間，大生紗廠（又稱“正廠”“一廠”）致大生駐滬事務所（簡稱“滬所”“滬帳房”），以及大生駐滬事務所致紗廠、分銷處、學校等單位的信函。這些號信屬南通市檔案館“B401 大生滬事務所”全宗，共有檔案九卷，具體包括：1907 年三卷，大生紗廠致駐滬事務所號信（從第元號至第二百三十五號）；1908 年二卷，大生紗廠致駐滬事務所號信（從第元號至第一百八十號）；1909 年二卷，大生紗廠致駐滬事務所號信（從第元號至第一百八十七號）；1911 年二卷，除了大生紗廠致駐滬事務所號信（存第二册，從第一百零一號至第一百七十九號），另一卷爲大生駐滬事務所致紗廠、分銷處、復新麵粉廠、通州師範學校等單位的信函底稿三十餘件，原件未編號，其内容反映了當時滬所與南通的聯絡關係，頗有價值。1910 年號信南通市檔案館無存。

大生紗廠是中國早期現代化的先驅張謇（1853—1926）事業的起點。自 1895 年張謇在家鄉南通籌辦大生紗廠開始，經過一批人的艱苦創業，經營範圍不斷擴大，除由紗廠衍生出的其他工廠外，還擴展到交通、農墾、金融、貿易等方面，形成了一個以大生紗廠爲核心的頗具規模的資本集團，爲中國早期民族工業的形成、發展闖出一條全新的道路。張謇在發展實業的基礎上，倡導并贊助教育和慈善事業，規劃城市建設，使得南通一度引風氣之先，成爲全國矚目的模範縣。

大生紗廠籌創初期，爲便於招募資金及與上海有關機構聯絡，1896 年大生紗廠設立“上海公所”，暫寓上海福州路廣豐洋行内。1897 年，公所由廣豐洋行遷至新北門外天主堂街，稱“滬帳房”。1907 年，改稱“大生駐滬事務所”。初期的滬所在辦理籌資及聯絡之事外，還擔負着采辦物料、購運原料及提供來滬人員食宿等任務，此後更增加了置辦布機、開盤批售布匹、收款付貨等業務。最繁盛時，上海銀錢業有百餘家錢莊向滬所提供信貸，而大生各企業則憑此信貸全面擴張，當時大生所屬大小企業單位達數十個，滬所營業範圍擴展到國内外通都大邑。1922 年後，大生集團紡織與農墾業經營陷入危機，以至債臺高築，滬所苦苦周旋，勉力支撑。1936 年，大生駐滬事務所更名爲“大生總管理處”。1945 年抗日戰争勝利後，國民政府接收大生紡織公司，成立“大生紡織公司臨時管理委員會”，辦理接收大生總管理處。1946 年，大生總管理處更名爲“大生上海聯合事務所”。1951 年，又更名爲“大生第一、三紡織公司上海聯合事務所”。1953 年，該所登報宣布撤銷。

在滬所存在的半個世紀裏，號信制度一直保持着，并且做到隨時録存。尤爲慶幸的是，除了早幾年缺失外，這些號信絶大多數都保存下來了。據初步統計，現存南通市檔案館的號信，總計達數百卷，時間最早爲 1907 年的“光緒三十三年大生正廠來信”，最遲約在 1953 年。通過這批號信，不僅可以看到滬所及相關通信單位的具體業務活動，更可以看到大生企業生産經營狀況，還能看到當時的政治動向和社會面貌，以及市場與物價變化的信息。號信的内容主要涉及經濟活動，但有不少附言，反映了大生企業領導層的活動與行踪，這對還原一些歷史細節極爲有助。張謇的三兄張詧（1851—1939）作爲張謇的主要助手，參與了大生企業的具體管理，滬所的負責人林蘭蓀、吴寄塵、徐静仁等人，對大生企業的發展影響頗多，這些都能通過號信得到進一步的揭示。由此而言，這批號信無論是對近代民族工業的宏觀研究，還是對某些具體問題的探討，都是重要的第一手材料，相信會得到研究者的重視。

正因爲有重要的研究價值，2016 年開始，南通市檔案館與張謇研究中心决定聯手整理出版這些號信。整理擬按時間分爲三個階段，首先是清代的五年（1907—1911），其次是民國元年至張謇去世的民國十五年（1912—1926），最後爲餘下的全部（1927—1953）。現在第一階段的整理已告完成，按時間順序排列，用原件影印加釋文的形式陸續出版。

號信的整理，聽取了一些專家的意見，采用繁體字釋文并加以標點，希望儘量與原件接近。對於原件上的异體字或俗字，如甯、塹、欵、坿、帋、悮、詧、銕等，除人名等專名外，一般都統一爲規範字。一些民間代用字，如解款的“解”寫作“介”，貨幣單位“元”常代以符號“〇”，整理時一般徑改作正字。一些明顯的筆誤，也都作了改正，部分在信末加“按”予以説明。號信中有大量計數使用的草碼，爲方便讀者閱讀使用，整理時徑改爲現在通用寫法。原文中的小字夾注，置於（ ）内；擬補字用［ ］標注；錯訛字改正，用〔 〕表示；衍字用〈 〉標注；原件缺損或未能辨識的字，以□相代，一□一字，缺字數不明者以……表示。

由於號信抄寫多有潦草之處，整理者雖然費心辨讀，但終究難免失誤，懇請讀者批評指正。

編　者

二〇一八年十二月

目録

清宣統元年（一九〇九）

大生紗廠致大生駐滬事務所號信

清宣統三年（一九一一）

大生紗廠致大生駐滬事務所號信

清宣統三年（一九一一）

大生駐滬事務所書信留底

清宣統元年（一九〇九）

大生紗廠致大生駐滬事務所號信

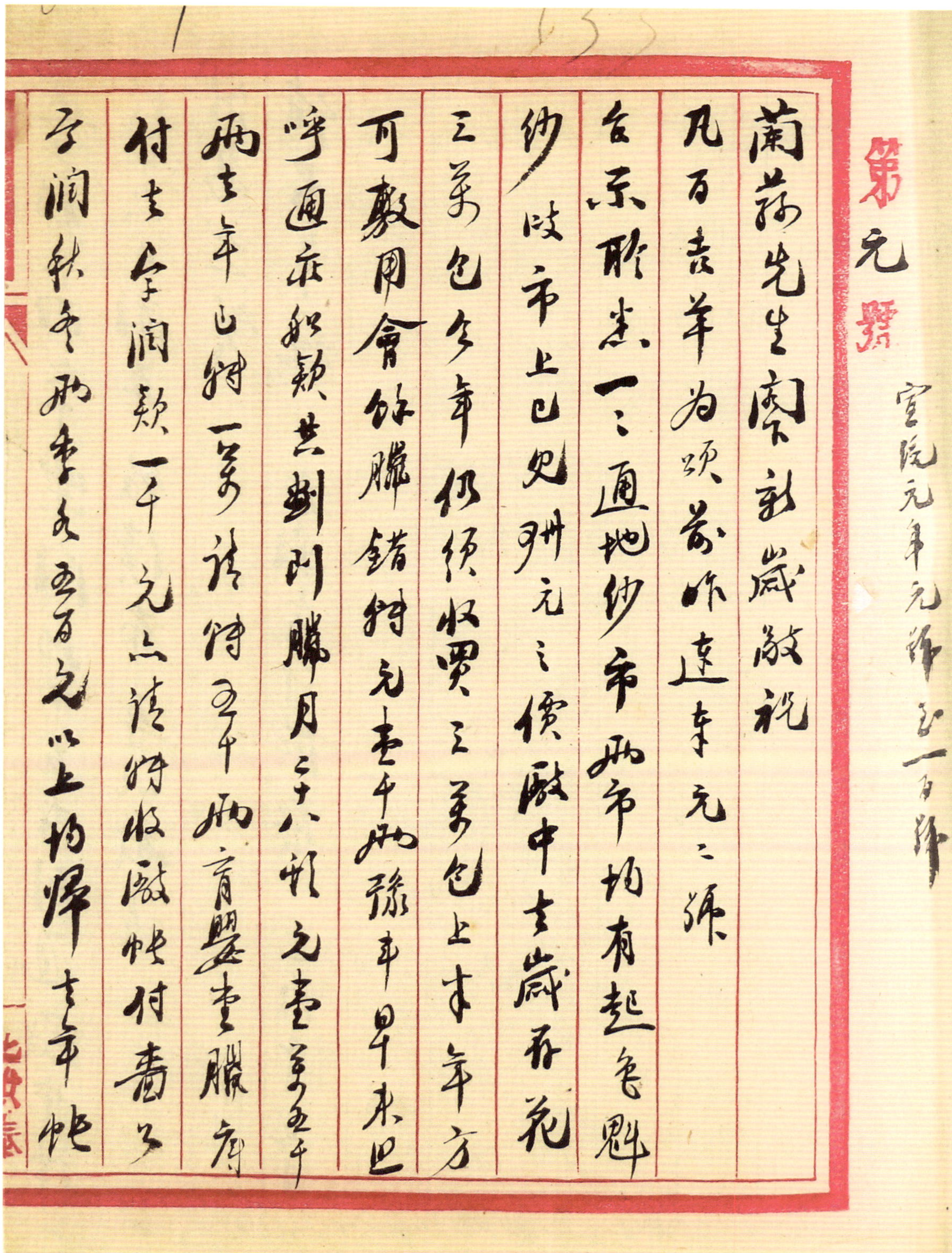

第元號（正月初七日）

蘭蓀先生閣下：新歲敬祝凡百吉羊爲頌。前、昨連奉元、二號台示，聆悉一一。通地紗市，兩市均有起色，魁紗十二支，市上已見一百卅元之價。廠中去歲存花三萬包，今年仍須收買三萬包，上半年方可敷用。會餘臘錯轉元壹千兩，豫豐早來照呼。通莊船款共劃到臘月二十八，期元壹萬五千兩，去年已轉一萬，請轉五千兩。育嬰堂臘底付去字潤款一千元，亦請轉收廠帳，付嗇公字潤秋冬兩季各五百元。以上均歸去年帳。退公初三回常樂，聞初十左右到通。廠中擇於十六日開車。餘續布。專此，

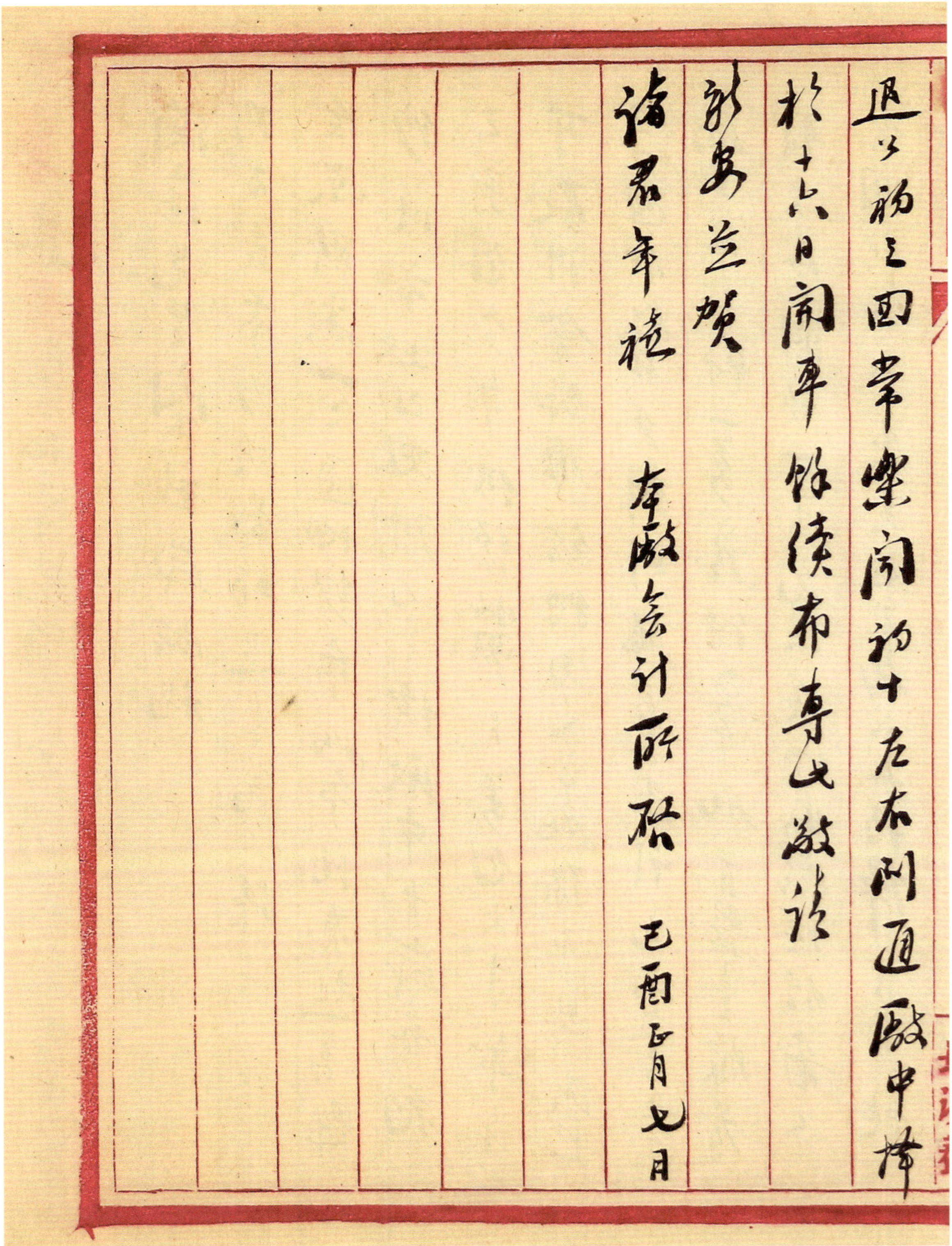
退以初三四常樂開初十左右開通廠中擇於十六日開車紡績布專此敬請
新安並賀
諸君年禧
本廠會計所啓
己酉正月七日

第元號（正月初七日）

敬請新安，并賀諸君年禧。本廠會計所啓。己酉正月七日

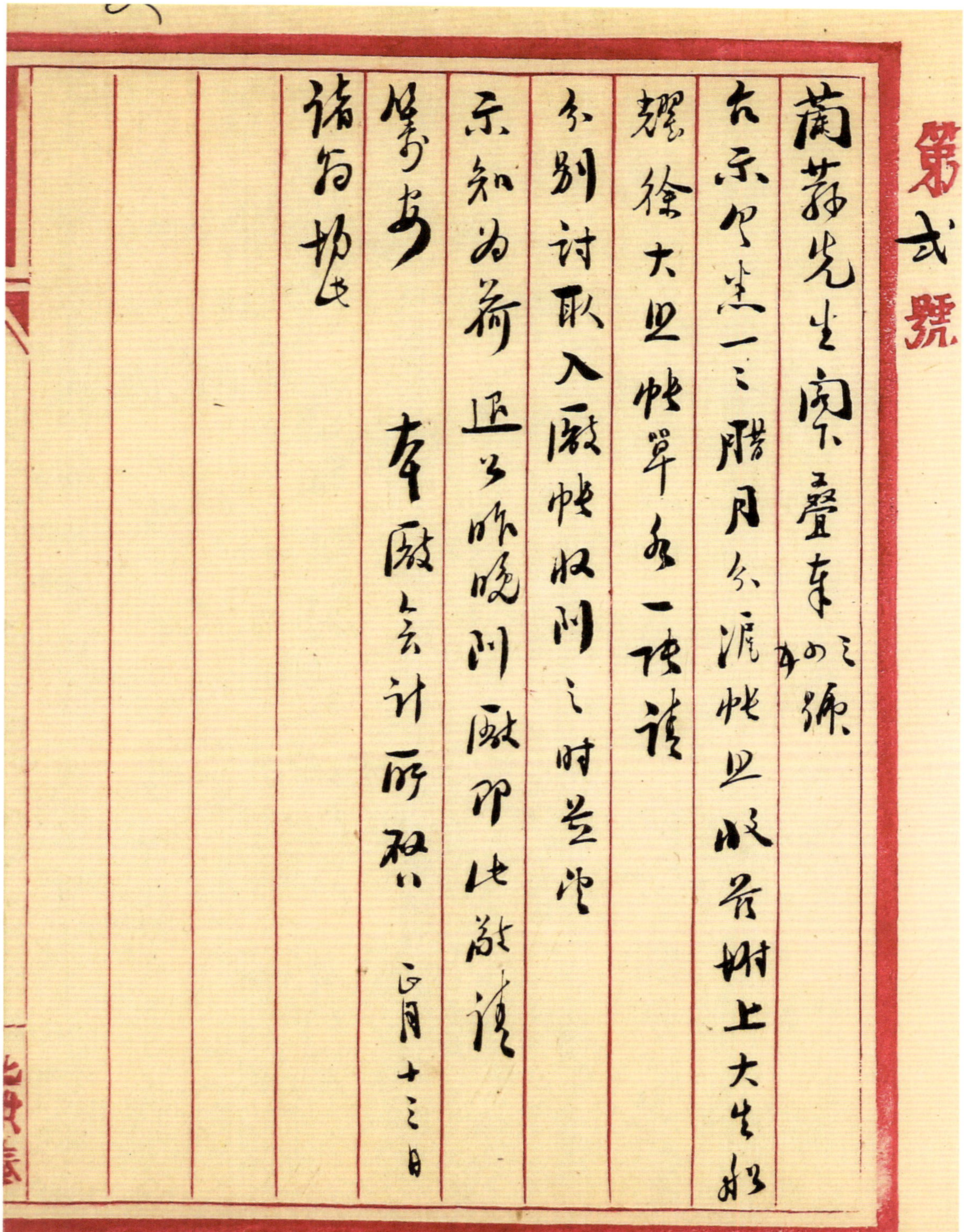

第二號（正月十三日）

蘭蓀先生閣下：疊奉三、四、五號台示，具悉一一。臘月分滬帳照收。玆附上大生船、耀徐、大照帳單各一張，請分別討取，入廠帳。收到之時并望示知爲荷。退公昨晚到廠。即此，敬請籌安。本廠會計所啓。正月十三日

諸翁均此。

第二號（正月十三日）

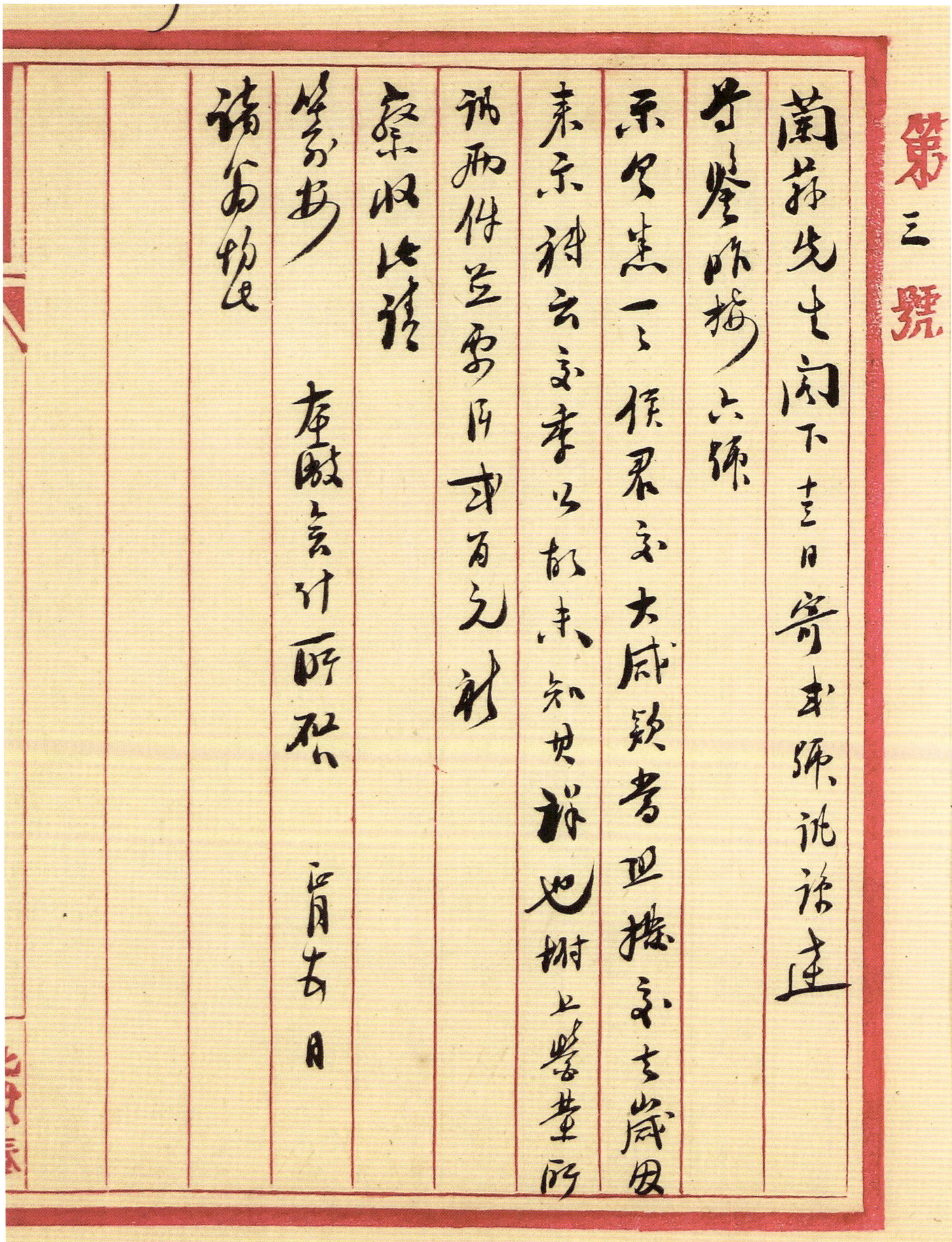

第三號（正月十五日）

蘭蓀先生閣下：十三日寄式號訊，諒達尊鑒。昨接六號示，具悉一一。侯君交大咸款，當照撥交，去歲因來示祇云交季公，故未知其詳也。附上營業所訊兩件并票洋式百元，祈察收。此請籌安。本廠會計所啓。正月十五日

諸翁均此。

第三號（正月十五日）

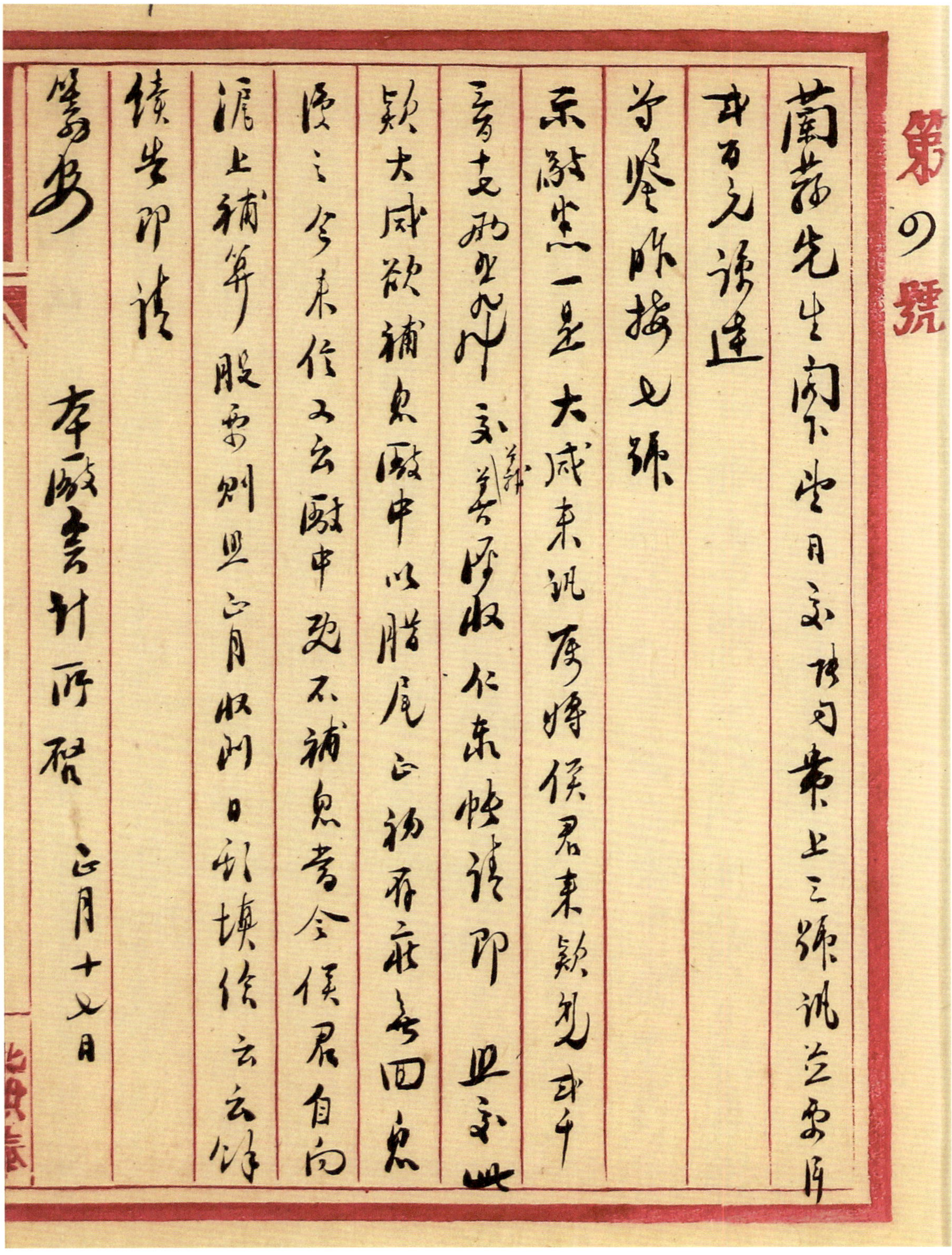

第四號（正月十七日）

蘭蓀先生閣下：望日交張司帶上三號訊并票洋式百元，諒達尊鑒。昨接七號示，敬悉一是。大咸來訊，屬將侯君來款九八元式千三百十七兩四錢九分九交義善源，收仁泰帳，請即照交。此款大咸欲補息，廠中以臘尾正初存莊無回息復之。今來信又云廠中既不補息，當令侯君自向滬上補算，股票則照正月收到日期填給云云。餘續告。即請籌安。本廠會計所啓。正月十七日

諸翁均此。

諸翁均此

第四號（正月十七日）

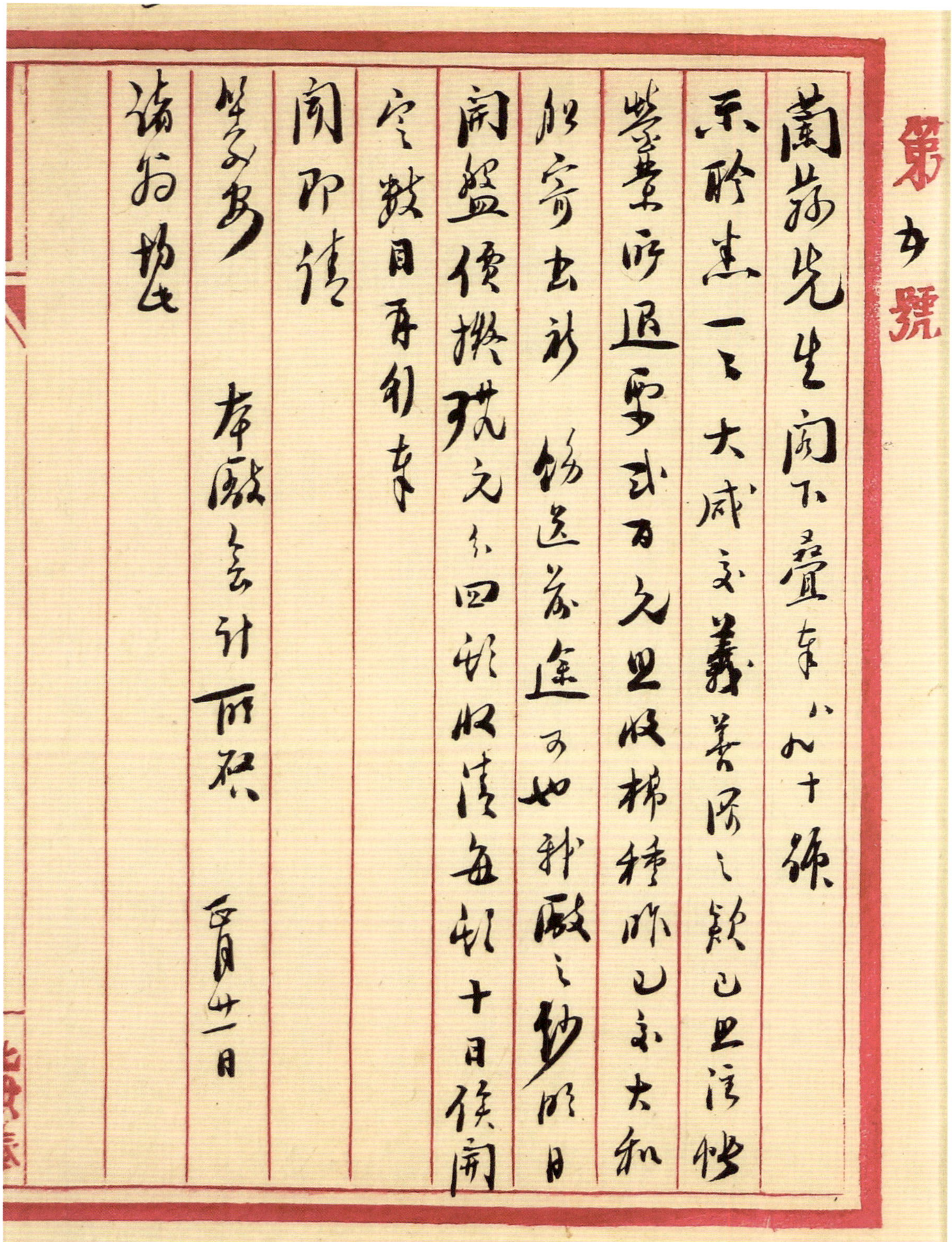

第五號（正月廿一日）

蘭蓀先生閣下：叠奉八、九、十號示，聆悉一一。大咸交義善源之款，已照注帳。營業所退票式百元照收。棉種昨已交大和船寄出，祈飭送前途可也。我廠之紗明日開盤，價擬一百廿九元，分四期收清，每期十日。俟開定數目再行奉聞。即請籌安。

本廠會計所啓。正月廿一日

諸翁均此。

第五號（正月廿一日）

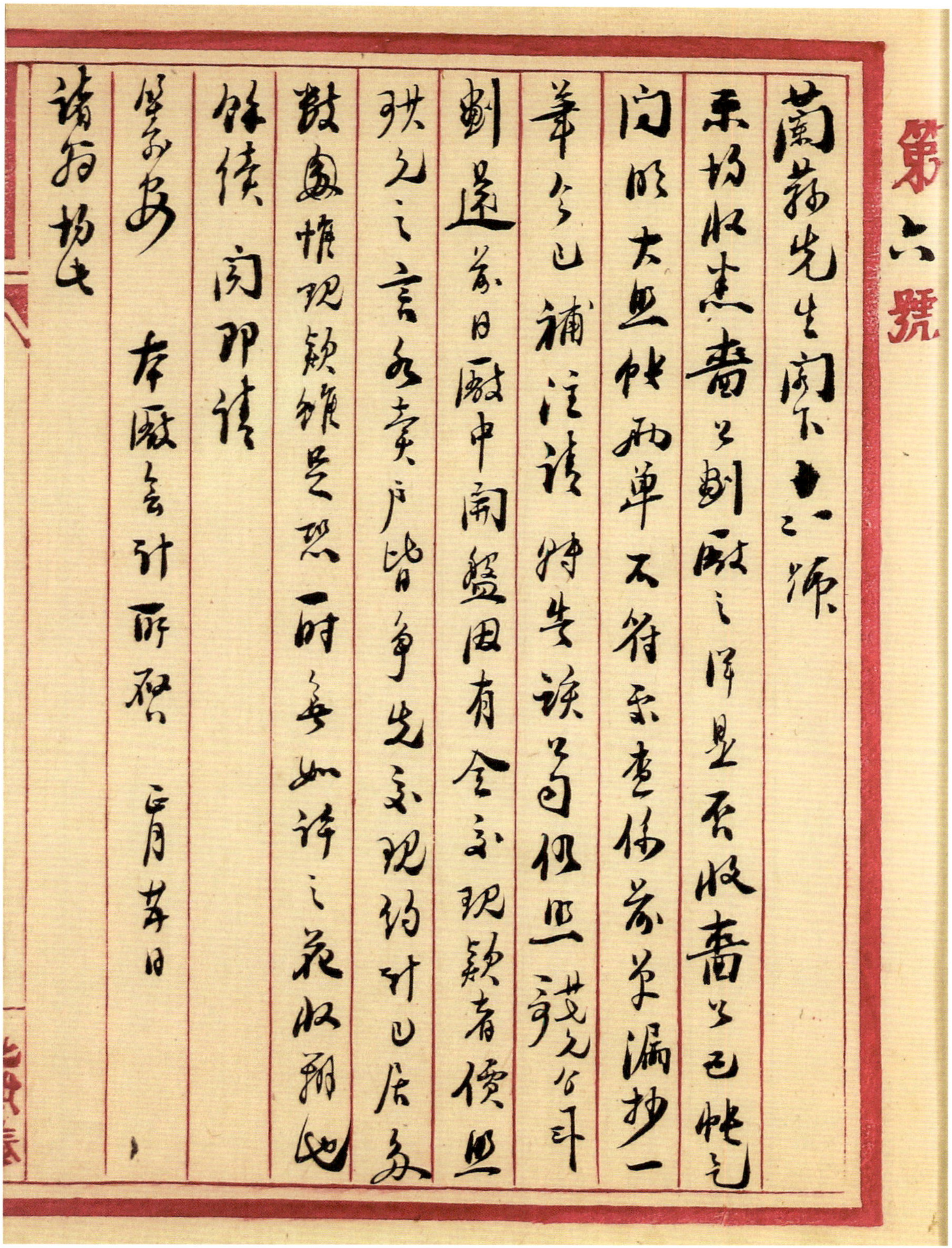

第六號（正月廿五日）

蘭蓀先生閣下：十一、十二號示均收悉。啬公劃廠之洋，是否收啬公己帳，乞問明。大照帳兩單不符處，查係前單漏抄一筆，今已補注，請轉告該公司，仍照三百廿七元八角一分三劃還。前日廠中開盤，因有全交現款者價照一百廿八元之言，各賣户皆争先交現，約計已居多數，惟現款雖足，恐一時無如許之花收辦也。餘續聞。即請籌安。本廠會計所啓。正月廿五日

諸翁均此。

第六號（正月廿五日）

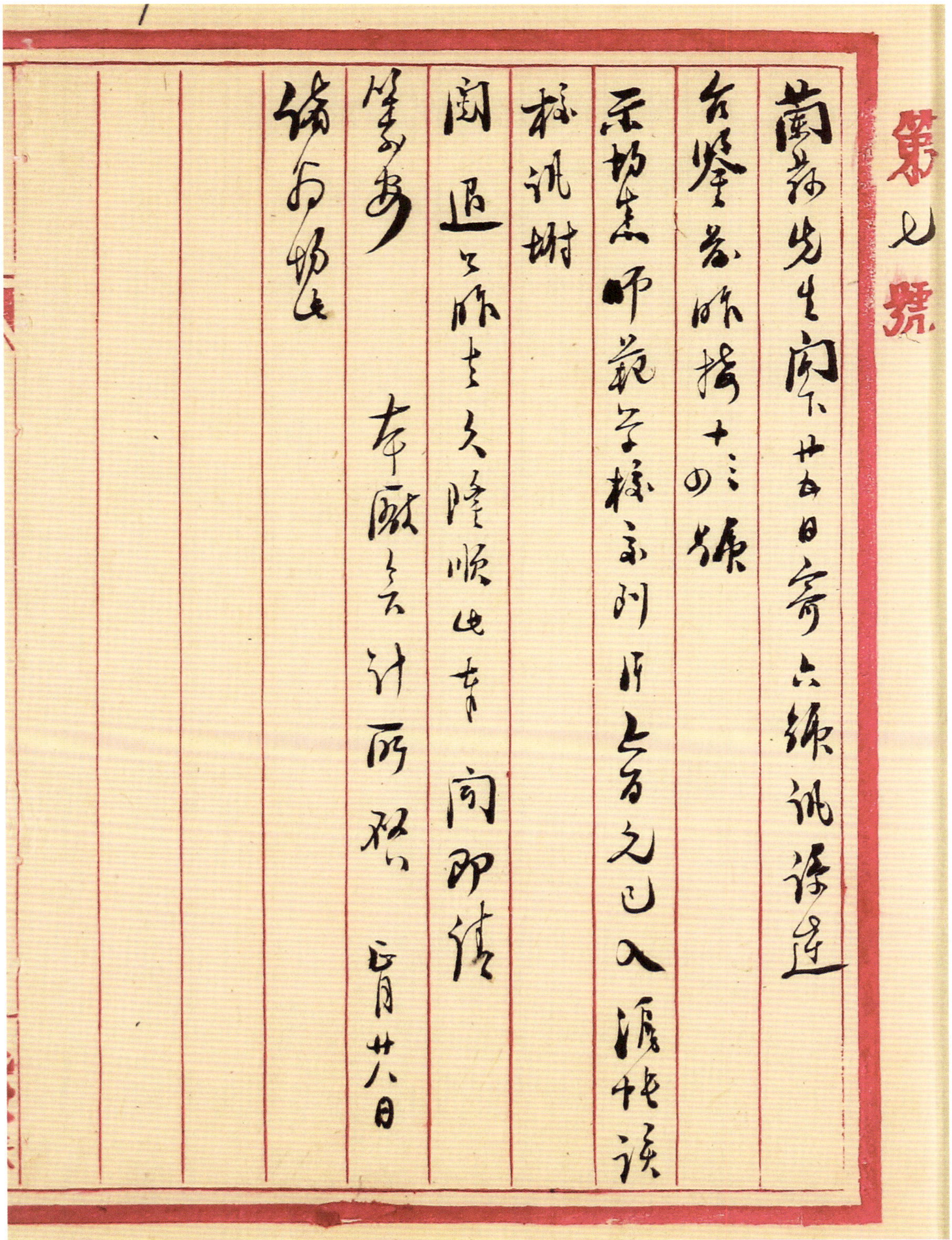

第七號

蘭蓀先生閣下廿五日寄六號訊諒達
台鑒前昨接十三十四號
示均悉師範學校交到洋七百元已入滬帳該
校訊附
閱退公昨去久隆順此奉聞即請
籌安　　本廠會計所啓　正月廿八日
諸翁均此

第七號（正月廿八日）

蘭蓀先生閣下：廿五日寄六號訊，諒達台鑒。前、昨接十三、十四號示，均悉。師範學校交到洋七百元，已入滬帳，該校訊附閱。退公昨去久隆，順此奉聞。即請籌安。本廠會計所啓。正月廿八日

諸翁均此。

第七號（正月廿八日）

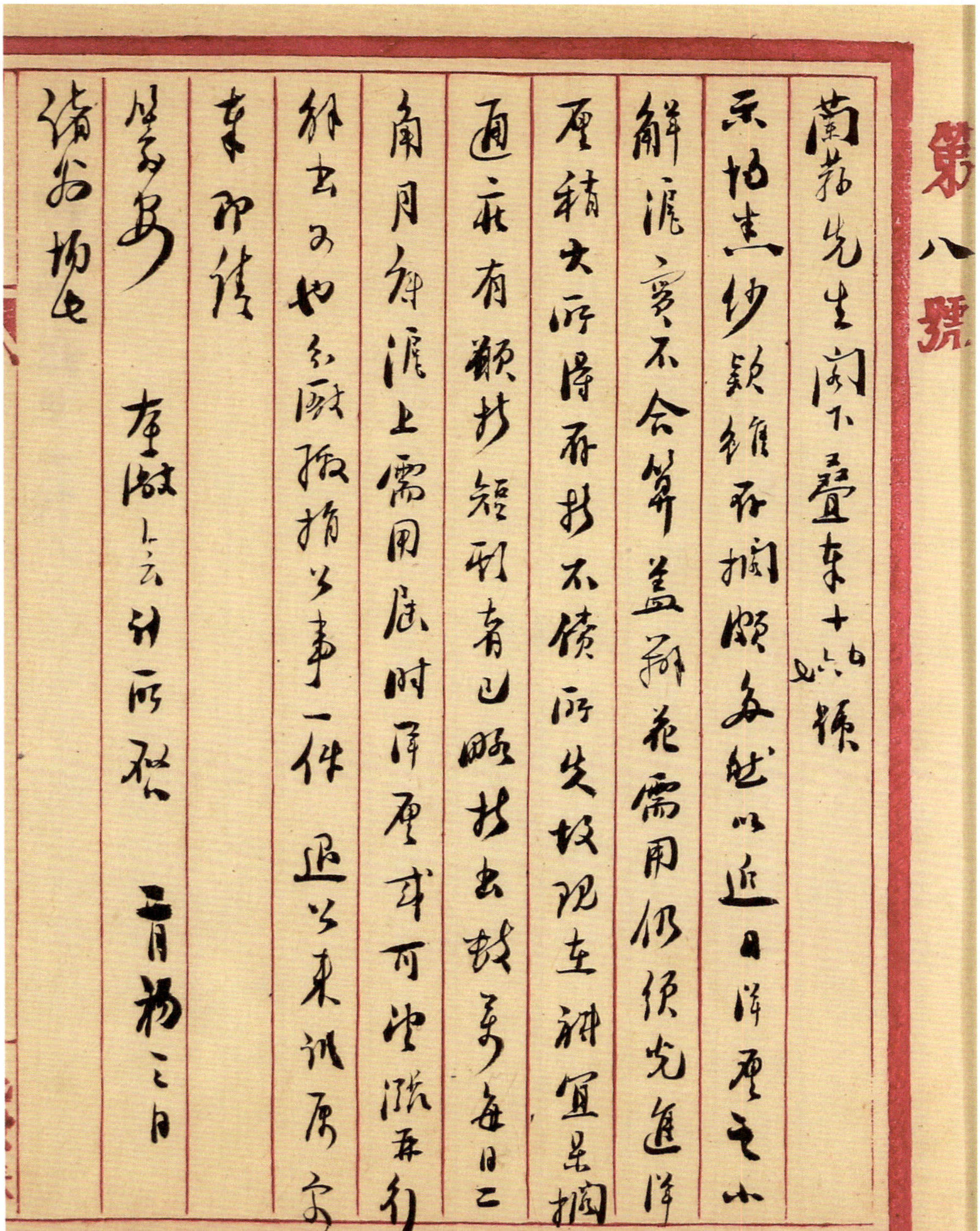

第八號（二月初三日）

蘭蓀先生閣下：疊奉十五、十六、十七號示，均悉。紗款雖存擱頗多，然以近日洋厘之小，解滬實不合算，蓋辦花需用仍須兑進，洋厘稍大，所得存折不償所失，故現在衹宜呆擱。通莊有願折短期者，已略折出數萬，每日二角。月底滬上需用，屆時洋厘或可望漲，再行解出可也。分廠繳捐公事一件，退公來訊屬寄奉。即請籌安。

本廠會計所啓。二月初三日

諸翁均此。

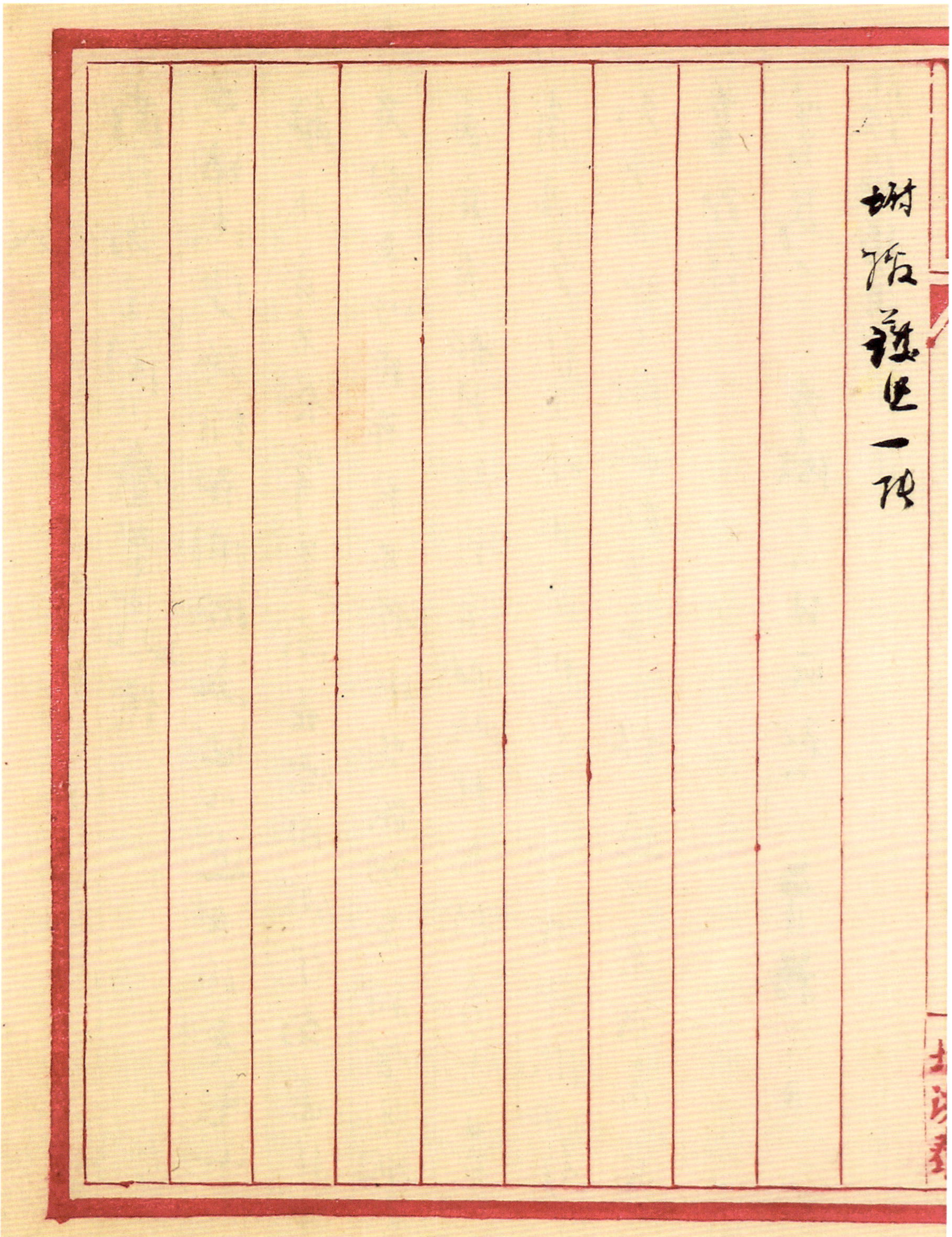
附繳護照一張

第八號（二月初三日）

附繳護照一張。

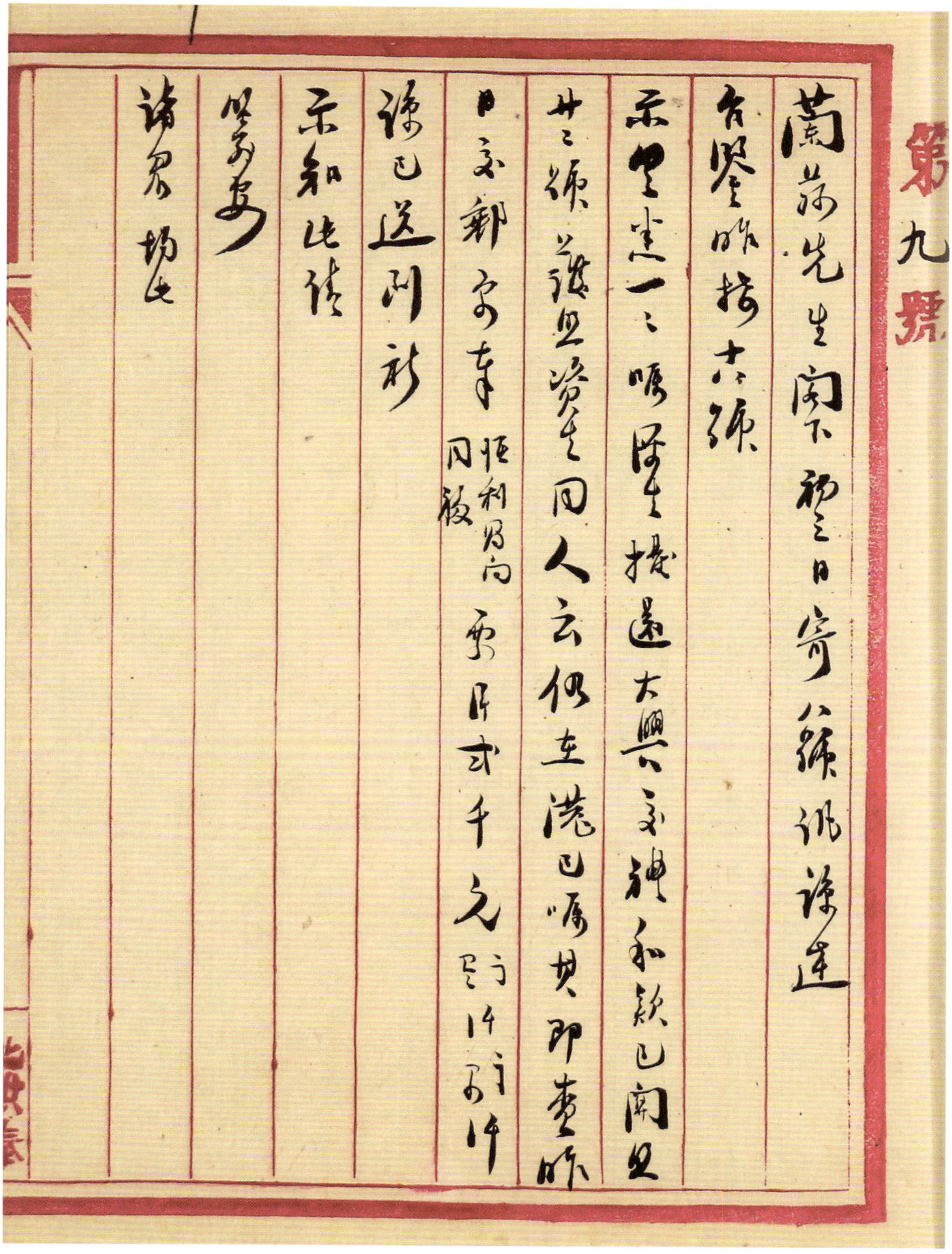

第九號

蘭蓀先生閣下：初三日寄八號訊，諒達台鑒。昨接十八號示，具悉一一。囑源生撥還大興交禮和款，已關照。廿二號護照，資生同人云仍在港，已囑其即查。昨日交郵寄奉恒利昌向同福票洋弍千元（二月初三一千，二月初四一千），諒已送到，祈示知。此請籌安。

諸君均此。

第九號

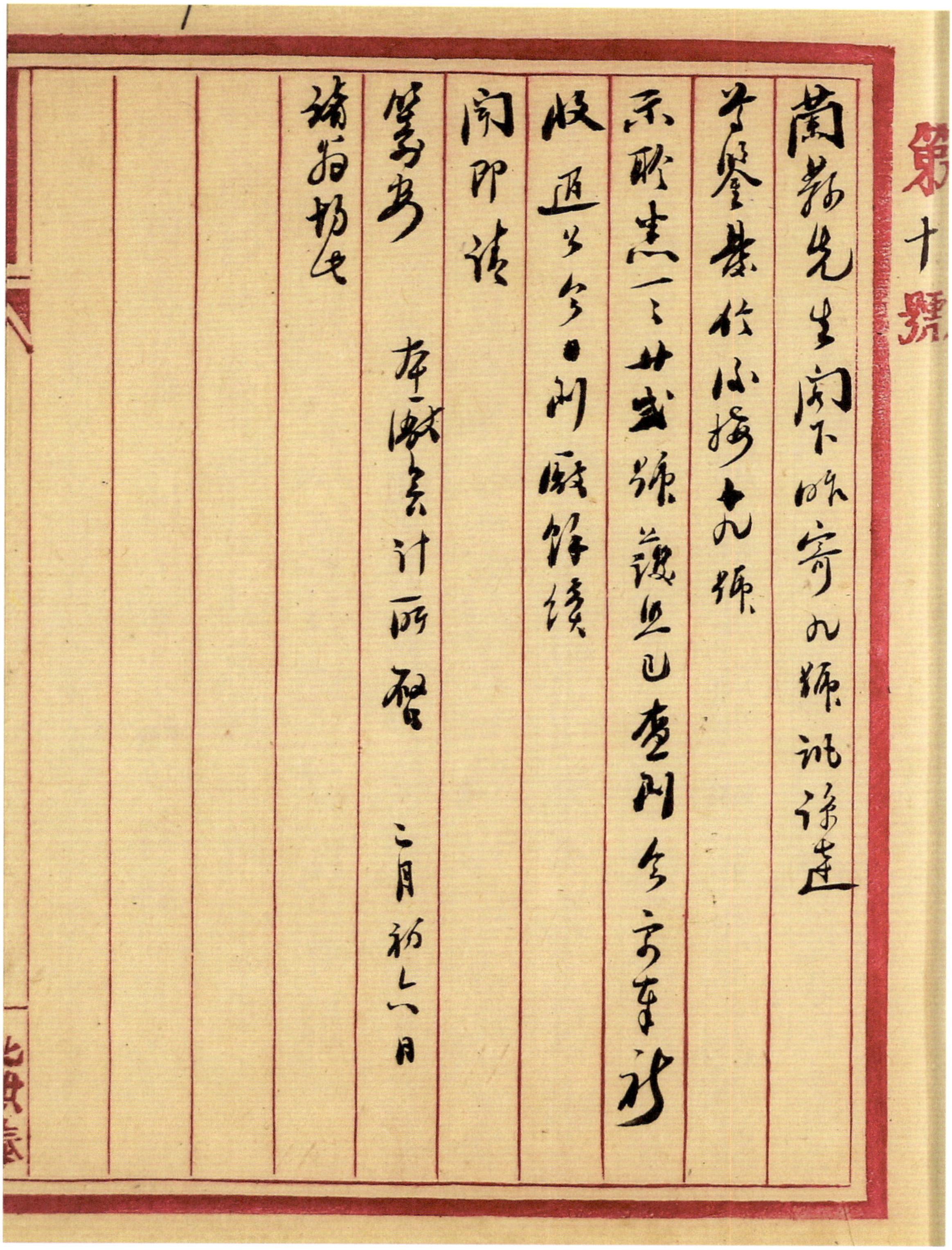

第十號（二月初六日）

蘭蓀先生閣下：昨寄九號訊，諒達尊鑒。發信後接十九號示，聆悉一一。廿式號護照已查到，今寄奉，祈收。退公今日到廠。餘續聞。即請籌安。本廠會計所啓。二月初六日

諸翁均此。

第十號（二月初六日）

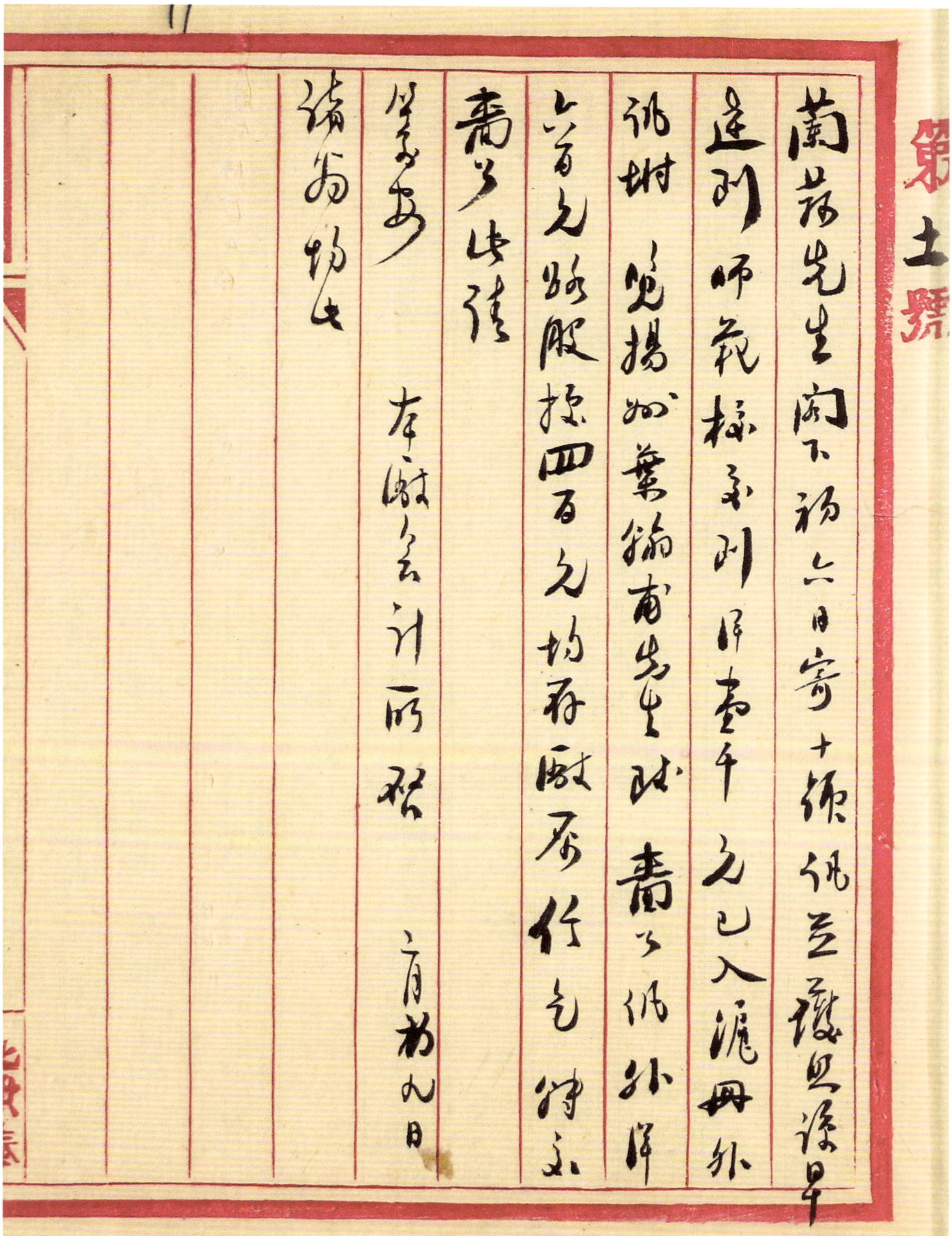

第十一號（二月初九日）

蘭蓀先生閣下：初六日寄十號訊并護照，諒早達到。師範校交到洋壹千元，已入滬册，外訊附覽。揚州葉翰甫先生致嗇公訊，外洋六百元、路股據四百元均存廠，原信乞轉交嗇公。此請籌安。本廠會計所啓。二月初九日
諸翁均此。

第十一號（二月初九日）

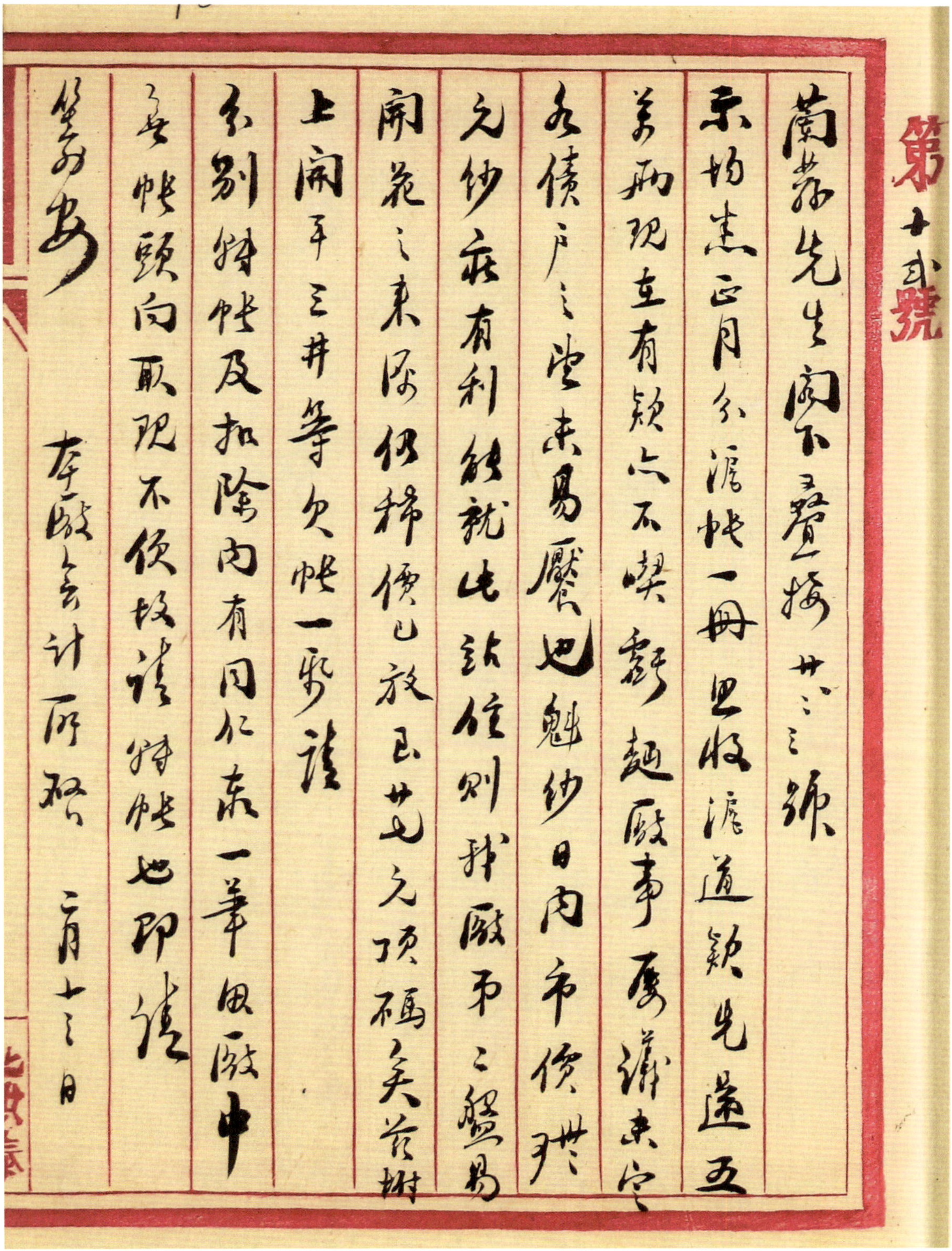

第十二號（二月十三日）

蘭蓀先生閣下：疊接廿一、廿二、廿三號示，均悉。正月分滬帳一册照收。滬道款先還五萬兩，現在有款，亦不吃虧。麵廠事屢議未定，各債户之望未易饜也。魁紗日内市價一百卅二元，紗莊有利，能就此站住，則我廠第二盤易開。花之來源仍稀，價已放至廿七元頂碼矣。兹附上開平、三井等欠帳一紙，請分别轉帳及扣除。内有同仁泰一筆，因廠中無帳頭，向取現不便，故請轉帳也。即請籌安。本廠會計所啓。二月十三日

第十二號（二月十三日）

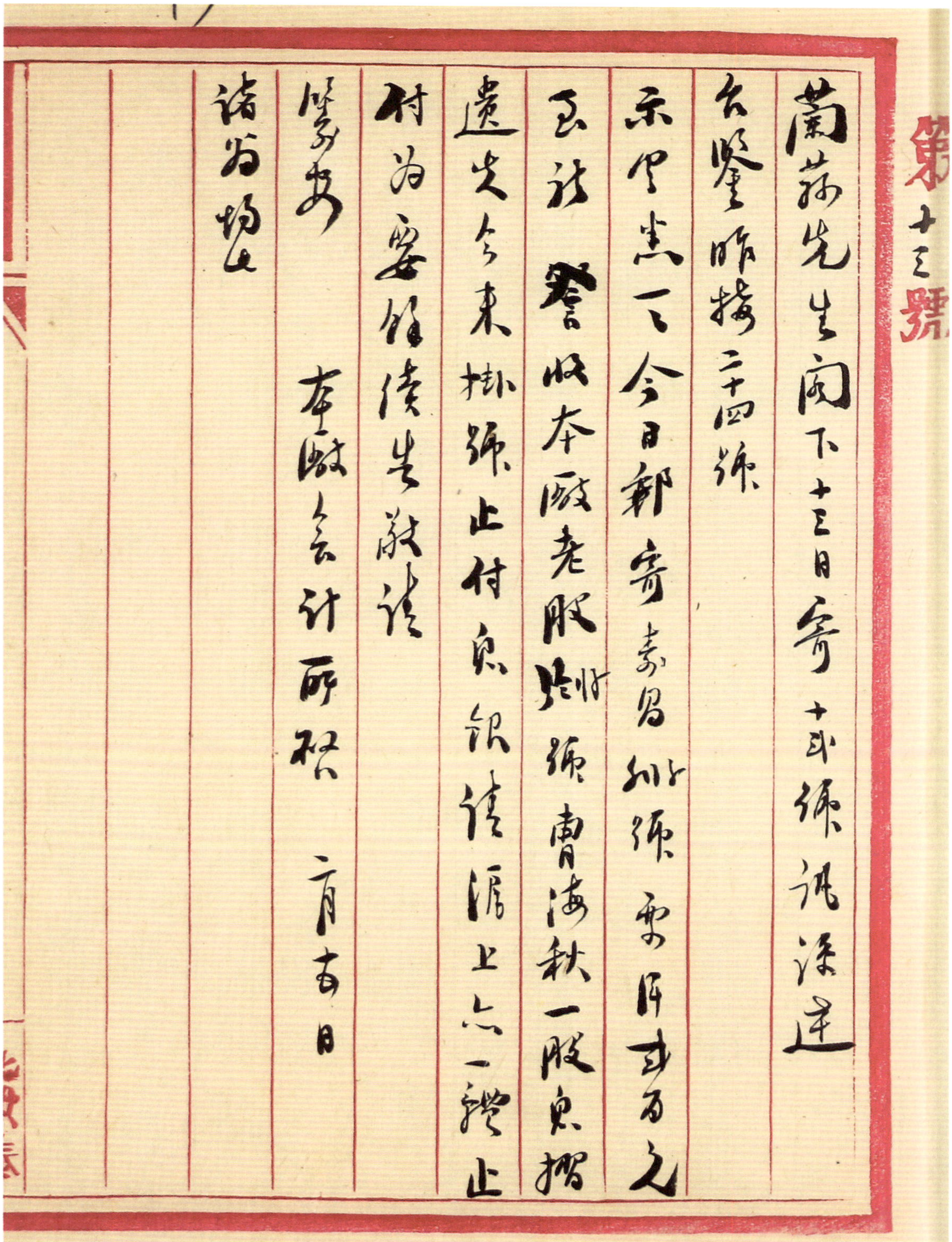

第十三號（二月十五日）

蘭蓀先生閣下：十三日寄十式號訊，諒達台鑒。昨接二十四號示，具悉一一。今日郵寄壽昌五二五號票洋式百元，至祈察收。本廠老股六八二五號曹海秋一股，息摺遺失，今來掛號止付息銀，請滬上亦一體止付爲要。餘續告。敬請籌安。本廠會計所啓。二月十五日
諸翁均此。

第十三號（二月十五日）

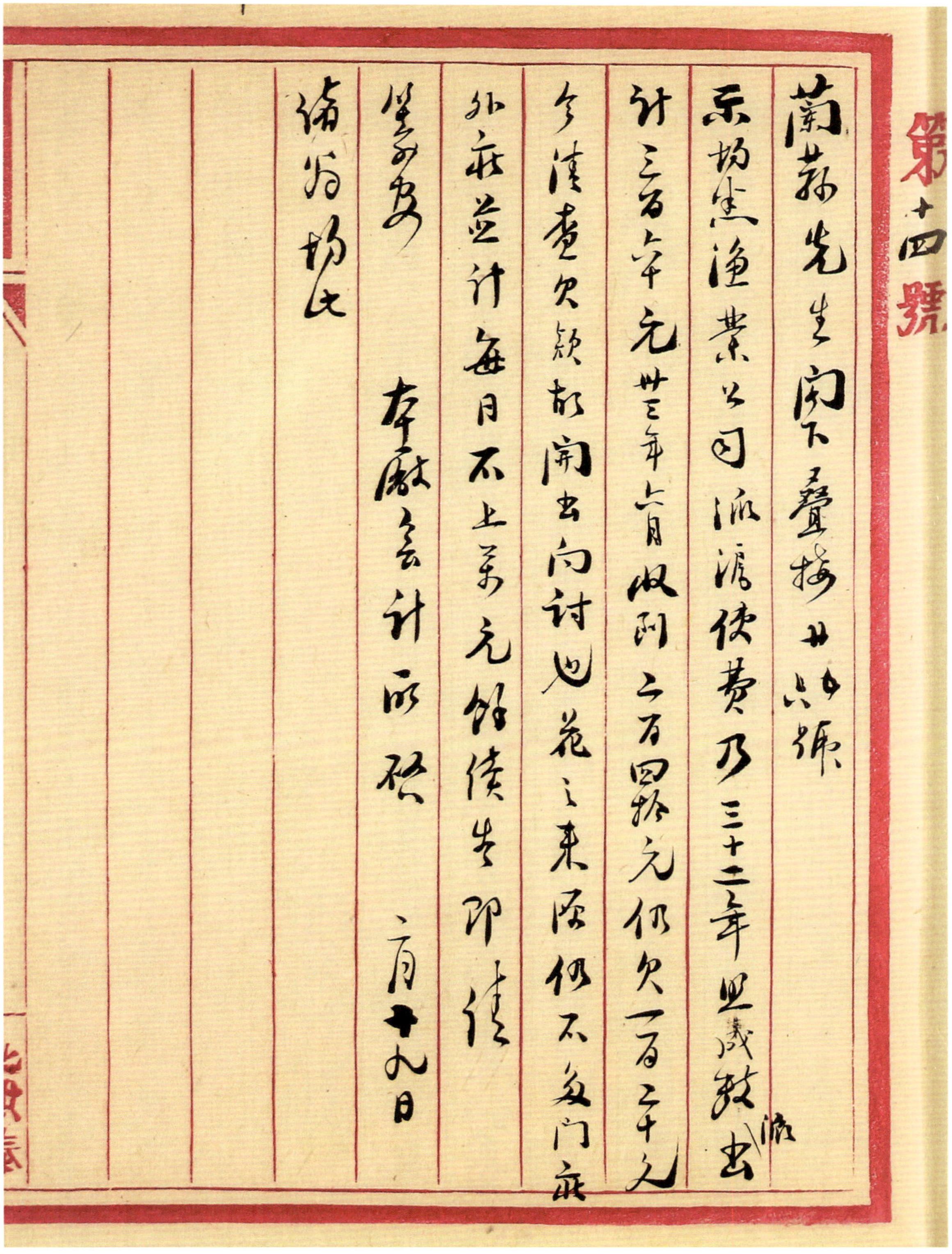

第十四號（二月十九日）

蘭蓀先生閣下：叠接廿五、廿六號示，均悉。漁業公司派滬使費，乃三十二年照成數派出，計三百六十元，卅三年六月收到二百四拾元，仍欠一百二十元，今清查欠款，故開出向討也。花之來源仍不多，門莊、外莊并計，每日不上萬元。餘續告。即請籌安。本廠會計所啓。二月十九日

諸翁均此。

第十四號（二月十九日）

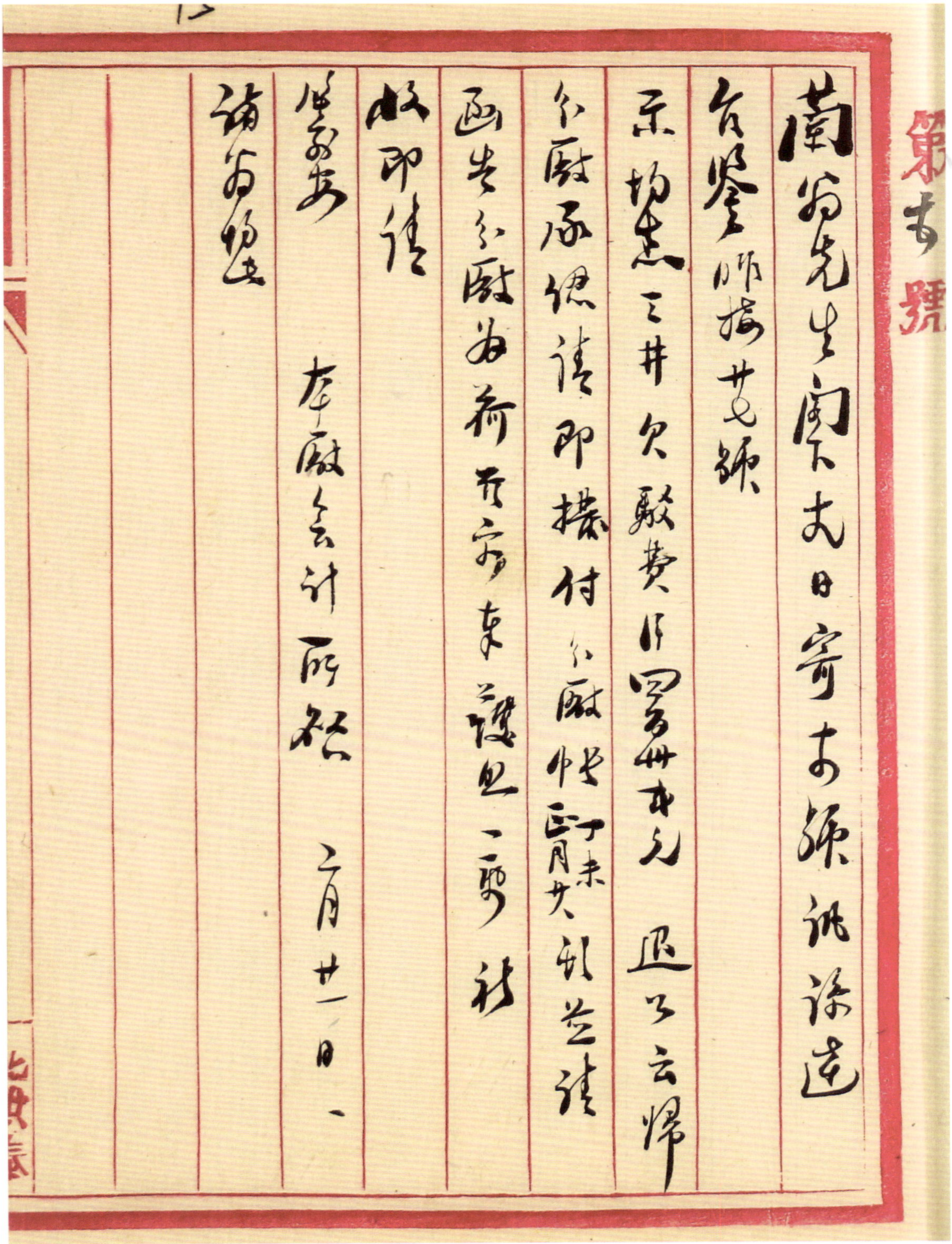

第十五號（二月廿一日）

蘭翁先生閣下：十九日寄十四號訊，諒達台鑒。昨接廿七號示，均悉。三井欠駁費洋四百卌弍元，退公云歸分廠承認，請即撥付分廠帳（丁未正月廿八期），并請函告分廠爲荷。玆寄奉護照一紙，祈收。即請籌安。本廠會計所啓。二月廿一日

諸翁均此。

第十五號（二月廿一日）

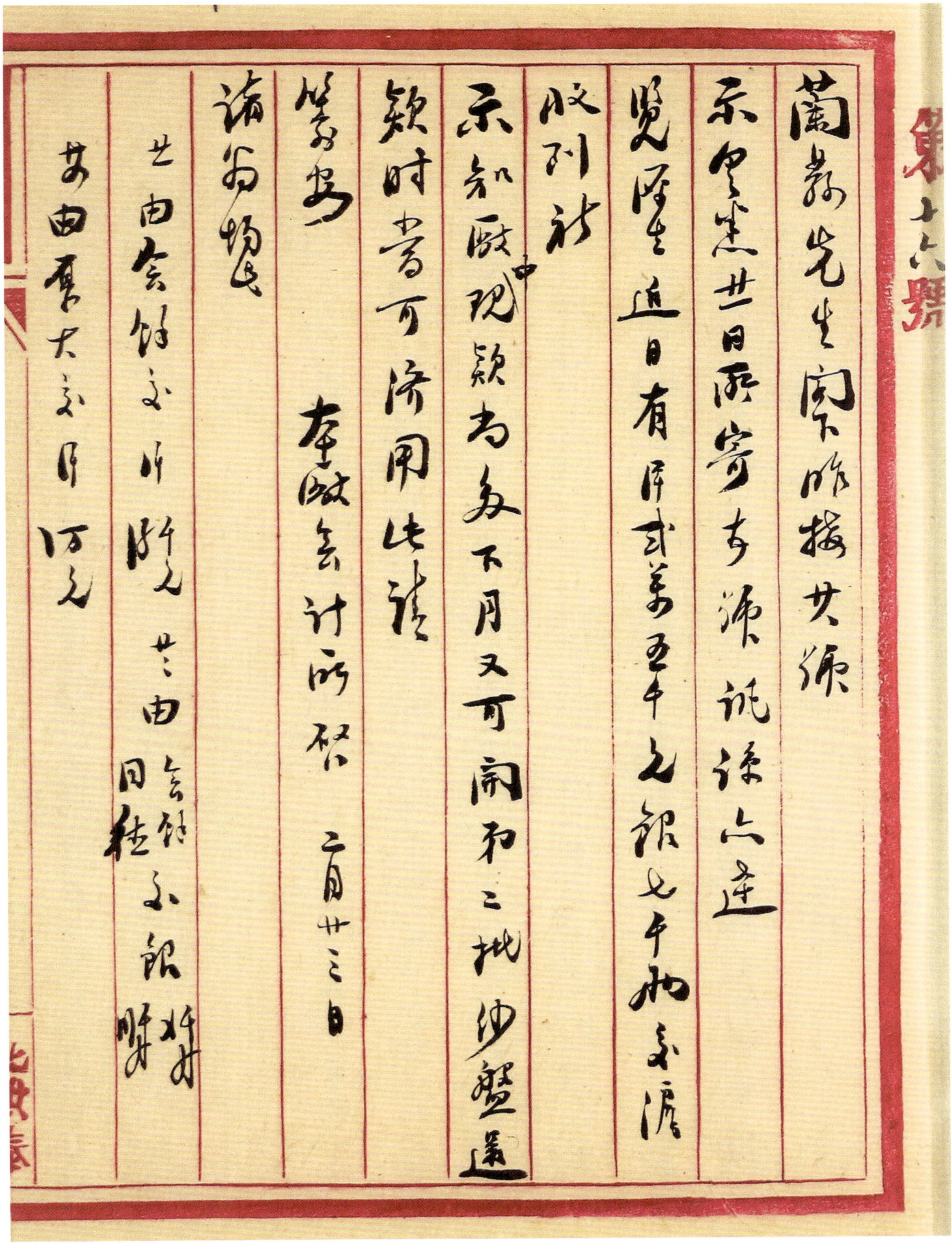

第十六號（二月廿三日）

蘭蓀先生閣下：昨接廿八號示，具悉。廿一日所寄十五號訊，諒亦達覽。源生近日有洋式萬五千元、銀七千兩交滬，收到祈示知。廠中現款尚多，下月又可開第二批紗盤，還款時當可濟用。此請籌安。本廠會計所啓。二月廿三日

諸翁均此。

廿一由會餘交洋一萬五千元，廿二由會餘交銀四千兩、同德交銀三千兩，廿四由厚大交洋一萬元。

第十六號（二月廿三日）

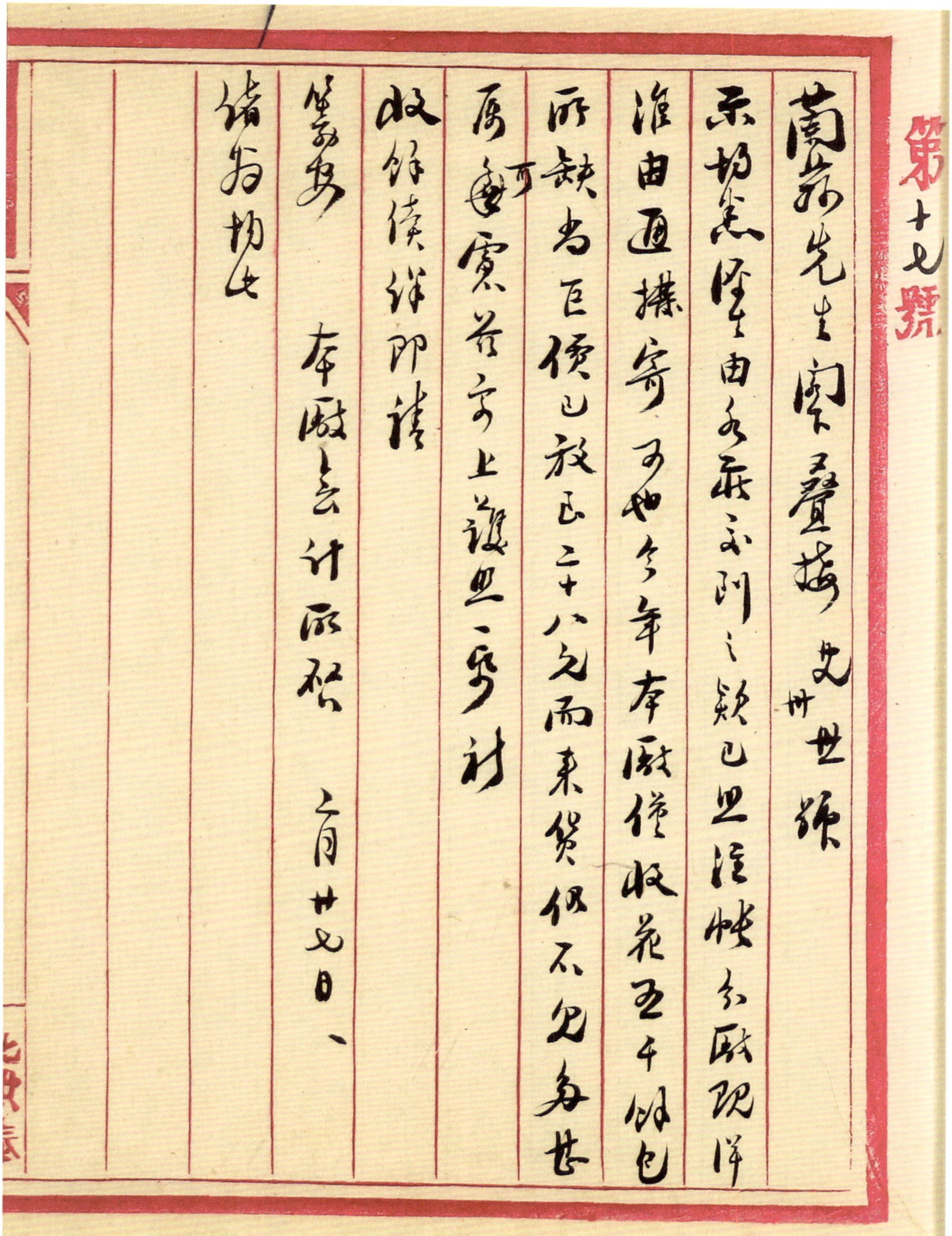

第十七號（二月廿七日）

蘭蓀先生閣下：叠接廿九、卅、卅一號示，均悉。源生由各莊交到之款，已照注帳。分廠現洋，准由通撥寄可也。今年本廠僅收花五千餘包，所缺尚巨，價已放至二十八元，而來貨仍不見多，甚屬可慮。茲寄上護照一紙，祈收。餘續詳。即請籌安。本廠會計所啓。二月廿七日

諸翁均此。

第十七號（二月廿七日）

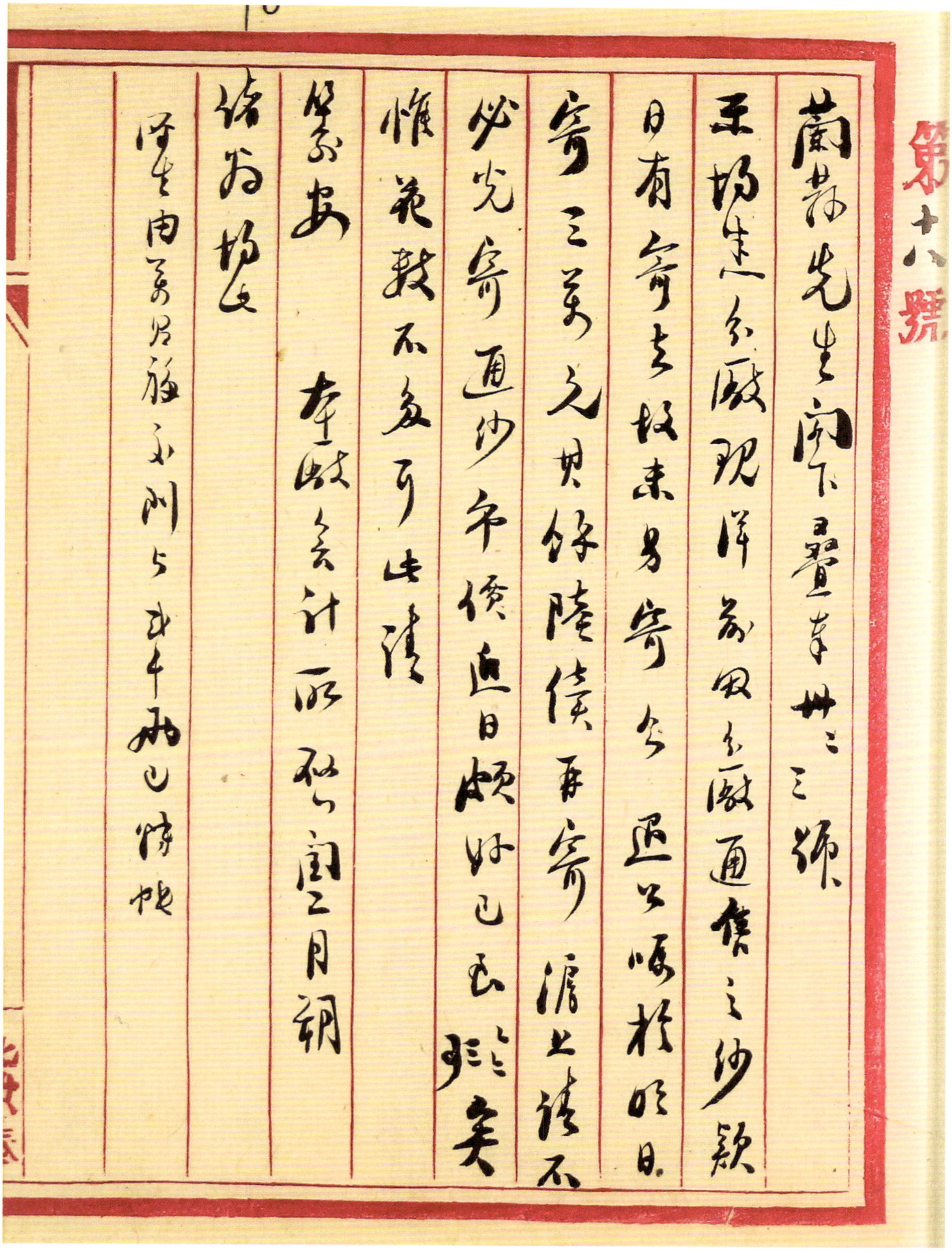

第十八號（閏二月初一日）

蘭蓀先生閣下：叠奉卅二、卅三號示，均悉。分廠現洋，前因分廠通售之紗款日有寄去，故未另寄，今退公囑於明日寄三萬元，其餘陸續再寄，滬上請不必兑寄。通紗市價近日頗好，已至一百三十六七矣，惟花數不多耳。此請籌安。本廠會計所啓。閏二月朔

諸翁均此。

源生由萬昌福交到銀式千兩已轉帳。

第十八號（閏二月初一日）

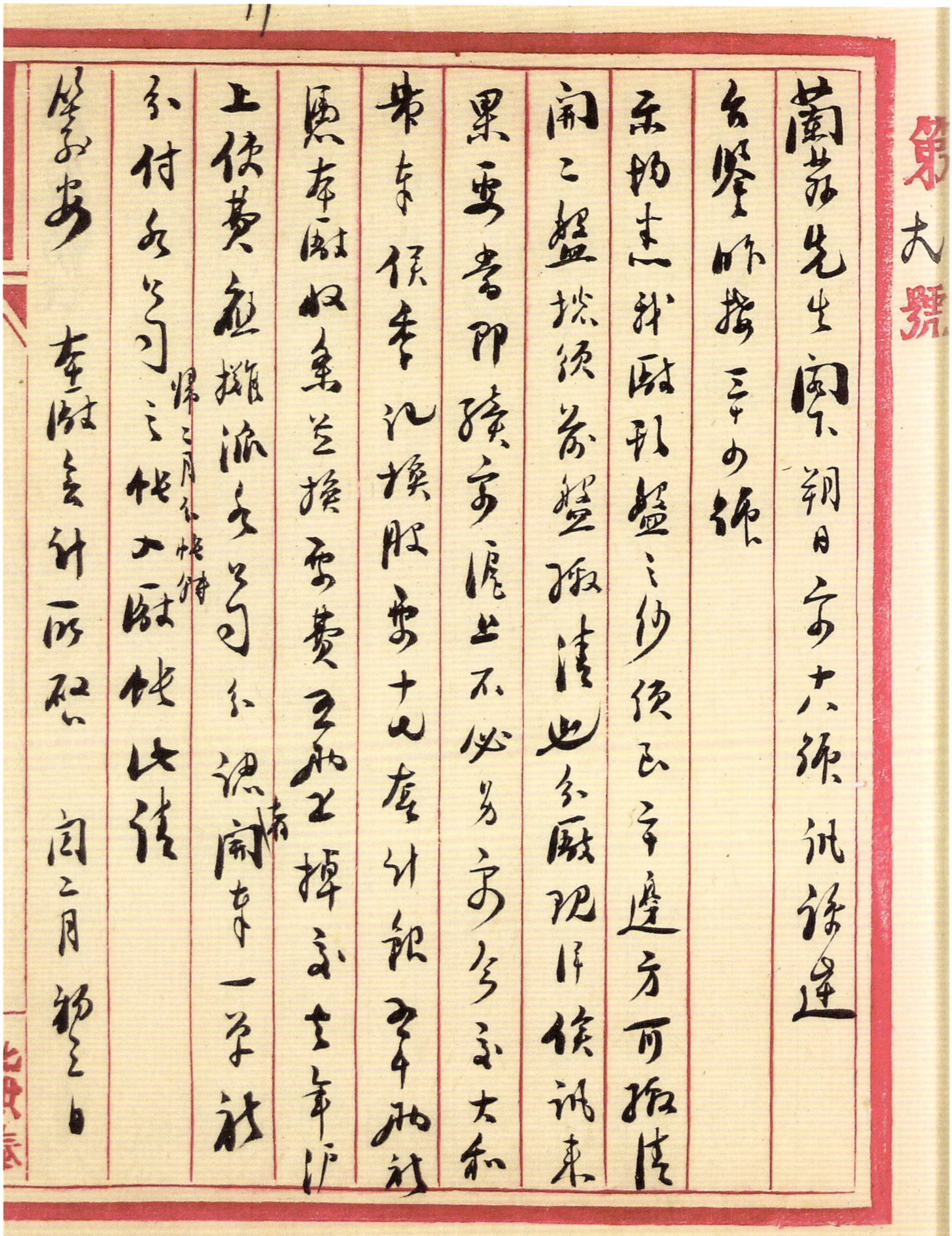

第十九號（閏二月初三日）

蘭蓀先生閣下：朔日寄十八號訊，諒達台鑒。昨接三十四號示，均悉。我廠期盤之紗，須至二十邊方可繳清，開二盤總須前盤繳清也。分廠現洋，俟訊來果要，當即續寄，滬上不必另寄。今交大和帶奉侯季記換股票十七套，計銀五千兩，祈憑本廠收條并換票費五兩一錢掉交。去年滬上使費，應攤派各公司分認者，開奉一單，祈分付各公司之帳（歸二月分帳轉），入廠帳。此請籌安。本廠會計所啓。閏二月初三日

諸翁均此。

諸希朗鑒

第十九號（閏二月初三日）

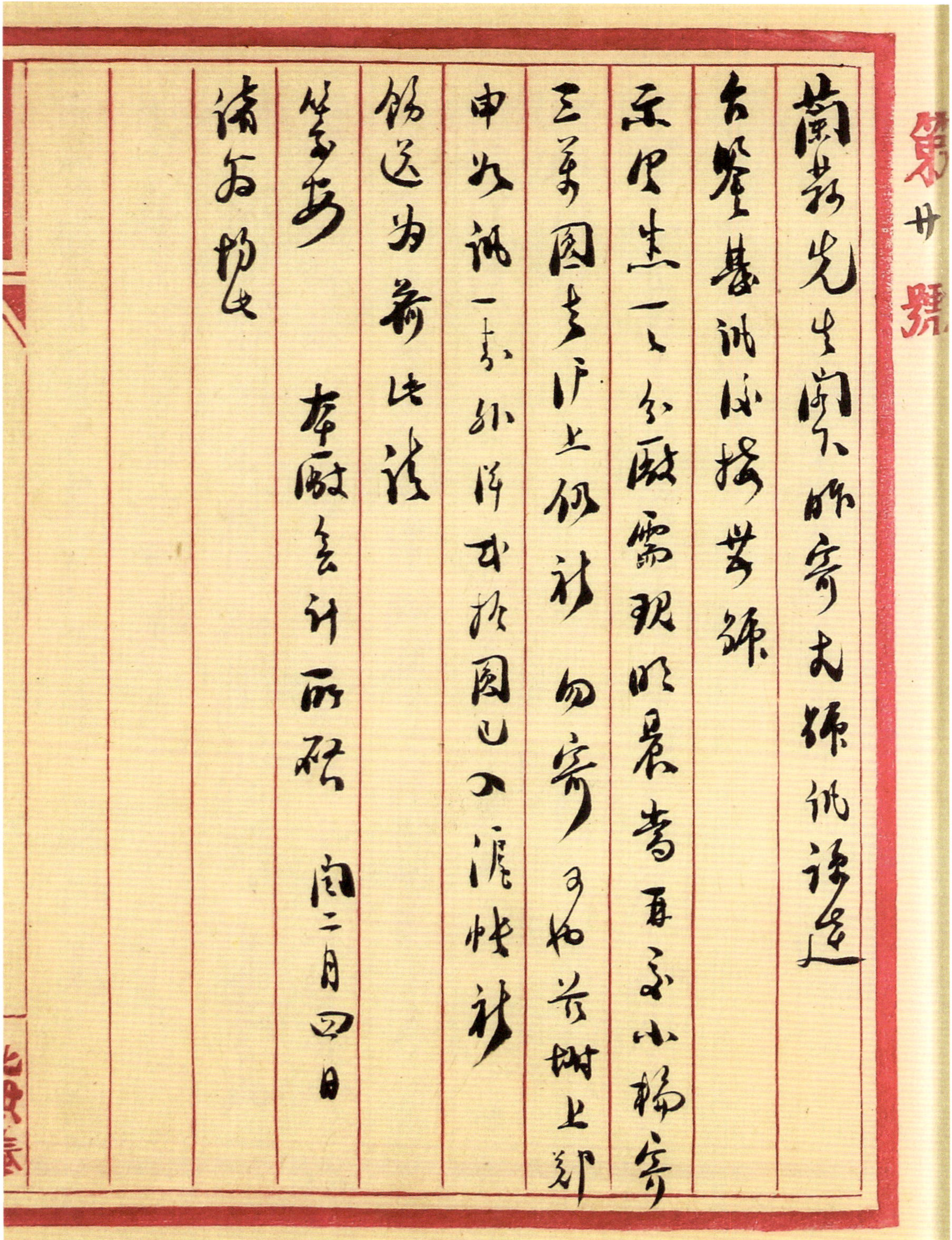

第二十號（閏二月初四日）

蘭蓀先生閣下：昨寄十九號訊，諒達台鑒。發訊後接卅五號示，具悉一一。分廠需現，明晨當再交小輪寄三萬圓去，滬上仍祈勿寄可也。茲附上鄭申如訊一封，外洋式拾圓已入滬帳，祈飭送爲荷。此請籌安。本廠會計所啓。閏二月四日

諸翁均此。

第二十號（閏二月初四日）

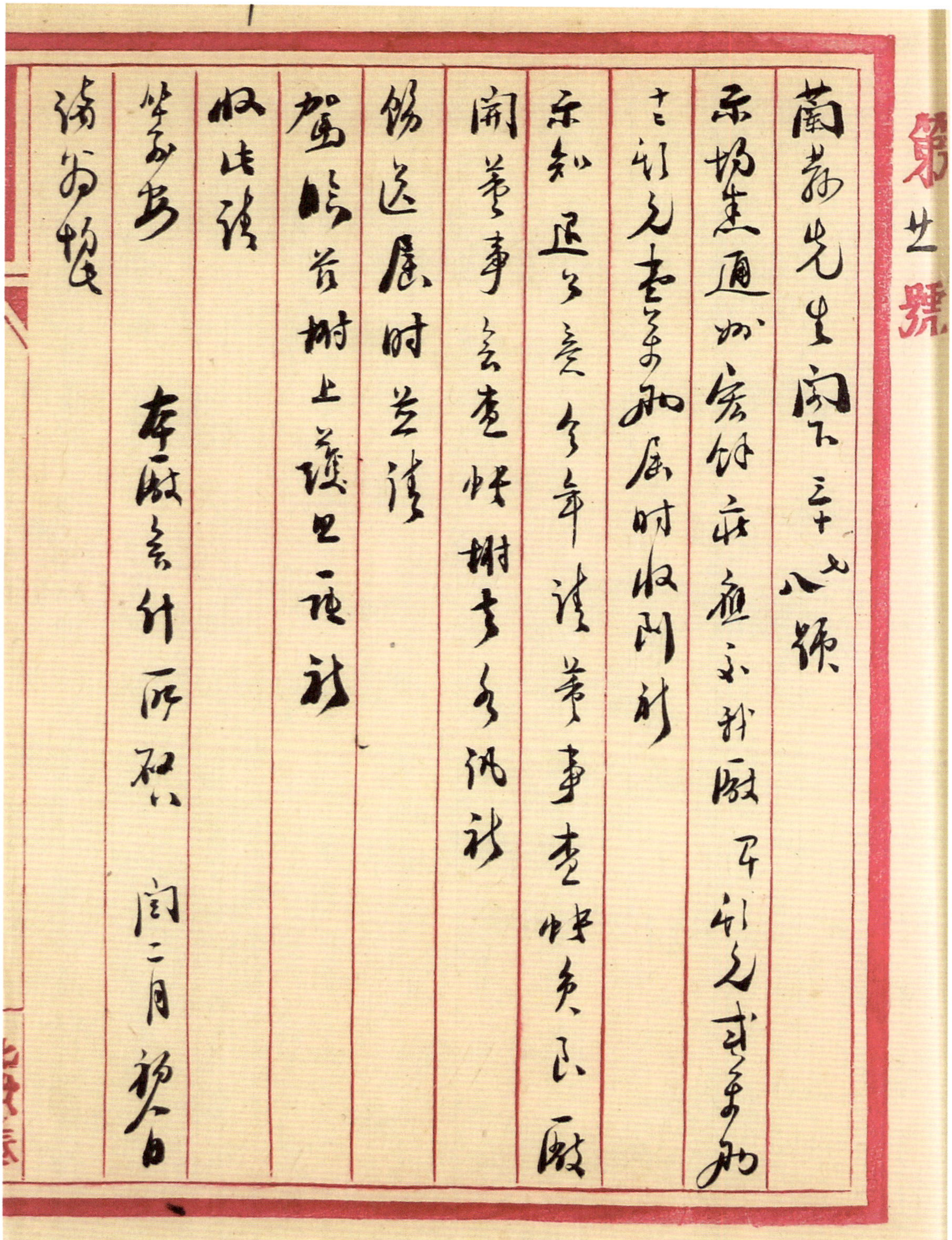

第二十一號（閏二月初八日）

蘭蓀先生閣下：三十七、三十八號示均悉。通州宏餘莊應交我廠初十期元弍萬兩、十二期元壹萬兩，屆時收到祈示知。退公意今年請董事查帳員至廠開董事會查帳，附去各訊，祈飭送，屆時并請駕臨。茲附上護照一張，祈收。此請籌安。本廠會計所啓。閏二月初八日

諸翁均此。

第二十一號（閏二月初八日）

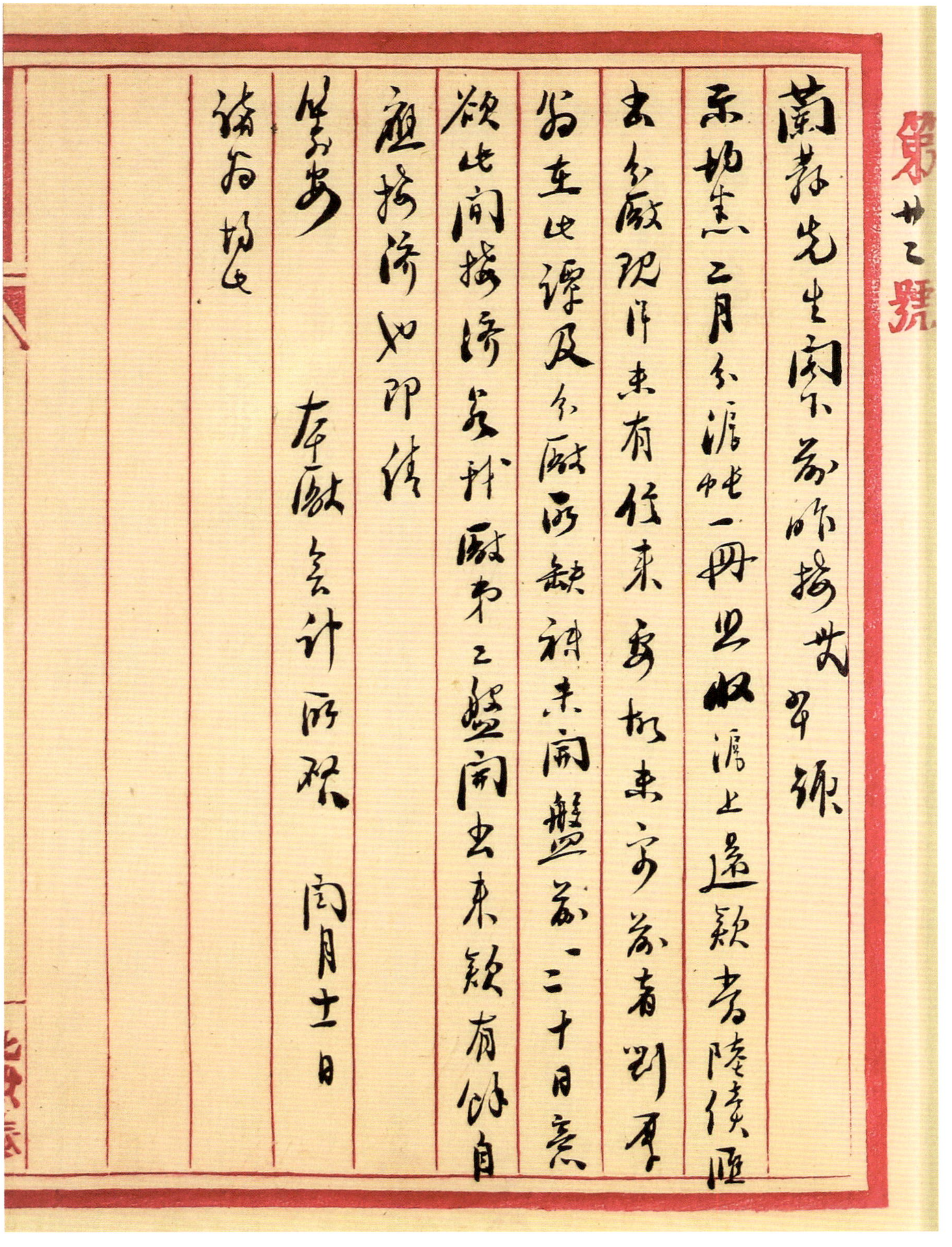

第二十二號（閏二月十一日）

蘭蓀先生閣下：前、昨接卅九、四十號示，均悉。二月分滬帳一册照收。滬上還款，當陸續匯出。分廠現洋未有信來要，故未寄。前者劉厚翁在此，譚及分廠所缺，衹未開盤前一二十日，意欲此間接濟。若我廠第二盤開出，來款有餘，自應接濟也。即請籌安。本廠會計所啓。閏月十一日

諸翁均此。

第二十二號（閏二月十一日）

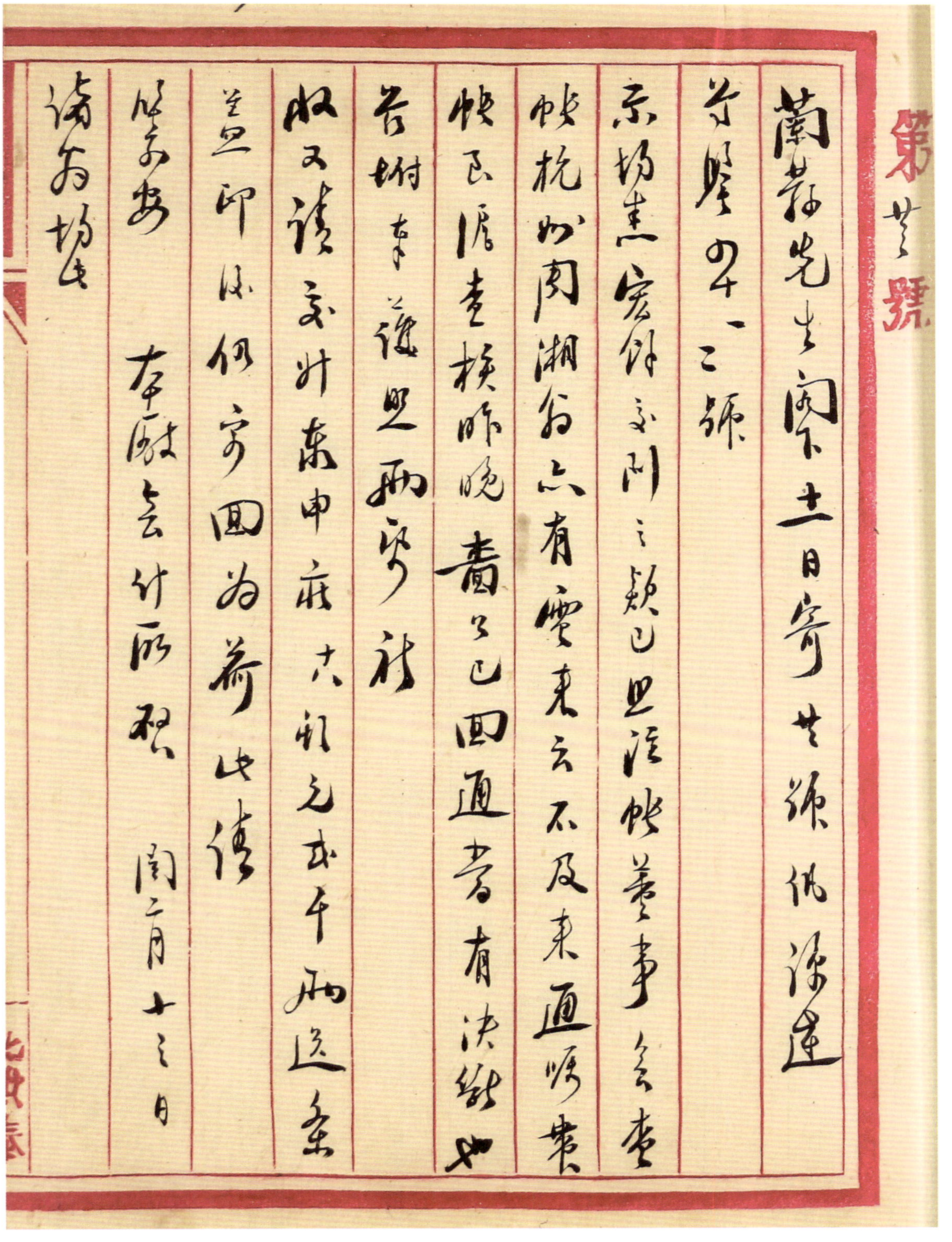

第二十三號（閏二月十三日）

蘭蓀先生閣下：十一日寄廿二號訊，諒達尊鑒。四十一、四十二號示均悉。宏餘交到之款已照注帳。董事會查帳，杭州周湘翁亦有電來云，不及來通，囑帶帳至滬查核。昨晚una公已回通，當有決斷也。茲附奉護照兩紙，祈收。又請交昇泰申莊十八期元式千兩，送條蓋印後仍寄回爲荷。此請籌安。本廠會計所啓。閏二月十三日
諸翁均此。

第二十三號（閏二月十三日）

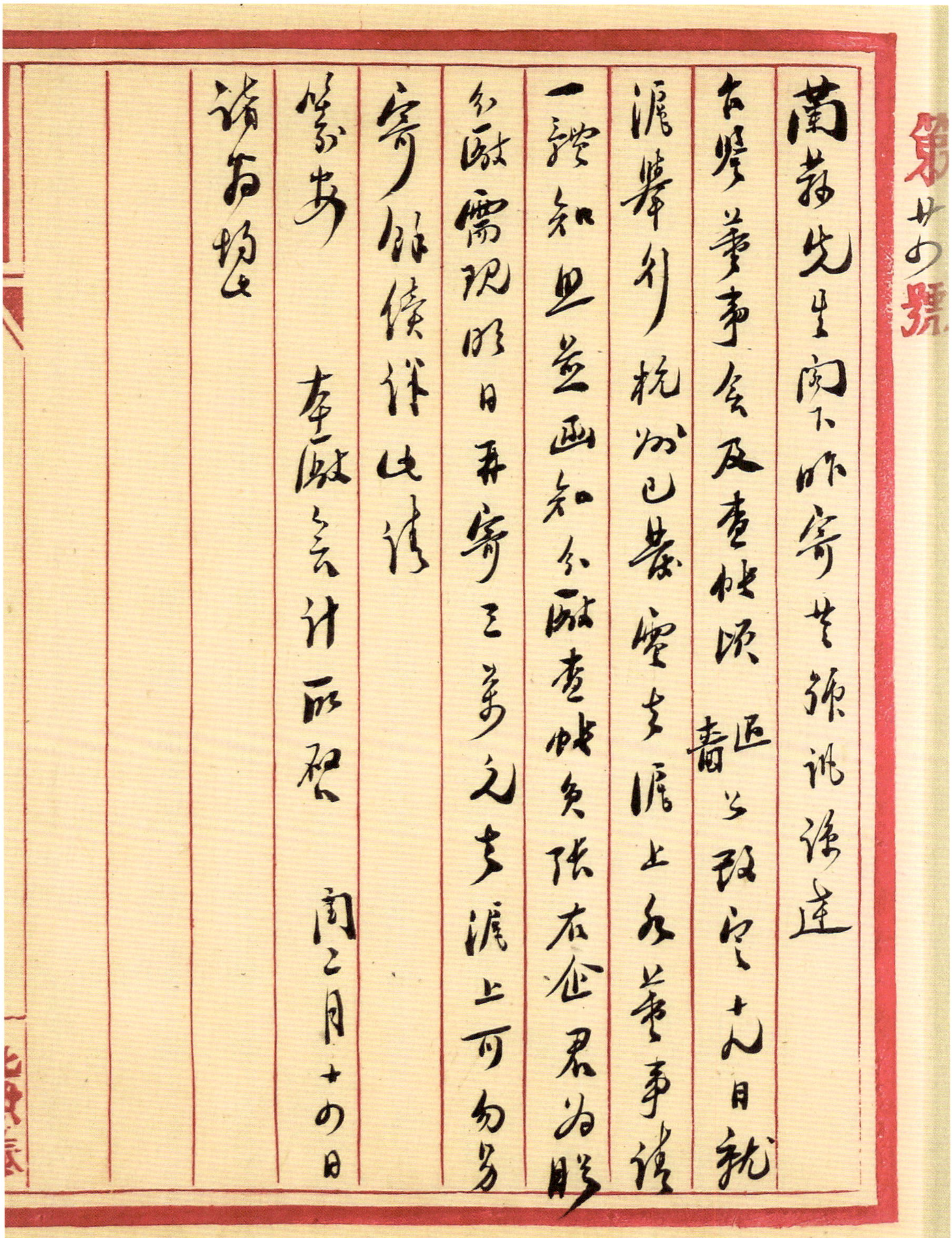

第二十四號（閏二月十四日）

蘭蓀先生閣下：昨寄廿三號訊，諒達台鑒。董事會及查帳，頃退公、嗇公改定十九日就滬舉行，杭州已發電去，滬上各董事請一體知照，并函知分廠查帳員張右企君爲盼。分廠需現，明日再寄三萬元去，滬上可勿另寄。餘續詳。此請籌安。本廠會計所啓。閏二月十四日

諸翁均此。

第二十四號（閏二月十四日）

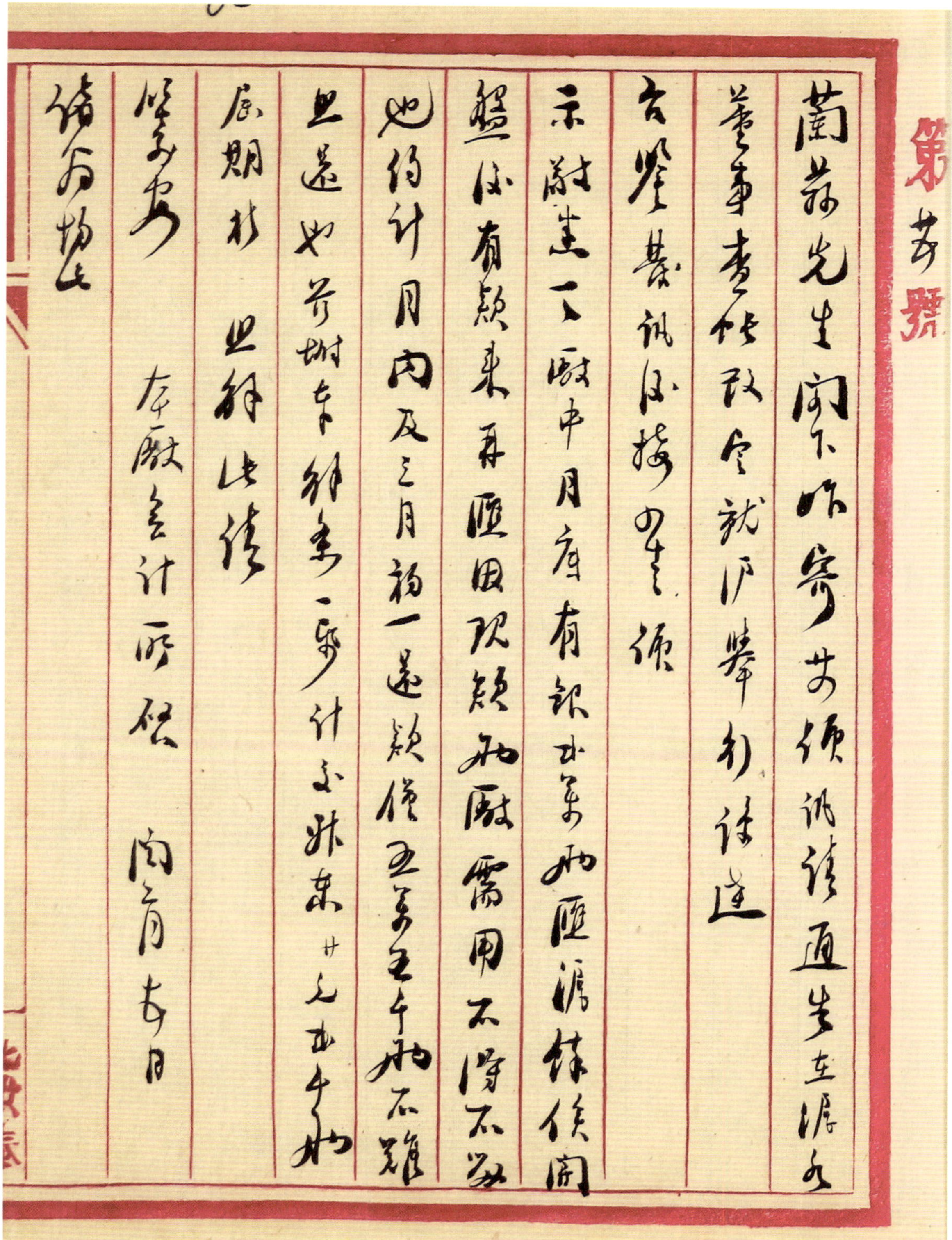

第二十五號（閏二月十五日）

蘭蓀先生閣下：昨寄廿四號訊，請通告在滬各董事，查帳改定就滬舉行，諒達台鑒。發訊後接四十三號示，敬悉一一。廠中月底有銀弍萬兩匯滬，餘俟開盤後有款來再匯，因現款兩廠需用，不得不留也。約計月内及三月初一還款，僅五萬五千兩，不難照還也。兹附奉解條一紙，計交昇泰廿元弍千兩，屆期祈照解。此請籌安。本廠會計所啓。閏二月十五日

諸翁均此。

第二十五號（閏二月十五日）

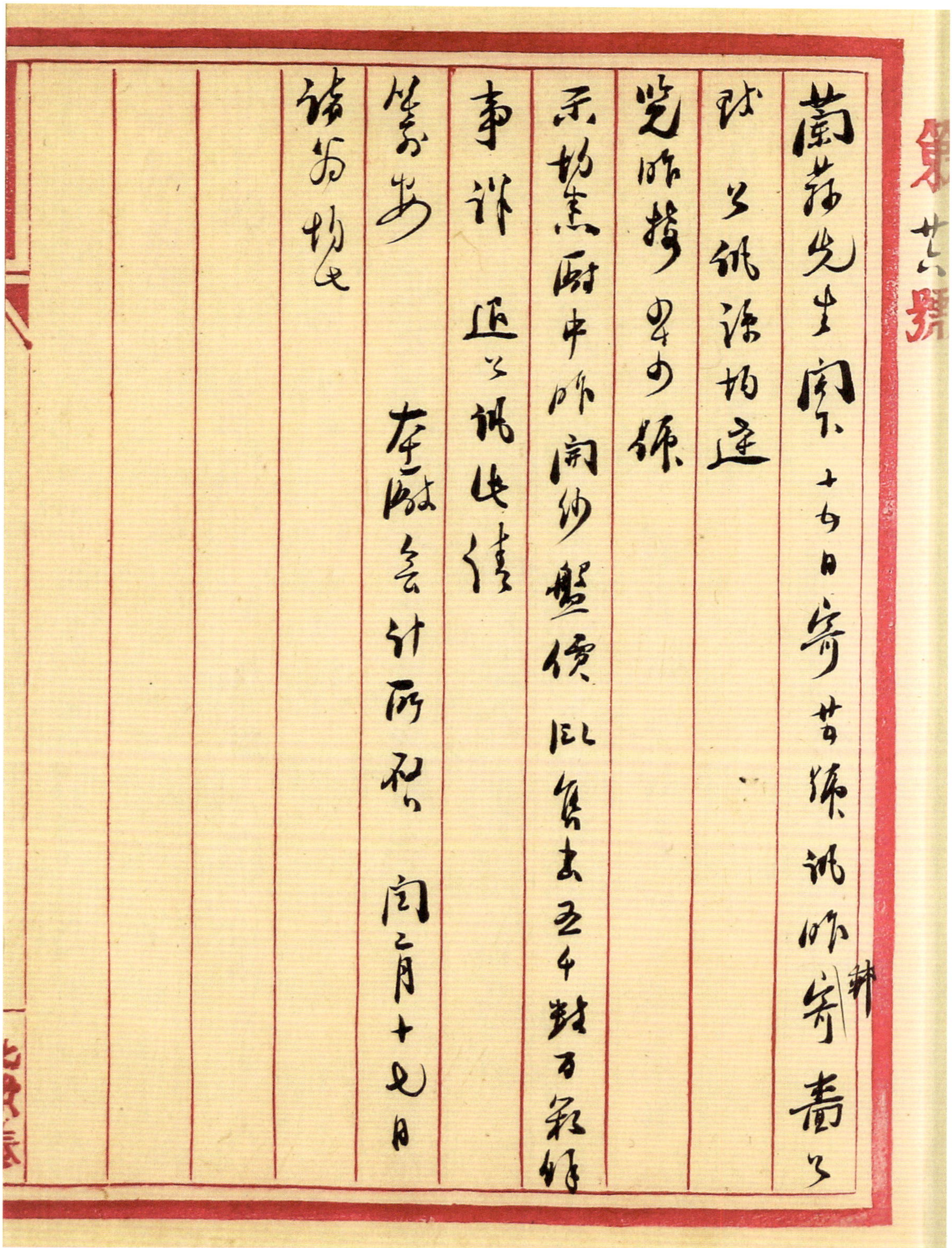

第二十六號（閏二月十七日）

蘭蓀先生閣下：十五日寄廿五號訊，昨郵寄嗇公致公訊，諒均達覽。昨接四十四號示，均悉。廠中昨開紗盤，價一百三十六，售出五千數百箱。餘事詳退公訊。此請籌安。本廠會計所啓。閏二月十七日

諸翁均此。

第二十六號（閏二月十七日）

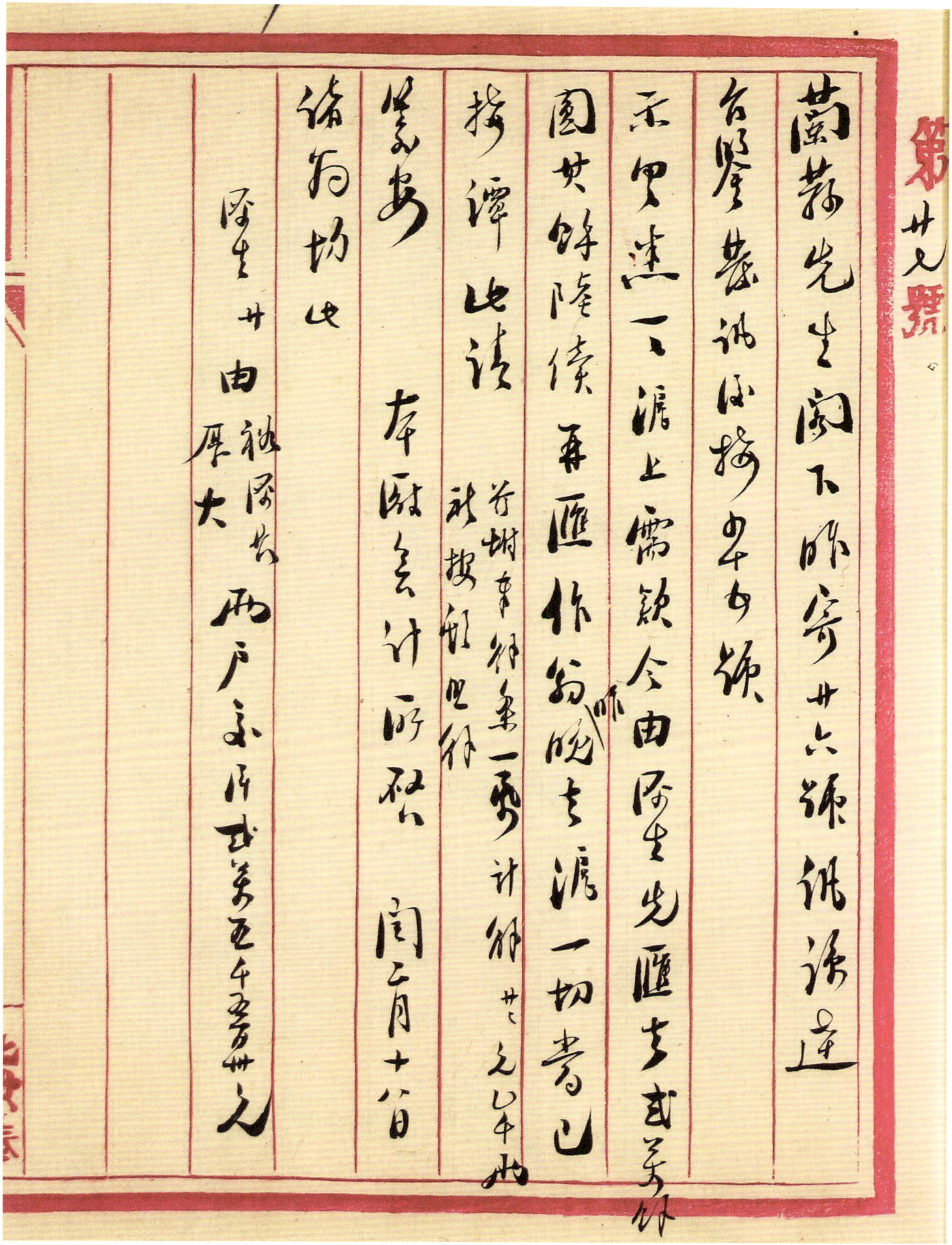

第二十七號（閏二月十八日）

蘭蓀先生閣下：昨寄廿六號訊，諒達台鑒。發訊後接四十五號示，具悉一一。滬上需款，今由源生先匯去式萬餘圓，其餘陸續再匯。作翁昨晚去滬，一切當已接譚。茲附奉解條一紙，計解廿二元一千兩，祈按期照解。此請籌安。本廠會計所啓。閏二月十八日

諸翁均此。

源生廿由裕源長、厚大兩户交洋式萬五千五百卅元。

第二十七號（閏二月十八日）

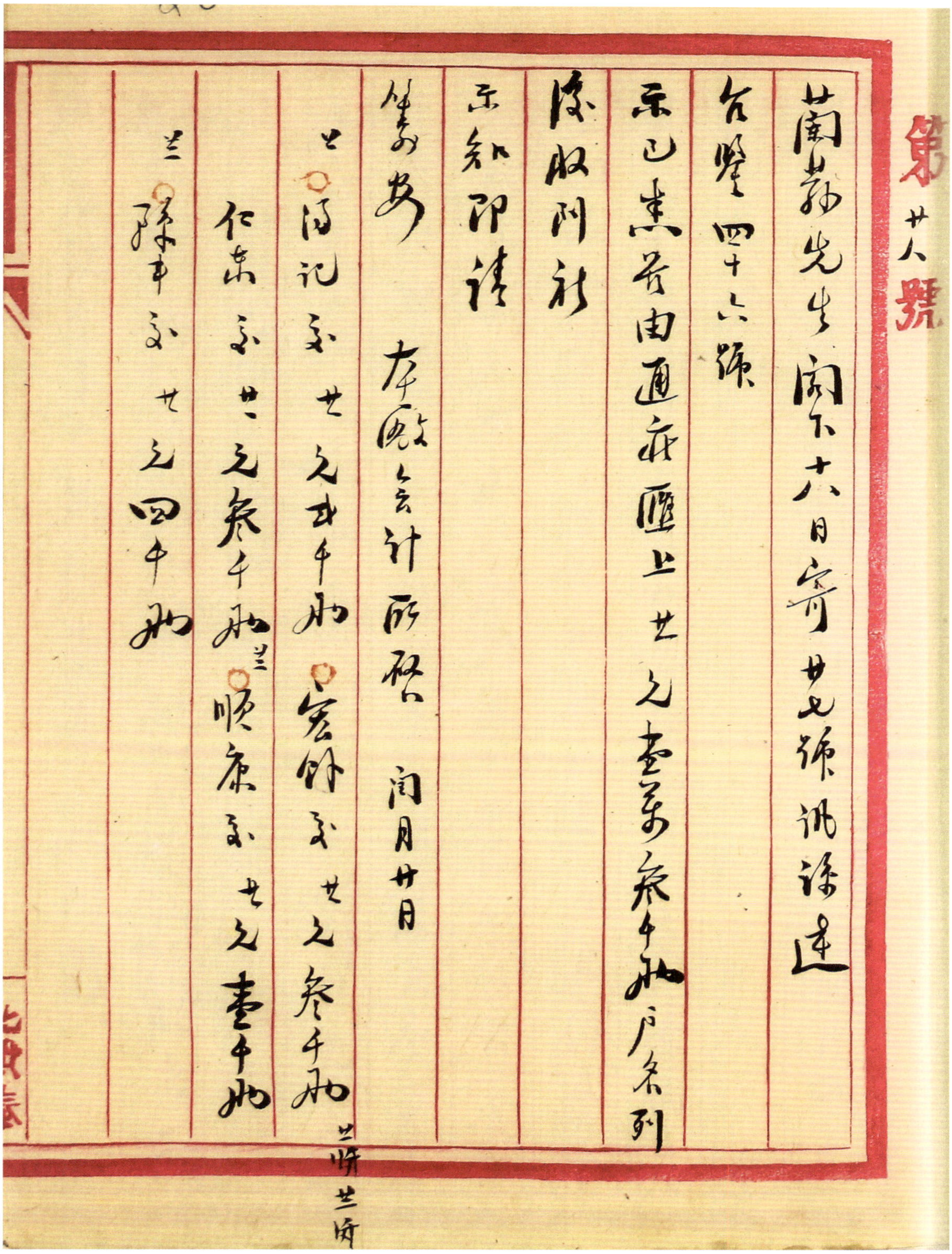

第二十八號（閏二月廿日）

蘭蓀先生閣下：十八日寄廿七號訊，諒達台鑒。四十六號示已悉。茲由通莊匯上廿一元壹萬叁千兩，户名列後，收到祈示知。即請籌安。本廠會計所啓。閏月廿日

廿一：得記交廿一元式千兩；宏餘交廿一元叁千兩（廿一二千兩、廿二一千兩）；仁泰交廿一元叁千兩（廿二）；順康交廿一元壹千兩

廿二：豫豐交廿一元四千兩

第二十八號（閏二月廿日）

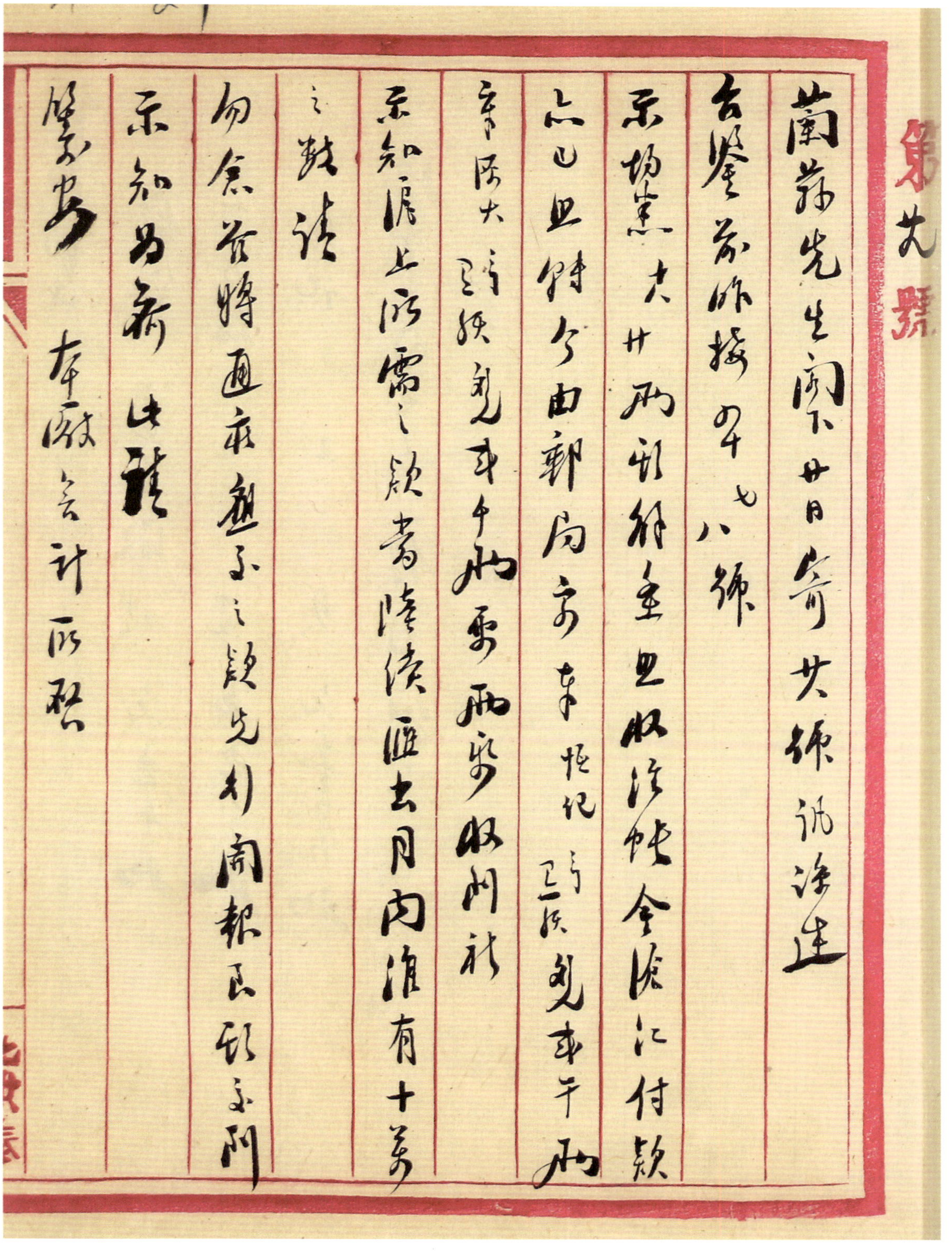

第二十九號

蘭蓀先生閣下：廿日寄廿八號訊，諒達台鑒。前、昨接四十七、四十八號示，均悉。十八、廿兩期解條照收注帳，金滄江付款亦已照轉。今由郵局寄奉恒記三月初二（五天）九八元弍千兩、章源大三月初二（五天）九八元弍千兩票兩紙，收到祈示知。滬上所需之款當陸續匯出，月内准有十萬之數，請勿念。兹將通莊應交之款先行開報，至期交到，示知爲荷。此請籌安。本廠會計所啓。

諸翁均此。

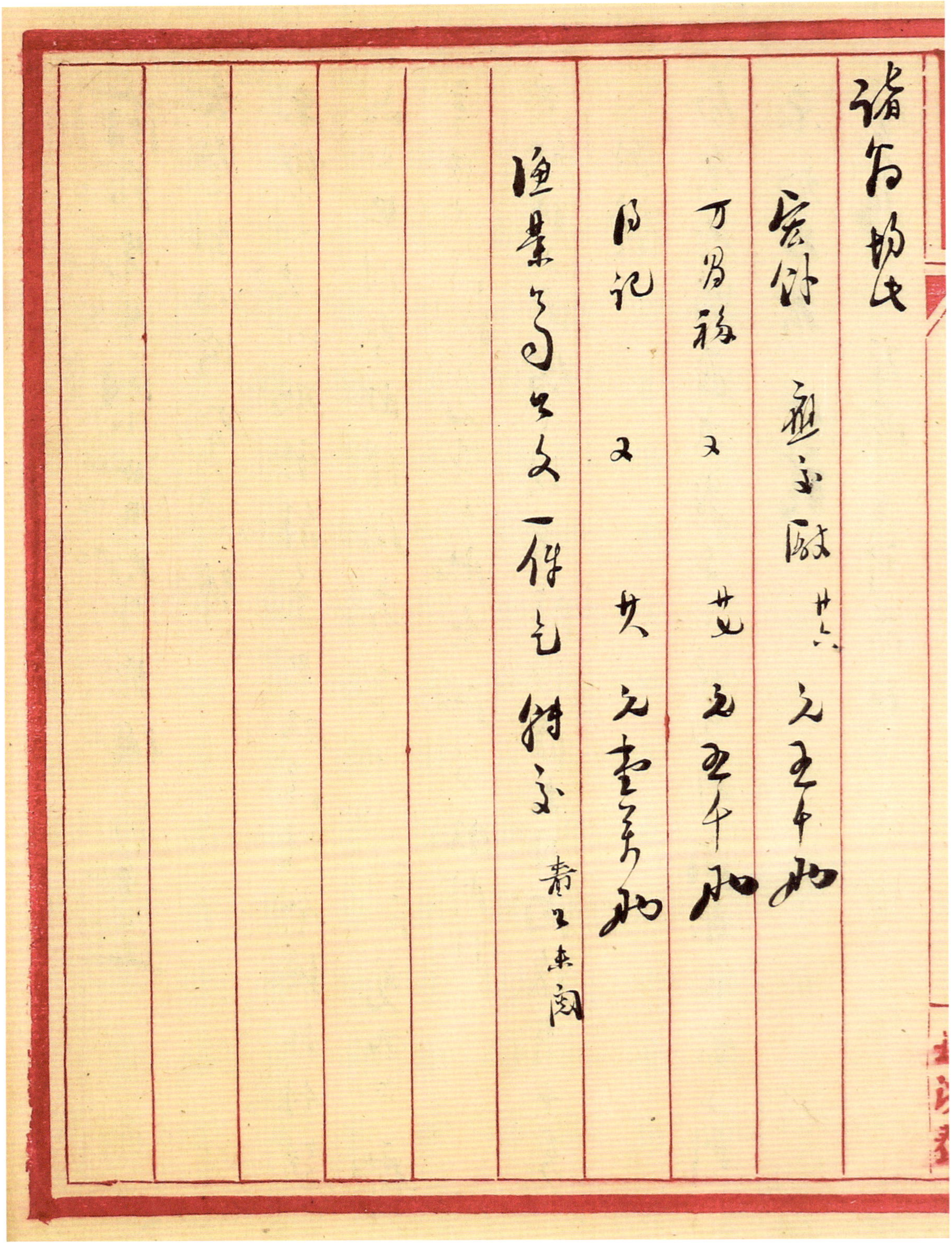

第二十九號

宏餘，應交廠，廿六，元五千兩

萬昌福，又，廿七，元五千兩

得記，又，廿八，元壹萬兩

漁業公司公文一件，乞轉交（嗇公未閱）。

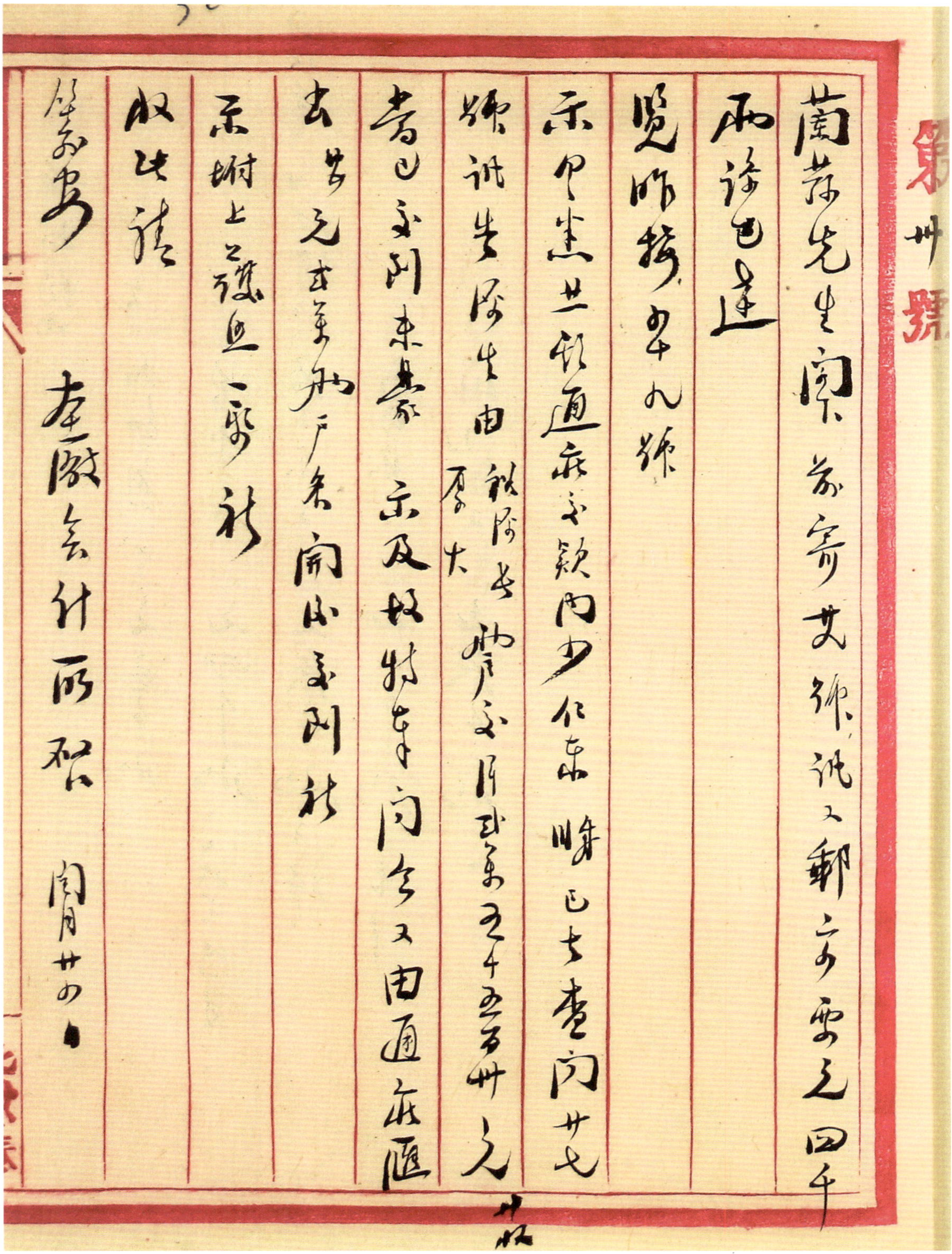

第三十號（閏二月廿四日）

蘭蓀先生閣下：前寄廿九號訊，又郵寄票元四千兩，諒已達覽。昨接四十九號示，具悉。廿一期通莊交款内少仁泰三千兩，已去查問。廿七號訊告源生由裕源長、厚大兩户交洋式萬五千五百卅元（廿收），當已交到，未蒙示及，故特奉問。今又由通莊匯出廿五元式萬兩，户名開後，交到祈示。附上護照一紙，祈收。此請籌安。

本廠會計所啓。閏月廿四日

諸翁均此。

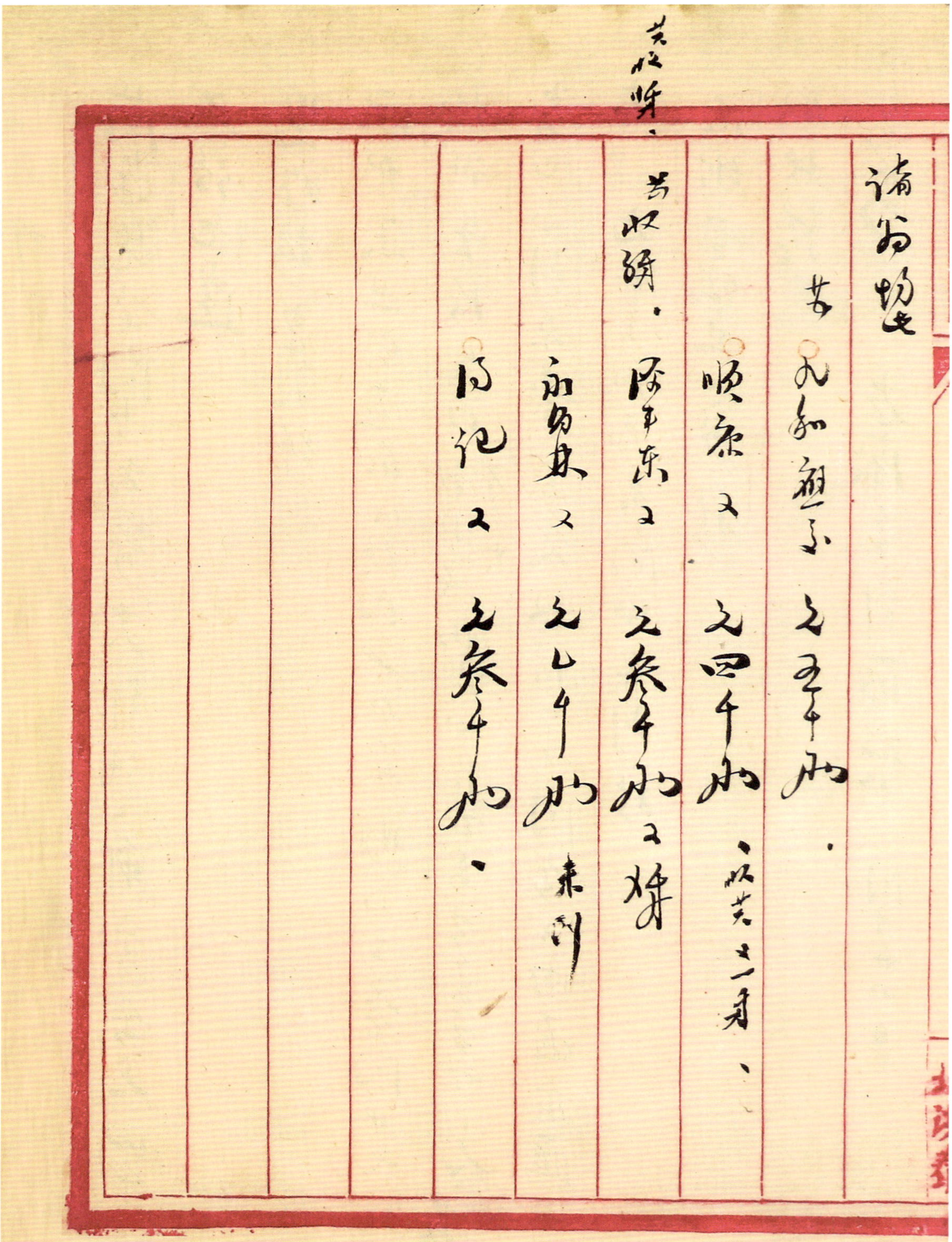

第三十號（閏二月廿四日）

廿五：九和，應交，元五千兩

順康，又，元四千兩（收廿六，又一千兩）

（廿六，收二千兩；廿五，收五千兩）源豐泰，又，元叁千兩（又四千兩）

永昌林，又，元一千兩（未到）

得記，又，元叁千兩

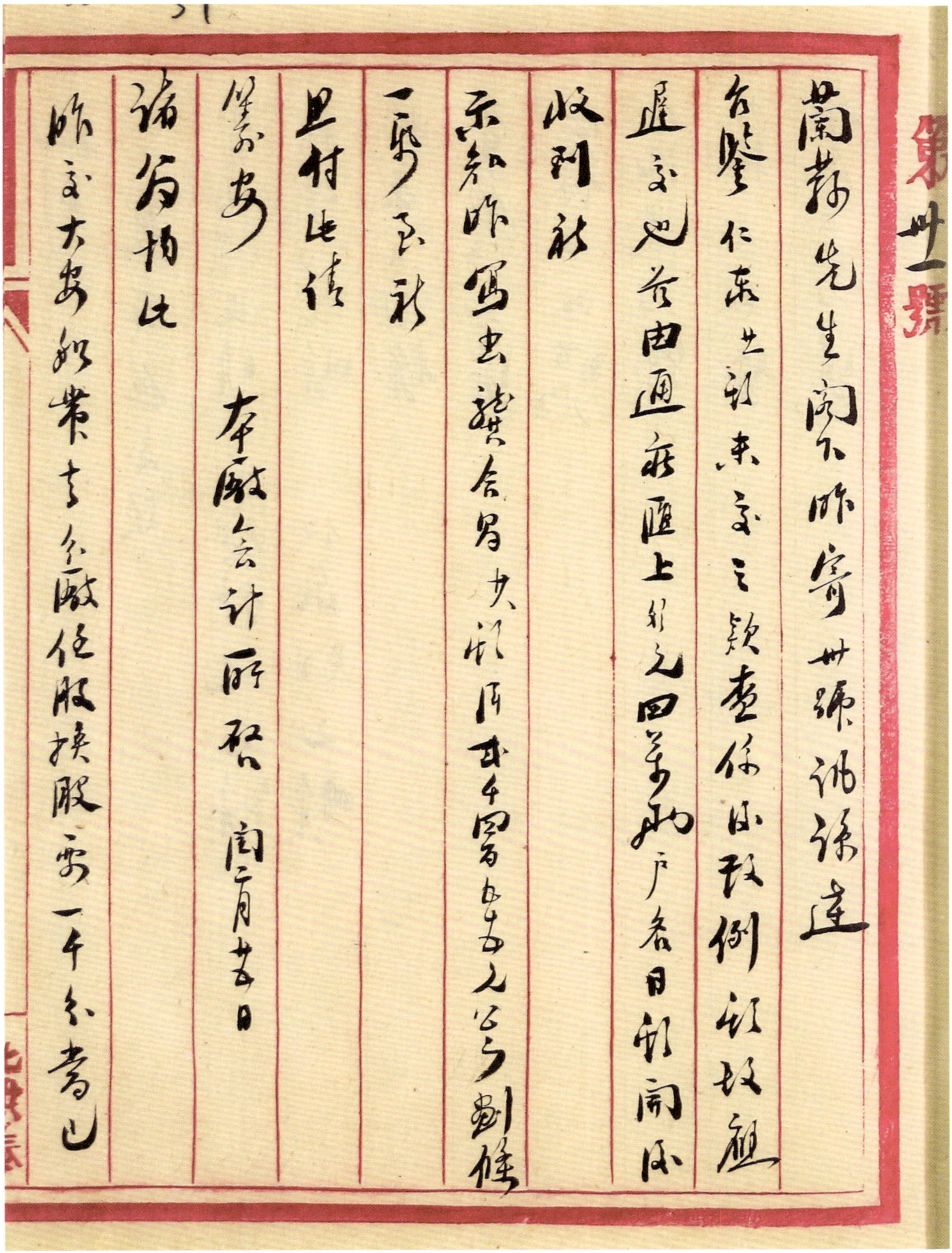

第三十一號（閏二月廿五日）

蘭蓀先生閣下：昨寄卅號訊，諒達台鑒。仁泰廿一期未交之款，查係後改例期，故應遲交也。兹由通莊匯上九八元四萬兩，户名、日期開後，收到祈示知。昨寫出龔合昌廿八期洋式千四百五十五元八角二分劃條一紙，至祈照付。此請籌安。本廠會計所啓。閏二月廿五日

諸翁均此。

昨交大安船帶去分廠任股换股票一千分，當已送到。

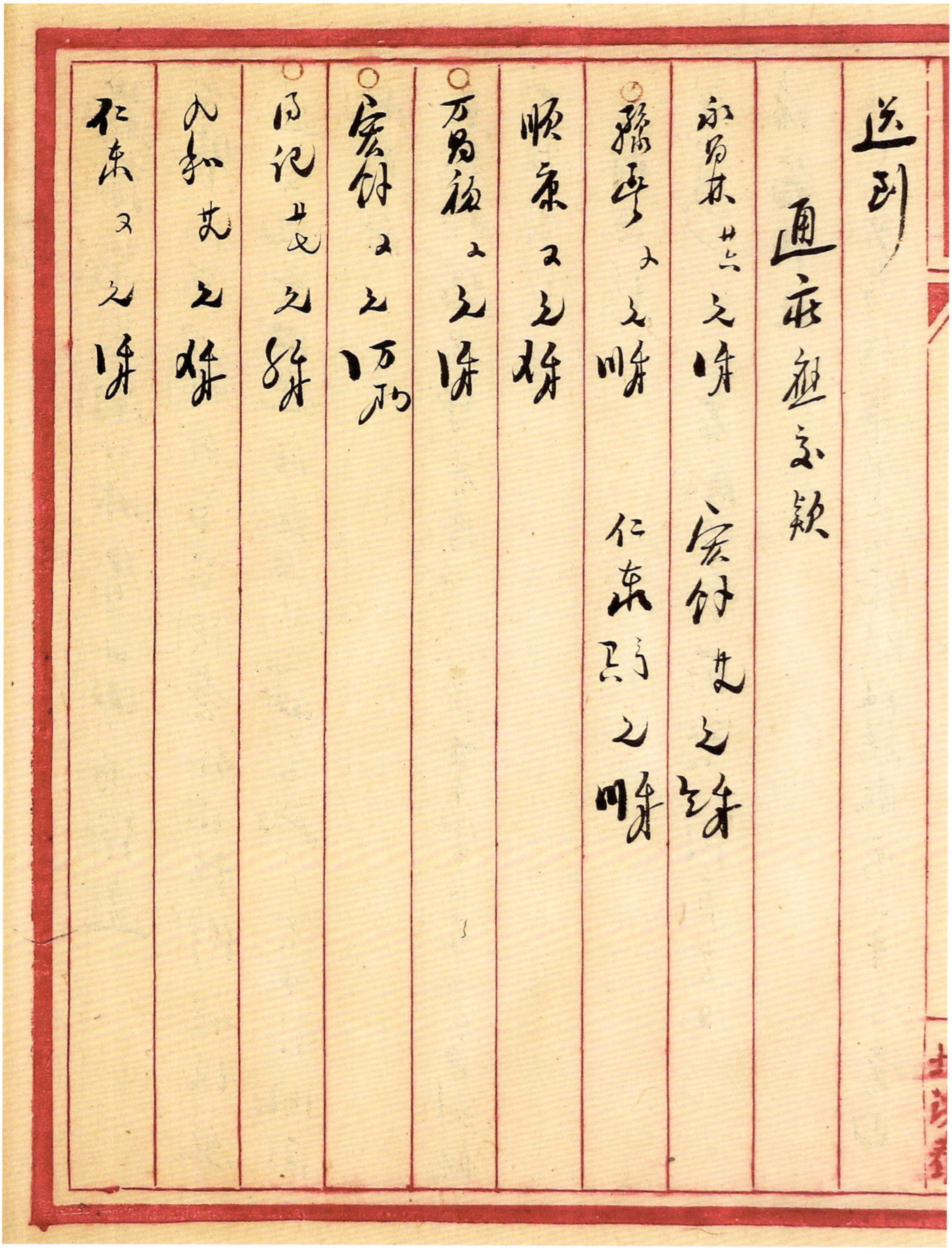
送到
通莊應交款
永昌林 廿六 元一千兩　宏餘 廿九 元八千兩
豫豐 又 元三千兩　仁泰 三月初六 元三千兩
順康 又 元四千兩
萬昌福 又 元一千兩
宏餘 又 元一萬兩
得記 廿七 元五千兩
九和 廿九 元四千兩
仁泰 又 元一千兩

第三十一號（閏二月廿五日）

通莊應交款：

永昌林，廿六，元一千兩

順康，又，元四千兩

宏餘，又，元一萬兩

九和，廿九，元四千兩

宏餘，廿九，元八千兩

豫豐，又，元三千兩

萬昌福，又，元一千兩

得記，廿七，元五千兩

仁泰，又，元一千兩

仁泰，三月初六，元三千兩

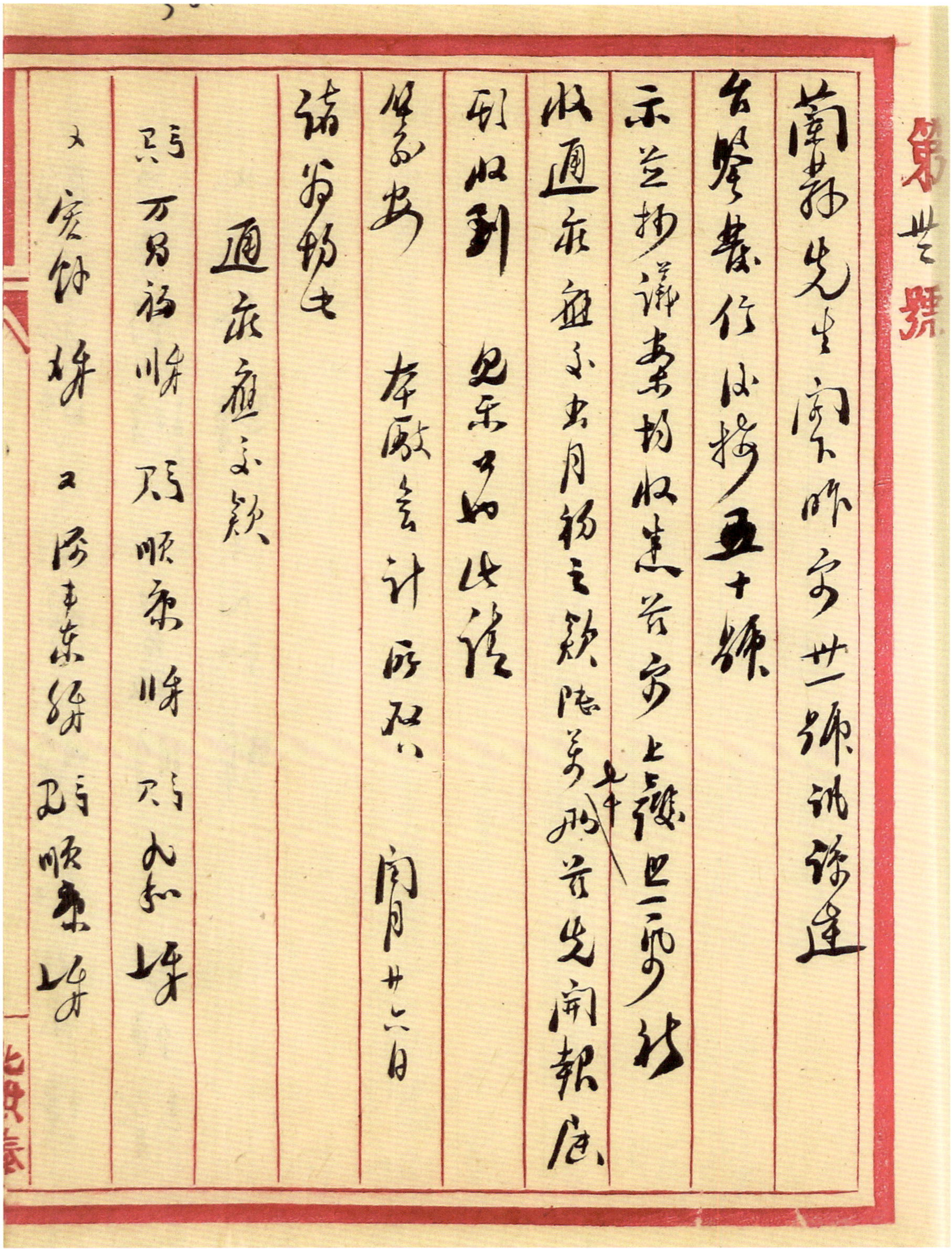

第三十二號（閏二月廿六日）

蘭蓀先生閣下：昨寄卅一號訊，諒達台鑒。發信後接五十號示并抄議案，均收悉。茲寄上護照一紙，祈收。通莊應交出月初之款陸萬七千兩，茲先開報，屆期收到見示可也。此請籌安。本廠會計所啓。閏月廿六日

諸翁均此。

通莊應交款：

三月初六，萬昌福，三千兩　　　又，宏餘，四千兩

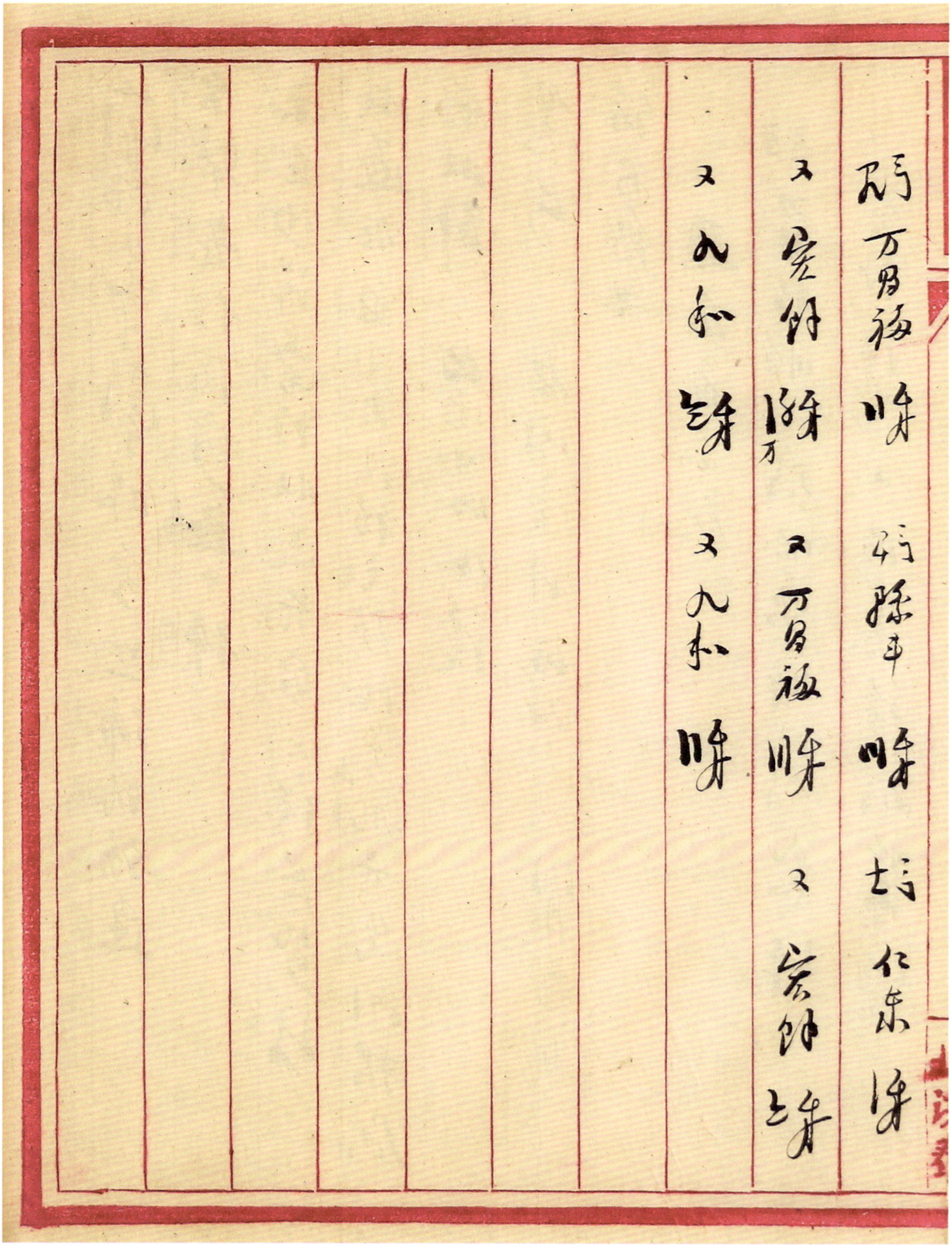

第三十二號（閏二月廿六日）

三月初八，順康，二千兩　　又，源豐泰，五千兩

三月初八，九和，六千兩　　三月初九，順康，六千兩

三月初九，萬昌福，二千兩　　又，宏餘，一萬五千兩　　又，九和，八千兩

三月初十，豫豐，三千兩　　又，萬昌福，三千兩　　又，九和，二千兩

三月十一，仁泰，一千兩　　又，宏餘，七千兩

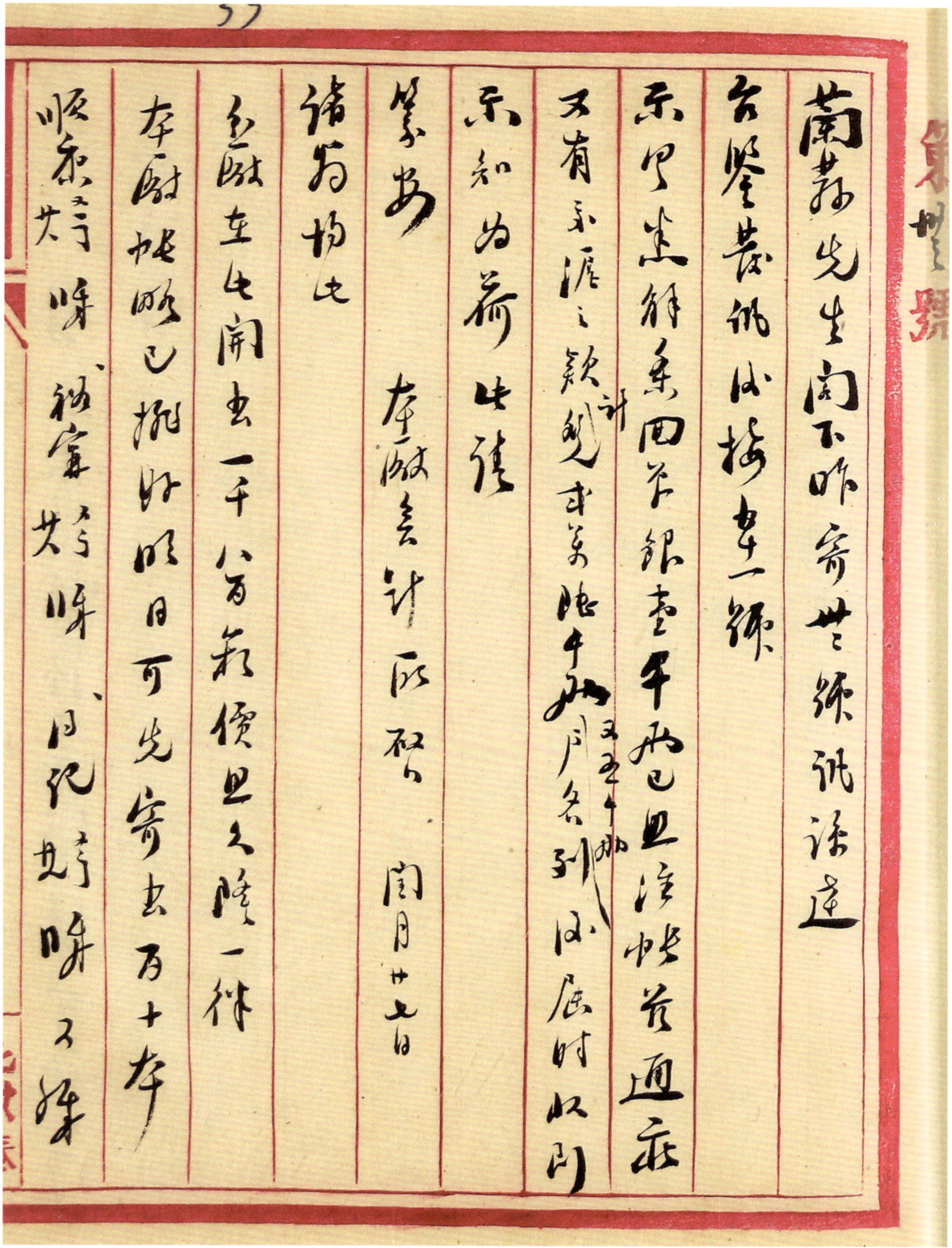

第三十三號（閏二月廿七日）

蘭蓀先生閣下：昨寄卅二號訊，諒達台鑒。發訊後接五十一號示，具悉。解條回單銀壹千兩，已照注帳。兹通莊又有交滬之款，計九八元弍萬陸千兩，又五千兩，户名列後，届時收到示知爲荷。此請籌安。本廠會計所啓。閏月廿七日

諸翁均此。

分廠在此開出一千八百箱，價照久隆一律。

本廠帳略已排好，明日可先寄出百十本。

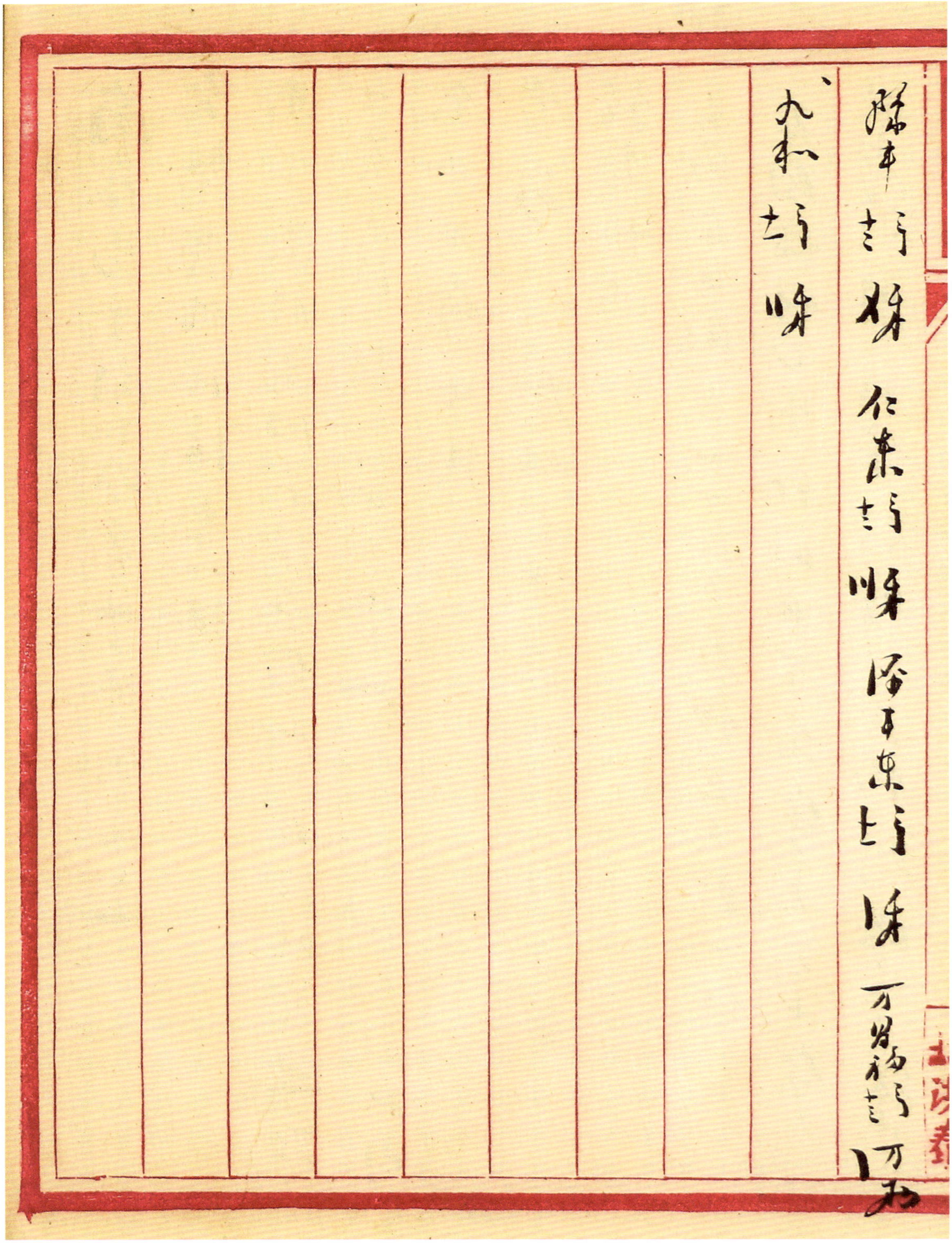

第三十三號（閏二月廿七日）

順康，又二月廿八，二千兩
得記，又二月廿九，二千兩；又五千兩
豫豐，三月十二，四千兩
源豐泰，三月十一，一千兩
九和，三月十一，二千兩

裕寧，又二月廿八，二千兩
仁泰，三月十二，三千兩
萬昌福，三月十三，一萬兩

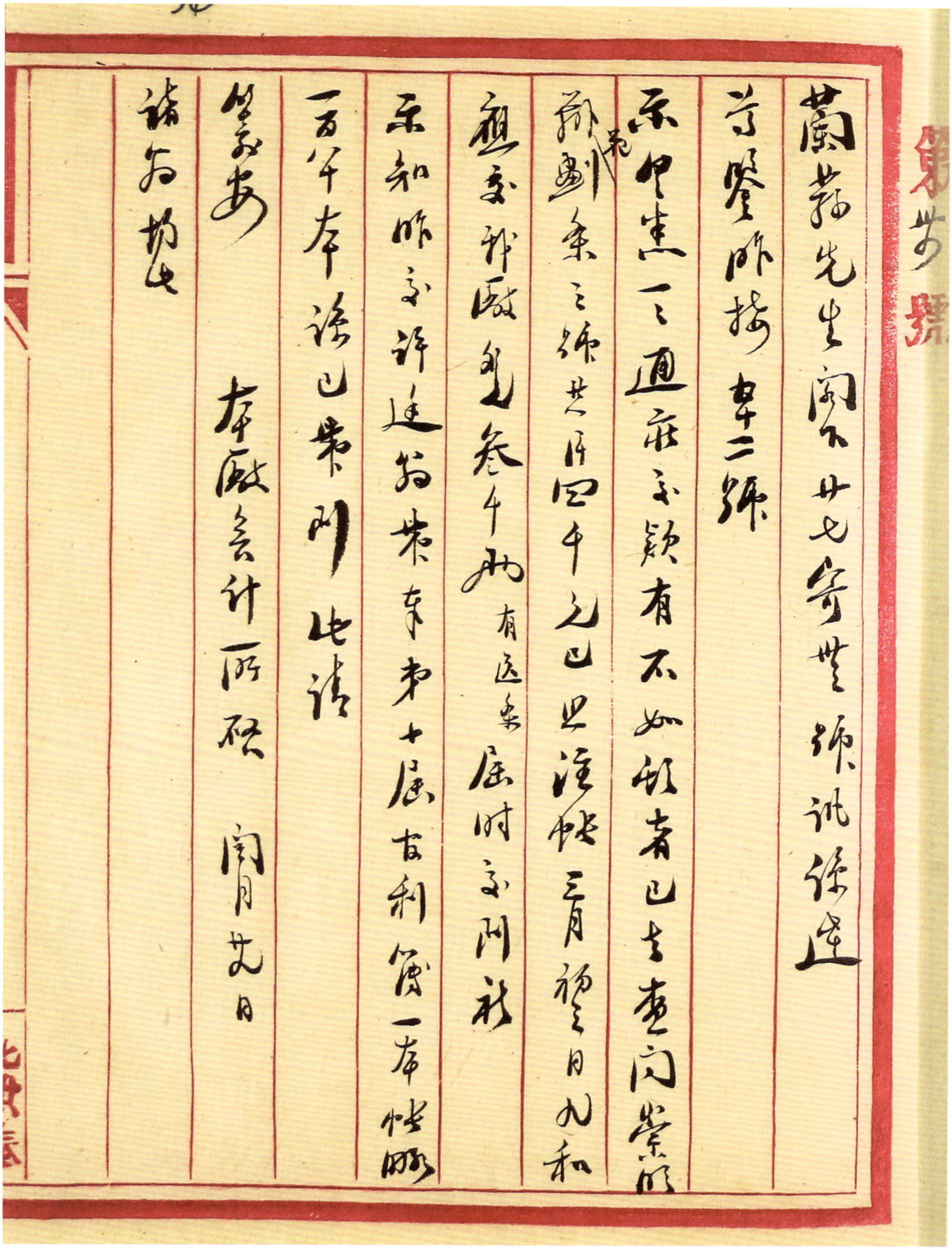

第三十四號（閏二月廿九日）

蘭蓀先生閣下：廿七寄卅三號訊，諒達尊鑒。昨接五十二號示，具悉一一。通莊交款有不如期者，已去查問。崇明辦花劃條三號，共洋四千元，已照注帳。三月初三日九和應交我廠九八元叁千兩（有送條），屆時交到祈示知。昨交許廷翁帶奉第十届官利簿一本、帳略一百八十本，諒已帶到。此請籌安。本廠會計所啓。閏月廿九日

諸翁均此。

第三十四號（閏二月廿九日）

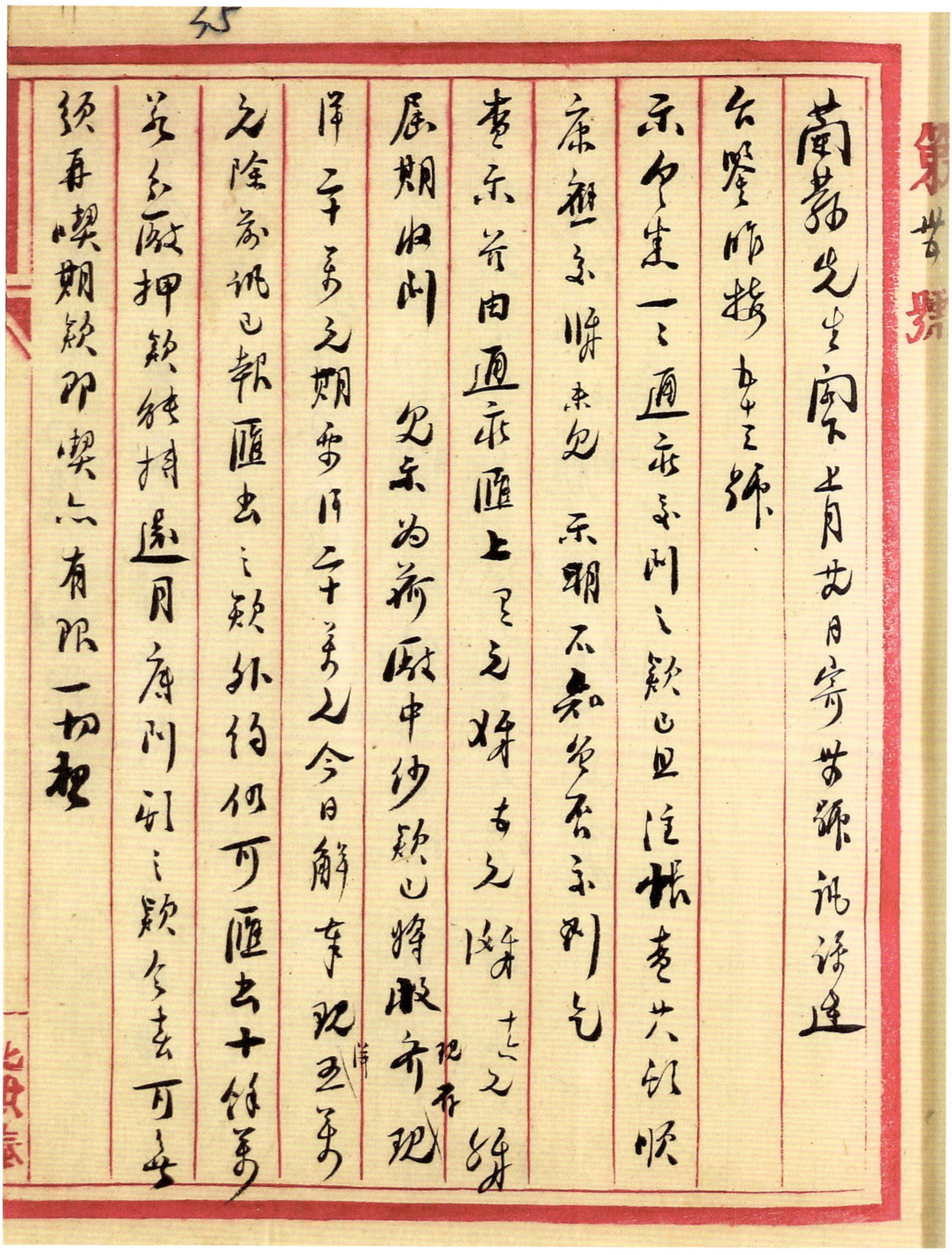

第三十五號（三月初二日）

蘭蓀先生閣下：上月廿九日寄卅四號訊，諒達台鑒。昨接五十三號示，具悉一一。通莊交到之款已照注帳。查廿八期順康應交二千兩未見示明，不知曾否交到，乞查示。兹由通莊匯上初二元四千兩、十五元一萬九千兩、十六元五千兩，届期收到見示爲荷。廠中紗款已將收齊，現存現洋二十萬元、期票洋二十萬元。今日解奉現洋五萬元，除前訊已報匯出之款外，約仍可匯出十餘萬，若分廠押款能抵還月底到期之款，今春可無須再吃期款，即吃亦有限。一切想尊裁是善。餘續聞。即請籌安。

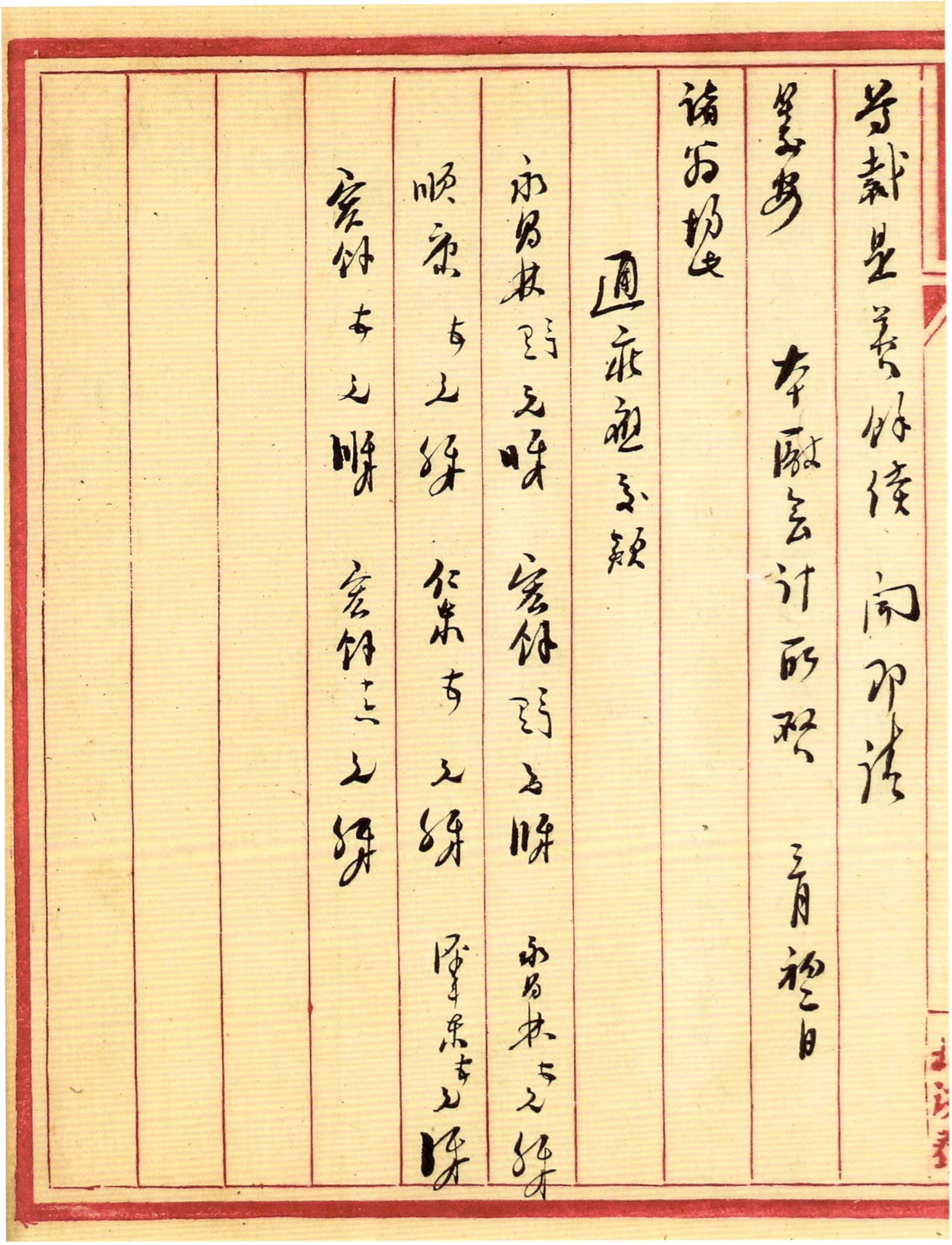

第三十五號（三月初二日）

本廠會計所啓。三月初二日

諸翁均此。

通莊應交款：

永昌林，三月初二，元二千兩　宏餘，三月初二，元二千兩

永昌林，十五，元五千兩　順康，十五，元五千兩　仁泰，十五，元五千兩

源豐泰，十五，元一千兩　宏餘，十五，元三千兩　宏餘，十六，元五千兩

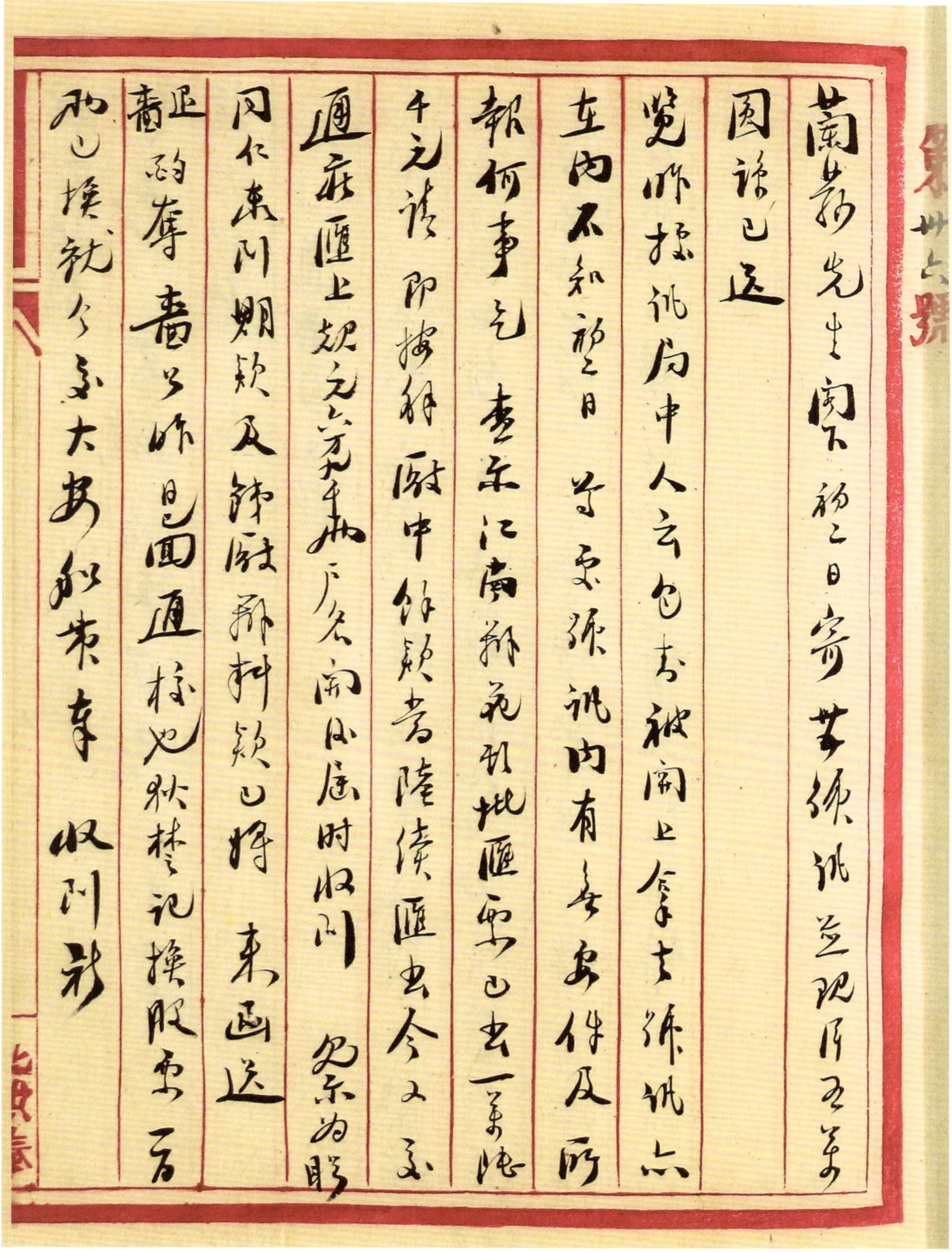

第三十六號（三月初四日）

蘭蓀先生閣下：初二日寄卅五號訊并現洋五萬圓，諒已送覽。昨據訊局中人云，包封被關上拿去，號訊亦在内，不知初二日尊處號訊内有無要件及所報何事，乞查示。江南辦花，頭批匯票已出一萬陸千元，請即按解，廠中餘款當陸續匯出。今又交通莊匯上規元六萬九千兩，户名開後，屆時收到見示爲盼。同仁泰到期款及鐵廠辦料款，已將來函送退、啬酌奪。啬公昨日已回通校也。狄楚記换股票一百兩，已换就，今交大安船帶奉，收到祈示知。此請籌安。本廠會計所啓。三月四日

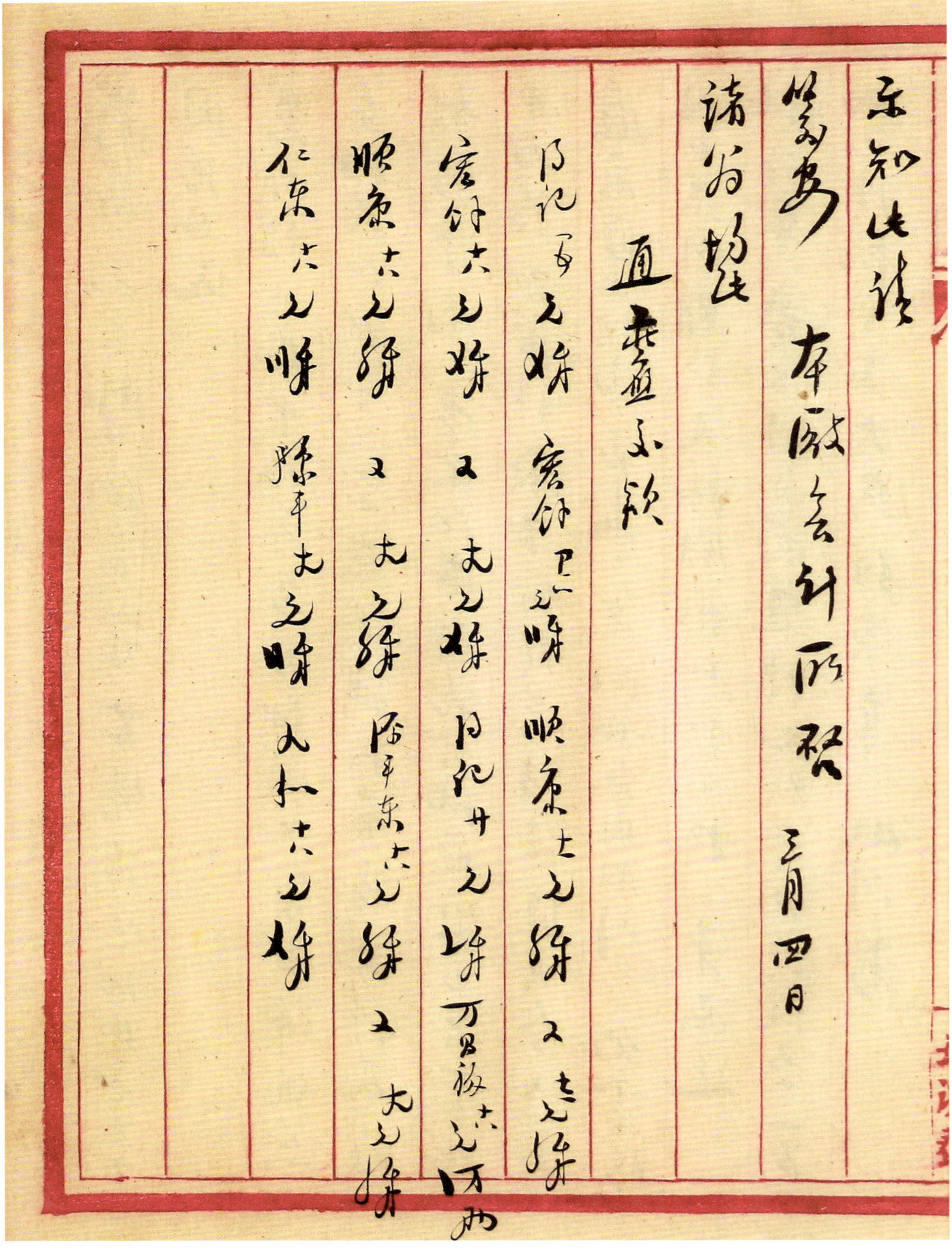

第三十六號（三月初四日）

諸翁均此。

通莊應交款：

得記，初五，元四千兩	宏餘，初六，元二千兩	順康，十一，元五千兩
又，十二，元五千兩	宏餘，十八，元四千兩	又，十九，元四千兩
得記，廿，元六千兩	萬昌福，十八，元一萬兩	順康，十八，元五千兩
又，十九，元五千兩	源豐泰，十八，元五千兩	又，十九，元五千兩
仁泰，十八，元三千兩	豫豐，十九，元二千兩	九和，十八，元四千兩

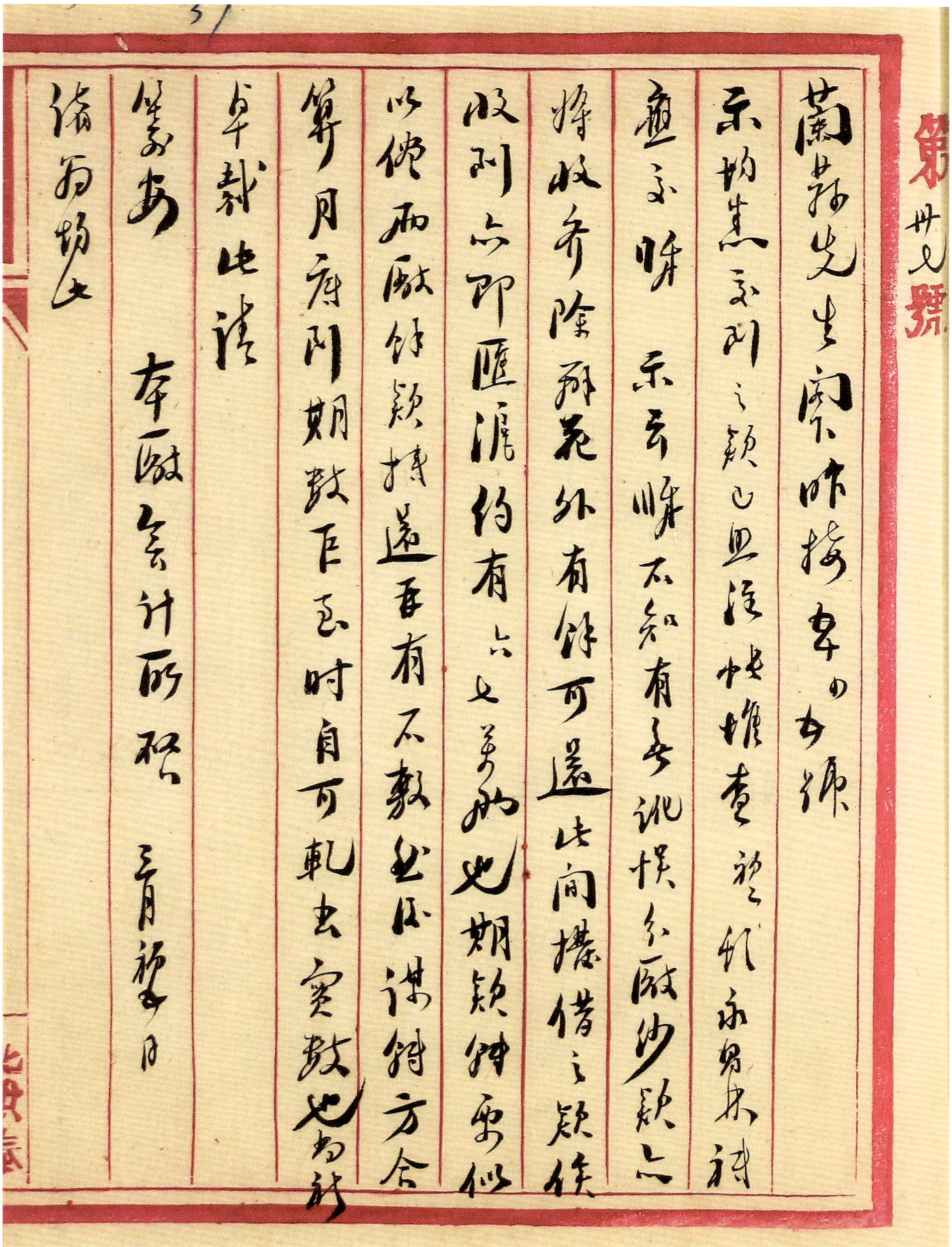

第三十七號（三月初五日）

蘭蓀先生閣下：昨接五十四、五十五號示，均悉。交到之款已照注帳，惟查初二期永昌林祇應交二千兩，示云三千兩，不知有無訛誤。分廠紗款亦將收齊，除辦花外，有餘可還此間撥借之款，俟收到，亦即匯滬，約有六七萬兩也。期款轉票，似以儘兩廠餘款抵還，再有不敷，然後謀轉方合算。月底到期數巨，至時自可軋出實數也，尚祈卓裁。此請籌安。本廠會計所啓。三月初五日

諸翁均此。

第三十七號（三月初五日）

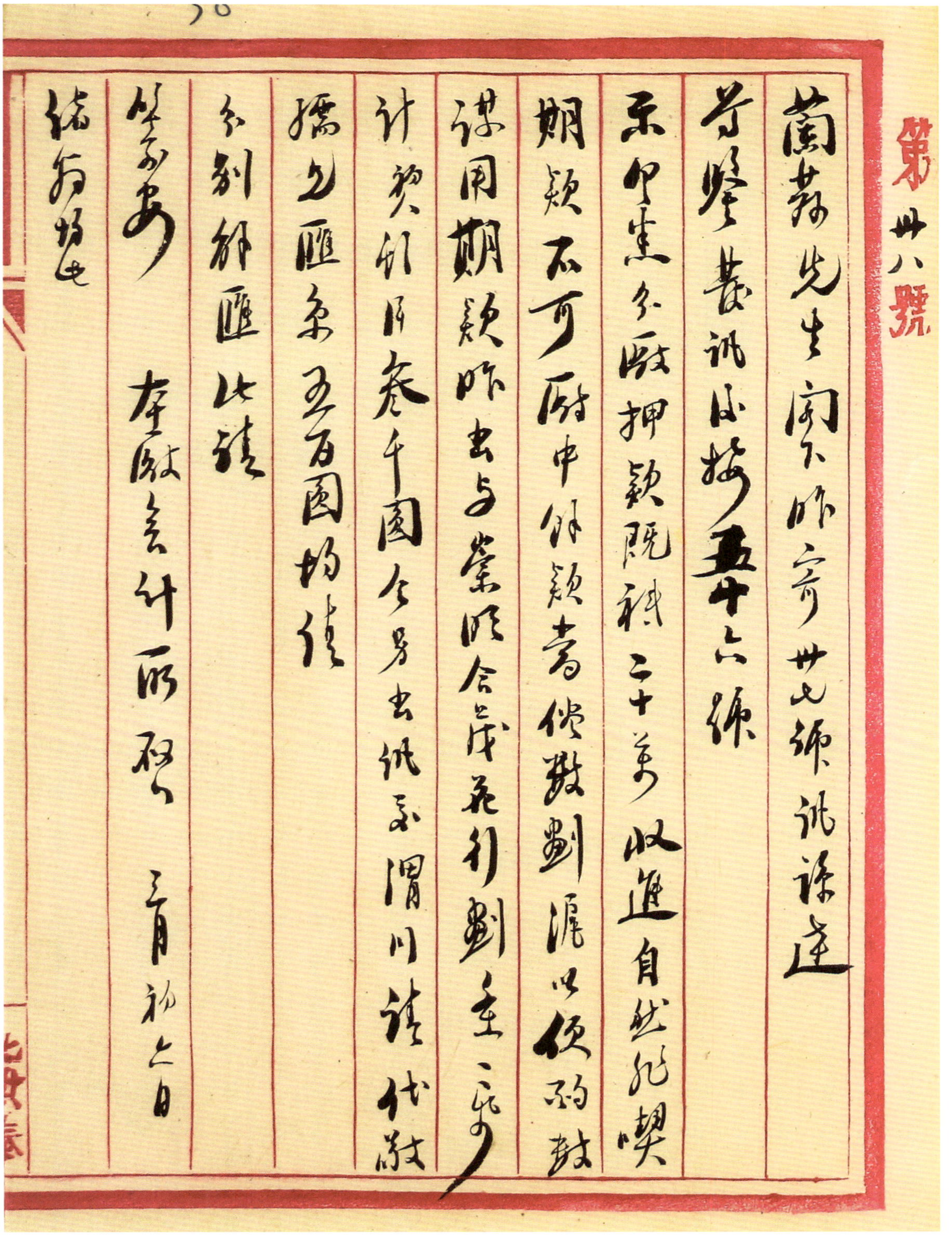

第三十八號（三月初六日）

蘭蓀先生閣下：昨寄卅七號訊，諒達尊鑒。發訊後接五十六號示，具悉。分廠押款既祇〔抵〕二十萬收進，自然非吃期款不可。廠中餘款當儘數劃滬，以便酌數謀用。期款昨出與崇明合茂花行劃條一紙，計初八期洋叁千圓，今另出訊交渭川，請代敬孺兄匯京五百圓，均請分別解匯。此請籌安。本廠會計所啓。三月初六日

諸翁均此。

第三十八號（三月初六日）

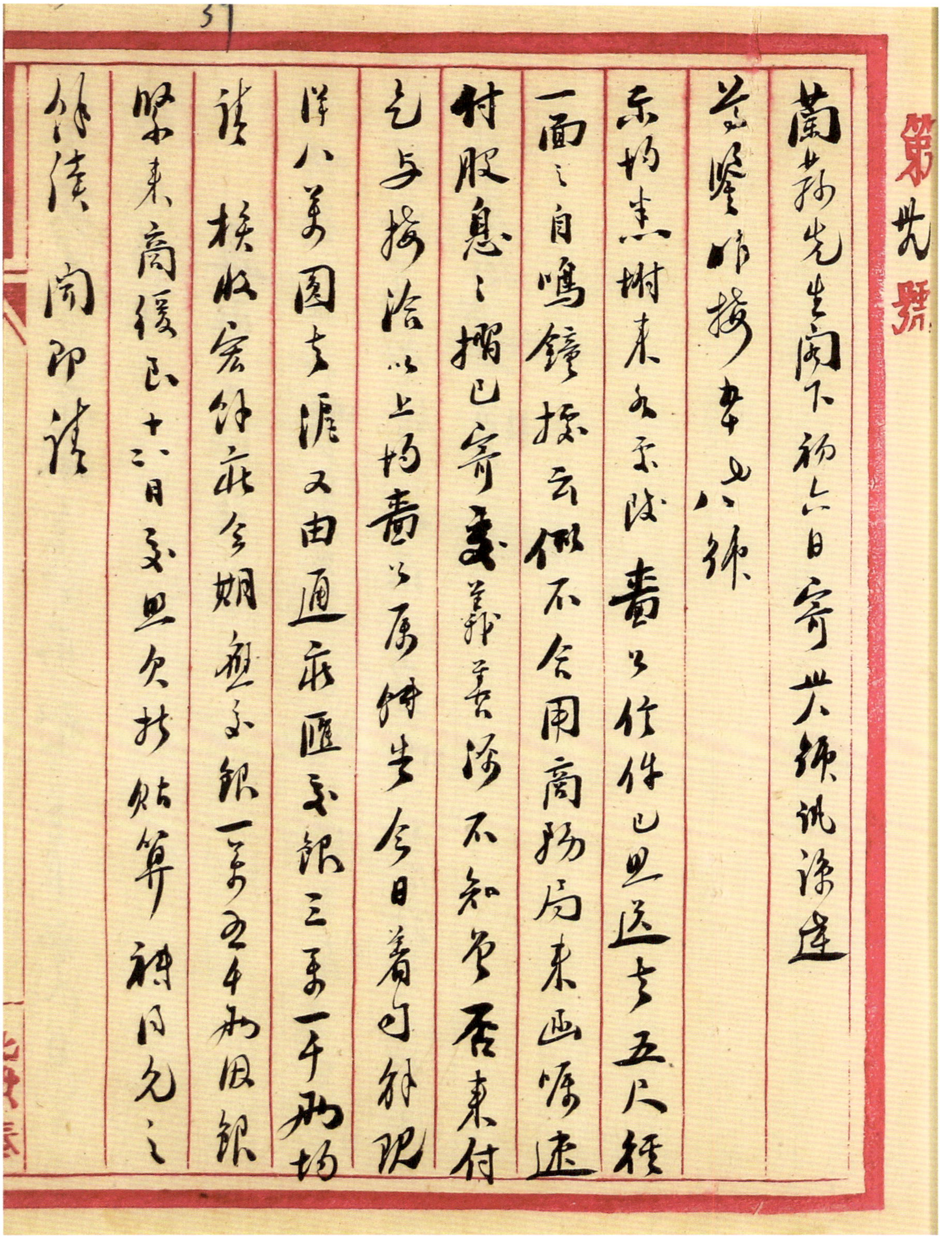

第三十九號（三月初九日）

蘭蓀先生閣下：初六日寄卅八號訊，諒達尊鑒。昨接五十七、五十八號示，均悉。附來各處致嗇公信件，已照送去。五尺徑一面之自鳴鐘，據云似不合用。商務局來函囑速付股息，息摺已寄交義善源，不知曾否來付，乞與接洽。以上均嗇公屬轉告。今日着司解現洋八萬圓去滬，又由通莊匯交銀三萬一千兩，均請核收。宏餘莊今期應交銀一萬五千兩，因銀緊來商，緩至十一二日交，照欠折貼算，祇得允之。餘續聞。即請籌安。本廠會計所啓。三月初九日

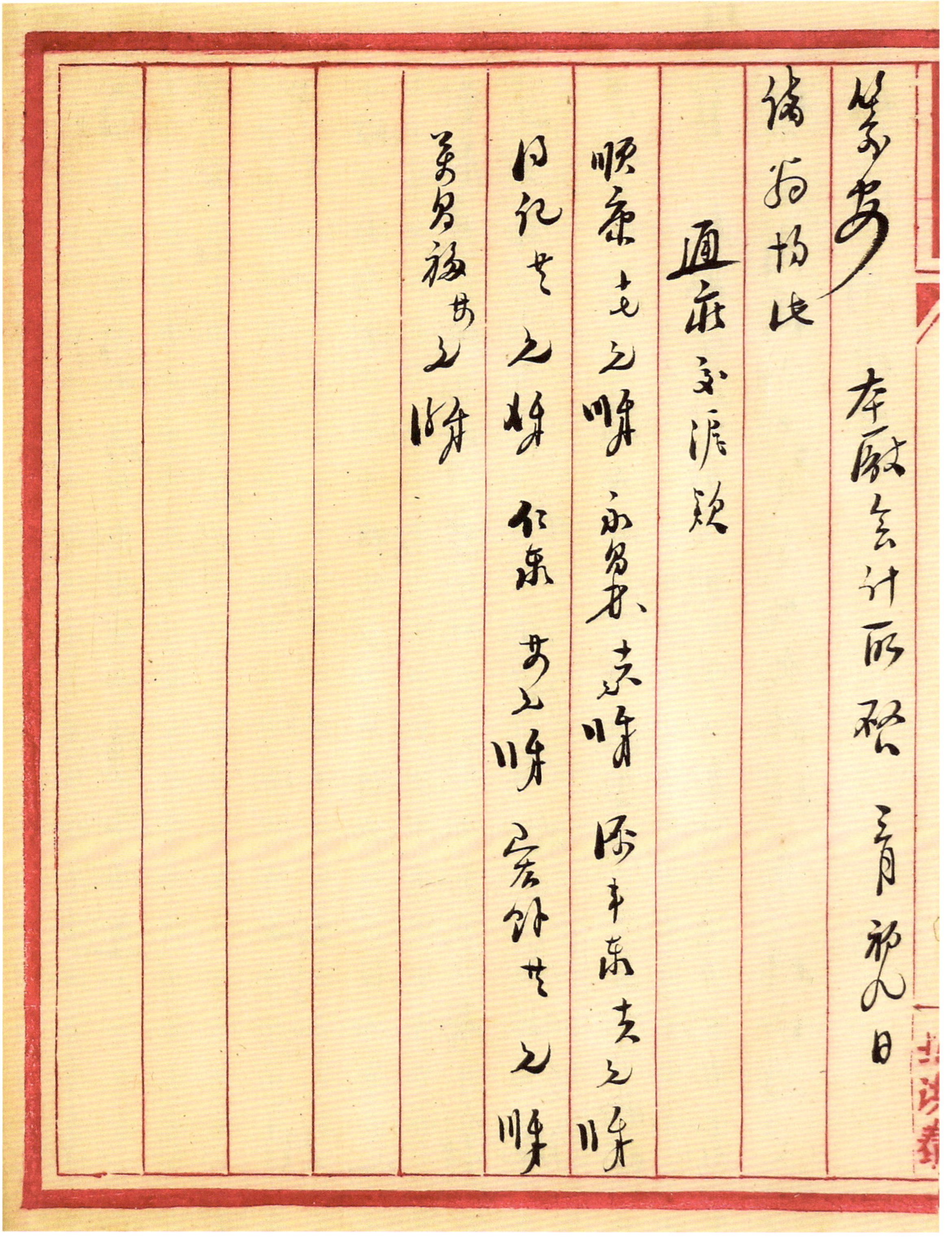

第三十九號（三月初九日）

諸翁均此。

通莊交滬款：

順康，十七，元三千兩

源豐泰，十六，元二千兩

仁泰，廿四，元二千兩

萬昌福，廿四，元一萬五千兩

永昌林，十六，元二千兩

得記，廿二，元四千兩

宏餘，廿二，元三千兩

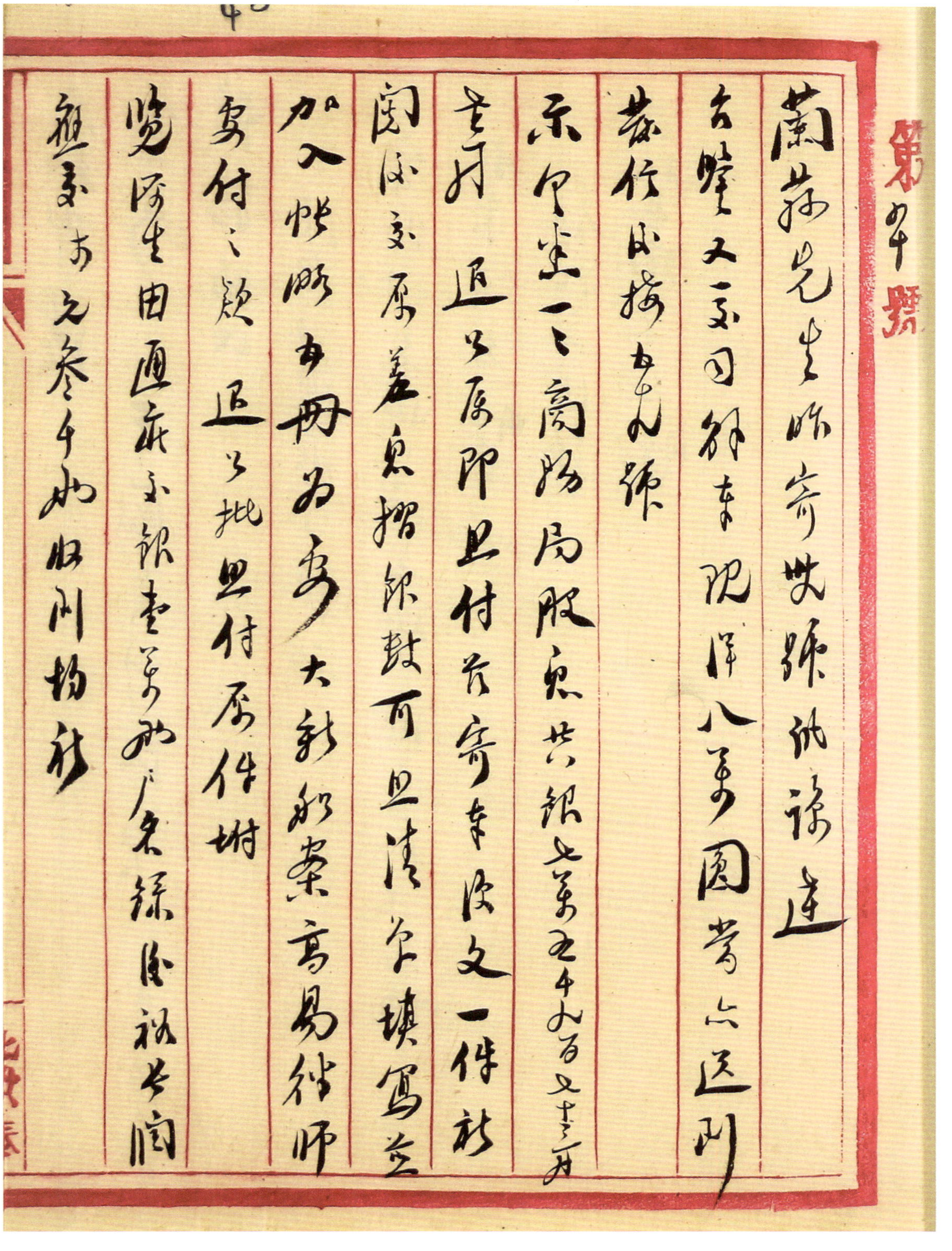

第四十號（三月初十日）

蘭蓀先生：昨寄卅九號訊，諒達台鑒。又交司解奉現洋八萬圓，當亦送到。發信後接五十九號示，具悉一一。商務局股息共銀七萬五千九百七十三兩七錢一分五，退公屬即照付，兹寄奉復文一件，祈閲後交原差，息摺銀數可照清單填寫，并加入帳略五册爲要。大新船案，高易律師要付之款，退公批照付，原件附覽。源生由通莊交銀壹萬兩，户名録後。裕長潤應交十四元叁千兩，收到均祈示知。即請籌安。本廠會計所啓。三月初十日

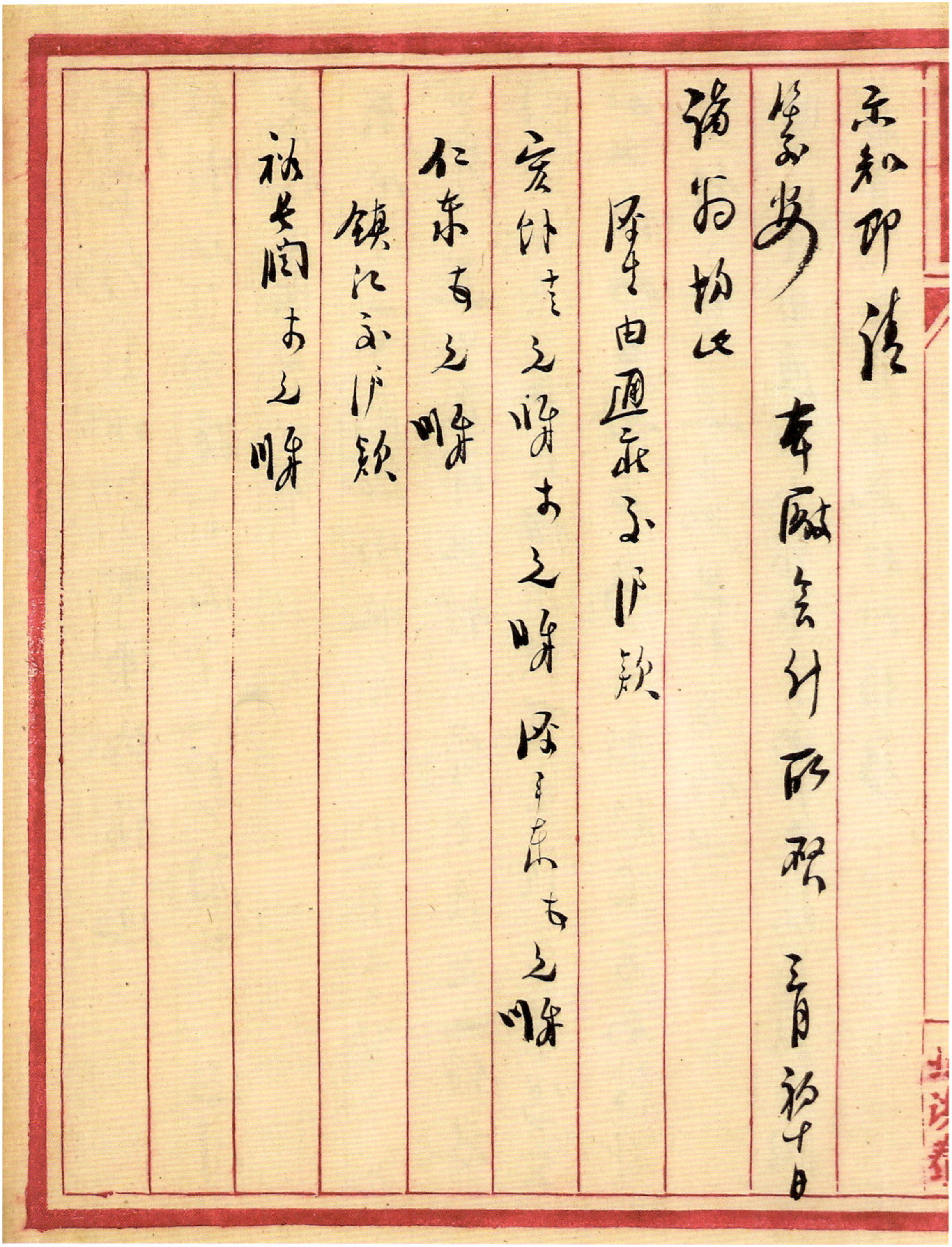

第四十號（三月初十日）

諸翁均此。

源生由通莊交滬款：

宏餘，十三，元二千兩；十四，元二千兩　　源豐泰，十五，元三千兩

仁泰，十五，元三千兩

鎮江交滬款：

裕長潤，十四，元三千兩

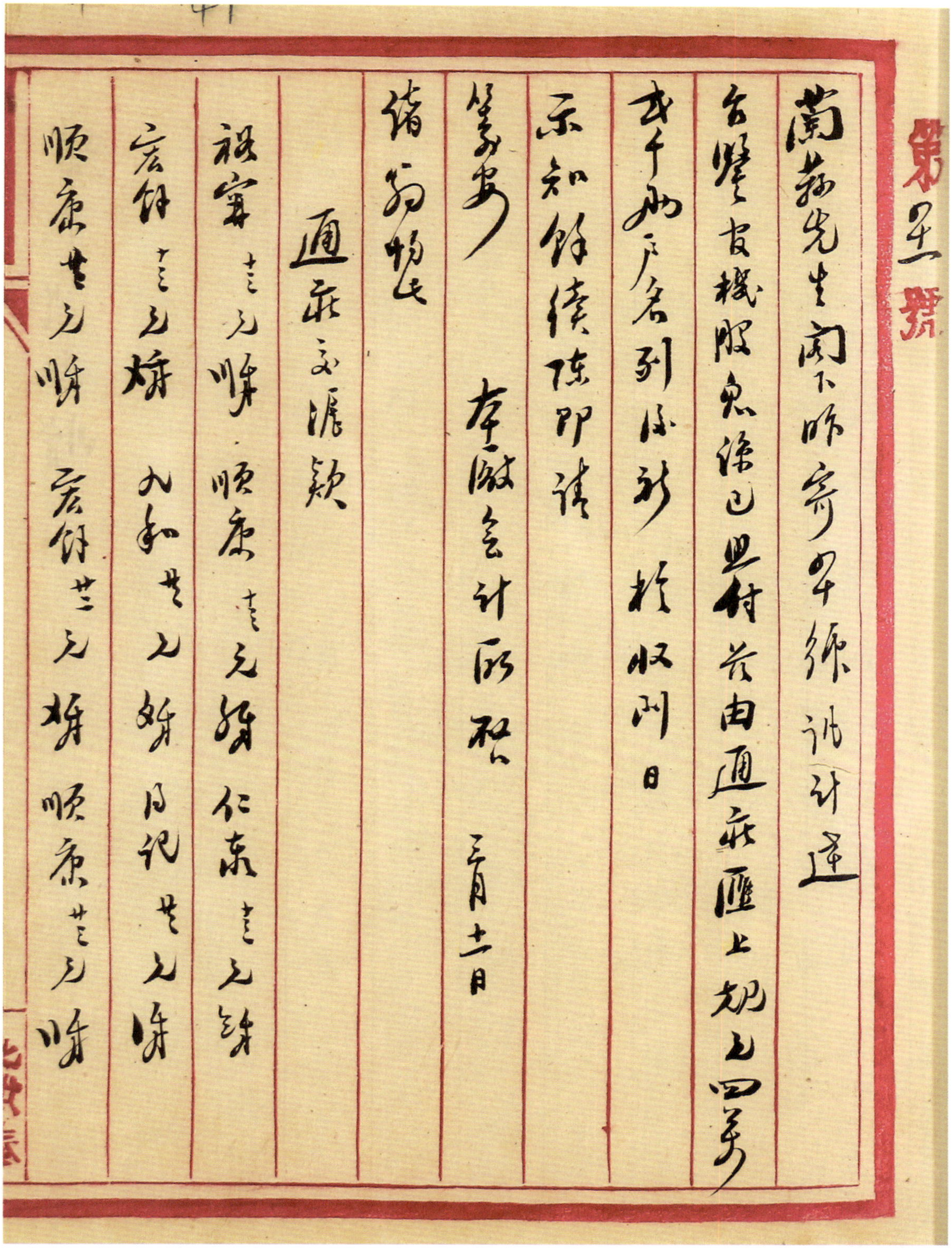

第四十一號（三月十一日）

蘭蓀先生閣下：昨寄四十號訊，計達台鑒。官機股息諒已照付。兹由通莊匯上規元四萬式千兩，户名列後，祈於收到日示知。餘續陳。即請籌安。本廠會計所啓。三月十一日

諸翁均此。

通莊交滬款：

裕寧，十三，元三千兩　　順康，十三，元五千兩　　仁泰，十三，元八千兩

第四十一號（三月十一日）

宏餘，十三，元四千兩　九和，廿二，元九千兩　得記，廿二，元一千兩
順康，廿二，元三千兩　宏餘，廿二，元四千兩　順康，廿三，元二千兩
豫豐，廿三，元三千兩

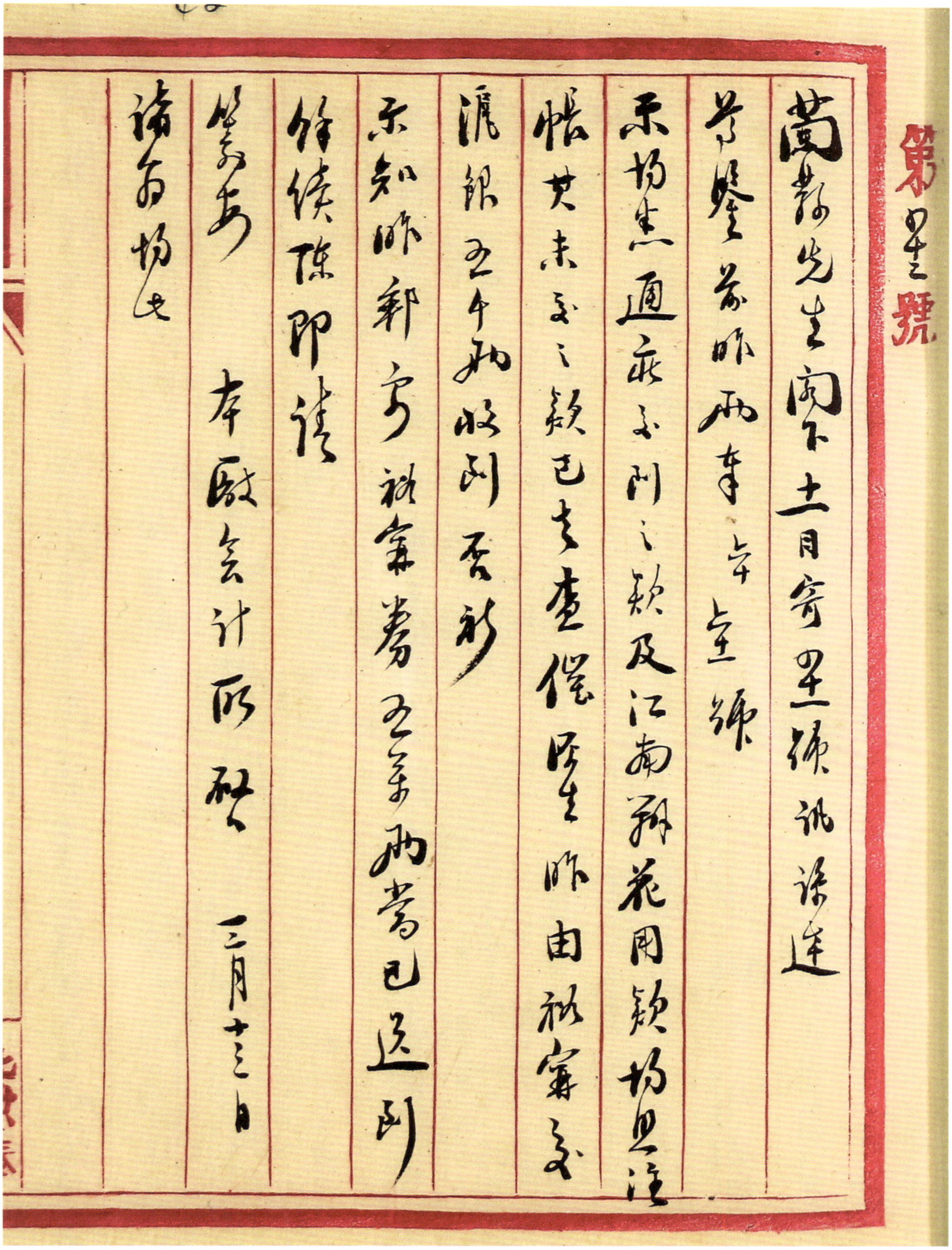

第四十二號（三月十三日）

蘭蓀先生閣下：十一日寄四十一號訊，諒達尊鑒。前、昨兩奉六十、六十一號示，均悉。通莊交到之款及江南辦花用款，均照注帳，其未交之款，已去查催。源生昨由裕寧交滬銀五千兩，收到否？祈示知。昨郵寄裕寧券五萬兩，當已送到。餘續陳。即請籌安。本廠會計所啓。三月十三日
諸翁均此。

第四十二號（三月十三日）

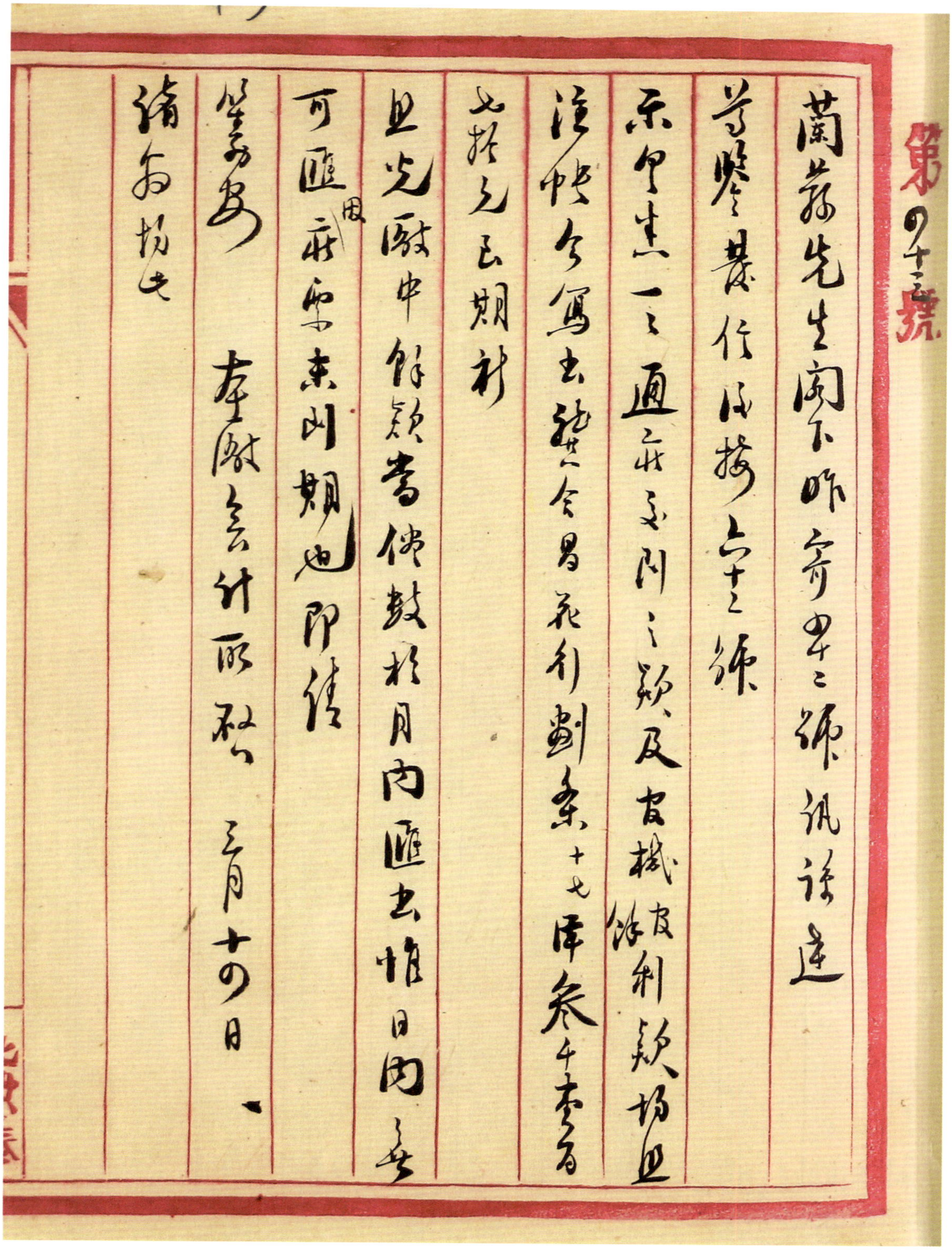

第四十三號（三月十四日）

蘭蓀先生閣下：昨寄四十二號訊，諒達尊鑒。發信後接六十二號示，具悉一一。通莊交到之款及官機官利、餘利款，均照注帳。今寫出龔合昌花行劃條十七洋叁千壹百七拾元，至期祈照兑。廠中餘款，當儘數於月内匯出，惟日内無可匯，因莊票未到期也。即請籌安。本廠會計所啓。三月十四日

諸翁均此。

第四十三號（三月十四日）

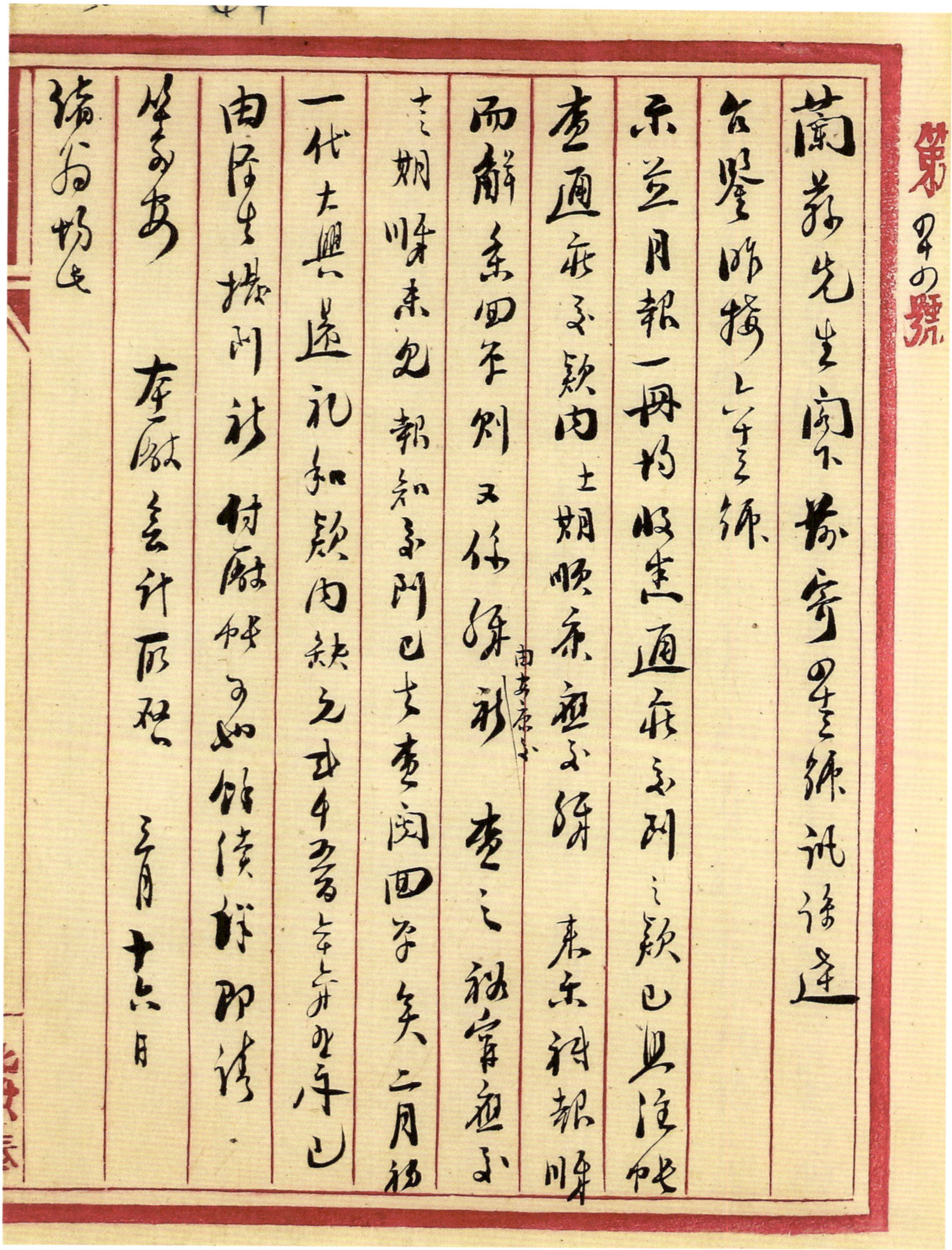

第四十四號（三月十六日）

蘭蓀先生閣下：前寄四十三號訊，諒達台鑒。昨接六十三號示并月報一册，均收悉。通莊交到之款已照注帳。查通莊交款内，十一期順康應交五千兩，來示衹報三千兩，而解條回單則又係五千兩，由安康交，祈查之。裕寧應交十三期三千兩未見報，知交到，已去查閲回單矣。二月初一代大興還禮和款内缺元弍千五百六十六兩四錢二分八，已由源生撥到，祈付廠帳可也。餘續詳。即請籌安。本廠會計所啓。三月十六日
諸翁均此。

第四十四號（三月十六日）

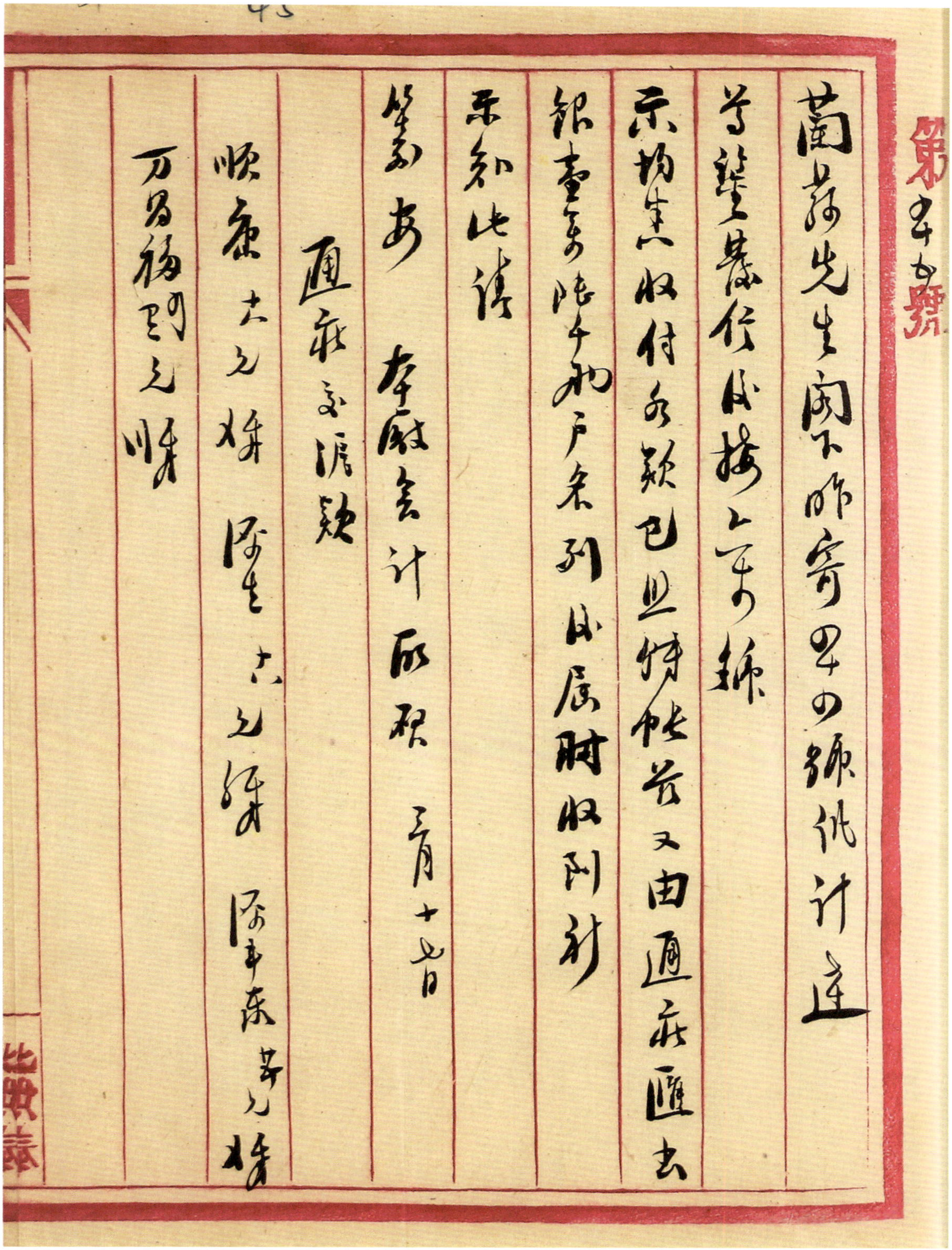

第四十五號（三月十七日）

蘭蓀先生閣下：昨寄四十四號訊，計達尊鑒。發信後接六十四號示，均悉。收付各款已照轉帳。兹又由通莊匯出銀壹萬陸千兩，户名列後，届時收到祈示知。此請籌安。本廠會計所啓。三月十七日

通莊交滬款：

順康，十八，元四千兩

源生，十八，元五千兩

第四十五號（三月十七日）

源豐泰，廿五，元四千兩

萬昌福，四月初二，元三千兩

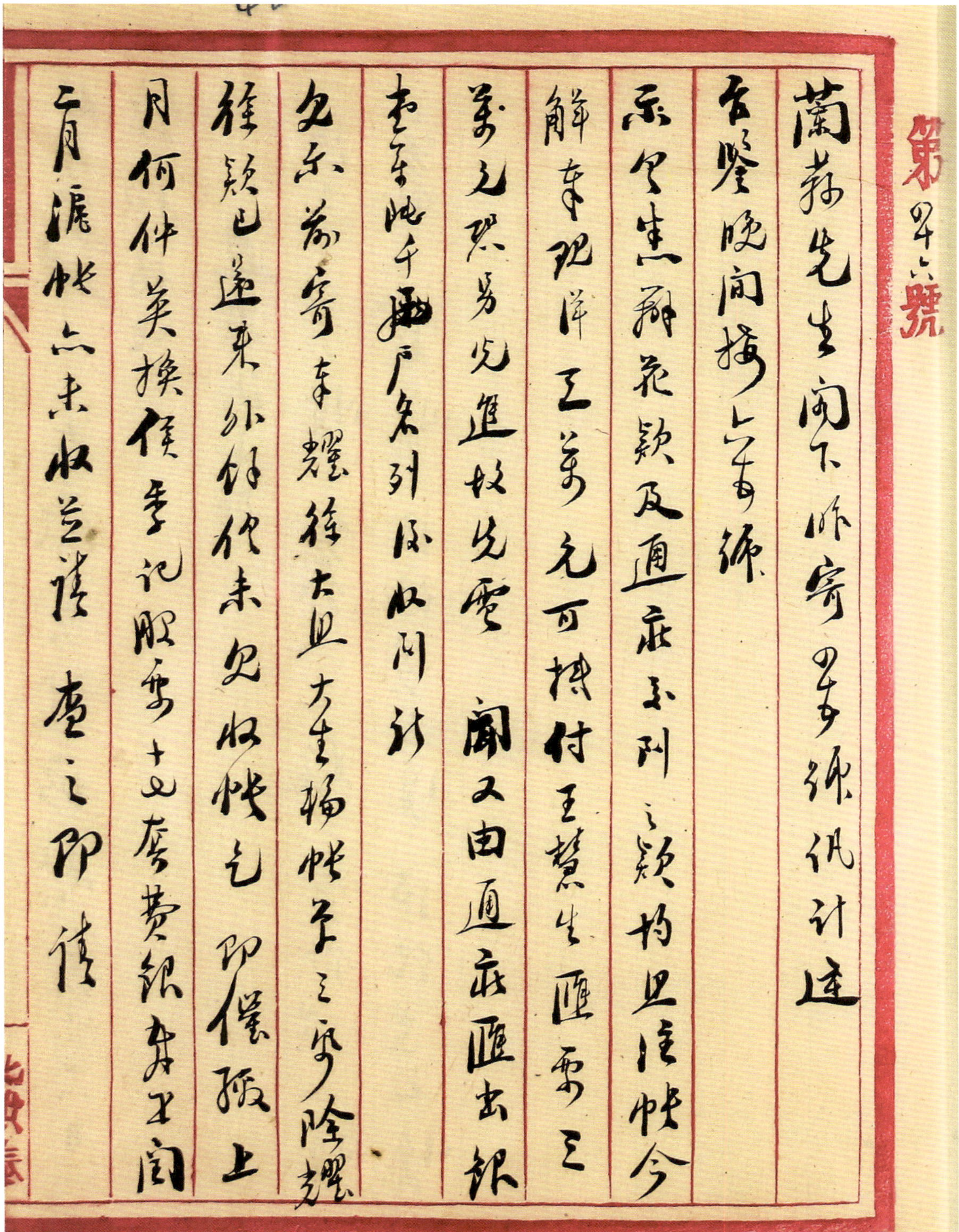

第四十六號（三月十八日）

蘭蓀先生閣下：昨寄四十五號訊，計達台鑒。晚間接六十五號示，具悉。辦花款及通莊交到之款，均照注帳。今解奉現洋三萬元，可抵付王慧生匯票三萬元，恐另兑進，故先電聞。又由通莊匯出銀壹萬陸千兩，户名列後，收到祈見示。前寄奉耀徐、大照、大生輪帳單三紙，除耀徐款已還來外，餘俱未見收帳，乞即催繳。上月何仲英換侯季記股票十七套，費銀五兩一錢，閏二月滬帳亦未收，并請查之。即請籌安。本廠會計所啓。三月十八日

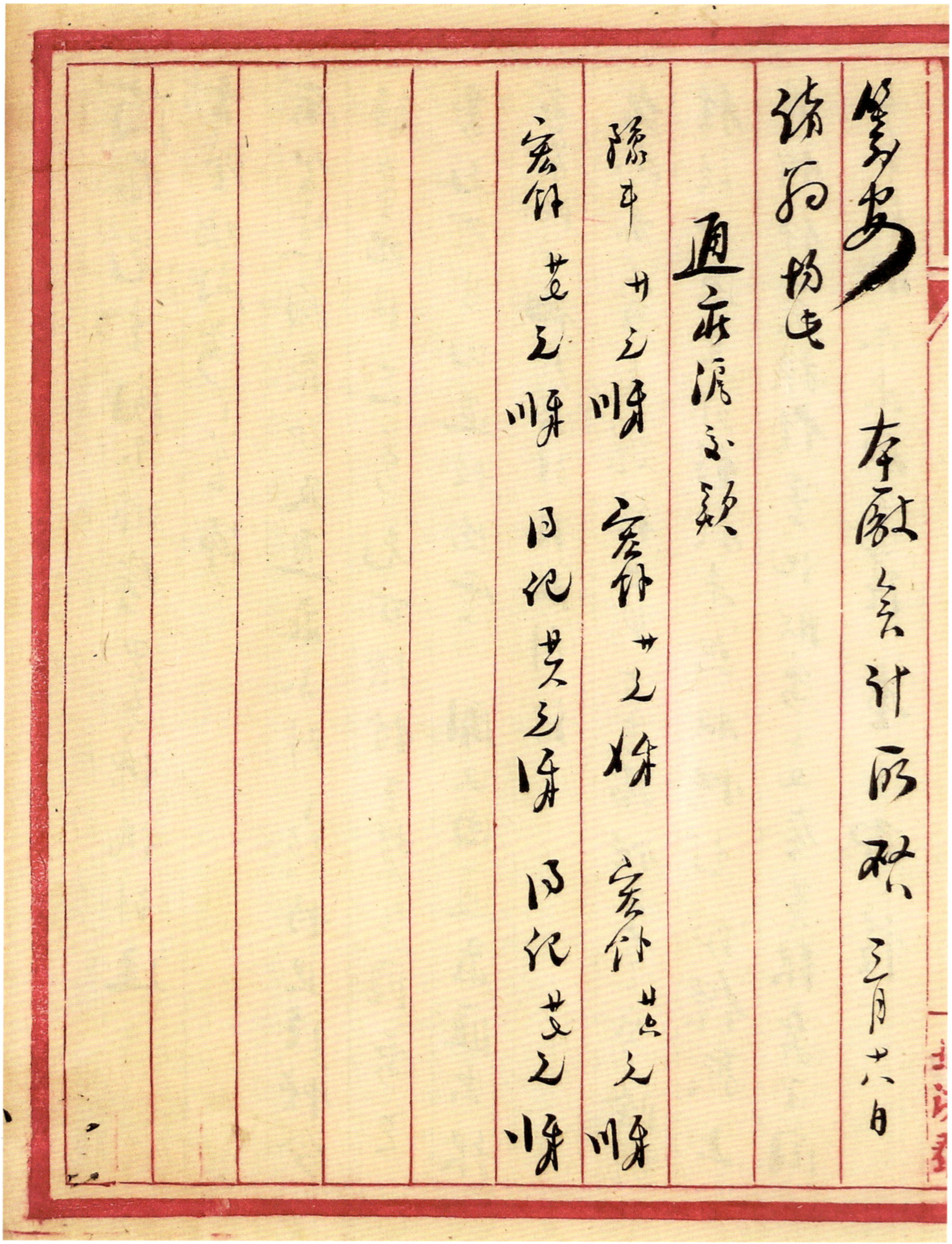

第四十六號（三月十八日）

諸翁均此。

通莊滬交款：

豫豐，廿，元三千兩　　宏餘，廿，元四千兩

宏餘，廿六，元三千兩　　宏餘，廿七，元三千兩

得記，廿六，元一千兩　　得記，廿七，元二千兩

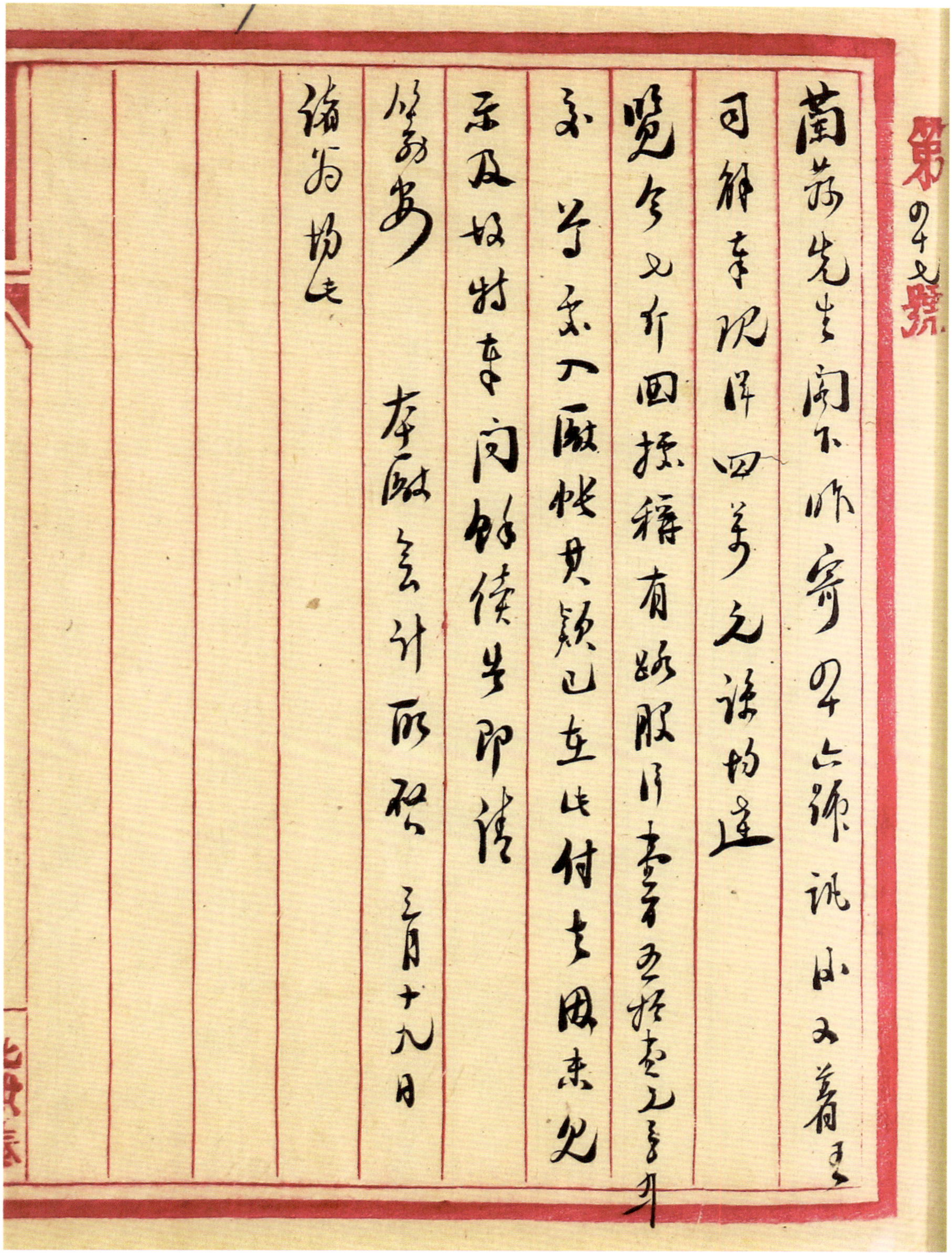

第四十七號（三月十九日）

蘭蓀先生閣下：昨寄四十六號訊，後又着王司解奉現洋四萬元，諒均達覽。今七斤回，據稱有路股洋壹百五拾壹元三角四分一，交尊處入廠帳，其款已在此付去，因未見示及，故特奉問。餘續告。即請籌安。本廠會計所啓。三月十九日

諸翁均此。

第四十七號（三月十九日）

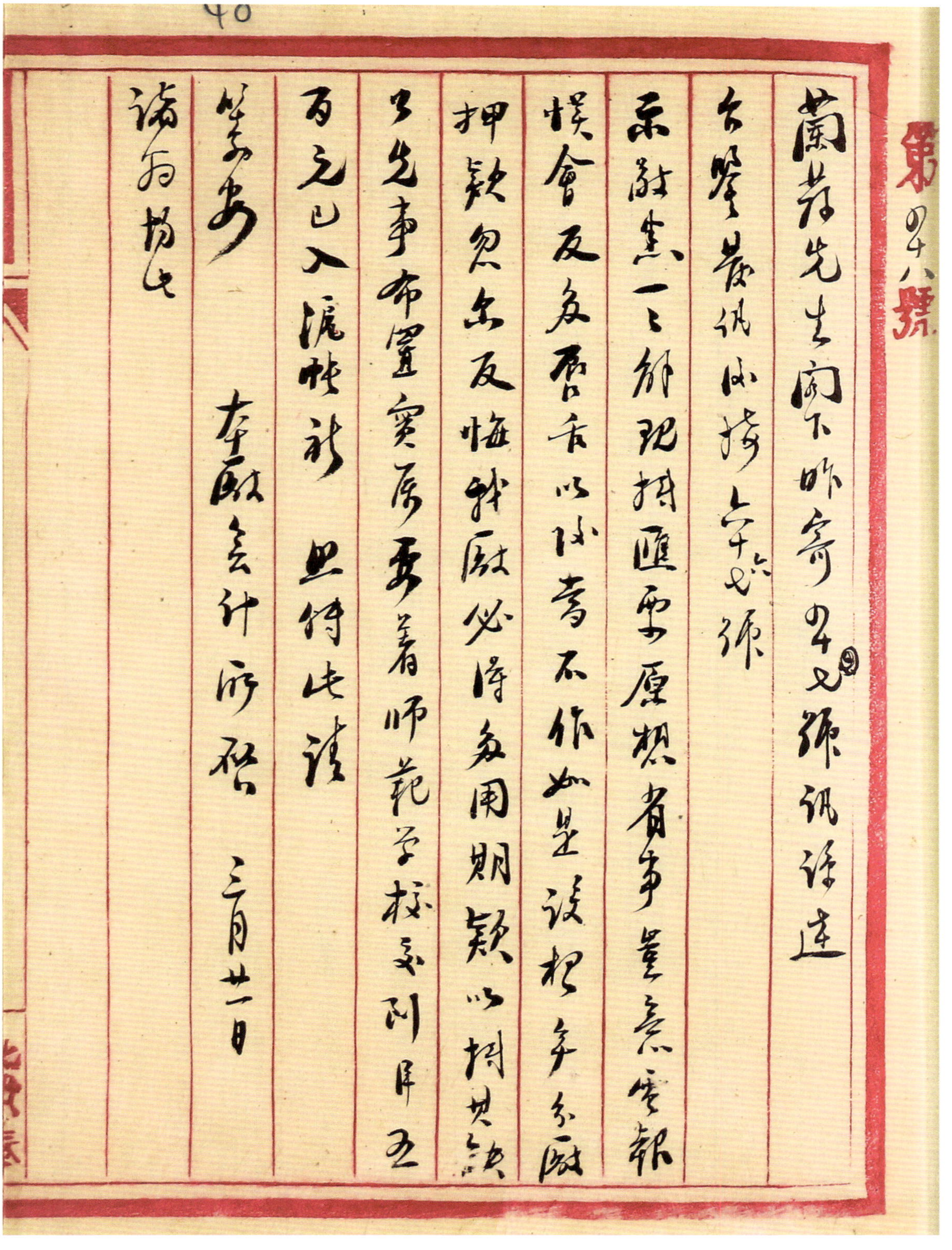

第四十八號（三月廿一日）

蘭蓀先生閣下：昨寄四十七號訊，諒達台鑒。發訊後接六十六、六十七號示，敬悉一一。解現抵匯票，原想省事，豈意電報誤會，反多唇舌，以後當不作如是設想矣。分廠押款忽爾反悔，我廠必得多用期款以抵其缺，公先事布置，實屬要着。師範學校交到洋五百元，已入滬帳，祈照轉。此請籌安。本廠會計所啓。三月廿一日

諸翁均此。

第四十八號（三月廿一日）

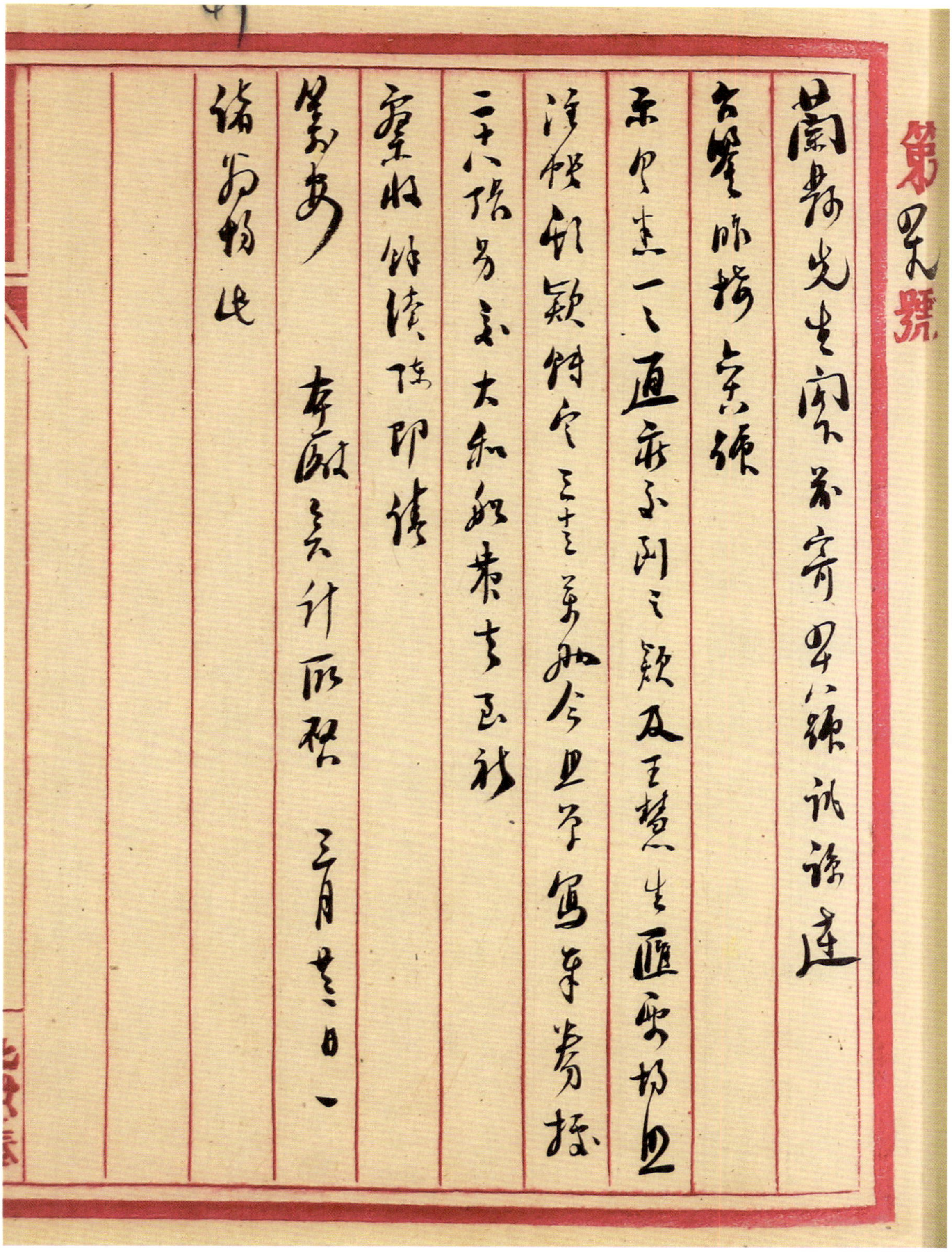

第四十九號（三月廿三日）

蘭蓀先生閣下：前寄四十八號訊，諒達台鑒。昨接六十八號示，具悉一一。通莊交到之款及王慧生匯票，均照注帳。期款轉定三十三萬兩，今照單寫奉券據二十八張，另交大和船帶去，至祈察收。餘續陳。即請籌安。本廠會計所啓。三月廿三日
諸翁均此。

第四十九號（三月廿三日）

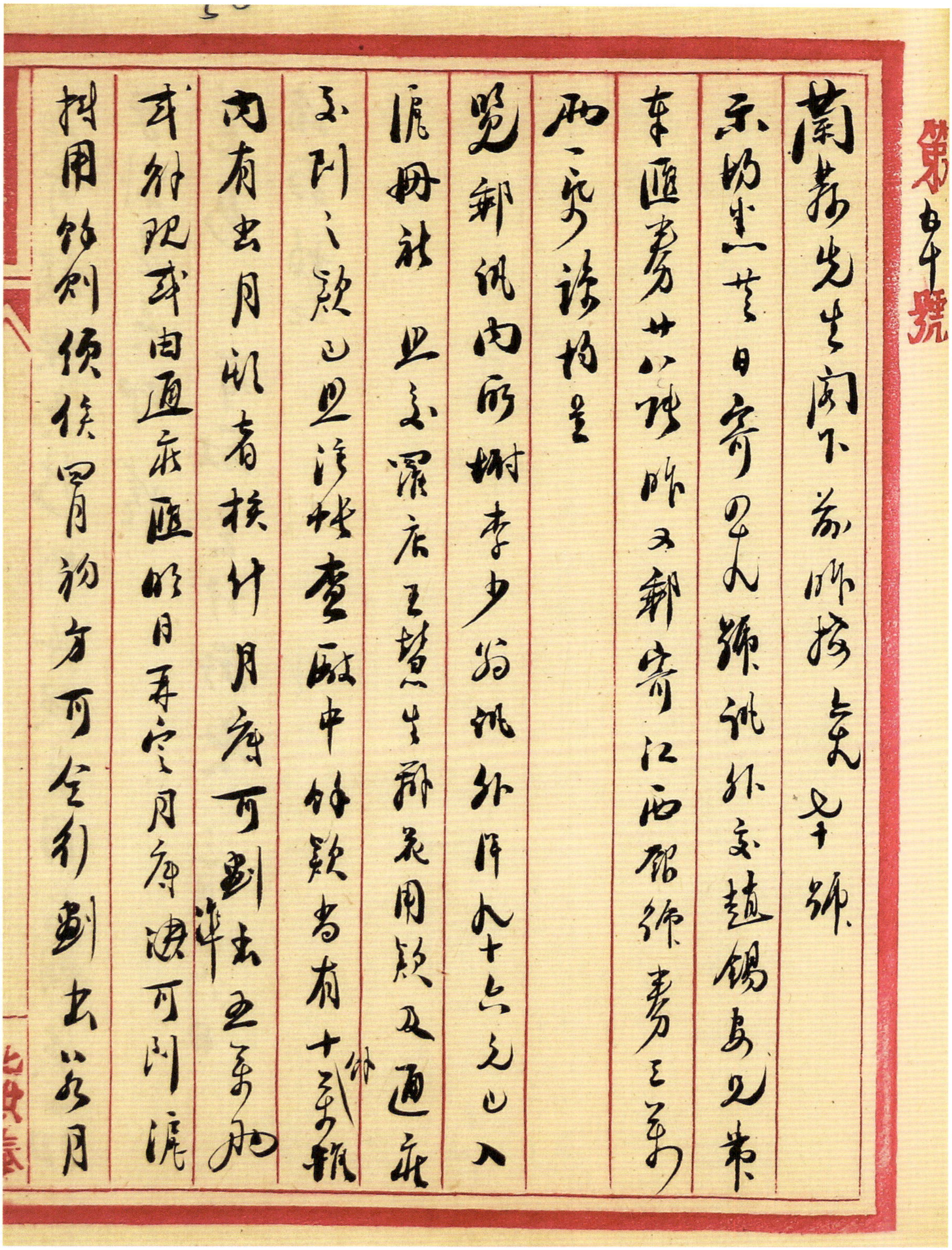

第五十號（三月廿六日）

蘭蓀先生閣下：前、昨接六十九、七十號示，均悉。廿三日寄四十九號訊，外交趙錫安兄帶奉匯券廿八張，昨又郵寄江西銀號券三萬兩一紙，諒均呈覽。郵訊内所附李少翁訊，外洋九十六元已入滬册，祈照交。羅店王慧生辦花用款及通莊交到之款，已照注帳。查廠中餘款尚有十餘萬，惟内有出月期者，核計月底可劃出五萬兩，或解現，或由通莊匯，明日再定，月底準可到滬抵用，餘則須俟四月初方可全行劃出。若月底可稍吃欠折，則無須再用長期矣。一切卓裁是善。即請籌安。

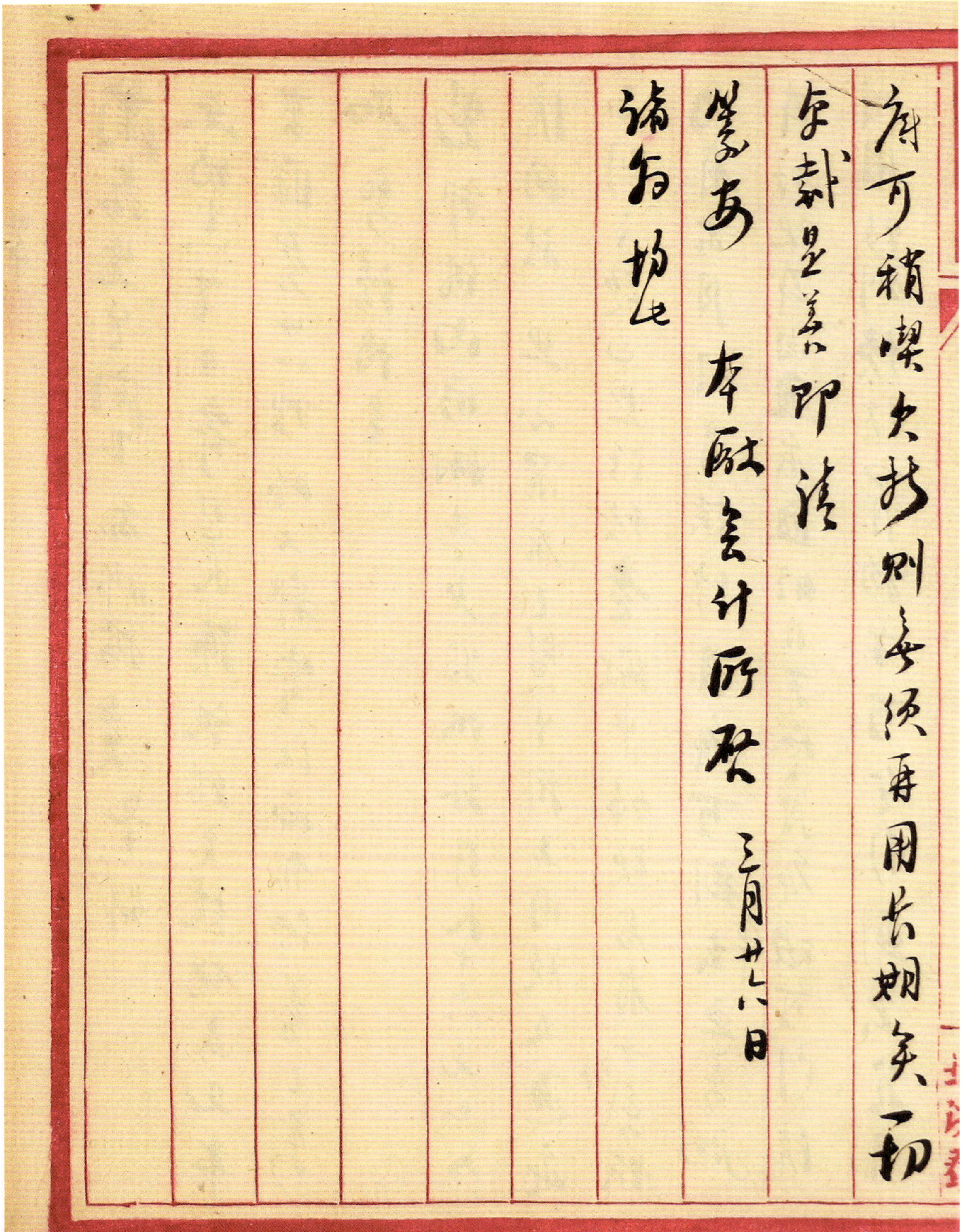

第五十號（三月廿六日）

本廠會計所啓。三月廿六日

諸翁均此。

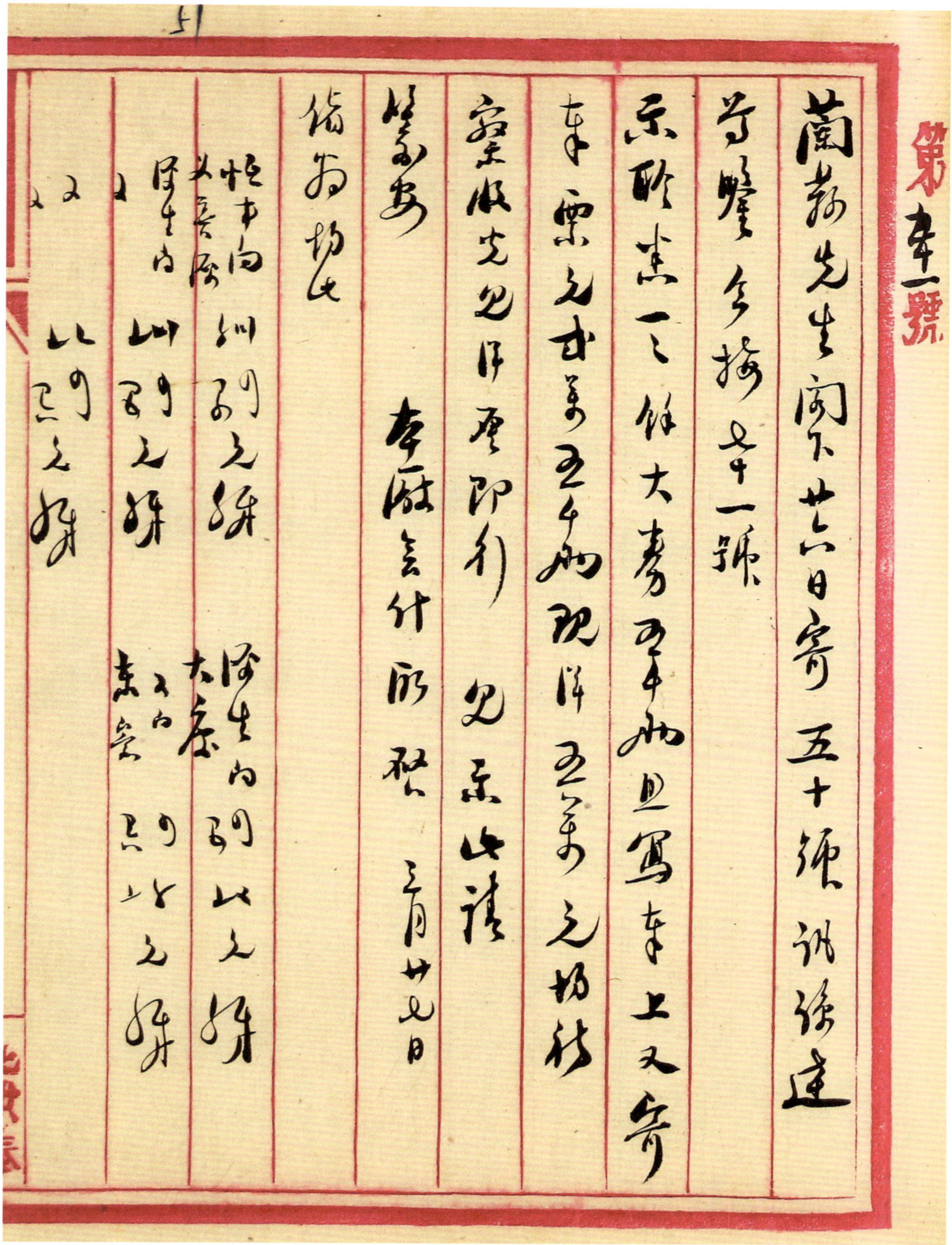

第五十一號（三月廿七日）

蘭蓀先生閣下：廿六日寄五十號訊，諒達尊鑒。今接七十一號示，聆悉一一。餘大券五千兩，照寫奉上。又寄奉票元式萬五千兩、現洋五萬元，均祈察收，兑見洋厘，即行見示。此請籌安。本廠會計所啓。三月廿七日

諸翁均此。

恒豐向義善源，五三，四月初四，元五千兩

源生向又，六三，四月初五，元五千兩

第五十一號（三月廿七日）

又又，六六，四月初六，元五千兩

源生向大慶，四月初五，六四，元五千兩

又向泰崇，四月初六，六五，元五千兩

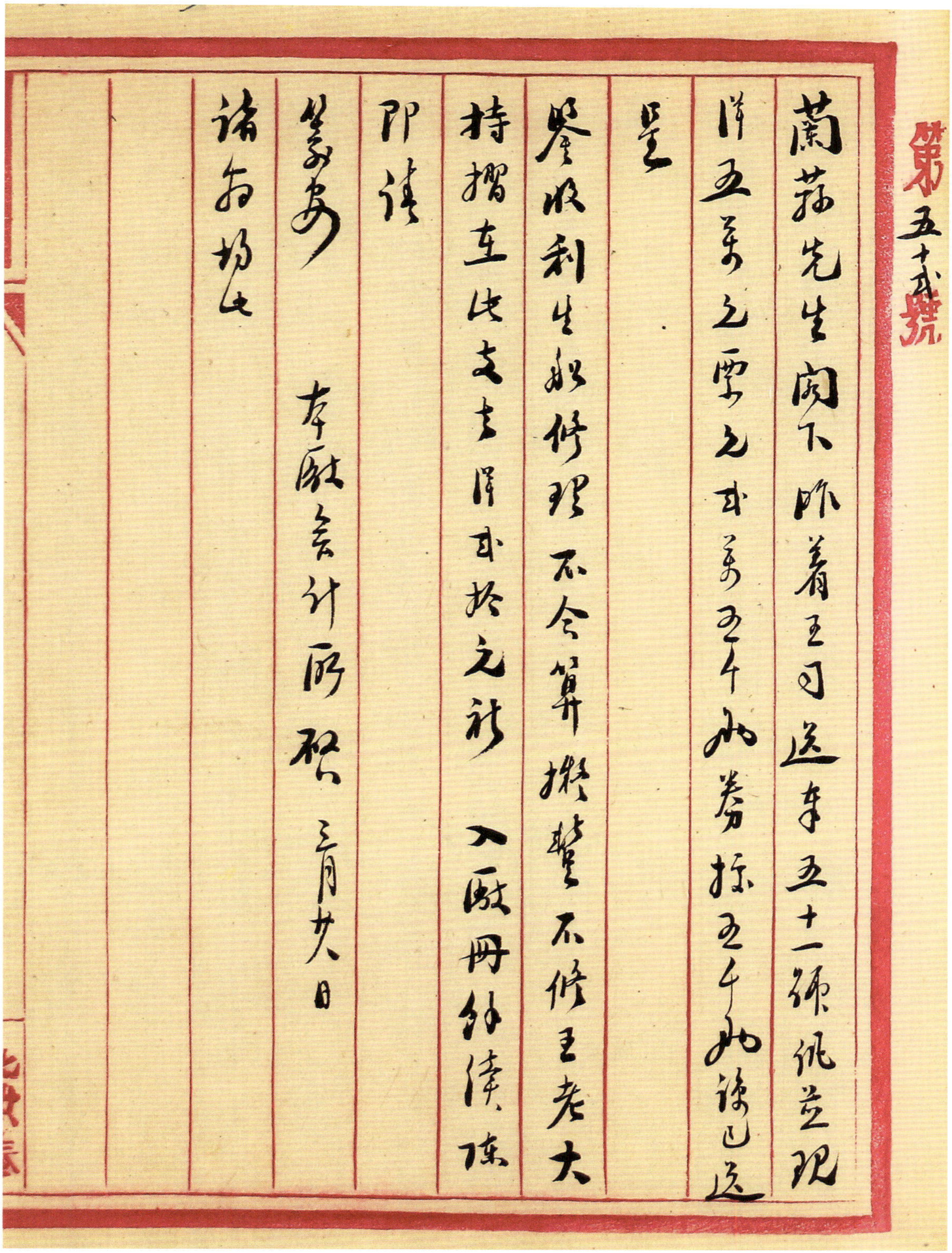
第五十二號
蘭蓀先生閣下昨着王司送奉五十一號訊并現
洋五萬元票元弍萬五千兩券據五千兩諒已送
呈
鑒收利生船修理不合算擬暫不修王老大
持摺在此支去洋弍拾元祈入廠冊餘續陳
即請
籌安 本廠會計所啓 三月廿八日
諸翁均此

第五十二號（三月廿八日）

蘭蓀先生閣下：昨着王司送奉五十一號訊并現洋五萬元、票元弍萬五千兩、券據五千兩，諒已送呈鑒收。利生船修理不合算，擬暫不修。王老大持摺在此支去洋弍拾元，祈入廠冊。餘續陳。即請籌安。本廠會計所啓。三月廿八日

諸翁均此。

第五十二號（三月廿八日）

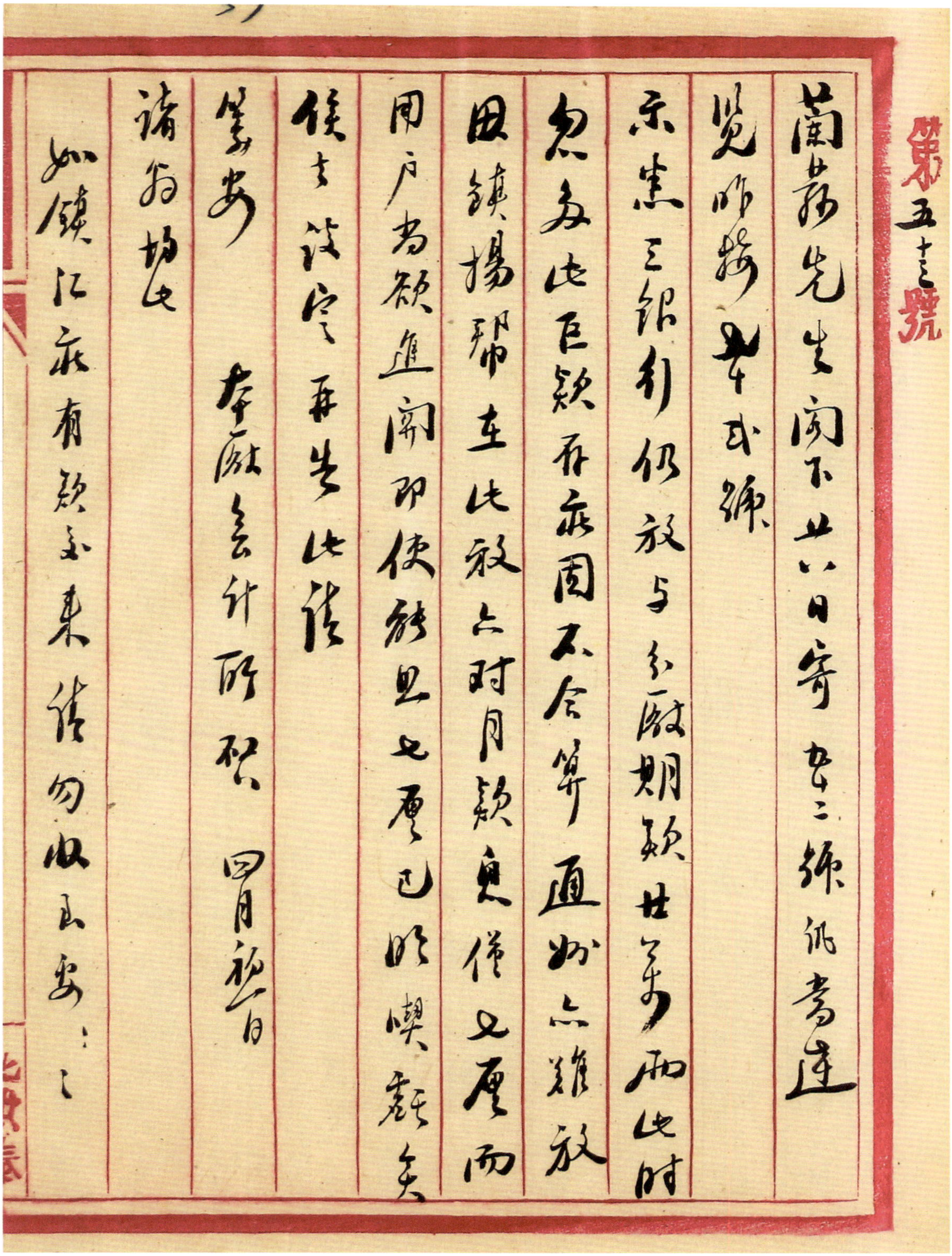

第五十三號（四月初一日）

蘭蓀先生閣下：廿八日寄五十二號訊，當達覽。昨接七十式號示，悉。三銀行仍放與分廠期款廿萬兩，此時忽多此巨款，存莊固不合算，通州亦難放。因鎮揚幫在此放六對月款，息僅七厘，而用户尚欲進關，即使能照七厘，已明吃虧矣。俟去談定再告。此請籌安。本廠會計所啓。四月初一日

諸翁均此。

如鎮江莊有款交來，請勿收，至要至要！

第五十三號（四月初一日）

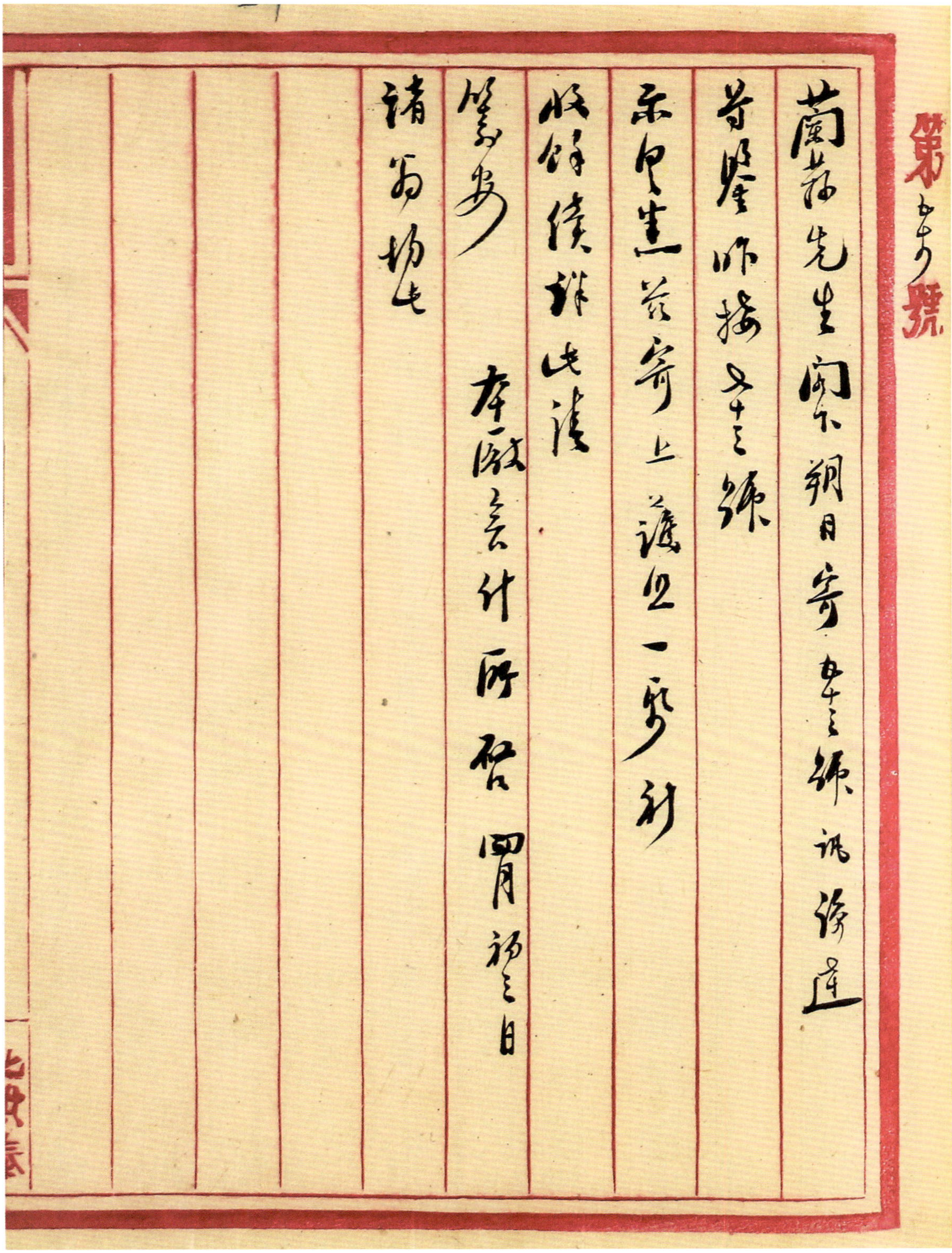

第五十四號（四月初三日）

蘭蓀先生閣下：朔日寄五十三號訊，諒達尊鑒。昨接七十三號示，具悉。兹寄上護照一紙，祈收。餘續詳。此請籌安。本廠會計所啓。四月初三日
諸翁均此。

第五十四號（四月初三日）

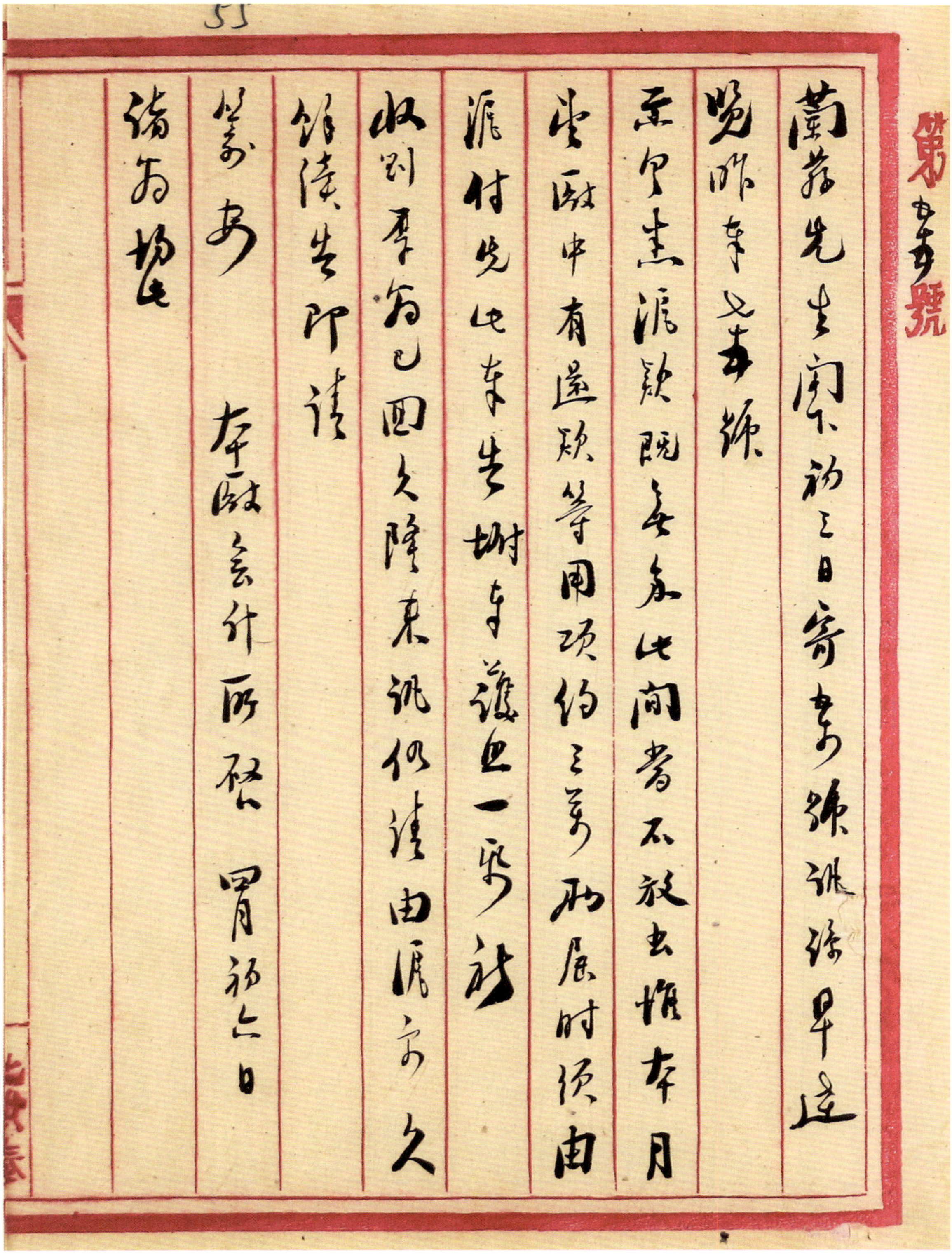

第五十五號（四月初六日）

蘭蓀先生閣下：初三日寄五十四號訊，諒早達覽。昨奉七十五號示，具悉。滬款既無多，此間當不放出，惟本月望廠中有還款等用項約三萬兩，届時須由滬付，先此奉告。附奉護照一紙，祈收。劉厚翁已回久隆，來訊仍請由滬寄久。餘續告。即請籌安。本廠會計所啓。四月初六日

諸翁均此。

第五十五號（四月初六日）

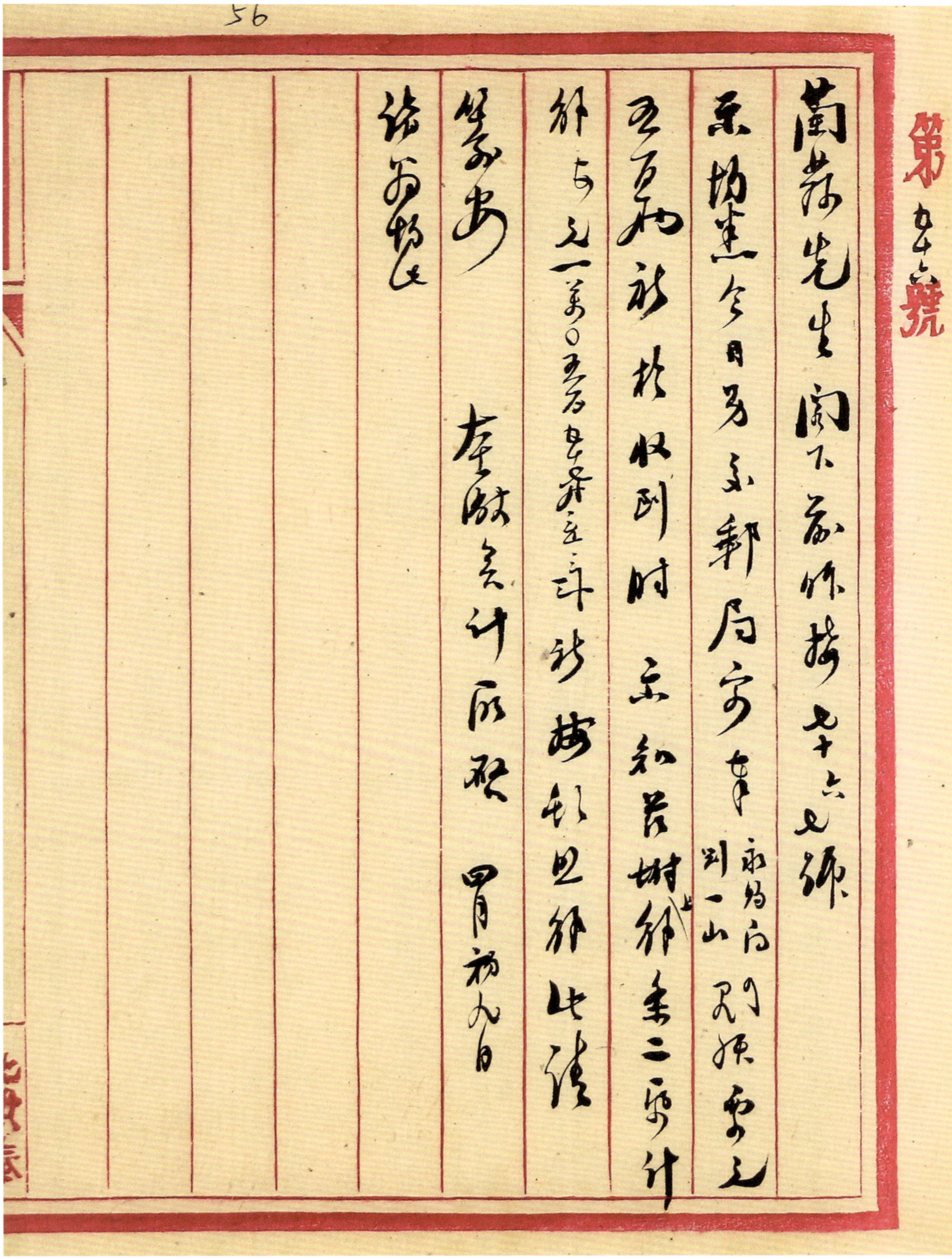

第五十六號（四月初九日）

蘭蓀先生閣下：前、昨接七十六、七十七號示，均悉。今日另交郵局寄奉永昌向劉一山四月初九（五天）票元五百兩，祈於收到時示知。茲附上解條二紙，計解十五元一萬零五百五十七兩三錢三分三，祈按期照解。此請籌安。本廠會計所啓。四月初九日

諸翁均此。

第五十六號（四月初九日）

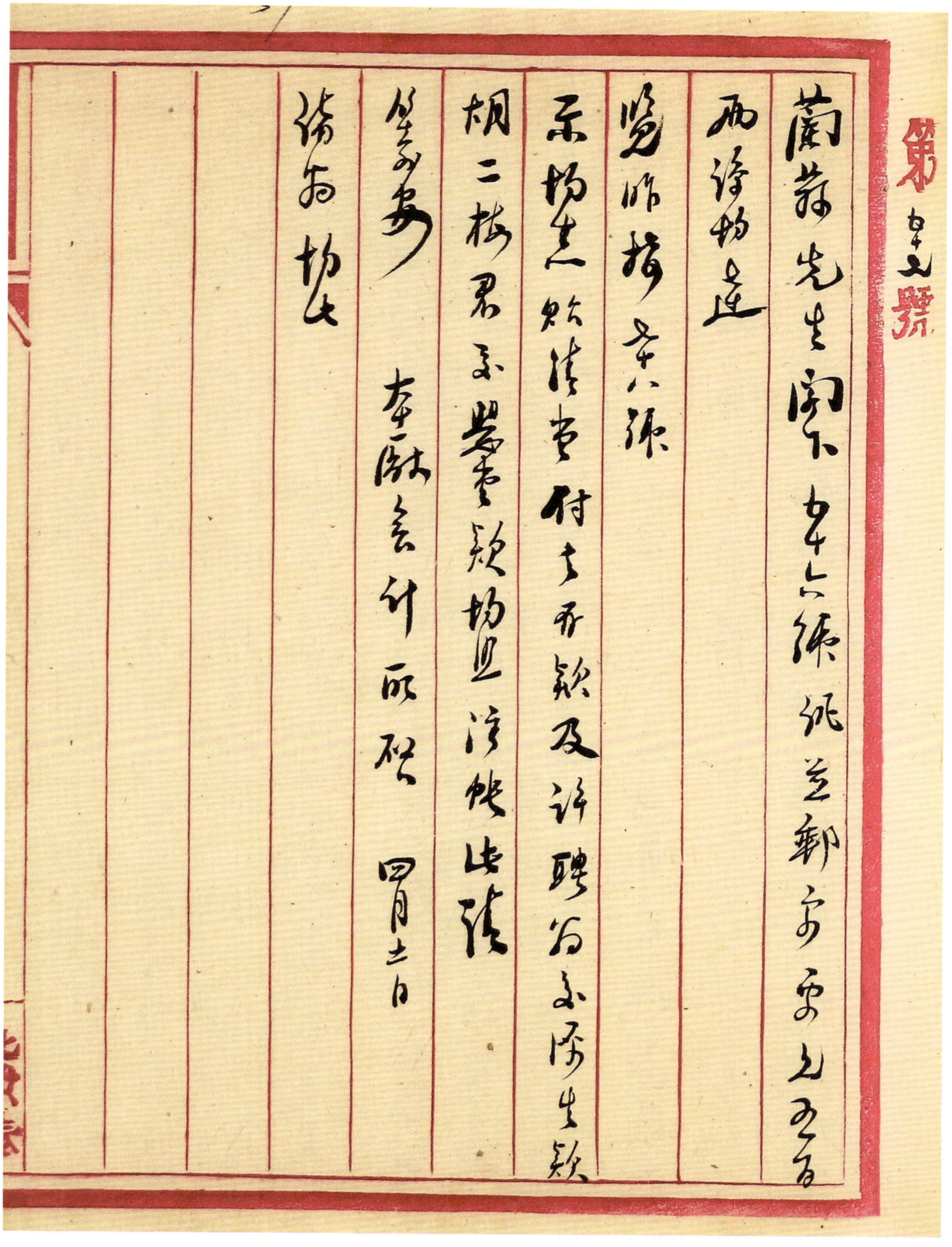

第五十七號（四月十一日）

蘭蓀先生閣下：五十六號訊并郵寄票元五百兩，諒均達覽。昨接七十八號示，均悉。貽清堂付去存款及許聘翁交源生款、胡二梅君交嬰堂款，均照注帳。此請籌安。本廠會計所啓。四月十一日

諸翁均此。

第五十七號（四月十一日）

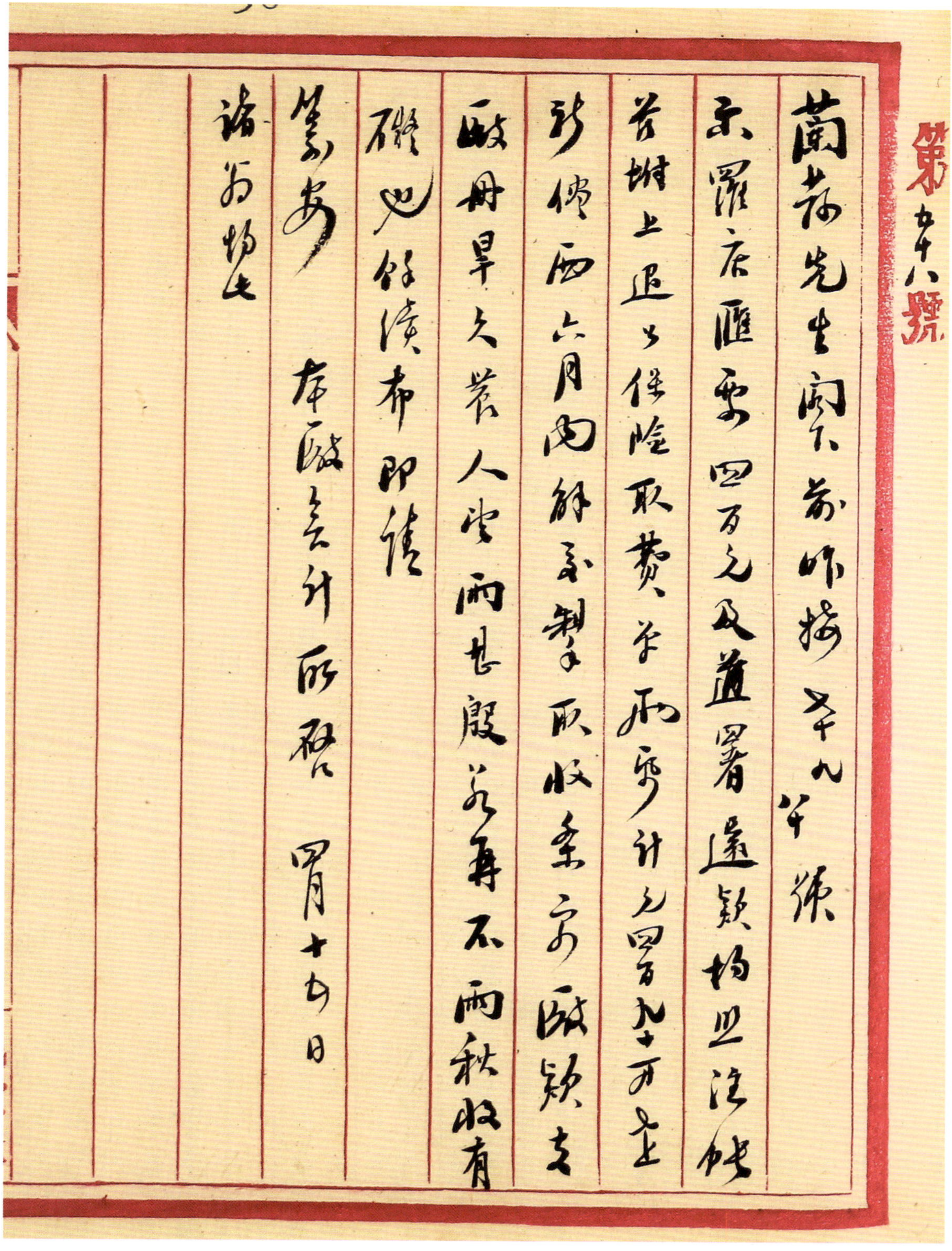

第五十八號（四月十五日）

蘭蓀先生閣下：前、昨接七十九、八十號示，羅店匯票四百元及道署還款，均照注帳。茲附上退公保險取費單兩紙，計元四百九十一兩七錢，祈儘西六月内解交，掣取收條寄廠。款支廠册。旱久，農人望雨甚殷，若再不雨，秋收有礙也。餘續布。即請籌安。本廠會計所啓。四月十五日

諸翁均此。

第五十八號（四月十五日）

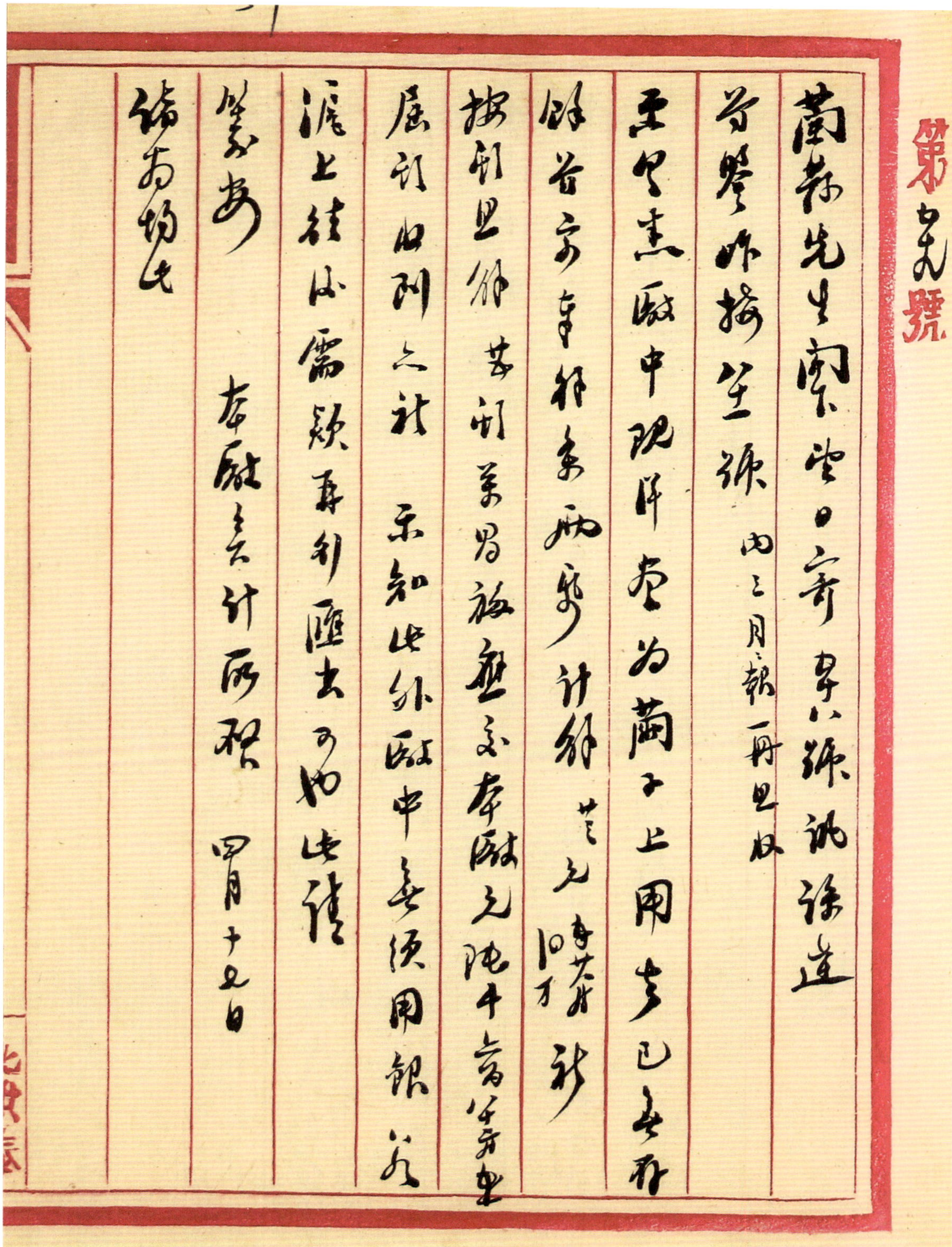

第五十九號（四月十七日）

蘭蓀先生閣下：望日寄五十八號訊，諒達尊鑒。昨接八十一號（内三月月報一册照收）示，具悉。廠中現洋盡爲繭子上用去，已無存餘。兹寄奉解條兩紙，計解廿三元一萬零五百廿八兩，祈按期照解。廿五期萬昌福應交本廠元陸千六百八十二兩五錢，届期收到亦祈示知。此外廠中無須用銀，若滬上往後需款，再行匯出可也。此請籌安。本廠會計所啓。四月十七日
諸翁均此。

第五十九號（四月十七日）

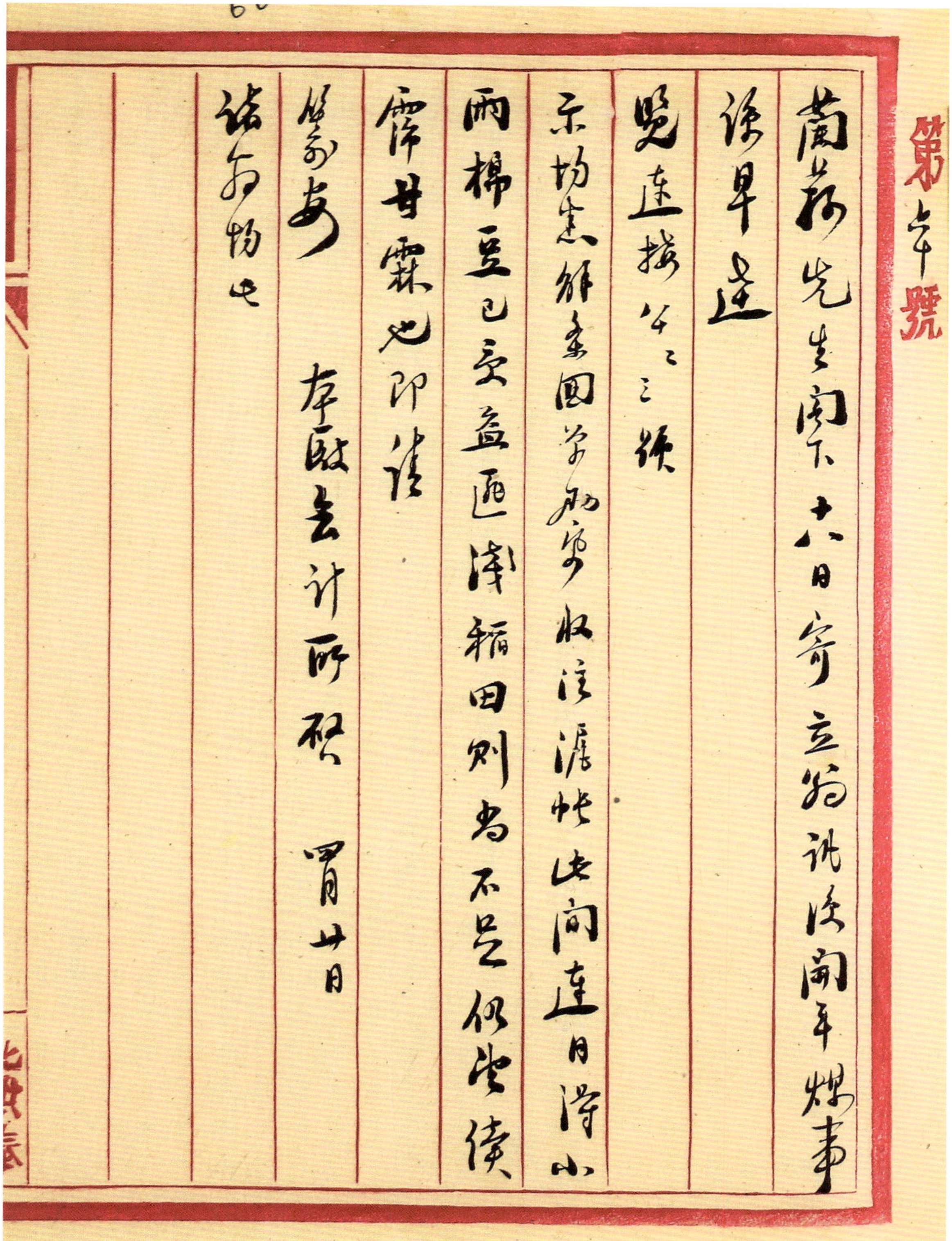

第六十號（四月廿日）

蘭蓀先生閣下：十八日寄立翁訊，復開平煤事，諒早達覽。連接八十二、八十三號示，均悉。解條回單兩紙收注滬帳。此間連日得小雨，棉豆已受益匪淺，稻田則尚不足，仍望續霈甘霖也。即請籌安。本廠會計所啓。四月廿日
諸翁均此。

第六十號（四月廿日）

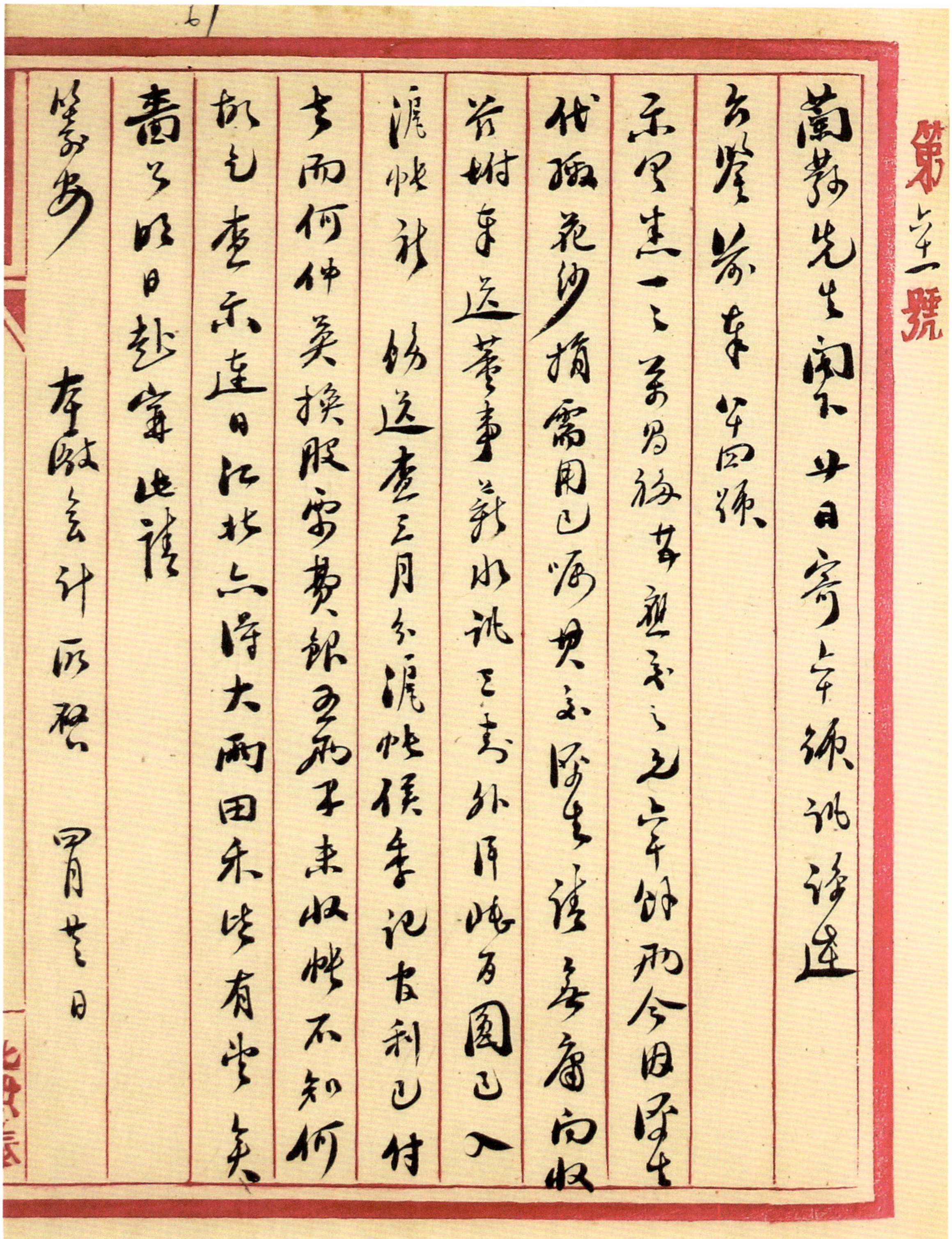

第六十一號（四月廿三日）

蘭蓀先生閣下：廿日寄六十號訊，諒達台鑒。前奉八十四號示，具悉一一。萬昌福廿五應交之元六千餘兩，今因源生代繳花紗捐需用，已囑其交源生，請無庸向收。茲附奉送董事薪水訊三封，外洋陸百圓，已入滬帳，祈飭送。查三月分滬帳，侯季記官利已付去，而何仲英換股票費銀五兩一錢未收帳，不知何故，乞查示。連日江北亦得大雨，田禾皆有望矣。嗇公明日赴寧。此請籌安。本廠會計所啓。四月廿三日

第六十一號（四月廿三日）

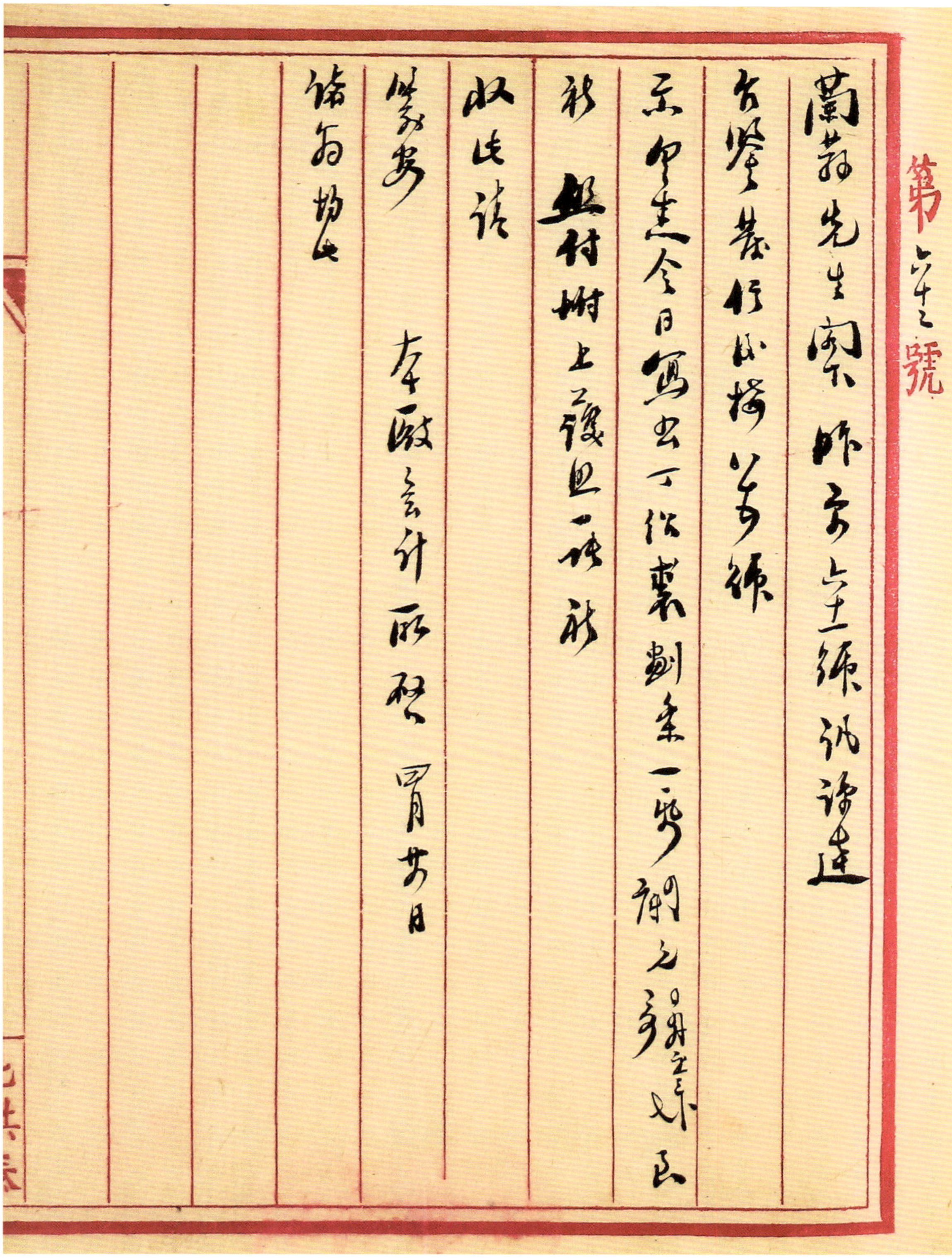

第六十二號
蘭蓀先生閣下 昨寄六十一號訊諒達
台鑒 發信後接八十五號示 具悉
今日寫出丁紹裘劃條一紙 四月底元三百零四兩二錢三分七 至祈照
付 附上護照一張 祈
收 此請
籌安 本廠會計所啓 四月廿四日
諸翁均此

第六十二號（四月廿四日）

蘭蓀先生閣下：昨寄六十一號訊，諒達台鑒。發信後接八十五號示，具悉。今日寫出丁紹裘劃條一紙（四月底元三百零四兩二錢三分七），至祈照付。附上護照一張，祈收。此請籌安。本廠會計所啓。四月廿四日

諸翁均此。

第六十二號（四月廿四日）

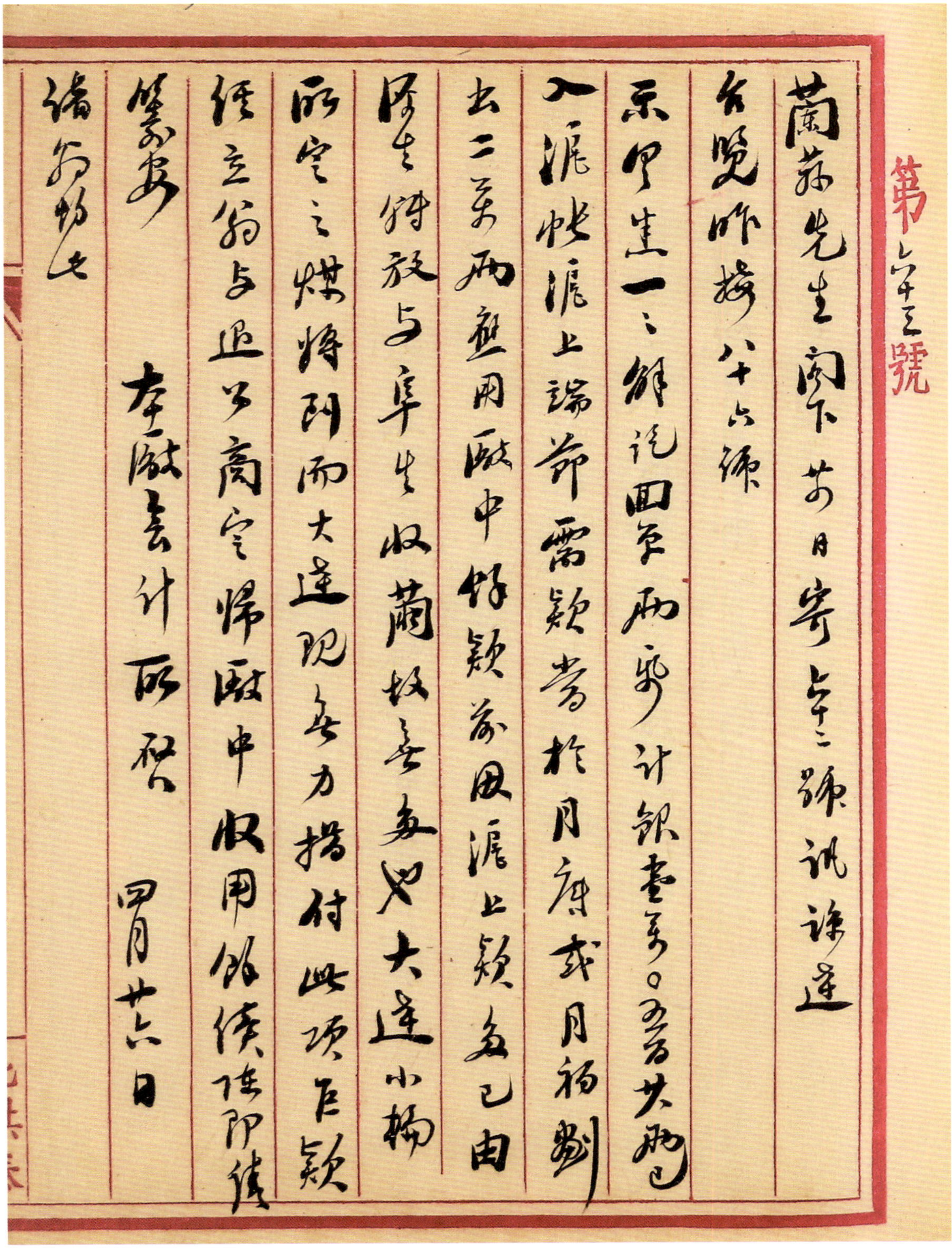

第六十三號（四月廿六日）

蘭蓀先生閣下：廿四日寄六十二號訊，諒達台覽。昨接八十六號示，具悉一一。解訖回單兩紙，計銀壹萬零五百廿八兩，已入滬帳。滬上端節需款，當於月底或月初劃出二萬兩應用。廠中餘款，前因滬上款多，已由源生轉放與阜生收蔴，故無多也。大達小輪所定之煤將到，而大達現無力措付此項巨款，經立翁與退公商定，歸廠中收用。餘續陳。即請籌安。本廠會計所啓。四月廿六日
諸翁均此。

第六十三號（四月廿六日）

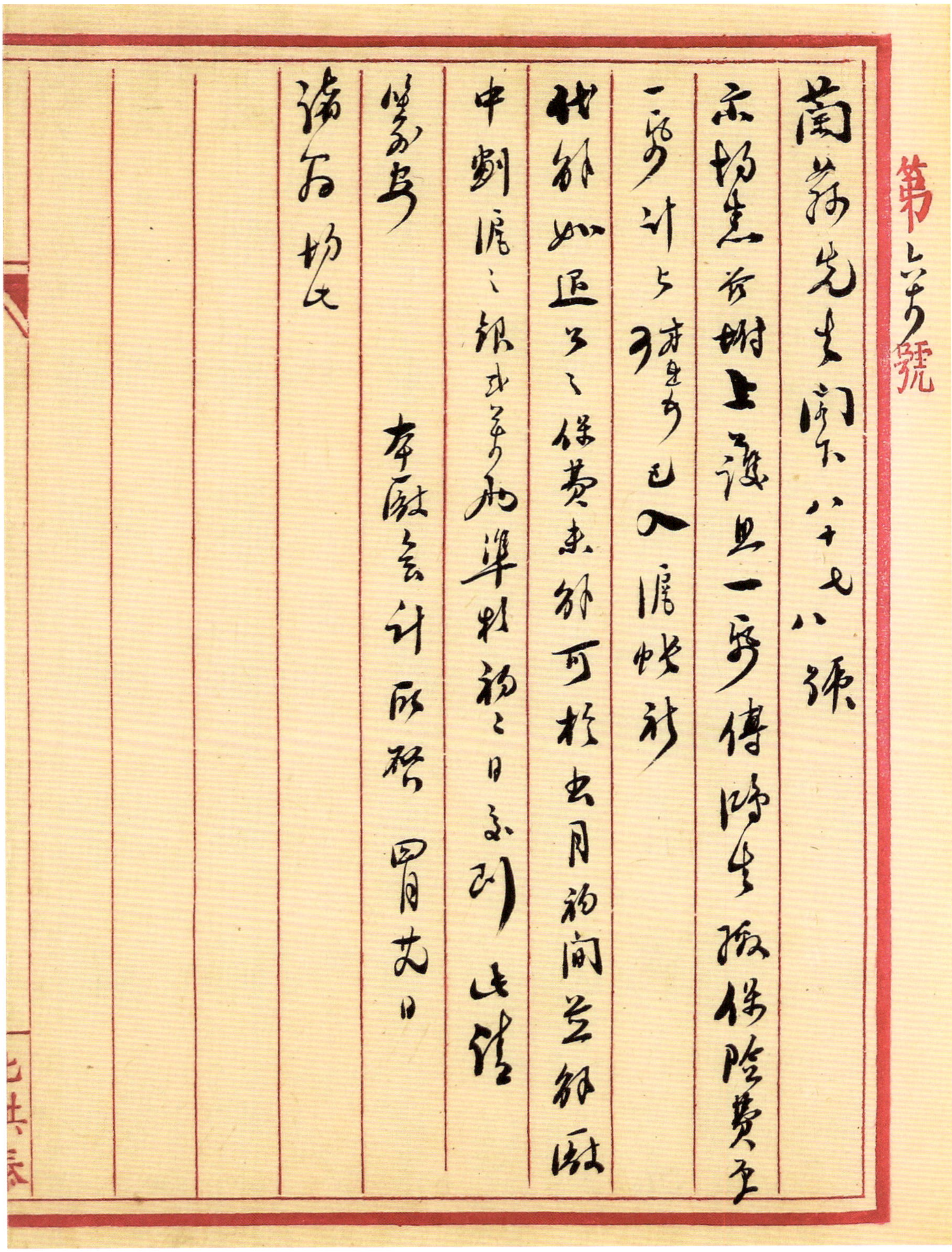

第六十四號（四月廿九日）

蘭蓀先生閣下：八十七、八十八號示均悉。茲附上護照一紙，傅鴻生繳保險費單一紙，計銀一百十兩五錢五，已入滬帳，祈代解。如退公之保費未解，可於出月初間并解。廠中劃滬之銀式萬兩，準於初二日交到。此請籌安。本廠會計所啓。四月廿九日
諸翁均此。

第六十四號（四月廿九日）

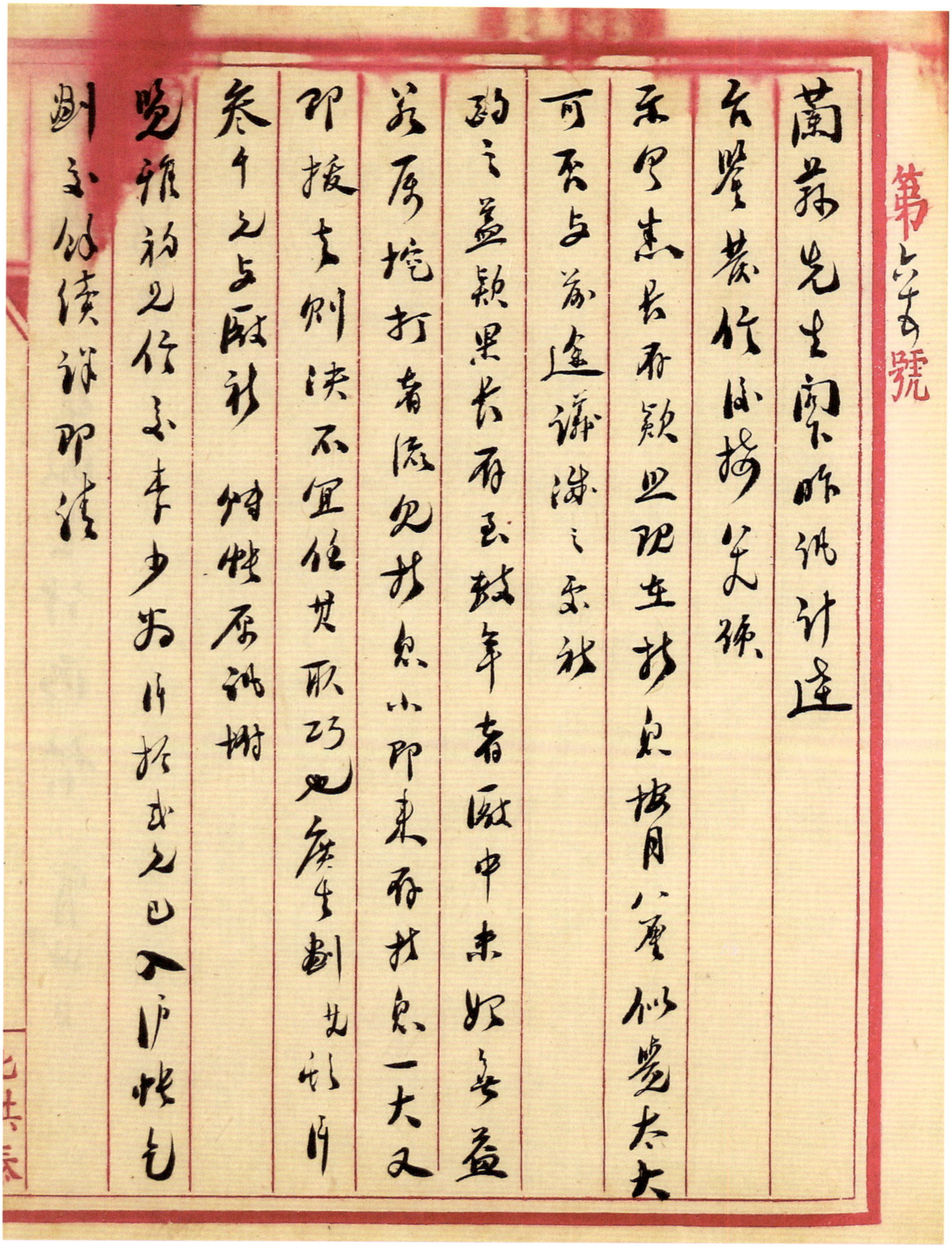

第六十五號（四月卅日）

蘭蓀先生閣下：昨訊計達台鑒。發信後接八十九號示，具悉。長存款照現在折息按月八厘，似覺太大，可否與前途議減之處，祈酌之。蓋款果長存至數年者，廠中未始無益。若屬挖打者流，見折息小即來存，折息一大又即拔去，則決不宜任其取巧也。廣生劃廿九期洋叁千元與廠，祈轉帳，原訊附覽。雅初兄信交李少翁洋拾弍元，已入滬帳，乞劃交。餘續詳。即請籌安。本廠會計所啓。四月卅日

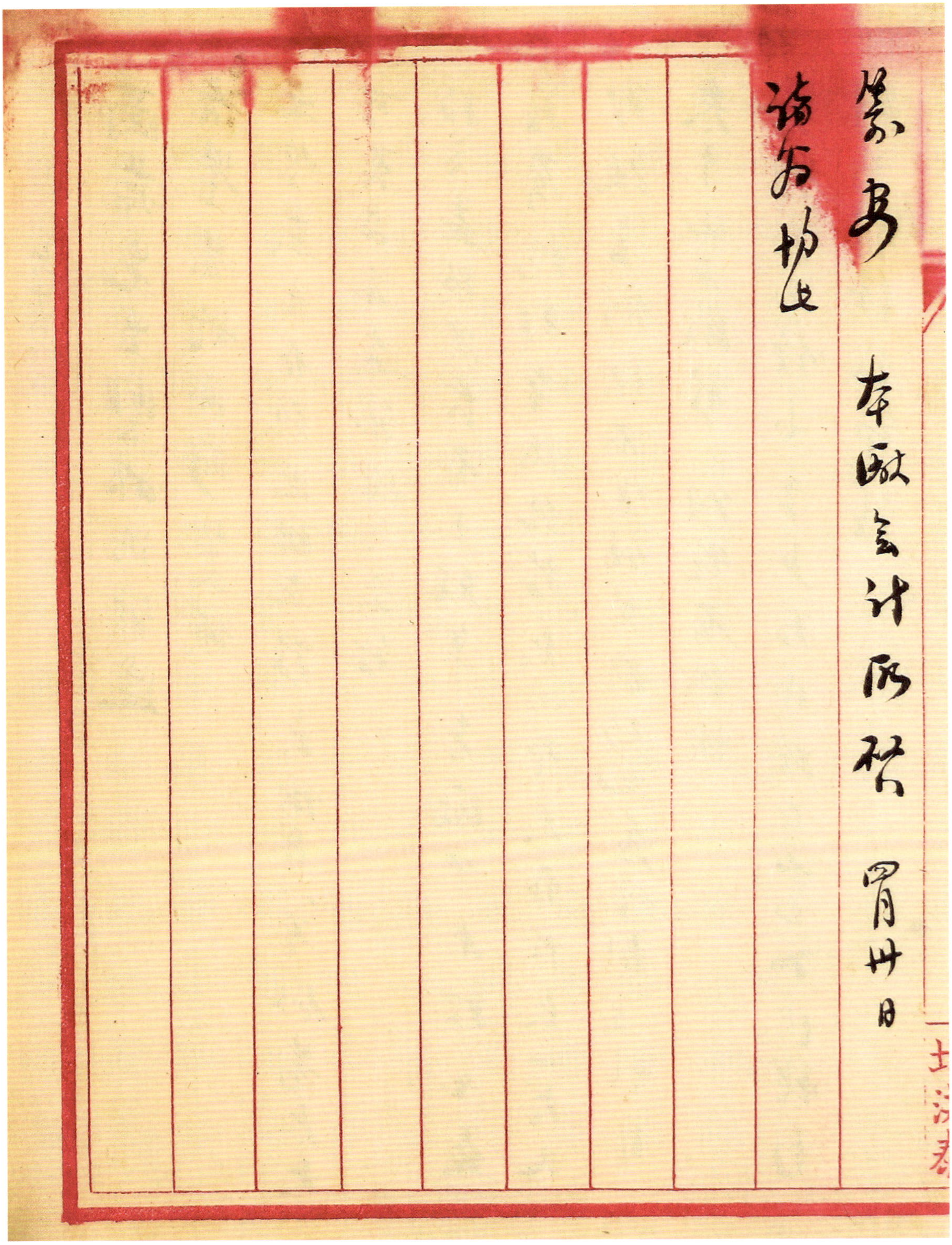
崇安
諸翁均此
本厰会計所啓 四月卅日

第六十五號（四月卅日）

諸翁均此。

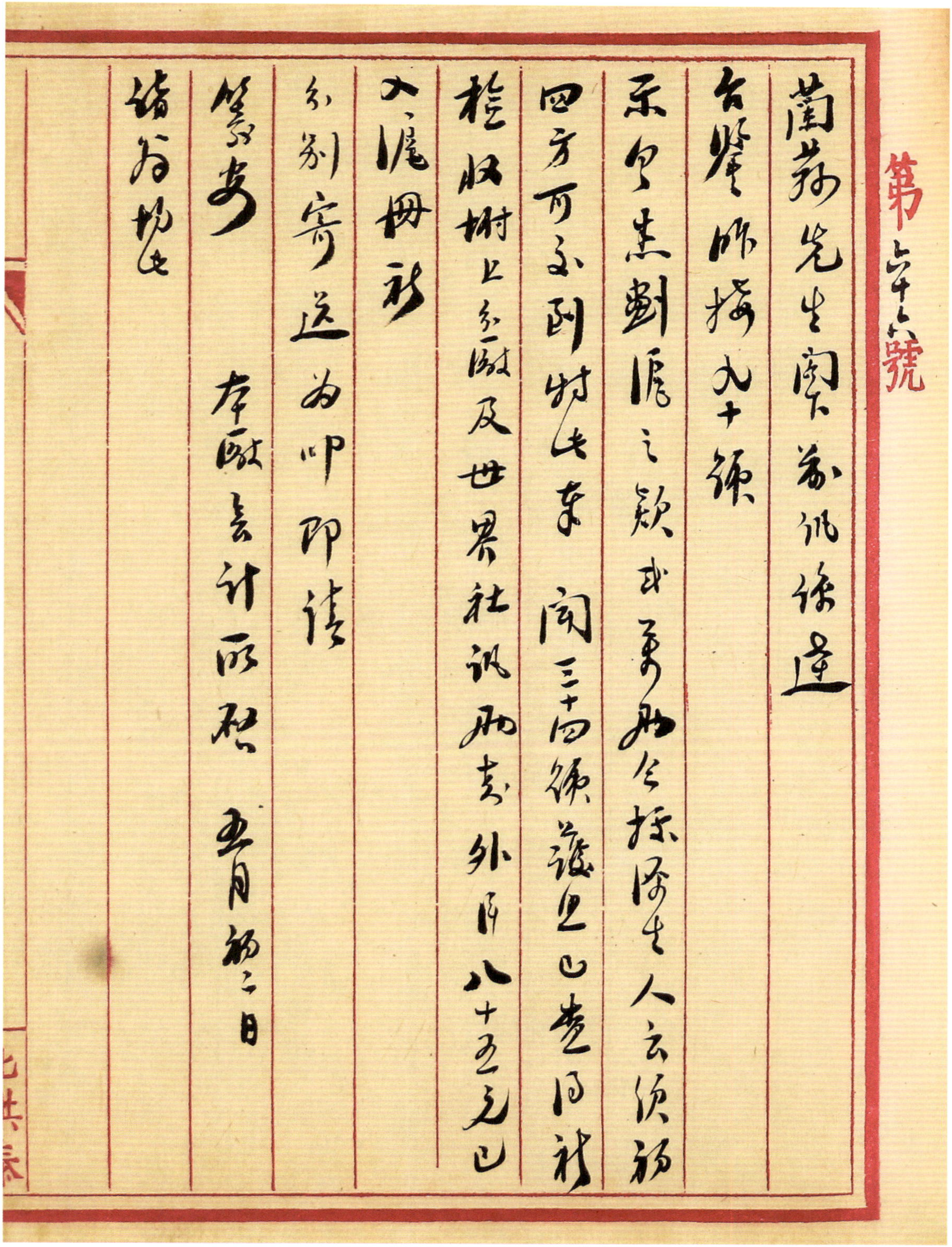

第六十六號（五月初二日）

蘭蓀先生閣下：前訊諒達台鑒。昨接九十號示，具悉。劃滬之款式萬兩，今據源生人云，須初四方可交到，特此奉聞。三十四號護照已查得，祈檢收。附上分廠及世界社訊兩封，外洋八十五元已入滬册，祈分別寄送爲叩。即請籌安。本廠會計所啓。

五月初二日

諸翁均此。

第六十六號（五月初二日）

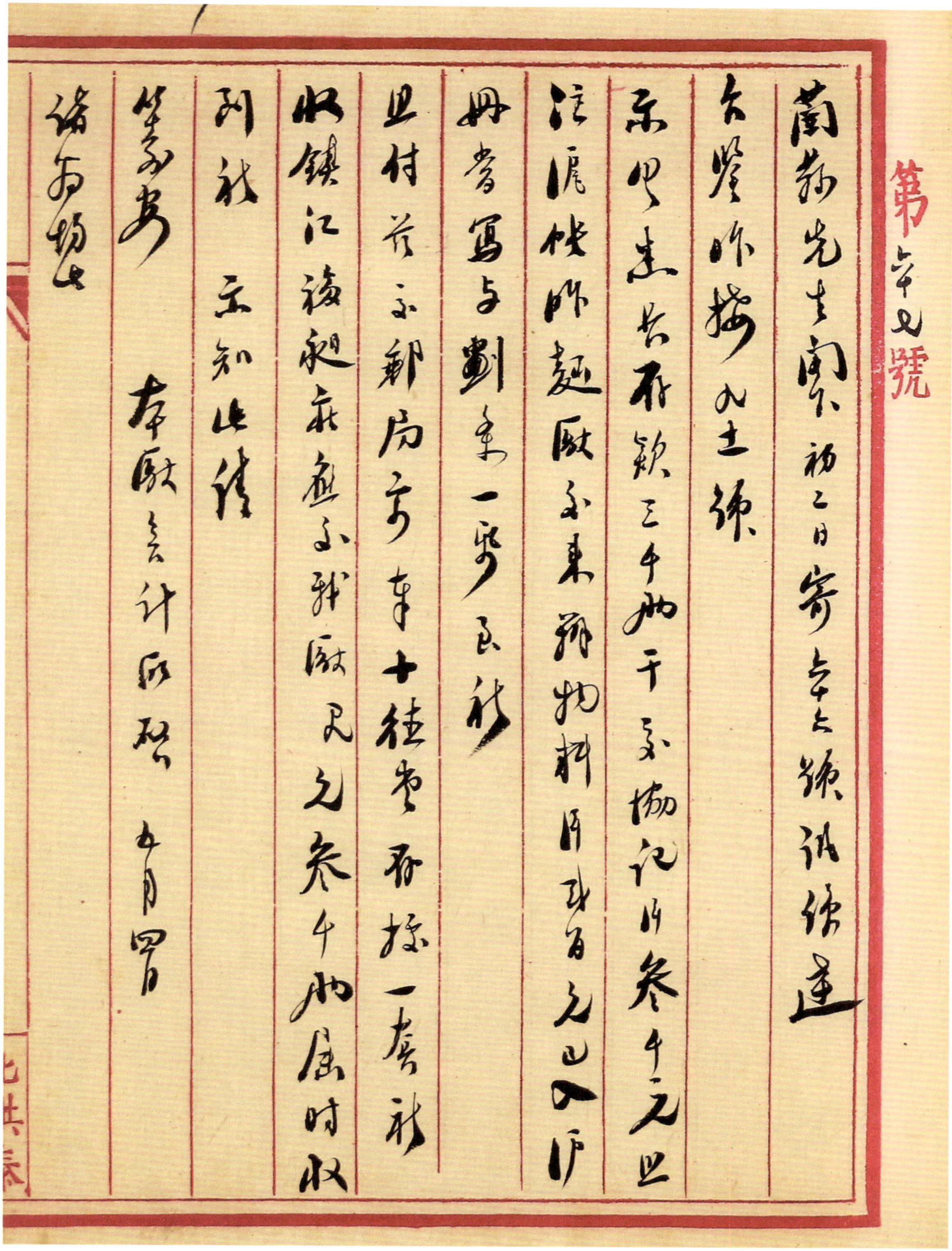

第六十七號（五月初四日）

蘭蓀先生閣下：初二日寄六十六號訊，諒達台鑒。昨接九十一號示，具悉。長存款三千兩、于交協記洋叁千元，照注滬帳。昨麵廠交來辦物料洋弍百元，已入滬册，當寫與劃條一紙，至祈照付。茲交郵局寄奉十德堂存據一套，祈收。鎮江福昶莊應交我廠初九元叁千兩，屆時收到祈示知。此請籌安。本廠會計所啓。五月四日
諸翁均此。

第六十七號（五月初四日）

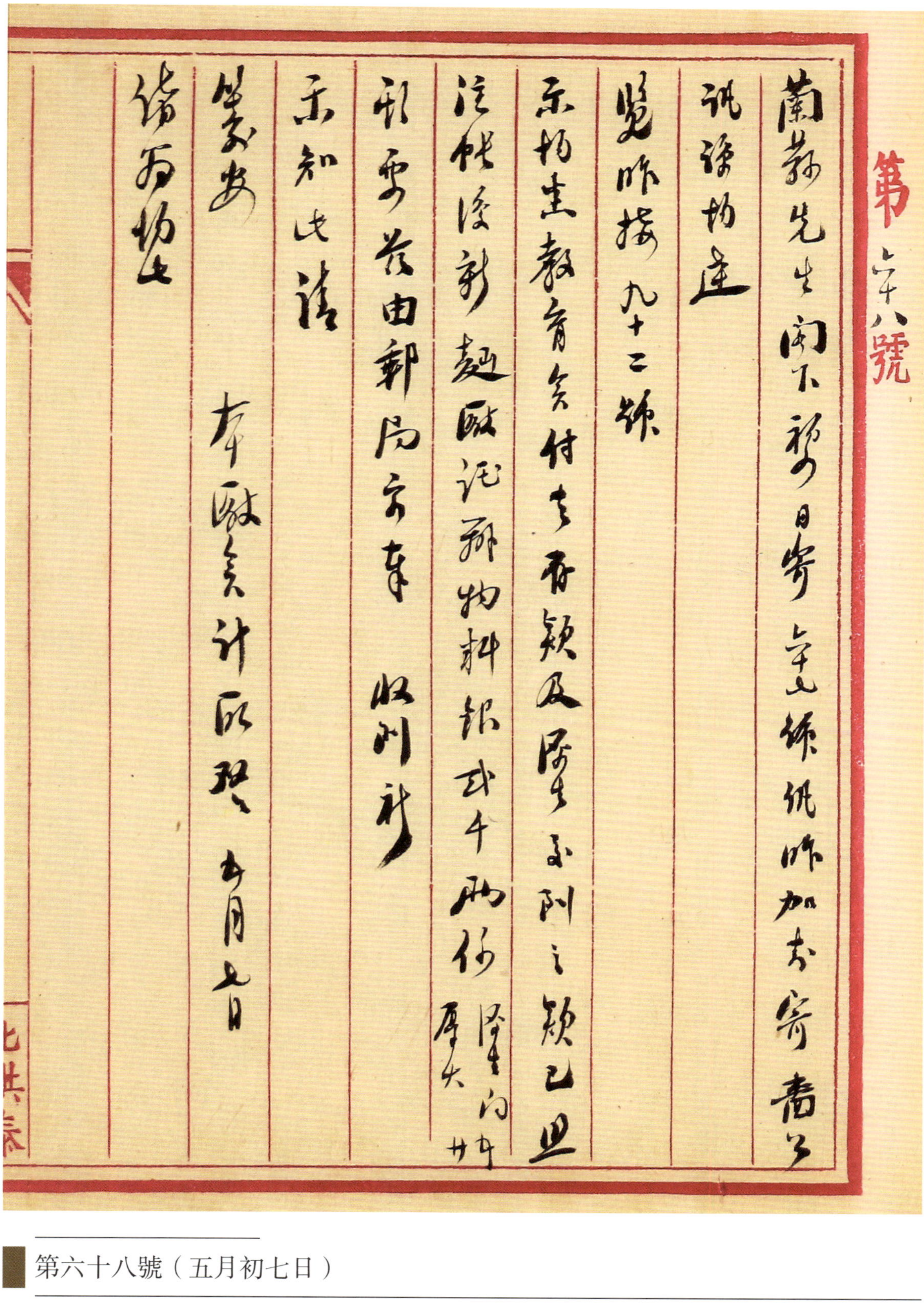

第六十八號（五月初七日）

蘭蓀先生閣下：初四日寄六十七號訊，昨加封寄啬公訊，諒均達覽。昨接九十二號示，均悉。教育會付去存款及源生交到之款，已照注帳。復新麵廠托辦物料銀弍千兩，係源生向厚大五月廿期票，兹由郵局寄奉，收到祈示知。此請籌安。本廠會計所啓。五月七日

諸翁均此。

第六十八號（五月初七日）

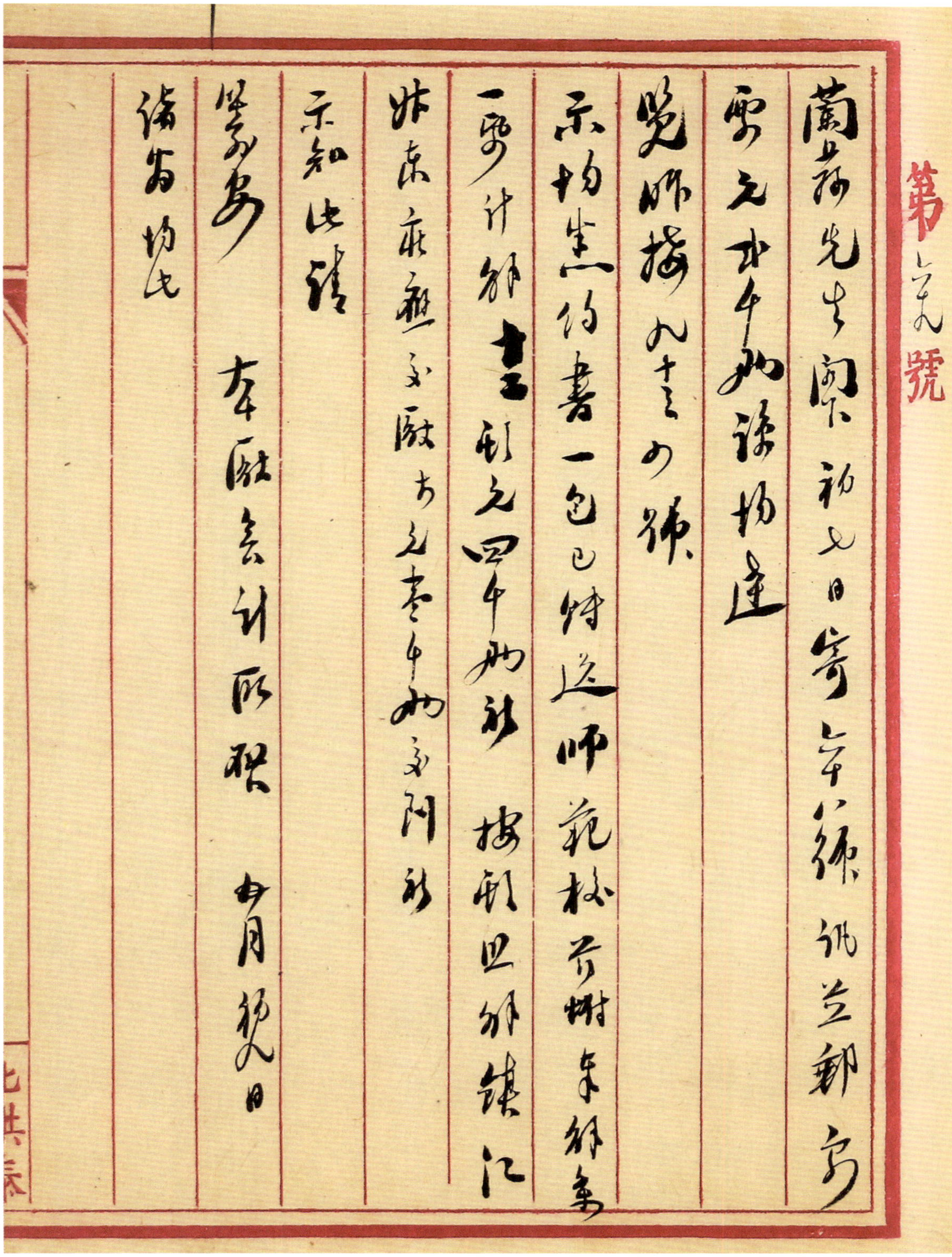

第六十九號（五月初九日）

蘭蓀先生閣下：初七日寄六十八號訊并郵寄票元弍千兩，諒均達覽。昨接九十三、九十四號示，均悉。約書一包，已轉送師範校。兹附奉解條一紙，計解十二期元四千兩，祈按期照解。鎮江昇泰莊應交廠十四元壹千兩，交到祈示知。此請籌安。

本廠會計所啓。五月初九日

諸翁均此。

第六十九號（五月初九日）

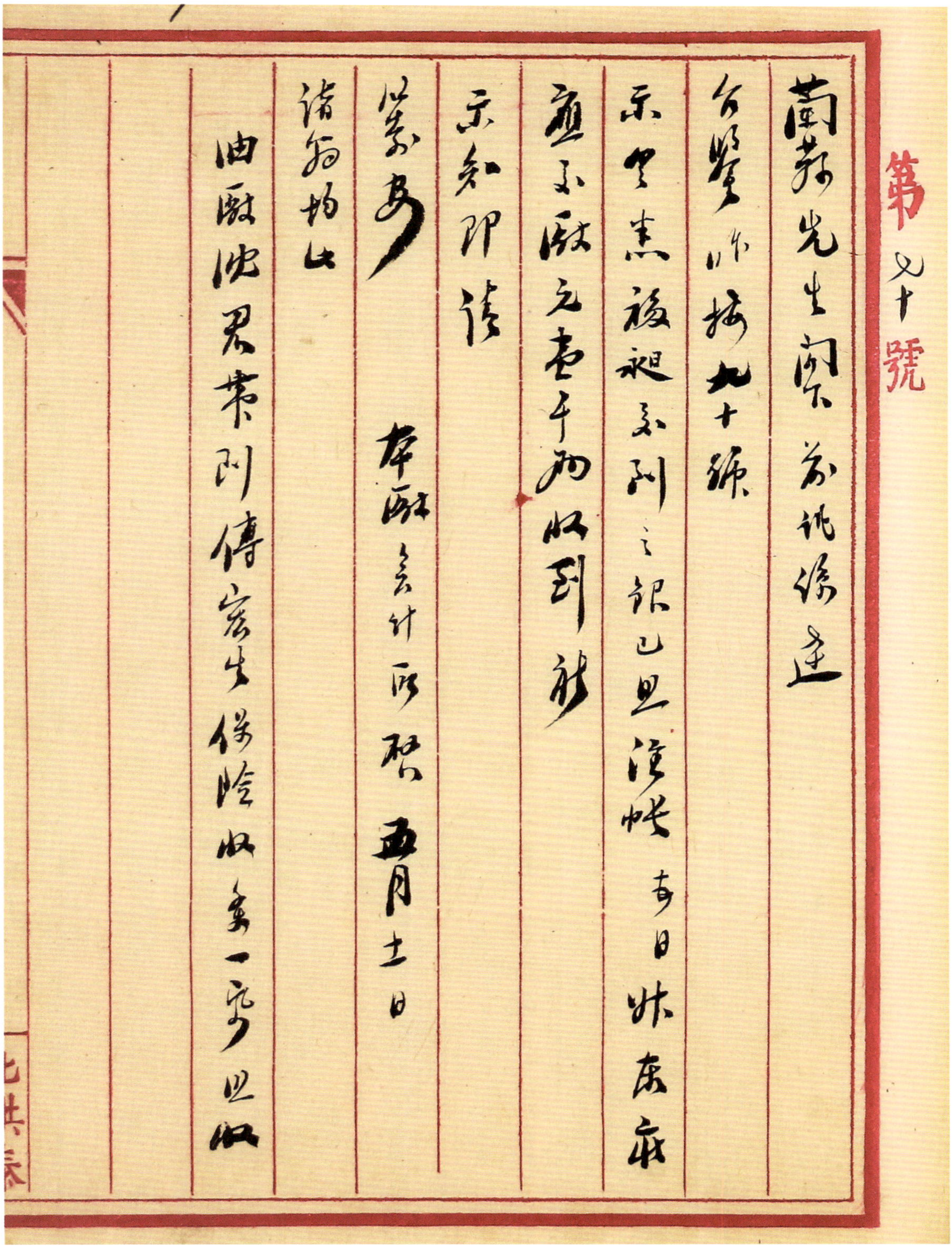

第七十號（五月十一日）

蘭蓀先生閣下：前訊諒達台鑒。昨接九十［五］號示，具悉。福昶交到之銀已照注帳。十五日昇泰莊應交廠元壹千兩，收到祈示知。即請籌安。本廠會計所啓。五月十一日

諸翁均此。

油廠沈君帶到傅宏生保險收條一紙，照收。

第七十號（五月十一日）

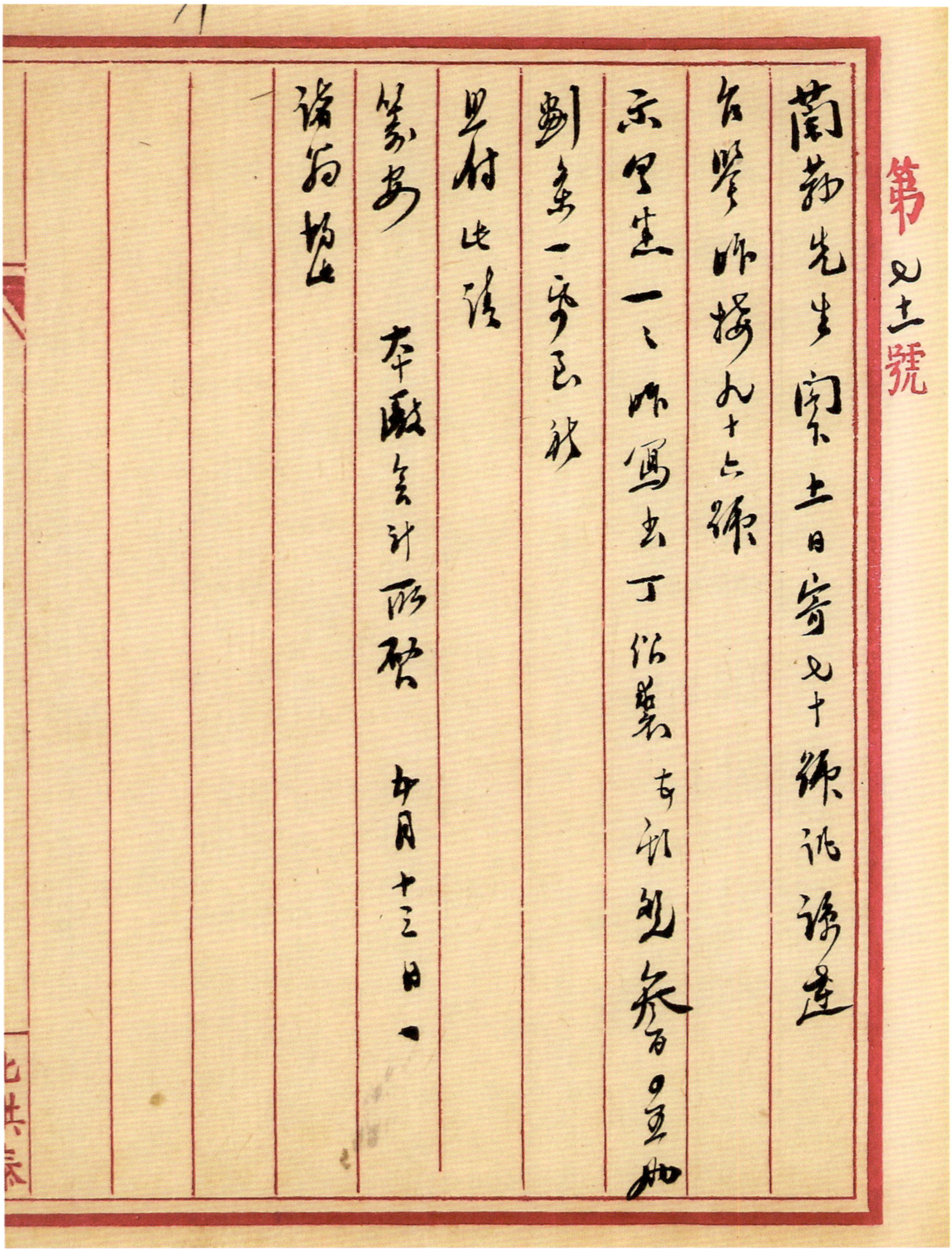

第七十一號（五月十三日）

蘭蓀先生閣下：十一日寄七十號訊，諒達台鑒。昨接九十六號示，具悉一一。昨寫出丁紹裘十五期九八元叁百零五兩劃條一紙，至祈照付。此請籌安。本廠會計所啓。五月十三日

諸翁均此。

第七十一號（五月十三日）

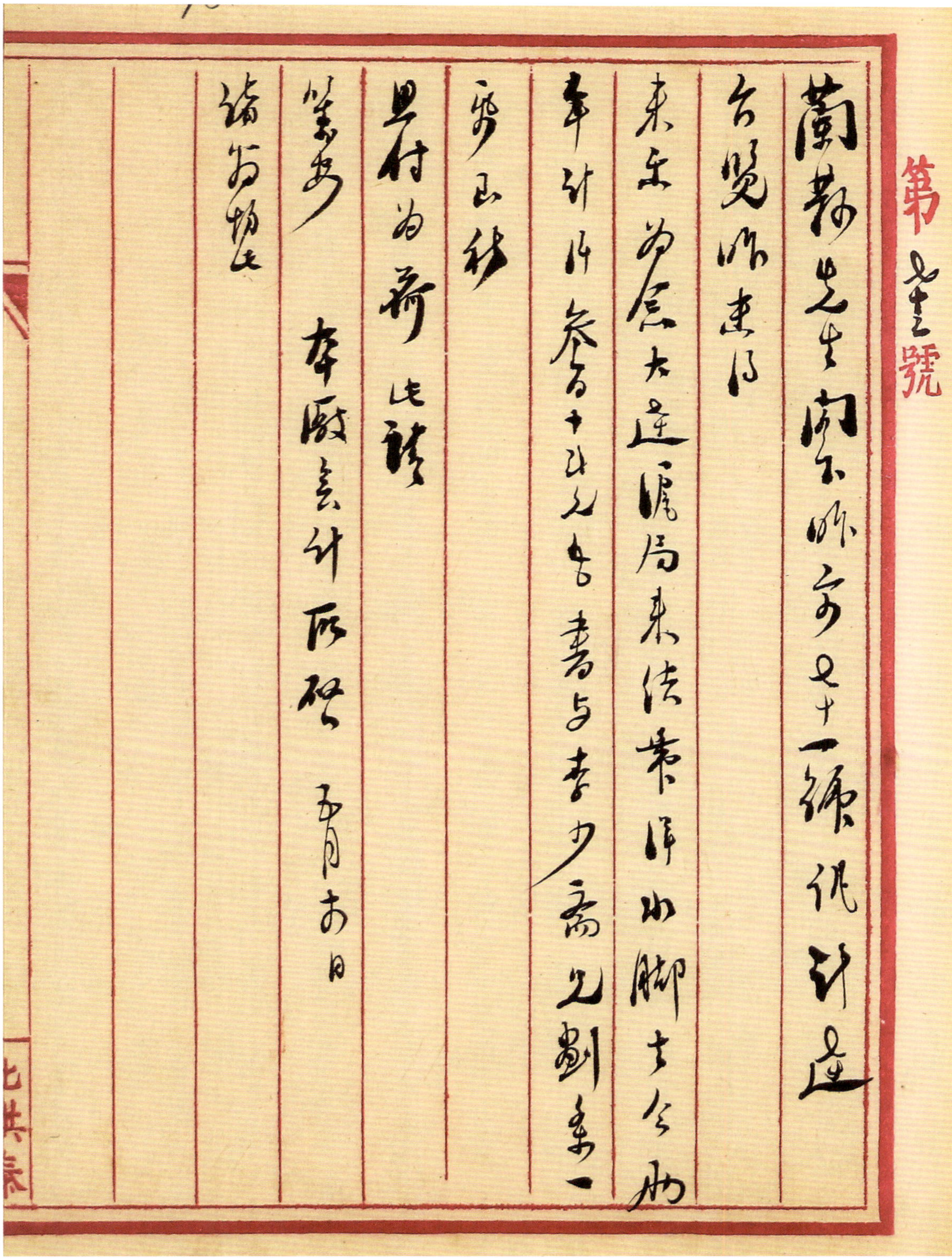

第七十二號（五月十四日）

蘭蓀先生閣下：昨寄七十一號訊，計達台覽。昨未得來示，爲念。大達滬局來結帶洋水脚，去、今兩年，計洋叁百十式元五角，書與李少齋兄劃條一紙，至祈照付爲荷。此請籌安。本廠會計所啓。五月十四日

諸翁均此。

第七十二號（五月十四日）

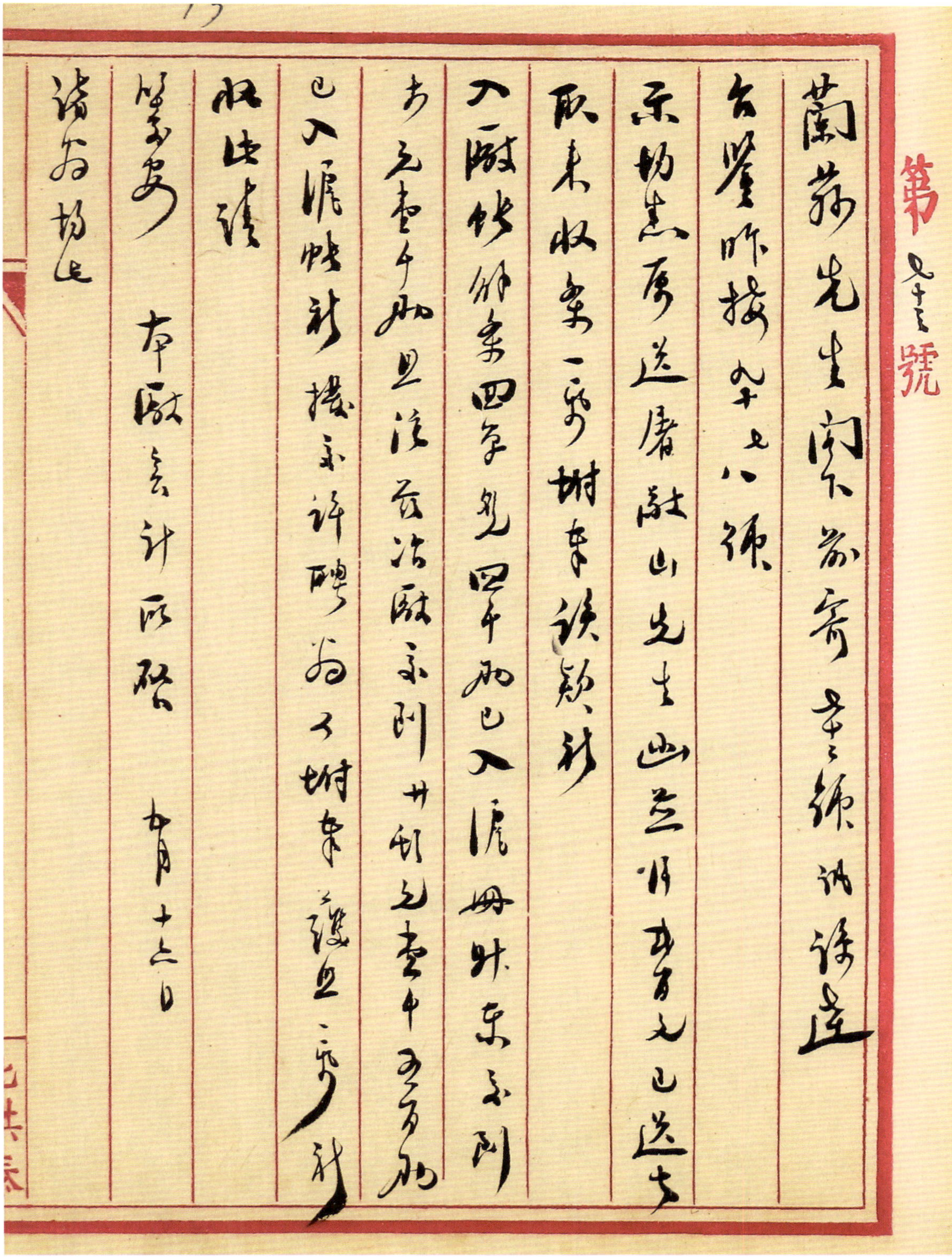

第七十三號（五月十六日）

蘭蓀先生閣下：前寄七十二號訊，諒達台鑒。昨接九十七、九十八號示，均悉。屬送屠敬山先生函并洋式百元已送去，取來收條一紙附奉，該款祈入廠帳。解條回單九八元四千兩，已入滬册。昇泰交到十四元壹千兩，照注。兹冶廠交到廿期元壹千五百兩，已入滬帳，祈撥交許聘翁。又附奉護照一紙，祈收。此請籌安。本廠會計所啓。五月十六日

諸翁均此。

第七十三號（五月十六日）

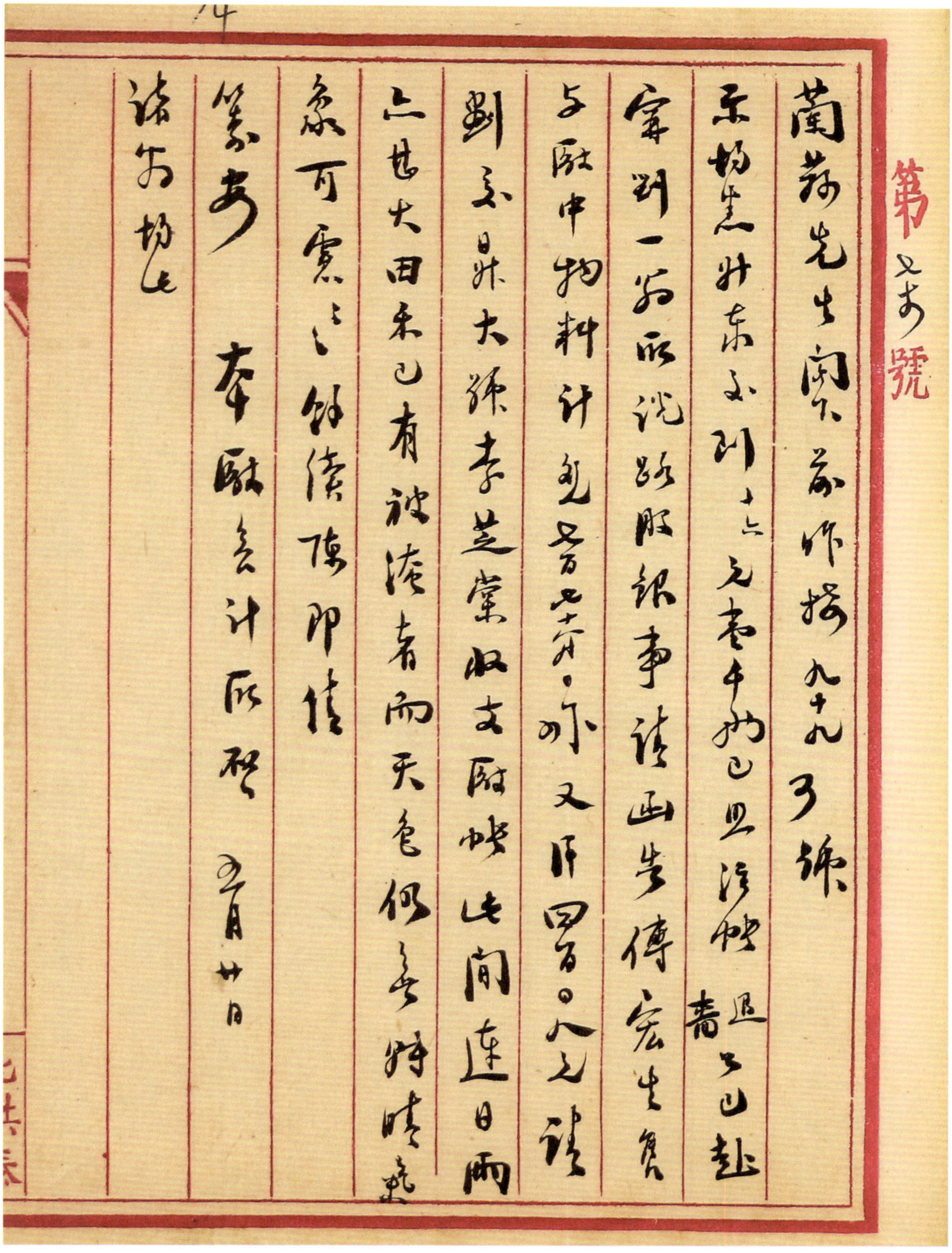

第七十四號（五月廿日）

蘭蓀先生閣下：前、昨接九十九、一百號示，均悉。昇泰交到十六元壹千兩，已照注帳。退公、畲公已赴寧，劉一翁所説路股銀事，請函告。傅宏生售與廠中物料，計九八元七百七十八兩零一分四，又洋四百零八元，請劃交昇大號李芝棠收，支廠帳。此間連日雨亦甚大，田禾已有被淹者，而天色仍無轉晴氣象，可慮可慮。餘續陳。即請籌安。本廠會計所啓。五月廿日

諸翁均此。

第七十四號（五月廿日）

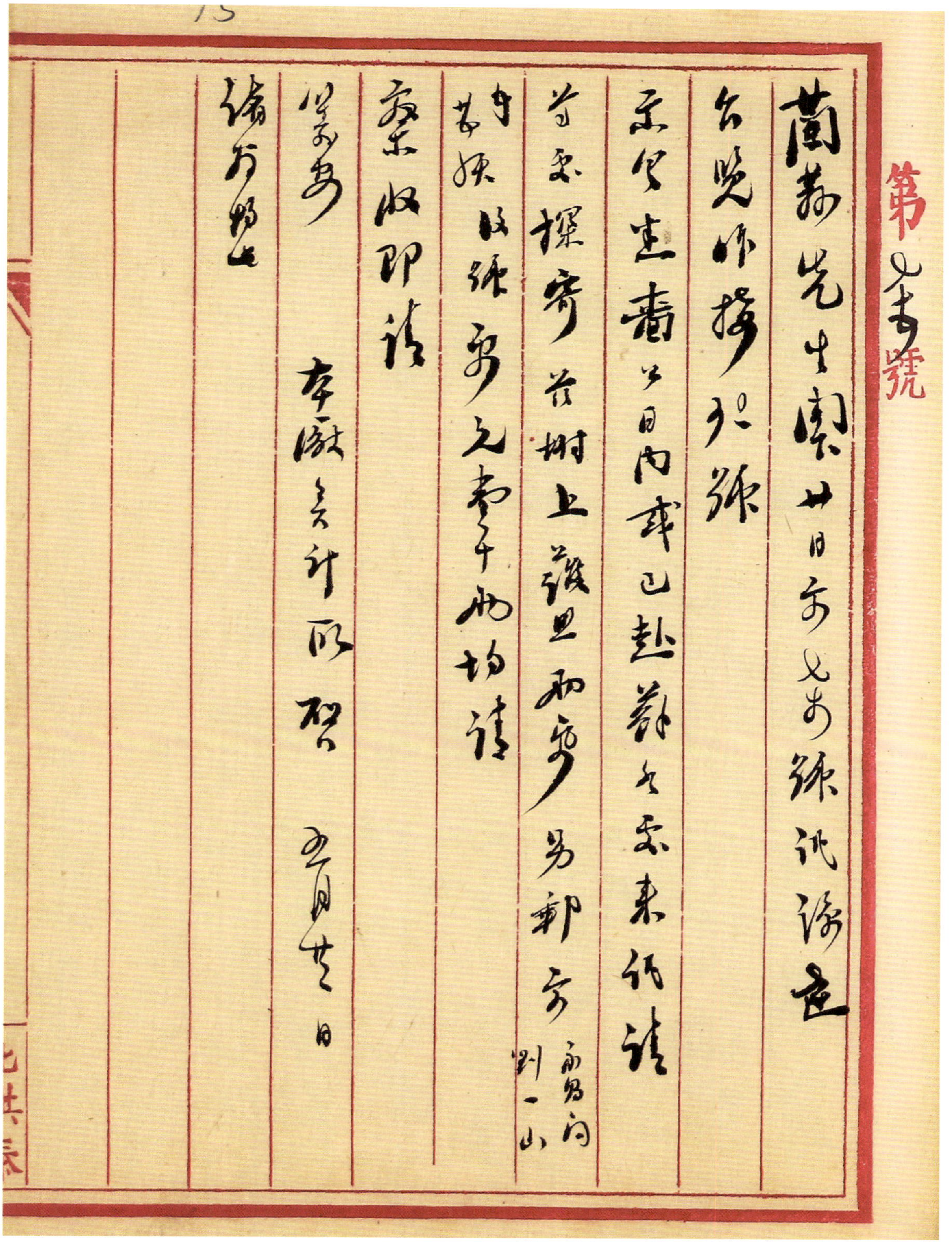

第七十五號（五月廿二日）

蘭蓀先生閣下：廿日寄七十四號訊，諒達台覽。昨接一百零一號示，具悉。嗇公日內或已赴蘇，各處來訊請尊處探寄。玆附上護照兩紙，另郵寄永昌向劉一山五月廿五（五天）一九號票元壹千兩，均請察收。即請籌安。本廠會計所啓。五月廿二日

諸翁均此。

第七十五號（五月廿二日）

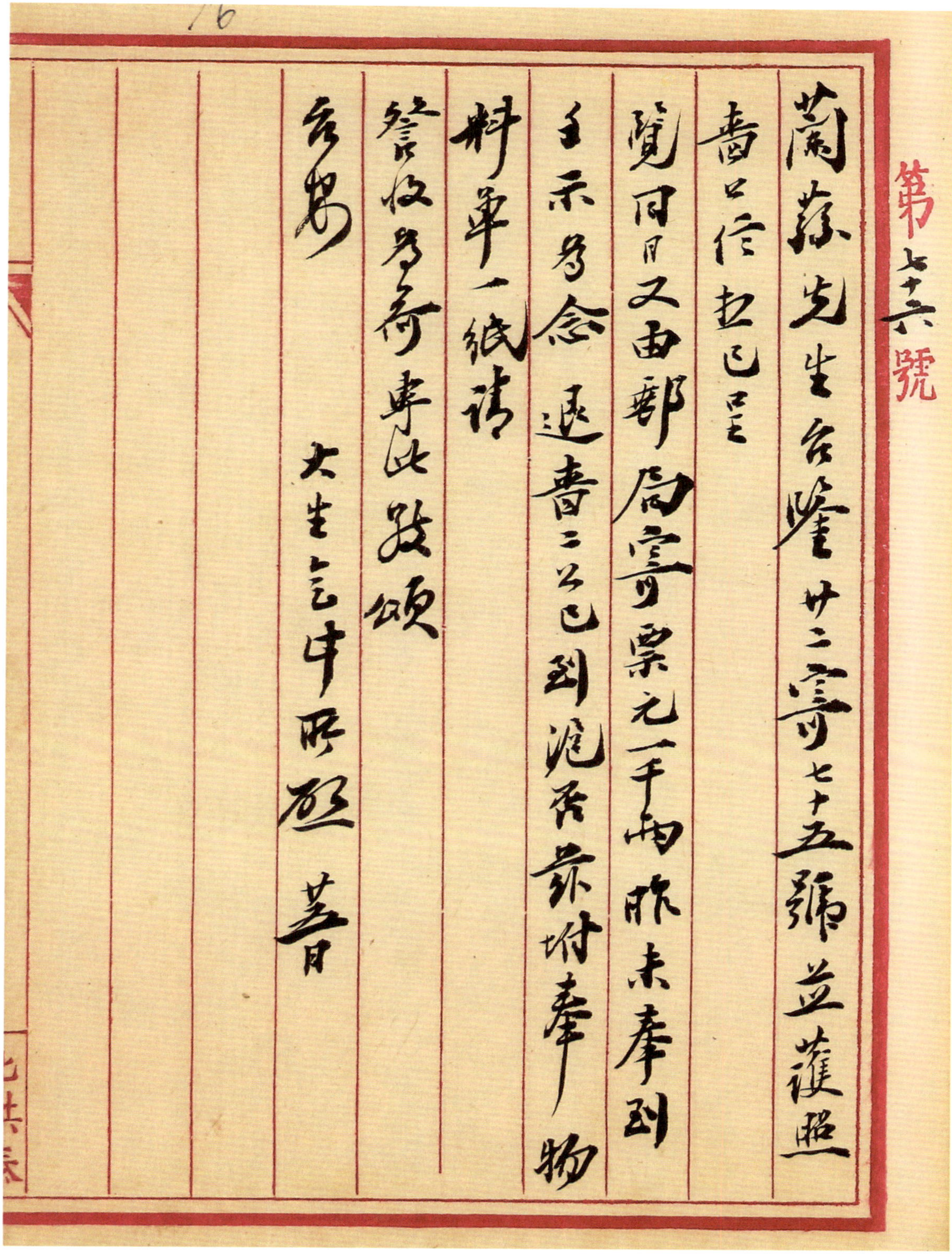

16

第七十六號

蘭蓀先生台鑒 廿二寄七十五號并護照
嗇公信想已呈
覽同日又由郵局寄票元一千兩昨未奉到
手示爲念 退嗇二公已到滬否茲附奉物
料單一紙請
察收爲荷專此敬頌
台安 大生會計所啓 廿五日

第七十六號（五月廿五日）

蘭蓀先生台鑒：廿二寄七十五號并護照、嗇公信，想已呈覽。同日又由郵局寄票元一千兩，昨未奉到手示，爲念。退、嗇二公已到滬否？茲附奉物料單一紙，請察收爲荷。專此，敬頌台安。大生會計所啓。廿五日

第七十六號（五月廿五日）

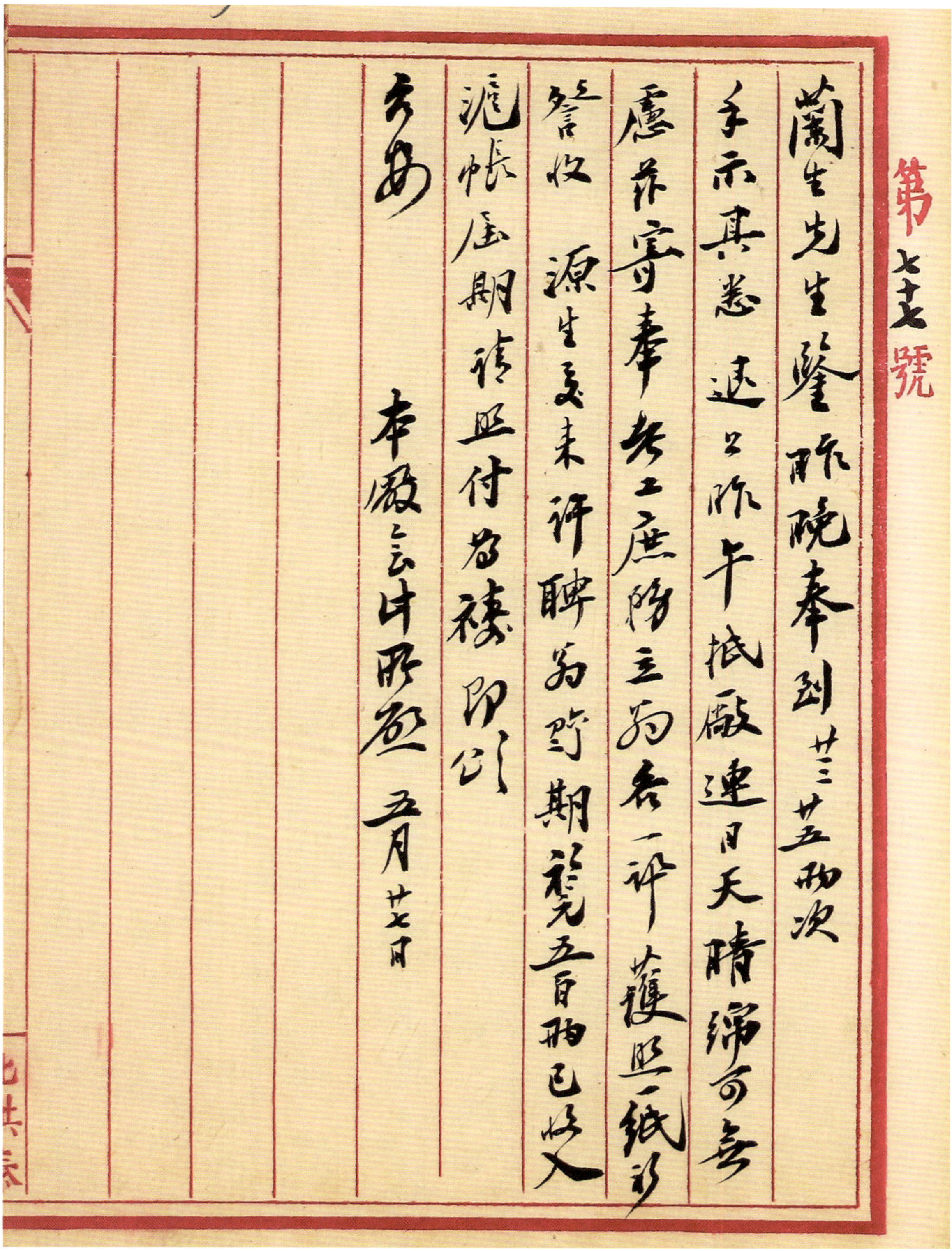

第七十七號（五月廿七日）

蘭生先生鑒：昨晚奉到廿三、廿五兩次手示，具悉。退公昨午抵廠。連日天晴，綿可無慮。玆寄奉考工、庶務、立翁各一訊，護照一紙，祈察收。源生交來許聘翁六月初二期九八元五百兩，已收入滬帳，届期請照付爲禱。即頌台安。本廠會計所啓。五月廿七日

第七十七號（五月廿七日）

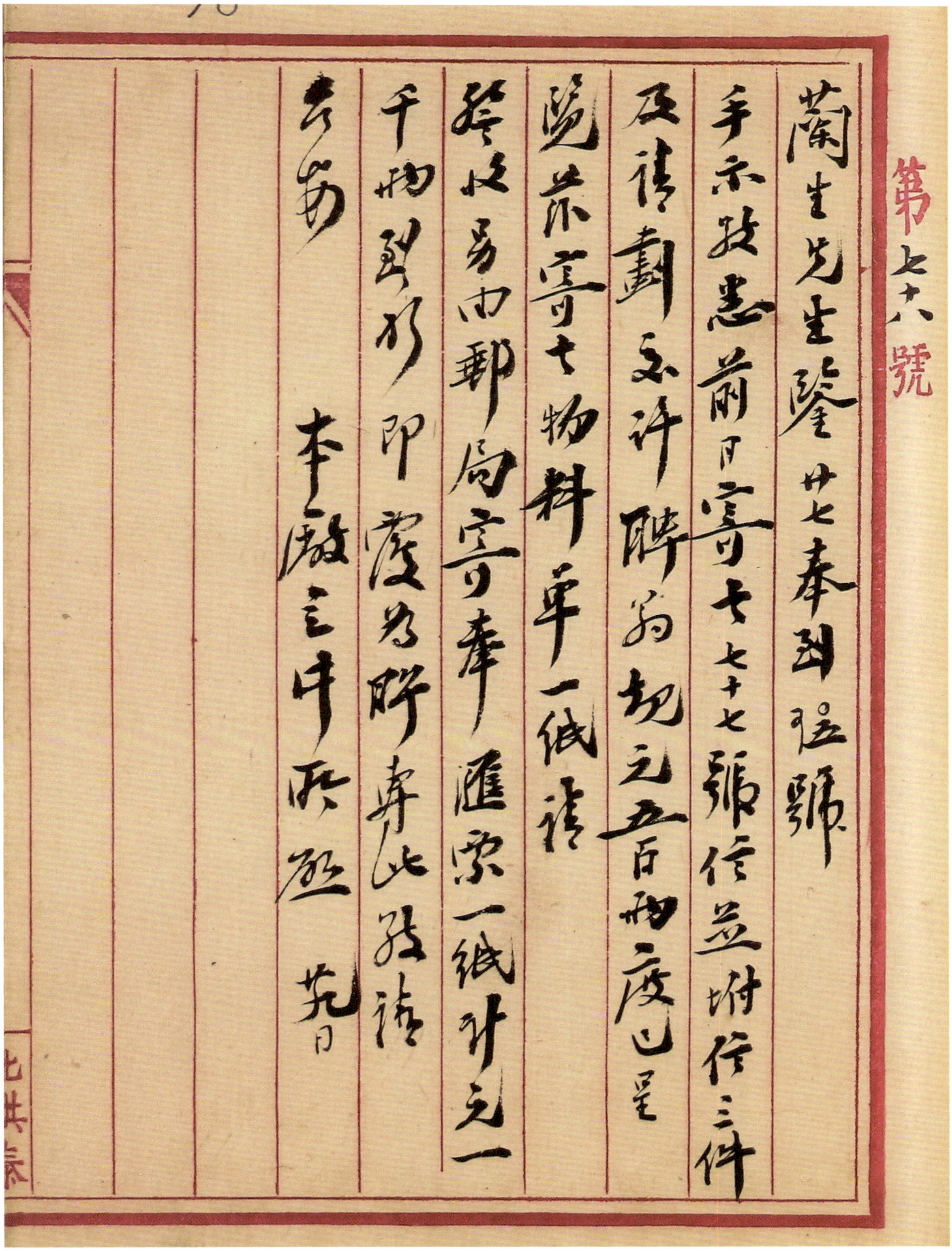

第七十八號（五月廿九日）

蘭生先生鑒：廿七奉到一百零五號手示，敬悉。前日寄去七十七號信，并附信三件及請劃交許聘翁規元五百兩，度已呈覽。茲寄去物料單一紙，請察收。另由郵局寄奉匯票一紙，計元一千兩，到祈即覆爲盼。專此，敬請台安。本廠會計所啓。廿九日

第七十八號（五月廿九日）

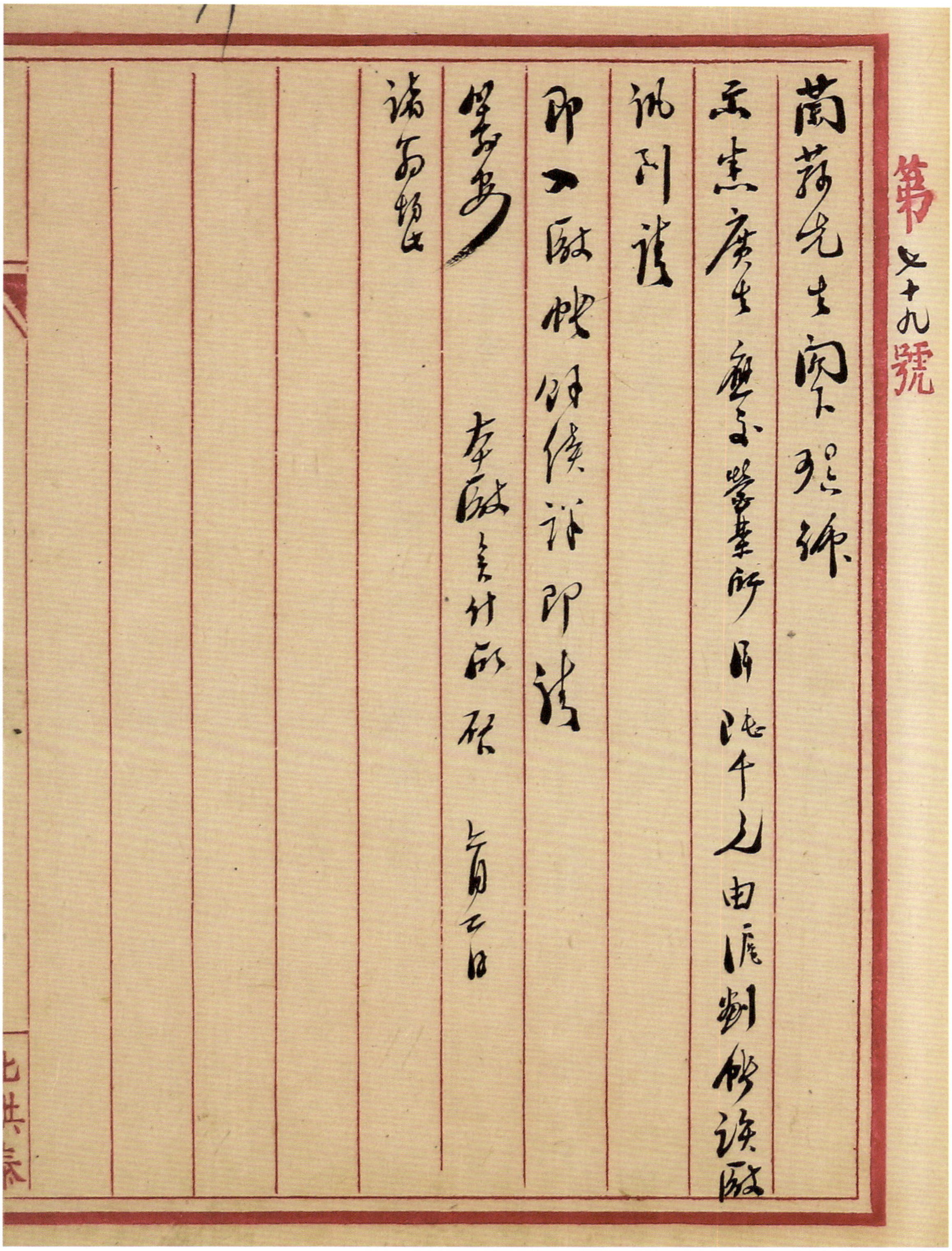

第七十九號（六月初二日）

蘭蓀先生閣下：一百零六號示悉。廣生應交營業所洋陸千元，由滬劃帳，該廠訊到，請即入廠帳。餘續詳。即請籌安。本廠會計所啓。六月二日

諸翁均此。

第七十九號（六月初二日）

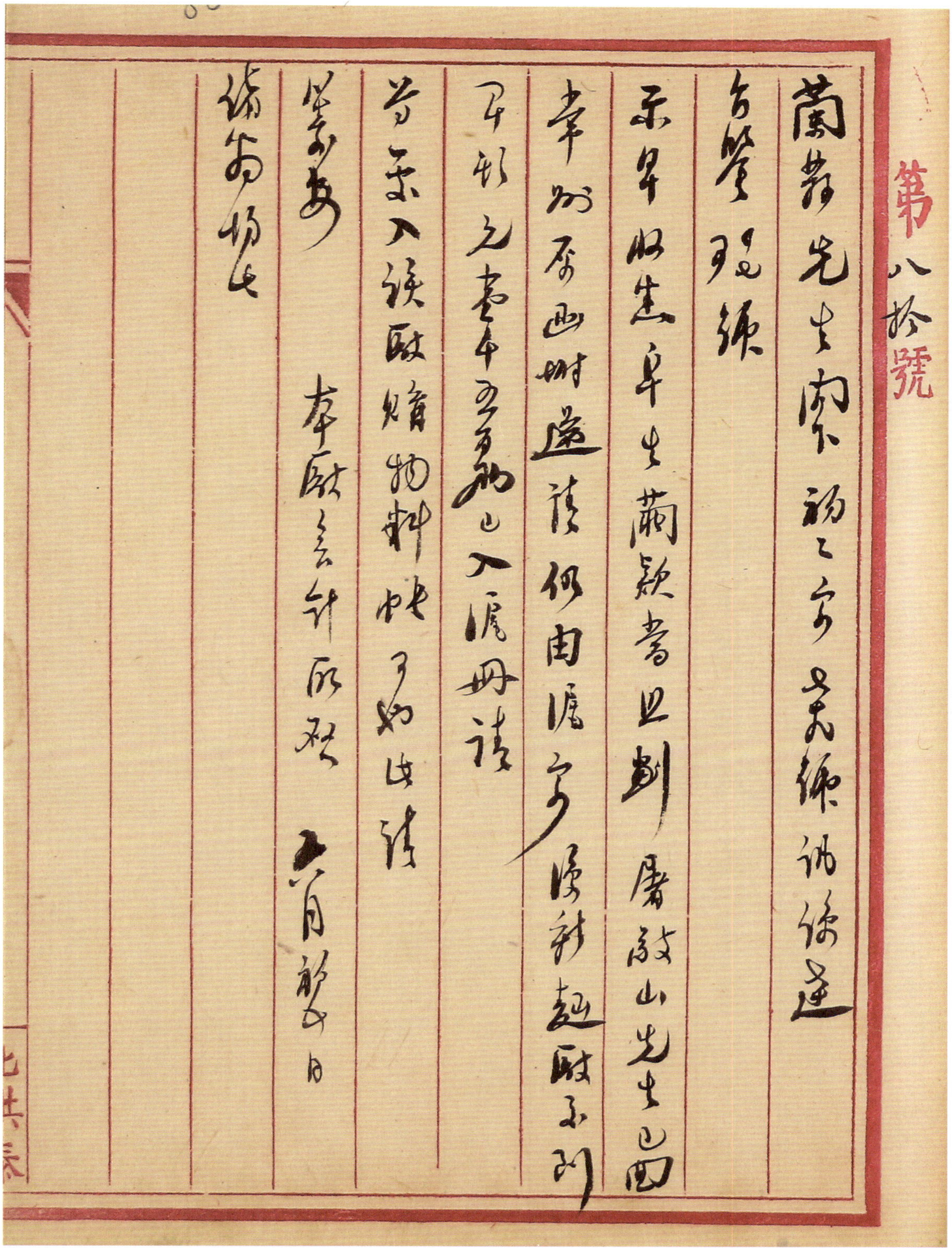

第八十號（六月初五日）

蘭蓀先生閣下：初二寄七十九號訊，諒達台鑒。一百零七號示早收悉。阜生繭款當照劃。屠敬山先生已回常州，原函附還，請仍由滬寄。復新麵廠交到初十期元壹千五百兩，已入滬册，請尊處入該廠購物料帳可也。此請籌安。本廠會計所啓。六月初五日

諸翁均此。

第八十號（六月初五日）

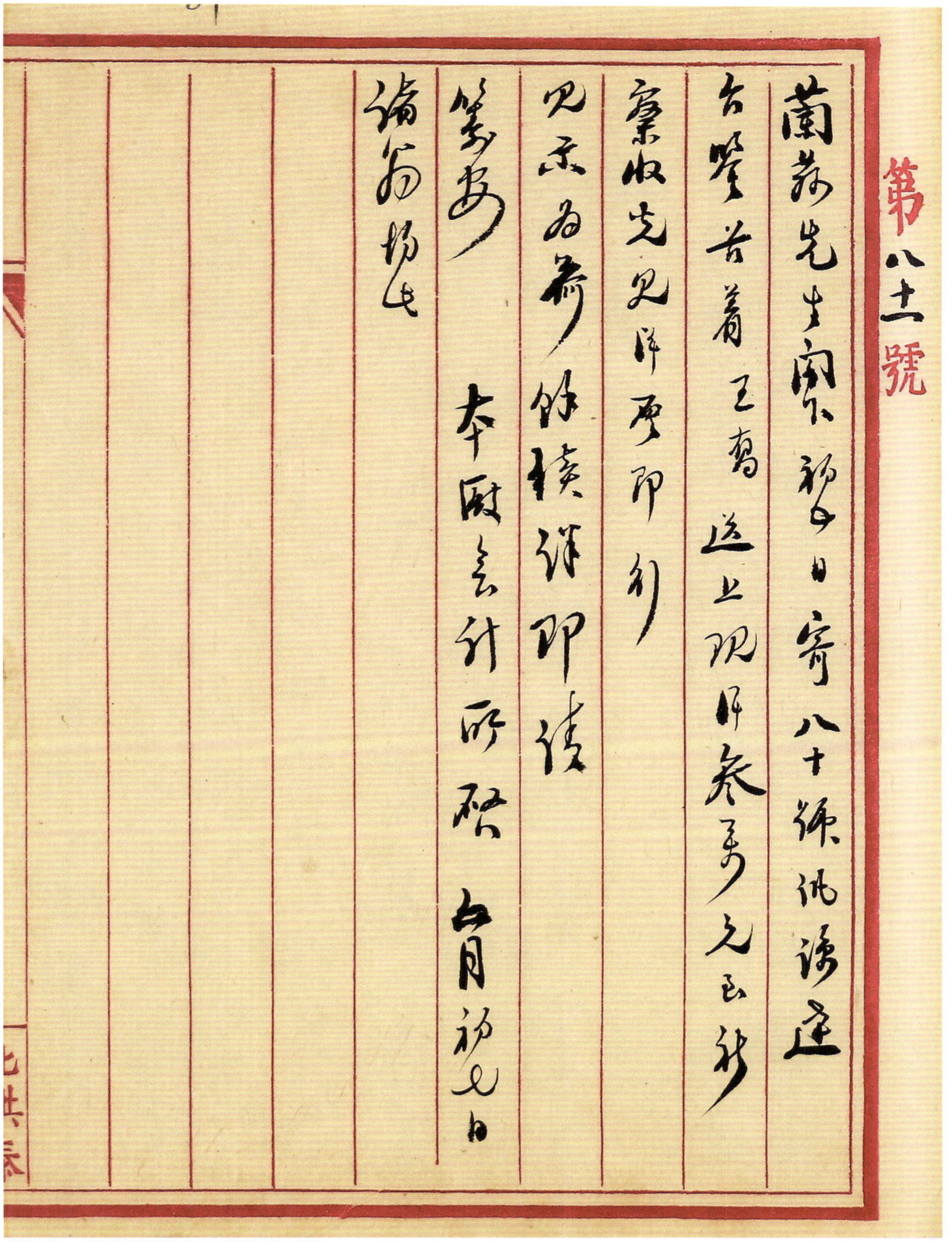

第八十一號

蘭蓀先生閣下：初五日寄八十號訊，諒達
台鑒。茲着王喬送上現洋叁萬元，至祈
察收，兑見洋厘，即行
見示爲荷。餘續詳。即請
籌安。　本廠會計所啓。六月初七日
諸翁均此。

第八十一號（六月初七日）

蘭蓀先生閣下：初五日寄八十號訊，諒達台鑒。茲着王喬送上現洋叁萬元，至祈察收，兑見洋厘，即行見示爲荷。餘續詳。即請籌安。本廠會計所啓。六月初七日

諸翁均此。

第八十一號（六月初七日）

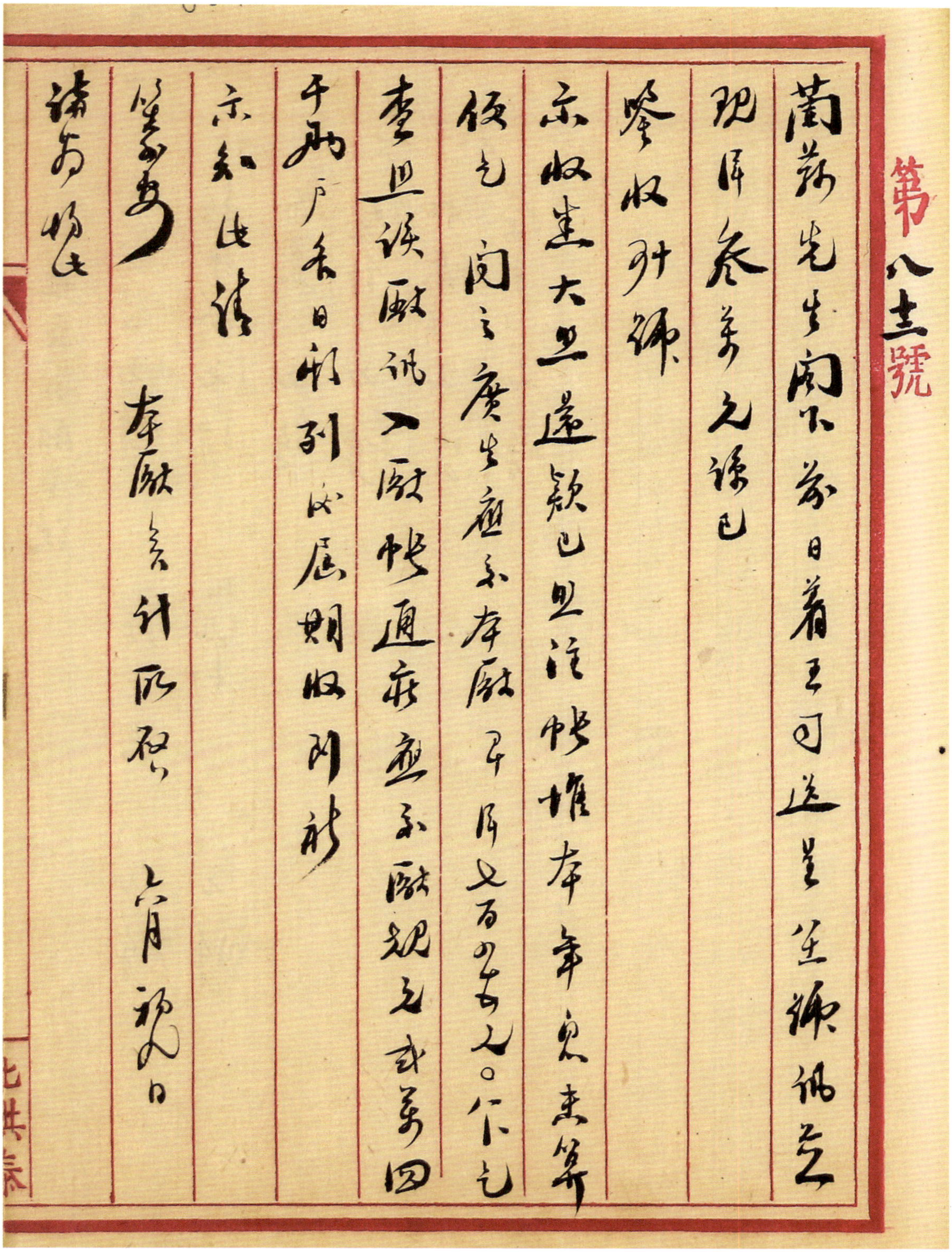

第八十二號（六月初九日）

蘭蓀先生閣下：前日着王司送呈八十一號訊并現洋叁萬元，諒已鑒收。一百十號示收悉。大照還款已照注帳，惟本年息未算，便乞問之。廣生應交本廠初十洋七百四十五元零八分，乞查照該廠訊入廠帳。通莊應交廠規元式萬四千兩，户名、日期列後，届期收到祈示知。此請籌安。本廠會計所啓。六月初九日

諸翁均此。

通莊交廠之款：

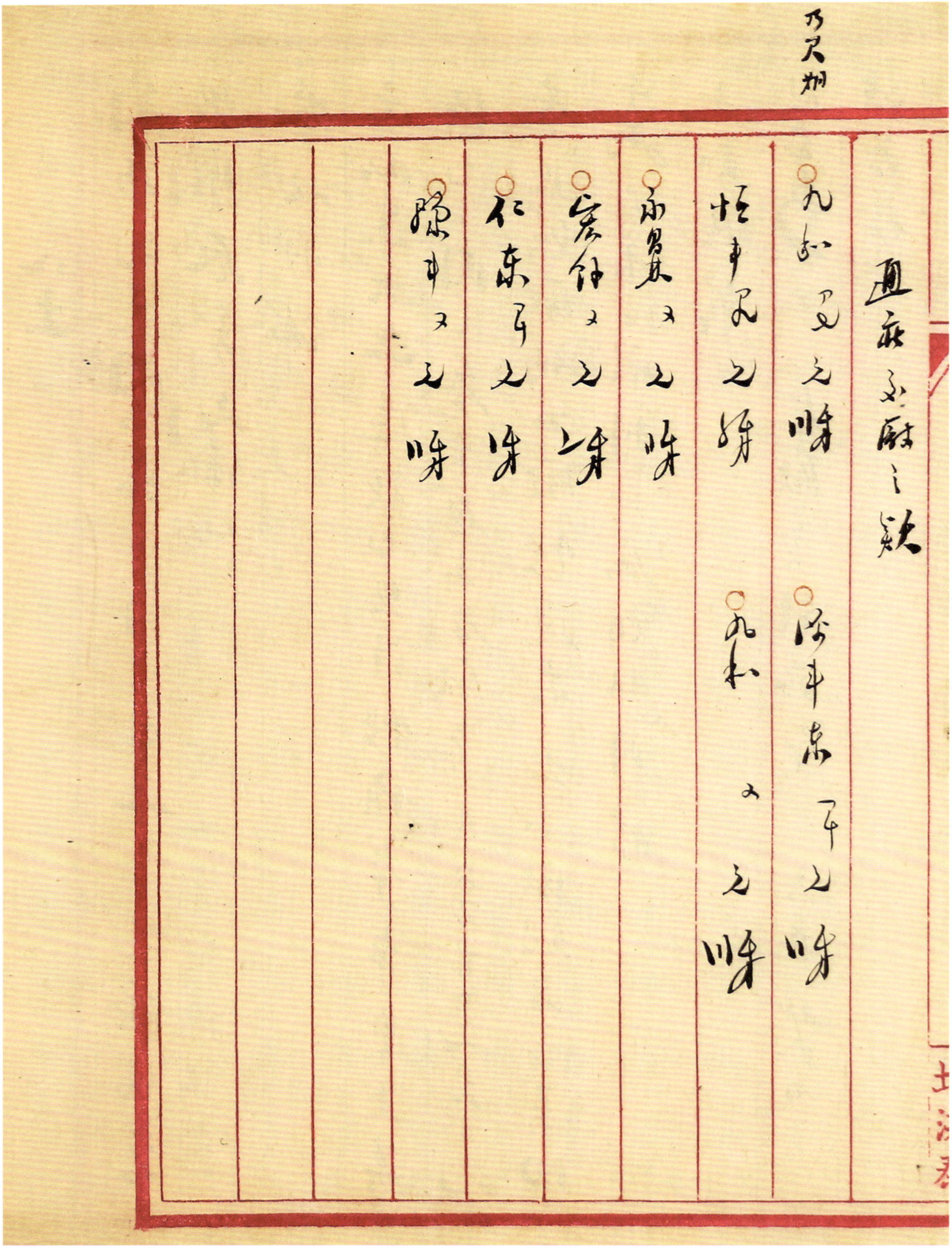

第八十二號（六月初九日）

（乃初八期）九和，初七，元三千兩　　恒豐，初九，元五千兩
永昌林，又，元二千兩　　宏餘，又，元六千兩
仁泰，初十，元一千兩　　豫豐，又，元二千兩
源豐泰，初十，元二千兩　　九和，又，元三千兩

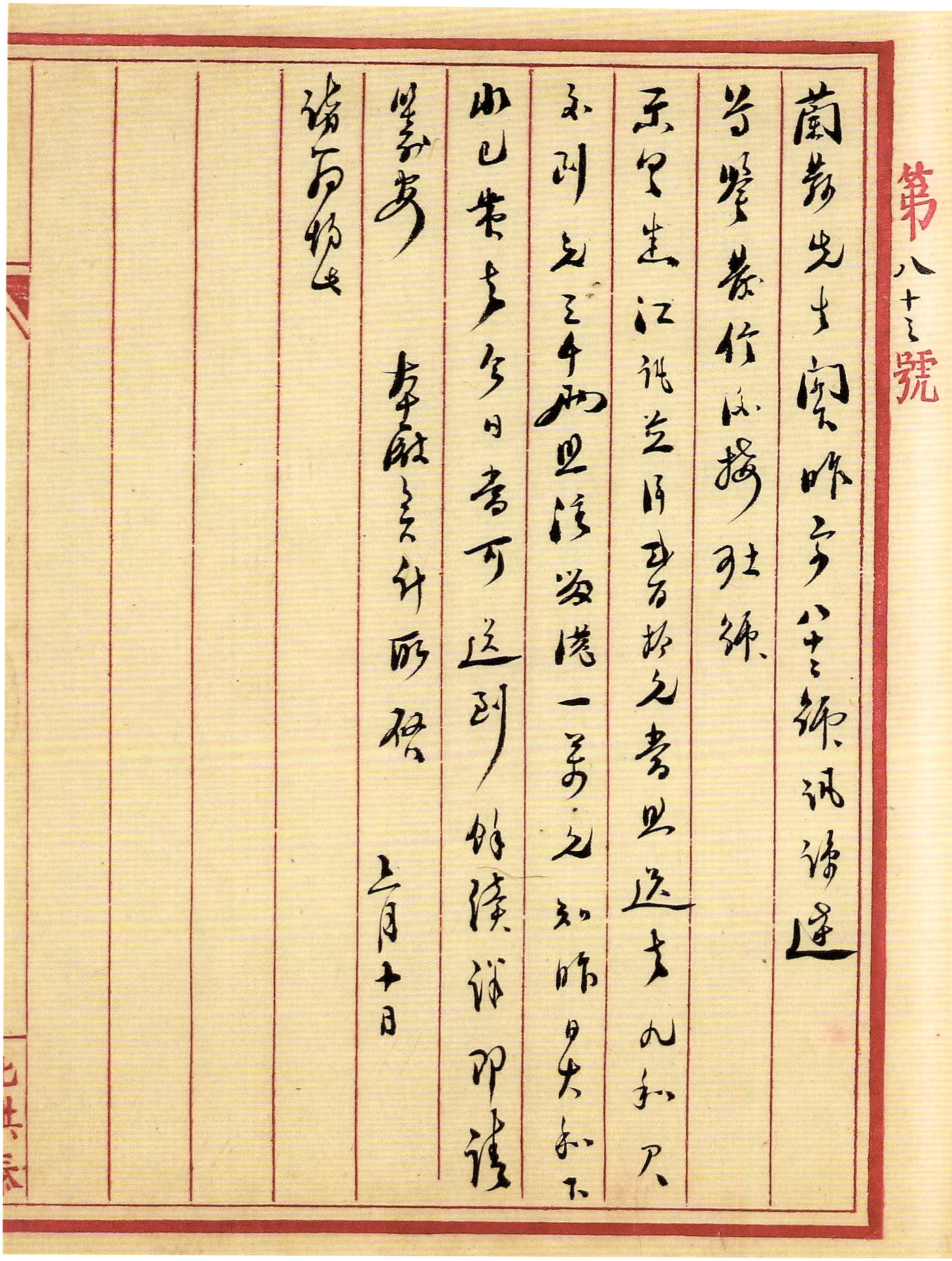

第八十三號（六月初十日）

蘭蓀先生閣下：昨寄八十二號訊，諒達尊鑒。發信後接一百十一號示，具悉。江訊并洋式百拾元，當照送去。九和初八交到元三千兩，照注。留港一萬元，知昨日大和下水已帶去，今日當可送到。餘續詳。即請籌安。本廠會計所啓。六月十日

諸翁均此。

第八十三號（六月初十日）

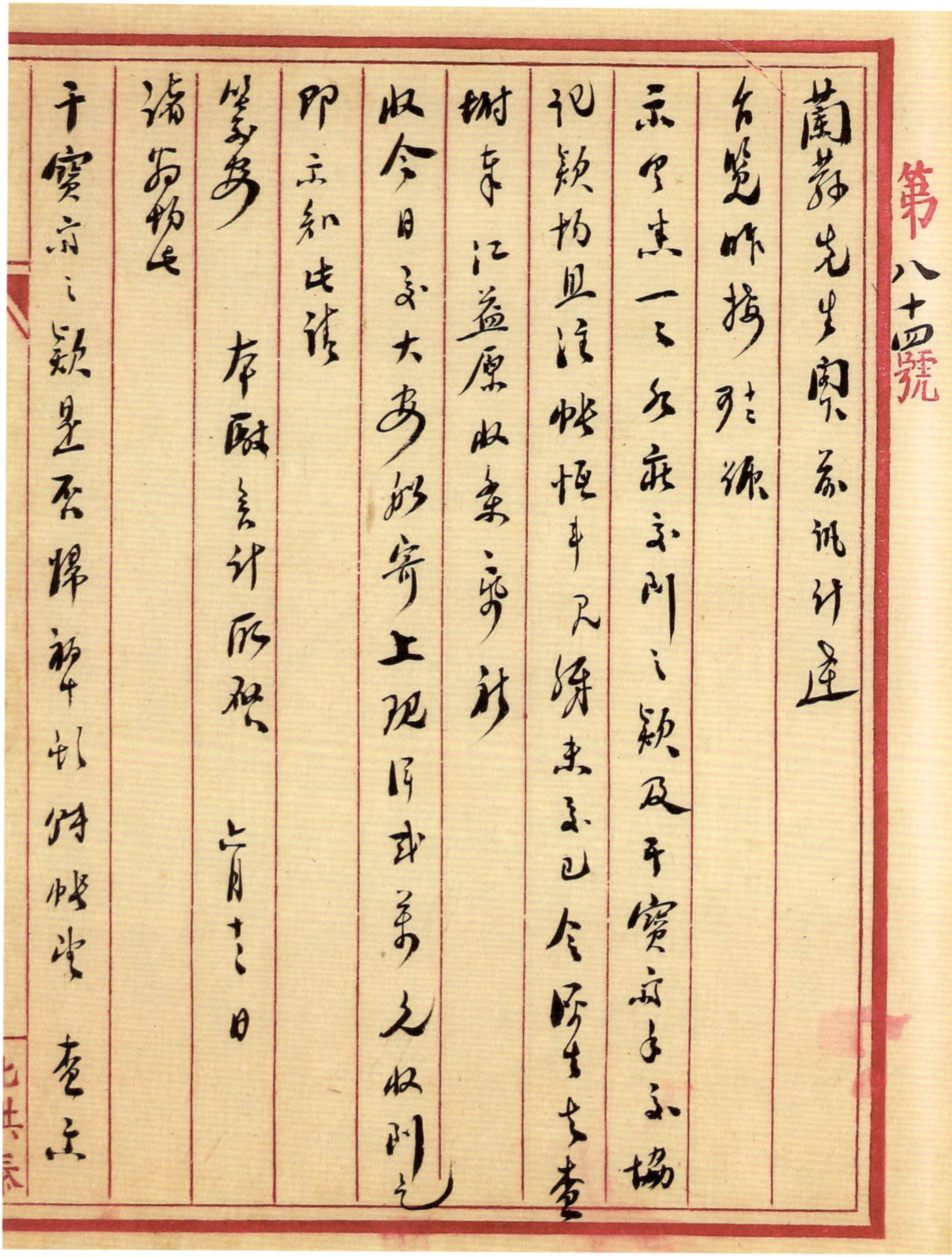

第八十四號（六月十二日）

蘭蓀先生閣下：前訊計達台覽。昨接一百十二號示，具悉一一。各莊交到之款，及于寶齋手交協記款，均照注帳。恒豐初九五千兩未交，已令源生去查。附奉江益原收條一紙，祈收。今日交大安船寄上現洋弍萬元，收到乞即示知。此請籌安。本廠會計所啓。六月十二日

諸翁均此。

于寶齋之款是否歸初十期轉帳，望查示。

第八十四號（六月十二日）

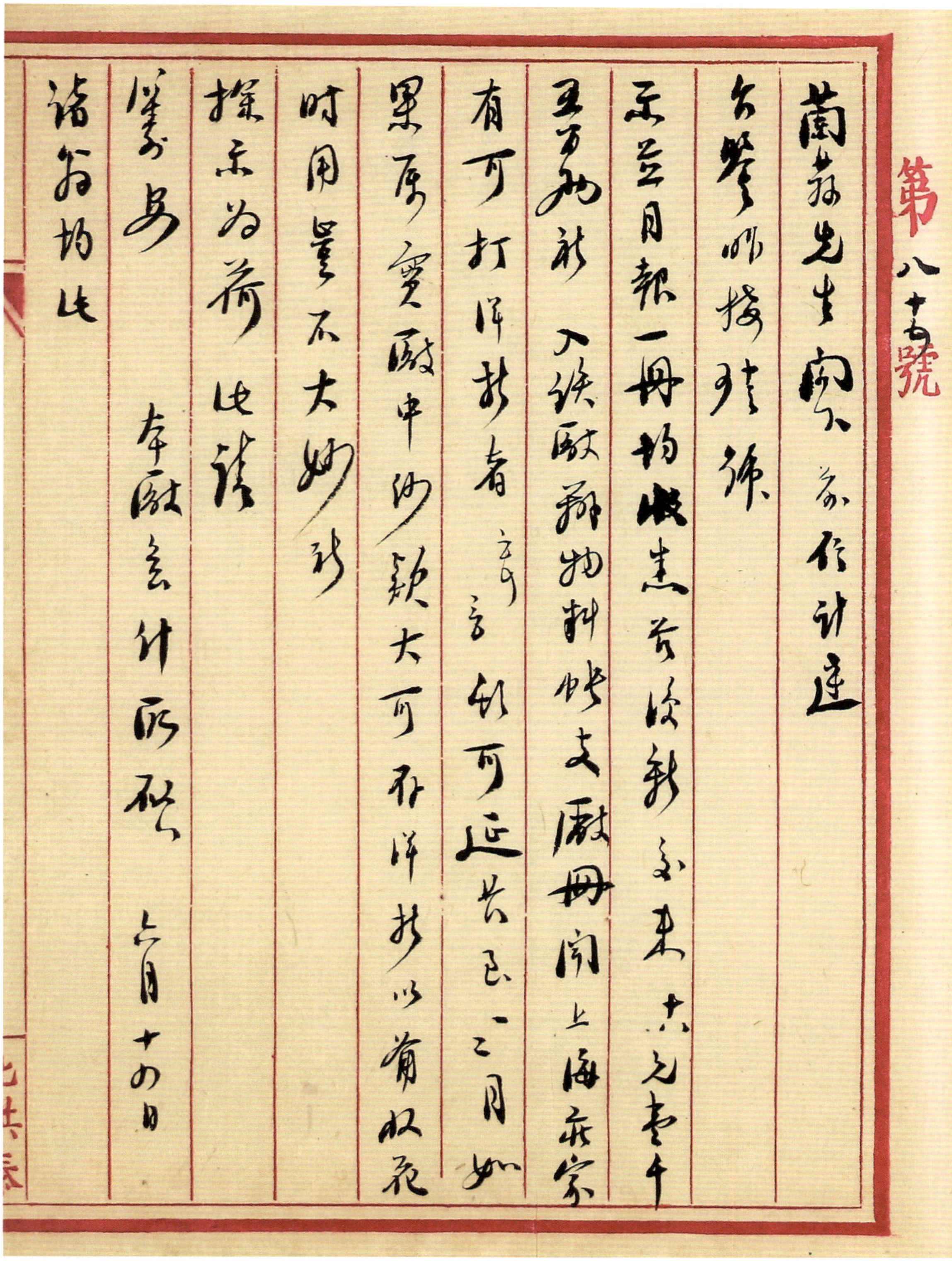

第八十五號（六月十四日）

蘭蓀先生閣下：前信計達台鑒。昨接一百十三號示并月報一册，均收悉。兹復新交來十八元壹千五百兩，祈入該廠辦物料帳，支廠册。聞上海莊家有可打洋折者，二角五、三角期可延長至一、二月，如果屬實，廠中紗款大可存洋折，以備收花時用，豈不大妙？祈探示爲荷。此請籌安。本廠會計所啓。六月十四日

諸翁均此。

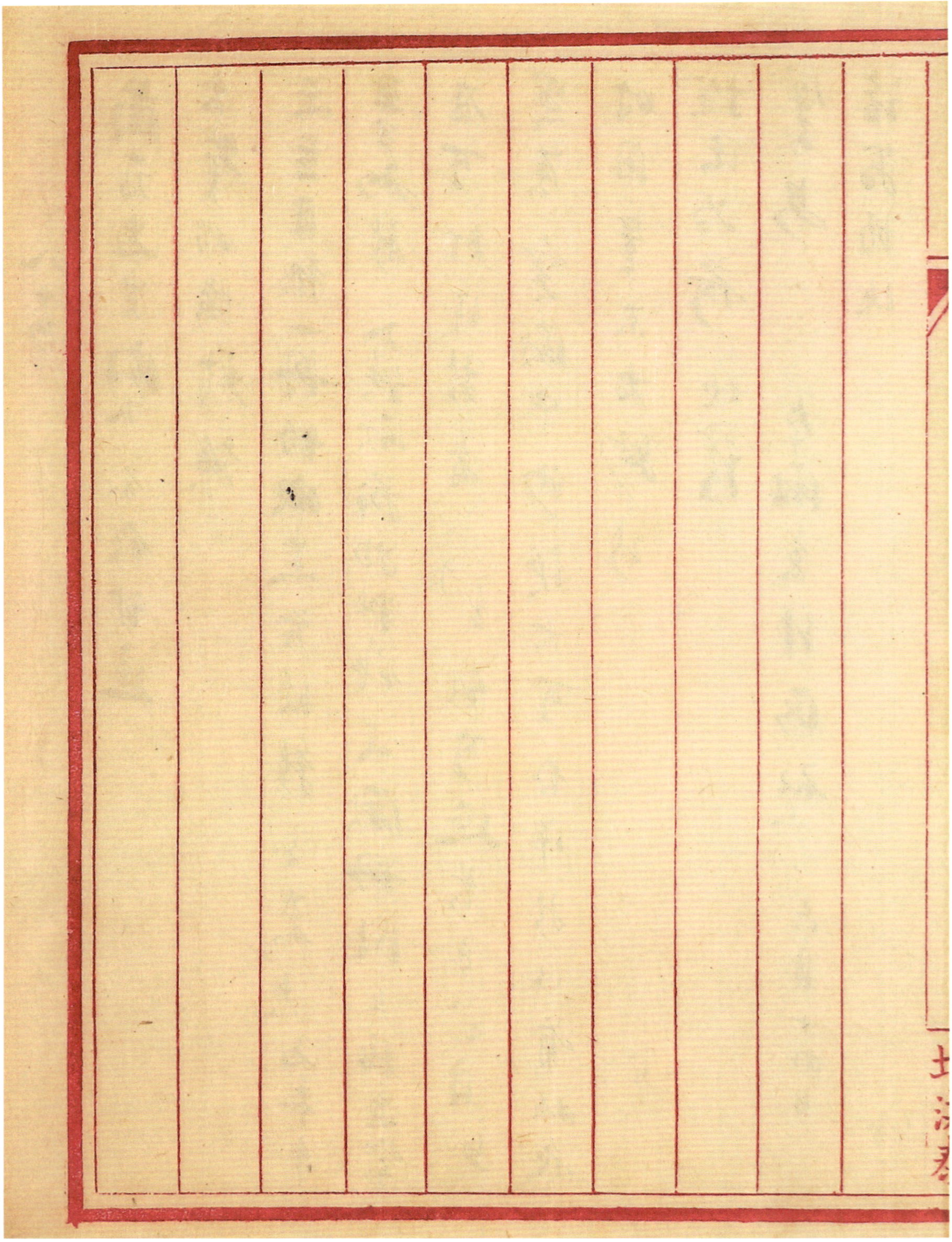

第八十五號（六月十四日）

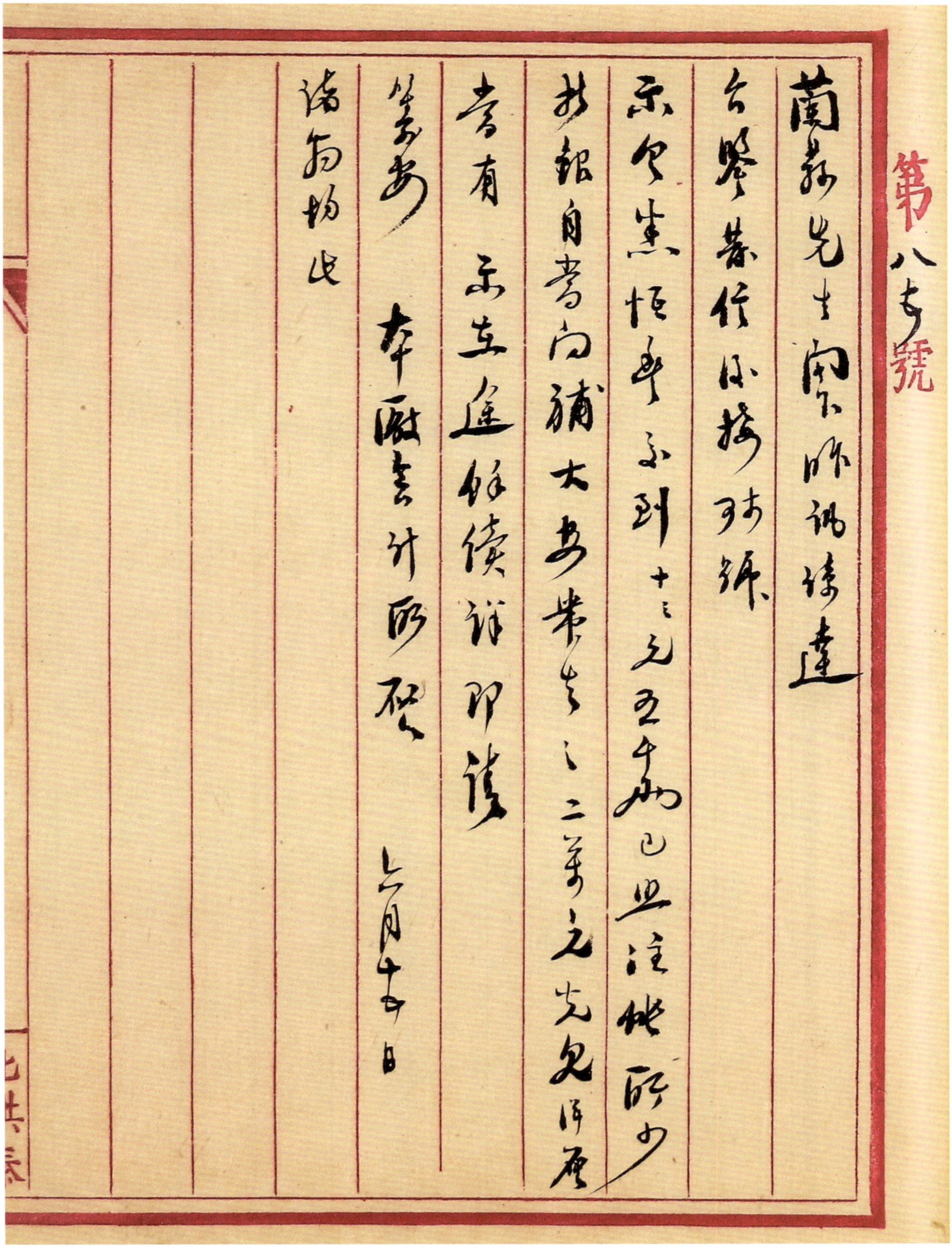

第八十六號（六月十五日）

蘭蓀先生閣下：昨訊諒達台鑒。發信後接一百十四號示，具悉。恒豐交到十三元五千兩，已照注帳，所少折銀，自當向補。大安帶去之二萬元，兑見洋厘，當有示在途。餘續詳。即請籌安。本廠會計所啓。六月十五日

諸翁均此。

（按：本信編號“八十五”誤，應爲“八十六”）

第八十六號（六月十五日）

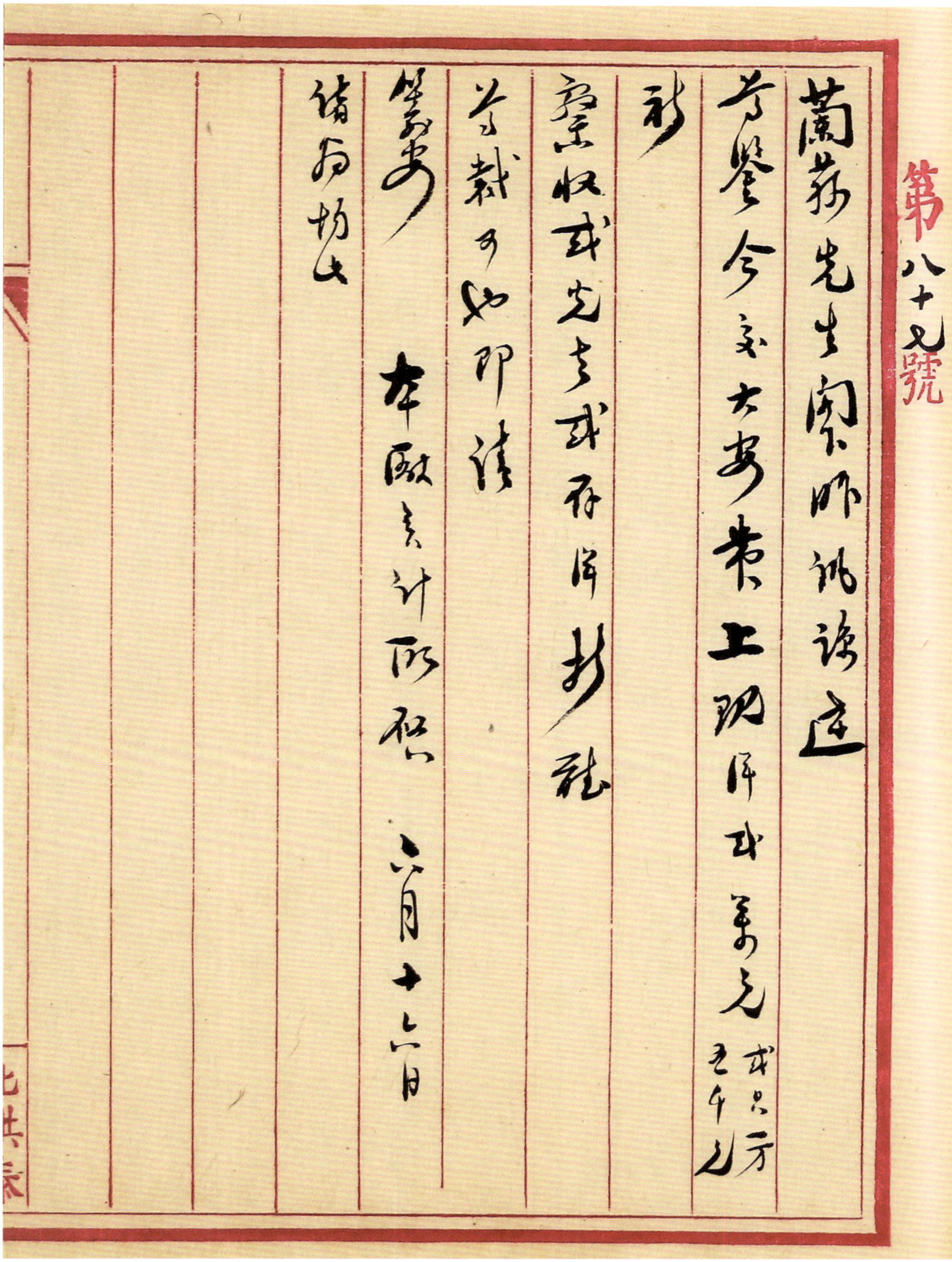

第八十七號（六月十六日）

蘭蓀先生閣下：昨訊諒達尊鑒。今交大安帶上現洋式萬元（或祇一萬五千元），祈察收，或兑去，或存洋折，聽尊裁可也。即請籌安。本廠會計所啓。六月十六日

諸翁均此。

第八十七號（六月十六日）

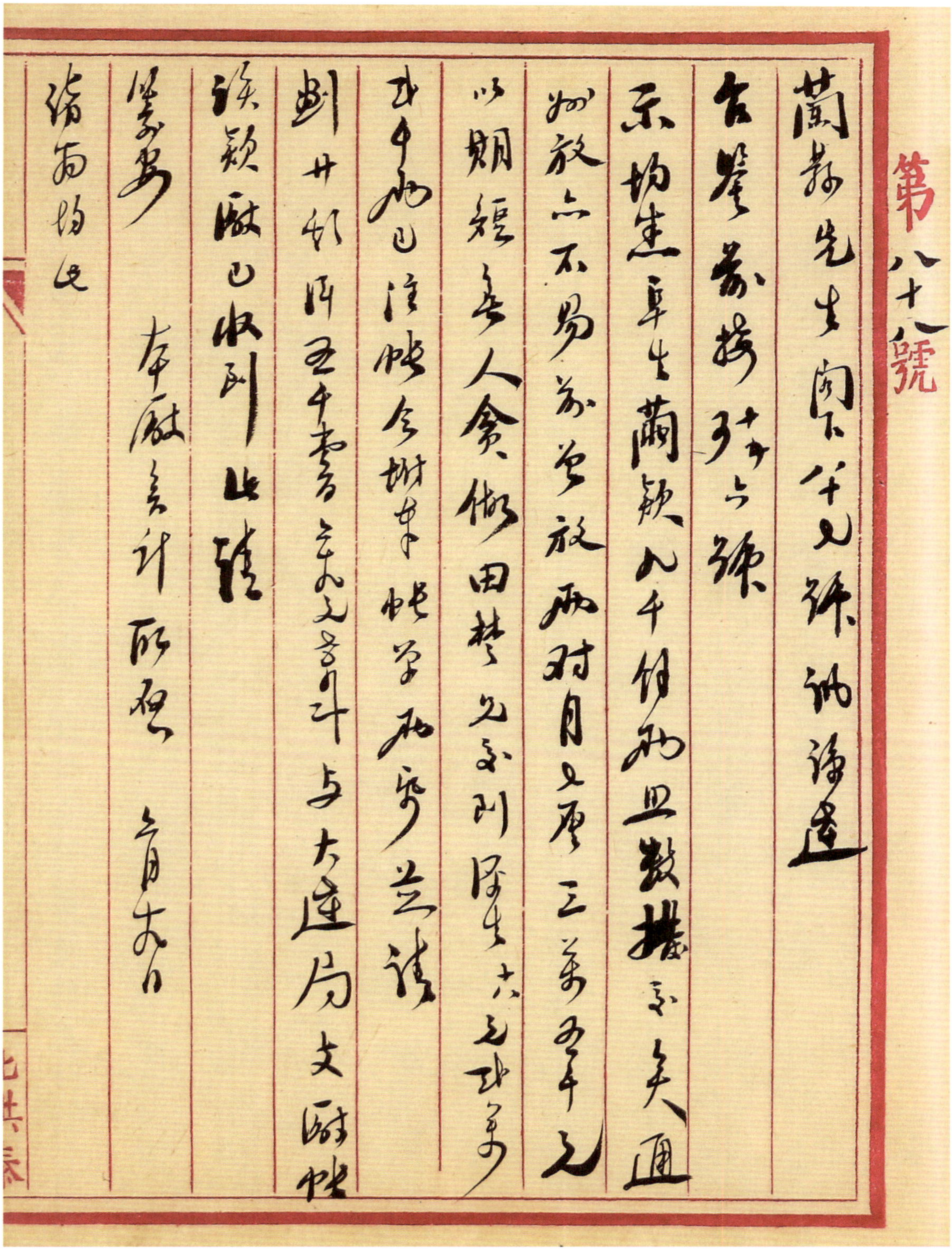

第八十八號（六月十九日）

蘭蓀先生閣下：八十七號訊諒達台鑒。前接一百十五、一百十六號示，均悉。阜生繭款九千餘兩照數撥交矣。通州放亦不易，前曾放兩對月七厘三萬五千元，以期短，無人貪做。田楚兄交到源生十八元弍萬弍千兩，已注帳。今附奉帳單兩紙，并請劃廿期洋五千壹百六十九元七角四分二與大達局，支廠帳，該款廠已收到。此請籌安。

本廠會計所啓。六月十九日

諸翁均此。

第八十八號（六月十九日）

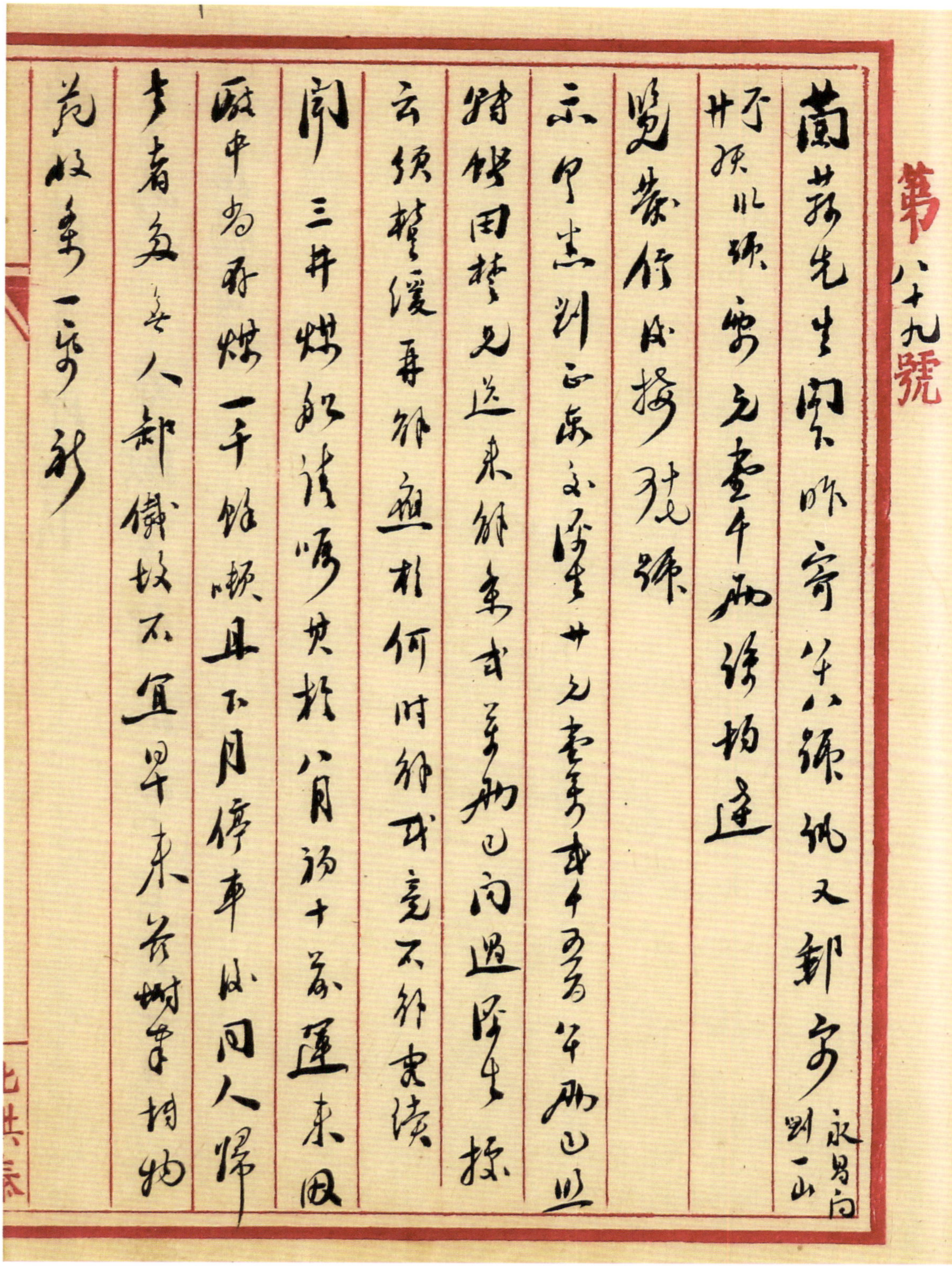

第八十九號（六月廿日）

蘭蓀先生閣下：昨寄八十八號訊，又郵寄永昌向劉一山六月廿（五天）二六號票元壹千兩，諒均達覽。發信後接一百十七號示，具悉。劉正泰交源生廿元壹萬弍千五百八十兩，已照轉帳。田楚兄送來解條弍萬兩，已問過源生，據云須暫緩再解，應於何時解，或竟不解，容續聞。三井煤船，請囑其於八月初十前運來，因廠中尚存煤一千餘噸，且下月停車後同人歸去者多，無人卸儎，故不宜早來。玆附奉博物苑收條一紙，祈收。餘續告。即請籌安。本廠會計所啓。六月廿日

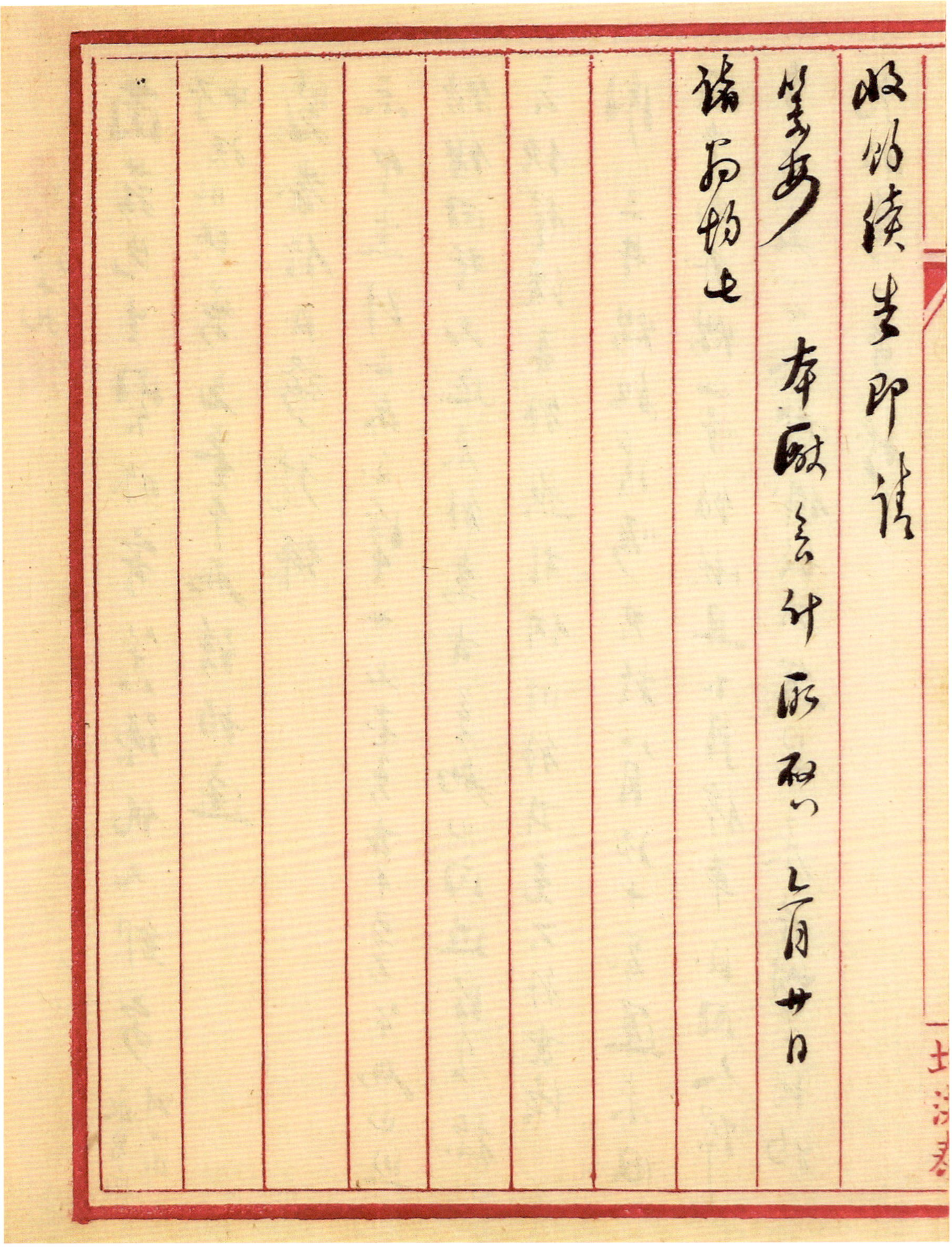

第八十九號（六月廿日）

諸翁均此。

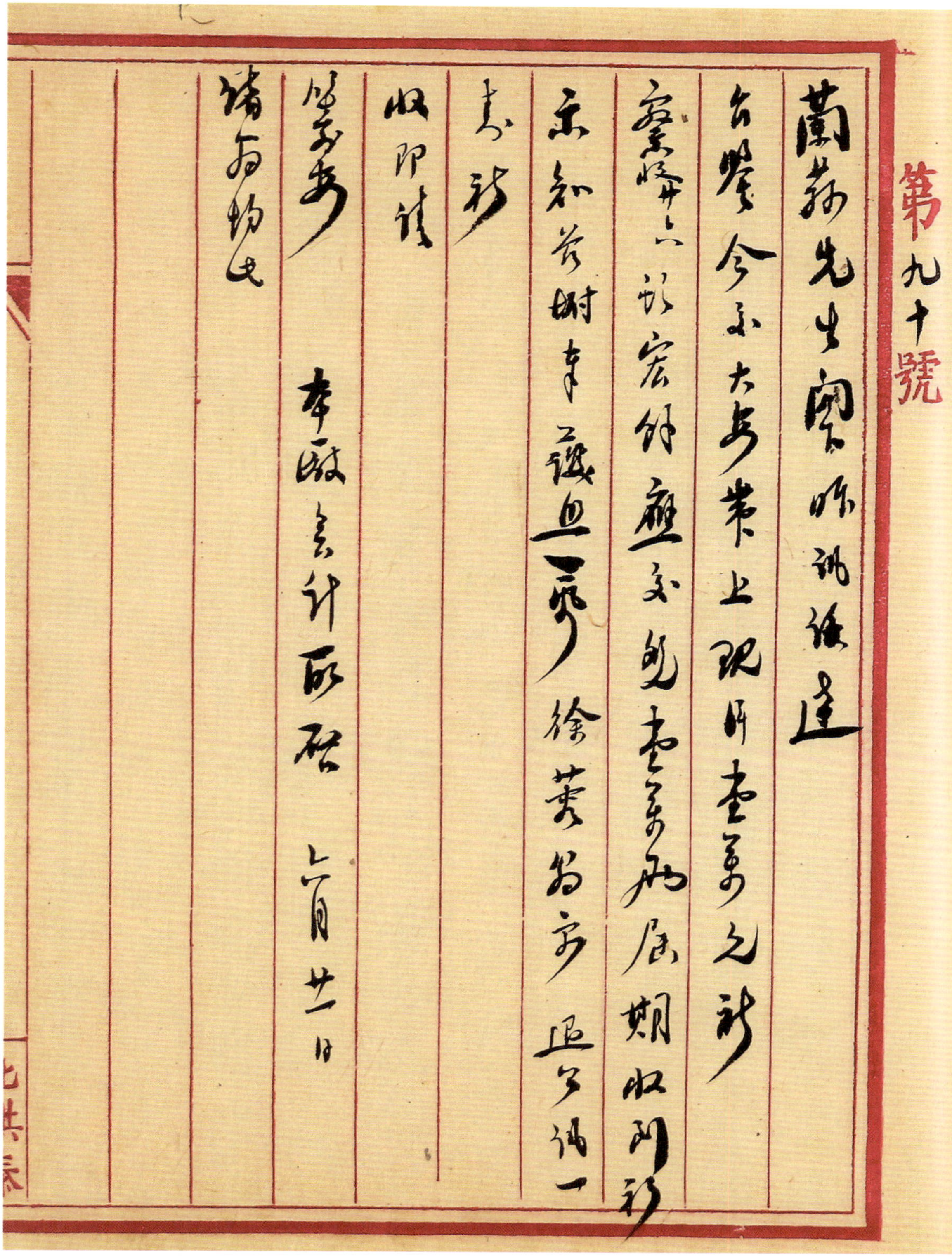

第九十號（六月廿一日）

蘭蓀先生閣下：昨訊諒達台鑒。今交大安帶上現洋壹萬元，祈察收。廿六期宏餘應交九八元壹萬兩，届期收到祈示知。兹附奉護照一紙，徐蓉翁寄退公訊一封，祈收。即請籌安。本廠會計所啓。六月廿一日

諸翁均此。

第九十號（六月廿一日）

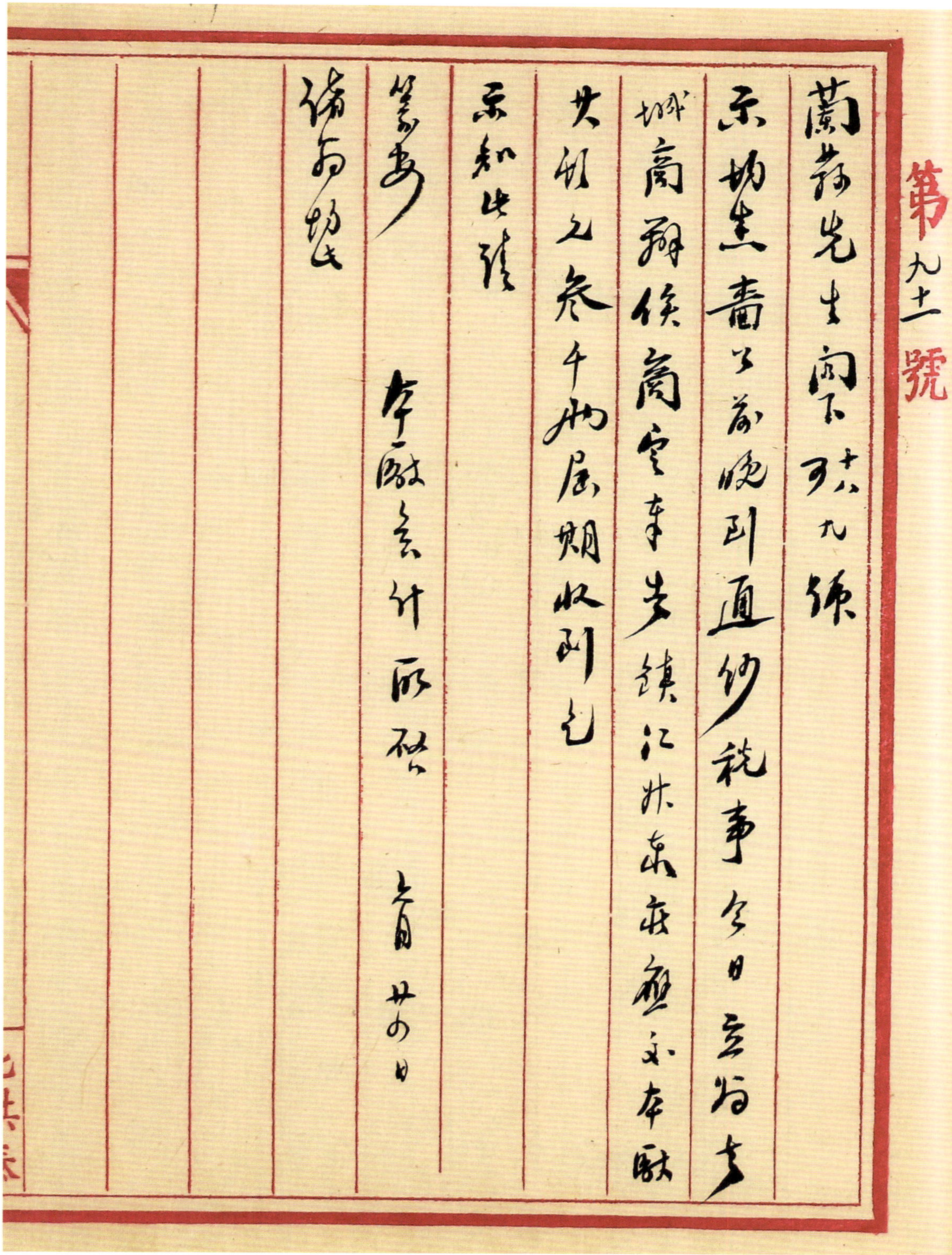

第九十一號（六月廿四日）

蘭蓀先生閣下：一百十八、一百十九號示均悉。嗇公前晚到通，紗税事，今日立翁去城商辦，俟商定奉告。鎮江昇泰莊應交本廠廿八期元叁千兩，屆期收到乞示知。此請籌安。本廠會計所啓。六月廿四日

諸翁均此。

第九十一號（六月廿四日）

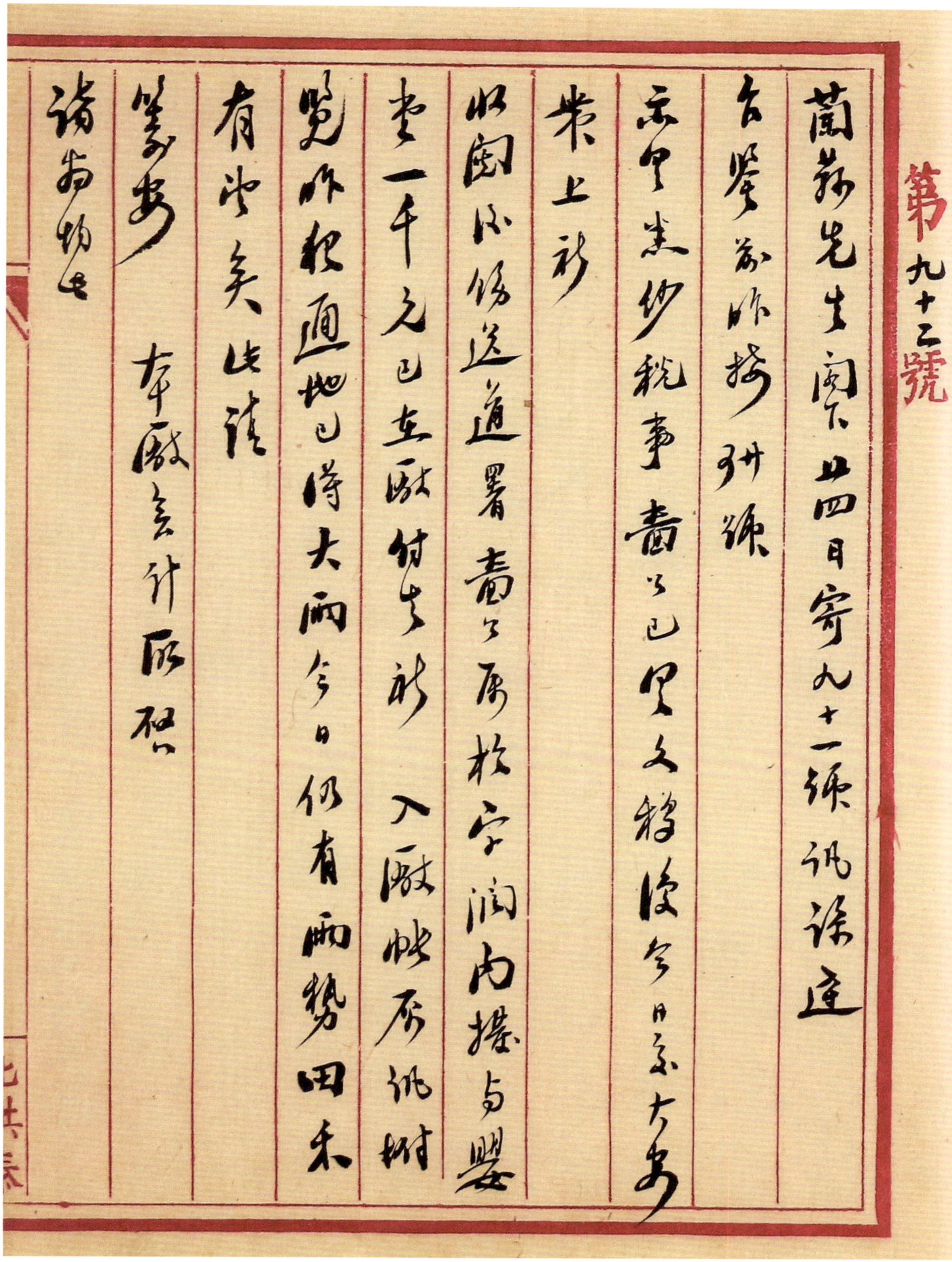

第九十二號

蘭蓀先生閣下：廿四日寄九十一號訊，諒達台鑒。前、昨接一百廿號示，具悉。紗稅事，啬公已具文移復，今日交大安帶上，祈收閱後飭送道署。啬公屬於字潤内撥與嬰堂一千元，已在廠付去，祈入廠帳，原訊附覽。昨夜通地已得大雨，今日仍有雨勢，田禾有望矣。此請籌安。本廠會計所啓。

諸翁均此。

第九十二號

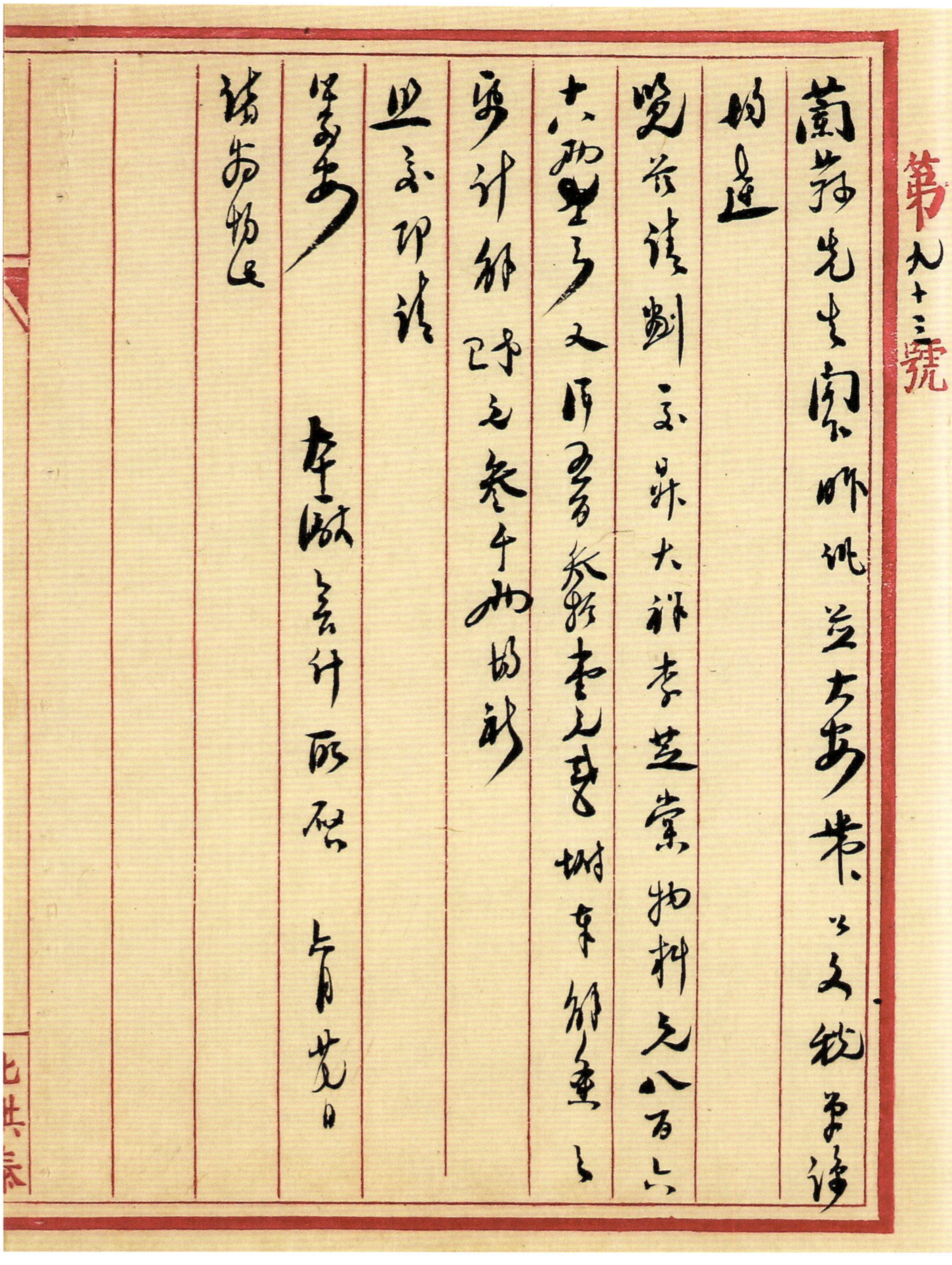

第九十三號（六月廿七日）

蘭蓀先生閣下：昨訊并大安帶公文、税單，諒均達覽。兹請劃交昇大祥李芝棠物料元八百六十八兩七錢三分，又洋五百叁拾壹元弍角；附奉解條三紙，計解七月初一元叁千兩，均祈照交。即請籌安。本廠會計所啓。六月廿七日

諸翁均此。

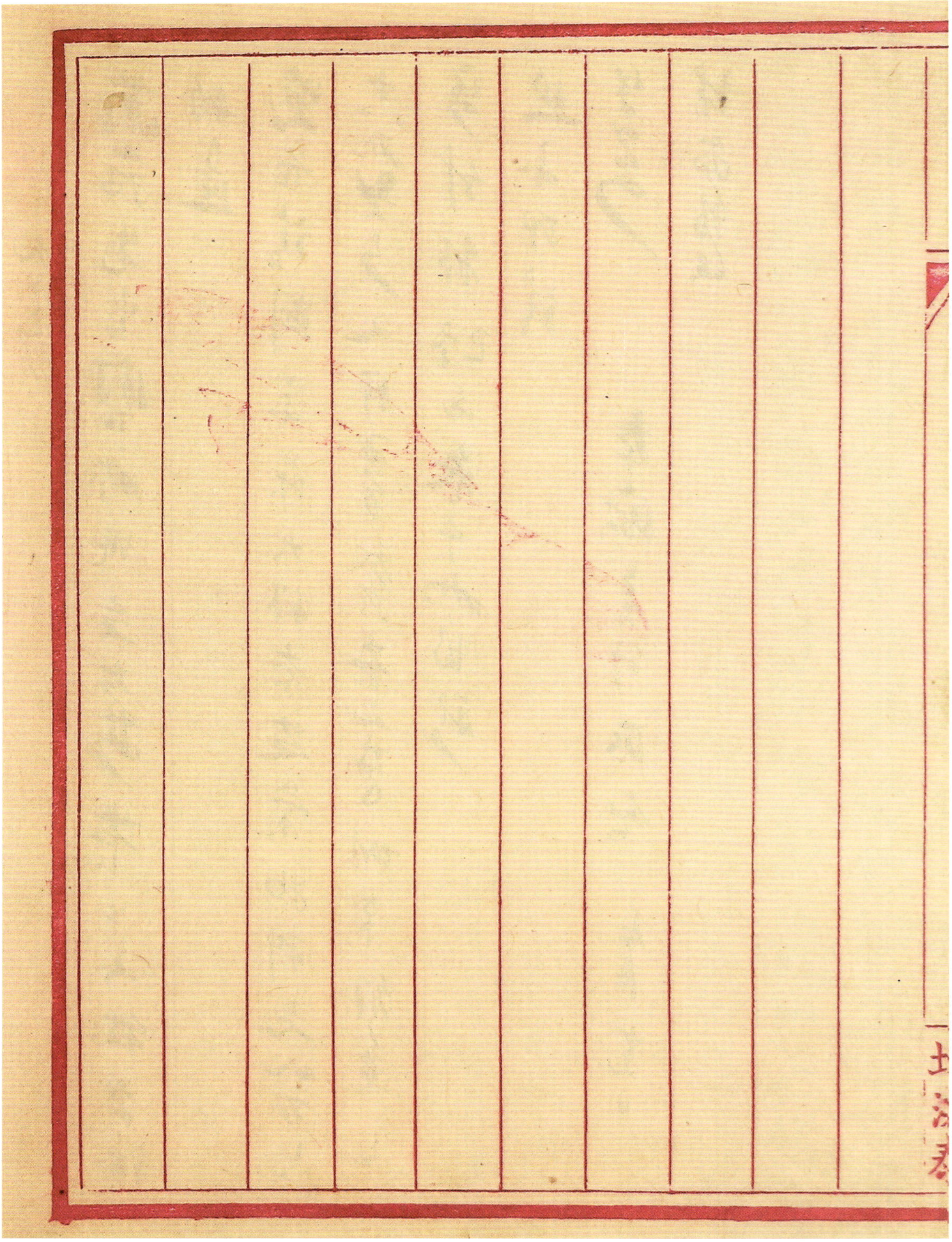

第九十三號（六月廿七日）

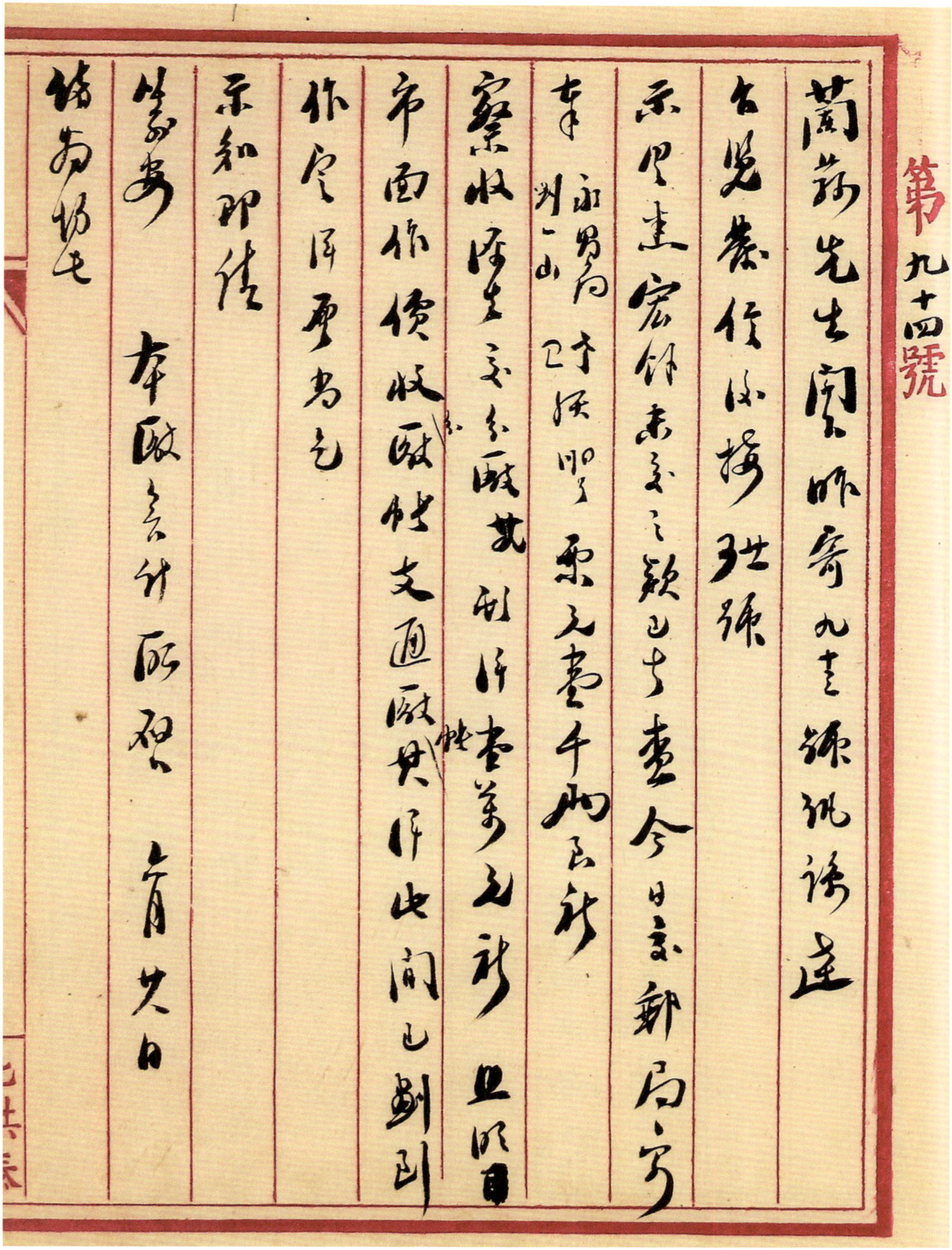

第九十四號（六月廿八日）

蘭蓀先生閣下：昨寄九十三號訊，諒達台覽。發信後接一百廿一號示，具悉。宏餘未交之款已去查。今日交郵局寄奉永昌向劉一山七月初一（五天）三〇號票元壹千兩，至祈察收。源生交分廠廿九期洋壹萬元，祈照明日市面作價，收分廠帳，支通廠帳，其洋此間已劃到，作定洋厘，尚乞示知。即請籌安。本廠會計所啓。六月廿八日

諸翁均此。

第九十四號（六月廿八日）

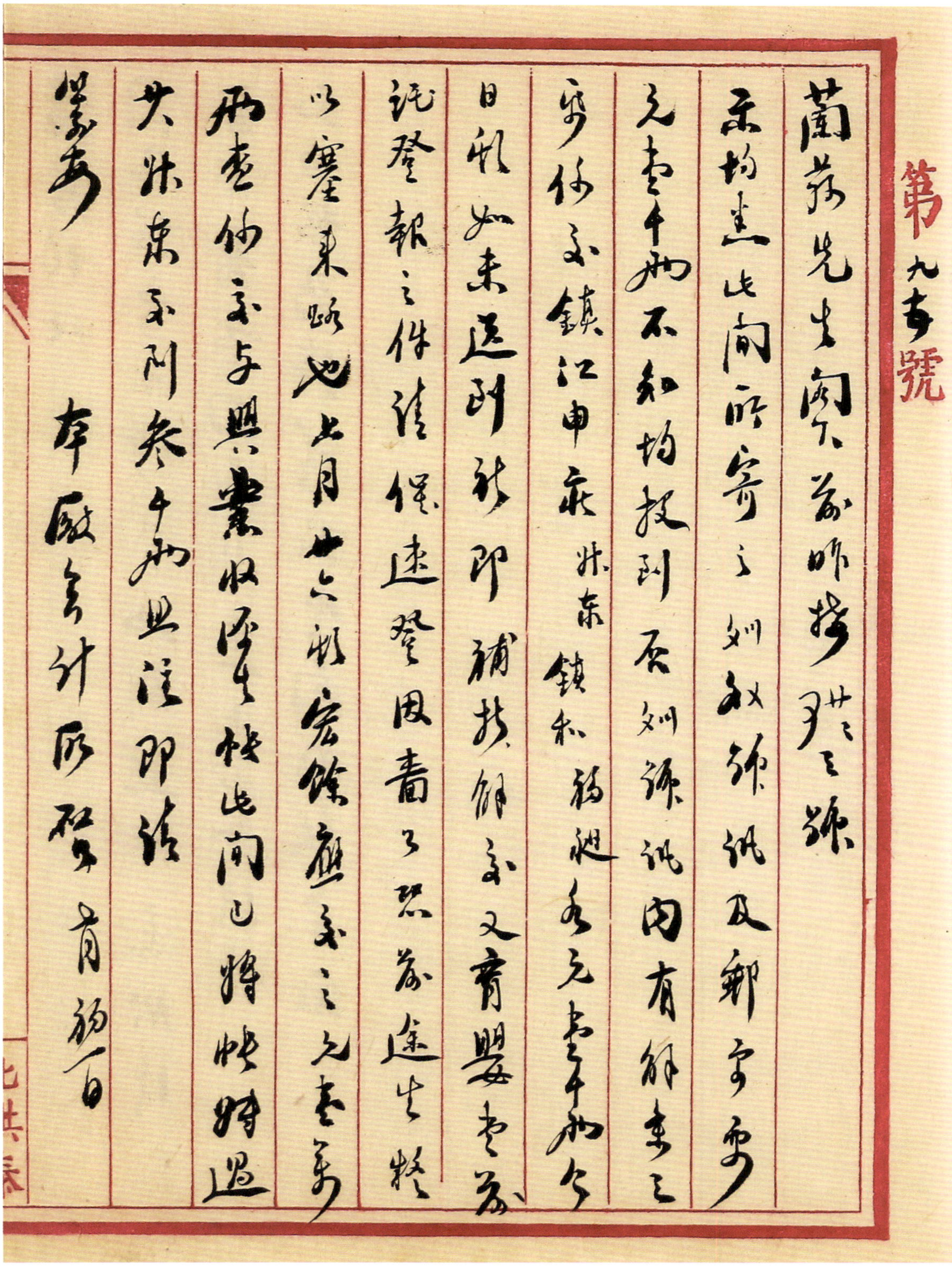

第九十五號（七月初一日）

蘭蓀先生閣下：前、昨接一百廿二、一百廿三號示，均悉。此間所寄之九十三、九十四號訊，及郵寄票元壹千兩，不知均投到否？九十三號訊内有解條三紙，係交鎮江申莊昇泰、鎮和、福昶各元壹千兩，今日期，如未送到，祈即補折解交。又育嬰堂前托登報之件，請催速登，因啬公恐前途生疑，以塞來路也。上月廿六期宏餘應交之元壹萬兩，查係交與興業，收源生帳，此間已將帳轉過。廿八昇泰交到叁千兩，照注。即請籌安。本廠會計所啓。七月初一日

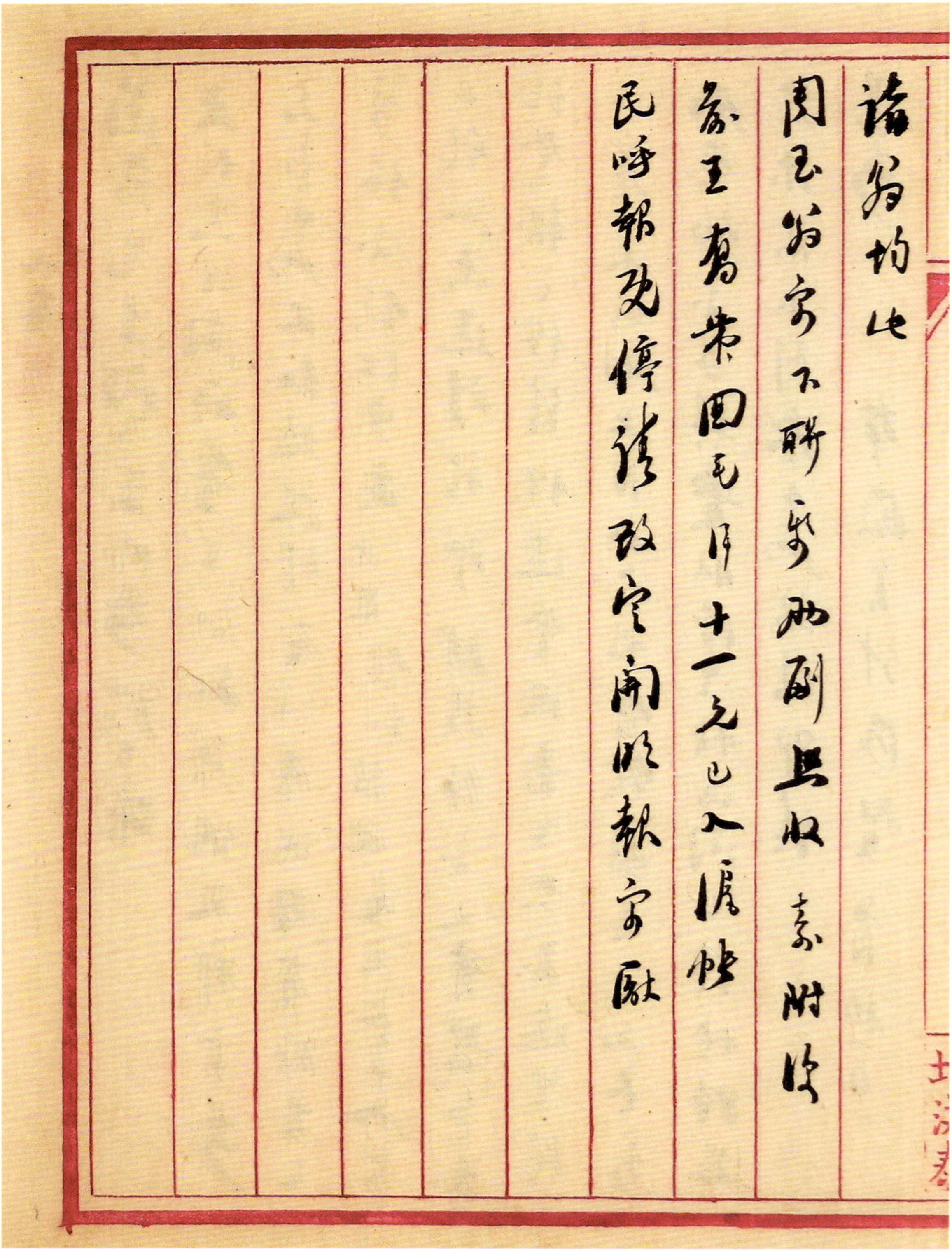
諸翁均此
周玉翁寄下聯紙兩副照收　壽附復
前王喬帶回毛洋十一元已入滬帳
民呼報既停請改定開明報寄廠

第九十五號（七月初一日）

諸翁均此。

周玉翁寄下聯紙兩副照收，壽附復。

前王喬帶回毛洋十一元，已入滬帳。

《民呼報》既停，請改定《開明報》寄廠。

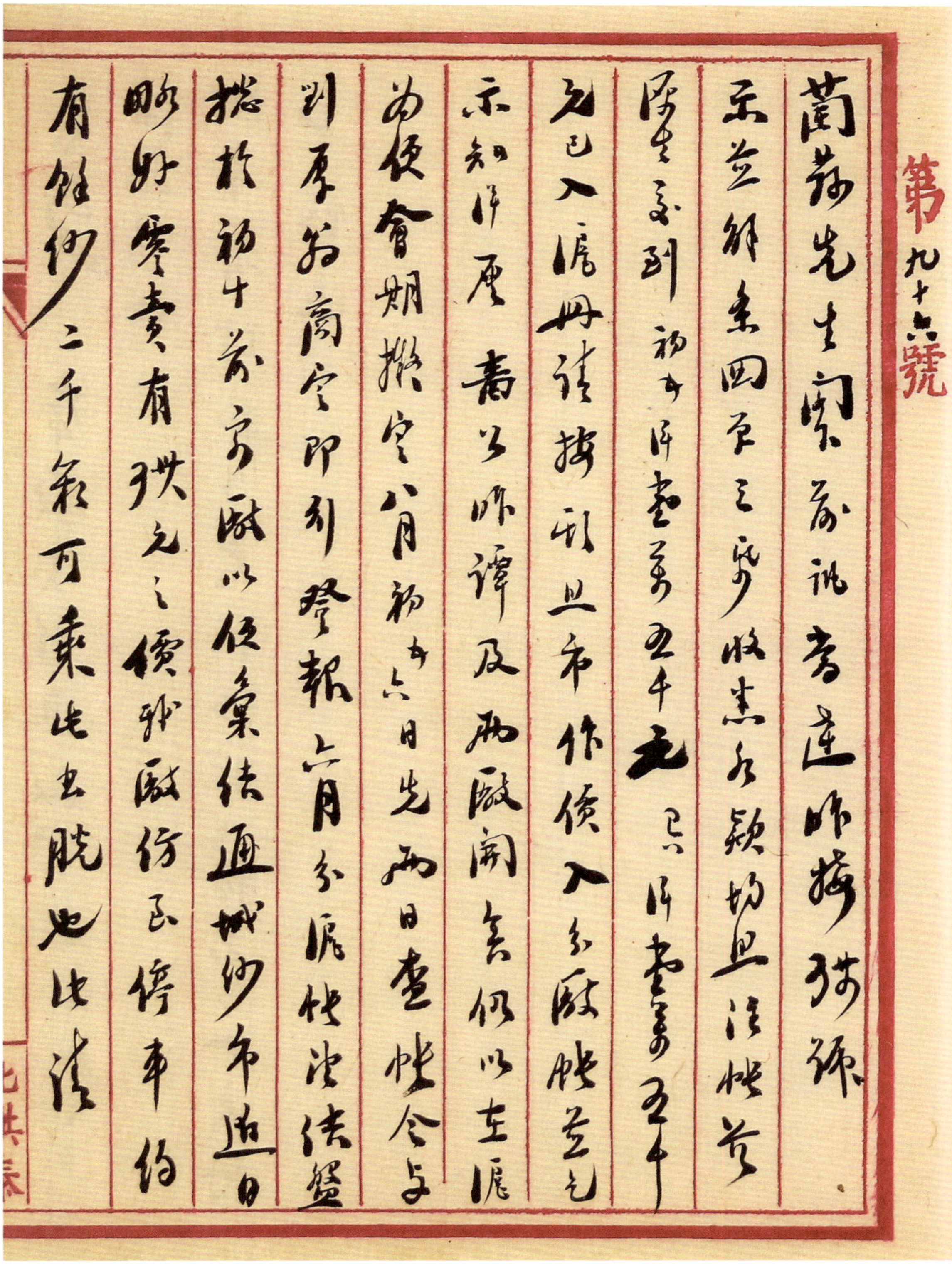

第九十六號（七月初三日）

蘭蓀先生閣下：前訊當達。昨接一百廿四號示并解條回單三紙，收悉，各款均照注帳。玆源生交到初五洋壹萬五千元、初六洋壹萬五千元，已入滬册，請按期照市作價，入分廠帳，并乞示知洋厘。嗇公昨譚及兩廠開會，仍以在滬爲便，會期擬定八月初五、六日，先兩日查帳，令與劉厚翁商定，即行登報。六月分滬帳望結盤總，於初十前寄廠，以便彙結。通城紗市近日略好，零賣有一百卅八元之價。我廠紡至停車約有餘紗二千箱，可乘此出脱也。此請籌安。本廠會計所啓。七月初三日

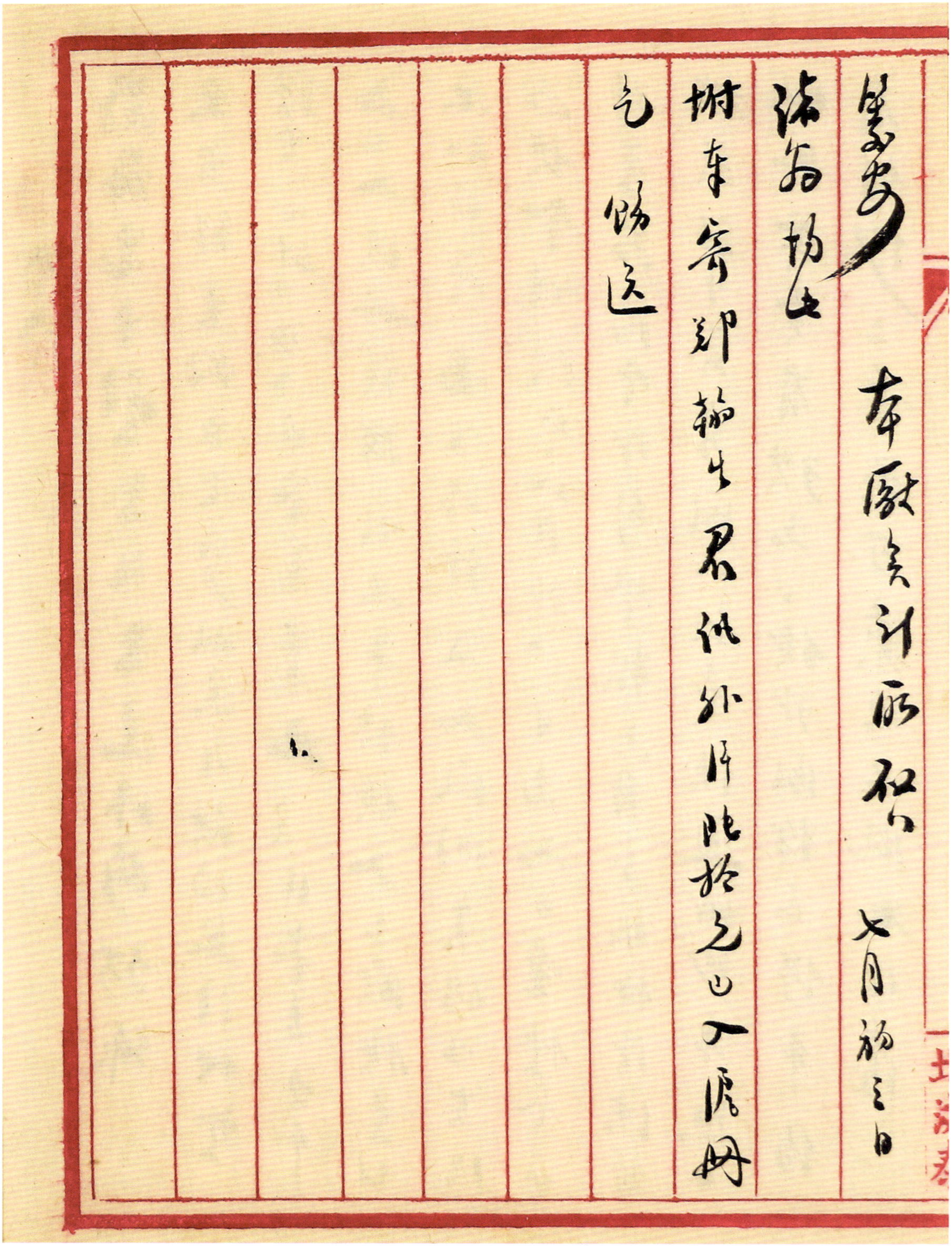

本廠會計所啟

諸翁均此

附奉寄鄭翰生君訊外洋陸拾元已入滬册

乞飭送

七月初三日

第九十六號（七月初三日）

諸翁均此。

附奉寄鄭翰生君訊，外洋陸拾元已入滬册，乞飭送。

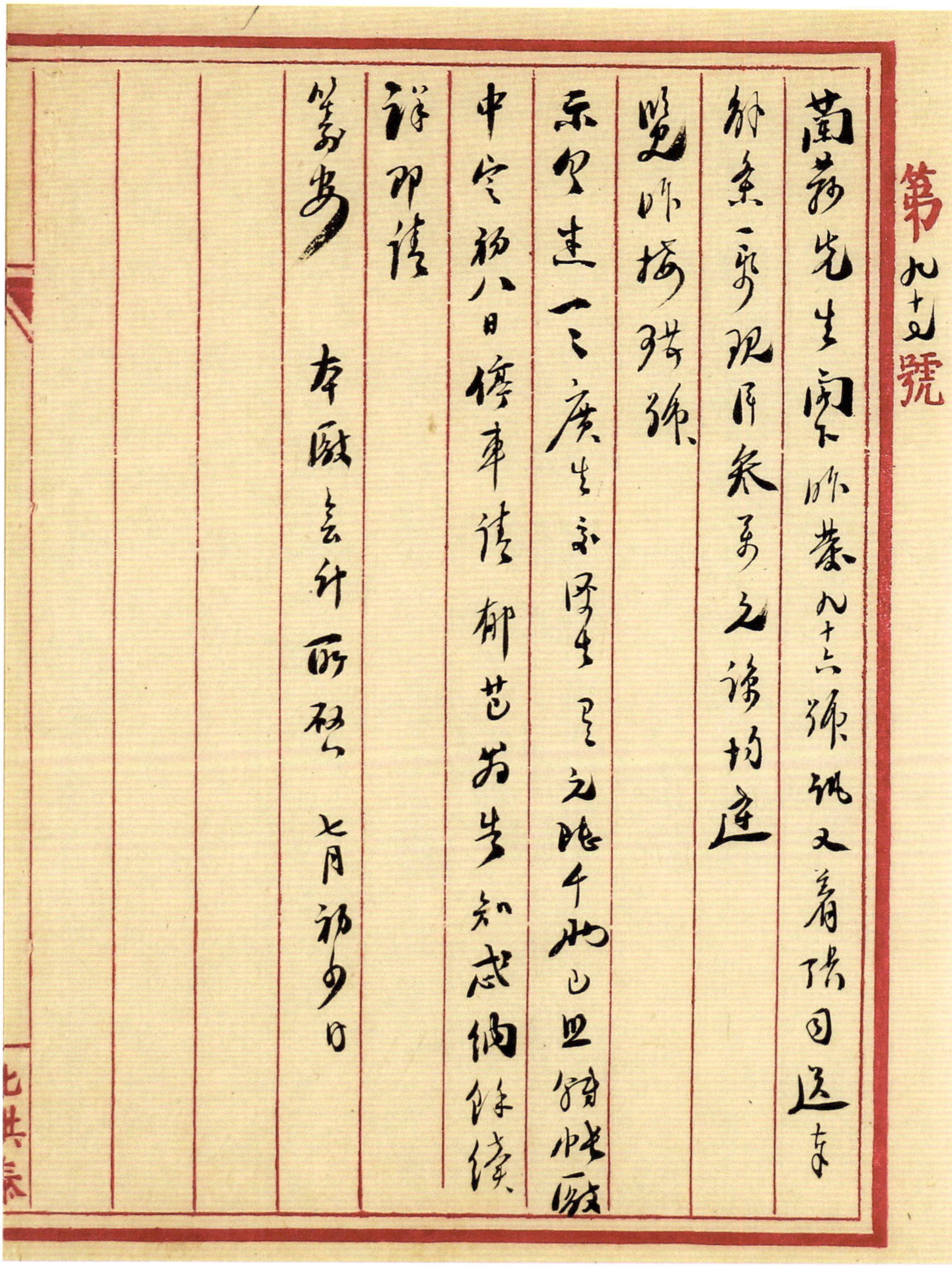

第九十七號（七月初四日）

蘭蓀先生閣下：昨發九十六號訊，又着張司送奉解條一紙，現洋叁萬元，諒均達覽。昨接一百廿五號示，具悉一一。廣生交源生初三元陸千兩，已照轉帳。廠中定初八日停車，請郁芑翁告知忒納。餘續詳。即請籌安。本廠會計所啓。七月初四日

第九十七號（七月初四日）

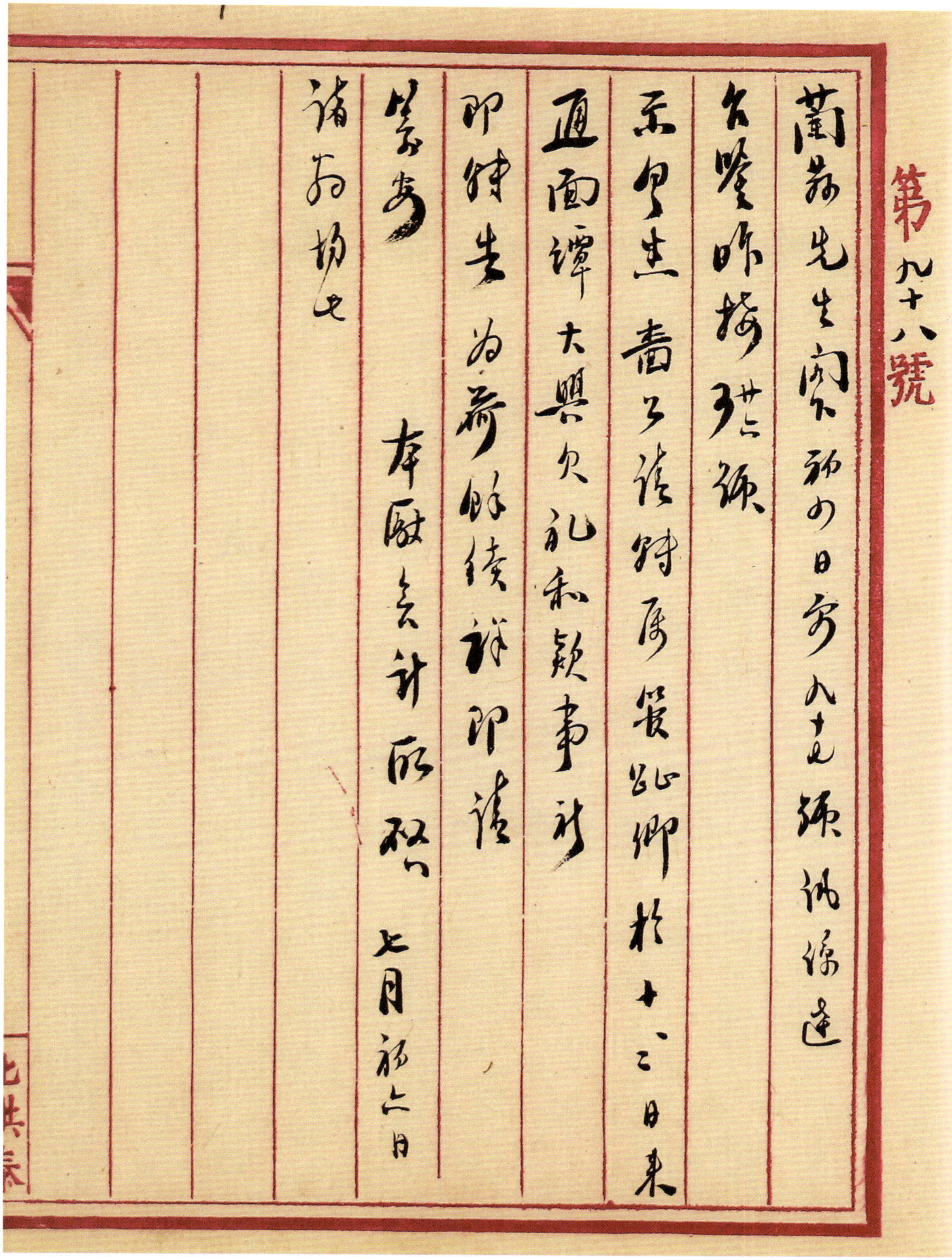

第九十八號（七月初六日）

蘭蓀先生閣下：初四日寄九十七號訊，諒達台鑒。昨接一百廿六號示，具悉。薵公請轉屬管趾卿，於十一二日來通，面譚大興欠禮和款事，祈即轉告爲荷。餘續詳。即請籌安。本廠會計所啓。七月初六日

諸翁均此。

第九十八號（七月初六日）

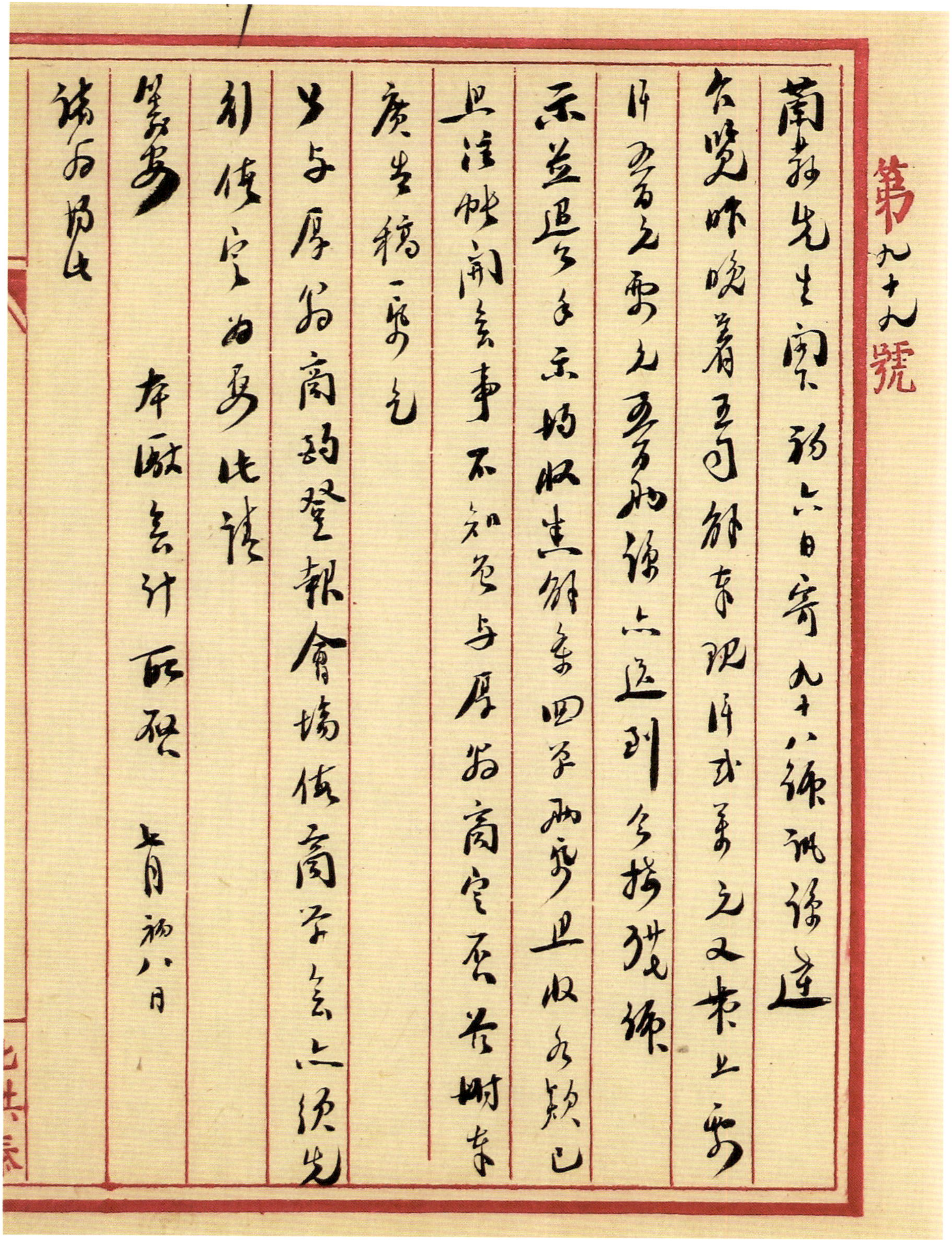

第九十九號（七月初八日）

蘭蓀先生閣下：初六日寄九十八號訊，諒達台覽。昨晚着王司解奉現洋弍萬元，又帶上票洋五百元、票元五百兩，諒亦送到。今接一百廿七號示并退公手示，均收悉。解條回單兩紙照收，各款已照注帳。開會事，不知曾與厚翁商定否？茲附奉廣告稿一紙，乞公與厚翁商酌登報，會場假商學會，亦須先行假定爲要。此請籌安。本廠會計所啓。七月初八日

諸翁均此。

第九十九號（七月初八日）

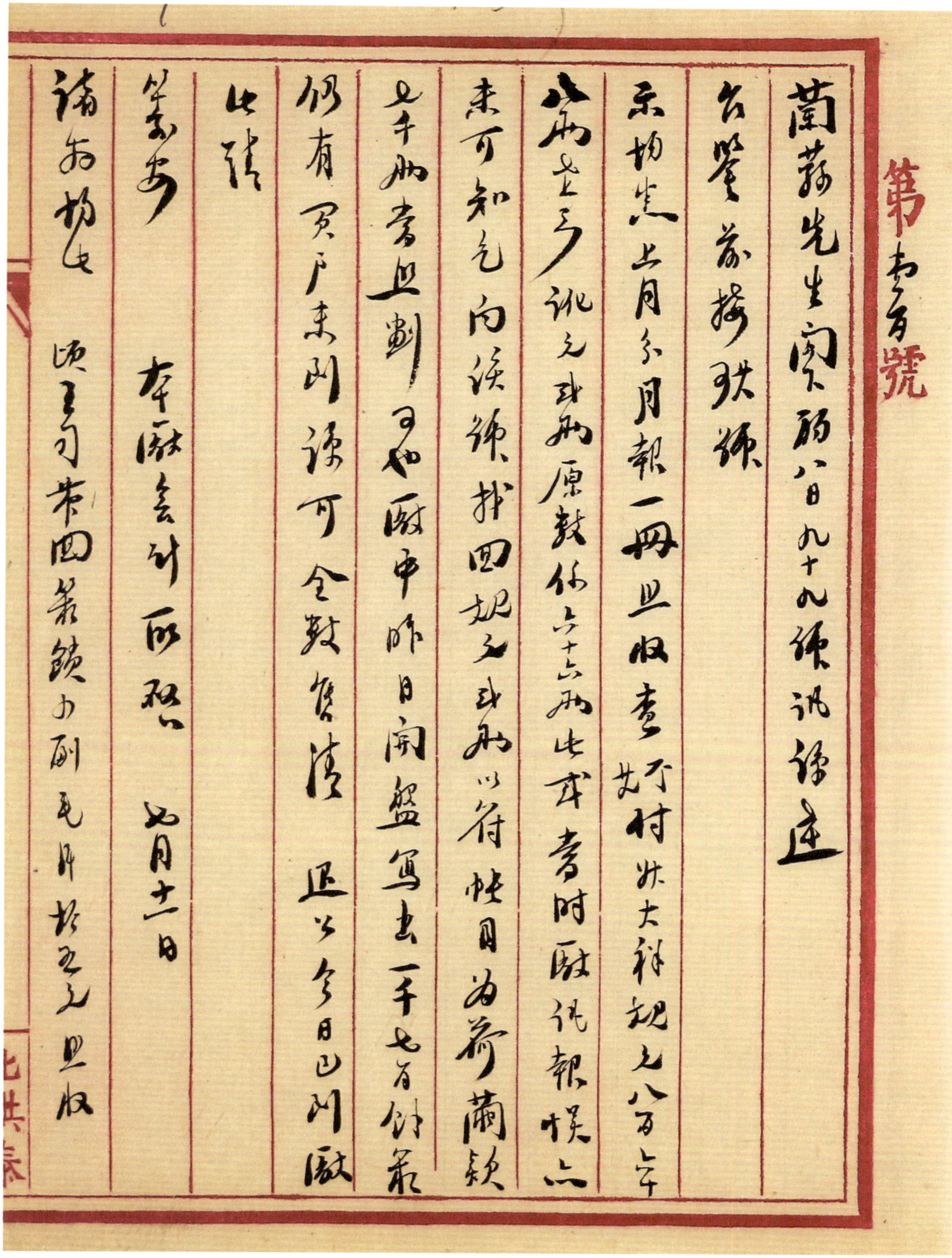

第一百號（七月十一日）

蘭蓀先生閣下：初八日九十九號訊，諒達台鑒。前接一百廿八號示，均悉。上月分月報一册照收。查六月廿九付昇大祥規元八百六十八兩七錢三分，訛元弍兩，原數係六十六兩，此或當時廠訊報誤，亦未可知。乞向該號找回規元弍兩，以符帳目爲荷。藺款七千兩，當照劃可也。廠中昨日開盤，寫出一千七百餘箱，仍有買户未到，諒可全數售清。退公今日已到廠。此請籌安。本廠會計所啓。七月十一日

諸翁均此。

第一百號（七月十一日）

頃王司帶回箱鎖四副、毛洋拾五元，照收。

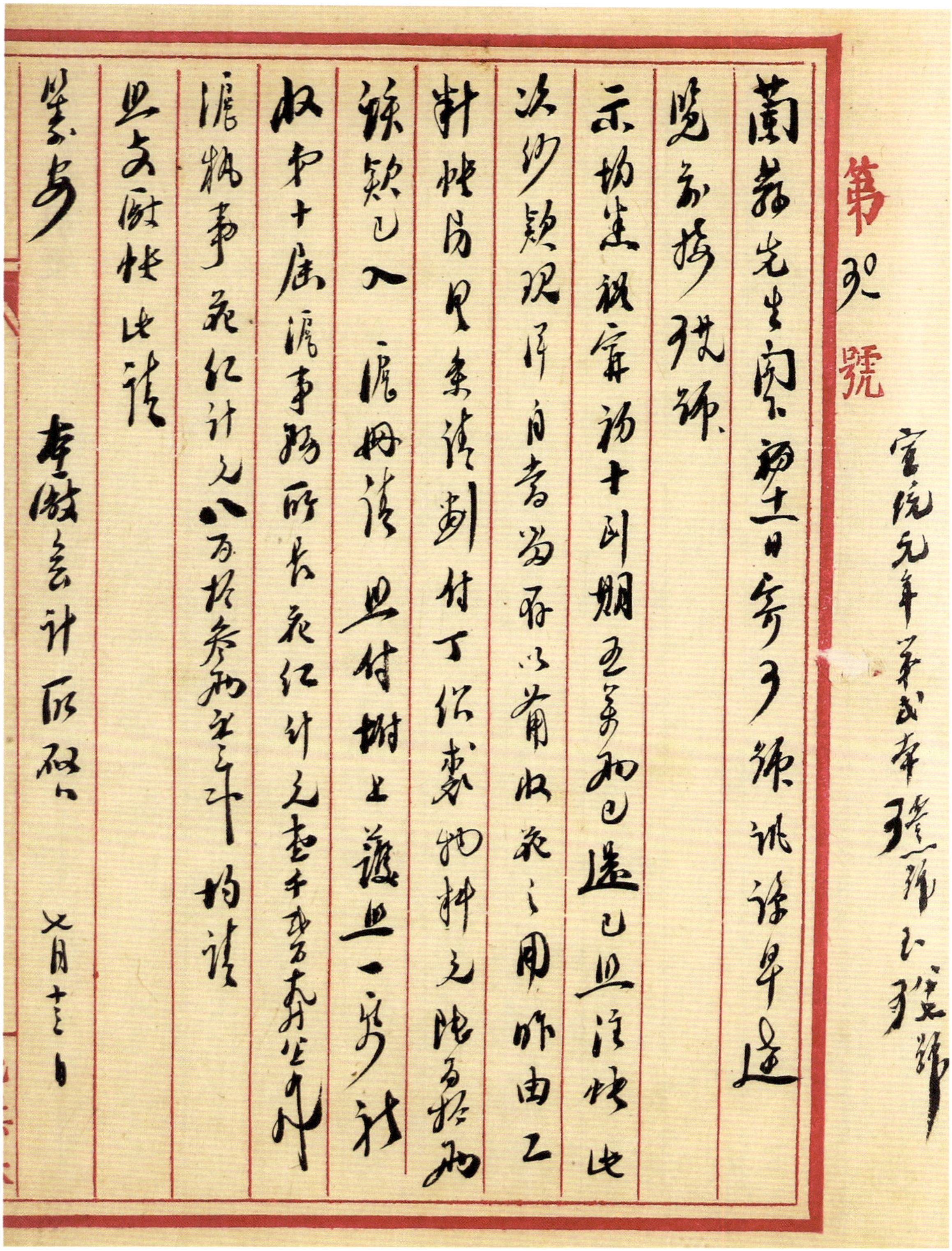

第一百零一號（七月十三日）

蘭蓀先生閣下：十一日寄一百號訊，諒早達覽。前接一百廿九號示，均悉。裕寧初十到期五萬兩已還，已照注帳。此次紗款現洋自當留存，以備收花之用。昨由工料帳房具條，請劃付丁紹裘物料元陸百拾兩，該款已入滬册，請照付。附上護照一紙，祈收。第十屆滬事務所長花紅，計元壹千弍百十九兩八錢四分九；滬執事花紅，計元八百拾叁兩二錢三分二，均請照支廠帳。此請籌安。本廠會計所啓。七月十三日

諸翁均此。

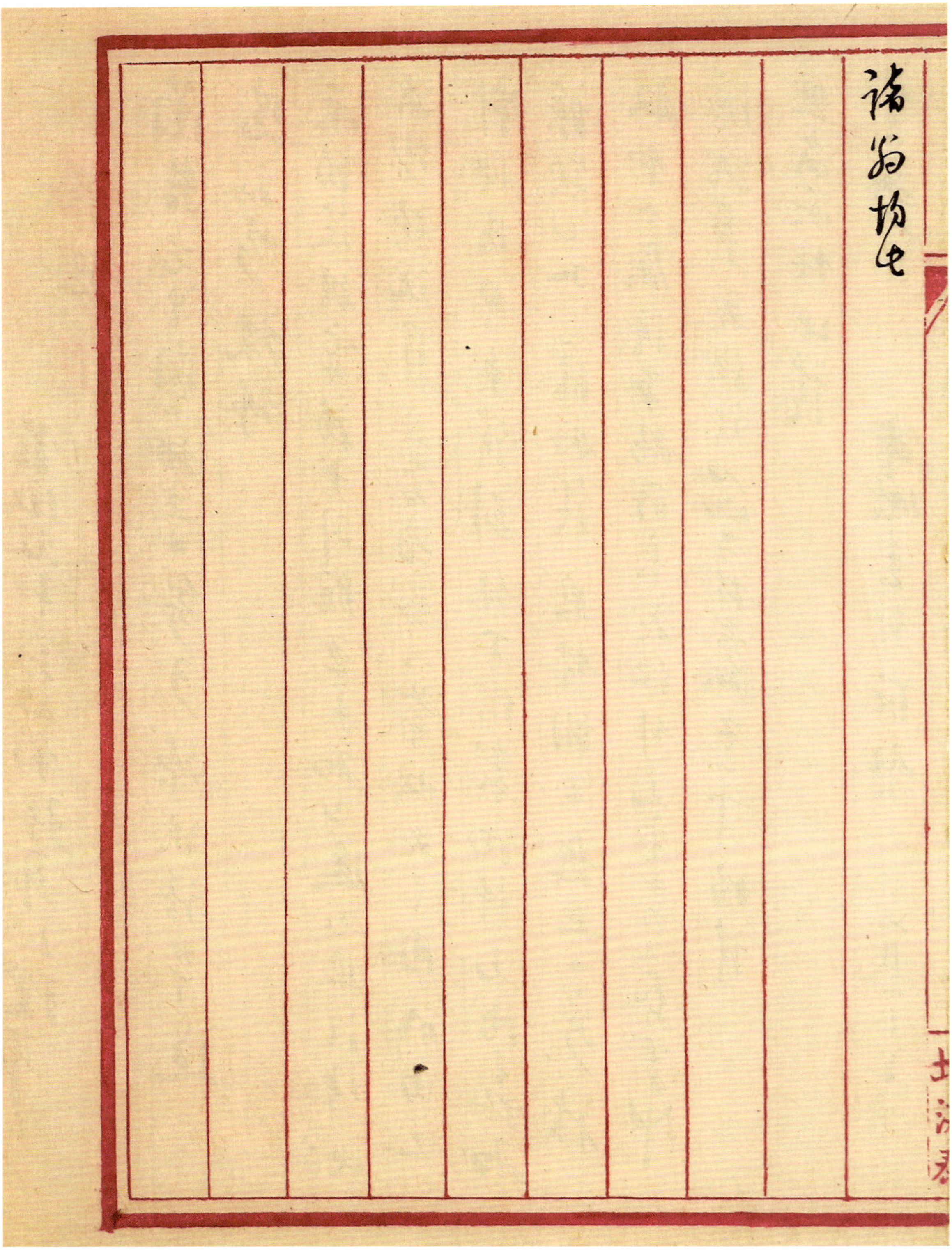
諸翁均鑒

第一百零一號（七月十三日）

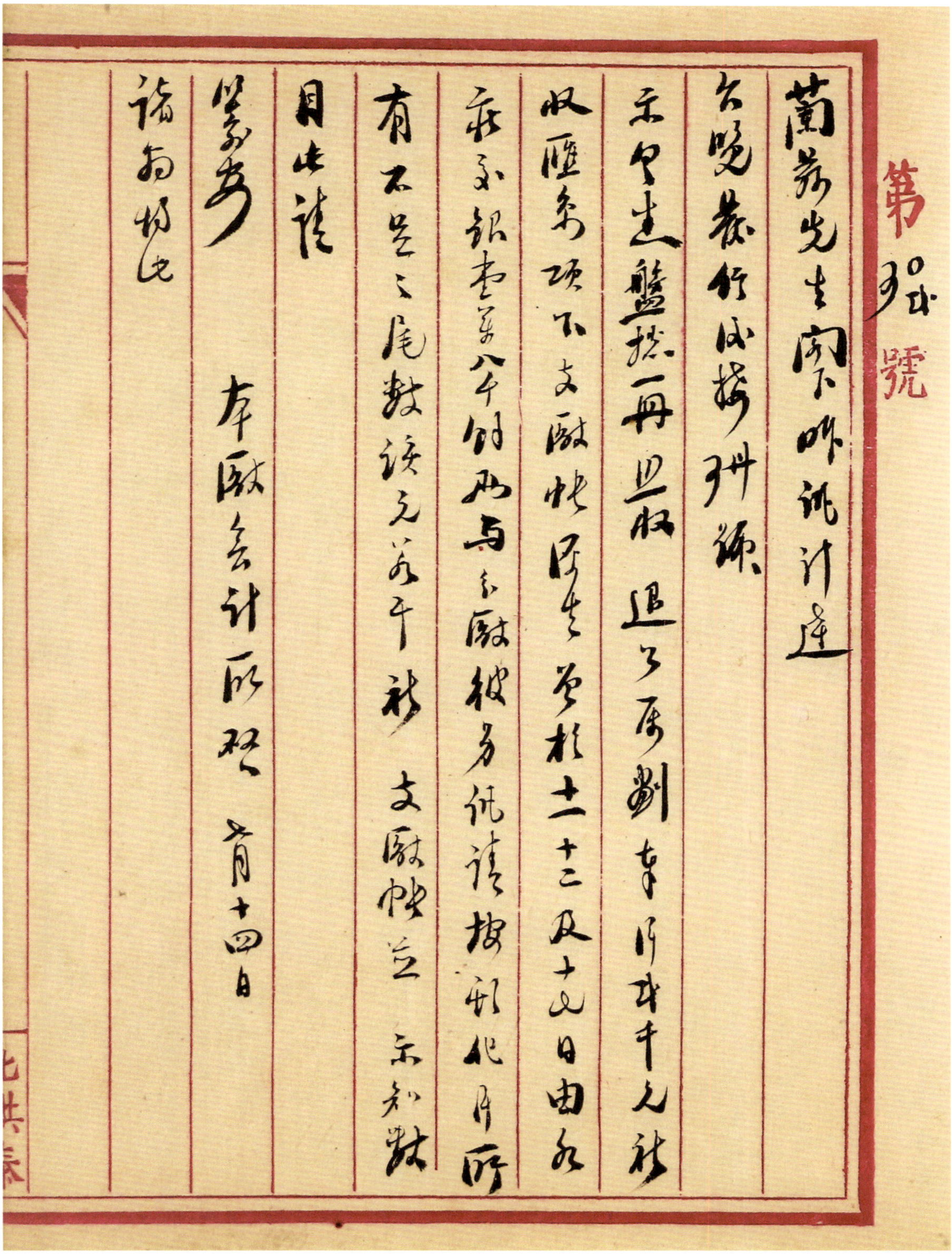

第一百零二號（七月十四日）

蘭蓀先生閣下：昨訊計達台覽。發信後接一百卅號示，具悉。盤總一册照收。退公屬劃奉洋弍千元，祈收匯京項下，支廠帳。源生曾於十一、十二及十七日由各莊交銀壹萬八千餘兩與分廠，彼另訊請按期化洋，所有不足之尾數，該元若干，祈支廠帳，并示知數目。此請籌安。本廠會計所啓。七月十四日

諸翁均此。

第一百零二號（七月十四日）

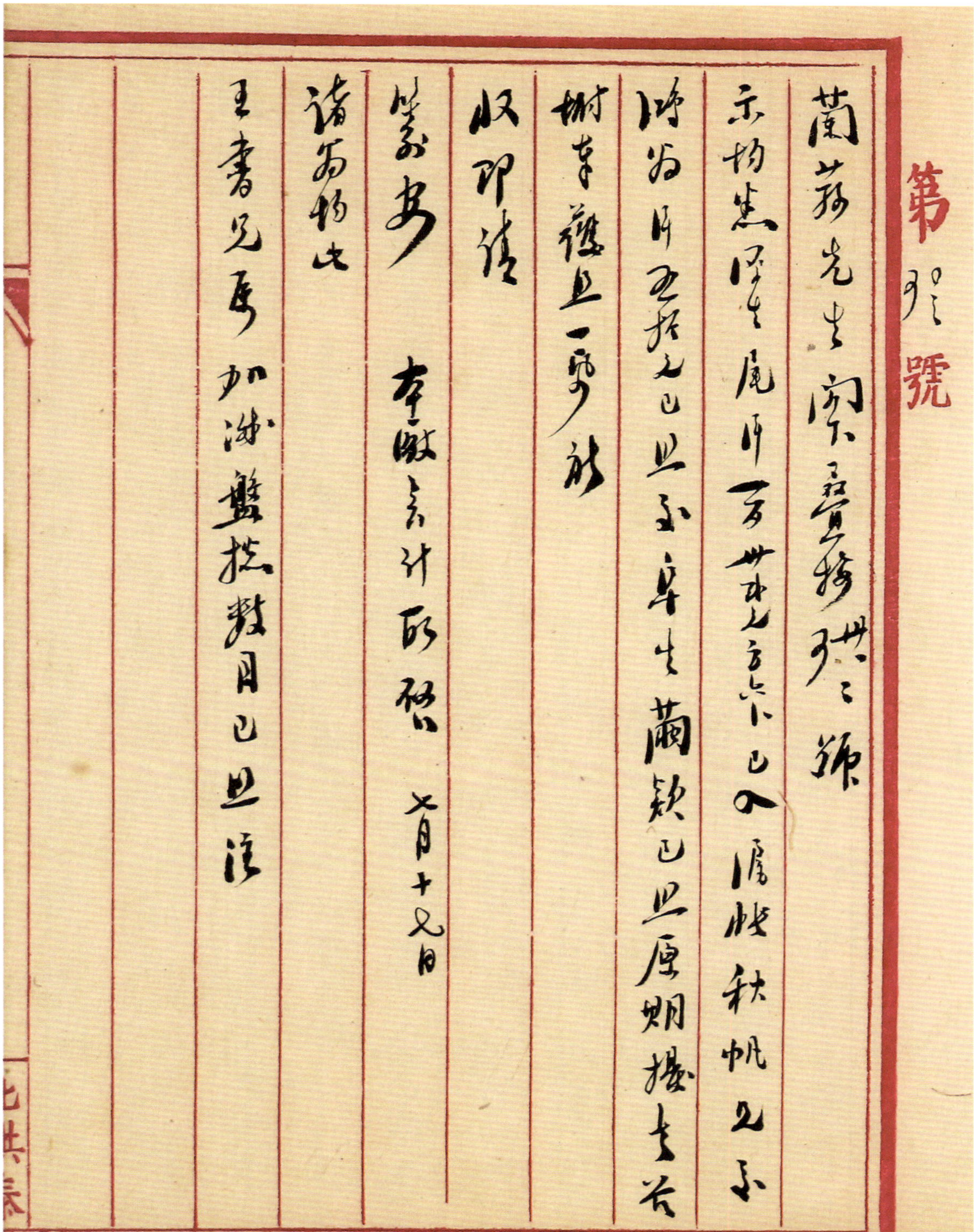

第一百零三號（七月十七日）

蘭蓀先生閣下：叠接一百卅一、一百卅二號示，均悉。源生尾洋一百卅弍元二角六分，已入滬帳。秋帆兄交鴻翁洋五拾元，已照交。阜生藺款已照原期撥去。兹附奉護照一紙，祈收。即請籌安。本廠會計所啓。七月十七日

諸翁均此。

王書兄屬加减盤總數目，已照注。

第一百零三號（七月十七日）

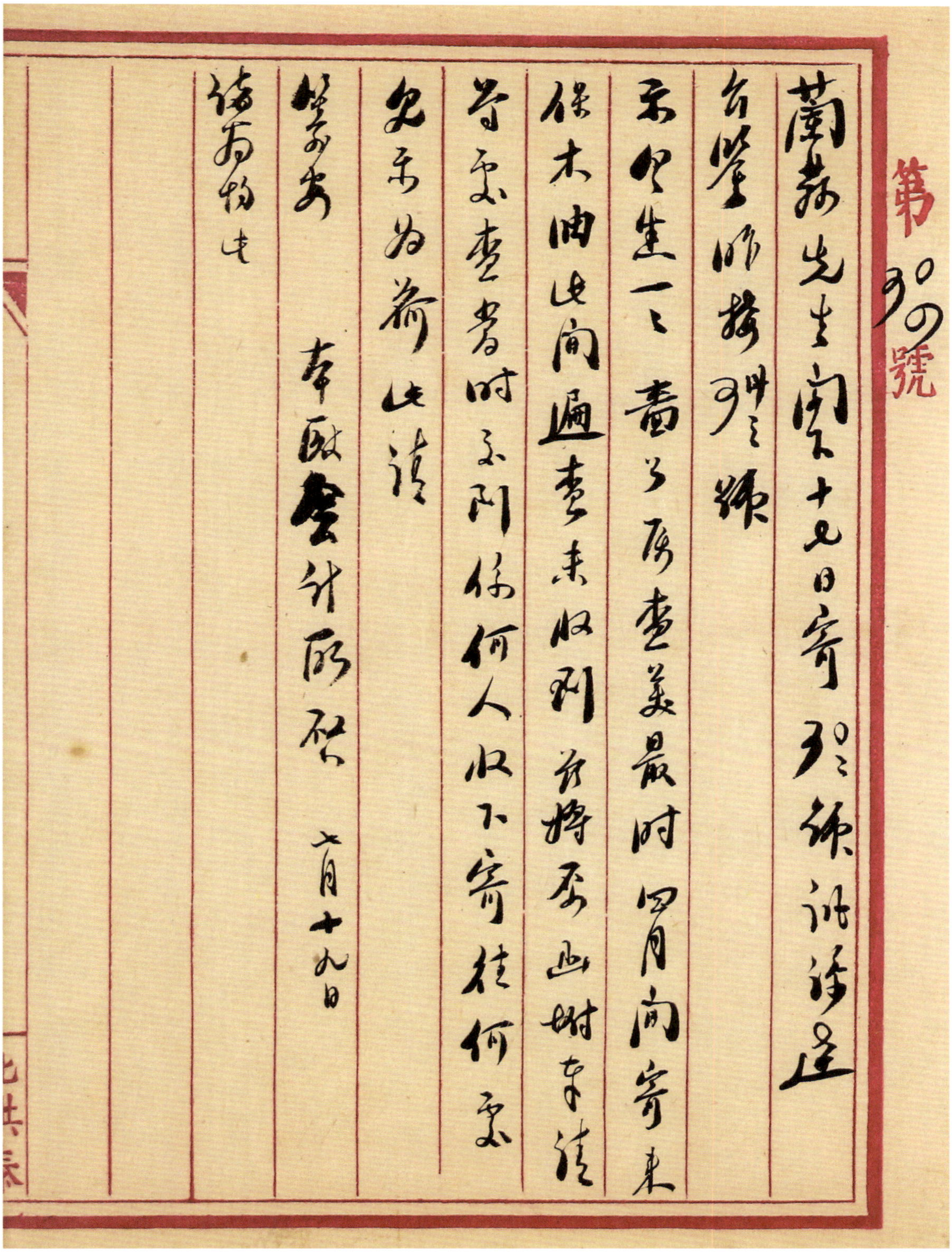

第一百零四號（七月十九日）

蘭蓀先生閣下：十七日寄一百零二〔三〕號訊，諒達台鑒。昨接一百卅三號示，具悉一一。啚公屬查美最時四月間寄來保木油，此間遍查未收到，兹將原函附奉，請尊處查當時交到係何人收下，寄往何處，見示爲荷。此請籌安。本廠會計所啓。七月十九日

諸翁均此。

第一百零四號（七月十九日）

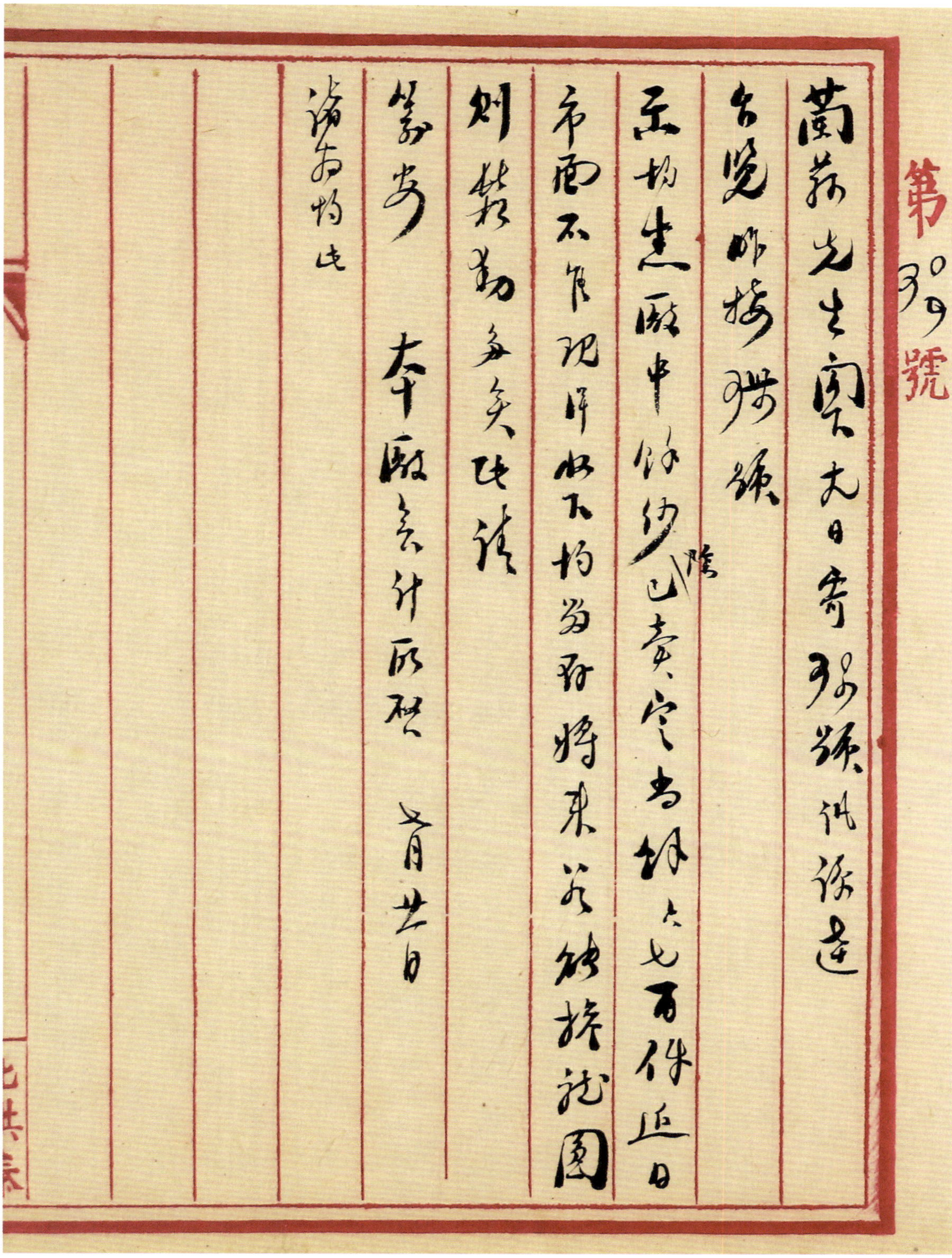

第一百零五號（七月廿一日）

蘭蓀先生閣下：十九日寄一百零四號訊，諒達台覽。昨接一百卅四號示，均悉。廠中餘紗，除已賣定，尚餘六七百件。近日市面不佳，現洋收下均留存，將來若能搭龍圓，則鬆動多矣。此請籌安。本廠會計所啓。七月廿一日

諸翁均此。

第一百零五號（七月廿一日）

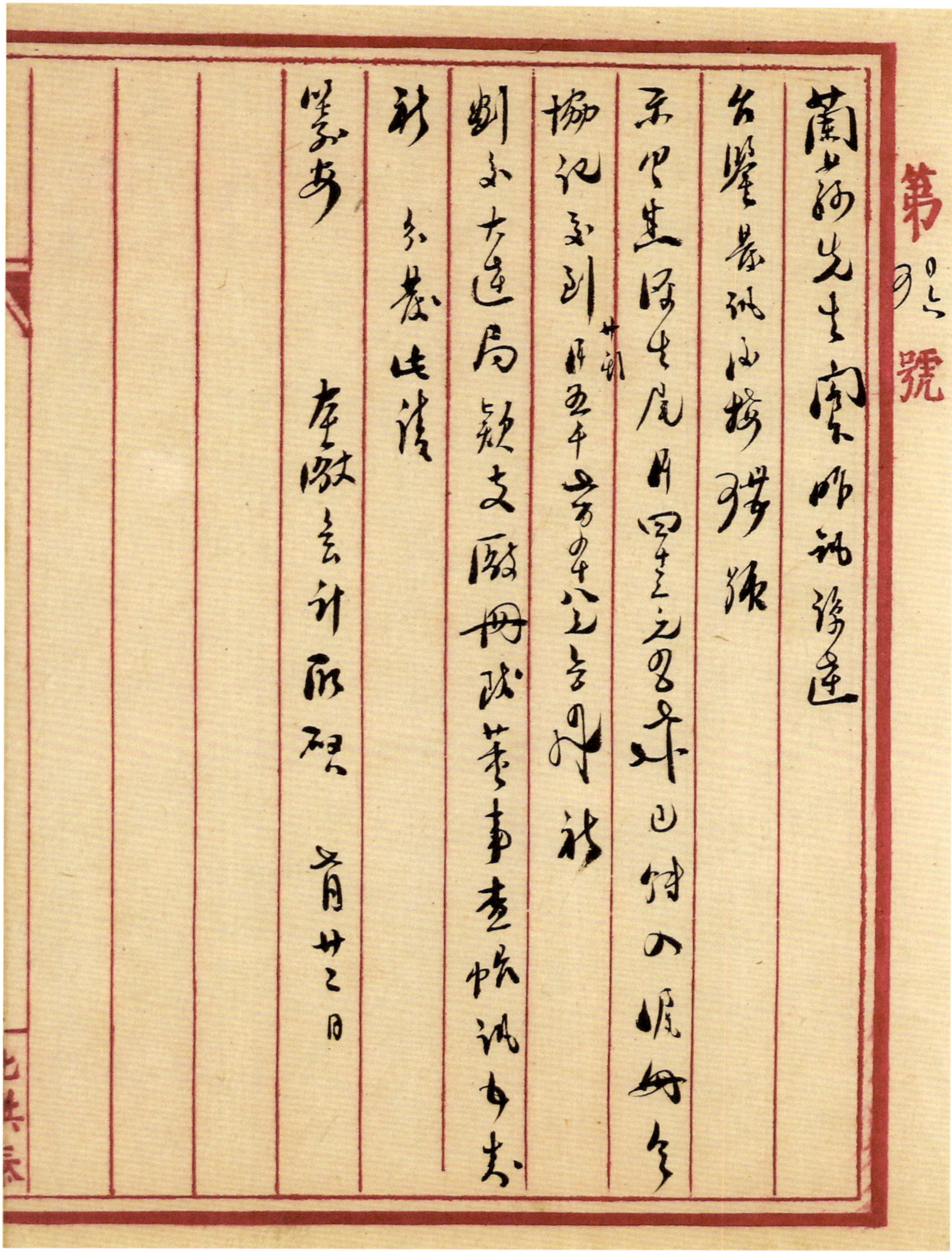

第一百零六號（七月廿二日）

蘭蓀先生閣下：昨訊諒達台鑒。發訊後接一百卅五號示，具悉。源生尾洋四十三元四角七分七，已轉入滬册。今協記交到廿期洋五千七百四十八元七角四分九，祈劃交大達局，款支廠册。致董事查帳訊五封，祈分發。此請籌安。本廠會計所啓。七月廿二日

第一百零六號（七月廿二日）

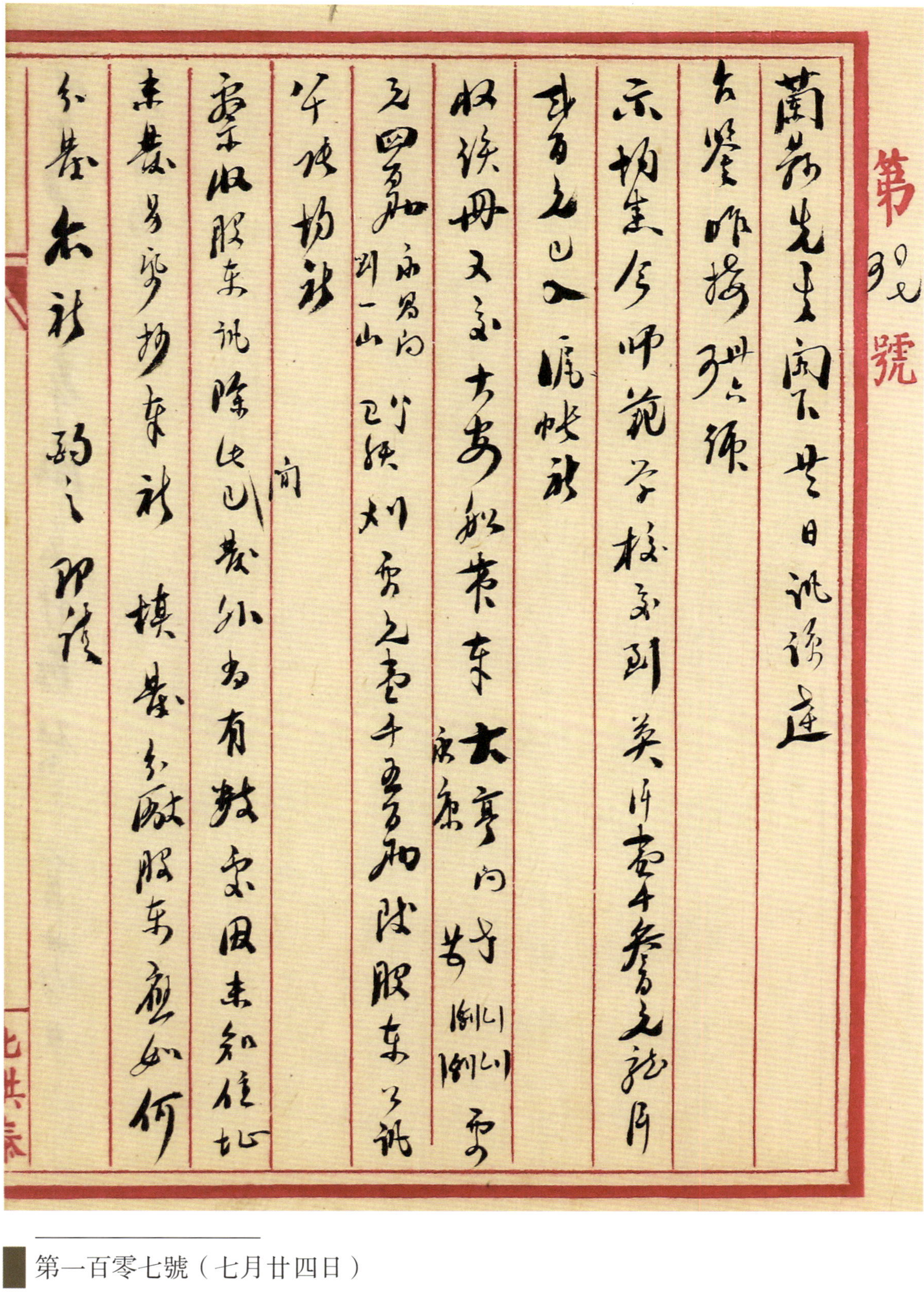

第一百零七號（七月廿四日）

蘭蓀先生閣下：廿二日訊諒達台鑒。昨接一百卅六號示，均悉。今師範學校交到英洋壹千叁百元、龍洋弍百元，已入滬帳，祈收該册。又交大安船帶奉大亨向永康七月廿五一五二六一、一五二六二票元四百兩，永昌向劉一山八月初一（五天）四二票元壹千五百兩，致股東公訊八十張，均祈察收。股東訊除此間已發外，尚有數處因未知住址未發，另紙抄奉，祈填發。分廠股東應如何分發，亦祈酌之。即請籌安。本廠會計所啓。七月廿四日

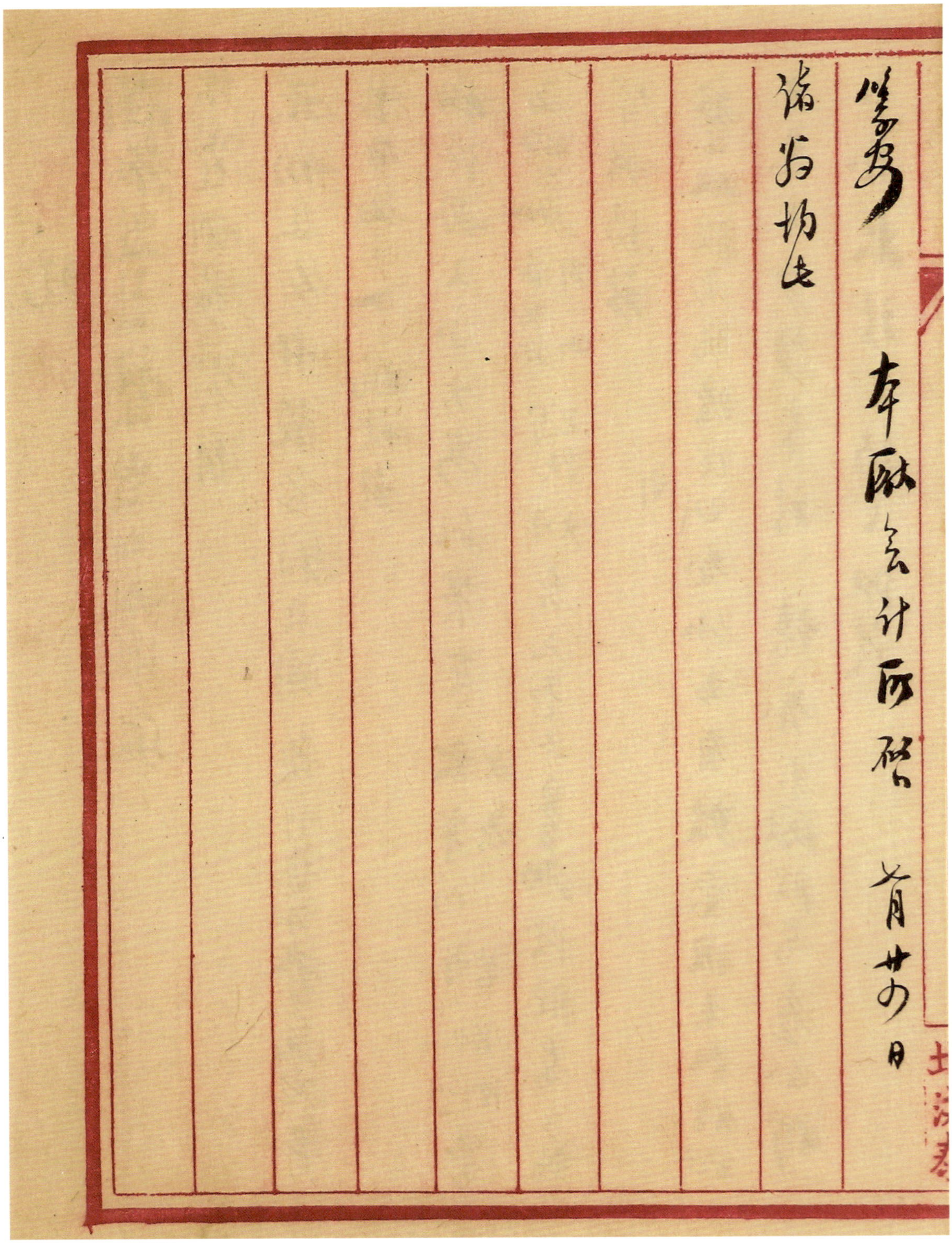
[illegible]安
本厰會計所啓　七月廿四日
諸翁均此

第一百零七號（七月廿四日）

諸翁均此。

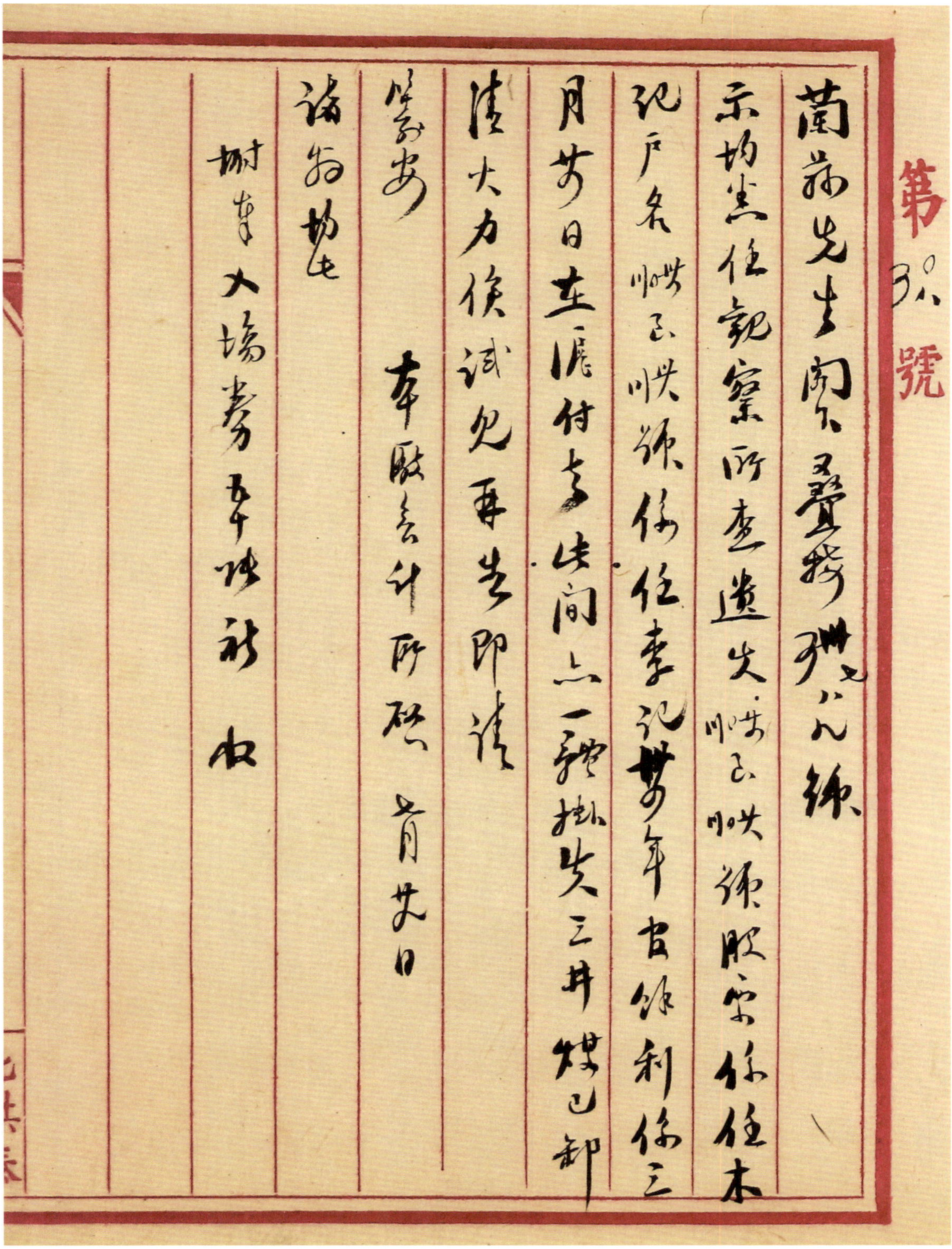

第一百零八號（七月廿九日）

蘭蓀先生閣下：疊接一百卅七、一百卅八、一百卅九號示，均悉。任觀察所查遺失三千零廿四至三千零廿八號股票，係任木記户名，三千零卅四至三千［零］卅八號係任李記，卅四年官餘利係三月廿四日在滬付去，此間亦一體掛失。三井煤已卸清，火力俟試見再告。即請籌安。本廠會計所啓。七月廿九日

諸翁均此。

附奉入場券五十張，祈收。

第一百零八號（七月廿九日）

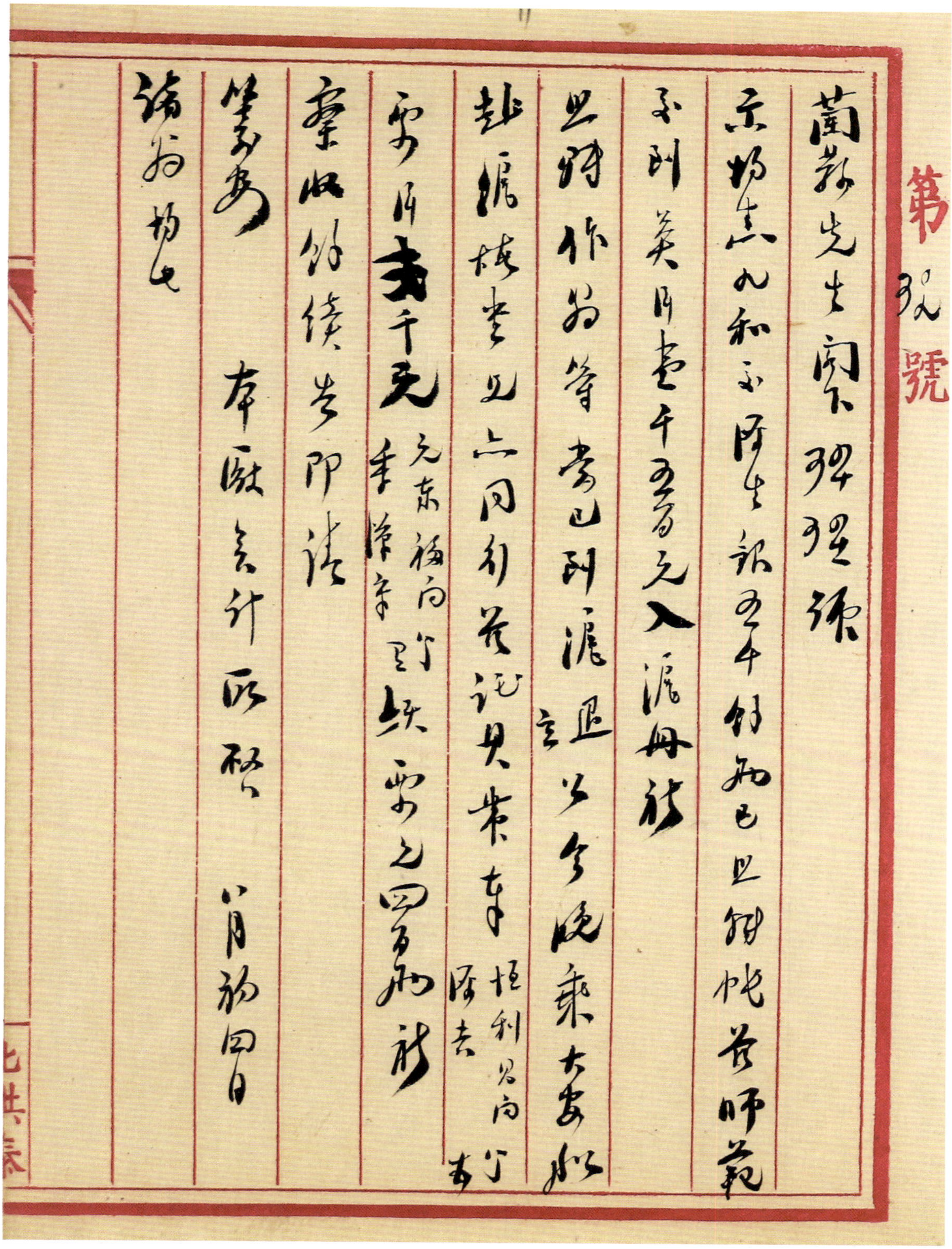

第一百零九號（八月初四日）

蘭蓀先生閣下：一百四十、一百四十一號示均悉。九和交源生銀五千餘兩，已照轉帳。兹師範交到英洋壹千五百元入滬册，祈照轉。作翁等當已到滬。退公、立公今晚乘大安船赴滬，嘏堂兄亦同行。兹托其帶奉恒利昌向源吉八月十五票洋式千元、元泰福向季漢章八月初二（七天）票元四百兩，祈察收。餘續告。即請籌安。本廠會計所啓。八月初四日

諸翁均此。

第一百零九號（八月初四日）

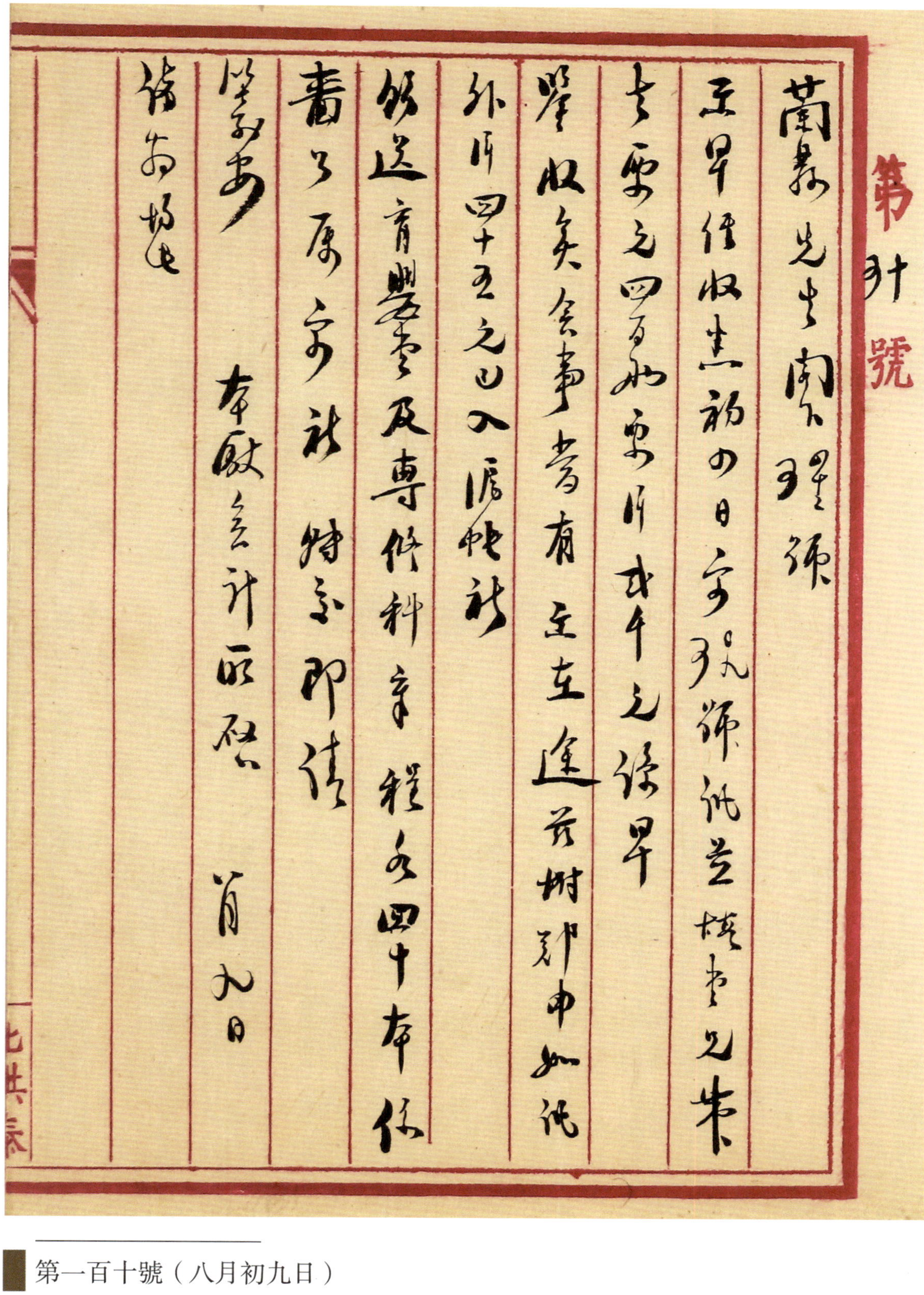

第一百十號（八月初九日）

蘭蓀先生閣下：一百四十二號示早經收悉。初四日寄一百零九號訊，并嘏堂兄帶去票元四百兩、票洋弍千元，諒早鑒收矣。會事當有示在途。兹附鄭申如訊，外洋四十五元已入滬帳，祈飭送。育嬰堂及專修科《章程》各四十本，係啬公屬寄，祈轉交。即請籌安。本廠會計所啓。八月九日

諸翁均此。

第一百十號（八月初九日）

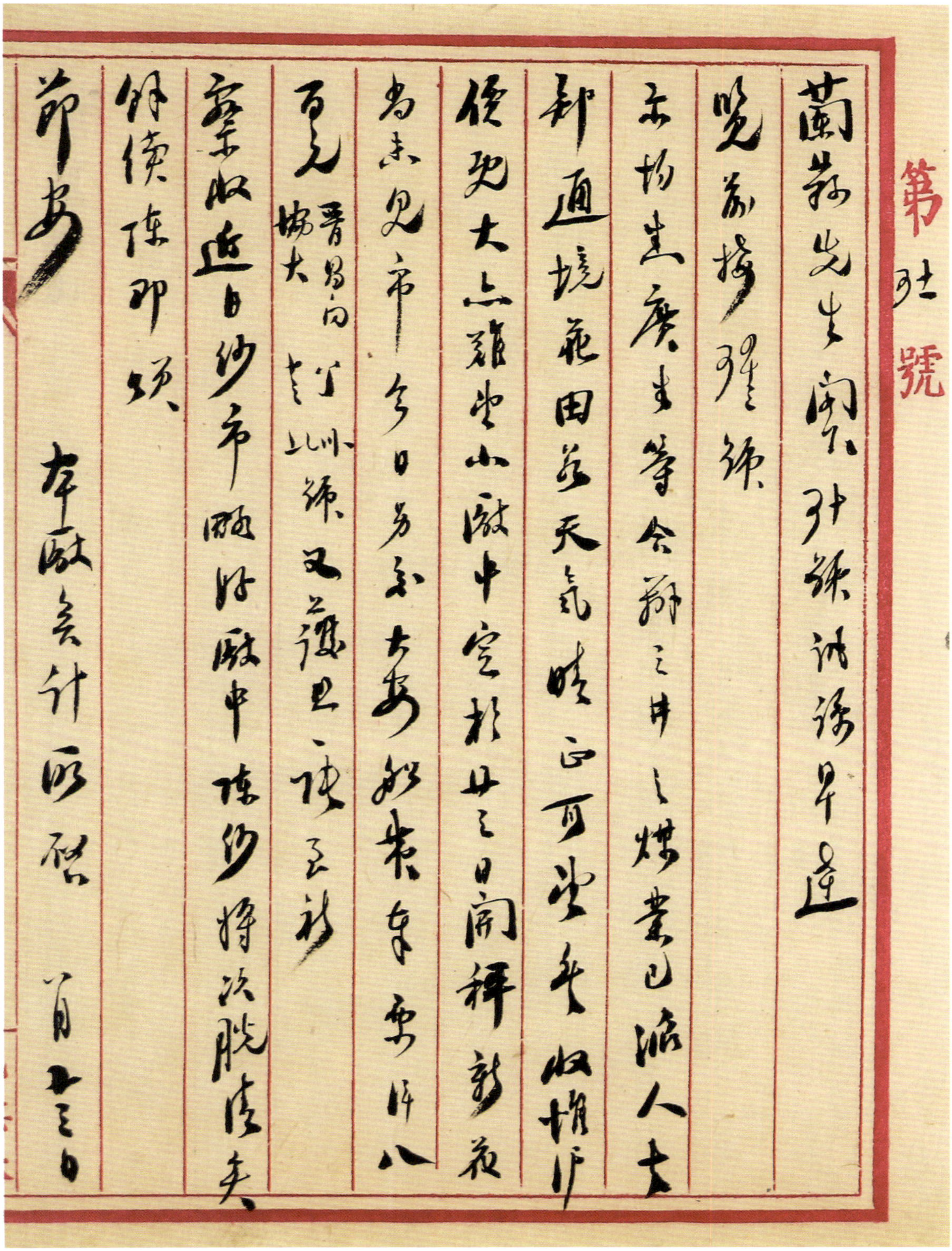

第一百十一號（八月十三日）

蘭蓀先生閣下：一百十號訊諒早達覽。前接一百四十三號示，均悉。廣生等合辦三井之煤，業已派人去卸。通境花田，若天氣晴正，可望豐收，惟滬價既大，亦難望小。廠中定於廿三日開秤，新花尚未見市。今日另交大安船帶奉票洋八百元（晋昌向協大，八月十三，六六三一號），又護照一張，至祈察收。近日紗市略好，廠中陳紗將次脱清矣。餘續陳。即頌節安。本廠會計所啓。八月十三日

諸翁均此。

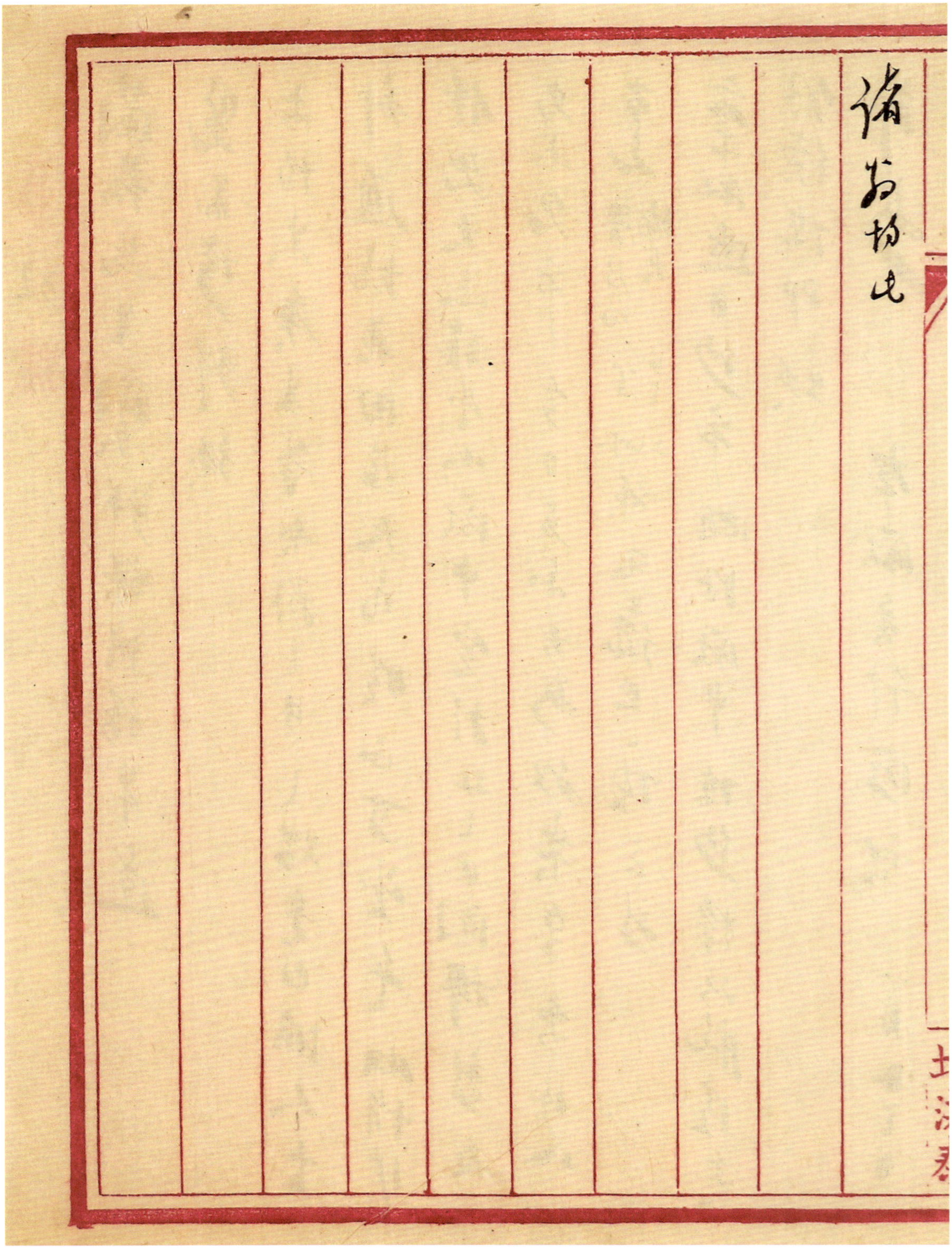

諸翁均此

第一百十一號（八月十三日）

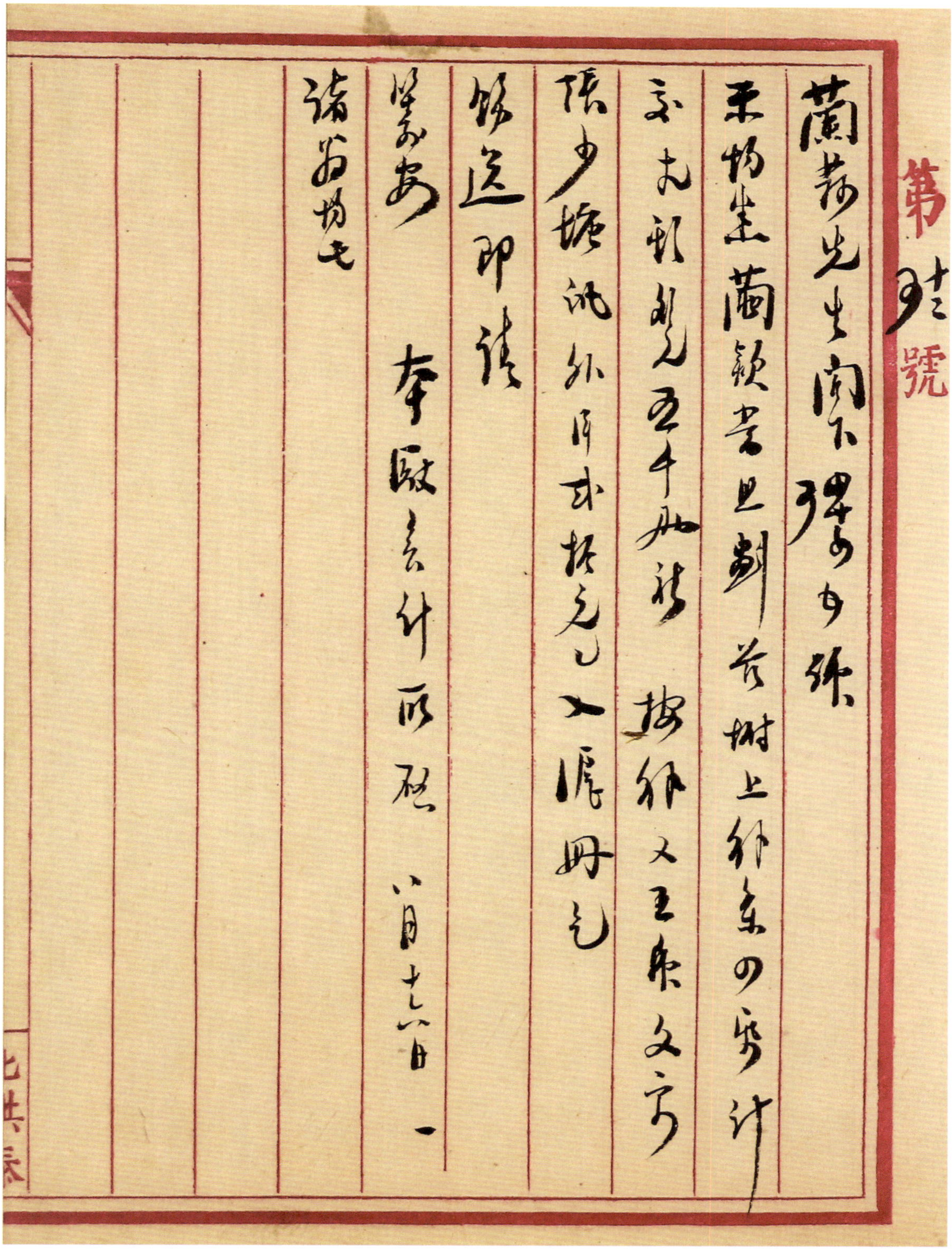

第一百十二號（八月十六日）

蘭蓀先生閣下：一百四十四、一百四十五號示均悉，繭款當照劃。玆附上解條四紙，計交十九期九八元五千兩，祈按解。又王虎文寄張少塘訊，外洋式拾元已入滬册，乞飭送。即請籌安。本廠會計所啓。八月十六日

諸翁均此。

第一百十二號（八月十六日）

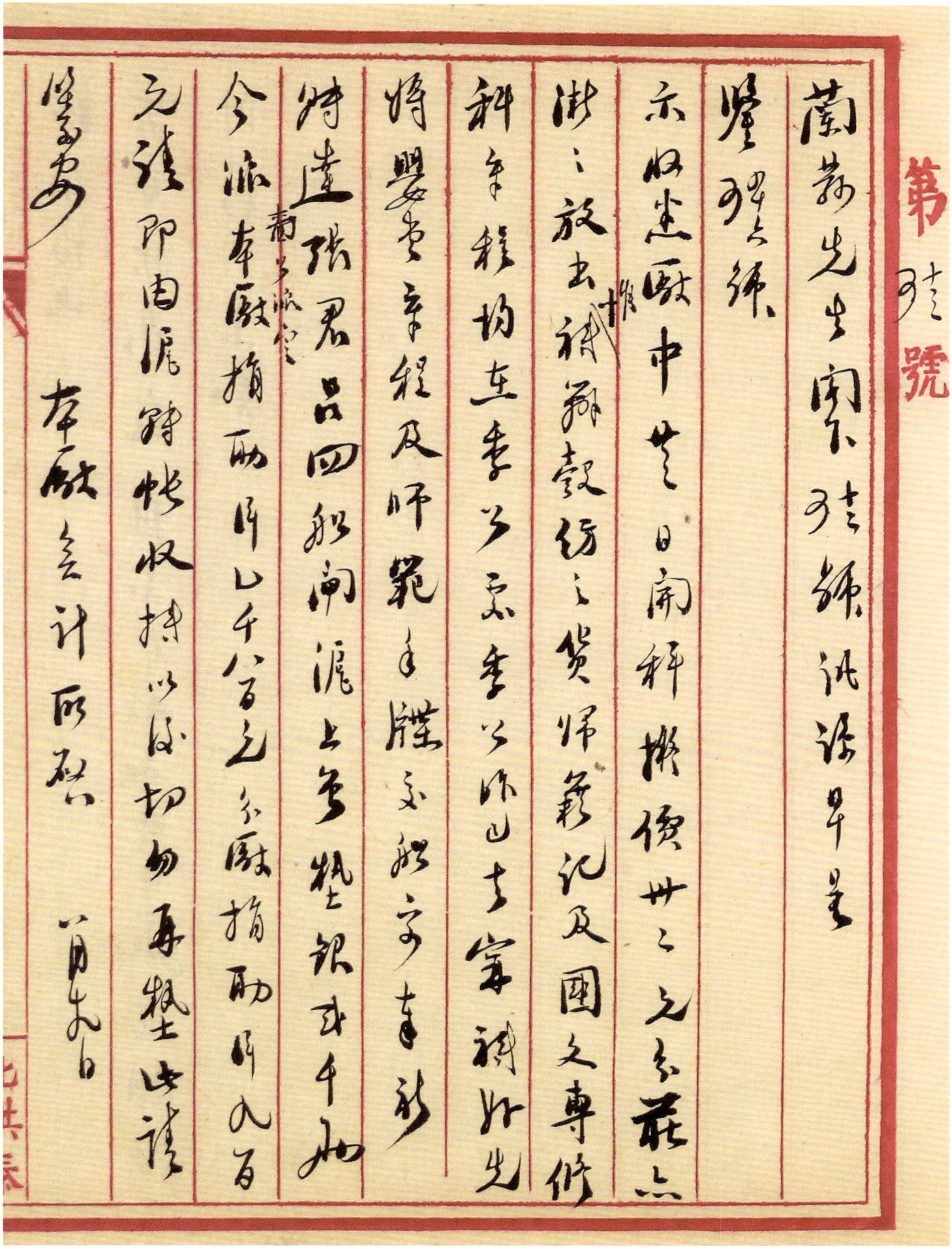

第一百十三號（八月十九日）

蘭蓀先生閣下：一百十二號訊諒早呈鑒。一百四十六號示收悉。廠中廿三日開秤，擬價卅二元，分莊亦漸漸放出，惟祗辦㲉〔轂〕紡之貨。《歸籍記》及《國文專修科章程》均在季公處，季公昨已去寧，祗好先將《嬰堂章程》及《師範手牒》交船寄奉，祈轉達張君。呂四船閘，滬上曾墊銀弍千兩，今派（嗇公派定）本廠捐助洋一千八百元、分廠捐助洋九百元，請即由滬轉帳收抵，以後切勿再墊。此請籌安。本廠會計所啓。八月十九日

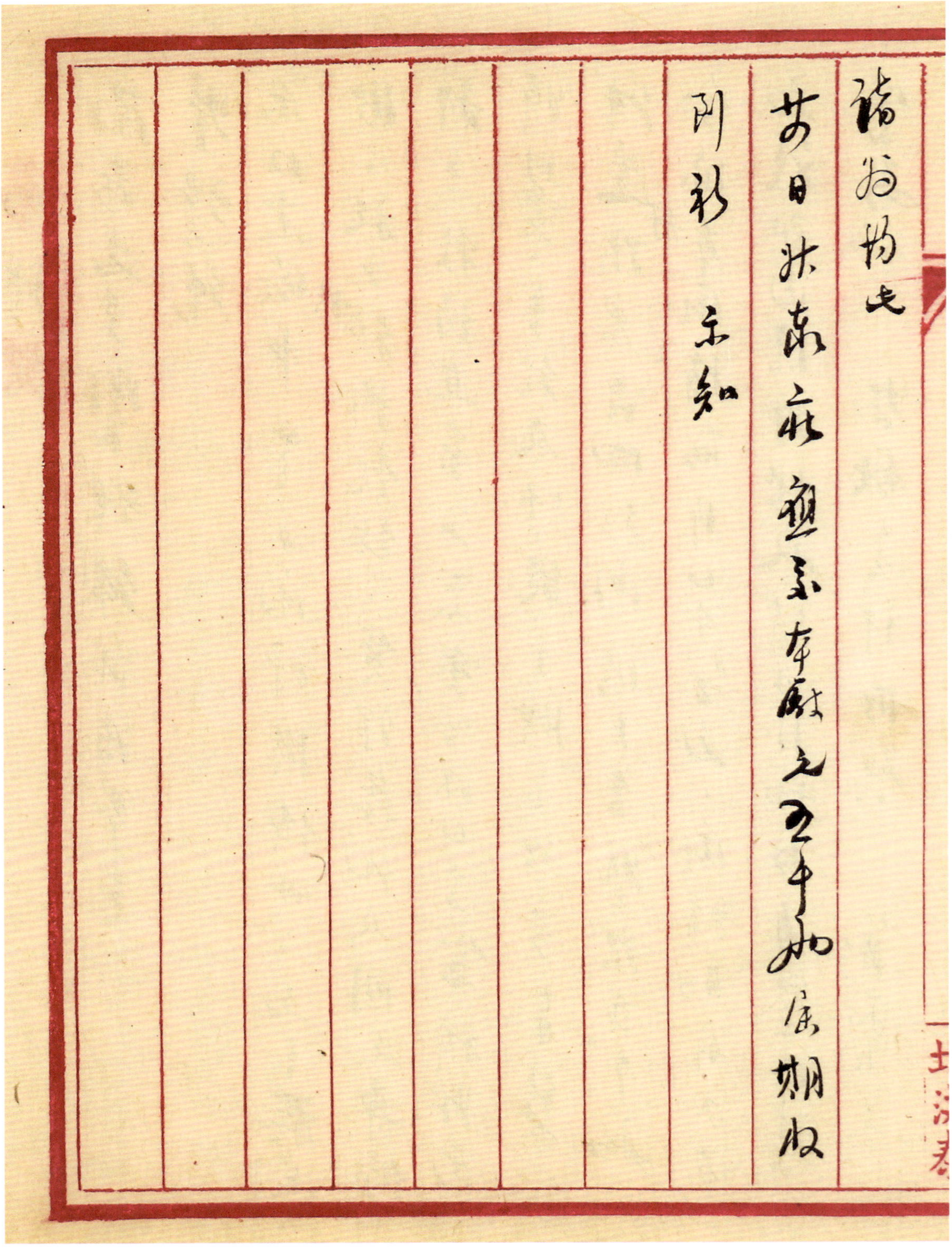
諸翁均此
廿四日升泰莊應交本廠元五千兩届期收
到祈示知

第一百十三號（八月十九日）

諸翁均此。

廿四日昇泰莊應交本廠元五千兩，届期收到祈示知。

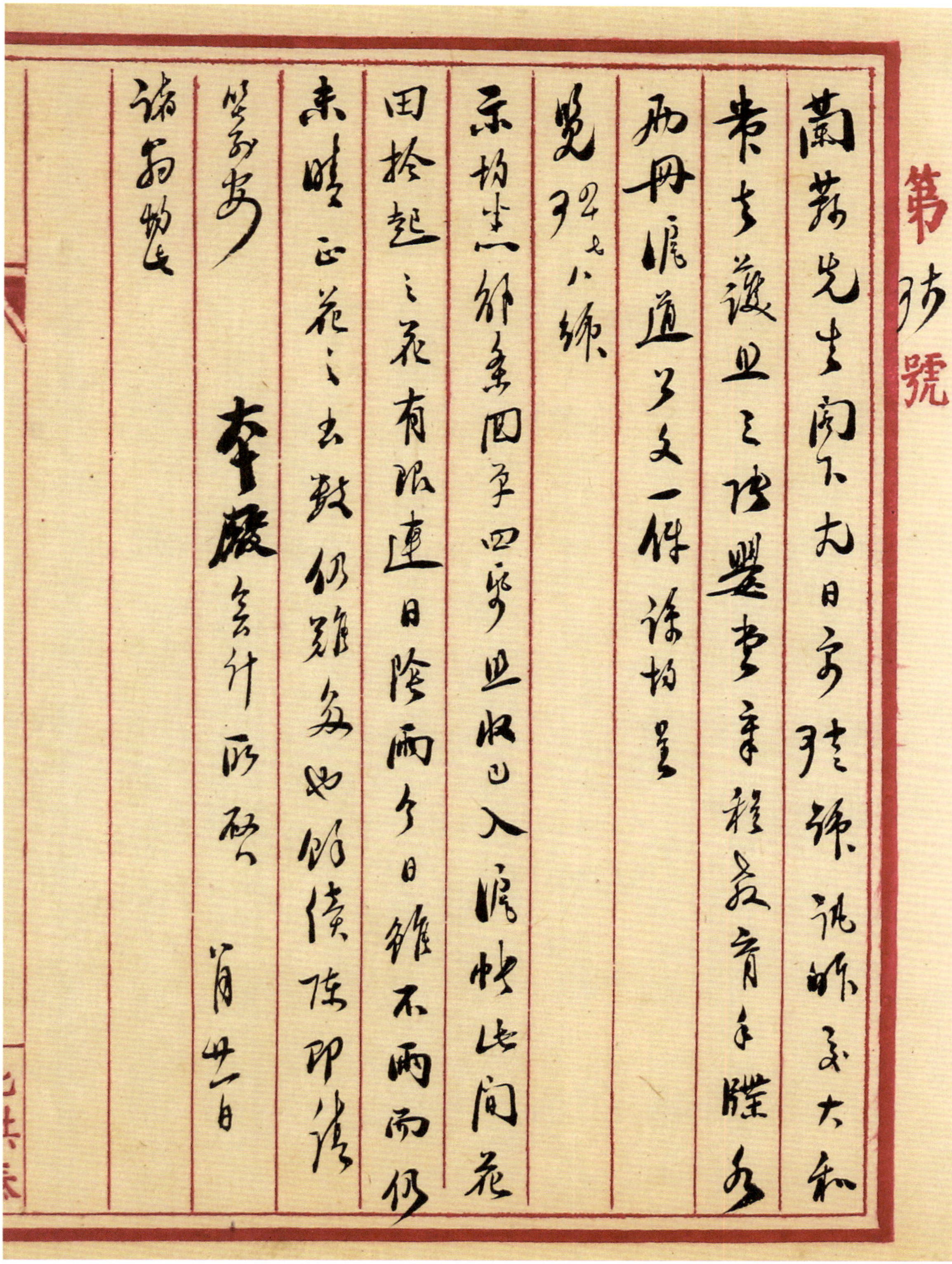

第一百十四號（八月廿一日）

蘭蓀先生閣下：十九日寄一百十三號訊，昨交大和帶去護照三張，《嬰堂章程》《教育手牒》各兩册，滬道公文一件，諒均呈覽。一百四十七、一百四十八號示均悉。解條回單四紙照收，已入滬帳。此間花田拾起之花有限，連日陰雨，今日雖不雨而仍未晴正，花之出數仍難多也。餘續陳。即請籌安。本廠會計所啓。八月廿一日

諸翁均此。

第一百十四號（八月廿一日）

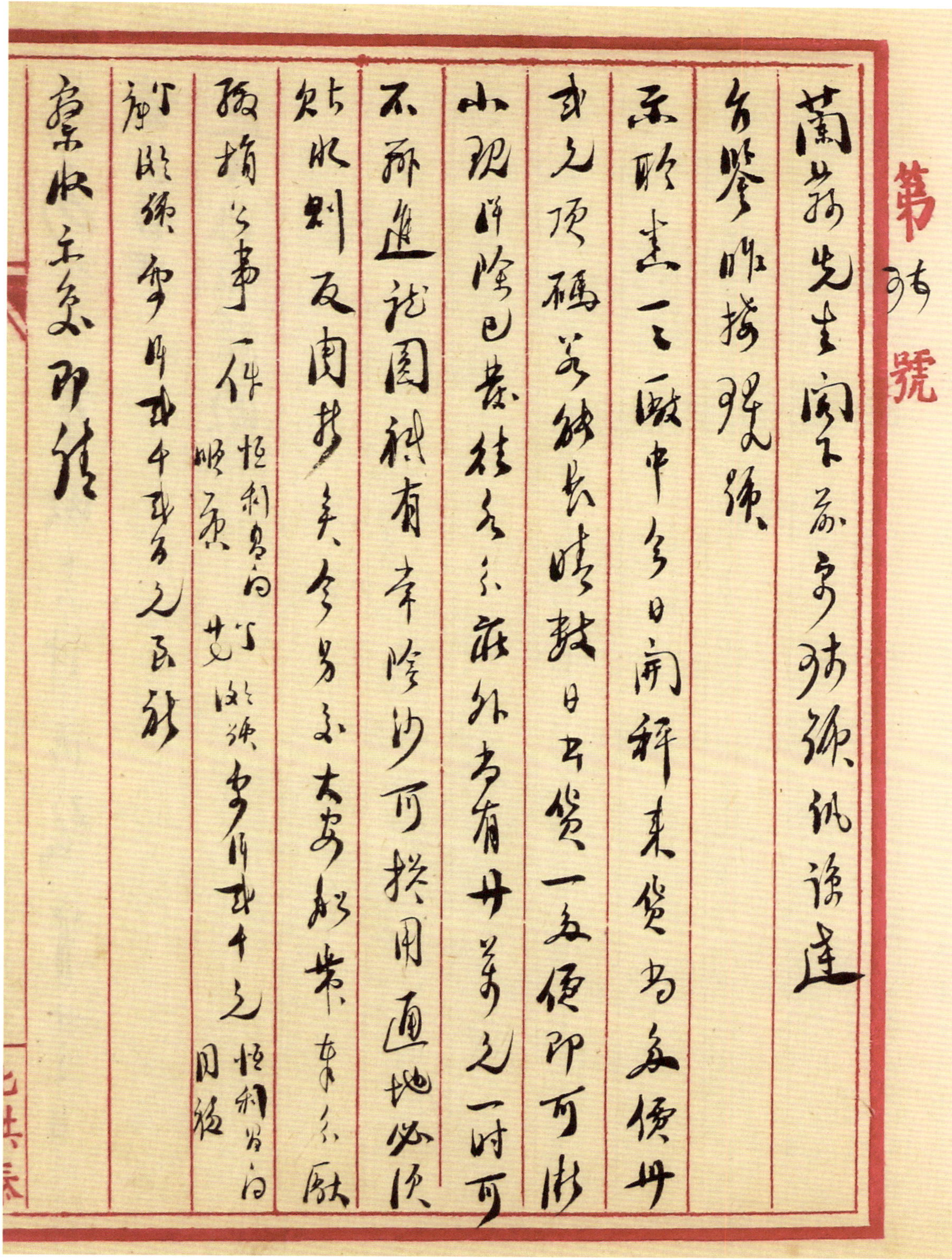

第一百十五號（八月廿三日）

蘭蓀先生閣下：前寄一百十四號訊，諒達台鑒。昨接一百四十九號示，聆悉一一。廠中今日開秤，來貨尚多，價卅式元頂碼，若能長晴數日，出貨一多，價即可漸小。現洋除已發往各分莊外，尚有廿萬元，一時可不辦進。龍圓衹有常陰沙可搭用，通地必須貼水，則反周折矣。今另交大安船帶奉分廠繳捐公事一件，恒利昌向順康八月廿七一九七號票洋式千元、恒利昌向同福八月底一九八號票洋式千式百元，至祈察收示復。即請籌安。本廠會計所啓。八月廿三日

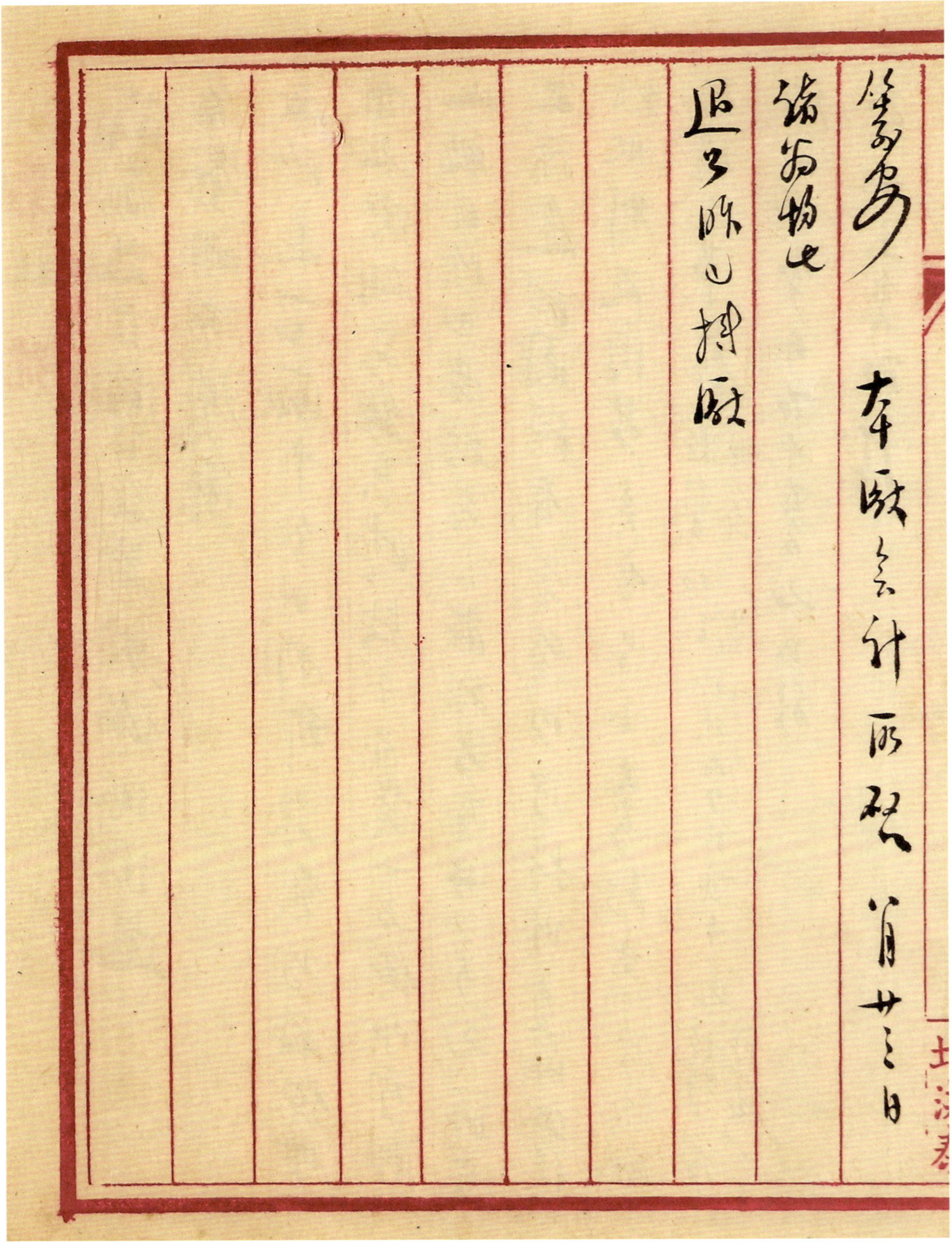
諸翁均此
退公昨已抵廠
本廠啟 八月廿三日

第一百十五號（八月廿三日）

諸翁均此。

退公昨已抵廠。

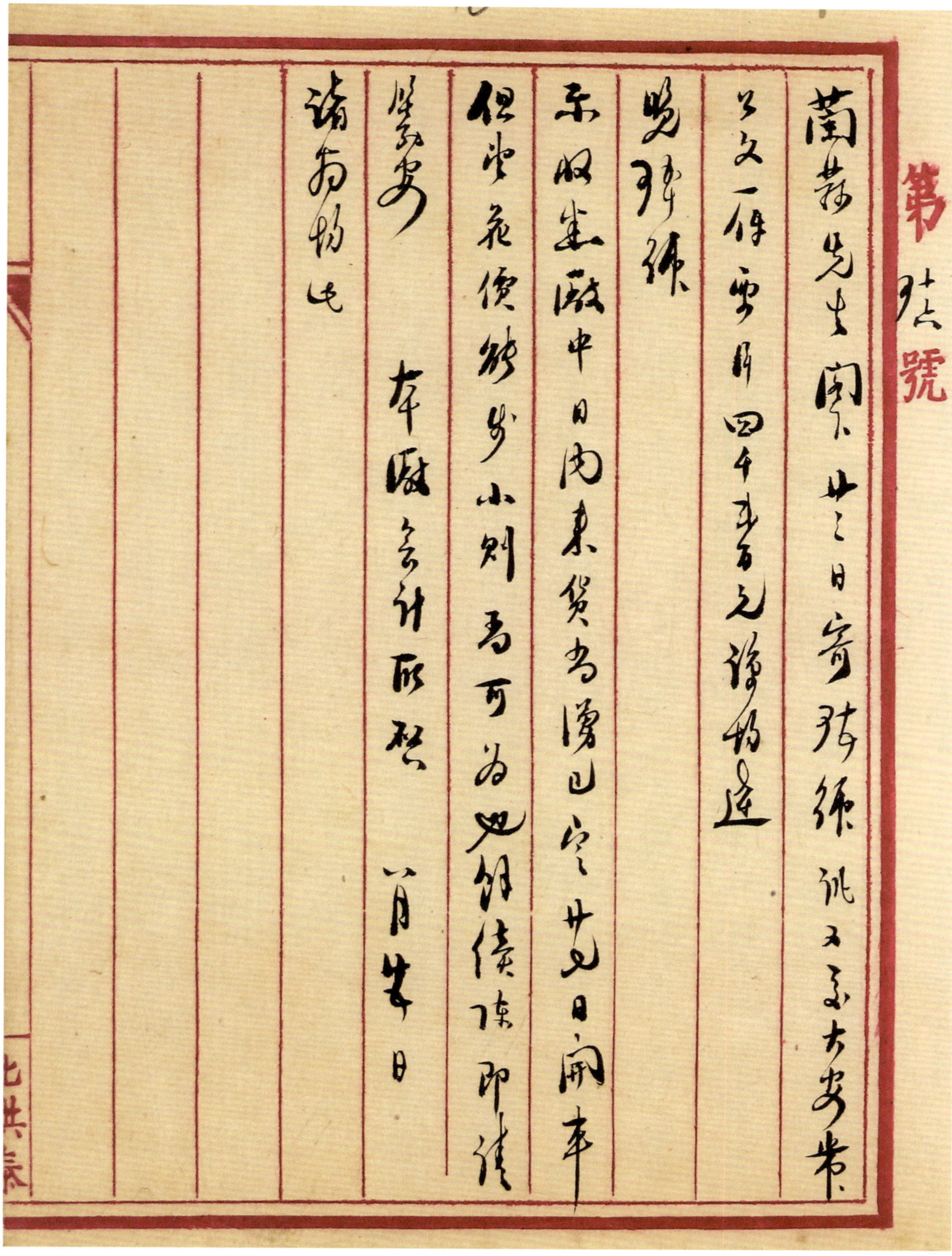

第一百十六號（八月廿五日）

蘭蓀先生閣下：廿三日寄一百十五號訊，又交大安帶公文一件、票洋四千弍百元，諒均達覽。一百五十號示收悉。廠中日内來貨尚湧，已定廿七日開車，但望花價能步小，則尚可爲也。餘續陳。即請籌安。本廠會計所啓。八月廿五日

諸翁均此。

第一百十六號（八月廿五日）

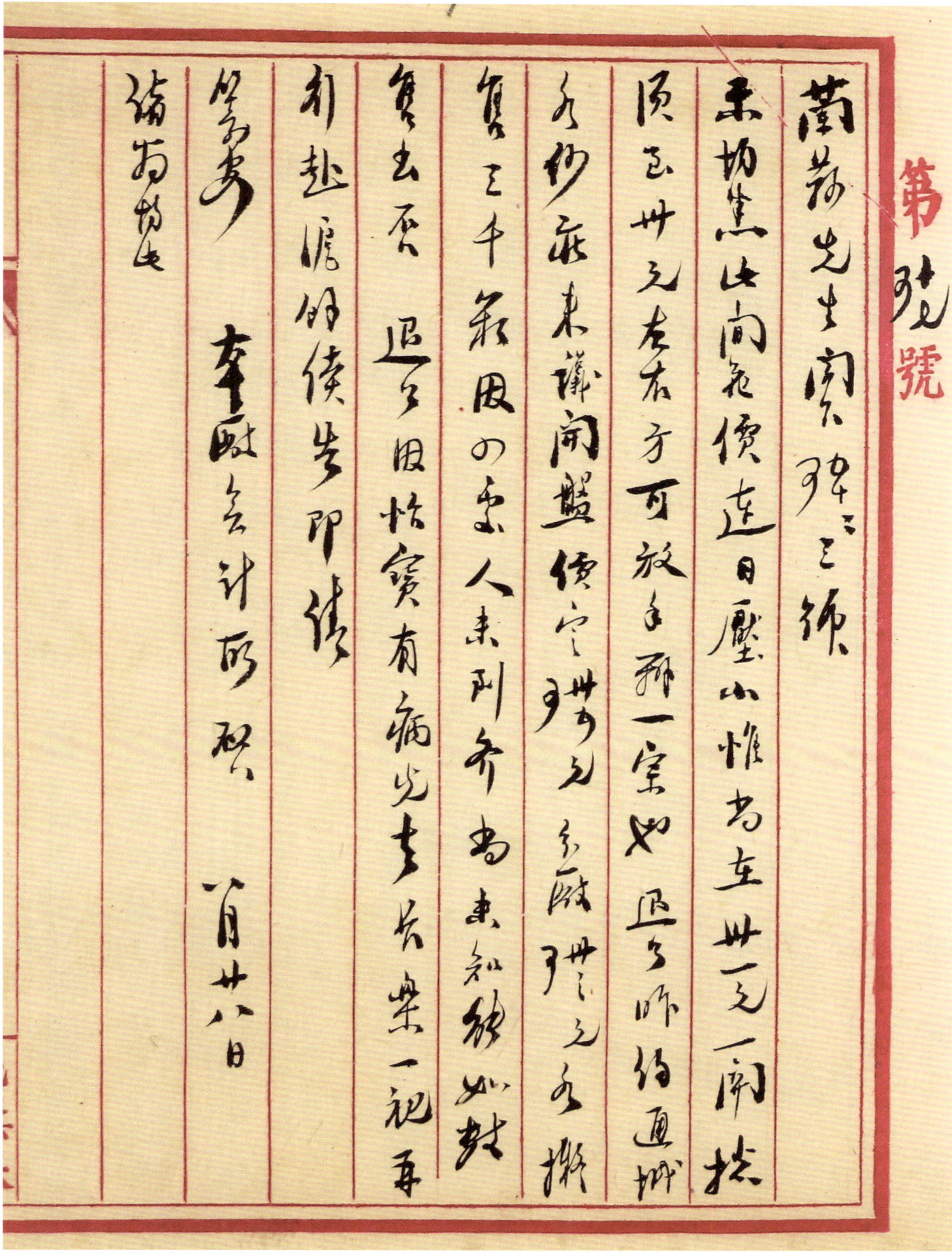

第一百十七號（八月廿八日）

蘭蓀先生閣下：一百五十二、一百五十三號示均悉。此間花價連日壓小，惟尚在卅一元一關，總須至卅元左右，方可放手辦一宗也。退公昨約通城各紗莊來議，開盤價定一百卅五元，分廠一百卅三元，各擬售三千箱。因四處人未到齊，尚未知能如數售出否。退公因怡寶有病，先去長樂一視，再行赴滬。餘續告。即請籌安。本廠會計所啓。八月廿八日

諸翁均此。

第一百十七號（八月廿八日）

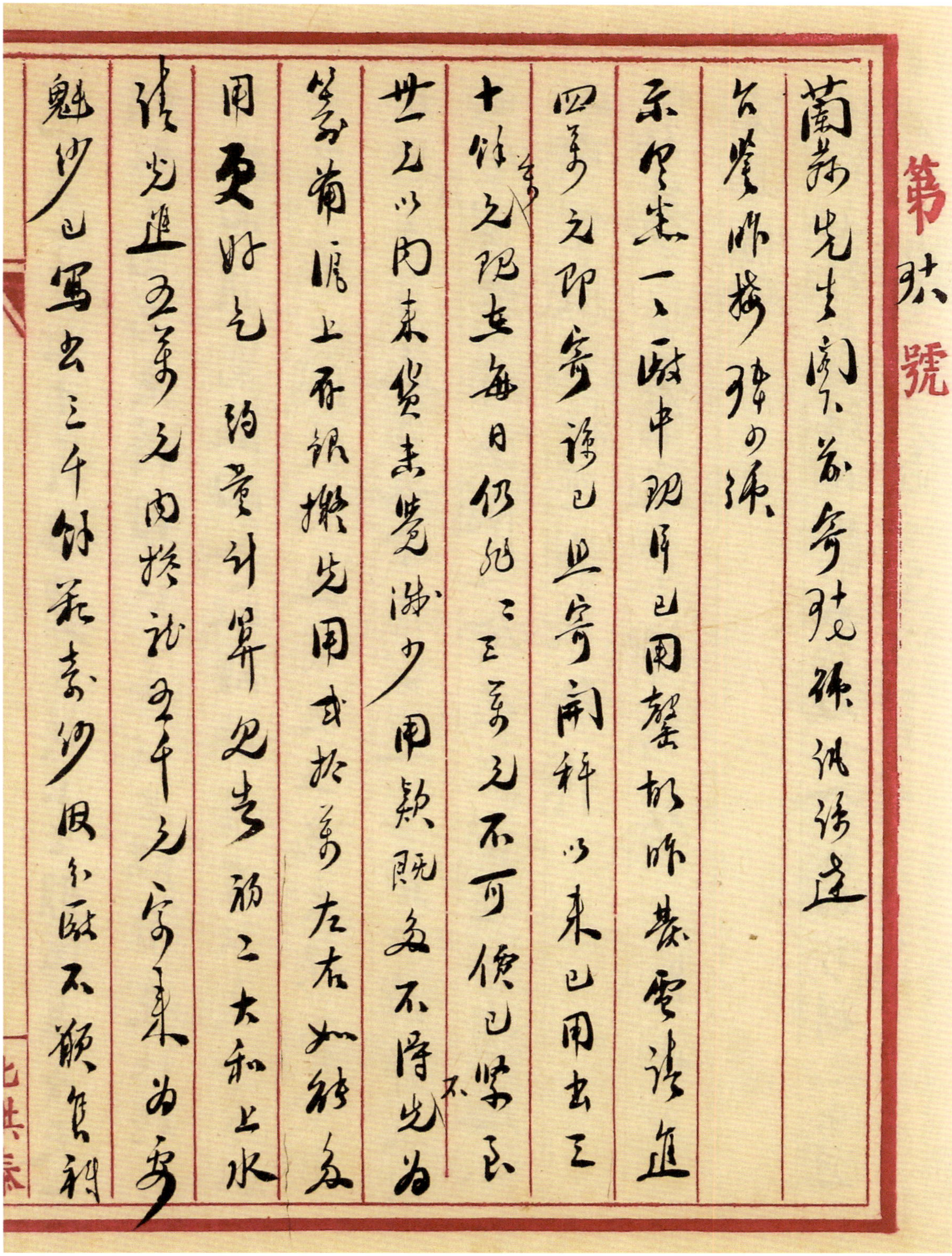

第一百十八號（八月卅日）

蘭蓀先生閣下：前寄一百十七號訊，諒達台鑒。昨接一百五十四號示，具悉一一。廠中現洋已用罄，故昨發電請進四萬元即寄，諒已照寄。開秤以來，已用出三十餘萬元，現在每日仍非二三萬元不可。價已緊至卅一元以内，來貨未覺減少，用款既多，不得不先爲籌備。滬上存銀，擬先用式拾萬左右，如能多用更好，乞約量計算見告。初二大和上水，請兑進五萬元，内搭龍五千元寄來爲要。魁紗已寫出三千餘箱，壽紗因分廠不願售，祇寫出一千數十箱。魁紗之款分三期繳，每十天一期，故

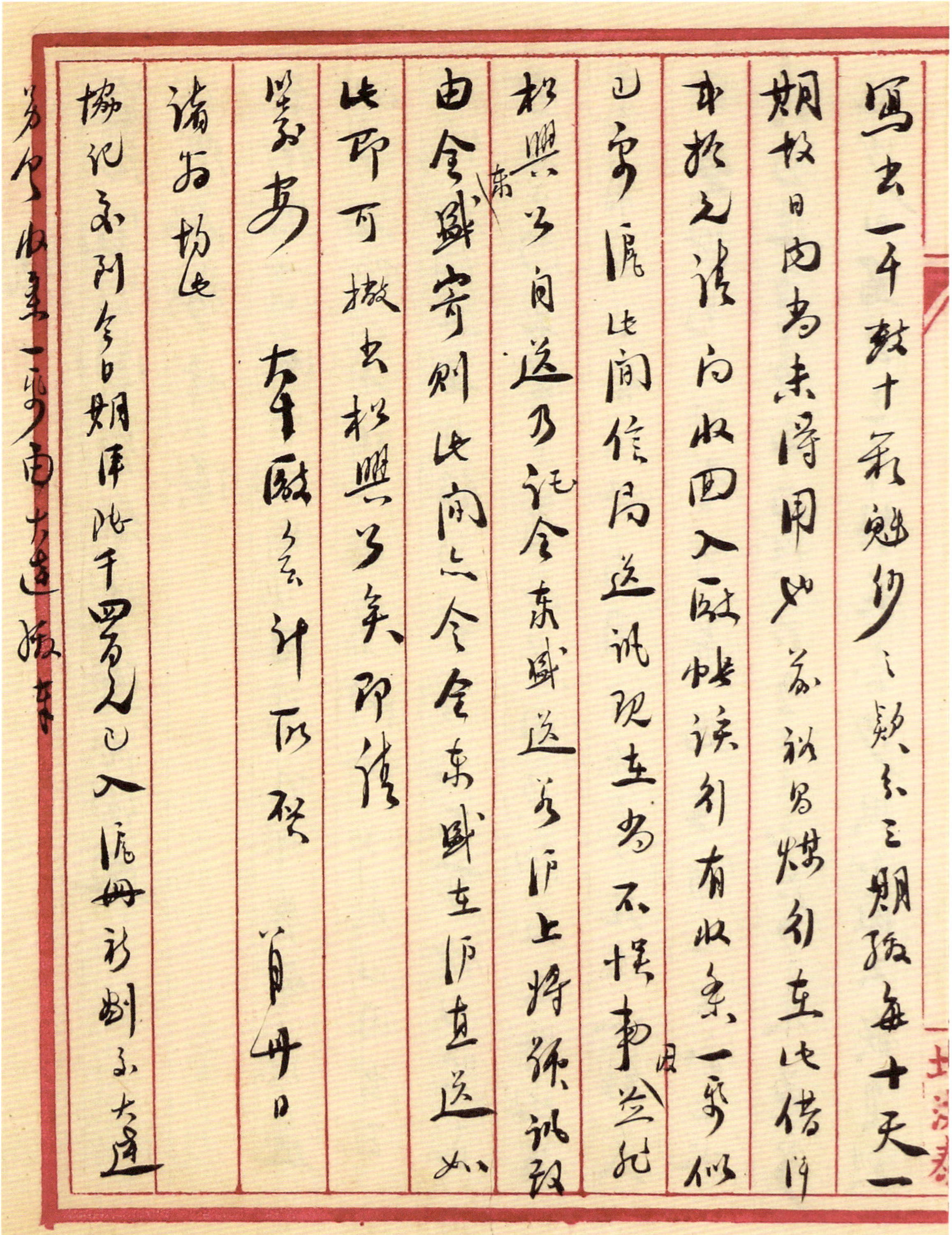

第一百十八號（八月卅日）

日内尚未得用也。前裕昌煤行在此借洋式拾元，請向收回，入廠帳。該行有收條一紙，似已寄滬。此間信局送訊，現在尚不誤事，因并非松興公自送，乃托全泰盛送。若滬上將號訊改由全泰盛寄，則此間亦令全泰盛在滬直送，如此即可撇出松興公矣。即請籌安。本廠會計所啓。八月卅日

諸翁均此。

協記交到今日期洋陸千四百元，已入滬册，祈劃交大達。另具收條一紙，由大達繳奉。

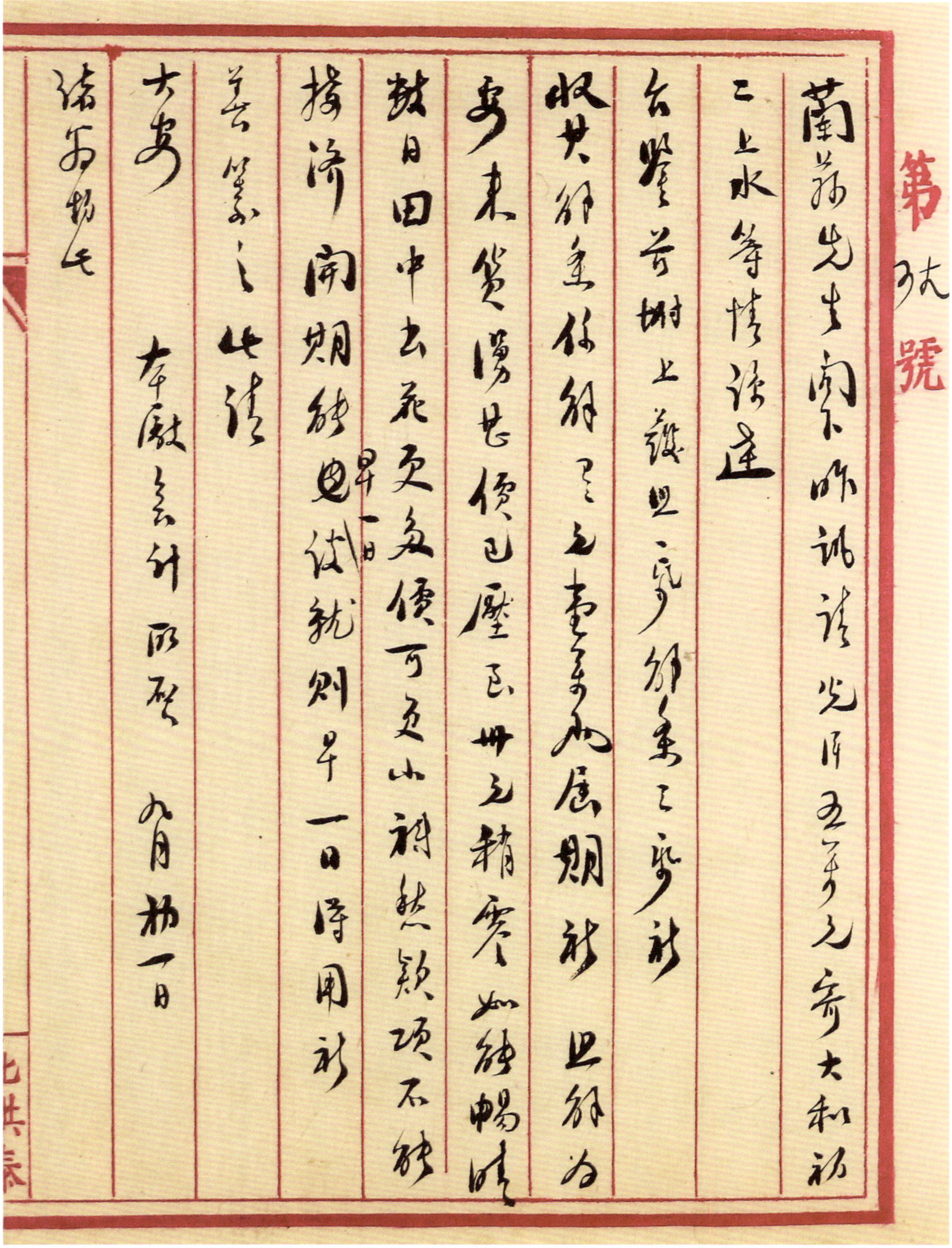

第一百十九號（九月初一日）

蘭蓀先生閣下：昨訊請兑洋五萬元寄、大和初二上水等情，諒達台鑒。兹附上護照一紙、解條三紙，祈收。其解條係解初三元壹萬兩，届期祈照解爲要。來貨湧甚，價已壓至卅元稍零，如能暢晴數日，田中出花更多，價可更小。衹愁款項不能接濟，開期能早一日談就，則早一日得用，祈善籌之。此請大安。本廠會計所啓。九月初一日

諸翁均此。

第一百十九號（九月初一日）

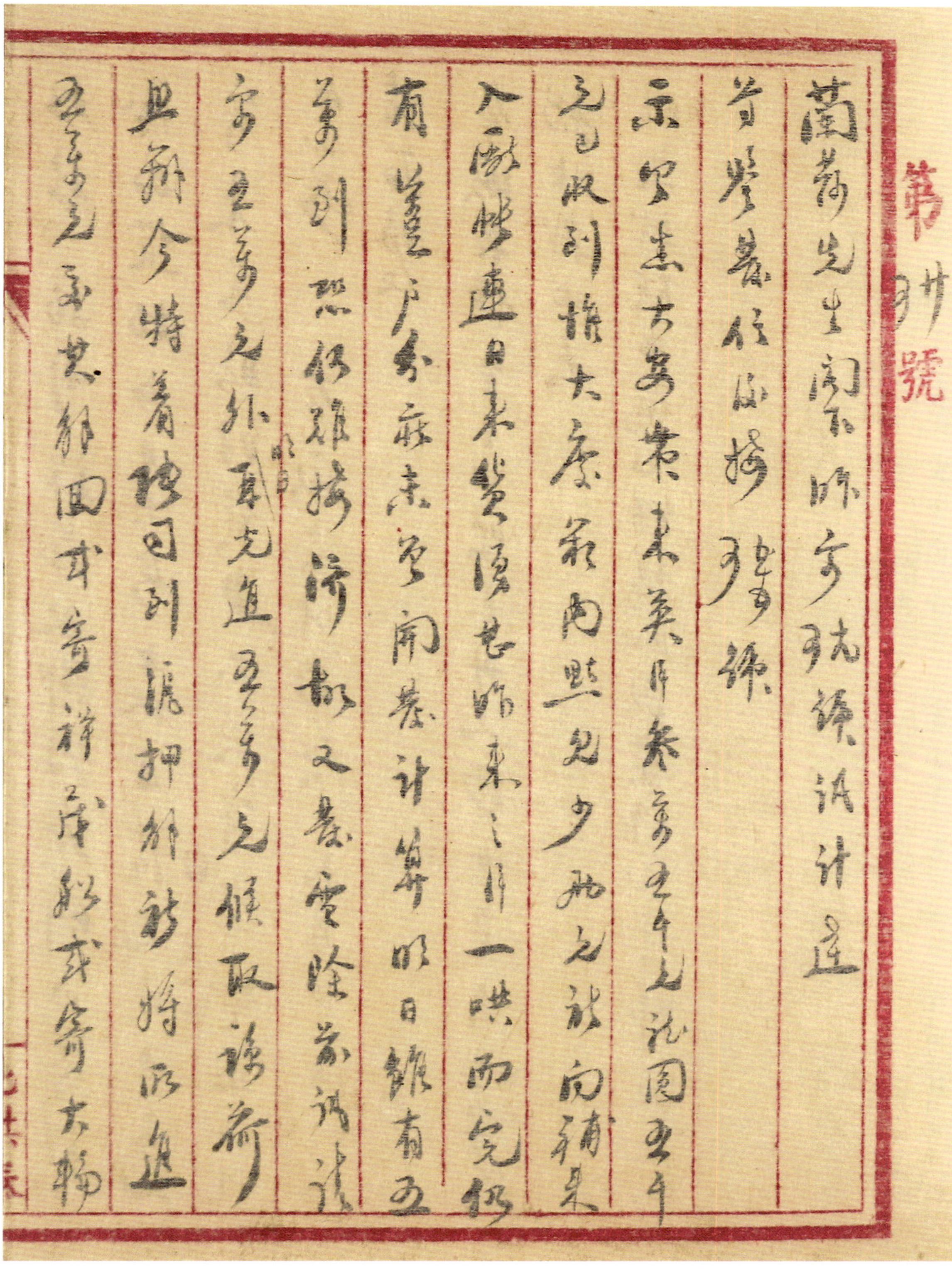

第一百二十號（九月初二日）

蘭蓀先生閣下：昨寄一百十九號訊，計達尊鑒。發信後接一百五十五號示，具悉。大安帶來英洋叁萬五千元、龍圓五千元已收到，惟大慶箱内點見少兩元，祈向補來入廠帳。連日來貨湧甚，昨來之洋一哄而完，仍有躉户、分莊未曾開發，計算明日雖有五萬到，恐仍難接濟，故又發電，除前訊請寄五萬元外，明日再兑進五萬元候取，諒荷照辦。今特着張司到滬押解，祈將所進五萬元交其解回，或寄祥茂船，或寄大輪船，祈酌行。祥茂水脚較廉，則以寄祥茂爲宜。初五日大安上水，再請兑洋

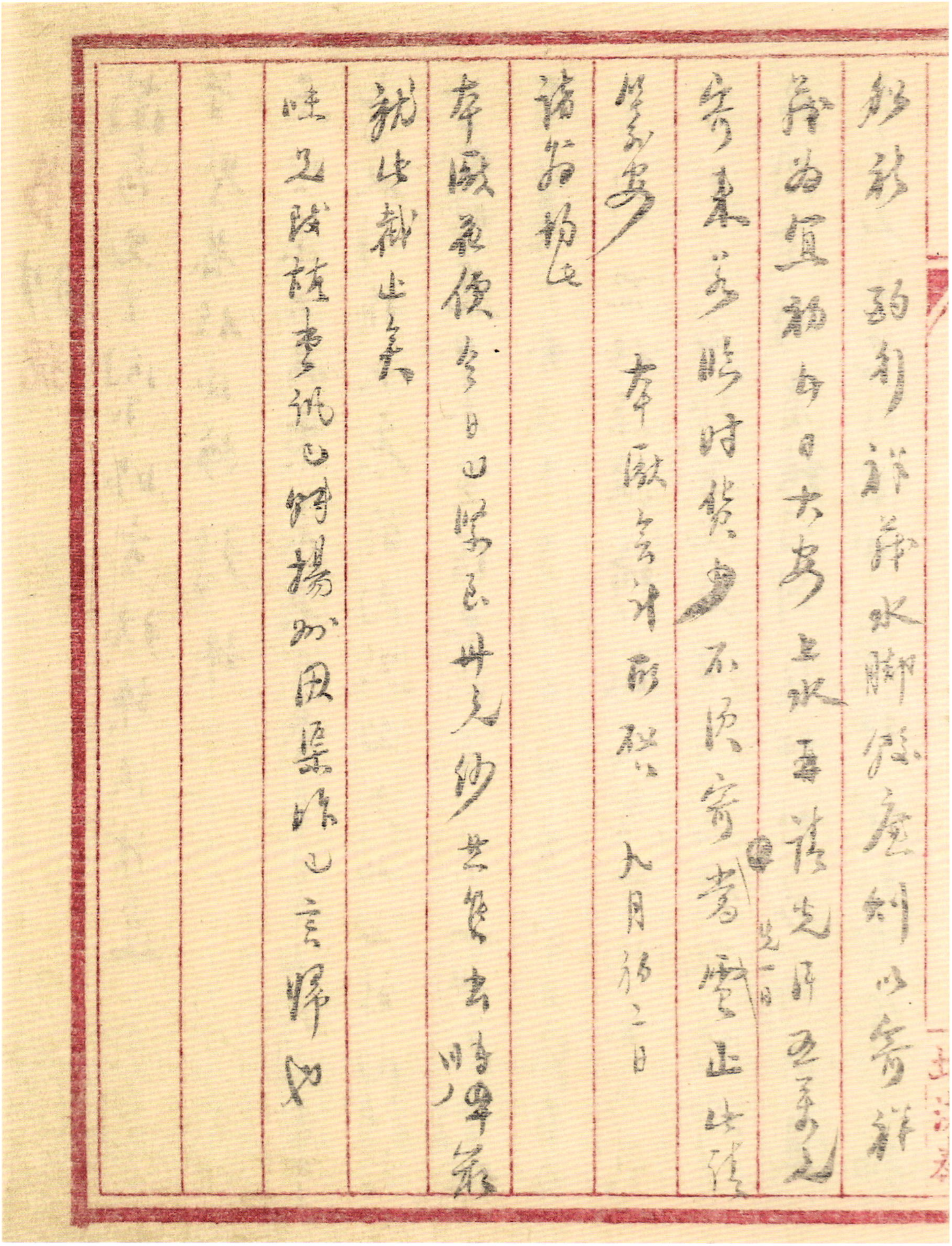

第一百二十號（九月初二日）

五萬元寄來，若臨時貨少不須寄，當先一日電止。此請籌安。本廠會計所啓。九月初二日

諸翁均此。

本廠花價今日已緊至卅元，紗共售出三千五百四十箱，就此截止矣。

味兄致椵堂訊已轉揚州，因渠昨已言歸也。

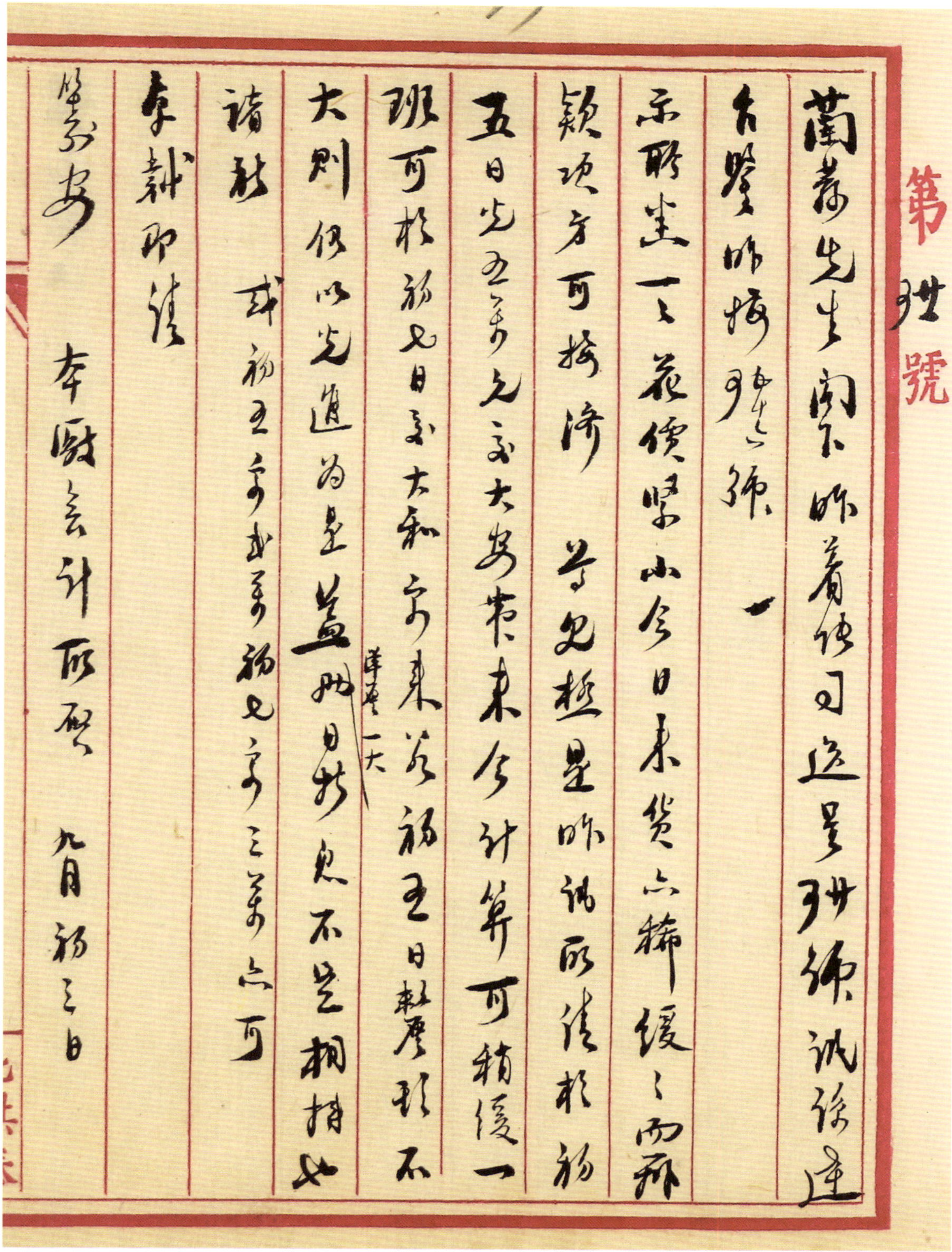

第一百二十一號（九月初三日）

蘭蓀先生閣下：昨着張司送呈一百廿號訊，諒達台鑒。昨接一百五十六號示，聆悉一一。花價緊小，今日來貨亦稀，緩緩而辦，款項方可接濟，尊見极是。昨訊所請於初五日兑五萬元交大安帶來，今計算可稍緩一班，可於初七日交大和寄來。若初五日厘期不大，則仍以兑進爲是，蓋洋厘一大，兩日折息不足相抵也（或初五寄弍萬，初七寄三萬亦可），諸祈卓裁。即請籌安。本廠會計所啓。九月初三日
諸翁均此。

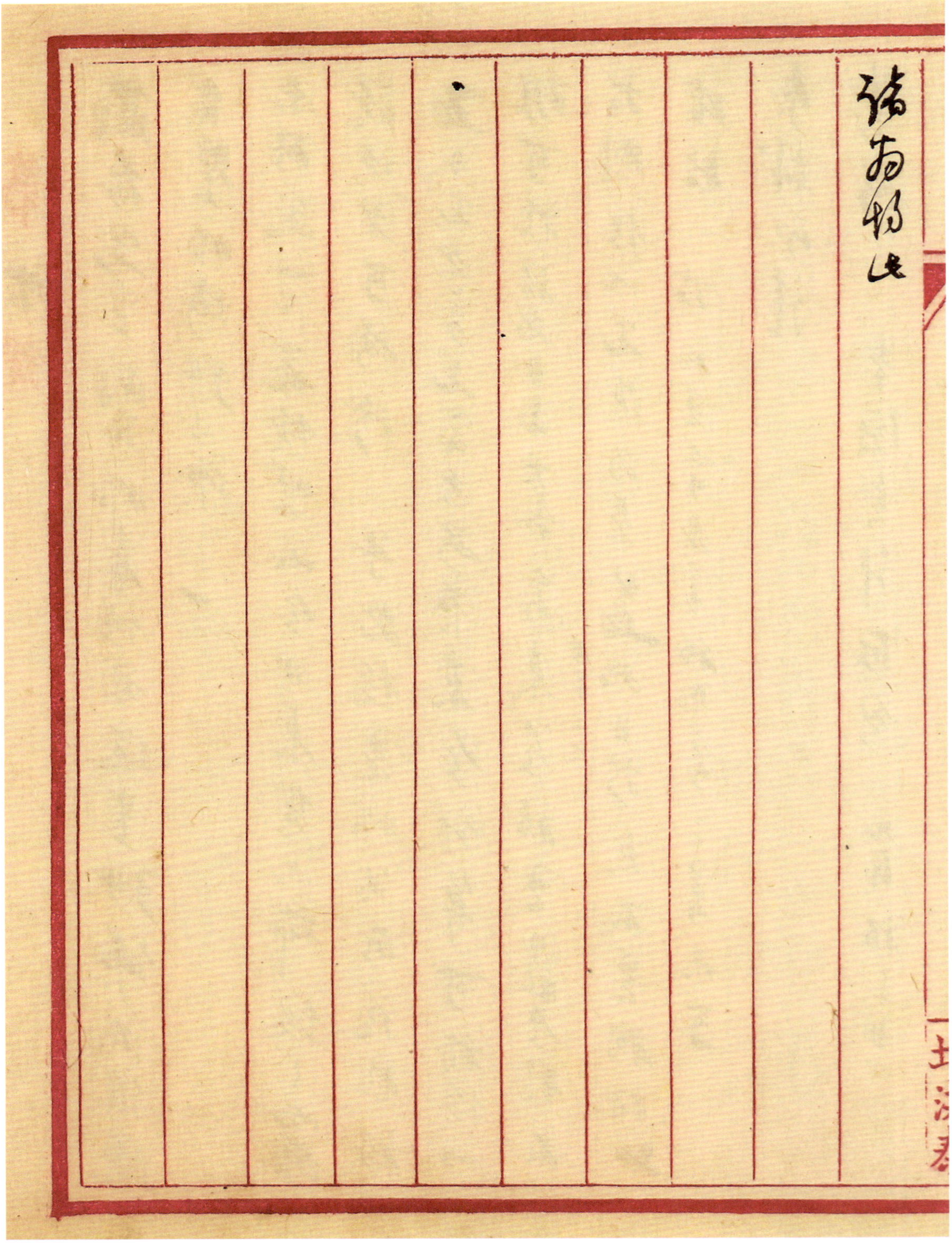

第一百二十一號（九月初三日）

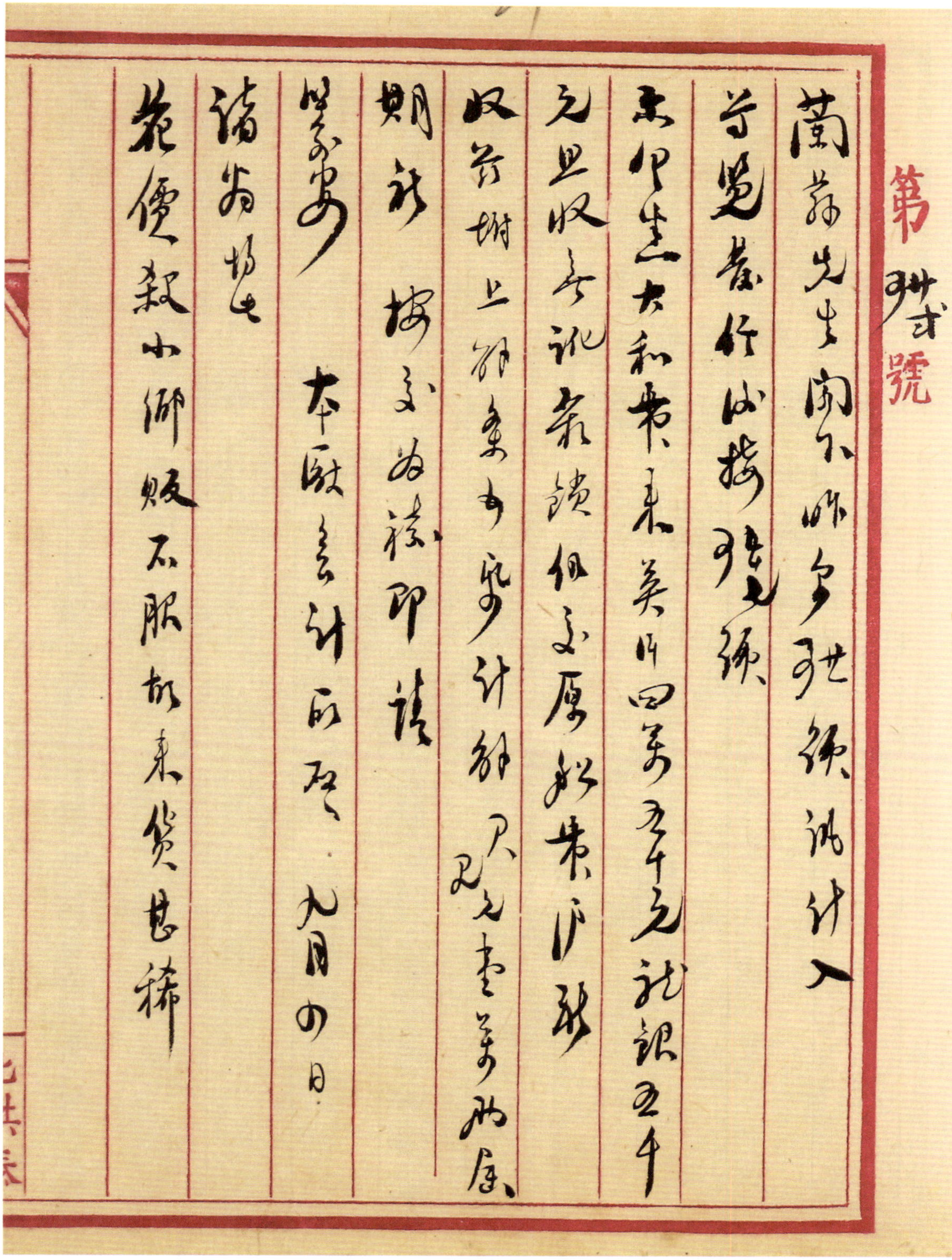

第一百二十二號（九月初四日）

蘭蓀先生閣下：昨寄一百廿一號訊，計入尊覽。發信後接一百五十七號示，具悉。大和帶來英洋四萬五千元、龍銀五千元，照收無訛，箱鎖仍交原船帶滬，祈收。茲附上解條五紙，計解初八、初九元壹萬兩，届期祈按交爲禱。即請籌安。本廠會計所啓。九月四日

諸翁均此。

花價殺小，鄉販不服，故來貨甚稀。

第一百二十二號（九月初四日）

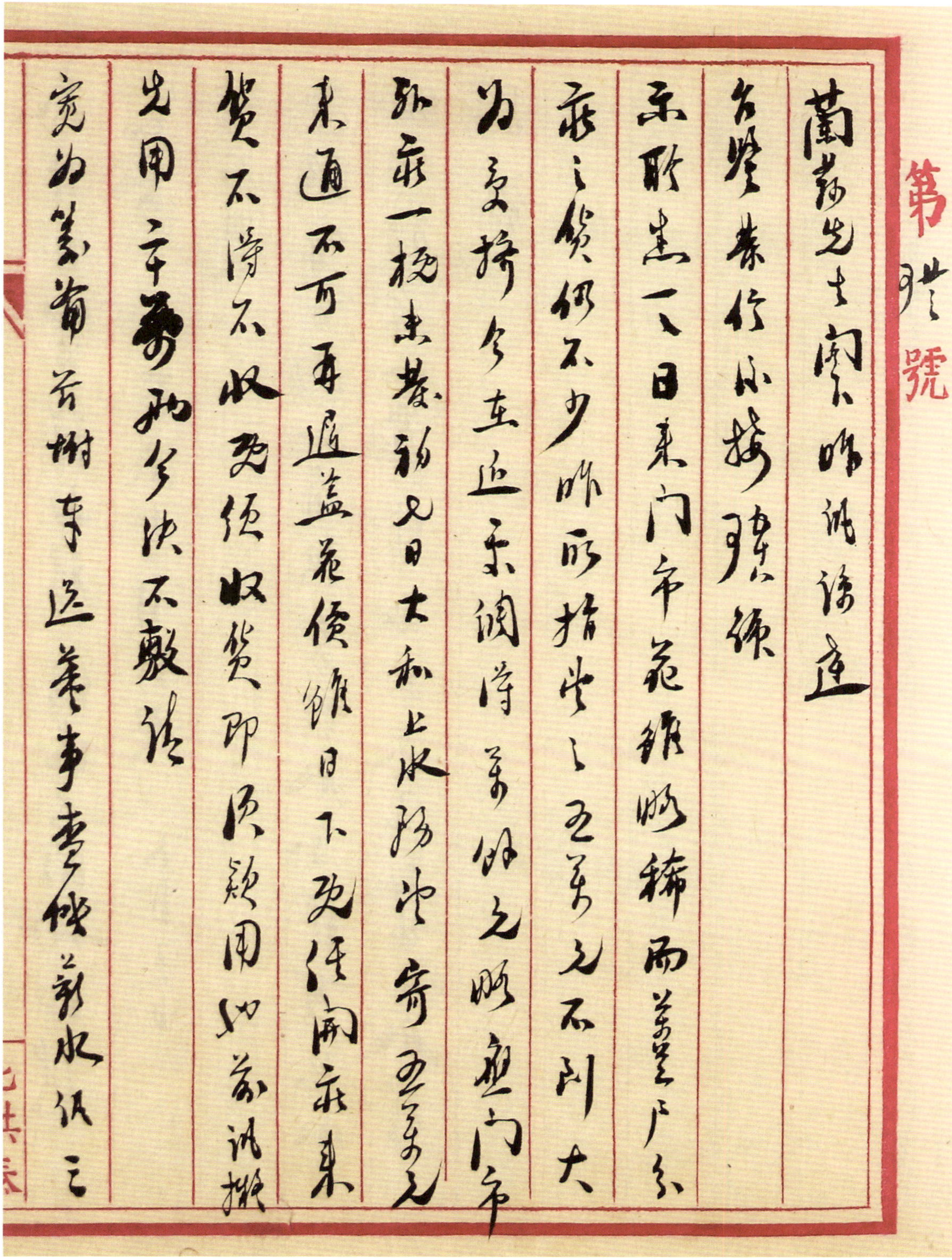

第一百二十三號（九月初五日）

蘭蓀先生閣下：昨訊諒達台鑒。發信後接一百五十八號示，聆悉一一。日來門市花雖略稀，而躉户、分莊之貨仍不少，昨所指望之五萬元不到，大爲受擠。今在近處調得萬餘元略應門市，外莊一概未發。初七日大和上水，務望寄五萬元來通，不可再遲。蓋花價雖日下，既經開莊，來貨不得不收；既須收貨，即須款用也。前訊擬先用二十萬兩，今决不敷，請寬爲籌備。兹附奉送董事查帳薪水訊三封，計洋四百九拾元，祈飭送，支廠册。即請籌安。本廠會計所啓。九月五日

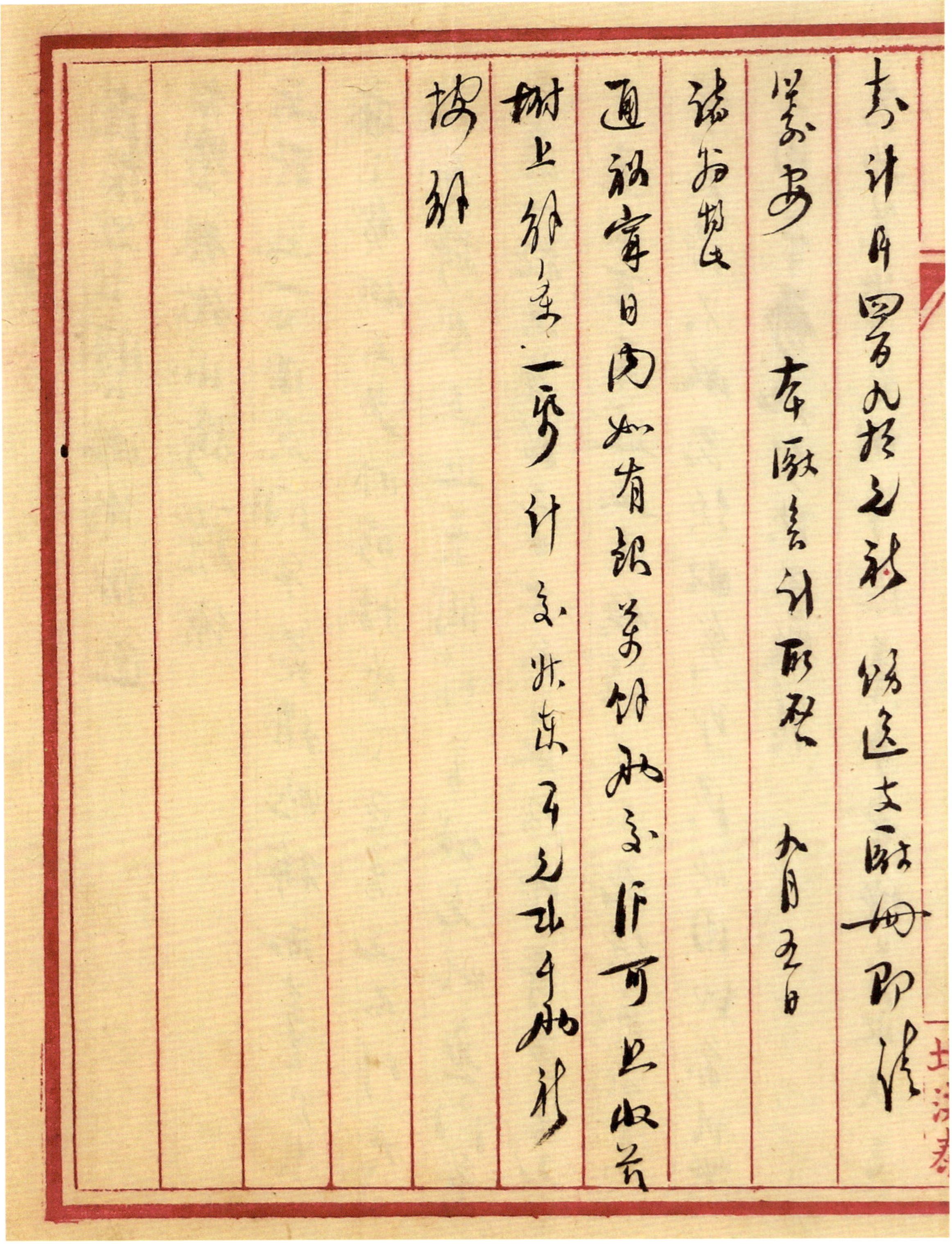

第一百二十三號（九月初五日）

諸翁均此。

通裕寧日内如有銀萬餘兩交滬，可照收。玆附上解條一紙，計交昇泰初十元式千兩，祈按解。

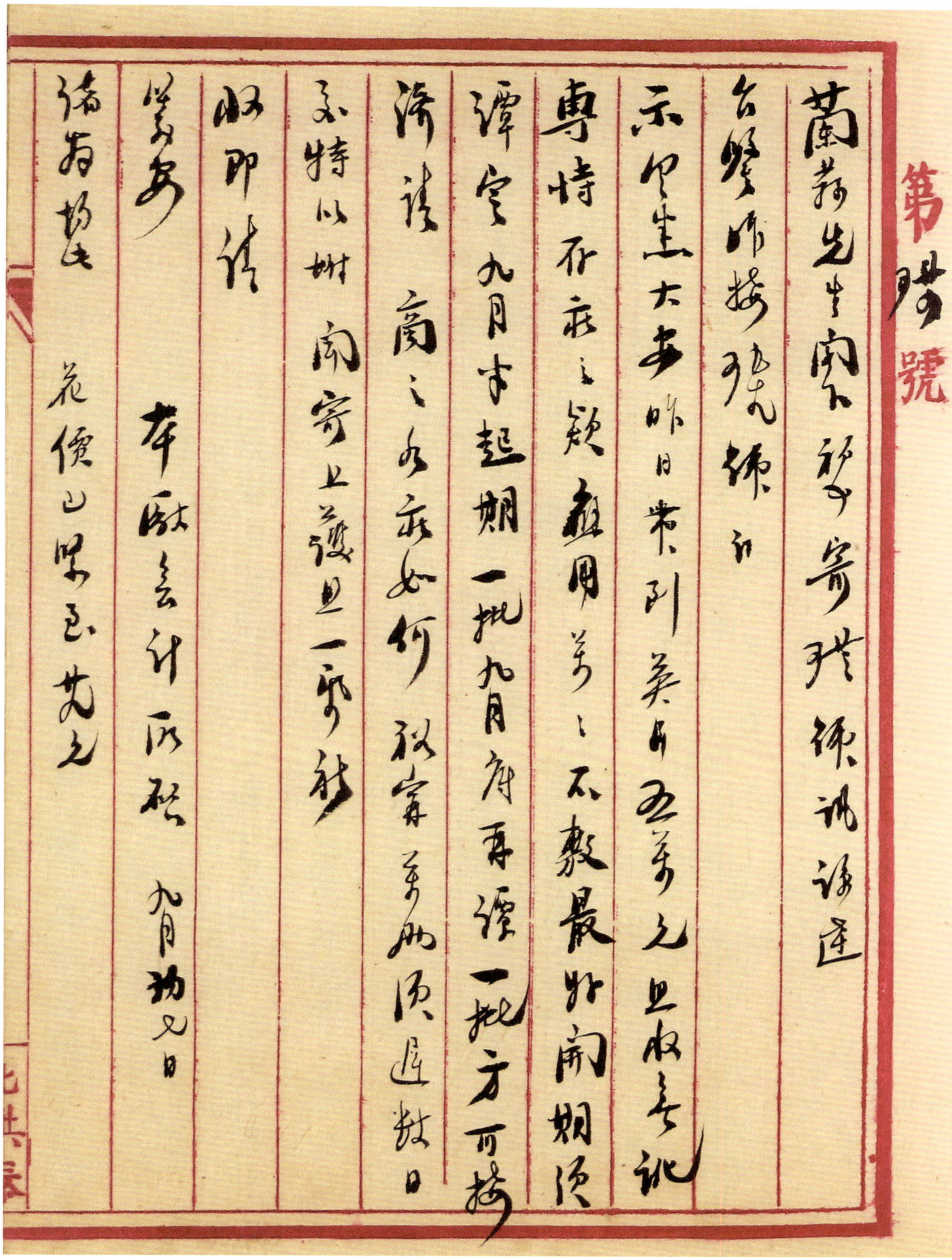

第一百二十四號（九月初七日）

蘭蓀先生閣下：初五寄一百廿三號訊，諒達台鑒。昨接一百五十九號示，具悉。大安昨日帶到英洋五萬元，照收無訛。專恃存莊之款應用，萬萬不敷，最好開期須譚定，九月半起期一批，九月底再譚一批，方可接濟，請商之各莊如何。裕寧萬兩須遲數日交，特以附聞。寄上護照一紙，祈收。即請籌安。本廠會計所啓。九月初七日

諸翁均此。

花價已緊至廿九元。

第一百二十四號（九月初七日）

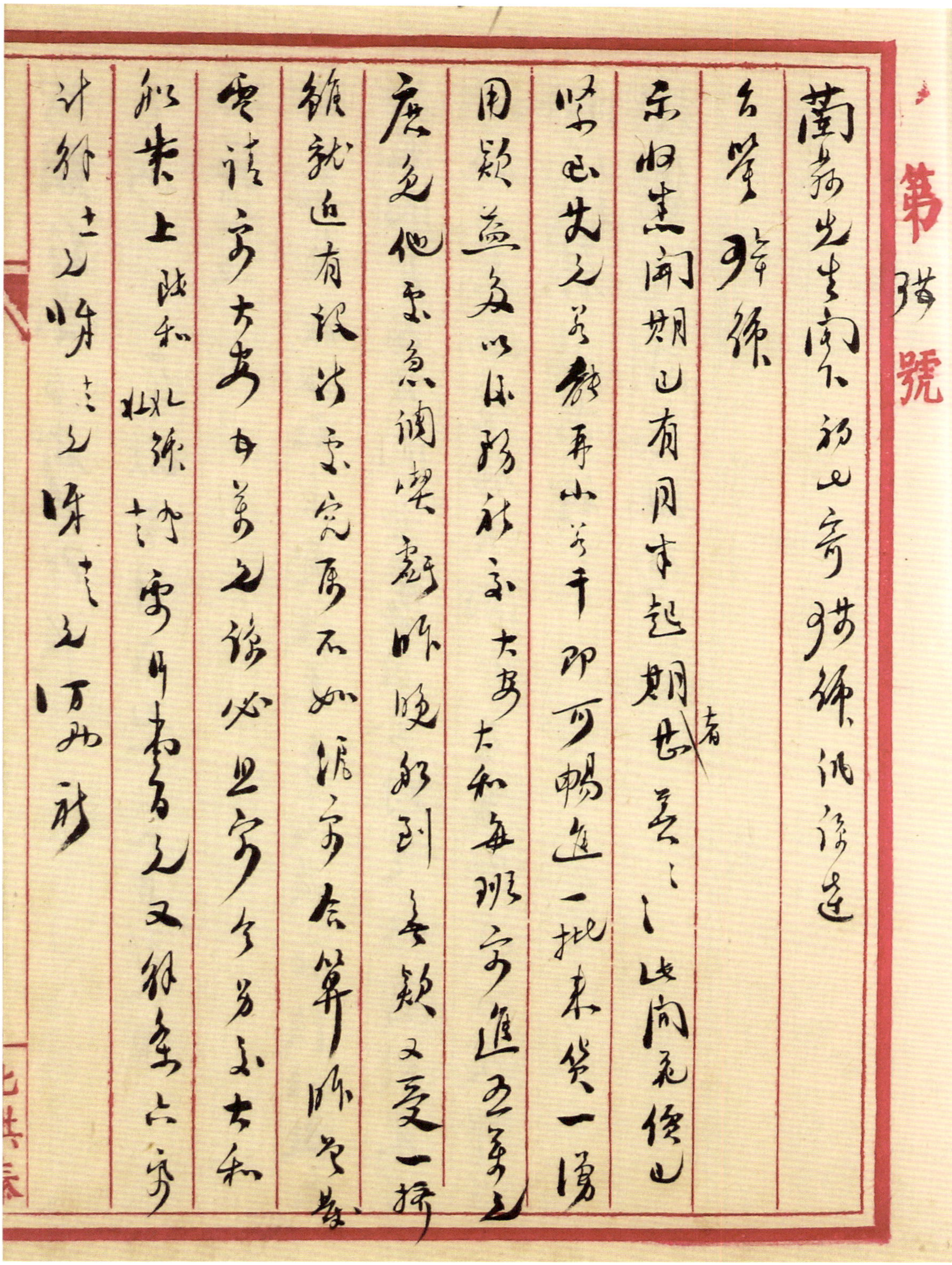

第一百二十五號（九月初九日）

蘭蓀先生閣下：初七寄一百廿四號訊，諒達台鑒。一百六十號示收悉。開期已有月半起期者，甚善甚善。此間花價已緊至廿九元，若能再小若干，即可暢進一批。來貨一湧，用款益多，以後務祈交大安、大和每班寄進五萬元，庶免他處急調吃虧。昨晚船到無款，又受一擠，雖就近有設法處，究屬不如滬寄合算。昨曾發電請寄大安五萬元，諒必照寄。今另交大和船帶上致和四六四六號九月十三票洋壹百元，又解條六紙，計解十一元二千兩、十二元一千兩、十三元一萬兩，祈按期解交爲荷。

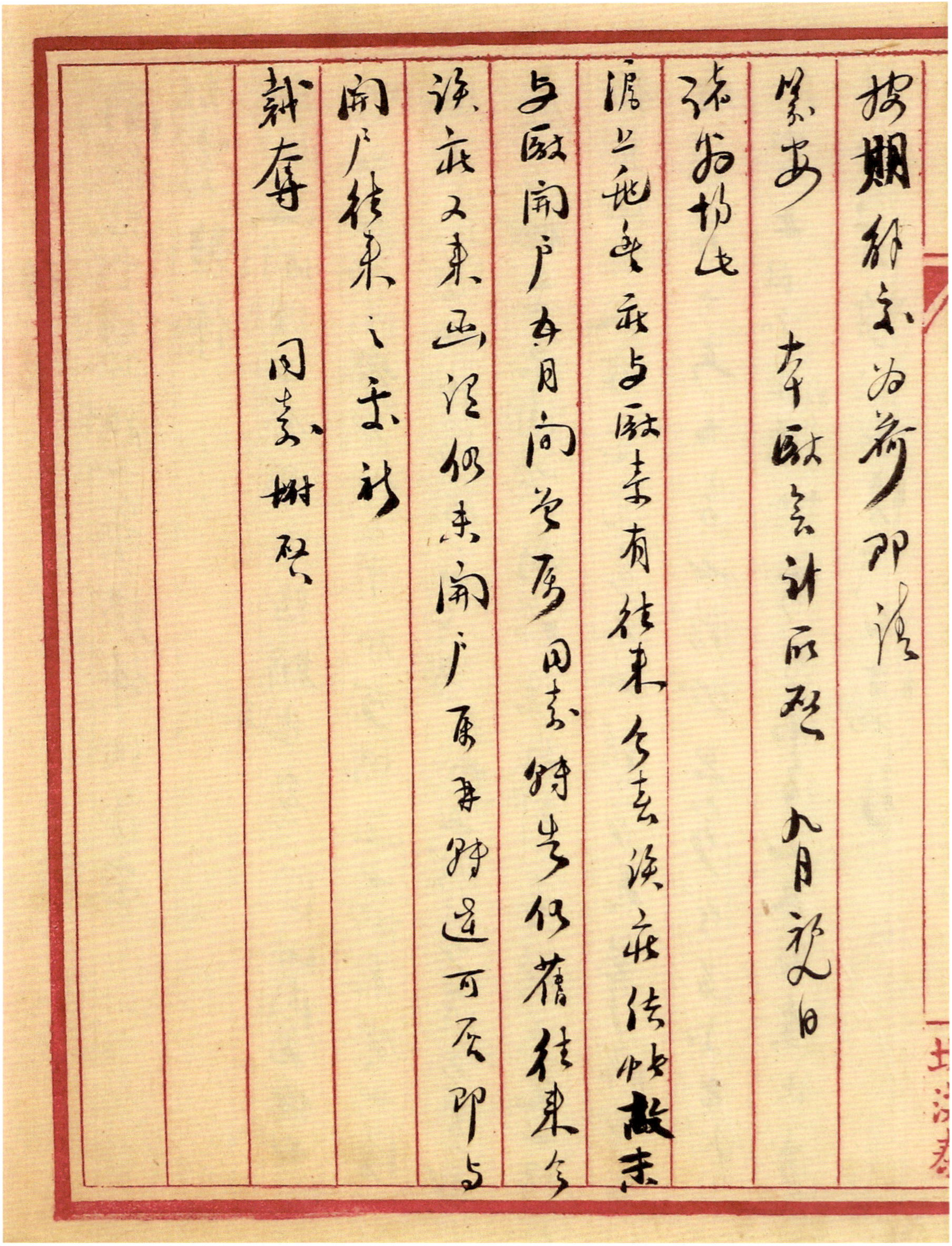

按期彙交為荷，即請

籌安 本廠會計所啓 九月初九日

諸翁均此

滬上兆豐莊與廠素有往來，今春該莊結帳，故未

與廠開户，五月間曾屬同壽轉告，仍舊往來。今

該莊又來函，謂仍未開户，屬再轉達，可否即與

開户往來之處，祈

裁奪 同壽附啓

第一百二十五號（九月初九日）

即請籌安。本廠會計所啓。九月初九日

諸翁均此。

滬上兆豐莊與廠素有往來，今春該莊結帳，故未與廠開户，五月間曾屬同壽轉告，仍舊往來。今該莊又來函，謂仍未開户，屬再轉達，可否即與開户往來之處，祈裁奪。同壽附啓。

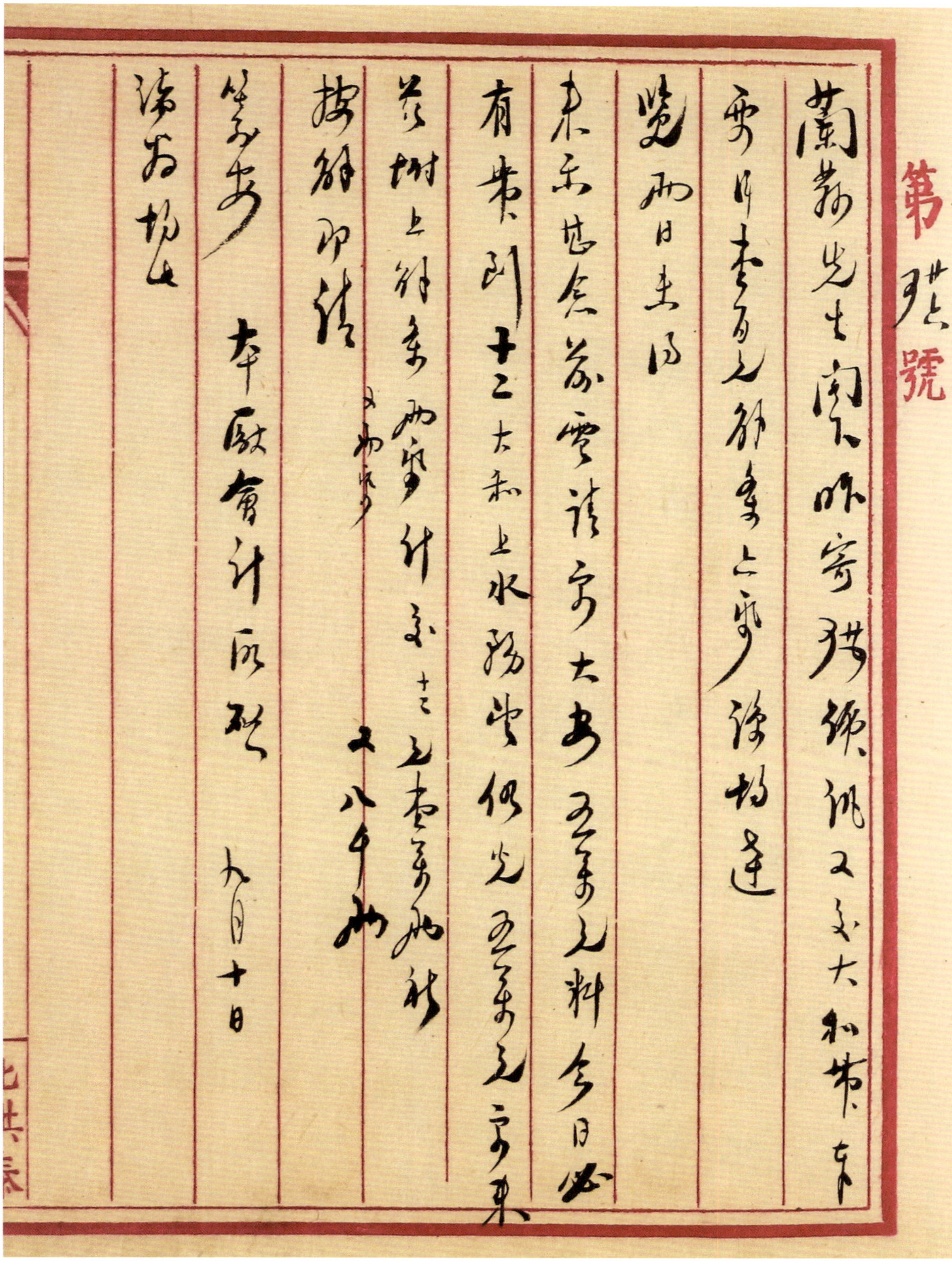

第一百二十六號（九月初十日）

蘭蓀先生閣下：昨寄一百廿五號訊，又交大和帶奉票洋壹百元、解條六紙，諒均達覽。兩日未得來示，甚念。前電請寄大安五萬元，料今日必有帶到。十二大和上水，務望仍兑五萬元寄來。兹附上解條兩紙，計交十二元壹萬兩（又兩紙，又八千兩），祈按解。即請籌安。本廠會計所啓。九月十日

諸翁均此。

第一百二十六號（九月初十日）

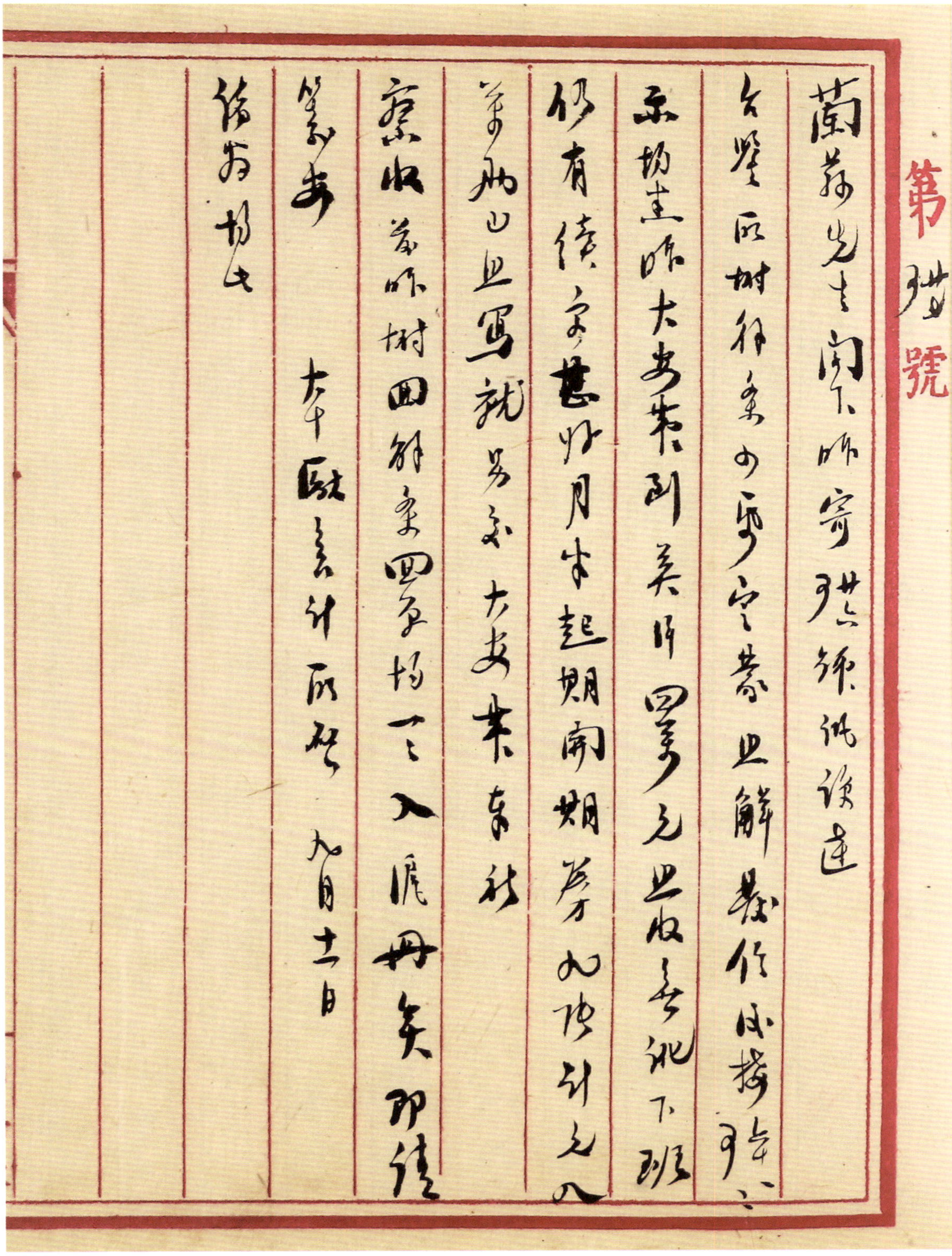

第一百二十七號（九月十一日）

蘭蓀先生閣下：昨寄一百廿六號訊，諒達台鑒。所附解條四紙，定蒙照解。發信後接一百六十一、一百六十二示，均悉。昨大安帶到英洋四萬元，照收無訛。下班仍有續寄，甚好。月半起期，開期券九張，計元八萬兩，已照寫就，另交大安帶奉，祈察收。前、昨附回解條回單，均一一入滬册矣。即請籌安。本廠會計所啓。九月十一日

諸翁均此。

第一百二十七號（九月十一日）

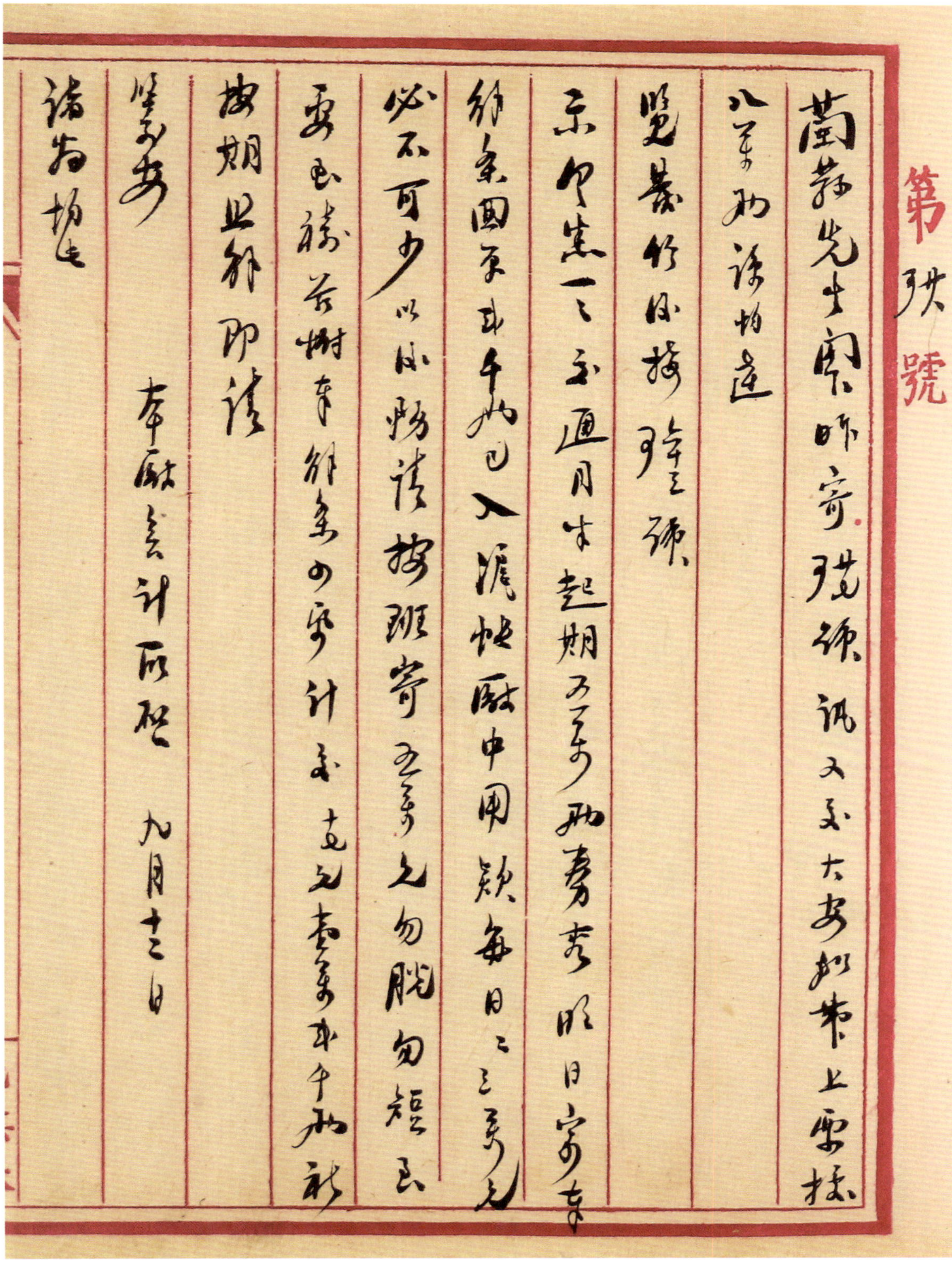

第一百二十八號（九月十二日）

蘭蓀先生閣下：昨寄一百廿七號訊，又交大安船帶上票據八萬兩，諒均達覽。發信後接一百六十三號示，具悉一一。交通月半起期五萬兩券，容明日寄奉。解條回單弍千兩已入滬帳。廠中用款，每日二三萬元必不可少，以後務請按班寄五萬元，勿脫勿短，至要至禱。玆附奉解條四紙，計交十七元壹萬弍千兩，祈按期照解。即請籌安。本廠會計所啓。九月十二日

諸翁均此。

第一百二十八號（九月十二日）

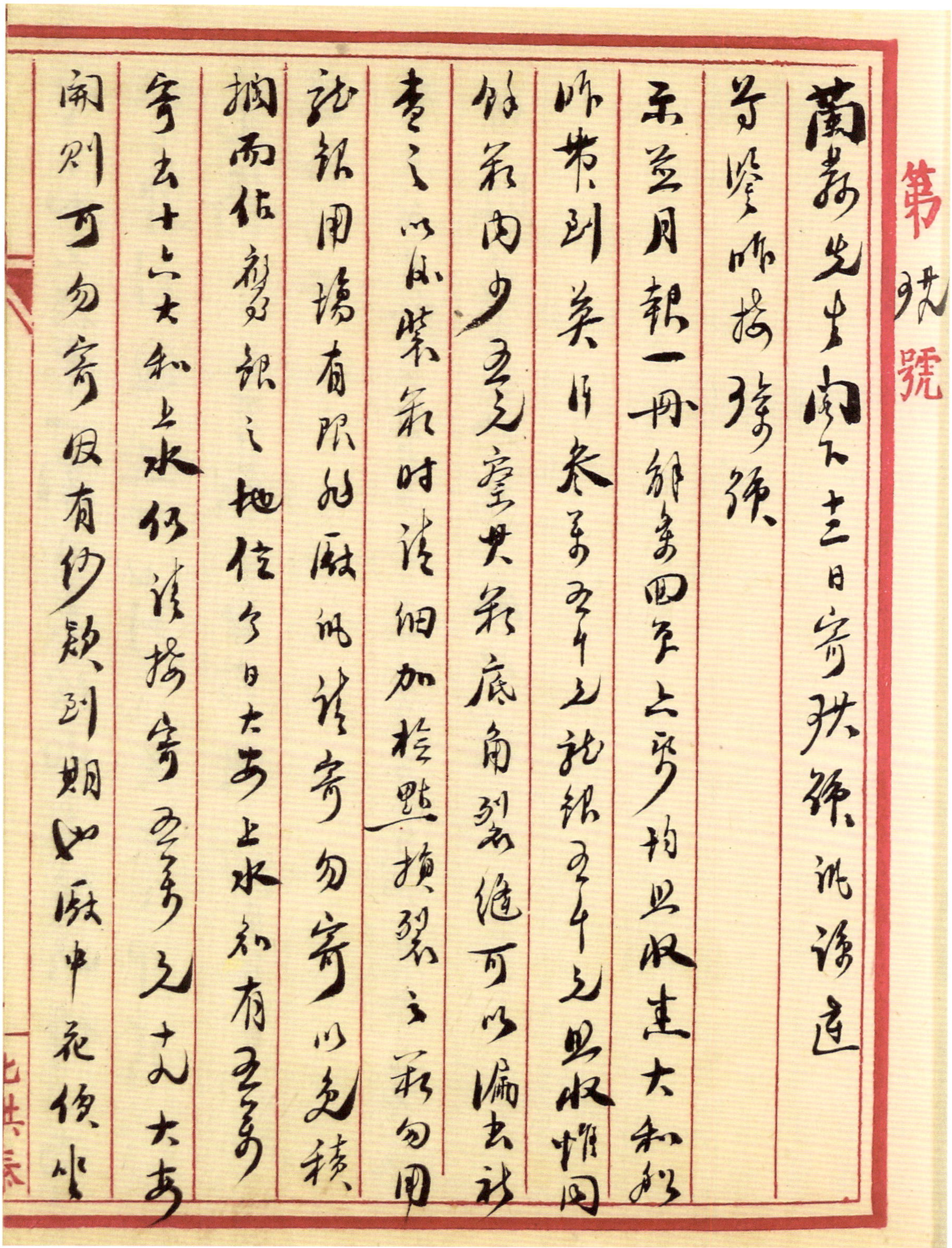

第一百二十九號（九月十四日）

蘭蓀先生閣下：十二日寄一百廿八號訊，諒達尊鑒。昨接一百六十四號示并月報一册、解條回單六紙，均照收悉。大和船昨帶到英洋叁萬五千元、龍銀五千元，照收，惟同餘箱内少五元，察其箱底角裂縫可以漏出，祈查之。以後裝箱時請細加檢點，損裂之箱勿用。龍銀用場有限，非廠訊請寄勿寄，以免積擱而佔鷹銀之地位。今日大安上水，知有五萬寄出，十六大和上水，乃請接寄五萬元，十九大安開則可勿寄，因有紗款到期也。廠中花價，坐定十九元稍零一關，日來陰雨，來貨略稀。啬公明

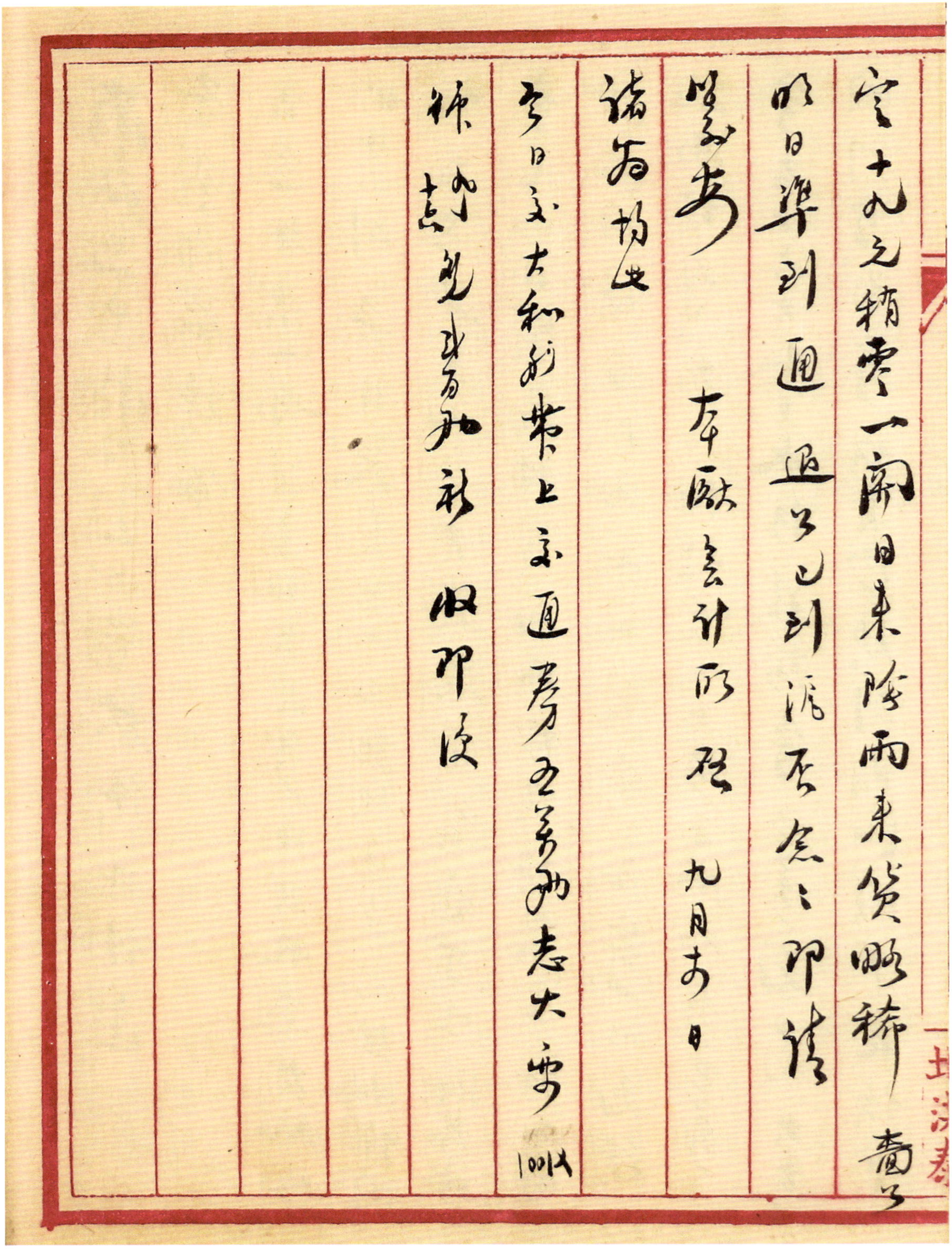

第一百二十九號（九月十四日）

日準到通。退公已到滬否？念念。即請籌安。本廠會計所啓。九月十四日

諸翁均此。

今日交大和船帶上交通券五萬兩，志大票一〇〇一四號九月十六九八元弍百兩，祈收即復。

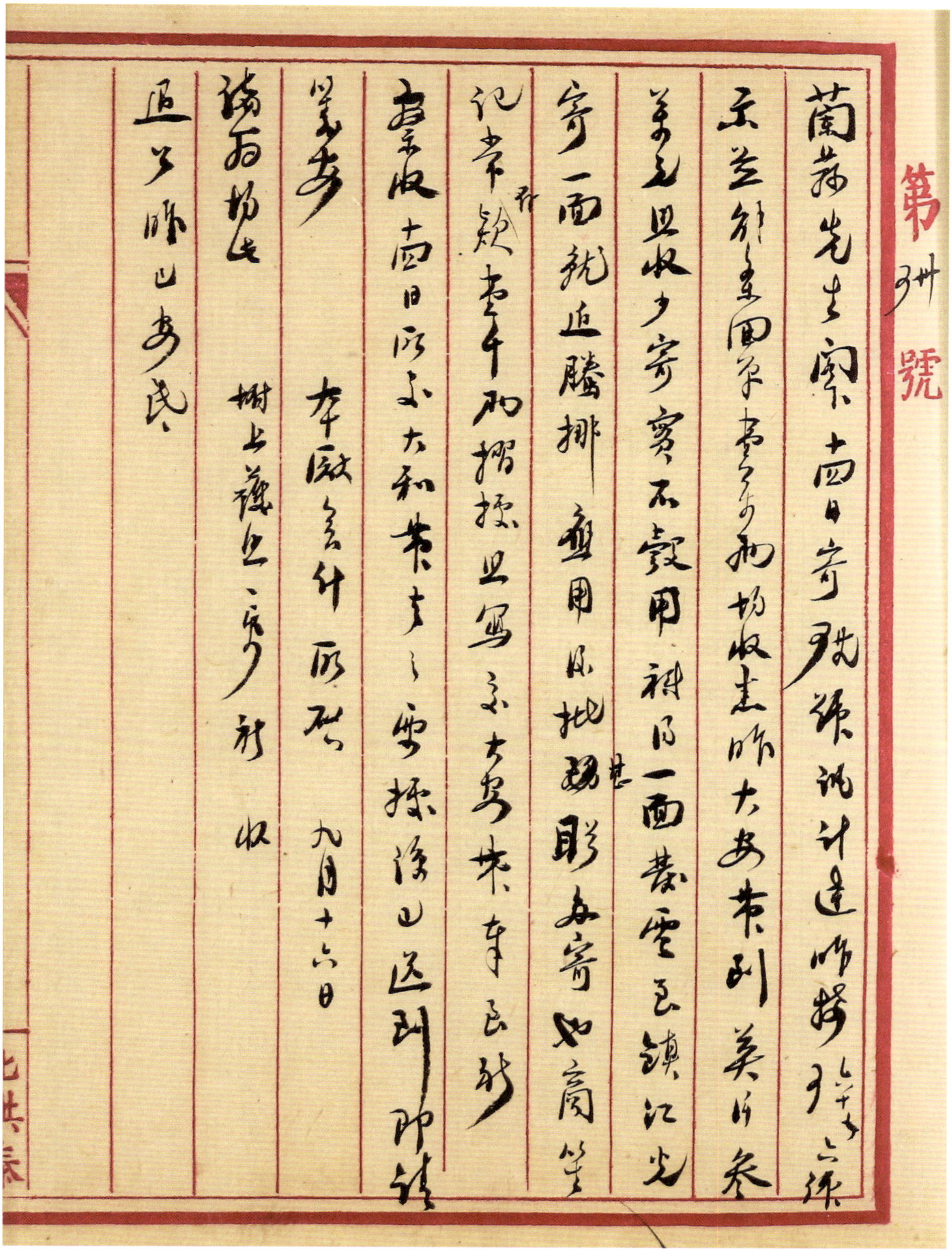

第一百三十號（九月十六日）

蘭蓀先生閣下：十四日寄一百廿九號訊，計達。昨接一百六十五、一百六十六號示并解條回單壹萬兩，均收悉。昨大安帶到英洋叁萬元，照收。少寄實不敷用，祇得一面發電至鎮江兑寄，一面就近騰挪應用，後批甚盼多寄也。商笙記常存款壹千兩摺據照寫，交大安帶奉，至祈察收。十四日所交大和帶去之票據，諒已送到。即請籌安。本廠會計所啓。九月十六日

諸翁均此。

第一百三十號（九月十六日）

附上護照一紙，祈收。

退公昨已安抵。

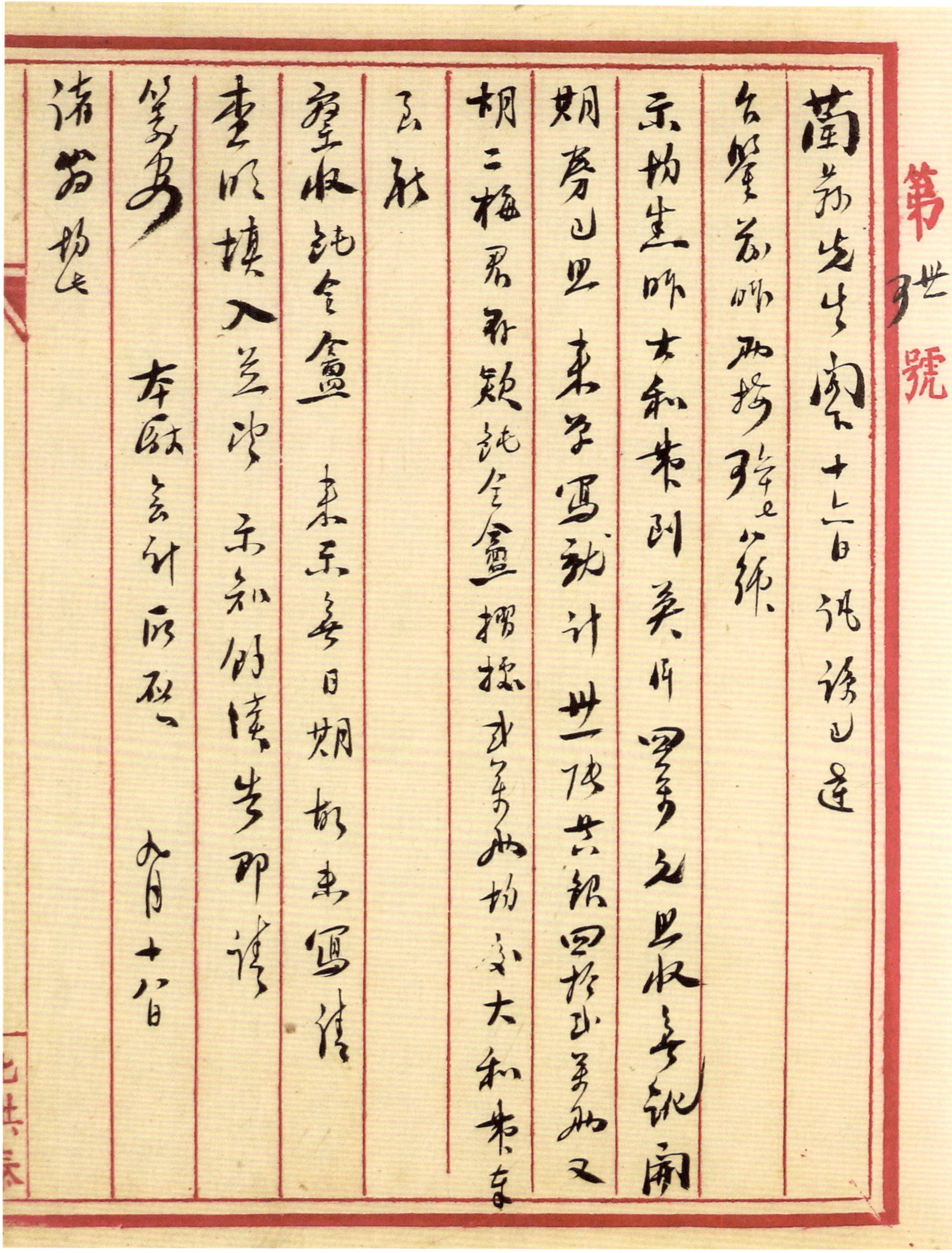

第一百三十一號（九月十八日）

蘭蓀先生閣下：十六日訊，諒已達台鑒。前、昨兩接一百六十七、一百六十八號示，均悉。昨大和帶到英洋四萬元，照收無訛。開期券已照來單寫就，計卅一張，共銀四拾弍萬兩，又胡二梅君存款、鈍全盦摺據弍萬兩，均交大和帶奉，至祈察收。鈍全盦來示無日期，故未寫，請查明填入，并望示知。餘續告。即請籌安。本廠會計所啓。九月十八日
諸翁均此。

第一百三十一號（九月十八日）

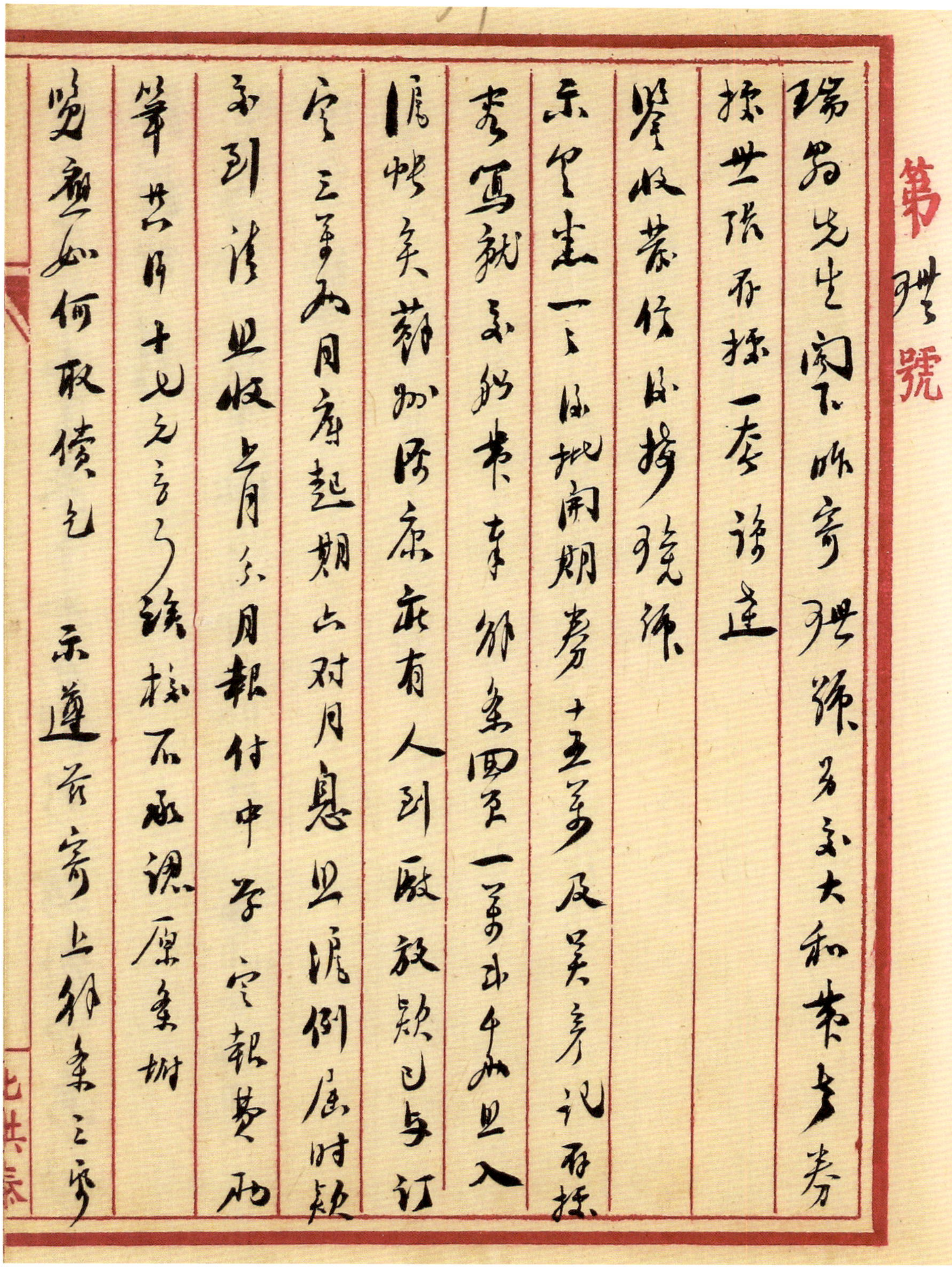

第一百三十二號（九月十九日）

瑞翁先生閣下：昨寄一百卅一號，另交大和帶去券據卅一張、存據一套，諒達鑒收。發信後接一百六十九號示，具悉一一。後批開期券十五萬及吴彦記存據，容寫就交船帶奉。解條回單一萬式千兩，照入滬帳矣。蘇州源康莊有人到廠放款，已與訂定三萬兩，月底起期，六對月，息照滬例，届時款交到請照收。上月分月報，付中學定報費兩筆，共洋十七元三角二分，該校不承認，原條附覽，應如何取償，乞示遵。兹寄上解條三紙，計交廿四元壹萬叁千兩，届期祈按解爲要。餘續詳。即請籌安。

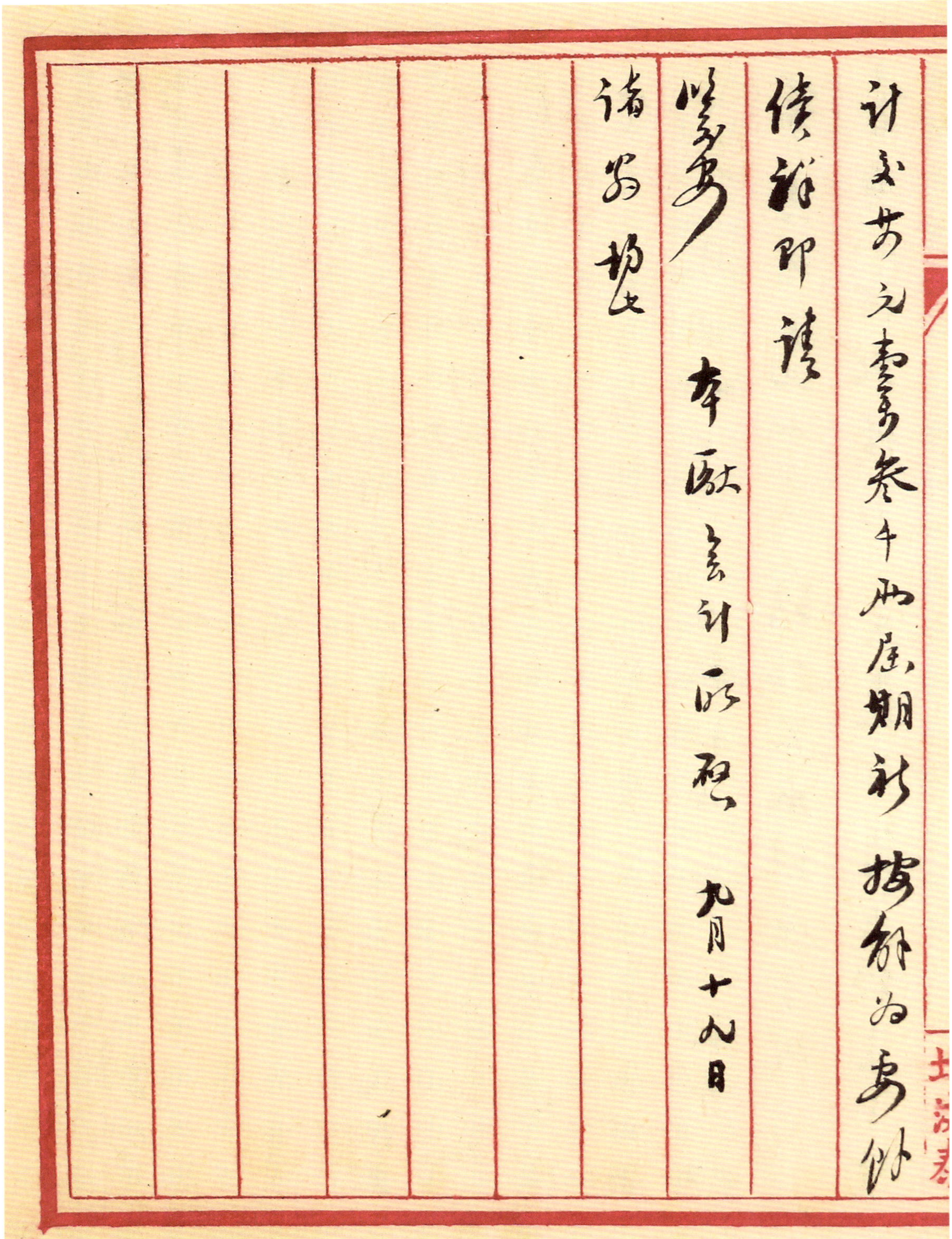

第一百三十二號（九月十九日）

本廠會計所啓。九月十九日
諸翁均此。

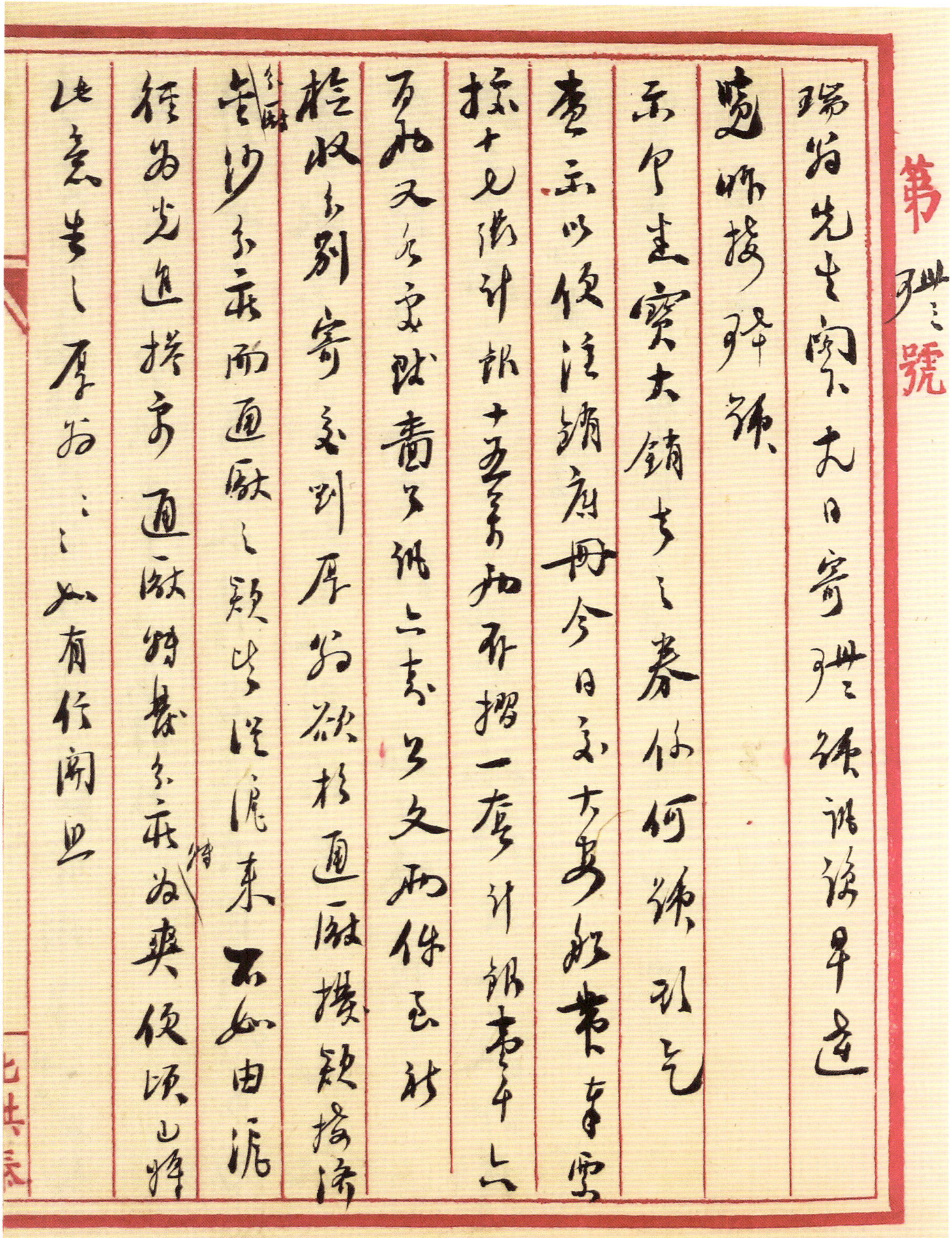

第一百三十三號（九月廿一日）

瑞翁先生閣下：十九日寄一百卅二號訊，諒早達覽。昨接一百七十號示，具悉。寶大銷去之券係何號期，乞查示，以便注銷底册。今日交大安船帶奉票據十七張，計銀十五萬兩；存摺一套，計銀壹千六百兩；又各處致啬公訊六封，公文兩件，至祈檢收，分别寄交。劉厚翁欲於通廠撥款接濟分廠金沙分莊，而通廠之款皆從滬來，不如由滬徑爲兑進，搭寄通廠，轉發分莊，轉爲爽便。頃已將此意告之厚翁，厚翁如有信關照尊處，則憑此間訊兑寄可也。兹附奉廿六、廿七解條四紙，計銀壹萬兩，

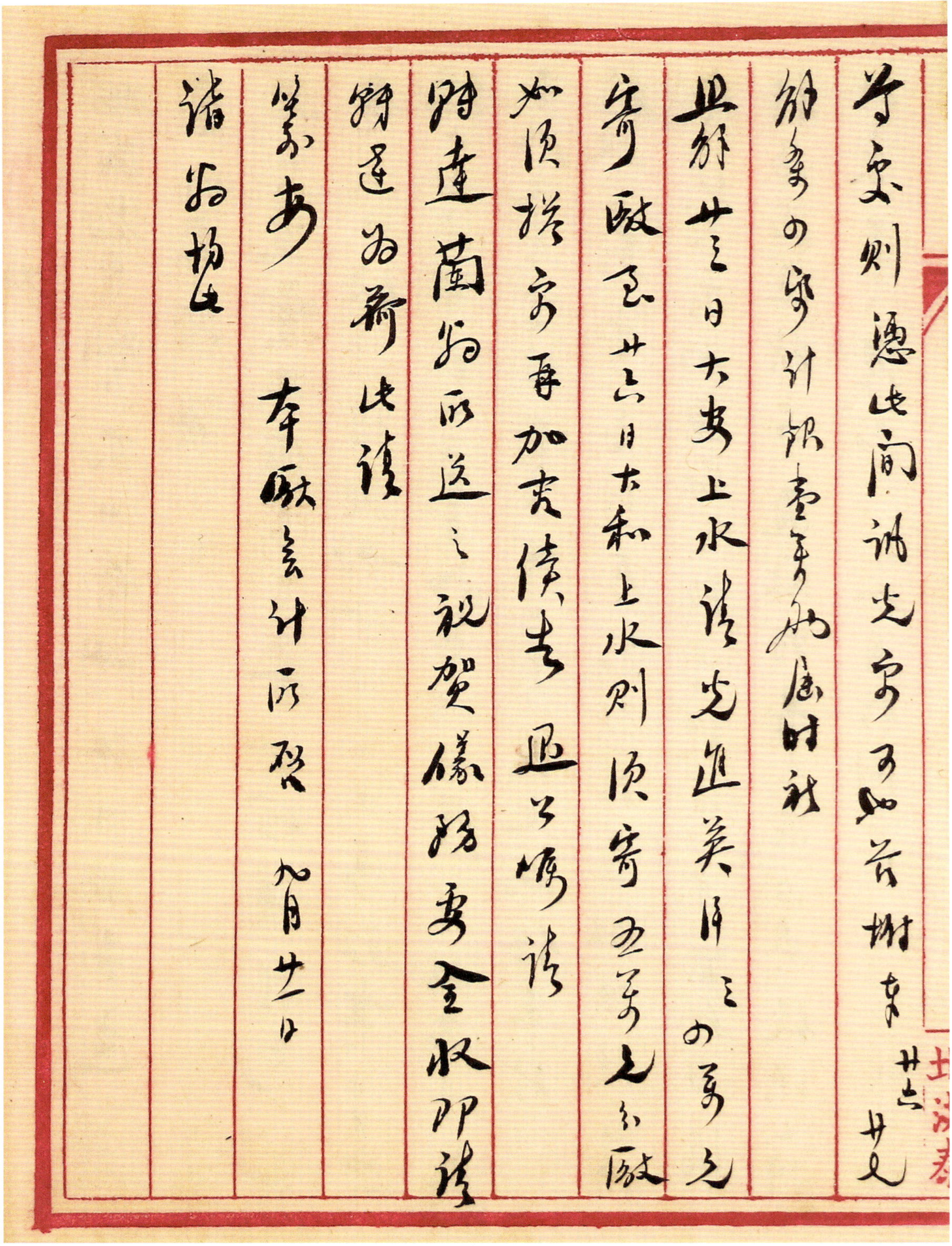

第一百三十三號（九月廿一日）

屆時祈照解。廿三日大安上水，請兑進英洋三四萬元寄廠，至廿六日大和上水，則須寄五萬元，分廠如須搭寄再加，容續告。退公囑請轉達蘭翁，所送之祝賀儀務要全收，即請轉達爲荷。此請籌安。本廠會計所啓。九月廿一日
諸翁均此。

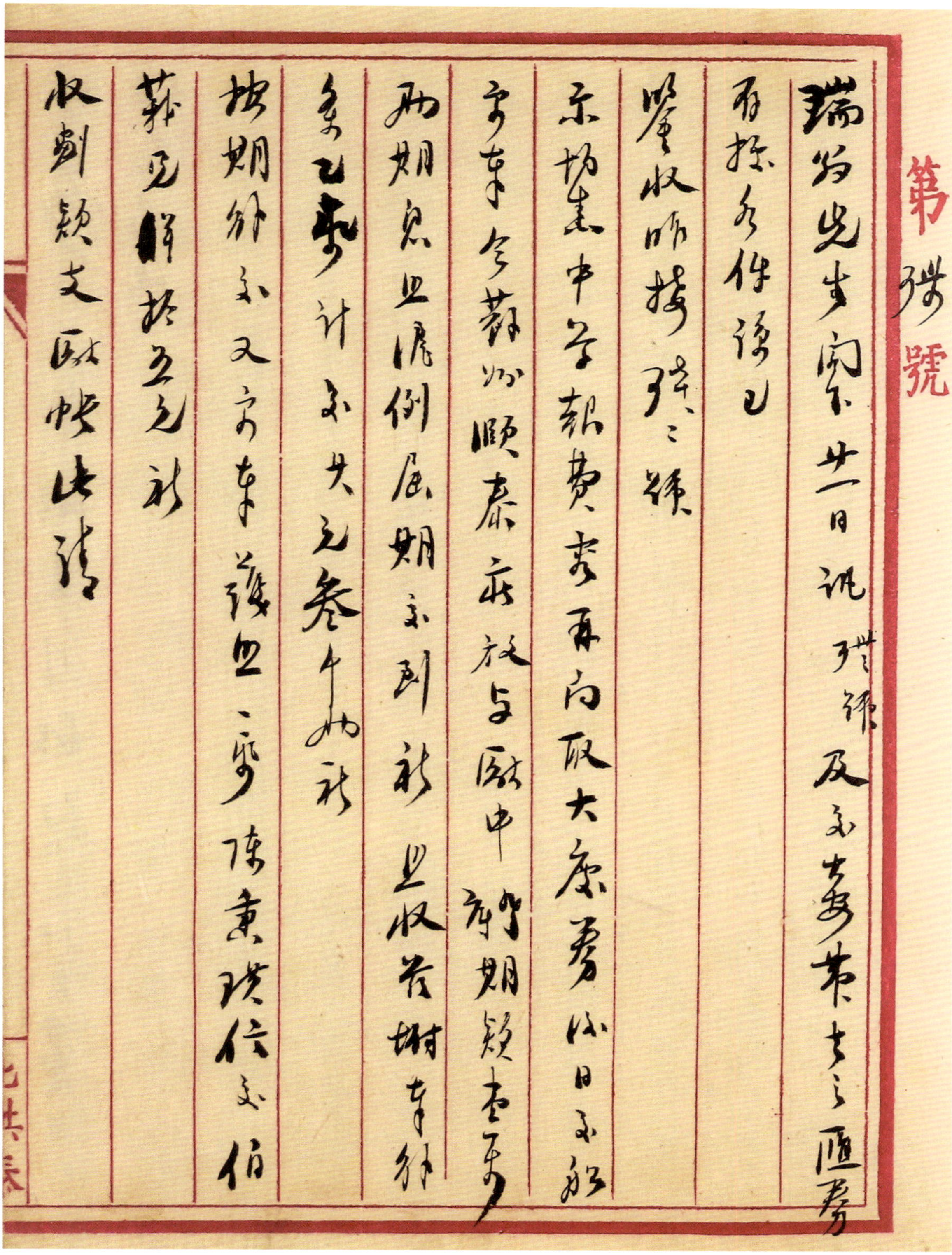

第一百三十四號（九月廿三日）

瑞翁先生閣下：廿一日訊（一百卅三號）及交大安帶去之匯券、存據各件，諒已鑒收。昨接一百七十一、一百七十二號示，均悉。中學報費，容再向取。大慶券後日交船寄奉。今蘇州頤泰莊放與廠中九月底期款壹萬兩，期息照滬例，屆期交到祈照收。茲附奉解條一紙，計交廿八元叁千兩，祈按期解交。又寄奉護照一紙，陳秉璜信交伯莪兄，洋拾五元祈收劃，款支廠帳。此請籌安。本廠會計所啓。九月廿三日

諸翁均此。

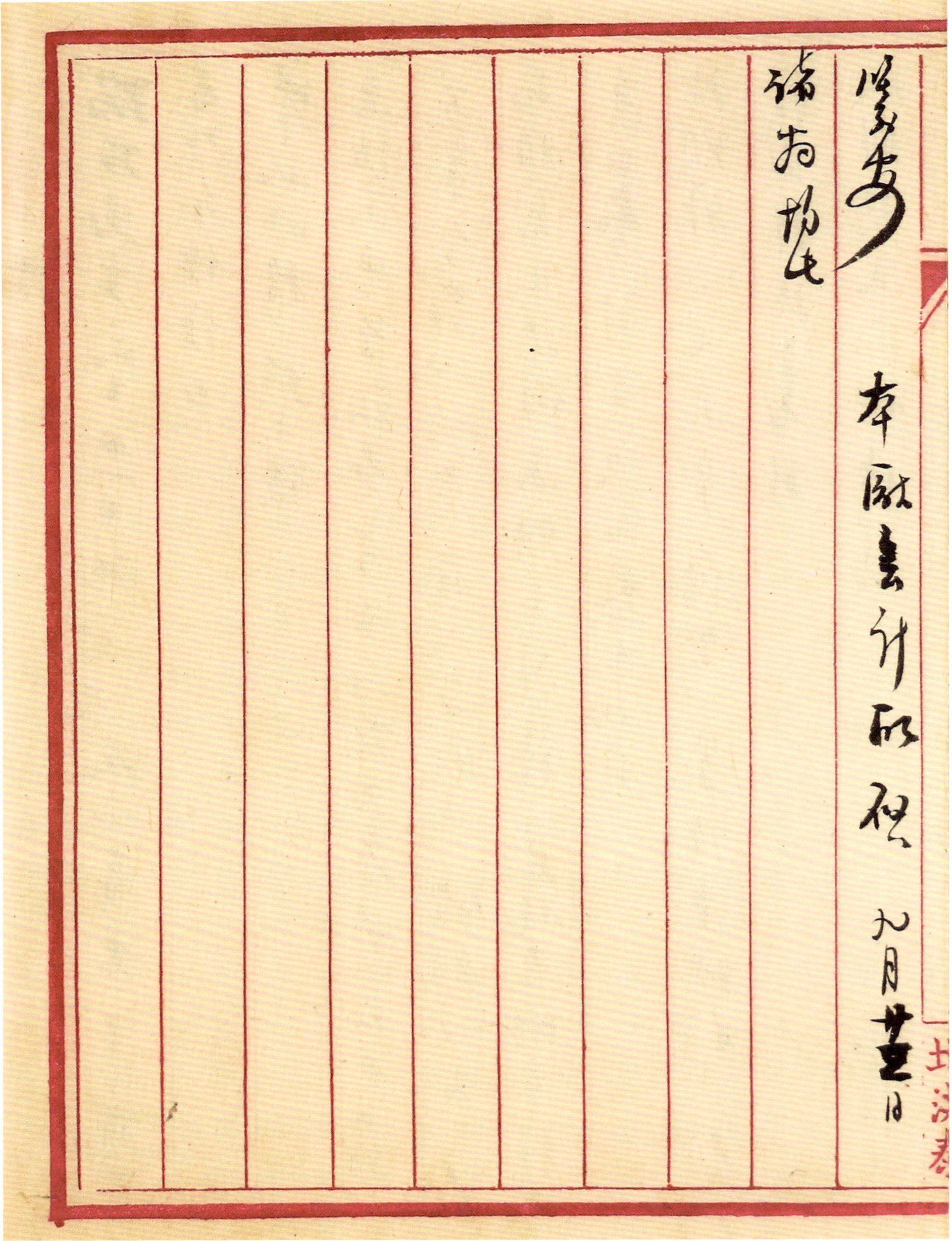

鉴安

諸希均照

本厰[illegible] 九月廿三日

第一百三十四號（九月廿三日）

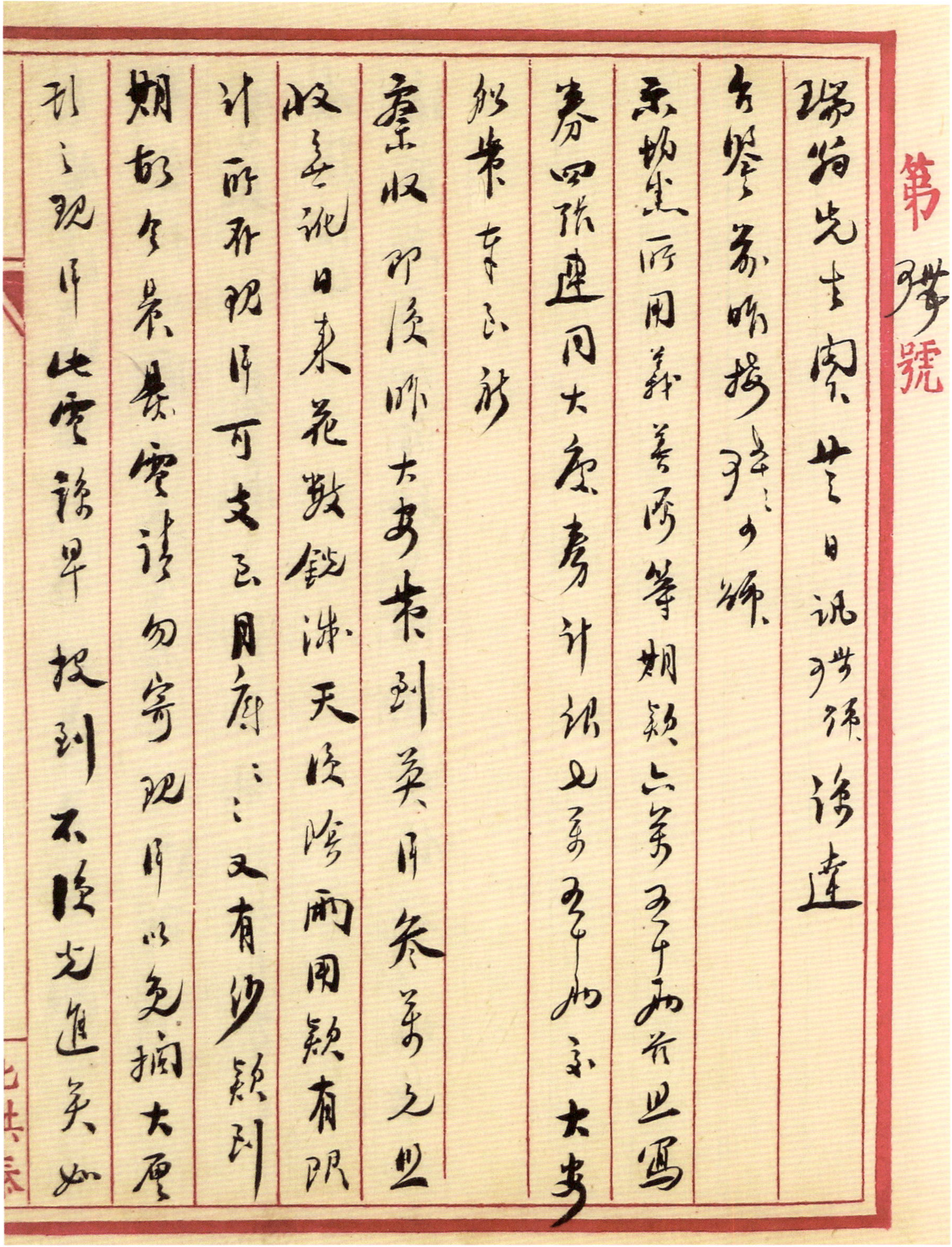

第一百三十五號（九月廿五日）

瑞翁先生閣下：廿三日訊（一百卅四號）諒達台鑒。前、昨接一百七十三、一百七十四號示，均悉。所用義善源等期款六萬五千兩，兹照寫券四張，連同大慶券，計銀七萬五千兩，交大安船帶奉，至祈察收即復。昨大安帶到英洋叁萬元，照收無訛。日來花數鋭減，天復陰雨，用款有限，計所存現洋可支至月底。月底又有紗款到期，故今晨發電請勿寄現洋，以免擱大厘期之現洋，此電諒早投到，不復兑進矣。如來貨復湧，需款接濟，當再奉聞尊處，總以廠中函電爲主可也。即請籌安。本廠會計

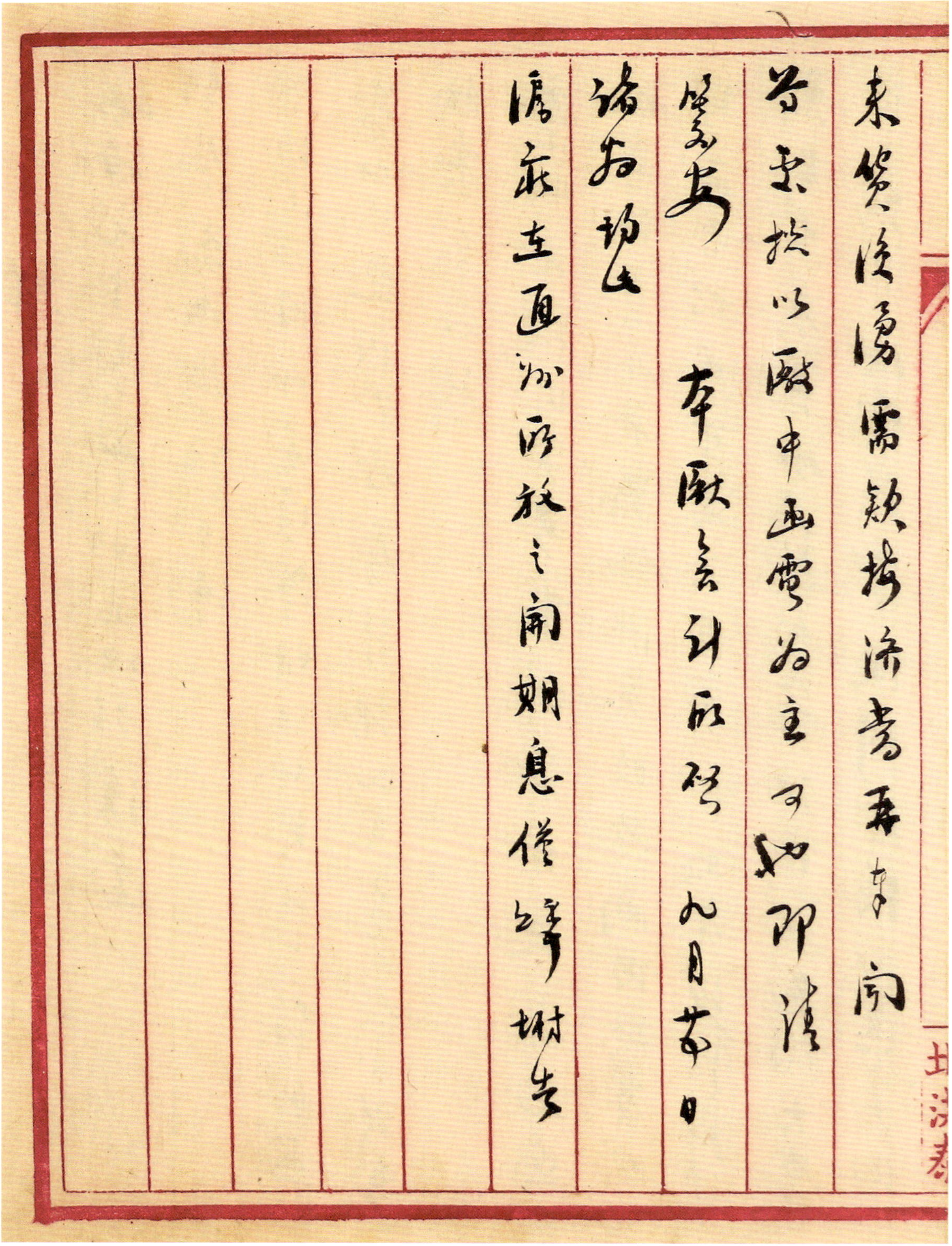
來貨後需款接濟者再行向
貴處抵押，以廠中函電為主可也。即請
籌安　本廠會計所啓　九月廿五日
諸翁均此
滬莊在通州所放之開期息僅七十二錢五，附告

第一百三十五號（九月廿五日）

所啓。九月廿五日

諸翁均此。

滬莊在通州所放之開期息僅七十二錢五，附告。

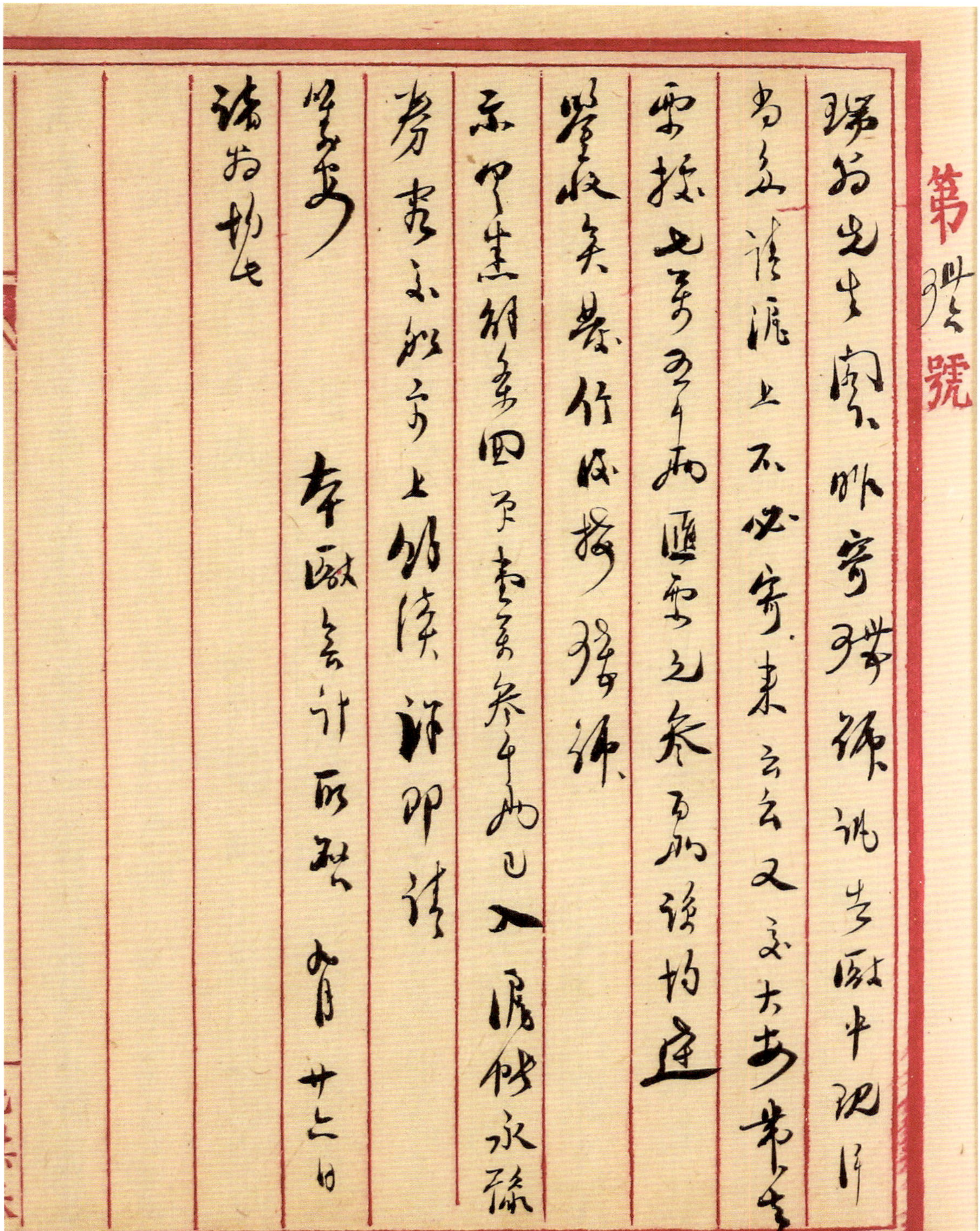

第一百三十六號（九月廿六日）

瑞翁先生閣下：昨寄一百卅五號訊，告廠中現洋尚多，請滬上不必寄來云云；又交大安帶去票據七萬五千兩、匯票元叁百兩，諒均達鑒收矣。發信後接一百七十五號示，具悉。解條回單壹萬叁千兩已入滬帳。永豫券容交船寄上。餘續詳。即請籌安。

本廠會計所啓。九月廿六日

諸翁均此。

第一百三十六號（九月廿六日）

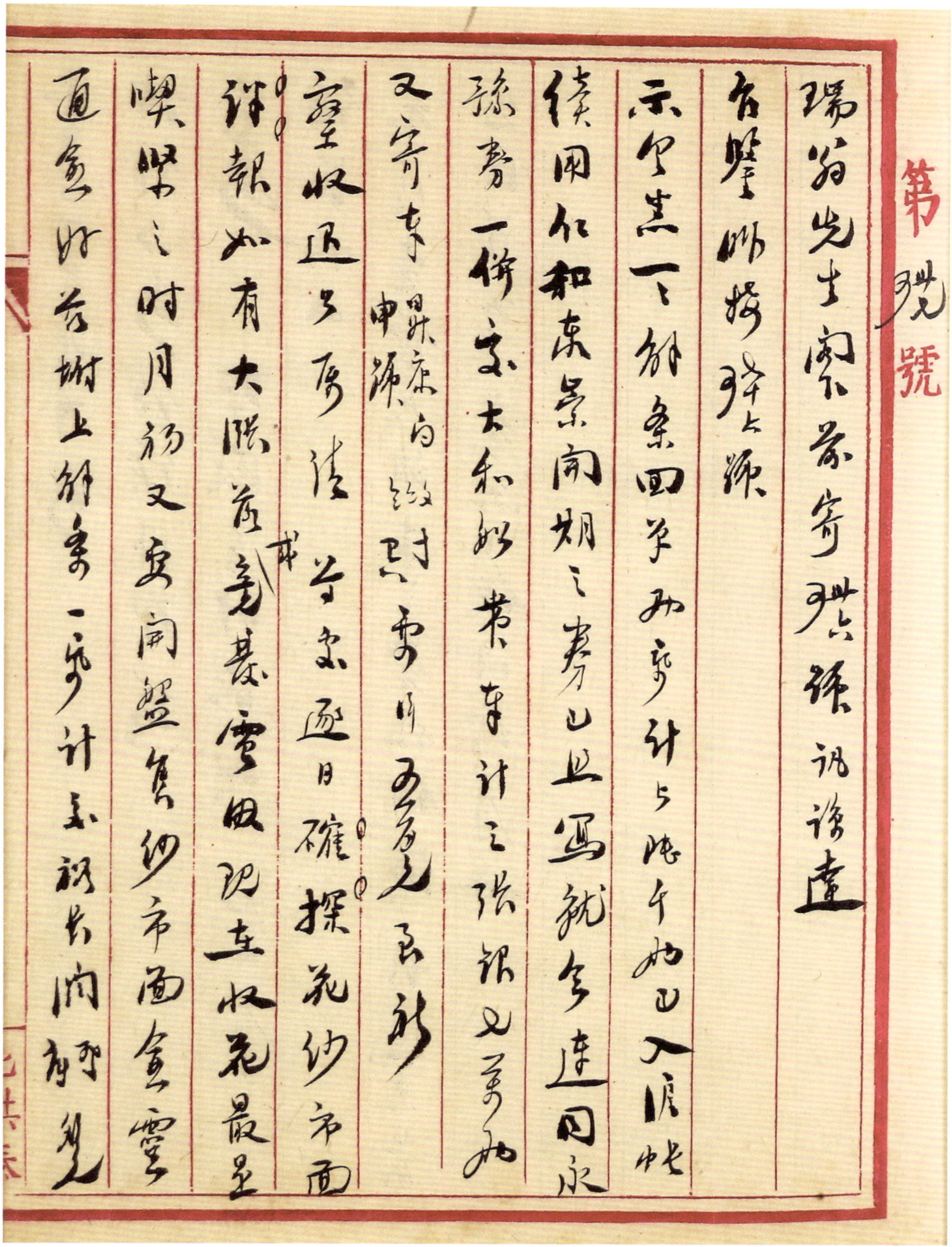

第一百三十七號（九月廿八日）

瑞翁先生閣下：前寄一百卌六號訊，諒達台鑒。昨接一百七十六號示，具悉一一。解條回單兩紙，計銀陸千兩，已入滬帳。續用仁和、泰崇開期之券，已照寫就，今連同永豫券一并交大和船帶奉，計三張，銀七萬兩。又寄奉昇康向申號八七九十月初六票洋五百元，至祈察收。退公屬請尊處逐日確探花紗市面詳報，如有大漲落，或竟發電，因現在收花最是吃緊之時，月初又要開盤售紗，市面愈靈通愈好。茲附上解條一紙，計交裕長潤九月底九八元壹萬零四百廿七兩七錢五，祈按解爲要。餘

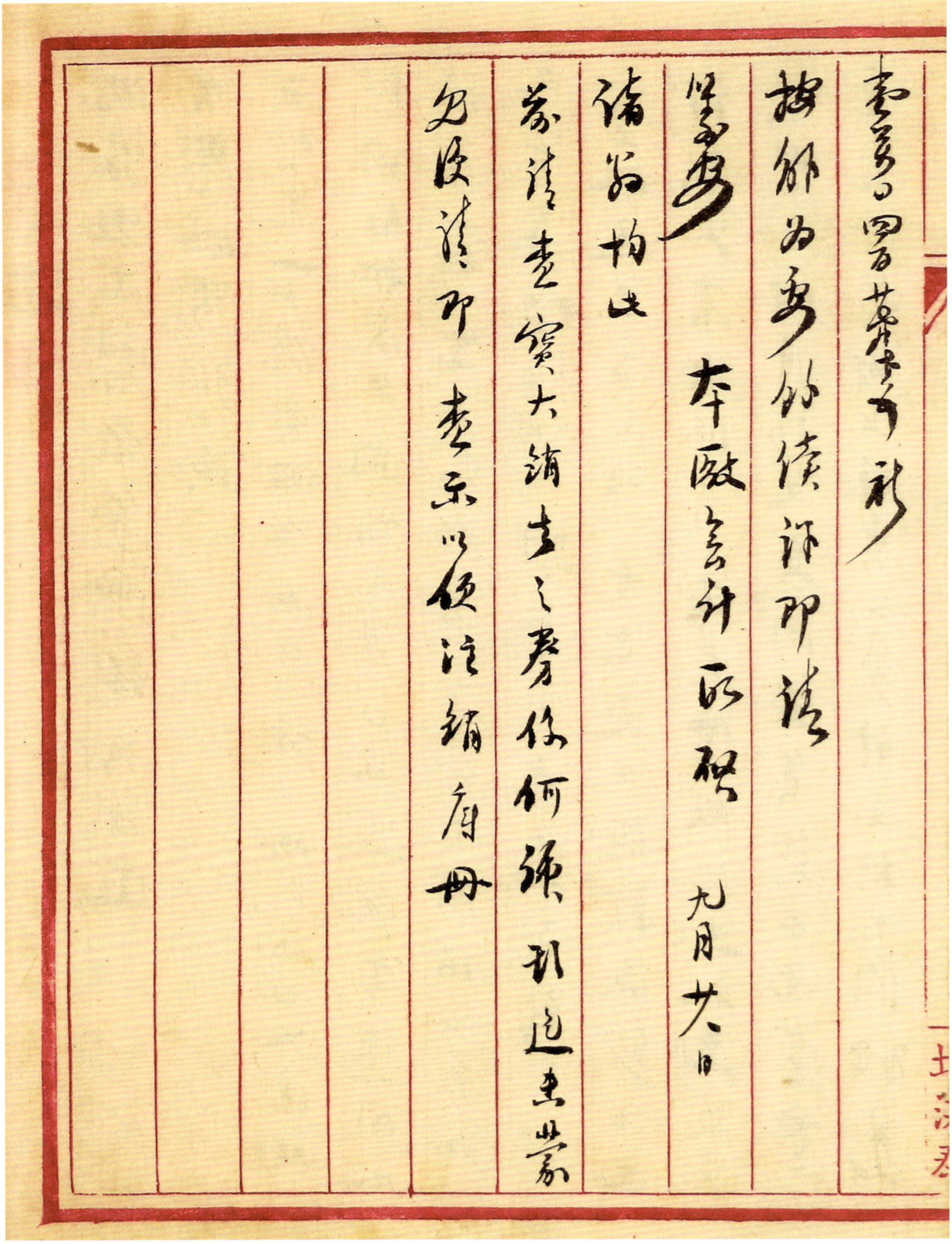

第一百三十七號（九月廿八日）

續詳。即請籌安。本廠會計所啓。九月廿八日

諸翁均此。

前請查實大銷去之券係何號期，迄未蒙見復，請即查示，以便注銷底册。

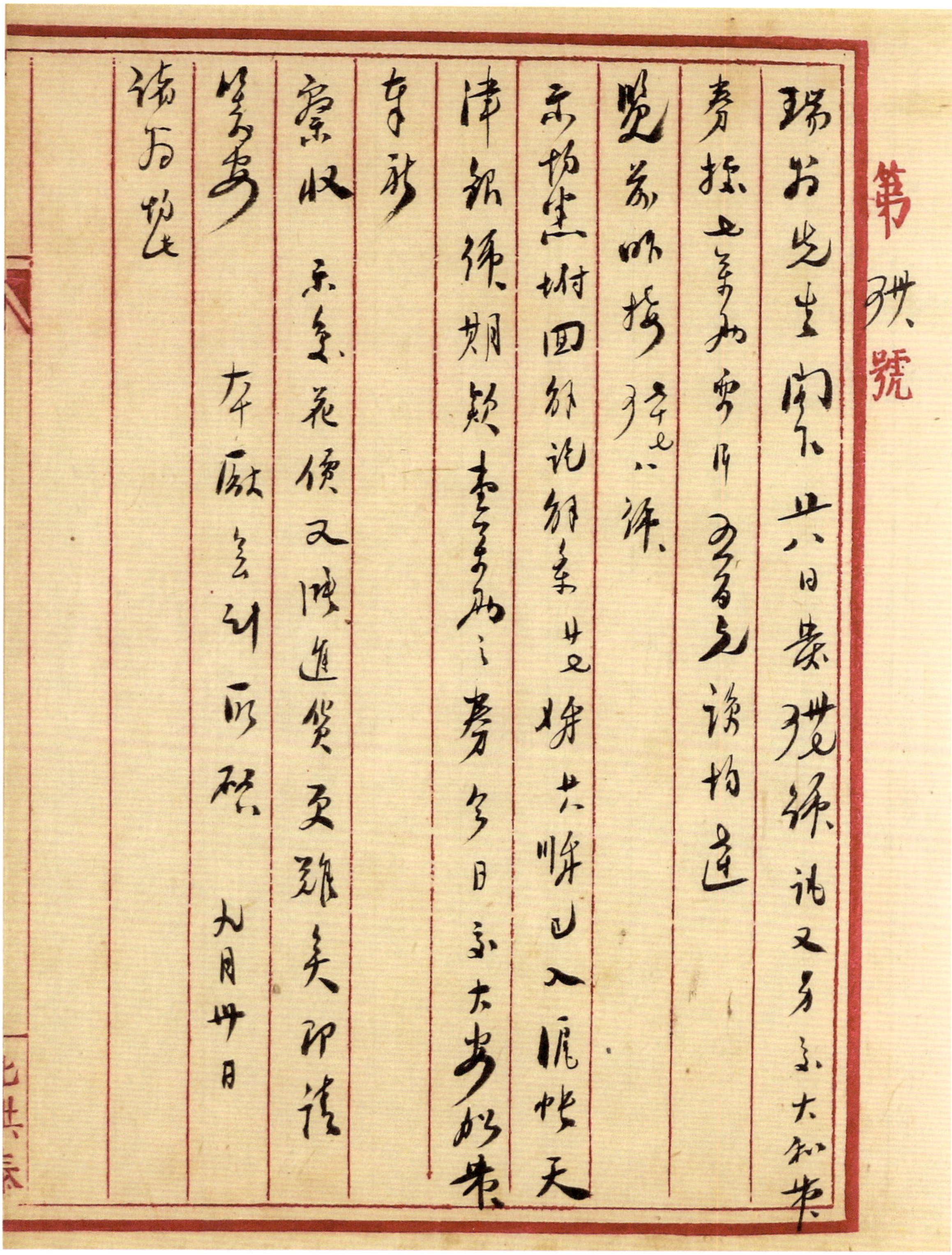

第一百三十八號（九月卅日）

瑞翁先生閣下：廿八日發一百卅七號訊，又另交大和帶券據七萬兩、票洋五百元，諒均達覽。前、昨接一百七十七、一百七十八號示，均悉。附回解訖解條廿七四千兩、廿八三千兩，已入滬帳。天津銀號期款壹萬兩之券，今日交大安船帶奉，祈察收示復。花價又漲，進貨更難矣。即請籌安。本廠會計所啓。九月卅日

諸翁均此。

第一百三十八號（九月卅日）

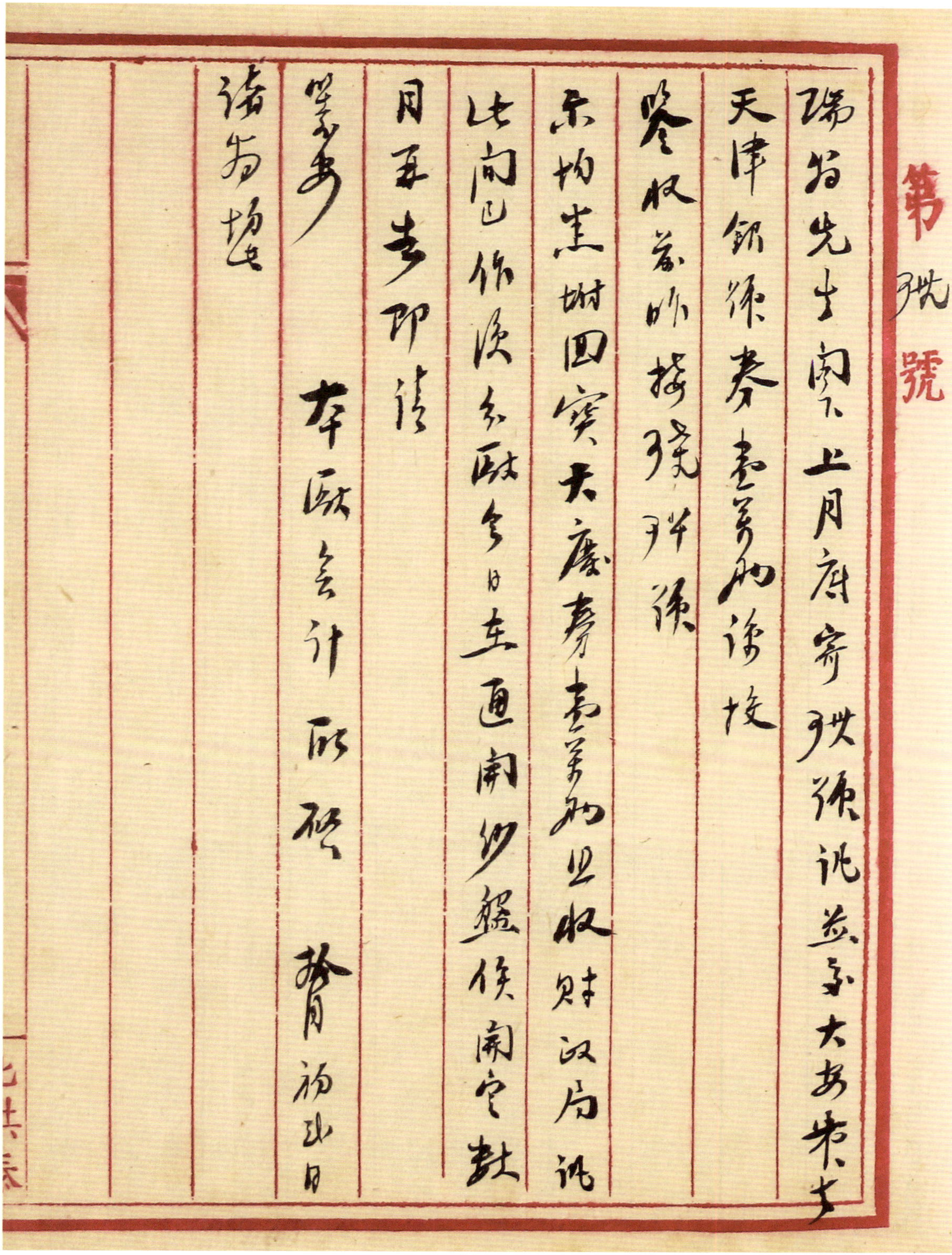

第一百三十九號（十月初二日）

瑞翁先生閣下：上月底寄一百卅八號訊，并交大安帶去天津銀號券壹萬兩，諒投鑒收。前、昨接一百七十九、一百八十號示，均悉。附回寶大廢券壹萬兩照收。財政局訊，此間已作復。分廠今日在通開紗盤，俟開定數目再告。即請籌安。本廠會計所啓。拾月初式日

諸翁均此。

第一百三十九號（十月初二日）

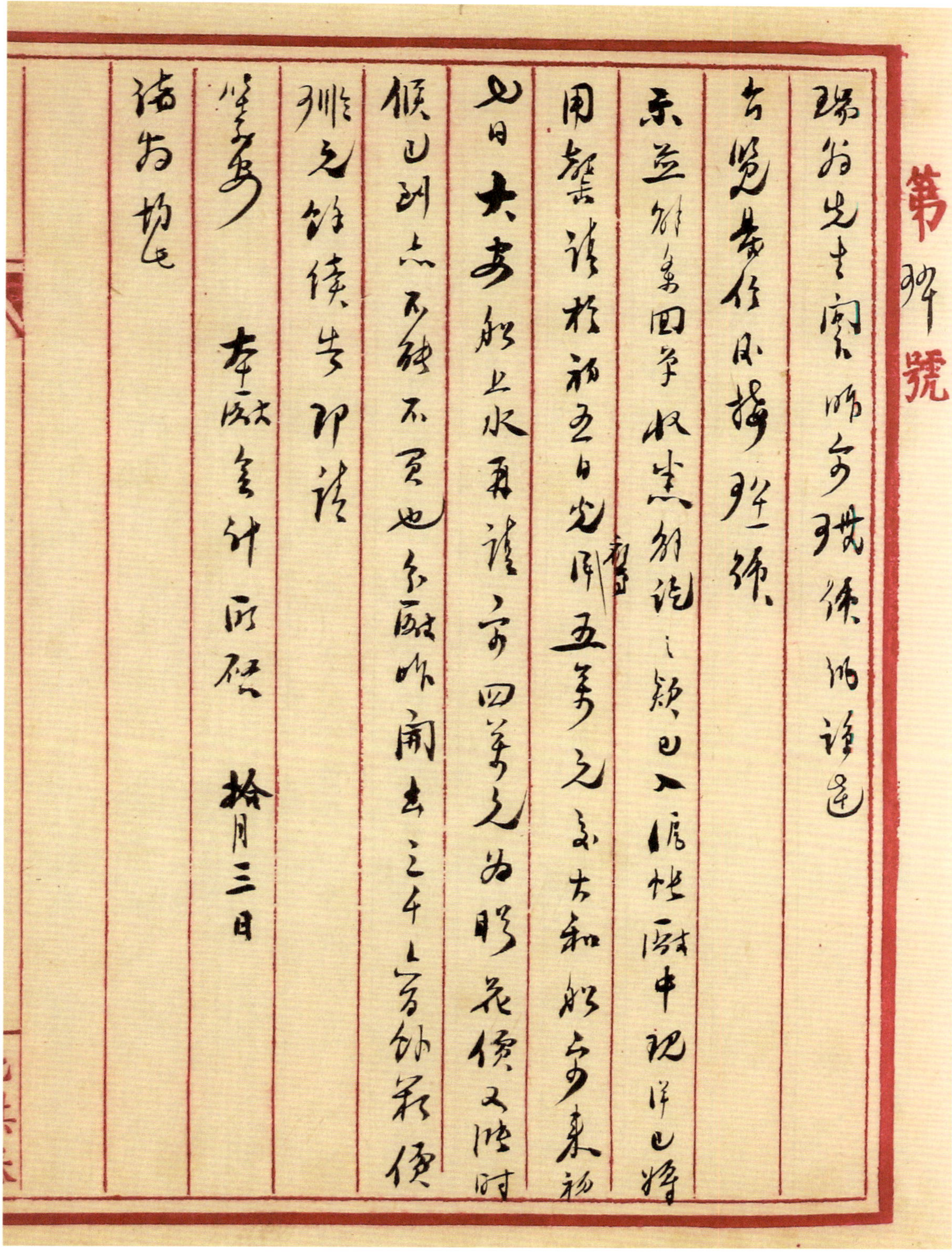

第一百四十號（十月初三日）

瑞翁先生閣下：昨寄一百卅九號訊，諒達台覽。發信後接一百八十一號示并解條回單，收悉，解訖之款已入滬帳。廠中現洋已將用罄，請於初五日兑鷹洋五萬元交大和船寄來。初七日大安船上水，再請寄四萬元爲盼。花價又漲，時候已到，亦不能不買也。分廠昨開出三千六百餘箱，價一百三十八元。餘續告。即請籌安。本廠會計所啓。拾月三日

諸翁均此。

第一百四十號（十月初三日）

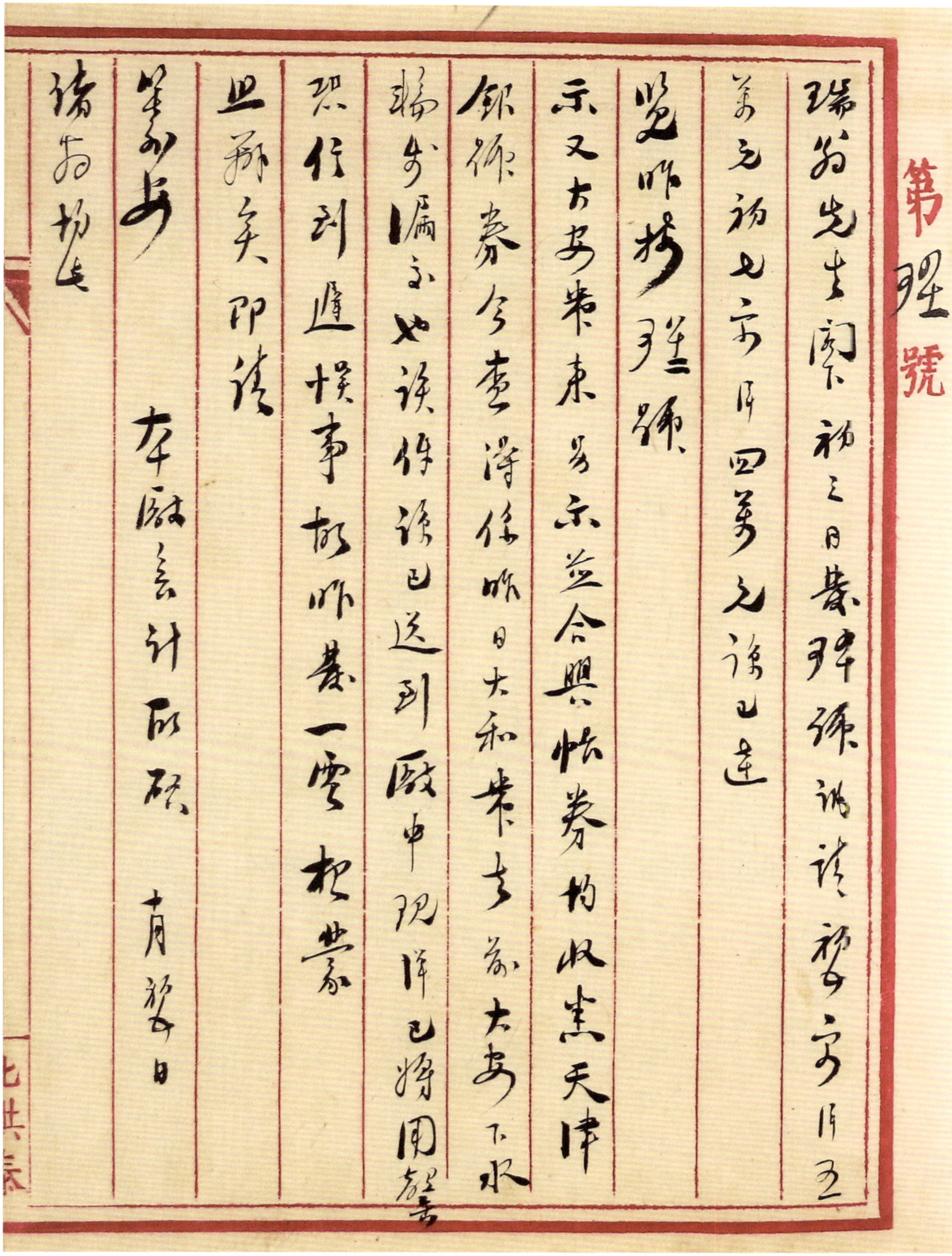

第一百四十一號（十月初五日）

瑞翁先生閣下：初三日發一百四十號訊，請初五寄洋五萬元、初七寄洋四萬元，諒已達覽。昨接一百八十二號示，又大安帶來另示并合興帳券，均收悉。天津銀號券，今查得係昨日大和帶去，前大安下水，輪步漏交也。該件諒已送到。廠中現洋已將用罄，恐信到遲誤事，故昨發一電，想蒙照辦矣。即請籌安。本廠會計所啓。十月初五日

諸翁均此。

第一百四十一號（十月初五日）

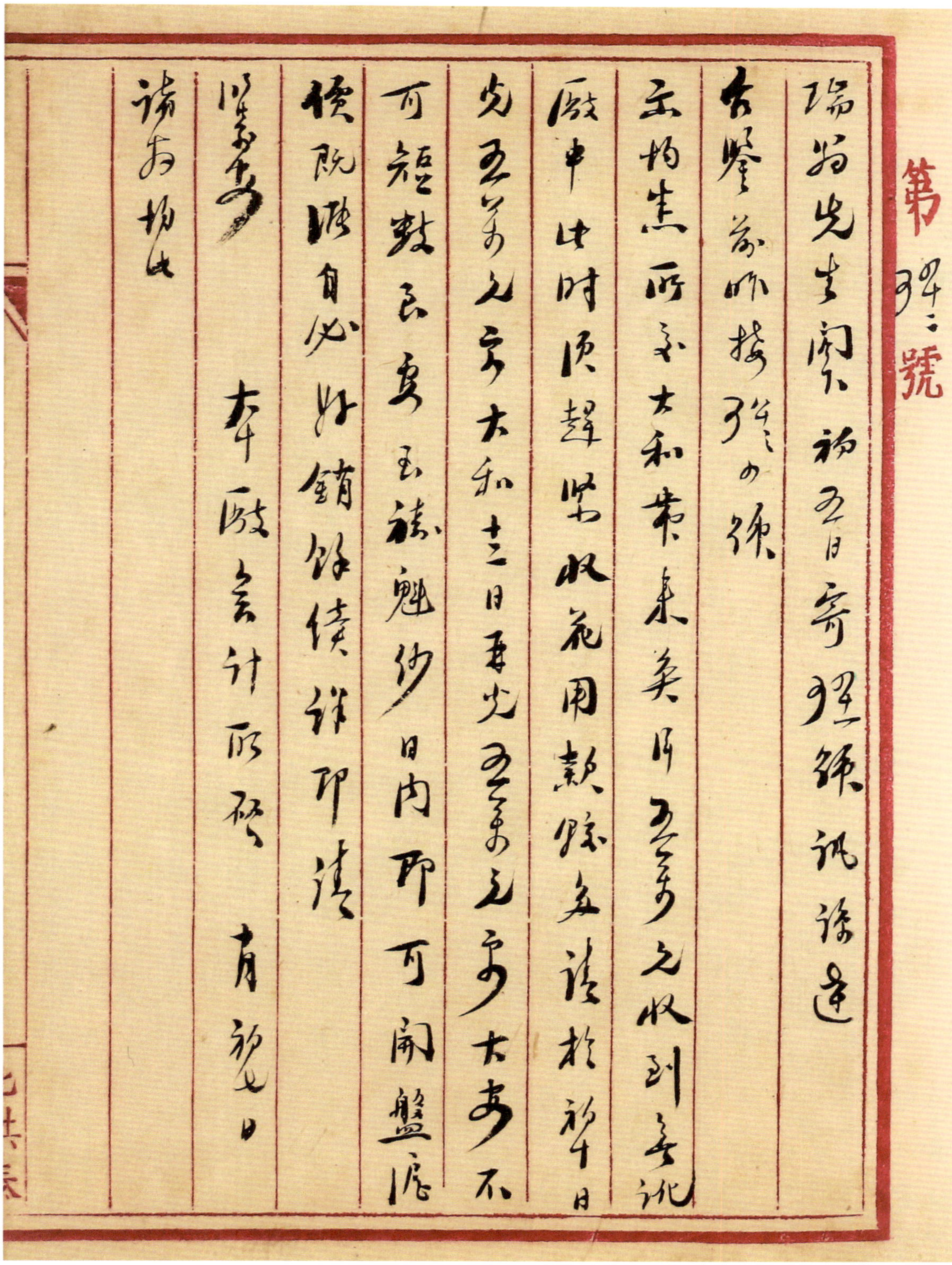

第一百四十二號（十月初七日）

瑞翁先生閣下：初五日寄一百四十一號訊，諒達台鑒。前、昨接一百八十三、一百八十四號示，均悉。所交大和帶來英洋五萬元，收到無訛。廠中此時須趕緊收花，用款較多，請於初十日兑五萬元寄大和，十二日再兑五萬元寄大安，不可短數，至要至禱。魁紗日内即可開盤，滬價既漲，自必好銷。餘續詳。即請籌安。本廠會計所啓。十月初七日

諸翁均此。

第一百四十二號（十月初七日）

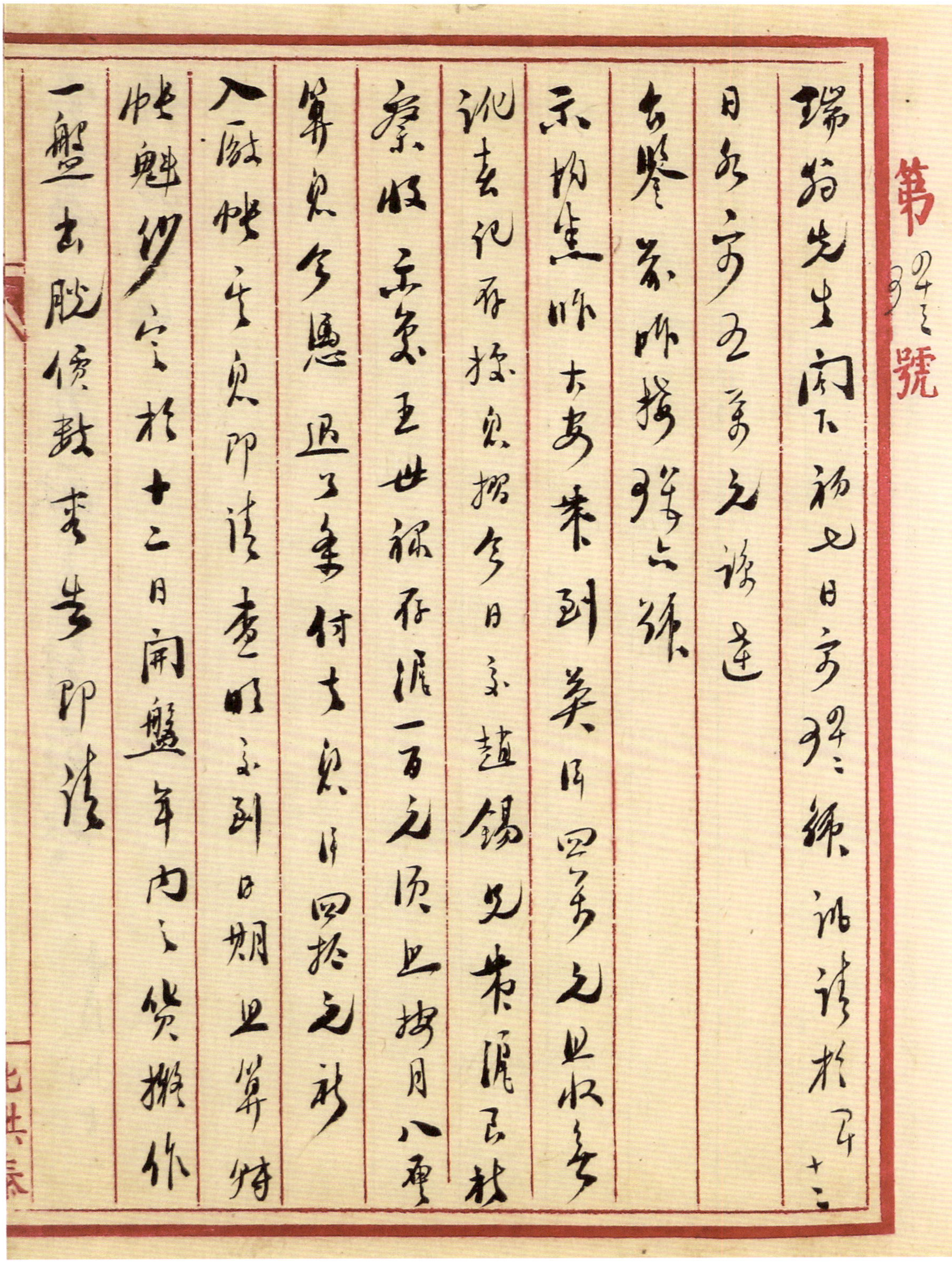

第一百四十三號（十月初九日）

瑞翁先生閣下：初七日寄一百四十二號訊，請於初十、十二日各寄五萬元，諒達台鑒。前、昨接一百八十五、一百八十六號示，均悉。昨大安帶到英洋四萬元，照收無訛。春記存據、息摺，今日交趙錫兄帶滬，至祈察收示復。王世禄存滬一百元，須照按月八厘算息，今憑退公條付去息洋四拾元，祈入廠帳，其息即請查明交到日期，照算轉帳。魁紗定於十二日開盤，年内之貨擬作一盤出脱，價數容告。即請籌安。本廠會計所啓。十月九日

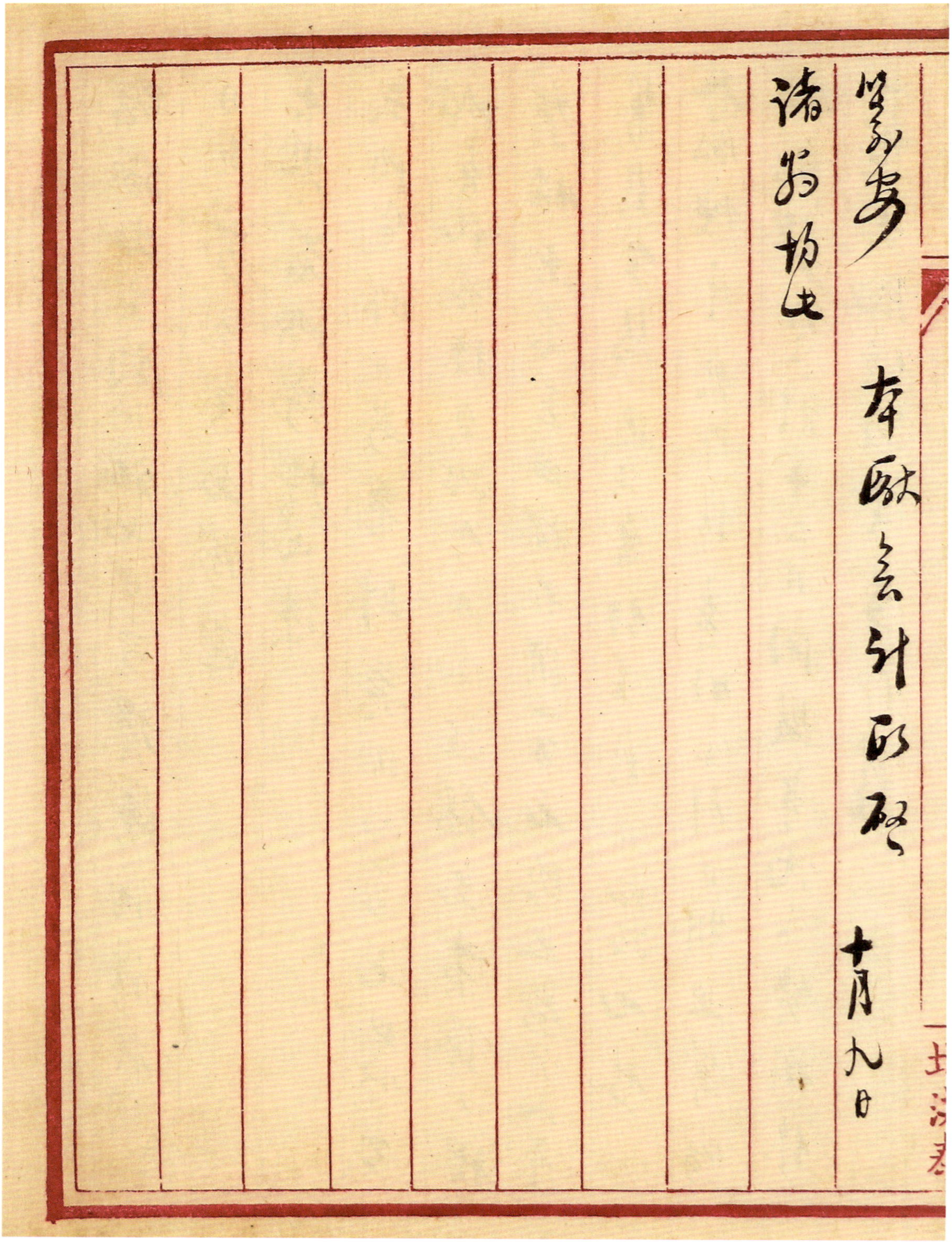
諸翁均此
十月九日

第一百四十三號（十月初九日）

諸翁均此。

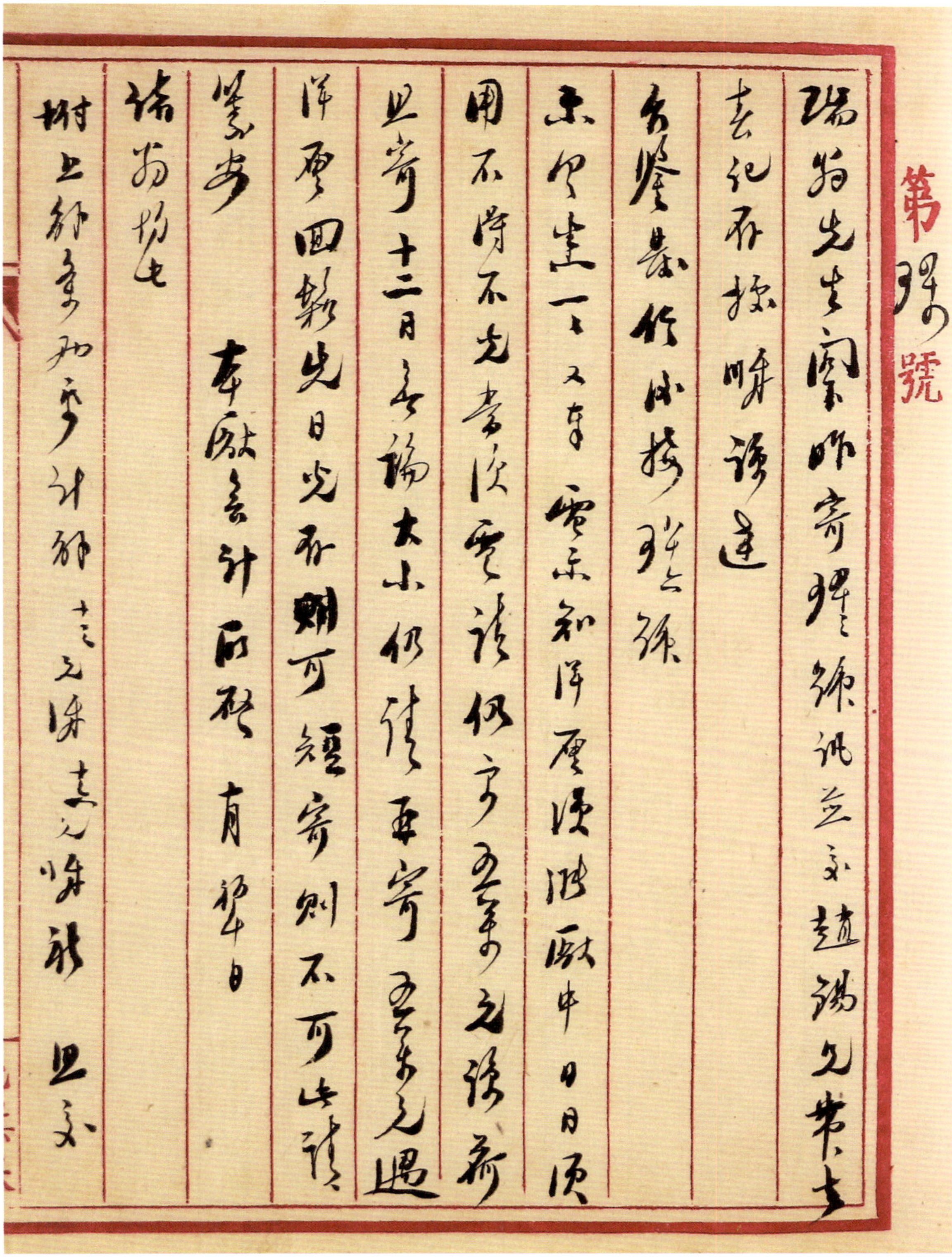

第一百四十四號（十月初十日）

瑞翁先生閣下：昨寄一百四十三號訊，并交趙錫兄帶去春記存據三千兩，諒達台鑒。發信後接一百八十六號示，具悉一一。又奉電示，知洋厘復漲，廠中日日須用，不得不兑，當復電請仍寄五萬元，諒荷照寄。十二日無論大小，仍請再寄五萬元。遇洋厘回鬆，先日兑存則可，短寄則不可。此請籌安。本廠會計所啓。十月初十日

諸翁均此。

附上解條兩紙，計解十三元一千兩、十六元二千兩，祈照交。

第一百四十四號（十月初十日）

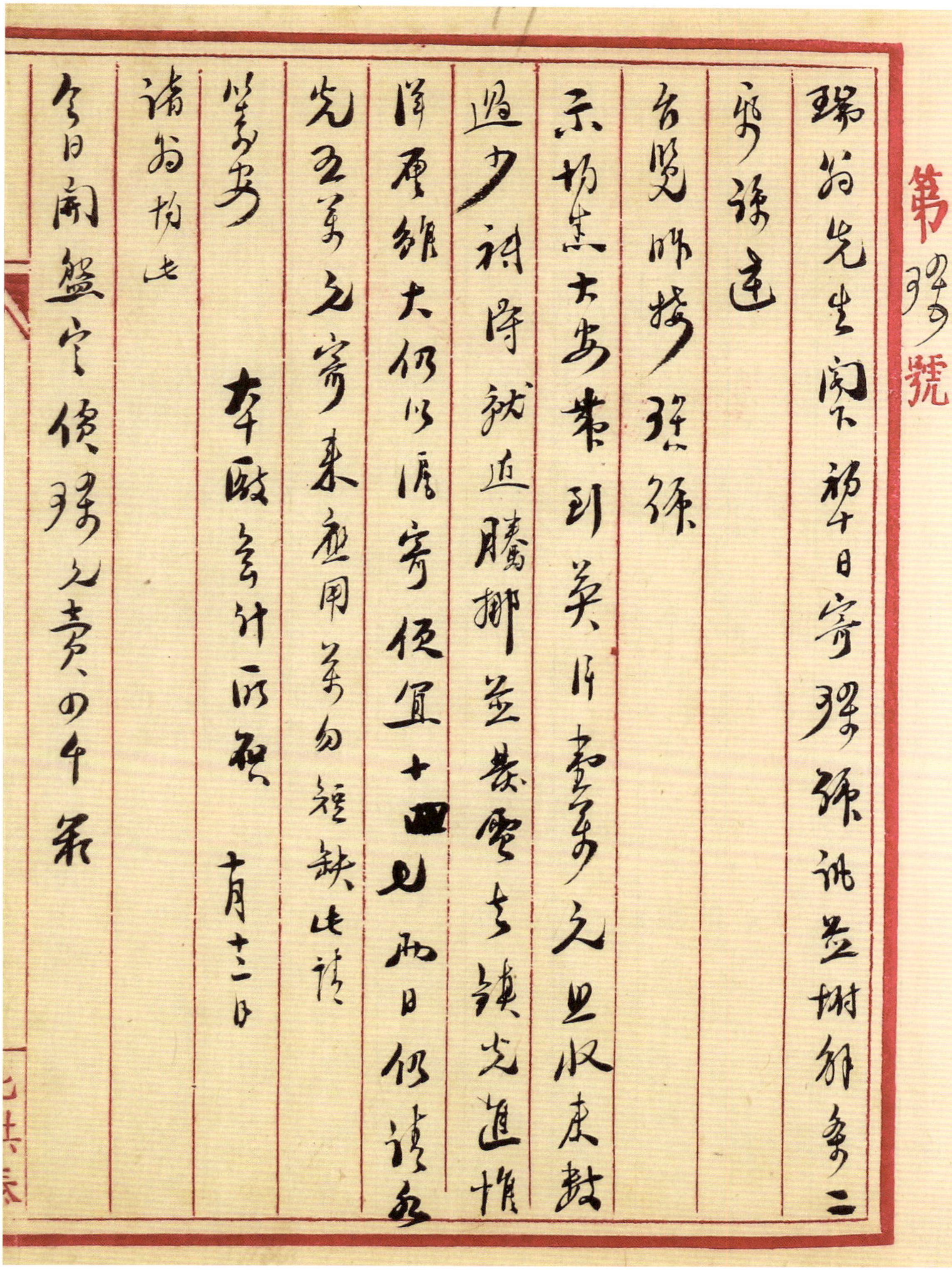

第一百四十五號（十月十二日）

瑞翁先生閣下：初十日寄一百四十四號訊并附解條二紙，諒達台覽。昨接一百八十八號示，均悉。大安帶到英洋壹萬元，照收，來數過少，衹得就近騰挪，并發電去鎮兑進，惟洋厘雖大，仍以滬寄便宜。十四、十七兩日仍請各兑五萬元寄來應用，萬勿短缺。此請籌安。本廠會計所啓。十月十二日

諸翁均此。

今日開盤，定價一百四十四元，賣四千箱。

第一百四十五號（十月十二日）

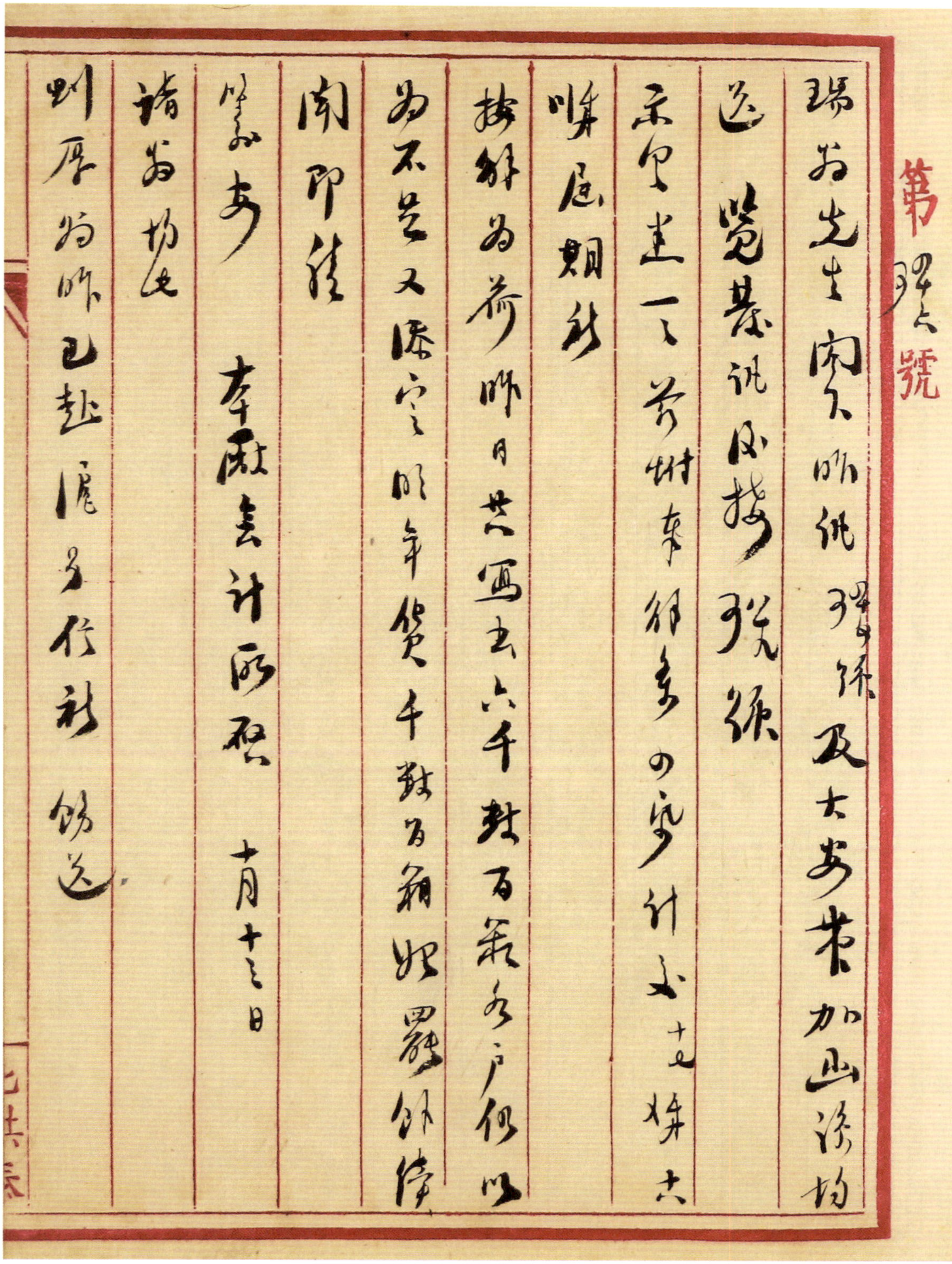

第一百四十六號（十月十三日）

瑞翁先生閣下：昨訊（一百四十五號）及大安帶加函，諒均送覽。發訊後接一百八十九號示，具悉一一。兹附奉解條四紙，計交十七四千兩、十八三千兩，届期祈按解爲荷。昨日共寫出六千數百箱，各户仍以爲不足，又添定明年貨千數百箱始罷。餘續聞。即請籌安。本廠會計所啓。十月十三日

諸翁均此。

劉厚翁昨已赴滬，另信祈飭送。

第一百四十六號（十月十三日）

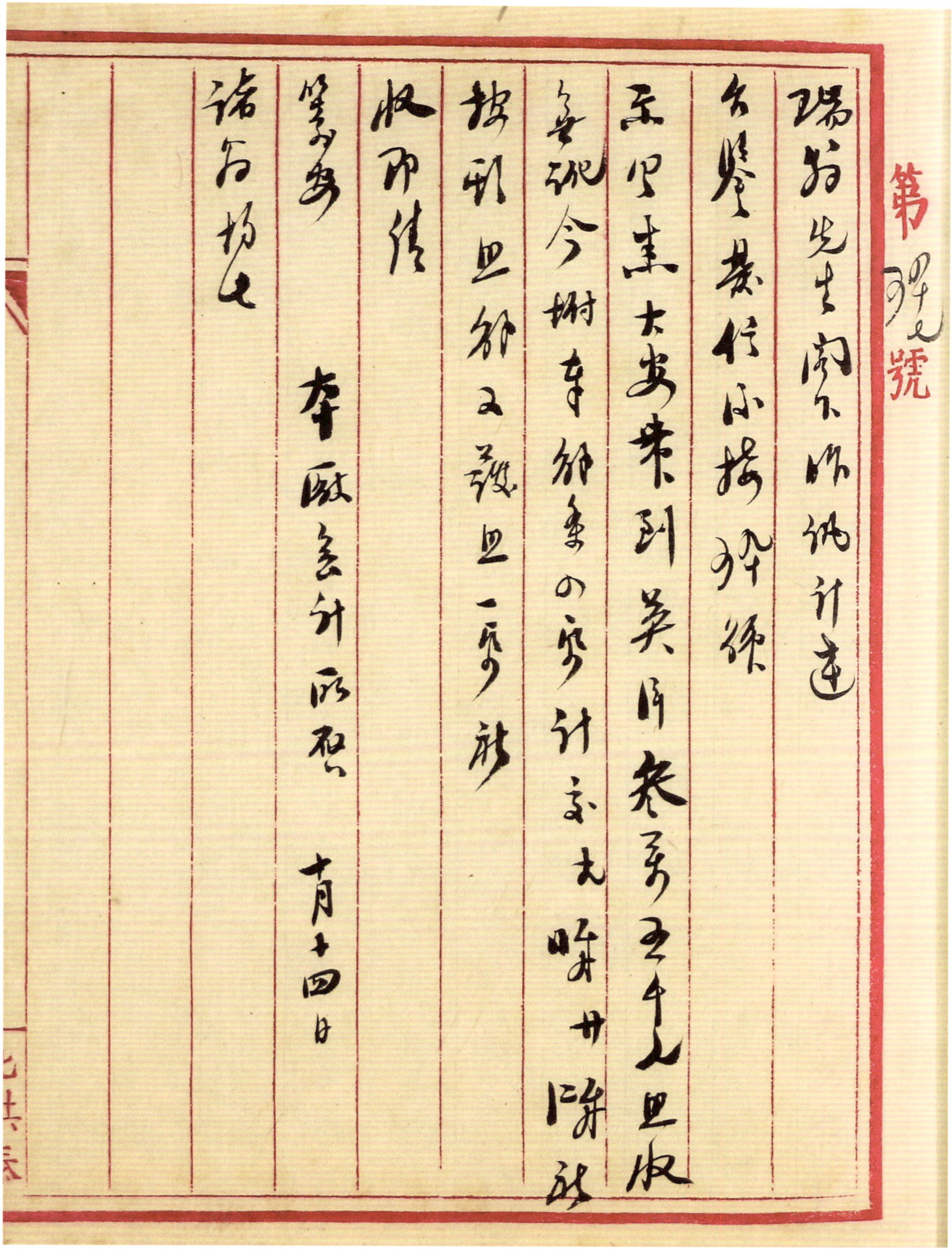

第一百四十七號（十月十四日）

瑞翁先生閣下：昨訊計達台鑒。發信後接一百九十號示，具悉。大安帶到英洋叁萬五千元，照收無訛。今附奉解條四紙，計交十九二千兩、廿一萬二千兩，祈按期照解。又護照一紙，祈收。即請籌安。本廠會計所啓。十月十四日

諸翁均此。

第一百四十七號（十月十四日）

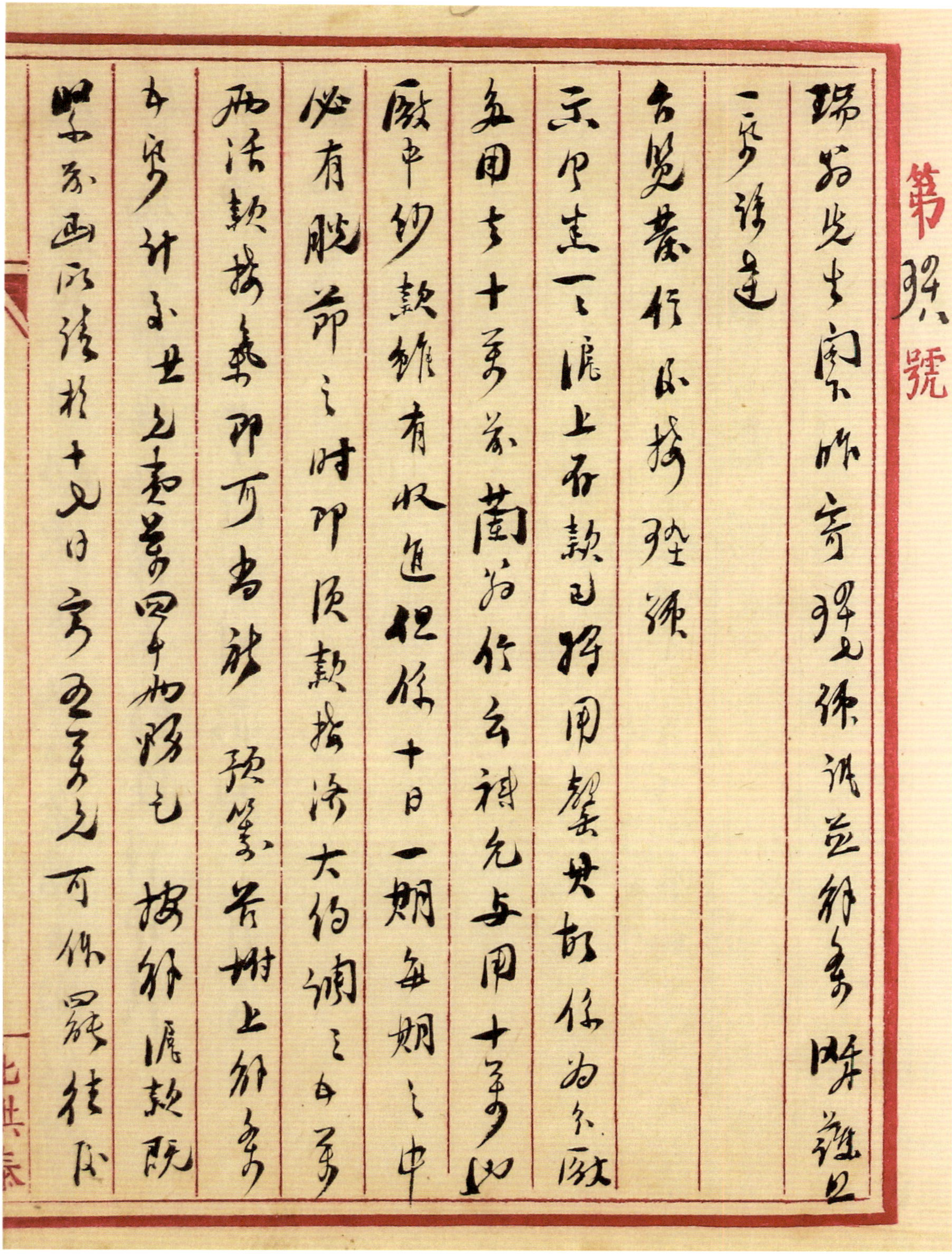

第一百四十八號（十月十五日）

瑞翁先生閣下：昨寄一百四十七號訊并解條一萬四千兩、護照一紙，諒達台覽。發信後接一百九十一號示，具悉一一。滬上存款已將用罄，其故係爲分廠多用去十萬，前蘭翁信云衹允與用十萬也。廠中紗款雖有收進，但係十日一期，每期之中必有脱節之時，即須款接濟，大約調三五萬兩活款接氣即可，尚祈預籌。兹附上解條五紙，計交廿一元壹萬四千兩，務乞按解。滬款既緊，前函所請於十七日寄五萬元可作罷。往後遇不敷用之時，仍須寄現接濟，惟此間能稍鬆動，當即撥款歸還。餘續詳。即

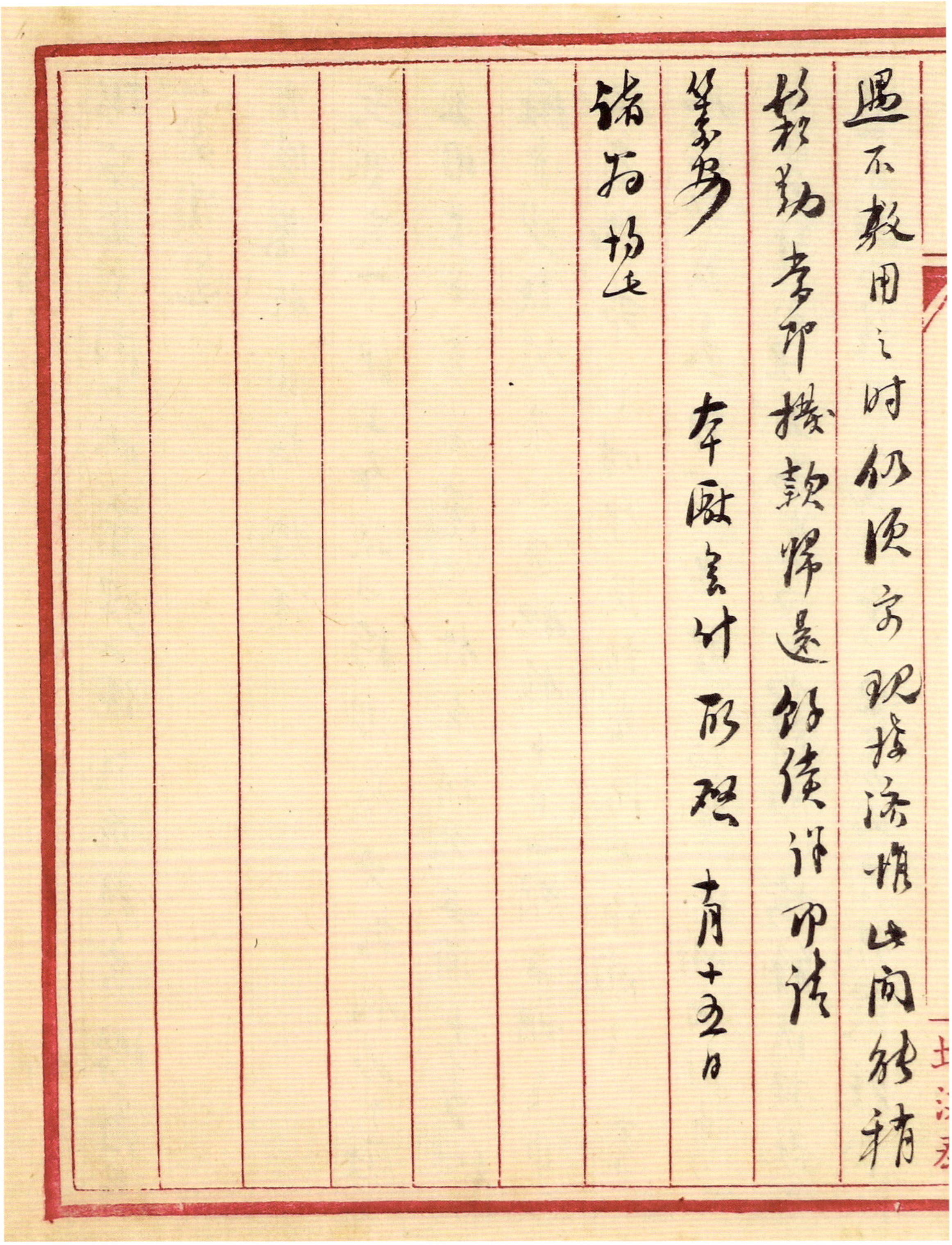
遇不敷用之時仍須字現接濟情此向維精
穀勤當即撥款歸還餘俟詳叩請
籌安
本廠會計所啓 十月十五日
諸翁均此

第一百四十八號（十月十五日）

請籌安。本廠會計所啓。十月十五日
諸翁均此。

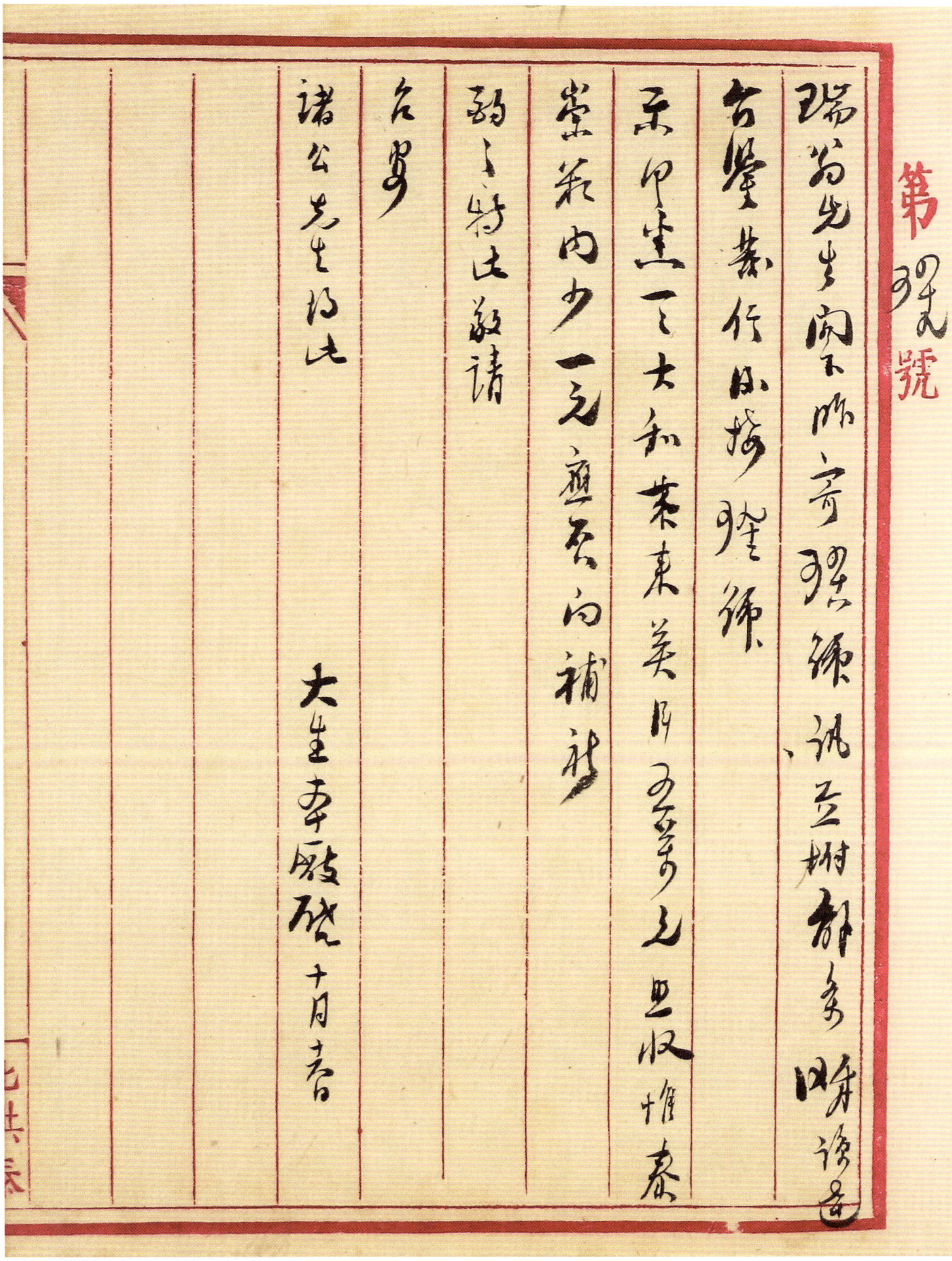
第一百四十九號
瑞翁先生閣下：昨寄一百四十八號訊并附解條一萬四千兩，諒達
台鑒。發信後接一百九十二號
示，具悉一一。大和帶來英洋五萬元，照收，惟泰
崇箱內少一元，應否向補，祈
酌之。特此，敬請
台安
諸公先生均此
大生本廠啓 十月十六日

第一百四十九號（十月十六日）

瑞翁先生閣下：昨寄一百四十八號訊并附解條一萬四千兩，諒達台鑒。發信後接一百九十二號示，具悉一一。大和帶來英洋五萬元，照收，惟泰崇箱內少一元，應否向補，祈酌之。特此，敬請台安。諸公先生均此。大生本廠啓。十月十六日

第一百四十九號（十月十六日）

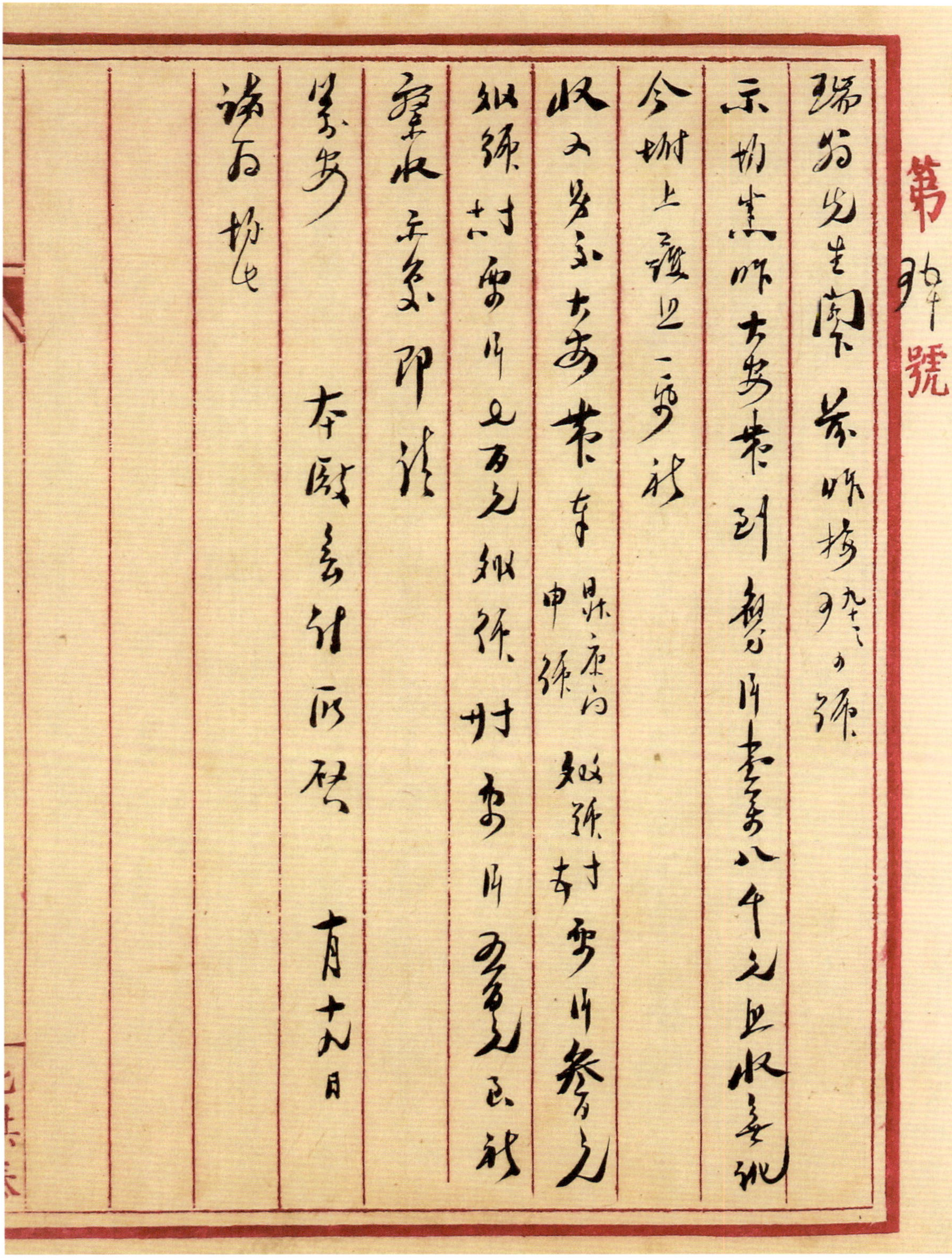

第一百五十號（十月十九日）

瑞翁先生閣下：前、昨接一百九十三、一百九十四號示，均悉。昨大安帶到鷹洋壹萬八千元，照收無訛。今附上護照一紙，祈收。又另交大安帶奉昇康向申號九〇九號十月十五票洋叁百元、九一四號十月十八票洋七百元、九二四號十月廿票洋五百元，至祈察收示復。即請籌安。本廠會計所啓。十月十九日

諸翁均此。

第一百五十號（十月十九日）

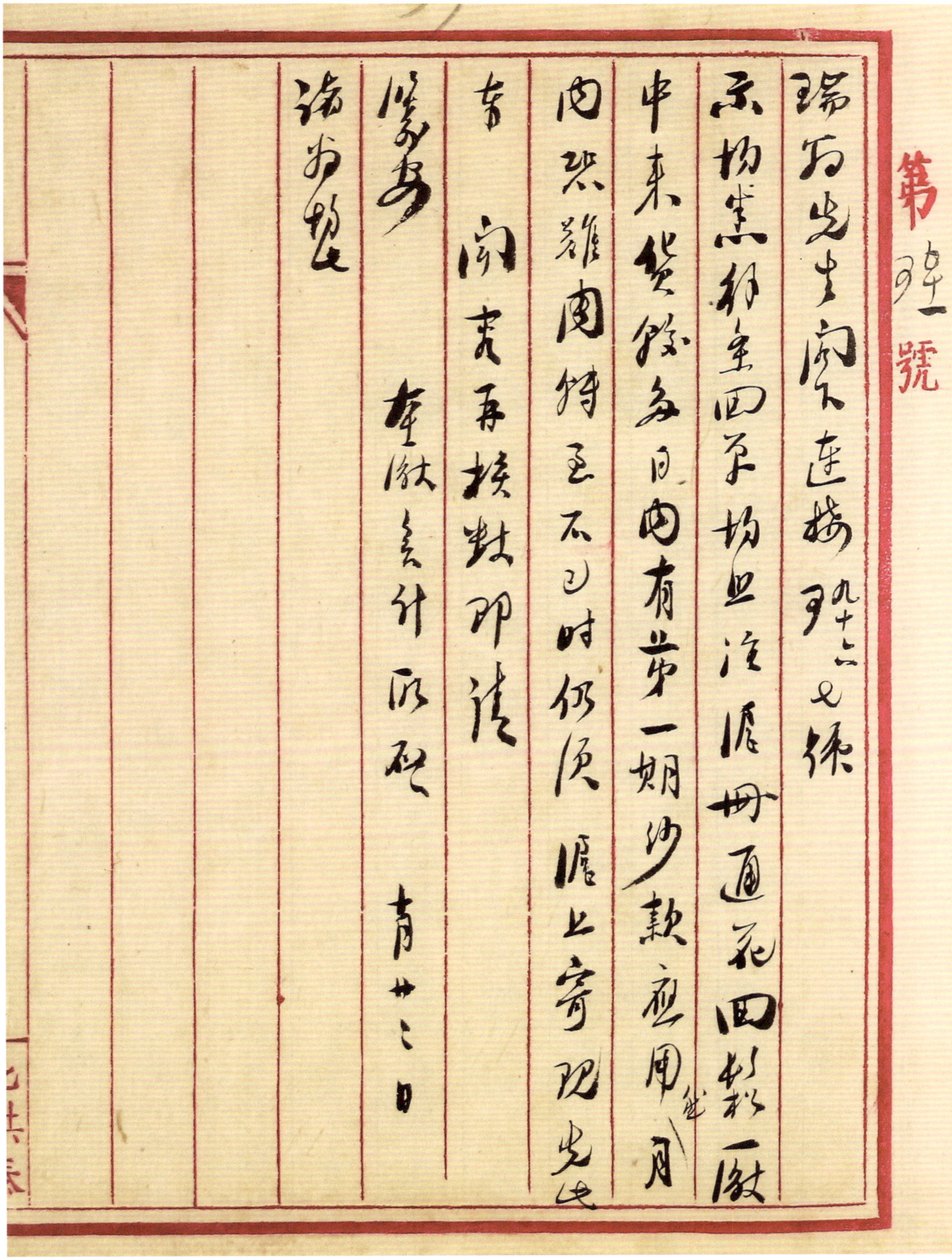
瑞翁先生閣下連接一百九十六、七號
示均悉解條回單均照注滬冊通花回鬆廠
中來貨較多日內有第一期紗款應用然月
內恐難周轉至不已時仍須滬上寄現先此
奉聞容再核數即請
籌安 本廠會計所啓 十月廿二日
諸翁均此

第一百五十一號（十月廿二日）

瑞翁先生閣下：連接一百九十六、一百九十七號示，均悉，解條回單均照注滬册。通花回鬆，廠中來貨較多，日内有第一期紗款應用，然月内恐難周轉，至不［得］已時，仍須滬上寄現，先此奉聞，容再核數。即請籌安。本廠會計所啓。十月廿二日

諸翁均此。

第一百五十一號（十月廿二日）

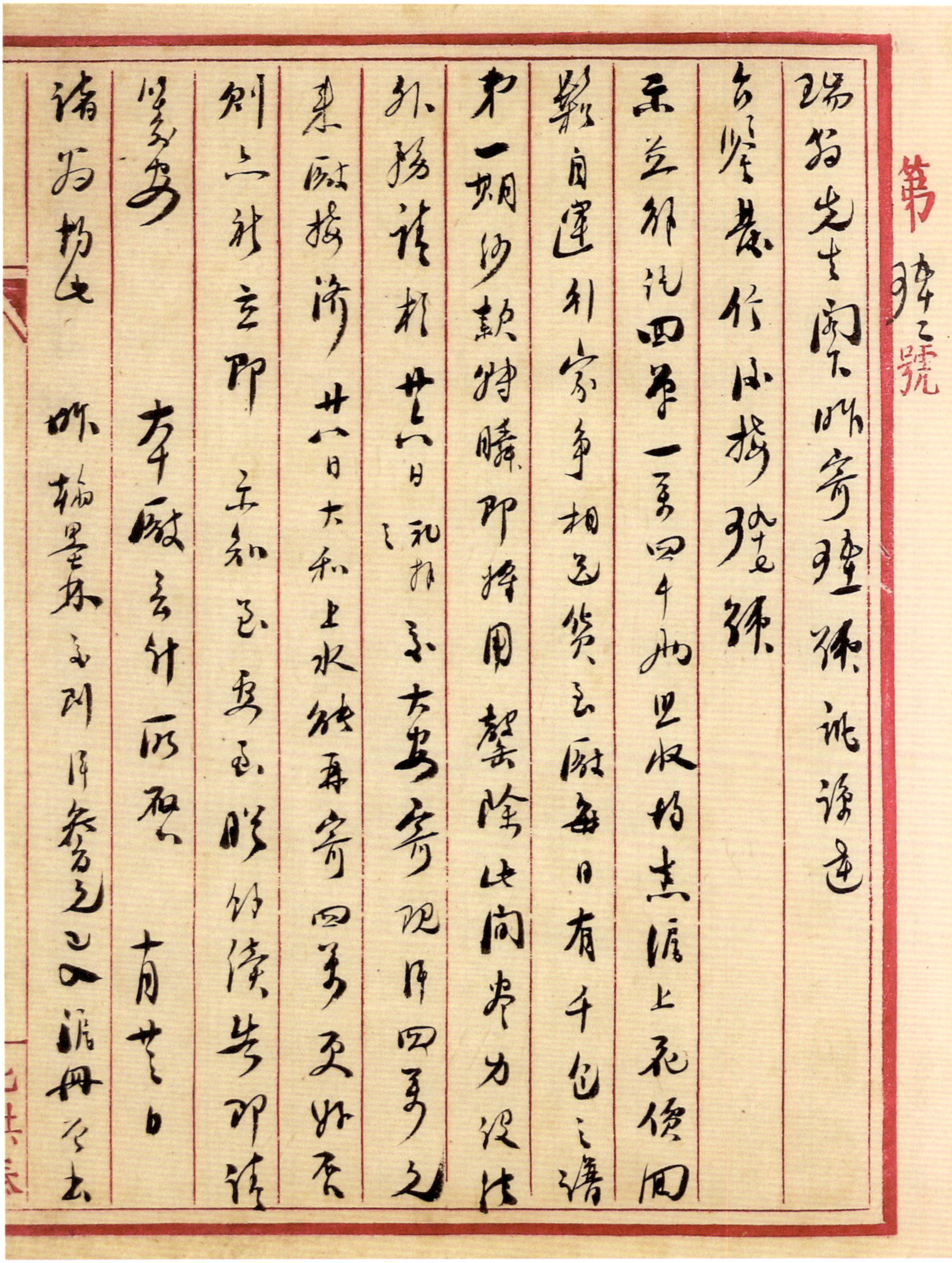

第一百五十二號（十月廿三日）

瑞翁先生閣下：昨寄一百五十一號訊，諒達台鑒。發信後接一百九十七號示并解訖回單一萬四千兩，照收均悉。滬上花價回鬆，自運行家争相送貨至廠，每日有千包之譜。第一期紗款轉瞬即將用罄，除此間盡力設法外，務請於廿六日（禮拜三）交大安寄現洋四萬元來廠接濟，廿八日大和上水，能再寄四萬更好，否則亦祈立即示知，至要至盼。餘續告。即請籌安。本廠會計所啓。十月廿三日

諸翁均此。

第一百五十二號（十月廿三日）

昨翰墨林交到洋叁百元，已入滬册，曾出收條一紙，望收銷。

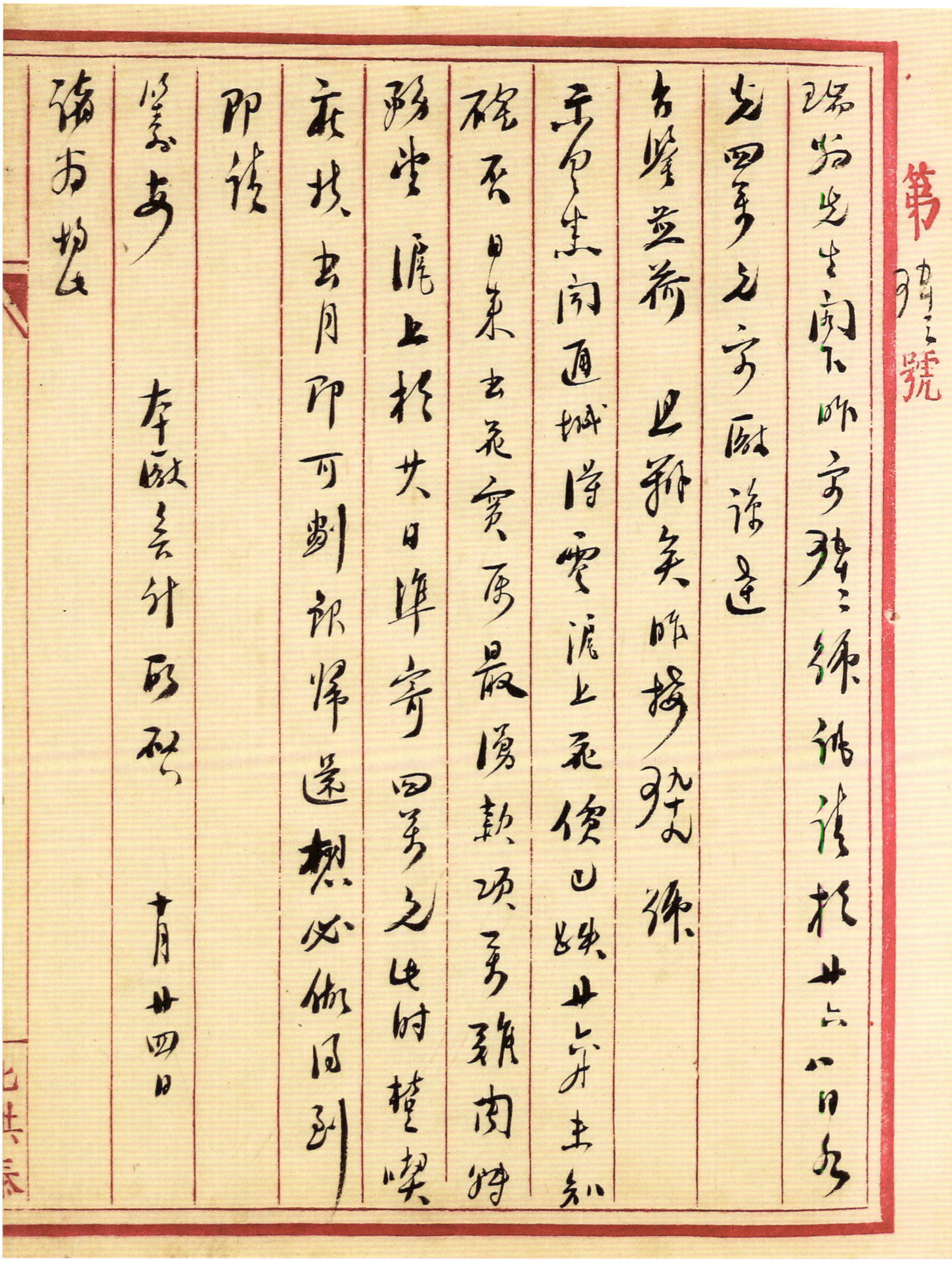

第一百五十三號（十月廿四日）

瑞翁先生閣下：昨寄一百五十二號訊，請於廿六、廿八日各兑四萬元寄廠，諒達台鑒，并荷照辦矣。昨接一百九十九號示，具悉。聞通城得電，滬上花價已跌廿六兩，未知確否。日來出花實屬最湧，款項萬難周轉，務望滬上於廿八日準寄四萬元。此時暫吃莊折，出月即可劃銀歸還，想必做得到。即請籌安。本廠會計所啓。十月廿四日

諸翁均此。

第一百五十三號（十月廿四日）

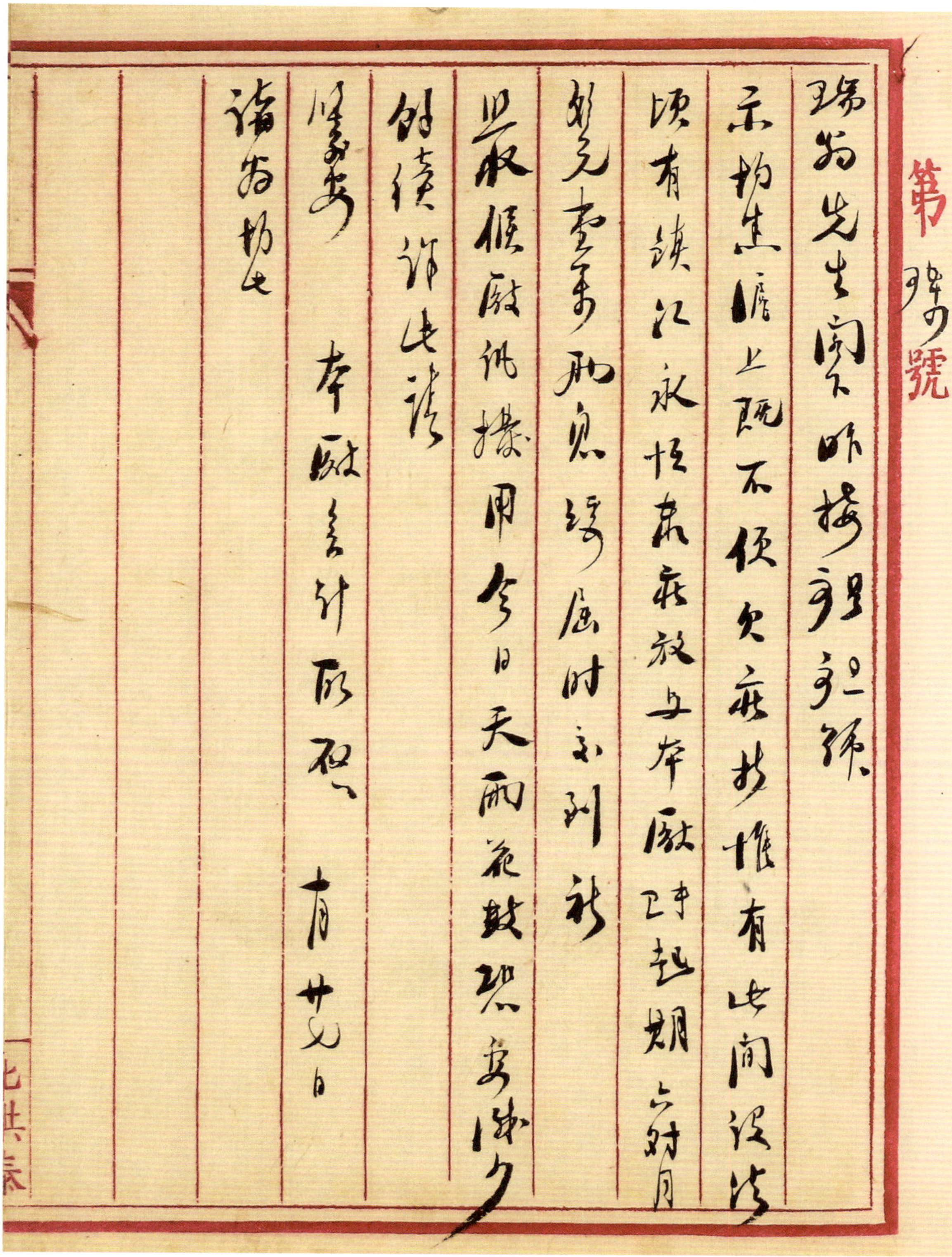

第一百五十四號（十月廿七日）

瑞翁先生閣下：昨接二百、二百零一號示，均悉。滬上既不便欠莊折，惟有此間設法。頃有鎮江永恒泰莊放與本廠十一月初一起期六對月九八元壹萬兩，息七兩二錢五，届時交到祈照收，候廠訊撥用。今日天雨，花數恐要减少。餘續詳。此請籌安。

本廠會計所啓。十月廿七日

諸翁均此。

第一百五十四號（十月廿七日）

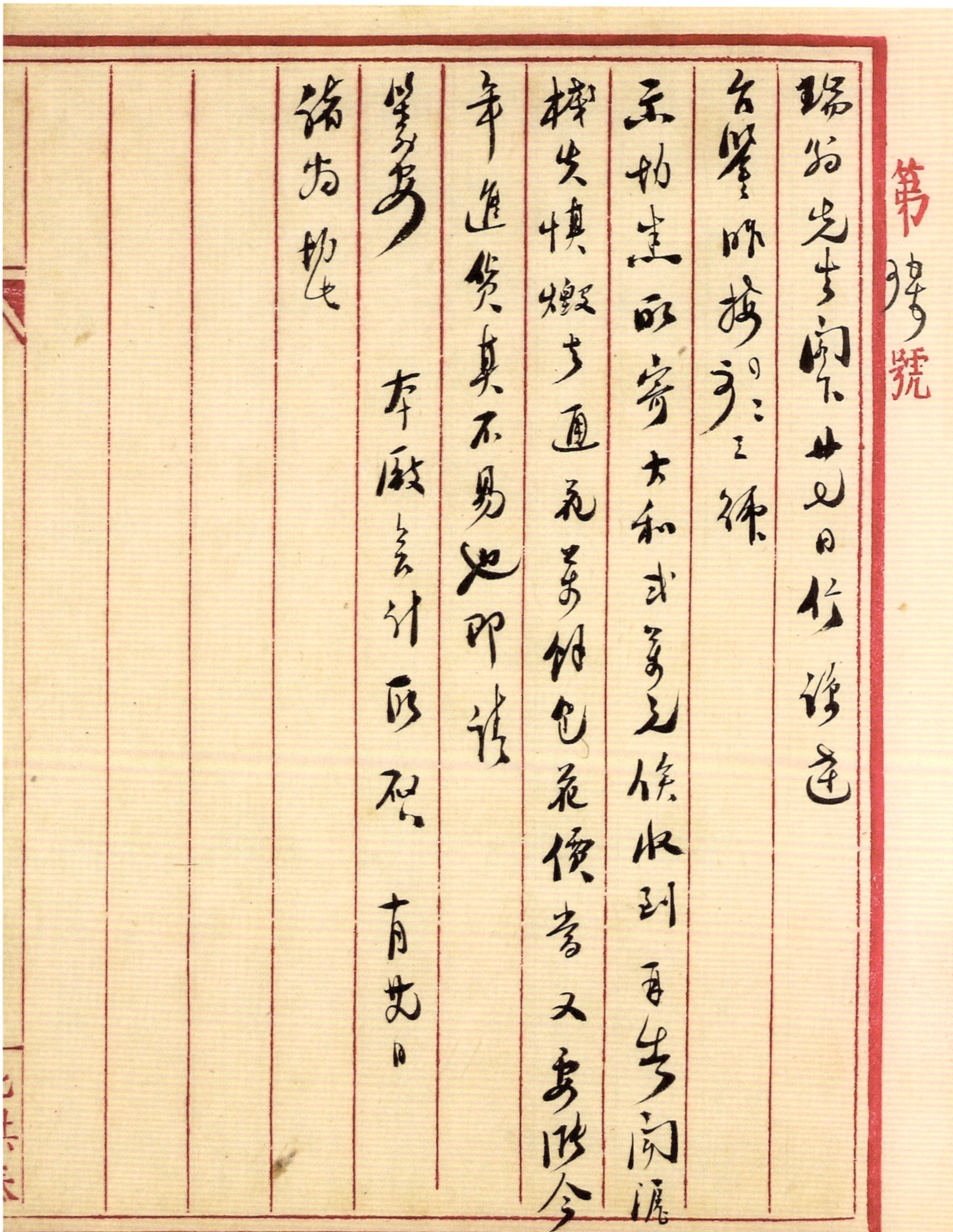

第一百五十五號（十月廿九日）

瑞翁先生閣下：廿七日信諒達台鑒。昨接二百零二、二百零三號示，均悉。所寄大和式萬元，俟收到再告。聞滬棧失慎，毀去通花萬餘包，花價當又要漲，今年進貨真不易也。即請籌安。本廠會計所啓。十月廿九日

諸翁均此。

第一百五十五號（十月廿九日）

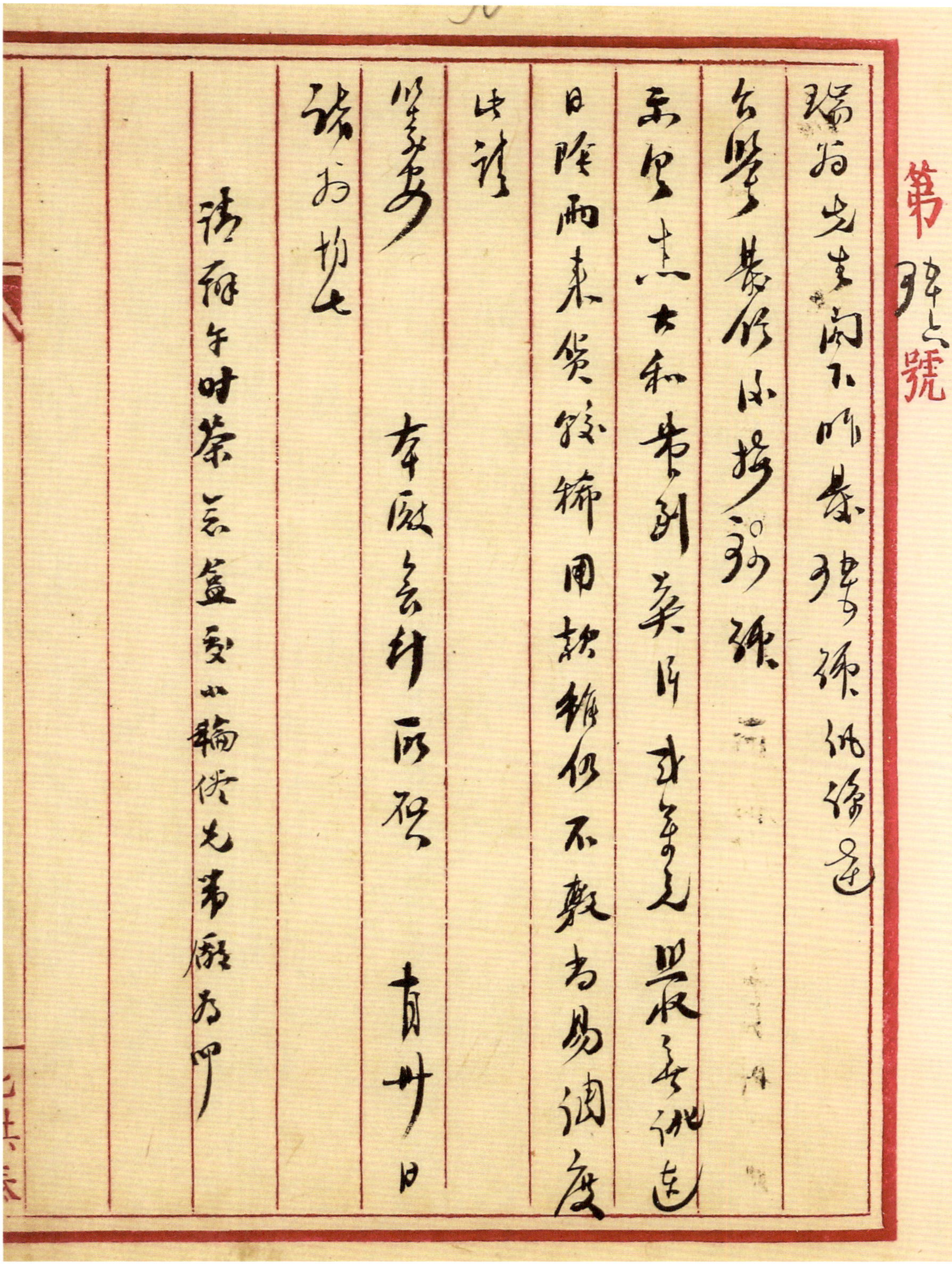

第一百五十六號（十月卅日）

瑞翁先生閣下：昨發一百五十五號訊，諒達台鑒。發信後接二百零四號示，具悉。大和帶到英洋弍萬元，照收無訛。連日陰雨，來貨較稀，用款雖仍不敷，尚易調度。此請籌安。本廠會計所啓。十月卅日

諸翁均此。

請辦午時茶念盒，交小輪儘先帶廠爲叩。

第一百五十六號（十月卅日）

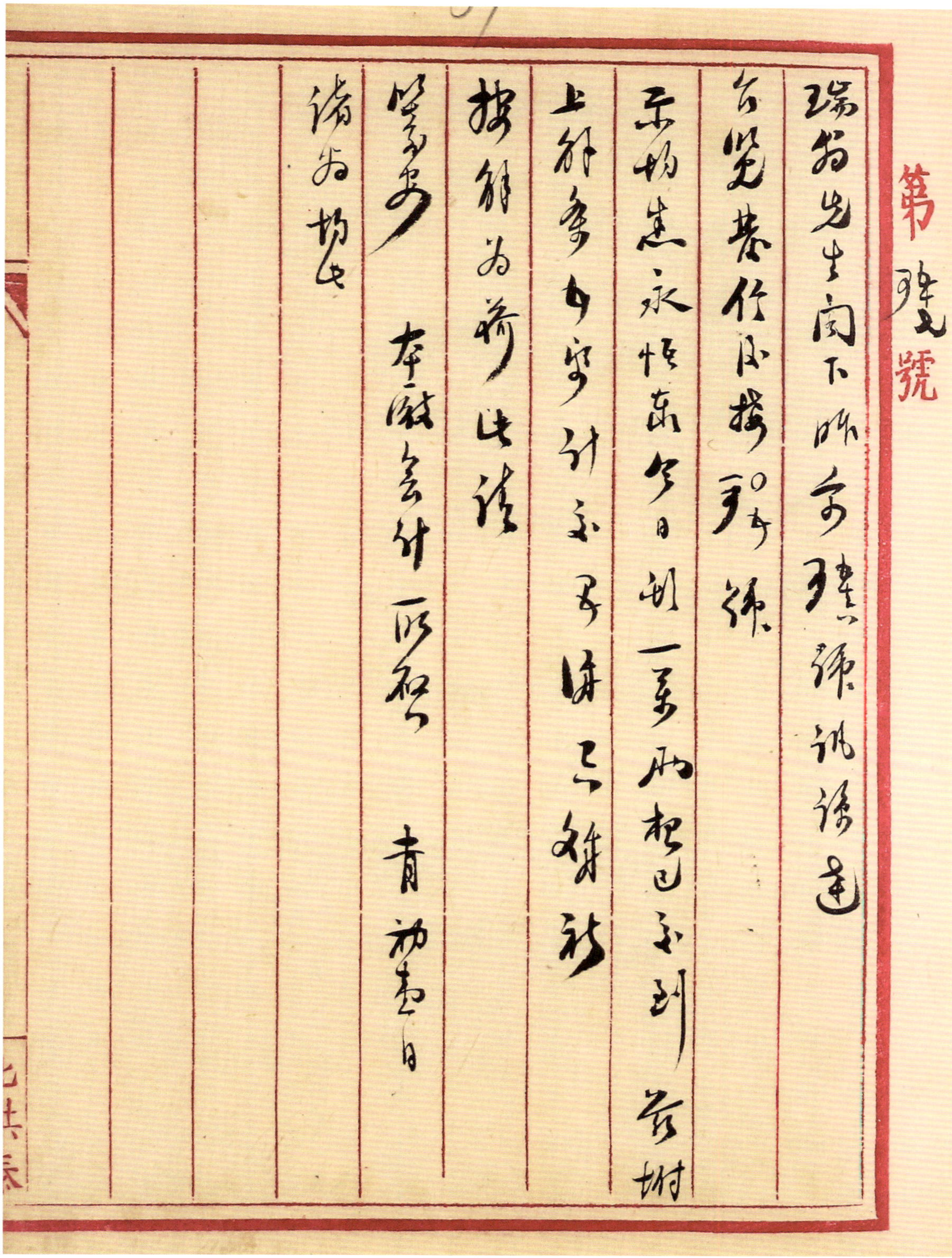

第一百五十七號（十一月初一日）

瑞翁先生閣下：昨寄一百五十六號訊，諒達台覽。發信後接二百零五號示，均悉。永恒泰今日期一萬兩，想已交到。茲附上解條五紙，計交初五一千兩、初六九千兩，祈按解爲荷。此請籌安。本廠會計所啓。十一月初壹日

諸翁均此。

第一百五十七號（十一月初一日）

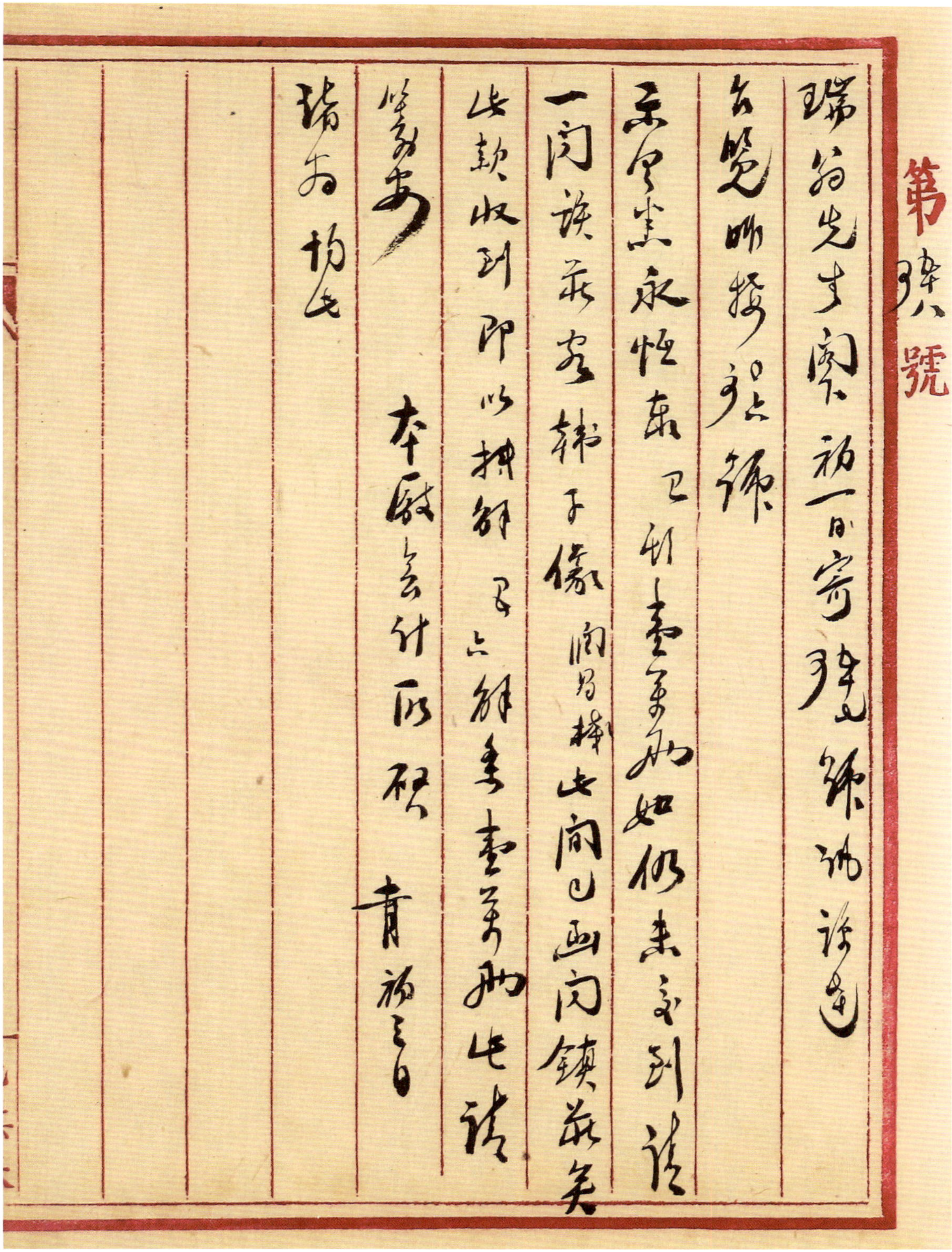

第一百五十八號（十一月初三日）

瑞翁先生閣下：初一日寄一百五十七號訊，諒達台覽。昨接二百零六號示，具悉。永恒泰初一期壹萬兩，如仍未交到，請一問該莊客韓子儀（潤昌棧），此間已函問鎮莊矣。此款收到，即以抵解初五、初六解條壹萬兩。此請籌安。本廠會計所啓。十一月初三日

諸翁均此。

第一百五十八號（十一月初三日）

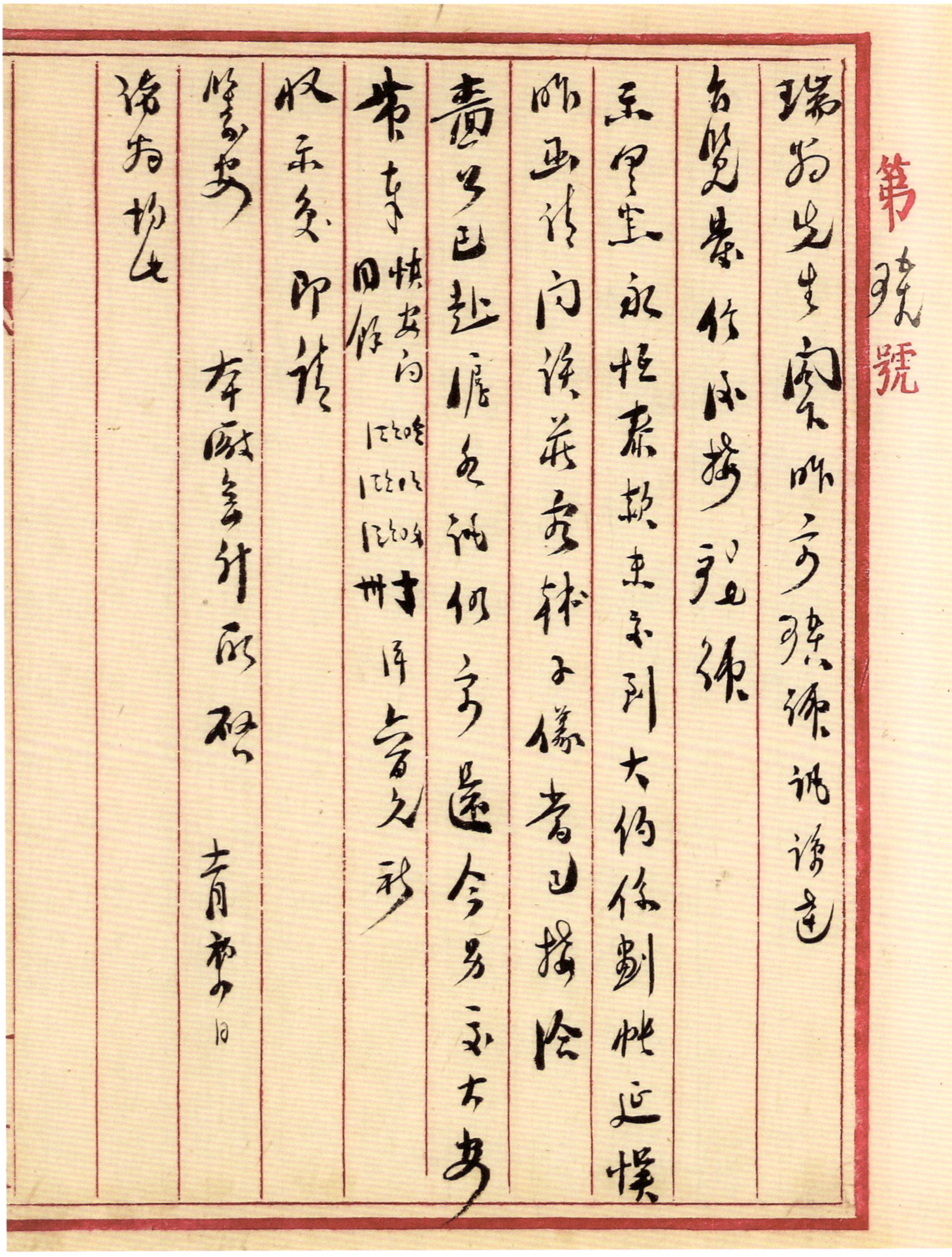

第一百五十九號（十一月初四日）

瑞翁先生閣下：昨寄一百五十八號訊，諒達台覽。發信後接二百零七號示，具悉。永恒泰款未交到，大約係劃帳延誤，昨函請問該莊客韓子儀，當已接洽。耆公已赴滬，各訊仍寄還。今另交大安帶奉慎安向同餘一三八〇八、一三八〇七、一三八〇九十月卅洋六百元，祈收示復。即請籌安。本廠會計所啓。十一月初四日

諸翁均此。

第一百五十九號（十一月初四日）

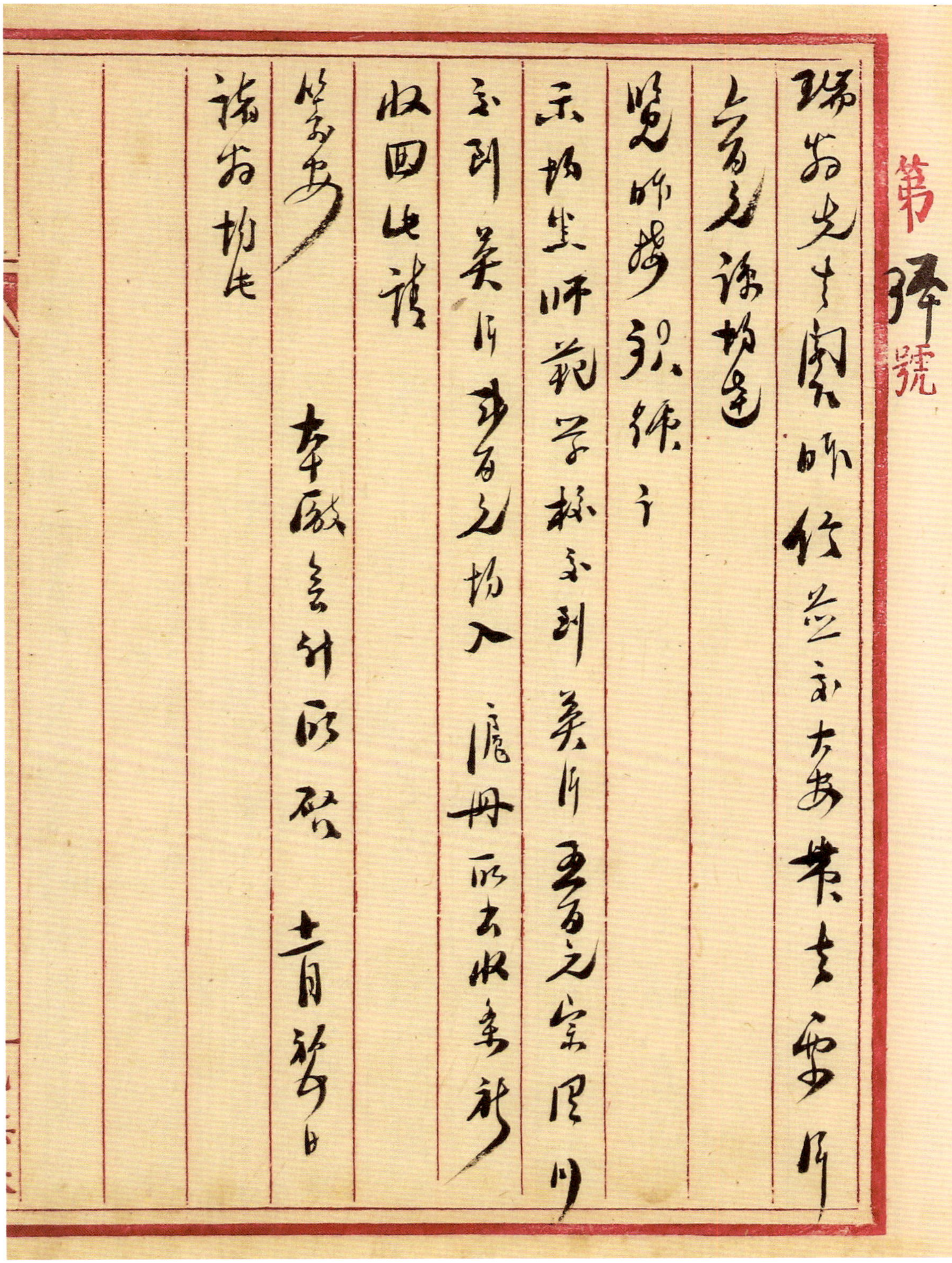

第一百六十號（十一月初五日）

瑞翁先生閣下：昨信并交大安帶去票洋六百元，諒均達覽。昨接二百零八號示，均悉。師範學校交到英洋五百元，宗渭川交到英洋弍百元，均入滬册，所出收條祈收回。此請籌安。本廠會計所啓。十一月初五日

諸翁均此。

第一百六十號（十一月初五日）

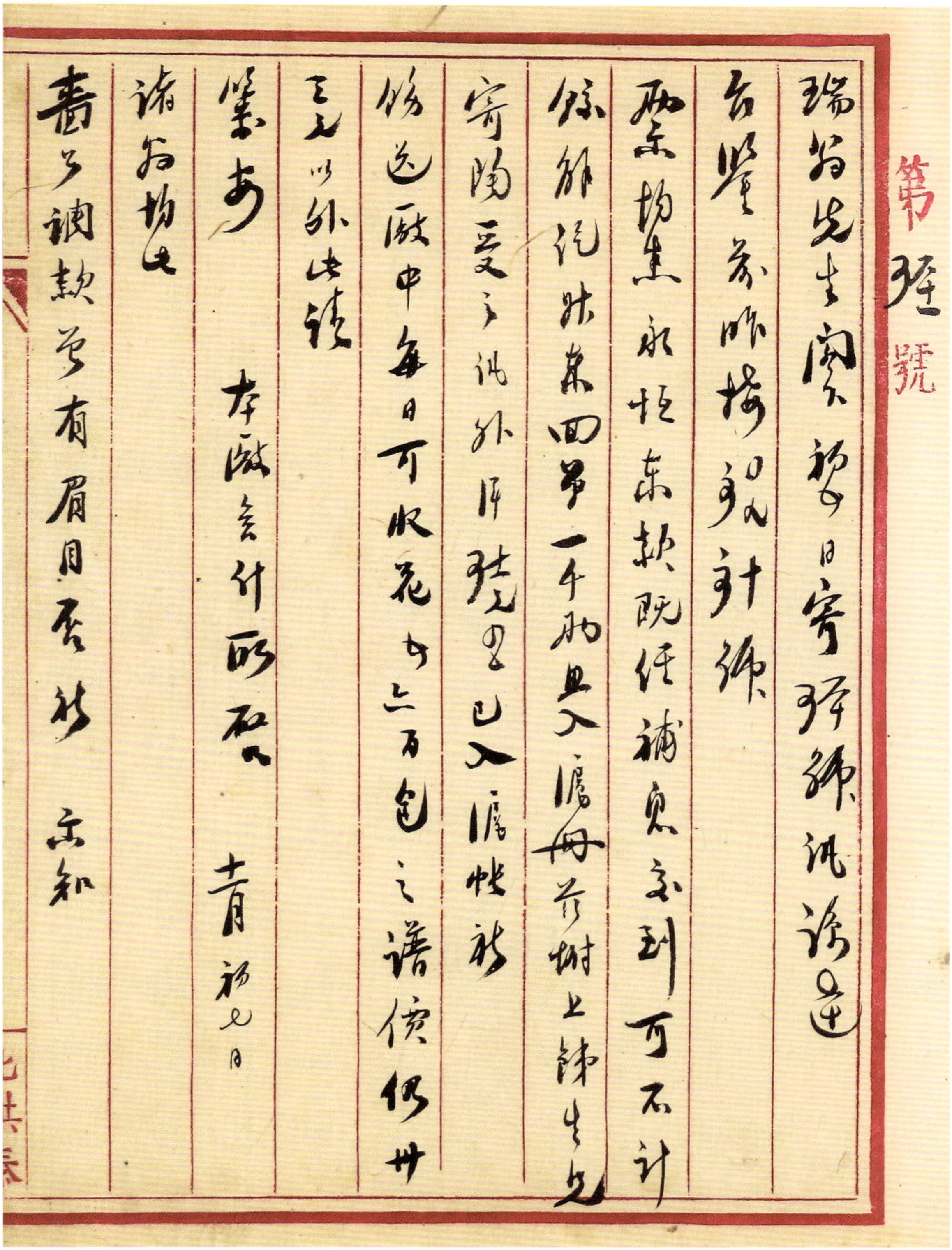

第一百六十一號（十一月初七日）

瑞翁先生閣下：初五日寄一百六十號訊，諒達台鑒。前、昨接二百零九、二百十號兩示，均悉。永恒泰款既經補息交到，可不計較。解訖昇泰回單一千兩，照入滬册。兹附上鐵生兄寄陶受之訊，外洋一百十一元四角已入滬帳，祈飭送。廠中每日可收花五六百包之譜，價仍卅三元以外。此請籌安。本廠會計所啓。十一月初七日

諸翁均此。

畬公調款曾有眉目否？祈示知。

第一百六十一號（十一月初七日）

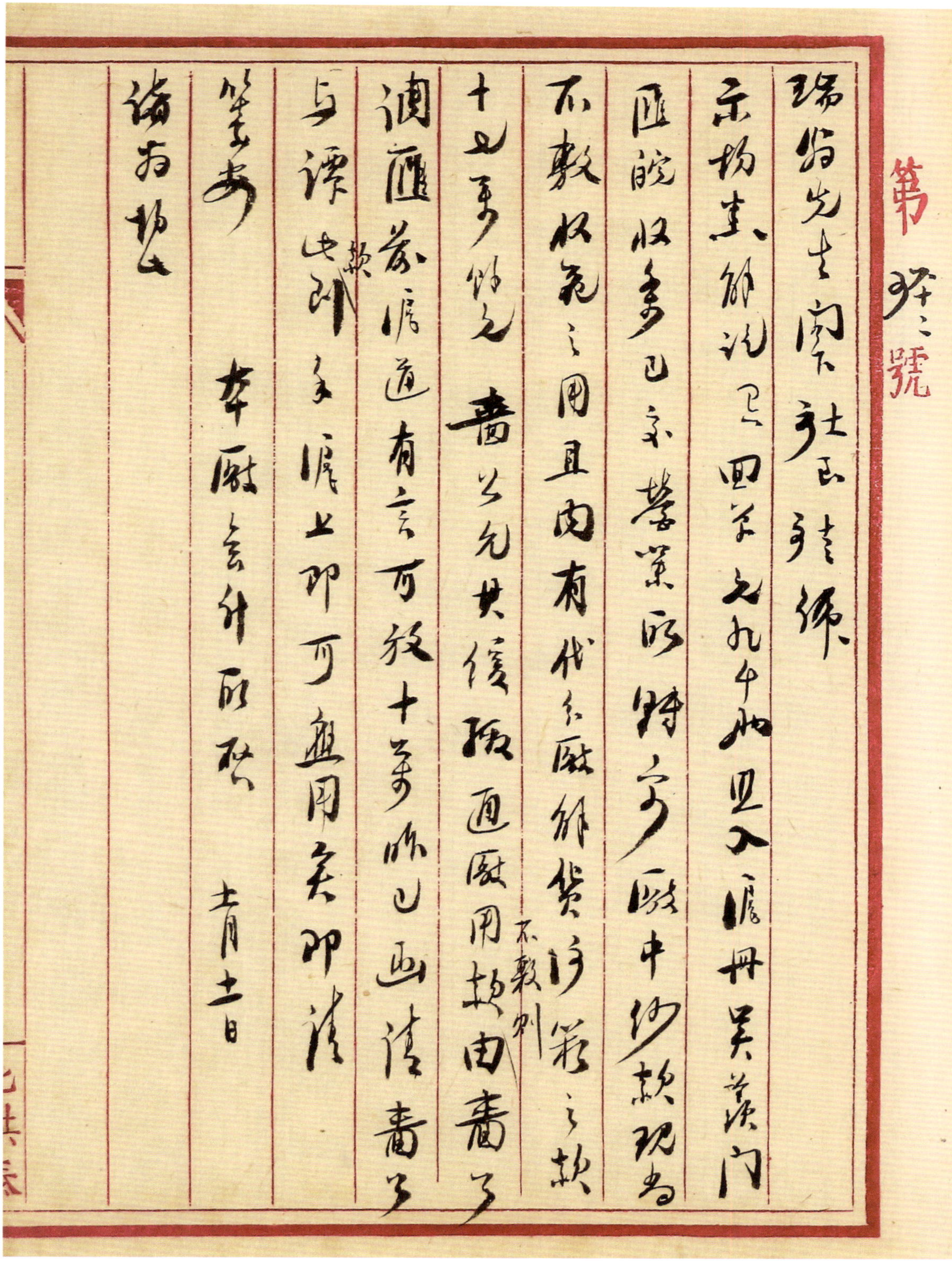

第一百六十二號（十一月十一日）

瑞翁先生閣下：二百十一至二百十三號示均悉。解訖初六回單元九千兩，照入滬册。吴羡門匯皖收條，已交營業所轉寄。廠中紗款，現尚不敷收花之用，且内有代分廠解貨一千二百箱之款十七萬餘元，啬公允其緩繳，通廠用款不敷，則由啬公調匯。前滬道有言，可放十萬，昨已函請啬公與譚，此款到手，滬上即可應用矣。即請籌安。本廠會計所啓。十一月十一日

諸翁均此。

第一百六十二號（十一月十一日）

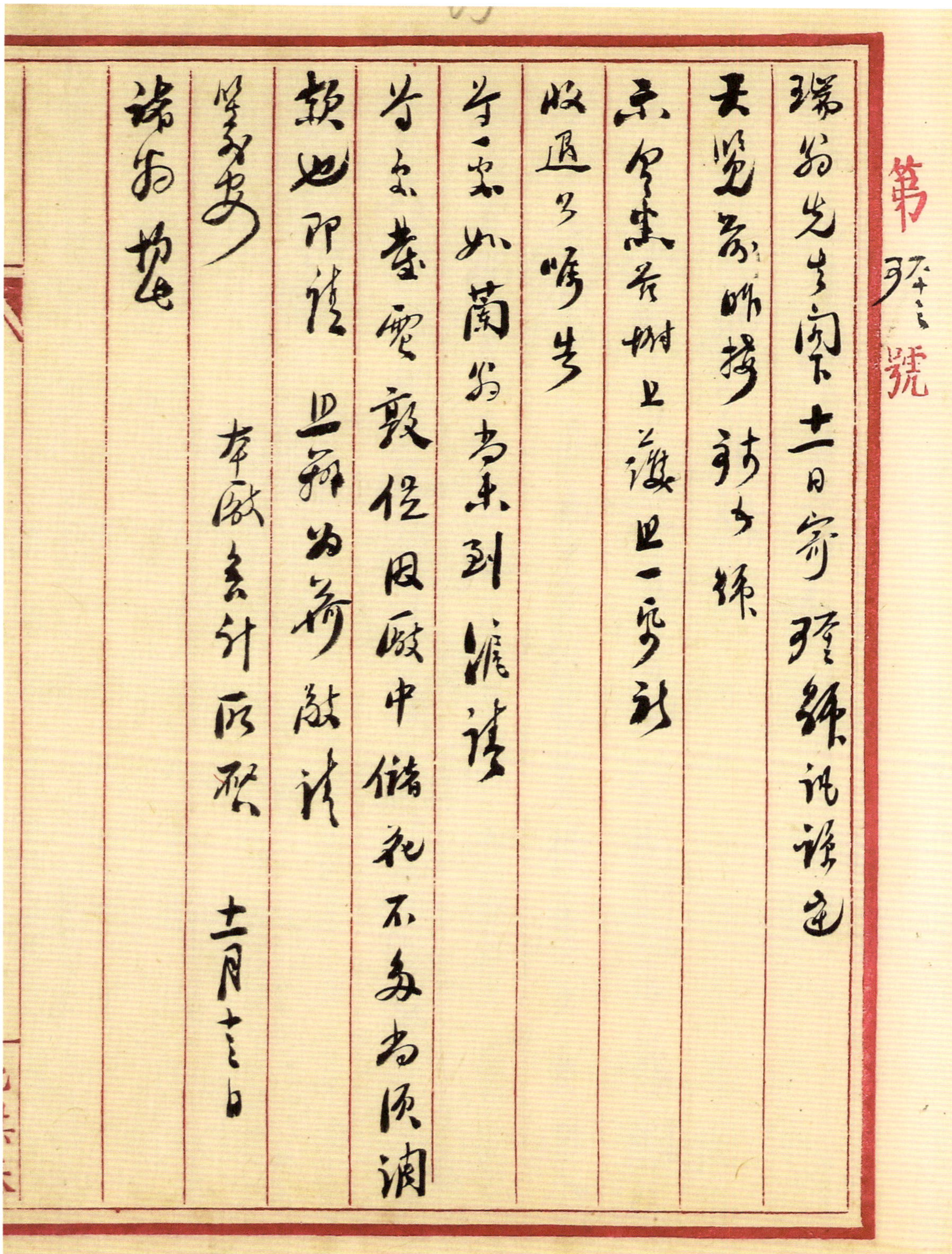

第一百六十三號（十一月十三日）

瑞翁先生閣下：十一日寄一百六十二號訊，諒達大覽。前、昨接二百十四、二百十五號示，具悉。兹附上護照一紙，祈收。退公囑告尊處，如蘭翁尚未到滬，請尊處發電敦促，因廠中儲花不多，尚須調款也，即請照辦爲荷。敬請籌安。本廠會計所啓。十一月十三日

諸翁均此。

第一百六十三號（十一月十三日）

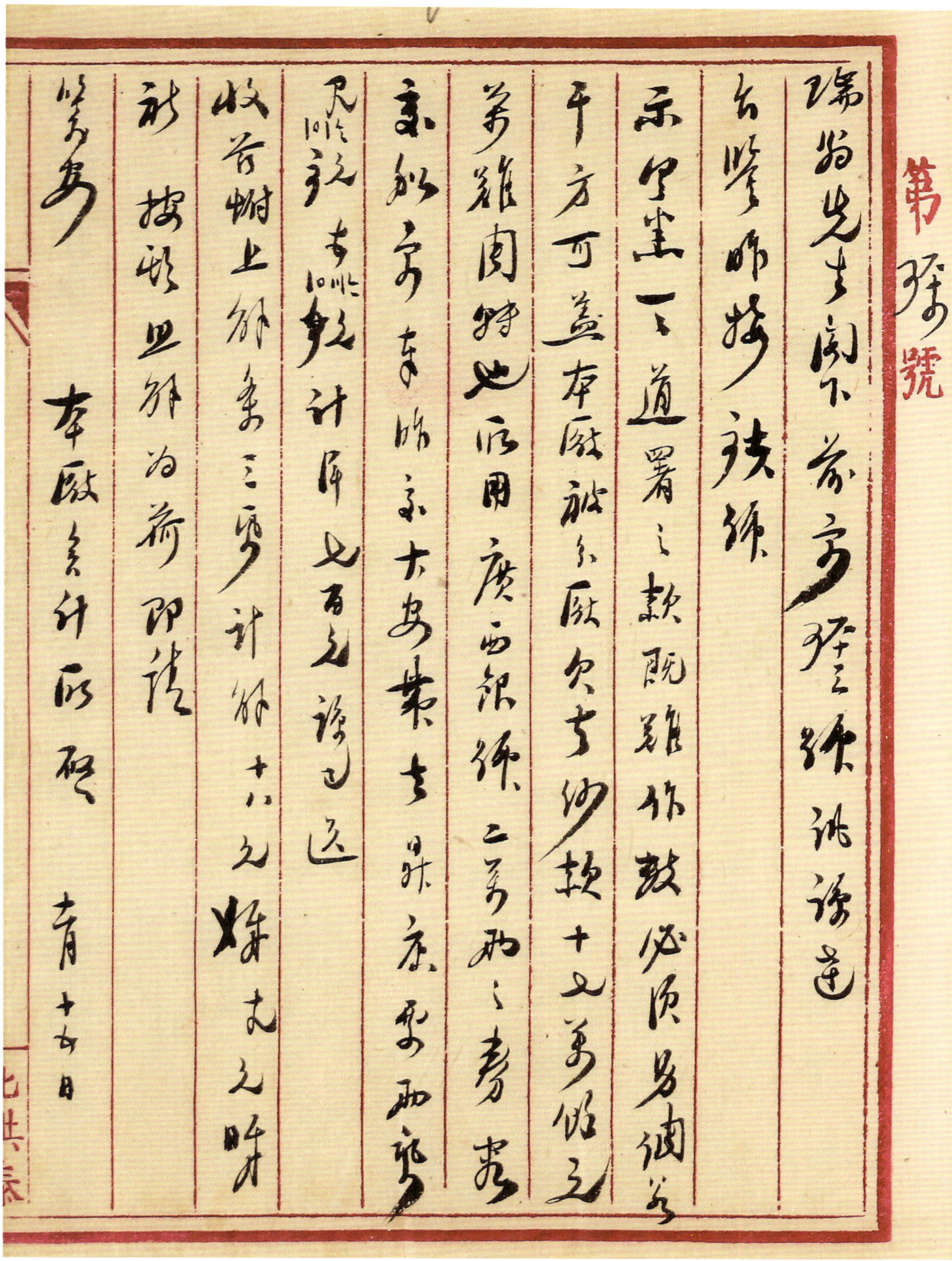

第一百六十四號（十一月十五日）

瑞翁先生閣下：前寄一百六十三號訊，諒達台鑒。昨接二百十六號示，具悉一一。道署之款既難作數，必須另調若干方可，蓋本廠被分廠欠去紗款十七萬餘元，萬難周轉也。所用廣西銀號二萬兩之券，容交船寄奉。昨交大安帶去昇康票兩紙，初九一〇一八二百元、十五一〇三七五百元，計洋七百元，諒已送收。兹附上解條三紙，計解十八元四千兩、十九元二千兩，祈按期照解爲荷。即請籌安。本廠會計所啓。十一月十五日

諸翁均此

第一百六十四號（十一月十五日）

諸翁均此。

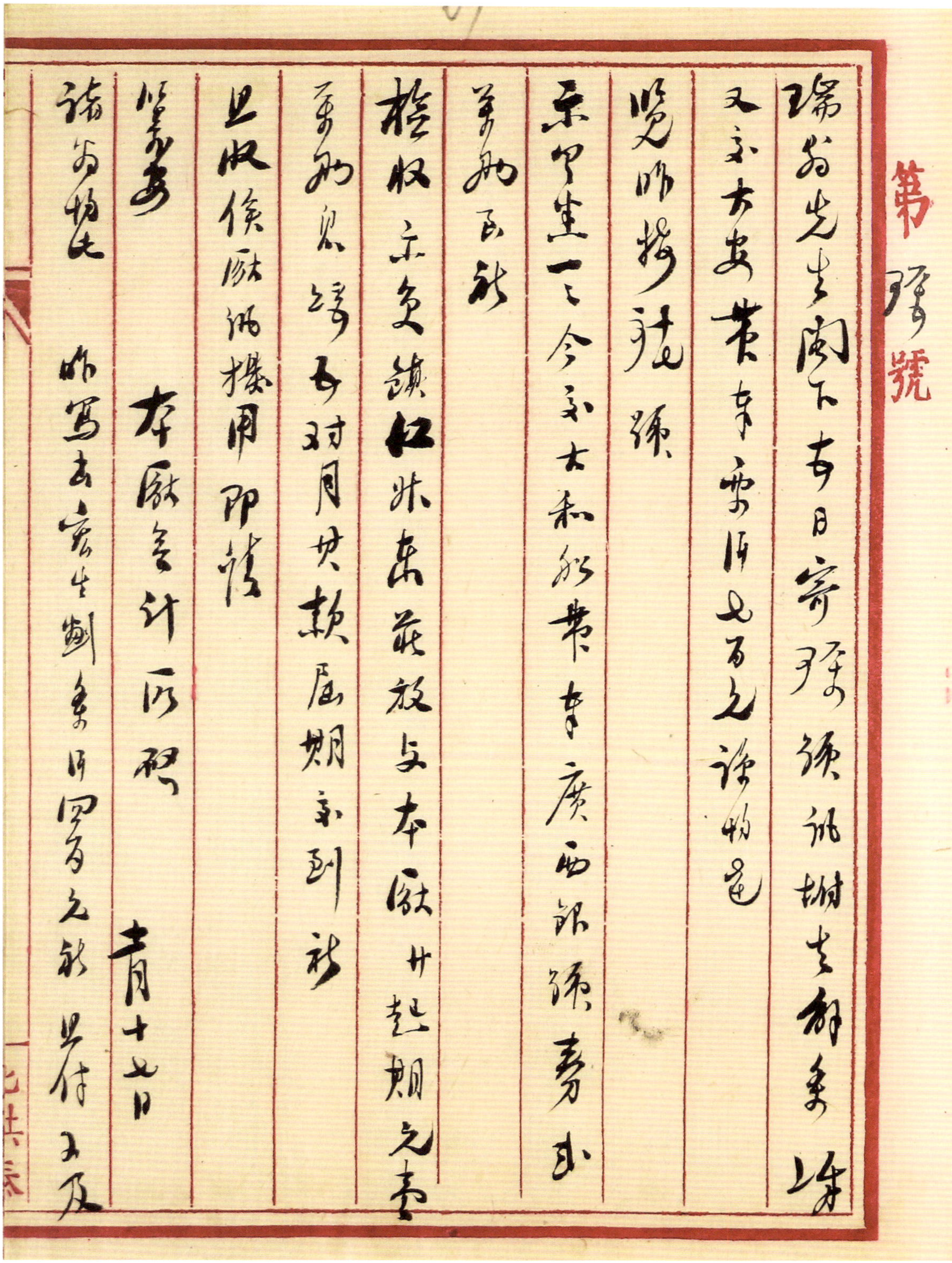

第一百六十五號（十一月十七日）

瑞翁先生閣下：十五日寄一百六十四號訊，附去解條六千兩，又交大安帶奉票洋七百元，諒均達覽。昨接二百十七號示，具悉一一。今交大和船帶奉廣西銀號券弍萬兩，至祈檢收示復。鎮江昇泰莊放與本廠廿起期元壹萬兩，息七兩二錢五，五對月，其款届期交到祈照收，俟廠訊撥用。即請籌安。本廠會計所啓。十一月十七日

諸翁均此。

第一百六十五號（十一月十七日）

昨寫出宏生劃條洋四百元，祈照付。又及。

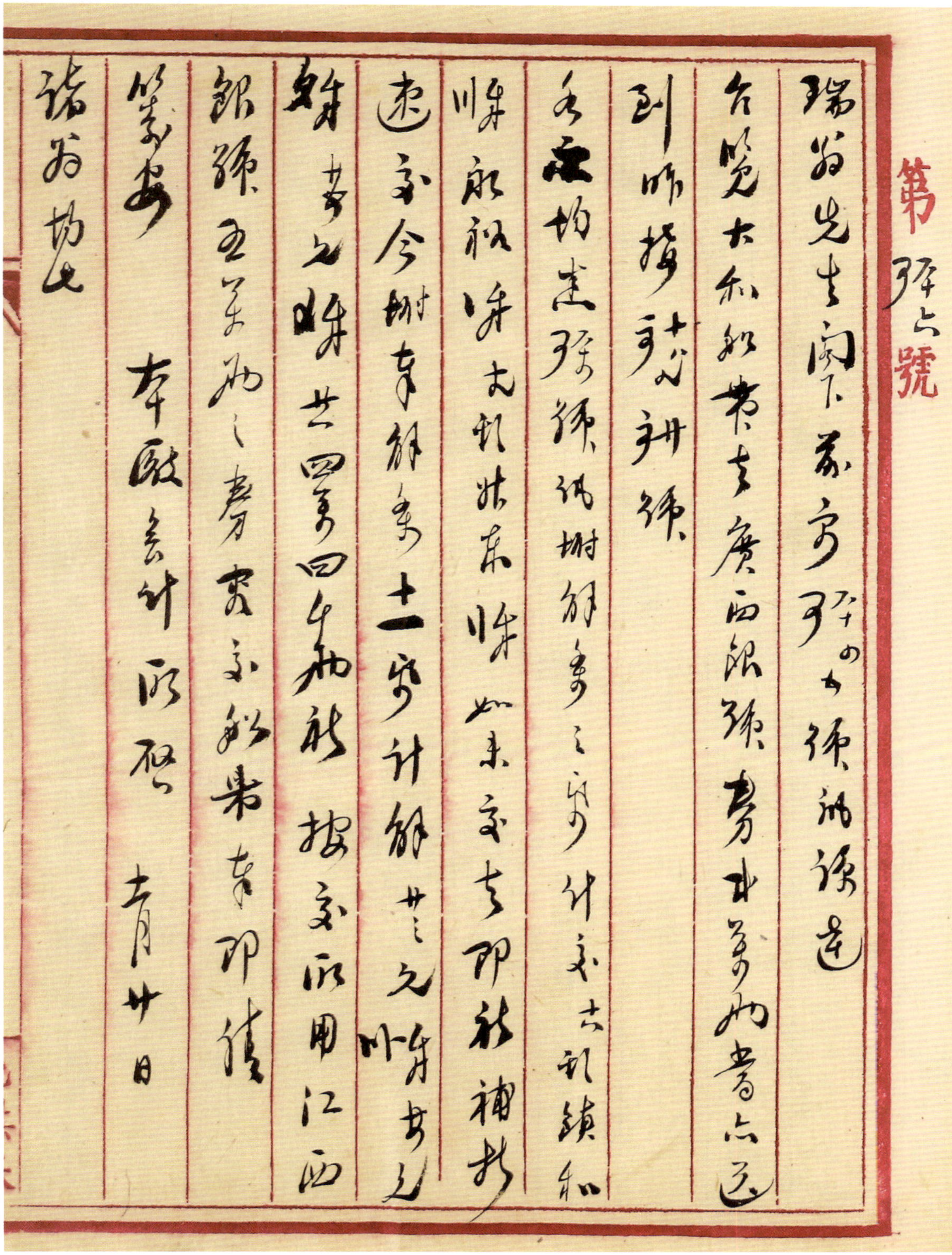

第一百六十六號（十一月廿日）

瑞翁先生閣下：前寄一百六十四、一百六十五號訊，諒達台覽。大和船帶去廣西銀號券式萬兩，當亦送到。昨接二百十八、二百十九、二百廿號各示，均悉。一百六十四號訊附解條三紙，計交十八期鎮和三千兩、永裕一千兩，十九期昇泰二千兩，如未交去，即祈補折速交。今附奉解條十一紙，計解廿三元三萬一千兩、廿四元九千兩、廿五元四千兩，共四萬四千兩，祈按交。所用江西銀號五萬兩之券，容交船帶奉。即請籌安。本廠會計所啓。十一月廿日

第一百六十六號（十一月廿日）

諸翁均此。

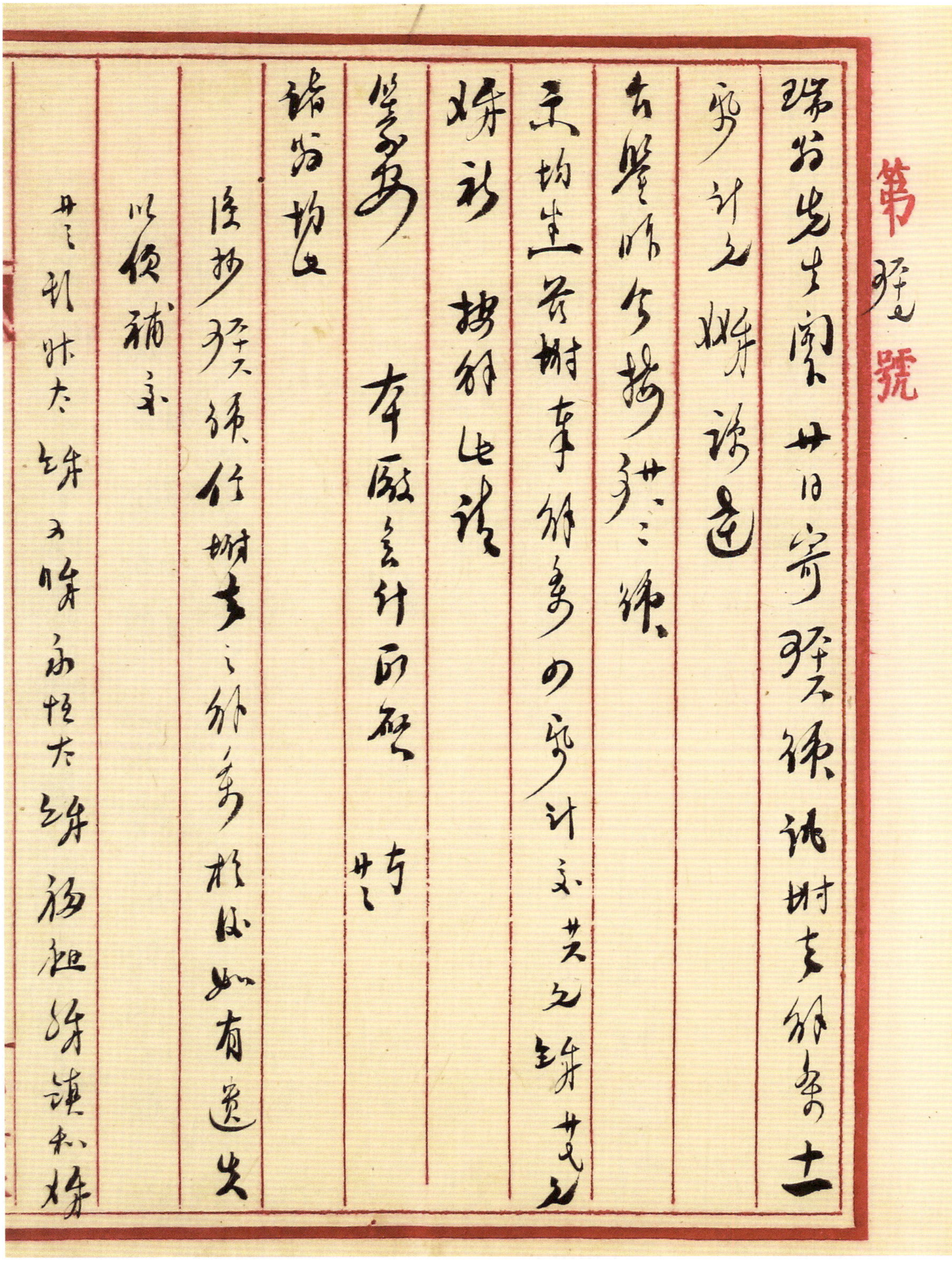

第一百六十七號（十一月廿二日）

瑞翁先生閣下：廿日寄一百六十六號訊，附去解條十一紙，計元四萬四千兩，諒達台鑒。昨、今接二百廿一、二百廿二號示，均悉。茲附奉解條四紙，計交廿六元八千兩、廿七元四千兩，祈按解。此請籌安。本廠會計所啓。十一月廿二

諸翁均此。

復抄一百六十六號信附去之解條於後，如有遺失，以便補交：

廿三期：昇泰八千兩，又二千兩；永恒泰七千兩，福昶五千兩，鎮和四千兩，裕長

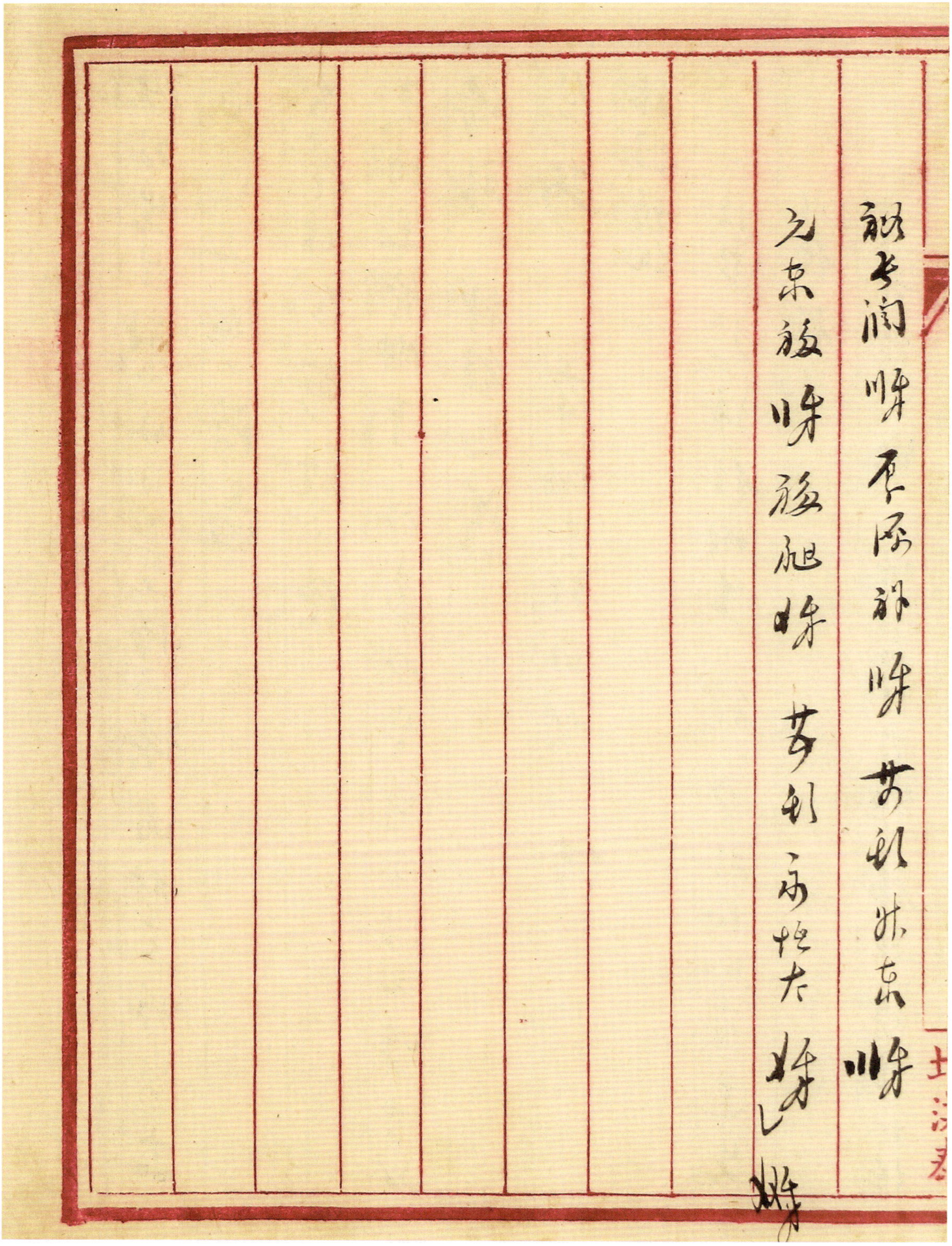

第一百六十七號（十一月廿二日）

潤三千兩，厚源祥二千兩；廿四期：昇泰三千兩，元泰福二千兩，福昶四千兩；廿五期：永恒泰四千兩。

四萬四千兩。

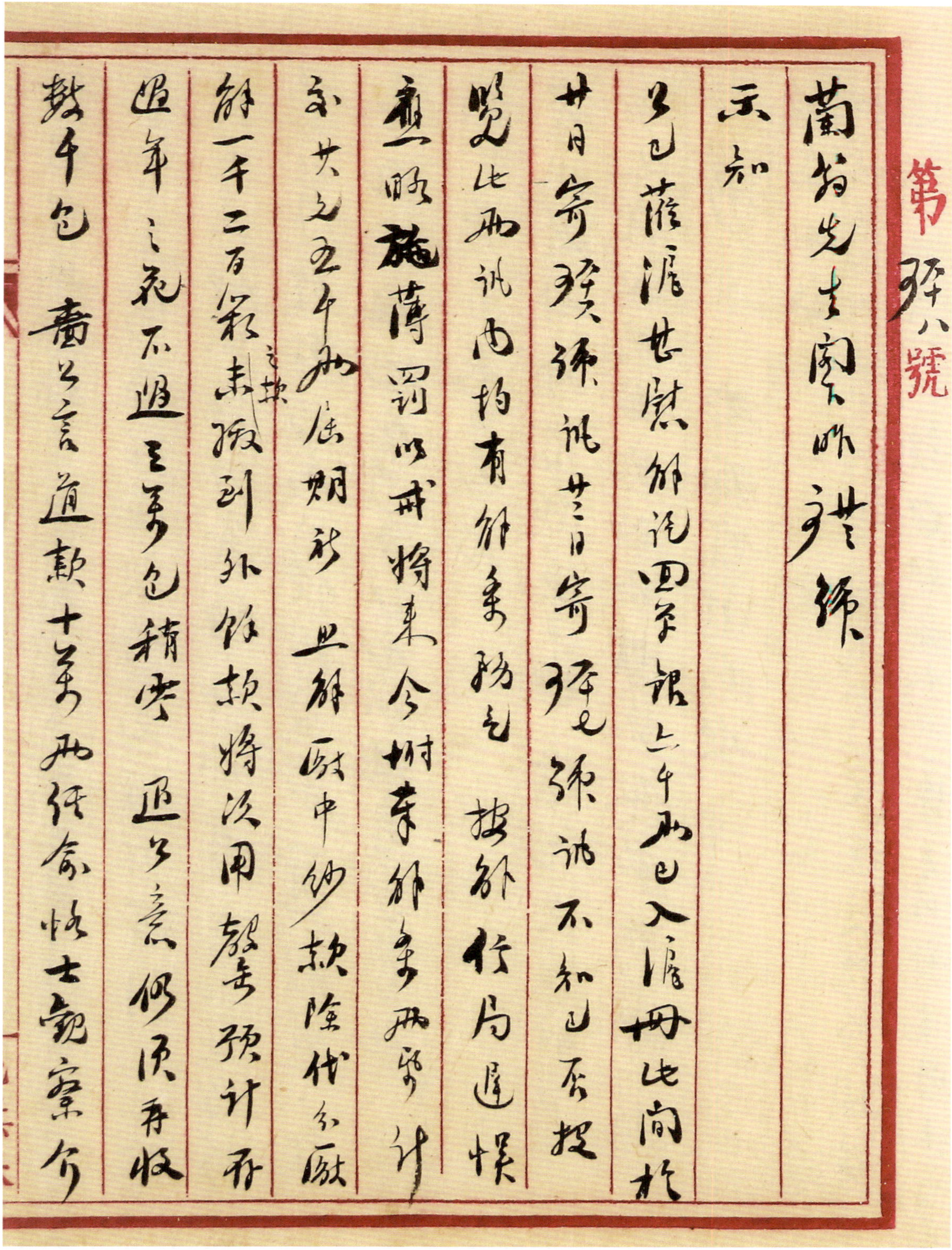

第一百六十八號

蘭翁先生閣下：昨二百廿三號示，知公已蒞滬，甚慰。解訖回單銀六千兩，已入滬册。此間於廿日寄一百六十六號訊、廿二日寄一百六十七號訊，不知已否披覽，此兩訊內均有解條，務乞按解。信局遲誤，應略施薄罰，以戒將來。今附奉解條兩紙，計交廿八元五千兩，屆期祈照解。廠中紗款，除代分廠解一千二百箱之款未繳到外，餘款將次用罄。預計存過年之花不過三萬包稍零，退公意仍須再收數千包。啬公言道款十萬兩，經俞恪士觀察介紹，仍可照放，據云分三期交出，由道署帳房與尊處

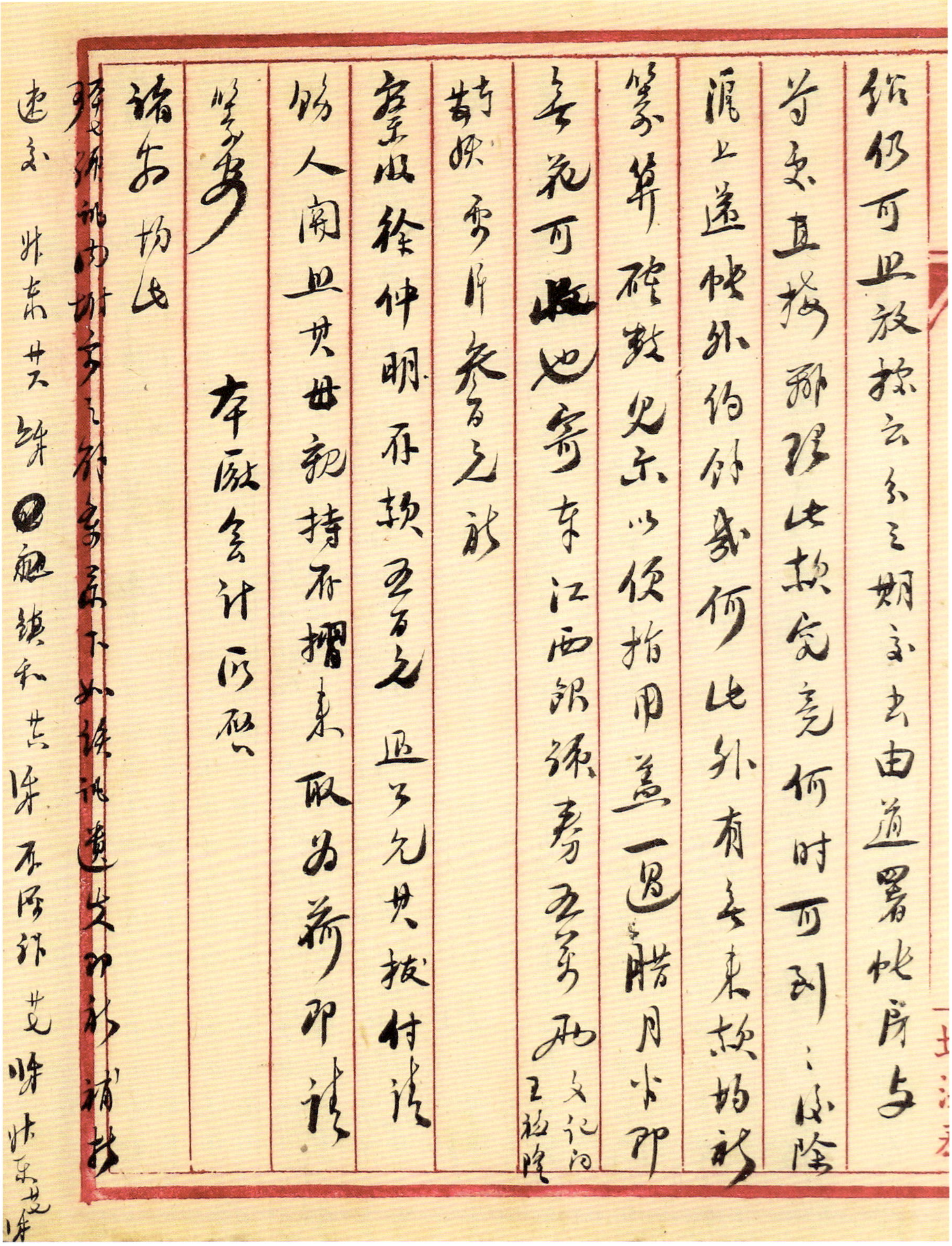

第一百六十八號

直接辦理。此款究竟何時可到，到後除滬上還帳外約餘幾何，此外有無來款，均祈籌算確數見示，以便指用，蓋一過臘月半即無花可收也。寄奉江西銀號券五萬兩，文記向王福隆十一月廿五（五天）票洋叁百元，祈察收。徐仲明存款五百元，退公允其撥付，請飭人關照其母親持存摺來取爲荷。即請籌安。本廠會計所啓。

諸翁均此。

一百六十七號訊内附寄之解條録下，如該訊遺失，即祈補折速交。

昇泰廿六七千兩，鎮和廿六一千兩，厚源祥廿七二千兩，昇泰廿七二千兩。

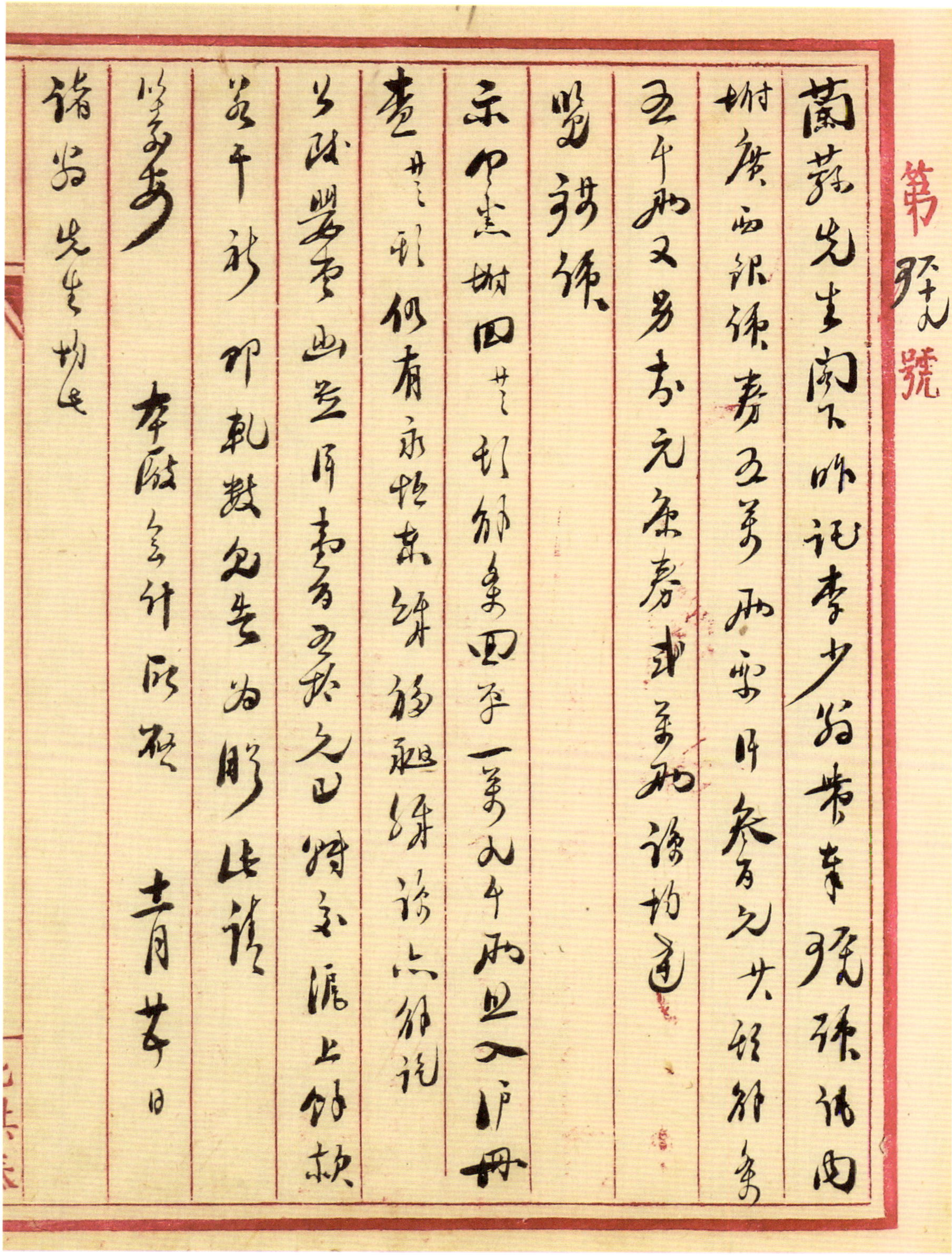

第一百六十九號（十一月廿五日）

蘭蓀先生閣下：昨托李少翁帶奉一百六十九〔八〕號訊，内附廣西銀號券五萬兩、票洋叁百元、廿八期解條五千兩，又另封元康券式萬兩，諒均達覽。二百廿四號示具悉，附回廿三期解條回單一萬九千兩，照入滬册。查廿三期仍有永恒泰七千兩、福昶五千兩，諒亦解訖。公致嬰堂函并洋壹百五拾元已轉交。滬上餘款若干，祈即軋數見告爲盼。此請籌安。本廠會計所啓。十一月廿五日

諸翁先生均此。

第一百六十九號（十一月廿五日）

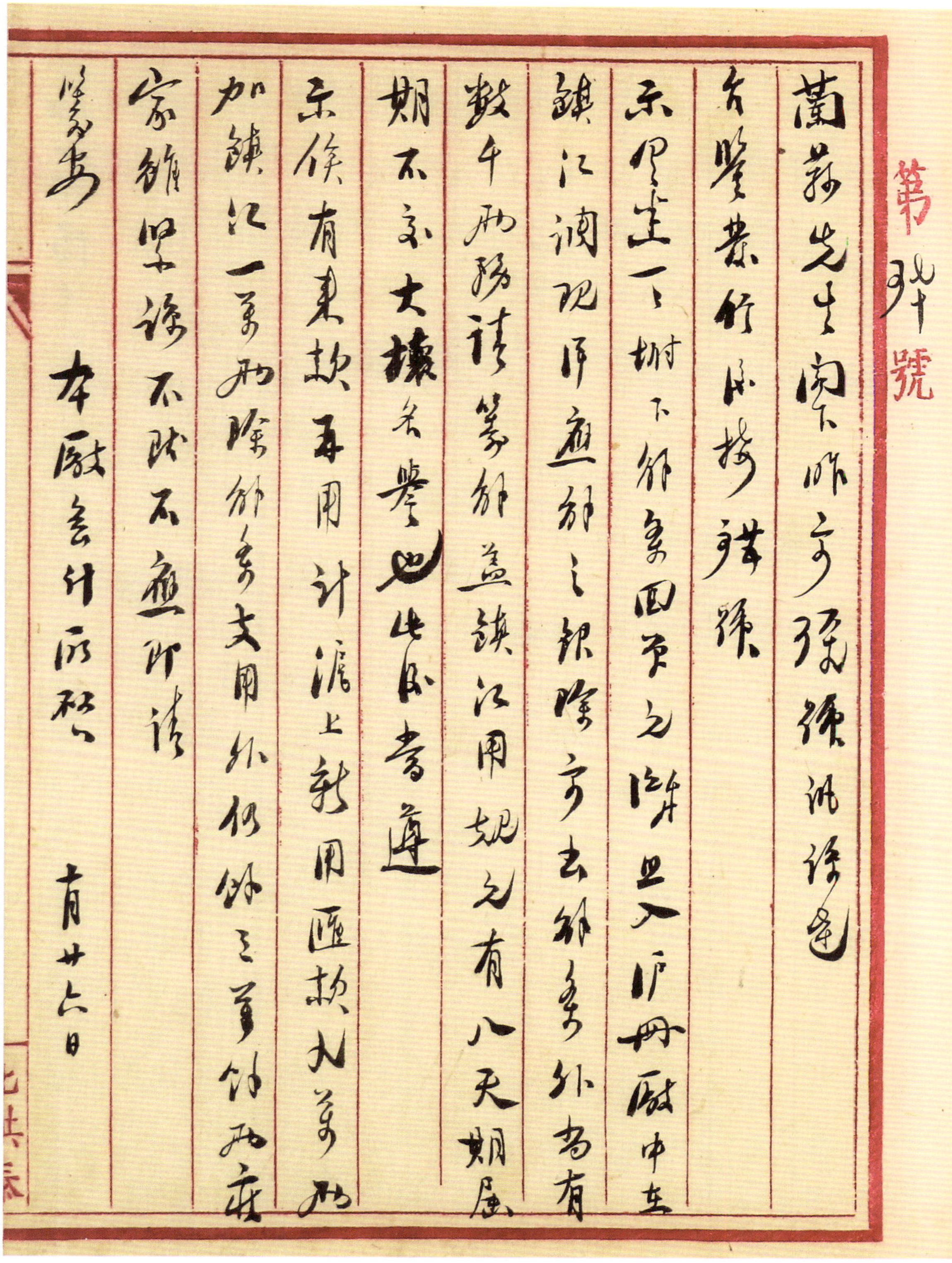

第一百七十號（十一月廿六日）

蘭蓀先生閣下：昨寄一百六十九號訊，諒達台鑒。發信後接二百廿五號示，具悉一一。附下解條回單元一萬七千兩，照入滬册。廠中在鎮江調現洋，應解之銀，除寄出解條外，尚有數千兩，務請籌解。蓋鎮江用規元，有八天期，屆期不交，大壞名譽也。此後當遵示，俟有來款再用。計滬上新用匯款九萬兩，加鎮江一萬兩，除解條支用外，仍餘三萬餘兩，莊家雖緊，諒不致不應。即請籌安。本廠會計所啓。十［一］月廿六日

諸翁均此

第一百七十號（十一月廿六日）

諸翁均此。

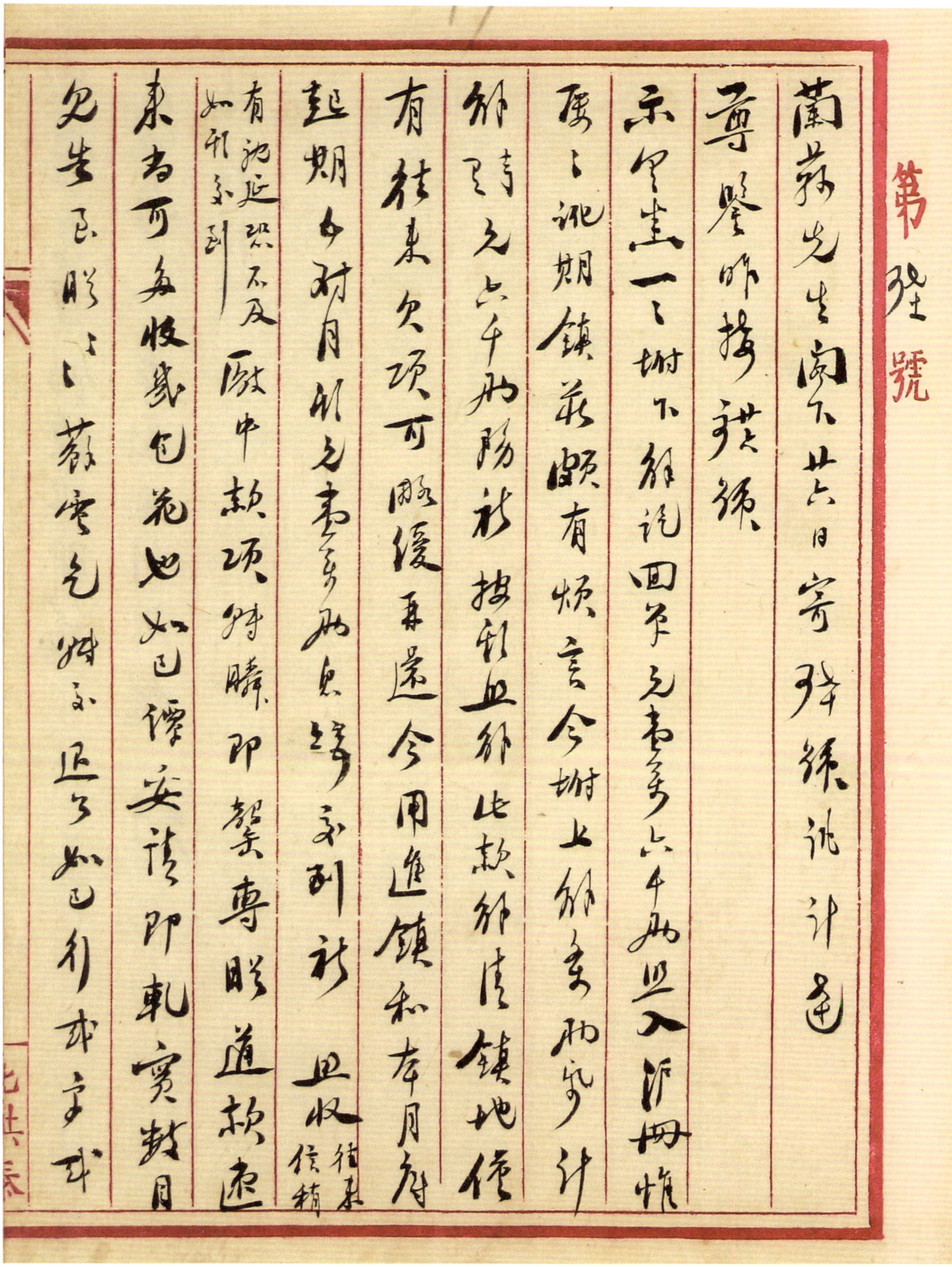

第一百七十一號（十一月廿八日）

蘭蓀先生閣下：廿六日寄一百七十號訊，計達尊鑒。昨接二百廿六號示，具悉一一。附下解訖回單元壹萬六千兩，照入滬册，惟屢屢訛期，鎮莊頗有煩言。今附上解條兩紙，計解十二月初二元六千兩，務祈按期照解。此款解清，鎮地僅有往來欠項，可略緩再還。今用進鎮和本月底起期五對月期元壹萬兩，息七兩二錢五，交到祈照收（往來信稍有耽延，恐不及如期交到）。廠中款項轉瞬即罄，專盼道款速來，尚可多收幾包花也。如已譚妥，請即軋實數目見告，至盼至盼。蘇電乞轉交退公，如已行，

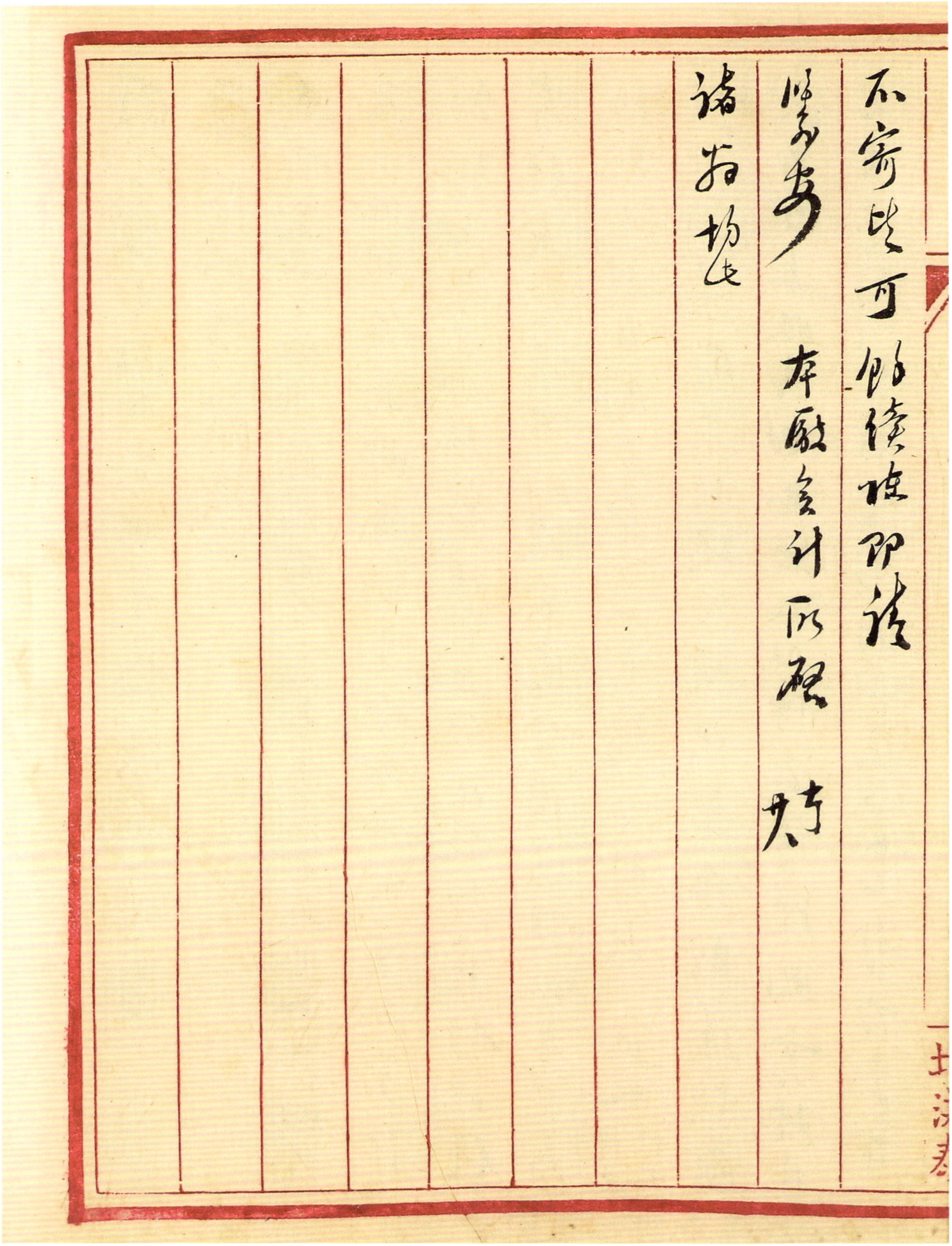

第一百七十一號（十一月廿八日）

或寄或不寄皆可。餘續陳。即請籌安。本廠會計所啓。十一月廿八
諸翁均此。

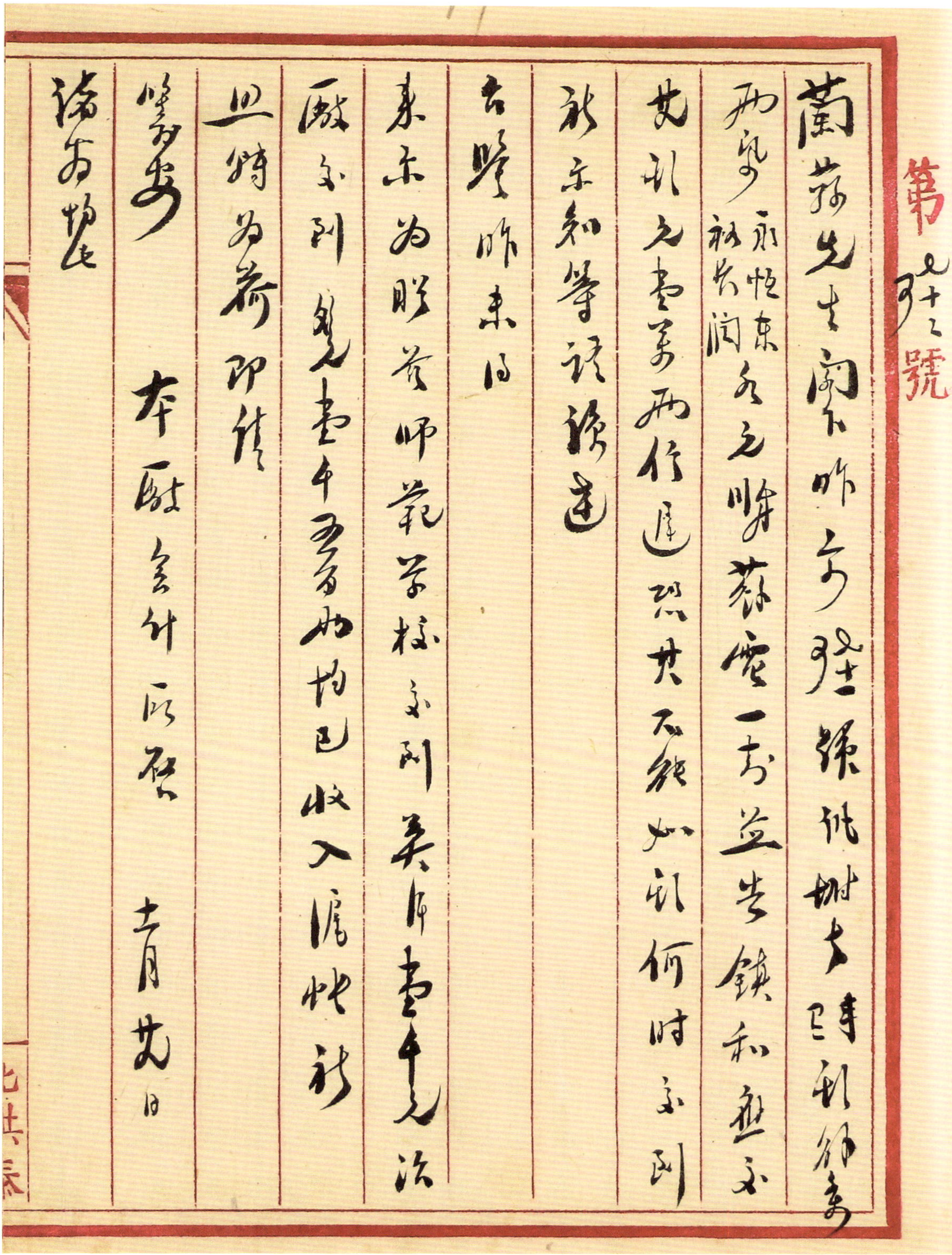

第一百七十二號（十一月廿九日）

蘭蓀先生閣下：昨寄一百七十一號訊，附去十二月初二期解條兩紙，永恒泰、裕長潤各元三千兩，蘇電一封，并告鎮和應交廿九期元壹萬兩，信遲恐其不能如期，何時交到祈示知等語，諒達台鑒。昨未得來示，爲盼。兹師範學校交到英洋壹千元，冶廠交到九八元壹千五百兩，均已收入滬帳，祈照轉爲荷。即請籌安。本廠會計所啓。十一月廿九日

諸翁均此。

第一百七十二號（十一月廿九日）

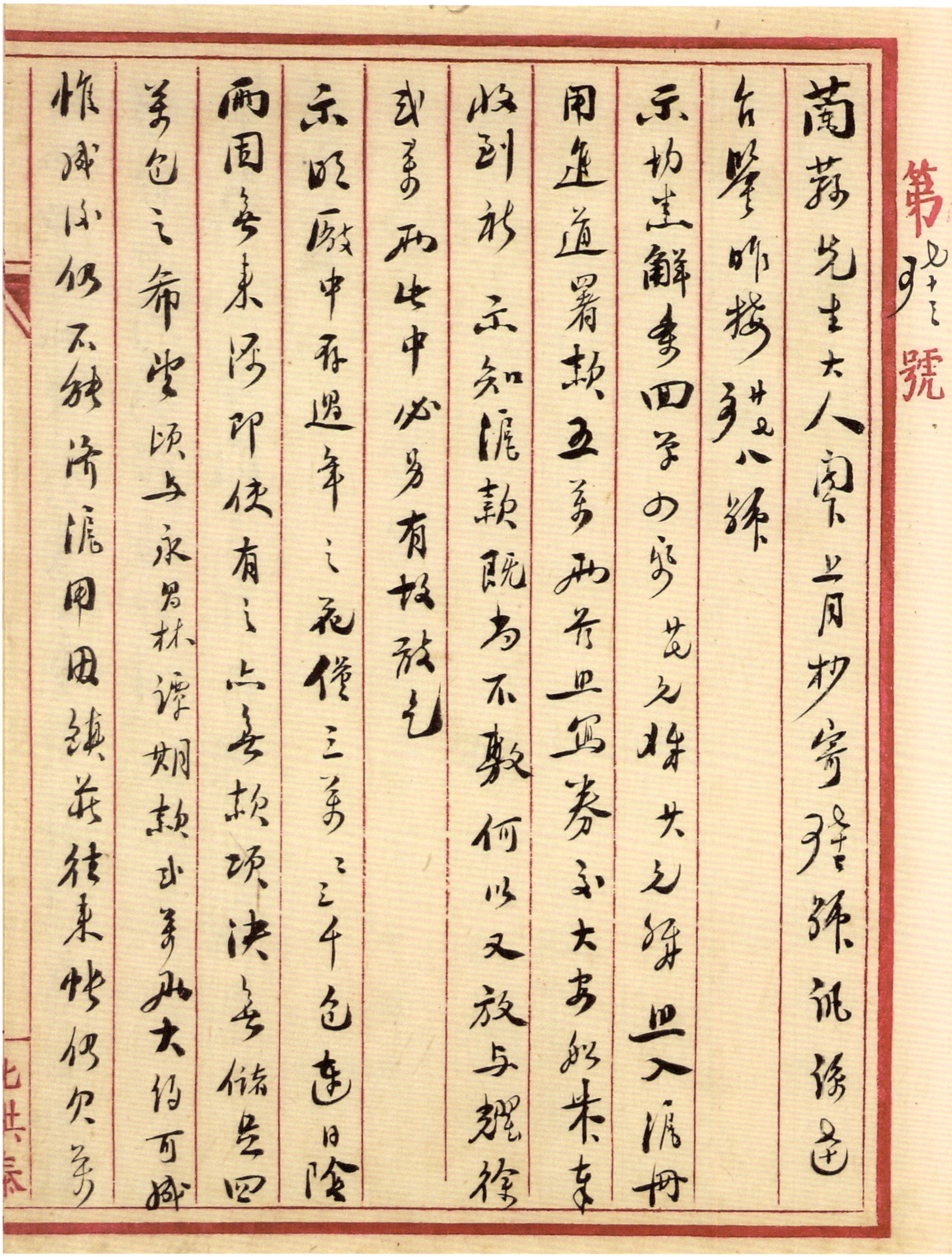

第一百七十三號（十二月初二日）

蘭蓀先生大人閣下：上月杪寄一百七十二號訊，諒達台鑒。昨接二百廿七、二百廿八號示，均悉。解條回單四紙，廿七元四千兩、廿八元五千兩，照入滬册。用進道署款五萬兩，兹照寫券，交大安船帶奉，收到祈示知。滬款既尚不敷，何以又放與耀徐弍萬兩？此中必另有故，敢乞示明。廠中存過年之花僅三萬二三千包，連日陰雨，固無來源，即使有之，亦無款項，决無儲足四萬包之希望。頃與永昌林譚期款弍萬兩，大約可成，惟成後仍不能濟滬用，因鎮莊往來帳仍欠萬餘兩也。兹附奉

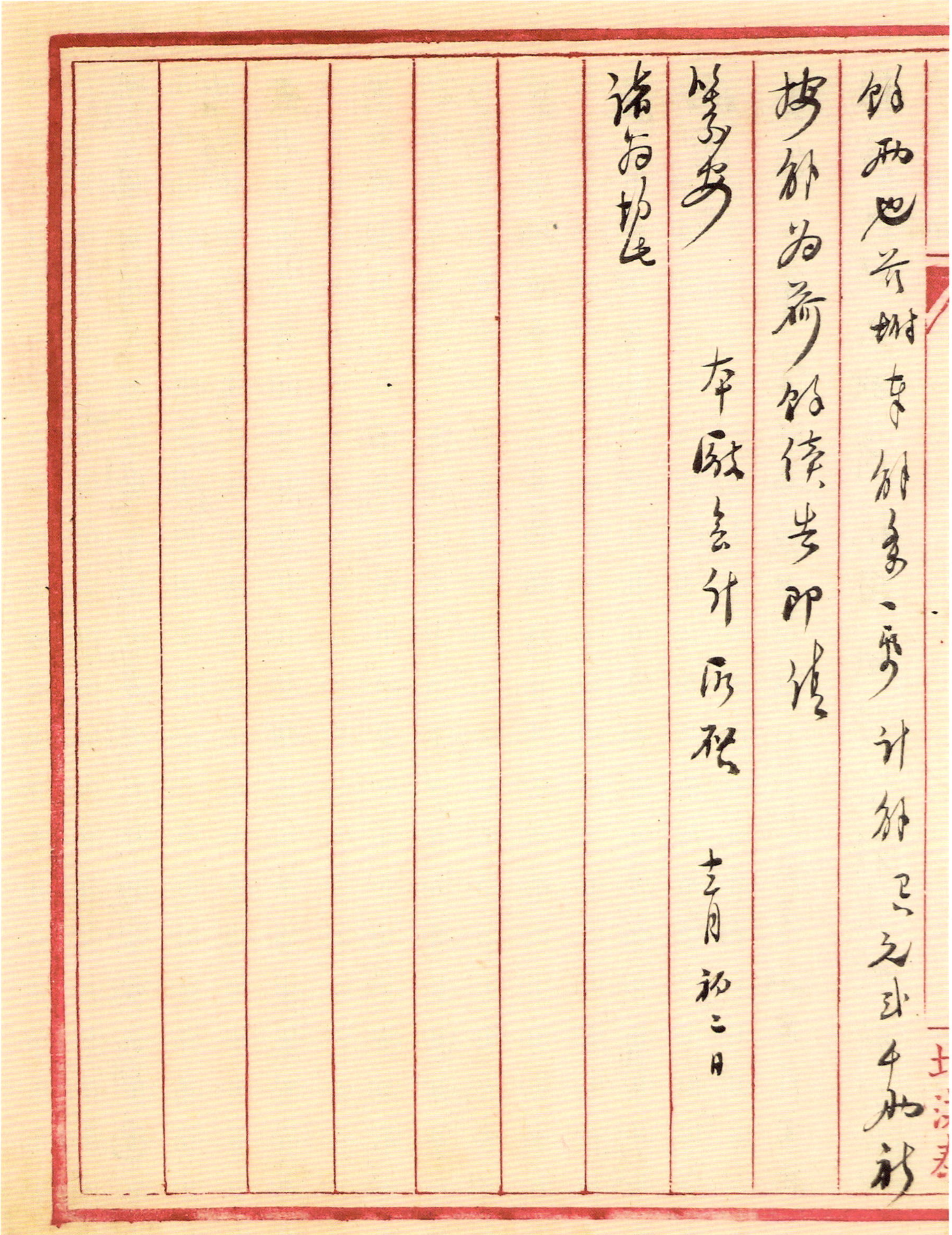

第一百七十三號（十二月初二日）

解條一紙，計解初六元式千兩，祈按解爲荷。餘續告。即請籌安。本廠會計所啓。
十二月初二日
諸翁均此。

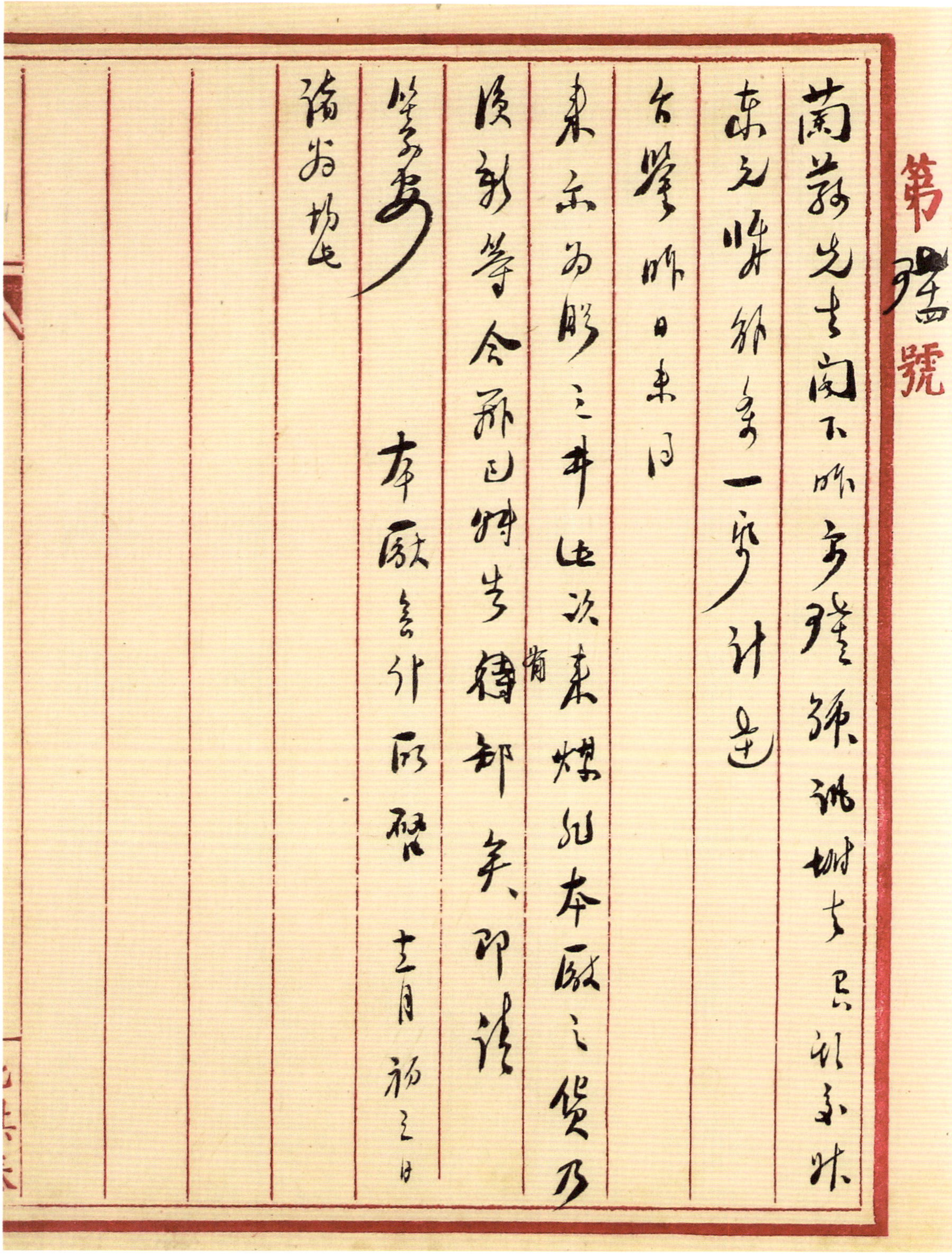

第一百七十四號（十二月初三日）

蘭蓀先生閣下：昨寄一百七十三號訊，附去初六期交昇泰元二千兩解條一紙，計達台鑒。昨日未得來示，爲盼。三井此次來煤非本廠之貨，乃復新等合辦，已轉告備卸矣。即請籌安。本廠會計所啓。十二月初三日

諸翁均此。

第一百七十四號（十二月初三日）

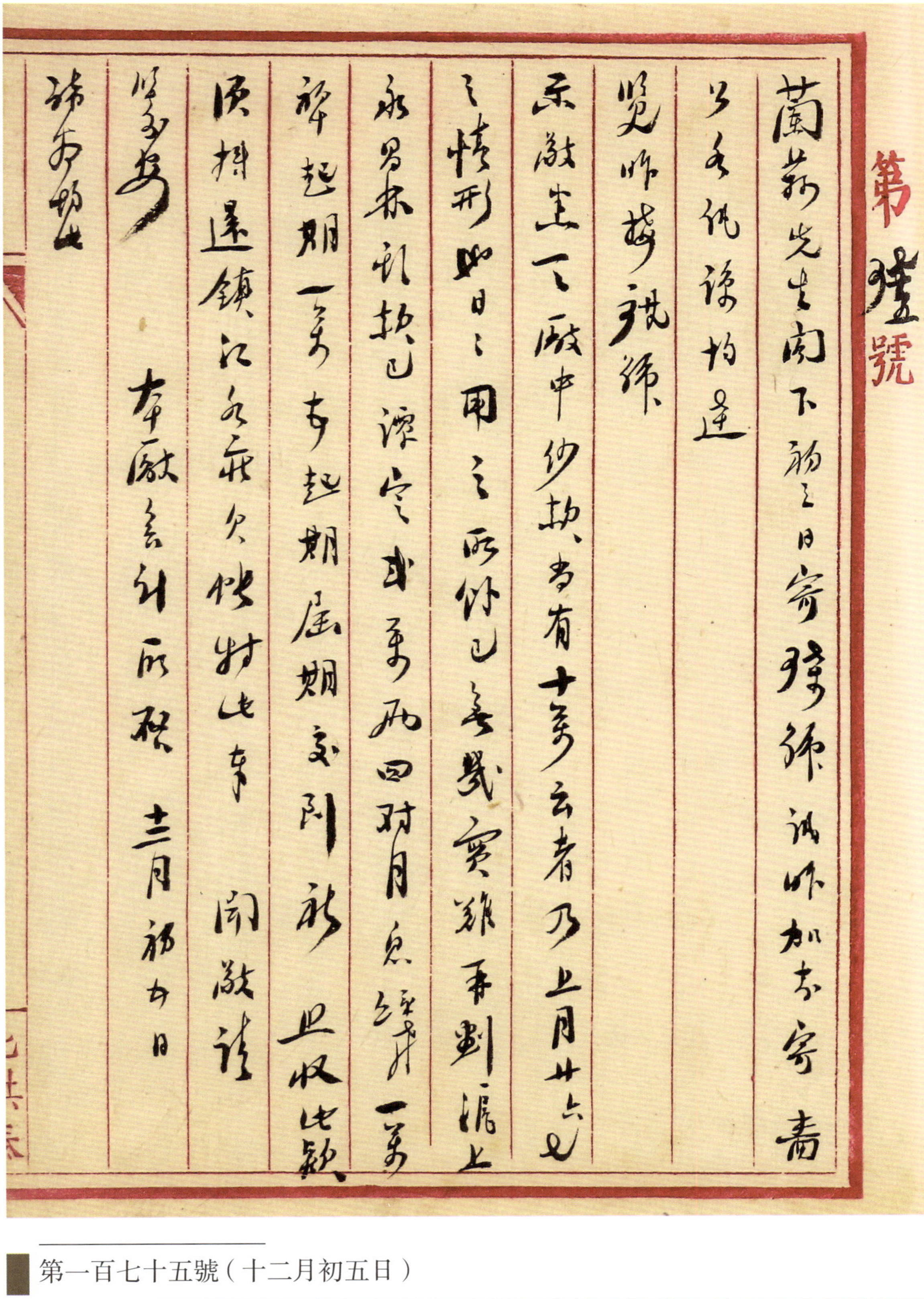

第一百七十五號（十二月初五日）

蘭蓀先生閣下：初三日寄一百七十四號訊，昨加封寄嗇公各訊，諒均達覽。昨接二百廿九號示，敬悉一一。廠中紗款尚有十萬云者，乃上月廿六、廿七之情形也，日日用之，所餘已無幾，實難再劃滬上。永昌林期款已譚定，弍萬兩，四對月，息七兩三錢七分五。一萬初十起期，一萬十五起期，屆期交到祈照收。此款須抵還鎮江各莊欠帳，特此奉聞。敬請籌安。本廠會計所啓。十二月初五日

諸翁均此。

第一百七十五號（十二月初五日）

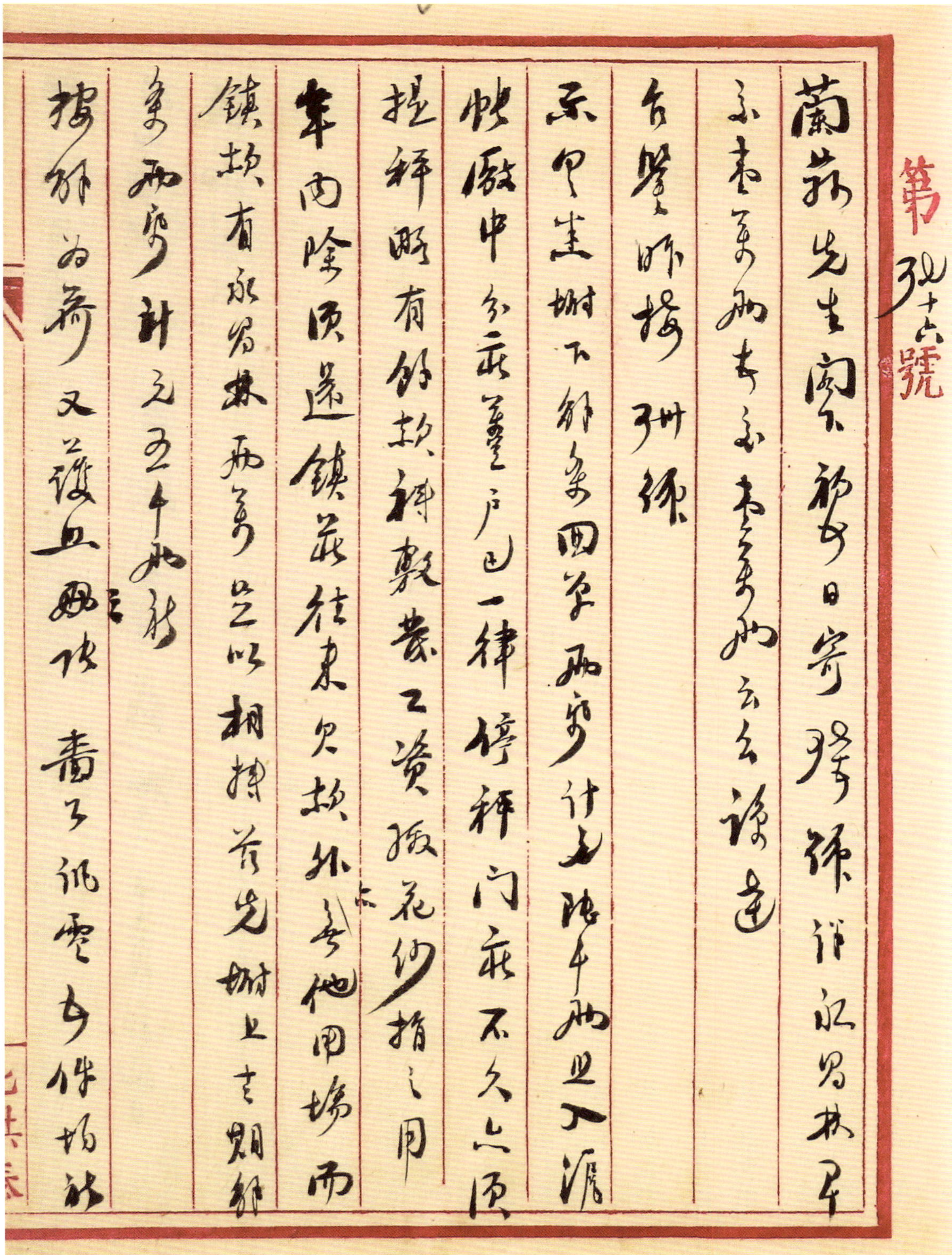

第一百七十六號（十二月初七日）

蘭蓀先生閣下：初五日寄一百七十五號，詳永昌林初十交壹萬兩、十五交壹萬兩云云，諒達台鑒。昨接一〔二〕百卅號示，具悉。附下解條回單兩紙，計元陸千兩，照入滬帳。廠中分莊、躉户已一律停秤，門莊不久亦須提秤，略有餘款衹敷發工資、繳花紗捐之用。年内除須還鎮莊往來欠款外，亦無他用場，而鎮款有永昌林兩萬，足以相抵。兹先附上十二期解條兩紙，計元五千兩，祈按解爲荷。又護照三張、嗇公訊電五件，均祈察收。此請籌安。本廠會計所啓。十二月初七日

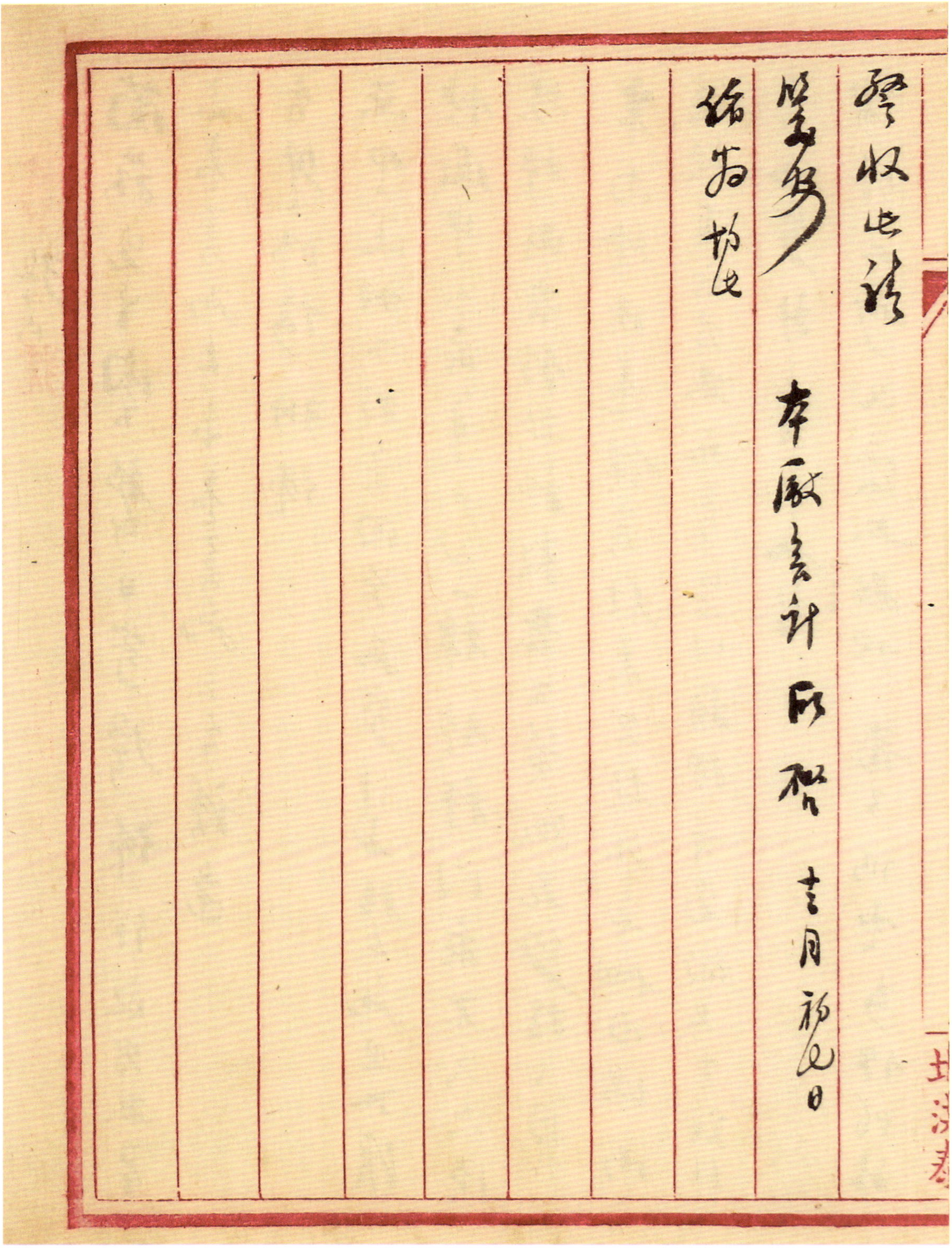
照收此請
籌安
諸翁均此
本廠會計所啓 十二月初七日

第一百七十六號（十二月初七日）

諸翁均此。

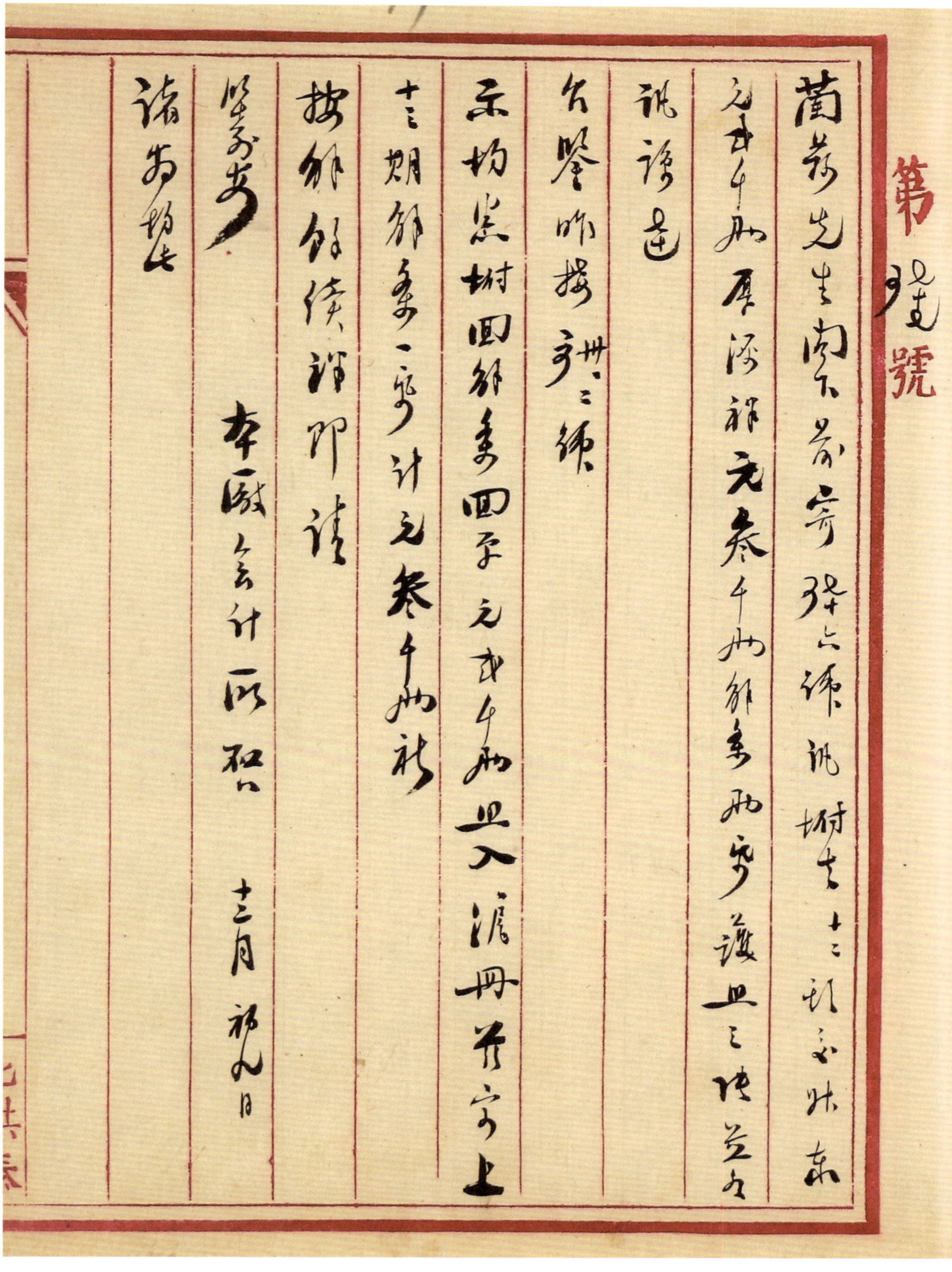

第一百七十七號（十二月初九日）

蘭蓀先生閣下：前寄一百七十六號訊，附去十二期交昇泰元弍千兩、厚源祥元叁千兩解條兩紙，護照三張并各訊，諒達台鑒。昨接二百卅一、二百卅二號示，均悉。附回解條回單元弍千兩，照入滬册。玆寄上十三期解條一紙，計元叁千兩，祈按解。餘續詳。即請籌安。本廠會計所啓。十二月初九日

諸翁均此。

第一百七十七號（十二月初九日）

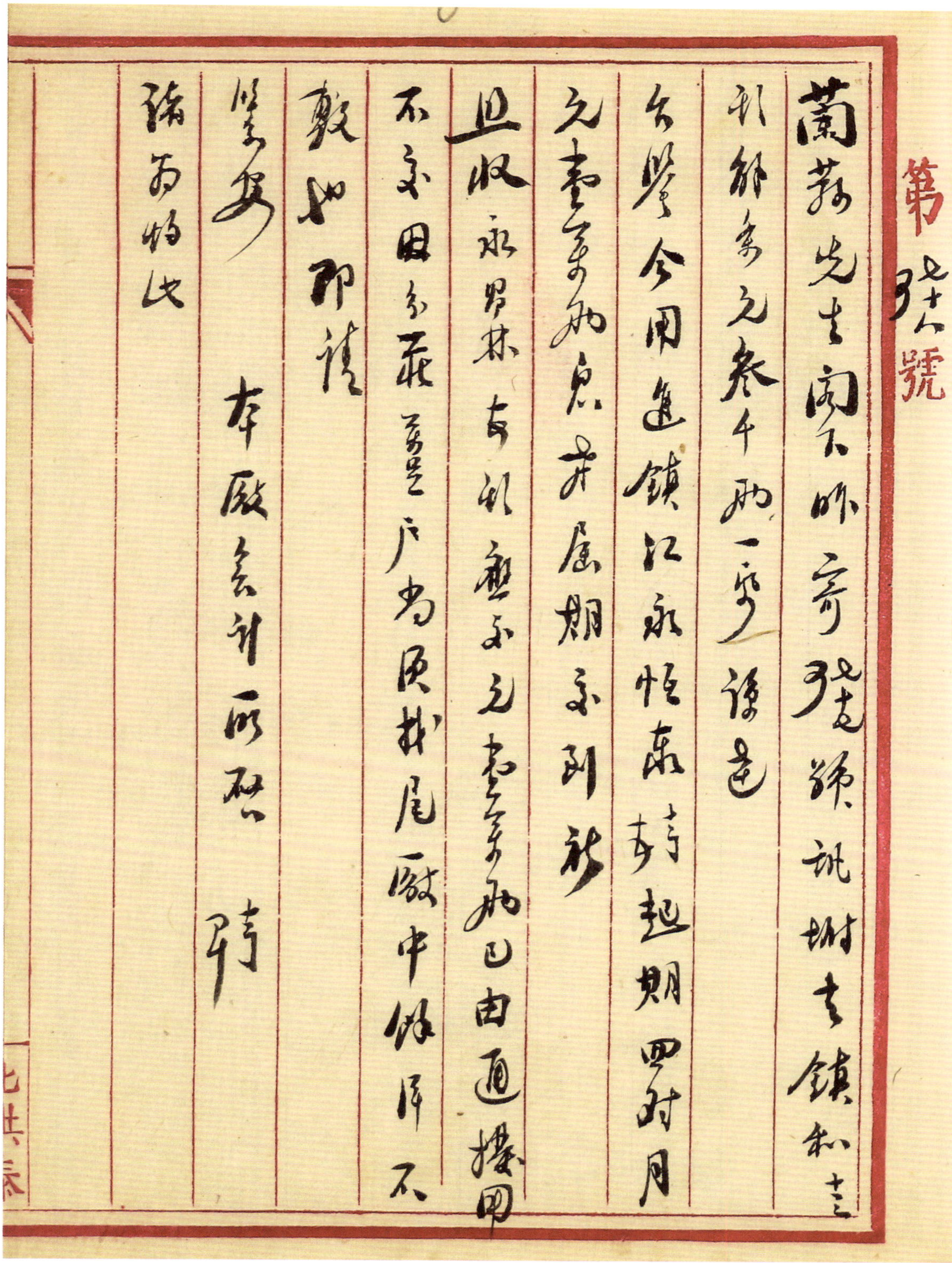

第一百七十八號（十二月初十日）

蘭蓀先生閣下：昨寄一百七十七號訊，附去鎮和十三期解條元叁千兩一紙，諒達台鑒。今用進鎮江永恒泰十二月十五起期四對月元壹萬兩，息七兩，届期交到祈照收。永昌林十五期應交元壹萬兩，已由通撥用不交，因分莊、躉户尚須找尾，廠中餘洋不敷也。即請籌安。本廠會計所啓。十二月初十

諸翁均此。

第一百七十八號（十二月初十日）

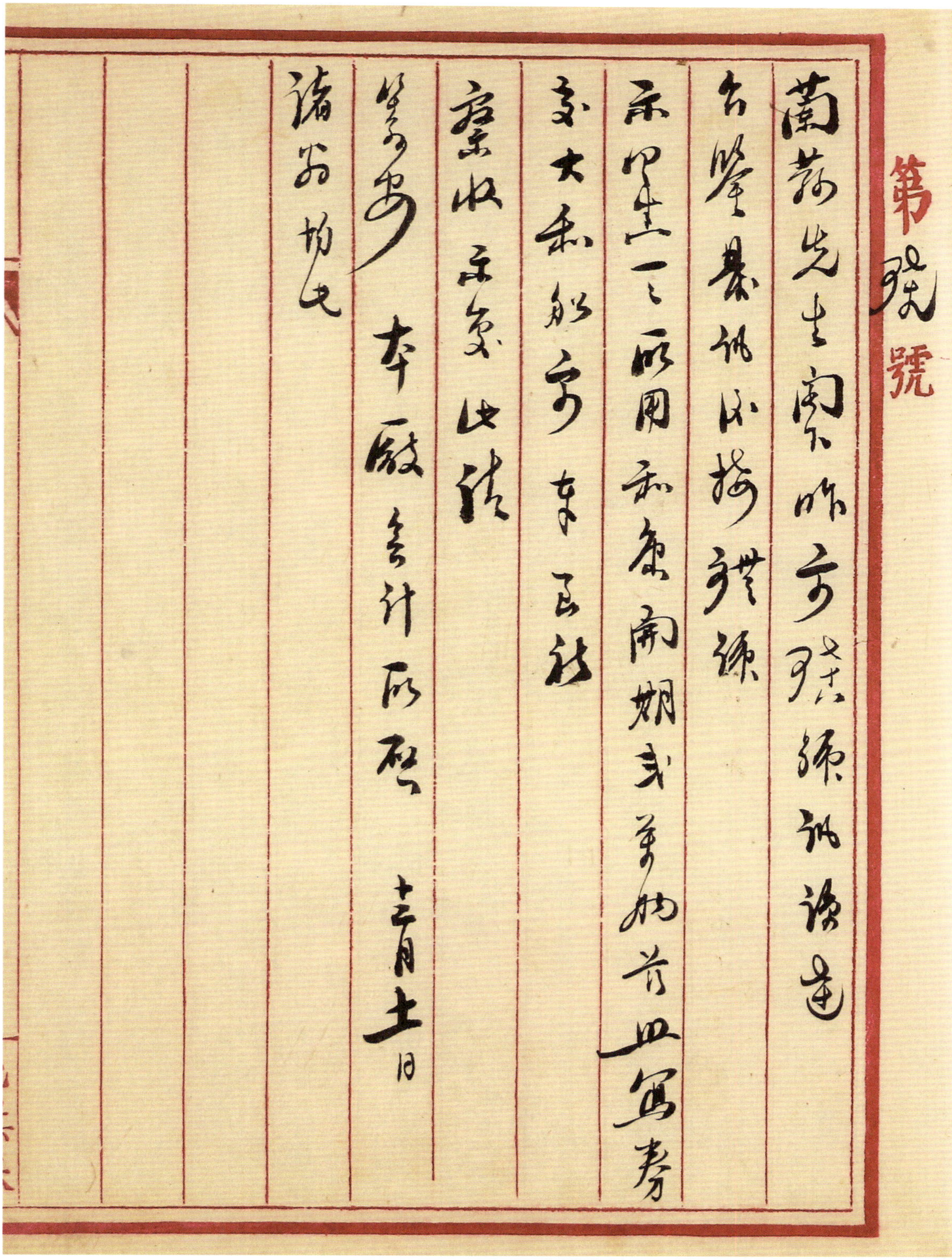

第一百七十九號（十二月十一日）

蘭蓀先生閣下：昨寄一百七十八號訊，諒達台鑒。發訊後接二百卅三號示，具悉一一。所用和康開期弍萬兩，玆照寫券，交大和船寄奉，至祈察收示復。此請籌安。

本廠會計所啓。十二月十一日

諸翁均此。

第一百七十九號（十二月十一日）

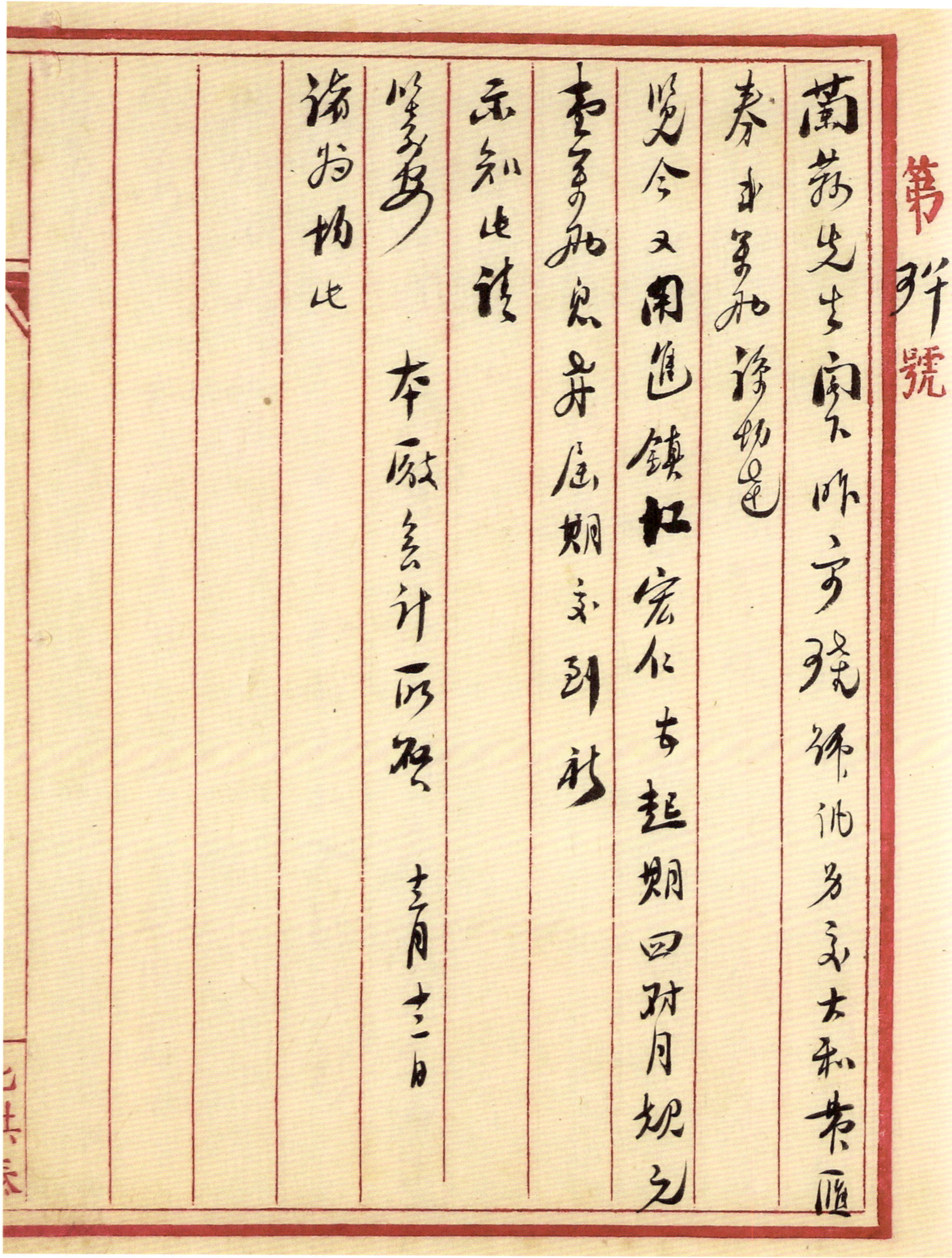

第一百八十號（十二月十二日）

蘭蓀先生閣下：昨寄一百七十九號訊，另交大和帶匯券式萬兩，諒均達覽。今又用進鎮江宏仁十五起期四對月規元壹萬兩，息七兩，届期交到祈示知。此請籌安。本廠會計所啓。十二月十二日

諸翁均此。

第一百八十號（十二月十二日）

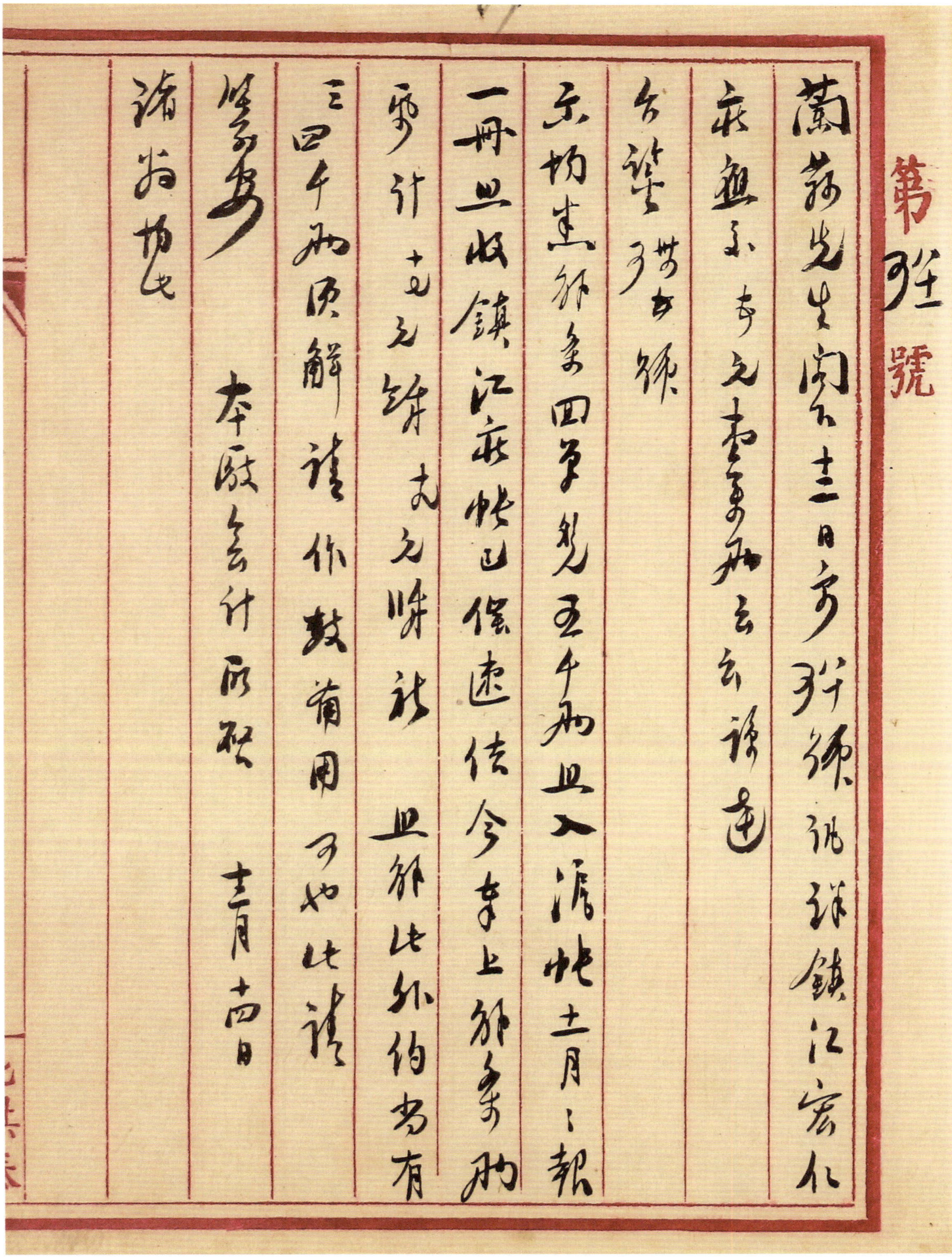

第一百八十一號（十二月十四日）

蘭蓀先生閣下：十二日寄一百八十號訊，詳鎮江宏仁莊應交十五元壹萬兩云云，諒達台鑒。一〔二〕百卅四、二百卅五號示均悉。解條回單九八元五千兩，照入滬帳。十一月月報一册照收。鎮江莊帳已催速結。今奉上解條兩紙，計十七元八千兩、十九元二千兩，祈照解。此外約尚有三四千兩須解，請作數備用可也。此請籌安。
本廠會計所啓。十二月十四日
諸翁均此。

第一百八十一號（十二月十四日）

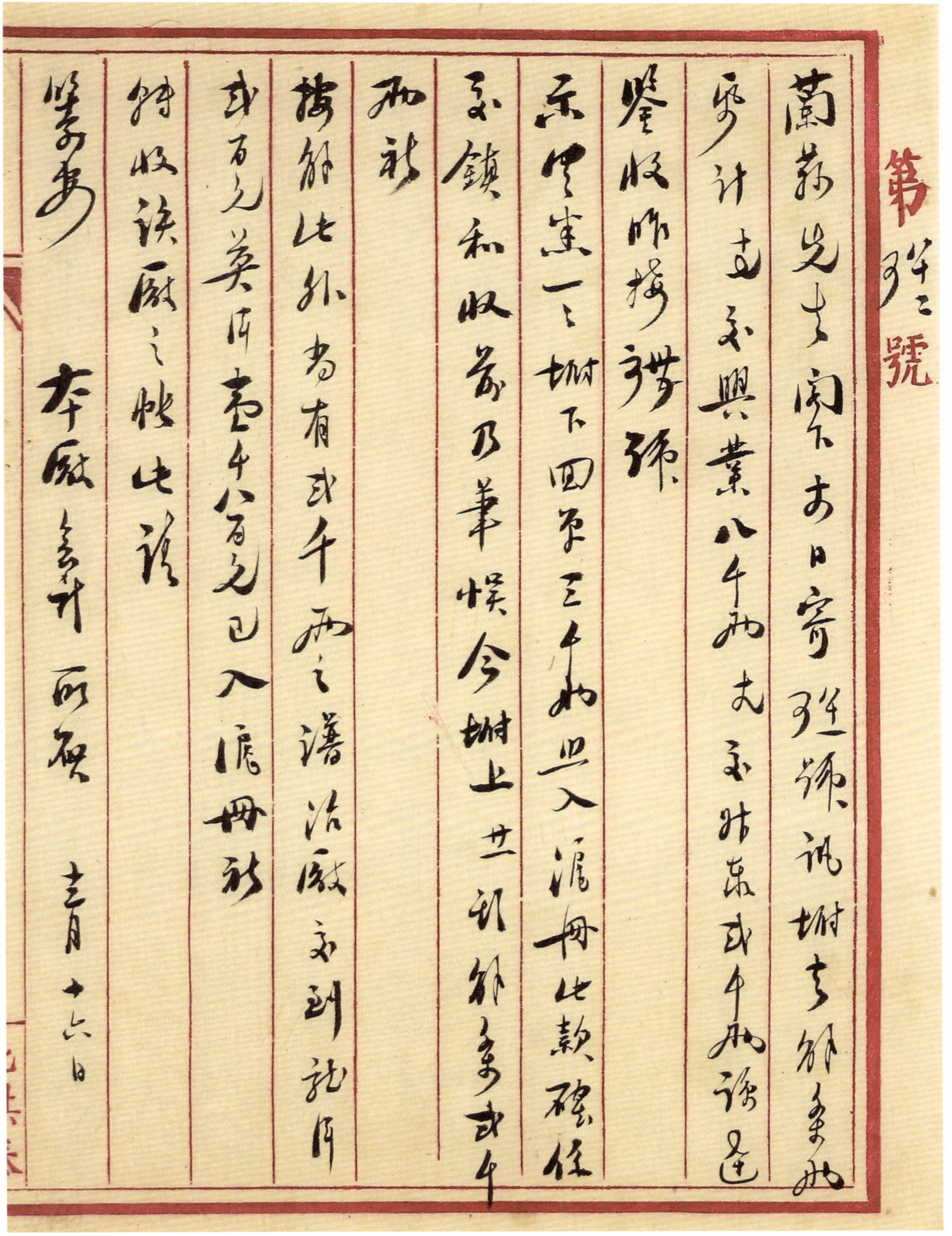

第一百八十二號（十二月十六日）

蘭蓀先生閣下：十四日寄一百八十一號訊，附去解條兩紙，計十七交興業八千兩、十九交昇泰式千兩，諒達鑒收。昨接二百卅五號示，具悉一一。附下回單三千兩，照入滬册，此款確係交鎮和收，前乃筆誤。今附上廿一期解條式千兩，祈按解。此外尚有式千兩之譜。冶廠交到龍洋式百元、英洋壹千八百元，已入滬册，祈轉收該廠之帳。此請籌安。本廠會計所啓。十二月十六日

諸翁均此。

諸翁均鑒

第一百八十二號（十二月十六日）

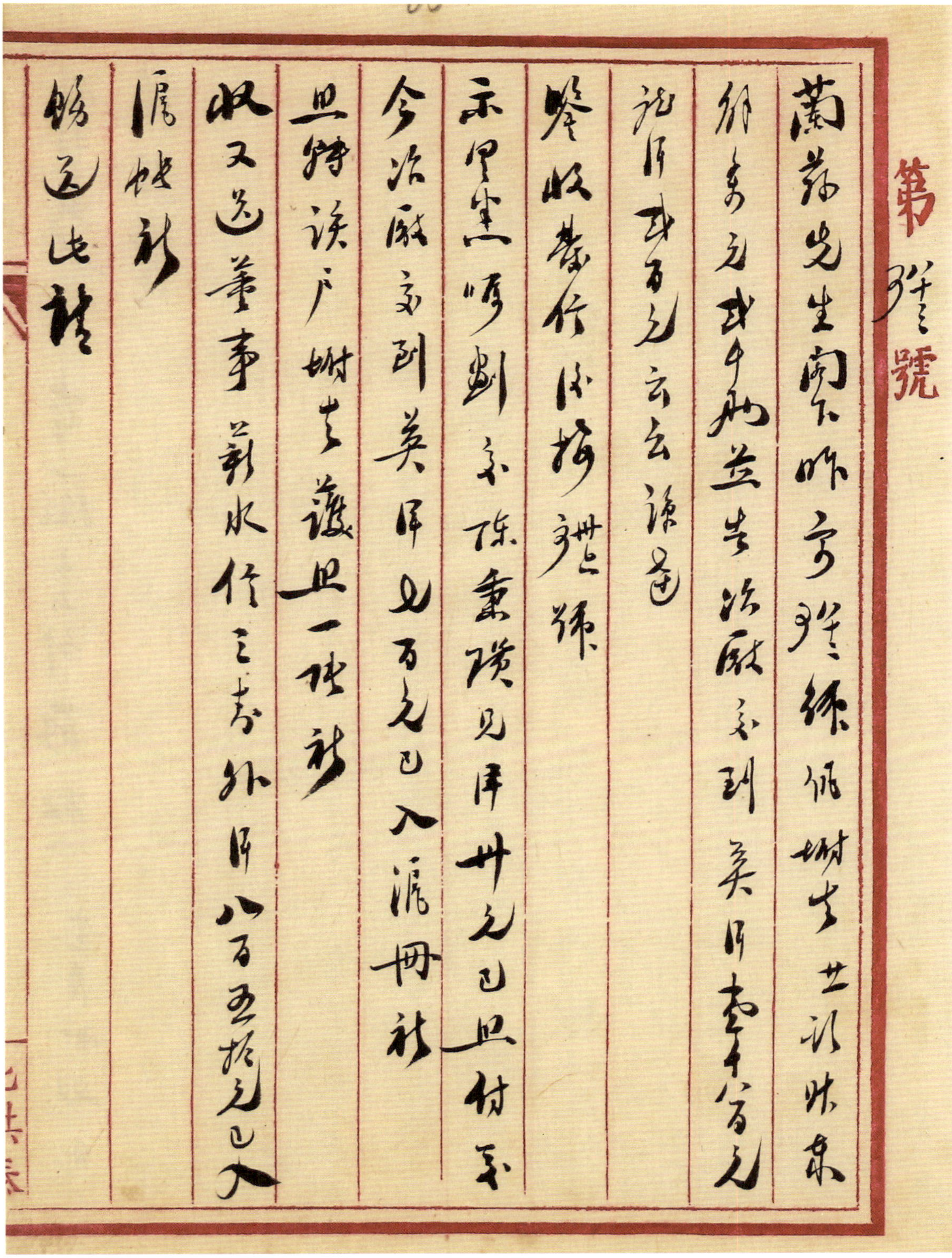

第一百八十三號（十二月十七日）

蘭蓀先生閣下：昨寄一百八十二號訊，附去廿一期昇泰解條元弍千兩，并告冶廠交到英洋壹千八百元、龍洋弍百元云云，諒達鑒收。發信後接二百卅六號示，具悉。囑劃交陳秉璜兄洋卅元，已照付交。今冶廠交到英洋七百元，已入滬册，祈照轉該户。附去護照一張，祈收。又送董事薪水信三封，外洋八百五拾元，已入滬帳，祈飭送。此請籌安。本廠會計所啓。十二月十七日

諸翁均此。

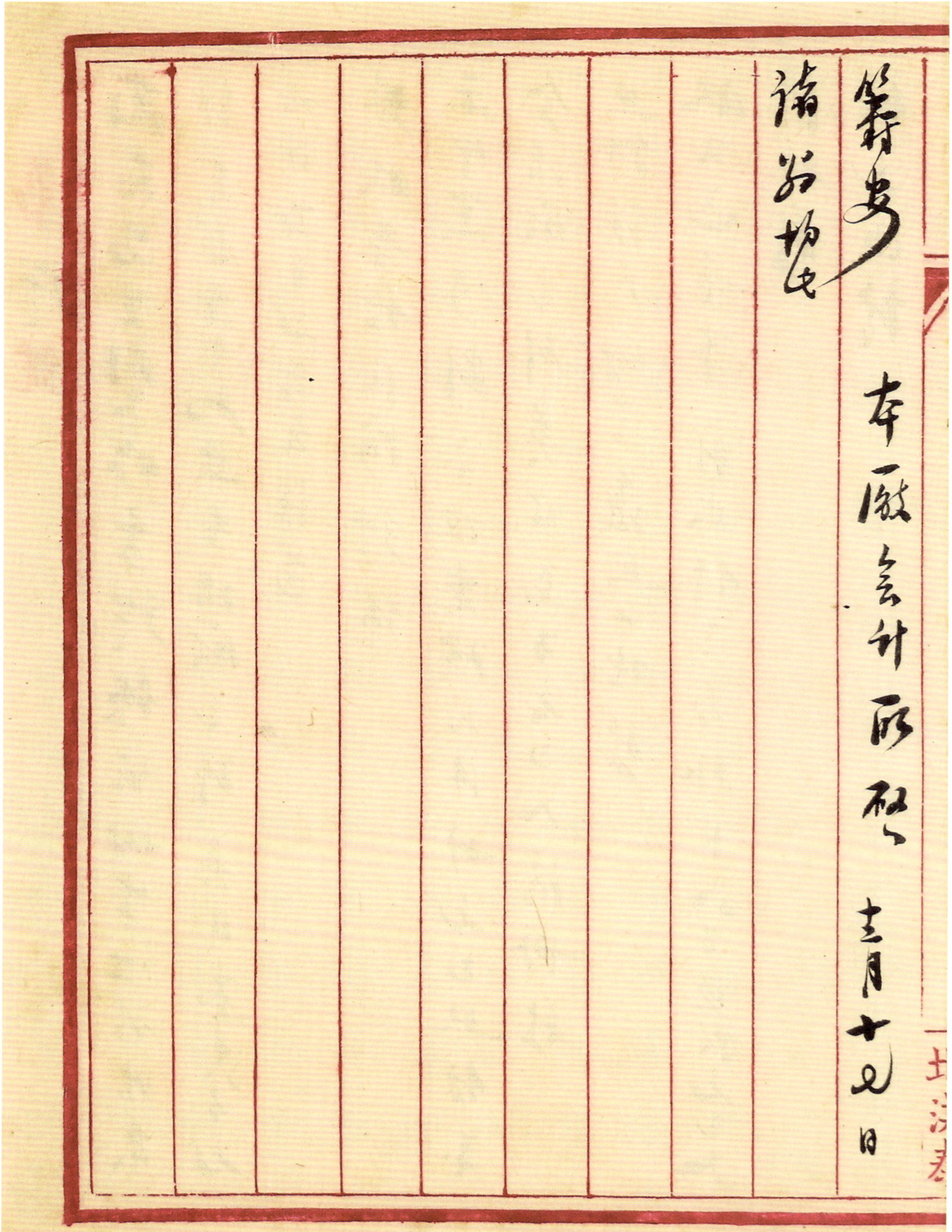
籌安
本廠會計所啟
十二月十七日
諸翁均此

第一百八十三號（十二月十七日）

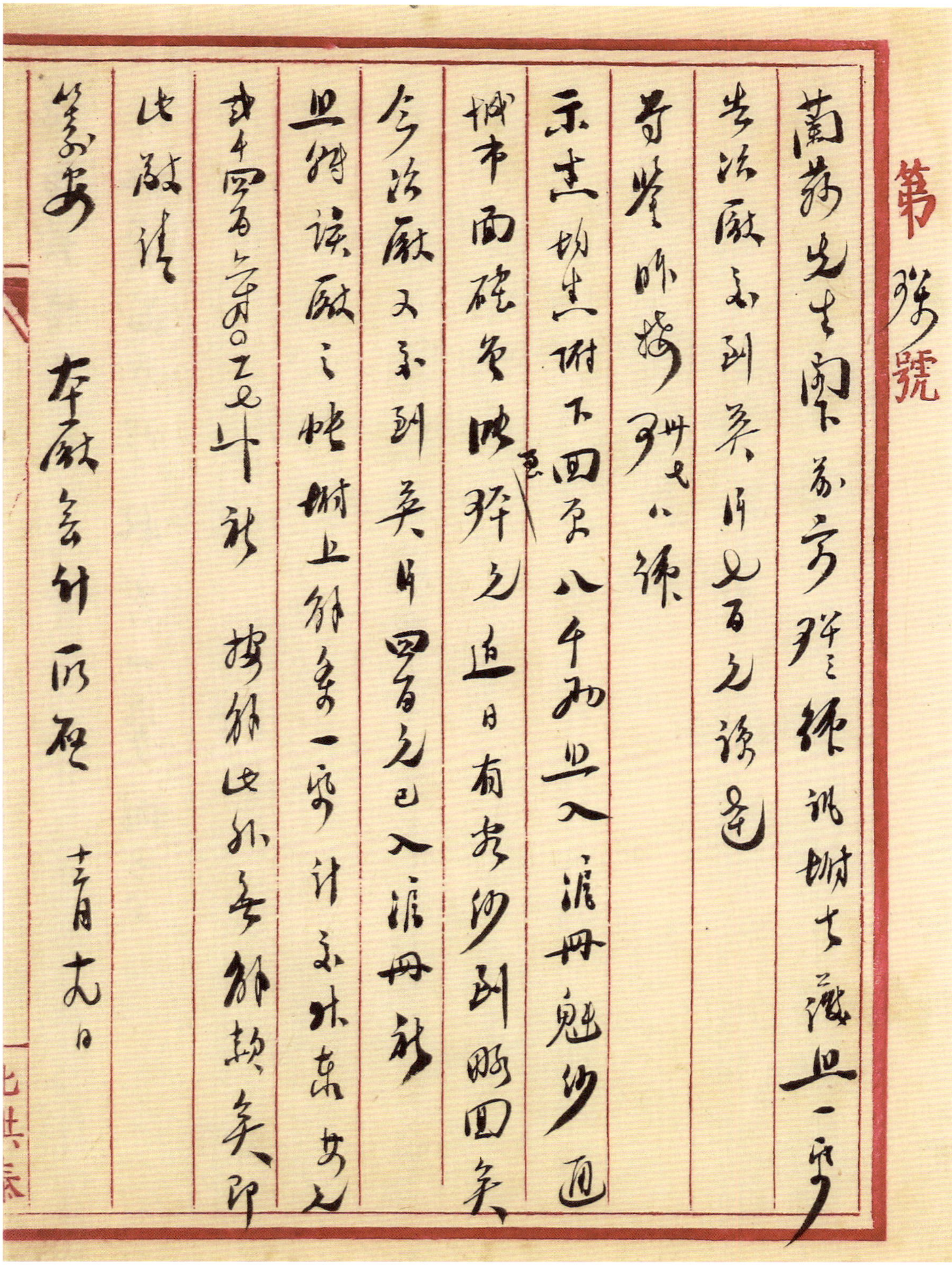

第一百八十四號（十二月十九日）

蘭蓀先生閣下：前寄一百八十三號訊，附去護照一紙，告冶廠交到英洋七百元，諒達尊鑒。昨接一〔二〕百卅七、二百卅八號示，〈悉〉均悉。附下回單八千兩，照入滬册。魁紗通城市面確曾漲至一百六十元，近日有客紗到，略回矣。今冶廠又交到英洋四百元，已入滬册，祈照轉該廠之帳。附上解條一紙，計交昇泰廿四元弍千四百六十兩零一錢七分六，祈按解。此外無解款矣。即此，敬請籌安。本廠會計所啓。十二月十九日

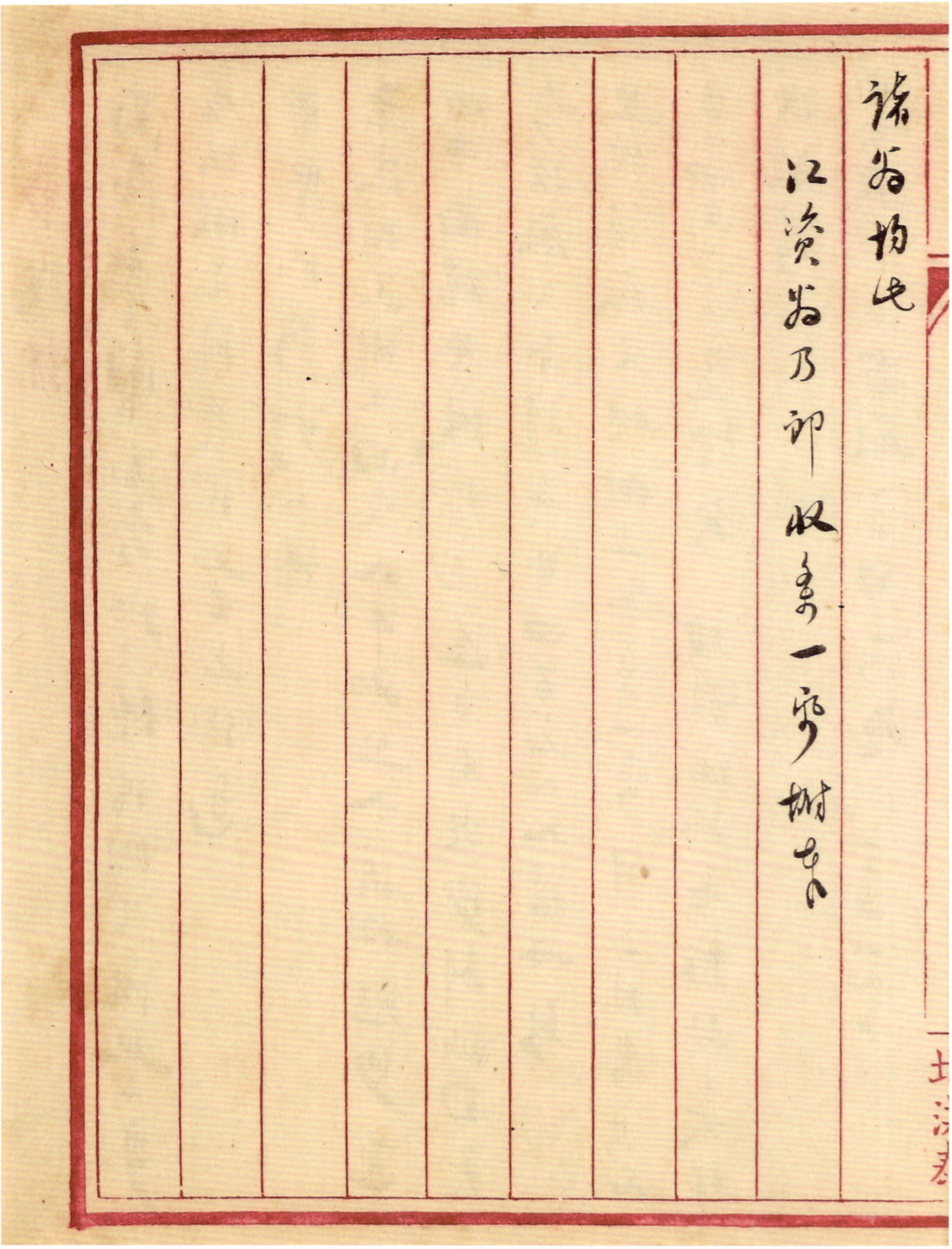
諸翁均此
江資翁乃郎收條一紙附奉

第一百八十四號（十二月十九日）

諸翁均此。

江資翁乃郎收條一紙，附奉。

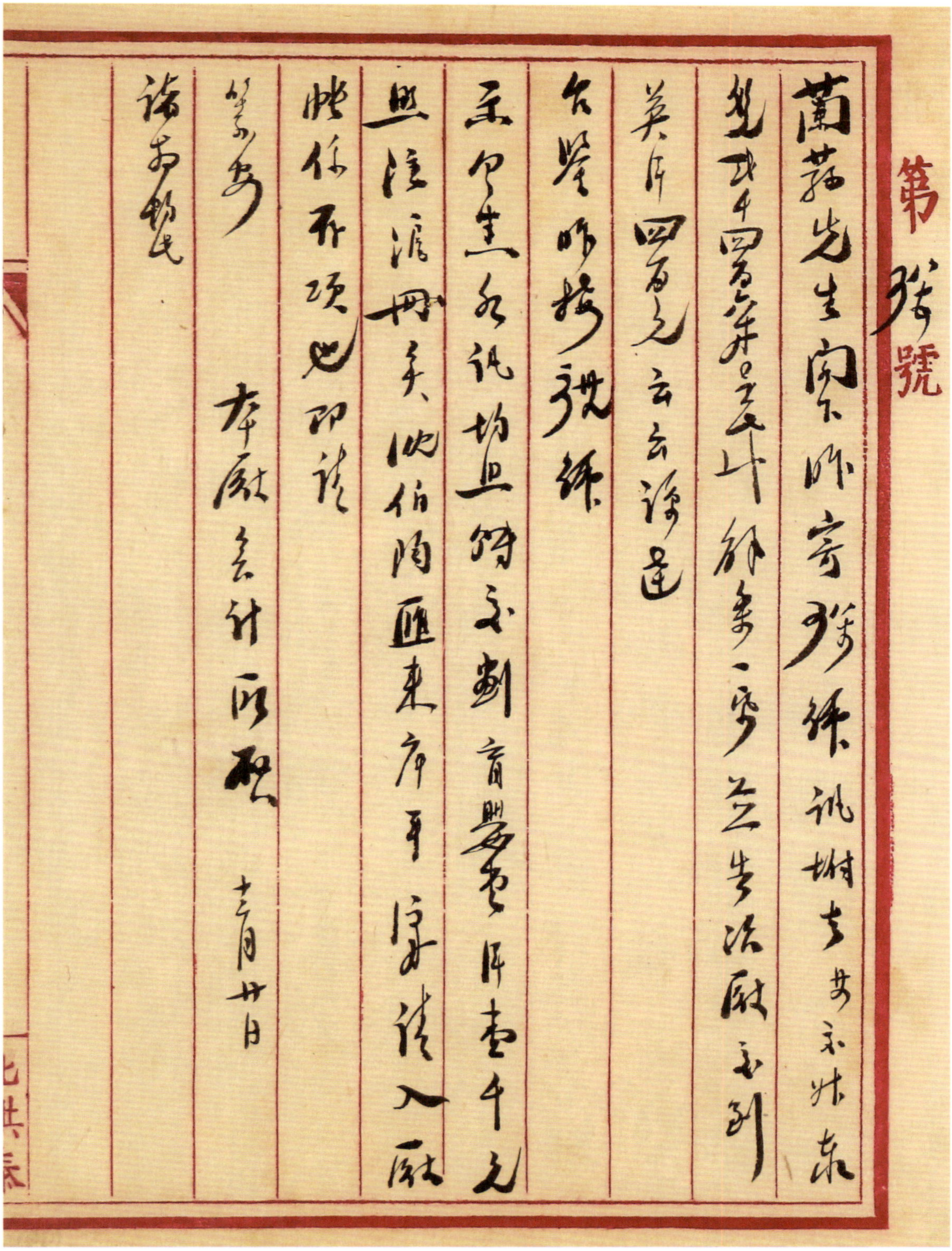

第一百八十五號（十二月廿日）

蘭蓀先生閣下：昨寄一百八十四號訊，附去廿四交昇泰九八元弍千四百六十兩零一錢七分六解條一紙，并告冶廠交到英洋四百元云云，諒達台鑒。昨接二百卅九號示，具悉。各訊均照轉交。劃育嬰堂洋壹千元，照注滬册矣。沈伯陶匯來庫平一千二百兩，請入廠帳，係存項也。即請籌安。本廠會計所啓。十二月廿日

諸翁均此。

第一百八十五號（十二月廿日）

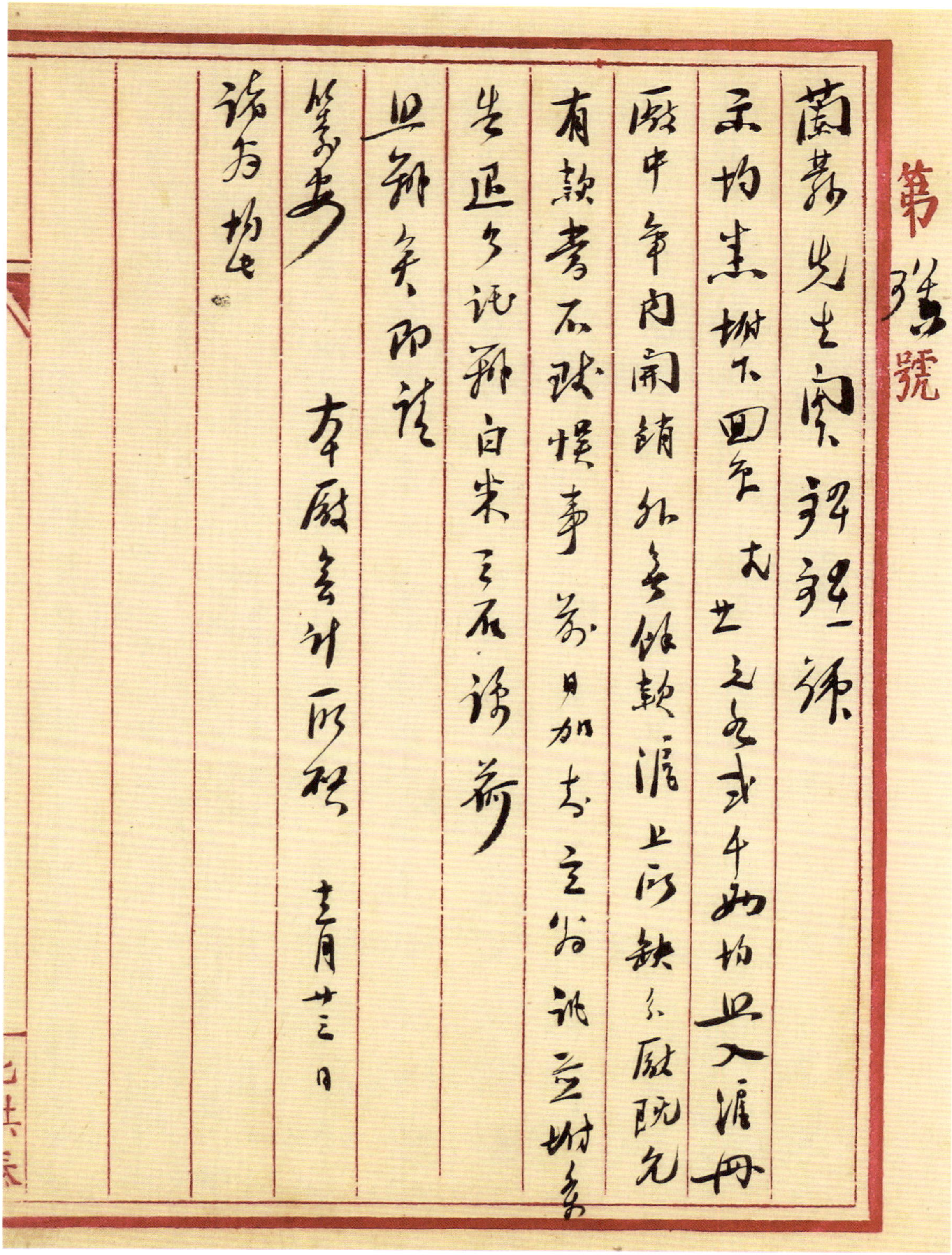

第一百八十六號（十二月廿三日）

蘭蓀先生閣下：二百四十、二百四十一號示均悉。附下回單十九、廿一元各式千兩，均照入滬册。廠中年内開銷外無餘款，滬上所缺，分廠既允有款，當不致誤事。前日加封立翁訊，并附條告退公托辦白米三石，諒荷照辦矣。即請籌安。本廠會計所啓。十二月廿三日

諸翁均此。

第一百八十六號（十二月廿三日）

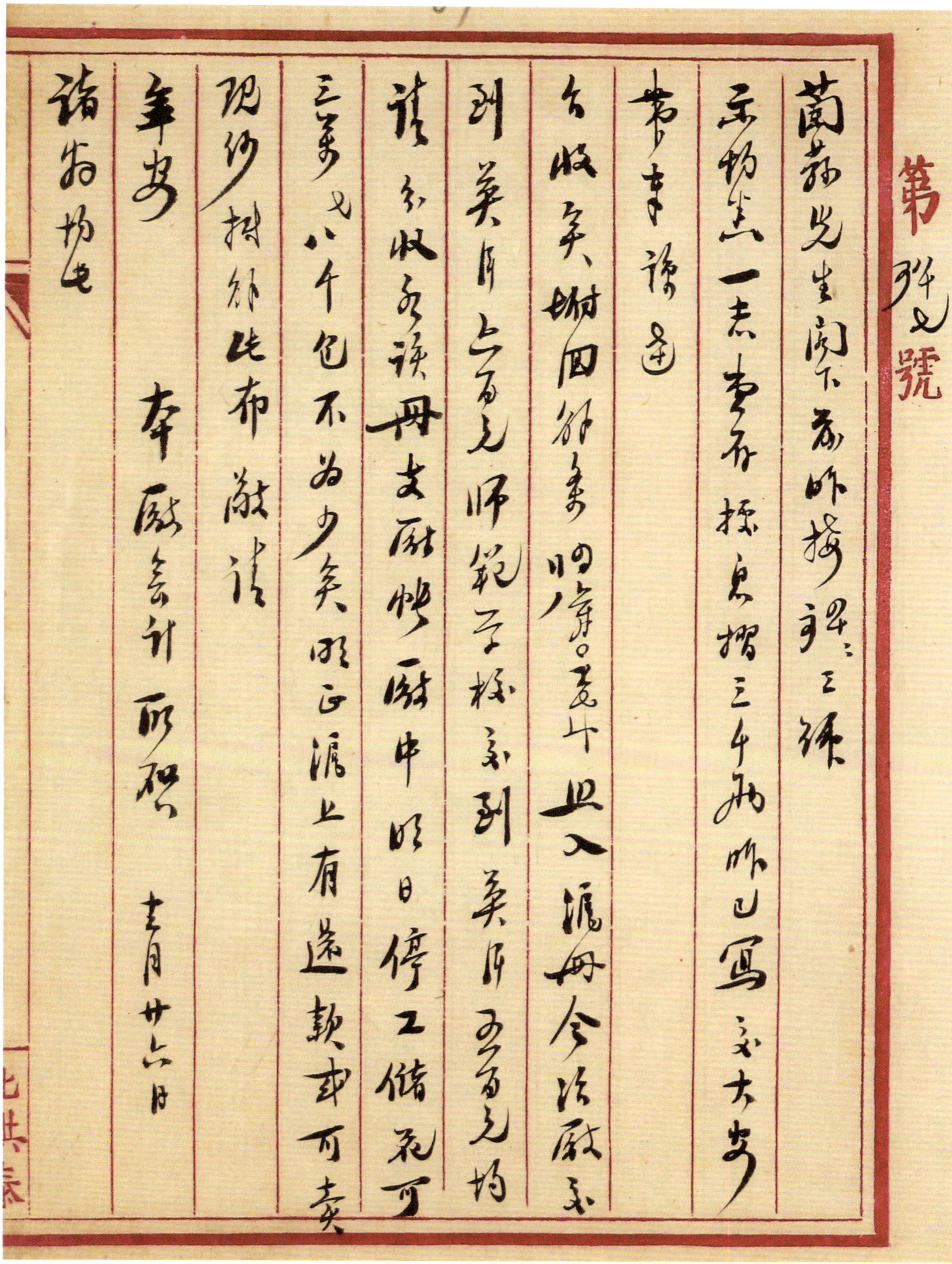

第一百八十七號（十二月廿六日）

蘭蓀先生閣下：前、昨接二百四十二、二百四十三號示，均悉。一志堂存據、息摺三千兩，昨已寫交大安帶奉，諒達台收矣。附回解條二千四百六十兩零一錢七分六，照入滬册。今治廠交到英洋六百元，師範學校交到英洋五百元，均請分收各該册，支廠帳。廠中明日停工，儲花可三萬七八千包，不爲少矣。明正滬上有還款，或可賣現紗抵解。此布，敬請年安。本廠會計所啓。十二月廿六日

諸翁均此。

第一百八十七號（十二月廿六日）

清宣統三年（一九一一）

大生紗廠致大生駐滬事務所號信

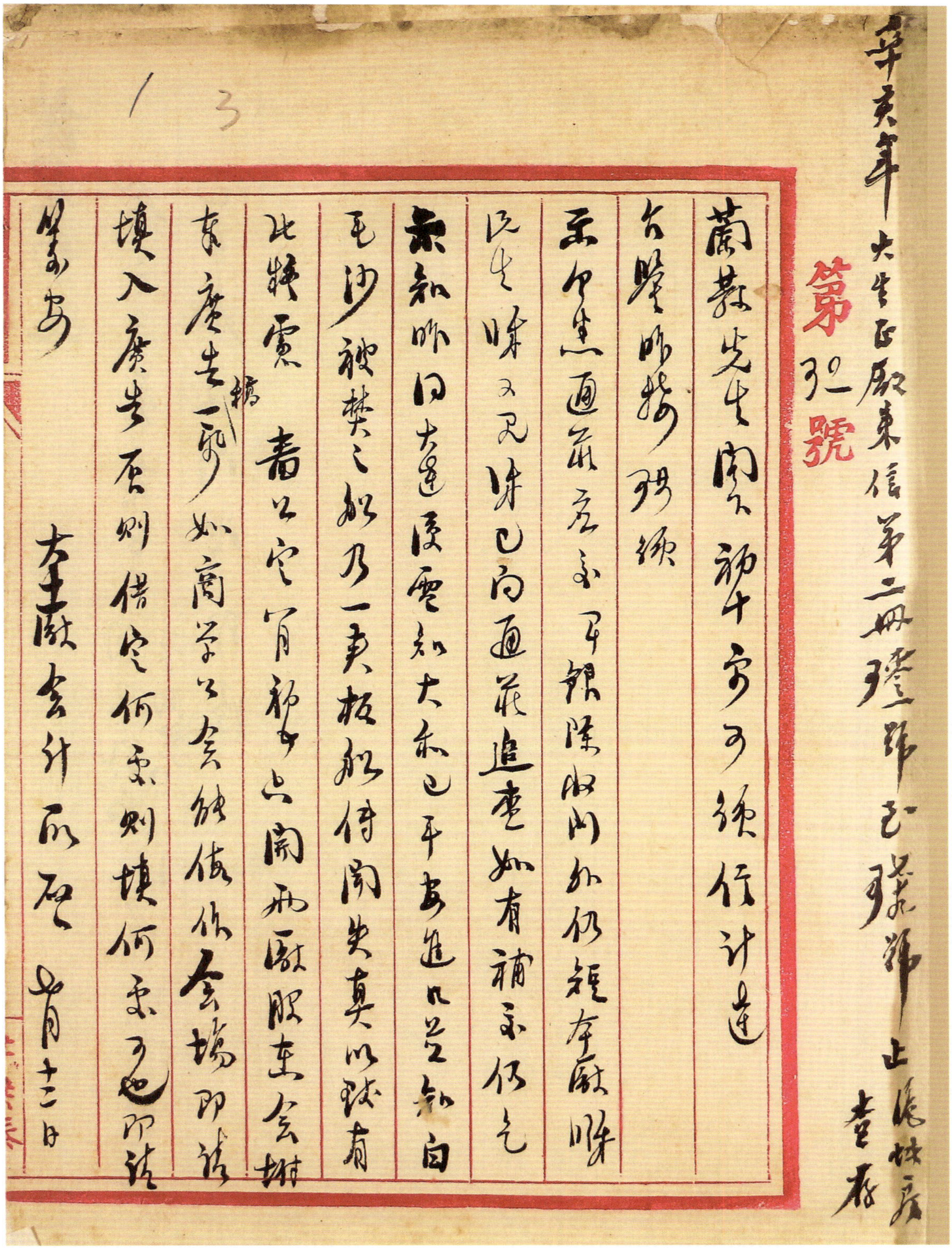

第一百零一號（七月十二日）

蘭蓀先生閣下：初十寄一百號信，計達台鑒。昨接一百廿〔卅〕四號示，具悉。通莊應交初十銀，除收到外，仍短本廠三千兩、源生二千兩，又初九一千兩，已向通莊追查，如有補交，仍乞示知。昨得大達復電，知大和已平安進口，并知白毛沙被焚之船乃一夾板船，傳聞失真，以致有此疑慮。嗇公定八月初五、六開兩廠股東會，附奉廣告稿一紙，如商學公會能假作會場，即請填入廣告，否則借定何處則填何處可也。即請籌安。本廠會計所啓。七月十二日

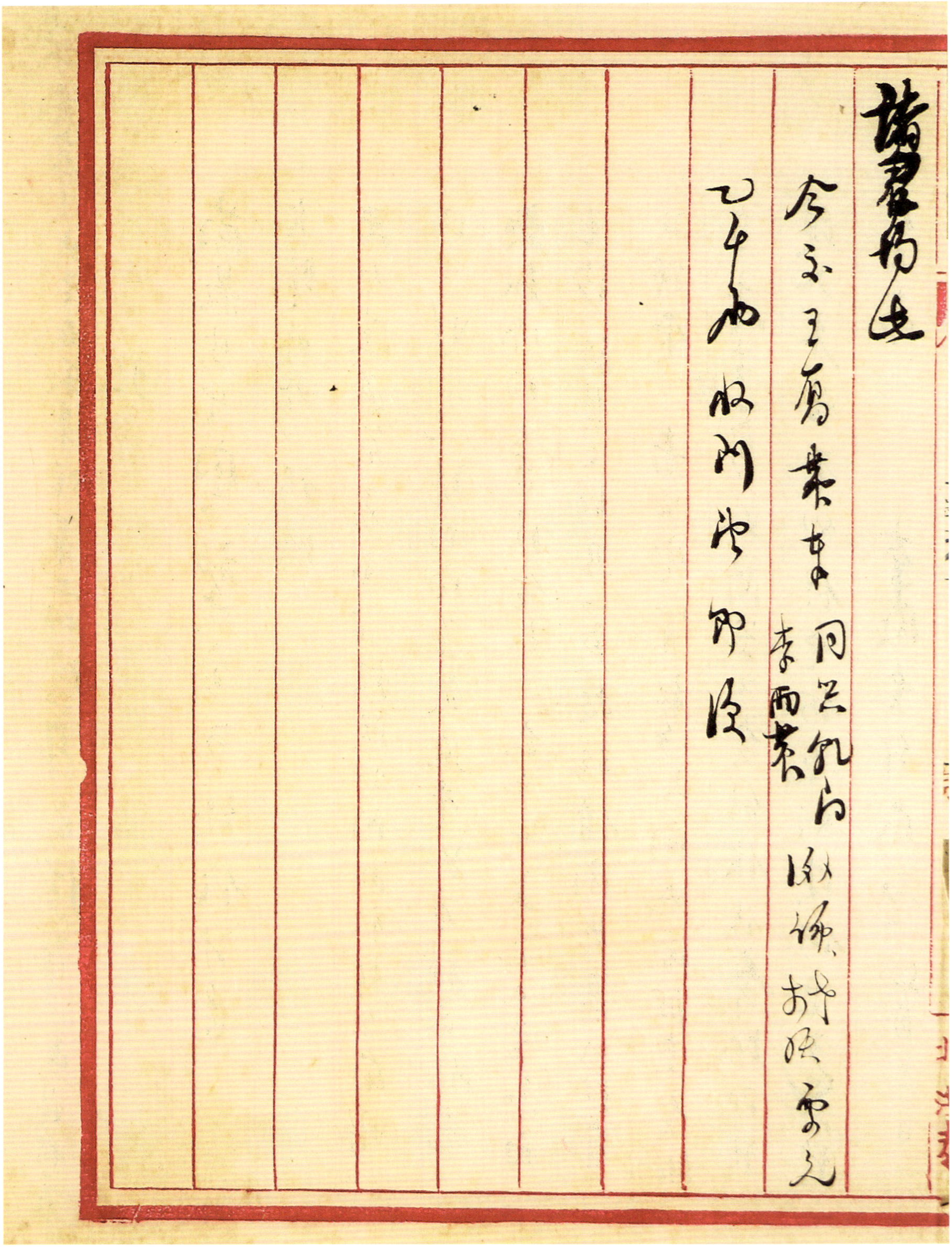
諸君均此
今交王喬帶奉同興乾向李雨農
收到望即復

第一百零一號（七月十二日）

諸君均此。

今交王喬帶奉同興乾向李雨農一九四號七月十四（五天）票元一千兩，收到望即復。

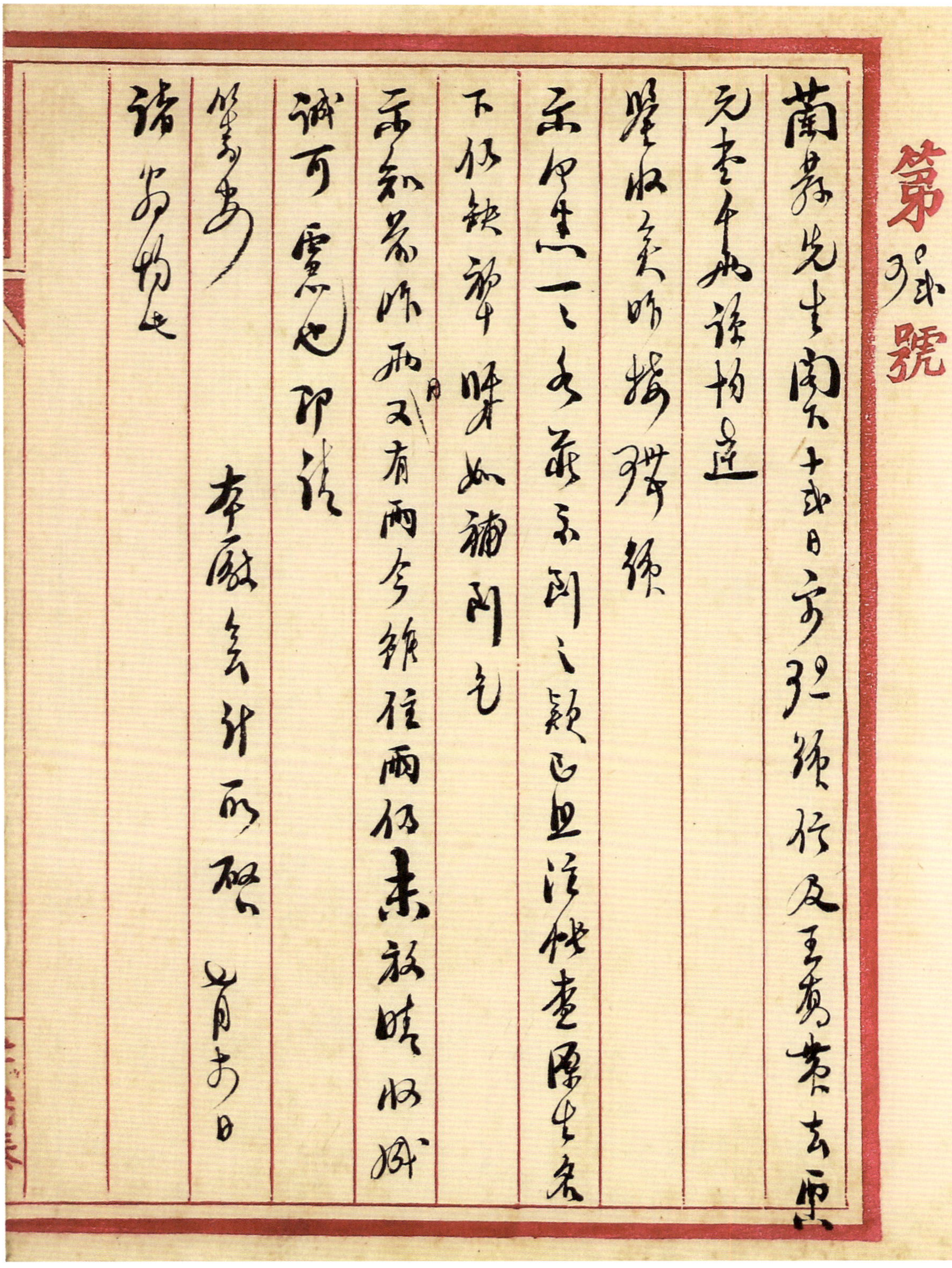

第一百零二號（七月十四日）

蘭蓀先生閣下：十弍日寄一百零一號信，及王喬帶去票元壹千兩，諒均達鑒收矣。昨接一百卅五號示，具悉一一。各莊交到之款已照注帳。查源生名下仍缺初十二千兩，如補到，乞示知。前、昨兩日又有雨，今雖住雨，仍未放晴，收成誠可慮也。即請籌安。本廠會計所啓。七月十四日

諸翁均此。

第一百零二號（七月十四日）

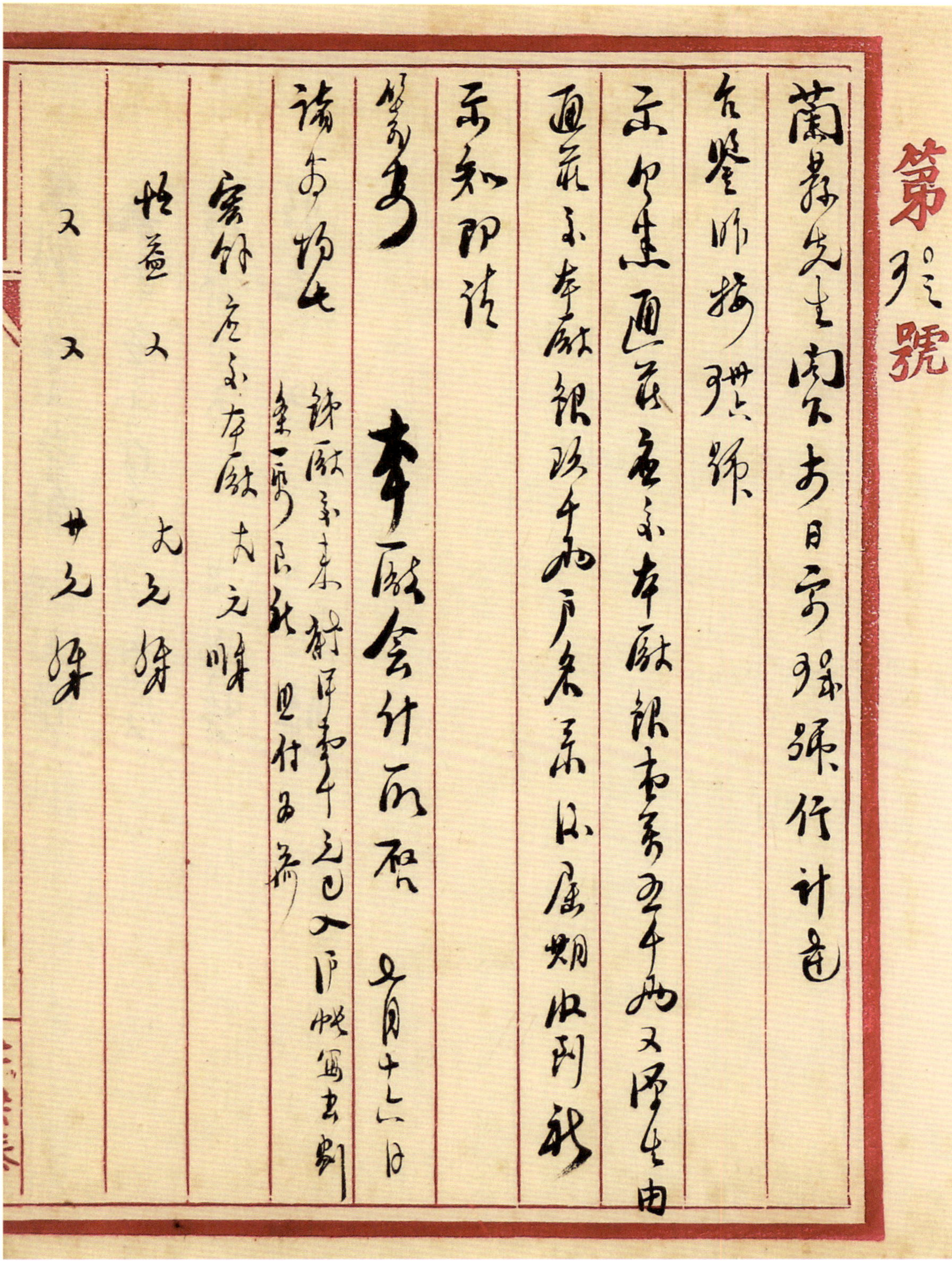

第一百零三號（七月十六日）

蘭蓀先生閣下：十四日寄一百零式號信，計達台鑒。昨接一百卅六號示，具悉。通莊應交本廠銀壹萬五千兩，又源生由通莊交本廠銀玖千兩，户名録後，屆期收到祈示知。即請籌安。本廠會計所啓。七月十六日

諸翁均此。

鐵廠交來七月底洋壹千元，已入滬帳，寫出劃條一紙，至祈照付爲荷。

宏餘，應交本廠，十九元三千兩

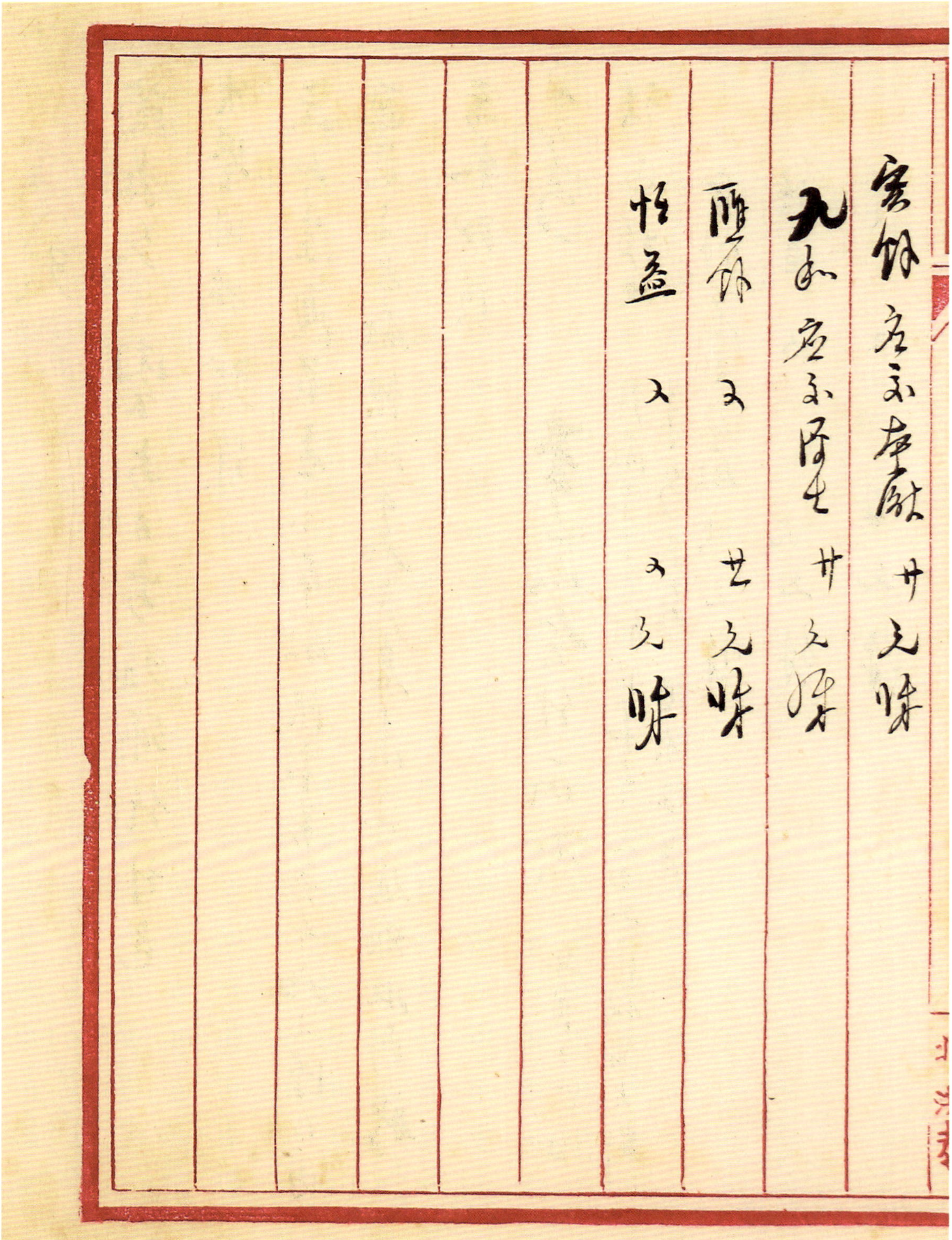
宏餘 應交本廠 廿元二千兩
九和 應交源生 廿元五千兩
匯餘 又 廿一元二千兩
恒益 又 又元二千兩

第一百零三號（七月十六日）

恒益，又，十九元五千兩

又，又，廿元五千兩

宏餘，應交本廠，廿元二千兩

九和，應交源生，廿元五千兩

匯餘，又，廿一元二千兩

恒益，又，又元二千兩

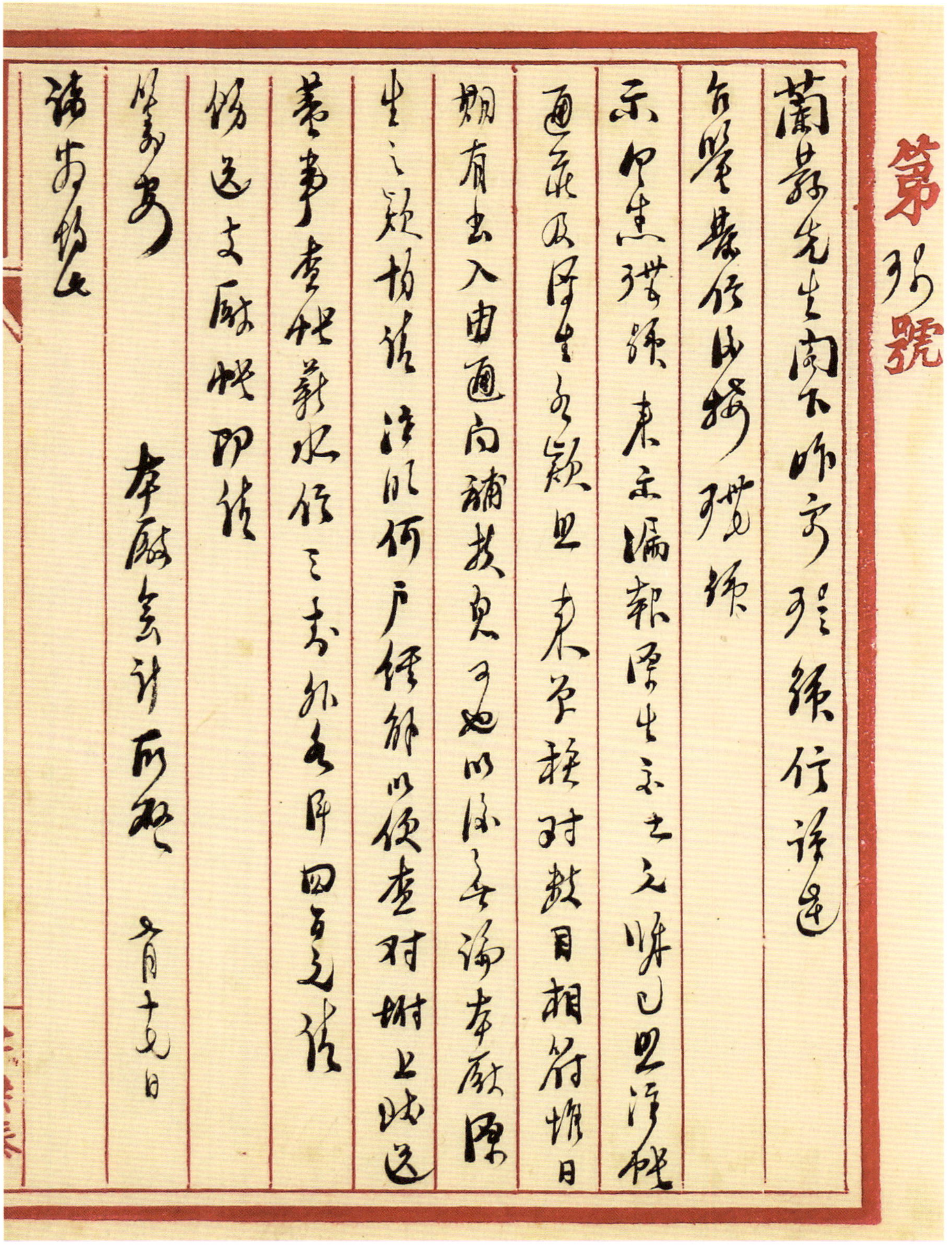

第一百零四號（七月十七日）

蘭蓀先生閣下：昨寄一百零三號信，諒達台鑒。發信後接一百卅七號示，具悉。一百卅五號來示漏報源生交十一元二千兩，已照注帳。通莊及源生各款照來單核對，數目相符，惟日期有出入，由通向補折息可也。以後無論本廠、源生之款，均請注明何户經解，以便查對。附上致送董事查帳薪水信三封，外各洋四百元，請飭送，支廠帳。即請籌安。本廠會計所啓。七月十七日

諸翁均此。

第一百零四號（七月十七日）

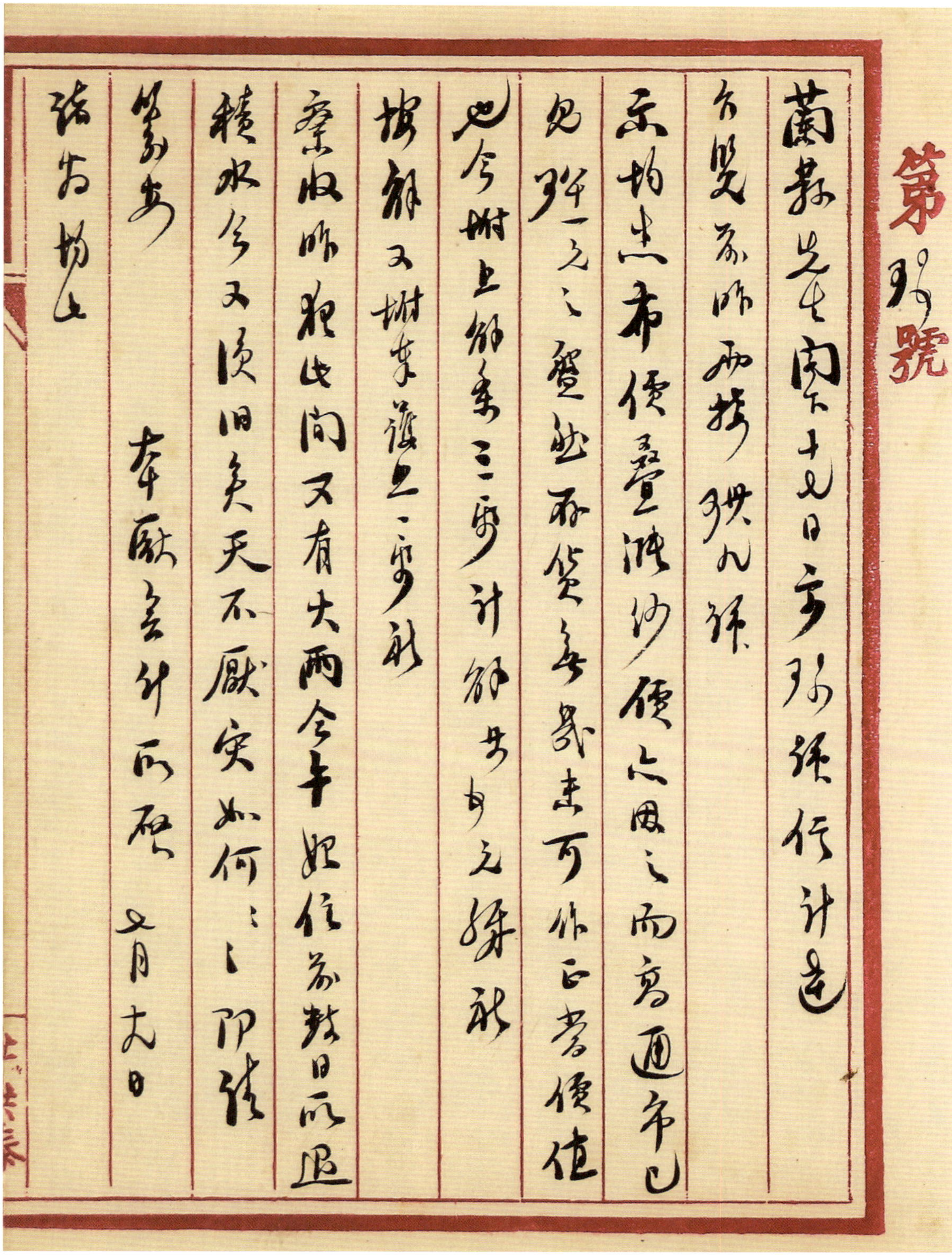

第一百零五號（七月十九日）

蘭蓀先生閣下：十七日寄一百零四號信，計達台覽。前、昨兩接一百卅八、一百卅九號示，均悉。布價叠漲，紗價亦因之而高，通市已見一百八十一元之盤，然存貨無幾，未可作正當價值也。今附上解條三紙，計解廿四、廿五元五千兩，祈按解。又附奉護照一紙，祈察收。昨夜此間又有大雨，今午始住，前數日所退積水，今又復舊矣。天不厭灾，如何如何。即請籌安。本廠會計所啓。七月十九日

諸翁均此。

第一百零五號（七月十九日）

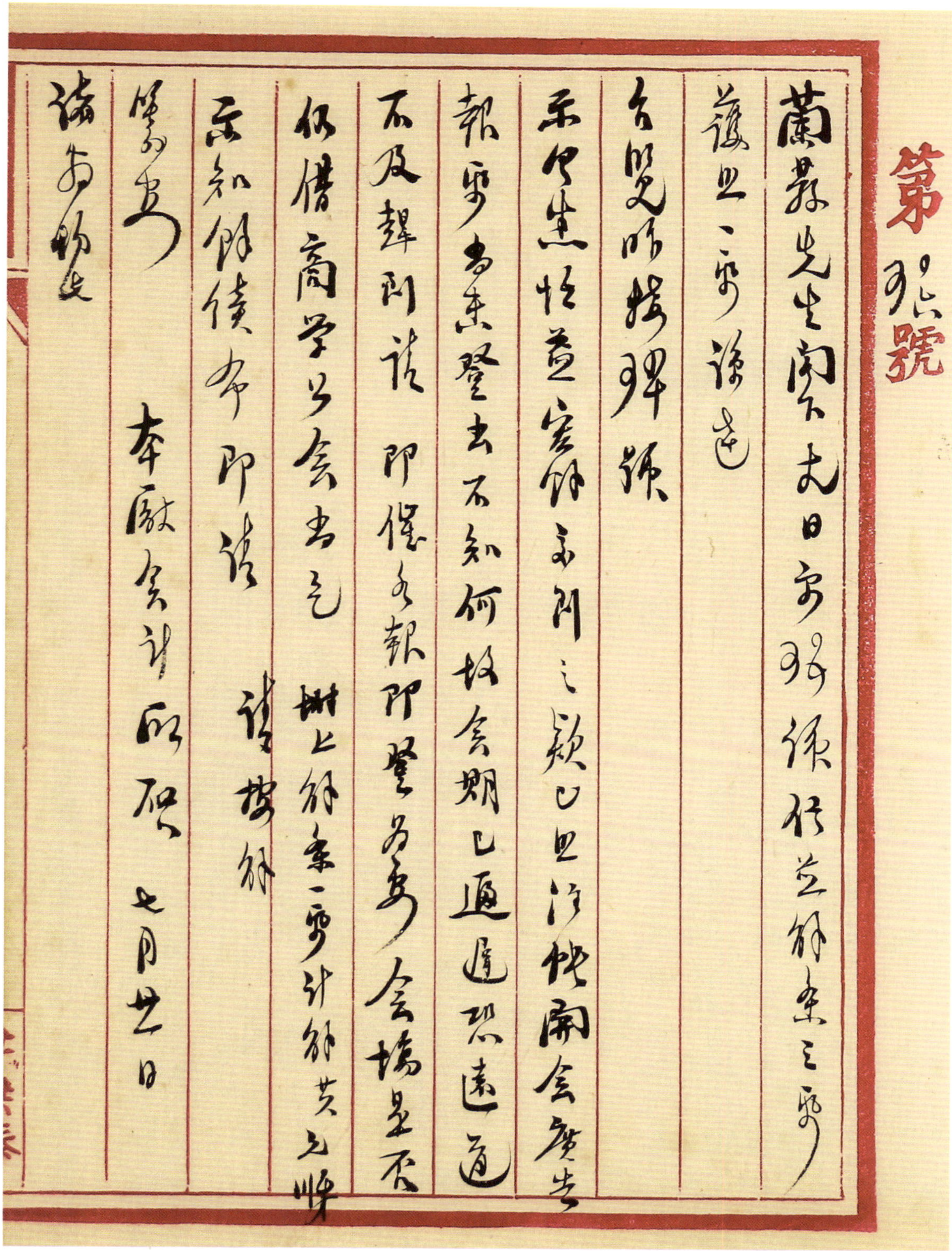

第一百零六號（七月廿一日）

蘭蓀先生閣下：十九日寄一百零五號信并解條三紙、護照一紙，諒達台覽。昨接一百四十號示，具悉。恒益、宏餘交到之款，已照注帳。開會廣告，報紙尚未登出，不知何故。會期已逼，遲恐遠道不及趕到，請即催各報即登爲要。會場是否仍借商學公會，尚乞示知。附上解條一紙，計解廿六元三千兩，請按解。餘續布。即請籌安。本廠會計所啓。七月廿一日

諸翁均此。

第一百零六號（七月廿一日）

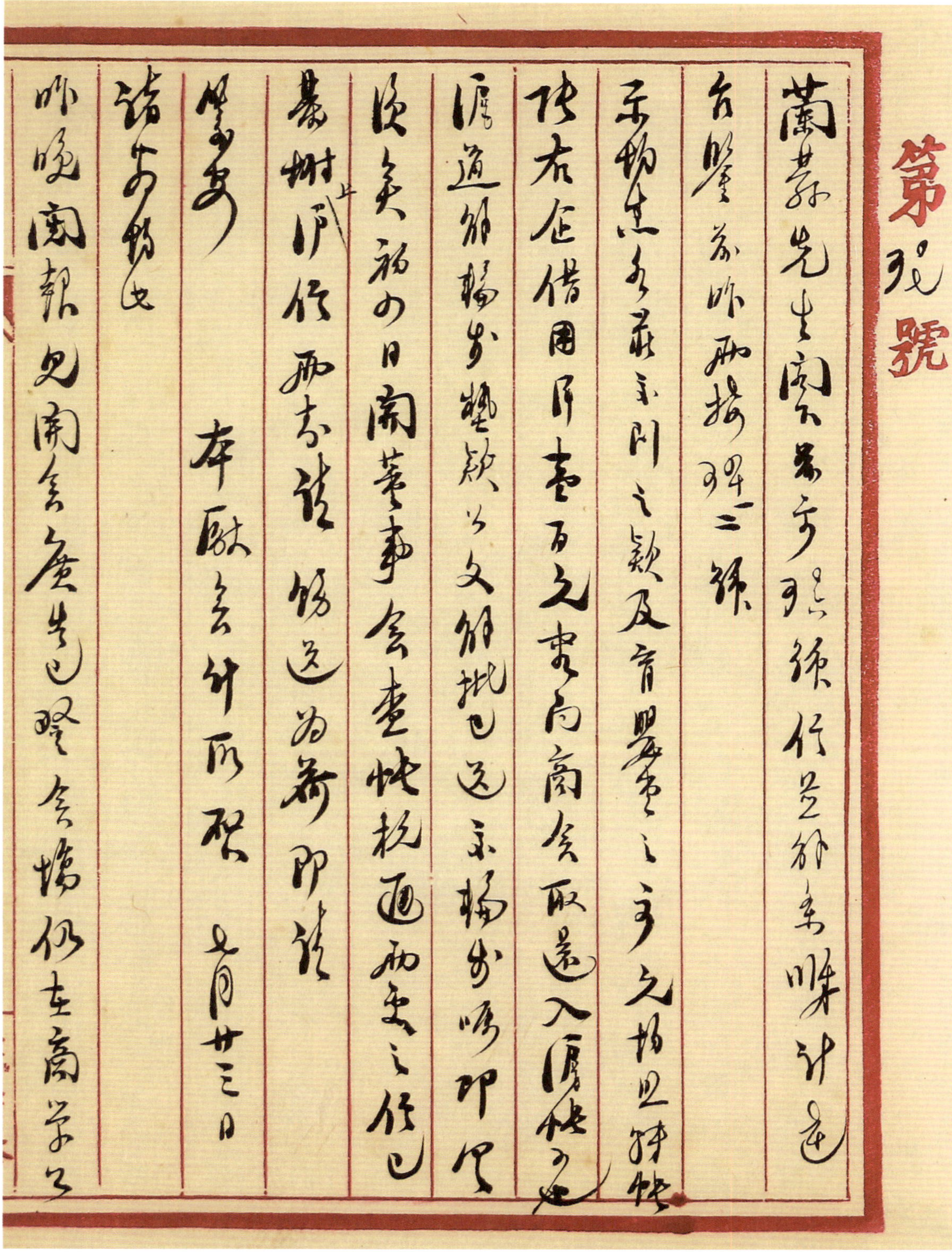

第一百零七號（七月廿三日）

蘭蓀先生閣下：前寄一百零六號信并解條三千兩，計達台鑒。前、昨兩接一百四十一、一百四十二號示，均悉。各莊交到之款及育嬰堂之二百元，均照轉帳。張右企借用洋壹百元，容向商會取還，入滬帳可也。滬道解輪步墊款公文解批，已送交輪步，囑即具復矣。初四日開董事會查帳，杭、通兩處之信已發，附上滬信兩封，請飭送爲荷。即請籌安。本廠會計所啓。七月廿三日
諸翁均此。

会甚好々々

第一百零七號（七月廿三日）

昨晚閱報，見開會廣告已登，會場仍在商學公會，甚好甚好。

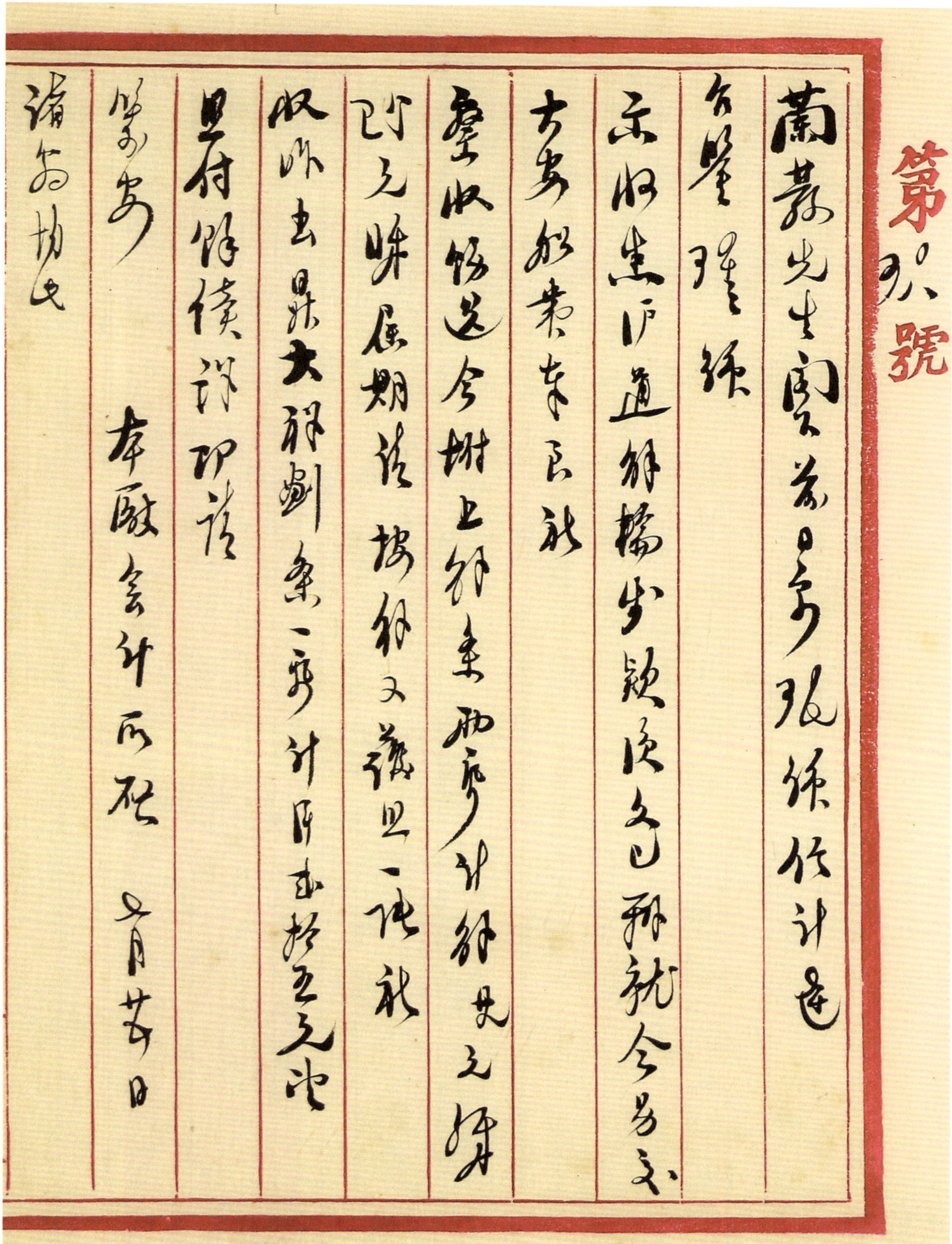

第一百零八號（七月廿五日）

蘭蓀先生閣下：前日寄一百零七號信，計達台鑒。一百四十三號示收悉。滬道解輪步款復文已辦就，今另交大安船帶奉，至祈察收飭送。今附上解條兩紙，計解廿九元五千兩、八月初一元二千兩，屆期請按解。又護照一張，祈收。昨出昇大祥劃條一紙，計洋弍拾五元，望照付。餘續詳。即請籌安。本廠會計所啓。七月廿五日

諸翁均此。

第一百零八號（七月廿五日）

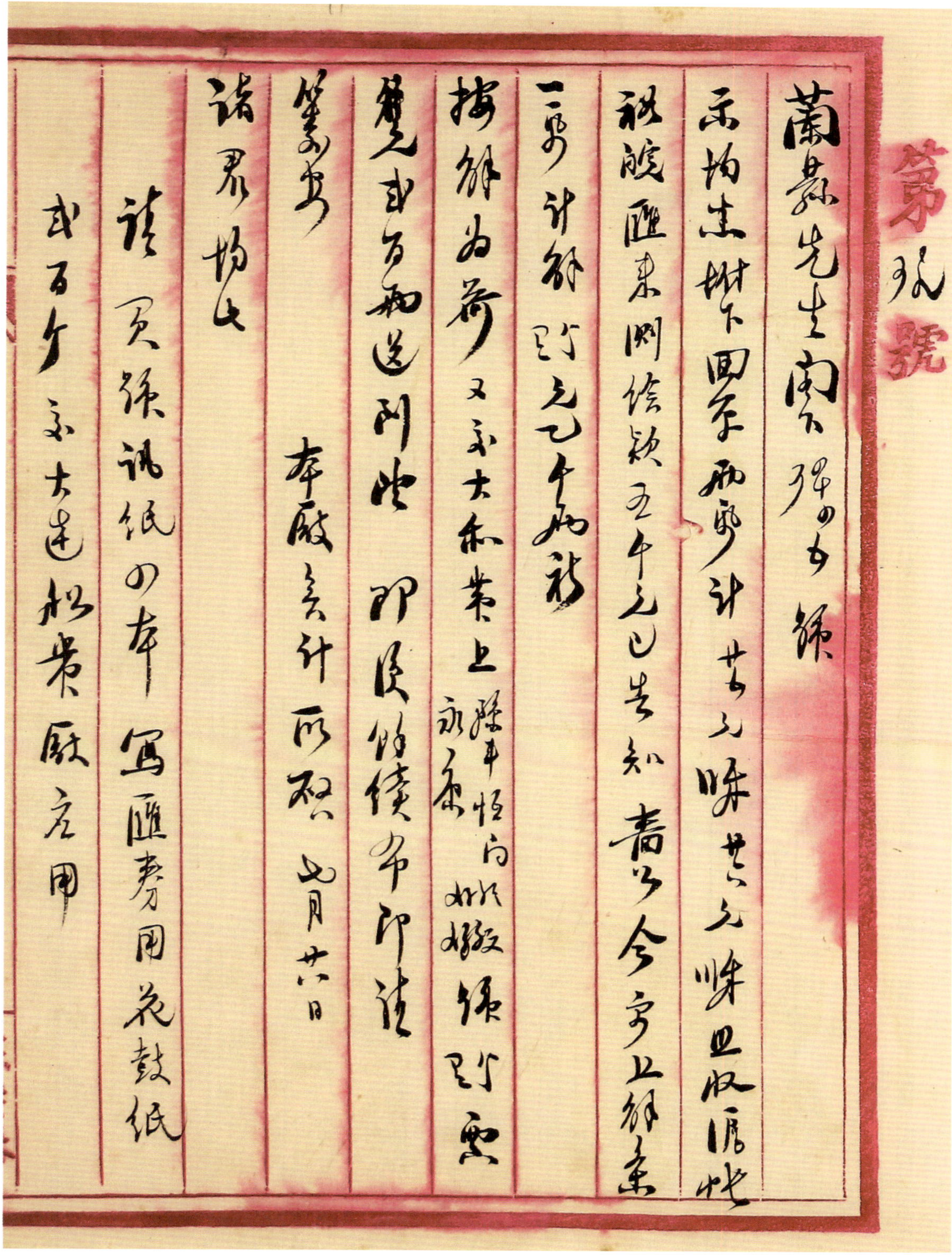

第一百零九號（七月廿八日）

蘭蓀先生閣下：一百四十四、一百四十五號示均悉。附下回單兩紙，計廿五元二千兩、廿六元三千兩，照收滬帳。裕皖匯來測繪款五千元，已告知啬公。今寄上解條一紙，計解八月初二元一千兩，祈按解爲荷。又交大和帶上豫豐恒向永康四五五八、四五五九號八月初二票九八元弍百兩，送到望即復。餘續布。即請籌安。本廠會計所啓。七月廿八日

諸君均此。

第一百零九號（七月廿八日）

請買號訊紙四本、寫匯券用花鼓紙弍百個，交大達船帶廠應用。

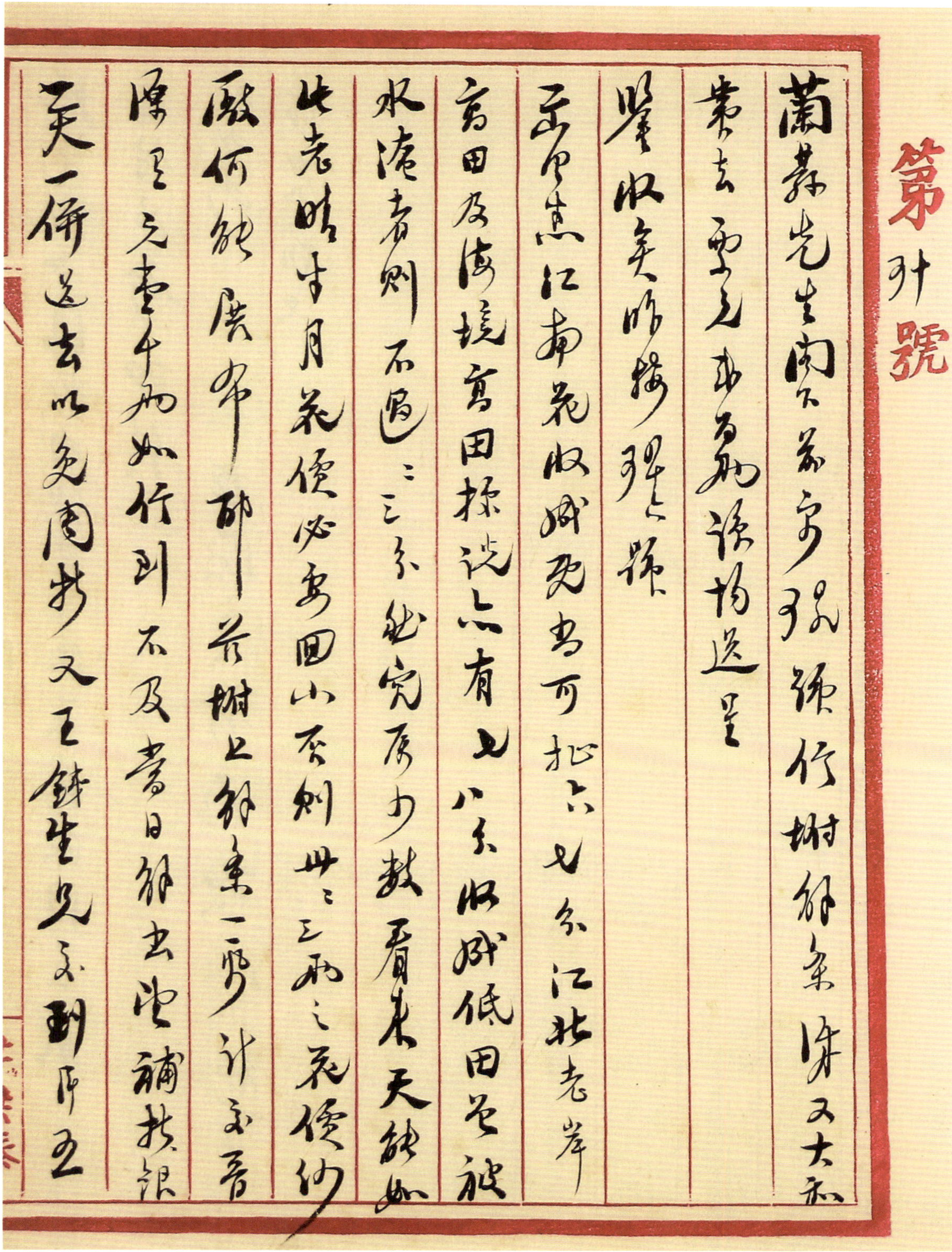

第一百十號（八月初一日）

蘭蓀先生閣下：前寄一百零九號信，附解條一千兩，又大和帶去票元弍百兩，諒均送呈鑒收矣。昨接一百四十六號示，具悉。江南花收成既尚可扯六七分，江北老岸高田及海境高田，據説亦有七八分收成，低田曾被水淹者，則不過二三分，然究屬少數。看來天能如此老晴半月，花價必要回小，否則卅二三兩之花價，紗廠何能展布耶？茲附上解條一紙，計交晉源初二元壹千兩，如信到不及當日解出，望補折銀一天，一并送去，以免周折。又王鐵生兄交到洋五拾元，已入滬帳，由彼書條至滬

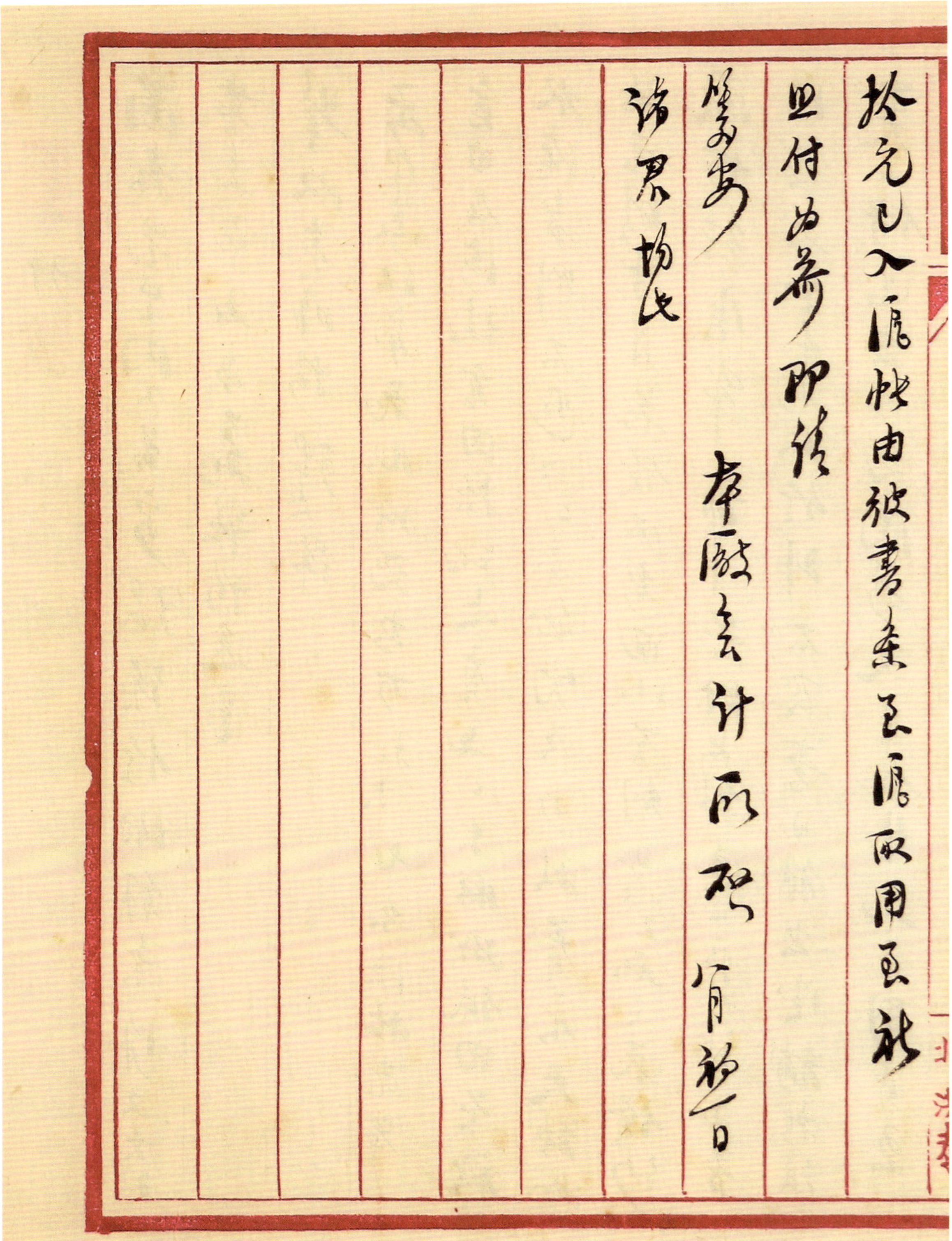

第一百十號（八月初一日）

取用，至祈照付爲荷。即請籌安。本廠會計所啓。八月初一日
諸君均此。

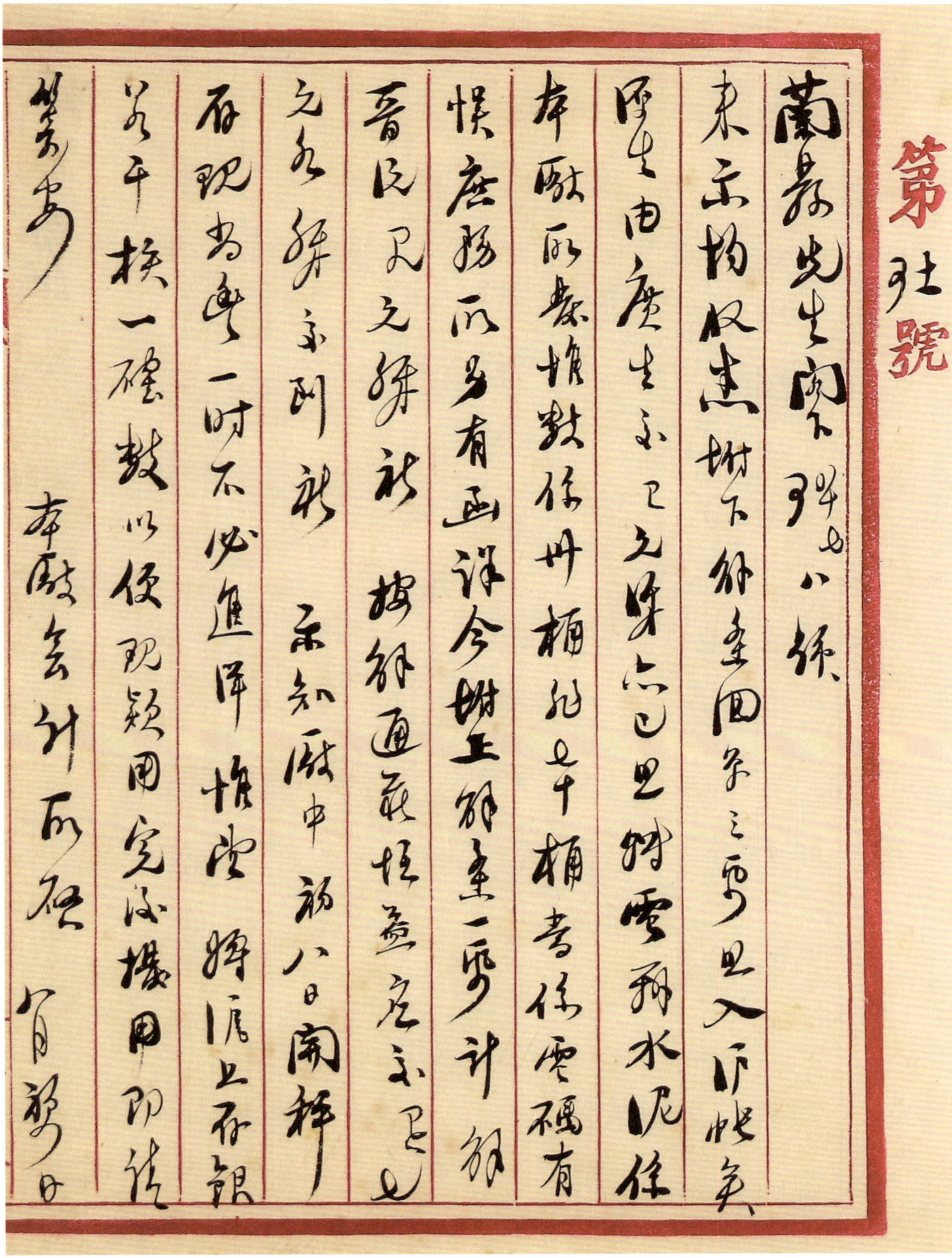

第一百十一號（八月初四日）

蘭蓀先生閣下：一百四十七、一百四十八號來示均收悉。附下解條回單三紙，照入滬帳矣。源生由廣生交初一元一千兩，亦已照轉。電辦水泥係本廠所發，惟數係卅桶，非七十桶，當係電碼有誤，庶務所另有函詳。今附上解條一紙，計解晉源初九元五千兩，祈按解。通莊恒益應交初六、初七元各五千兩，交到祈示知。廠中初八日開秤，存現尚豐，一時不必進洋，惟望將滬上存銀若干核一確數，以便現款用完後撥用。即請籌安。本廠會計所啓。八月初四日

諸君均此

第一百十一號（八月初四日）

諸君均此。

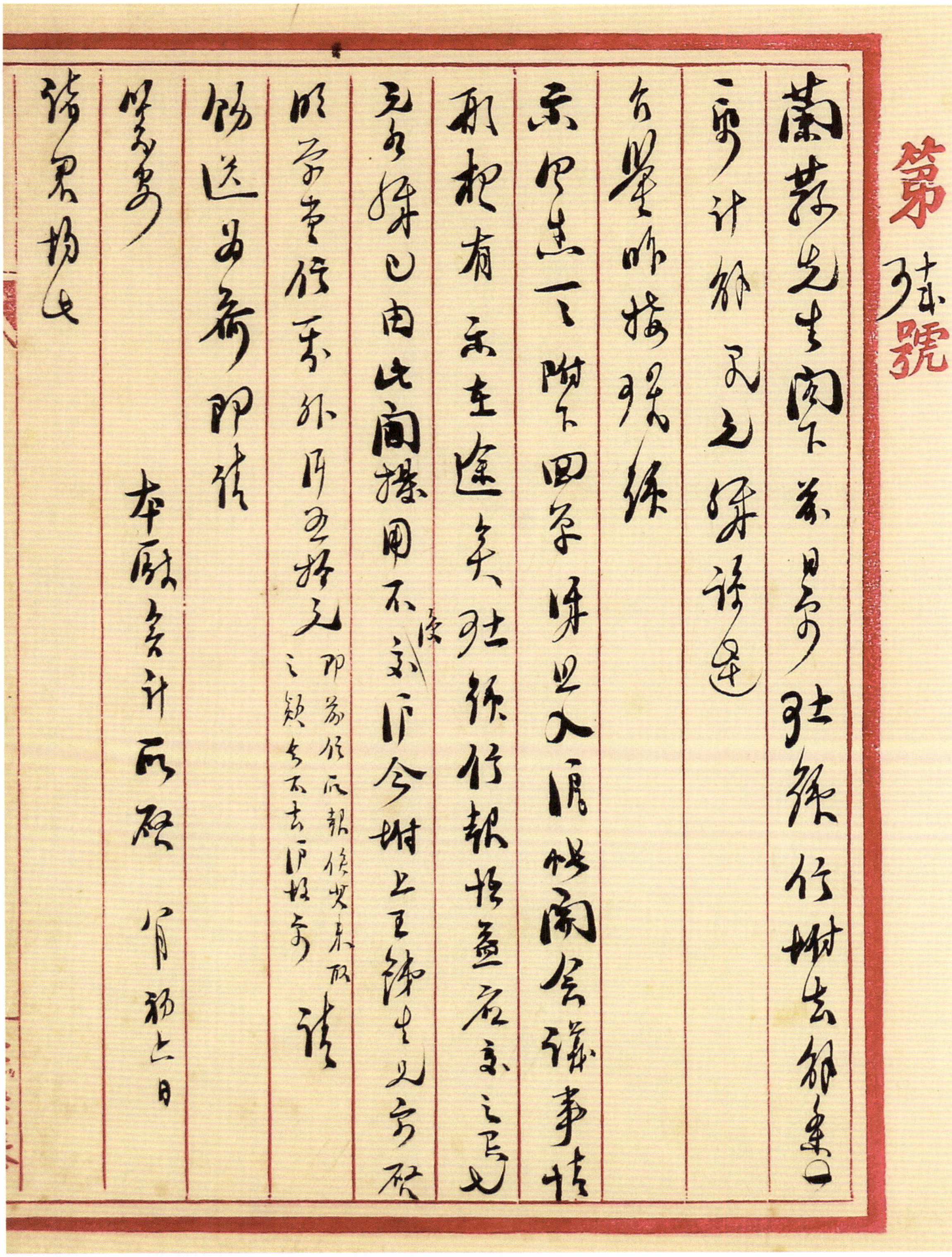

第一百十二號（八月初六日）

蘭蓀先生閣下：前日寄一百十一號信，附去解條一紙，計解初九元五千兩，諒達台鑒。昨接一百四十九號示，具悉一一。附下回單一千兩，照入滬帳。開會議事情形，想有示在途矣。一百十一號信報恒益應交之初六、初七元各五千兩，已由此間撥用，不復交滬。今附上王鐵生兄寄啓明學堂信一封，外洋五拾元（即前信所報俟其來取之款，今不去滬，故寄），請飭送爲荷。即請籌安。本廠會計所啓。八月初六日

諸君均此。

第一百十二號（八月初六日）

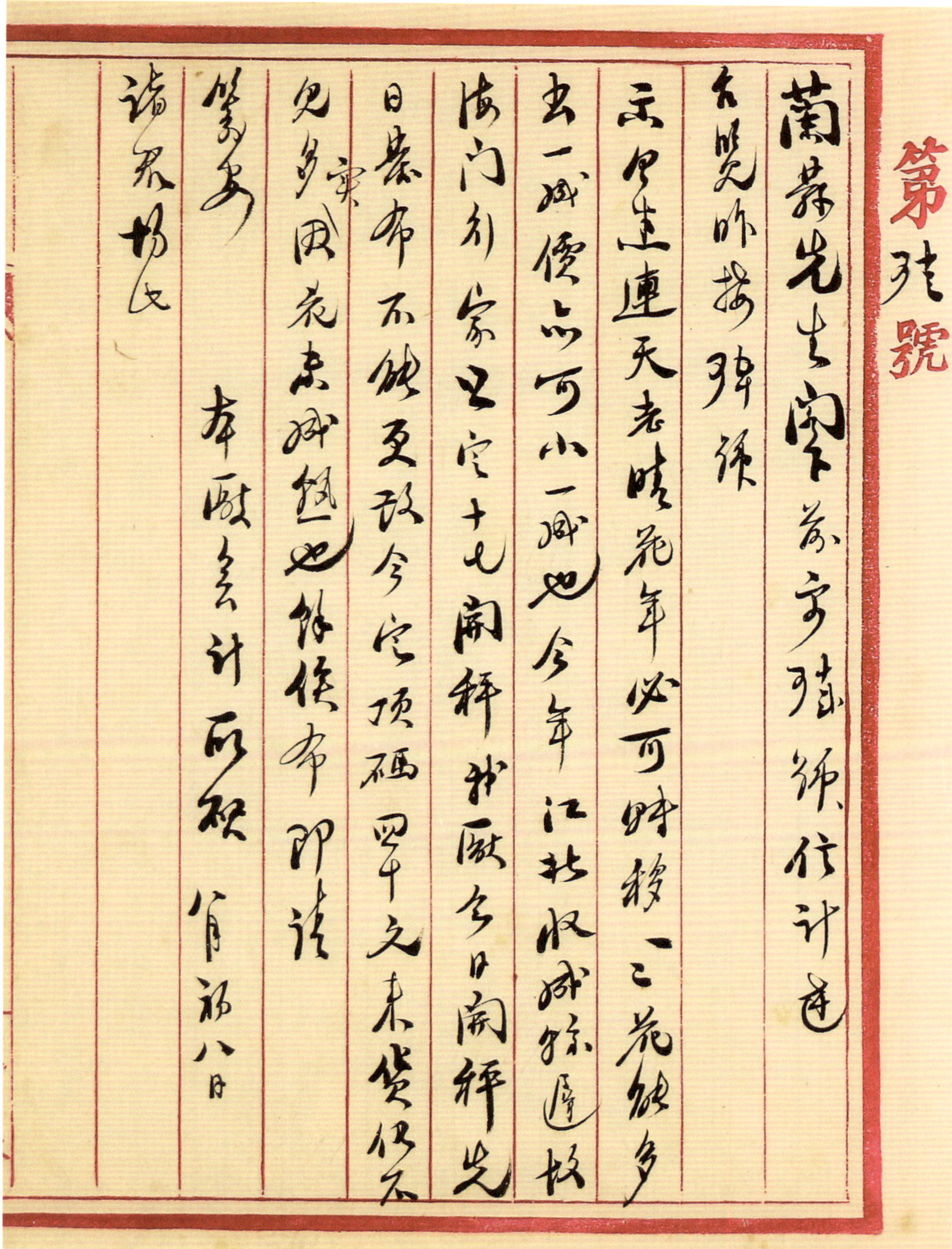

第一百十三號（八月初八日）

蘭蓀先生閣下：前寄一百十弍號信，計達台覽。昨接一百五十號示，具悉。連天老晴，花年必可轉移一二，花能多出一成，價亦可小一成也。今年江北收成較遲，故海門行家照定十七開秤，我廠今日開秤，先日發布不能更改，今定頂碼四十元，來貨仍不見多，實因花未成熟也。餘俟布。即請籌安。本廠會計所啓。八月初八彐

諸君均此。

第一百十三號（八月初八日）

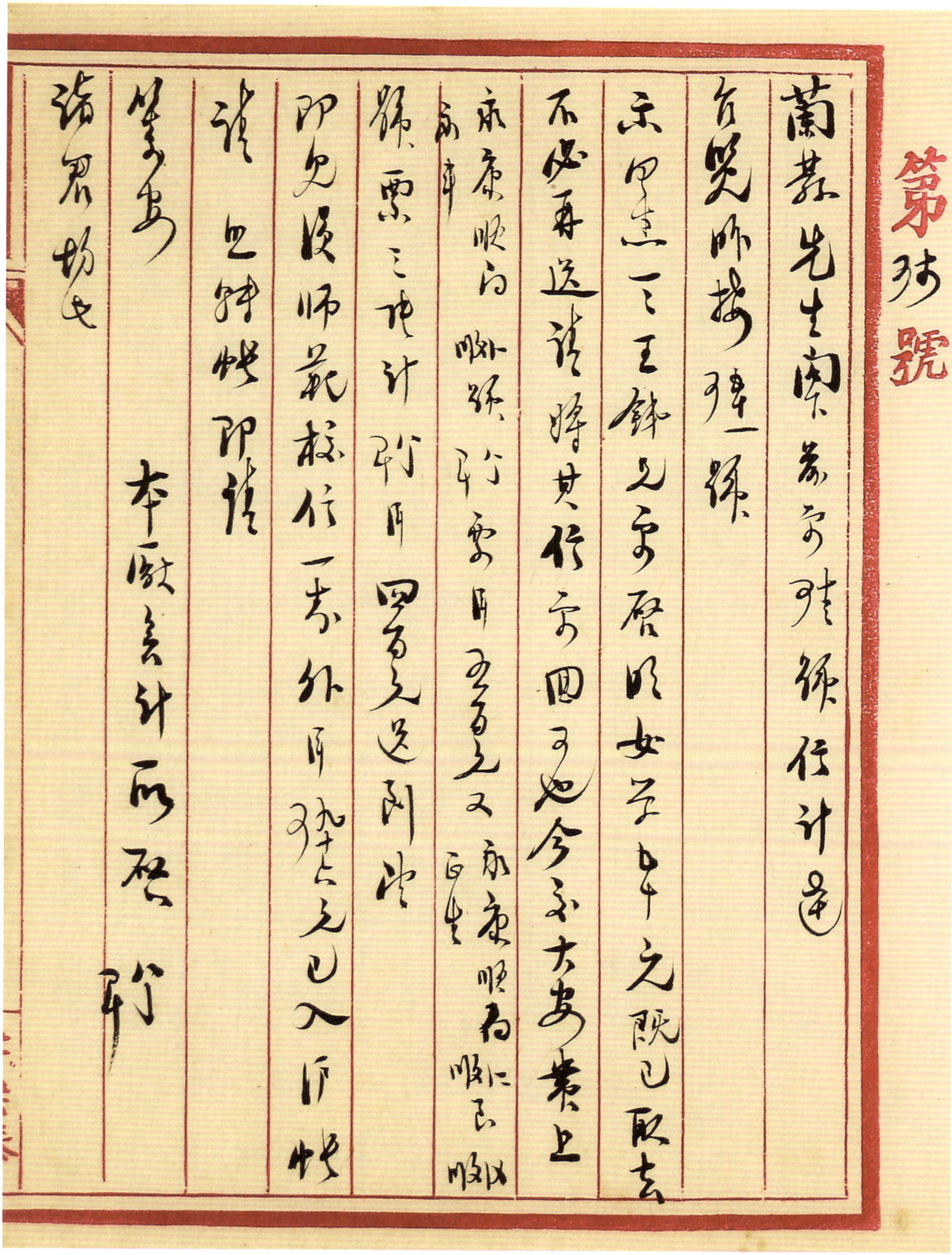

第一百十四號（八月初十日）

蘭蓀先生閣下：前寄一百十三號信，計達台覽。昨接一百五十一號示，具悉一一。王鐵兄寄啓明女學五十元，既已取去，不必再送，請將其信寄回可也。今交大安帶上永康順向永豐三九一一號八月初十票洋五百元，又永康順向正生三九一二至三九一四號票三張，計八月初十洋四百元，送到望即見復。師範校信一封，外洋一百九十六元已入滬帳，請照轉帳。即請籌安。本廠會計所啓。八月初十

諸君均此。

第一百十四號（八月初十日）

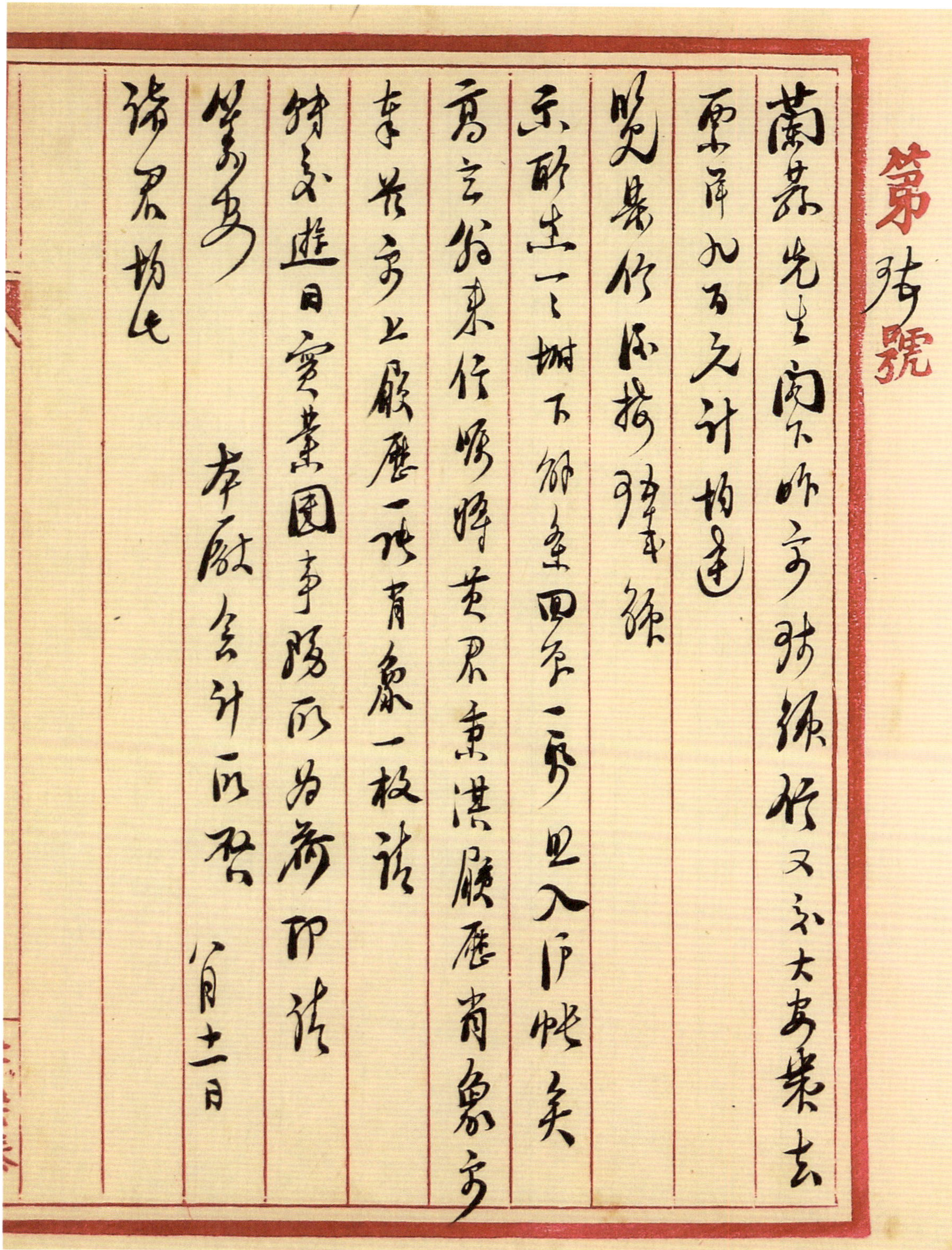

第一百十五號（八月十一日）

蘭蓀先生閣下：昨寄一百十四號信，又交大安帶去票洋九百元，計均達覽。發信後接一百五十式號示，聆悉一一。附下解條回單一紙，照入滬帳矣。高立翁來信，囑將黃君秉淇履歷、肖象寄奉。玆寄上履歷一張、肖象一枚，請轉交游日實業團事務所爲荷。即請籌安。本廠會計所啓。八月十一日

諸君均此。

第一百十五號（八月十一日）

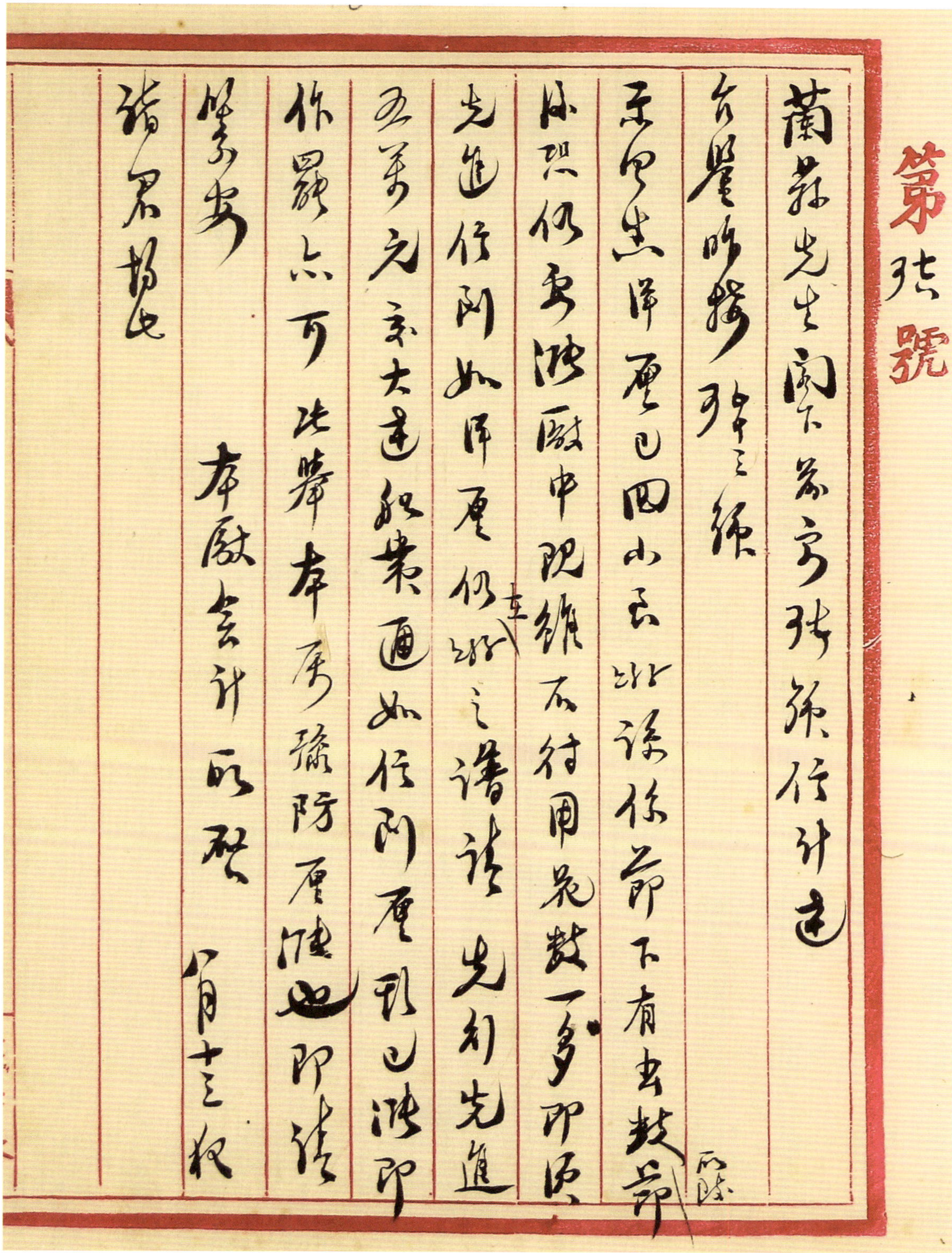

第一百十六號（八月十三日）

蘭蓀先生閣下：前寄一百十五號信，計達台鑒。昨接一百五十三號示，具悉。洋厘已回小至七五五，諒係節下有出數所致，節後恐仍要漲。廠中現雖不待用，花數一多，即須兑進。信到如洋厘仍在七五五之譜，請先行兑進五萬元，交大達船帶通。如信到厘期已漲，即作罷亦可，此舉本屬豫防厘漲也。即請籌安。本廠會計所啓。八月十三夜

諸君均此。

第一百十六號（八月十三日）

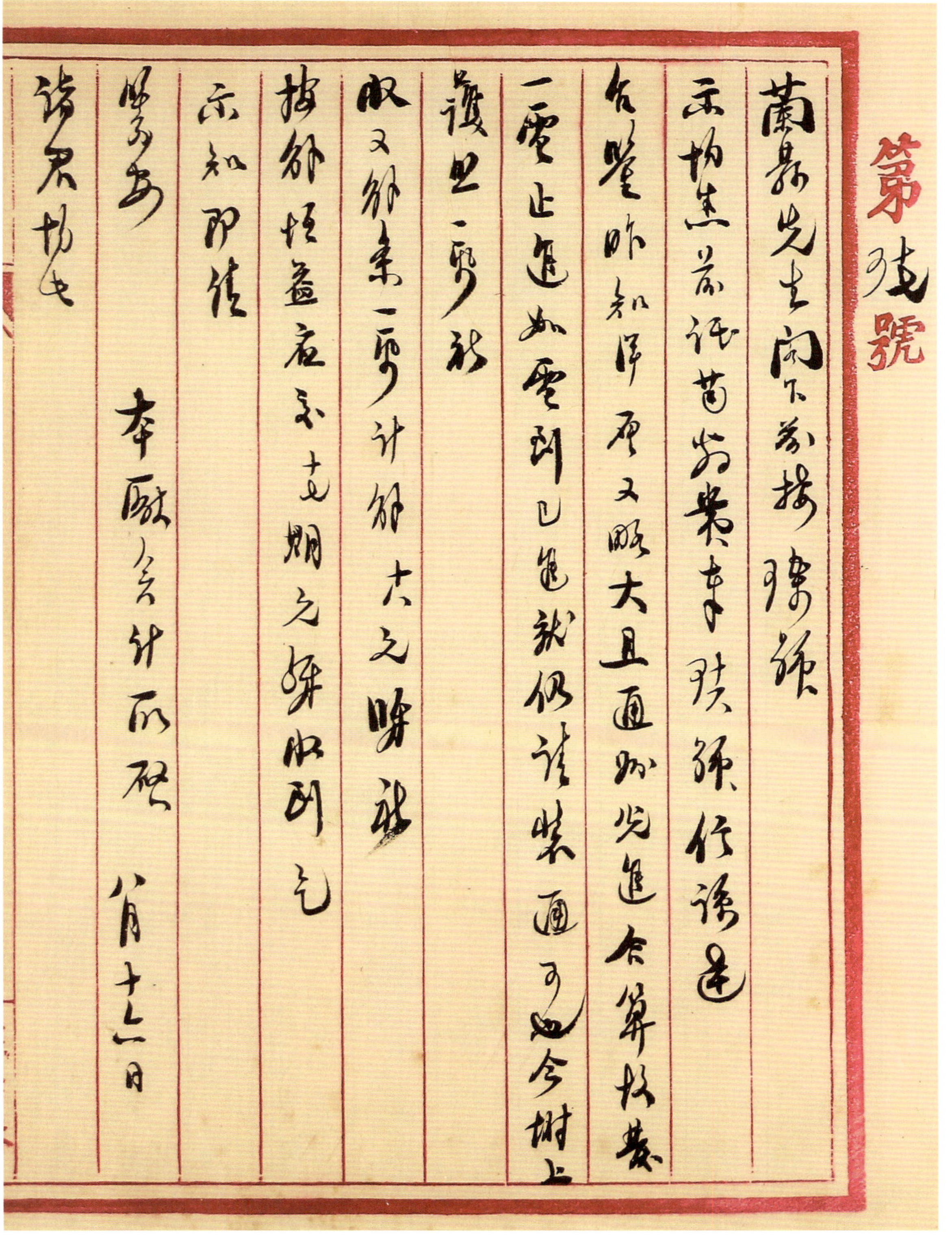

第一百十七號（八月十六日）

蘭蓀先生閣下：前接一百五十四號示，均悉。前托芑翁帶奉一百十六號信，諒達台鑒。昨知洋厘又略大，且通州兑進合算，故發一電止進，如電到已進，就仍請裝通可也。今附上護照一紙，祈收。又解條一紙，計解十八元二千兩，祈按解。恒益應交十七期元五千兩，收到乞示知。即請籌安。本廠會計所啓。八月十六日

諸君均此。

第一百十七號（八月十六日）

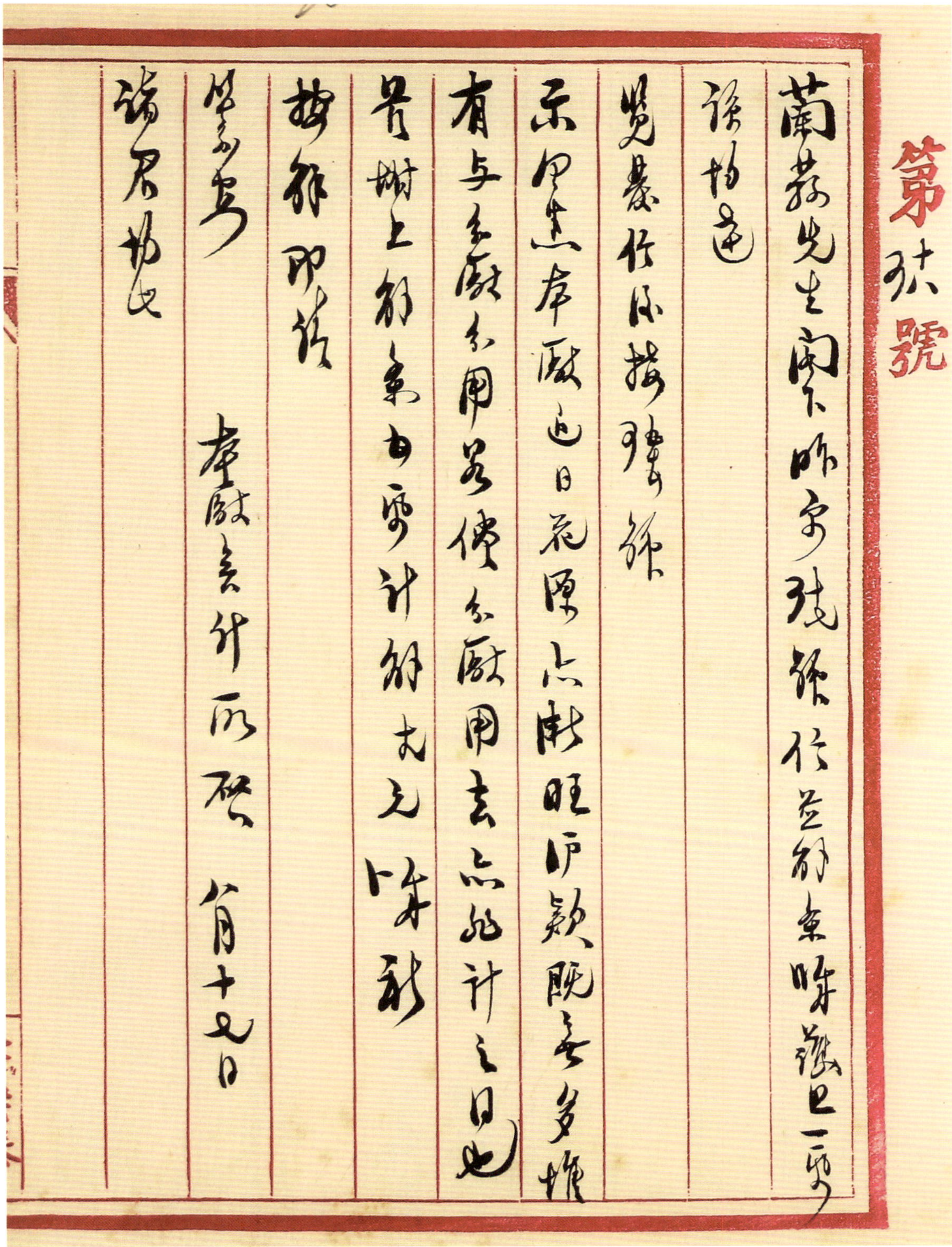

第一百十八號（八月十七日）

蘭蓀先生閣下：昨寄一百十七號信并解條二千兩、護照一紙，諒均達覽。發信後接一百五十五號示，具悉。本廠近日花源亦漸旺，滬款既無多，惟有與分廠分用，若儘分廠用去，亦非計之得也。玆附上解條五紙，計解十九元一萬一千兩，祈按解。即請籌安。本廠會計所啓。八月十七日

諸君均此。

第一百十八號（八月十七日）

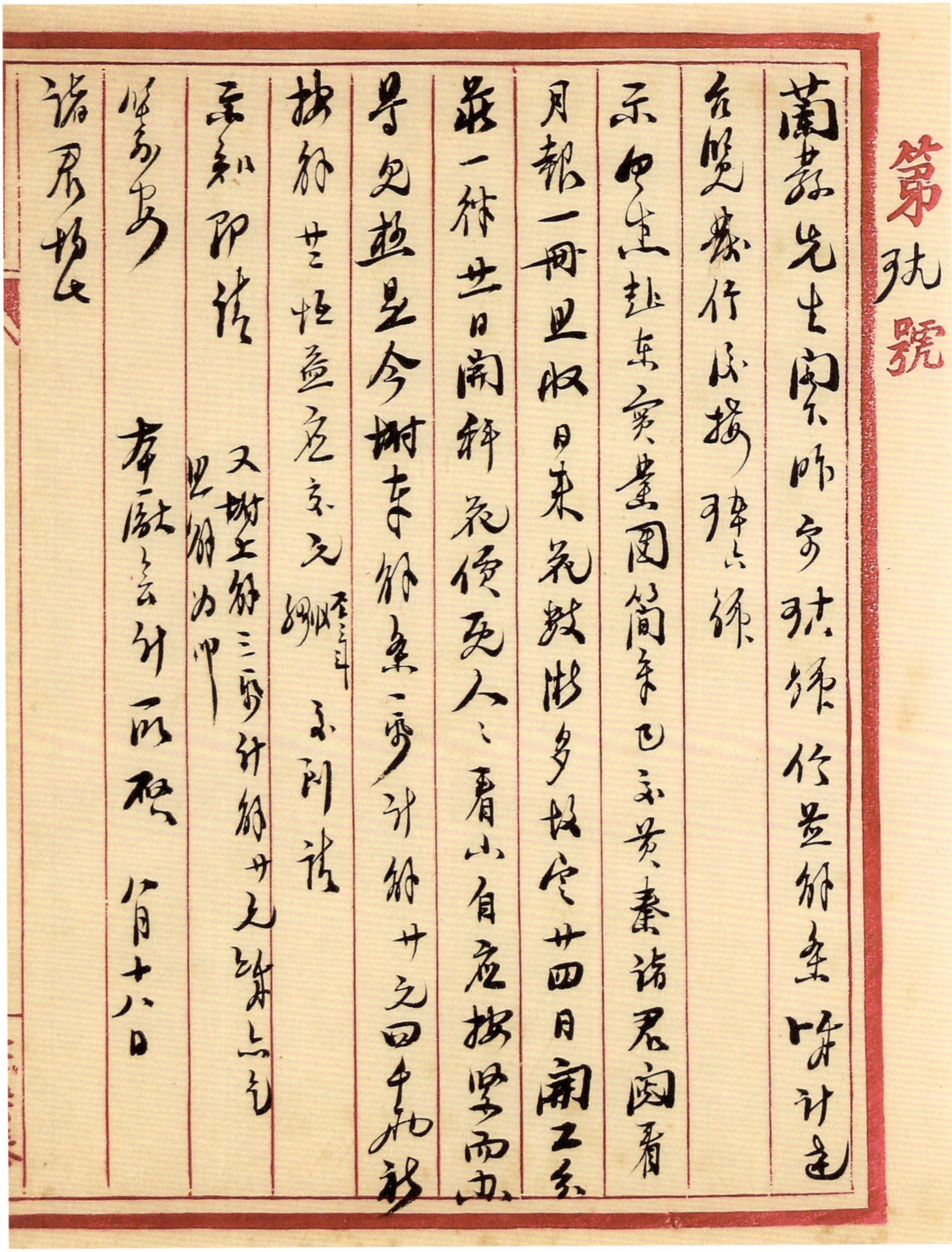

第一百十九號（八月十八日）

蘭蓀先生閣下：昨寄一百十八號信并解條一萬一千兩，計達台覽。發信後接一百五十六號示，具悉。赴東實業團簡章，已交黄、秦諸君閲看。月報一册照收。日來花數漸多，故定廿四日開工，分莊一律廿一日開秤。花價既人人看小，自應按緊而辦，尊見極是。今附奉解條一紙，計解廿元四千兩，祈按解。廿二恒益應交元五千四百二十四兩六錢三分三，交到請示知。又附上解［條］三紙，計解廿元七千兩，亦乞照解爲叩。即請籌安。本廠會計所啓。八月十八日

第一百十九號（八月十八日）

諸君均此。

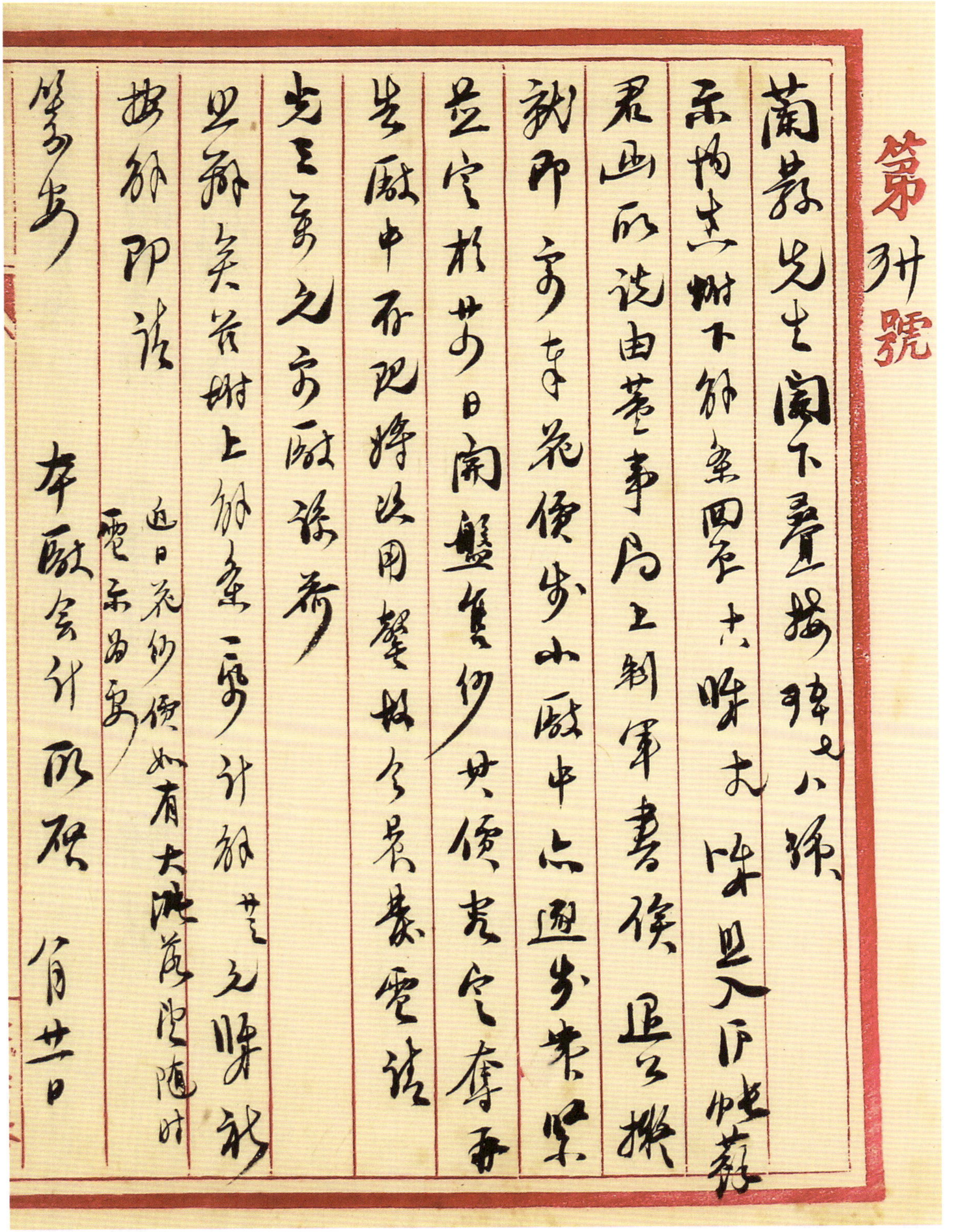

第一百二十號（八月廿一日）

蘭蓀先生閣下：叠接一百五十七、一百五十八號示，均悉。附下解條回單十八二千兩、十九一萬一千兩，照入滬帳。蘇君函所説由董事局上制軍書，俟退公擬就即寄奉。花價步小，廠中亦逐步帶緊，并定於廿四日開盤售紗，其價容定奪再告。廠中存現將次用罄，故今晨發電，請兑三萬元寄廠，諒荷照辦矣。兹附上解條一紙，計解廿三元二千兩，祈按解。近日花紗價如有大漲落，望隨時電示爲要。即請籌安。本廠會計所啓。八月廿一日

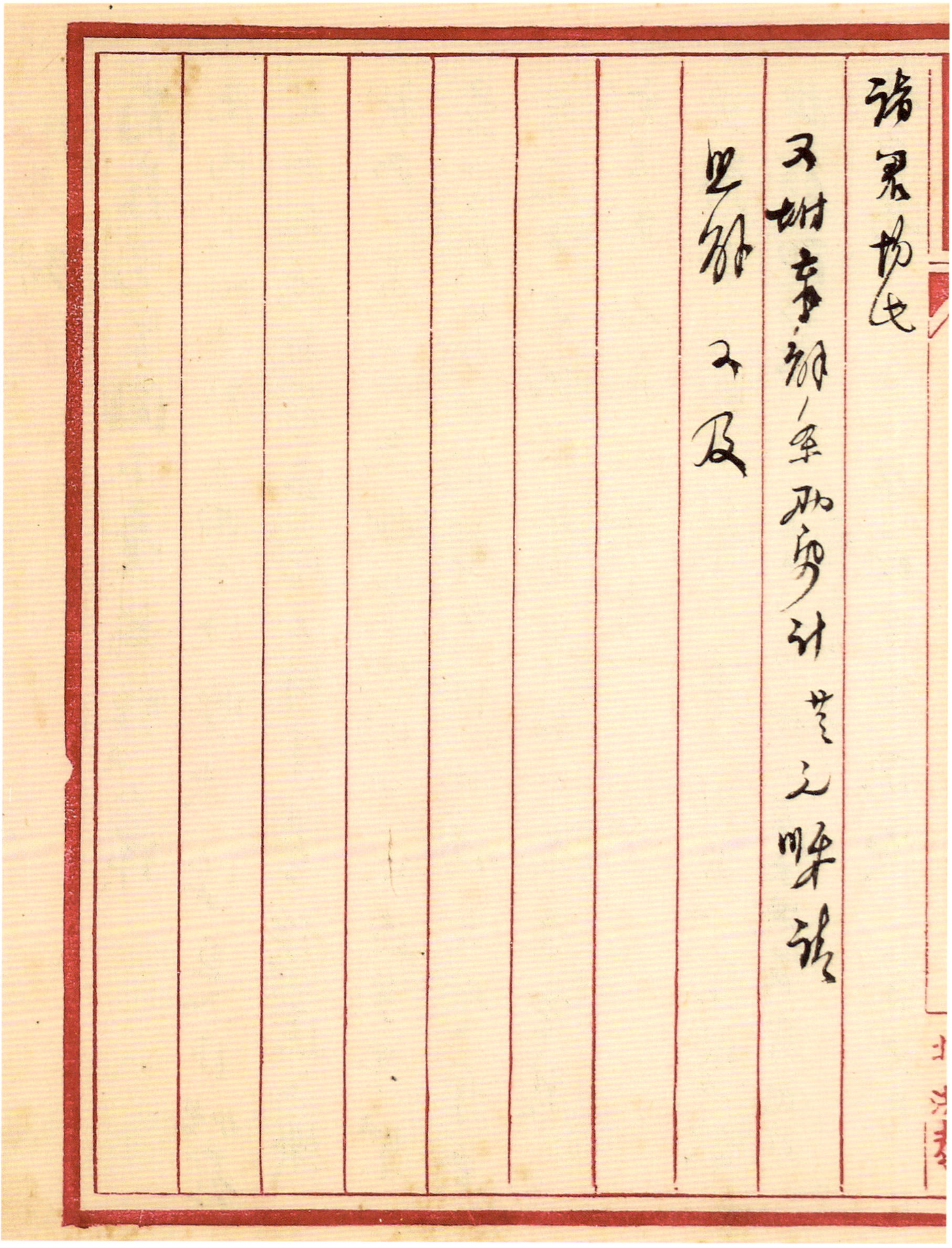

第一百二十號（八月廿一日）

諸君均此。

又附奉解條兩紙，計廿三元三千兩，請照解。又及。

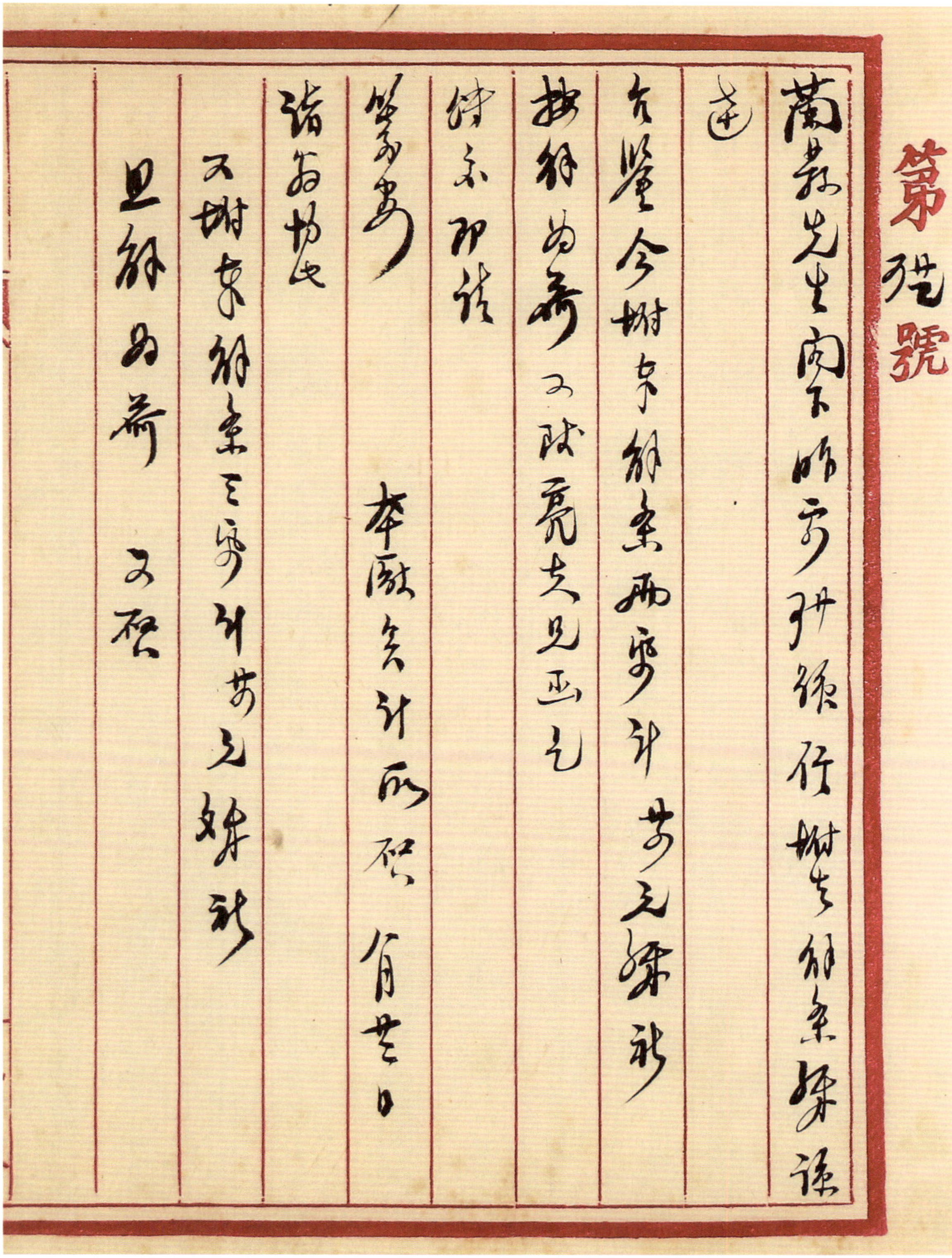

第一百二十一號（八月廿二日）

蘭蓀先生閣下：昨寄一百廿號信，附去解條五千兩，諒達台鑒。今附奉解條兩紙，計廿四元五千兩，祈按解爲荷。又致亮夫兄函，乞轉交。即請籌安。本廠會計所啓。八月廿二日

諸翁均此。

又附奉解條三紙，計廿四元九千兩，祈照解爲荷。又啓。

第一百二十一號（八月廿二日）

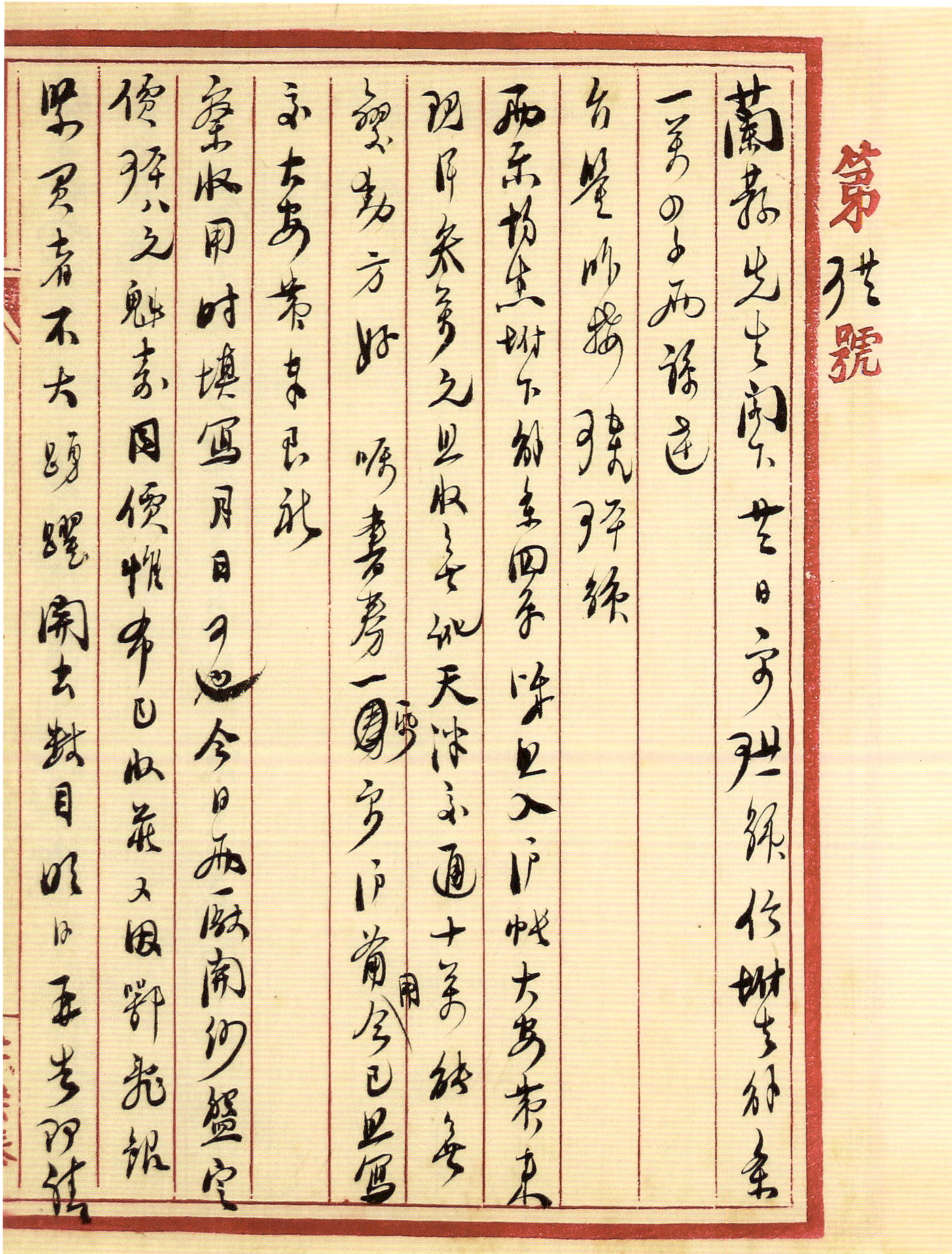

第一百二十二號（八月廿四日）

蘭蓀先生閣下：廿二日寄一百廿一號信，附去解條一萬四千兩，諒達台鑒。昨接一百五十九、一百六十號兩示，均悉。附下解條回單一萬一千兩，照入滬帳。大安帶來現洋叁萬元，照收無訛。天津交通十萬，能無變動方好。囑書券一紙寄滬備用，今已照寫，交大安帶奉，至祈察收，用時填寫月日可也。今日兩廠開紗盤，定價一百六十八元，魁、壽同價。惟布已收莊，又因鄂亂銀緊，買者不大踴躍。開出數目明日再告。即請籌安。本廠會計所啓。八月廿四日

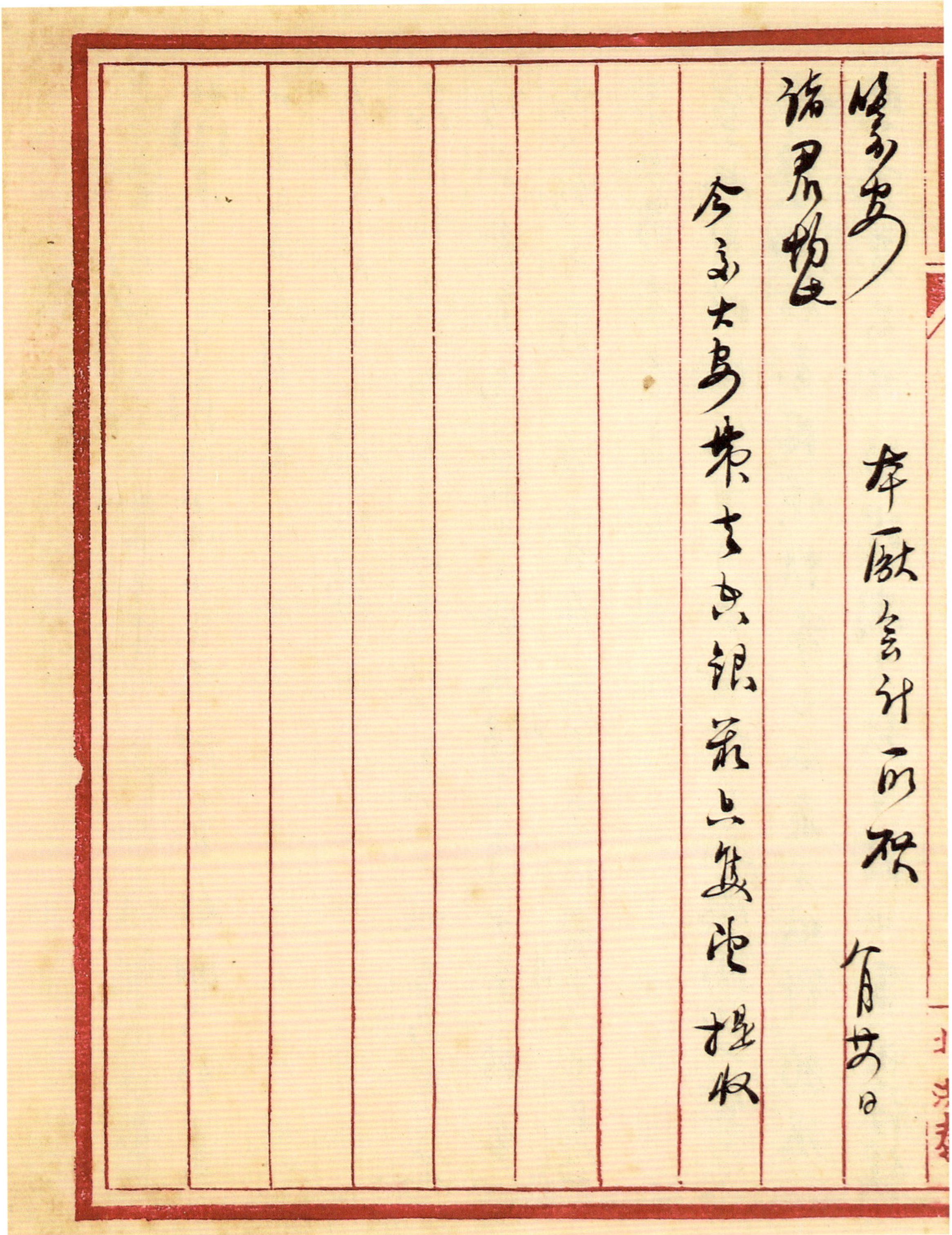
諸君均此
今交大安帶去空銀箱六隻望提收
本廠會計所椷
八月廿四日

第一百二十二號（八月廿四日）

諸君均此。

今交大安帶去空銀箱六隻，望提收。

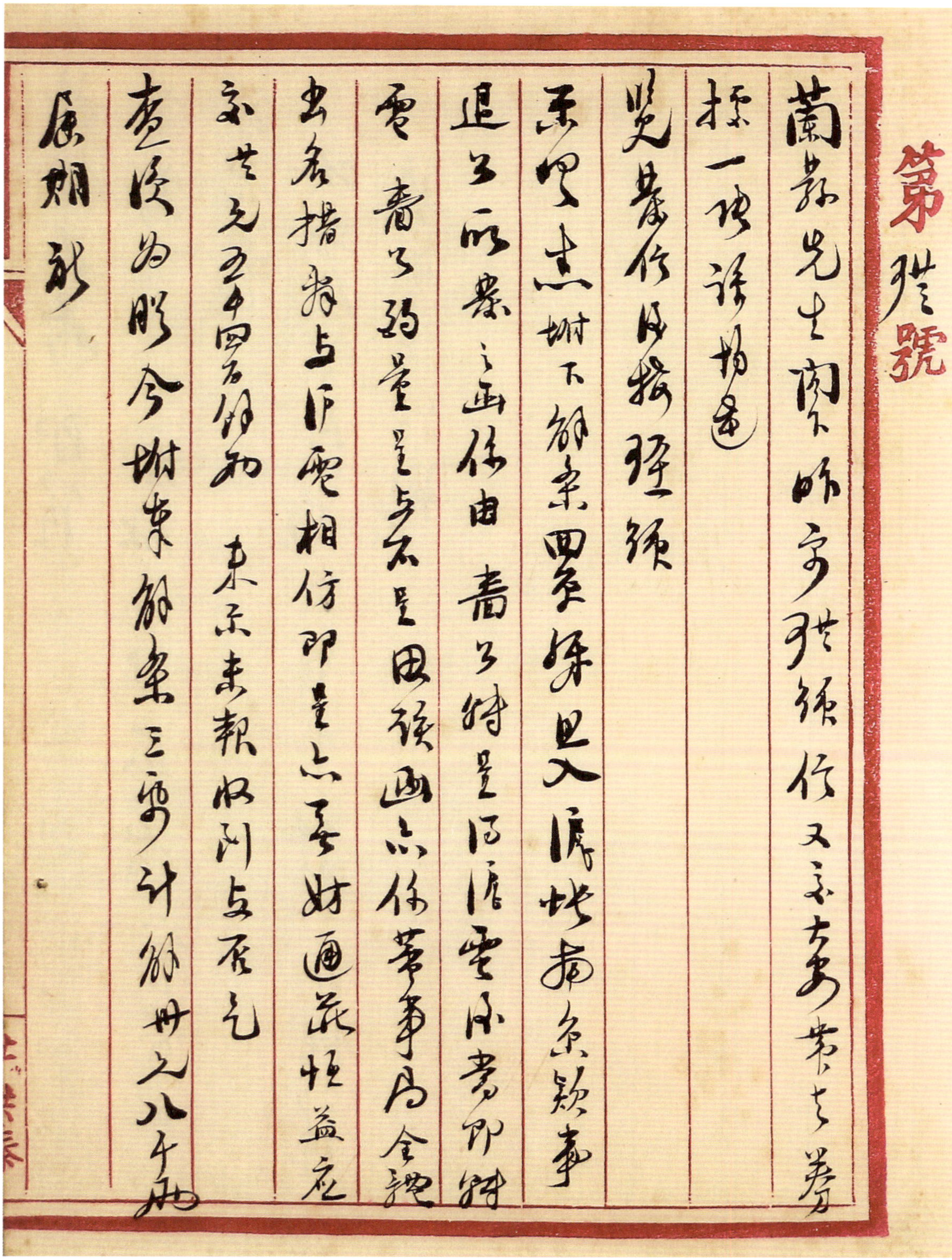

第一百二十三號（八月廿五日）

蘭蓀先生閣下：昨寄一百廿二號信，又交大安帶去券據一張，諒均達覽。發信後接一百六十一號示，具悉。附下解條回單五千兩，照入滬帳。南京款事，退公所發之函係由嗇公轉呈，得滬電後，當即轉電嗇公，酌量呈與不呈，因該函亦係董事局全體出名，措辭與滬電相仿，即呈亦無妨。通莊恒益應交廿二元五千四百餘兩，來示未報收到與否，乞查復爲盼。今附奉解條三紙，計解卅元八千兩，屆期祈按解爲荷。即請籌安。本廠會計所啓。八月廿五日

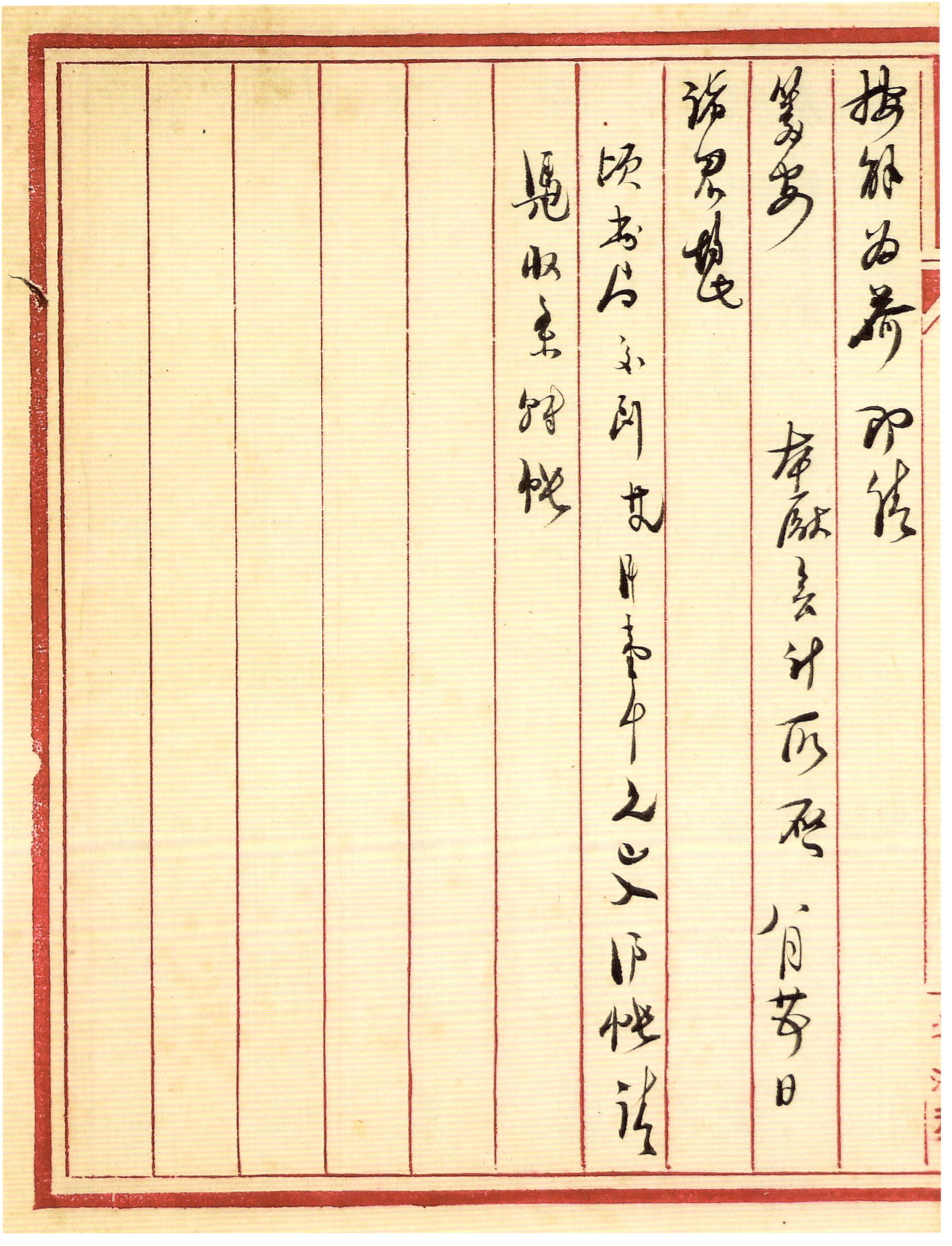

接雅爲荷 即頌
籌安 本廠會計所啓 八月廿五日
諸君均鑒
頃書局交到廿九洋壹千元已入滬帳請
憑收條轉帳

第一百二十三號（八月廿五日）

諸君均此。

頃書局交到廿九洋壹千元，已入滬帳，請憑收條轉帳。

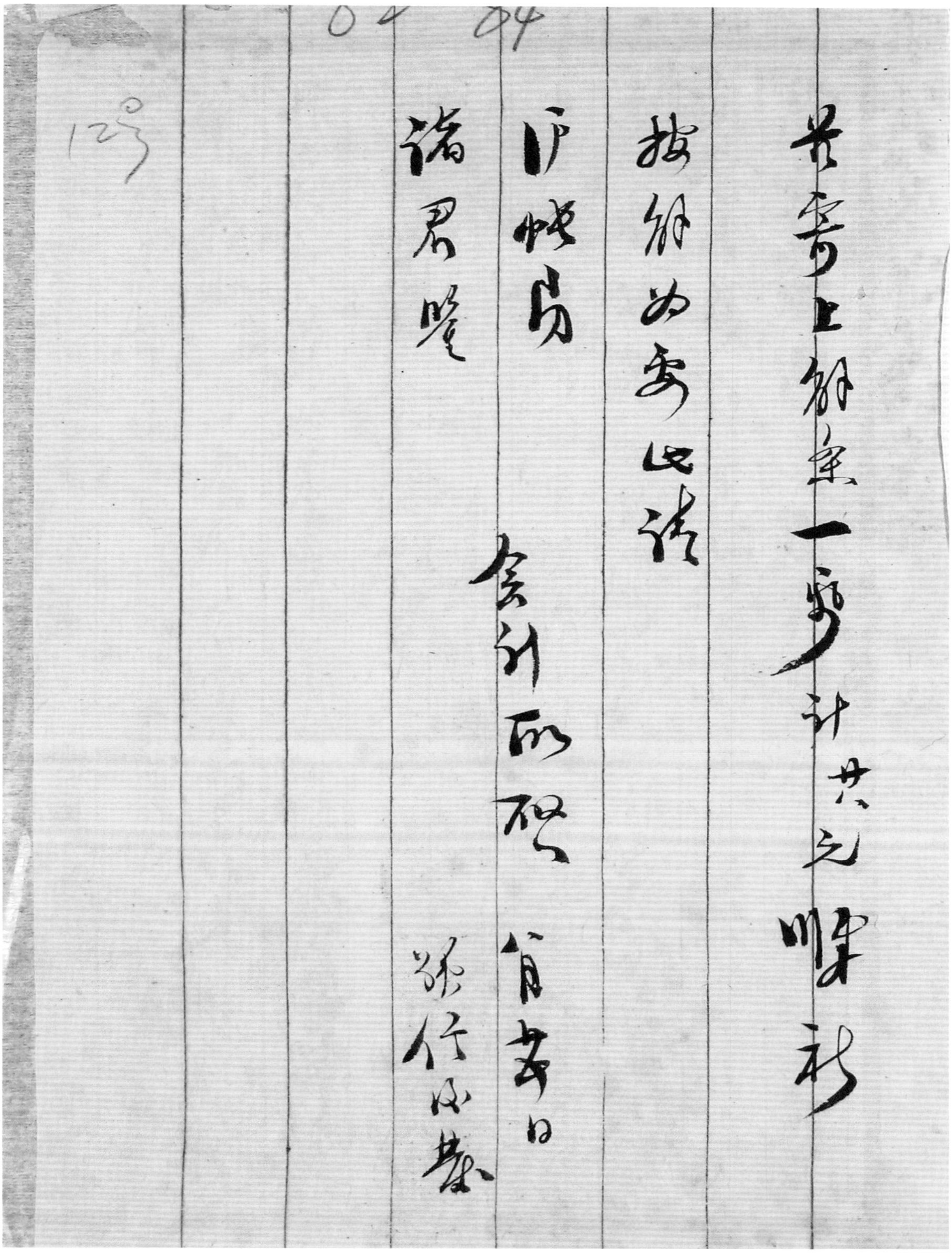

附會計所致滬帳房解條

茲寄上解條一紙，計廿八元三千兩，祈按解爲要。此請滬帳房諸君鑒。會計所啓。

八月廿五日

號信後發。

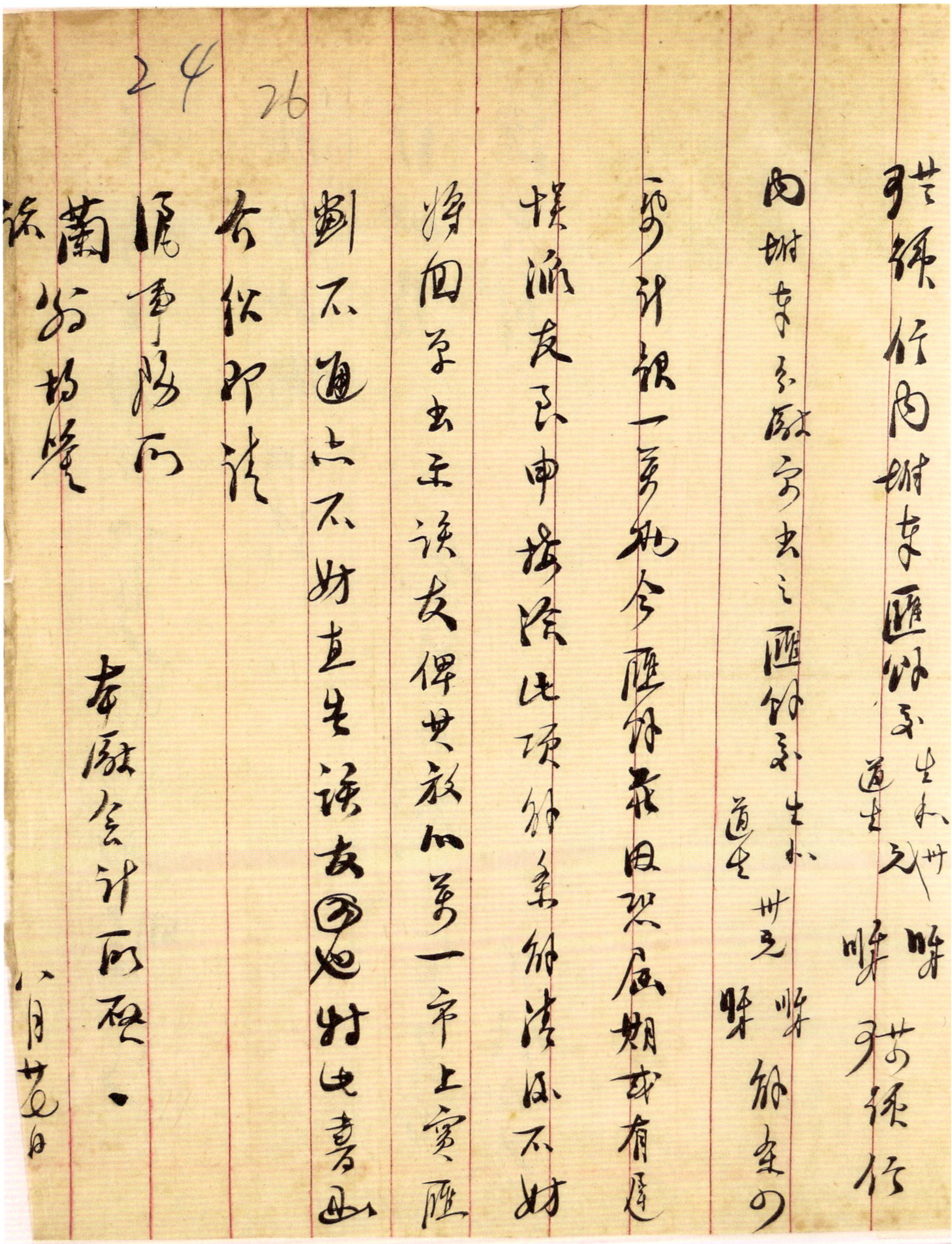

附不列號信（八月廿七日）

一百廿三號信内附奉匯餘交生和卅元二千兩、道生卅元三千兩，一百廿四號信内附奉分廠寄出之匯餘交生和卅元三千兩、道生卅元二千兩，解條四紙，計銀一萬兩。今匯餘莊因恐届期或有遲誤，派友至申接洽，此項解條解清後，不妨將回單出示該友，俾其放心；萬一市上實匯劃不通，亦不妨直告該友也。特此書函介紹，即請滬事務所蘭翁、諸翁均鑒。本廠會計所啓。八月廿七日

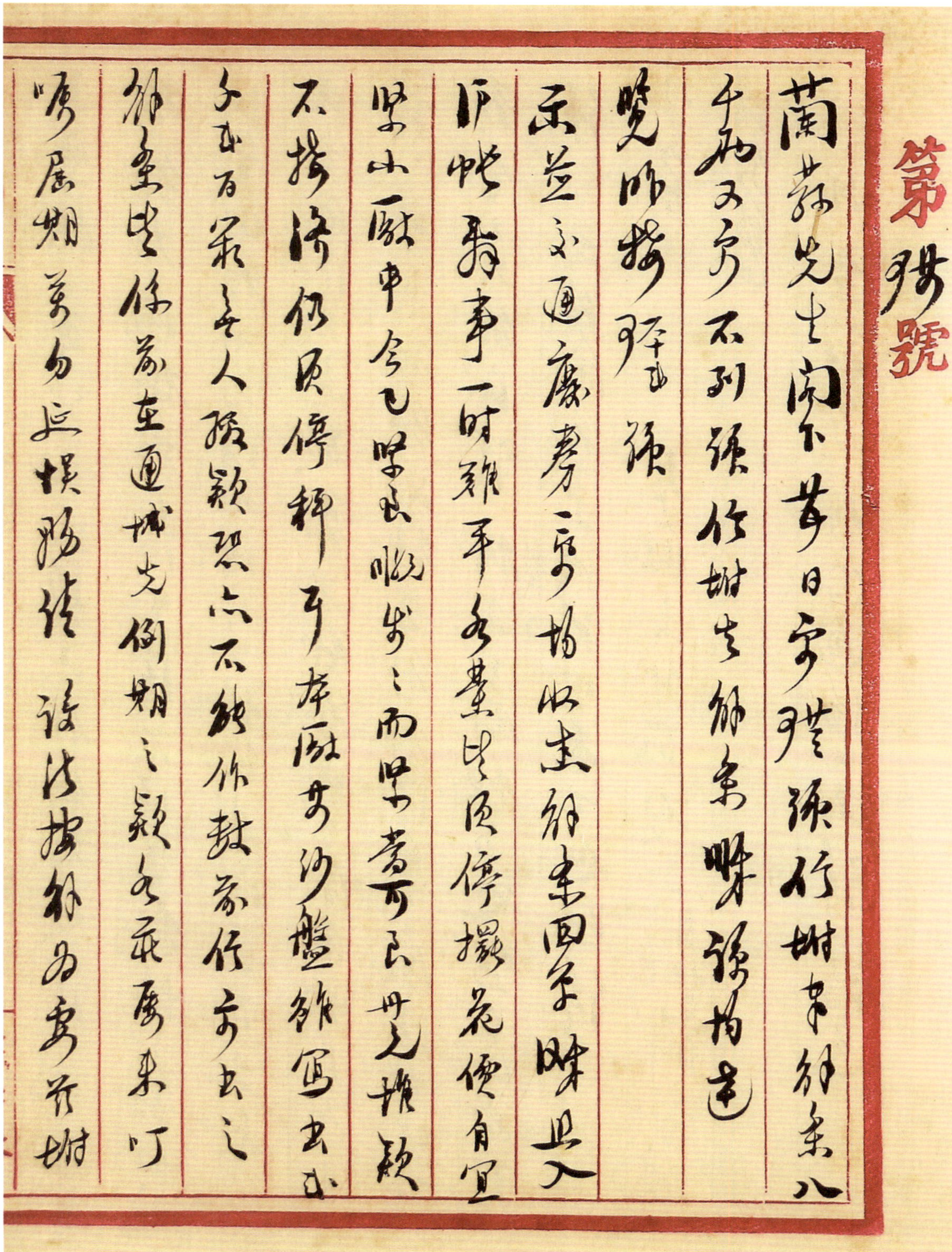

第一百二十四號（八月廿七日）

蘭蓀先生閣下：廿五日寄一百廿三號信，附奉解條八千兩，又寄不列號信，附去解條三千兩，諒均達覽。昨接一百六十弍號示并交通廢券一紙，均收悉。解條回單一萬四千兩，照入滬帳。辭〔亂〕事一時難平，各業皆須停擺，花價自宜緊小。廠中今已緊至三十五元，步步而緊，當可至卅元，惟款不接濟，仍須停秤耳。本廠廿四紗盤雖寫出弍千弍百箱，無人繳款，恐亦不能作數。前信寄出之解條，皆係前在通城兑例期之款，各莊屢來叮囑，届期萬勿延誤，務請設法按解爲要。茲附上票根一

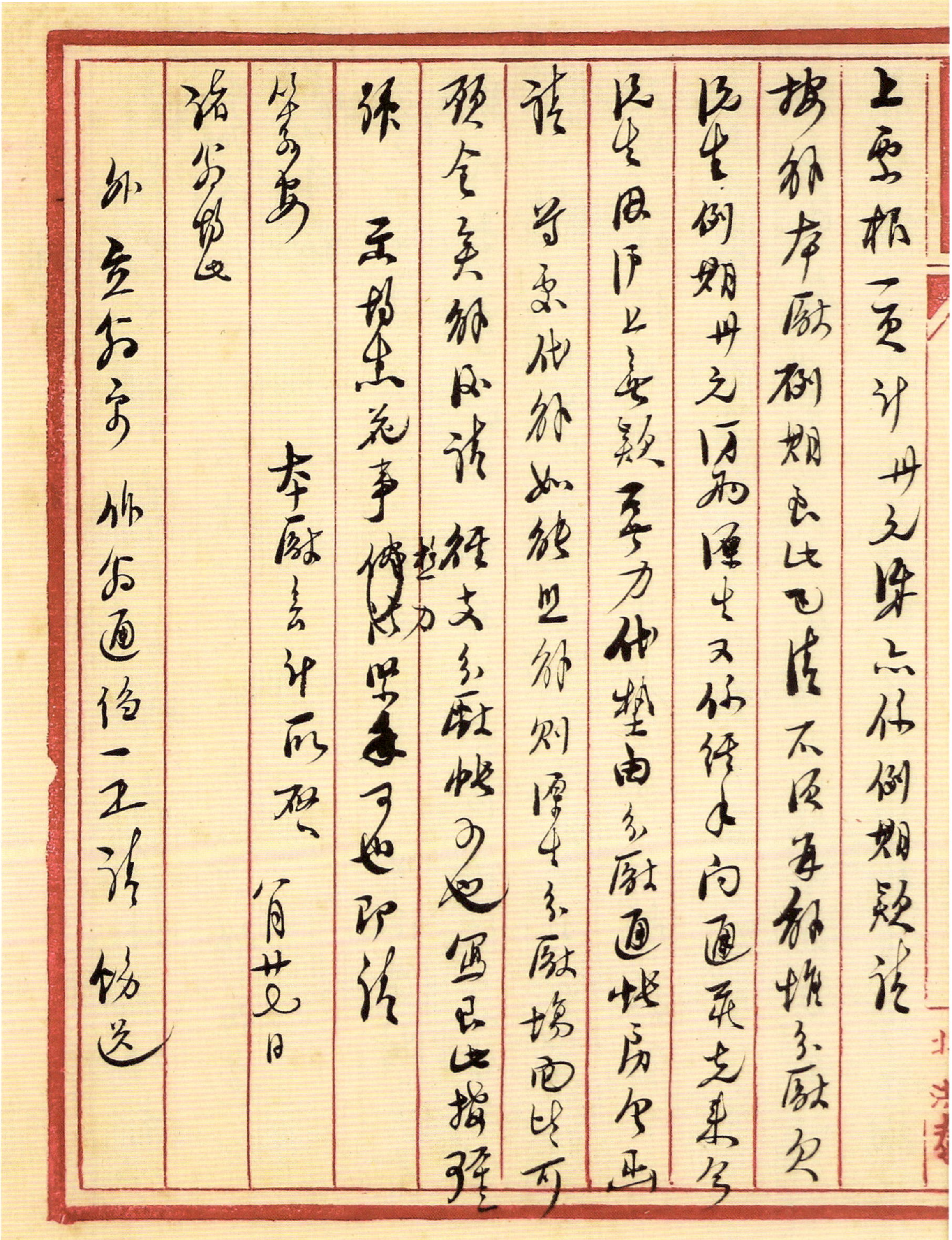

第一百二十四號（八月廿七日）

頁，計卅元一千兩，亦係例期款，請按解。本廠例期至此已清，不須再解。惟分廠欠源生例期卅元一萬兩，源生又係經手向通莊兑來，今源生因滬上無款，無力代墊，由分廠通帳房具函，請尊處代解。如能照解，則源生、分廠場面皆可顧全矣。解後請徑支分廠帳可也。寫至此，接一百六十三號示，均悉。花事極力緊手可也。即請籌安。本廠會計所啓。八月廿七日

諸翁均此。

外，立翁寄作翁通縐一匹，請飭送。

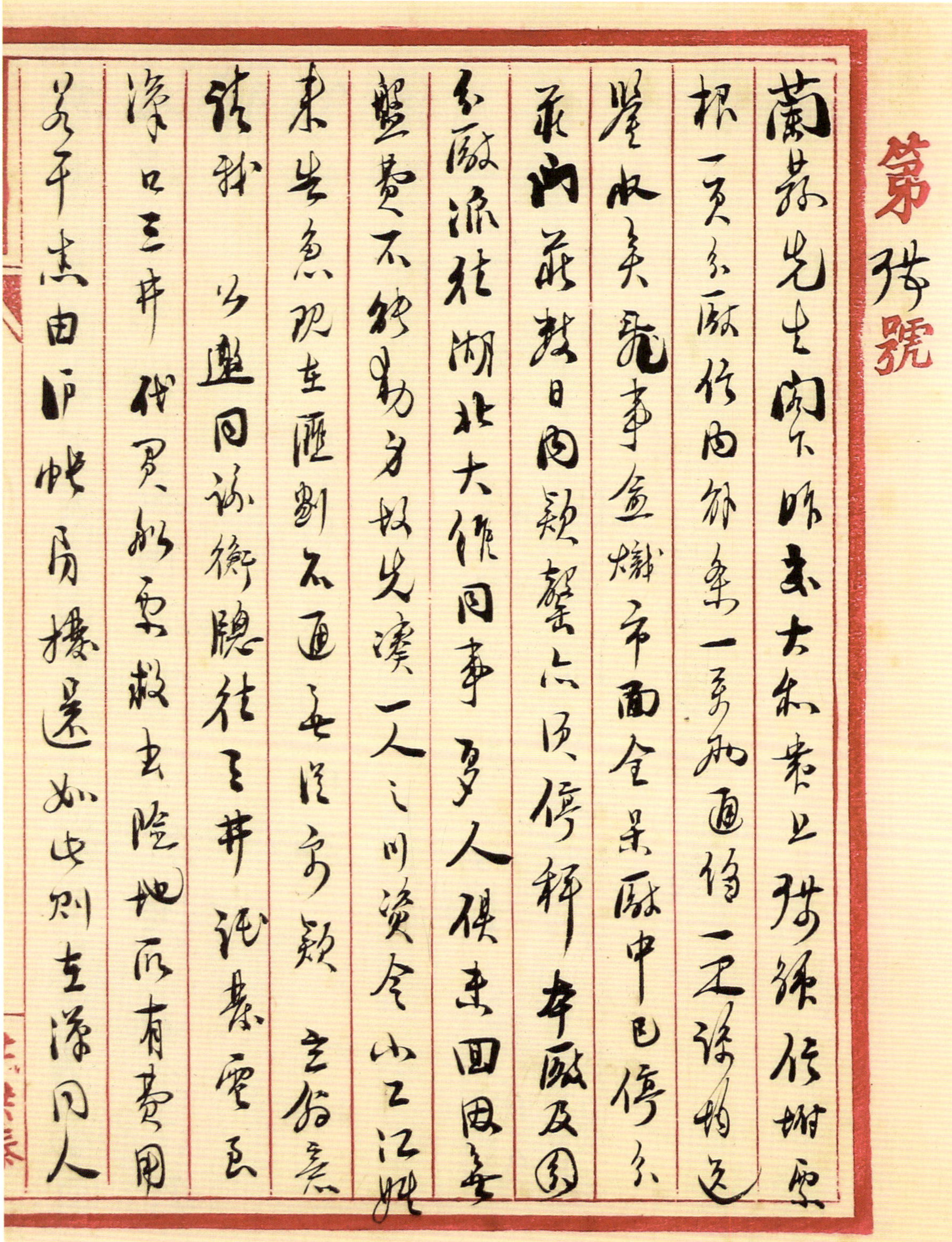

第一百二十五號（八月廿八日）

蘭蓀先生閣下：昨交大和帶上一百廿四號信，附票根一頁、分廠信内解條一萬兩、通緺一匹，諒均送鑒收矣。亂事愈熾，市面全呆，廠中已停，分莊、門莊數日内款罄，亦須停秤。本廠及分廠派往湖北大維同事多人俱未回，因無盤費不能動身，故先凑一人之川資，令小工江姓來告急。現在匯劃不通，無從寄款，立翁意請我公邀同謝衡牕往三井，托發電至漢口三井，代買船票，救出險地。所有費用若干，悉由滬帳房撥還。如此則在漢同人可望出險，亦可盡同事相救之義。通廠同人姓名開後，

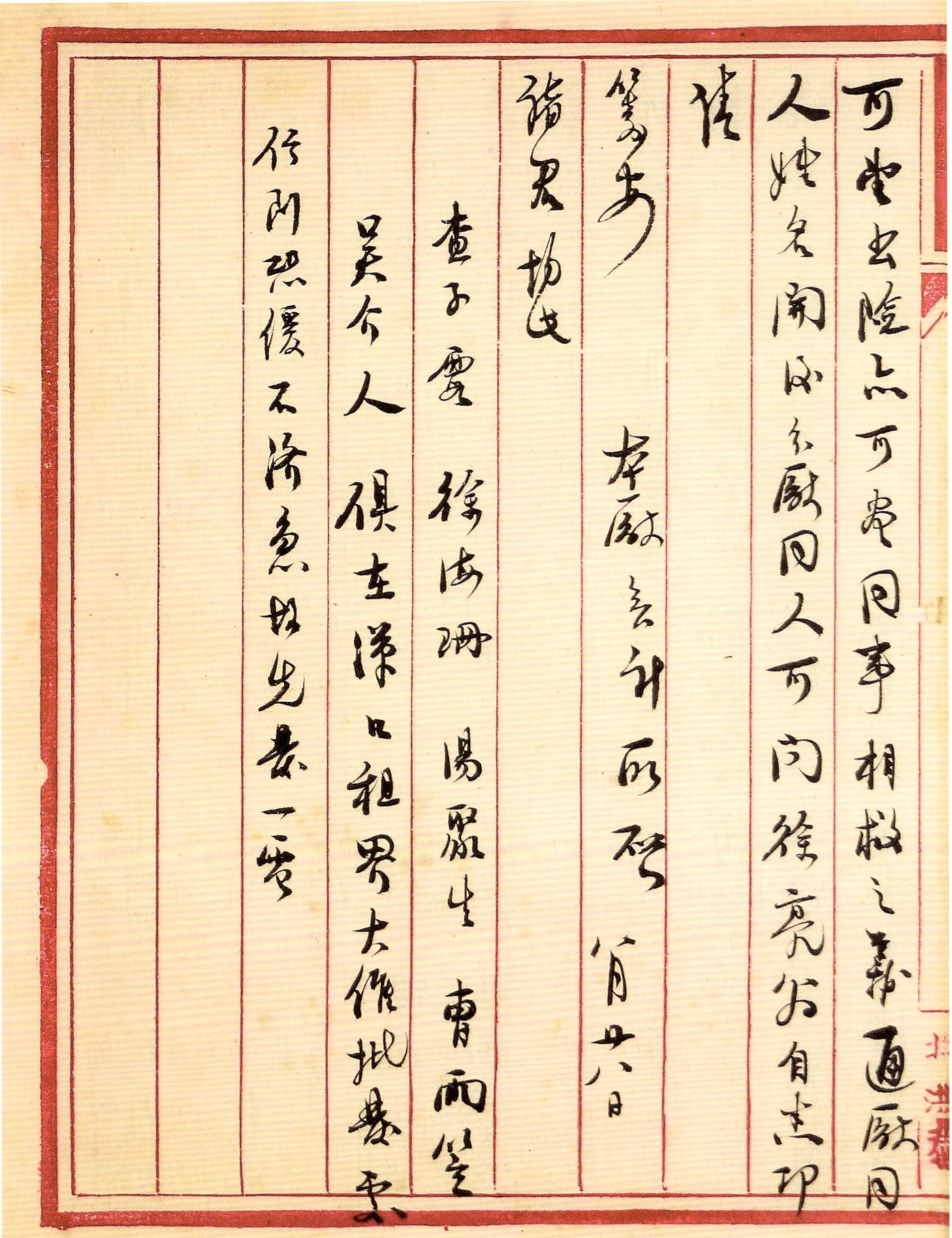

第一百二十五號（八月廿八日）

分廠同人可問徐亮翁自悉。即請籌安。本廠會計所啓。八月廿八日

諸君均此。

查子霞、徐海珊、湯聚生、曹雨笠、吳介人，俱在漢口租界大維批發處。信到恐緩不濟急，故先發一電。

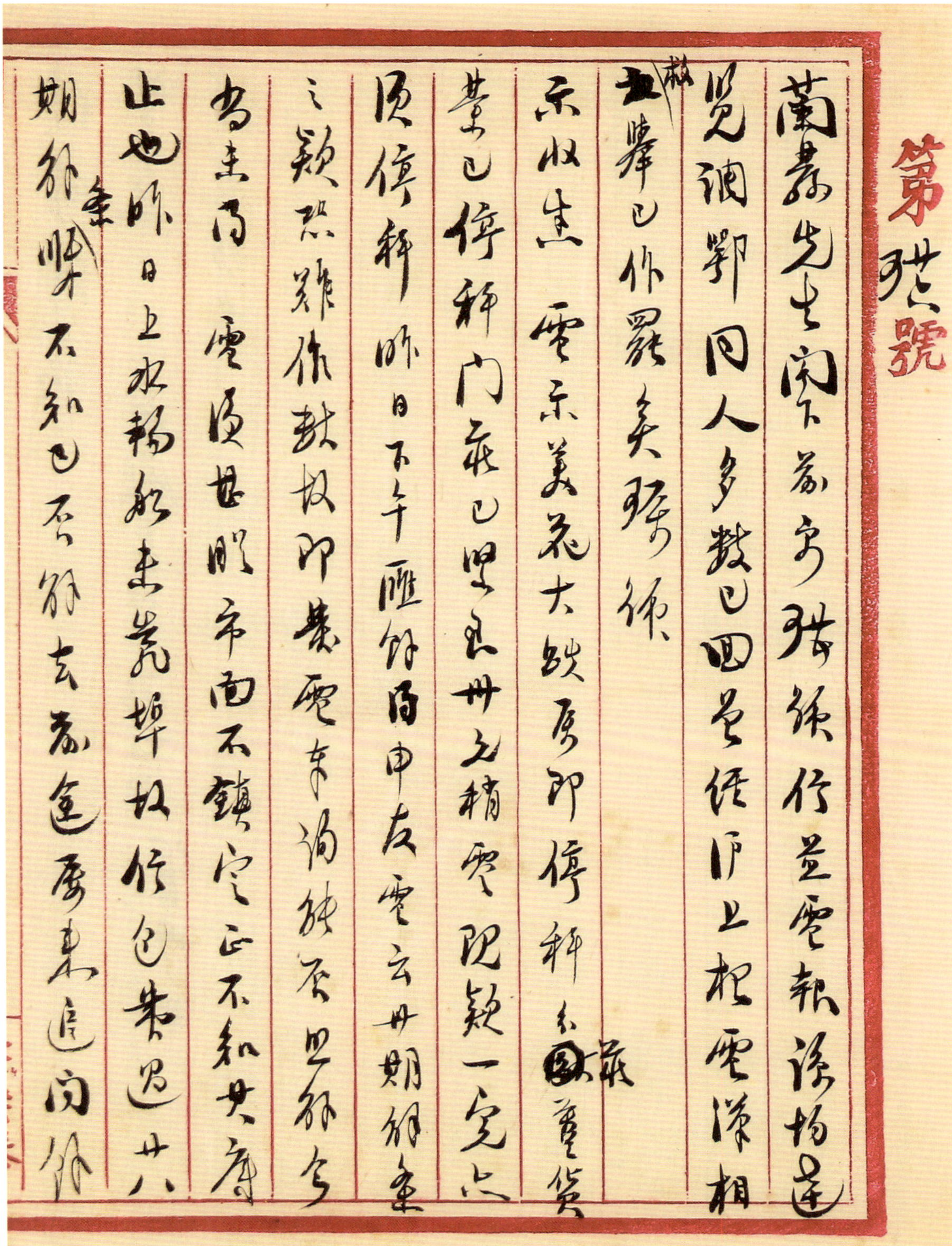

第一百二十六號（八月卅日）

蘭蓀先生閣下：前寄一百廿五號信并電報，諒均達覽。調鄂同人多數已回，曾經滬上，想電漢相救之舉已作罷矣。一百六十四號示收悉。電示美花大跌，屬即停秤，分莊薑貨業已停秤，門莊已緊至卅元稍零，現款一完，亦須停秤。昨日下午匯餘得申友電云，卅期解條之款恐難作數，故即發電奉詢，能否照解。今尚未得電復，甚盼。市面不鎮定，正不知其底止也。昨日上水輪船未靠埠，故信包帶過廿八期解條三千兩，不知已否解去，前途屢來追問。餘續布。即請籌安。本廠會計所啓。八月卅日

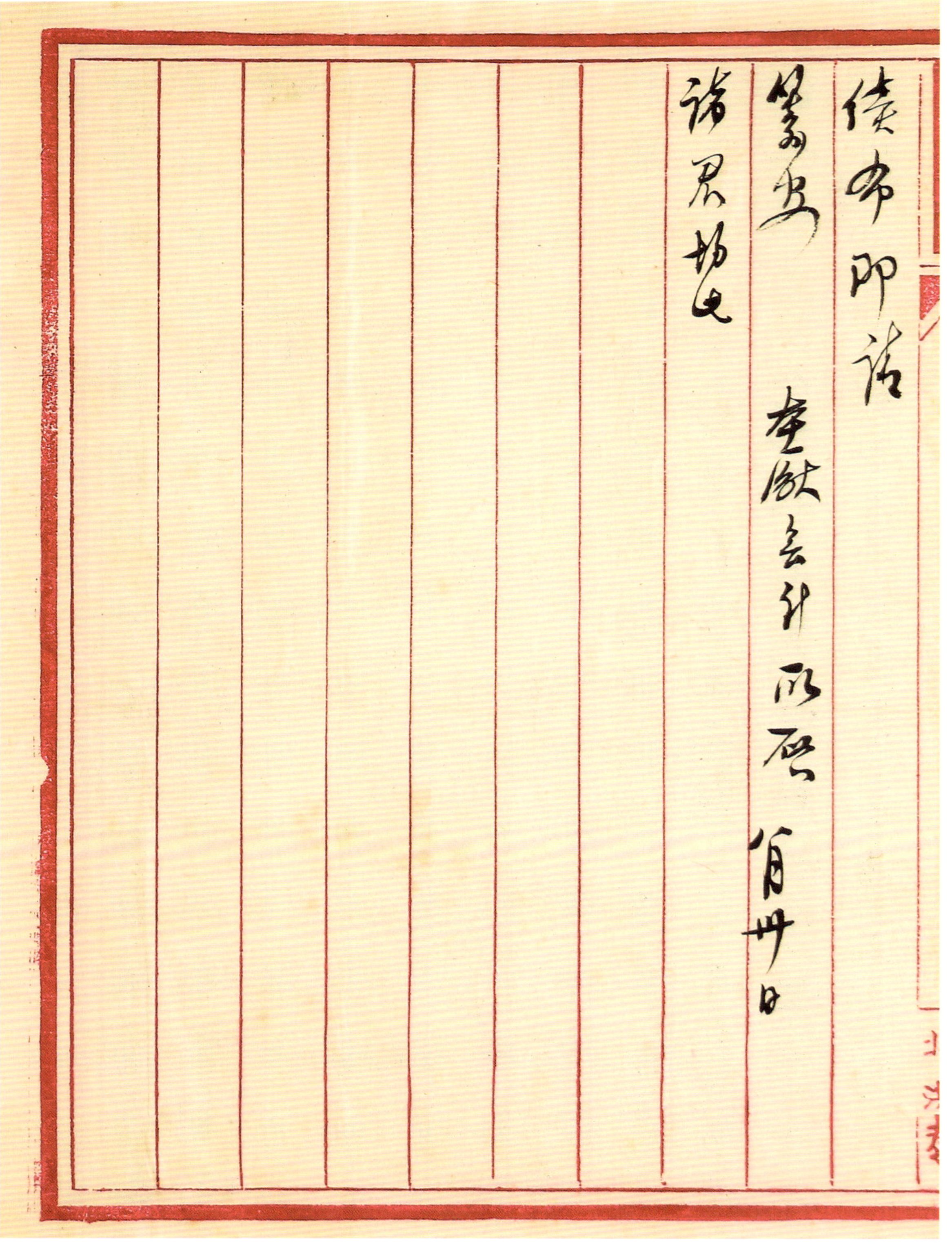

第一百二十六號（八月卅日）

諸君均此。

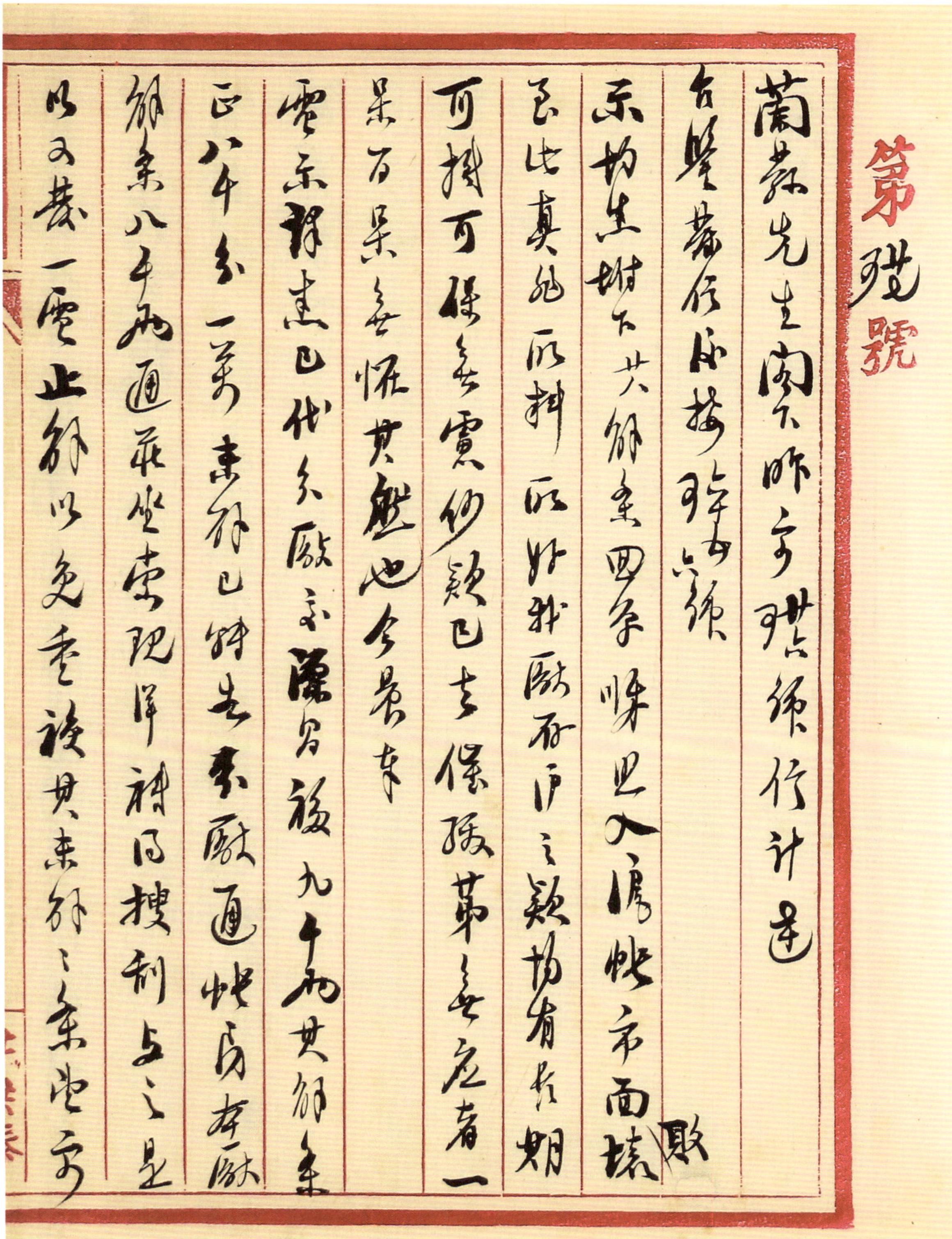

第一百二十七號（九月初一日）

蘭蓀先生閣下：昨寄一百廿六號信，計達台鑒。發信後接一百六十五、一百六十六號示，均悉。附下廿八解條回單三千兩，照入滬帳。市面敗壞至此，真非所料，所好我廠存滬之款均有長期可抵，可保無慮。紗款已去催繳，第無應者，一呆百呆，無怪其然也。今晨奉電示，譯悉，已代分廠交源昌福九千兩，其解條正八千、分一萬未解，已轉告分廠通帳房。本廠解條八千兩，通莊坐索現洋，祇得搜刮與之，是以又發一電止解，以免重複，其未解解條望寄通可也。今日通商會集，各商會議維

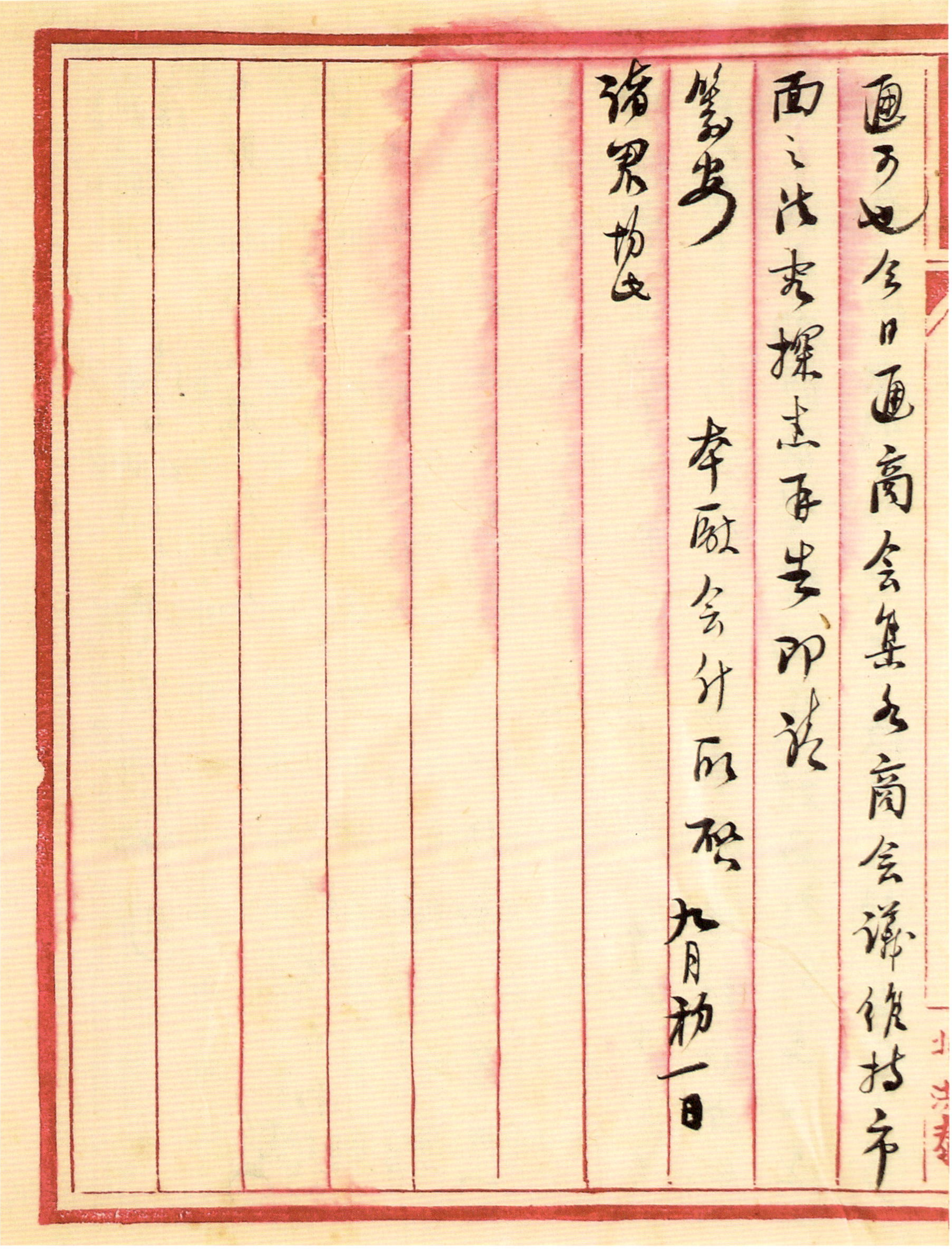
通可也今日通商会集各商会議維持市
面之法容探悉再告即請
籌安
本廠会計所啓
九月初一日
諸君均此

第一百二十七號（九月初一日）

持市面之法，容探悉再告。即請籌安。本廠會計所啓。九月初一日
諸君均此。

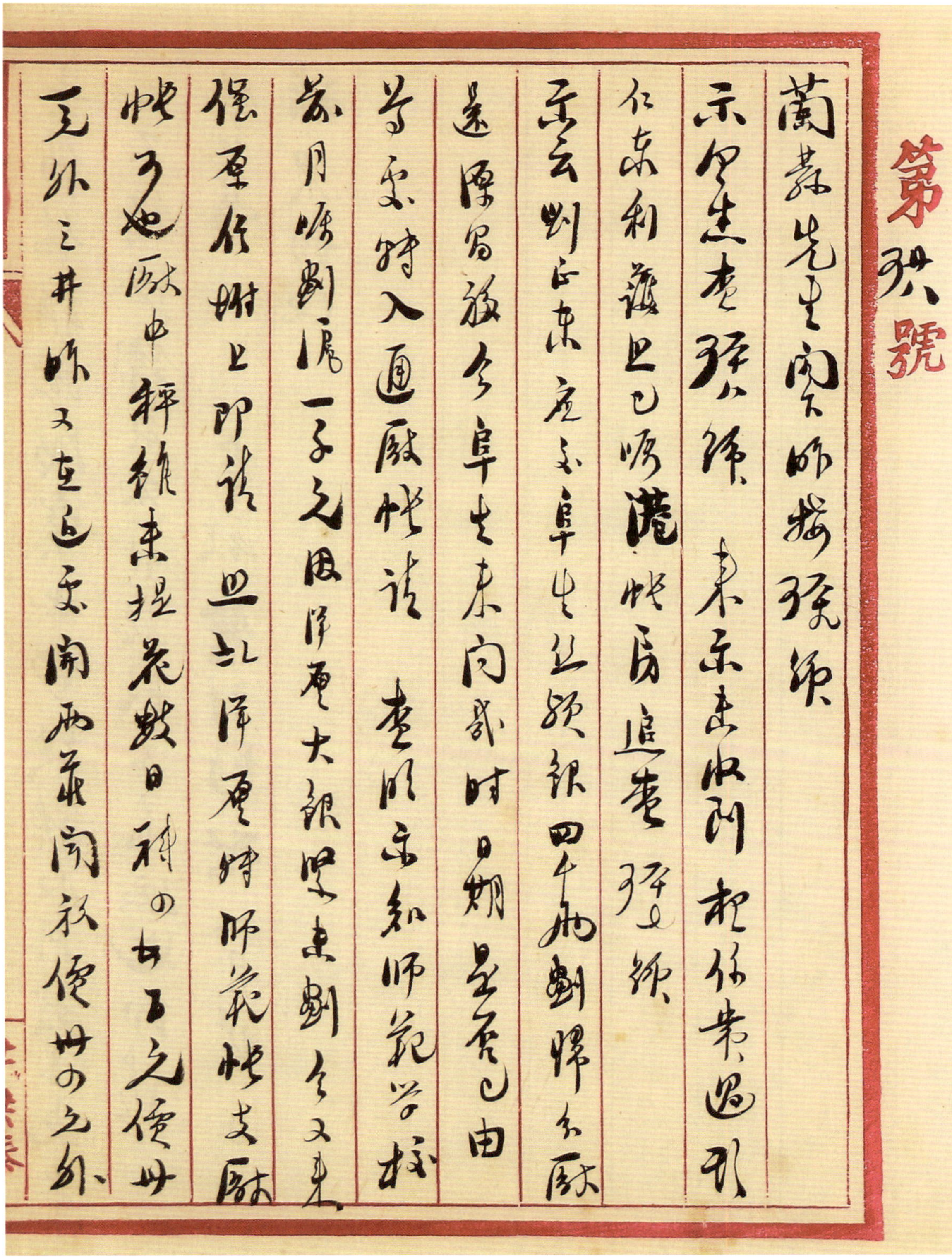

第一百二十八號（九月初五日）

蘭蓀先生閣下：昨接一百六十九號示，具悉。查一百六十八號來示未收到，想係帶過期。仁泰利護照已囑港帳房追查。一百六十七號示云，劉正泰應交阜生絲款銀四千兩，劃歸分廠還源昌福，今阜生來問幾時日期，是否已由尊處轉入通廠帳，請查明示知。師範學校前月囑劃滬一千元，因洋厘大、銀緊未劃，今又來催，原信附上，即請照七六洋厘轉師範帳，支廠帳可也。廠中秤雖未提花，數日祇四五百元，價卅一元外，三井昨又在近處開兩莊，聞放價卅四元外，大約係補繳拋貨也。紗款

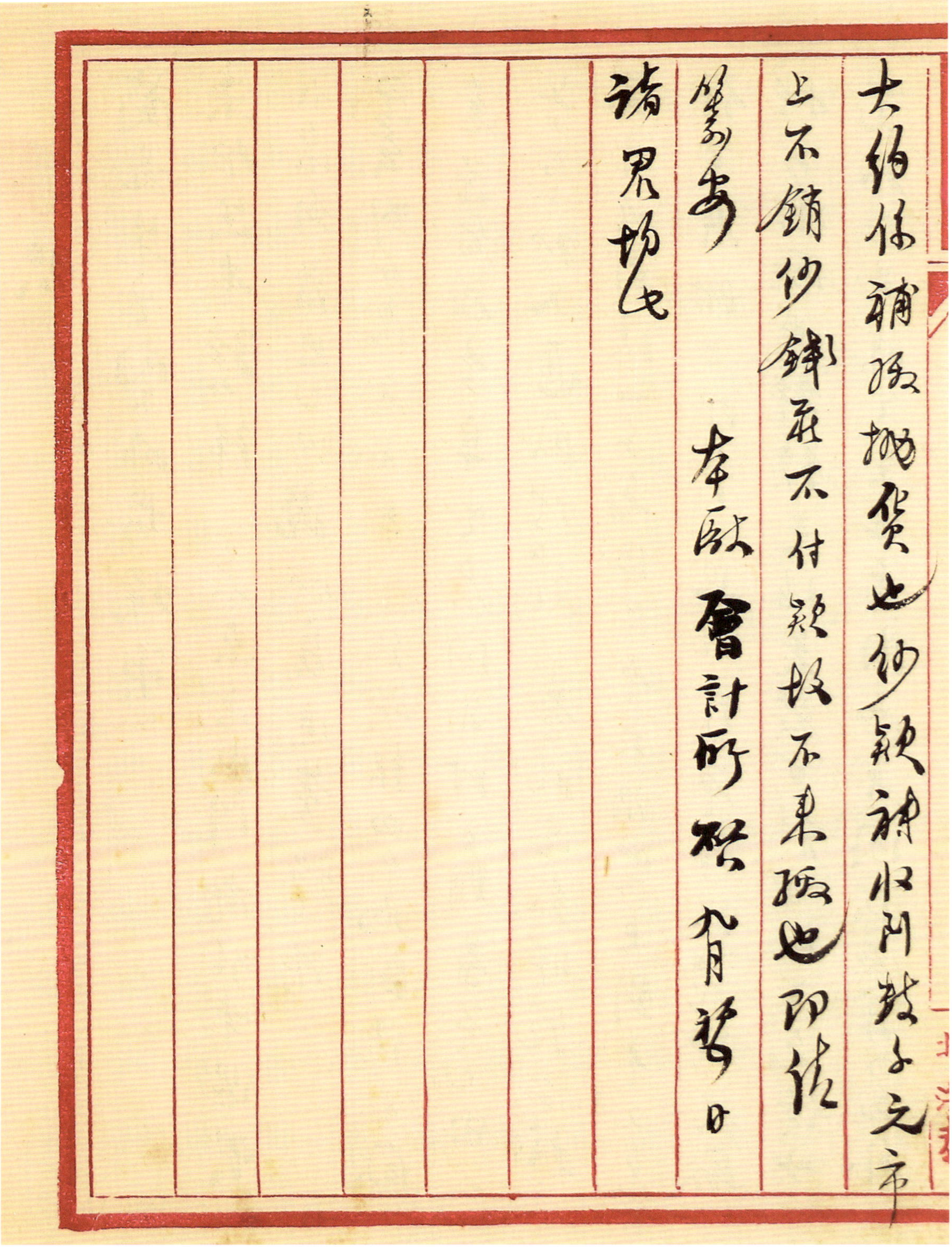

第一百二十八號（九月初五日）

衹收到數千元，市上不銷紗，錢莊不付款，故不來繳也。即請籌安。本廠會計所啓。
九月初五日
諸君均此。

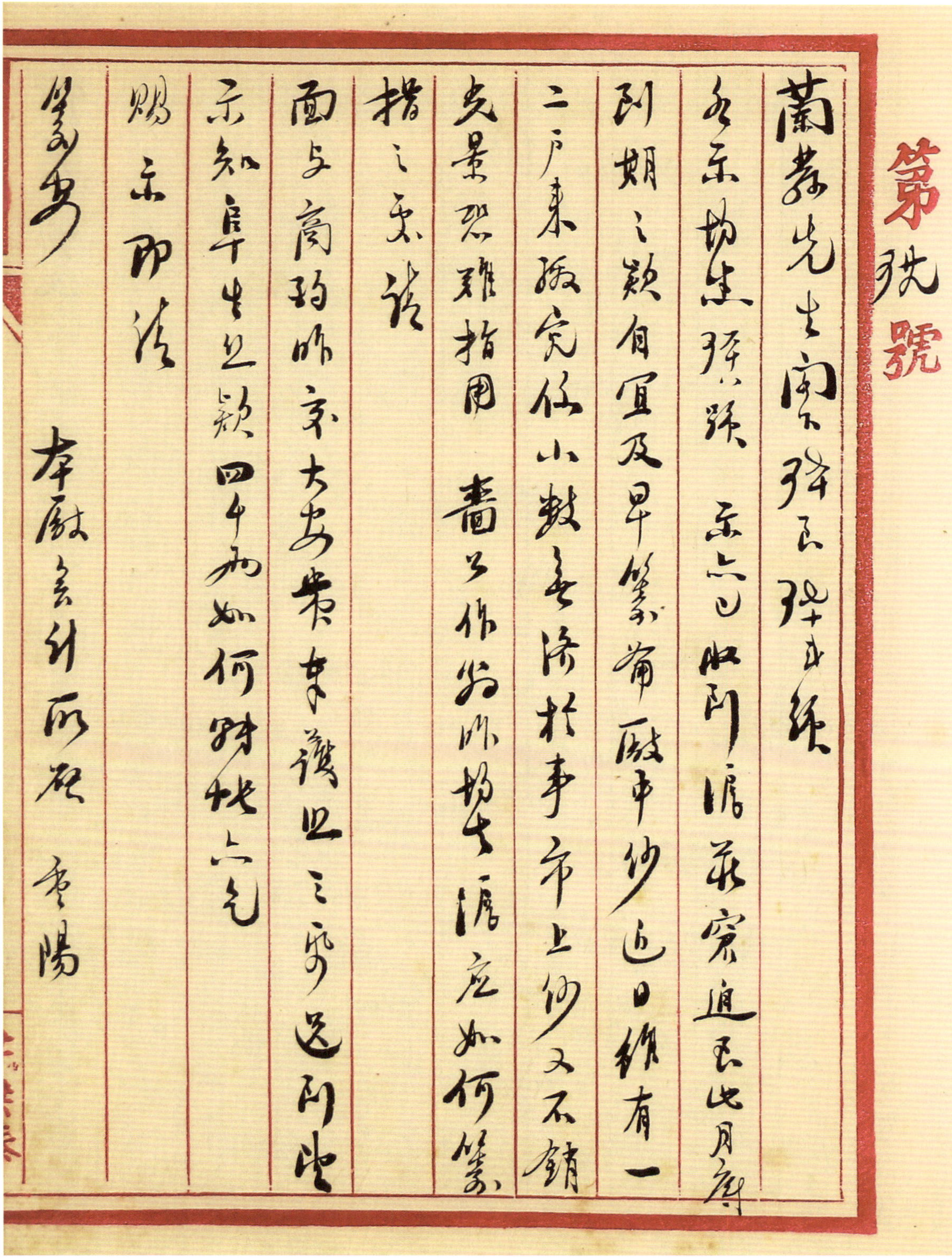

第一百二十九號（九月初九日）

蘭蓀先生閣下：一百七十至一百七十式號各示均悉，一百六十八號示亦已收到。滬莊窘迫至此，月底到期之款自宜及早籌備。廠中紗近日雖有一二户來繳，究係小數，無濟於事。市上紗又不銷，光景恐難指用。啬公、作翁昨均去滬，應如何籌措之處，請面與商酌。昨交大安帶奉護照三紙，送到望示知。阜生絲款四千兩如何轉帳，亦乞賜示。即請籌安。本廠會計所啓。重陽

諸君均此。

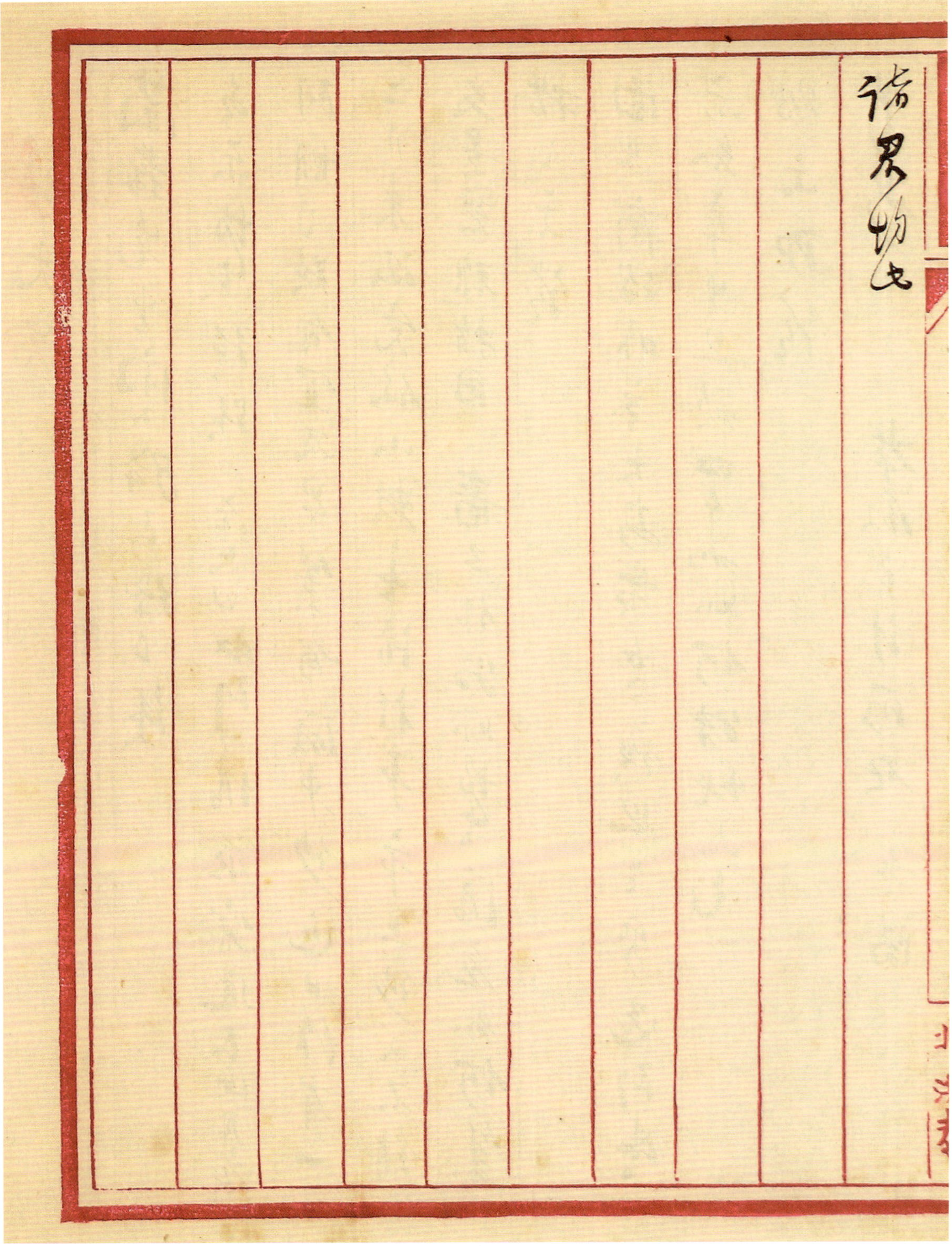
諸君勉之

第一百二十九號（九月初九日）

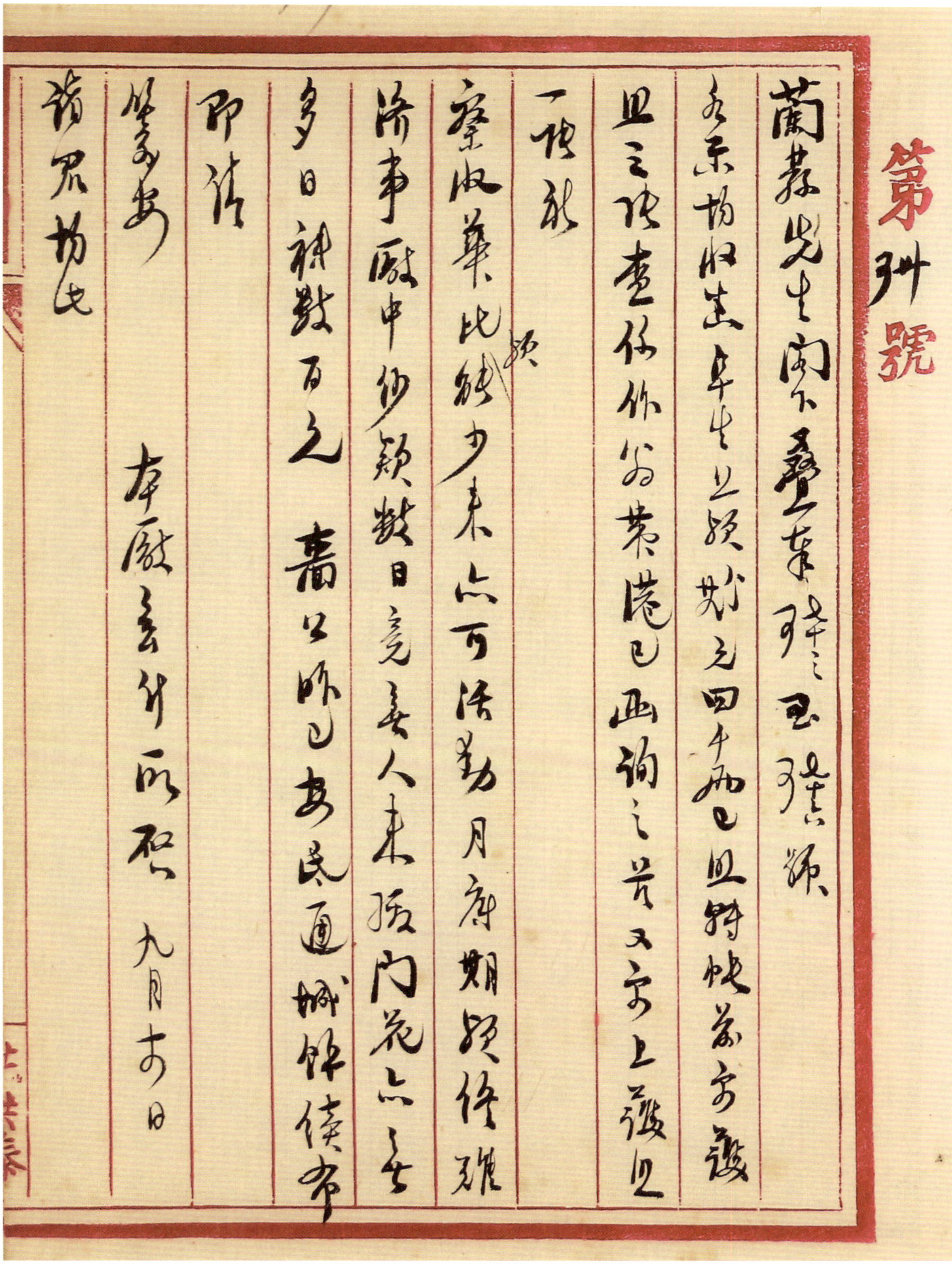

第一百三十號（九月十四日）

蘭蓀先生閣下：叠奉一百七十三至一百七十六號各示，均收悉。阜生絲款八月廿九元四千兩，已照轉帳。前寄護照三張，查係作翁帶港，已函詢之。茲又寄上護照一張，祈察收。華比款能少來，亦可活動，月底期款終難濟事。廠中紗款，數日竟無人來繳，門花亦無多，日祇數百元。嗇公昨已安抵通城。餘續布。即請籌安。本廠會計所啓。九月十四日

諸君均此。

第一百三十號（九月十四日）

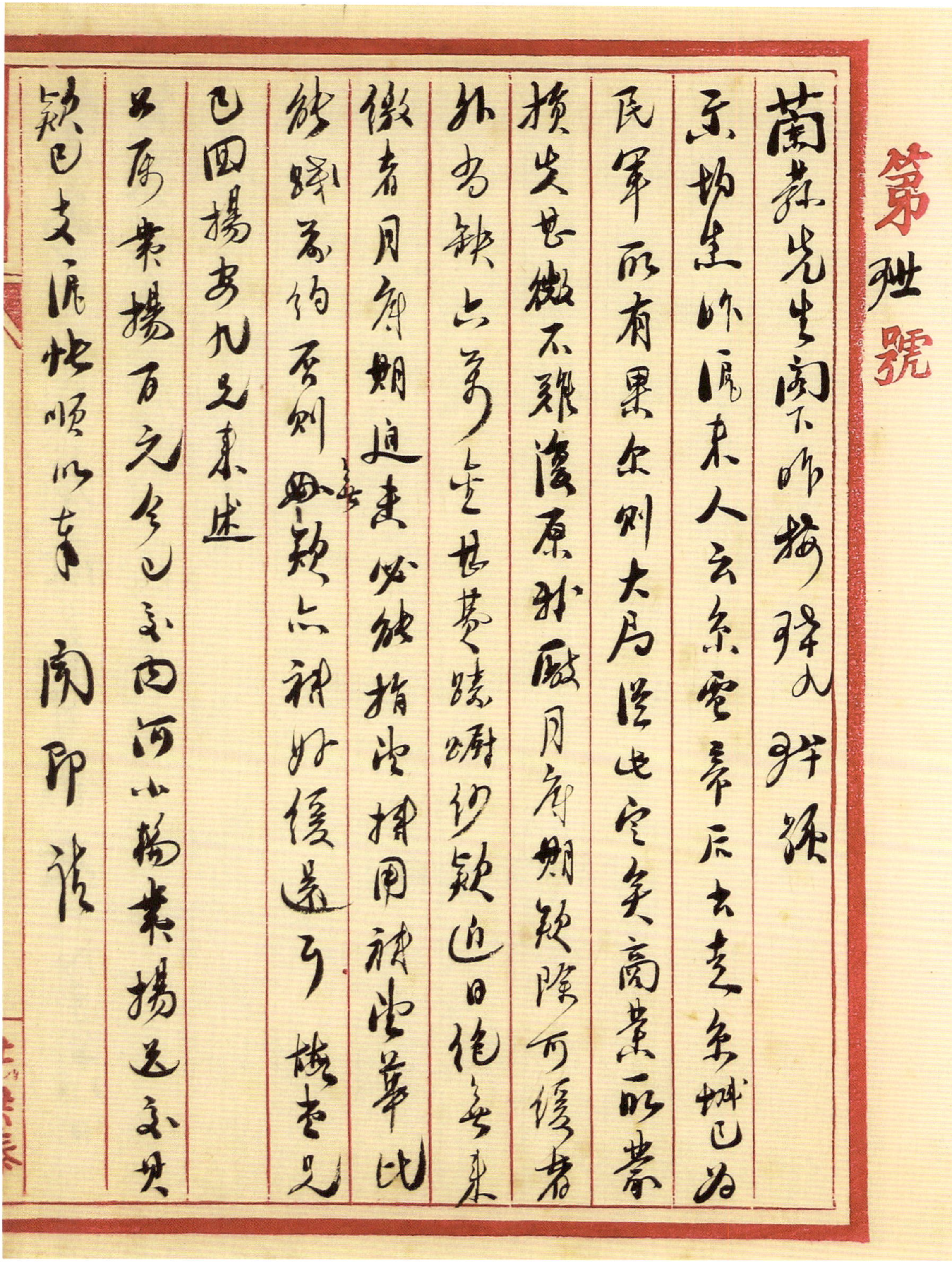

第一百三十一號（九月十八日）

蘭蓀先生閣下：昨接一百七十九、一百八十號示，均悉。昨滬來人云，京電帝后出走，京城已爲民軍所有，果爾則大局從此定矣，商業所蒙損失甚微，不難復原。我廠月底期款，除可緩者外，尚缺六萬金，甚費躊躕。紗款近日絶無來繳者，月底期迫，未必能指望抵用，衹望華比能踐前約，否則無款，亦衹好緩還耳。嘏堂兄已回揚，安九兄來，述公屬帶揚百元，今已交内河小輪帶揚送交，其款已支滬帳，順以奉聞。即請籌安。本廠會計所啓。九月十八日

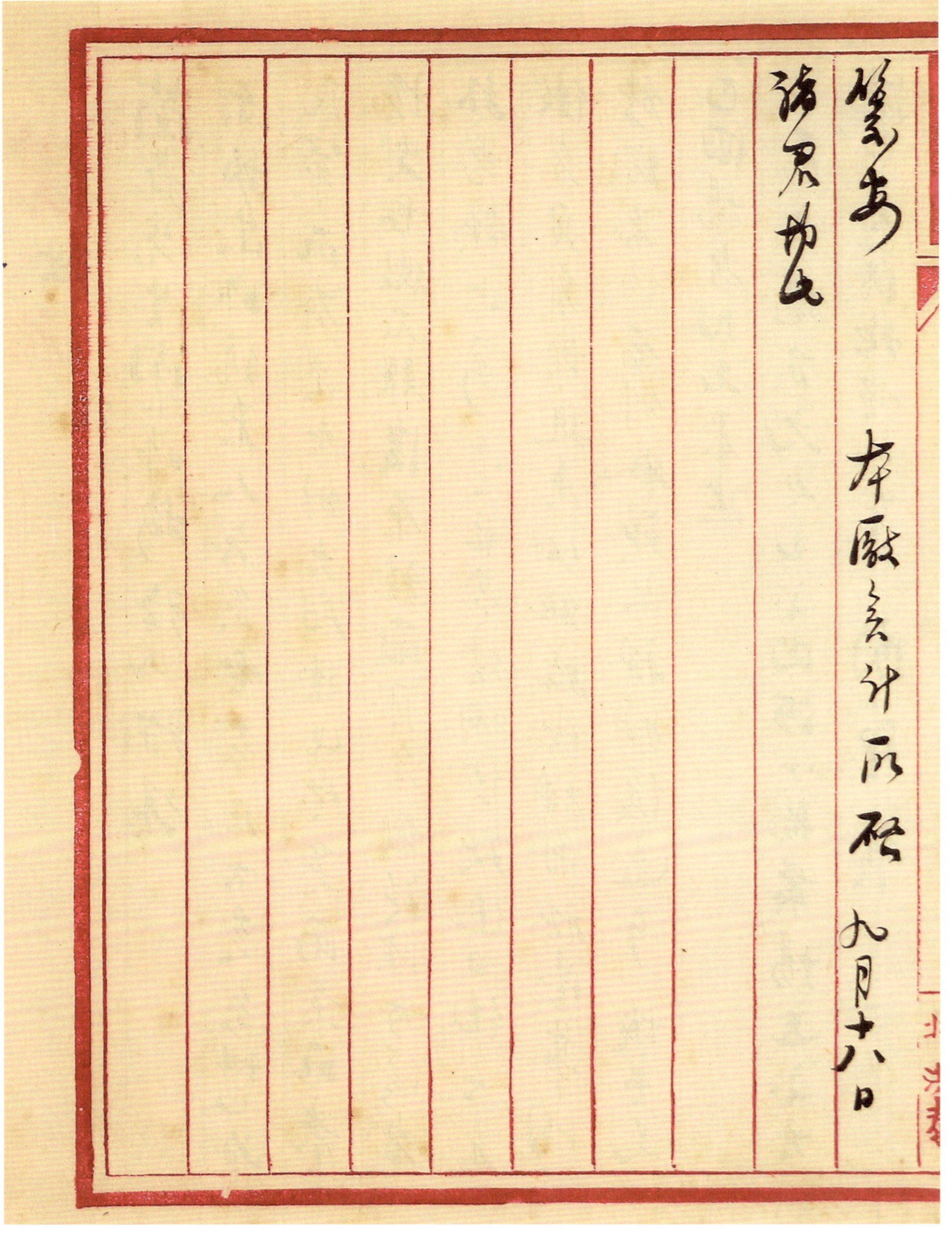
鑒安
本廠會計所啟　九月十八日
諸君均此

第一百三十一號（九月十八日）

諸君均此。

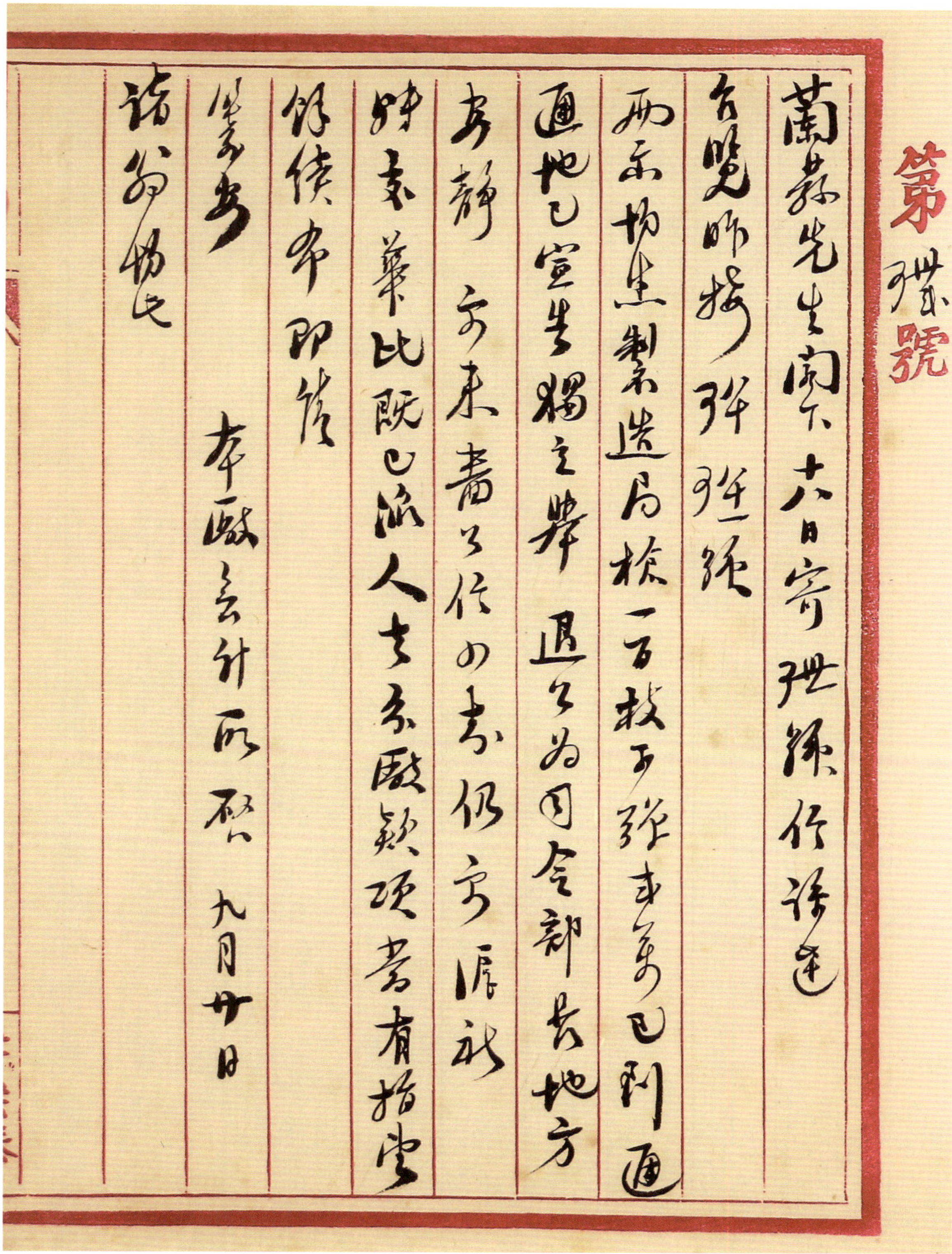

第一百三十二號（九月廿日）

蘭蓀先生閣下：十八日寄一百卅一號信，諒達台覽。昨接一百八十、一百八十一號兩示，均悉。製造局槍一百枝、子彈弍萬已到通。通地已宣告獨立，舉退公爲司令部長，地方安静。寄來啬公信四封，仍寄滬，祈轉交。華比既已派人去分廠，款項當有指望。餘續布。即請籌安。本廠會計所啓。九月廿日

諸翁均此。

第一百三十二號（九月廿日）

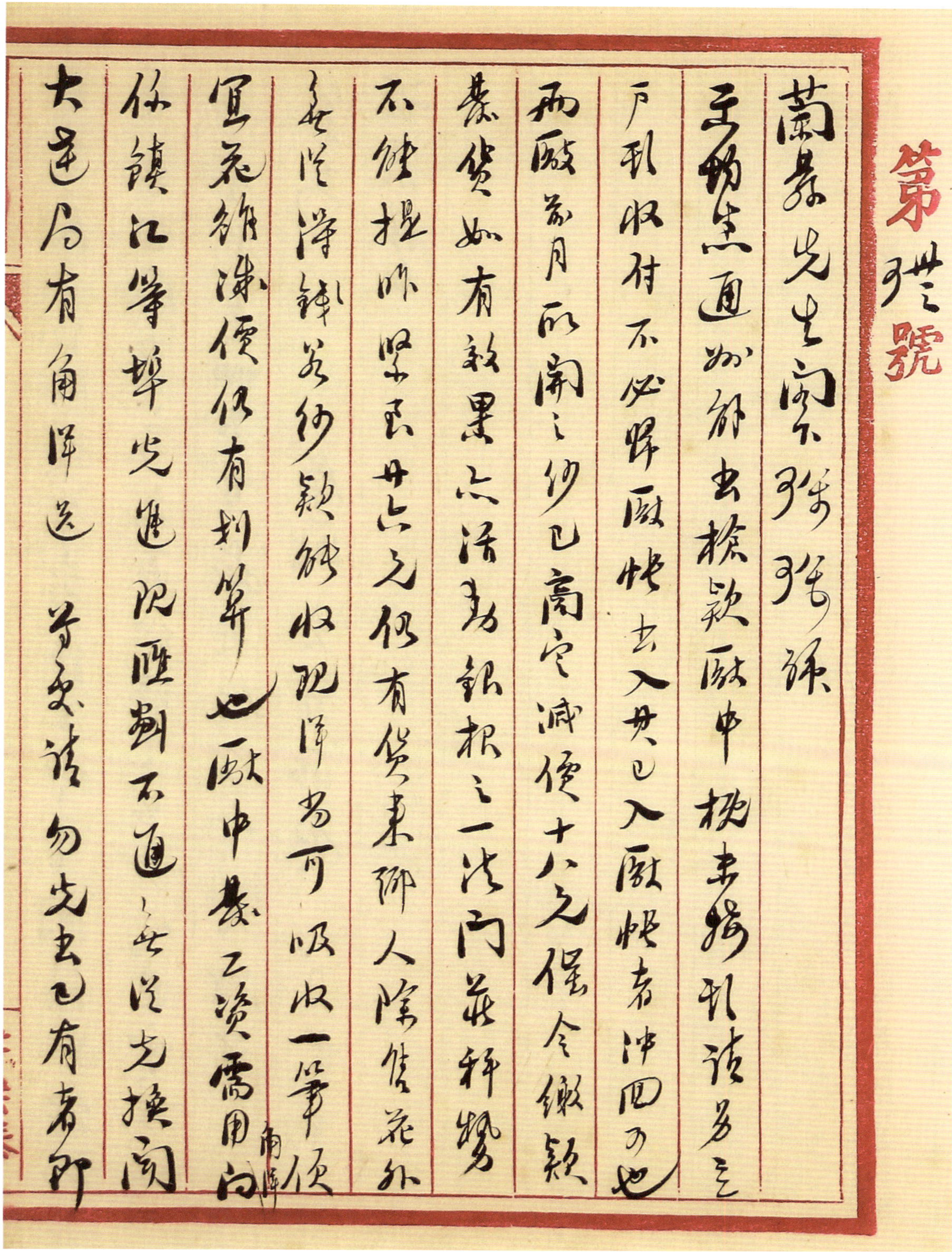

第一百三十三號（九月廿五日）

蘭蓀先生閣下：一百八十四、一百八十五號示均悉。通州解出槍款，廠中概未接頭，請另立户頭收付，不必歸廠帳出入，其已入廠帳者，冲回可也。兩廠前月所開之紗，已商定減價十八元，催令繳款發貨，如有效果，亦活動銀根之一法。門莊秤勢不能提，昨緊至廿六元仍有貨來。鄉人除售花外，無從得錢。若紗款能收現洋，尚可吸收一筆便宜，花雖減價，仍有劃算也。廠中發工資需用角洋，向係鎮江等埠兑進，現匯劃不通，無從兑换。聞大達局有角洋送尊處，請勿兑出，已有者即行寄廠，以

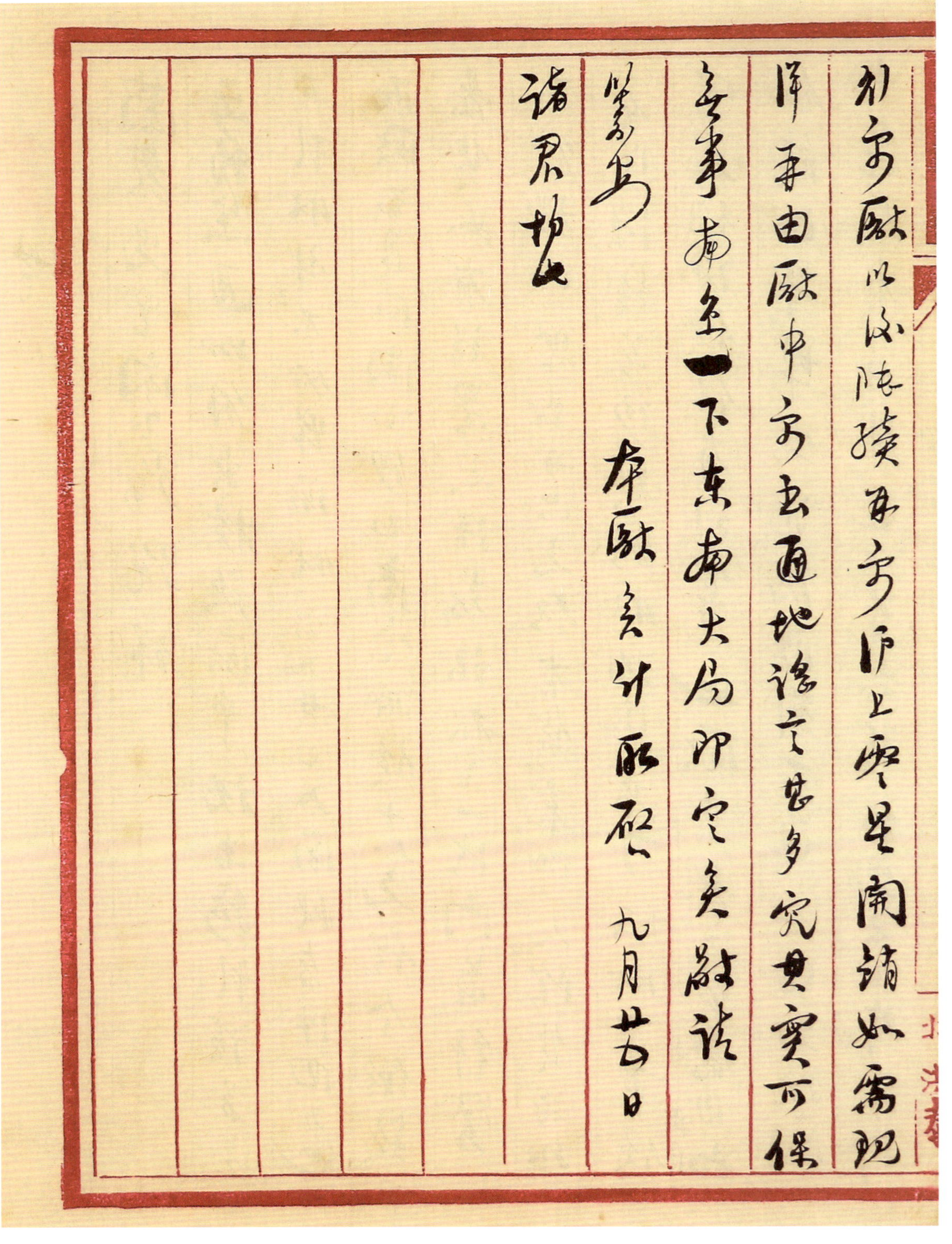
後陸續再寄滬上零星開銷如需現
洋再由廠中寄出通地謠言甚多究其實可保
無事南京一下東南大局即定矣敬請
籌安
本廠會計所啓 九月廿五日
諸君均此

第一百三十三號（九月廿五日）

後陸續再寄。滬上零星開銷，如需現洋，再由廠中寄出。通地謠言甚多，究其實可保無事，南京一下，東南大局即定矣。敬請籌安。本廠會計所啓。九月廿五日
諸君均此。

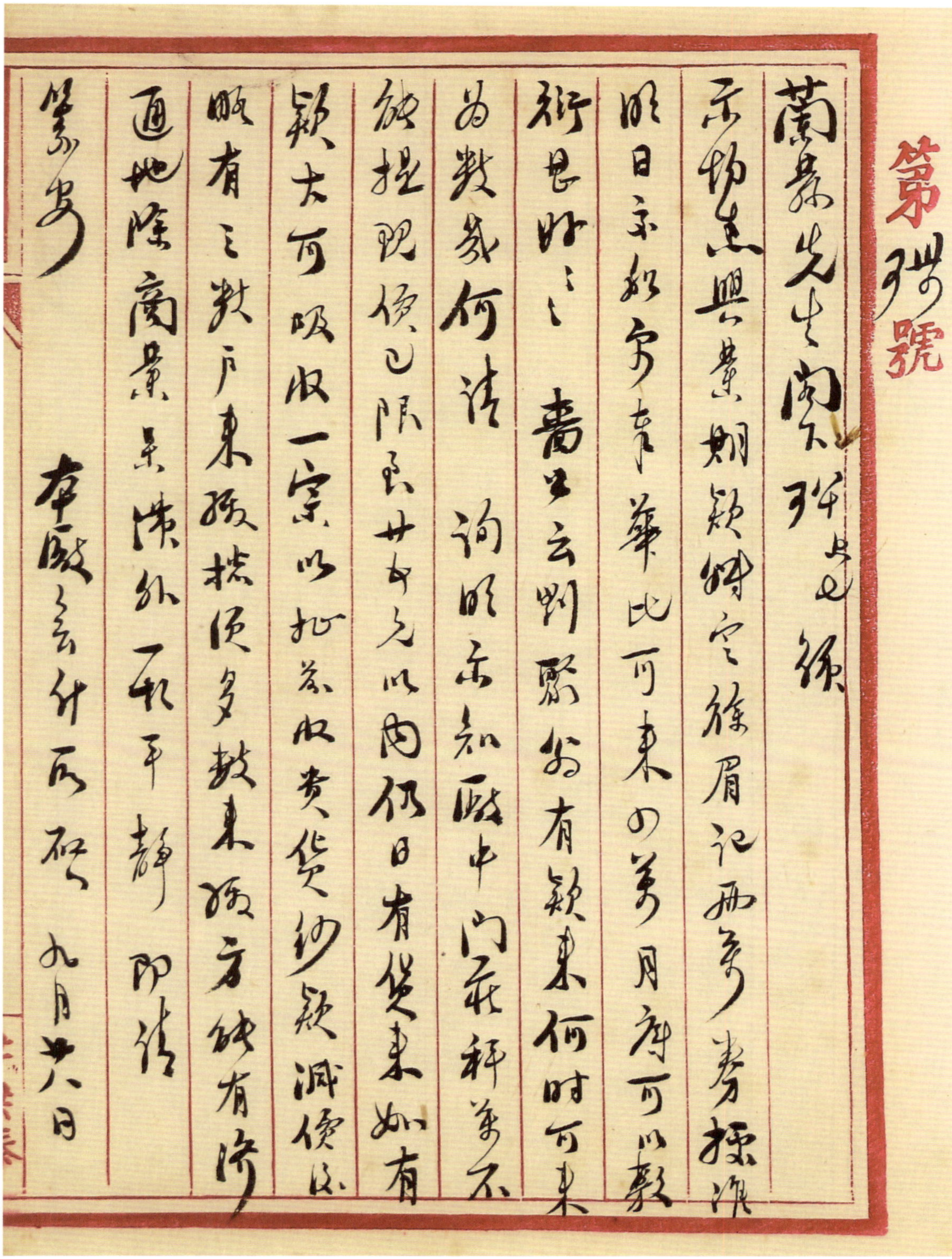

第一百三十四號（九月廿八日）

蘭蓀先生閣下：一百八十六、一百八十七號示均悉。興業期款轉定，徐眉記兩萬券據准明日交船寄奉。華比可來四萬，月底可以敷衍，甚好甚好。嗇公云劉聚翁有款來，何時可來，爲數幾何，請詢明示知。廠中門莊秤萬不能提，現價已限至廿五元以内，仍日有貨來，如有款，大可吸收一宗，以扯前收貴貨。紗款減價後略有三數户來繳，總須多數來繳方能有濟。通地除商業呆滯外，一切平静。即請籌安。本廠會計所啓。九月廿八日

諸君均此

第一百三十四號（九月廿八日）

諸君均此。

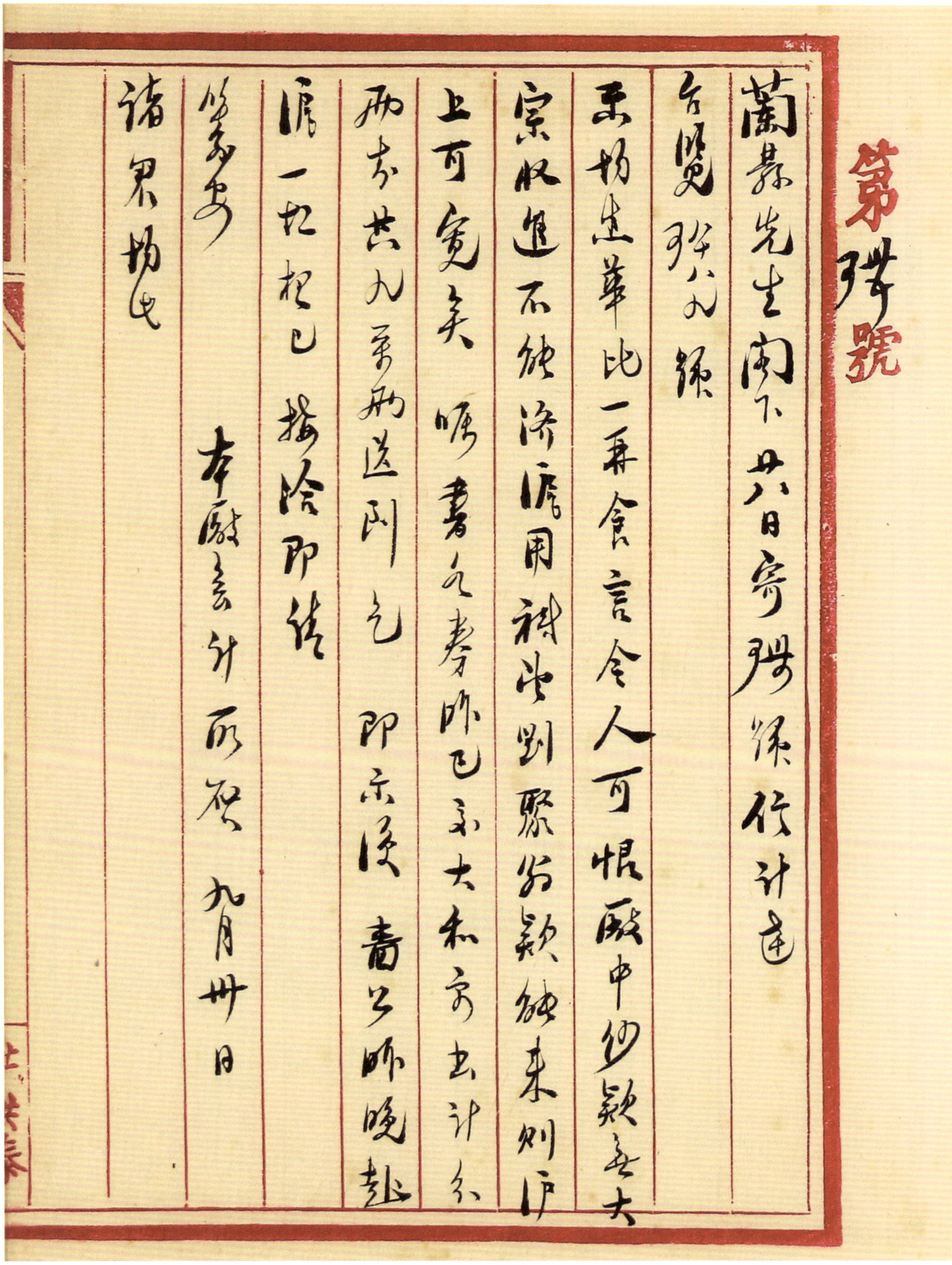

第一百三十五號（九月卅日）

蘭蓀先生閣下：廿八日寄一百卅四號信，計達台覽。一百八十八、一百八十九號示均悉。華比一再食言，令人可恨。廠中紗款無大宗收進，不能濟滬用，祇望劉聚翁款能來，則滬上可寬矣。囑書各券，昨已交大和寄出，計分兩封，共九萬兩，送到乞即示復。嗇公昨晚赴滬，一切想已接洽。即請籌安。本廠會計所啓。九月卅日

諸君均此。

第一百三十五號（九月卅日）

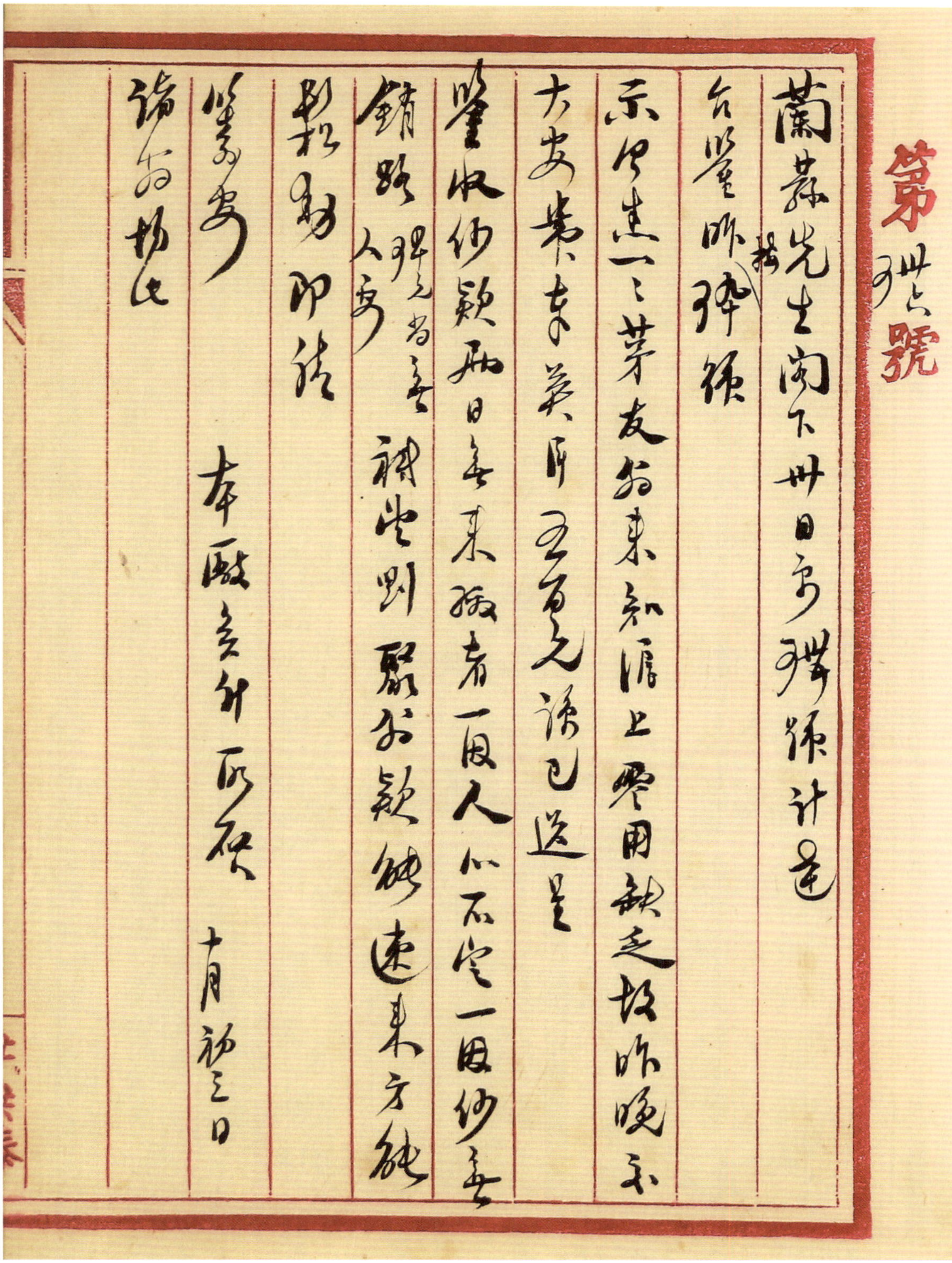

第一百三十六號（十月初三日）

蘭蓀先生閣下：卅日寄一百卅五號，計達台鑒。昨接一百九十號示，具悉一一。茅友翁來，知滬上零用缺乏，故昨晚交大安帶奉英洋五百元，諒已送呈鑒收。紗款兩日無來繳者，一因人心不定，一因紗無銷路（一百四十元尚無人要），衹望劉聚翁款能速來，方能鬆動。即請籌安。本廠會計所啓。十月初三日

諸翁均此。

第一百三十六號（十月初三日）

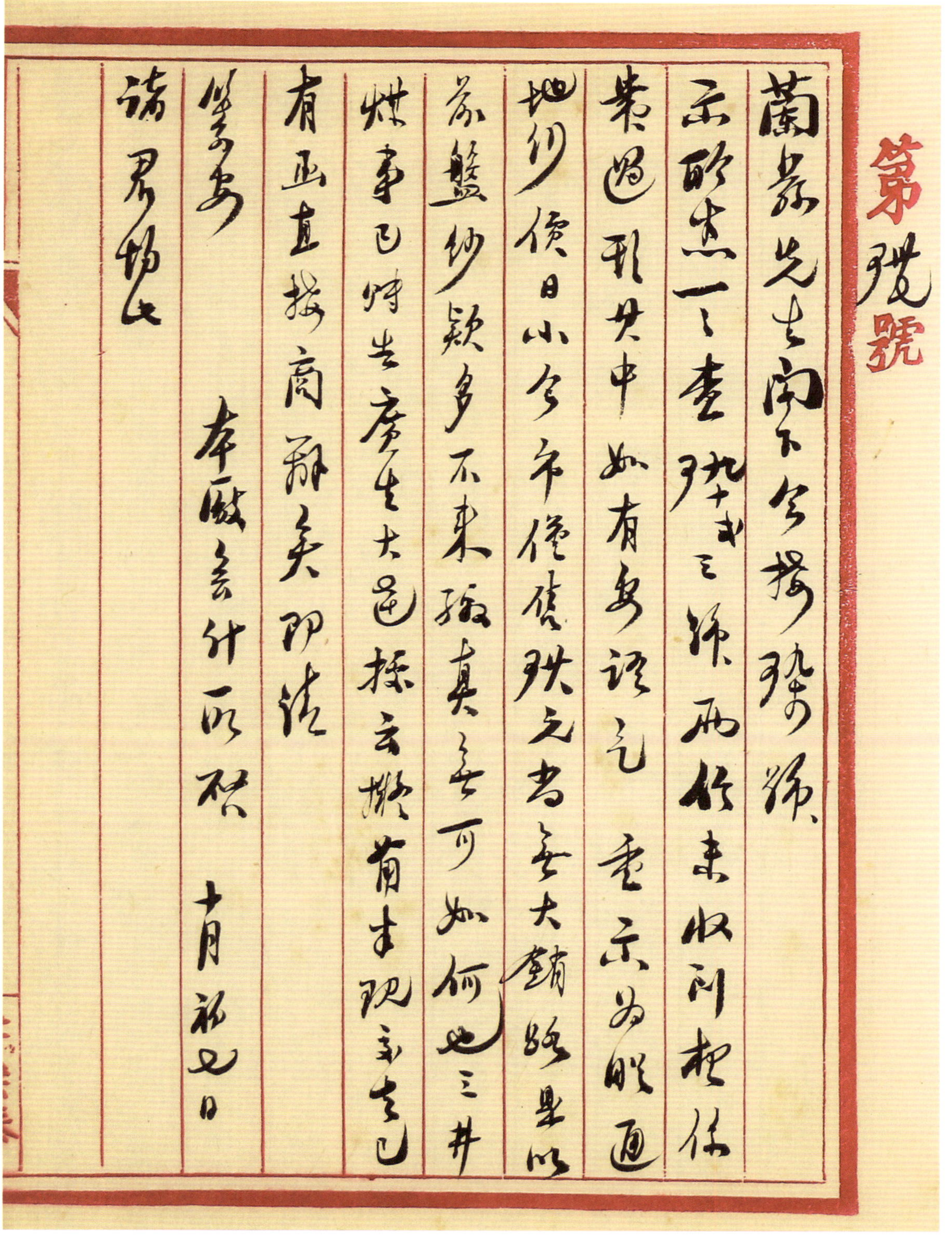

第一百三十七號（十月初七日）

蘭蓀先生閣下：今接一百九十四號示，聆悉一一。查一百九十弍、一百九十三號兩信未收到，想係帶過頭，其中如有要語，乞重示爲盼。通地紗價日小，今市僅售一百廿八元，尚無大銷路，是以前盤紗款多不來繳，真無可如何也。三井煤事，已轉告廣生、大達，據云擬備半現交去，已有函直接商辦矣。即請籌安。本廠會計所啓。十月初七日

諸君均此。

第一百三十七號（十月初七日）

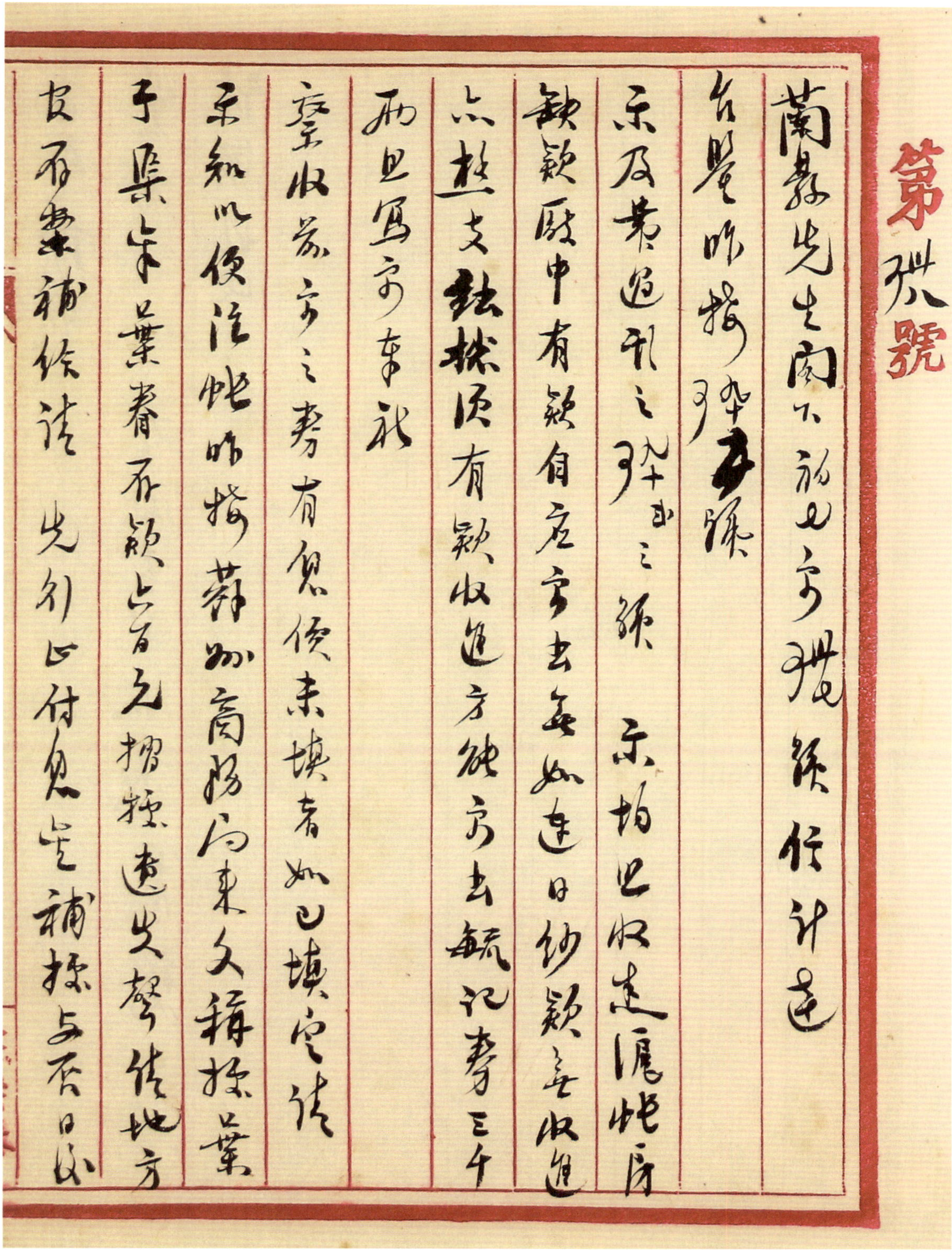

第一百三十八號（十月初九日）

蘭蓀先生閣下：初七寄一百卅七號信，計達台鑒。昨接一百九十五號示，及帶過期之一百九十弍、一百九十三號示，均照收悉。滬帳房缺款，廠中有款自應寄出，無如連日紗款無收進，亦極支絀，總須有款收進方能寄出。毓記券三千兩，照寫寄奉，祈察收。前寄之券有息價未填者，如已填定請示知，以便注帳。昨接蘇州商務局來文，稱據葉子渠稟，葉眷存款六百元摺據遺失，聲請地方官存案補給，請先行止付息金，補據與否，日後再定。即請籌安。本廠會計所啓。十月初九日

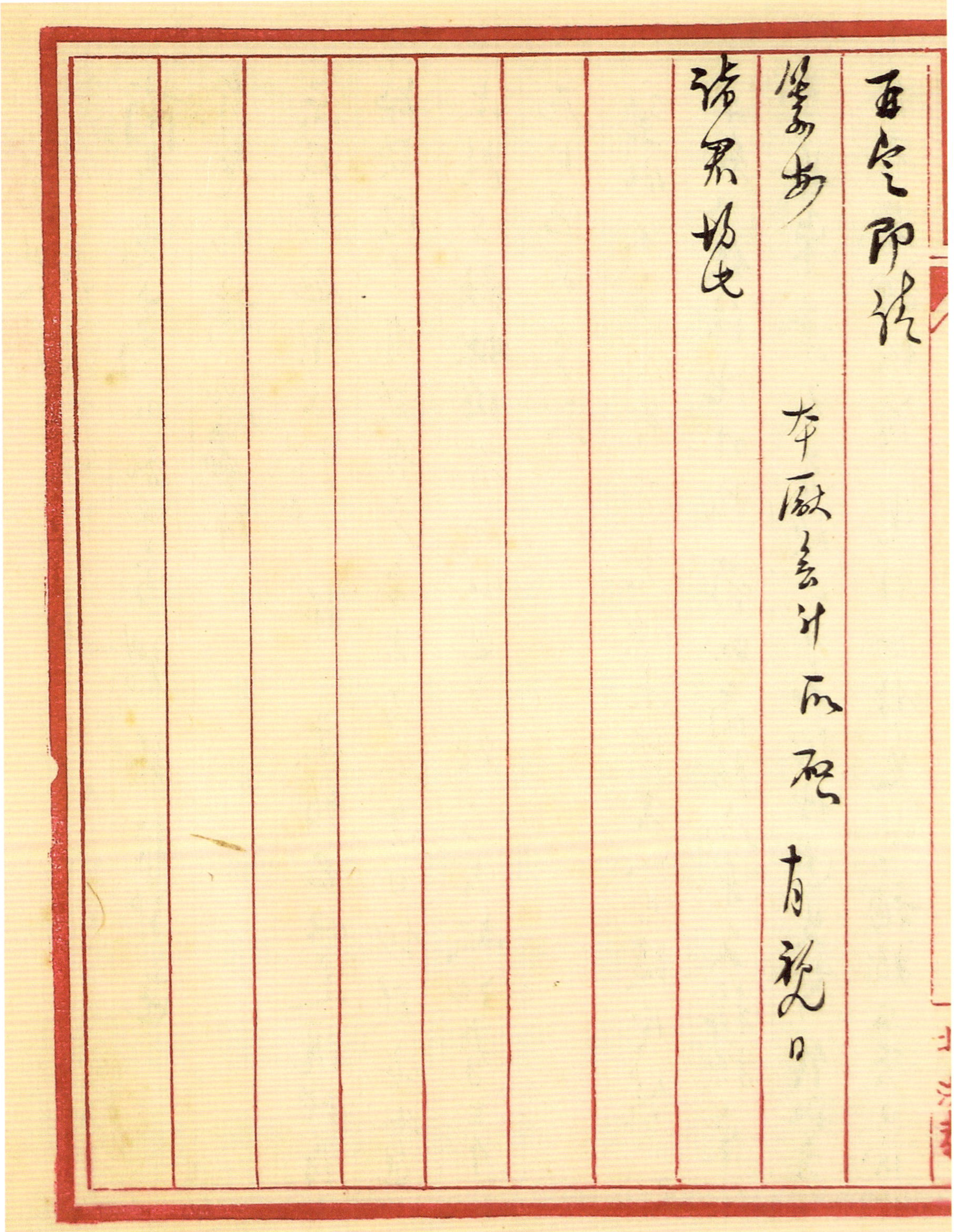

第一百三十八號（十月初九日）

諸君均此。

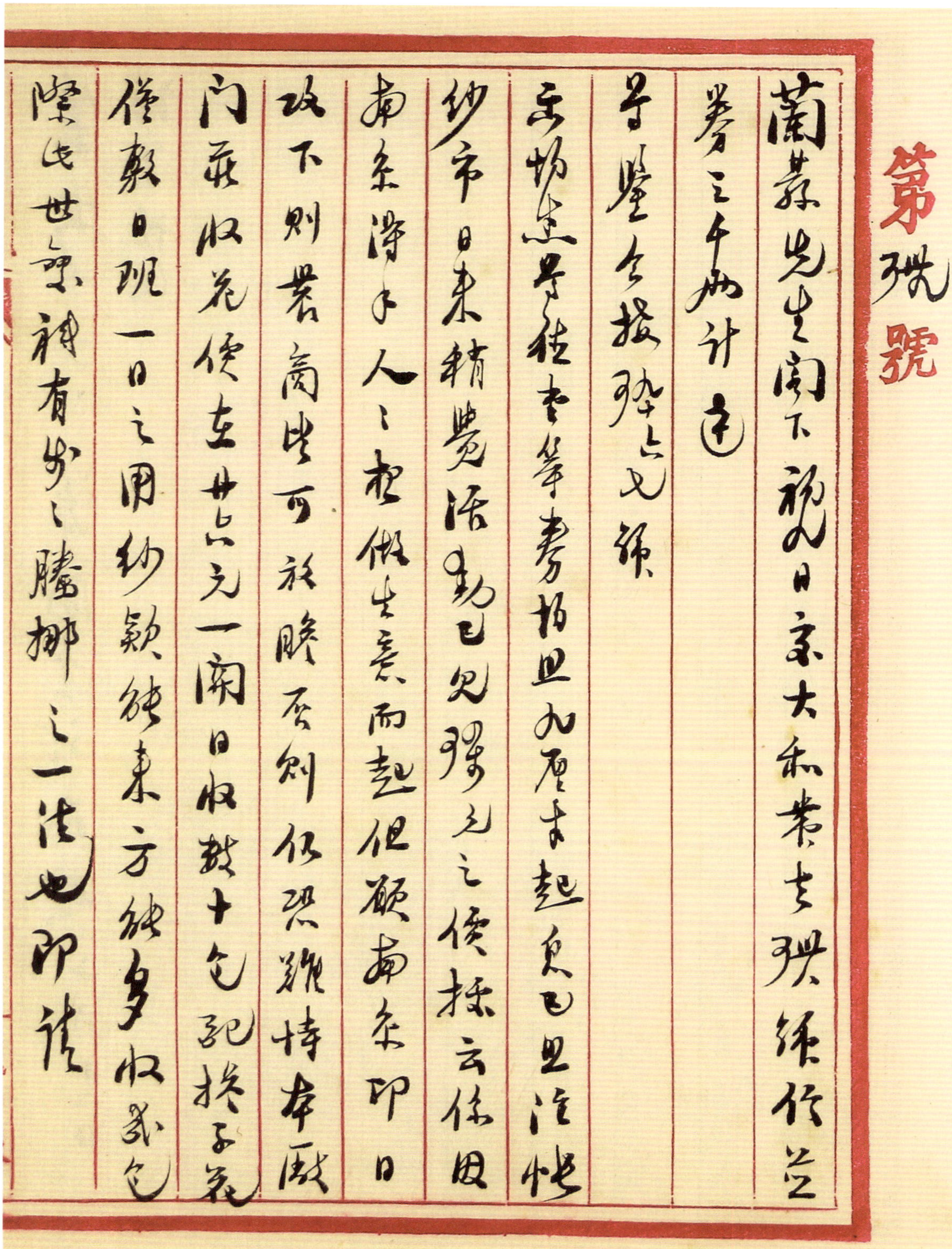

第一百三十九號（十月十二日）

蘭蓀先生閣下：初九日交大和帶去一百卅八號信并券三千兩，計達尊鑒。今接一百九十六、一百九十七號示，均悉。尊德堂等券均照九厘半起息，已照注帳。紗市日來稍覺活動，已見一百四十四元之價，據云係因南京得手，人人想做生意而起。但願南京即日攻下，則農商皆可放膽，否則仍恐難恃。本廠門莊收花價在廿六元一關，日收數十包，配搭子花，僅敷日班一日之用。紗款能來，方能多收幾包。際此世變，祗有步步騰挪之一法也。即請籌安。本廠會計所啓。十月十二日

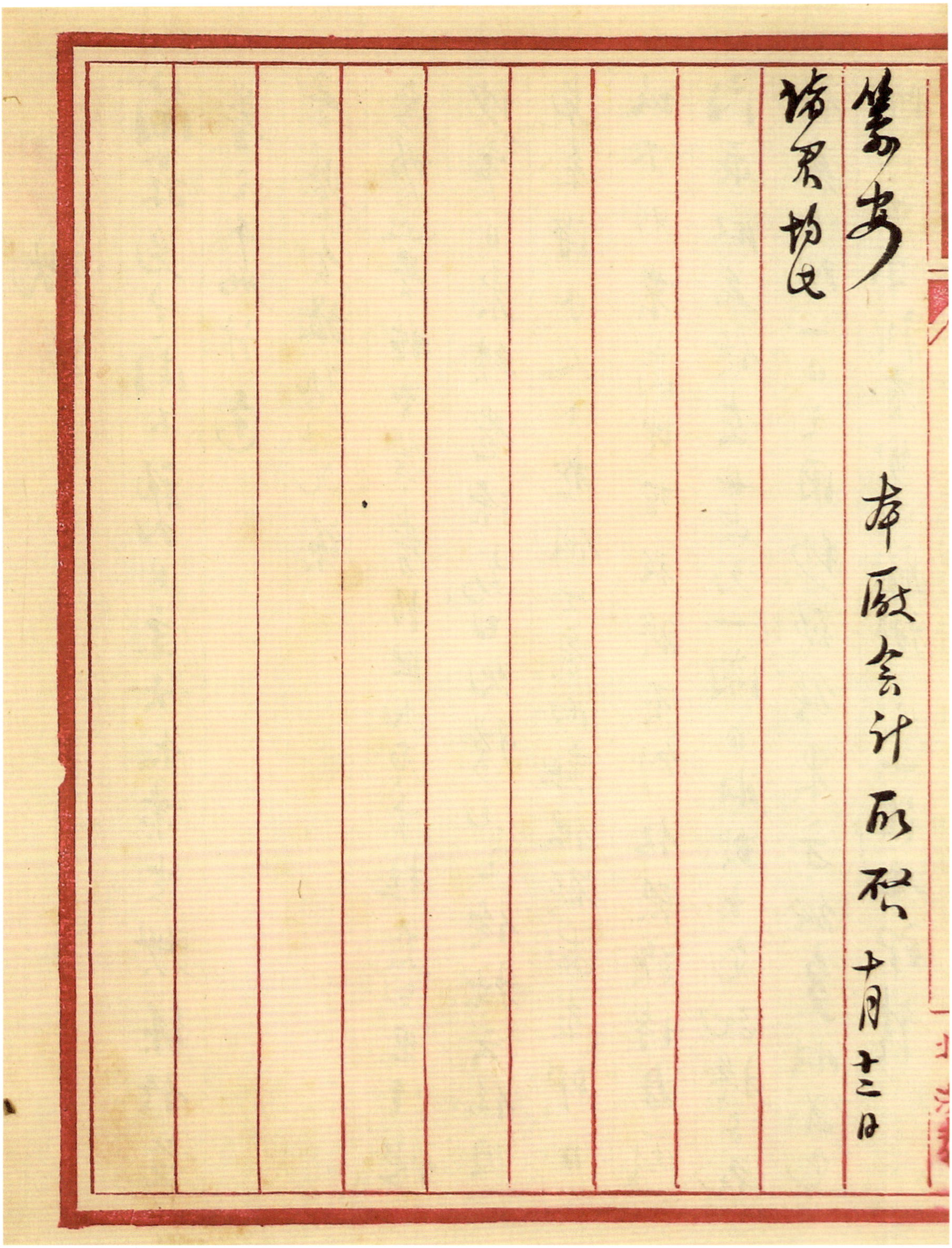

籌安

本廠會計所啓 十月十二日

諸君均此

第一百三十九號（十月十二日）

諸君均此。

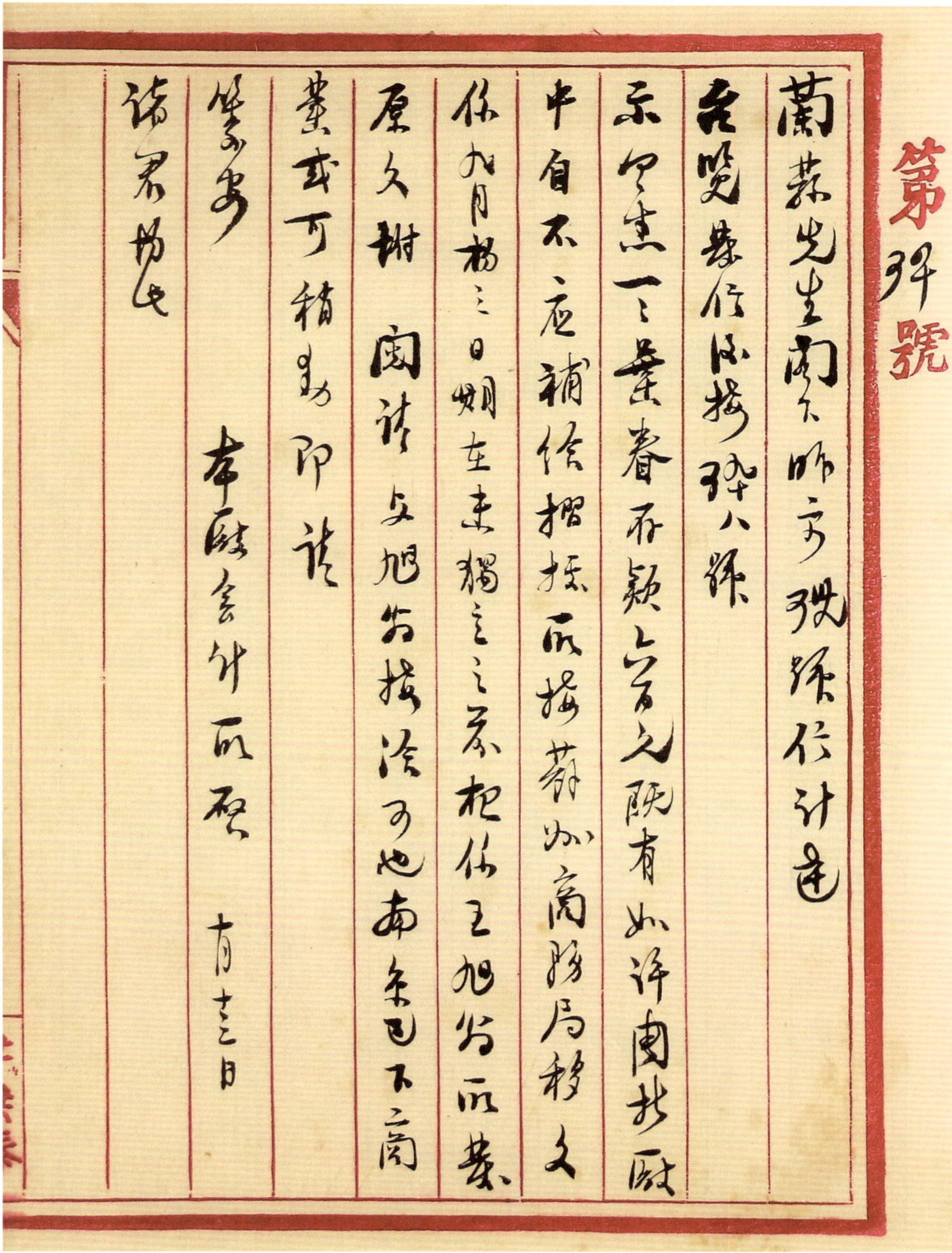

第一百四十號（十月十三日）

蘭蓀先生閣下：昨寄一百卅九號信，計達台覽。發信後接一百九十八號示，具悉一一。葉眷存款六百元，既有如許周折，廠中自不應補給摺據，所接蘇州商務局移文，係九月初三日期，在未獨立之前，想係王旭翁所發。原文附閲，請與旭翁接洽可也。南京已下，商業或可稍動。即請籌安。本廠會計所啓。十月十三日
諸君均此。

第一百四十號（十月十三日）

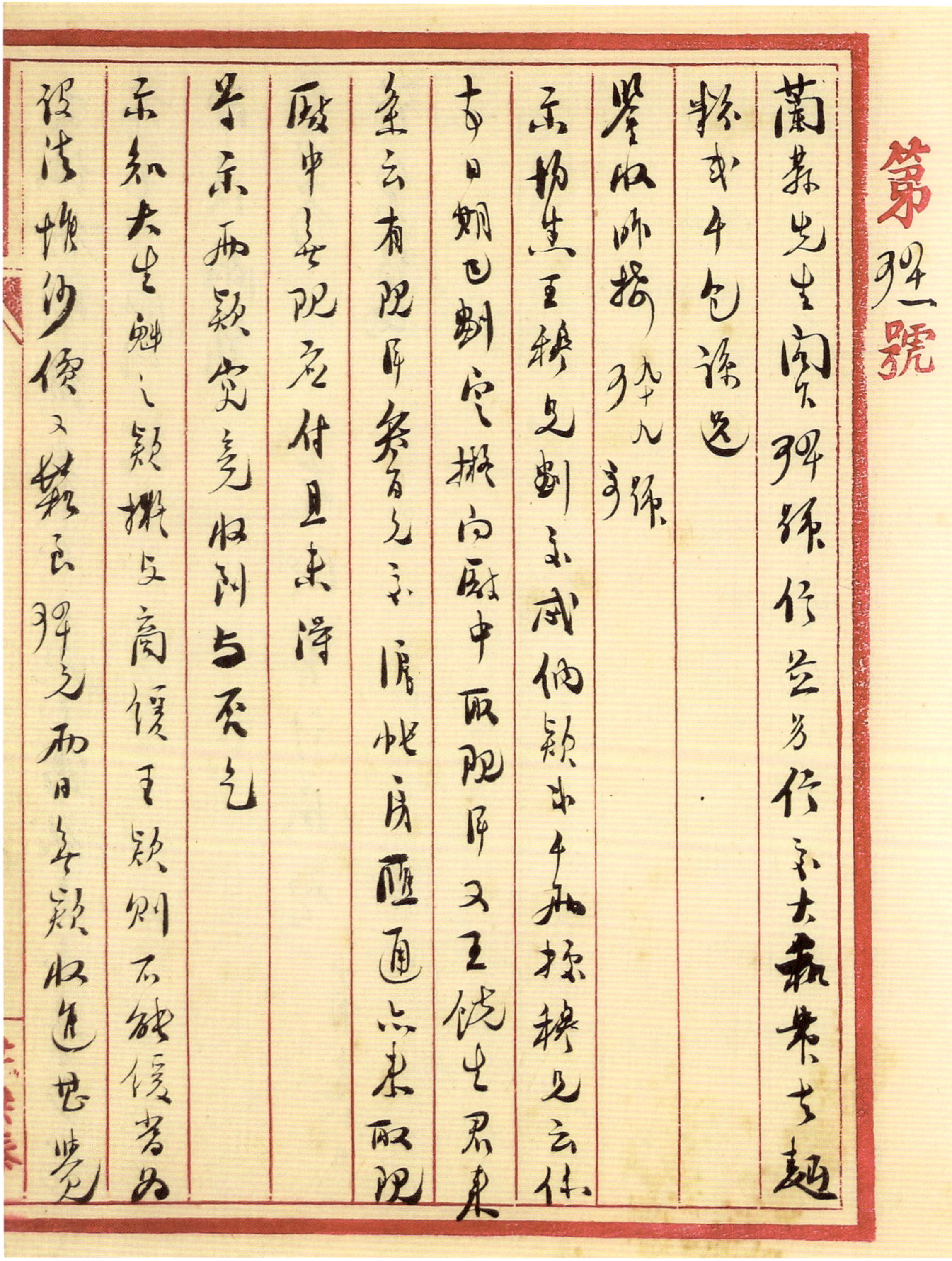

第一百四十一號（十月十六日）

蘭蓀先生閣下：一百四十號信并另信交大和帶去麵粉弍千包，諒送鑒收。昨接一百九十九、二百號示，均悉。王穆兄劃交忒納款弍千兩，據穆兄云係十五日期，已劃定，擬向廠中取現洋。又王饒生君來條云，有現洋叁百元交滬帳房匯通，亦來取現。廠中無現應付，且未得尊示，兩款究竟收到與否，乞示知。大生魁之款擬與商緩，王款則不能緩，當爲設法。惟紗價又鬆至一百四十元，兩日無款收進，甚覺支絀。德順號券弍千兩已寫就，另交李少翁帶奉，收到祈即復。敬請籌安。本廠會

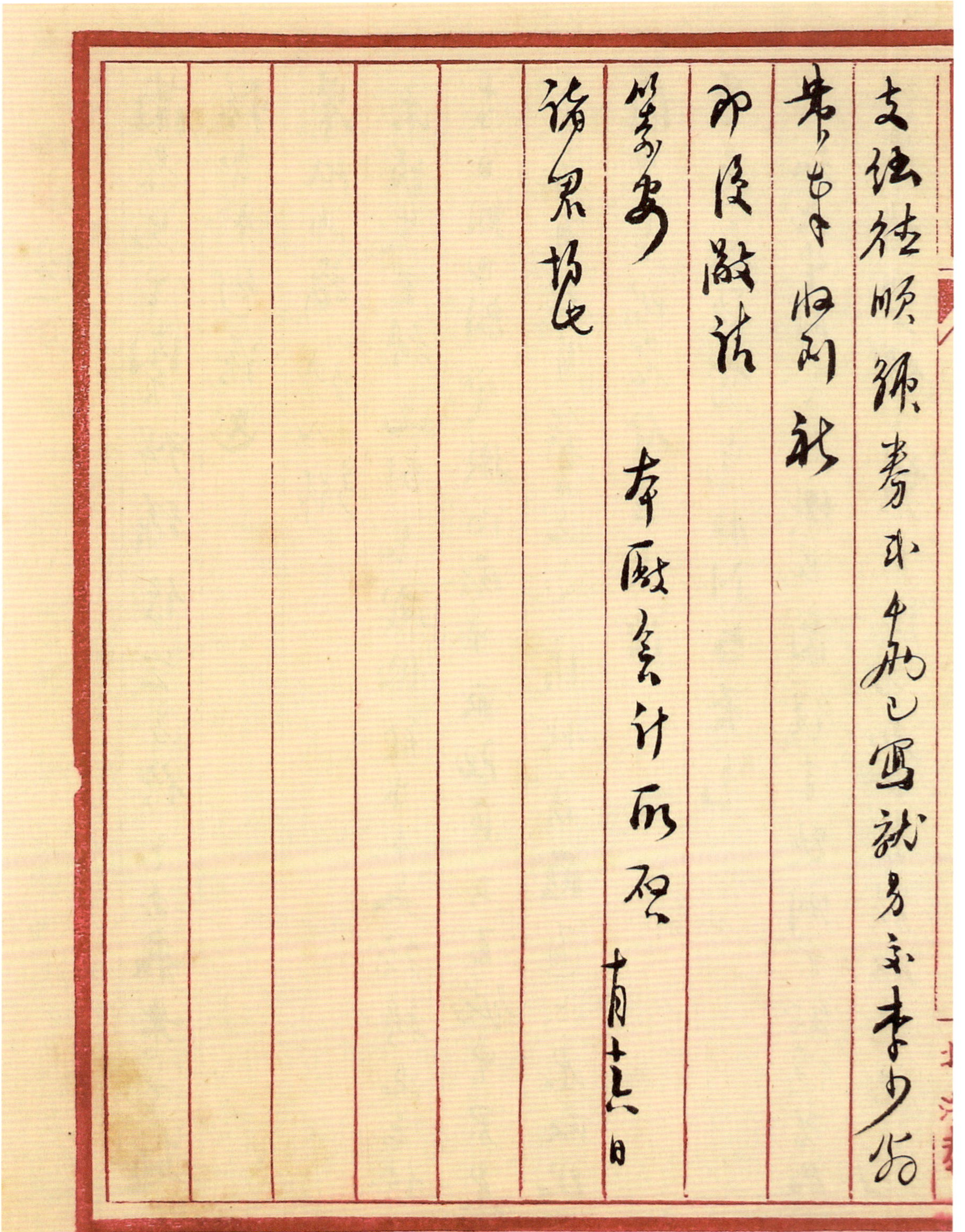

第一百四十一號（十月十六日）

計所啓。十月十六日
諸君均此。

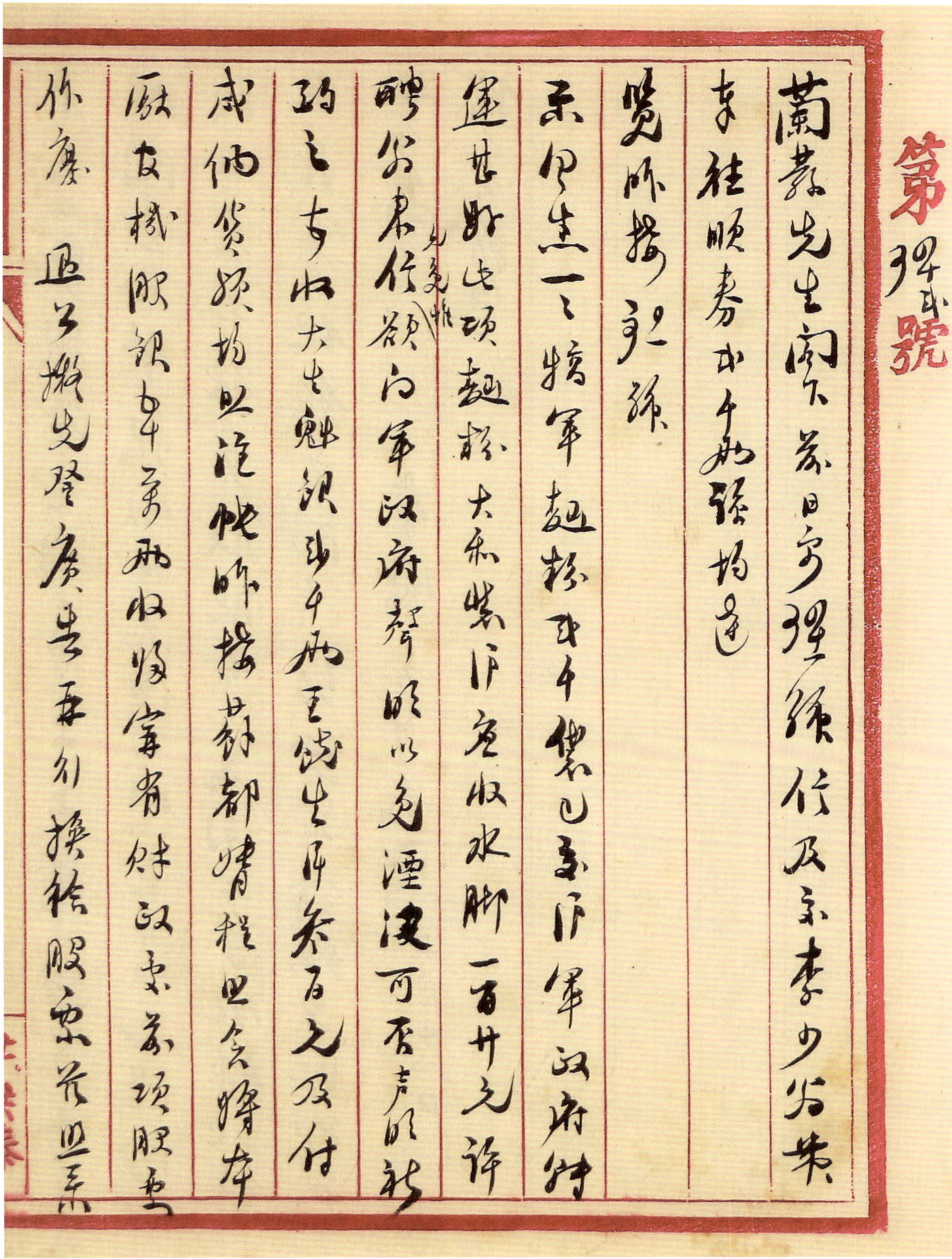

第一百四十二號（十月十八日）

蘭蓀先生閣下：前日寄一百四十一號信，及交李少翁帶奉德順券弍千兩，諒均達覽。昨接二百零一號示，具悉一一。犒軍麵粉弍千袋，已交滬軍政府轉運，甚好。此項麵粉大和裝滬，應收水脚一百廿元，許聘翁來信允免，惟欲向軍政府聲明，以免湮没。可否聲明，祈酌之。十五收大生魁銀弍千兩、王饒生洋叁百元及付忒納貨款，均照注帳。昨接蘇都督程照會，將本廠官機股銀五十萬兩收歸寧省財政處，前項股票作廢。退公擬先登廣告，再行换給股票。玆照録來文一紙、擬廣告稿一紙寄上，

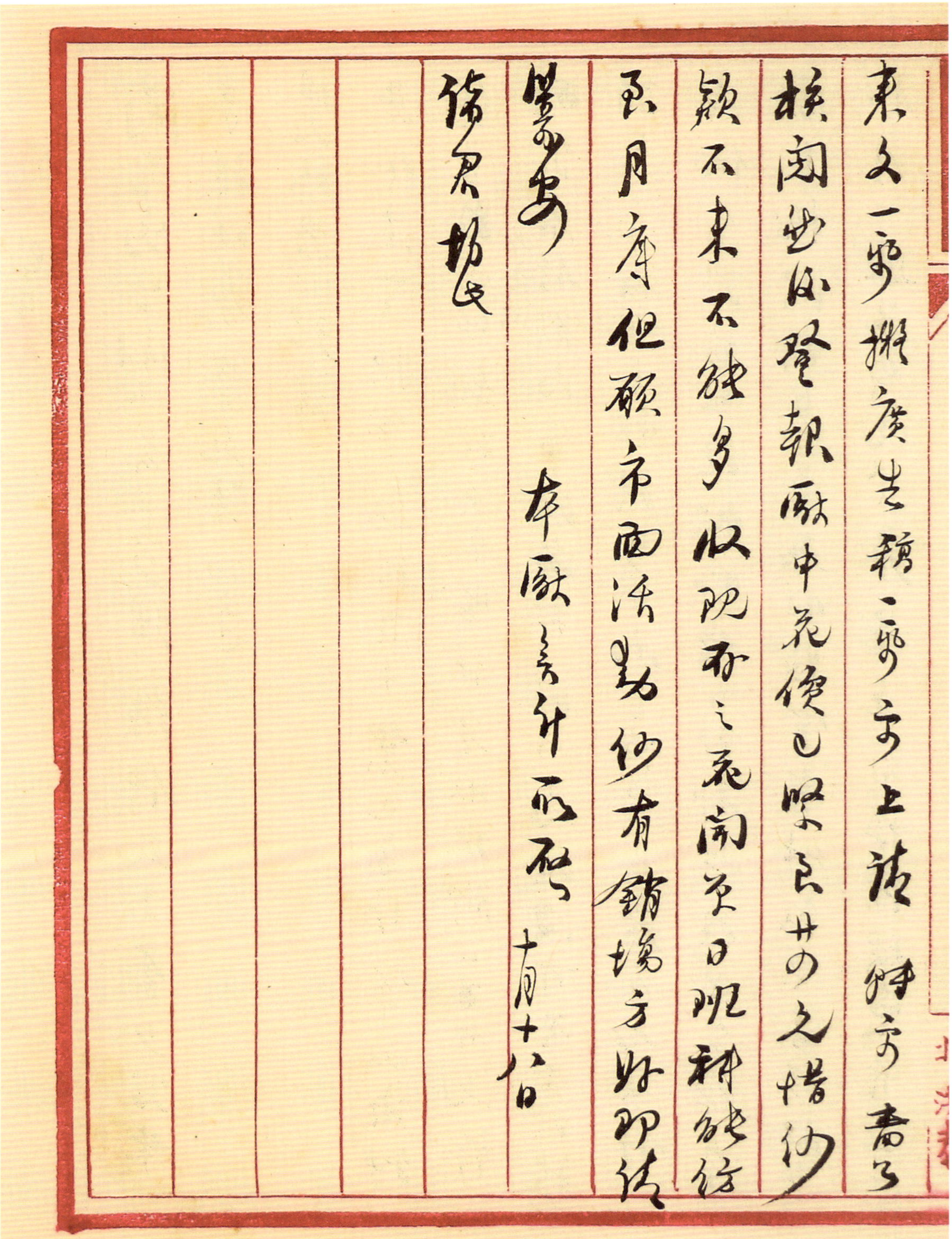

第一百四十二號（十月十八日）

請轉寄嗇公核閱，然後登報。廠中花價已緊至廿四元，惜紗款不來，不能多收，現存之花，開單日班，衹能紡至月底。但願市面活動，紗有銷場方好。即請籌安。本廠會計所啓。十月十八日

諸君均此。

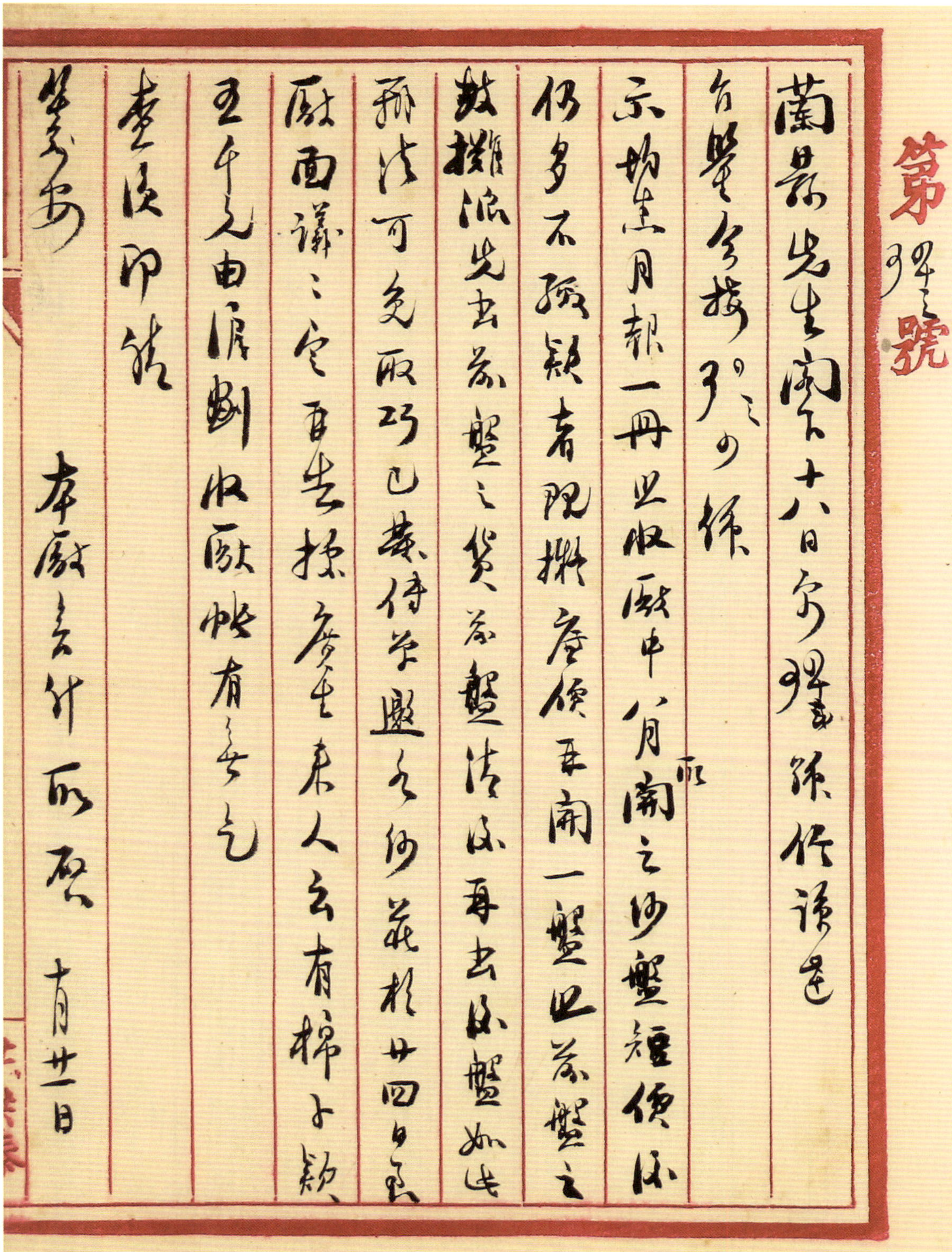

第一百四十三號（十月廿一日）

蘭蓀先生閣下：十八日寄一百四十式號信，諒達台鑒。今接一〔二〕百零三、二百零四號示，均悉。月報一册照收。廠中八月所開之紗盤，短價後仍多不繳款者，現擬廉價再開一盤，照前盤之數攤派，先出前盤之貨，前盤清後再出後盤，如此辦法，可免取巧。已發傳單，邀各紗莊於廿四日至廠面議，議定再告。據廣生來人云，有棉子款五千元由滬劃收廠帳，有無乞查復。即請籌安。本廠會計所啓。十月廿一日
諸君均此。

諸君均鑒

第一百四十三號（十月廿一日）

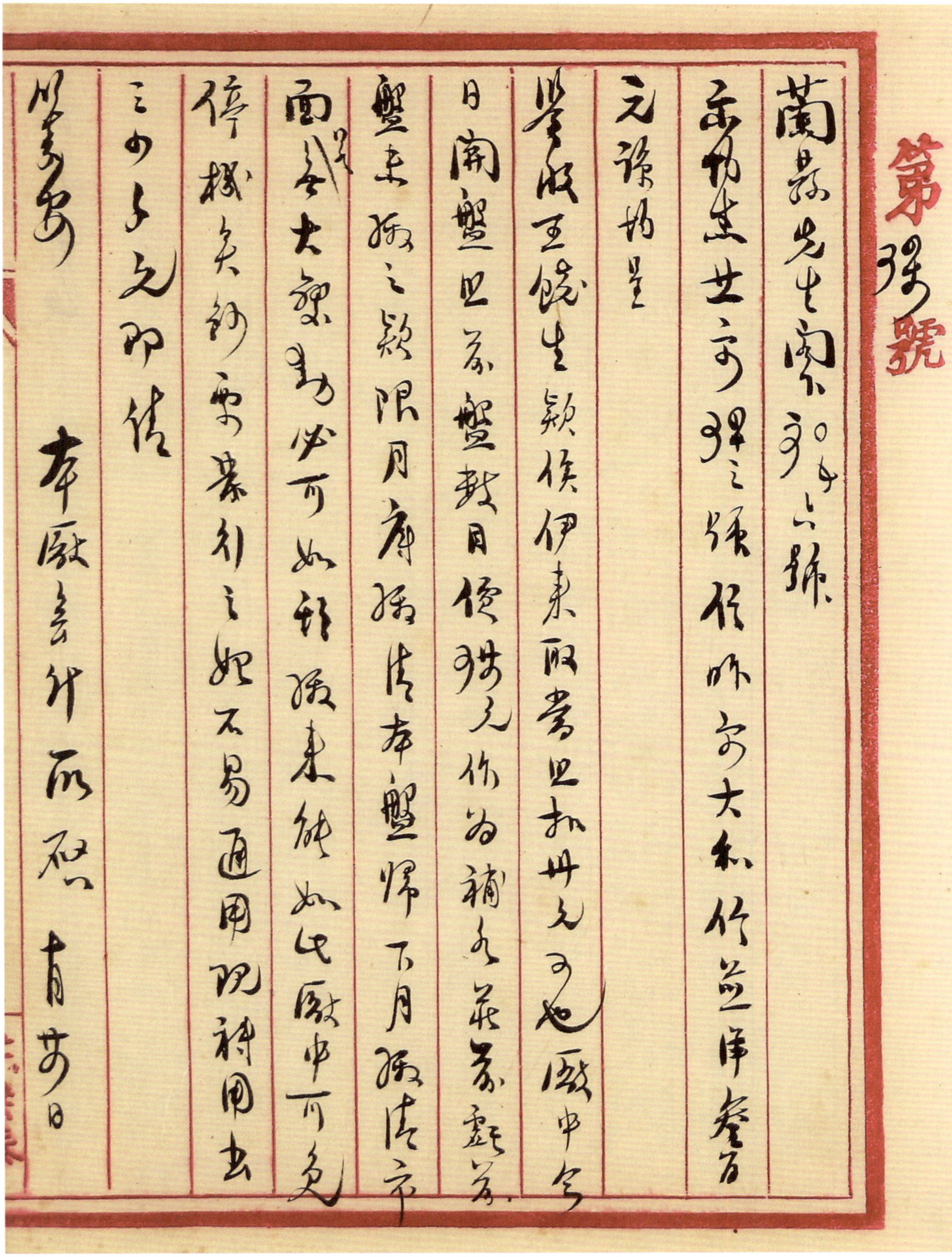

第一百四十四號（十月廿四日）

蘭蓀先生閣下：二百零五、二百零六號示均悉。廿一寄一百四十三號信，昨寄大和信并洋叁百元，諒均呈鑒收。王饒生款，俟伊來取，當照扣卅元可也。廠中今日開盤，照前盤數目價一百廿四元，作爲補各莊前虧。前盤未繳之款限月底繳清，本盤歸下月繳清。市面若無大變動，必可如期繳來。能如此，廠中可免停機矣。鈔票發行之始，不易通用，現祇用出三四千元。即請籌安。本廠會計所啓。十月廿四日

諸君均此。

諸君均鑒

第一百四十四號（十月廿四日）

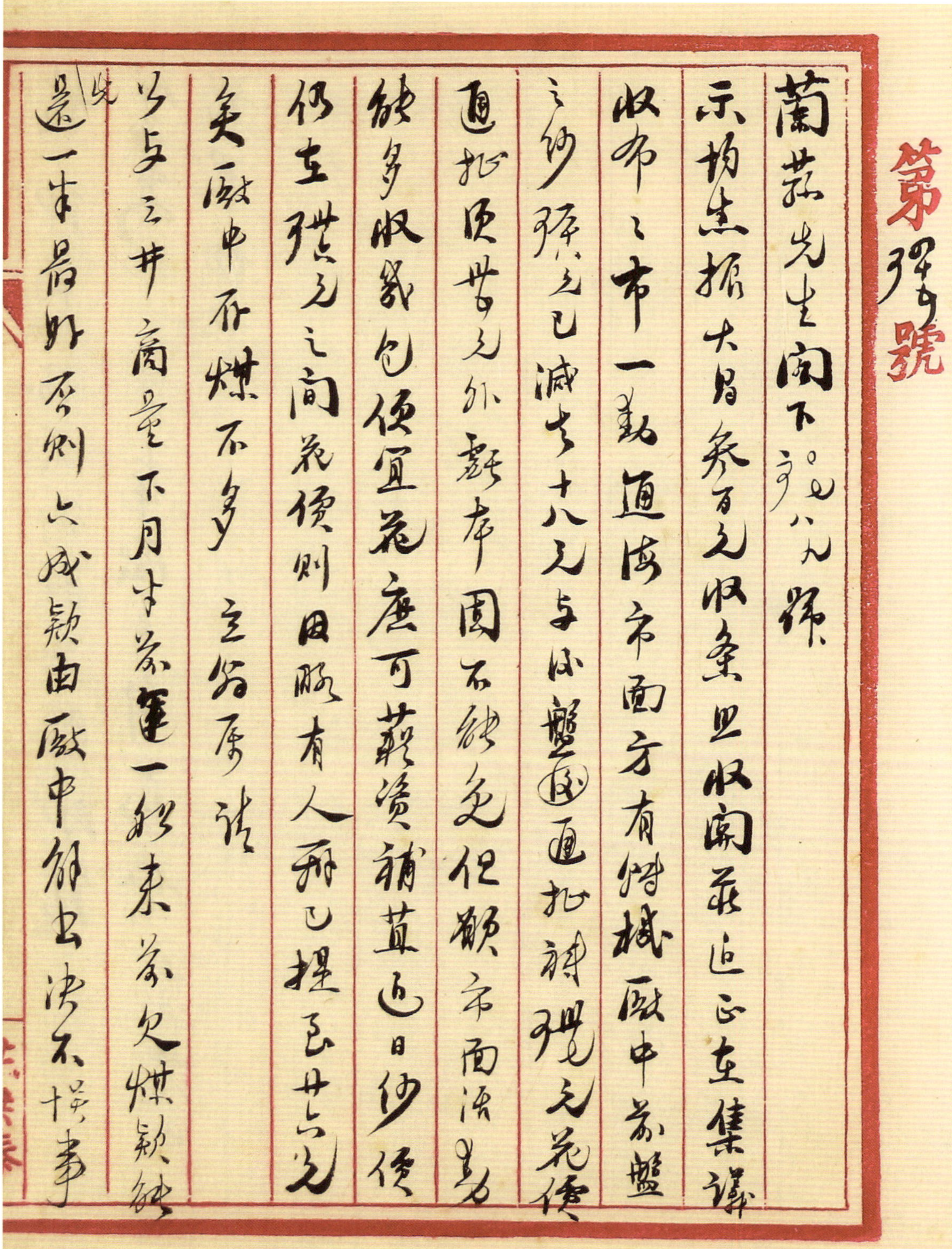

第一百四十五號（十月廿八日）

蘭蓀先生閣下：二百零七、二百零八、二百零九號示均悉，振大昌叁百元收條照收。關莊近正在集議收布，布市一動，通海市面方有轉機。廠中前盤之紗，一百六十八元已減去十八元，與後盤通扯衹一百卅七元，花價通扯須卅五元外，虧本固不能免，但願市面活動，能多收幾包便宜花，庶可藉資補苴。近日紗價仍在一百卅六元之間，花價則因略有人辦，已提至廿六元矣。廠中存煤不多，立翁屬請公與三井商量，下月半前運一船來。前欠煤款能先還一半最好，否則六成款由廠中解出，决不誤事，

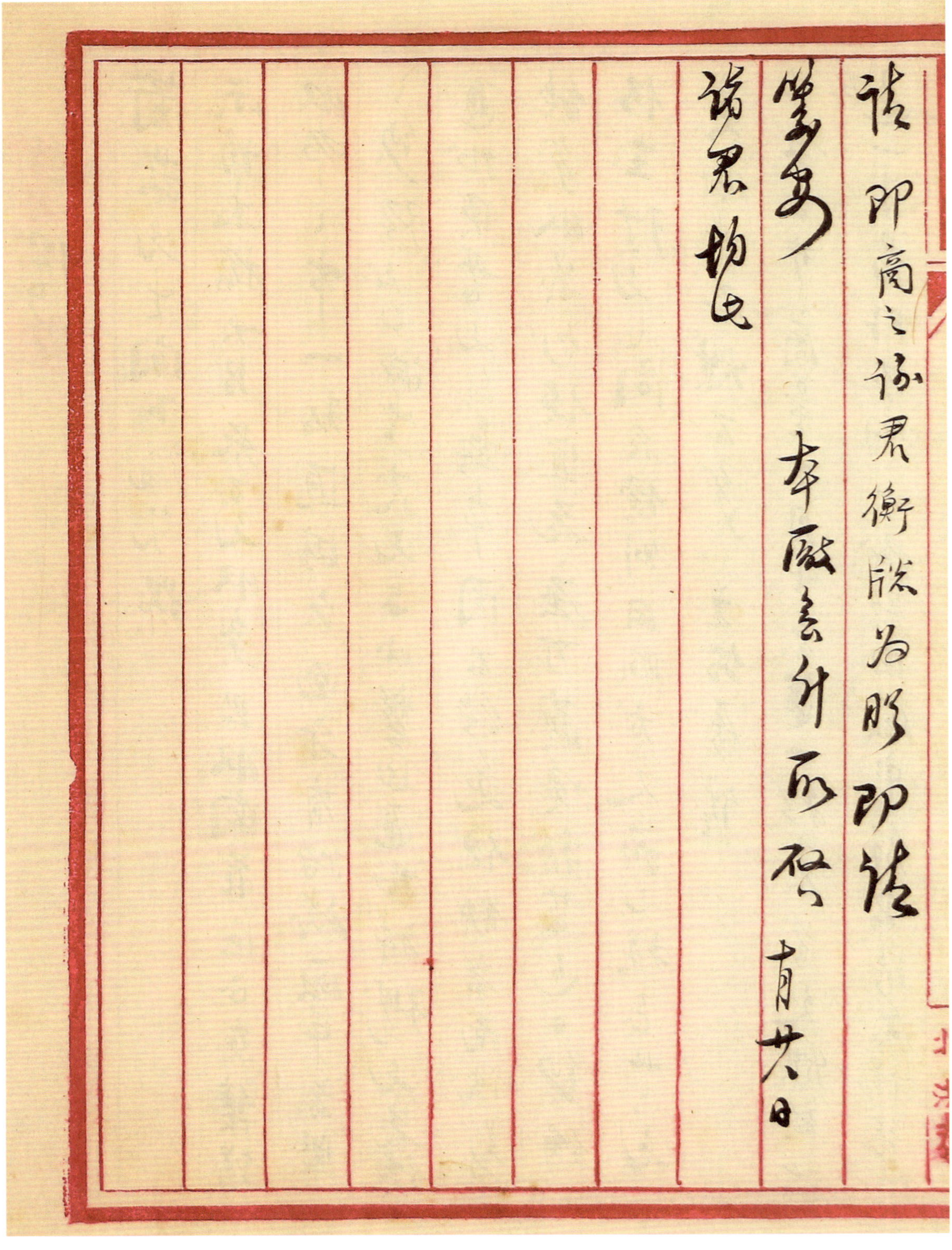

第一百四十五號（十月廿八日）

請即商之謝君衡牕爲盼。即請籌安。本廠會計所啓。十月廿八日
諸君均此。

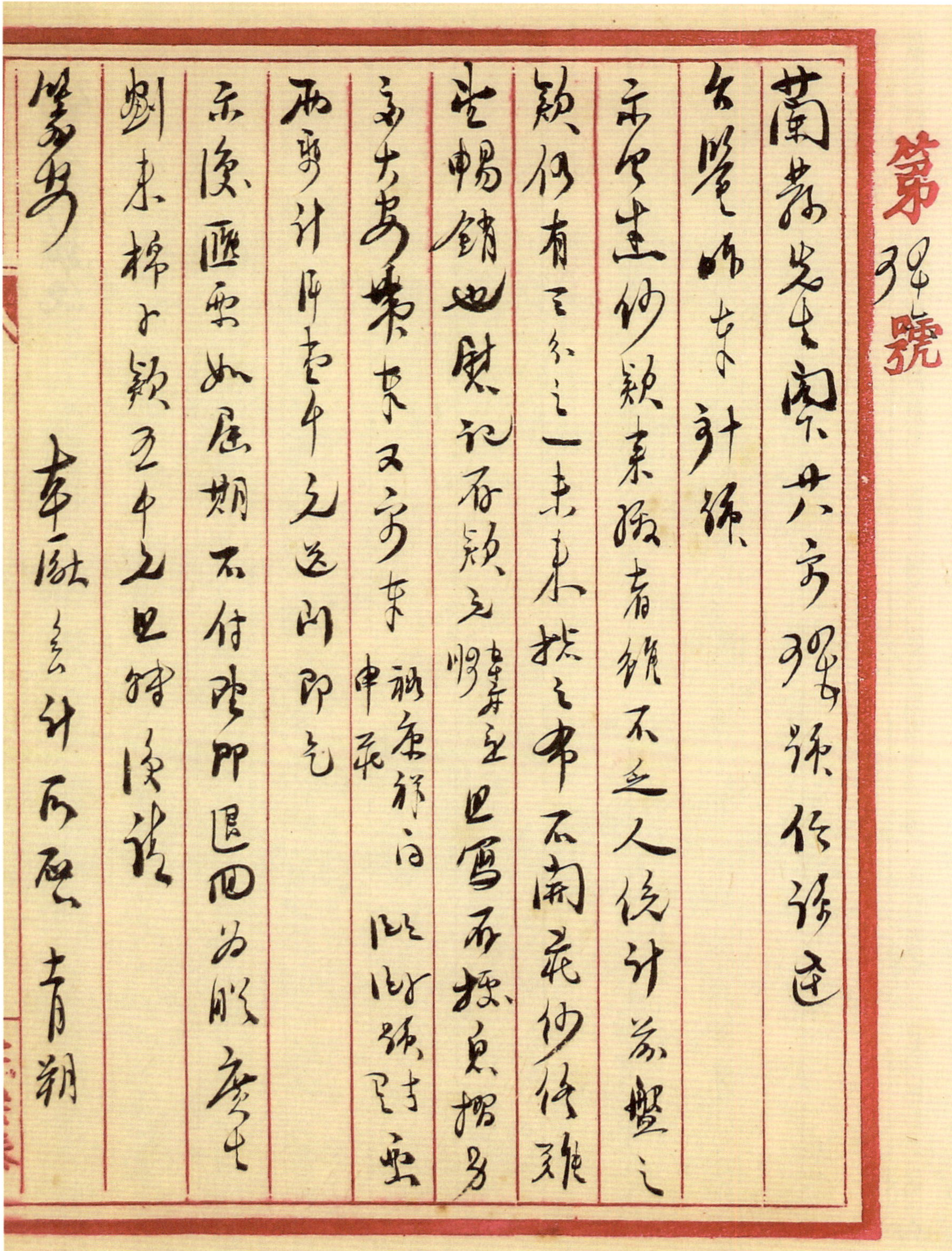

第一百四十六號（十一月初一日）

蘭蓀先生閣下：廿八寄一百四十五號信，諒達台鑒。昨奉二百十號示，具悉。紗款來繳者雖不乏人，統計前盤之款，仍有三分之一未來。總之，布不開，花紗終難望暢銷也。慰記存款元三千四百五十二兩三錢照寫，存據、息摺另交大安帶奉。又寄奉裕康祥向申莊一七七、一七五號十一月初三票兩紙，計洋壹千元，送到即乞示復。匯票如屆期不付，望即退回爲盼。廣生劃來棉子款五千元，照轉。復請籌安。本廠會計所啓。十一月朔

諸君均此

第一百四十六號（十一月初一日）

諸君均此。

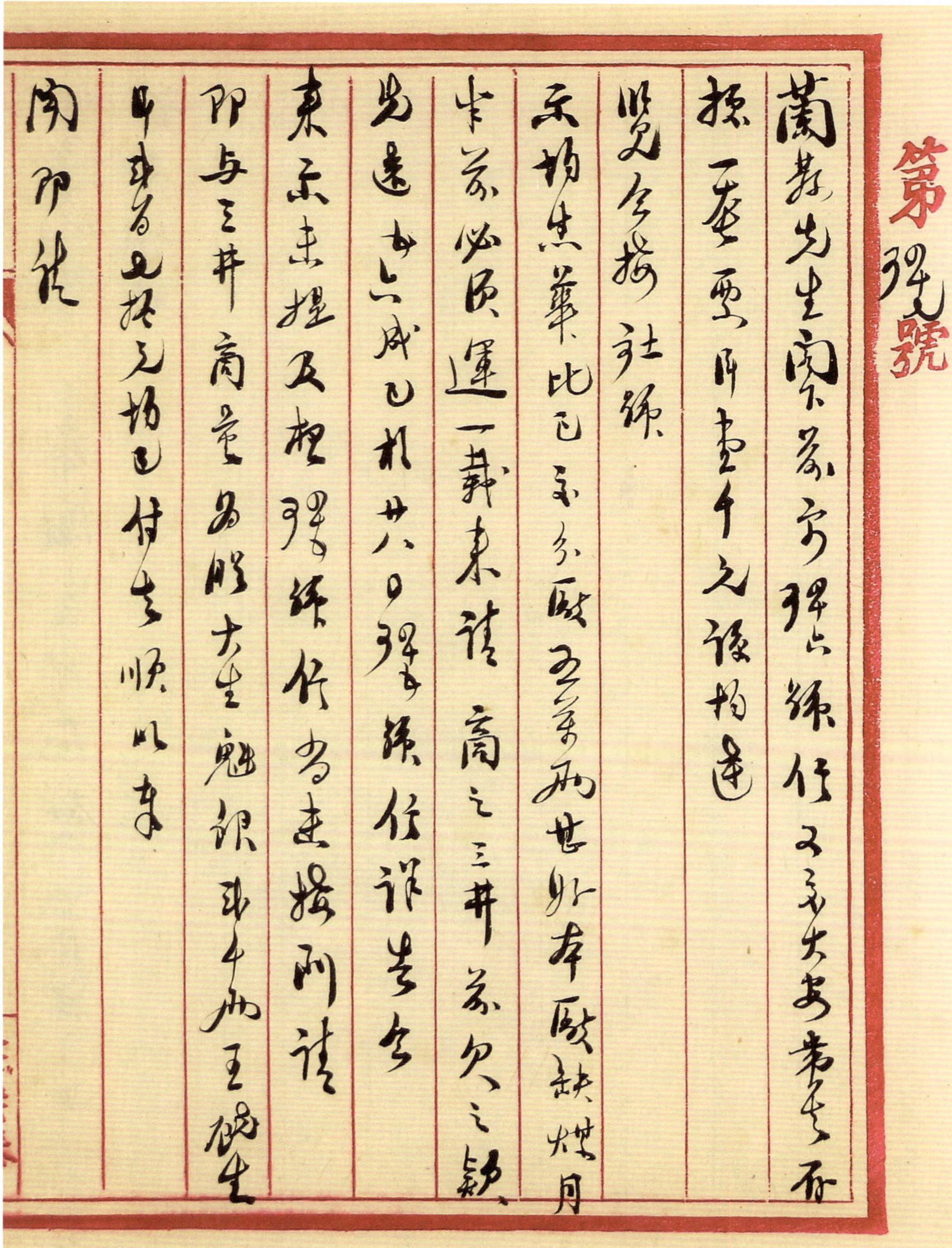

第一百四十七號（十一月初三日）

蘭蓀先生閣下：前寄一百四十六號信，又交大安帶去存據一套、票洋壹千元，諒均達覽。今接二百十一號示，均悉。華比已交分廠五萬兩，甚好。本廠缺煤，月半前必須運一載來，請商之三井。前欠之款先還五六成，已於廿八日一百四十五號信詳告，今來示未提及，想一百四十五號信尚未接到，請即與三井商量爲盼。大生魁銀式千兩，王饒生洋式百七拾元，均已付去，順以奉聞。即請籌安。本廠會計所啓。十一月初三日

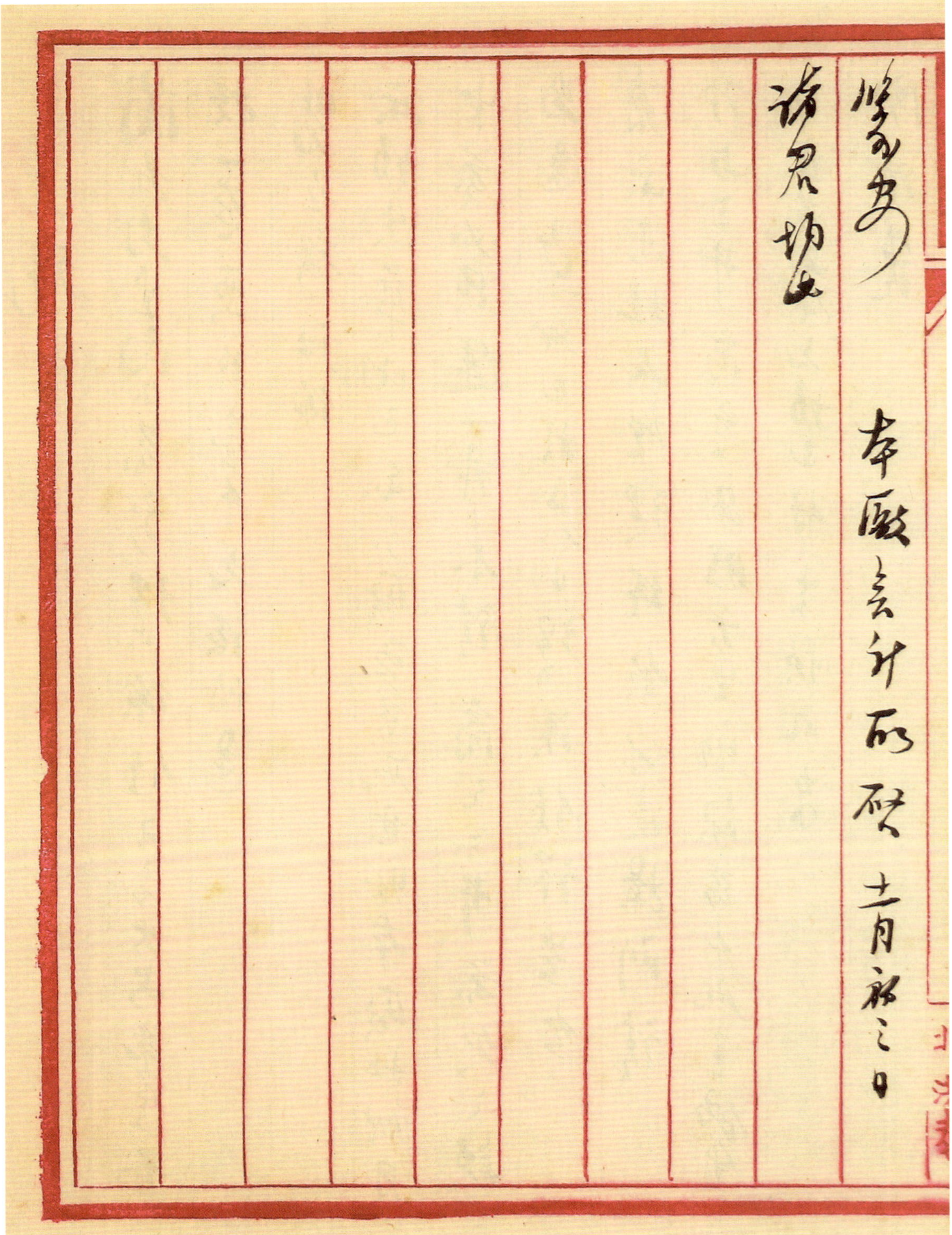

第一百四十七號（十一月初三日）

諸君均此。

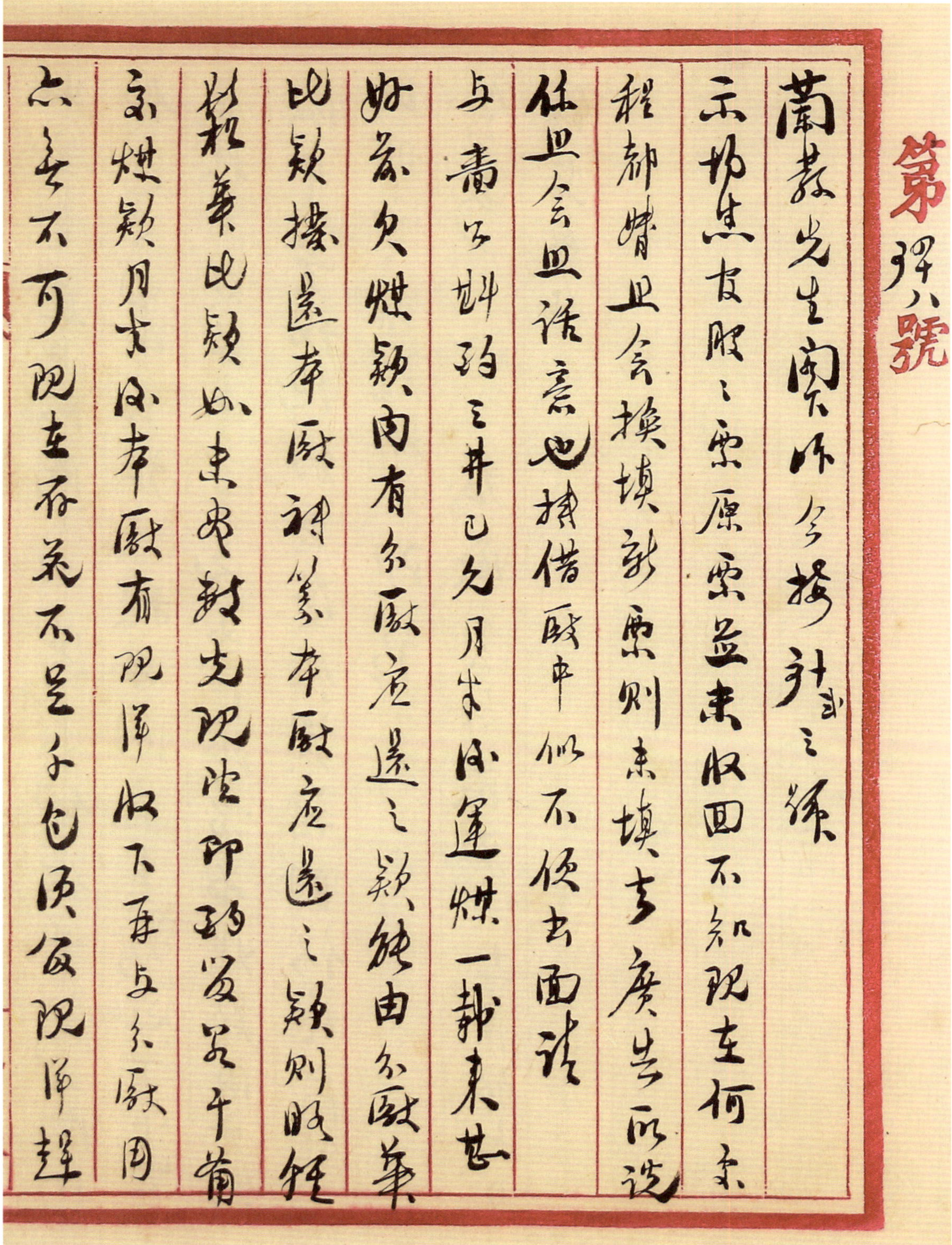

第一百四十八號（十一月初六日）

蘭蓀先生閣下：昨、今接二百十弍、二百十三號示，均悉。官股股票原票并未收回，不知現在何處，程都督照會換填新票，則未填去。廣告所説係照會照話意也，扺借，廠中似不便出面，請與畬公斟酌。三井已允月半後運煤一載來，甚好。前欠煤款，内有分廠應還之款，能由分廠華比款撥還，本廠衹籌本廠應還之款，則略輕鬆。華比款如未盡數兑現，望即酌留若干，備交煤款，月半後本廠有現洋收下，再與分廠用，亦無不可。現在存花不足千包，須留現洋趕收幾包。連日陰雨無貨來，價仍廿六元

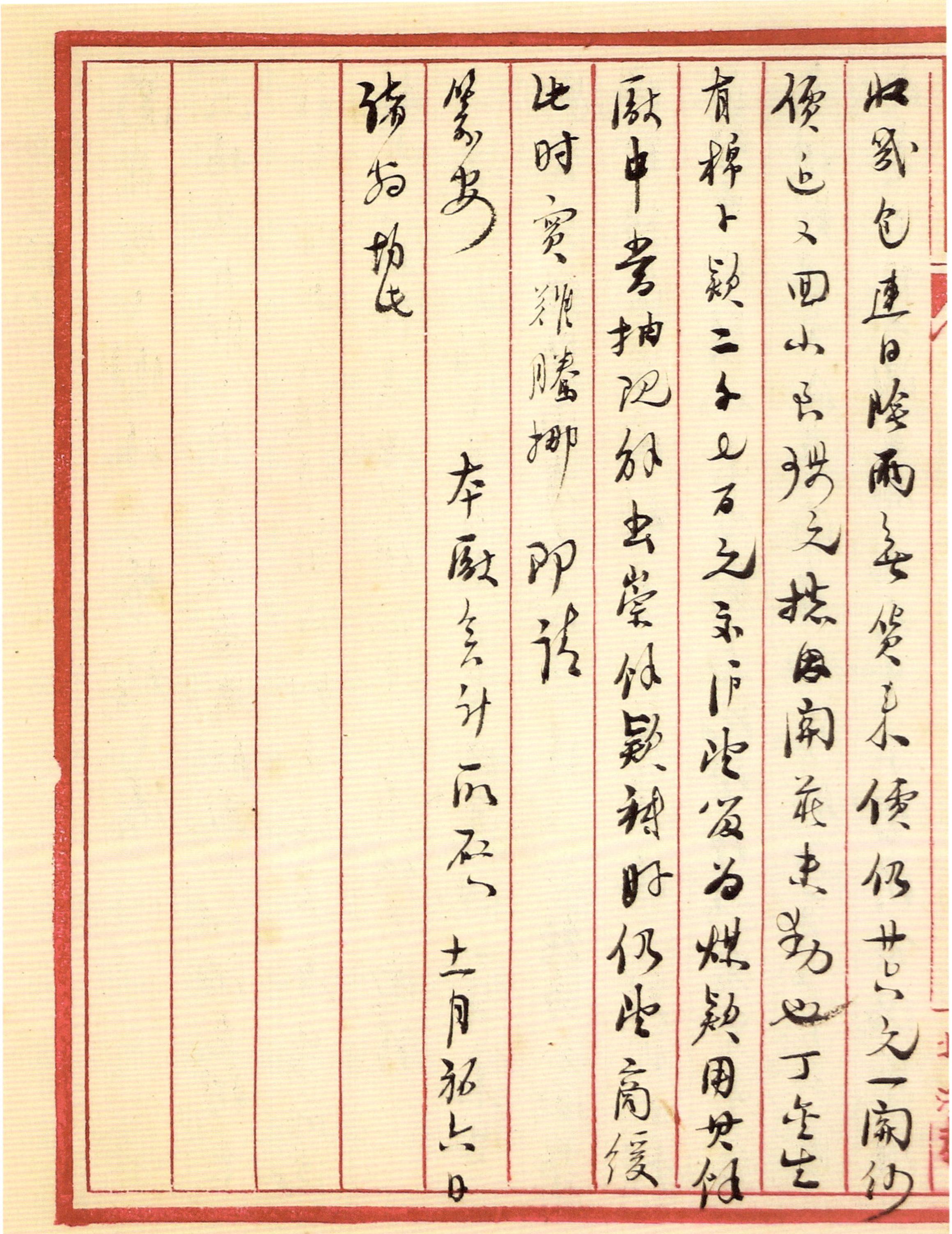
收到包連日陰雨無貨來價仍卅[illegible]元之一關紗
價近又回小至一百卅四元總因關莊未動也丁金生
有棉子款二千七百元交滬望留爲煤款用其餘
廠中當抽現解出崇餘款祇好仍望商緩
此時實難騰挪即請
籌安　本廠會計所啓　十一月初六日
諸翁均此

第一百四十八號（十一月初六日）

一關，紗價近又回小至一百卅四元，總因關莊未動也。丁金生有棉子款二千七百元交滬，望留爲煤款用，其餘廠中當抽現解出。崇餘款祇好仍望商緩，此時實難騰挪。即請籌安。本廠會計所啓。十一月初六日

諸翁均此。

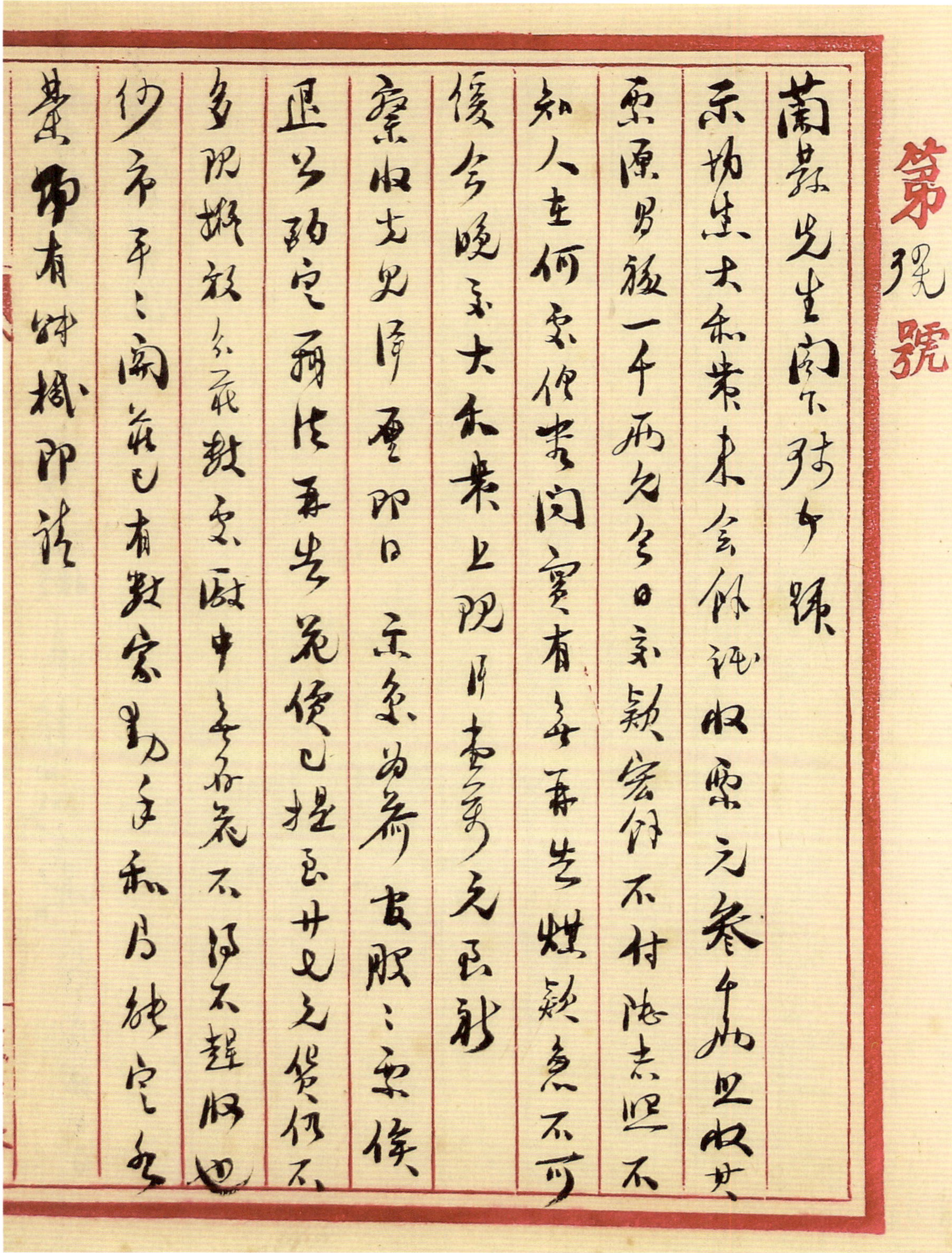

第一百四十九號（十一月初十日）

蘭蓀先生閣下：一〔二〕百十四、二百十五號示均悉。大和帶來會餘托收票元叁千兩，照收，其票源昌福一千兩允今日交款，宏餘不付，陸志熙不知人在何處，俱容問實有無再告。煤款急不可緩，今晚交大和帶上現洋壹萬元，至祈察收，兑見洋厘，即日示復爲荷。官股股票，俟退公酌定辦法再告。花價已提至廿七元，貨仍不多，現擬放分莊數處，廠中無存花，不得不趕收也。紗市平平，關莊已有數家動手，和局能定，各業即有轉機。即請籌安。本廠會計所啓。冬月初十日

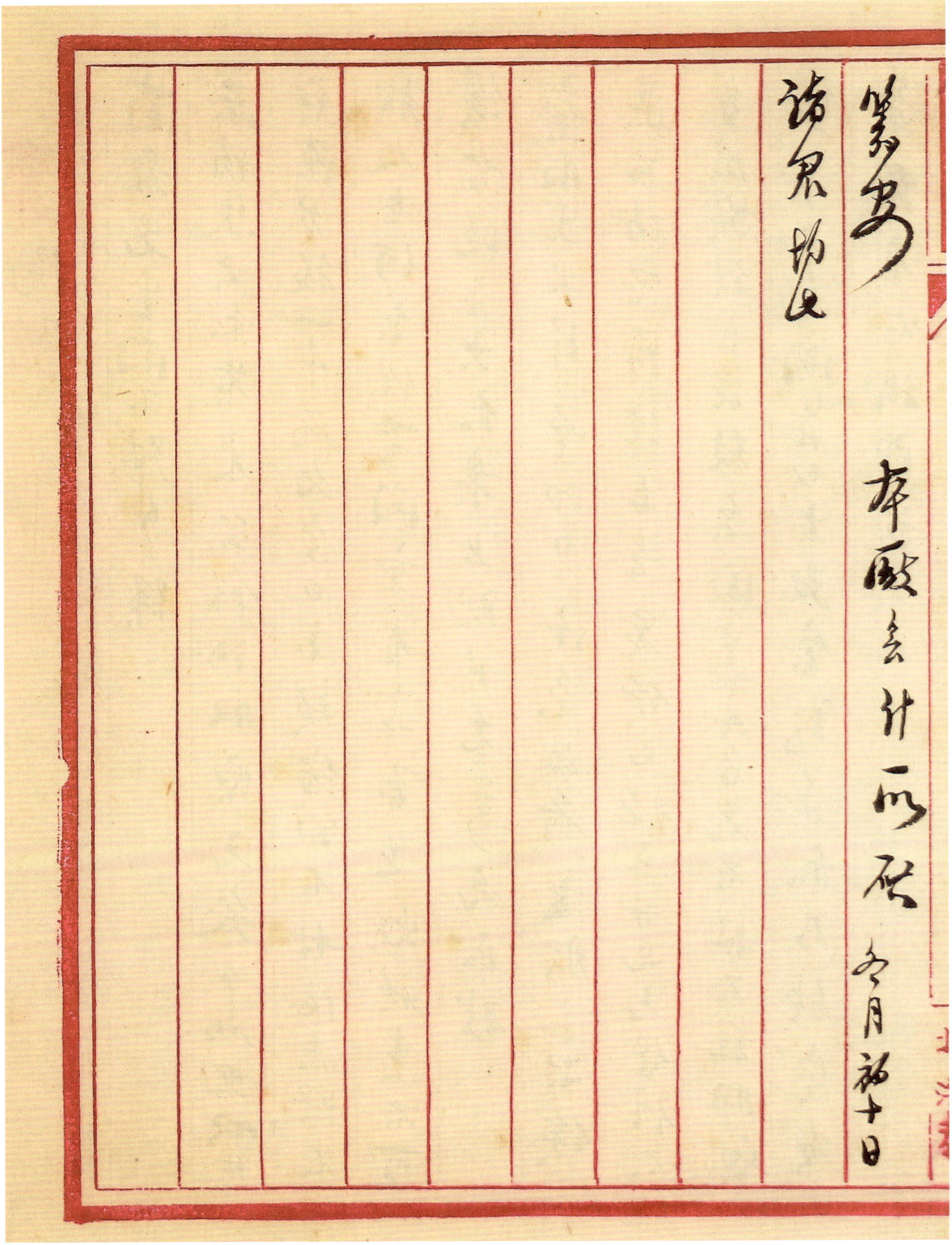

第一百四十九號（十一月初十日）

諸君均此。

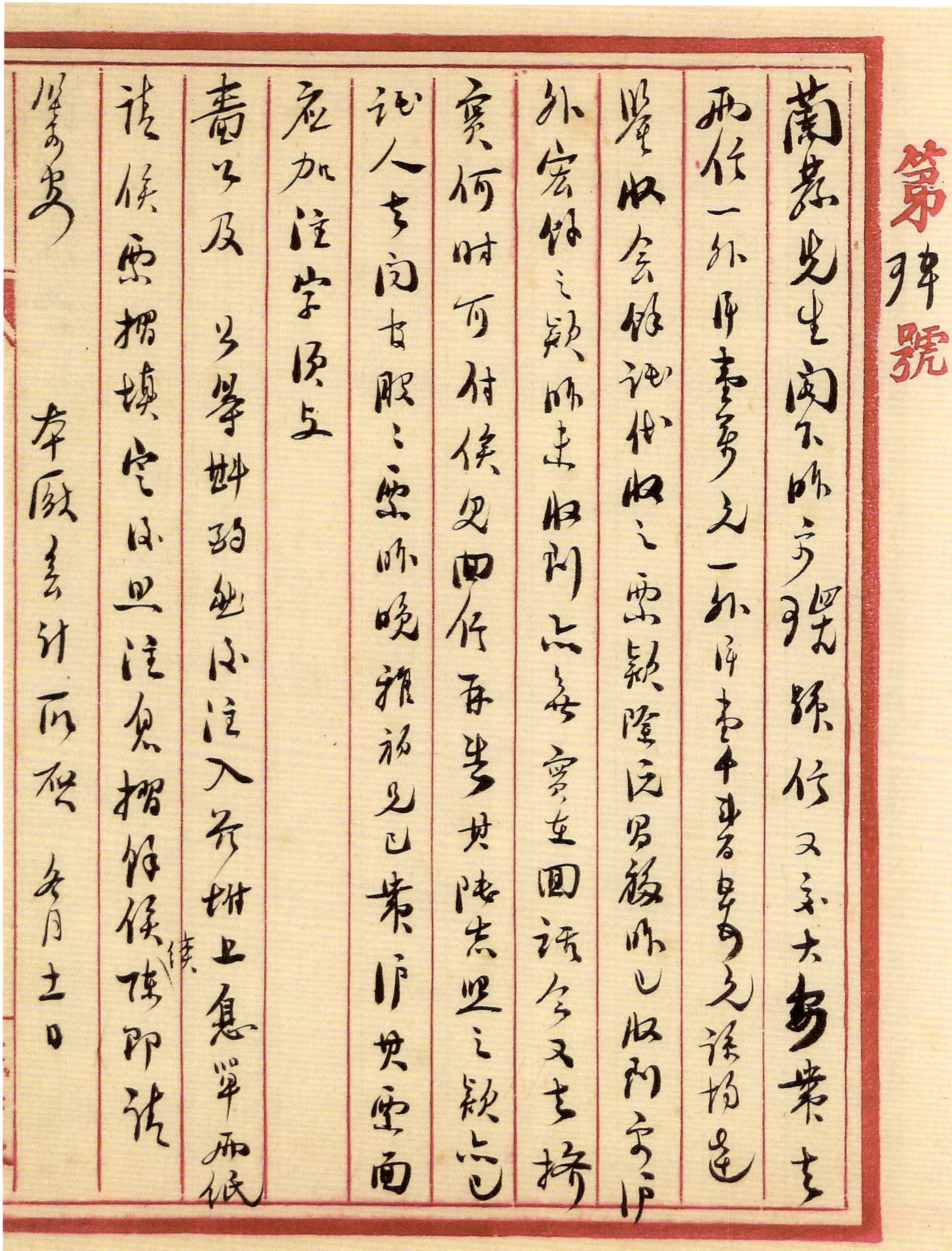

第一百五十號（十一月十一日）

蘭蓀先生閣下：昨寄一百四十九號信，又交大安帶去兩信，一外洋壹萬元、一外洋壹千弍百五十五元，諒均達鑒收。會餘托代收之票款，除源昌福昨已收到寄滬外，宏餘之款昨未收到，亦無實在回話，今又去擠實何時可付，俟見回信再告。其陸志熙之款亦已托人去問。官股股票昨晚雅初兄已帶滬，其票面應加注字，須與啬公及公等斟酌，然後注入。玆附上息單兩紙，請俟票摺填定後，照注息摺。餘俟續陳。即請籌安。本廠會計所啓。冬月十一日

諸君均此

第一百五十號（十一月十一日）

諸君均此。

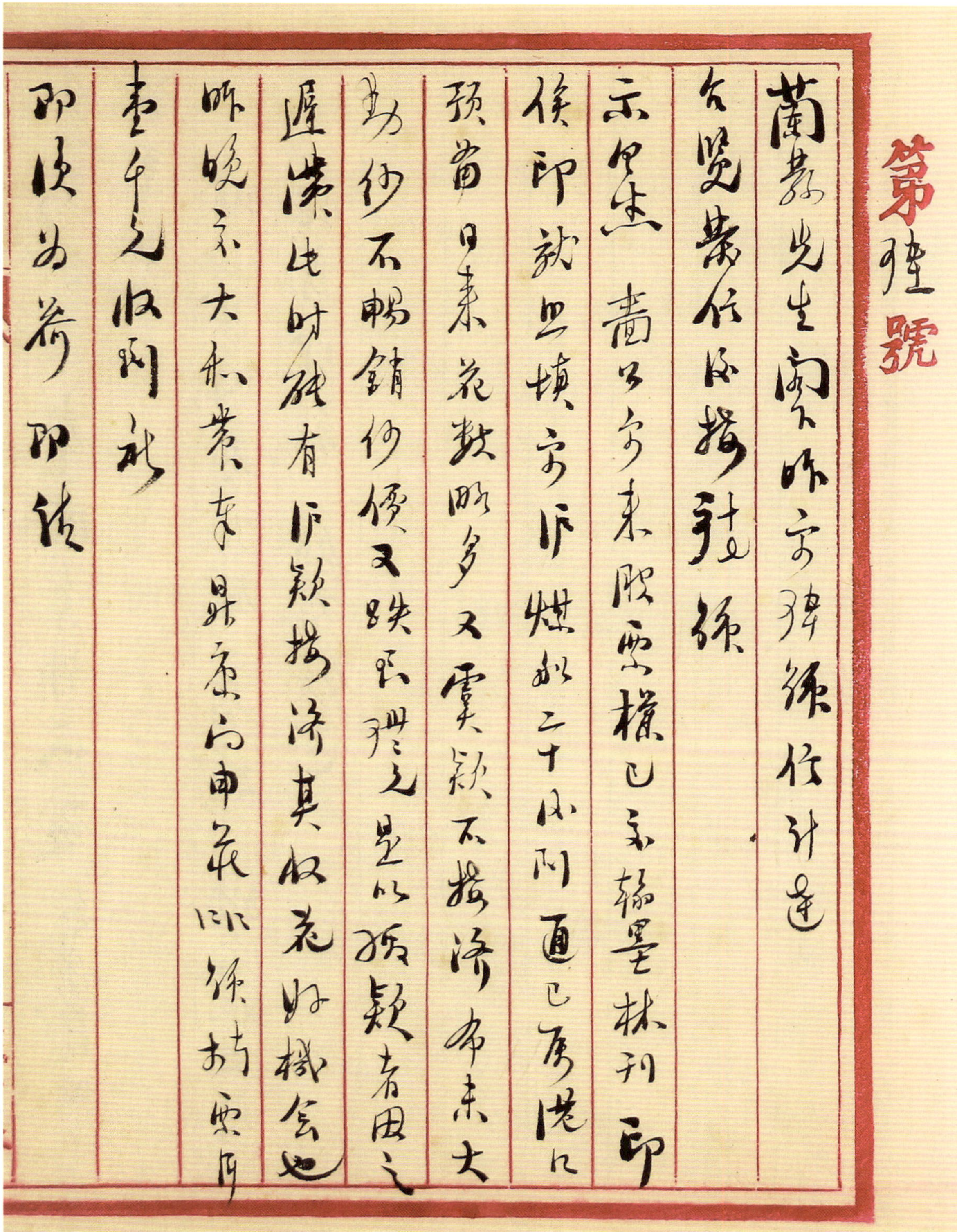

第一百五十一號

蘭蓀先生閣下昨寄一百五十號信計達
台覽發信後接二百十七號
示具悉　嗇公寄來股票樣已交翰墨林刊印
俟印就照填寄滬煤船二十後到通已屬港口
預備日來花數略多又虞款不接濟布未大
動紗不暢銷紗價又跌至一百卅二元是以繳款者因之
遲滯此時能有滬款接濟其收花好機會也
昨晚交大和帶奉昇康向申莊一二一二號十一月十四票
洋壹千元收到祈
即復爲荷即請

第一百五十一號（十一月十三日）

蘭蓀先生閣下：昨寄一百五十號信，計達台覽。發信後接二百十七號示，具悉。嗇公寄來股票樣，已交翰墨林刊印，俟印就照填寄滬。煤船二十後到通，已屬港口預備。日來花數略多，又虞款不接濟。布未大動，紗不暢銷，紗價又跌至一百卅二元，是以繳款者因之遲滯，此時能有滬款接濟，其收花好機會也。昨晚交大和帶奉昇康向申莊一二一二號十一月十四票洋壹千元，收到祈即復爲荷。即請籌安。本廠會計所啓。冬月十三日

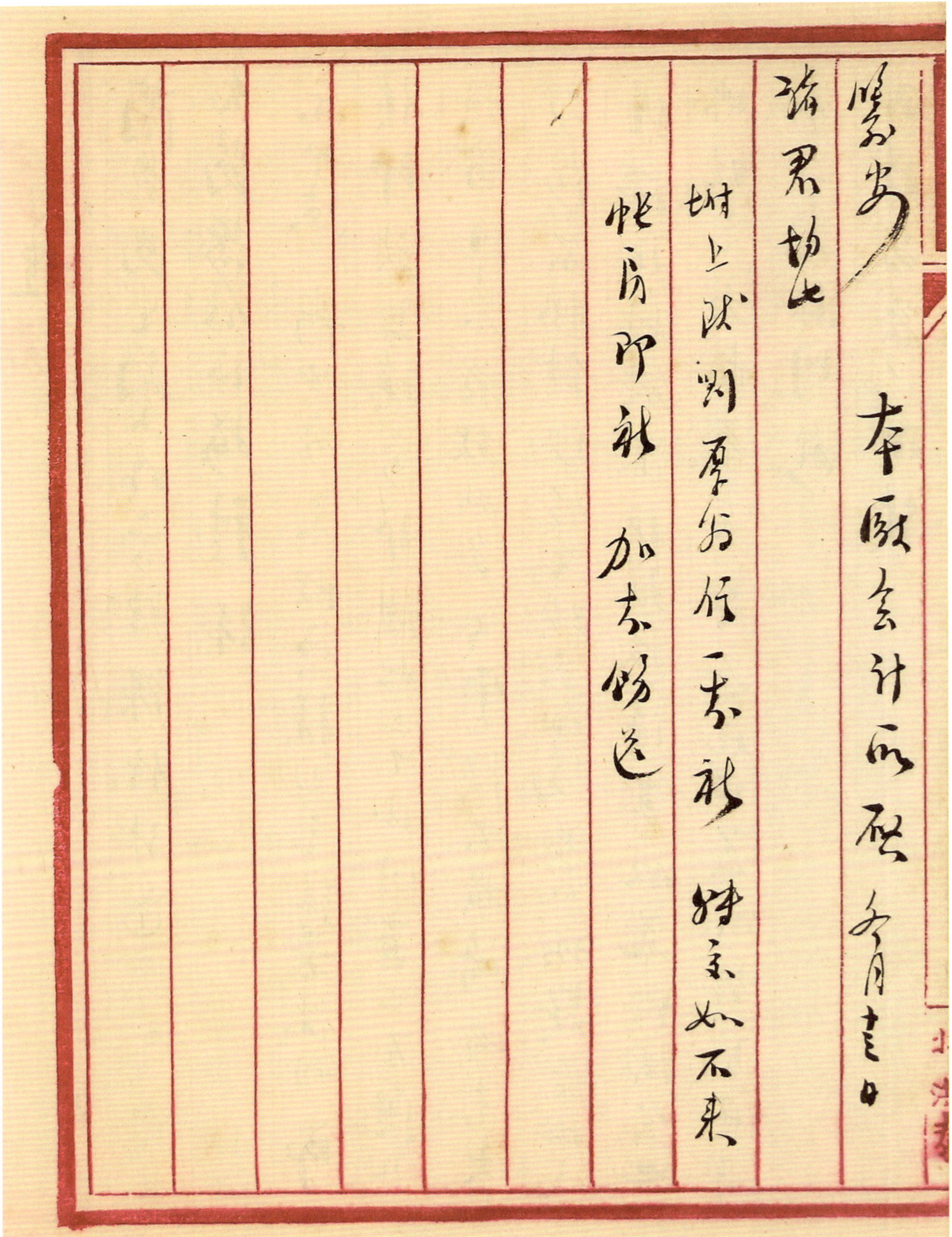

暨安
本厰會計所啓 十一月十三日
諸君均此
附上致劉厚翁信一封 祈轉交 如不來
帳房即祈 加封飭送

第一百五十一號（十一月十三日）

諸君均此。

附上致劉厚翁信一封，祈轉交，如不來帳房，即祈加封飭送。

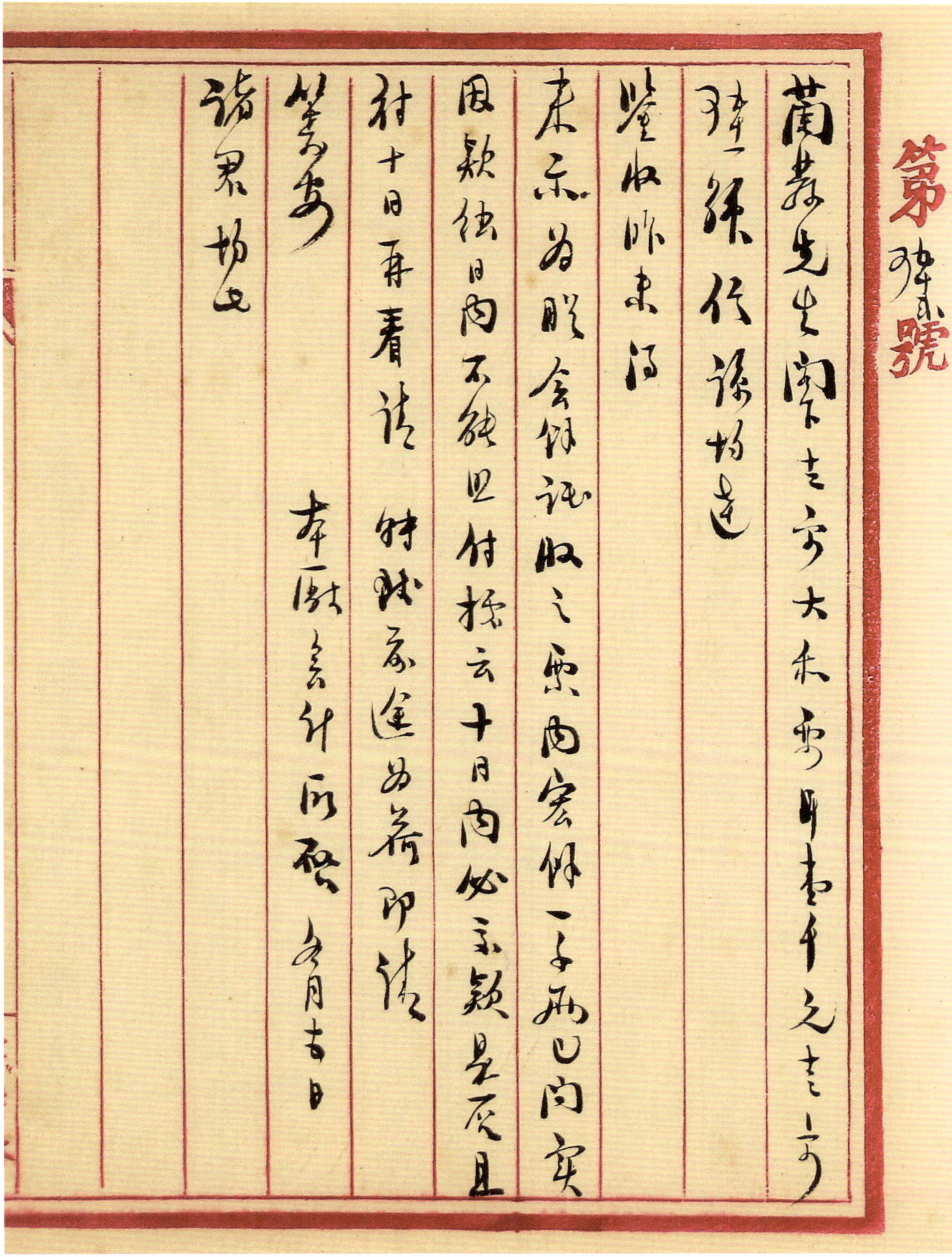

第一百五十二號（十一月十五日）

蘭蓀先生閣下：十二寄大和票洋壹千元，十三寄一百五十一號信，諒均達鑒收。昨未得來示，爲盼。會餘托收之票内宏餘一千兩已問實，因款絀日内不能照付，據云十日内必交款，是否且待十日再看，請轉致前途爲荷。即請籌安。本廠會計所啓。冬月十五日

諸君均此。

第一百五十二號（十一月十五日）

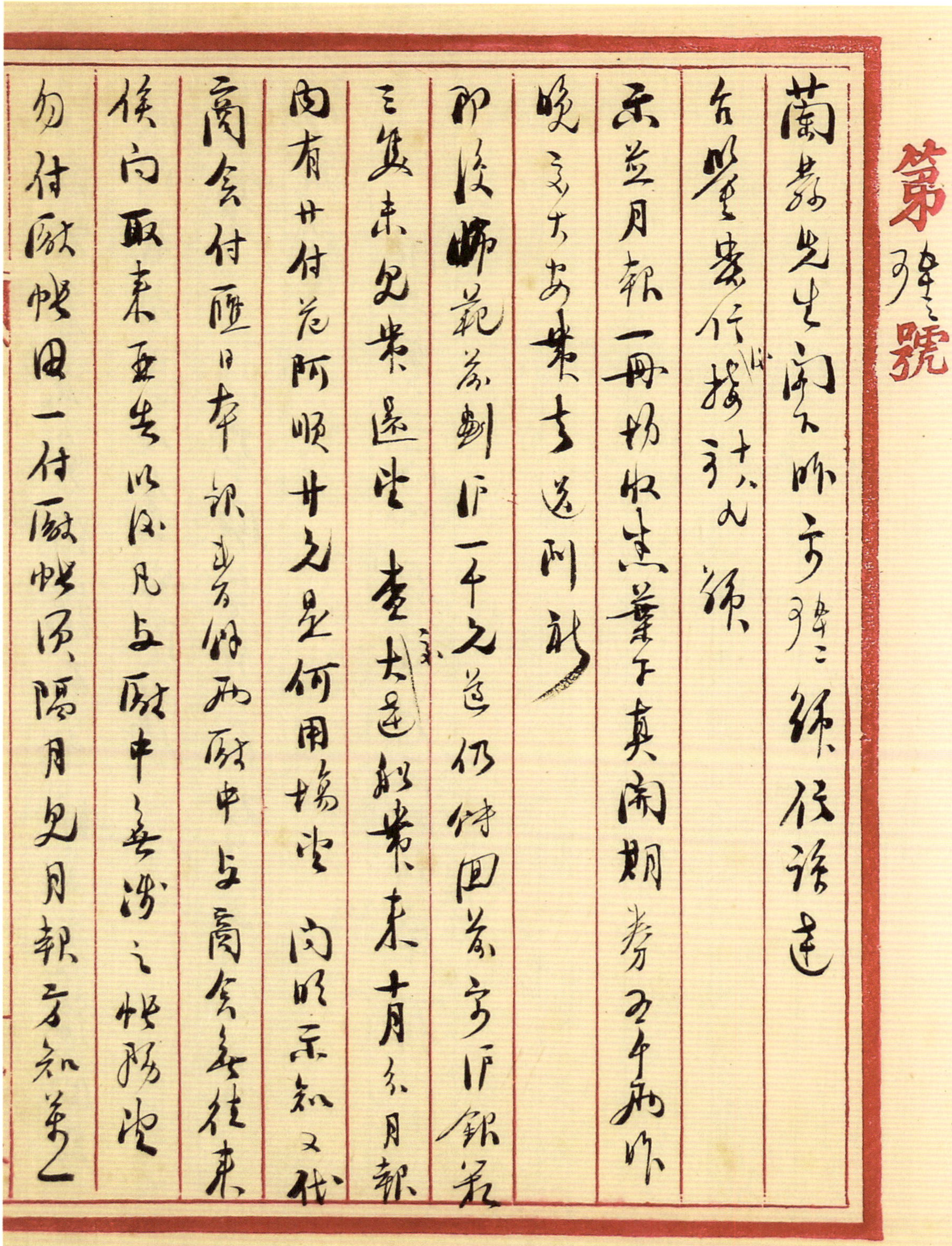

第一百五十三號（十一月十六日）

蘭蓀先生閣下：昨寄一百五十二號信，諒達台鑒。發信後接二百十八、二百十九號示并月報一册，均收悉。葉子真開期券五千兩，昨晚交大安帶去，送到祈即復。師範前劃滬一千元，遵仍轉回。前寄滬銀箱三隻，未見帶還，望查交大達船帶來。十月分月報内有廿付范阿順廿元，是何用場，望問明示知。又代商會付匯日本銀式百餘兩，廠中與商會無往來，俟向取來再告。以後凡與廠中無涉之帳務，望勿付廠帳，因一付廠帳，須隔月見月報方知，萬一討取不着，反多糾轕。不若滬上真〔直〕

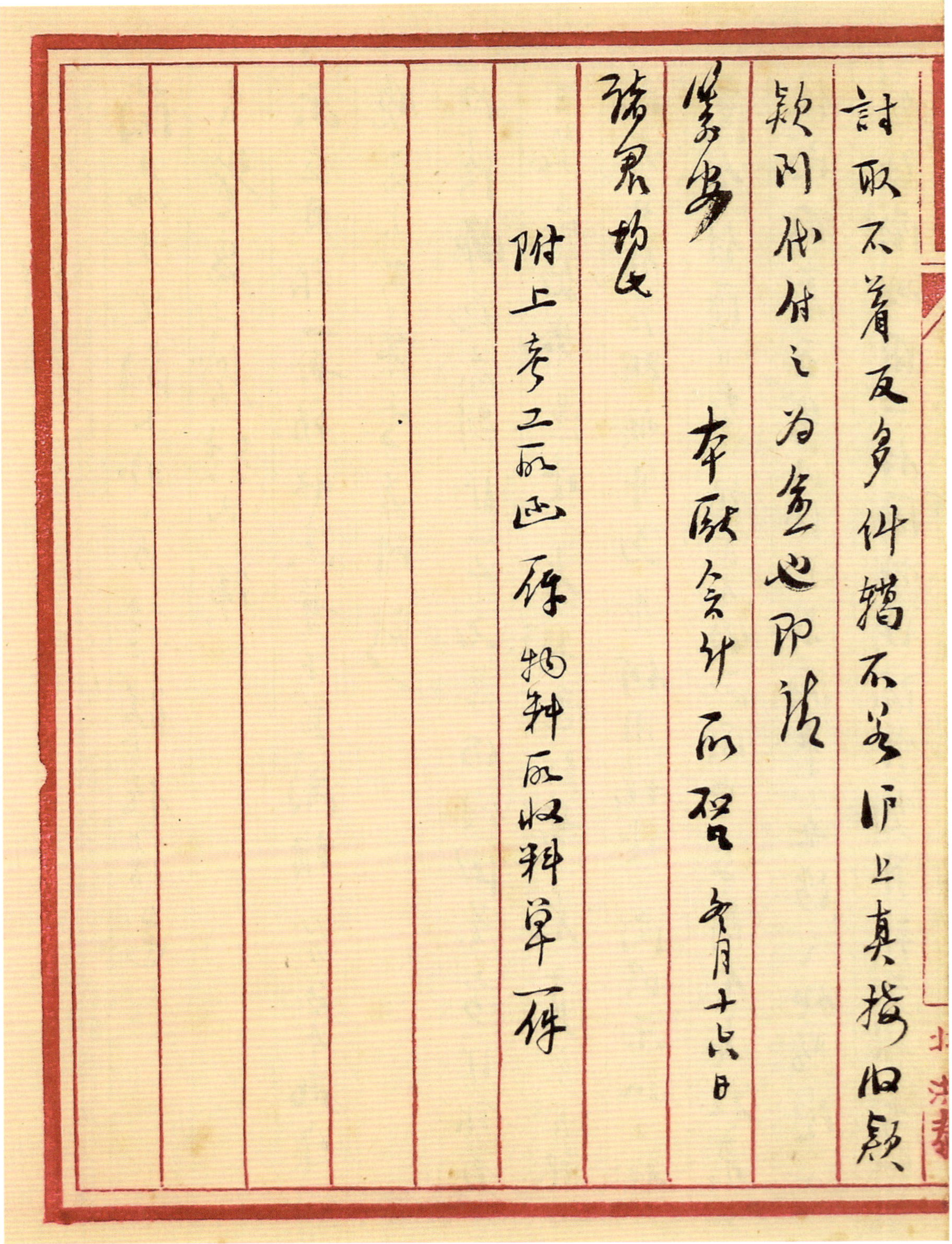
討取不着反多件錯不妥滬上真接收款
款到代付之爲愈也即請
籌安　本廠會計所啓　冬月十六日
諸君均此
附上考工所函一件　物料所收料單一件

第一百五十三號（十一月十六日）

接收款，款到代付之爲愈也。即請籌安。本廠會計所啓。冬月十六日

諸君均此。

附上考工所函一件、物料所收料單一件。

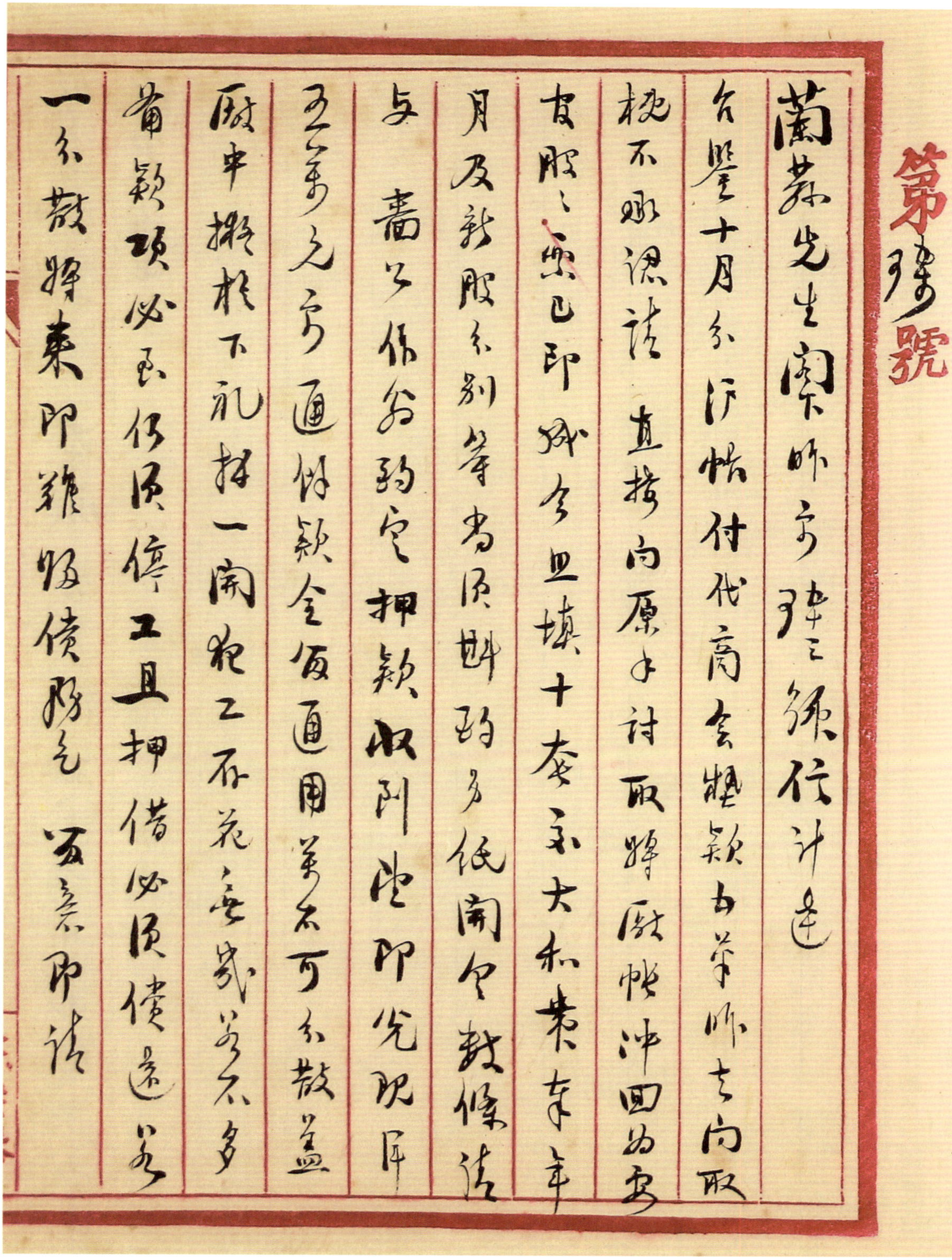

第一百五十四號（十一月十七日）

蘭蓀先生閣下：昨寄一百五十三號信，計達台鑒。十月分滬帳付代商會墊款五筆，昨去向取，概不承認，請直接向原手討取，將廠帳冲回爲要。官股股票已印成，今照填十套，交大和帶奉，年月及新股分別等尚須斟酌，另紙開具數條，請與啬公、作翁酌定。押款收到，望即兑現洋五萬元寄通，餘款全留通用，萬不可分散。蓋廠中擬於下禮拜一開夜工，存花無幾，若不多備款項，必至仍須停工，且押借必須償還，若一分散，將來即難歸償，務乞留意。即請籌安。本廠會計所啓。冬月十七日

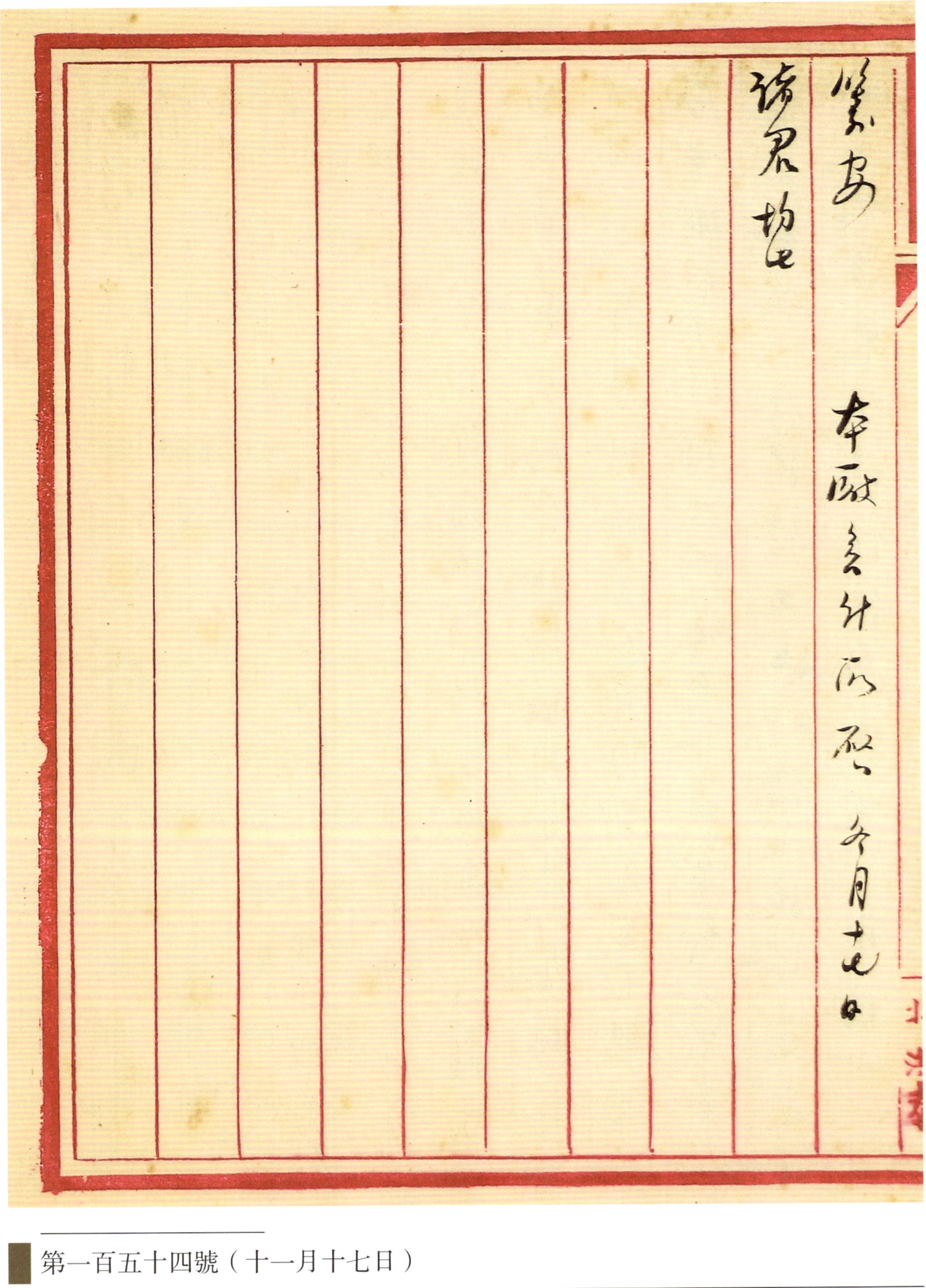

[illegible]安
諸君均此
本廠會計所啟 冬月十七日

第一百五十四號（十一月十七日）

諸君均此。

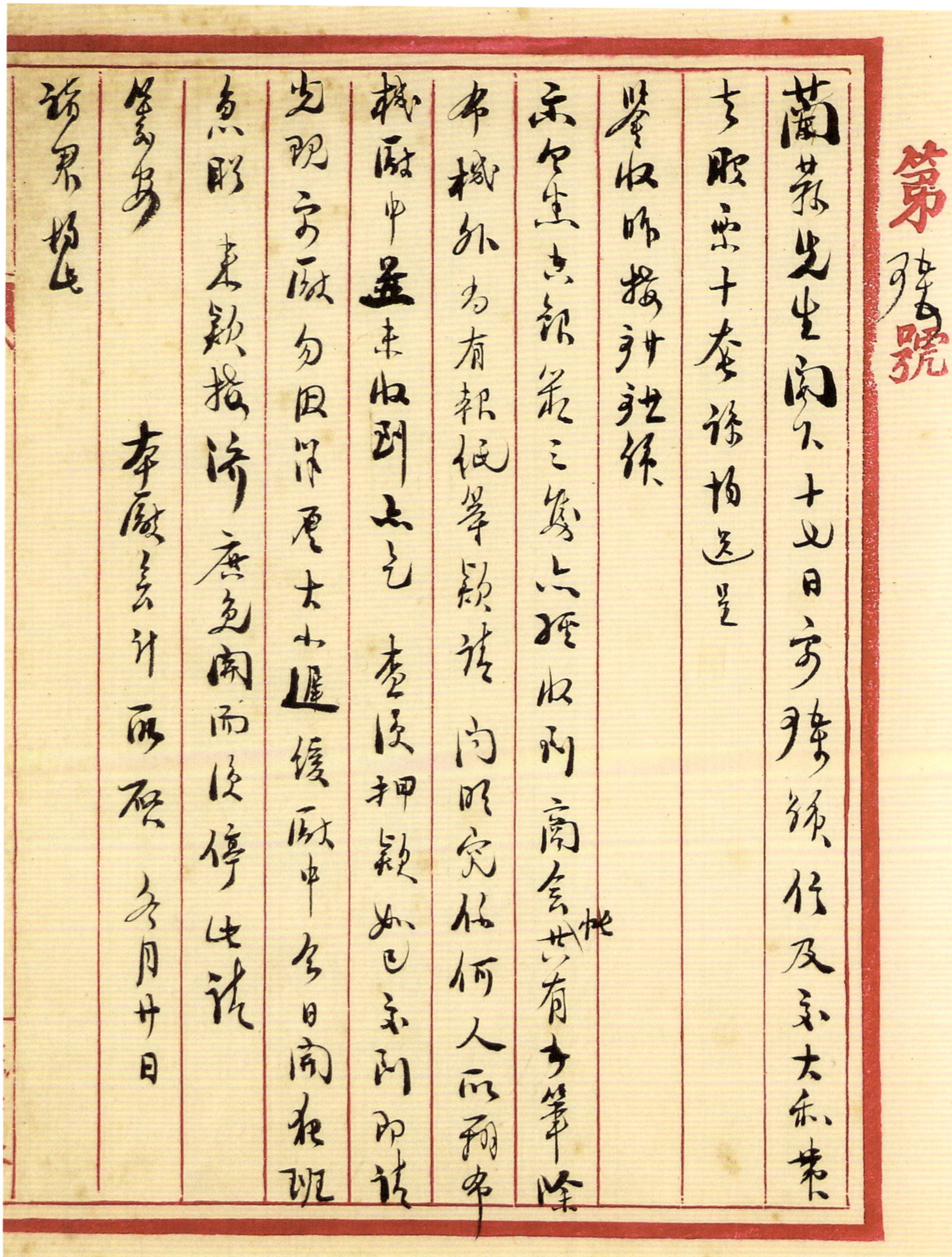

第一百五十五號（十一月廿日）

蘭蓀先生閣下：十七日寄一百五十四號信，及交大和帶去股票十套，諒均送呈鑒收。昨接二百廿、二百廿一號示，具悉。空銀箱三隻亦經收到。商會帳共有五筆，除布機外，尚有報紙等款，請問明究係何人所辦。布機廠中并未收到，亦乞查復。押款如已交到，即請兑現寄廠，勿因洋厘大小遲緩。廠中今日開夜班，急盼來款接濟，庶免開而復停。此請籌安。本廠會計所啓。冬月廿日

諸君均此。

第一百五十五號（十一月廿日）

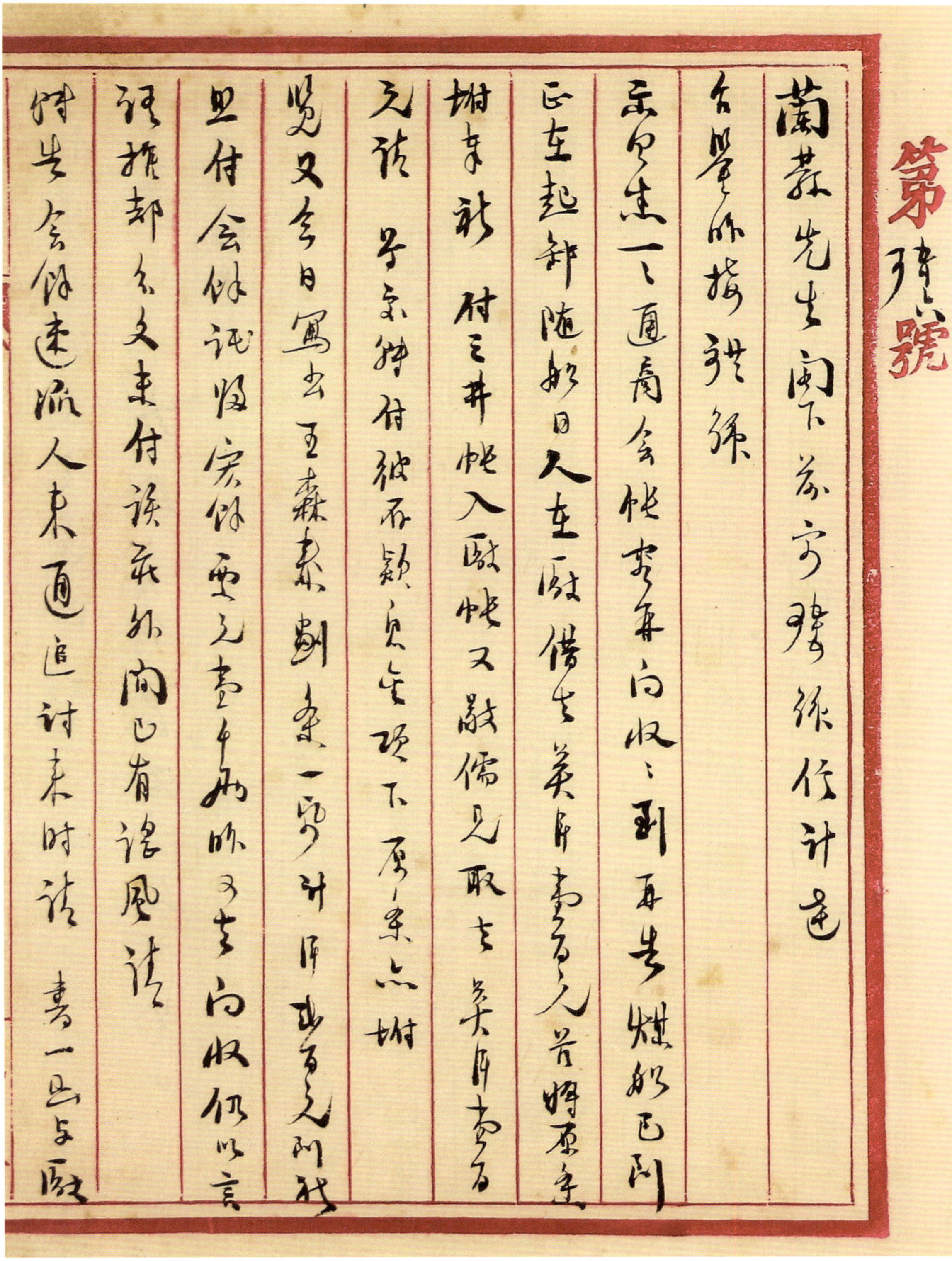

第一百五十六號（十一月廿二日）

蘭蓀先生閣下：前寄一百五十五號信，計達台鑒。昨接二百廿二號示，具悉一一。通商會帳容再向收，收到再告。煤船已到，正在起卸，隨船日人在廠借去英洋壹百元，玆將原條附奉，祈付三井帳，入廠帳。又敬儒〔孺〕兄取去英洋壹百元，請尊處轉付彼存款息金項下，原條亦附覽。又今日寫出王森泰劃條一紙，計洋弍百元，到祈照付。會餘托歸宏餘票元壹千兩，昨又去向收，仍以言語推却，分文未付。該莊外間已有謠風，請轉告會餘，速派人來通追討，來時請書一函與廠，以便憑函將

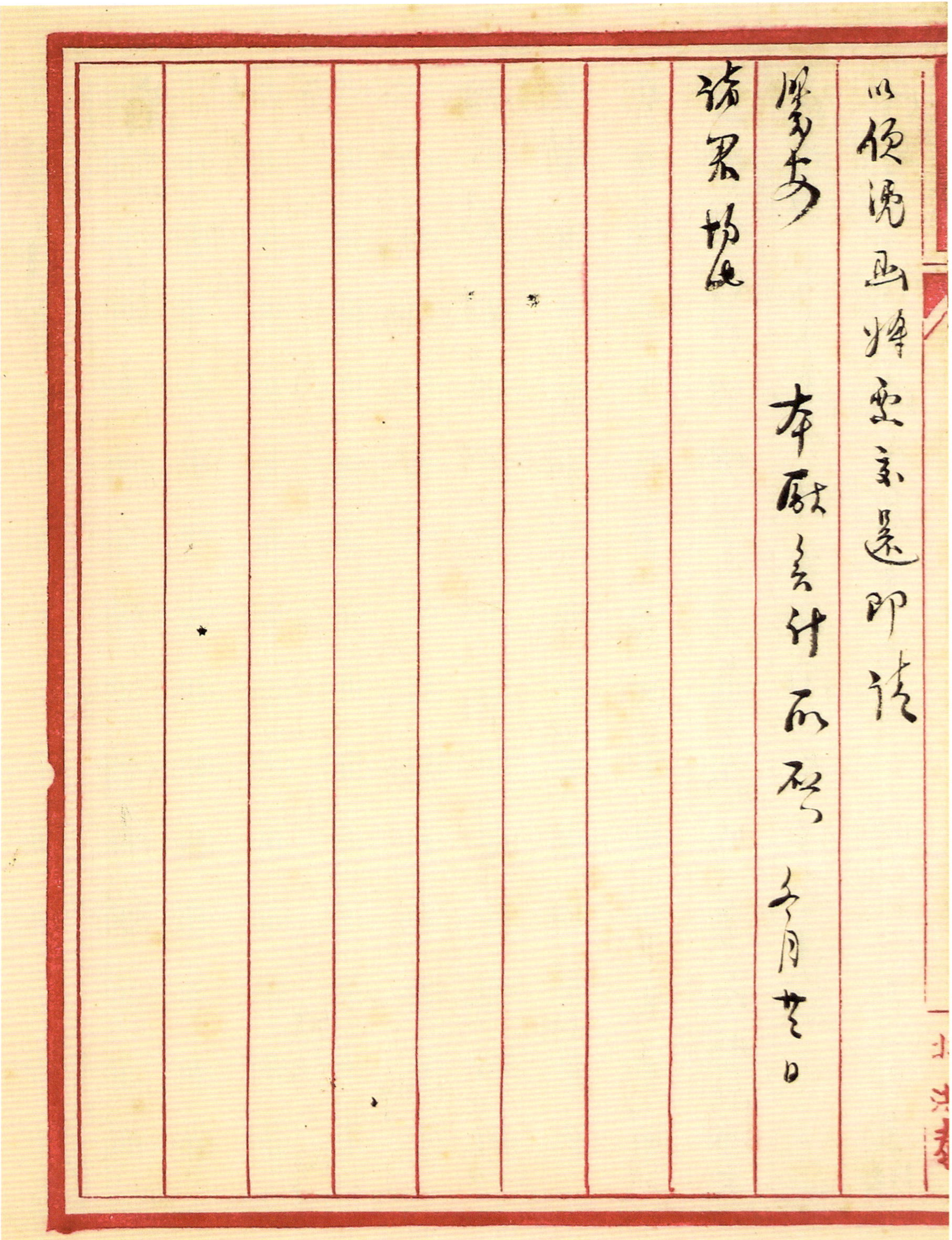
以便憑函將票交還即請
籌安
本廠會計所啓 冬月廿二日
諸君均此

第一百五十六號（十一月廿二日）

票交還。即請籌安。本廠會計所啓。冬月廿二日
諸君均此。

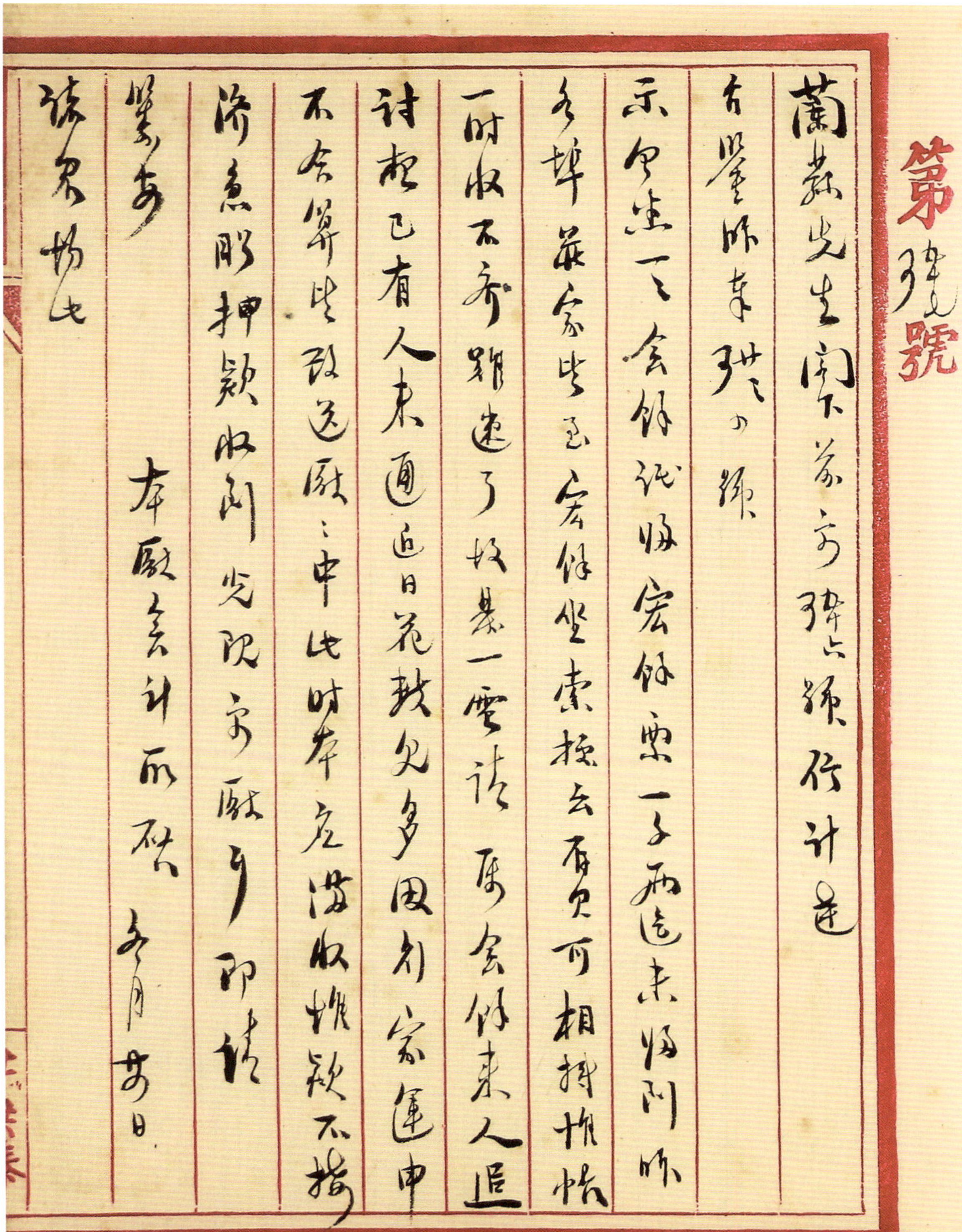
第一百五十七號
蘭蓀先生閣下：前寄一百五十六號信，計達台鑒。昨奉一百廿三、二百廿四號示，具悉一一。會餘托歸宏餘票一千兩，迄未歸到，昨各埠莊家皆至宏餘坐索，據云存欠可相抵，惟帳一時收不齊，難速了，故發一電請屬會餘來人追討，想已有人來通。近日花數見多，因行家運申不合算，皆改送廠，廠中此時本應滿收，惟款不接濟，急盼押款收到兑現寄廠耳。即請籌安。本廠會計所啓。冬月廿四日
諸君均此。

第一百五十七號（十一月廿四日）

蘭蓀先生閣下：前寄一百五十六號信，計達台鑒。昨奉一〔二〕百廿三、二百廿四號示，具悉一一。會餘托歸宏餘票一千兩，迄未歸到，昨各埠莊家皆至宏餘坐索，據云存欠可相抵，惟帳一時收不齊，難速了，故發一電請屬會餘來人追討，想已有人來通。近日花數見多，因行家運申不合算，皆改送廠，廠中此時本應滿收，惟款不接濟，急盼押款收到兑現寄廠耳。即請籌安。本廠會計所啓。冬月廿四日

諸君均此。

第一百五十七號（十一月廿四日）

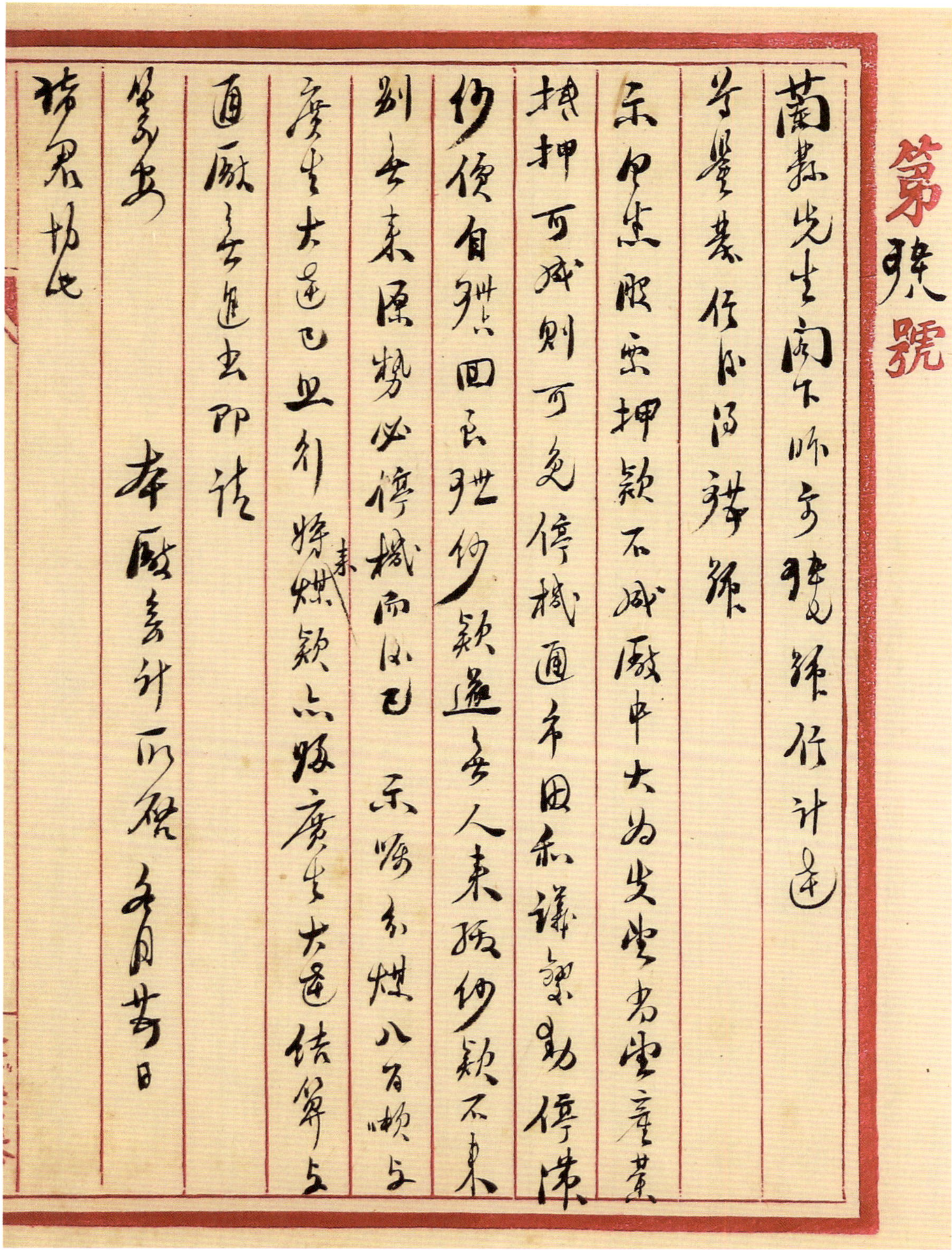

第一百五十八號（十一月廿五日）

蘭蓀先生閣下：昨寄一百五十七號信，計達尊鑒。發信後得二百廿五號示，具悉。股票押款不成，廠中大爲失望，尚望産業抵押可成，則可免停機。通市因和議變動停滯，紗價自一百卅六回至一百卅一，紗款遂無人來繳。紗款不來，別無來源，勢必停機而後已。示囑分煤八百噸與廣生、大達，已照行，將來煤款亦歸廣生、大達結算，與通廠無進出。即請籌安。本廠會計所啓。冬月廿五日

諸君均此。

第一百五十八號（十一月廿五日）

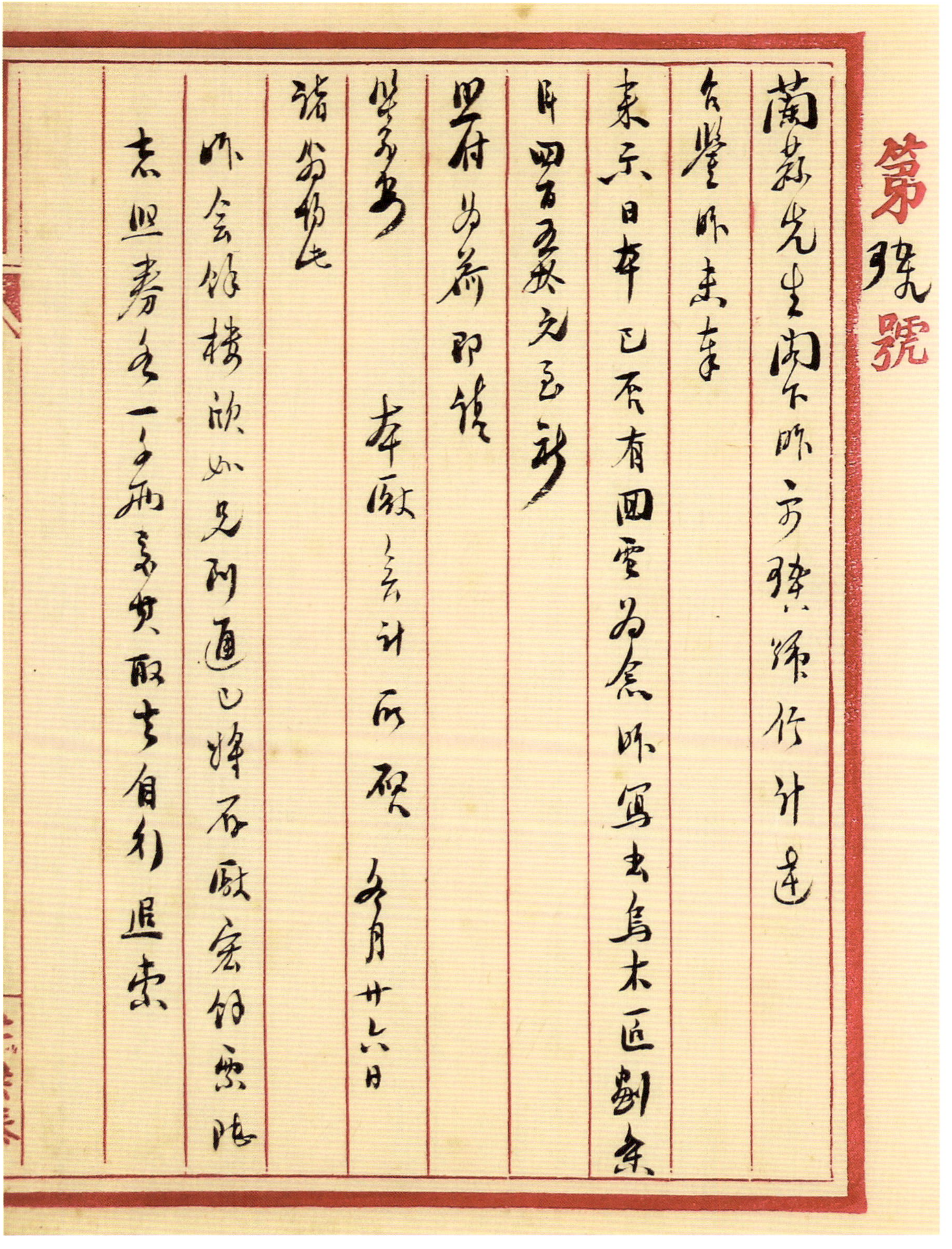

第一百五十九號（十一月廿六日）

蘭蓀先生閣下：昨寄一百五十八號信，計達台鑒。昨未奉來示，日本已否有回電，爲念。昨寫出烏木匠劃條洋四百五拾元，至祈照付爲荷。即請籌安。本廠會計所啓。

冬月廿六日

諸翁均此。

昨會餘樓欣如兄到通，已將存廠宏餘票、陸志熙券各一千兩交其取去，自行追索。

第一百五十九號（十一月廿六日）

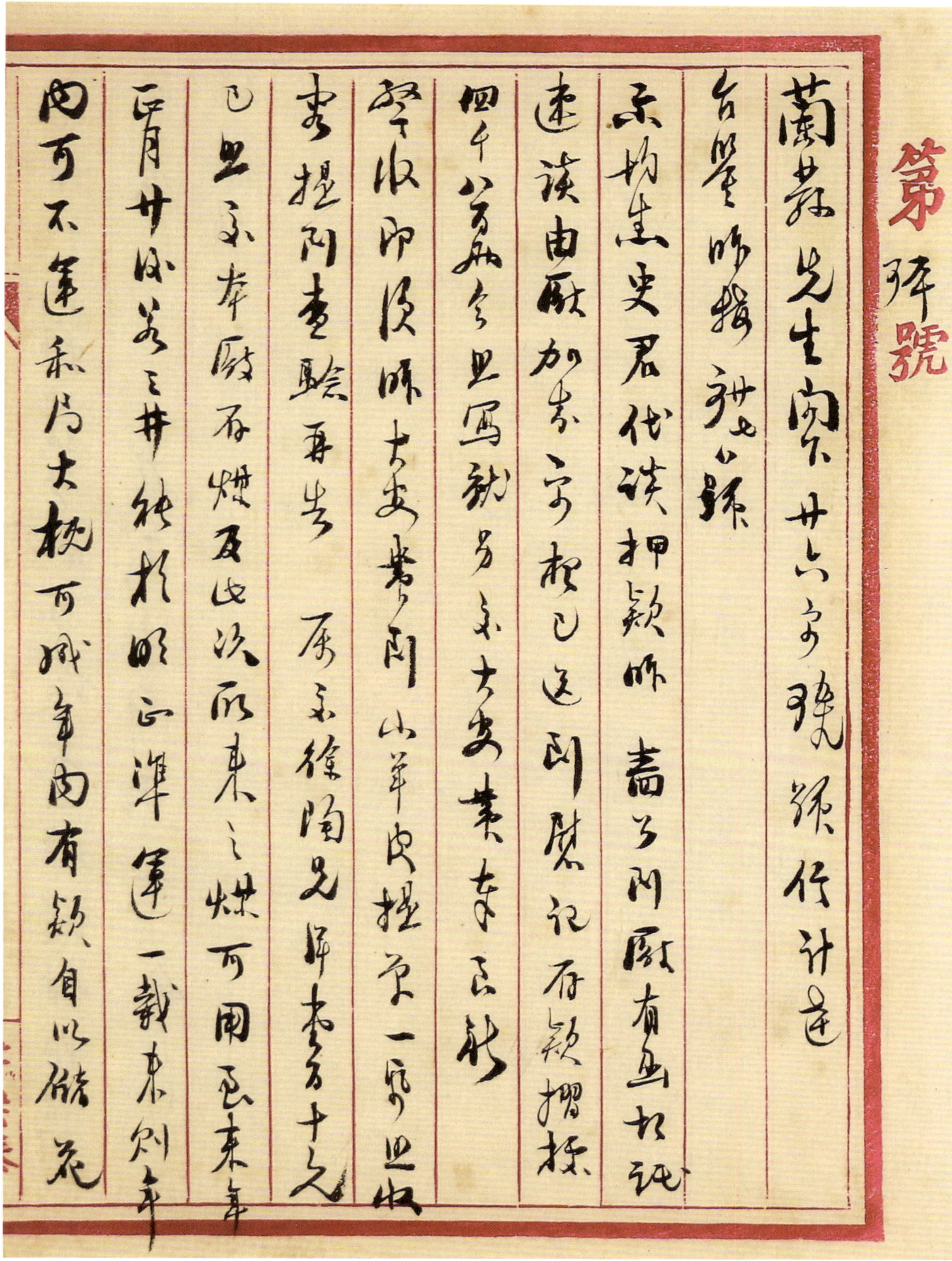

第一百六十號（十一月卅日）

蘭蓀先生閣下：廿六寄一百五十九號信，計達台鑒。昨接二百廿七、二百廿八號示，均悉。史君代談押款，昨耆公到廠，有函相托速談，由廠加封寄，想已送到。慰記存款摺據四千八百兩，今照寫就，另交大安帶奉，至祈察收即復。昨大安帶到山羊皮提單一紙照收，容提到查驗再告。屬交徐陶兄洋壹百十元已照交。本廠存煤及此次所來之煤，可用至來年正月廿後，若三井能於明正準運一載來，則年內可不運。和局大概可成，年内有款，自以儲花爲惟一之辦法，其他可緩者一律緩付。即請籌

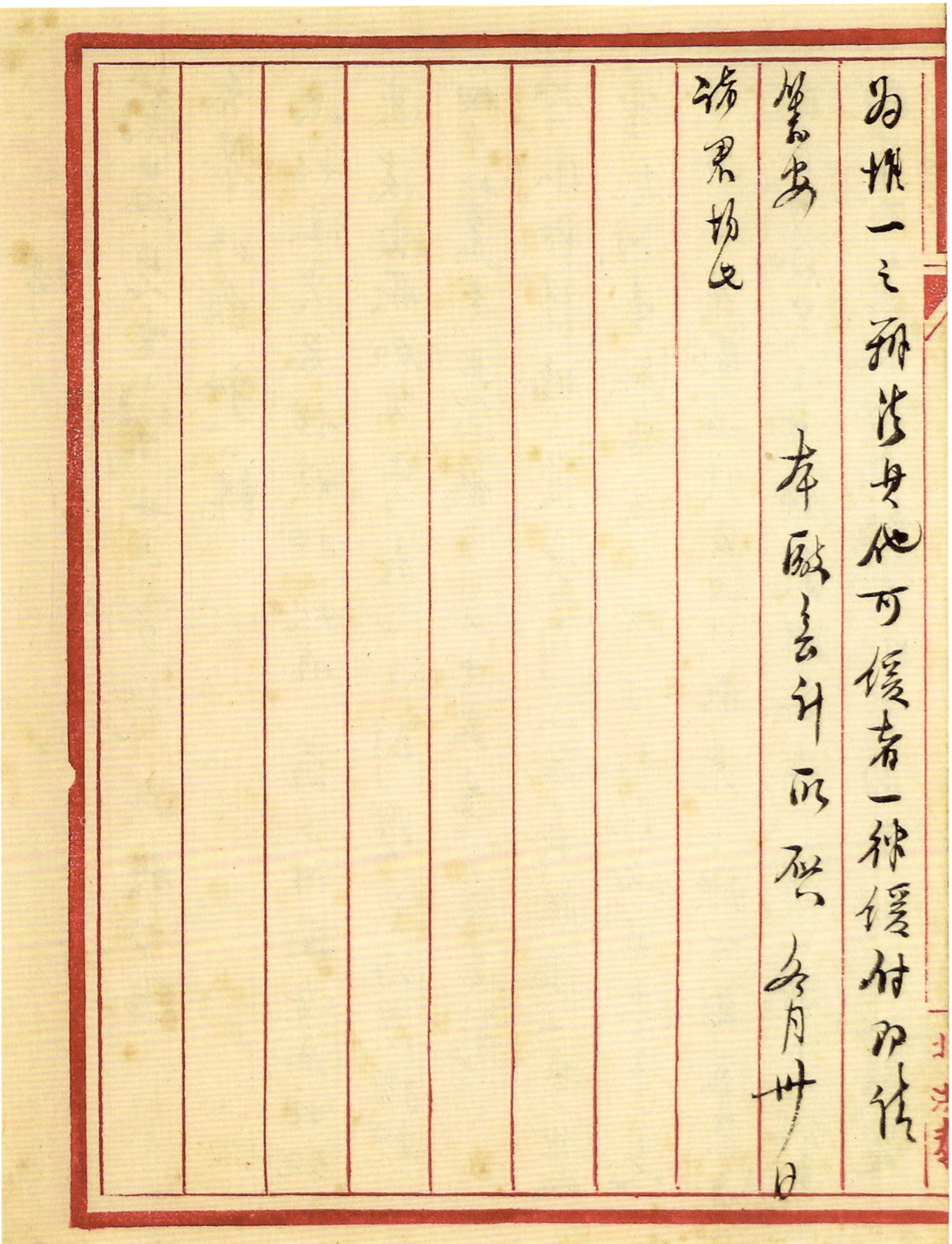

第一百六十號（十一月卅日）

安。本廠會計所啓。冬月卅日

諸君均此。

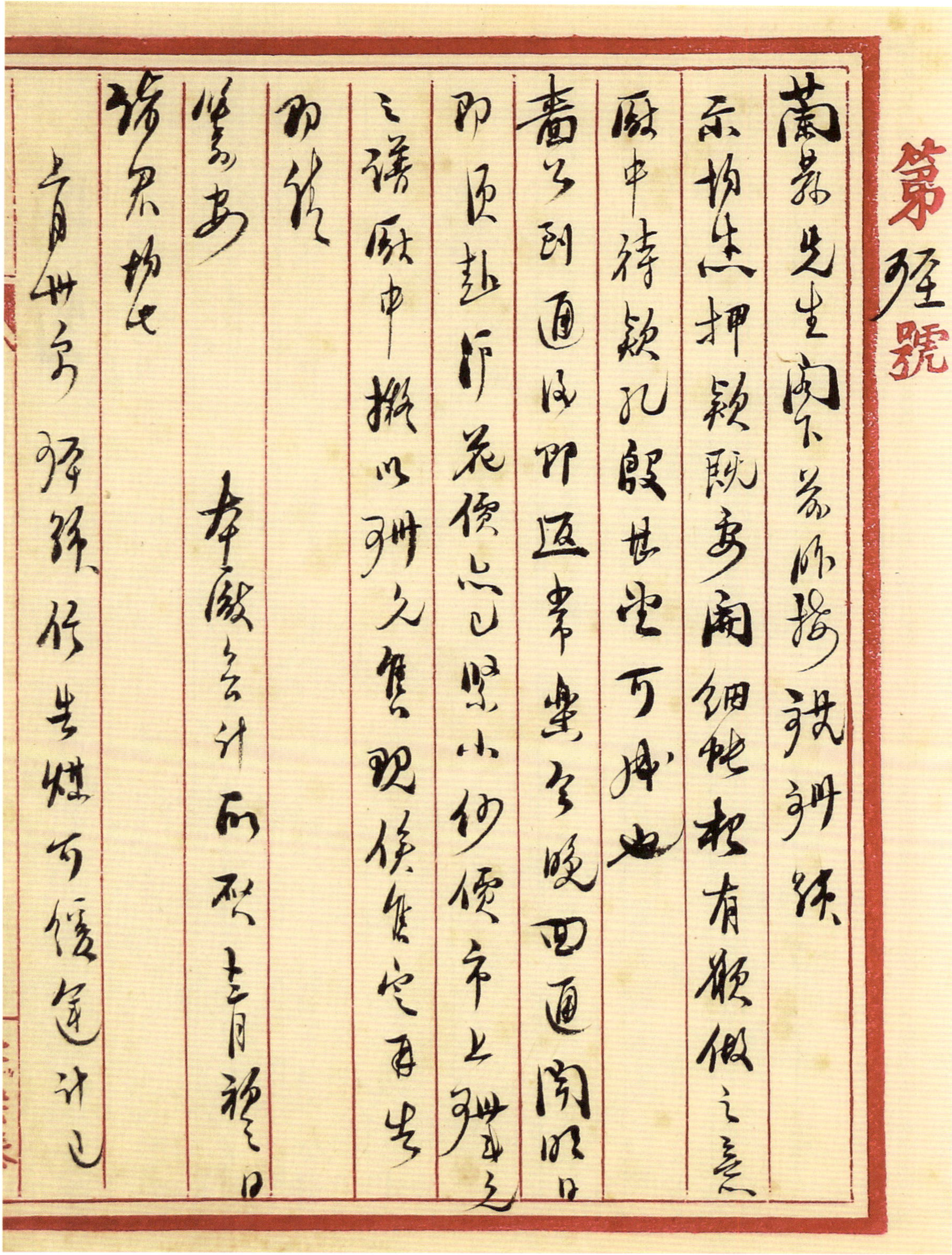

第一百六十一號（十二月初三日）

蘭蓀先生閣下：前、昨接二百廿九、二百卅號示，均悉。押款既要開細帳，想有願做之意，廠中待款孔殷，甚望可成也。嗇公到通後即返常樂，今晚回通，聞明日即須赴滬。花價亦已緊小，紗價市上一百卅弍元之譜，廠中擬以一百卅元售現，俟售定再告。即請籌安。本廠會計所啓。十二月初三日

諸君均此。

上月卅寄一百六十號信，告煤可緩運，計已達覽。

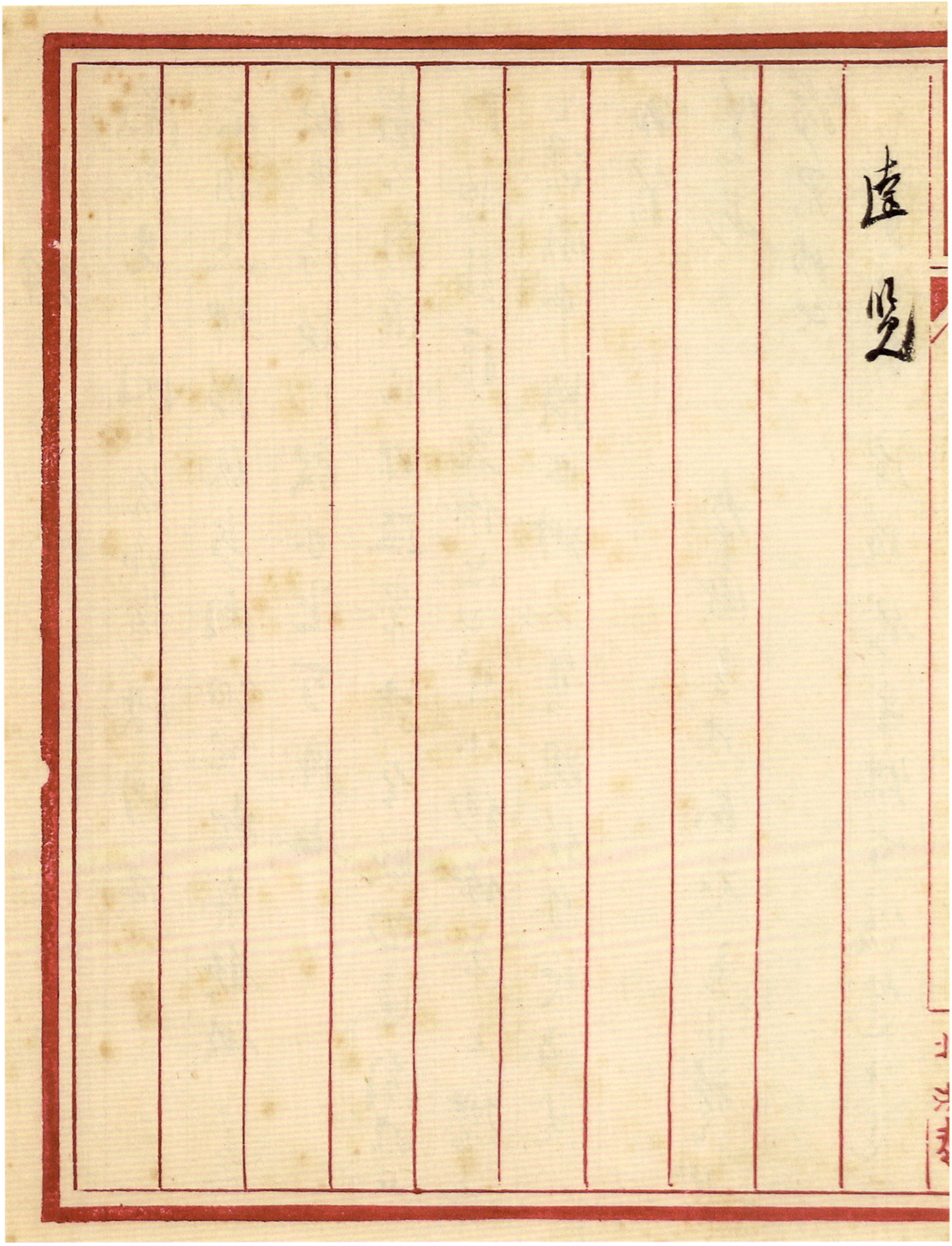

達覽

第一百六十一號（十二月初三日）

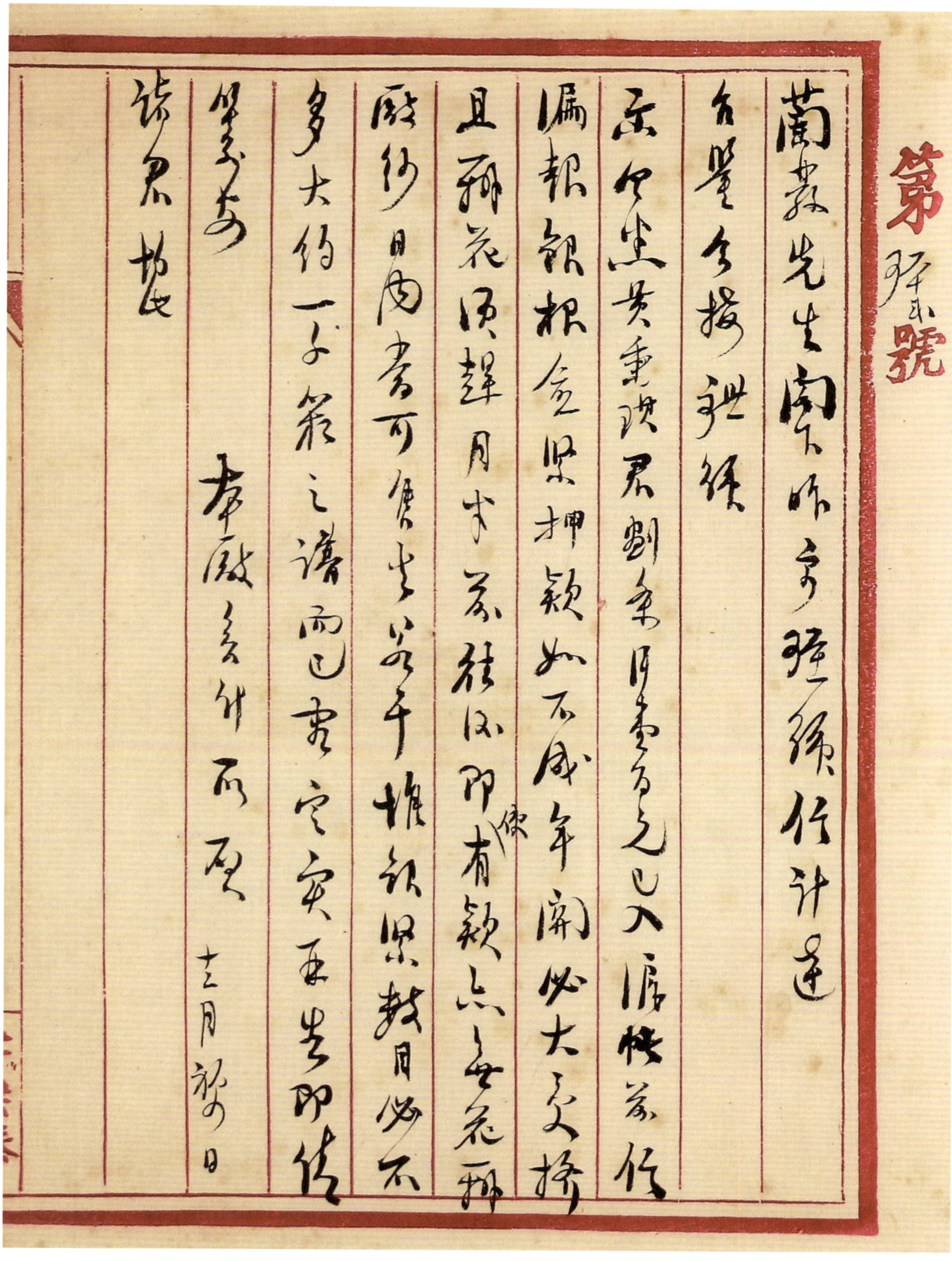

第一百六十二號（十二月初四日）

蘭蓀先生閣下：昨寄一百六十一號信，計達台鑒。今接二百卅一號示，具悉。黃秉琪君劃條洋壹百元，已入滬帳，前信漏報。銀根愈緊，押款如不成，年關必大受擠。且辦花須趕月半前，往後即使有款，亦無花辦。廠紗日内當可售去若干，惟銀緊數目必不多，大約一千箱之譜而已，容定實再告。即請籌安。本廠會計所啓。十二月初四日

諸君均此。

第一百六十二號（十二月初四日）

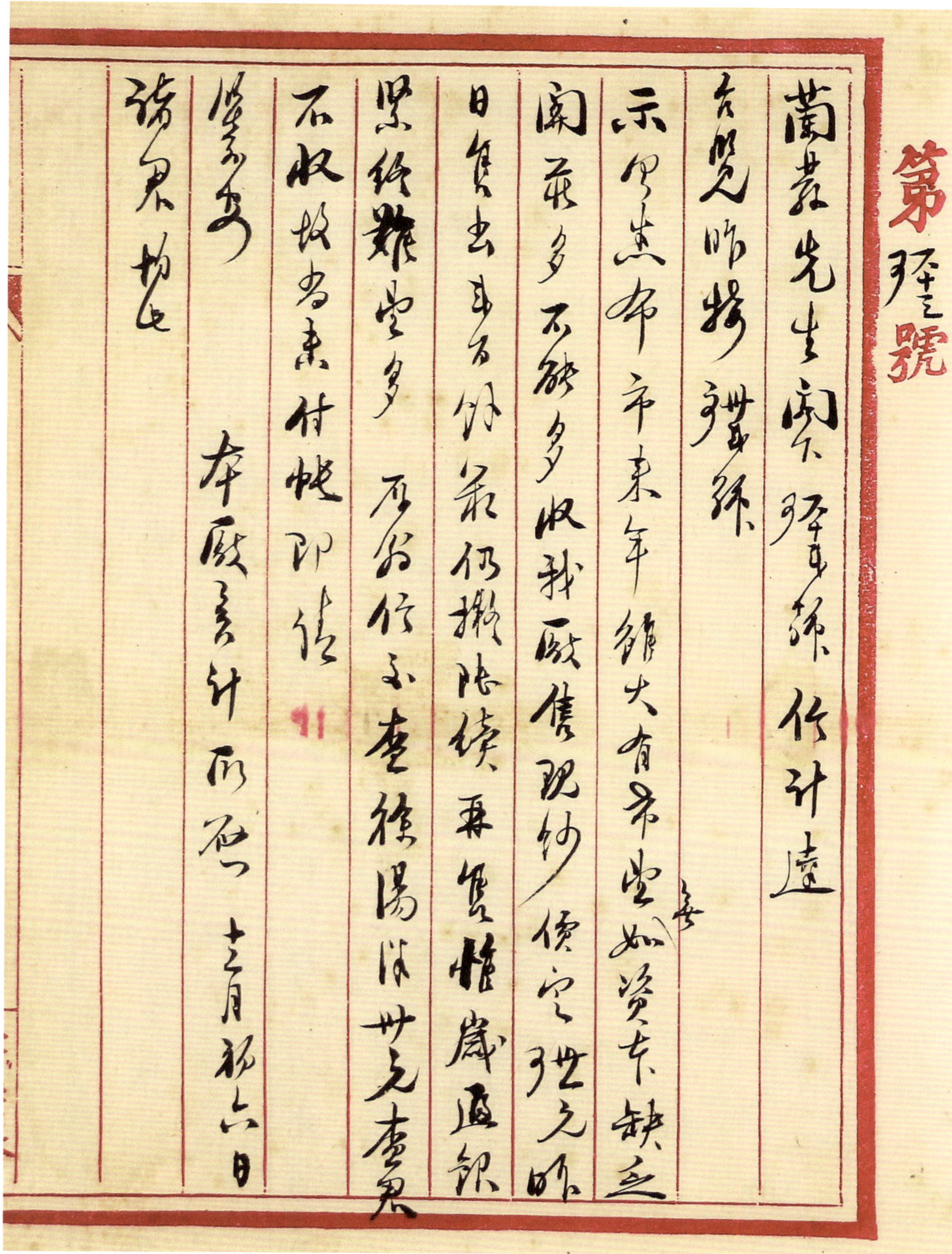

第一百六十三號（十二月初六日）

蘭蓀先生閣下：一百六十弍號信計達台覽。昨接二百卅弍號示，具悉。布市來年雖大有希望，無如資本缺乏，關莊多不能多收。我廠售現紗價定一百卅一元，昨日售出弍百餘箱，仍擬陸續再售，惟歲逼銀緊，終難望多。厚翁信交查徐湯洋卅元，查君不收，故尚未付帳。即請籌安。本廠會計所啓。十二月初六日

諸君均此。

第一百六十三號（十二月初六日）

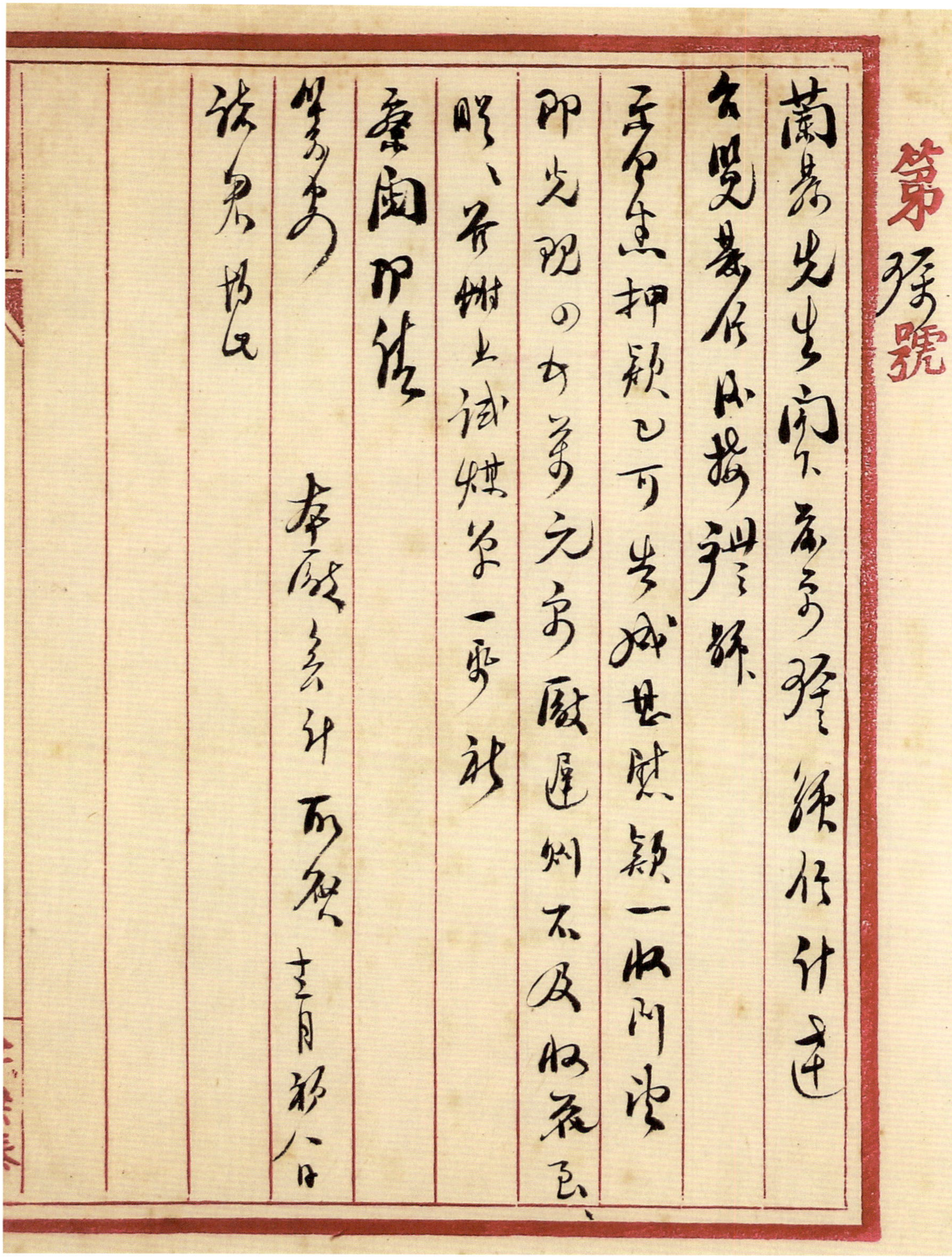

第一百六十四號（十二月初八日）

蘭蓀先生閣下：前寄一百六十三號信，計達台覽。發信後接二百卅三號示，具悉。押款已可告成，甚慰，款一收到，望即兑現四五萬元寄廠，遲則不及收花，至盼至盼。兹附上試煤單一紙，祈察閲。即請籌安。本廠會計所啓。十二月初八日

諸君均此。

第一百六十四號（十二月初八日）

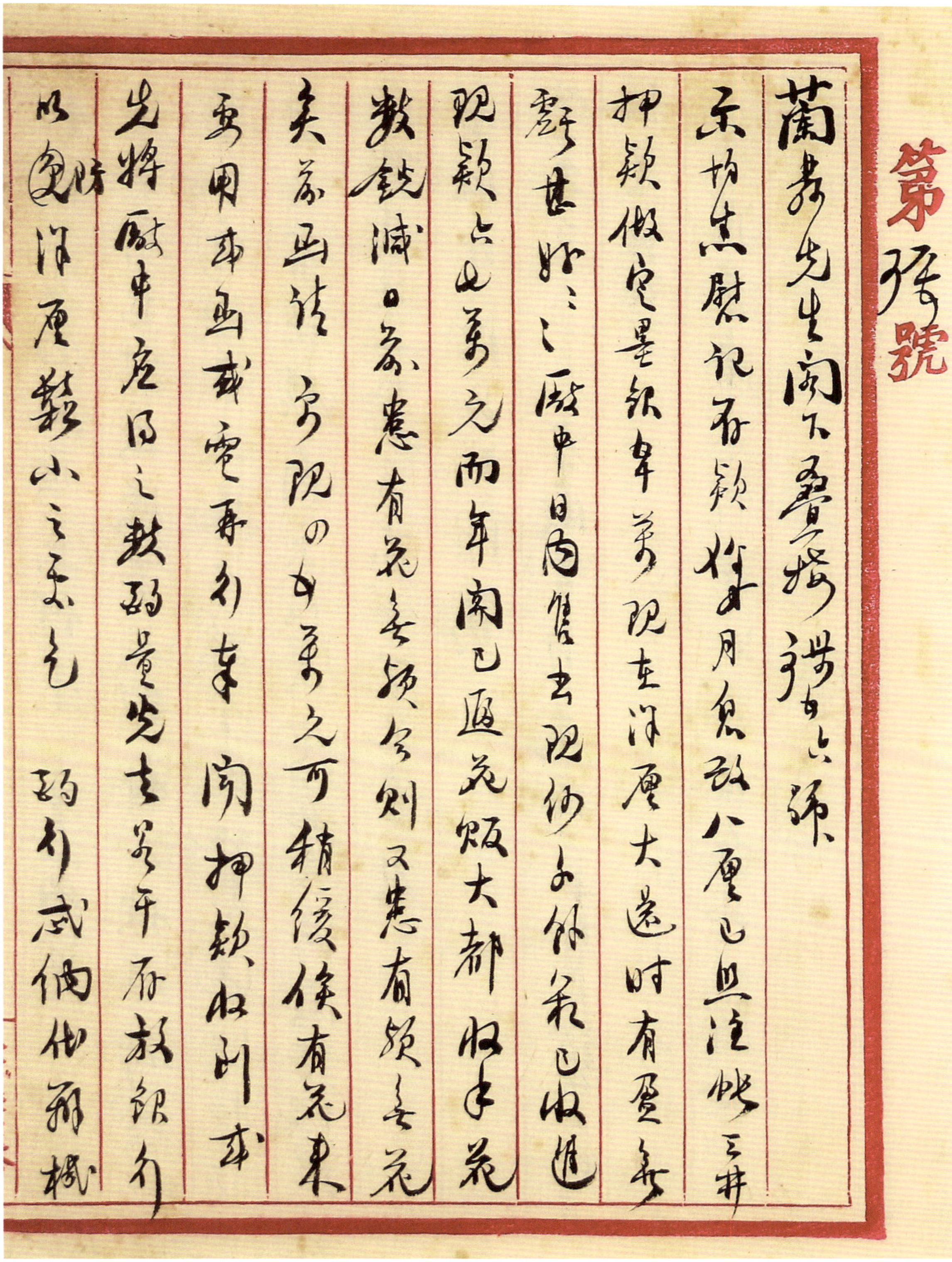

第一百六十五號（十二月初十日）

蘭蓀先生閣下：疊接二百卅四、二百卅五、二百卅六號示，均悉。慰記存款四千八百兩，月息改八厘，已照注帳。三井押款做定墨銀五十萬，現在洋厘大，還時有盈無虧，甚好甚好。廠中日内售出現紗千餘箱，已收進現款六七萬元，而年關已逼，花販大都收手，花數鋭減。日前患有花無款，今則又患有款無花矣。前函請寄現四五萬元可稍緩，俟有花來要用，或函或電，再行奉聞。押款收到，或先將廠中應得之數酌量兑去若干，存放銀行，以防洋厘鬆小之處，乞酌行。忒納代辦機件

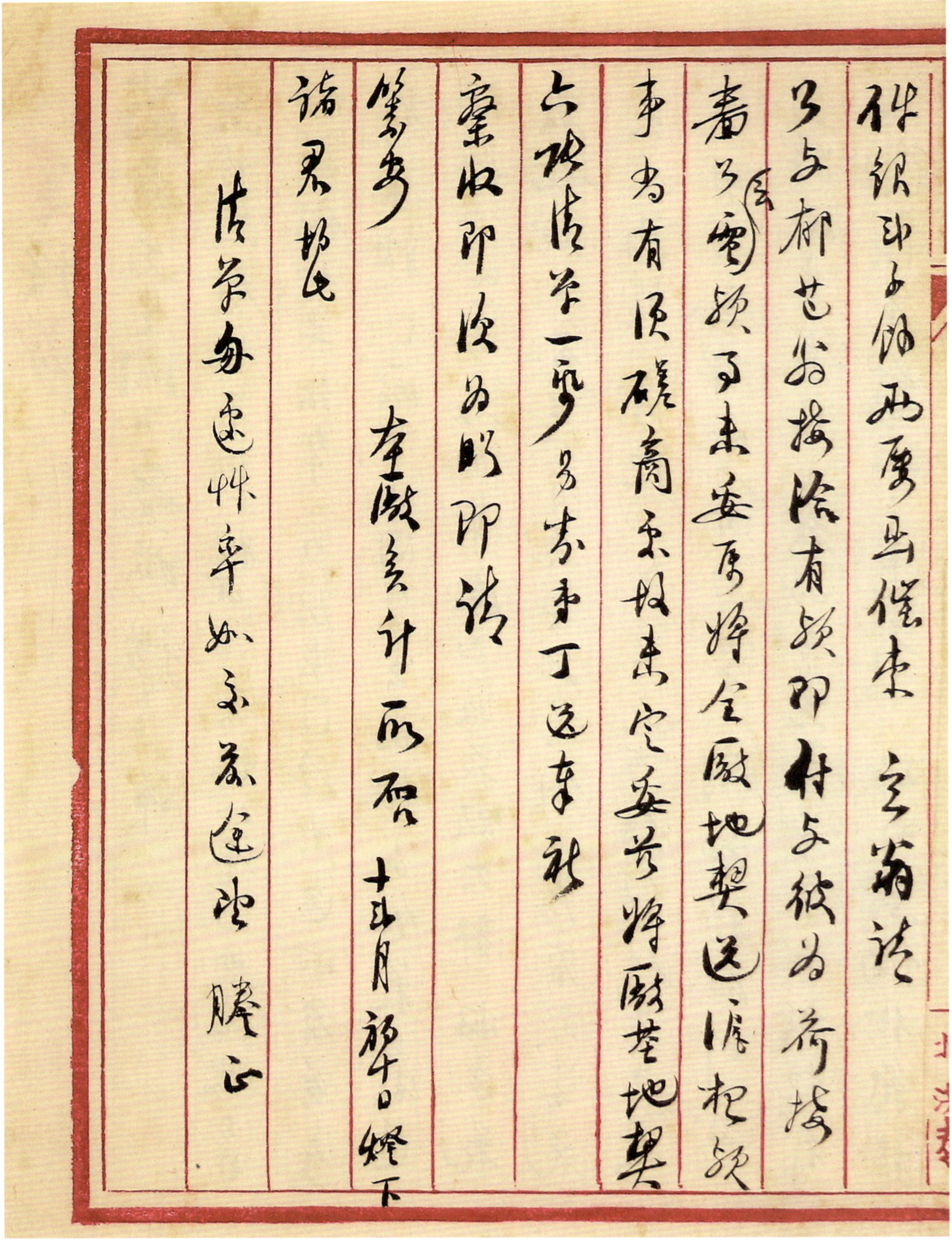

第一百六十五號（十二月初十日）

銀弍千餘兩，屢函催索，立翁請公與郁芑翁接洽，有款即付與彼爲荷。接嗇公電云，款事未妥，屬將全廠地契送滬，想款事尚有須磋商處，故未定妥。兹將廠基地契六張、清單一紙，另封專丁送奉，祈察收，即復爲盼。即請籌安。本廠會計所啓。十弍月初十日燈下

諸君均此。

清單匆遽草率，如交前途，望謄正。

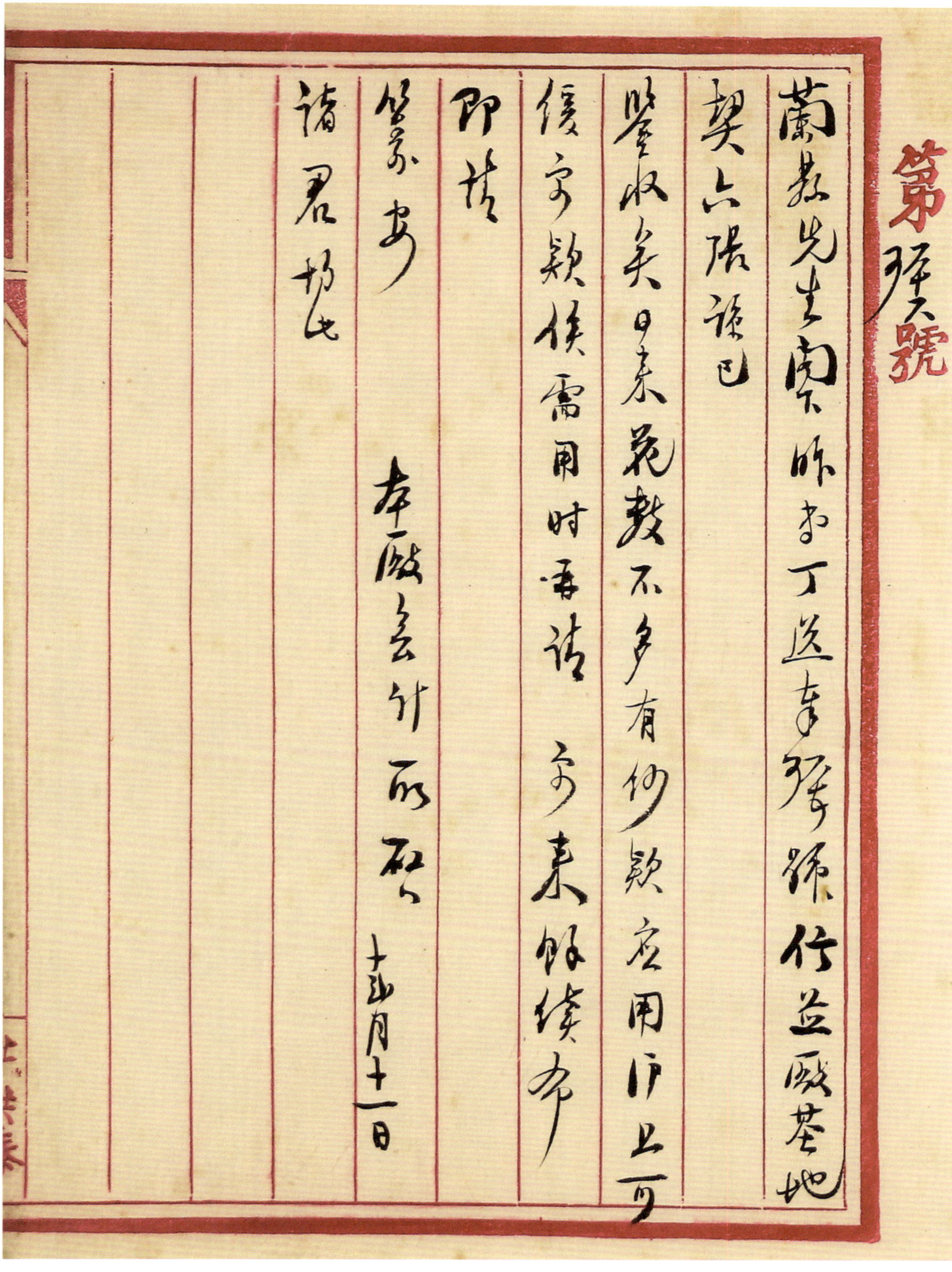

第一百六十六號（十二月十一日）

蘭蓀先生閣下：昨專丁送奉一百六十五號信并廠基地契六張，諒已鑒收矣。日來花數不多，有紗款應用，滬上可緩寄款，俟需用時再請寄來。餘續布。即請籌安。本廠會計所啓。十弍月十一日

諸君均此。

第一百六十六號（十二月十一日）

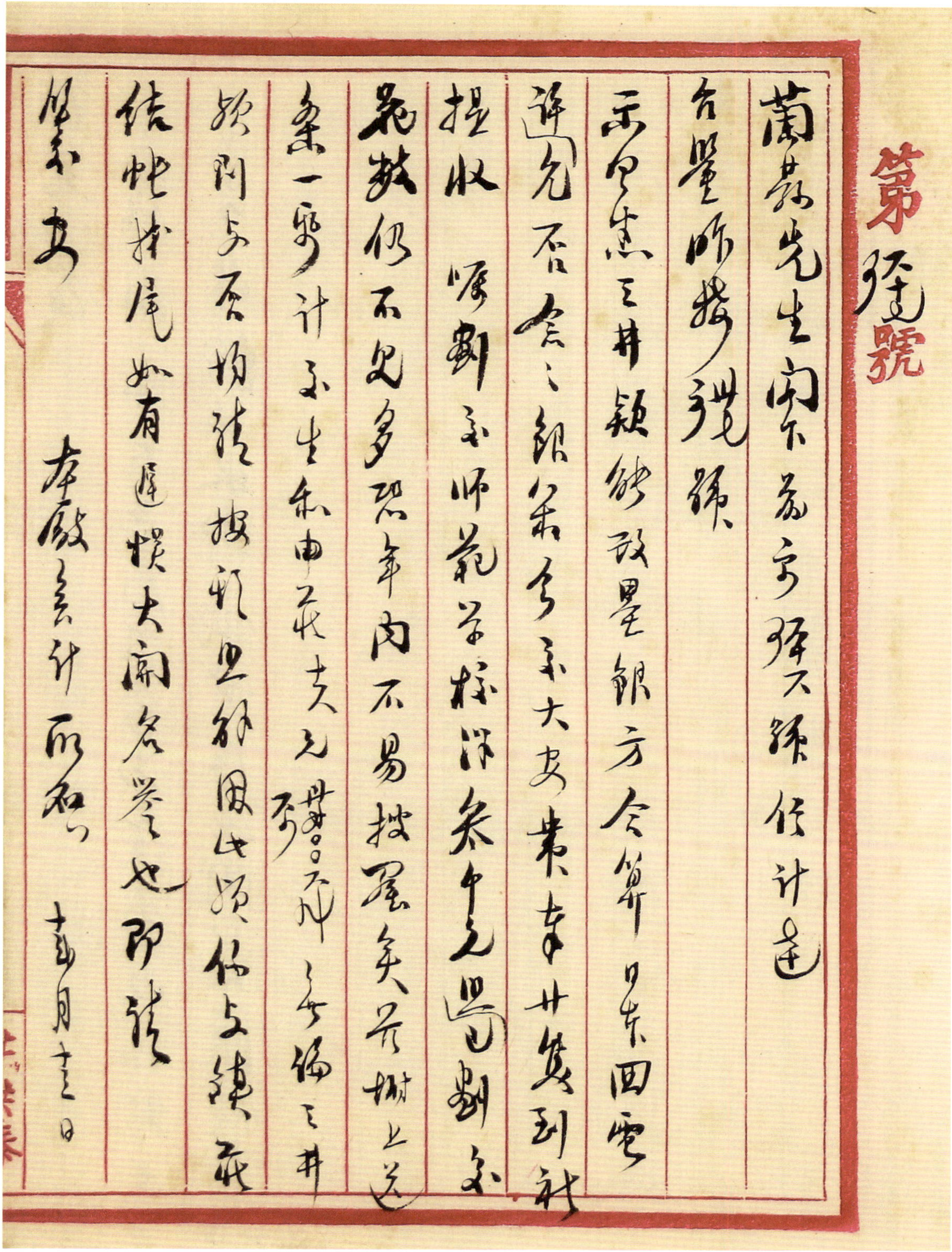

第一百六十七號（十二月十三日）

蘭蓀先生閣下：前寄一百六十六號信，計達台鑒。昨接二百卅七號示，具悉。三井款能改墨銀方合算，日本回電允許否，念念。銀箱今交大安帶奉廿隻，到祈提收。囑劃交師範學校洋叁千元，已照劃交。花數仍不見多，恐年内不易搜羅矣。兹附上送條一紙，計交生和申莊十六元六百卅兩零零六分九，無論三井款到與否，均請按期照解，因此款係與鎮莊結帳找尾，如有遲誤，大關名譽也。即請籌安。本廠會計所啓。十式月十三日

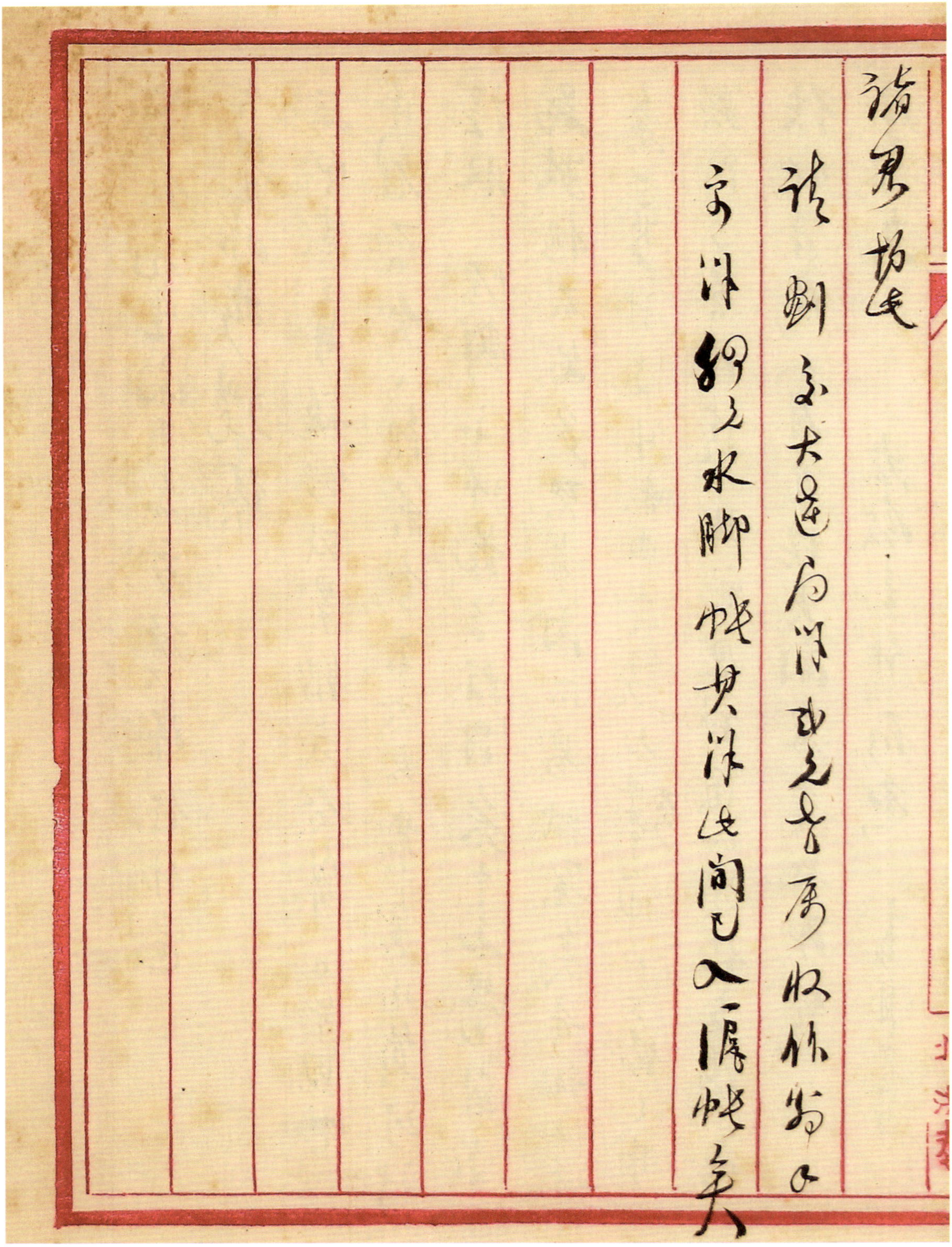
諸君均此
請劃交大達局洋弍元七角屬收作翁寄洋
五十四元水脚帳其洋此間已入滬帳矣

第一百六十七號（十二月十三日）

諸君均此。

請劃交大達局洋弍元七角，屬收作翁寄洋五十四元水脚帳，其洋此間已入滬帳矣。

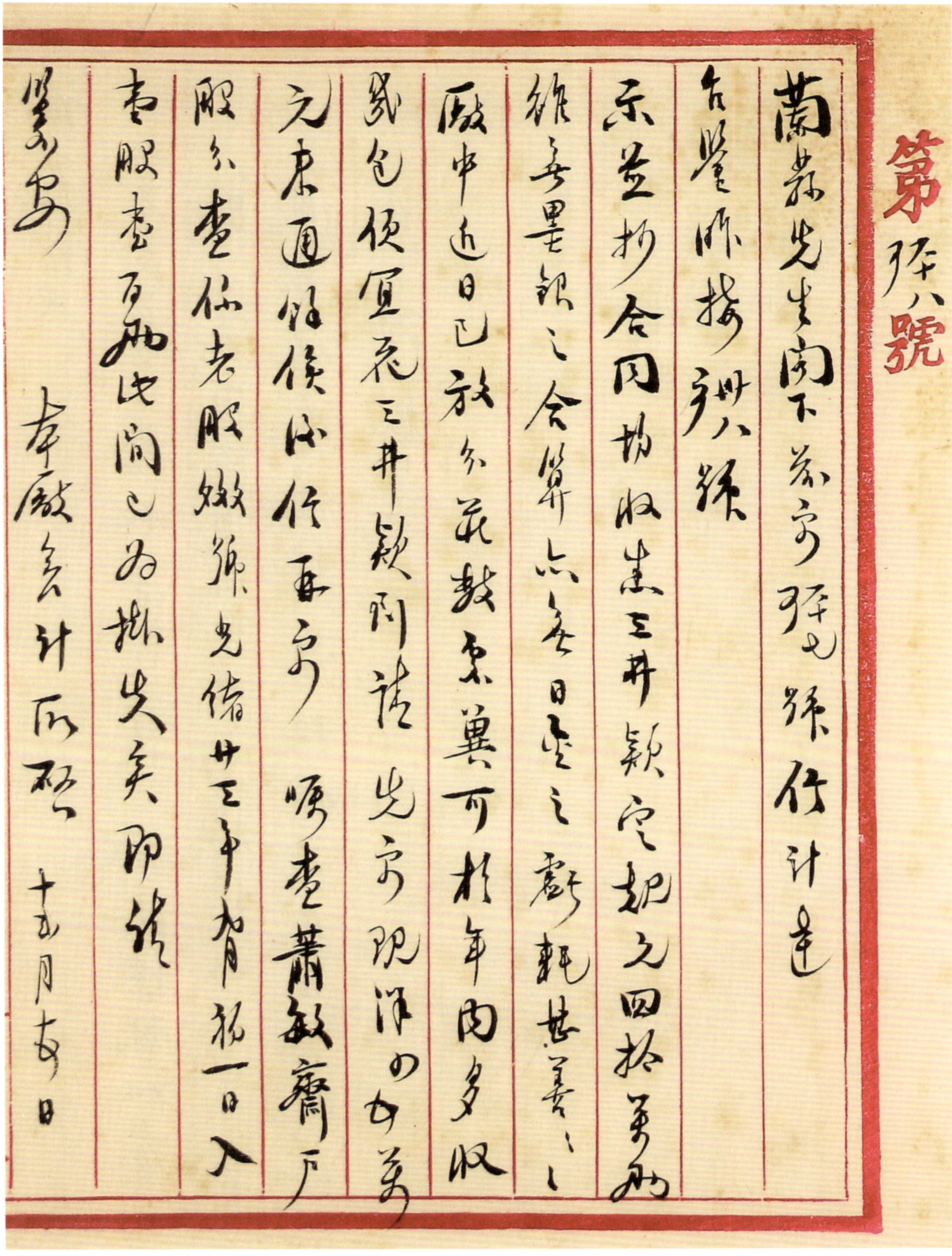

第一百六十八號（十二月十五日）

蘭蓀先生閣下：前寄一百六十七號信，計達台鑒。昨接二百卅八號示并抄合同，均收悉。三井款定規元四拾萬兩，雖無墨銀之合算，亦無日金之虧耗，甚善甚善。廠中近日已放分莊數處，冀可於年内多收幾包便宜花。三井款到，請先寄現洋四五萬元來通，餘俟後信再寄。囑查蕭敏齋户股分，查係老股九九九號，光緒廿三年九月初一日入壹股壹百兩，此間已爲掛失矣。即請籌安。本廠會計所啓。十弍月十五日

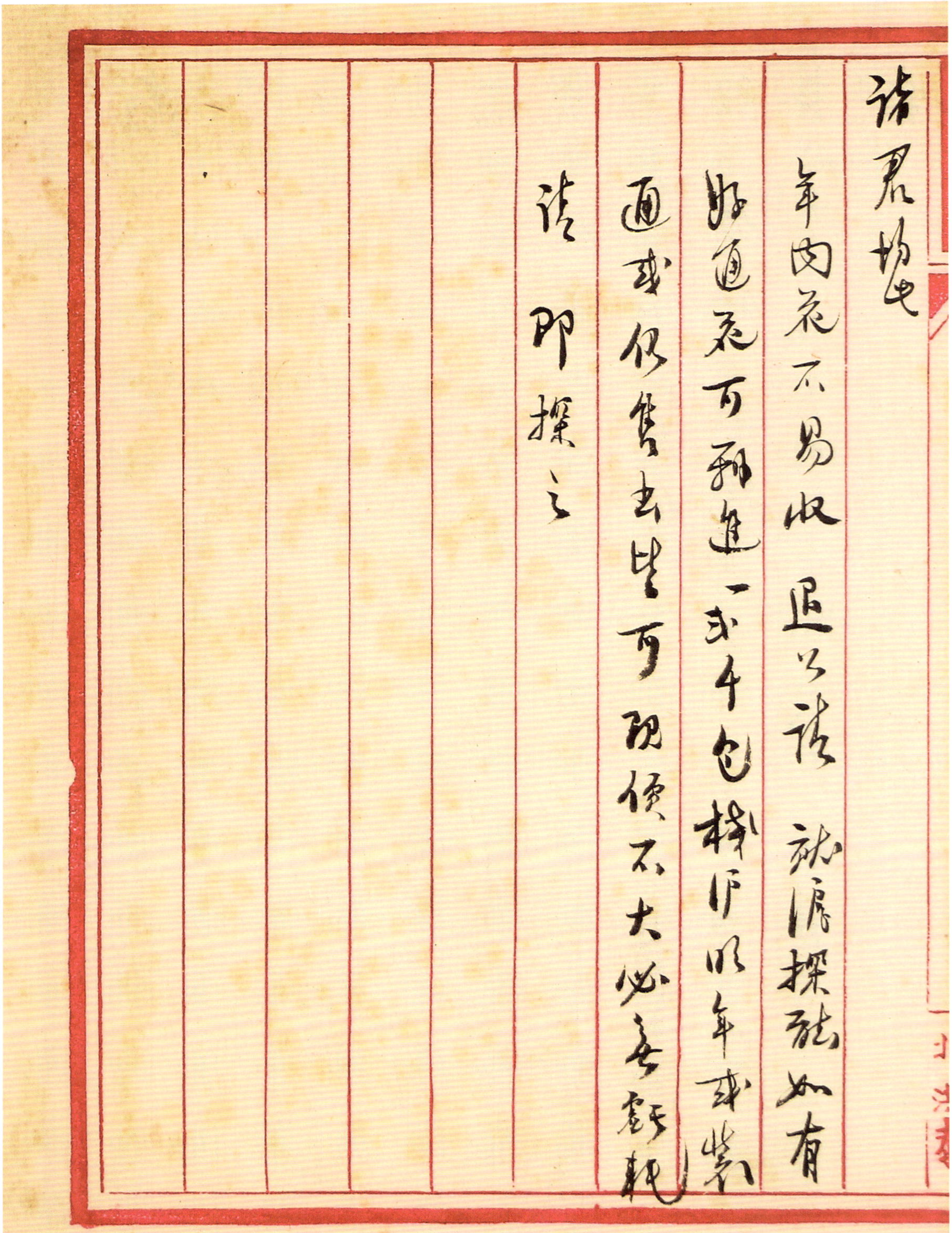

第一百六十八號（十二月十五日）

諸君均此。

年内花不易收，退公請就滬探聽，如有好通花，可辦進一式千包棧滬，明年或裝通或仍售出皆可。現價不大，必無虧耗，請即探之。

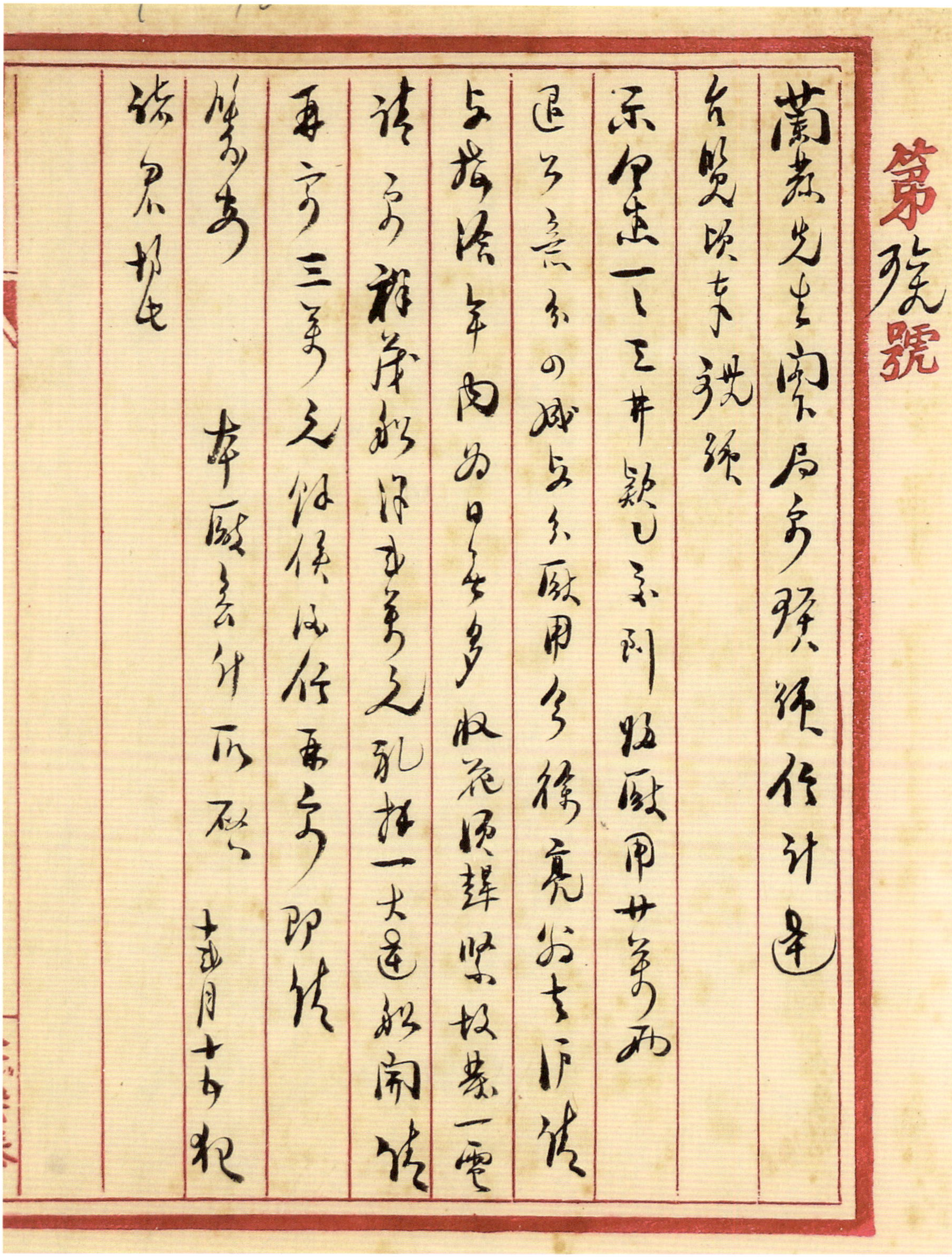

第一百六十九號（十二月十五日）

蘭蓀先生閣下：局寄一百六十八號信，計達台覽。頃奉二百卅九號示，具悉一一。三井款已交到，歸廠用廿萬兩，退公意分四成與分廠用，今徐亮翁去滬，請與接洽。年内爲日無多，收花須趕緊，故發一電，請寄祥茂船洋式萬元，禮拜一大達船開，請再寄三萬元，餘俟後信再寄。即請籌安。本廠會計所啓。十式月十五夜

諸君均此。

第一百六十九號（十二月十五日）

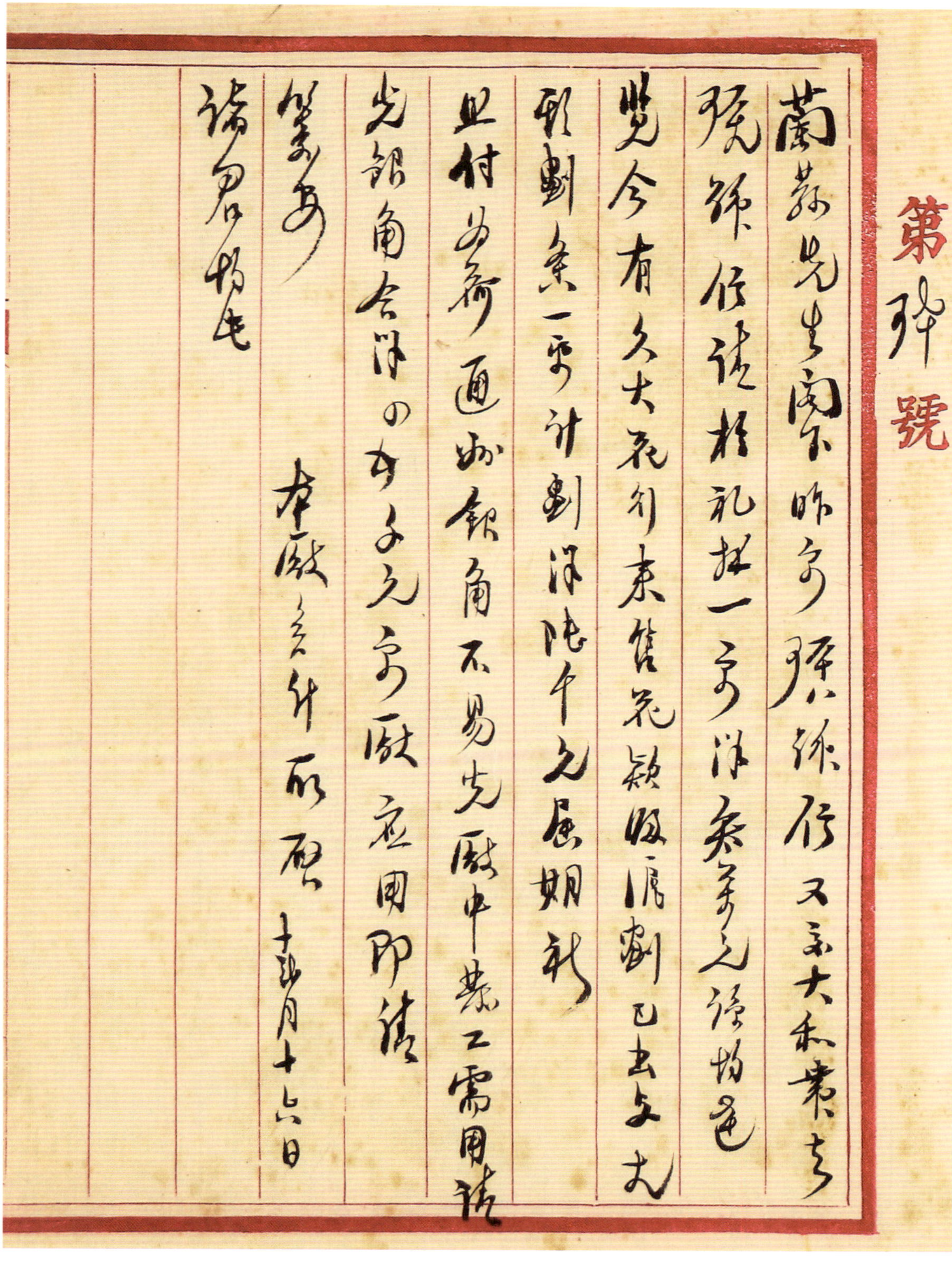

第一百七十號（十二月十六日）

蘭蓀先生閣下：昨寄一百六十八號信，又交大和帶去一百六十九號信，請於禮拜一寄洋叁萬元，諒均達覽。今有久大花行來售花，款歸滬劃，已出與十九期劃條一紙，計劃洋陸千元，屆期祈照付爲荷。通州銀角不易兑，廠中發工需用，請兑銀角合洋四五千元，寄廠應用。即請籌安。本廠會計所啓。十弍月十六日

諸君均此。

第一百七十號（十二月十六日）

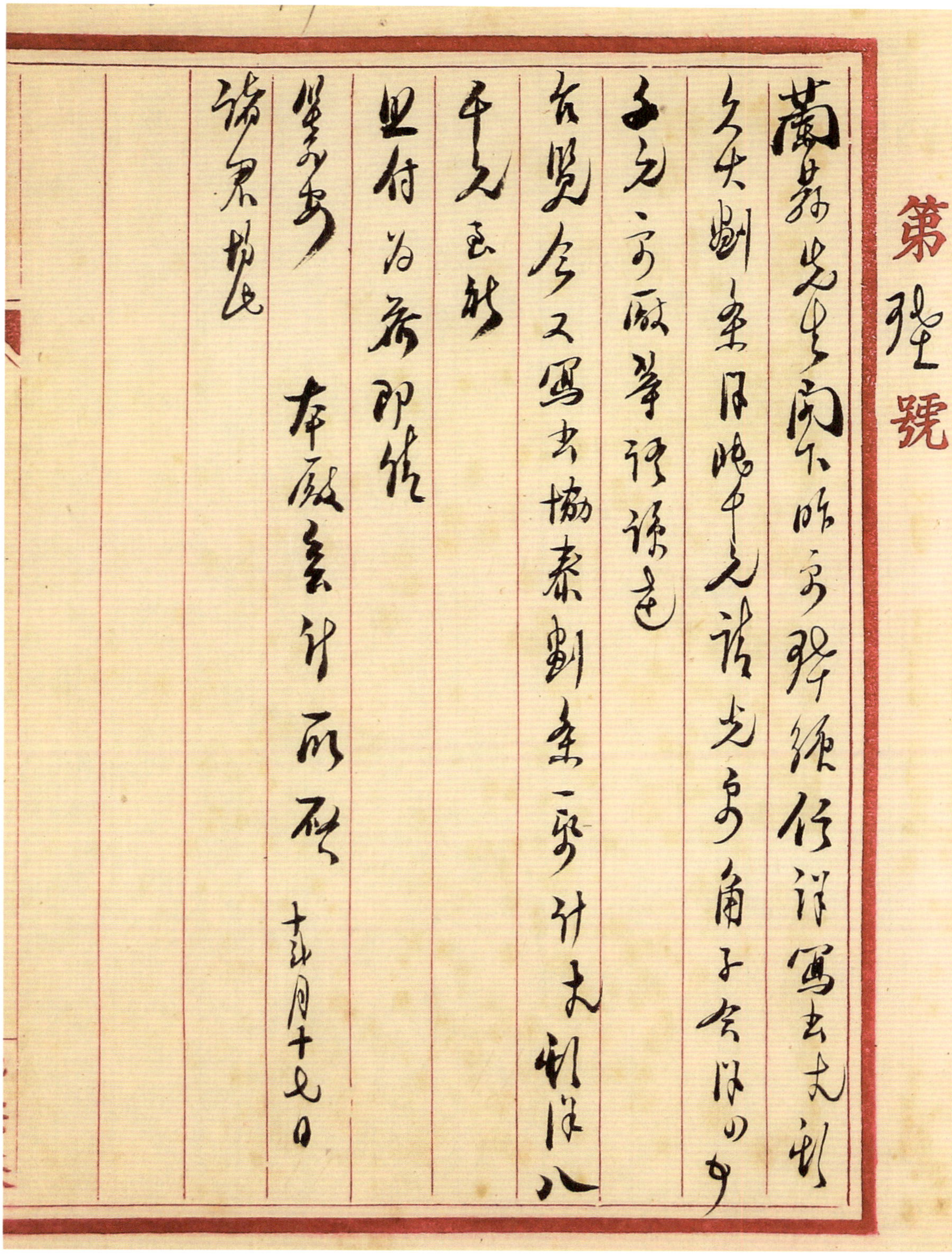

第一百七十一號（十二月十七日）

蘭蓀先生閣下：昨寄一百七十號信，詳寫出十九期久大劃條洋陸千元，請兑寄角子合洋四五千元寄廠等語，諒達台覽。今又寫出協泰劃條一紙，計十九期洋八千元，至祈照付爲荷。即請籌安。本廠會計所啓。十弍月十七日
諸君均此。

第一百七十一號（十二月十七日）

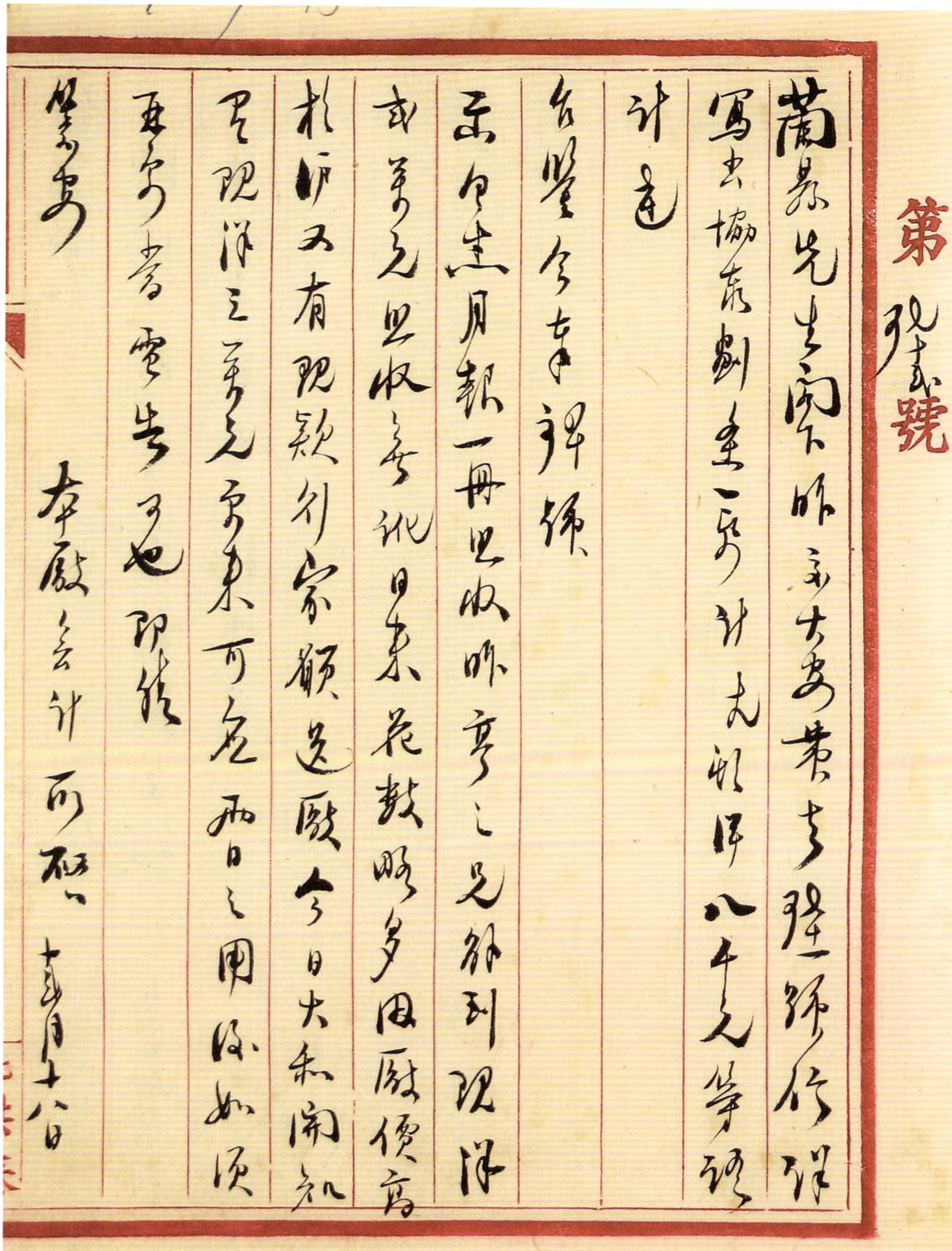

第一百七十二號（十二月十八日）

蘭蓀先生閣下：昨交大安帶去一百七十一號信，詳寫出協泰劃條一紙，計十九期洋八千元等語，計達台鑒。今奉二百四十號示，具悉，月報一册照收。昨亨之兄解到現洋弍萬元，照收無訛。日來花數略多，因廠價高於滬，又有現款，行家願送廠。今日大和開，知有現洋三萬元寄來，可應兩日之用，後如須再寄，當電告可也。即請籌安。本廠會計所啓。十弍月十八日

諸君均此。

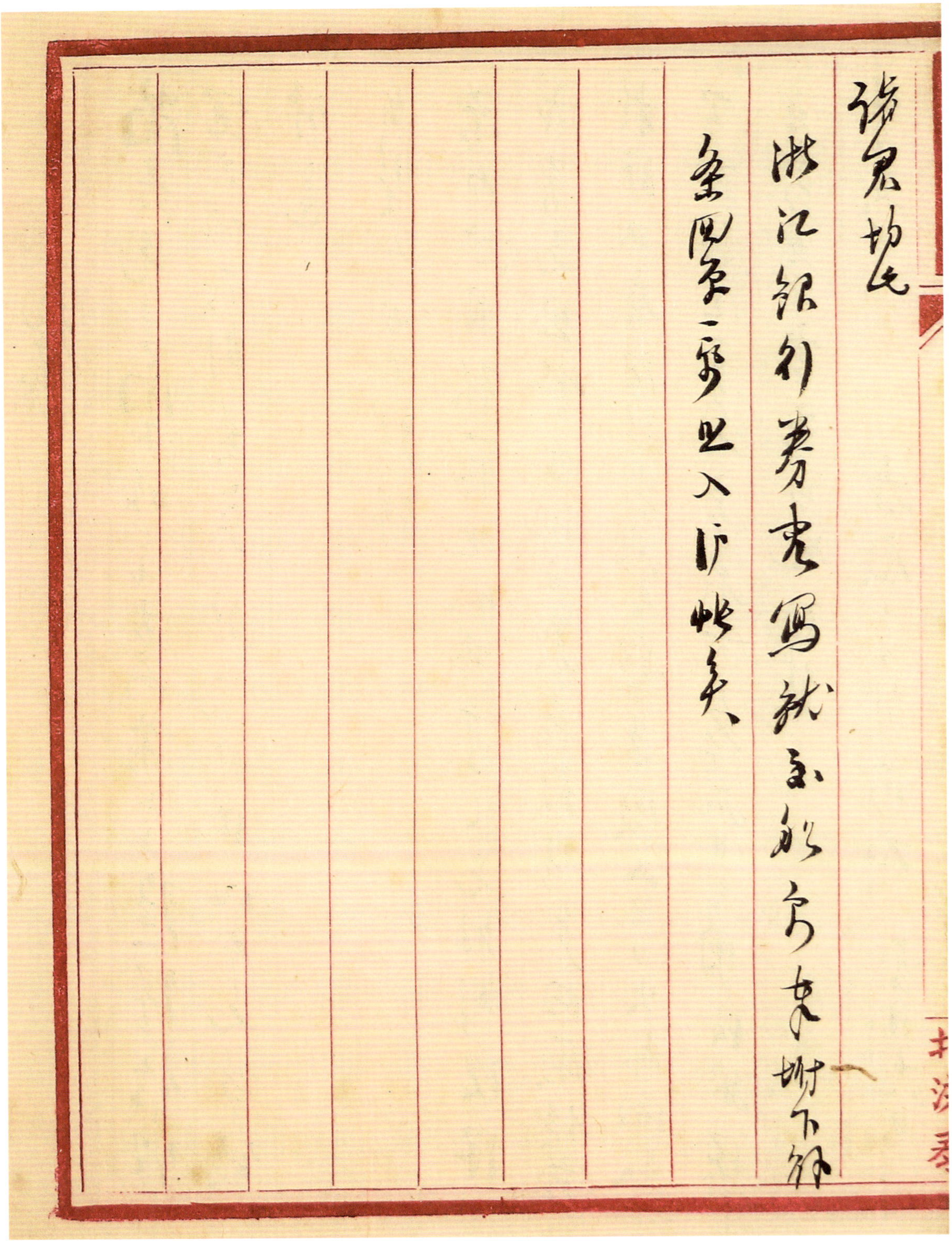

諸君均鑒
浙江銀行券容寫就交船寄奉附下解條回單一紙照入滬帳矣

第一百七十二號（十二月十八日）

浙江銀行券容寫就交船寄奉。附下解條回單一紙，照入滬帳矣。

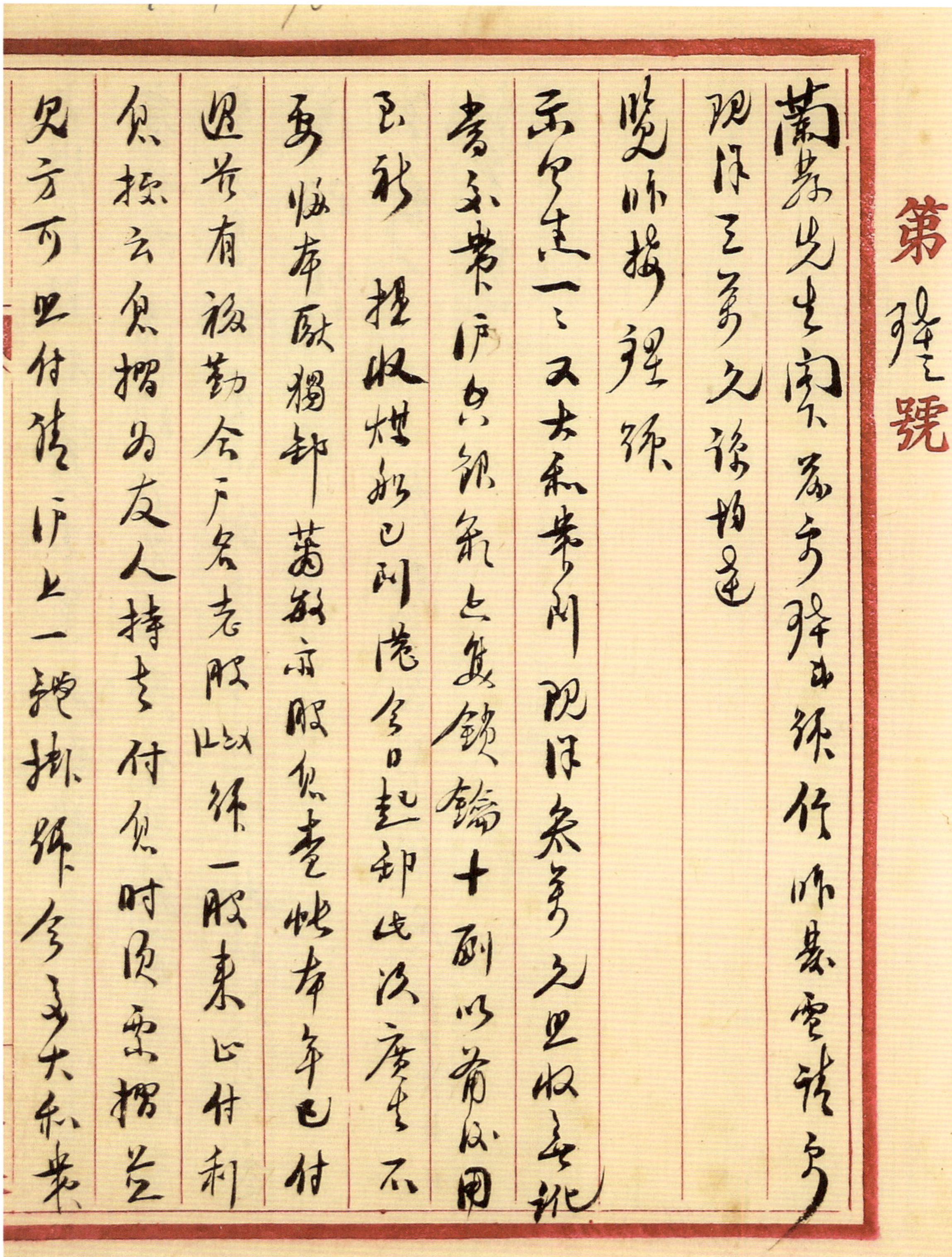

第一百七十三號（十二月廿日）

蘭蓀先生閣下：前寄一百七十式號信，昨發電請寄現洋三萬元，諒均達覽。昨接二百四十一號示，具悉一一。又大和帶到現洋叁萬元，照收無訛。當交帶滬空銀箱六隻、鎖鑰十副，以備後用，至祈提收。煤船已到港，今日起卸，此次廣生不要，歸本廠獨卸。蕭敏齋股息，查帳本年已付過。玆有福勤合户名老股一六七四號一股來止付利息，據云息摺爲友人持去，付息時須票摺并見方可照付，請滬上一體掛號。今交大和帶上浙江銀行券壹萬兩，至祈察收即復。滬花不易辦，自以就通儘銀辦足

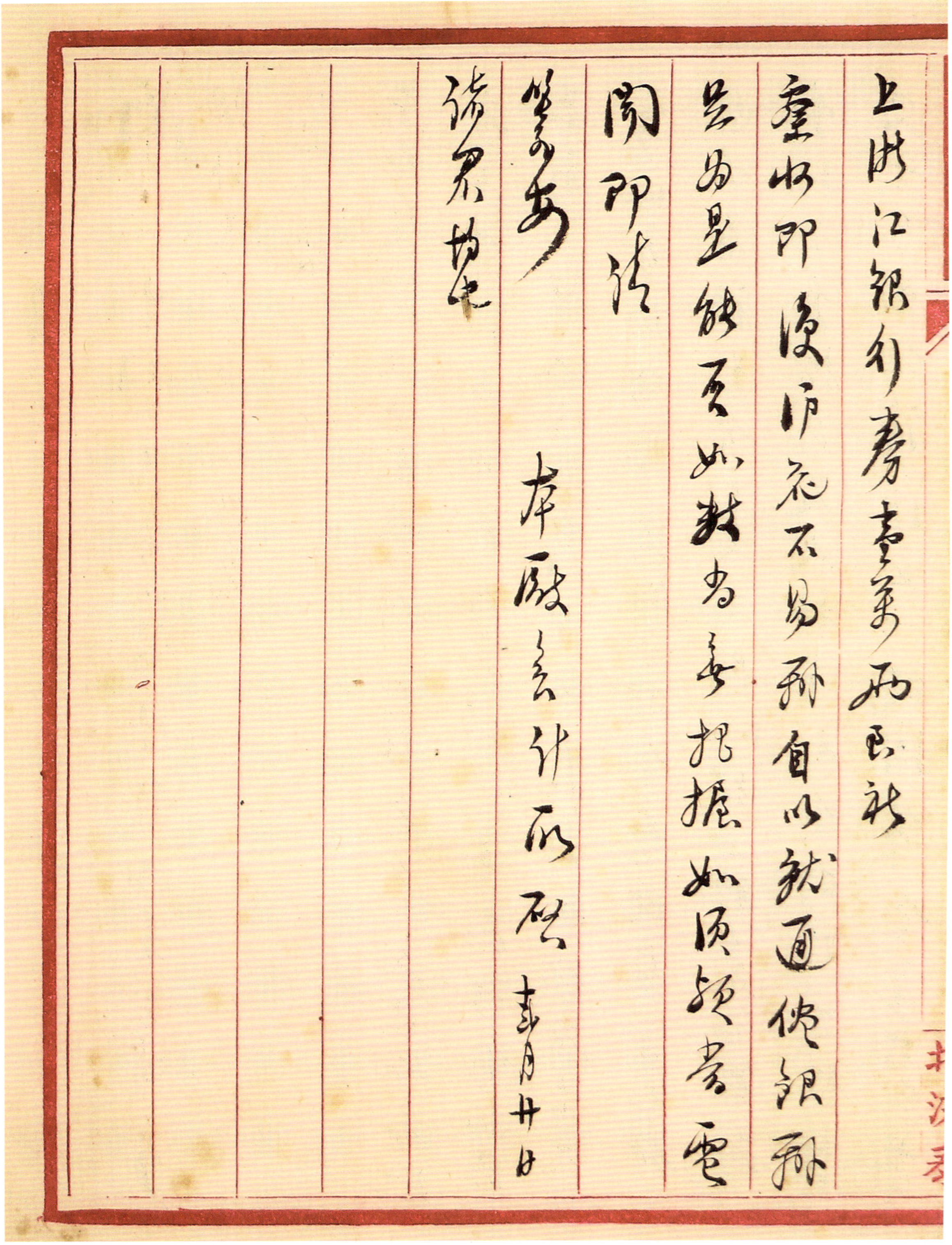

第一百七十三號（十二月廿日）

爲是，能否如數，尚無把握。如須款，當電聞。即請籌安。本廠會計所啓。十弍月廿日

諸君均此。

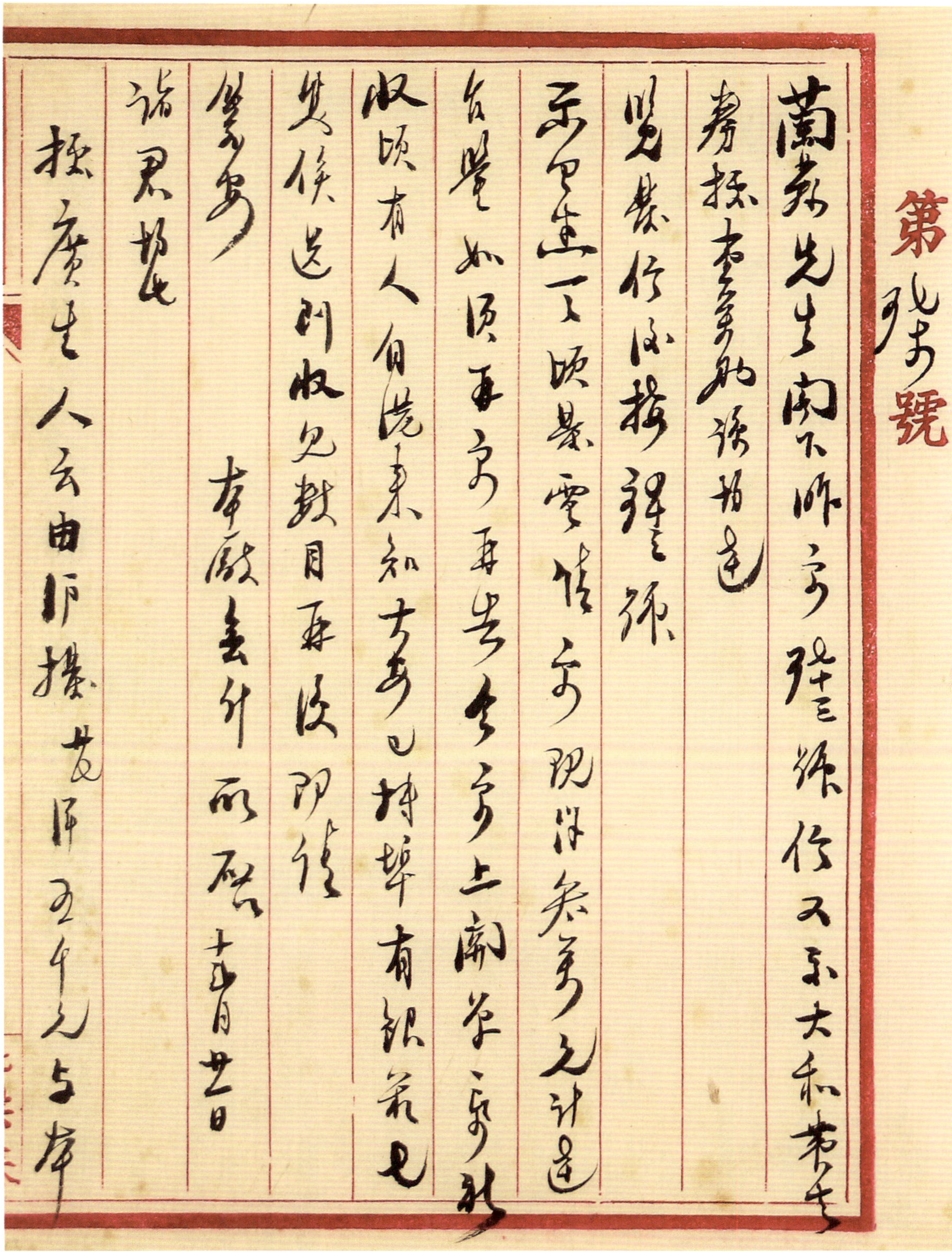

第一百七十四號（十二月廿一日）

蘭蓀先生閣下：昨寄一百七十三號信，又交大和帶去券據壹萬兩，諒均達覽。發信後接二百四十三號示，具悉一一。頃發電請寄現洋叁萬元，計達台鑒。如須再寄，再告。今寄上關單一紙，祈收。頃有人自港來，知大安已抵埠，有銀箱七隻，俟送到收見數目再復。即請籌安。本廠會計所啓。十弍月廿一日

諸君均此。

據廣生人云，由滬撥廿七洋五千元與本廠，能否照撥，祈示知爲盼。

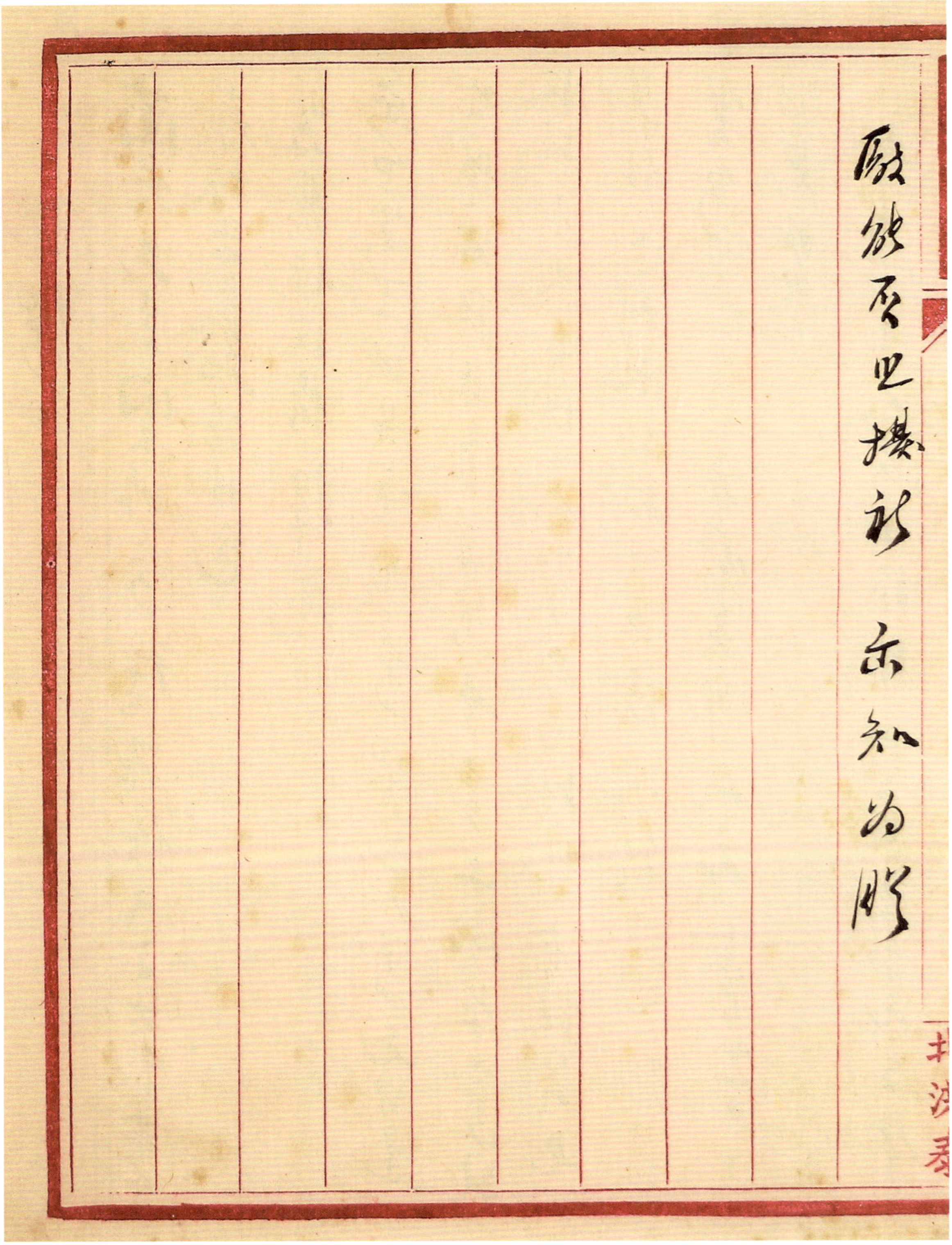

廠紗可照撥矣 亦知為盼

第一百七十四號（十二月廿一日）

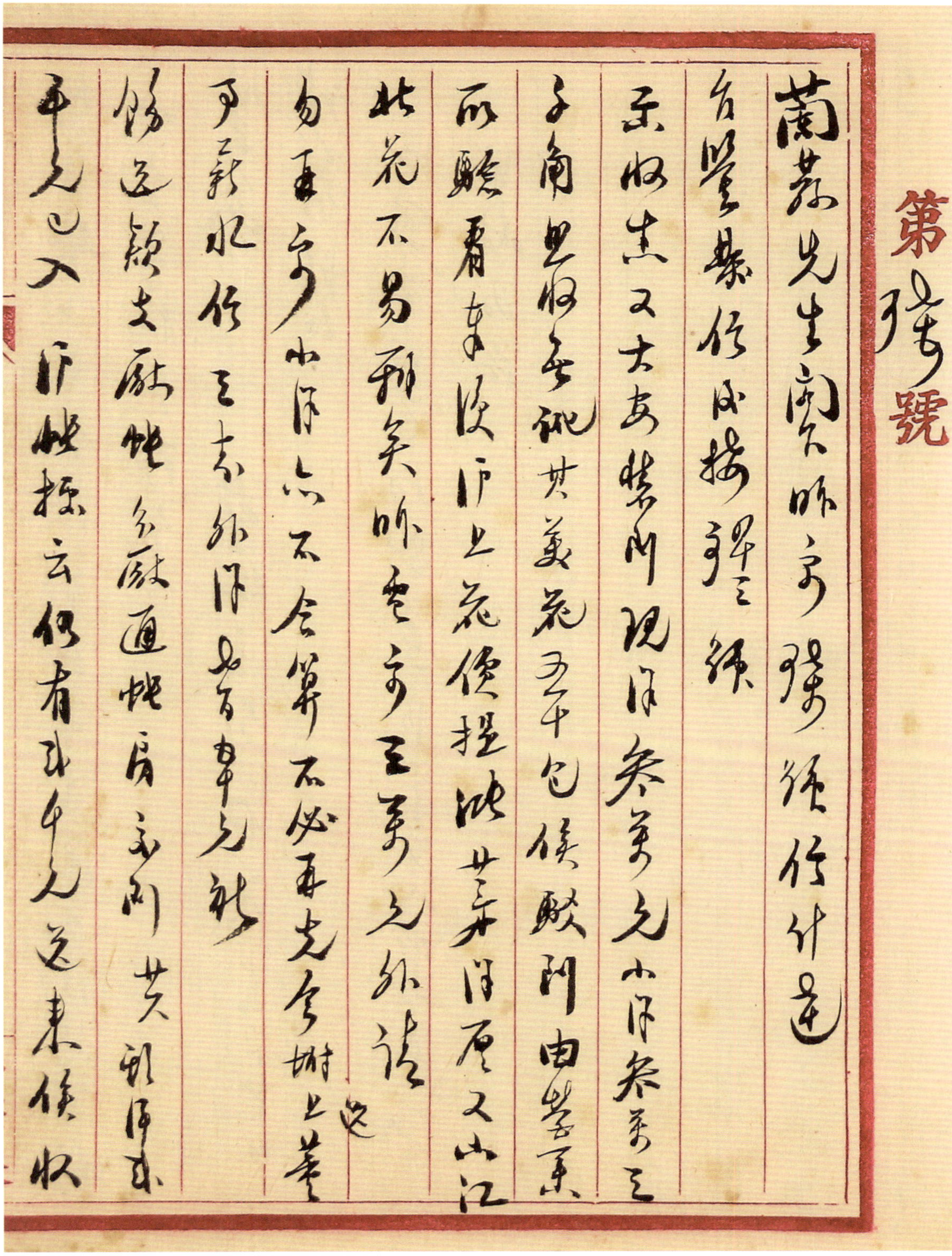

第一百七十五號（十二月廿二日）

蘭蓀先生閣下：昨寄一百七十四號信，計達台鑒。發信後接二百四十三號示，收悉。又大安裝到現洋叁萬元、小洋叁萬三千角，照收無訛。其美花五十包，俟駁到，由營業所驗看奉復。滬上花價提漲廿三兩，洋厘又小，江北花不易辦矣。昨電寄三萬元外，請勿再寄，小洋亦不合算，不必再兑。今附上送董事薪水信三封，外洋七百五十元，祈飭送，款支廠帳。分廠通帳房交到廿六期洋式千元，已入滬帳，據云仍有式千元送來，俟收到再告。此款係抵解劃條之用，分廠另有信與尊處接洽。

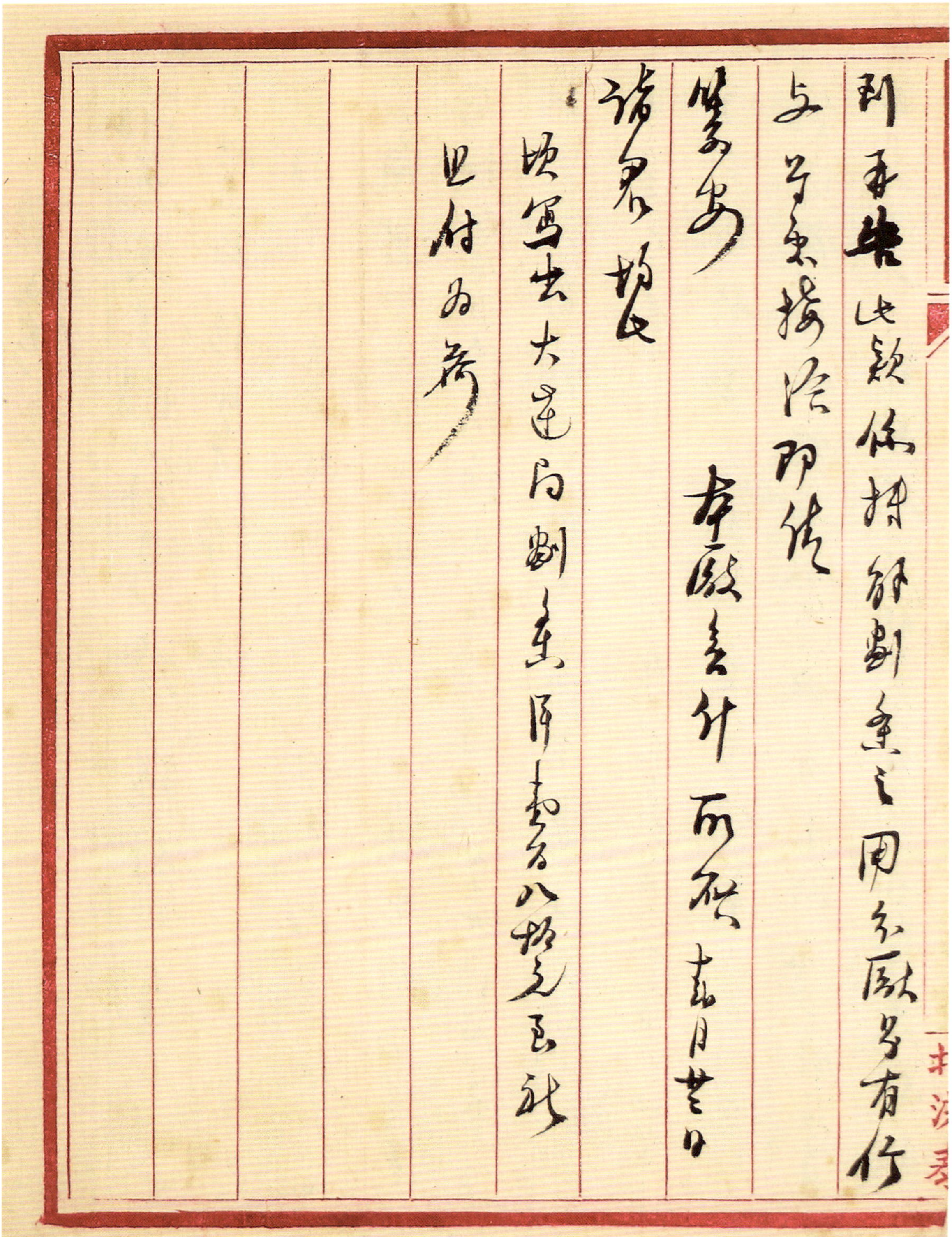

第一百七十五號（十二月廿二日）

即請籌安。本廠會計所啓。十弍月廿二日
諸君均此。
頃寫出大達局劃條洋壹百八拾元，至祈照付爲荷。

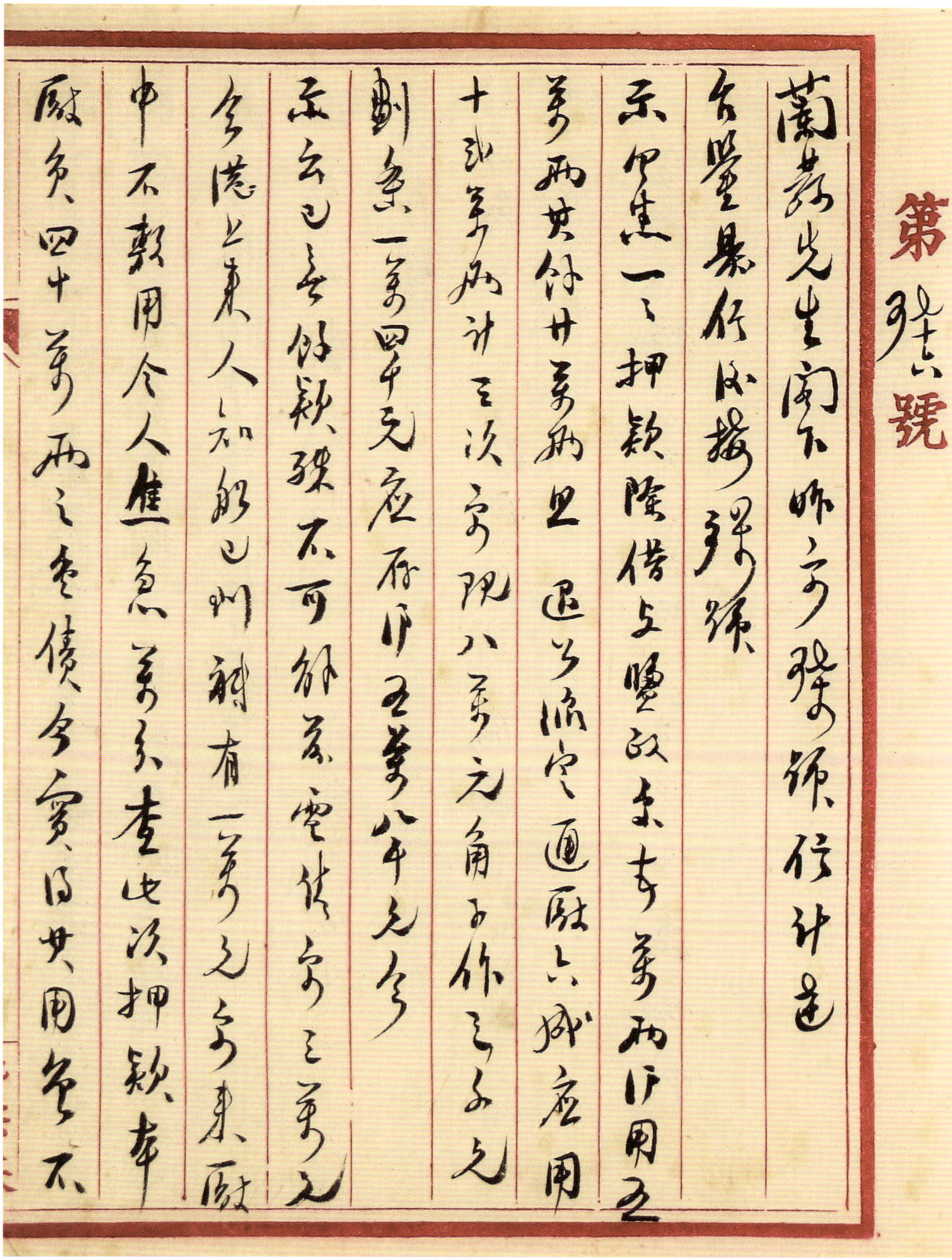

第一百七十六號（十二月廿三日）

蘭蓀先生閣下：昨寄一百七十四〔五〕號信，計達台鑒。發信後接二百四十四號示，具悉一一。押款除借與鹽政處十五萬兩，滬用五萬兩，其餘廿萬兩，照退公派定通廠六成，應用十弍萬兩，計三次寄現八萬元，角子作三千元，劃條一萬四千元，應存滬五萬八千元，今示云已無餘款，殊不可解。前電請寄三萬元，今港上來人，知船已到，衹有一萬元寄來。廠中不敷用，令人焦急萬分。查此次押款，本廠負四十萬兩之重債，今實得其用曾不及四分之一，實於理不合。且退公派定四六分用，何

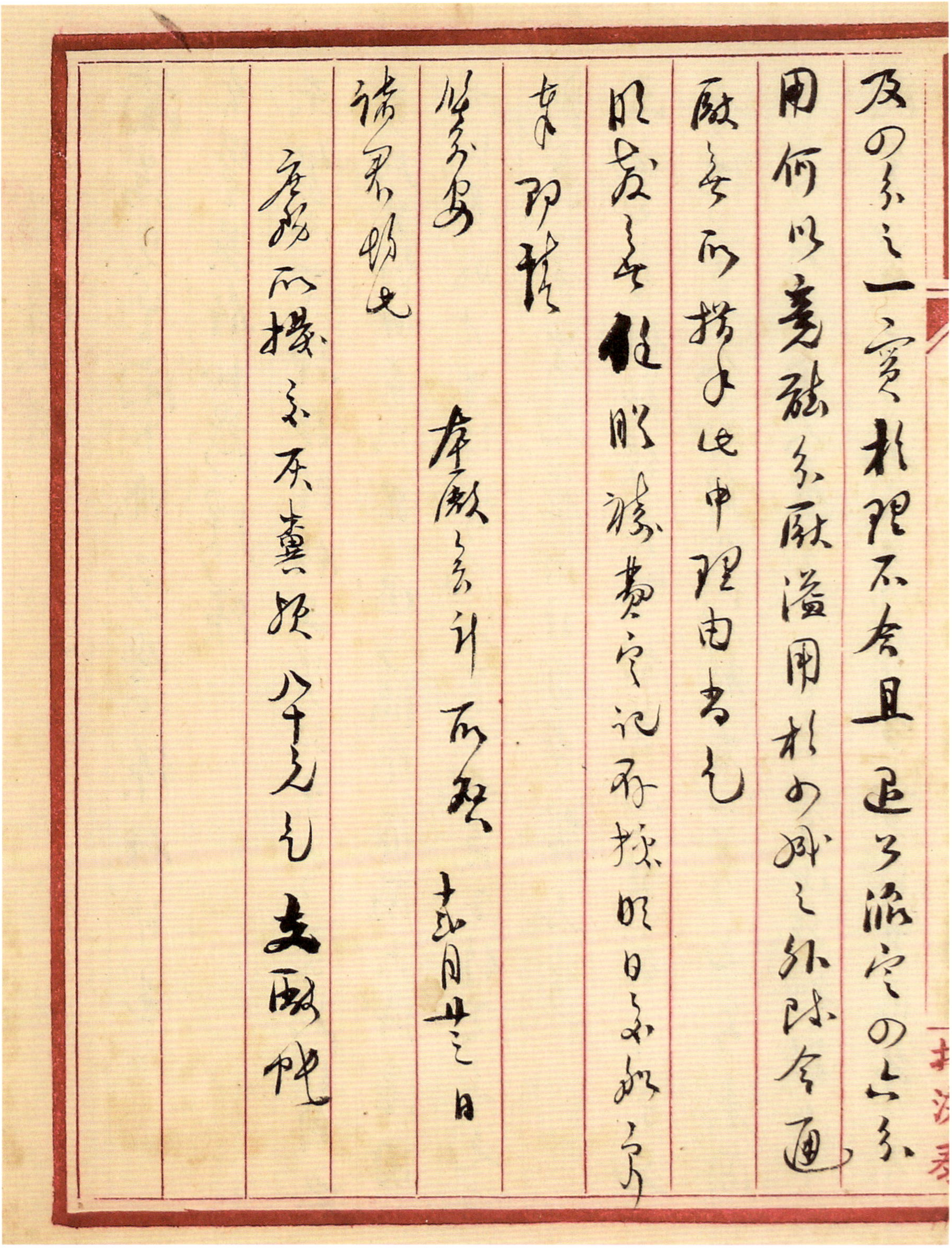
及四分之一實於理不合且逕與派定四成分
用何以竟聽分廠溢用於四成之外致令通
廠無所措手此中理由尚乞
明教無任盼禱費定記存據明日交船寄
奉即請
籌安
本廠會計所啓 十弍月廿三日
諸君均此
庶務所撥交灰糞款八十元乞支廠帳

第一百七十六號（十二月廿三日）

以竟聽分廠溢用於四成之外，致令通廠無所措手，此中理由，尚乞明教，無任盼禱。費定記存據，明日交船寄奉。即請籌安。本廠會計所啓。十弍月廿三日

諸君均此。

庶務所撥交灰糞款八十元，乞支廠帳。

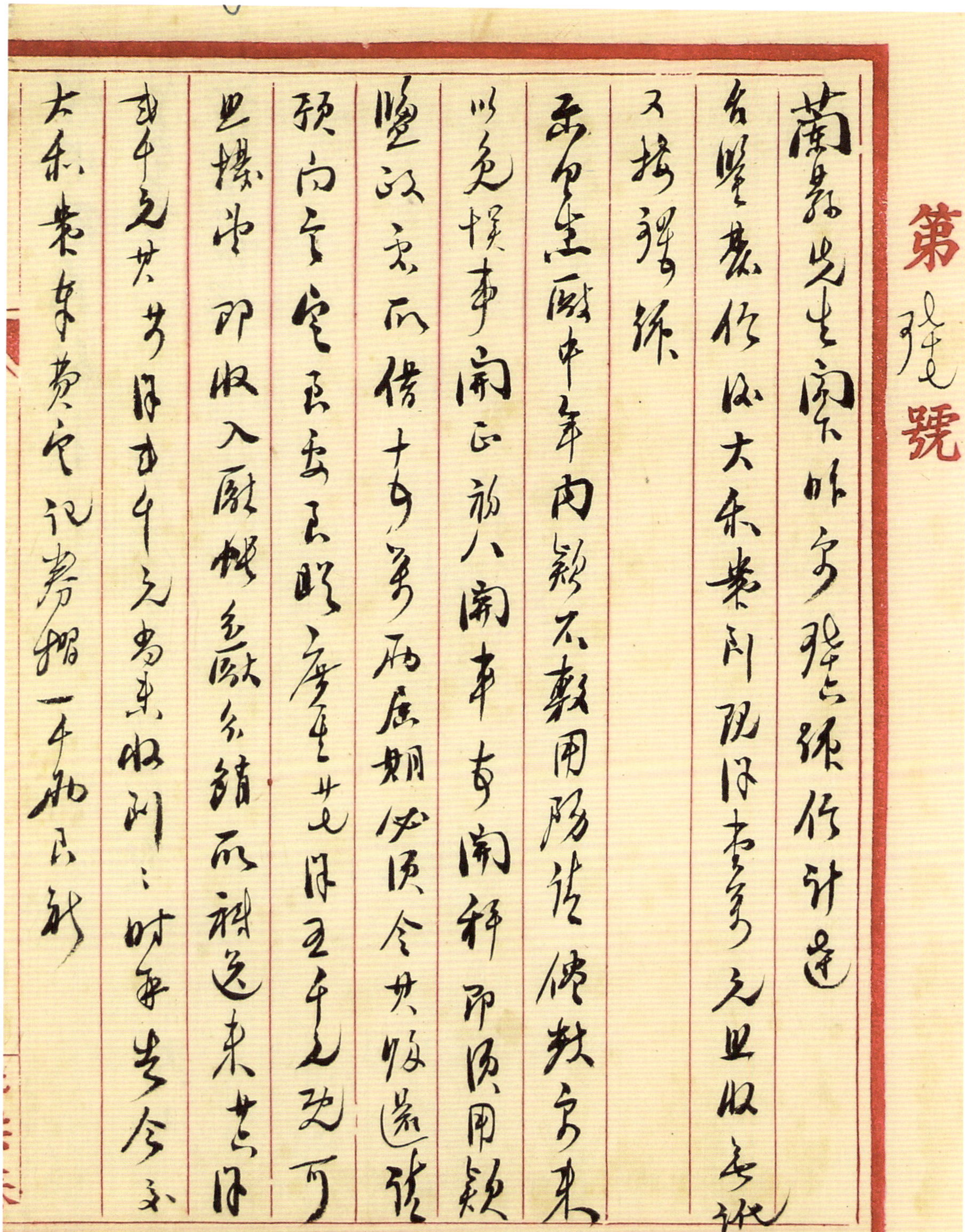

第一百七十七號（十二月廿四日）

蘭蓀先生閣下：昨寄一百七十六號信，計達台鑒。發信後大和帶到現洋壹萬元，照收無訛。又接二百四十五號示，具悉。廠中年内款不敷用，務請儘數寄來，以免誤事。開正初八開車，十五開秤，即須用款，鹽政處所借十五萬兩，屆期必須令其歸還，請預向言定，至要至盼。廣生廿七洋五千元，既可照撥，望即收入廠帳。分廠分銷所祇送來廿六洋弍千元，其廿四洋弍千元尚未收到，到時再告。今交大和帶奉費定記券摺一千兩，至祈察收即復。敬請籌安。本廠會計所啓。十弍月廿四日

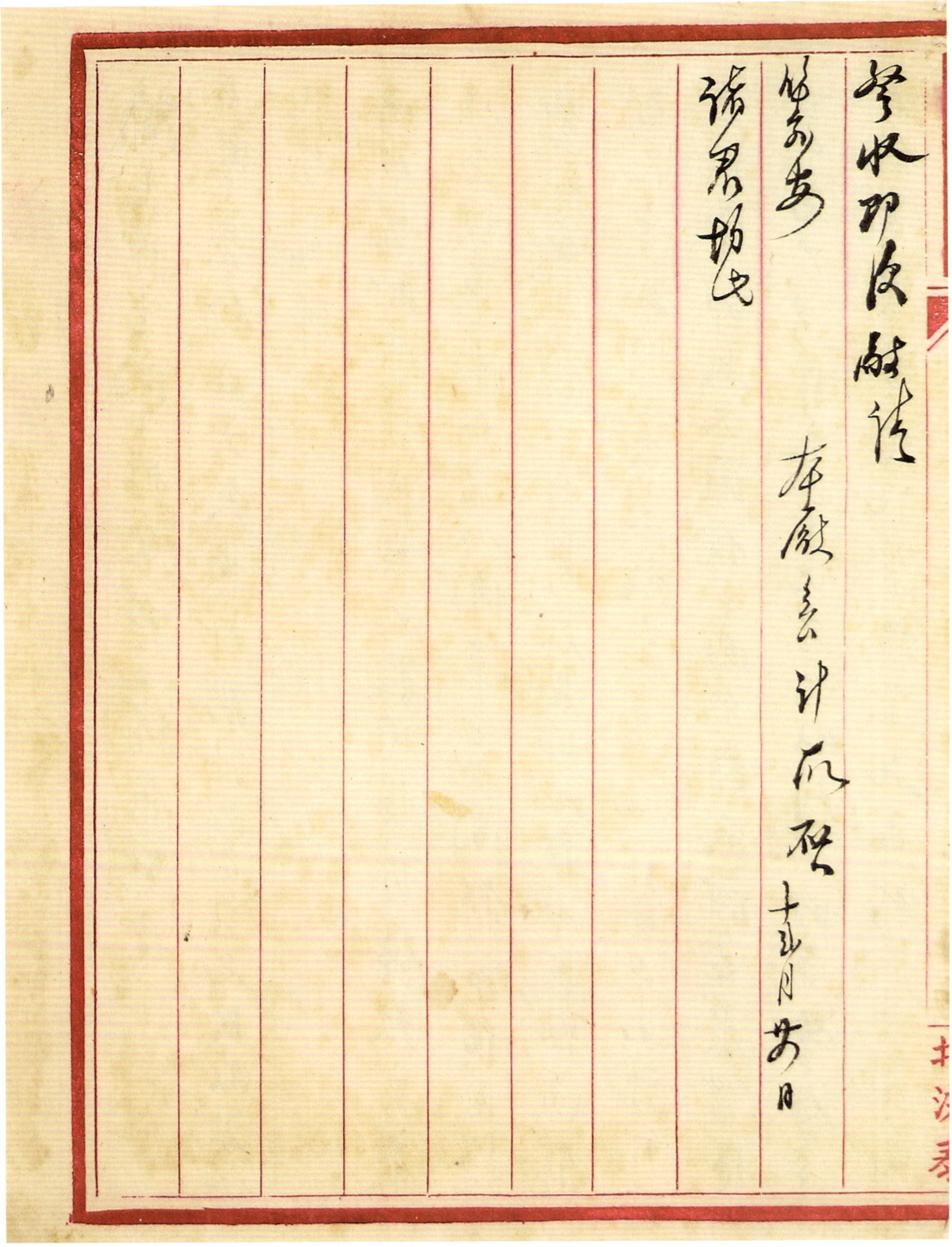
籌安
諸君均此
十二月廿四日

第一百七十七號（十二月廿四日）

諸君均此。

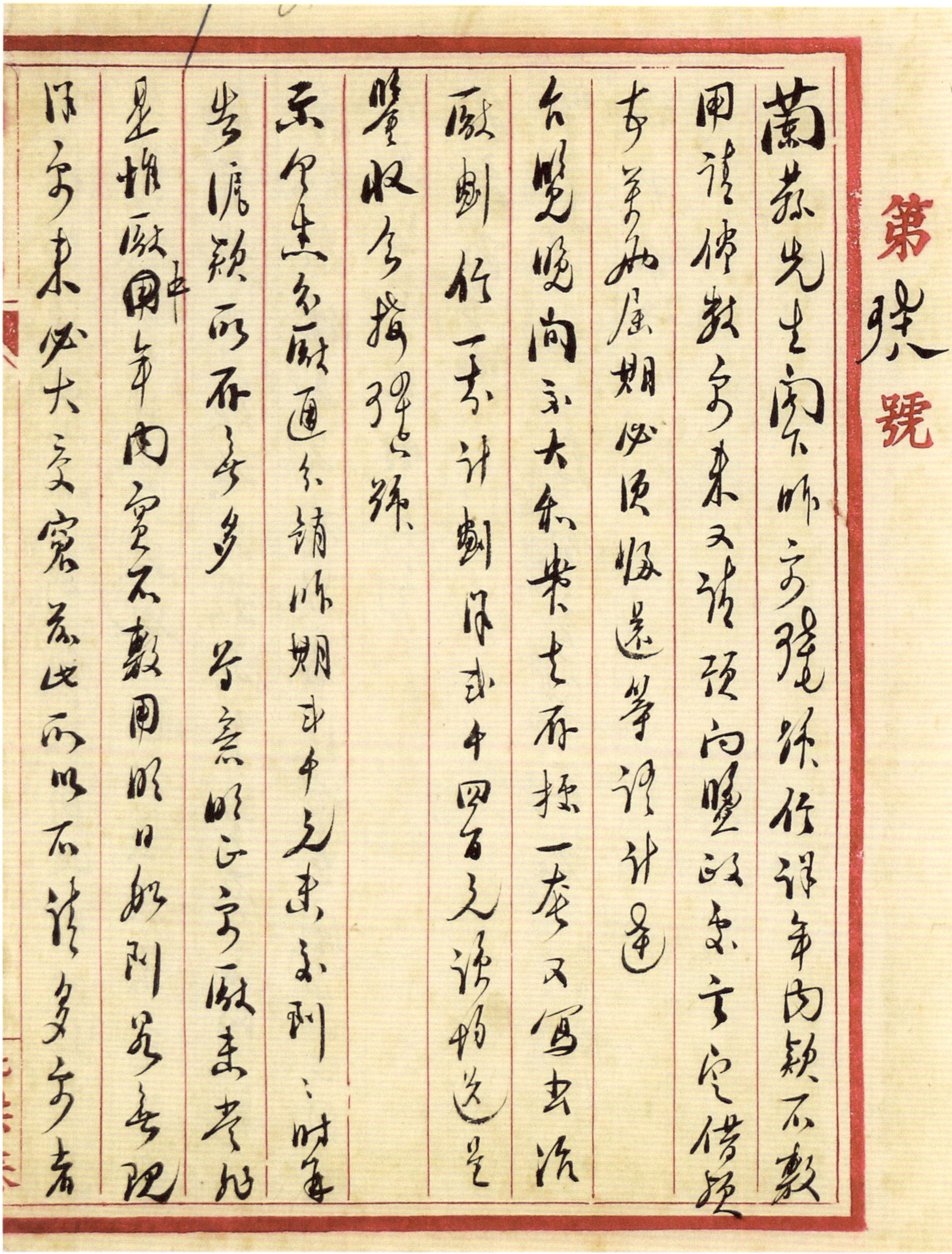

第一百七十八號（十二月廿五日）

蘭蓀先生閣下：昨寄一百七十七號信，詳年内款不敷用，請儘數寄來，又請預向鹽政處言定，借款十五萬兩届期必須歸還等語，計達台覽。晚間交大和帶去存據一套，又寫出冶廠劃信一封，計劃洋式千四百元，諒均送呈鑒收。今接一〔二〕百四十六號示，具悉。分廠通分銷昨期式千元未交到，到時再告。滬款所存無多，尊意明正寄廠，未嘗非是，惟廠中年内實不敷用，明日船到，若無現洋寄來，必大受窘。前此所以不請多寄者，實防洋厘回小吃虧，孰知因此即爲捷足者先得，初非意計所及

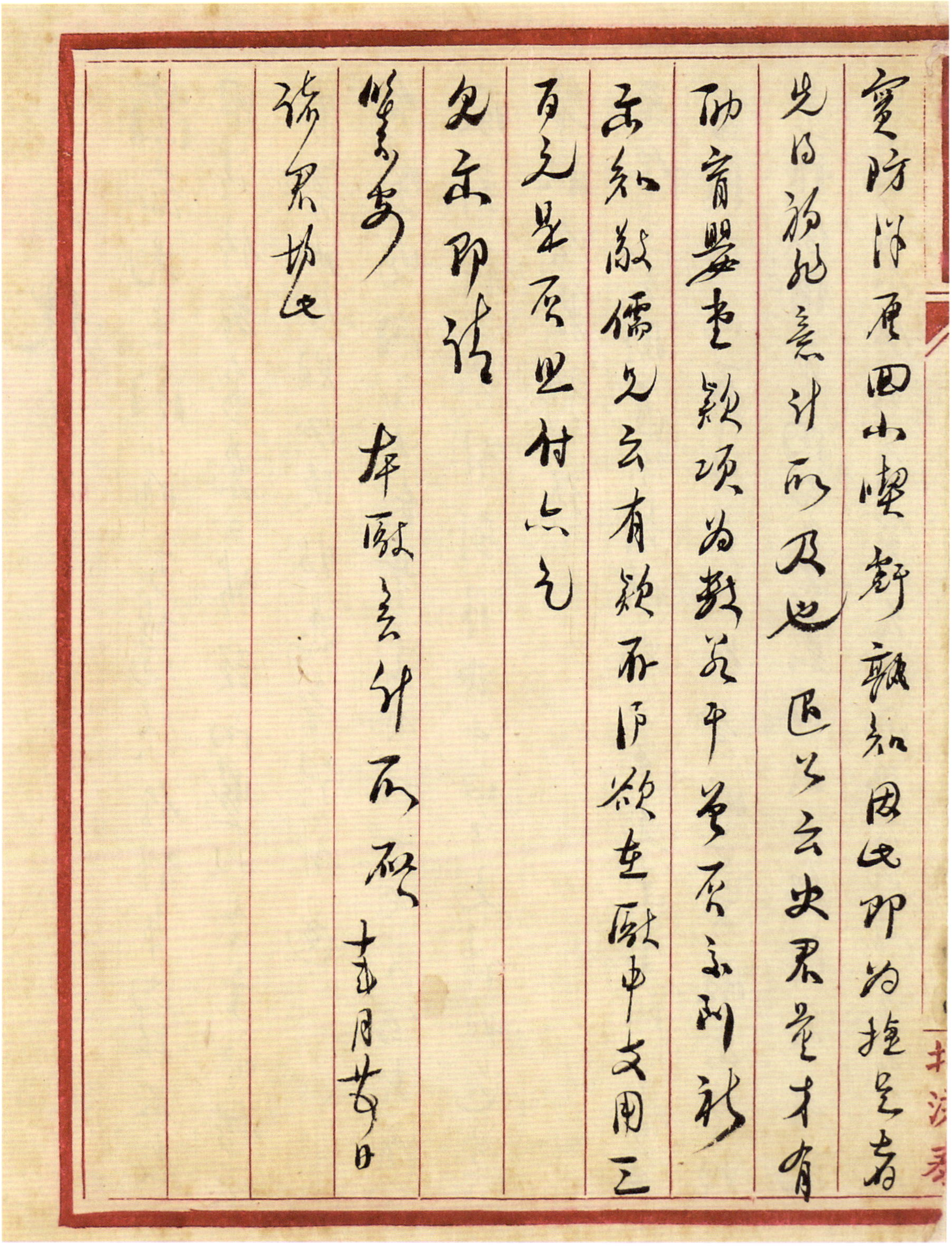

第一百七十八號（十二月廿五日）

也。退公云史君量才有助育嬰堂款項，爲數若干，曾否交到，祈示知。敬儒〔孺〕兄云有款存滬，欲在廠中支用三百元，是否照付，亦乞見示。即請籌安。本廠會計所啓。十弍月廿五日

諸君均此。

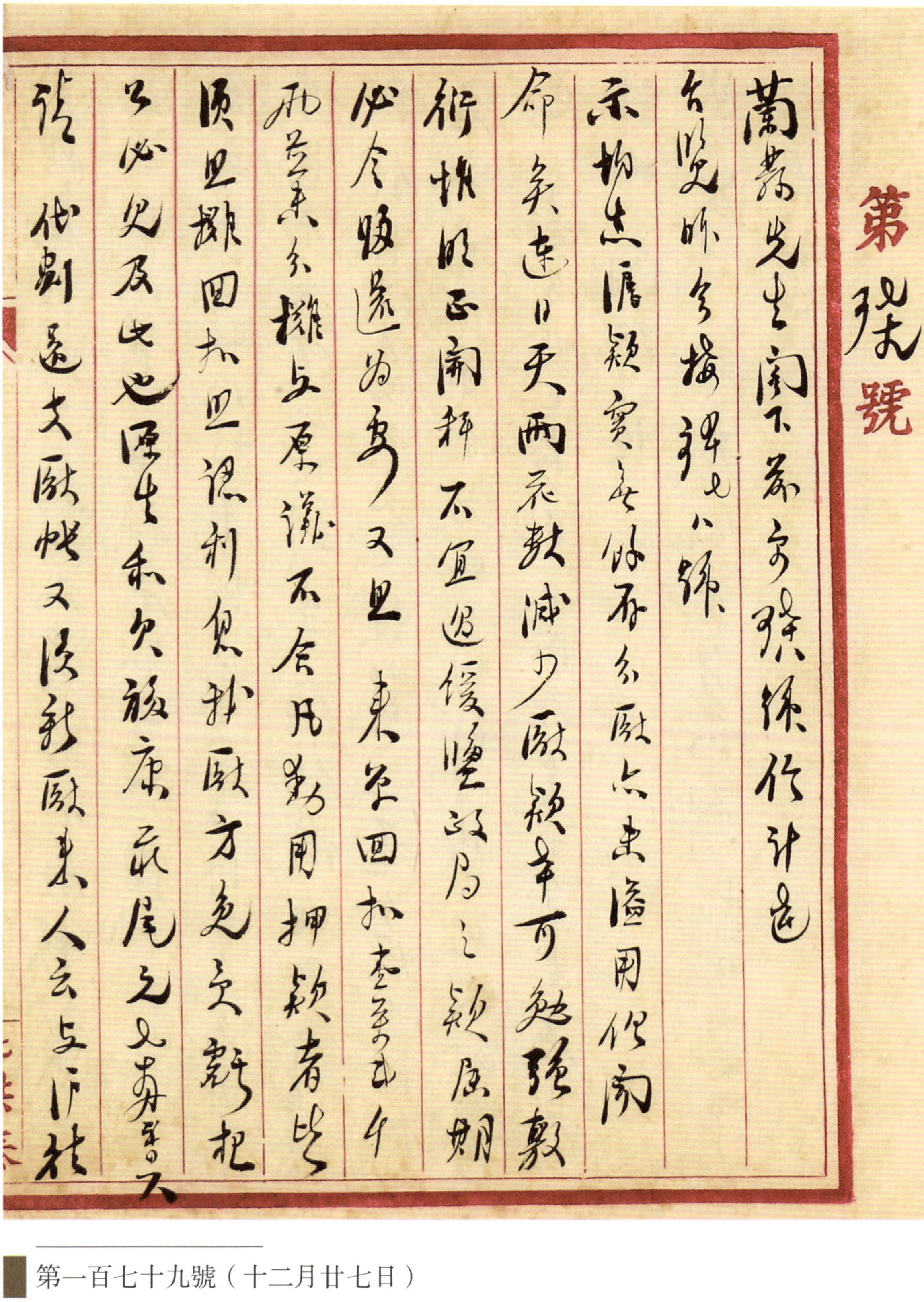

第一百七十九號（十二月廿七日）

蘭蓀先生閣下：前寄一百七十八號信，計達台覽。昨、今接二百四十七、二百四十八號示，均悉。滬款實無餘存，分廠亦未溢用，俱聞命矣。連日天雨，花數減少，廠款幸可勉强敷衍，惟明正開秤不宜過緩，鹽政局之款届期必令歸還爲要。又照來單，回扣壹萬式千兩并未分攤，與原議不合。凡動用押款者，皆須照攤回扣，照認利息，我廠方免受虧，想公必見及此也。源生和欠福康莊尾元七十四兩二錢零六，請代劃還，支廠帳。又復新廠來人云，與滬往來帳尾款如在數十兩，請轉付廠帳，彼當□

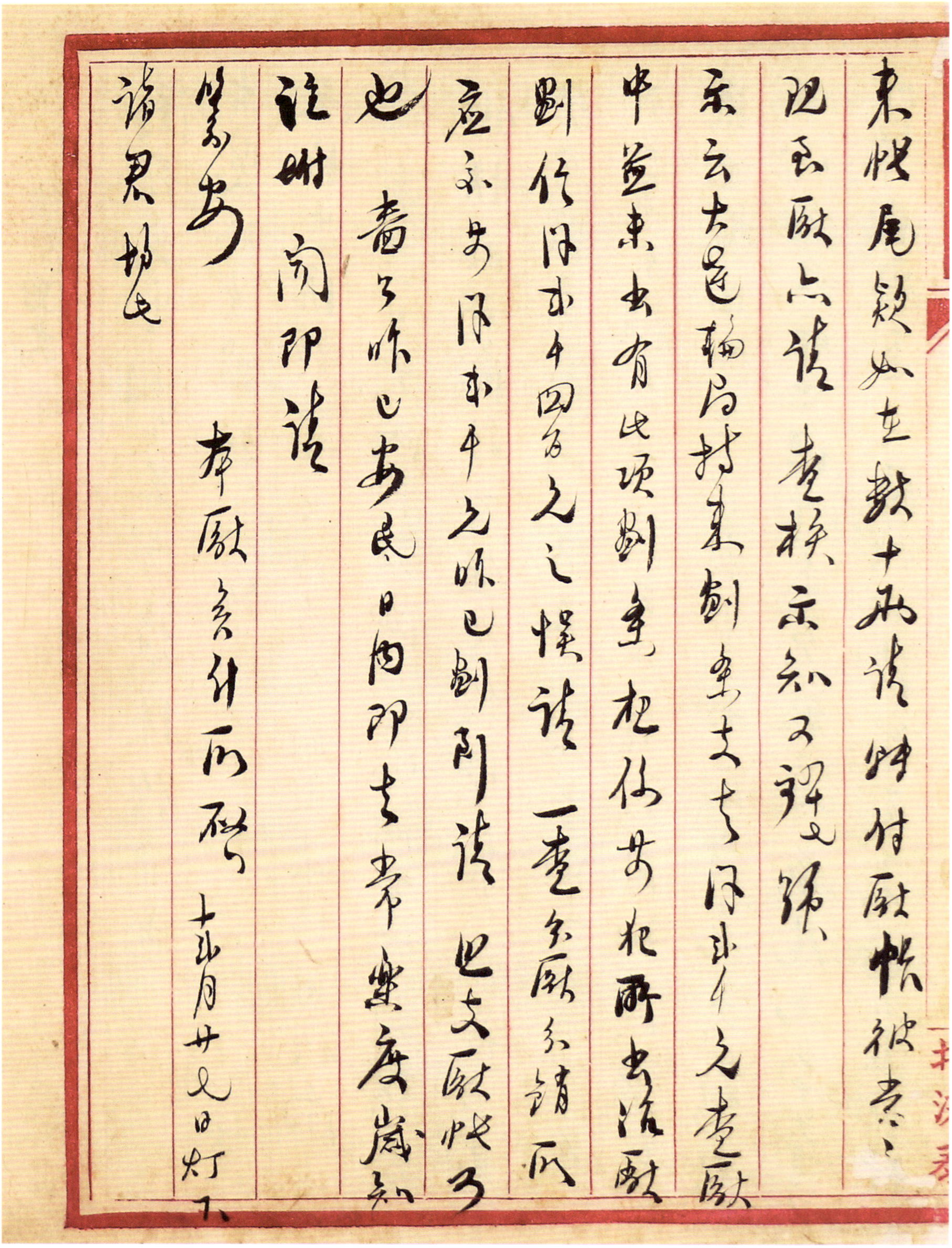

第一百七十九號（十二月廿七日）

現至廠，亦請查核示知。又二百四十七號示云，大達輪局持來劃條，支去洋弍千元，查廠中并未出有此項劃條，想係廿四夜所出冶廠劃信洋弍千四百元之誤，請一查。分廠分銷所應交廿四洋弍千元，昨已劃到，請照支廠帳可也。嗇公昨已安抵，日內即去常樂度歲，知注附聞。即請籌安。本廠會計所啓。十弍月廿七日燈下

諸君均此。

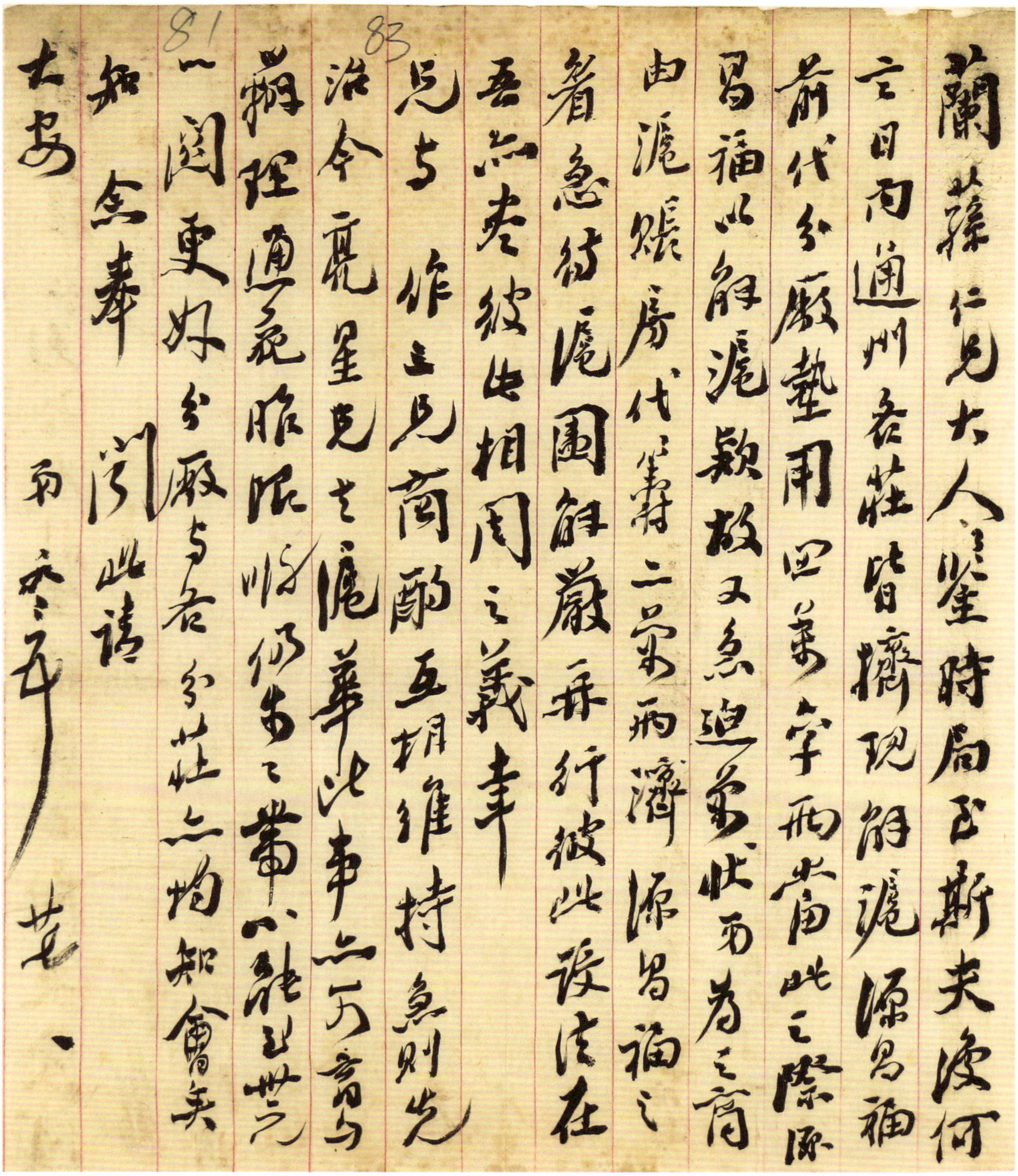

附張謇致林蘭蓀函

蘭蓀仁兄大人鑒：時局至斯，夫復何言。日内通州各莊皆擠現解滬，源昌福前代分廠墊用四萬六千兩，當此之際，源昌福以解滬款故，又急迫萬狀。弟爲之商由滬賬房代籌二萬兩，濟源昌福之眉急，待滬圍解嚴，再行彼此設法，在吾亦盡彼此相周之義。幸兄與作三兄商酌，互相維持，急則先治。今亮星兄去滬，華比事亦可商與辦理。通花昨限三十五，仍步步帶小，能至卅元一關更好。分廠與各分莊亦均知會矣。知念奉聞。此請大安。弟謇頓首。廿七

清宣統三年（一九一一）

大生駐滬事務所書信留底

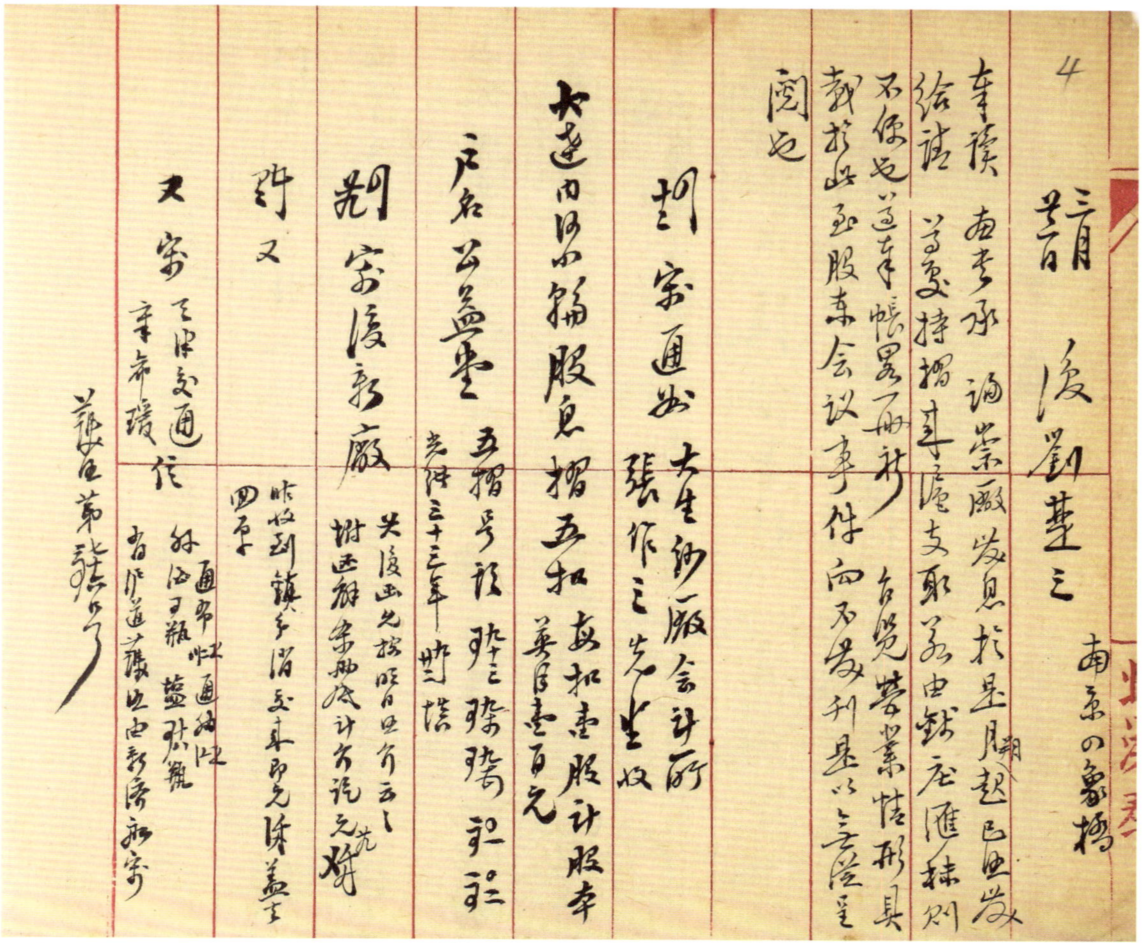

三月廿二日　復劉楚三（南京四象橋）

奉讀惠書，承詢崇廠發息，於是月朔起已照發給，請尊處持摺來滬支取，若由錢莊匯秣，則不便也。遵奉帳略一册，祈台覽，營業情形具載於此。至股東會議事件，向不發刊，是以無從呈閱也。

四月十二　寄通州（大生紗廠會計所張作三先生收）

大達内河小輪股息摺五扣（每扣壹股，計股本英洋壹百元）

户名公益堂（五摺，號期：一百九十三、一百九十四、一百九十五、二百零一、二百零二，光緒三十三年九月廿二填）

四月廿九　寄復新廠

廿八復函，允按明日照解云云。附還解條兩紙，計解訖廿九元四千兩。

五月初二　又

昨收到鎮分消交來即元一千兩，蓋去回單。

又　寄天津交通章希瑗信

通布三十二匹，通綢十六匹，外酒一百瓶，鹽一百十八瓶。有滬道護照，由新濟船寄。護照第三百七十六號。

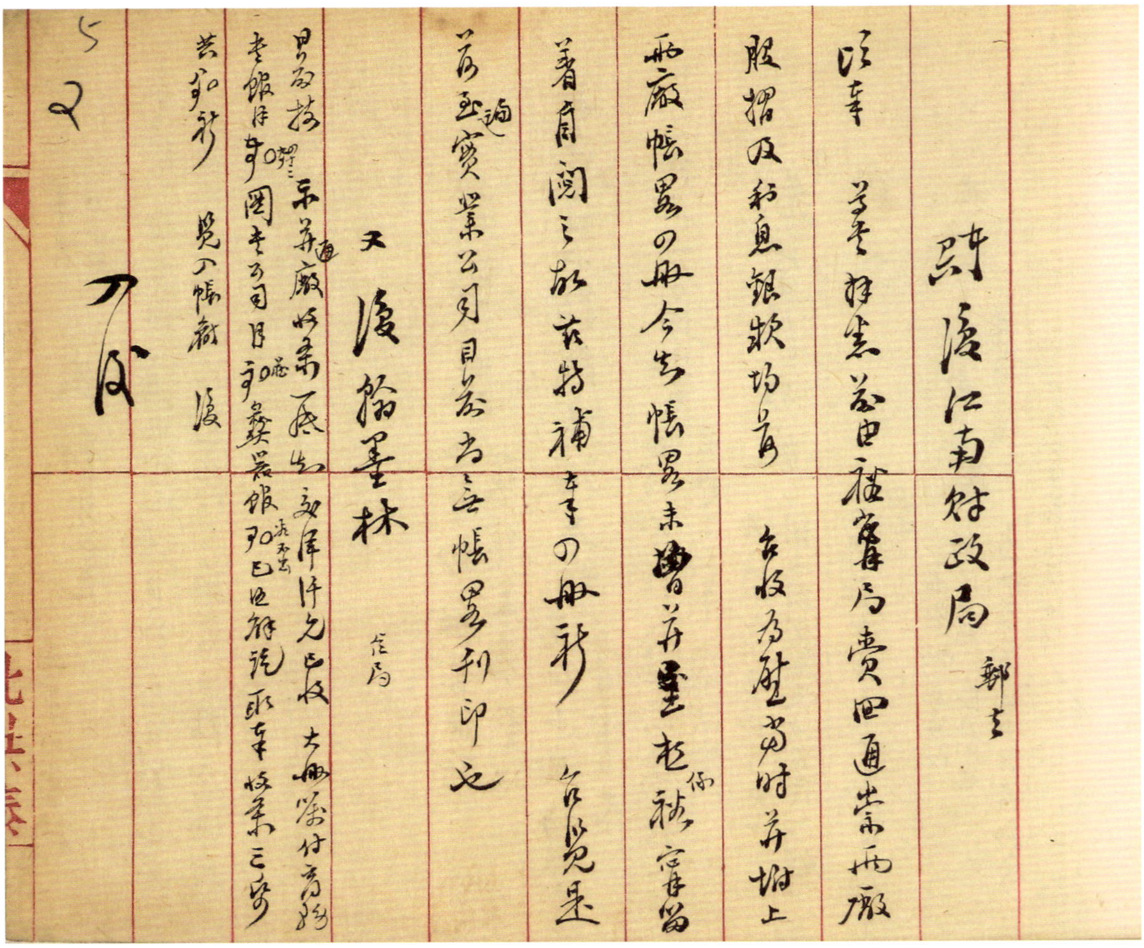

五月初六　復江南財政局（郵去）

頃奉尊書，拜悉。前由裕寧局賫回通、崇兩廠股摺及利息銀款，均荷台收爲慰。當時并附上兩廠帳略四册，今知帳略未曾并呈，想係裕寧留着自閱之故，兹特補奉四册，祈台覽是荷。至詢實業公司，目前尚無帳略刊印也。

又　復翰墨林（信局）

日前接示并通廠收條一紙，知交洋一千元已收大册。囑付商務書館洋五百元（九百四十三）、圖書公司洋二百元（藏）、彝器館一百元（看不出），已照解訖，取奉收條三紙，共八百元，祈覽入帳，候復。

入後

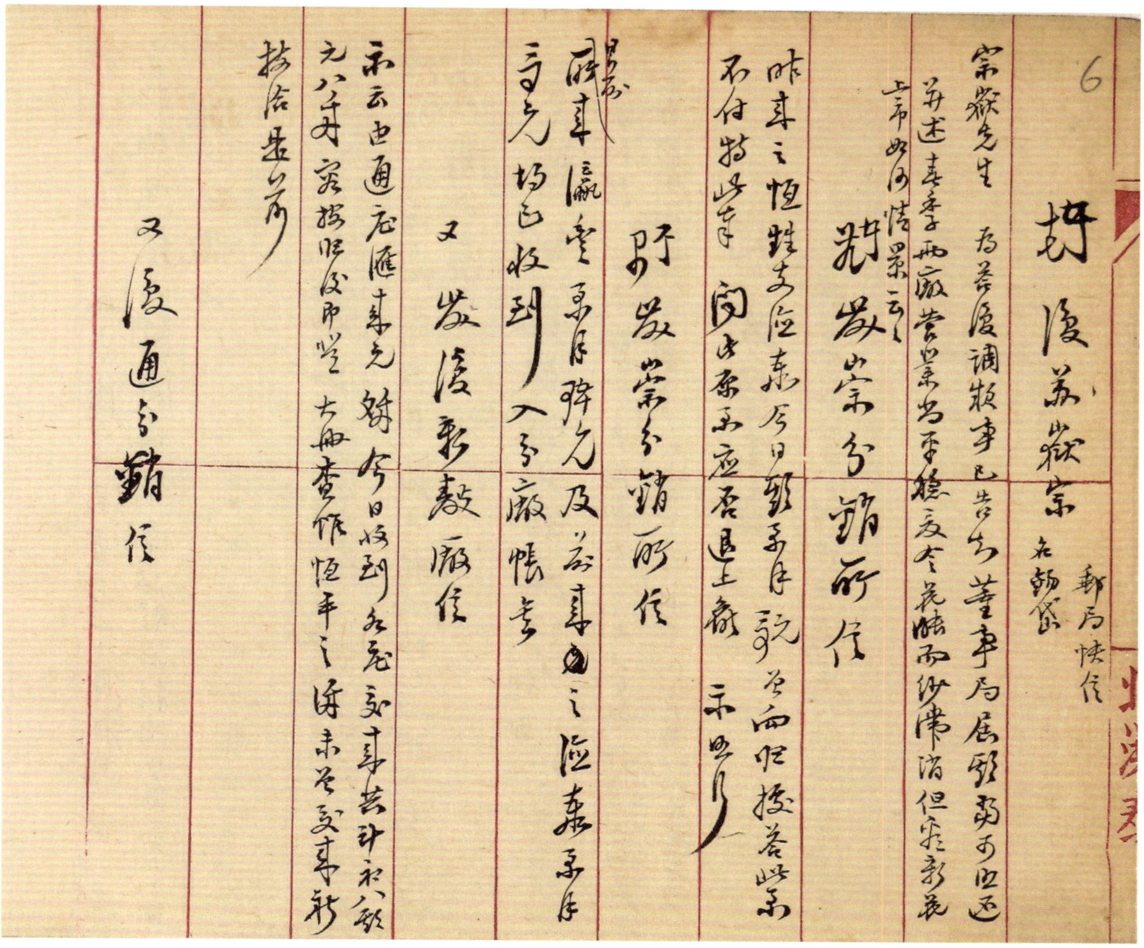

五月十七　復蘇嶽宗（名錫岱，郵局快信）

宗嶽〔嶽宗〕先生：爲答復調款事，已告知董事局，届期當可照還。并述春季兩廠營業尚平穩，夏令花漲而紗滯消，但看新花上市如何情景云云。

五月廿九　發崇分銷所信

昨來之恒甡支德泰今日期票洋三百元，曾向歸，據答此票不付，特此奉聞。此原票應否退上，候示照行。

六月初四　發崇分銷所信

日前所來瀛豐票洋一百五十元，及前來之德泰票洋三百元，均已收到，入分廠帳矣。

又　發復新麵廠信

示云由通莊匯來元九千兩，今日收到各莊交來共計初八期元八千兩，容按歸後即登大册。查惟恒豐之一千兩未曾交來，祈接洽是荷。

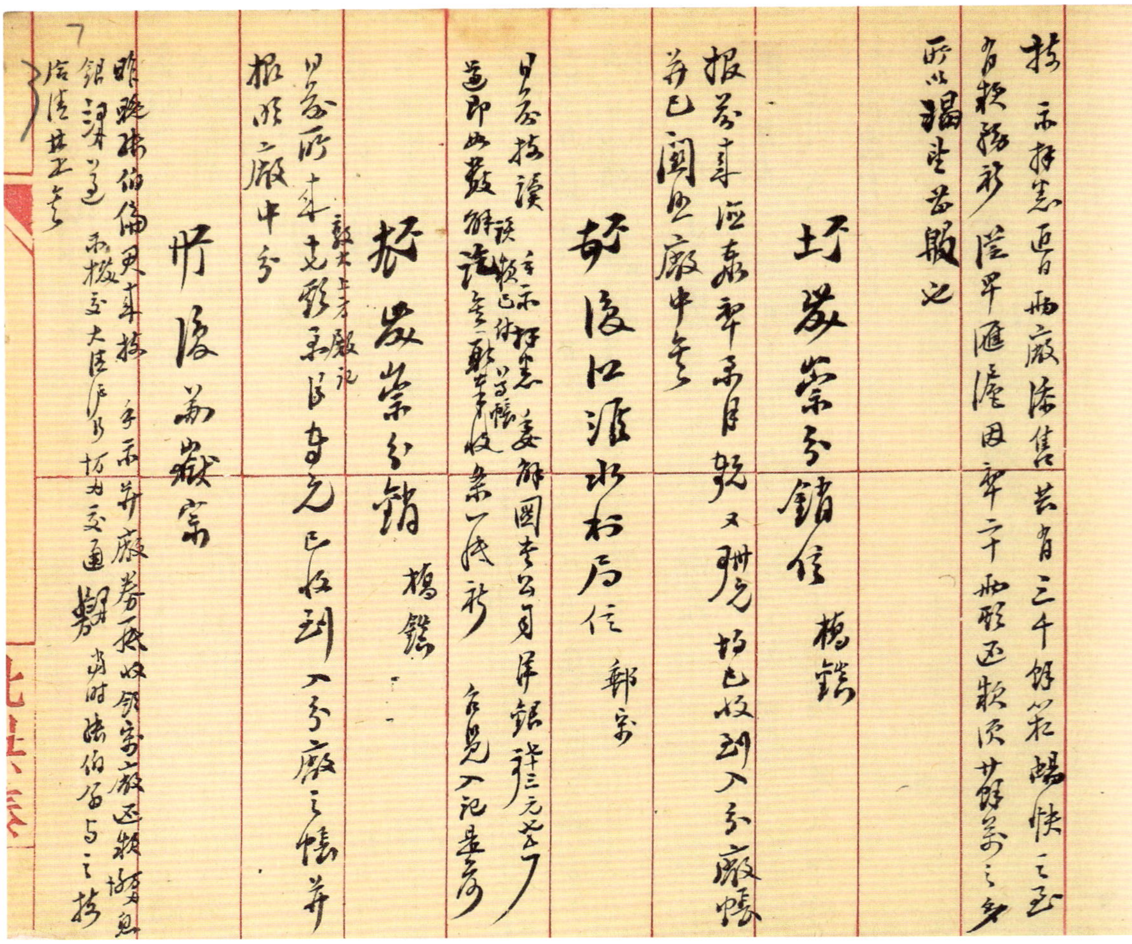

又　復通分銷信

接示拜悉。近日兩廠添售，共有三千餘箱，暢快之至。有款務祈從早匯滬，因初十、二十兩期還款須廿餘萬之多，所以渴望甚殷也。

六月十一　發崇分銷信（橋鎮）

報前來德泰初十票洋五百元，又一百卅元，均已收到，入分廠帳，并已關照廠中矣。

六月十五　復江淮水利局信（郵寄）

日前接讀手示，拜悉。委解圖書公司洋銀二百七十三元七角一分，遵即如數解訖矣。該款已付尊帳，取奉收條一紙，祈台覽入記是荷。

六月十九　發崇分銷（橋鎮）

日前所來十七期票洋五百元（敦大上方殿記）已收到，入分廠之帳，并報明廠中分。

六月廿　復蘇嶽宗

昨晚張伯倫君來，接手示并廠券一紙收領。寄廠還款十五萬兩，息銀八百兩，遵示撥交大清滬行十萬兩、交通五萬八百兩，當時張伯翁與之接洽清楚矣。

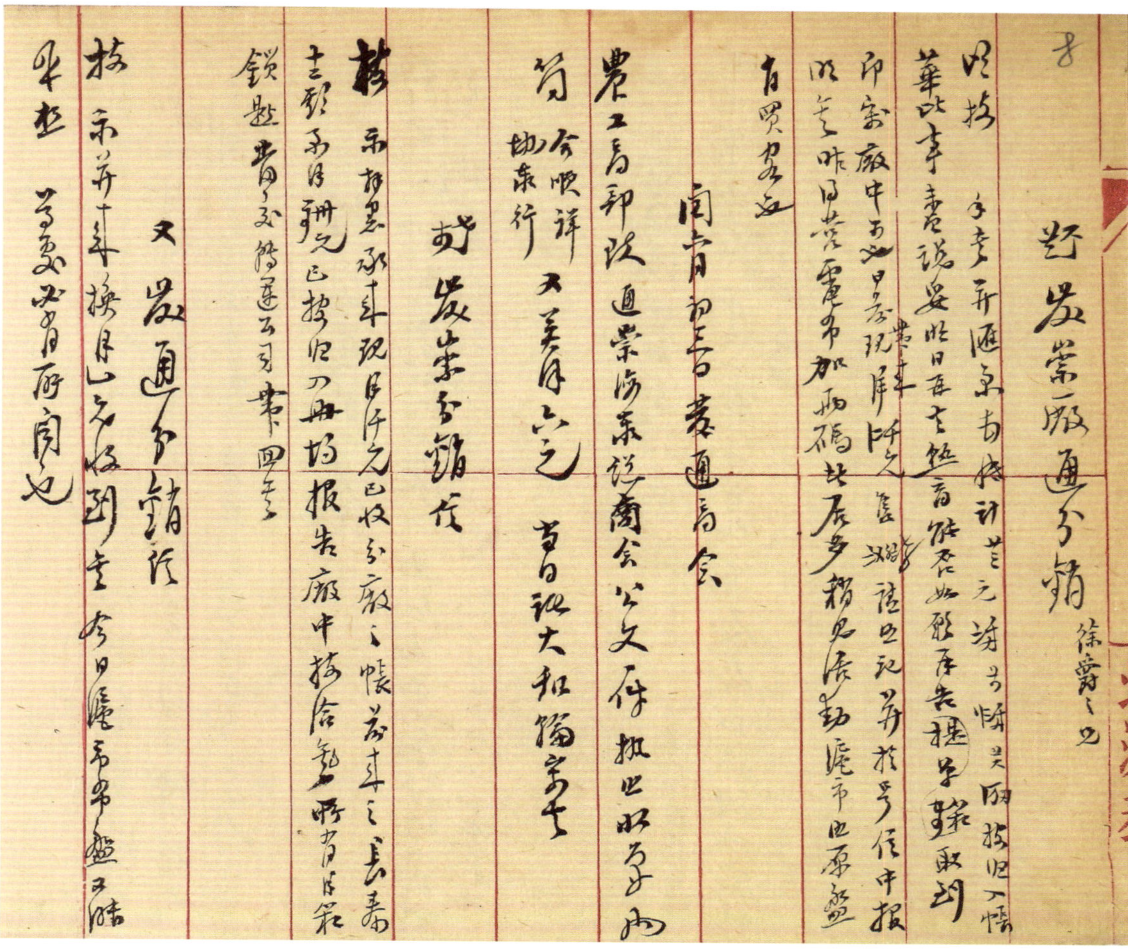

六月廿二　發崇廠通分銷（徐爵之兄）

頃接手書并匯票十五紙，計廿三元七千兩、廿四二萬三千兩、廿六一萬兩，按歸入帳。華比事未曾説妥，明日再去熟商，能否如願，再告。五百箱提單取到，即寄廠中可也。日前帶來現洋一萬二千元，售七千四百五十八兩七錢五，請照記，并於號信中報明矣。昨得營電，布加兩碼者居多，稍見活動，滬市照原盤有買客也。

閏六月初三日　發通商會

農工商部致通崇海泰總商會公文一件，執照收單兩笥（合順祥、協泰行），又英洋六元，當日托大和輪寄去。

七月十四　發崇分銷信

接示，拜悉。承來現洋一千元，已收分廠之帳。前來之長泰十二期票洋二百卅元，已按歸入册，均報告廠中接洽矣。所有洋箱鎖匙，當交轉運公司帶回矣。

又　發通分銷信

接示，并來換洋一元，收到矣。今日滬市布盤又漲四錢，想尊處必有所聞也。

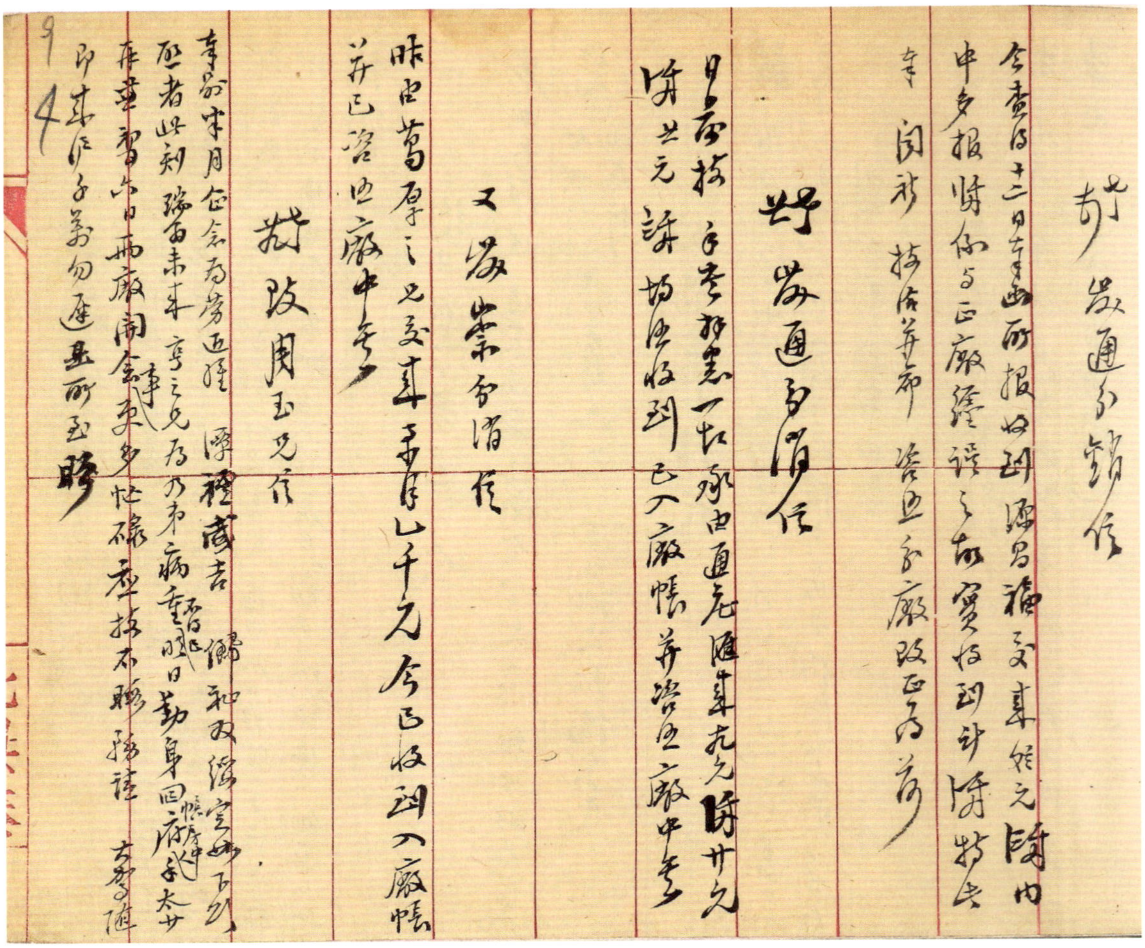

七月十五　發通分銷信

今查得十二日奉函所報收到源昌福交來九八元一萬三千兩，内中多報二千兩，係與正廠纏誤之故，實收到計一萬一千兩。特此奉聞，祈接洽，并希咨照分廠改正爲荷。

七月廿一　發通分消信

日前接手書，拜悉一切。承由通莊匯來十九元一千兩、廿元一萬一千兩、廿一元八千兩，均照收到，已入廠帳，并咨照廠中矣。

又　發崇分消信

昨由葛厚之兄交來票洋一千元，今已收到，入廠帳，并已咨照廠中矣。

七月廿九　致周玉兄信

奉别半月，企念爲勞，近維潭祺咸吉，儷祉雙綏，定如下頌。啓者：此刻瑞翁未來，亨之兄爲乃弟病重不得已，明日動身回府，帳房中人手太少，再兼初五、六日兩廠開會事，更多忙碌，應接不暇，務請大駕隨即來滬，千萬勿遲，是所至盼。

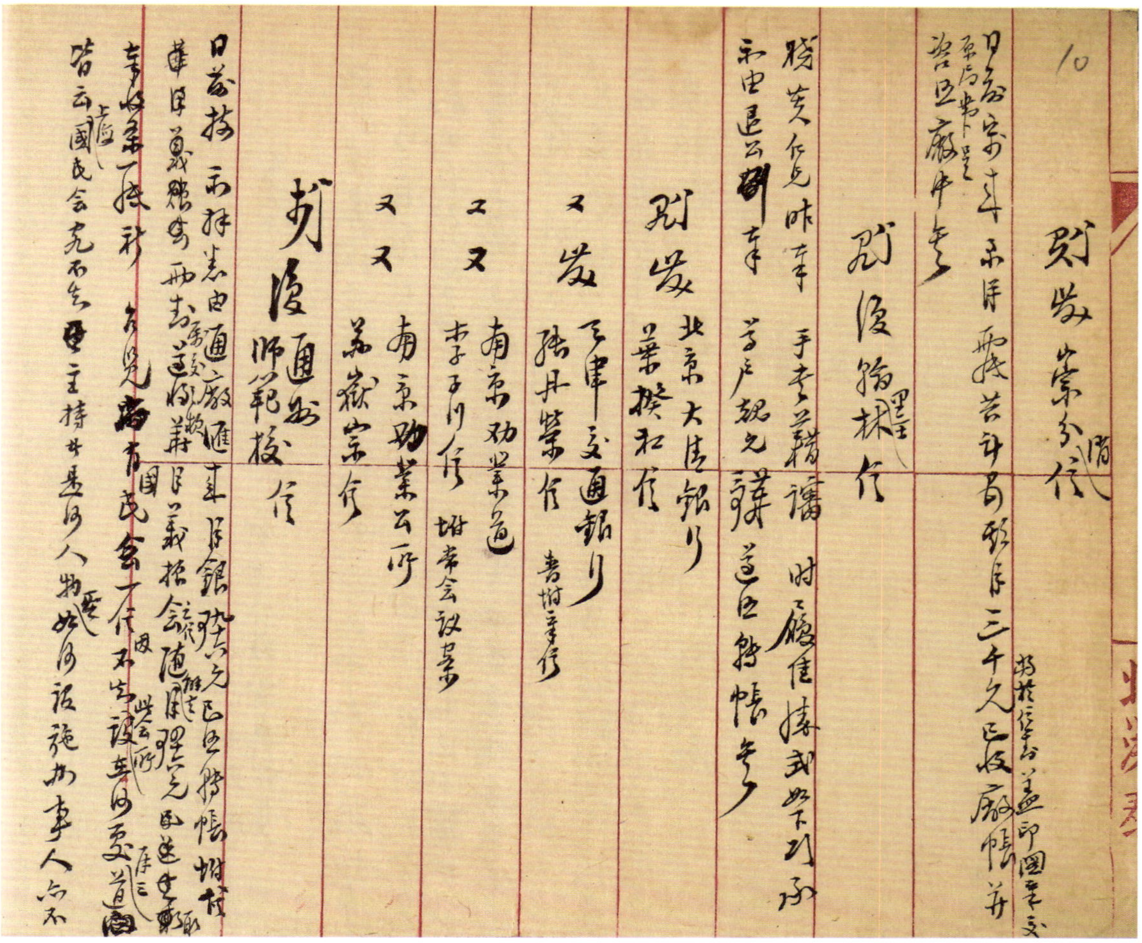

八月初六　發崇分消信

日前寄來票洋兩紙，共計初五期洋三千元，已收廠帳（當於信封蓋印圖章，交原局帶呈），并咨照廠中矣。

八月初九　復翰墨林信

曉芙仁兄：昨奉手書，藉諗時履佳勝，式如下頌。承示由退公劃奉尊户規元三百廿五兩，遵照轉帳矣。

八月初九　發北京大清銀行葉揆初信

又　發天津交通銀行張丹榮信（畣附章信）

又　又南京勸業道李子川信（附常會議案）

又　又南京勸業公所蘇嶽宗信

八月十四　復通州師範校信

日前接示，拜悉。由通廠匯來洋銀一百九十六元，已照轉帳。附信兩封，屬交之款，遵收。華洋義賑會之信隨解去洋一百四十六元，取奉收條一紙，祈台覽。尚有國民會一信，因不知此會所設在何處，再三道問，皆云上海國民會，究不知主持者是何人物，其如何設施、辦事人亦不得而知，故未將此信送去。在尊處既以慈善公益爲主義，何妨移作別項善舉，較有實際。是否有當，尚祈賜示遵行。

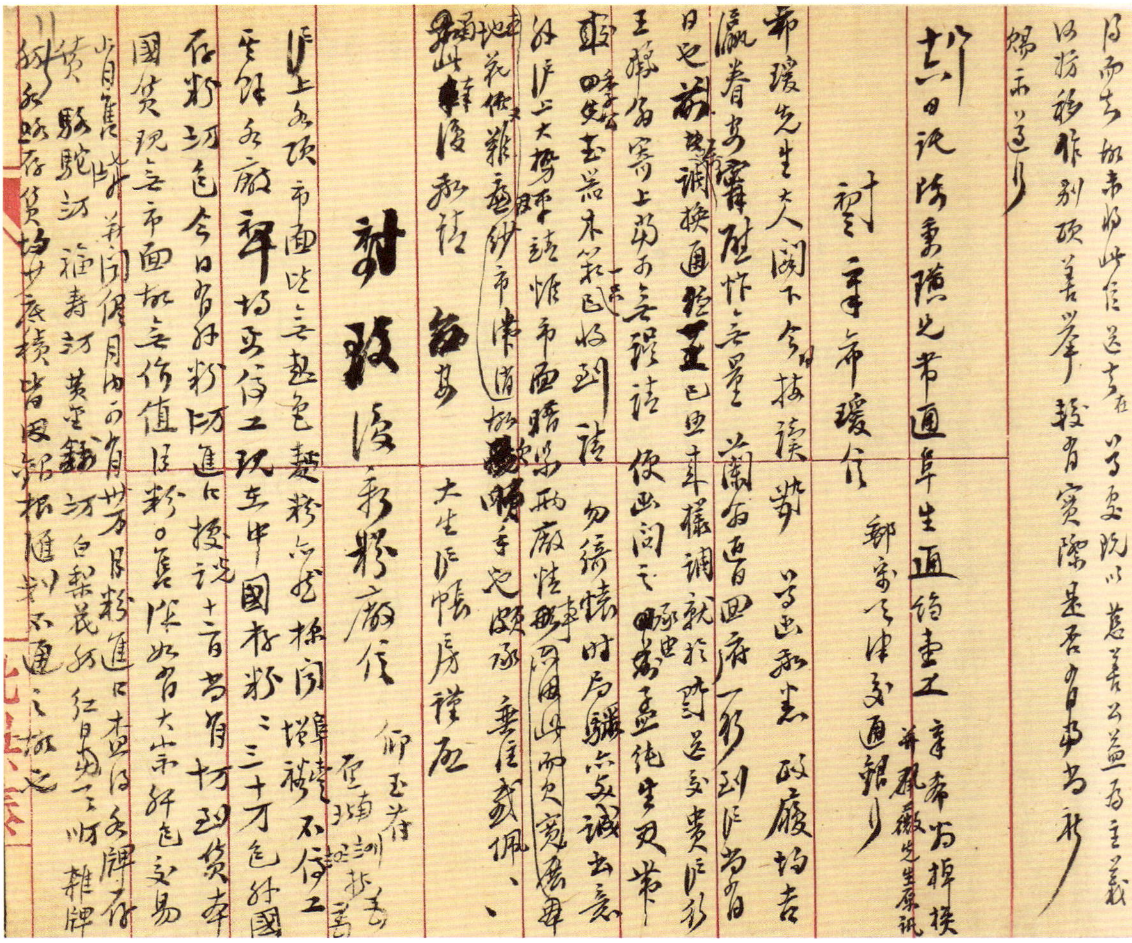

八月十六日　托陳秉璜兄帶通阜生通縐壹匹（章希翁掉換，并麗薇先生原訊）。

十月初三　章希瑗信（郵寄天津交通銀行）

希瑗先生大人閣下：今日接讀九月廿五尊函，敬悉政履均吉，瀛眷安寧，慰忭無量。蘭翁近日回府一行，到滬尚有日也。前屬調换通縐一匹，已照來樣調就，於九月初三送交貴滬行王麗翁寄上，當可無誤，請便函問之。承由孟純生君帶交季公玉器木箱一隻，已收到，請勿綺懷。時局驟變，誠出意外，滬上大勢平靖，惟市面暗緊，兩廠情事因紗市滯消，本地花價又難廉，故欠順手也。頗承垂注，感佩感佩。肅此奉復，敬請台安。大生滬帳房謹啓。

十月初四　致復新粉廠信（仰玉符。厘：南八〇二，折二錢五；北八〇七，折一錢五）

滬上各項市面皆無起色，麵粉亦然，探聞阜豐、增裕不停工，其餘各廠初十均要停工。現在中國存粉二三十萬包，外國存粉七萬包，今日有外粉十二萬進口，據説十二日尚有十萬到貨。本國貨現無市面，故無價值。洋粉零售一兩八錢，如有大宗五千包交易，肯售一百七十七兩，并聞儘月内可有卅萬洋粉進口。查得各牌存貨，駱駝八萬、福壽八萬、黃金錢七萬、白梨花五萬、紅日當天三萬、雜牌五萬，各路存貨均少底積，皆因銀根匯劃不通之故也。

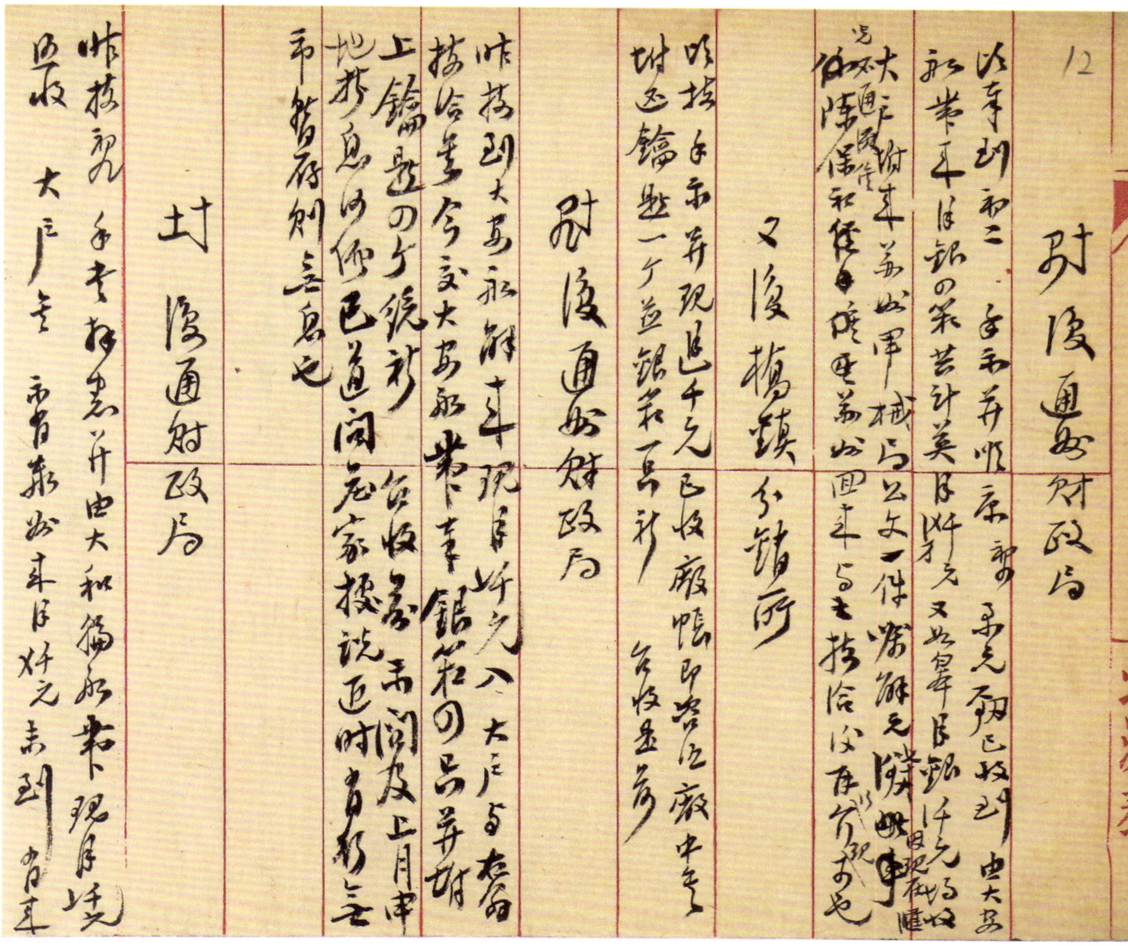

十月初四　復通州財政局

頃奉到初二手示，并順康初四票元六百兩已收到。由大安船帶來洋銀四箱，共計英洋一萬四千元，又如皋洋銀一千元，均收大户。附來蘇州軍械局公文一件，囑解元一千八百七十兩，因現在匯兑不通，須俟陳保初蘇州回來，與之接洽後再行解現可也。

又　復橋鎮分銷所

頃接手示，并現洋一千元，已收廠帳，即咨照廠中矣。附還鑰匙一個并銀箱一隻，祈台收是荷。

十月初九　復通州財政局

昨接到大安船解來現洋六千元，入大户，與右翁接洽矣。今交大安船帶奉銀箱四隻，并附上鑰匙四個，統祈台收。前示問及上月申地折息何價，已道問莊家，據説近時有行無市，暫存則無息也。

十月十一　復通財政局

昨接初九手書，拜悉。并由大和輪船帶現洋六千元，照收大户矣。示有泰州來洋四千元未到，有來再聞。兹交大和船帶上銀箱兩隻，并附呈鑰匙兩個，統祈台收是荷。

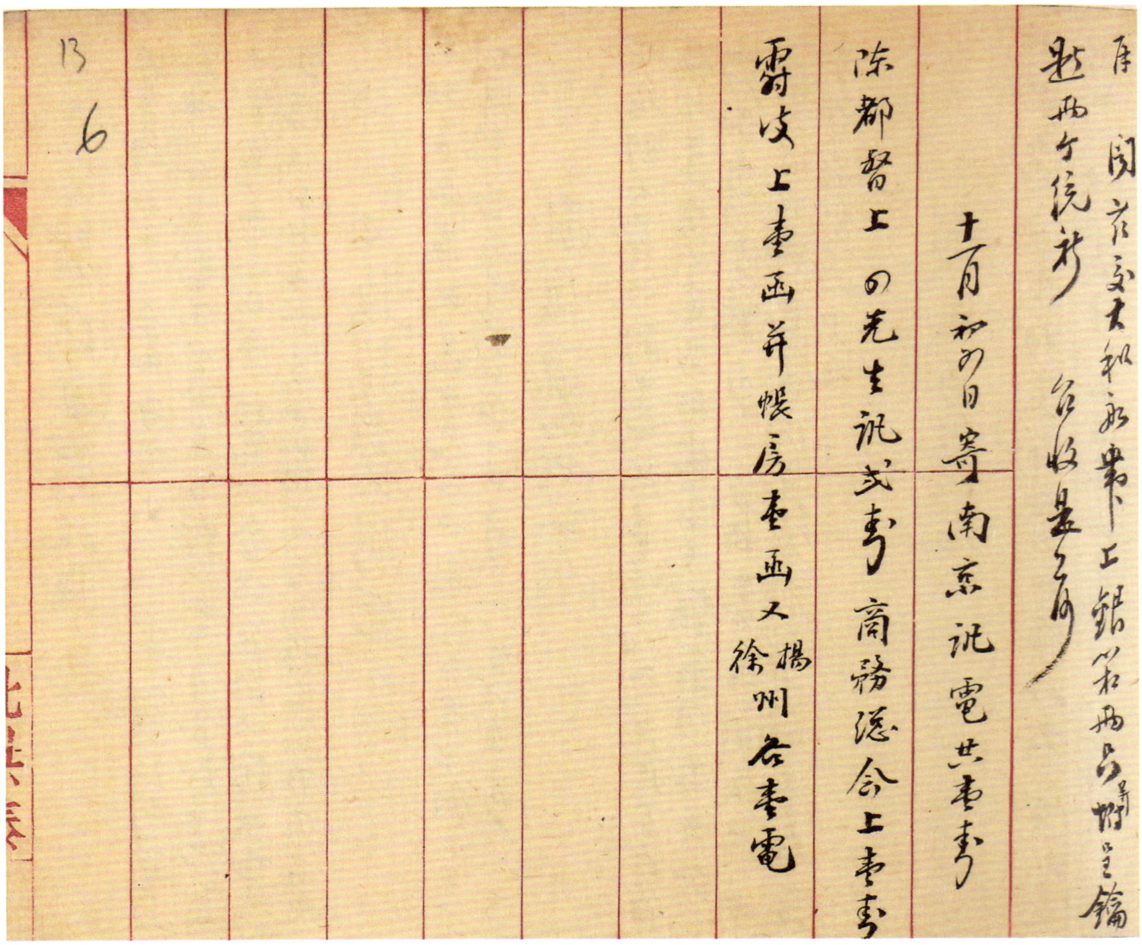

十一月初四日

寄南京訊電共壹封。

陳都督上四先生訊式封、商務總會上一壹封。

霨叟上一壹函，并帳房壹函，又揚州、徐州各壹電。

民國時期文獻
保護計劃

成果

百年大生企業號信

（清光緒三十三——三十四年）

南通市檔案館　張謇研究中心　編

上

國家圖書館出版社

圖書在版編目（CIP）數據

百年大生企業號信．清光緒三十三—三十四年：全二册／南通市檔案館，張謇研究中心編．
-- 北京：國家圖書館出版社，2017.10

ISBN 978-7-5013-6208-0

Ⅰ．①百… Ⅱ．①南… ②張… Ⅲ．①大生紡織公司—史料 Ⅳ．① F426.81

中國版本圖書館 CIP 數據核字 (2017) 第 194854 號

書　名　百年大生企業號信：清光緒三十三—三十四年（全二册）
著　者　南通市檔案館　張謇研究中心　編
責任編輯　于　浩　王亞宏
特約編輯　任雅君
封面設計　敬人設計工作室

出　版　國家圖書館出版社（100034　北京市西城區文津街 7 號）
（原書目文獻出版社　北京圖書館出版社）
發　行　010-66114536　66126153　66151313　66175620
66121706（傳真）　66126156（門市部）
E-mail　nlcpress@nlc.cn（郵購）
Website　www.nlcpress.com →投稿中心
經　銷　新華書店
印　裝　河北三河弘翰印務有限公司
版　次　2017 年 10 月第 1 版　2017 年 10 月第 1 次印刷

開　本　889 × 1194（毫米）1/16
字　數　547 千字
印　張　55.5

書　號　ISBN 978-7-5013-6208-0
定　價　1200.00 圓

百年大生企業號信

編委會

百年大生企業號信（清光緒三十三—三十四年）

編輯人員

出版說明

號信，或稱作號訊，是一種冠以序號的信件。在交通、通信不發達的年代，信件易遭遺失，采用號信的方式，就能够及時發現信件是否遞達。同時，這種編號的信件，也方便日後的查閲。號信一般用於對象固定且經常聯繫的雙方，各自獨立編號，通常以一年爲斷，第二年重新編號。

本書所刊號信，是“百年大生企業號信”第一階段整理成果之一部分。第一階段整理的號信，是清光緒三十三年（1907）至宣統三年（1911）間，大生紗廠（又稱“正廠”“一廠”）致大生駐滬事務所（簡稱“滬所”“滬帳房”），以及大生駐滬事務所致紗廠、分銷處、學校等單位的信函。這些號信屬南通市檔案館“B401 大生滬事務所”全宗，共有檔案九卷，具體包括：1907 年三卷，大生紗廠致駐滬事務所號信（從第元號至第二百三十五號）；1908 年二卷，大生紗廠致駐滬事務所號信（從第元號至第一百八十號）；1909 年二卷，大生紗廠致駐滬事務所號信（從第元號至第一百八十七號）；1911 年二卷，除了大生紗廠致駐滬事務所號信（存第二册，從第一百零一號至第一百七十九號），另一卷爲大生駐滬事務所致紗廠、分銷處、復新麵粉廠、通州師範學校等單位的信函三十餘件，原件雖未編號，但因其内容反映了當時滬所與南通的聯絡關係，頗有價值，故一并收入。1910 年號信南通市檔案館無存。

大生紗廠是中國早期現代化的先驅張謇（1853—1926）事業的起點。自 1895 年張謇在家鄉南通籌辦大生紗廠開始，經過一批人的艱苦創業，經營範圍不斷擴大，除由紗廠衍生出的其他工廠外，還擴展到交通、農墾、金融、貿易等方面，形成了一個以大生紗廠爲核心的頗具規模的資本集團，爲中國早期民族工業的形成、發展闖出一條全新的道路。張謇在發展實業的基礎上，倡導并贊助教育和慈善事業，規劃城市建設，使得南通一度引風氣之先，成爲全國矚目的模範縣。

大生紗廠籌創初期，爲便於招募資金及與上海有關機構聯絡，1896 年大生紗廠設立“上海公所”，暫寓上海福州路廣豐洋行内。1897 年，公所由廣豐洋行遷至新北門外天主堂街，稱“滬帳房”。1907 年，改稱“大生駐滬事務所”。初期的滬所在辦理籌資及聯絡之事外，還擔負着采辦物料、購運原料及提供來滬人員食宿等任務，此後更增加了置辦布機、開盤批售布匹、收款付貨等業務。最繁盛時，上海銀錢業有百餘家錢莊向滬所提供信貸，而大生各企業則憑此信貸全面擴張，當時大生所屬大小企業單位達數十個，滬所營業範圍擴展到國内

外通都大邑。1922年後，大生集團紡織與農墾業經營陷入危機，以至債臺高築，滬所苦苦周旋，勉力支撑。1936年，大生駐滬事務所更名爲“大生總管理處”。1945年抗日戰爭勝利後，國民政府接收大生紡織公司，成立“大生紡織公司臨時管理委員會”，辦理接收大生總管理處。1946年，大生總管理處更名爲“大生上海聯合事務所”。1951年，又更名爲“大生第一、三紡織公司上海聯合事務所”。1953年，該所登報宣布撤銷。

在滬所存在的半個世紀裏，號信制度一直保持着，并且做到隨時録存。尤爲慶幸的是，除了早幾年缺失外，這些號信絶大多數都保存下來了。據初步統計，現存南通市檔案館的號信，總計達數百卷，時間最早爲1907年的《光緒三十三年大生正廠來信》，最遲約在1953年。通過這批號信，不僅可以看到滬所及相關通信單位的具體業務活動，更可以看到大生企業生産經營狀况，還能看到當時的政治動向和社會面貌，以及市場與物價變化的信息。號信的内容主要涉及經濟活動，但有不少附言，反映了大生企業領導層的活動與行踪，這對還原一些歷史細節極爲有助。張謇的三兄張詧（1851—1939）作爲張謇的主要助手，參與了大生企業的具體管理，滬所的負責人林蘭蓀、吴寄塵、徐静仁等人，對大生企業的發展影響頗多，這些都能通過號信得到進一步的揭示。由此而言，這批號信無論是對近代民族工業的宏觀研究，還是對某些具體問題的探討，都是重要的第一手材料，相信會得到研究者的重視。

正因爲有重要的研究價值，2016年開始，南通市檔案館與張謇研究中心决定聯手整理出版這些號信。整理擬按時間分爲三個階段，首先是清代的五年（1907－1911），其次是民國元年至張謇去世的民國十五年（1912－1926），最後爲餘下的全部（1927－1953）。現在第一階段的整理已告完成，擬按時間順序排列，用原件影印加釋文的形式陸續出版。

號信的整理，聽取了一些專家的意見，采用繁體字釋文并加以標點，希望儘量與原件接近。對於原件上的异體字或俗字，如甯、塹、欵、坿、帋、悮、詧、銕、祇等，除人名等專名外，一般都統一爲規範字。一些民間代用字，如解款的“解”寫作“介”，貨幣單位“元”或代以符號“〇”，整理時一般改作正字。一些明顯的筆誤，也都作了改正，并在信末加“按”予以説明。原文有疑問或有誤者，也在信末加“按”指出，提醒讀者注意。號信中有大量計數使用的草碼字及單位，爲方便讀者閲讀使用，整理時徑譯成相應的數字。原文中小字夾注的部分，置於（　）内；擬補字用［　］標注；錯訛字改正，用〔　〕表示；原件缺損或未能辨識的字，以□相代，一□一字，缺字數不明者以……表示。

由於號信抄寫多有潦草之處，整理者雖然費心辨讀，但終究難免失誤，懇請讀者批評指正。

編　者

二〇一七年九月

目録

上册

清光緒三十三年（一九〇七）

大生紗廠致大生駐滬事務所號信

清光緒三十三年（一九〇七）

大生紗廠致大生駐滬事務所號信

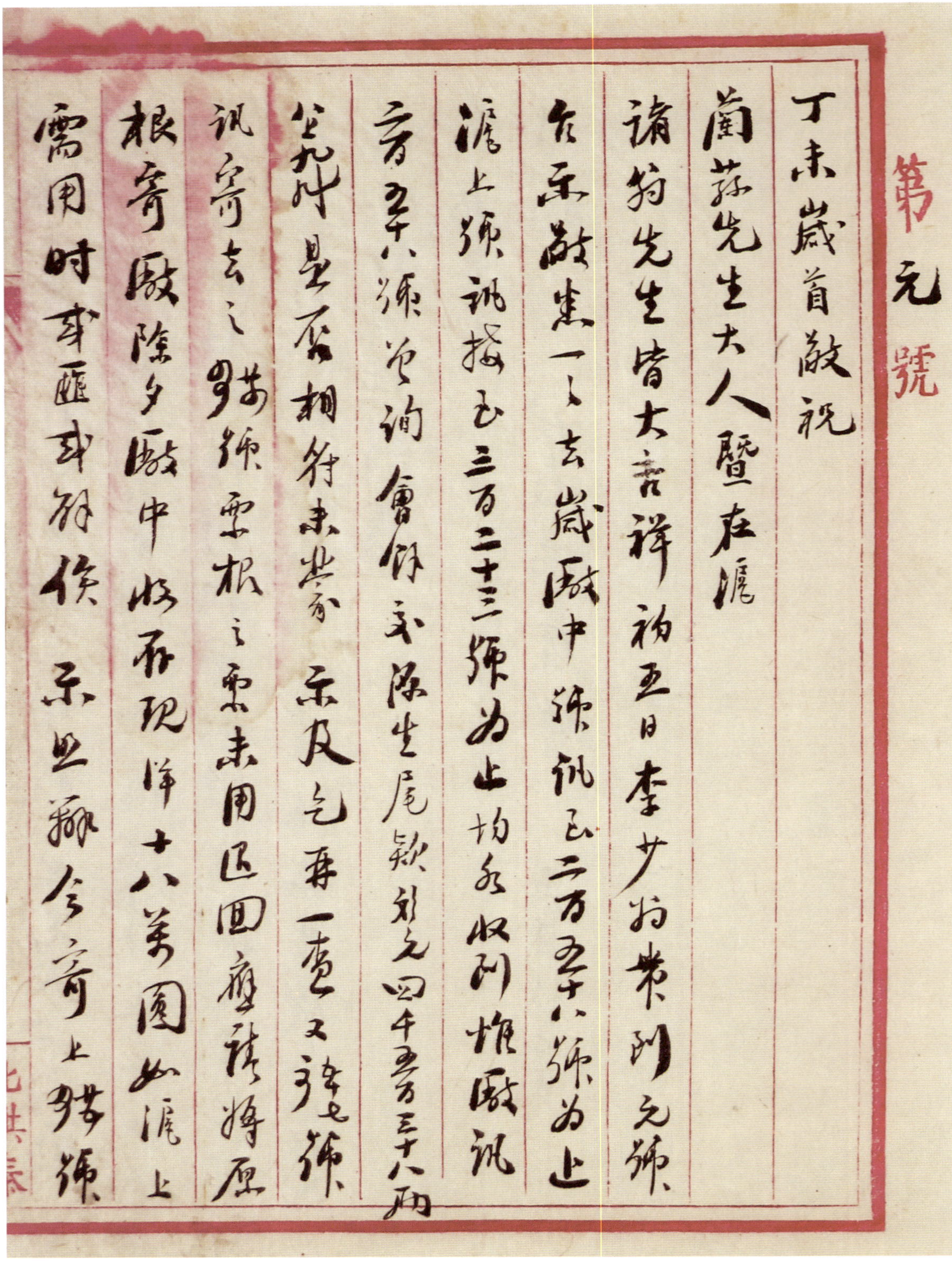

第元號（正月初七日）

丁未歲首，敬祝蘭蓀先生大人暨在滬諸翁先生皆大吉祥。初五日李少翁帶到元號台示，敬悉一一。去歲廠中號訊至二百五十八號爲止，滬上號訊接至三百二十三號爲止，均各收到。惟廠訊二百五十八號曾詢會餘交源生尾款九八元四千五百三十八兩八錢九分九厘是否相符，未蒙示及，乞再一查。又二百五十七號訊寄去之四百廿四號票根之票未用退回，應請將原根寄廠。除夕廠中收存現洋十八萬圓，如滬上需用時，或匯或解，俟示照辦。今寄上四百廿五號票根一頁，計洋五百圓，届期祈照兑。

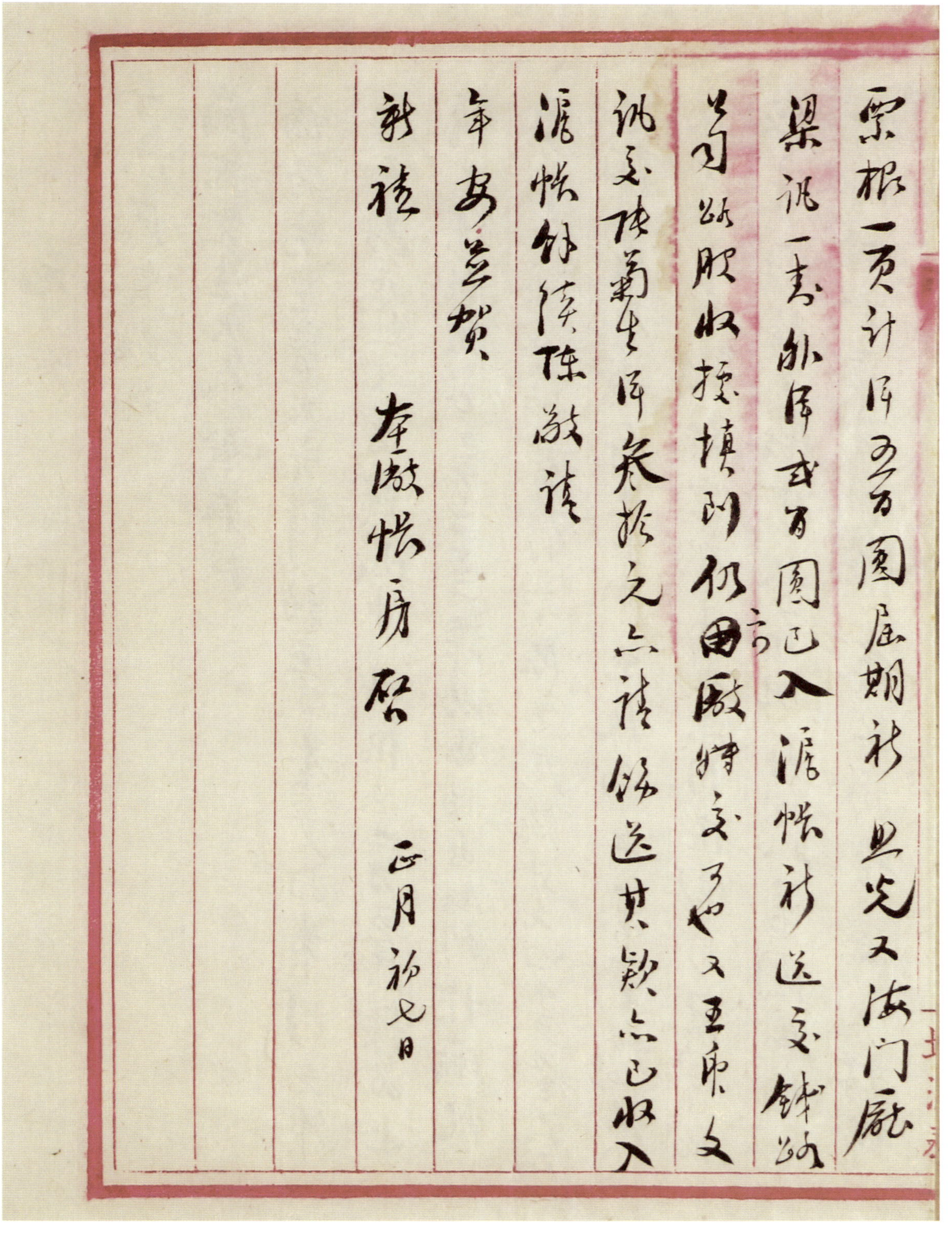

第元號（正月初七日）

又，海門廳梁訊一封外，洋式百圓已入滬帳，祈送交鐵路公司，路股收據填到，仍寄廠轉交可也。又，王虎文訊交張菊生洋叁拾元，亦請飭送，其款亦已收入滬帳。餘續陳。敬請年安，并賀新禧。本廠帳房啓。正月初七日

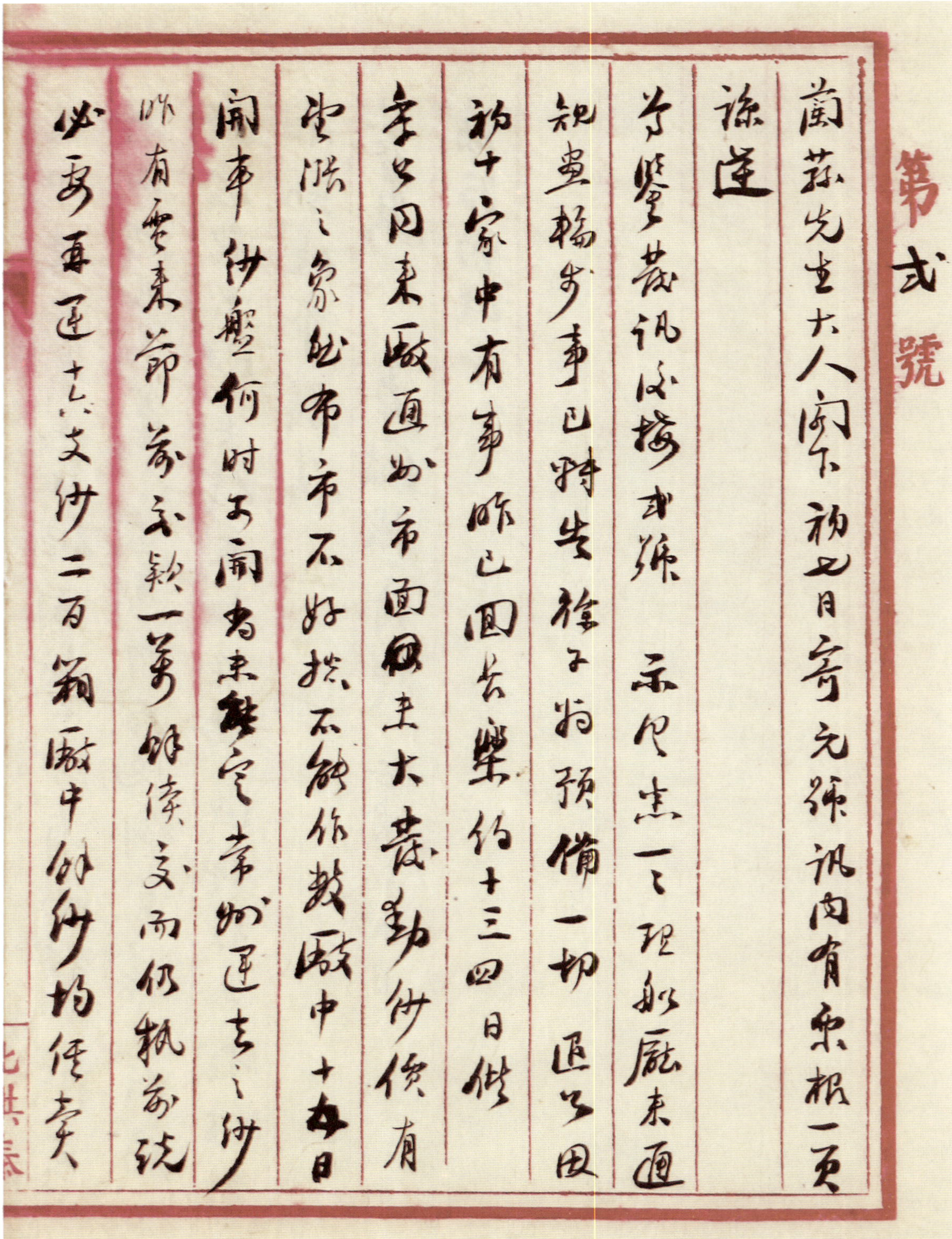

第二號（正月初九日）

蘭蓀先生大人閣下：初七日寄元號訊，內有票根一頁，諒達尊鑒。發訊後接式號示，具悉一一。理船廳來通規畫輪步事，已轉告徐子翁預備一切。退公因初十家中有事，昨已回長樂，約十三四日偕季公同來廠。通州市面未大發動，紗價有望漲之象，然布市不好，總不能作數。廠中十五日開車，紗盤何時可開尚未能定。常州運去之紗，昨有電來，節前交款一萬，餘續交，而仍執前説，必要再運十六支紗二百箱。廠中餘紗均經賣出，即使照發，亦須候開盤方有，而價之漲落，亦不能以去年之三百箱

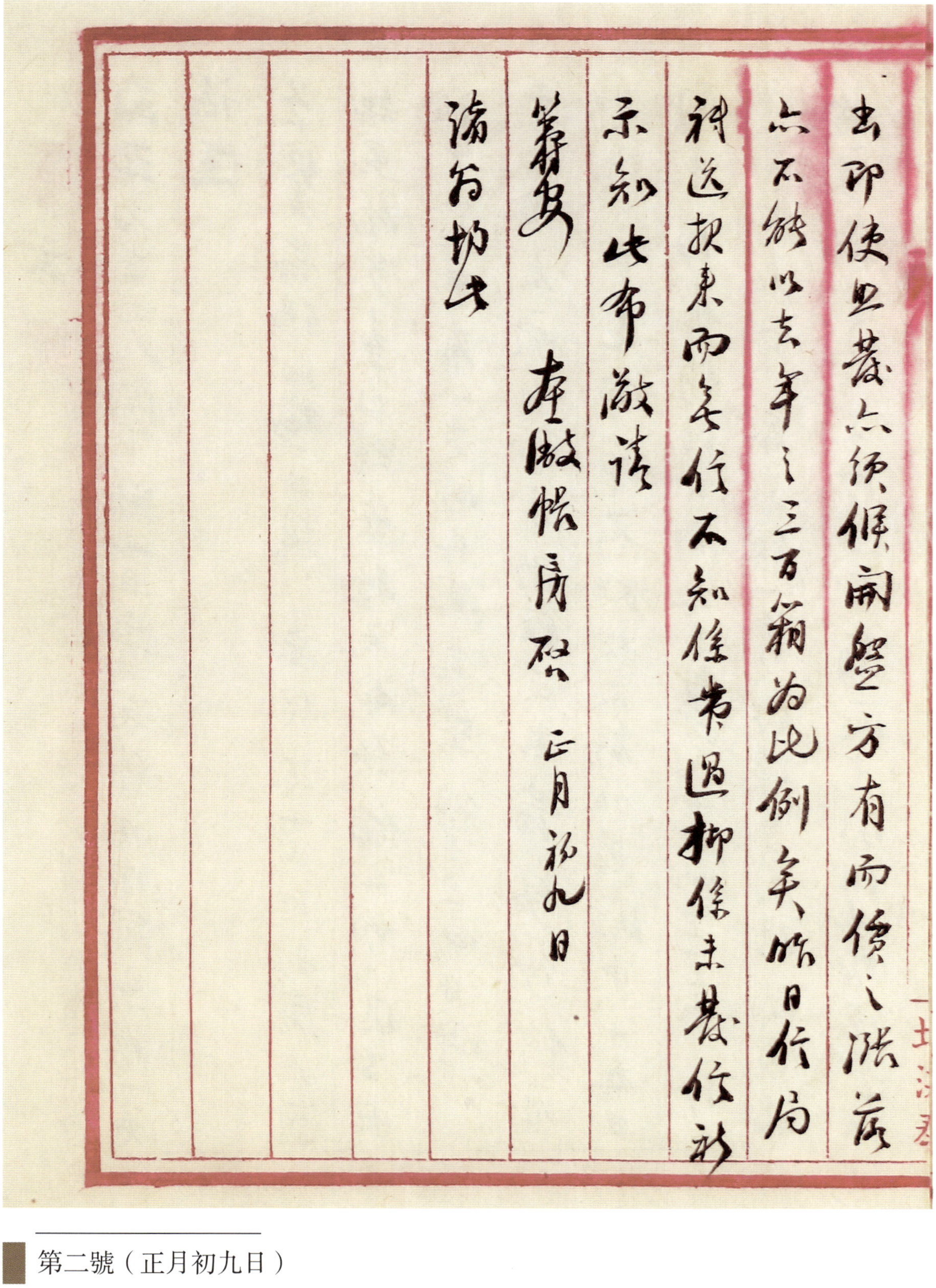

第二號（正月初九日）

爲比例矣。昨日信局衹送報來而無信，不知係帶過，抑係未發信，祈示知。此布，敬請籌安。本廠帳房啓。正月初九日

諸翁均此。

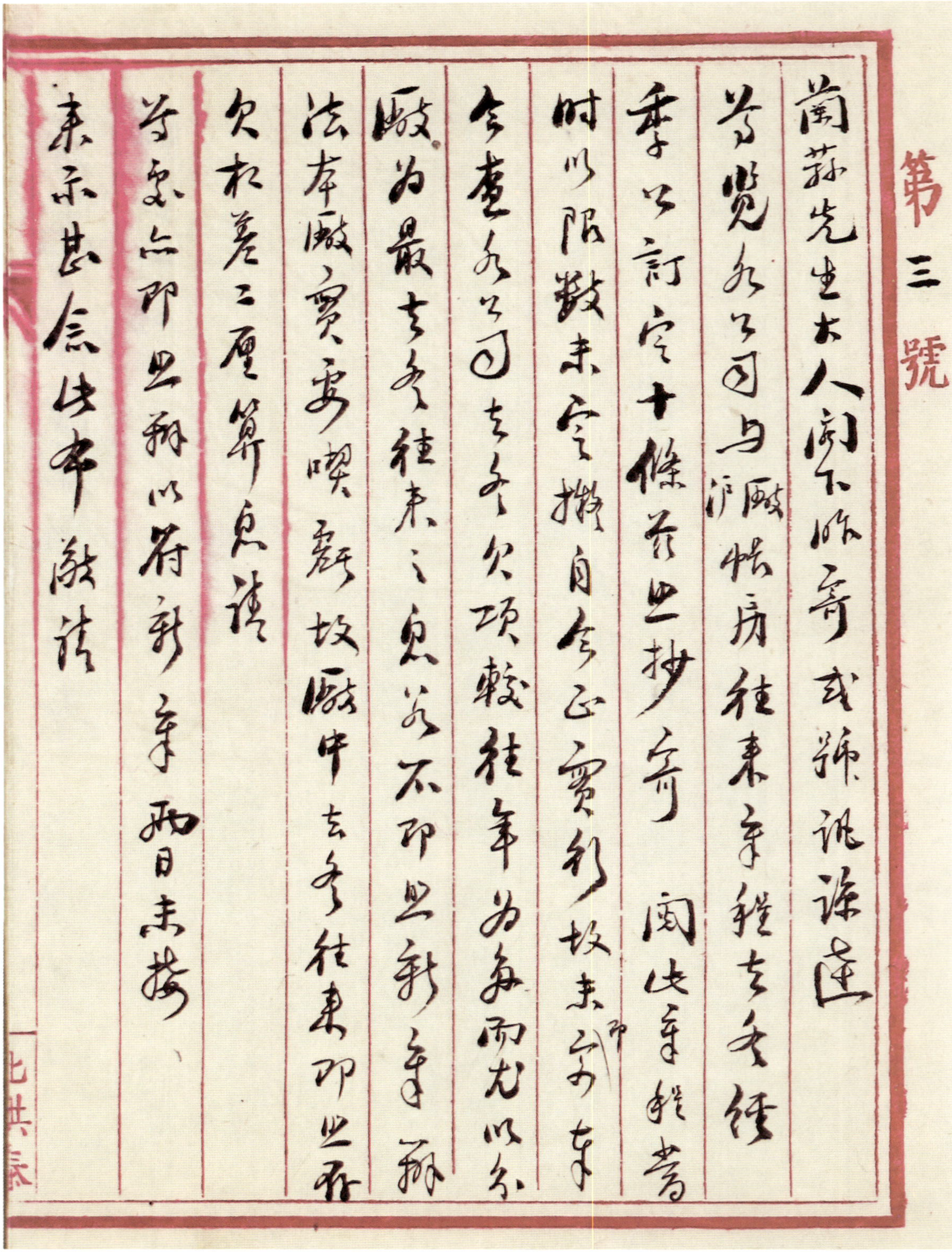

第三號（正月初十日）

蘭蓀先生大人閣下：昨寄弍號訊，諒達尊覽。各公司與廠、滬帳房往來章程，去冬經季公訂定十條，兹照抄寄閲。此章程當時以限數未定，擬自今正實行，故未即寄奉。今查各公司去冬欠項，較往年爲多，而尤以分廠爲最。去冬往來之息，若不即照新章辦法，本廠實要吃虧，故廠中去冬往來即照存欠相差二厘算息，請尊處亦即照辦，以符新章。兩日未接來示，甚念。此布，敬請籌安。本廠帳房啓。正月初十日

諸翁均此。

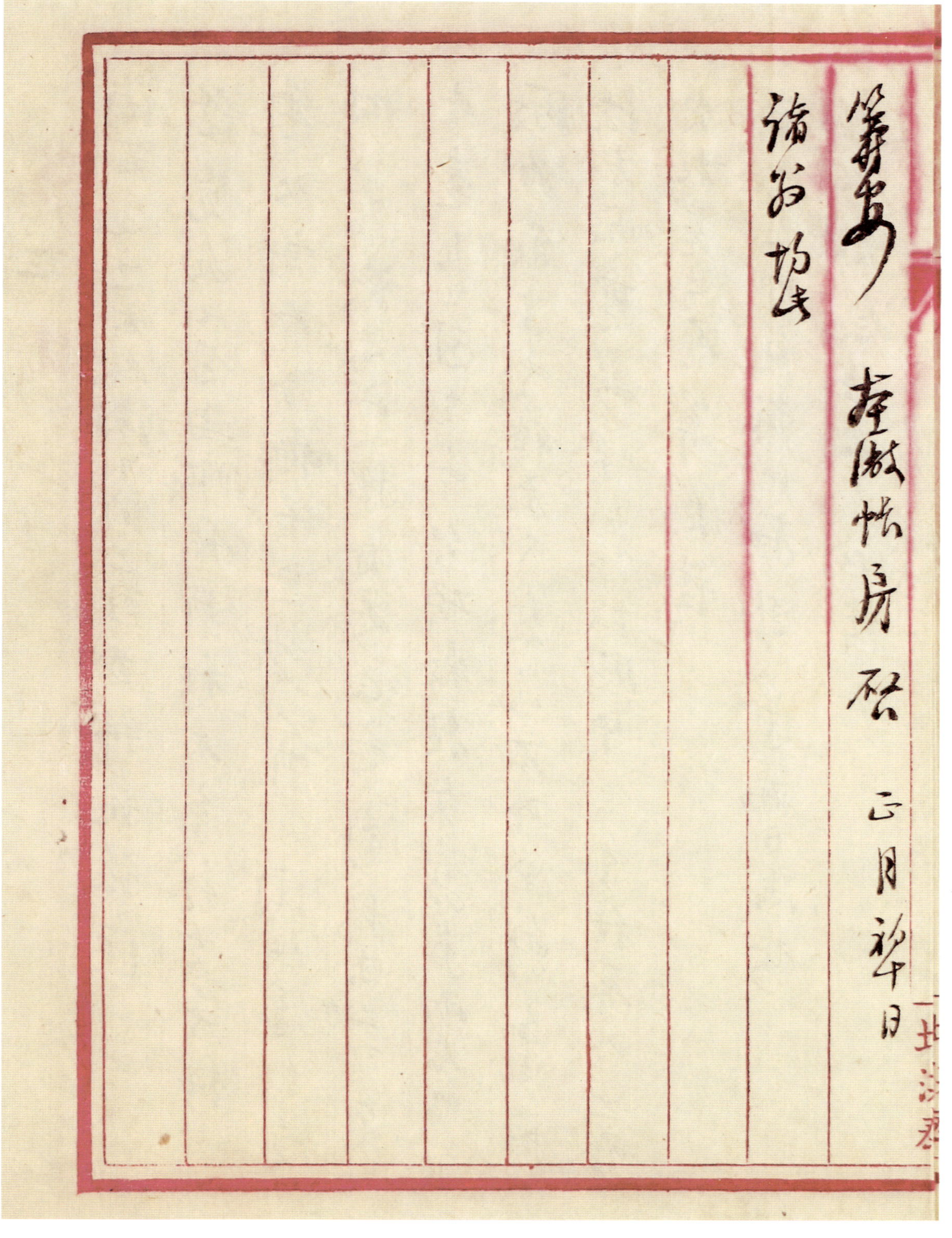

籌安
李徽愷房啟　正月初十日
諭翁均此

第三號（正月初十日）

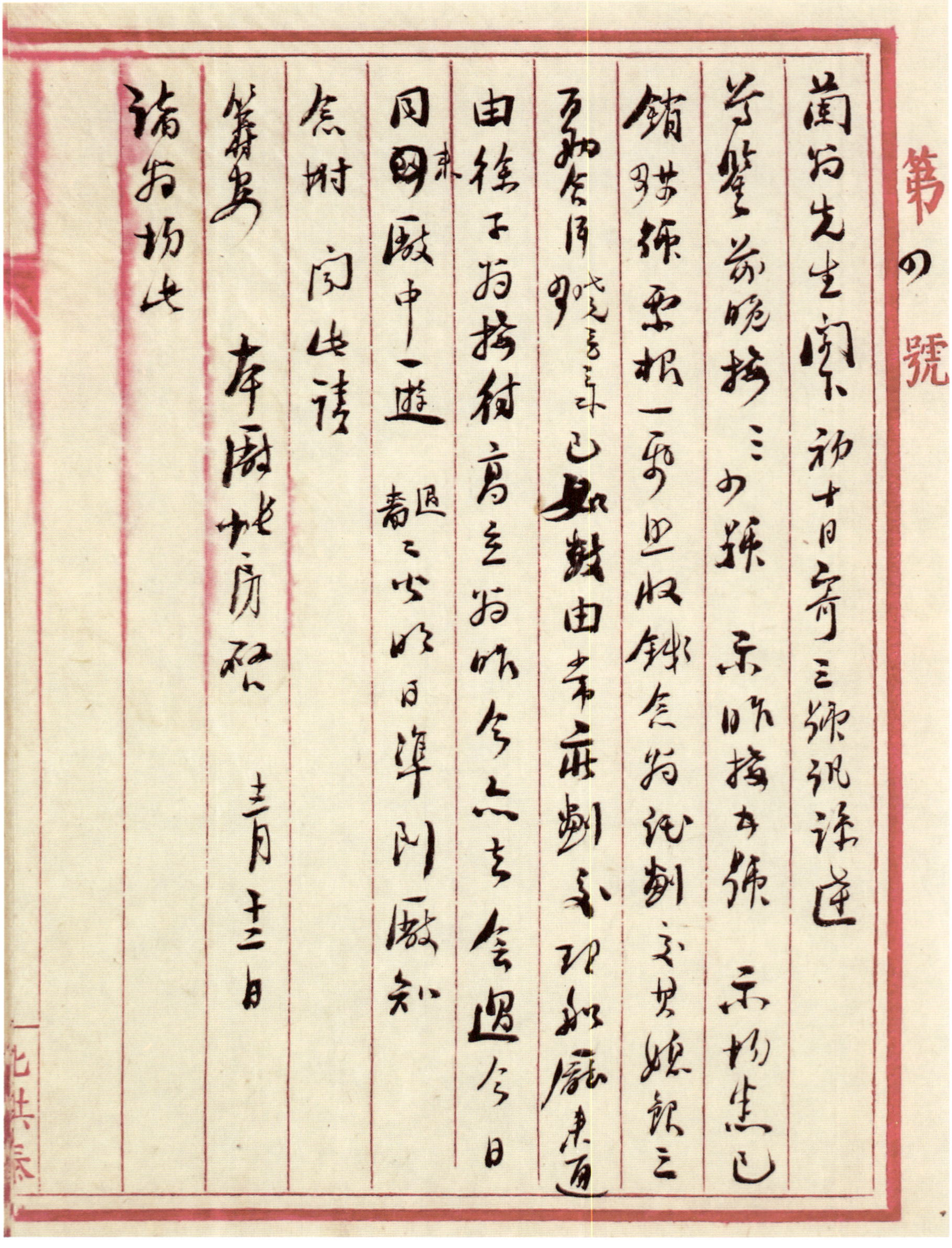

第四號（正月十二日）

蘭翁先生閣下：初十日寄三號訊，諒達尊鑒。前晚接三、四號示，昨接五號示，均悉。已銷四月廿四號票根一紙照收。錢念翁托劃交其媳銀三百兩，合洋四百〇七元三角三分二，已如數由常莊劃交。理船廳來通，由徐子翁接待，高立翁昨、今亦去會過，今日同來廠中一游。退、嗇二公明日準到廠，知念附聞。此請籌安。本廠帳房啓。十二〔正〕月十二日

諸翁均此。

第四號（正月十二日）

（按：此信署時“十二月”，應爲“正月”之誤）

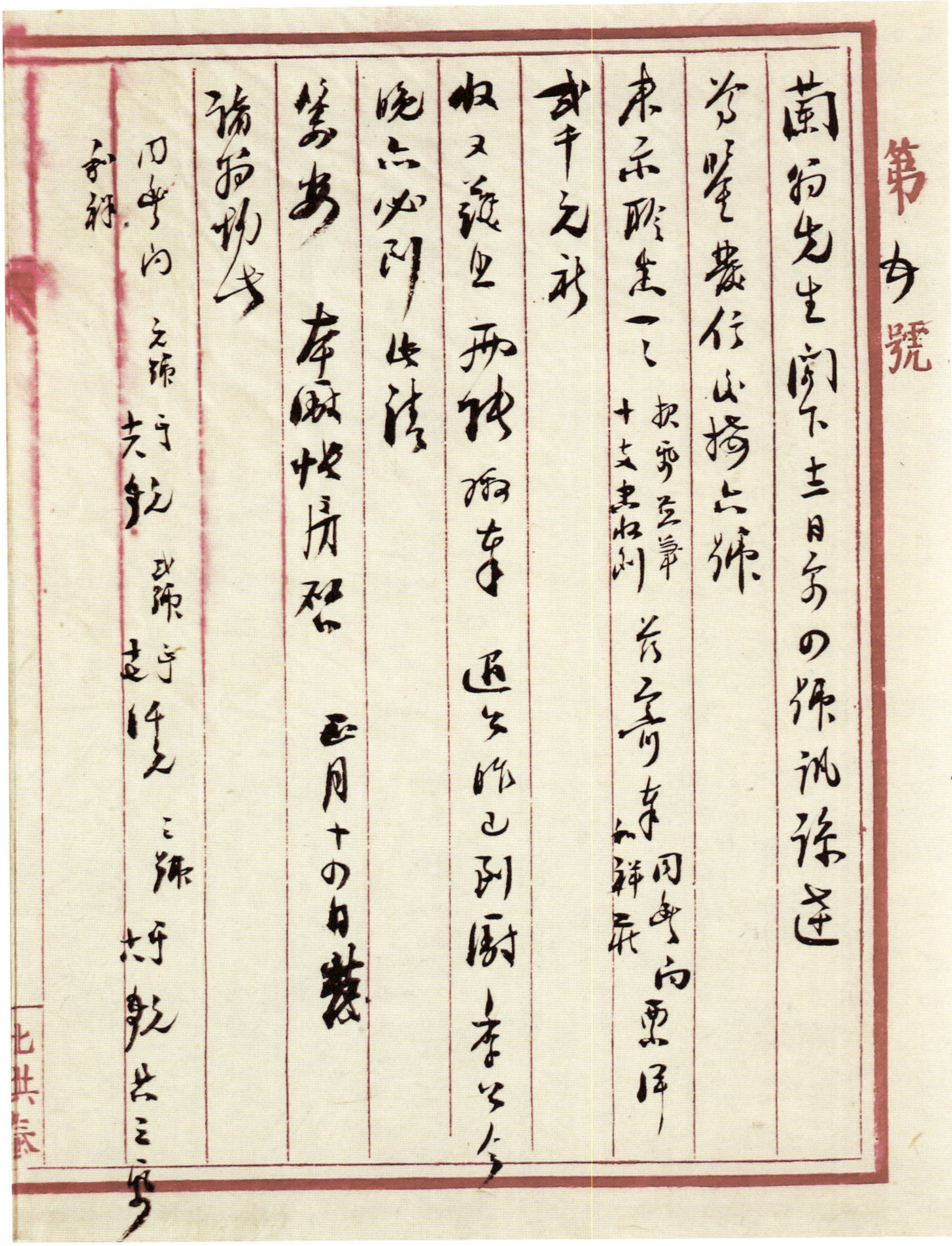

第五號（正月十四日）

蘭翁先生閣下：十二日寄四號訊，諒達尊鑒。發信後接六號來示，聆悉一一（報紙并筆十支未收到）。玆寄奉同豐向和祥莊票洋式千元，祈收。又護照兩張繳奉。退公昨已到廠，季公今晚亦必到。此請籌安。本廠帳房啓。正月十四日發

諸翁均此。

同豐向和祥，元號，正月十六，五百元；式號，正月十七，一千元；三號，正月十八，五百元。共三紙。

第五號（正月十四日）

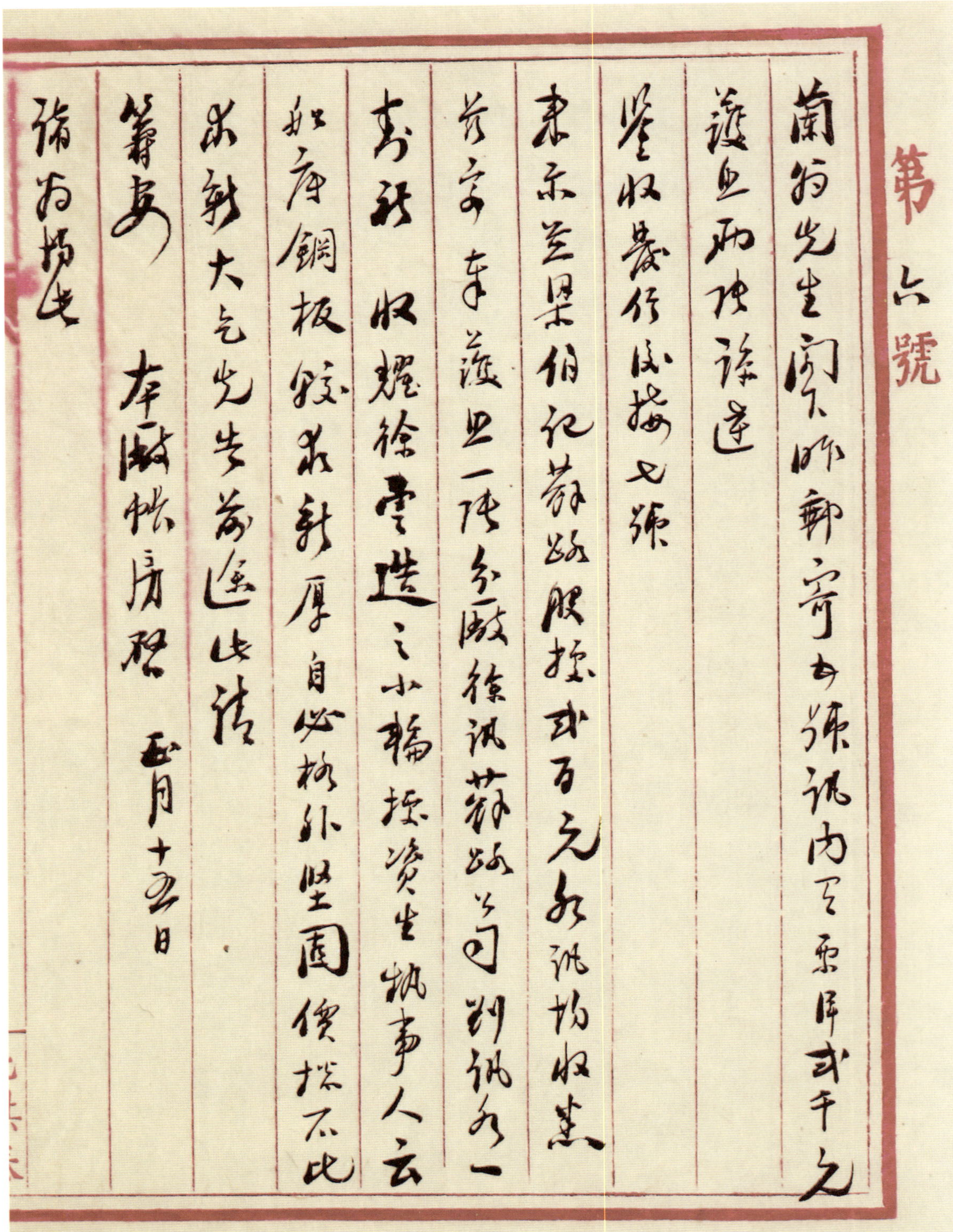

第六號（正月十五日）

蘭翁先生閣下：昨郵寄五號訊，内有票洋弍千元、護照兩張，諒達鑒收。發信後接七號來示，并梁伯記蘇路股據弍百元，各訊均收悉。兹寄奉護照一張，分廠徐訊、蘇路公司劉訊各一封，祈收。耀徐定造之小輪，據資生執事人云，船底鋼板較求新厚，自必格外堅固，價總不比求新大，乞先告前途。此請籌安。本廠帳房啓。正月十五日

諸翁均此。

第六號（正月十五日）

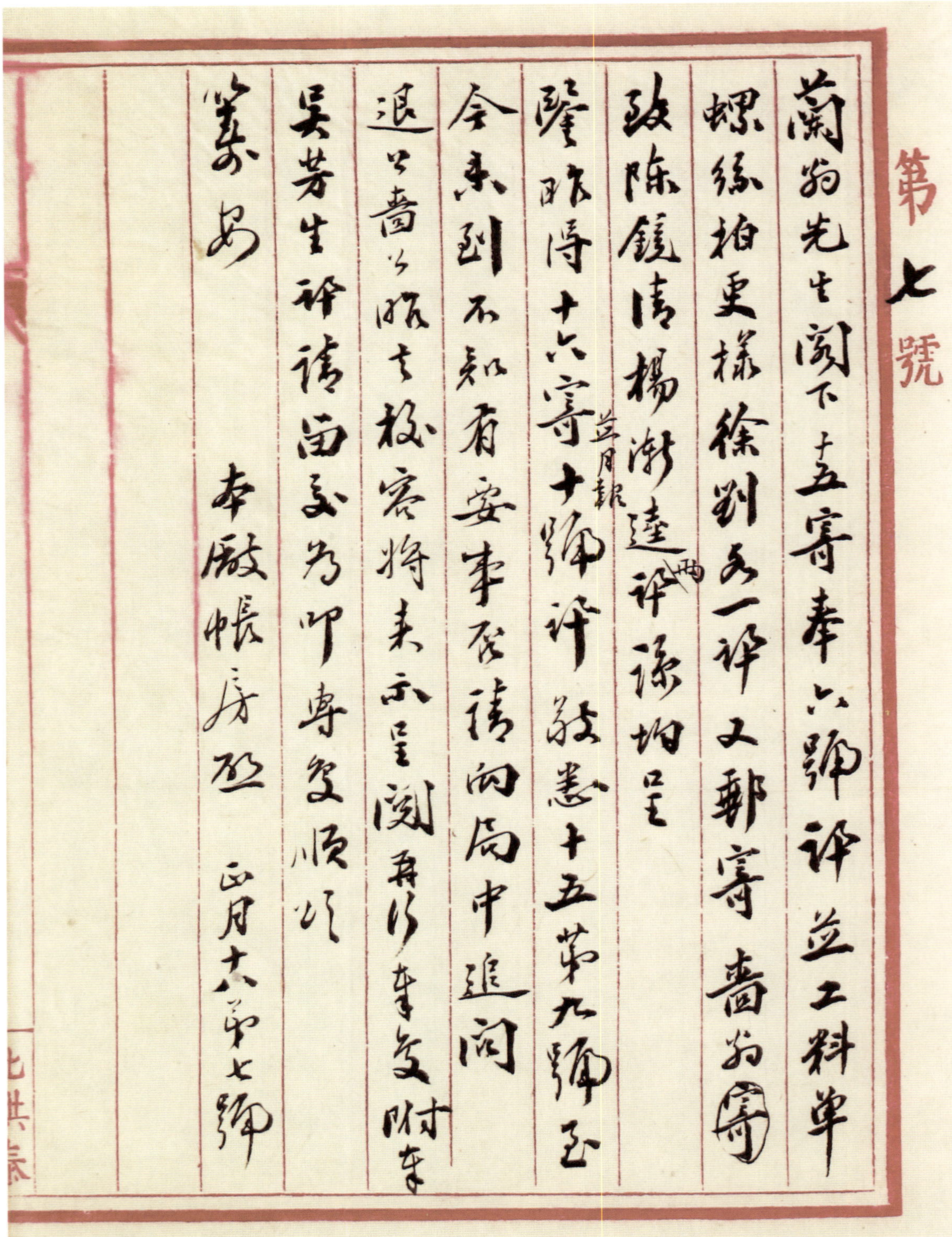

第七號（正月十八日）

蘭翁先生閣下：十五寄奉六號訊，并工料單、螺絲拍更樣、徐劉各一訊，又郵寄嗇翁致陳鏡清、楊漸逵兩訊，諒均呈鑒。昨得十六寄十號訊（并月報），敬悉。十五第九號至今未到，不知有要事否？請向局中追問。退公、嗇公昨去校，容將來示呈閱，再行奉復。附奉吴芳生訊，請留交爲叩。專復，順頌籌安。本廠帳房啓。正月十八第七號

第七號（正月十八日）

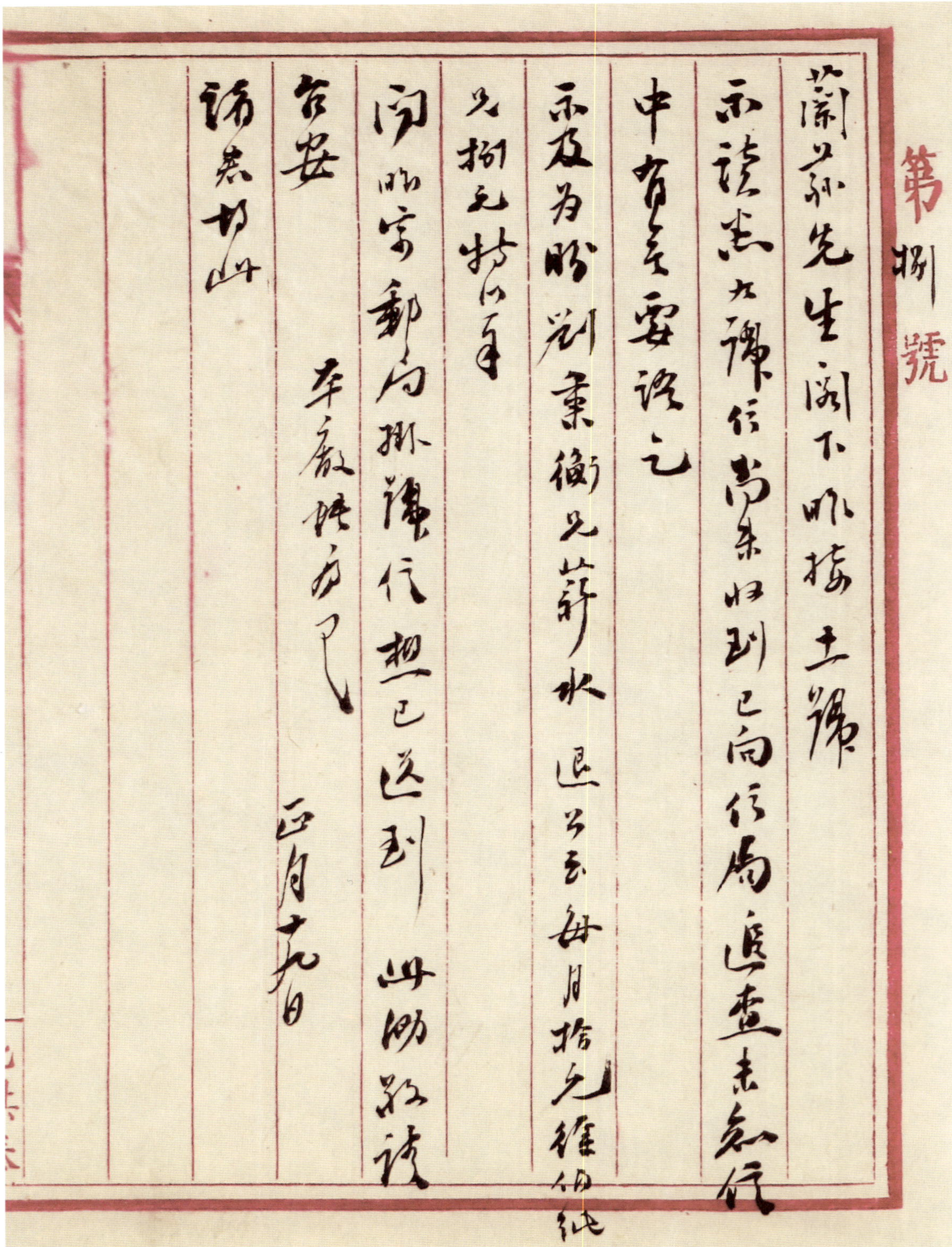

第八號（正月十九日）

蘭蓀先生閣下：昨接十一號示，讀悉。九號信尚未收到，已向信局追查，未知信中有無要語，乞示及爲盼。劉秉衡兄薪水，退公云每月拾元，徐伯純兄捌元，特以奉聞。昨寄郵局掛號信，想已送到。此泐，敬請台安。本廠帳房具。正月十九日
諸君均此。

第八號（正月十九日）

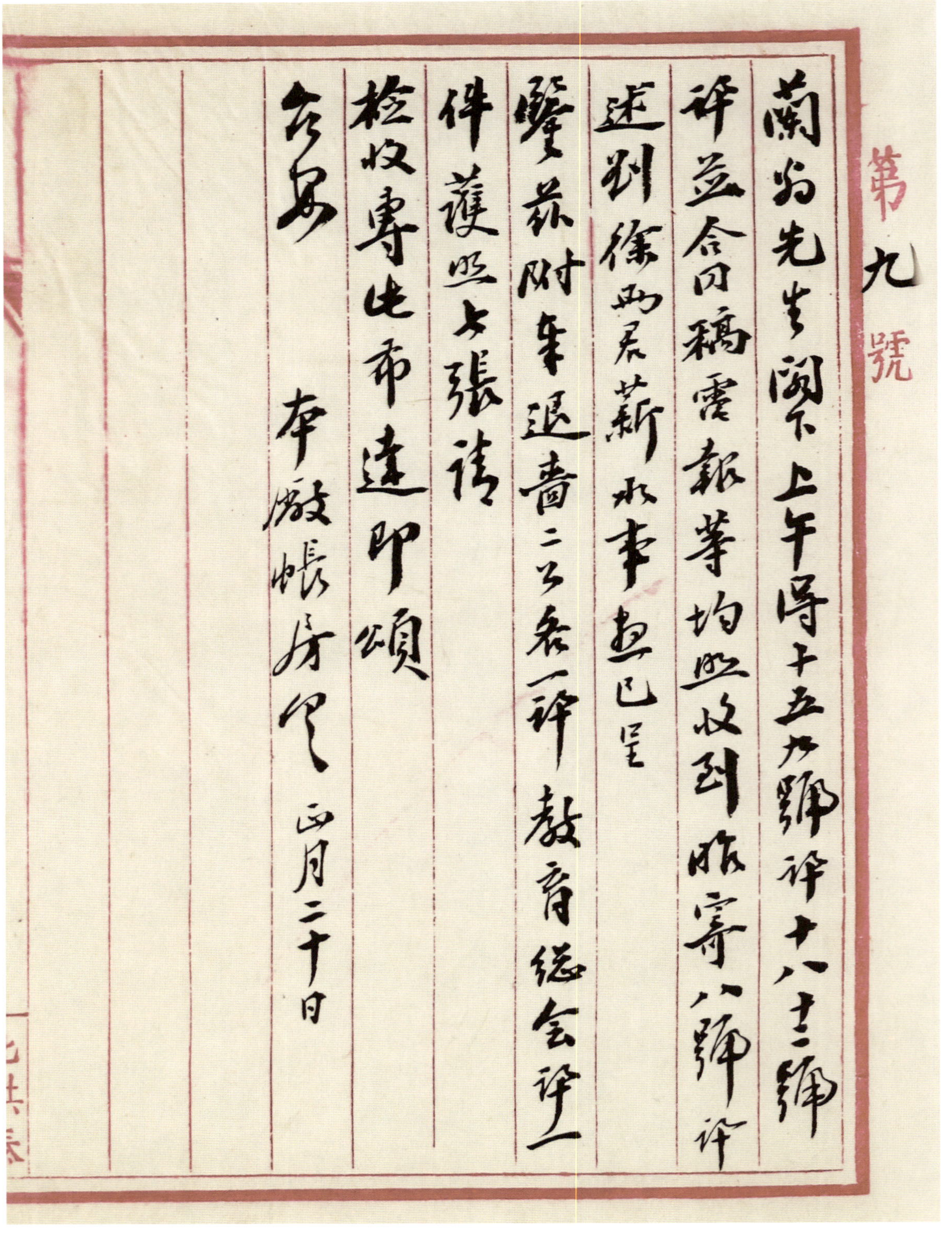
第九號

蘭翁先生閣下 上午得十五九號訊十八十二號訊并合同稿電報等均照收到昨寄八號訊述劉徐兩君薪水事想已呈鑒茲附奉退嗇二公各一訊教育総会訊一件護照七張請檢收專此布達即頌台安

本廠帳房具 正月二十日

第九號（正月二十日）

蘭翁先生閣下：上午得十五九號訊，十八十二號訊，并合同稿、電報等，均照收到。昨寄八號訊，述劉、徐兩君薪水事，想已呈鑒。茲附奉退、嗇二公各一訊，教育總會訊一件，護照七張，請檢收。專此布達，即頌台安。本廠帳房具。正月二十日

第九號（正月二十日）

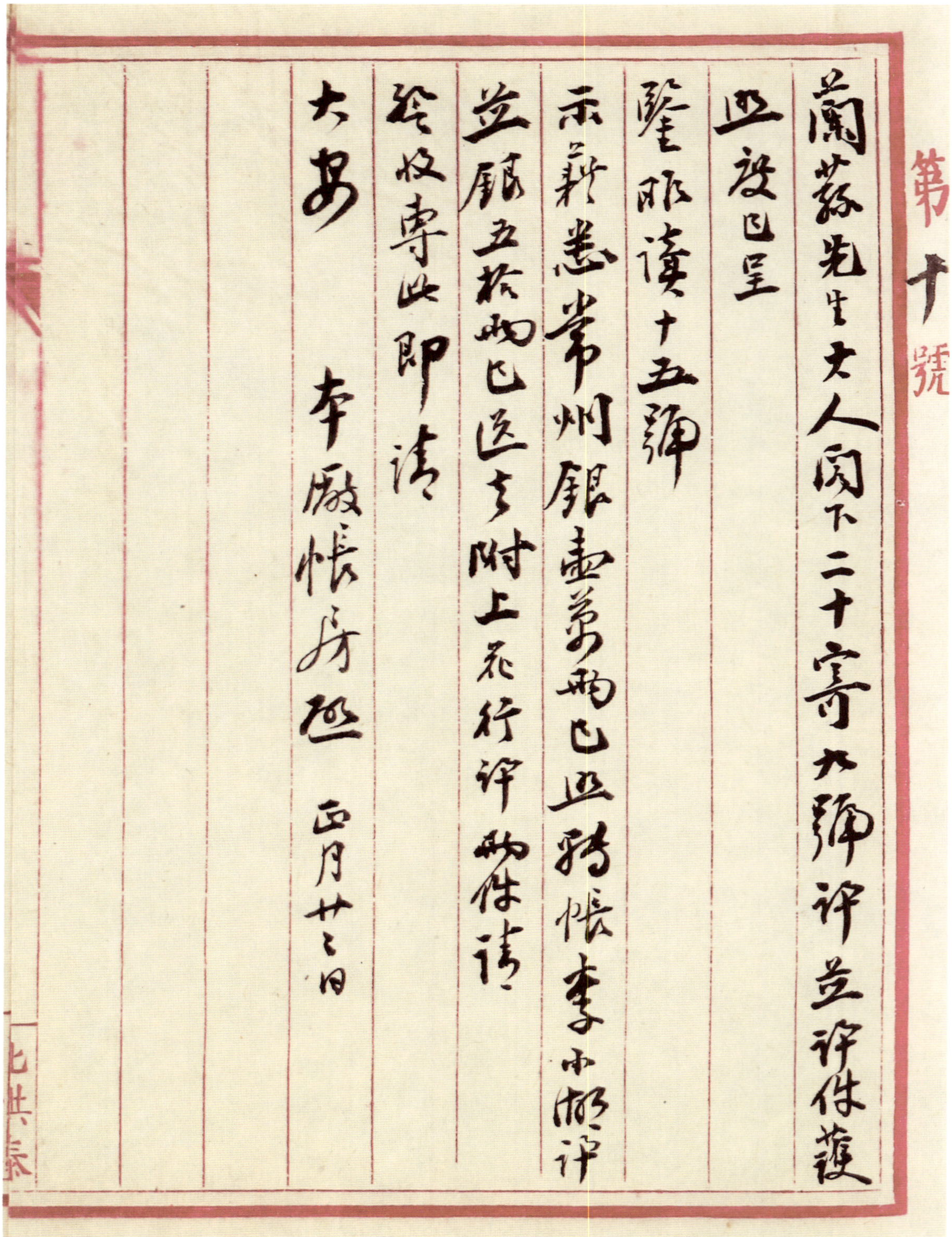
第十號
蘭蓀先生大人閣下二十寄九號訊并訊件護
照度已呈
鑒昨讀十五號
示藉悉常州銀壹萬兩已照轉帳李小湖訊
并銀五拾兩已送去附上花行訊兩件請
察收專此即請
大安　本廠帳房啓
正月廿二日

第十號（正月廿二日）

蘭蓀先生大人閣下：二十寄九號訊，并訊件、護照，度已呈鑒。昨讀十五號示，藉悉常州銀壹萬兩已照轉帳，李小湖訊并銀五拾兩已送去。附上花行訊兩件，請察收。專此，即請大安。本廠帳房啓。正月廿二日

第十號（正月廿二日）

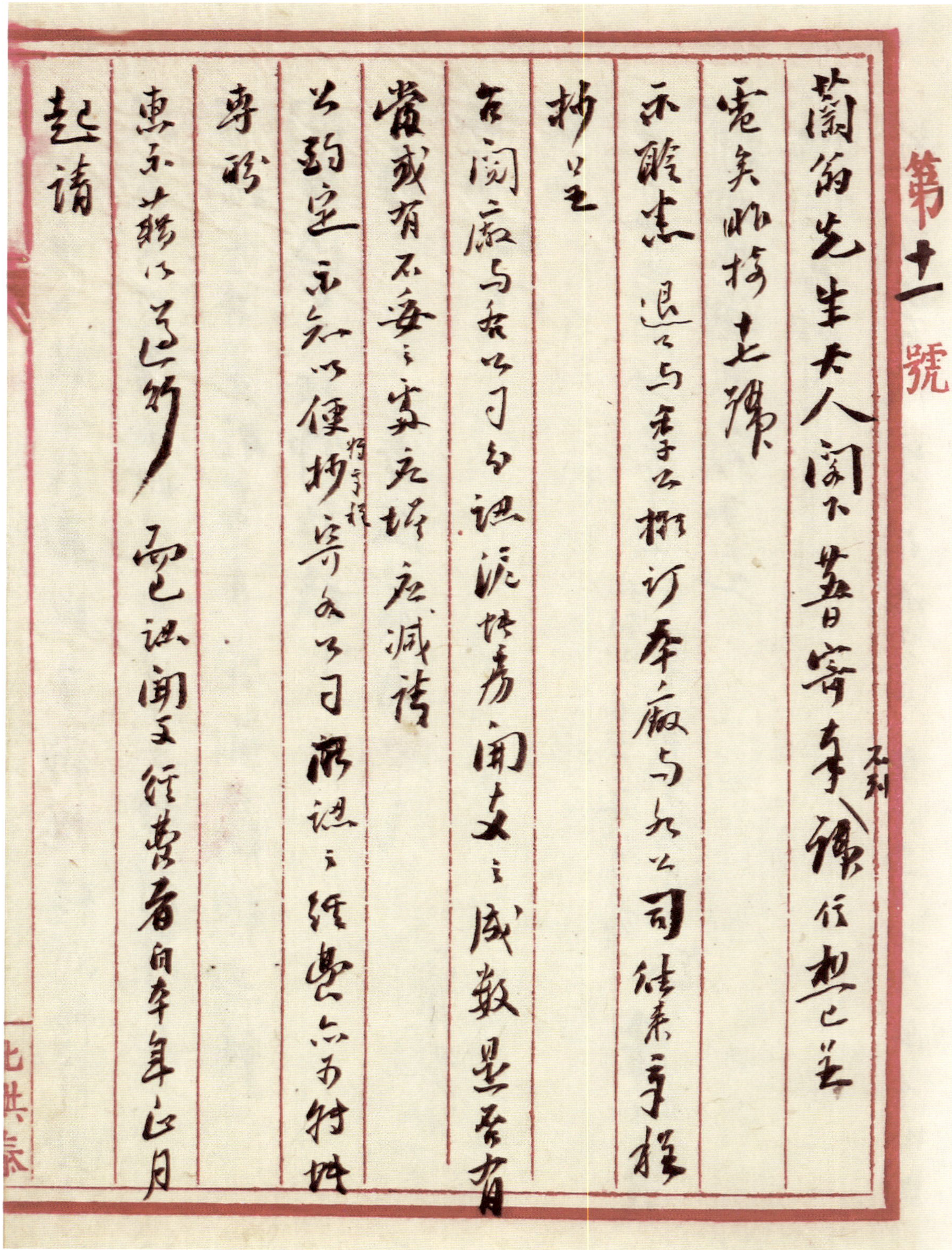
第十一號
蘭翁先生大人閣下：廿五日寄奉不列號信，想已呈
電矣。昨接十七號
示，聆悉。退公與季公擬訂本廠與各公司往來章程
抄呈
台閱。廠與各公司分認滬帳房開支之成數，是否有
當，或有不妥之處，應增應減，請
公酌定示知，以便將章程抄寄各公司，所認之經費亦可轉帳。
專盼
惠示，藉以遵行。而已認開支經費者，自本年正月
起，請

第十一號（正月廿六日）

蘭翁先生大人閣下：廿五日寄奉不列號信，想已呈電矣。昨接十七號示，聆悉。退公與季公擬訂本廠與各公司往來章程，抄呈台閱。廠與各公司分認滬帳房開支之成數，是否有當，或有不妥之處，應增應減，請公酌定示知，以便將章程抄寄各公司，所認之經費亦可轉帳。專盼惠示，藉以遵行。而已認開支經費者，自本年正月起，請尊處另立往來帳頭，照章辦理，從此帳目界限，爲之一清。又附薪水單一紙，到祈台閱。三井來信寄呈。覆謝蘅牕函，請閱後送去。此布，敬請台安。

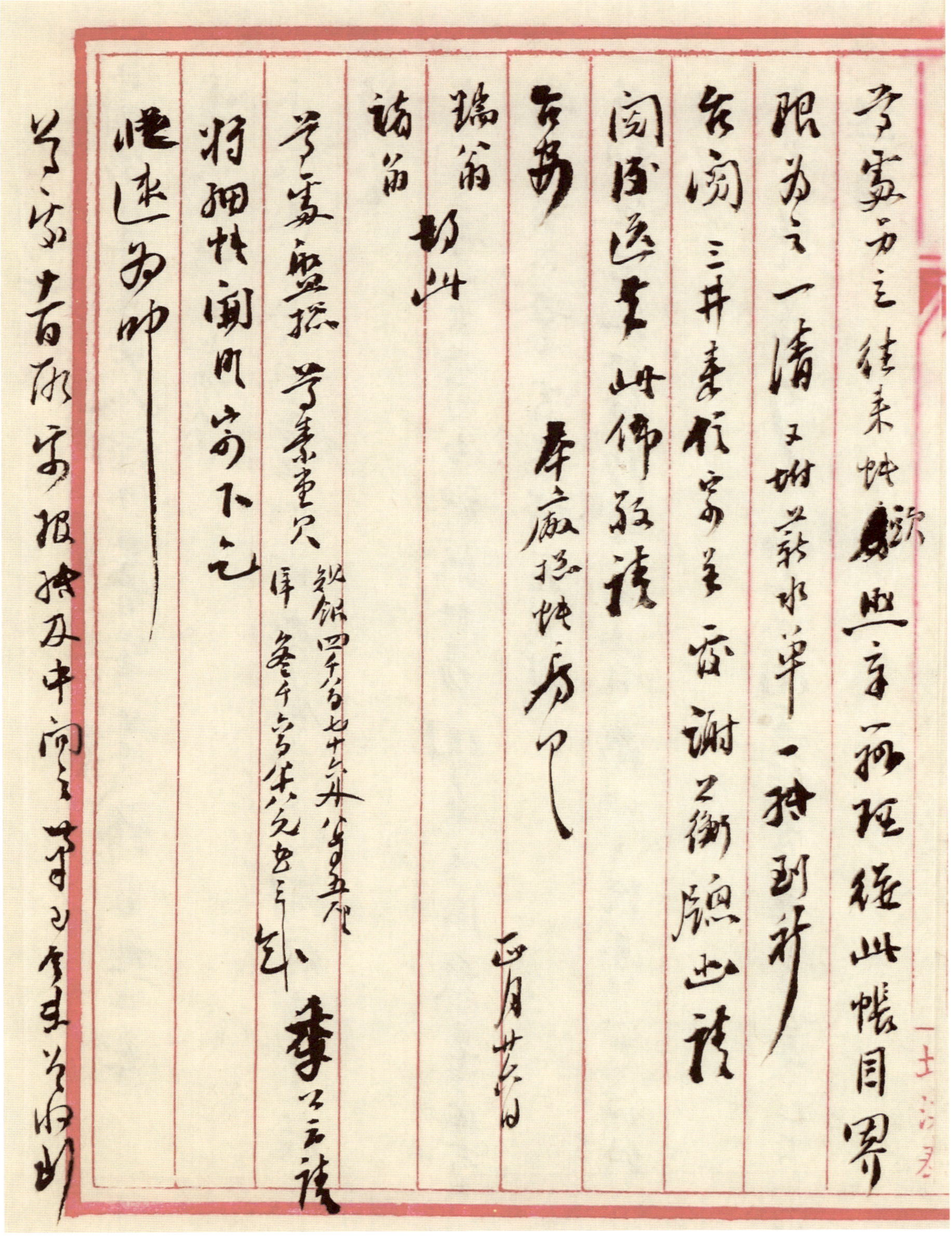

第十一號（正月廿六日）

本廠總帳房具。正月廿六日

瑞翁、諸翁均此。

尊處盤總，尊素堂欠（規銀四千八百七十六兩八錢〇五厘，洋叁千六百八十八元五角三分八厘），季公云請將細帳開明寄下，乞從速爲叩。

尊處十一日所寄報紙及中間之筆，至今未曾收到。

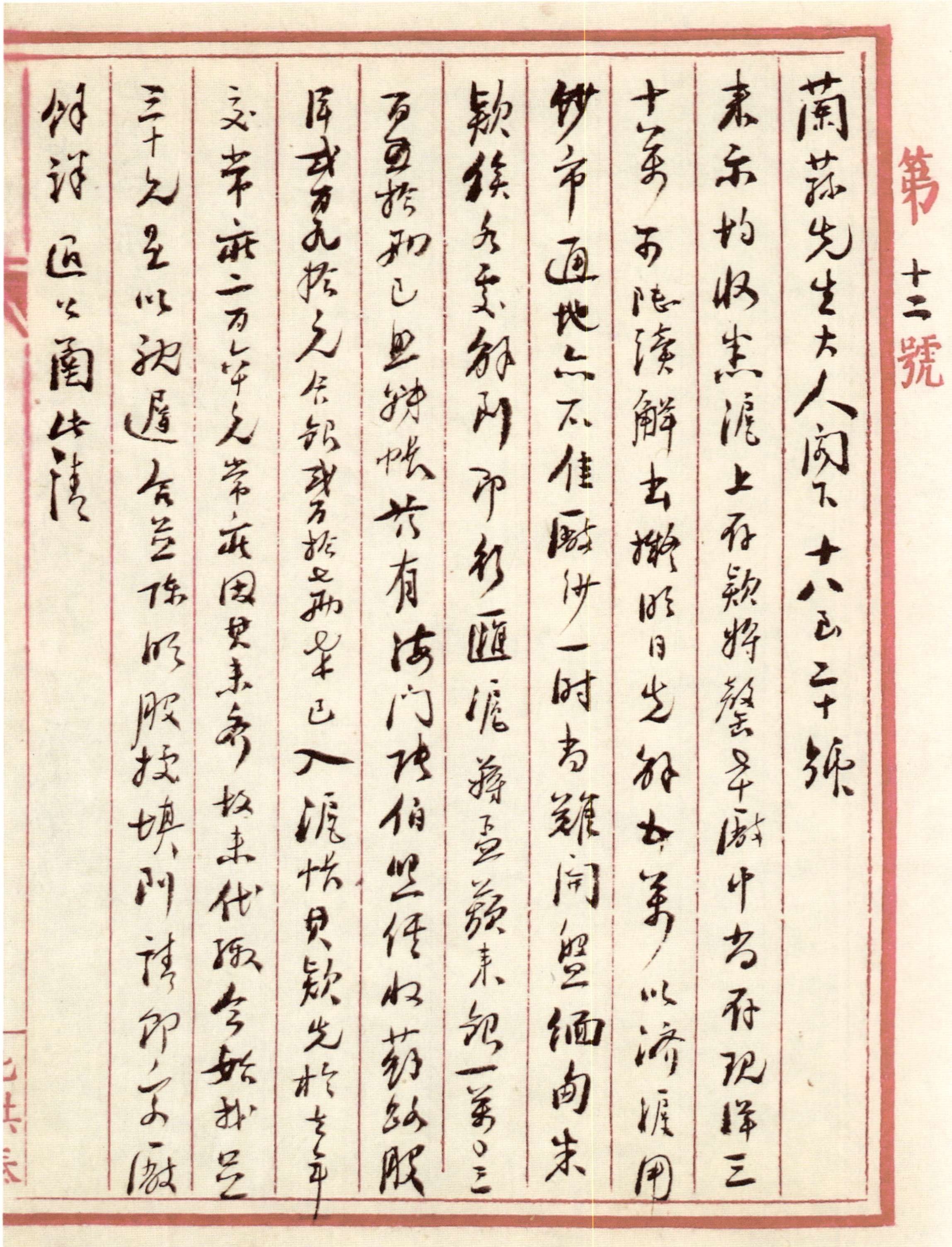

第十二號（二月初一日）

蘭蓀先生大人閣下：十八至二十號來示均收悉。滬上存款將罄，幸廠中尚存現洋三十萬可陸續解出，擬明日先解五萬，以濟滬用。紗市通地亦不佳，廠紗一時尚難開盤，緬甸米款俟各處解到，即行匯滬。蔣孟蘋來銀一萬〇三百五拾兩，已照轉帳。兹有海門張伯熙經收蘇路股洋弍百九拾元，合銀弍百拾七兩七錢，已入滬帳。其款先於去年交常莊二百六十元，常莊因其未齊，故未代繳，今始找足三十元，是以耽遲。合并陳明。股據填到，請即寄廠。餘詳退公函。此請台安。本廠帳房啓。二月初一日

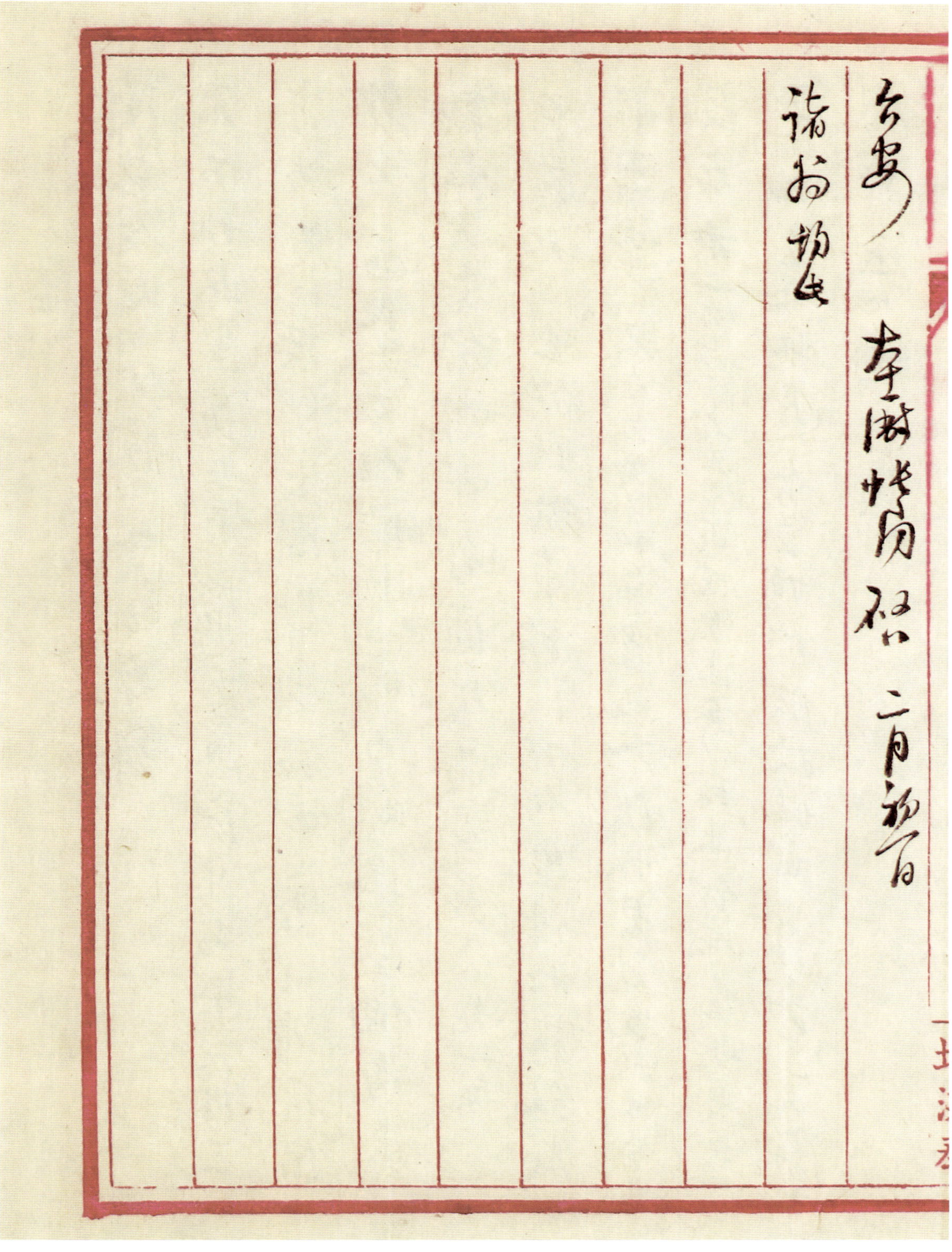

第十二號（二月初一日）

諸翁均此。

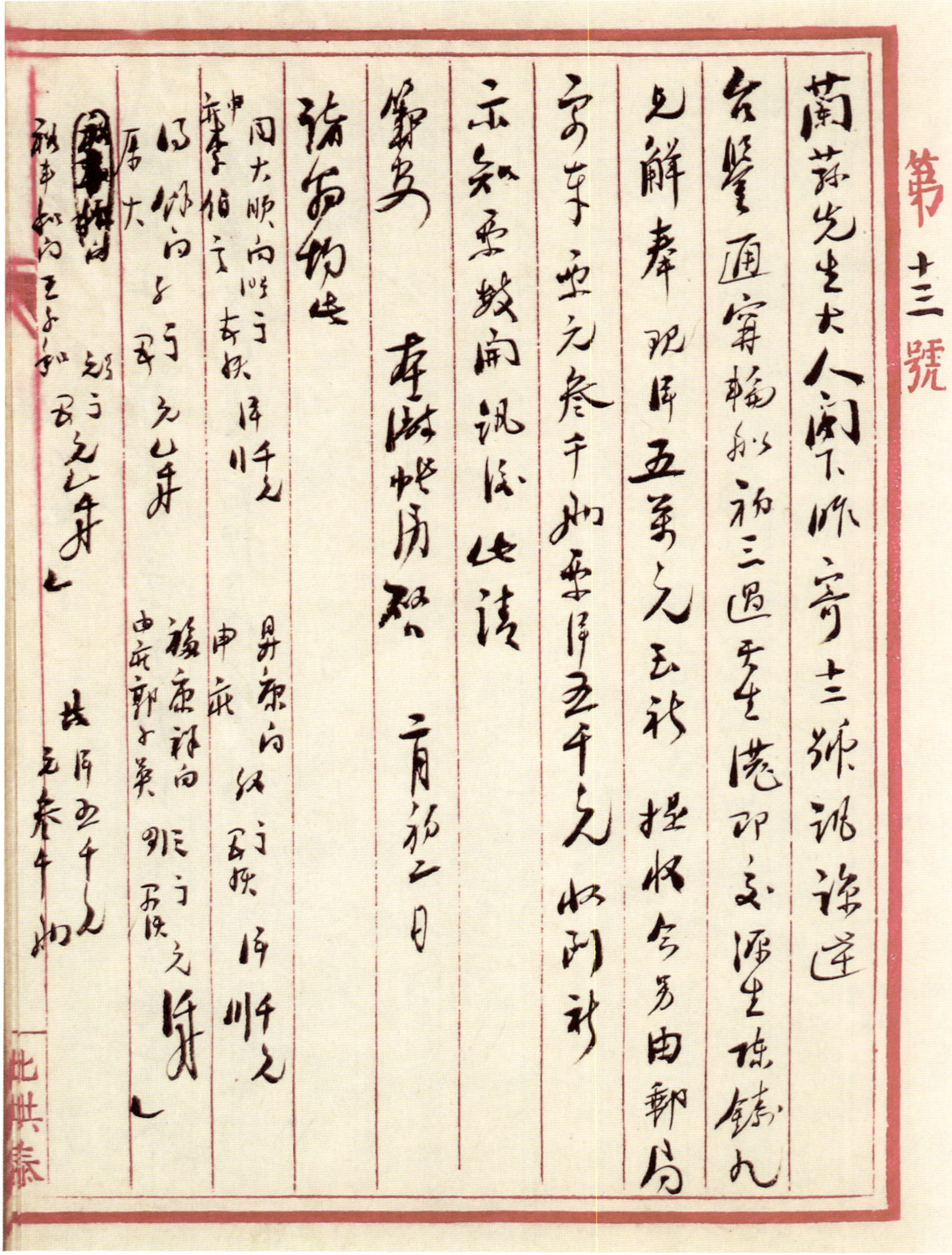

第十三號（二月初二日）

蘭蓀先生大人閣下：昨寄十二號訊，諒達台鑒。通寧輪船初三過天生港，即交源生陳鑄九兄解奉現洋五萬元，至祈提收。今另由郵局寄奉票元叁千兩、票洋五千元，收到祈示知，票數開訊後。此請籌安。本廠帳房啓。二月初二日

諸翁均此。

周大順向申莊李伯言，一〇號，二月十五（五天），洋二千元

昇康向申莊，五四，二月初五（五天），洋三千元

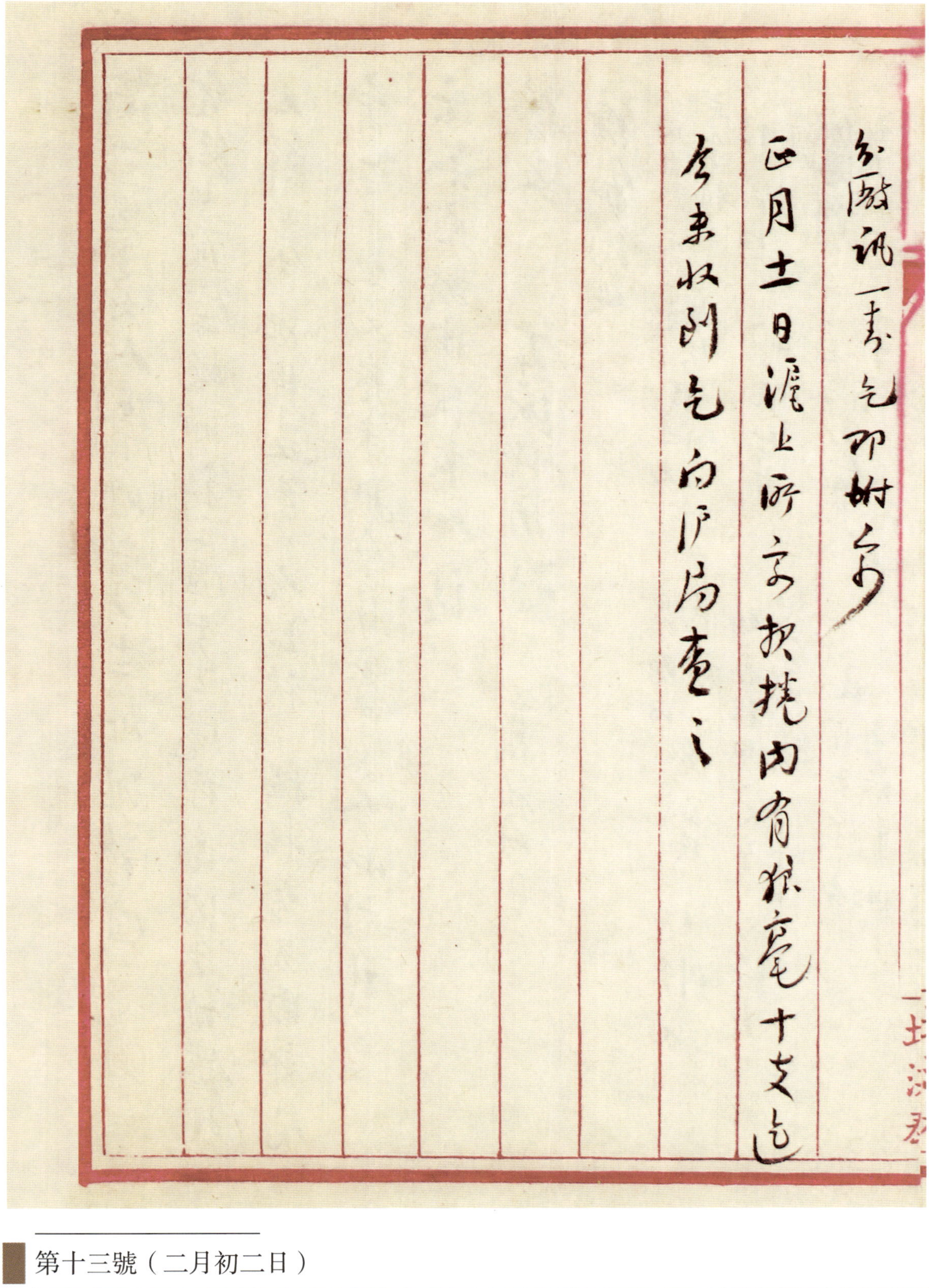
分廠訊一封乞即附寄
正月十一日滬上所寄報捲内有狼毫十支迄
今未收到乞向滬局查之

第十三號（二月初二日）

得餘向厚大，五，二月初五，元一千兩

福康祥向申莊郭子英，四一三，二月初四（十天），元一千兩

裕豐和向王子和，元號，二月初五，元一千兩

共洋五千元、元叁千兩

分廠訊一封，乞即附寄。

正月十一日滬上所寄報捲内有狼毫十支，迄今未收到，乞向滬局查之。

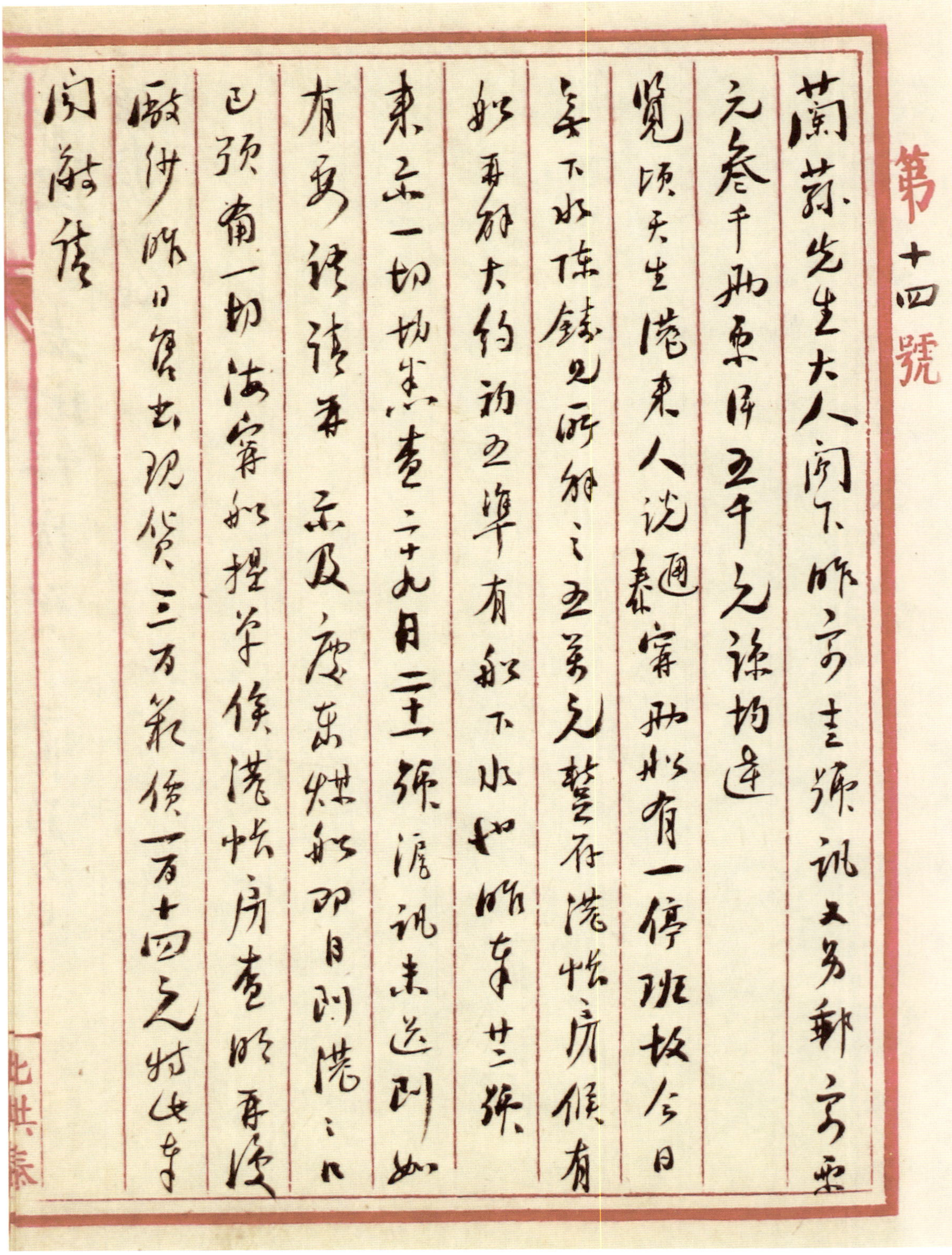
第十四號
蘭蓀先生大人閣下昨寄十三號訊又另郵寄票元叁千兩票洋五千元諒均達覽頃天生港來人說通泰寧兩船有一停班故今日無下水陳鑄兄所解之五萬元暫存港帳房候有船再解大約初五準有船下水也昨奉廿二號來示一切均悉查二十九日二十一號滬訊未送到如有要語請再示及慶泰煤船即日到港港口已預備一切海寧船提單俟港帳房查明再復廠紗昨日售出現貨三百箱價一百十四元特此奉聞

第十四號（二月初三日）

蘭蓀先生大人閣下：昨寄十三號訊，又另郵寄票元叁千兩、票洋五千元，諒均達覽。頃天生港來人，説通寧、泰寧兩船有一停班，故今日無下水，陳鑄兄所解之五萬元暫存港帳房，候有船再解，大約初五準有船下水也。昨奉廿二號來示，一切均悉。查二十九日二十一號滬訊未送到，如有要語，請再示及。慶泰煤船即日到港，港口已預備一切。海寧船提單，俟港帳房查明再復。廠紗昨日售出現貨三百箱，價一百十四元。特此奉聞。敬請籌安。本廠帳房啓。二月初三日

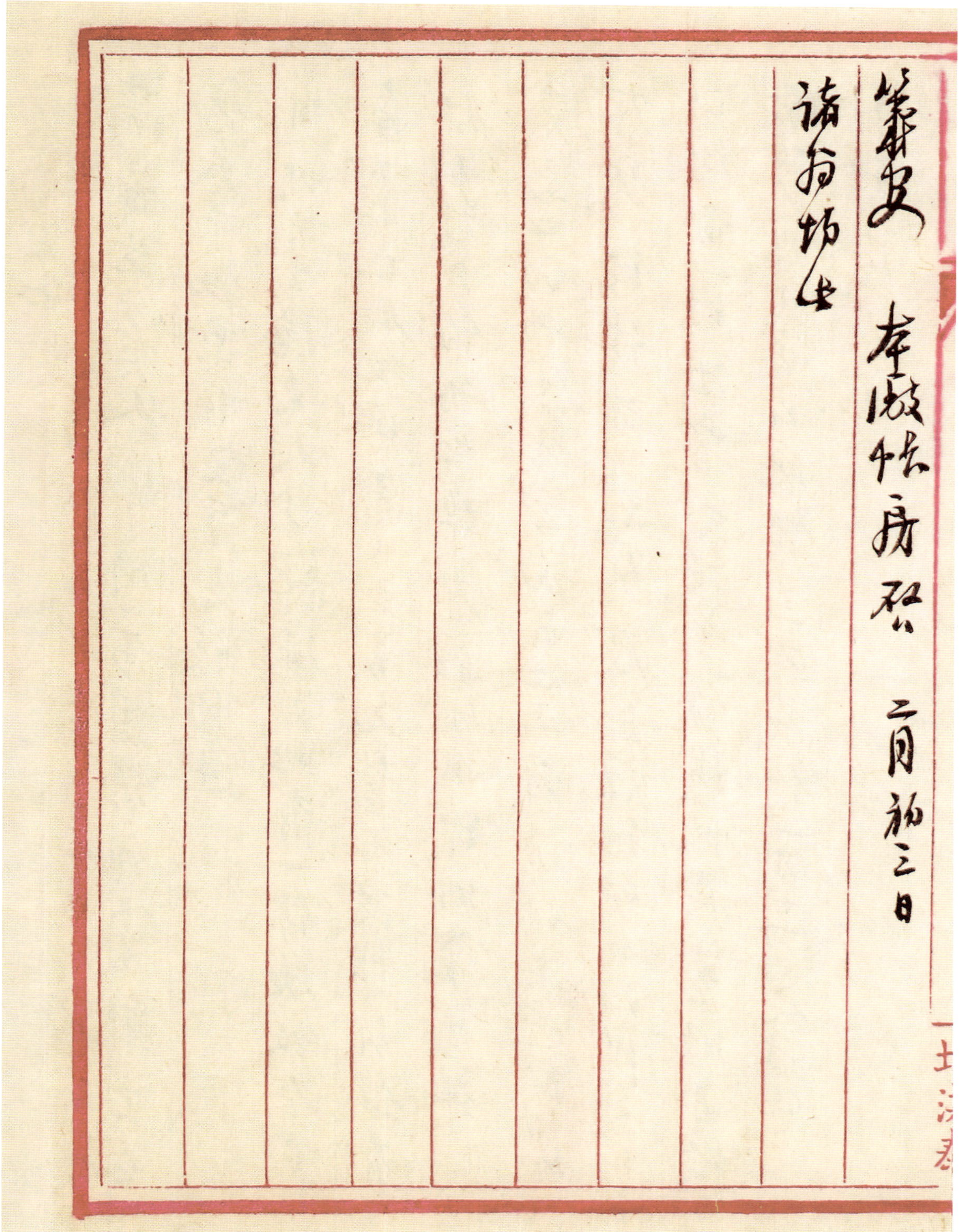

籛史　本澂怡爵啓　二月初三日

諸翁均此

第十四號（二月初三日）

諸翁均此。

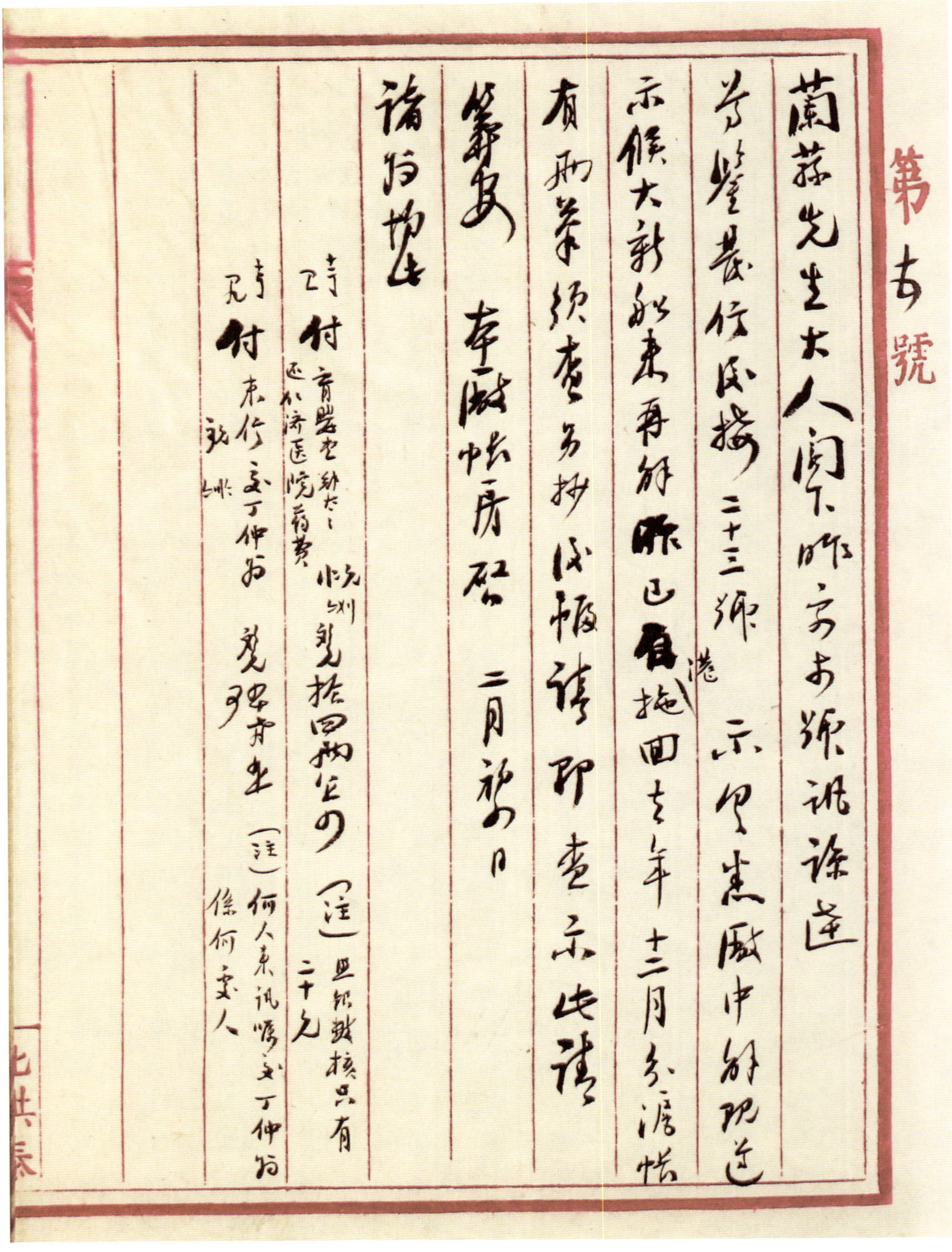

第十五號（二月初四日）

蘭蓀先生大人閣下：昨寄十四號訊，諒達尊鑒。發信後接二十三號示，具悉。廠中解現，遵示候大新船來再解，昨已自港拖回。去年十二月分滬帳有兩筆須查，另抄後幅，請即查示。此請籌安。本廠帳房啓。二月初四日

諸翁均此。

十二月初一付，育嬰堂鄭太太還仁濟醫院藥費二十二元（七四二），九八元拾四兩八錢四。（注：照銀數核，衹有二十元）

第十五號（二月初四日）

十二月初九付，來信交丁仲翁二百元（七三七），九八元一百四十七兩四錢。（注：何人來訊囑交？丁仲翁係何處人？）

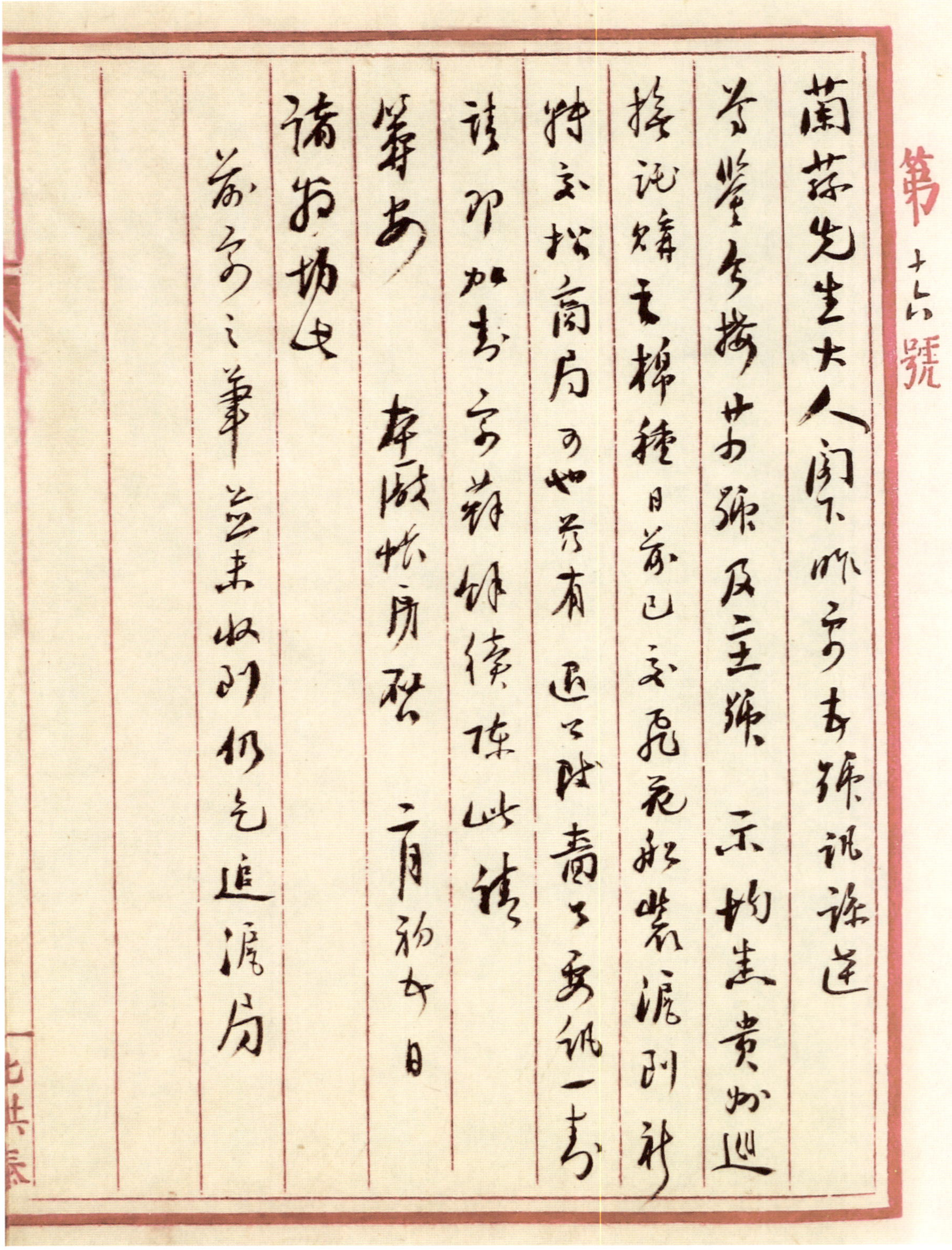

第十六號（二月初五日）

蘭蓀先生大人閣下：昨寄十五號訊，諒達尊鑒。今接廿四號及二十一號示，均悉。貴州巡撫托購之棉種，日前已交飛花船裝滬，到祈轉交招商局可也。玆有退公致嗇公要訊一封，請即加封寄蘇。餘續陳。此請籌安。本廠帳房啓。二月初五日

諸翁均此。

前寄之筆并未收到，仍乞追滬局。

第十六號（二月初五日）

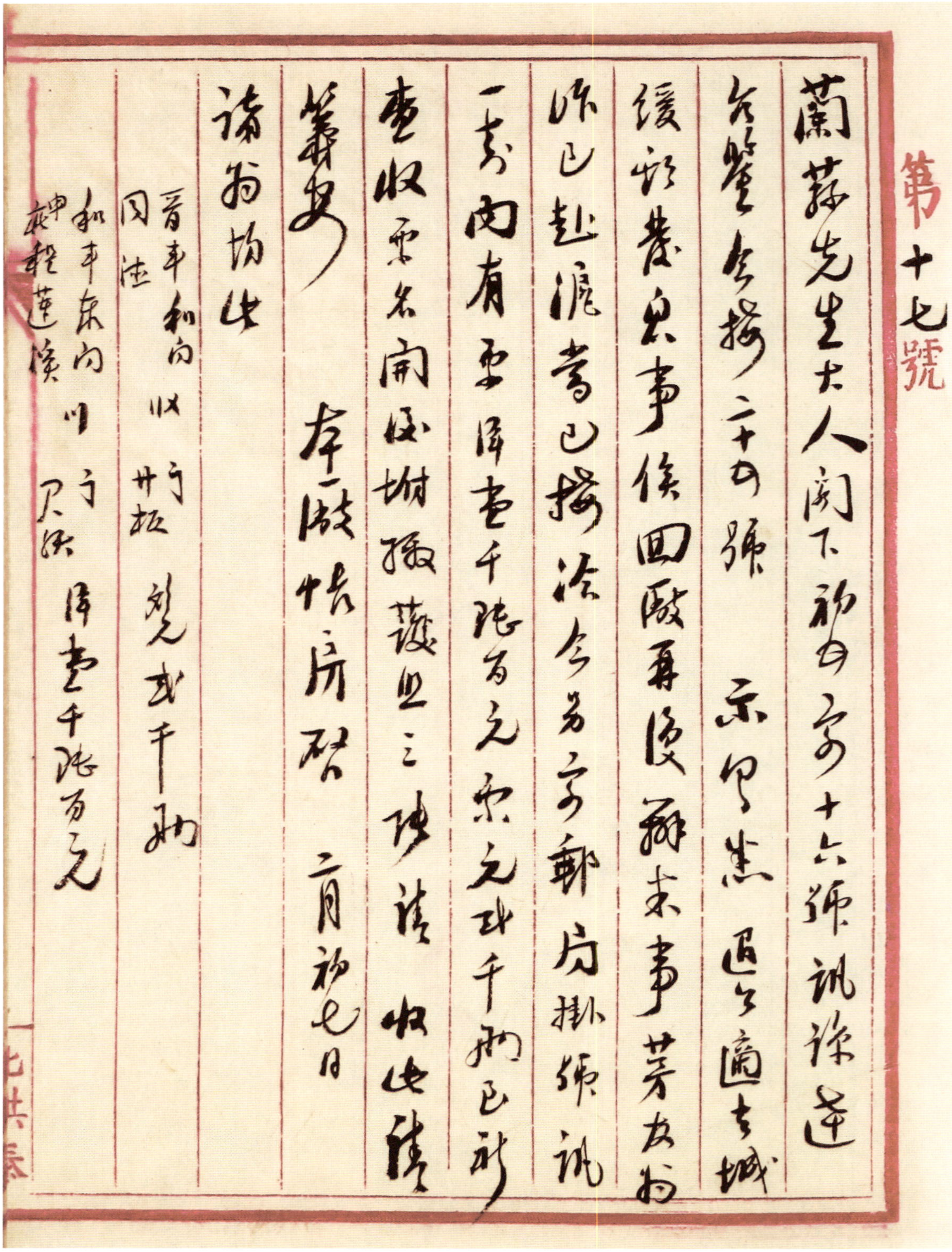

第十七號（二月初七日）

蘭蓀先生大人閣下：初五寄十六號訊，諒達台鑒。今接二十五號示，具悉。退公適去城，緩期發息事俟回廠再復辦。米事，茅友翁昨已赴滬，當已接洽。今另寄郵局掛號訊一封，内有票洋壹千陸百元，票元弍千兩，至祈查收。票名開後，附繳護照三張，請收。此請籌安。本廠帳房啓。二月初七日

諸翁均此。

晋豐和向同德，二四，二月廿（板），九八元弍千兩

第十七號（二月初七日）

和豐泰向申莊程蓮溪，三，二月初八（五天），洋壹千陸百元

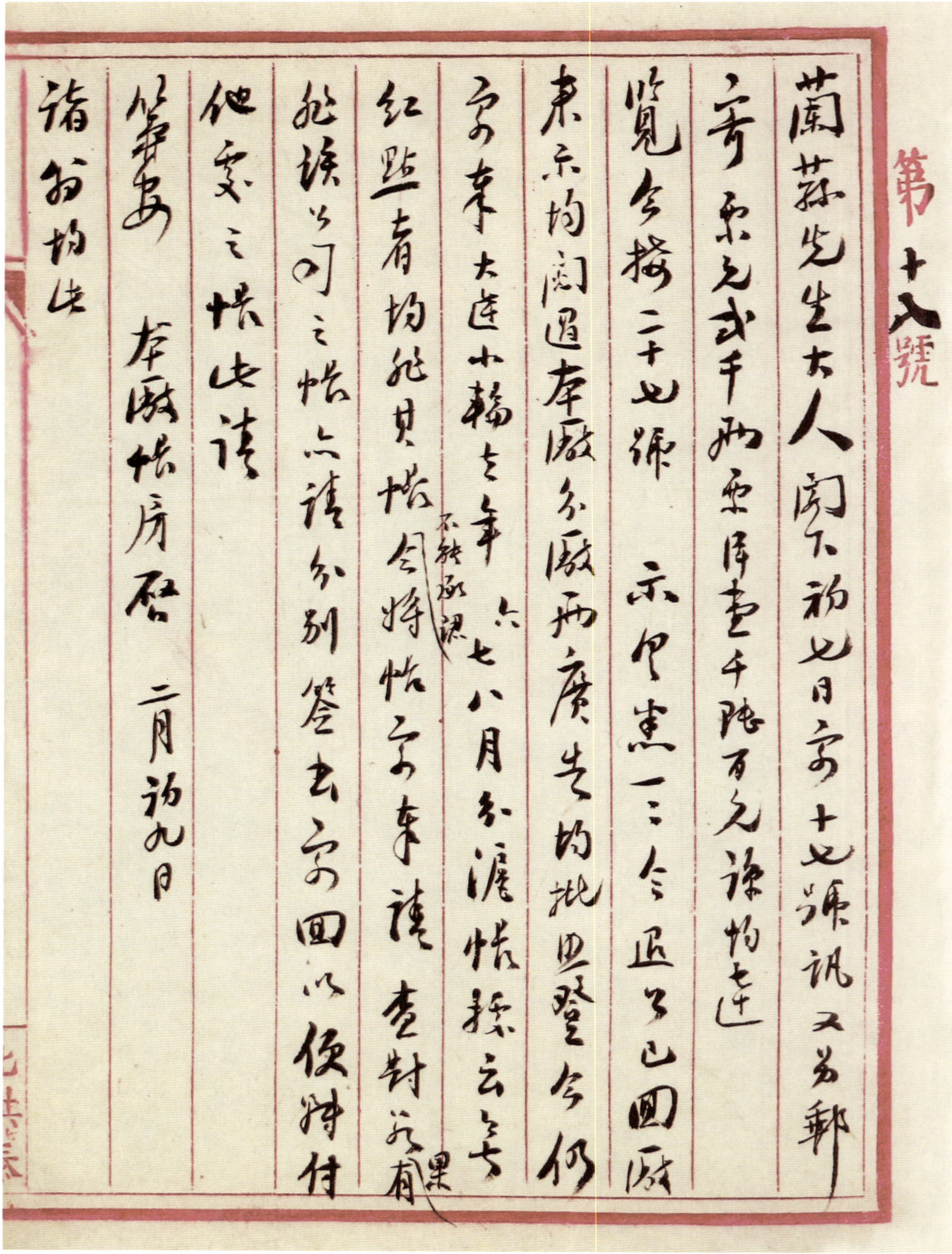

第十八號（二月初九日）

蘭蓀先生大人閣下：初七日寄十七號訊，又另郵寄票元弍千兩、票洋壹千陸百元，諒均達覽。今接二十七號示，具悉一一。今退公已回廠，來示均閱過，本廠、分廠兩廣告均批照登。今仍寄奉大達小輪去年六、七、八月分滬帳，據云無紅點者均非其帳，不能承認。今將帳寄奉，請查對，若果有非該公司之帳，亦請分別簽出寄回，以便轉付他處之帳。此請籌安。本廠帳房啓。二月初九日
諸翁均此。

第十八號（二月初九日）

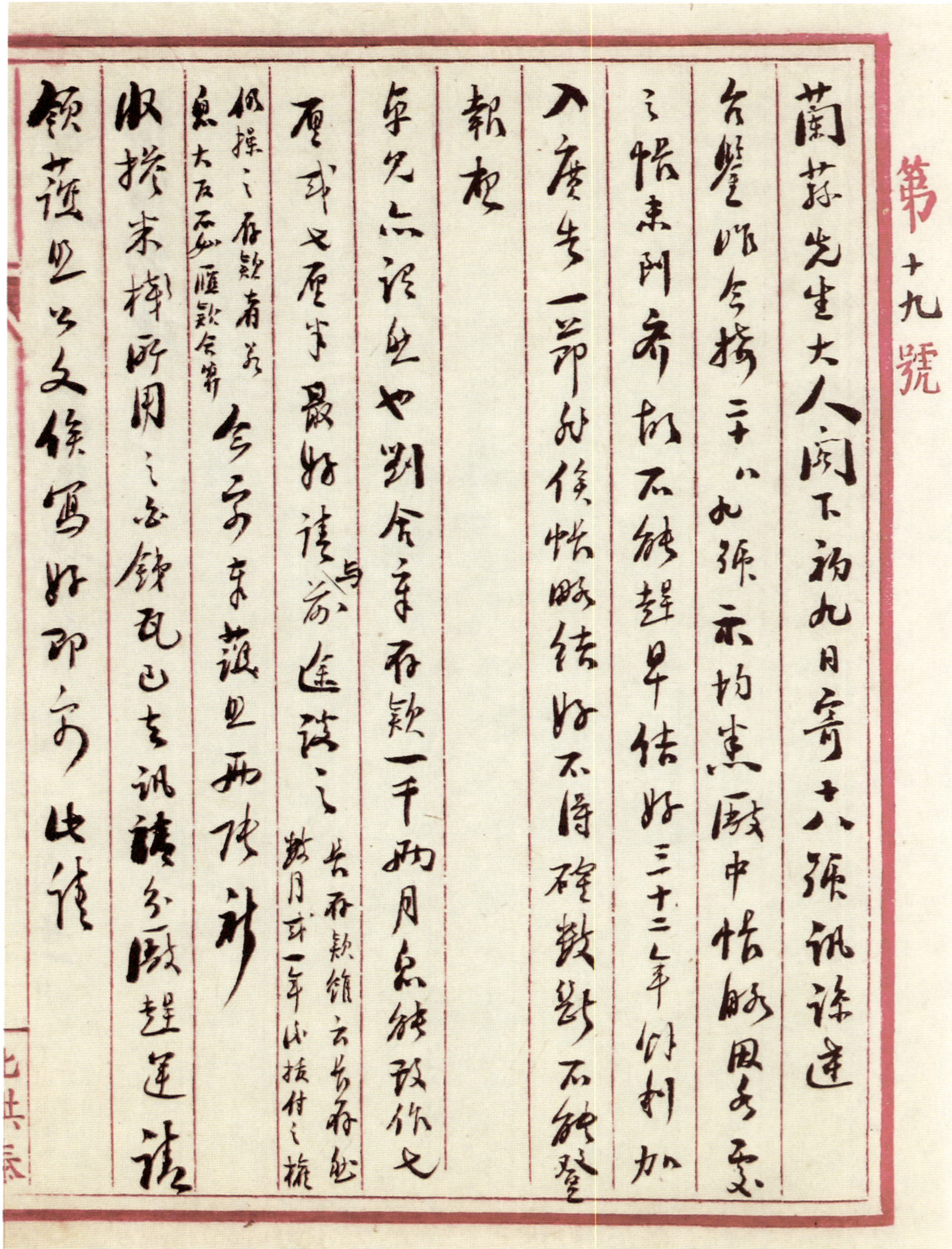

第十九號（二月十一日）

蘭蓀先生大人閣下：初九日寄十八號訊，諒達台鑒。昨、今接二十八、二十九號示，均悉。廠中帳略因各處之帳未到齊，故不能趕早結好。三十二年餘利加入廣告一節，非俟帳略結好不得確數，斷不能登報，想卓見亦謂然也。劉含章存款一千兩，月息能改作七厘或七厘半最好，請與前途談之（長存款雖云長存，然數月或一年後，撥付之權仍操之存款者，若息大，反不如匯款合算）。今寄奉護照兩張，祈收。搭米棧所用之白鐵瓦，已去訊請分廠趕運。請領護照公文，俟寫好即寄。此請籌安。本

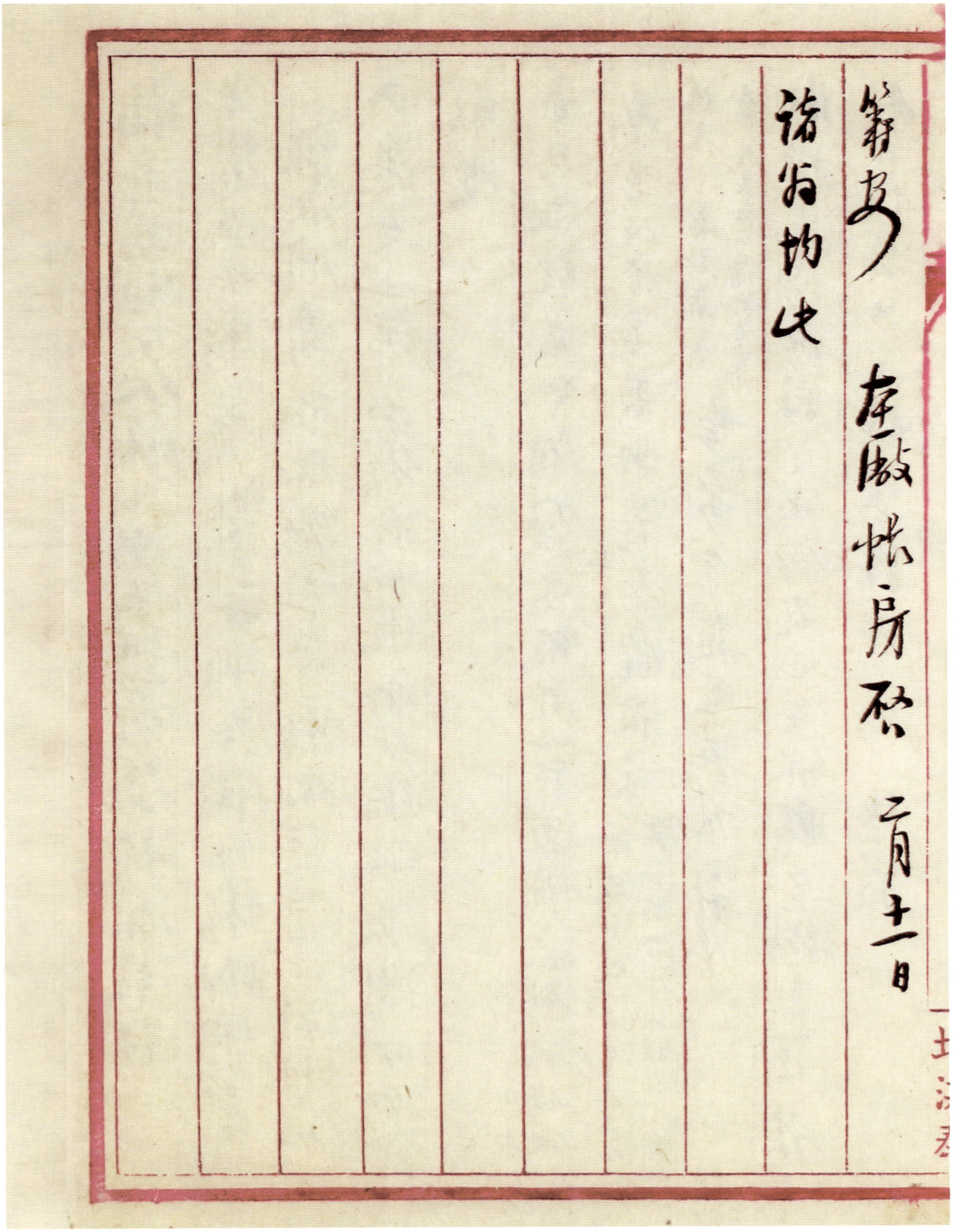
翁安
本廠帳房啓　二月十一日
諸翁均此

第十九號（二月十一日）

廠帳房啓。二月十一日
諸翁均此。

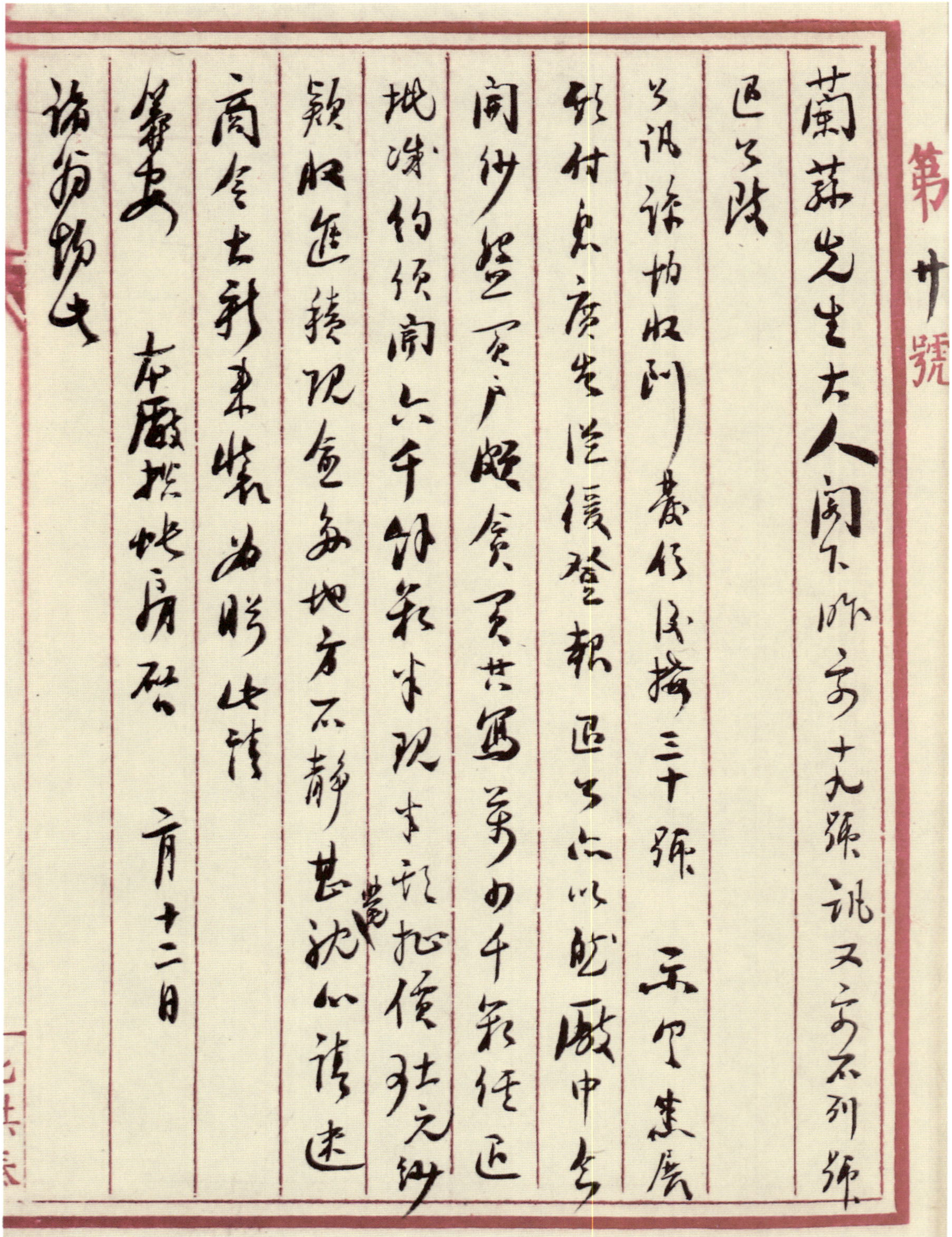

第二十號（二月十二日）

蘭蓀先生大人閣下：昨寄十九號訊，又寄不列號退公致公訊，諒均收到。發信後接三十號示，具悉。展期付息、廣告從緩登報，退公亦以然。廠中今開紗盤，買户頗貪買，共寫萬四千箱，經退批減，約須開六千餘箱，半現半期，扯價一百十一元。紗款收進，積現愈多，地方不静，甚覺耽心，請速商令大新來裝爲盼。此請籌安。

本廠總帳房啓。二月十二日

諸翁均此。

第二十號（二月十二日）

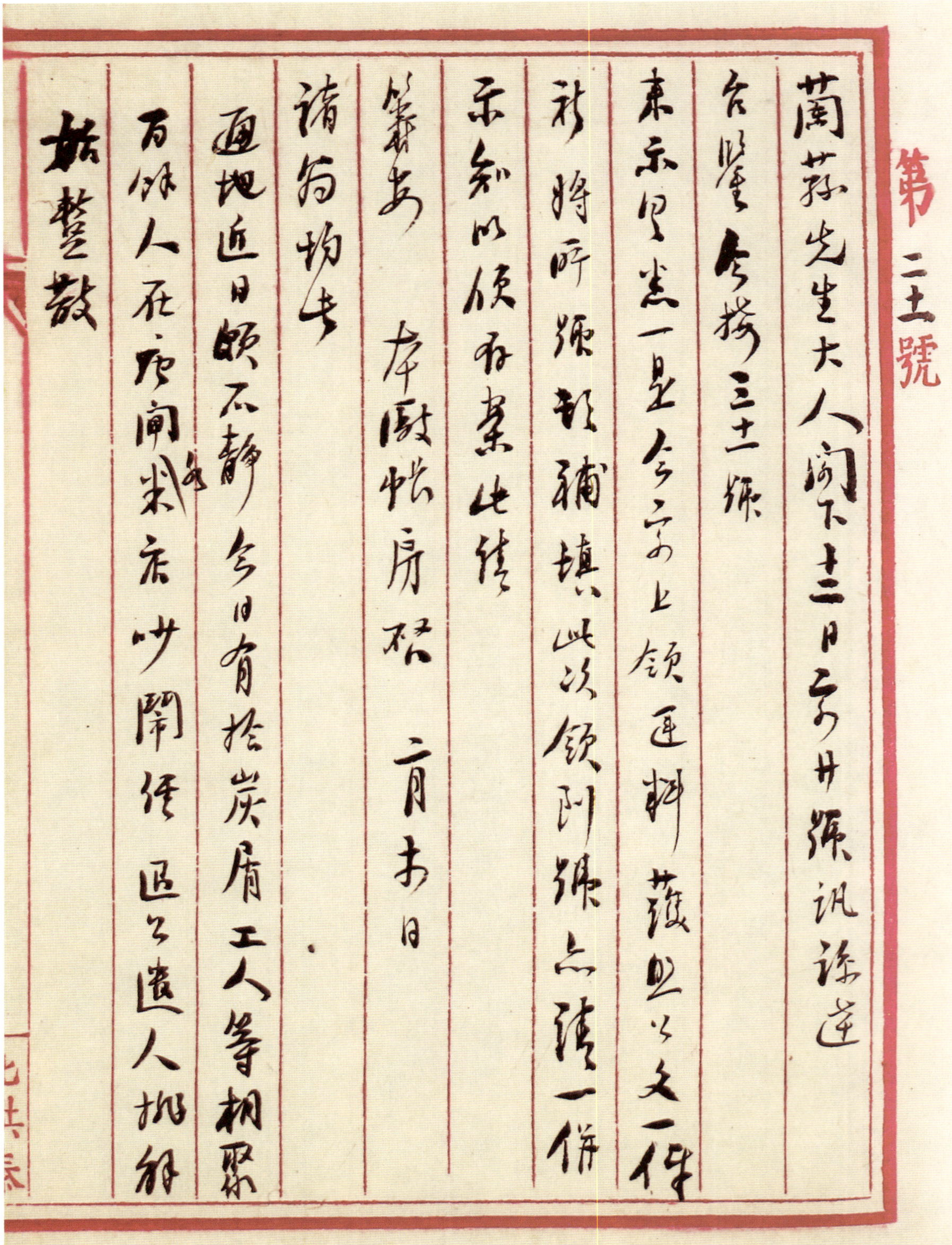

第二十一號（二月十四日）

蘭蓀先生大人閣下：十二日寄廿號訊，諒達台鑒。今接三十一號來示，具悉一是。今寄上領運料護照公文一件，祈將所號期補填。此次領到號，亦請一并示知，以便存案。此請籌安。本廠帳房啓。二月十四日

諸翁均此。

通地近日頗不静。今日有拾炭屑工人等，相聚百餘人，在唐閘各米店吵鬧，經退公遣人排解，始暫散。

第二十一號（二月十四日）

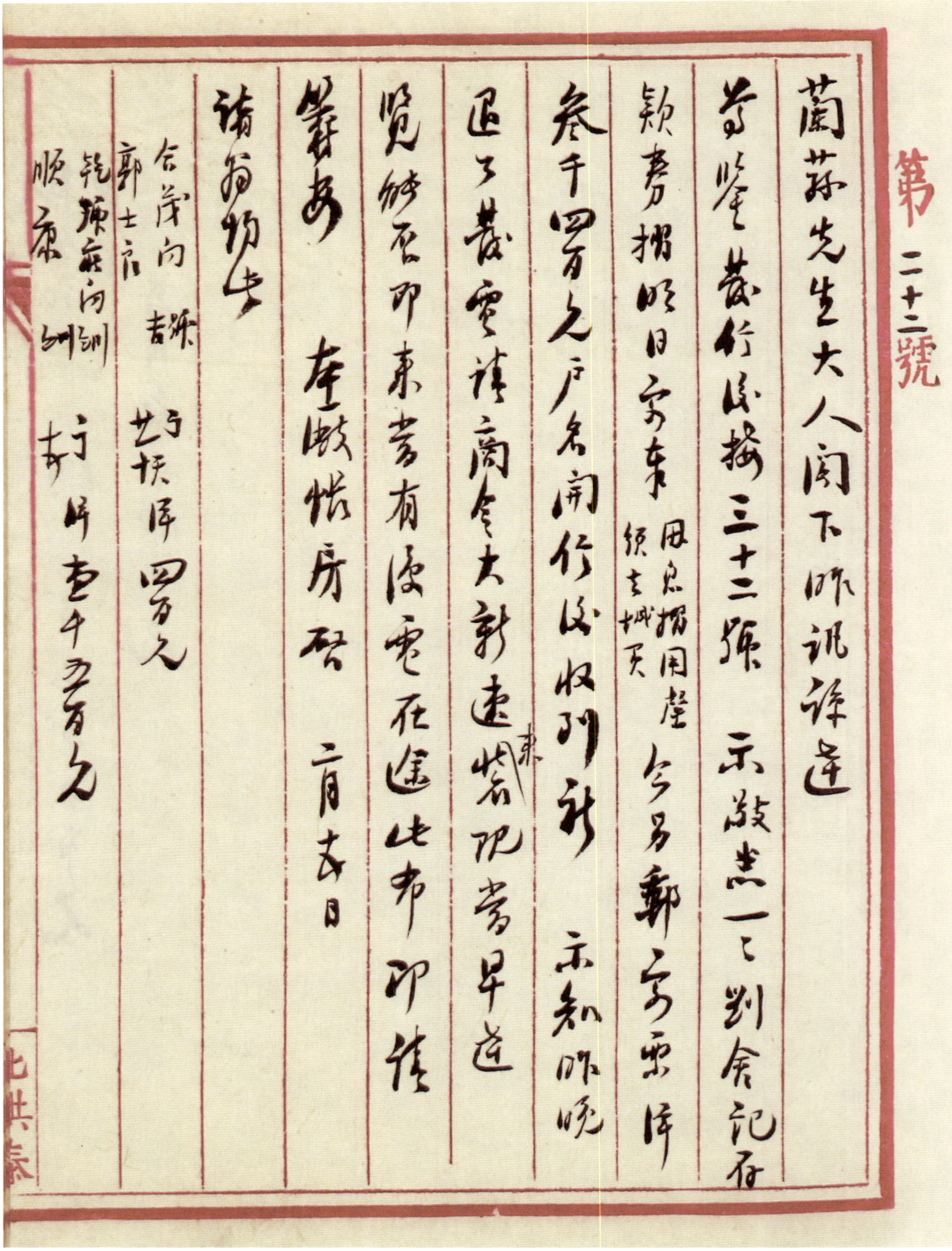

第二十二號（二月十五日）

蘭蓀先生大人閣下：昨訊諒達尊鑒。發信後接三十二號示，敬悉一一。劉含記存款券摺明日寄奉（因息摺用罄，須去城買）。今另郵寄票洋叁千四百元，户名開信後，收到祈示知。昨晚退公發電，請商令大新速來裝現，當早達覽，能否即來，當有復電在途。此布，即請籌安。本廠帳房啓。二月十五日

諸翁均此。

合茂向郭士良，吉號，二月廿一（十天），洋四百元

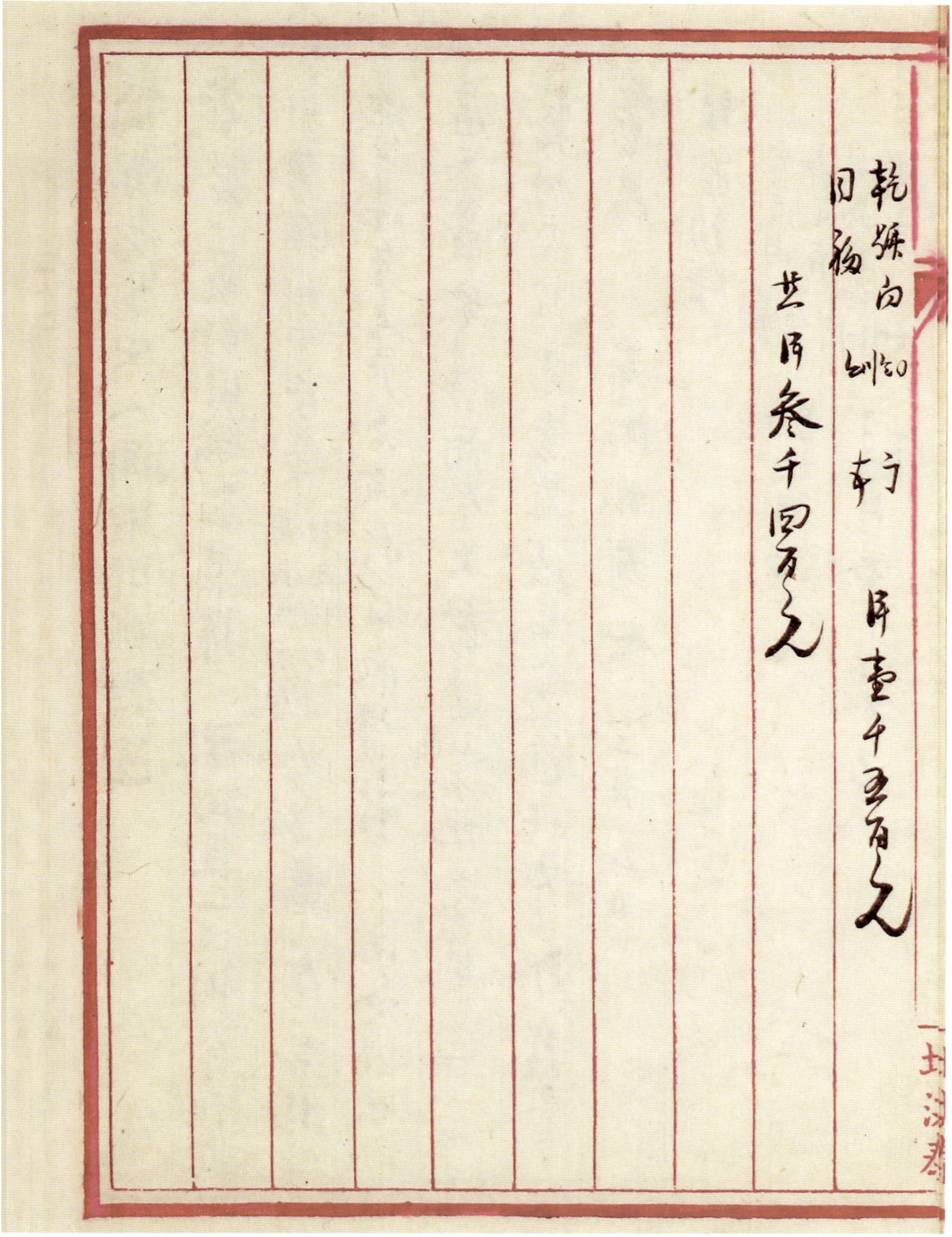

第二十二號（二月十五日）

乾號莊向順康，七三八三，二月十五，洋壹千五百元

乾號向同福，七三八〇，二月十五，洋壹千五百元

共洋叁千四百元

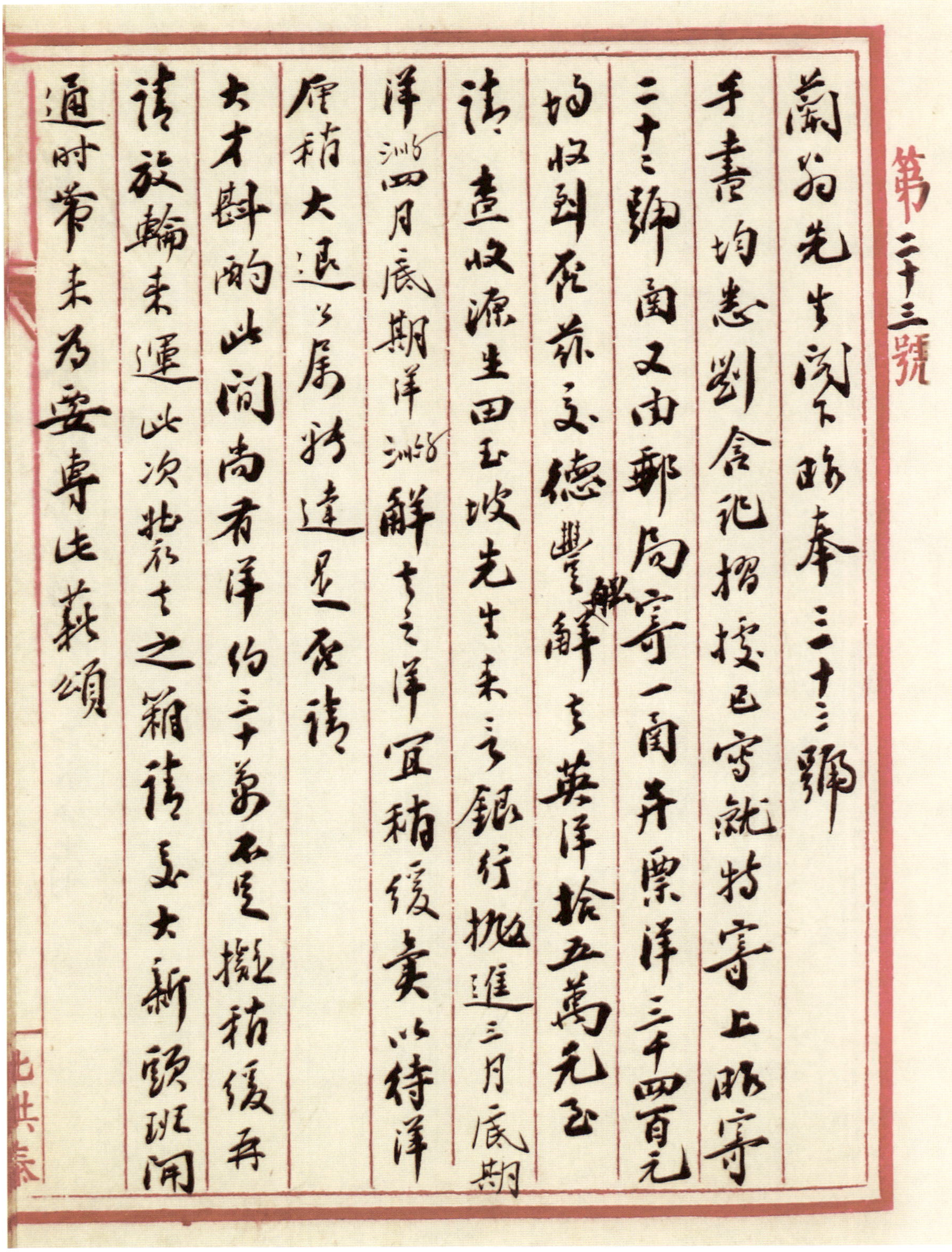

第二十三號（二月十六日）

蘭翁先生閣下：昨奉三十三號手書，均悉。劉含記摺據已寫就，特寄上。昨寄二十二號函，又由郵局寄一函，并票洋三千四百元，均收到否？兹交德豐船解去英洋拾五萬元，至請查收。源生田玉坡先生來，言銀行拋進三月底期洋（三三五）、四月底期洋（三三七五），解去之洋，宜稍緩賣，以待洋厘稍大。退公屬轉達，是否請大才斟酌。此間尚有洋約三十萬不足，擬稍緩再請放輪來運。此次裝去之箱，請交大新頭班開通時帶來爲要。專此，藉頌大安。本廠帳房具。二月十六日

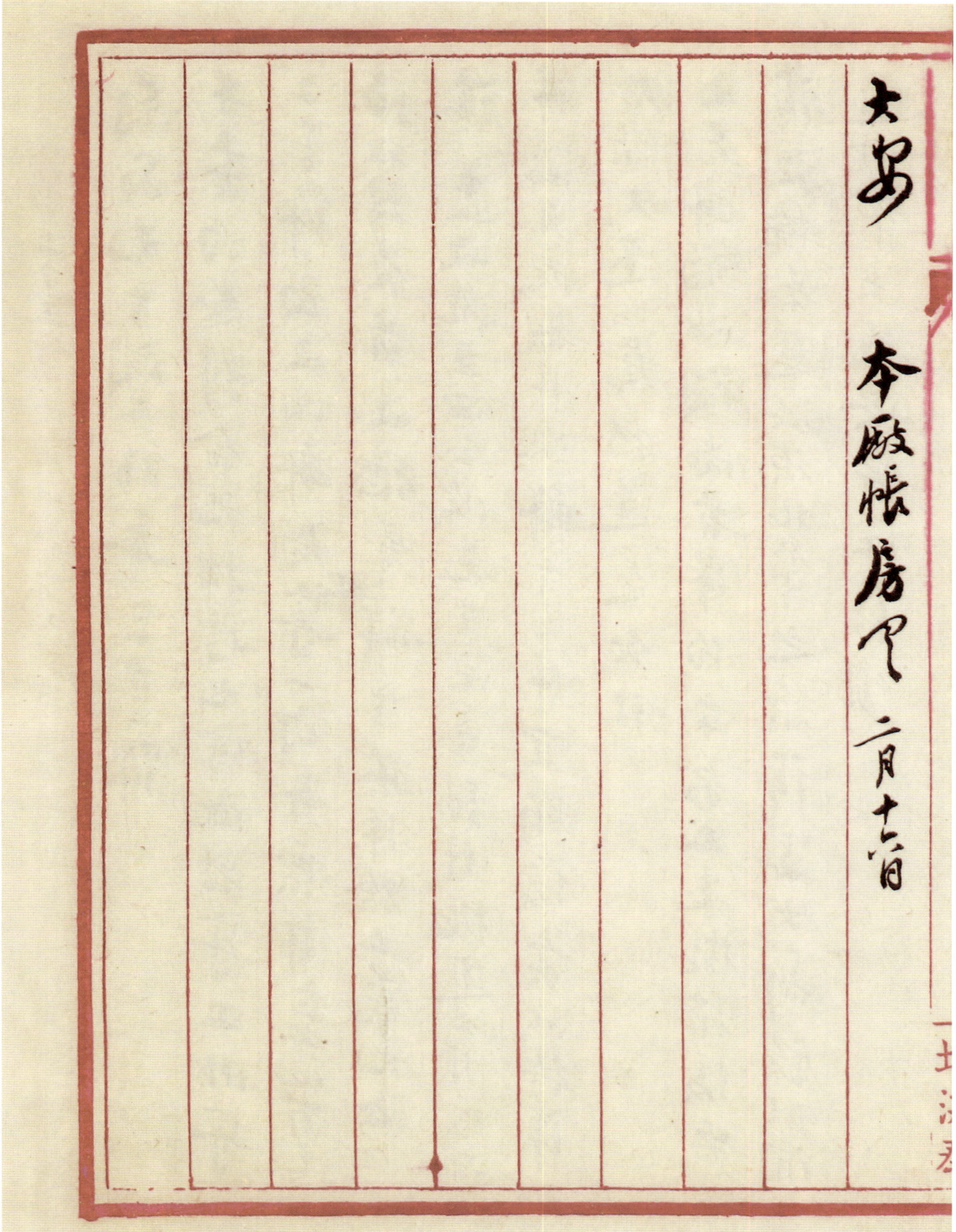
大安
本殿帳房叩　二月十六日

第二十三號（二月十六日）

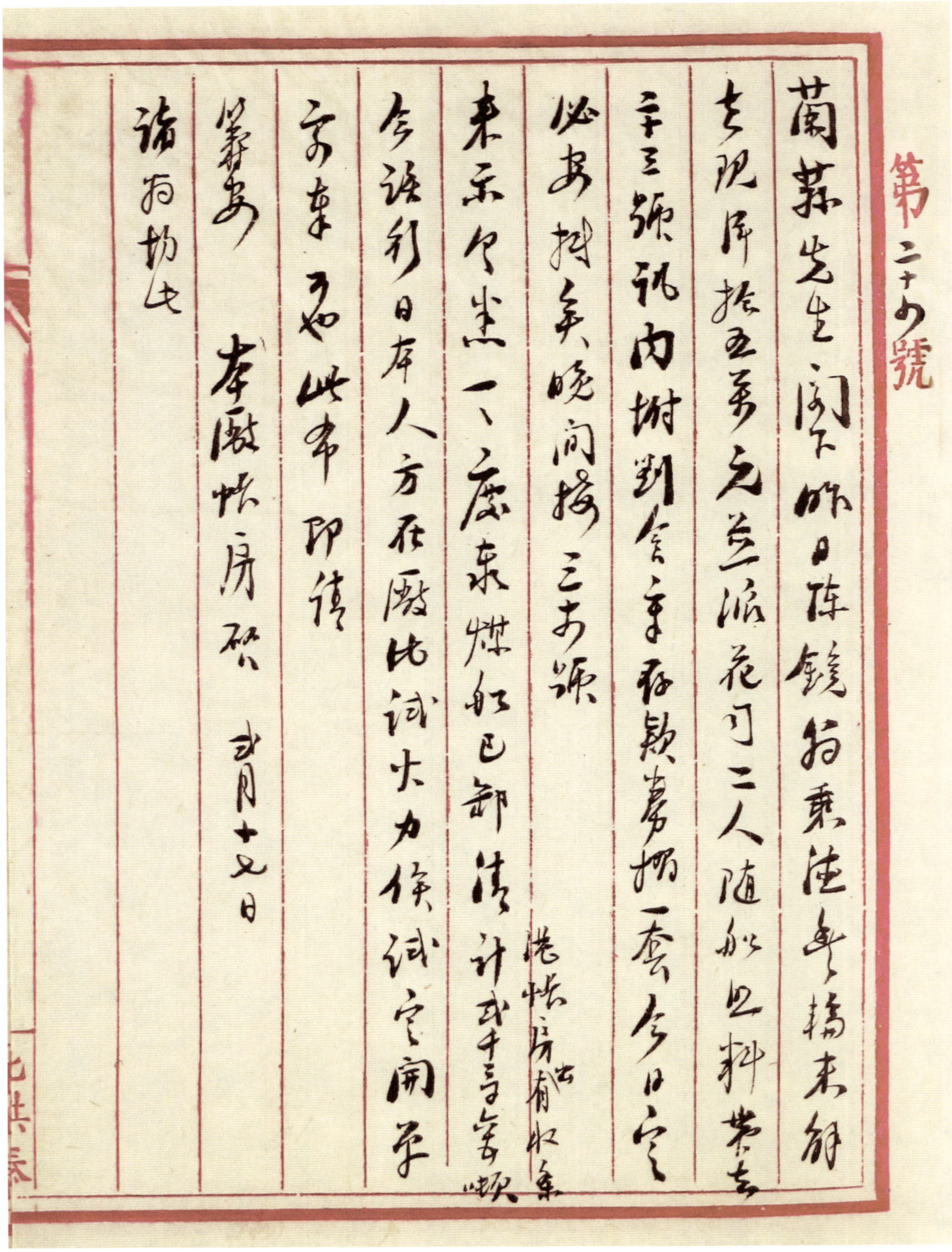

第二十四號（二月十七日）

蘭蓀先生閣下：昨日陳鏡翁乘德豐輪來，解去現洋拾五萬元，并派花司二人隨船照料，帶去二十三號訊，内附劉含章存款券摺一套，今日定必安抵矣。晚間接三十四號來示，具悉一一。慶泰煤船已卸清，計式千三百六十五噸（港帳房出有收條）。今該行日本人方在廠比試火力，俟試定，開單寄奉可也。此布，即請籌安。本廠帳房啓。二月十七日

諸翁均此。

第二十四號（二月十七日）

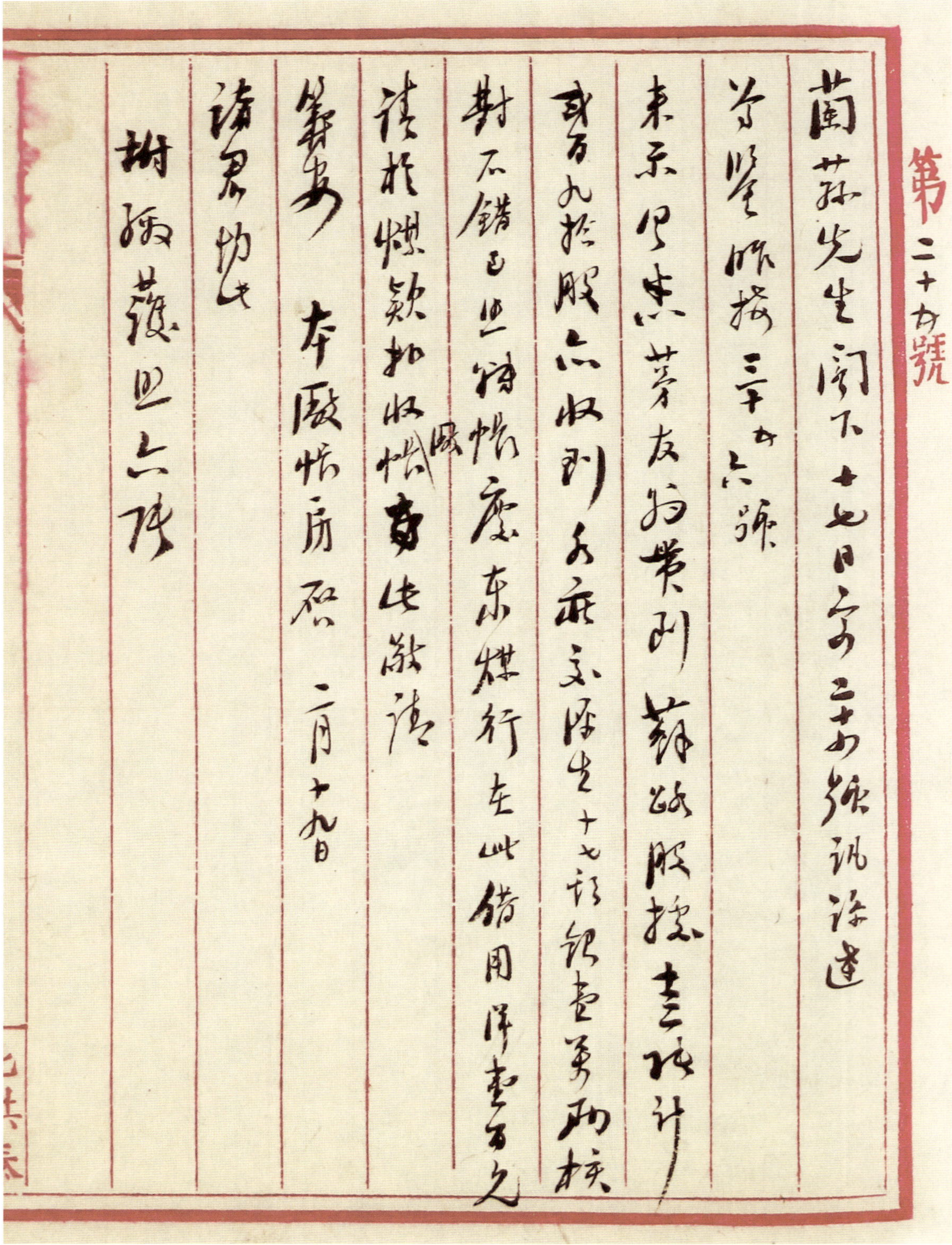

第二十五號（二月十九日）

蘭蓀先生閣下：十七日寄二十四號訊，諒達尊鑒。昨接三十五、三十六號來示，具悉。茅友翁帶到蘇路股據十三張，計弍百九拾股亦收到。各莊交源生十七期銀壹萬兩，核對不錯，已照轉帳。慶泰煤行在此借用洋壹百元，請於煤款扣收廠帳。專此，敬請籌安。本廠帳房啓。二月十九日

諸君均此。

附繳護照六張。

第二十五號（二月十九日）

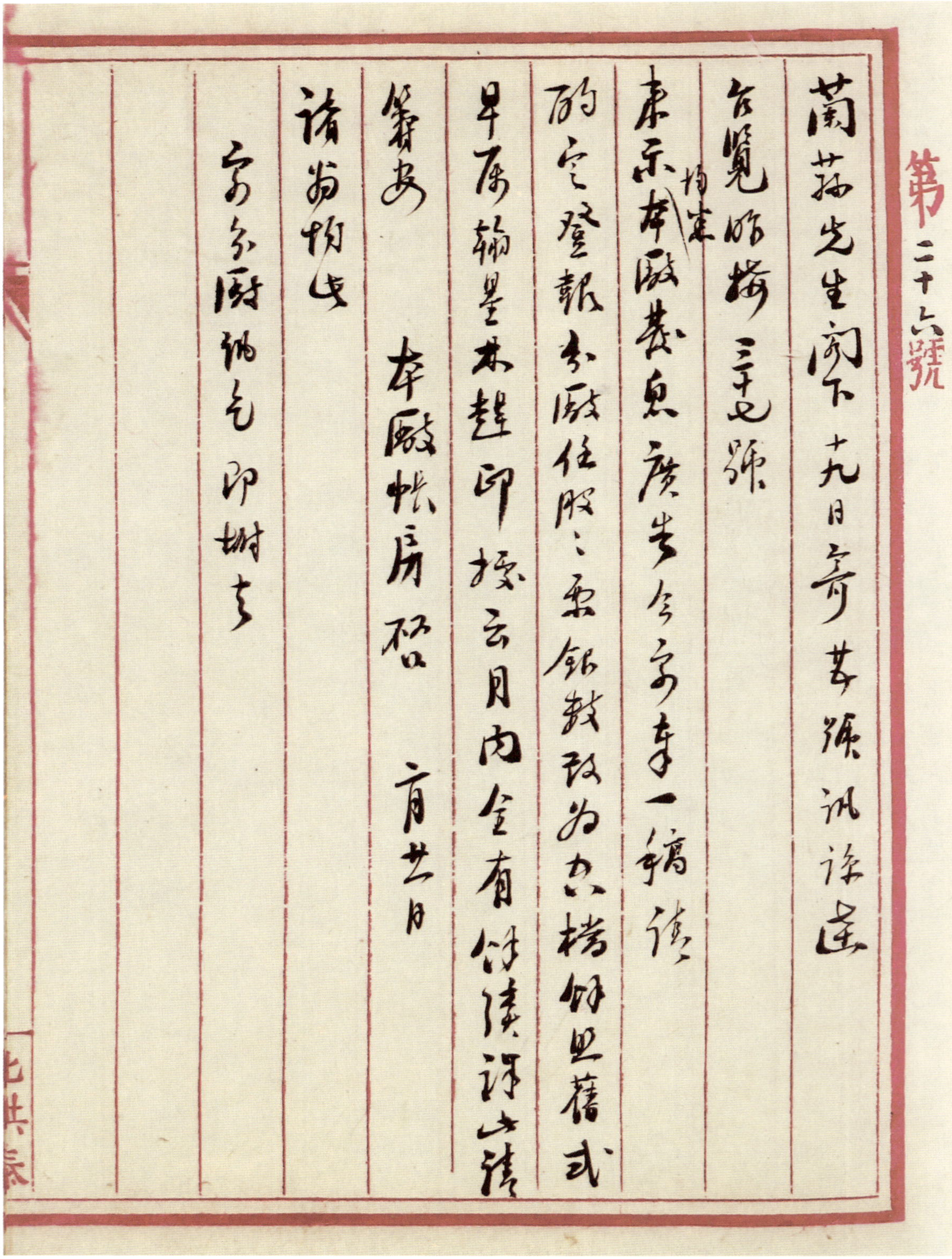

第二十六號（二月廿一日）

蘭蓀先生閣下：十九日寄廿五號訊，諒達台覽。昨接三十七號來示，均悉。本廠發息廣告，今寄奉一稿，請酌定登報。分廠任股股票銀數改爲空檔，餘照舊式。早屬翰墨林趕印，據云月内全有。餘續詳。此請籌安。本廠帳房啓。二月廿一日

諸翁均此。

寄分廠訊乞即附去。

第二十六號（二月廿一日）

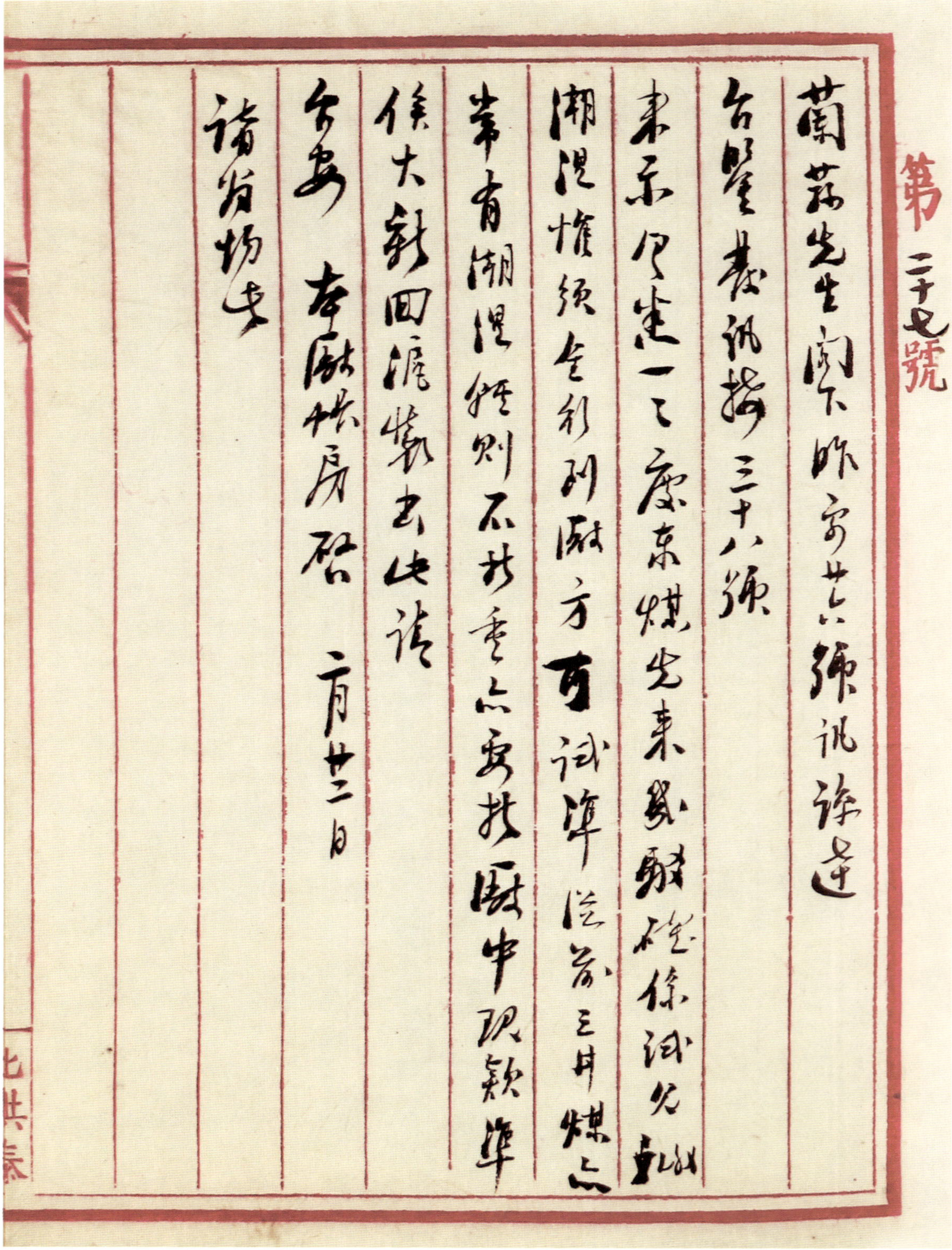

第二十七號（二月廿二日）

蘭蓀先生閣下：昨寄廿六號訊，諒達台鑒。發訊接三十八號來示，具悉一一。慶泰煤先來幾駁，確係試見（九六五四）潮濕，惟須全行到廠方可試準。從前三井煤，亦常有潮濕，輕則不折，重亦要折。廠中現款，準俟大新回滬裝出。此請台安。本廠帳房啓。二月廿二日

諸翁均此。

第二十七號（二月廿二日）

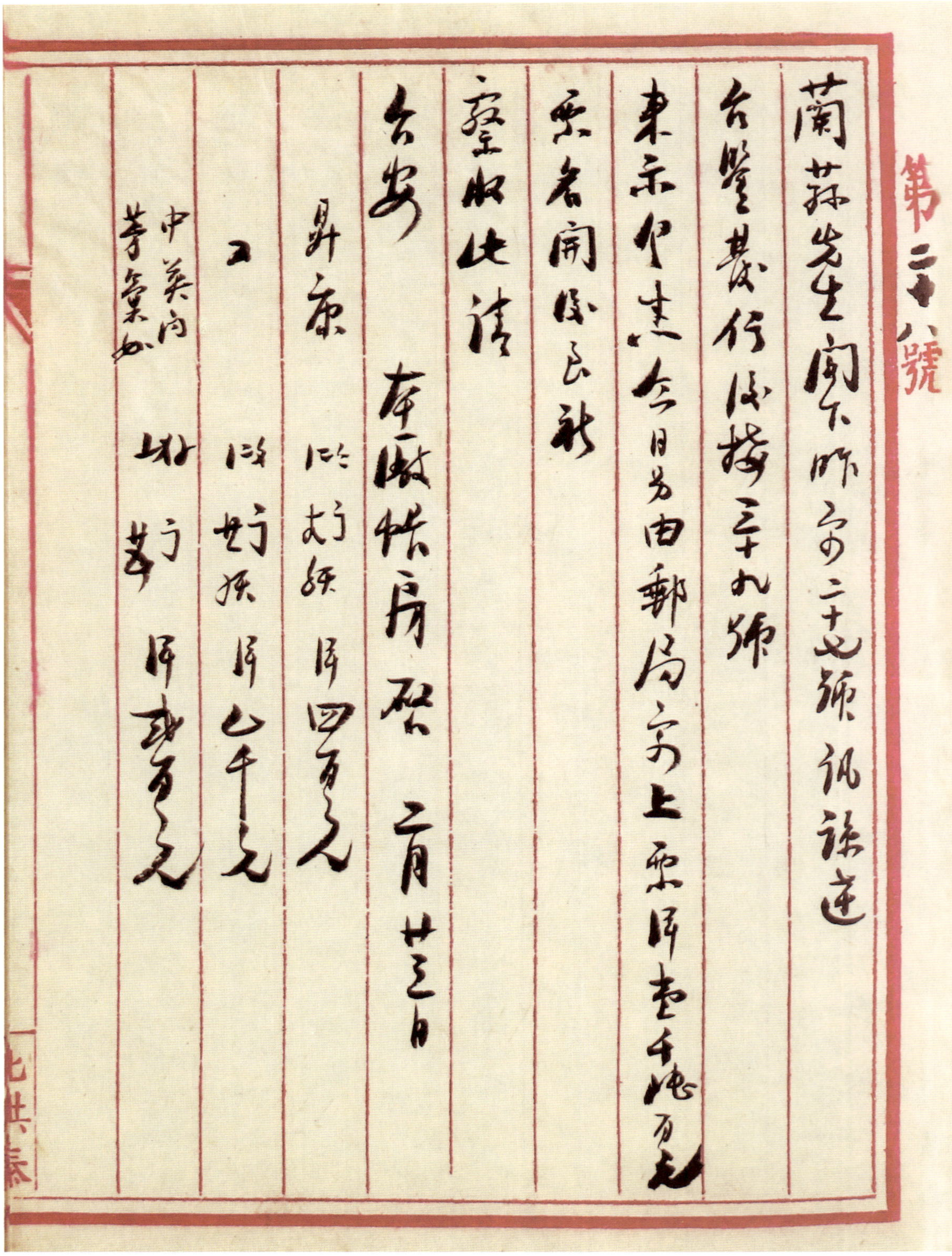

第二十八號（二月廿三日）

蘭蓀先生閣下：昨寄二十七號訊，諒達台鑒。發信後接三十九號來示，具悉。今日另由郵局寄上票洋壹千陸百元，票名開後，至祈察收。此請台安。本廠帳房啓。二月廿三日

昇康，一二七，二月十九（五天），洋四百元

又，一二九，二月廿一（五天），洋一千元

中英向茅彙如，六四五，二月廿五，洋弍百元

第二十八號（二月廿三日）

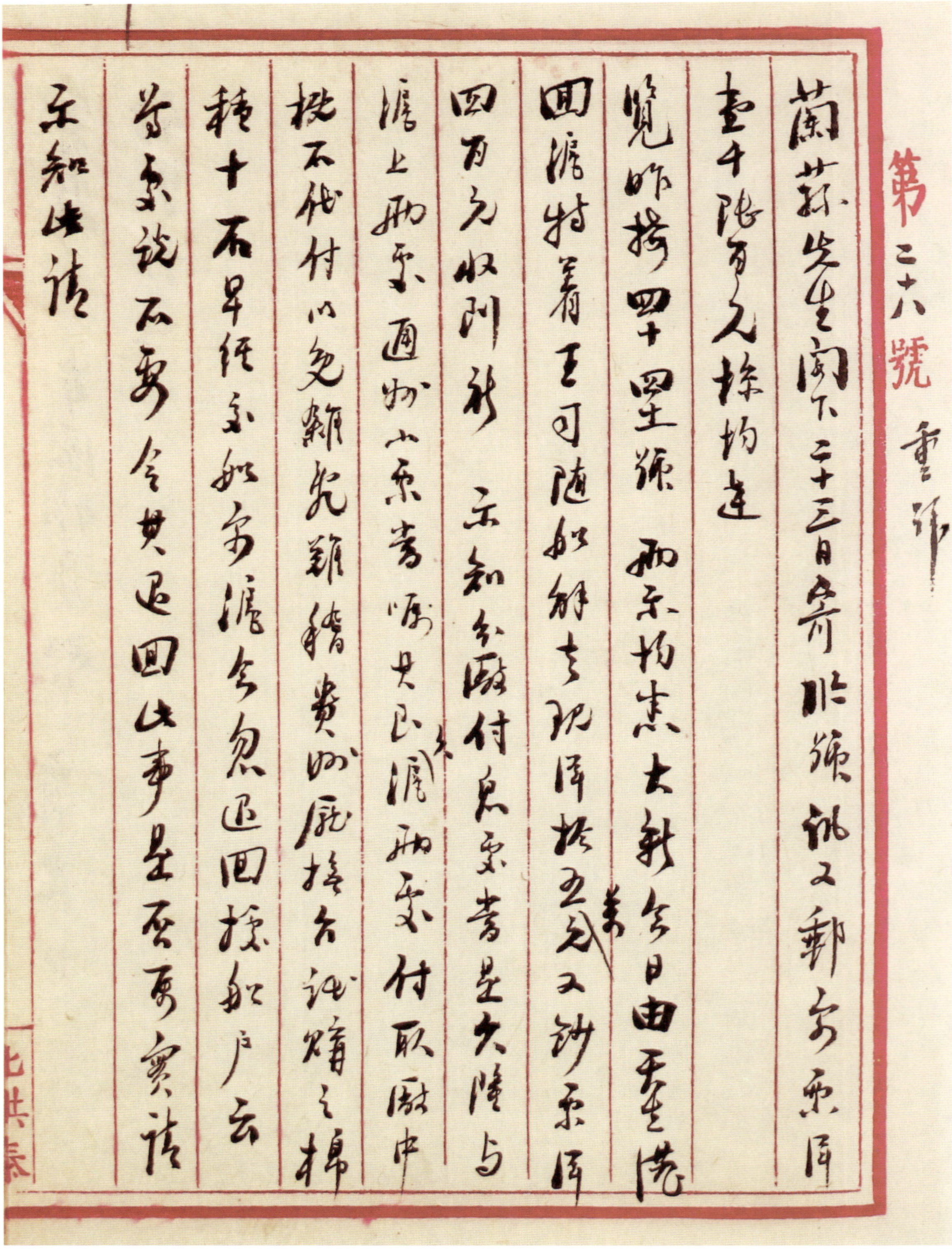

第二十八號（重號）（二月廿五日）

蘭蓀先生閣下：二十三日寄二十七〔八〕號訊，又郵寄票洋壹千陸百元，諒均達覽。昨接四十、四十一號兩示，均悉。大新今日由天生港回滬，特着王司隨船解去現洋拾五萬元，又鈔票洋四百元，收到祈示知。分廠付息處當是久隆與滬上兩處，通州小票，當囑其至久、滬兩處付取，廠中概不代付，以免雜亂難稽。貴州龐撫臺托購之棉種十石，早經交船寄滬，今忽退回，據船户云，尊處説不要，令其退回。此事是否屬實，請示知。此請籌安。本廠帳房啓。二月廿五日

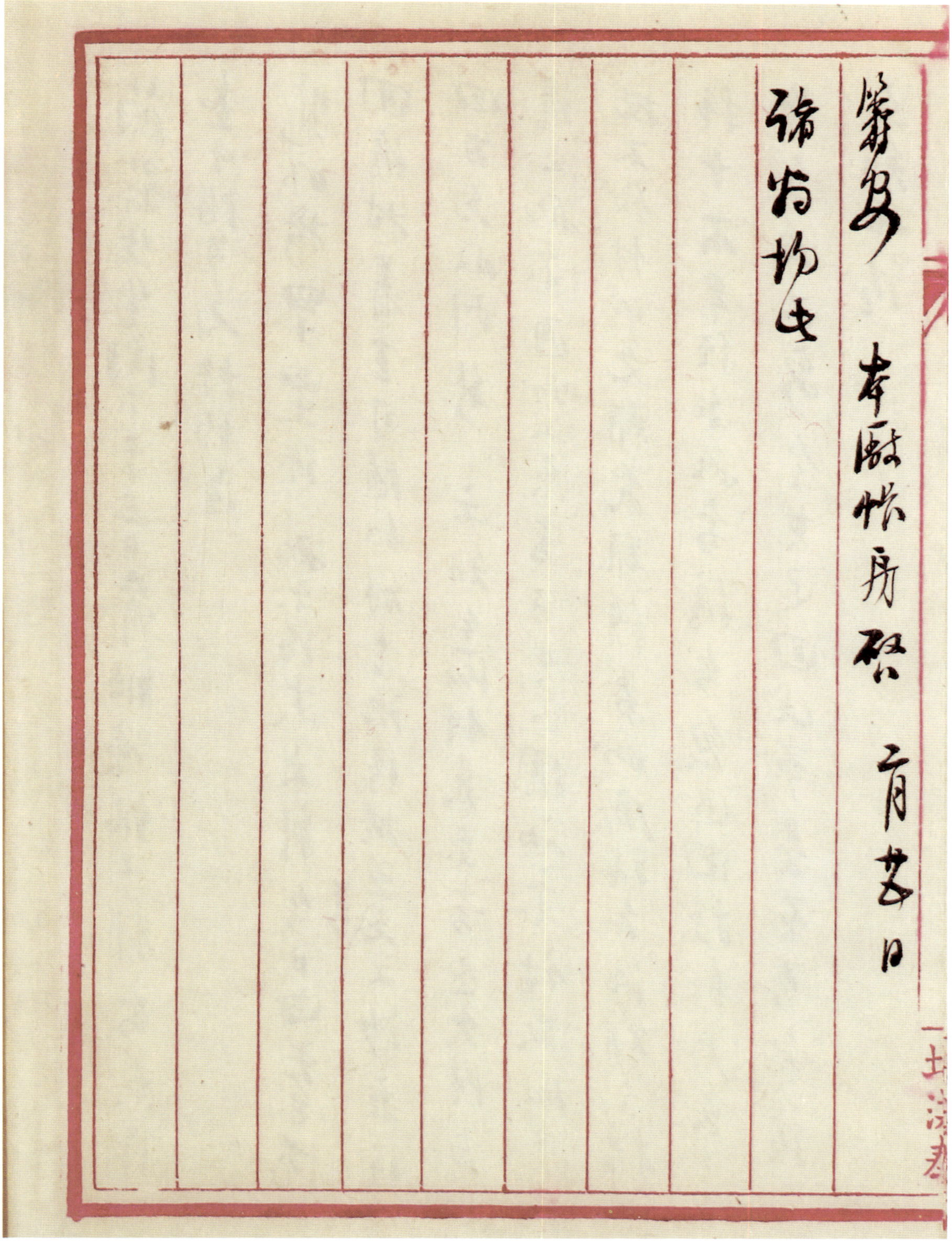

翁安　本厥怡啓　二月廿五日

諸翁均此

第二十八號（重號）（二月廿五日）

諸翁均此。

（按：本信首云“二十七”號訊，實爲“二十八”之誤）

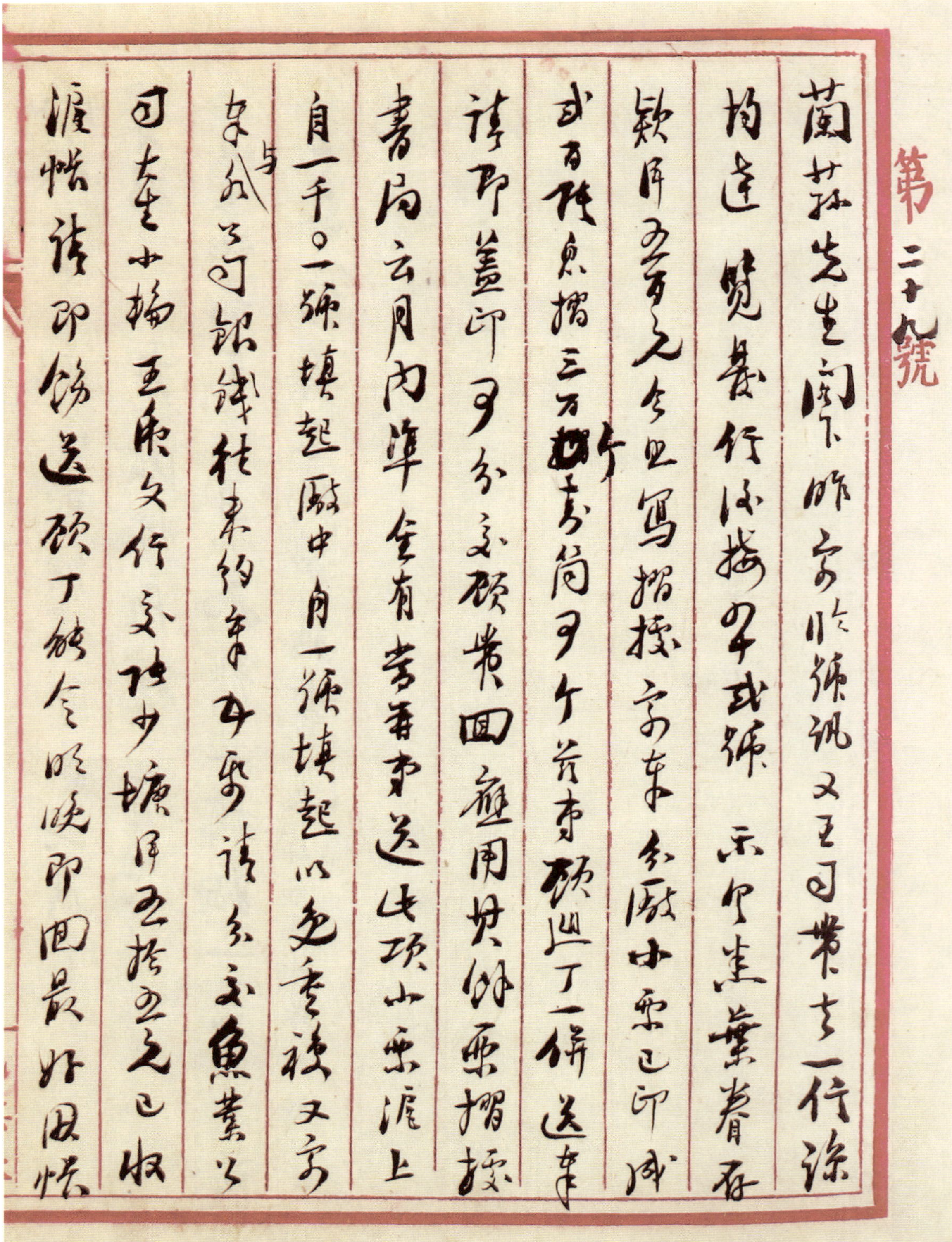

第二十九號（二月廿六日）

蘭蓀先生閣下：昨寄二十八號訊，又王司帶去一信，諒均達覽。發信後接四十式號示，具悉。葉眷存款洋五百元，今照寫摺據寄奉。分廠小票已印成式百張、息摺三百個、封筒一百個，茲專顧巡丁一并送奉，請即蓋印一百分，交顧帶回應用。其餘票摺，據書局云，月內準全有，當再專送。此項小票，滬上自一千〇一號填起，廠中自一號填起，以免重複。又寄奉與各公司銀錢往來約章五紙，請分交魚業公司、大生小輪。王虎文信交張少塘，洋五拾五元，已收滬帳，請即飭送。顧丁能令明晚即回最好，

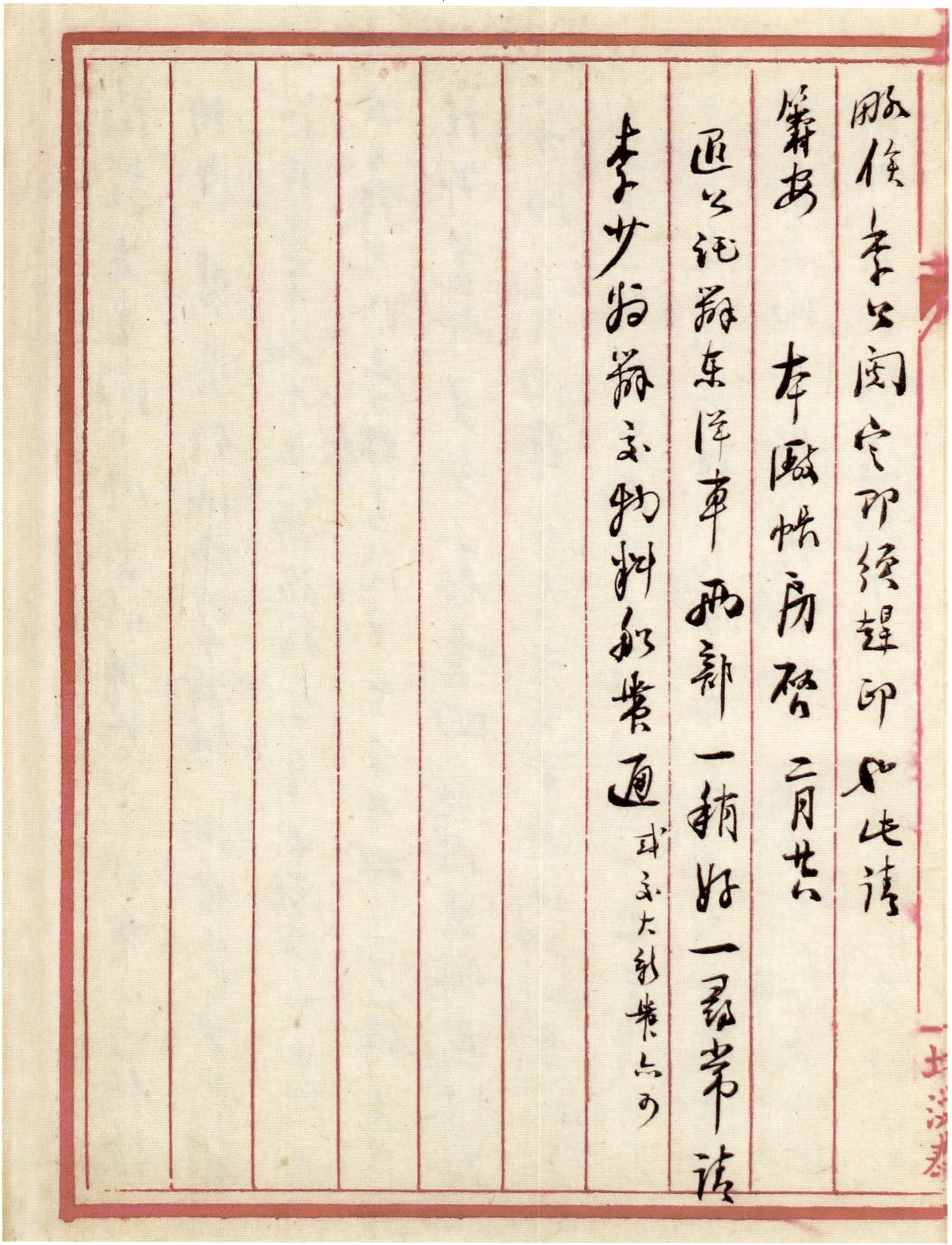

第二十九號（二月廿六日）

因帳略俟季公閲定即須趕印也。此請籌安。本廠帳房啓。二月廿六

退公托辦東洋車兩部，一稍好，一尋常，請李少翁辦，交物料船帶通（或交大新帶亦可）。

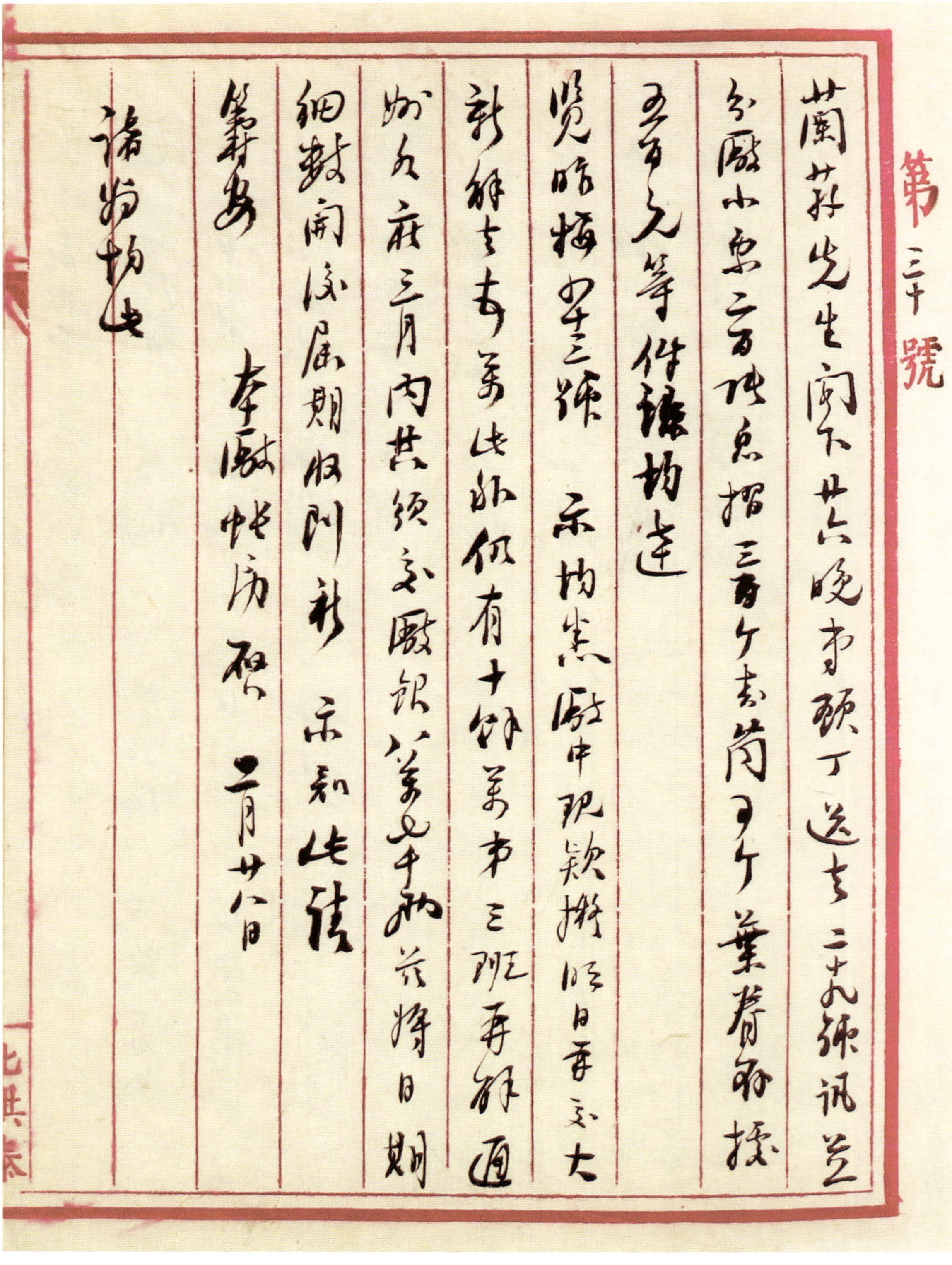

第三十號（二月廿八日）

蘭蓀先生閣下：廿六晚專顧丁送去二十九號訊，并分廠小票二百張、息摺三百個、封筒一百個、葉眷存據五百元等件，諒均達覽。昨接四十三號示，均悉。廠中現款，擬明日再交大新解去十五萬，此外仍有十餘萬，第三班再解。通州各莊三月内共須交廠銀八萬七千兩，兹將日期、細數開後，届期收到祈示知。此請籌安。本廠帳房啓。二月廿八日

諸翁均此。

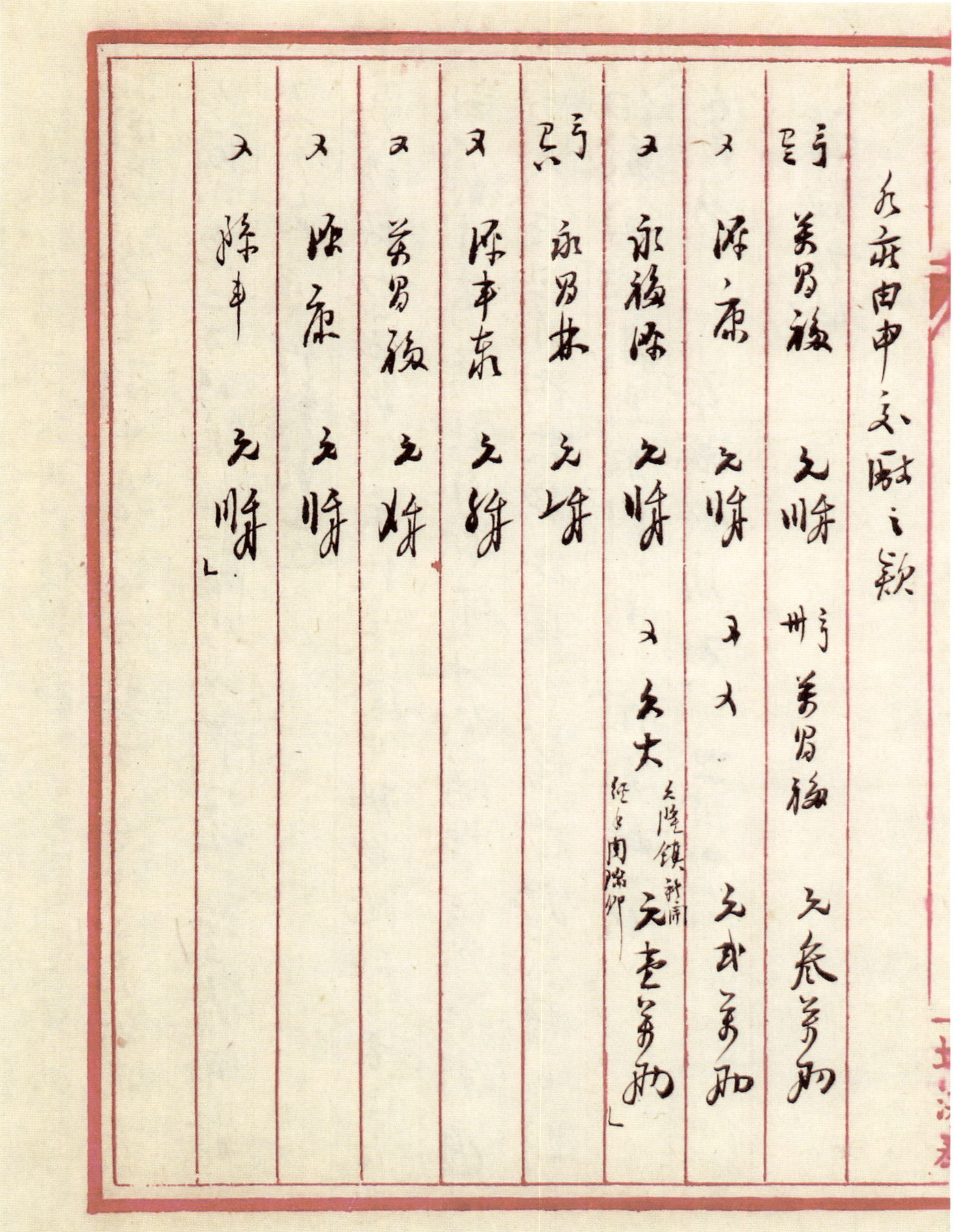

第三十號（二月廿八日）

各莊由申交廠之款：

三月初三，萬昌福，元三千兩

又，源康，元二千兩

又，永福源，元二千兩

三月初六，永昌林，元六千兩

又，萬昌福，元四千兩

又，豫豐，元三千兩

三月卅，萬昌福，元叁萬兩

又，又，元弍萬兩

又，久大（久隆鎮新開，經手周瑞卿），元壹萬兩

又，源豐泰，元五千兩

又，源康，元二千兩

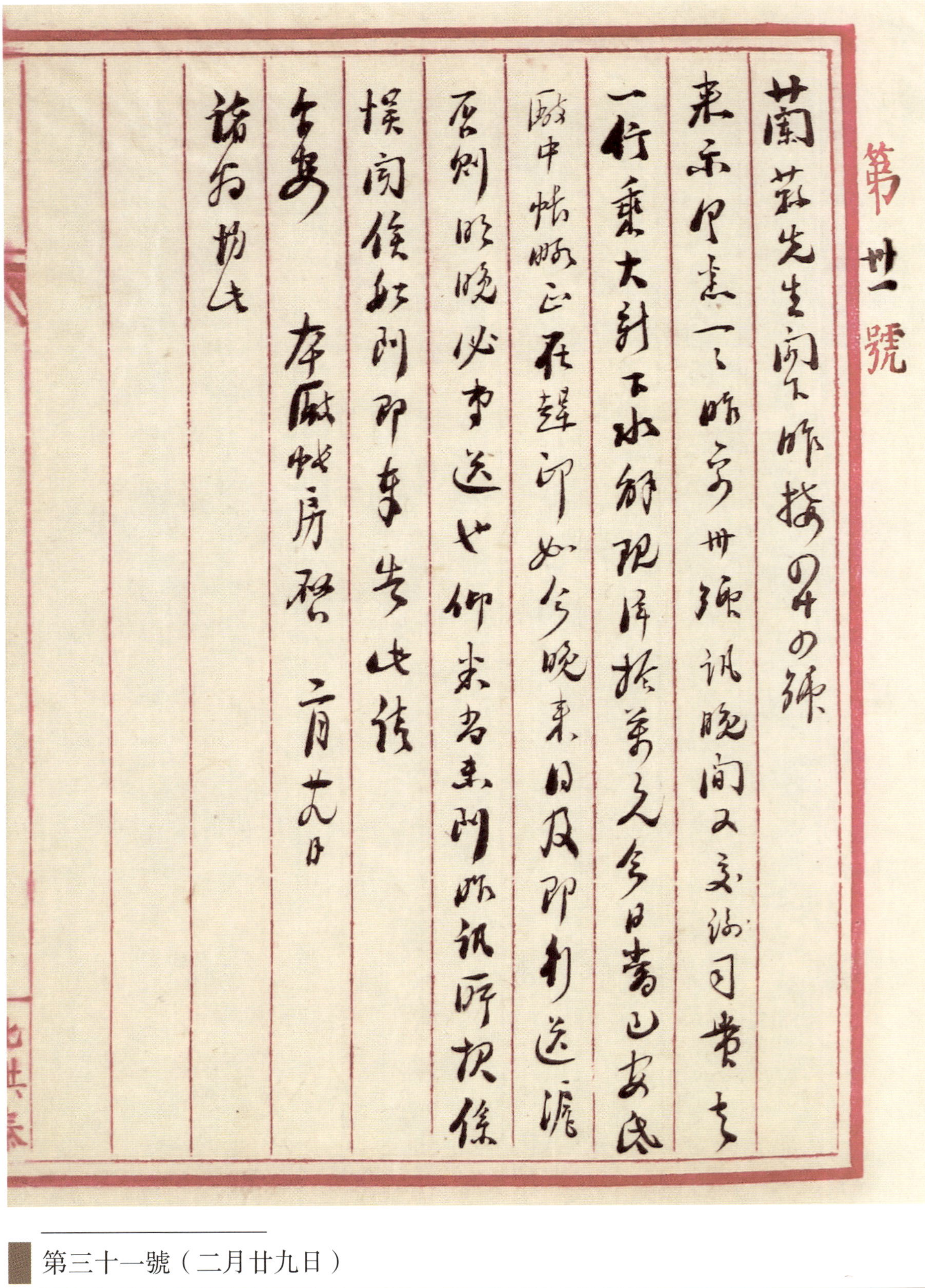

第三十一號（二月廿九日）

蘭蓀先生閣下：昨接四十四號來示，具悉一一。昨寄卅號訊，晚間又交謝司帶去一信，乘大新下水，解現洋拾萬元，今日當已安抵。廠中帳略正在趕印，如今晚來得及，即行送滬，否則明晚必專送也。仰米尚未到，昨訊所報係誤聞，俟船到即奉告。此請台安。本廠帳房啓。二月廿九日

諸翁均此。

第三十一號（二月廿九日）

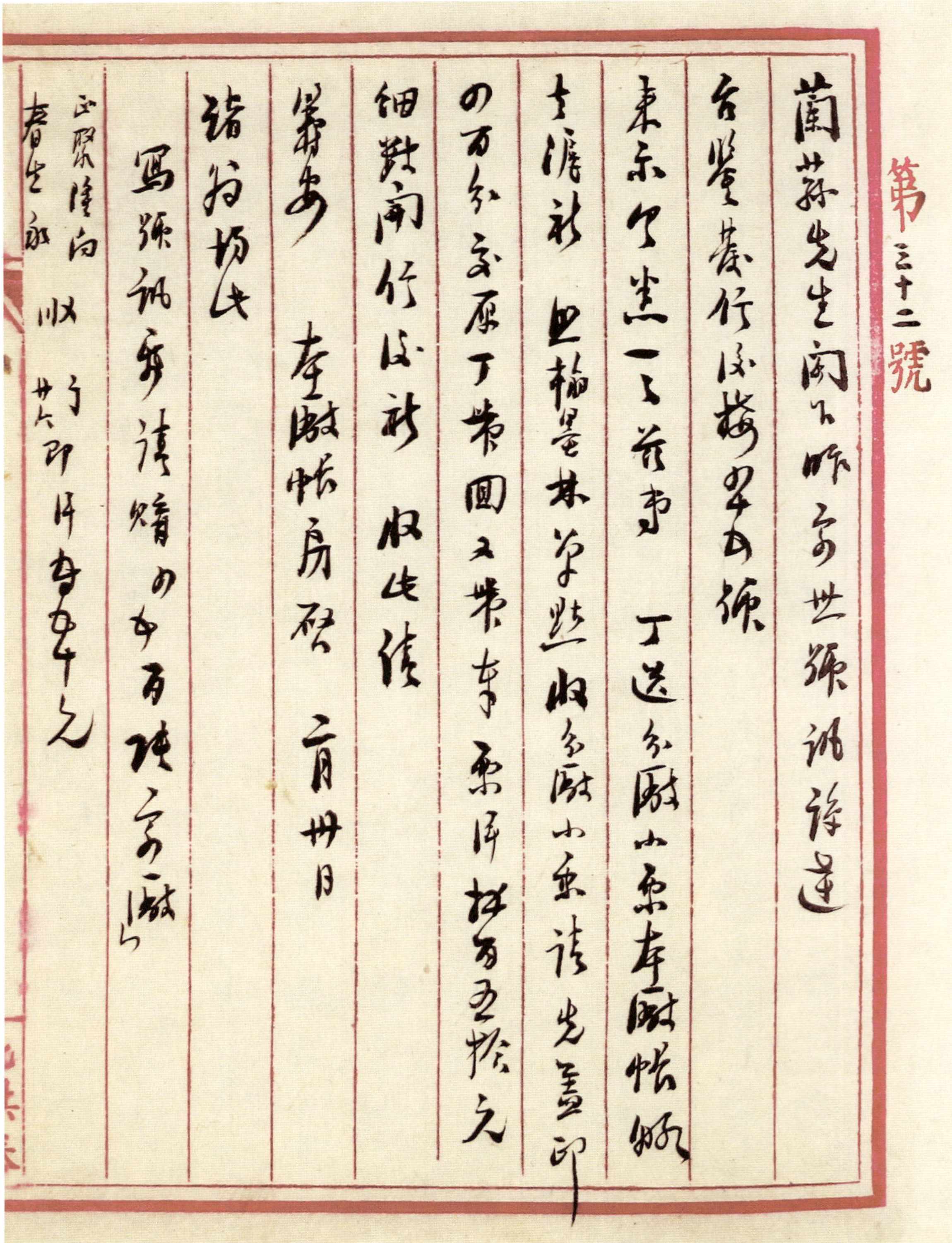

第三十二號（二月卅日）

蘭蓀先生閣下：昨寄卅一號訊，諒達台鑒。發信後接四十五號來示，具悉一一。茲專丁送分廠小票、本廠帳略去滬，祈照翰墨林單點收。分廠小票，請先蓋印四百分，交原丁帶回。又帶奉票洋捌百五拾元，細數開信後，祈收。此請籌安。本廠帳房啓。二月卅日

諸翁均此。

寫號訊紙，請購四五百張寄廠。

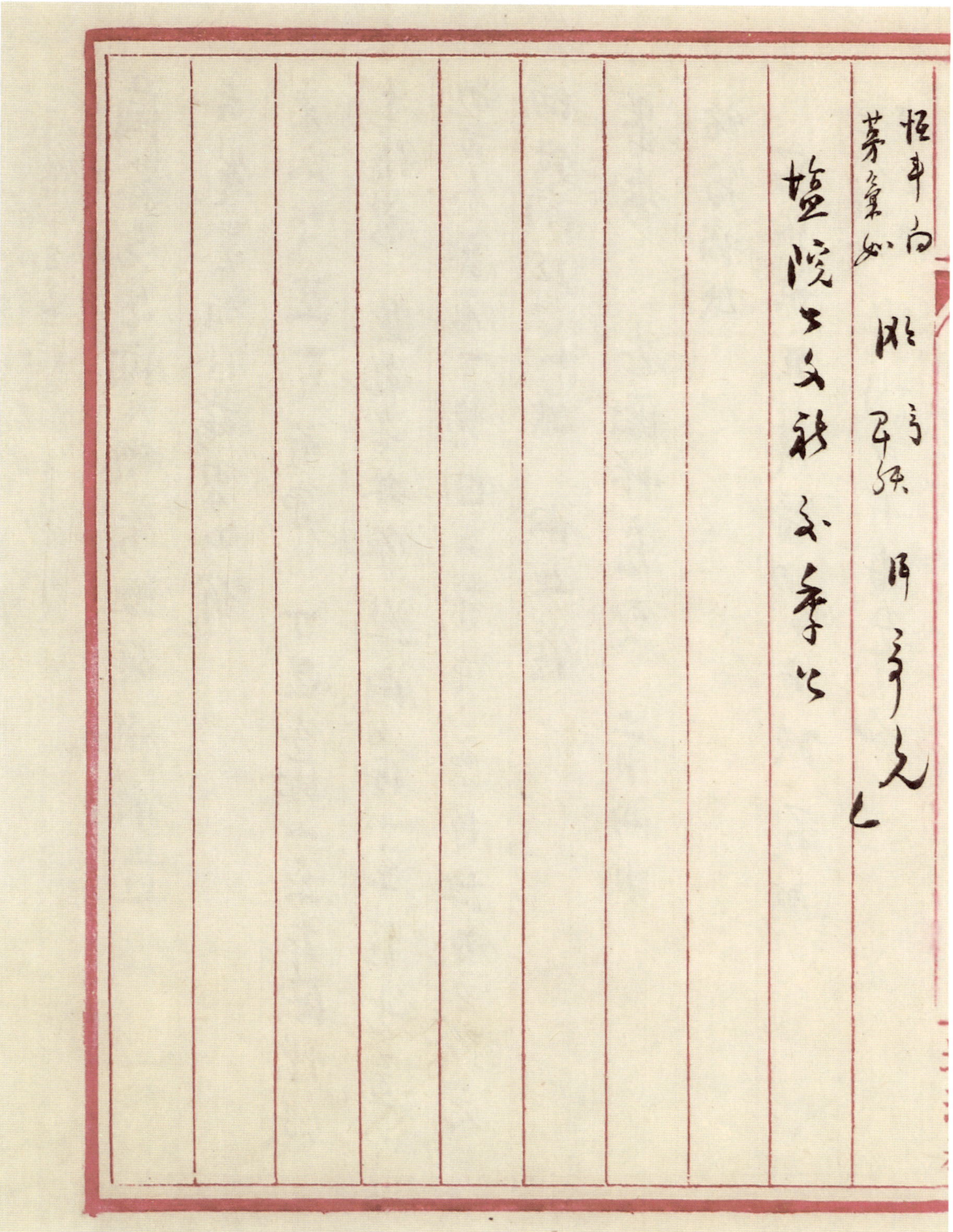

恒豐向茅彙如
鹽院公文祈交季公

第三十二號（二月卅日）

正聚隆向春生永，三四，二月廿六（即），洋五百五十元
恒豐向茅彙如，一四七，三月初十（五天），洋三百元
鹽院公文祈交季公。

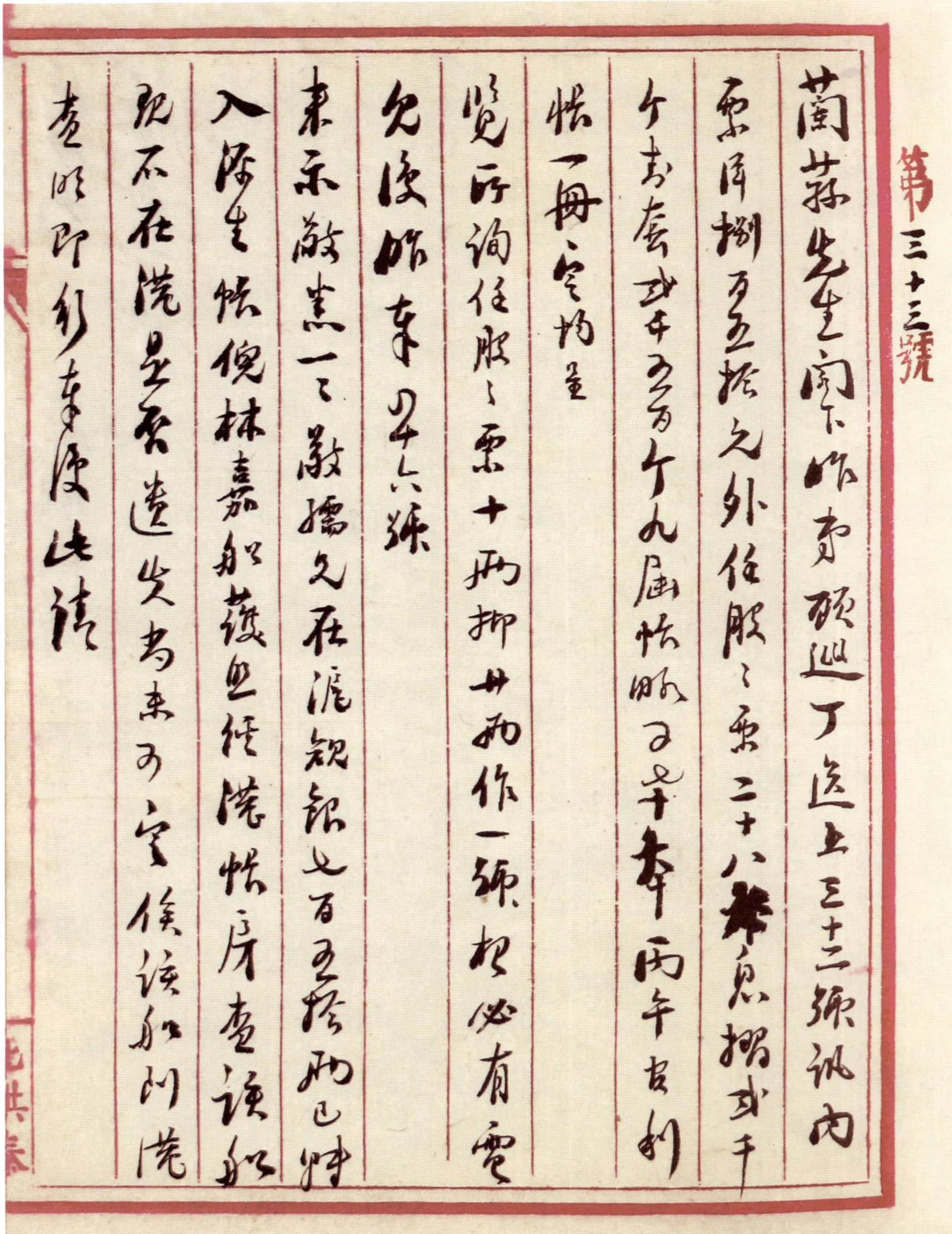

第三十三號（三月初一日）

蘭蓀先生閣下：昨專顧巡丁送上三十二號訊，内票洋捌百五拾元外，任股股票二十八本、息摺弍千個、封套弍千五百個、九届帳略一百七十本、丙午官利帳一册，定均呈覽。所詢任股股票十兩抑廿兩作一號，想必有電見復。昨奉四十六號來示，敬悉一一。敬孺兄在滬規銀七百五拾兩，已轉入源生帳。倪林嘉船護照，經港帳房查，該船現不在港，是否遺失尚未可定，俟該船到港查明，即行奉復。此請籌安。本廠帳房啓。三月初一日

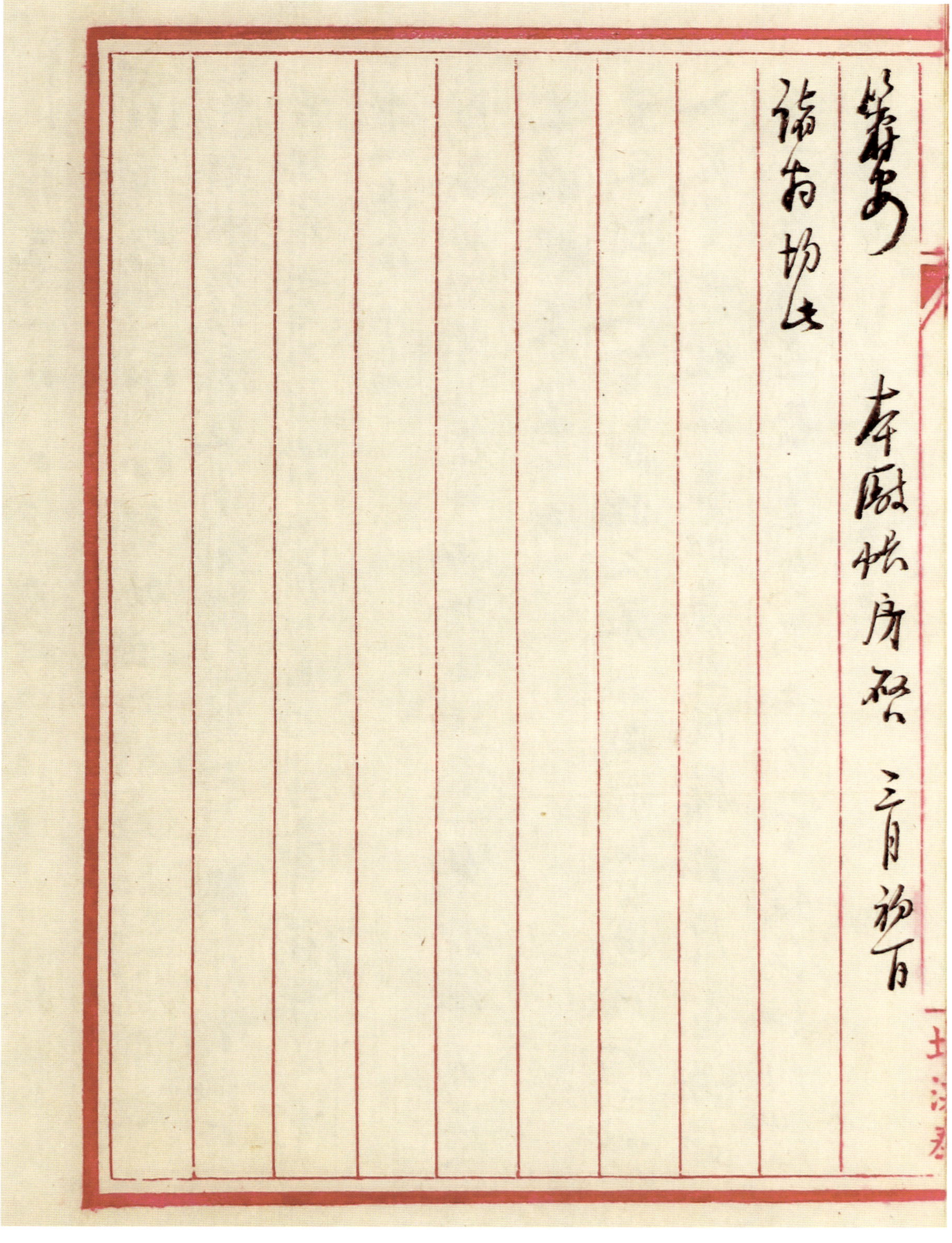

籌安　本廠帳房啓　三月初一日
諸翁均此

第三十三號（三月初一日）

諸翁均此。

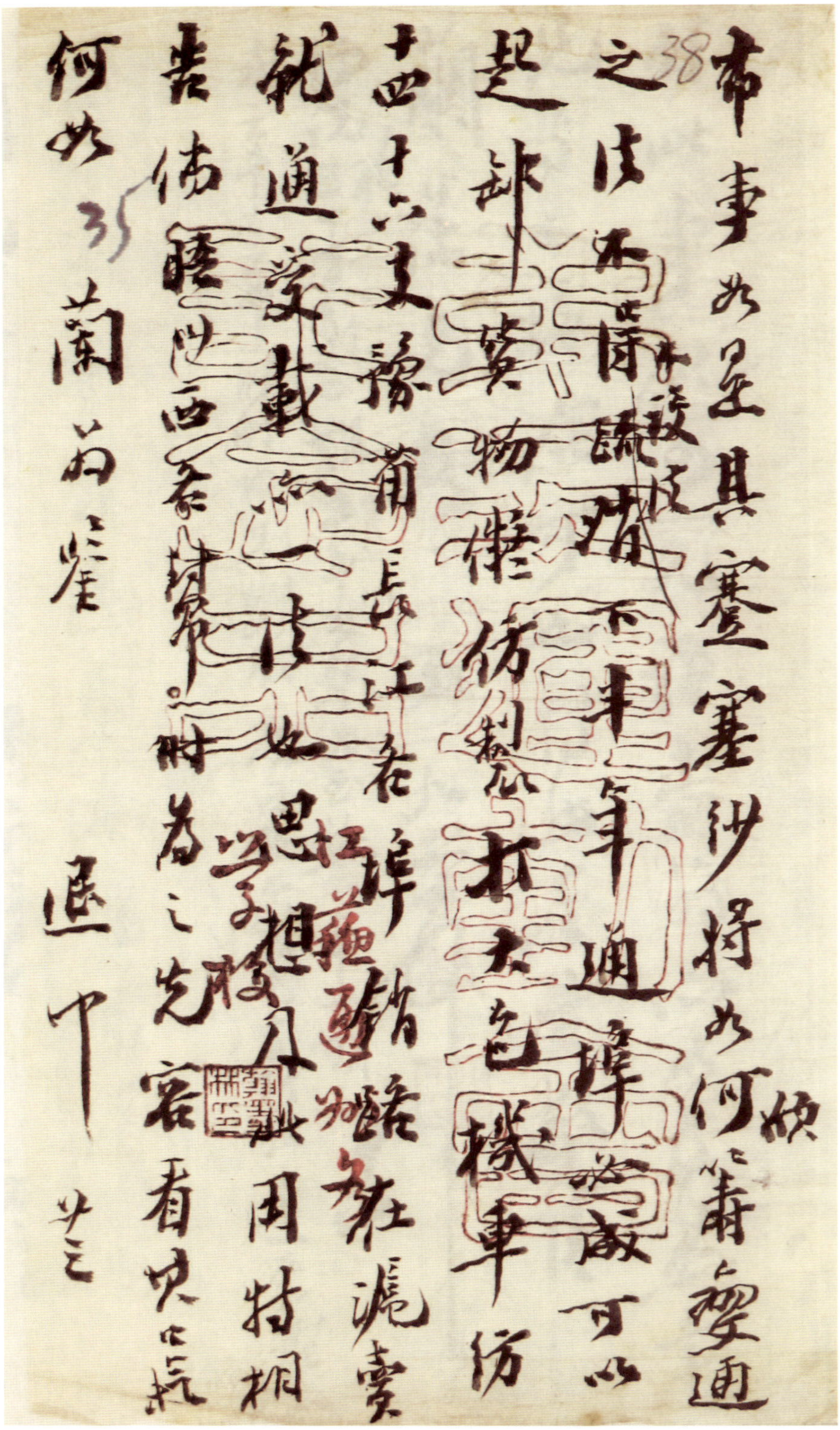

附張詧致林蘭蓀函一

布事如是其蹇塞，紗將如何？欲籌變通之法，不得不設法疏消。下半年通埠必成，可以起卸貨物。擬仿製打大包機車，紡十四、十六支，豫備長江各埠銷路，在滬賣，就通受載，亦一法也。思想及此，用特相告。倘晤川西各幫時，爲之先容，看其口氣何如。蘭翁鑒。退叩。廿三

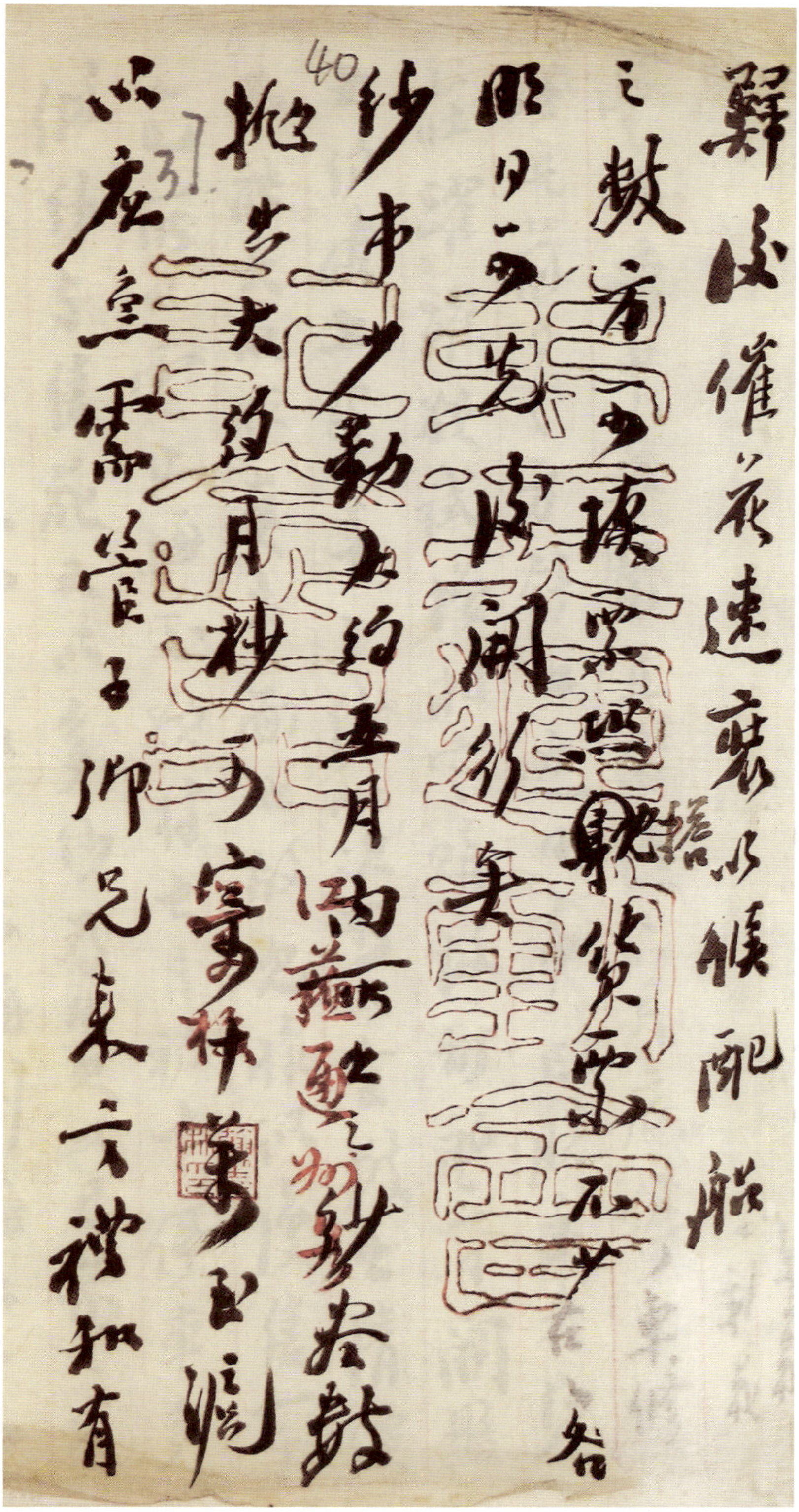

附張謇致林蘭蓀函二

歸後催花速裝，以候配船……之數方可填票，恐搭貨票不……，明日可先後開行矣。紗市少動，大約五月内所出之紗盡數拋出，大約月杪可寄十萬至滬，以應急需。管子卿兄來，言禮和有款三十萬可放，息七厘，每年、每月面議，而六月初二期先交十萬，其餘待八九月付。此事似可允許，嗇翁亦以爲然，幸兄與之接洽可也。特此奉告，敬請蘭蓀兄安。弟謇頓首。十八

據説三十萬分三期，本年七厘爲至極，一年一期，或二年、三年，臨時由兄斟酌。

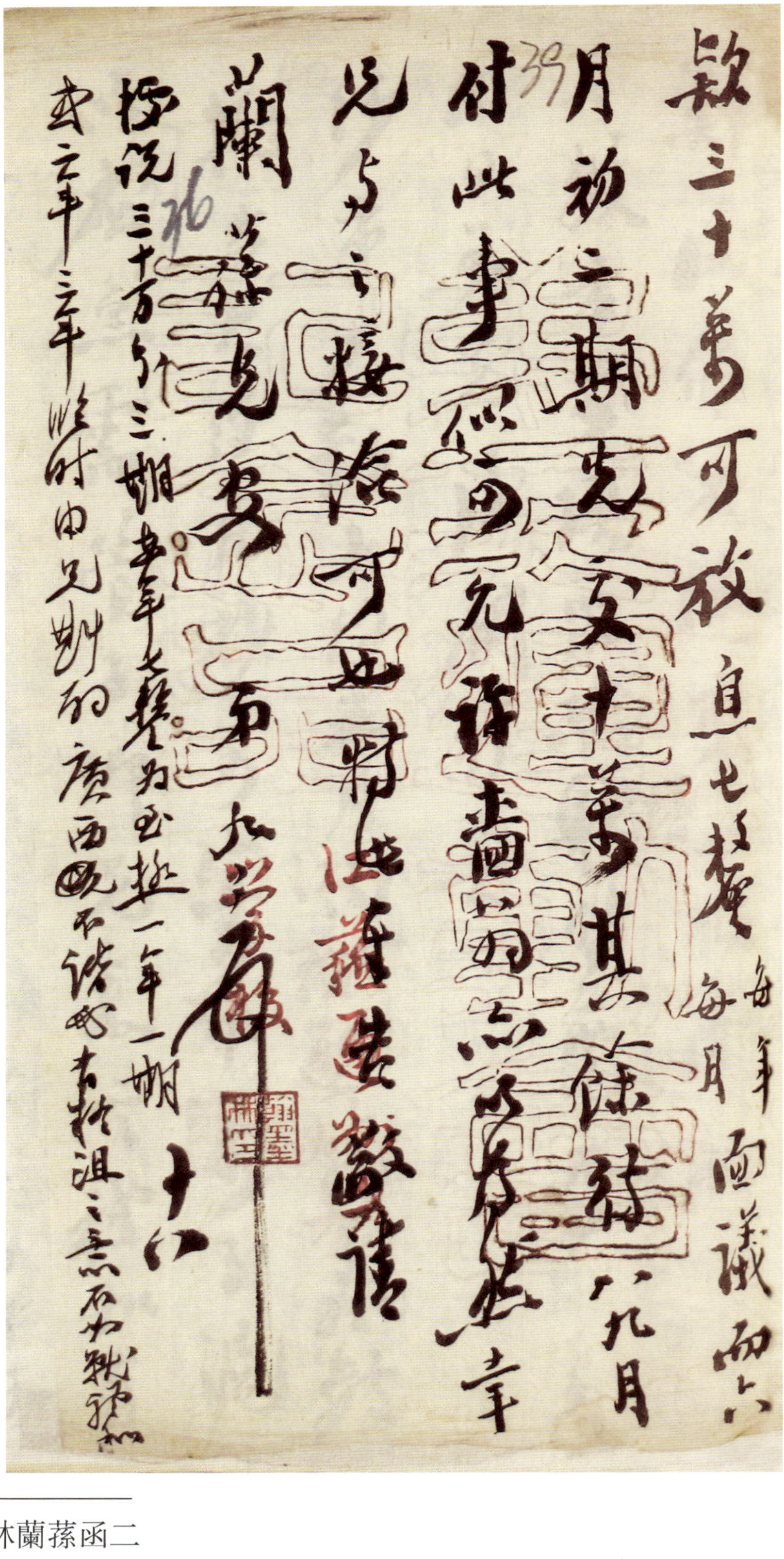

附張謇致林蘭蓀函二

廣西不諧，必有疑沮之意，不如就禮和。

（按：本信殘損，缺字處代以“……”）

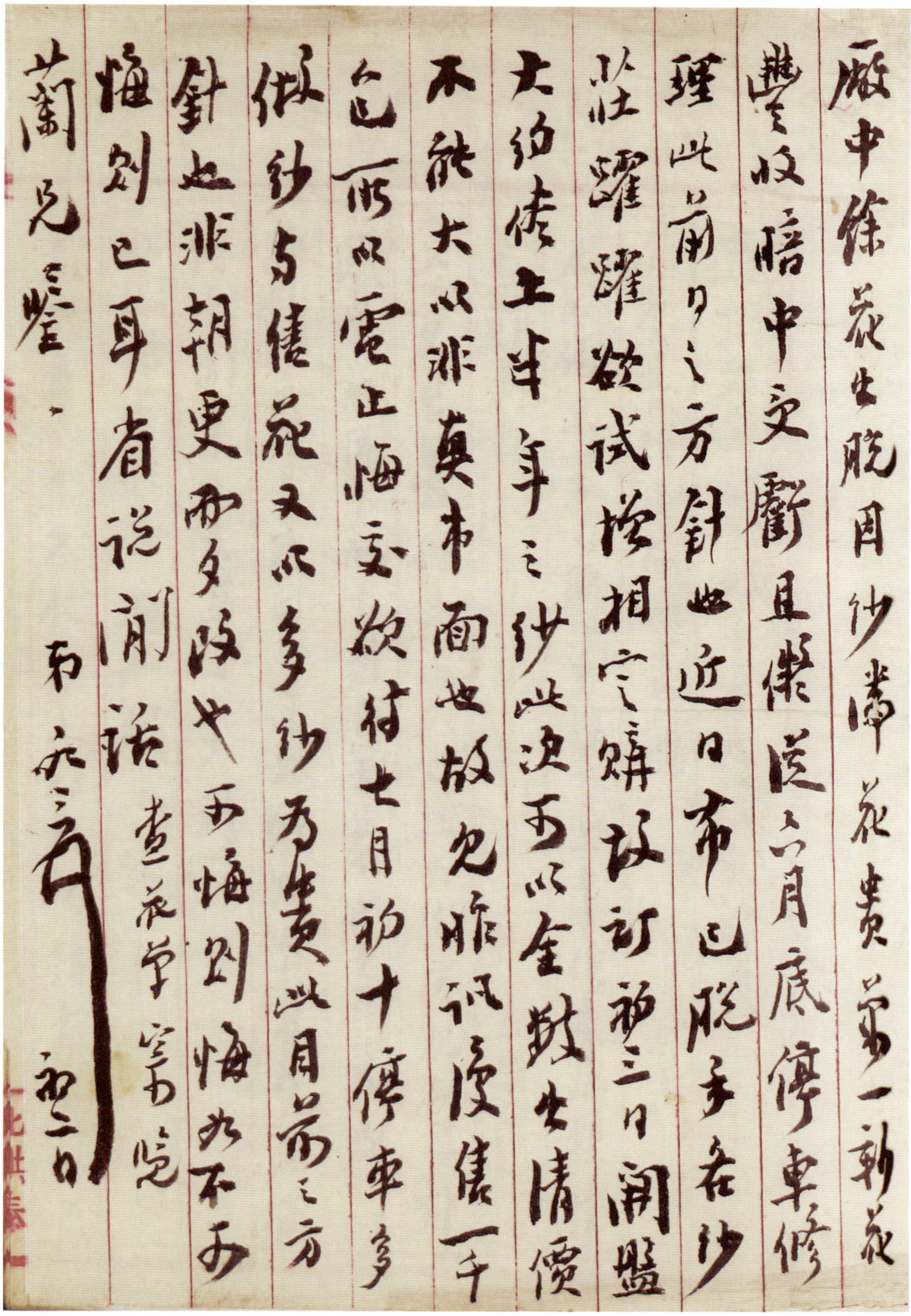

附張謇致林蘭蓀函三

廠中餘花出脱，因紗滯花貴，萬一新花豐收，暗中受虧，且擬從六月底停車修理，此前日之方針也。近日布已脱手，各紗莊躍躍欲試，增〔争〕相定購，故訂初三日開盤，大約儘上半年之紗，此次可以全數出清。價不能大，以非真市面也。故見昨訊復售一千包，所以電止悔交，欲待七月初十停車，多做紗與售花，又以多紗爲貴。此目前之方針也，非朝更而夕改也。可悔則悔，如不可悔則已耳，省説閑話。查花單寄覽。蘭兄鑒。弟謇頓首。初二日

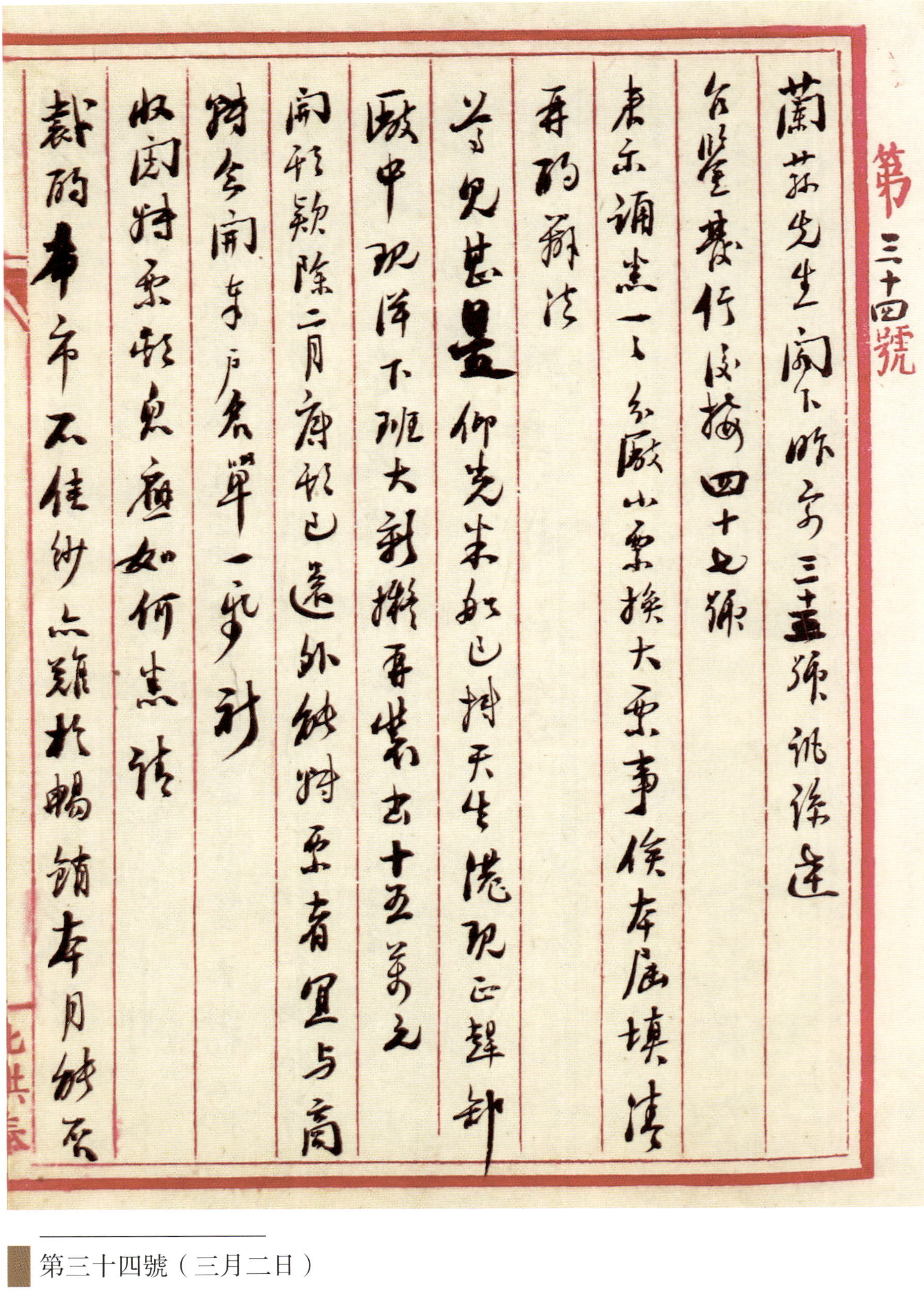
第三十四號
蘭蓀先生閣下：昨寄三十三號訊，諒達
台鑒。發信後接四十七號
來示，誦悉一一。分廠小票換大票事，俟本屆填清
再酌辦法，
尊見甚是。仰光米船已轉天生港，現正趕卸。
廠中現洋，下班大新擬再裝出十五萬元。
開期款除二月底期已還外，能轉票者，宜與商
轉。今開奉户名單一紙，祈
收閱，轉票期息應如何，悉請
裁酌。布市不佳，紗亦難於暢銷，本月能否

第三十四號（三月二日）

蘭蓀先生閣下：昨寄三十三號訊，諒達台鑒。發信後接四十七號來示，誦悉一一。分廠小票换大票事，俟本屆填清再酌辦法，尊見甚是。仰光米船已轉天生港，現正趕卸。廠中現洋，下班大新擬再裝出十五萬元。開期款除二月底期已還外，能轉票者，宜與商轉。今開奉户名單一紙，祈收閱，轉票期息應如何，悉請裁酌。布市不佳，紗亦難於暢銷，本月能否開盤，尚難預定，故頭寸不能不放鬆也。小票號期今仍未見電復，甚盼。今另郵寄施蘭賓繳路股銀票八百十七兩六錢，又寄大新船八

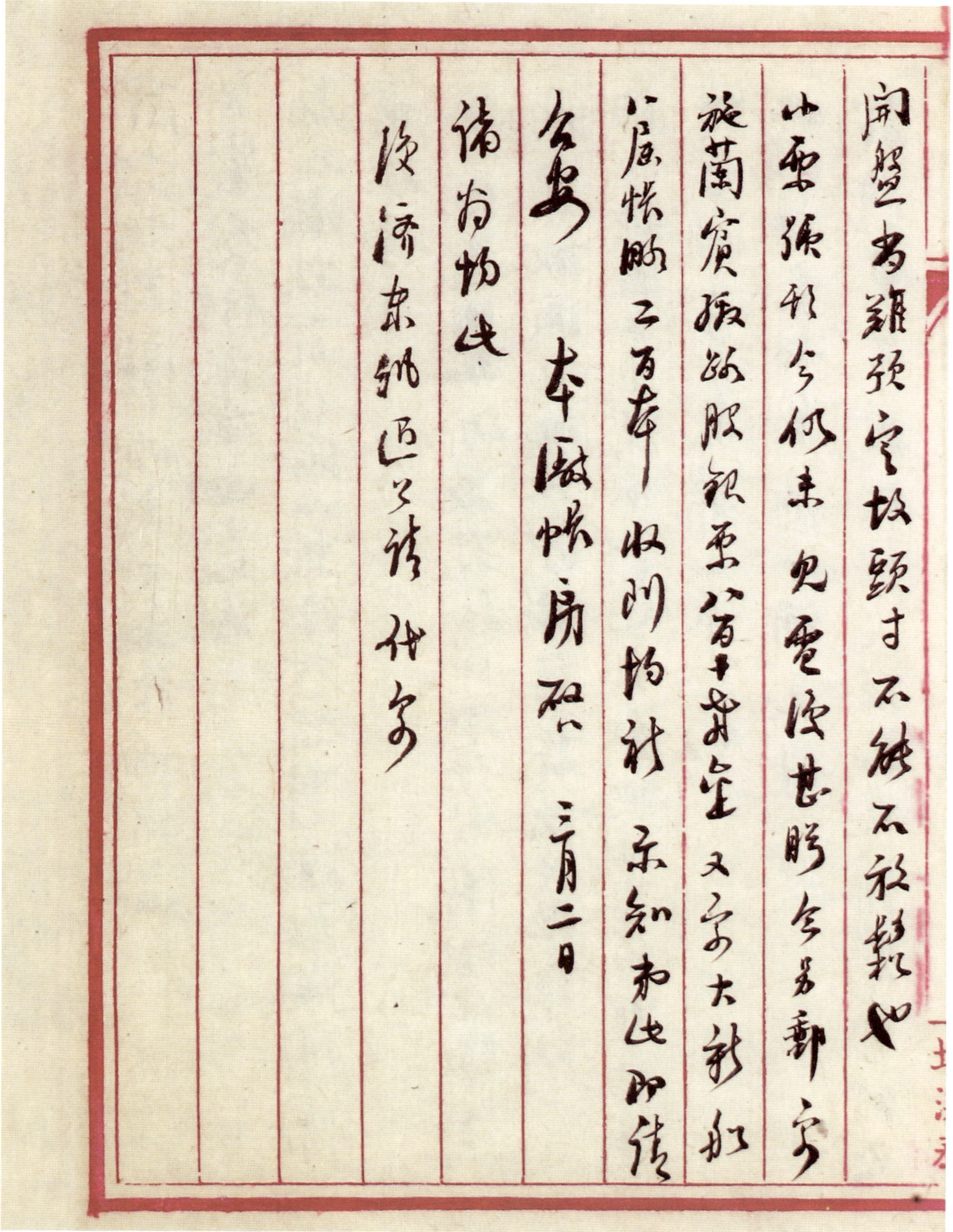

第三十四號（三月二日）

屆帳略二百本，收到均祈示知。專此，即請台安。本廠帳房啓。三月二日

諸翁均此。

復濟泰訊，退公請代寄。

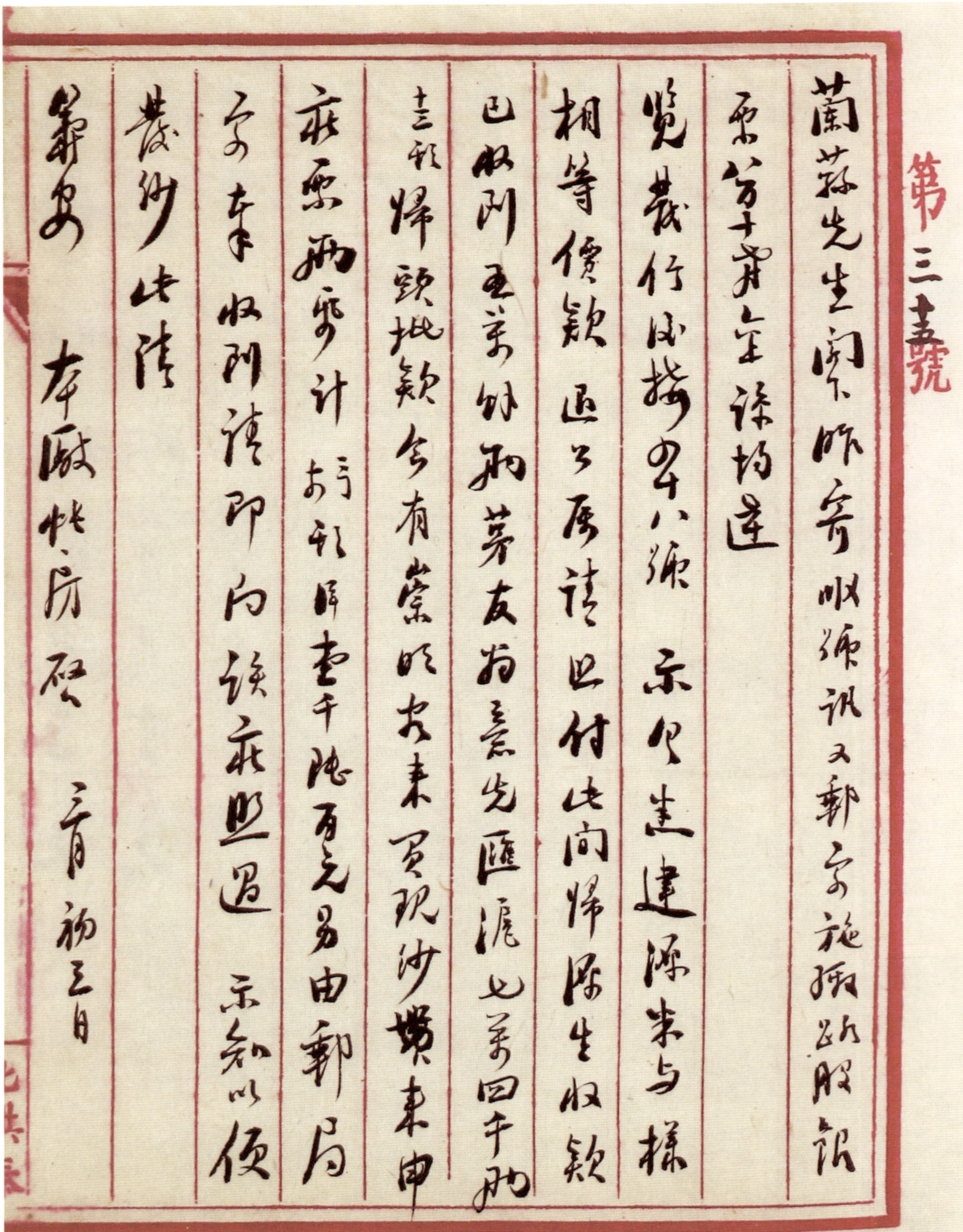

第三十五號（三月初三日）

蘭蓀先生閣下：昨寄三十四號訊，又郵寄施繳路股銀票八百十七兩六錢，諒均達覽。發信後接四十八號示，具悉。建源米與樣相等，價款退公屬請照付。此間歸源生收款，已收到五萬餘兩，茅友翁意先匯滬七萬四千兩（十三期），歸頭批款。今有崇明客來買現紗，帶來申莊票兩紙，計三月十四期洋壹千陸百元，另由郵局寄奉，收到請即向該莊照過示知，以便發紗。此請籌安。本廠帳房啓。三月初三日

義昌福記，一三九九，三月十四，洋壹千元

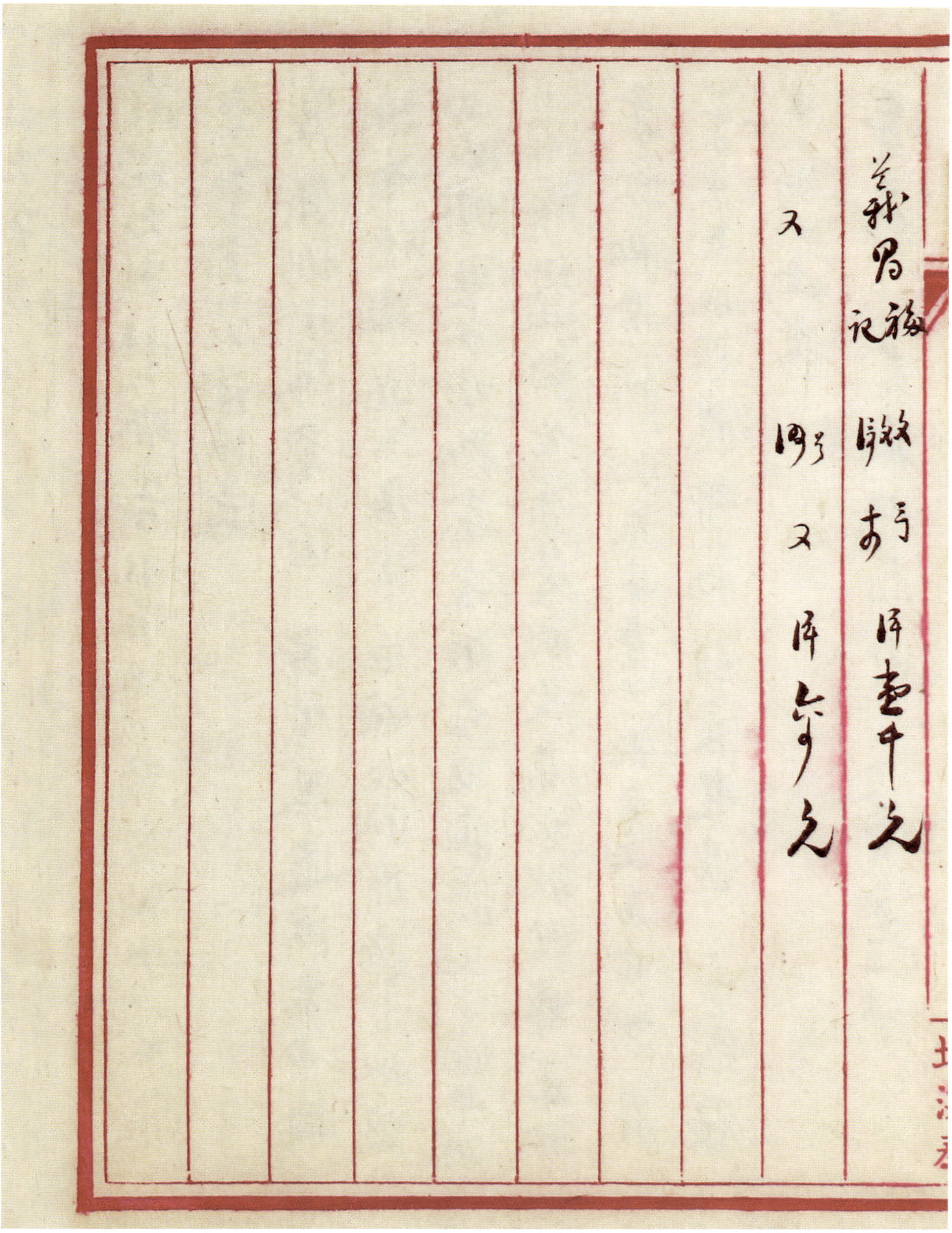
又　一百號　又　洋六百元

第三十五號（三月初三日）

又，一百號，又，洋六百元

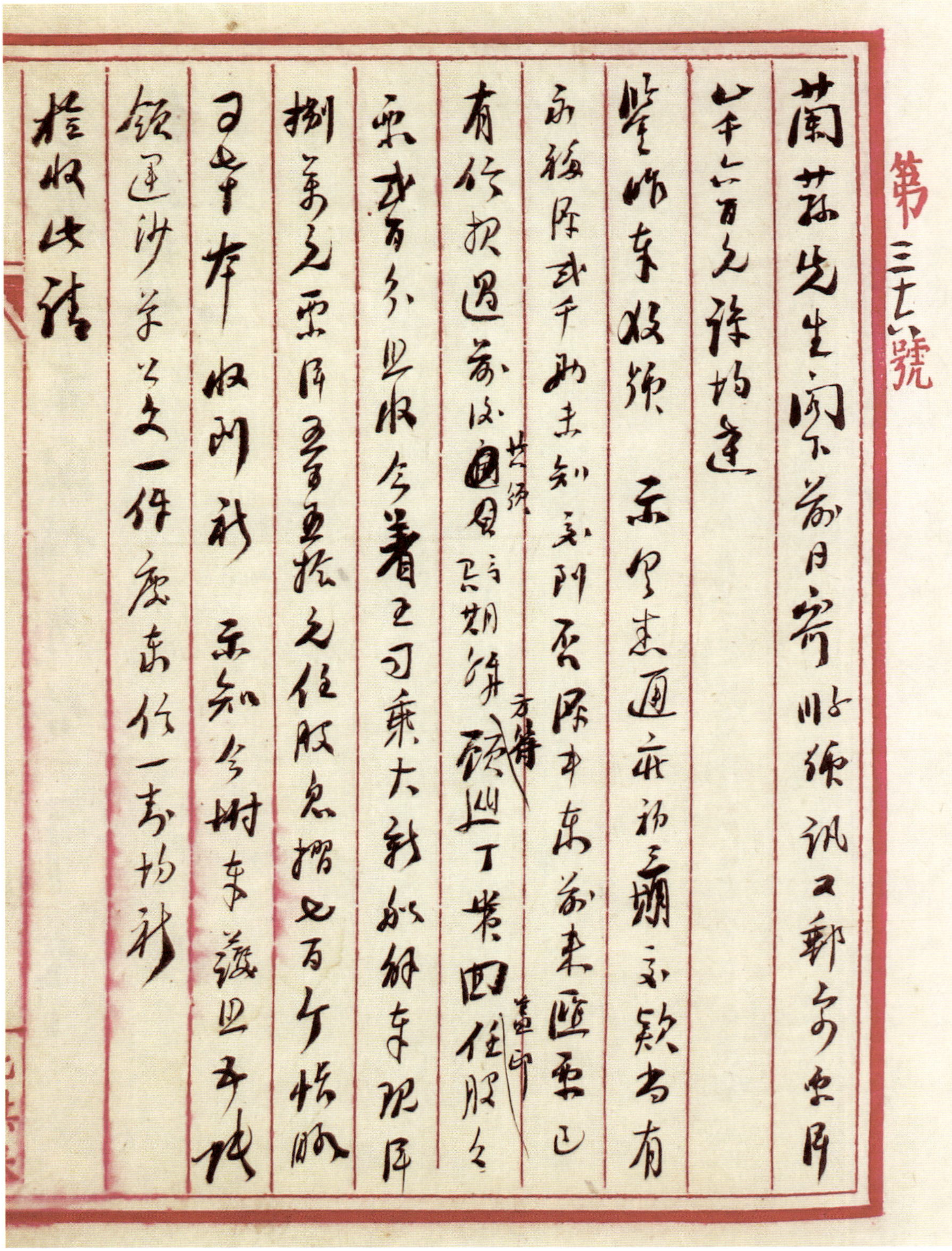

第三十六號（三月初五日）

蘭蓀先生閣下：前日寄三十五號訊，又郵寄票洋一千六百元，諒均達鑒。昨奉四十九號示，具悉。通莊初三期交款，尚有永福源式千兩，未知交到否。源豐泰前來匯票已有信報過，前後共須三月初六期五千兩方符。顧巡丁帶回蓋印任股股票式百分照收。今着王司乘大新船解奉現洋捌萬元、票洋五百五拾元、任股息摺七百個、帳略一百七十本，收到祈示知。今附奉護照五張、領運紗單公文一件、慶泰信一封，均祈檢收。此請籌安。本廠帳房啓。三月初五日

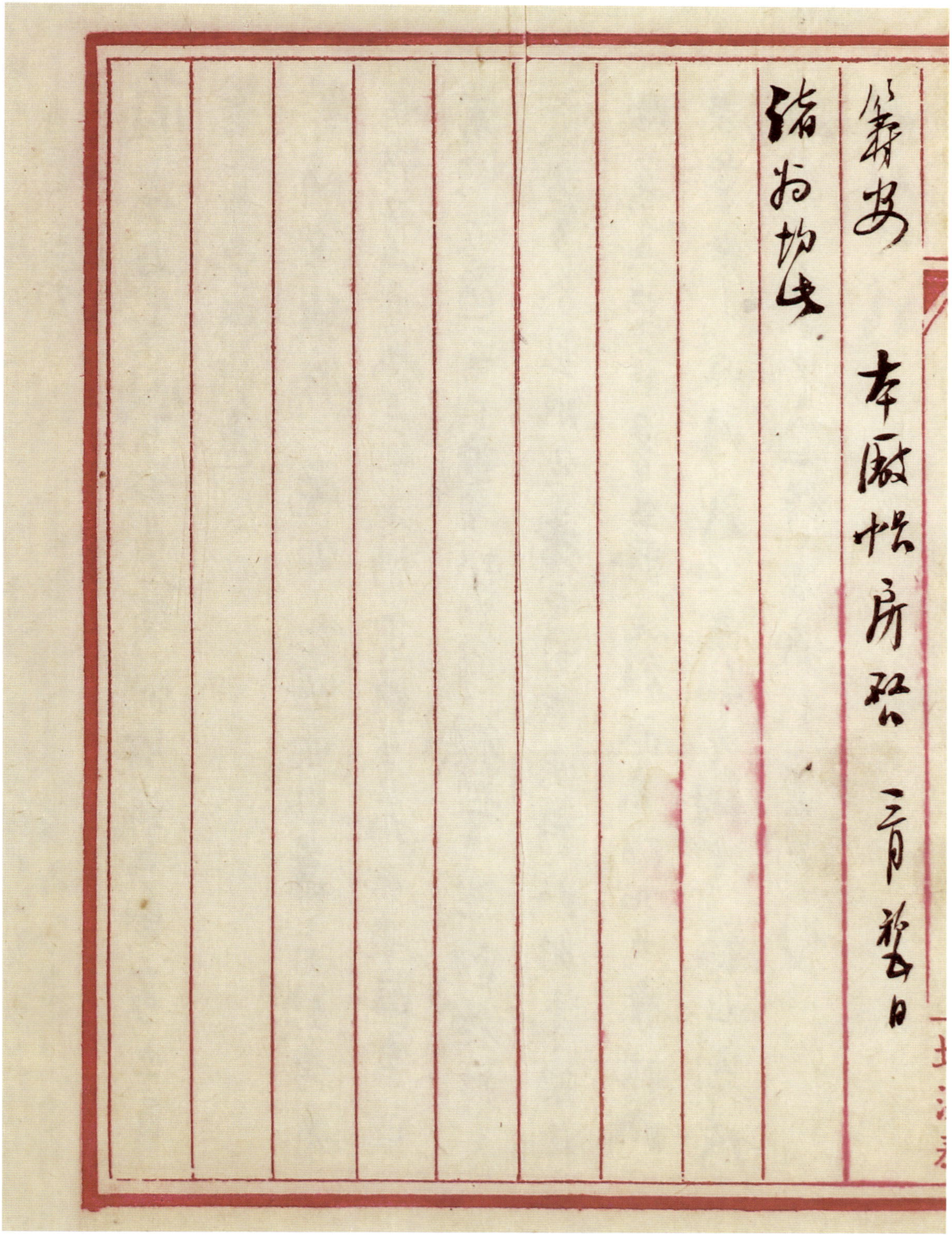

鈞安　本廠帖房啓　三月五日
諸翁均此

第三十六號（三月初五日）

諸翁均此。

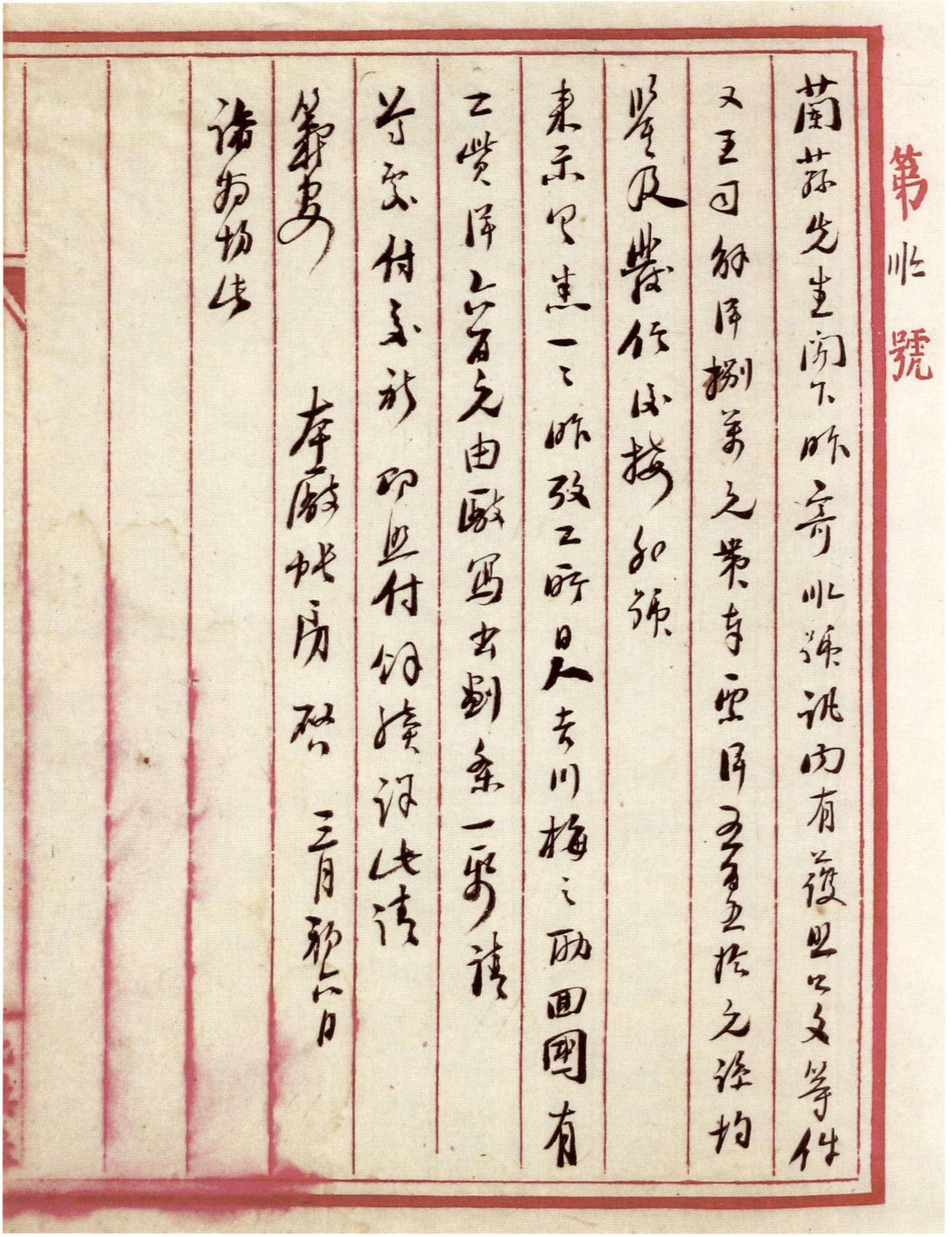

第三十七號（三月初六日）

蘭蓀先生閣下：昨寄三十六號訊，內有護照、公文等件，又王司解洋捌萬元，帶奉票洋五百五拾元，諒均鑒及。發信後接五〇號來示，具悉一一。昨考工所日人吉川梅之助回國，有工貲洋六百元，由廠寫出劃條一紙，請尊處付交，祈即照付。餘續詳。此請籌安。本廠帳房啓。三月初六日

諸翁均此。

第三十七號（三月初六日）

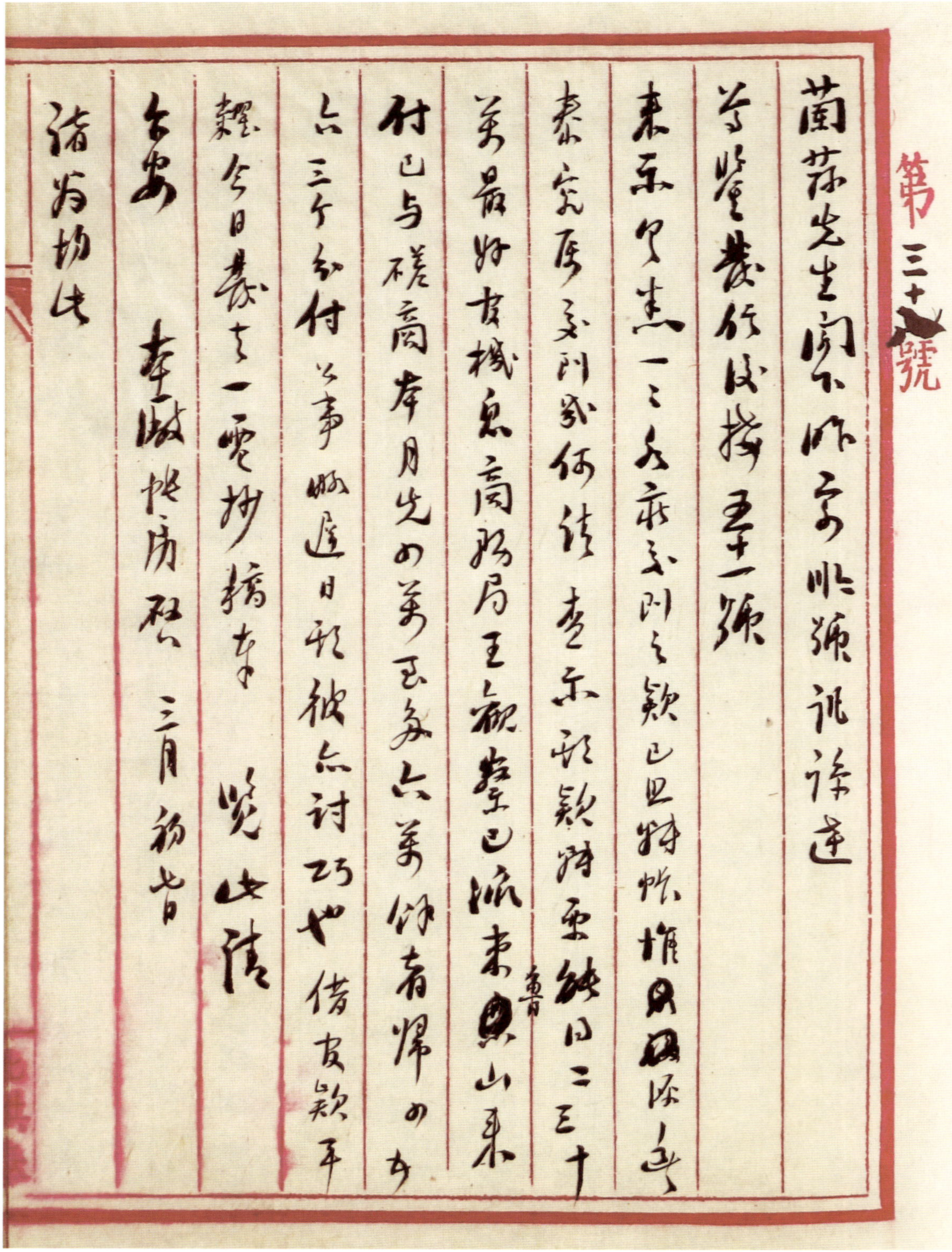

第三十八號（三月初七日）

蘭蓀先生閣下：昨寄三十七號訊，諒達尊鑒。發信後接五十一號來示，具悉一一。各莊交到之款已照轉帳，惟源豐泰究屬交到幾何，請查示。期款轉票，能得二三十萬最好。官機息，商務局王觀察已派東魯山來付，已與磋商，本月先四萬，至多六萬，餘者歸四、五、六三個分付。公事略遲日期，彼亦討巧也。借官款平糶，今日發去一電，抄稿奉覽。此請台安。本廠帳房啓。三月初七日

諸翁均此。

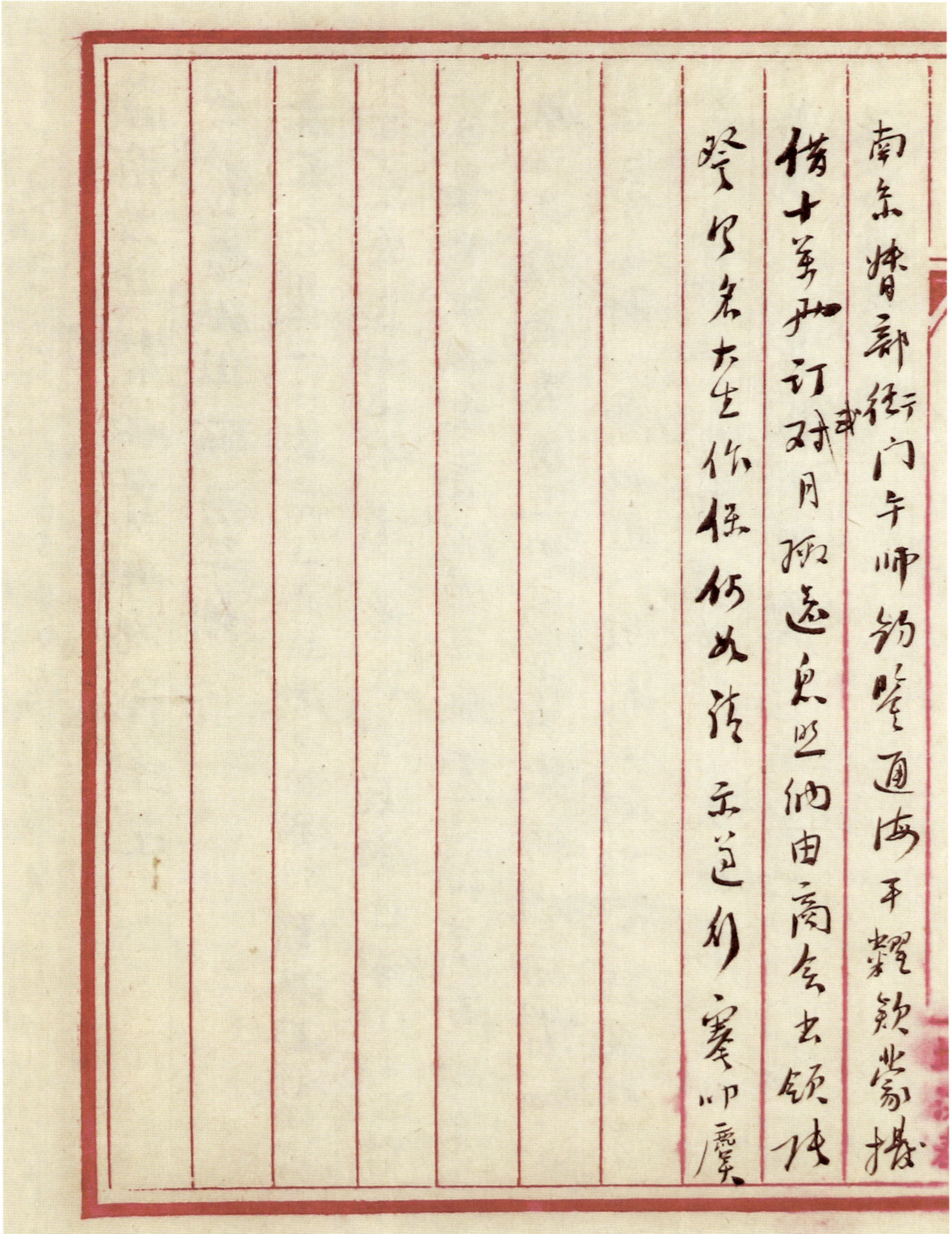

第三十八號（三月初七日）

南京督部衙門午師鈞鑒：通海平糶款，蒙撥借十萬兩，訂式對月繳還，息照納。由商會出領，張謇具名，大生作保，何如？請示遵行。謇叩。麌。

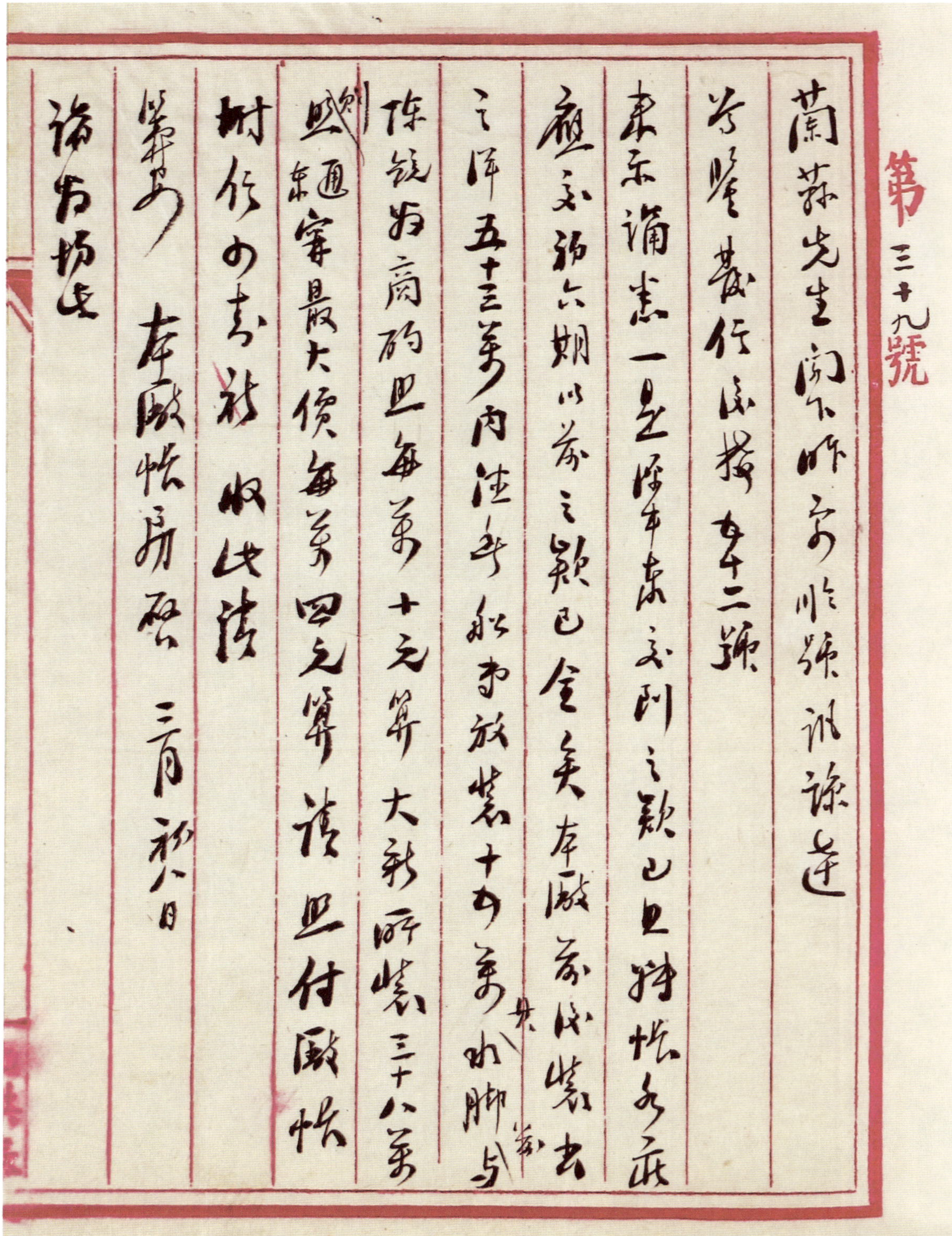

第三十九號（三月初八日）

蘭蓀先生閣下：昨寄三十八號訊，諒達尊鑒。發信後接五十二號來示，誦悉一是。源豐泰交到之款已照轉帳，各莊應交初六期以前之款已全矣。本廠前後裝出之洋五十三萬內，德豐船專放裝十五萬，其水脚前與陳鏡翁商酌，照每萬十元算；大新所裝三十八萬，則照通寧、泰寧最大價，每萬四元算，請照付廠帳。附信四封，祈收。此請籌安。本廠帳房啓。三月初八日

諸翁均此。

第三十九號（三月初八日）

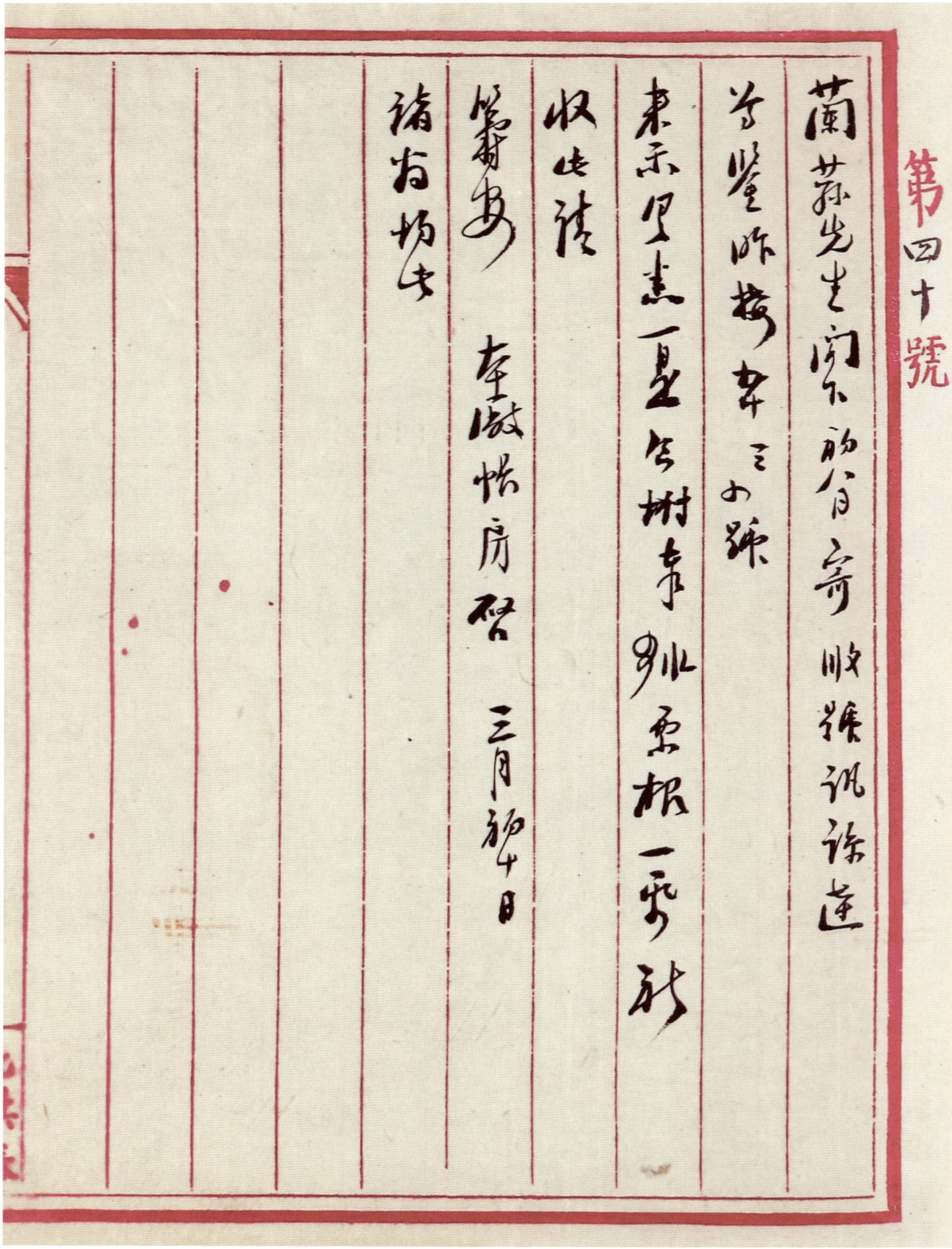
第四十號
蘭蓀先生閣下：初八日寄三十九號訊，諒達尊鑒。昨接五十三、五十四號來示，具悉一是。今附奉四百二十六票根一紙，祈收。此請籌安。本廠帳房啓 三月初十日
諸翁均此

第四十號（三月初十日）

蘭蓀先生閣下：初八日寄三十九號訊，諒達尊鑒。昨接五十三、五十四號來示，具悉一是。今附奉四百二十六票根一紙，祈收。此請籌安。本廠帳房啓。三月初十日
諸翁均此。

第四十號（三月初十日）

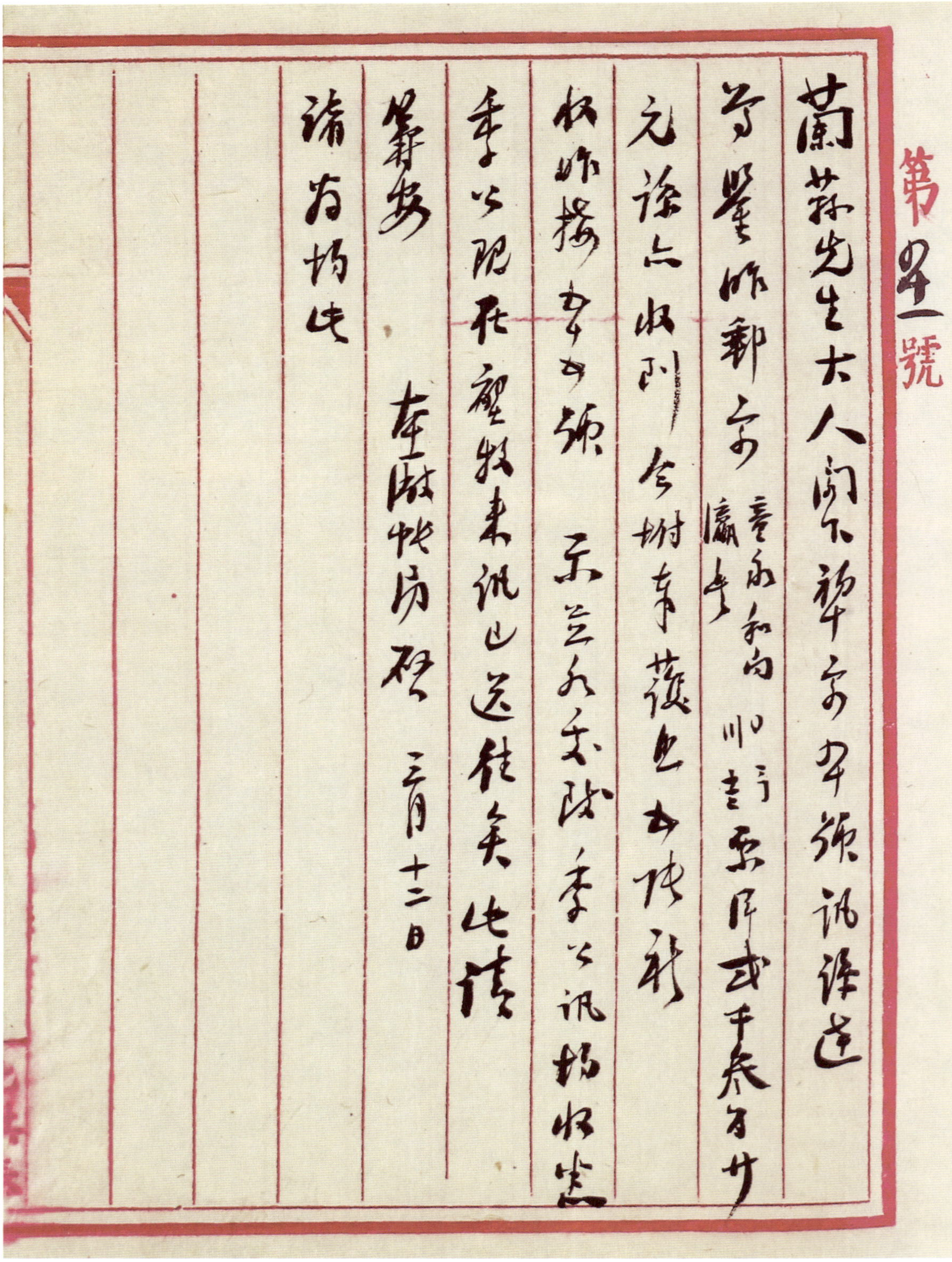

第四十一號（三月十二日）

蘭蓀先生大人閣下：初十寄四十號訊，諒達尊鑒。昨郵寄童永和向瀛豐三〇三月十三票洋式千叁百廿元，諒亦收到。今附奉護照五張，祈收。昨接五十五號示并各處致季公訊，均收悉。季公現在墾牧，來訊已送往矣。此請籌安。本廠帳房啓。三月十二日

諸翁均此。

第四十一號（三月十二日）

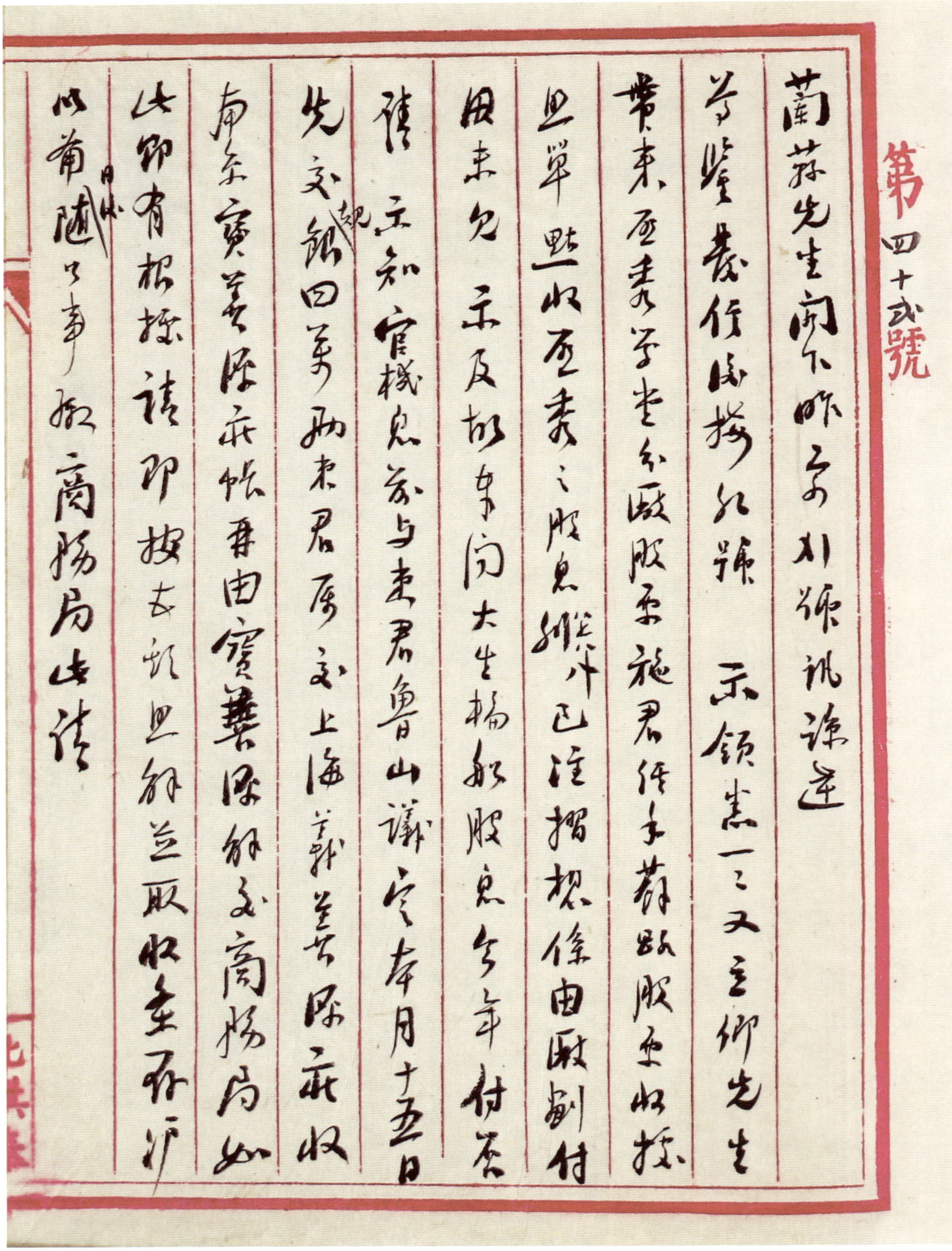
第四十弍號
蘭蓀先生閣下昨寄卅一號訊諒達
尊鑒發信後接五十六號 示領悉一一又立卿先生
帶來啓秀學堂分廠股票施君經手蘇路股票收據
照單點收啓秀之股息五十二兩八錢八分八厘已注摺想係由廠劃付
因未見 示及故奉問大生輪船股息今年付否
請 示知官機息前與束君魯山議定本月十五日
先交規銀四萬兩束君屬交上海義善源莊收
南京寶善源莊帳再由寶善源解交商務局如
此即有根據請即按十五期照解并取收條存滬
以備日後隨公事繳商務局此請

第四十二號（三月十三日）

蘭蓀先生閣下：昨寄四十一號訊，諒達尊鑒。發信後接五十六號示，領悉一一。又立卿先生帶來啓秀學堂分廠股票、施君經手蘇路股票收據，照單點收。啓秀之股息五十二兩八錢八分八厘已注摺，想係由廠劃付，因未見示及，故奉問。大生輪船股息今年付否，請示知。官機息前與束君魯山議定，本月十五日先交規銀四萬兩，束君屬交上海義善源莊，收南京寶善源莊帳，再由寶善源解交商務局，如此即有根據。請即按十五期照解，并取收條存滬，以備日後隨公事繳商務局。此請籌安。本廠帳

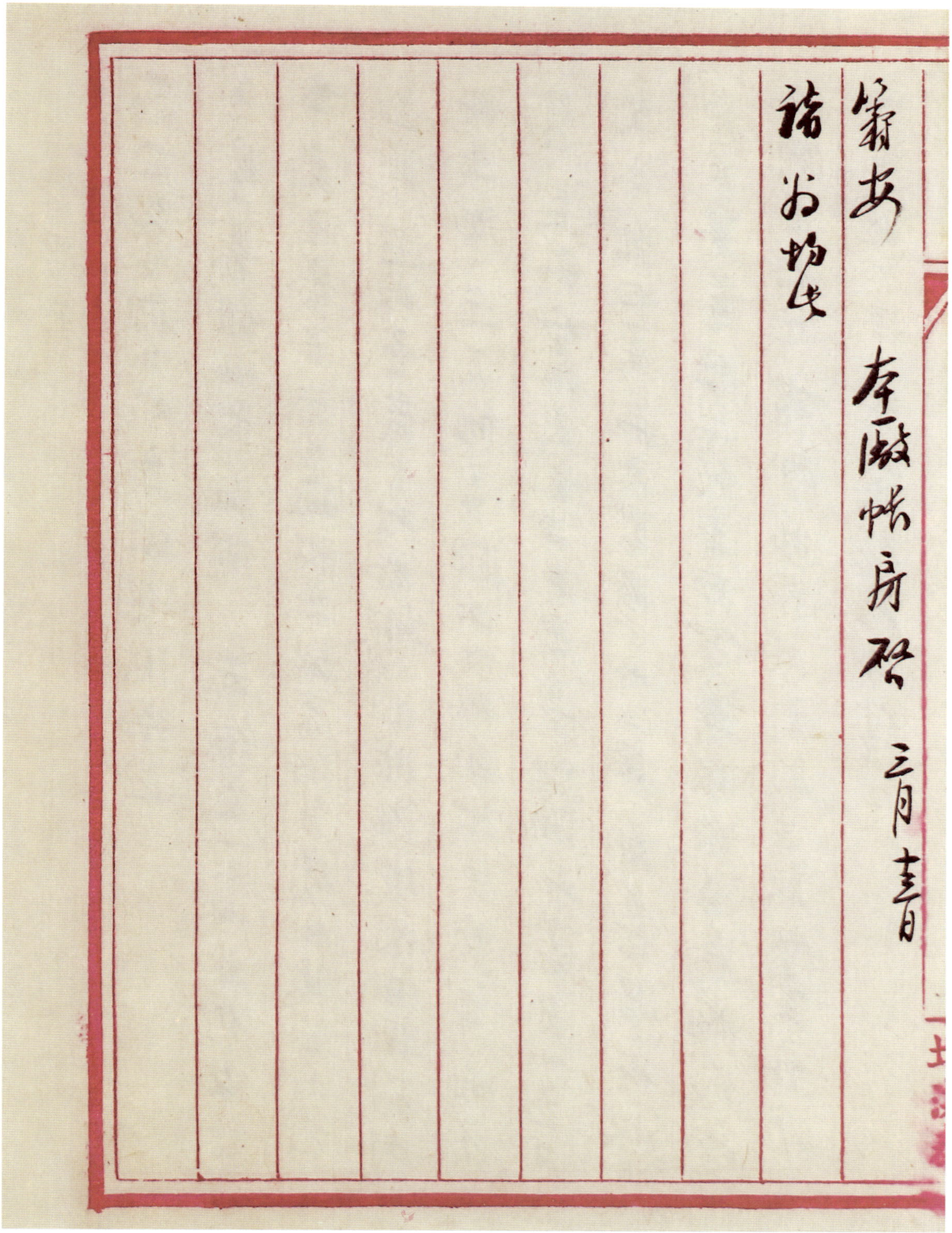
籌安　本廠帳房啓　三月十三
諸翁均此

第四十二號（三月十三日）

房啓。三月十三日
諸翁均此。

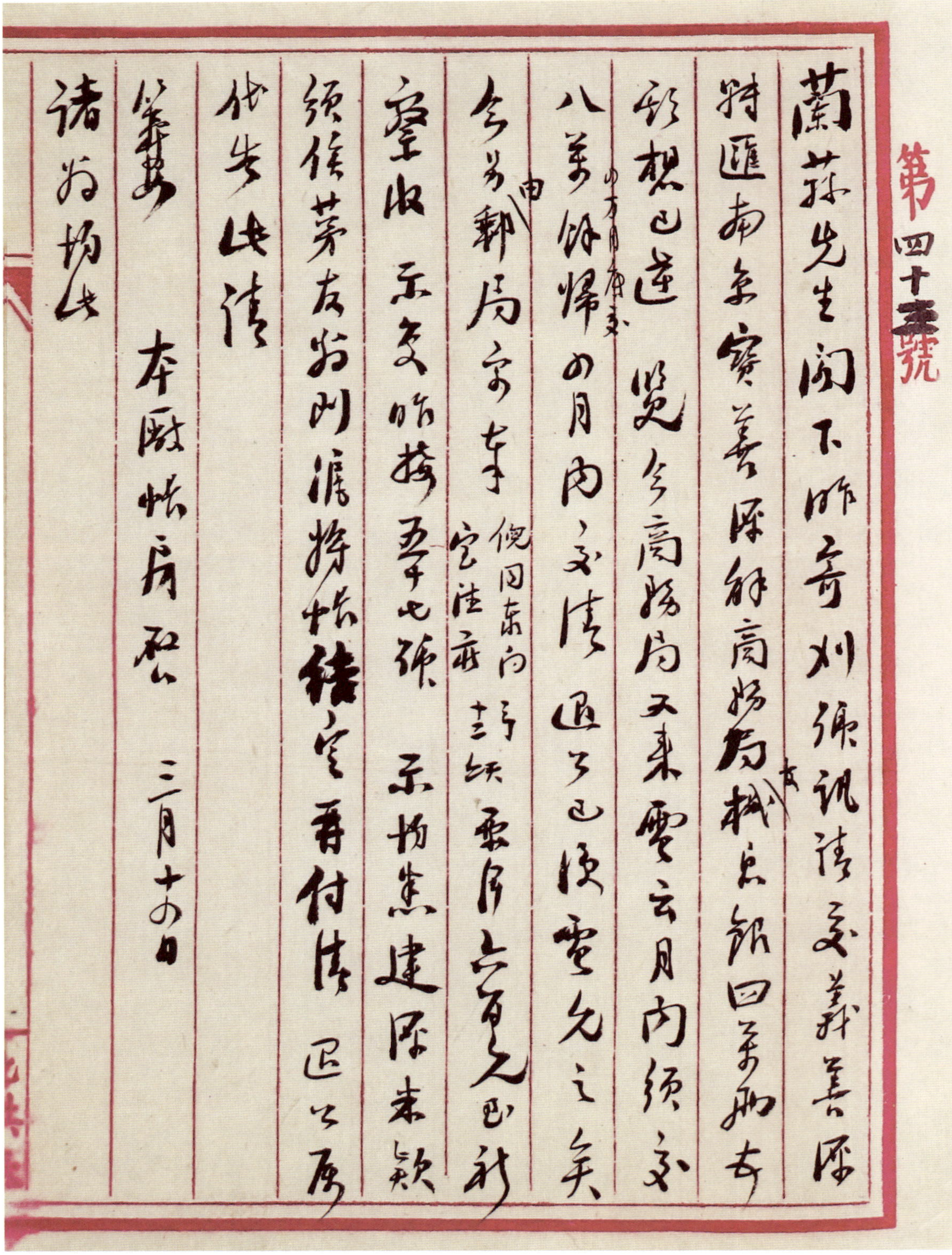

第四十三號（三月十四日）

蘭蓀先生閣下：昨寄四十二號訊，請交義善源轉匯南京寶善源解商務局官機息銀四萬兩十五期，想已達覽。今商務局又來電云，月内須交八萬（四萬月底交），餘歸四月内交清。退公已復電允之矣。今另由郵局寄奉倪同泰向寶德莊三月十二（七天）票洋六百元，至祈察收示復。昨接五十七號示，均悉。建源米款須俟茅友翁到滬，將帳結定再付清，退公屬代告。此請籌安。本廠帳房啓。三月十四日

諸翁均此。

第四十三號（三月十四日）

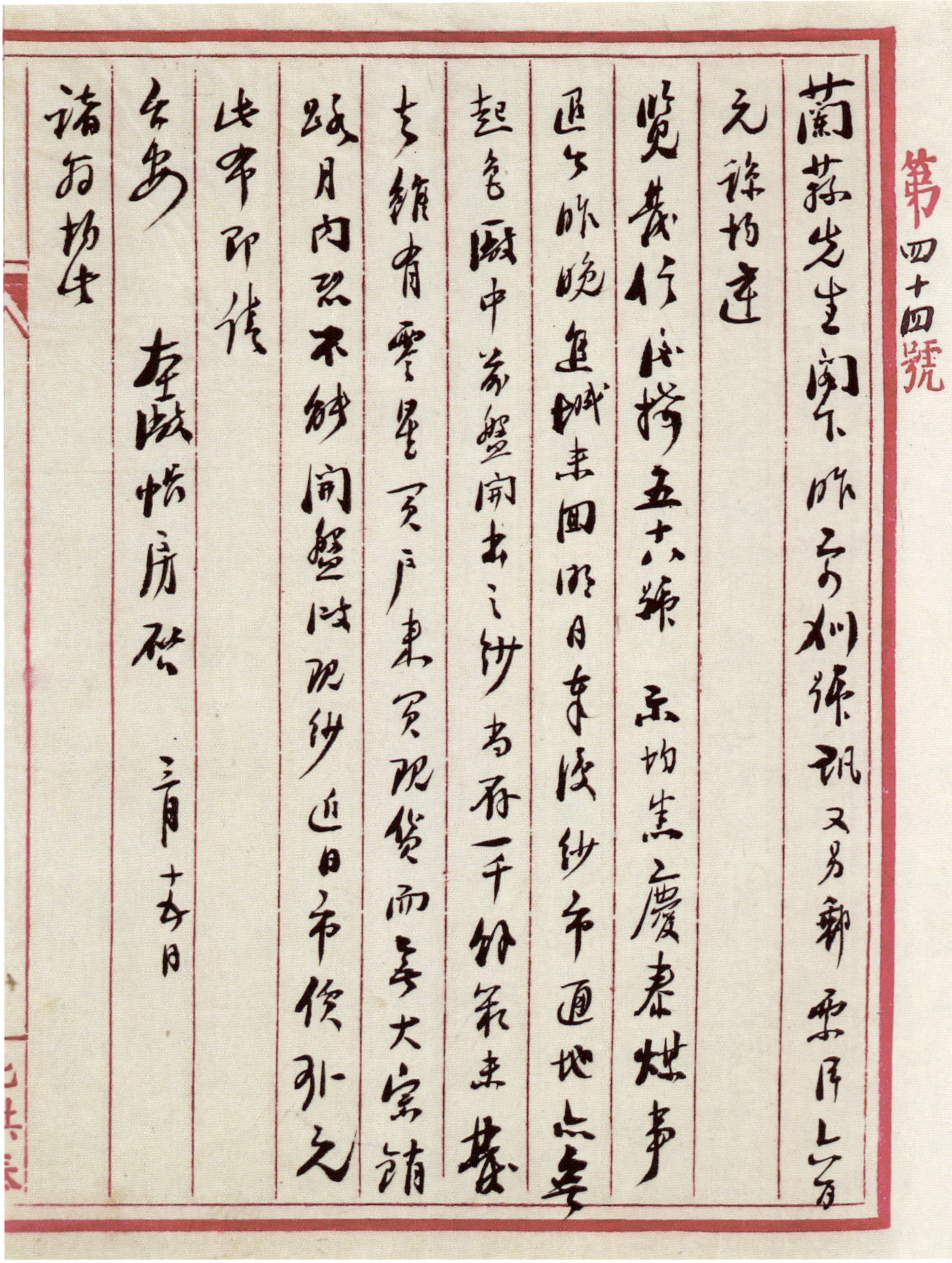

第四十四號

蘭蓀先生閣下：昨寄四十三號訊，又另郵票洋六百元，諒均達覽。發信後接五十八號示，均悉。慶泰煤事，退公昨晚進城未回，明日奉復。紗市通地亦無起色，廠中前盤開出之紗，尚存一千餘箱未發去銷，有零星買户來買現貨，而無大宗銷路，月內恐不能開盤。十二支現紗，近日市價一百十一元。此布，即請台安。本廠帳房啓。三月十五日

諸翁均此。

第四十四號（三月十五日）

蘭蓀先生閣下：昨寄四十三號訊，又另郵票洋六百元，諒均達覽。發信後接五十八號示，均悉。慶泰煤事，退公昨晚進城未回，明日奉復。紗市通地亦無起色，廠中前盤開出之紗，尚存一千餘箱未發去銷，有零星買户來買現貨，而無大宗銷路，月內恐不能開盤。十二支現紗，近日市價一百十一元。此布，即請台安。本廠帳房啓。三月十五日

諸翁均此。

第四十四號（三月十五日）

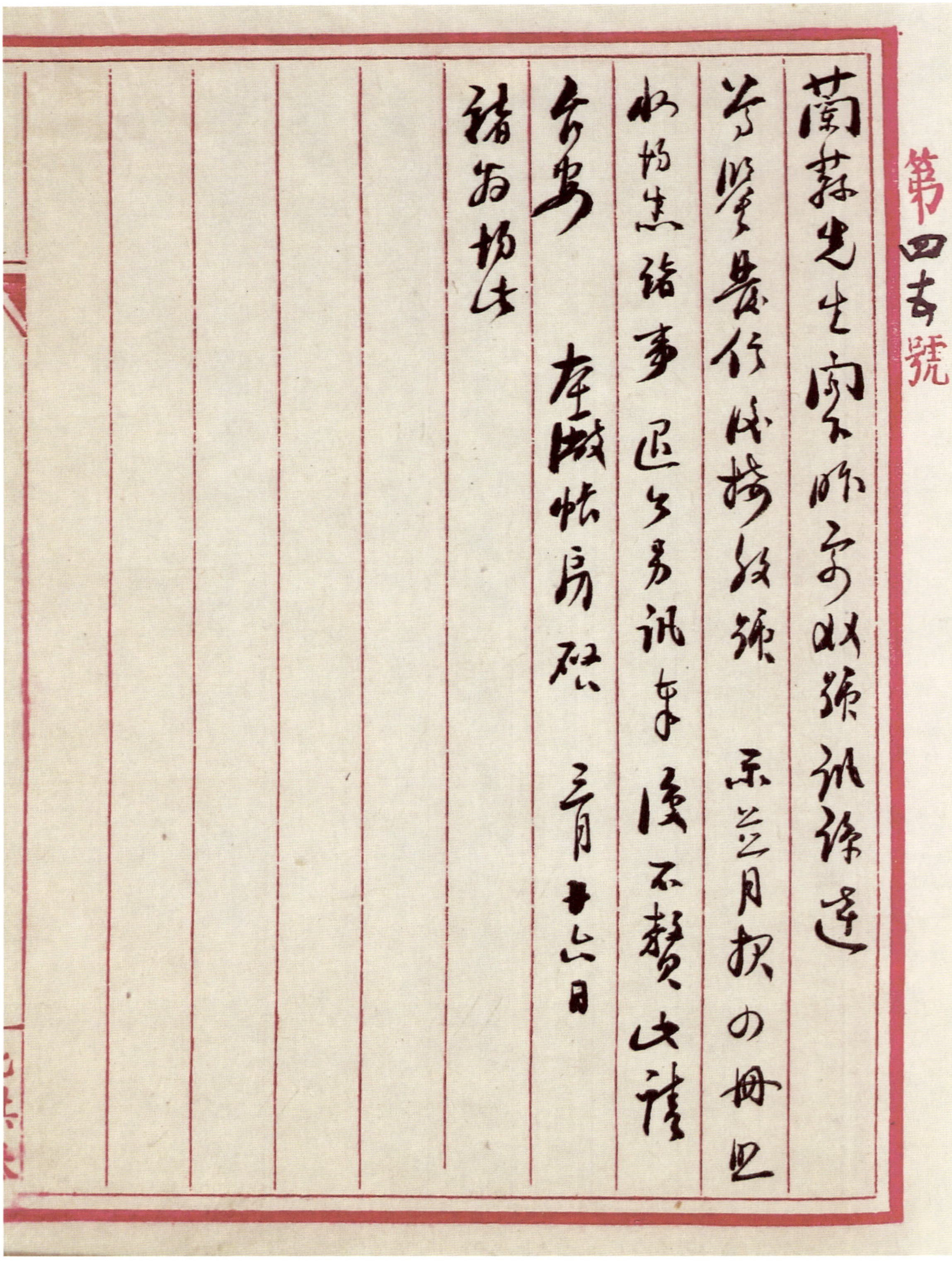
第四十五號
蘭蓀先生閣下：昨寄四十四號訊，諒達
尊鑒。發信後接五十九號示，并月報四冊，
照收均悉。諸事退公另訊奉復，不贅。此請
台安。本廠帳房啓。三月十六日
諸翁均此。

第四十五號（三月十六日）

蘭蓀先生閣下：昨寄四十四號訊，諒達尊鑒。發信後接五十九號示，并月報四冊，照收均悉。諸事退公另訊奉復，不贅。此請台安。本廠帳房啓。三月十六日
諸翁均此。

第四十五號（三月十六日）

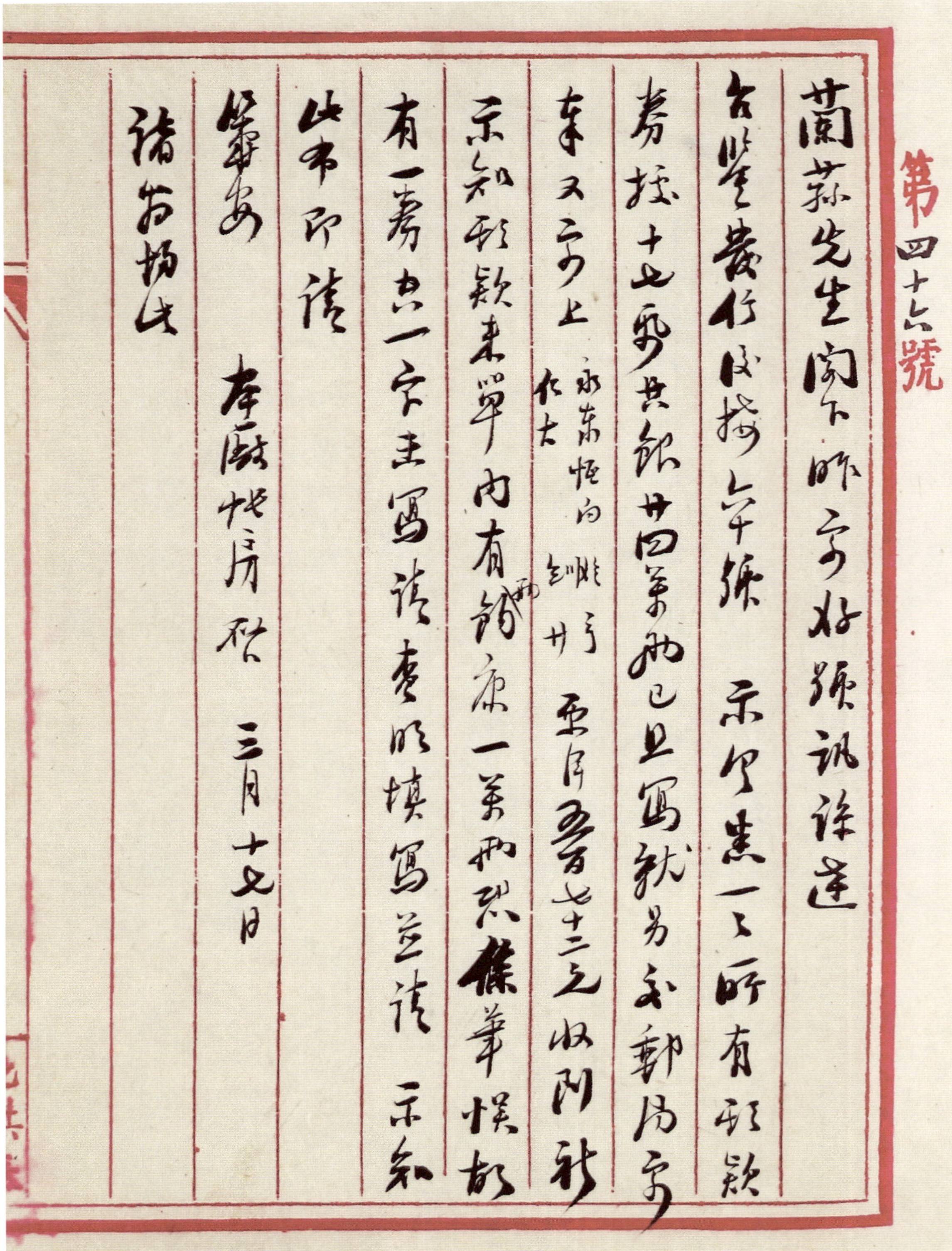

第四十六號（三月十七日）

蘭蓀先生閣下：昨寄四十五號訊，諒達台鑒。發信後接六十號示，具悉一一。所有期款券據十七紙，共銀廿四萬兩，已照寫就，另交郵局寄奉。又寄上永泰恒向仁大八三四八三月廿票洋五百七十二元，收到祈示知。期款來單內有兩鈞康一萬兩，恐係筆誤，故有一券空一字未寫，請查明填寫，并請示知。此布，即請籌安。本廠帳房啓。三月十七日

諸翁均此。

第四十六號（三月十七日）

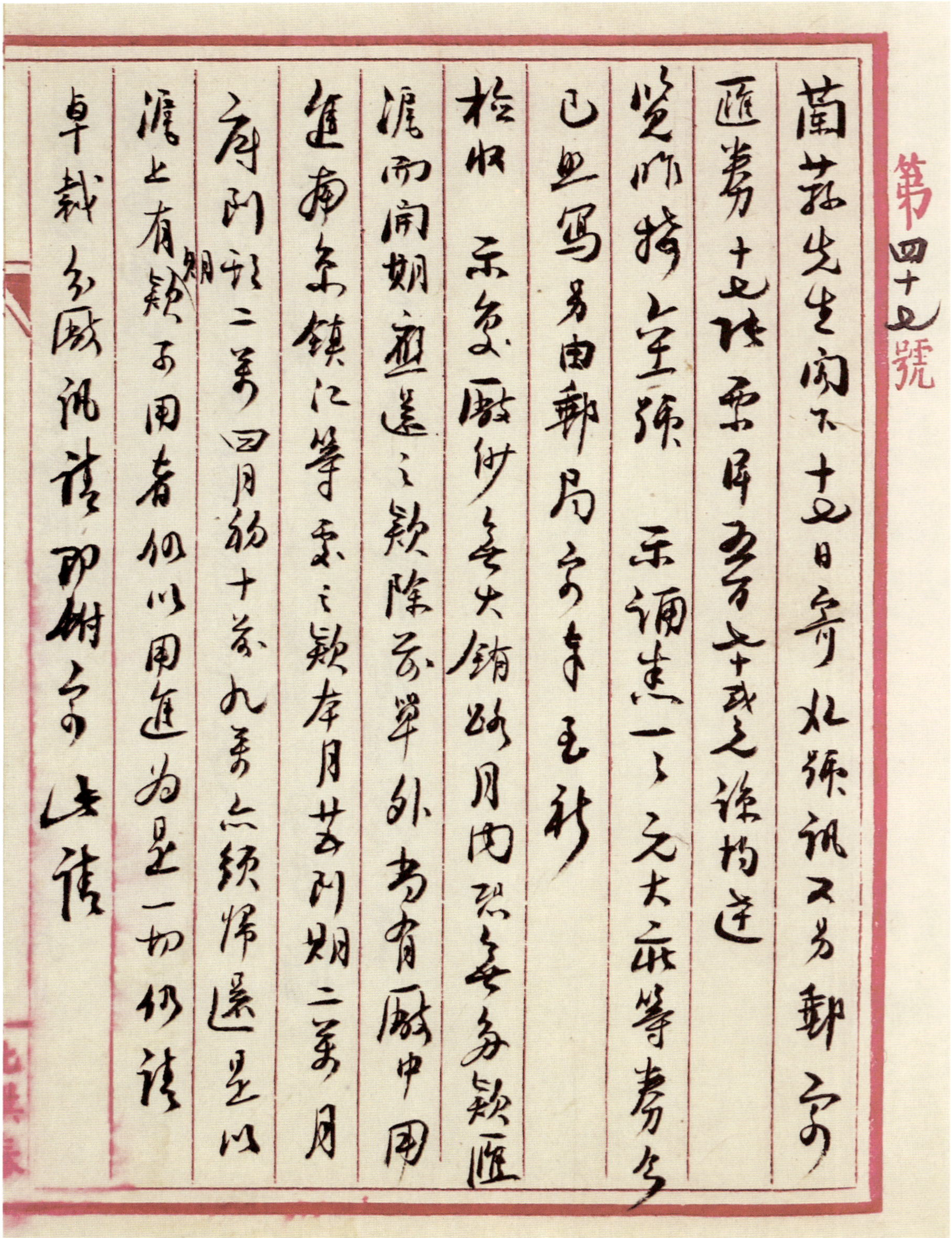

第四十七號（三月十九日）

蘭蓀先生閣下：十七日寄四十六號訊，又另郵寄匯券十七張、票洋五百七十弍元，諒均達覽。昨接六十一號示，誦悉一一。元大莊等券，今已照寫，另由郵局寄奉，至祈檢收示復。廠紗無大銷路，月内恐無多款匯滬，而開期應還之款，除前單外尚有廠中用進南京、鎮江等處之款，本月廿五到期二萬，月底到期二萬，四月初十前九萬亦須歸還。是以滬上有期款可用者，仍以用進爲是。一切仍請卓裁。分廠訊請即附寄。此請籌安。本廠帳房啓。三月十九日

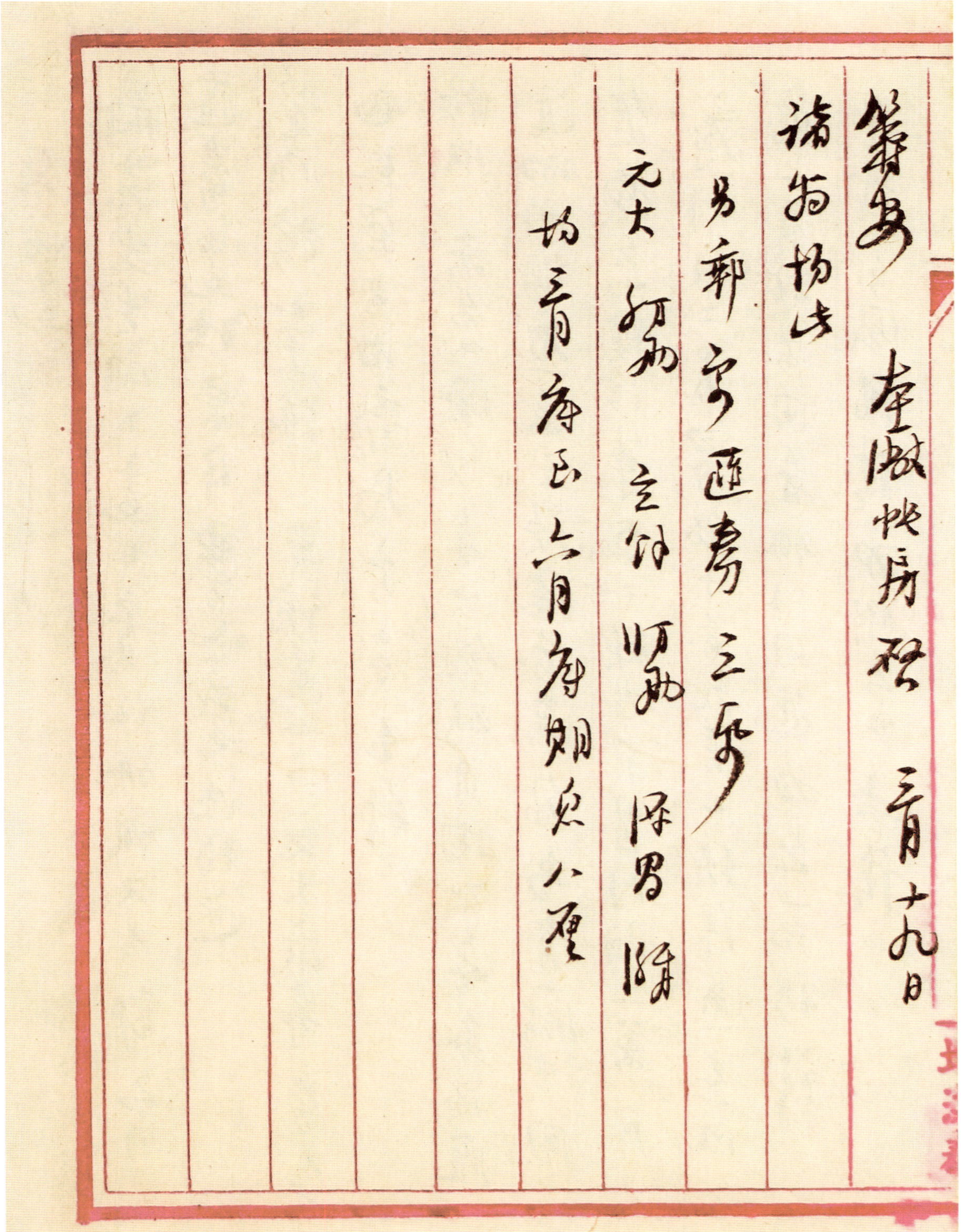
籌安　本廠帳房啟　三月十九日
諸翁均此
另郵寄匯券三紙
元大五萬兩　立餘二萬兩　源昌一萬五千兩
均三月底至六月底期息八厘

第四十七號（三月十九日）

諸翁均此。

另郵寄匯券三紙：元大五萬兩，立餘二萬兩，源昌一萬五千兩，均三月底至六月底，期息八厘。

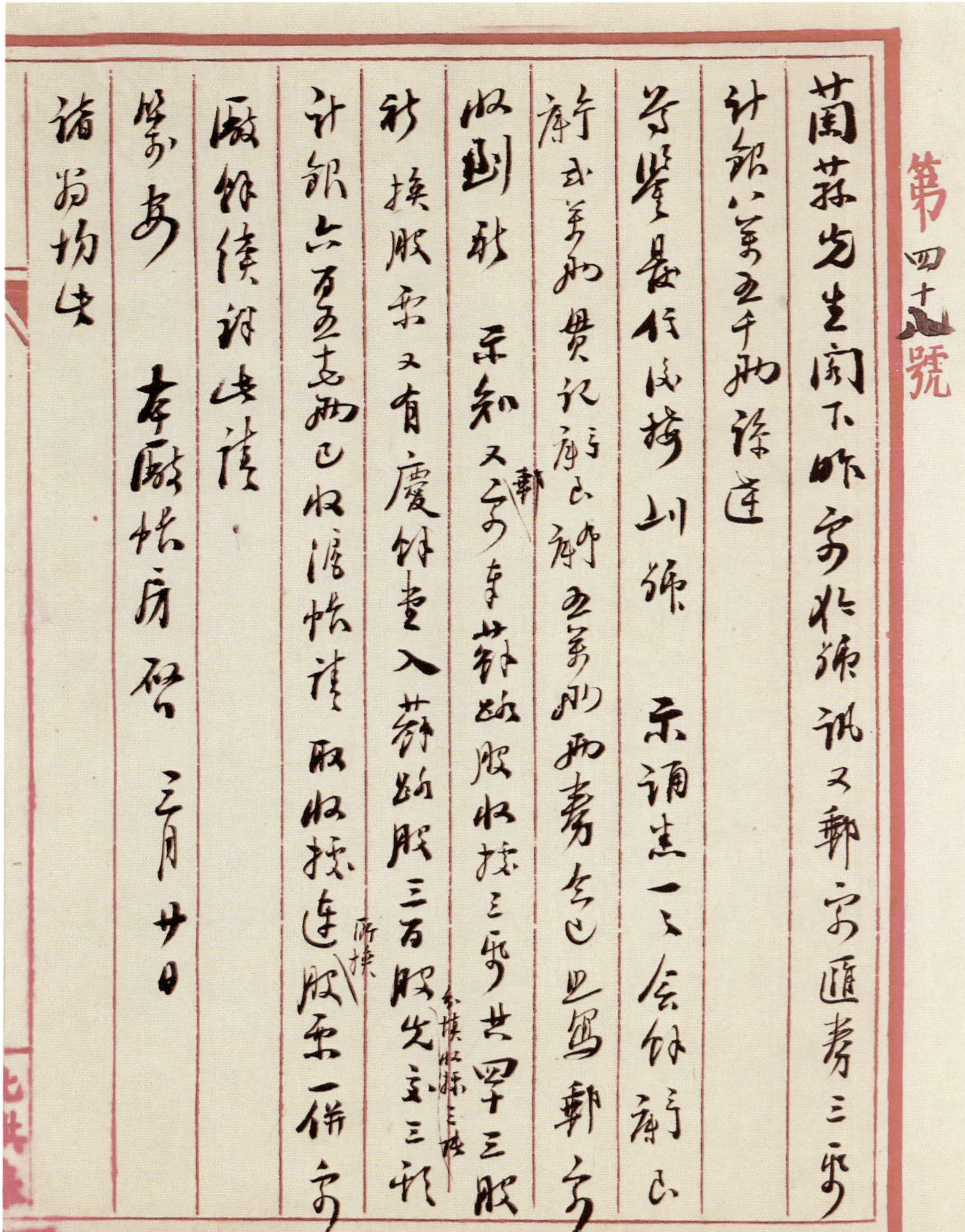

第四十八號（三月廿日）

蘭蓀先生閣下：昨寄四十七號訊，又郵寄匯券三紙，計銀八萬五千兩，諒達尊鑒。發信後接六十二號示，誦悉一一。會餘三月底至七月底弍萬兩、貫記三月底至九月底五萬兩兩券，今已照寫郵寄，收到祈示知。又郵寄奉蘇路股收據三紙，共四十三股，祈換股票。又有慶餘堂入蘇路股三百股，分填收據三張，先交三期，計銀六百五十七兩，已收滬帳，請取收據，連所換股票一并寄廠。餘續詳。此請籌安。本廠帳房啓。三月廿日

第四十八號（三月廿日）

諸翁均此。

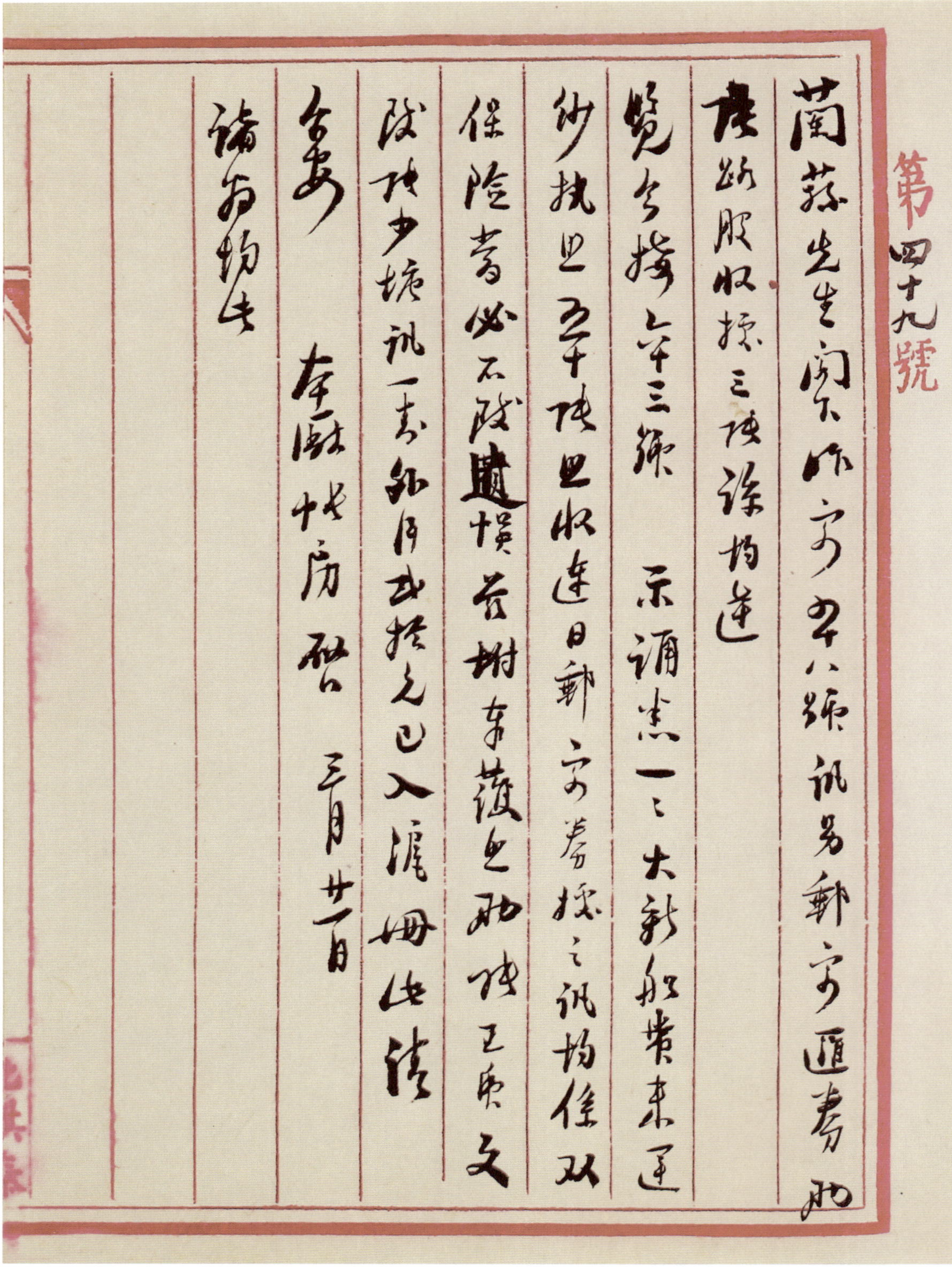

第四十九號（三月廿一日）

蘭蓀先生閣下：昨寄四十八號訊，另郵寄匯券兩張、路股收據三張，諒均達覽。今接六十三號示，誦悉一一。大新船帶來運紗執照五十張，照收。連日郵寄券據之訊，均係雙保險，當必不致遺誤。茲附奉護照兩張、王虎文致張少塘訊一封外，洋式拾元已入滬册。此請台安。本廠帳房啓。三月廿一日

諸翁均此。

第四十九號（三月廿一日）

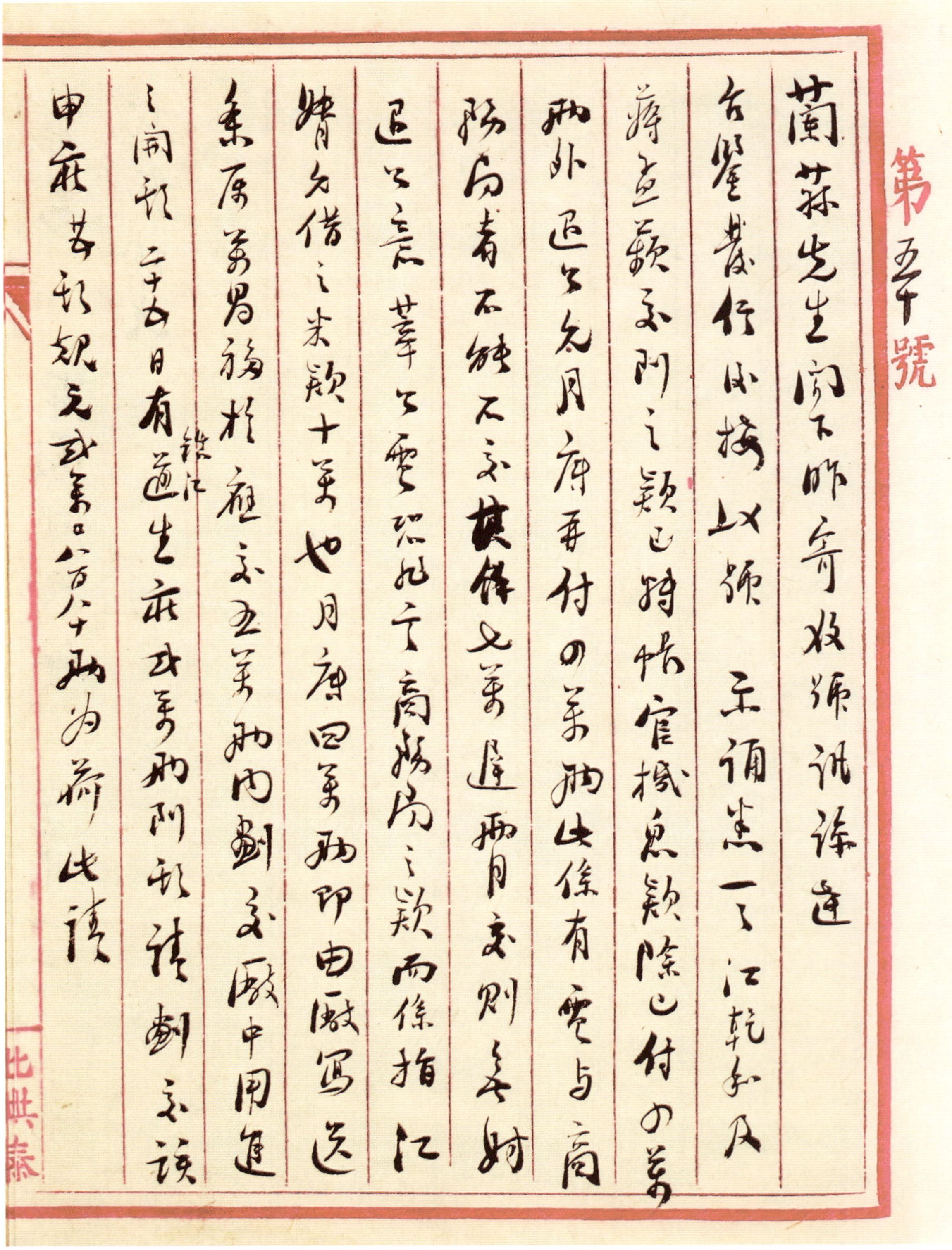

第五十號（三月廿二日）

蘭蓀先生閣下：昨寄四十九號訊，諒達台鑒。發信後接六十四號示，誦悉一一。江乾和及蔣孟蘋交到之款已轉帳。官機息款除已付四萬兩外，退公允月底再付四萬兩，此係有電與商務局者，不能不交。其餘七萬，遲兩月交則無妨。退公意，莘公電恐非言商務局之款，而係指江督允借之米款十萬也。月底四萬兩即由廠寫送條，屬萬昌福於應交五萬兩內劃交。廠中用進之開期，二十五日有鎮江道生莊式萬兩到期，請劃交該申莊廿五期規元式萬〇八百八十兩爲荷。此請籌安。本廠帳房啓。三月廿

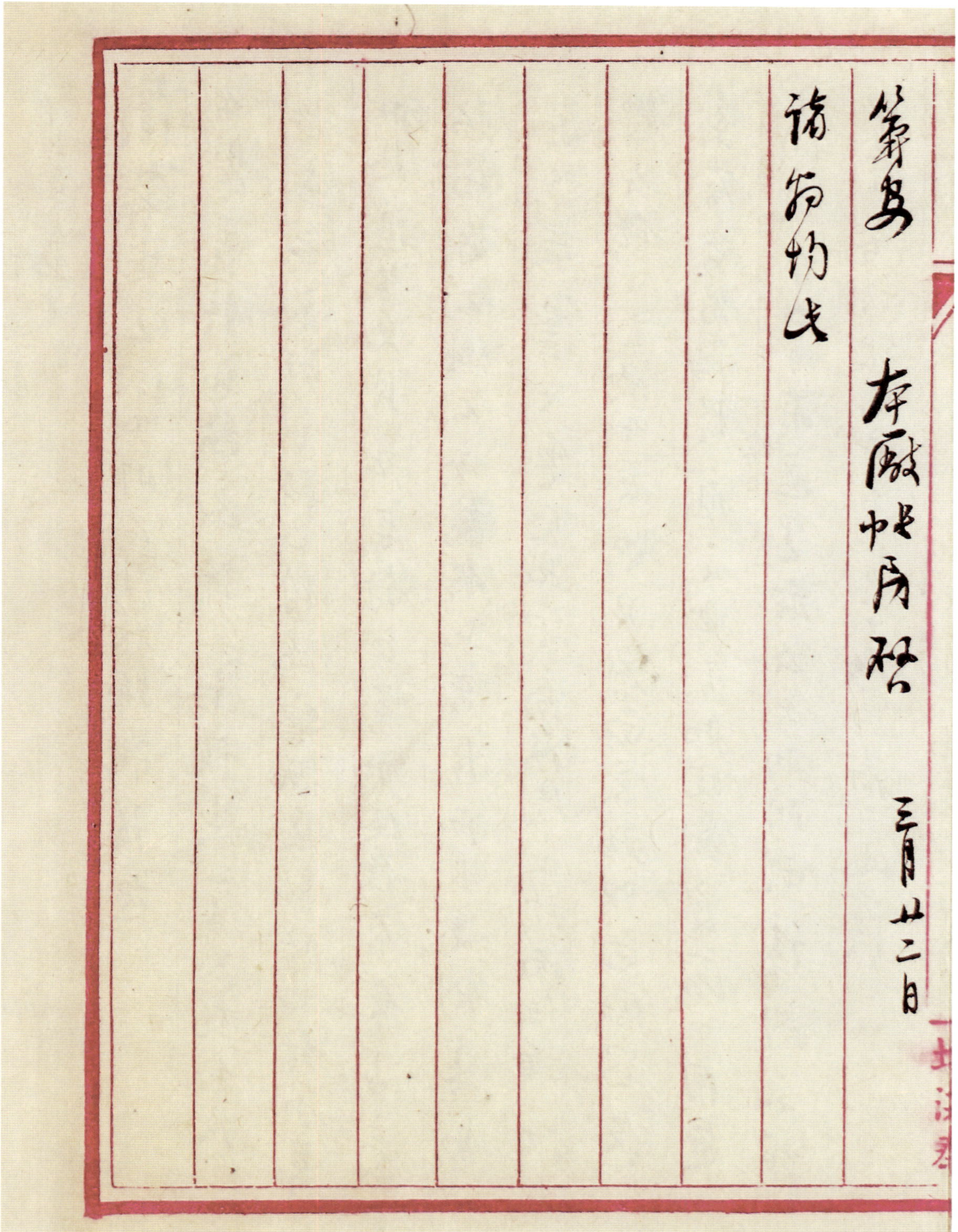

第五十號（三月廿二日）

二日

諸翁均此。

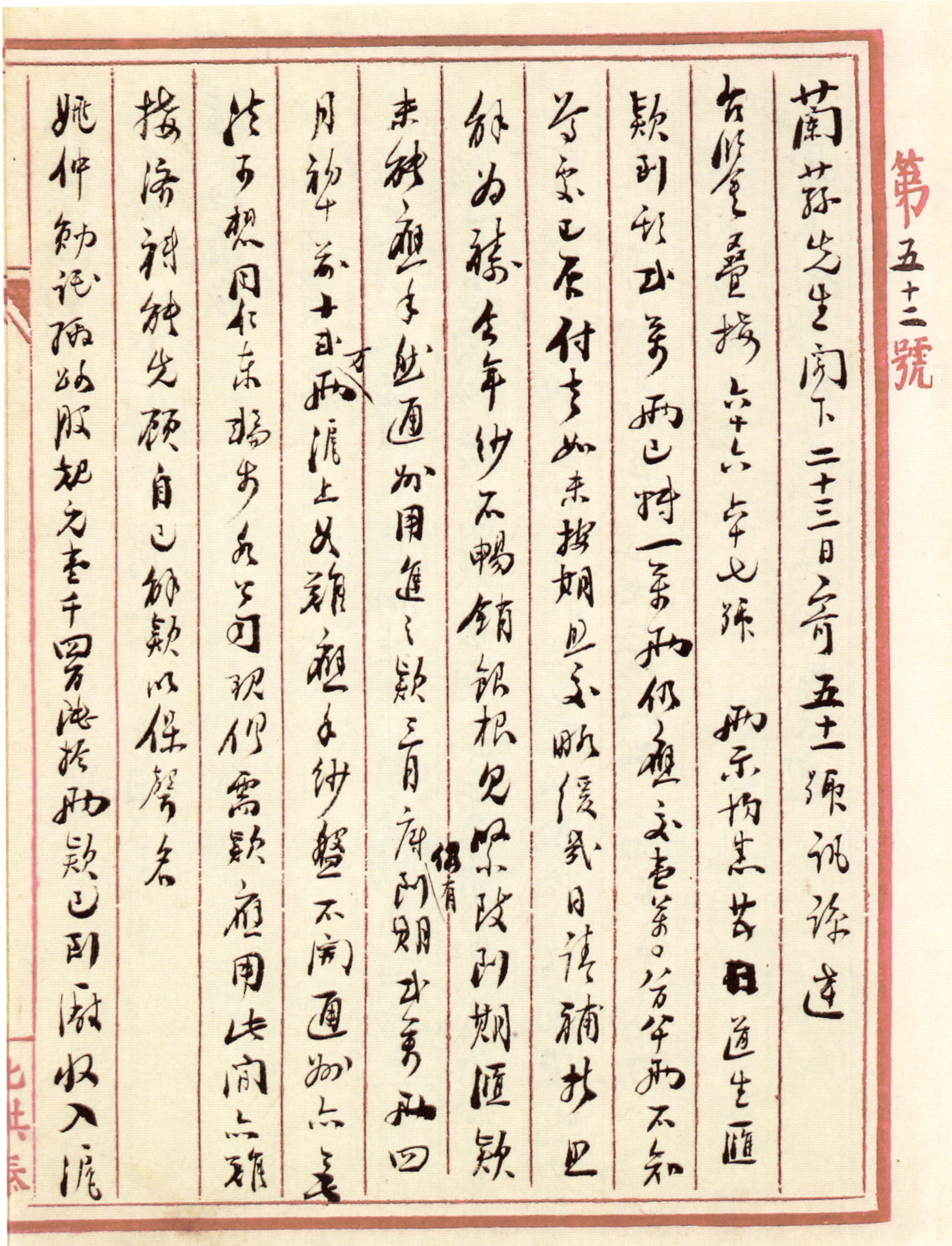

第五十二號（三月廿六日）

蘭蓀先生閣下：二十三日寄五十一號訊，諒達台鑒。叠接六十六、六十七號兩示，均悉。廿五日道生匯款到期式萬兩，已轉一萬兩，仍應交壹萬〇八百八十兩，不知尊處已否付去，如未按期照交，略緩幾日請補折照解爲禱。今年紗不暢銷，銀根見緊，致到期匯款未能應手。然通州用進之款，三月底仍有到期式萬兩，四月初十前十式萬兩，滬上如難應手，紗盤不開，通州亦無法可想。同仁泰、輪步各公司，現俱需款應用，此間亦難接濟，衹能先顧自己解款，以保聲名。姚仲勛托繳路股規元壹千四百陸拾兩，款已到廠，收入滬帳矣。此請籌安。本廠帳房啓。三月廿六日

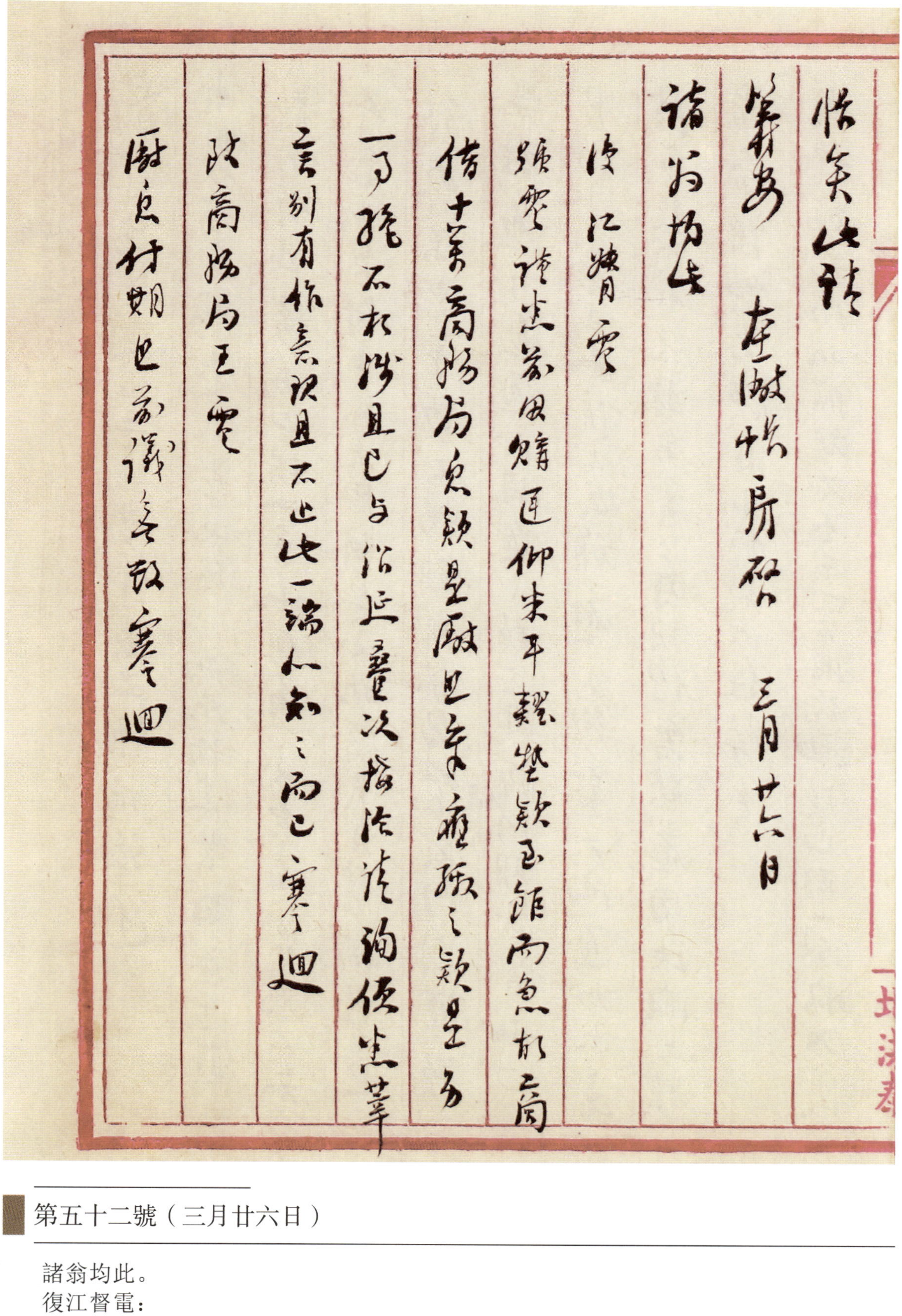
籌安 季直敬啟 三月廿六日
諸翁均此
復江督電
號電謹悉前因購運仰米平糶墊款至巨而急故商借十萬商務局息款是廠照章應繳之款是另一事絕不相涉且已與紹延疊次接洽請詢便悉莘言別有作意現且不止此一端心知之而已謇迴
致商務局王電
廠息付期照前議無改謇迴

第五十二號（三月廿六日）

諸翁均此。
復江督電：
號電謹悉。前因購運仰米平糶，墊款至巨而急，故商借十萬。商務局息款，是廠照章應繳之款，是另一事，絶不相涉，且已與紹延疊次接洽，請詢便悉。莘言別有作意，現且不止此一端，心知之而已。謇迴
致商務局王電：
廠息付期照前議，無改。謇迴
（按：本信所附張謇兩電文，署時“迴”當爲“迴”之誤）

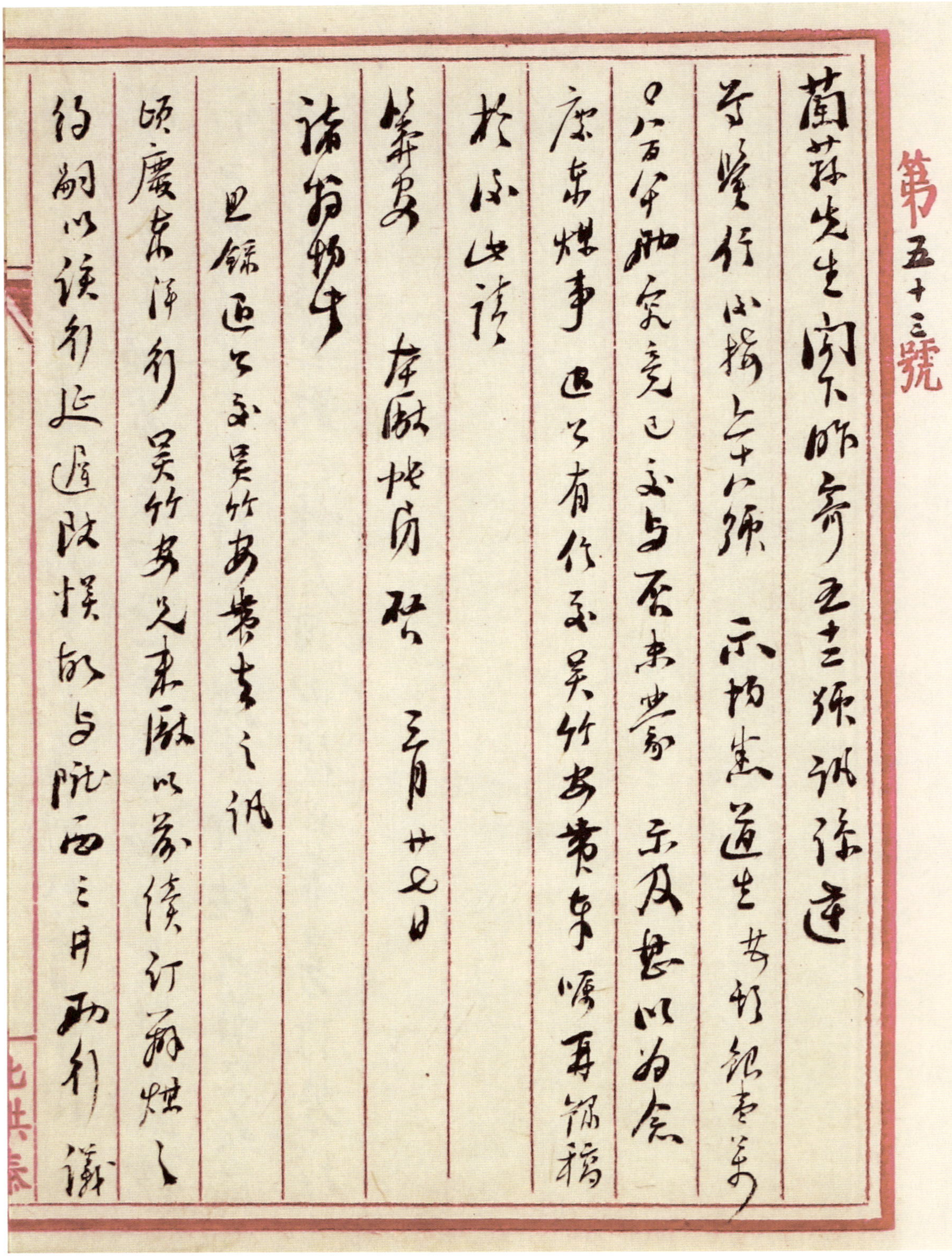

第五十三號（三月廿七日）

蘭蓀先生閣下：昨寄五十二號訊，諒達尊鑒。信後接六十八號示，均悉。道生廿五期銀壹萬〇八百八十兩，究竟已交與否，未蒙示及，甚以爲念。慶泰煤事，退公有信交吴竹安帶奉，囑再録稿於後。此請籌安。本廠帳房啓。三月廿七日

諸翁均此。

照録退公交吴竹安帶去之訊：

頃慶泰洋行吴竹安兄來廠，以前續訂辦煤之約，嗣以該行延遲至誤，故與隴西、三

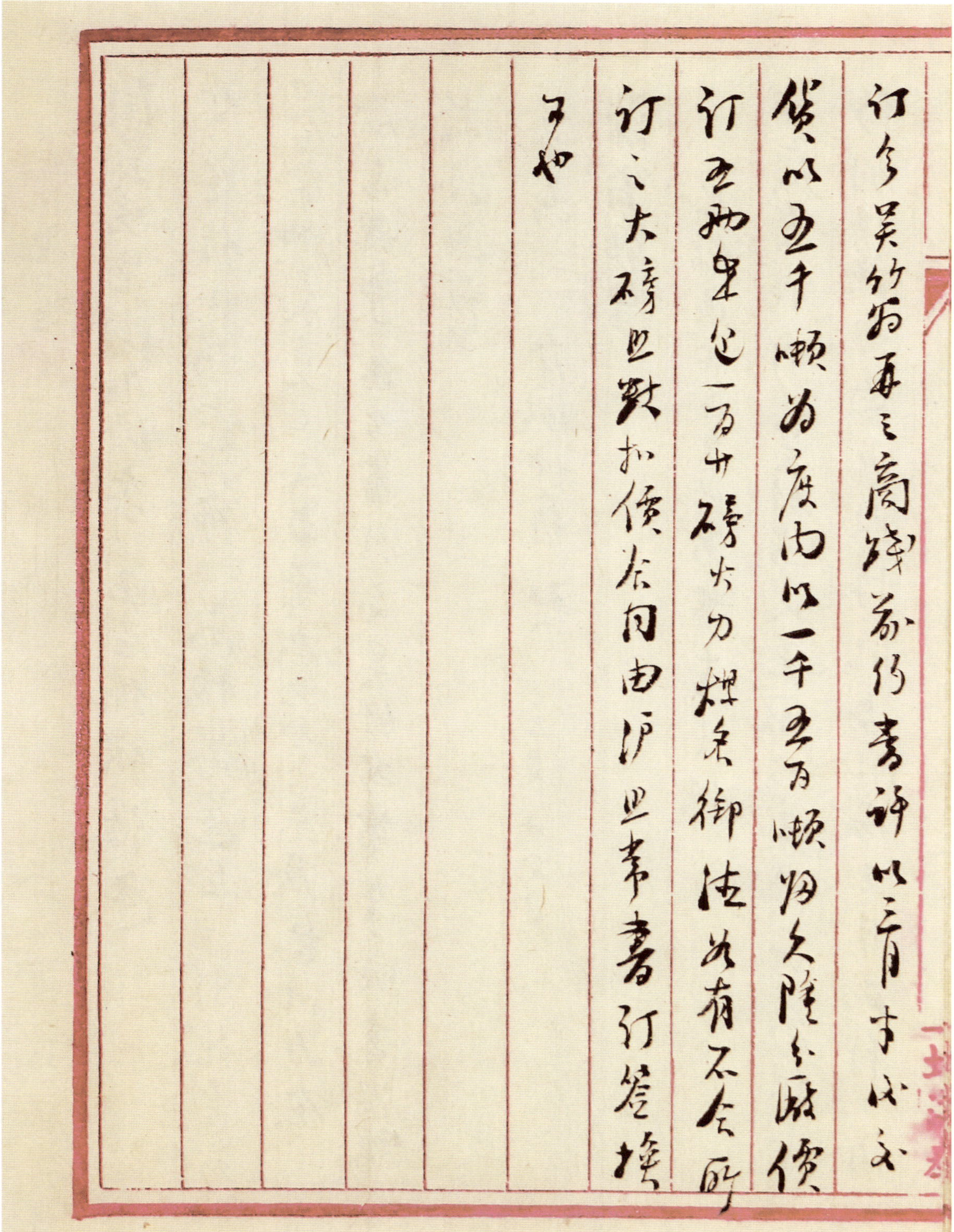
訂今吳竹翁再三商踐前約當許以三月半後交
貨以五千噸爲度內以一千五百噸歸久隆分廠價
訂五兩五錢包一百廿磅火力煤名御德如有不合所
訂之大磅照數扣價合同由滬照常書訂簽換
可也

第五十三號（三月廿七日）

井兩行議訂，今吴竹翁再三商踐前約，當許以三月半後交貨，以五千噸爲度，内以一千五百噸歸久隆分廠。價訂五兩五錢，包一百廿磅火力，煤名御德。如有不合所訂之大磅，照數扣價。合同由滬照常書訂簽换可也。

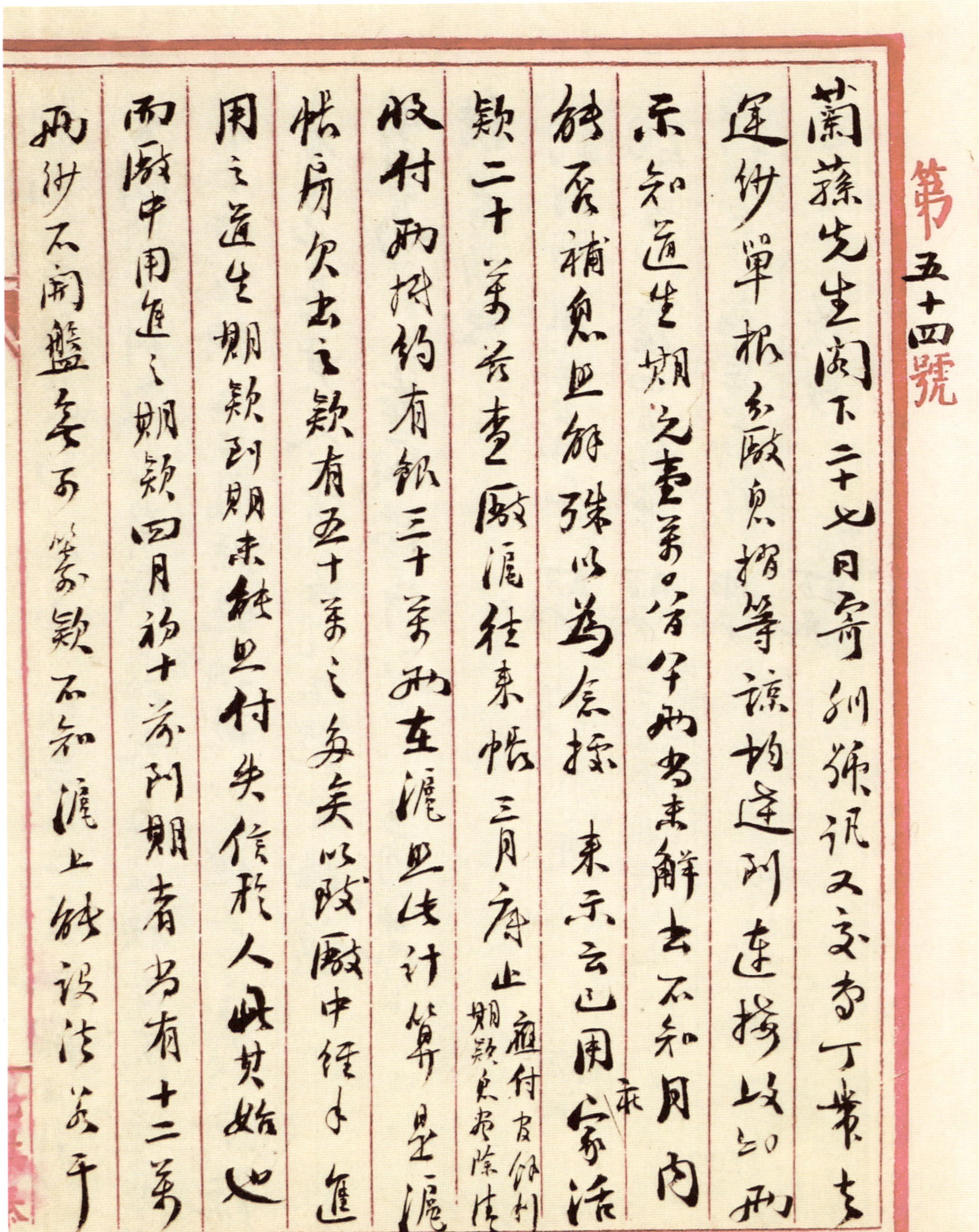

第五十四號

蘭蓀先生閣下二十七日寄五十三號訊又交專丁帶去運紗單根分廠息摺等諒均達到連接六十九七十兩示知道生期元壹萬〇八百八十兩尚未解出不知月內能否補息照解殊以爲念據來示云已用莊家活款二十萬茲查廠滬往來帳三月底止應付官餘利期款息盡除清收付兩抵約有銀三十萬兩在滬照此計算是滬帳房欠出之款有五十萬之多矣以致廠中經手進用之道生期款到期未能照付失信於人此其始也而廠中用進之期款四月初十前到期者尚有十二萬兩紗不開盤無可籌款不知滬上能設法若干

第五十四號（三月廿九日）

蘭蓀先生閣下：二十七日寄五十三號訊，又交專丁帶去運紗單根、分廠息摺等，諒均達到。連接六十九、七十兩示，知道生期元壹萬〇八百八十兩尚未解出，不知月內能否補息照解，殊以爲念。據來示云，已用莊家活款二十萬，茲查廠滬往來帳，三月底止（應付官餘利期款息盡除清）收付兩抵，約有銀三十萬兩在滬，照此計算，是滬帳房欠出之款有五十萬之多矣，以致廠中經手進用之道生期款到期未能照付，失信於人，此其始也。而廠中用進之期款，四月初十前到期者尚有十二萬兩，紗不開盤，無可籌款，不知滬上能設法若干？即乞示知爲盼。應還之期款十二萬兩開後，

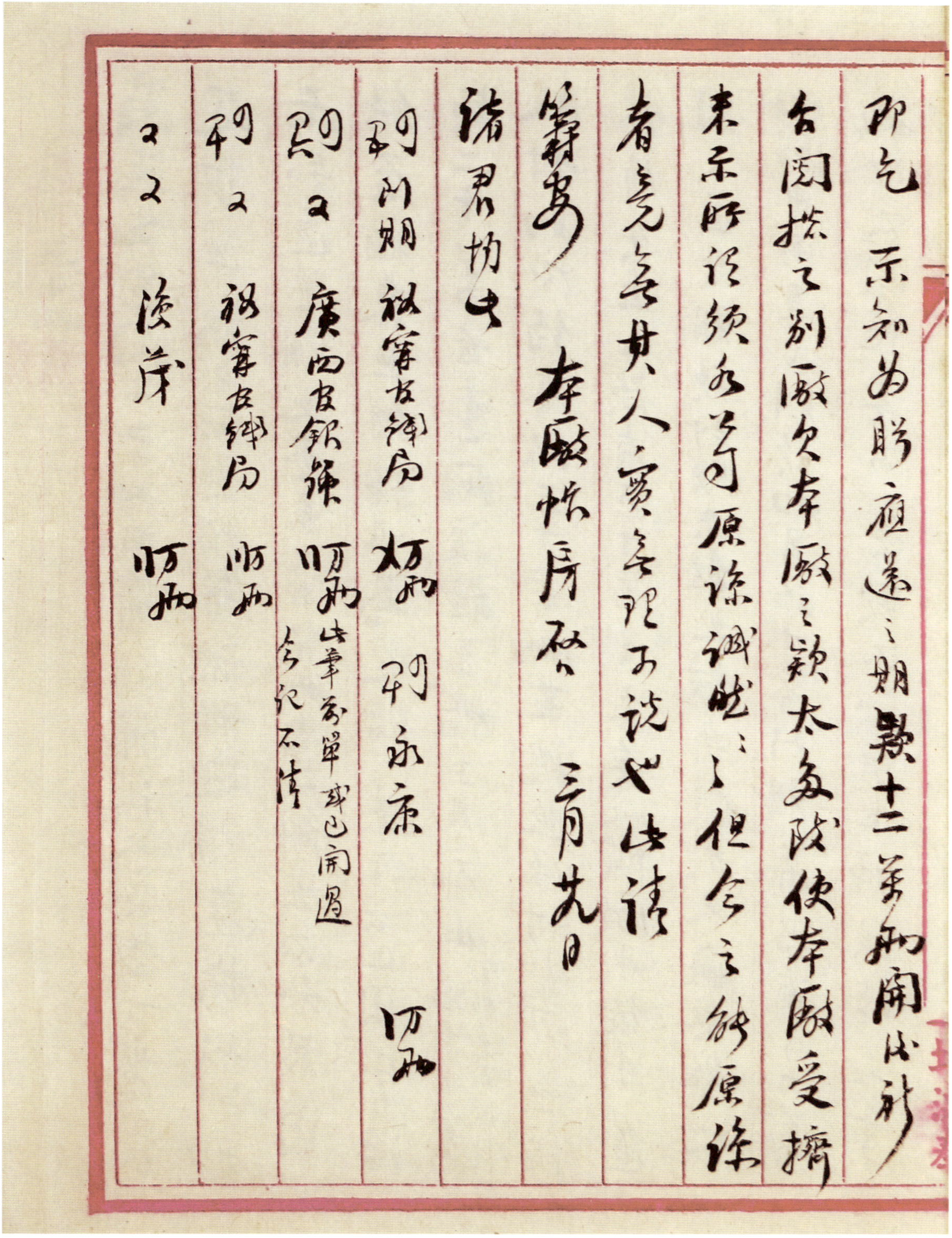

第五十四號（三月廿九日）

祈台閱。總之，别廠欠本廠之款太多，致使本廠受擠。來示所謂須各公司原諒，誠然誠然，但今之能原諒者竟無其人，實無理可説也。此請籌安。本廠帳房啓。三月廿九日

諸君均此。

四月初五到期，裕寧官錢局，四萬兩

四月初六，又，廣西官銀號，二萬兩（此筆前單或已開過，今記不清）

四月初十，又，裕寧官錢局，三萬兩

又，又，復茂，二萬兩

四月初十，永康，一萬兩

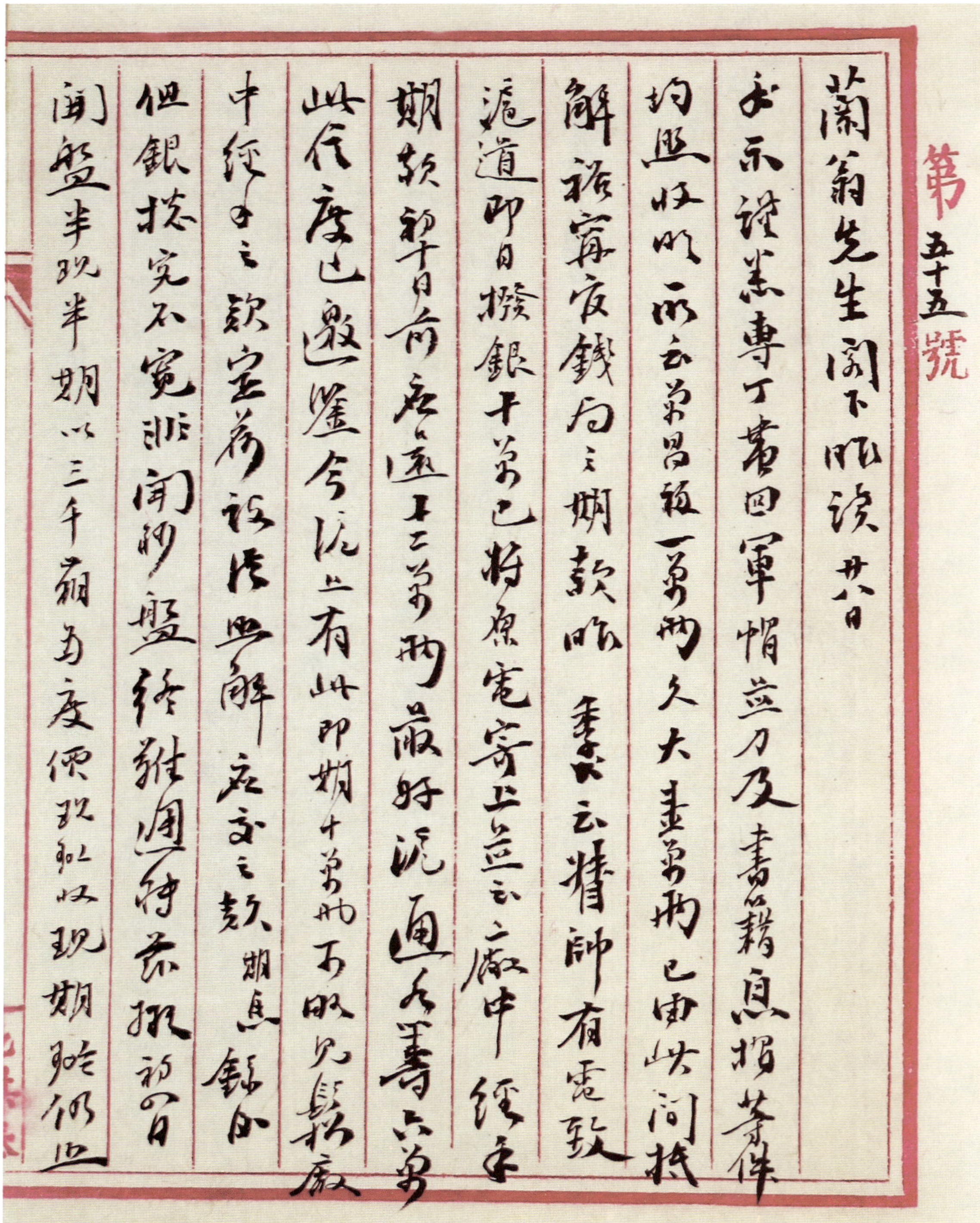
第五十五號
蘭翁先生閣下昨讀廿八日
手示謹悉專丁帶回軍帽并刀及書籍息摺等件
均照收明所云萬昌福一萬兩久大壹萬兩已由此間抵
解裕寧官錢局之期款昨季公云督帥有電致
滬道即日撥銀十萬已將原電寄上并云廠中經手
期款初十日前應還十二萬兩最好滬通各籌六萬
此信度已邀鑒今滬上有此即期十萬兩可略見鬆廠
中經手之款定荷設法照解應交之款期息録後
但銀總究不寬非開紗盤終難轉茲擬初四日
開盤半現半期以三千箱爲度

第五十五號（四月初一日）

蘭翁先生閣下：昨讀廿八日手示，謹悉。專丁帶回軍帽并刀及書籍、息摺等件，均照收明。所云萬昌福一萬兩、久大壹萬兩，已由此間抵解。裕寧官錢局之期款，昨季公云督帥有電致滬道，即日撥銀十萬，已將原電寄上，并云廠中經手期款，初十日前應還十二萬兩，最好滬、通各籌六萬。此信度已邀鑒。今滬上有此即期十萬兩，可略見鬆，廠中經手之款，定荷設法照解。應交之款（期息）録後，但銀總究不寬，非開紗盤，終難轉。兹擬初四日開盤，半現半期，以三千箱爲度，價現一百〇六收現，期一百〇八仍照章先收五成，照此計算，可收現款十餘萬或二十萬，即可陸續匯申。知在念中，特以陳之。道生款已按初二日期解出壹萬兩，尚有（一百七十七天，七五）息八百八十五兩，并應補之折若干，仍請尊處即日照付爲禱。源生米款五萬，是如皋、通州、金沙等處所欠，已分别催之，一有收到，

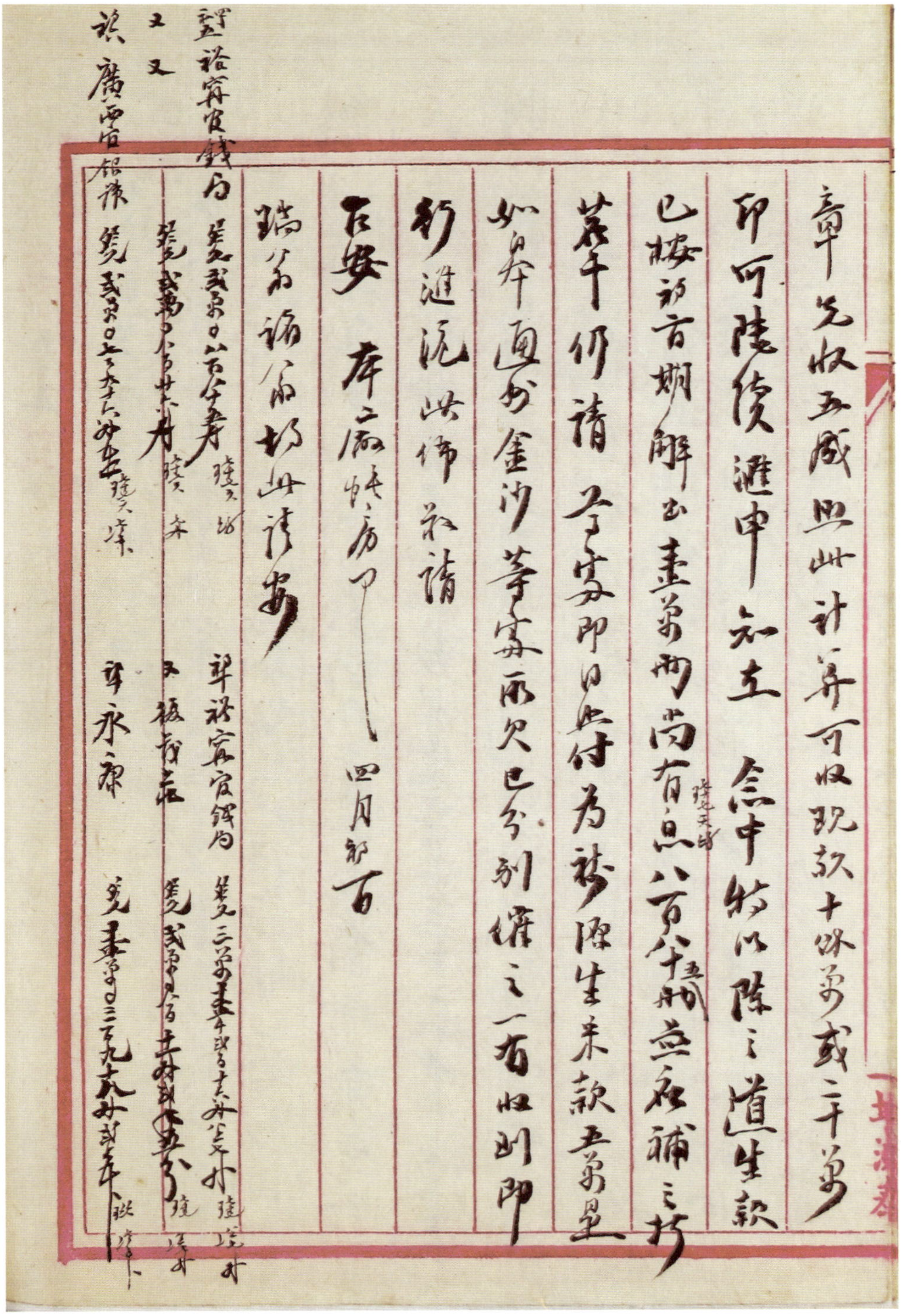

第五十五號（四月初一日）

即行匯滬。此布，敬請台安。本廠帳房具。四月初一日

瑞翁、諸翁均此請安。

四月初五，裕寧官錢局，九八元弍萬〇八百八十五兩（一百七十七天，七五）

又，又，九八元弍萬〇八百廿六兩（一百七十七天，七兩）

初六，廣西官銀號，九八元弍萬〇七百九十六兩五钱（一百七十七天，六兩七錢五分）

初十，裕寧官錢局，九八元三萬壹千弍百十六兩八錢七分五厘（一百七十七，六兩八錢七分五厘）

又，復茂莊，九八元弍萬〇八百十一兩弍錢五分（一百七十七，六兩八錢七分五厘）

初十，永康，九八元壹萬〇三百九十八兩弍錢五分（一百七十七，六兩七錢五分）

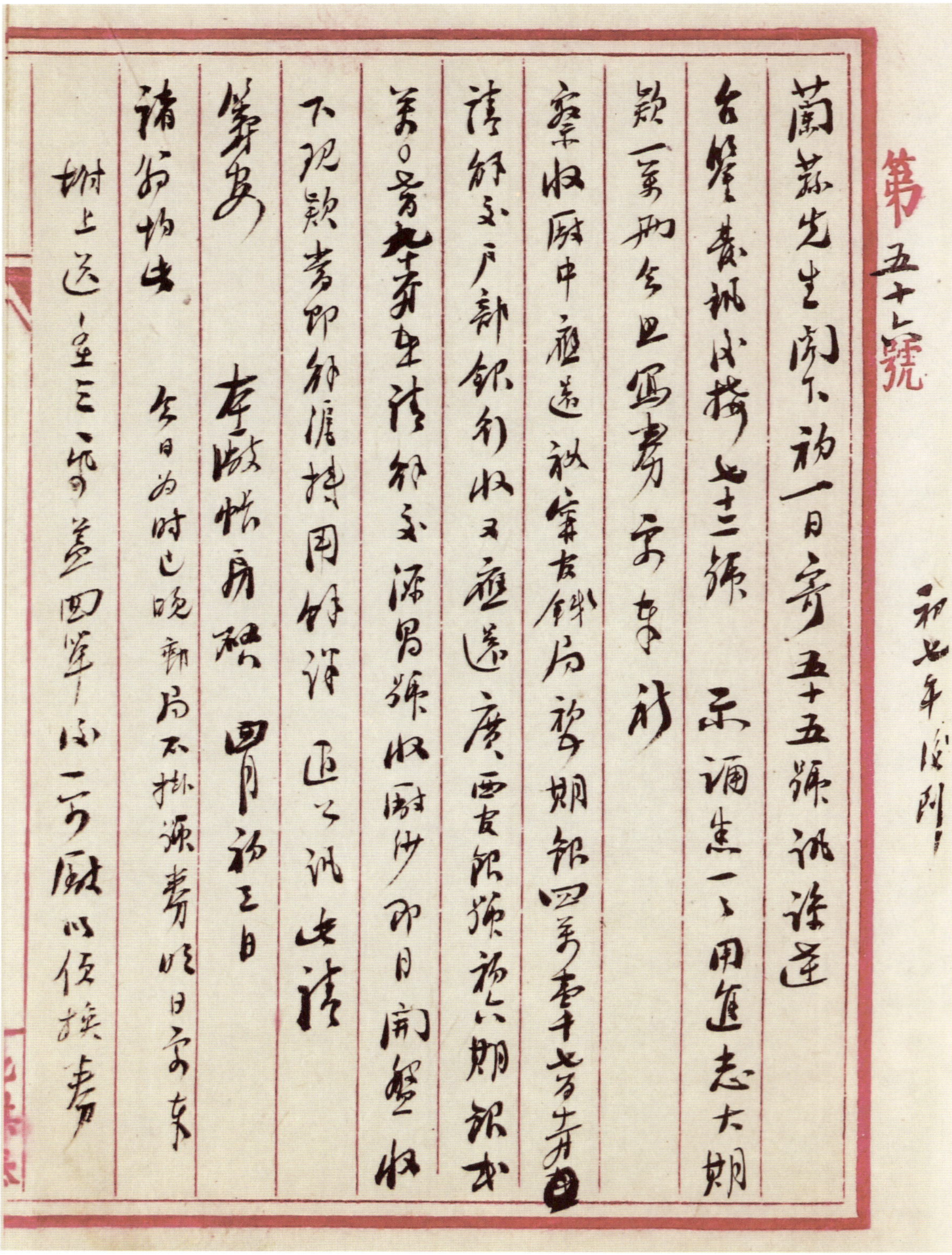

第五十六號（四月初三日）

蘭蓀先生閣下：初一日寄五十五號訊，諒達台鑒。發訊後接七十二號示，誦悉一一。用進志大期款一萬兩，今照寫券寄奉，祈察收。廠中應還裕寧官錢局初五期銀四萬壹千七百十一兩，請解交户部銀行收。又應還廣西官銀號初六期銀弍萬〇七百九十六兩五錢，請解交源昌號收。廠紗即日開盤，收下現款當即解滬抵用。餘詳退公訊。此請籌安。本廠帳房啓。四月初三日

諸翁均此。

第五十六號（四月初三日）

今日爲時已晚，郵局不掛號，券明日寄奉。

附上送條三紙，蓋回單後寄廠，以便换券。

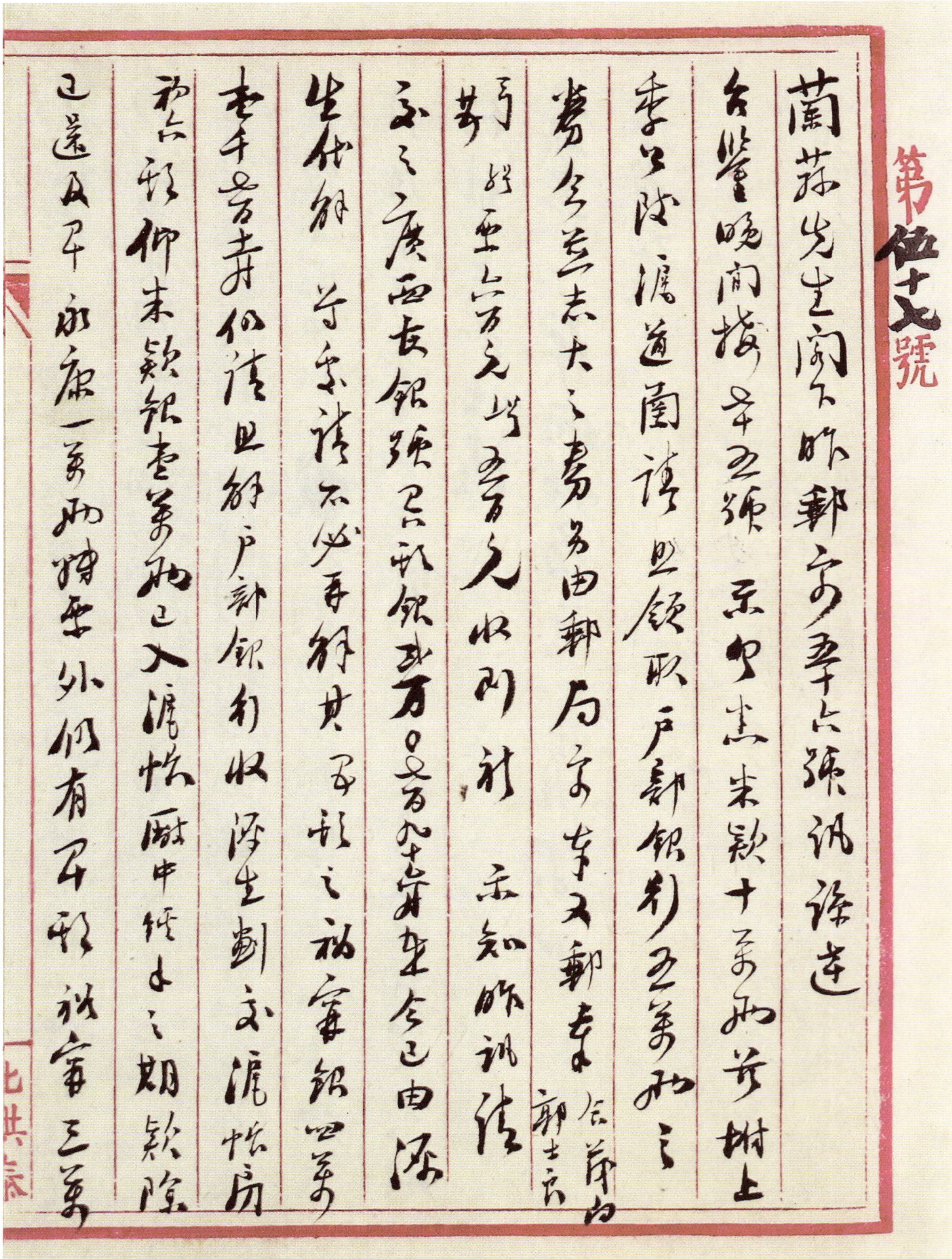

第五十七號（四月初四日）

蘭蓀先生閣下：昨郵寄五十六號訊，諒達台鑒。晚間接七十五號示，具悉。米款十萬兩，兹附上季公致滬道函，請照領取。户部銀行五萬兩之券，今并志大之券，另由郵局寄奉。又郵奉合茂向郭士良三月廿五五號票六百元、六號五百元，收到祈示知。昨訊請交之廣西官銀號初六期銀式萬〇七百九十六兩五錢，今已由源生代解，尊處請不必再解。其初五期之裕寧銀四萬壹千七百十一兩，仍請照解户部銀行收。源生劃交滬帳房初六期仰米款銀壹萬兩，已入滬帳。廠中經手之期款，除已還及初十永康一萬兩轉票外，仍有初十期裕寧三萬兩、復茂式萬兩須還。季公登《申報》

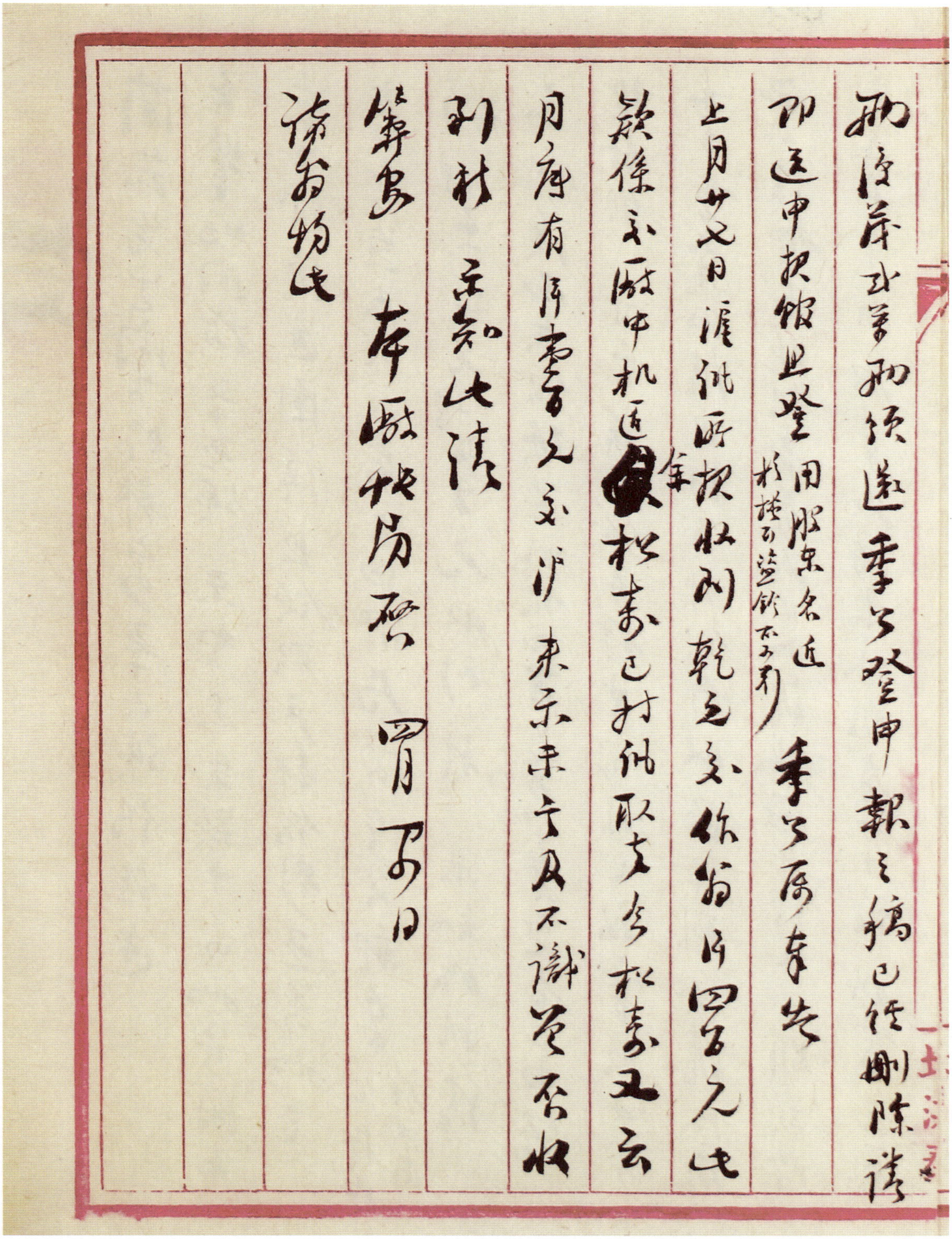

第五十七號（四月初四日）

之稿已經删除，請即送申報館照登（用股東名近於掩耳盜鈴，不可行）。季公屬奉告。

上月廿七日滬訊所報收到乾元交作翁洋四百元，此款係交廠中機匠余松壽，已持訊取去。今松壽又云月底有洋壹百元交滬，來示未言及，不識曾否收到，祈示知。此請籌安。本廠帳房啓。四月初四日

諸翁均此。

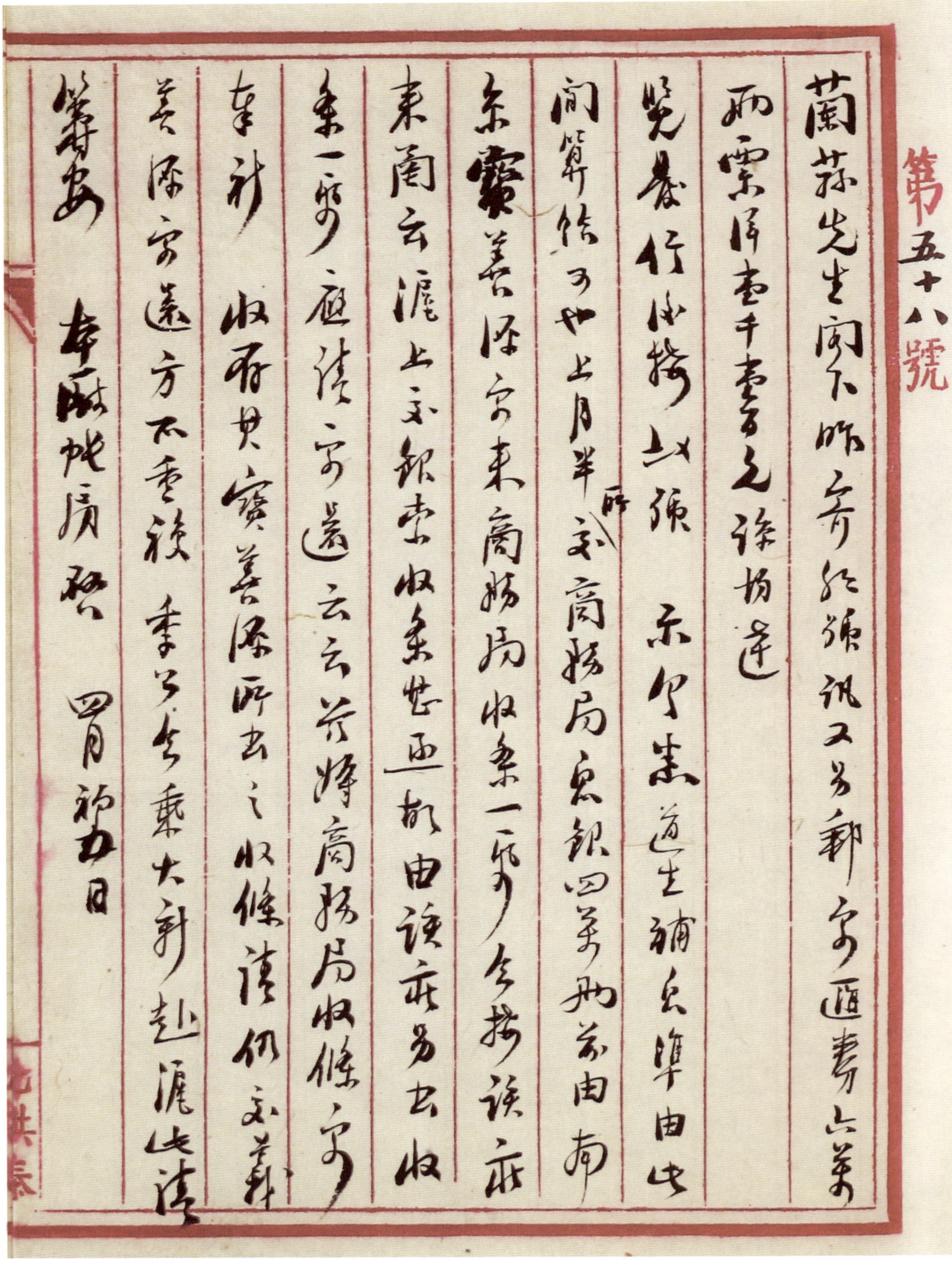

第五十八號（四月初五日）

蘭蓀先生閣下：昨寄五十七號訊，又另郵寄匯券六萬兩、票洋壹千壹百元，諒均達覽。發信後接七十四號示，具悉。道生補息，準由此間算給可也。上月半所交商務局息銀四萬兩，前由南京寶善源寄來商務局收條一紙，今接該莊來函，云滬上交銀索收條甚亟，故由該莊另出收條一紙，應請寄還云云。茲將商務局收條寄奉，祈收存，其寶善源所出之收條，請仍交義善源寄還，方不重複。季公今乘大新赴滬。此請籌安。本廠帳房啓。四月初五日

諸翁均此

第五十八號（四月初五日）

諸翁均此。

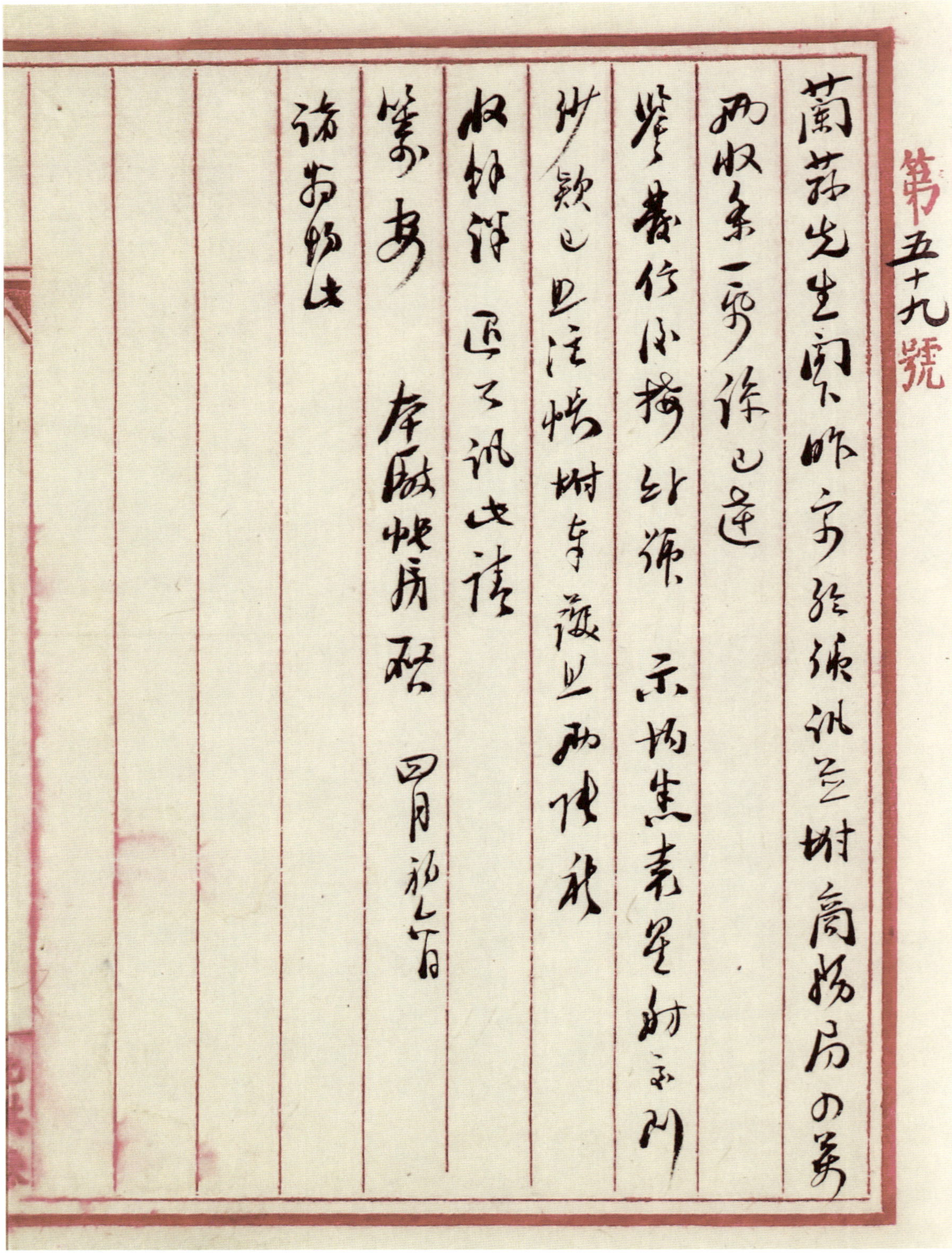

第五十九號（四月初六日）

蘭蓀先生閣下：昨寄五十八號訊，并附商務局四萬兩收條一紙，諒已達鑒。發信後接七十五號示，均悉。袁星舫交到紗款已照注帳，附奉護照兩張，祈收。餘詳退公訊。此請籌安。本廠帳房啓。四月初六日

諸翁均此。

第五十九號（四月初六日）

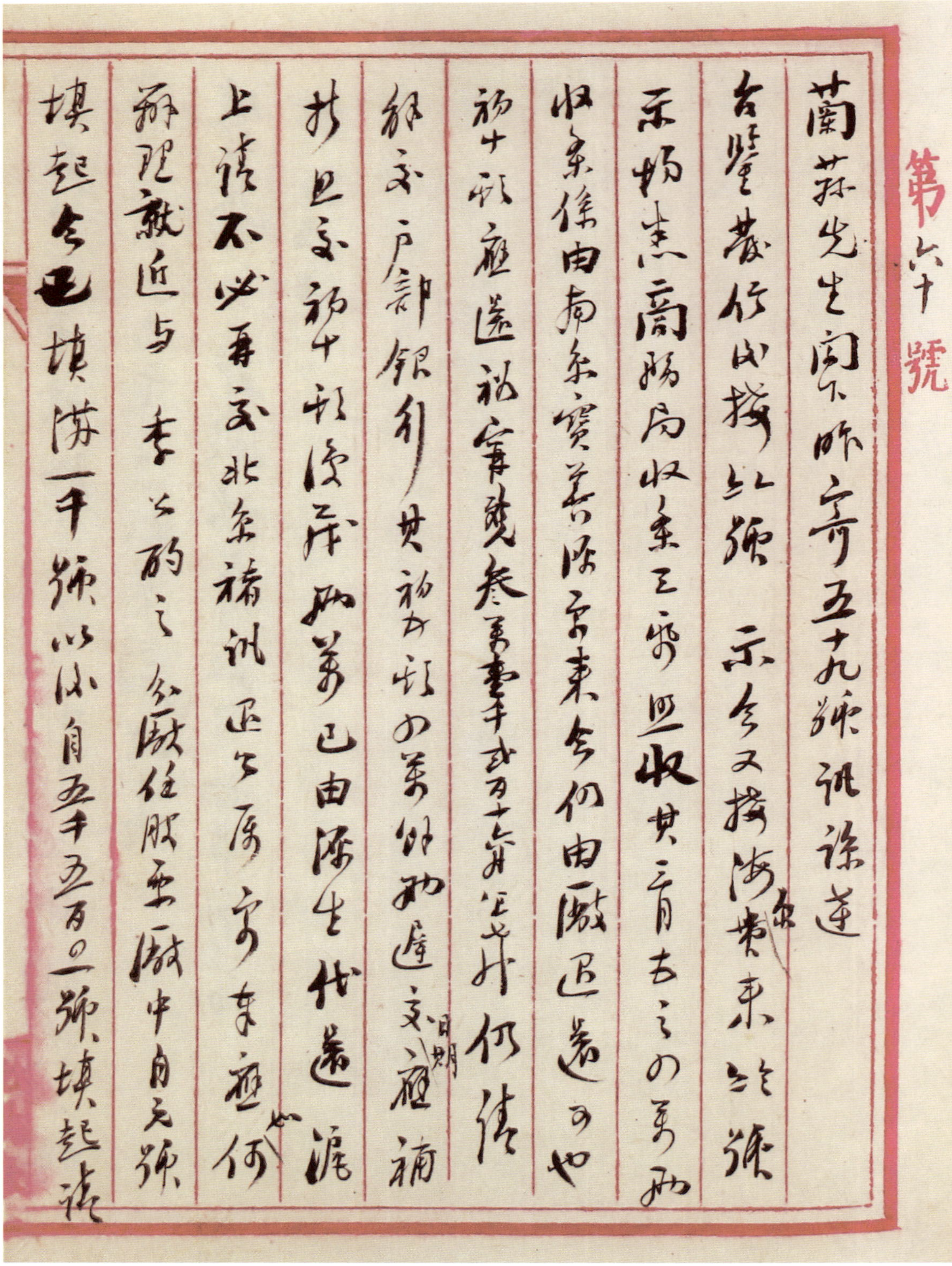

第六十號（四月初七日）

蘭蓀先生閣下：昨寄五十九號訊，諒達台鑒。發信後接七十六號示，今又接海泉帶來七十八號示，均悉。商務局收條三紙照收，其三月十五之四萬兩收條，係由南京寶善源寄來，今仍由廠退還可也。初十期應還裕寧九八元叁萬壹千弍百十六兩八錢七分五厘，仍請解交户部銀行。其初五期四萬餘兩，遲交日期應補折照交。初十期復茂兩萬，已由源生代還，滬上請不必再交。北京褚訊，退公屬寄奉，應如何辦理，就近與季公酌之。分廠任股票，廠中自元號填起，今已填滿一千號，以後自五千五百〇一號填起，

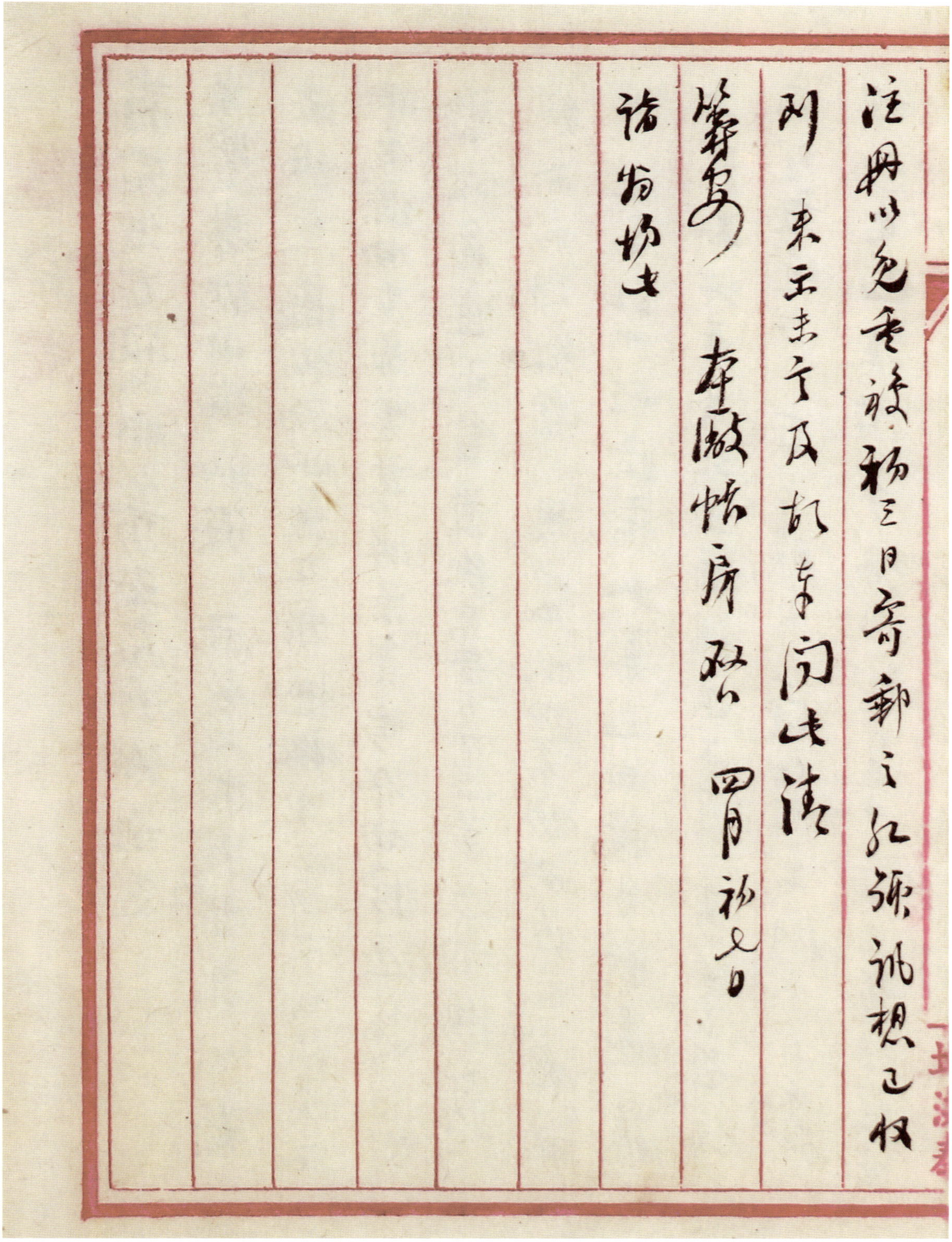

第六十號（四月初七日）

請注册，以免重複。初三日寄郵之五十六號訊想已收到，來示未言及，故奉問。此請籌安。本廠帳房啓。四月初七日
諸翁均此。

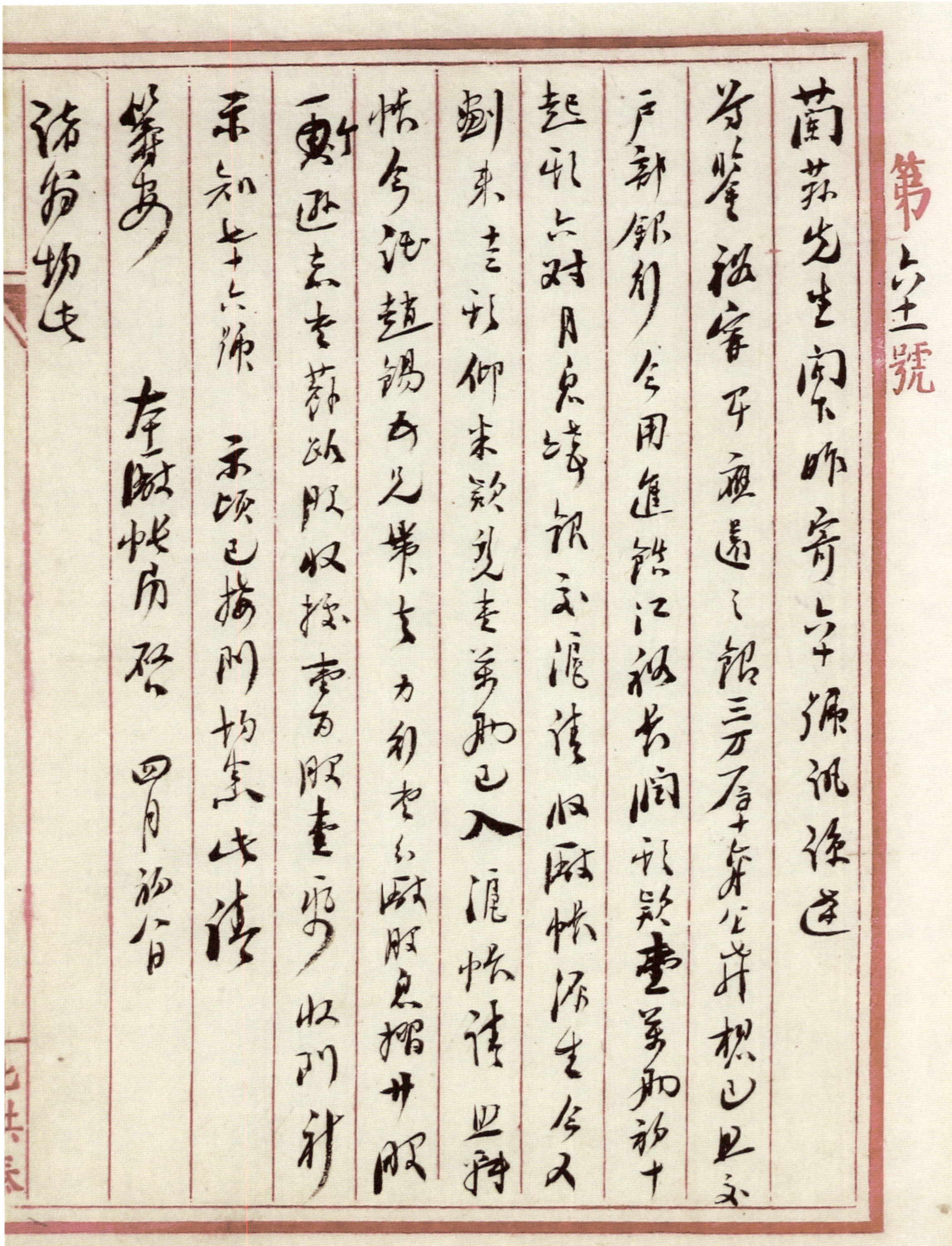

第六十一號（四月初八日）

蘭蓀先生閣下：昨寄六十號訊，諒達尊鑒。裕寧初十應還之銀三萬一千弍百十六兩八錢七分五厘，想已照交户部銀行。今用進鎮江裕長潤期款壹萬兩，初十起期，六對月息七七五，銀交滬，請收廠帳。源生今又劃來十三期仰米款九八元壹萬兩，已入滬帳，請照轉帳。今托趙錫五兄帶去力行堂分廠股息摺廿股一個、遜志堂蘇路股收據壹百股壹紙，收到祈示知。七十六號示頃已接到，均悉。此請籌安。本廠帳房啓。四月初八日

諸翁均此。

第六十一號（四月初八日）

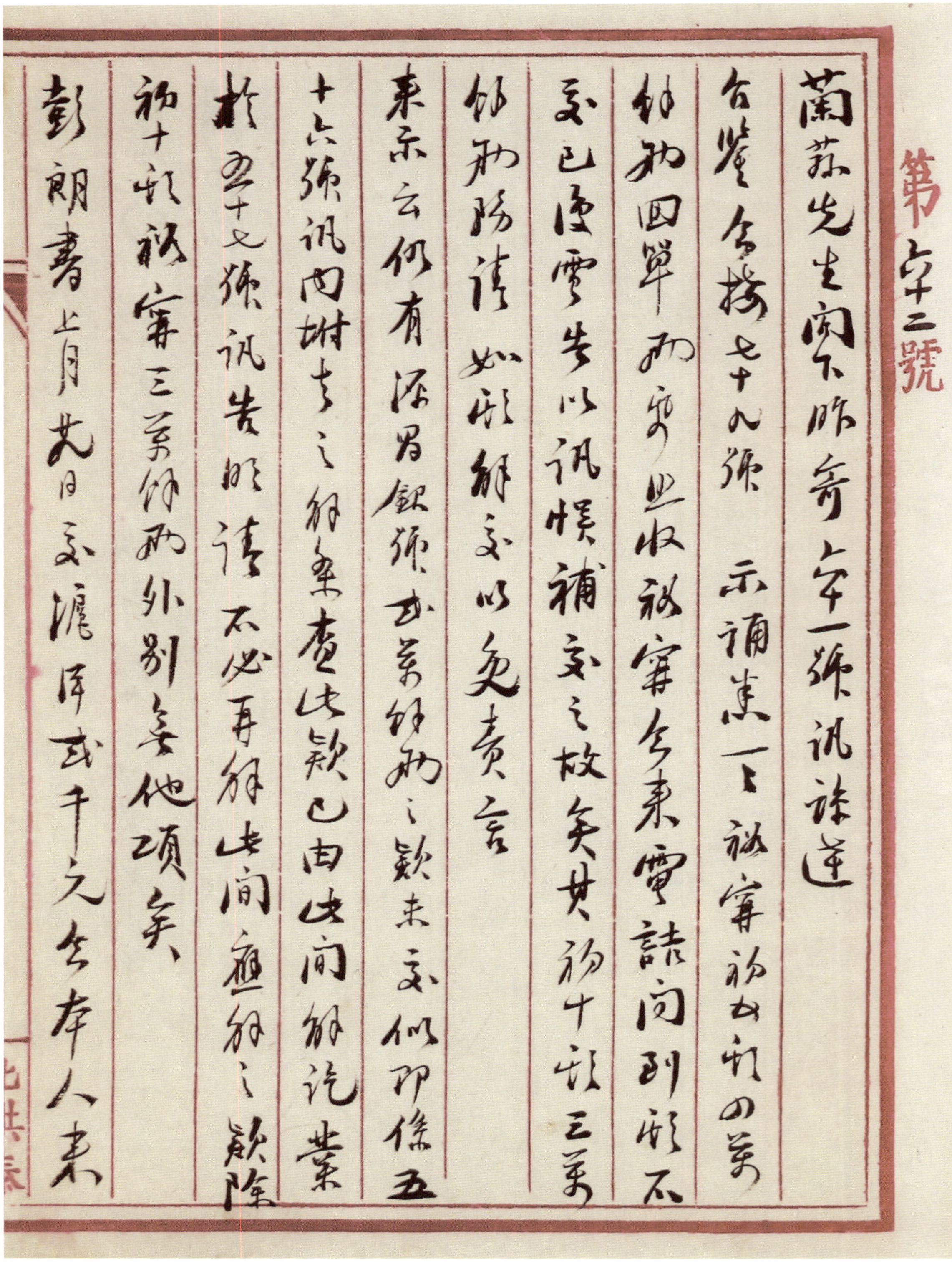

第六十二號（四月初九日）

蘭蓀先生閣下：昨寄六十一號訊，諒達台鑒。今接七十九號示，誦悉一一。裕寧初五期四萬餘兩回單兩紙，照收。裕寧今來電，詰問到期不交，已復電告以訊誤補交之故矣。其初十期三萬餘兩，務請如期解交，以免責言。

來示云仍有源昌銀號弍萬餘兩之款未交，似即係五十六號訊内附去之解條，查此款已由此間解訖，業於五十七號訊告明，請不必再解。此間應解之款，除初十期裕寧三萬餘兩外，别無他項矣。

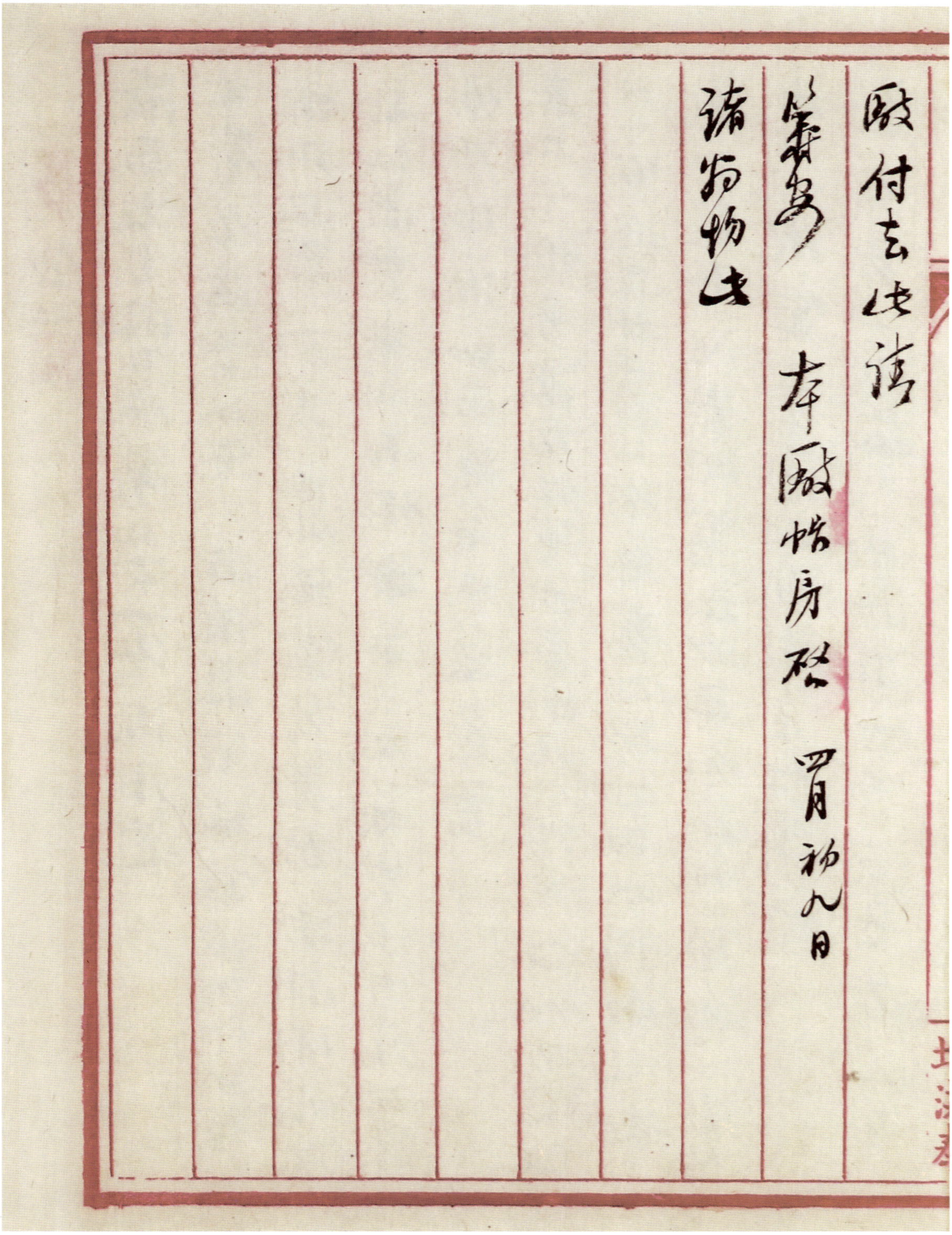

廠付去。此請
籌安
本廠帳房啓 四月初九日
諸翁均此

第六十二號（四月初九日）

彭朗書上月廿九日交滬洋弍千元，今本人來廠付去。此請籌安。本廠帳房啓。四月初九日

諸翁均此。

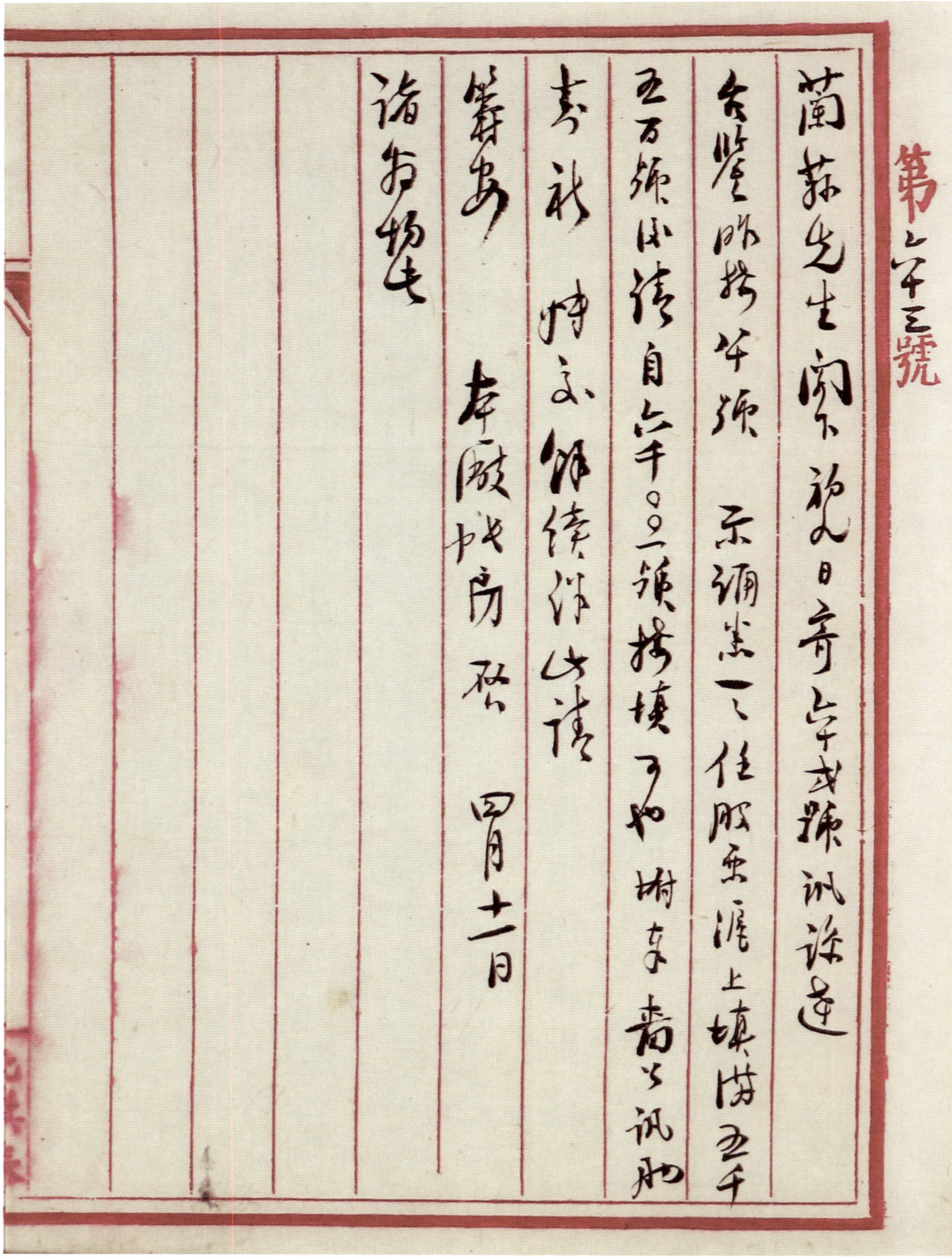

第六十三號（四月十一日）

蘭蓀先生閣下：初九日寄六十式號訊，諒達台鑒。昨接八十號示，誦悉一一。任股票滬上填滿五千五百號後，請自六千〇〇一號接填可也。附奉啬公訊兩封，祈轉交。餘續詳。此請籌安。本廠帳房啓。四月十一日

諸翁均此。

第六十三號（四月十一日）

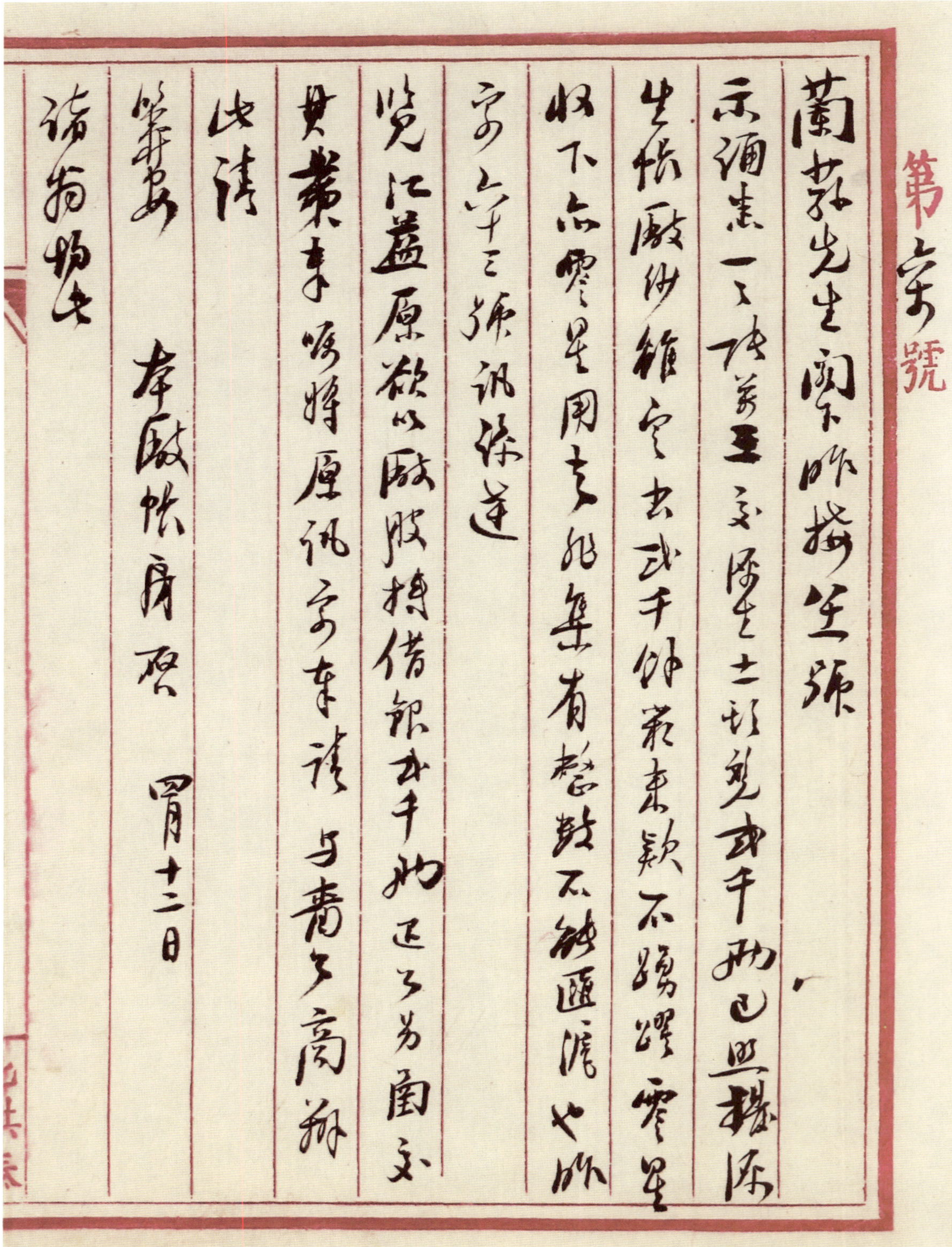

第六十四號（四月十二日）

蘭蓀先生閣下：昨接八十一號示，誦悉一一。張萬三交源生十一期九八元式千兩，已照撥源生帳。廠紗雖定出式千餘箱，來款不踴躍，零星收下，亦零星用去，非集有整數不能匯滬也。昨寄六十三號訊，諒達覽。江益原欲以廠股抵借銀式千兩，退公另函交其帶奉，囑將原訊寄奉，請與嗇公商辦。此請籌安。本廠帳房啓。四月十二日

諸翁均此。

第六十四號（四月十二日）

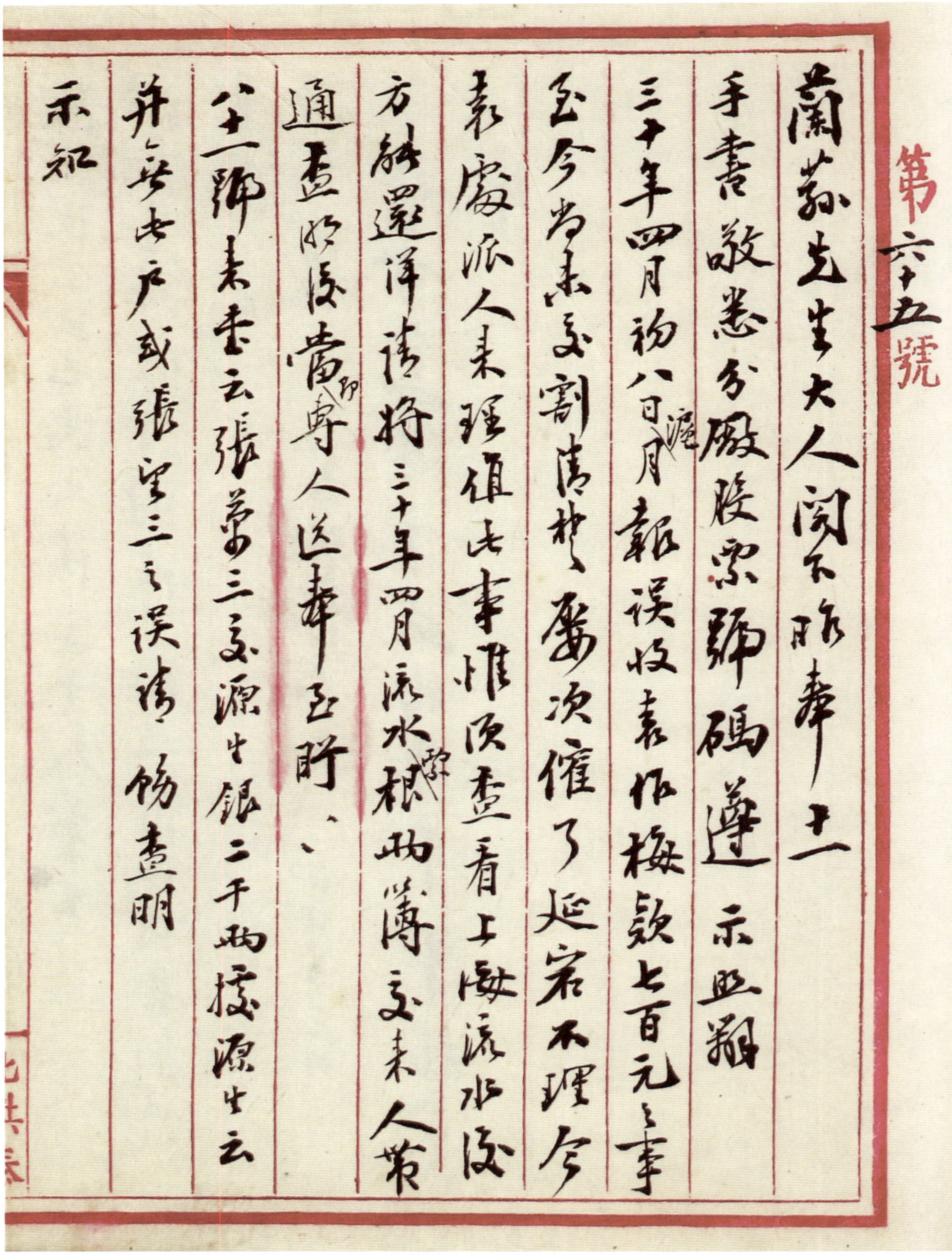

第六十五號（四月十三日）

蘭蓀先生大人閣下：昨奉十一手書，敬悉。分廠股票號碼遵示照辦。

三十年四月初八日滬月報誤收袁作梅款七百元之事，至今尚未交割清楚，屢次催了，延宕不理。今袁處派人來理，值此事惟須查看上海流水後方能還洋，請將三十年四月流水、票根兩簿，交來人帶通，查明後當即專人送奉，至盼至盼。

八十一號來書云，張萬三交源生銀二千兩，據源生云并無此户，或張望三之誤。請飭查明示知。

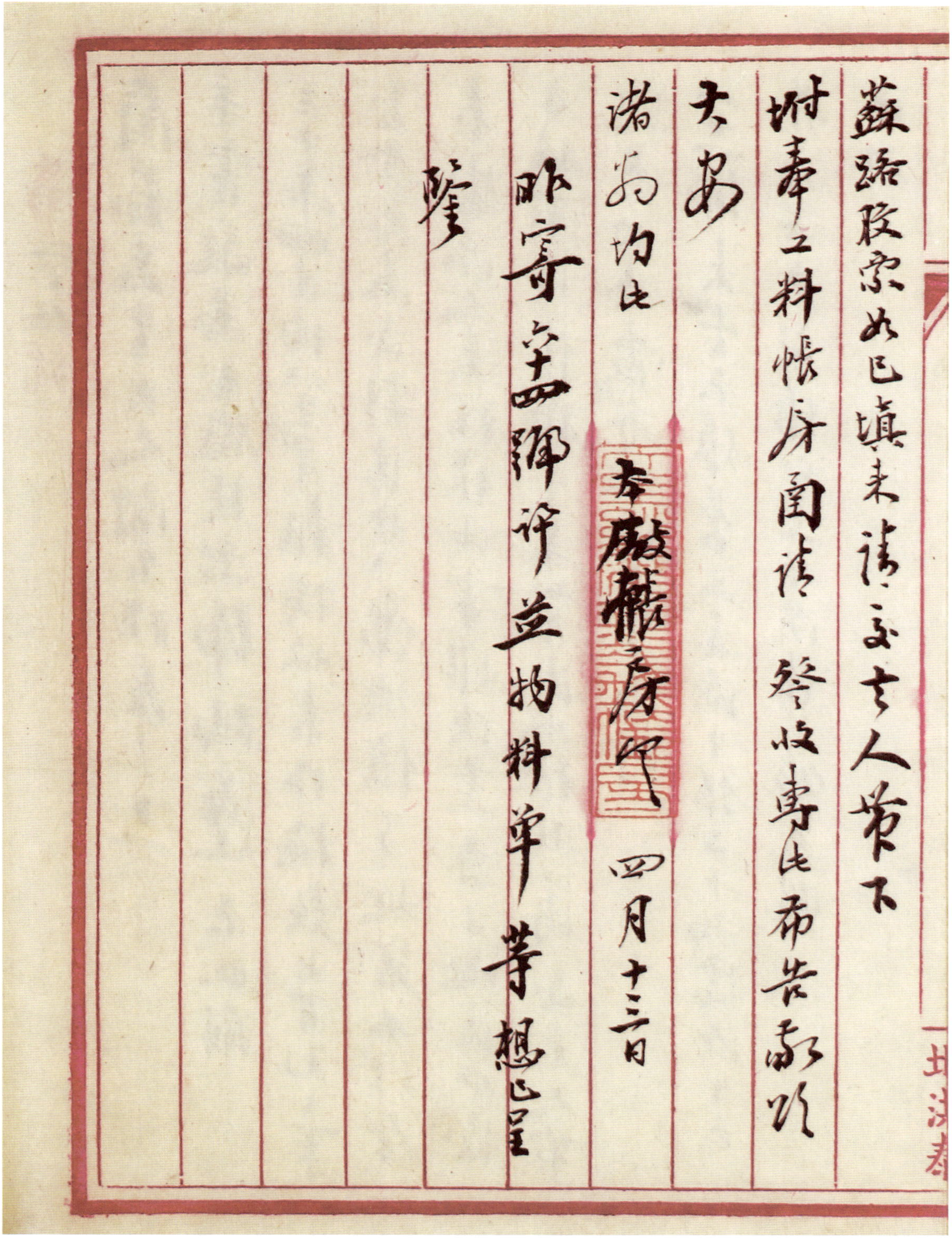

第六十五號（四月十三日）

蘇路股票如已填來，請交去人帶下。

附奉工料帳房函，請察收。專此布告，敬頌大安。諸翁均此。本廠帳房具。四月十三日

昨寄六十四號訊并物料單等，想已呈鑒。

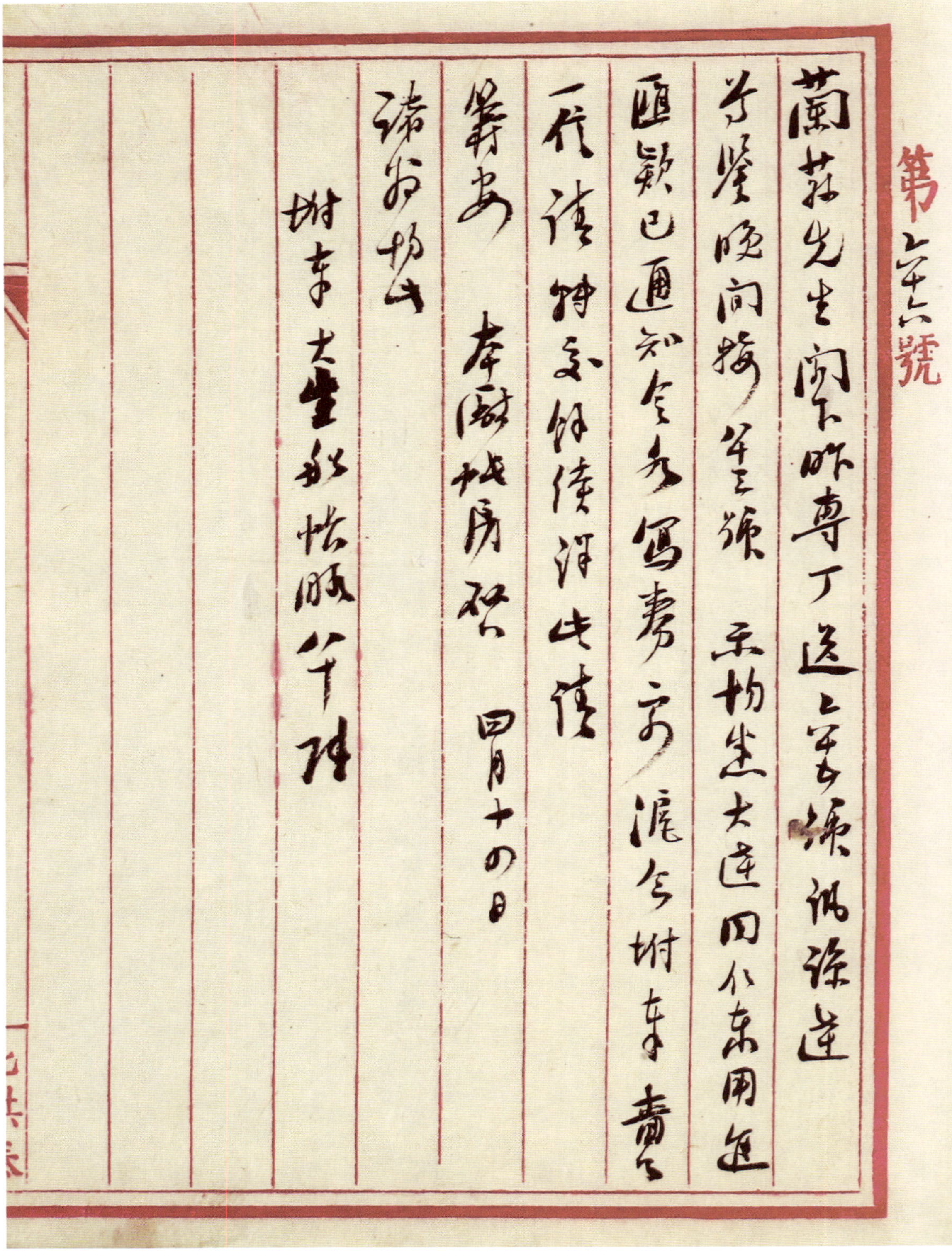

第六十六號（四月十四日）

蘭蓀先生閣下：昨專丁送六十五號訊，諒達尊鑒。晚間接八十三號示，均悉。大達、同仁泰用進匯款已通知，令各寫券寄滬。今附奉嗇公一信，請轉交。餘續詳。此請籌安。本廠帳房啓。四月十四日

諸翁均此。

附奉大生船帳略八十張。

第六十六號（四月十四日）

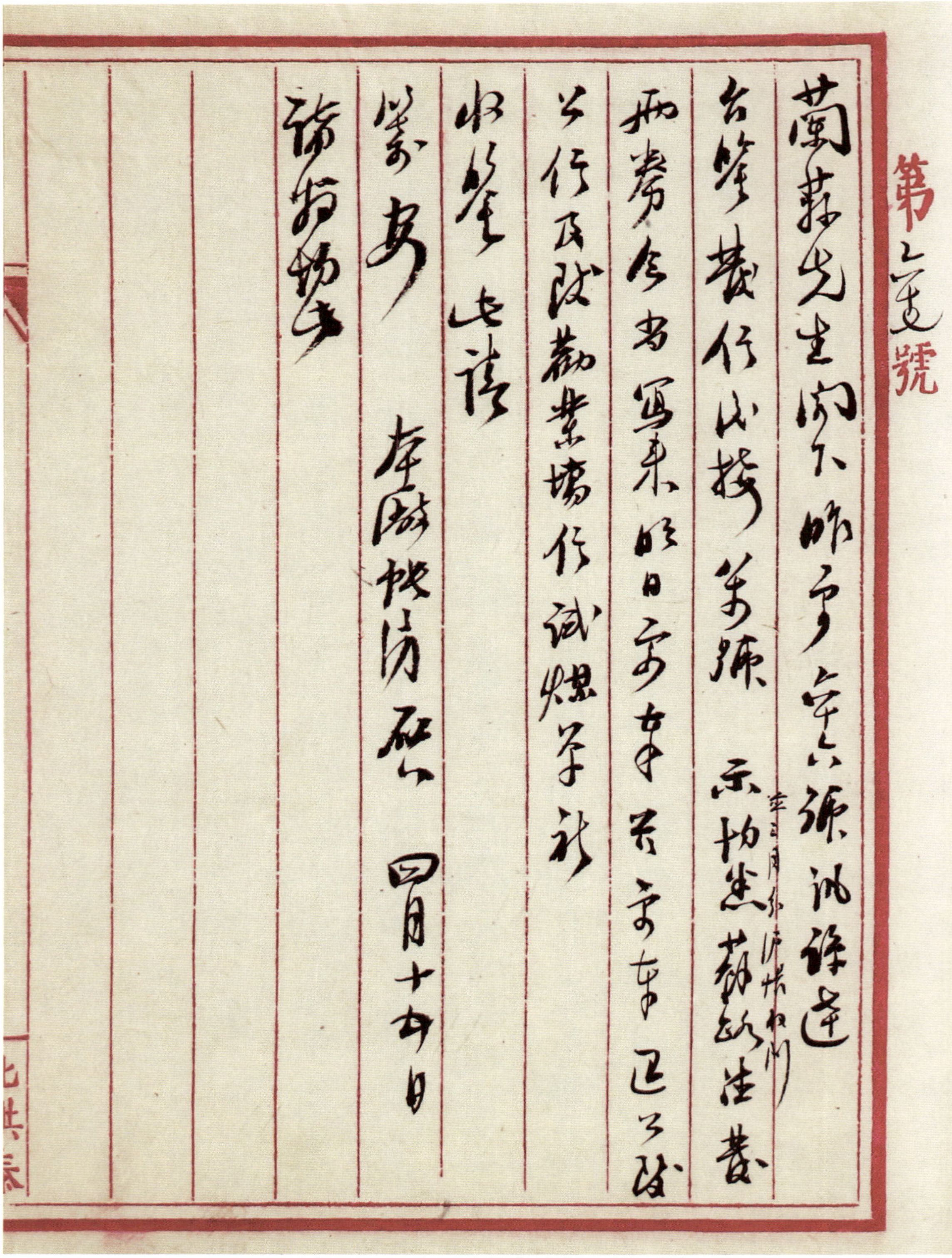

第六十七號（四月十五日）

蘭蓀先生閣下：昨寄六十六號訊，諒達台鑒。發信後接八十四號示（并三月分滬帳收到），均悉。蘇路德、發兩券今當寫來，明日寄奉。茲寄奉退公致公信，及致勸業場信、試煤單，祈收鑒。此請籌安。本廠帳房啓。四月十五日

諸翁均此。

第六十七號（四月十五日）

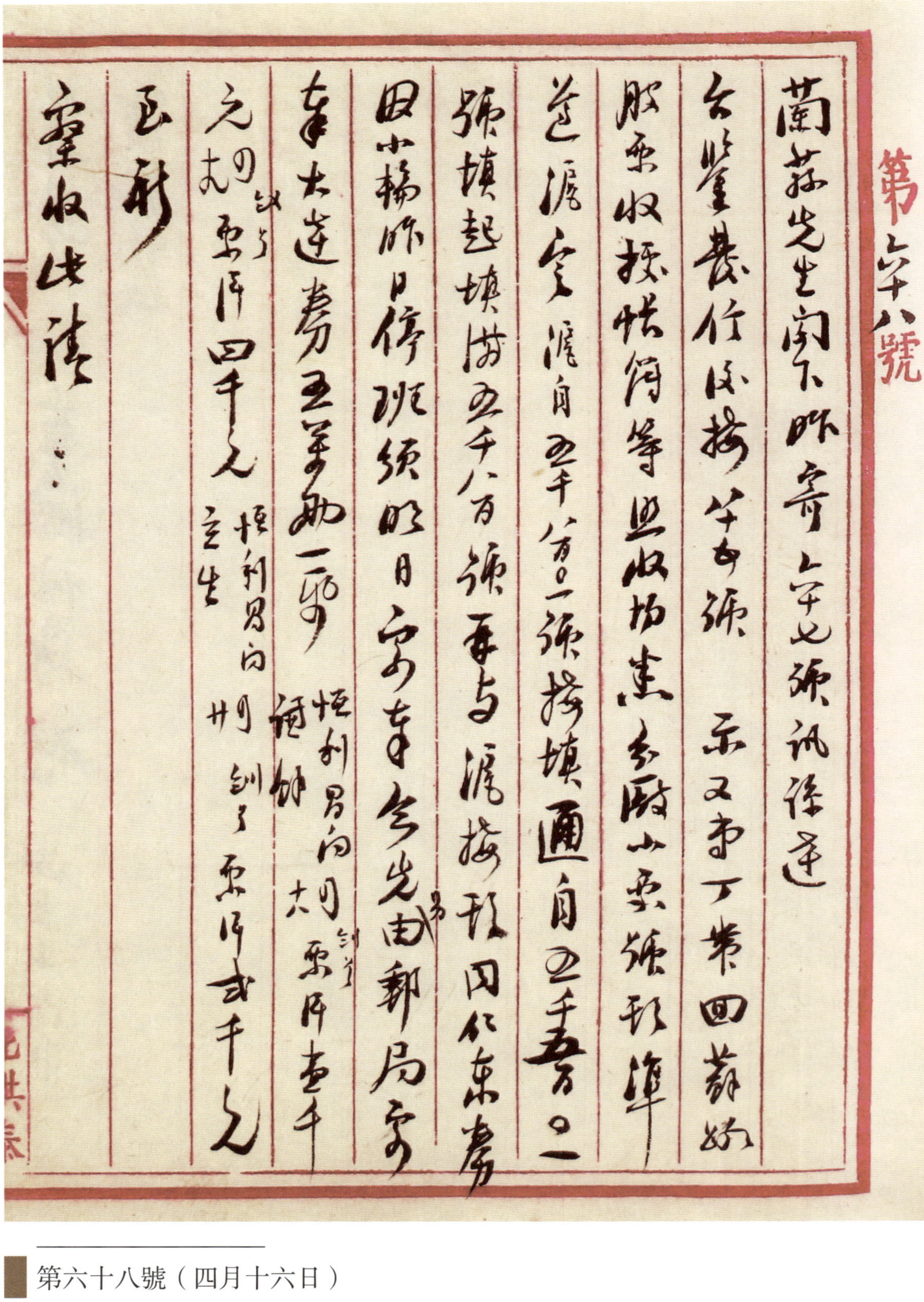

第六十八號（四月十六日）

蘭蓀先生閣下：昨寄六十七號訊，諒達台鑒。發信後接八十五號示，又專丁帶回蘇路股票收據、帳簿等，照收均悉。分廠小票號期，準遵滬定，滬自五千八百〇一號接填，通自五千五百〇一號填起，填滿五千八百號再與滬接期。同仁泰券因小輪昨日停班，須明日寄奉。今先另由郵局寄奉大達券五萬兩一紙；恒利昌向謙餘四月十八八二號票洋壹千元、四月十九八四號票洋四千元，恒利昌向立生四月廿八三號票洋弍千元，至祈察收。此請籌安。本廠帳房啓。四月十六日

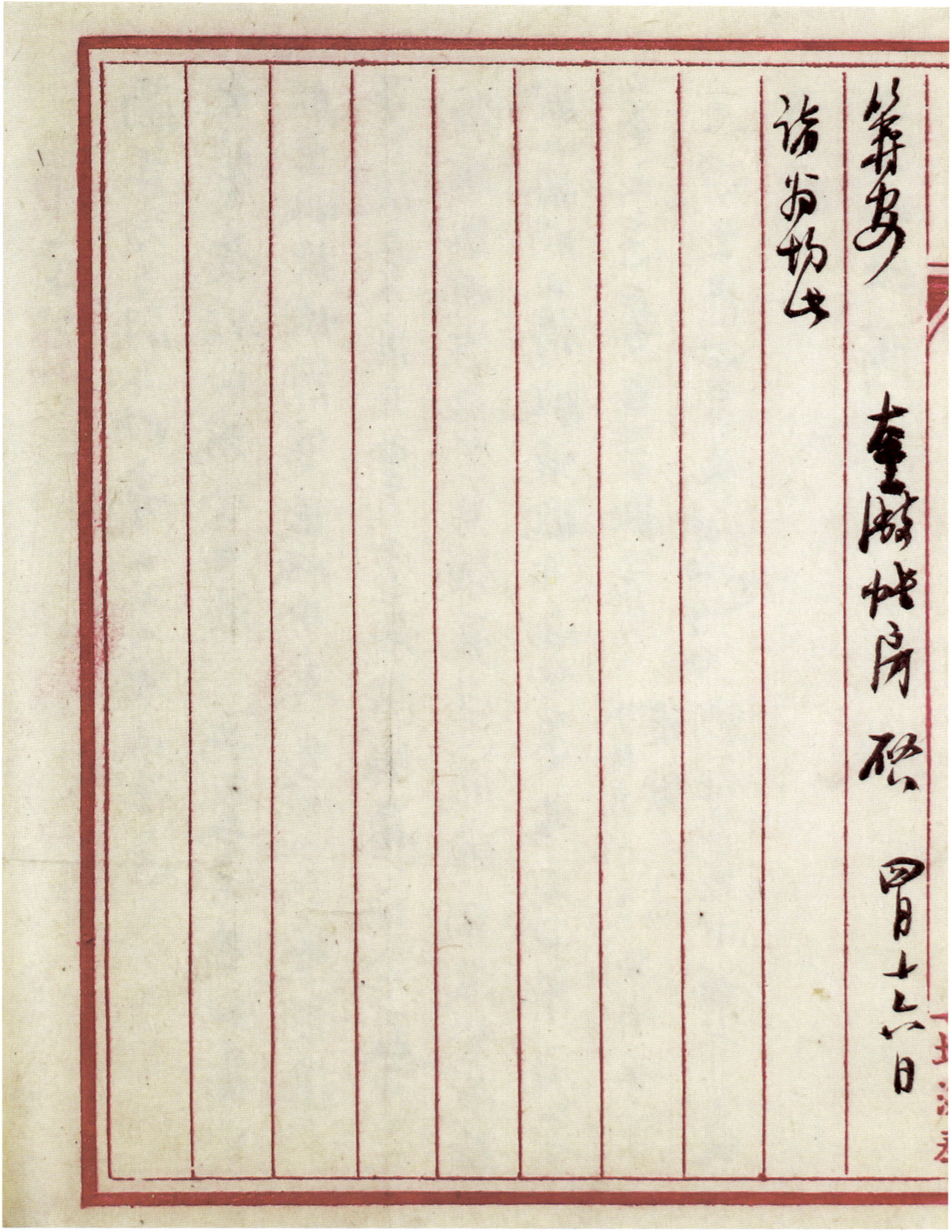

第六十八號（四月十六日）

諸翁均此。

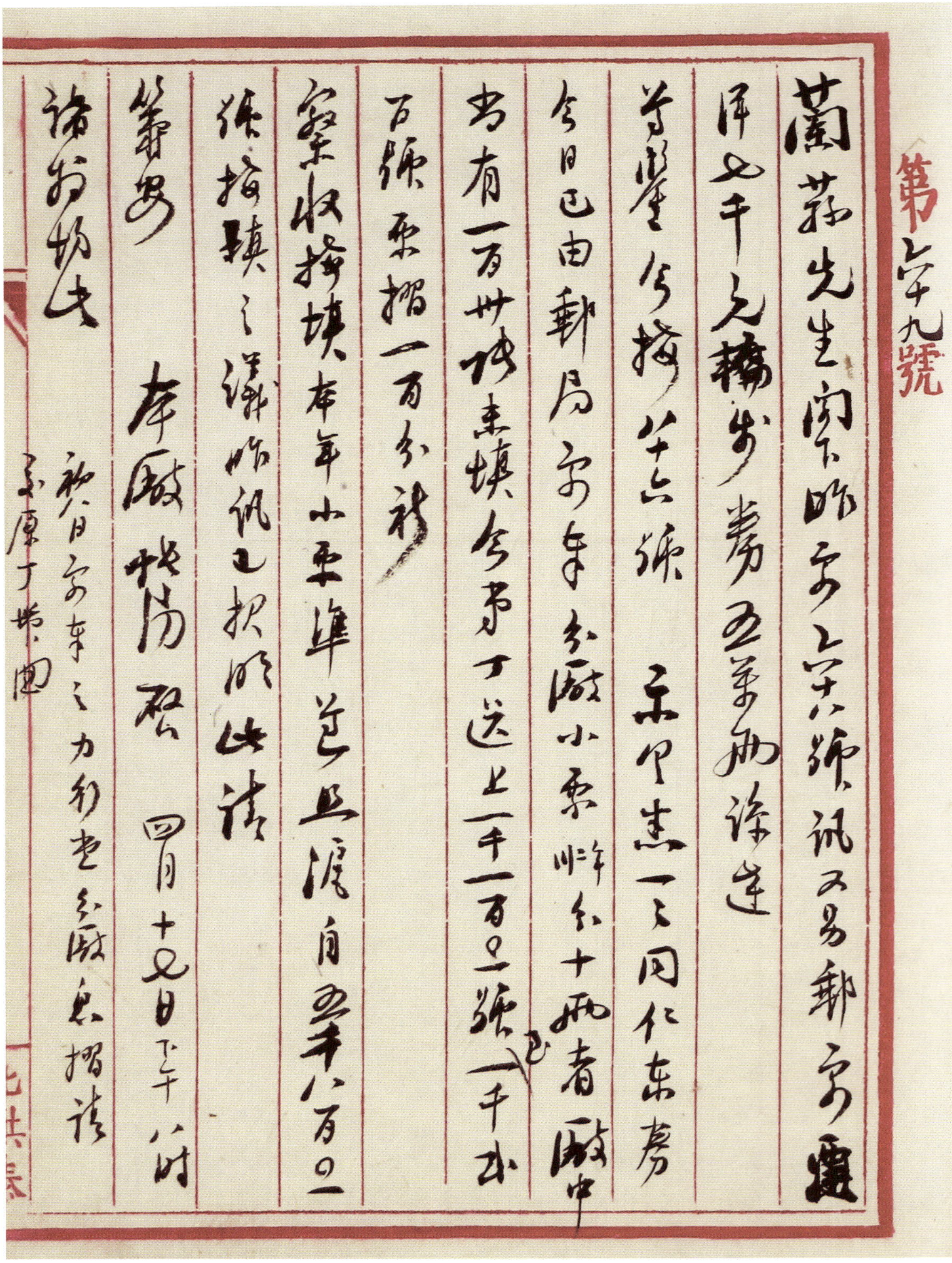

第六十九號（四月十七日）

蘭蓀先生閣下：昨寄六十八號訊，又另郵寄票洋七千元、輪步券五萬兩，諒達尊鑒。今接八十六號示，具悉一一。同仁泰券今日已由郵局寄奉。分廠小票三十二年分十兩者，廠中尚有一百卅張未填，今專丁送上一千一百〇一號至一千弍百號票摺一百分，祈察收接填。本年小票，準遵照滬自五千八百〇一號接填之議，昨訊已報明。此請籌安。本廠帳房啓。四月十七日下午八時

諸翁均此。

第六十九號（四月十七日）

初八日寄奉之力行堂分廠息摺，請交原丁帶回。

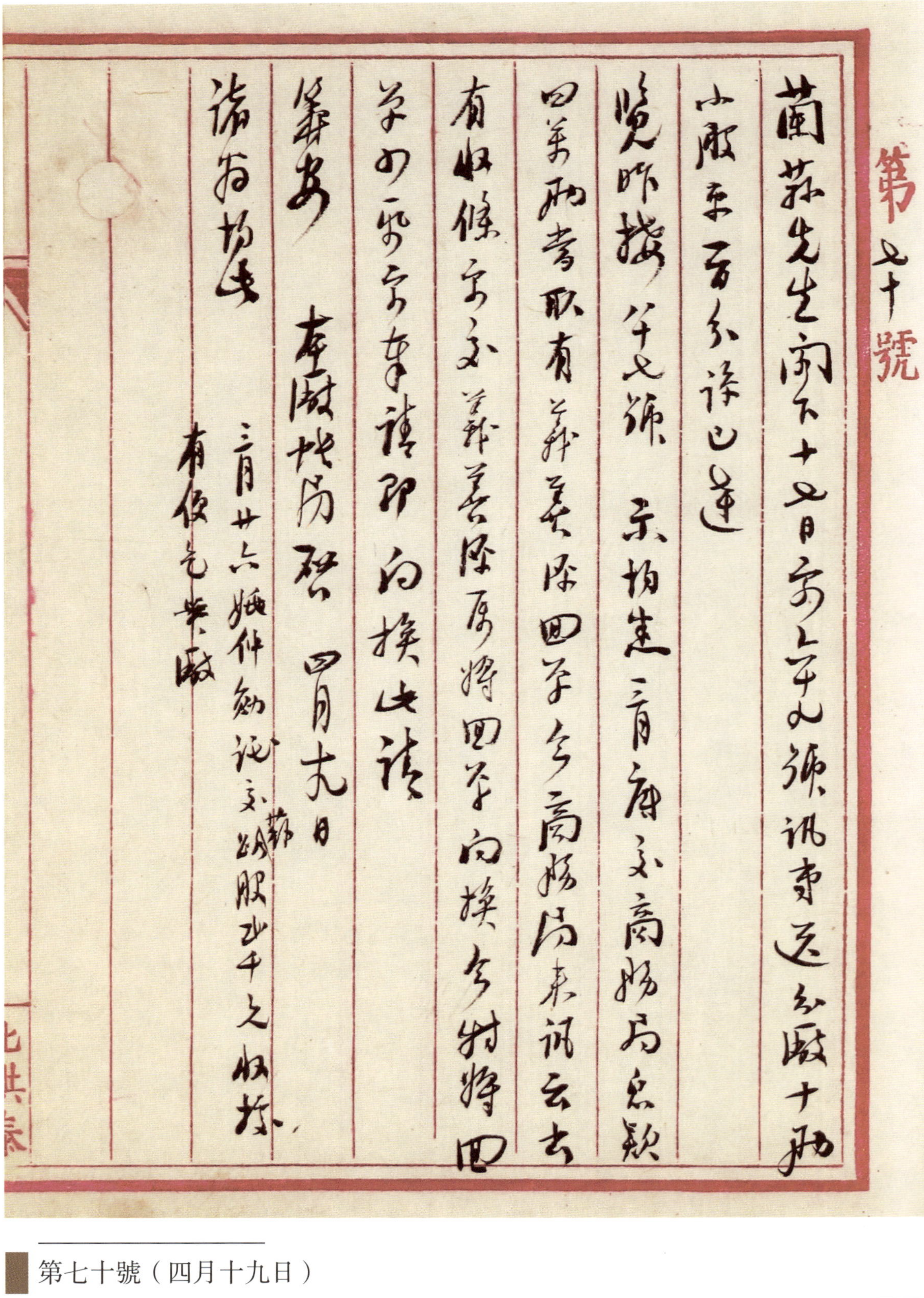

第七十號（四月十九日）

蘭蓀先生閣下：十七日寄六十九號訊，專送分廠十兩小股票一百分，諒已達覽。昨接八十七號示，均悉。三月底交商務局息款四萬兩，當取有義善源回單，今商務局來訊，云出有收條寄交義善源，屬將回單向换。今特將回單四紙寄奉，請即向换。此請籌安。

本廠帳房啓。四月十九日

諸翁均此。

三月廿六姚仲勛托交蘇路股式千元收據，有便乞帶廠。

第七十號（四月十九日）

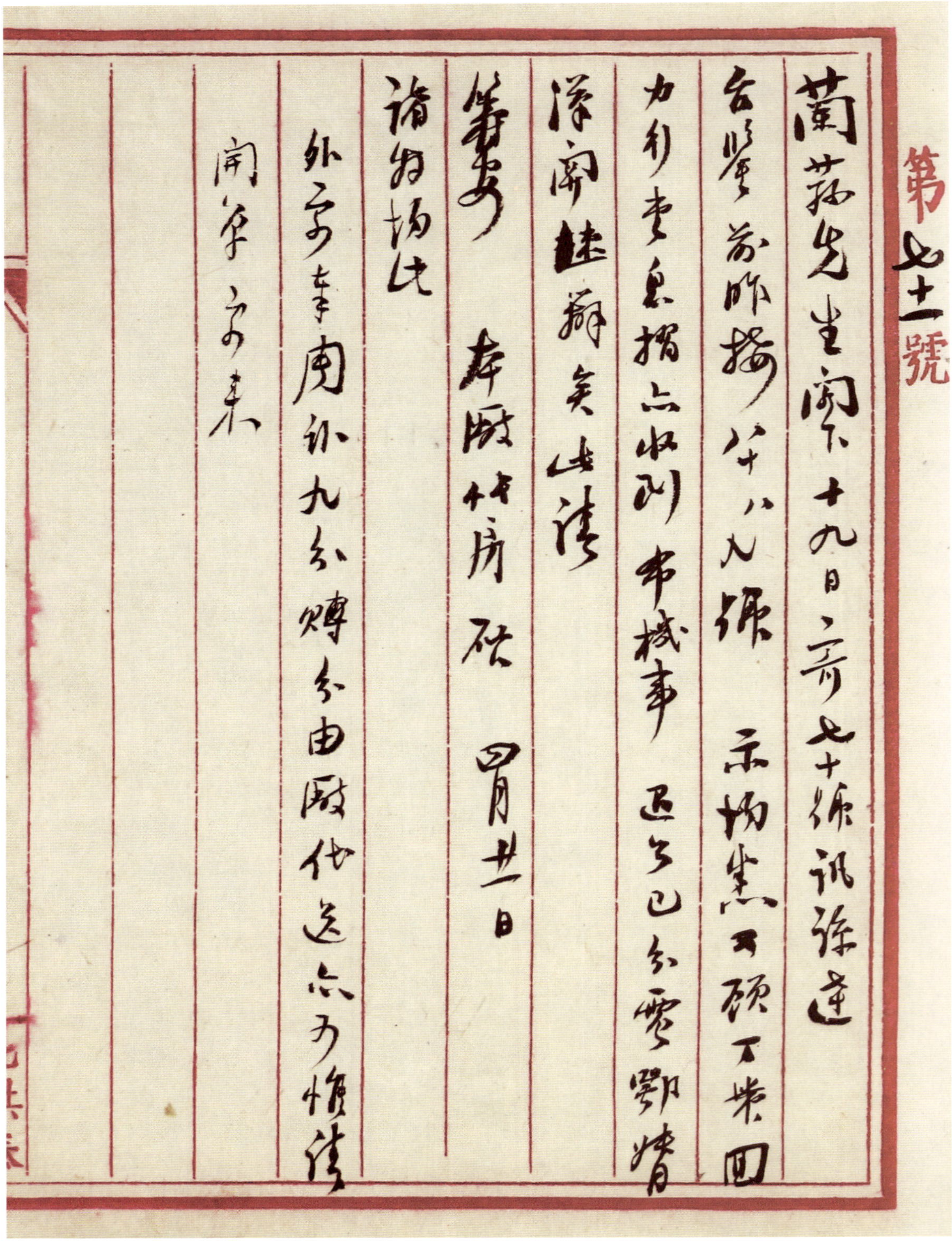

第七十一號（四月廿一日）

蘭蓀先生閣下：十九日寄七十號訊，諒達台鑒。前昨接八十八、八十九號示，均悉。又顧丁帶回力行堂息摺亦收到。布機事，退公已分電鄂督、漢關速辦矣。此請籌安。

本廠帳房啓。四月廿一日

諸翁均此。

外寄奉周計九分，賻分由廠代送亦可，惟請開單寄來。

第七十一號（四月廿一日）

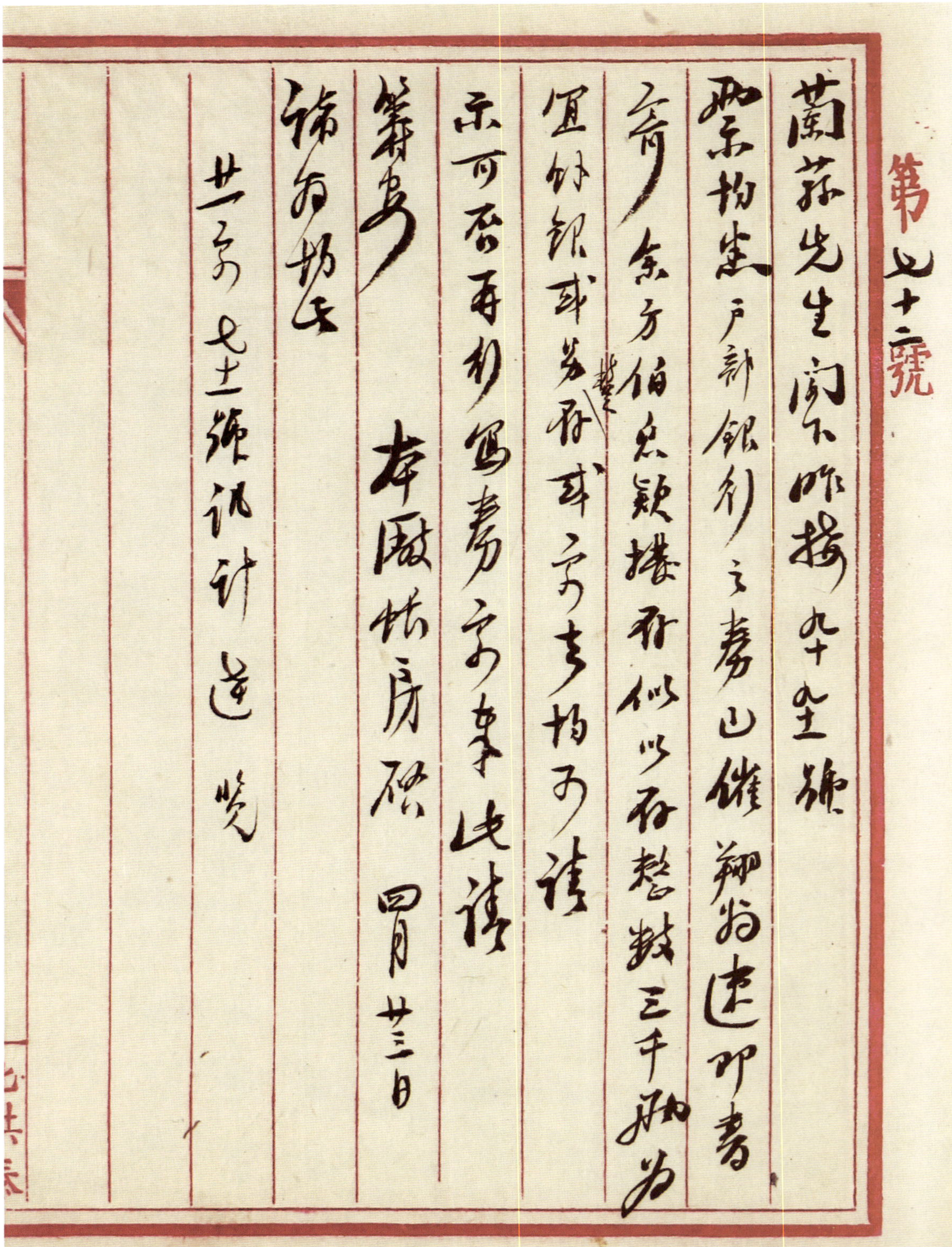

第七十二號（四月廿三日）

蘭蓀先生閣下：昨接九十、九十一號兩示，均悉。户部銀行之券，已催翔翁速即書寄。余方伯息款撥存，似以存整數三千兩爲宜，餘銀或另暫存，或寄去，均可。請示可否，再行寫券寄奉。此請籌安。本廠帳房啓。四月廿三日

諸翁均此。

廿一寄七十一號訊，計達覽。

第七十二號（四月廿三日）

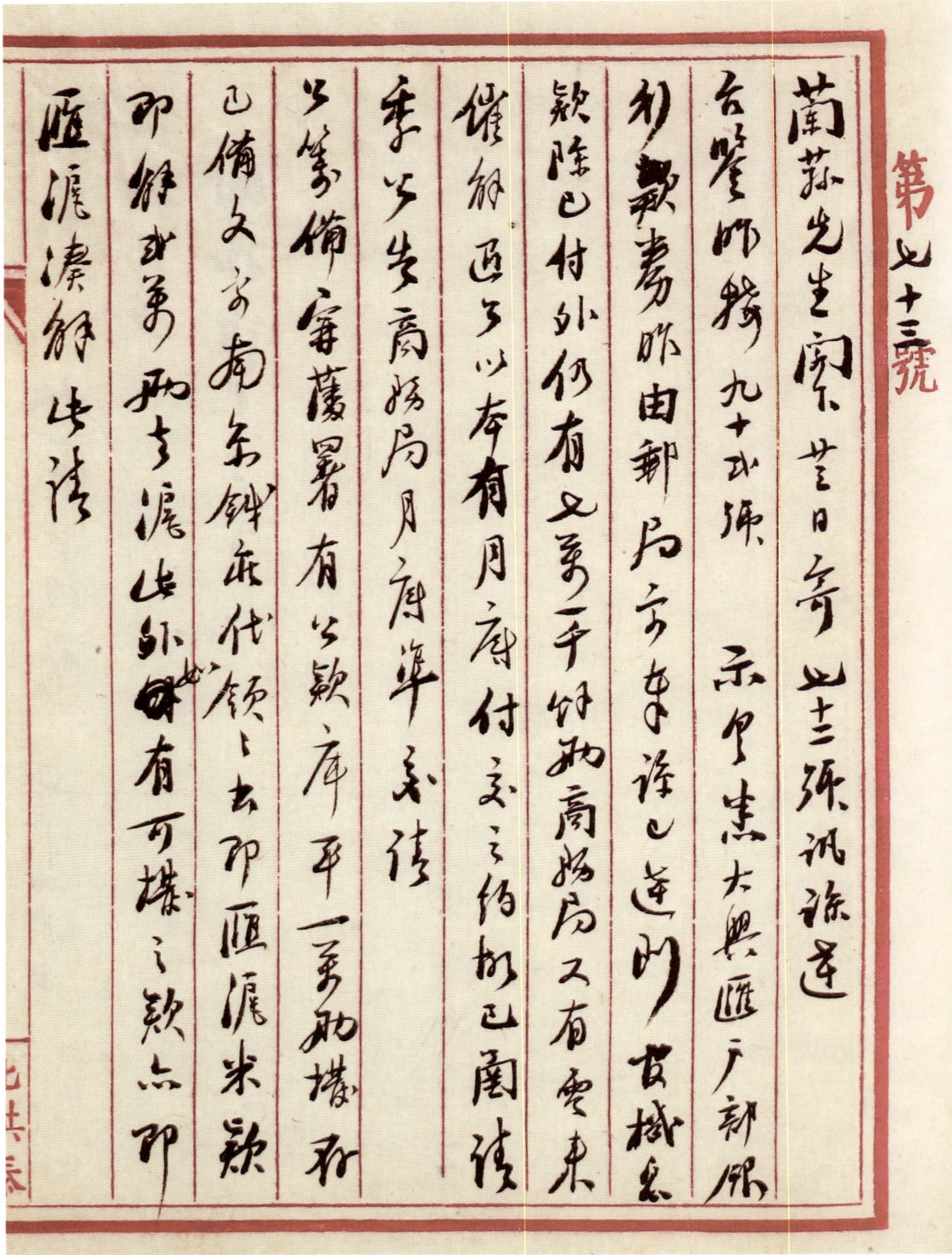

第七十三號（四月廿五日）

蘭蓀先生閣下：廿三日寄七十二號訊，諒達台鑒。昨接九十式號示，具悉。大興匯户部銀行款券，昨由郵局寄奉，諒已達到。官機息款除已付外，仍有七萬一千餘兩，商務局又有電來催解。退公以本有月底付交之約，故已函請季公告商務局，月底準交，請公籌備。寧藩署有公款庫平一萬兩撥存，已備文寄南京錢莊代領，領出即匯滬。米款即解式萬兩去滬，此外如有可撥之款，亦即匯滬凑解。此請籌安。本廠帳房啓。四月廿五日

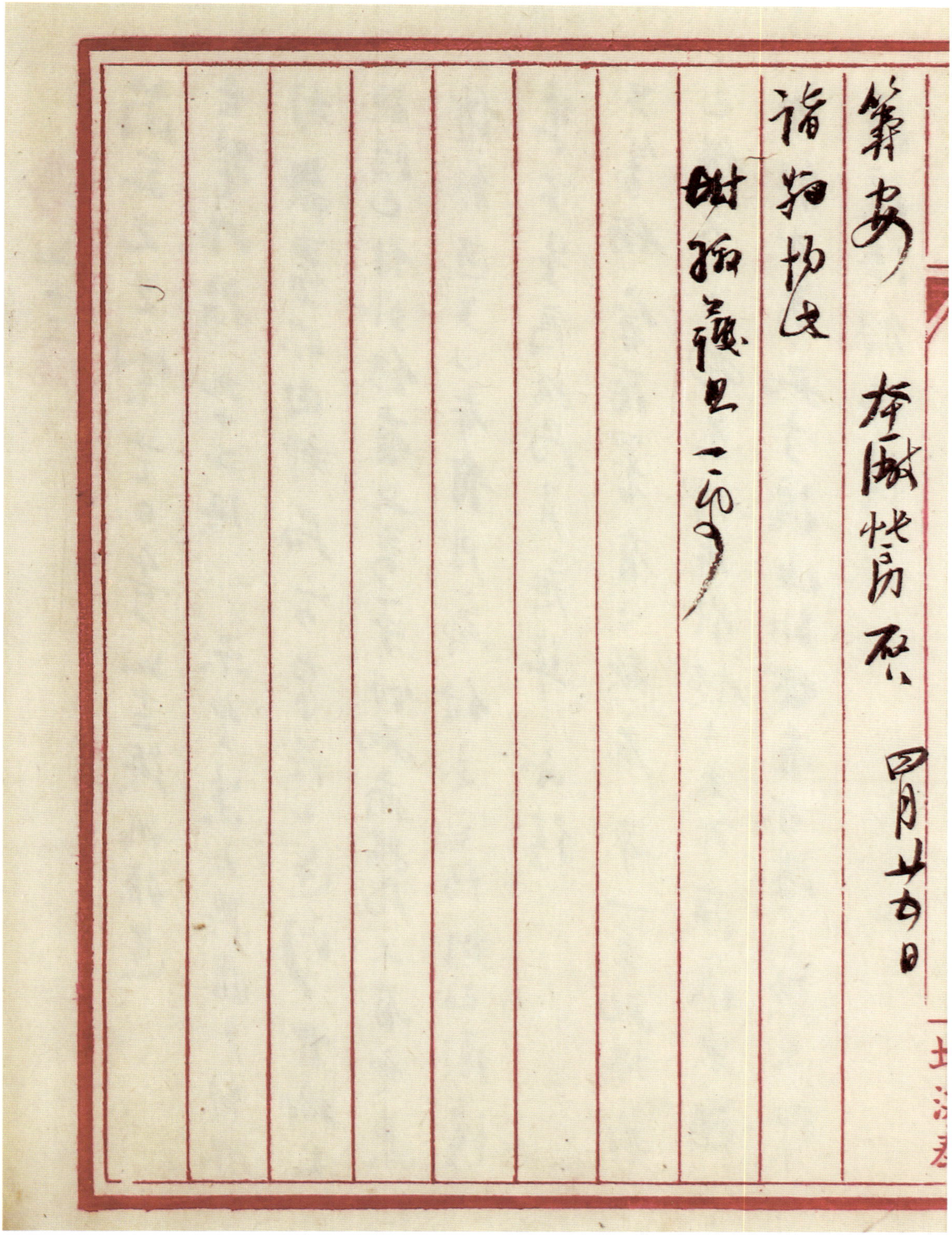

第七十三號（四月廿五日）

諸翁均此。

附繳護照一紙。

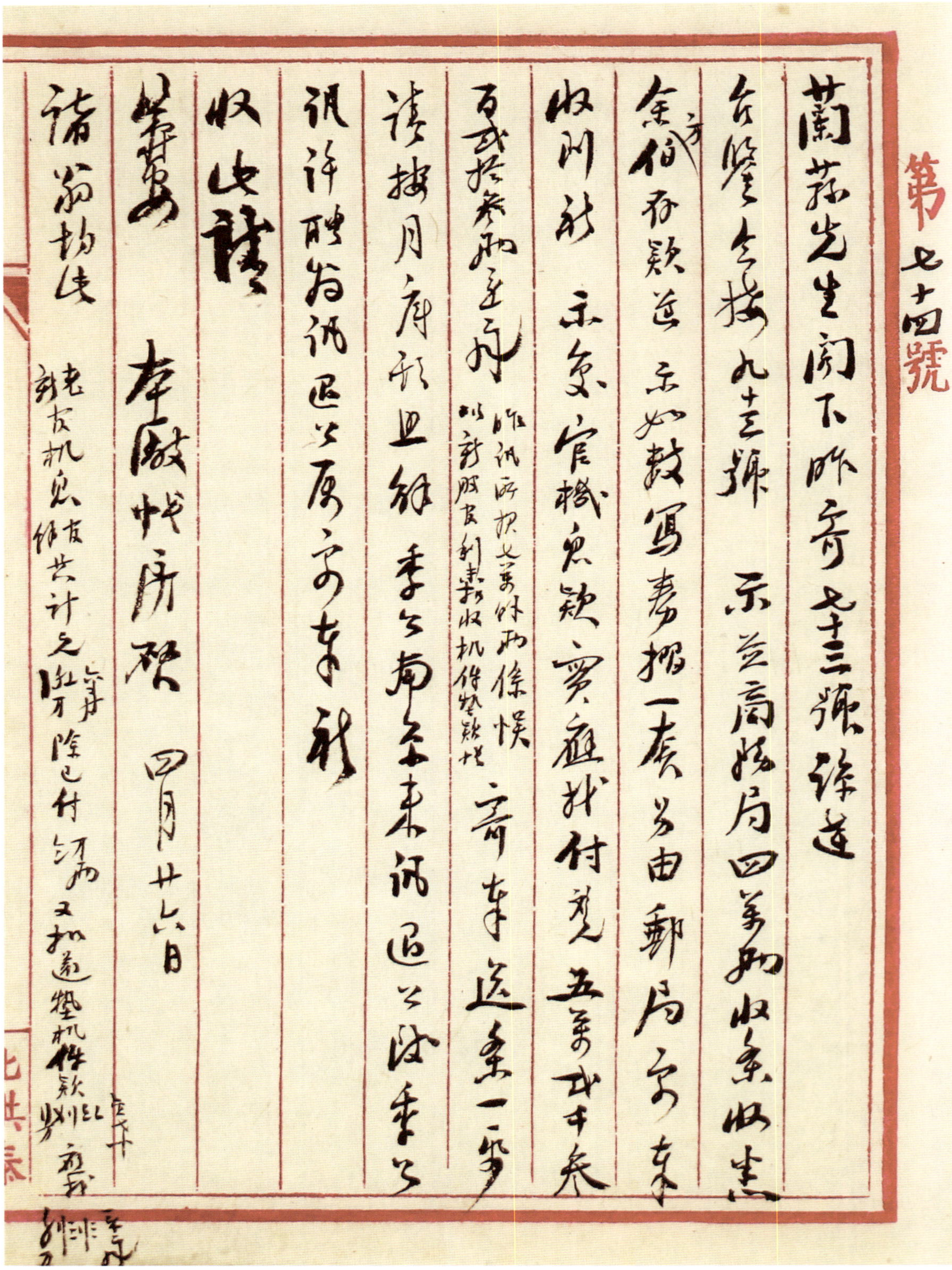

第七十四號（四月廿六日）

蘭蓀先生閣下：昨寄七十三號，諒達台鑒。今接九十三號示，并商務局四萬兩收條收悉。余方伯存款遵示如數寫券摺一套，另由郵局寄奉，收到祈示復。官機息款，實應找付九八元五萬弍千叁百弍拾叁两三錢二分九厘（昨訊所報七萬餘兩係誤以新股官利，未扣收機件墊款帳），寄奉送條一紙，請按月底期照解。季公南京來訊、退公致季公訊、許聘翁訊，退公屬寄奉，祈收。此請籌安。本廠帳房啓。四月廿六日

第七十四號（四月廿六日）

諸翁均此。

老、新官機息，官、餘共計元十五萬六千六百兩，除已付八萬兩，又扣還墊機件款二萬四千二百七十六兩六錢七分一厘，應找五萬二千三百二十三兩三錢二分九厘。

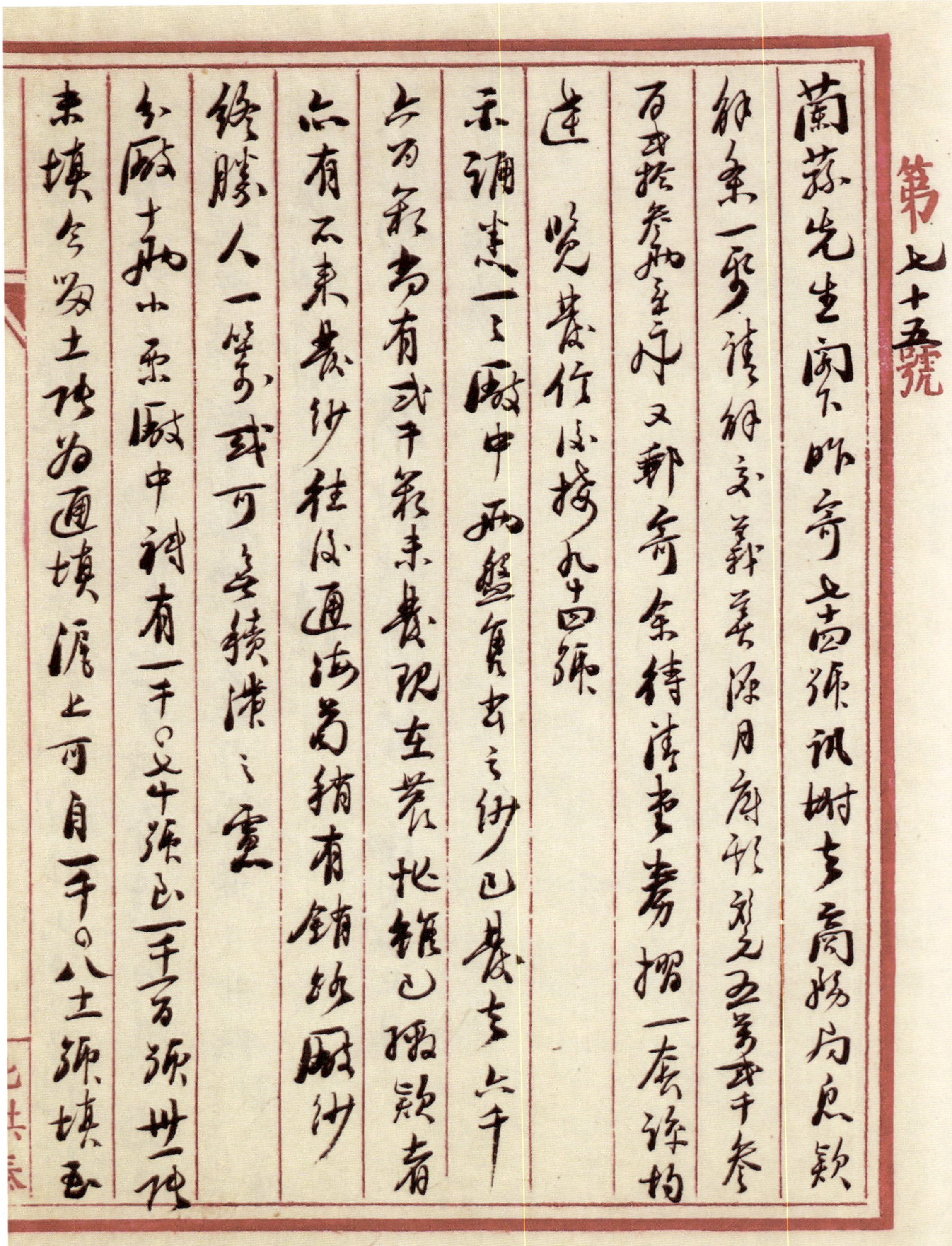

第七十五號（四月廿七日）

蘭蓀先生閣下：昨寄七十四號訊，附去商務局息款解條一紙，請解交義善源月底期九八元五萬式千叁百式拾叁两三錢二分九厘，又郵寄余待清堂券摺一套，諒均達覽。

發信後接九十四號示，誦悉一一。廠中兩盤售出之紗，已發去六千六百箱，尚有式千箱未發。現在農忙，雖已繳款者，亦有不來發紗。往後通海苟稍有銷路，廠紗終勝人一籌，或可無積滯之慮。

分廠十兩小票，廠中祇有一千〇七十號至一千一百號卅一張未填，今留十一張爲通

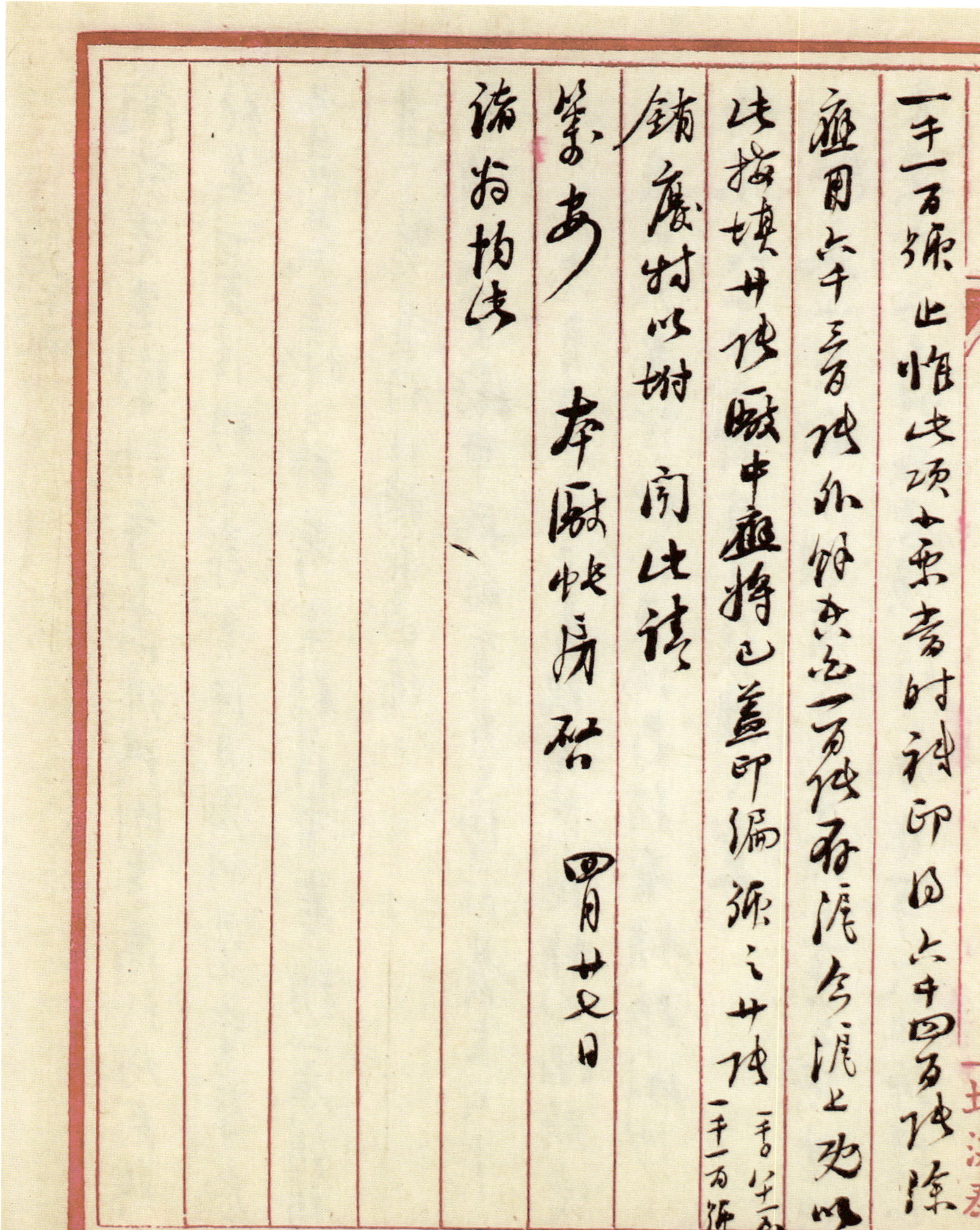

第七十五號（四月廿七日）

填，滬上可自一千〇八十一號填至一千一百號止。惟此項小票當時衹印得六千四百張，除應用六千三百張外，餘空白一百張存滬。今滬上既以此接填廿張，廠中應將已蓋印編號之廿張（一千〇八十一至一千一百號）銷廢，特以附聞。此請籌安。本廠帳房啓。四月廿七日
諸翁均此。

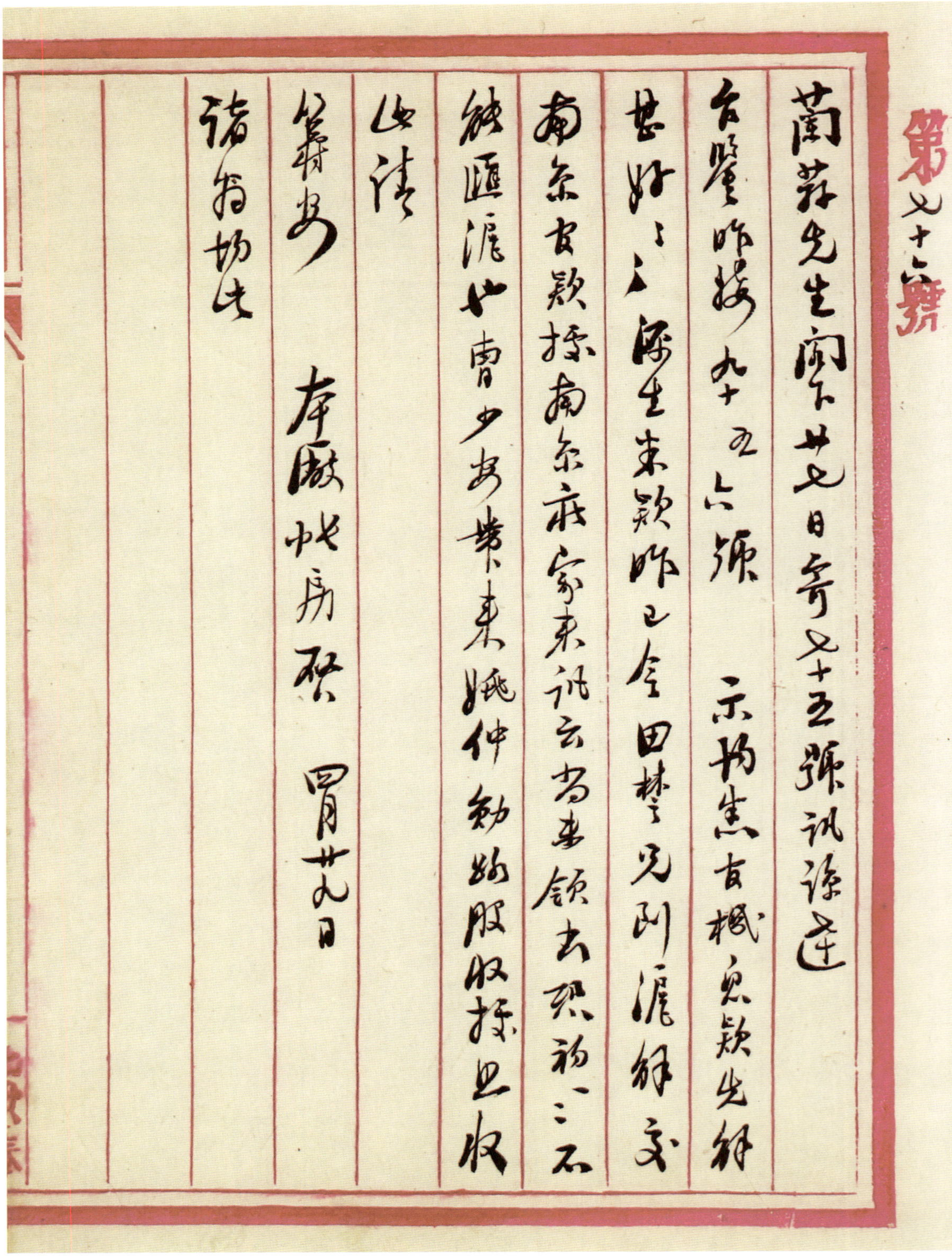

第七十六號（四月廿九日）

蘭蓀先生閣下：廿七日寄七十五號訊，諒達台鑒。昨接九十五、九十六號示，均悉。官機息款先解，甚好甚好。源生米款昨已令田楚兄到滬解交。南京官款，據南京莊家來訊云，尚未領出，恐初一、二不能匯滬也。曹少安帶來姚仲勛路股收據照收。此請籌安。本廠帳房啓。四月廿九日

諸翁均此。

第七十六號（四月廿九日）

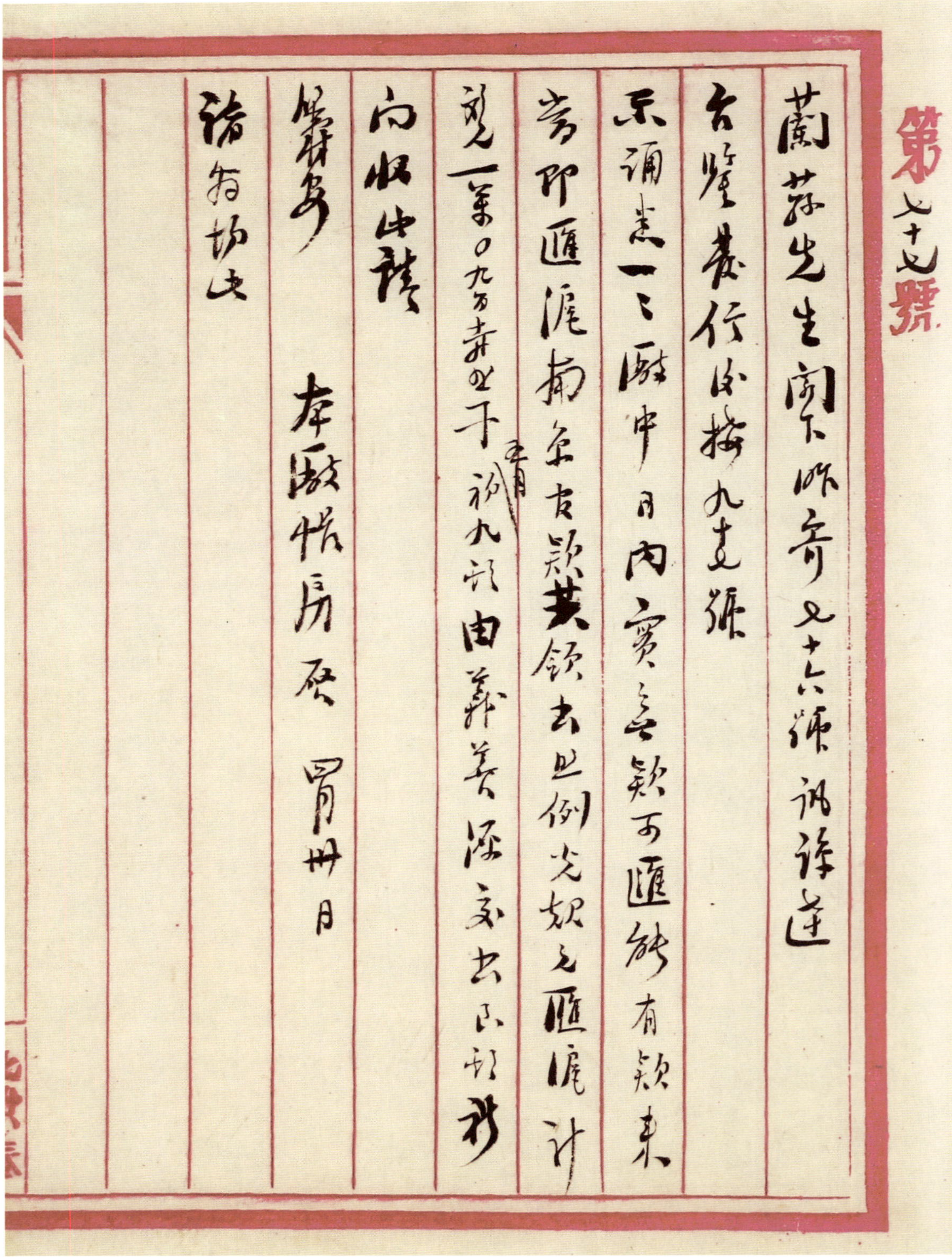

第七十七號（四月卅日）

蘭蓀先生閣下：昨寄七十六號訊，諒達台鑒。發信後接九十七號示，誦悉一一。廠中日内實無款可匯，能有款來，當即匯滬。南京官款共領出，照例兑規元匯滬，計九八元一萬〇九百十一兩四錢一分一厘，五月初九期，由義善源交出，至期祈向收。此請籌安。本廠帳房啓。四月卅日

諸翁均此。

第七十七號（四月卅日）

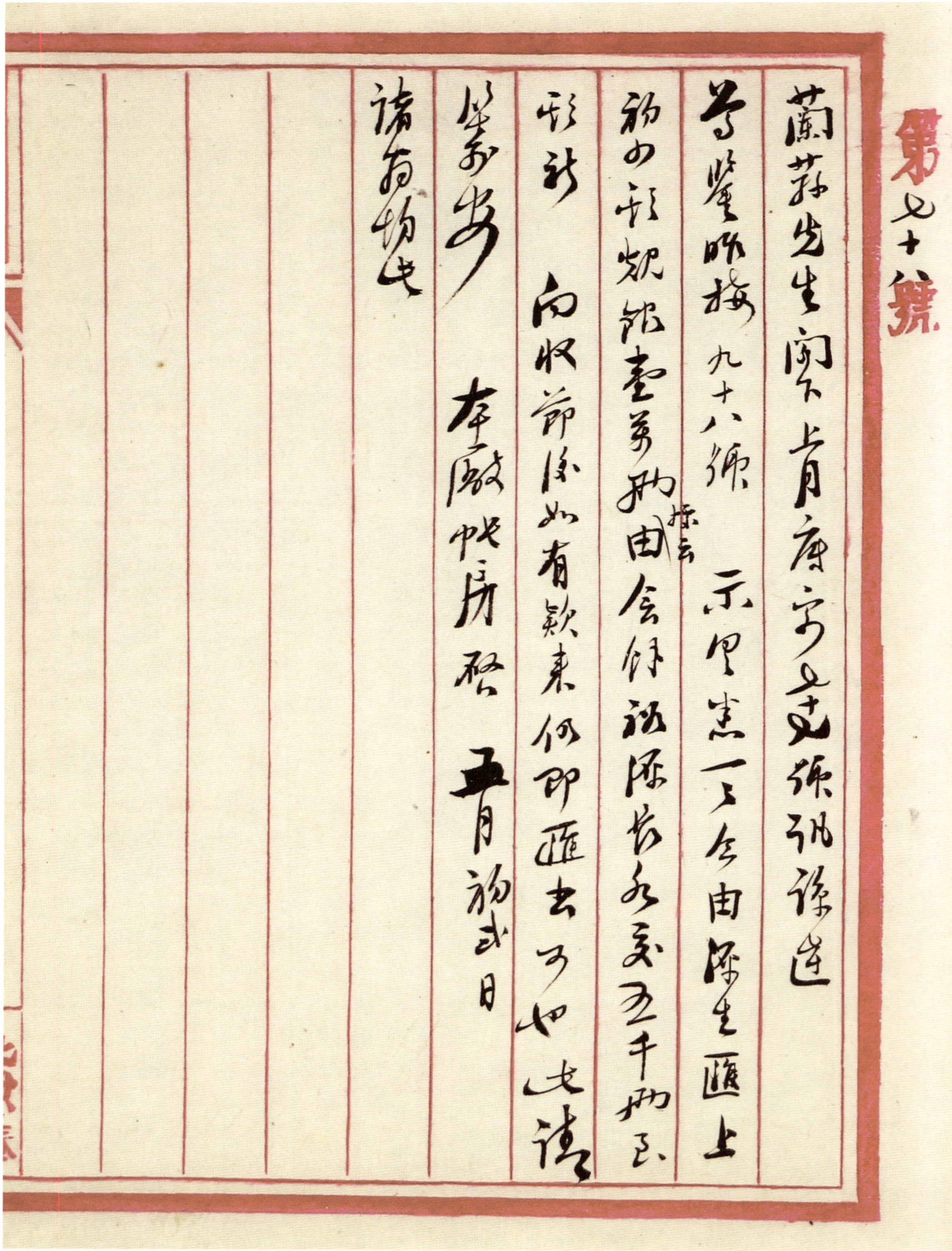

第七十八號（五月初二日）

蘭蓀先生閣下：上月底寄七十七號訊，諒達尊鑒。昨接九十八號示，具悉一一。今由源生匯上初四期規銀壹萬兩，據云由會餘、裕源長各交五千兩，至期祈向收。節後如有款來，仍即匯出可也。此請籌安。本廠帳房啓。五月初弍日

諸翁均此。

第七十八號（五月初二日）

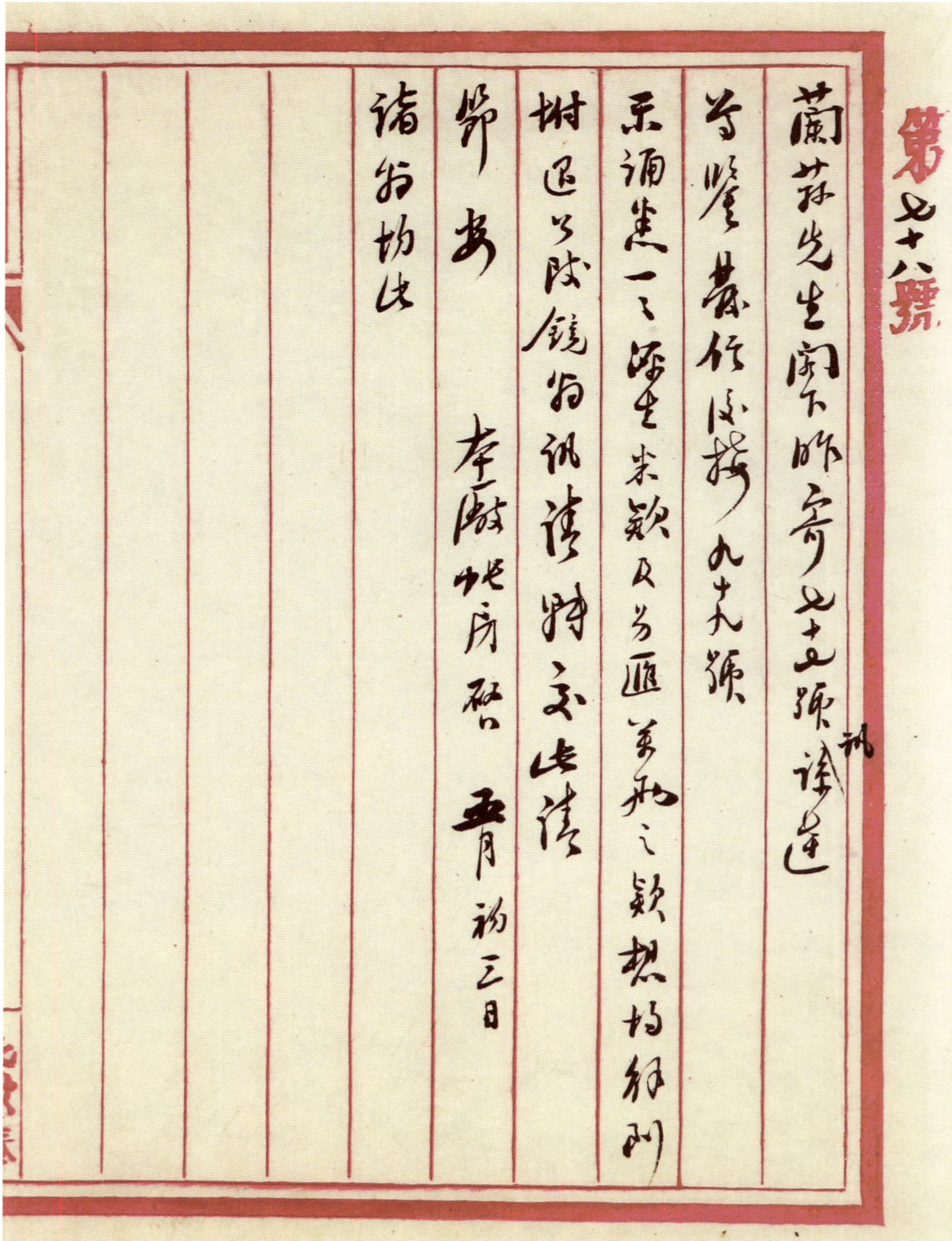

第七十九號（五月初三日）

蘭蓀先生閣下：昨寄七十七〔八〕號訊，諒達尊鑒。發信後接九十九號示，誦悉一一。源生米款及另匯萬兩之款，想均解到。附退公致鏡翁訊，請轉交。此請節安。
本廠帳房啓。五月初三日
諸翁均此。
（按：此信編號與前一信重複，實應爲“第七十九號”，信内所云“七十七號訊”，當爲“七十八號”）

第七十九號（五月初三日）

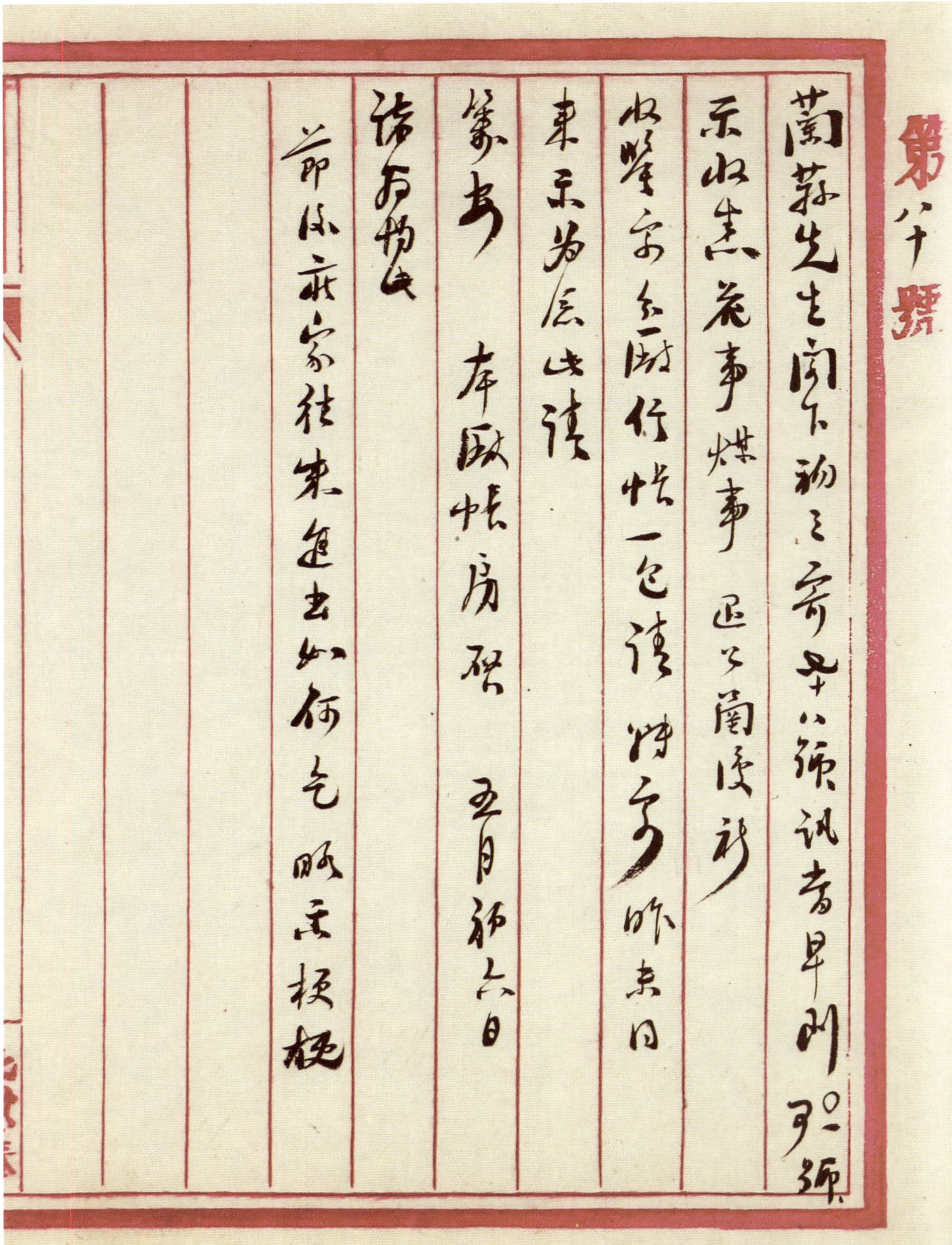

第八十號（五月初六日）

蘭蓀先生閣下：初三寄七十八〔九〕號訊，當早到。一百〇一號示收悉。花事、煤事，退公函復，祈收鑒。寄分廠信、帳一包，請轉寄。昨未得來示，爲念。此請籌安。本廠帳房啓。五月初六日

諸翁均此。

節後莊家往來進出如何，乞略示梗概。

第八十號（五月初六日）

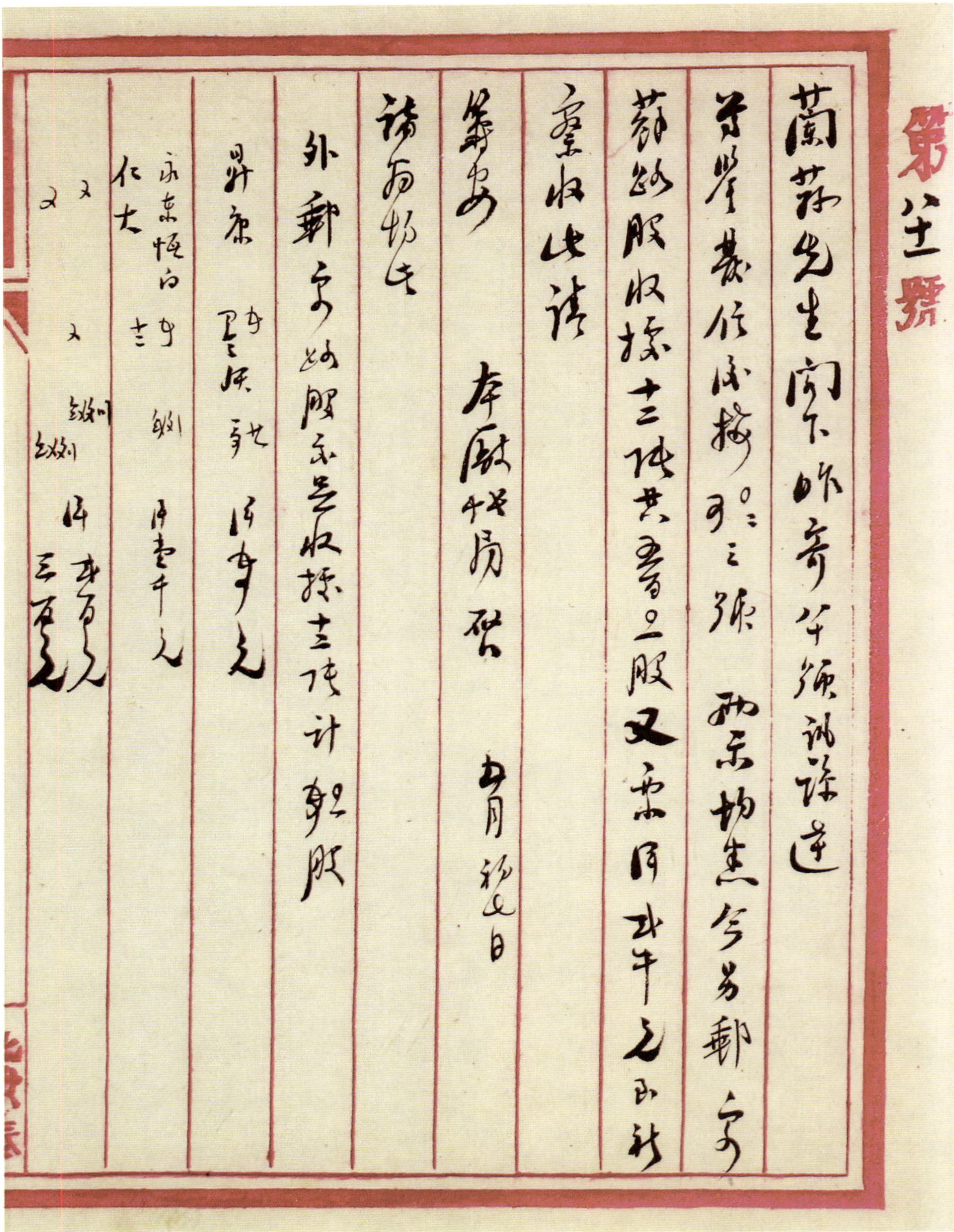

第八十一號（五月初七日）

蘭蓀先生閣下：昨寄八十號訊，諒達尊鑒。發信後接一百〇二、一百〇三號兩示，均悉。今另郵寄蘇路股收據十二張，共五百〇一股，又票洋式千元，至祈察收。此請籌安。本廠帳房啓。五月初七日

諸翁均此。

外郵寄路股交足收據十二張，計五百〇一股。

昇康，五月初三（五天），三百廿一，洋五百元

第八十一號（五月初七日）

永泰恒向仁大，五月十二，八四九一，洋壹千元

又，又，八四九三，洋弍百元

又，又，八四九二，洋三百元

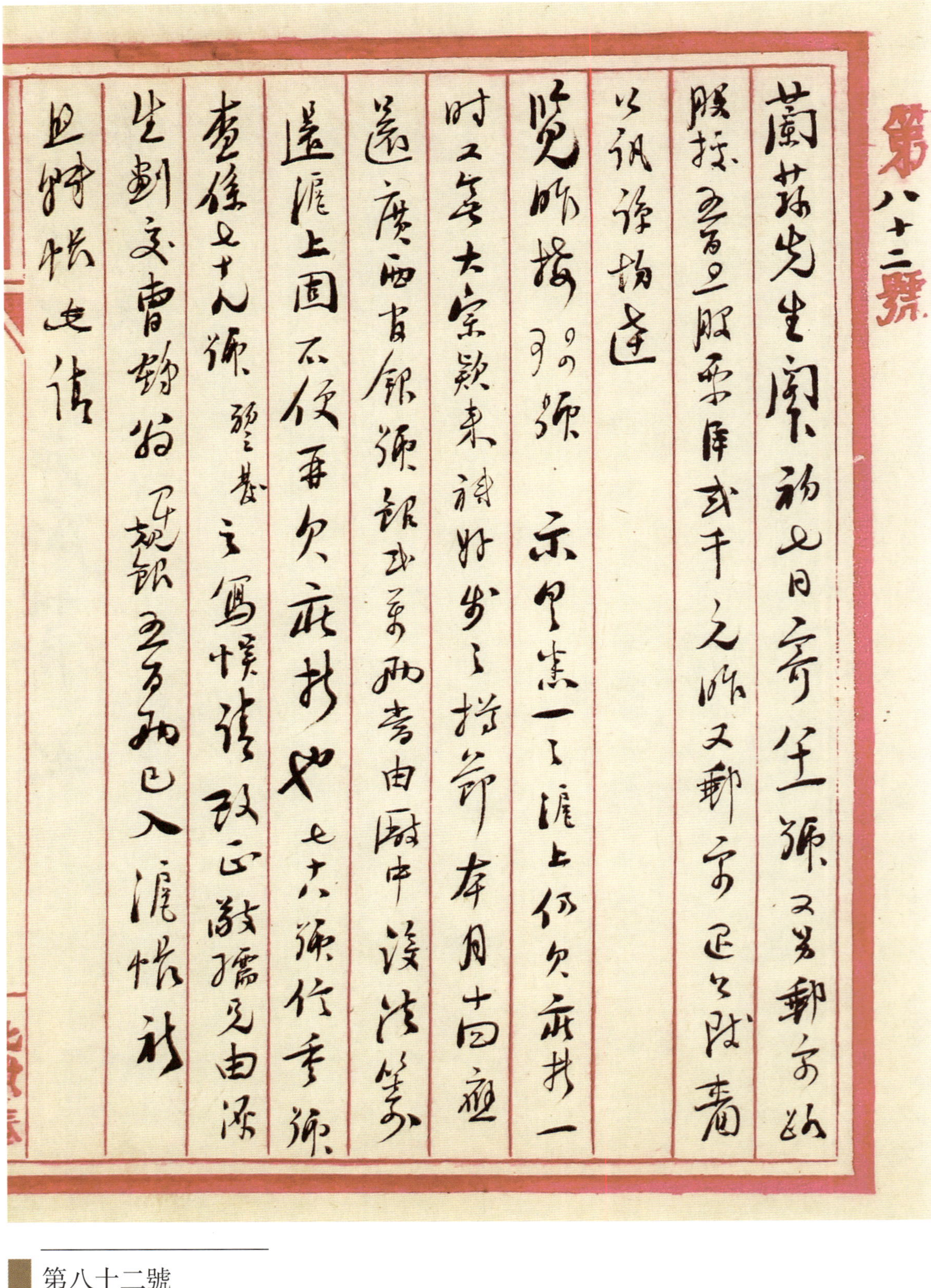

第八十二號

蘭蓀先生閣下：初七日寄八十一號，又另郵寄路股據五百〇一股、票洋弍千元，昨又郵寄退公致啬公訊，諒均達覽。昨接一百〇四號示，具悉一一。滬上仍欠莊折，一時又無大宗款來，衹好步步撙節。本月十四應還廣西官銀號銀弍萬兩，當由廠中設法籌還，滬上固不便再欠莊折也。七十八號信重號，查係七十九號（初三發）之寫誤，請改正。敬孺兄由源生劃交曹鶴翁初十規銀五百兩，已入滬帳，祈照轉帳。此請籌安。本廠帳房啓。

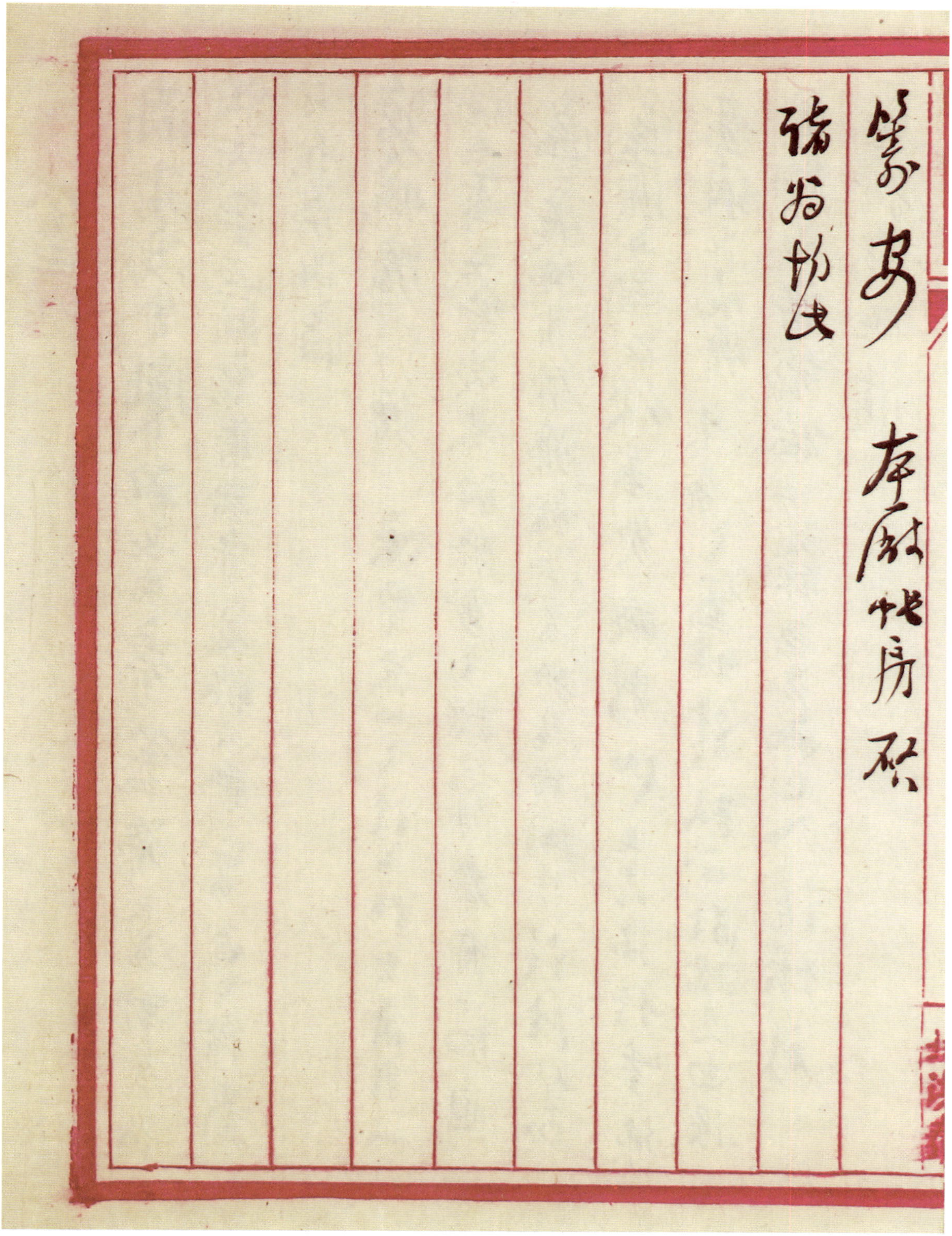

諸翁均此

第八十二號

諸翁均此。

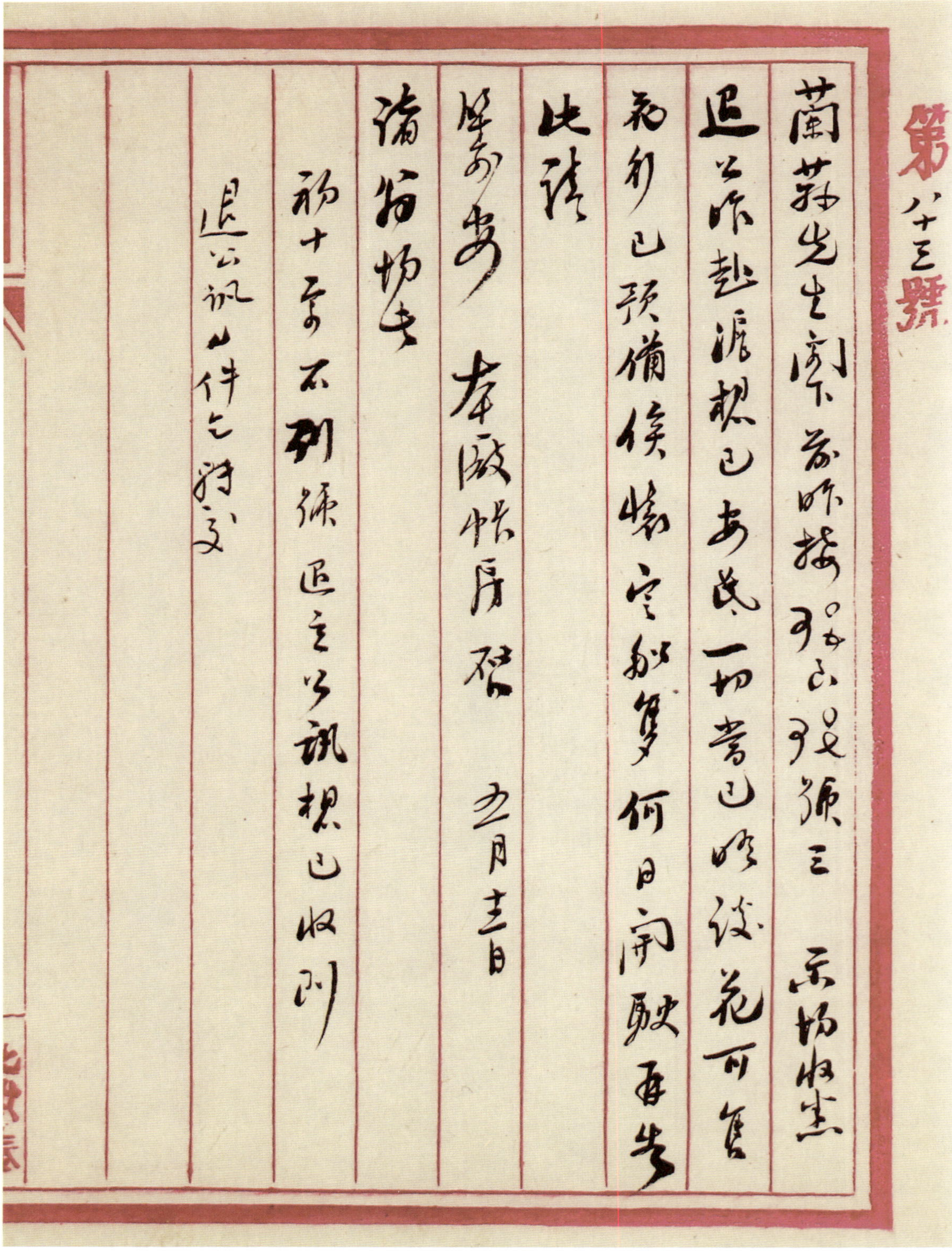

第八十三號（五月十二日）

蘭蓀先生閣下：前、昨接一百〇五至一百〇七號三示，均收悉。退公昨赴滬，想已安抵，一切當已晤談。花可售，花行已預備，俟裝定船隻，何日開駛再告。此請籌安。本廠帳房啓。五月十二日

諸翁均此。

初十寄不列號退、立公訊，想已收到。

退公訊一件，乞轉交。

第八十三號（五月十二日）

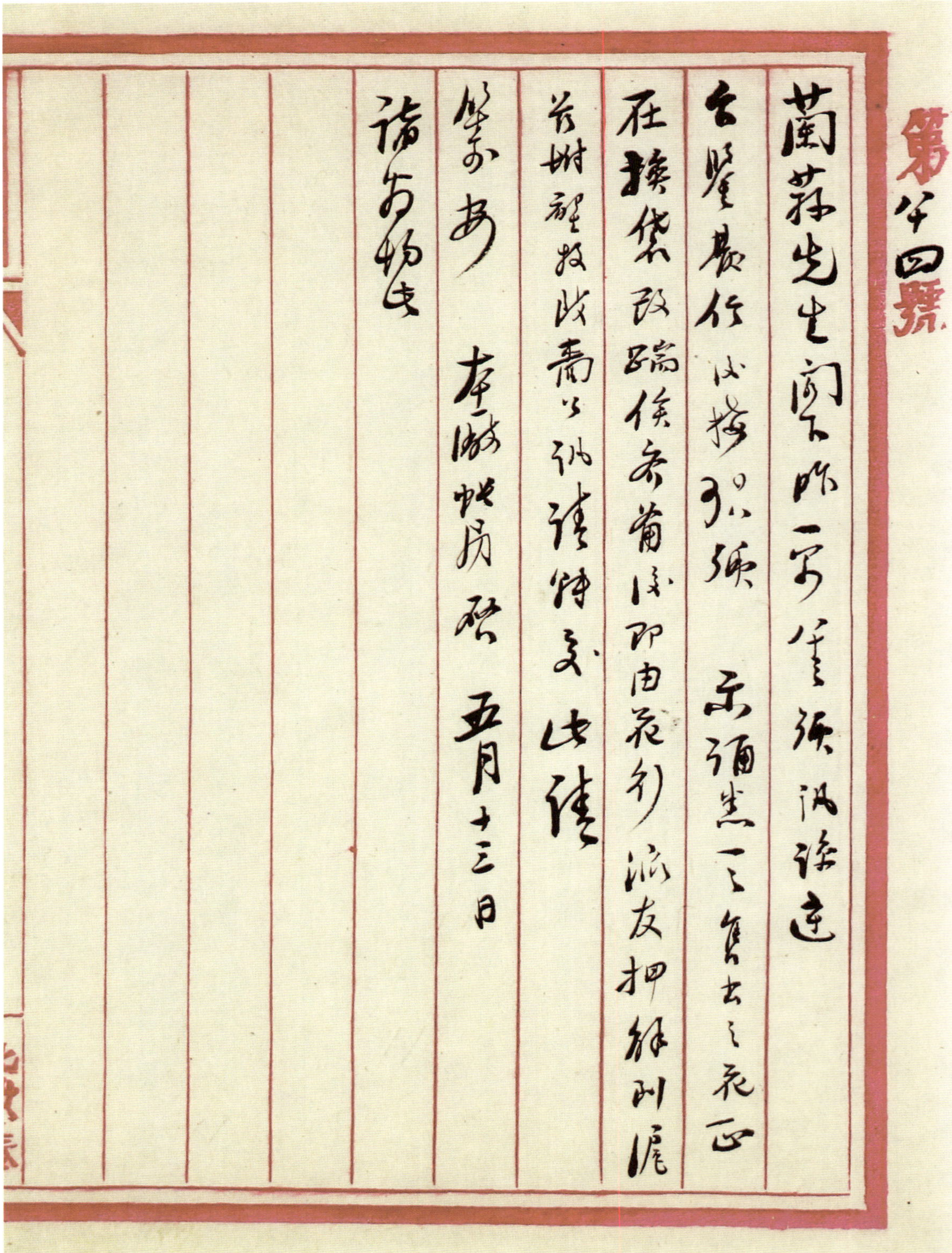

第八十四號（五月十三日）

蘭蓀先生閣下：昨寄八十三號訊，諒達台鑒。發信後接一百〇八號示，誦悉一一。售出之花，正在换袋改踹，俟齊備後，即由花行派友押解到滬。茲附墾牧致嗇公訊，請轉交。此請籌安。本廠帳房啓。五月十三日

諸翁均此。

第八十四號（五月十三日）

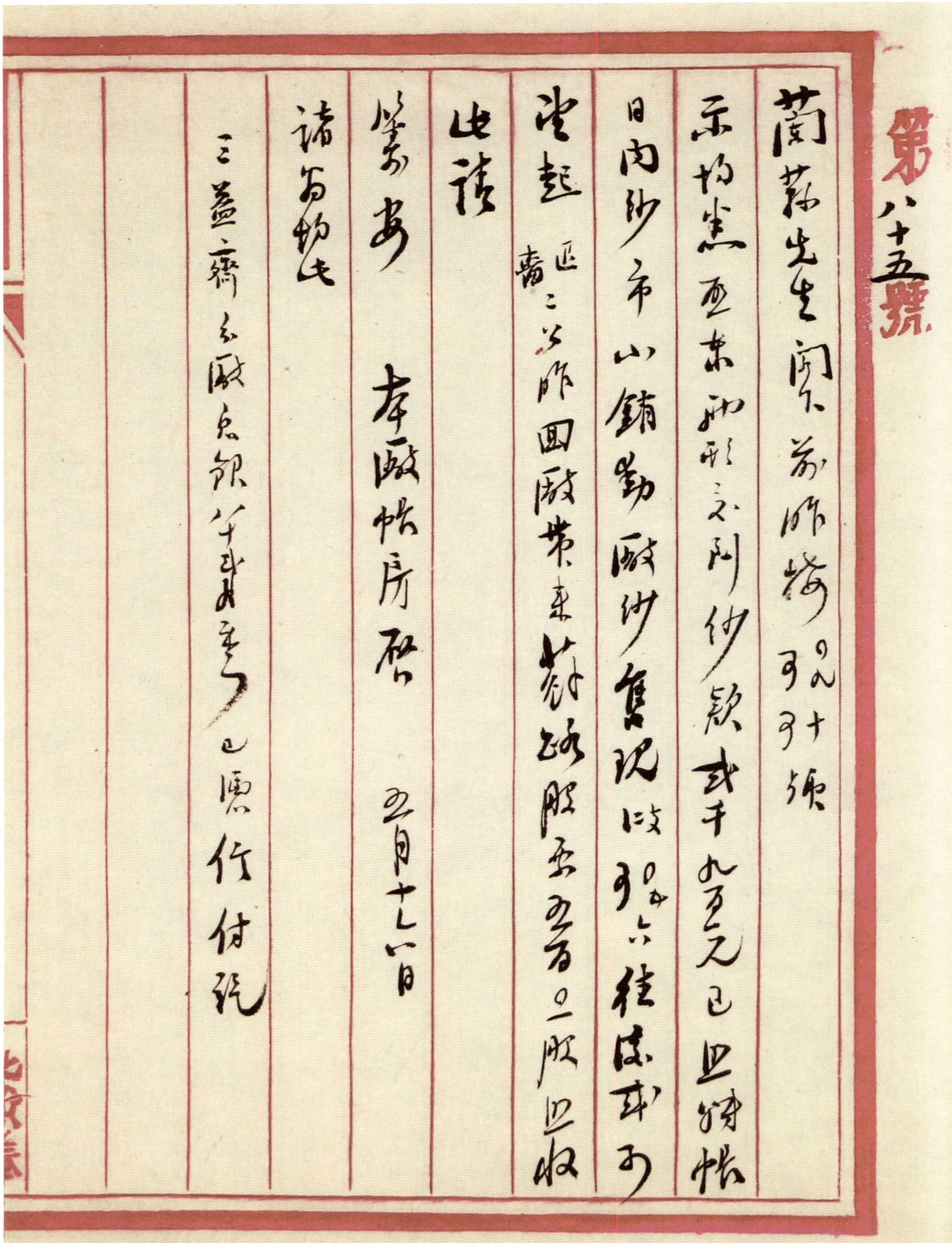

第八十五號（五月十六日）

蘭孫先生閣下：前、昨接一百〇九、一百十號示，均悉。啓泰兩期交到紗款弍千九百元，已照轉帳。日内紗市小銷動，廠紗售現十二支一百〇五、一百〇六，往後或可望起。退、畬二公昨回廠，帶來蘇路股票五百〇一股，照收。此請籌安。本廠帳房啓。五月十六日

諸翁均此。

三益齋分廠息銀八十弍兩二錢，今已憑信付訖。

第八十五號（五月十六日）

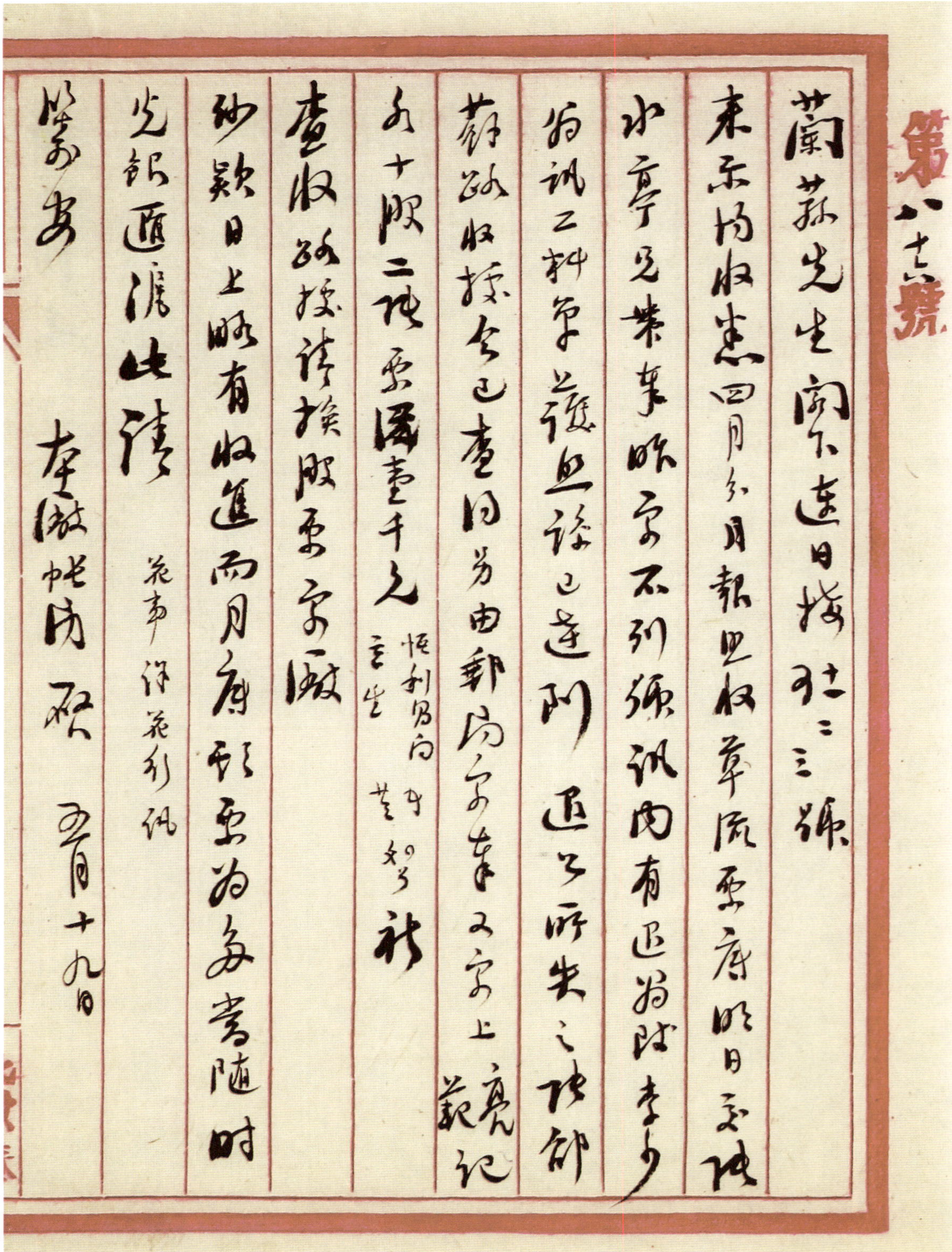

第八十六號（五月十九日）

蘭蓀先生閣下：連日接一百十一、一百十二、一百十三號來示，均收悉。四月分月報照收。草流票底，明日交張水亭兄帶奉。昨寄不列號訊，内有退翁致李少翁訊、工料單、護照，諒已達到。退公所失之張邵蘇路收據，今已查得，另由郵局寄奉。又寄上亮記、範記各十股二張，票洋壹千元（恒利昌向立生，五月廿三，九四號），祈查收。路據請换股票寄廠。

紗款日上，略有收進，而月底期票爲多，當隨時兑銀匯滬。花事詳花行訊。此請籌安。

諸翁均此

第八十六號（五月十九日）

本廠帳房啓。五月十九日

諸翁均此。

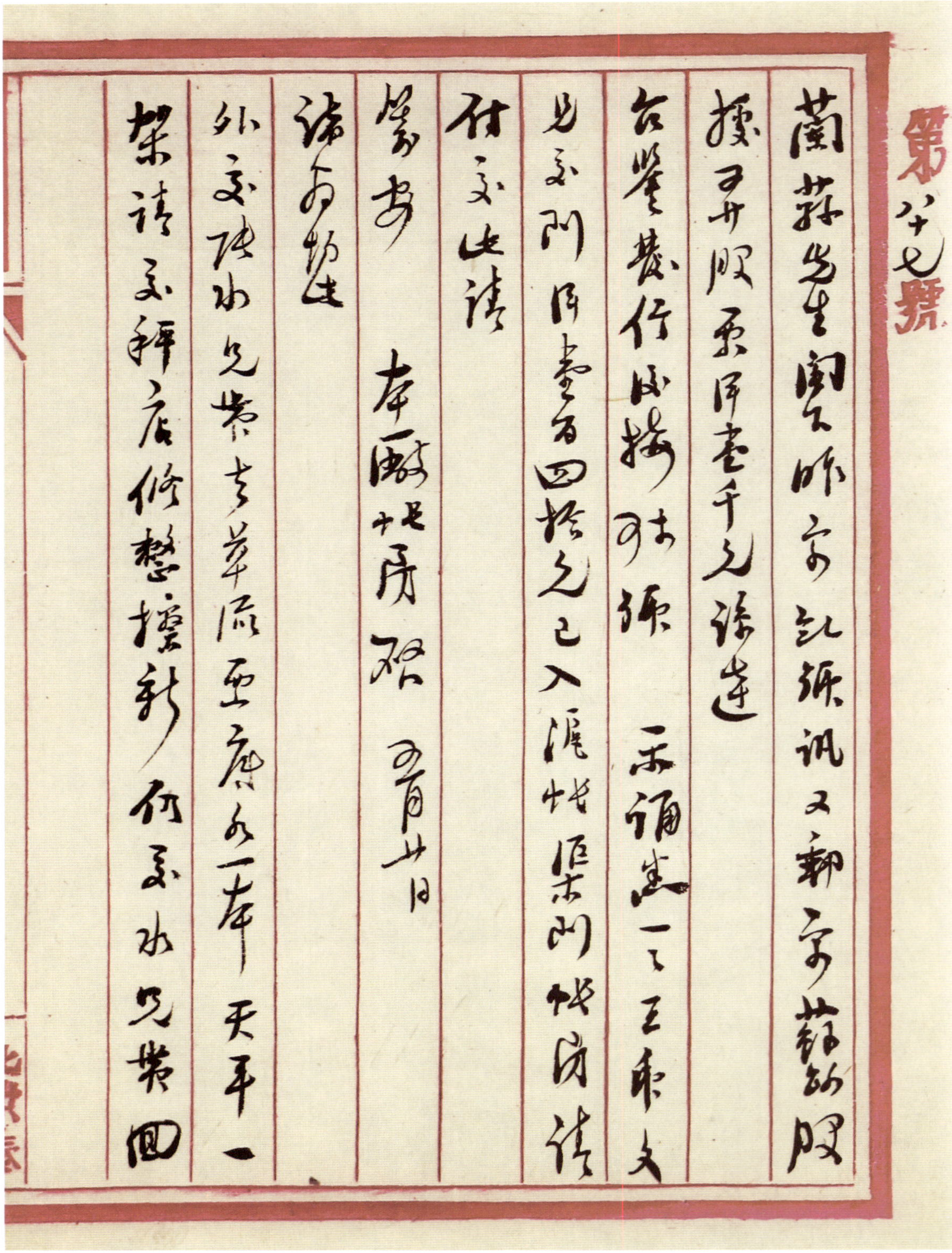
第八十七號
蘭蓀先生閣下昨寄八十六號訊又郵寄蘇路股
據一百廿股票洋壹千元諒達
台鑒發信後接一百十四號示誦悉一一王虎文
兄交到洋壹百四拾元已入滬帳渠到帳房請
付交此請
籌安 本廠帳房啓 五月廿日
諸翁均此
外交張水兄帶去草流票底各一本天平一
架請交秤店修整擦新仍交水兄帶回

第八十七號（五月廿日）

蘭蓀先生閣下：昨寄八十六號訊，又郵寄蘇路股據一百廿股、票洋壹千元，諒達台鑒。發信後接一百十四號示，誦悉一一。王虎文兄交到洋壹百四拾元，已入滬帳，渠到帳房請付交。此請籌安。本廠帳房啓。五月廿日

諸翁均此。

外交張水兄帶去草流票底各一本。天平一架，請交秤店修整擦新，仍交水兄帶回。

第八十七號（五月廿日）

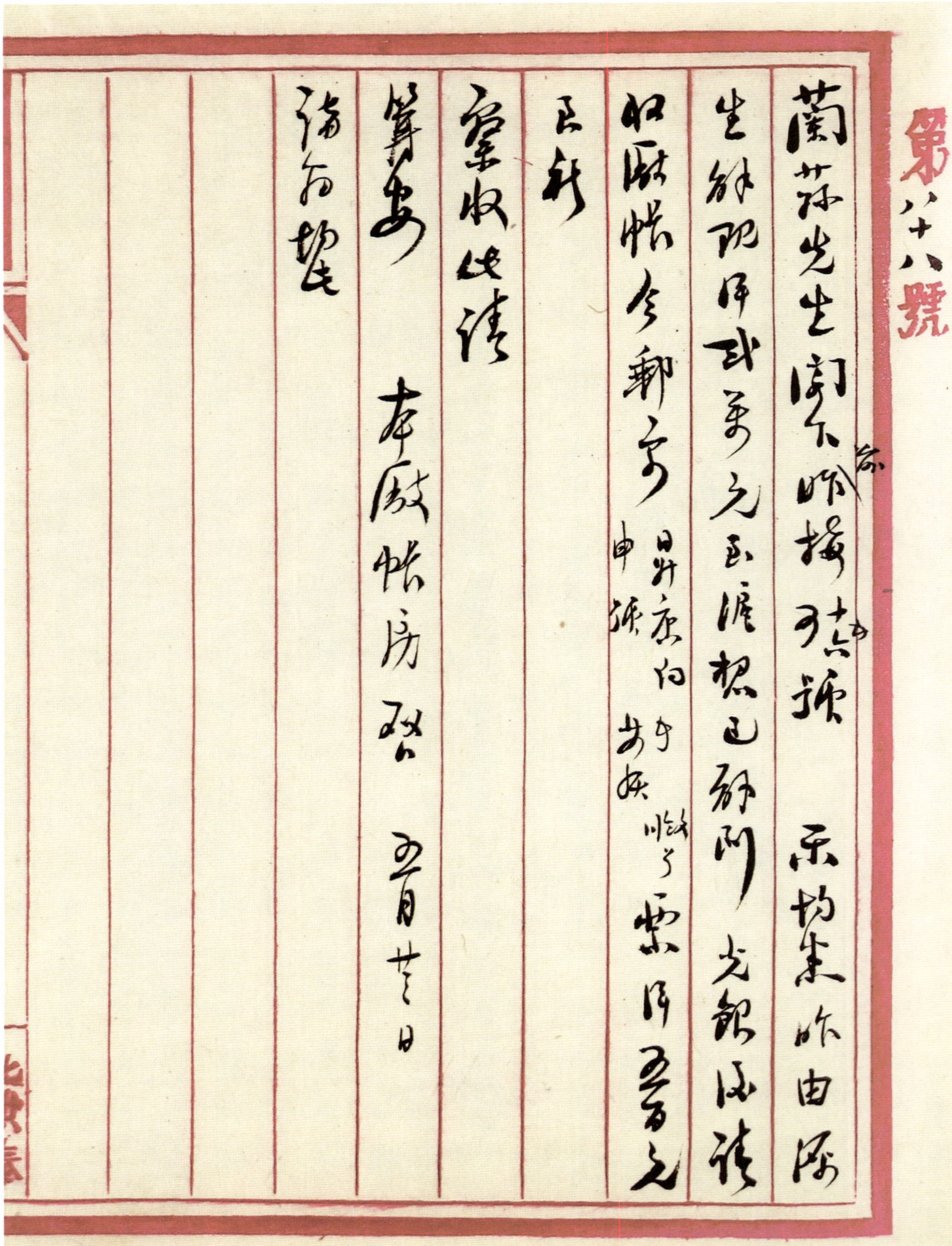

第八十八號（五月廿三日）

蘭蓀先生閣下：前、昨接一百十五、一百十六號示，均悉。昨由源生解現洋式萬元至滬，想已解到，兑銀後請收廠帳。今郵寄昇康向申號五月廿四（五天）三八九號票洋五百元，至祈察收。此請籌安。本廠帳房啓。五月廿三日
諸翁均此。

第八十八號（五月廿三日）

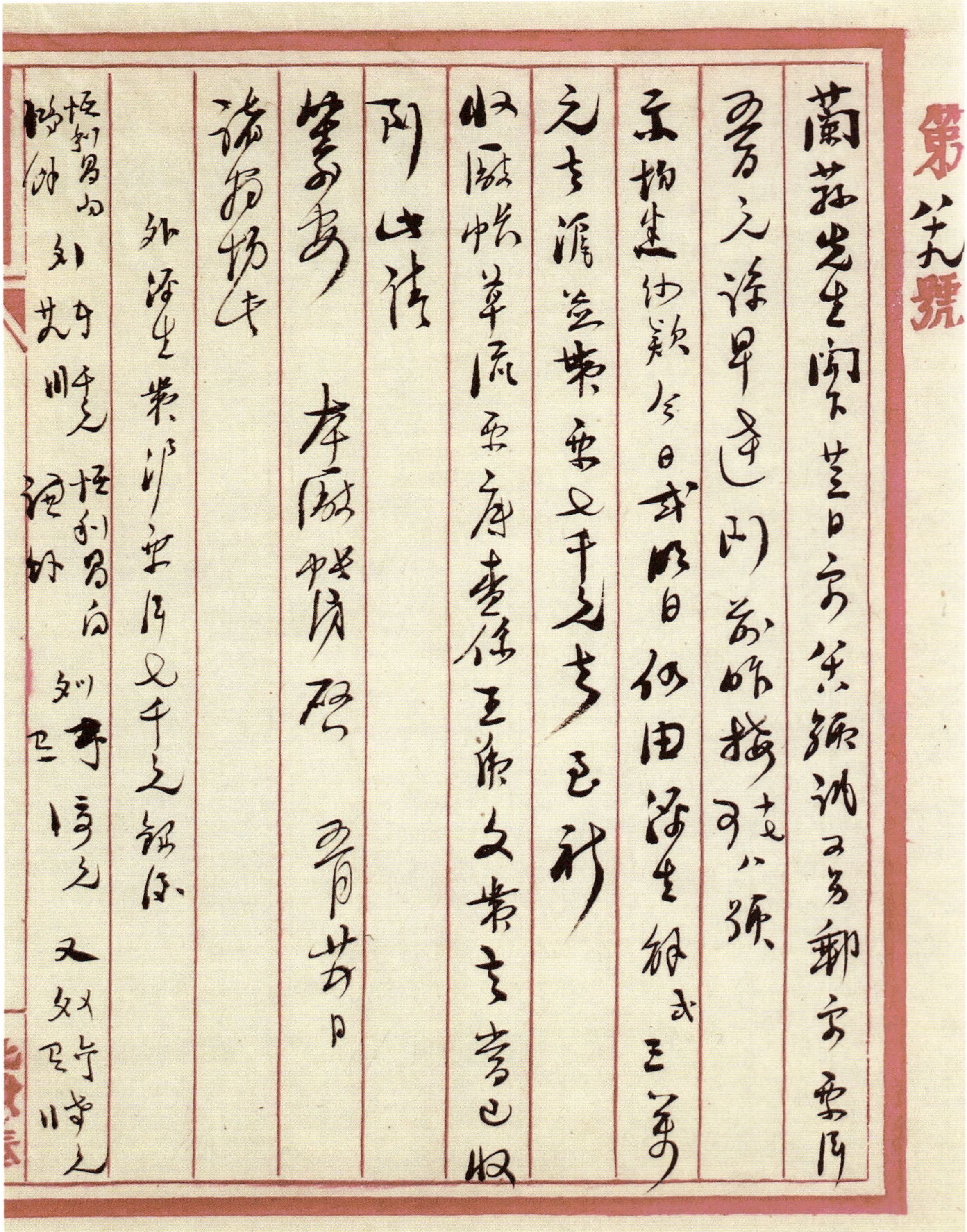

第八十九號（五月廿五日）

蘭蓀先生閣下：廿三日寄八十八號訊，又另郵寄票洋五百元，諒早達到。前、昨接一百十七、一百十八號示，均悉。紗款今日或明日仍由源生解式三萬元去滬，并帶票七千元去，至祈收廠帳。草流票底查係王虎文帶去，當已收到。此請籌安。本廠帳房啓。五月廿五日

諸翁均此。

外源生帶滬票洋七千元録後：

第八十九號（五月廿五日）

恒利昌向鴻餘，九一，五月廿九，三千元

恒利昌向謙餘，九三，六月初一，一千三百元

又，九四，六月初二，二千七百元

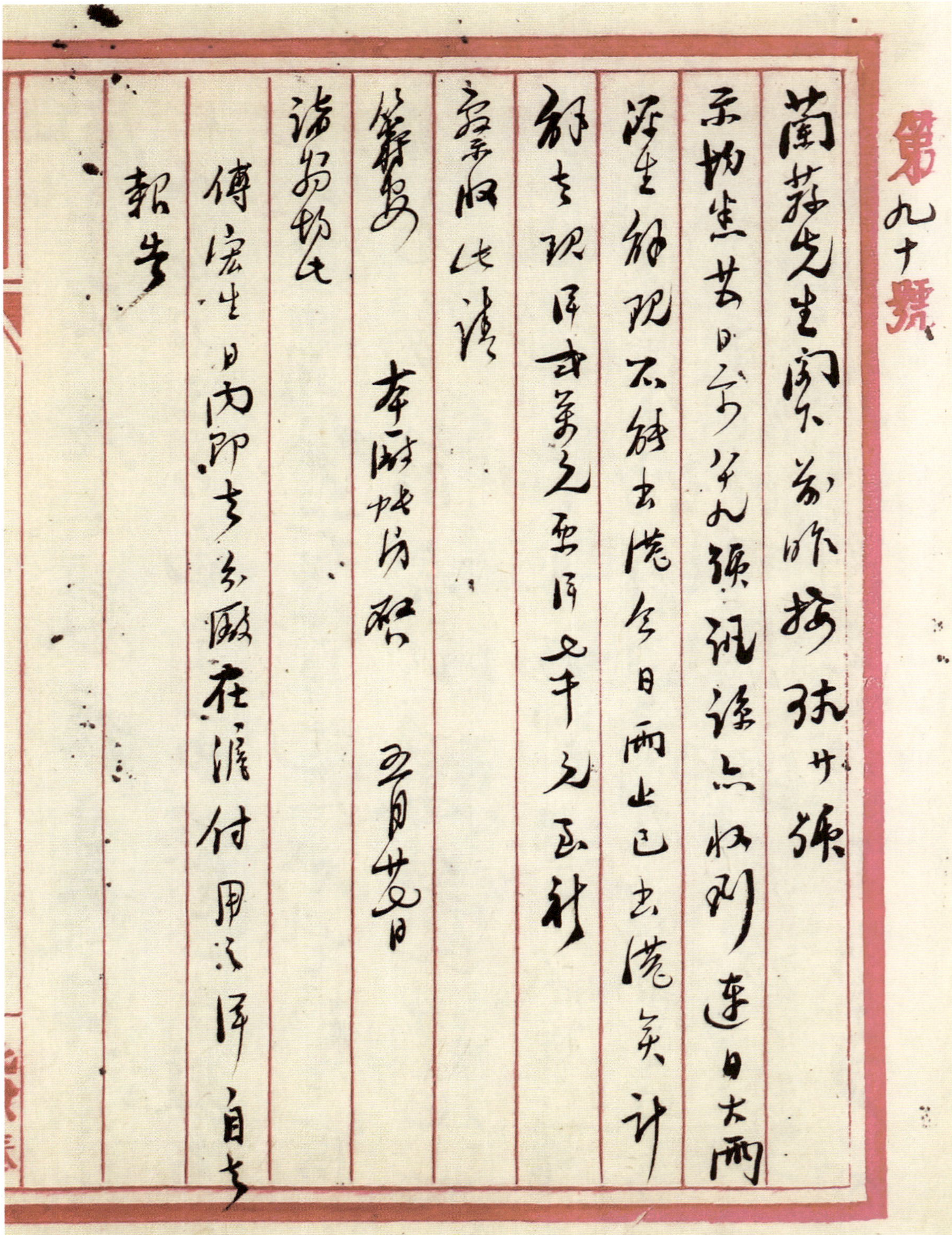

第九十號（五月廿七日）

蘭蓀先生閣下：前、昨接一百十九、一百廿號示，均悉。廿五日寄八十九號訊，諒亦收到。連日大雨，源生解現不能出港，今日雨止，已出港矣。計解去現洋弍萬元，票洋七千元，至祈察收。此請籌安。本廠帳房啓。五月廿七日

諸翁均此。

傅宏生日内即去分廠，在滬付用之洋，自去報告。

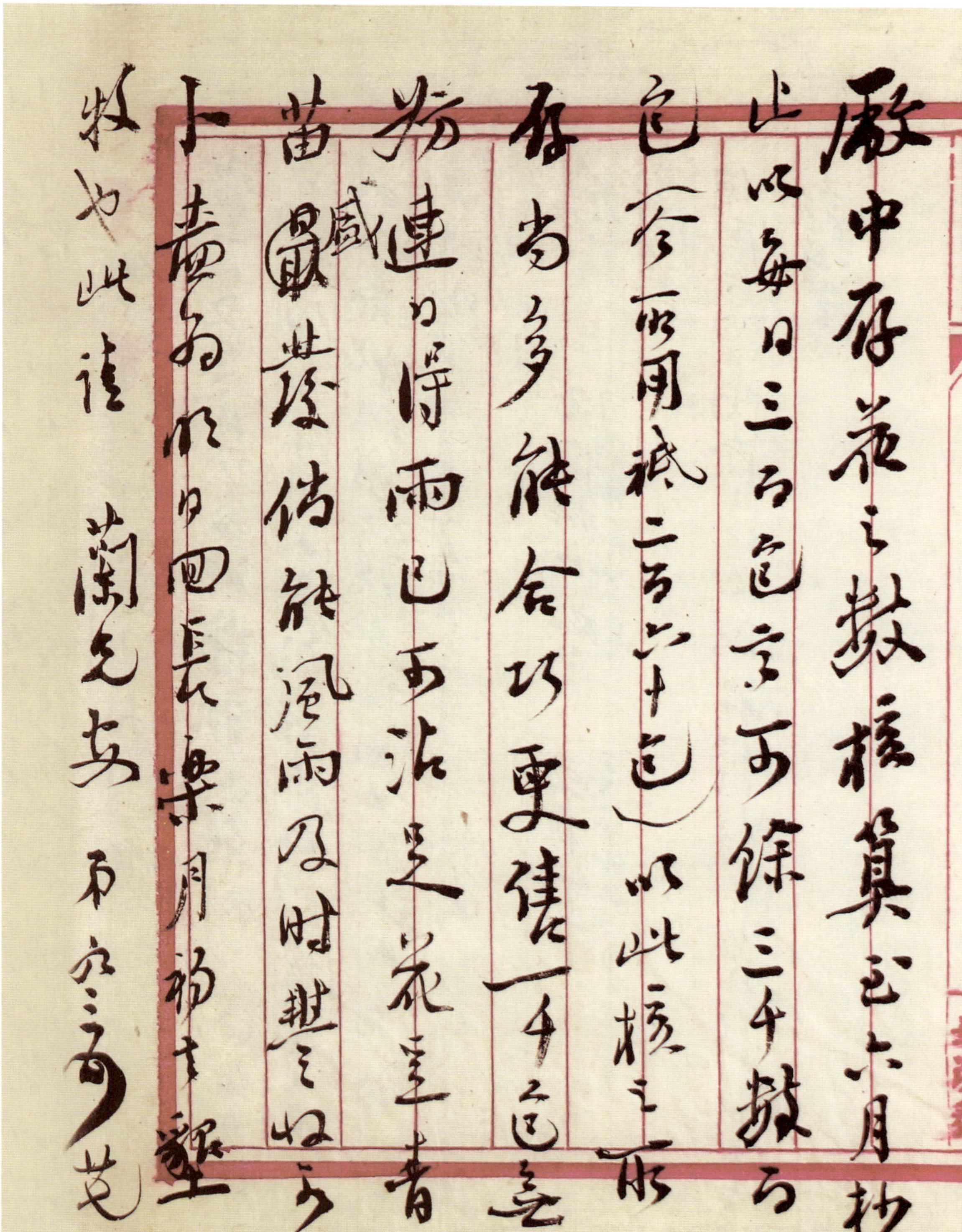

附張謇致林蘭蓀函

廠中存花之數，核算至六月杪止，以每日三百包言，可餘三千數百包（今所用祇二百六十包）。以此核之，所存尚多，能合巧更售一千包無妨。連日得雨，已可沾足，花豆青苗盛發，倘能風雨及時，豐收可卜。嗇翁明日回長樂，月初去墾牧也。此請蘭兄安。弟謇頓首。廿七

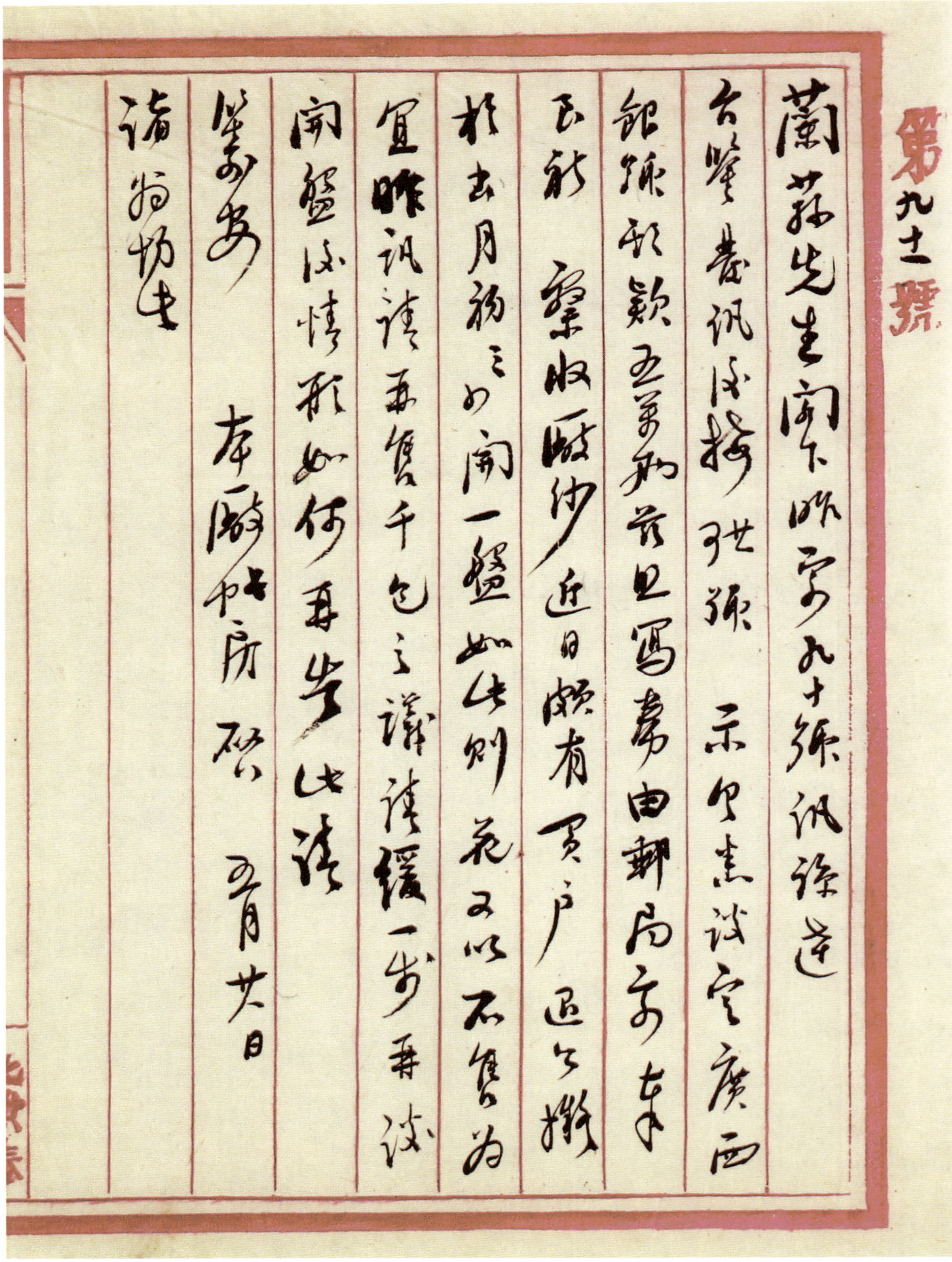

第九十一號（五月廿八日）

蘭蓀先生閣下：昨寄九十號訊，諒達台鑒。發訊後接一百廿一號示，具悉。談定廣西銀號期款五萬兩，茲照寫券，由郵局寄奉，至祈察收。廠紗近日頗有買户，退公擬於出月初三四開一盤，如此則花又以不售爲宜。昨訊請再售千包之議，請緩一步再談。開盤後情形如何，再告。此請籌安。本廠帳房啓。五月廿八日

諸翁均此。

第九十一號（五月廿八日）

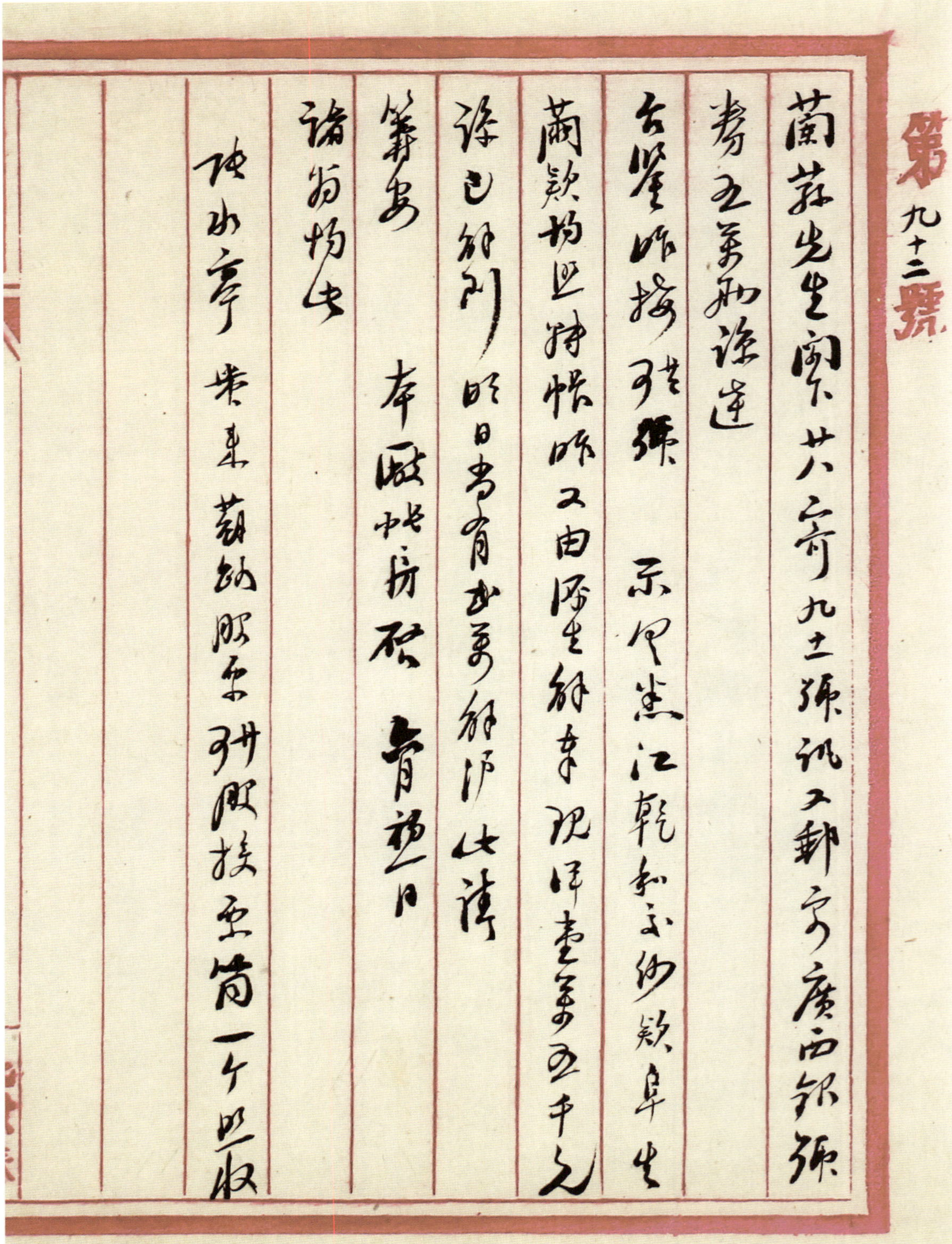

第九十二號（六月初一日）

蘭蓀先生閣下：廿八寄九十一號訊，又郵寄廣西銀號券五萬兩，諒達台鑒。昨接一百廿二號示，具悉。江乾和交紗款、阜生繭款，均照轉帳。昨又由源生解奉現洋壹萬五千元，諒已解到。明日尚有式萬解滬。此請籌安。本廠帳房啓。六月初一日

諸翁均此。

張水亭帶來蘇路股票一百廿股、投票筒一個，照收。

第九十二號（六月初一日）

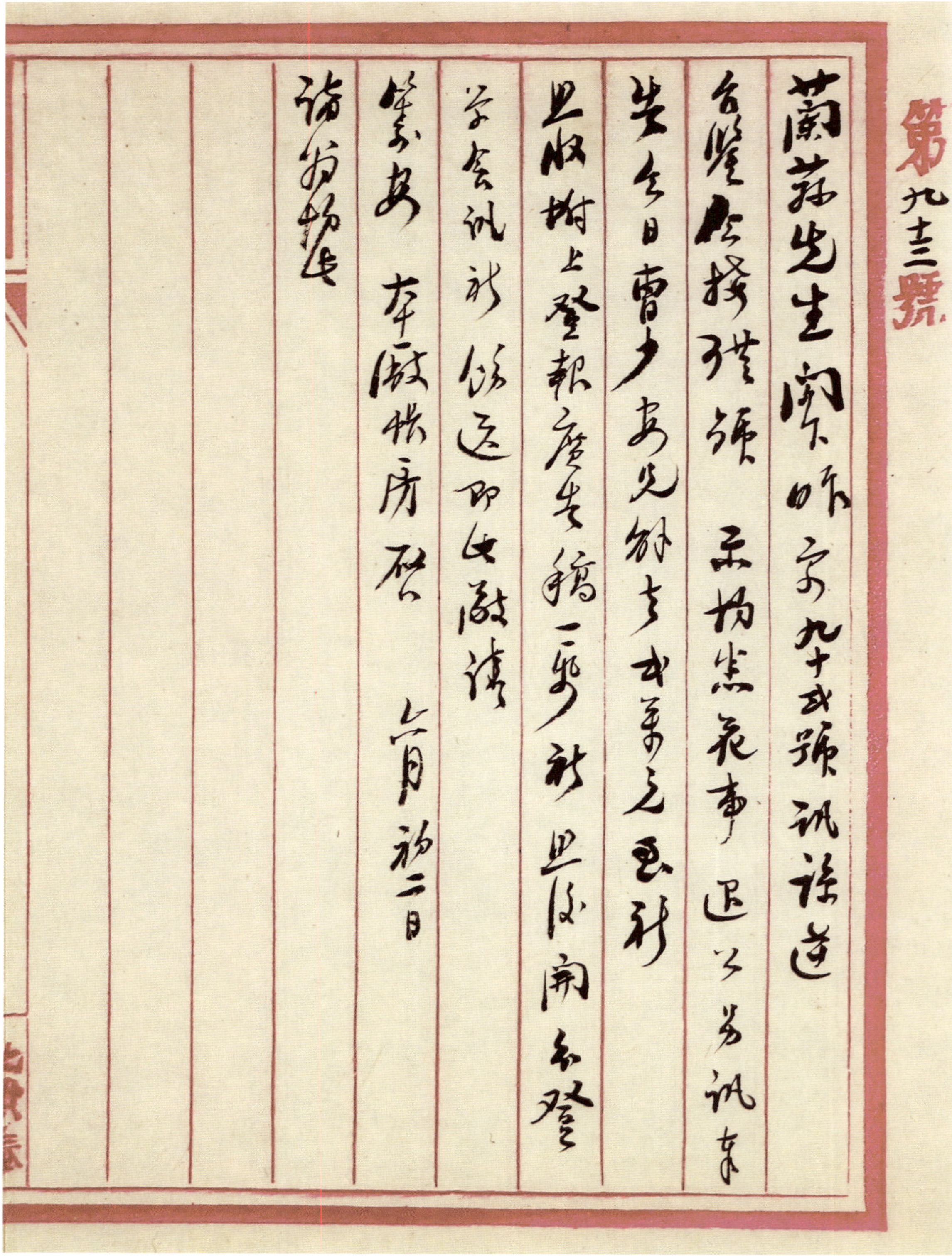

第九十三號（六月初二日）

蘭蓀先生閣下：昨寄九十弍號訊，諒達台鑒。今接一百廿三號示，均悉。花事退公另訊奉告。今日曹少安兄解去弍萬元，至祈照收。附上登報廣告稿一紙，祈照後開分登。學會訊，祈飭送。即此，敬請籌安。本廠帳房啓。六月初二日
諸翁均此。

第九十三號（六月初二日）

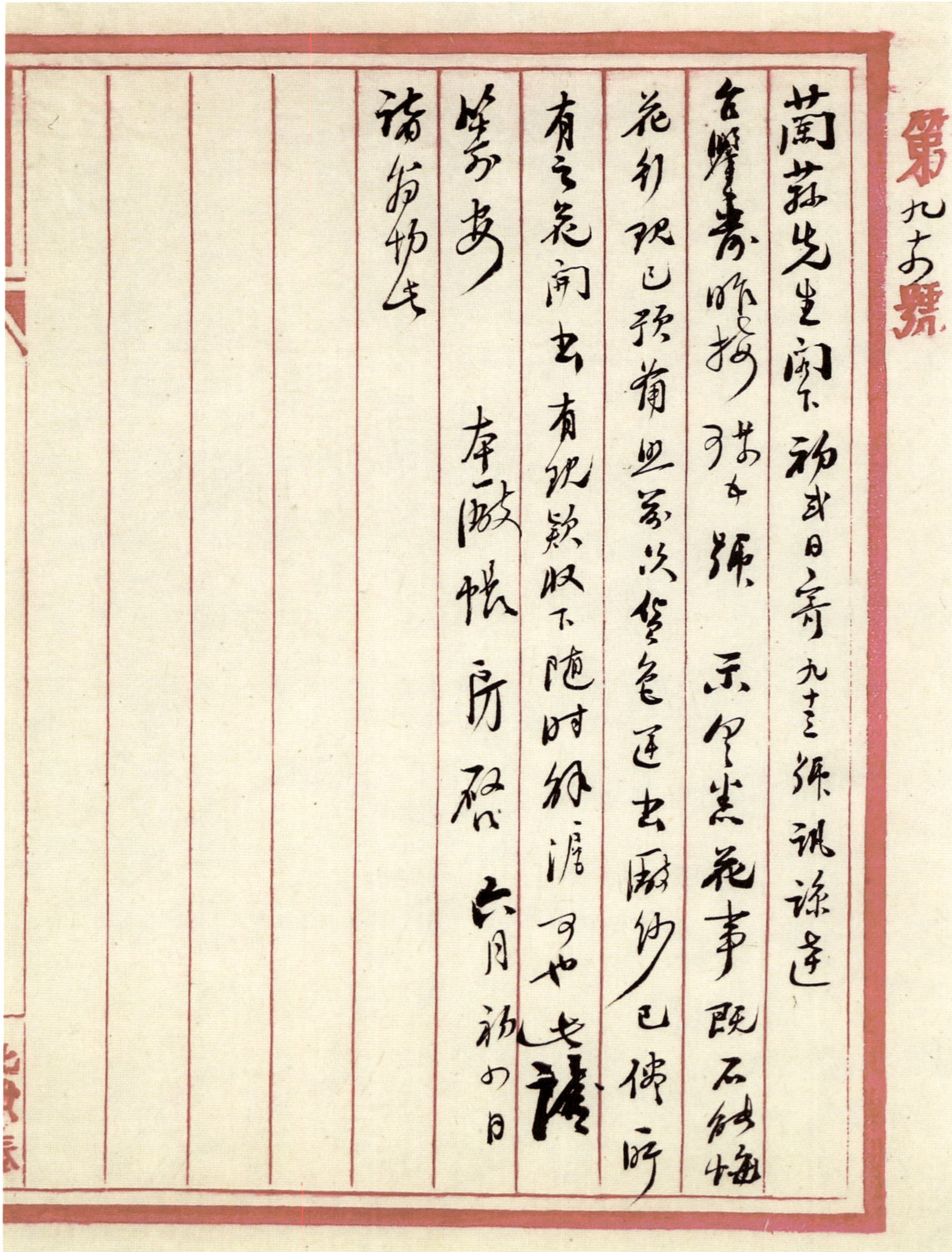

第九十四號（六月初四日）

蘭蓀先生閣下：初式日寄九十三號訊，諒達台鑒。前、昨接一百廿四、一百廿五號示，具悉。花事既不能悔，花行現已預備照前次貨色運出。廠紗已儘所有之花開出，有現款收下，隨時解滬可也。此請籌安。本廠帳房啓。六月初四日
諸翁均此。

第九十四號（六月初四日）

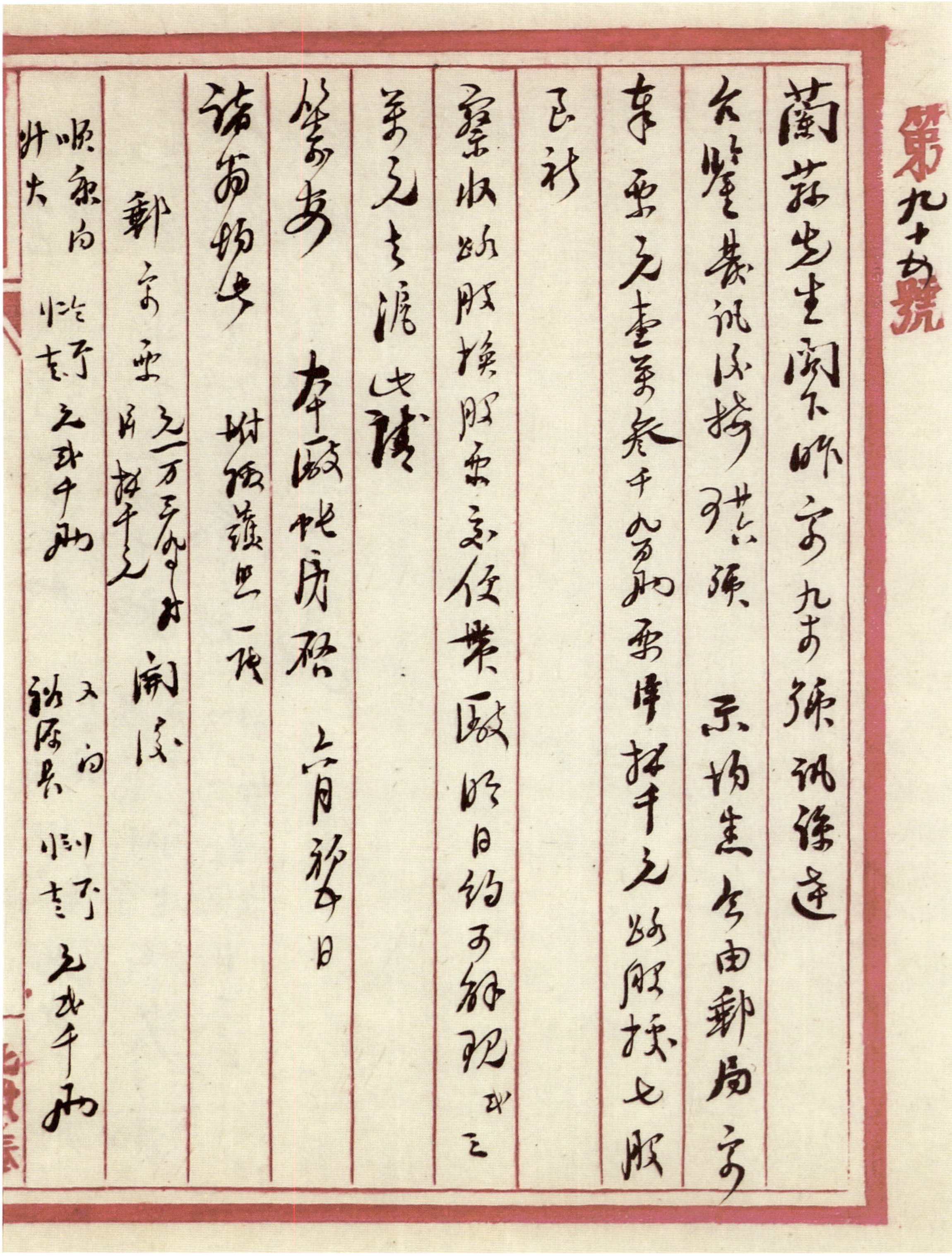

第九十五號（六月初五日）

蘭蓀先生閣下：昨寄九十四號訊，諒達台鑒。發訊後接一百廿六號示，均悉。今由郵局寄奉票元壹萬叁千九百兩，票洋捌千元，路股據七股，至祈察收。路股換股票，交便帶廠。明日約可解現弍三萬元去滬。此請籌安。本廠帳房啓。六月初五日

諸翁均此。

附繳護照一張。

郵寄票元一萬三千九百兩、票洋捌千元開後：

順康向升大，二二八，六月十三，元弍千兩

又向裕源長，二三二，六月十三，元弍千兩

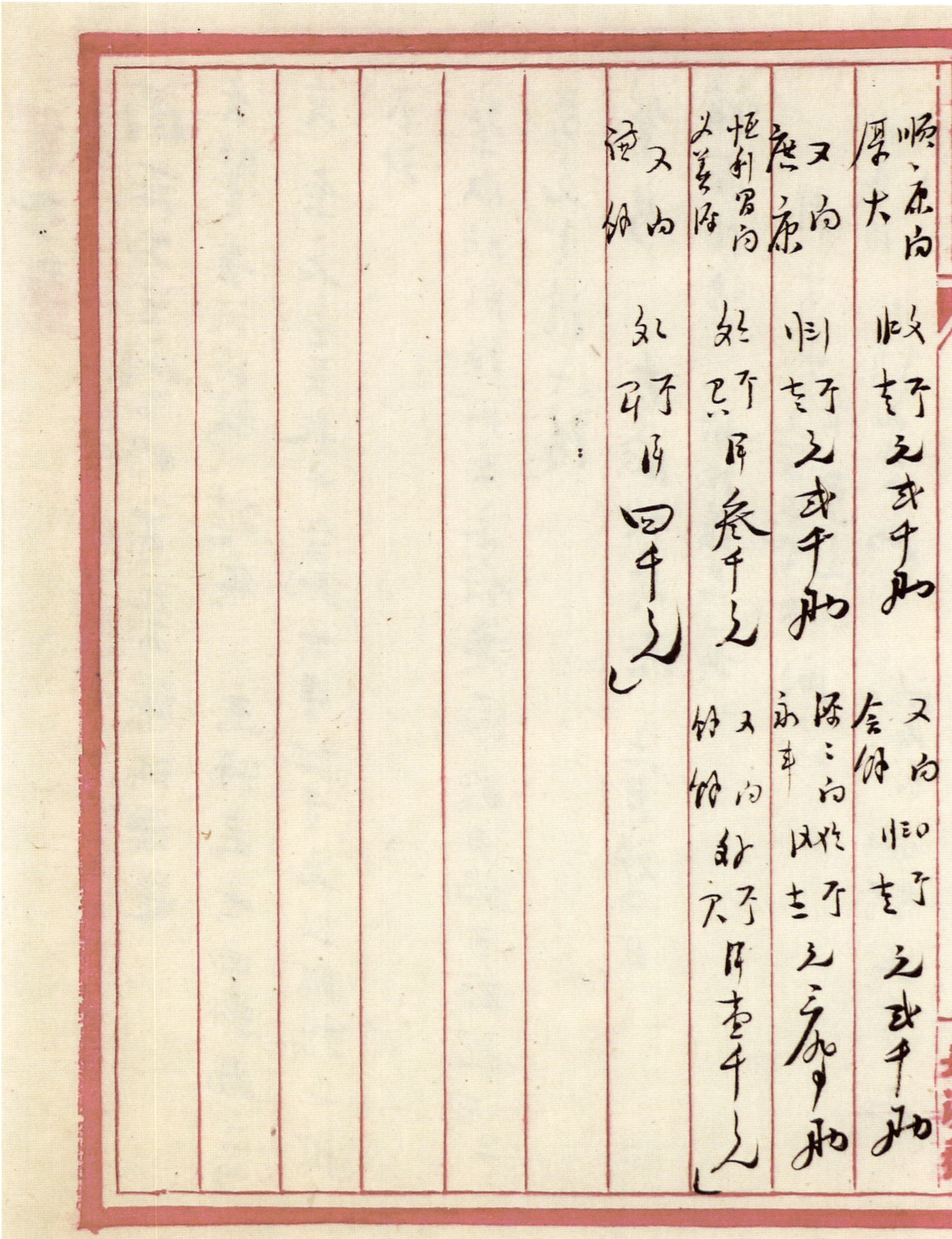

第九十五號（六月初五日）

順康向厚大，二二九，六月十三，元弍千兩
又向會餘，二三〇，六月十三，元弍千兩
又向庶康，二三一，六月十三，元弍千兩
源源向永豐，一四四八，六月十二，元三千九百兩
恒利昌向義善源，九七，六月初六，洋叁千元
又向餘餘，九五，六月初八，洋壹千元
又向謙餘，九六，六月初十，洋四千元

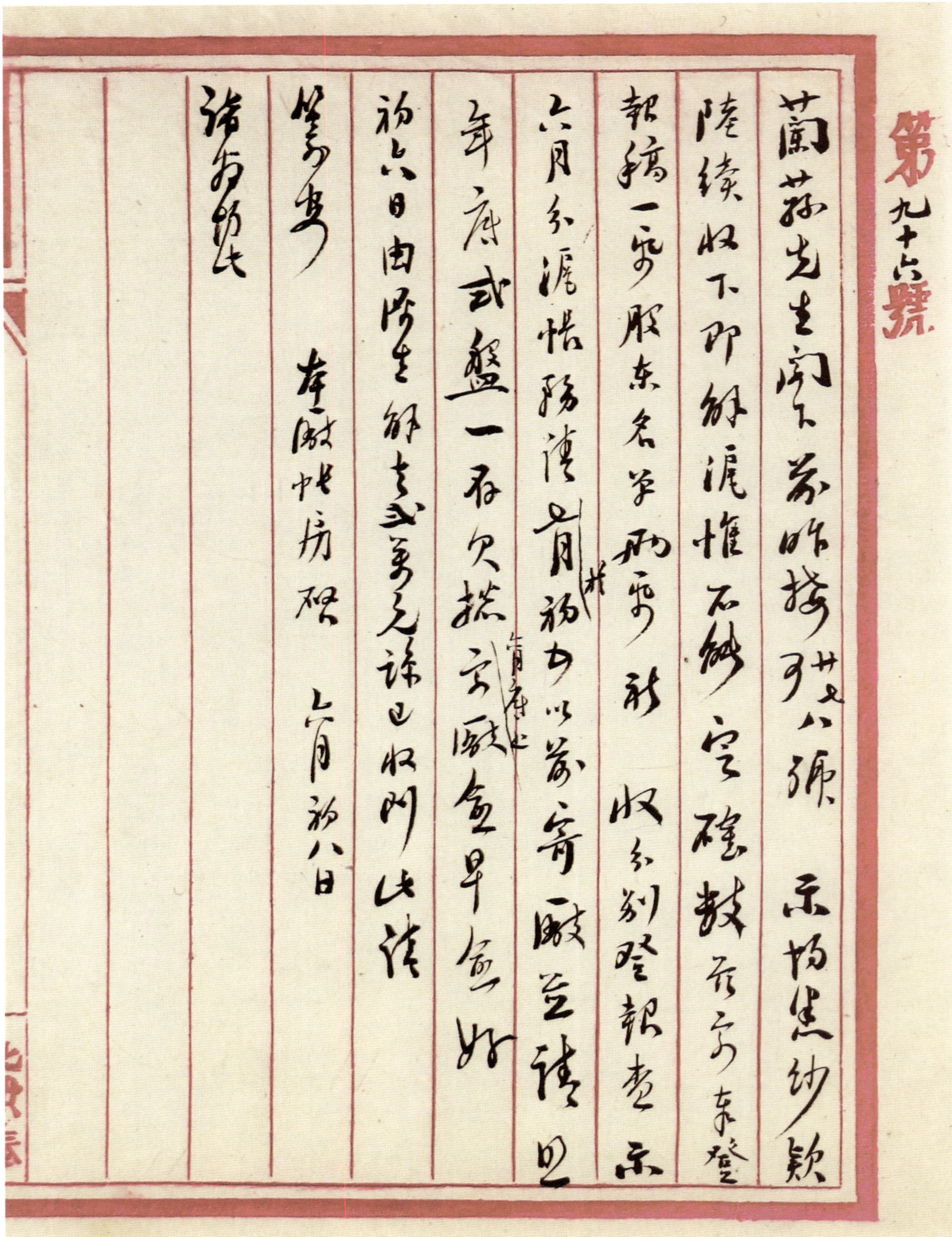

第九十六號（六月初八日）

蘭蓀先生閣下：前、昨接一百廿七、一百廿八號示，均悉。紗款陸續收下即解滬，惟不能定確數。茲寄奉登報稿一紙、股東名單兩紙，祈收，分別登報、查示。六月分滬帳，務請於七月初五以前寄廠，并請照年底式盤一存欠總（六月底止）寄廠，愈早愈好。初六日由源生解去式萬元，諒已收到。此請籌安。本廠帳房啓。六月初八日

諸翁均此。

第九十六號（六月初八日）

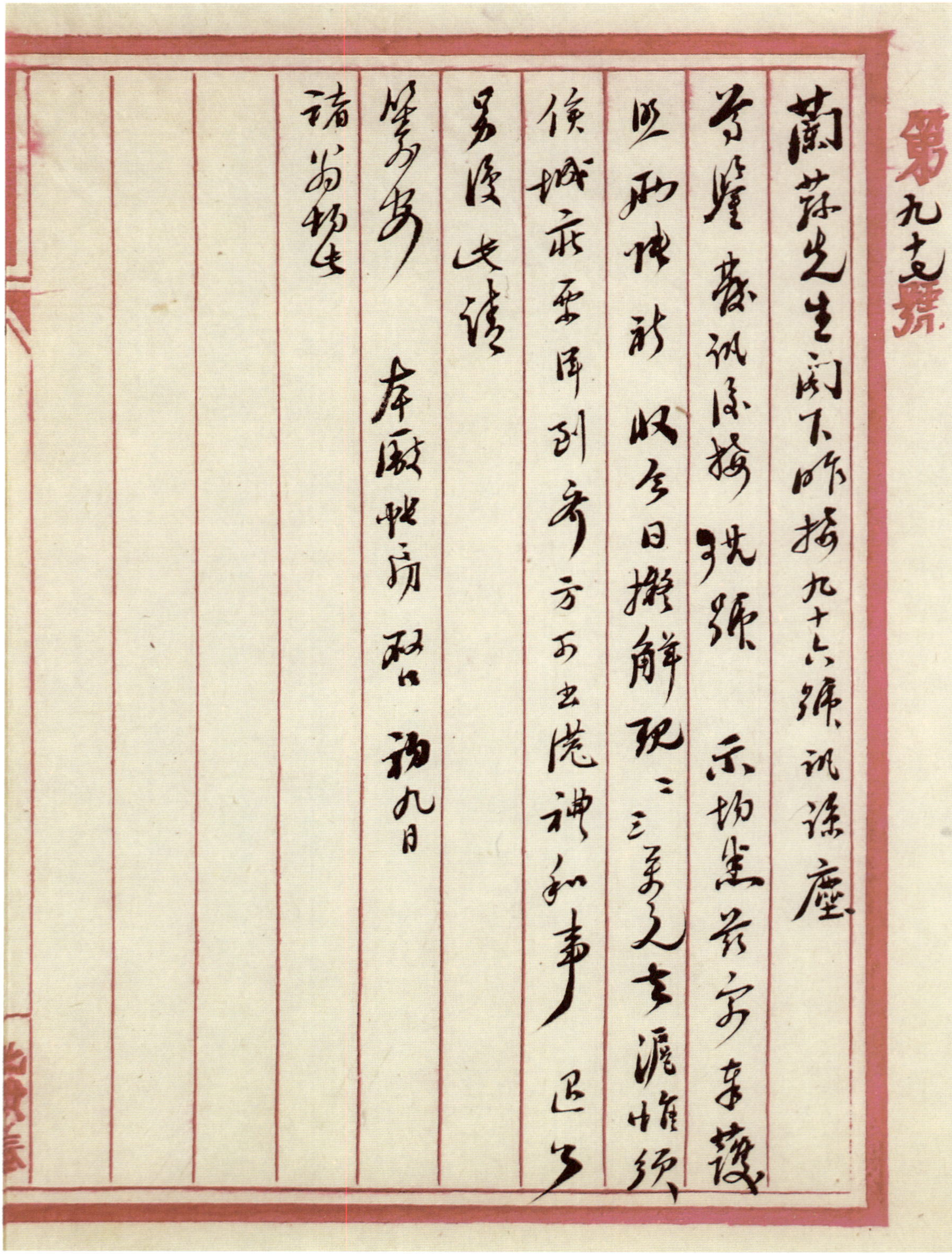

第九十七號（六月初九日）

蘭蓀先生閣下：昨接〔寄〕九十六號訊，諒塵尊鑒。發訊後接一百廿九號示，均悉。玆寄奉護照兩張，祈收。今日擬解現二三萬元去滬，惟須俟城莊票洋到齊，方可出港。禮和事，退公另復。此請籌安。本廠帳房啓。初九日

諸翁均此。

第九十七號（六月初九日）

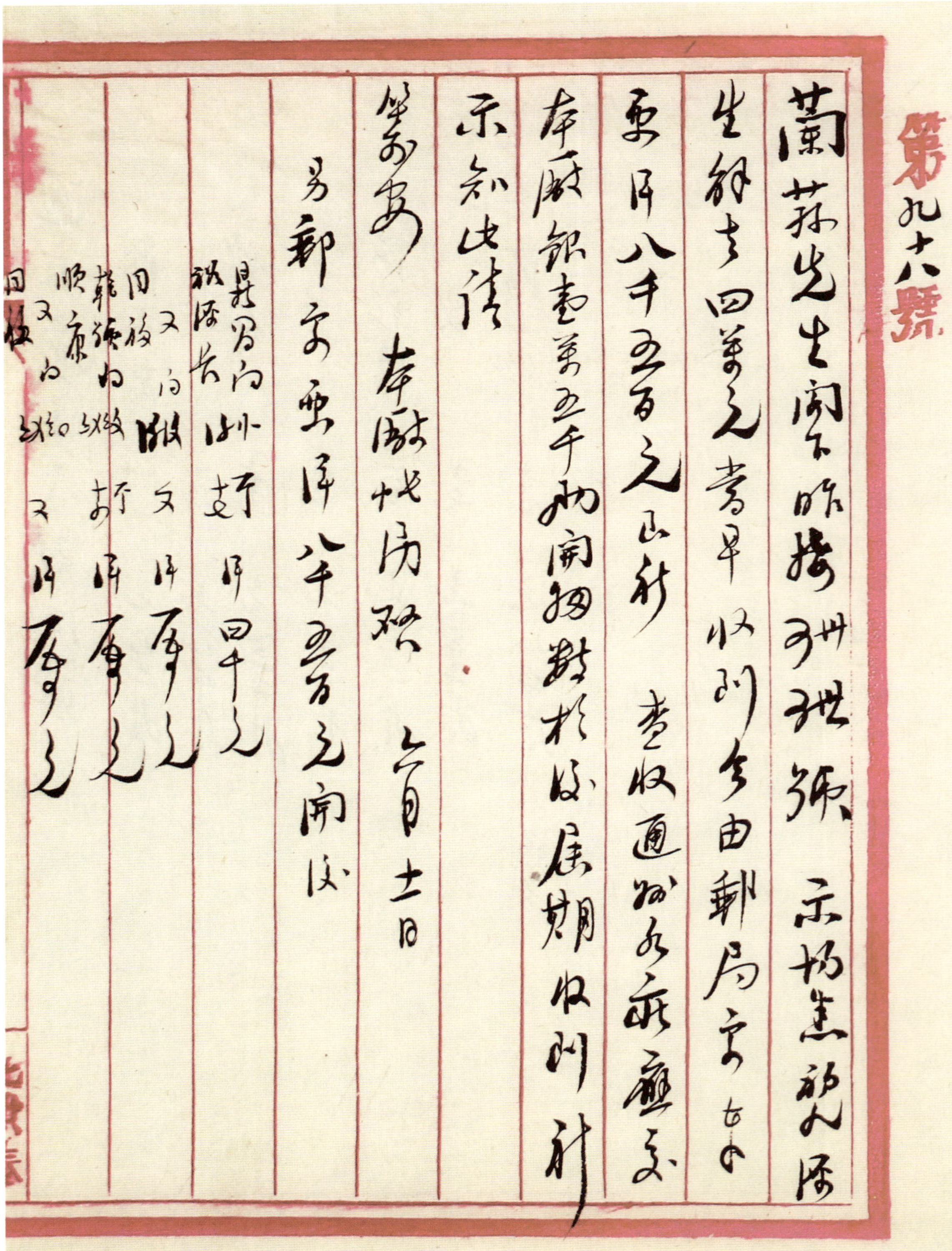

第九十八號（六月十一日）

蘭蓀先生閣下：昨接一百卅、一百卅一號示，均悉。初九源生解去四萬元，當早收到。今由郵局寄奉票洋八千五百元，至祈查收。通州各莊應交本廠銀壹萬五千兩，開細數於後，屆期收到祈示知。此請籌安。本廠帳房啓。六月十一日

另郵寄票洋八千五百元開後：

鼎昌向裕源長，一五二一，六月十七，洋四千元

又向同福，一五一九，又，洋一千五百元

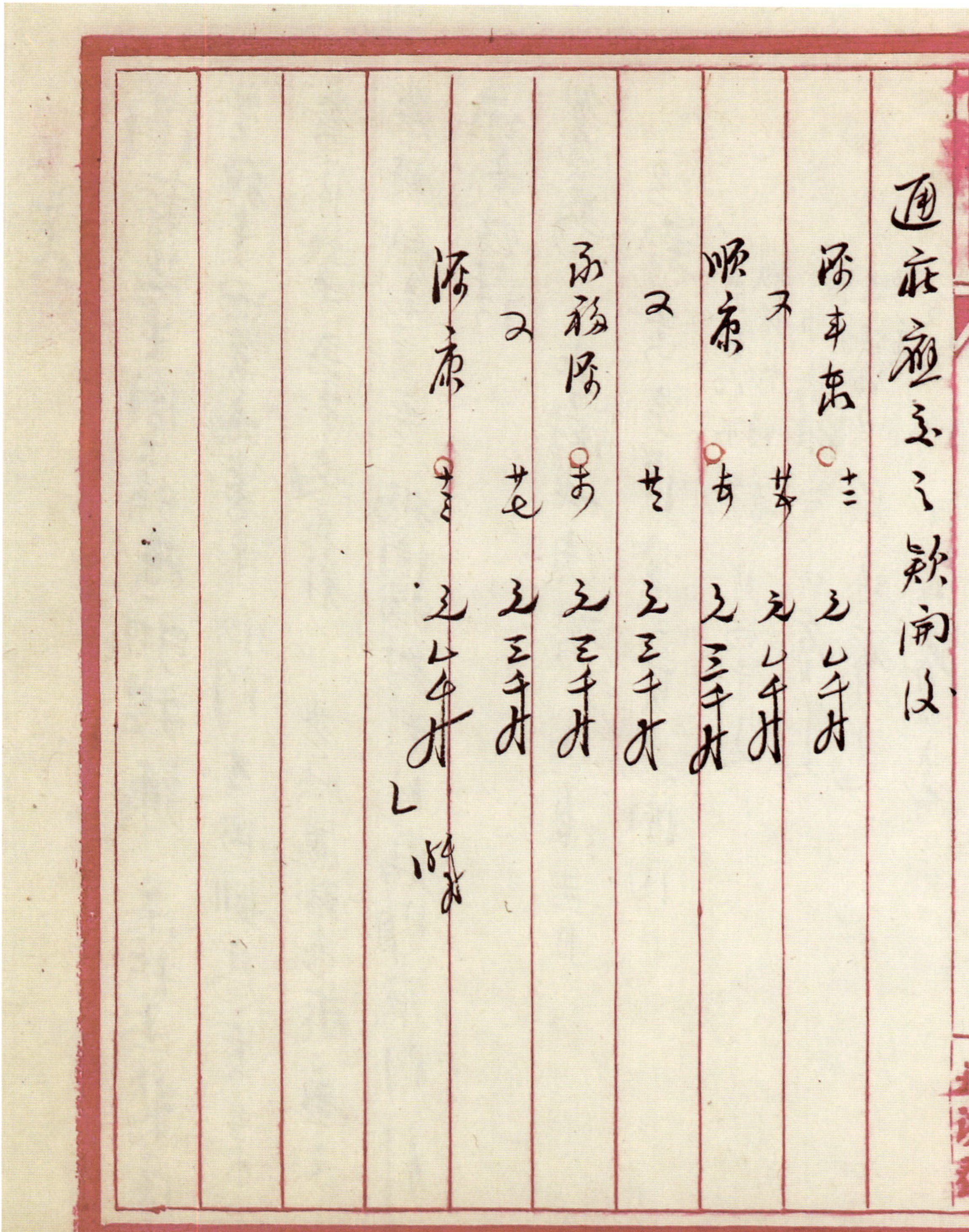

第九十八號（六月十一日）

乾號向順康，七四七九，六月十四，洋一千五百元
又向同福，七四八〇，又，洋一千五百元
通莊應交之款開後：

源豐泰，十二，元一千兩	又，廿五，元一千兩
順康，十五，元三千兩	又，廿二，元三千兩
永福源，十四，元三千兩	又，廿七，元三千兩
源康，十三，元一千兩	一萬五千兩

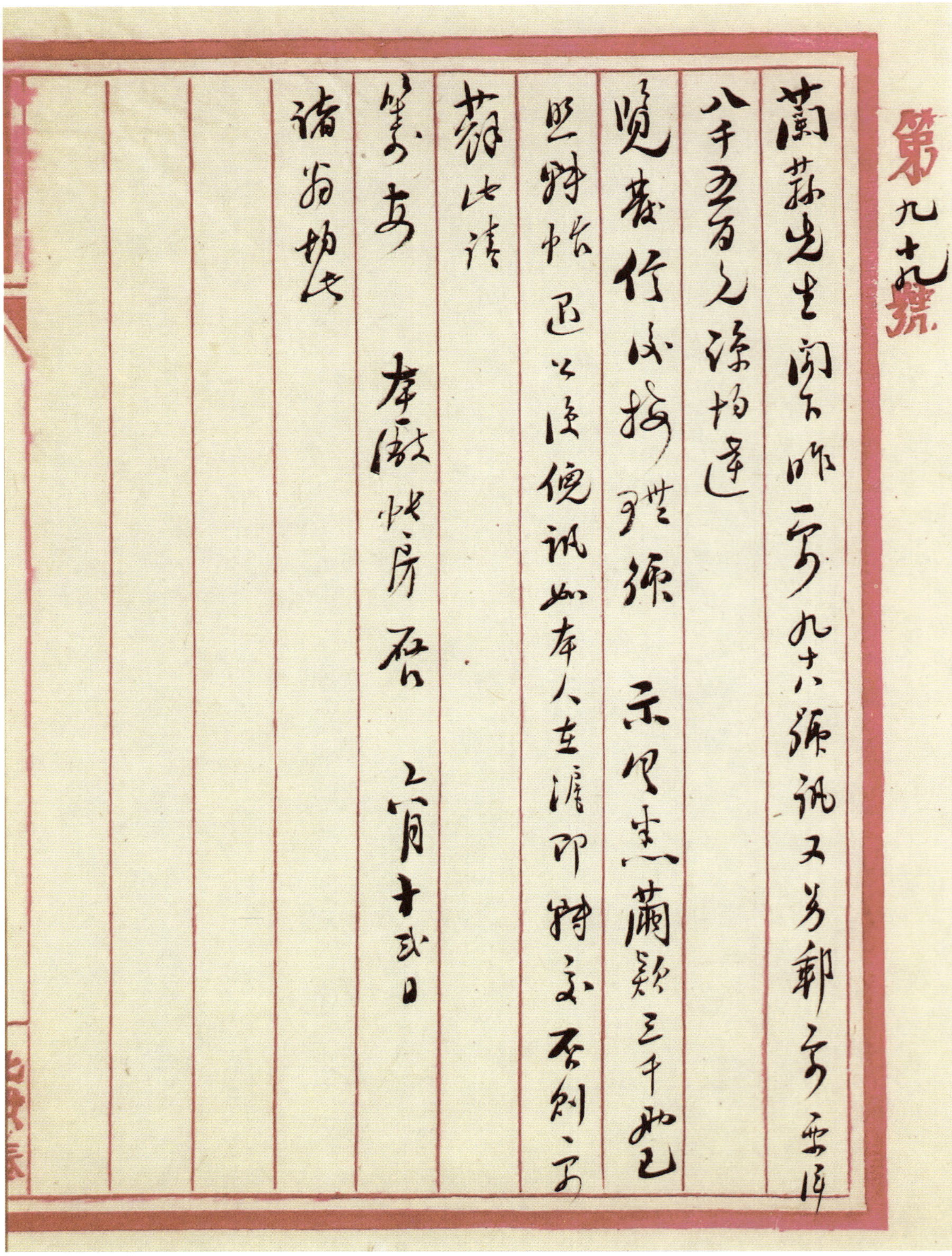

第九十九號（六月十二日）

蘭蓀先生閣下：昨寄九十八號訊，又另郵寄票洋八千五百元，諒均達覽。發信後接一百卅二號示，具悉。藺款三千兩已照轉帳。退公復倪訊，如本人在滬即轉交，否則寄蘇。此請籌安。本廠帳房啓。六月十弍日
諸翁均此。

第九十九號（六月十二日）

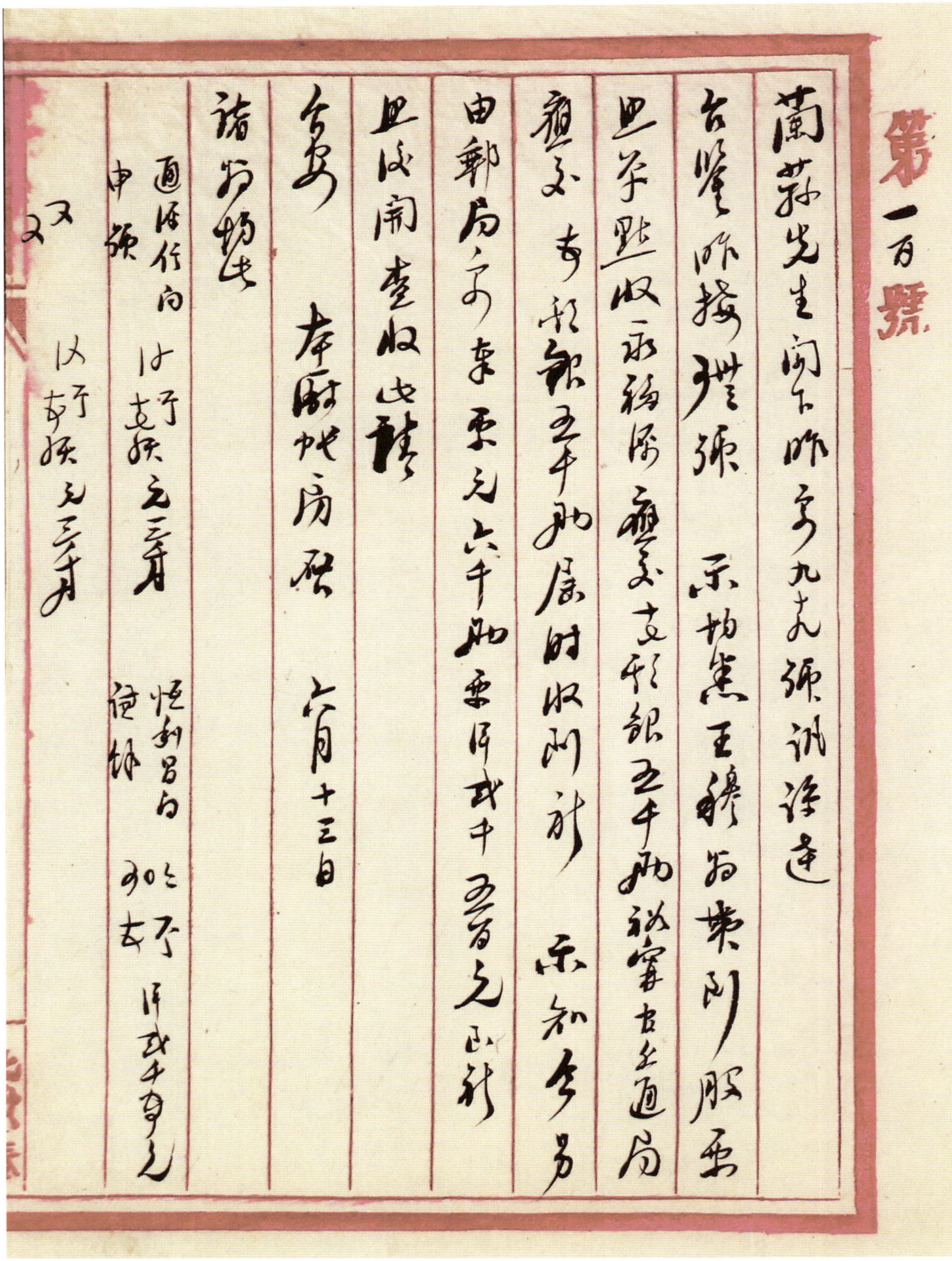

第一百號（六月十三日）

蘭蓀先生閣下：昨寄九十九號訊，諒達台鑒。昨接一百卅三號示，均悉。王穆翁帶到股票，照單點收。永福源應交十七期銀五千兩，裕寧官錢通局應交十五期銀五千兩，届時收到祈示知。今另由郵局寄奉票元六千兩、票洋弍千五百元，至祈照後開查收。此請台安。本廠帳房啓。六月十三日

諸翁均此。

通源信向申號，一五，六月十七（五天），元三千兩

第一百號（六月十三日）

又，又，一四，六月十五（五天），元三千兩

恒利昌向謙餘，一百〇七，六月十五，洋弍千五百元

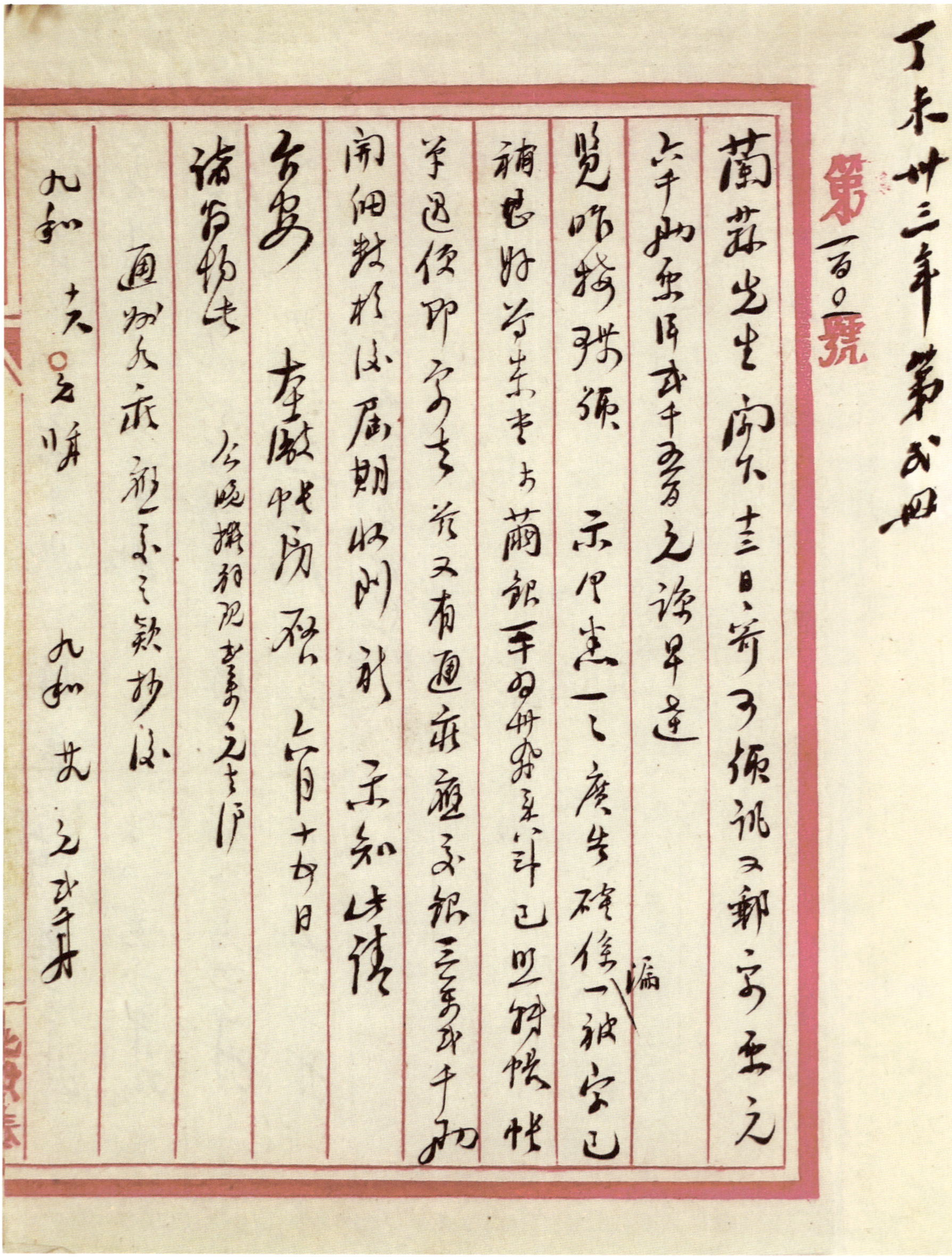

第一百零一號（六月十五日）

蘭蓀先生閣下：十三日寄一百號訊，又郵寄票元六千兩、票洋弍千五百元，諒早達覽。昨接一百卅四號示，具悉一一。廣告確係漏一“被”字，已補，甚好。尊素堂十四繭銀一千四百卅九兩三錢八分三厘，已照轉帳，帳單遇便即寄去。茲又有通莊應交銀三萬弍千兩，開細數於後，屆期收到祈示知。此請台安。本廠帳房啓。六月十五日

諸翁均此。

今晚擬解現弍萬元去滬。

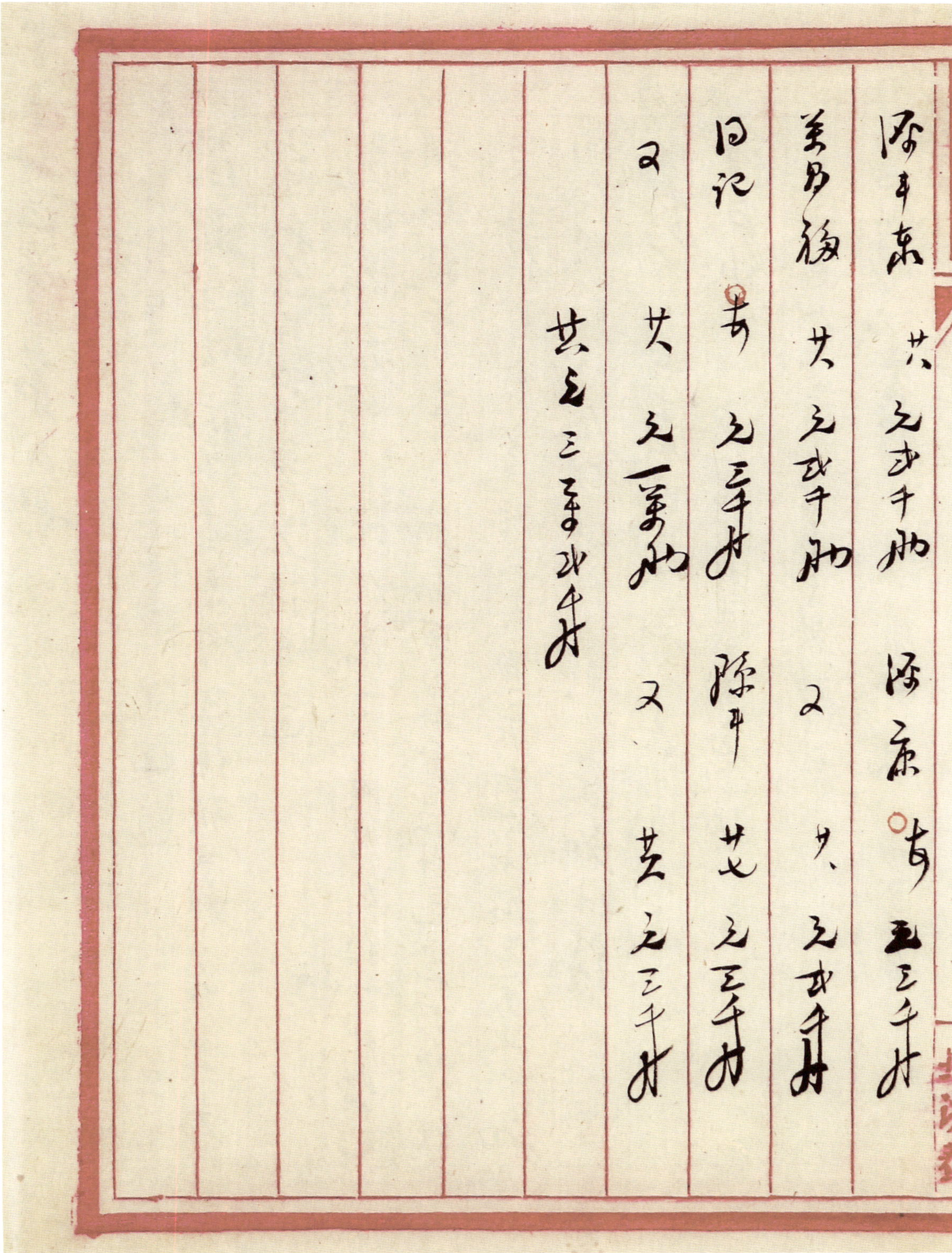

第一百零一號（六月十五日）

通州各莊應交之款抄後：

九和，十六，元二千兩

源豐泰，廿八，元弍千兩

萬昌福，廿八，元弍千兩

得記，十五，元三千兩

又，廿八，元一萬兩

共元三萬弍千兩

九和，廿九，元弍千兩

源康，十五，元三千兩

又，廿八，元弍千兩

豫豐，廿七，元三千兩

又，廿六，元三千兩

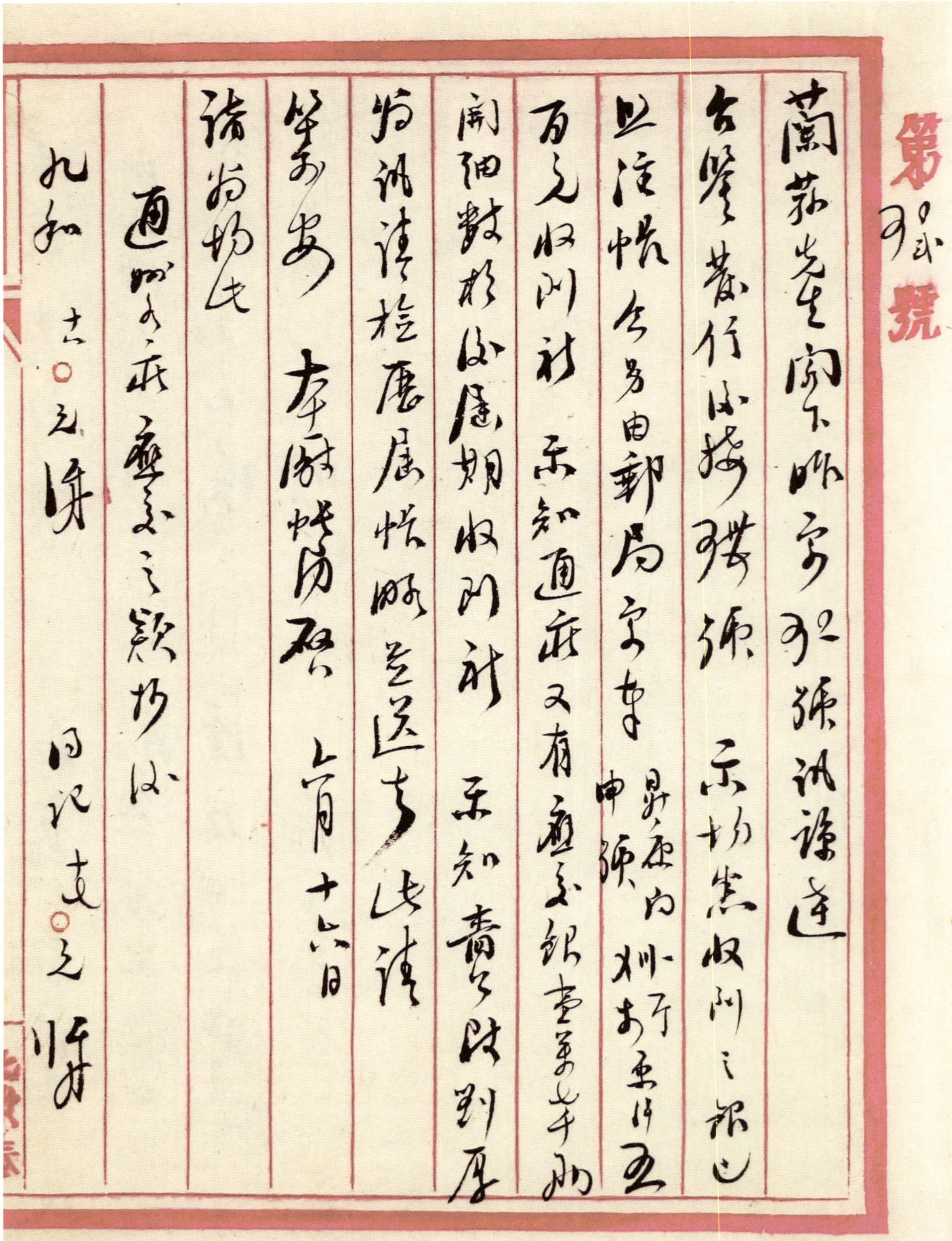

第一百零二號（六月十六日）

蘭蓀先生閣下：昨寄一百〇一號訊，諒達台鑒。發信後接一百卅五號示，均悉。收到之銀已照注帳。今另由郵局寄奉昇康向申號四三一六月十四票洋五百元，收到祈示知。通莊又有應交銀壹萬七千兩，開細數於後，屆期收到祈示知。嗇公致劉厚翁訊，請检歷屆帳略并送去。此請籌安。本廠帳房啓。六月十六日

諸翁均此。

通州各莊應交之款抄後：

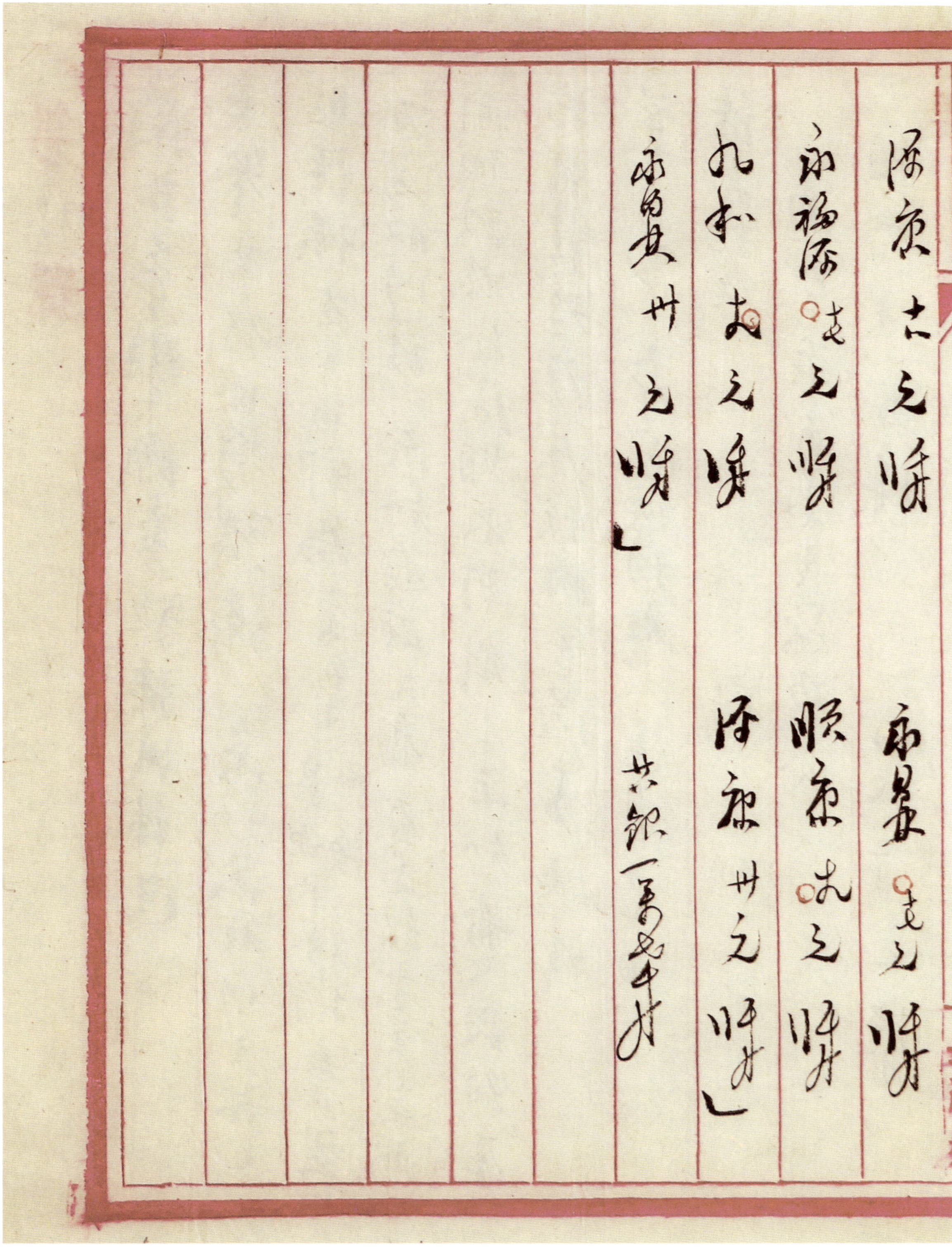

第一百零二號（六月十六日）

九和，十八，元一千兩
源康，十八，元二千兩
永福源，十七，元三千兩
九和，十九，元一千兩
永昌林，卅，元二千兩
共銀一萬七千兩

得記，十七，元二千兩
永昌林，十七，元二千兩
順康，十九，元二千兩
源康，卅，元二千兩

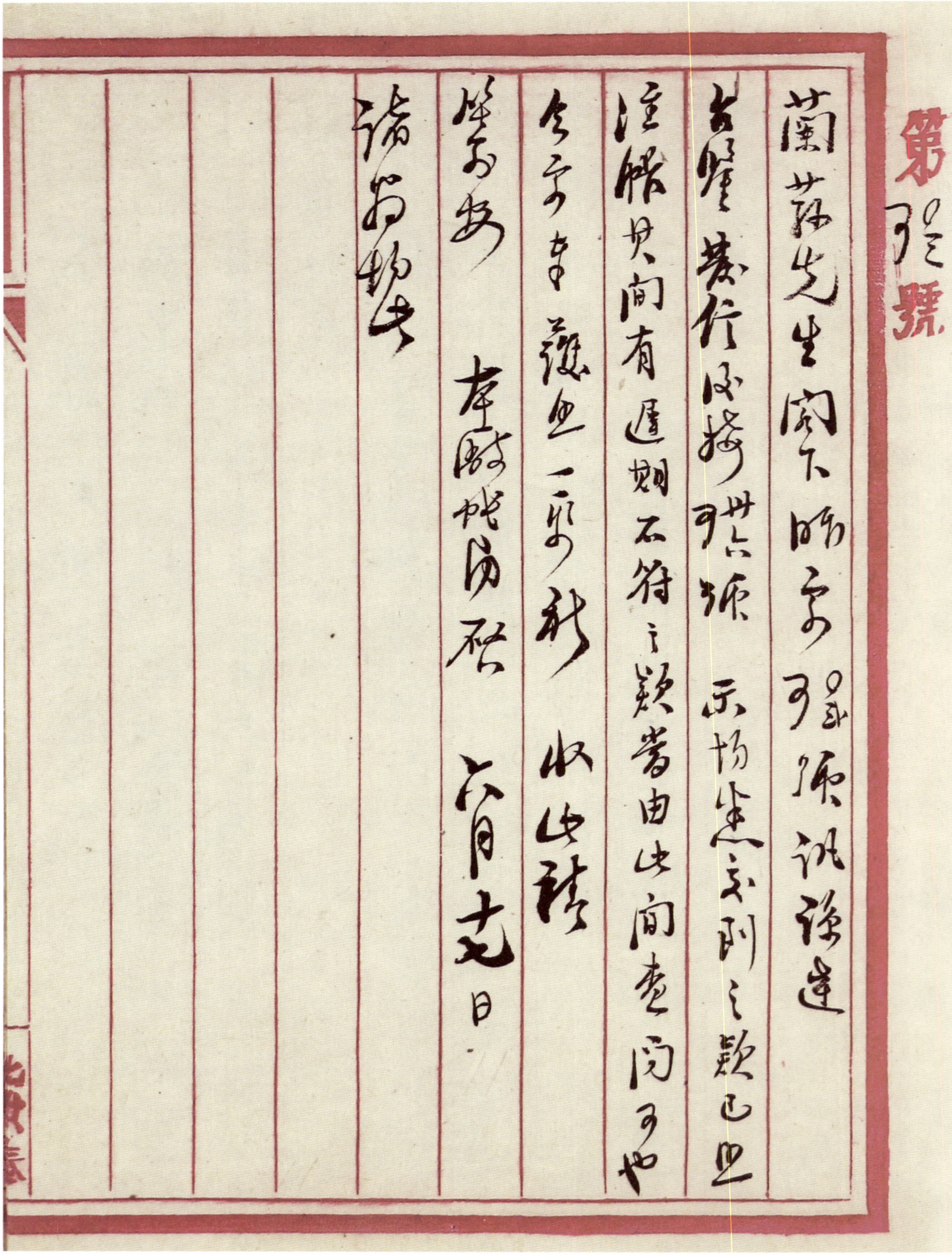

第一百零三號（六月十七日）

蘭蓀先生閣下：昨寄一百〇式號訊，諒達台鑒。發信後接一百卅六號示，均悉。交到之款已照注帳，其間有遲期不符之款，當由此間查問可也。今寄奉護照一紙，祈收。此請籌安。本廠帳房啓。六月十七日

諸翁均此。

第一百零三號（六月十七日）

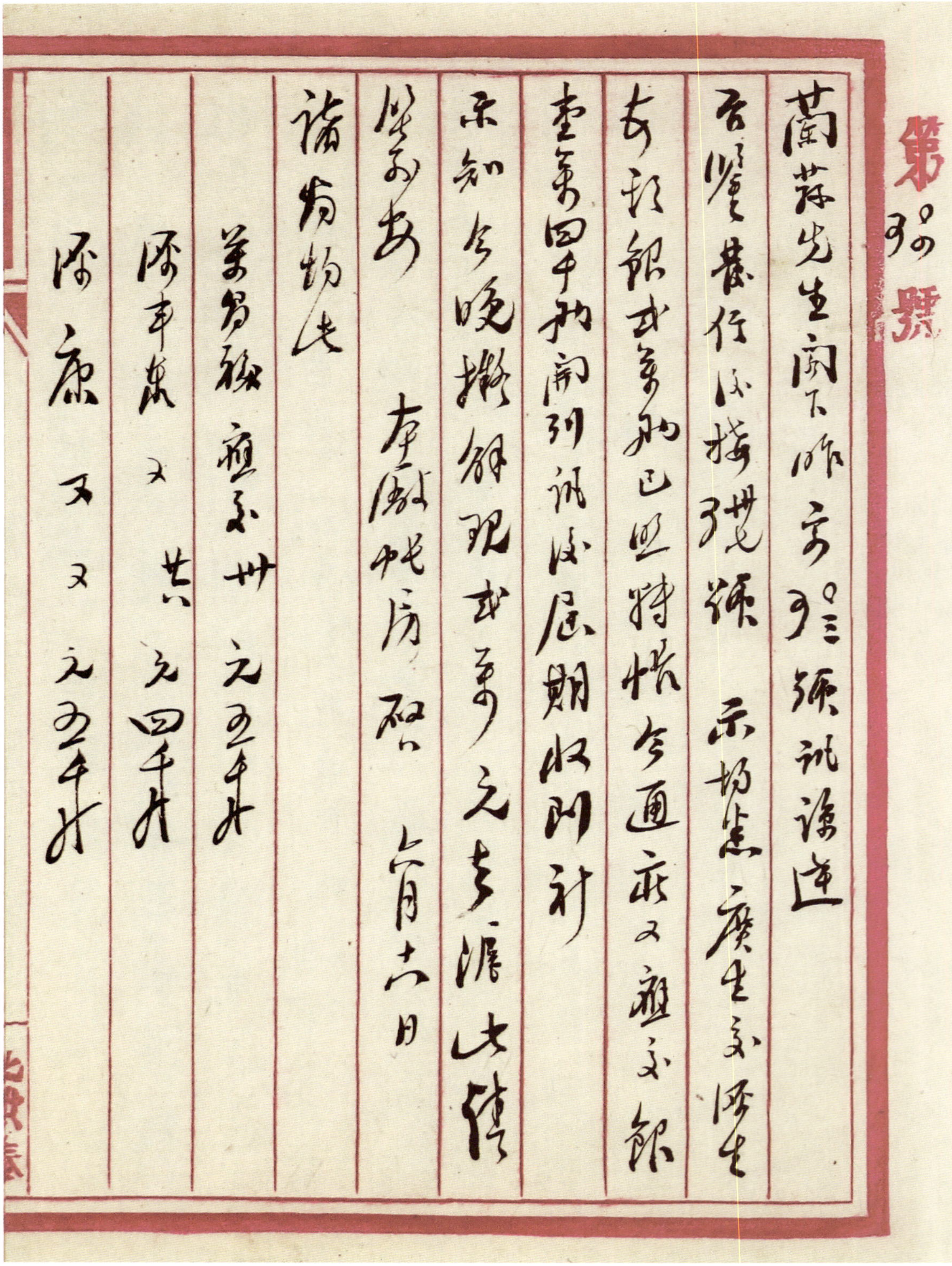

第一百零四號（六月十八日）

蘭蓀先生閣下：昨寄一百〇三號訊，諒達台鑒。發信後接一百卅七號示，均悉。廣生交源生十五期銀弍萬兩，已照轉帳。今通莊又應交銀壹萬四千兩，開列訊後，屆期收到祈示知。今晚擬解現弍萬元去滬。此請籌安。本廠帳房啓。六月十八日

諸翁均此。

萬昌福，應交，卅，元五千兩

源豐泰，又，廿六，元四千兩

第一百零四號（六月十八日）

源康，又，又，元五千兩

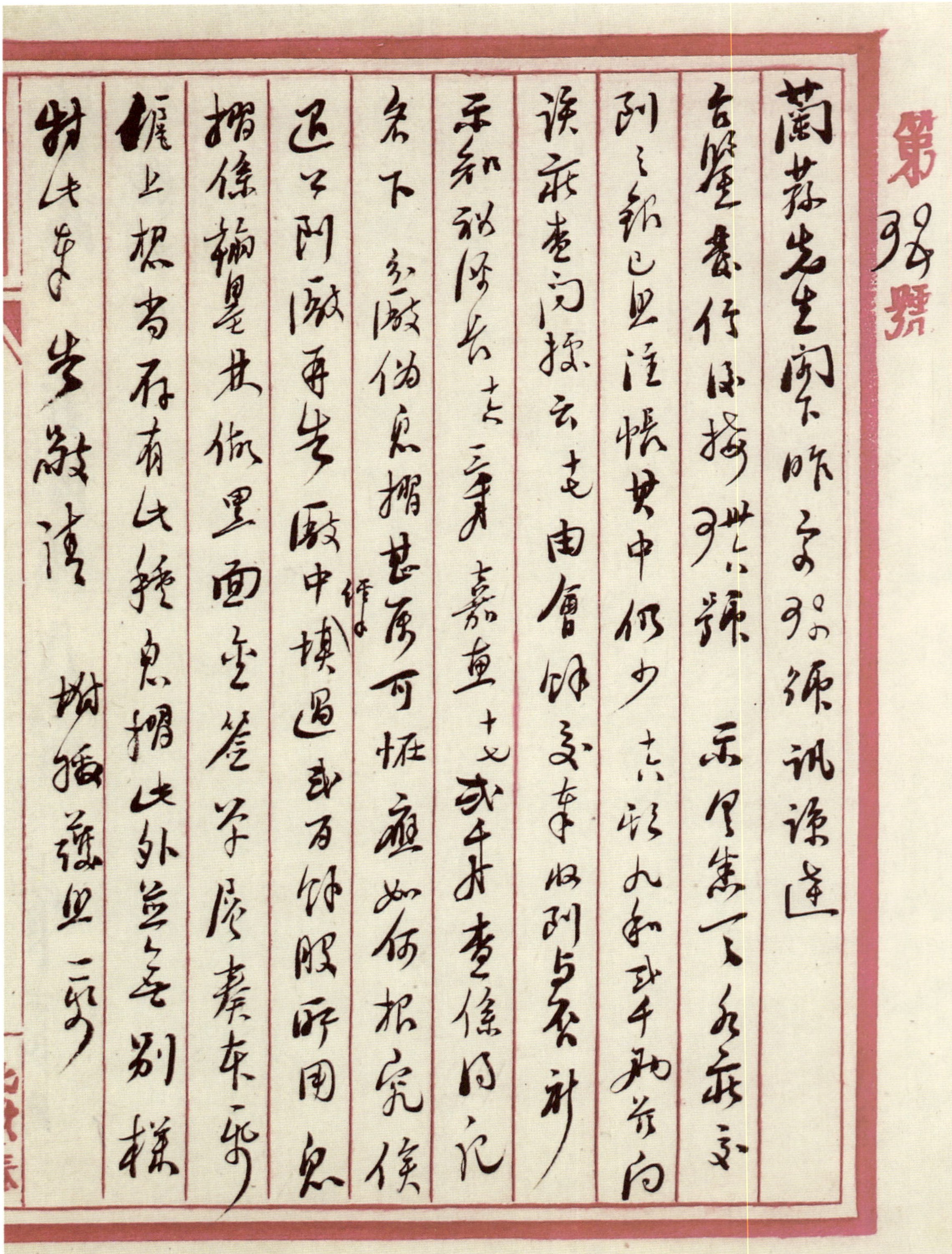

第一百零五號（六月十九日）

蘭蓀先生閣下：昨寄一百〇四號訊，諒達台鑒。發信後接一百卅六〔八〕號示，具悉一一。各莊交到之銀已照注帳，其中仍少十六期九和弍千兩，玆向該莊查問，據云十七由會餘交奉，收到與否，祈示知。裕源長（十六）三千兩、嘉惠（十七）弍千兩，查係得記名下分廠僞息摺，甚屬可怪，應如何根究，俟退公到廠再告。廠中經手填過弍百餘股，所用息摺係翰墨林做，黑面金簽，單層奏本紙，滬上想尚存有此種息摺，此外并無别樣，特此奉告。敬請籌安。本廠帳房啓。六月十九日

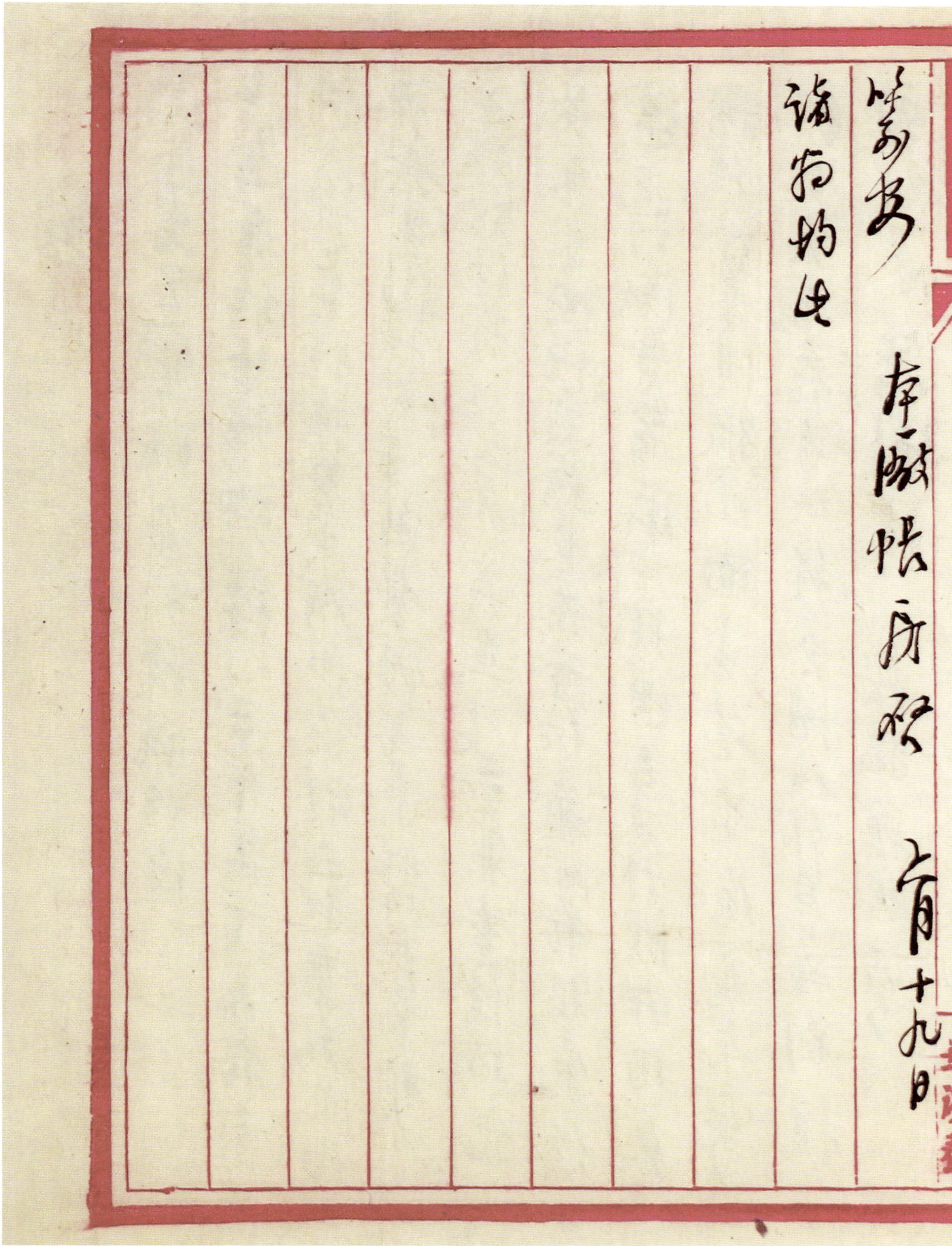
六月十九日
諸翁均此

第一百零五號（六月十九日）

諸翁均此。

附繳護照一紙。

（按：信云所接信編號，“六”應爲“八”之誤）

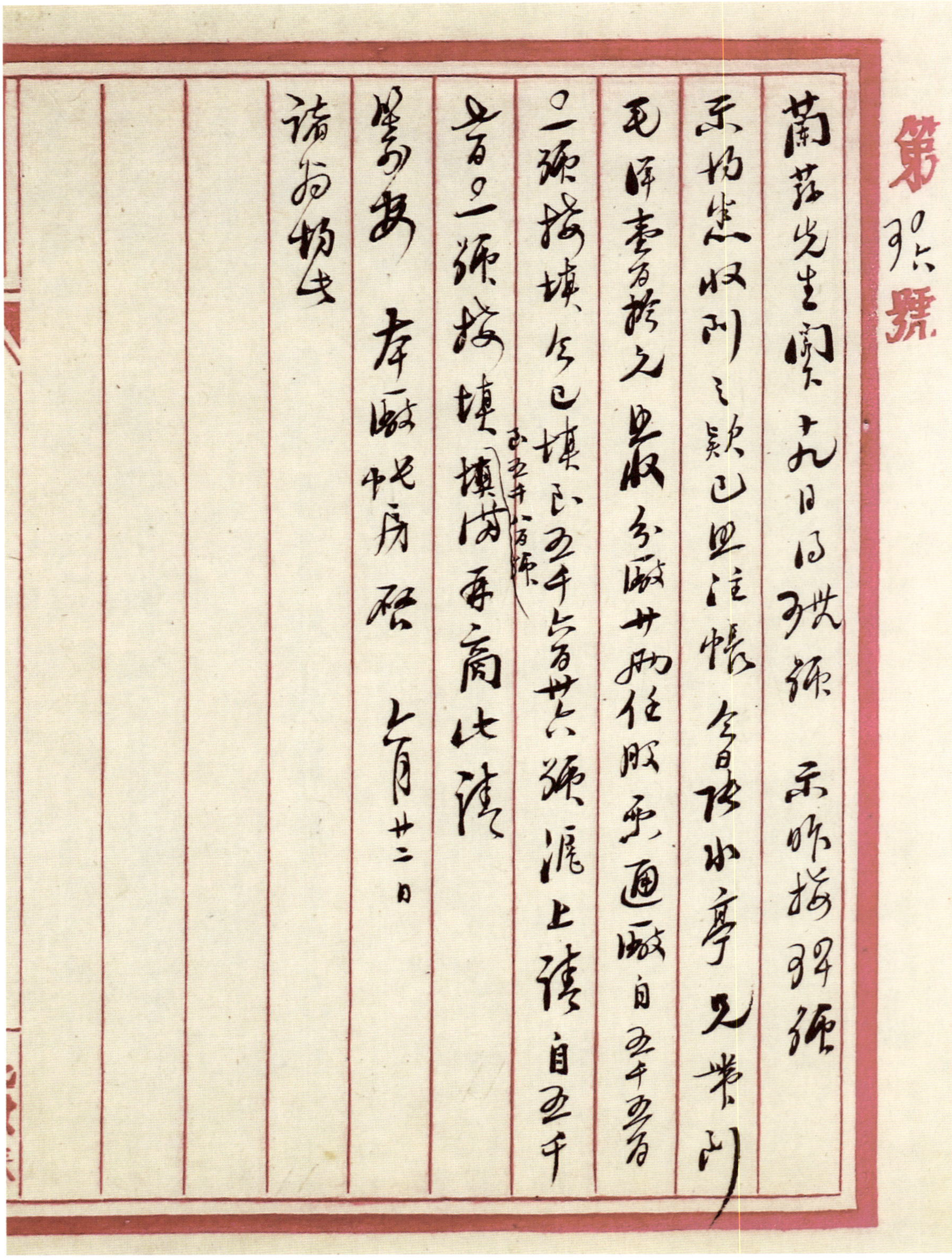

第一百零六號（六月廿二日）

蘭蓀先生閣下：十九日得一百卅九號示，昨接一百四十號示，均悉。收到之款已照注帳。今日張水亭兄帶到毛洋壹百拾元，照收。分廠廿兩任股票，通廠自五千五百〇一號接填，今已填至五千六百卅六號，滬上請自五千七百〇一號接填至五千八百號，填滿再商。此請籌安。本廠帳房啓。六月廿二日

諸翁均此。

第一百零六號（六月廿二日）

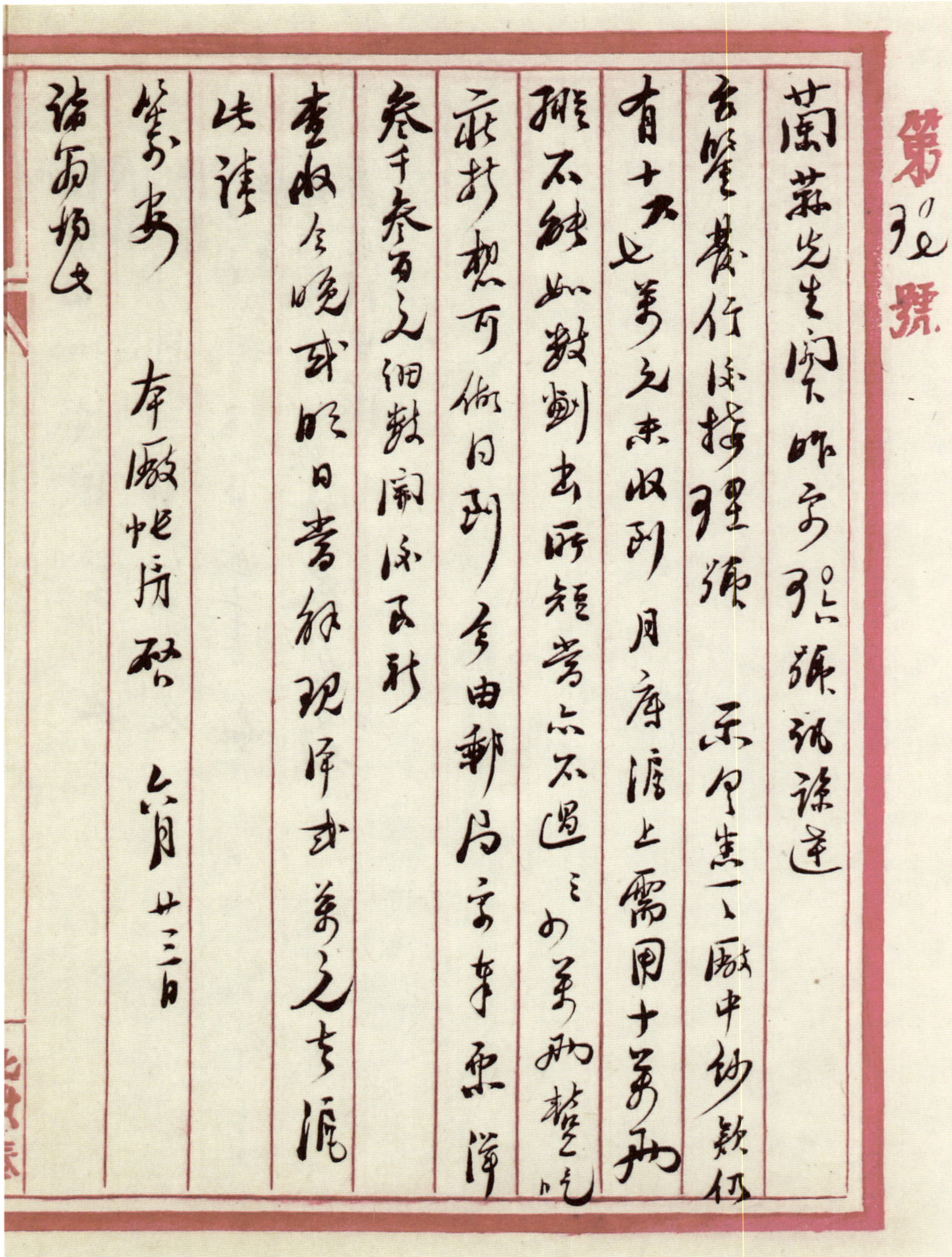

第一百零七號（六月廿三日）

蘭蓀先生閣下：昨寄一百〇六號訊，諒達台鑒。發信後接一百四十一號示，具悉一一。廠中紗款仍有十六七萬元未收到，月底滬上需用十萬兩，縱不能如數劃出，所短當亦不過三四萬兩，暫吃莊折，想可做得到。今由郵局寄奉票洋叁千叁百元，細數開後，至祈查收。今晚或明日當解現洋弍萬元去滬。此請籌安。本廠帳房啓。六月廿三日

諸翁均此。

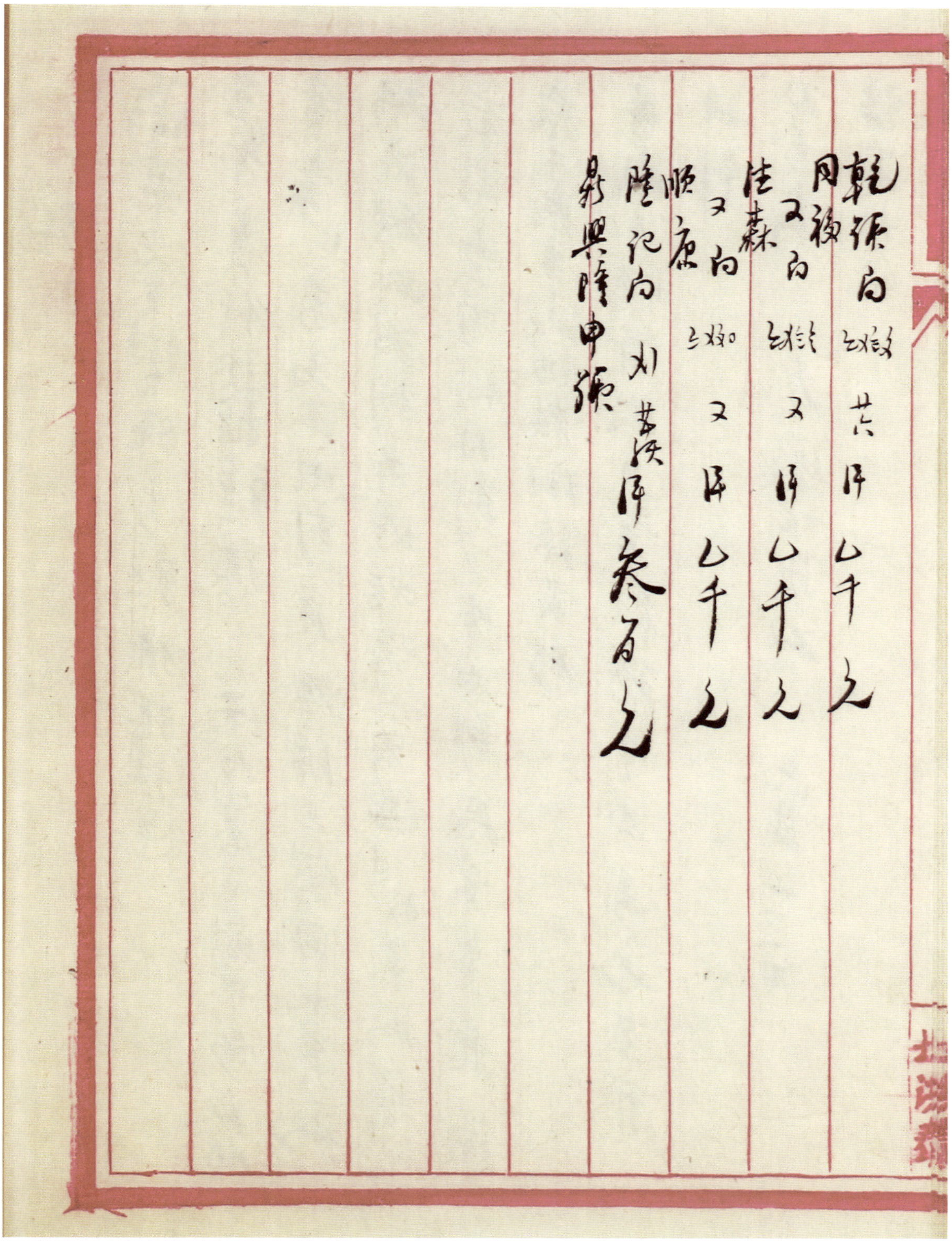

第一百零七號（六月廿三日）

乾號向同福，七四八九，廿六，洋一千元

又向德森，七四八八，又，洋一千元

又向順康，七四九〇，又，洋一千元

隆記向鼎興隆申號，四一，廿五（五天），洋叁百元

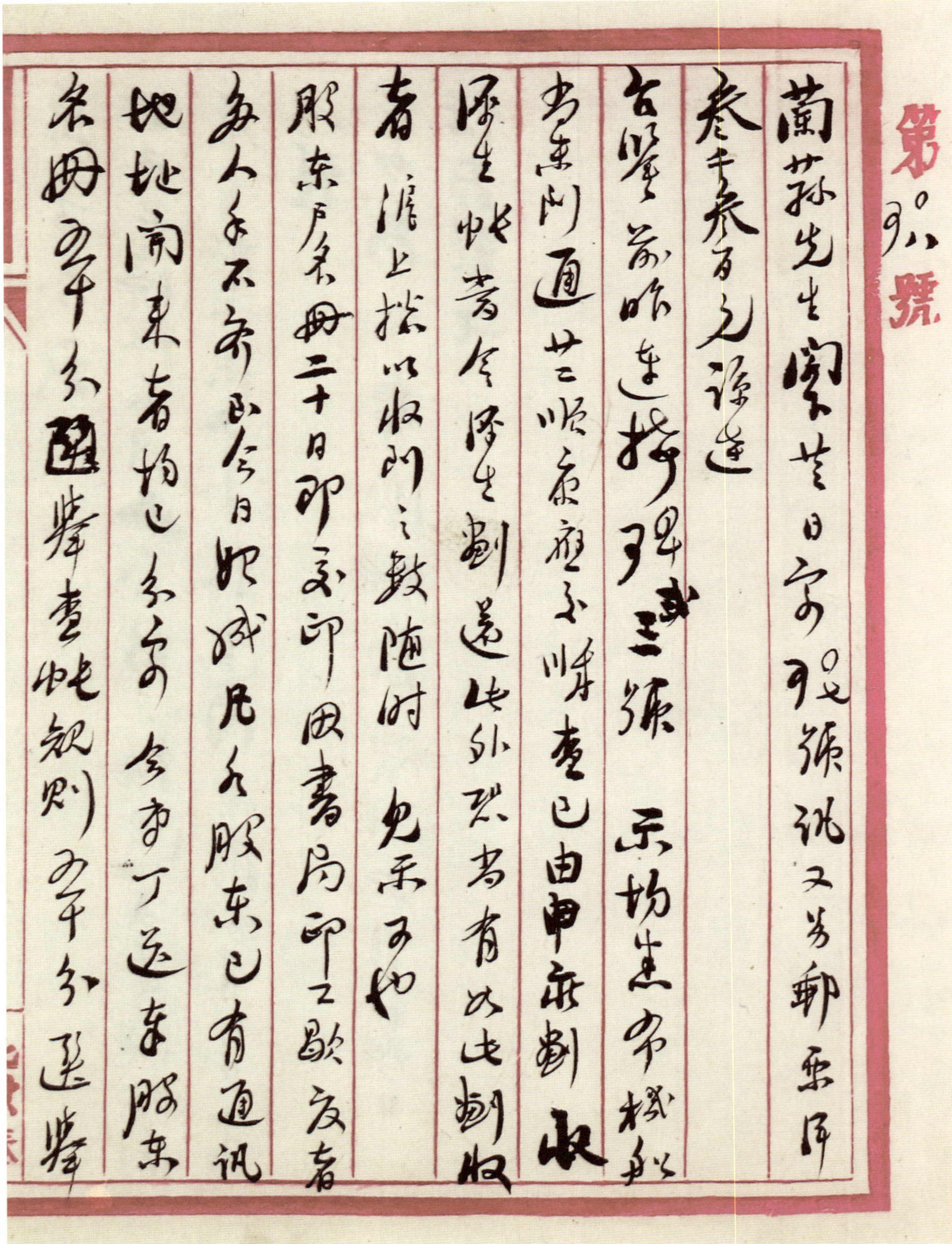

第一百零八號

蘭蓀先生閣下：廿三日寄一百〇七號訊，又另郵票洋叁千叁百元，諒達台鑒。前、昨連接一百四十弍、一百四十三號示，均悉。布機船尚未到通。廿二順康應交三千兩，查已由申莊劃收源生帳，當令源生劃還。此外恐尚有如此劃收者，滬上總以收到之數，隨時見示可也。股東户名册二十日即交印，因書局印工歇夏者多，人手不齊，至今日始成。凡各股東已有通訊地址開來者，均已分寄。今專丁送奉股東名册五十分，選舉查帳規則五十分，選舉

第一百零八號（六月廿五日）

蘭蓀先生閣下：廿三日寄一百〇七號訊，又另郵票洋叁千叁百元，諒達台鑒。前、昨連接一百四十弍、一百四十三號示，均悉。布機船尚未到通。廿二順康應交三千兩，查已由申莊劃收源生帳，當令源生劃還。此外恐尚有如此劃收者，滬上總以收到之數，隨時見示可也。

股東户名册，二十日即交印，因書局印工歇夏者多，人手不齊，至今日始成。凡各股東已有通訊地址開來者，均已分寄。今專丁送奉股東名册五十分，選舉查帳規則五十

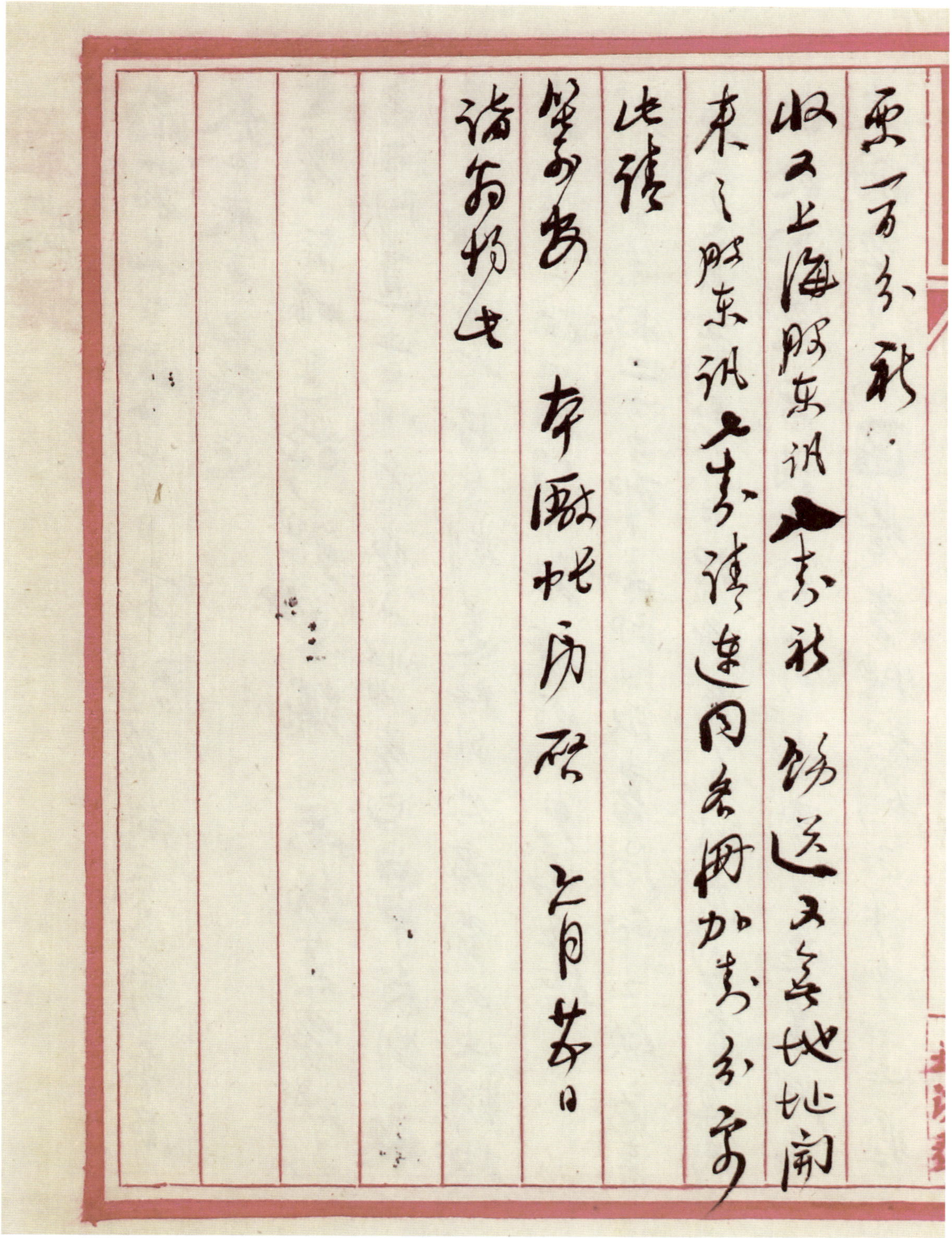

第一百零八號（六月廿五日）

分，選舉票一百分，祈收。又上海股東訊八封，祈飭送。又無地址開來之股東訊七封，請連同名册，加封分寄。此請籌安。本廠帳房啓。六月廿五日
諸翁均此。

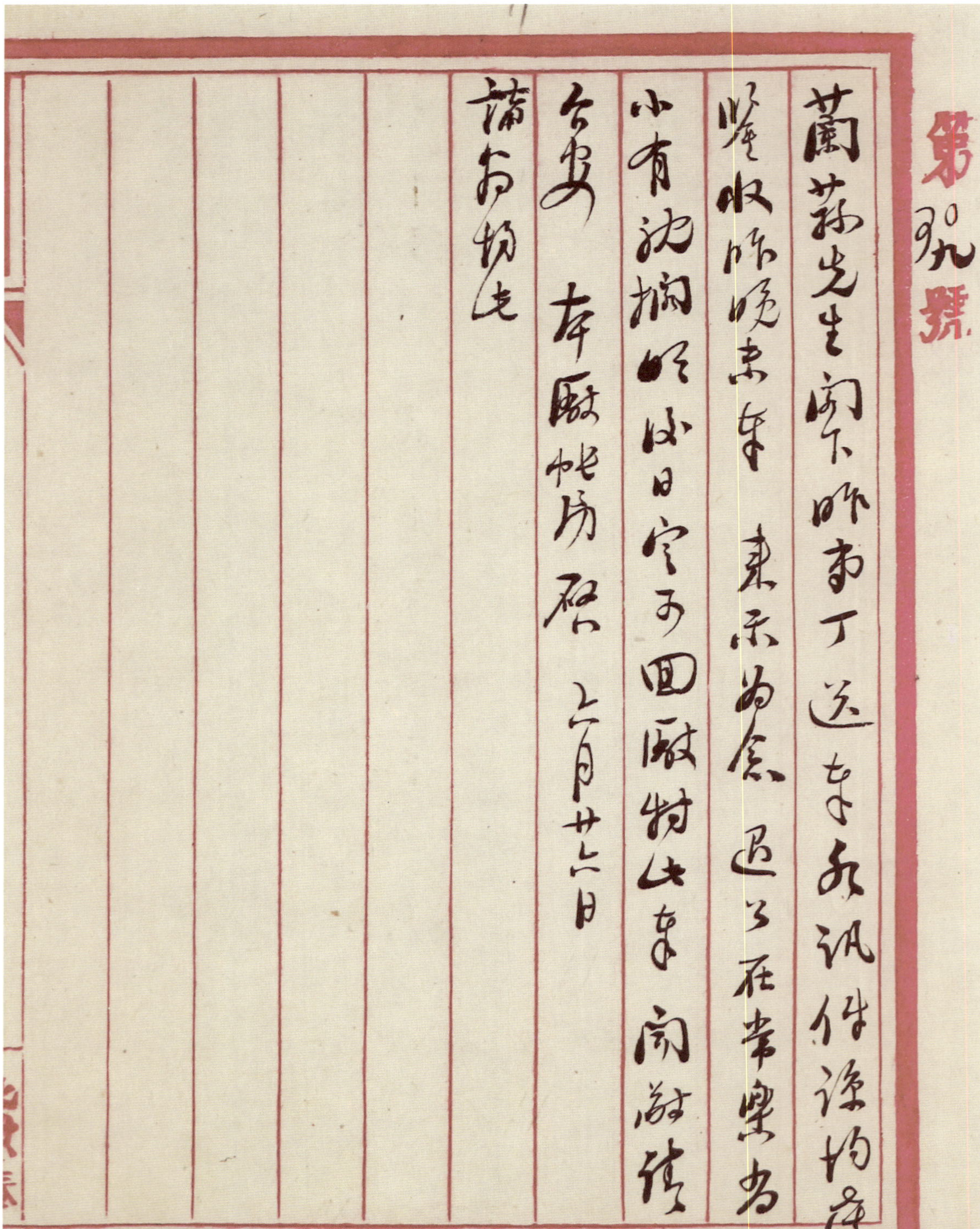
第一〇九號

蘭蓀先生閣下：昨專丁送奉各訊件，諒均達鑒收。昨晚未奉來示，爲念。退公在常樂尚小有耽擱，明後日定可回廠，特此奉聞。敬請台安。本廠帳房啓。六月廿六日

諸翁均此。

第一百零九號（六月廿六日）

蘭蓀先生閣下：昨專丁送奉各訊件，諒均達鑒收。昨晚未奉來示，爲念。退公在常樂尚小有耽擱，明後日定可回廠，特此奉聞。敬請台安。本廠帳房啓。六月廿六日

諸翁均此。

第一百零九號（六月廿六日）

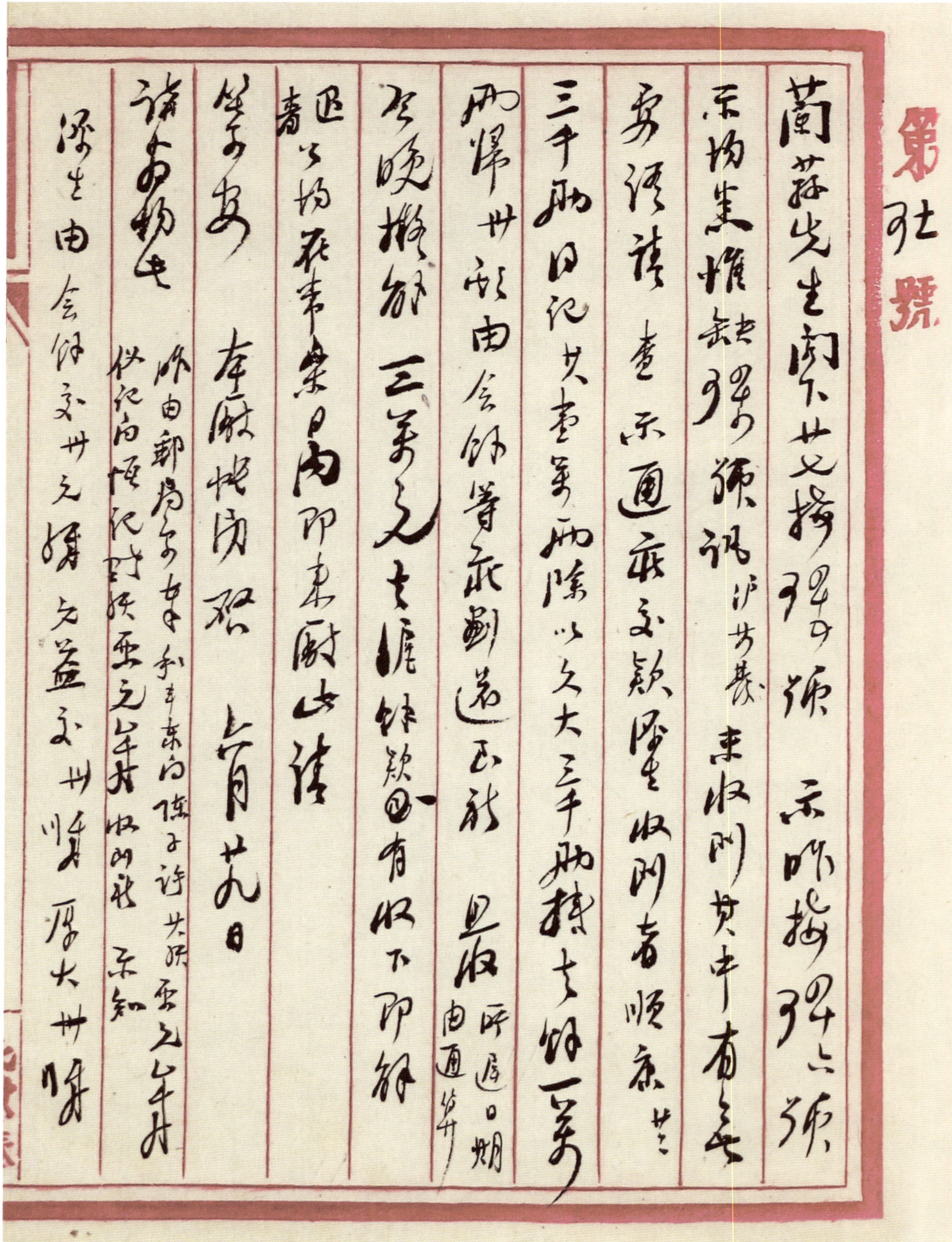

第一百十號（六月廿九日）

蘭蓀先生閣下：廿七接一百四十五號示，昨接一百四十六號示，均悉。惟缺一百四十四號訊（滬廿四發）未收到，其中有無要語，請查示。通莊交款，源生收到者，順康（廿二）三千兩，得記（廿八）壹萬兩，除以久大三千兩抵去，餘一萬兩歸卅期，由會餘等莊劃還，至祈照收（所遲日期由通算）。今晚擬解三萬元去滬，餘款一有收下即解。退、齋公均在常樂，日內即來廠。此請籌安。本廠帳房啓。六月廿九日

諸翁均此。

第一百十號（六月廿九日）

昨由郵局寄奉和豐泰向陳子訏廿八（五天）票元一千兩，儀記向恒記七月初二（五天）票元一千兩，收到祈示知。

源生由會餘交（卅）元五千兩，元益交（卅）三千兩，厚大（卅）二千兩。

（按：本信編號“一百十一號”，與下一信重，當爲“一百十號”之誤）

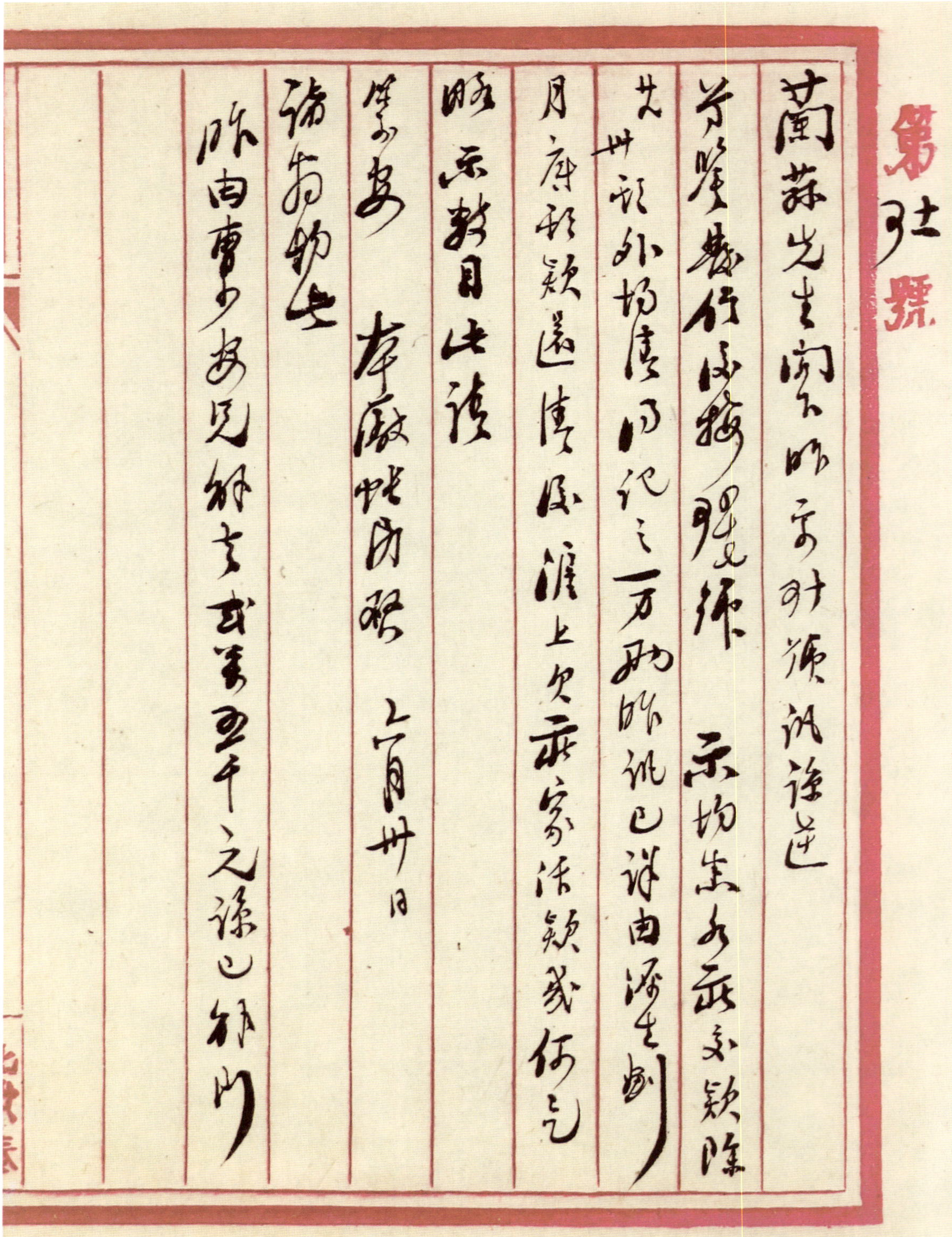

第一百十一號（六月卅日）

蘭蓀先生閣下：昨寄一百十號訊，諒達尊鑒。發信後接一百四十七號示，均悉。各莊交款，除廿九、卅期外，均清。得記之一萬兩，昨訊已詳，由源生劃。月底期款還清後，滬上欠莊家活款幾何，乞略示數目。此請籌安。本廠帳房啓。六月卅日

諸翁均此。

昨由曹少安兄解去式萬五千元，諒已解到。

第一百十一號（六月卅日）

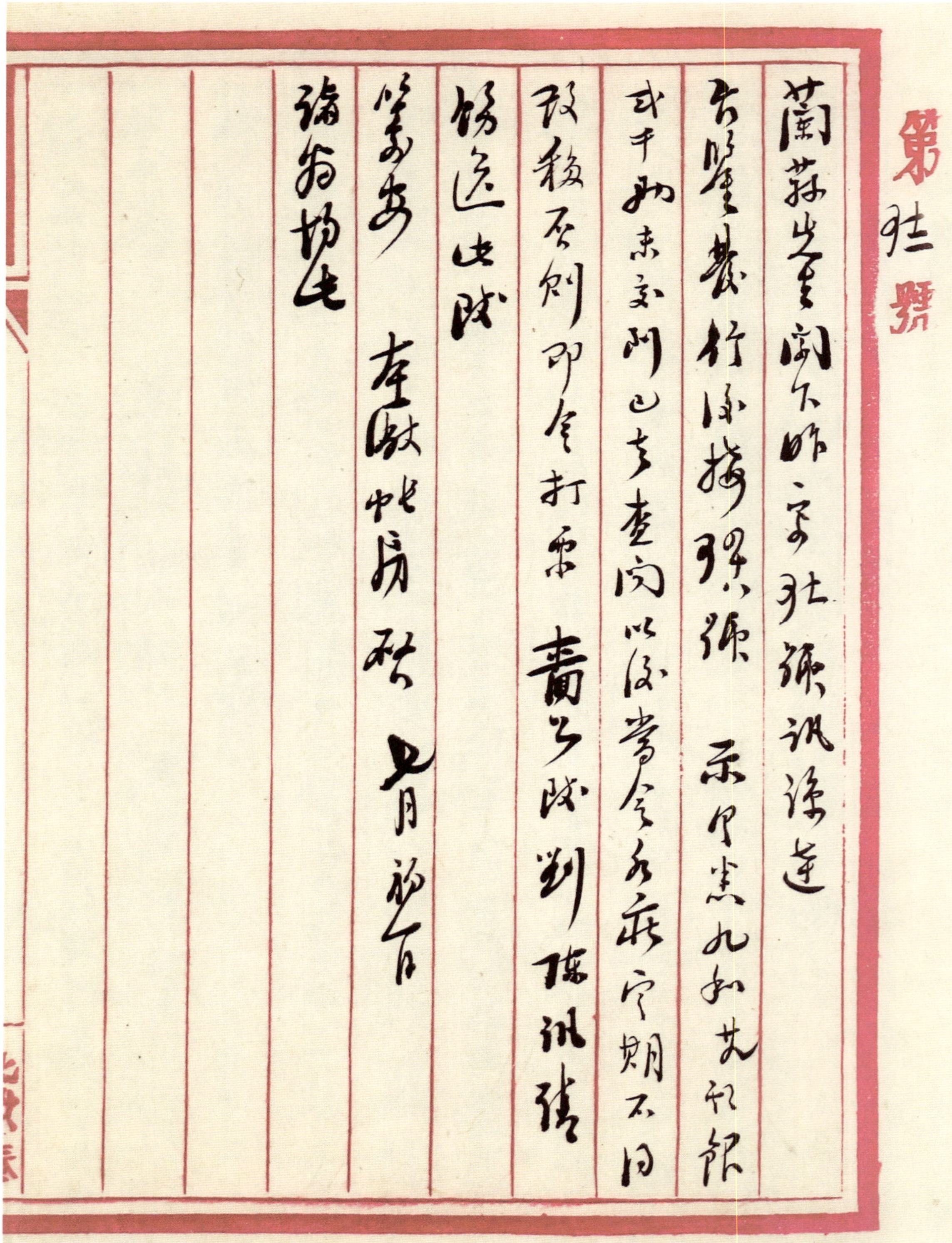

第一百十二號（七月初一日）

蘭蓀先生閣下：昨寄一百十一號訊，諒達台鑒。發信後接一百四十八號示，具悉。九和廿九期銀式千兩未交到，已去查問。以後當令各莊定期不得改移，否則即令打票。嗇公致劉、陳訊，請飭送。此致籌安。本廠帳房啓。七月初一日
諸翁均此。

第一百十二號（七月初一日）

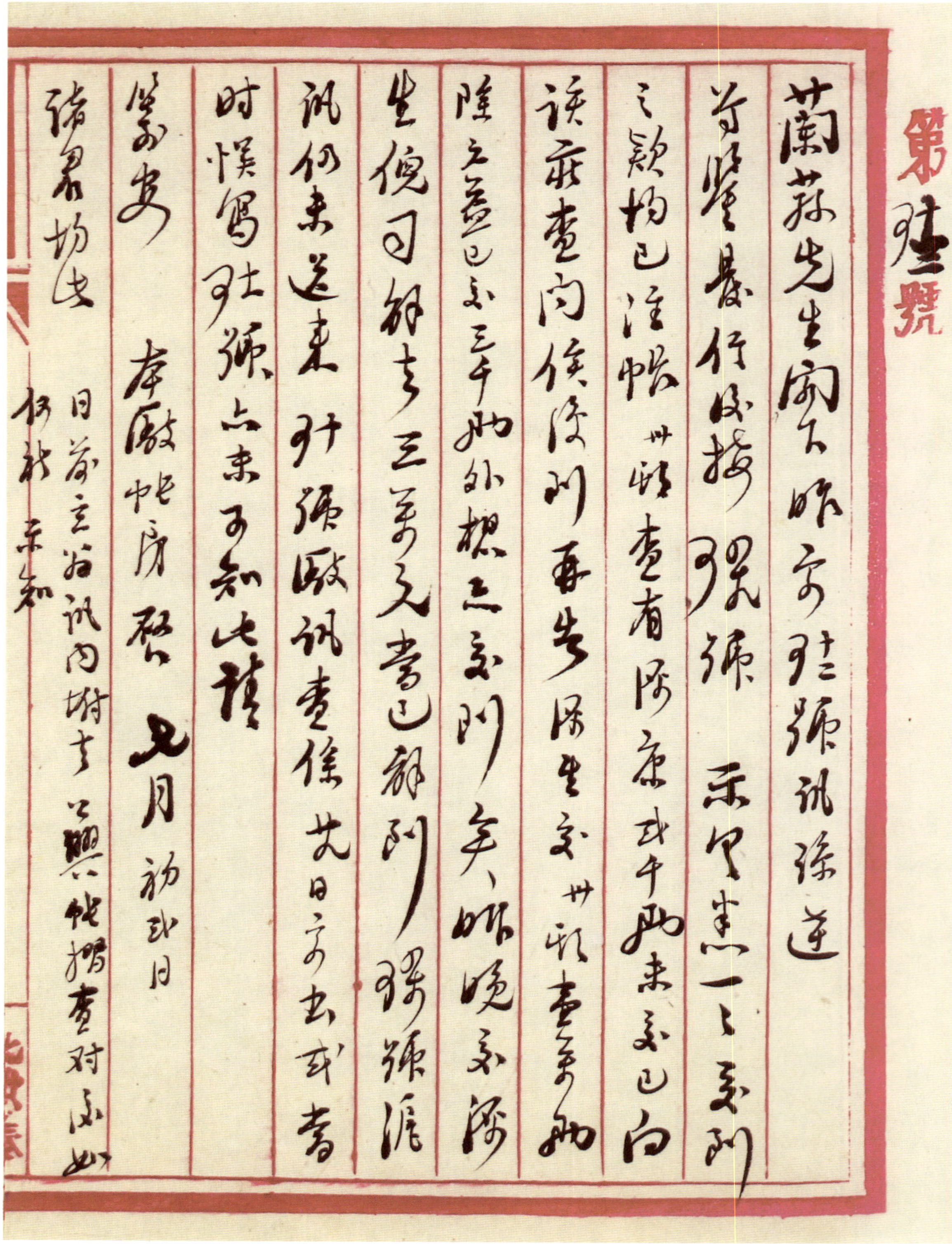

第一百十三號（七月初二日）

蘭蓀先生閣下：昨寄一百十二號訊，諒達尊鑒。發信後接一百四十九號示，具悉一一。交到之款均已注帳。卅期查有源康弍千兩未交，已向該莊查問，俟復到再告。源生交卅期壹萬兩，除元益已交三千兩外，想亦交到矣。昨晚交源生倪司解去三萬元，當已解到。一百四十四號滬訊仍未送來。一百十號廠訊，查係廿九日寄出，或當時誤寫一百十一號亦未可知。此請籌安。本廠帳房啓。七月初弍日

諸君均此。

第一百十三號（七月初二日）

日前立翁訊内附去公興帳摺，查對後如何，祈示知。

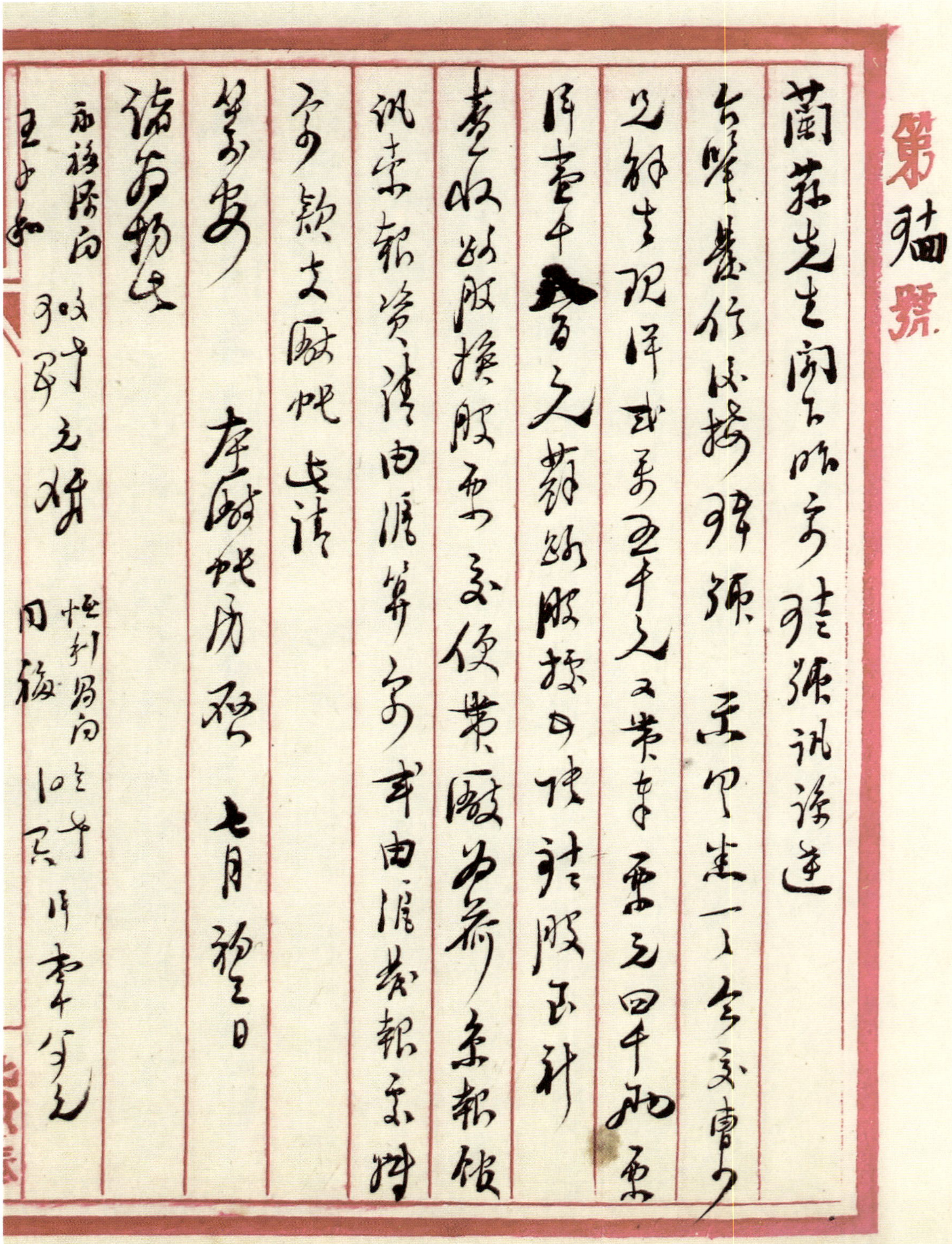

第一百十四號（七月初三日）

蘭蓀先生閣下：昨寄一百十三號訊，諒達台鑒。發信後接一百五十號示，具悉一一。今交曹少兄解去現洋弍萬五千元，又帶奉票元四千兩、票洋壹千八百元、蘇路股據五張二百十二股，至祈查收。路股換股票，交便帶廠爲荷。京報館訊索報資，請由滬算寄，或由滬發報處轉寄，款支廠帳。此請籌安。本廠帳房啓。七月初三日

諸翁均此。

永福源向王子和，一〇九，七月初五，元四千兩

第一百十四號（七月初三日）

恒利昌向同福，一〇八，七月初六，洋壹千八百元

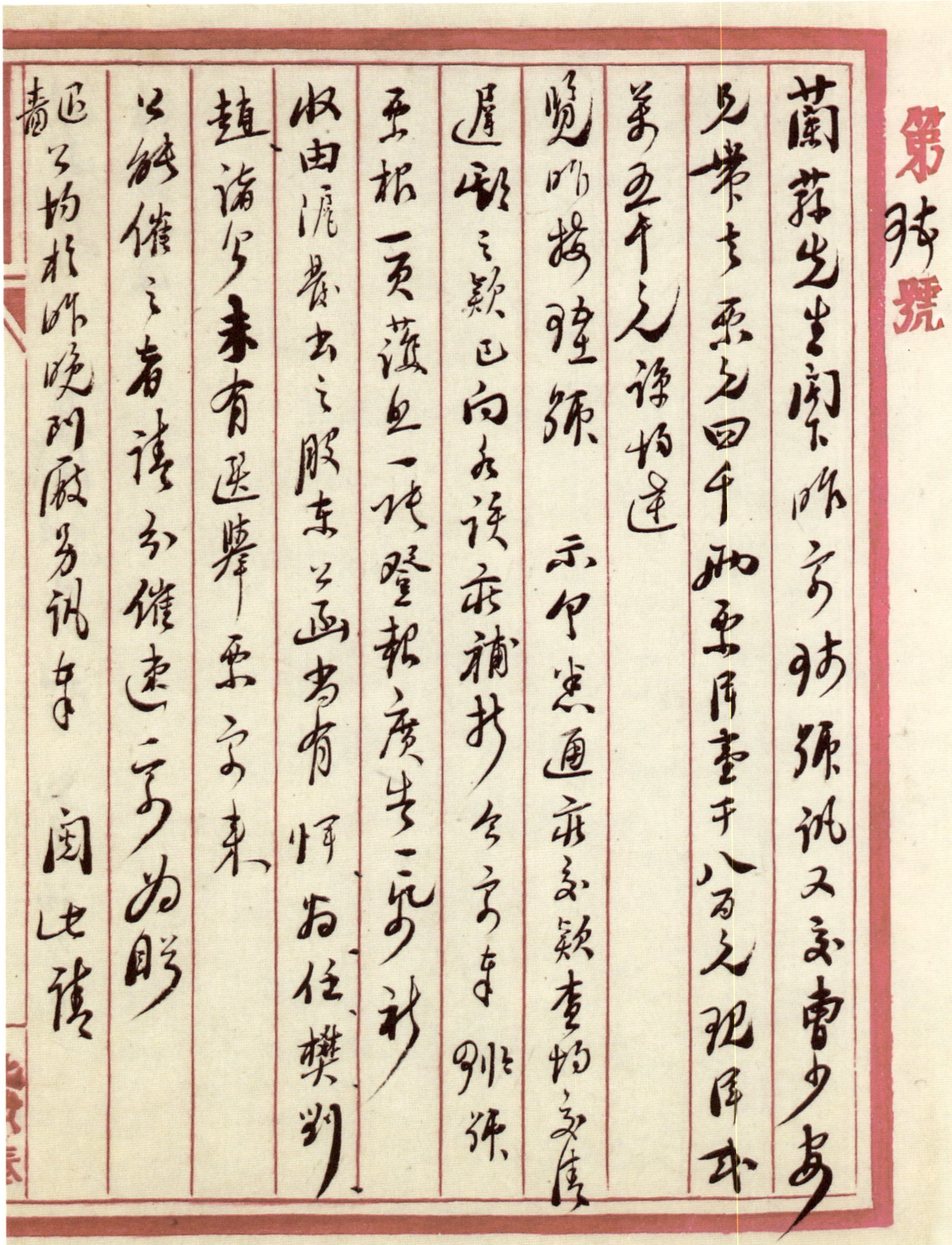

第一百十五號（七月初四日）

蘭蓀先生閣下：昨寄一百十四號訊，又交曹少安兄帶去票元四千兩、票洋壹千八百元、現洋弍萬五千元，諒均達覽。昨接一百五十一號示，具悉。通莊交款，查均交清，遲期之款已向各該莊補折。今寄奉四百二十七號票根一頁、護照一張、登報廣告一紙，祈收。由滬發出之股東公函，尚有惲、翁、任、樊、劉、趙諸公未有選舉票寄來，公能催之者，請分催速寄爲盼。退、啬公均於昨晚到廠，另訊奉閱。此請籌安。本廠帳房啓。七月初四日

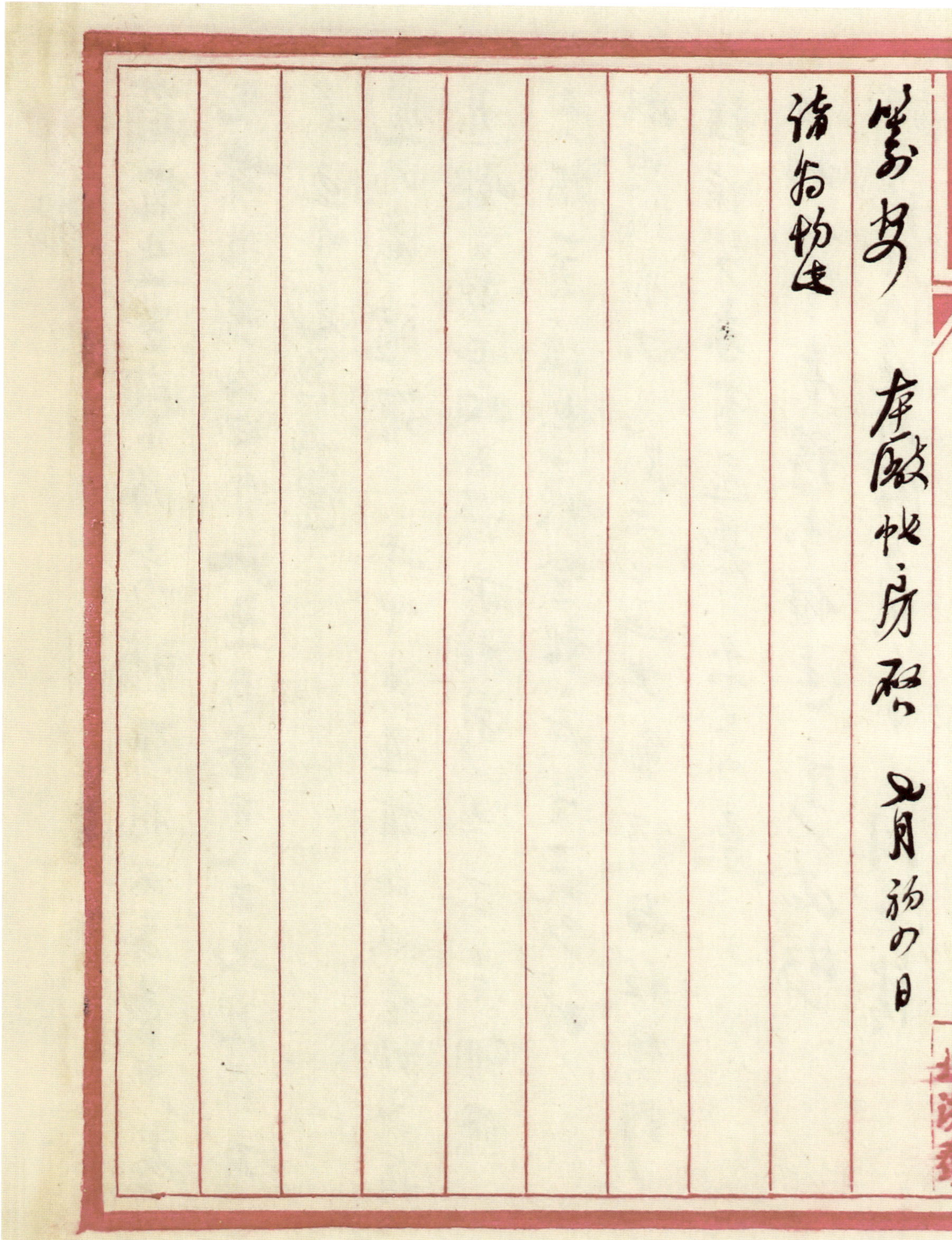
筹安　本廠帐房啟　七月初四日
諸翁均此

第一百十五號（七月初四日）

諸翁均此。

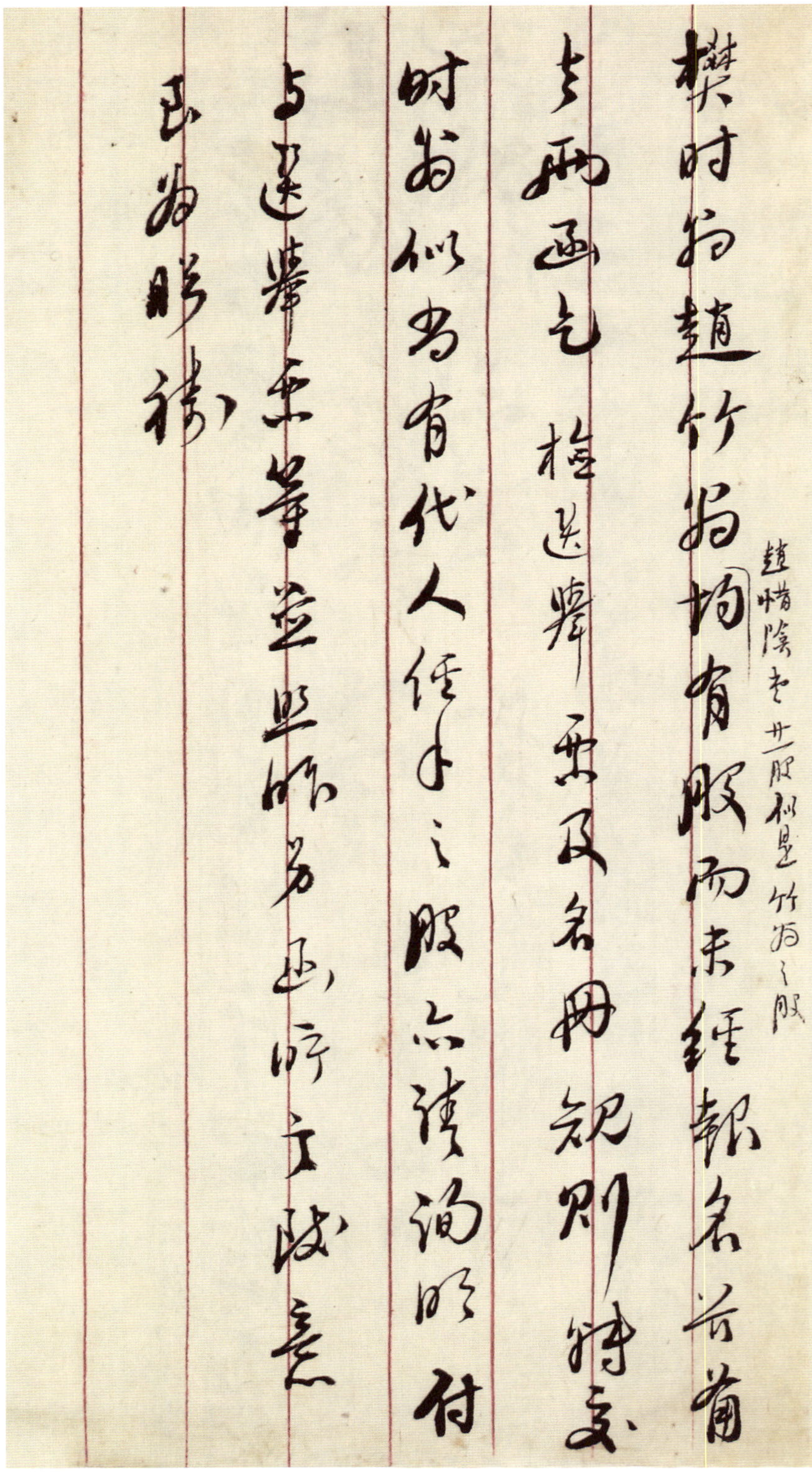

附廠帳房致滬所函

樊時翁、趙竹翁（趙惜陰堂廿一股，似是竹翁之股）均有股，而未經報名，兹備去兩函，乞检選舉票及名册規則轉交。時翁似尚有代人經手之股，亦請詢明，付與選舉票等，并照昨另函所言致意，至爲盼禱。

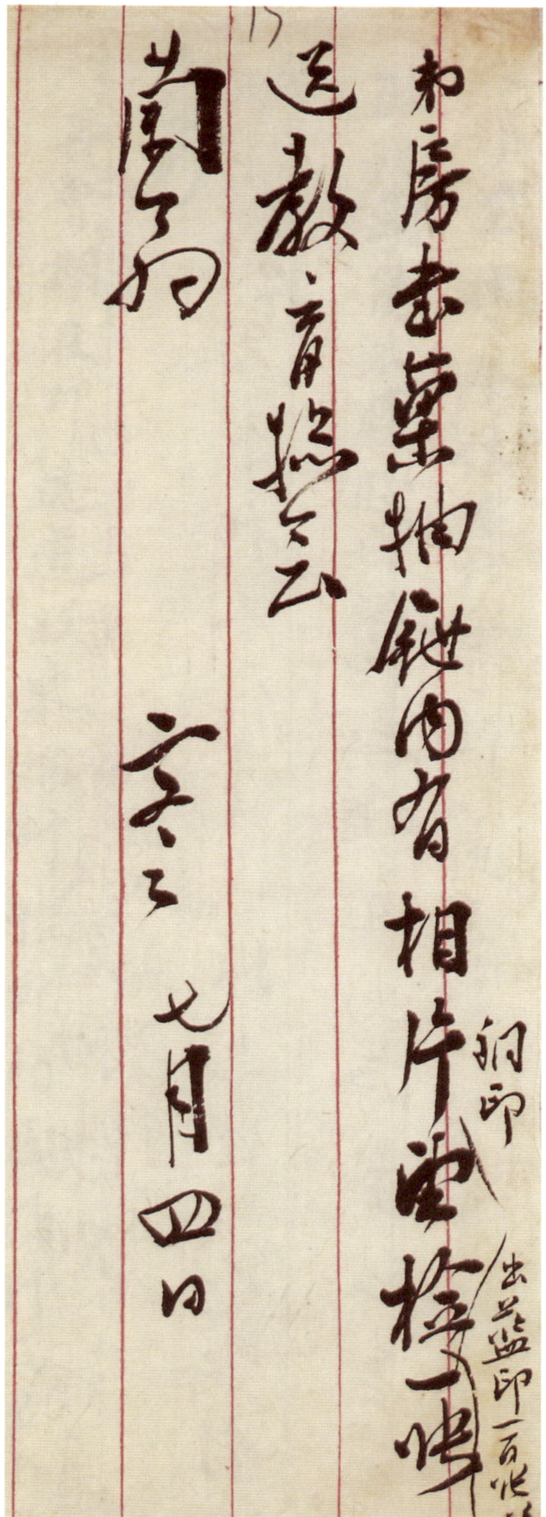

附張謇致林蘭蓀函

弟房書桌抽屜内有相片（銅印），望检出藍印一百張，以一張送教育總會。蘭翁。謇。七月四日

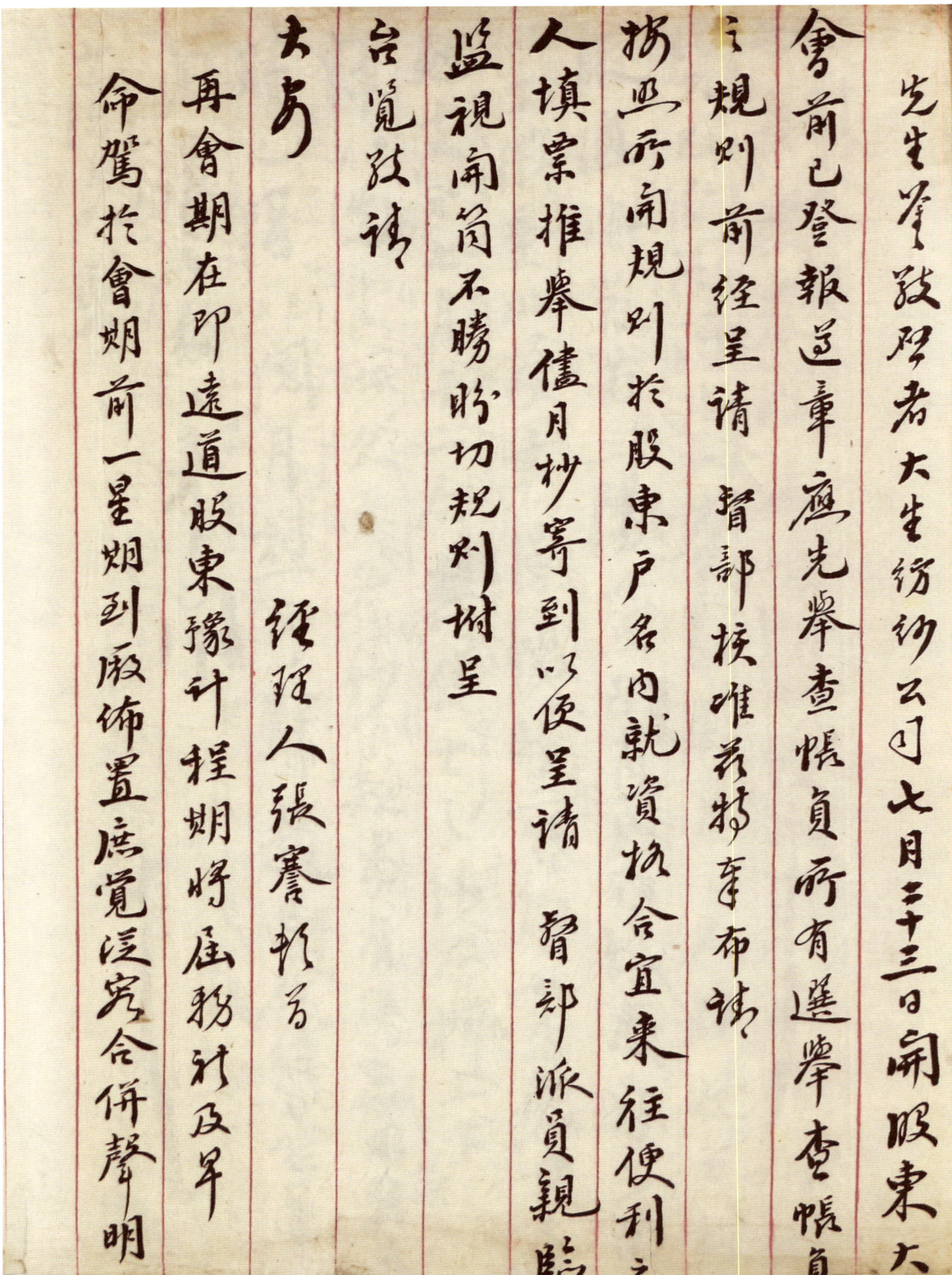

附張謇致大生紗廠股東通函

〇〇先生鑒：敬啓者，大生紡紗公司七月二十三日開股東大會，前已登報。遵章應先舉查帳員，所有選舉查帳員之規則，前經呈請督部核准，兹特奉布。請按照所開規則，於股東户名内，就資格合宜、來往便利之人填票推舉，儘月杪寄到，以便呈請督部派員親臨監視開筒，不勝盼切。規則附呈台覽。敬請大安。經理人張謇頓首

再，會期在即，遠道股東豫計程期將屆，務祈及早命駕，於會期前一星期到廠，布置庶覺從容。合并聲明。

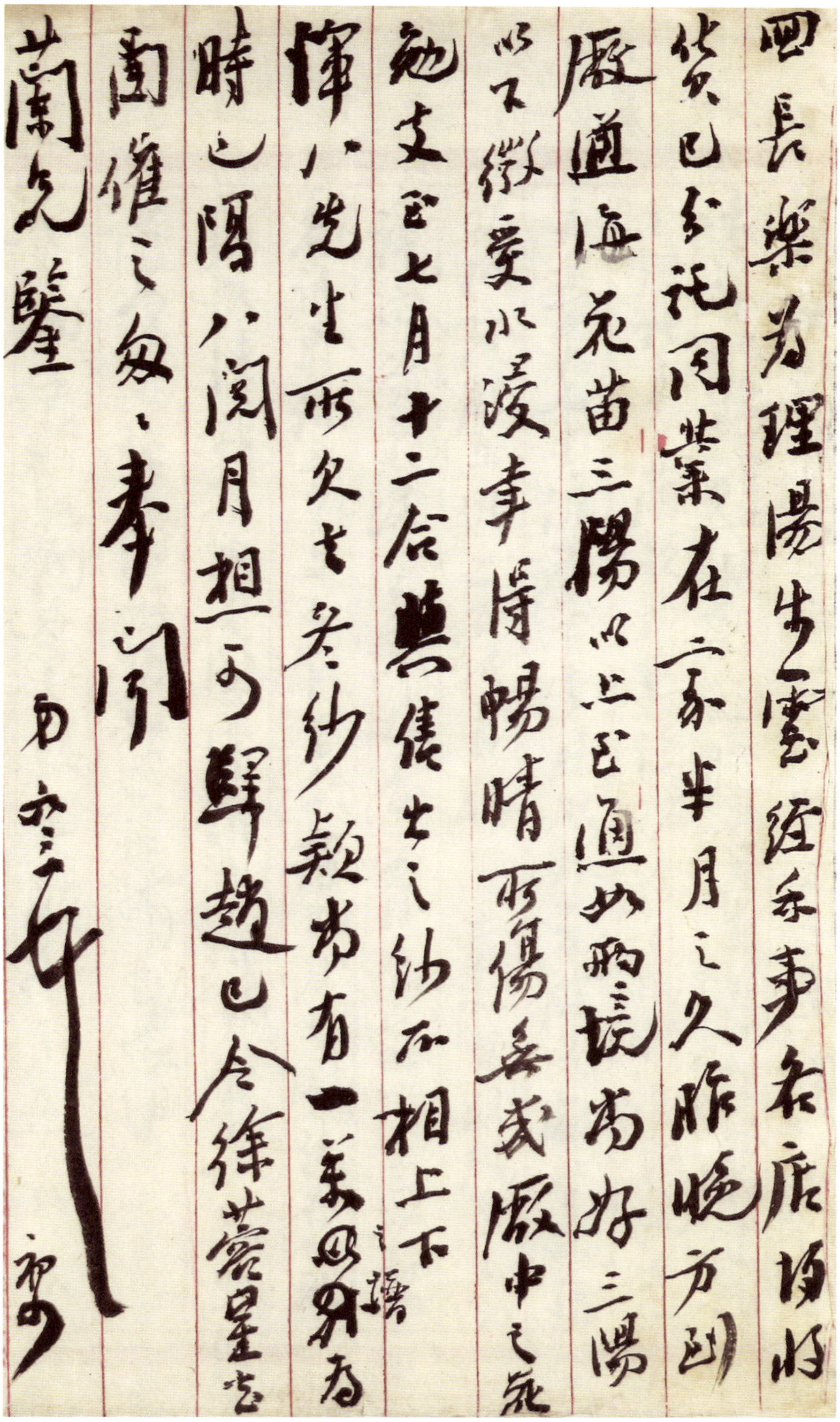

附張謇致林蘭蓀函

回長樂，爲理湯步雲經手事，各店均將貨已分托同業。在家半月之久，昨晚方到廠。通海花苗，三陽以上至通如兩境尚好，三陽以下微受水浸，幸得暢晴，所傷無幾。廠中之花勉支至七月十二，合與售出之紗不相上下。惲八先生所欠去冬紗款，尚有一萬之譜，爲時已隔八閲月，想可歸趙，已令徐蓉星去函催之。匆匆奉聞。蘭兄鑒。弟謇頓首。初四

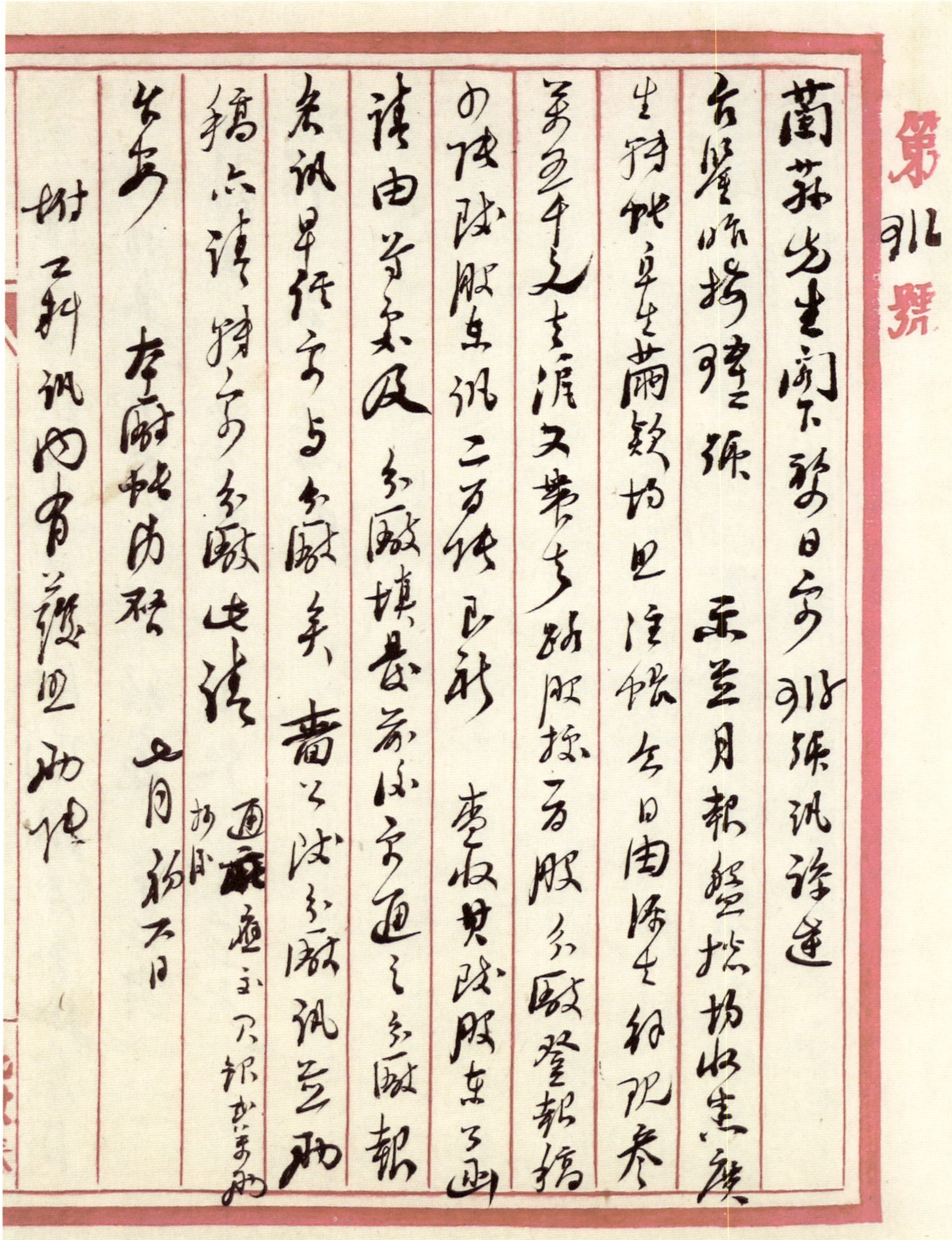

第一百十六號（七月初六日）

蘭蓀先生閣下：初四日寄一百十五號訊，諒達台鑒。昨接一百五十二號示，并月報盤總，均收悉。廣生轉帳、阜生藺款均照注帳。今日由源生解現叁萬五千元去滬，又帶去路股據一百股、分廠登報稿四張、致股東訊二百張，至祈查收。其致股東公函，請由尊處及分廠填發。前後寄通之分廠報名訊，早經寄與分廠矣。嗇公致分廠訊并兩稿，亦請轉寄分廠。此請台安。本廠帳房啓。七月初六日

通莊應交初八銀式萬兩抄後。

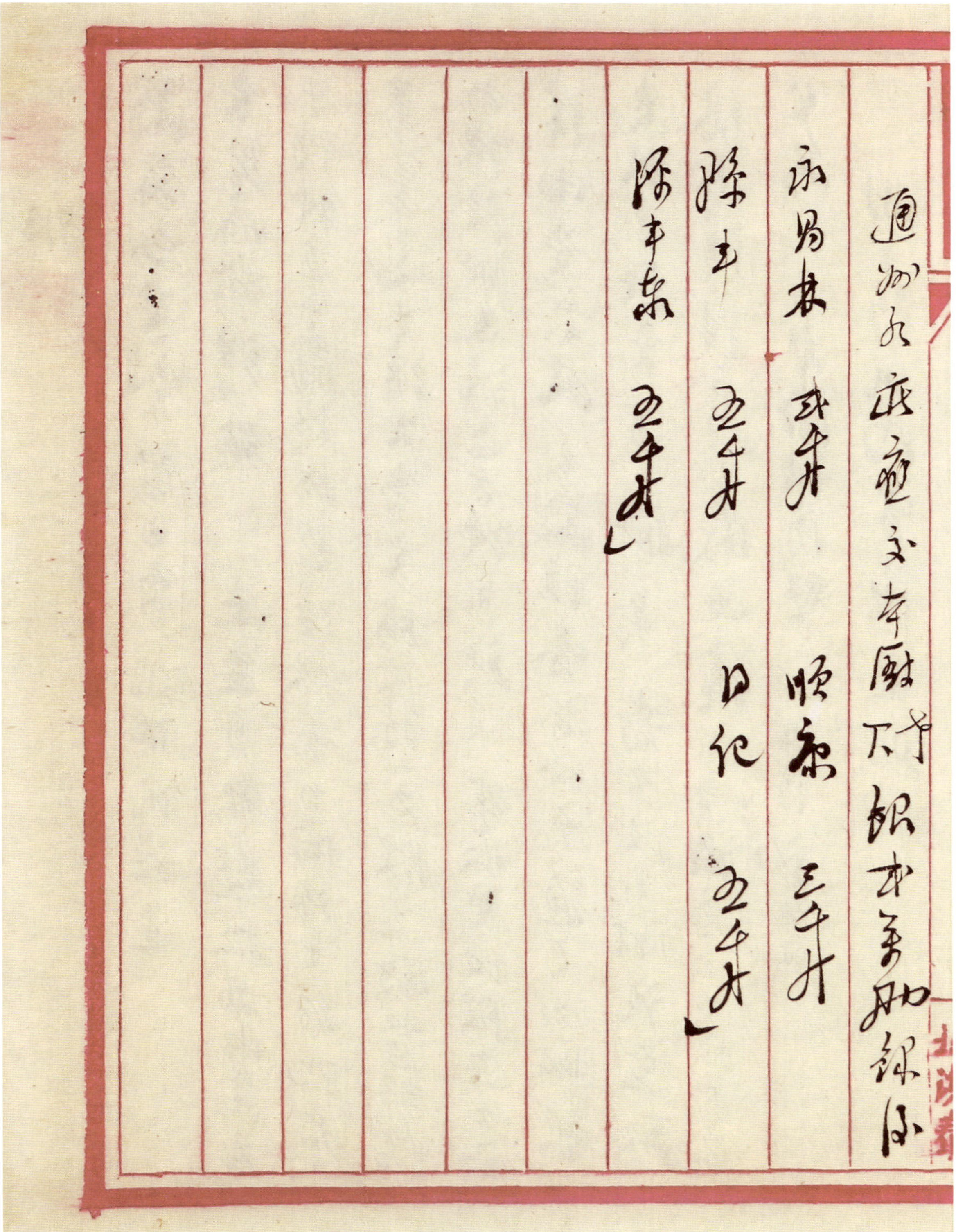
通州各莊應交本廠七月初八銀式萬兩録後
永昌林 式千兩 順康 三千兩
豫豐 五千兩 得記 五千兩
源豐泰 五千兩

第一百十六號（七月初六日）

附工料訊，内有護照兩張。

通州各莊應交本廠七月初八銀式萬兩録後：

永昌林，式千兩；順康，三千兩；豫豐，五千兩；得記，五千兩；源豐泰，五千兩。

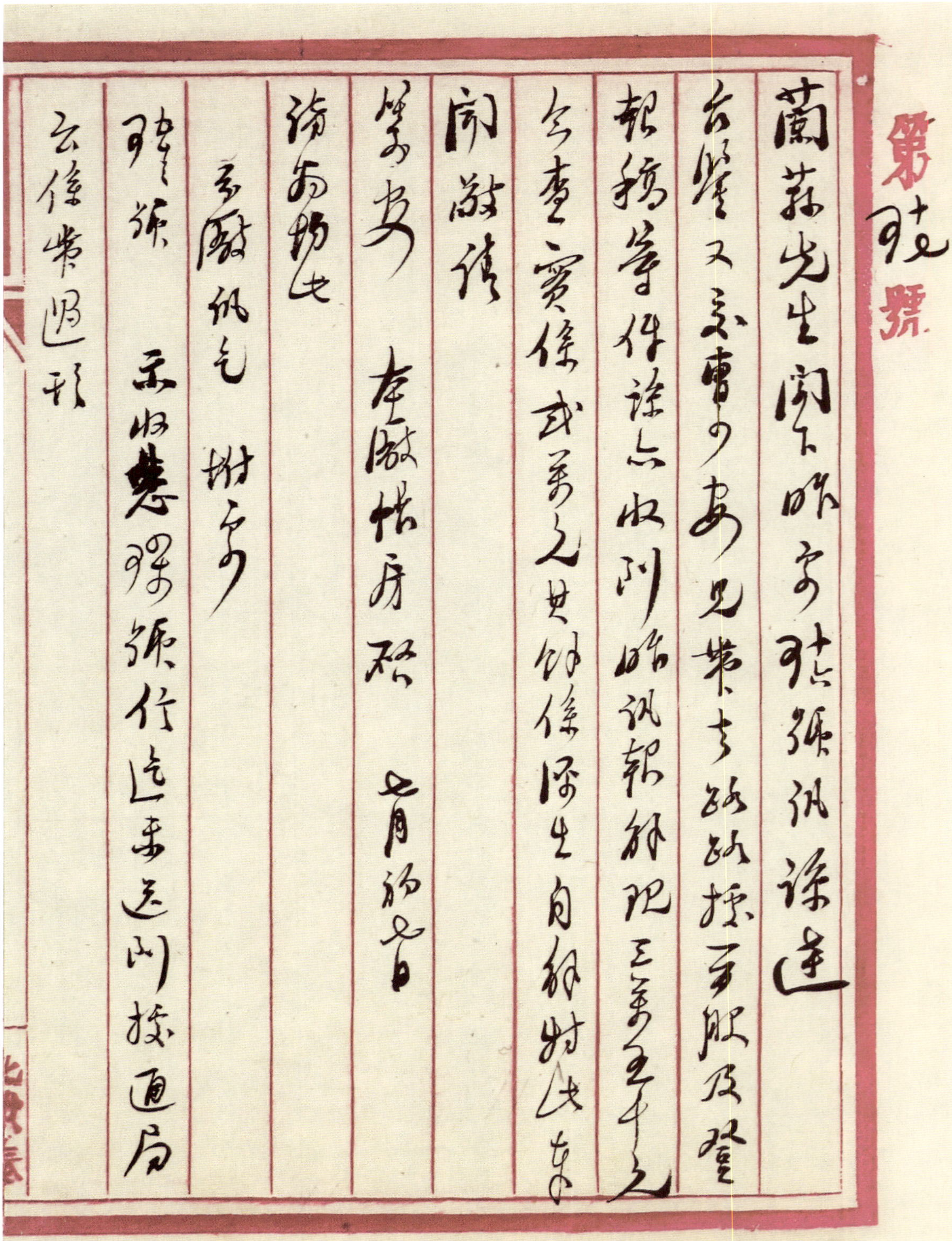

第一百十七號（七月初七日）

蘭蓀先生閣下：昨寄一百十六號訊，諒達台鑒。又交曹少安兄帶去路路〔股〕據一百股及登報稿等件，諒亦收到。昨訊報解現三萬五千元，今查實係式萬元，其餘係源生自解，特此奉聞。敬請籌安。本廠帳房啓。七月初七日

諸翁均此。

分廠訊乞附寄。

一百五十三號示收悉。一百四十四號信迄未送到，據通局云係帶過期。

第一百十七號（七月初七日）

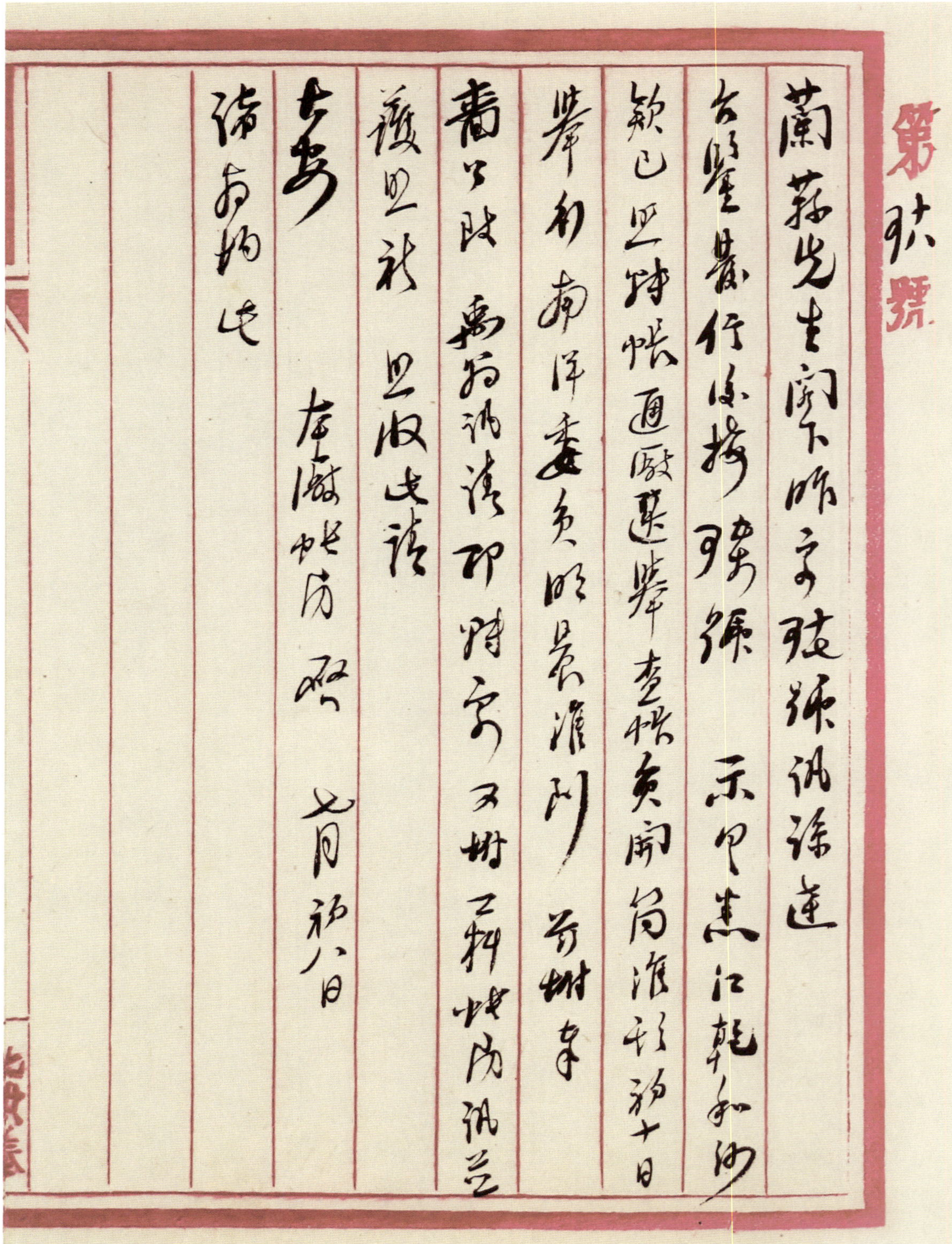

第一百十八號（七月初八日）

蘭蓀先生閣下：昨寄一百十七號訊，諒達台鑒。發信後接一百五十四號示，具悉。江乾和紗款已照轉帳。通廠選舉查帳員開筒，準期初十日舉行，南洋委員明晨準到。兹附奉嗇公致禹翁訊，請即轉寄。又附工料帳房訊并護照，祈照收。此請大安。本廠帳房啓。七月初八日

諸翁均此。

第一百十八號（七月初八日）

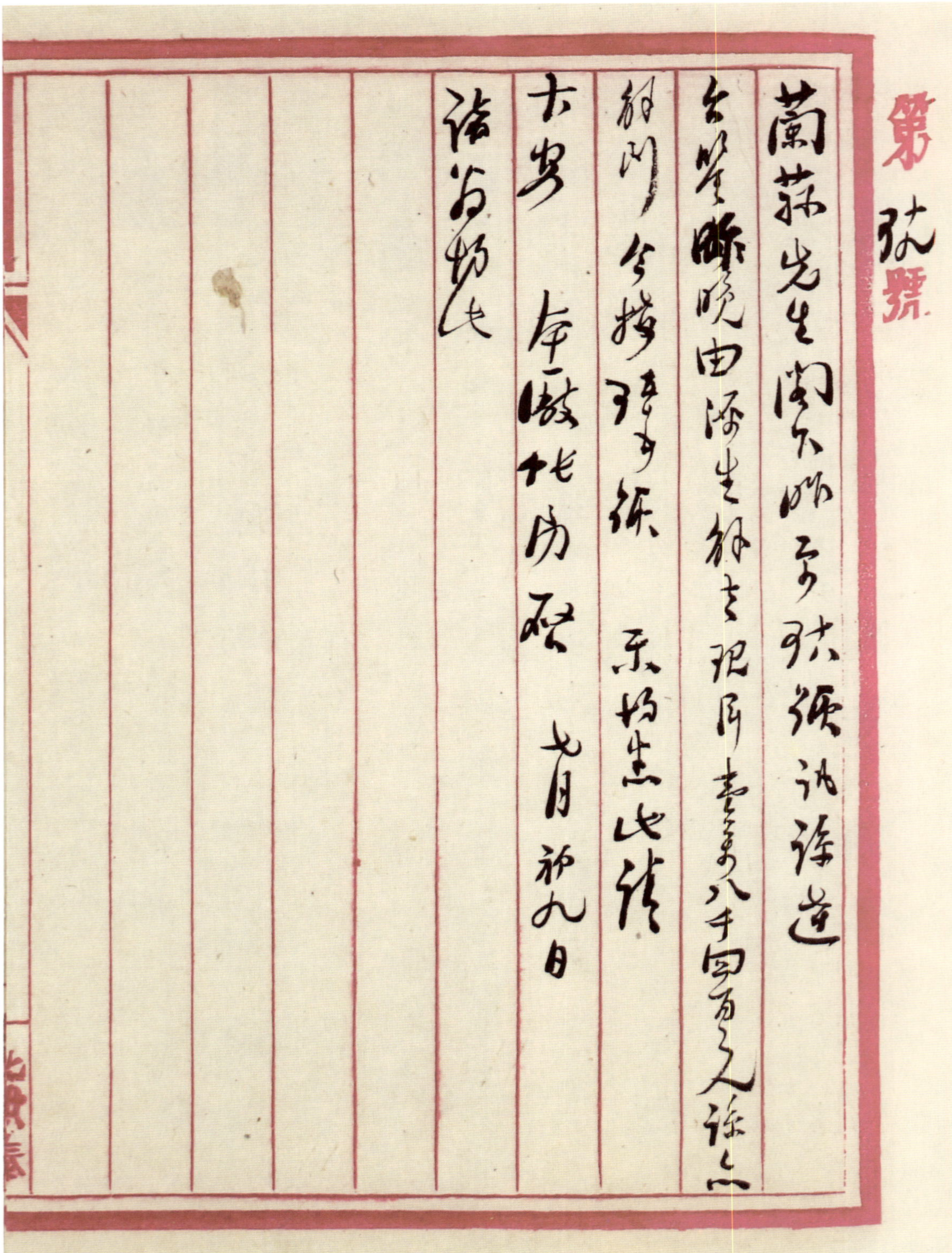

第一百十九號（七月初九日）

蘭蓀先生閣下：昨寄一百十八號訊，諒達台鑒。昨晚由源生解去現洋壹萬八千四百元，諒亦解到。今接一百五十五號示，均悉。此請大安。本廠帳房啓。七月初九日

諸翁均此。

第一百十九號（七月初九日）

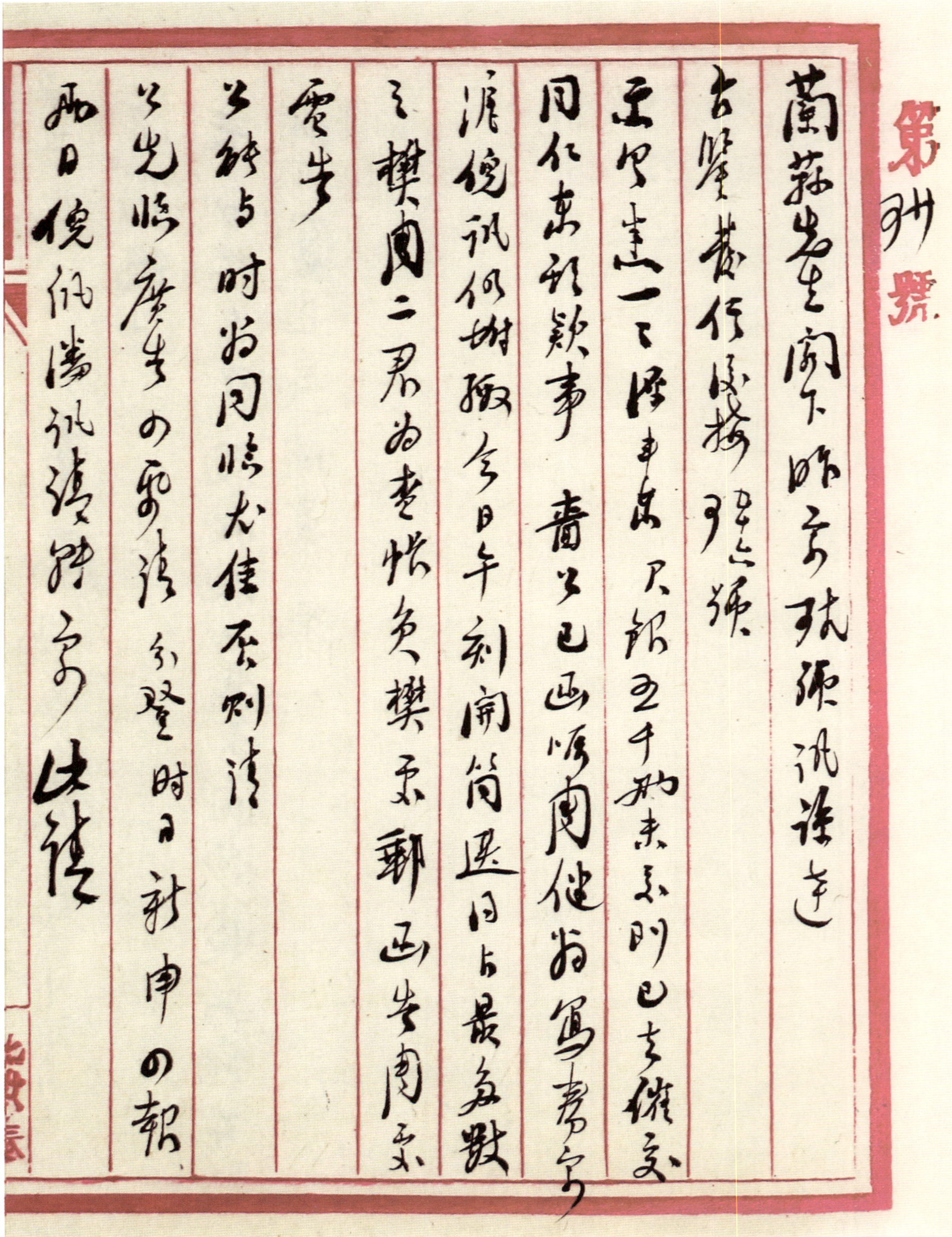

第一百二十號（七月初十日）

蘭蓀先生閣下：昨寄一百十九號訊，諒達台鑒。發信後接一百五十六號示，具悉一一。源豐泰初八銀五千兩未交到，已去催交。同仁泰期款事，嗇公已函囑周健翁寫券寄滬，倪訊仍附繳。今日午刻開筒，選得占最多數之樊、周二君爲查帳員，樊處郵函告，周處電告。公能與時翁同臨尤佳，否則請公先臨。廣告四紙，請分登時、日、新、申四報兩日。倪訊、潘訊請轉寄。此請籌安。本廠帳房啓。七月初十日

諸翁均此。

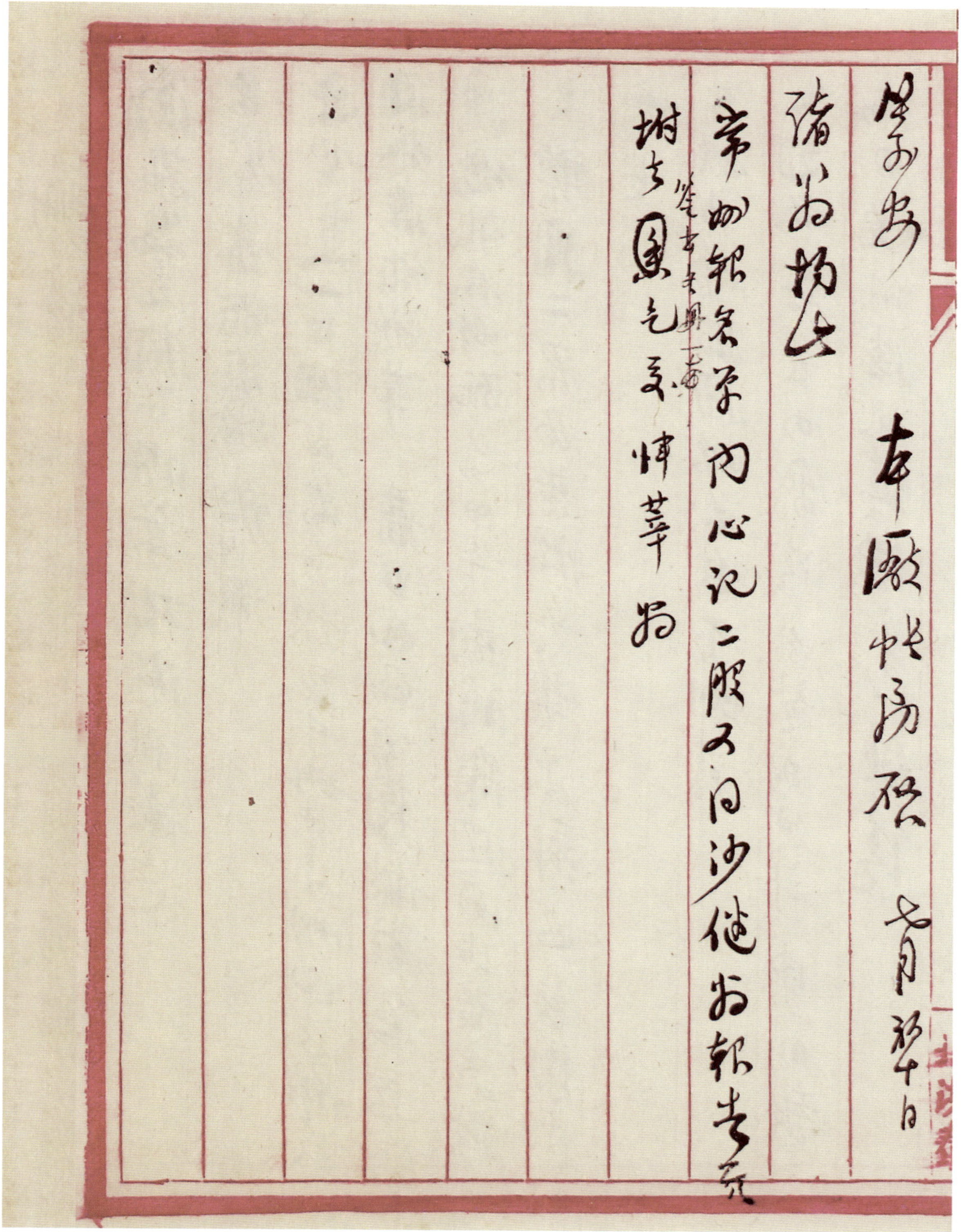

第一百二十號（七月初十日）

常州報名單内心記二股，又同沙健翁報告。兹附去簽出名册一本，乞交惲莘翁。

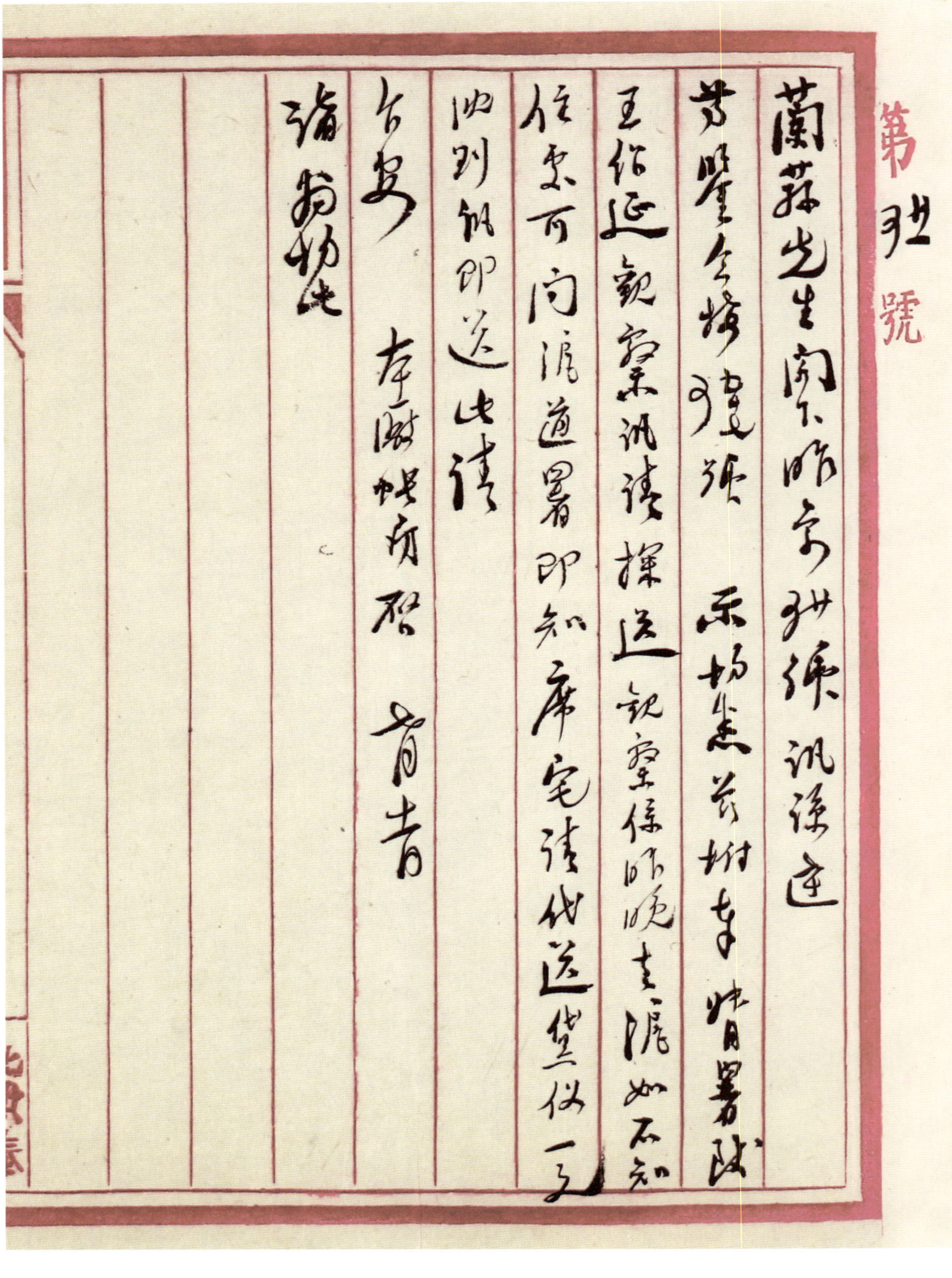

第一百二十一號（七月十一日）

蘭蓀先生閣下：昨寄一百廿號訊，諒達尊鑒。今接一百五十七號示，均悉。兹附奉督署致王紹延觀察訊，請探送。觀察係昨晚去滬，如不知住處，可問滬道署即知。席宅請代送黛儀一元。沈、劉訊即送。此請台安。本廠帳房啓。七月十一日
諸翁均此。

第一百二十一號（七月十一日）

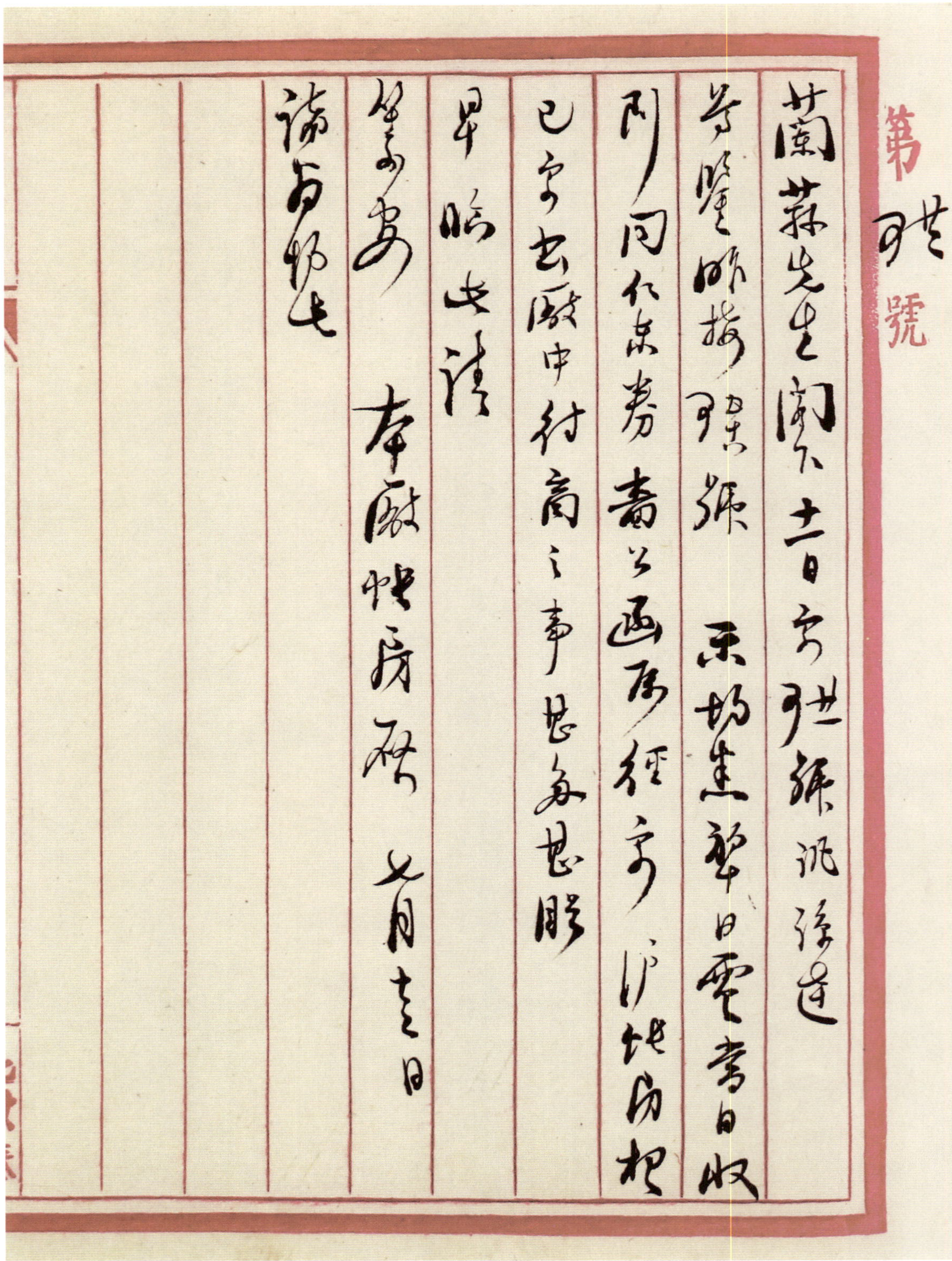

第一百二十二號（七月十三日）

蘭蓀先生閣下：十一日寄一百廿一號訊，諒達尊鑒。昨接一百五十八號示，均悉。初十日電，當日收到。同仁泰券，啬公函屬徑寄滬帳房，想已寄出。廠中待商之事甚多，甚盼早臨。此請籌安。本廠帳房啓。七月十三日

諸翁均此。

第一百二十二號（七月十三日）

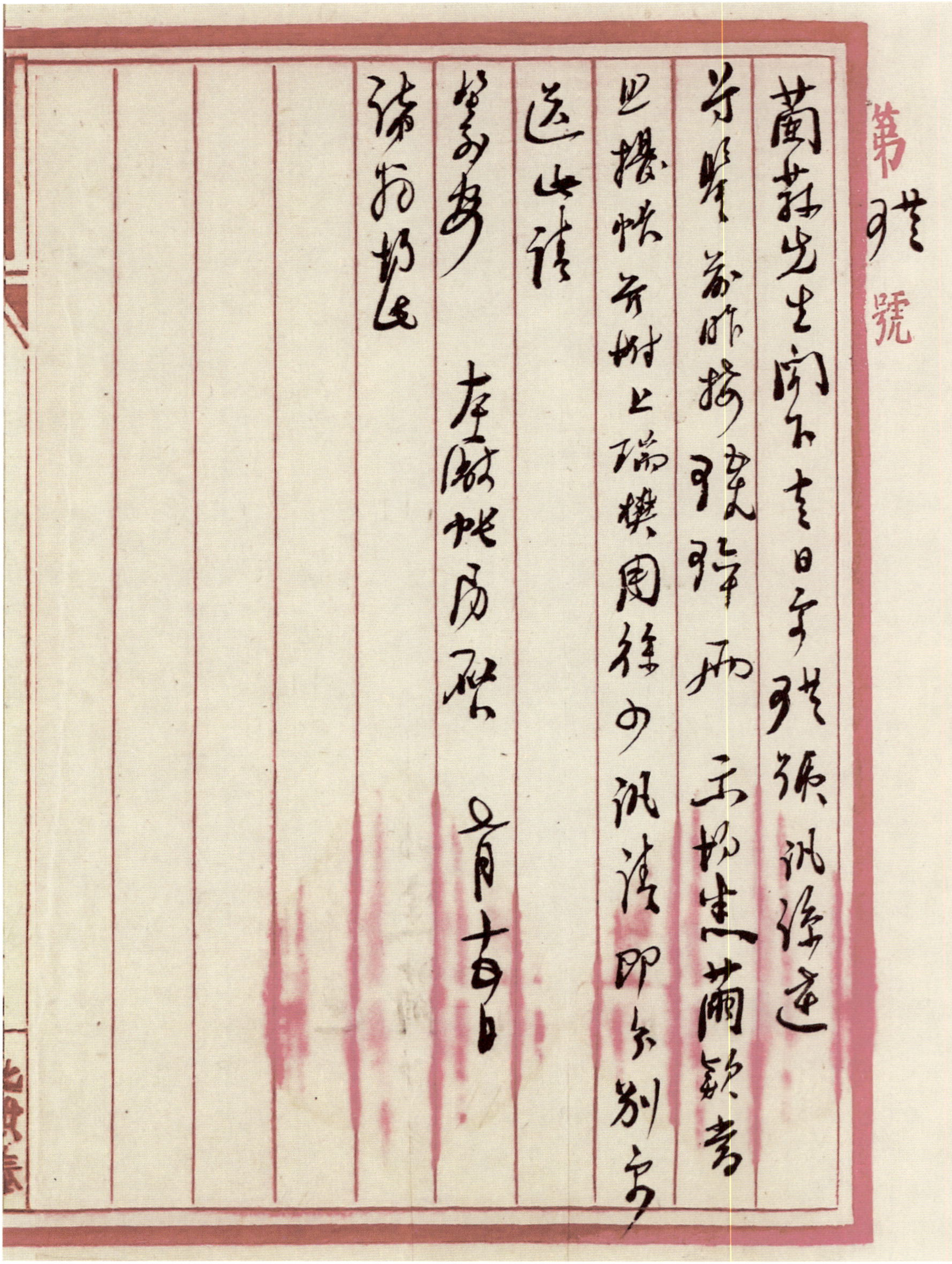

第一百二十三號（七月十五日）

蘭蓀先生閣下：十三日寄一百廿二號訊，諒達尊鑒。前、昨接一百五十九、一百六十兩示，均悉。繭款當照撥帳。茲附上瑞、樊、周、徐四訊，請即分別寄送。此請籌安。本廠帳房啓。七月十五日

諸翁均此。

第一百二十三號（七月十五日）

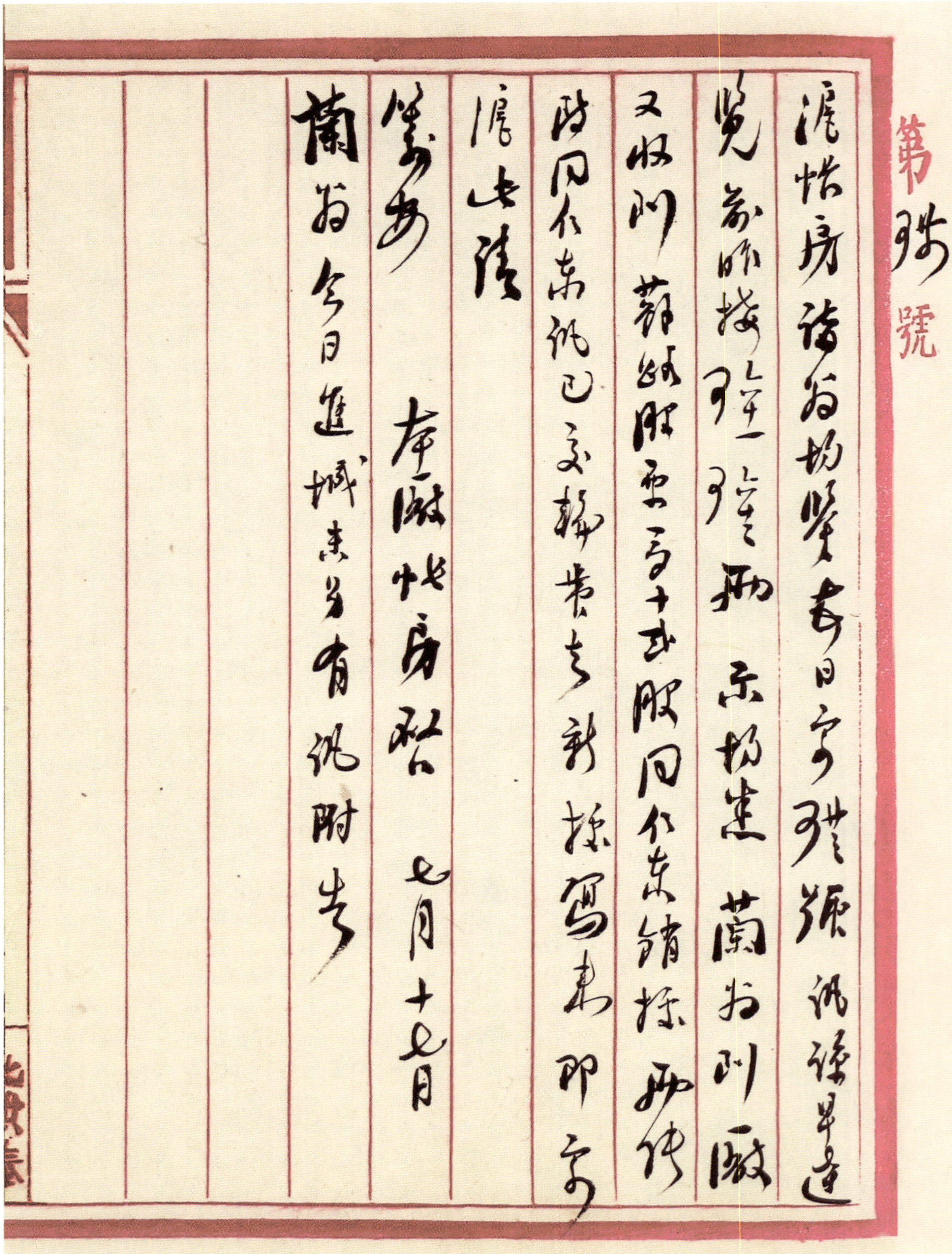

第一百二十四號（七月十七日）

滬帳房諸翁均鑒：十五日寄一百廿三號訊，諒早達覽。前、昨接一百六十一、一百六十二兩示，均悉。蘭翁到廠，又收到蘇路股票一百十式股、同仁泰銷據兩張。致同仁泰訊已交輪帶去，新據寫來即寄滬。此請籌安。本廠帳房啓。七月十七日

蘭翁今日進城，未另有訊，附告。

第一百二十四號（七月十七日）

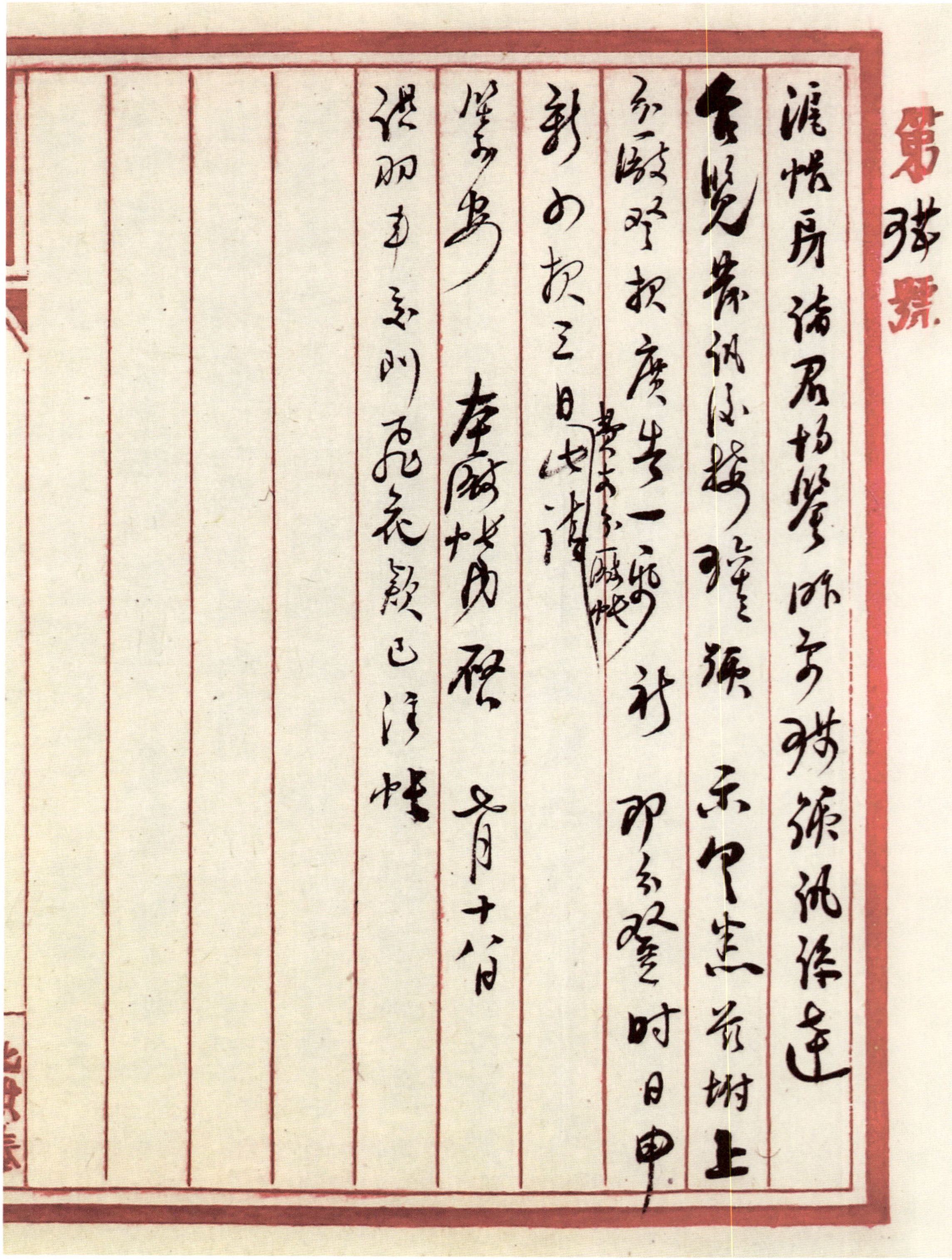

第一百二十五號（七月十八日）

滬帳房諸君均鑒：昨寄一百廿四號訊，諒達台覽。發訊後接一百六十三號示，具悉。茲附上分廠登報廣告一紙，祈即分登時、日、申、新四報三日，費支分廠帳。此請籌安。本廠帳房啓。七月十八日

洪羽豐交到飛花款，已注帳。

第一百二十五號（七月十八日）

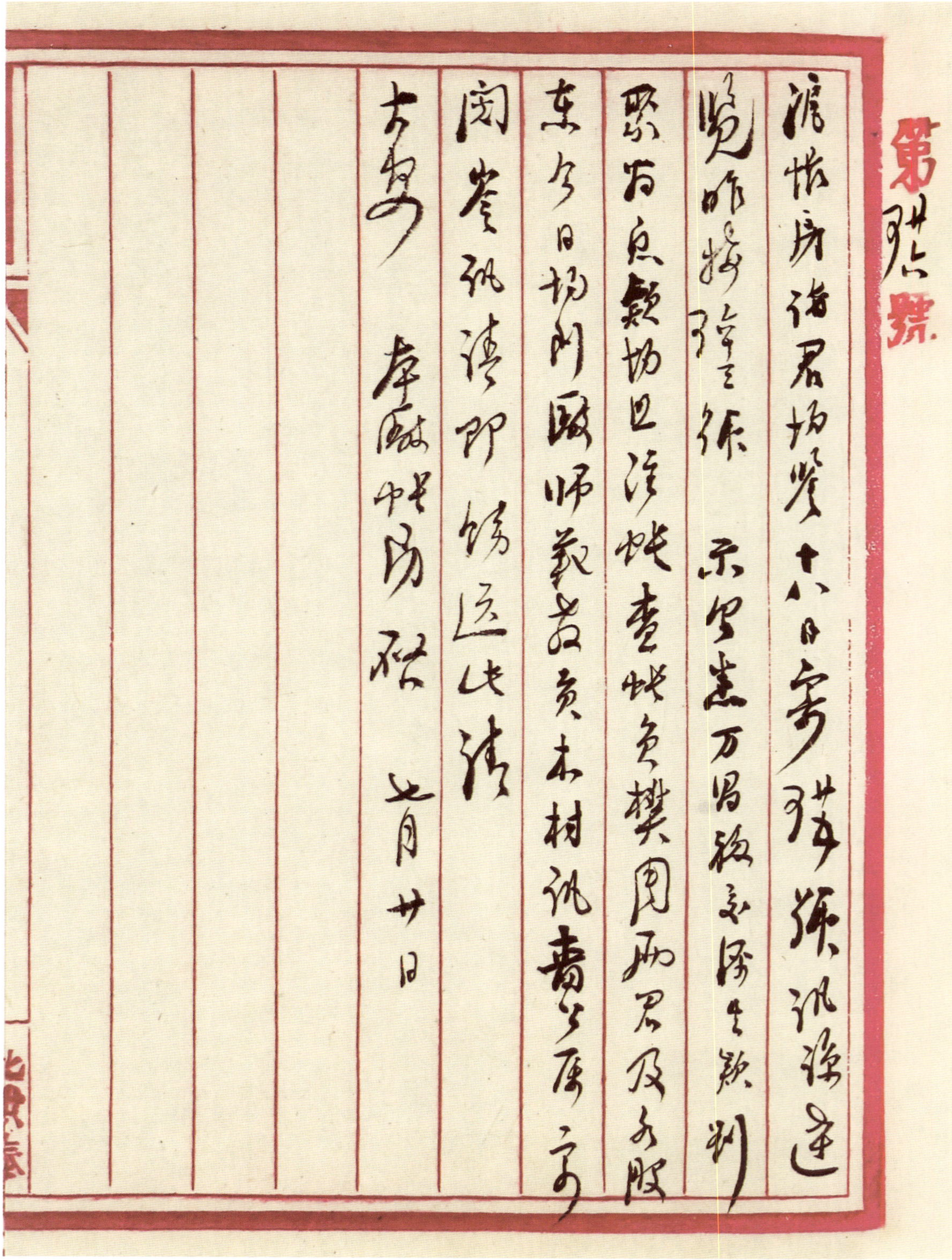

第一百二十六號（七月廿日）

滬帳房諸君均鑒：十八日寄一百廿五號訊，諒達覽。昨接一百六十三號示，具悉。萬昌福交源生款、劉聚翁息款，均照注帳。查帳員樊、周兩君及各股東今日均到廠。師範教員木村訊，嗇公屬寄閱。岑訊請即飭送。此請大安。本廠帳房啓。七月廿日

（按：本信所云“一百六十三號示”，編號有誤）

第一百二十六號（七月廿日）

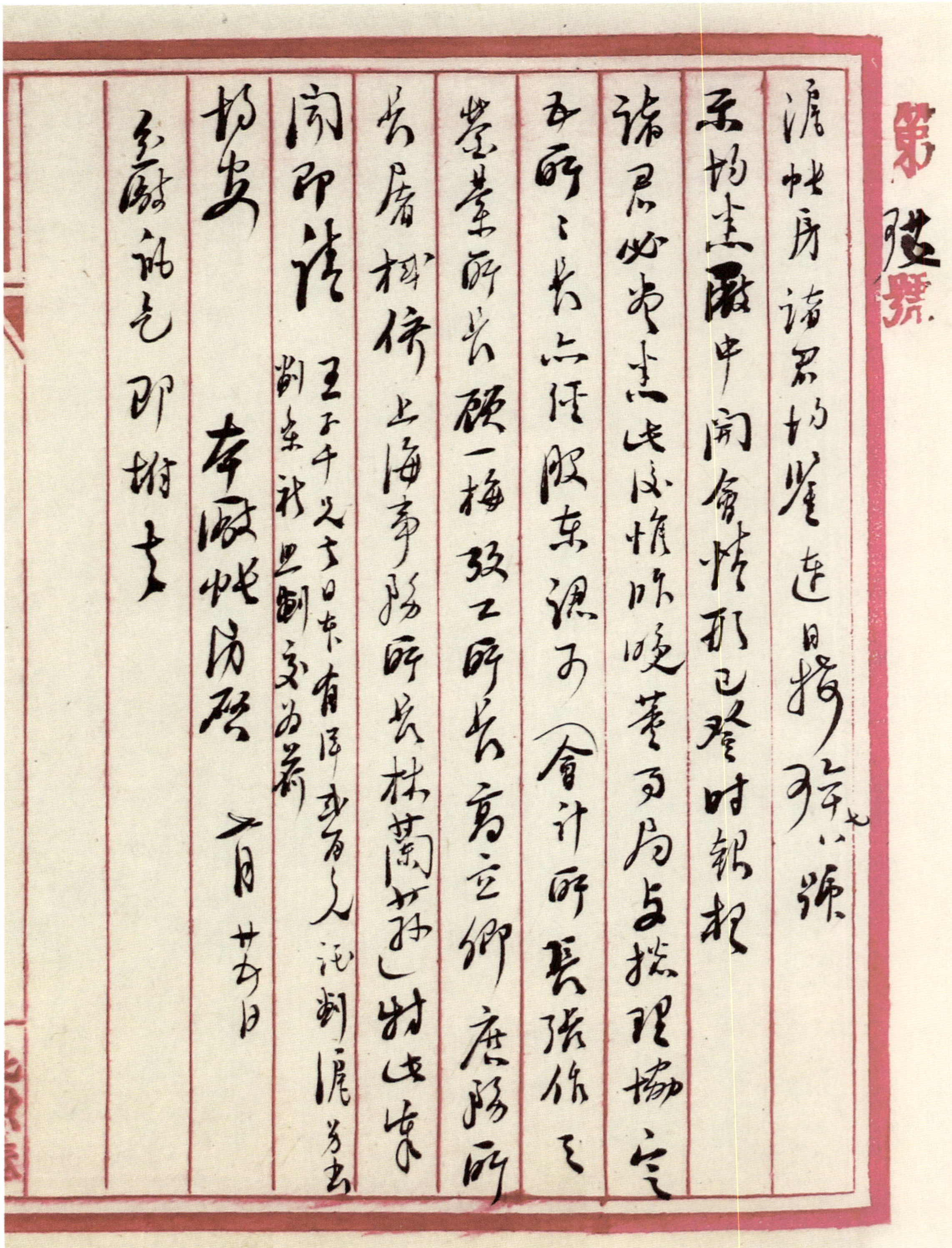

第一百二十七號（七月廿五日）

滬帳房諸君均鑒：連日接一百六十七、一百六十八號示，均悉。廠中開會情形，已登《時報》，想諸君必盡悉。此後惟昨晚董事局與總理協定，五所所長亦經股東認可（會計所長張作三，營業所長顧一梅，考工所長高立卿，庶務所長屠柀儕，上海事務所長林蘭蓀），特此奉聞。即請均安。本廠帳房啓。七月廿五日

王子千兄去日本，有洋弍百元托劃滬，另出劃條，祈照劃交爲荷。

分廠訊乞即附去。

第一百二十七號（七月廿五日）

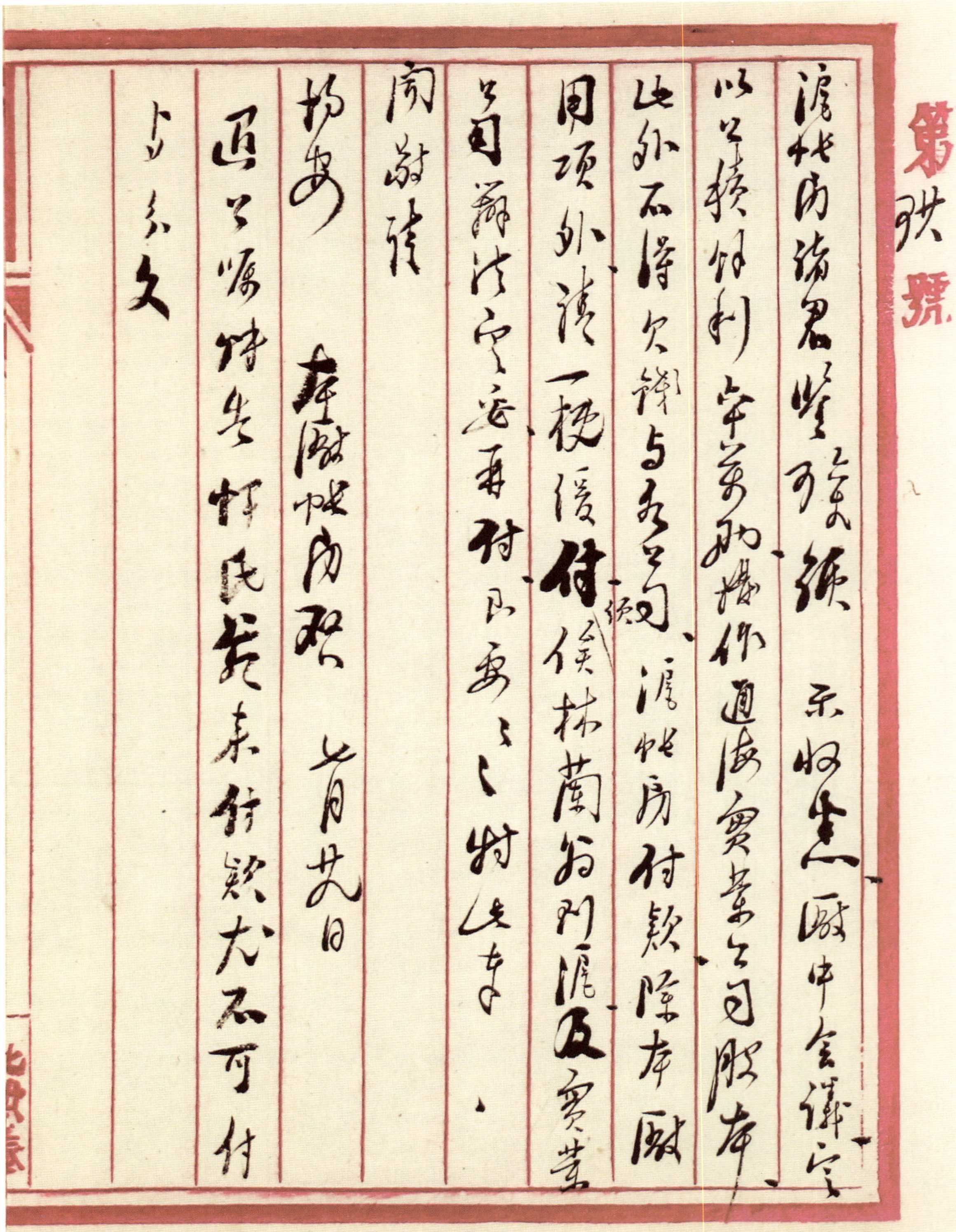

第一百二十八號（七月廿九日）

滬帳房諸君鑒：一百六十九號示收悉。廠中會議，定以公積餘利六十萬兩，撥作通海實業公司股本，此外不得欠錢與各公司。滬帳房付款，除本廠用項外，請一概緩付，須俟林蘭翁到滬，及實業公司辦法定妥再付。至要至要！特此奉聞。敬請均安。

本廠帳房啓。七月廿九日

退公囑轉告，惲氏若來付款，尤不可付與分文。

第一百二十八號（七月廿九日）

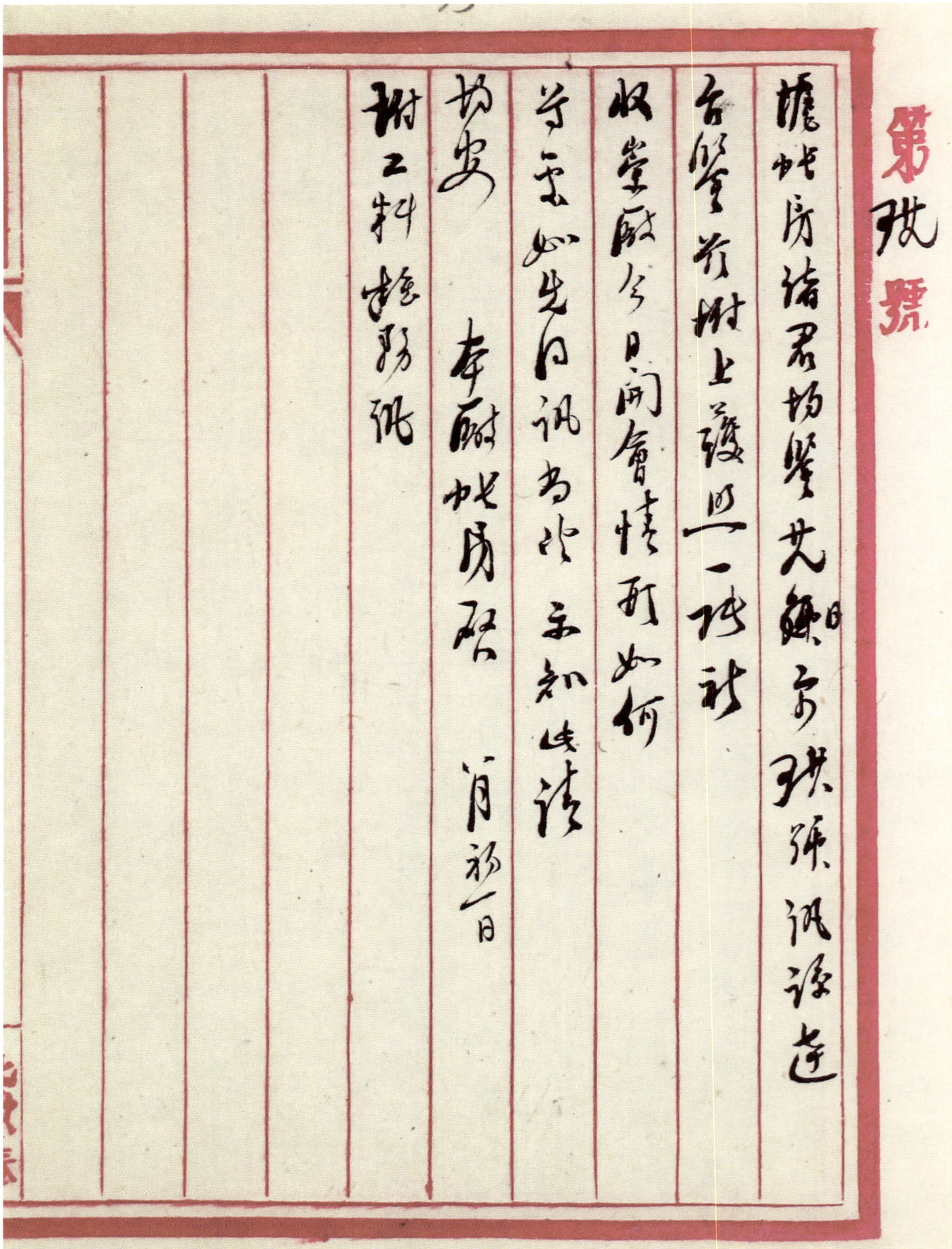
第 號
滬帳房諸君均鑒廿九日寄一百廿八號訊諒達
台鑒茲附上護照一張祈
收崇廠今日開會情形如何
尊處如先得訊尚望示知此請
均安　本廠帳房啓　八月初一日
附工料雜務訊

第一百二十九號（八月初一日）

滬帳房諸君均鑒：廿九日寄一百廿八號訊，諒達台鑒。茲附上護照一張，祈收。崇廠今日開會，情形如何，尊處如先得訊，尚望示知。此請均安。本廠帳房啓。八月初一日

附工料雜務訊。

第一百二十九號（八月初一日）

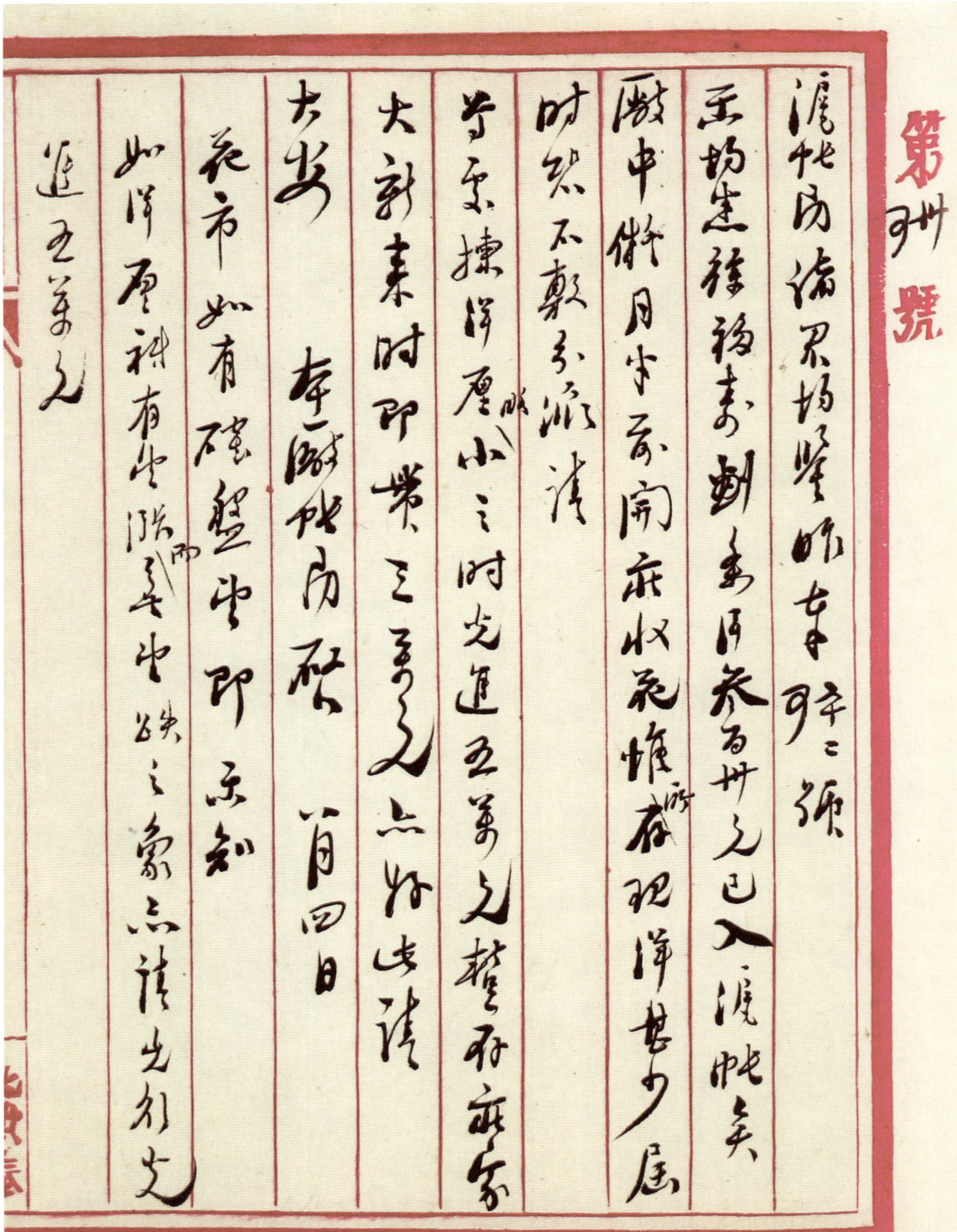

第一百三十號（八月四日）

滬帳房諸君均鑒：昨奉一百七十二號示，均悉。徐福壽劃條洋叁百卅元，已入滬帳矣。廠中擬月半前開莊收花，惟所存現洋甚少，屆時恐不敷分派。請尊處揀洋厘略小之時兑進五萬元，暫存莊家，大新來時即帶三萬元亦好。此請大安。本廠帳房啓。八月四日

花市如有確盤，望即示知。

如洋厘衹有望漲而無望跌之象，亦請先行兑進五萬元。

第一百三十號（八月四日）

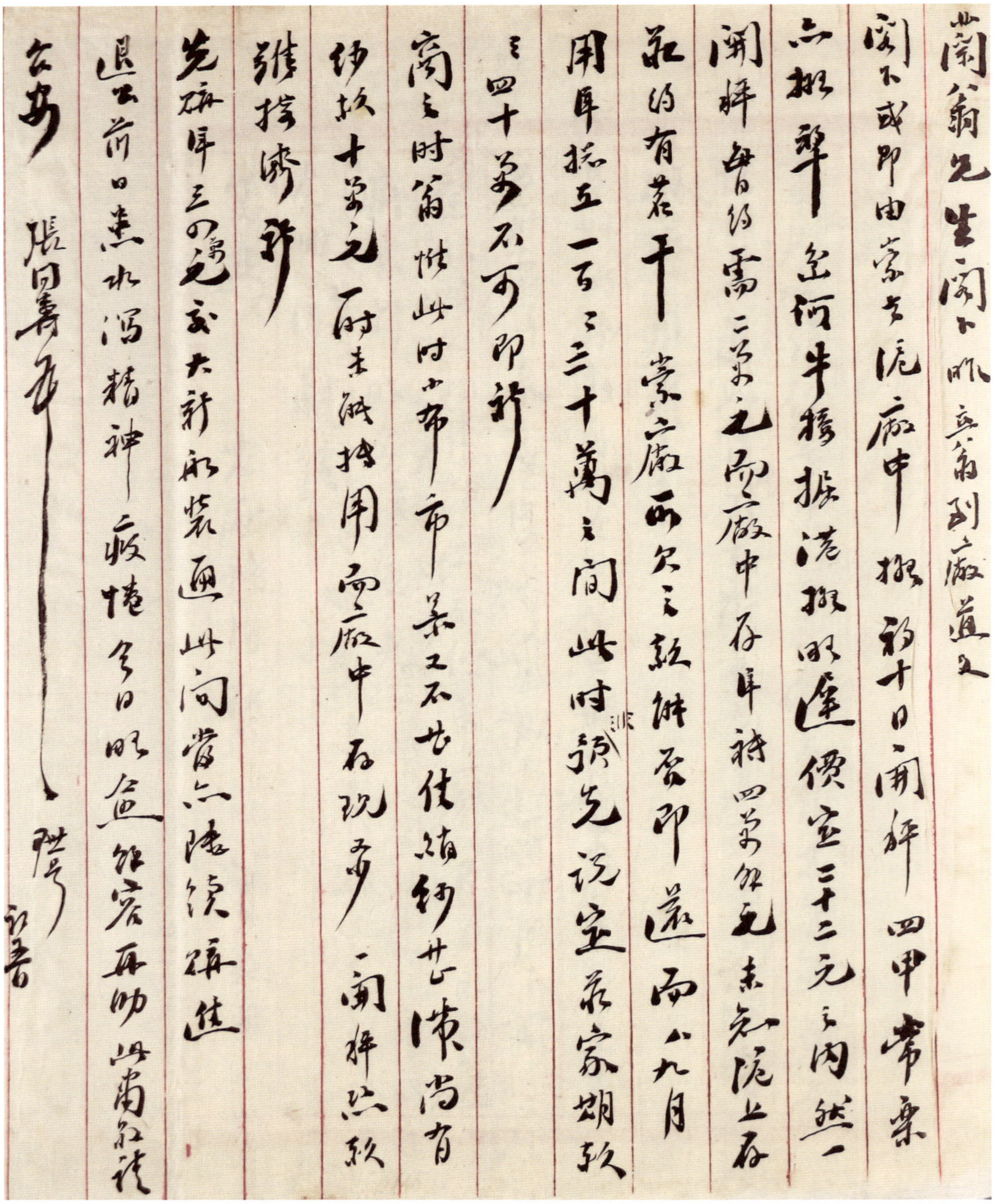

第一百三十一號（張同壽致林蘭蓀函）（八月初五日）

蘭翁先生閣下：昨立翁到廠，道及閣下或即由崇去滬。廠中擬初十日開秤，四甲、常樂亦擬初十，岔河、牛橋、掘港擬略遲，價定二十二元之内。然一開秤，每日約需二萬元，而廠中存洋衹四萬餘元，未知滬上存莊約有若干？崇廠所欠之款能否即還？而八、九月用洋總在一百二三十萬之間，此時非預先説定莊家期款三四十萬不可，即祈商之時翁。惟此時小布市景又不甚佳，銷紗甚滯，尚有紗款十萬元一時未能抵用，而廠中存現又少，一開秤，恐款難接濟。祈先購洋三四萬元，交大新船裝通，此間當亦陸續購進。退公前日患水瀉，精神疲倦，今日略愈。餘容再泐，此肅，敬請台安。張同壽頓首。（一百卅一號）初五日

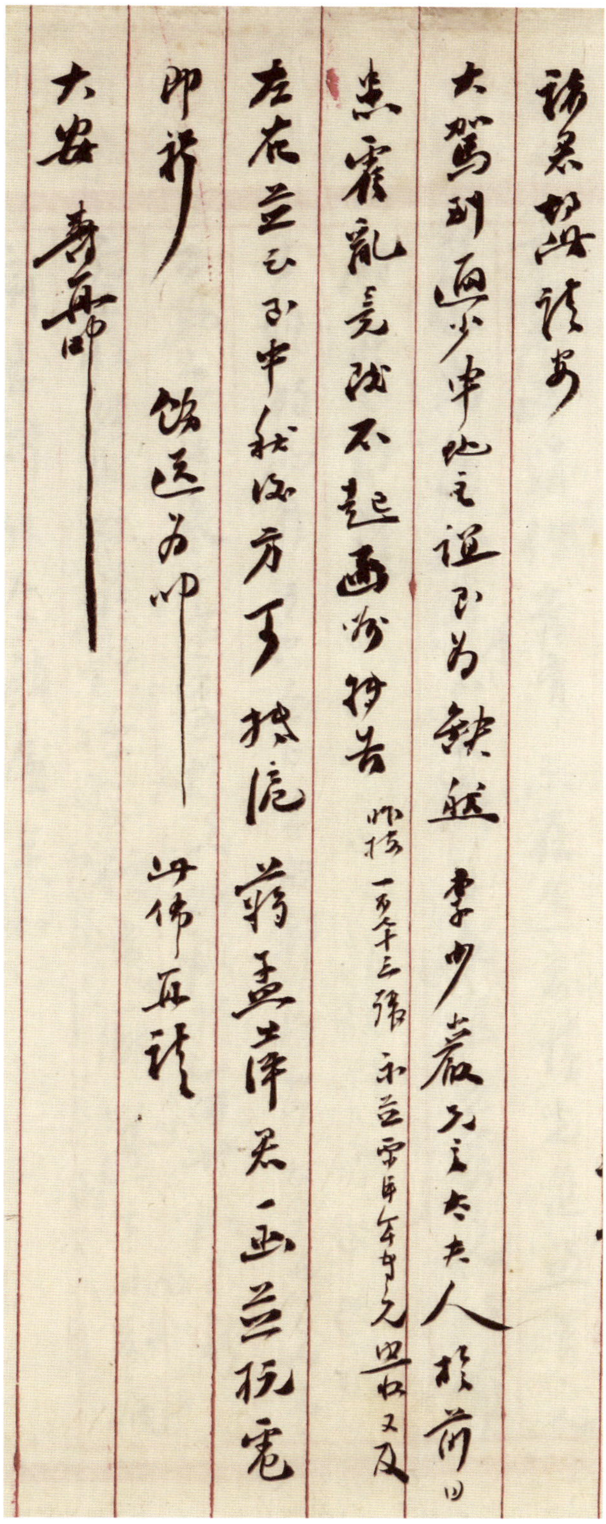
諸君均此請安
大駕到通少申地主誼至為缺然李少巖兄之太夫人於前日
昨接一百七十三號示并票洋一千五百元照收又及
患霍亂竟致不起函囑轉告
左右并云至中秋後方可抵滬蔣孟萍君一函并杭電
即祈 飭送為叩 此佈再請
大安 壽再叩

第一百三十一號（張同壽致林蘭蓀函）（八月初五日）

諸君均此請安。

大駕到通，少申地主誼，至爲缺然。李少巖兄之太夫人於前日患霍亂，竟致不起，函囑轉告左右，并云至中秋後方可抵滬。蔣孟萍君一函并杭電，即祈飭送爲叩。此布，再請大安。壽再叩。

昨接一百七十三號示，并票洋一千五百元，照收。又及。

（按：此信署名張同壽，實即大生紗廠帳房寄者）

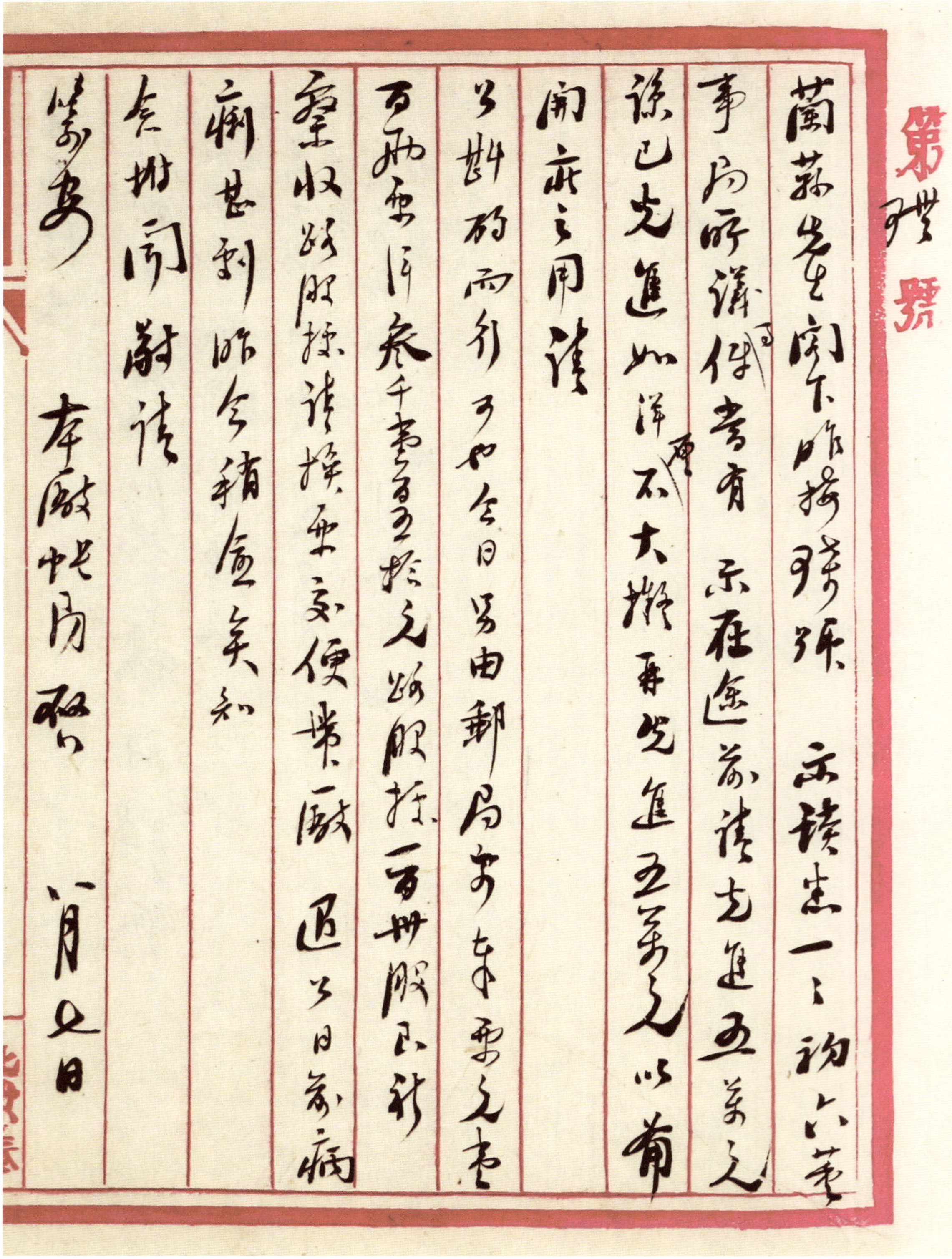

第一百三十二號（八月七日）

蘭蓀先生閣下：昨接一百七十四號示，讀悉一一。初六董事局所議事件，當有示在途。前請兑進五萬元，諒已兑進，如洋厘不大，擬再兑進五萬元，以備開莊之用，請公斟酌而行可也。今日另由郵局寄奉票元壹百兩、票洋叁千壹百五拾元、路股據一百卅〔卌〕股，至祈察收。路股據請換票，交便帶廠。退公日前病痢甚劇，昨、今稍愈矣，知念附聞。敬請籌安。本廠帳房啓。八月七日

諸翁均此。

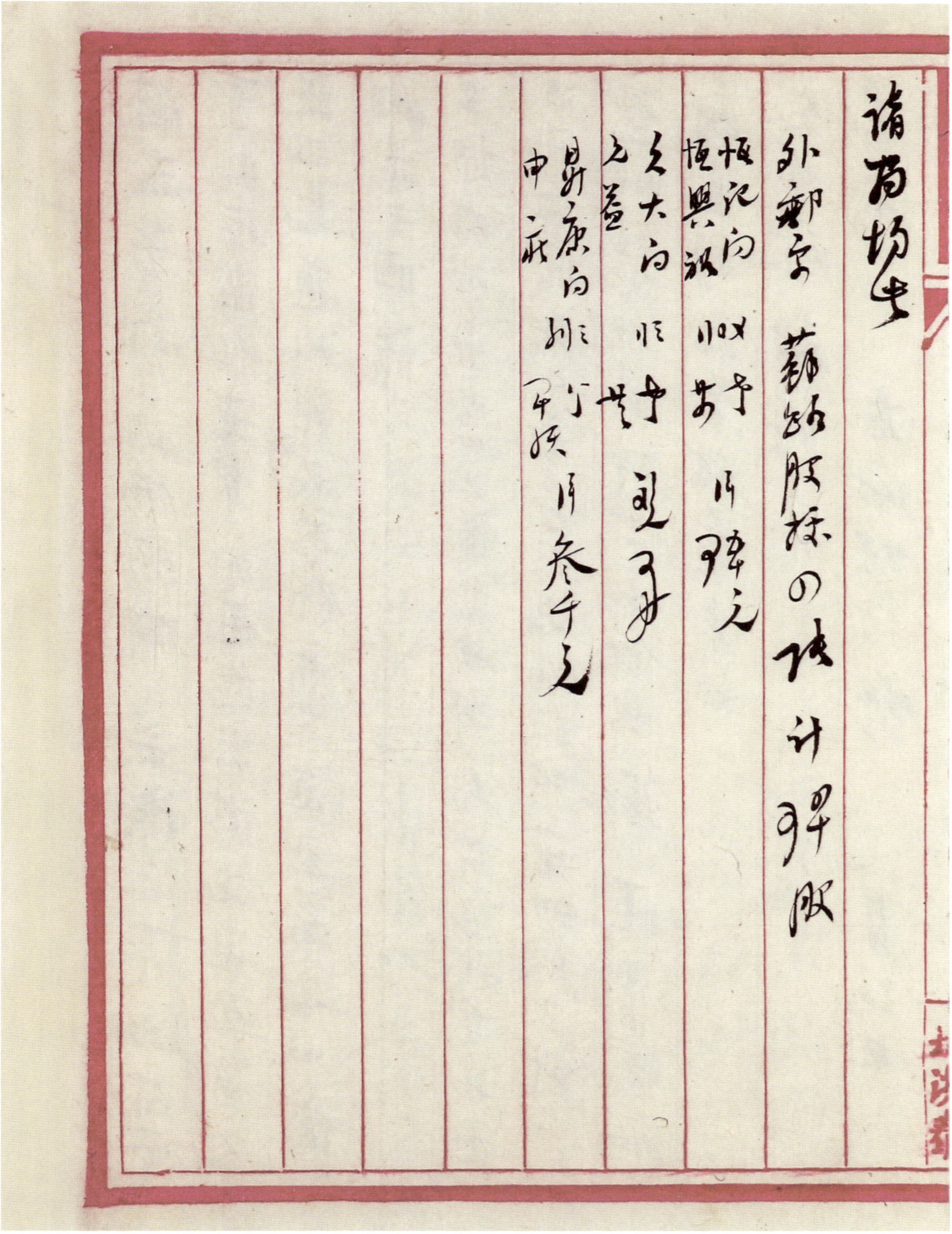

外郵寄蘇路股據四張，計一百卅股
恒記向恒興裕，二〇四，七月廿四，洋一百五十元
久大向元益，二三，七月廿三，九八元一百兩
昇康向申莊，五二三，八月初十（五天），洋叁千元

第一百三十二號（八月七日）

外郵寄蘇路股據四張，計一百四十股。

恒記向恒興裕，二〇四，七月廿四，洋一百五十元

久大向元益，二三，七月廿三，九八元一百兩

昇康向申莊，五二三，八月初十（五天），洋叁千元

（按：信中所云“路股據一百卅股”，“卅”應爲“卌”之誤）

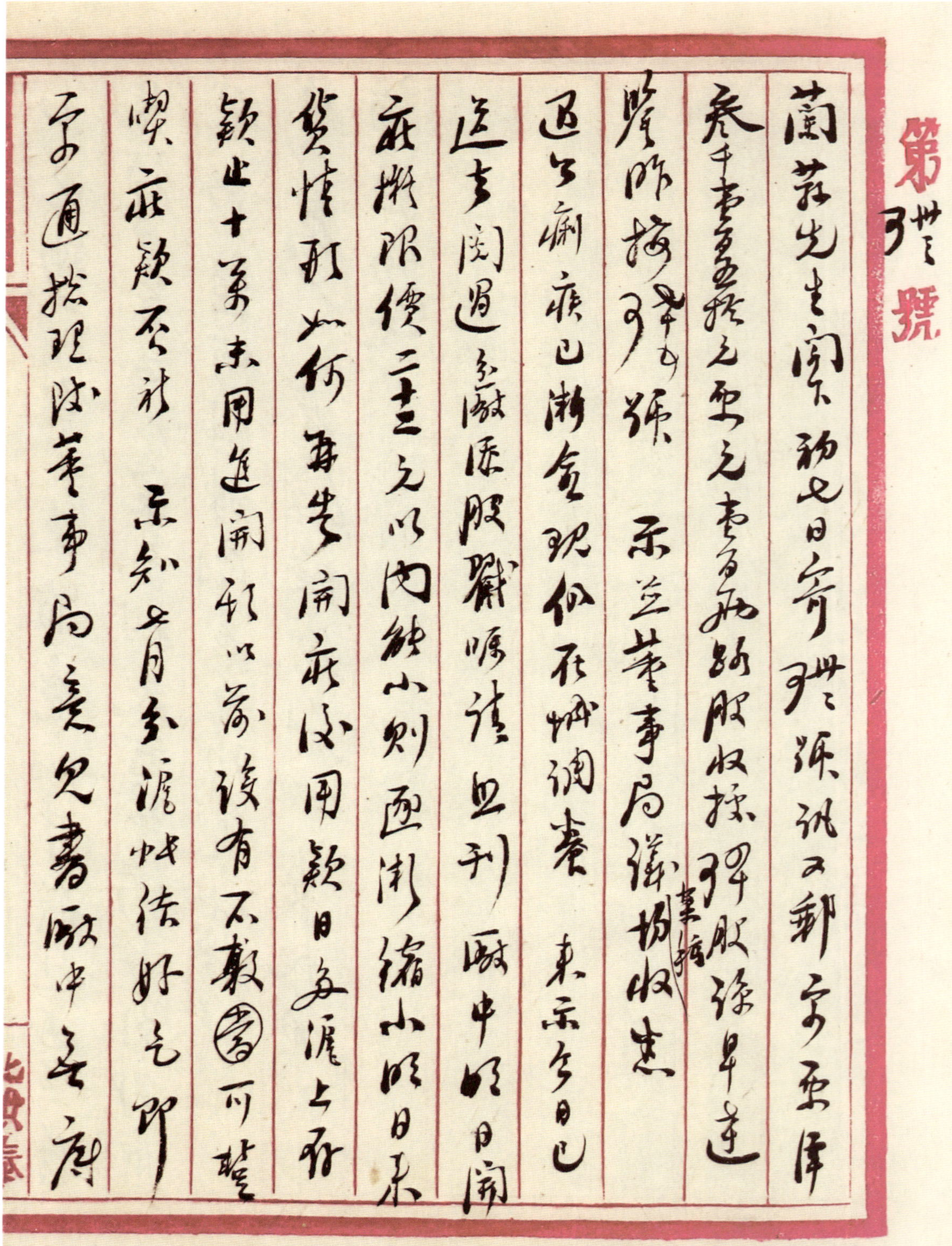

第一百三十三號（八月九日）

蘭蓀先生閣下：初七日寄一百卅二號訊，又郵寄票洋叁千壹百五拾元、票元壹百兩、路股收據一百四十股，諒早達鑒。昨接一百七十五號示，并董事局議案稿，均收悉。退公痢疾已漸愈，現仍在城調養，來示今日已送去閱過。分廠添股戳，囑請照刊。廠中明日開莊，擬限價二十二元以內，能小則逐漸縮小，明日來貨情形如何，再告。開莊後用款日多，滬上存款止十萬未用進，開期以前，設有不敷，可暫吃莊款否，祈示知。七月分滬帳結好，乞即寄通。總理致董事局意見書，廠中無底，乞照鈔一分，

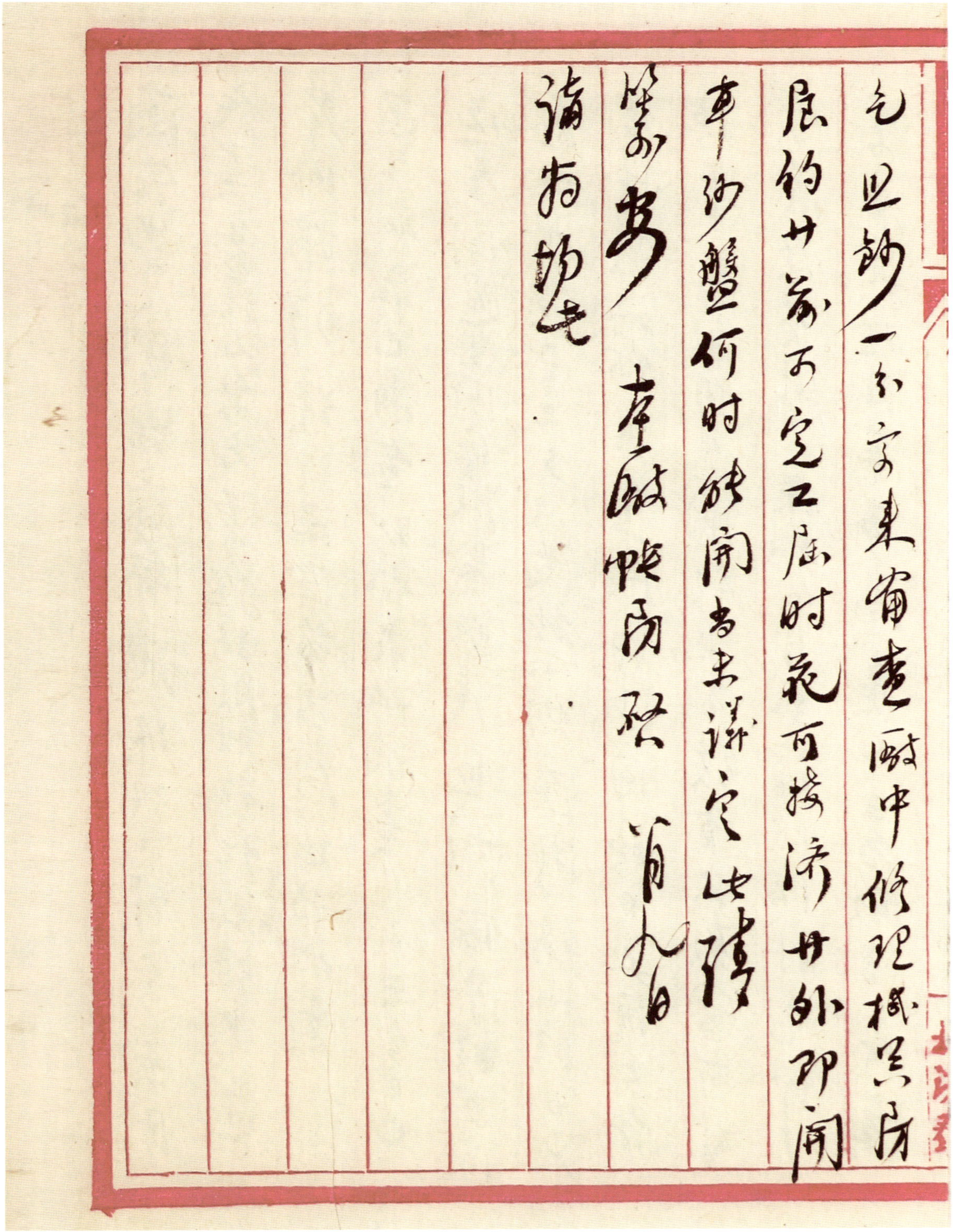

第一百三十三號（八月九日）

寄來備查。廠中修理機器房屋，約廿前可完工，屆時花可接濟。廿外即開車。紗盤何時能開，尚未議定。此請籌安。本廠帳房啓。八月九日

諸翁均此。

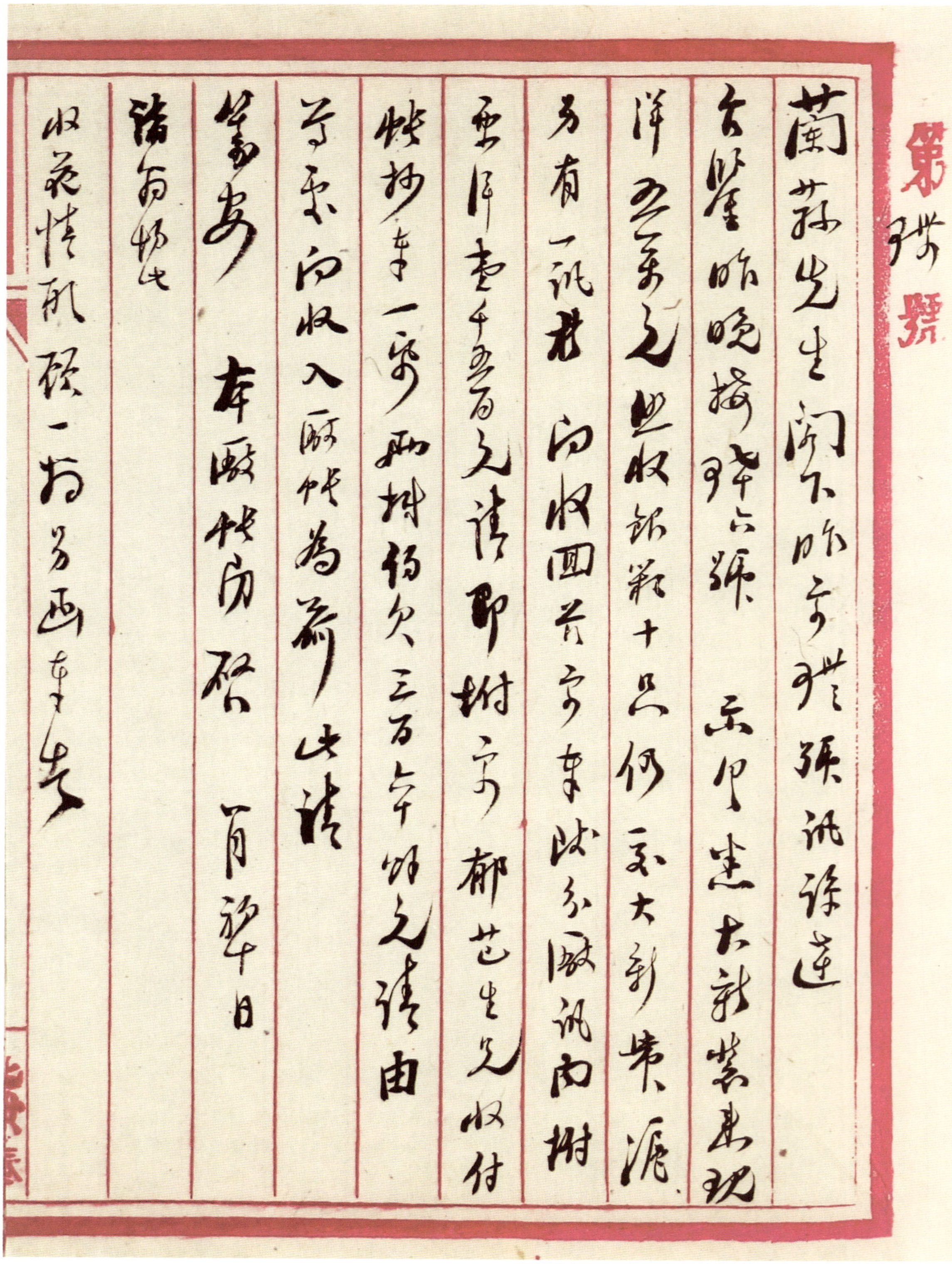

第一百三十四號（八月初十日）

蘭蓀先生閣下：昨寄一百卅三號訊，諒達台鑒。昨晚接一百七十六號示，具悉。大新裝來現洋五萬元照收，銀箱十只仍交大新帶滬。另有一訊，祈向收回。茲寄奉致分廠訊，内附票洋壹千五百元，請即附寄郁芑生兄，收付帳抄奉一紙，兩抵約欠三百六十餘元，請由尊處向收，入廠帳爲荷。此請籌安。本廠帳房啓。八月初十日

諸翁均此。

收花情形，顧一翁另函奉告。

第一百三十四號（八月初十日）

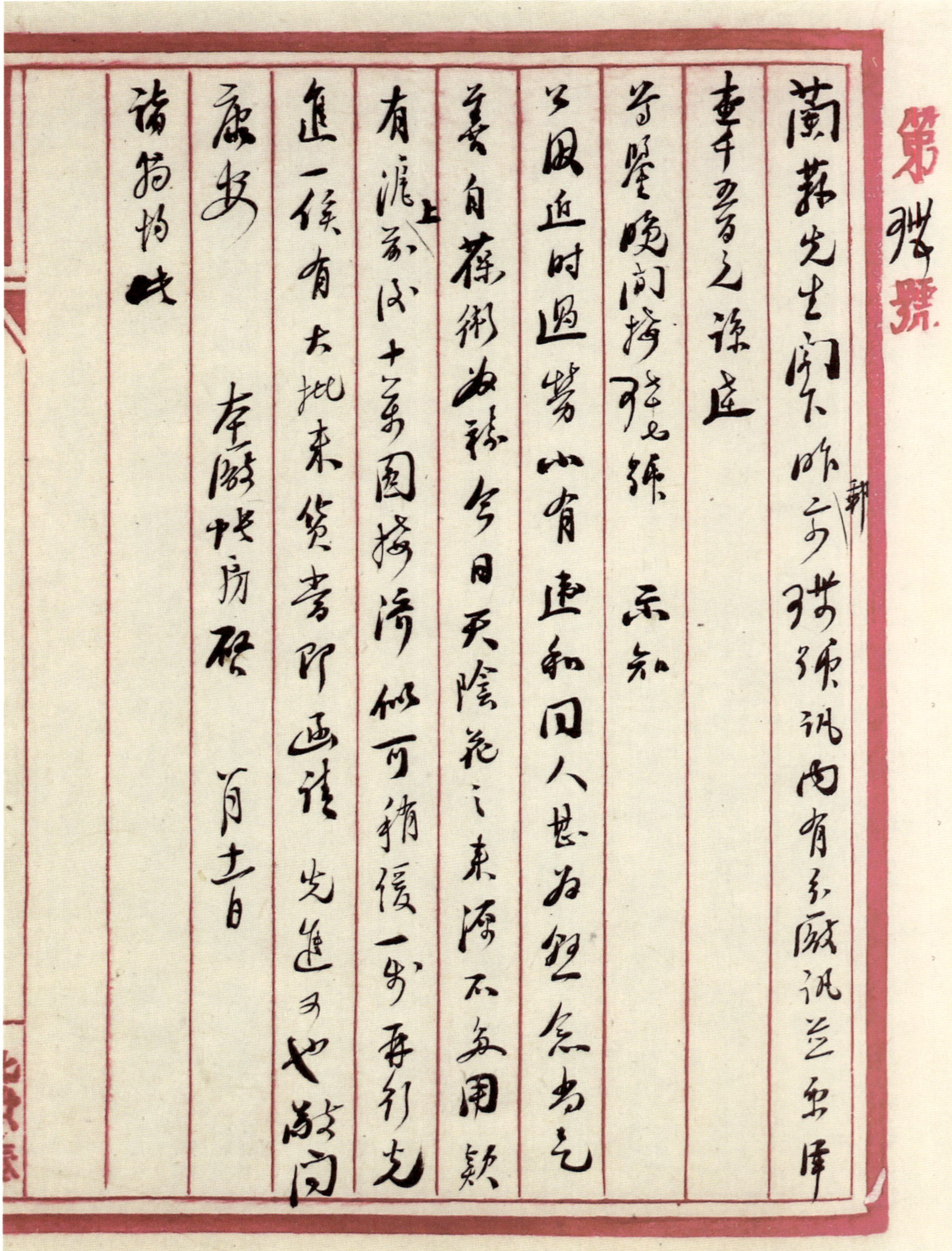

第一百三十五號（八月十一日）

蘭蓀先生閣下：昨郵寄一百卌四號訊，内有分廠訊并票洋壹千五百元，諒達尊鑒。晚間接一百七十七號示，知公因近時過勞，小有違和，同人甚爲懸念，尚乞善自葆衛爲禱。今日天陰，花之來源不多，用款有滬上前後十萬圓接濟，似可稍緩一步，再行兑進。一俟有大批來貨，當即函請兑進可也。敬問康安。本廠帳房啓。八月十一日

諸翁均此。

第一百三十五號（八月十一日）

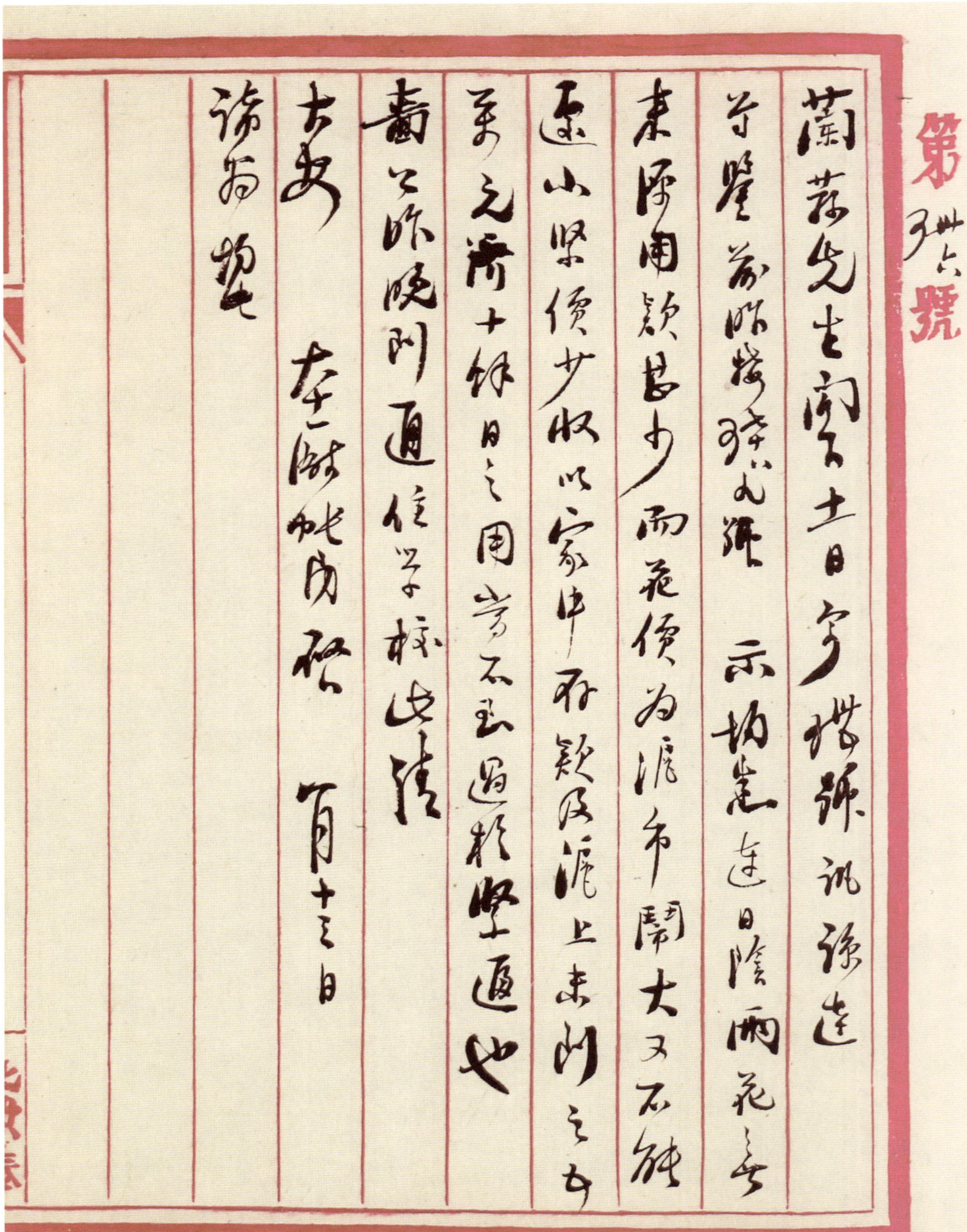

第一百三十六號（八月十三日）

蘭蓀先生閣下：十一日寄一百卅五號訊，諒達尊鑒。前、昨接一百七十八、一百七十九號示，均悉。連日陰雨，花無來源，用款甚少，而花價爲滬市鬧大，又不能遽小。緊價少收，以家中存款及滬上未到之五萬元濟十餘日之用，當不至過於緊逼也。嗇公昨晚到通，住學校。此請大安。本廠帳房啓。八月十三日

諸翁均此。

第一百三十六號（八月十三日）

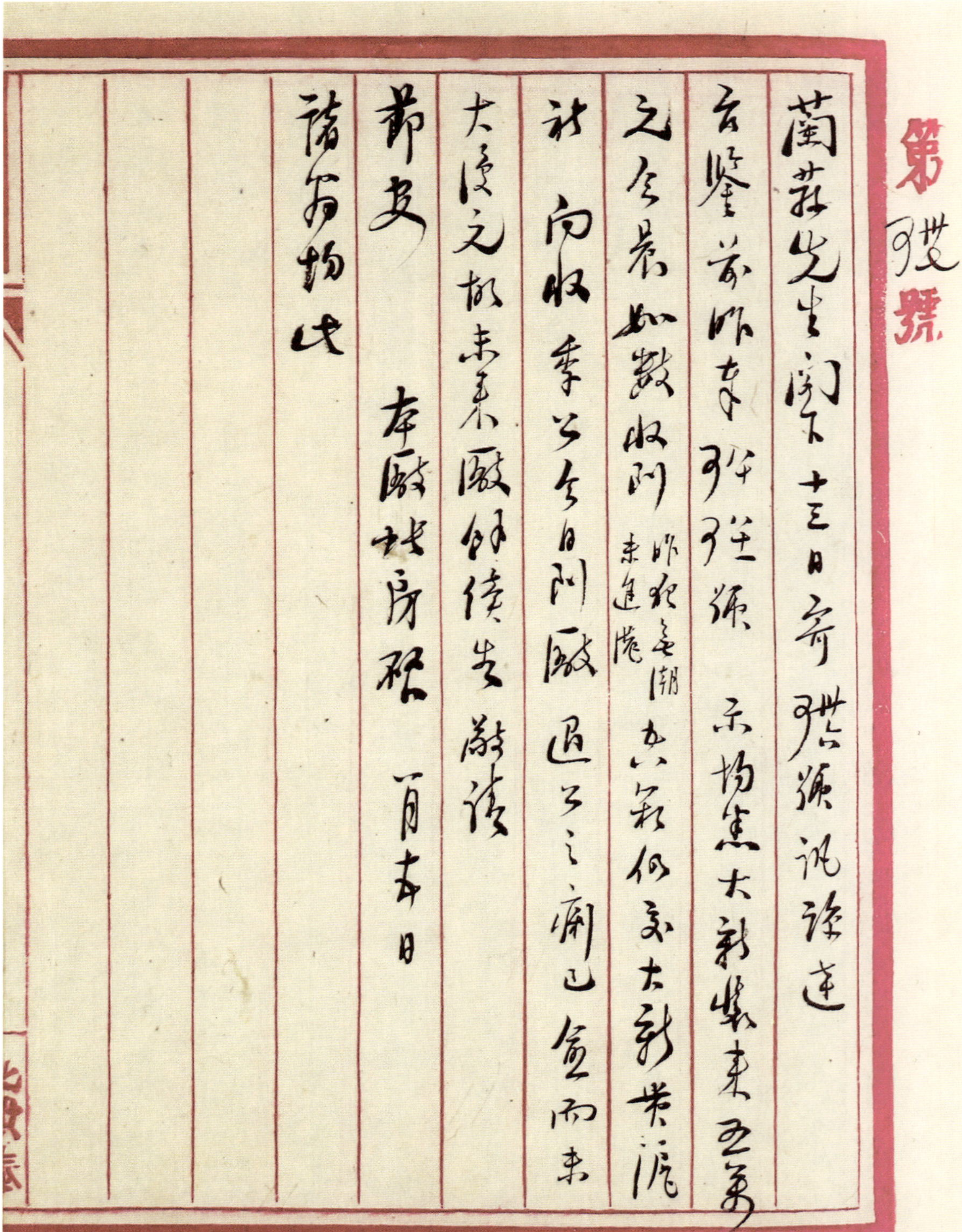

第一百三十七號（八月十五日）

蘭蓀先生閣下：十三日寄一百卅六號訊，諒達台鑒。前、昨奉一百八十、一百八十一號示，均悉。大新裝來五萬元，今晨如數收到（昨夜無潮，未進港），空箱仍交大新帶滬，祈向收。季公今日到廠。退公之痢已愈，而未大復元，故未來廠。餘續告。敬請節安。本廠帳房啓。八月十五日

諸翁均此。

第一百三十七號（八月十五日）

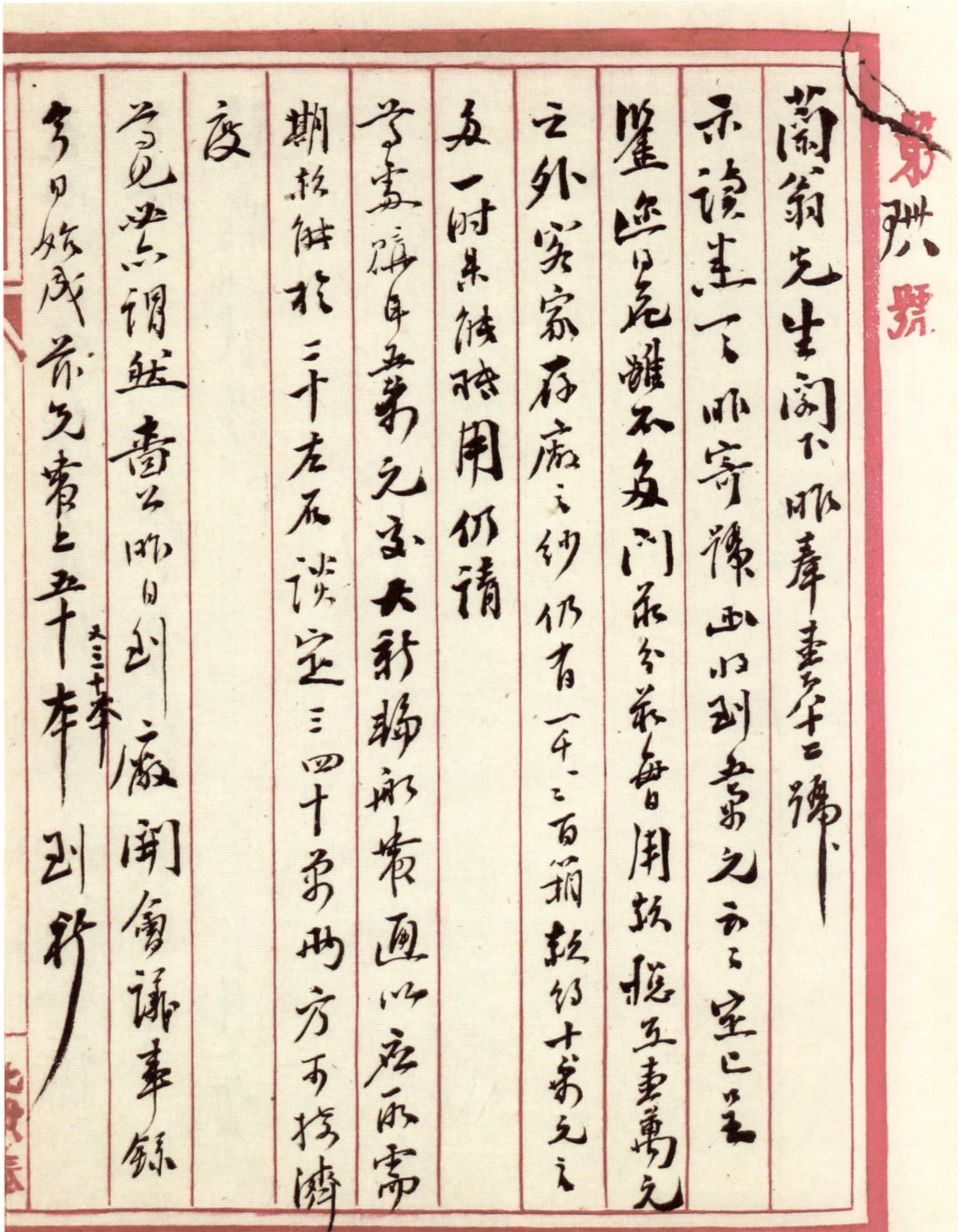

第一百三十八號（八月十六日）

蘭翁先生閣下：昨奉一百八十二號示，讀悉一一。昨寄號函收到五萬元云云，定已呈鑒。邇日花雖不多，門莊、分莊每日用款總在壹萬元之外，客家存廠之紗仍有一千一二百箱，款約十萬元之多，一時未能抵用，仍請尊處購洋五萬元，交大新輪船帶通，以應所需。期款能於二十左右談定三四十萬兩，方可接濟，度尊見必亦謂然。嗇公昨日到廠開會，“議事録”今日始成，兹先帶上五十本（又三十本），到祈查收一二，有便容再續寄。此布，敬請台安。本廠會計所具。八月十六日

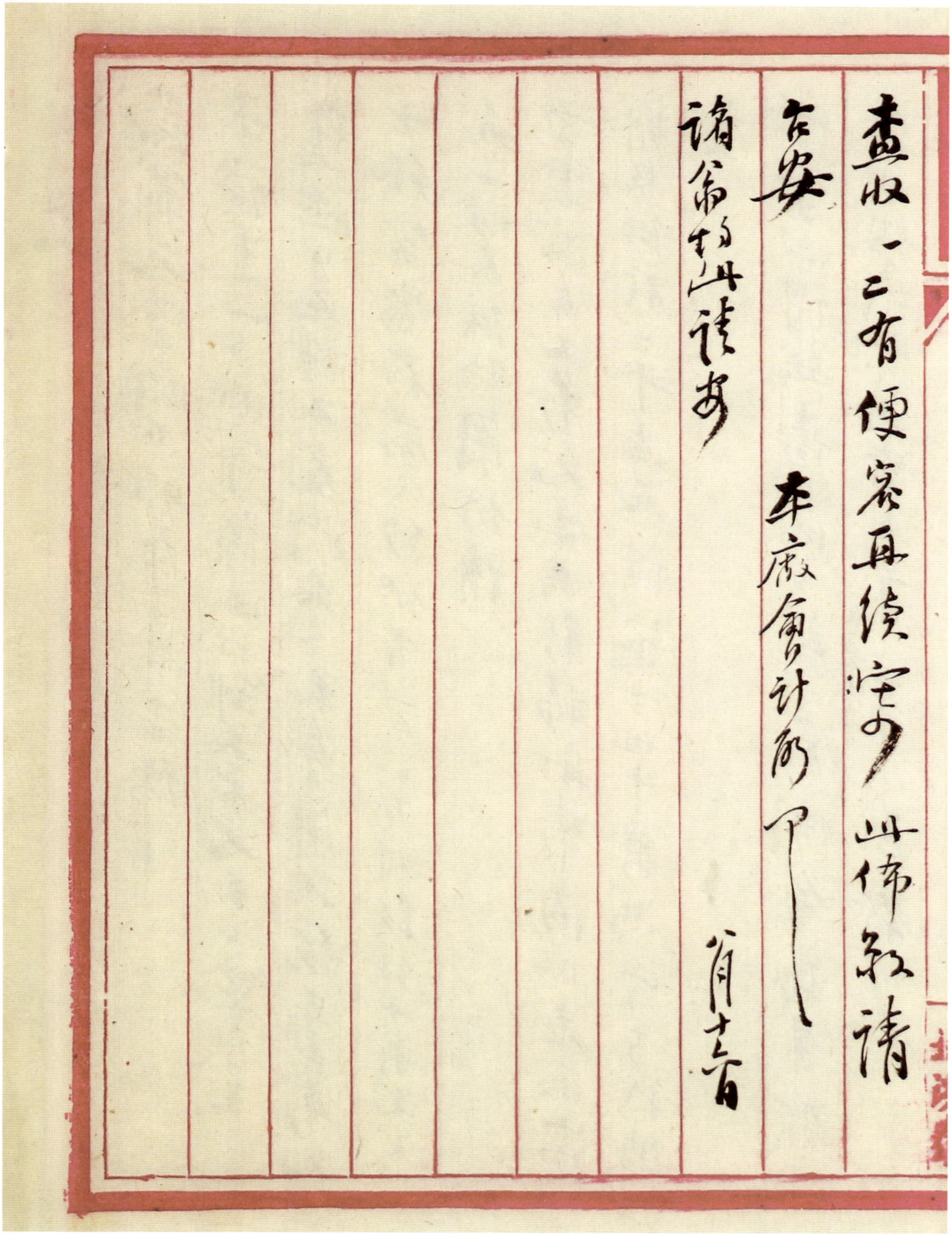

畫收一二有便容再續定的 此佈敘請
台安 本廠會計所 甲
肖吉
諸翁均此請安

第一百三十八號（八月十六日）

諸翁均此請安。

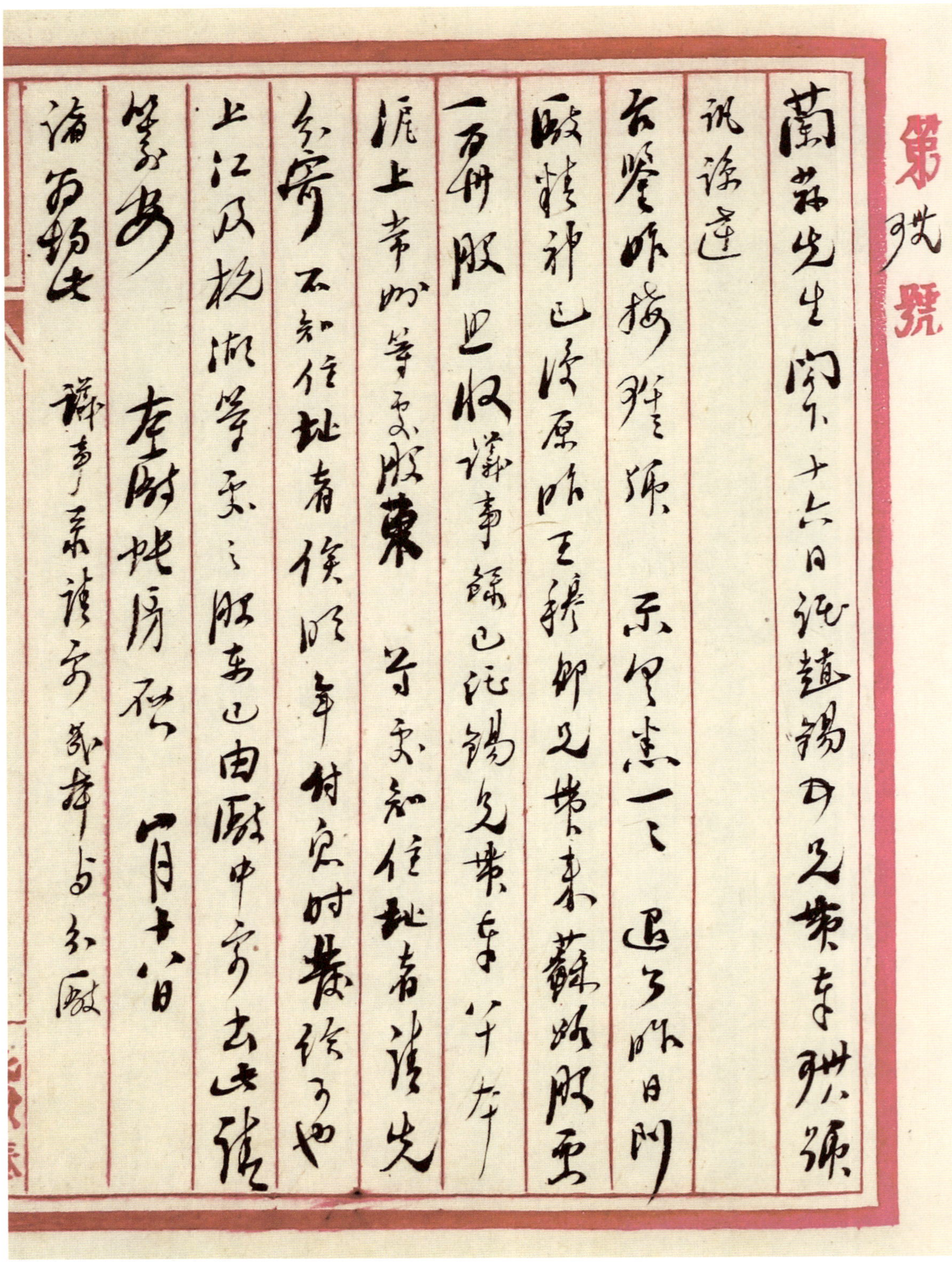

第一百三十九號（八月十八日）

蘭蓀先生閣下：十六日托趙錫五兄帶奉一百卅八號訊，諒達台鑒。昨接一百八十三號示，具悉一一。退公昨日到廠，精神已復原。昨王穆卿兄帶來蘇路股票一百卅股，照收。“議事録”已托錫兄帶奉八十本，滬上、常州等處股東，尊處知住址者請先分寄，不知住址者，俟明年付息時發給可也。上江及杭、湖等處之股東，已由廠中寄出。此請籌安。本廠帳房啓。八月十八日

諸翁均此。

第一百三十九號（八月十八日）

“議事録”請寄幾本與分廠。

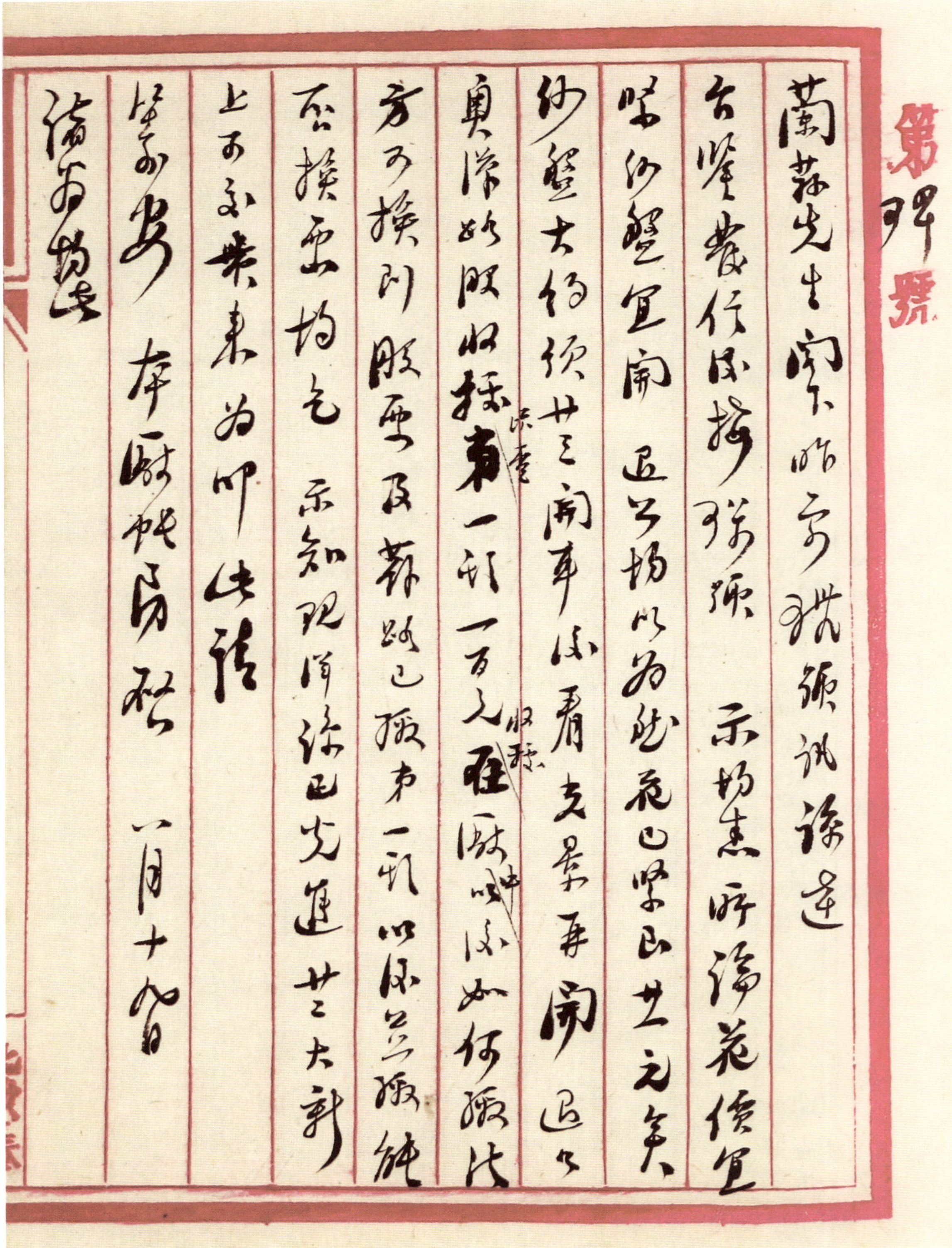

第一百四十號（八月十九日）

蘭蓀先生閣下：昨寄一百卅九號訊，諒達台鑒。發信後接一百八十四號示，均悉。所論花價宜緊，紗盤宜開，退公均以爲然。花已緊至廿一元矣，紗盤大約須廿三開車後看光景再開。退公粵漢路股收據，頃查第一期一百元收據在廠中，以後如何繳法方可换到股票，及蘇路已繳第一期以後并繳能否换票，均乞示知。現洋諒已兑進。廿二大新上可交帶來爲叩。此請籌安。本廠帳房啓。八月十九日

諸翁均此。

第一百四十號（八月十九日）

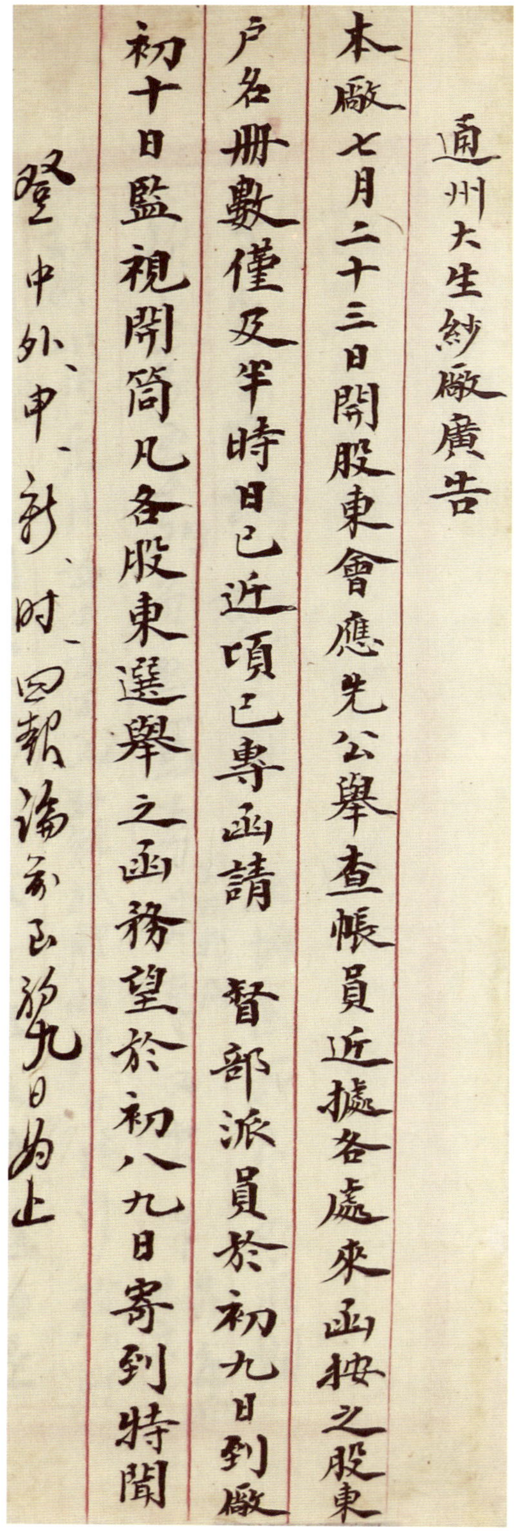

附通州大生紗廠廣告

通州大生紗廠廣告

本廠七月二十三日開股東會，應先公舉查帳員。近據各處來函，按之股東户名册，數僅及半。時日已近，頃已專函請督部派員於初九日到廠，初十日監視開筒，凡各股東選舉之函，務望於初八、九日寄到。特聞。

登中外、申、新、時四報論前，至初九日爲止。

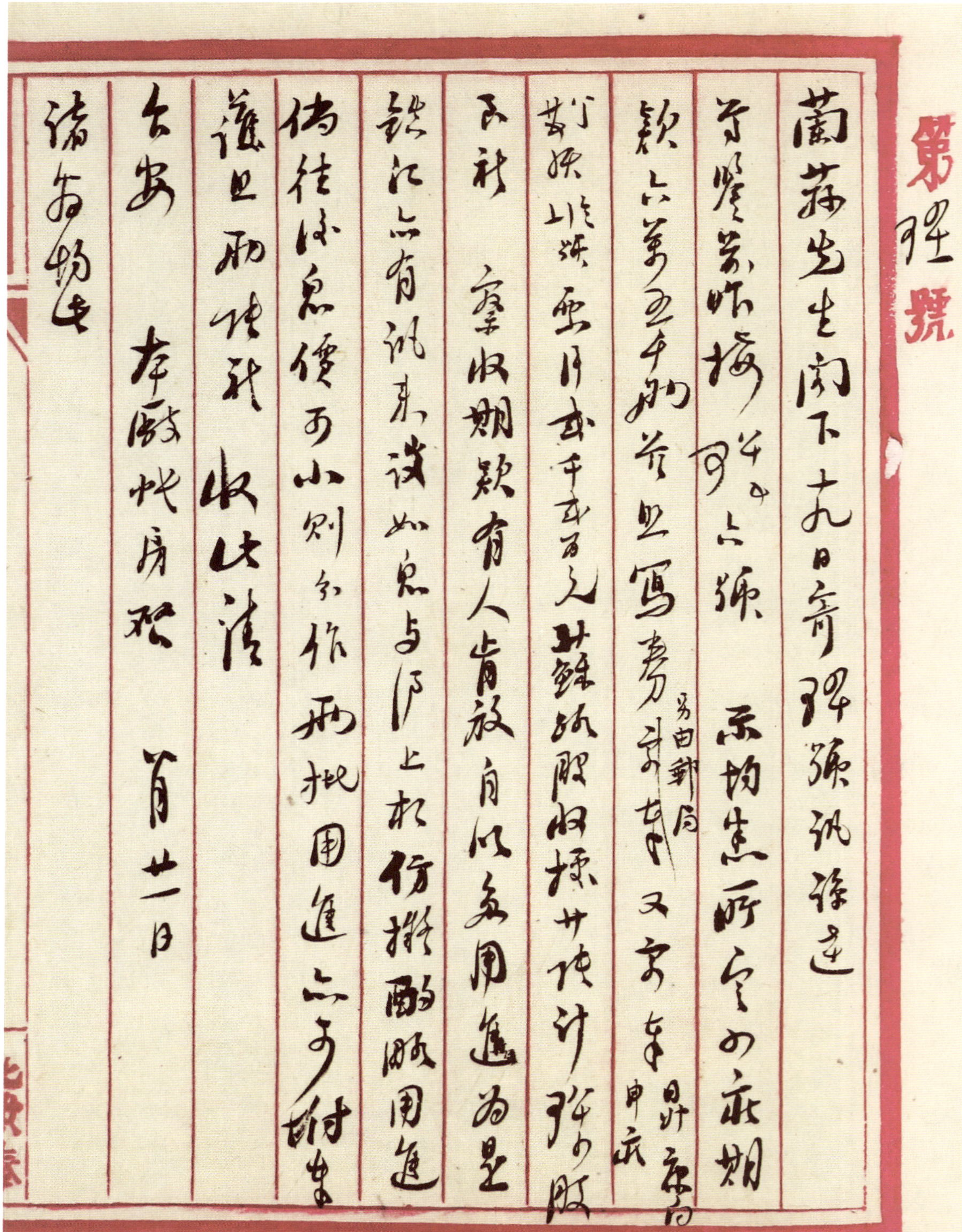

第一百四十一號（八月廿一日）

蘭蓀先生閣下：十九日寄一百四十號訊，諒達尊鑒。前、昨接一百八十五、一百八十六號示，均悉。所定四莊期款六萬五千兩，茲照寫券，另由郵局寄奉。又寄奉昇康向申莊八月廿五（五天）六一八號票洋弍千弍百元、蘇路股收據廿張計一百八十四股，至祈察收。期款有人肯放，自以多用進爲是。鎮江亦有訊來談，如息與滬上相仿，擬酌略用進，倘往後息價可小，則分作兩批用進亦可。附奉護照兩張，祈收。此請台安。本廠帳房啓。八月廿一日

第一百四十一號（八月廿一日）

諸翁均此。

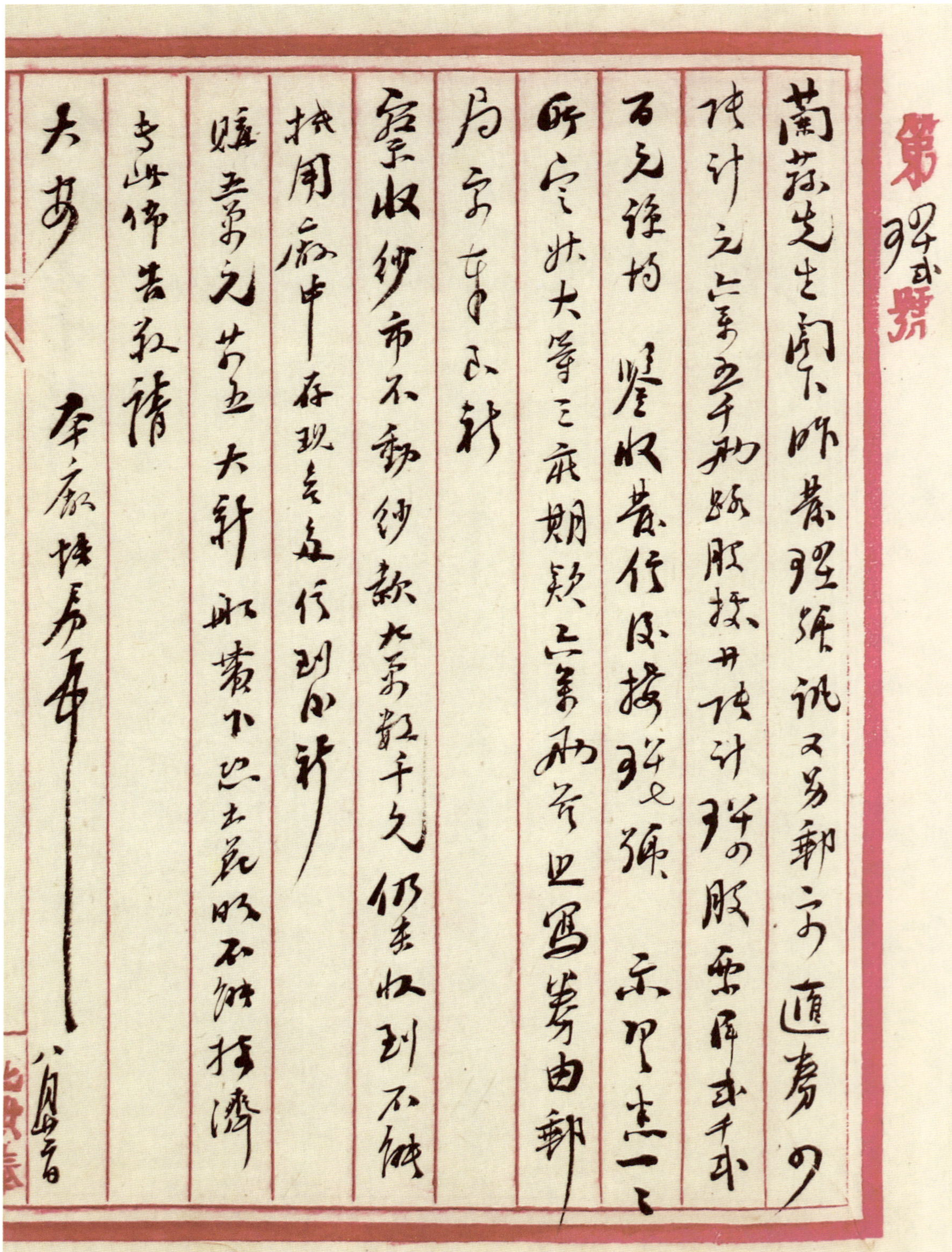

第一百四十二號（八月廿二日）

蘭蓀先生閣下：昨發一百四十一號訊，又另郵寄匯券四張計元六萬五千兩、路股據廿張計一百八十四股、票洋弍千弍百元，諒均鑒收。發信後接一百八十七號示，具悉一一。所定升大等三莊期款六萬兩，茲照寫券，由郵局寄奉，至祈察收。紗市不動，紗款九萬數千元仍未收到，不能抵用，廠中存現無多，信到後祈購五萬元，廿四五大新船帶下，恐出花略不能接濟。專此布告，敬請大安。本廠帳房頓首。八月廿二日

諸翁先生均此

第一百四十二號（八月廿二日）

諸翁先生均此。

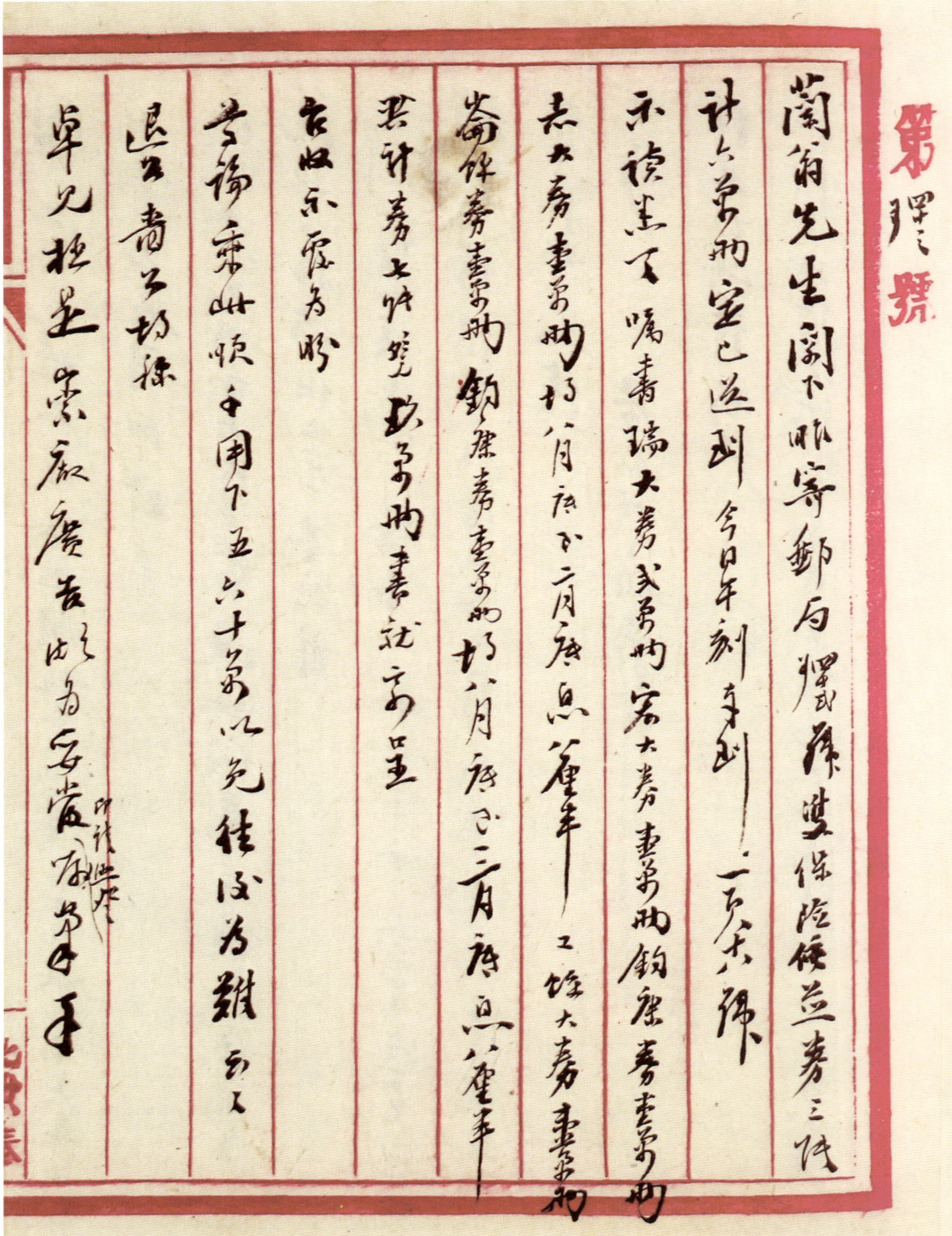

第一百四十三號（八月廿三日）

蘭翁先生閣下：昨寄郵局一百四十式號雙保險信，并券三張計六萬兩，定已送到。今日午刻奉到一百八十八號示，讀悉一一。囑書瑞大券式萬兩、宏大券壹萬兩、鈞康券壹萬兩、志大券壹萬兩，均八月底至二月底息八厘半；又餘大券壹萬兩、崙餘券壹萬兩、鈞康券壹萬兩，均八月底至三月底息八厘半，共計券七張，九八元玖萬兩書就，寄呈台收，示覆爲盼。尊論乘此順手用下五六十萬，以免往後爲難云云，退公、嗇公均稱卓見極是。崇廠廣告頗爲妥當，即請照登。囑筆奉聞。週日花雖不

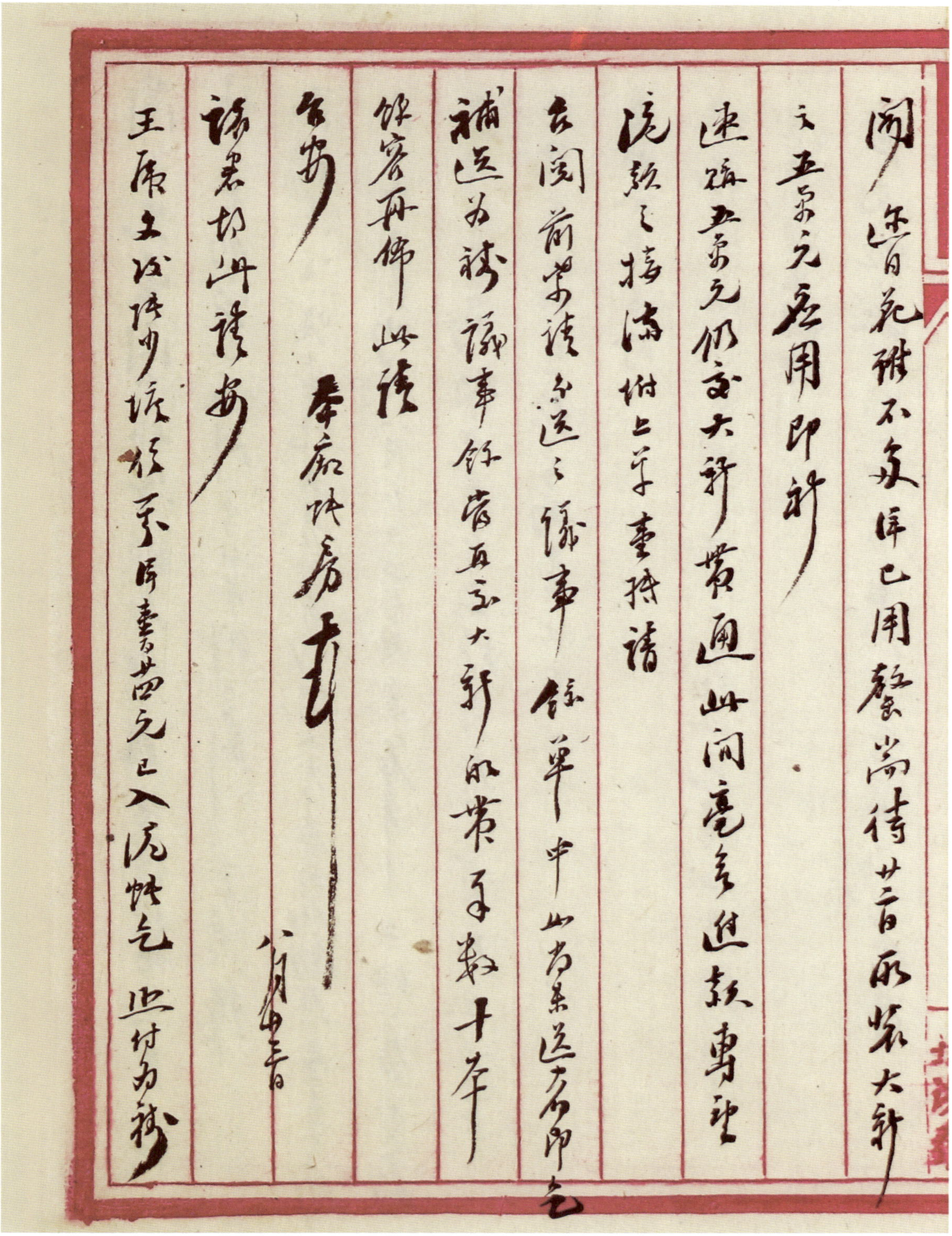

第一百四十三號（八月廿三日）

多，洋已用罄，專待廿二日所裝大新之五萬元應用，即祈速購五萬元，仍交大新帶通。此間毫無進款，專望滬款之接濟。附上單壹紙，請台閱。前寄請分送之“議事録”，單中如尚未送者，即乞補送爲禱。“議事録”當再交大新船帶奉數十本。餘容再布。此請台安。本廠帳房頓首。八月廿三日

諸君均此請安。

王虎文致張少塘信一封，洋壹百廿四元已入滬帳，乞照付爲禱。

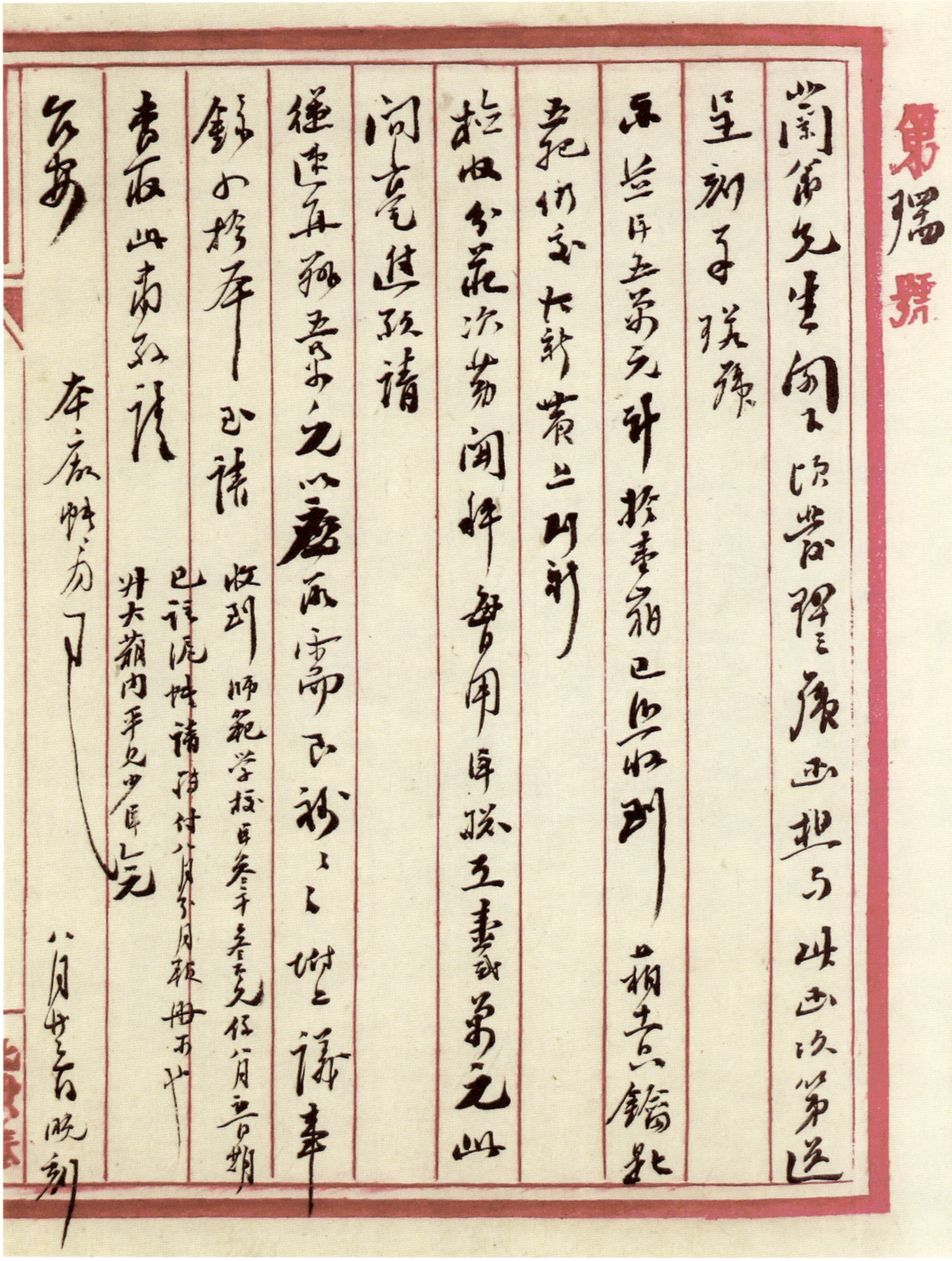

第一百四十四號（八月廿三日）

蘭翁先生閣下：頃發一百四十三號函，想與此函次第送呈。刻奉一百八十九號示，并洋五萬元計拾壹箱，已照收到。箱十一只，鑰匙五把，仍交大新帶上，到祈檢收。分莊次第開秤，每日用洋總在壹弍萬元，此間毫〔無〕進款，請從速再辦五萬元，以應所需，至禱至禱。附上“議事録”四拾本，至請查收。此肅，敬請台安。本廠帳房具。八月廿三日晚刻

收到師範學校洋叁千叁百元，係八月三日期，已注滬帳，請轉付八月分月報册可也。

第一百四十四號（八月廿三日）

升大箱内平見少洋六元。

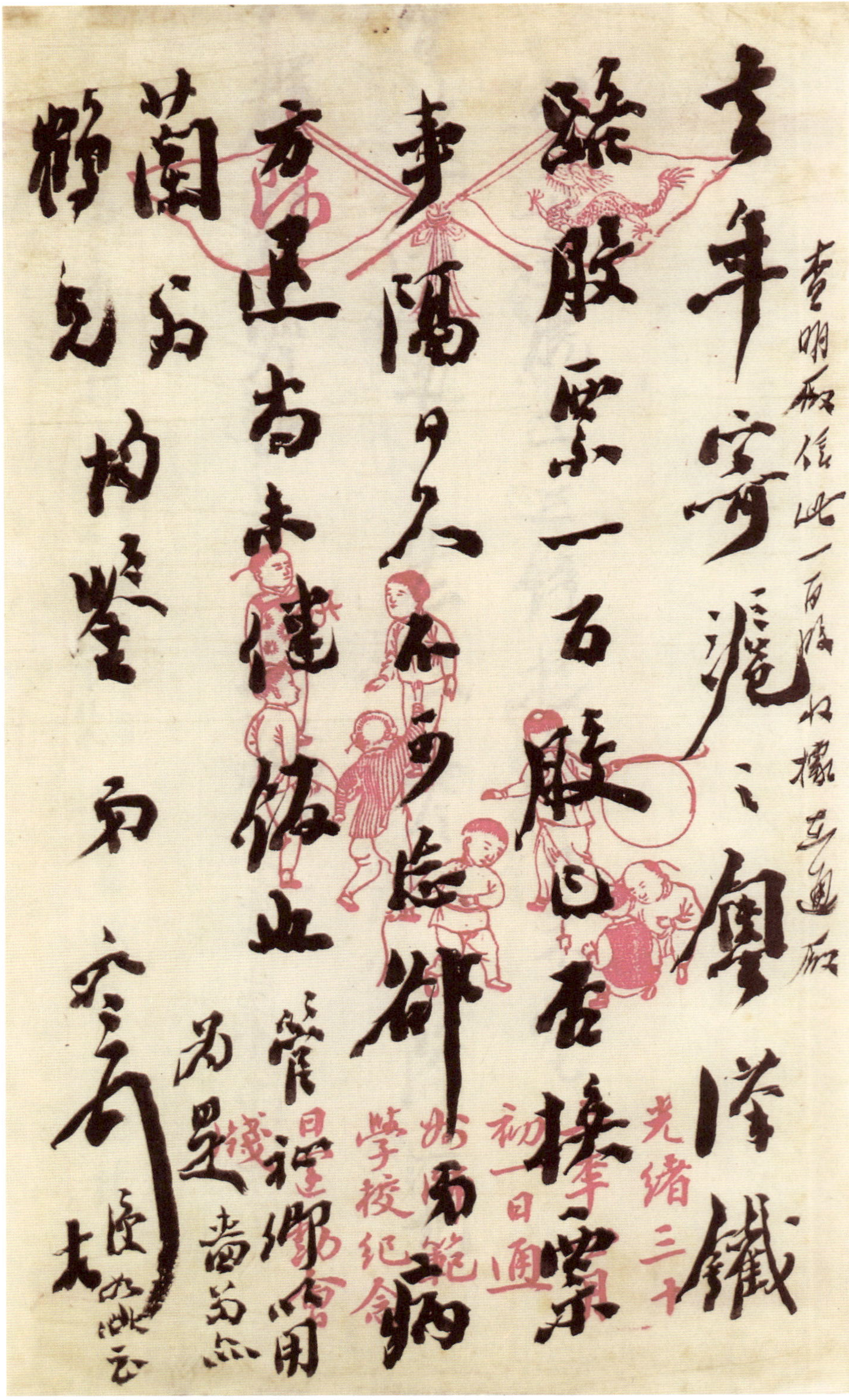

附張謇致林蘭蓀、鶴兄函

去年寄滬之粵漢鐵路股票一百股已否換票，事隔日久，不可忘却（查明廠信，此一百股收據在通廠）。弟病方退，尚未健飯也。蘭翁、鶴兄均鑒。弟謇頓首。十九

管祉卿以用爲是，嗇翁亦復如此云。

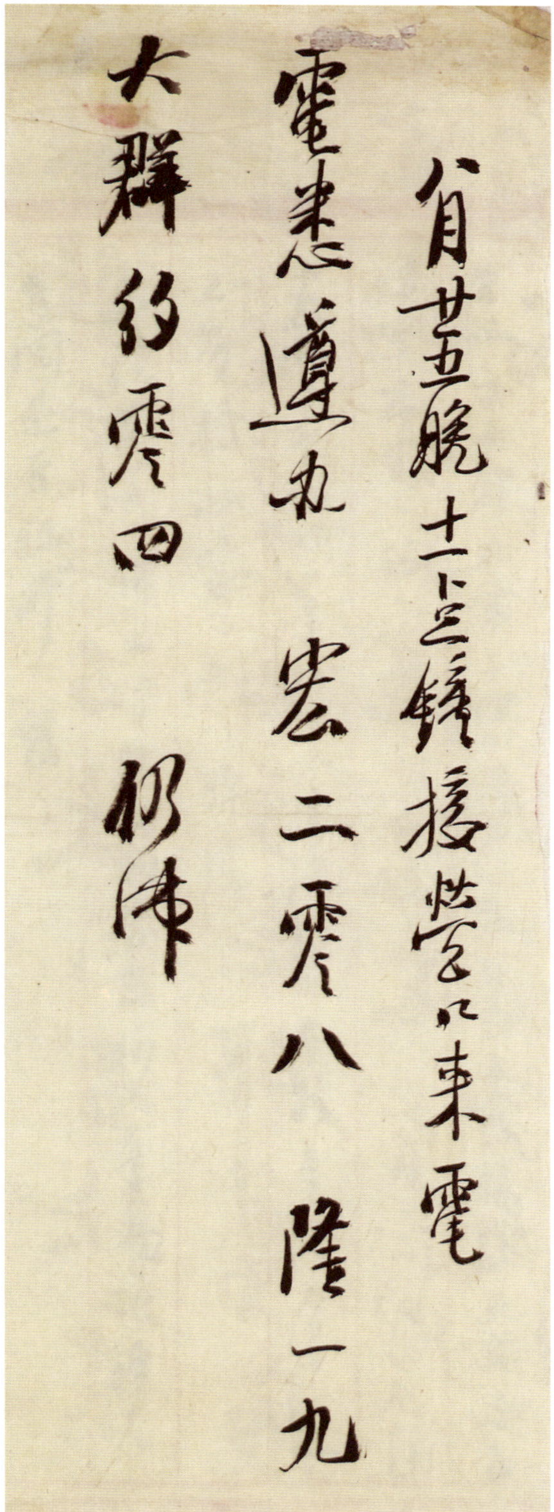
八月廿五晚十一點鐘接營口來電
電悉遵辦 宏二零八 隆一九
大群約零四 仍滯

附營口電文

八月廿五晚十一點鐘接營口來電：

電悉，遵辦。宏二零八，隆一九，大群約零四。仍滯。

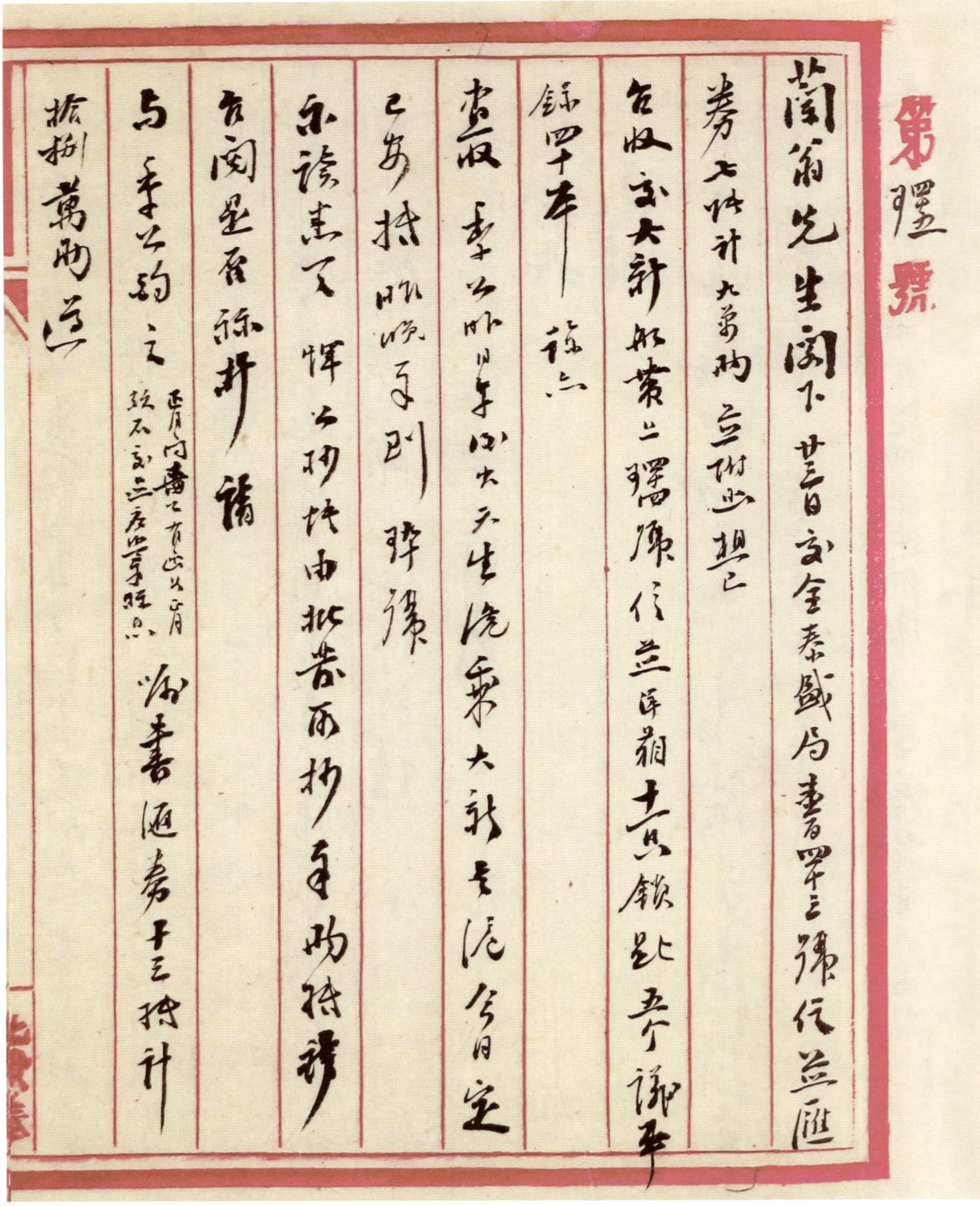

第一百四十五號

蘭翁先生閣下：廿三日交全泰盛局壹百四十三號信，并匯券七張計九萬兩，并附函，想已台收。交大新船帶上一百四十四號信，并洋箱十一只、鎖匙五個、"議事録"四十本，諒亦查收。季公昨日午後出天生港乘大新去滬，今日定已安抵。昨晚奉到一百九十號示，讀悉一一。惲公抄帳，由批發所抄奉兩紙，祈台閱，是否算折，請與季公酌之（正月間嗇公有函，如正月款不交，亦應照章算息）。囑書匯券十三紙，計拾捌萬兩，遵示書就，至祈查收。丙午紅單一紙附上。李少巖兄紅款已由此間轉帳。前日現洋不敷，在通購進壹萬元，附去源生送條六千兩，至期請照解。邇日分莊均已開秤，用款略多，仍請辦五萬元，交大新裝下，以應所需，至禱至禱。此布，敬請大安。本廠會計所具。

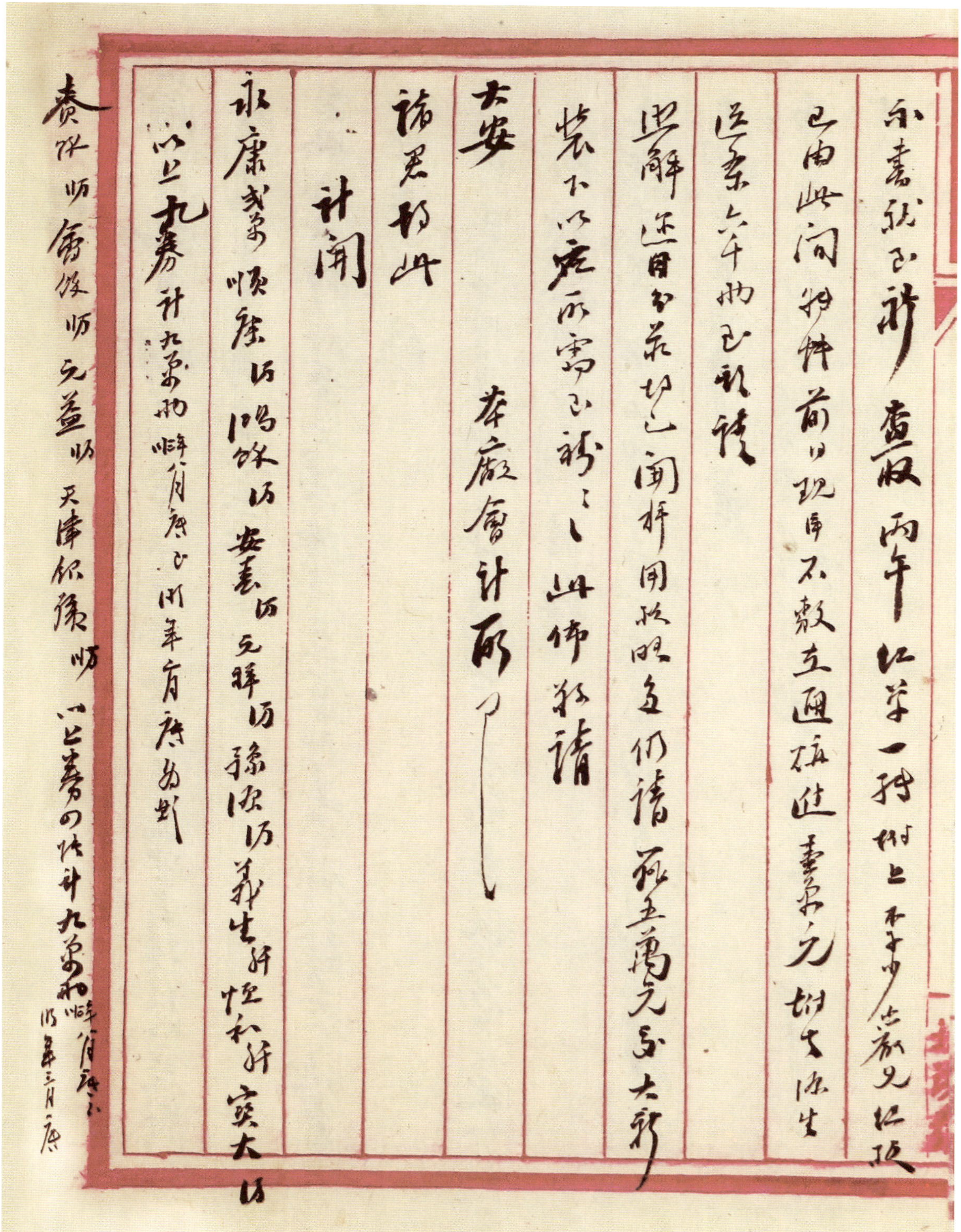

第一百四十五號

諸君均此。

計開：

永康式萬，順康一萬，鴻餘一萬，安春一萬，元祥一萬，豫源一萬，義生五千，恒和五千，寶大一萬。

以上九券計九萬兩，三十三年八月底至明年二月底爲期。

賚餘二萬，會餘二萬，元益二萬，天津銀號三萬。

以上券四張，計九萬兩，三十三年八月底至明年三月底。

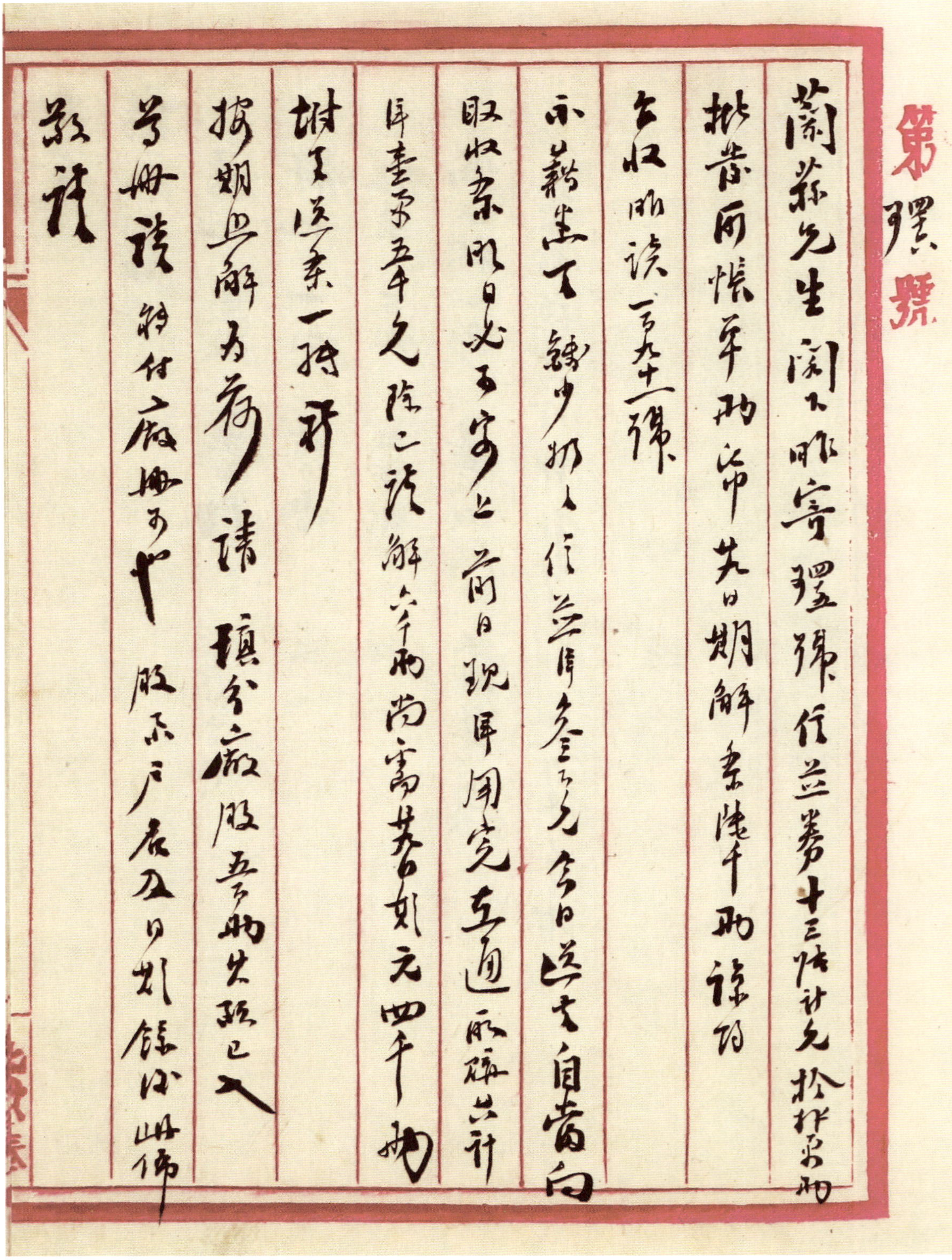

第一百四十六號

蘭蓀先生閣下：昨寄一百四十五號信，并券十三張計元拾捌萬兩、批發所帳單兩紙、廿九日期解條陸千兩，諒均台收。昨讀一百九十一號示，藉悉一一。錢少奶奶信并洋叁百元，今日送去，自當向取收條，明日必可寄上。前日現洋用完，在通所購共計洋壹萬五千元，除已請解六千兩，尚需廿九日九八元四千兩，附去送條一紙，祈按期照解爲荷。請填分廠股五百兩，其款已入尊册，請轉付廠册可也。股票户名及日期録後。此布，敬請台安。

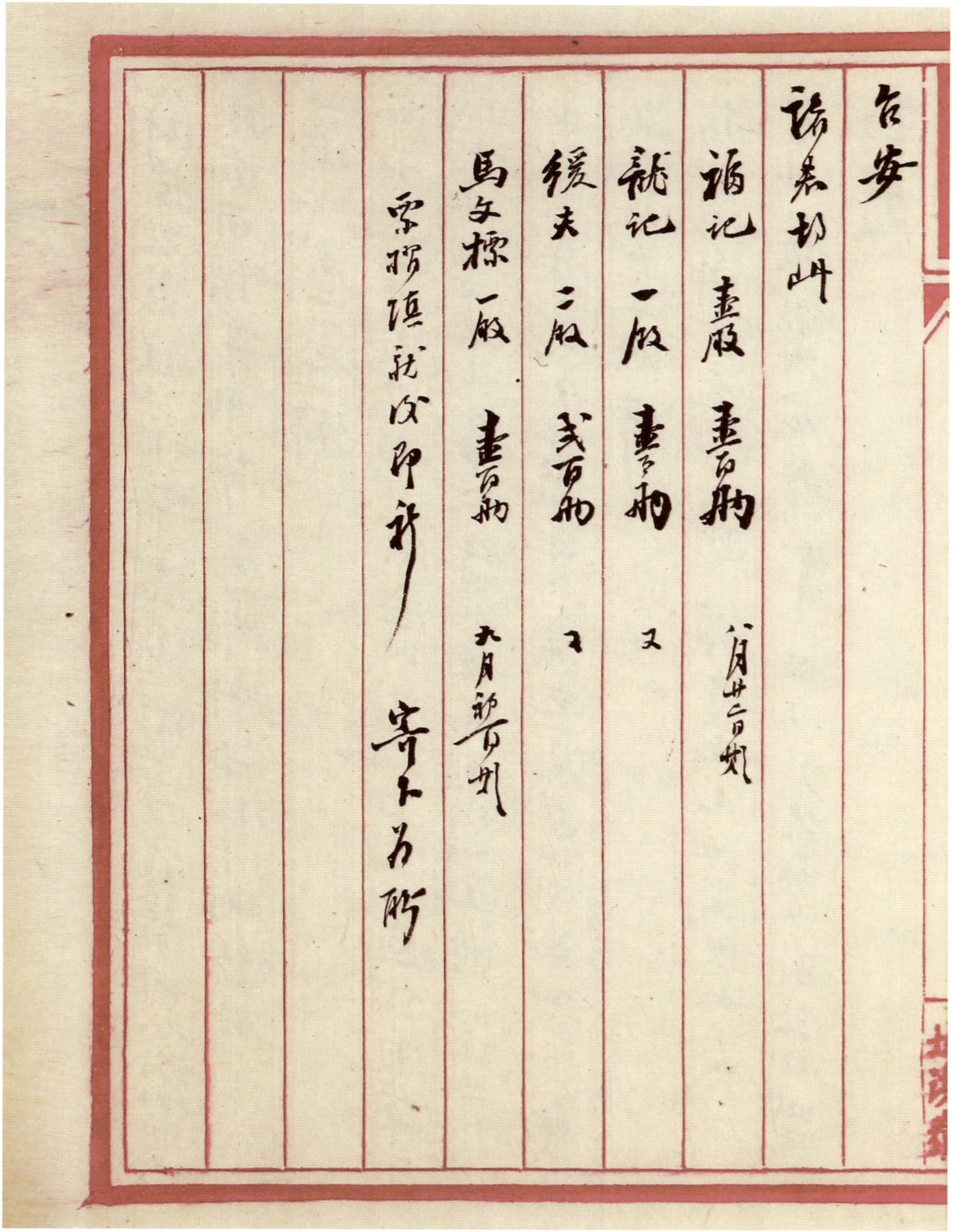
台安
諸君均此
福記 壹股 壹百兩 八月廿二日期
龍記 一股 壹百兩 又
緩夫 二股 弍百兩 又
馬文標 一股 壹百兩 九月初一日期
票摺填就後即祈寄下爲盼

第一百四十六號

諸君均此。

福記壹股，壹百兩，八月廿二日期

龍記一股，壹百兩，又

緩夫二股，式百兩，又

馬文標一股，壹百兩，九月初一日期

票摺填就後即祈寄下爲盼。

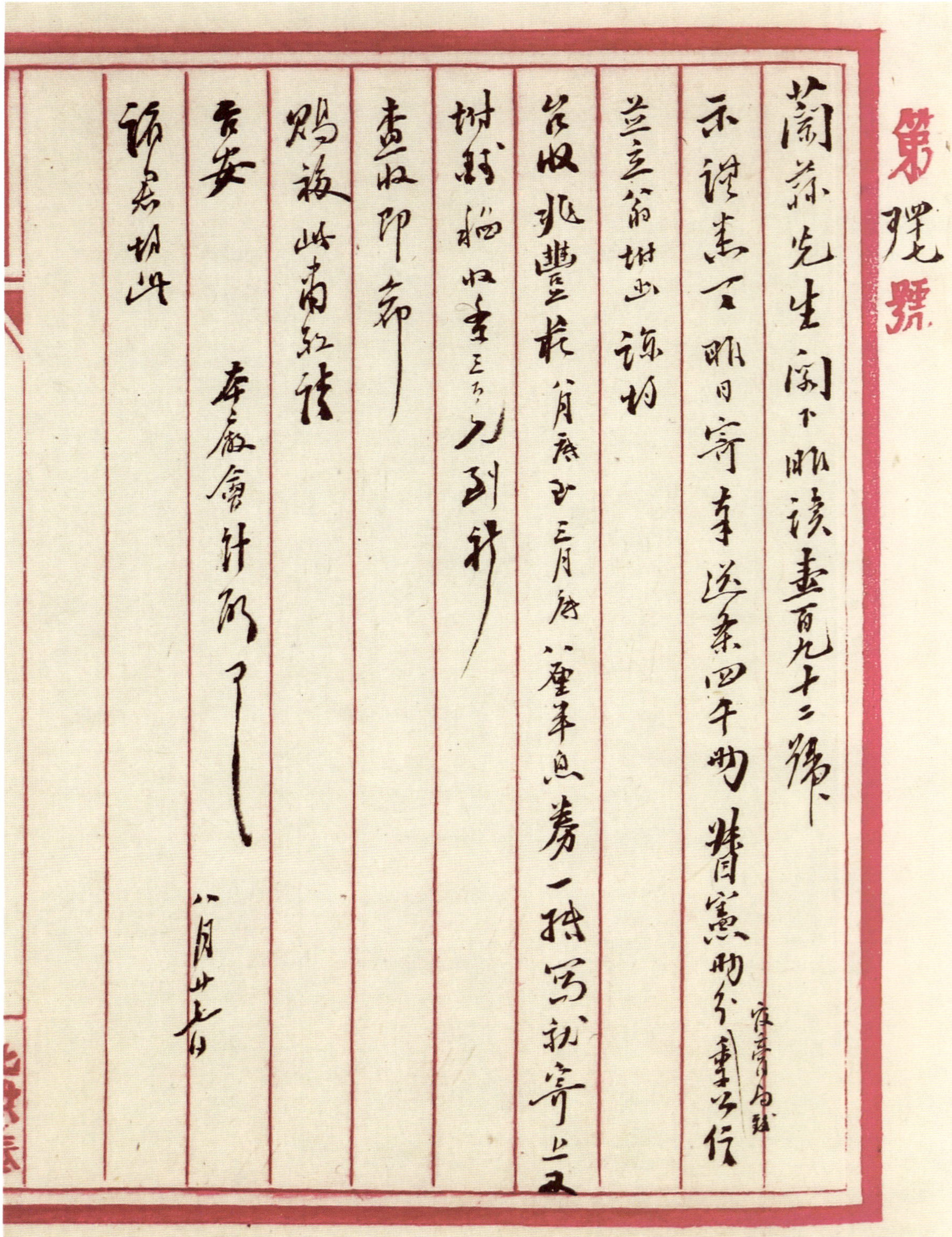

第一百四十七號（八月廿七日）

蘭蓀先生閣下：昨讀壹百九十二號示，謹悉一一。昨日寄奉送條四千兩、督憲兩分、官膏局致季公信并立翁附函，諒均台收。兆豐莊八月底至三月底八厘半息券一紙，寫就寄上。又附錢稻收條三百元，到祈查收，即希賜福〔復〕。此肅，敬請台安。

本廠會計所具。八月廿七日

諸君均此。

第一百四十七號（八月廿七日）

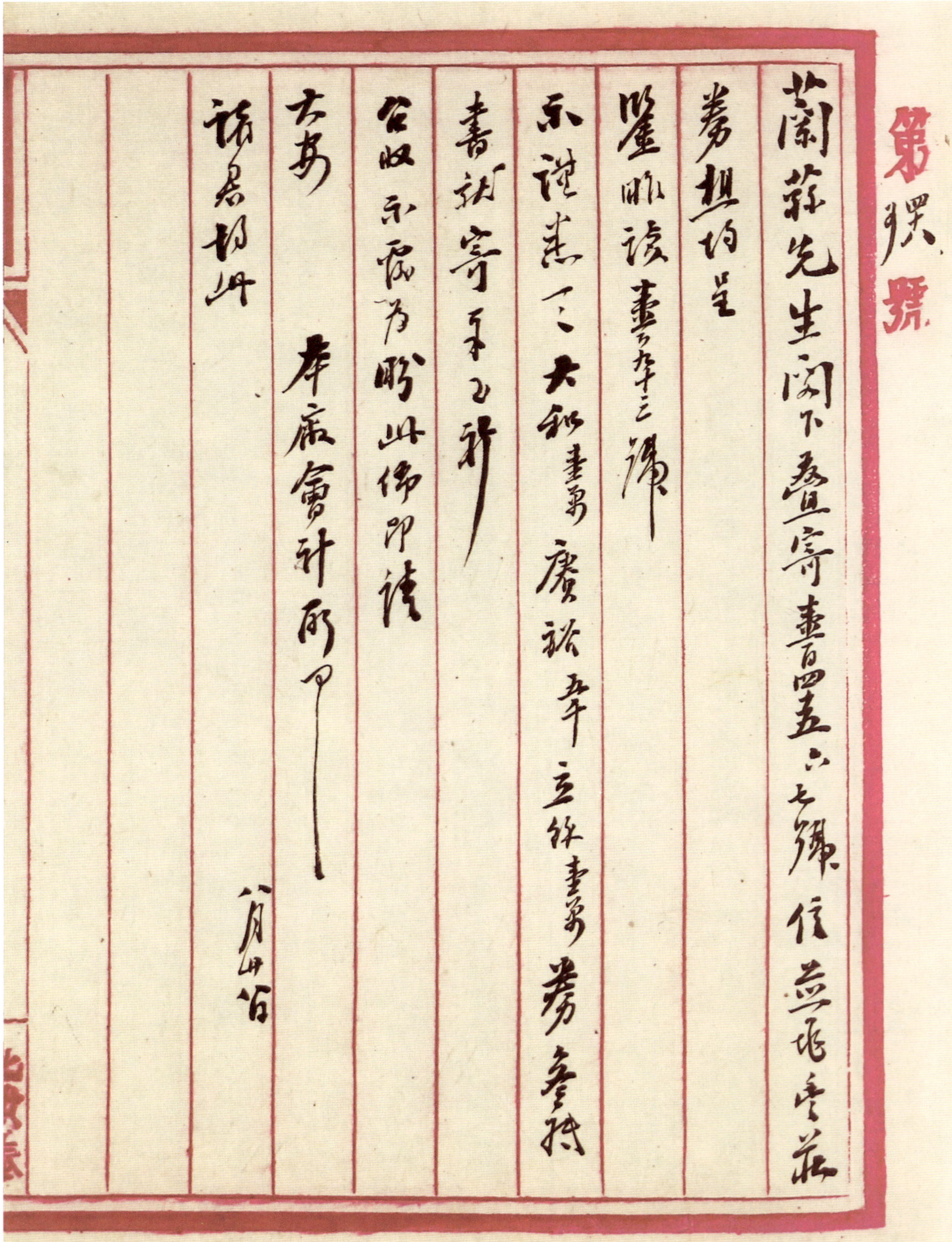

第一百四十八號（八月廿八日）

蘭蓀先生閣下：叠寄壹百四十五、壹百四十六、壹百四十七號信，并兆豐莊券，想均呈鑒。昨讀壹百九十三號示，謹悉一一。大和（壹萬）、賡裕（五千）、立餘（壹萬）券叁紙，書就寄奉，至祈台收，示覆爲盼。此布，即請大安。本廠會計所具。

八月廿八日

諸君均此。

第一百四十八號（八月廿八日）

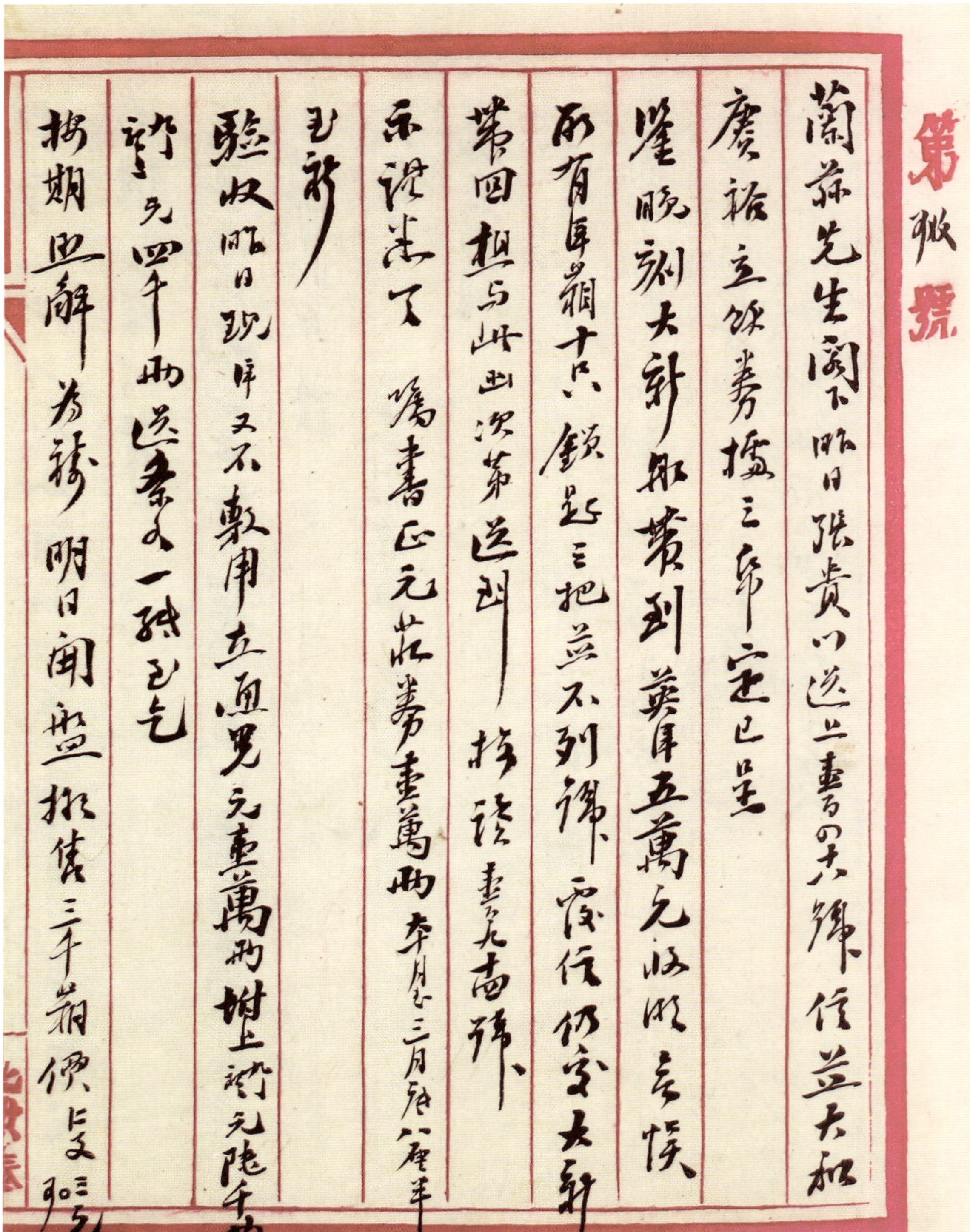

第一百四十九號（八月廿九日）

蘭蓀先生閣下：昨日張貴川送上壹百四十八號信，并大和、賡裕、立餘券據三紙，定已呈鑒。晚刻大新船帶到英洋五萬元，收明無誤。所有洋箱十只、鎖匙三把，并不列號，覆信仍交大新帶回，想與此函次第送到。接讀壹百九十四號示，謹悉一一。囑書正元莊券壹萬兩（本月至三月底八厘半），至祈驗收。昨日現洋又不敷用，在通兑元壹萬兩，附上九月初二元陸千兩、九月初三元四千兩送條各一紙，至乞按期照解爲禱。明日開盤，擬售三千箱，價十二支一百〇三元、十四［支］一百〇七元、十六［支］一百十二元，不知能收現洋若干。如不在滬寄現，恐仍

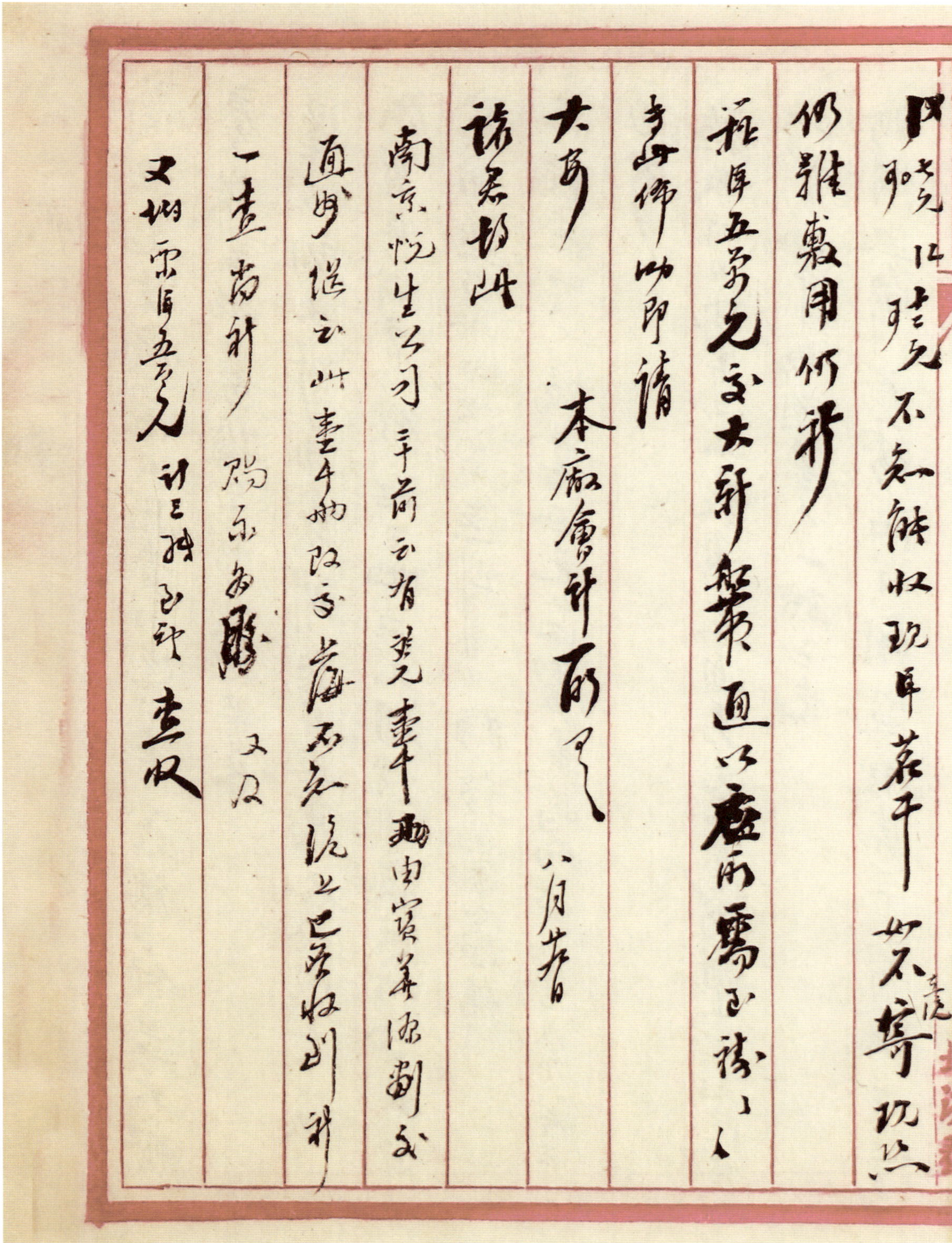

第一百四十九號（八月廿九日）

難敷用，仍祈辦洋五萬元，交大新船帶通，以應所需，至禱至禱。專此布泐，即請大安。本廠會計所具。八月廿九日

諸君均此。

南京悦生公司二十前云有九八元壹千兩，由寶善源劃交通州，繼云此壹千兩改交上海。不知滬上已否收到，祈一查，尚祈賜示爲盼。又及。

又附票洋五百元，計三紙，至望查收。

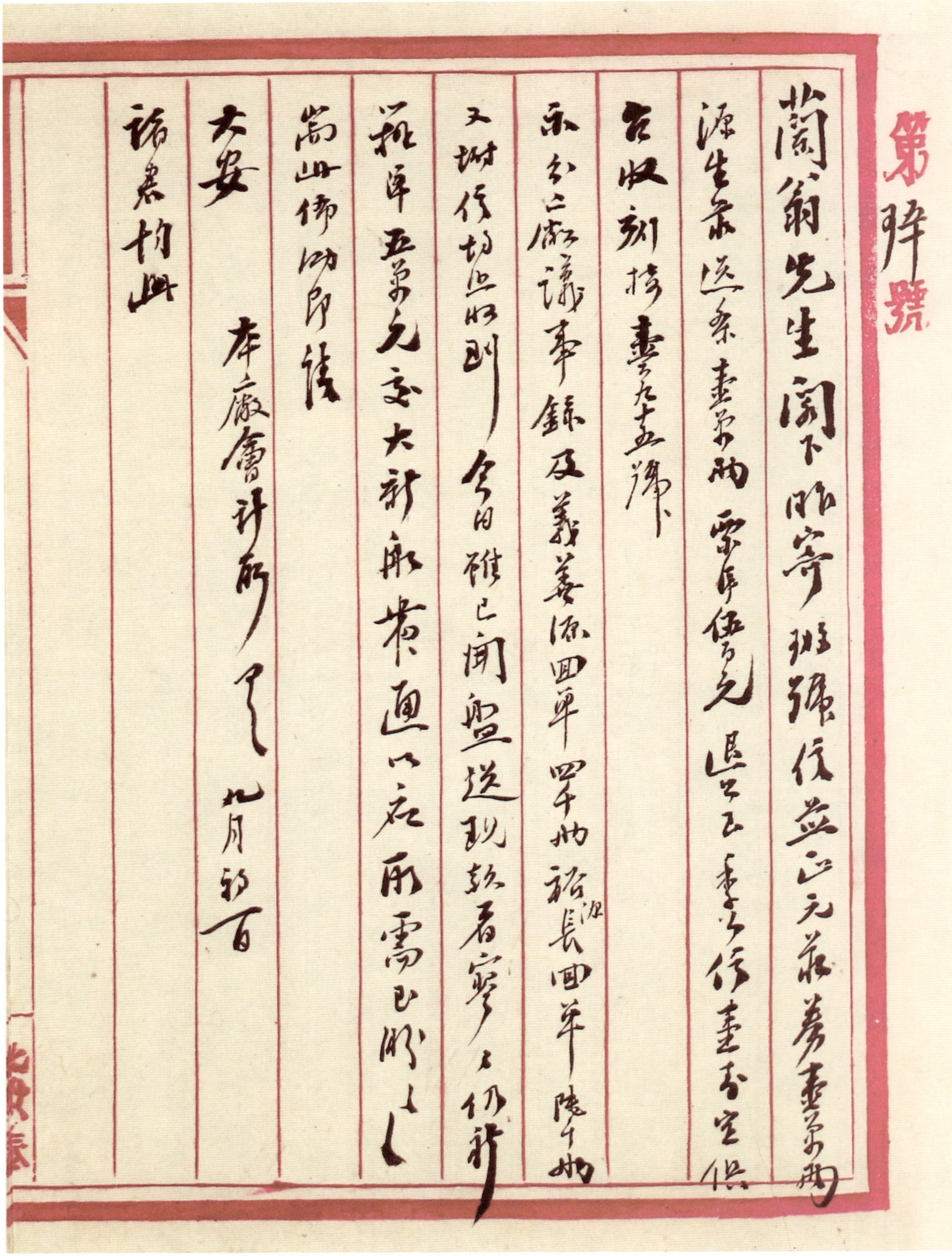

第一百五十號（九月初一日）

蘭翁先生閣下：昨寄一百四十九號信，并正元莊券壹萬兩、源生莊送條壹萬兩、票洋伍百元、退公至季公信壹封，定俱台收。刻接壹百九十五號示、“分廠議事録”及義善源回單四千兩、裕源長回單陸千兩，又附信，均照收到。今日雖已開盤，送現款者寥寥，仍祈辦洋五萬元，交大新船帶通，以應所需，至盼至盼。專此布泐，即請大安。本廠會計所具。九月初一日

諸君均此。

第一百五十號（九月初一日）

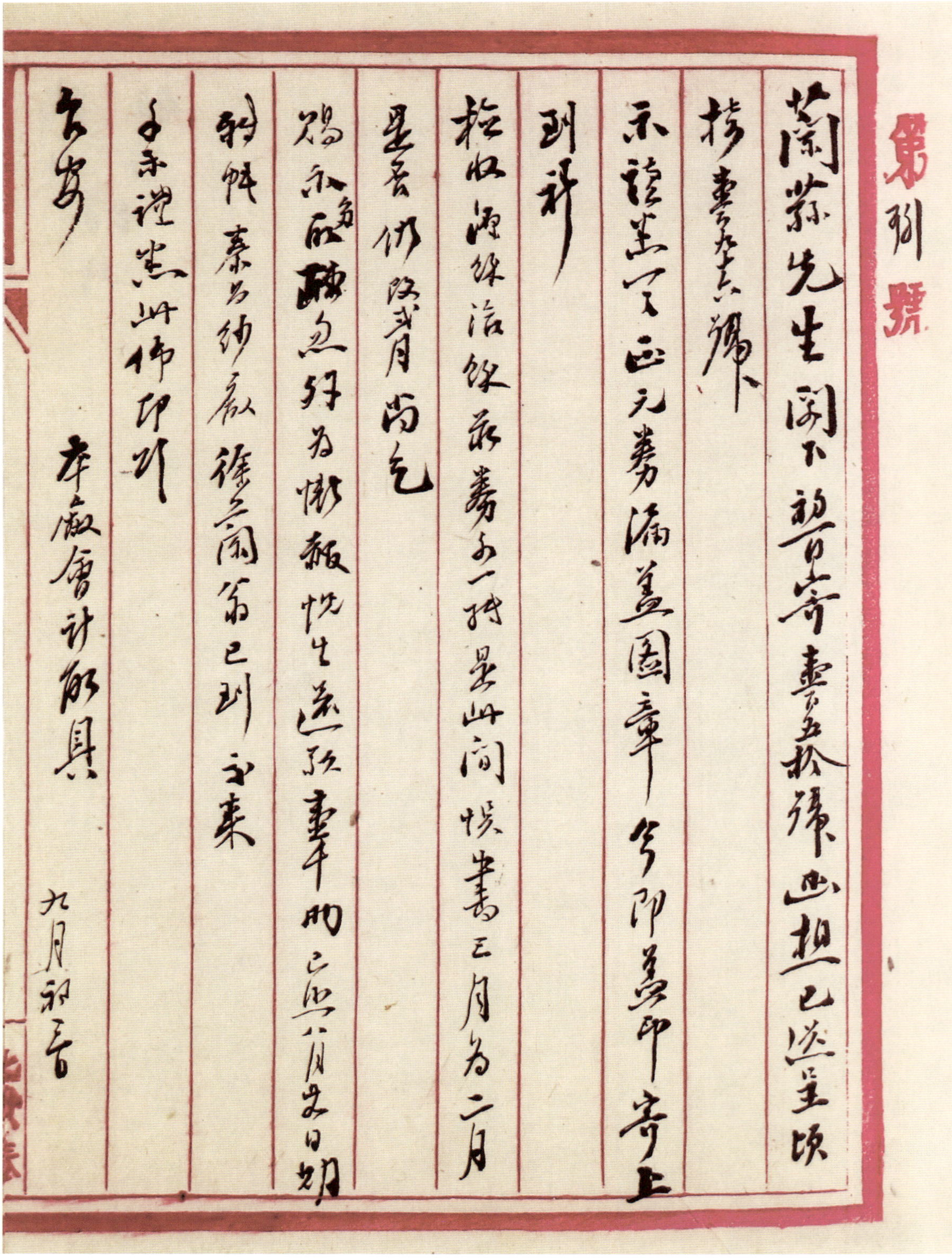

第一百五十一號（九月初三日）

蘭蓀先生閣下：初一日寄壹百五拾號函，想已送呈。頃接壹百九十六號示，讀悉一一。正元券漏蓋圖章，今即蓋印寄上，到祈檢收。源餘、洽餘莊券各一紙，是此間誤書三月爲二月，是否仍改式月，尚乞賜示。多所疏忽，殊爲慚赧。悅生還款壹千兩，已照八月廿九日期轉帳。泰昌紗廠徐蘭翁已到，交來手示，謹悉。此布，即頌台安。本廠會計所具。九月初三日

瑞翁、諸翁均此。

[illegible]翁
[illegible]翁均此

第一百五十一號（九月初三日）

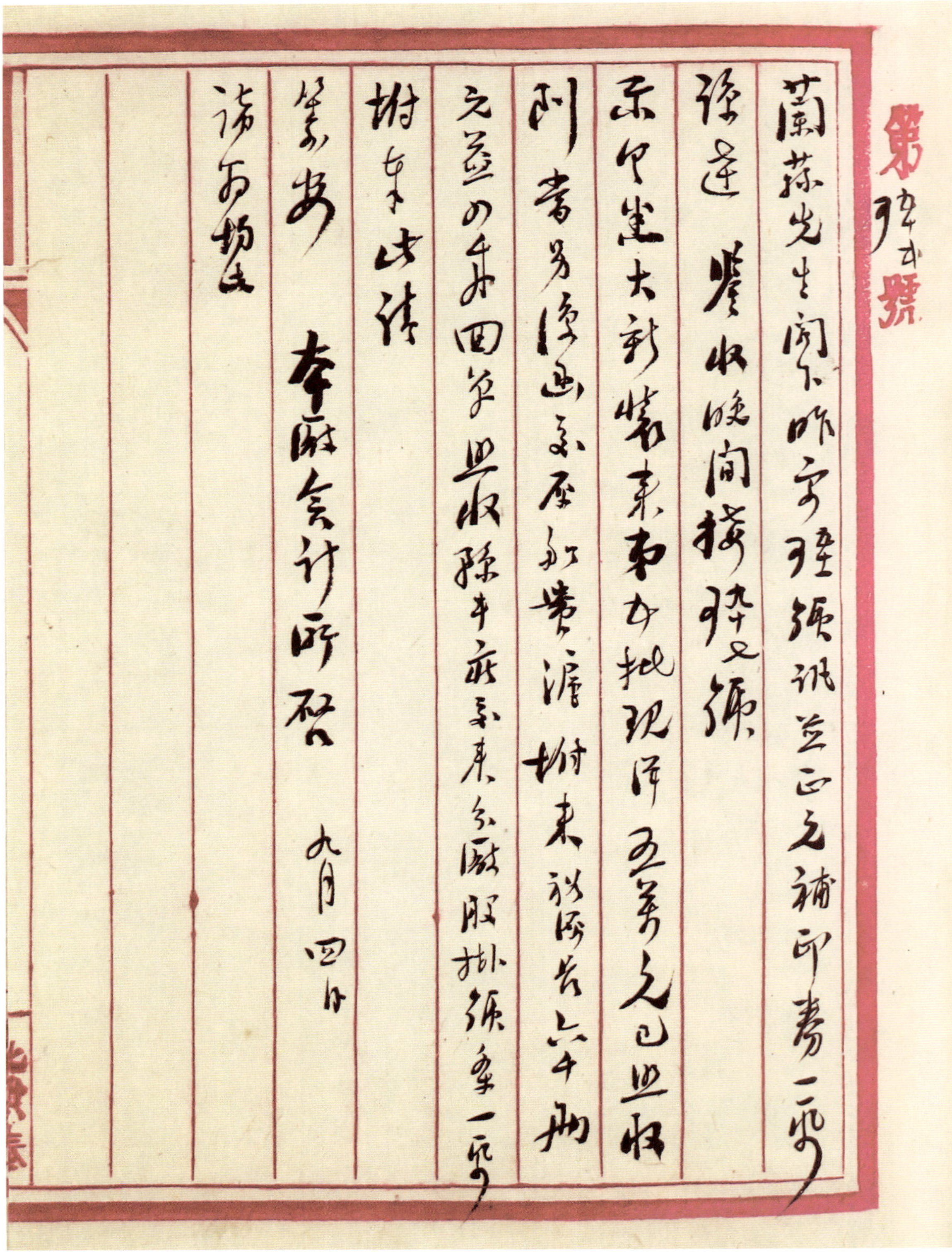

第一百五十二號（九月四日）

蘭蓀先生閣下：昨寄一百五十一號訊，并正元補印券一紙，諒達鑒收。晚間接一百九十七號示，具悉。大新裝來第五批現洋五萬元，已照收到，當另復函，交原船帶滬。附來裕源長六千兩、元益四千兩回單，照收。豫豐莊交來分廠股掛號條一紙，附奉。此請籌安。本廠會計所啓。九月四日

諸翁均此。

第一百五十二號（九月四日）

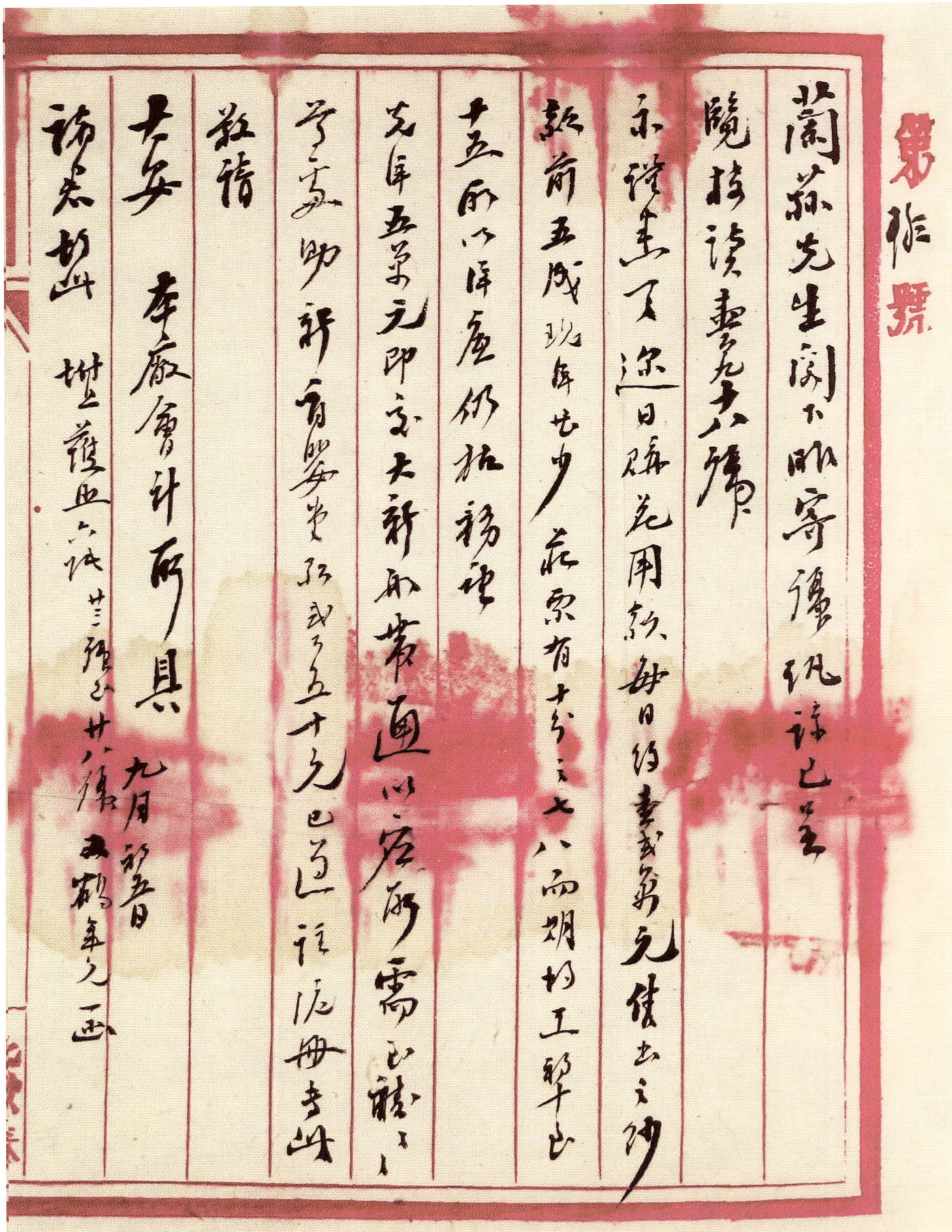

第一百五十三號（九月初五日）

蘭蓀先生閣下：昨寄號訊，諒已呈覽。接讀壹百九十八號示，謹悉一一。邇日購花用款，每日約壹弍萬元，售出之紗款，前五成現洋甚少，莊票有十分之七八，而期均在初十至十五，所以洋底仍枯。務望兑洋五萬元，即交大新船帶通，以應所需，至禱至禱。尊處助新育嬰堂款弍百五十元，已遵注滬册。專此，敬請大安。本廠會計所具。

九月初五日

諸君均此。

第一百五十三號（九月初五日）

附上護照六張（廿三號至廿八號），又鶴年兄一函。

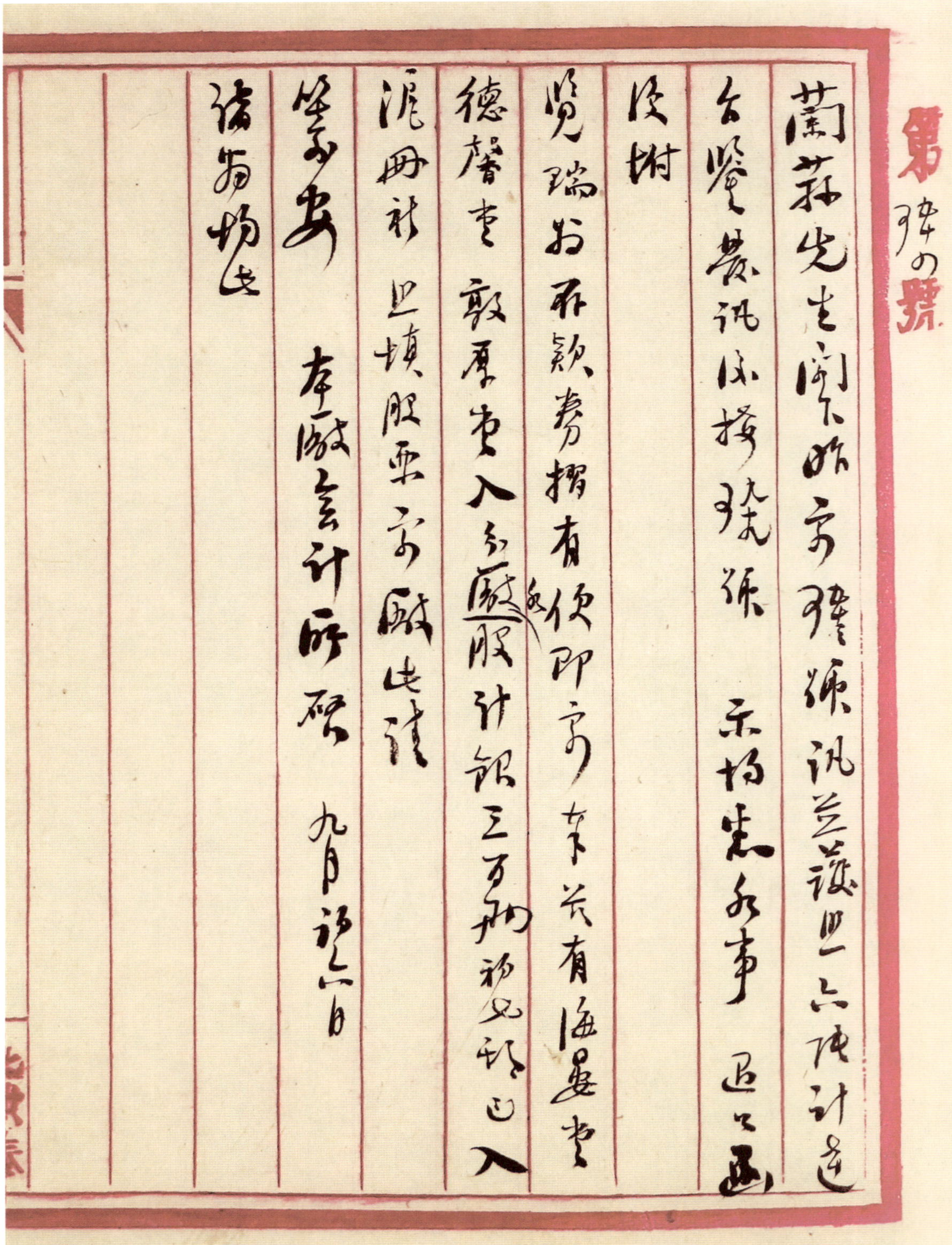

第一百五十四號（九月初六日）

蘭蓀先生閣下：昨寄一百五十三號訊，并護照六張，計達台鑒。發訊後接一百九十九號示，均悉。各事，退公函復附覽。瑞翁存款券摺，有便即寄奉。玆有海晏堂、德馨堂、敦厚堂入分廠各一股，計銀三百兩，初七期，已入滬册，祈照填股票寄廠。此請籌安。本廠會計所啓。九月初六日

諸翁均此。

第一百五十四號（九月初六日）

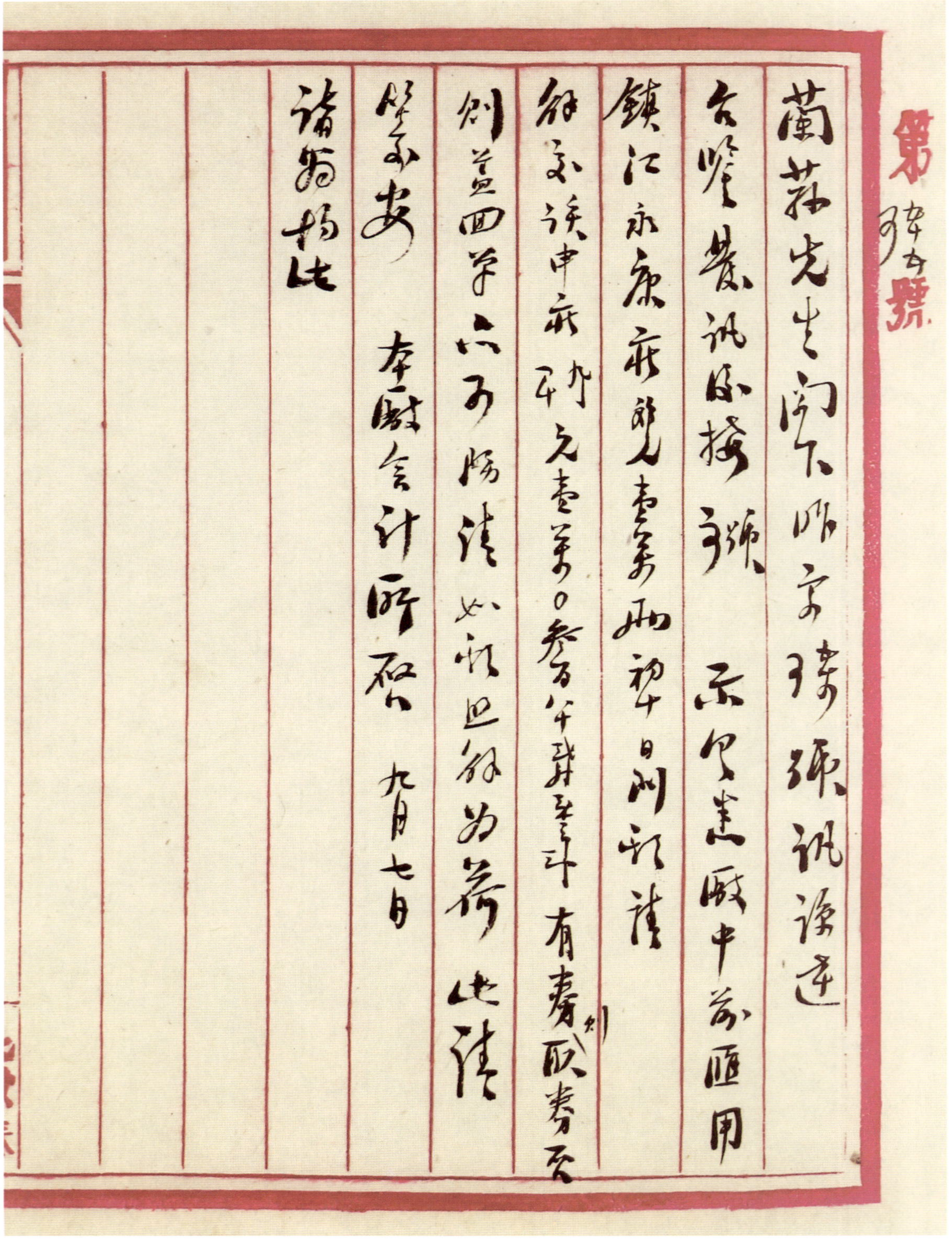

第一百五十五號（九月七日）

蘭蓀先生閣下：昨寄一百五十四號訊，諒達台鑒。發訊後接二百號示，具悉。廠中前匯用鎮江永康莊九八元壹萬兩，初十日到期，請解交該申莊九月初十元壹萬〇叁百八十弌兩三錢三分三厘，有券則取券，否則蓋回單亦可，務請如期照解爲荷。此請籌安。本廠會計所啓。九月七日

諸翁均此。

第一百五十五號（九月七日）

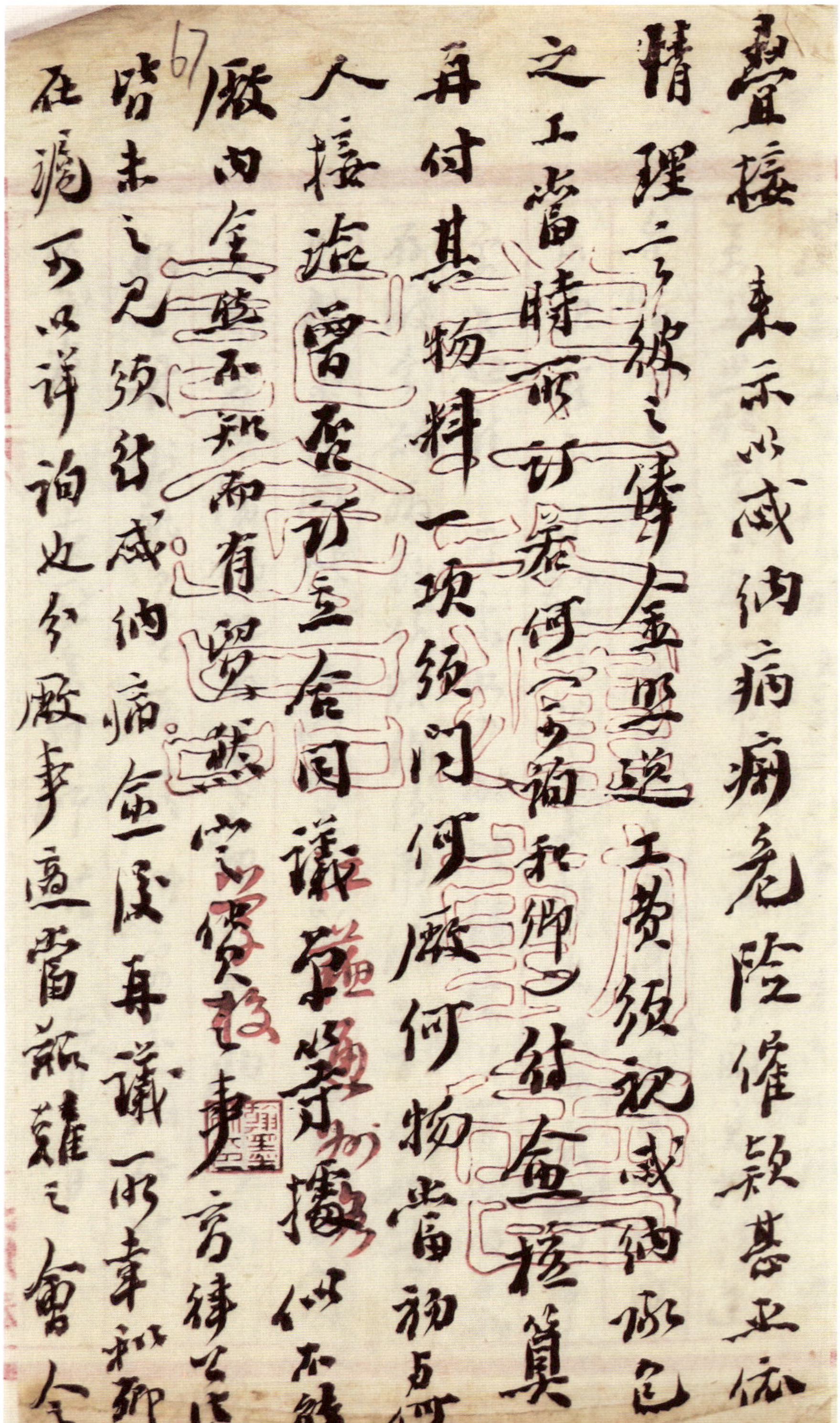

附張謇致林蘭蓀函

疊接來示，以忒納病痢危險，催款甚亟，依情理言，彼之俸金照送，工費須視忒納承包之工，當時所訂若何（可詢和卿），待愈核算再付。其物料一項，須問何廠何物，當初與何人接洽，曾否訂立合同議單等據，似不能廠内全然不知，而有貿然定貨之事。商律、公法皆未之見，須待忒納病愈後再議，所幸和卿在滬，可以詳詢也。分廠事，適當艱難之會，令人難言。弟固局外之人，昨日所論，亦不過就表面言之，本可不作爲據，若如來函所言，分廠危矣。惟有勉力設法，共圖維持。以鄙人之見，無論如何，

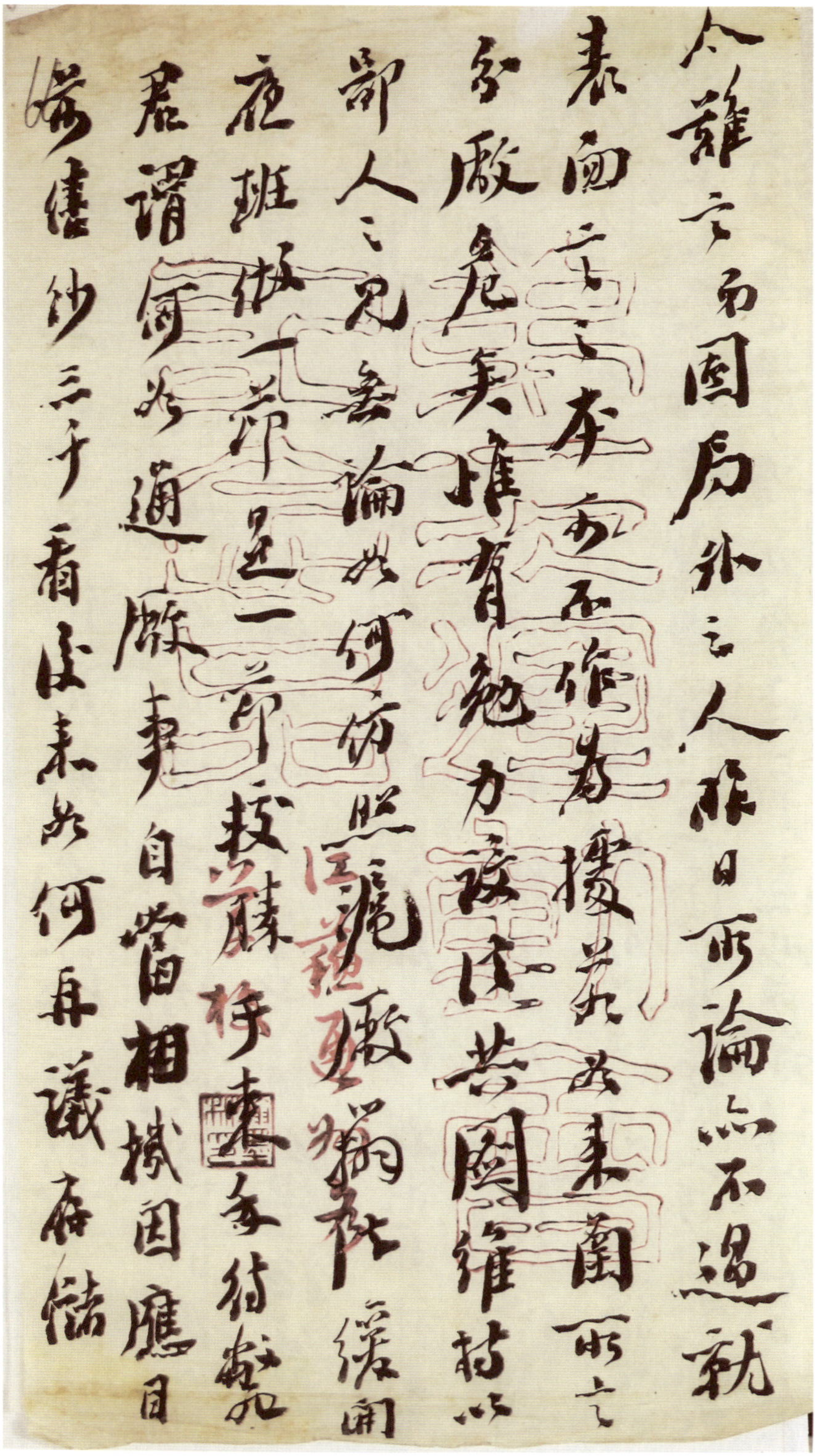

附張謇致林蘭蓀函

仿照滬廠辦法，緩開夜班，做一節是一節，較勝於束手待斃，君謂何如？通廠事，自當相機因應，目前售紗三千，看後來如何，再議存儲。君所慮者，不爲無見。今秋賴有一梅兄來廠，諸事裕如，弟乞退之人，不過謬參末議，有當與否，尚祈裁奪爲叩。此復，敬請蘭兄安。弟謇頓首。初六

希公統此。

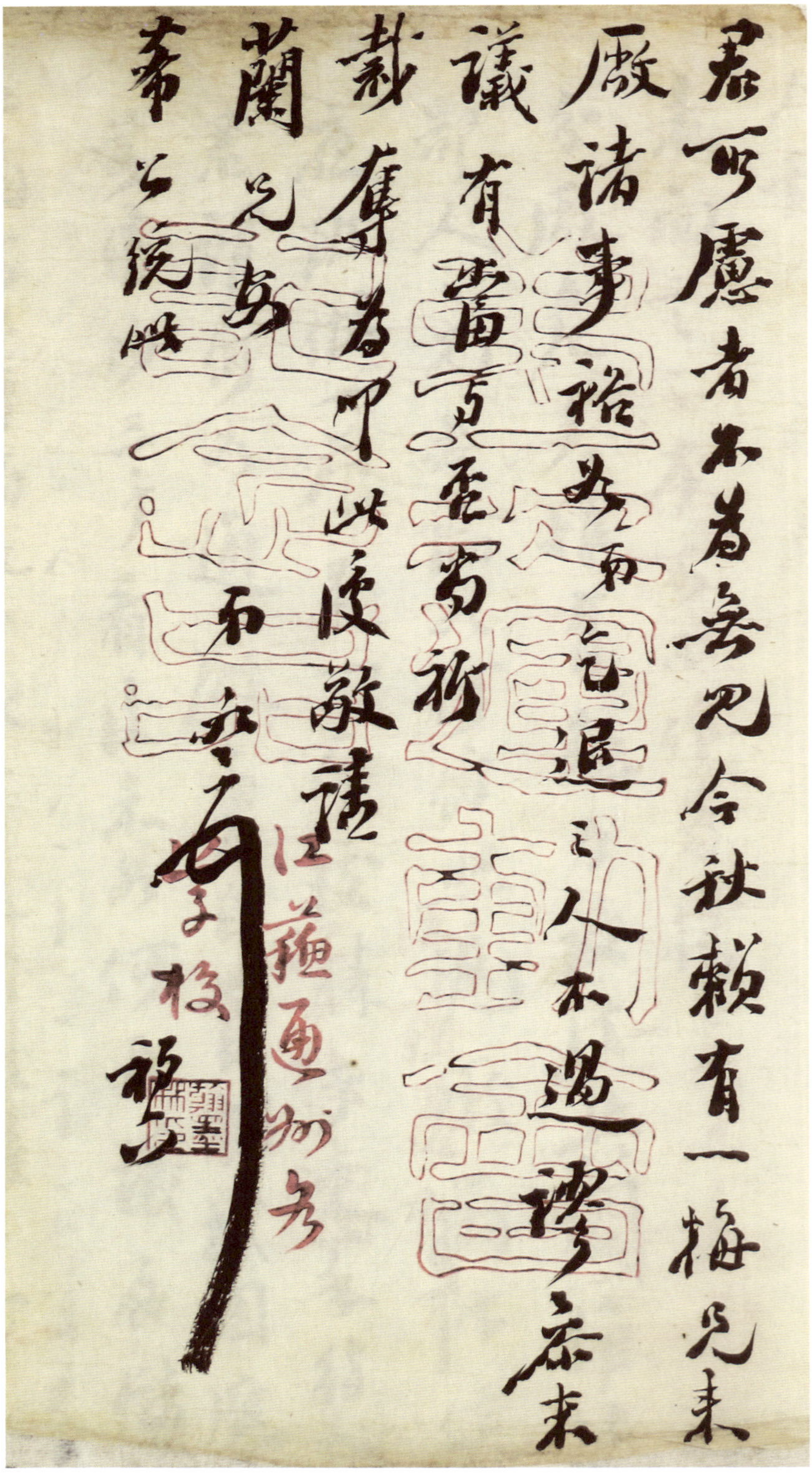

附張謇致林蘭蓀函

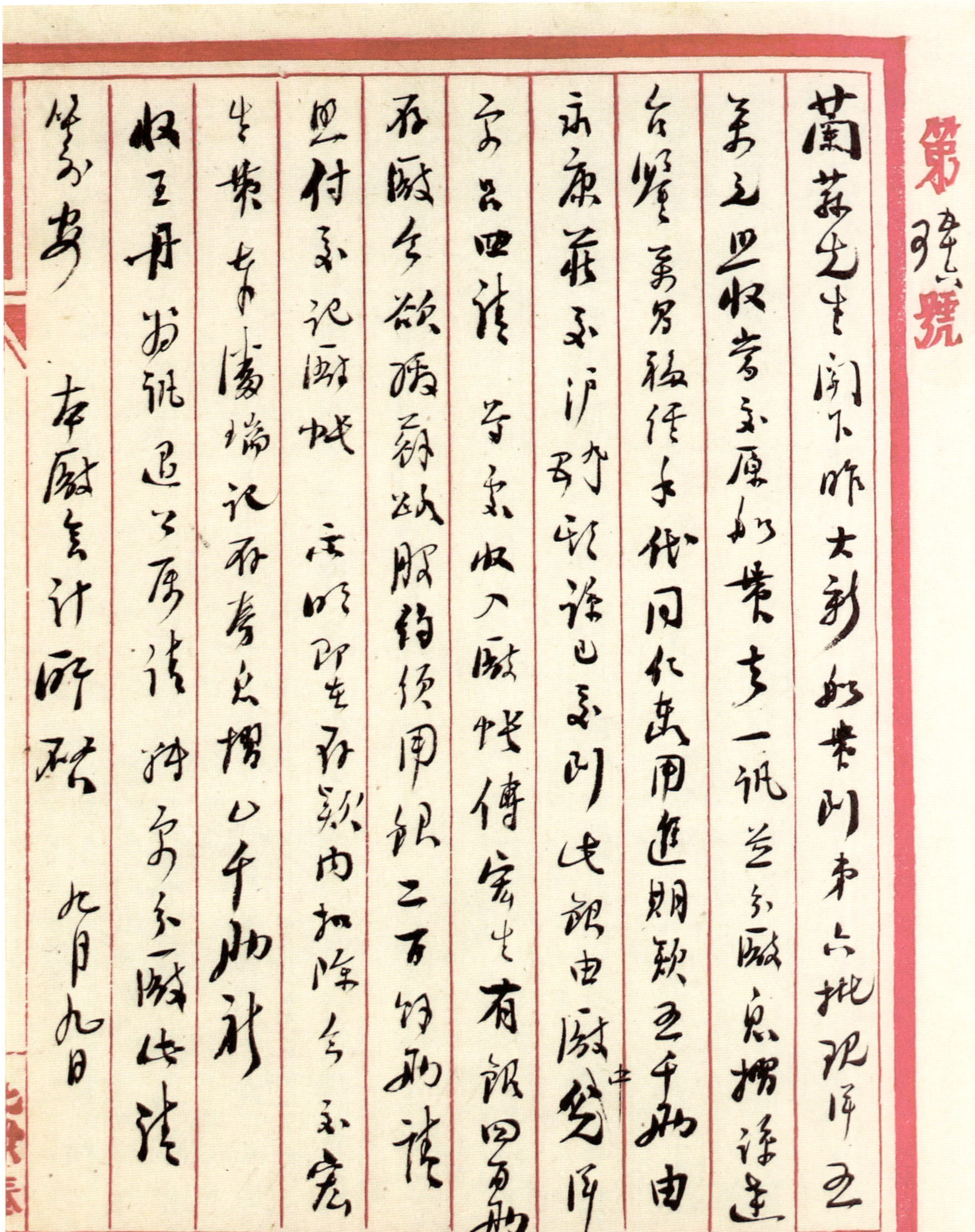

第一百五十六號（九月九日）

蘭蓀先生閣下：昨大新船帶到第六批現洋五萬元，照收。當交原船帶去一訊，并分廠息摺，諒達台鑒。萬昌福經手代同仁泰用進期款五千兩，由永康莊交滬，九月初五期，諒已交到，此銀由廠中兑洋寄吕四，請尊處收入廠帳。傅宏生有銀四百兩存廠，今欲繳蘇路股，約須用銀二百餘兩，請照付交，記廠帳，注明即在存款内扣除。今交宏生帶奉潘瑞記存券息摺一千兩，祈收。王丹翁訊，退公屬請轉寄分廠。此請籌安。本廠會計所啓。九月九日

第一百五十六號（九月九日）

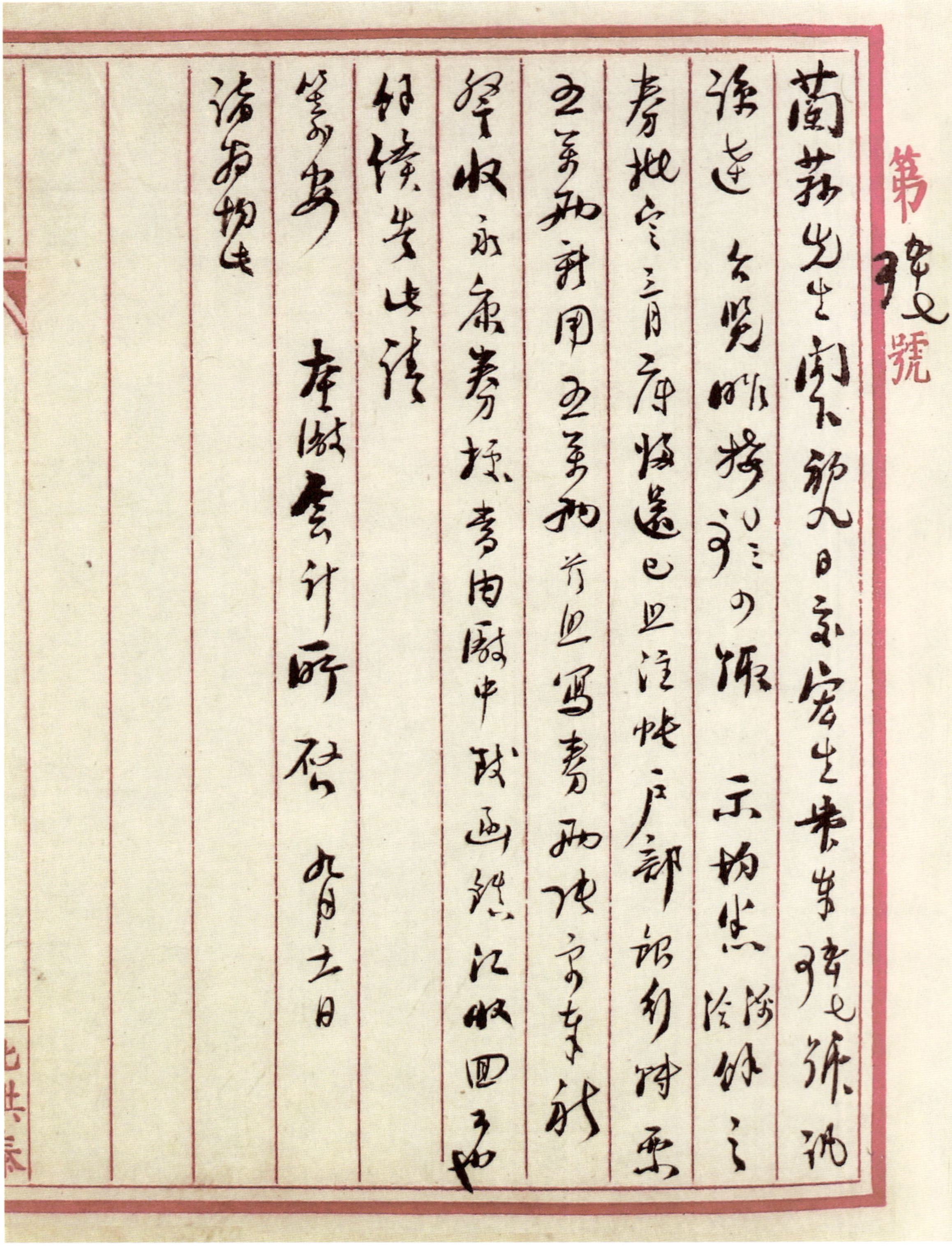

第一百五十七號（九月十一日）

蘭蓀先生閣下：初九日交宏生帶奉一百五十七〔六〕號訊，諒達台覽。昨接二百〇三、二百〇四號示，均悉。源餘、洽餘之券批定三月底歸還，已照注帳。户部銀行轉票五萬兩、新用五萬兩，兹照寫券兩張寄奉，祈察收。永康券據，當由廠中致函鎮江收回可也。餘續告。此請籌安。本廠會計所啓。九月十一日

諸翁均此。

（按：本信所言“一百五十七”號訊，實係“一百五十六”之誤）

第一百五十七號（九月十一日）

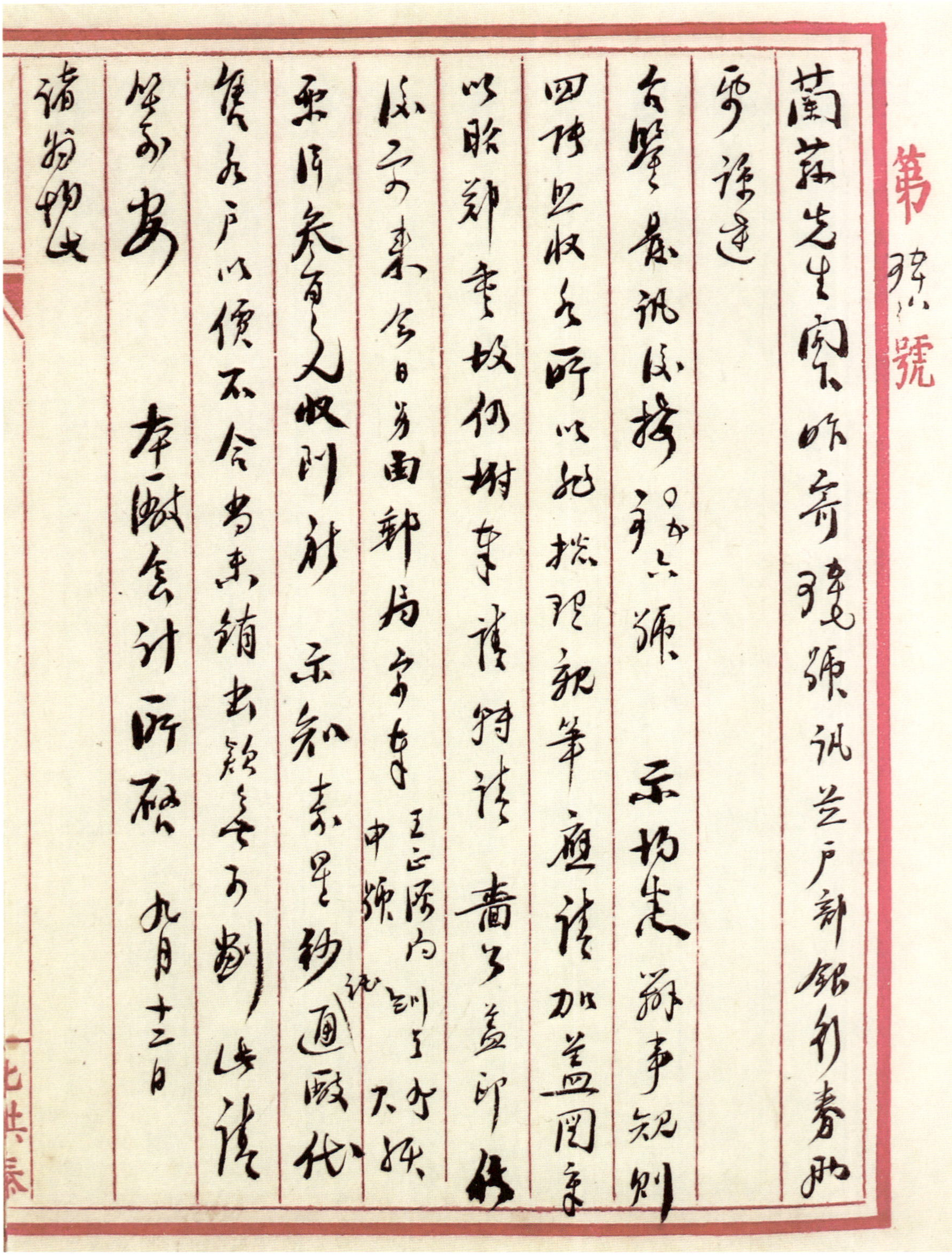

第一百五十八號（九月十二日）

蘭蓀先生閣下：昨寄一百五十七號訊，并户部銀行券兩紙，諒達台鑒。發訊後接二百〇五、二百〇六號示，均悉。《辦事規則》四張照收，各所以非總理親筆，應請加蓋圖章，以昭鄭重，故仍附奉，請轉請嗇公蓋印，祈後寄來。今日另由郵局寄奉王正源向申號八三號九月初八（五天）票洋叁百元，收到祈示知。壽星紗托通廠代售，各户以價不合，尚未銷出，款無可劃。此請籌安。本廠會計所啓。九月十二日

諸翁均此。

第一百五十八號（九月十二日）

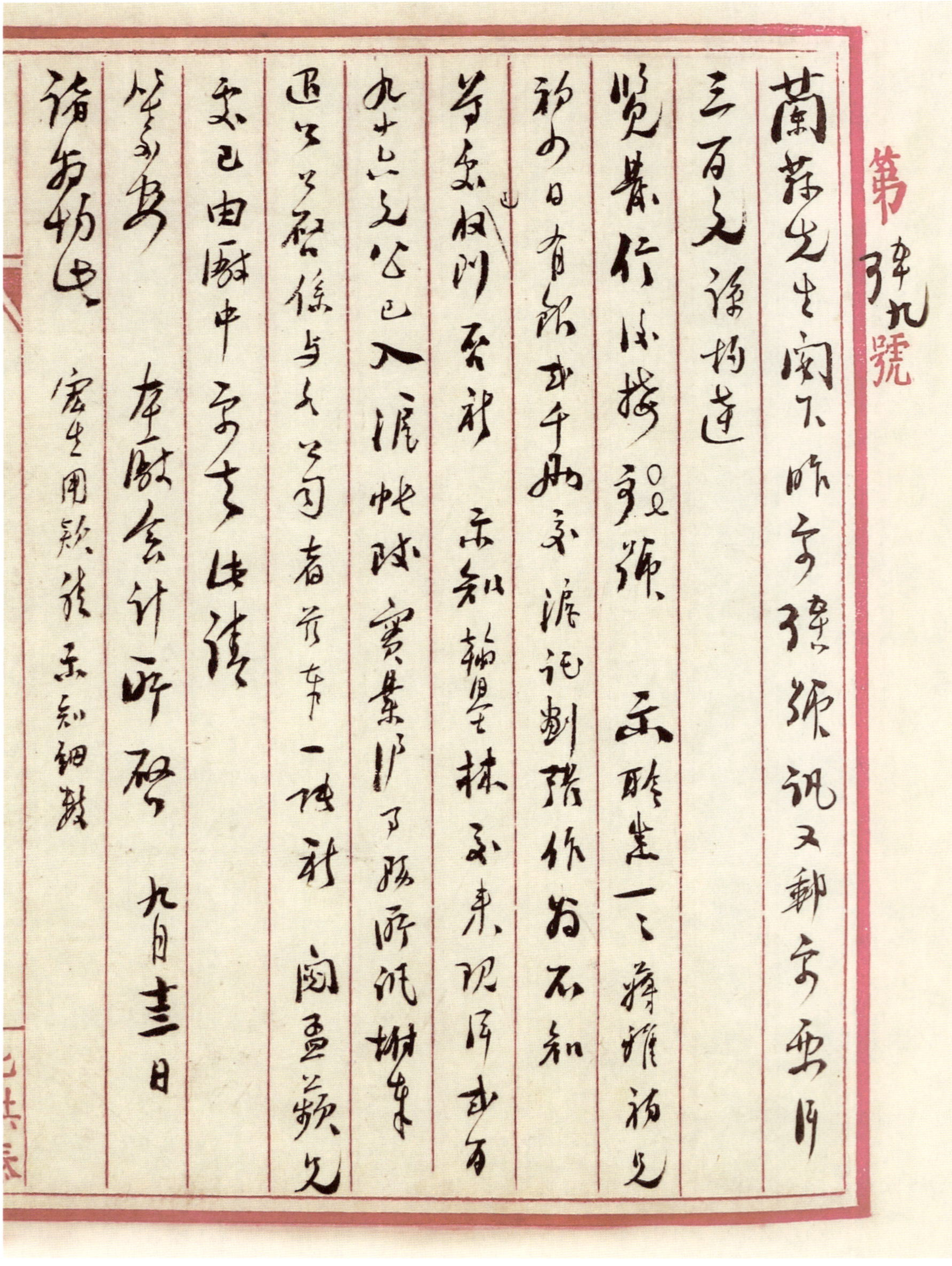

第一百五十九號（九月十三日）

蘭蓀先生閣下：昨寄一百五十八號訊，又郵寄票洋三百元，諒均達覽。發信後接二百〇七號示，聆悉一一。蔣雅初兄初四日有銀弍千兩交滬托劃張作翁，不知尊處已收到否，祈示知。翰墨林交來現洋弍百九十六元八角，已入滬帳。致實業滬事務所訊附奉。退公公啓，係與各公司者，兹奉一張，祈閱。孟蘋兄處，已由廠中寄去。此請籌安。本廠會計所啓。九月十三日

諸翁均此。

第一百五十九號（九月十三日）

宏生用款請示知細數。

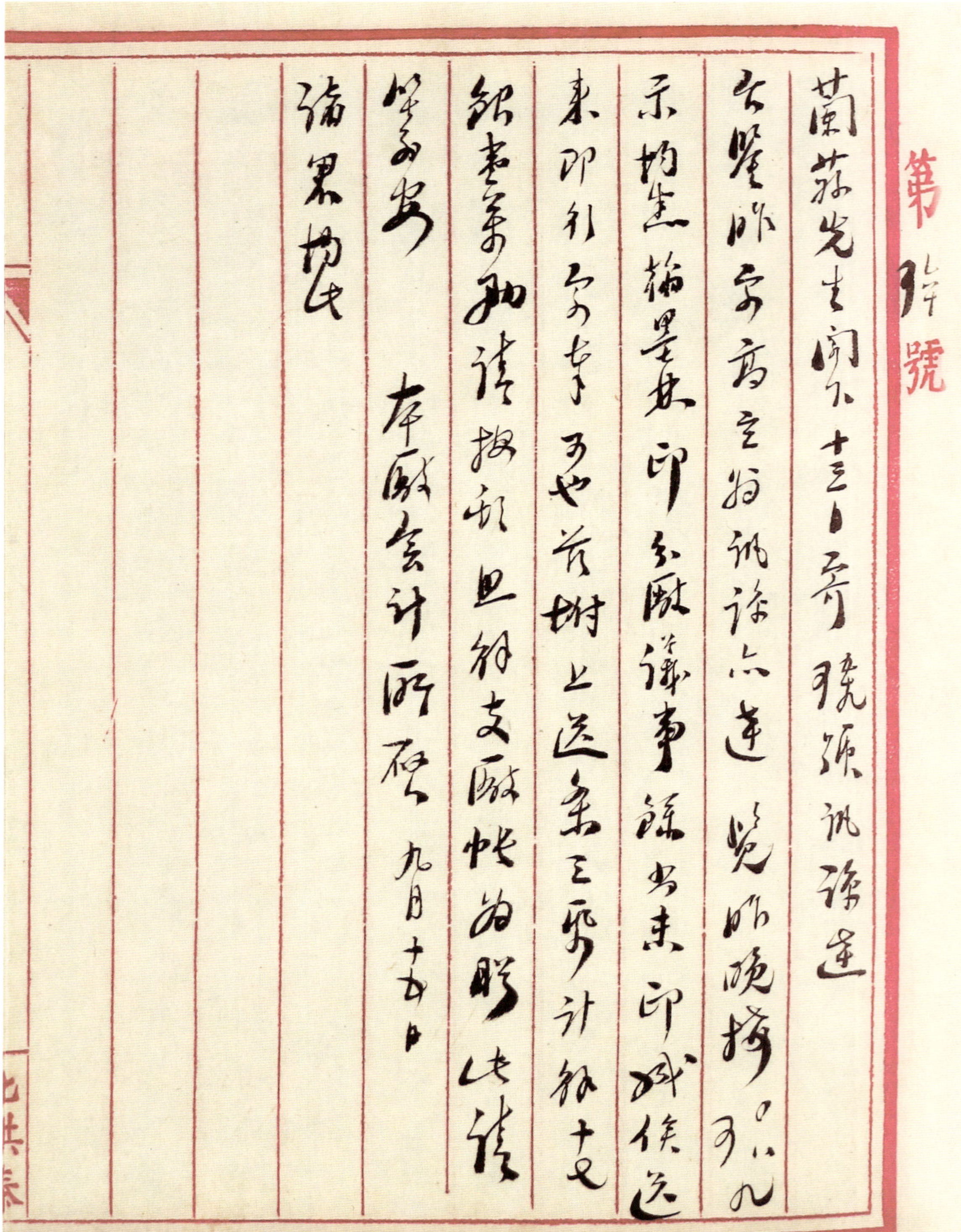

第一百六十號（九月十五日）

蘭蓀先生閣下：十三日寄一百五十九號訊，諒達台鑒。昨寄高立翁訊，諒亦達覽。昨晚接一〔二〕百〇八、一〔二〕百〇九示，均悉。翰墨林印“分廠議事録”尚未印成，俟送來即行寄奉可也。兹附上送條三紙，計解十七銀壹萬兩，請按期照解，支廠帳爲盼。此請籌安。本廠會計所啓。九月十五日
諸君均此。

第一百六十號（九月十五日）

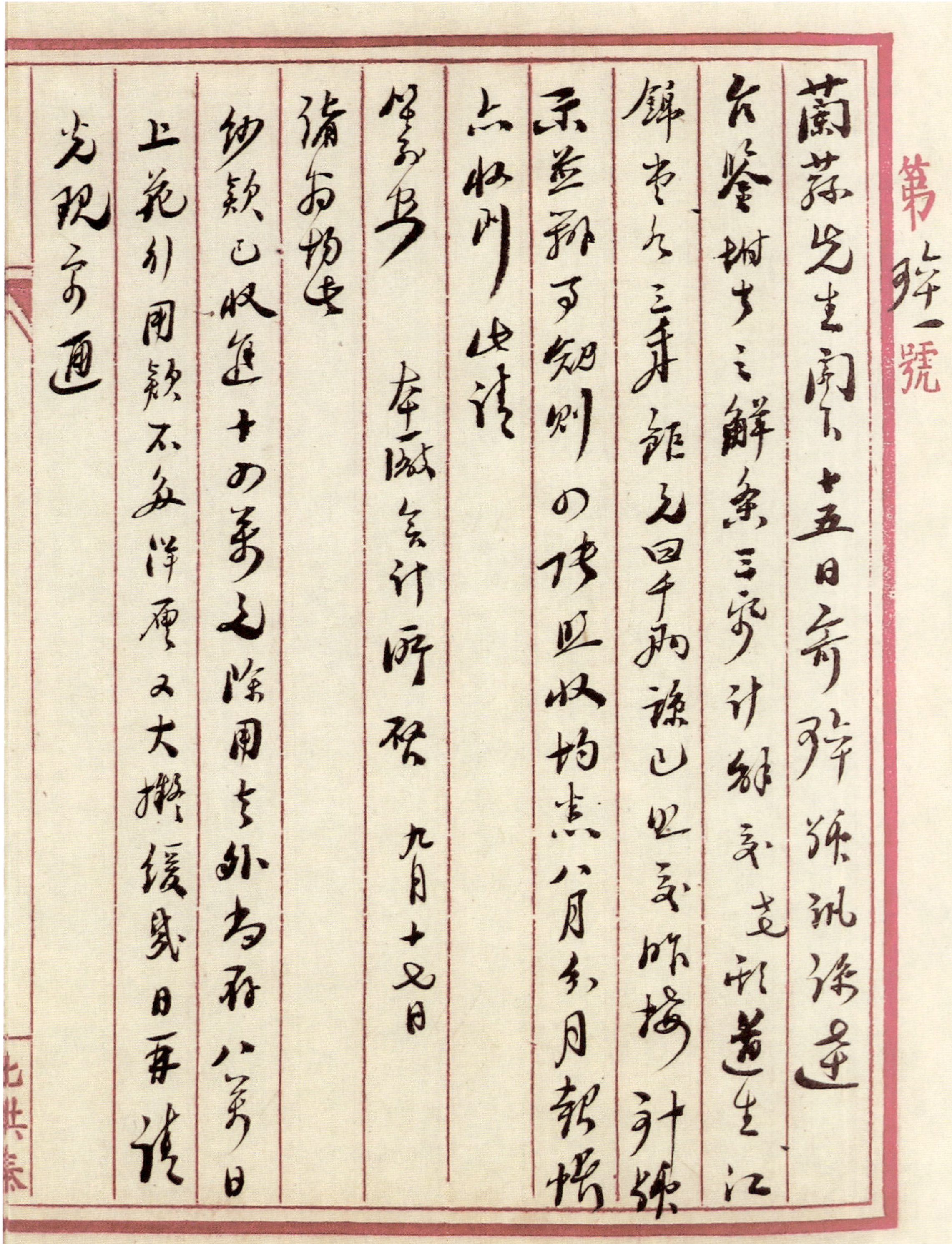

第一百六十一號（九月十七日）

蘭蓀先生閣下：十五日寄一百六十號訊，諒達台鑒。附去之解條三紙，計解交十七期道生、江錦堂各三千兩，鉅元四千兩，諒已照交。昨接二百十號示，并《辦事規則》四張，照收均悉。八月分月報帳亦收到。此請籌安。本廠會計所啓。九月十七日

諸翁均此。

紗款已收進十四萬元，除用去外，尚存八萬。日上花行用款不多，洋厘又大，擬緩幾日再請兑現寄通。

第一百六十一號（九月十七日）

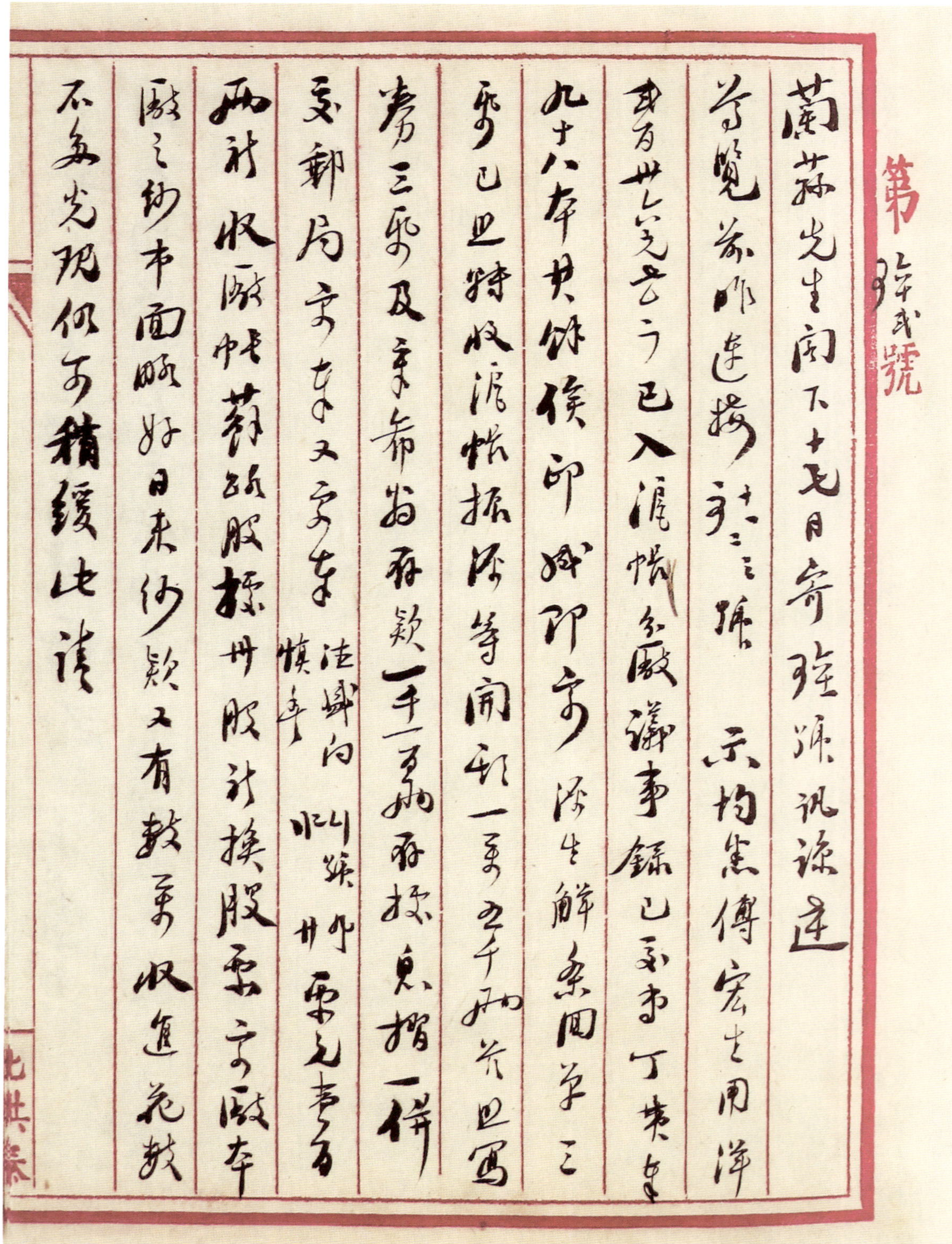

第一百六十二號（九月廿日）

蘭蓀先生閣下：十七日寄一百六十一號訊，諒達尊覽。前、昨連接二百十一、二百十二、二百十三號示，均悉。傅宏生用洋式百卅六元七角二分，已入滬帳。“分廠議事録”已交專丁帶奉九十八本，其餘俟印成即寄。源生解條回單三紙，已照轉收滬帳。振源等開期一萬五千兩，兹照寫券三紙，及章希翁存款一千一百兩存據息摺，一并交郵局寄奉。又寄奉德盛向慎豐二二六一號九月廿票元壹百兩，祈收廠帳。蘇路股據卅股，祈换股票寄廠。本廠之紗，市面略好，日來紗款又有數萬收進，花數不多，

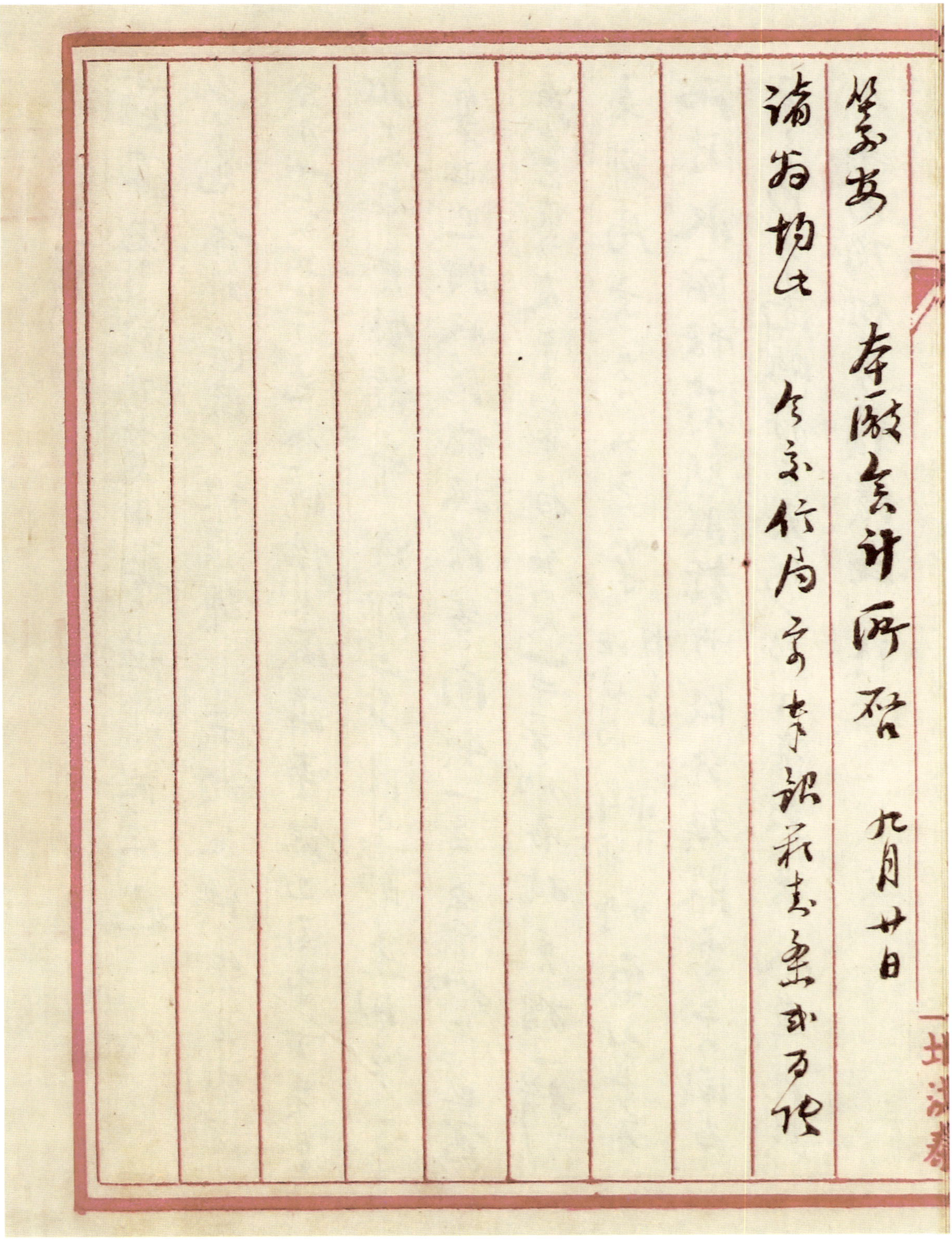

第一百六十二號（九月廿日）

兑現仍可稍緩。此請籌安。本廠會計所啓。九月廿日

諸翁均此。

今交信局寄奉銀箱封條式百張。

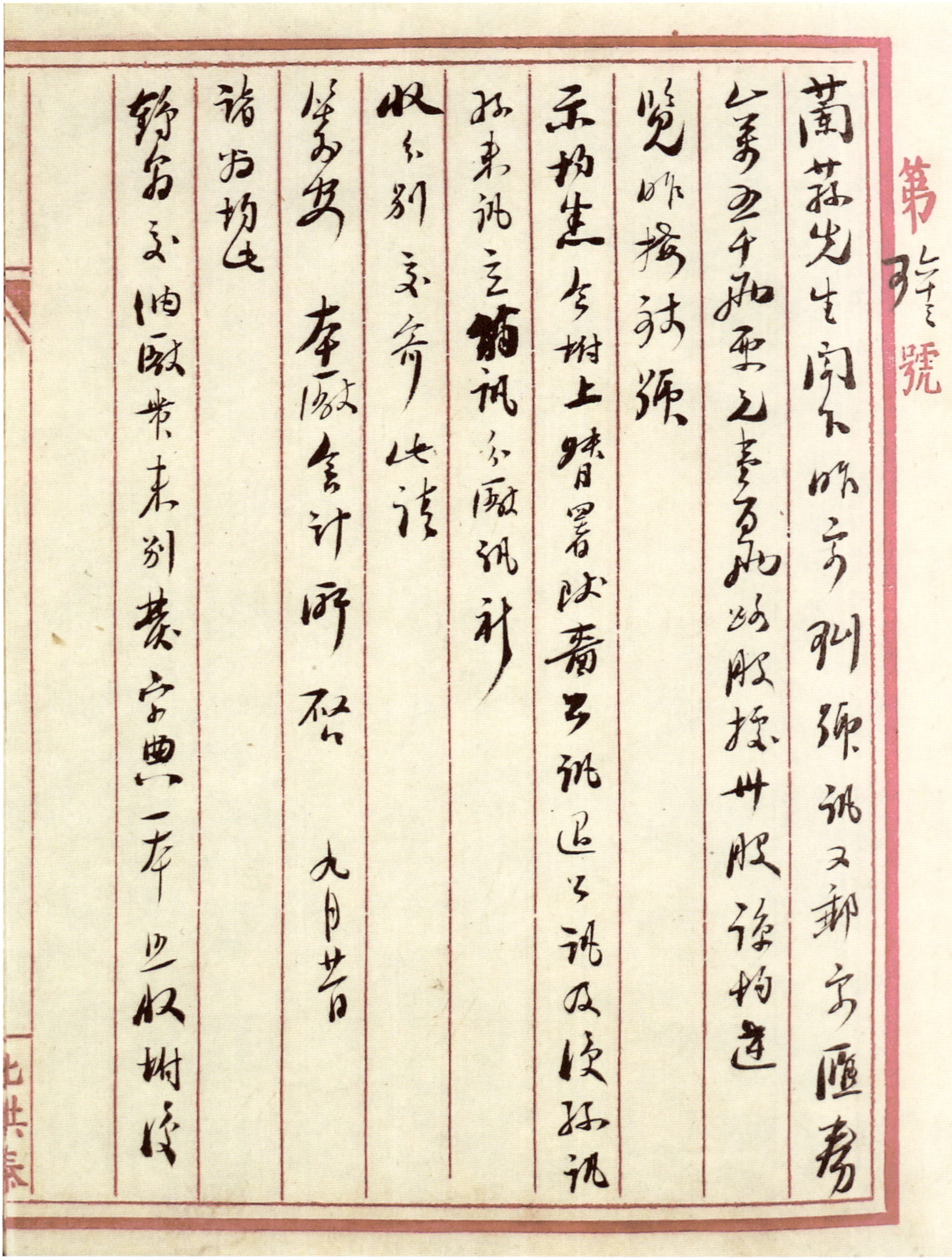

第一百六十三號（九月廿一日）

蘭蓀先生閣下：昨寄一百六十二號訊，又郵寄匯券一萬五千兩、票元壹百兩、路股據卅股，諒均達覽。昨接二百十四號示，均悉。今附上督署致啻公訊、退公訊及復孫訊、孫來訊、立翁訊、分廠訊，祈收，分別交寄。此請籌安。本廠會計所啓。九月廿一日

諸翁均此。

鶴翁交油廠帶來别發字典一本，照收附復。

第一百六十三號（九月廿一日）

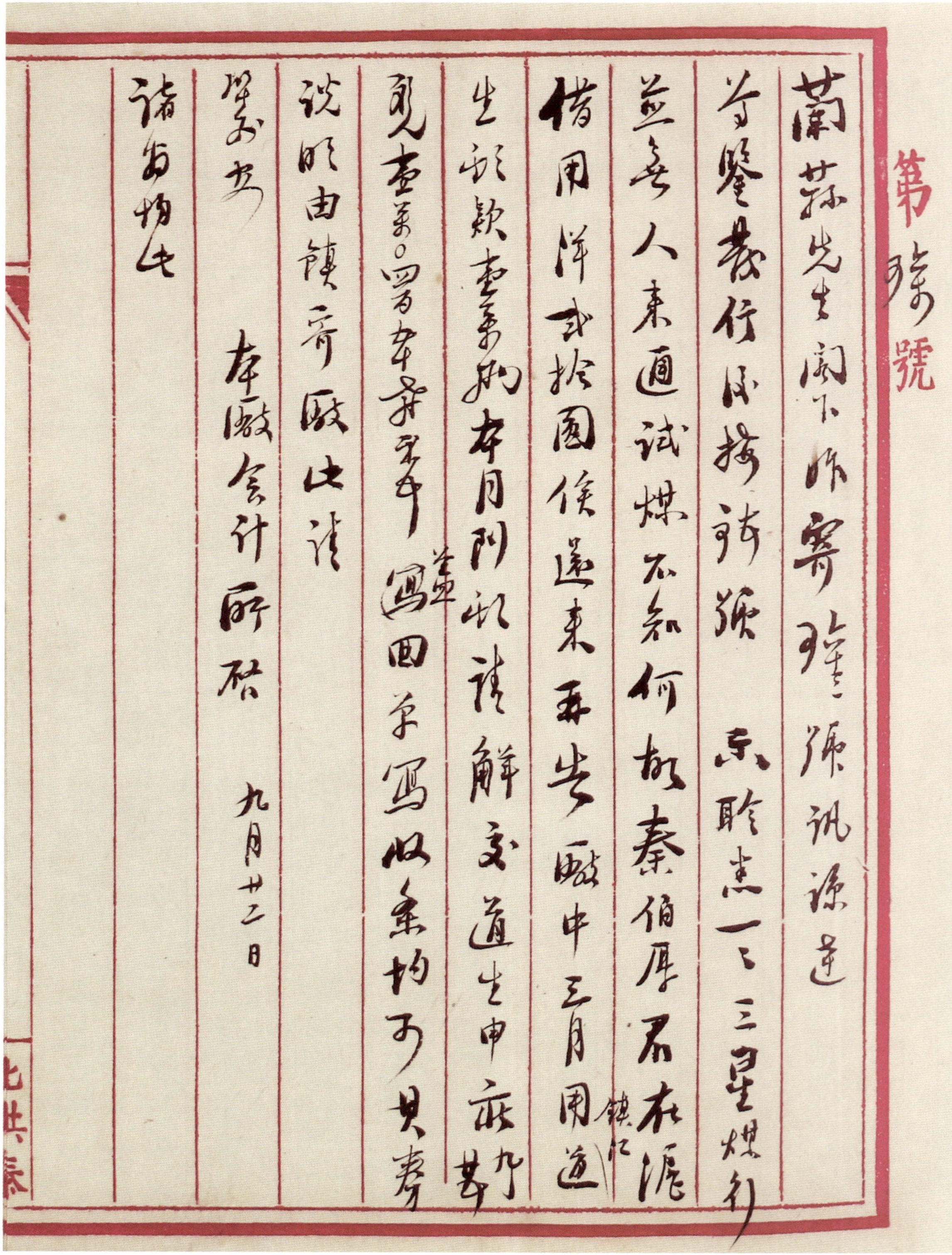

第一百六十四號（九月廿二日）

蘭蓀先生閣下：昨寄一百六十三號訊，諒達尊鑒。發信後接二百十五號示，聆悉一一。三星煤行并無人來通試煤，不知何故。秦伯厚君在滬借用洋式拾圓，俟還來再告。廠中三月用鎮江道生期款壹萬兩，本月到期，請解交道生申莊九月廿五九八元壹萬〇四百五十七兩二錢五，蓋回單、寫收條均可，其券説明由鎮寄廠。此請籌安。本廠會計所啓。九月廿二日
諸翁均此。

第一百六十四號（九月廿二日）

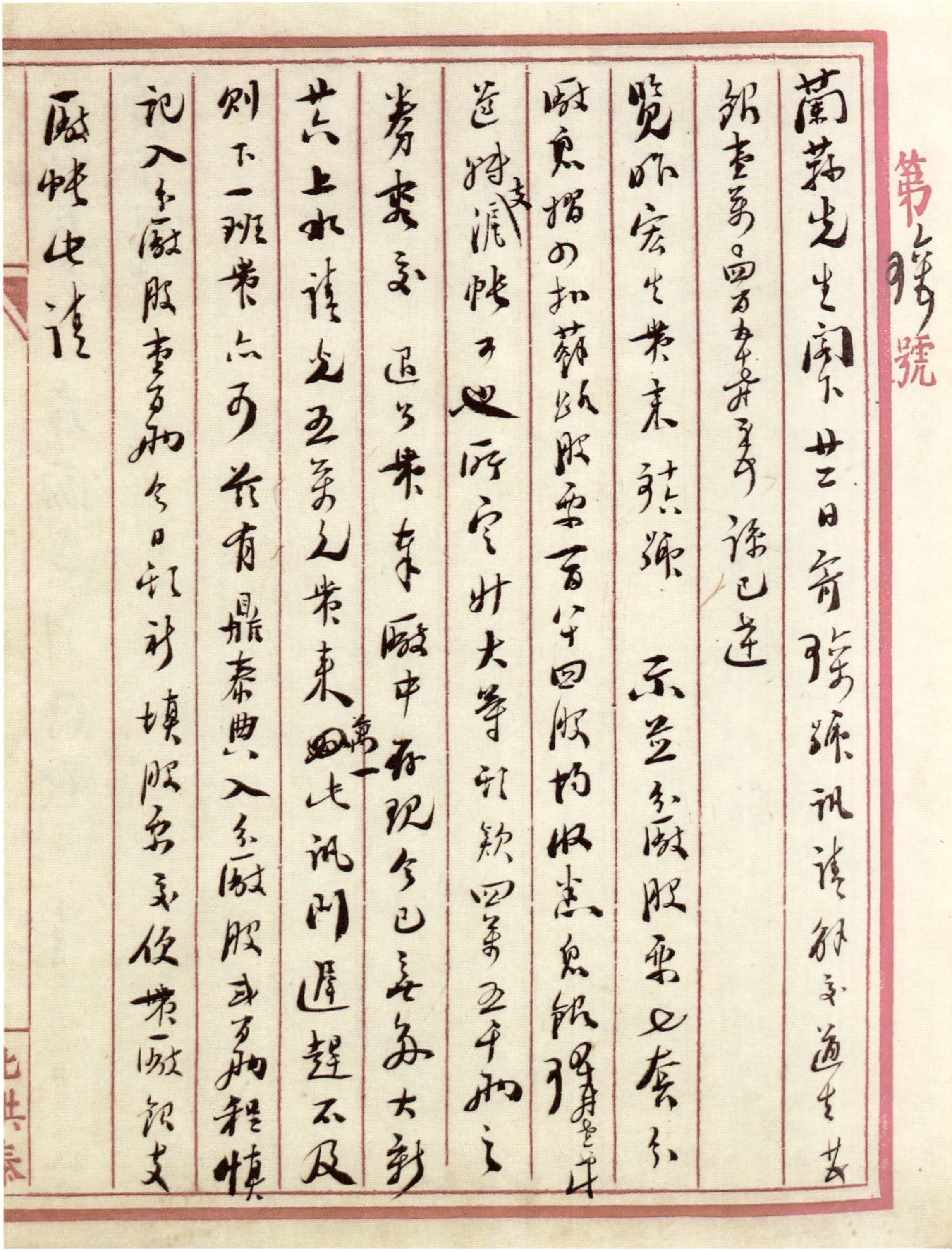

第一百六十五號（九月廿四日）

蘭蓀先生閣下：廿二日寄一百六十四號訊，請解交道生廿五銀壹萬〇四百五十七兩二錢五，諒已達覽。昨宏生帶來二百十六號示，并分廠股票七套、分廠息摺四扣、蘇路股票一百八十四股，均收悉。息銀一百四十五兩七錢七分六，遵轉支滬帳可也。所定升大等期款四萬五千兩之券，容交退公帶奉。廠中存現今已無多，大新廿六上水，請兑五萬元帶來。萬一此訊到遲，趕不及，則下一班帶亦可。兹有鼎泰典入分廠股式百兩、程慎記入分廠股壹百兩，今日期，祈填股票，交便帶廠，銀支廠帳。此請籌安。

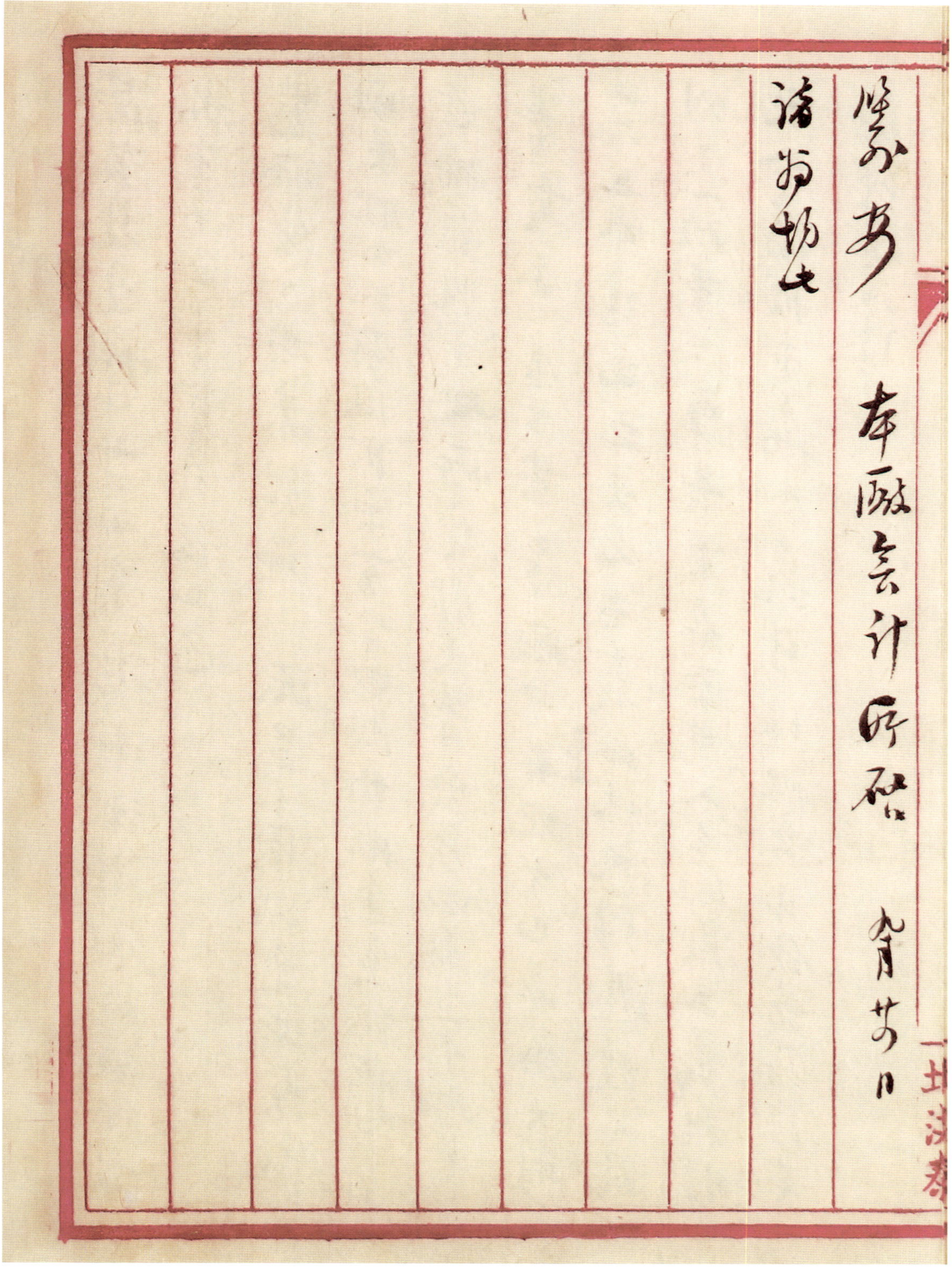
本廠會計所啓　九月廿四日
諸翁均此

第一百六十五號（九月廿四日）

本廠會計所啓。九月廿四日
諸翁均此。

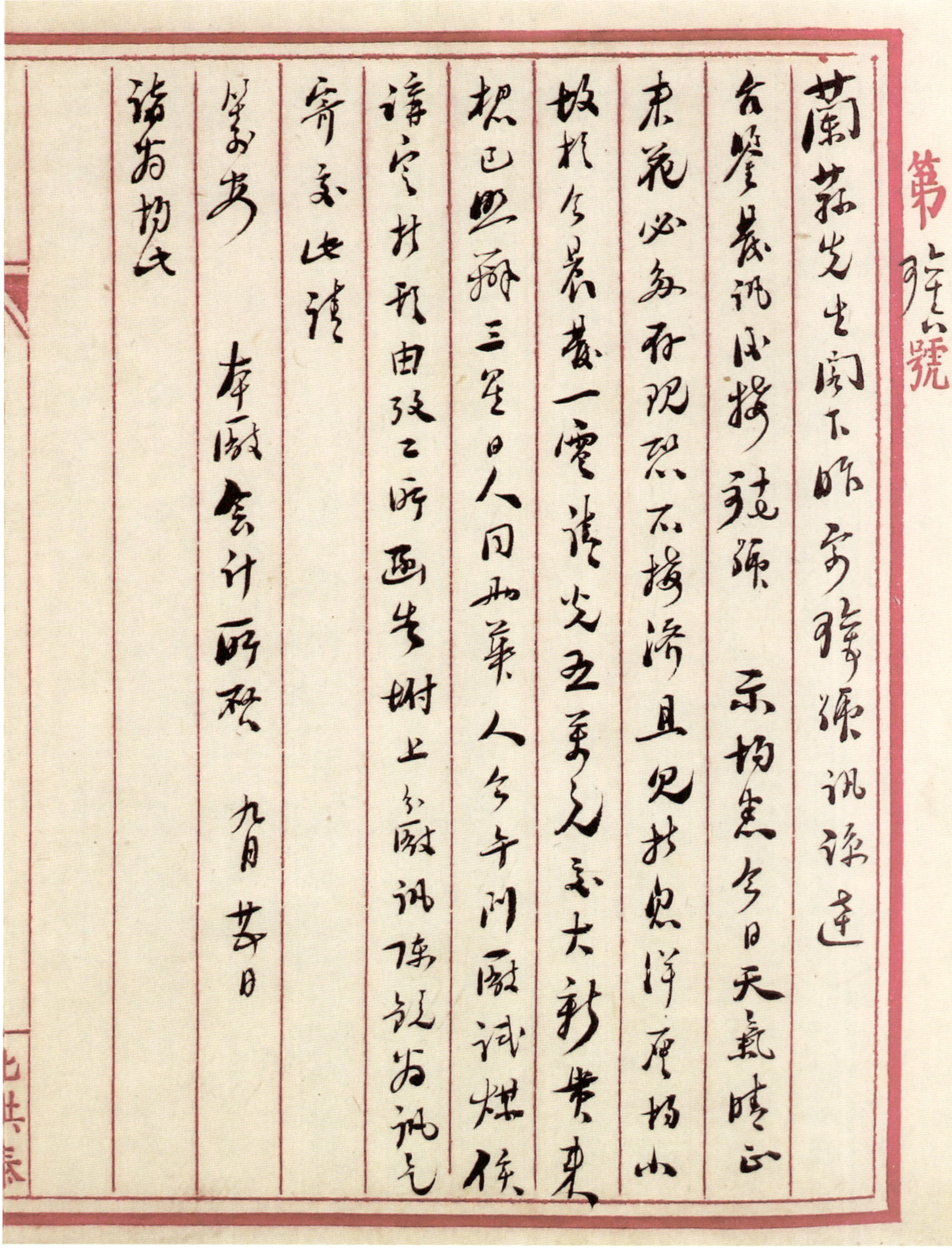

第一百六十六號（九月廿五日）

蘭蓀先生閣下：昨寄一百六十五號訊，諒達台鑒。發訊後接二百十七號示，均悉。今日天氣晴正，來花必多，存現恐不接濟，且見折息洋厘均小，故於今晨發一電，請兑五萬元交大新帶來，想已照辦。三星日人同兩華人今午到廠試煤，俟講定折期，由考工所函告。附上分廠訊、陳鏡翁訊，乞寄交。此請籌安。本廠會計所啓。九月廿五日

諸翁均此。

第一百六十六號（九月廿五日）

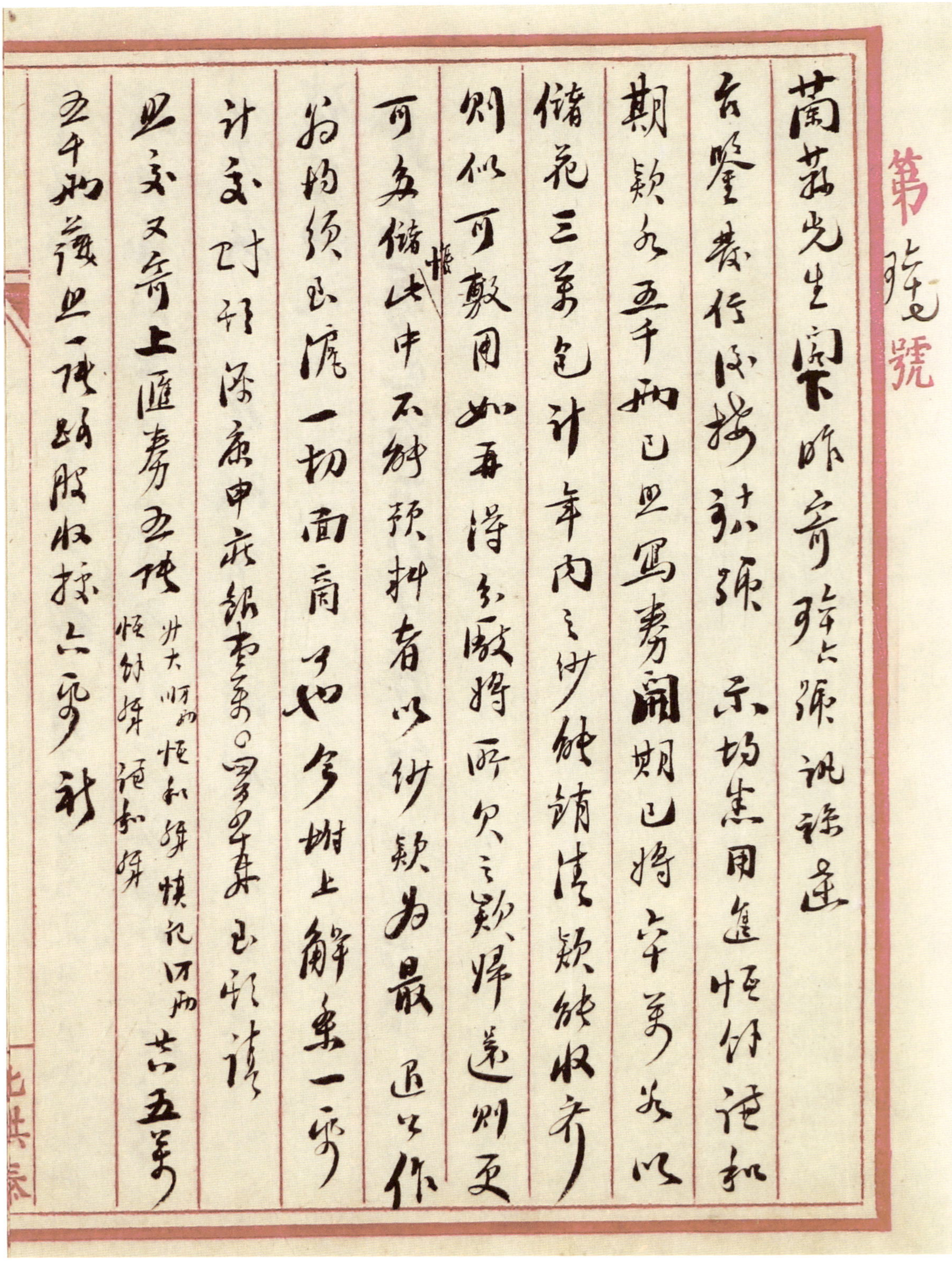

第一百六十七號（九月廿六日）

蘭蓀先生閣下：昨寄一百六十六號訊，諒達台鑒。發信後接二百十八號示，均悉。用進恒餘、謙和期款各五千兩，已照寫券。開期已將六十萬，若以儲花三萬包計，年内之紗能銷清，款能收齊，則似可敷用。如再得分廠將所欠之款歸還，則更可多儲。惟此中不能預料者，以紗款爲最。退公、作翁均須至滬，一切面商可也。今附上解條一紙，計交十月初一期源康申莊銀壹萬〇四百四十五兩，至期請照交。又寄上匯券五張（升大三萬兩、恒和五千兩、慎記一萬兩、恒餘五千兩、謙和五千兩），共五萬五千兩，

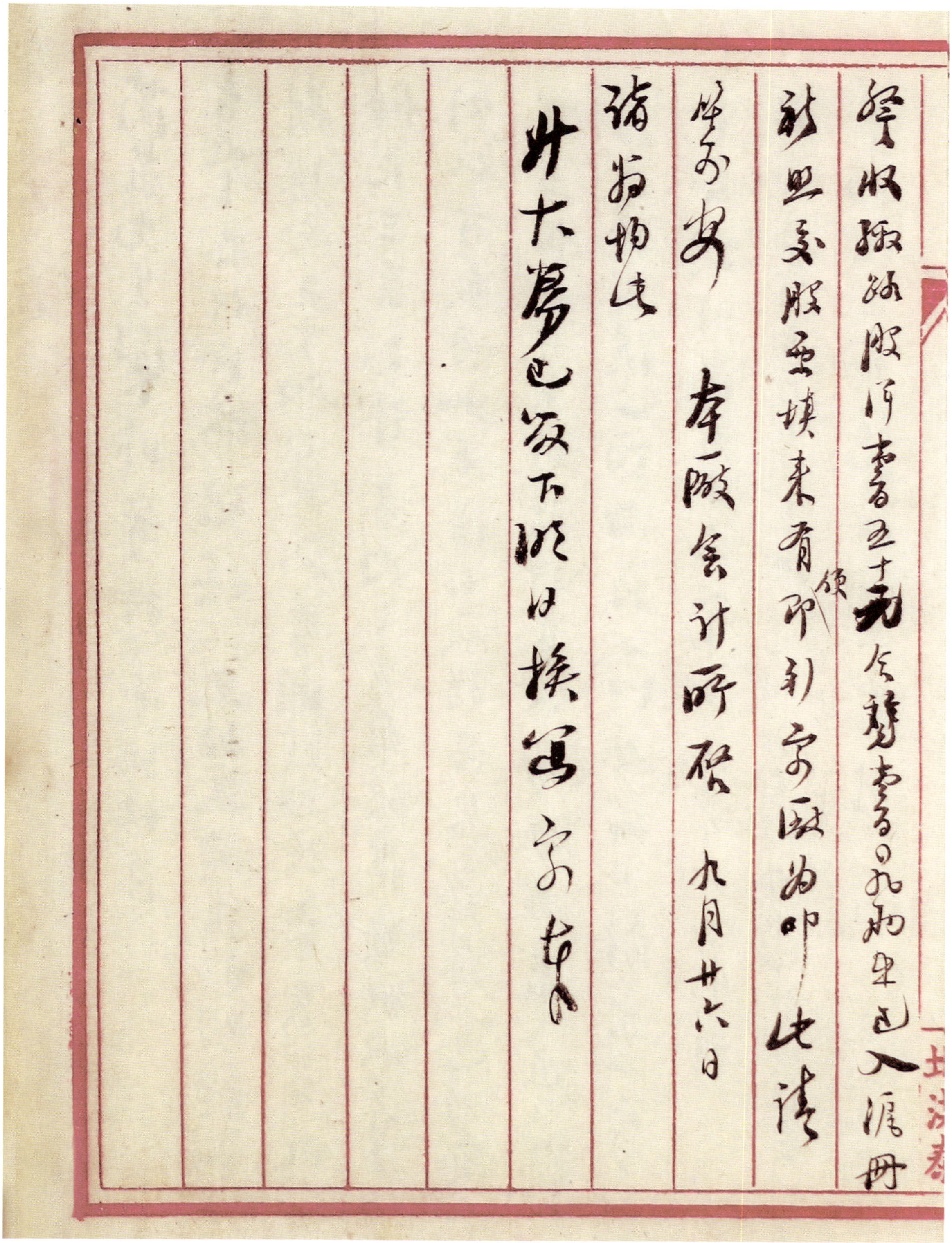

第一百六十七號（九月廿六日）

護照一張，路股收據六紙，祈察收。繳路股洋壹百五十元，合九八元壹百〇九兩五錢，已入滬册，祈照交，股票填來，有便即行寄廠爲叩。此請籌安。本廠會計所啓。九月廿六日

諸翁均此。

升大券已留下，明日换寫寄奉。

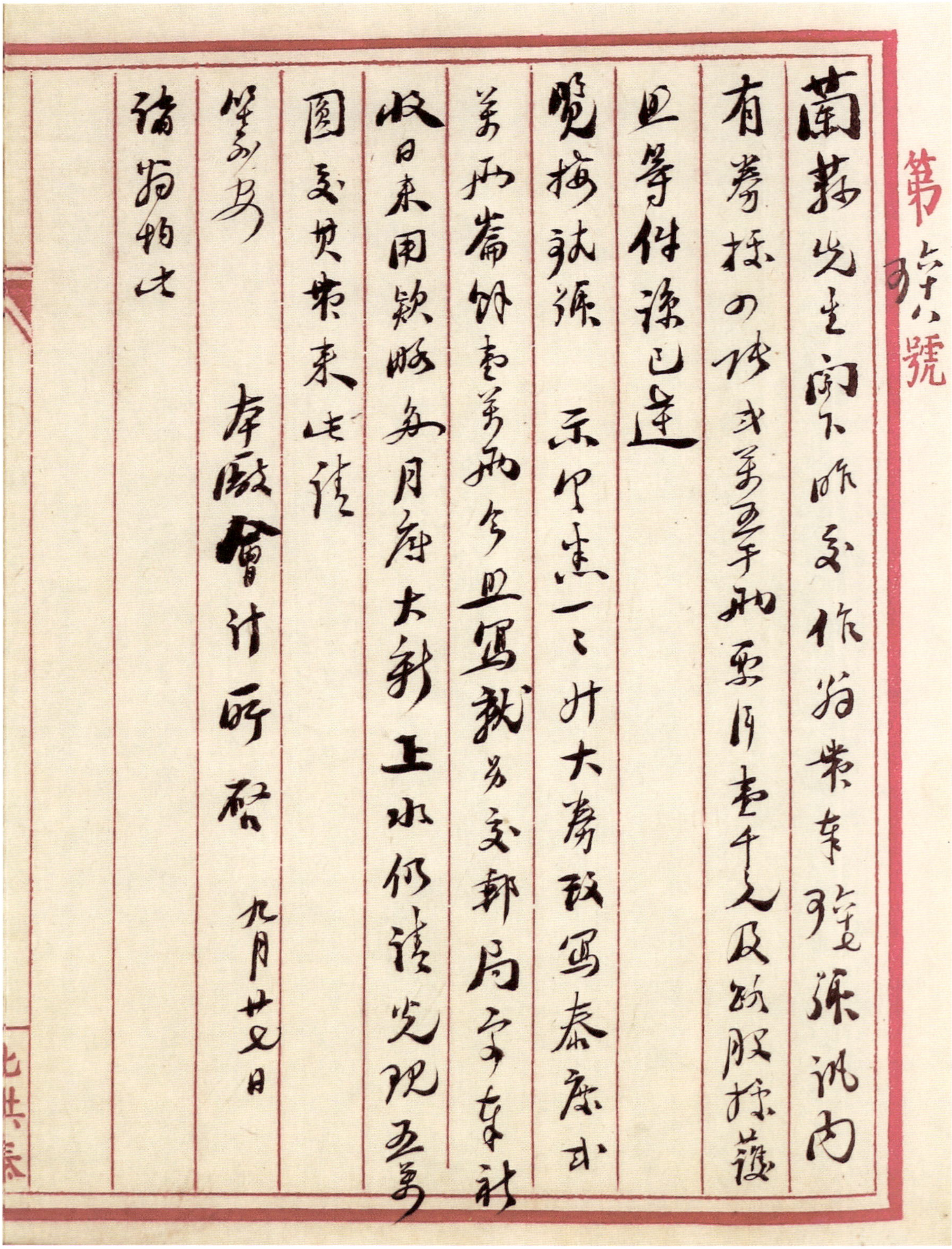

第一百六十八號（九月廿七日）

蘭蓀先生閣下：昨交作翁帶奉一百六十七號訊，內有券據四張弍萬五千兩、票洋壹千元及路股據、護照等件，諒已達覽。接二百十九號示，具悉一一。升大券改寫泰慶弍萬兩、崙餘壹萬兩，今照寫就，另交郵局寄奉，祈收。日來用款略多，月底大新上水，仍請兑現五萬圓交其帶來。此請籌安。本廠會計所啓。九月廿七日

諸翁均此。

第一百六十八號（九月廿七日）

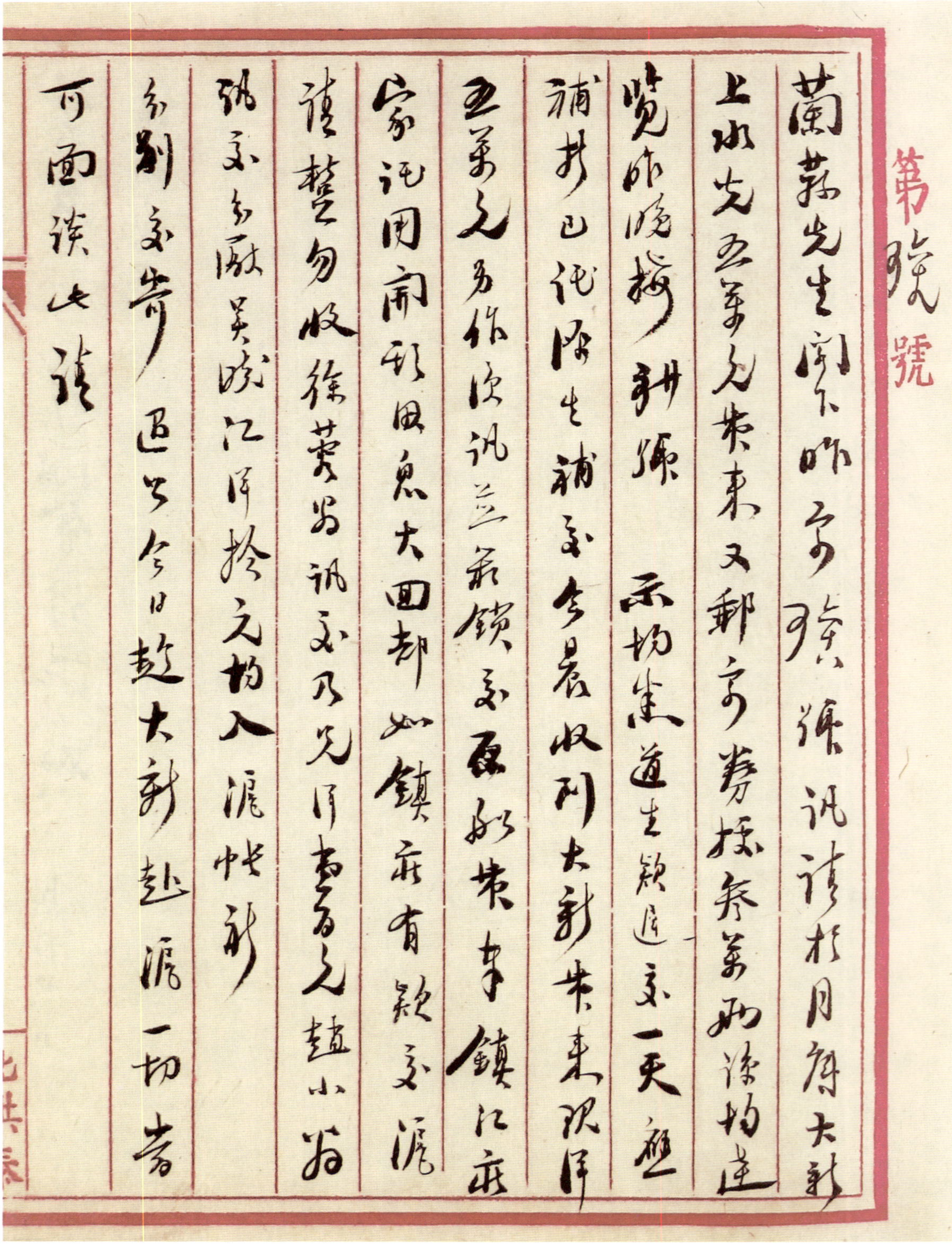

第一百六十九號（九月廿八日）

蘭蓀先生閣下：昨寄一百六十八號訊，請於月底大新上水兑五萬元帶來，又郵寄券據叁萬兩，諒均達覽。昨晚接二百廿號示，均悉。道生款遲交一天應補折，已托源生補交。今晨收到大新帶來現洋五萬元，另作復訊并箱、鎖交原船帶奉。鎮江莊家托用開期，因息大回却。如鎮莊有款交滬，請暫勿收。徐蓉翁訊交乃兄洋壹百元，趙小翁訊交分廠吴曉江洋拾元，均入滬帳，祈分别交寄。退公今日趁大新赴滬，一切當可面談。此請籌安。本廠會計所啓。九月廿八日

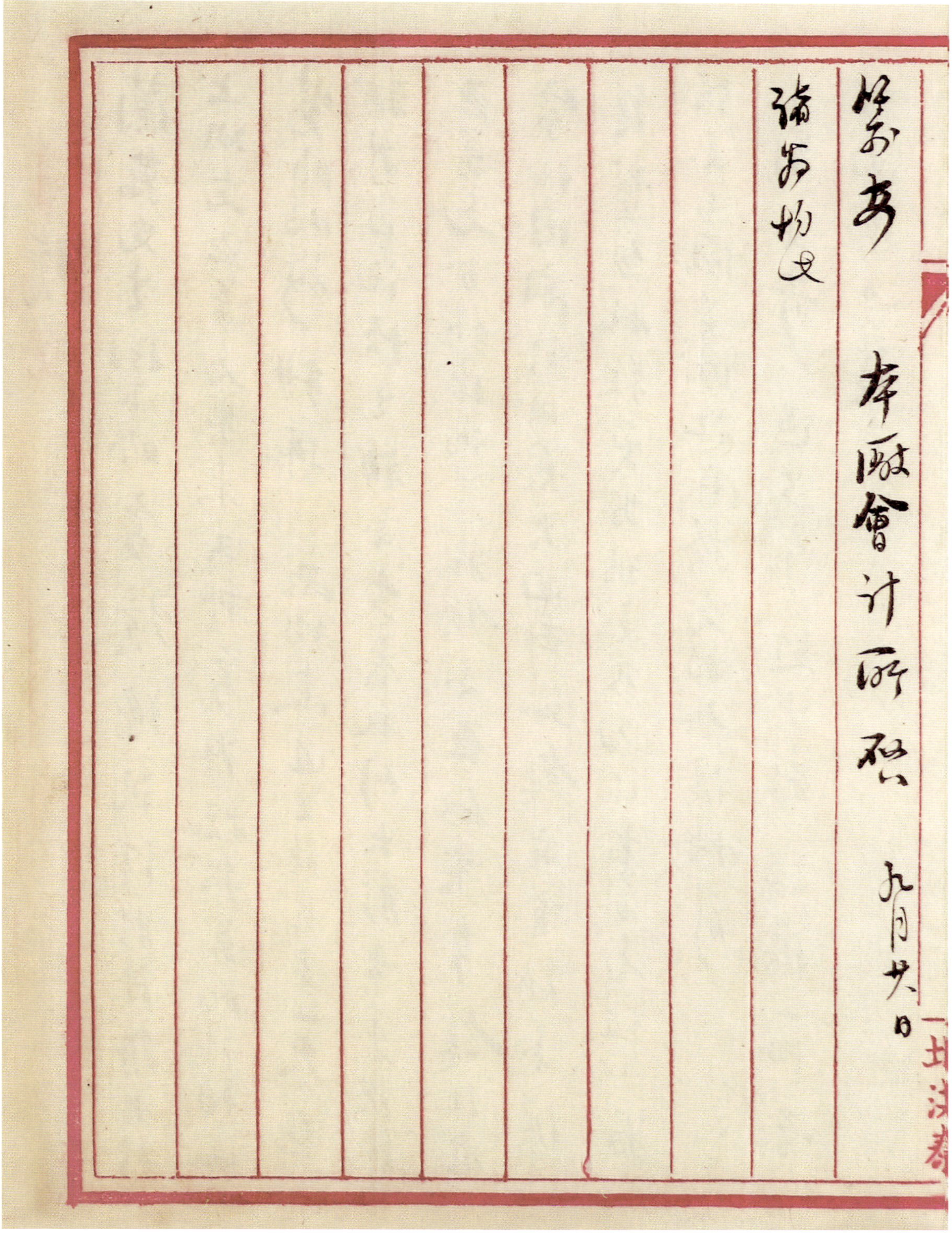
崇安

本廠會計所啓　九月廿八日

諸翁均此

第一百六十九號（九月廿八日）

諸翁均此。

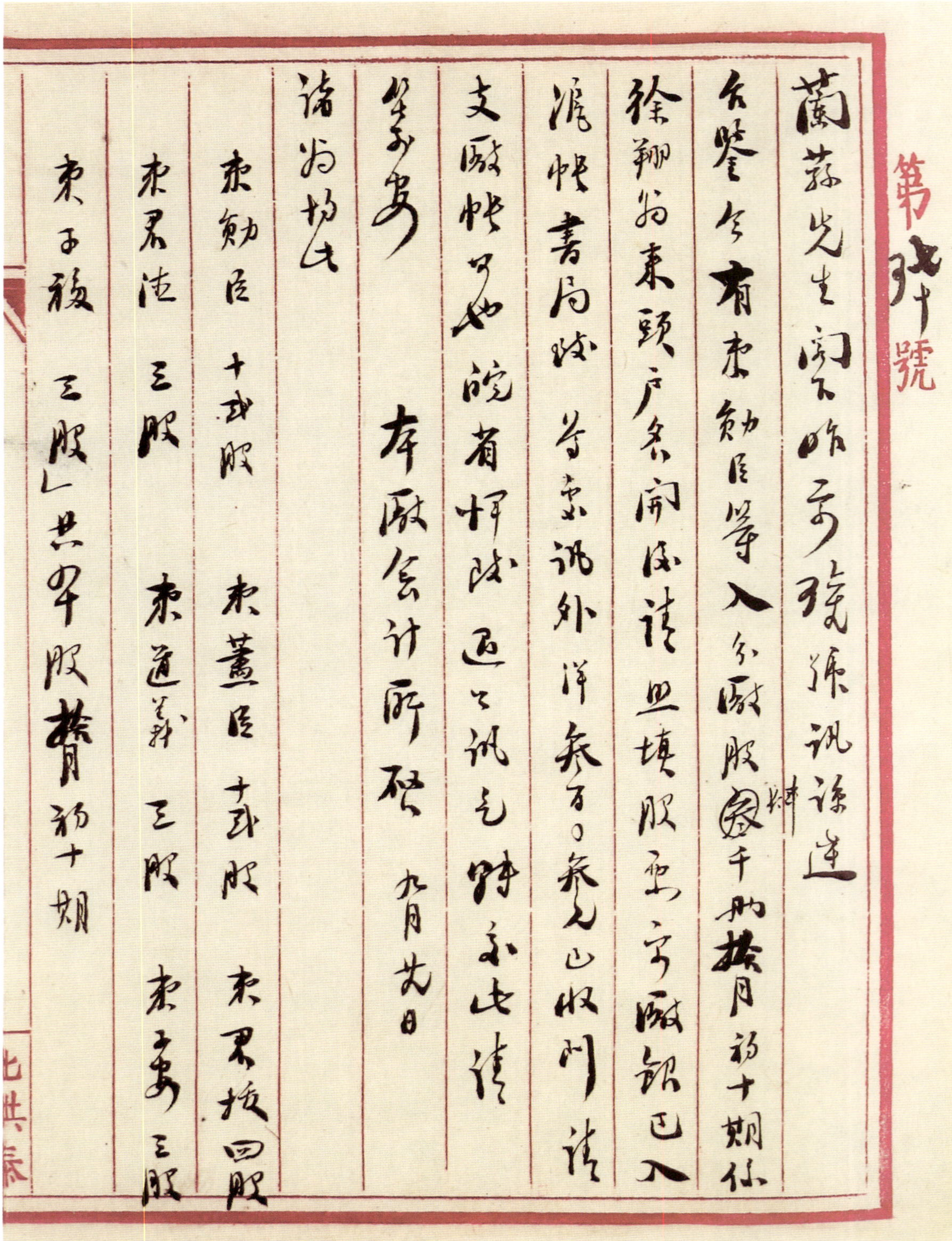

第一百七十號（九月廿九日）

蘭蓀先生閣下：昨寄一百六十九號訊，諒達台鑒。今有東勛臣等入分廠股肆千兩，拾月初十期，係徐翔翁來頭，户名開後，請照填股票寄廠，銀已入滬帳。書局致尊處訊外洋叁百〇叁元已收到，請支廠帳可也。皖省惲致退公訊，乞轉交。此請籌安。

本廠會計所啓。九月廿九日

諸翁均此。

東勛臣十式股、東薫臣十式股、東君拔四股、東君德三股、東道義三股、東子安三

第一百七十號（九月廿九日）

股、東子福三股，共四十股，拾月初十期。

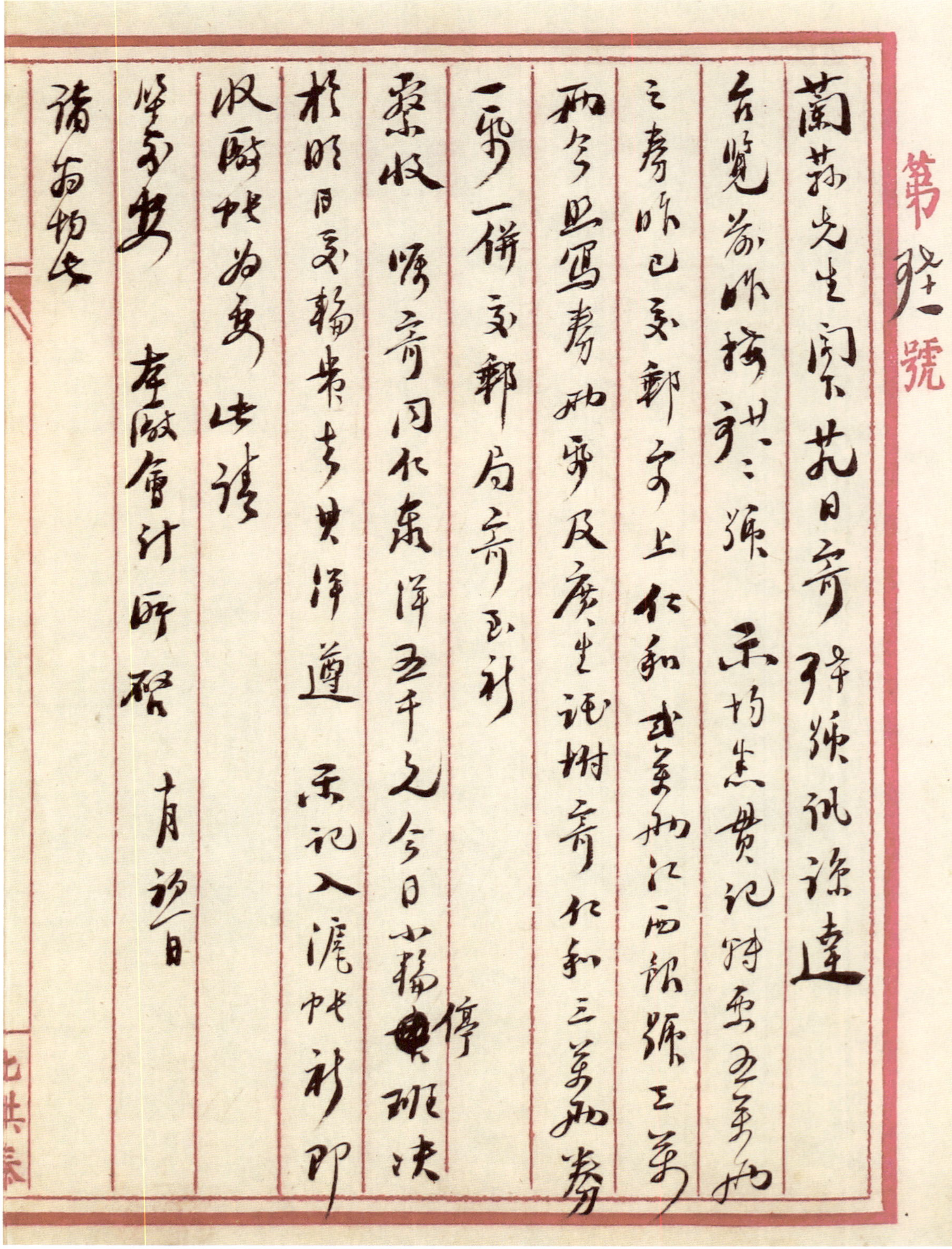

第一百七十一號（十月初一日）

蘭蓀先生閣下：廿九日寄一百七十號訊，諒達台鑒。前、昨接二百廿一、二百廿二號示，均悉。貫記轉票五萬兩之券，昨已交郵寄上。仁和弍萬兩、江西銀號三萬兩，今照寫券兩紙，及廣生托附寄仁和三萬兩券一紙，一并交郵局寄，至祈察收。囑寄同仁泰洋五千元，今日小輪停班，決於明日交輪帶去，其洋遵示記入滬帳，祈即收廠帳爲要。此請籌安。本廠會計所啓。十月初一日

諸翁均此。

第一百七十一號（十月初一日）

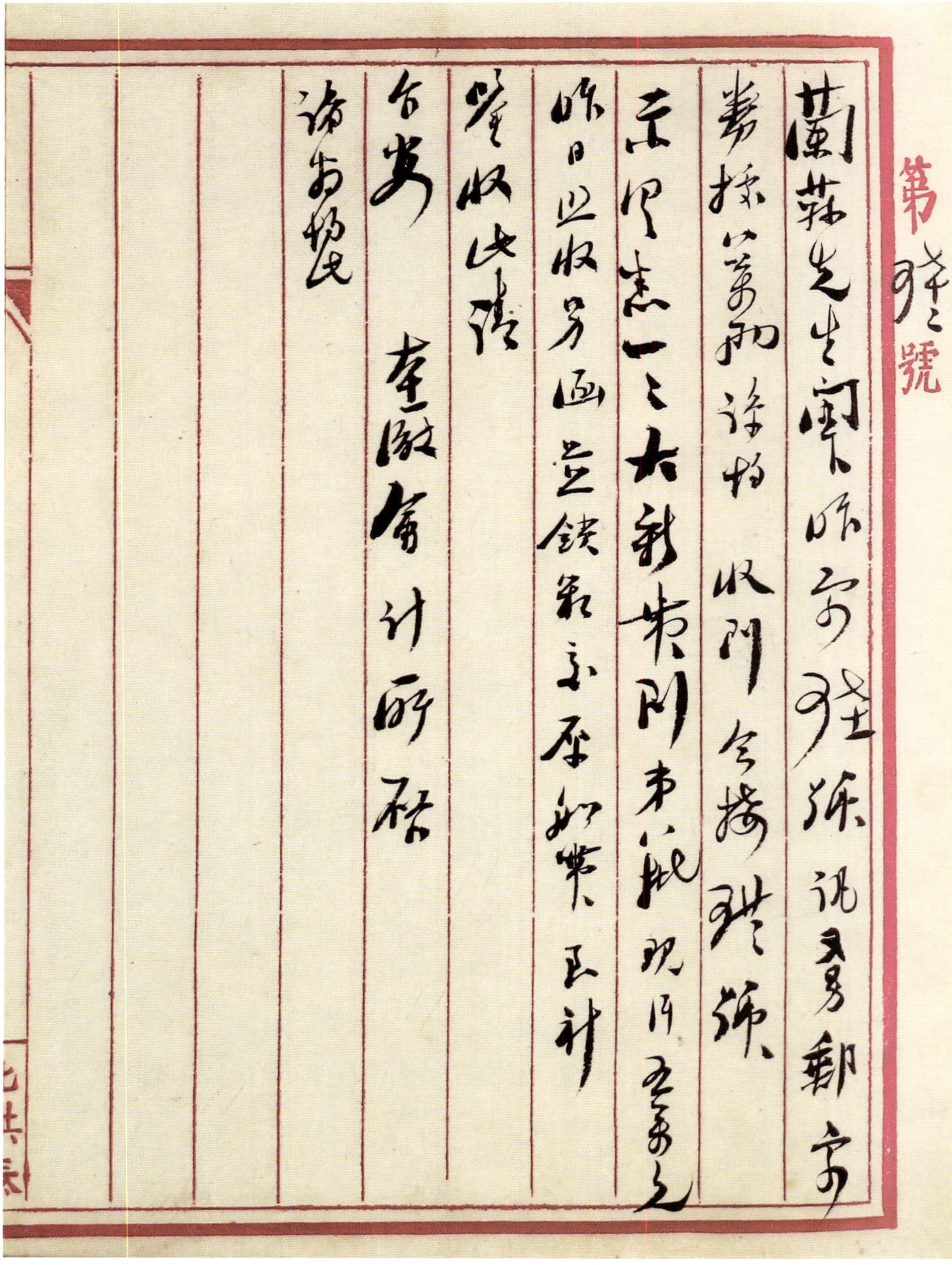
第 號
蘭蓀先生閣下：昨寄一百七十一號訊，又另郵寄
券據八萬兩，諒均收到。今接二百廿三號示，具悉一一。
大新帶到第八批現洋五萬元，
昨日照收，另函并鎖箱交原船帶至，祈
鑒收。此請
台安。本廠會計所啓
諸翁均此。

第一百七十二號

蘭蓀先生閣下：昨寄一百七十一號訊，又另郵寄券據八萬兩，諒均收到。今接二百廿三號示，具悉一一。大新帶到第八批現洋五萬元，昨日照收，另函并鎖箱交原船帶至，祈鑒收。此請台安。本廠會計所啓。

諸翁均此。

（按：此信未署時間，按内容應爲“十月初二日”）

第一百七十二號

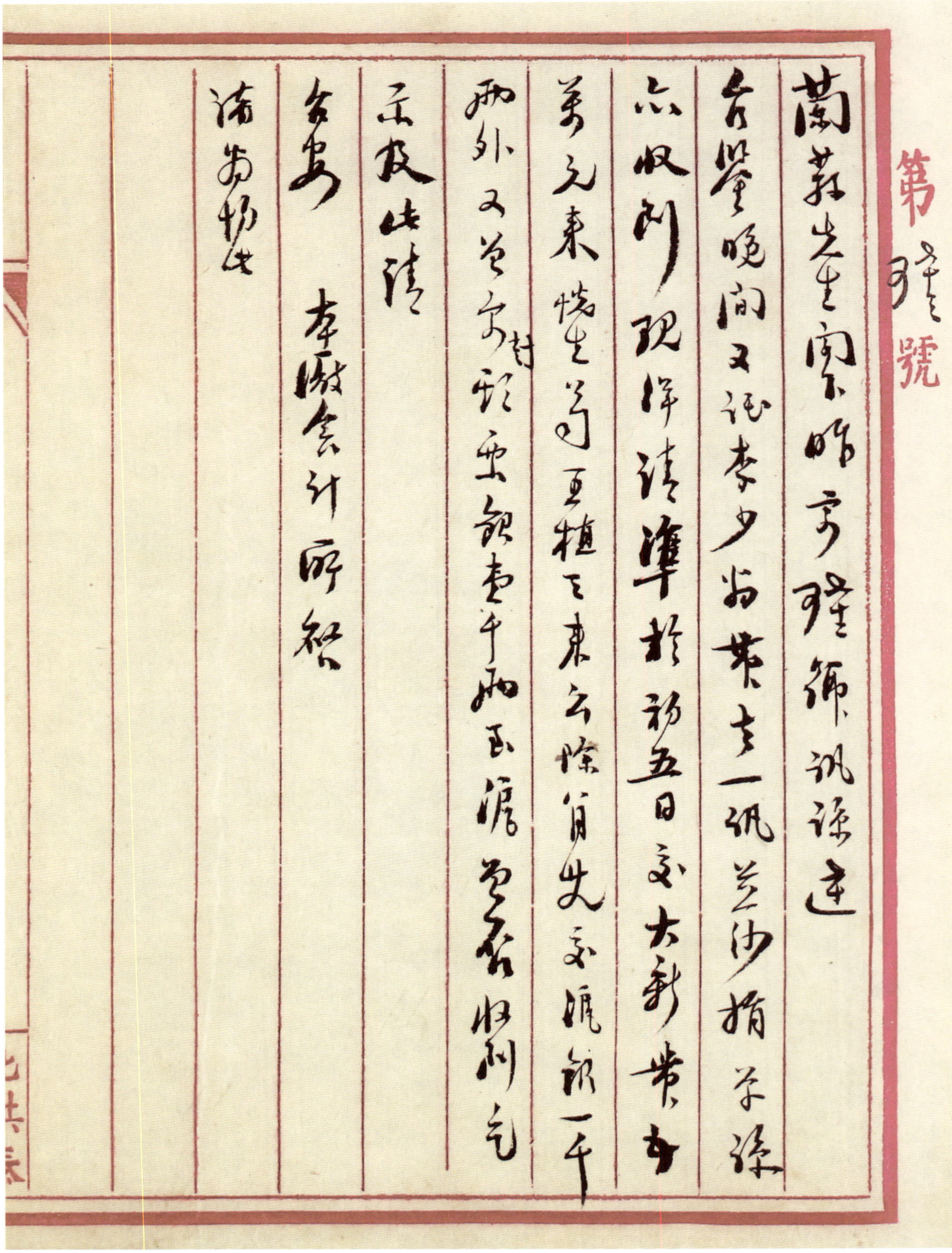

第一百七十三號

蘭蓀先生閣下：昨寄一百七十二號訊，諒達台鑒。晚間又托李少翁帶去一訊，并紗捐單，諒亦收到。現洋請準於初五日交大新帶五萬元來。悦生公司王植三來云，除八月廿九交滬銀一千兩外，又曾寄十月十三期票銀壹千兩至滬，曾否收到，乞示及。此請台安。本廠會計所啓。

諸翁均此。

（按：此信未署時間，按内容應爲“十月初三日”）

第一百七十三號

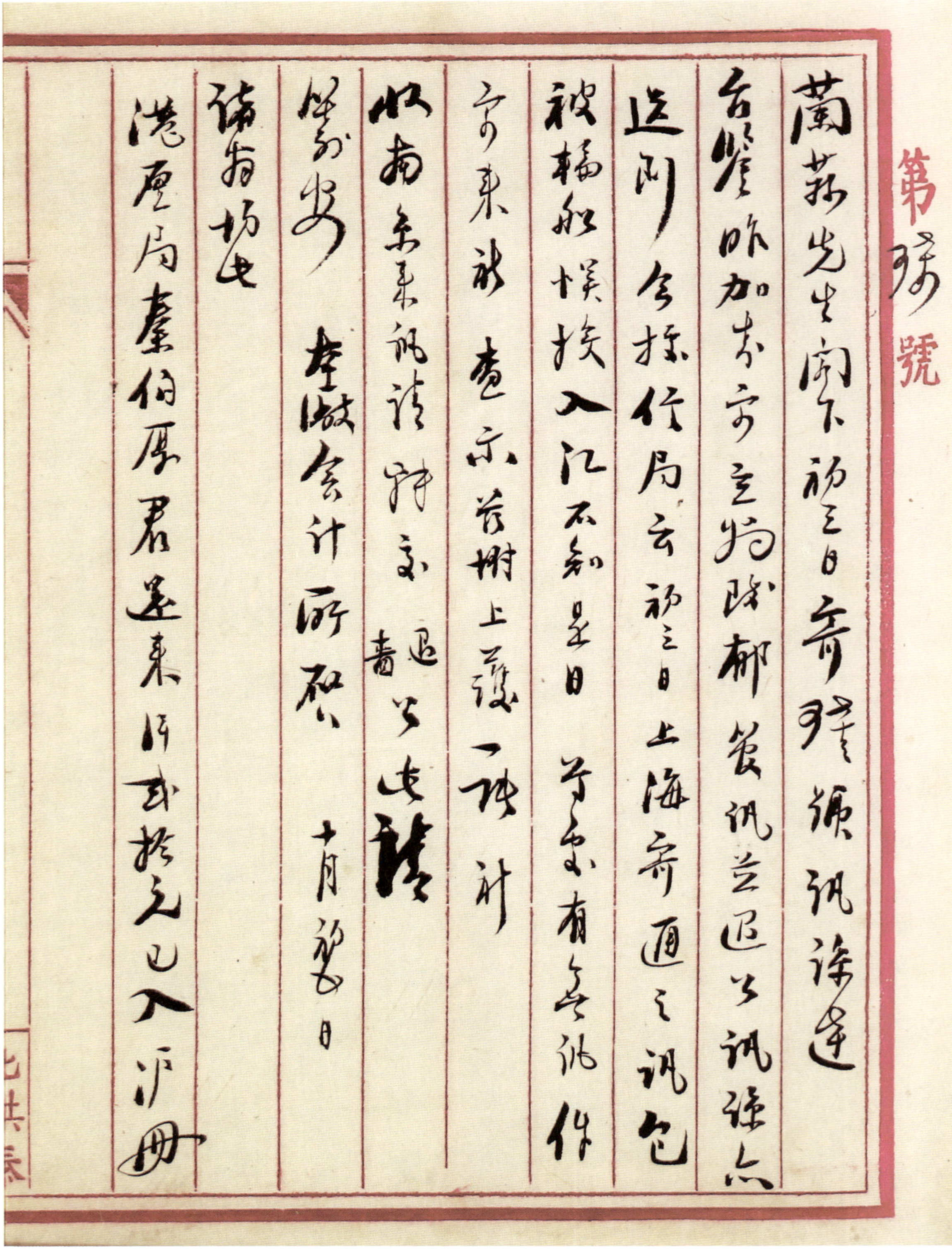

第一百七十四號（十月初五日）

蘭蓀先生閣下：初三日寄一百七十三號訊，諒達台鑒。昨加封寄立翁致郁、管訊，并退公訊，諒亦送到。今據信局云，初三日上海寄通之訊包，被輪船誤投入江，不知是日尊處有無訊件寄來，祈查示。茲附上護［照］一張，祈收。南京來訊請轉交退公、嗇公。此請籌安。本廠會計所啓。十月初五日

諸翁均此。

港厘局秦伯厚君還來洋式拾元，已入滬册。

第一百七十四號（十月初五日）

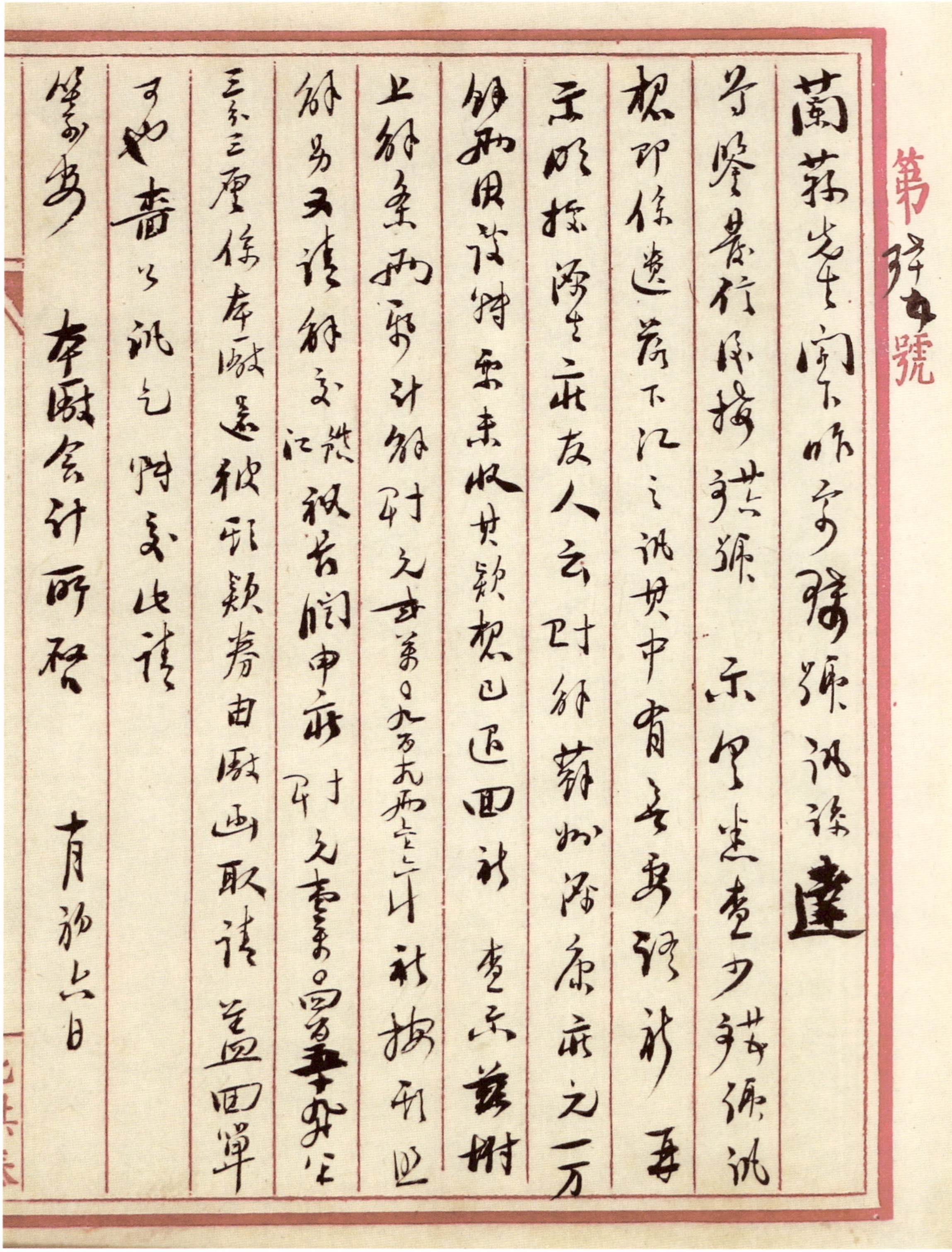

第一百七十五號（十月初六日）

蘭蓀先生閣下：昨寄一百七十四號訊，諒達尊鑒。發信後接二百廿六號示，具悉。查少二百廿五號訊，想即係遺落下江之訊，其中有無要語，祈再示明。據源生莊友人云，十月初一解蘇州源康莊元一萬餘兩，因談轉票未收，其款想已退回，祈查示。兹附上解條兩紙，計解十月初十元式萬〇九百十九兩六錢六分六，祈按期照解。另又請解交鎮江裕長潤申莊十月初十元壹萬〇四百五十九兩八錢三分三厘，係本廠還彼期款，券由廠函取，請蓋回單可也。嗇公訊乞轉交。此請籌安。本廠

諸翁均此

第一百七十五號（十月初六日）

會計所啓。十月初六日

諸翁均此。

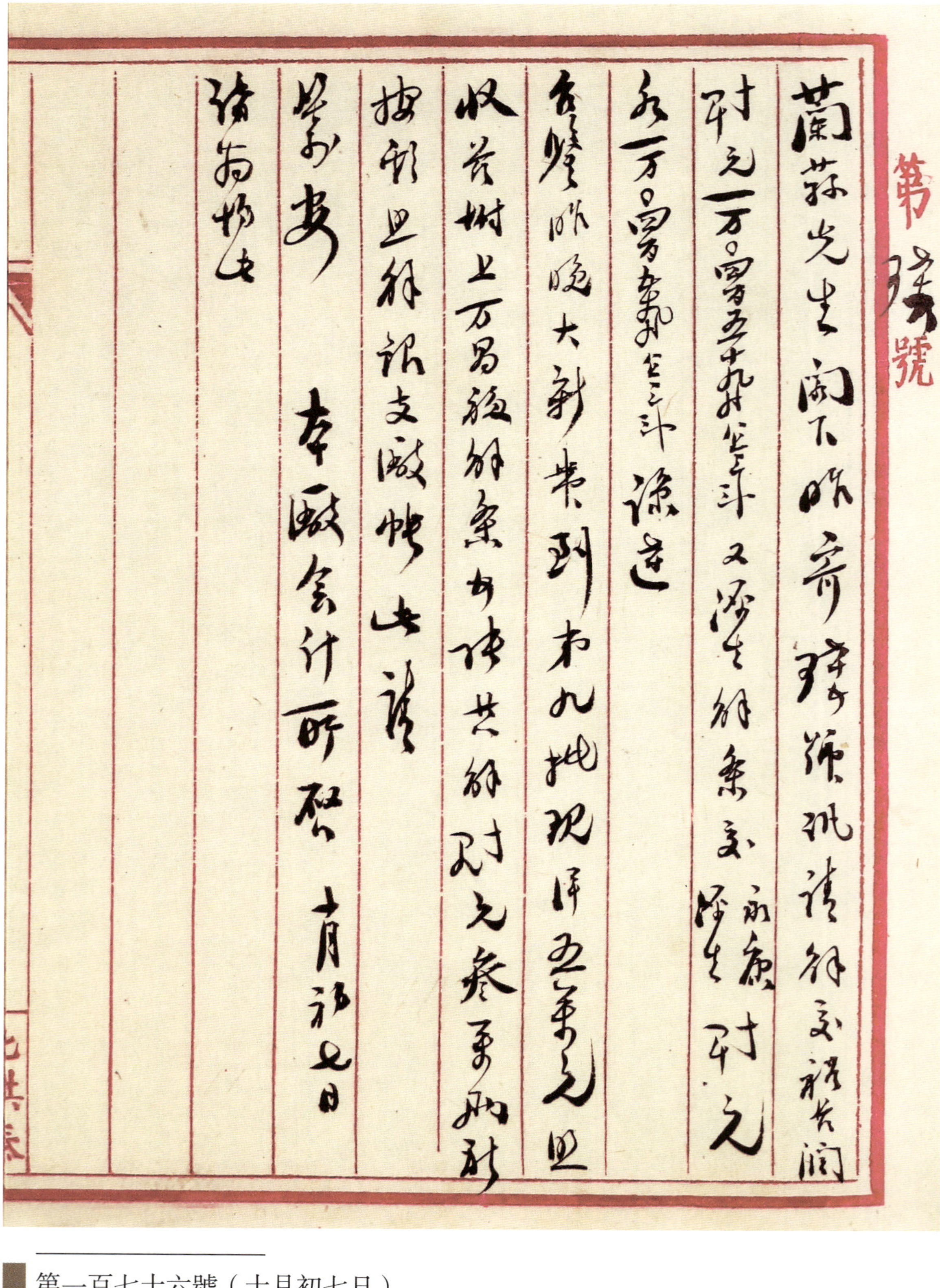

第一百七十六號（十月初七日）

蘭蓀先生閣下：昨寄一百七十五號訊，請解交裕長潤十月初十元一萬〇四百五十九兩八錢三分三，又源生解條交永康、源生十月初十元各一萬〇四百五十九兩八錢三分三，諒達台鑒。昨晚大新帶到第九批現洋五萬元，照收。茲附上萬昌福解條五張，共解十月初九元叁萬兩，祈按期照解，銀支廠帳。此請籌安。本廠會計所啓。十月初七日

諸翁均此。

第一百七十六號（十月初七日）

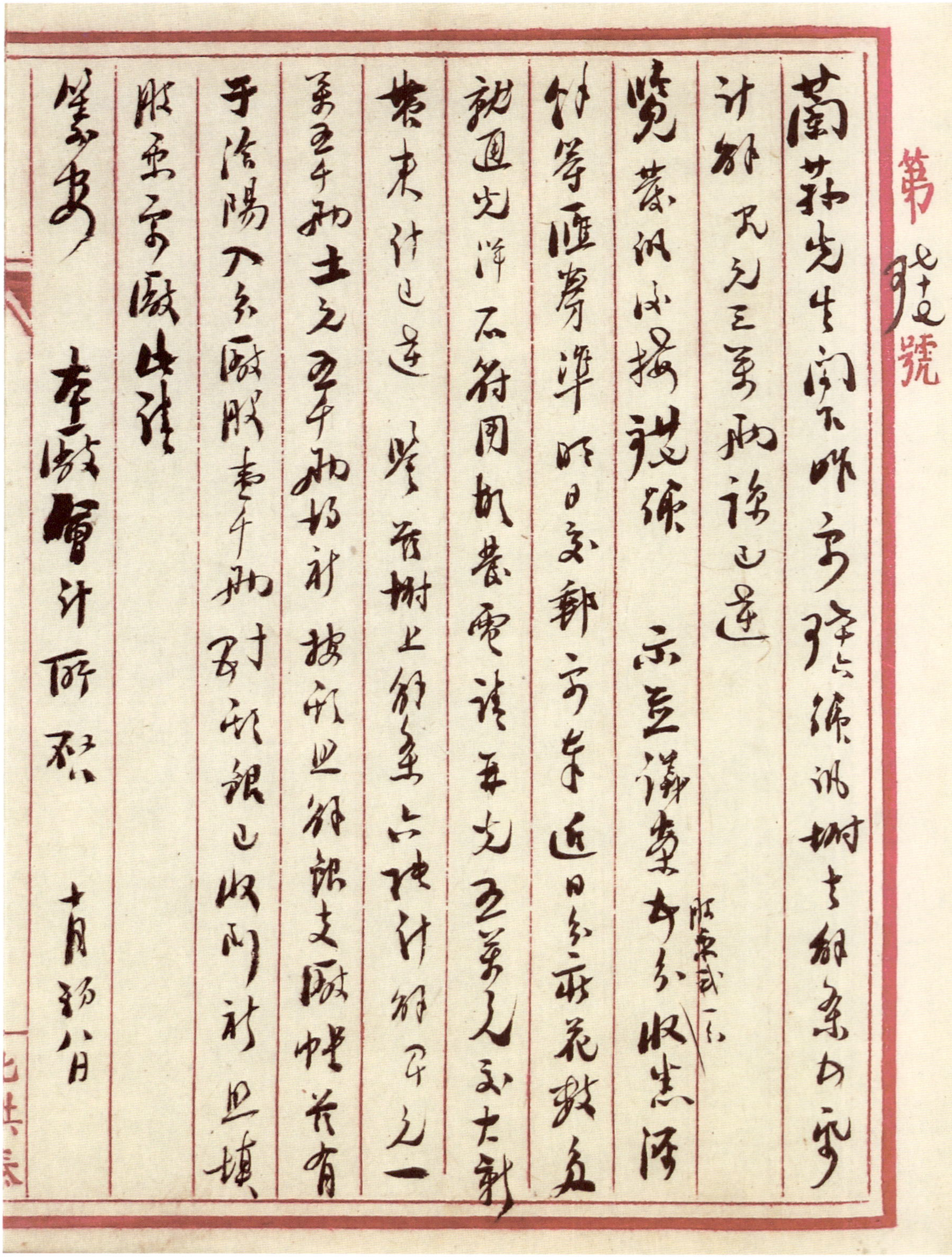

第一百七十七號（十月初八日）

蘭蓀先生閣下：昨寄一百七十六號訊，附去解條五紙，計解初九元三萬兩，諒已達覽。發訊後接二百廿七號示，并議案五分、股票式一分，收悉。源餘等匯券，準明日交郵寄奉。近日分莊花數多，就通兑洋不符〔敷〕用，故發電請再兑五萬元，交大新帶來，計已達鑒。兹附上解條六張，計解初十元一萬五千兩、十一元五千兩，均祈按期照解，銀支廠帳。兹有于洽陽入分廠股壹千兩，十月初五期，銀已收到，祈照填股票寄廠。此請籌安。本廠會計所啓。十月初八日

第一百七十七號（十月初八日）

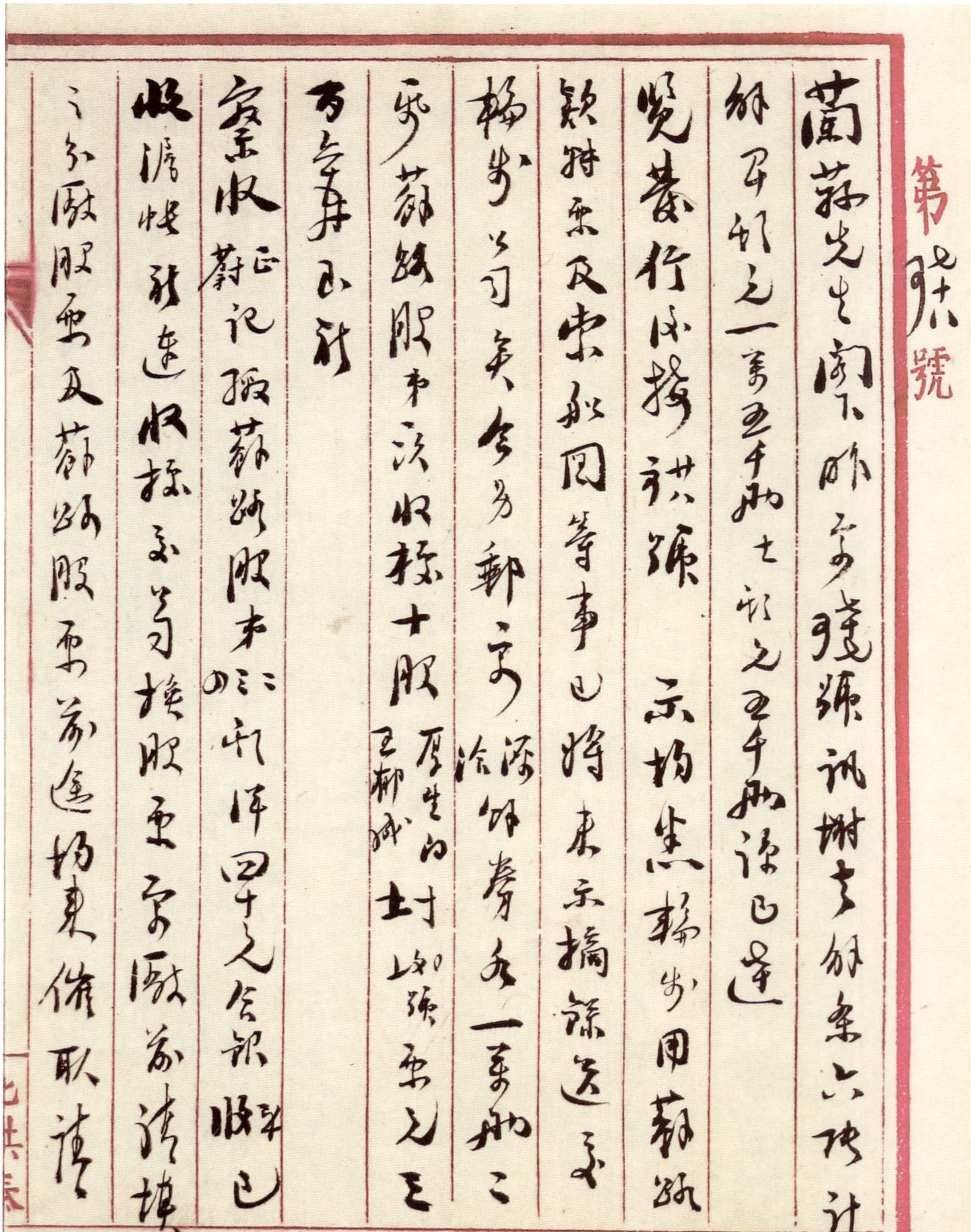

第一百七十八號（十月初九日）

蘭蓀先生閣下：昨寄一百七十七號訊，附去解條六張，計解初十期元一萬五千兩、十一期元五千兩，諒已達覽。發信後接二百廿八號示，均悉。輪步用蘇路款轉票及索船圖等事，已將來示摘録，送交輪步公司矣。今另郵寄源餘、洽餘券各一萬兩二紙，蘇路股第一次收據十股，厚生向王郁成十月十一六九〇號票元三百六十五兩，至祈察收。正記、蔚記繳蘇路股第二、三、四期洋四十元，合銀二十九兩二錢，已收滬帳，祈連收據交公司换股票寄廠。前請填之分廠股票及蘇路股票，

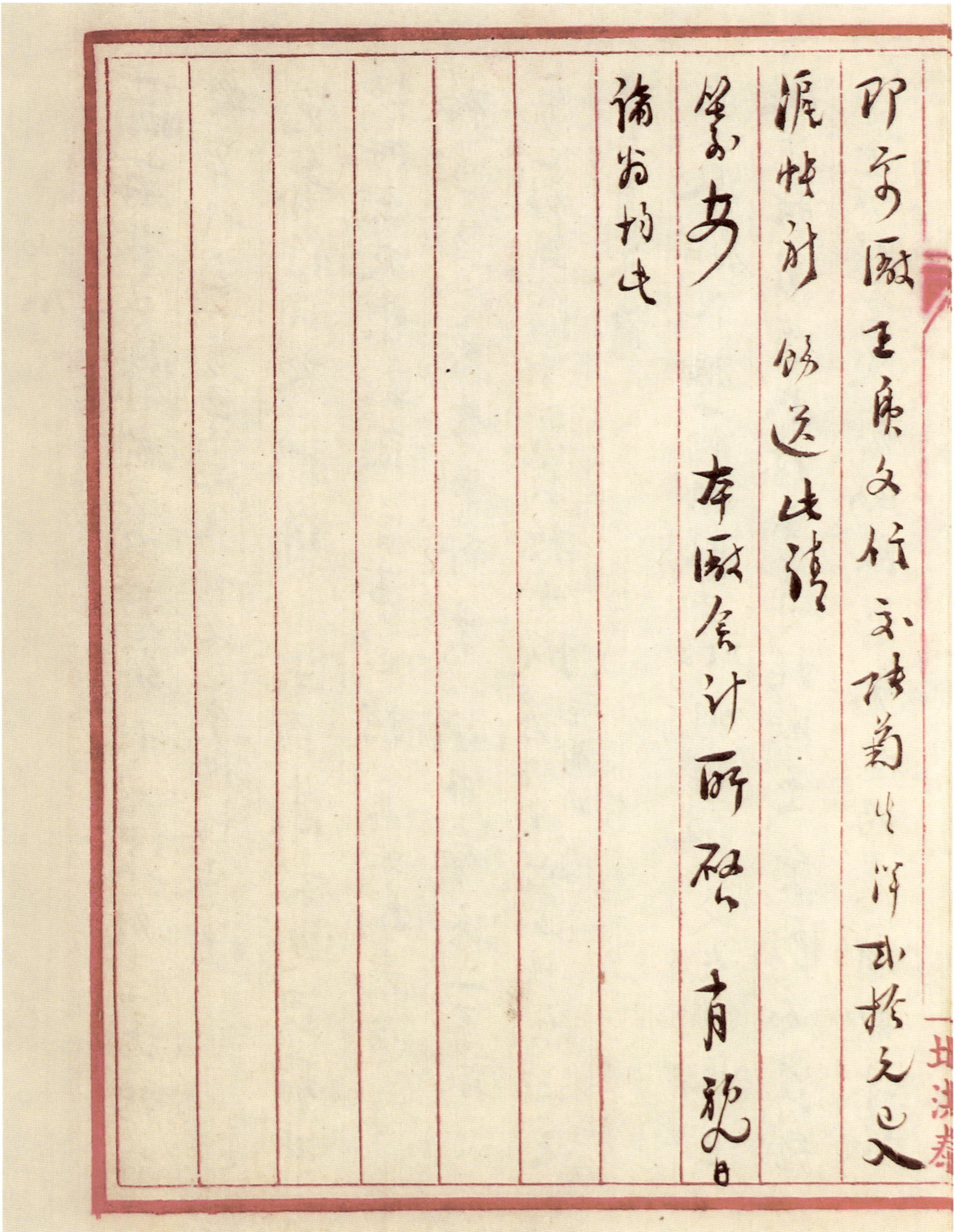

即寄廠。王虎文信交張菊生洋式拾元，已入
滬帳，祈飭送。此請
籌安。　本廠會計所啓　十月初九日
諸翁均此

第一百七十八號（十月初九日）

前途均來催取，請即寄廠。王虎文信交張菊生洋式拾元，已入滬帳，祈飭送。此請籌安。本廠會計所啓。十月初九日
諸翁均此。

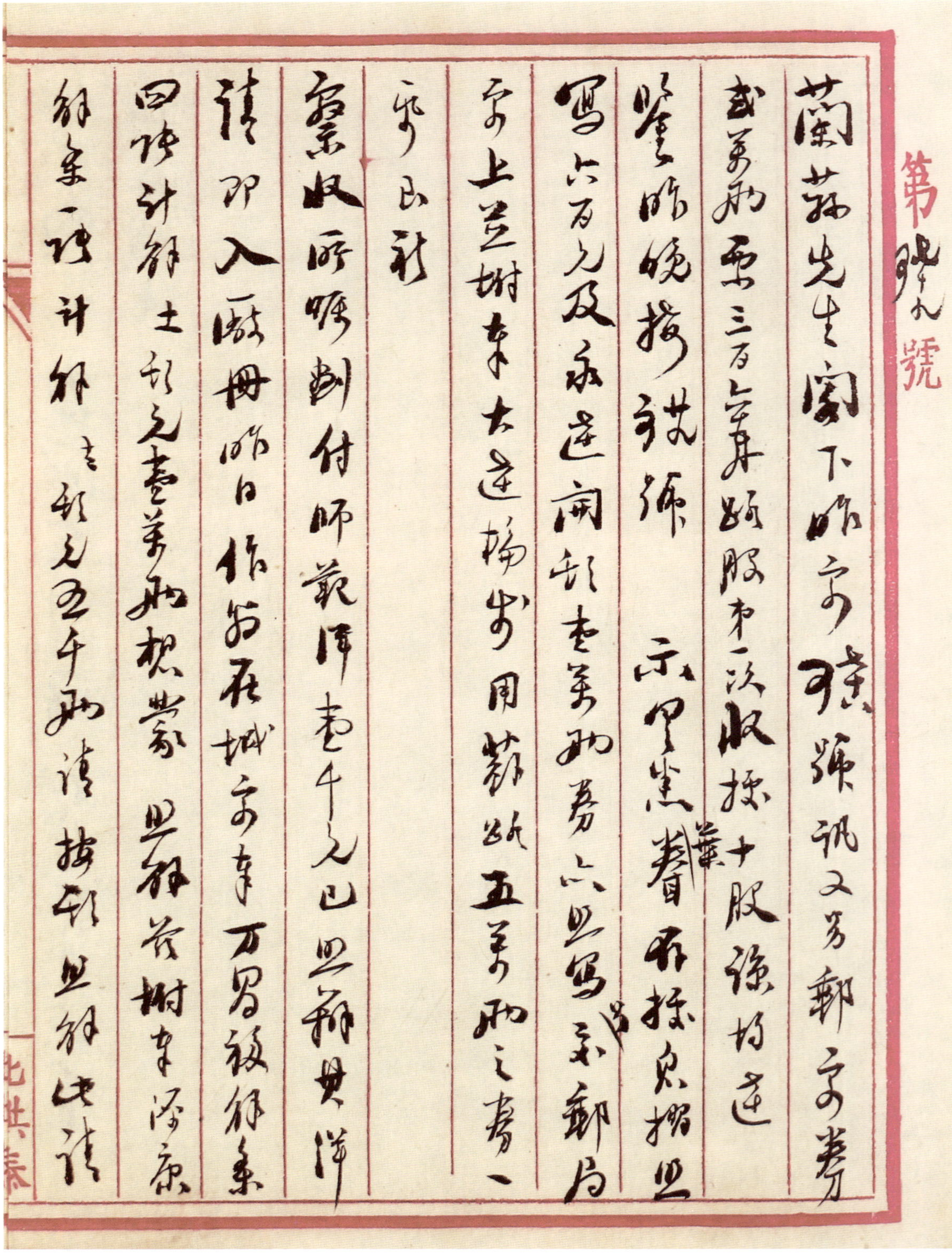

第一百七十九號（十月初十日）

蘭蓀先生閣下：昨寄一百七十八號訊，又另郵寄券弍萬兩、票三百六十五兩、路股第一次收據十股，諒均達鑒。昨晚接二百廿九號示，具悉。葉眷存據息摺照寫六百元，及永達開期壹萬兩券亦照寫，另交郵局寄上，并附奉大達輪步用蘇路五萬兩之券一紙，至祈察收。所囑劃付師範洋壹千元，已照辦，其洋請即入廠册。昨日作翁在城，寄奉萬昌福解條四張，計解十一期元壹萬兩，想蒙照解。茲附奉源康解條一張，計解十二期元五千兩，請按期照解。此請籌安。本廠會計所啓。十月初十日

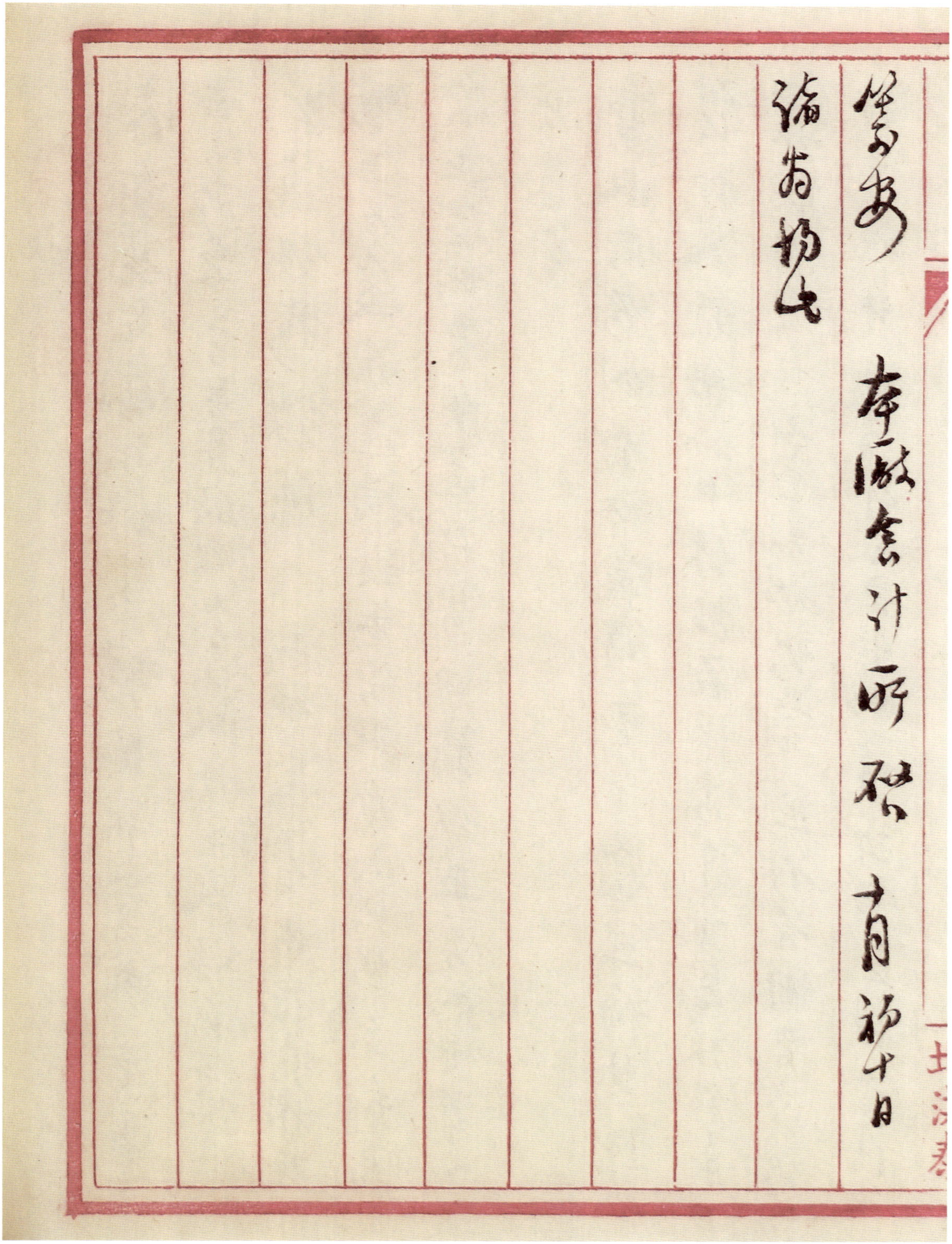
籌安 本廠會計所啓 十月初十日
諸翁均此

第一百七十九號（十月初十日）

諸翁均此。

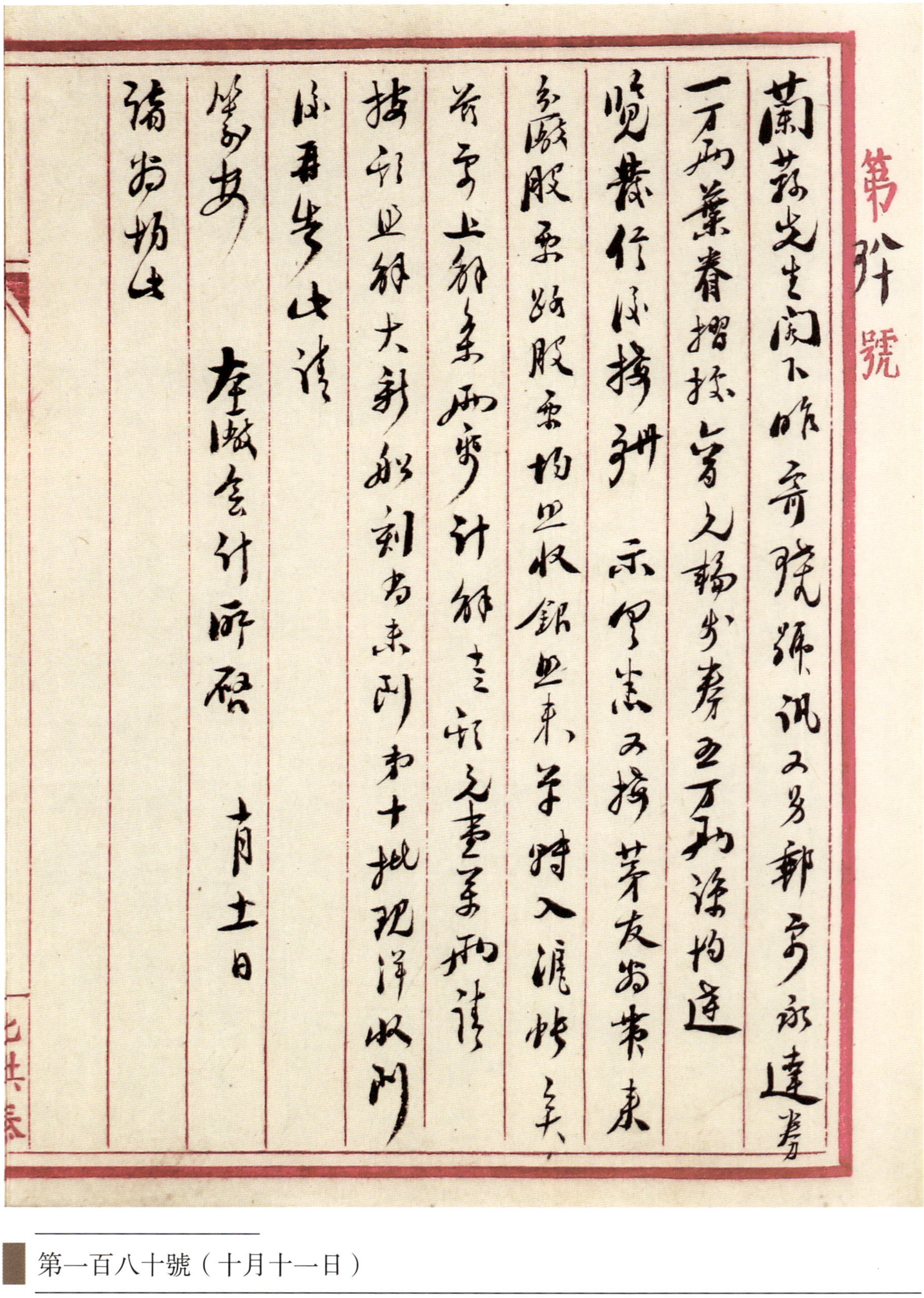

第一百八十號（十月十一日）

蘭蓀先生閣下：昨寄一百七十九號訊，又另郵寄永達券一萬兩、葉眷摺據六百元、輪步券五萬兩，諒均達覽。發信後接二百卅號示，具悉。又接茅友翁帶來分廠股票、路股票，均照收，銀照來單轉入滬帳矣。茲寄上解條兩紙，計解十三期元壹萬兩，請按期照解。大新船刻尚未到，第十批現洋收到後再告。此請籌安。本廠會計所啓。

十月十一日

諸翁均此。

第一百八十號（十月十一日）

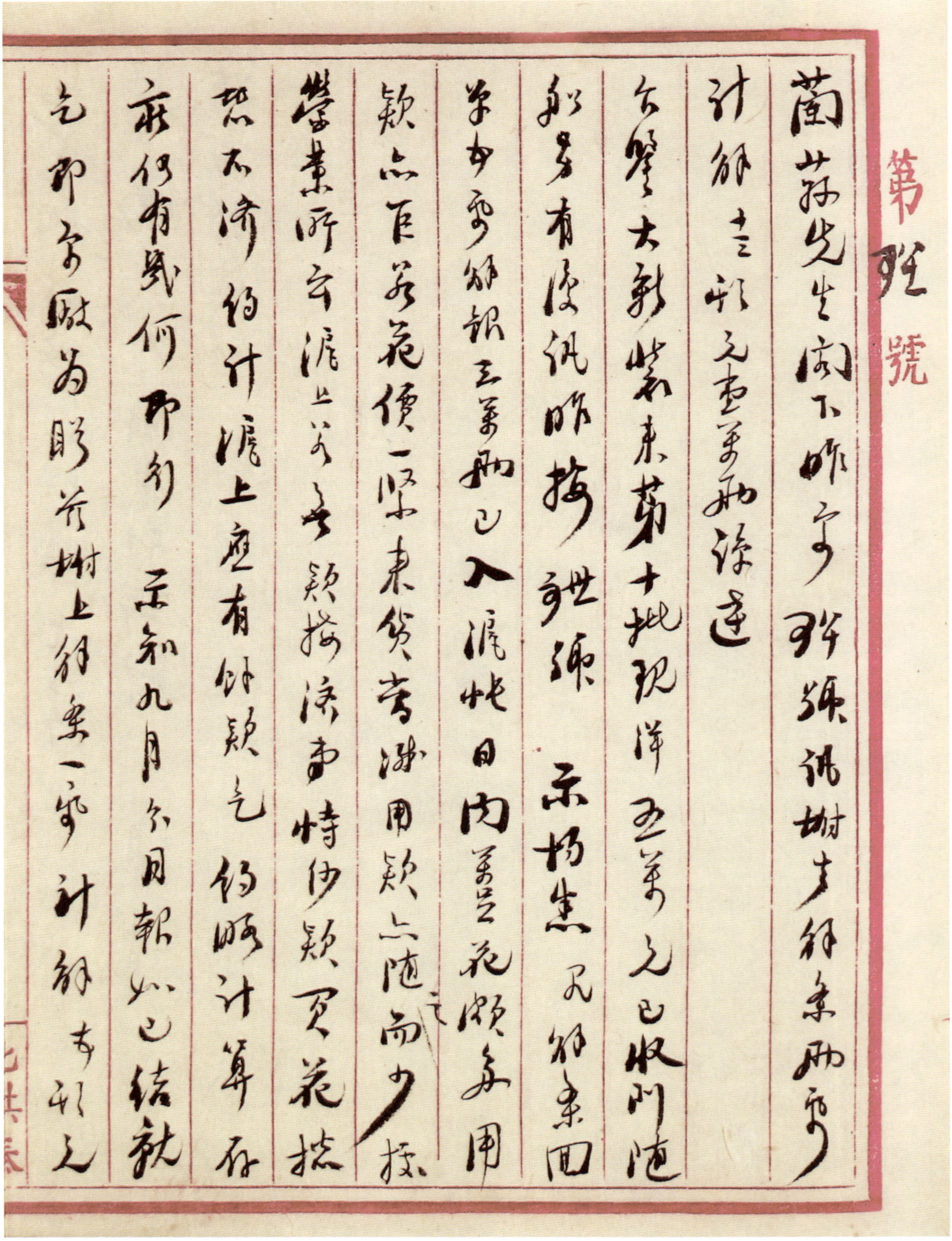

第一百八十一號（十月十二日）

蘭蓀先生閣下：昨寄一百八十號訊，附去解條兩紙，計解十三期元壹萬兩，諒達台鑒。大新裝來第十批現洋五萬元已收到，隨船另有復訊。昨接二百卅一號示，均悉。初九解條回單五紙，解銀三萬兩，已入滬帳。日内蕓花頗多，用款亦巨，若花價一緊，來貨當減，用款亦隨之而少。據營業所云，滬上若無款接濟，專恃紗款買花，總恐不濟。約計滬上應有餘款，乞約略計算，存莊仍有幾何，即行示知。九月分月報如已結就，乞即寄廠爲盼。玆附上解條一紙，計解十五期元壹萬兩，祈按期照解。

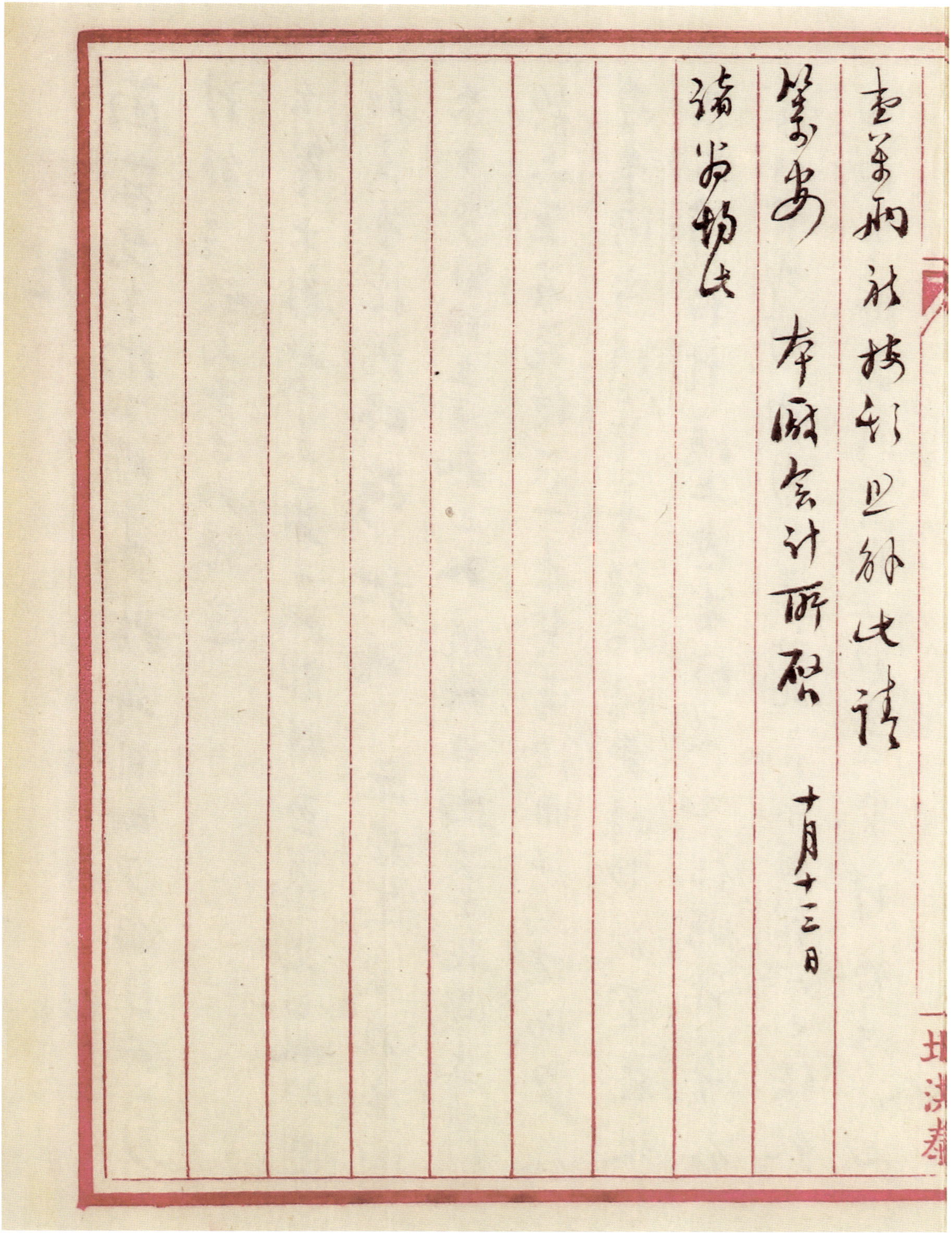

第一百八十一號（十月十二日）

此請籌安。本廠會計所啓。十月十三〔二〕日
諸翁均此。
（按：此信署時“十三日”，應爲“十二日”之誤）

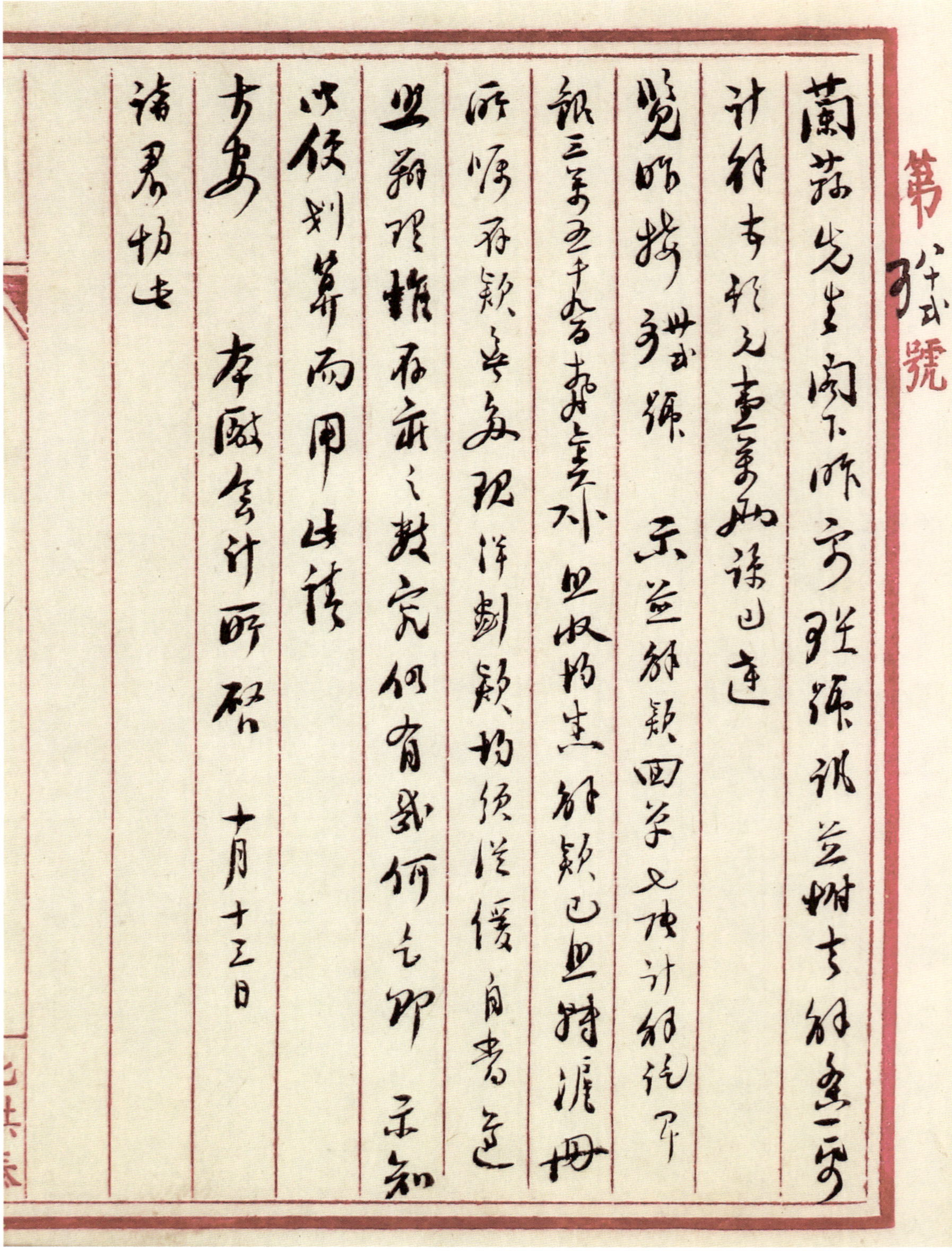

第一百八十二號（十月十三日）

蘭蓀先生閣下：昨寄一百八十一號訊，并附去解條一紙，計解十五期元壹萬兩，諒已達覽。昨接二百卅式號示，并解款回單七張，計解訖初十銀三萬五千九百十九兩六錢六分六，照收均悉，解款已照轉滬册。所囑存款無多，現洋、劃款均須從緩，自當遵照辦理。惟存莊之數究仍有幾何，乞即示知，以便劃算而用。此請大安。

本廠會計所啓。十月十三日

諸君均此。

第一百八十二號（十月十三日）

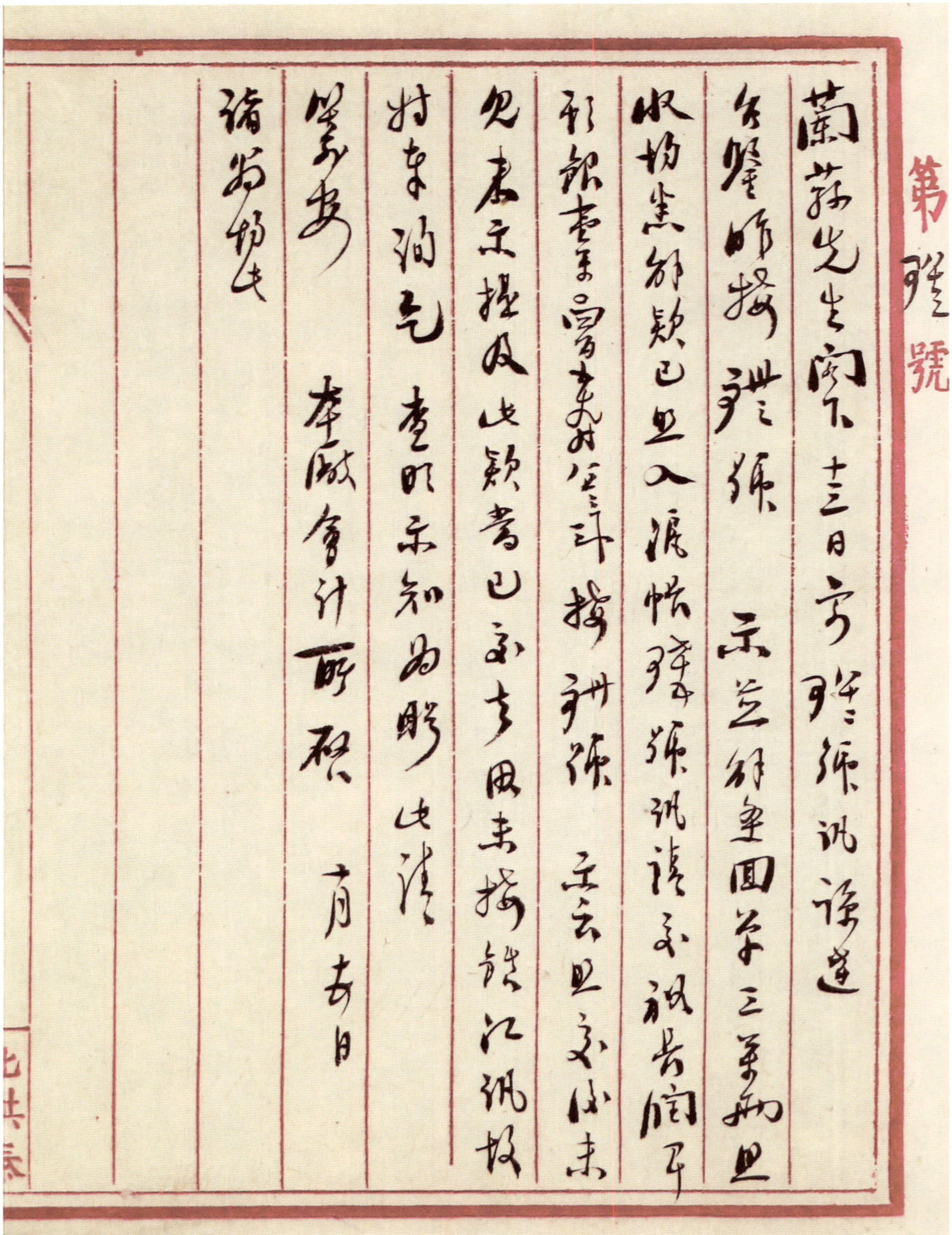

第一百八十三號（十月十五日）

蘭蓀先生閣下：十三日寄一百八十二號訊，諒達台鑒。昨接二百卅三號示，并解條回單三萬兩，照收均悉，解款已照入滬帳。一百七十五號訊請交裕長潤初十期銀壹萬〇四百五十九兩八錢三分三，接二百卅號示云照交，後未見來示提及，此款當已交去，因未接鎮江訊，故特奉詢，乞查明示知爲盼。此請籌安。本廠會計所啓。十月十五日

諸翁均此。

第一百八十三號（十月十五日）

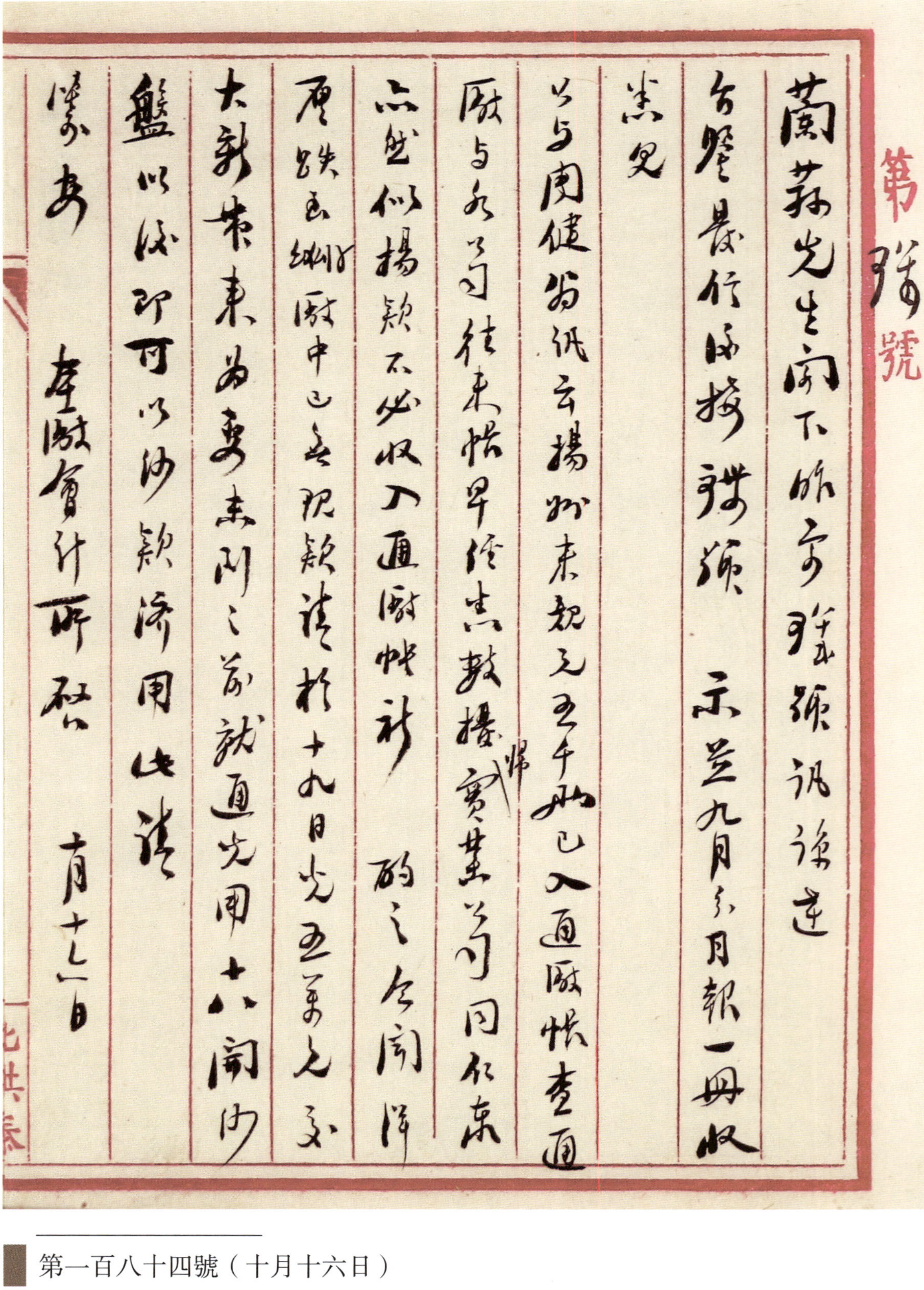

第一百八十四號（十月十六日）

蘭蓀先生閣下：昨寄一百八十式〔三〕號訊，諒達台鑒。發信後接二百卅四號示，并九月分月報一册，收悉。見公與周健翁訊云，揚州來規元五千兩已入通廠帳，查通廠與各公司往來帳，早經悉數撥歸實業公司，同仁泰亦然，似揚款不必收入通廠帳，祈酌之。今聞洋厘跌至七錢四分三厘五，廠中已無現款，請於十九日兑五萬元，交大新帶來爲要。未到之前，就通兑用，十八開紗盤以後，即可以紗款濟用。此請籌安。本廠會計所啓。十月十六日

諸翁均此

第一百八十四號（十月十六日）

諸翁均此。

（按：此信云“一百八十式號訊”，“式”應爲“三”之誤）

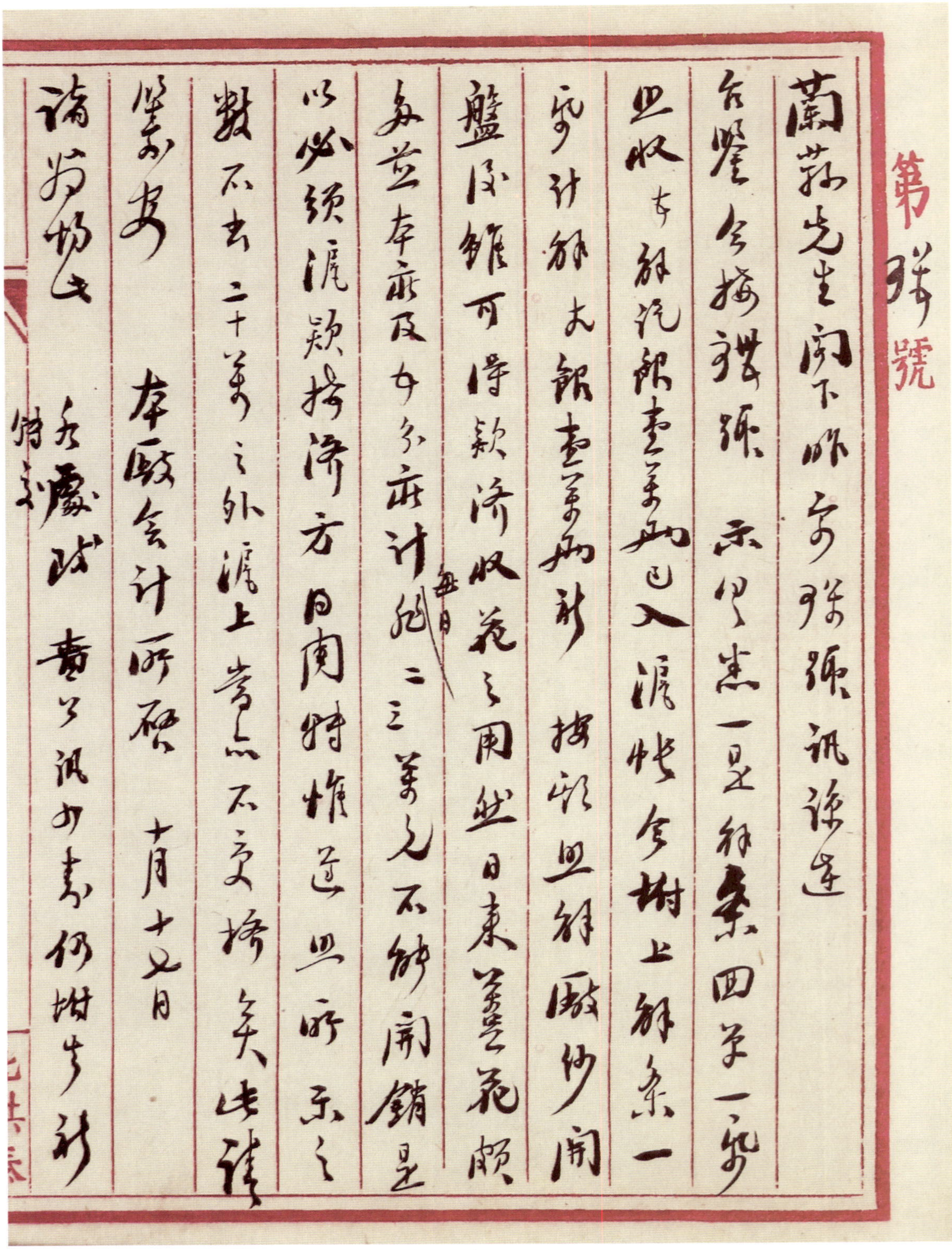

第一百八十五號（十月十七日）

蘭蓀先生閣下：昨寄一百八十四號訊，諒達台鑒。今接二百卅五號示，具悉一是。解條回單一紙，照收，十五解訖銀壹萬兩，已入滬帳。今附上解條一紙，計解十九銀壹萬兩，祈按期照解。廠紗開盤後，雖可得款濟收花之用，然日來躉花頗多，并本莊及五分莊計，每日非二三萬元不能開銷，是以必須滬款接濟方得周轉。惟遵照所示之數，不出二十萬之外，滬上當亦不受擠矣。此請籌安。本廠會計所啓。十月十七日

第一百八十五號（十月十七日）

諸翁均此。

各處致啬公訊四封，仍附去，祈轉交。

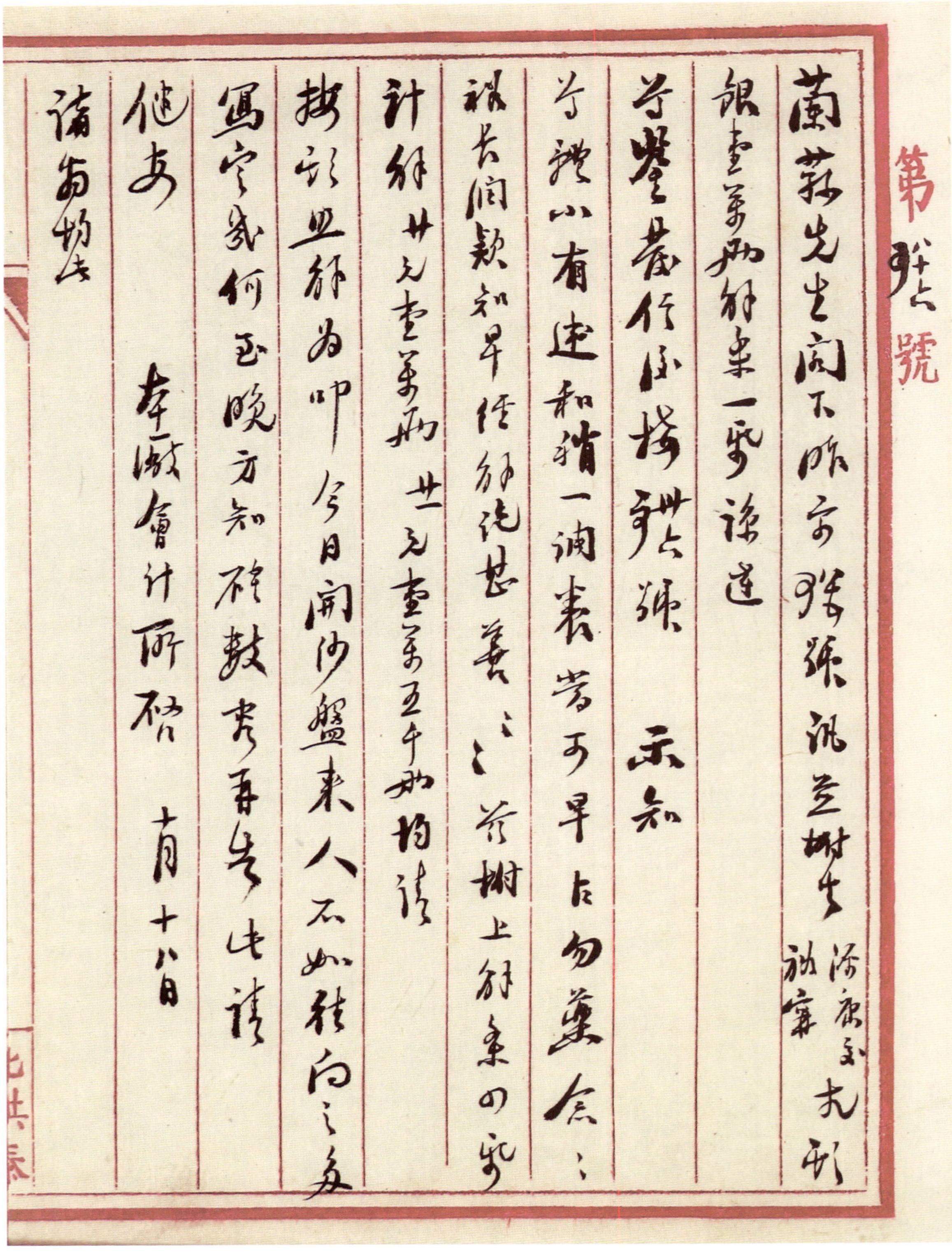

第一百八十六號（十月十八日）

蘭蓀先生閣下：昨寄一百八十五號訊，并附去源康交裕寧十九期銀壹萬兩解條一紙，諒達尊鑒。發信後接二百卅六號示，知尊體小有違和，稍一調養，當可早占勿藥，念念。裕長潤款知早經解訖，甚善甚善。玆附上解條四紙，計解廿元壹萬兩、廿一元壹萬五千兩，均請按期照解爲叩。今日開紗盤，來人不如往向之多，寫定幾何，至晚方知確數，容再告。此請健安。本廠會計所啓。十月十八日

諸翁均此。

第一百八十六號（十月十八日）

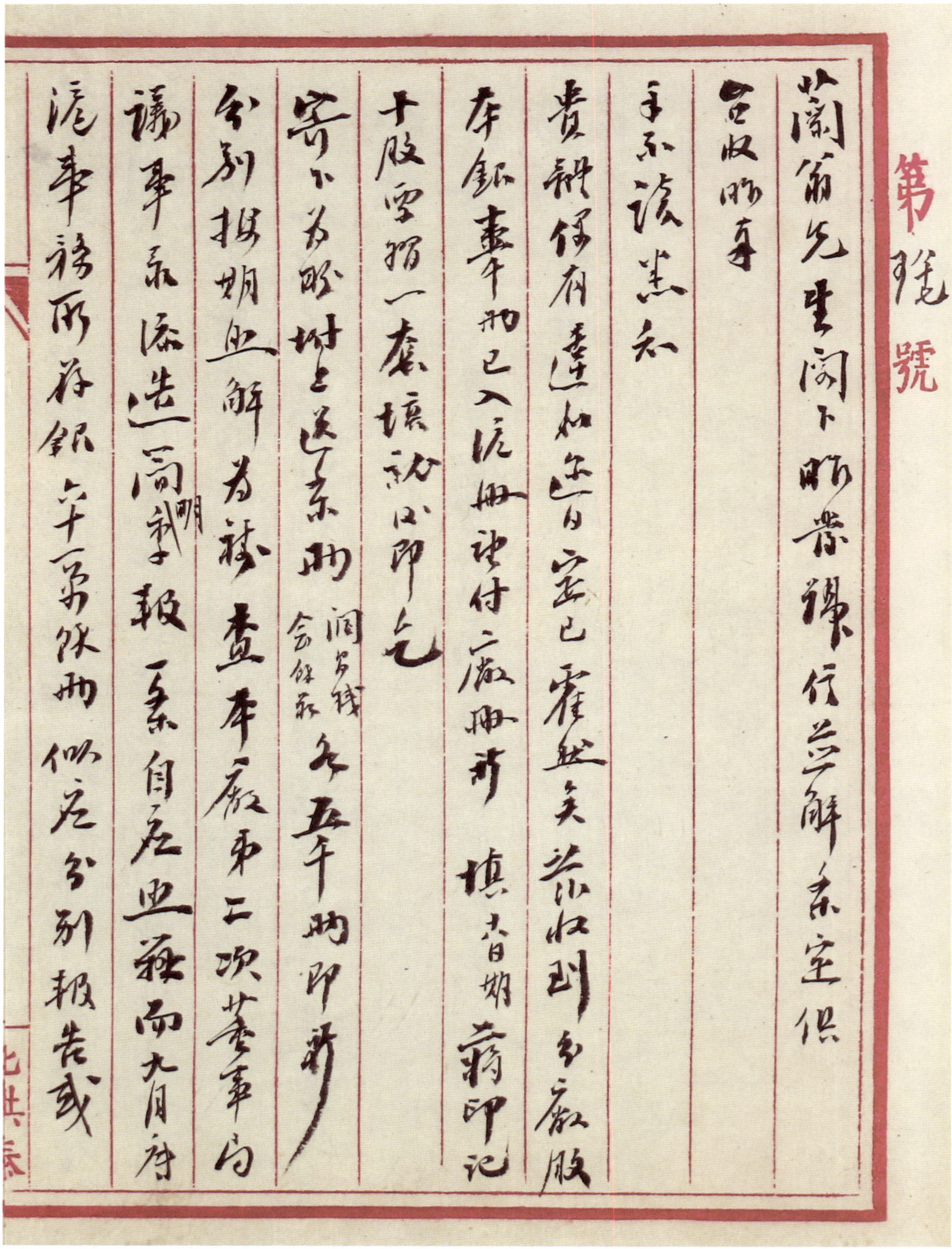

第一百八十七號（十月十九日）

蘭翁先生閣下：昨發號信并解條，定俱台收。昨奉手示，讀悉。知貴體偶有違和，邇日定已霍然矣。兹收到分廠股本銀壹千兩，已入滬册，望付廠册，祈填十八日期蔣印記十股票摺一套，填就後即乞寄下爲盼。附上送條兩（潤昌棧、會餘莊）各五千兩，即祈分别按期照解爲禱。查本廠第二次董事局“議事録”，添造簡明季報一條，自應照辦。而九月底滬事務所存銀六十一萬餘兩，似應分别報告，或尊處九月底結一總，否則將分廠、實業及惲君所欠之數開出，餘爲存滬各莊之數，應如何

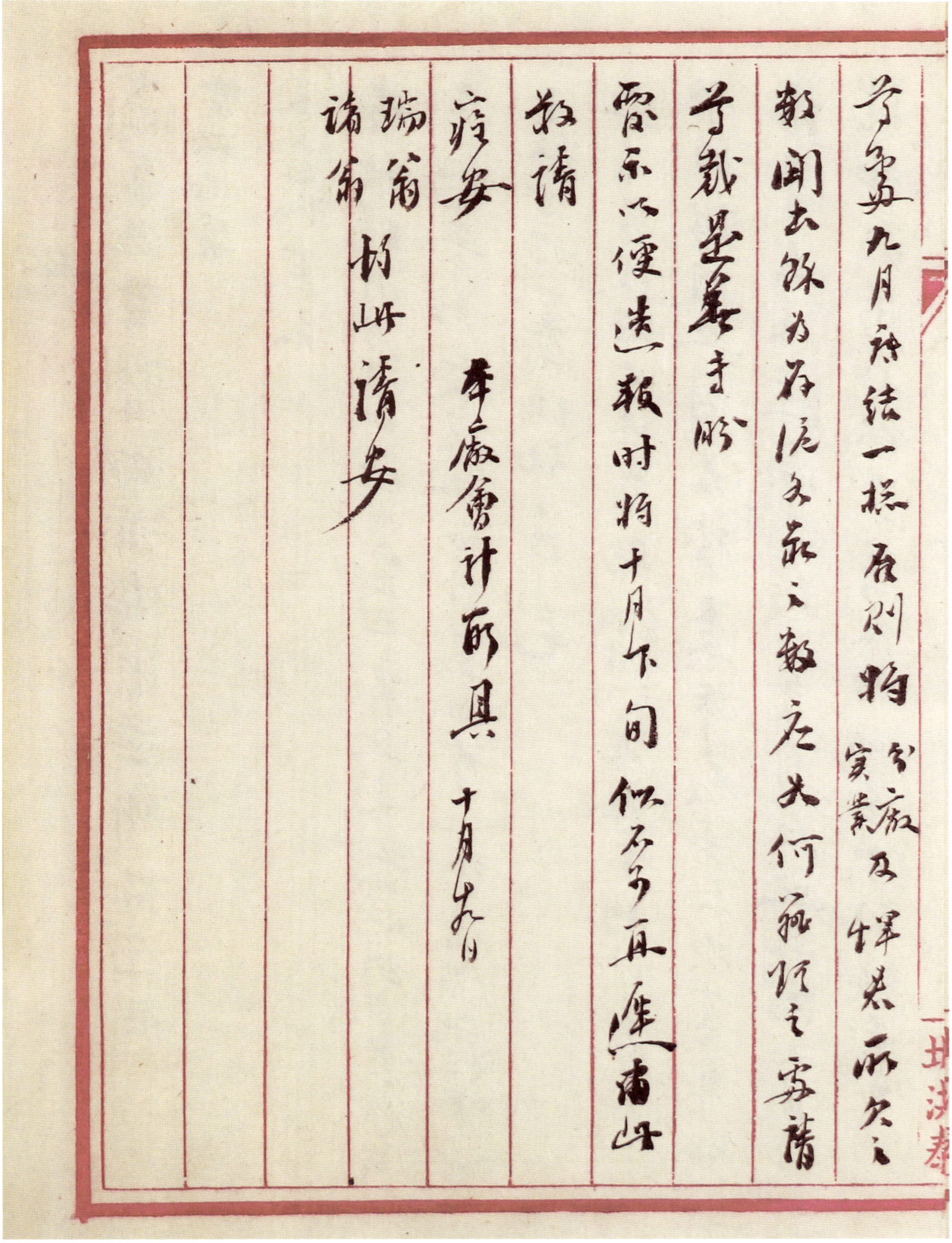

第一百八十七號（十月十九日）

辦理之處，請尊裁是善。專盼覆示，以便造報，時將十月下旬，似不可再遲。肅此，敬請寢安。本廠會計所具。十月十九日

瑞翁、諸翁均此請安。

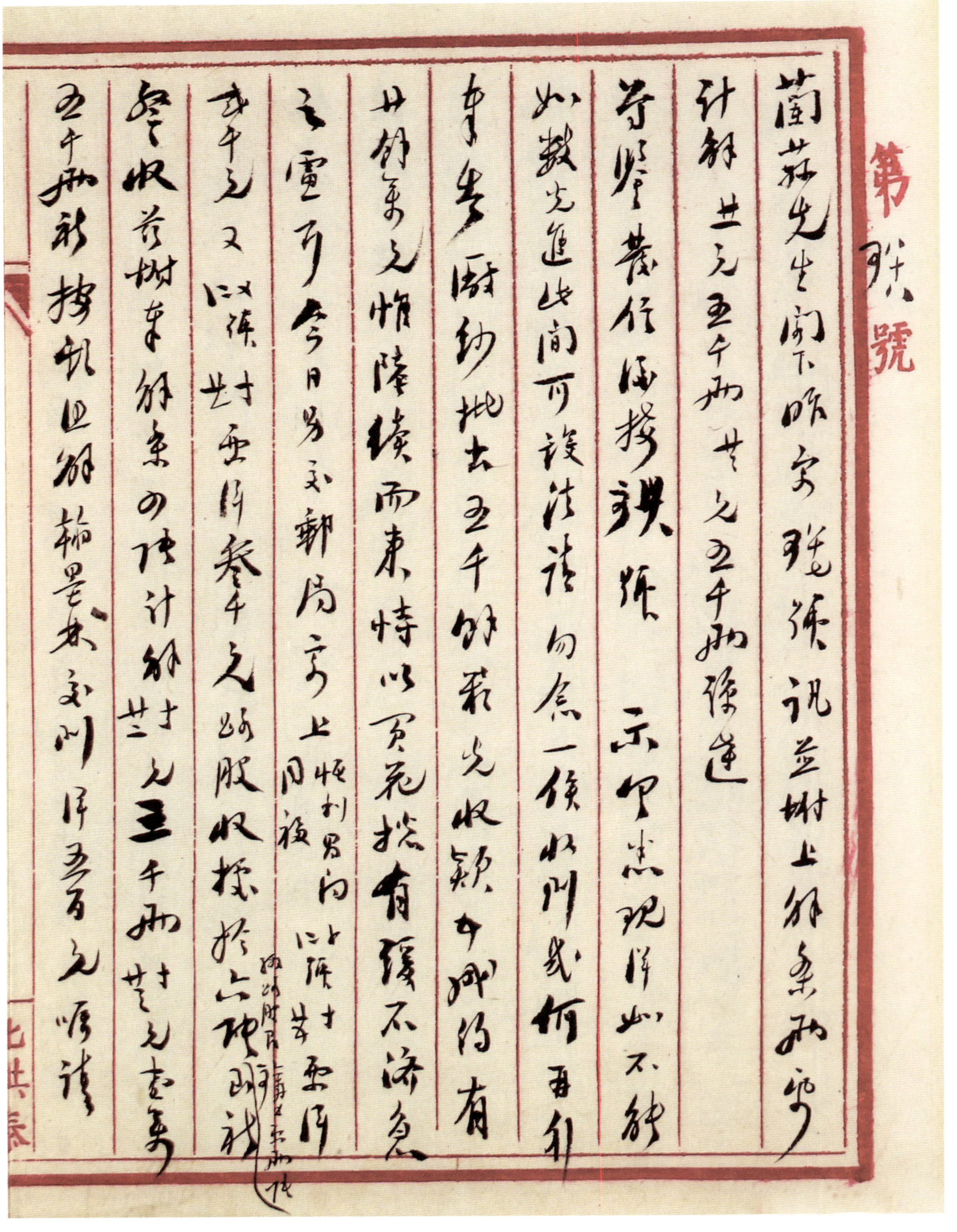

第一百八十八號（十月廿日）

蘭蓀先生閣下：昨寄一百八十七號訊，并附上解條兩紙，計解廿一元五千兩、廿二元五千兩，諒達尊鑒。發信後接二百卅八號示，具悉。現洋如不能如數兑進，此間可設法，請勿念。一俟收到幾何，再行奉告。廠紗批去五千餘箱，兑收款五成，約有廿餘萬元。惟陸續而來，恃以買花，總有緩不濟急之慮耳。今日另交郵局寄上恒利昌向同福一二五號十月廿五票洋式千元，又一二四號十月廿一票洋叁千元，路股收據拾六張，繳路股銀二百六十四兩一錢票兩張，至祈察收。兹附奉解條四張，計

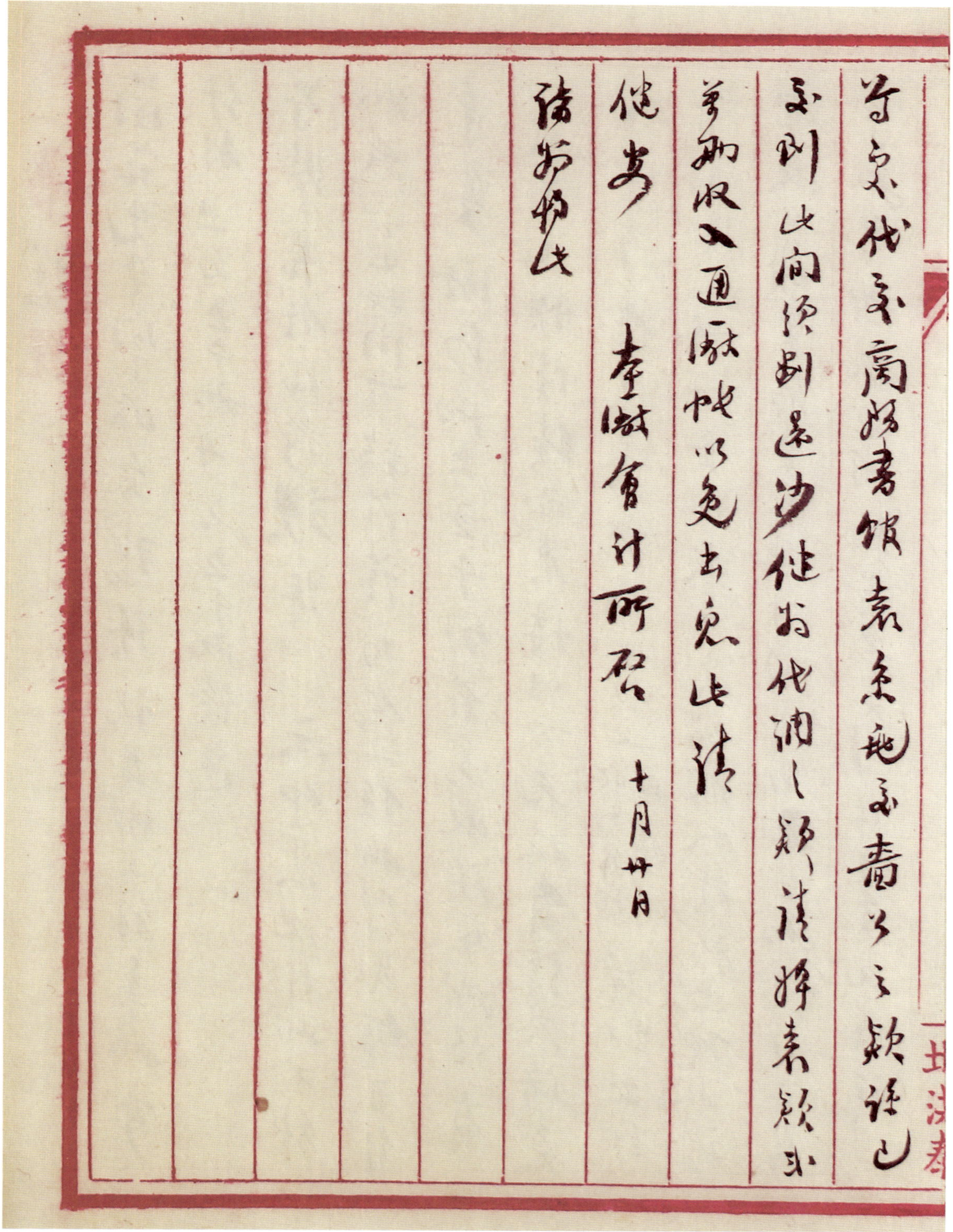

尊處代交商務書館。袁京兆交啬公之款諒已交到。此間須劃還沙健翁代調之款，請將袁款式萬兩收入通廠帳，以免出息。此請健安。本廠會計所啓 十月廿日

諸翁均此

第一百八十八號（十月廿日）

解十月廿二元三千兩、十月廿三元壹萬五千兩，祈按期照解。翰墨林交到洋五百元，囑請尊處代交商務書館。袁京兆交啬公之款，諒已交到。此間須劃還沙健翁代調之款，請將袁款式萬兩收入通廠帳，以免出息。此請健安。本廠會計所啓。十月廿日

諸翁均此。

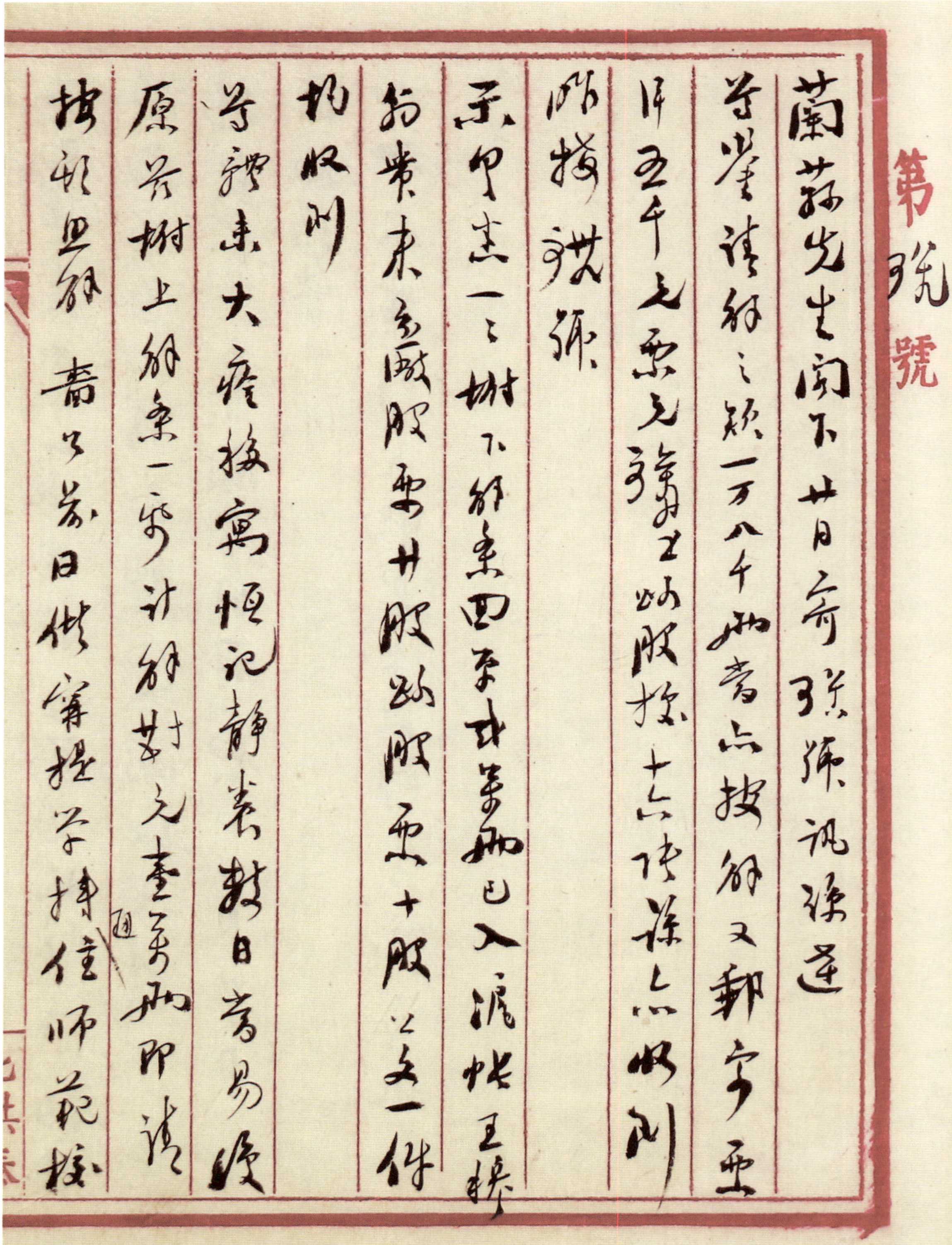

第一百八十九號（十月廿二日）

蘭蓀先生閣下：廿日寄一百八十八號訊，諒達尊鑒。請解之款一萬八千兩，當亦按解。又郵寄票洋五千元、票元二百六十四兩一錢、路股據十六張，諒亦收到。昨接二百卅九號示，具悉一一。附下解條回單，弍萬兩已入滬帳。王穆翁帶來分廠股票廿股、路股票十股、公文一件，均收到。尊體未大痊，移寓恒記静養數日，當易復原。兹附上解條一紙，計解十月廿五元壹萬兩，即請按期照解。嗇公前日偕寧提學抵通，住師範校。大新帶來第十一批現洋五萬元收到，惟鈞康箱内少壹元，請向補

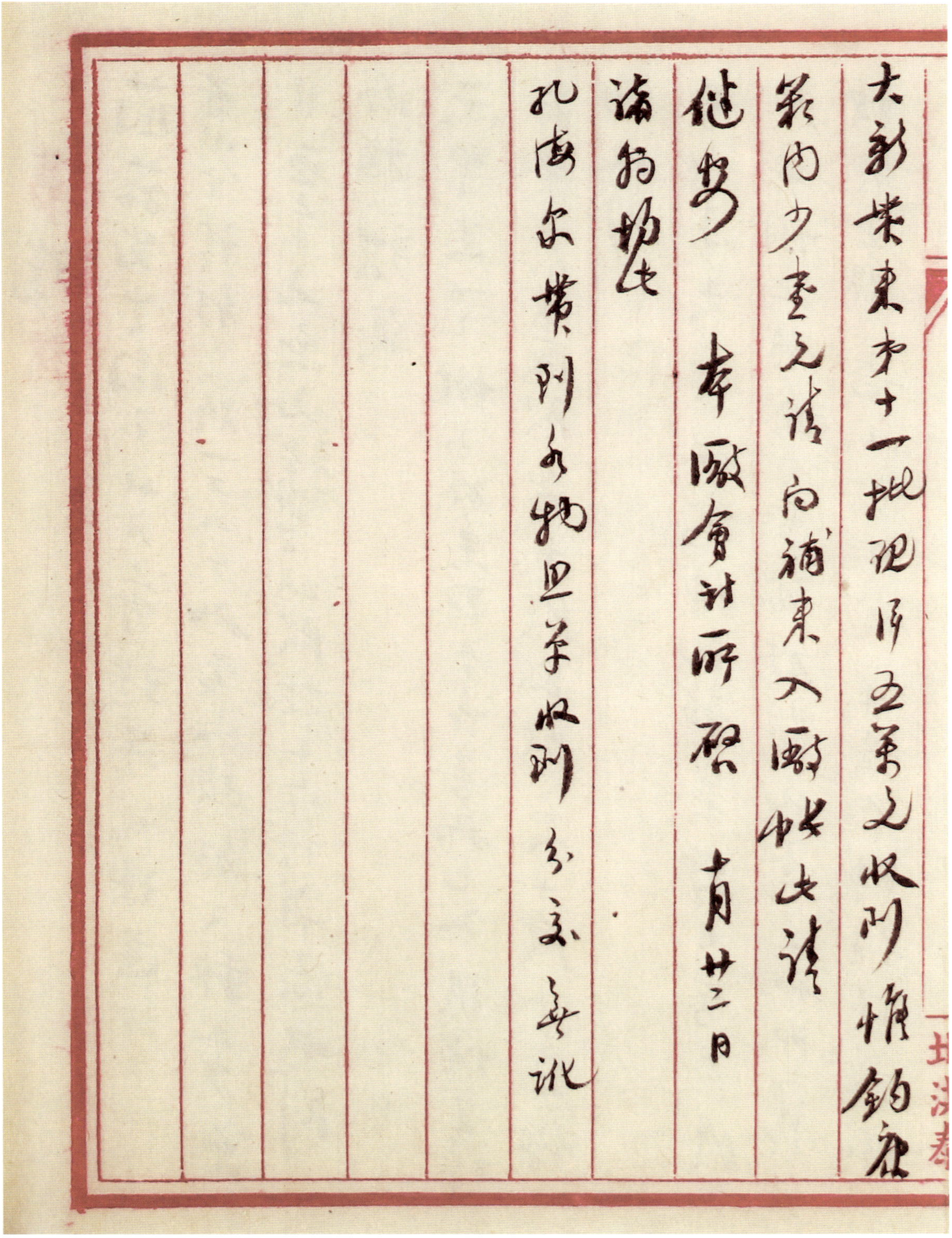

第一百八十九號（十月廿二日）

來入廠帳。此請健安。本廠會計所啓。十月廿二日

諸翁均此。

孔海泉帶到各物，照單收到，分交無訛。

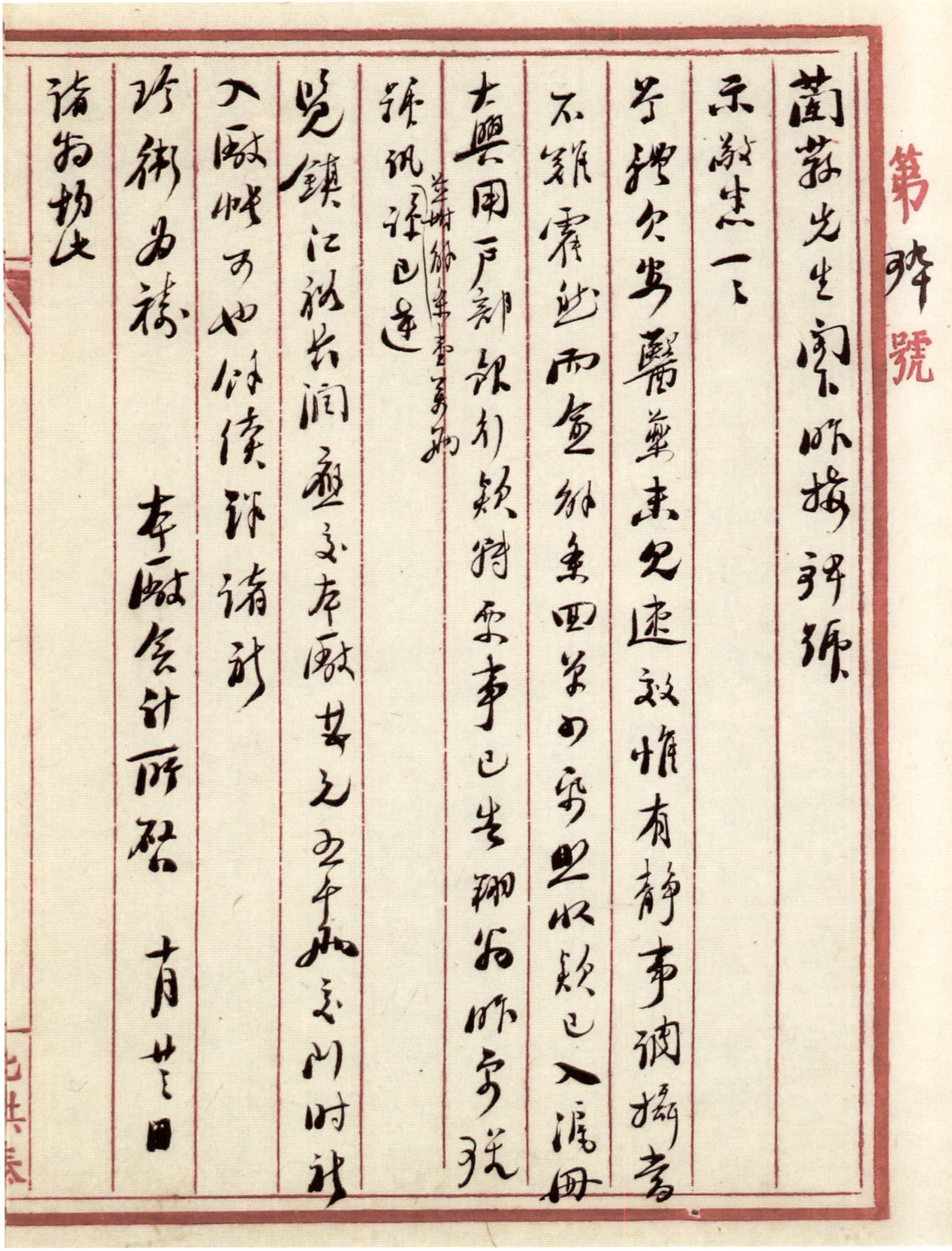

第一百九十號（十月廿三日）

蘭蓀先生閣下：昨接二百四十號示，敬悉一一。尊體欠安，醫藥未見速效，惟有静事調攝，當不難霍然而愈。解條回單四紙照收，款已入滬册。大興用户部銀行款轉票事，已告翔翁。昨寄一百八十九號訊，并附解條壹萬兩，諒已達覽。鎮江裕長潤應交本廠廿五元五千兩，交到時祈入廠帳可也。餘續詳，諸祈珍衛爲禱。本廠會計所啓。十月廿三日

諸翁均此。

第一百九十號（十月廿三日）

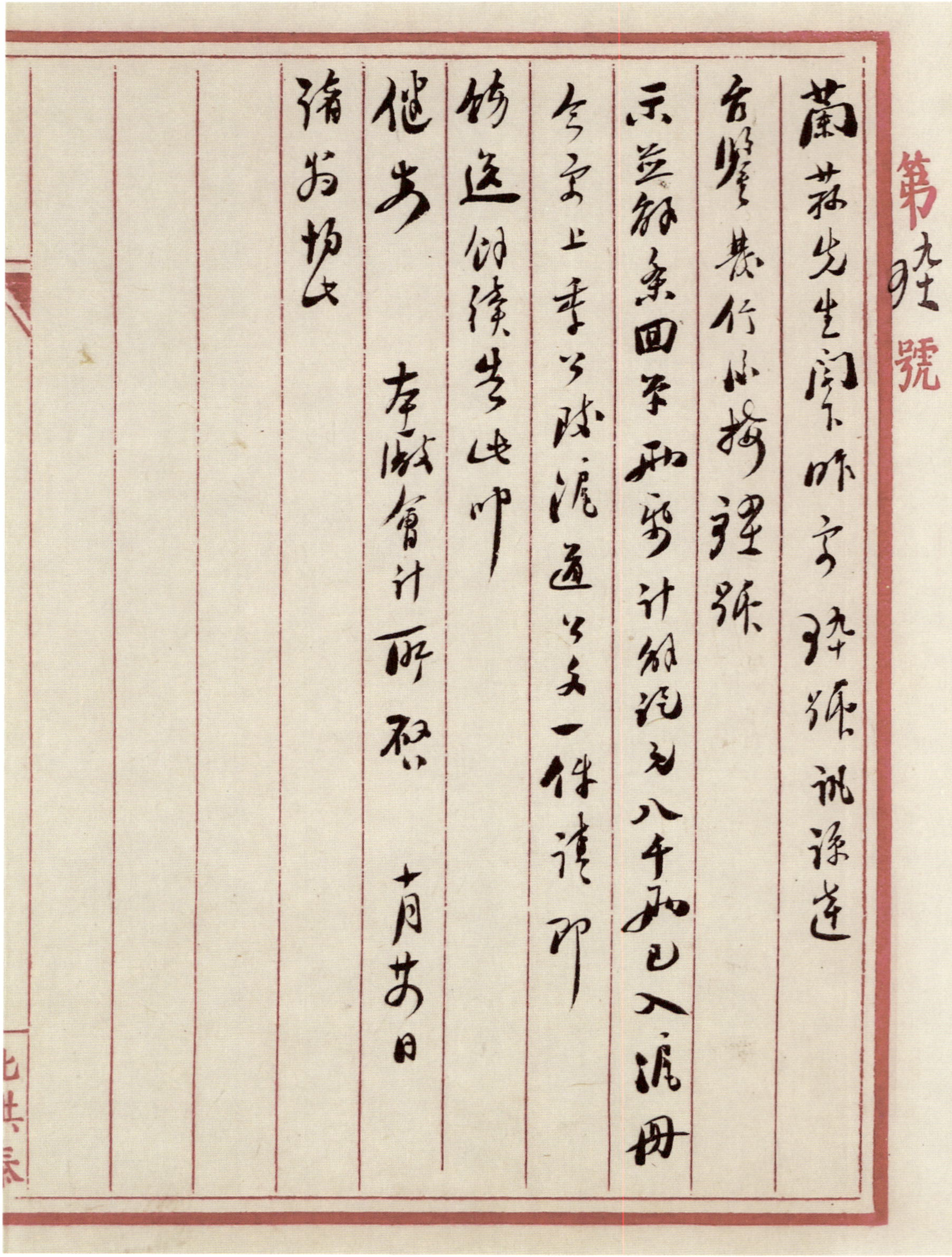

第一百九十一號（十月廿四日）

蘭蓀先生閣下：昨寄一百九十號訊，諒達台鑒。發信後接二百四十一號示，并解條回單兩紙，計解訖元八千兩，已入滬册。今寄上季公致滬道公文一件，請即飭送。餘續告。此叩健安。本廠會計所啓。十月廿四日
諸翁均此。

第一百九十一號（十月廿四日）

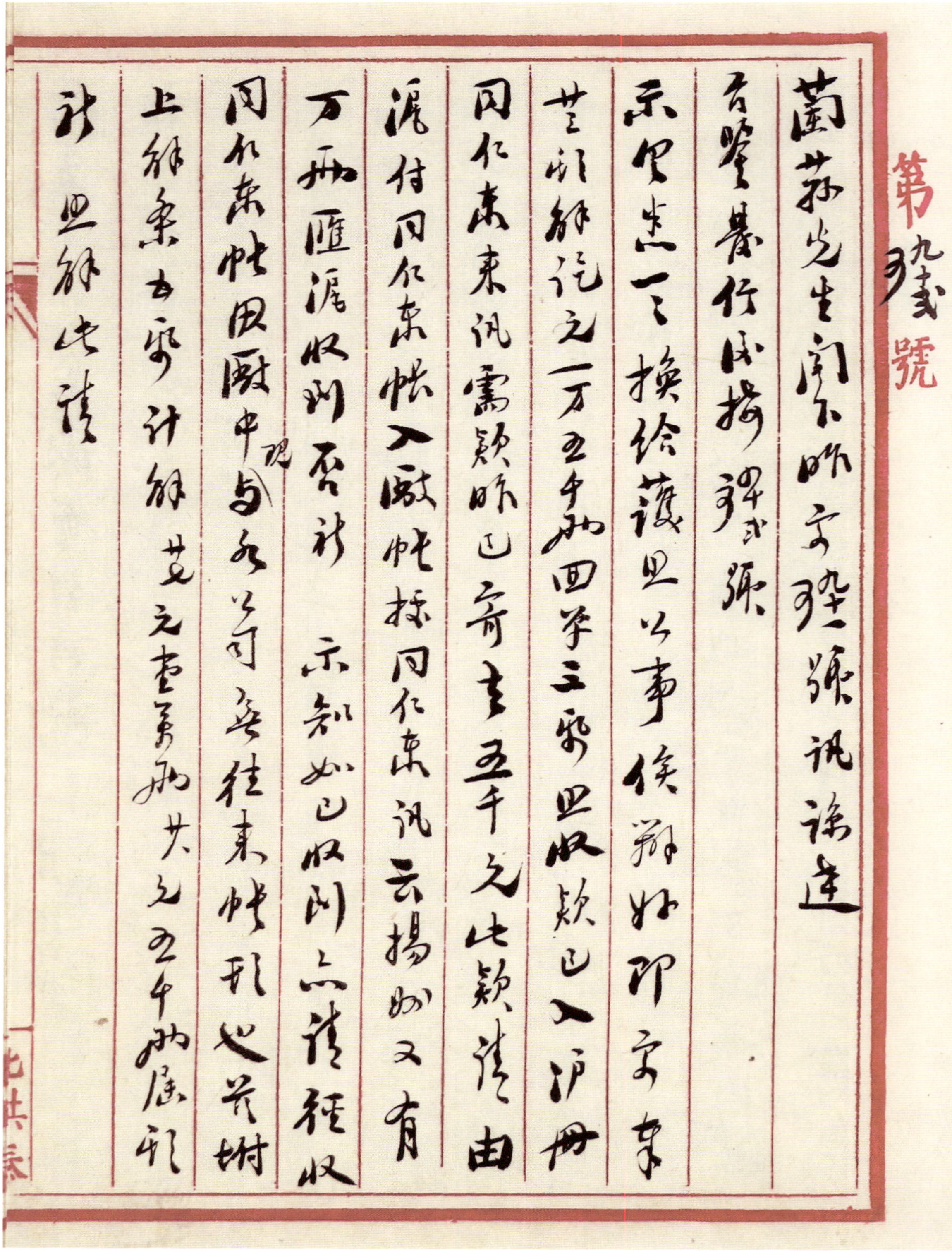

第一百九十二號（十月廿五日）

蘭蓀先生閣下：昨寄一百九十一號訊，諒達台鑒。發信後接二百四十式號示，具悉一一。換給護照公事，俟辦好即寄奉。廿三期解訖元一萬五千兩，回單三紙照收，款已入滬册。同仁泰來訊需款，昨已寄去五千元，此款請由滬付同仁泰，帳入廠帳。據同仁泰訊云，揚州又有萬兩匯滬，收到否祈示知，如已收到，亦請徑收同仁泰帳，因廠中現與各公司無往來帳期也。玆附上解條五紙，計解廿七元壹萬兩、廿八元五千兩，屆期祈照解。此請健安，本廠會計所啓。十月廿五日

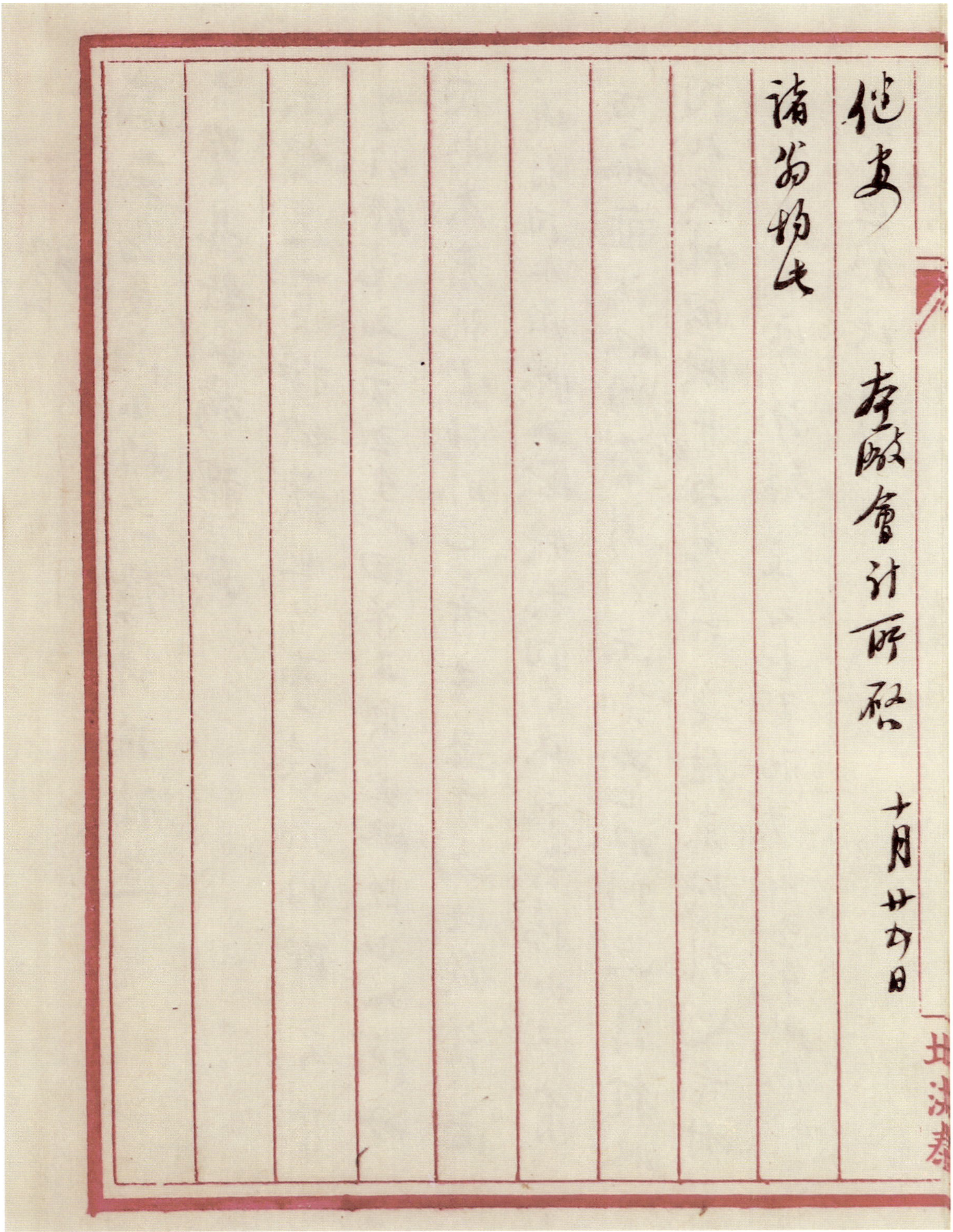
諸翁均此
本廠會計所啓
十月廿五日

第一百九十二號（十月廿五日）

諸翁均此。

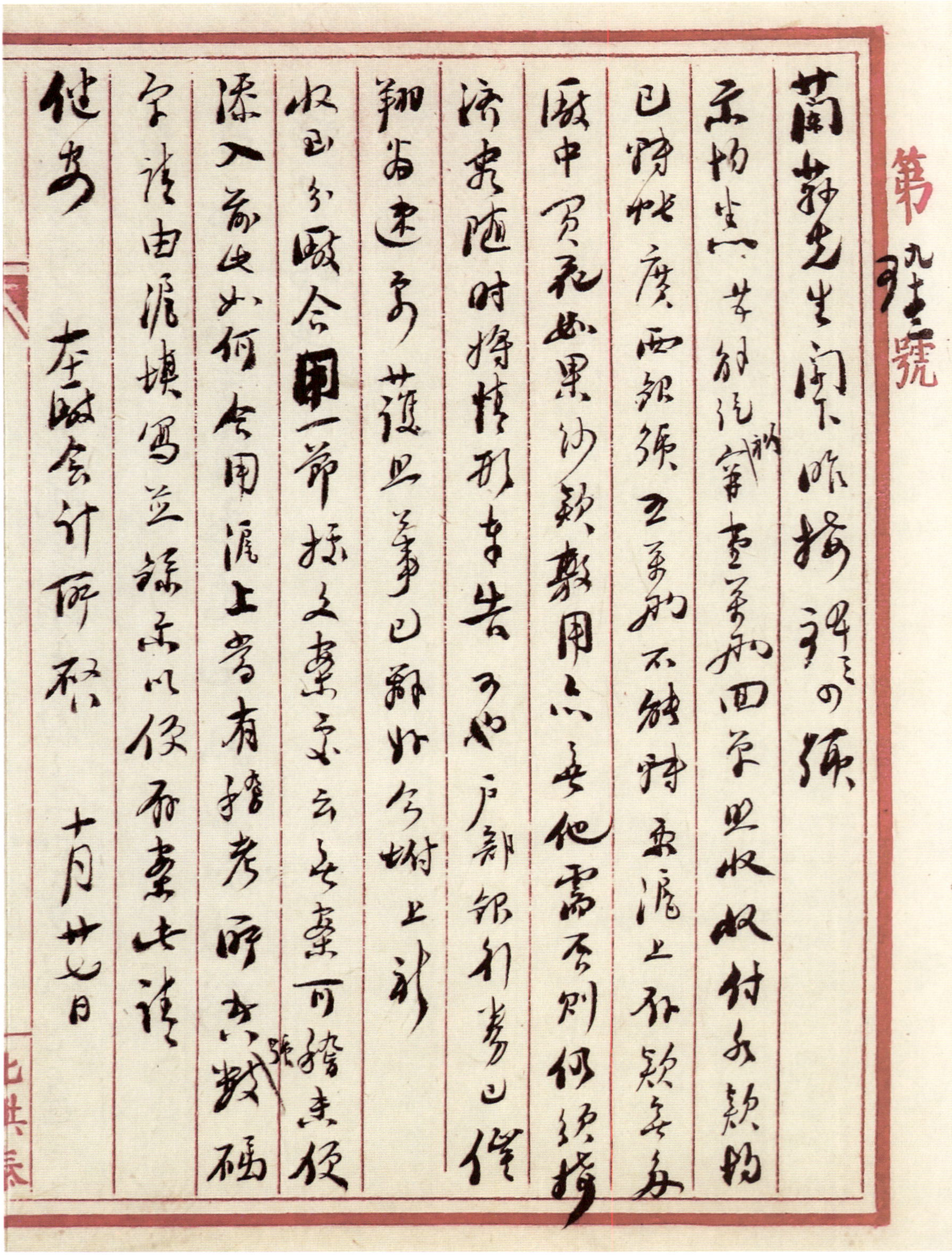

第一百九十三號（十月廿七日）

蘭蓀先生閣下：昨接二百四十三、二百四十四號示，均悉。廿五解訖裕寧壹萬兩回單照收，收付各款均已轉帳。廣西銀號五萬兩不能轉票，滬上存款無多，廠中買花如果紗款敷用，亦無他需，否則仍須接濟，容隨時將情形奉告可也。户部銀行券已催翔翁速寄。護照公事已辦好，今附上，祈收。至分廠合用一節，據文案處云無案可稽，未便添入。前此如何合用，滬上當有稽考。所空號數碼字，請由滬填寫并録示，以便存案。此請健安，本廠會計所啓。十月廿七日

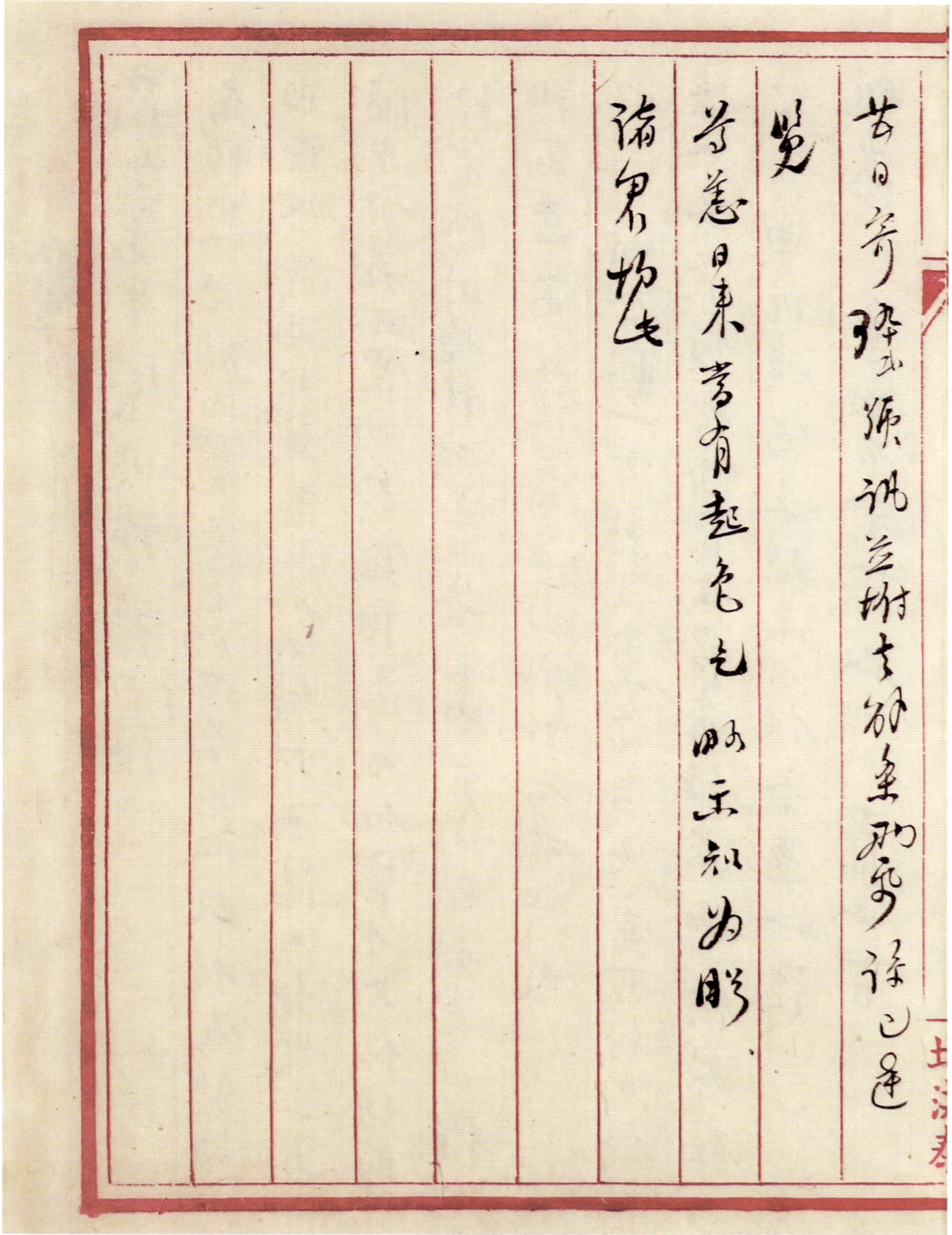
廿五日寄一百九十式號訊并附去解條兩紙諒已達覽
尊恙日來當有起色乞略示知為盼
諸君均此

第一百九十三號（十月廿七日）

廿五日寄一百九十式號訊，并附去解條兩紙，諒已達覽。

尊恙日來當有起色，乞略示知爲盼。

諸君均此。

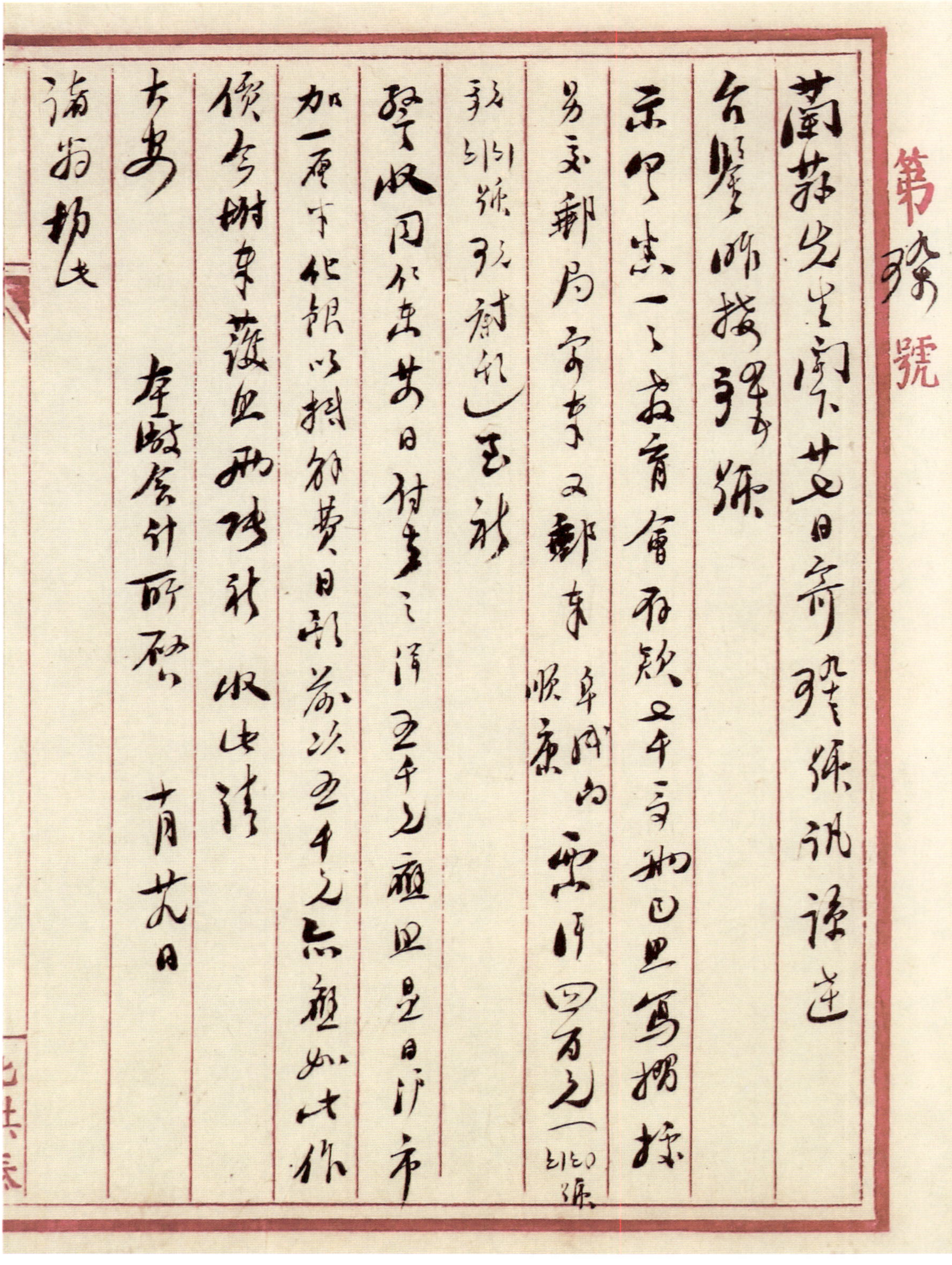

第一百九十四號（十月廿九日）

蘭蓀先生閣下：廿七日寄一百九十三號訊，諒達台鑒。昨接二百四十五號示，具悉一一。教育會存款七千三百兩已照寫摺據，另交郵局寄奉。又郵奉皋成向順康票洋四百元（七一七〇號三百元、七一七一號一百元，十月底期），至祈察收。同仁泰廿四日付去之洋五千元，應照是日滬市加一厘半化銀以抵解費日期，前次五千元亦應如此作價。今附奉護照兩張，祈收。此請大安，本廠會計所啓。十月廿九日

諸翁均此。

第一百九十四號（十月廿九日）

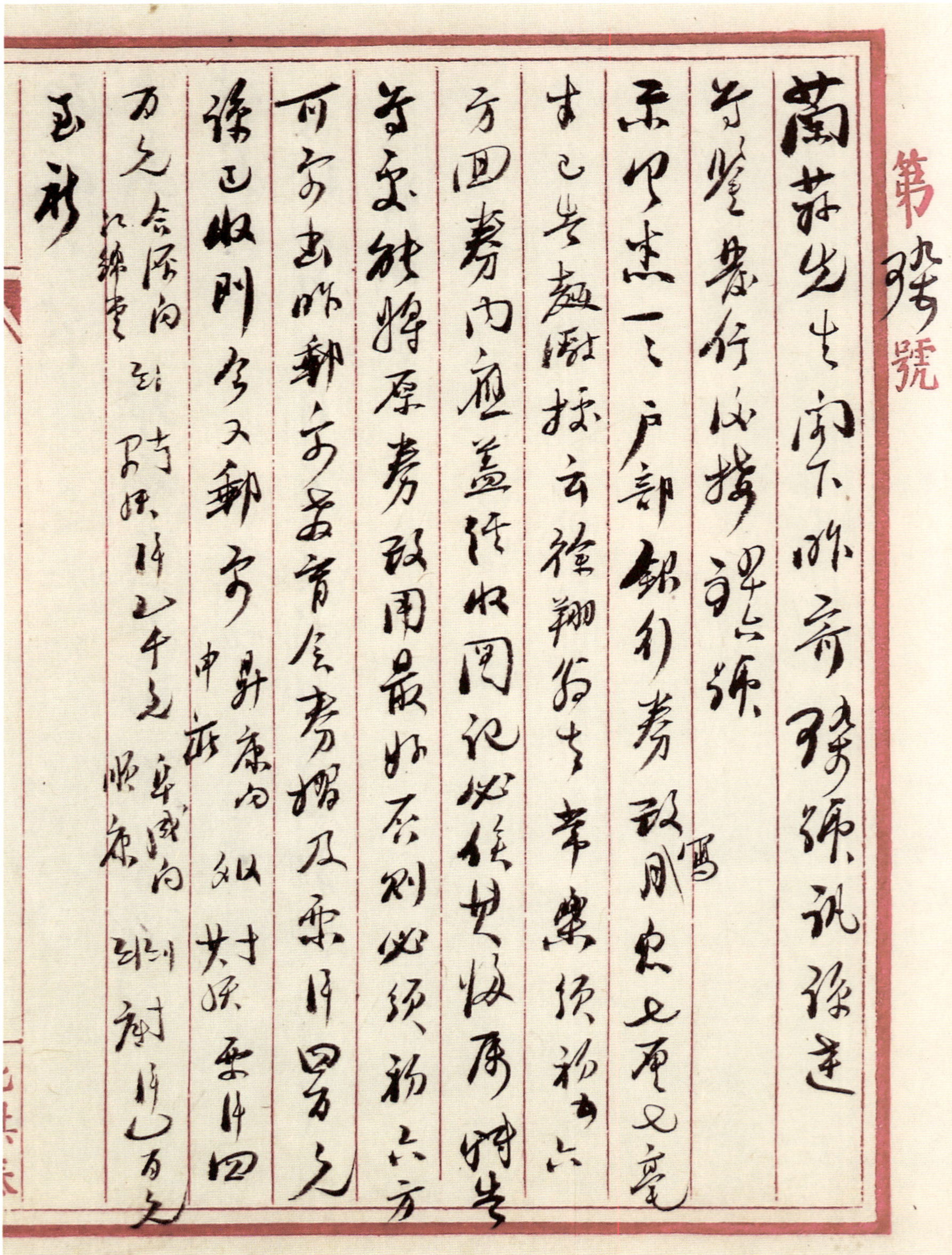

第一百九十五號（十一月朔）

蘭蓀先生閣下：昨寄一百九十四號訊，諒達尊鑒。發信後接二百四十六號示，具悉一一。户部銀行券改寫月息七厘七毫半，已告麵廠，據云徐翔翁去常樂，須初五、六方回，券内應蓋經收圖記，必俟其歸，屬轉告尊處，能將原券改用最好，否則必須初六方可寄出。昨郵寄教育會券摺及票洋四百元，諒已收到。今又郵寄昇康向申莊九一四十月廿八（五天）票洋四百元，合源向江錦堂八一十一月初四（五天）洋一千元，阜成向順康七一七二十月底洋一百元，至祈察收。即請大安，本廠會

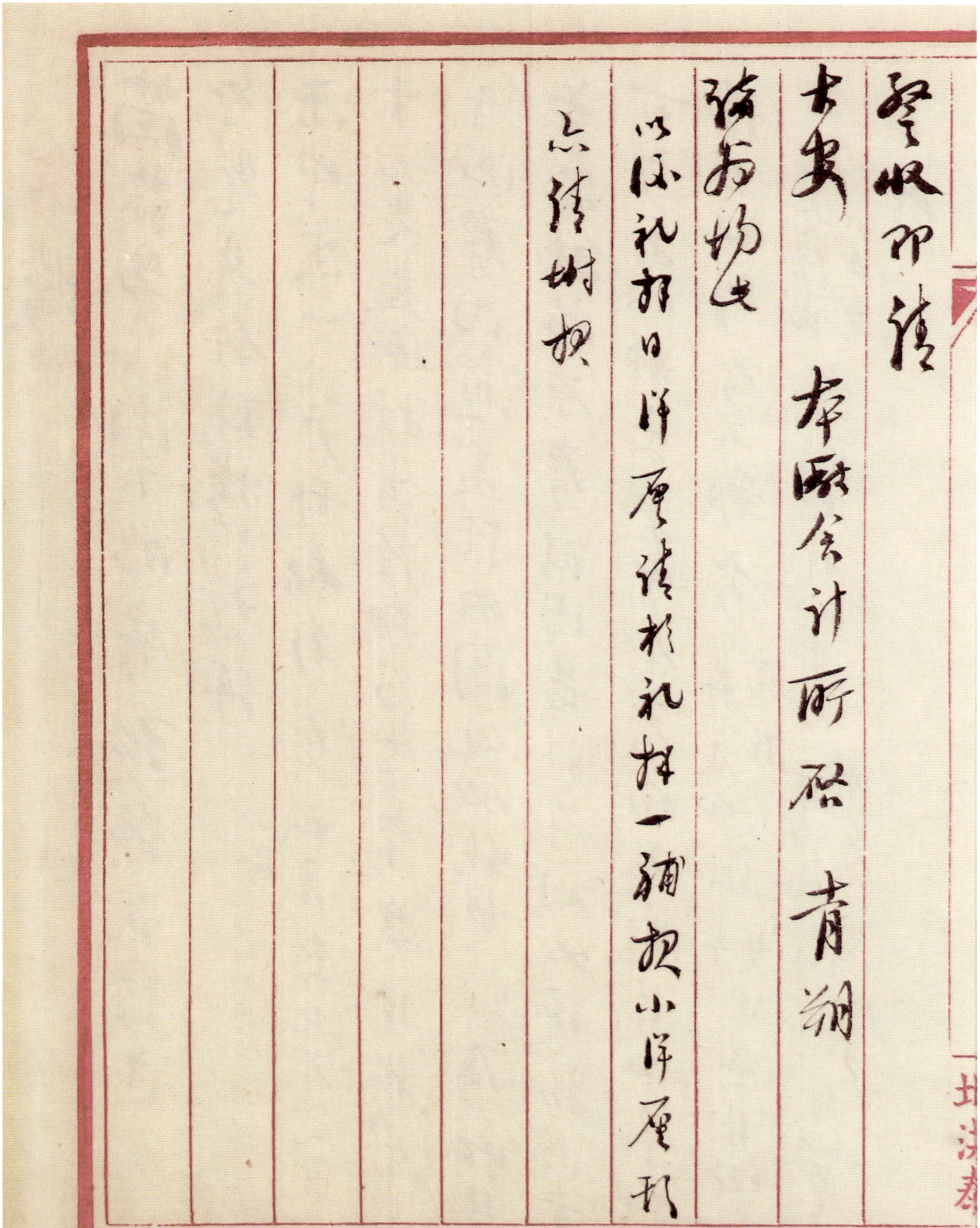

第一百九十五號（十一月朔）

計所啓。十一月朔

諸翁均此。

以後禮拜日洋厘，請於禮拜一補報，小洋厘期亦請附報。

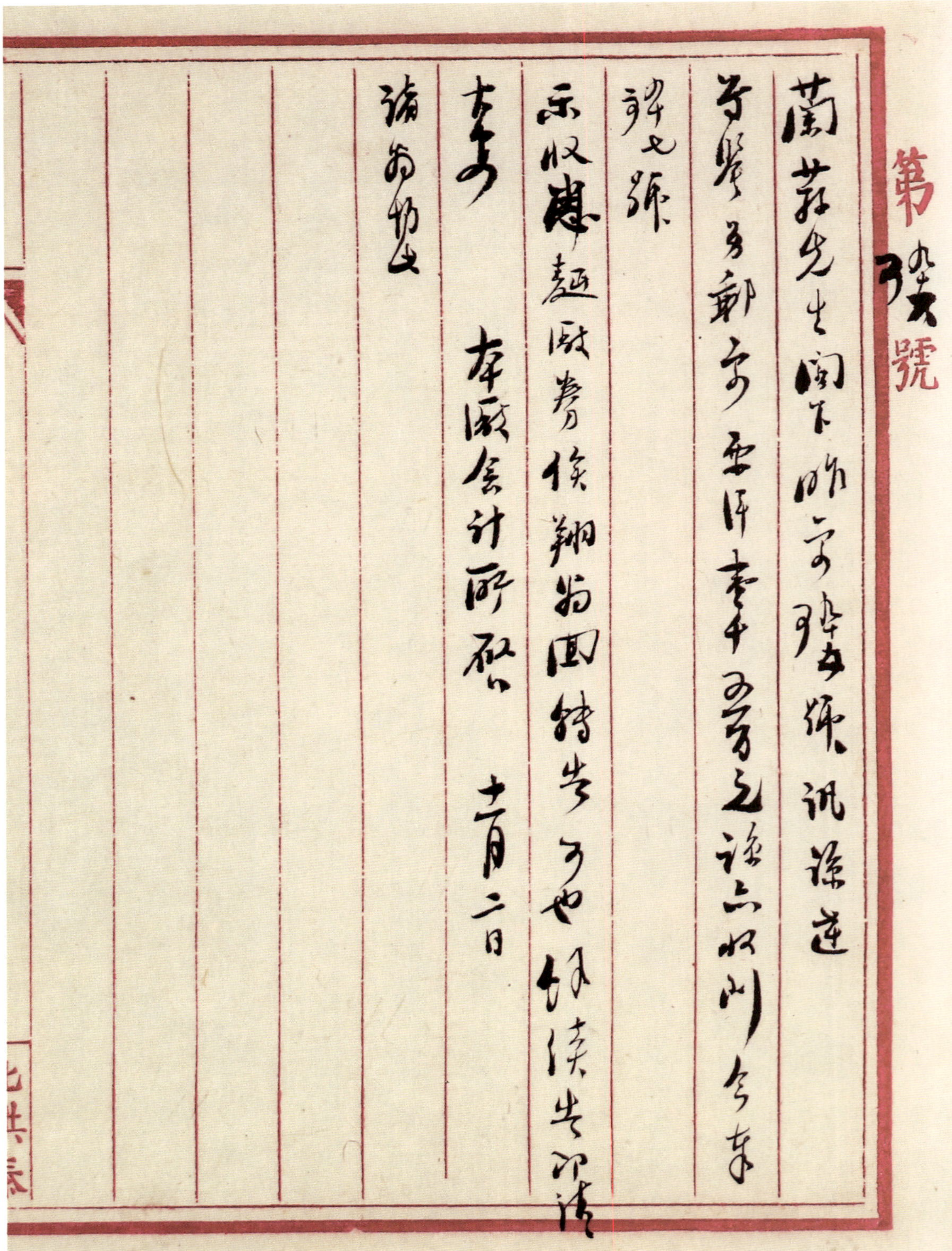

第一百九十六號（十一月二日）

蘭蓀先生閣下：昨寄一百九十五號訊，諒達尊鑒。另郵寄票洋壹千五百元，諒亦收到。今奉二百四十七號示，收悉。麵廠券，俟翔翁回轉告可也。餘續告。即請大安，本廠會計所啓。十一月二日

諸翁均此。

第一百九十六號（十一月二日）

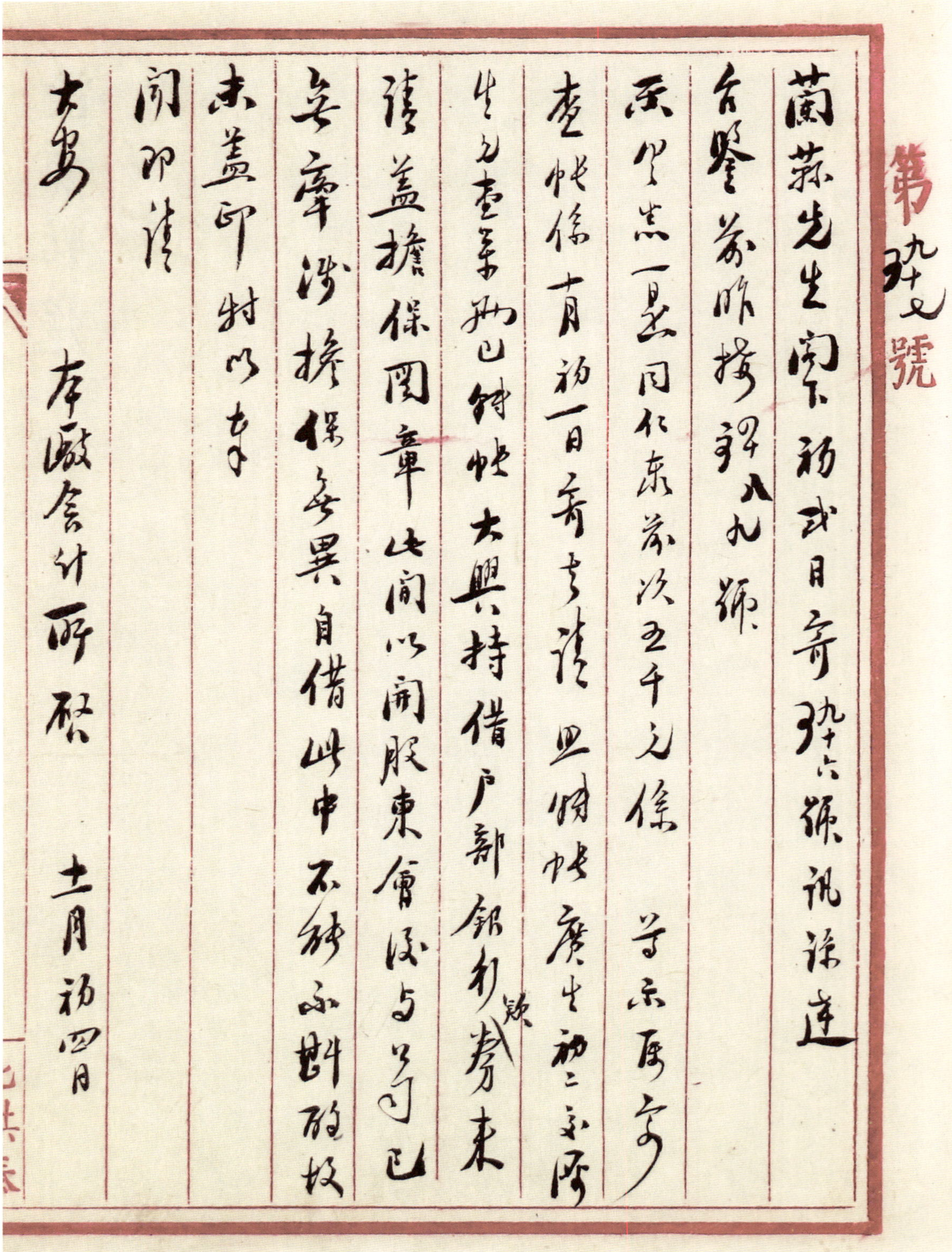

第一百九十七號（十一月初四日）

蘭蓀先生閣下：初弍日寄一百九十六號訊，諒達台鑒。前、昨接二百四十八、二百四十九號示，具悉一是。同仁泰前次五千元，係尊示屬寄，查帳係十月初一日寄去，請照轉帳。廣生初二交源生元壹萬兩，已轉帳。大興持借户部銀行款券來，請蓋擔保圖章，此間以開股東會後與公司已無牽涉，擔保無异自借，此中不能不斟酌，故未蓋印。特以奉聞。即請大安，本廠會計所啓。十一月初四日

諸君均鑒。

諸君均鑒

第一百九十七號（十一月初四日）

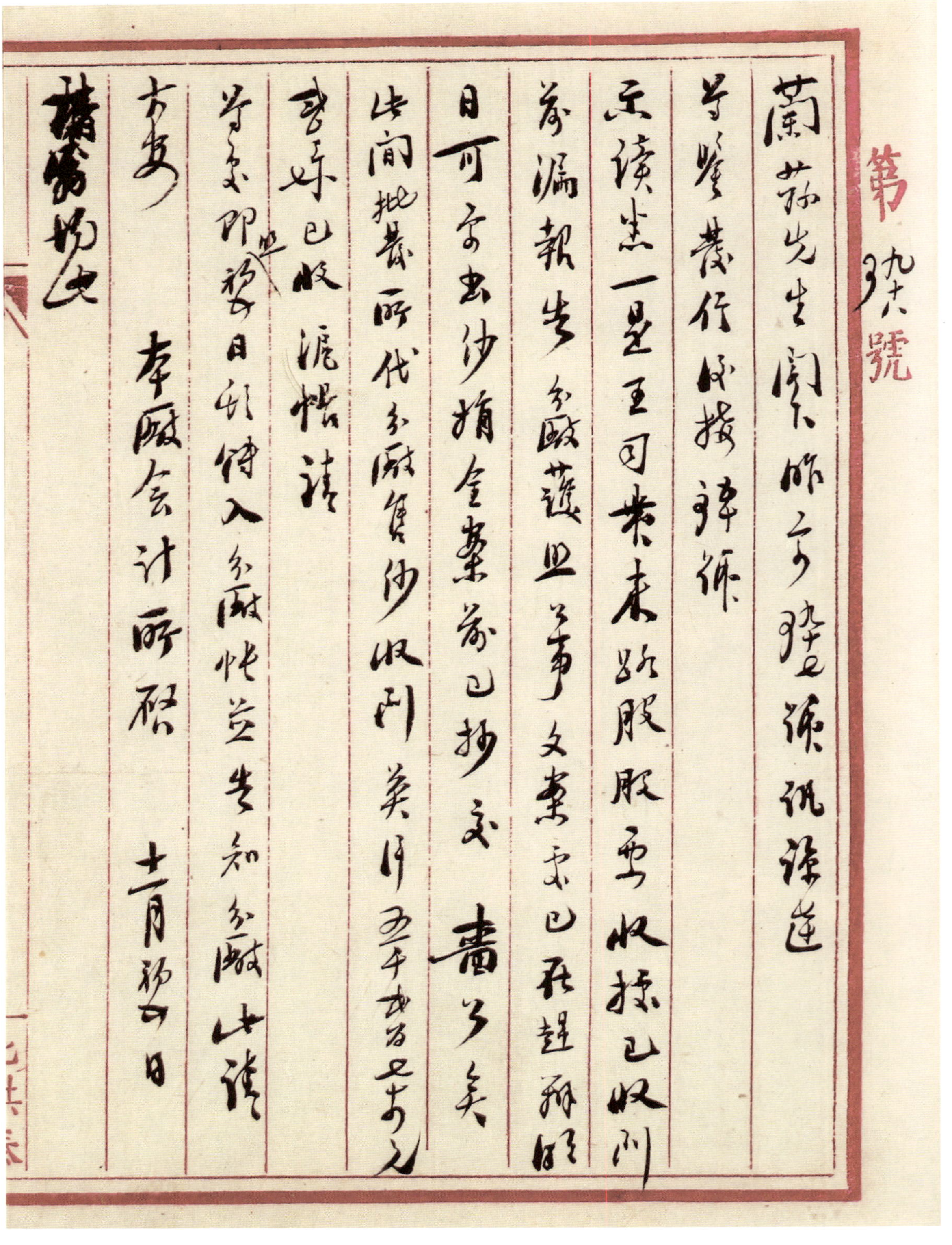

第一百九十八號（十一月初五日）

蘭蓀先生閣下：昨寄一百九十七號訊，諒達尊鑒。發信後接二百五十號示，讀悉一是。王司帶來路股股票收據已收到。前漏報告分廠護照公事，文案處已在趕辦，明日可寄出。紗捐全案，前已抄交嗇公矣。此間批發所代分廠售紗，收到英洋五千弍百七十四元弍角三分七厘，已收滬帳，請尊處即照初五日期轉入分廠帳，并告知分廠。此請大安，本廠會計所啓。十一月初五日

諸翁均此。

第一百九十八號（十一月初五日）

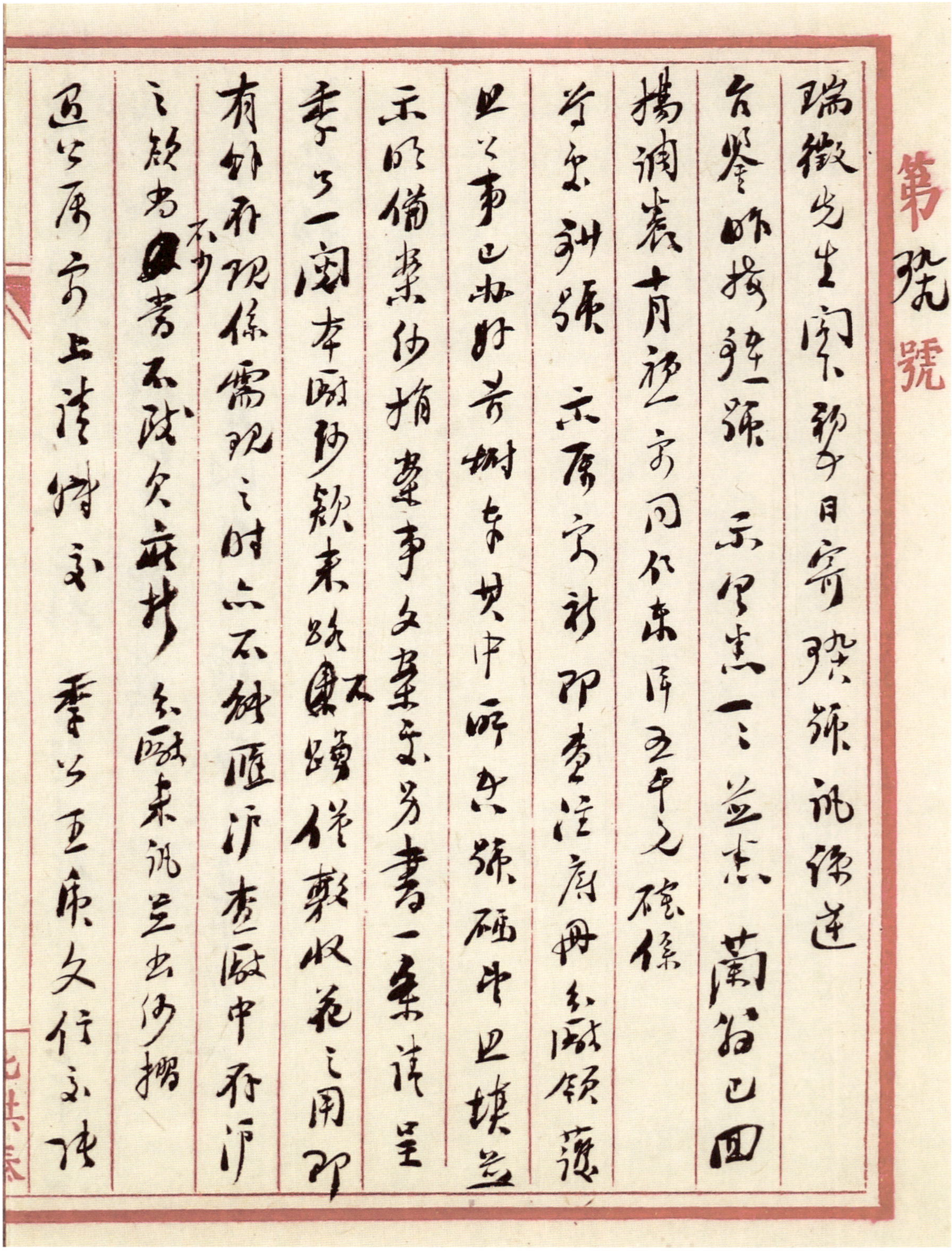

第一百九十九號（十一月初七日）

瑞徵先生閣下：初五日寄一百九十八號訊，諒達台鑒。昨接二百五十一號示，具悉一一，并悉蘭翁已回揚調養。十月初一寄同仁泰洋五千元，確係尊處二百廿號示屬寄，祈即查注底册。分廠領護照公事已辦好，兹附奉，其中所空號碼望照填并示明備案。紗捐案事，文案處另書一條，請呈季公一閲。本廠紗款來路不踴，僅敷收花之用，即有餘存，現係需現之時，亦不能匯滬。查廠中存滬之款尚不少，當不致欠莊折。分廠來訊并出紗摺，退公屬寄上，請轉交季公。王虎文信交張菊生洋四拾式

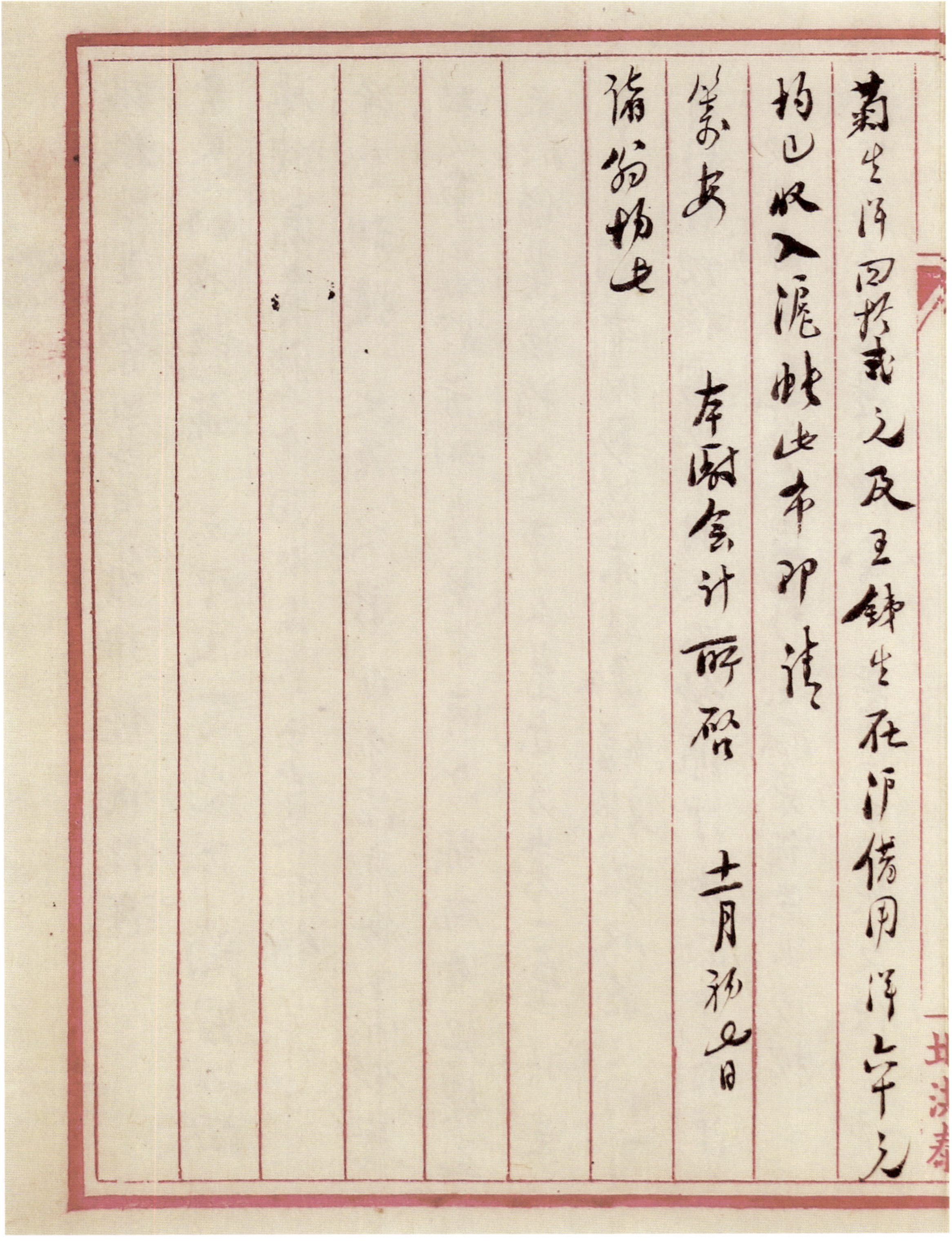

第一百九十九號（十一月初七日）

元，及王鐵生在滬借用洋六十元，均已收入滬帳。此布，即請籌安，本廠會計所啓。
十一月初七日
諸翁均此。

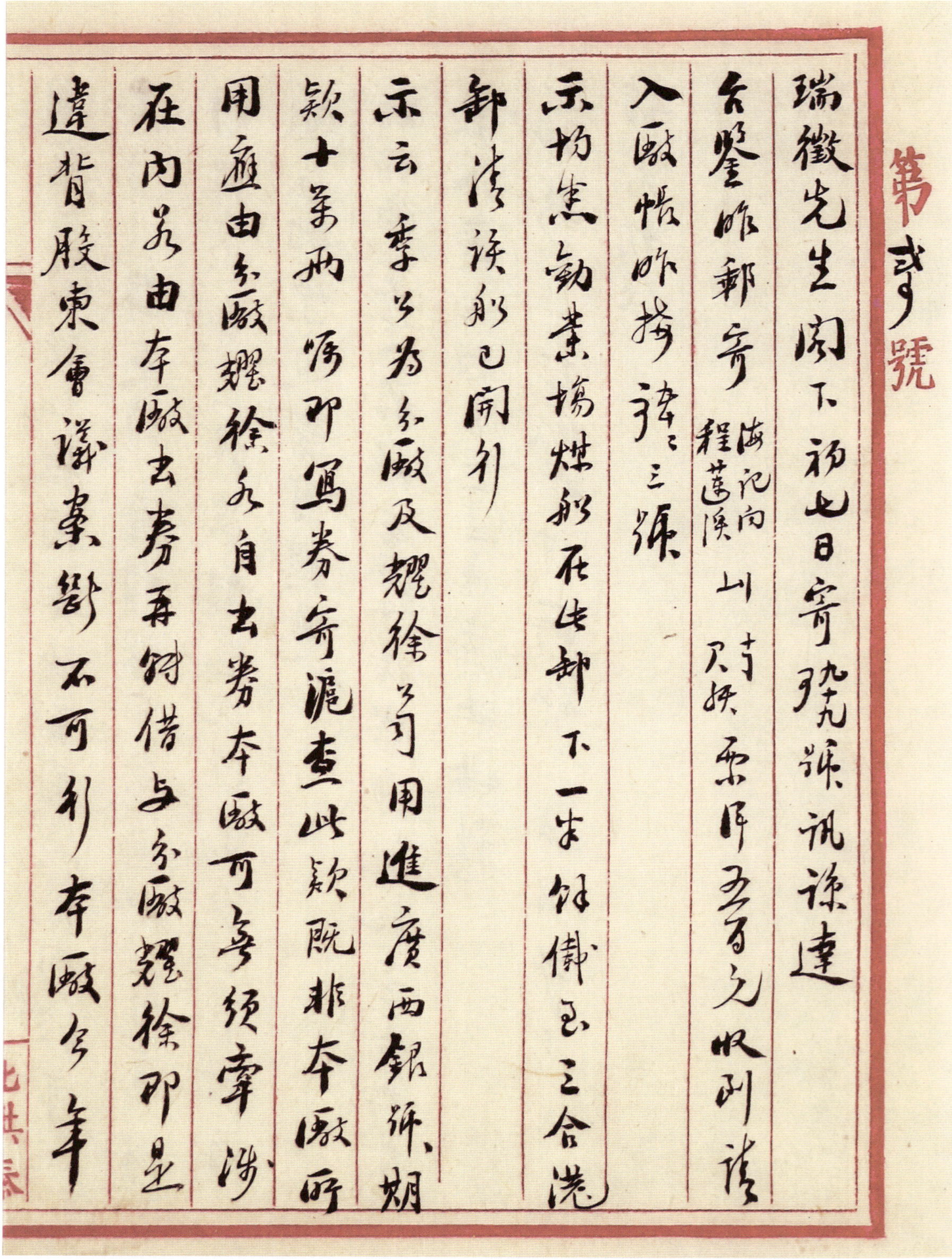

第二百號

瑞徵先生閣下：初七日寄一百九十九號訊，諒達台鑒。昨郵寄海記向程蓮溪六二十一月初八（五天）票洋五百元，收到請入廠帳。昨接二百五十二、二百五十三號示，均悉。勤業場煤船在此卸下一半，餘載至三合港卸清，該船已開行。示云季公爲分廠及耀徐公司用進廣西銀號期款十萬兩，囑即寫券寄滬。查此款既非本廠所用，應由分廠、耀徐各自出券，本廠可無須牽涉在內。若由本廠出券，再轉借與分廠、耀徐，即是違背股東會議案，斷不可行。本廠今年

第二百號（冬月初九日）

瑞徵先生閣下：初七日寄一百九十九號訊，諒達台鑒。昨郵寄海記向程蓮溪六二十一月初八（五天）票洋五百元，收到請入廠帳。昨接二百五十二、二百五十三號示，均悉。勤業場煤船在此卸下一半，餘載至三合港卸清，該船已開行。示云季公爲分廠及耀徐公司用進廣西銀號期款十萬兩，囑即寫券寄滬。查此款既非本廠所用，應由分廠、耀徐各自出券，本廠可無須牽涉在內。若由本廠出券，再轉借與分廠、耀徐，即是違背股東會議案，斷不可行。本廠今年用進之期款已可敷用，無須再用，因多用則

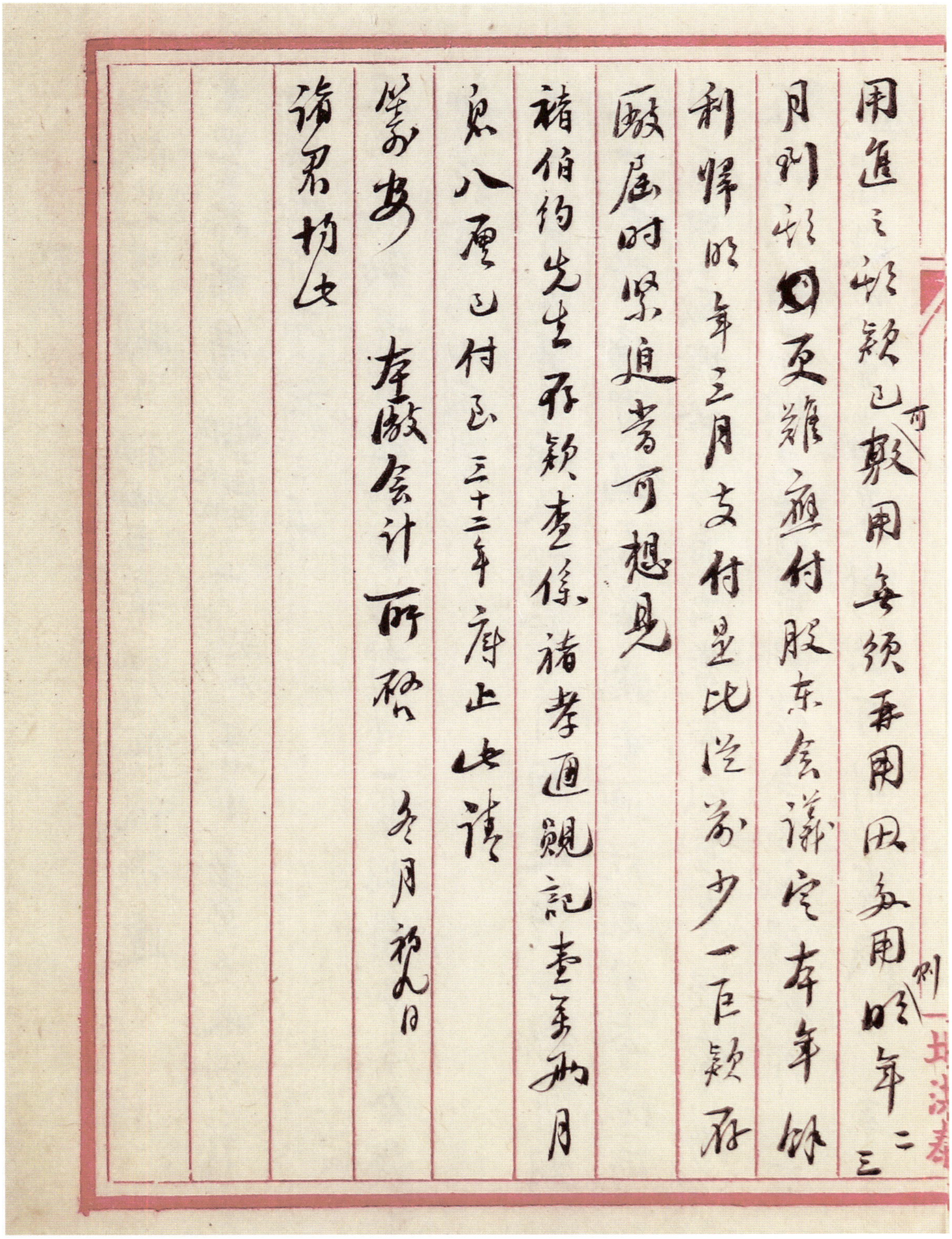

第二百號（冬月初九日）

明年二、三月到期更難應付。股東會議定本年餘利歸明年三月支付，是比從前少一巨款存廠，届時緊迫，當可想見。褚伯約先生存款，查係褚孝通　記壹萬兩，月息八厘，已付至三十二年底止。此請籌安，本廠會計所啓。冬月初九日

諸君均此。

百年大生企業號信

（清光緒三十三—三十四年）

南通市檔案館 張謇研究中心 編

下

國家圖書館出版社

目録

下册

清光緒三十三年（一九〇七）

大生紗廠致大生駐滬事務所號信

清光緒三十四年（一九〇八）

大生紗廠致大生駐滬事務所號信

清光緒三十三年（一九〇七）

大生紗廠致大生駐滬事務所號信

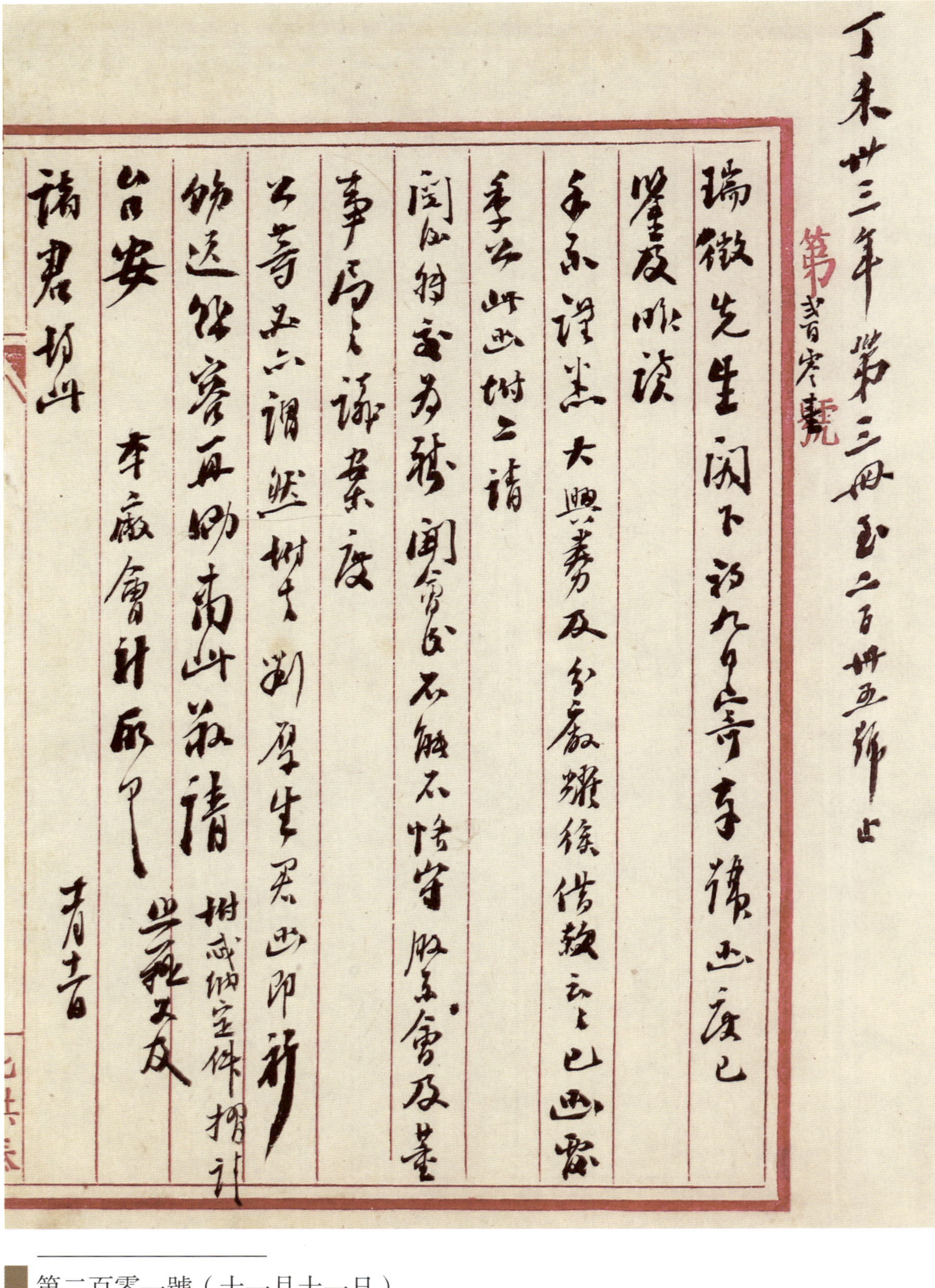

第二百零一號（十一月十一日）

瑞徵先生閣下：初九日寄奉號函，度已鑒及。昨讀手示，謹悉。大興券及分廠、耀徐借款云云，已函覆季公，此函附上，請閱後轉交爲禱。開會後不能不恪守股東會及董事局之議案，度公等必亦謂然。附去劉厚生君函，即祈飭送。餘容再泐。肅此，敬請台安。本廠會計所具。十一月十一日

諸君均此。

附忒納定件摺，請照辦。又及。

第二百零一號（十一月十一日）

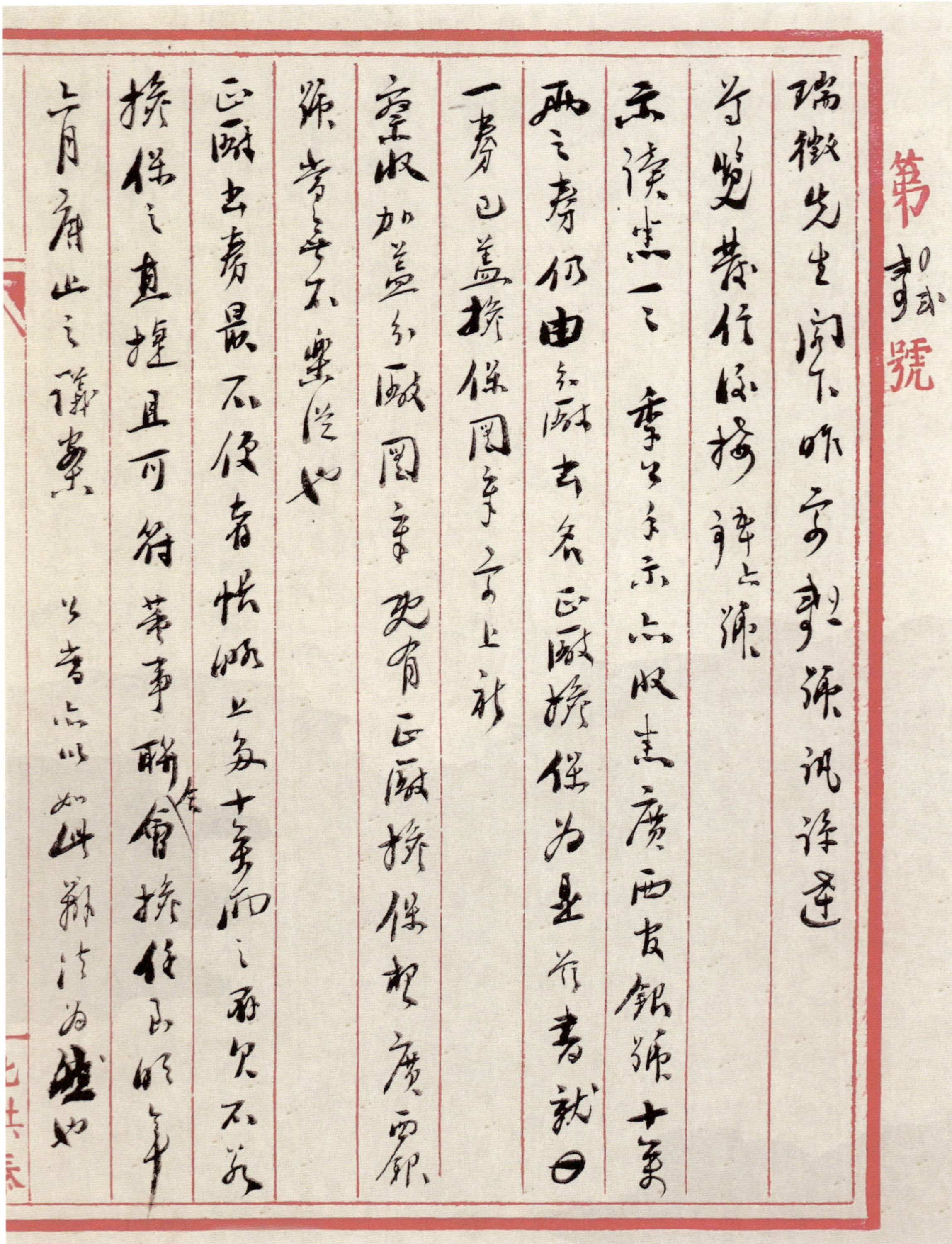
瑞徵先生閣下：昨寄式百〇一號訊，諒達
尊覽。發信後接二百五十六號
示，讀悉一一。季公手示亦收悉。廣西官銀號十萬
兩之券，仍由分廠出名，正廠擔保爲是。茲書就
一券，已蓋擔保圖章寄上，祈
察收，加蓋分廠圖章。既有正廠擔保，想廣西
銀號當無不樂從也。
正廠出券最不便者，帳略上多十萬兩之存欠，不若
擔保之直捷，且可符董事聯合會擔任至明年
六月底止之議案。公當亦以如此辦法爲然也。

第二百零二號（十一月十二日）

瑞徵先生閣下：昨寄式百〇一號訊，諒達尊覽。發信後接二百五十六號示，讀悉一一。季公手示亦收悉。廣西官銀號十萬兩之券，仍由分廠出名，正廠擔保爲是。茲書就一券，已蓋擔保圖章寄上，祈察收，加蓋分廠圖章。既有正廠擔保，想廣西銀號當無不樂從也。正廠出券最不便者，帳略上多十萬兩之存欠，不若擔保之直捷，且可符董事聯合會擔任至明年六月底止之議案。公當亦以如此辦法爲然也。宏仁交源生初十銀五千兩，已照轉帳。茲寄上乾號向順康七六〇九、七六〇八十一月十六

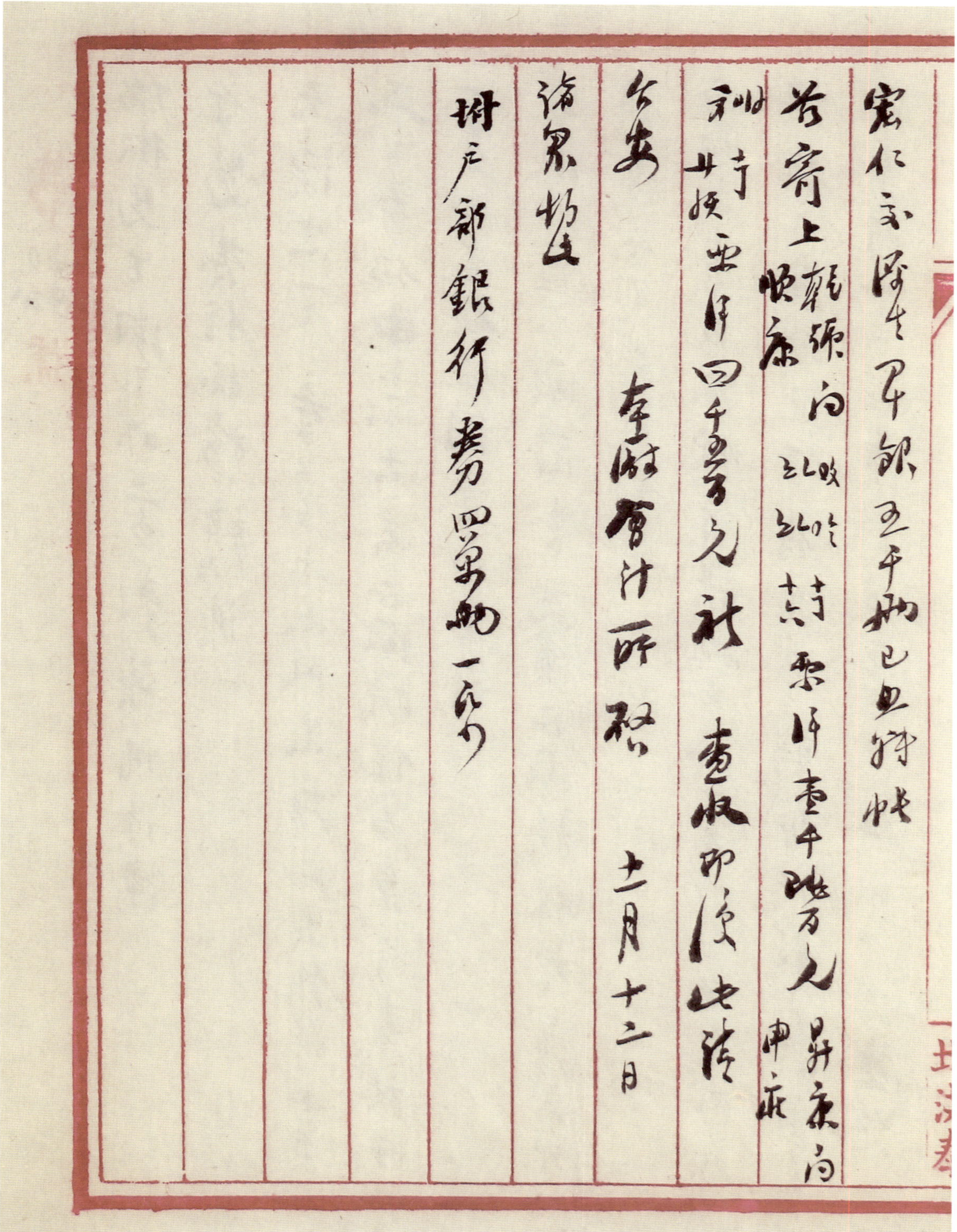

第二百零二號（十一月十二日）

票洋壹千陸百元，昇康向申莊九〇一五十一月廿（五天）票洋四千五百元，祈查收即復。此請台安。本廠會計所啓。十一月十二日

諸君均此。

附户部銀行券四萬兩一紙。

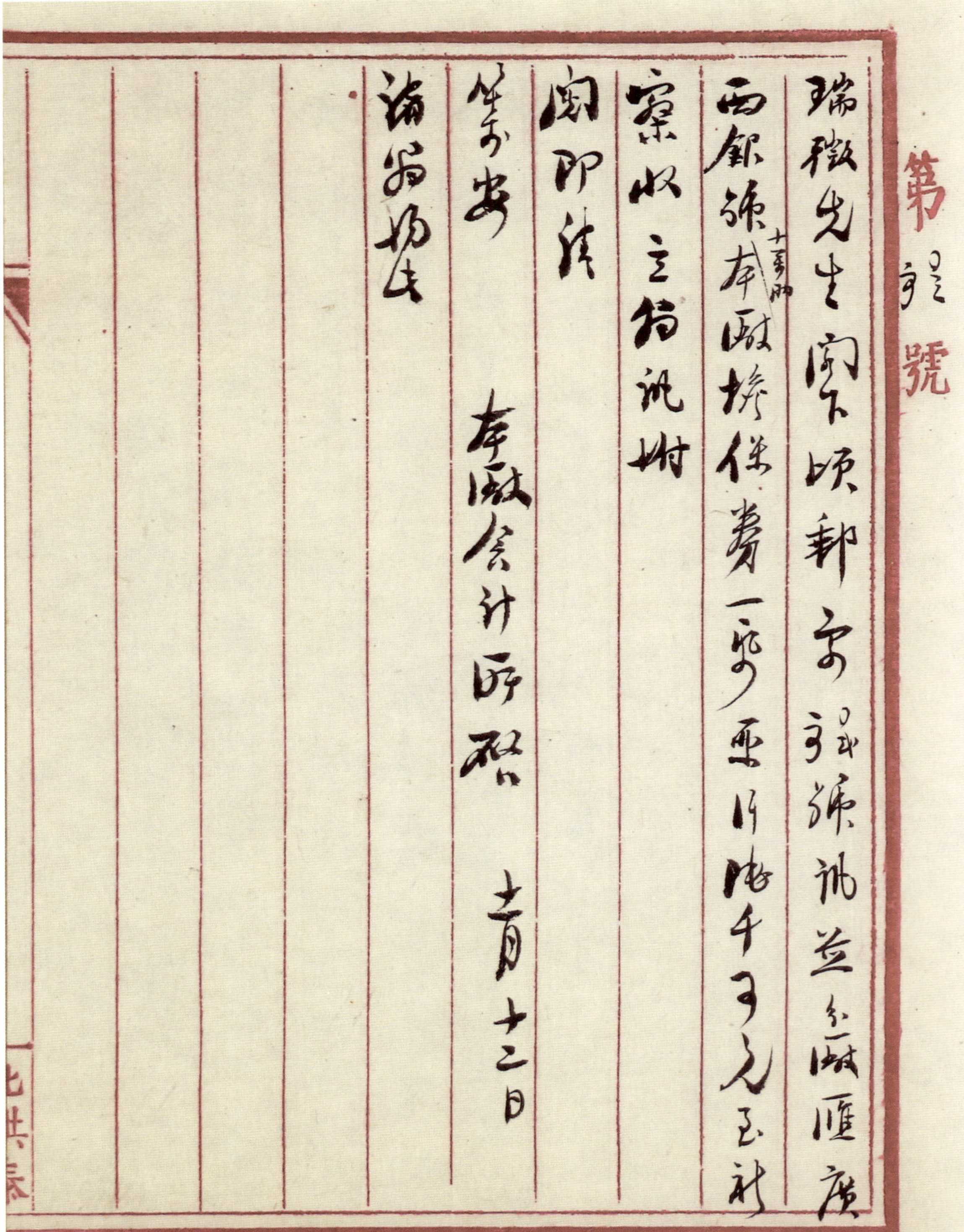

第二百零三號（十一月十二日）

瑞徵先生閣下：頃郵寄式百〇式號訊，并分廠匯廣西銀號十萬兩本廠擔保券一紙、票洋陸千一百元，至祈察收。立翁訊附閱。即請籌安。本廠會計所啓。十一月十二日

諸翁均此。

第二百零三號（十一月十二日）

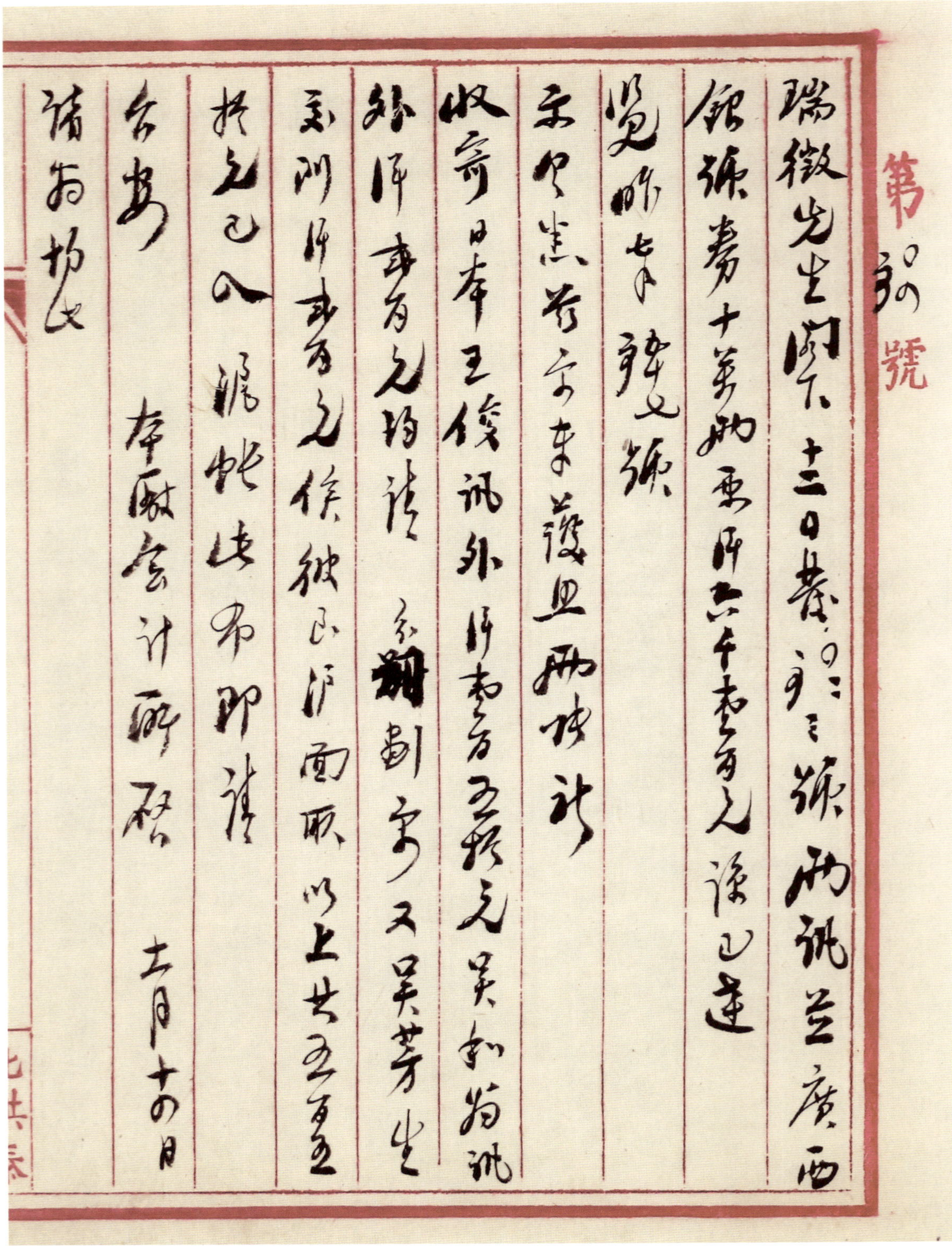

第二百零四號（十一月十四日）

瑞徵先生閣下：十二日發二百〇二、二百〇三號兩訊，并廣西銀號券十萬兩、票洋陸千壹百元，諒已達覽。昨奉二百五十七號示，具悉。兹寄奉護照兩張，祈收。寄日本王俊訊外洋壹百五拾元、吴和翁訊外洋式百元，均請分别劃寄。又吴芳生交到洋式百元，俟彼至滬面取。以上共五百五拾元，已入滬帳。此布，即請台安。本廠會計所啓。十一月十四日

諸翁均此。

第二百零四號（十一月十四日）

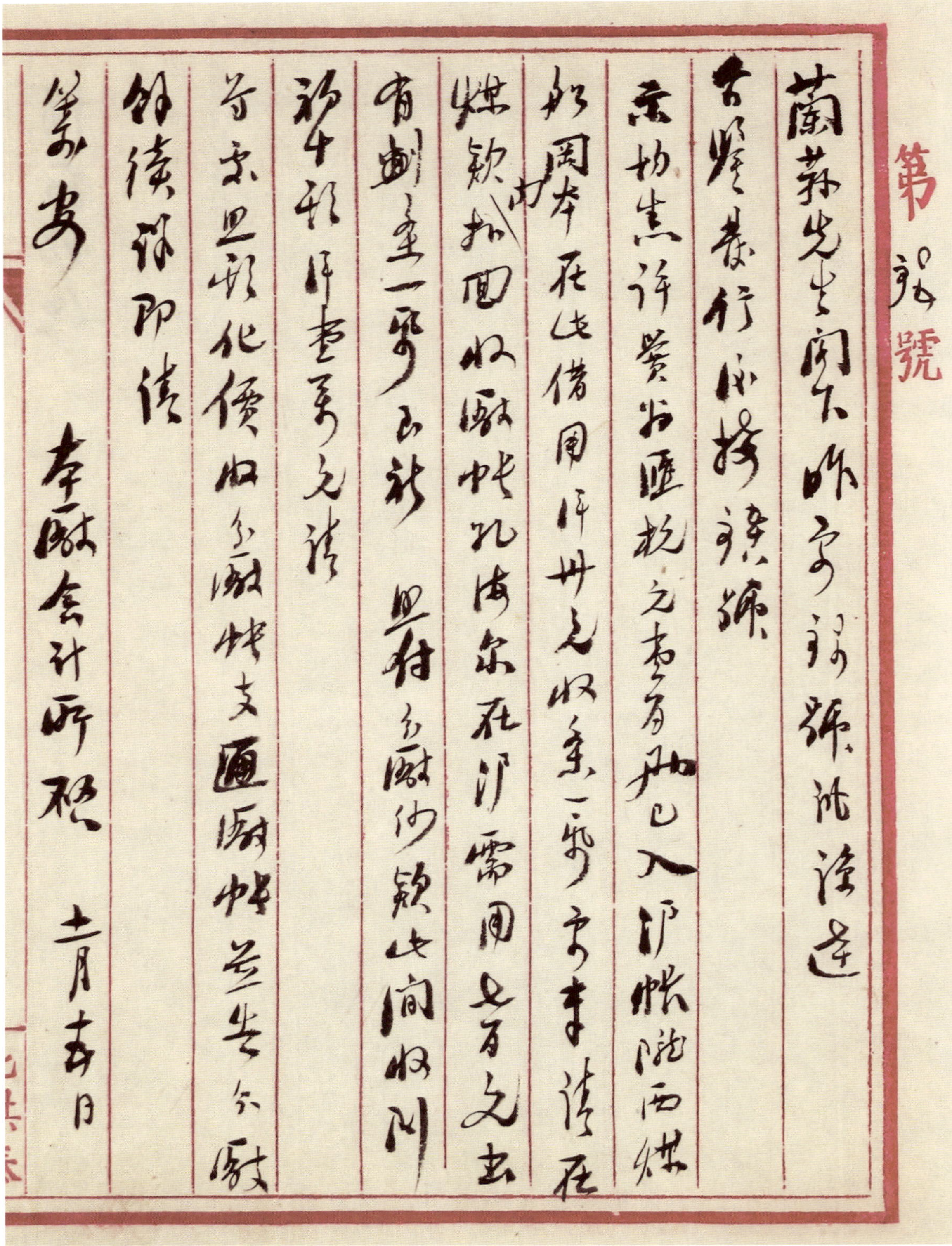

第二百零五號（十一月十五日）

蘭蓀先生閣下：昨寄二百〇四號訊，諒達台鑒。發信後接二百五十八號示，均悉。許贇翁匯杭元壹百兩，已入滬帳。隴西煤船岡本在此借用洋卅元，收條一紙寄奉，請在煤款内扣回，收廠帳。孔海泉在滬，需用七百元，出有劃條一紙，至祈照付。分廠紗款，此間收到初十期洋壹萬元，請尊處照期化價，收分廠帳，支通廠帳，并告分廠。餘續詳。即請籌安。本廠會計所啓。十一月十五日

諸翁均此。

請節暢安

第二百零五號（十一月十五日）

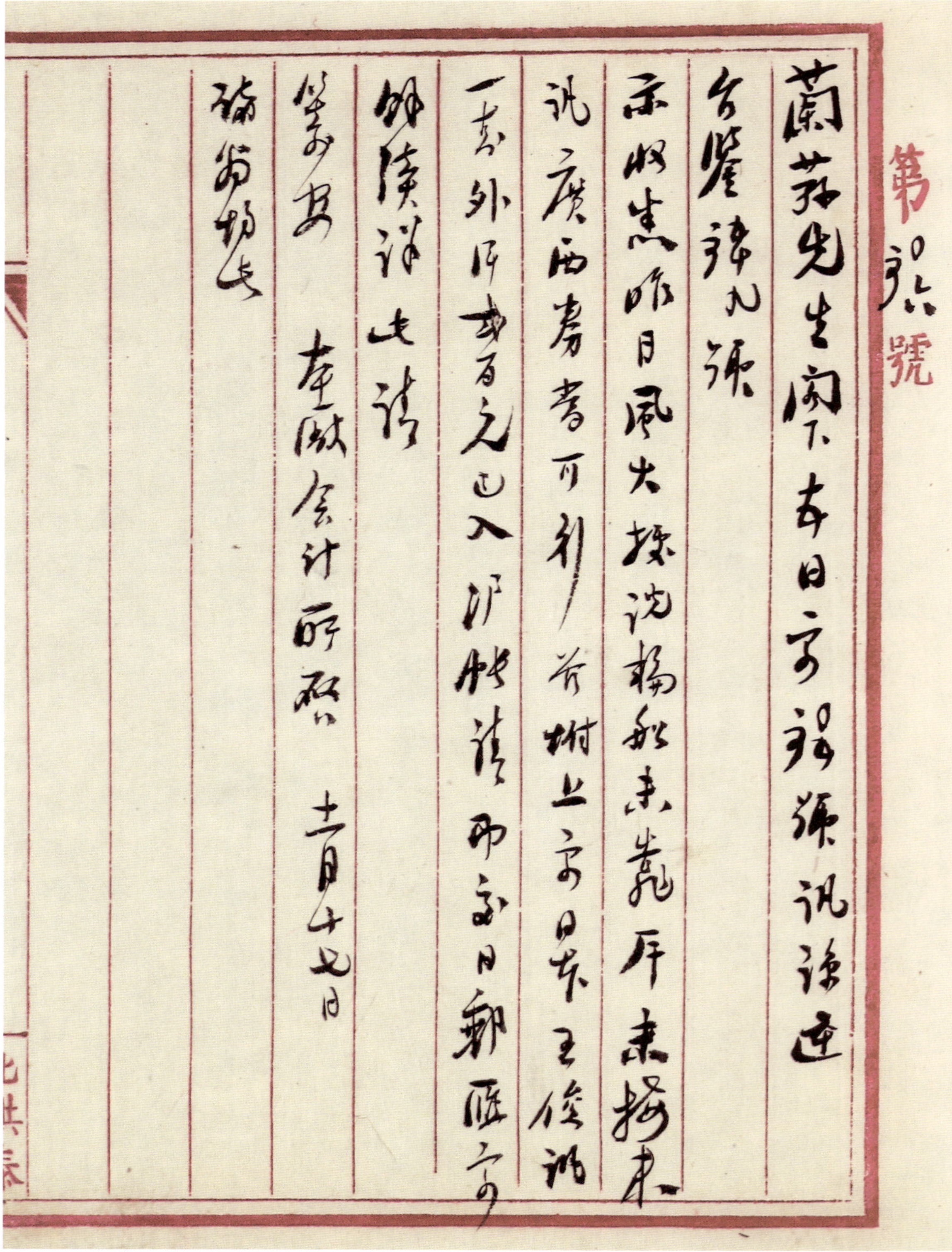

第二百零六號（十一月十七日）

蘭蓀先生閣下：十五日寄二百〇五號訊，諒達台鑒。二百五十九號示收悉。昨日風大，據説輪船未靠岸，未接來訊。廣西券當可行。玆附上寄日本王俊訊一封，外洋式百元已入滬帳，請即交日郵匯寄。餘續詳。此請籌安。本廠會計所啓。十一月十七日
諸翁均此。

第二百零六號（十一月十七日）

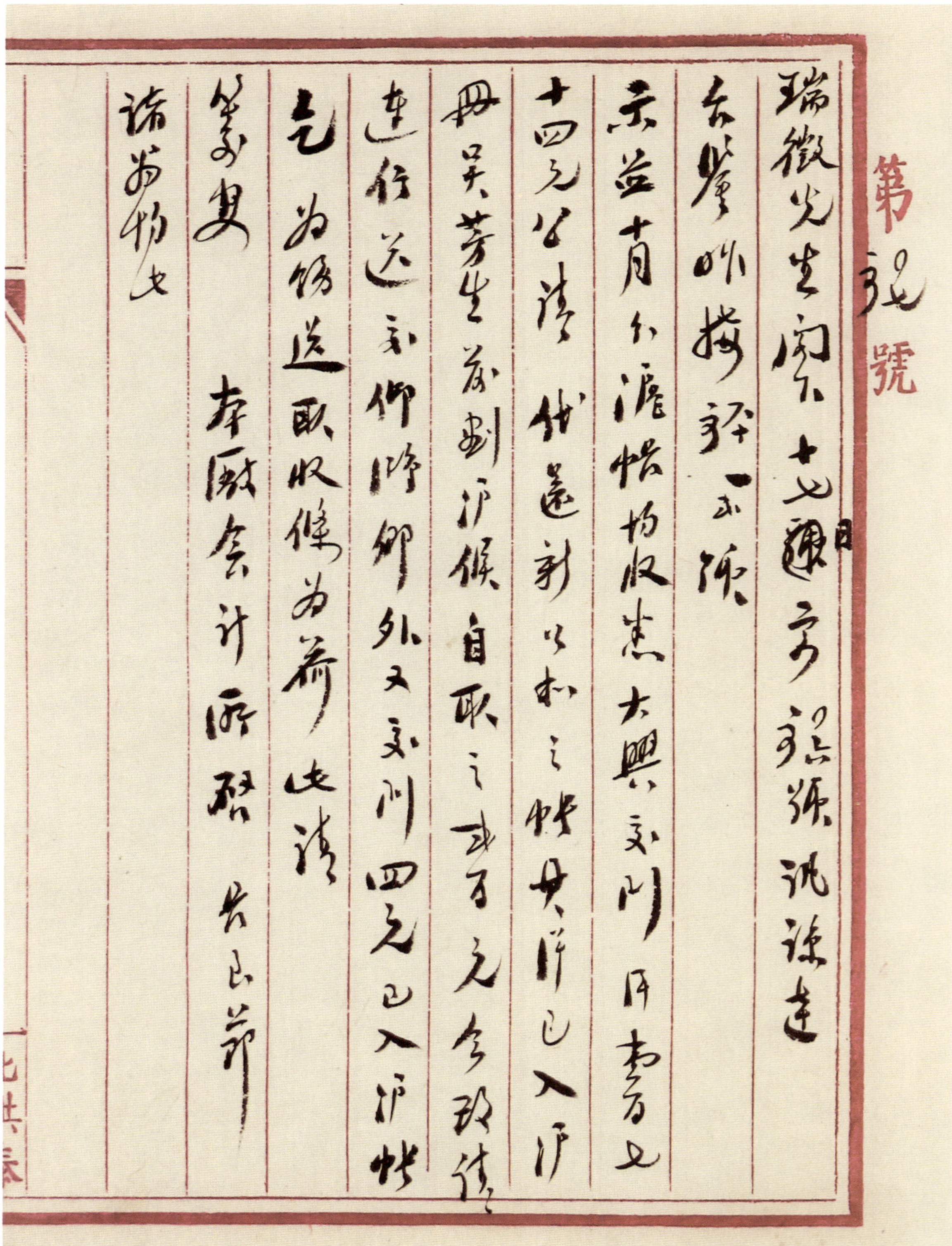

第二百零七號（長至節）

瑞徵先生閣下：十七日寄二百〇六號訊，諒達台鑒。昨接二百六十、二百六十一、二百六十弍號示，并十月分滬帳，均收悉。大興交到洋壹百七十四元八角，請代還新公和之帳，其洋已入滬册。吴芳生前劃滬候自取之弍百元，今改請連信送交仰鴻卿外，又交到四元，已入滬帳，乞爲飭送，取收條爲荷。此請籌安。本廠會計所啓。長至節

諸翁均此。

第二百零七號（長至節）

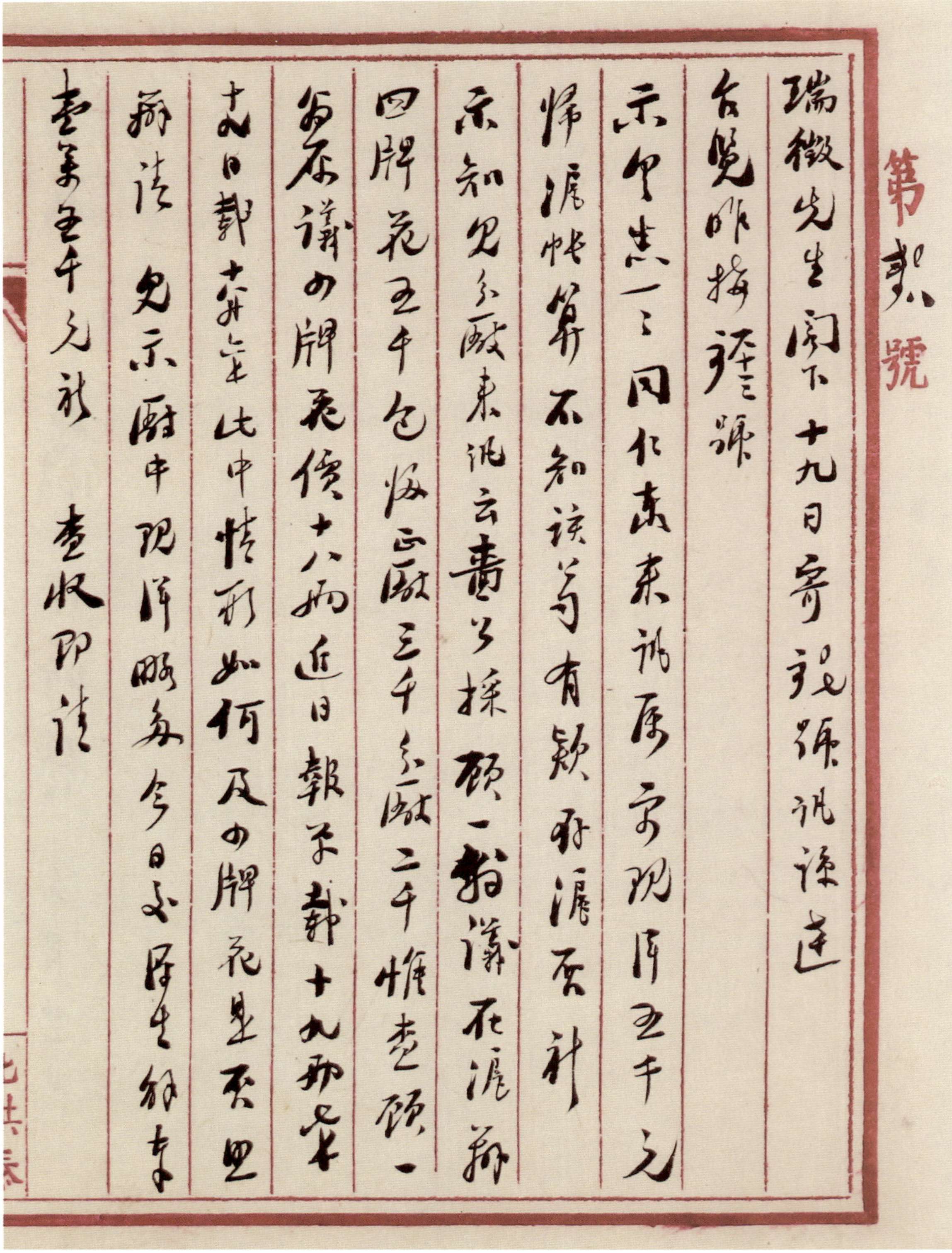

第二百零八號（冬月廿一日）

瑞徵先生閣下：十九日寄二百〇七號訊，諒達台覽。昨接二百六十三號示，具悉一一。同仁泰來訊，屬寄現洋五千元，歸滬帳算，不知該公司有款存滬否，祈示知。見分廠來訊，云嗇公采顧一翁議，在滬辦四牌花五千包，歸正廠三千，分廠二千。惟查顧一翁原議四牌花價十八兩，近日報單載十九兩七錢，十九日載十八兩六錢，此中情形如何，及四牌花是否照辦，請見示。廠中現洋略多，今日交源生解奉壹萬五千元，祈查收。即請籌安。本廠會計所啓。冬月廿一日

籌安

本號會計所啓

冬月廿日

第二百零八號（冬月廿一日）

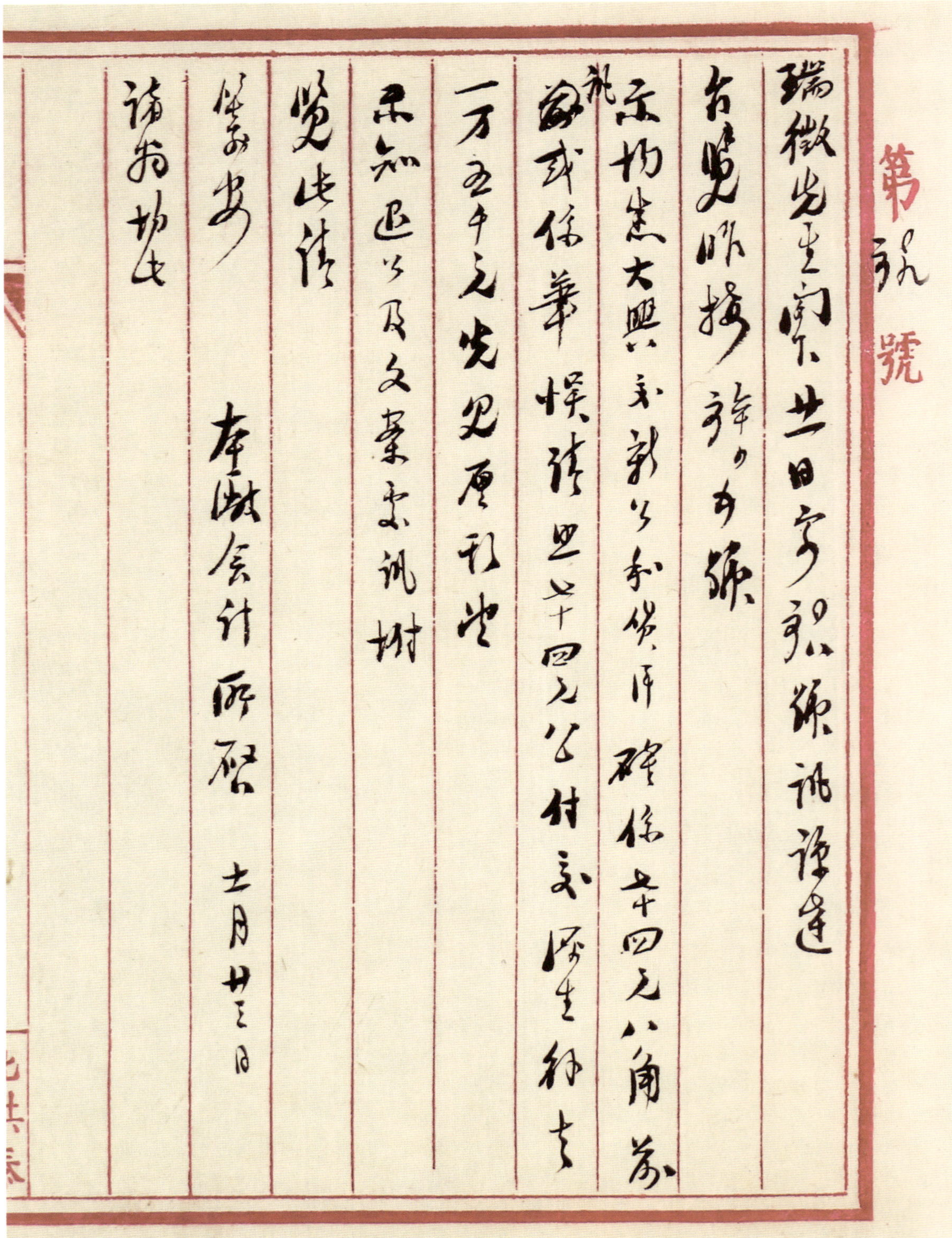

第二百零九號（十一月廿三日）

瑞徵先生閣下：廿一日寄二百〇八號訊，諒達台覽。昨接二百六十四、二百六十五號示，均悉。大興交新公和貨洋確係七十四元八角，前訊或係筆誤，請照七十四元八角付交。源生解去一萬五千元，兑見厘期望示知。退公及文案處訊附覽。此請籌安。本廠會計所啓。十一月廿三日

諸翁均此。

第二百零九號（十一月廿三日）

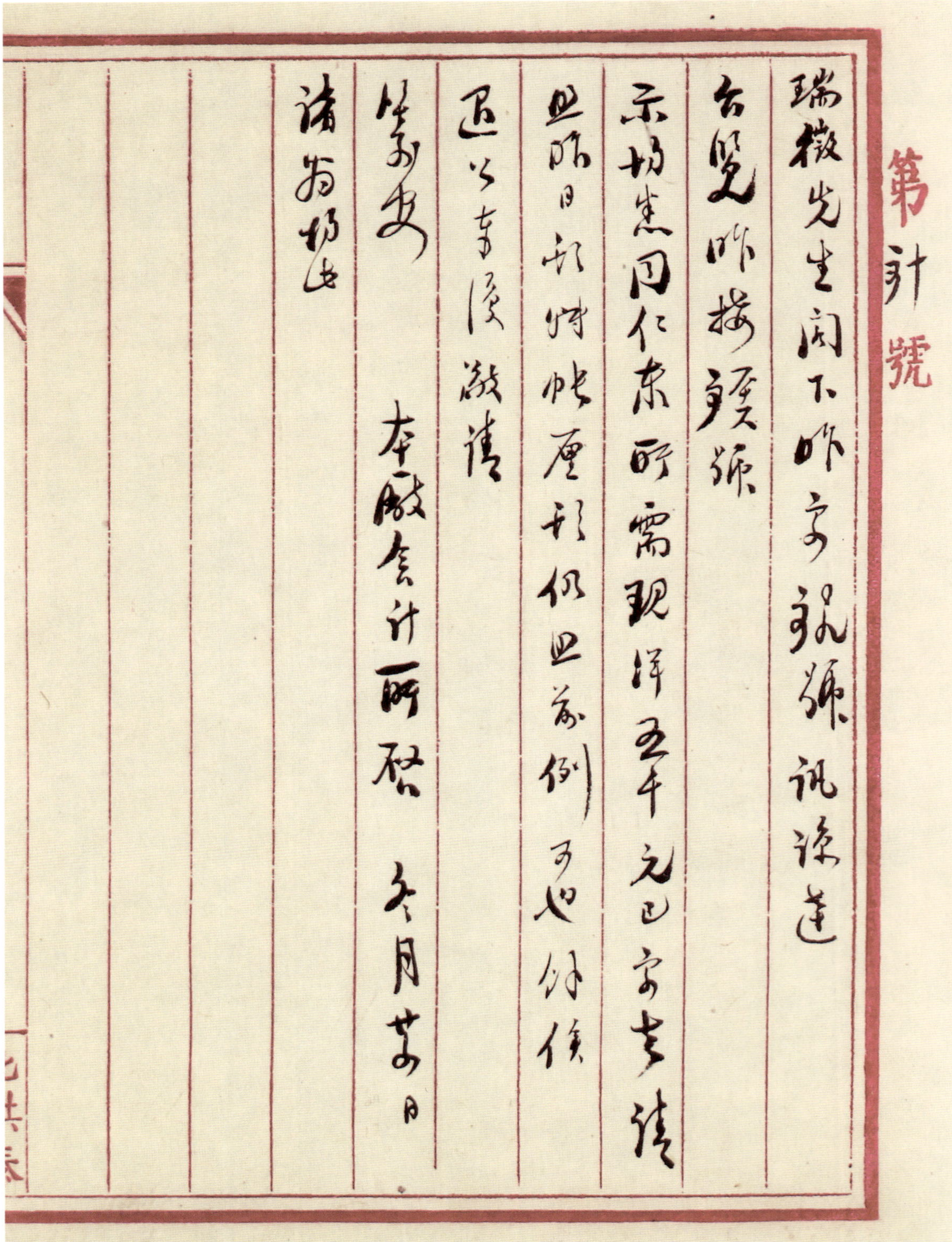

第二百十號（冬月廿四日）

瑞徵先生閣下：昨寄二百〇九號訊，諒達台覽。昨接二百六十六號示，均悉。同仁泰所需現洋五千元已寄去，請照昨日期轉帳，厘期仍照前例可也。餘俟退公奉復。敬請籌安。本廠會計所啓。冬月廿四日

諸翁均此。

第二百十號（冬月廿四日）

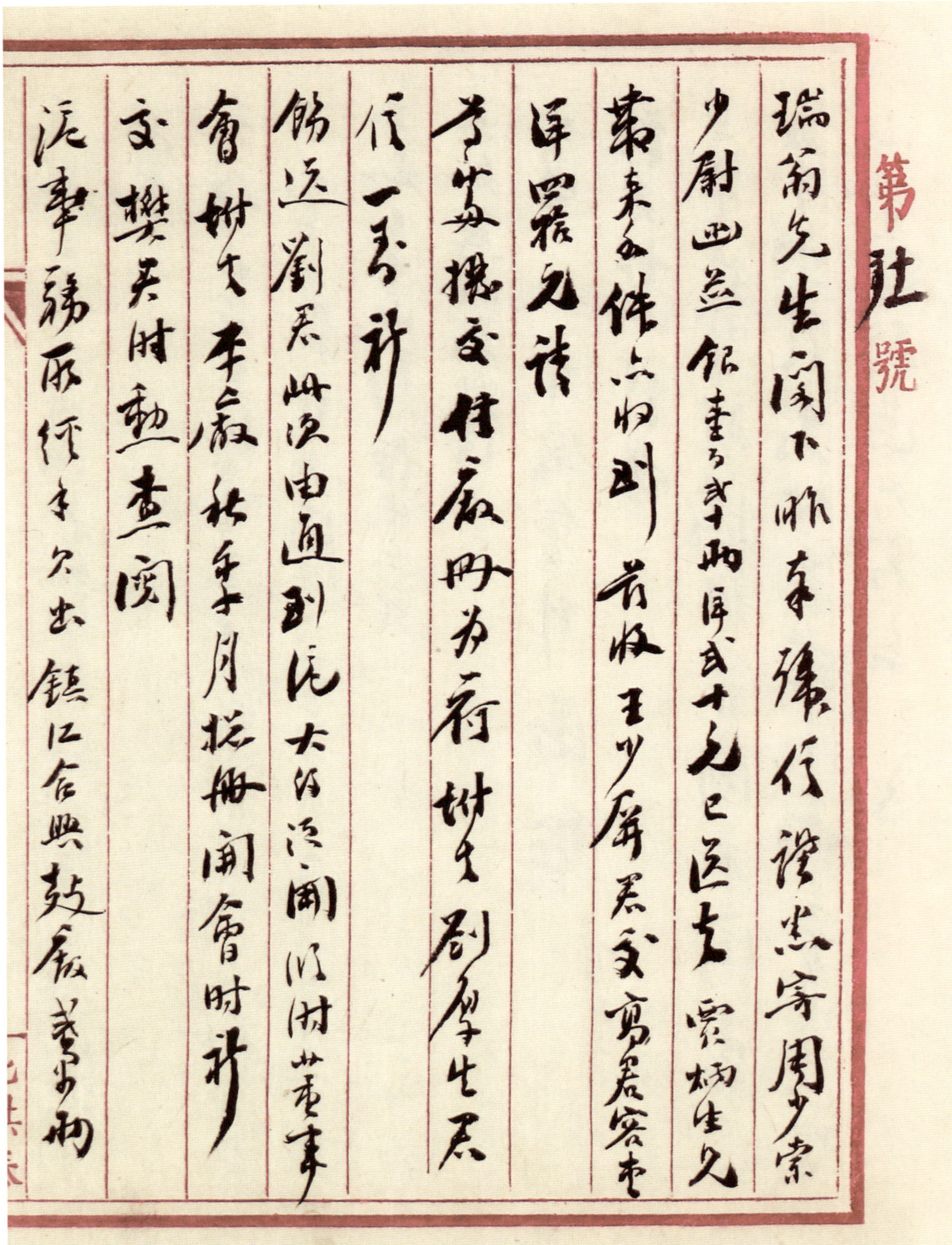

第二百十一號（十一月廿六日）

瑞翁先生閣下：昨奉號信，謹悉。寄周少棠少尉函，并銀壹百弍十兩、洋弍十元已送去。賈炳生兄帶來各件亦收到。玆收王少屏君交高君容堂洋四拾元，請尊處撥交，付廠册爲荷。附去劉厚生君信一封，祈飭送。劉君此次由通到滬，大約須開臨時董事會。附去本廠秋季月總册，開會時祈交樊君時勳查閱。滬事務所經手欠出鎮江合興麵廠弍萬兩、禹記弍萬六千餘兩，不知約於何時可以收回，便中尚乞示及。季公欠滬弍萬九千五百餘兩，前云大達股票抵與劉澄如君處壹萬兩，售大達股票壹萬弍千兩，此兩項弍萬弍千兩，

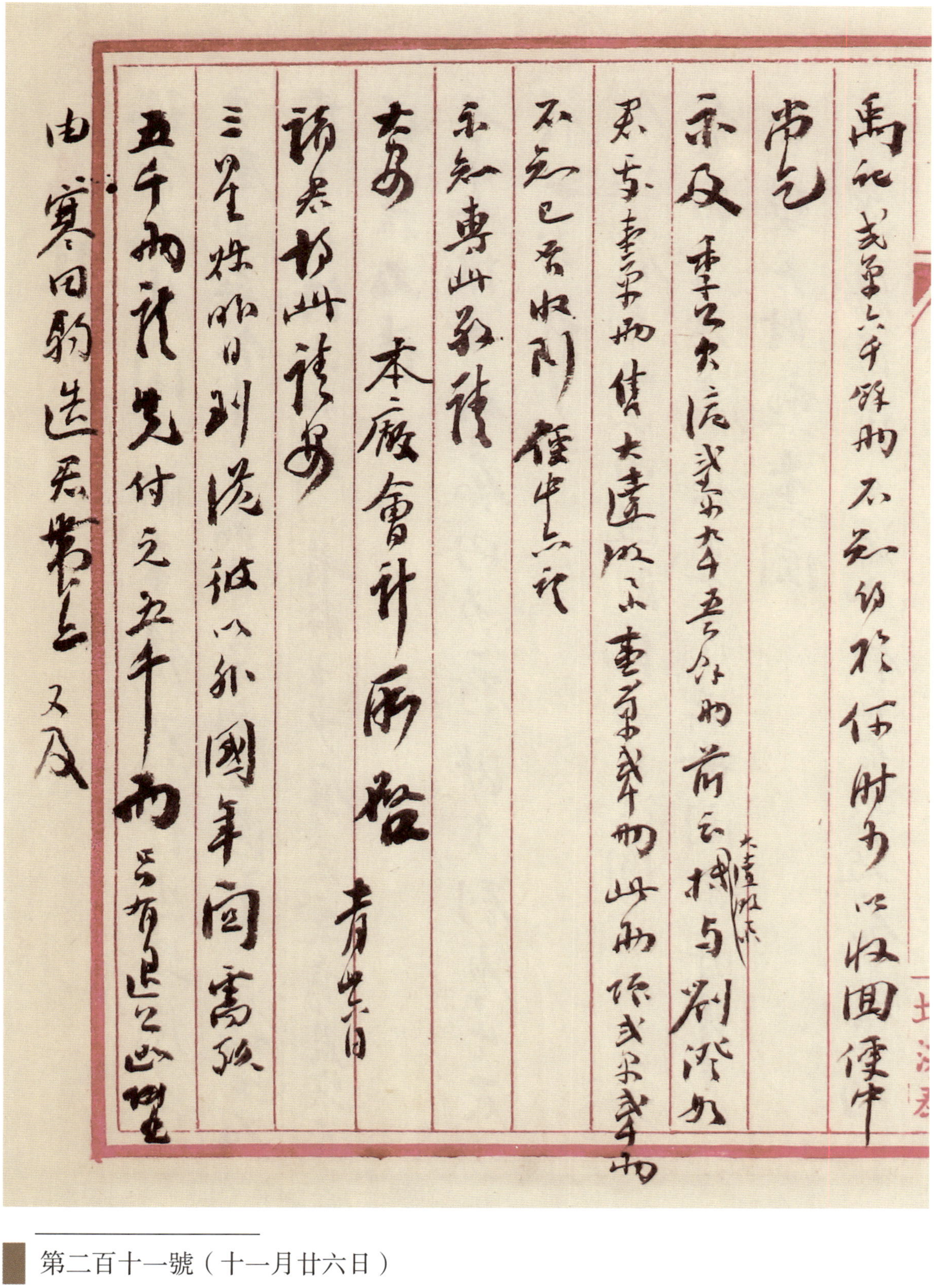

第二百十一號（十一月廿六日）

不知已否收到，便中亦望示知。專此，敬請大安。本廠會計所啓。十一月廿六日
諸君均此請安。
三星煤昨日到港，彼以外國年關需款五千兩，請先付元五千兩。另有退公函，由寒田駒造君帶上。又及。

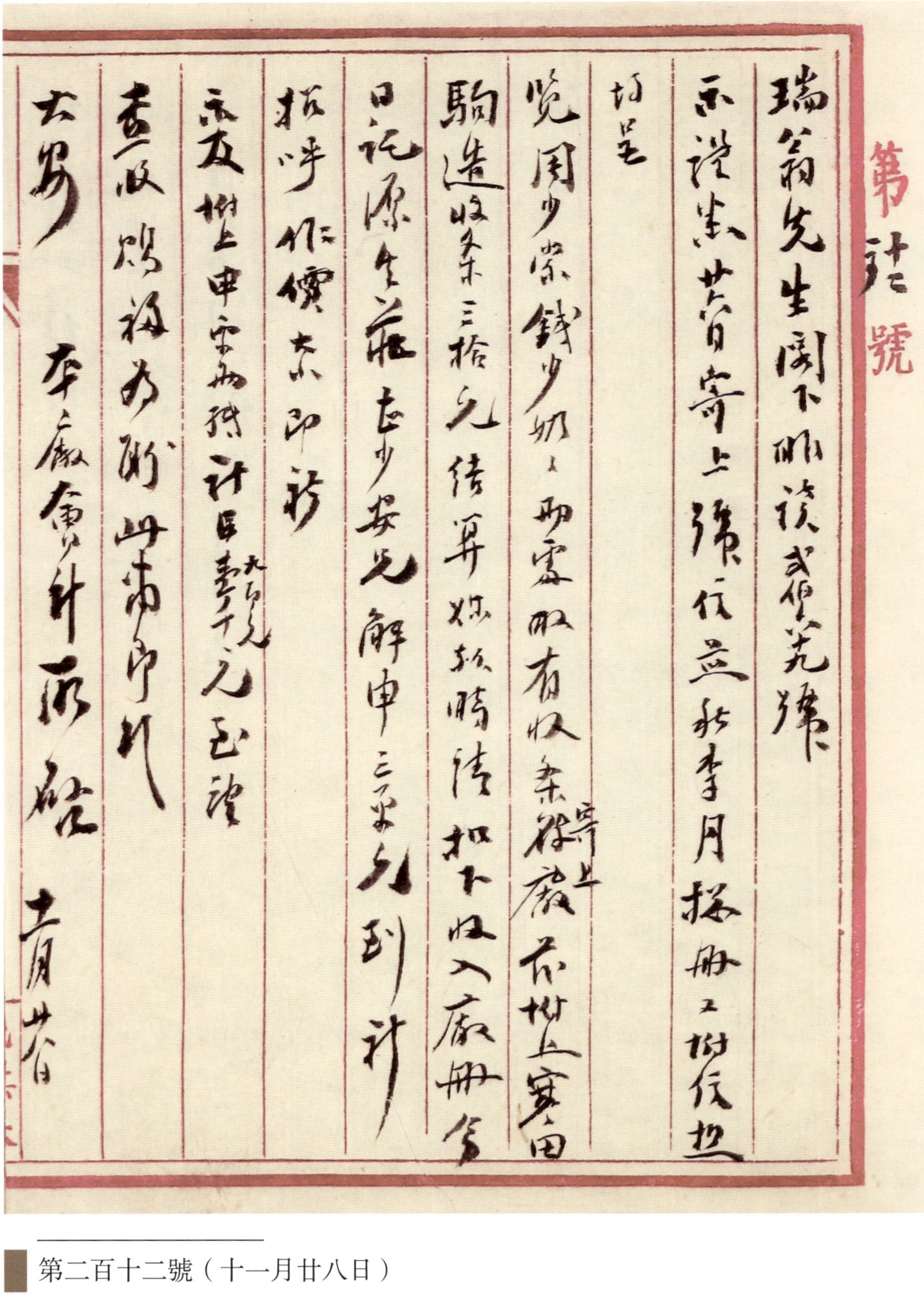

第二百十二號（十一月廿八日）

瑞翁先生閣下：昨讀式佰六十九號示，謹悉。廿六日寄上號信，并秋季月總册，又附信，想均呈覽。周少棠、錢少奶奶兩處取有收條，寄上存廠。茲附上寒田駒造收條三拾元，結算煤款時請扣下，收入廠册。今日托源生莊曹少安兄解申三萬元，到祈招呼，作價大小，即祈示及。附上申票兩紙，計洋九百元、壹千元，至望查收，賜福〔復〕爲盼。此肅，即頌大安。本廠會計所啓。十一月廿八日

諸君均此請安。

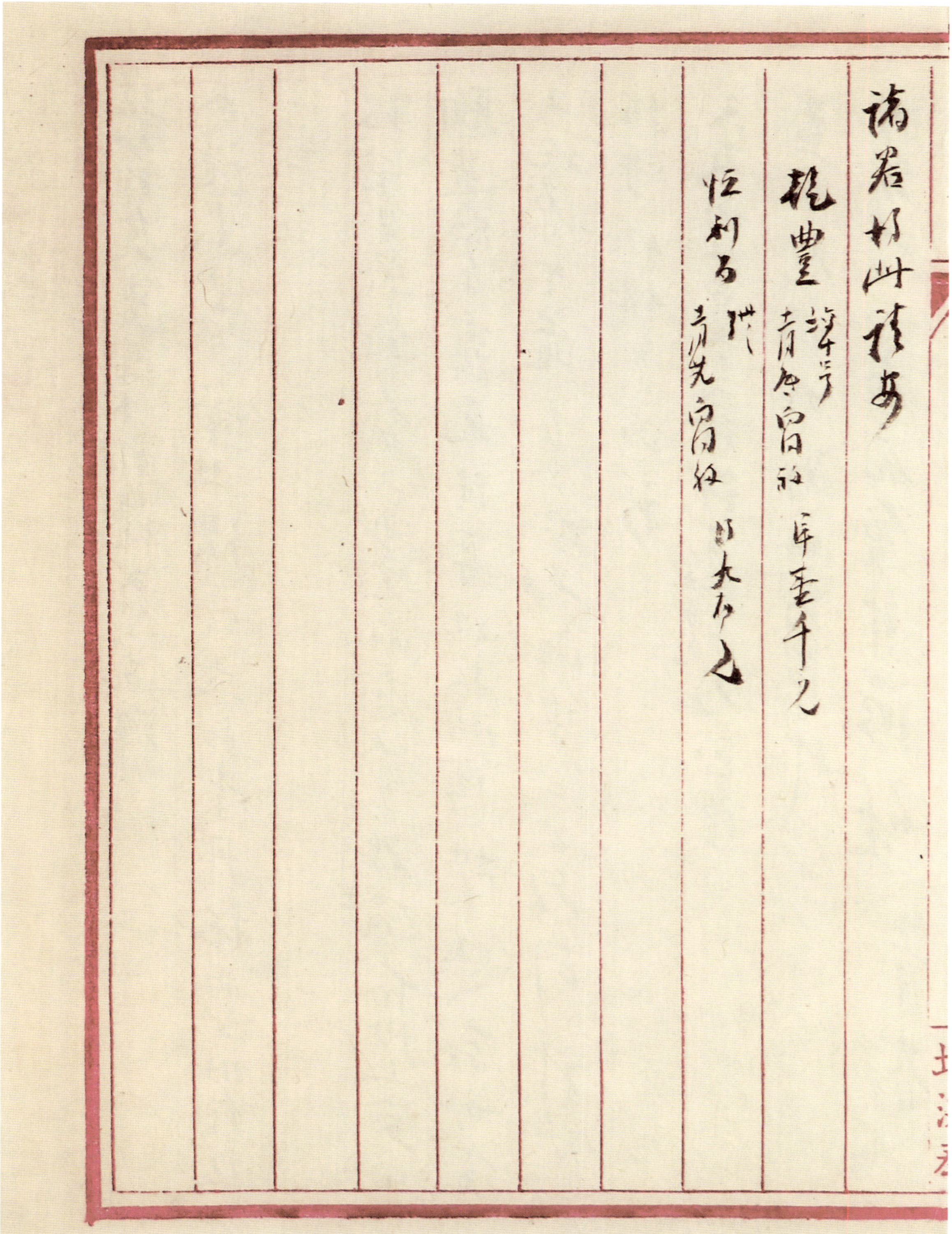

第二百十二號（十一月廿八日）

乾豐，七六一〇號，十一月底，向同福，洋壹千元

恒利昌，一百卅號，十一月廿九，向同福，洋九百元

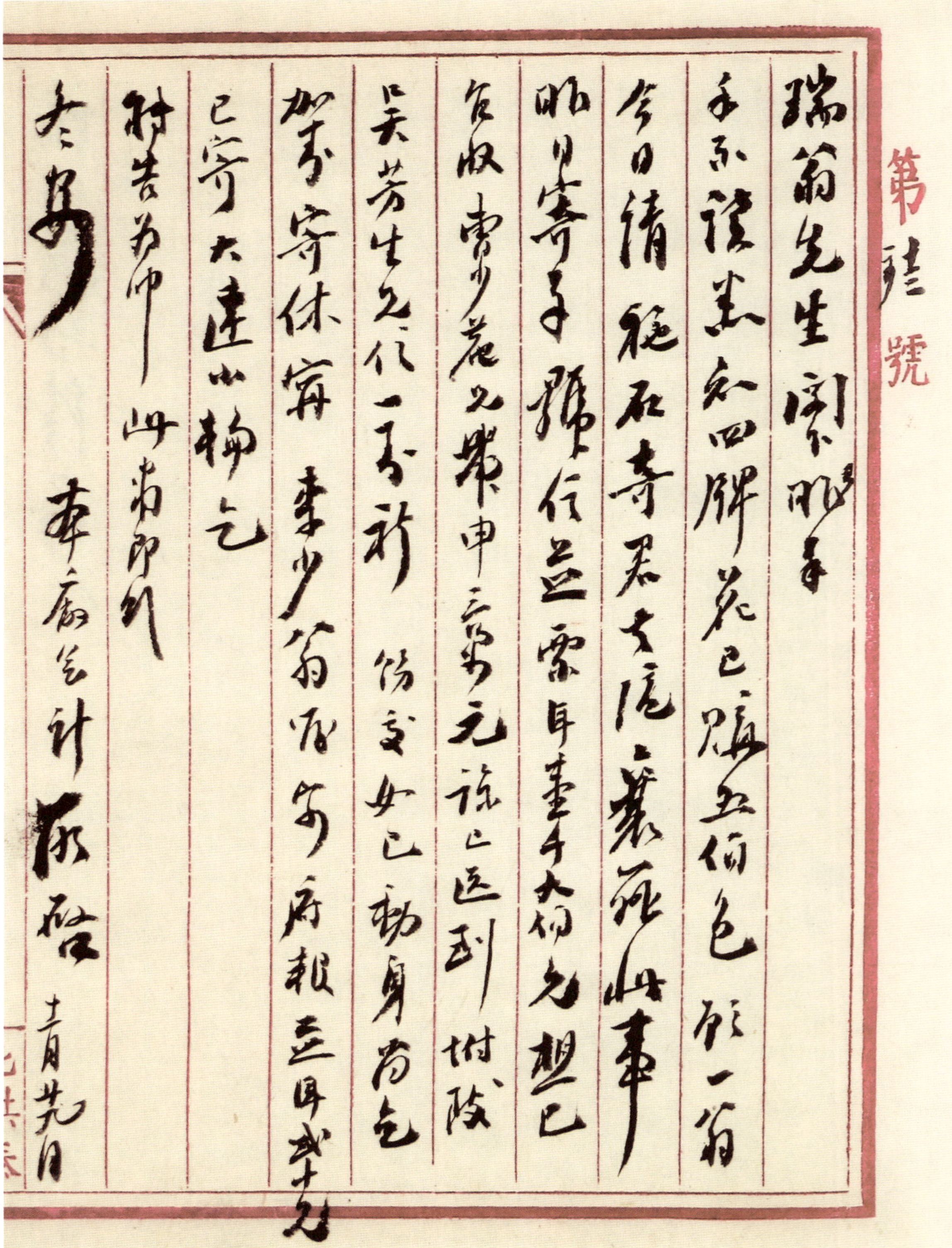

第二百十三號（十一月廿九日）

瑞翁先生閣下：昨奉手示，讀悉。知四牌花已購五佰包，顧一翁今日請施石奇君去滬襄辦此事。昨日寄奉號信，并票洋壹千九佰元，想已台收。曹少菴兄帶申三萬元，諒已送到。附致吴芳生兄信一封，祈飭交，如已動身，尚乞加封寄休寧。李少翁囑寄府報，并洋式十元，已寄大達小輪，乞轉告爲叩。此肅，即頌冬安。本廠會計所啓。十一月廿九日

諸翁均此請安。

諸翁均此候安

第二百十三號（十一月廿九日）

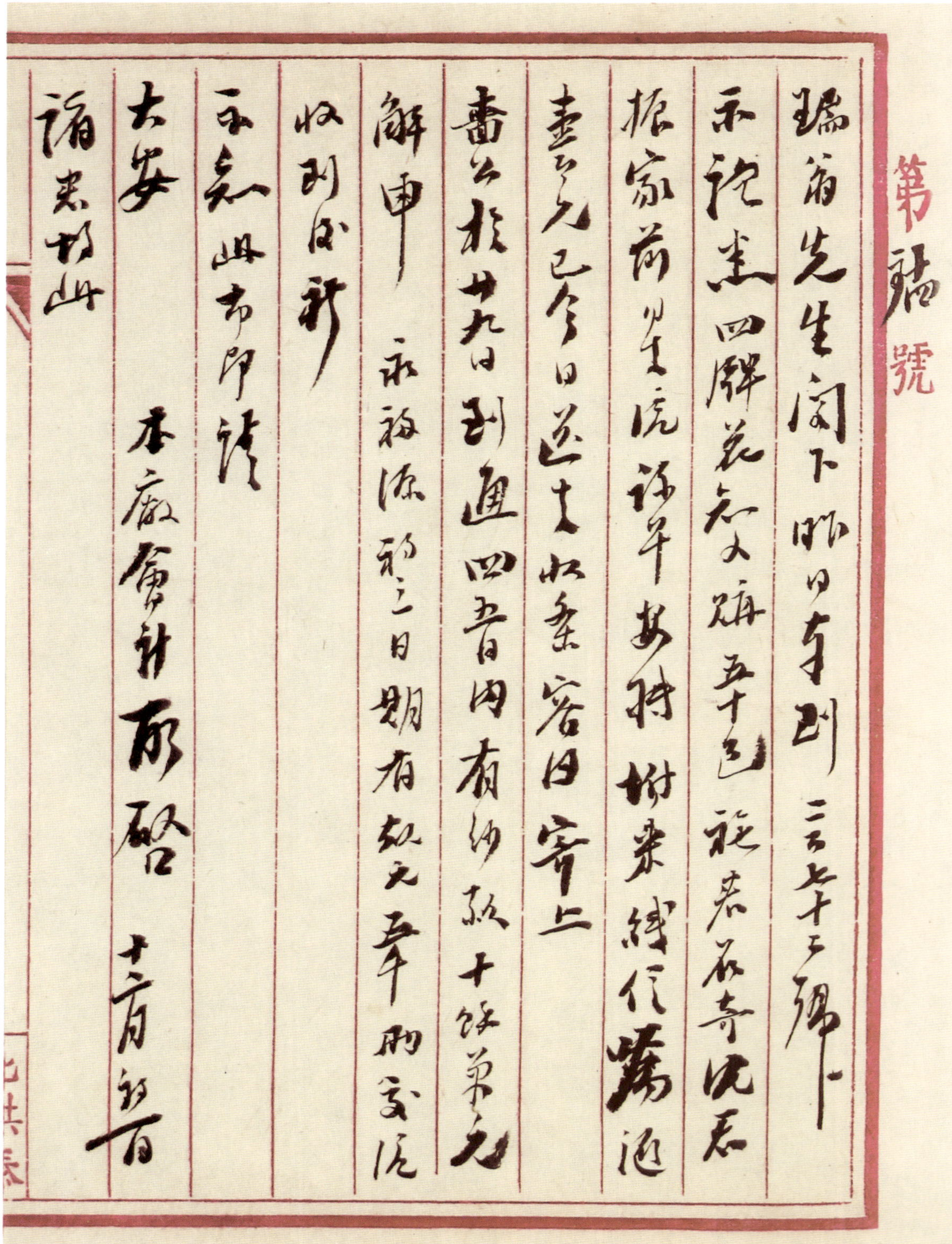

第二百十四號（十二月初一日）

瑞翁先生閣下：昨日奉到二百七十二號示，讀悉。四牌花知又購五十包，施君石奇、沈君振家前日去滬，諒早安抵。附來錢信，囑匯壹百元，已今日送去，收條容日寄上。嗇公於廿九日到通。四五日内有紗款十餘萬元解申。永福源初三日期有規元五千兩交滬，收到後祈示知。此布，即請大安。本廠會計所啓。十二月初一日

諸君均此。

第二百十四號（十二月初一日）

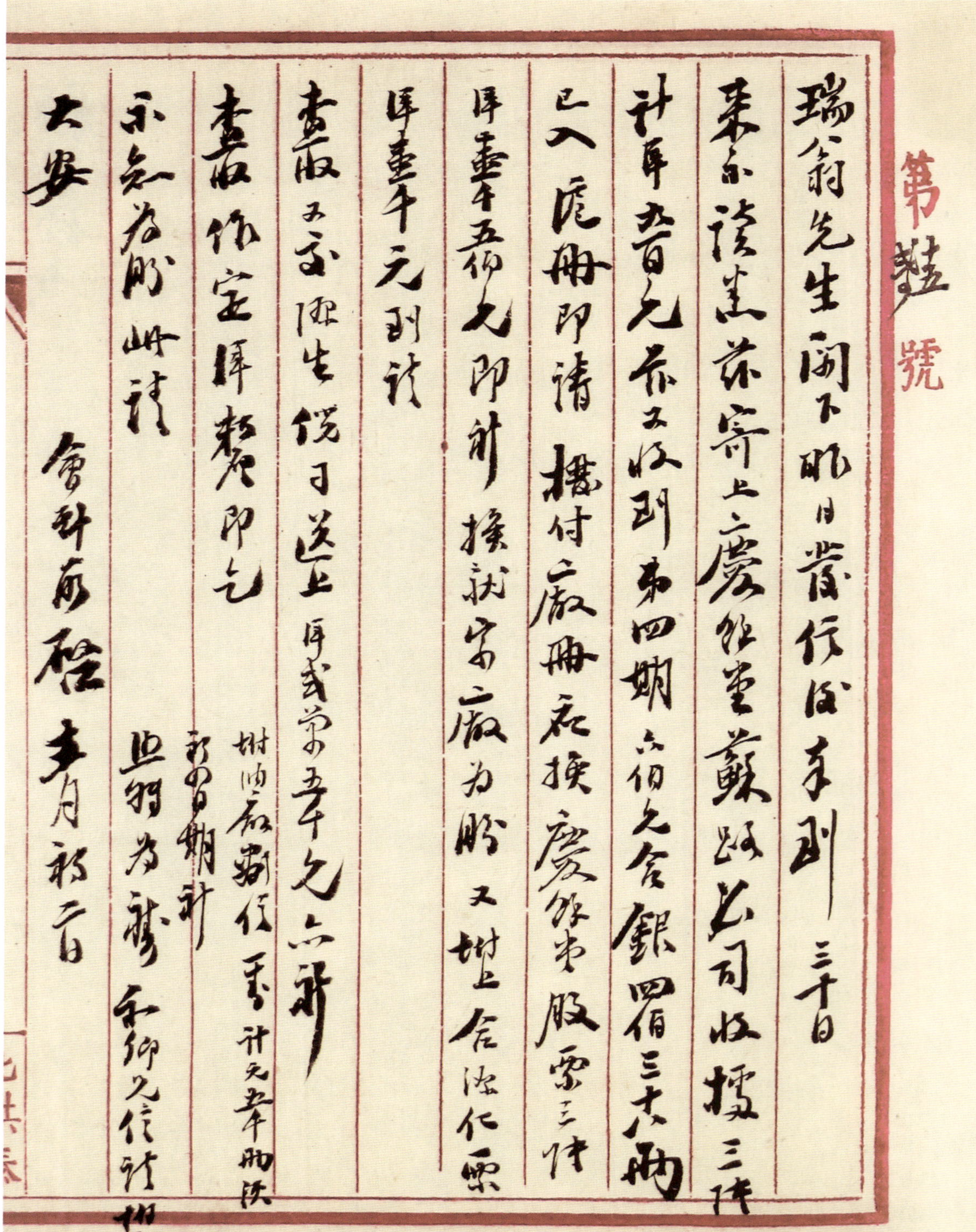

第二百十五號（十二月初二日）

瑞翁先生閣下：昨日發信後奉到三十日來示，讀悉。玆寄上慶餘堂蘇路公司收據三張，計洋九百元。玆又收到第四期六佰元，合銀四佰三十八兩，已入滬册，即請撥付廠册，應換慶餘堂股票三張，洋壹千五佰元，即祈換就寄廠爲盼。又附上合源仁票洋壹千元，到請查收。又交源生倪司送上洋弍萬五千元，亦祈查收，作定洋厘，即乞示知爲盼。此請大安。會計所啓。十二月初二日

諸君均此。

諸君均此

第二百十五號（十二月初二日）

附油廠劃信一封，計元五千兩，須初四日期，祈照轉爲禱。和卿兄信請附去。

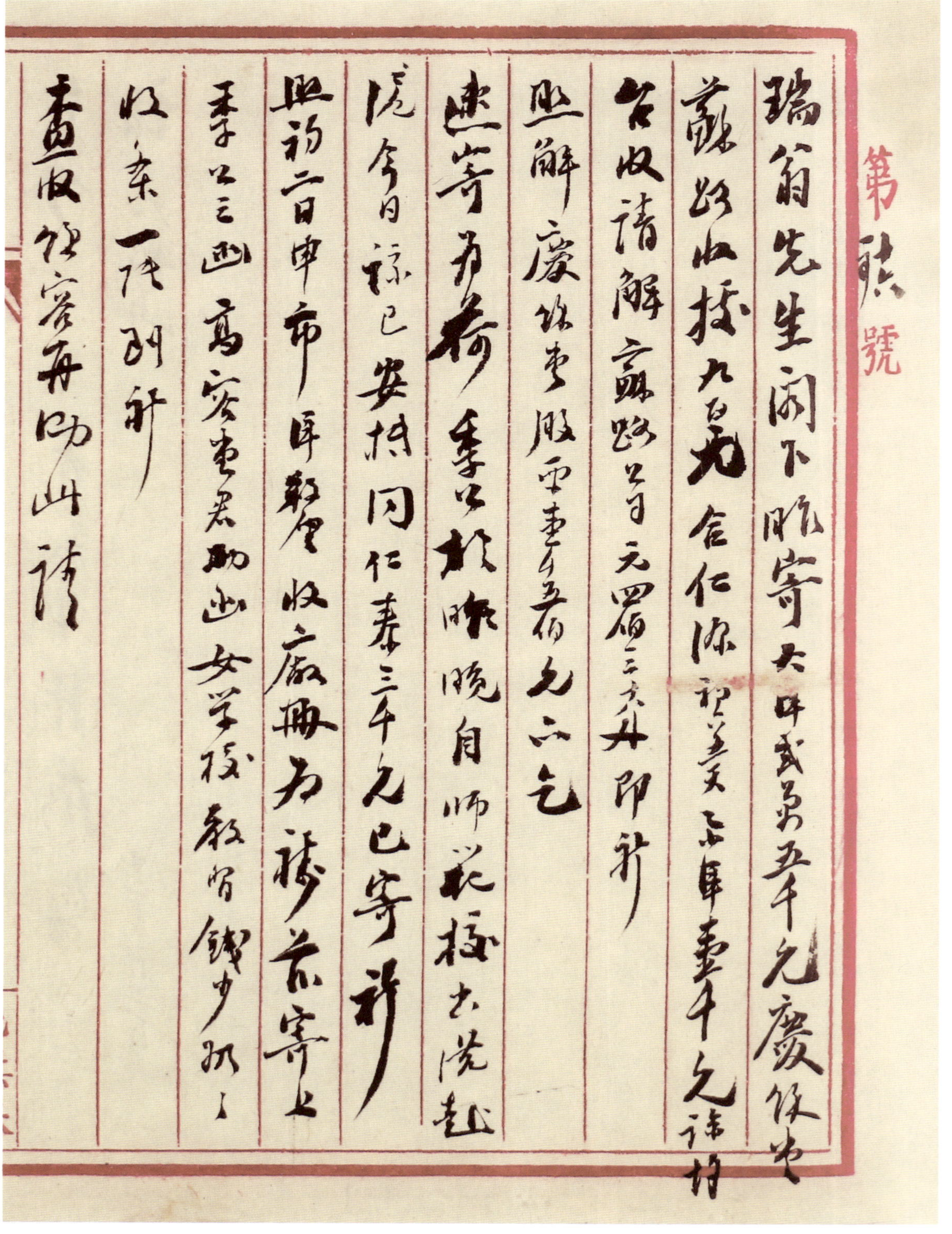

第二百十六號（十二月初三日）

瑞翁先生閣下：昨寄大洋式萬五千元、慶餘堂蘇路收據九百元、合仁源初六（五天）票洋壹千元，諒均台收。請解蘇路公司元四佰三十八兩，即祈照解。慶餘堂股票壹千五佰元，亦乞速寄爲荷。季公於昨晚自師範校出港赴滬，今日諒已安抵。同仁泰三千元已寄，祈照初二日申市洋厘收廠册爲禱。兹寄上季公三函、高容堂君兩函、女學校教習錢少奶奶收條一張，到祈查收。餘容再渺。此請台安。本廠會計所啓。

十二月初三日

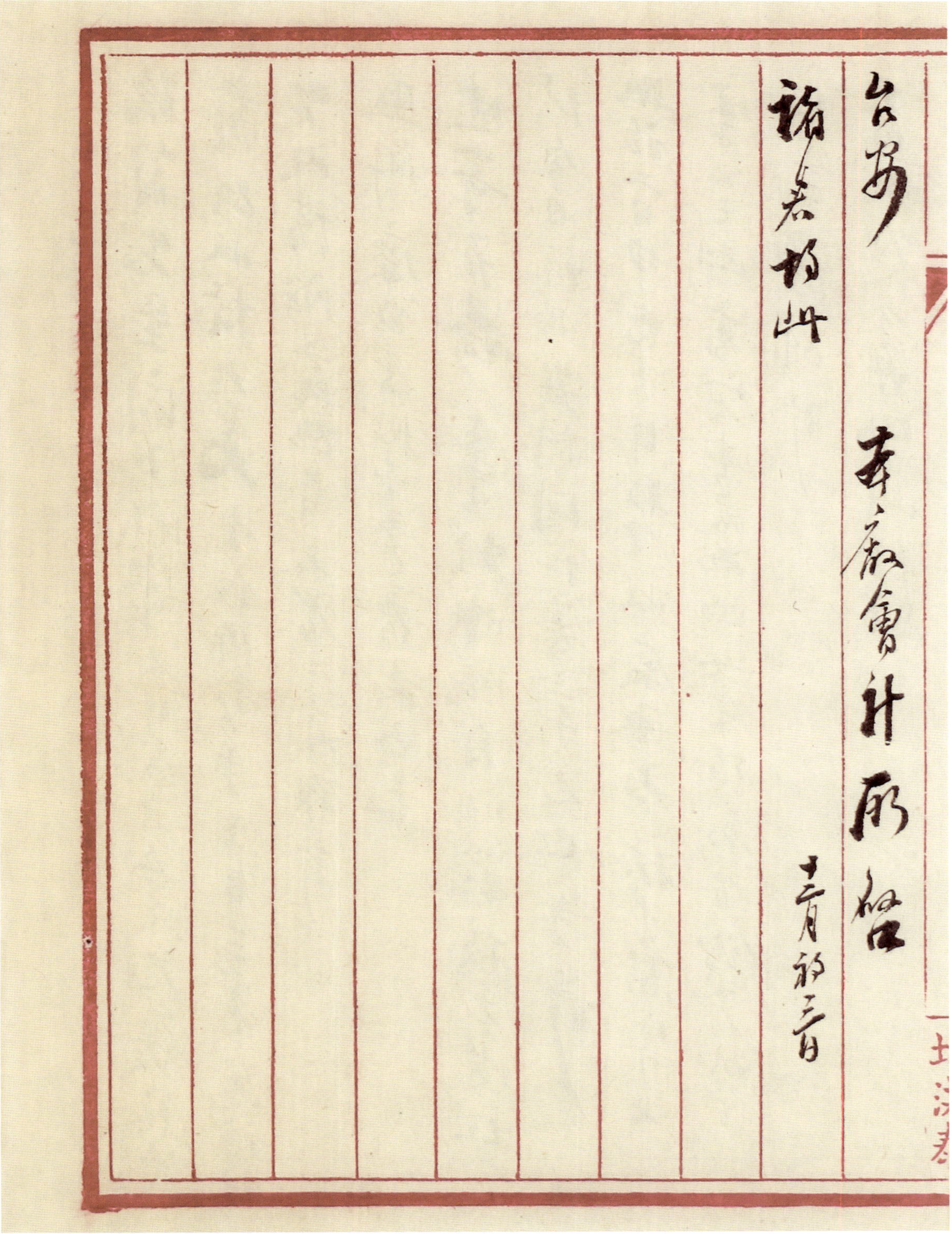

台安
李嚴會升頓啓
十二月初三日
諸君均此

第二百十六號（十二月初三日）

諸君均此。

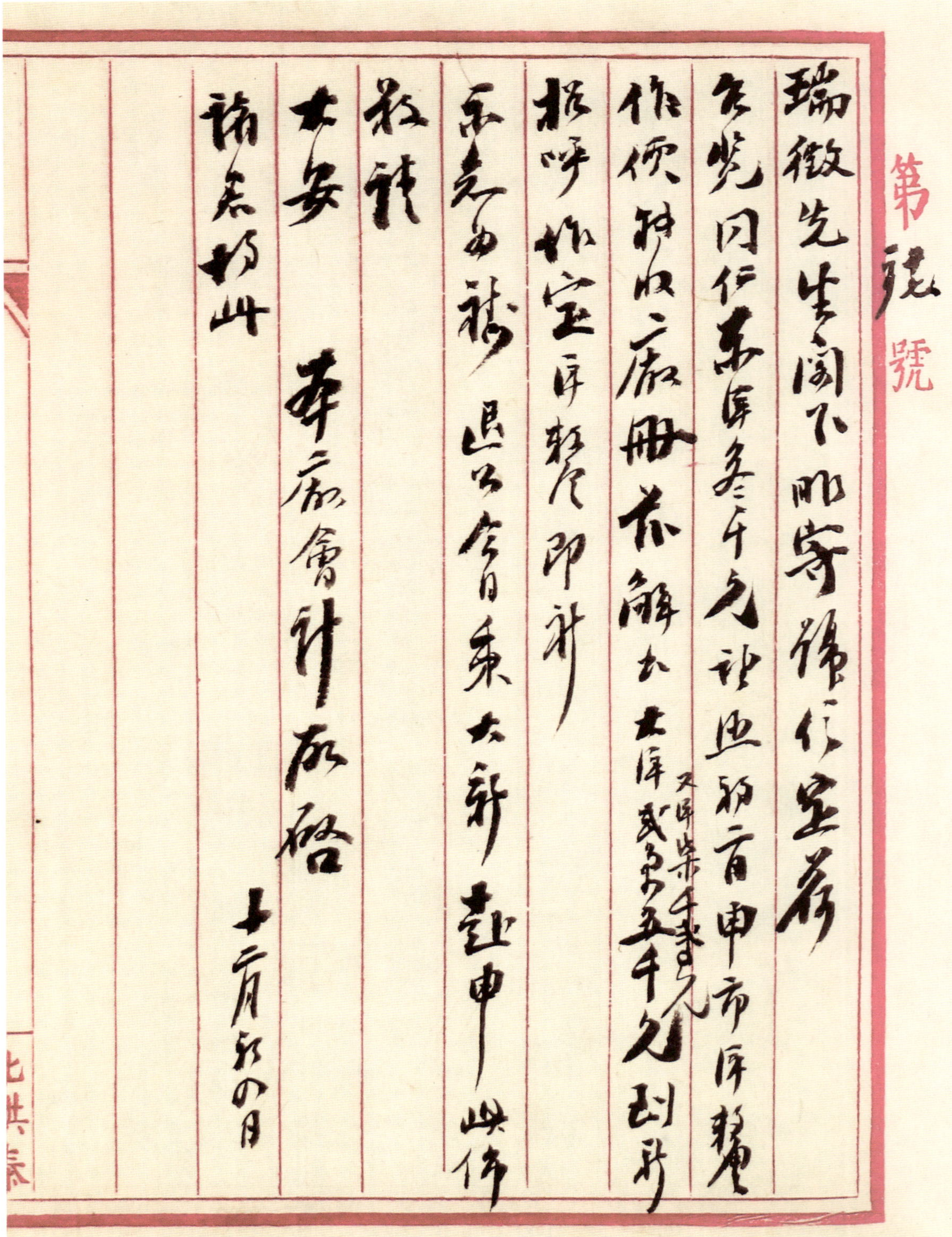
第　號
瑞徵先生閣下：昨寄號信，定荷台覽。同仁泰洋叁千元，望照初二日申市洋厘作價，轉收廠册。兹解去大洋弍萬五千元，又洋柒千弍百元，到祈招呼，作定洋厘，即祈示知爲禱。退公今日乘大新赴申。此布，敬請大安。本廠會計所啓。十二月初四日
諸君均此

第二百十七號（十二月初四日）

瑞徵先生閣下：昨寄號信，定荷台覽。同仁泰洋叁千元，望照初二日申市洋厘作價，轉收廠册。兹解去大洋弍萬五千元，又洋柒千弍百元，到祈招呼，作定洋厘，即祈示知爲禱。退公今日乘大新赴申。此布，敬請大安。本廠會計所啓。十二月初四日

諸君均此。

第二百十七號（十二月初四日）

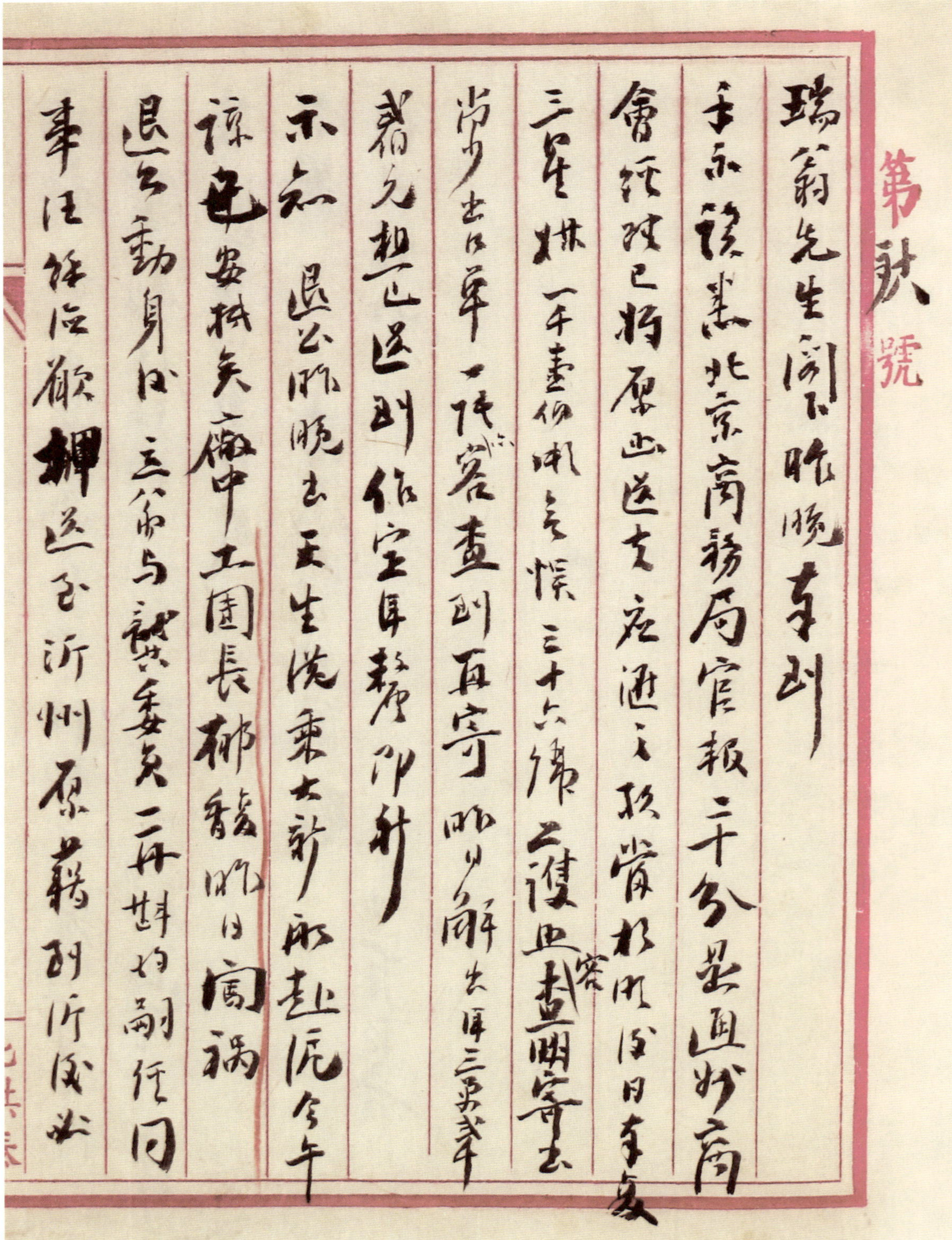

第二百十八號（十二月初五日）

瑞翁先生閣下：昨晚奉到手示，讀悉。北京商務局官報二十分，是通州商會經理，已將原函送去，應匯之款，當於明後日奉復。三星煤一千壹佰噸無誤。三十六號護照，容查明寄出。尚少出口單一張，亦容查到再寄。昨日解出洋三萬弍千弍佰元，想已送到，作定洋厘，即祈示知。退公昨晚出天生港，乘大新船赴滬，今午諒已安抵矣。廠中工團長郁馥昨日闖禍，退公動身後，立翁與龔委員一再斟酌，嗣經同事汪餘德願押送至沂州原籍，到沂後必要郁馥之叔出一函爲憑。汪、郁今晨已坐小輪去仙女

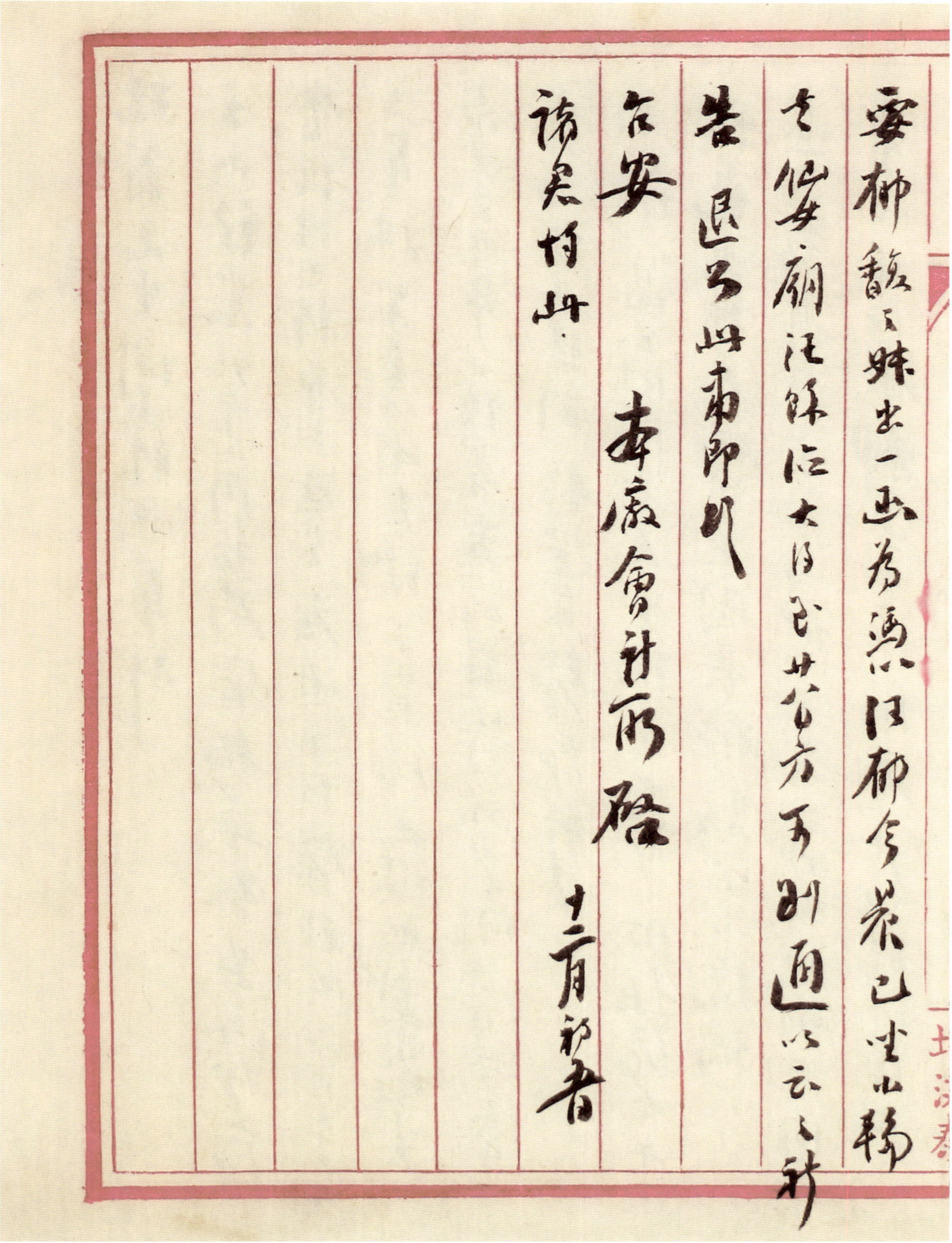

第二百十八號（十二月初五日）

廟，汪餘德大約至廿八日方可到通以云云，祈告退公。此肅，即頌台安。本廠會計所啓。十二月初五日

諸君均此。

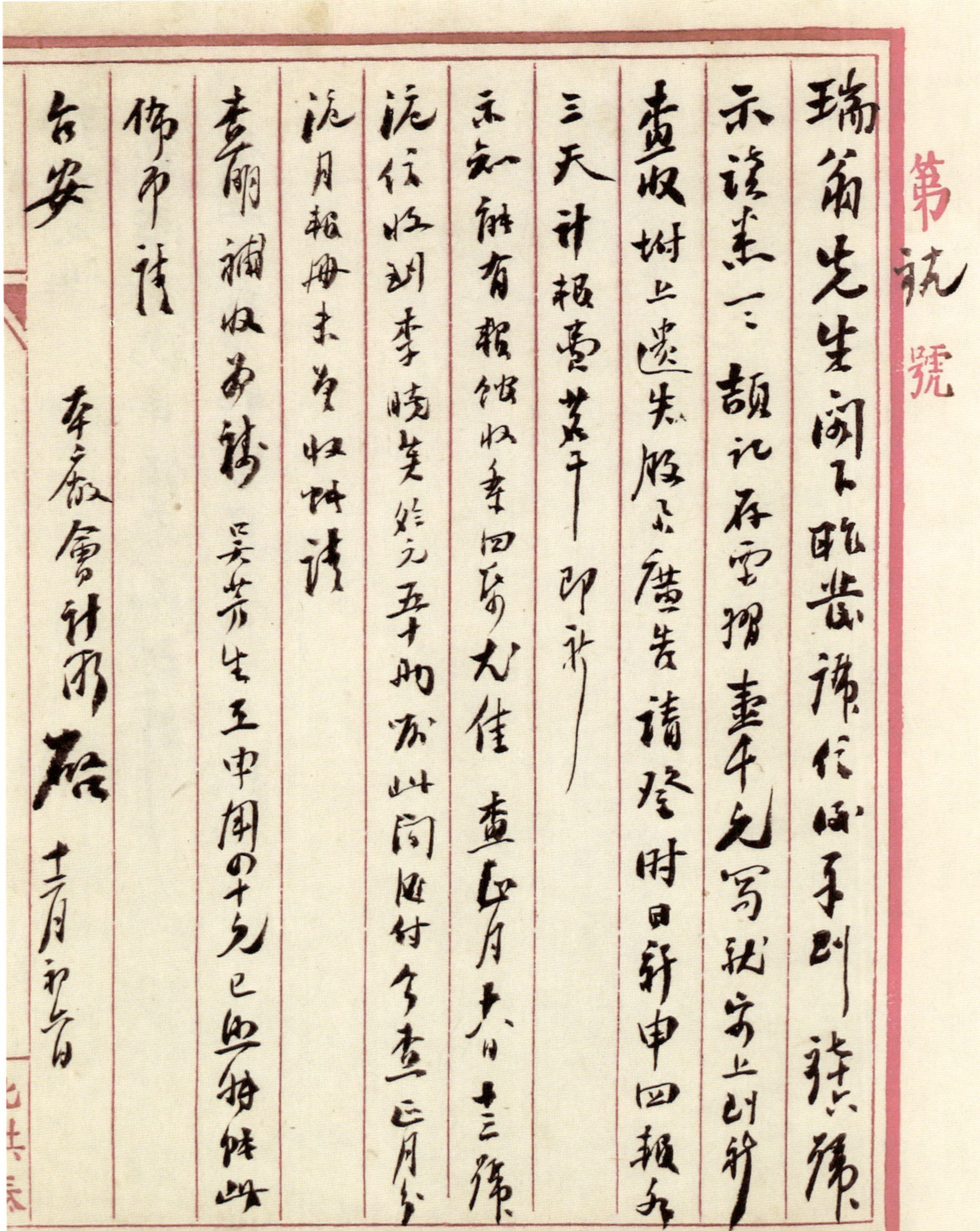

第二百十九號（十二月初六日）

瑞翁先生閣下：昨發號信後，奉到二百七十六號示，讀悉一一。頡記存票摺壹千元寫就寄上，到祈查收。附上遺失股票廣告，請登時、日、新、申四報各三天，計報費若干，即祈示知，能有報館收條四紙尤佳。查正月十八日十三號滬信，收到李曉芙九八元五十兩，囑此間匯付，今查正月分滬月報册，未曾收帳，請查明補收爲禱。吴芳生在申用四十元，已照轉帳。此布，即請台安。本廠會計所啓。十二月初六日

諸位均此。

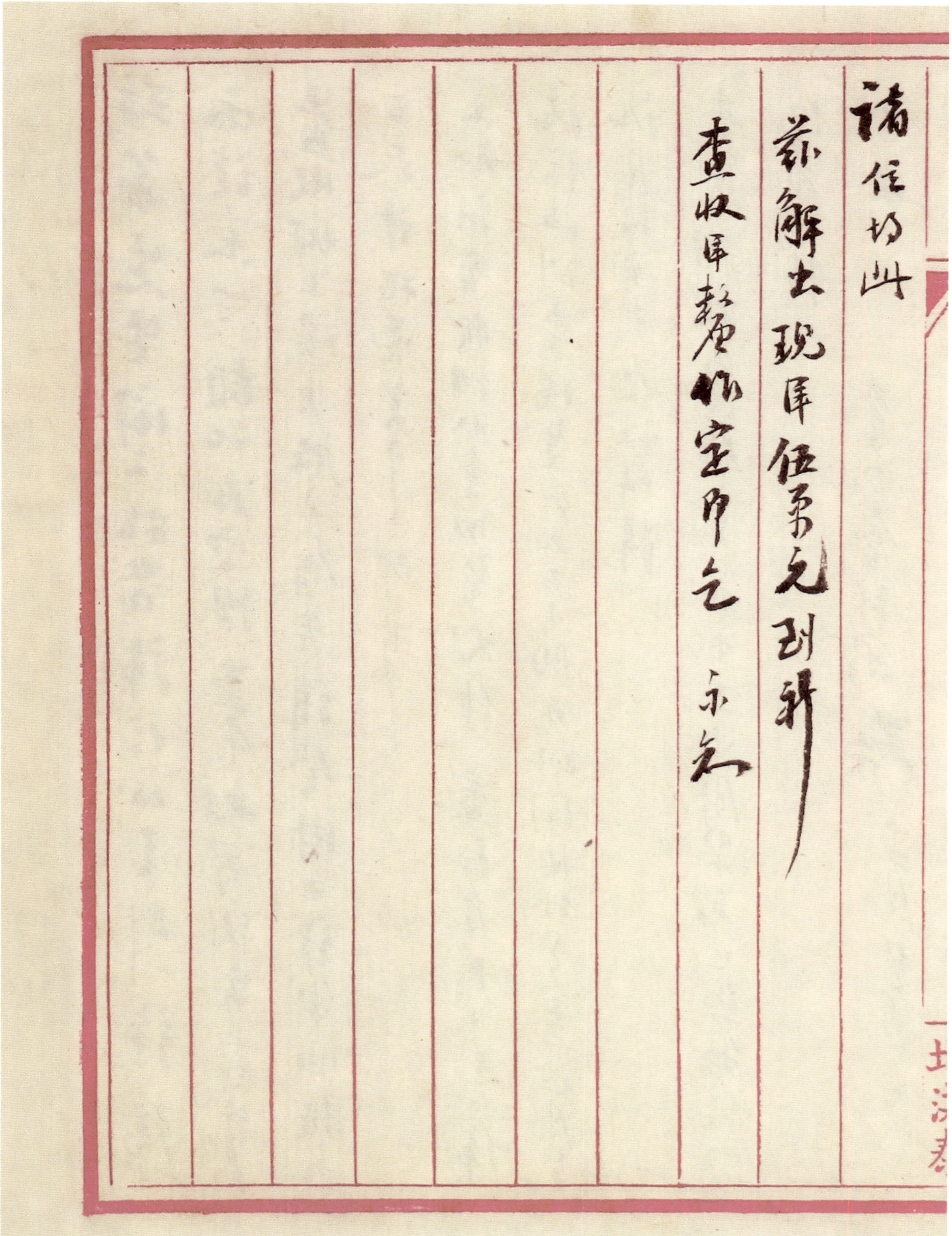
請任均此
茲解出現洋伍萬元到祈
查收洋厘作定即乞示知

第二百十九號（十二月初六日）

茲解出現洋伍萬元，到祈查收，洋厘作定，即乞示知。

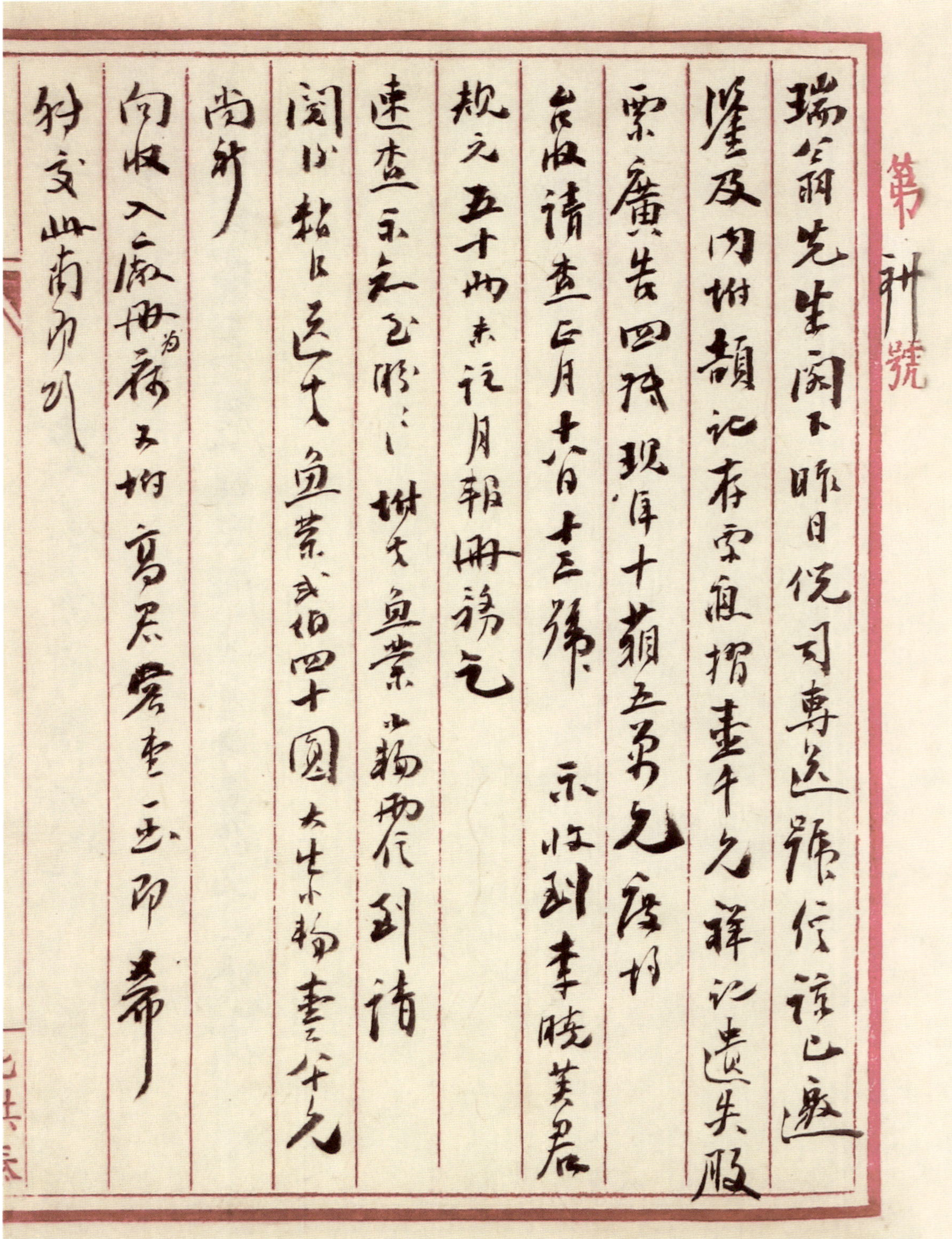

第二百二十號

瑞翁先生閣下：昨日倪司專送號信，諒已邀鑒及。内附頡記存票息摺壹千元、祥記遺失股票廣告四紙、現洋十箱五萬元，度均台收。請查正月十八日十三號示，收到李曉芙君規元五十兩，未注月報册，務乞速查示知，至盼至盼。附去魚業、小輪兩信，到請閱後粘口送去。魚業式佰四十圓，大生小輪壹百八十元，尚祈向收入廠册爲荷。又附高君容堂一函，即希轉交。此肅，即頌大安。本廠會計所啓。

諸君均此。

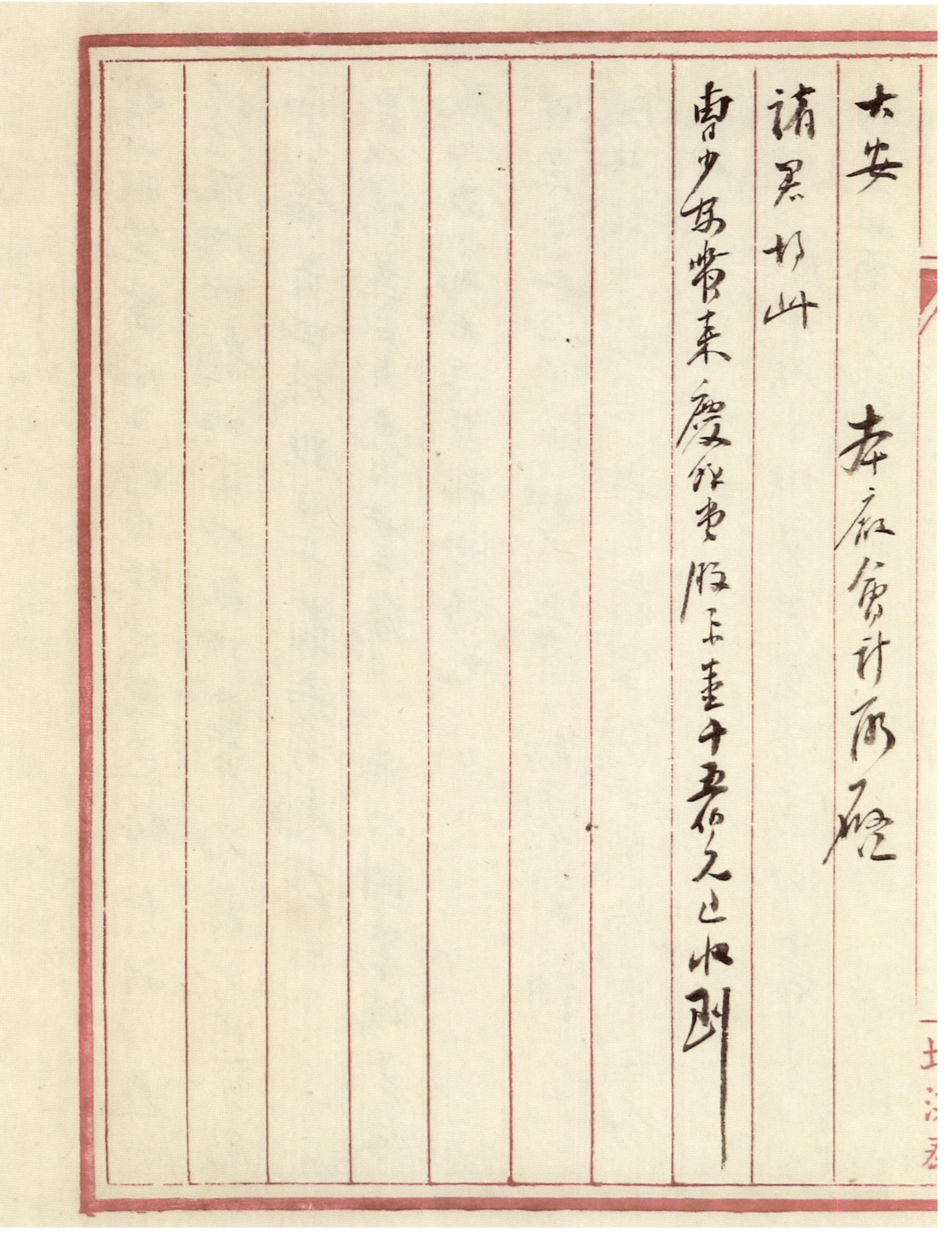

大安

本廠會計所啓

請君照此

曹少安帶來慶餘堂股票壹千五佰元已收到

第二百二十號

曹少安帶來慶餘堂股票壹千五佰元已收到。

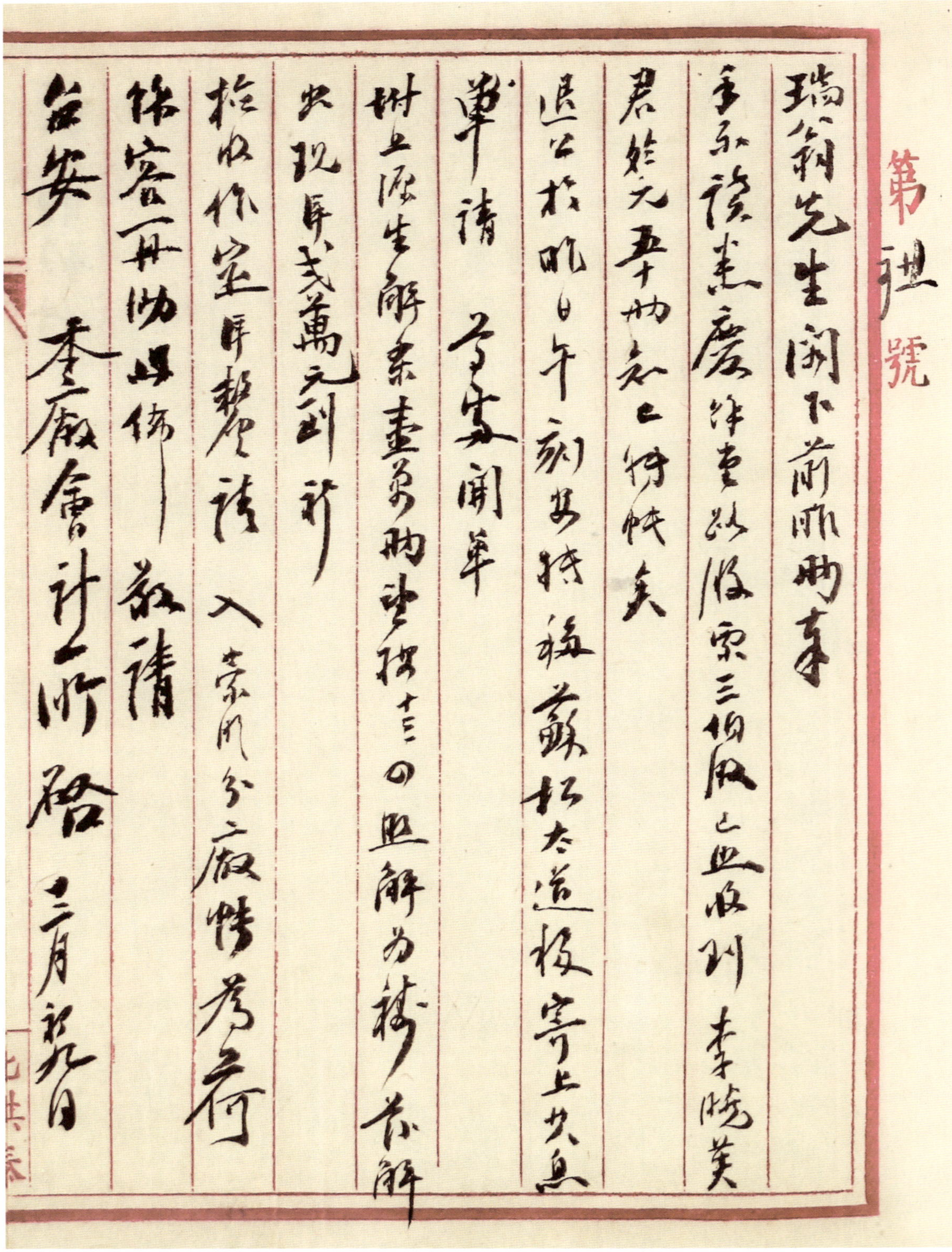

第二百二十一號（十二月初九日）

瑞翁先生閣下：前、昨兩奉手示，讀悉。慶餘堂路股票三佰股，已照收到。李曉芙君九八元五十兩，知已轉帳矣。退公於昨日午刻安抵。移蘇松太道移寄上，其息單，請尊處開單。附上源生解條壹萬兩，望按十三、十四照解爲禱。兹解出現洋式萬元，到祈檢收，作定洋厘，請入崇明分廠帳爲荷。餘容再泐。此布，敬請台安。本廠會計所啓。十二月初九日

諸翁均此。

請翁均此

第二百二十一號（十二月初九日）

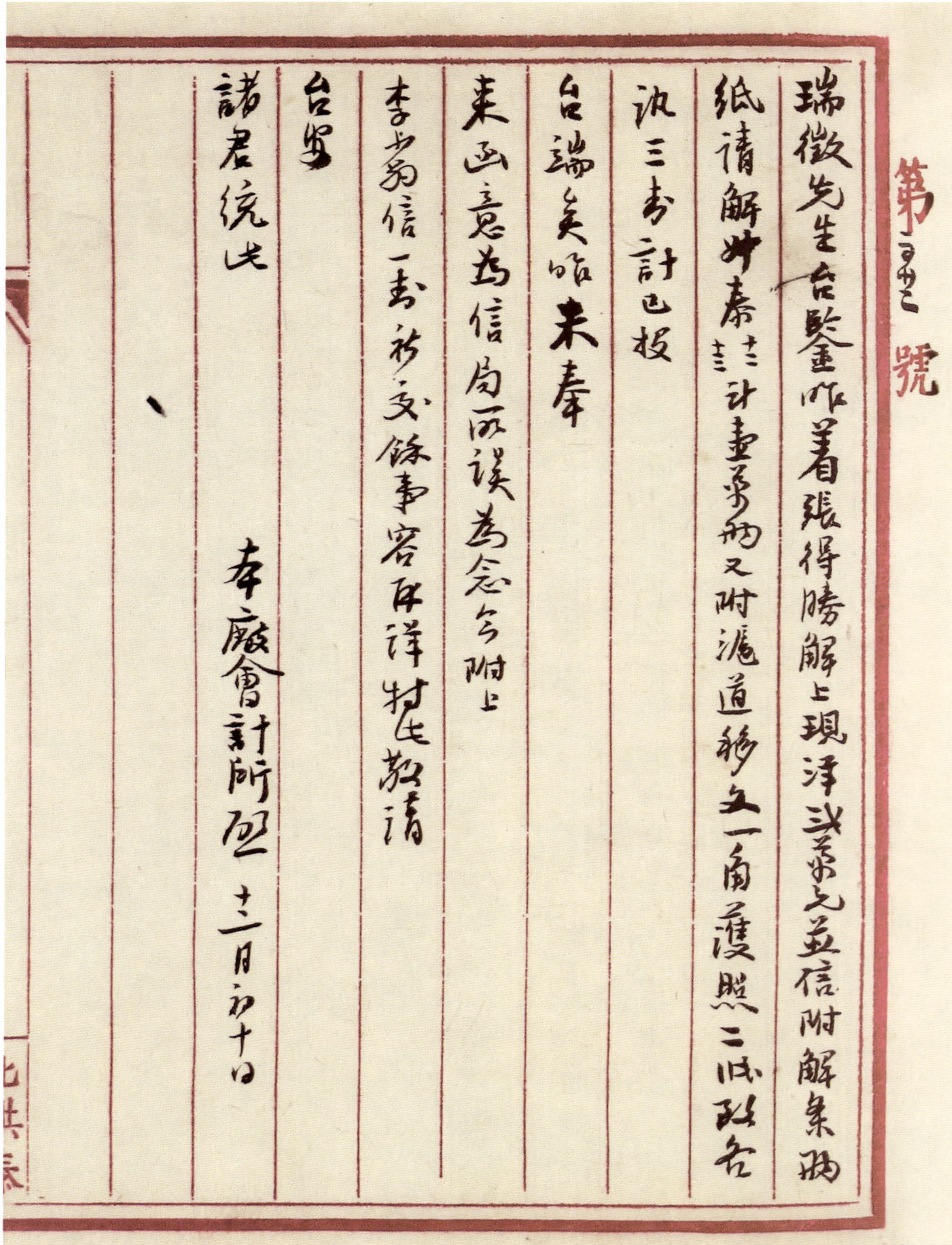

第二百二十二號（十二月初十日）

瑞徵先生台鑒：昨着張得勝解上現洋式萬元，并信附解條兩紙，請解升泰十二、十三計壹萬兩，又附滬道移文一角、護照二張、致各訊三封，計已投台端矣。昨未奉來函，意爲信局所誤，爲念。今附上李少翁信一封，祈交。餘事容再詳。特此，敬請台安。本廠會計所啓。十二月初十日

諸君統此。

第二百二十二號（十二月初十日）

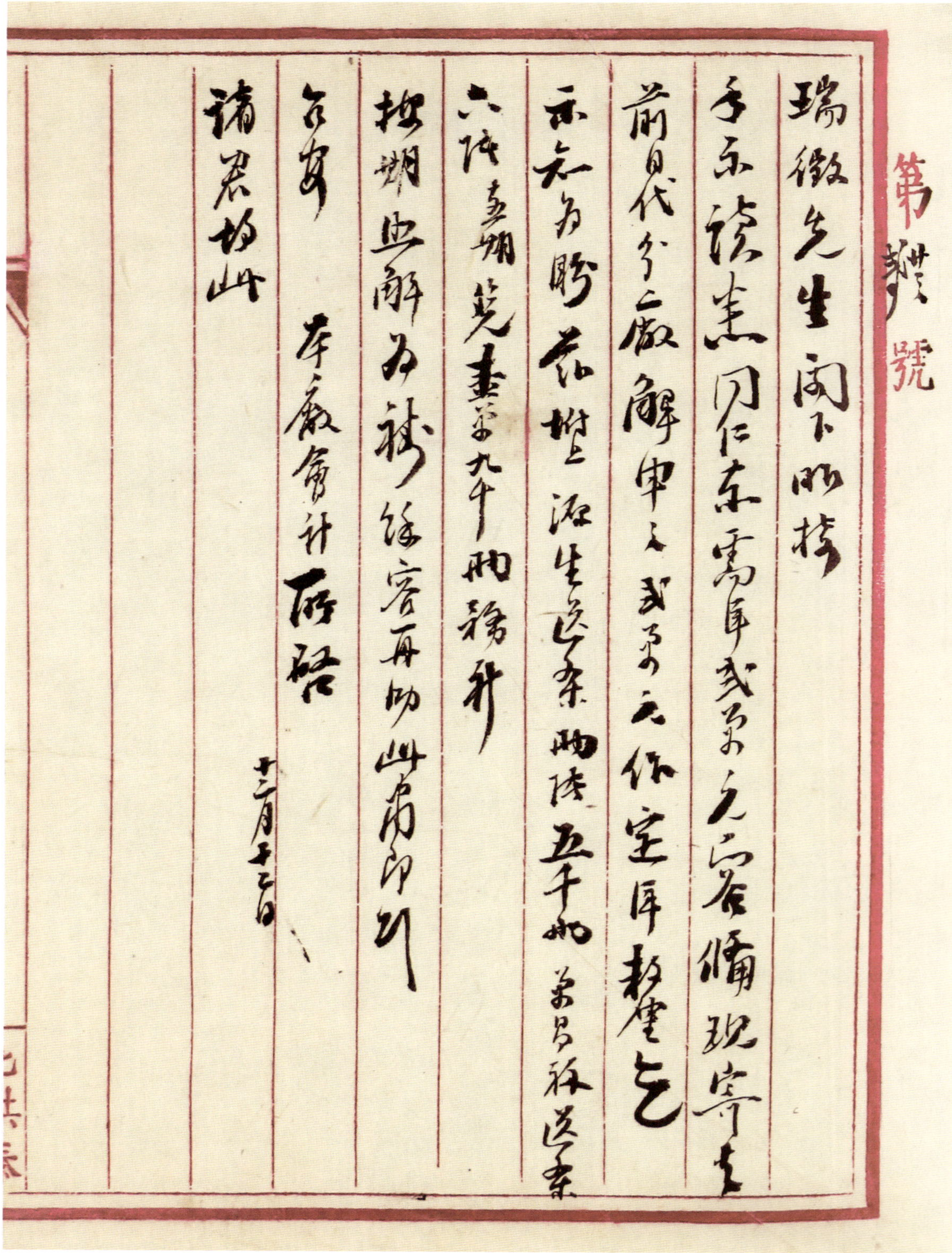

第二百二十三號（十二月十二日）

瑞徵先生閣下：昨接手示，讀悉。同仁泰需洋式萬元，容備。現寄去前日代分廠解申之式萬元，作定洋厘，乞示知爲盼。兹附上源生送條兩張五千兩、萬昌福送條六張（十五期）九八元壹萬九千兩，務祈按期照解爲禱。餘容再泐。此肅，即頌台安。

本廠會計所啓。十二月十二日

諸君均此。

第二百二十三號（十二月十二日）

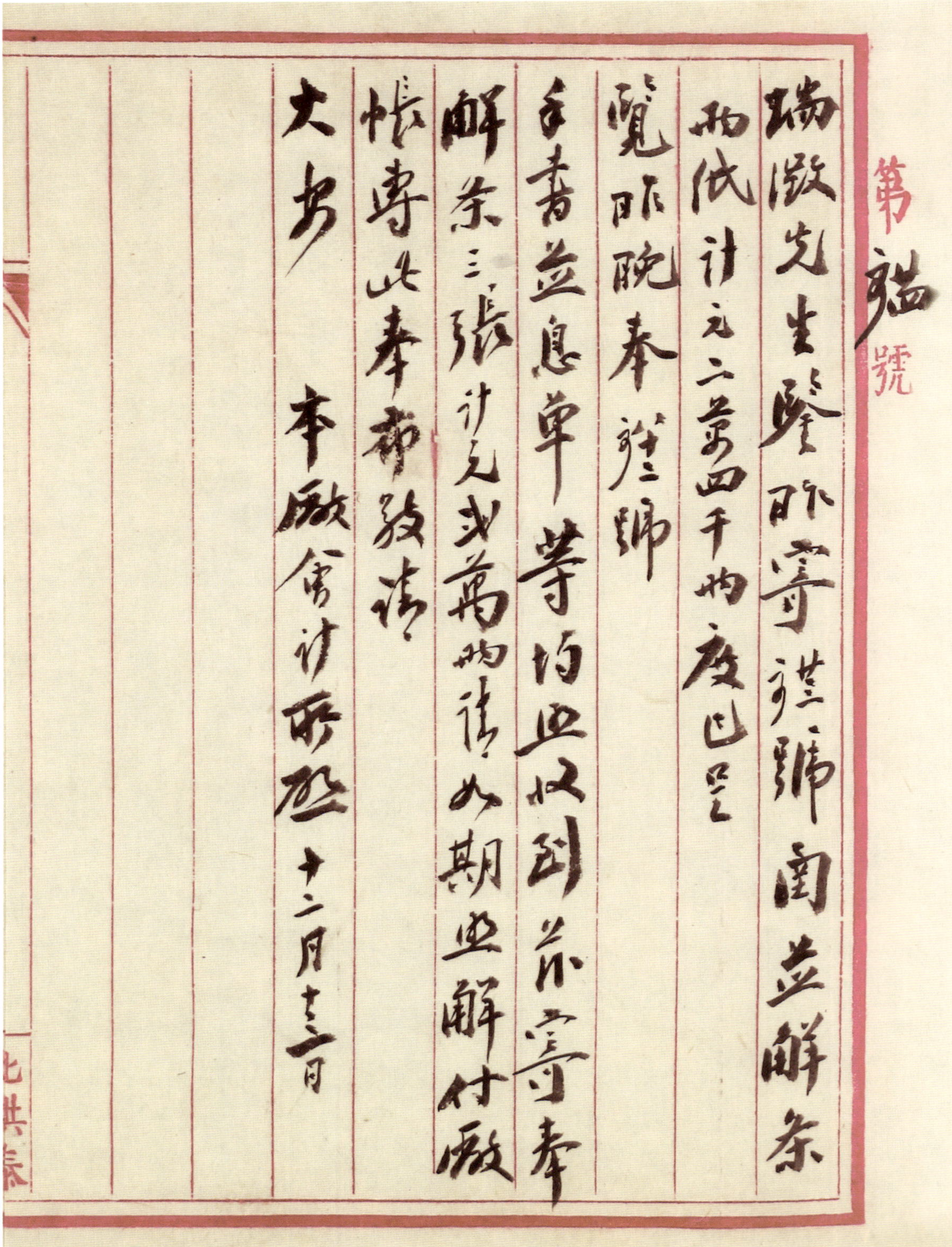

第二百二十四號（十二月十三日）

瑞徵先生鑒：昨寄二百廿三號函，并解條兩紙，計元二萬四千兩，度已呈覽。昨晚奉二百八十二號手書并息單等，均照收到。兹寄奉解條三張，計元弍萬兩，請如期照解付廠帳。專此奉布，敬請大安。本廠會計所啓。十二月十三日

第二百二十四號（十二月十三日）

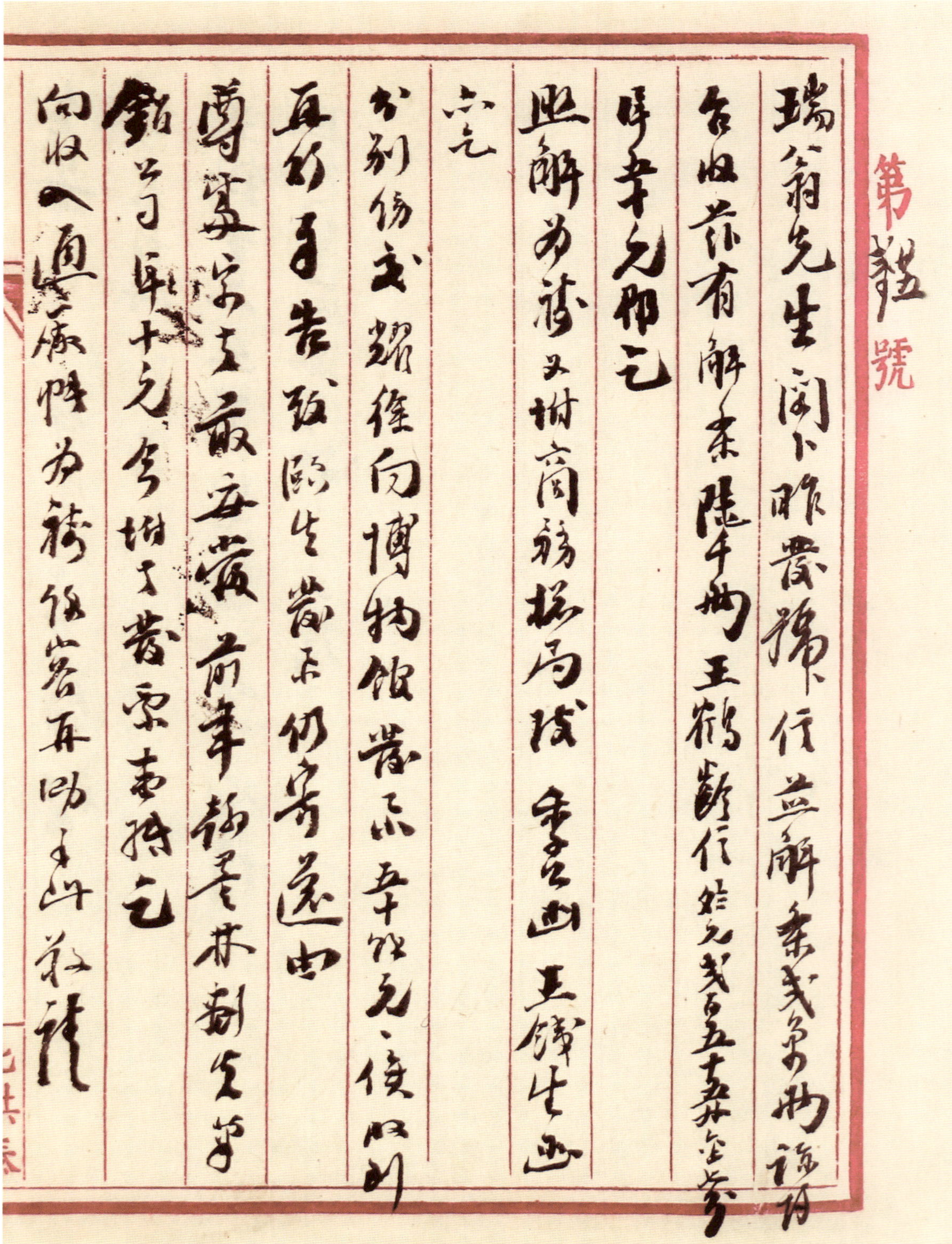

第二百二十五號（十二月十四日）

瑞翁先生閣下：昨發號信，并解條式萬兩，諒均台收。茲有解條陸千兩，王鶴齡信九八元式百五十五兩六錢七分，洋五十元，即乞照解爲禱。又附商務總局致季公函、王鐵生函，亦乞分別飭交。耀徐向博物館發票五十餘元，俟收到再行奉告。致頤生發票仍寄還，由尊處寄去最妥當。前年翰墨林劃去筆鉛公司洋十元，今附去發票壹紙，乞向收，入通廠帳爲禱。餘容再泐。手此，敬請台安。

本廠會計所啓。十二月十四日

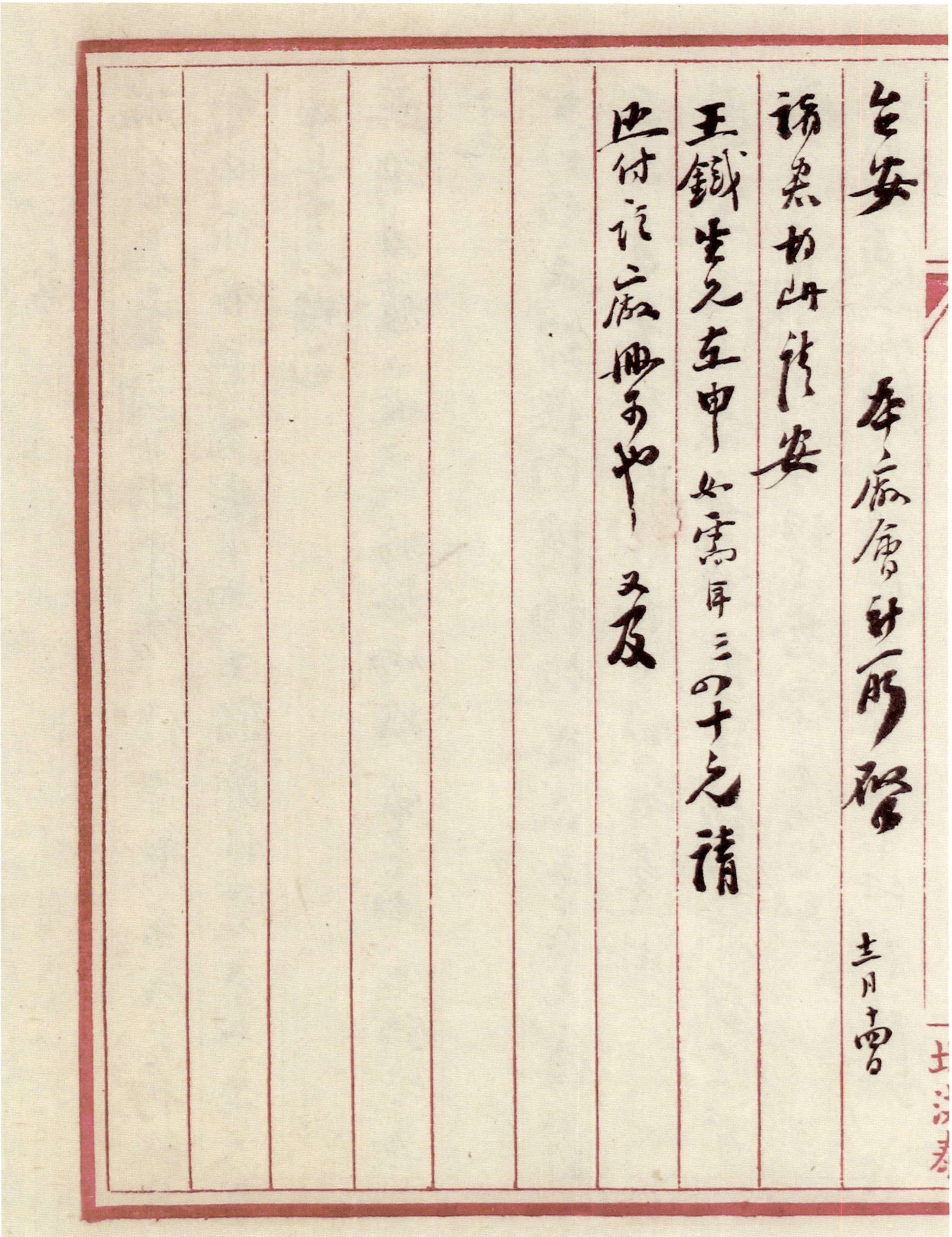
台安
本廠會計所啓　十二月十四
諸君均此請安
王鐵生兄在申如需洋三四十元請
照付記廠册可也　又及

第二百二十五號（十二月十四日）

諸君均此請安。

王鐵生兄在申，如需洋三四十元請照付，記廠册可也。又及。

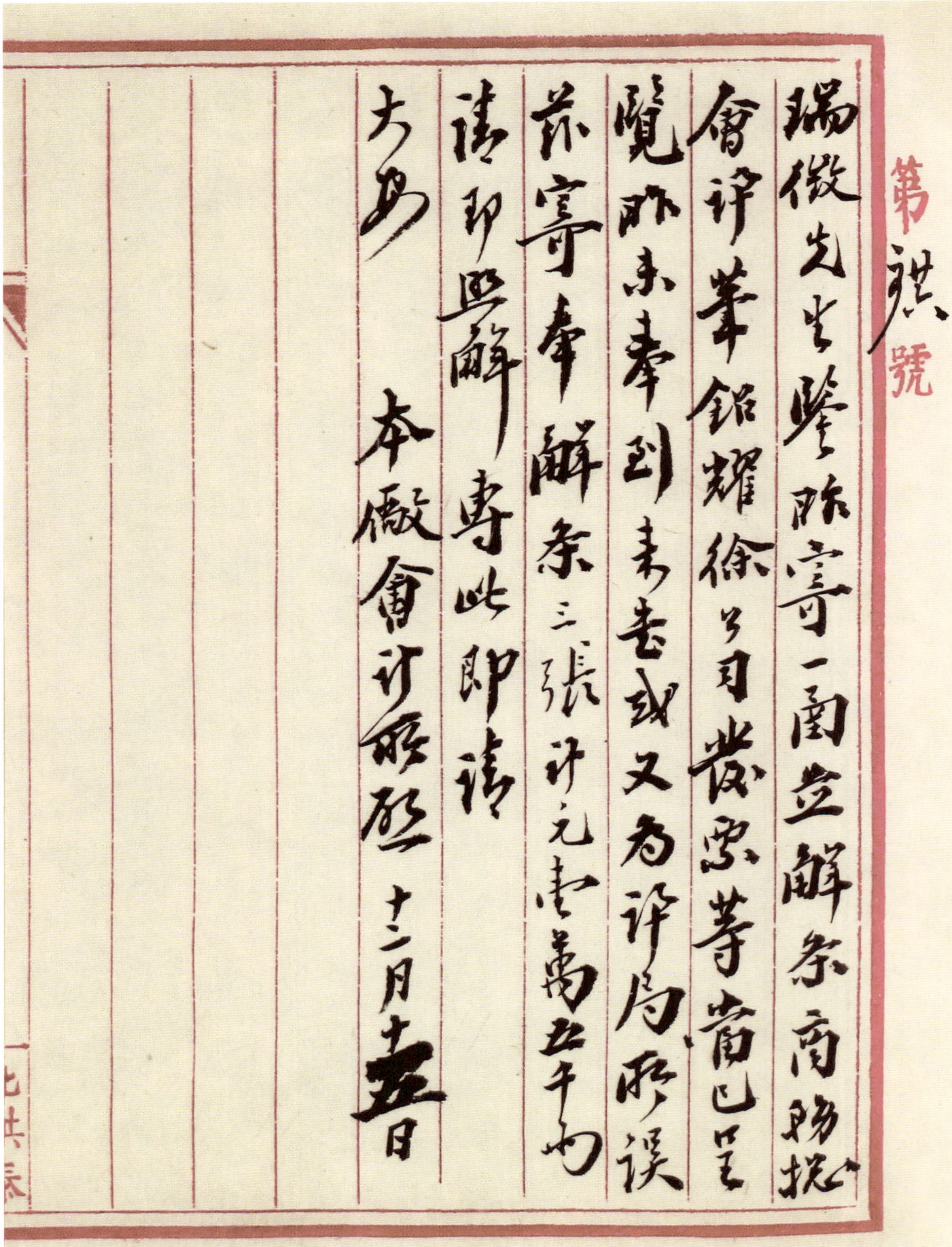
瑞徵先生鑒：昨寄一函，并解條、商務總會訊，筆鉛、耀徐公司發票等，當已呈覽。昨未奉到來書，或又爲訊局所誤。兹寄奉解條三張，計元壹萬五千兩，請即照解。專此，即請大安。本廠會計所啓。十二月十五日

第二百二十六號（十二月十五日）

瑞徵先生鑒：昨寄一函，并解條、商務總會訊，筆鉛、耀徐公司發票等，當已呈覽。昨未奉到來書，或又爲訊局所誤。兹寄奉解條三張，計元壹萬五千兩，請即照解。專此，即請大安。本廠會計所啓。十二月十五日

第二百二十六號（十二月十五日）

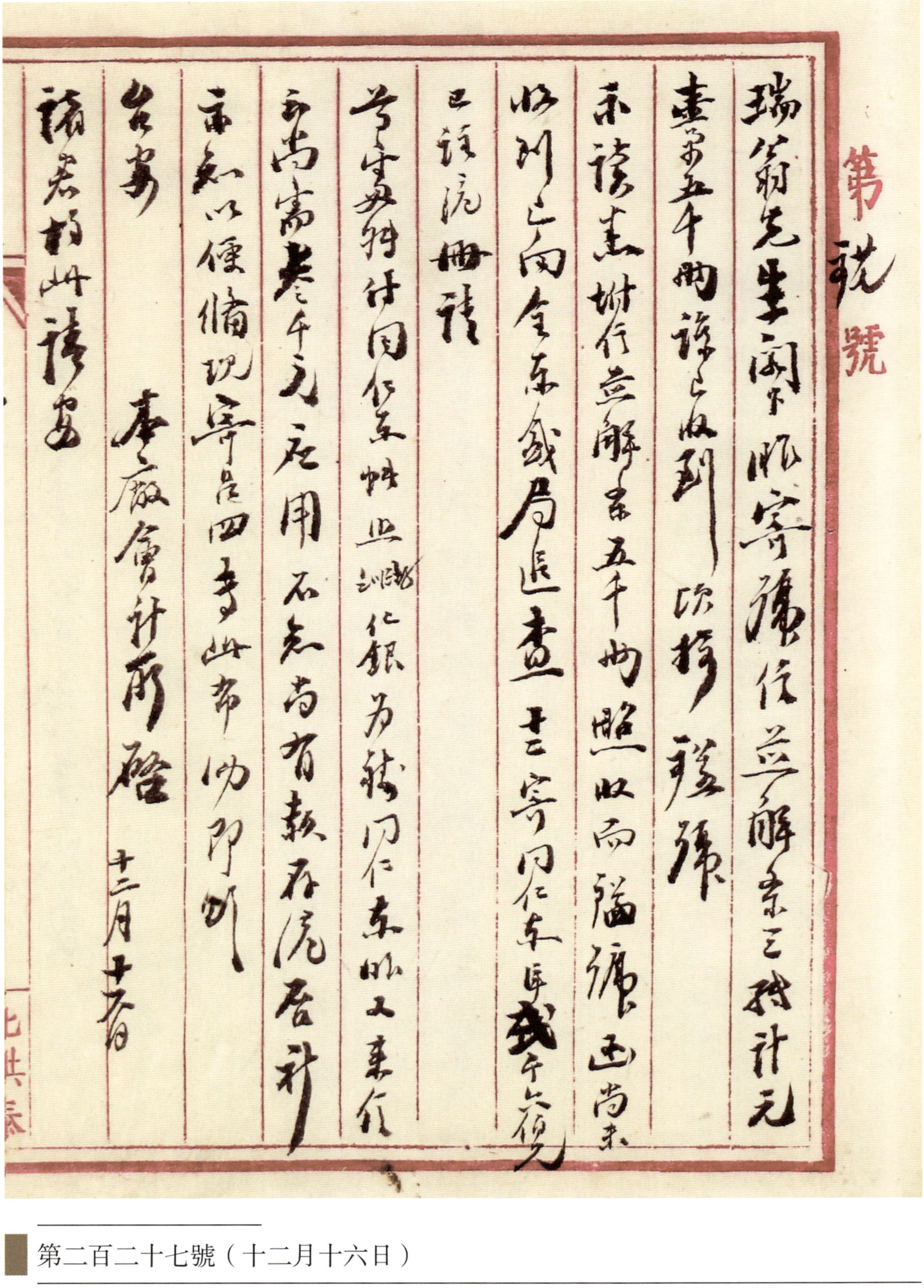

第二百二十七號（十二月十六日）

瑞翁先生閣下：昨寄號信，并解條三紙，計元壹萬五千兩，諒已收到。頃接二百八十五號示，讀悉。附信并解條五千兩照收，而二百八十四號函尚未收到，已向全泰盛局追查。十二寄同仁泰洋弍千六佰元，已注滬册，請尊處轉付同仁泰帳，照七萬三千七百七十五化銀爲禱。同仁泰昨又來信，云尚需叁千元應用，不知尚有款存滬否，祈示知，以便備現寄吕四。專此布泐，即頌台安。本廠會計所啓。十二月十六日

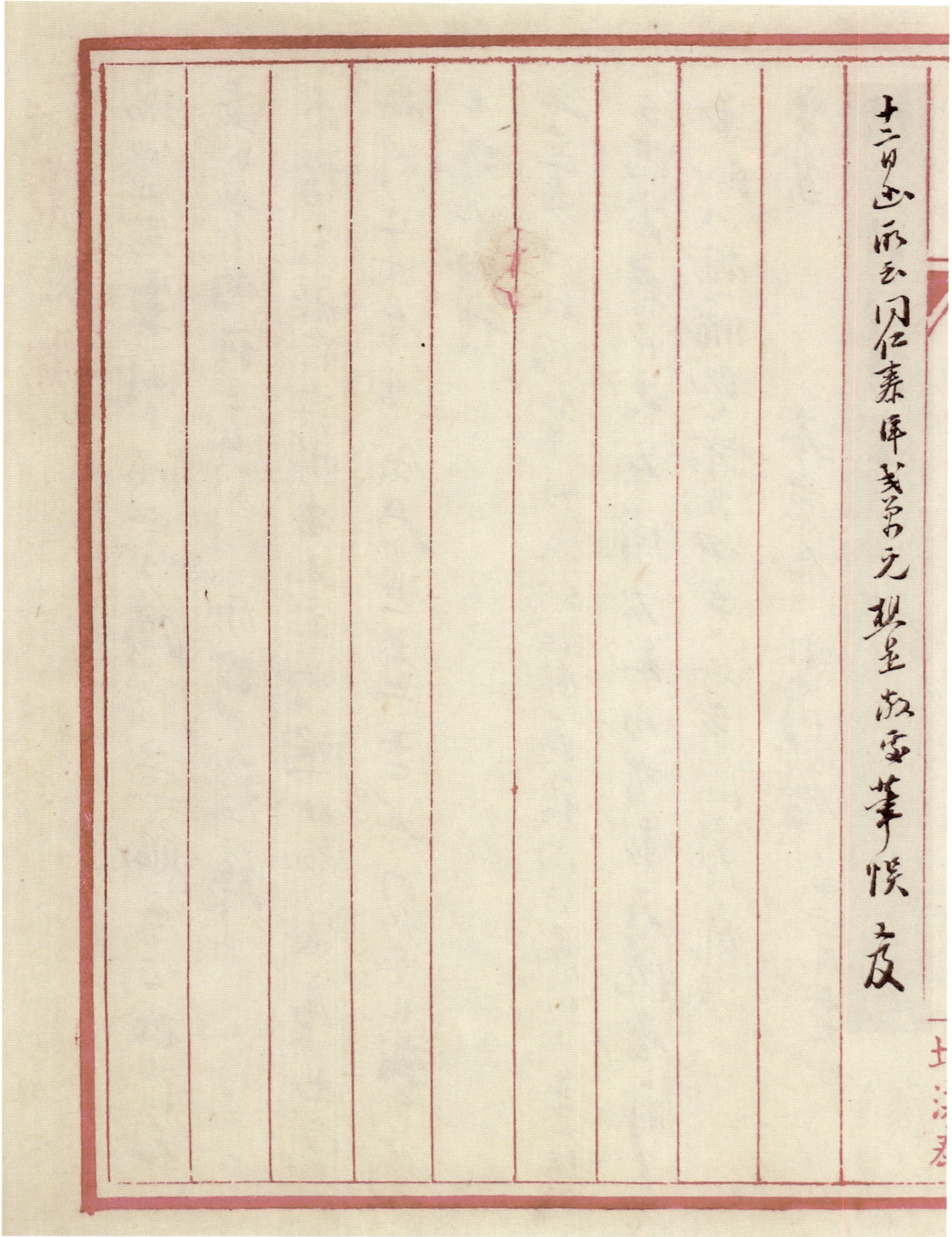
十二日函所云同仁泰洋式萬元想是敝處筆誤又及

第二百二十七號（十二月十六日）

諸君均此請安。

十二日函所云同仁泰洋式萬元，想是敝處筆誤。又及。

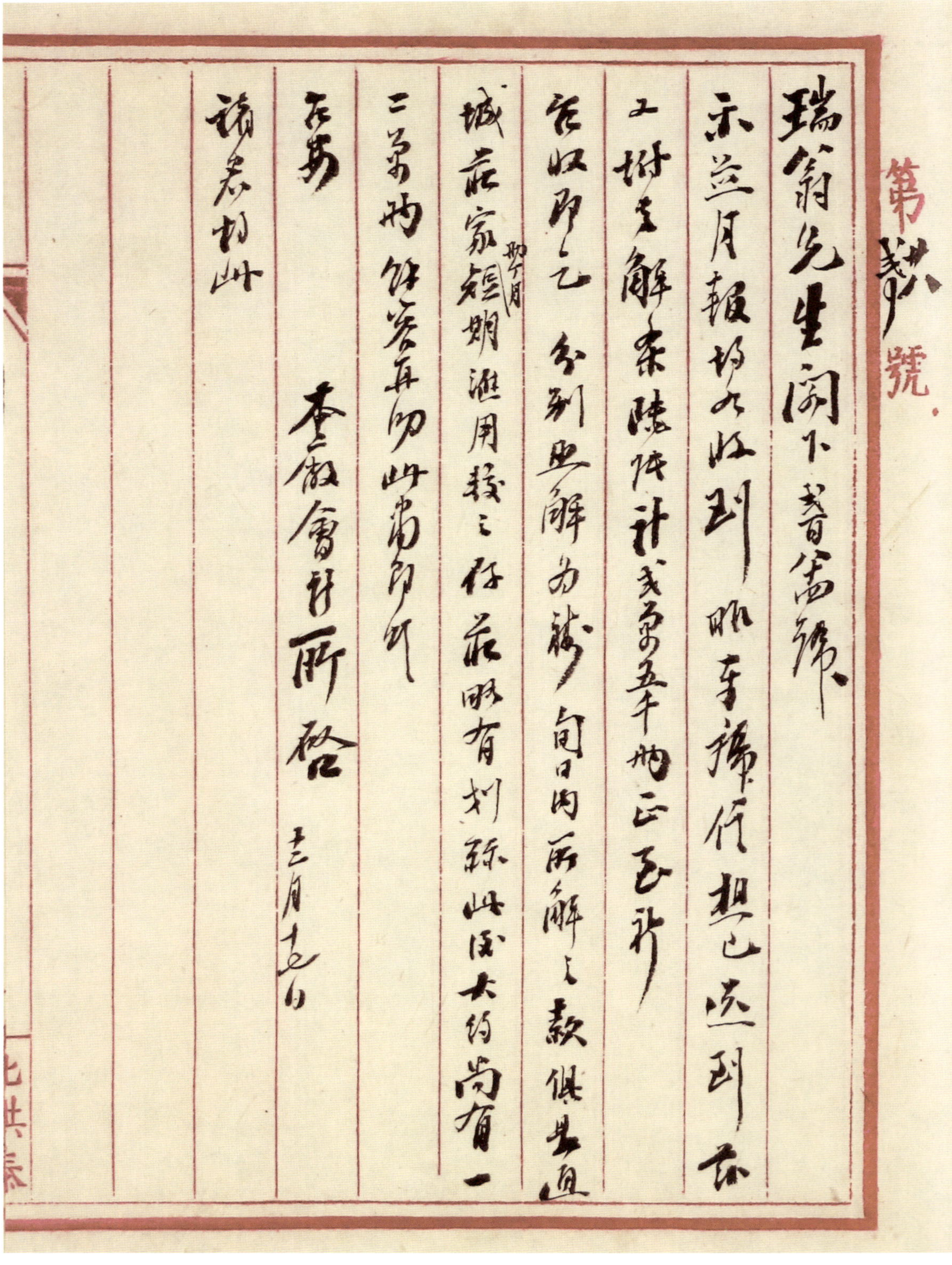

第二百二十八號（十二月十七日）

瑞翁先生閣下：弍百八十四號示并月報，均各收到。昨奉號信，想已送到。兹又附去解條陸張，計弍萬五千兩正，至祈台收，即乞分别照解爲禱。旬日内所解之款俱是通城莊家兩個月短期，匯用較之存莊略有劃算，此後大約尚有一二萬兩。餘容再泐。此肅，即頌台安。本廠會計所啓。十二月十七日
諸君均此。

第二百二十八號（十二月十七日）

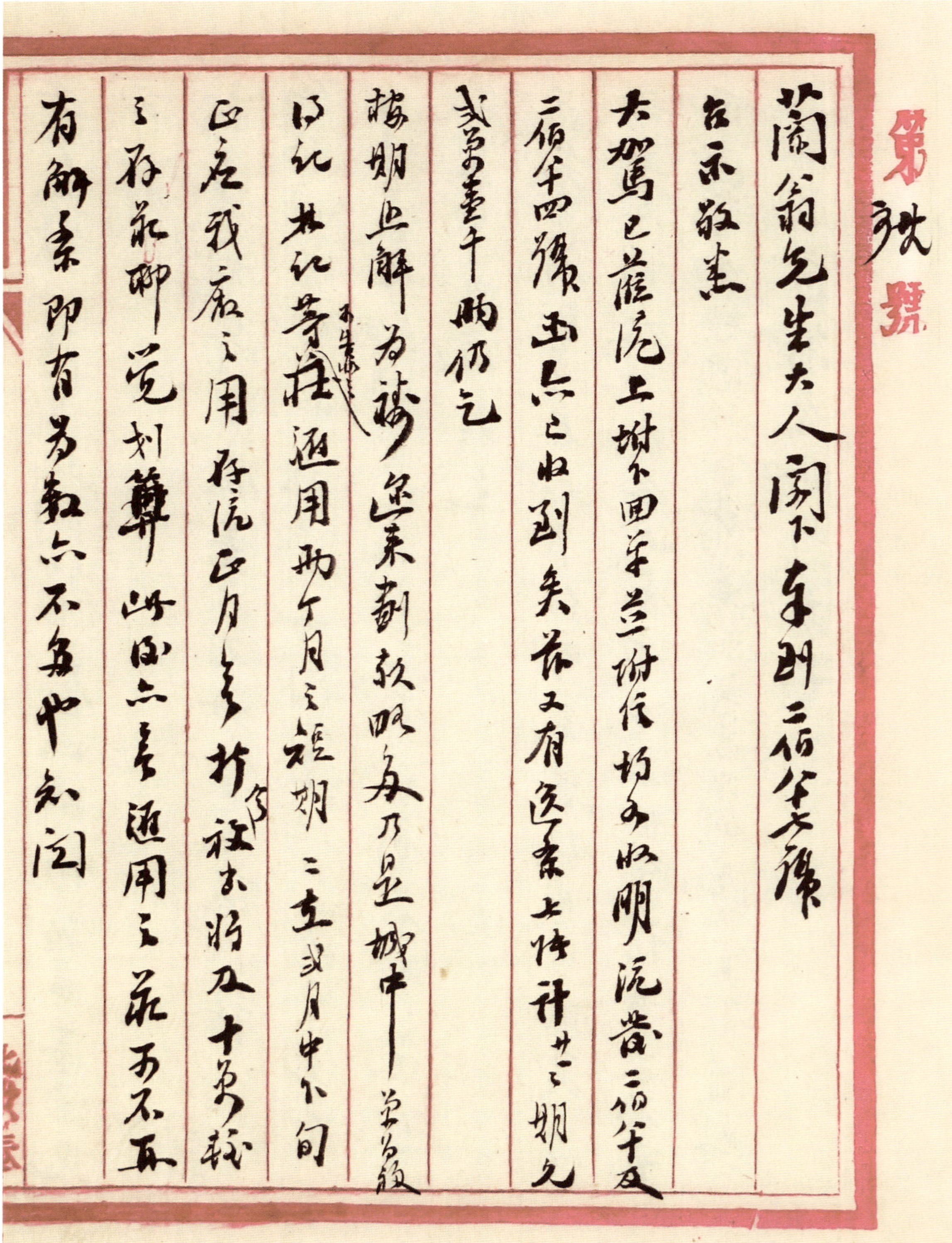
第　號
蘭翁先生大人閣下奉到二佰八十七號
台示敬悉
大駕已蒞滬上附下回單并附信均各收明滬發二佰八十及
二佰八十四號函亦已收到矣茲又有送條七張計廿一、廿二期元
弍萬壹千兩仍乞
按期照解爲禱邇來劃款略多乃是城中萬昌福
得記林記等可靠之莊匯用兩個月之短期期在弍月中下旬
正應我廠之用存滬正月無折今放出將及十萬較
之存莊聊覺劃算此後亦無匯用之莊可不再
有解條即有爲數亦不多也知閲

第二百二十九號（十二月十九日）

蘭翁先生大人閣下：奉到二佰八十七號台示，敬悉大駕已蒞滬上。附下回單并附信均各收明，滬發二佰八十及二佰八十四號函亦已收到矣。茲又有送條七張，計廿一、廿二期元弍萬壹千兩，仍乞按期照解爲禱。邇來劃款略多，乃是城中萬昌福、得記、林記等可靠之莊匯用兩個月之短期，期在弍月中下旬，正應我廠之用，存滬正月無折，今放出將及十萬，較之存莊聊覺劃算。此後亦無匯用之莊，可不再有解條，即有，爲數亦不多也。知關垂念，特以陳之。此間代分廠收到紗款洋壹萬元，即祈按

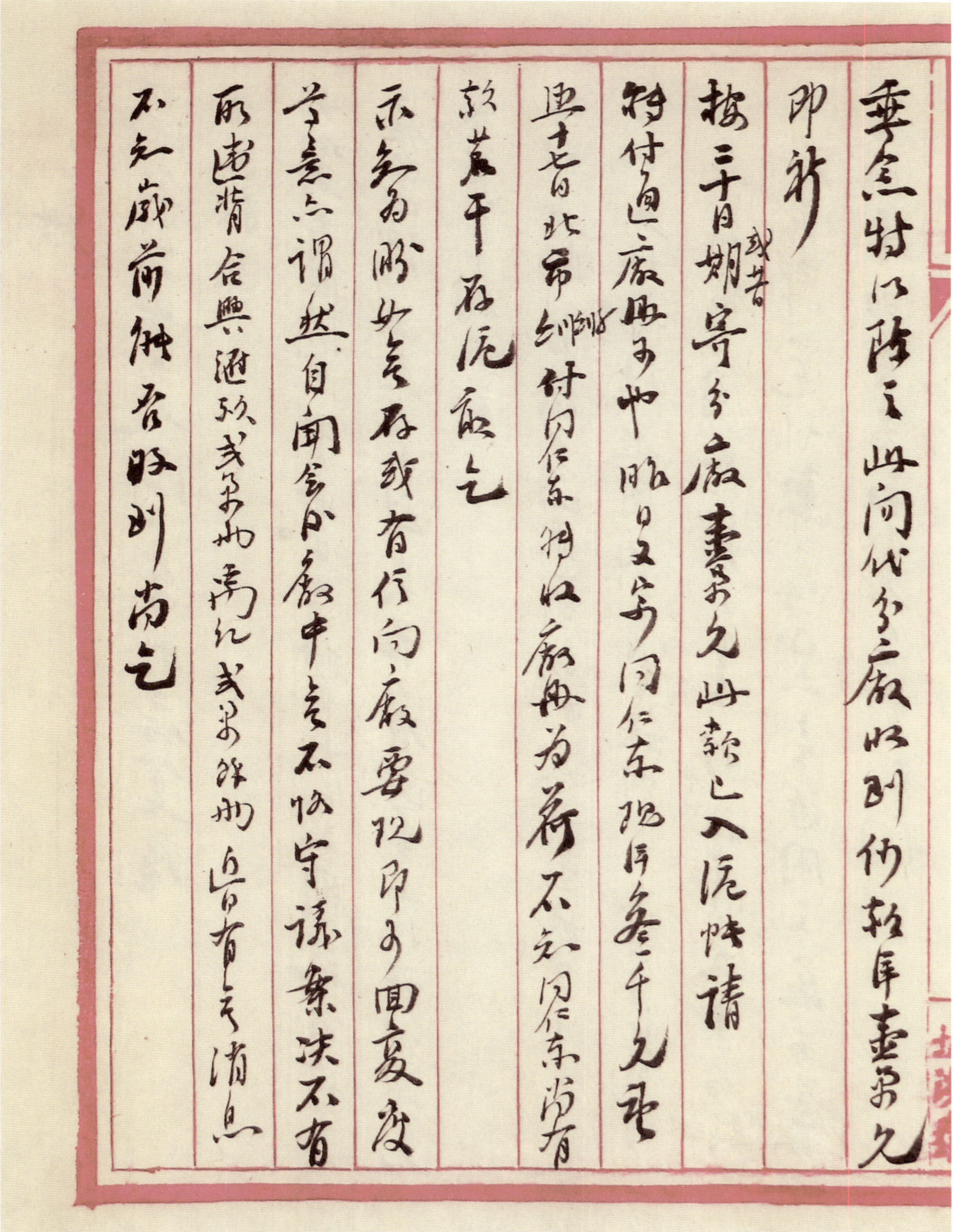

乘急替以陳之，此向代分廠以到何款年壹萬元
即祈
按二十日（或廿）期寄分廠壹萬元，此款已入滬帳，請
轉付通廠册可也。昨日又寄同仁泰現洋叁千元，望
照十七日北市（七萬三千七百二十五）付同仁泰，轉收廠册為荷。不知同仁泰尚有
款若干存滬，敢乞
示知為盼。如無存，或有信向廠要現，即可回復
尊意亦謂然。自開會後，廠中無不恪守議案，決不有
所違背。合興匯款式萬兩、禹記式萬餘兩，近日有無消息
不知歲前能否收到，尚乞

第二百二十九號（十二月十九日）

二十日（或廿一日）期寄分廠壹萬元，此款已入滬帳，請轉付通廠册可也。昨日又寄同仁泰現洋叁千元，望照十七日北市七萬三千七百二十五付同仁泰，轉收廠册爲荷。不知同仁泰尚有款若干存滬，敢乞示知爲盼。如無存，或有信向廠要現，即可回復，度尊意亦謂然。自開會後，廠中無不恪守議案，决不有所違背。合興匯款式萬兩、禹記式萬餘兩，近日有無消息？不知歲前能否收到，尚乞示及。前、昨季公在廠，一再譚及必須從速向催，以冀早清款項云云。餘容再泐。此肅，即頌台安。本廠會

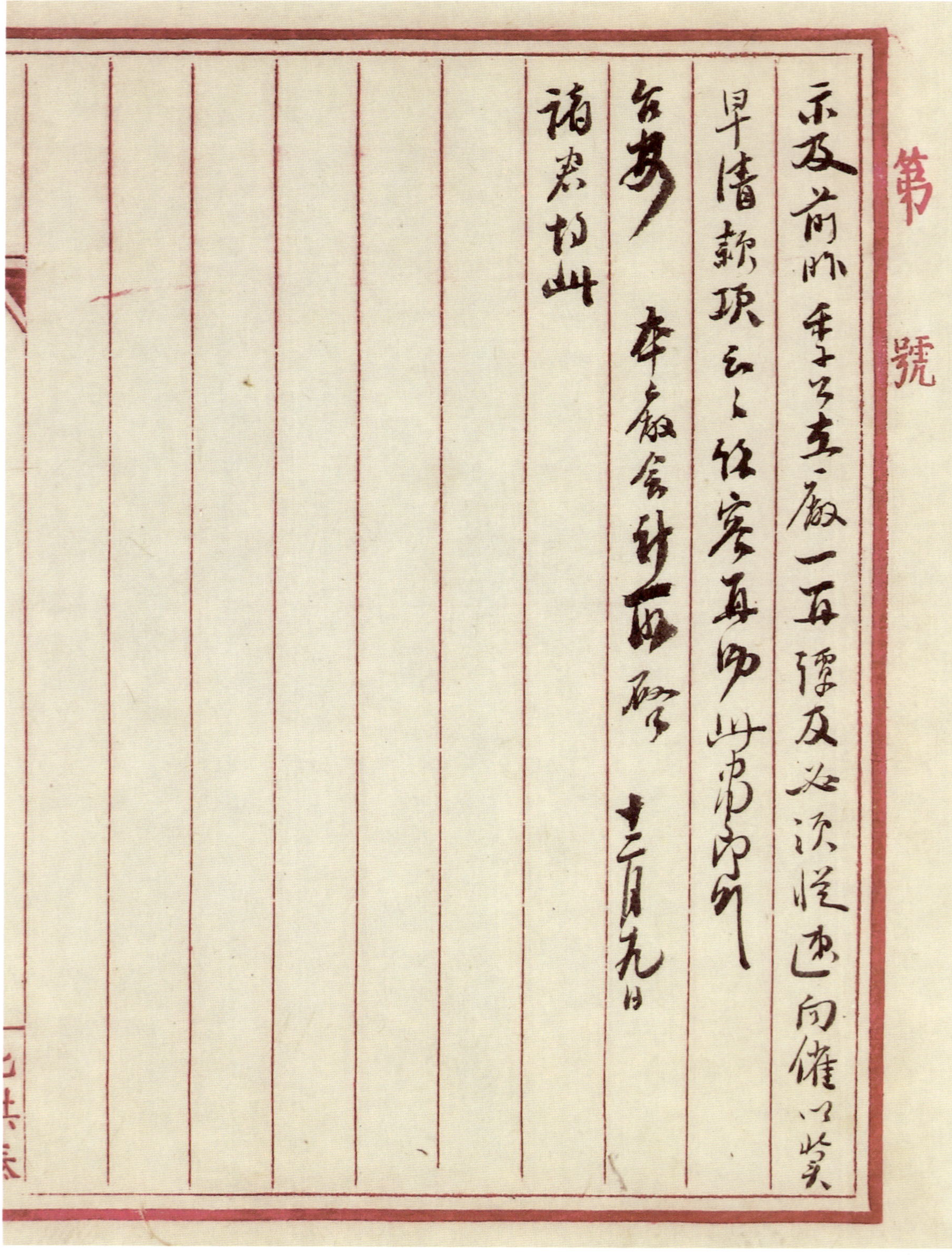

第二百二十九號（十二月十九日）

計所啓。十二月十九日

諸君均此。

第二百二十九號（十二月十九日）

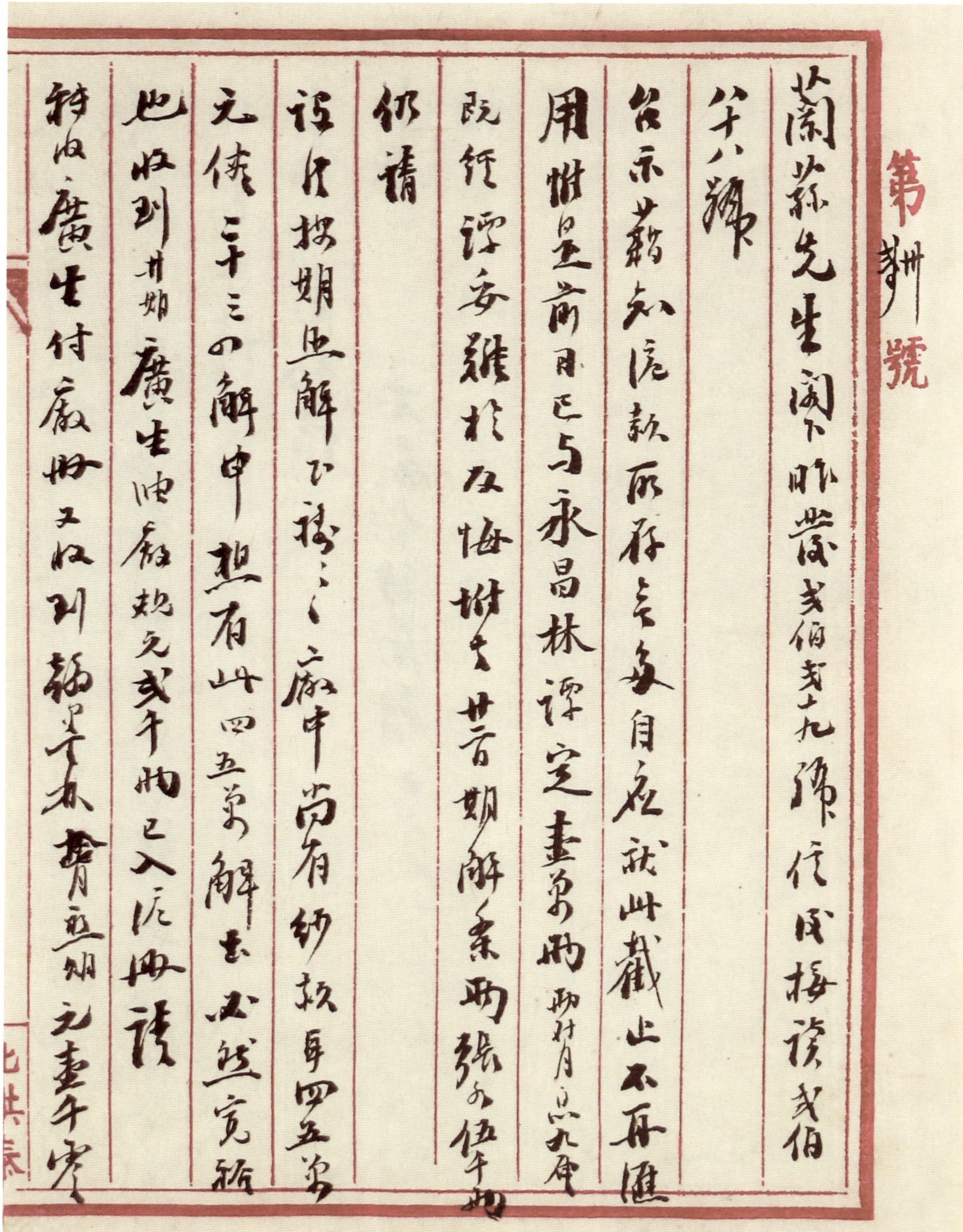

第二百三十號（十二月二十日）

蘭蓀先生閣下：昨發弍佰弍十九號信後，接讀弍佰八十八號台示，藉知滬款所存無多，自應就此截止，不再匯用。惟是前日已與永昌林譚定壹萬兩，兩對月，息九厘，既經譚妥，難於反悔。附去廿二日期解條兩張，各伍千兩，仍請設法按期照解，至禱至禱。廠中尚有紗款洋四五萬元，儘二十三、二十四解申，想有此四五萬解出，必然寬裕也。收到廿期廣生油廠規元弍千兩，已入滬册，請轉收廣生付廠册。又收到翰墨林拾月初一期元壹千零四拾兩，亦祈轉收翰墨林付廠爲禱（此一千〇四十

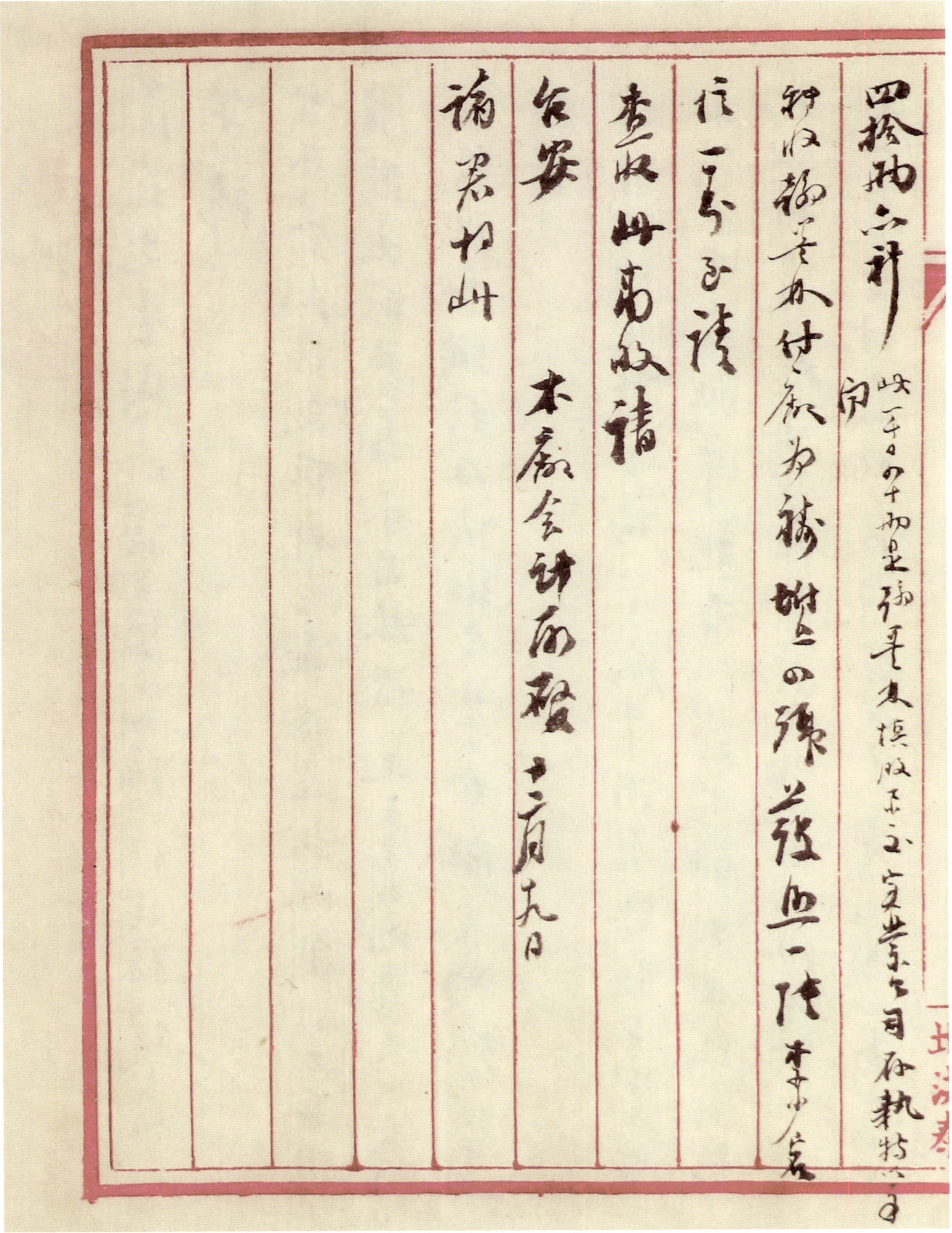
四拾兩六錢（此一千〇四十兩是翰墨林填股票交實業公司存執特以奉聞）
附上四號護照一張李少岩
信一封至請
查收此肅敬請
台安　　本廠會計所啓　十二月十九日
諸君均此

第二百三十號（十二月二十日）

兩是翰墨林填股票交實業公司存執，特以奉聞）。附上四號護照一張、李少岩信一封，至請查收。此肅，叩請台安。本廠會計所啓。十二月十九〔二十〕日

諸君均此。

（按：本信署時“十九日”當爲“二十日”之誤）

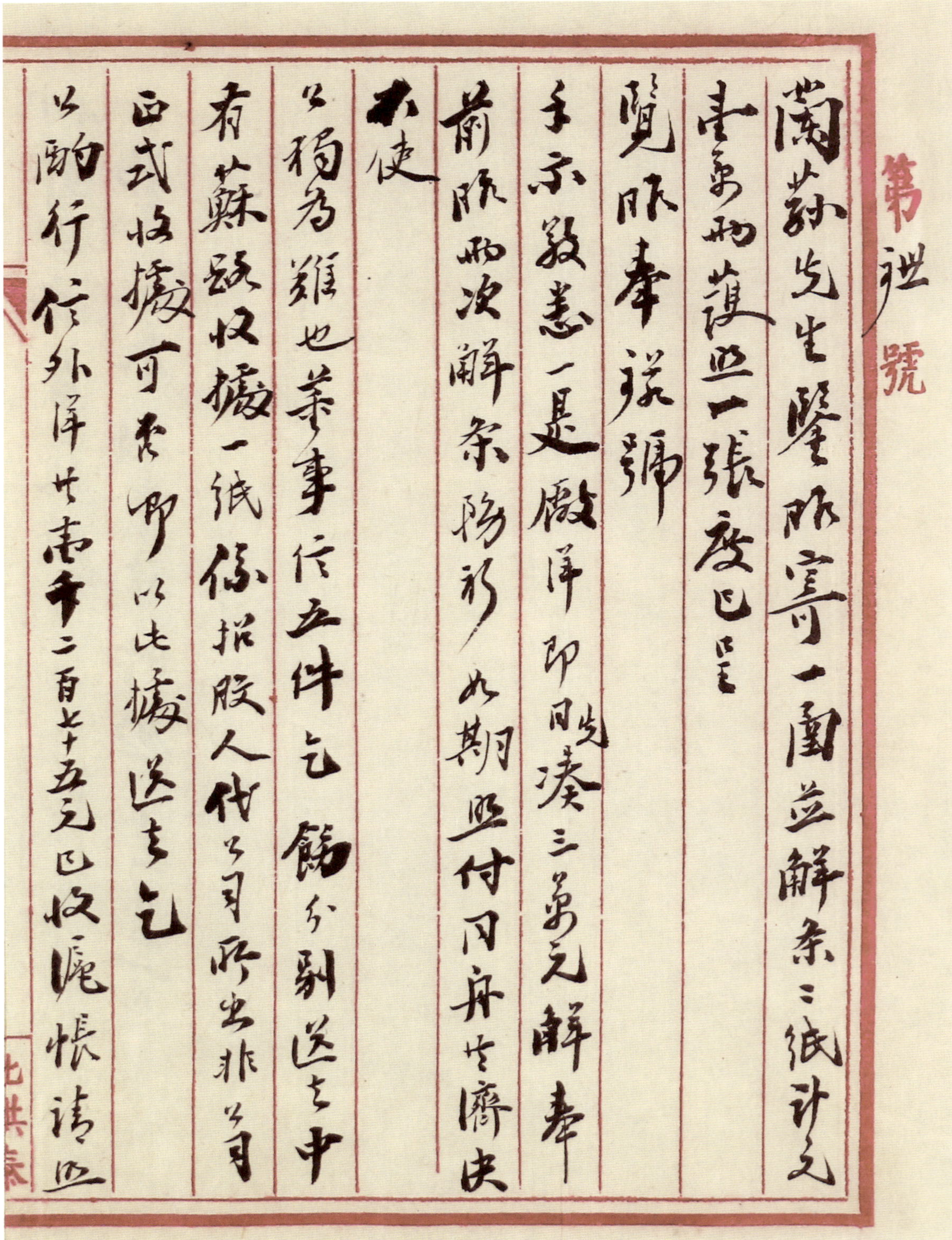

第二百三十一號（十二月廿一日）

蘭蓀先生鑒：昨寄一函并解條二紙，計元壹萬兩，護照一張，度已呈覽。昨奉二百八十九號手示，敬悉一是。廠洋即日先湊三萬元解奉。前、昨兩次解條，務祈如期照付，同舟共濟，决不使公獨爲難也。董事信五件，乞飭分别送去，中有蘇路收據一紙，係招股人代公司所出，非公司正式收據，可否即以此據送去，乞公酌行。信外洋共壹千二百七十五元，已收滬帳，請照付。專此布告，藉頌大安。本廠會計所啓。十二月廿一日

付寄比布告藉以

大安　本廠會計所啟　十二月廿一日

第二百三十一號（十二月廿一日）

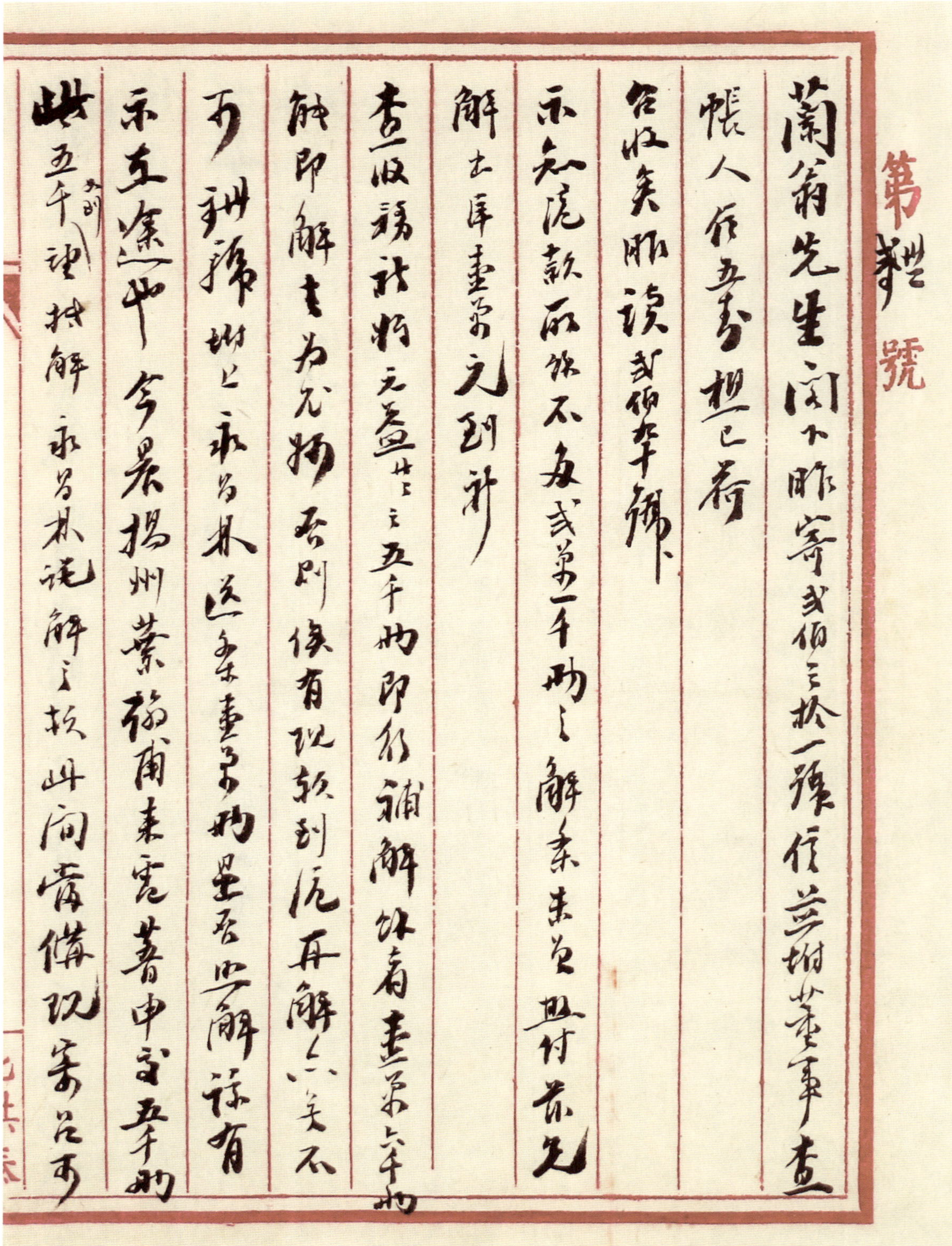

第二百三十二號（十二月廿二日）

蘭翁先生閣下：昨寄弍佰三拾一號信，并附董事查帳人信五封，想已荷台收矣。昨讀弍佰九十號示，知滬款所餘不多，弍萬一千兩之解條未曾照付。兹先解出洋壹萬元，到祈查收，務祈將元益（廿二、廿三）五千兩即行補解。餘者壹萬六千兩，能即解去爲尤妙，否則俟有現款到滬再解，亦無不可。二百卅號附上永昌林送條壹萬兩，是否照解，諒有示在途也。今晨揚州葉翰甫來電，廿五日申交五千兩，此五千如到，望抵解永昌林托解之款，此間當備現寄吕可也。明日或可凑弍萬元

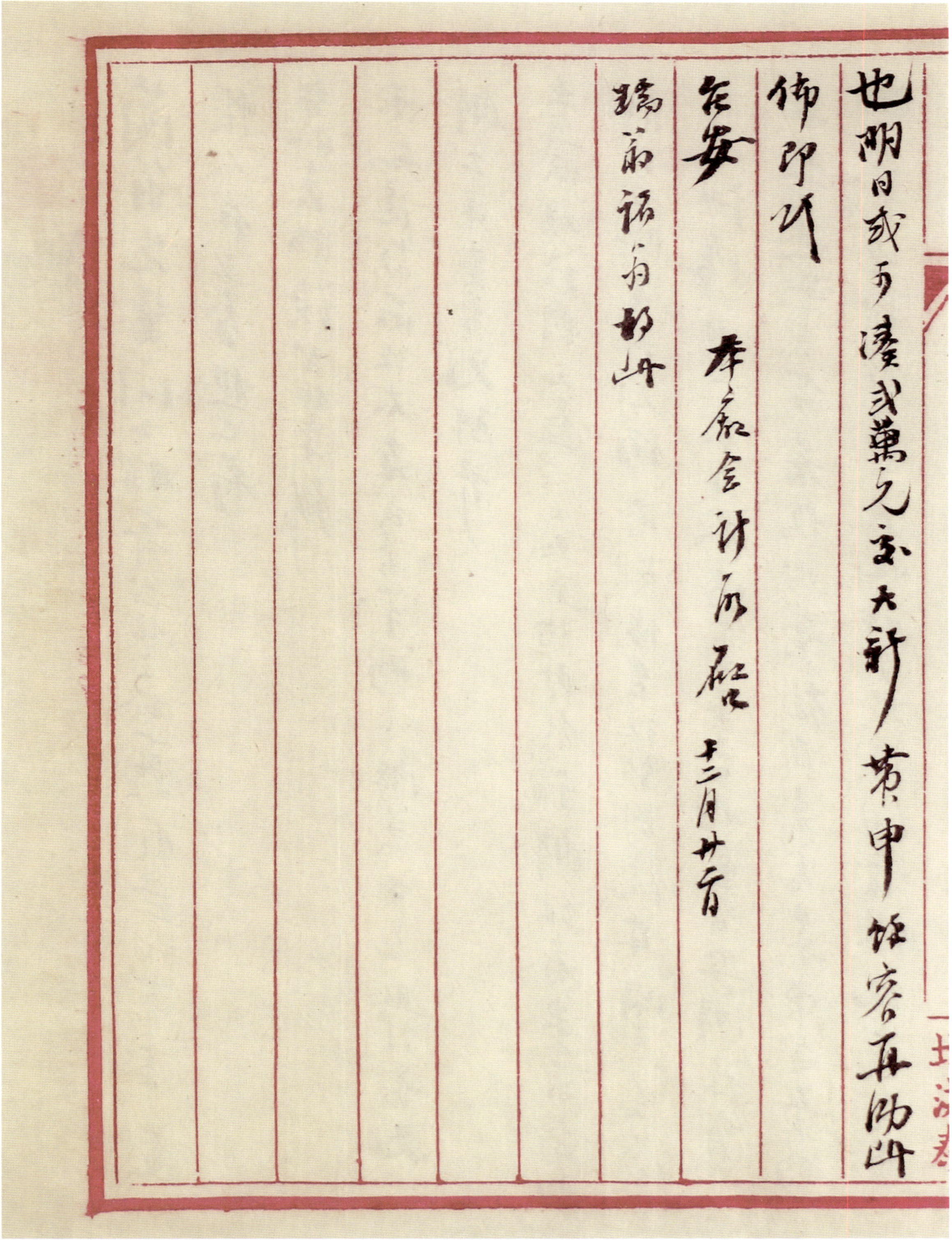
也期日或于滬或萬元交大新帶申餘容再泐此
佈即頌
台安　本廠會計所啓　十二月廿二日
瑞翁諸翁均此

第二百三十二號（十二月廿二日）

交大新帶申。餘容再泐。此布，即頌台安。本廠會計所啓。十二月廿二日

瑞翁、諸翁均此。

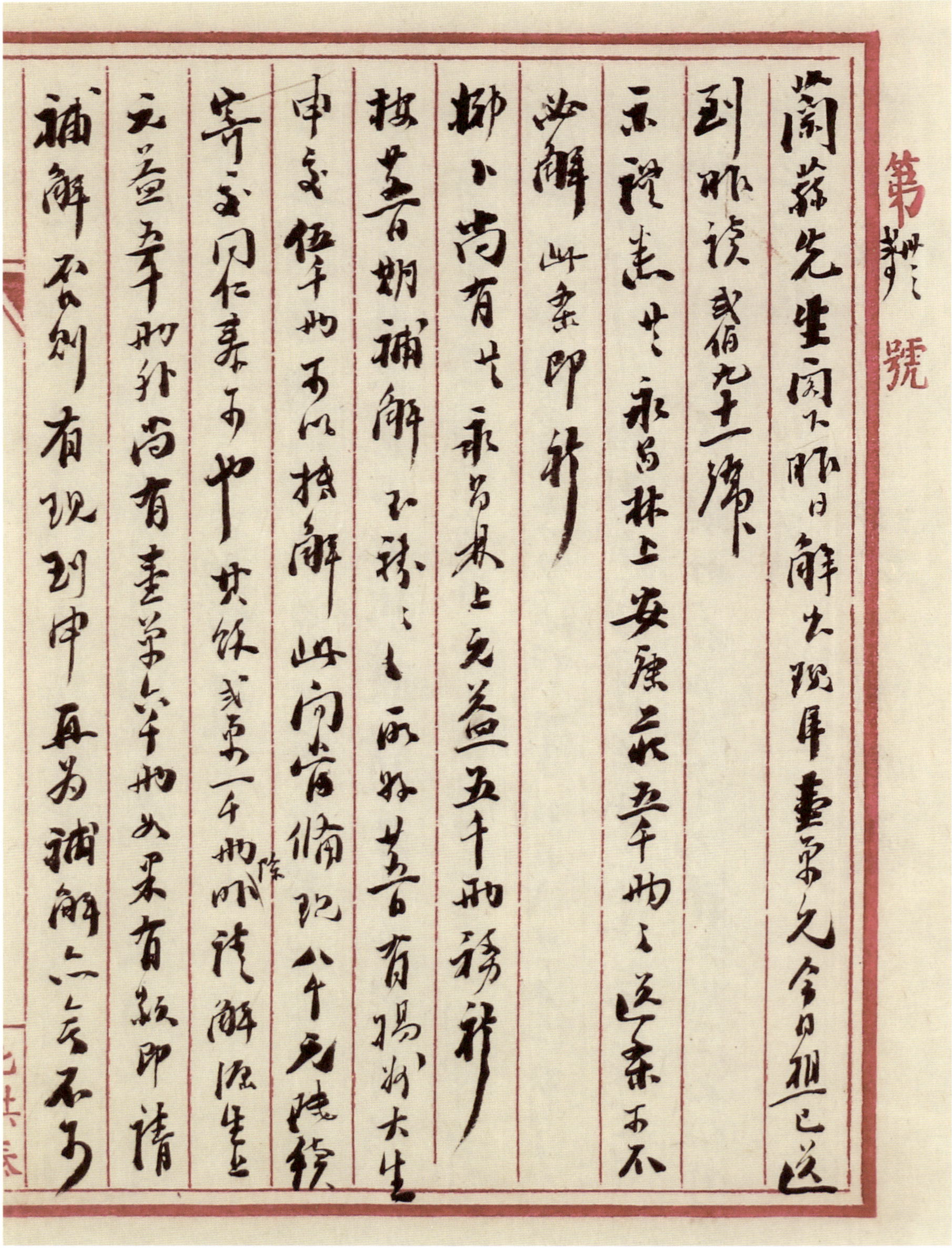

第二百三十三號

蘭蓀先生閣下：昨日解出現洋壹萬元，今日想已送到。昨讀式佰九十一號示，謹悉。廿二永昌林上安康莊五千兩之送條，可不必解，此條即祈擲下。尚有廿二永昌林上元益五千兩，務祈按廿五日期補解，至禱至禱。所好廿五日有揚州大生申交伍千兩可以抵解，此間當備現八千元，陸續寄交同仁泰可也。其餘式萬一千兩，除昨請解源生上元益五千兩外，尚有壹萬六千兩，如果有款，即請補解，否則有現到申再爲補解，亦無不可。資生冶廠款至二十七八方有款來，一俟收到，即行函告。

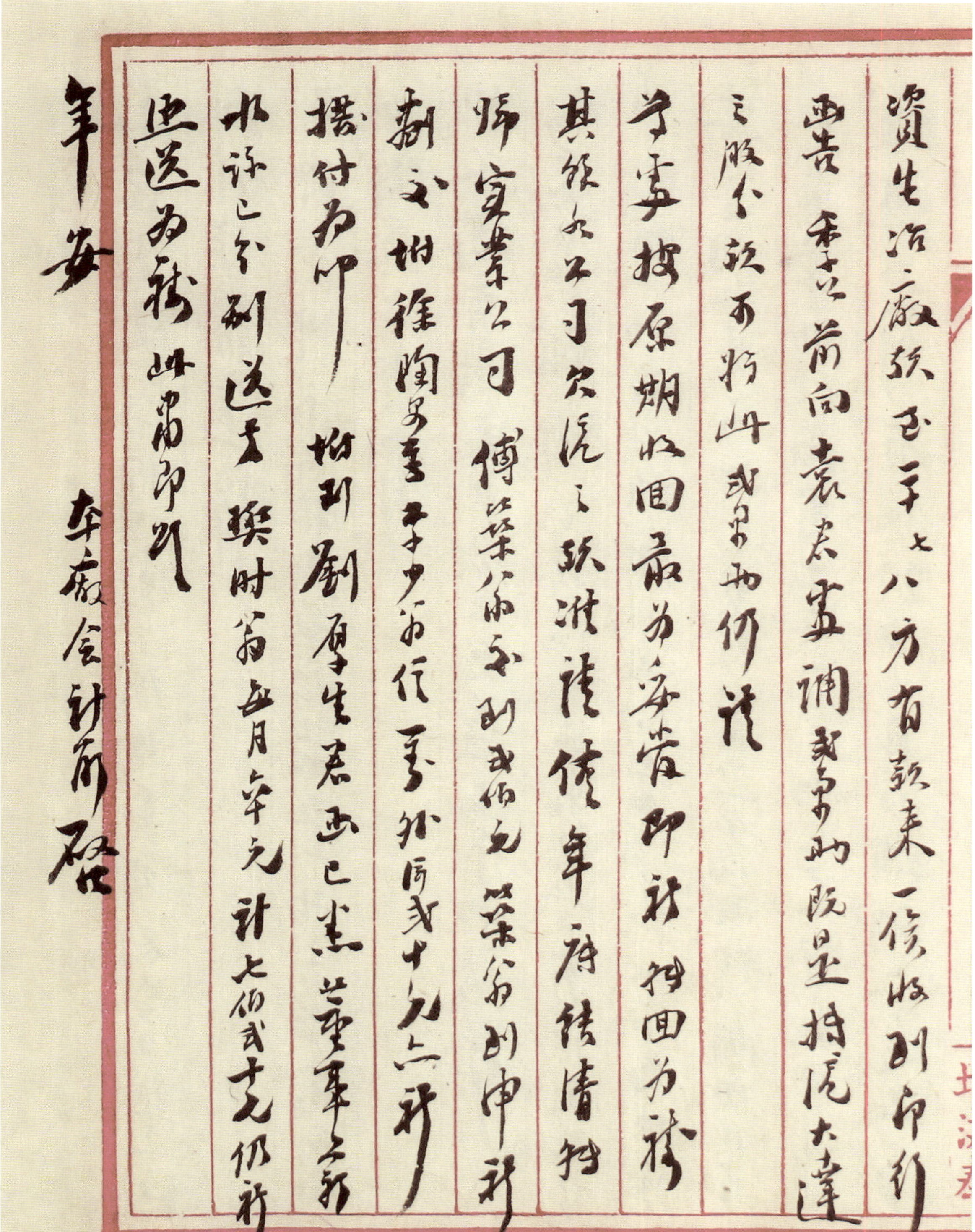

第二百三十三號

季公前向袁君處調式萬兩，既是抵滬大達之股分款，可將此式萬兩仍請尊處按原期收回，最爲妥當，即祈轉回爲禱。其餘各公司欠滬之款，准請儘年底結清，轉歸實業公司。傅築翁交到式佰元，築翁到申祈劃交。附徐陶安至李少翁信一封，外洋式十元，亦祈撥付爲叩。附到劉厚生君函已悉。董事薪水諒已分别送去。樊時翁每月六十元，計七佰式十元，仍祈照送爲禱。此肅，即頌年安。本廠會計所啓。

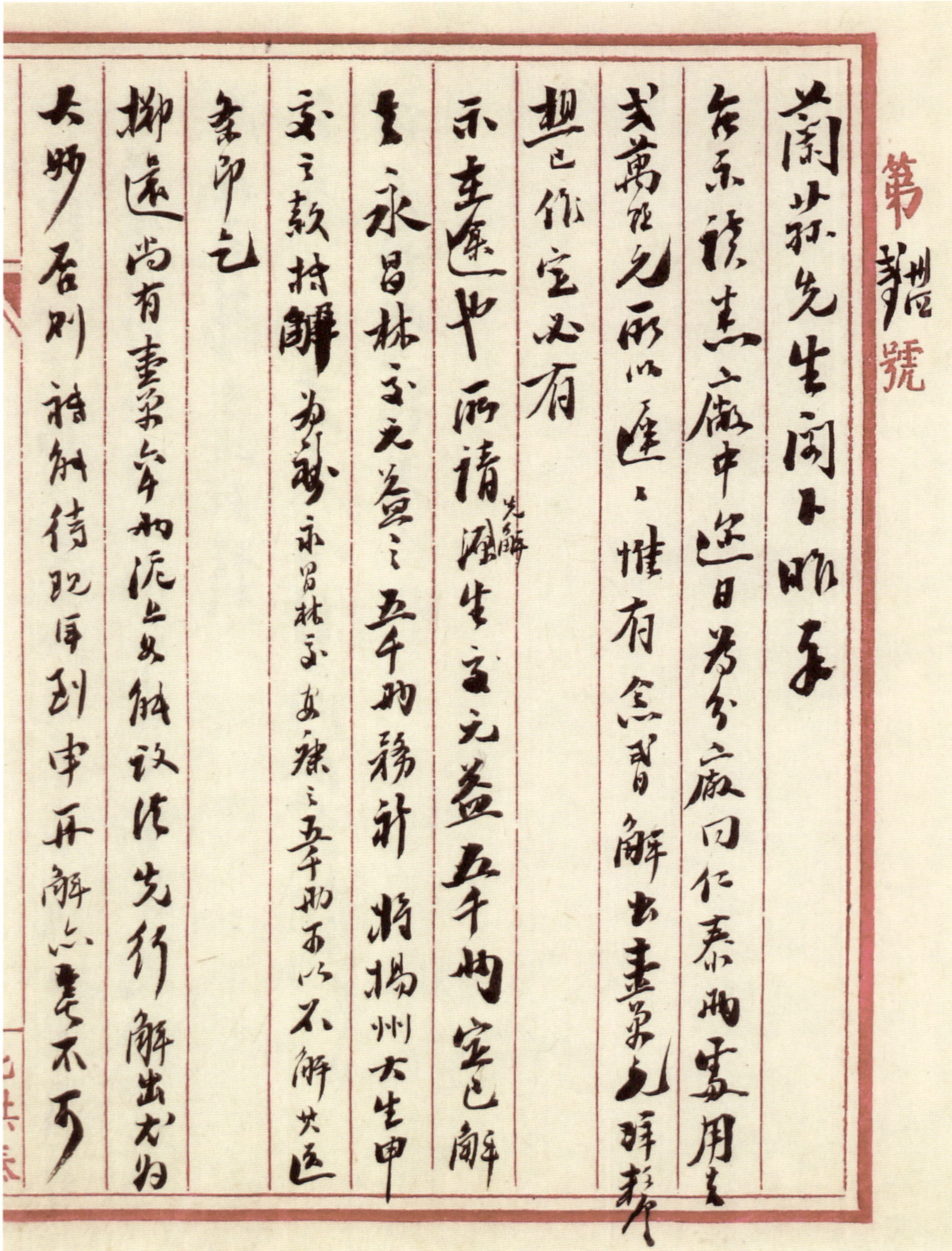

第　號

蘭蓀先生閣下昨奉台示讀悉廠中逕日為分廠同仁泰兩處用去式萬餘元所以遲遲惟有念式日解出壹萬元洋厘想已作定必有示在途也所請先解源生交元益五千兩定已解去永昌林交元益之五千兩務祈將揚州大生申交之款抵解為禱永昌林交安康之五千兩可以不解其送條即乞擲還尚有壹萬六千兩滬上如能設法先行解出尤為大妙否則祇能待現洋到申再解亦無不可

第二百三十四號（十二月廿四日）

蘭蓀先生閣下：昨奉台示，讀悉。廠中邇日爲分廠、同仁泰兩處用去式萬餘元，所以遲遲，惟有念式日解出壹萬元，洋厘想已作定，必有示在途也。所請先解源生交元益五千兩，定已解去。永昌林交元益之五千兩，務祈將揚州大生申交之款抵解爲禱。永昌林交安康之五千兩可以不解，其送條即乞擲還。尚有壹萬六千兩，滬上如能設法先行解出，尤爲大妙。否則祇能待現洋到申再解，亦無不可。附上隴西勸業場收條一紙、簽字單一張、帳單一紙，祈台收，結帳時乞將此間墊付之

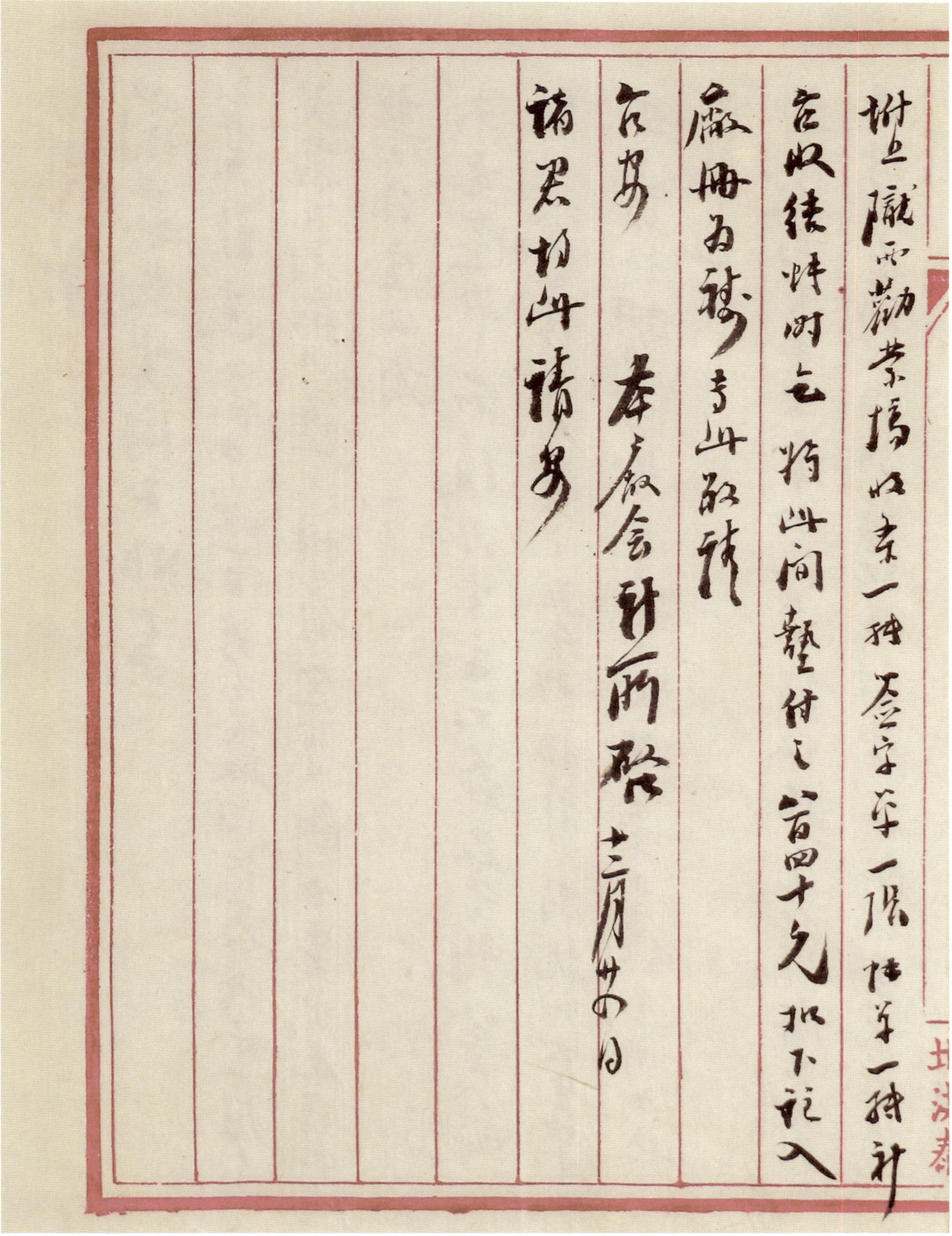

第二百三十四號（十二月廿四日）

八百四十元扣下，注入廠册爲禱。專此，敬請台安。本廠會計所啓。十二月廿四日

諸君均此請安。

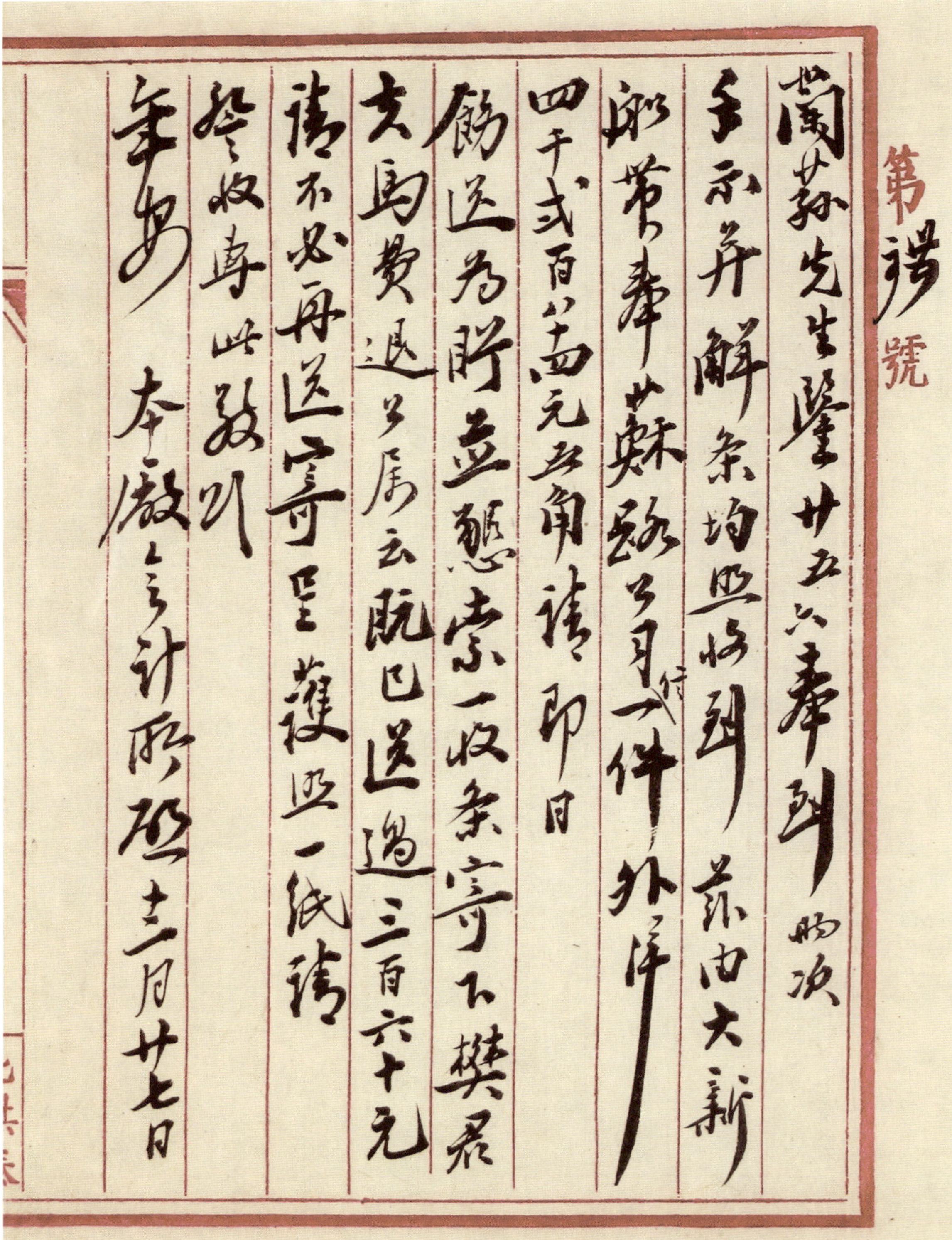

第二百三十五號（十二月廿七日）

蘭蓀先生鑒：廿五、廿六奉到兩次手示并解條，均照收到。兹由大新船帶奉蘇路公司信一件，外洋四千弍百八十四元五角，請即日飭送爲盼，并懇索一收條寄下。樊君夫馬費，退公屬云，既已送過三百六十元，請不必再送。寄呈護照一紙，請察收。專此，敬頌年安。本廠會計所啓。十二月廿七日

第二百三十五號（十二月廿七日）

清光緒三十四年（一九〇八）

大生紗廠致大生駐滬事務所號信

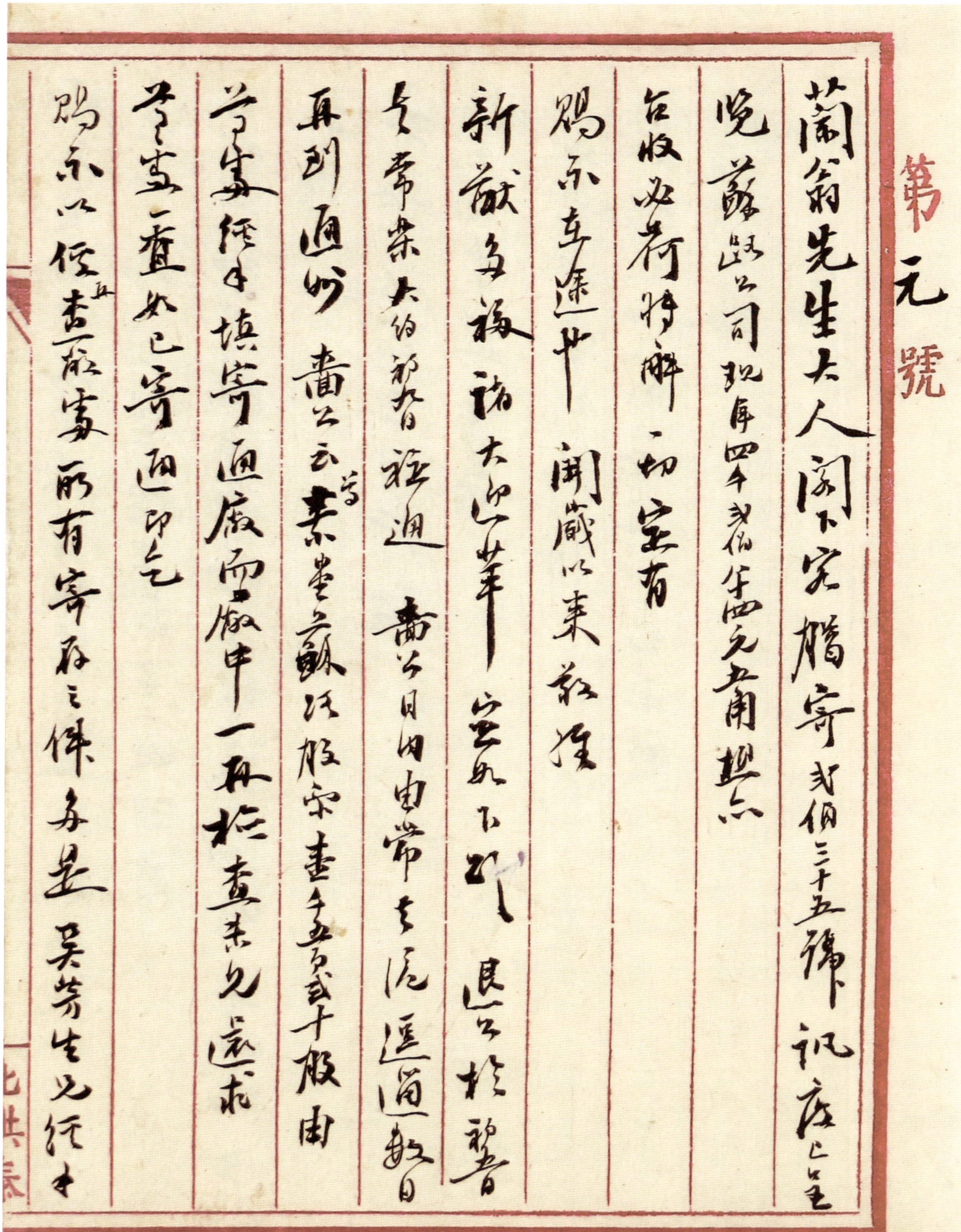

第元號（正月初六日）

蘭翁先生大人閣下：客臘寄弍佰三十五號訊，度已呈覽。蘇路公司現洋四千弍佰八十四元五角，想亦台收，必荷轉解，一切定有賜示在途也。開歲以來，敬維新猷多福，諸大迎羊，定如下頌。退公於初五日去常樂，大約初九日旋通。嗇公日内由常去滬，逗遛數日再到通州。嗇公云，尊素堂蘇路股票壹千五百弍十股，由尊處經手填寄通廠，而廠中一再檢查未見，還求尊處一查，如已寄通，即乞賜示，以便再查。敝處所有寄存之件，多是吴芳生兄經手，而芳生客冬歸里，恐有岐誤之處，故特敬

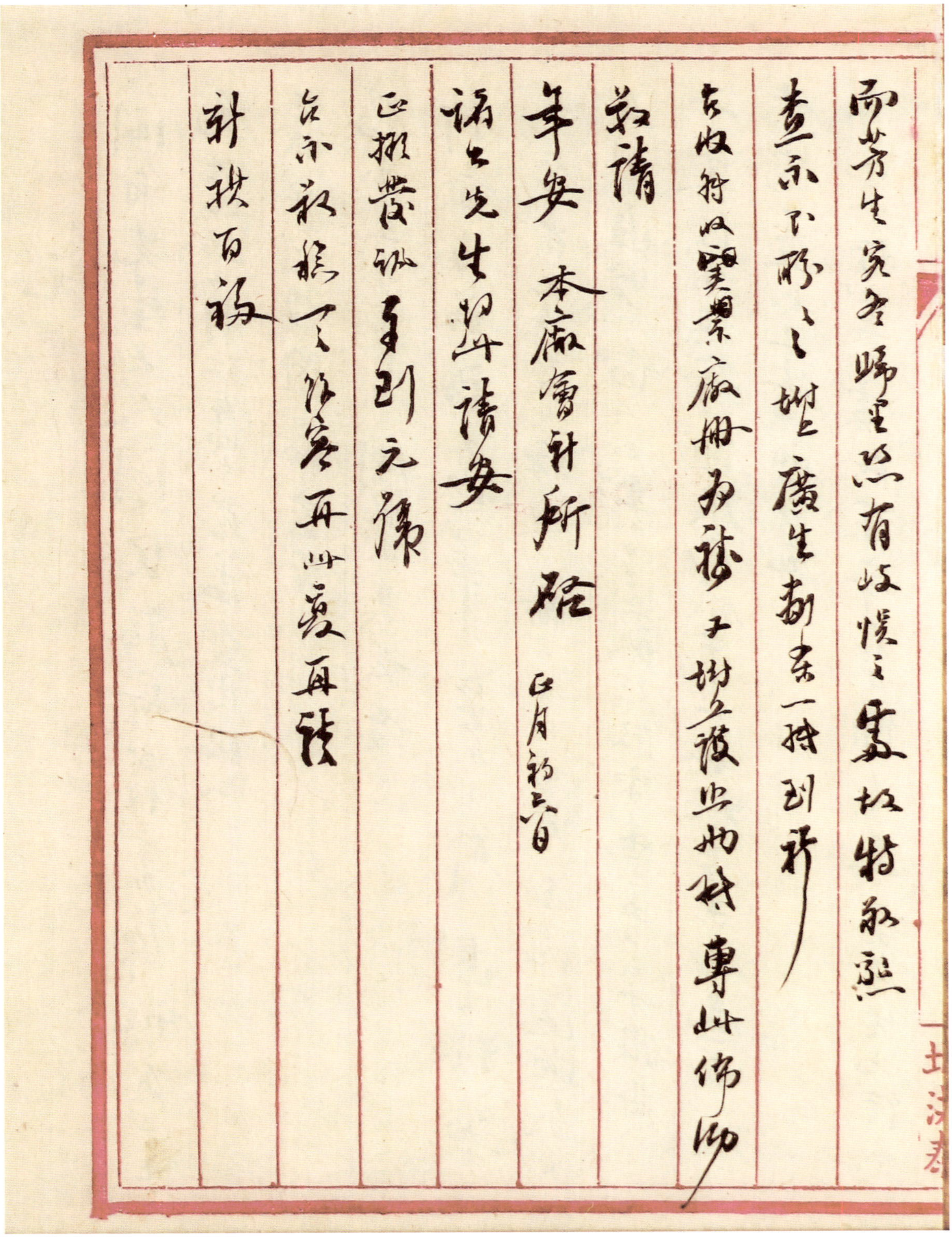

第元號（正月初六日）

懇查示，至盼至盼。附上廣生劃條一紙，到祈台收，轉收廠册爲禱。又附護照兩紙。專此布泐，敬請年安。本廠會計所啓。正月初六日

諸公先生均此請安。

正擬發訊，奉到元號台示，敬稔一一。餘容再。此復，再請新祺百福。

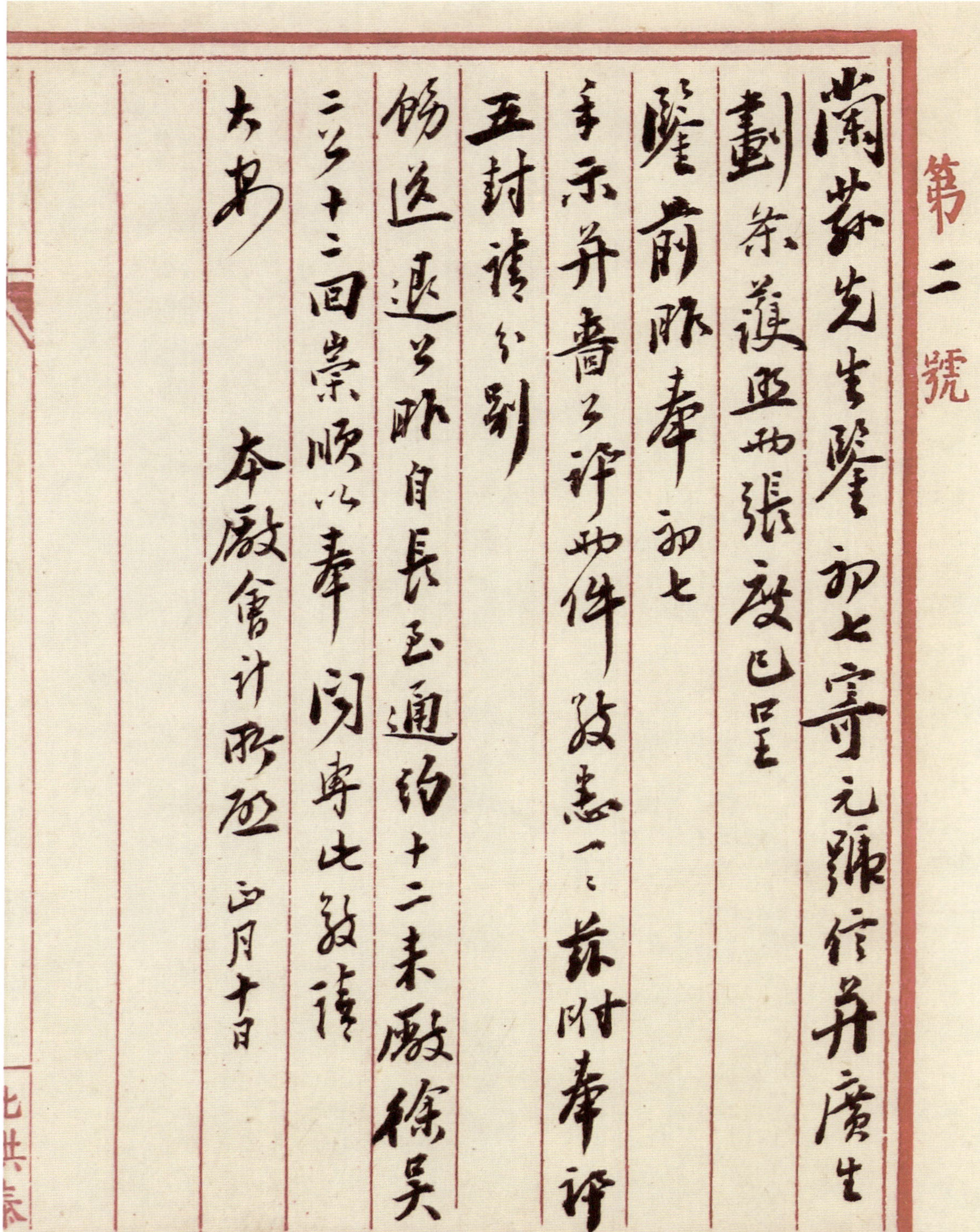
第二號

蘭蓀先生鑒：初七寄元號信，并廣生劃條、護照兩張，度已呈鑒。前、昨奉初七手示，并啬公訊兩件，敬悉一一。兹附奉訊五封，請分别飭送。退公昨自長至通，約十二來廠。徐、吴二公十二回崇，順以奉聞。專此，敬請大安。本廠會計所啓。正月十日

第二號（正月十日）

蘭蓀先生鑒：初七寄元號信，并廣生劃條、護照兩張，度已呈鑒。前、昨奉初七手示，并啬公訊兩件，敬悉一一。兹附奉訊五封，請分别飭送。退公昨自長至通，約十二來廠。徐、吴二公十二回崇，順以奉聞。專此，敬請大安。本廠會計所啓。正月十日

第二號（正月十日）

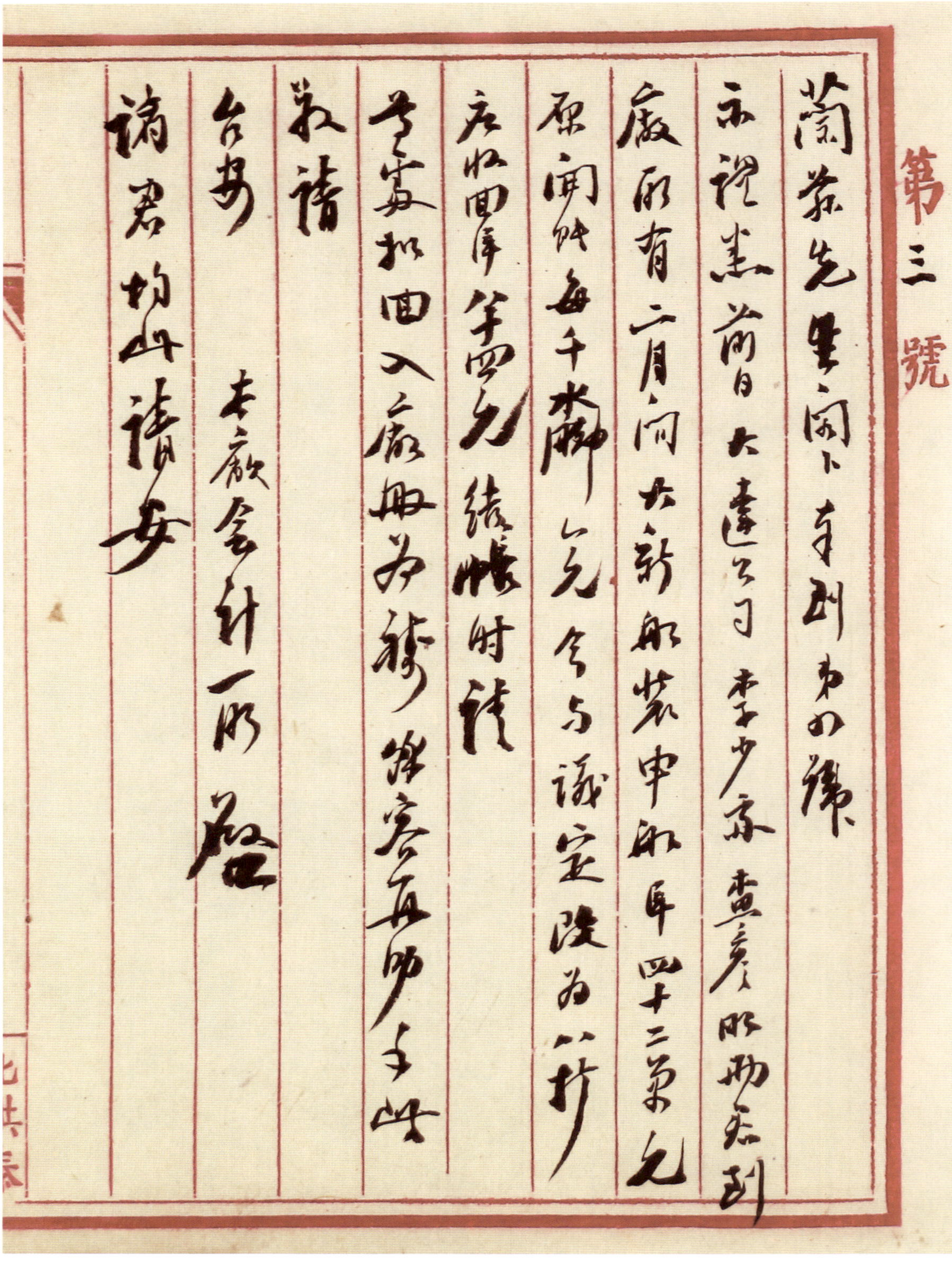

第三號

蘭蓀先生閣下：奉到第四號示，謹悉。前日大達公司李少齋、查彥明兩君到廠，所有二月間大新船裝申船洋四十二萬元，原開帳每千水脚一元，今與議定，改爲八折，應收回洋八十四元。結帳時請尊處扣回，入廠册爲禱。餘容再泐。手此，敬請台安。

本廠會計所啓。

諸君均此請安。

第三號

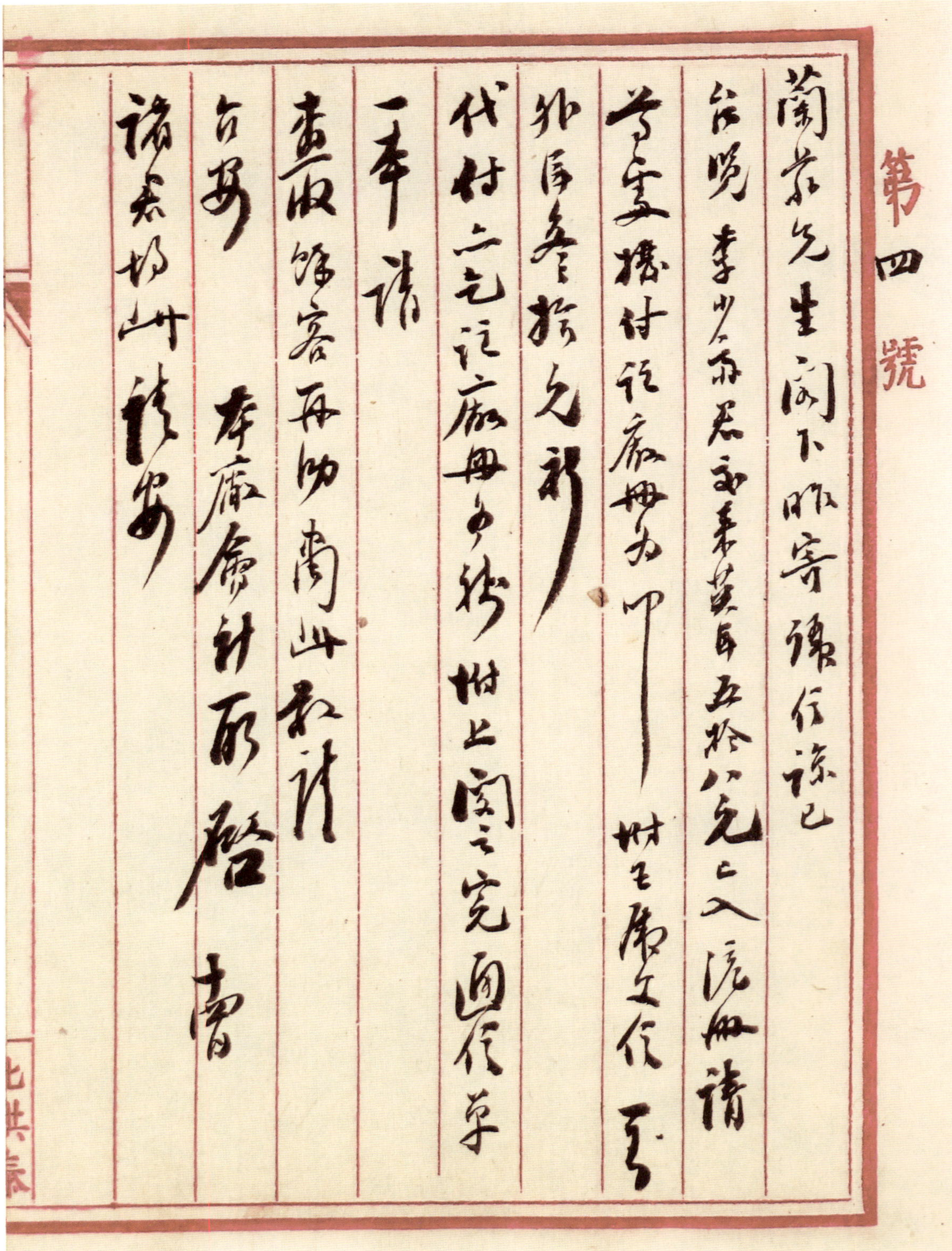

第四號（正月十四日）

蘭蓀先生閣下：昨寄號信，諒已台覽。李少齋君交來英洋五拾八元，已入滬册，請尊處撥付，注廠册爲叩。附王虎文信一封，外洋叁拾元，祈代付，亦乞注廠册爲禱。附上閔之完通信單一本，請查收。餘容再泐。肅此，敬請台安。本廠會計所啓。

十四日

諸君均此請安。

第四號（正月十四日）

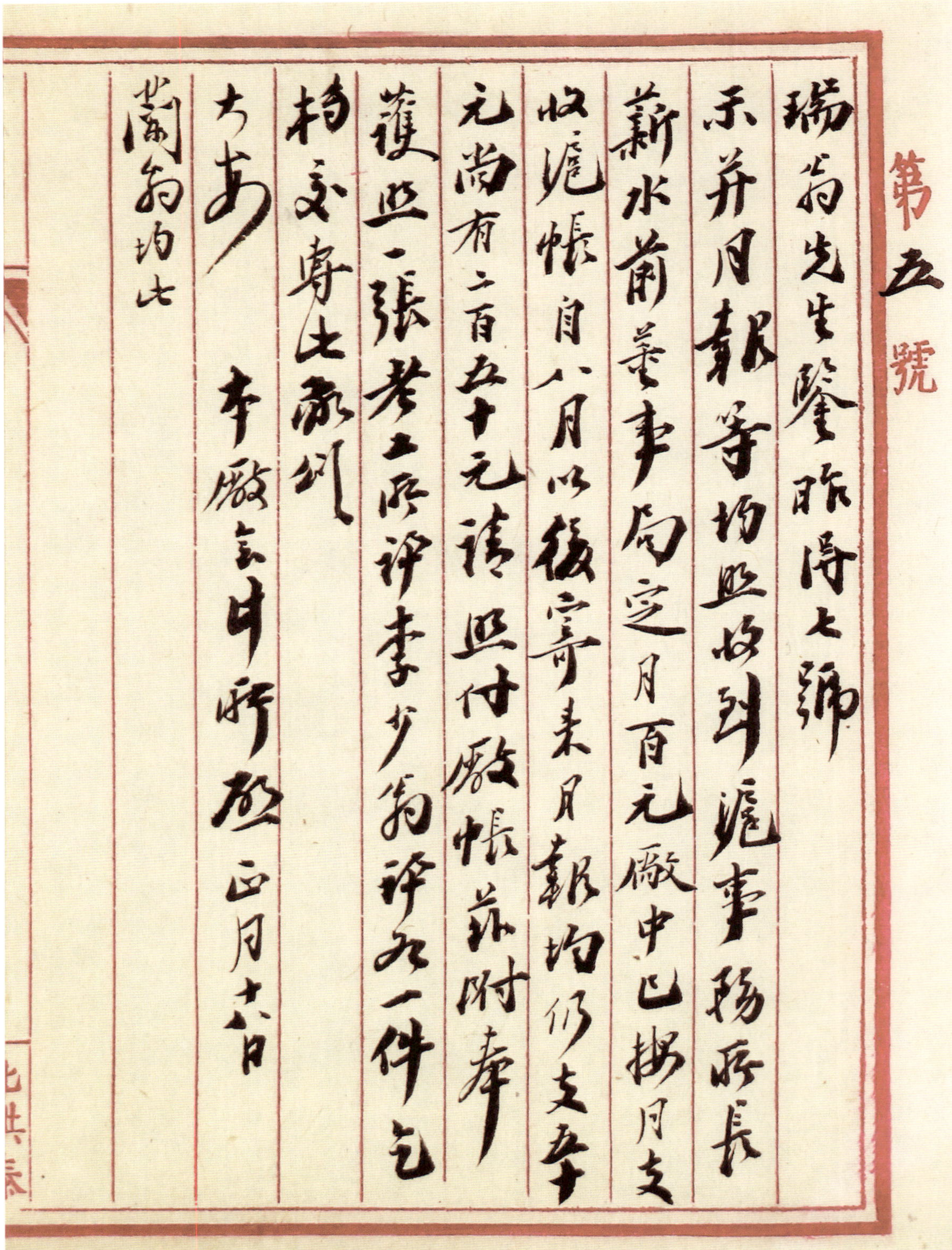

第五號（正月十八日）

瑞翁先生鑒：昨得七號示并月報等，均照收到。滬事務所長薪水，前董事局定月百元，廠中已按月支收滬帳。自八月以後寄來月報，均仍支五十元，尚有二百五十元，請照付廠帳。玆附奉護照一張，考工所訊、李少翁訊各一件，乞轉交。專此，敬頌大安。本廠會計所啓。正月十八日

蘭翁均此。

第五號（正月十八日）

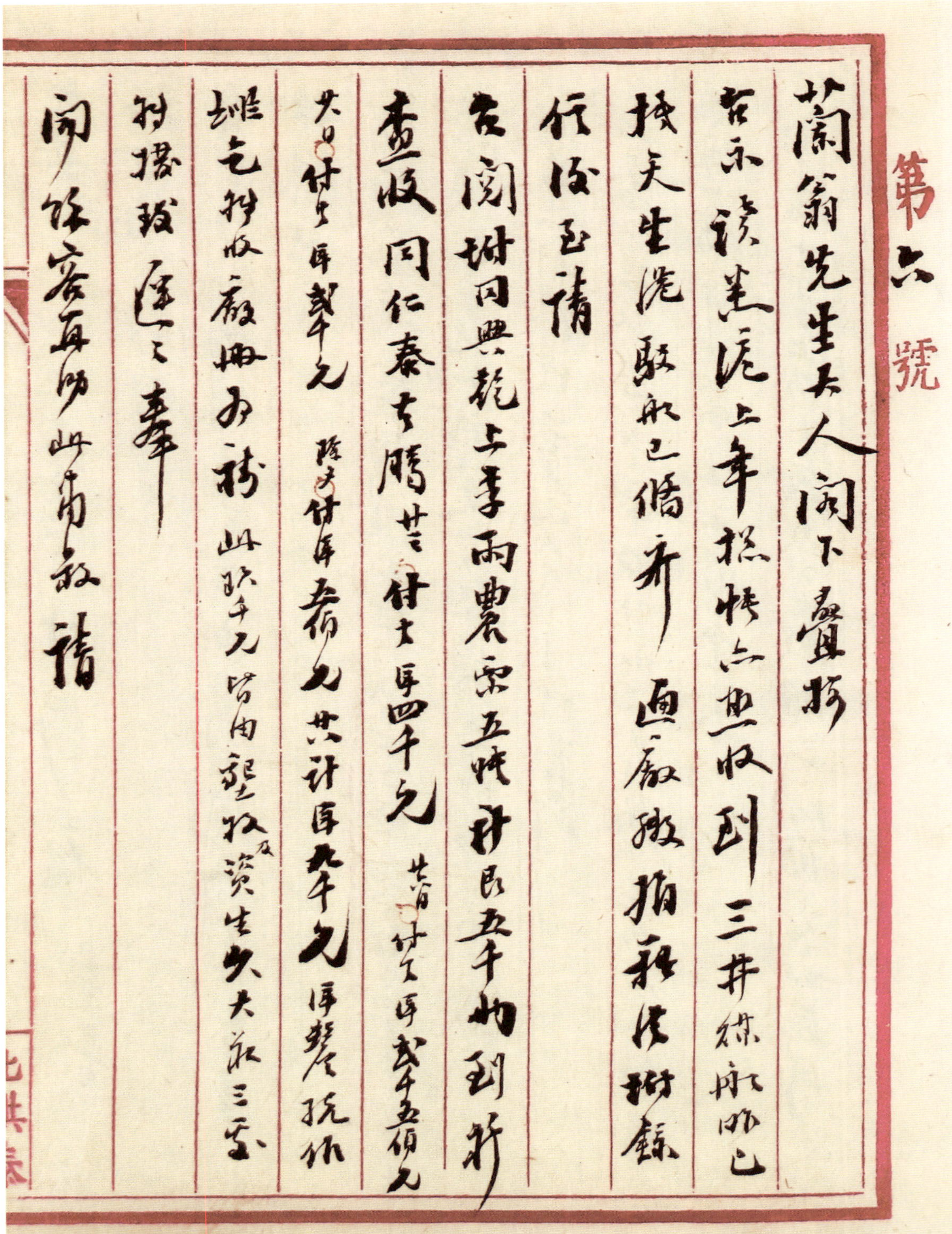

第六號（正月廿一日）

蘭翁先生大人閣下：叠接台示，讀悉。滬上年總帳亦照收到。三井煤船昨已抵天生港，駁船已備齊。通廠繳捐辦法附録信後，至請台閲。附同興乾上李雨農票五張，計銀五千兩，到祈查收。同仁泰去臘廿三付去洋四千元，廿六日付去洋式千五佰元，廿八日付去洋式千元，除夕付洋五佰元，共計洋九千元，洋厘統作七三八，乞轉收廠册爲禱。此玖千元皆由墾牧及資生、久大莊三處轉撥，致遲遲奉聞。餘容再泐。此肅，敬請台安。本廠會計所啓。正月廿一日
瑞翁、諸翁均此請安。

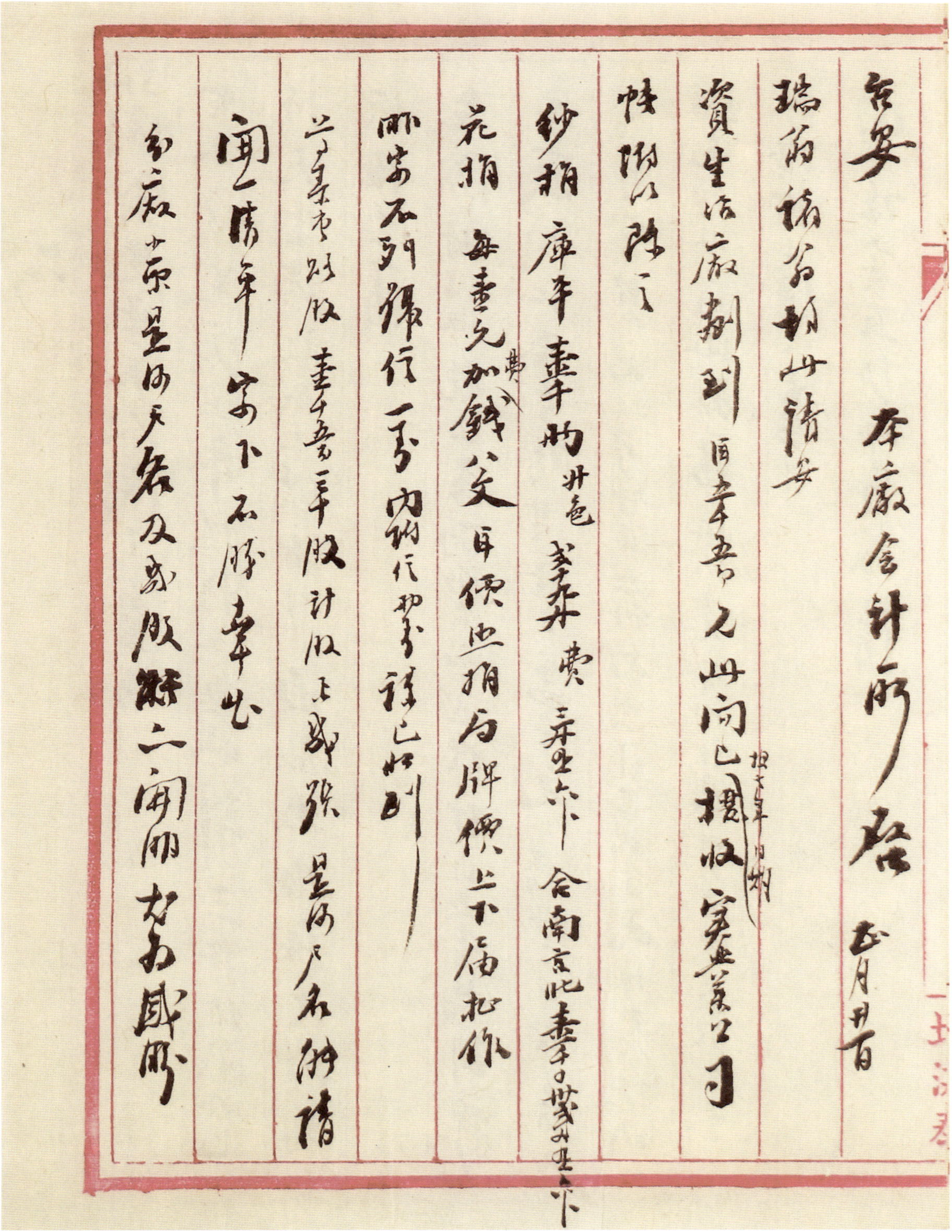

第六號（正月廿一日）

資生冶廠劃到洋五千五百元，此間已按去年日期撥收實業公司帳，附以陳之。

紗捐：庫平壹千兩，（升色）弍十九两，（費）三兩四錢六分，合南京（二七）壹千〇卅弍兩四錢六分

花捐：每壹元加費錢八文，洋價照捐局牌價上下届扯作。

昨寄不列號信一封，內附信兩封，諒已收到。尊素堂路股壹千五百三十股，計股票幾張，是何户名，能請開一清單寄下，不勝幸甚。分廠小票是何户名及幾股，能亦開明，尤爲感盼。

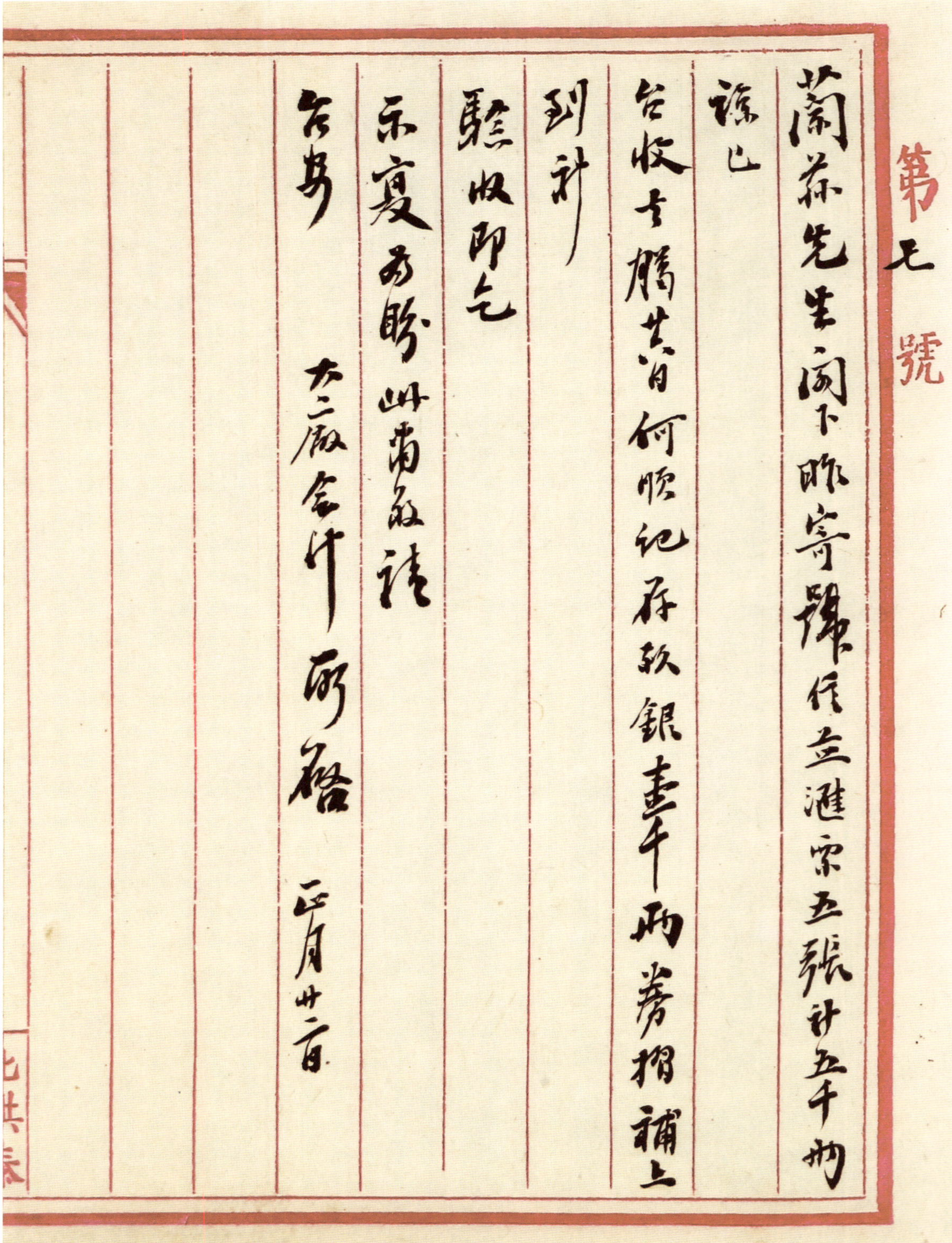
第七號
蘭蓀先生閣下昨寄號信并匯票五張計五千兩
諒已
台收去臘廿六日何順記存款銀壹千兩券摺補上
到祈
驗收即乞
示復爲盼此肅敬請
台安 本廠會計所啓
正月廿二日

第七號（正月廿二日）

蘭蓀先生閣下：昨寄號信并匯票五張，計五千兩，諒已台收。去臘廿六日何順記存款銀壹千兩券摺補上，到祈驗收，即乞示復爲盼。此肅，敬請台安。本廠會計所啓。

正月廿二日

第七號（正月廿二日）

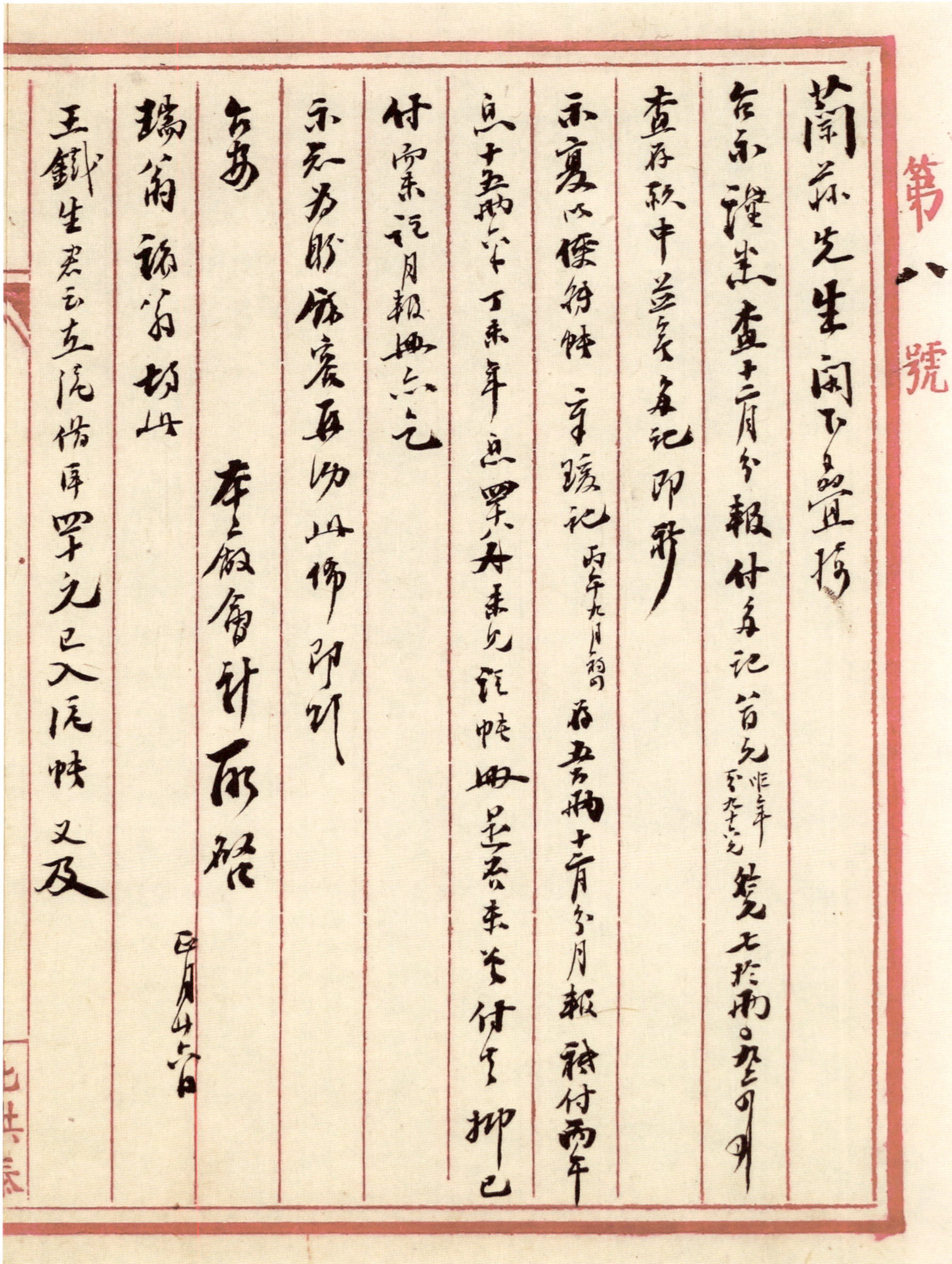

第八號（正月廿六日）

蘭蓀先生閣下：叠接台示，謹悉。查十二月分報，付多記八百元（三十三年分九十六元）、九八元七拾兩〇九錢四分四厘，查存款中并無多記，即祈示復，以便轉帳。章瑗記（丙午九月初四）存五百兩，十二月分月報衹付丙午息十五兩六錢，丁未年息四十八兩未見注帳册，是否未曾付去，抑已付而未注月報册，亦乞示知爲盼。餘容再泐。此布，即頌台安。本廠會計所啓。正月廿六日

瑞翁、諸翁均此。

第八號（正月廿六日）

王鐵生君云在滬借洋四十元，已入滬帳。又及。

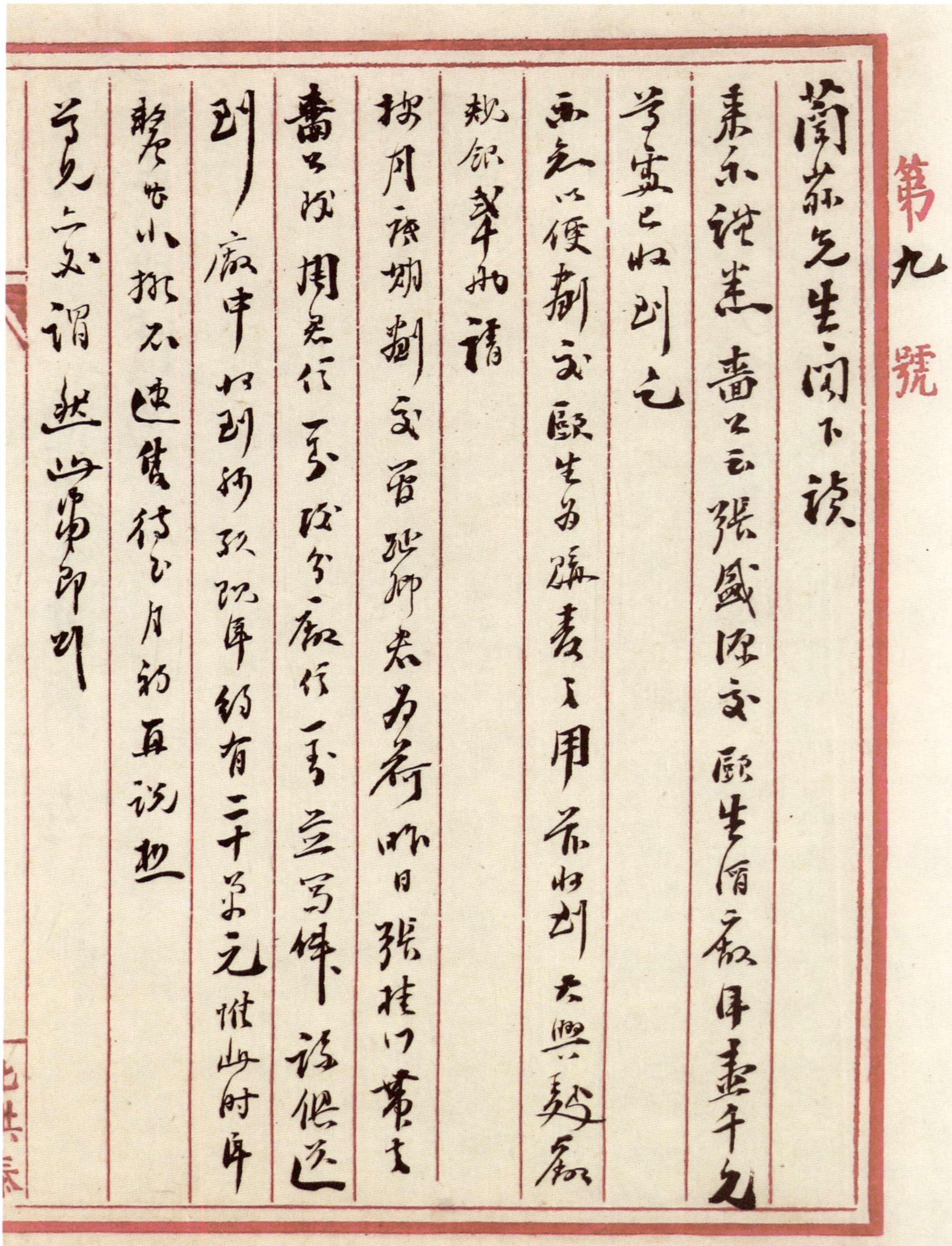

第九號（正月廿八日）

蘭蓀先生閣下：讀來示，謹悉。嗇公云，張盛源交頤生酒廠洋壹千元，尊處已收到，乞示知，以便劃交頤生，爲購麥之用。茲收到大興麵廠規銀弍千兩，請按月底期劃交管趾卿君爲荷。昨日張桂川帶去嗇公致周君信一封、致分廠信一封，并寫件，諒俱送到。廠中收到紗款現洋約有二十萬元，惟此時洋厘甚小，擬不速售，待至月初再說，想尊兄亦必謂然。此肅，即頌台安。通廠會計所啓。廿八日

諸君均此請安。

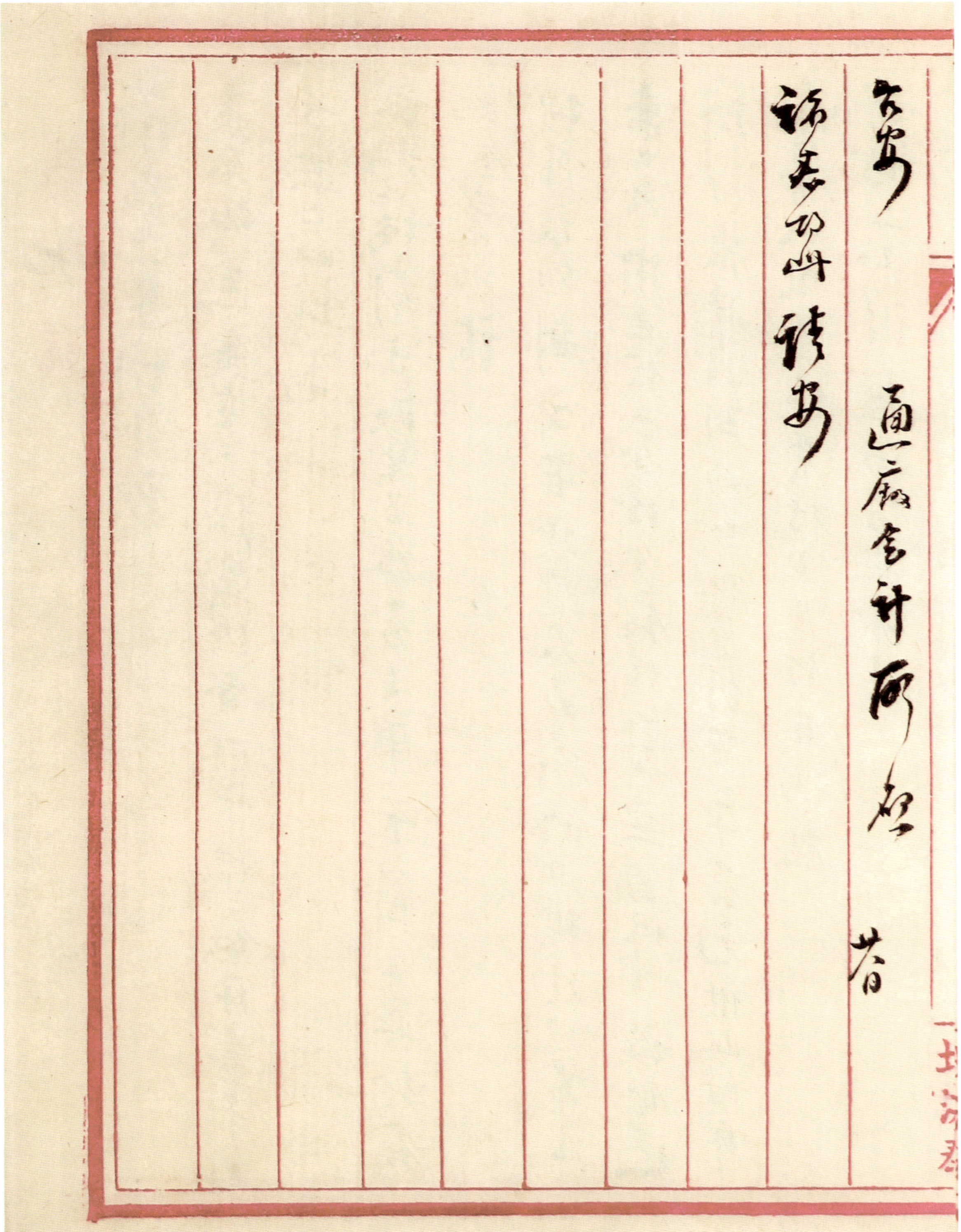

第九號（正月廿八日）

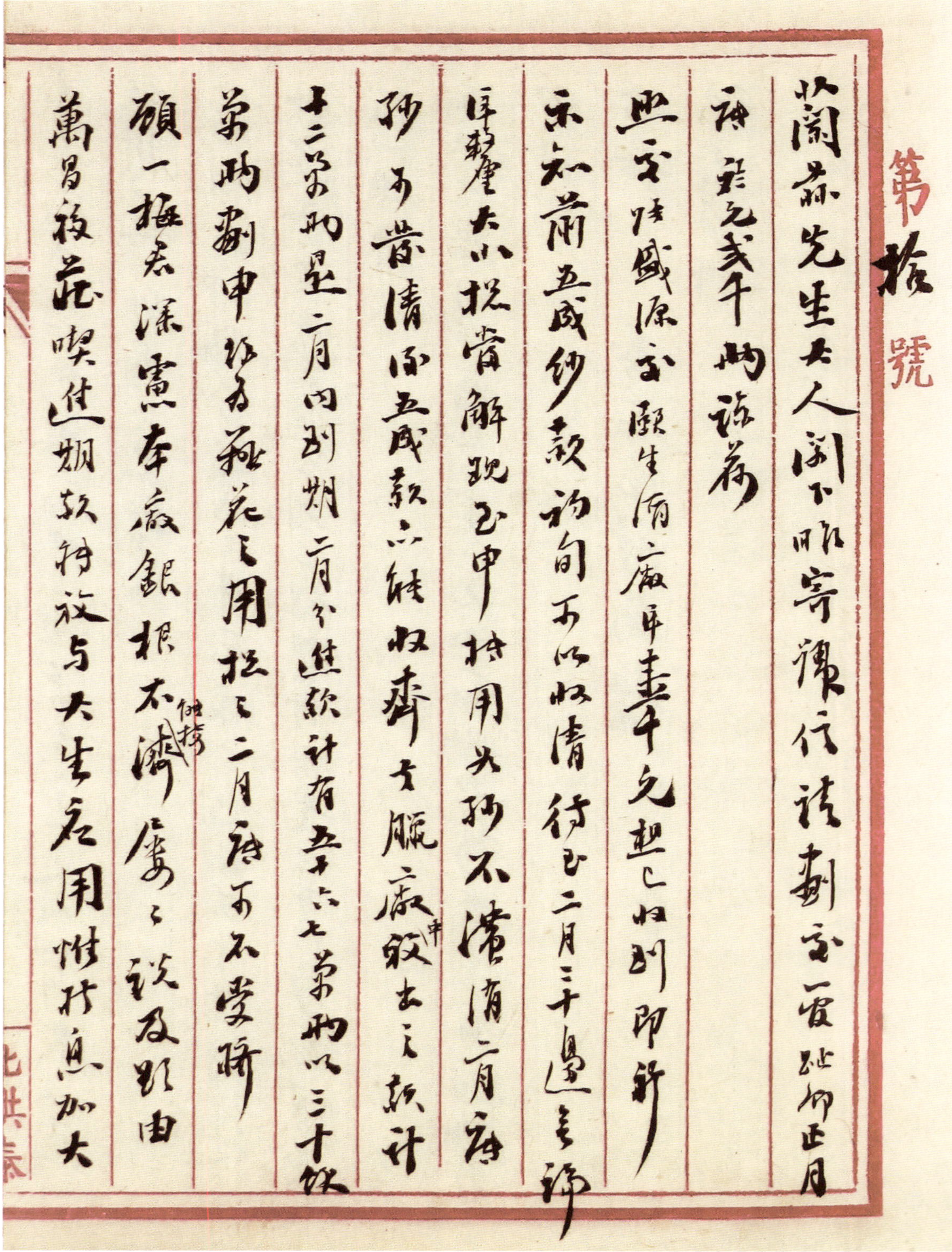
第拾號

蘭蓀先生大人閣下昨寄號信請劃交管趾卿正月底九八元弍千兩諒荷照交張盛源交頤生酒廠洋壹千元想已收到即祈示知前五成紗款初旬可以收清待至二月二十邊無論洋厘大小總當解現至申抵用如紗不滯消二月底紗可發清後五成款亦能收齊去臘廠中放出之款計十二萬兩是二月內到期二月分進款計有五十六七萬兩以三十餘萬兩劃申作爲辦花之用總之二月底可不受擠顧一梅君深慮本廠銀根不能接濟屢屢說及欲由萬昌福莊吃進期款轉放與大生應用惟於息加大

第十號（正月廿九日）

蘭蓀先生大人閣下：昨寄號信，請劃交管趾卿正月底九八元弍千兩，諒荷照交。張盛源交頤生酒廠洋壹千元想已收到，即祈示知。前五成紗款，初旬可以收清，待至二月二十邊，無論洋厘大小，總當解現至申抵用。如紗不滯消，二月底紗可發清，後五成款亦能收齊。去臘廠中放出之款計十二萬兩，是二月内到期，二月分進款計有五十六七萬兩，以三十餘萬兩劃申，作爲辦花之用。總之，二月底可不受擠。顧一梅君深慮本廠銀根不能接濟，屢屢説及，欲由萬昌福莊吃進期款，轉放與大生應

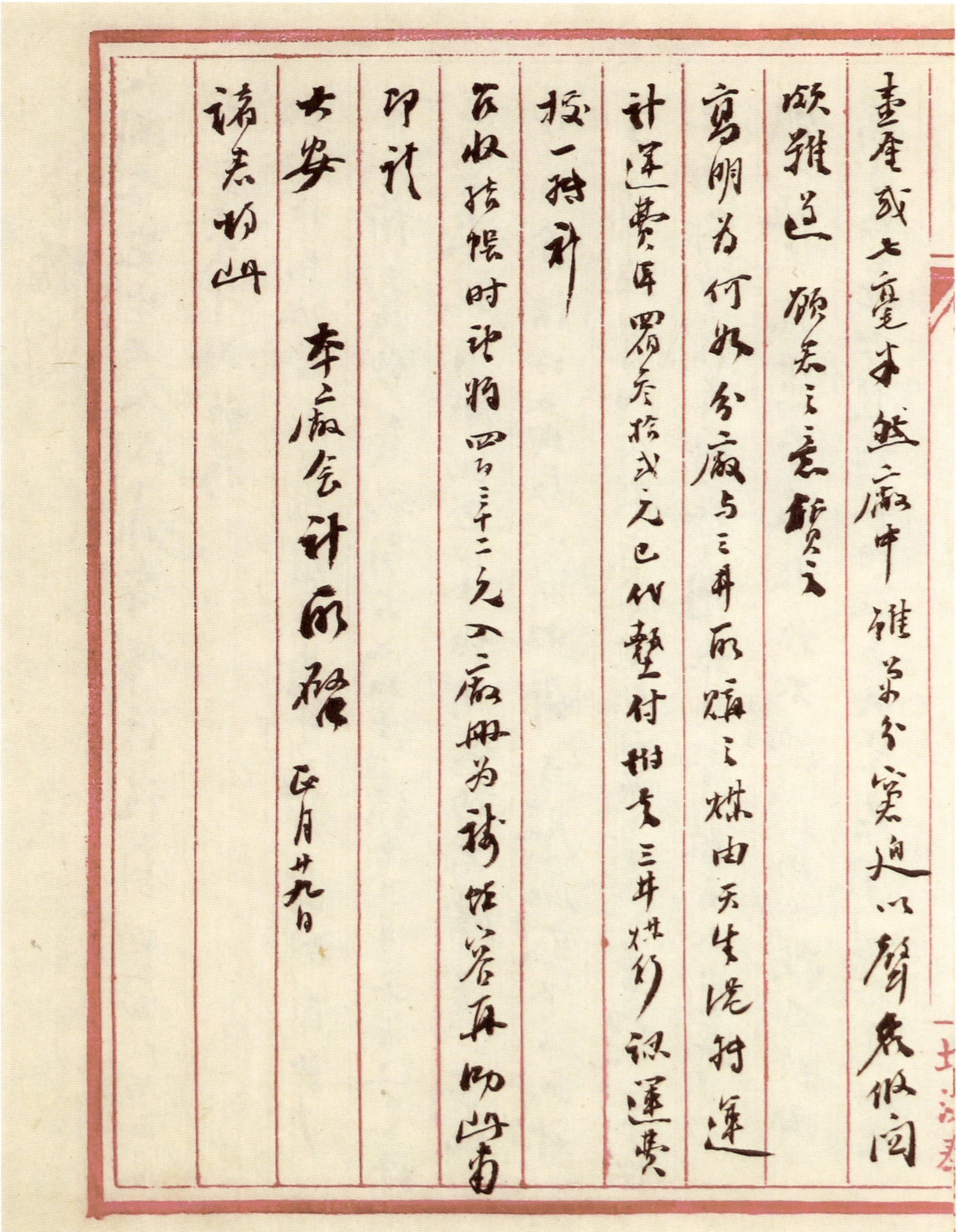

第十號（正月廿九日）

用，惟折息加大壹厘或七毫半。然廠中雖萬分窘迫，以聲名攸關，頗難遵顧君之意，質之高明爲何如。分廠與三井所購之煤，由天生港轉運，計運費洋四佰叁拾式元，已代墊付，附去三井煤行認運費據一紙，祈台收，結帳時望將四百三十二元入廠册爲禱。餘容再泐。此肅，即請大安。本廠會計所啓。正月廿九日

諸君均此。

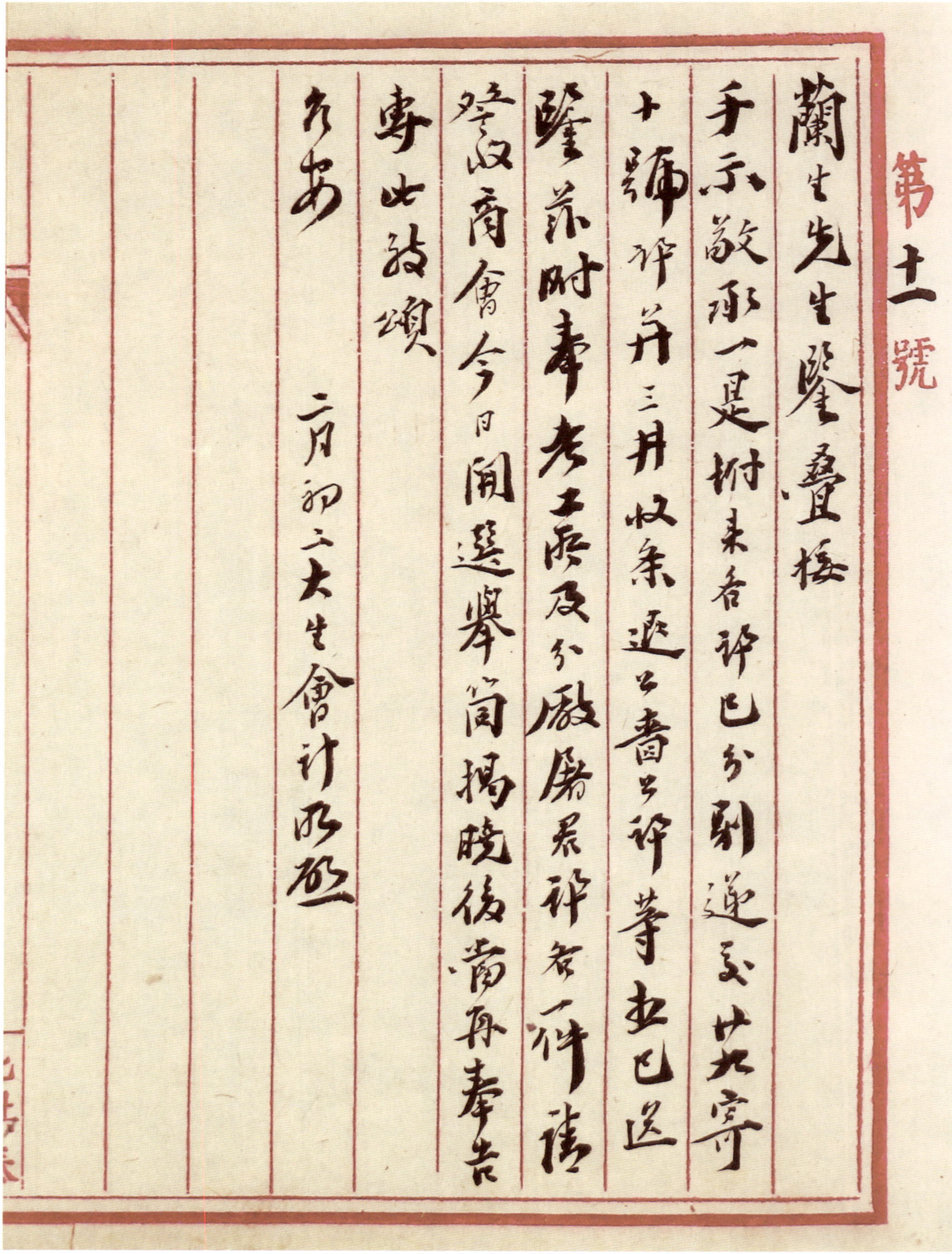
第十一號

蘭生先生鑒：叠接
手示，敬承一是。附來各訊，已分別遞交。廿九寄
十號訊，并三井收條，退公、啬公訊等，想已送
鑒。茲附奉考工所及分廠屠君訊各一件，請
察收。商會今日開選舉筒，揭曉後當再奉告。
專此，敬頌
台安
二月初二大生會計所啓

第十一號（二月初二日）

蘭生先生鑒：叠接手示，敬承一是。附來各訊，已分别遞交。廿九寄十號訊，并三井收條，退公、啬公訊等，想已送鑒。茲附奉考工所及分廠屠君訊各一件，請察收。商會今日開選舉筒，揭曉後當再奉告。專此，敬頌台安。二月初二大生會計所啓

第十一號（二月初二日）

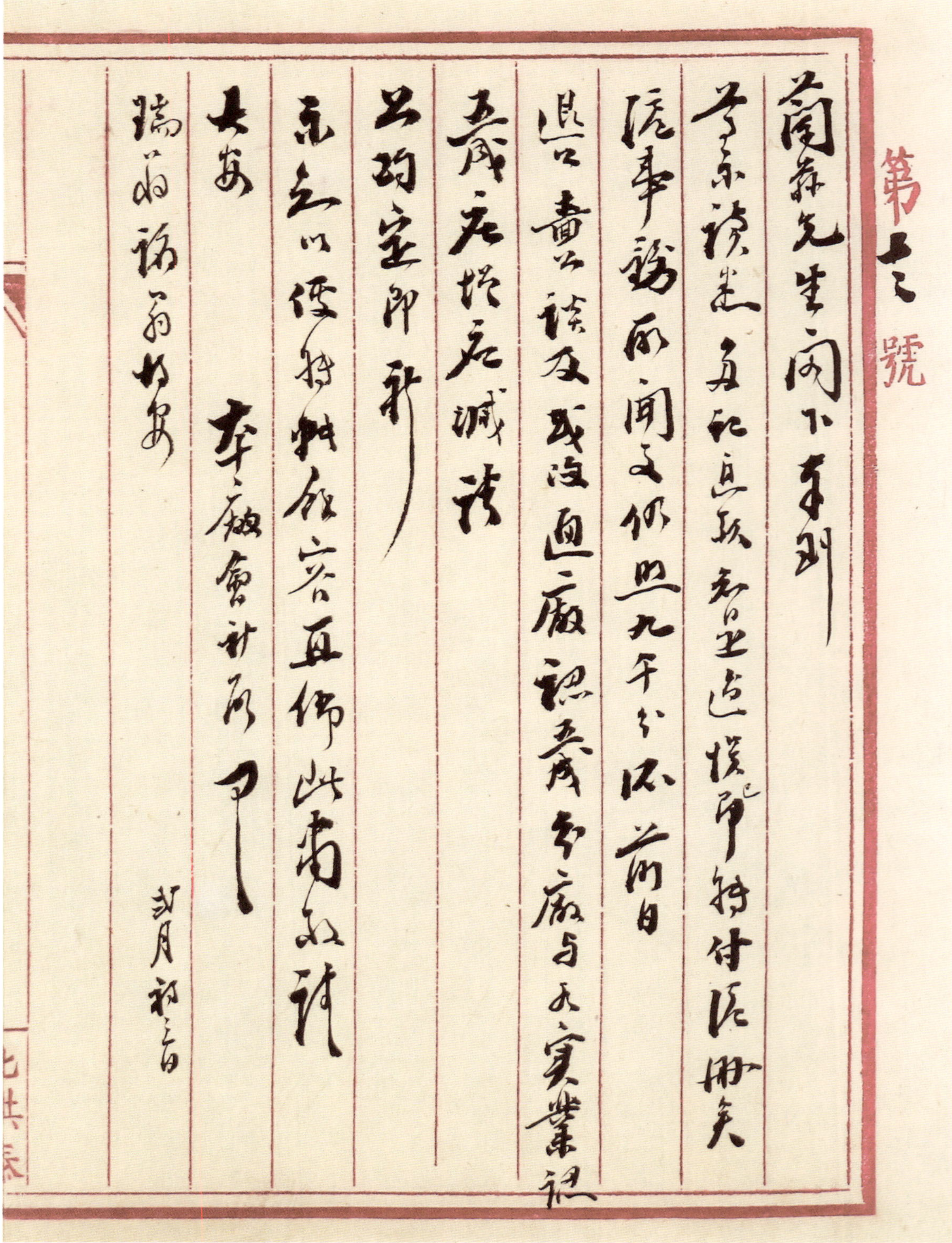

第十二號（二月初三日）

蘭蓀先生閣下：奉到尊示，讀悉。多記息款知是遵誤，已即轉付滬册矣。滬事務所開支，仍照九千分派，前日退公、嗇公談及，或改通廠認五成，分廠與各實業認五成，應增應減，請公酌定，即祈示知，以便轉帳。餘容再布。此肅，敬請大安。本廠會計所具。弍月初三日

瑞翁、諸翁均安。

第十二號（二月初三日）

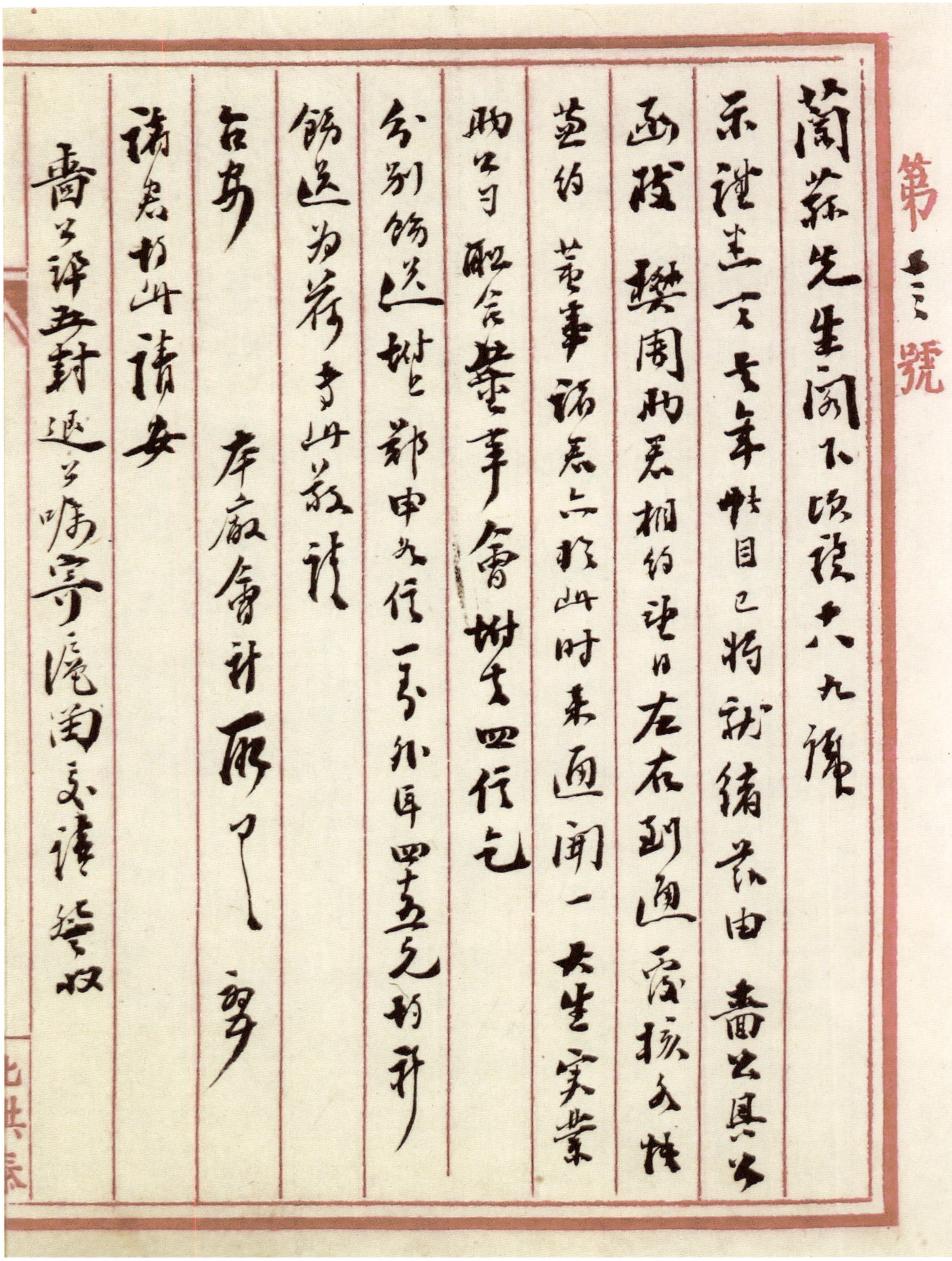

第十三號（二月初五日）

蘭蓀先生閣下：頃讀十八、十九號示，謹悉一一。去年帳目，已將就緒。兹由嗇公具公函致樊、周兩君，相約望日左右到通，覆核各帳，兼約董事諸君亦於此時來通，開一大生、實業兩公司聯合董事會。附去四信，乞分别飭送。附上鄭申如信一封，外洋四十五元，均祈飭送爲荷。專此，敬請台安。本廠會計所具。初五

諸君均此請安。

嗇公訊五封，退公囑寄滬留交，請察收。

第十三號（二月初五日）

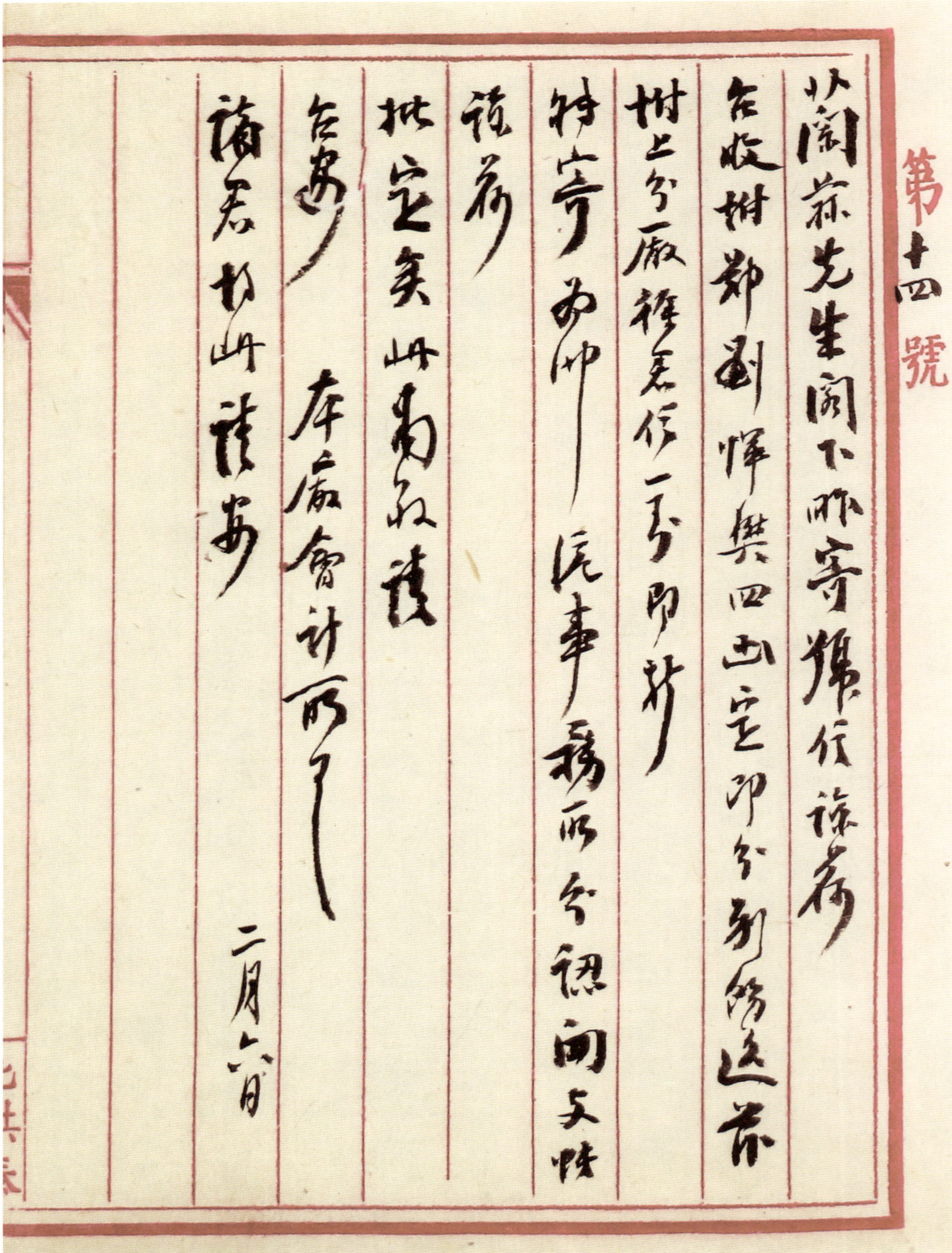
第十四號
蘭蓀先生閣下：昨寄號信，諒荷台收。附鄭、劉、惲、樊四函，定即分別飭送。茲附上分廠徐君信一封，即祈轉寄爲叩。滬事務所分認開支帳，諒荷批定矣。此肅，敬請台安。本廠會計所具。二月六日
諸君均此請安。

第十四號（二月六日）

蘭蓀先生閣下：昨寄號信，諒荷台收。附鄭、劉、惲、樊四函，定即分別飭送。茲附上分廠徐君信一封，即祈轉寄爲叩。滬事務所分認開支帳，諒荷批定矣。此肅，敬請台安。本廠會計所具。二月六日

諸君均此請安。

第十四號（二月六日）

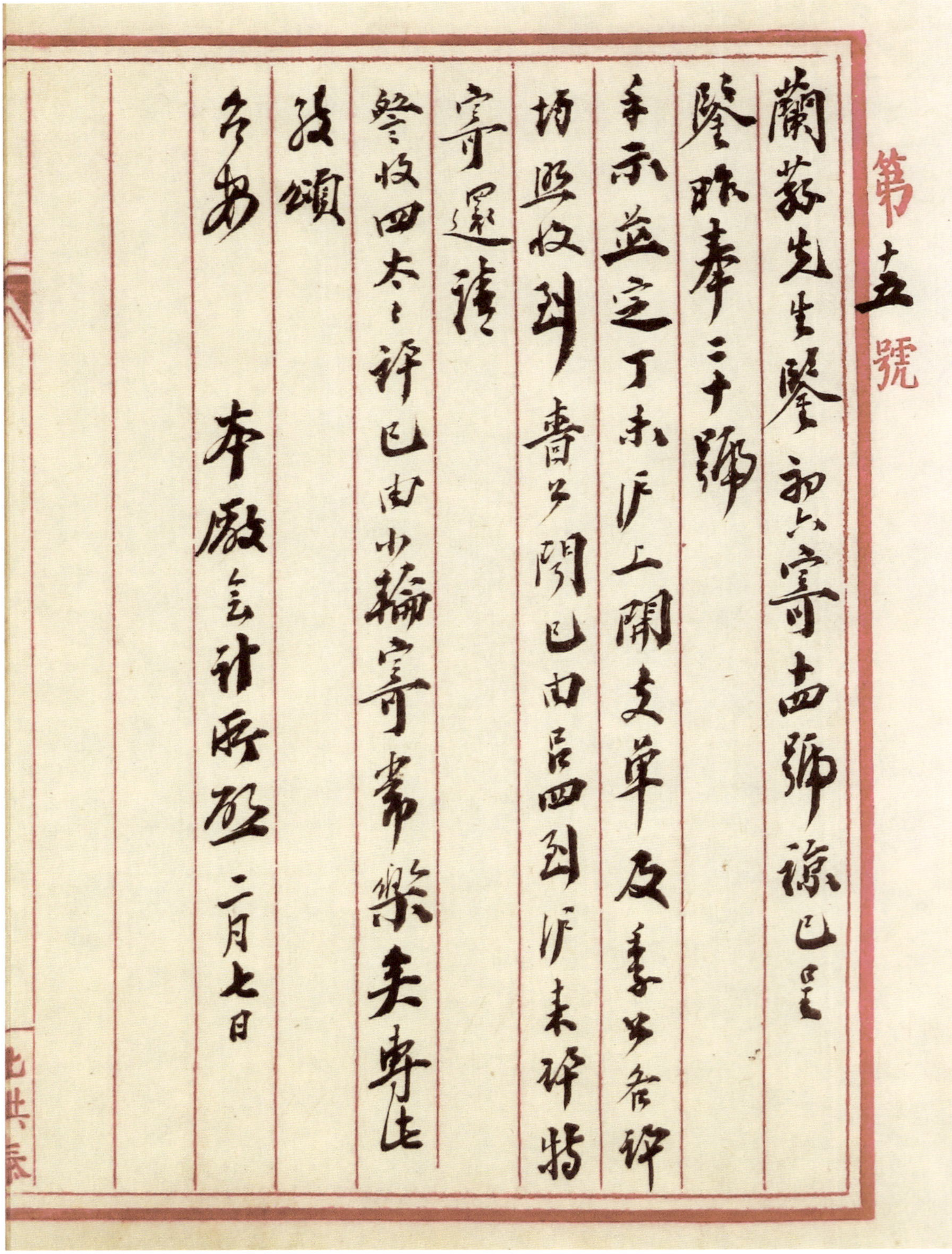
第十五號
蘭蓀先生鑒：初六寄十四號，諒已呈鑒。昨奉二十號手示，并定丁未滬上開支單及季公各訊，均照收到。嗇公聞已由吕四到滬，來訊特寄還，請察收。四太太訊已由小輪寄常樂矣。專此，敬頌台安。本廠會計所啓。二月七日

第十五號（二月七日）

蘭蓀先生鑒：初六寄十四號，諒已呈鑒。昨奉二十號手示，并定丁未滬上開支單及季公各訊，均照收到。嗇公聞已由吕四到滬，來訊特寄還，請察收。四太太訊已由小輪寄常樂矣。專此，敬頌台安。本廠會計所啓。二月七日

第十五號（二月七日）

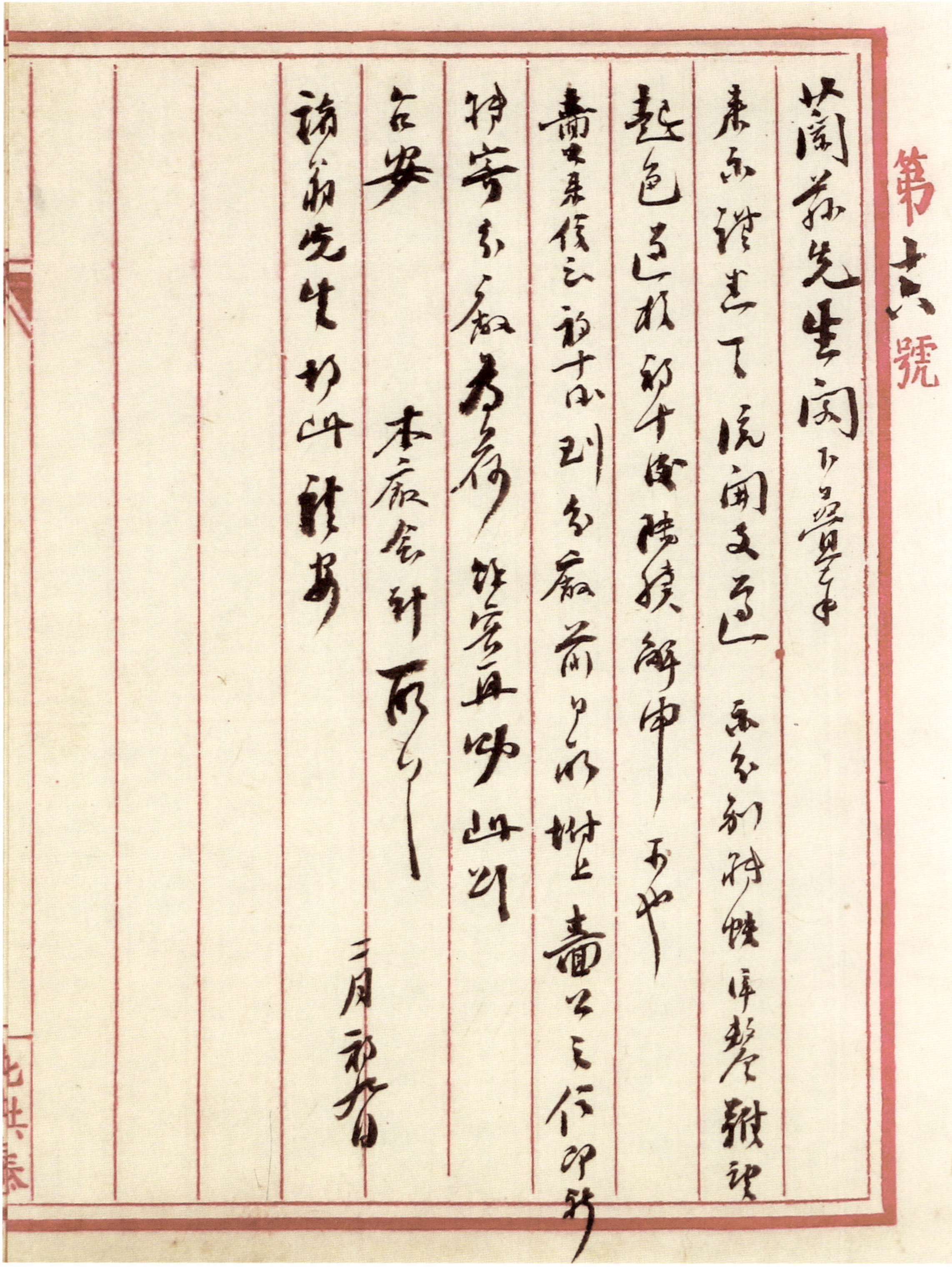

第十六號（二月初九日）

蘭蓀先生閣下：叠奉來示，謹悉一一。滬開支遵示分別轉帳。洋厘難望起色，遵於初十後陸續解申可也。嗇公來信，云初十後到分廠，前日所附上嗇公之信，即祈轉寄分廠爲荷。餘容再泐。此頌台安。本廠會計所具。二月初九日

諸翁先生均此請安。

第十六號（二月初九日）

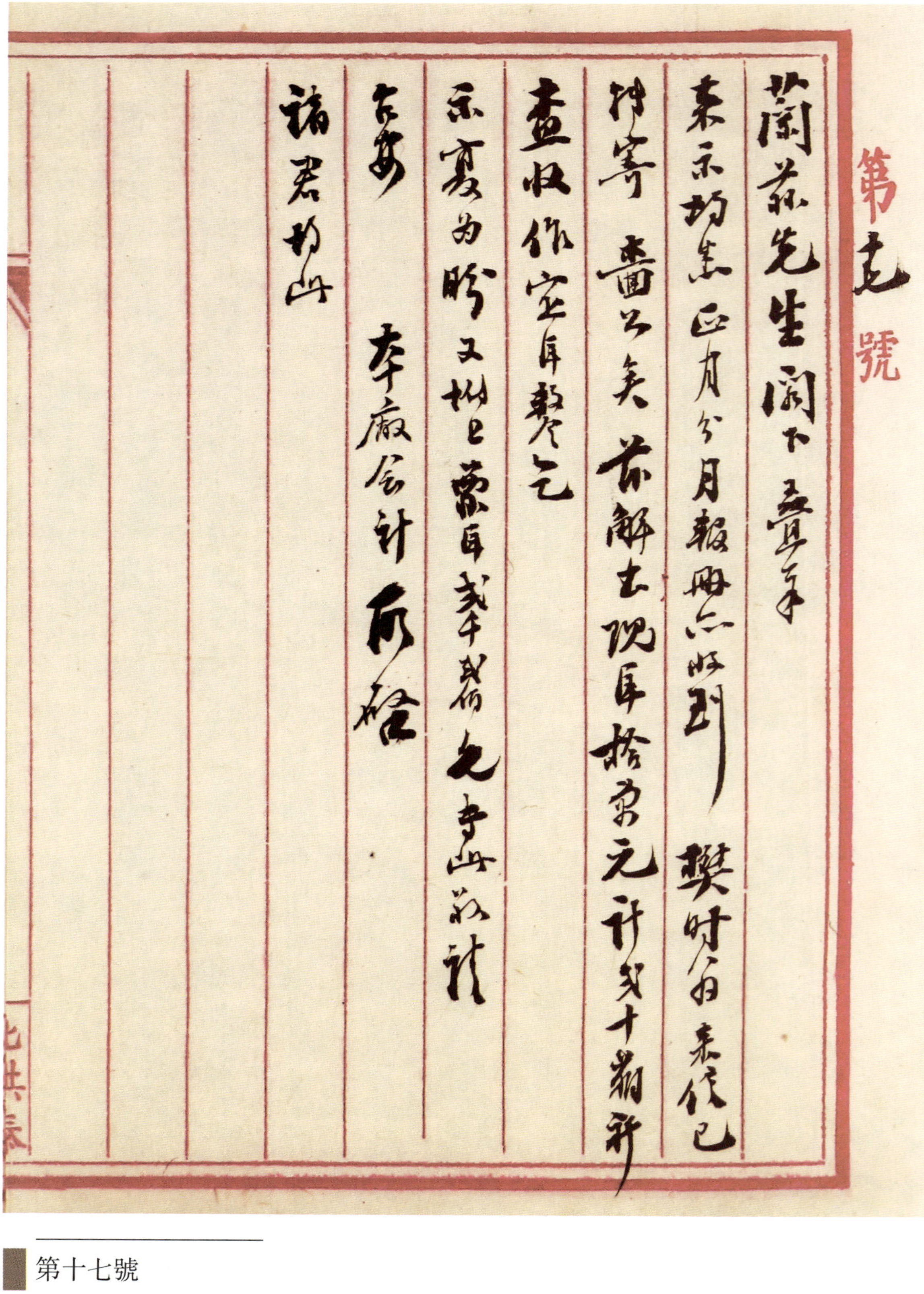

第十七號

蘭蓀先生閣下：疊奉來示，均悉。正月分月報册亦收到。樊時翁來信已轉寄嗇公矣。兹解出現洋拾萬元，計弍十箱，祈查收，作定洋厘，乞示復爲盼。又附上票洋弍千弍佰元。專此，敬請台安。本廠會計所啓。

諸君均此。

第十七號

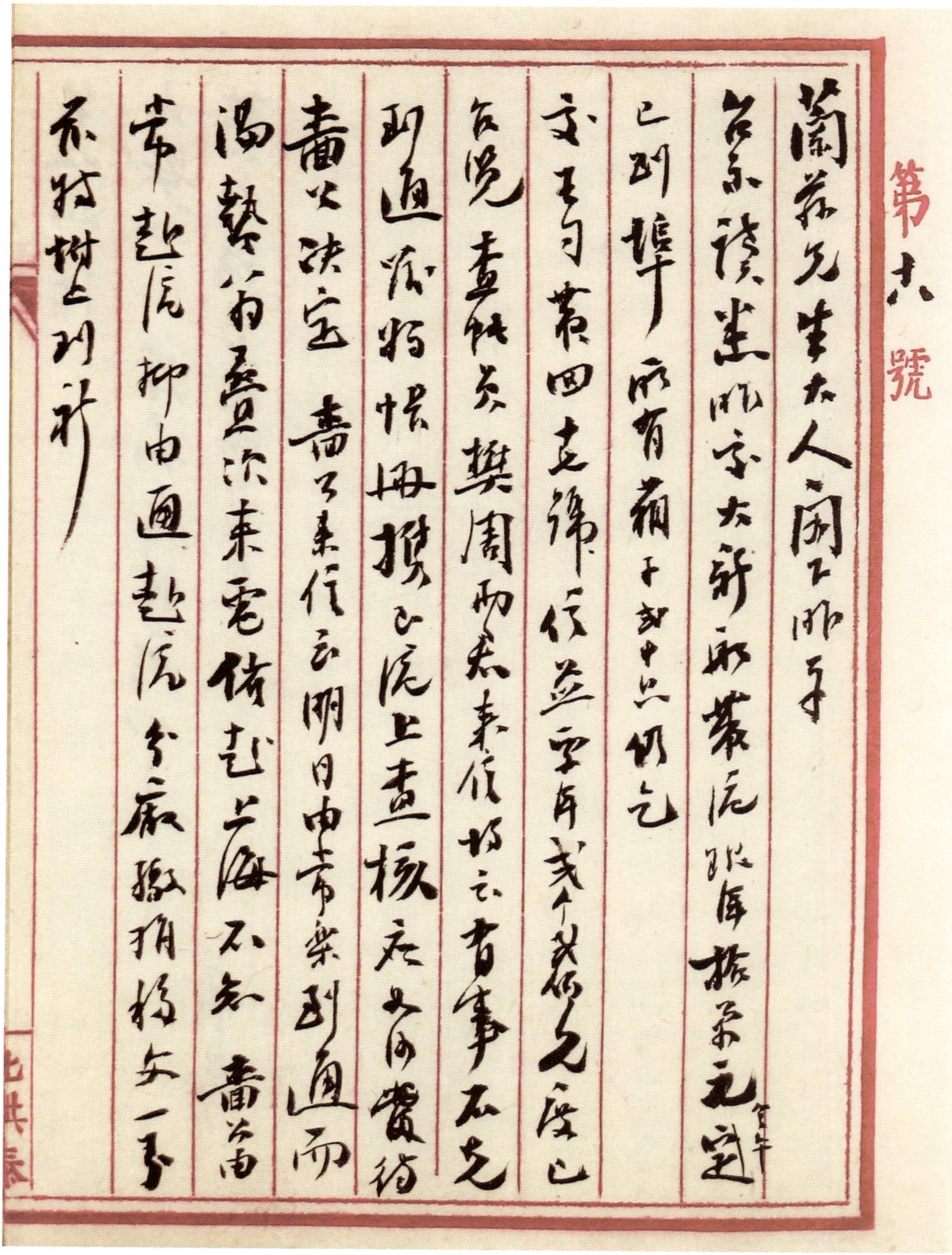

第十八號（二月十四日）

蘭蓀先生大人閣下：昨奉台示，讀悉。昨交大新船帶滬現洋拾萬元，今午定已到埠，所有箱子弍十只，仍乞交王司帶回。十七號信并票洋千弍佰元，度已台覽。查帳員樊、周兩君來信，均云有事不克到通，囑將帳册携至滬上查核，應如何處，待嗇公決定。嗇公來信，云明日由常樂到通，而湯蟄翁叠次來電催赴上海，不知嗇公由常赴滬，抑由通赴滬。分廠繳捐移文一封，兹特附上，到祈台收。此請大安。本廠會計所具。二月十四日

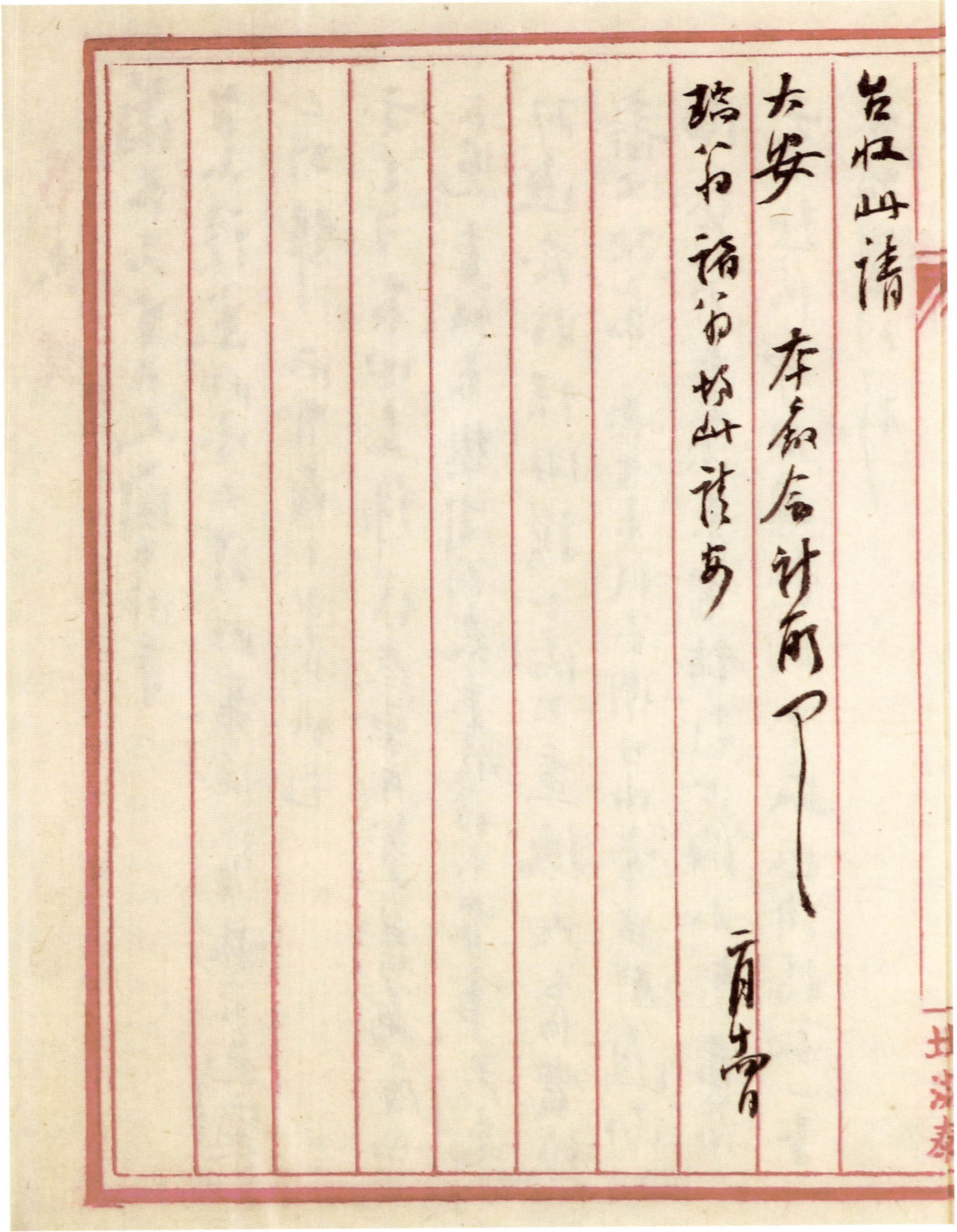
台收此請
大安
瑞翁諸翁均此請安

第十八號（二月十四日）

瑞翁、諸翁均此請安。

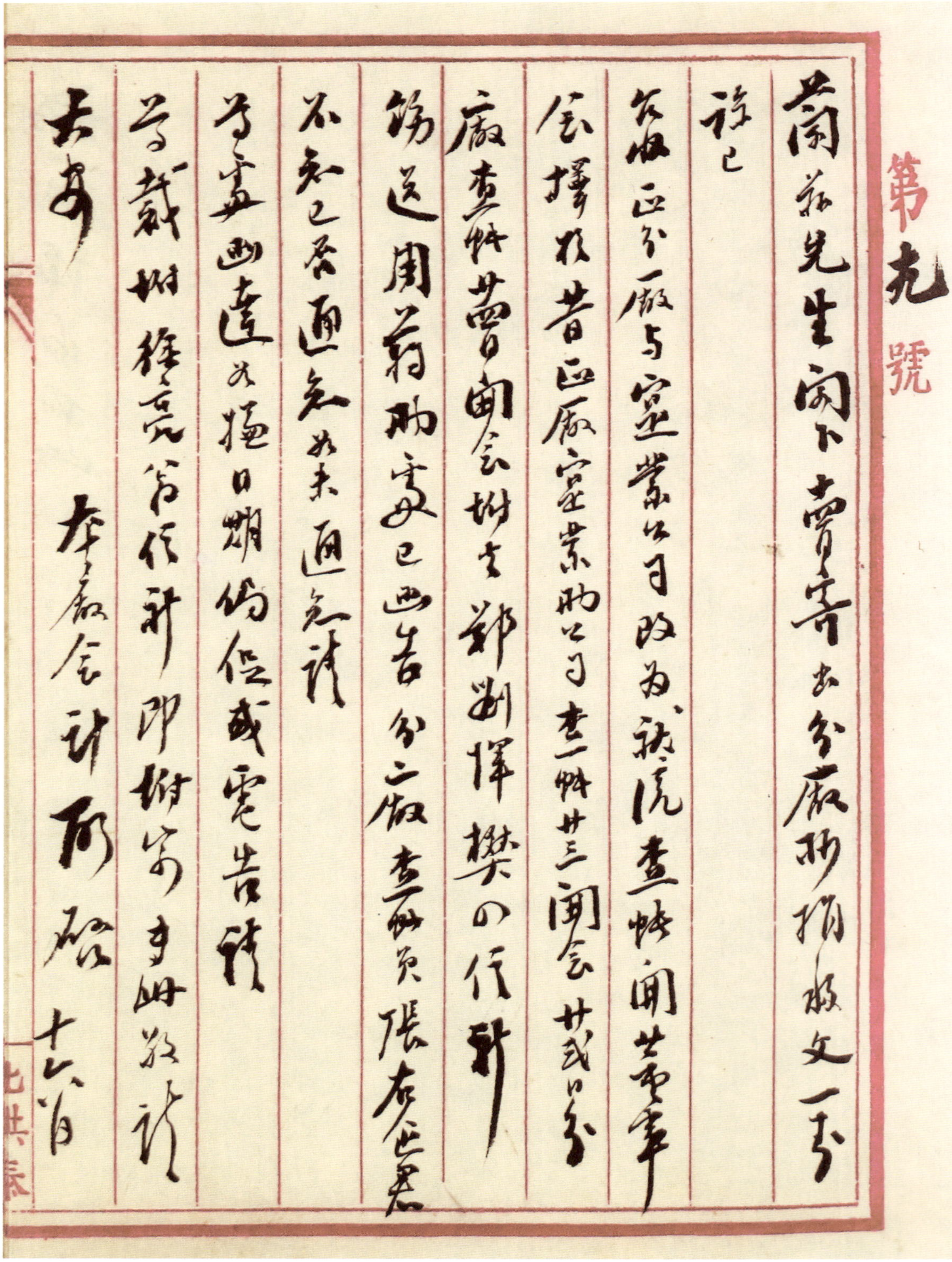

第十九號（二月十六日）

蘭蓀先生閣下：十四日寄出分廠紗捐移文一封，諒已台收。正、分廠與實業公司改爲就滬查帳、開董事會。擇於廿一日正廠、實業兩公司查帳，廿三開會；廿弍日分廠查帳，廿四日開會。附去鄭、劉、惲、樊四信，祈飭送。周、蔣兩處已函告。分廠查帳員張右企君，不知已否通知，如未通知，請尊處函達。如嫌日期局促，或電告，請尊裁。附徐亮翁信，祈即附寄。專此，敬請大安。本廠會計所啓。十六日

瑞翁、諸翁均此。

瑞翁論翁均此

第十九號（二月十六日）

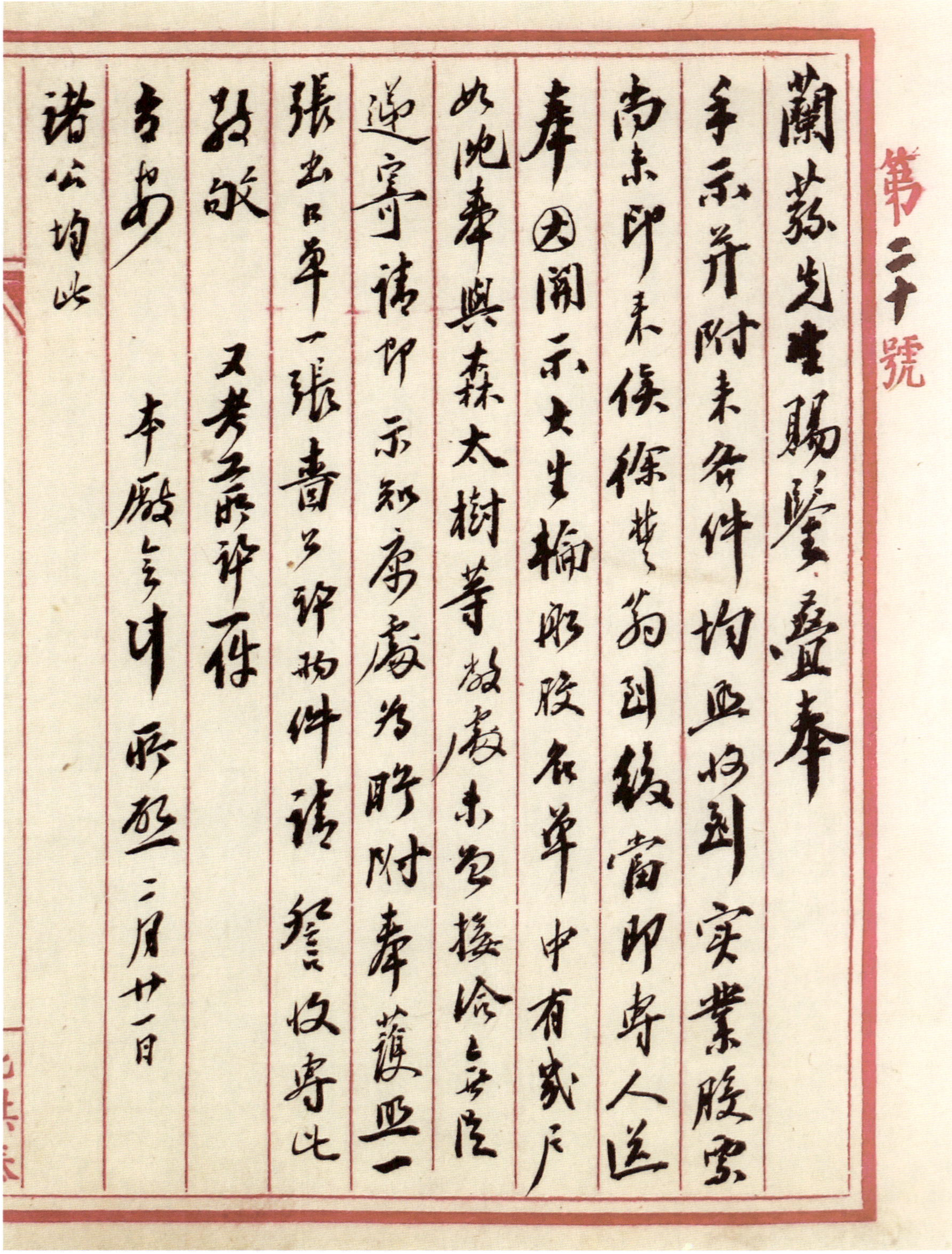
第二十號
蘭蓀先生賜鑒：疊奉手示并附來各件，均照收到。實業股票尚未印來，俟徐楚翁到後，當即專人送奉。開示大生輪船股名單，中有幾户如沈奉與森太樹等，敝處未曾接洽，無從遞寄，請即示知寓處爲盼。附奉護照一張、出口單一張、嗇公訊兩件，又考工所訊一件，請察收。專此，敬叩台安。本廠會計所啓。二月廿一日
諸公均此。

第二十號（二月廿一日）

蘭蓀先生賜鑒：疊奉手示并附來各件，均照收到。實業股票尚未印來，俟徐楚翁到後，當即專人送奉。開示大生輪船股名單，中有幾户如沈奉與森太樹等，敝處未曾接洽，無從遞寄，請即示知寓處爲盼。附奉護照一張、出口單一張、嗇公訊兩件，又考工所訊一件，請察收。專此，敬叩台安。本廠會計所啓。二月廿一日

諸公均此。

第二十號（二月廿一日）

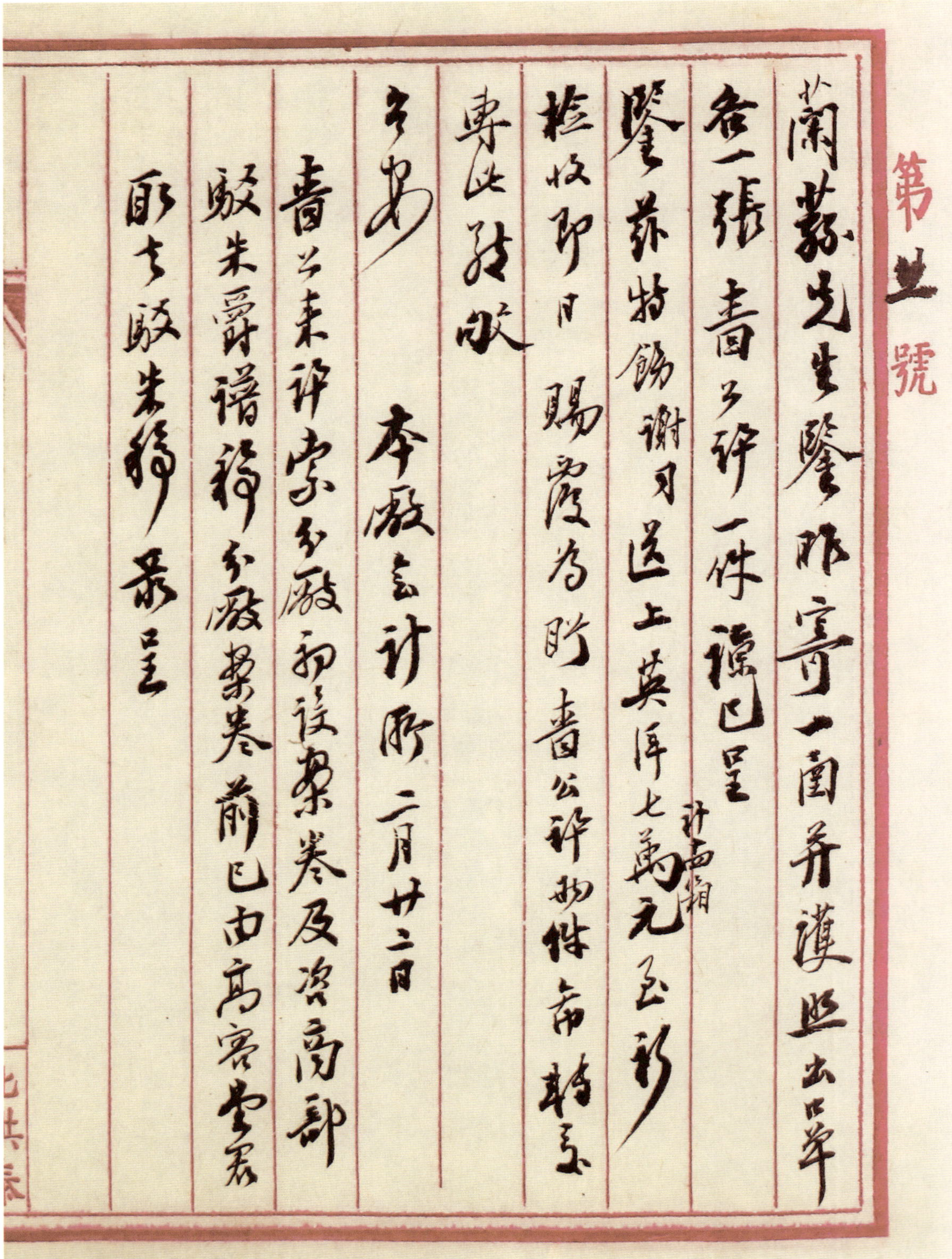

第二十一號（二月廿二日）

蘭蓀先生鑒：昨寄一函，并護照、出口單各一張，嗇公訊一件，諒已呈鑒。玆特飭謝司送上英洋七萬元（計十四箱），至祈檢收，即日賜覆爲盼。嗇公訊兩件，希轉交。專此，敬叩台安。本廠會計所。二月廿二日

嗇公來訊索分廠初設案卷及咨商部駁朱爵譜稿，分廠案卷前已由高容堂君取去，駁朱稿録呈。

第二十一號（二月廿二日）

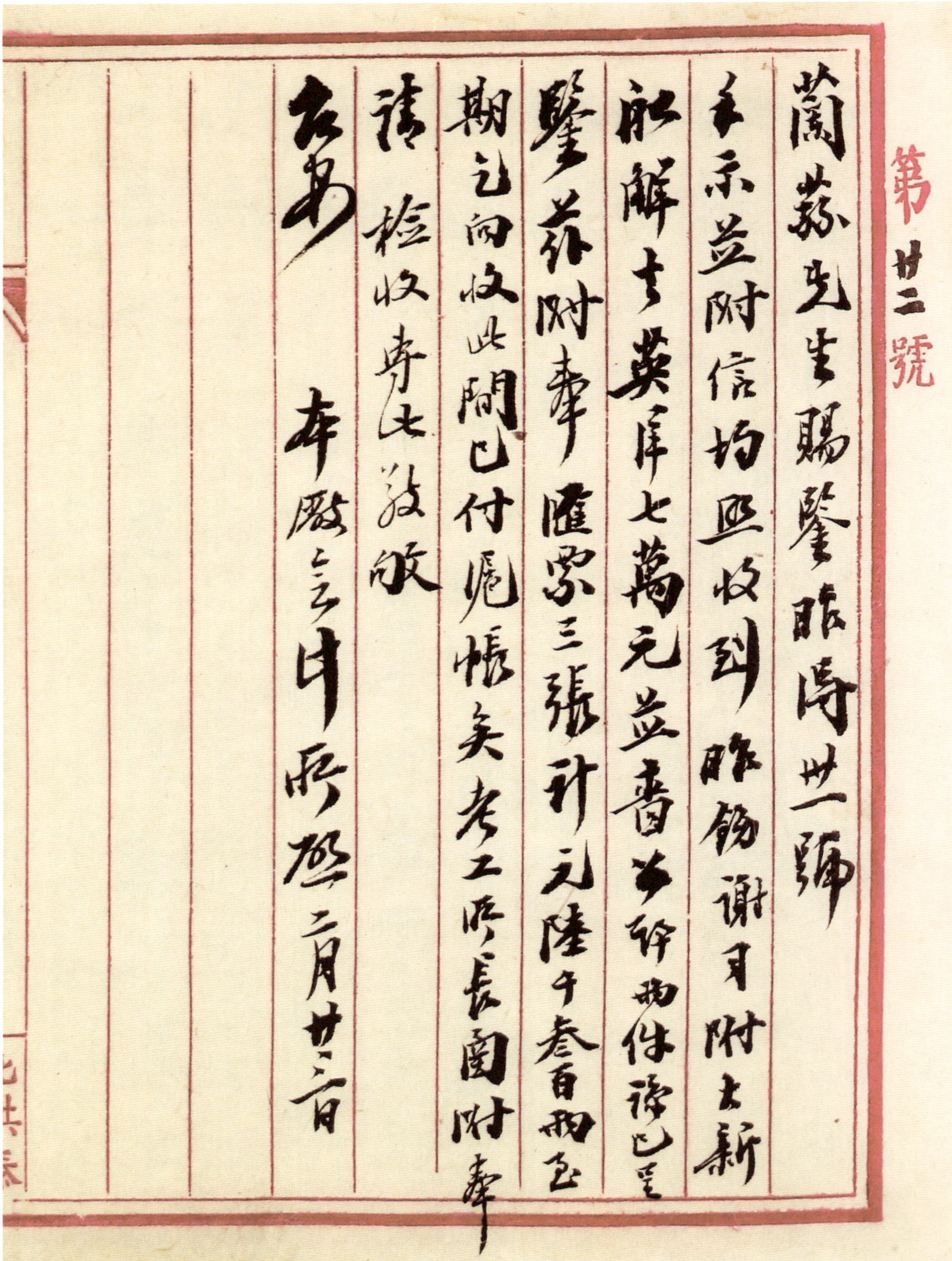
第廿二號
蘭蓀先生賜鑒：昨得卅一號
手示并附信，均照收到。昨飭謝司附大新
船解去英洋七萬元，并畜公訊兩件，諒已呈
鑒。茲附奉匯票三張，計元陸千叁百兩，至
期乞向收，此間已付滬帳矣。考工所長函附奉，
請檢收。專此，敬
台安。
本廠會計所啓 二月廿三日

第二十二號（二月廿三日）

蘭蓀先生賜鑒：昨得卅一號手示并附信，均照收到。昨飭謝司附大新船解去英洋七萬元，并畜公訊兩件，諒已呈鑒。茲附奉匯票三張，計元陸千叁百兩，至期乞向收，此間已付滬帳矣。考工所長函附奉，請檢收。專此，敬叩台安。本廠會計所啓。二月廿三日

第二十二號（二月廿三日）

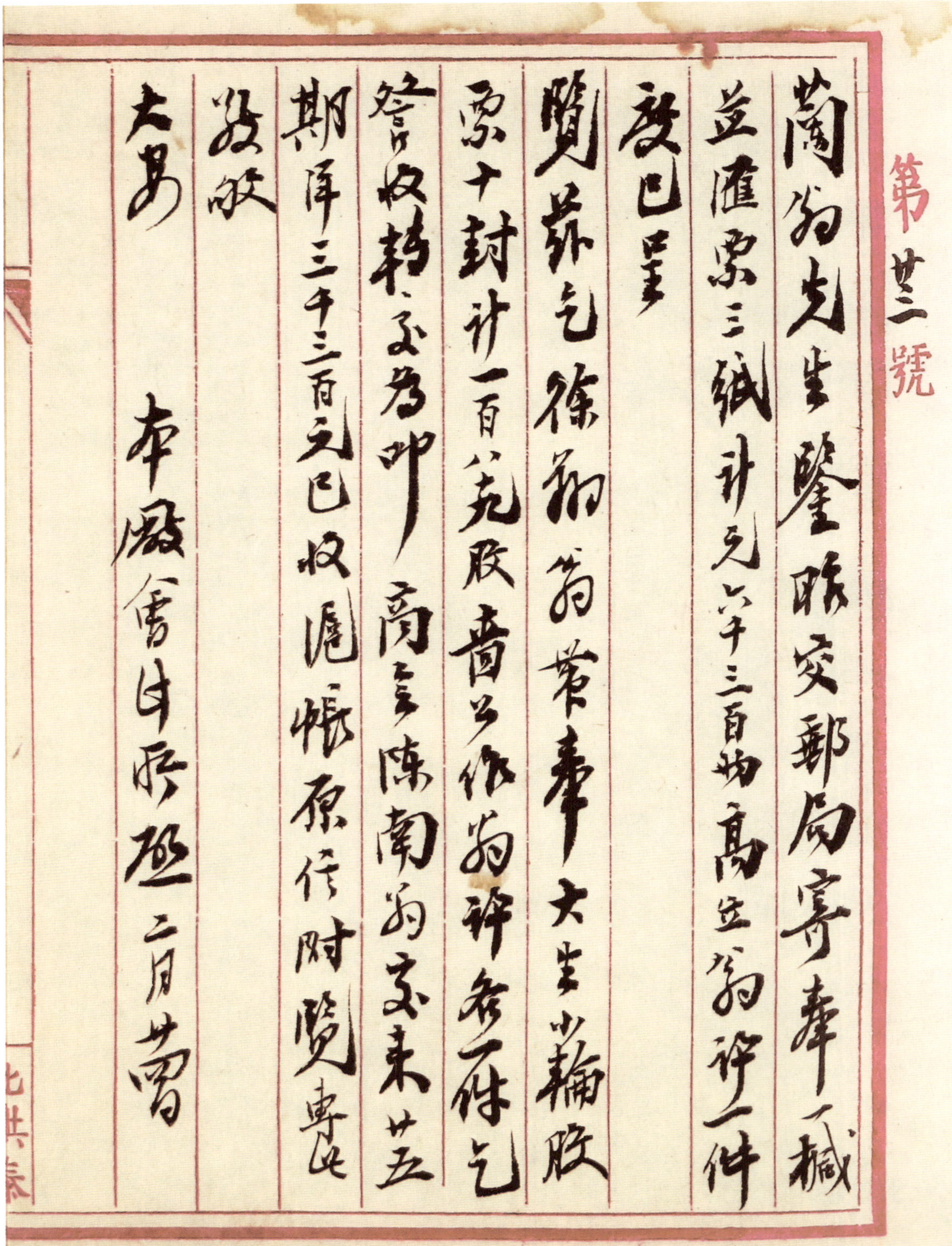

第二十三號（二月廿四日）

蘭翁先生鑒：昨交郵局寄奉一緘，并匯票三紙，計元六千三百兩，高立翁訊一件，度已呈覽。兹乞徐翔翁帶奉大生小輪股票十封，計一百八十九股，嗇公、作翁訊各一件，乞察收轉交爲叩。商會陳南翁交來廿五期洋三千三百元，已收滬帳，原信附覽。專此，敬叩大安。本廠會計所啓。二月廿四日

第二十三號（二月廿四日）

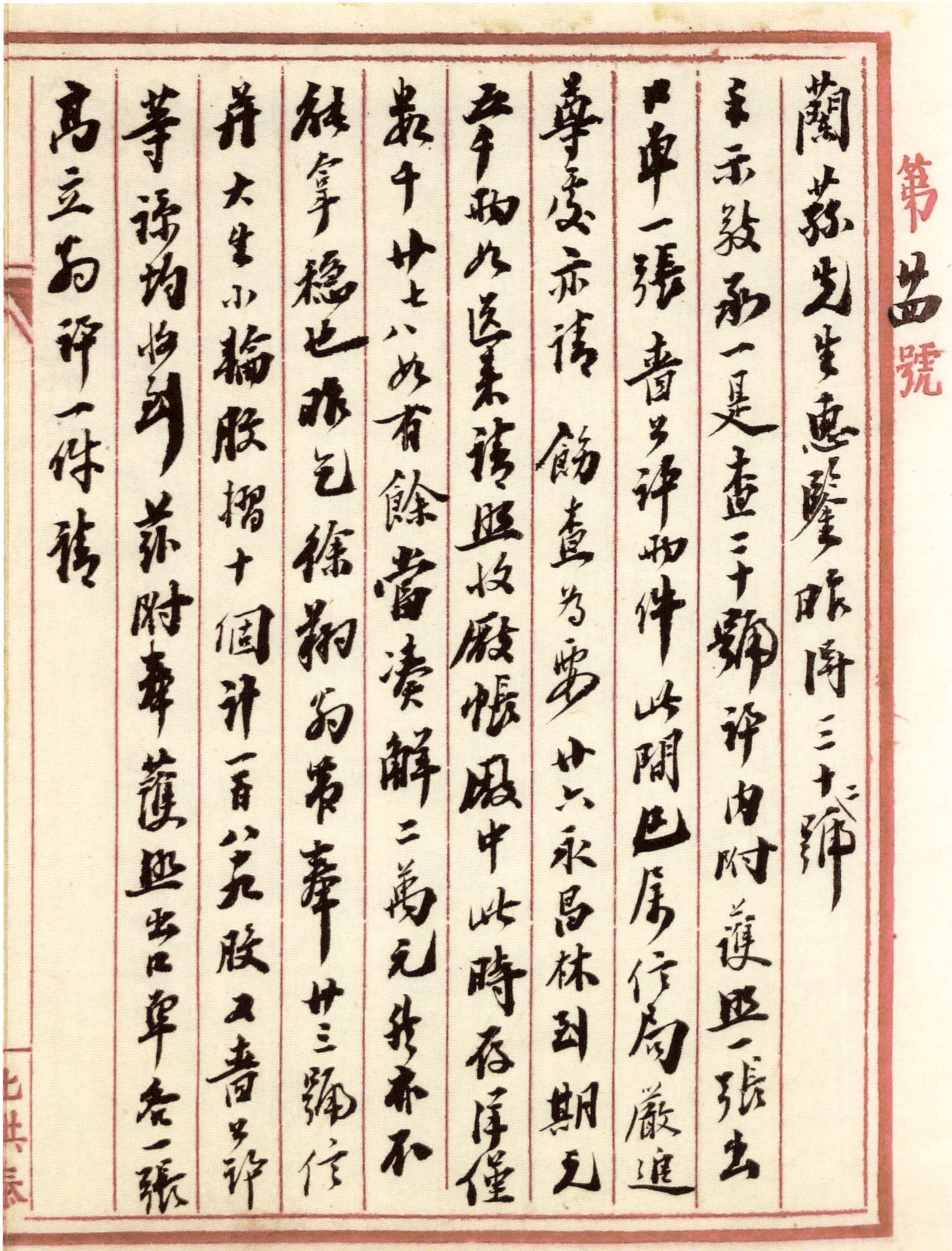

第二十四號（二月廿五日）

蘭孫先生惠鑒：昨得三十二號手示，敬承一是。查二十號訊，内附護照一張、出口單一張、嗇公訊兩件，此間已屬信局嚴追，尊處亦請飭查爲要。廿六永昌林到期元五千兩，如送來，請照收廠帳。廠中此時存洋僅數千，廿七、廿八如有餘，當凑解二萬元，然亦不能拿穩也。昨乞徐翔翁帶奉廿三號信，并大生小輪股摺十個，計一百八十九股，又嗇公訊等，諒均收到。兹附奉護照、出口單各一張，高立翁訊一件，請察收。專此，敬叩台安。本廠會計所啓。二月廿五日

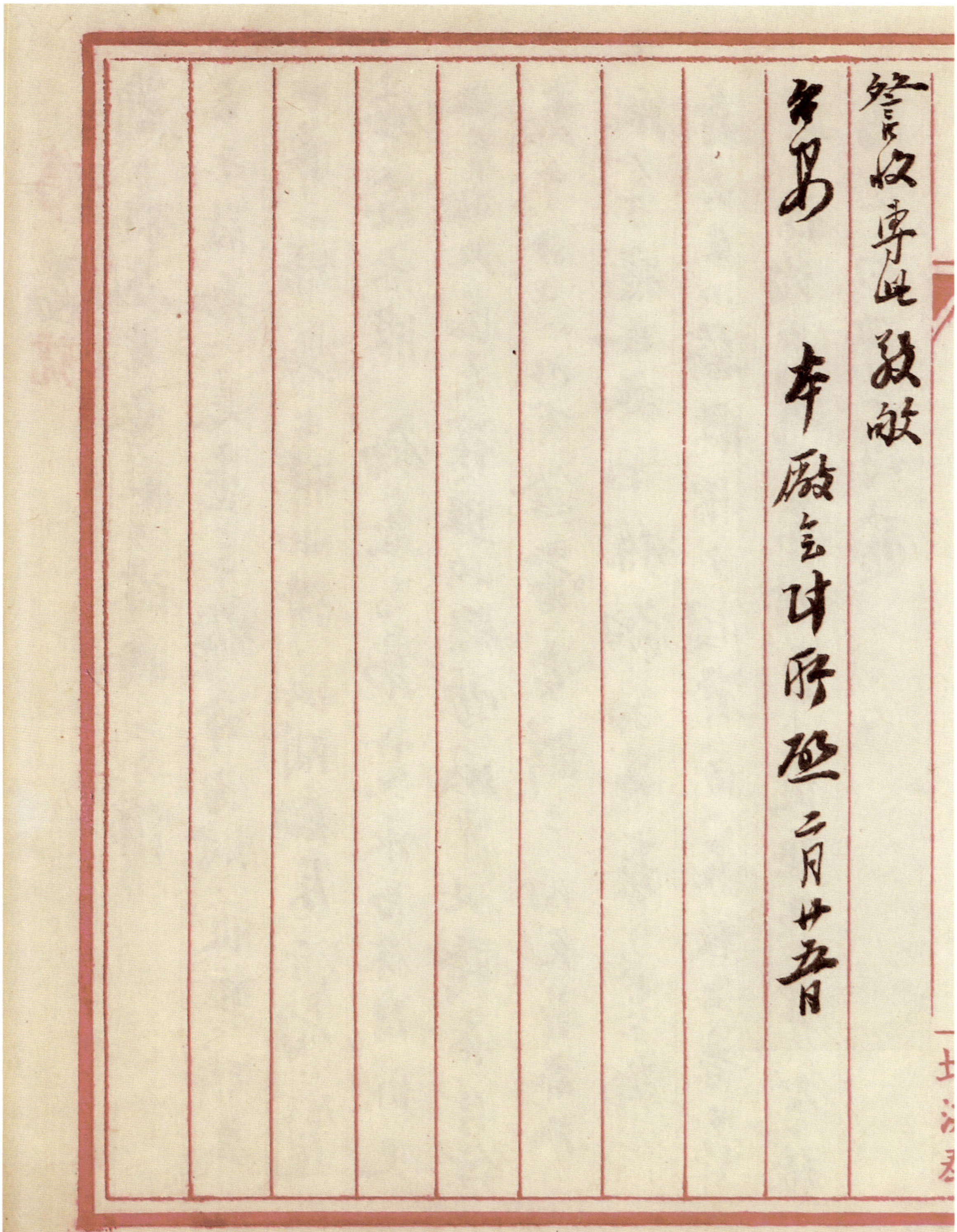

第二十四號（二月廿五日）

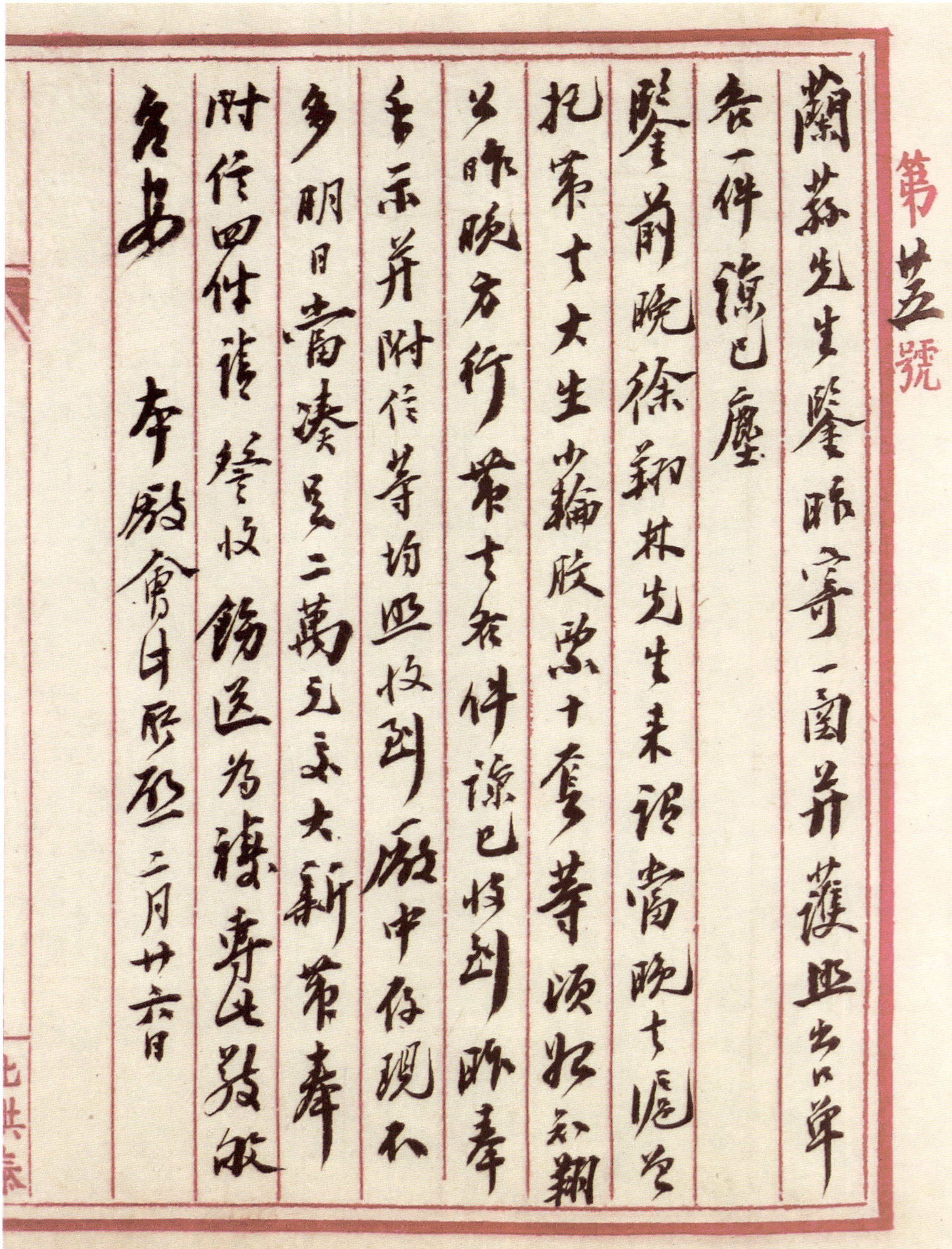

第二十五號（二月廿六日）

蘭蓀先生鑒：昨寄一函，并護照、出口單各一件，諒已塵鑒。前晚徐翔林先生來，謂當晚去滬，曾托帶去大生小輪股票十套等，頃始知翔公昨晚方行，帶去各件，諒已收到。昨奉手示并附信等，均照收到。廠中存現不多，明日當湊足二萬元交大新帶奉。附信四件，請察收飭送爲禱。專此，敬叩台安。本廠會計所啓。二月廿六日

第二十五號（二月廿六日）

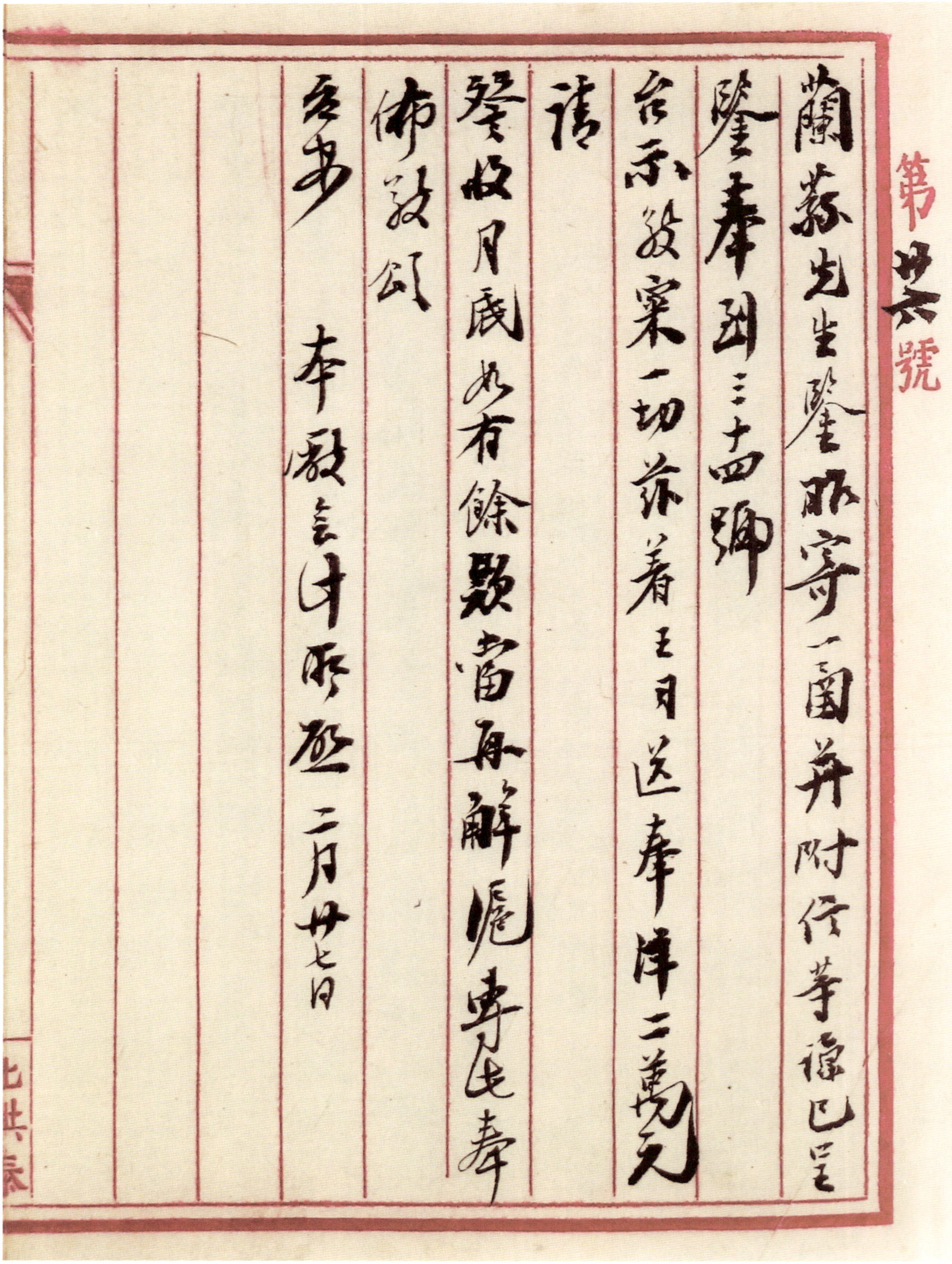
第廿六號
蘭蓀先生鑒：昨寄一函并附信等，諒已呈鑒。奉到三十四號台示，敬采一切。茲着王司送奉洋二萬元，請察收。月底如有餘款，當再解滬。專此奉布，敬頌台安。本廠會計所啓。二月廿七日

第二十六號（二月廿七日）

蘭蓀先生鑒：昨寄一函并附信等，諒已呈鑒。奉到三十四號台示，敬采一切。茲着王司送奉洋二萬元，請察收。月底如有餘款，當再解滬。專此奉布，敬頌台安。本廠會計所啓。二月廿七日

第二十六號（二月廿七日）

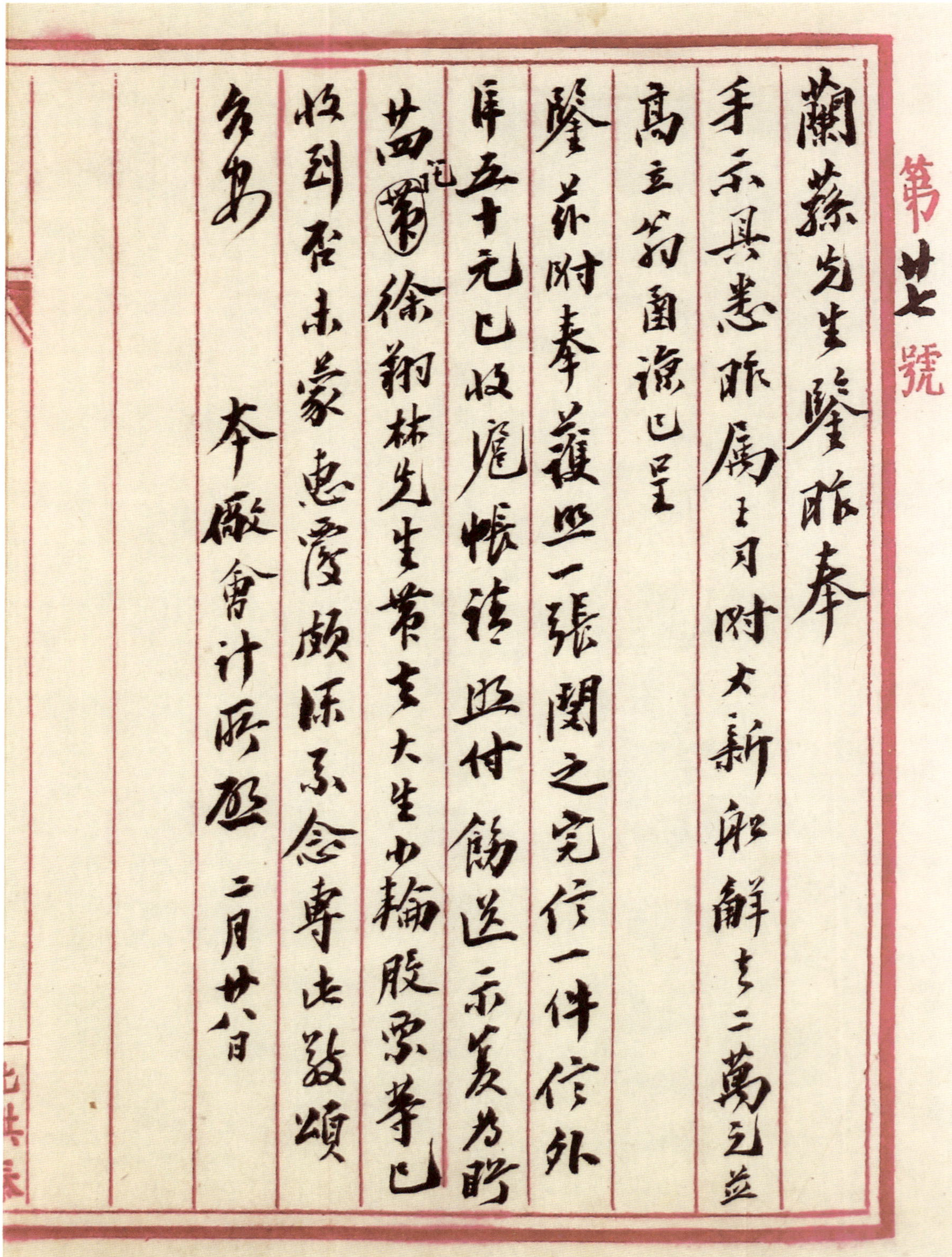

第二十七號（二月廿八日）

蘭蓀先生鑒：昨奉手示，具悉。昨屬王司附大新船解去二萬元，并高立翁函，諒已呈鑒。兹附奉護照一張，閔之完信一件，信外洋五十元已收滬帳，請照付飭送，示復爲盼。廿四托徐翔林先生帶去大生小輪股票等，已收到否？未蒙惠覆，頗深繫念。專此，敬頌台安。本廠會計所啓。二月廿八日

第二十七號（二月廿八日）

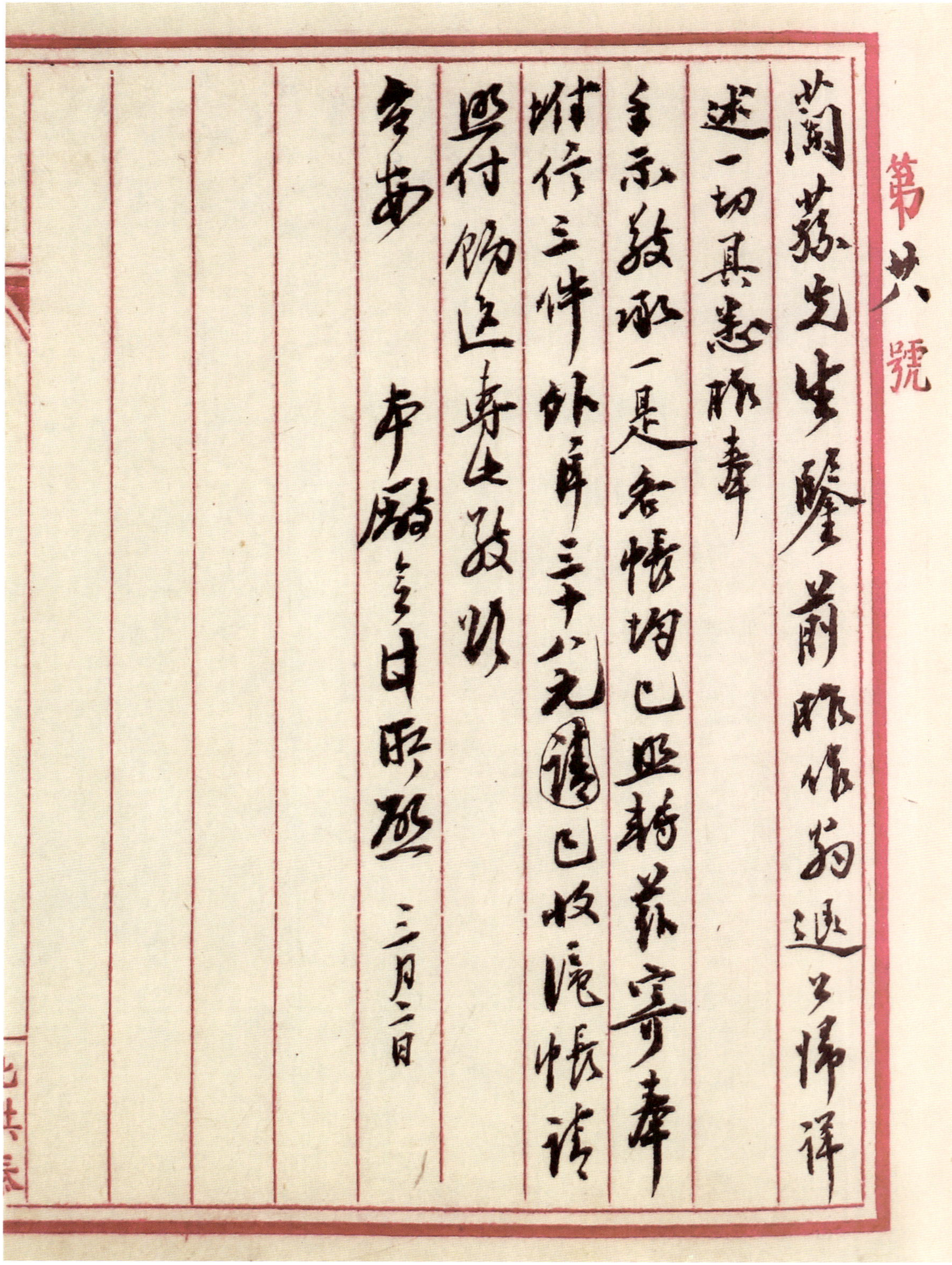
第廿八號

蘭蓀先生鑒：前、昨作翁、退公歸，詳述一切，具悉。昨奉手示，敬承一是，各帳均已照轉。茲寄奉附信三件，外洋三十八元，已收滬帳，請照付飭送。專此，敬頌台安。本廠會計所啓。三月二日

第二十八號（三月二日）

蘭蓀先生鑒：前、昨作翁、退公歸，詳述一切，具悉。昨奉手示，敬承一是，各帳均已照轉。茲寄奉附信三件，外洋三十八元，已收滬帳，請照付飭送。專此，敬頌台安。本廠會計所啓。三月二日

第二十八號（三月二日）

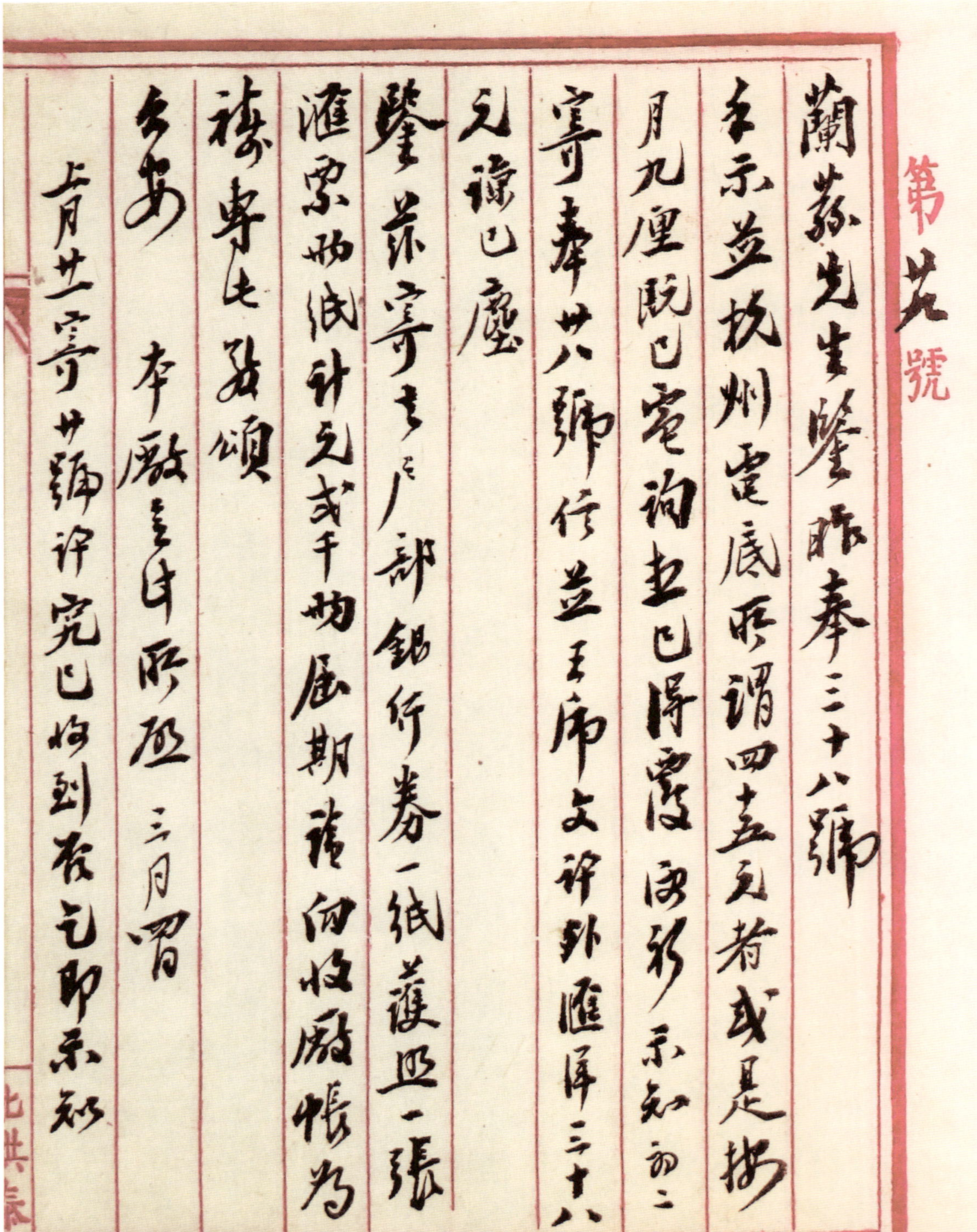

第二十九號（三月四日）

蘭蓀先生鑒：昨奉三十八號手示，并杭州電底。所謂四十五元者，或是按月九厘，即已電詢，想已得覆，便祈示知。初二寄奉廿八號信，并王虎文訊，外匯洋三十八元，諒已塵鑒。兹寄去户部銀行券一紙，護照一張，匯票兩紙計元弍千兩，屆期請向收廠帳爲禱。專此，敬頌台安。本廠會計所啓。三月四日

上月廿一寄廿號訊，究已收到否，乞即示知。

第二十九號（三月四日）

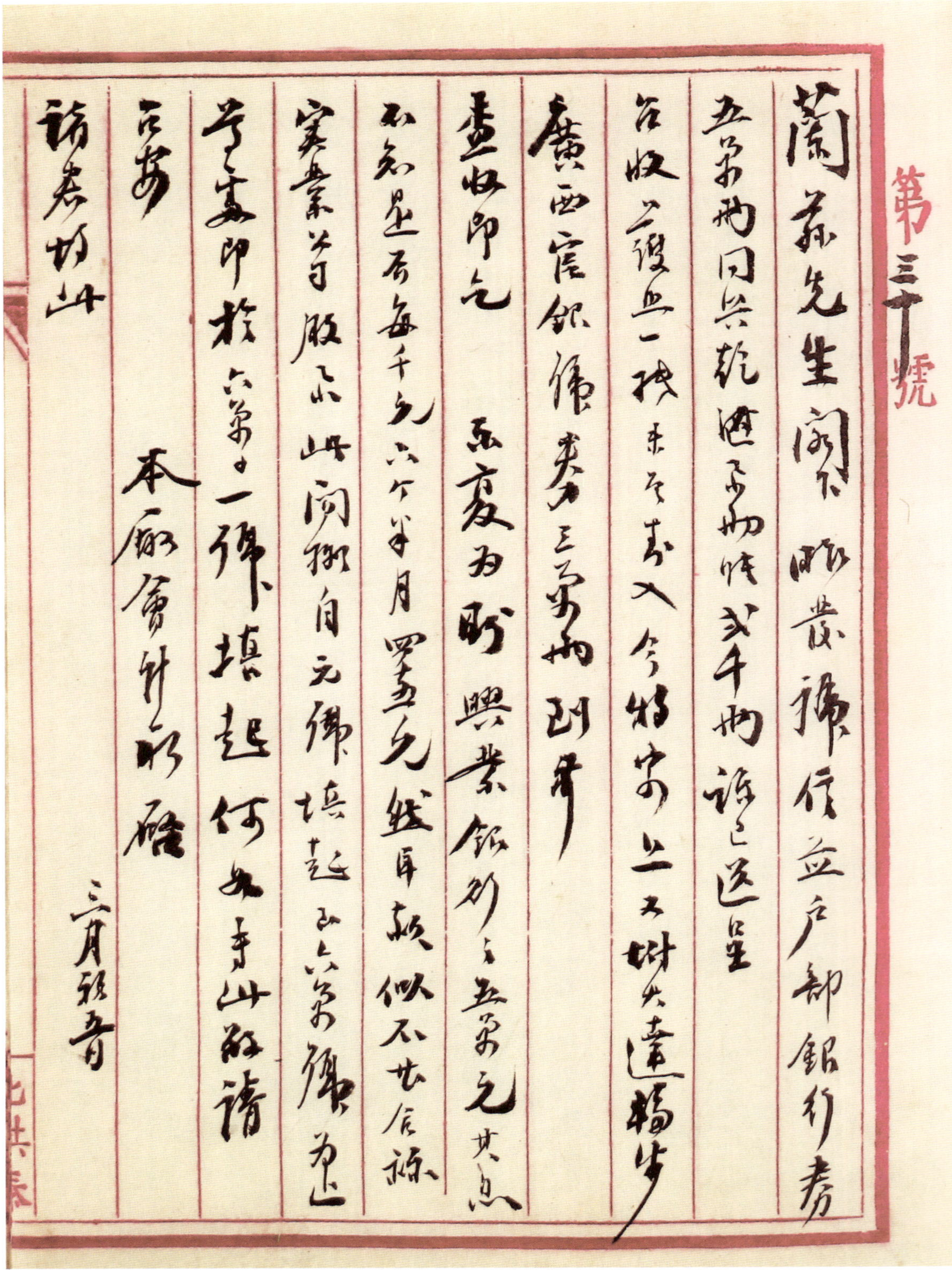

第三十號（三月初五日）

蘭蓀先生閣下：昨發號信，并户部銀行券五萬兩、同興乾匯票兩張弍千兩，諒已送呈台收。護照一張未曾封入，今特寄上。又附大達輪步廣西官銀號券三萬兩，到祈查收，即乞示復爲盼。興業銀行之五萬元，其息不知是否每千元六個半月四十五元，然洋款似不甚合算。實業公司股票，此間擬自元號填起，至六萬號爲止，尊處即於六萬〇一號填起，何如？專此，敬請台安。本廠會計所啓。三月初五日

諸君均此。

第三十號（三月初五日）

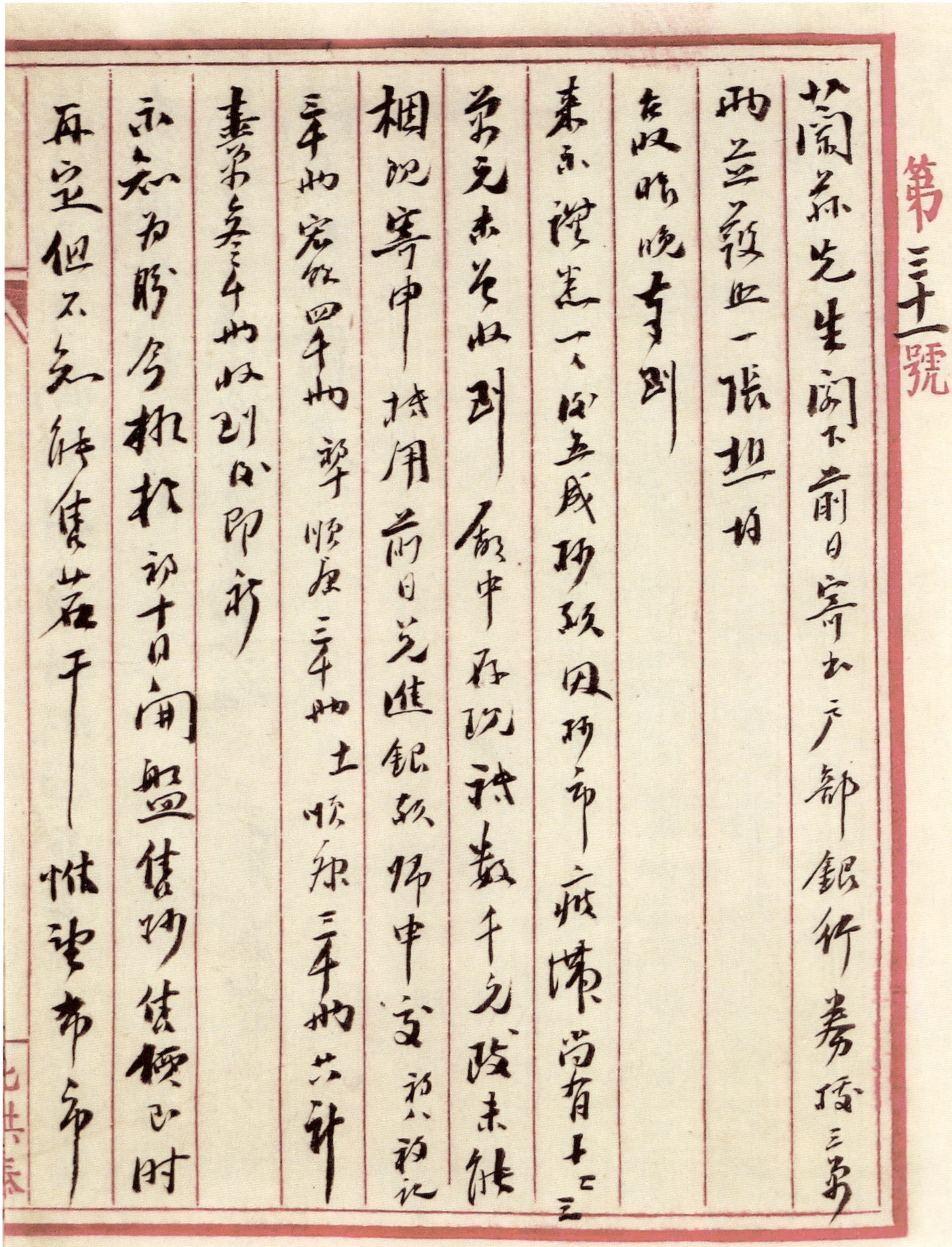

第三十一號（三月初七日）

蘭蓀先生閣下：前日寄出户部銀行券據三萬兩，并護照一張，想均台收。昨晚奉到來示，謹悉一一。後五成紗款，因紗市疲滯，尚有十二三萬元未曾收到，廠中存現祇數千元，致未能梱現寄申抵用。前日兑進銀款歸申，交（初八）福記三千兩、宏餘四千兩，（初十）順康三千兩，（十一）順康三千兩，共計壹萬叁千兩，收到後即祈示知爲盼。今擬於初十日開盤售紗，售價至時再定，但不知能售若干，惟望布市稍佳，即可暢銷。附去帳略四百本，到祈查收。此肅，敬請台安。通廠會計所啓。

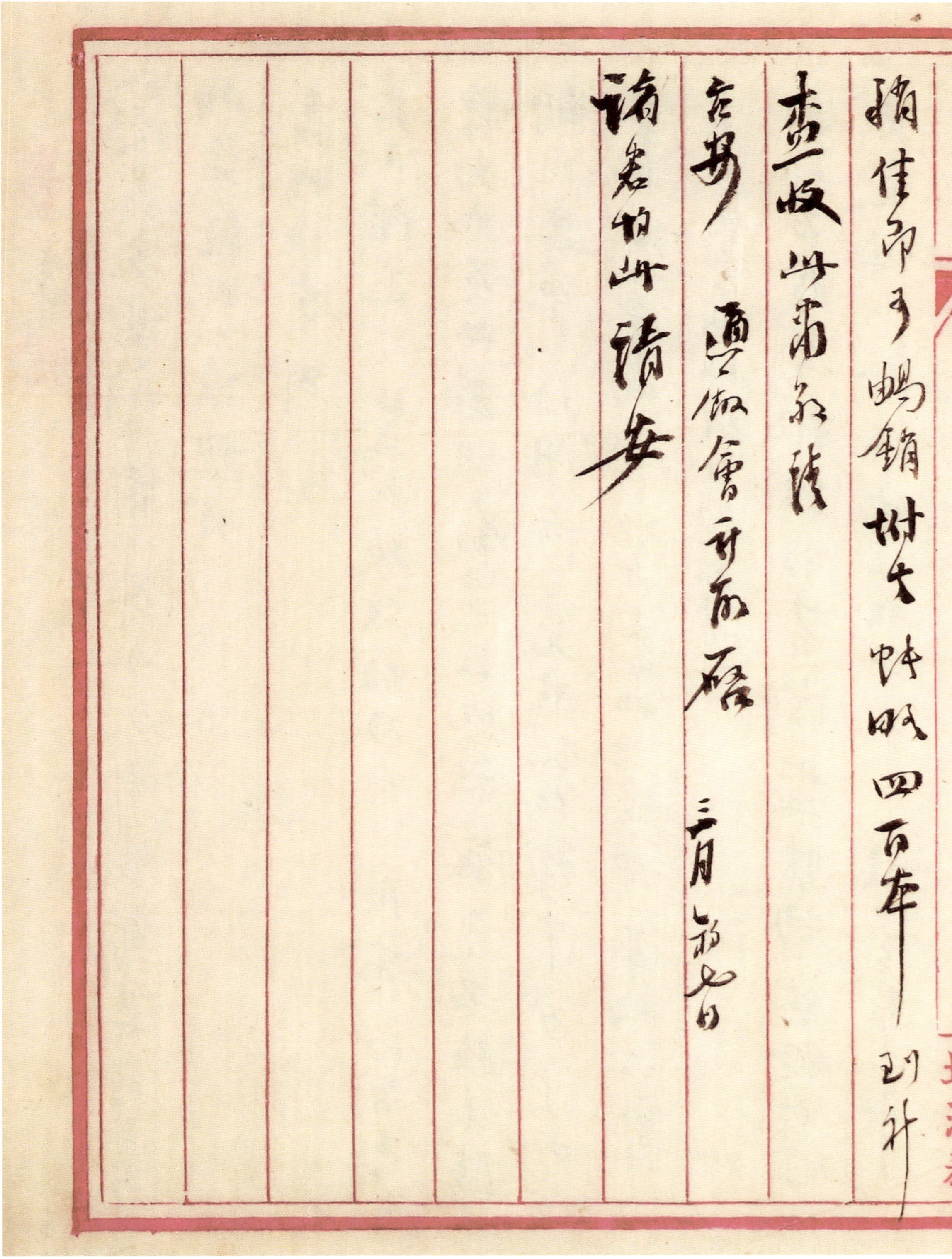

第三十一號（三月初七日）

三月初七日
諸君均此請安。

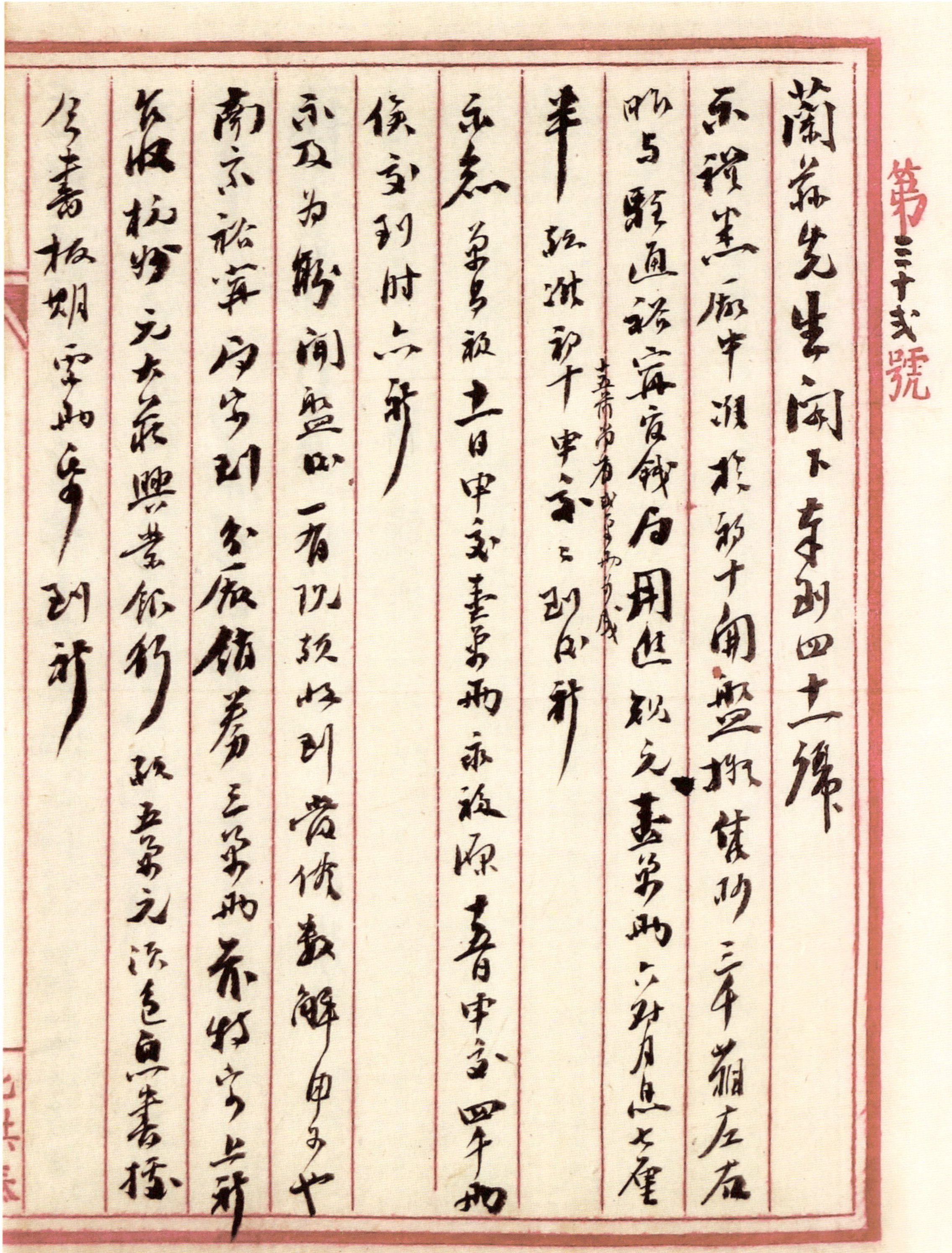

第三十二號（三月初八日）

蘭蓀先生閣下：奉到四十一號示，謹悉。廠中准於初十開盤，擬售紗三千箱左右。昨與駐通裕寧官錢局用進規元壹萬兩，六對月息七厘半，款准初十申交（十五前尚有式萬兩可成），交到後祈示知。萬昌福十一日申交壹萬兩，永福源十五日申交四千兩，俟交到時亦祈示及爲盼。開盤後一有現款收到，當儘數解申可也。南京裕寧局寄到分廠銷券三萬兩，玆特寄上，祈台收。杭州元大莊興業銀行款五萬元，須包息書據，今書板期票兩紙，到祈查收。退公擬明日去常樂，應備上海道移文今日

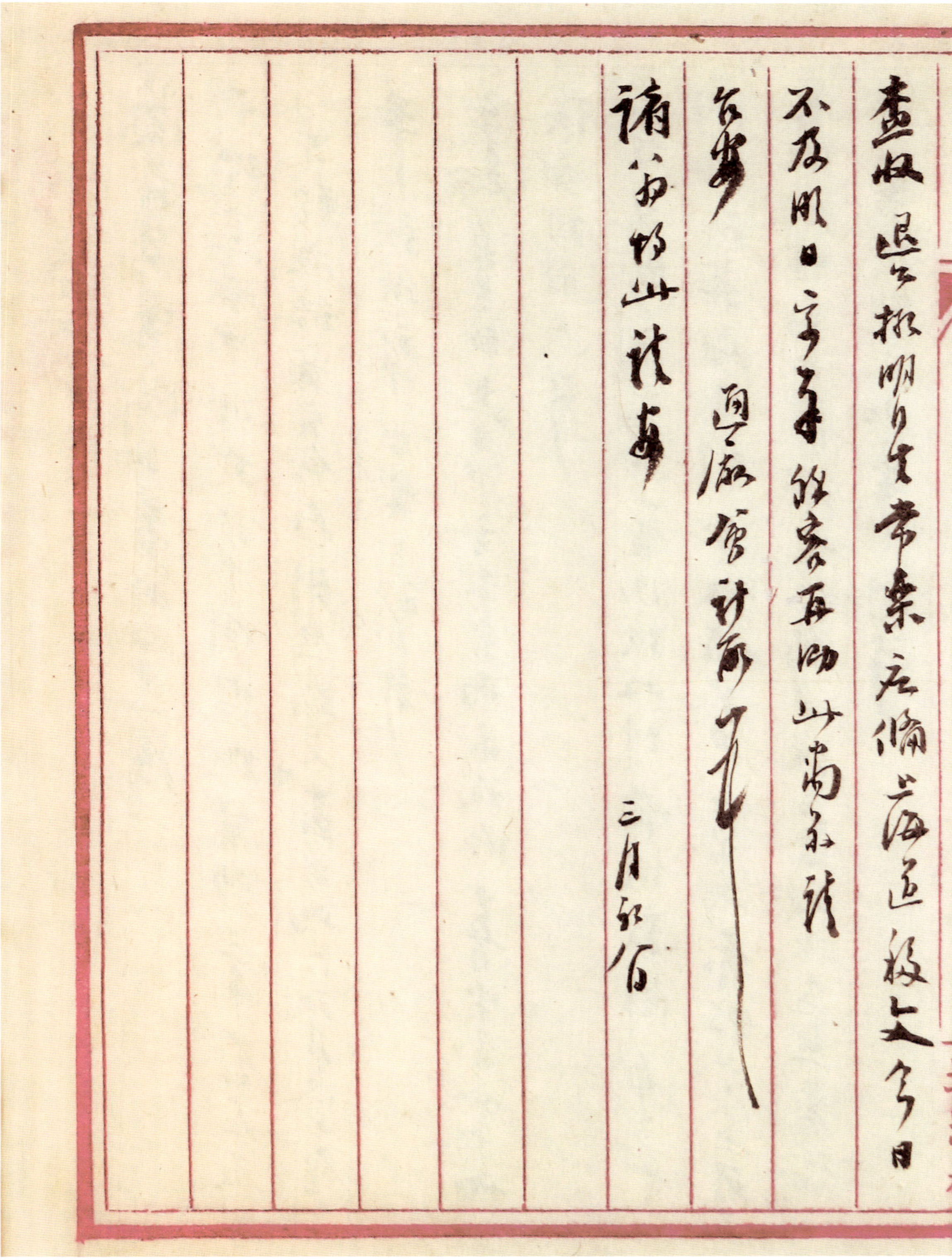

第三十二號（三月初八日）

不及，明日寄奉。餘容再泐。此肅，敬請台安。通廠會計所頓首。三月初八日
諸翁均此請安。

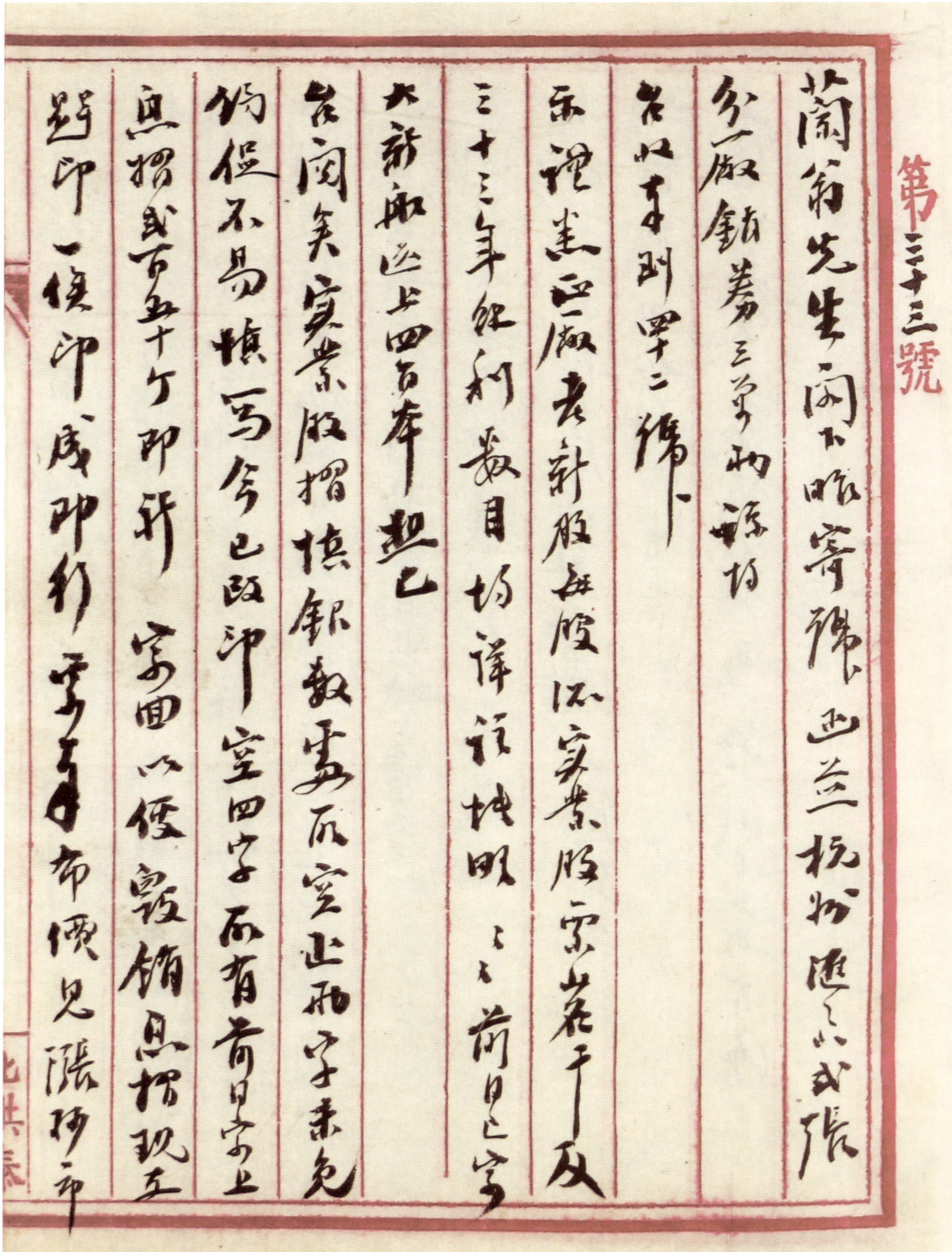

第三十三號（三月初九日）

蘭翁先生閣下：昨寄號函，并杭州匯票弍張、分廠銷券三萬兩，諒均台收。奉到四十二號示，謹悉。正廠老新股，每股派實業股票若干，及三十三年餘利數目，均詳注帳略。帳略前日已寄大新船送上四百本，想已台閲矣。實業股摺填銀數處所空止兩字，未免局促，不易填寫，今已改印，空四字。所有前日寄上息摺弍百五十個，即祈寄回，以便毁銷。息摺現在趕印，一俟印成，即行寄奉。布價見漲，紗市自可起色，一有現款交下，當儘數解申。官機利，擬填實業公司股票廿六萬五千兩，成

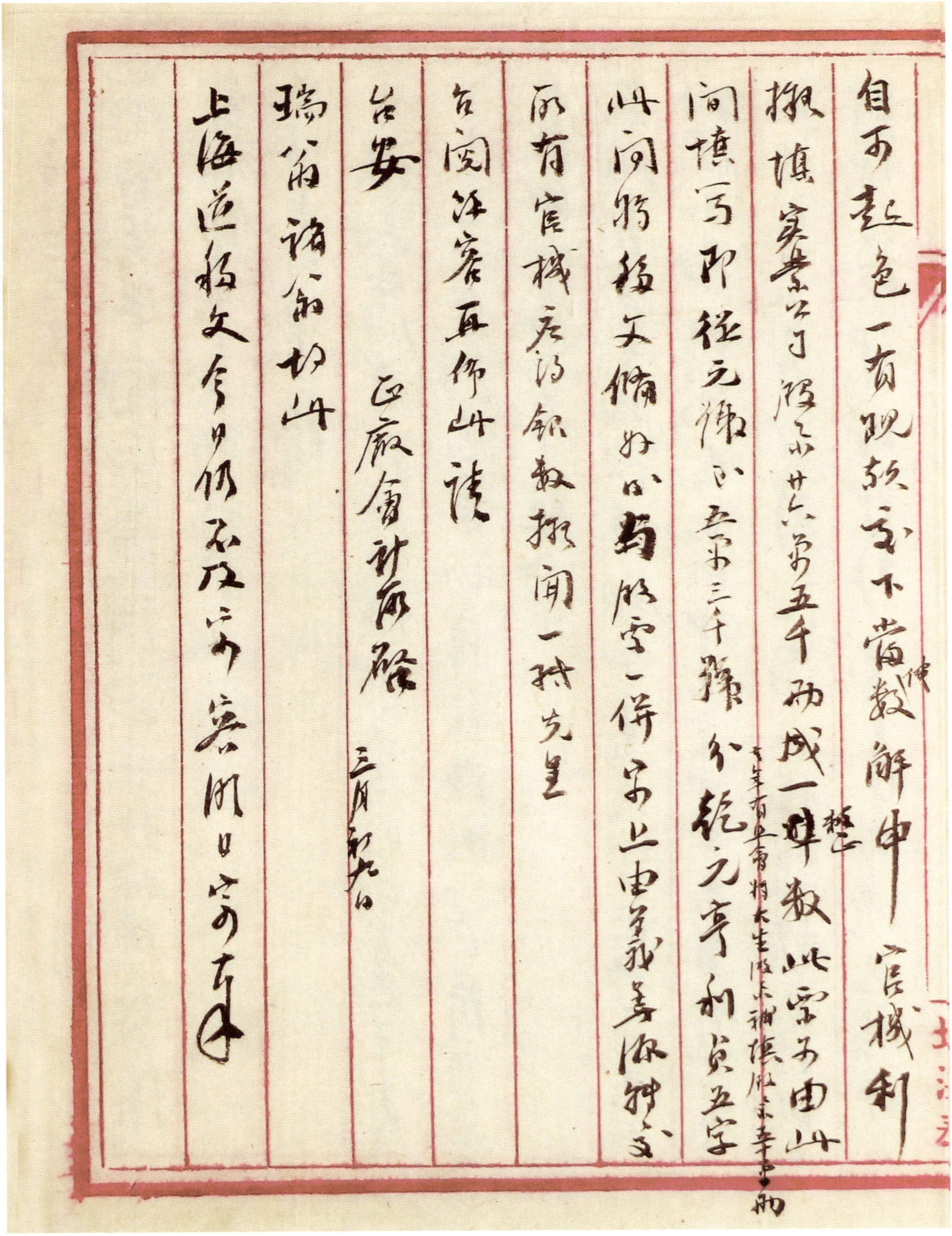

第三十三號（三月初九日）

一整數。此票可由此間填寫，即從元號至五萬三千號（去年有照會，將大生股票補填股票五十萬兩），分乾、元、亨、利、貞五字，此間將移文備好後，與股票一并寄上，由義善源轉交。所有官機應得銀數，擬開一紙先呈台閱。餘容再布。此請台安。正廠會計所啓。三月初九日

瑞翁、諸翁均此。

上海道移文，今日仍不及寄，容明日寄奉。

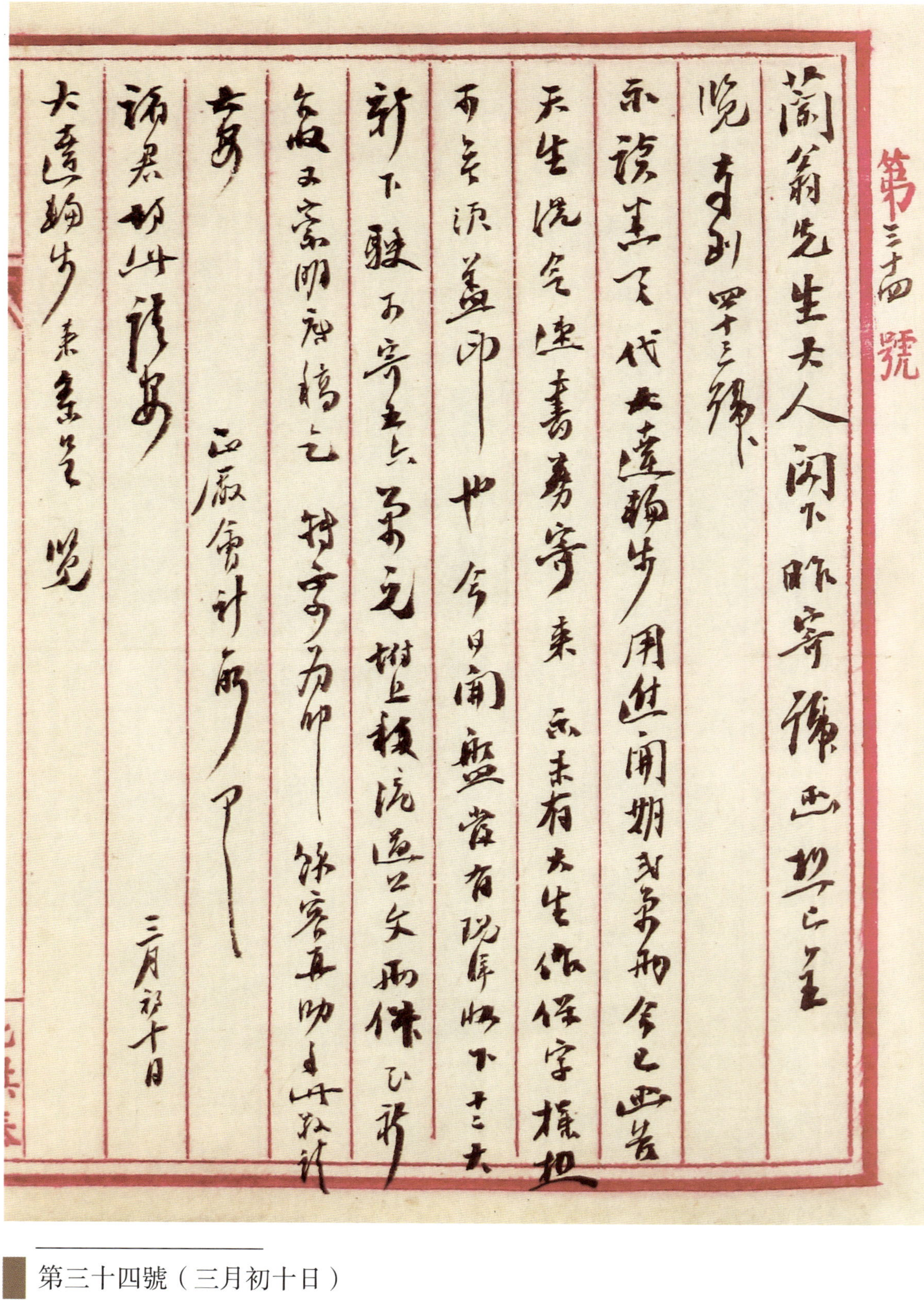

第三十四號（三月初十日）

蘭翁先生大人閣下：昨寄號函，想已呈覽。奉到四十三號示，讀悉一一。代大達輪步用進開期式萬兩，今已函告天生港，令速書券寄來。示未有大生作保字樣，想可無須蓋印也。今日開盤，當有現洋收下，十二大新下駛，可寄五六萬元。附上移滬道公文兩件，至祈台收。又崇明底稿，乞轉寄爲叩。餘容再泐。專此，敬請大安。正廠會計所具。三月初十日

諸君均此請安。

第三十四號（三月初十日）

大達輪步來條呈覽。

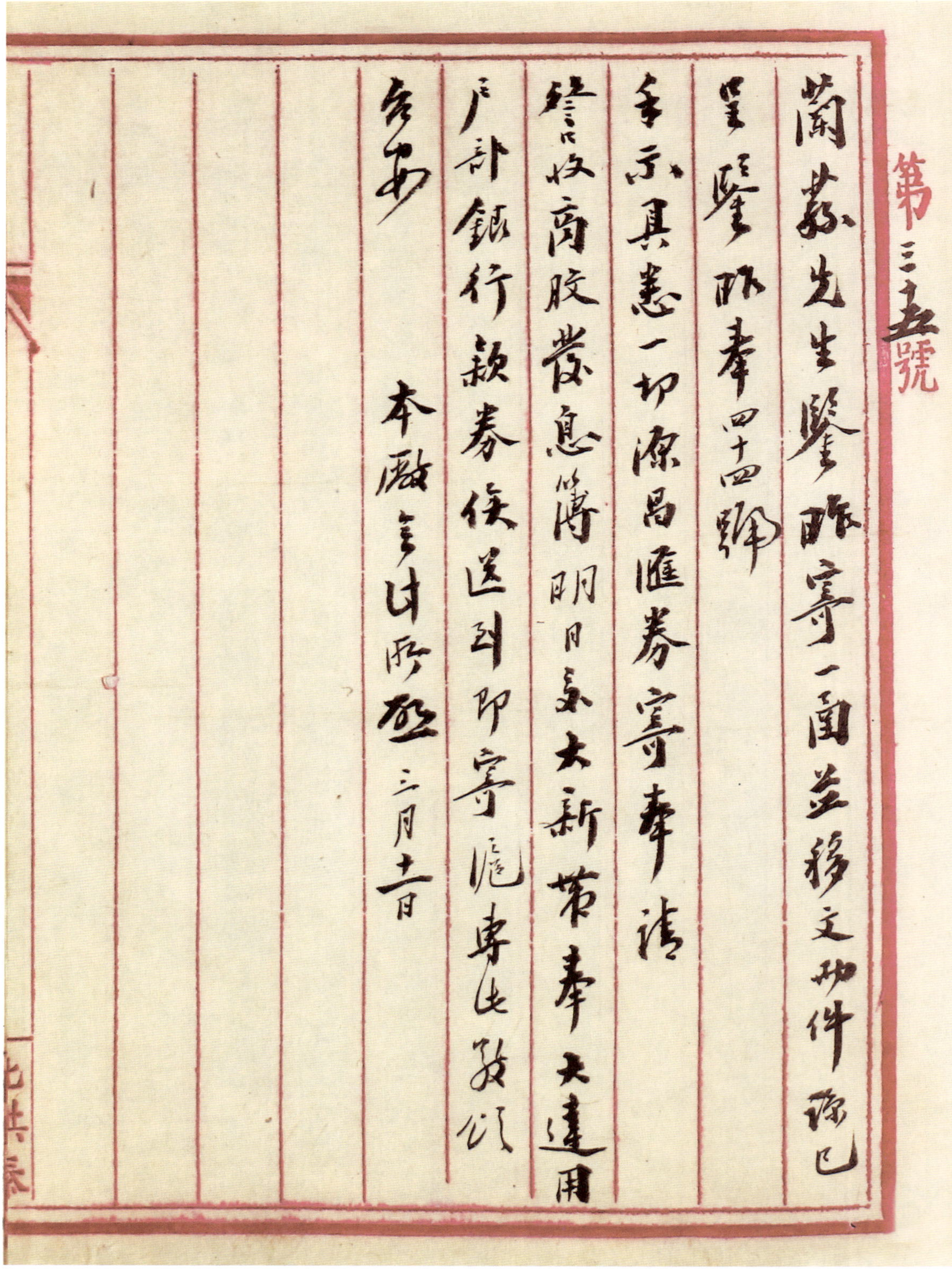
第三十五號
蘭蓀先生鑒：昨寄一函并移文兩件，諒已
呈鑒。昨奉四十四號
手示，具悉一切。源昌匯券寄奉，請
察收。商股發息簿，明日交大新帶奉。大達用
户部銀行款券，俟送到即寄滬。專此，敬頌
台安。
本廠會計所啓 三月十一日

第三十五號（三月十一日）

蘭蓀先生鑒：昨寄一函并移文兩件，諒已呈鑒。昨奉四十四號手示，具悉一切。源昌匯券寄奉，請察收。商股發息簿，明日交大新帶奉。大達用户部銀行款券，俟送到即寄滬。專此，敬頌台安。本廠會計所啓。三月十一日

第三十五號（三月十一日）

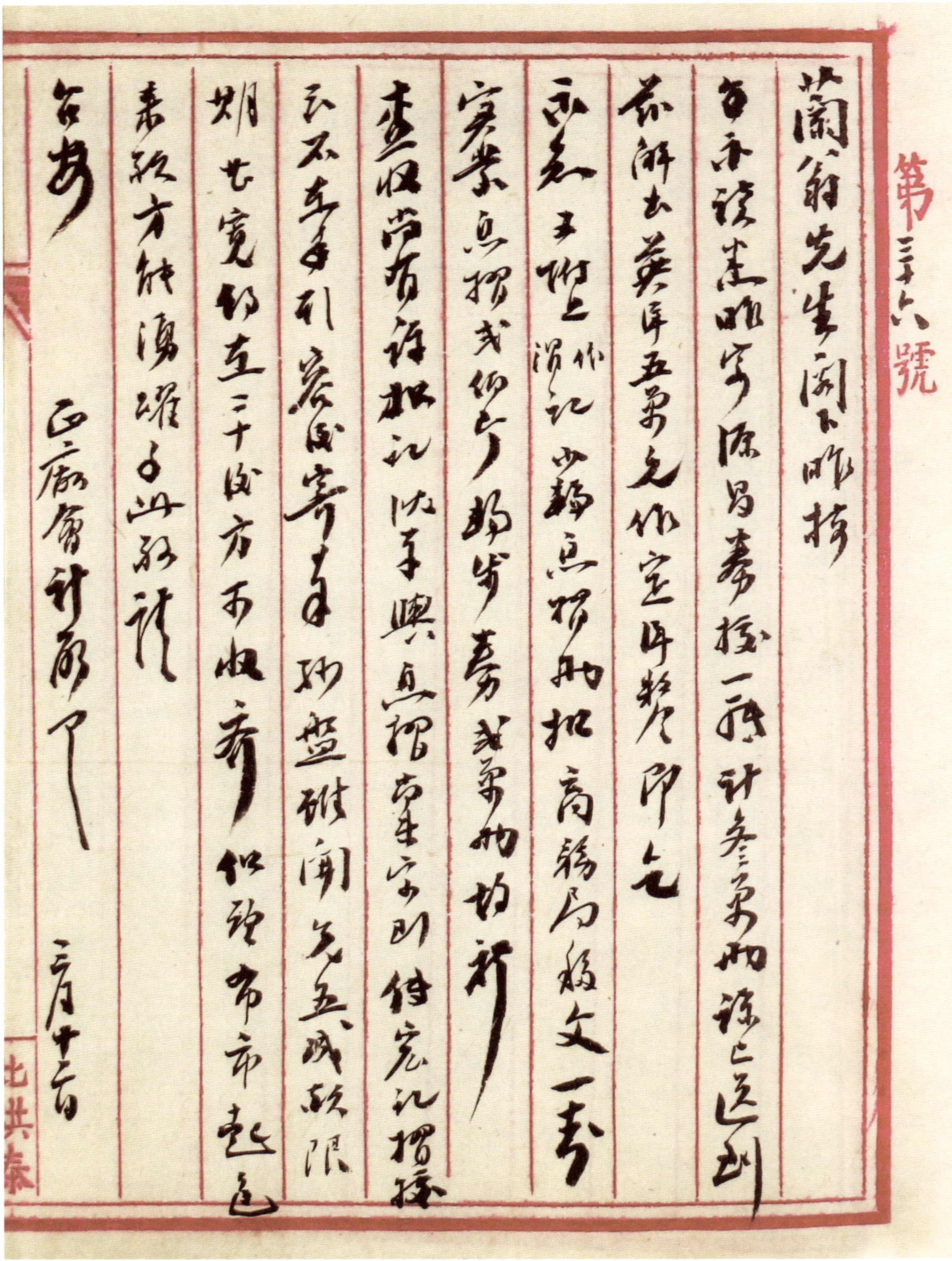

第三十六號（三月十二日）

蘭翁先生閣下：昨接台示，讀悉。昨寄源昌券據一紙，計叁萬兩，諒已送到。玆解出英洋五萬元，作定洋厘，即乞示知。又附上作記、渭記小輪息摺兩扣，商務局移文一封，實業息摺弍佰個，輪步券弍萬兩，均祈查收。尚有許松記、沈奉興息摺尚未寄到。傅宏記摺，據云不在年期，容後寄奉。紗盤雖開，先五成款限期甚寬，約在二十後方可收齊，但望布市起色，來款方能涌〔踴〕躍。手此，敬請台安。正廠會計所具。三月十二日

第三十六號（三月十二日）

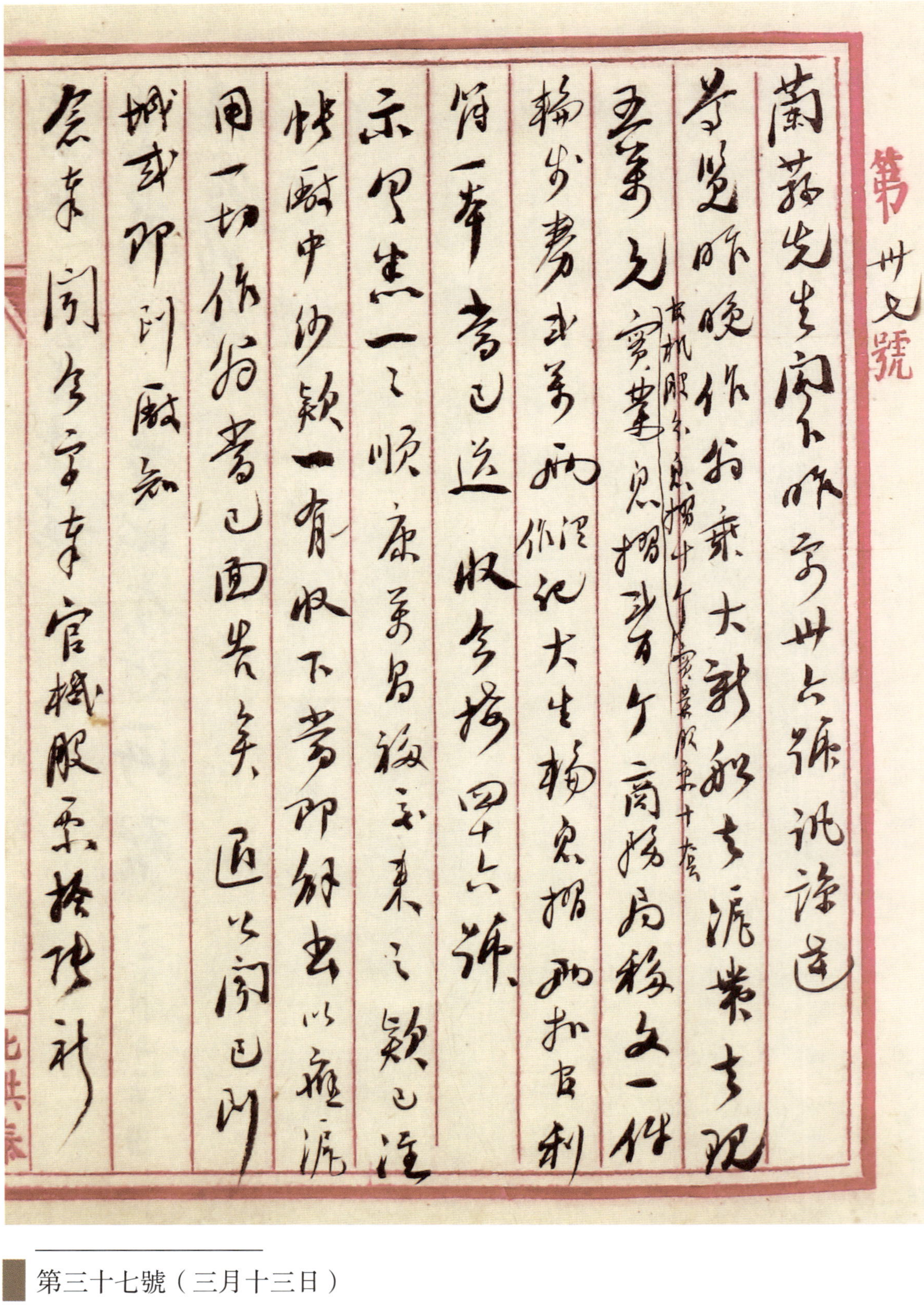

第三十七號（三月十三日）

蘭蓀先生閣下：昨寄卅六號訊，諒達尊覽。昨晚作翁乘大新船去滬，帶去現五萬元，官機股分息摺十個，實業息摺式百個，實業股票十套，商務局移文一件，輪步券式萬兩，渭記、作記大生輪息摺兩扣，官利簿一本，當已送收。今接四十六號示，具悉一一。順康、萬昌福交來之款，已注帳。廠中紗款一有收下，當即解出，以應滬用，一切作翁當已面告矣。退公聞已到城，或即到廠，知念奉聞。今寄奉官機股票拾張，祈察收示復。此請籌安。本廠會計所啓。三月十三日

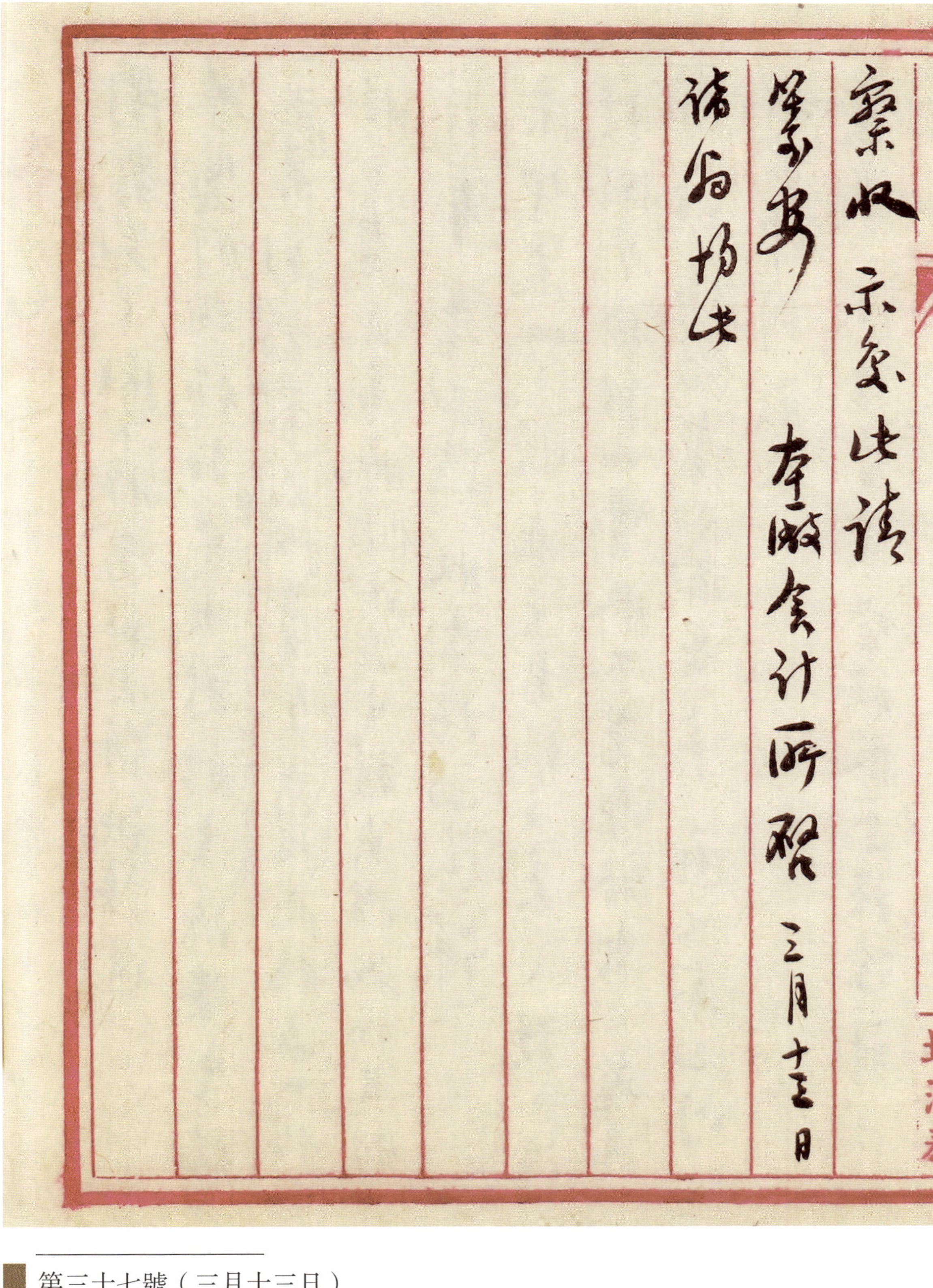

察收　示覆此請
箸安　本廠會計所啓　三月十三日
諸翁均此

第三十七號（三月十三日）

諸翁均此。

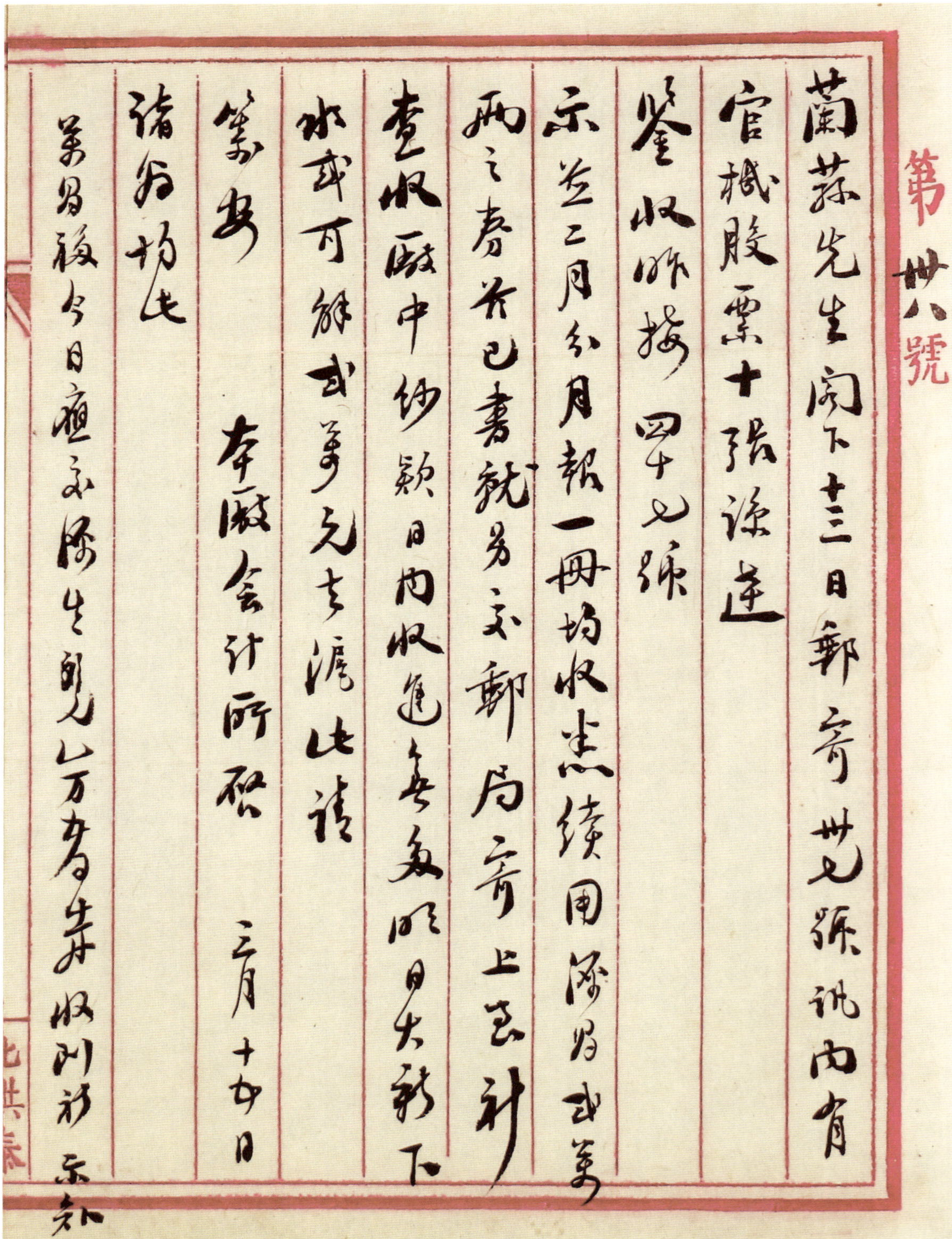

第三十八號（三月十五日）

蘭蓀先生閣下：十三日郵寄卅七號訊，内有官機股票十張，諒達鑒收。昨接四十七號示，并二月分月報一册，均收悉。續用源昌式萬兩之券，兹已書就，另交郵局寄上，至祈查收。廠中紗款，日内收進無多，明日大新下水，或可解式萬元去滬。此請籌安。本廠會計所啓。三月十五日

諸翁均此。

萬昌福今日應交源生九八元一萬五百十一兩，收到祈示知。

第三十八號（三月十五日）

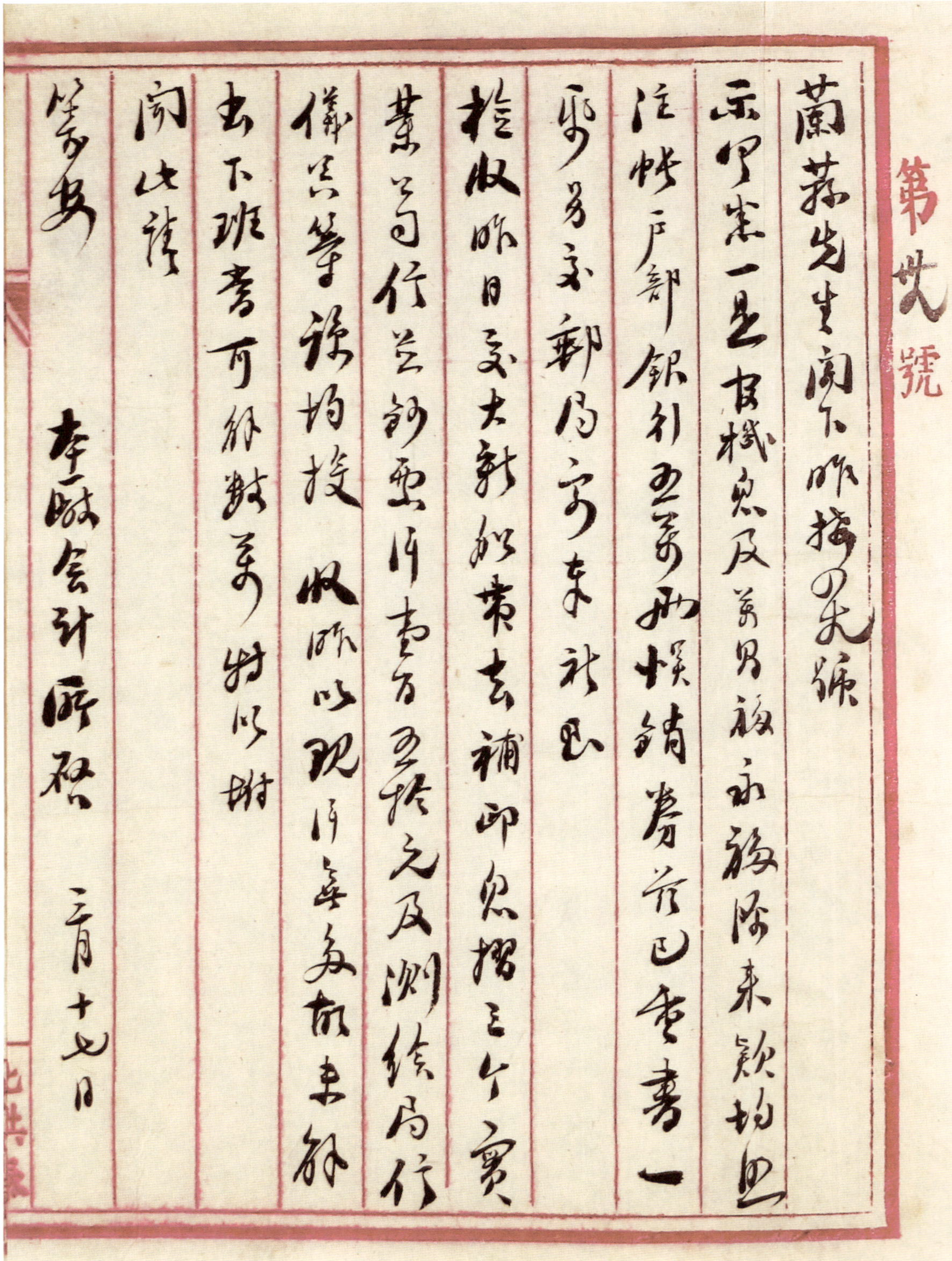

第三十九號（三月十七日）

蘭蓀先生閣下：昨接四十九號示，具悉一是。官機息及萬昌福、永福源來款，均照注帳。户部銀行五萬兩誤銷券，兹已重書一紙，另交郵局寄奉，祈至檢收。昨日交大新船帶去補印息摺三個，實業公司信并鈔票洋壹百五拾元，及測繪局信、儀器等，諒均投收。昨以現洋無多，故未解出，下班當可解數萬，特此附聞。此請籌安。本廠會計所啓。三月十七日

諸翁均此。

請安也

第三十九號（三月十七日）

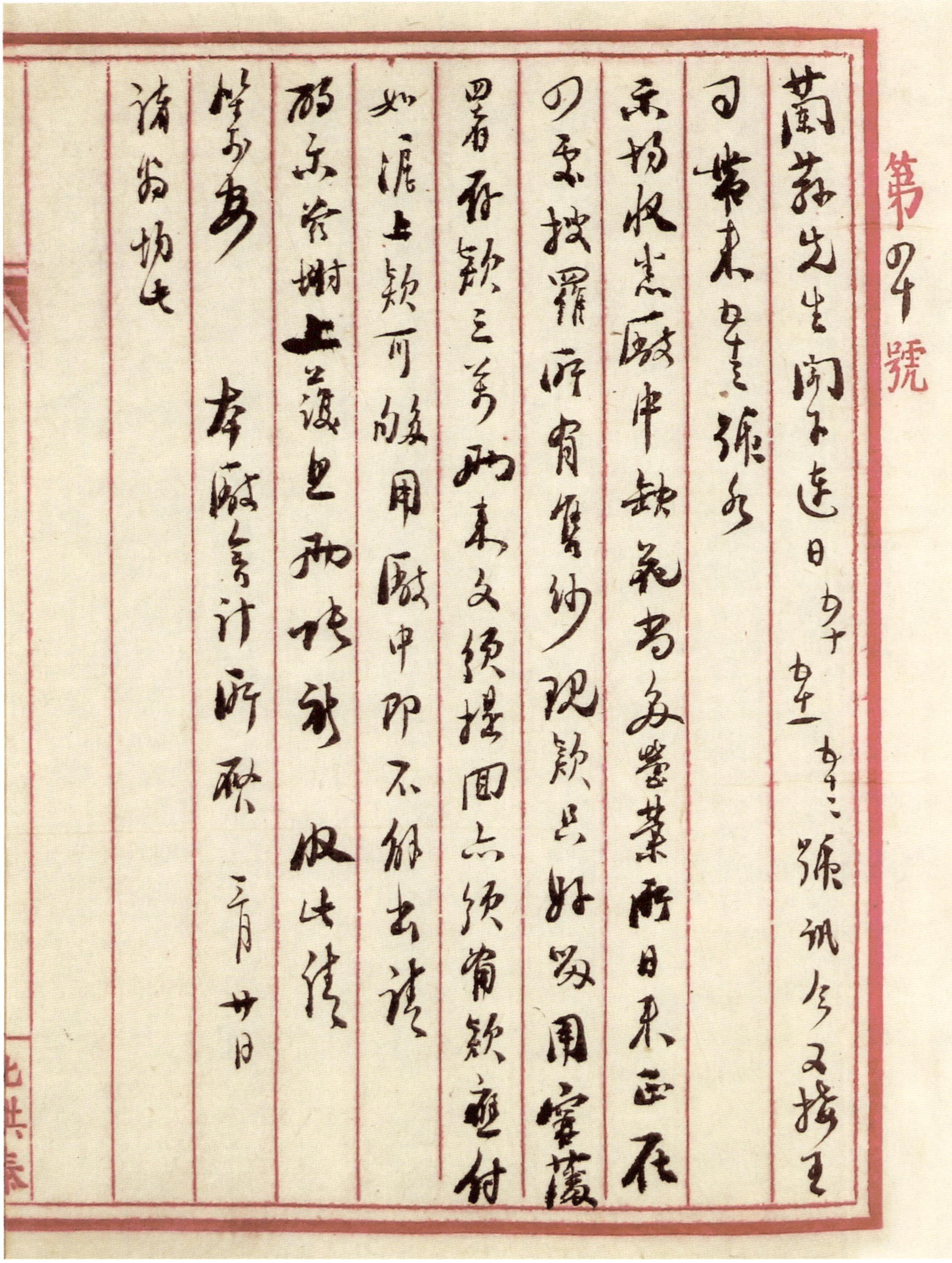

第四十號（三月廿日）

蘭蓀先生閣下：連日五十、五十一、五十二號訊，今又接王司帶來五十三號，各示均收悉。廠中缺花尚多，營業所日來正在四處搜羅，所有售紗現款衹好留用。寧藩署存款三萬兩，來文須提回，亦須備款應付。如滬上款可够用，廠中即不解出，請酌示。玆附上護照兩張，祈收。此請籌安。本廠會計所啓。三月廿日

諸翁均此。

第四十號（三月廿日）

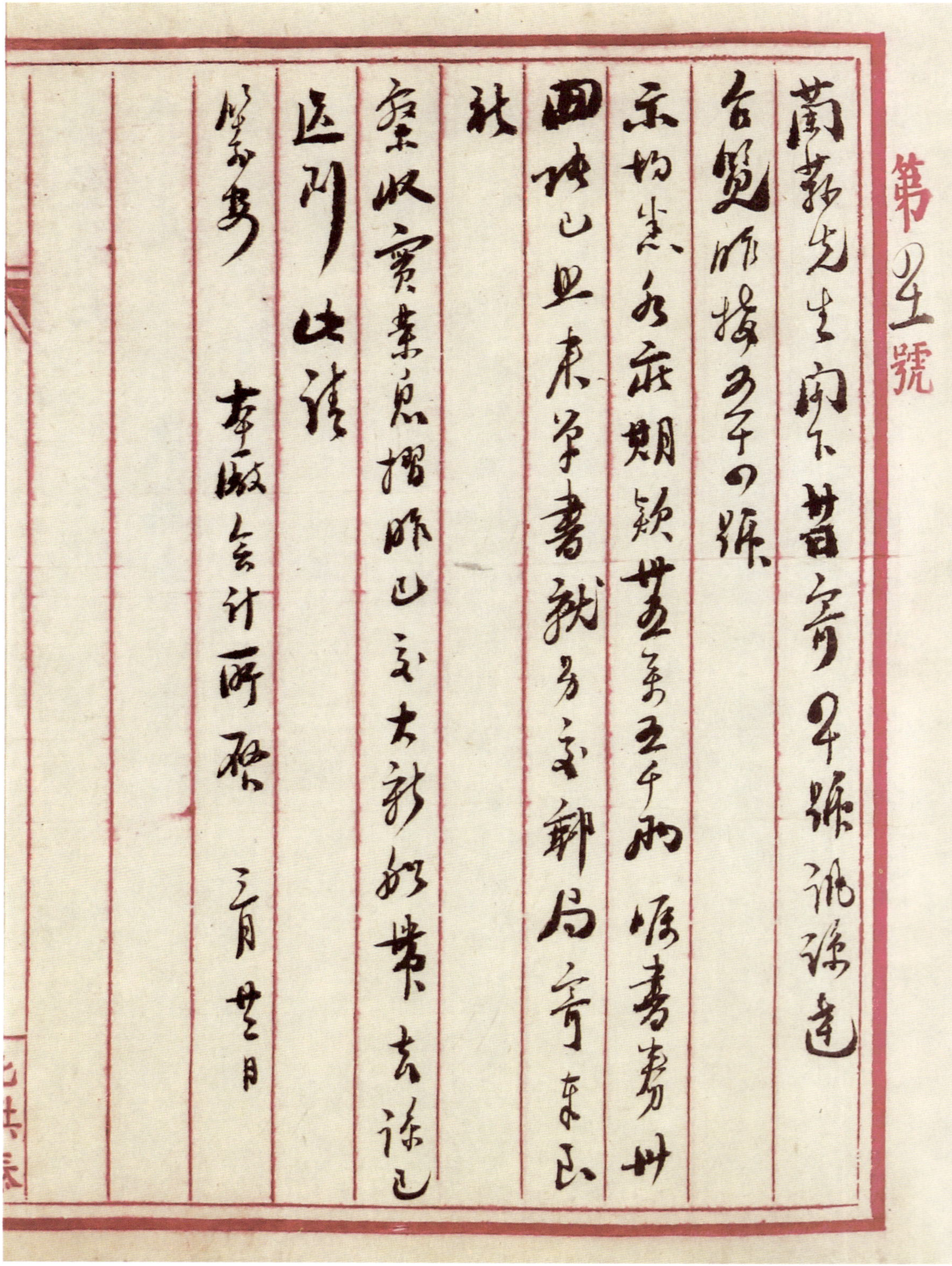

第四十一號（三月廿二日）

蘭蓀先生閣下：廿日寄四十號訊，諒達台覽。昨接五十四號示，均悉。各莊期款卅五萬五千兩，囑書券卅四張，已照來單書就，另交郵局寄奉，至祈察收。實業息摺，昨已交大新船帶去，諒已送到。此請籌安。本廠會計所啓。三月廿二日

第四十一號（三月廿二日）

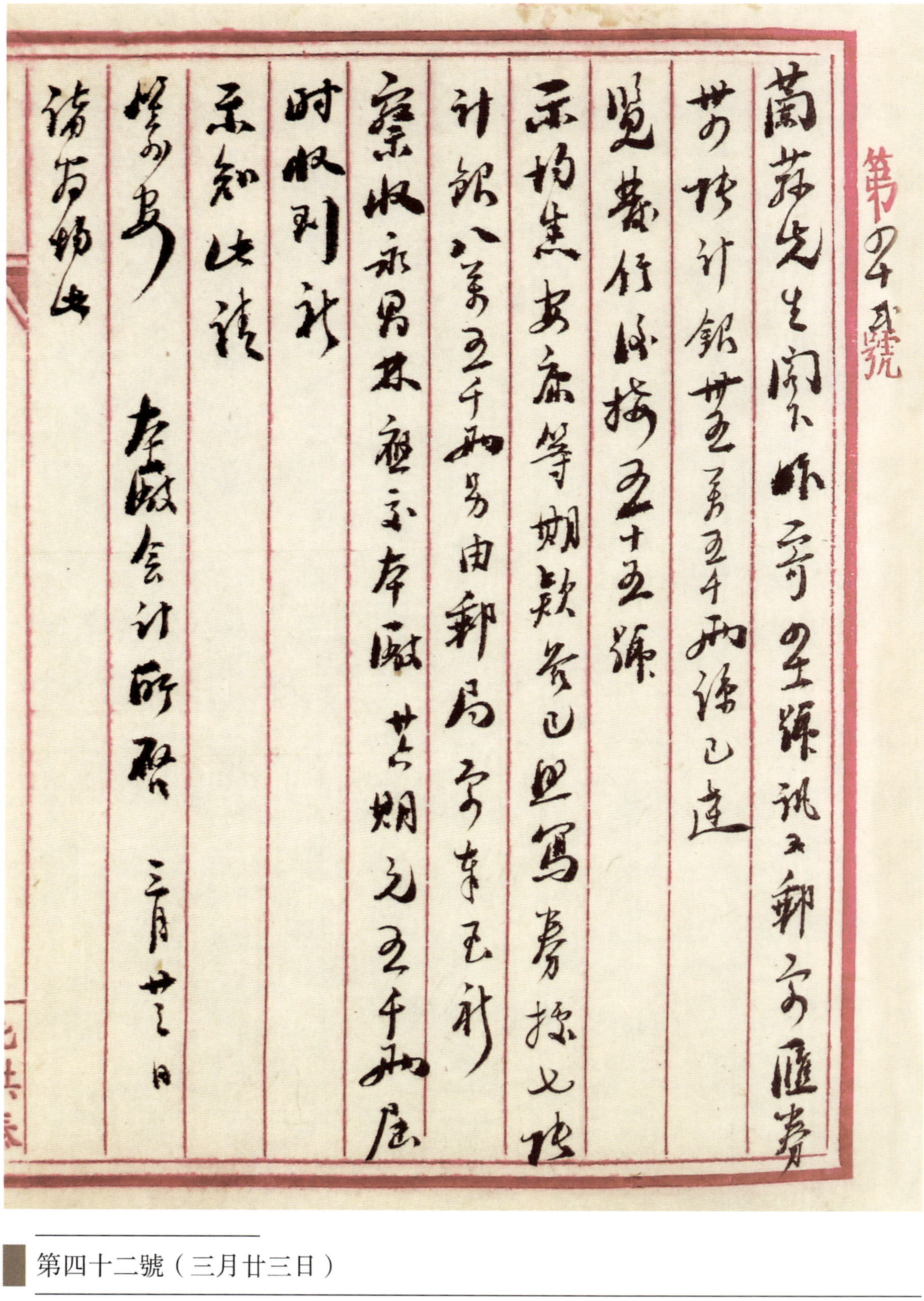

第四十二號（三月廿三日）

蘭蓀先生閣下：昨寄四十一號訊，又郵寄匯券卅四張，計銀卅五萬五千兩，諒已達覽。發信後接五十五號示，均悉。安康等期款，兹已照寫券據七張，計銀八萬五千兩，另由郵局寄奉，至祈察收。永昌林應交本廠廿六期元五千兩，届時收到祈示知。此請籌安。本廠會計所啓。三月廿三日

諸翁均此。

第四十二號（三月廿三日）

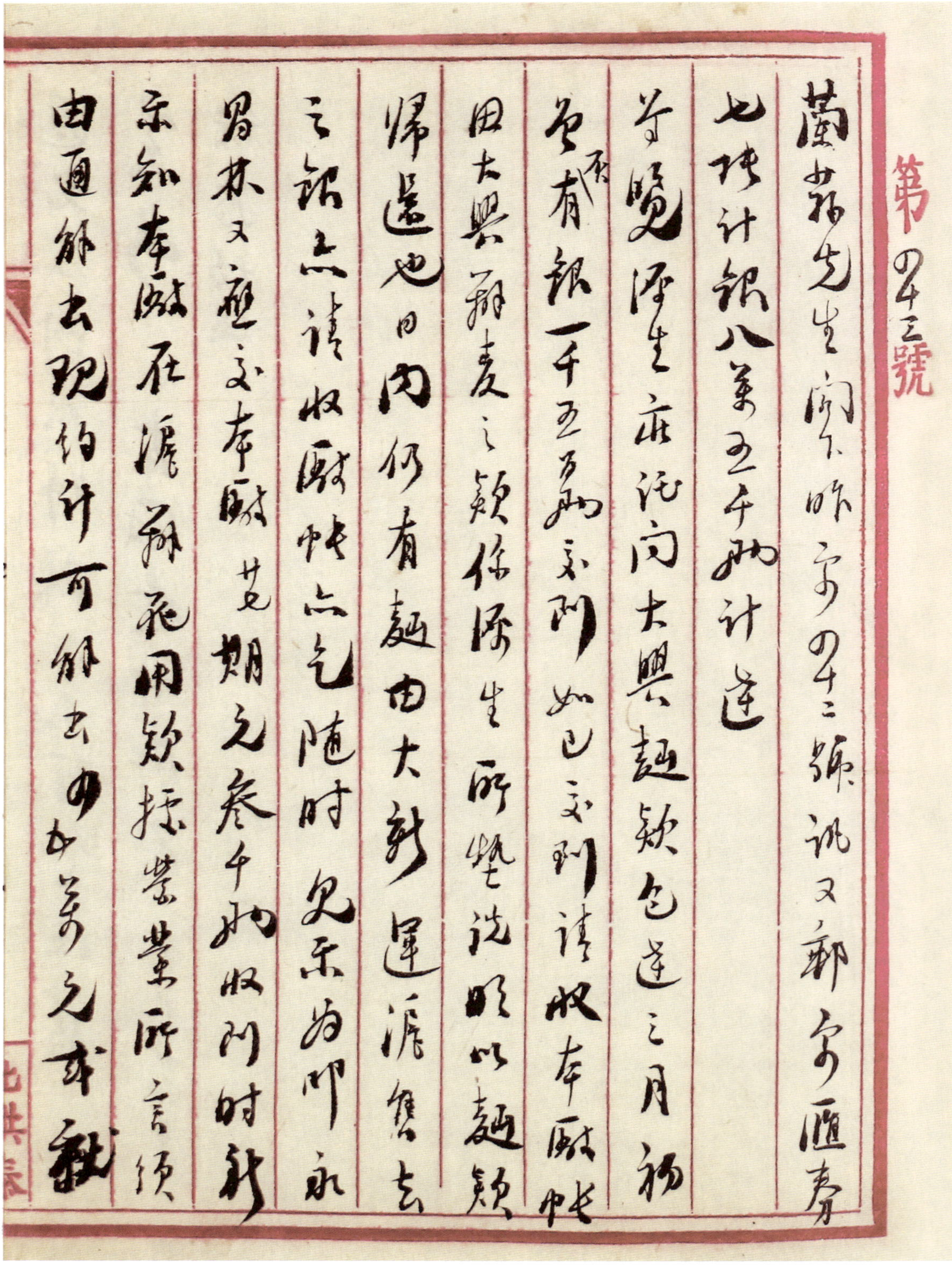

第四十三號（三月廿四日）

蘭蓀先生閣下：昨寄四十二號訊，又郵寄匯券七張，計銀八萬五千兩，計達尊覽。源生莊托問大興麵款，包達三月初曾否有銀一千五百兩交到，如已交到，請收本廠帳，因大興辦麥之款係源生所墊，説明以麵款歸還也。日内仍有麵由大新運滬，售去之銀，亦請收廠帳，亦乞隨時見示爲叩。永昌林又應交本廠廿七期元叁千兩，收到時祈示知。本廠在滬辦花用款，據營業所言，須由通解出，現約計可解出四五萬元，或就通兑去劃銀歸滬，亦未可定。此請籌安。本廠會計所啓。三月廿四日

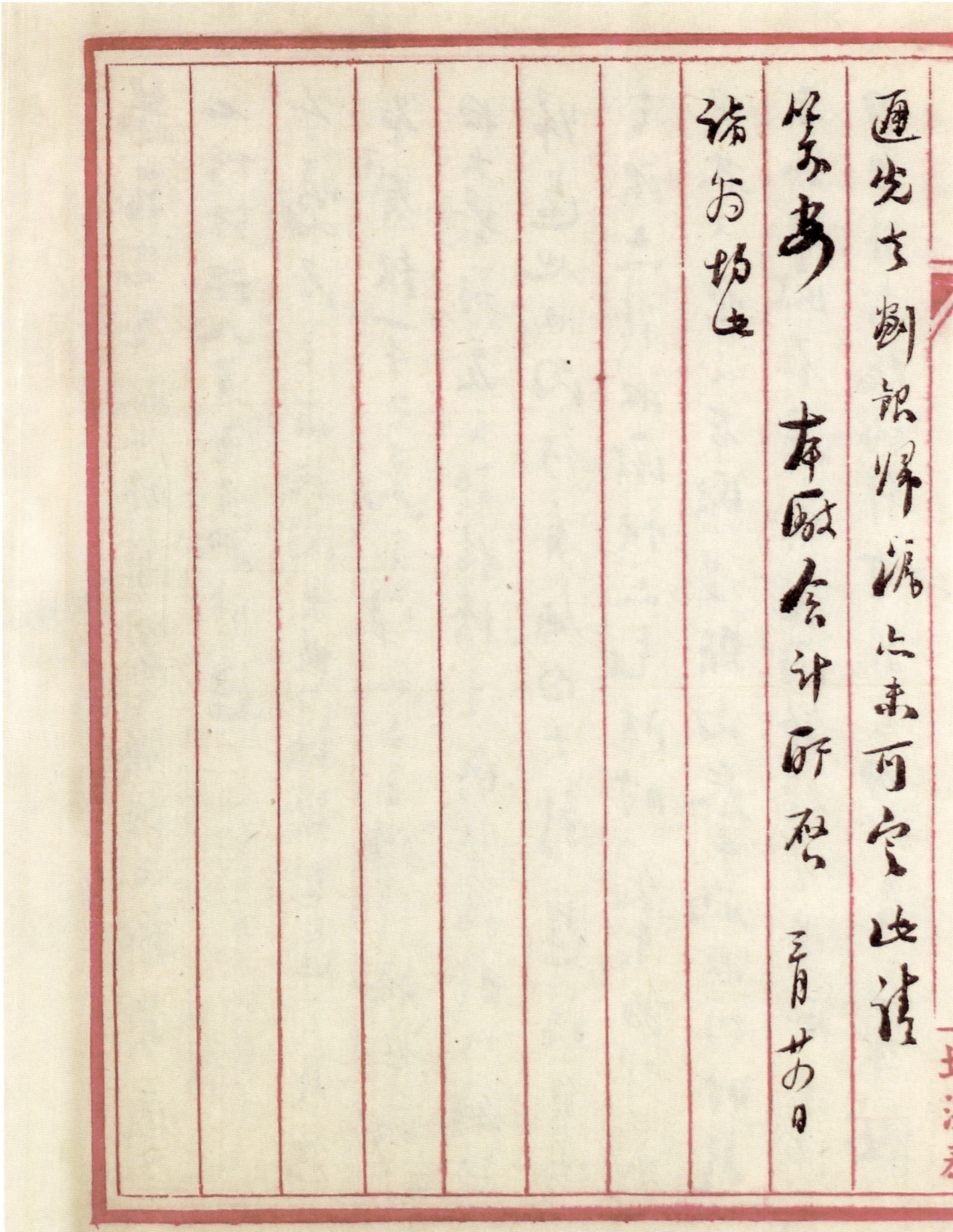
通先生劃銀歸滬亦未可定也請
箸安　本廠會計所啓　三月廿四日
諸翁均此

第四十三號（三月廿四日）

諸翁均此。

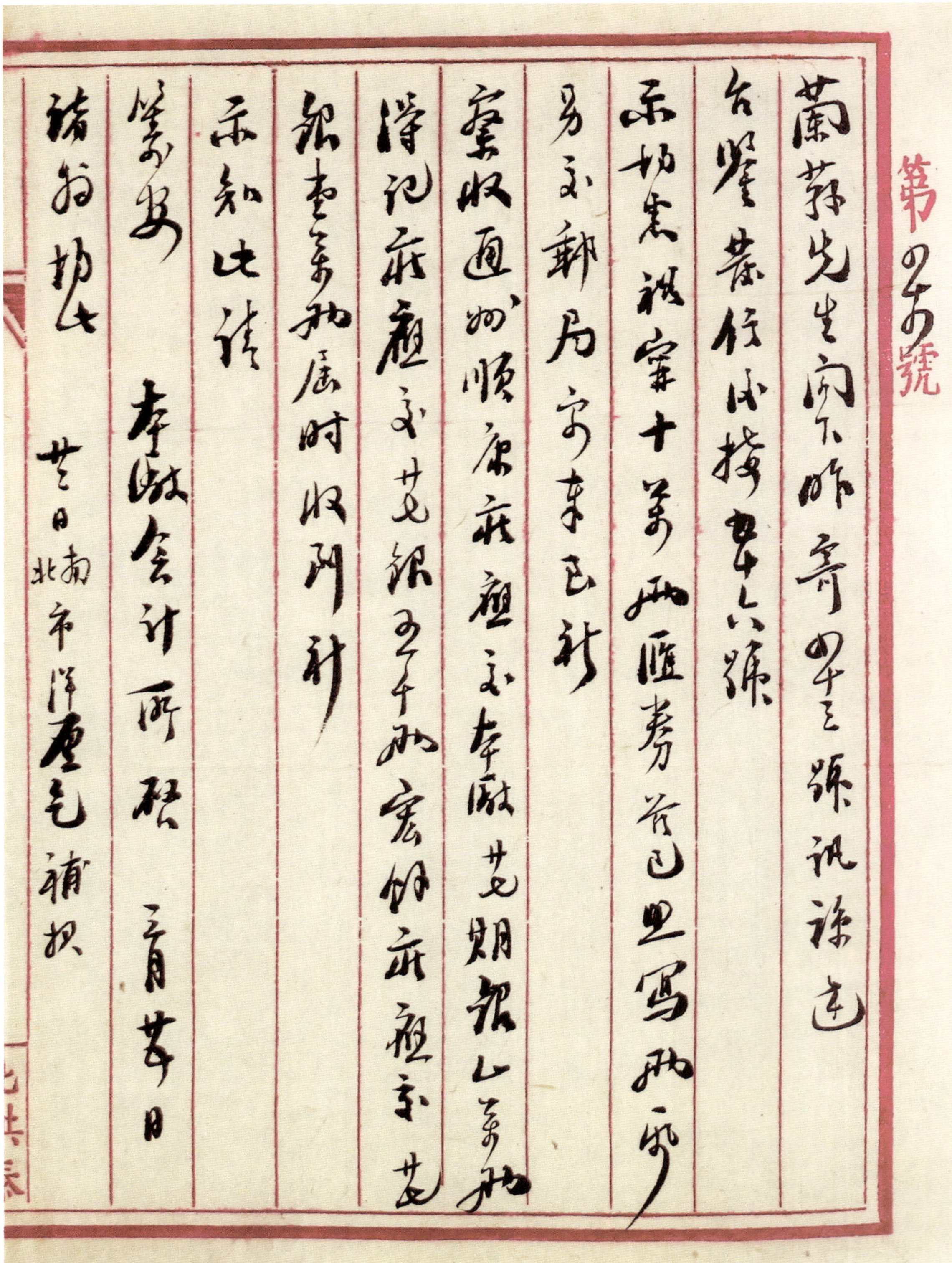

第四十四號（三月廿五日）

蘭蓀先生閣下：昨寄四十三號訊，諒達台鑒。發信後接五十六號示，均悉。裕寧十萬兩匯券，兹已照寫兩紙，另交郵局寄奉，至祈察收。通州順康莊應交本廠廿七期銀一萬兩，得記莊應交廿七銀五千兩，宏餘莊應交廿七銀壹萬兩，屆時收到祈示知。此請籌安。本廠會計所啓。三月廿五日

諸翁均此。

廿二日南、北市洋厘乞補報。

第四十四號（三月廿五日）

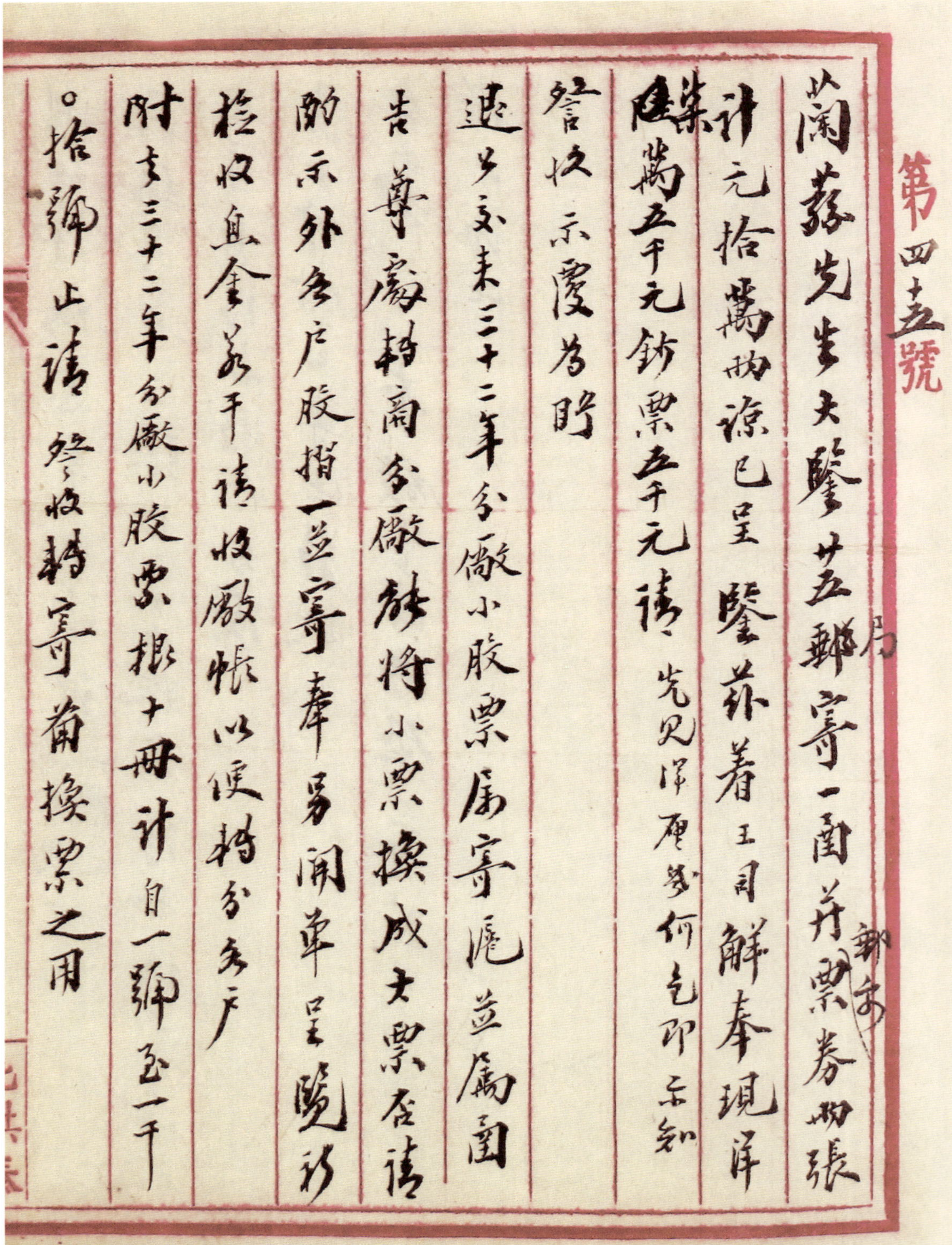

第四十五號（三月廿六日）

蘭蓀先生大鑒：廿五局寄一函，并郵寄票券兩張，計元拾萬兩，諒已呈鑒。玆着王司解奉現洋柒萬五千元、鈔票五千元，請察收示覆爲盼（兑見洋厘幾何，乞即示知）。退公交來三十二年分廠小股票，屬寄滬，并屬函告尊處轉商分廠，能將小票换成大票否，請酌示。外各户股摺一并寄奉，另開單呈覽，祈檢收，息金若干，請收廠帳，以便轉分各户。

附去三十二年分廠小股票根十册，計自一號至一千〇拾號止，請察收轉寄，備换票

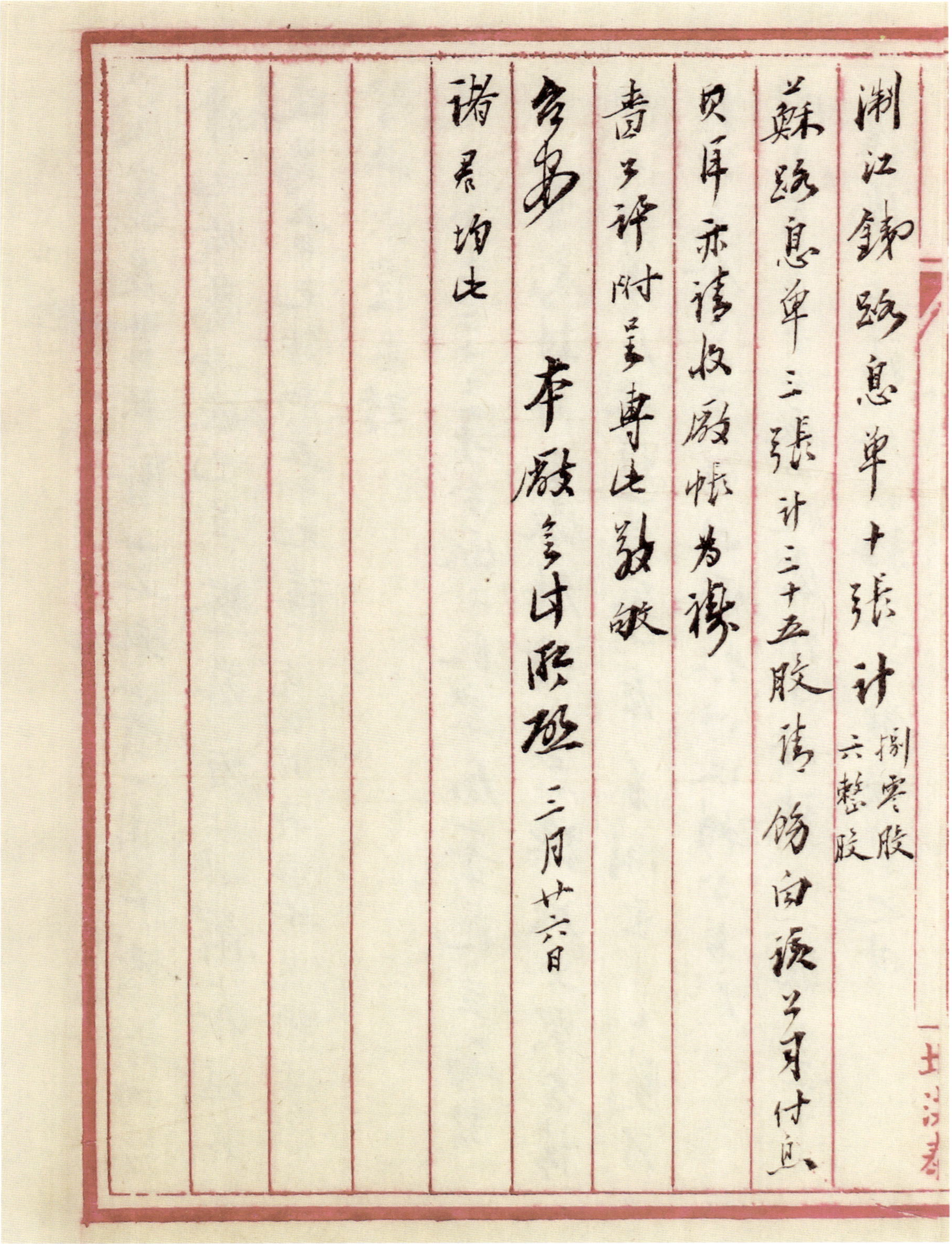
浙江鐵路息單十張，計捌零股、六整股
蘇路息單三張，計三十五股，請飭向該公司付息
欠洋亦請收廠帳爲禱
耑公訊附呈專此敬
台安 本廠會計所啓 三月廿六日
諸君均此

第四十五號（三月廿六日）

之用。浙江鐵路息單十張，計捌零股、六整股。蘇路息單三張，計三十五股，請飭向該公司付息。欠洋亦請收廠帳爲禱。耑公訊附呈。專此，敬叩台安。本廠會計所啓。三月廿六日

諸君均此。

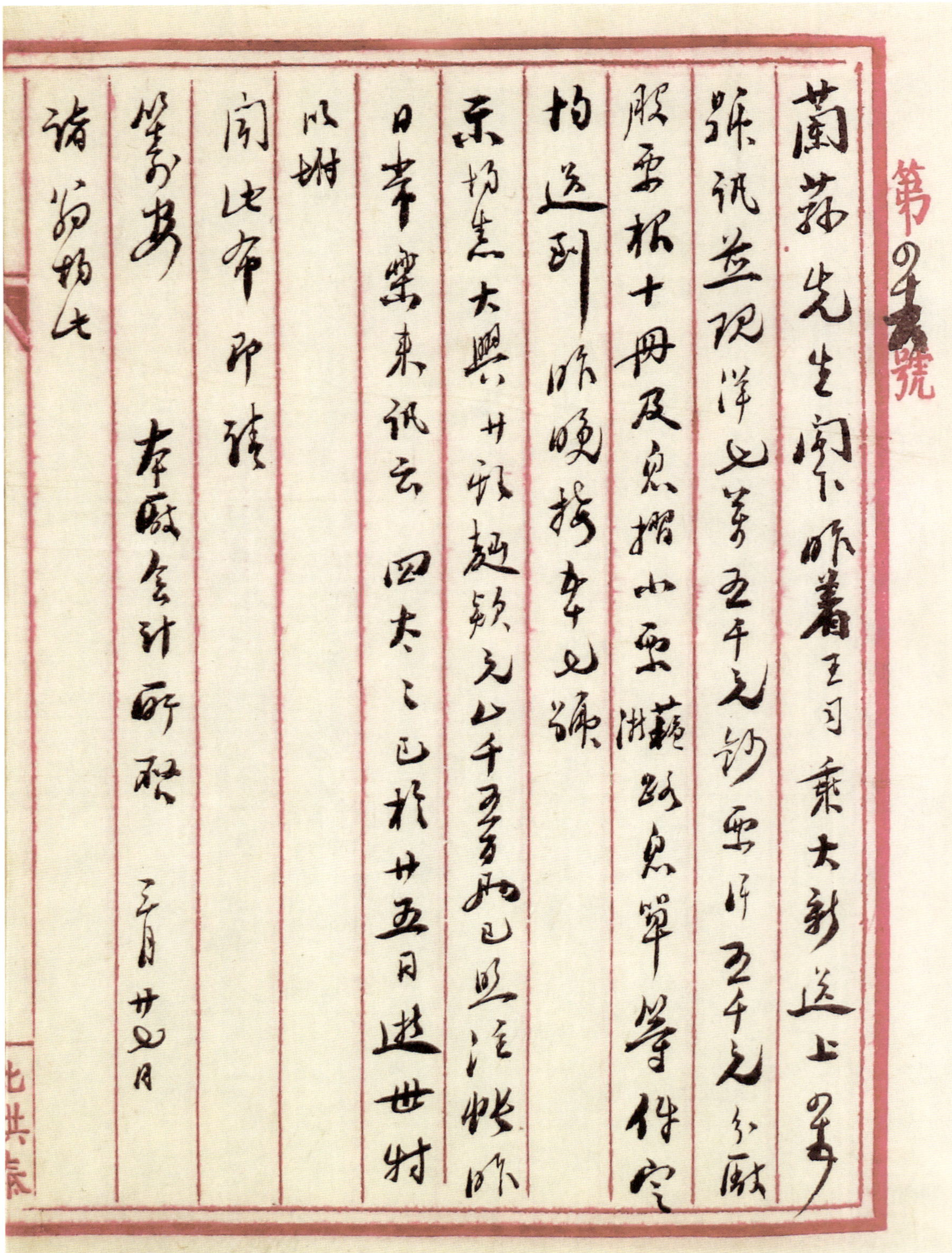

第四十六號（三月廿七日）

蘭蓀先生閣下：昨着王司乘大新送上四十五號訊，并現洋七萬五千元，鈔票洋五千元，分廠股票根十册及息摺小票，蘇、浙路息單等件，定均送到。昨晚接五十七號示，均悉。大興廿期麵款元一千五百兩，已照注帳。昨日常樂來訊，云四太太已於廿五日逝世，特以附聞。此布，即請籌安。本廠會計所啓。三月廿七日

諸翁均此。

第四十六號（三月廿七日）

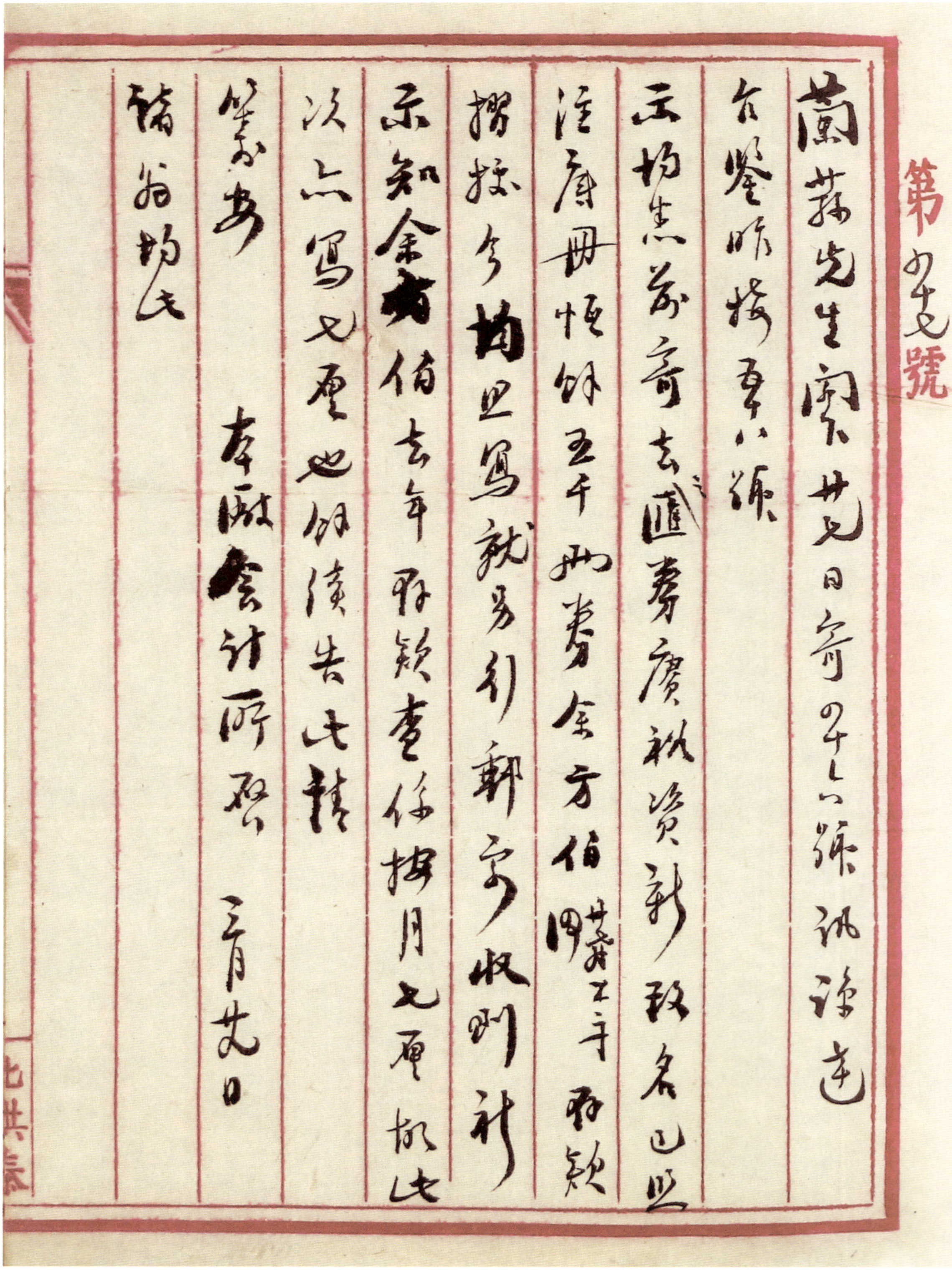

第四十七號（三月廿九日）

蘭蓀先生閣下：廿七日寄四十六號訊，諒達台鑒。昨接五十八號示，均悉。前寄去之匯券，賡裕、資新改名，已照注底册。恒餘五千兩券、余方伯一百廿七兩一錢二分一厘存款摺據，今均照寫就，另行郵寄，收到祈示知。余方伯去年存款，查係按月七厘，故此次亦寫七厘也。餘續告。此請籌安。本廠會計所啓。三月廿九日
諸翁均此。

第四十七號（三月廿九日）

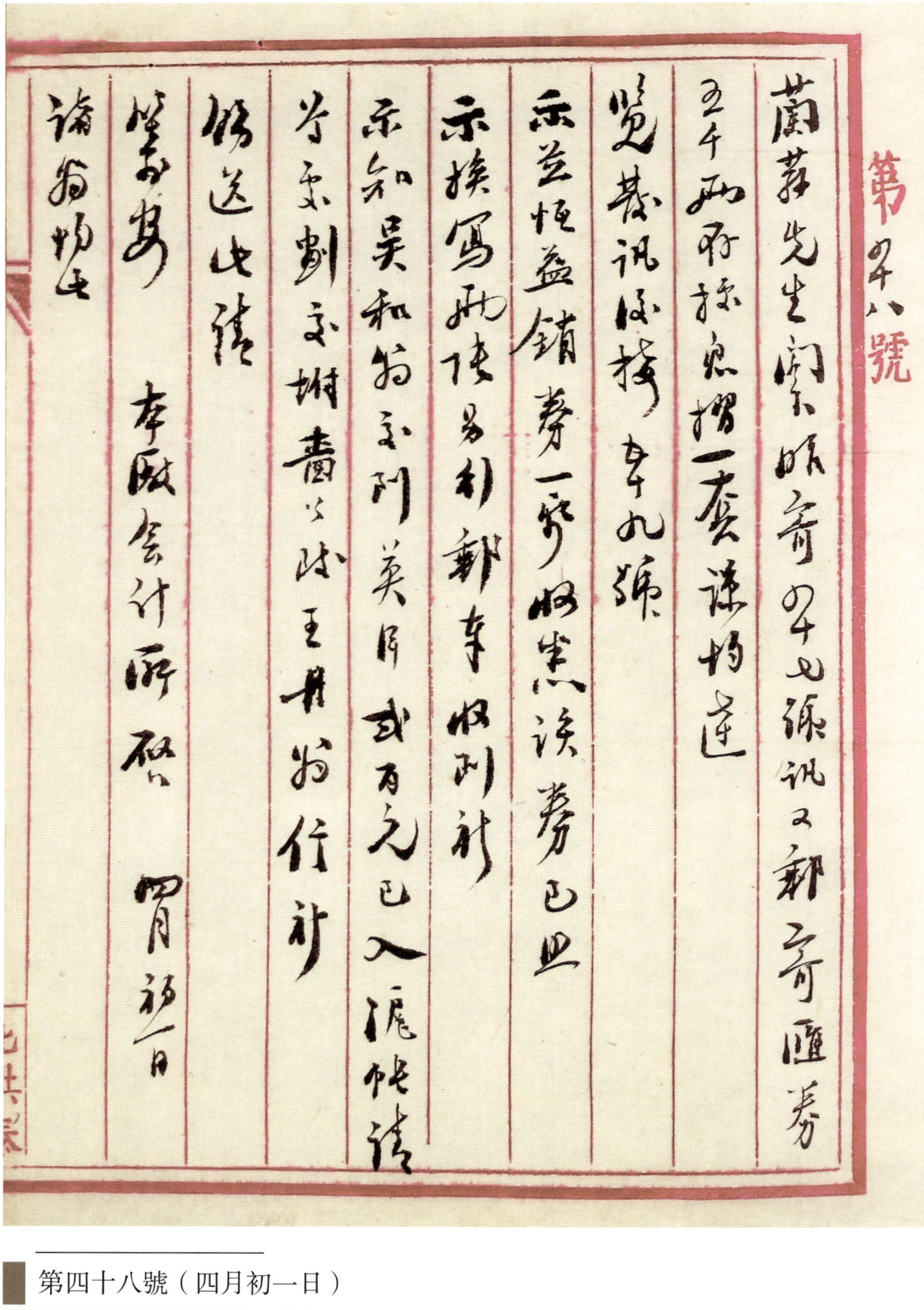

第四十八號（四月初一日）

蘭蓀先生閣下：昨寄四十七號訊，又郵寄匯券五千兩、存據息摺一套，諒均達覽。發訊後接五十九號示，并恒益銷券一紙，收悉。該券已照示换寫兩張，另行郵奉，收到祈示知。吴和翁交到英洋式百元，已入滬帳，請尊處劃交。附嗇公致王丹翁信，祈飭送。此請籌安。本廠會計所啓。四月初一日

諸翁均此。

第四十八號（四月初一日）

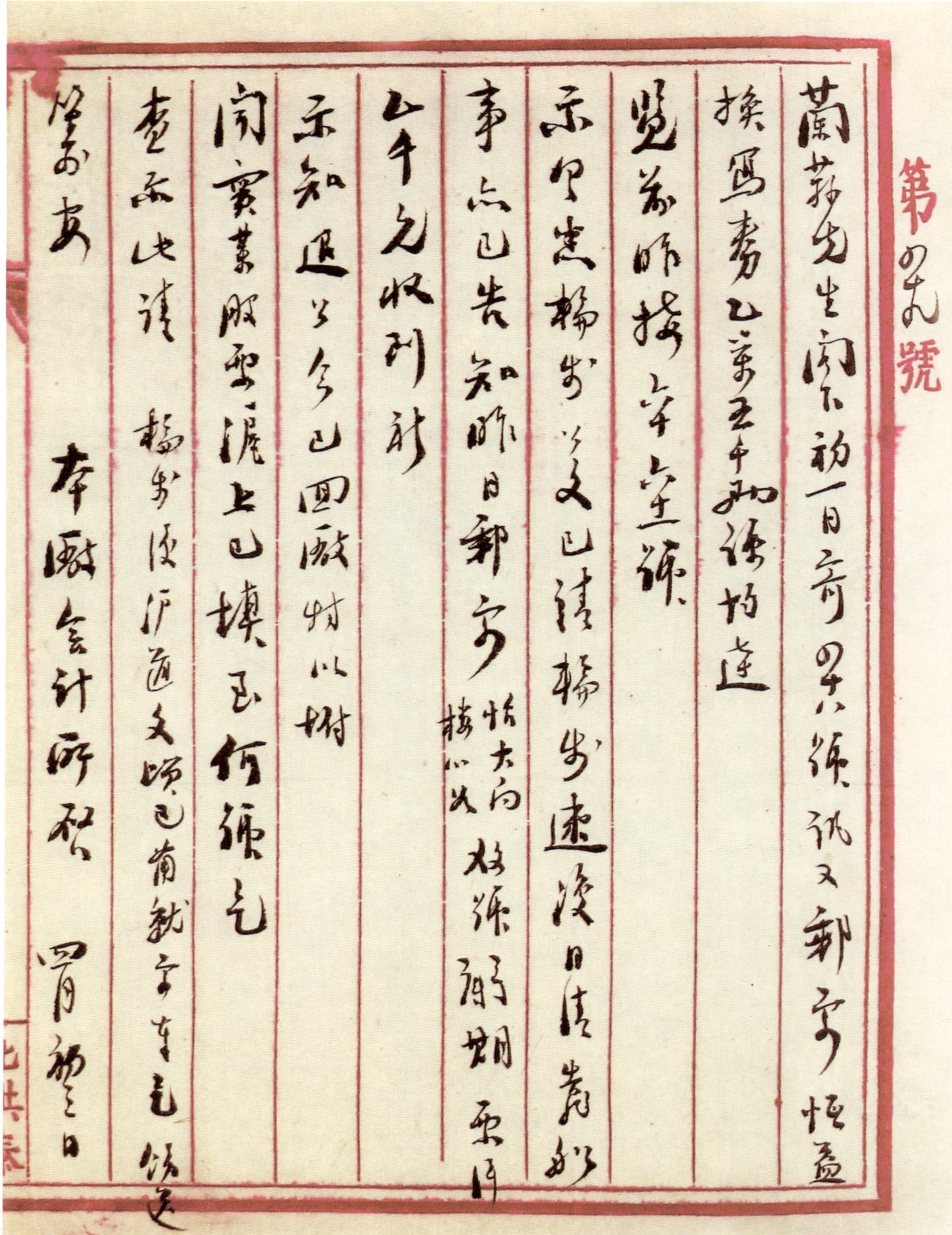

第四十九號（四月初三日）

蘭蓀先生閣下：初一日寄四十八號訊，又郵寄恒益換寫券一萬五千兩，諒均達覽。前、昨接六十、六十一號示，具悉。輪步公文，已請輪步速復，日清靠船事，亦已告知。昨日郵寄怡大向樓心如五九號三月底期票洋一千元，收到祈示知。退公今已回廠，特以附聞。實業股票，滬上已填至何號，乞查示。輪步復滬道文，頃已備就寄奉，乞飭送。此請籌安。本廠會計所啓。四月初三日

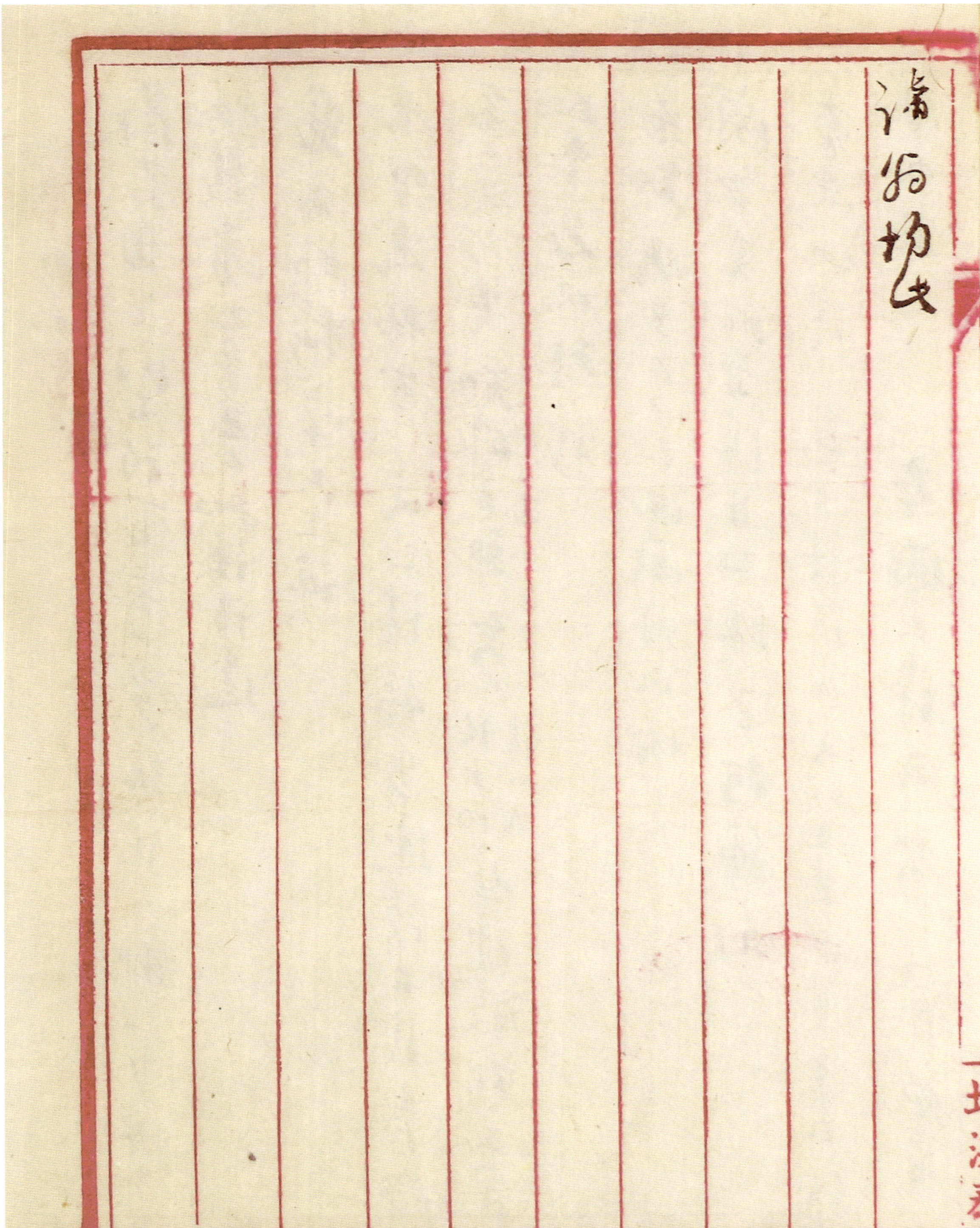

諸翁均此

第四十九號（四月初三日）

諸翁均此。

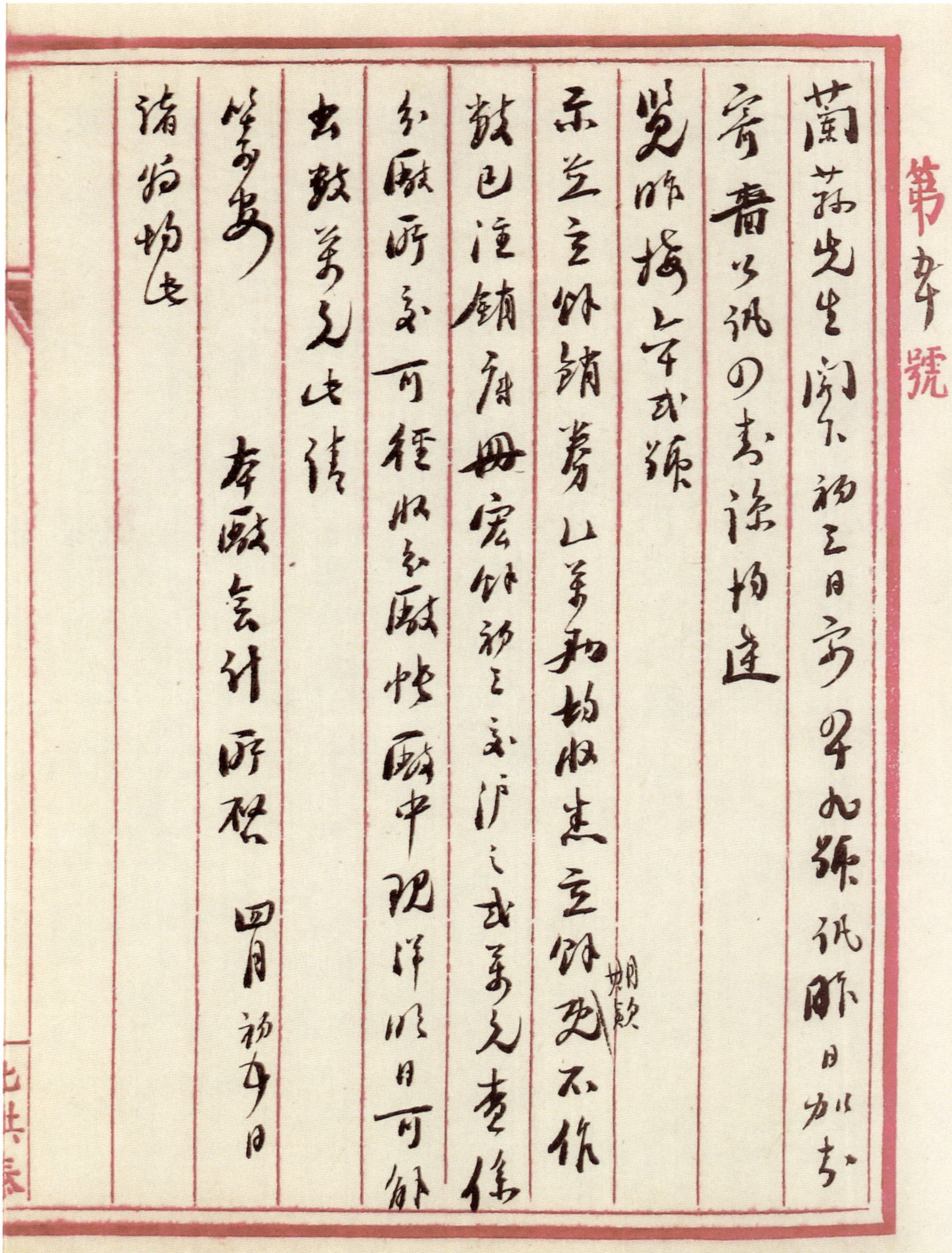

第五十號（四月初五日）

蘭蓀先生閣下：初三日寄四十九號訊，昨日加封寄嗇公訊四封，諒均達覽。昨接六十式號示，并立餘銷券一萬兩，均收悉。立餘期款既不作數，已注銷底册。宏餘初三交滬之式萬元，查係分廠所交，可徑收分廠帳。廠中現洋明日可解出數萬元。此請籌安。本廠會計所啓。四月初五日
諸翁均此。

第五十號（四月初五日）

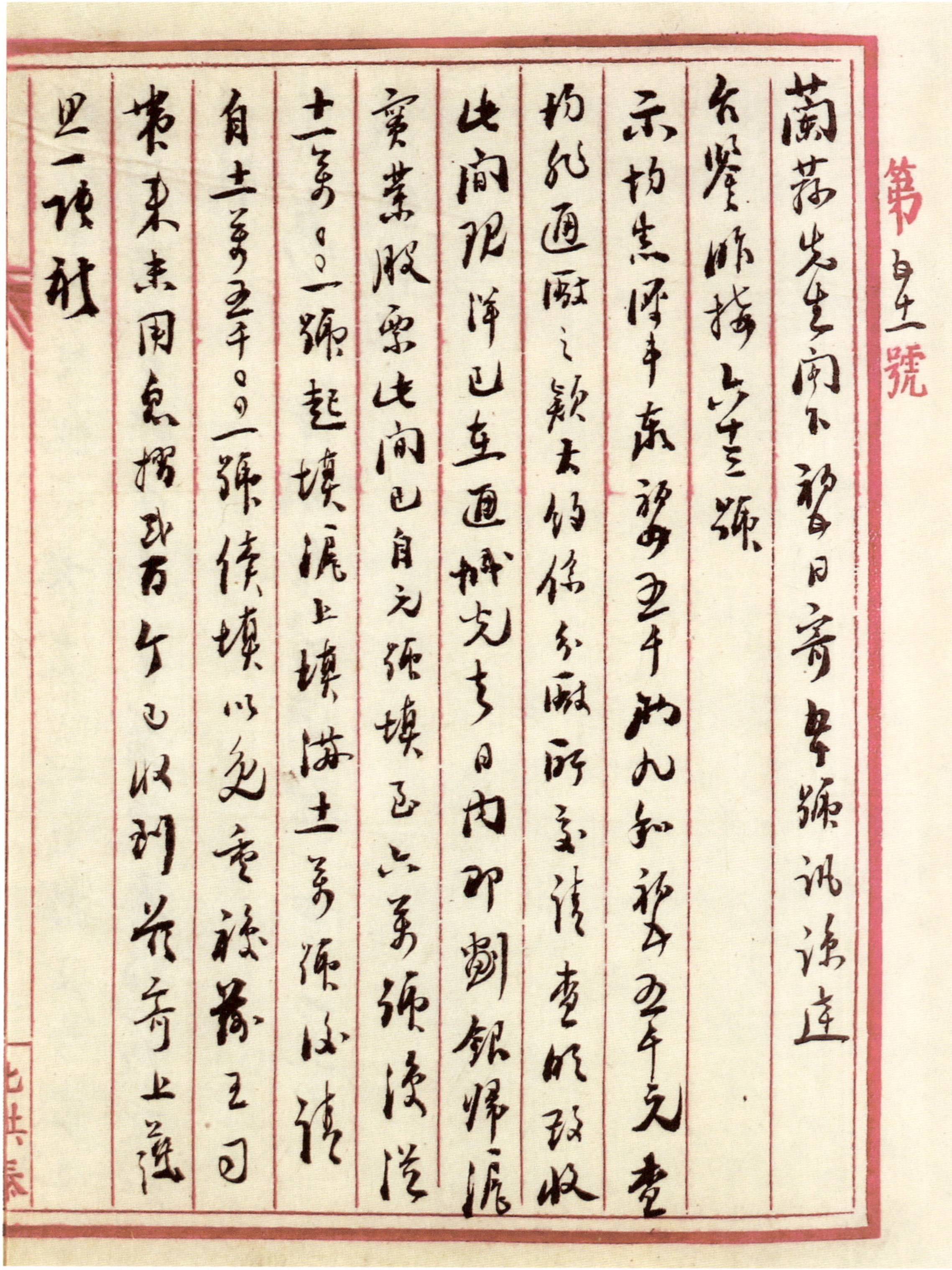

第五十一號（四月初七日）

蘭蓀先生閣下：初五日寄五十號訊，諒達台鑒。昨接六十三號示，均悉。源豐泰初四五千兩、九和初五五千元，查均非通廠之款，大約係分廠所交，請查明改收。此間現洋已在通城兑去，日内即劃銀歸滬。實業股票，此間已自元號填至六萬號，復從十一萬〇〇一號起填，滬上填滿十一萬號後，請自十一萬五千〇〇一號續填，以免重複。前王司帶來未用息摺弍百個已收到。兹寄上護照一張，祈收。昨交源生倪司帶去分廠息摺三個，想已送到。初八日北市早、午盤洋厘均請報知。此請籌安。

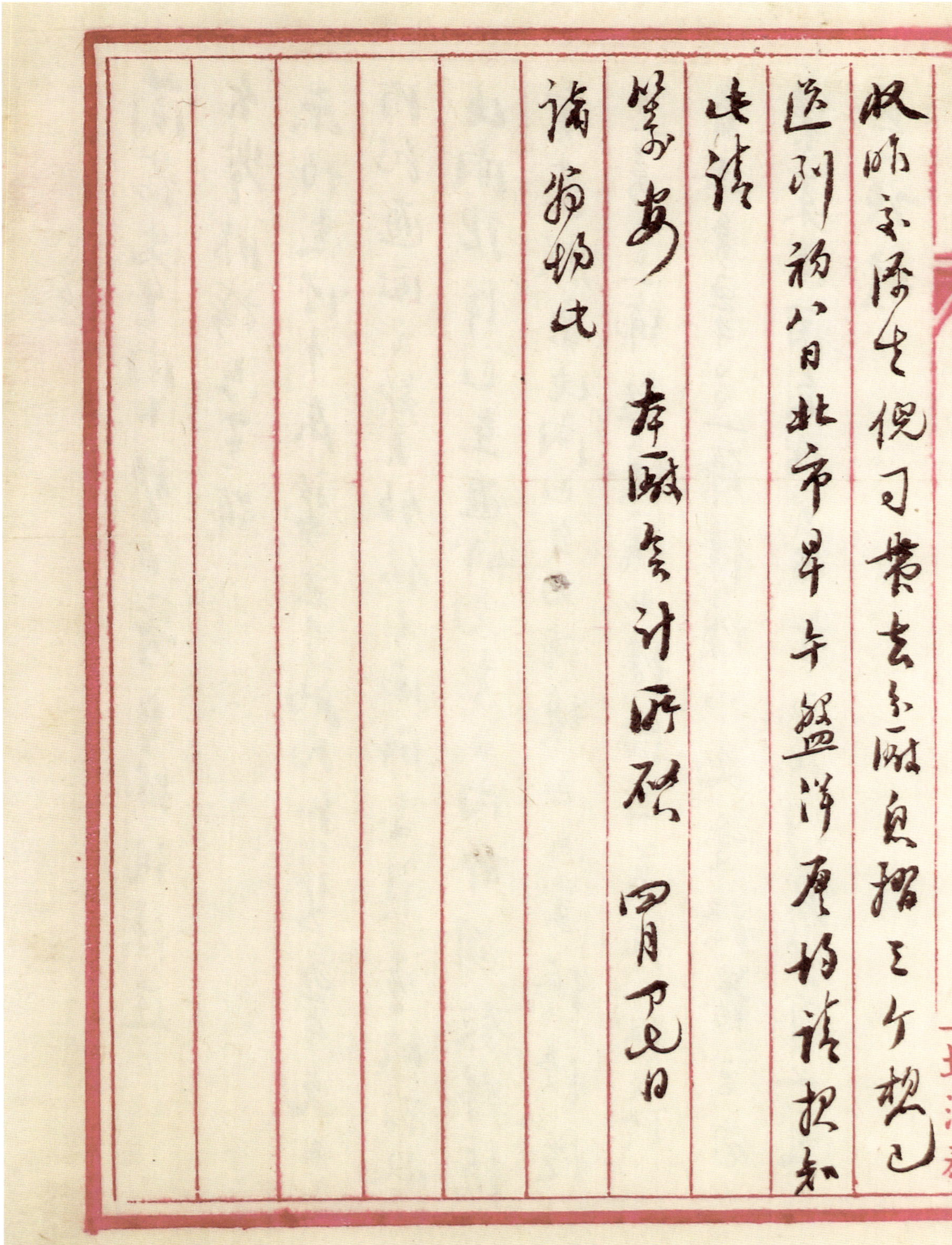
此請
箋安　本廠會計所啓　四月初七日
諸翁均此

第五十一號（四月初七日）

本廠會計所啓。四月初七日
諸翁均此。

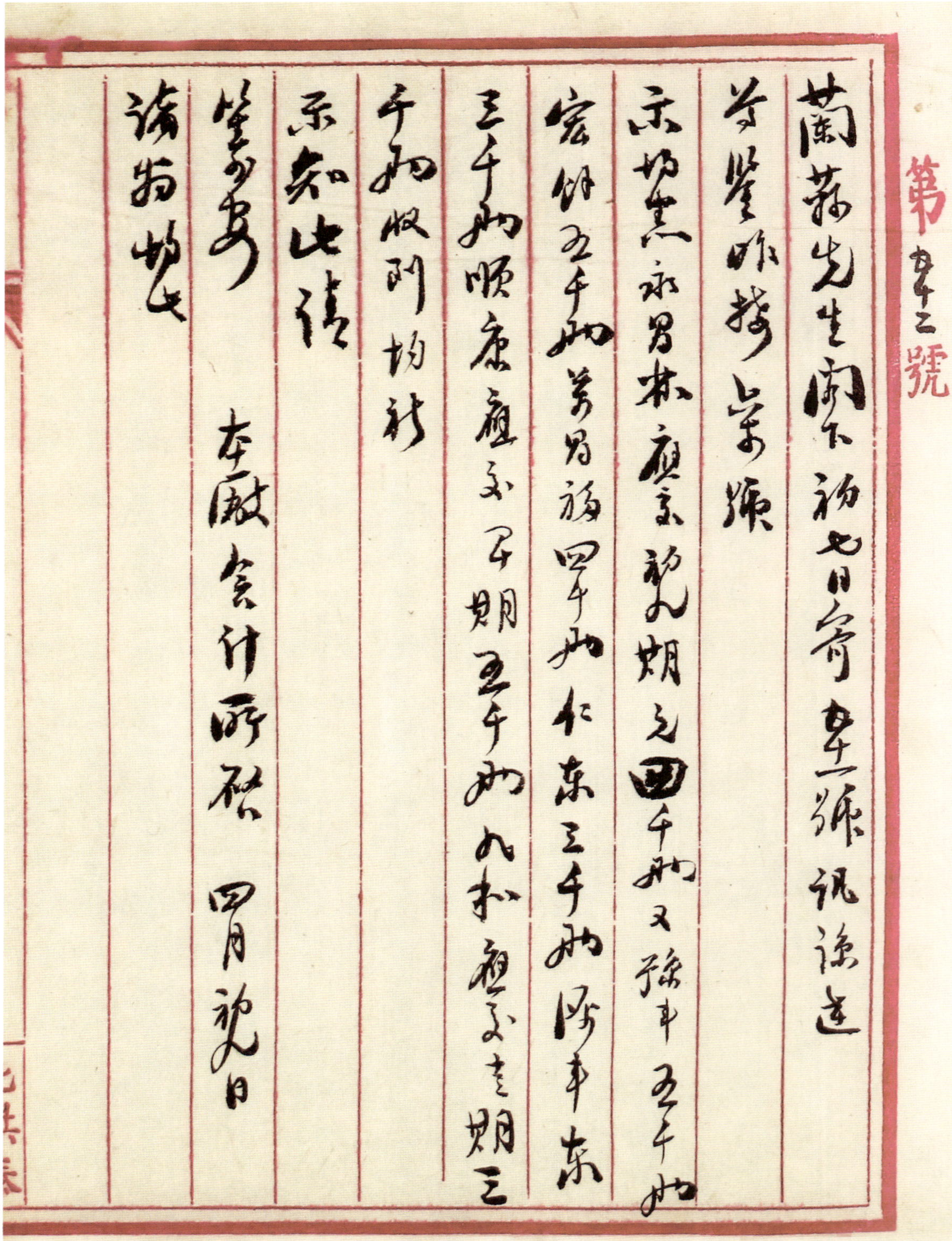

第五十二號（四月初九日）

蘭蓀先生閣下：初七日寄五十一號訊，諒達尊鑒。昨接六十四號示，均悉。永昌林應交初九期元四千兩，又豫豐五千兩、宏餘五千兩、萬昌福四千兩、仁泰三千兩、源豐泰三千兩、順康應交初十期五千兩、九和應交十三期三千兩，收到均祈示知。此請籌安。本廠會計所啓。四月初九日

諸翁均此。

第五十二號（四月初九日）

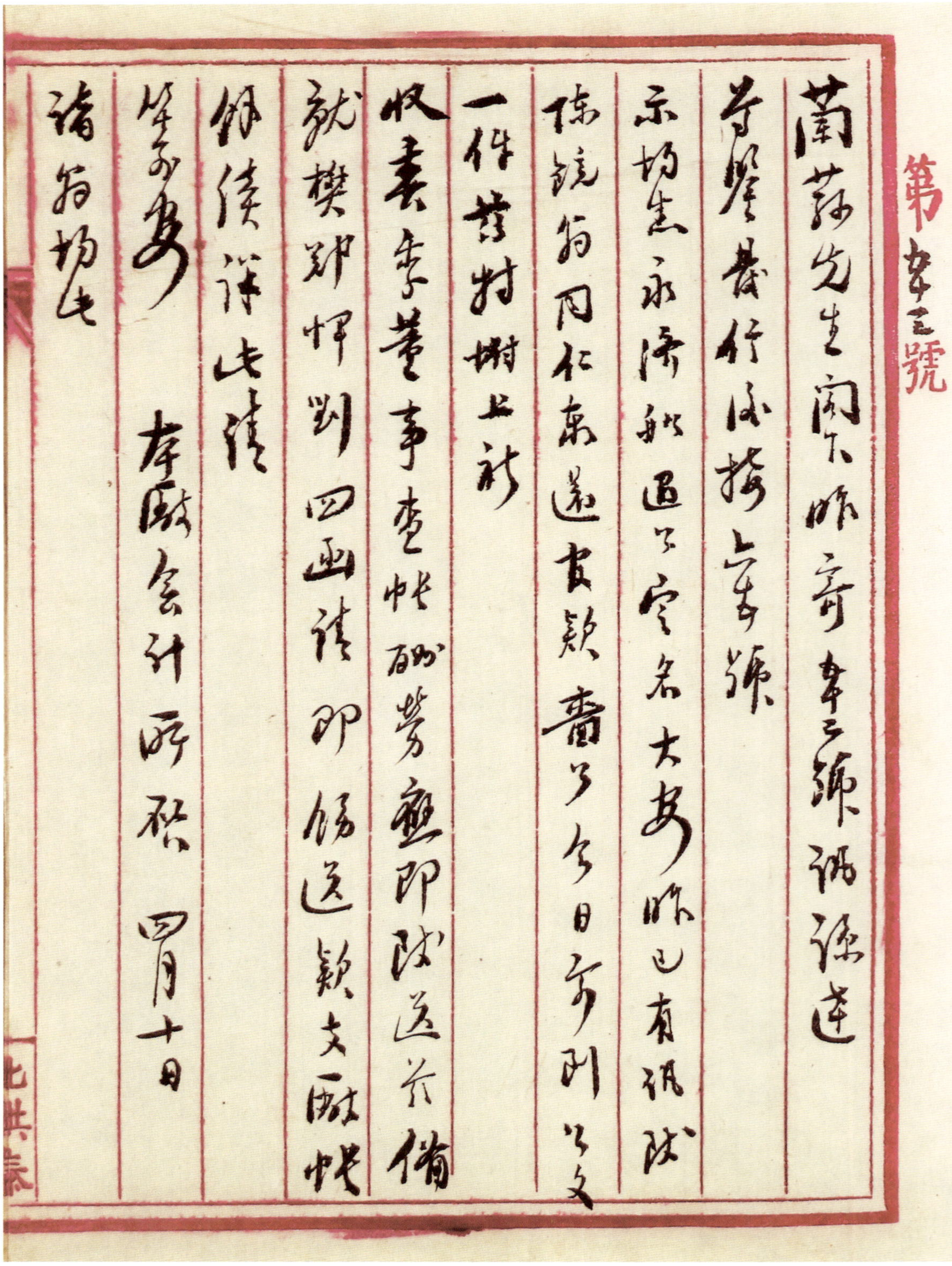

第五十三號（四月十日）

蘭蓀先生閣下：昨寄五十二號訊，諒達尊鑒。發信後接六十五號示，均悉。永濟船，退公定名大安，昨已有訊致陳鏡翁。同仁泰還官款，嗇公今日寄到公文一件，茲特附上，祈收。春季董事查帳酬勞，應即致送，茲備就樊、鄭、惲、劉四函，請即飭送，款支廠帳。餘續詳。此請籌安。本廠會計所啓。四月十日
諸翁均此。

第五十三號（四月十日）

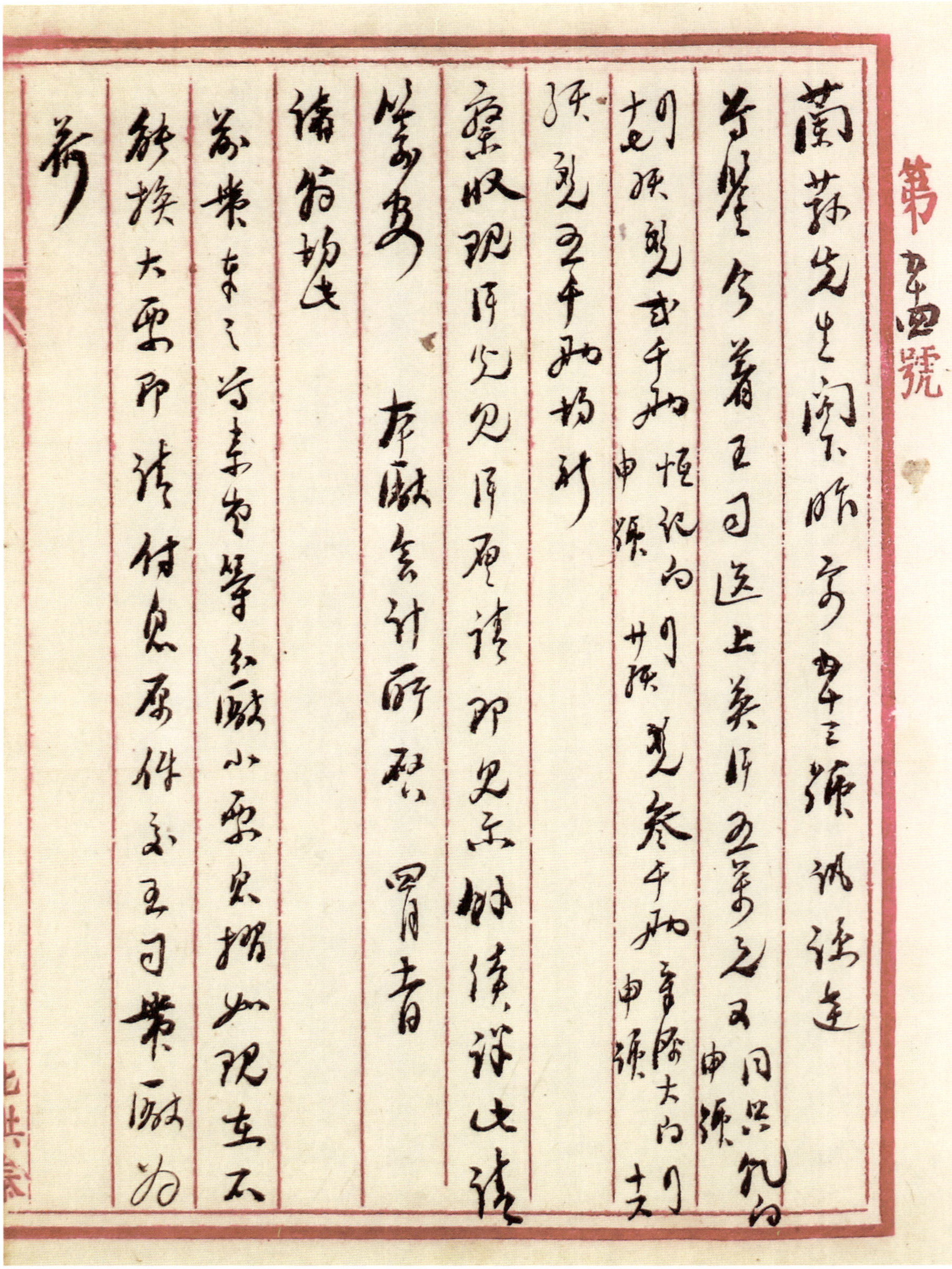

第五十四號（四月十一日）

蘭蓀先生閣下：昨寄五十三號訊，諒達尊鑒。今着王司送上英洋五萬元，又同興乾向申號四月十七（五天）九八元式千兩，恒記向申號四月廿（五天）九八元叁千兩，章源大向申號四月十六（五天）九八元五千兩，均祈察收，現洋兑見洋厘，請即見示。餘續詳。此請籌安。本廠會計所啓。四月十一日

諸翁均此。

前帶奉之尊素堂等分廠小票、息摺，如現在不能換大票，即請付息，原件交王司帶

第五十四號（四月十一日）

廠爲荷。

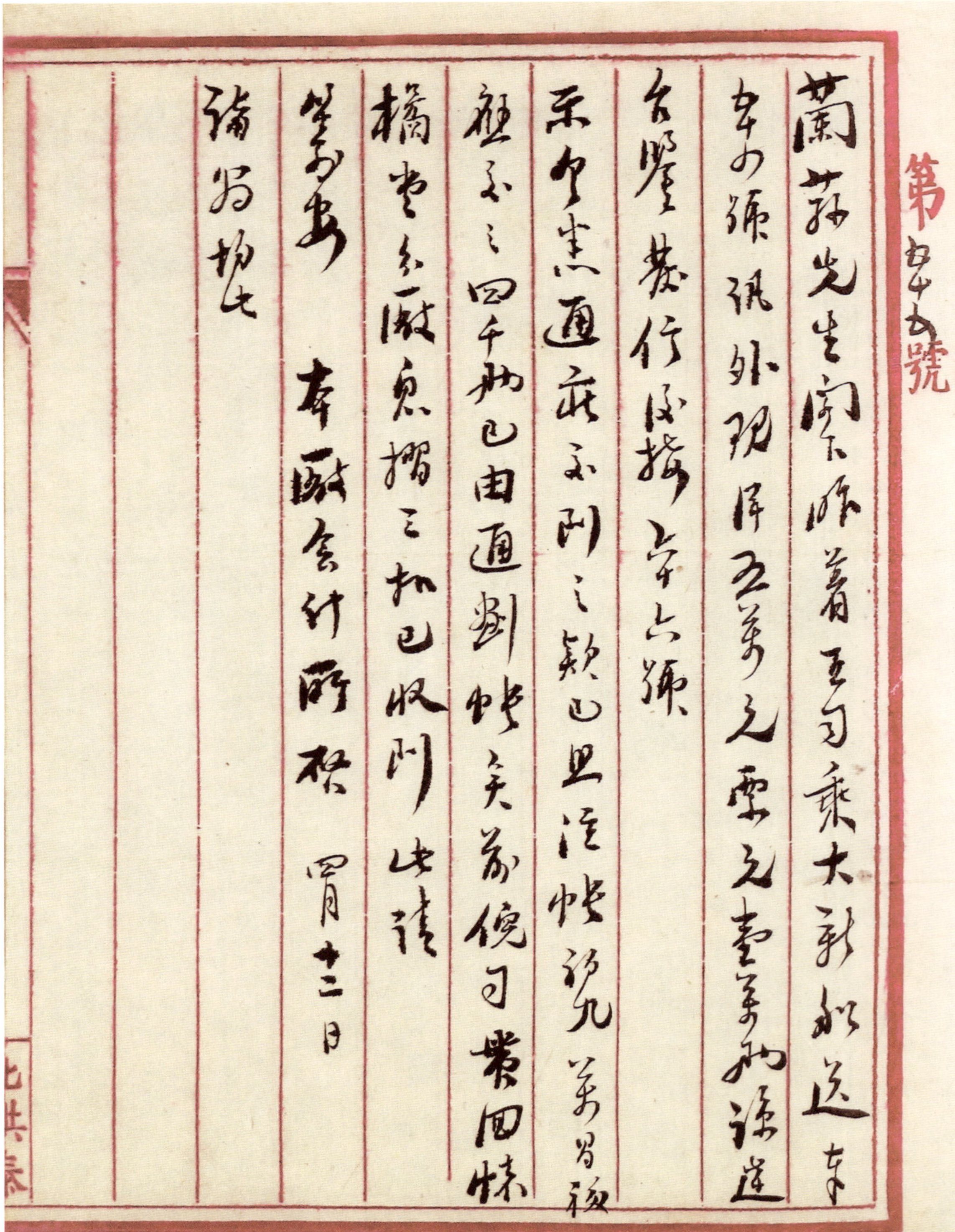

第五十五號（四月十二日）

蘭蓀先生閣下：昨着王司乘大新船送奉五十四號訊，外現洋五萬元、票元壹萬兩，諒達台鑒。發信後接六十六號示，具悉。通莊交到之款已照注帳。初九萬昌福應交之四千兩，已由通劃帳矣。前倪司帶回懷橘堂分廠息摺三扣，已收到。此請籌安。本廠會計所啓。四月十二日

諸翁均此。

第五十五號（四月十二日）

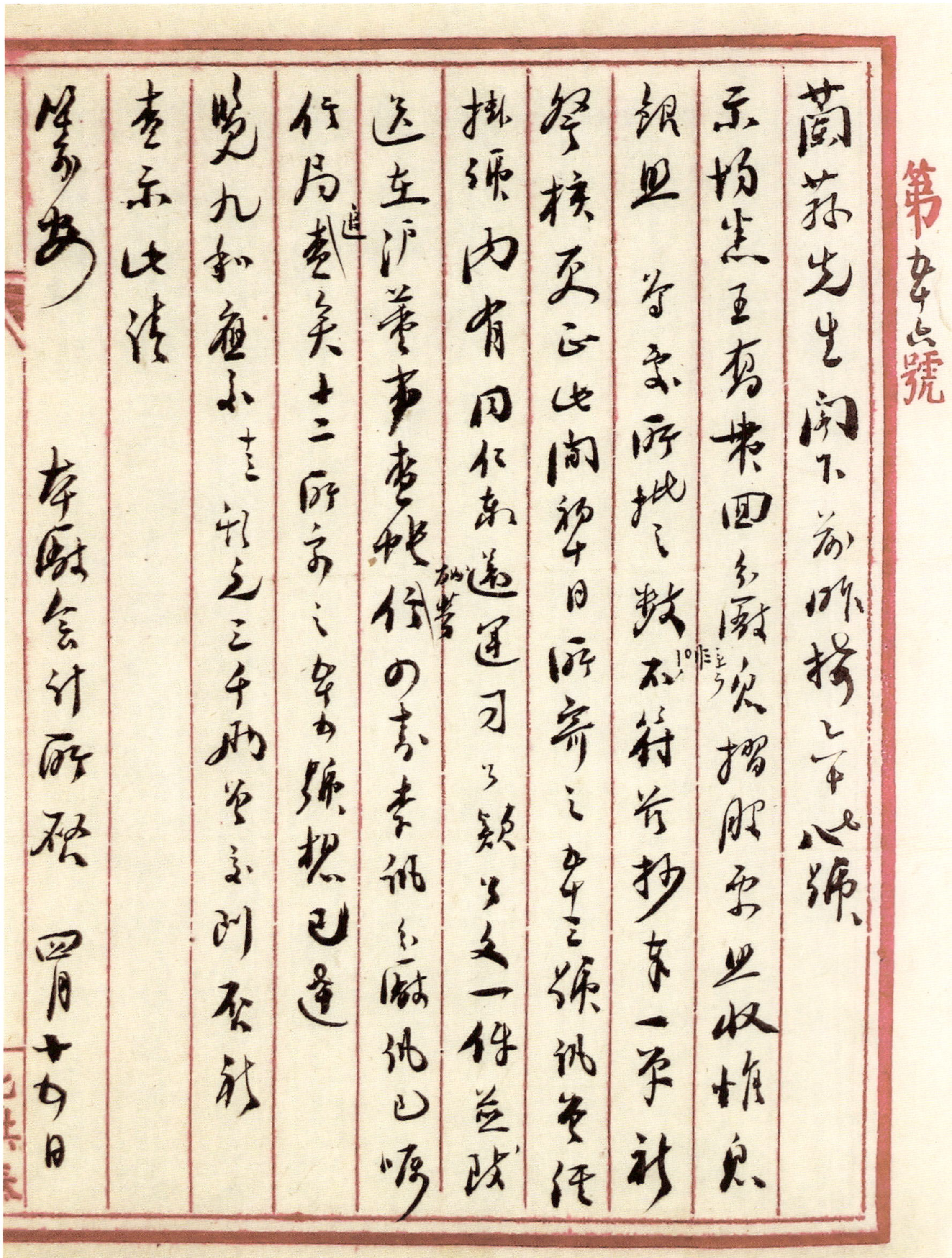

第五十六號（四月十五日）

蘭蓀先生閣下：前、昨接六十七、六十八號示，均悉。王喬帶回分廠息摺、股票照收，惟息銀照尊處所批之數（一千〇二十三兩三錢二分）不符，茲抄奉一單，祈察核更正。此間初十日所寄之五十三號訊，曾經掛號，内有同仁泰還運司公款公文一件，并致送在滬董事查帳酬勞信四封、李訊、分廠訊，已囑信局追查矣。十二所寄之五十五號，想已達覽。九和應交十三期元三千兩曾交到否，祈查示。此請籌安。本廠會計所啓。四月十五日

諸翁均此

第五十六號（四月十五日）

諸翁均此。

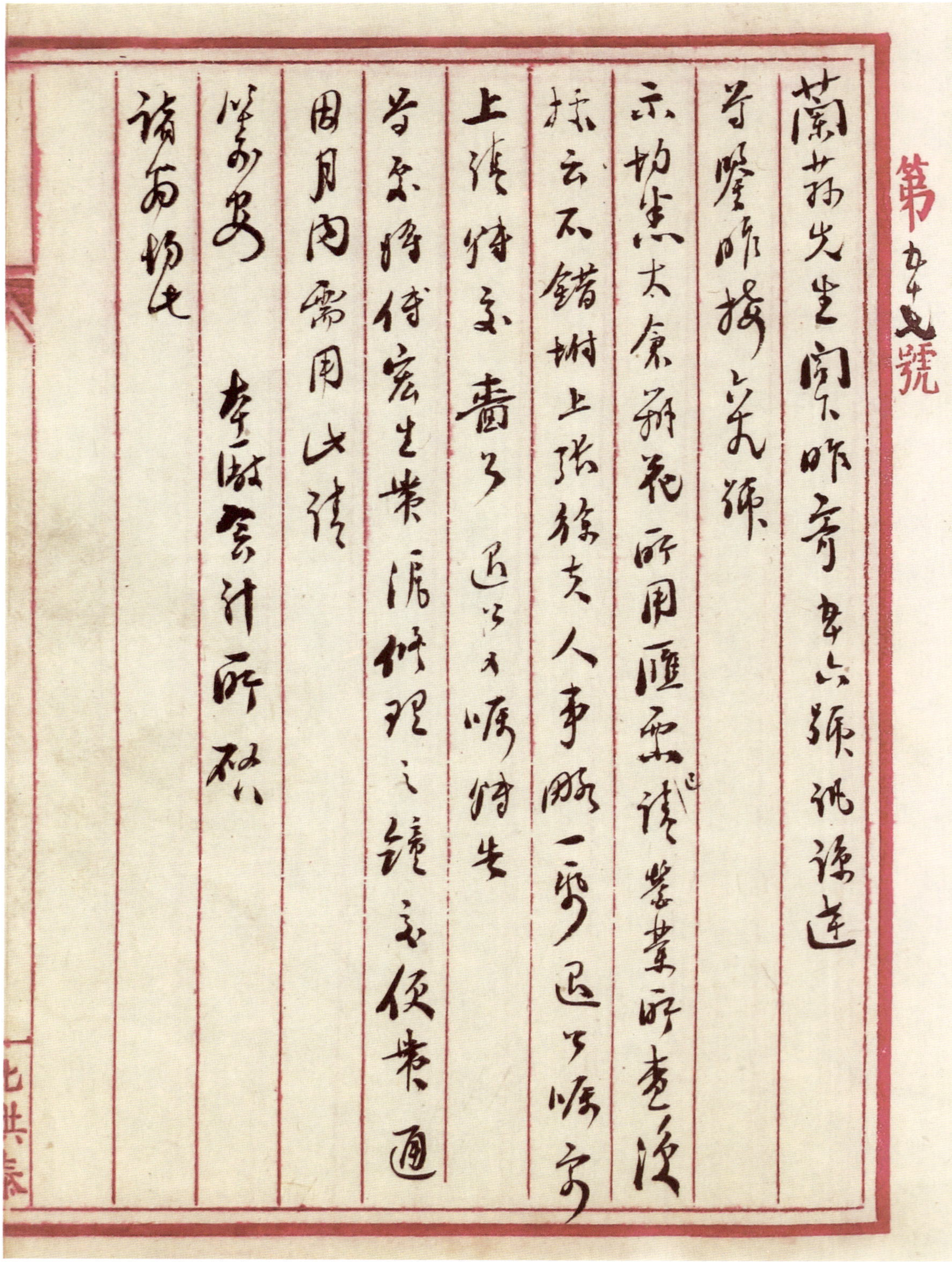

第五十七號

蘭蓀先生閣下：昨寄五十六號訊，諒達尊鑒。昨接六十九號示，均悉。太倉辦花所用匯票，已請營業所查復，據云不錯。附上《張徐夫人事略》一紙，退公囑寄上，請轉交嗇公。退公又囑轉告尊處，將傅宏生帶滬修理之鐘交便帶通，因月内需用。此請籌安。本廠會計所啓。

諸翁均此。

第五十七號

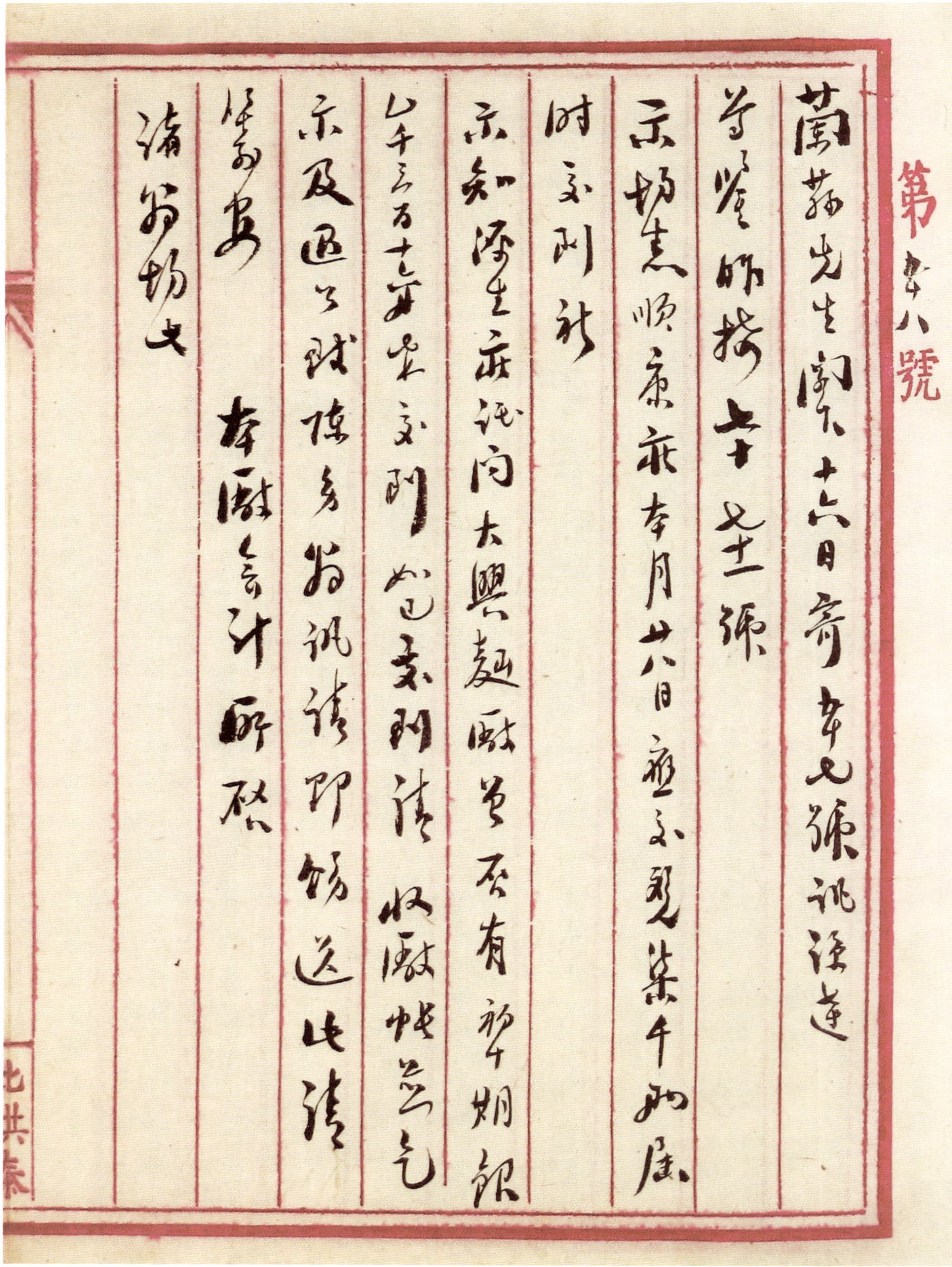

第五十八號

蘭蓀先生閣下：十六日寄五十七號訊，諒達尊鑒。昨接七十、七十一號示，均悉。順康莊本月廿八日應交九八元柒千兩，屆時交到祈示知。源生莊托問大興麵廠曾否有初十期銀一千三百十六兩七錢交到，如已交到，請收廠帳，并乞示及。退公致陳幼翁訊，請即飭送。此請籌安。本廠會計所啓。

諸翁均此。

第五十八號

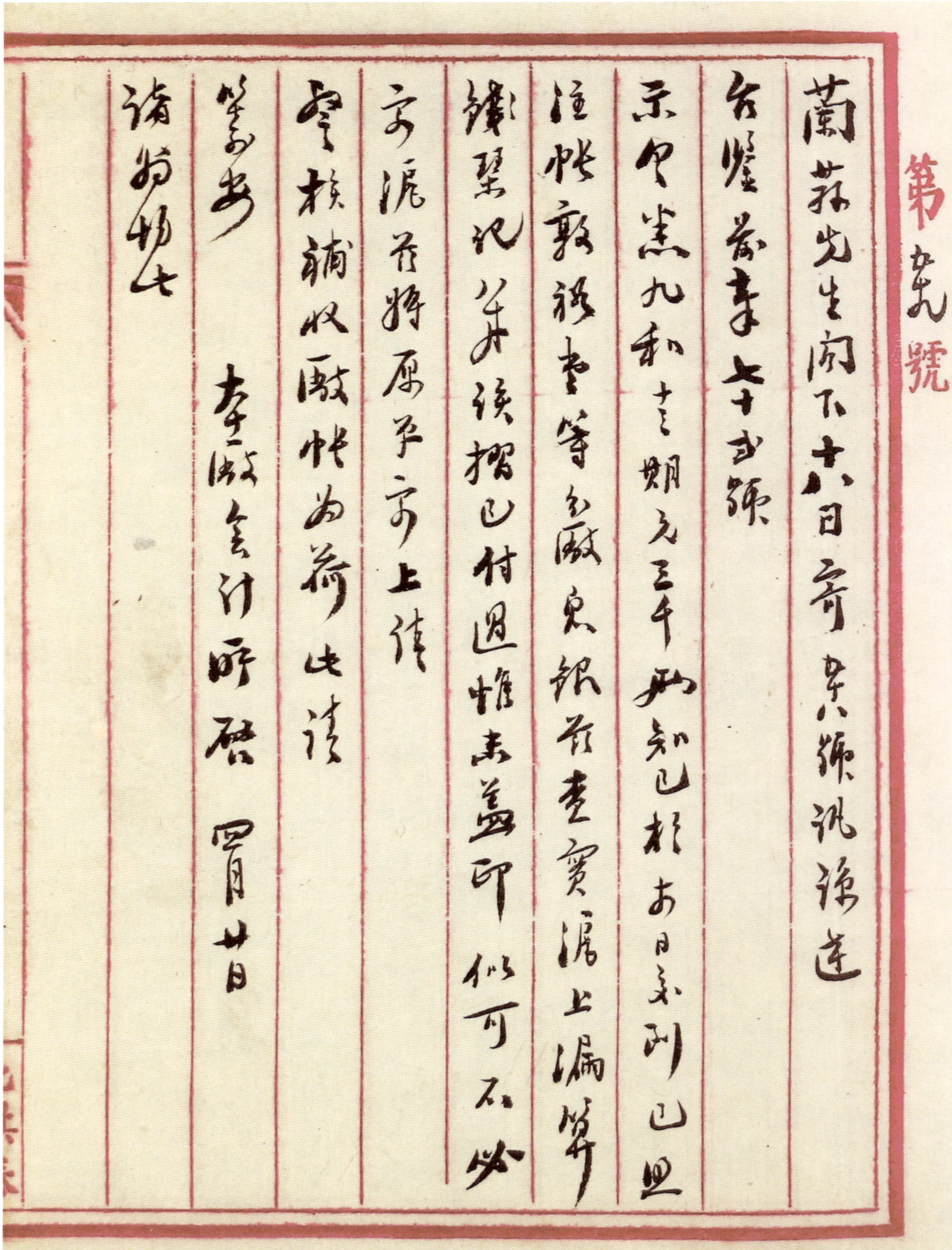

第五十九號（四月廿日）

蘭蓀先生閣下：十八日寄五十八號訊，諒達台鑒。前奉七十式號示，具悉。九和十三期元三千兩，知已於十四日交到，已照注帳。敦裕堂等分廠息銀，兹查實滬上漏算錢琴記八十兩，該摺已付過，惟未蓋印，似可不必寄滬。兹將原單寄上，請察核，補收廠帳爲荷。此請籌安。本廠會計所啓。四月廿日

諸翁均此。

第五十九號（四月廿日）

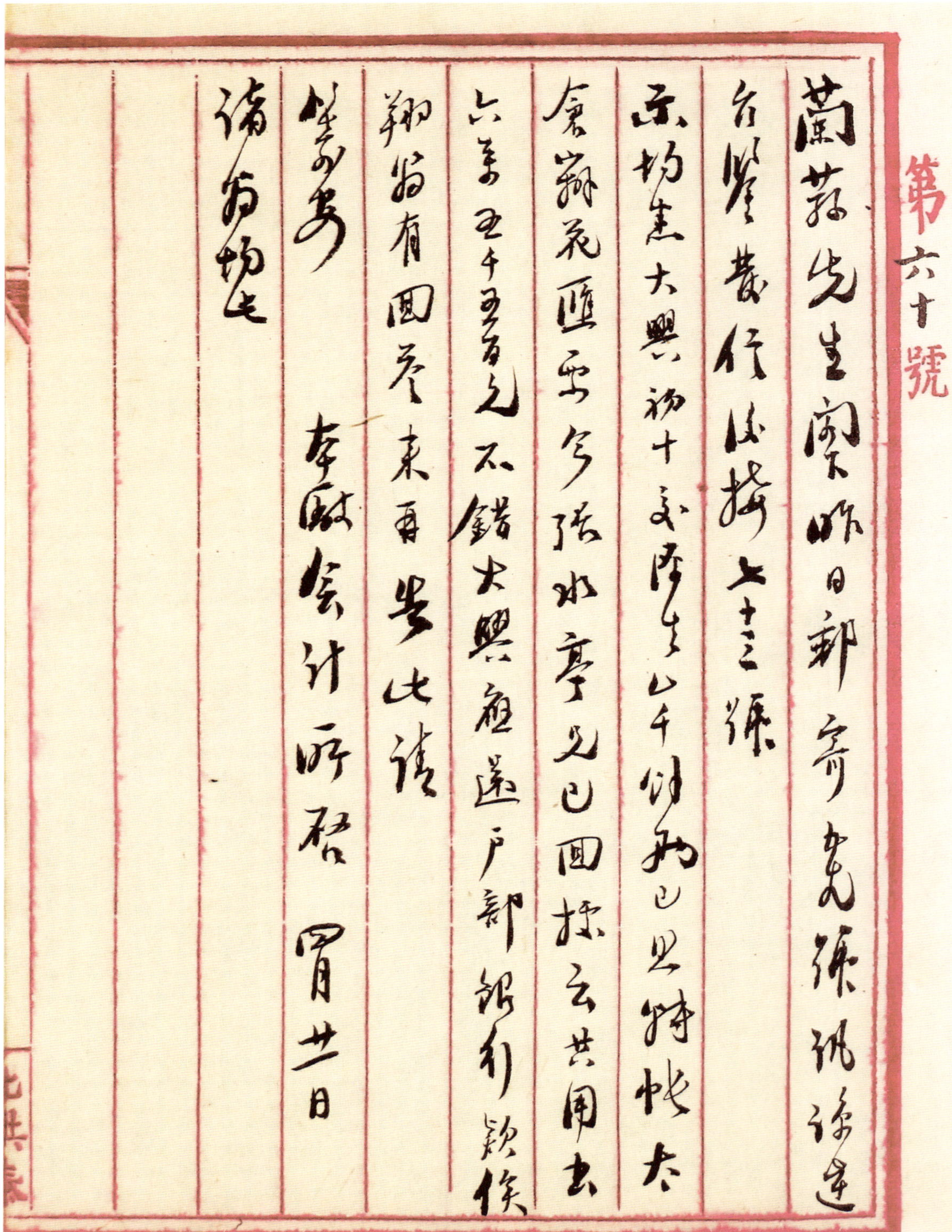

第六十號（四月廿一日）

蘭蓀先生閣下：昨日郵寄五十九號訊，諒達台鑒。發信後接七十三號示，均悉。大興初十交源生一千餘兩，已照轉帳。太倉辦花匯票，今張水亭兄已回，據云共用出六萬五千五百元不錯。大興應還户部銀行款，俟翔翁有回答來再告。此請籌安。本廠會計所啓。四月廿一日

諸翁均此。

第六十號（四月廿一日）

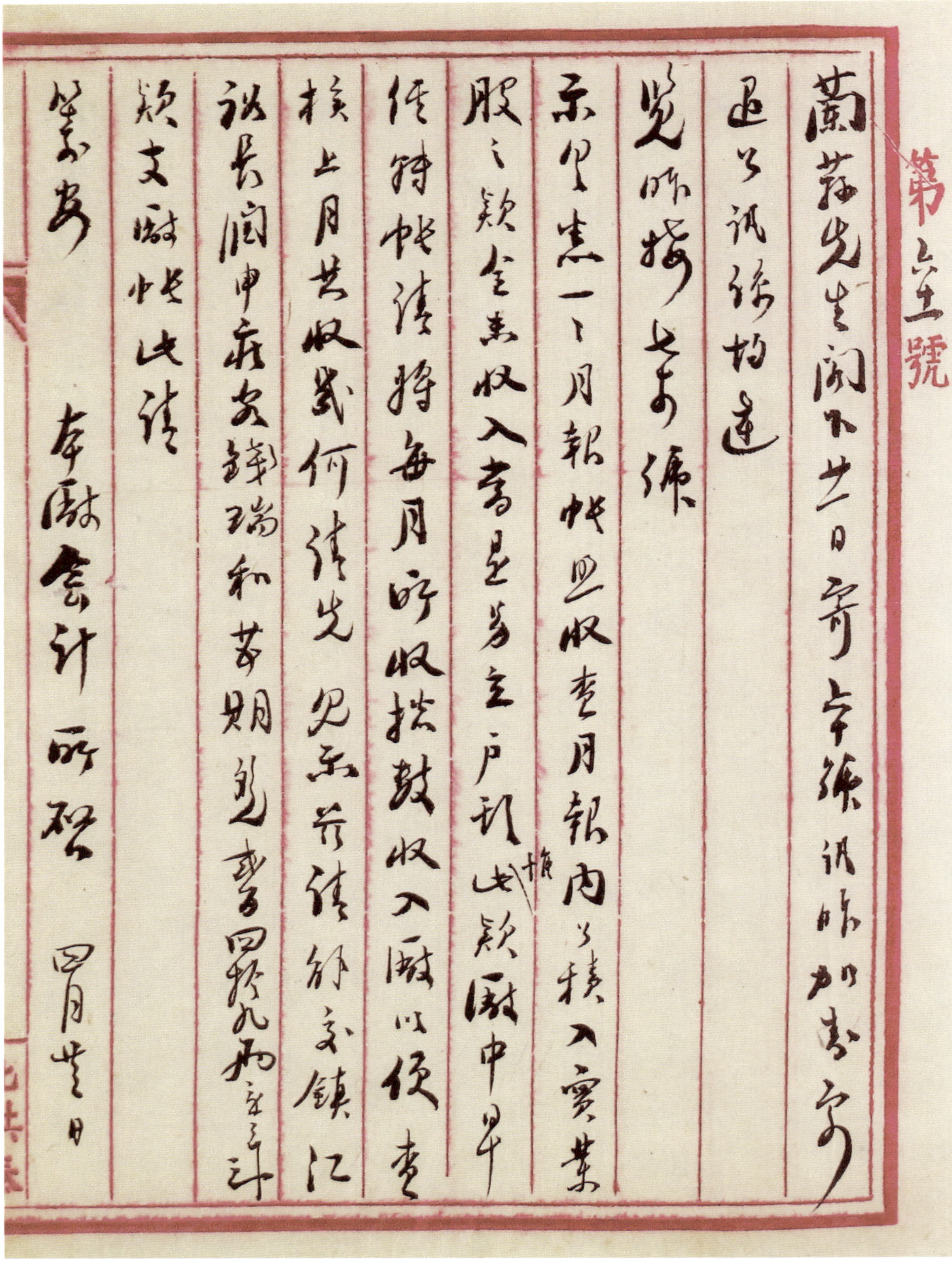

第六十一號（四月廿三日）

蘭蓀先生閣下：廿一日寄六十號訊，昨加封寄退公訊，諒均達覽。昨接七十四號示，具悉一一。月報帳照收。查月報内公積入實業股之款全未收入，當是另立户頭。惟此款廠中早經轉帳，請將每月所收總數收入廠，以便查核。上月共收幾何，請先見示。兹請解交鎮江裕長潤申莊寄錢瑞和廿五期九八元弍百四拾九兩三錢三分三厘，款支廠帳。此請籌安。本廠會計所啓。四月廿三日

諸翁均此。

第六十一號（四月廿三日）

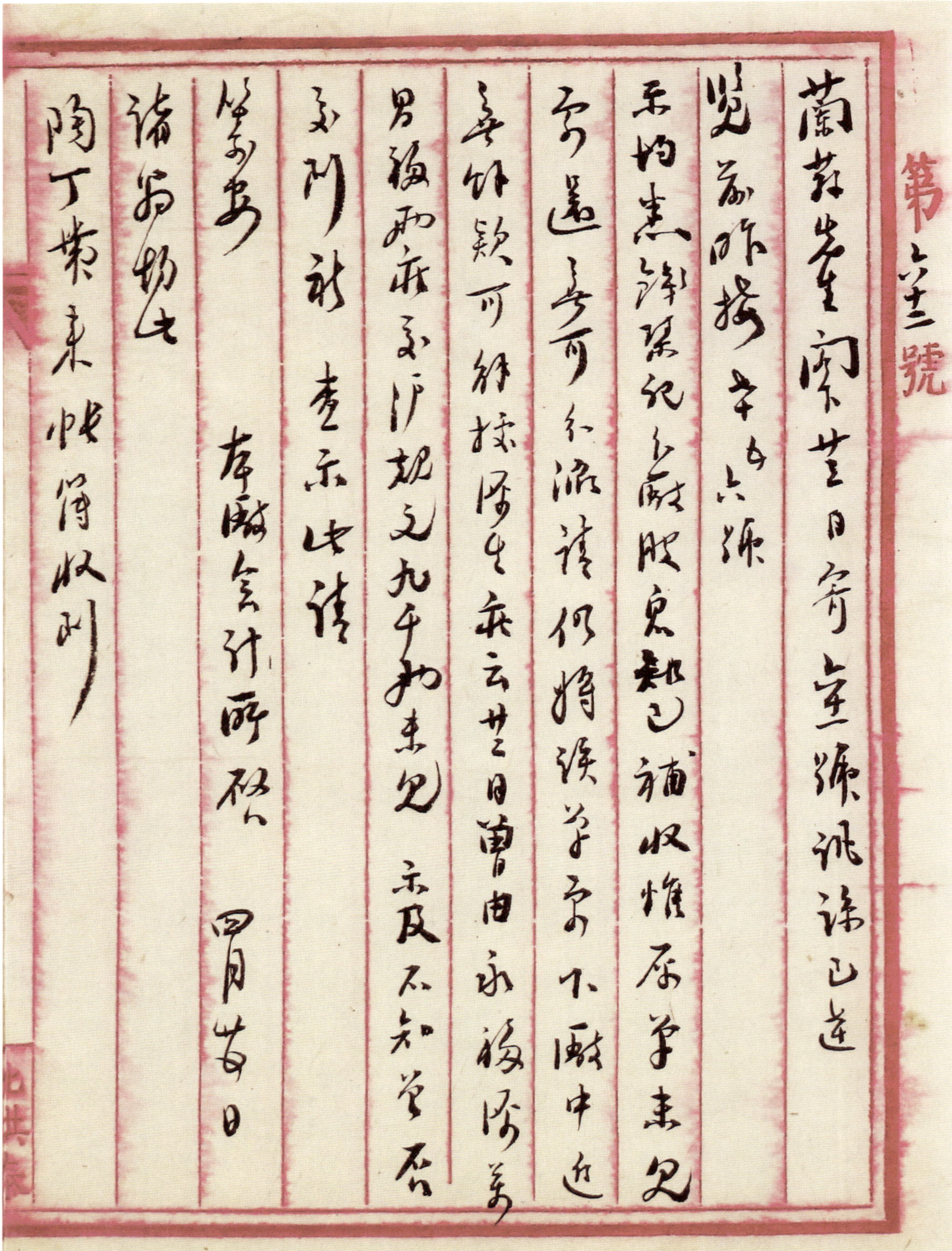

第六十二號（四月廿五日）

蘭蓀先生閣下：廿三日寄六十一號訊，諒已達覽。前、昨接七十五、七十六號示，均悉。錢琴記分廠股息，知已補收，惟原單未見寄還，無可分派，請仍將該單寄下。廠中近無餘款可解，據源生莊云，廿二日曾由永福源、萬昌福兩莊交滬規元九千兩，未見示及，不知曾否交到，祈查示。此請籌安。本廠會計所啓。四月廿五日

諸翁均此。

陶丁帶來帳簿收到。

第六十二號（四月廿五日）

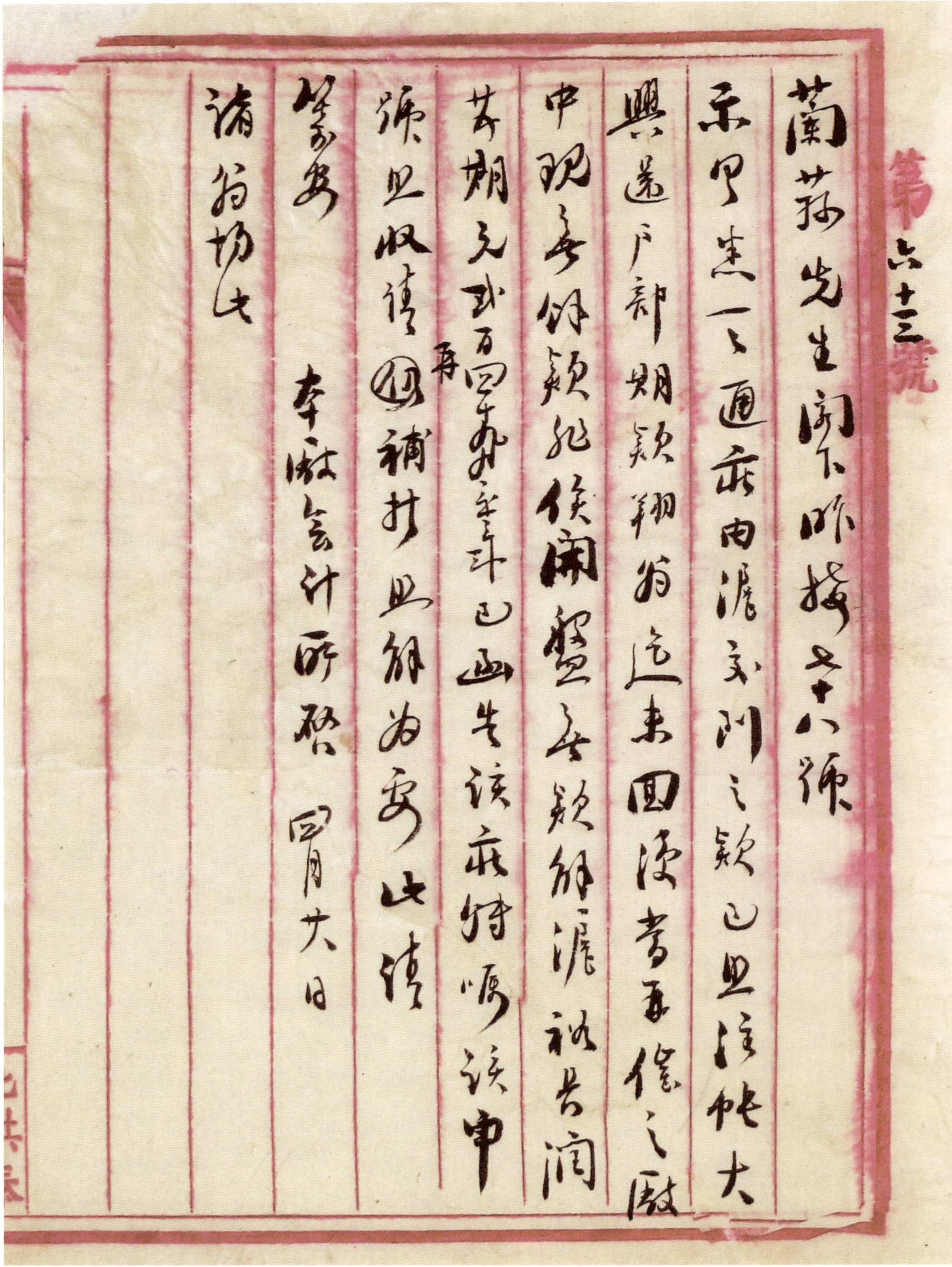

第六十三號（四月廿八日）

蘭蓀先生閣下：昨接七十八號示，具悉一一。通莊由滬交到之款，已照注帳。大興還户部期款，翔翁迄未回復，當再催之。廠中現無餘款，非俟開盤，無款解滬。裕長潤廿五期元弍百四十九兩三錢三分三厘，已函告該莊，轉囑該申號照收，請再補折照解爲要。此請籌安。本廠會計所啓。四月廿八日

諸翁均此。

第六十三號（四月廿八日）

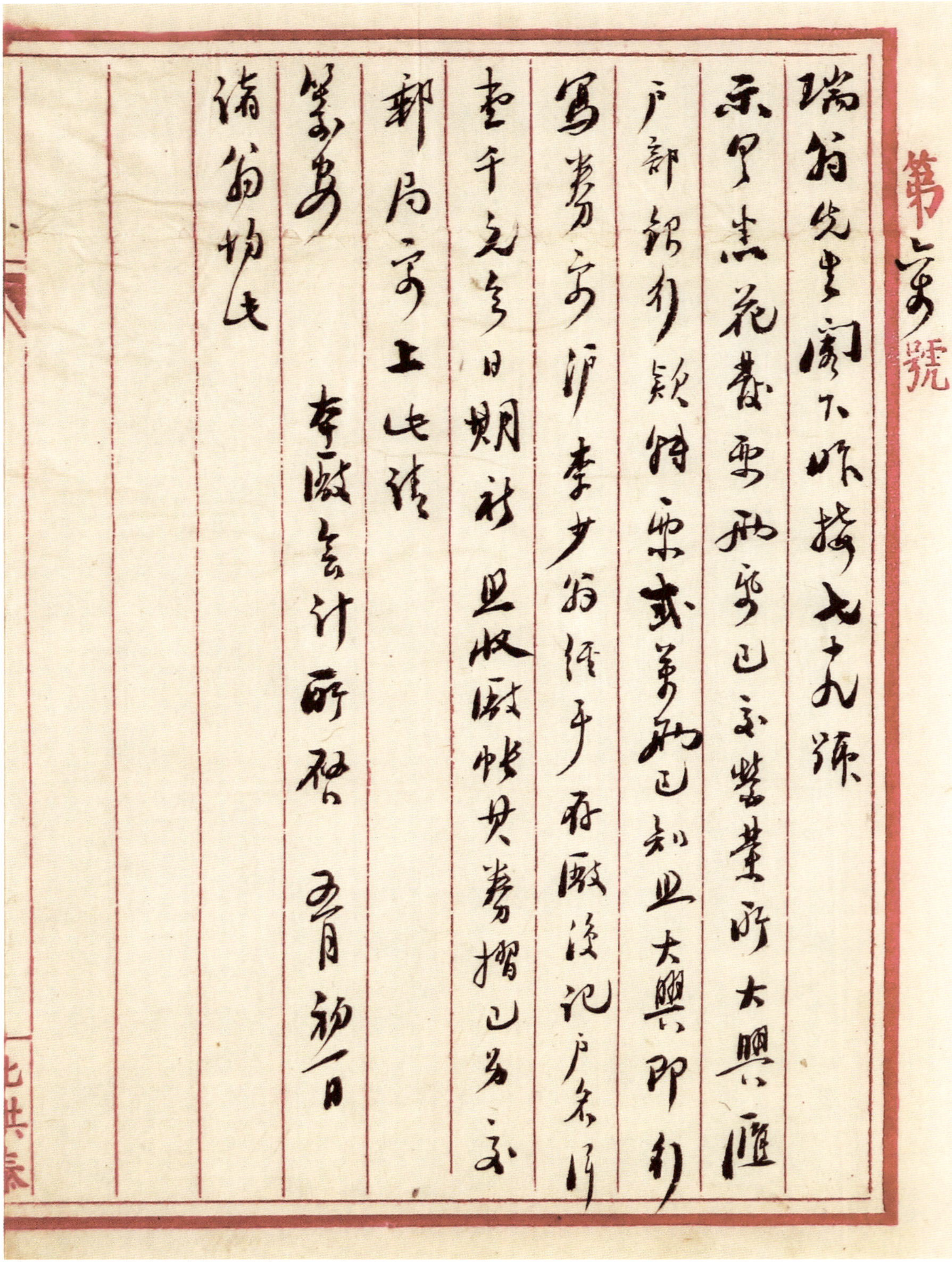

第六十四號（五月初一日）

瑞翁先生閣下：昨接七十九號示，具悉。花發票兩紙，已交營業所。大興匯户部銀行款轉票式萬兩，已知照大興，即行寫券寄滬。李少翁經手存廠復記户名洋壹千元，今日期，祈照收廠帳，其券摺已另交郵局寄上。此請籌安。本廠會計所啓。五月初一日

諸翁均此。

第六十四號（五月初一日）

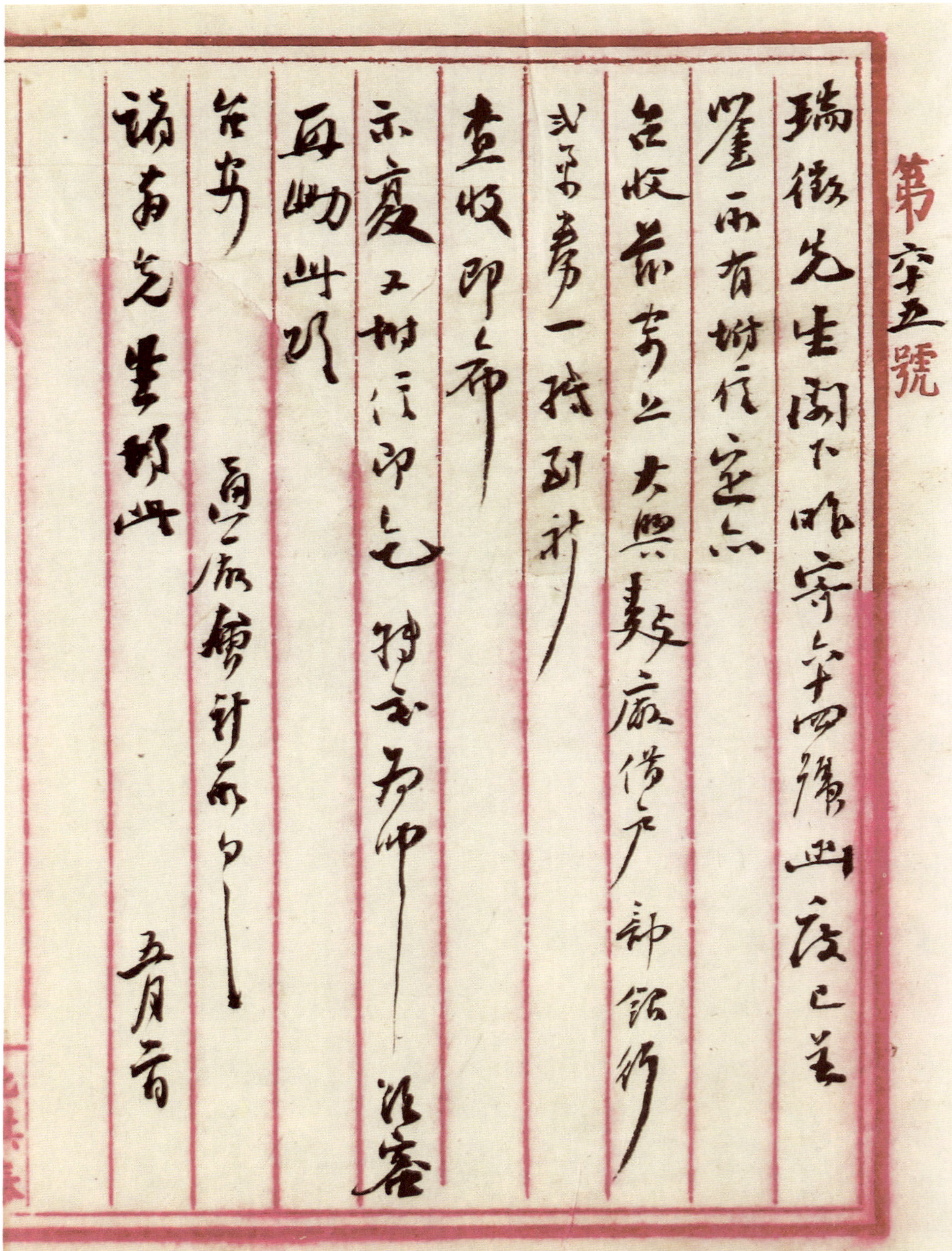

第六十五號（五月二日）

瑞徵先生閣下：昨寄六十四號函，度已呈鑒，所有附信，定亦台收。玆寄上大興麵廠借户部銀行弍萬券一紙，到祈查收，即希示復。又附信，即乞轉交爲叩。餘容再泐，此頌台安。通廠會計所具。五月二日
諸翁先生均此。

第六十五號（五月二日）

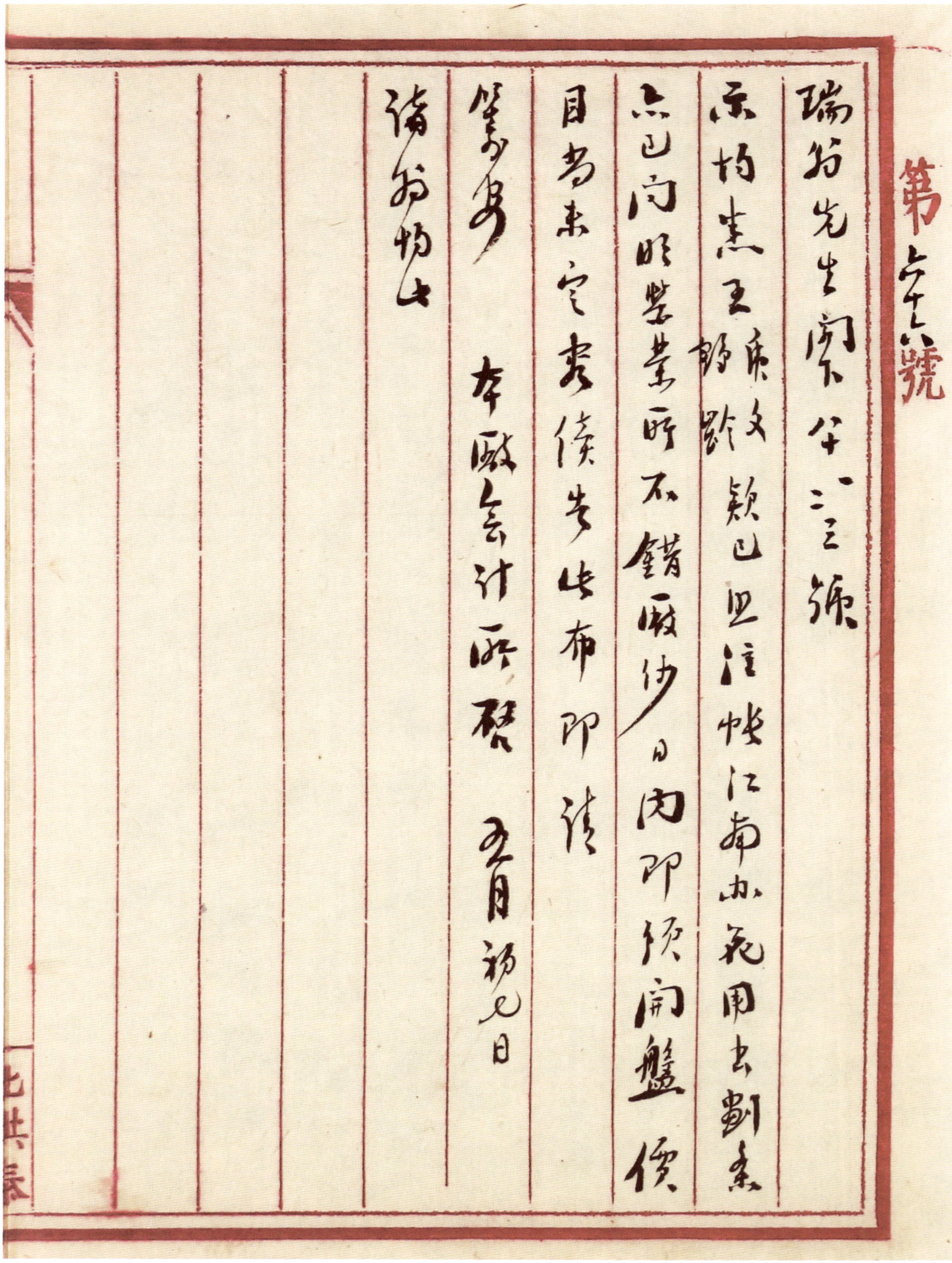
第六十六號
瑞翁先生閣下：八十一二三號示均悉。王虎文、王鶴齡款已照注帳。江南辦花用出劃條，亦已問明營業所不錯。廠紗日內即須開盤，價目尚未定，容續告。此布，即請籌安。本廠會計所啓。五月初七日
諸翁均此。

第六十六號（五月初七日）

瑞翁先生閣下：八十一、八十二、八十三號示均悉。王虎文、王鶴齡款已照注帳。江南辦花用出劃條，亦已問明營業所不錯。廠紗日內即須開盤，價目尚未定，容續告。此布，即請籌安。本廠會計所啓。五月初七日

諸翁均此。

第六十六號（五月初七日）

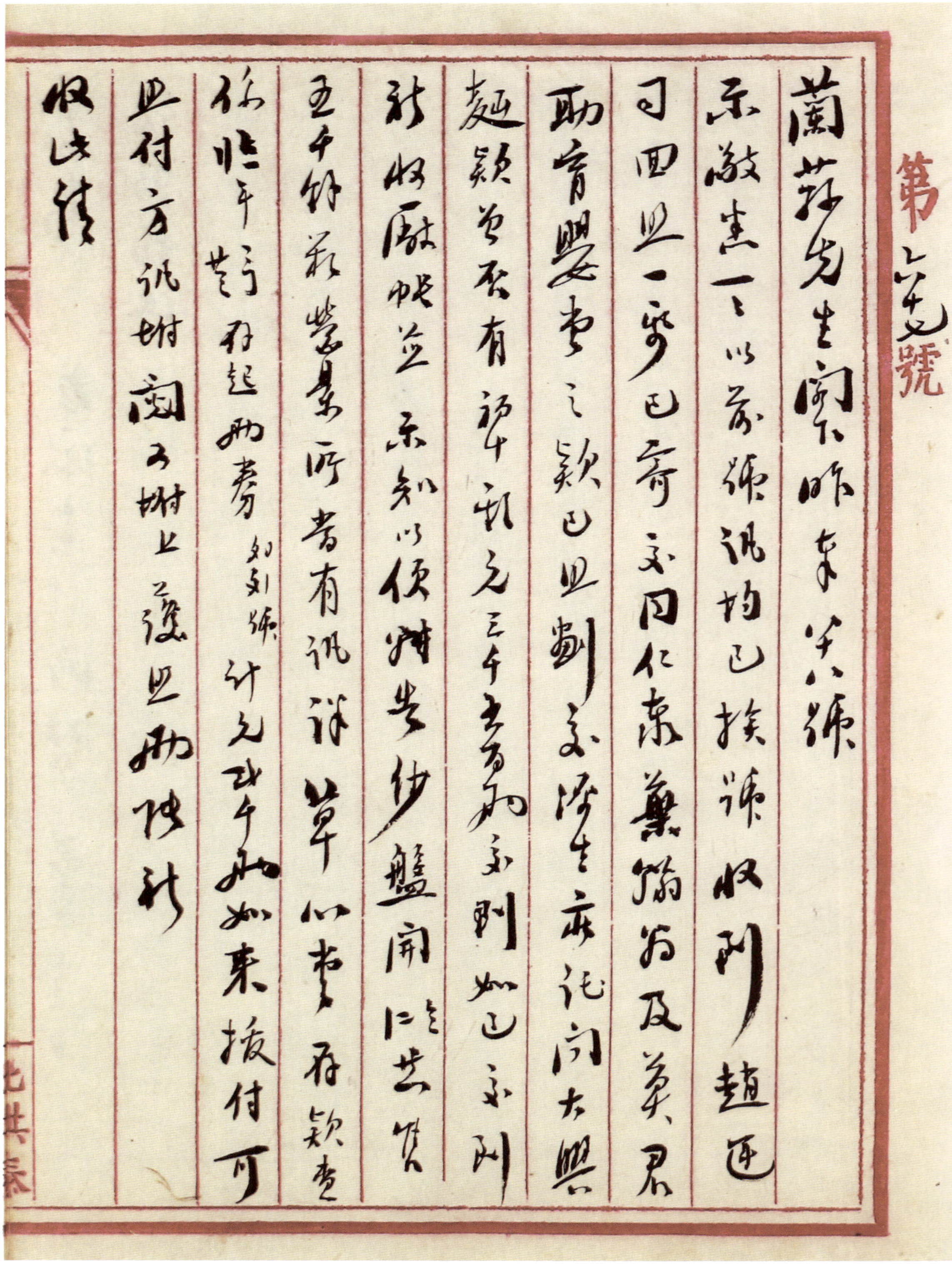

第六十七號（五月十三日）

蘭蓀先生閣下：昨奉八十八號示，敬悉一一。以前號訊，均已挨號收到。趙運司回照一紙，已寄交同仁泰。葉翰翁及莫君助育嬰堂之款，已照劃交。源生莊托問大興麵款曾否有初十期元三千五百兩交到，如已交到，祈收廠帳并示知，以便轉告。紗盤開一百二十八，共售五千餘箱，營業所當有訊詳。草心堂存款，查係二十八年三月廿三存起兩券（九〇、九一號），計元弍千兩，如來撥付，可照付。方訊附閱。又附上護照兩張，祈收。此請籌安。本廠會計所啓。五月十三日

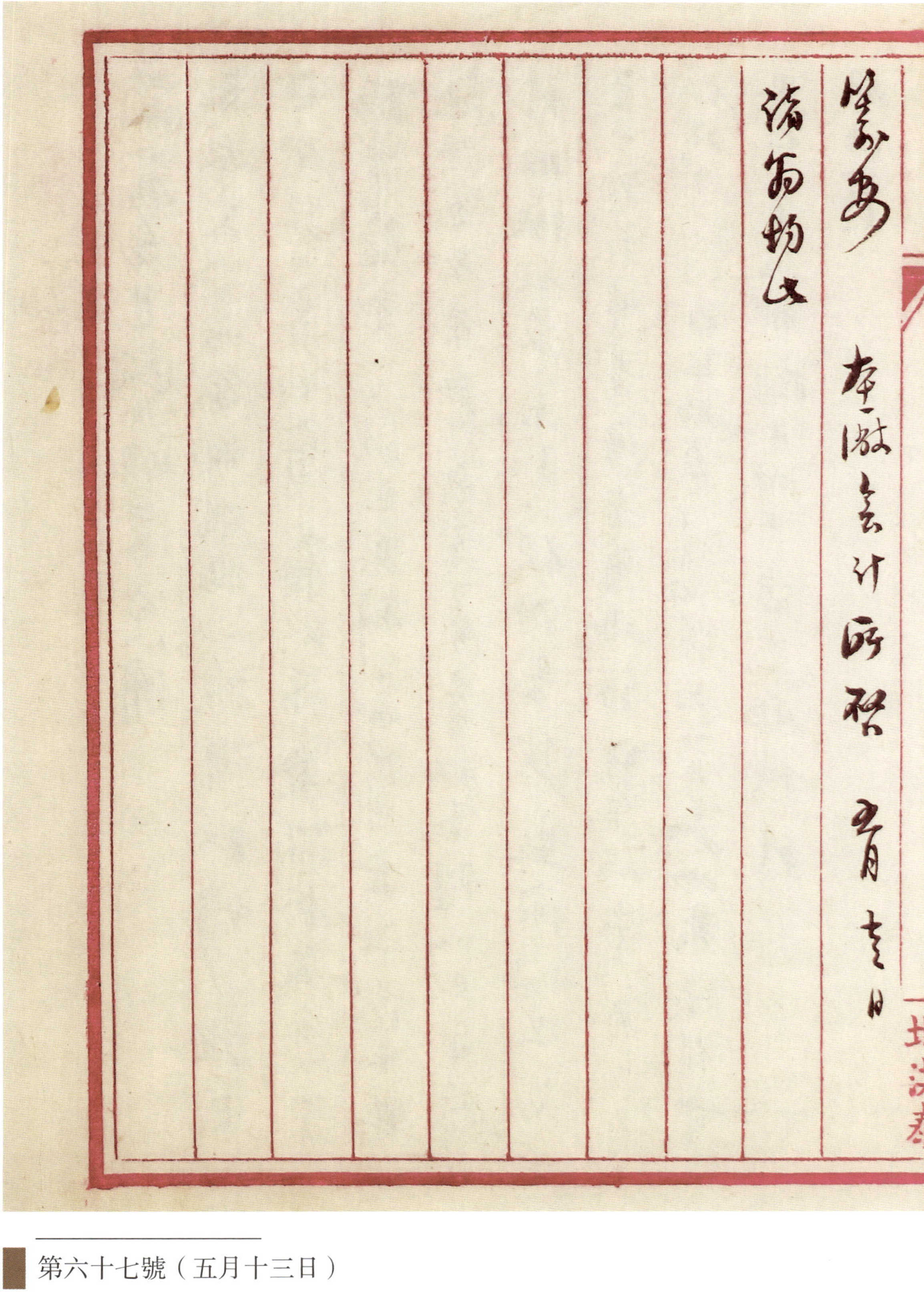

第六十七號（五月十三日）

諸翁均此。

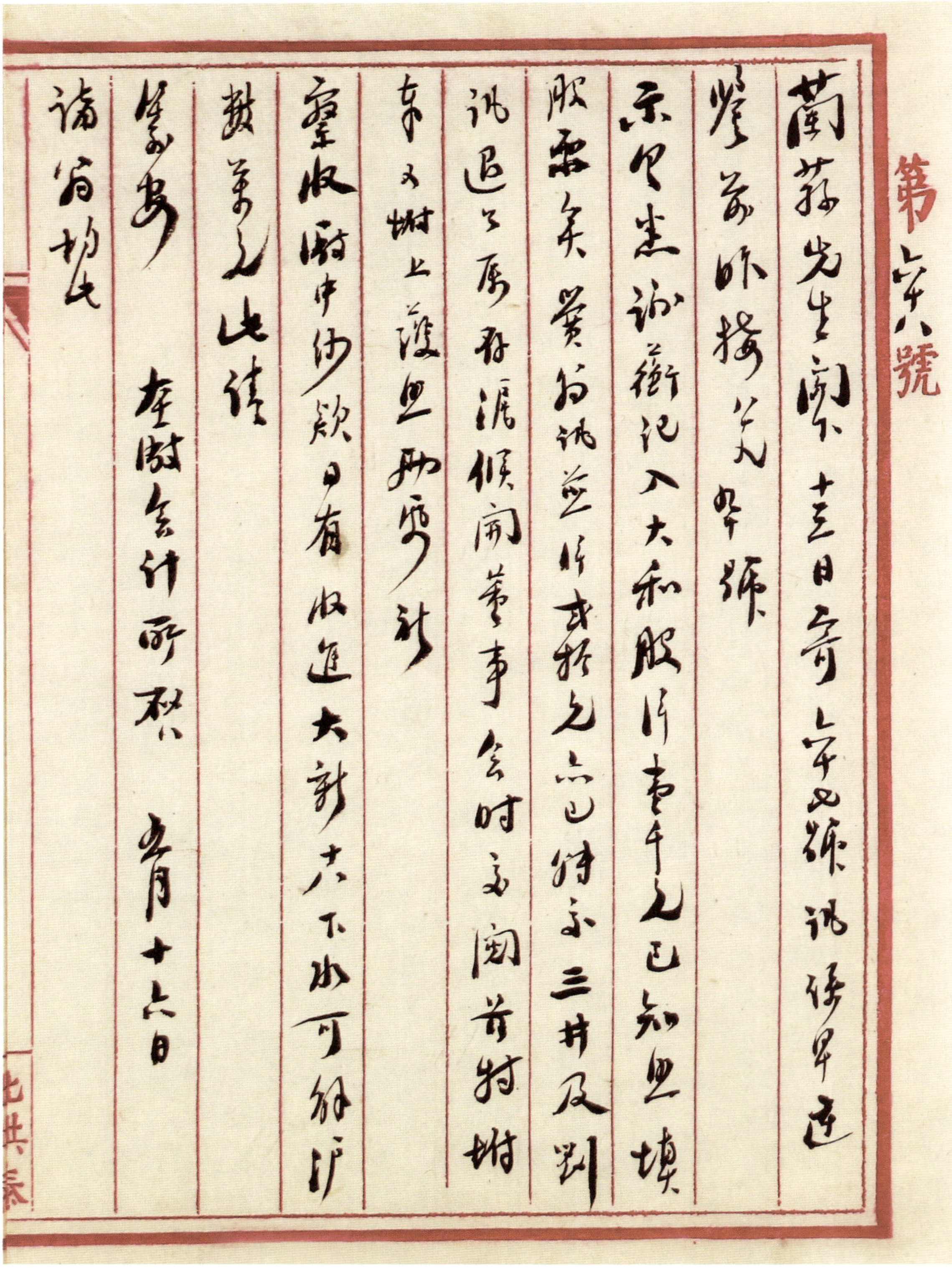

第六十八號（五月十六日）

蘭蓀先生閣下：十三日寄六十七號訊，諒早達鑒。前、昨接八十九、九十號示，具悉。謝蘅記入大和股洋壹千元，已知照填股票矣，贇翁訊并洋式拾元亦已轉交。三井及劉訊，退公屬存滬，候開董事會時交閱，兹特附奉。又附上護照兩紙，祈察收。廠中紗款日有收進，大新十八下水可解滬數萬元。此請籌安。本廠會計所啓。五月十六日

諸翁均此。

第六十八號（五月十六日）

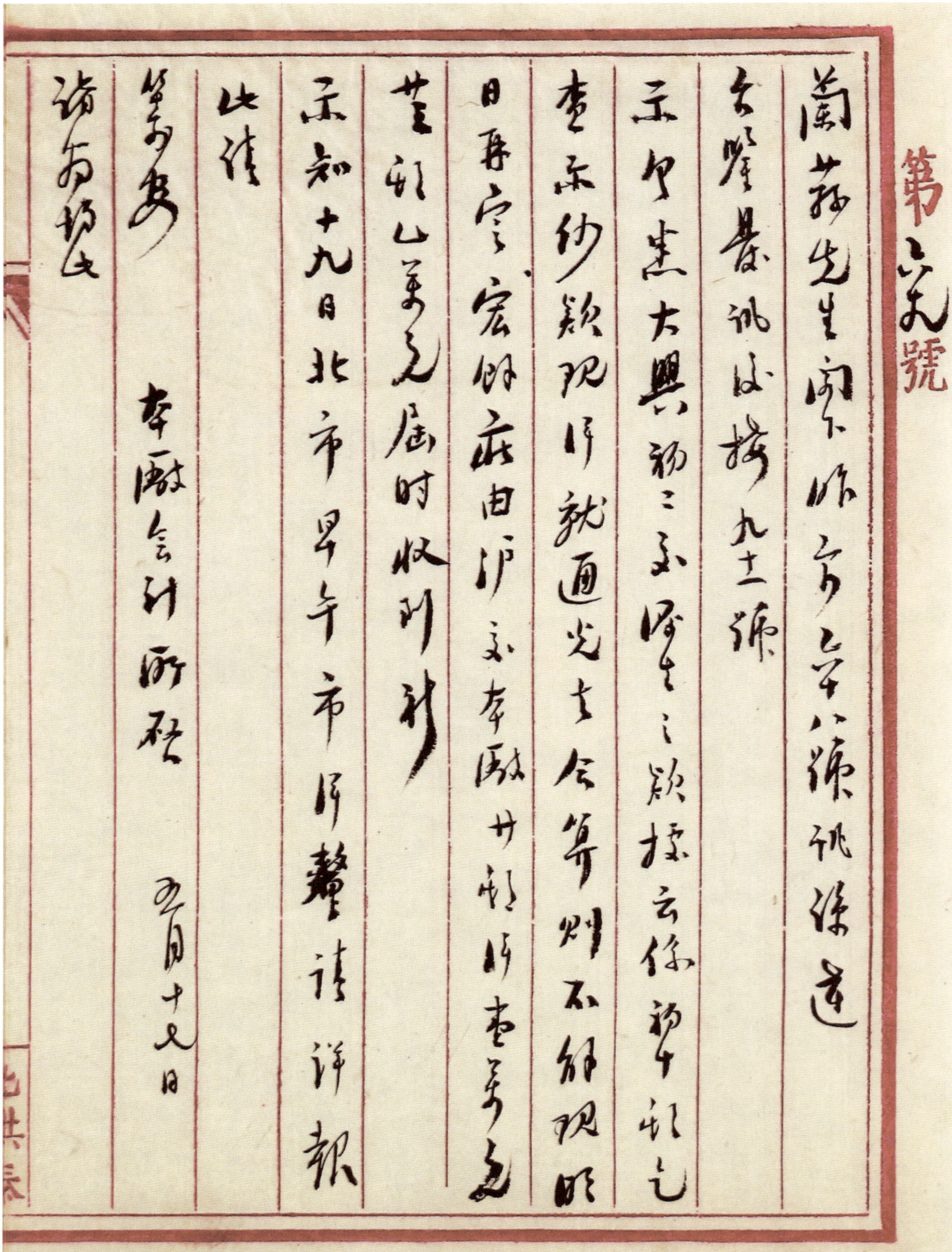

第六十九號（五月十七日）

蘭蓀先生閣下：昨寄六十八號訊，諒達台鑒。發訊後接九十一號示，具悉。大興初二交源生之款，據云係初十期，乞查示。紗款現洋，就通兑去合算則不解現，明日再定。宏餘莊由滬交本廠廿期洋壹萬元、廿三期一萬元，屆時收到祈示知。十九日北市早、午市洋厘，請詳報。此請籌安。本廠會計所啓。五月十七日
諸翁均此。

第六十九號（五月十七日）

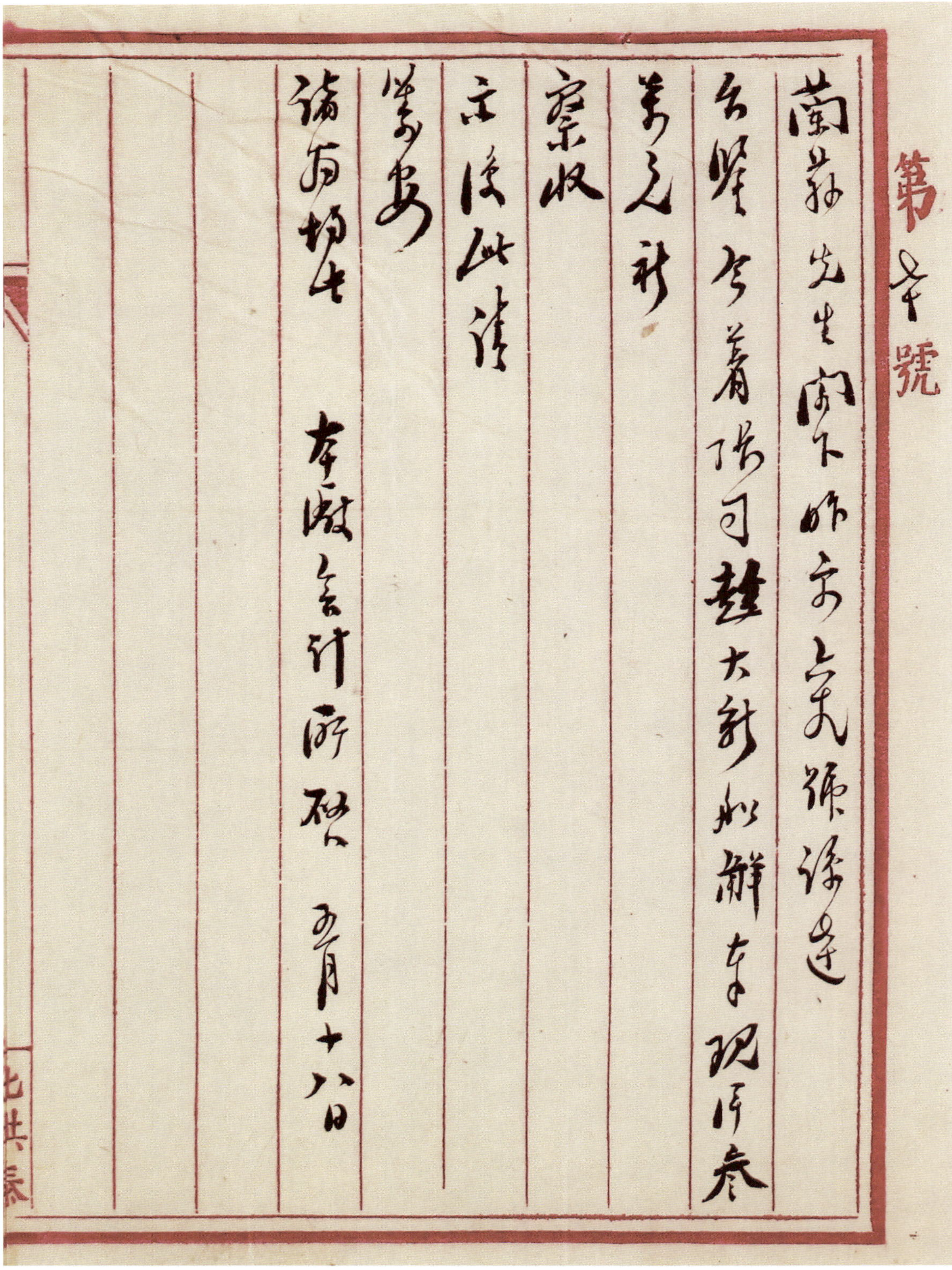
第 號
蘭蓀先生閣下：昨寄六十九號，諒達
台鑒。今着張司趁大新船解奉現洋叁
萬元，祈
察收
示復。此請
籌安。
諸翁均此。　　本廠會計所啓　五月十八日

第七十號（五月十八日）

蘭蓀先生閣下：昨寄六十九號，諒達台鑒。今着張司趁大新船解奉現洋叁萬元，祈察收示復。此請籌安。本廠會計所啓。五月十八日

諸翁均此。

第七十號（五月十八日）

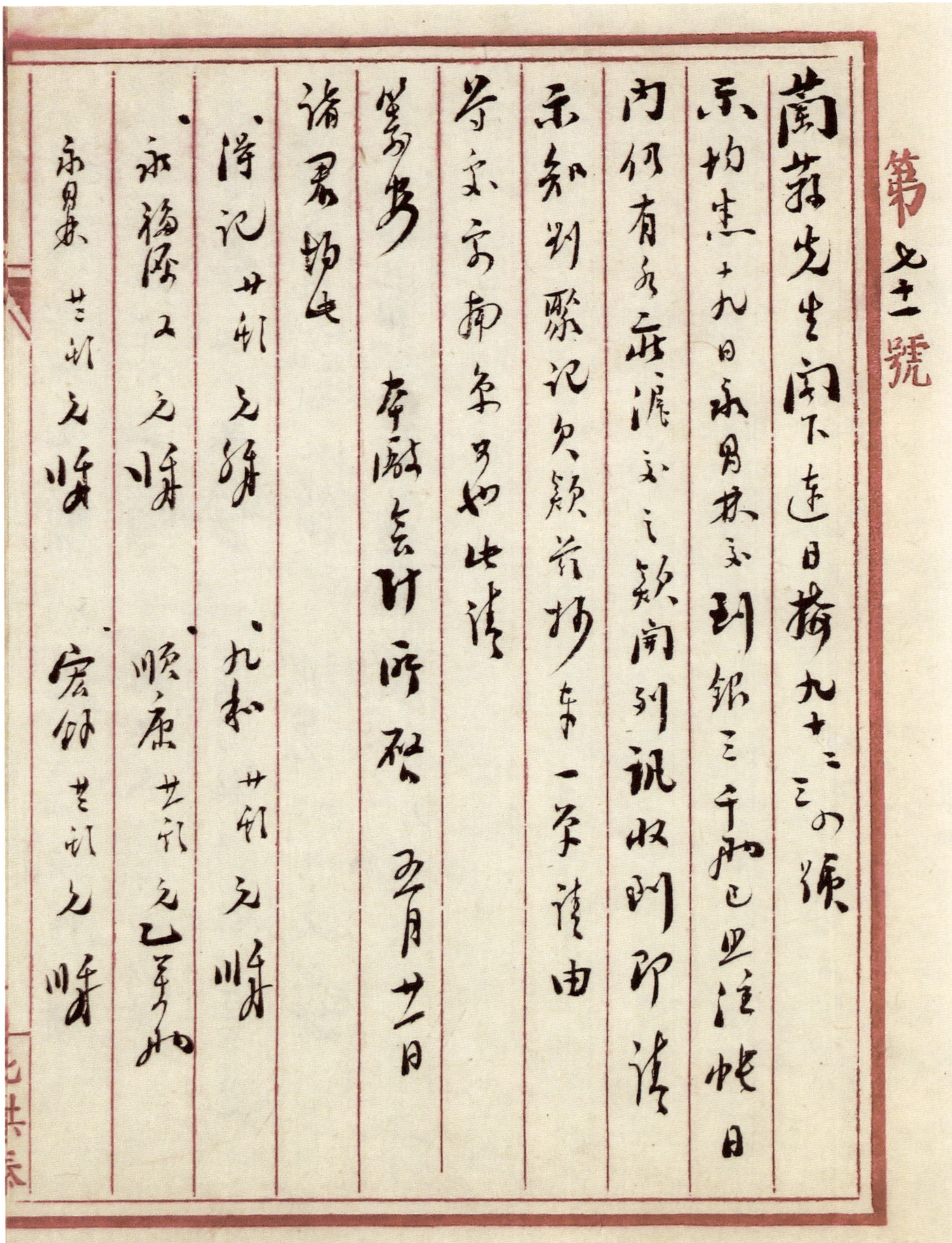

第七十一號（五月廿一日）

蘭蓀先生閣下：連日接九十二、九十三、九十四號示，均悉。十九日永昌林交到銀三千兩，已照注帳。日内仍有各莊滬交之款開列訊，收到即請示知。劉聚記欠款，兹抄奉一單，請由尊處寄南京可也。此請籌安。本廠會計所啓。五月廿一日

諸君均此。

得記，廿期，元五千兩　　九和，廿期，元三千兩

永福源，又，元二千兩　　順康，廿一期，元一萬兩

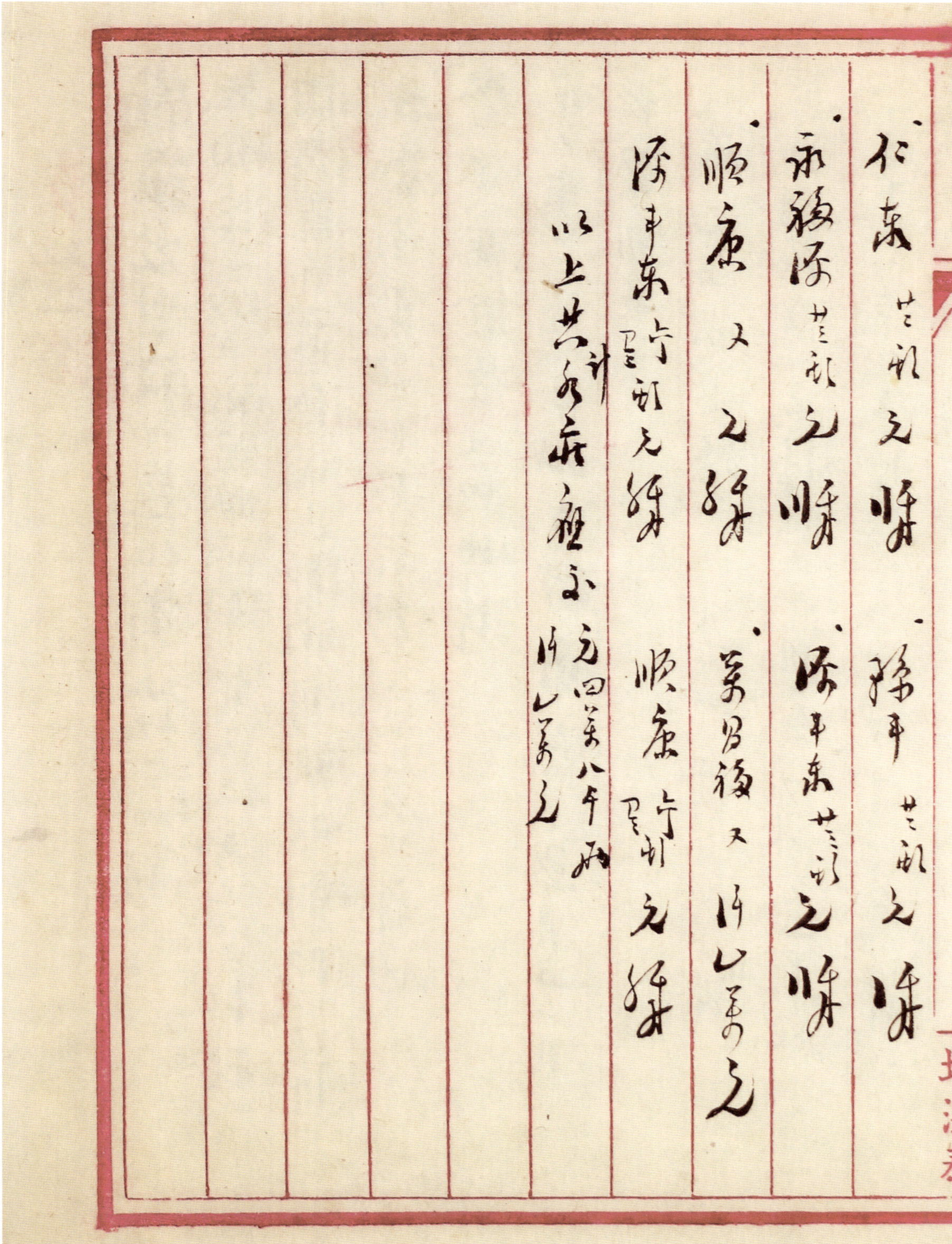

第七十一號（五月廿一日）

永昌林，廿二期，元二千兩
仁泰，廿二期，元二千兩
永福源，廿三期，元三千兩
順康，又，元五千兩
源豐泰，六月初三期，元五千兩
宏餘，廿二期，元三千兩
豫豐，廿二期，元一千兩
源豐泰，廿三期，元二千兩
萬昌福，又，洋一萬元
順康，六月初三期，元五千兩
以上共計各莊應交元四萬八千兩，洋一萬元。

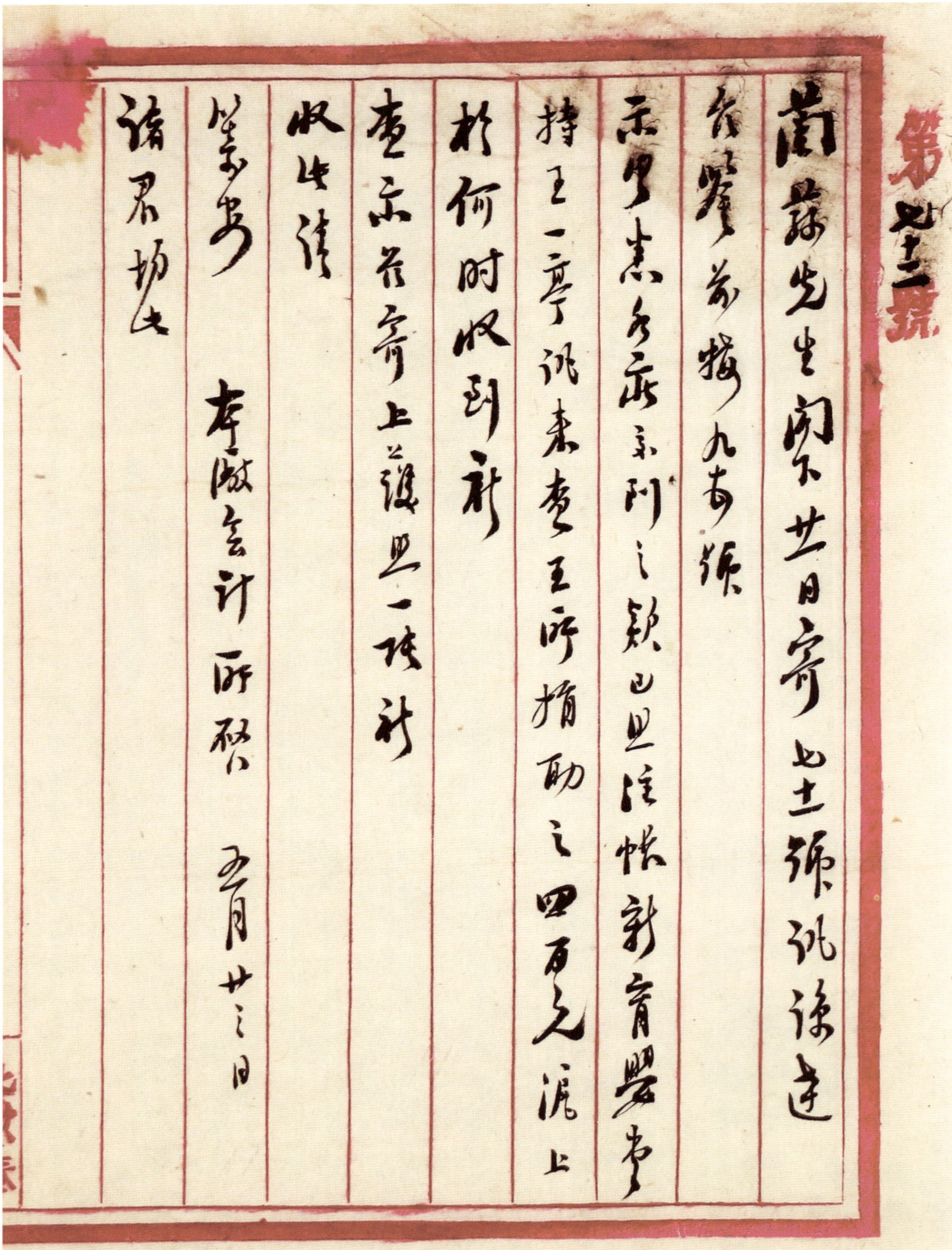

第七十二號（五月廿三日）

蘭蓀先生閣下：廿一日寄七十一號訊，諒達台鑒。前接九十五號示，具悉。各莊交到之款，已照注帳。新育嬰堂持王一亭訊來，查王所捐助之四百元，滬上於何時收到，祈查示。茲寄上護照一張，祈收。此請籌安。本廠會計所啓。五月廿三日

諸君均此。

第七十二號（五月廿三日）

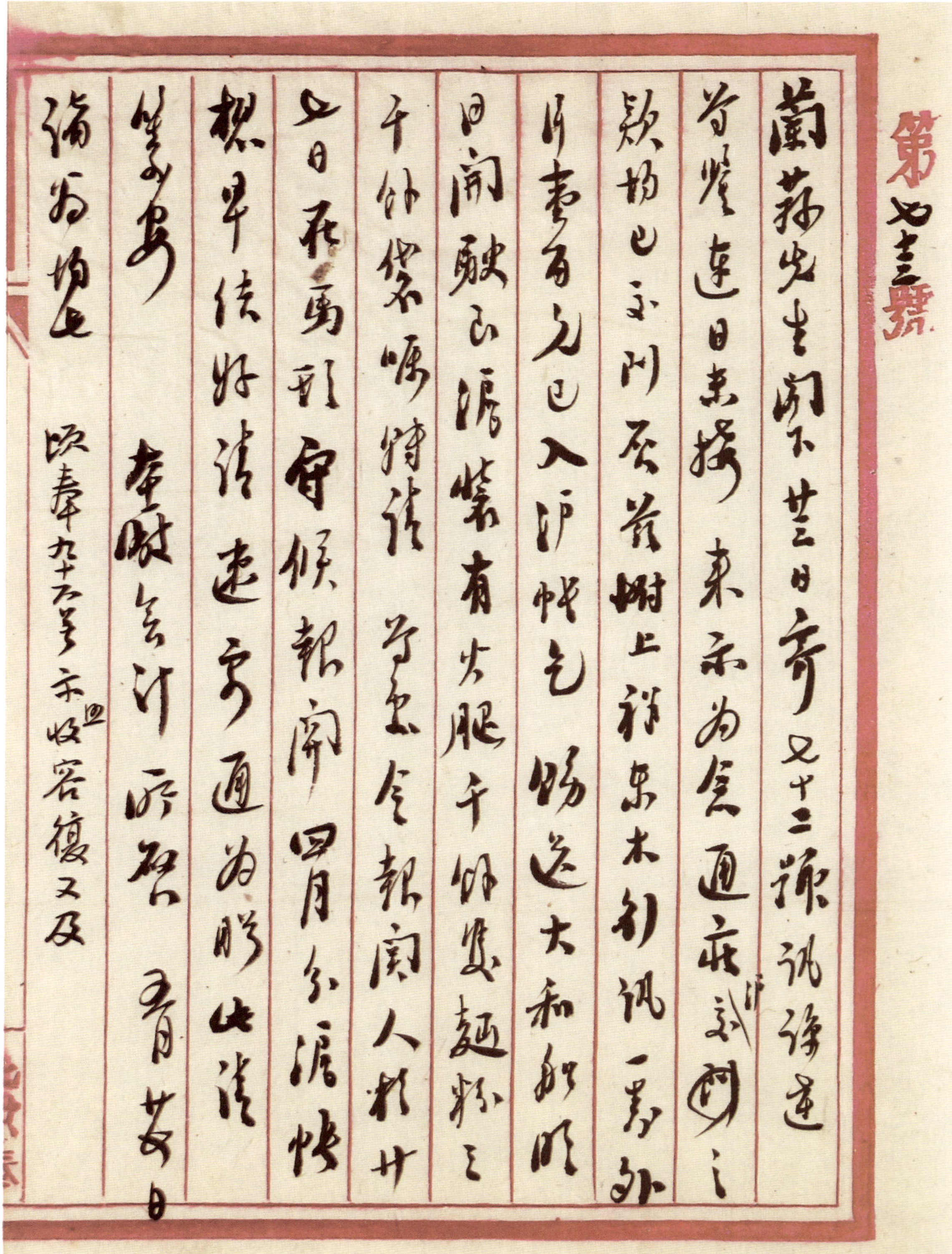

第七十三號（五月廿五日）

蘭蓀先生閣下：廿三日寄七十二號訊，諒達尊鑒。連日未接來示，爲念。通莊滬交之款均已交到否？玆附上祥泰木行訊一封，外洋壹百元已入滬帳，乞飭送。大和船明日開駛至滬，裝有火腿千餘隻、麵粉三千餘袋，囑轉請尊處，令報關人於廿七日在馬頭守候報關。四月分滬帳想早結好，請速寄通爲盼。此請籌安。本廠會計所啓。五月廿五日

諸翁均此。

第七十三號（五月廿五日）

頃奉九十六號示，照收，容復。又及。

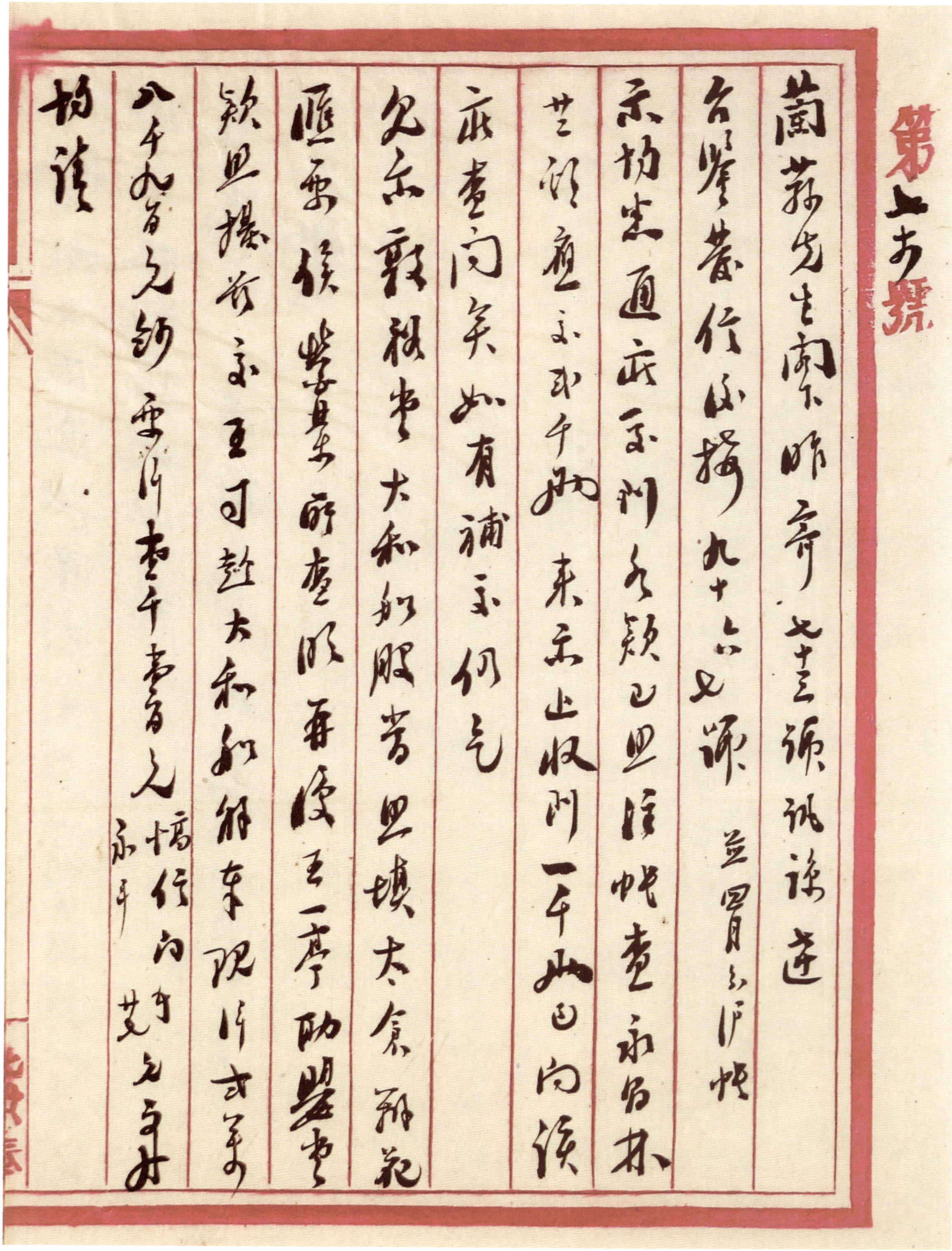

第七十四號（五月廿六日）

蘭蓀先生閣下：昨寄七十三號訊，諒達台鑒。發信後接九十六、九十七號（并四月分滬帳）示，均悉。通莊交到各款，已照注帳。查永昌林廿二期應交弍千兩，來示止收到一千兩，已向該莊查問矣，如有補交，仍乞見示。敦裕堂大和船股，當照填。太倉辦花匯票，俟營業所查明再復。王一亭助嬰堂款照撥。玆交王司趁大和船解奉現洋弍萬八千九百元、鈔票洋壹千壹百元、惇信向永豐五月廿七元二百兩，均請察收。又附上陳鏡記存據息摺一千弍百圓一封，祈轉交陳鏡翁收。

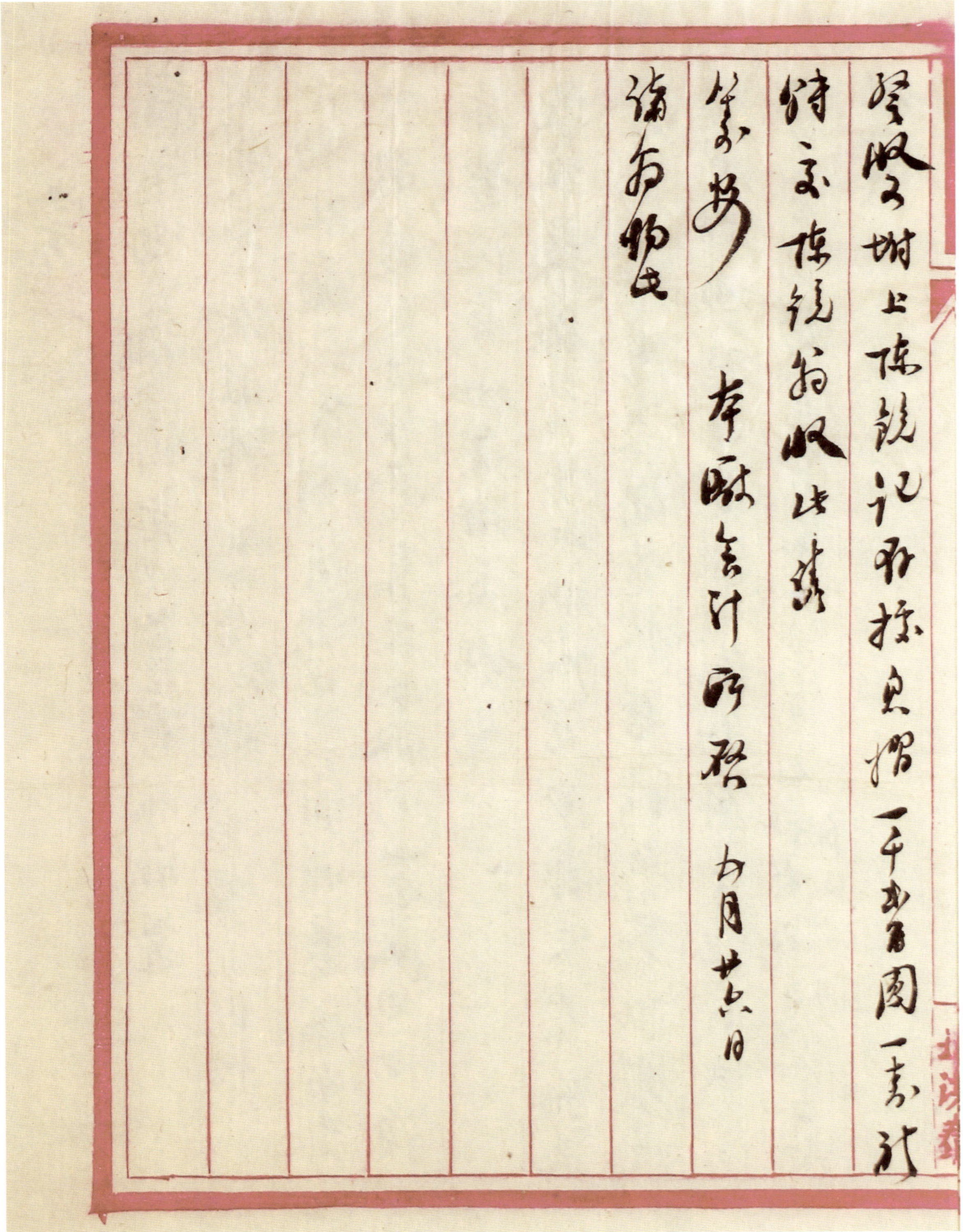

第七十四號（五月廿六日）

此請籌安。本廠會計所啓。五月廿六日
諸翁均此。

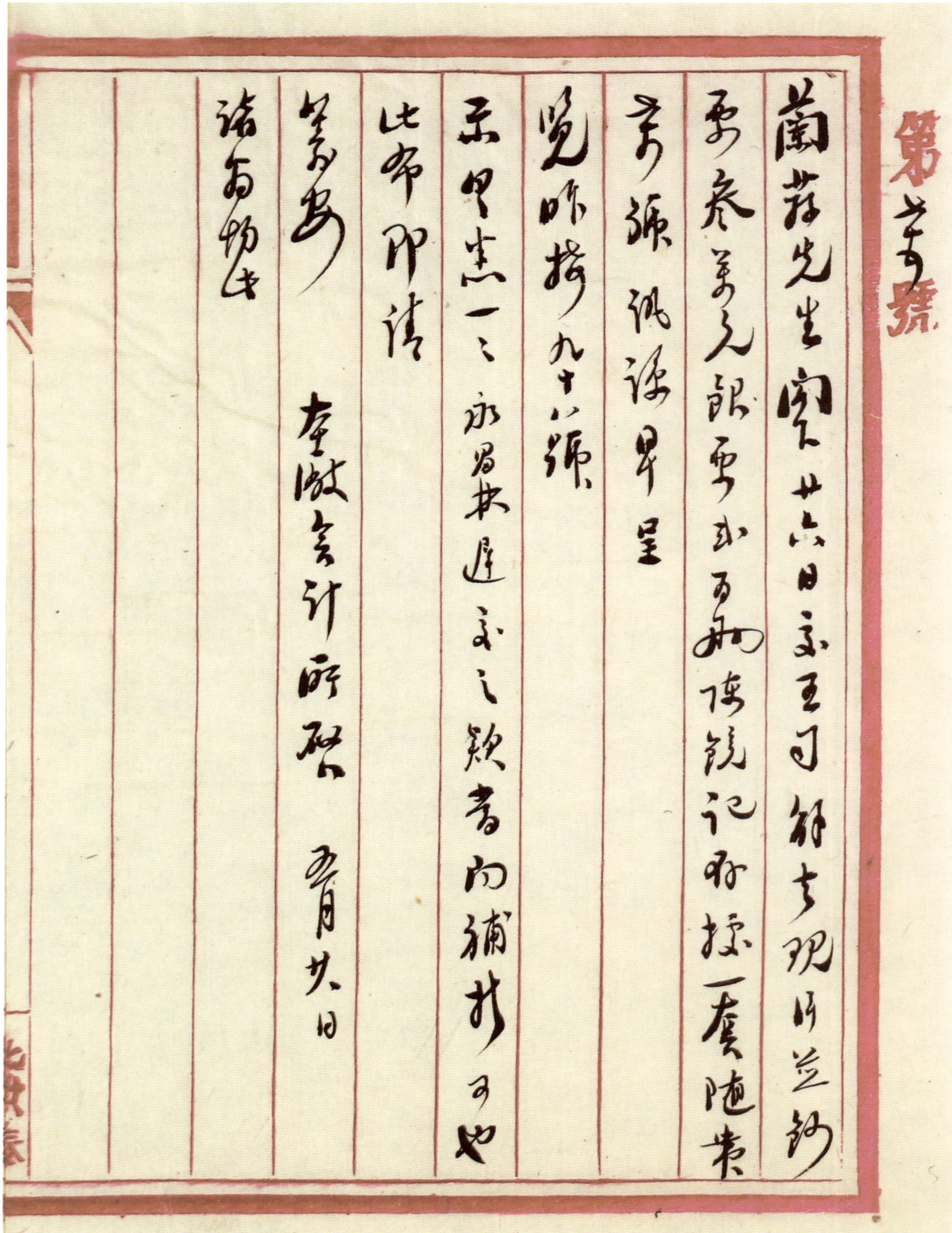

第七十五號（五月廿八日）

蘭蓀先生閣下：廿六日交王司解去現洋并鈔票叁萬元、銀票弍百兩、陳鏡記存據一套，隨帶七十四號訊，諒早呈覽。昨接九十八號示，具悉一一。永昌林遲交之款，當向補折可也。此布，即請籌安。本廠會計所啓。五月廿八日

諸翁均此。

第七十五號（五月廿八日）

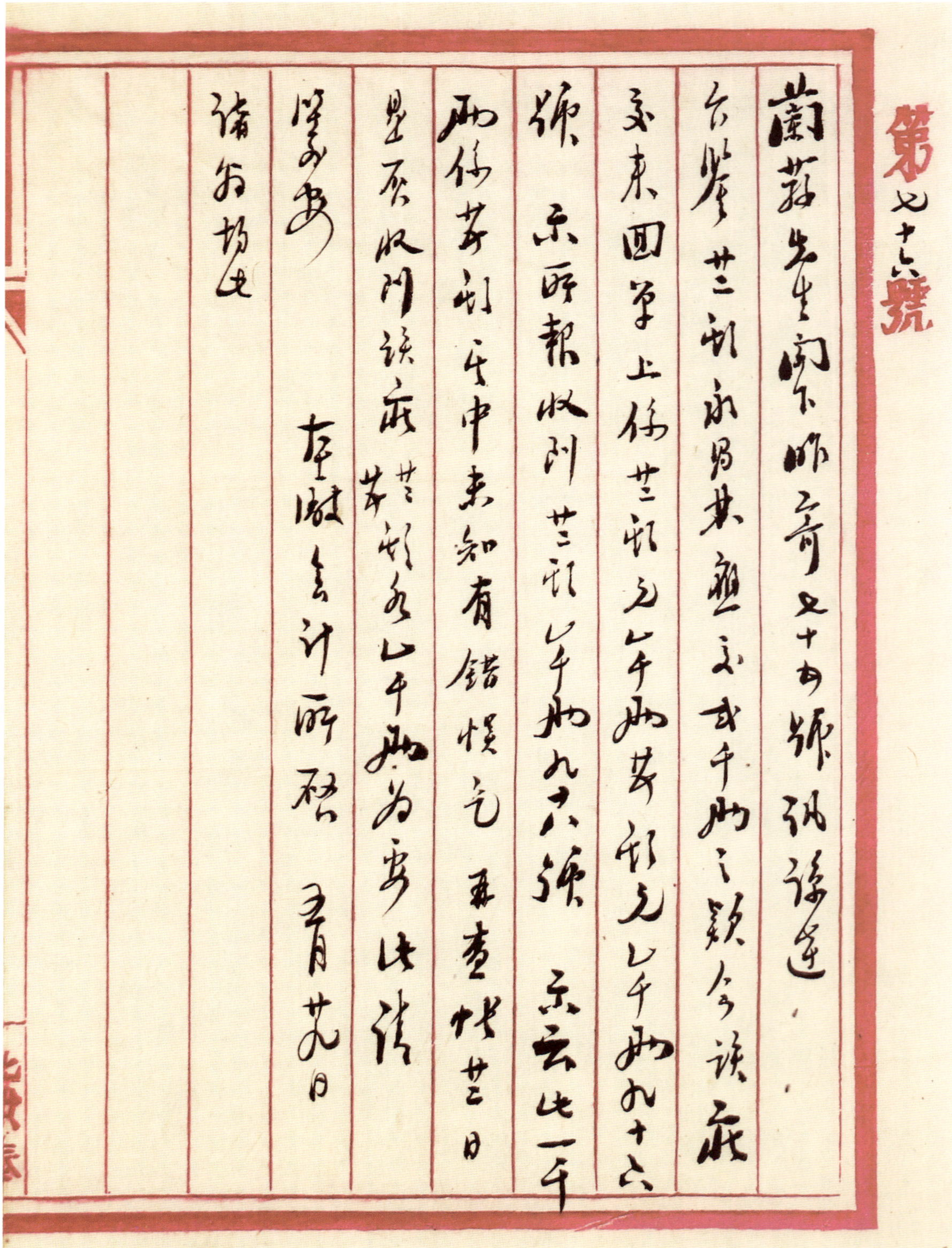

第七十六號（五月廿九日）

蘭蓀先生閣下：昨寄七十五號訊，諒達台鑒。廿二期永昌林應交式千兩之款，今該莊交來回單，上係廿二期元一千兩、廿五期元一千兩。九十六號示所報收到廿二期一千兩，九十八號示云此一千兩係廿五期，其中未知有錯誤，乞再查帳，廿二日是否收到該莊廿二、廿五期各一千兩爲要。此請籌安。本廠會計所啓。五月廿九日
諸翁均此。

第七十六號（五月廿九日）

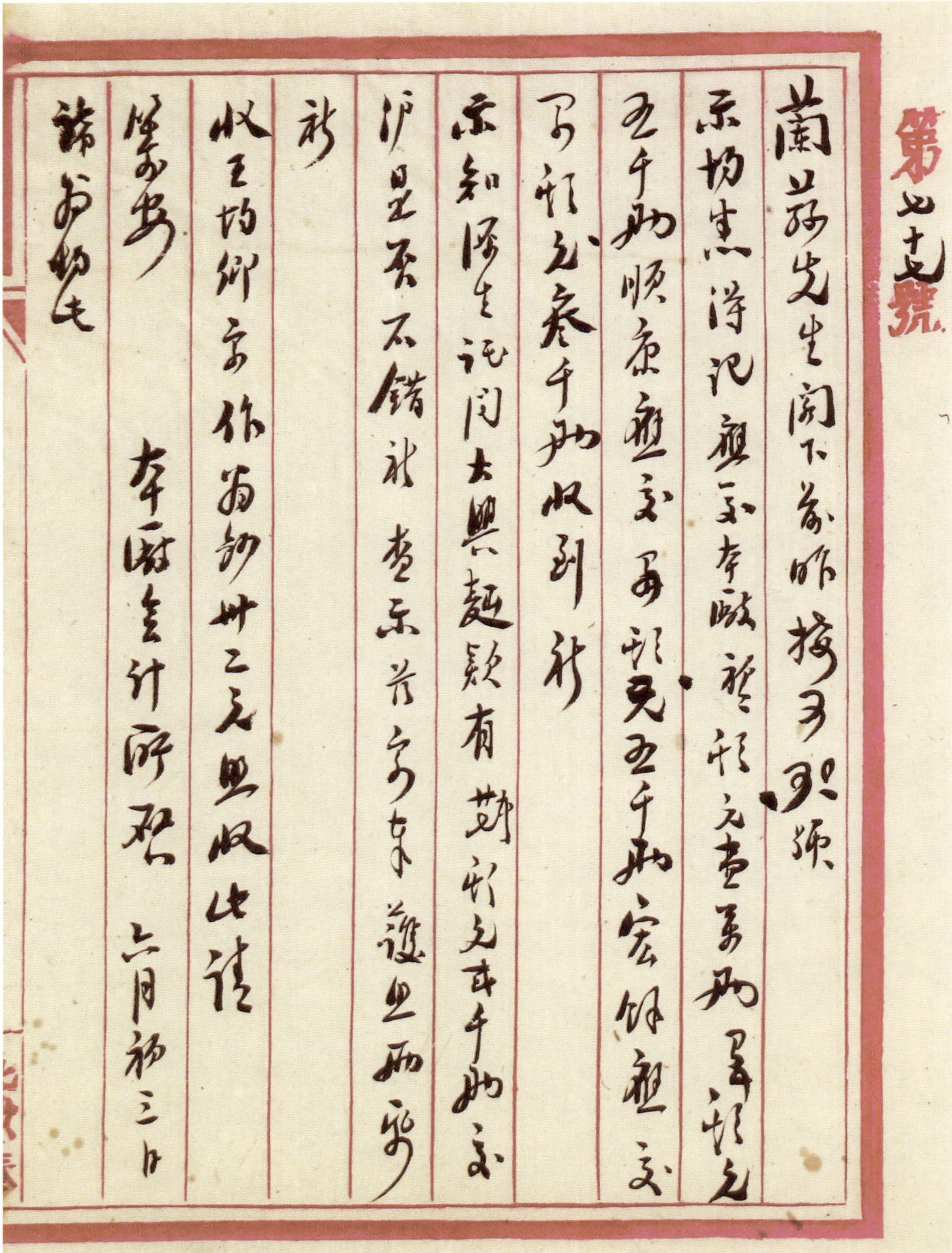

第七十七號（六月初三日）

蘭蓀先生閣下：前、昨接一百、一百〇一號示，均悉。得記應交本廠初二期元壹萬兩、初五期元五千兩，順康應交初四期元五千兩，宏餘應交初四期元叁千兩，收到祈示知。源生托問大興麵款有五月廿七期元弍千兩交滬，是否不錯，祈查示。玆寄奉護照兩紙，祈收。王均卿寄作翁鈔卅二元，照收。此請籌安。本廠會計所啓。六月初三日
諸翁均此。

第七十七號（六月初三日）

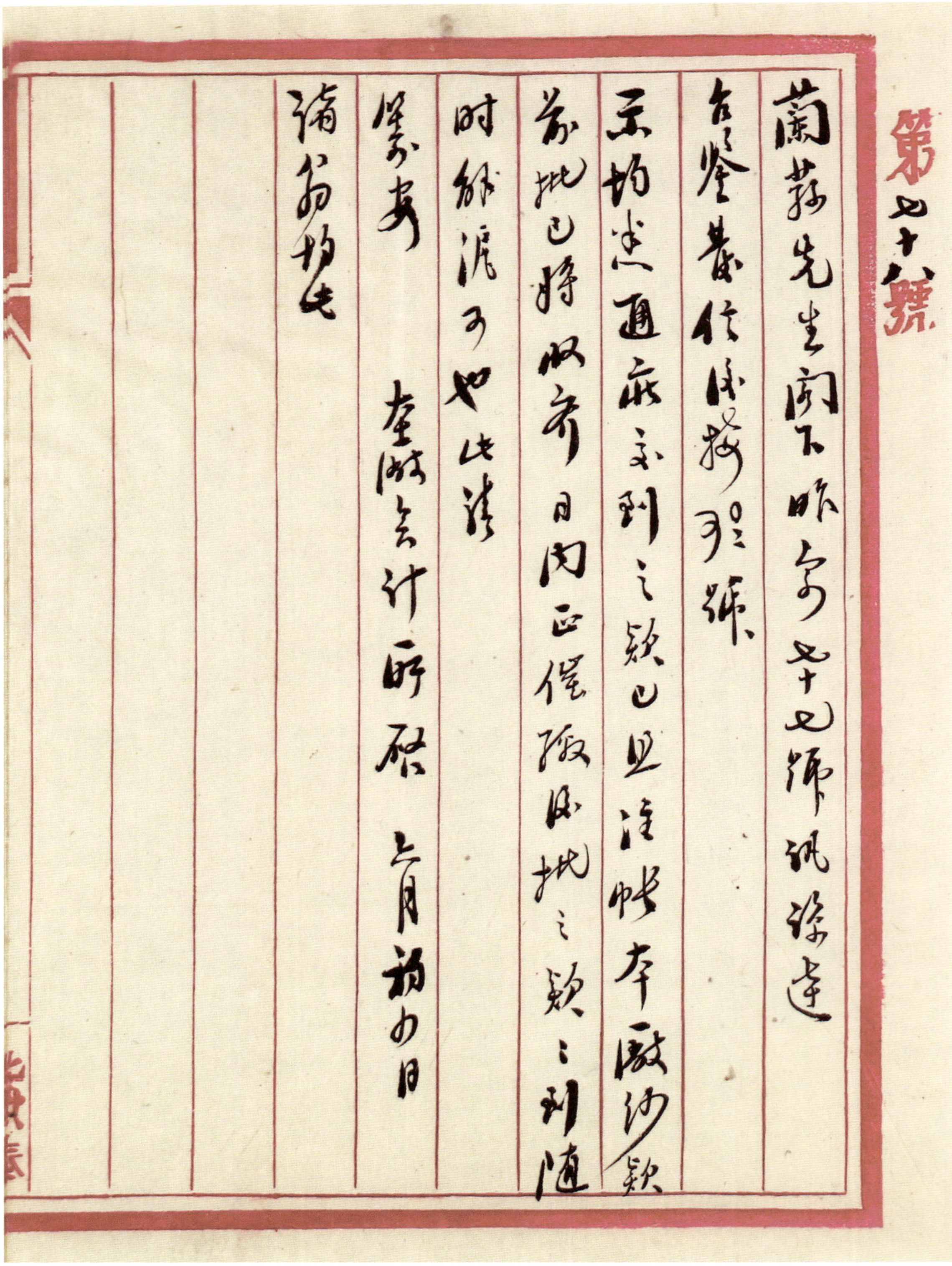

第七十八號（六月初四日）

蘭蓀先生閣下：昨寄七十七號訊，諒達台鑒。發信後接一百〇二號示，均悉。通莊交到之款，已照注帳。本廠紗款，前批已將收齊，日内正催繳後批之款，款到隨時解滬可也。此請籌安。本廠會計所啓。六月初四日

諸翁均此。

第七十八號（六月初四日）

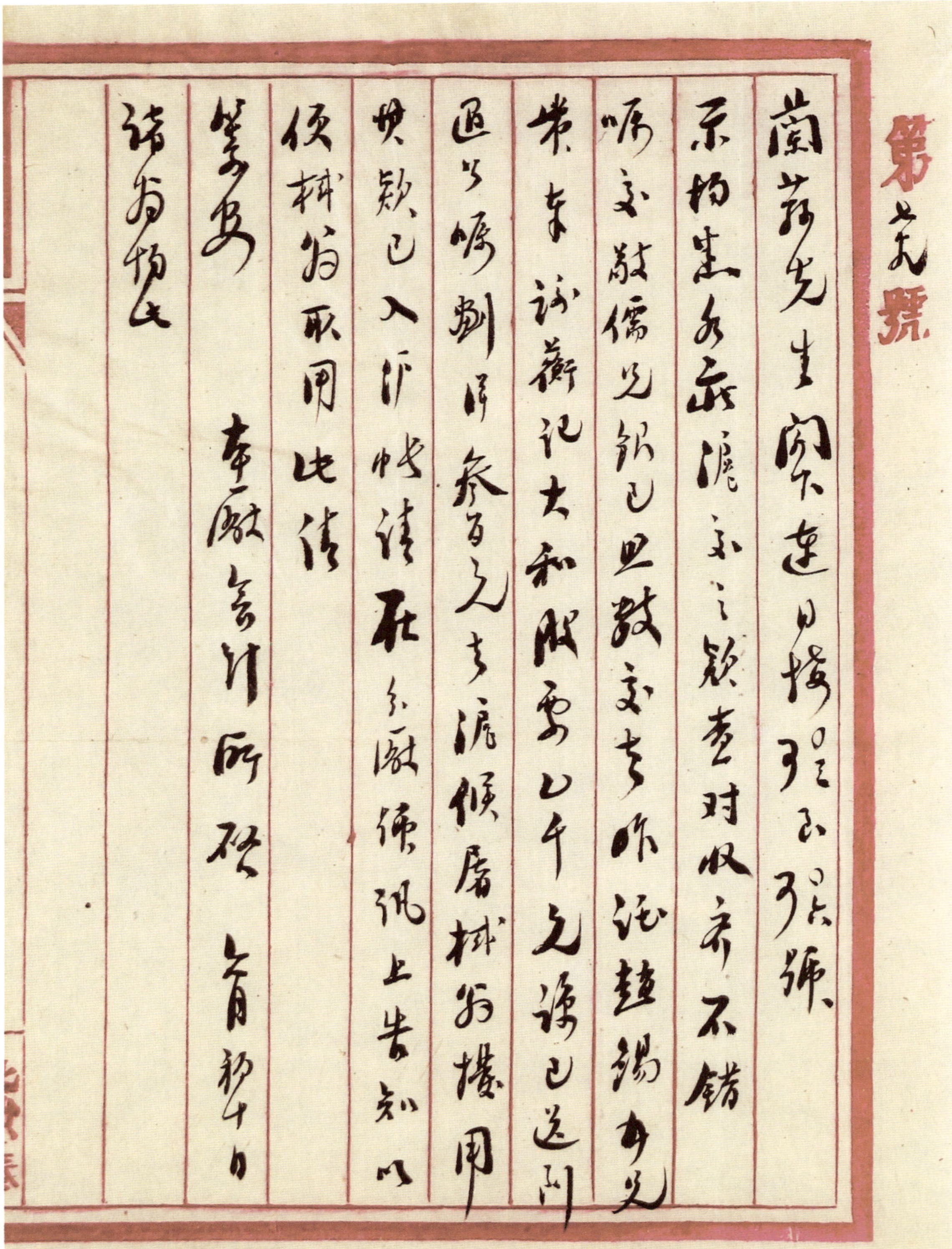

第七十九號（六月初十日）

蘭蓀先生閣下：連日接一百〇三至一百〇六號示，均悉。各莊滬交之款，查對收齊不錯。囑交敬儒兄銀，已照數交去。昨托趙錫五兄帶奉謝蘅記大和股票一千元，諒已送到。退公囑劃洋叁百元去滬，候屠棫翁撥用，其款已入滬帳，請在分廠號訊上告知，以便棫翁取用。此請籌安。本廠會計所啓。六月初十日

諸翁均此。

第七十九號（六月初十日）

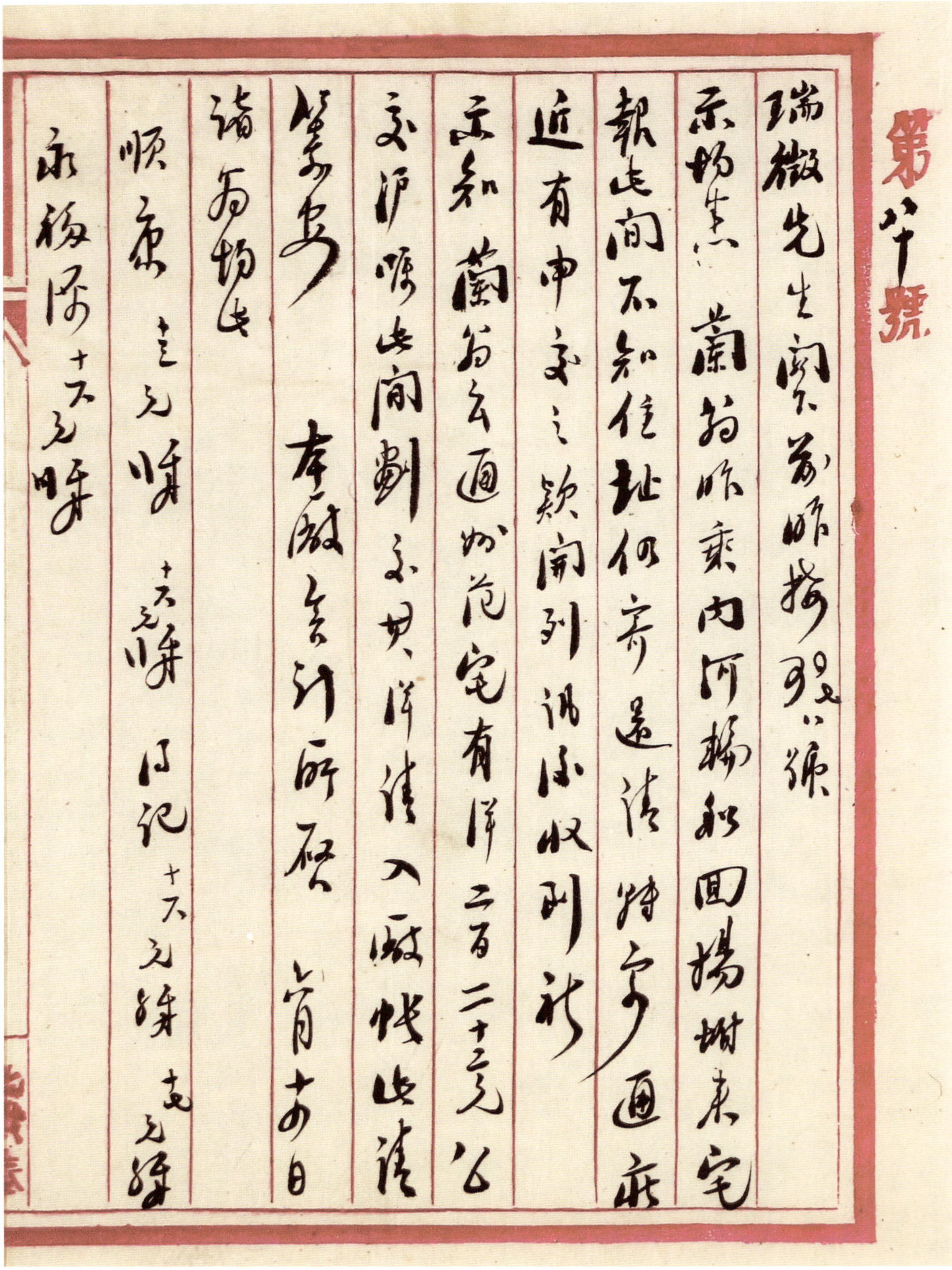

第八十號（六月十四日）

瑞徵先生閣下：前、昨接一百〇七、一百〇八號示，均悉。蘭翁昨乘内河輪船回揚，附來宅報，此間不知住址，仍寄還，請轉寄。通莊近有申交之款，開列訊後，收到祈示知。蘭翁云通州范宅有洋二百二十二元八角交滬，囑此間劃交其洋，請入廠帳。此請籌安。本廠會計所啓。六月十四日

諸翁均此。

順康，十三，元二千兩；十六，元二千兩

第八十號（六月十四日）

得記，十六，元五千兩；十七，元五千兩

永福源，十六，元三千兩

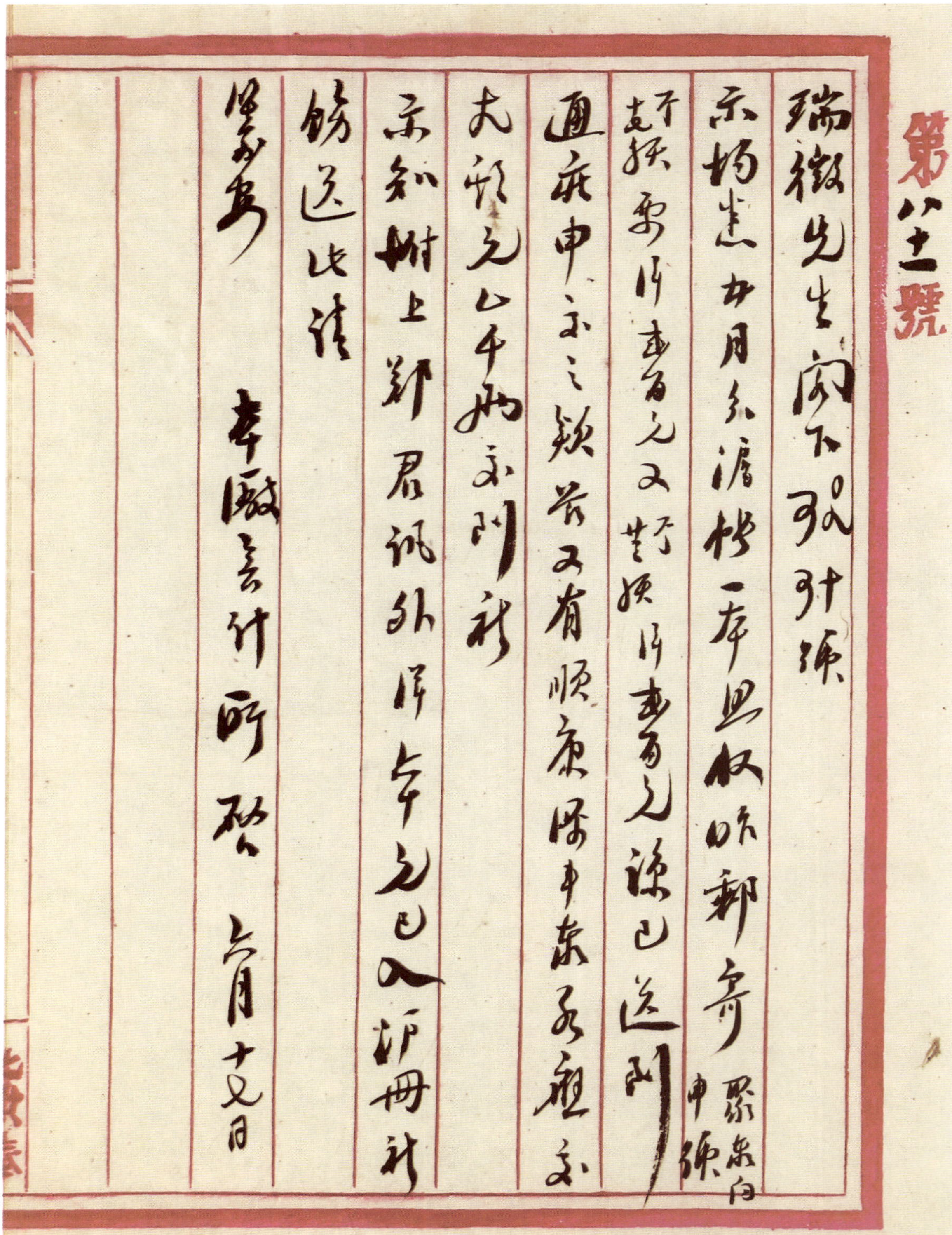

第八十一號（六月十七日）

瑞徵先生閣下：一百〇九、一百十號示均悉，五月分滬帳一本照收。昨郵寄聚泰向申號六月十七（五天）票洋弍百元，又六月廿三（五天）洋弍百元，諒已送到。通莊申交之款，玆又有順康、源豐泰各應交十九期元一千兩，交到祈示知。附上鄭君訊，外洋六千元已入滬册，祈飭送。此請籌安。本廠會計所啓。六月十七日

第八十一號（六月十七日）

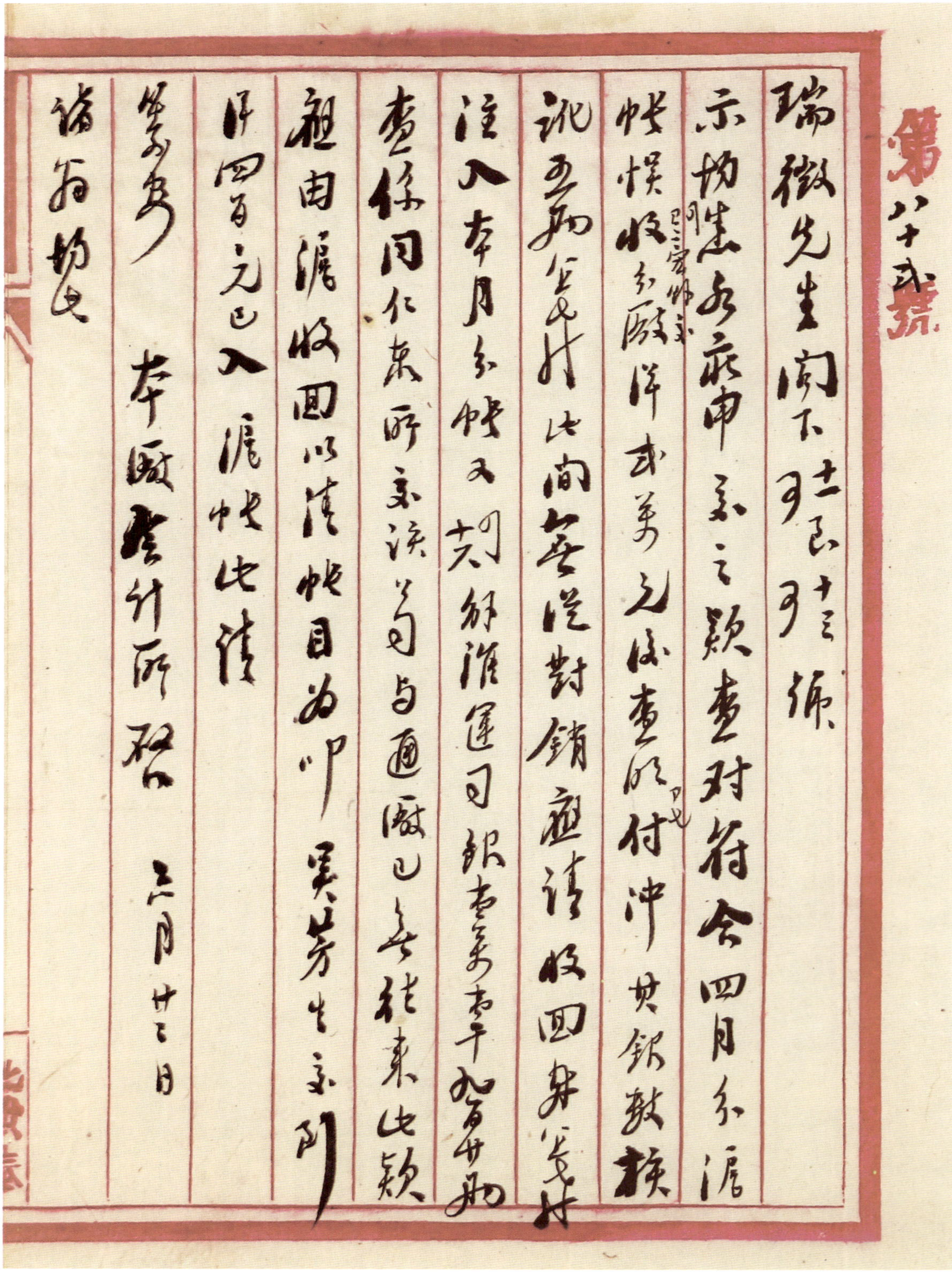

第八十二號（六月廿二日）

瑞徵先生閣下：一百十一至一百十三號示均悉。各莊申交之款，查對符合。四月分滬帳誤收四月初三宏餘交分廠洋式萬元，後查明初七付冲，其銀數核訛五兩八錢七分五厘，此間無從對銷，應請收回五兩八錢七分五厘，注入本月分帳。又四月十六解淮運司銀壹萬壹千九百廿兩，查係同仁泰所交，該公司與通廠已無往來，此款應由滬收回，以清帳目爲叩。吳芳生交到洋四百元，已入滬帳。此請籌安。本廠會計所啓。六月廿二日

第八十二號（六月廿二日）

諸翁均此。

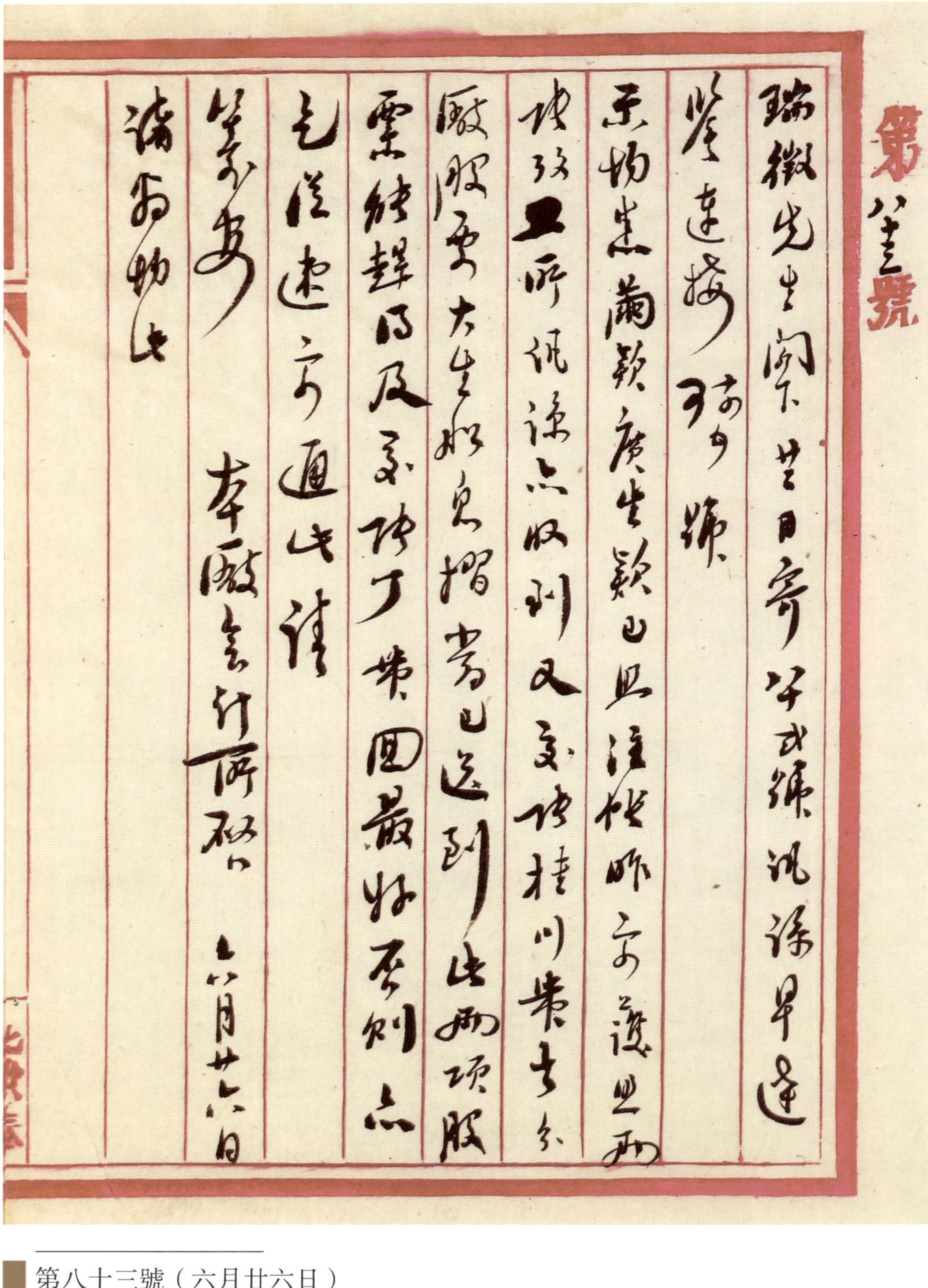

第八十三號（六月廿六日）

瑞徵先生閣下：廿二日寄八十弍號訊，諒早達鑒。連接一百十四、一百十五號示，均悉。藺款、廣生款已照注帳。昨寄護照兩張、考工所訊，諒亦收到。又交張桂川帶去分廠股票、大生船息摺，當已送到。此兩項股票，能趕得及交張丁帶回最好，否則亦乞從速寄通。此請籌安。本廠會計所啓。六月廿六日

諸翁均此。

第八十三號（六月廿六日）

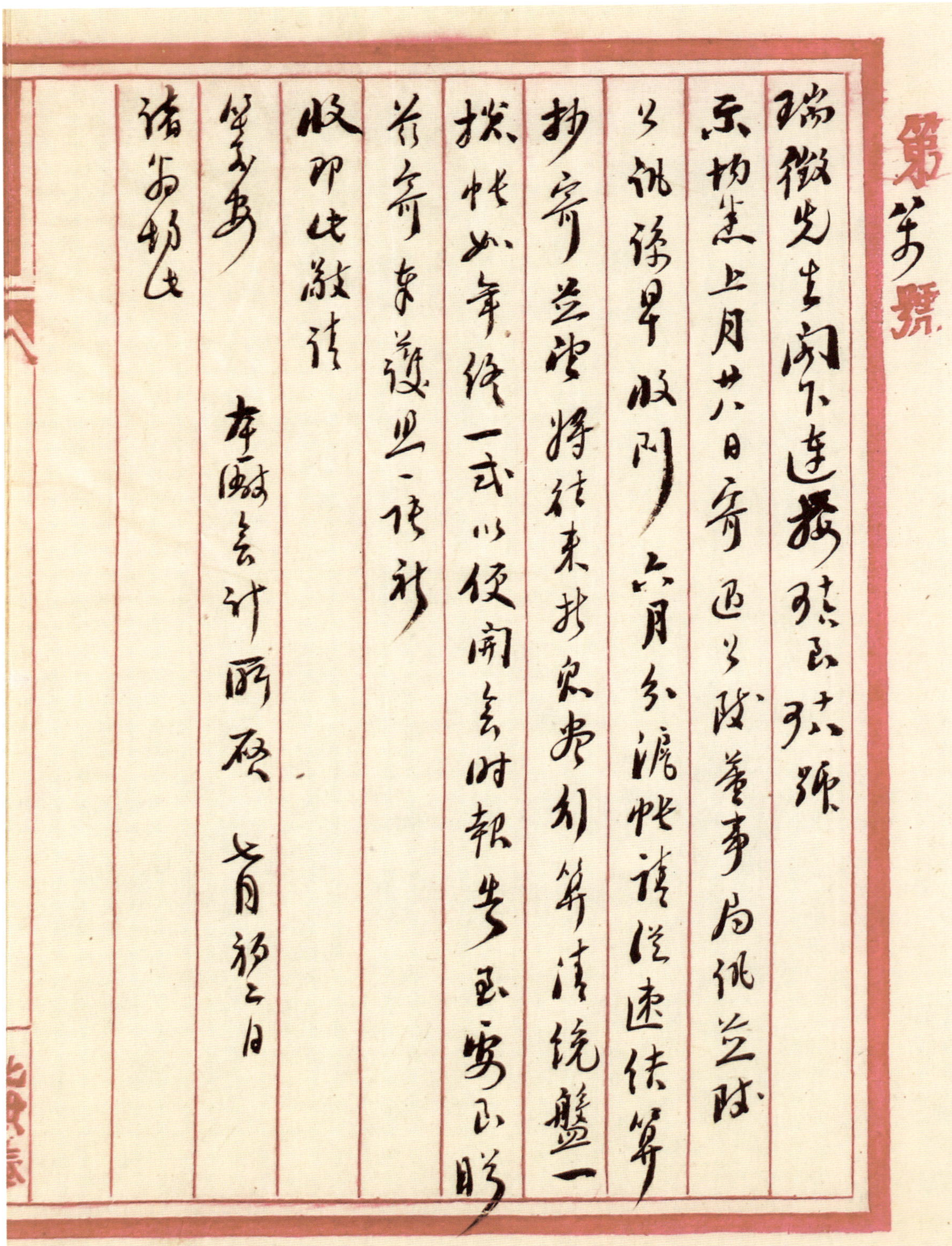

第八十四號（七月初二日）

瑞徵先生閣下：連接一百十六至一百十八號示，均悉。上月廿八日寄退公致董事局訊，并致公訊，諒早收到。六月分滬帳，請從速結算抄寄，并望將往來折息盡行算清，統盤一總。帳如年終一式，以便開會時報告，至要至盼。玆寄奉護照一張，祈收。即此，敬請籌安。本廠會計所啓。七月初二日

諸翁均此。

第八十四號（七月初二日）

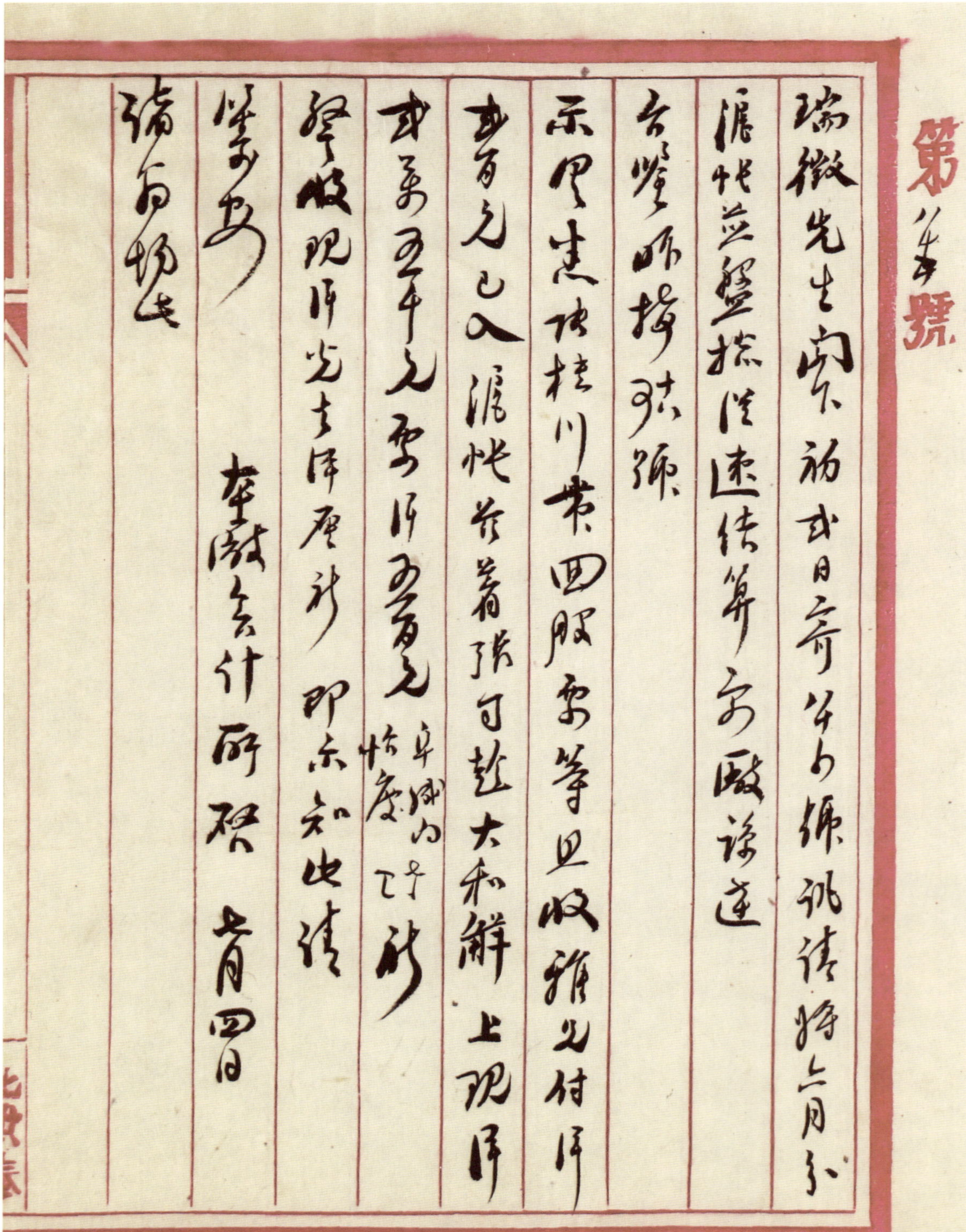

第八十五號（七月四日）

瑞徵先生閣下：初式日寄八十四號訊，請將六月分滬帳并盤總從速結算寄廠，諒達台鑒。昨接一百十八〔九〕號示，具悉。張桂川帶回股票等，照收。雅兄付洋式百元，已入滬帳。兹着張司趁大和解上現洋式萬五千元、票洋五百元（阜成向怡慶，七月初一），祈察收，現洋兑去洋厘，祈即示知。此請籌安。本廠會計所啓。七月四日

諸翁均此。

（按：本信云“一百十八號示”，當爲“一百十九號示”之誤）

第八十五號（七月四日）

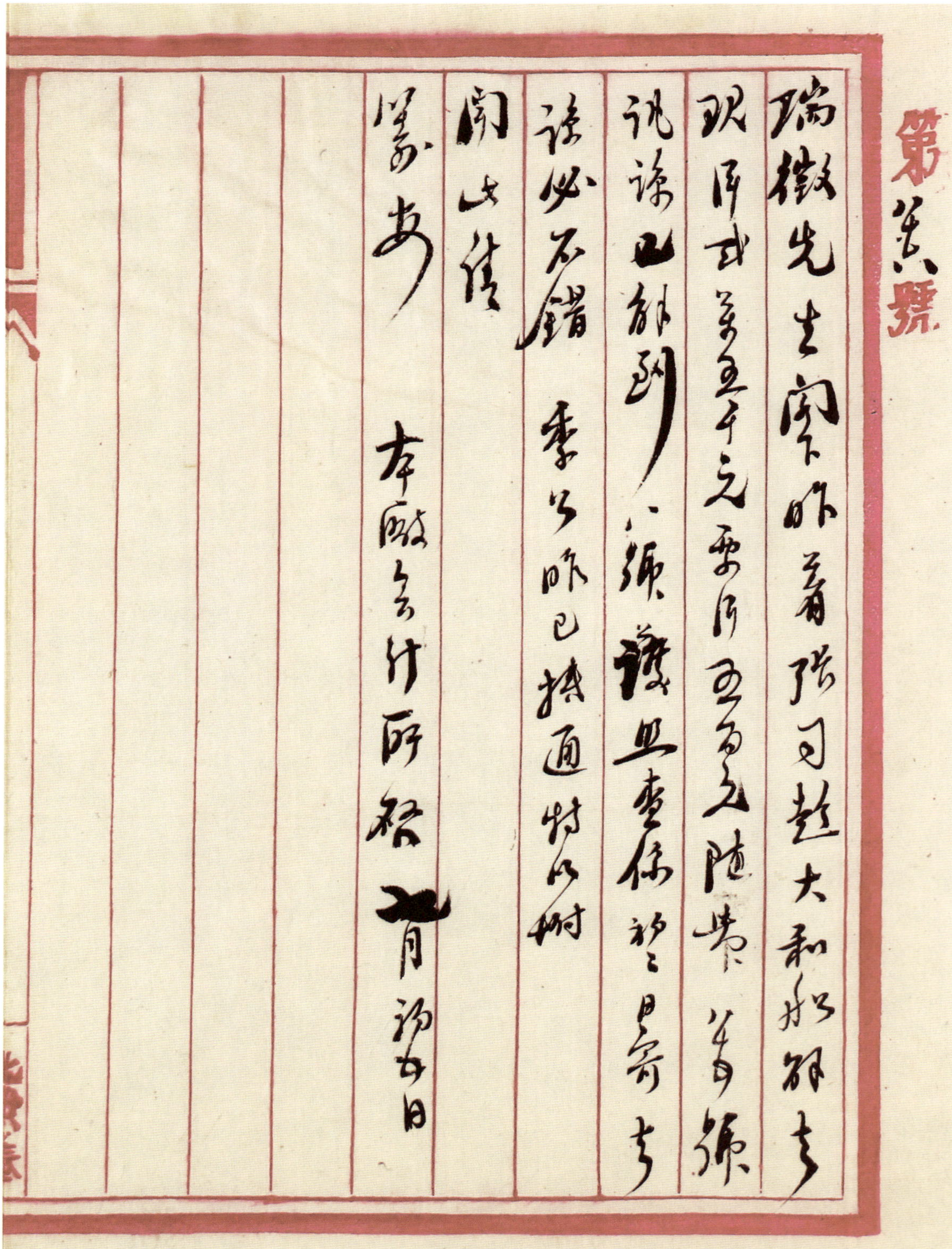

瑞徵先生閣下昨着張司趁大和船解去
現洋式萬五千元票洋五百元隨帶八十五號
訊諒已解到八號護照查係初二日寄去
諒必不錯 季公昨已抵通特以附
聞此請
籌安 本廠會計所啓 七月初五日

第八十六號（七月初五日）

瑞徵先生閣下：昨着張司趁大和船解去現洋式萬五千元、票洋五百元，隨帶八十五號訊，諒已解到。八號護照，查係初二日寄去，諒必不錯。季公昨已抵通，特以附聞。此請籌安。本廠會計所啓。七月初五日

第八十六號（七月初五日）

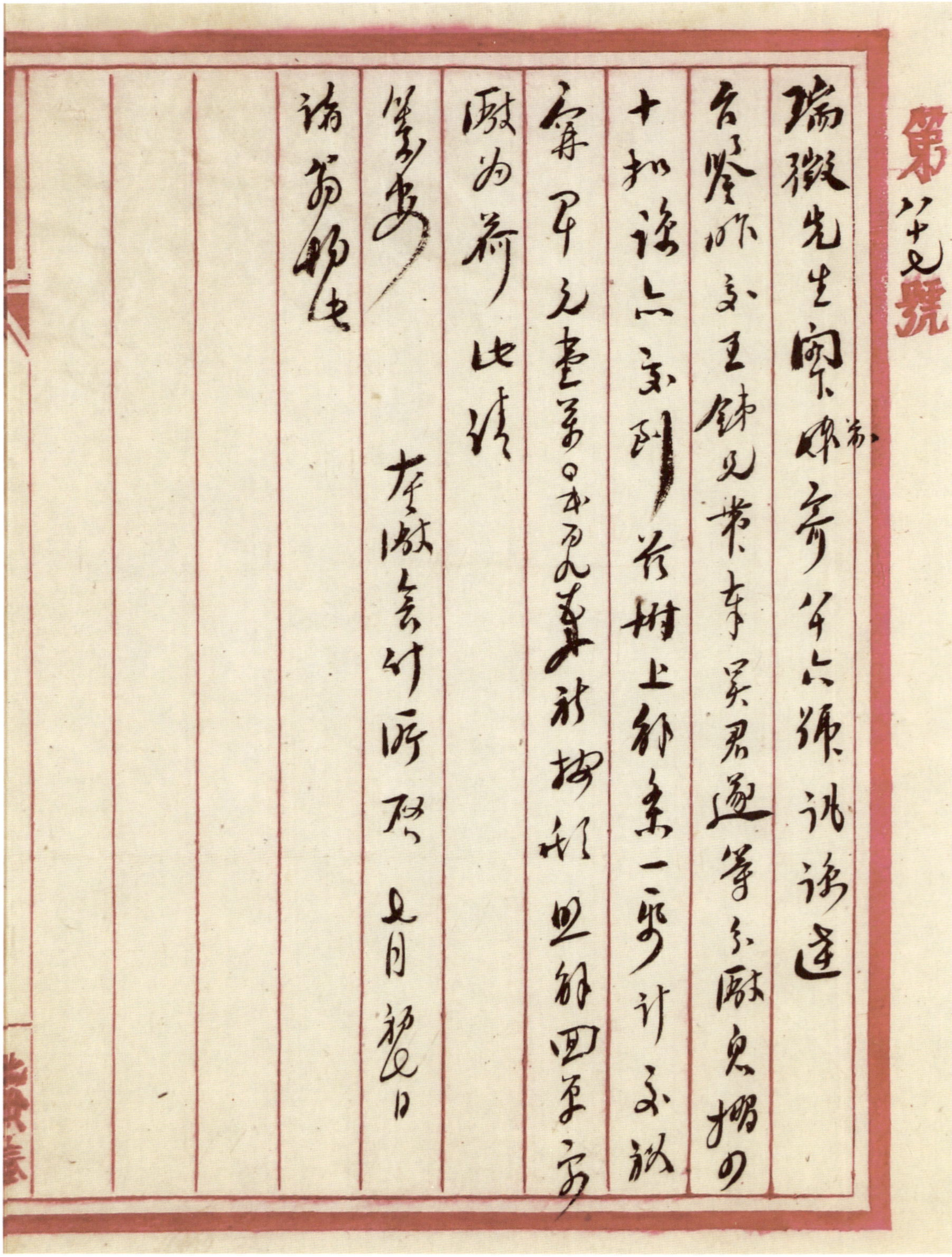

第八十七號（七月初七日）

瑞徵先生閣下：前寄八十六號訊，諒達台鑒。昨交王鐵兄帶奉吴君遂等分廠息摺四十扣，諒亦交到。兹附上解條一紙，計交裕寧初十元壹萬〇弍百九十五兩，祈按期照解，回單寄廠爲荷。此請籌安。本廠會計所啓。七月初七日

諸翁均此。

第八十七號（七月初七日）

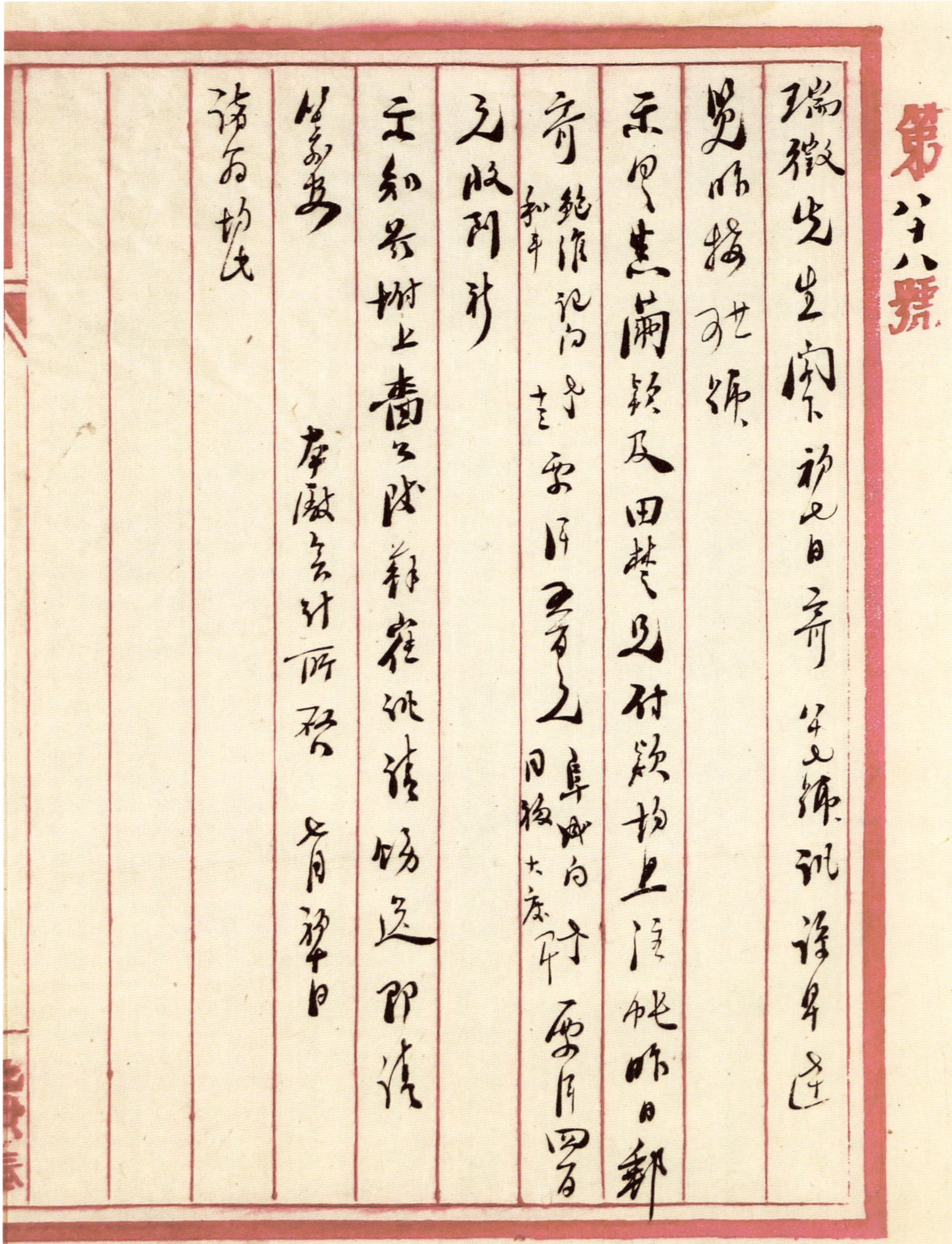

第八十八號（七月初十日）

瑞徵先生閣下：初七日寄八十七號訊，諒早達覽。昨接一百廿一號示，具悉。繭款及田楚兄付款，均照注帳。昨日郵寄鮑維記向和豐七月十三票洋五百元，阜成向同福、大慶七月初十票洋四百元，收到祈示知。茲附上嗇公致蘇崔訊，請飭送。即請籌安。本廠會計所啓。七月初十日
諸翁均此。

第八十八號（七月初十日）

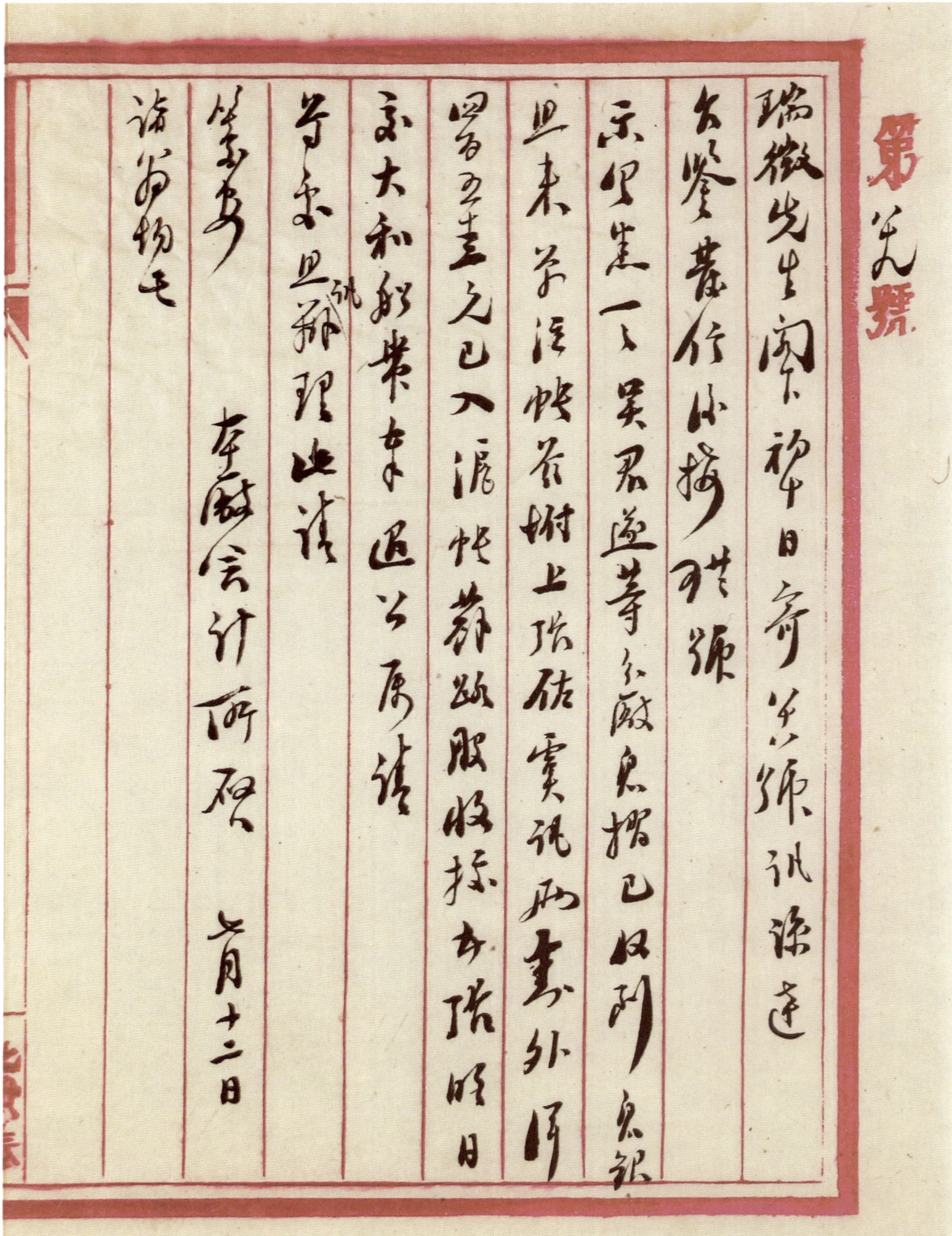

第八十九號（七月十二日）

瑞徵先生閣下：初十日寄八十八號訊，諒達台鑒。發信後接一百廿二號示，具悉一一。吴君遂等分廠息摺已收到，息銀照來單注帳。茲附上張佐虞訊兩封，外洋四百五十三元已入滬帳。蘇路股收據五張，明日交大和船帶奉，退公屬請尊處照訊辦理。此請籌安。本廠會計所啓。七月十二日

諸翁均此。

第八十九號（七月十二日）

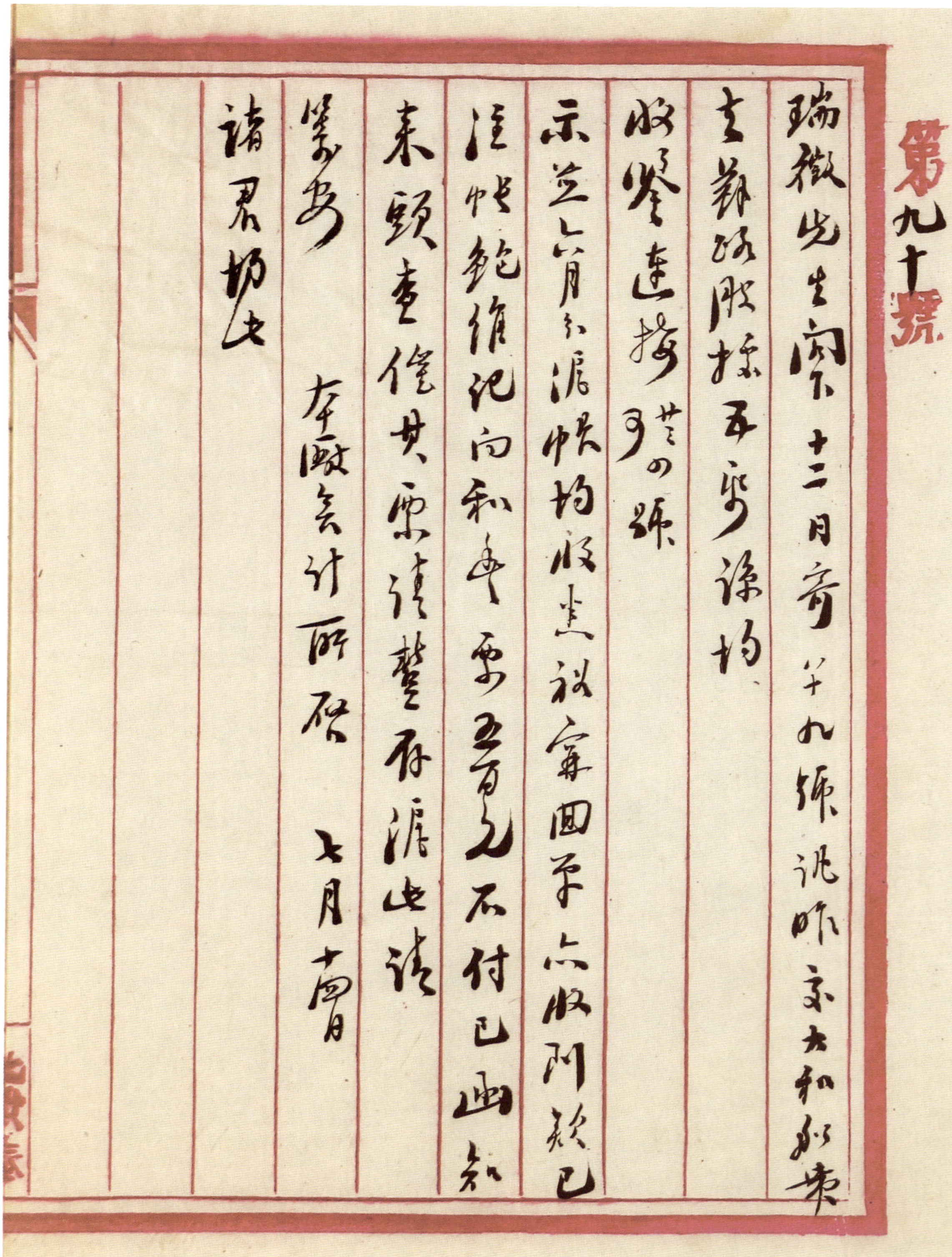

第九十號（七月十四日）

瑞徵先生閣下：十二日寄八十九號訊，昨交大和船帶去蘇路股據五紙，諒均收鑒。連接一百廿三、一百廿四號示，并六月分滬帳，均收悉。裕寧回單亦收到，款已注帳。鮑維記向和豐票五百元不付，已函知來頭查催，其票請暫存滬。此請籌安。本廠會計所啓。七月十四日
諸君均此。

第九十號（七月十四日）

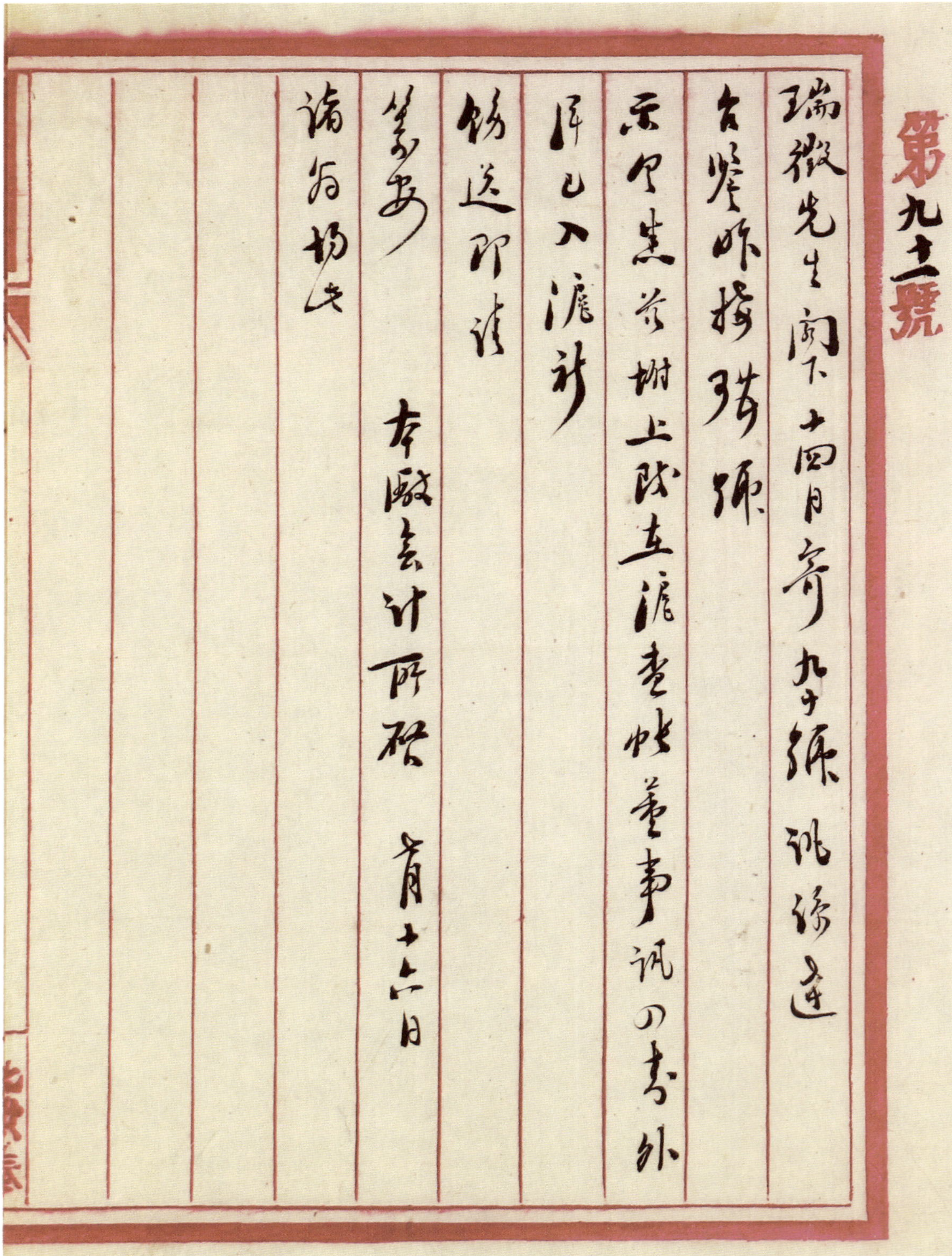

第九十一號（七月十六日）

瑞徵先生閣下：十四日寄九十號訊，諒達台鑒。昨接一百廿五號示，具悉。兹附上致在滬查帳董事訊四封，外洋已入滬，祈飭送。即請籌安。本廠會計所啓。七月十六日

諸翁均此。

第九十一號（七月十六日）

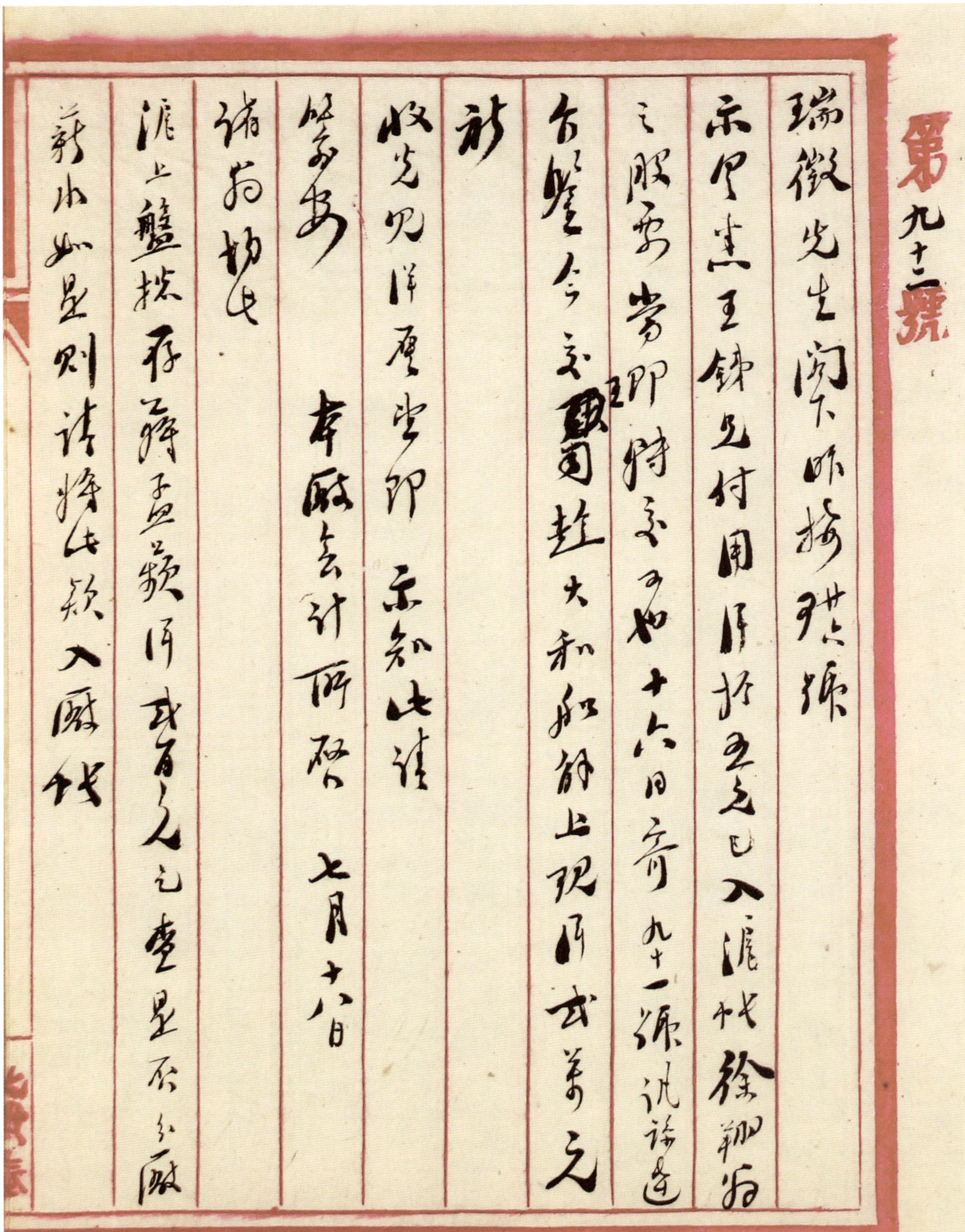

第九十二號（七月十八日）

瑞徵先生閣下：昨接一百廿六號示，具悉。王鐵兄付用洋拾五元，已入滬帳。徐翔翁之股票，當即轉交可也。十六日寄九十一號訊，諒達台鑒。今交王司趁大和船解上現洋弍萬元，祈收，兑見洋厘，望即示知。此請籌安。本廠會計所啓。七月十八日

諸翁均此。

滬上盤總，存蔣孟蘋洋弍百元，乞查是否分廠薪水，如是，則請將此款入廠帳。

第九十二號（七月十八日）

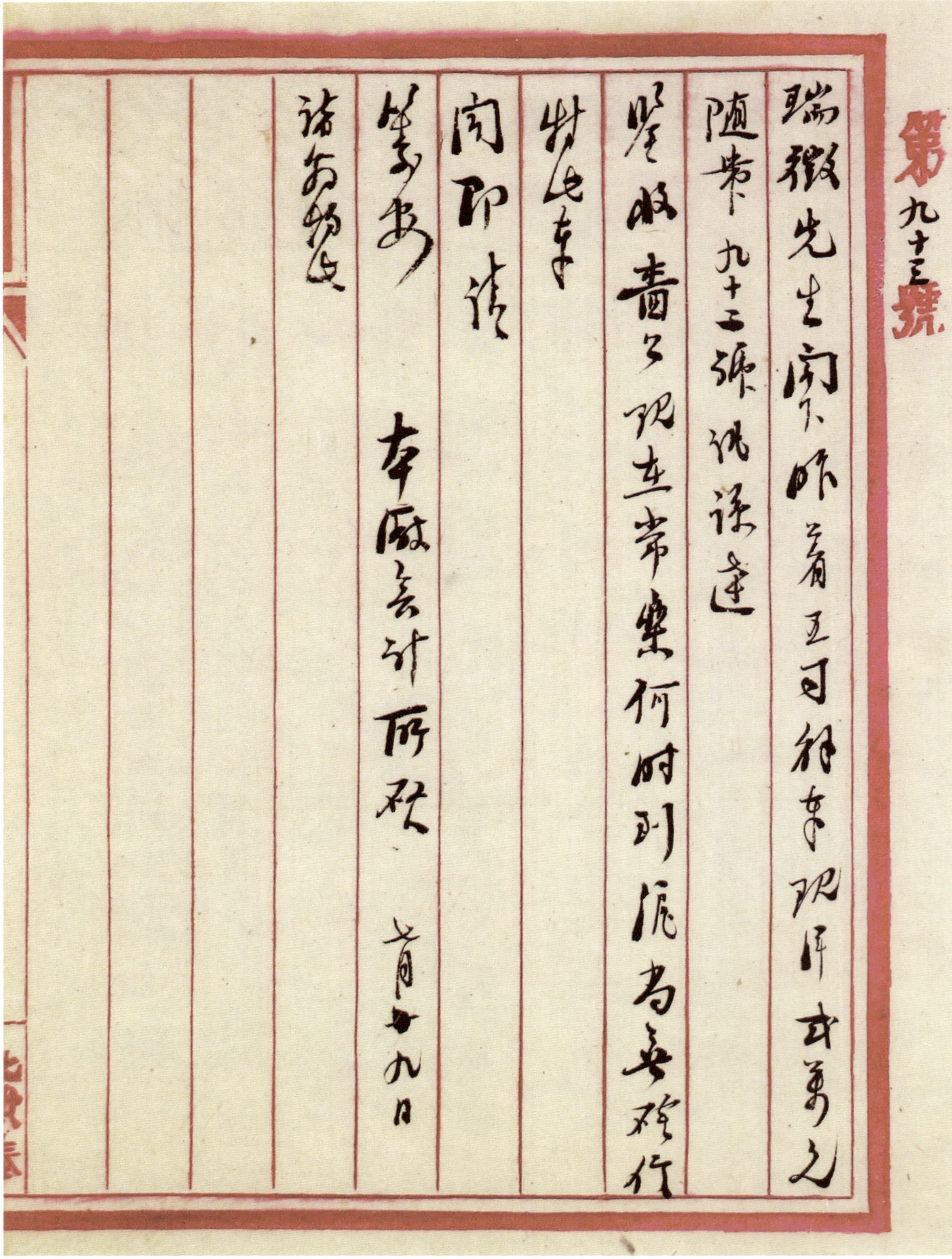
第九十三號
瑞徵先生閣下昨着王司解奉現洋式萬之
隨帶九十二號訊諒達
鑒收啬公現在常樂何時到滬尚無確信
特此奉
聞即請
籌安　本廠會計所啓　七月十九日
諸翁均此

第九十三號（七月十九日）

瑞徵先生閣下：昨着王司解奉現洋式萬元，隨帶九十二號訊，諒達鑒收。啬公現在常樂，何時到滬，尚無確信，特此奉聞。即請籌安。本廠會計所啓。七月十九日
諸翁均此。

第九十三號（七月十九日）

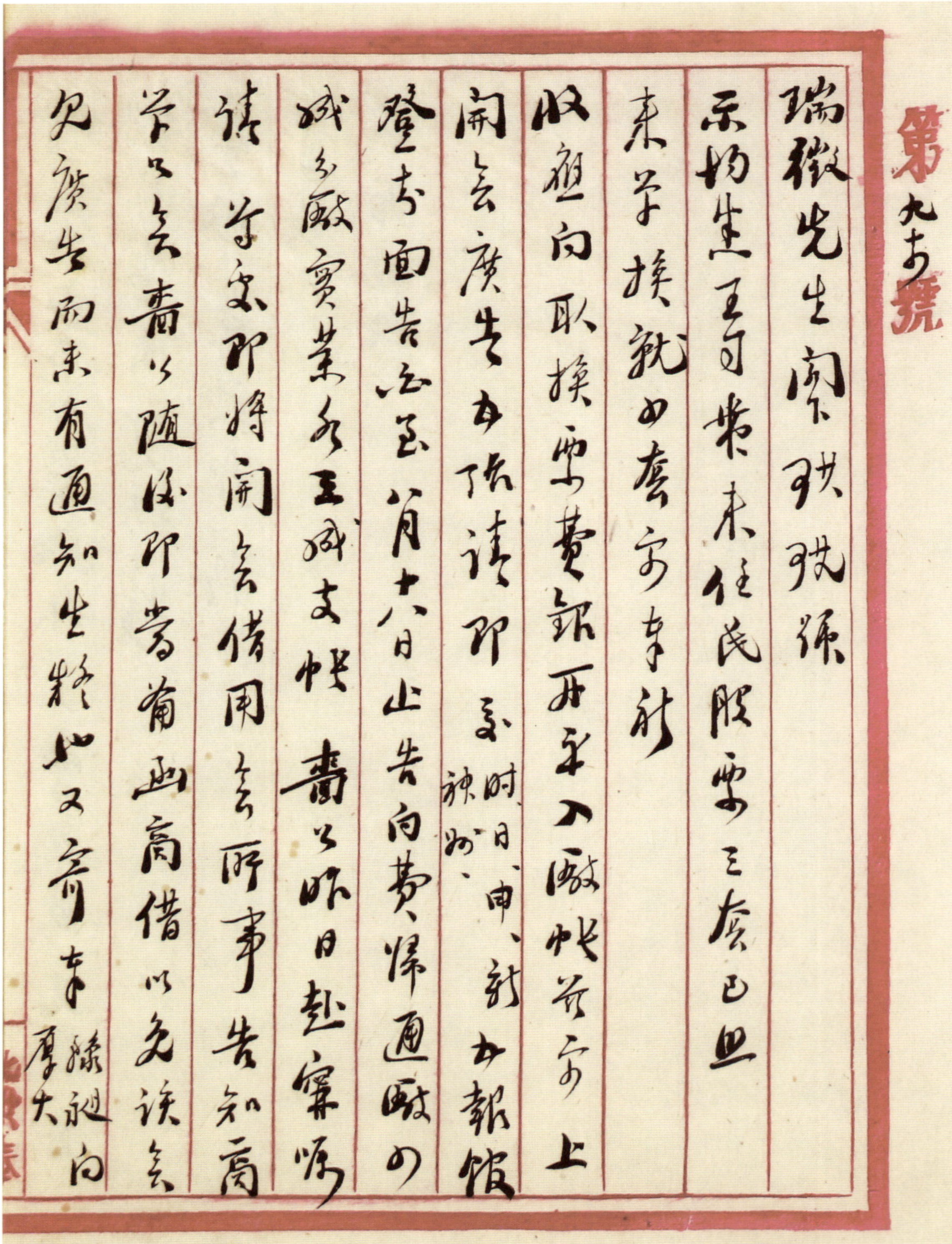

第九十四號

瑞徵先生閣下：一百廿八、一百廿九號示均悉。王司帶來任氏股票三套，已照來單换就四套寄奉，祈收，應向取换票費銀一兩二錢，入廠帳。兹寄上開會廣告五張，請即交時、日、申、新、神州五報館，登封面告白至八月十八日止。告白費歸通廠四成，分廠、實業各三成支帳。嗇公昨日赴寧，囑請尊處即將開會借用會所事，告知商學公會，嗇公隨後即當備函商借，以免該會見廣告而未有通知生疑也。又寄奉豫昶向厚大七月卅票元壹百五十兩，外交曹少安兄解上現洋壹萬元，均祈查收示復。

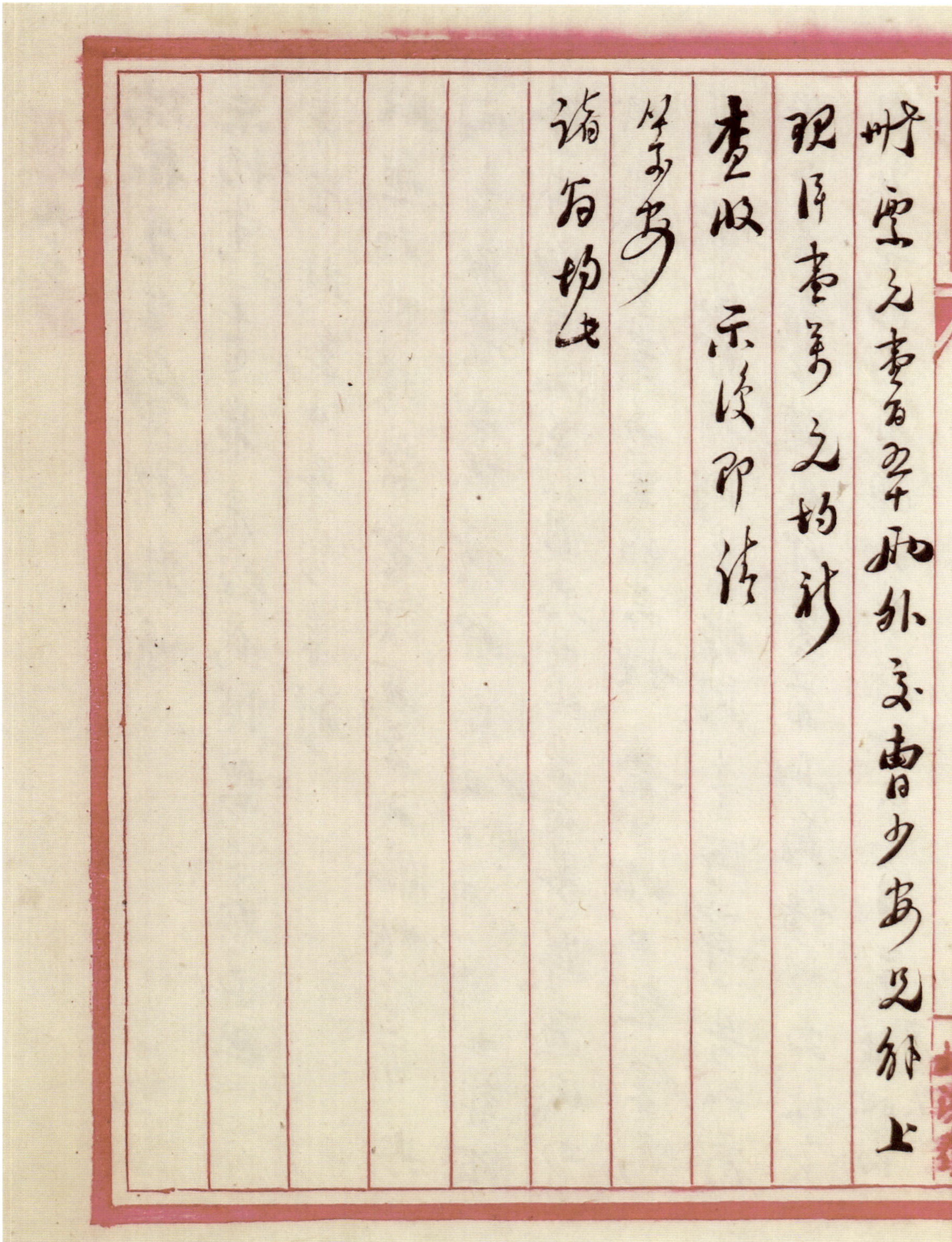

第九十四號

即請籌安。

諸翁均此。

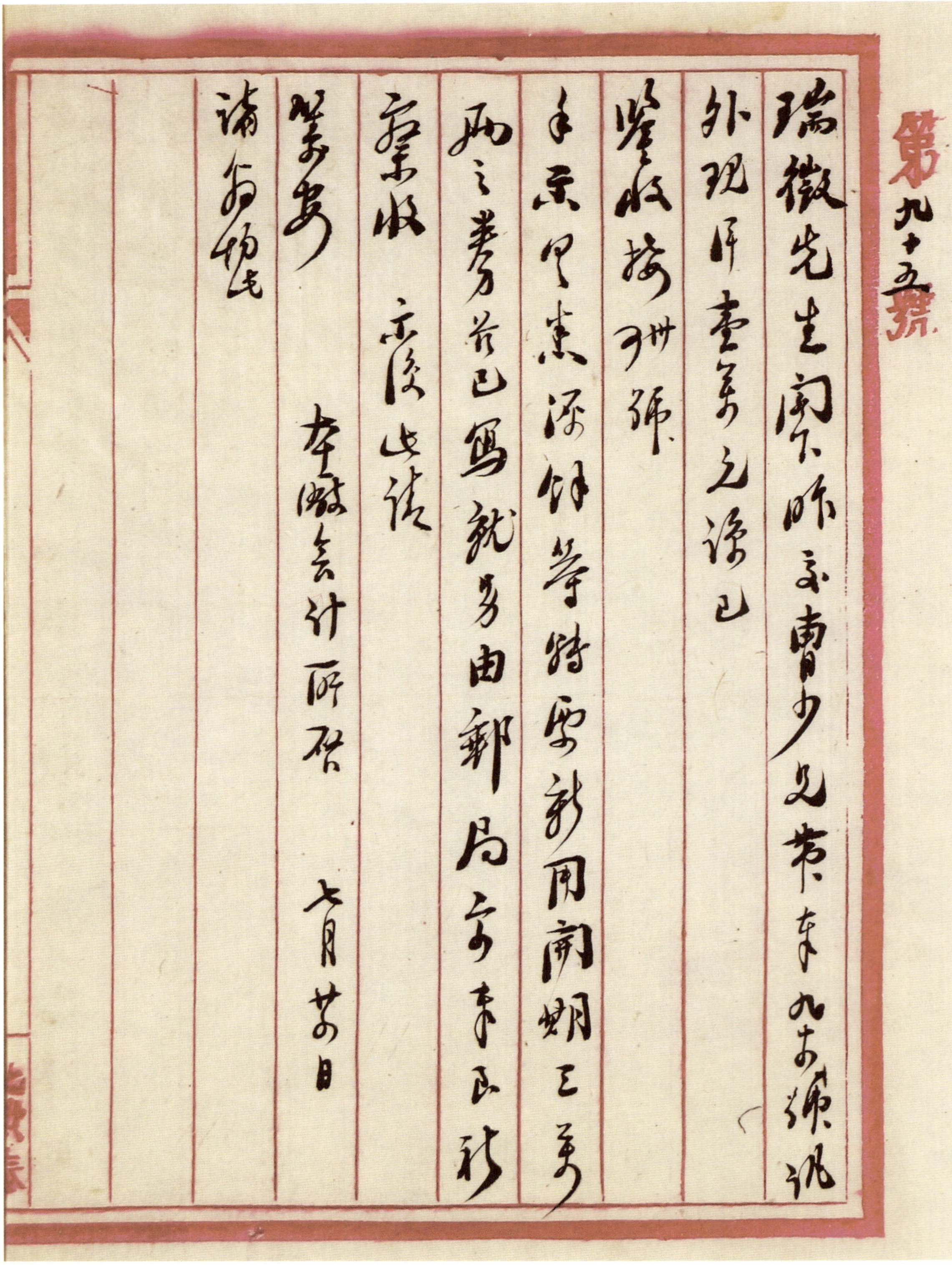

第九十五號（七月廿四日）

瑞徵先生閣下：昨交曹少兄帶奉九十四號訊，外現洋壹萬元，諒已鑒收。接一百卅號手示，具悉。源餘等轉票，新用開期三萬兩之券，兹已寫就，另由郵局寄奉，至祈察收示復。此請籌安。本廠會計所啓。七月廿四日
諸翁均此。

第九十五號（七月廿四日）

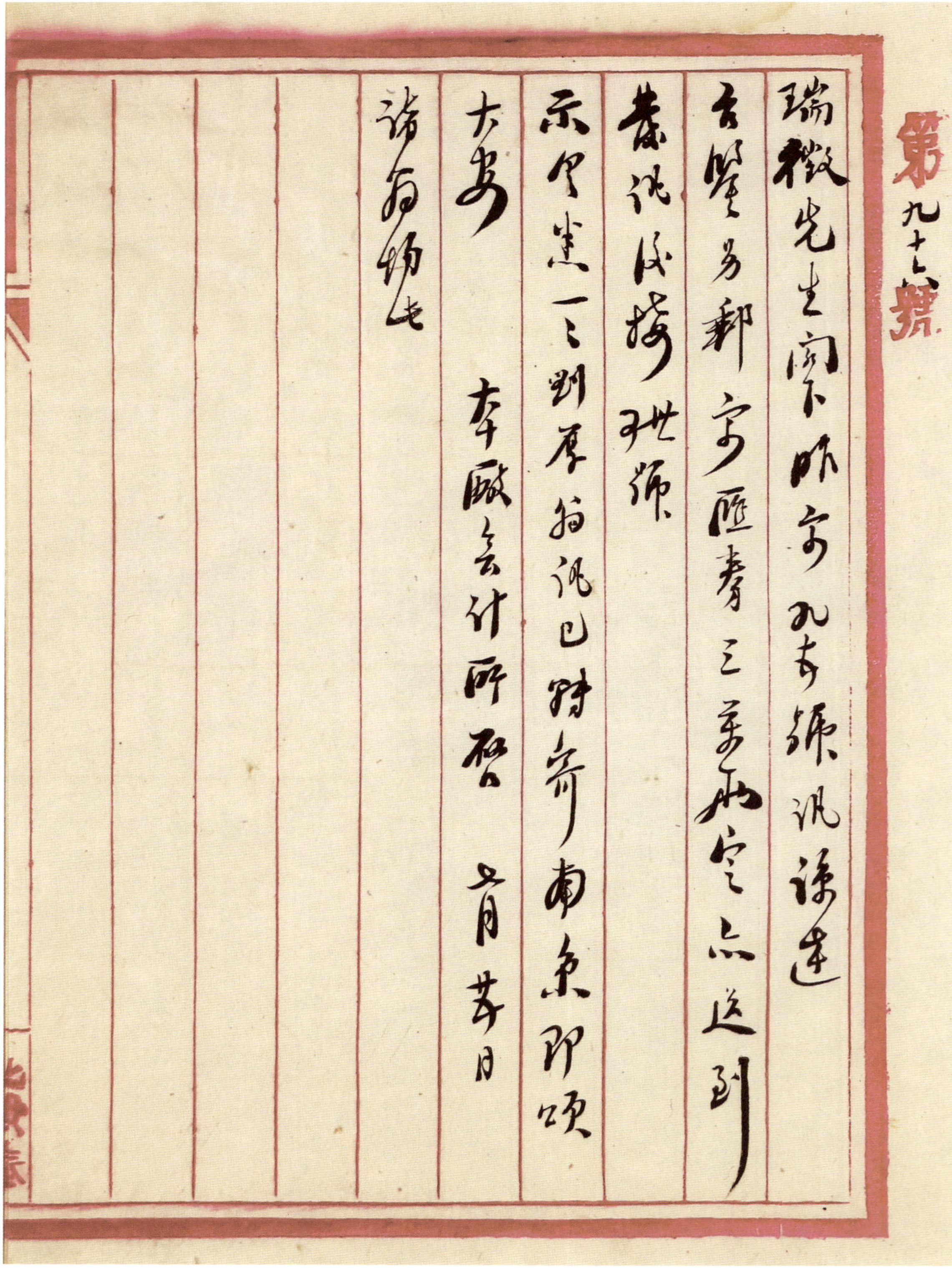

第九十六號（七月廿五日）

瑞徵先生閣下：昨寄九十五號訊，諒達台鑒。另郵寄匯券三萬兩，定亦送到。發訊後接一百卅一號示，具悉一一。劉厚翁訊已轉寄南京。即頌大安。本廠會計所啓。

七月廿五日

諸翁均此。

第九十六號（七月廿五日）

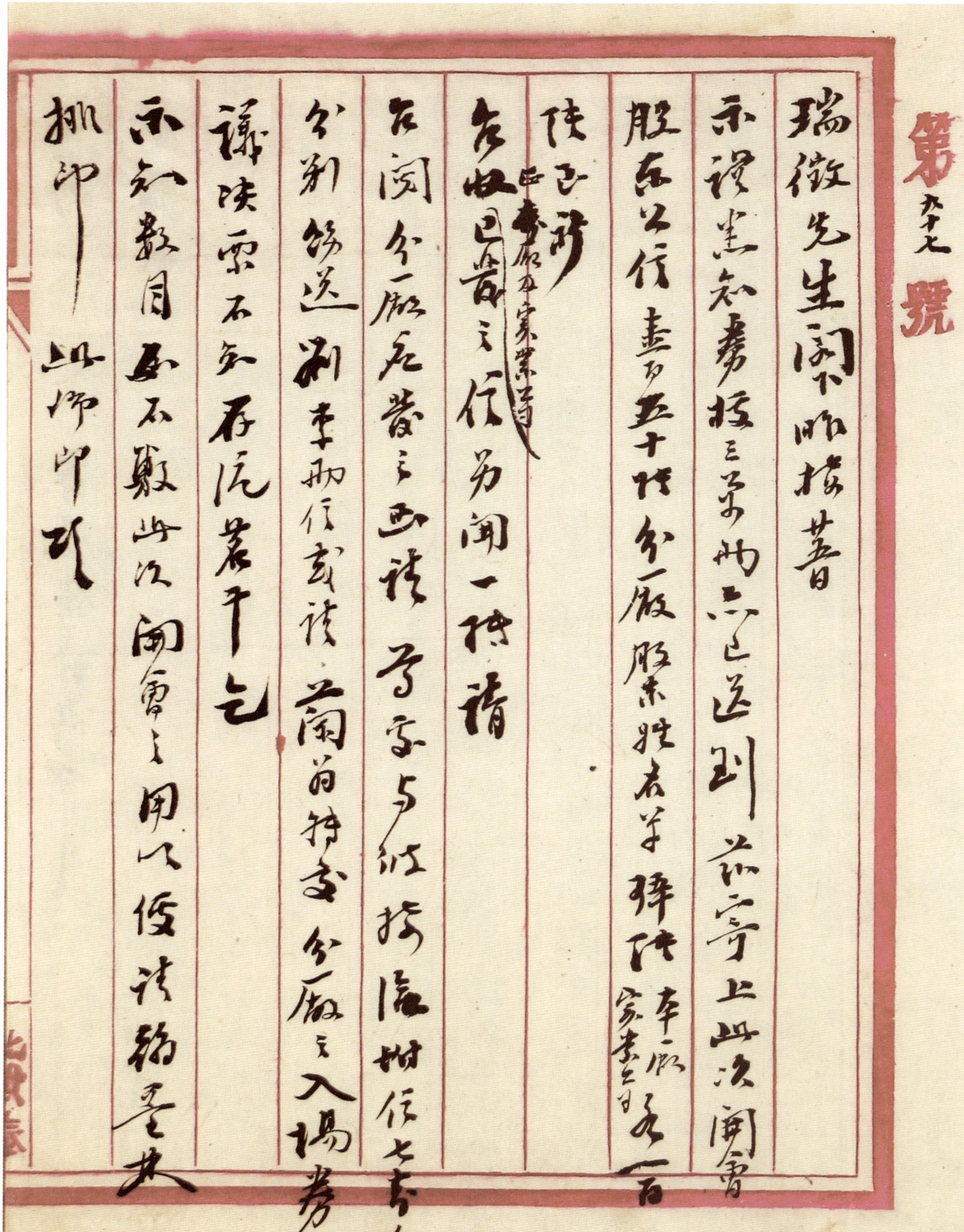

第九十七號（七月廿七日）

瑞徵先生閣下：昨接廿五日示，謹悉，知券據三萬兩亦已送到。兹寄上此次開會股東公信壹百五十張，分廠股東姓名單一百五十張，本廠、實業公司各一百張，至祈台收。正、分廠及實業公司已發之信，另開一紙，請台閱。分廠應發之函，請尊處與彼接洽。附信七封，乞分別飭送。劉、李兩信，或請蘭翁轉交。分廠之入場券、議決票，不知存滬若干，乞示知數目，如不敷此次開會之用，以便請翰墨林排印。此布，即頌台安。本廠會計所具。七月廿七日

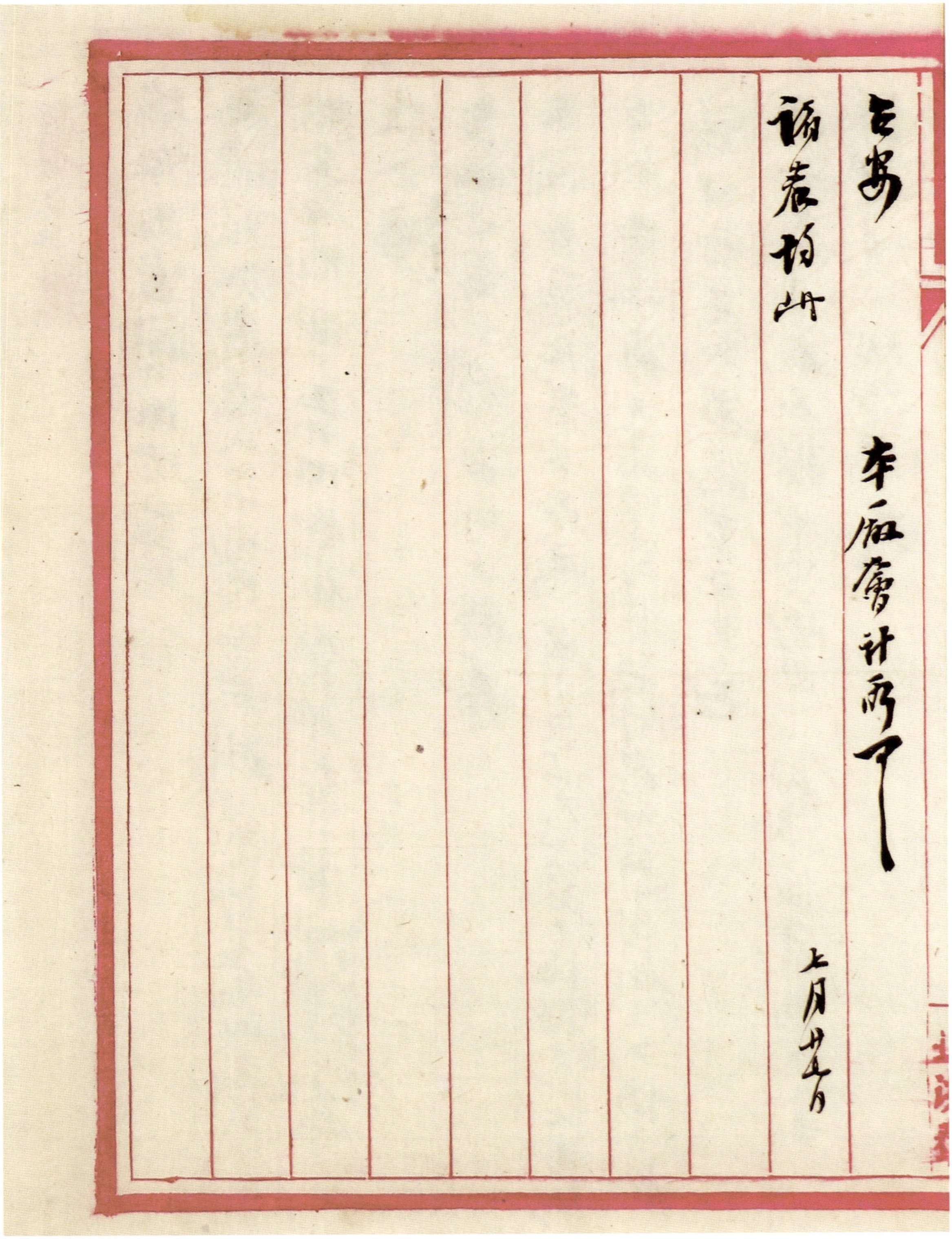
台安
本府會計所啓
七月廿七日
諸君均此

第九十七號（七月廿七日）

諸君均此。

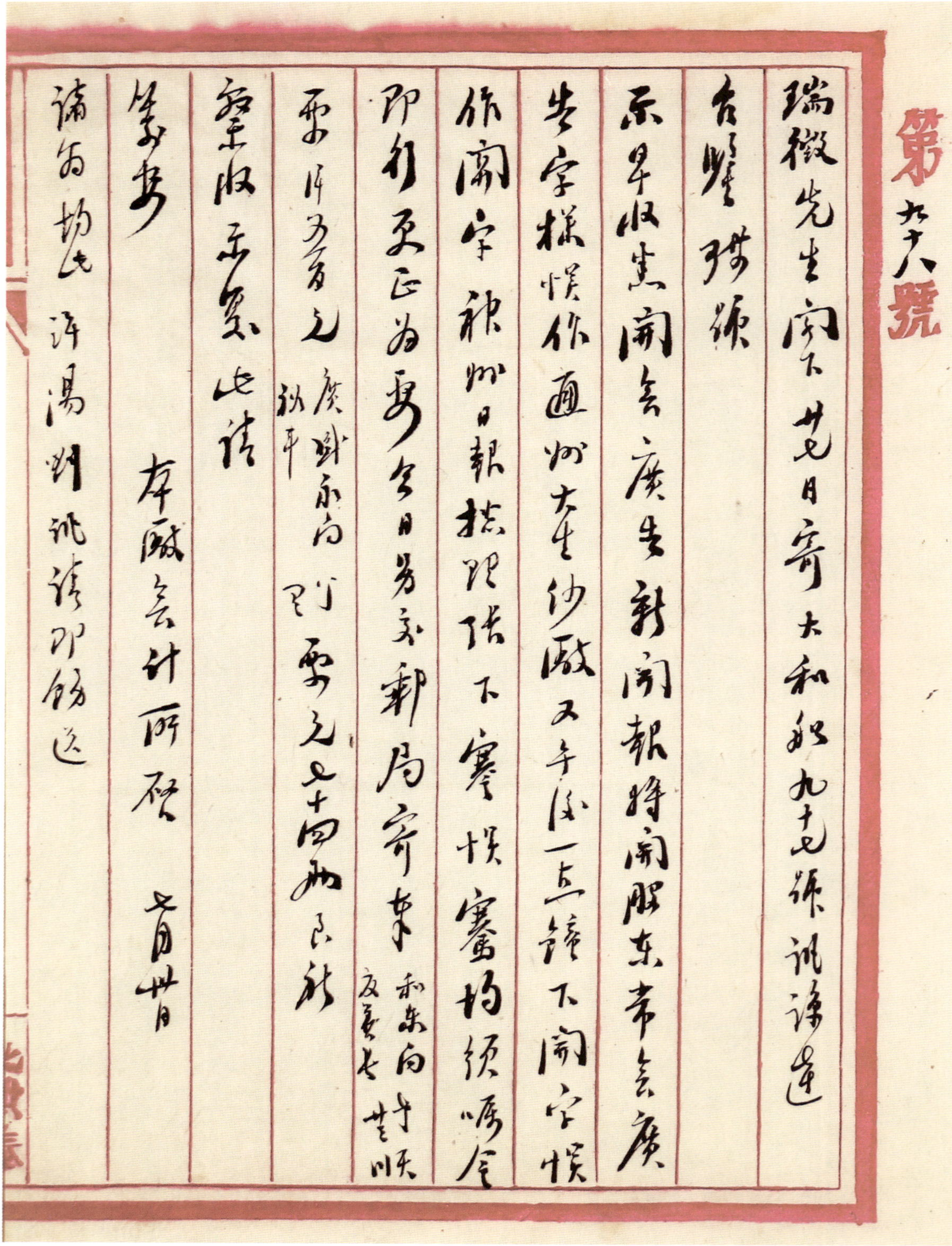

第九十八號（七月卅日）

瑞徵先生閣下：廿七日寄大和船九十七號訊，諒達台鑒。一百卅四號示早收悉。開會廣告，《新聞報》將開“股東常會廣告”字樣誤作“通州大生紗廠”，又“午後一點鐘”下“開”字誤作“關”字；《神州日報》“總理張”下“謇”誤“騫”，均須囑令即行更正爲要。今日另交郵局寄奉和泰向夏善長七月廿三（三天）票洋五百元，廣盛永向裕豐八月初二票元七十四兩，至祈察收示復。此請籌安。本廠會計所啓。七月卅日

第九十八號（七月卅日）

諸翁均此。

許、湯、劉訊請即飭送。

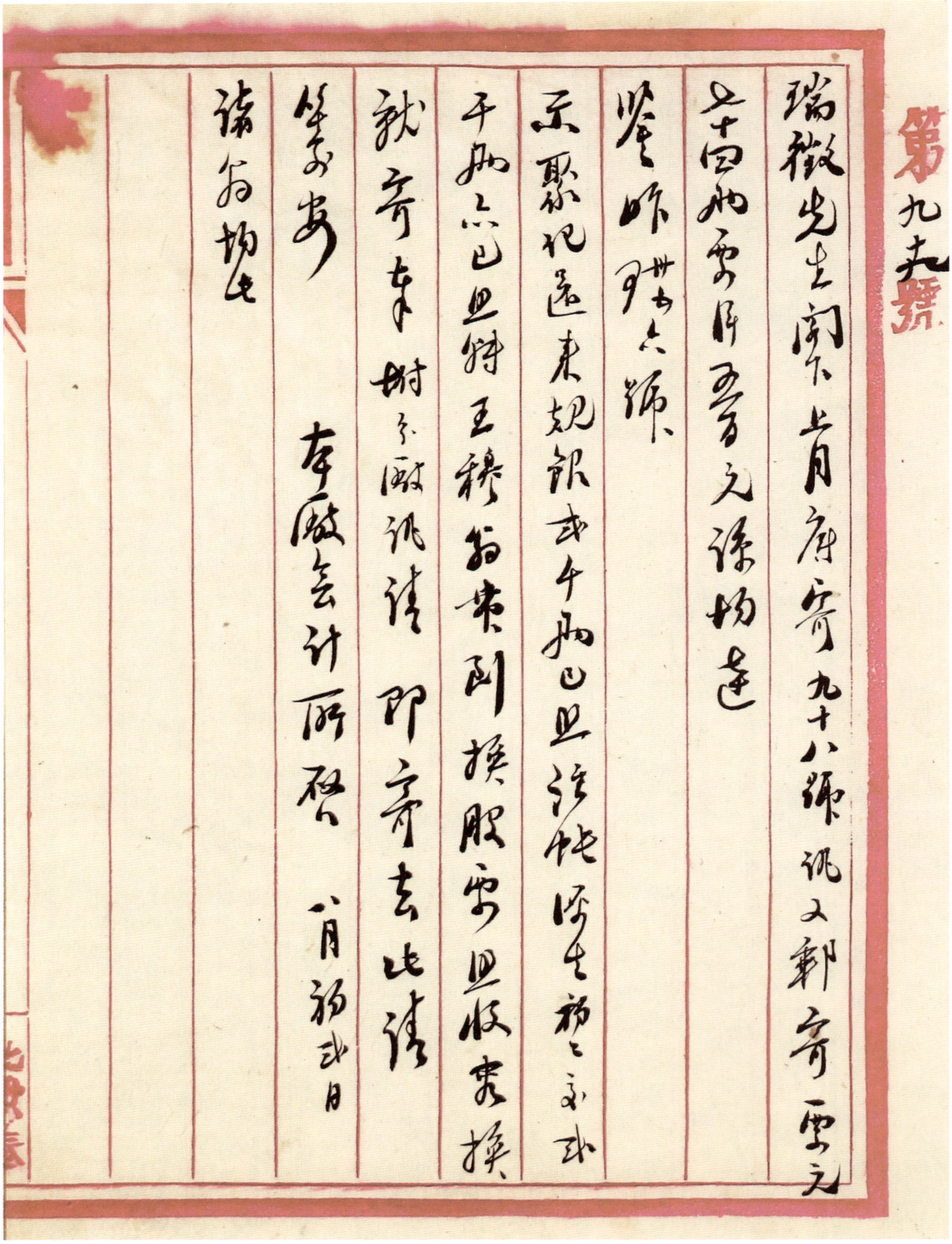

第九十九號（八月初二日）

瑞徵先生閣下：上月底寄九十八號訊，又郵寄票元七十四兩、票洋五百元，諒均達鑒。昨一百卅五、一百卅六號示，聚記還來規銀式千兩，已照注帳。源生初二交式千兩，亦已照轉。王穆翁帶到换股票照收，容换就寄奉。附分廠訊，請即寄去。此請籌安。
本廠會計所啓。八月初式日
諸翁均此。

第九十九號（八月初二日）

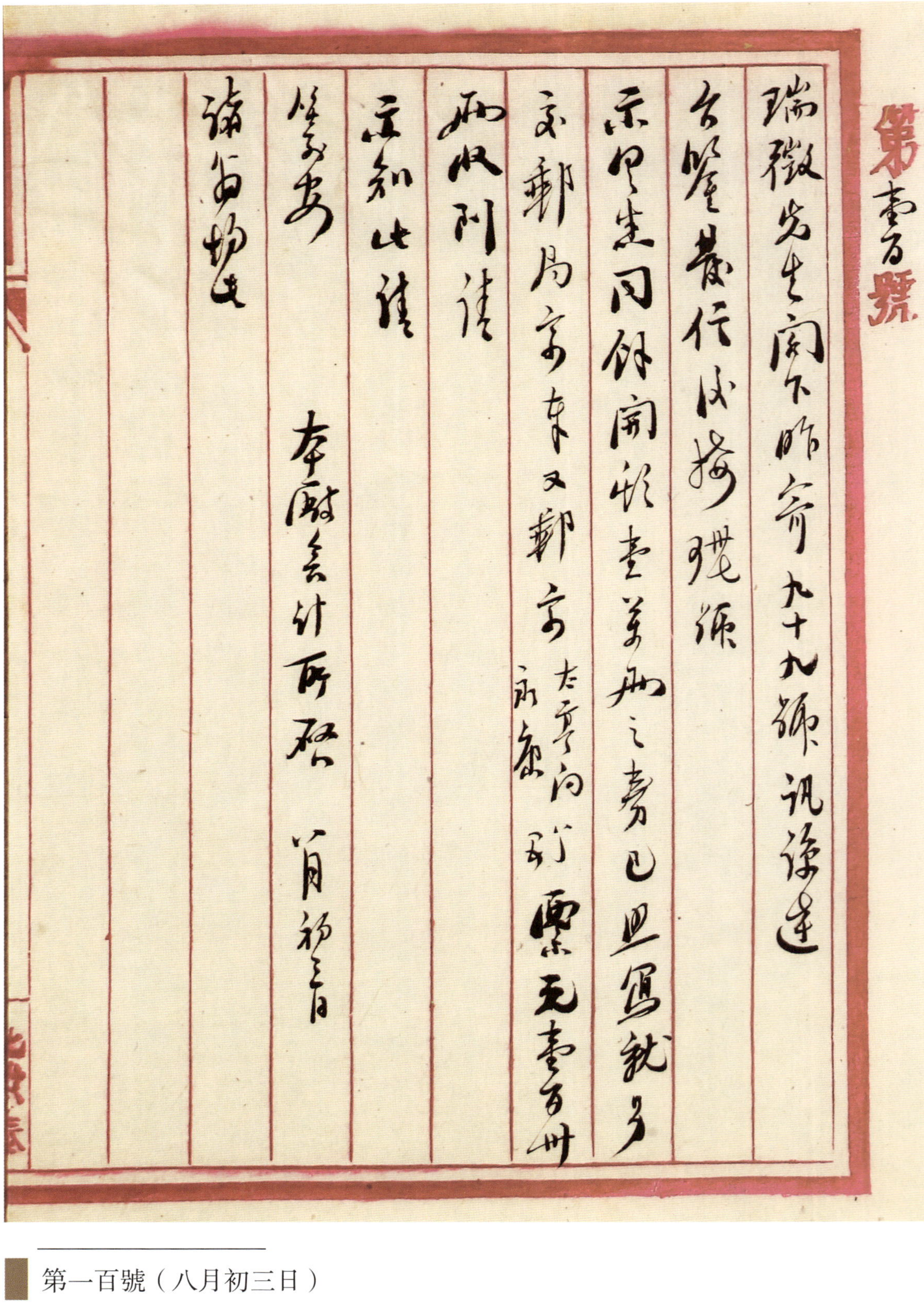
第壹百號
瑞徵先生閣下：昨寄九十九號訊，諒達
台鑒。發信後接一百卅七號
示，具悉。同餘開期壹萬兩之券已照寫就，另
交郵局寄奉。又郵寄太亨向永康八月初五票元壹百卅
兩，收到請
示知。此請
籌安。本廠會計所啓 八月初三日
諸翁均此。

第一百號（八月初三日）

瑞徵先生閣下：昨寄九十九號訊，諒達台鑒。發信後接一百卅七號示，具悉。同餘開期壹萬兩之券，已照寫就，另交郵局寄奉。又郵寄太亨向永康八月初五票元壹百卅兩，收到請示知。此請籌安。本廠會計所啓。八月初三日

諸翁均此。

第一百號（八月初三日）

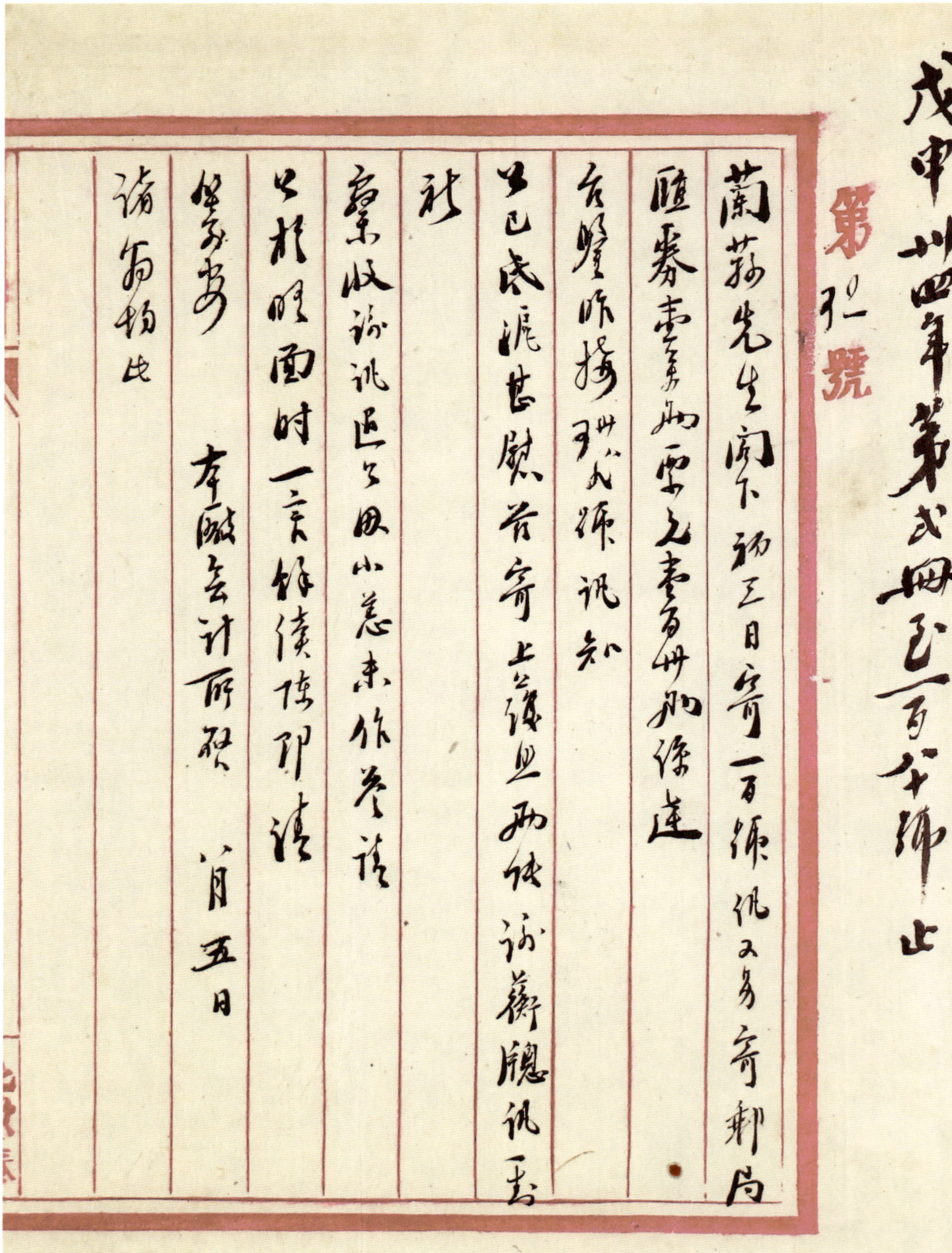

第一百零一號（八月五日）

蘭蓀先生閣下：初三日寄一百號訊，又另寄郵局匯券壹萬兩、票元壹百卅兩，諒達台鑒。昨接一百卅八、一百卅九號訊，知公已抵滬，甚慰。茲寄上護照兩張，謝蘅牕訊一封，祈察收。謝訊，退公因小恙未作答，請公於晤面時一言。餘續陳。即請籌安。本廠會計所啓。八月五日
諸翁均此。

第一百零一號（八月五日）

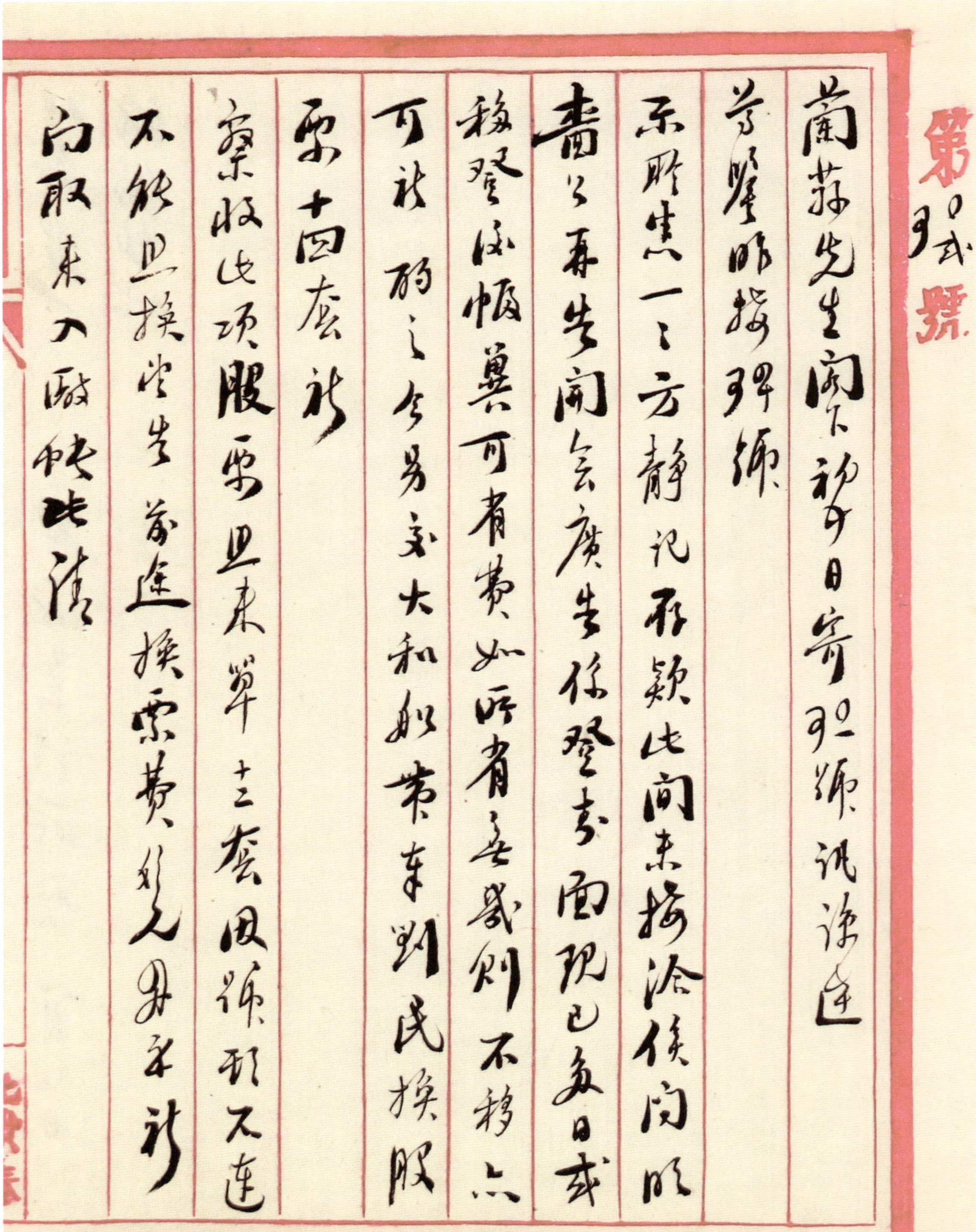

第一百零二號（八月七日）

蘭蓀先生閣下：初五日寄一百〇一號訊，諒達尊鑒。昨接一百四十號示，聆悉一一。方静記存款，此間未接洽，俟問明嗇公再告。開會廣告係登封面，現已多日，或移登後幅，冀可省費，如所省無幾，則不移亦可，祈酌之。今另交大和船帶奉劉氏换股票十四套，祈察收。此項股票，照來單十二套因號期不連，不能照换，望告前途。换票費九八元四兩二錢，祈向取來入廠帳。此請籌安。本廠會計所啓。八月七日

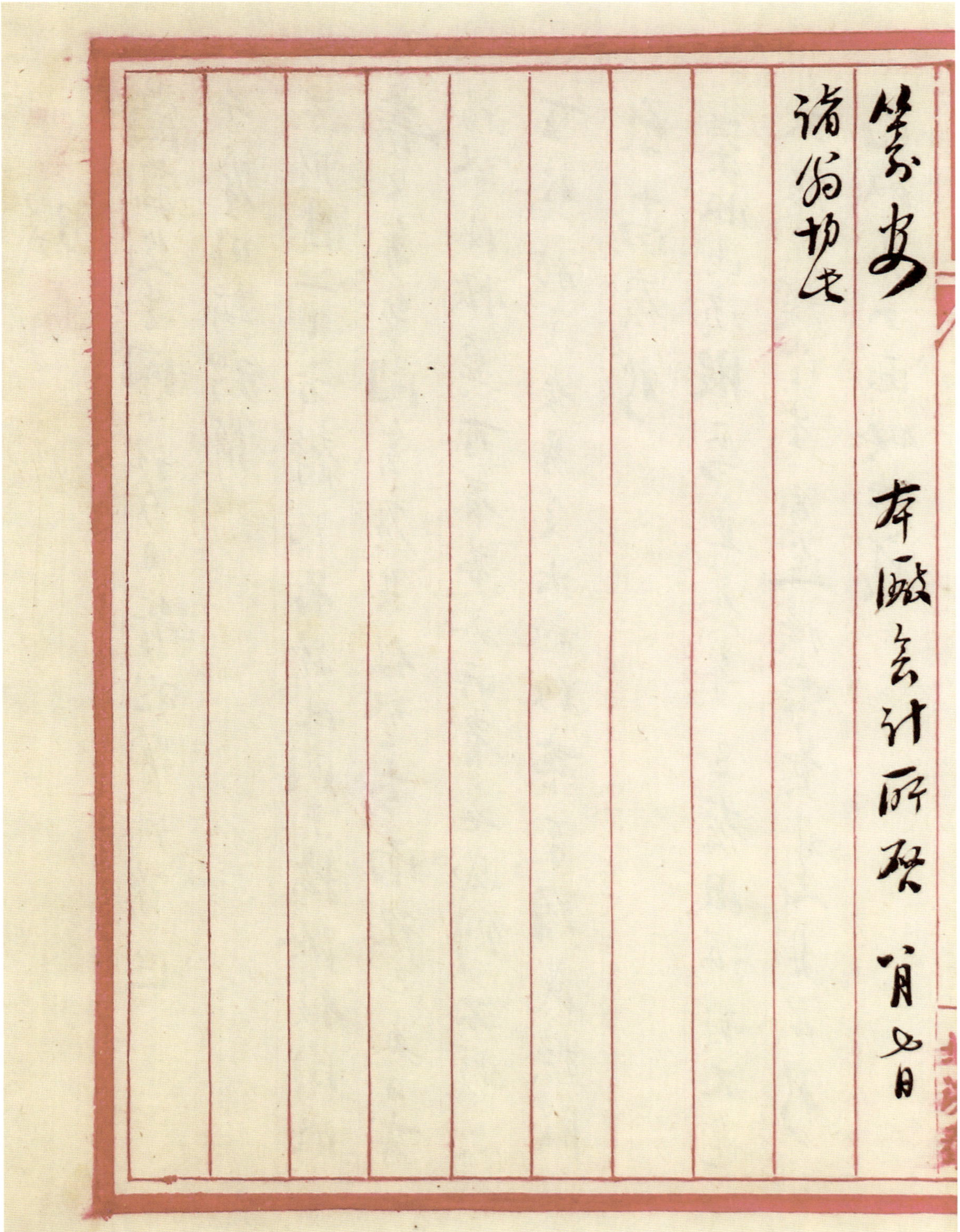
籌安　本廠會計所啓　八月七日
諸翁均此

第一百零二號（八月七日）

諸翁均此。

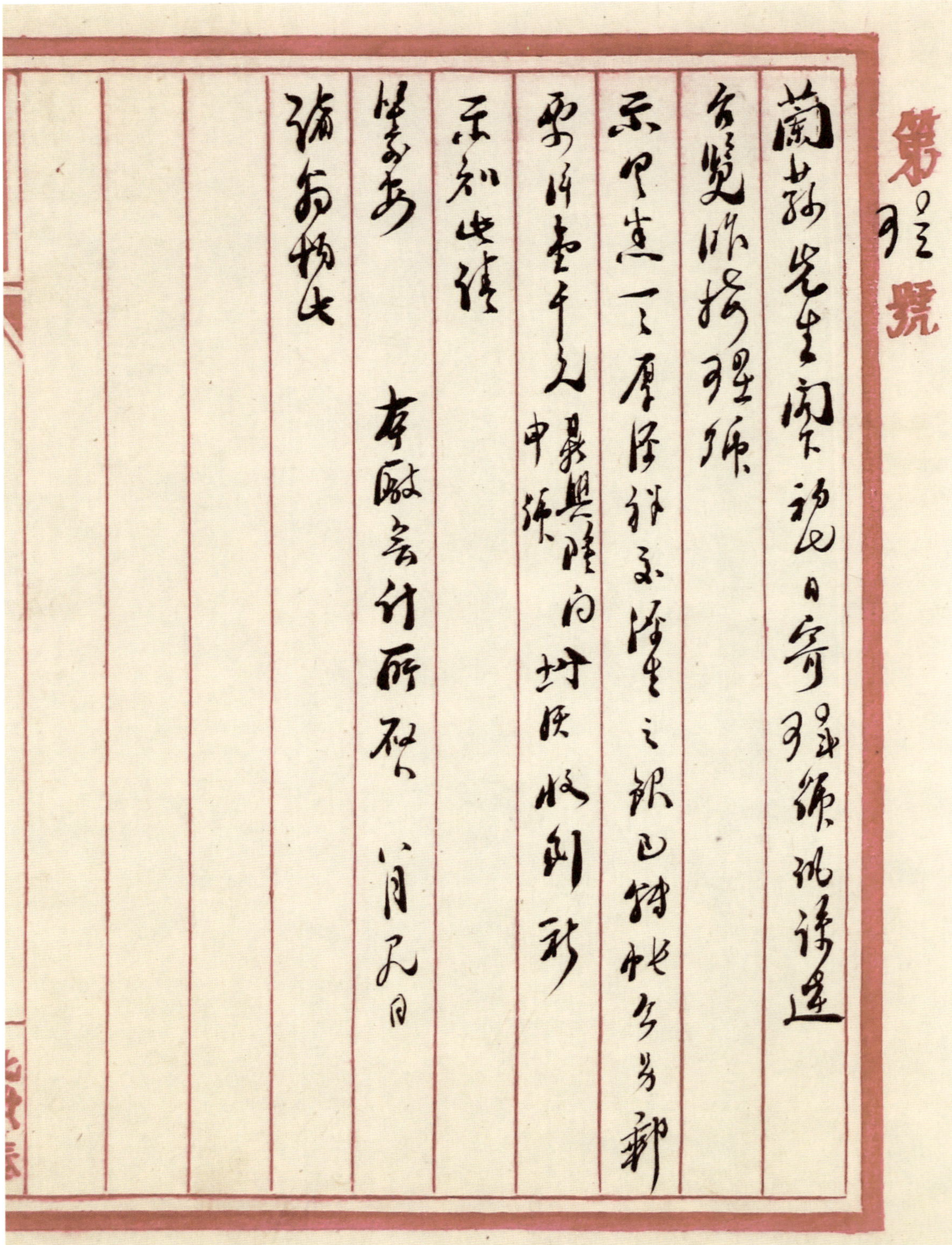

第一百零三號（八月初九日）

蘭蓀先生閣下：初七日寄一百〇式號訊，諒達台覽。昨接一百四十一號示，具悉一一。厚源祥交源生之銀已轉帳。今另郵票洋壹千元（鼎興隆向申號，八月十一，五天），收到祈示知。此請籌安。本廠會計所啓。八月初九日

諸翁均此。

第一百零三號（八月初九日）

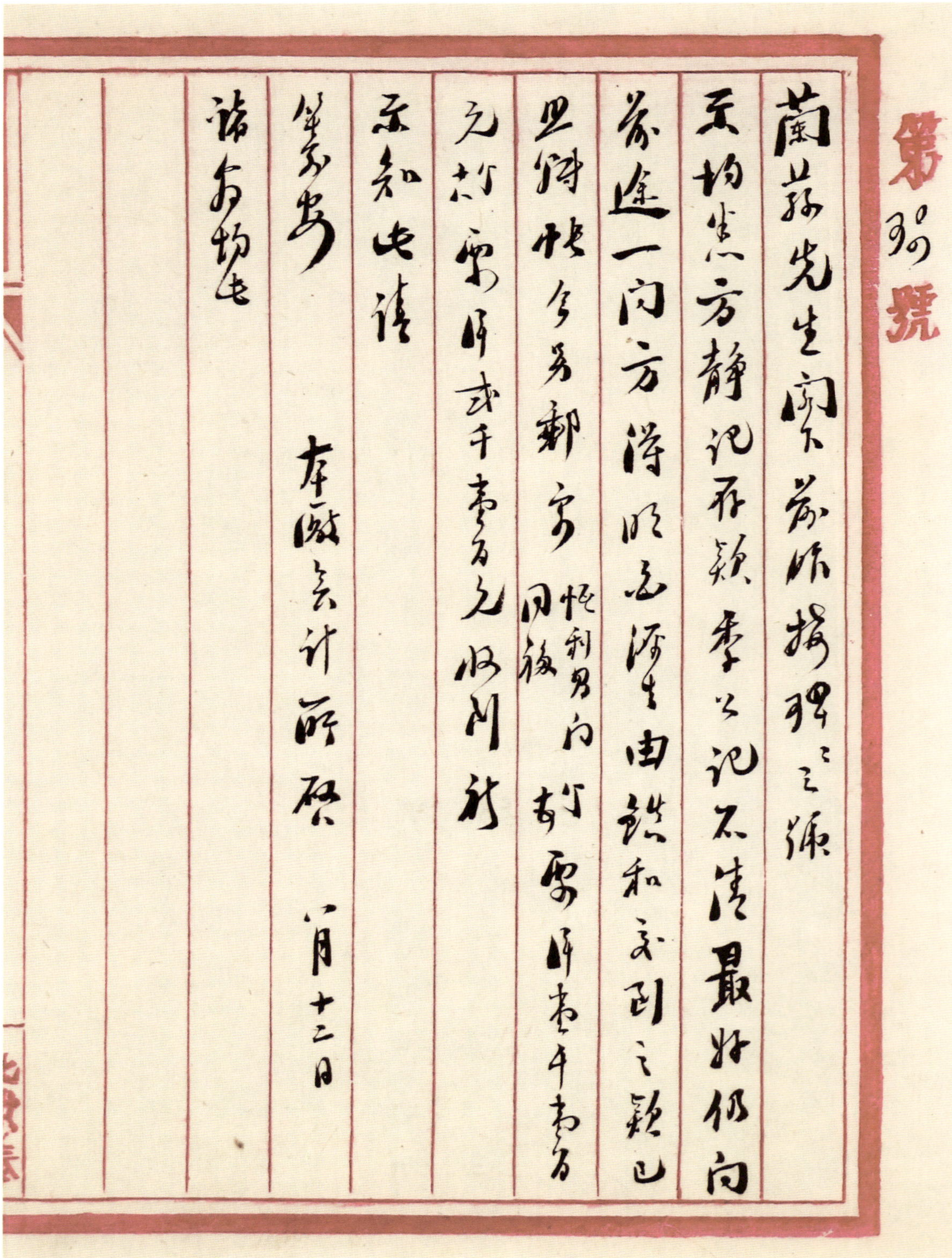

第一百零四號（八月十二日）

蘭蓀先生閣下：前、昨接一百四十二、一百四十三號示，均悉。方靜記存款，季公記不清，最好仍向前途一問，方得明白。源生由鎮和交到之款，已照轉帳。今另郵寄恒利昌向同福八月十五票洋壹千壹百元、八月十八票洋弍千壹百元，收到祈示知。此請籌安。本廠會計所啓。八月十二日

諸翁均此。

第一百零四號（八月十二日）

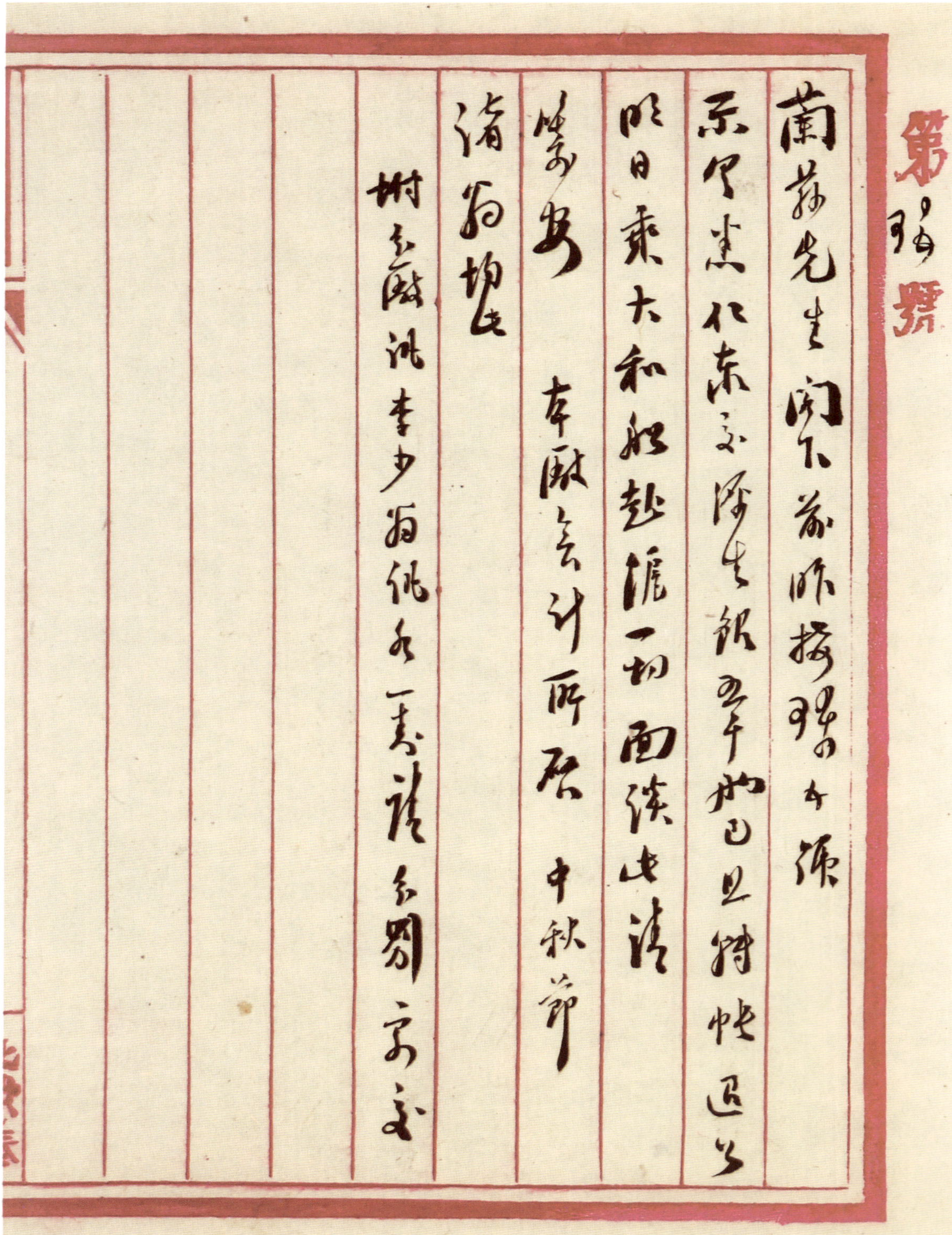

第一百零五號（中秋節）

蘭蓀先生閣下：前、昨接一百四十四、一百四十五號示，具悉。仁泰交源生銀五千兩，已照轉帳。退公明日乘大和船赴滬，一切面談。此請籌安。本廠會計所啓。中秋節

諸翁均此。

附分廠訊、李少翁訊各一封，請分別寄交。

第一百零五號（中秋節）

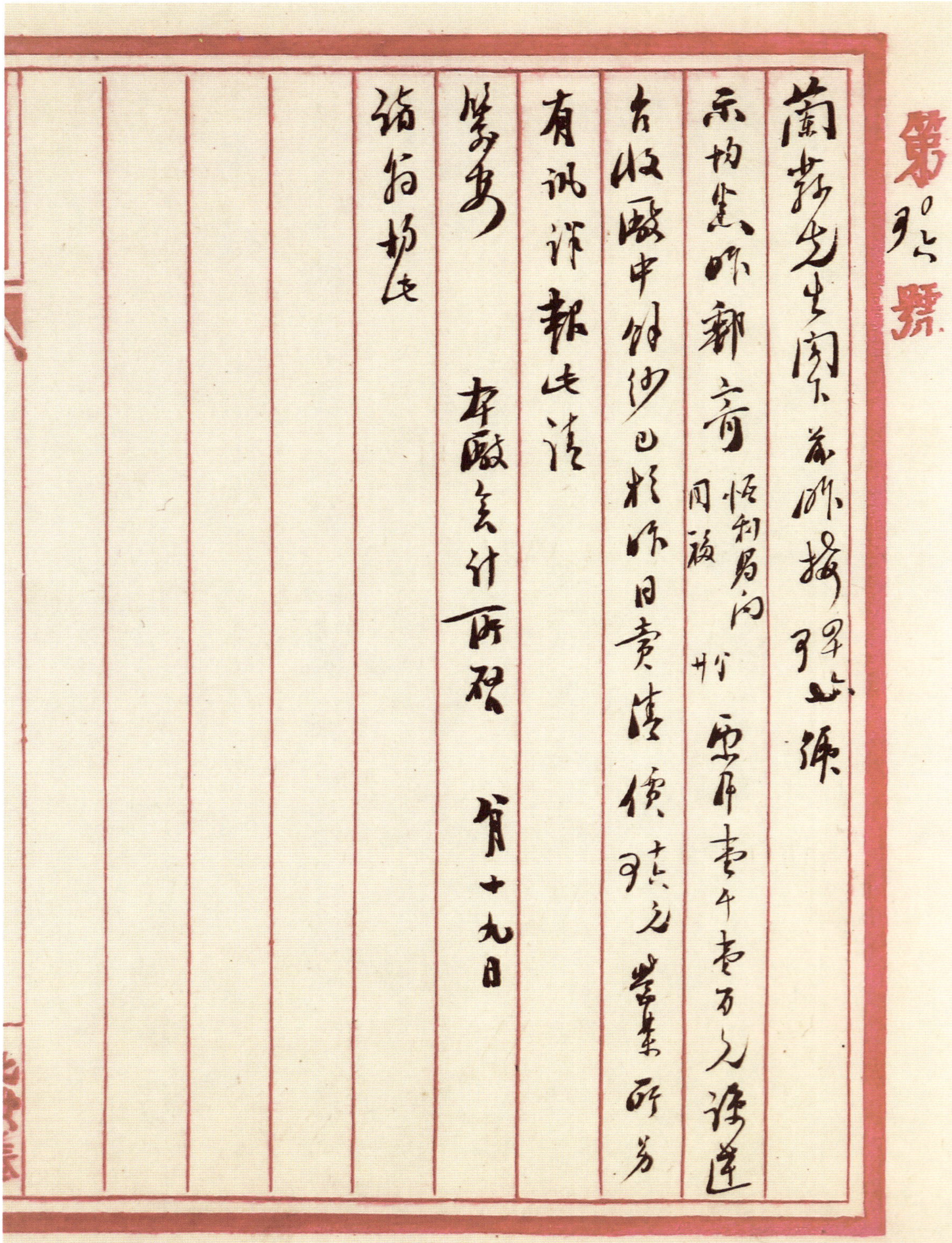

第一百零六號（八月十九日）

蘭蓀先生閣下：前、昨接一百四十六、一百四十七號示，均悉。昨郵寄恒利昌向同福八月廿票洋壹千壹百元，諒達台收。廠中餘紗已於昨日賣清，價一百十六元，營業所另有訊詳報。此請籌安。本廠會計所啓。八月十九日

諸翁均此。

第一百零六號（八月十九日）

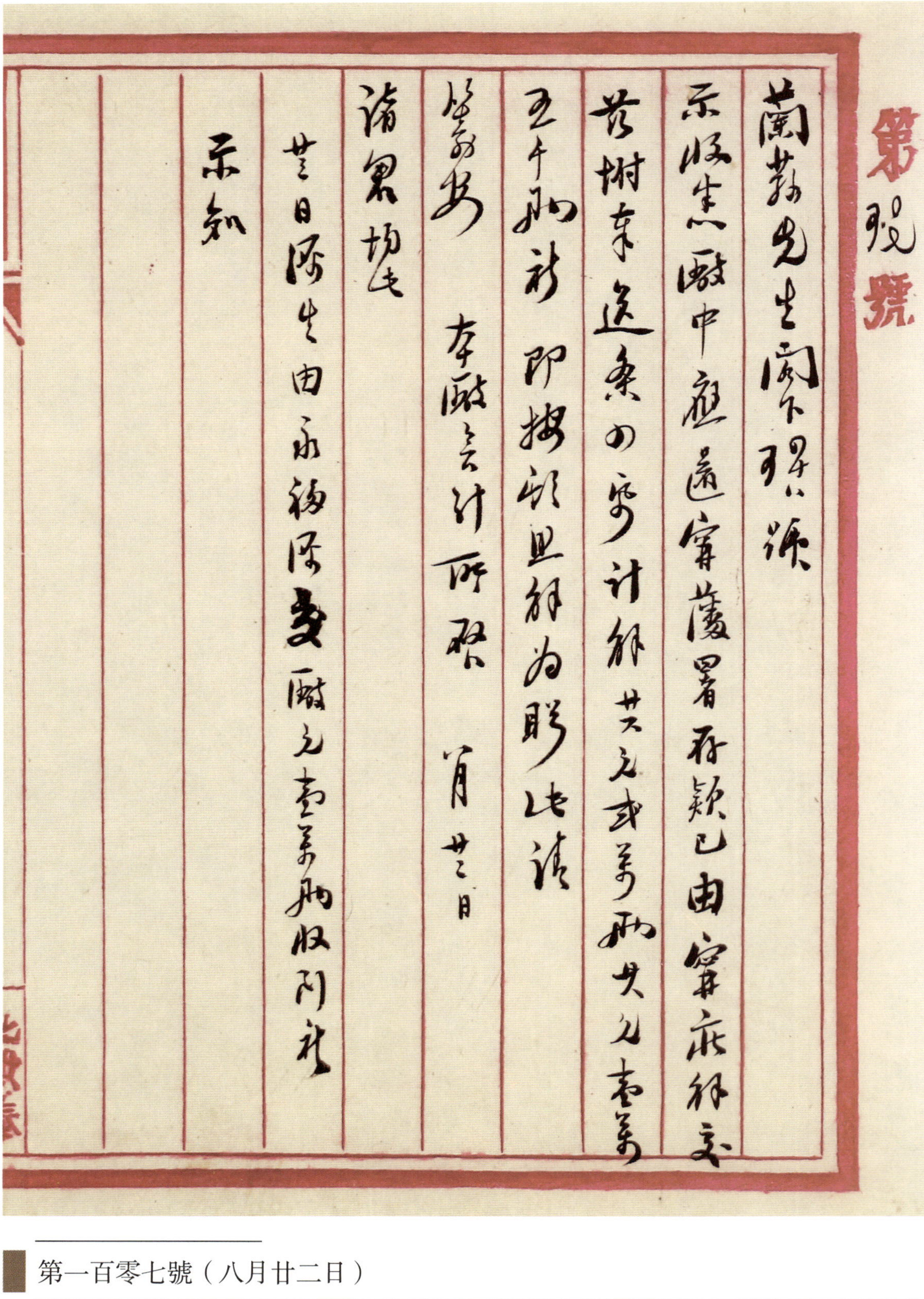

第一百零七號（八月廿二日）

蘭蓀先生閣下：一百四十八號示收悉。廠中應還寧藩署存款，已由寧莊解交。茲附奉送條四紙，計解廿六元弍萬兩、廿八元壹萬五千兩，祈即按期照解爲盼。此請籌安。本廠會計所啓。八月廿二日

諸君均此。

廿三日源生由永福源交廠元壹萬兩，收到祈示知。

第一百零七號（八月廿二日）

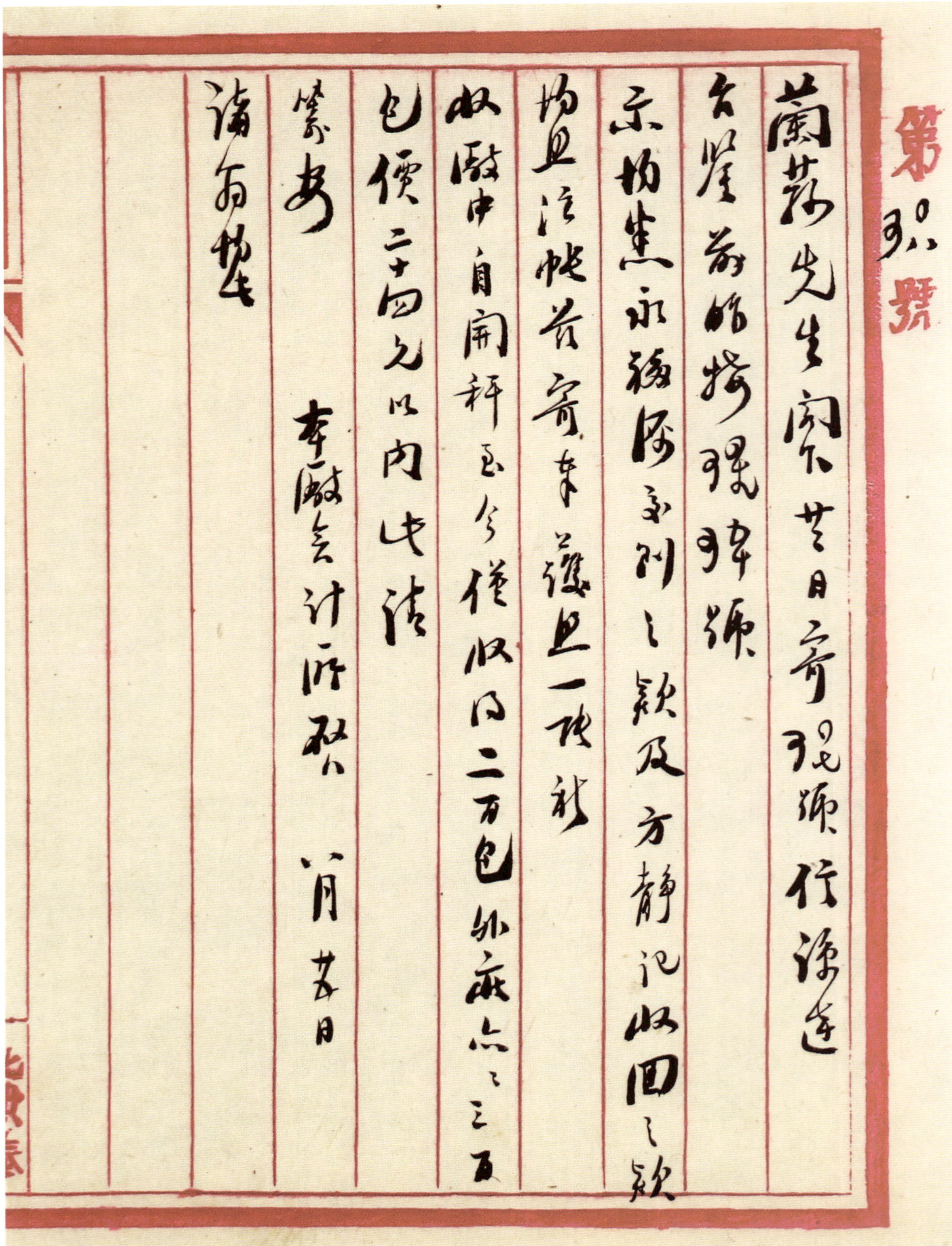

第一百零八號（八月廿五日）

蘭蓀先生閣下：廿二日寄一百〇七號信，諒達台鑒。前、昨接一百四十九、一百五十號示，均悉。永福源交到之款，及方静記收回之款，均照注帳。兹寄奉護照一張，祈收。廠中自開秤至今，僅收得二百包，外莊亦二三百包，價二十四元以内。此請籌安。本廠會計所啓。八月廿五日

諸翁均此。

第一百零八號（八月廿五日）

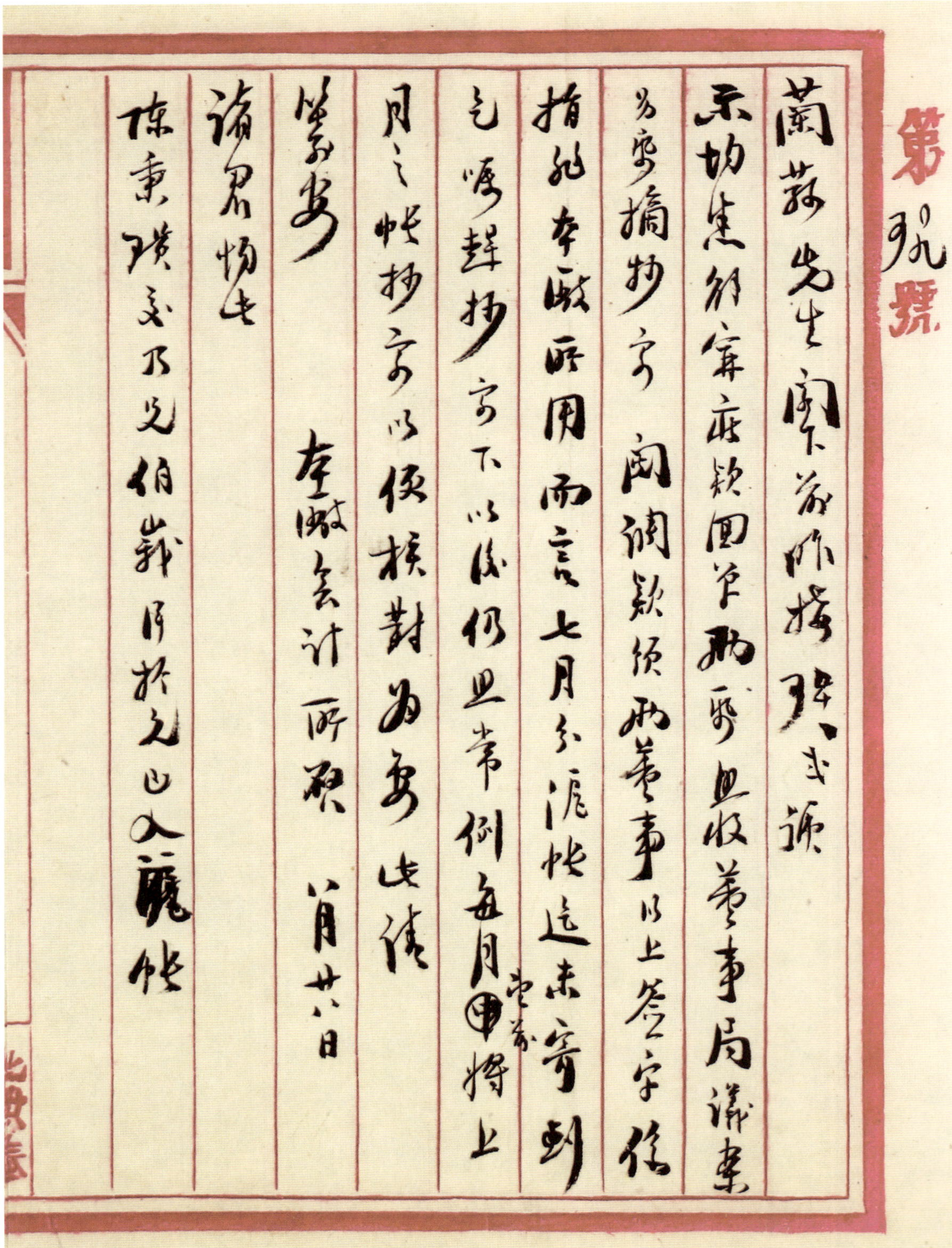

第一百零九號（八月廿八日）

蘭蓀先生閣下：前、昨接一百五十一、一百五十弍號示，均悉。解寧莊款回單兩紙照收。董事局議案另紙摘抄寄閱。調款須兩董事以上簽字，係指非本廠所用而言。七月分滬帳迄未寄到，乞矚趕抄寄下。以後仍照常例，每月望前將上月之帳抄寄，以便核對爲要。此請籌安。本廠會計所啓。八月廿八日

諸君均此。

陳秉璜交乃兄伯峨洋拾元，已入滬帳。

第一百零九號（八月廿八日）

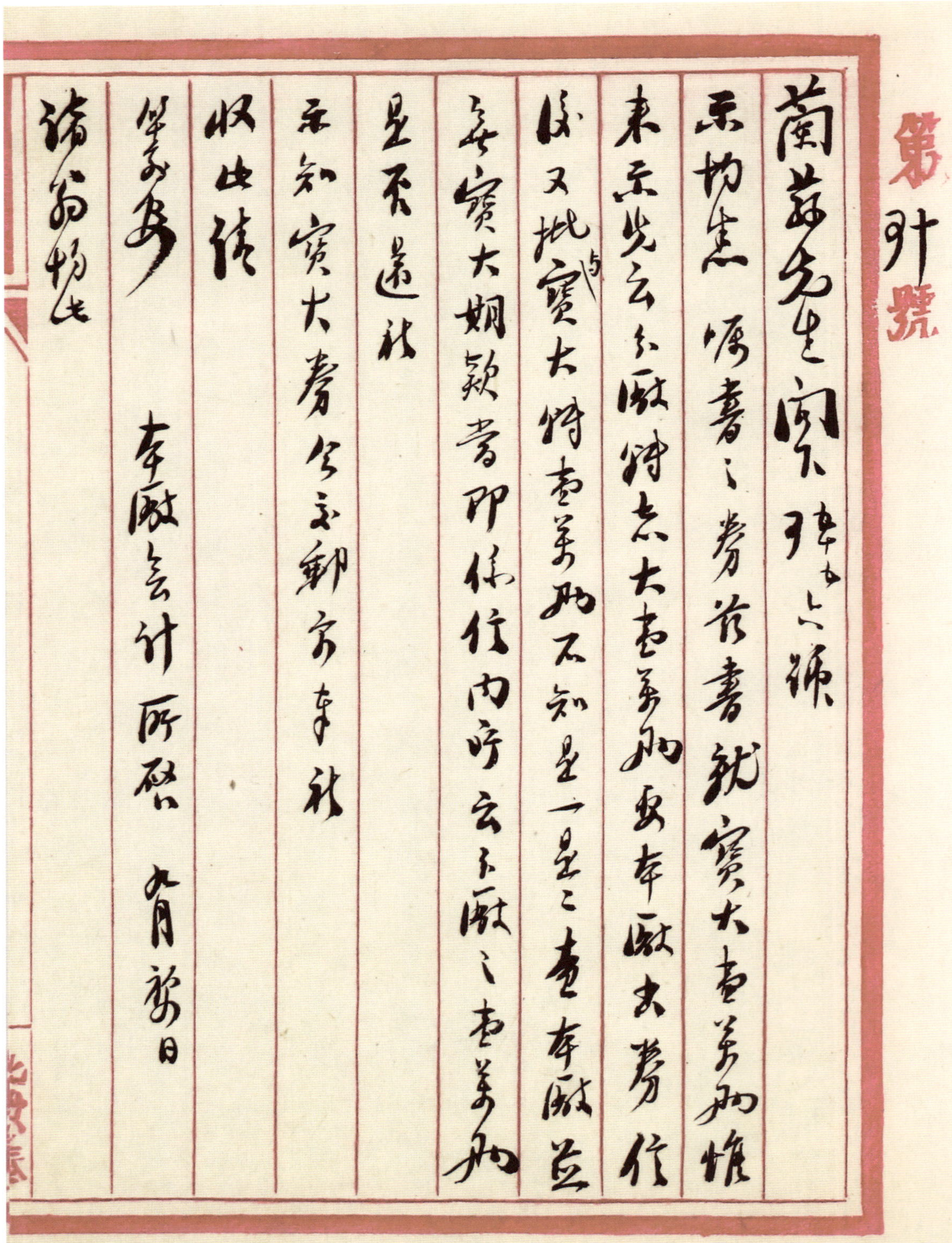

第一百十號（九月初四日）

蘭蓀先生閣下：一百五十五、一百五十六號示均悉。囑書之券，玆書就寶大壹萬兩，惟來示先云分廠轉志大壹萬兩，要本廠出券，信後又批與寶大轉壹萬兩，不知是一是二。查本廠并無寶大期款，當即係信内所云分廠之壹萬兩，是否還祈示知。寶大券今交郵寄奉，祈收。此請籌安。本廠會計所啓。九月初四日

諸翁均此。

第一百十號（九月初四日）

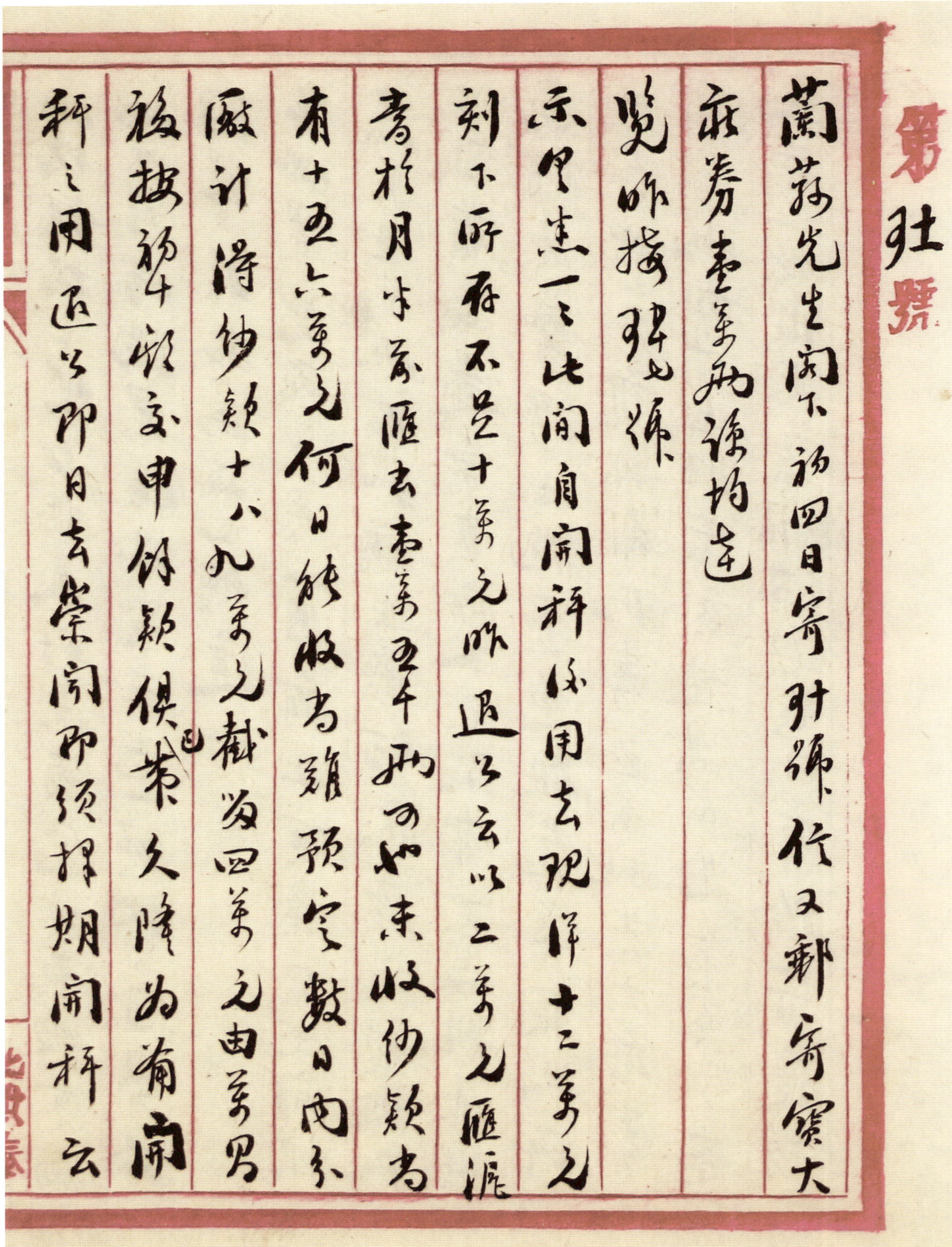

第一百十一號（九月初六日）

蘭蓀先生閣下：初四日寄一百十號信，又郵寄寶大莊券壹萬兩，諒均達覽。昨接一百五十七號示，具悉一一。此間自開秤後，用去現洋十二萬元，刻下所存不足十萬元。昨退公云，以二萬元匯滬，當於月半前匯出壹萬五千兩可也。未收紗款尚有十五六萬元，何日能收，尚難預定。數日内分廠計得紗款十八九萬元，截留四萬元，由萬昌福按初十期交申，餘款俱已帶久隆，爲備開秤之用。退公即日去崇，聞即須擇期開秤云。此次銀根之緊，爲從來所未有，究其原因，實爲他公司所拖累。此後

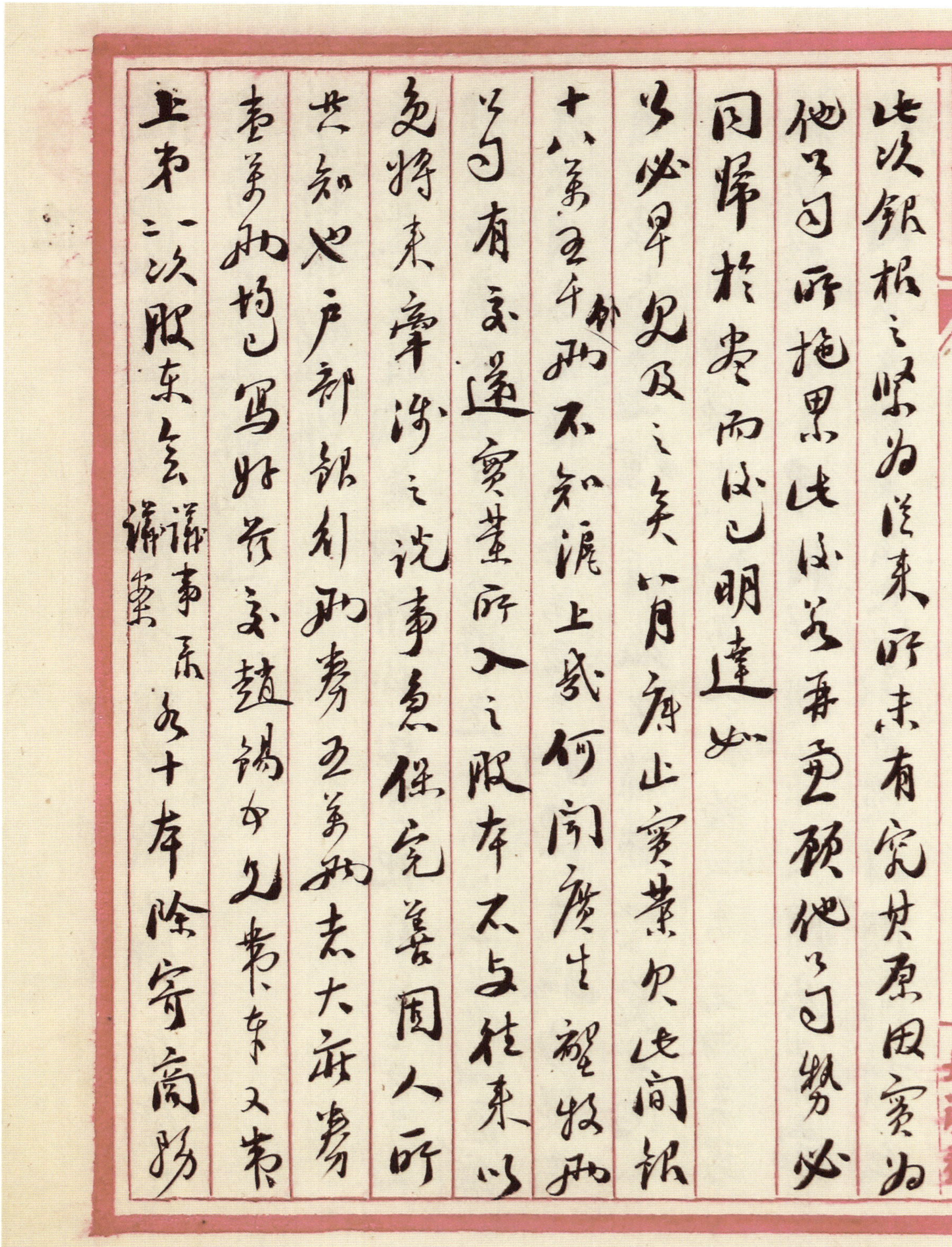

第一百十一號（九月初六日）

若再兼顧他公司，勢必同歸於盡而後已，明達如公，必早見及之矣。八月底止，實業欠此間銀十八萬五千餘兩，不知滬上幾何。聞廣生、墾牧兩公司有交還實業所入之股本，不與往來，以免將來牽涉之説，事急保完善，固人所共知也。户部銀行兩券五萬兩，志大莊券壹萬兩，均已寫好，兹交趙錫五兄帶奉。又帶上第一、二次股東會議事録、議案各十本，除寄商務局外，留滬查閲，請勿給人，蓋議案例不刊布也。輪步轉户部壹萬兩之券，已函囑照寫寄奉。此請籌安。本廠會計所啓。九月初六日

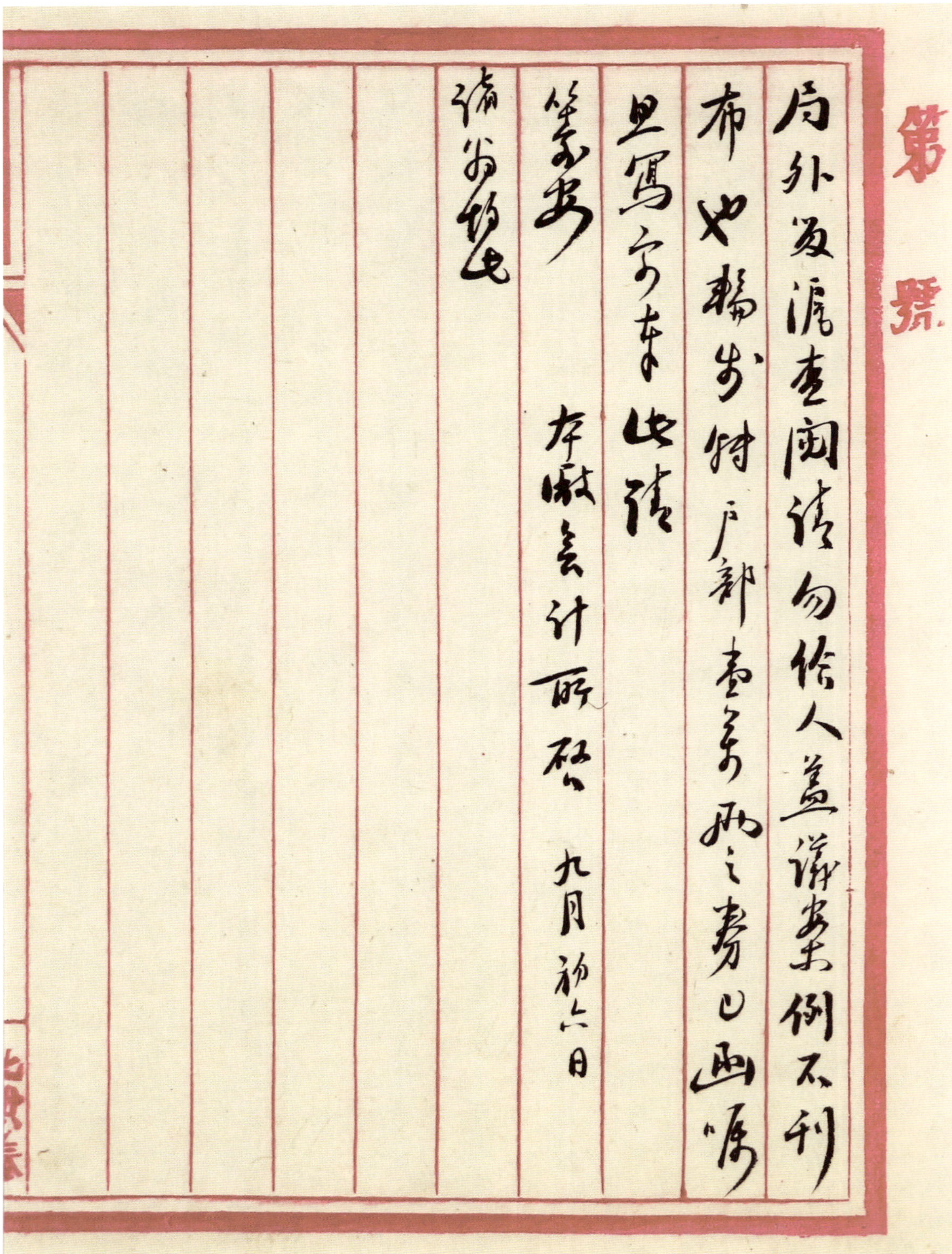

第一百十一號（九月初六日）

諸翁均此。

第一百十一號（九月初六日）

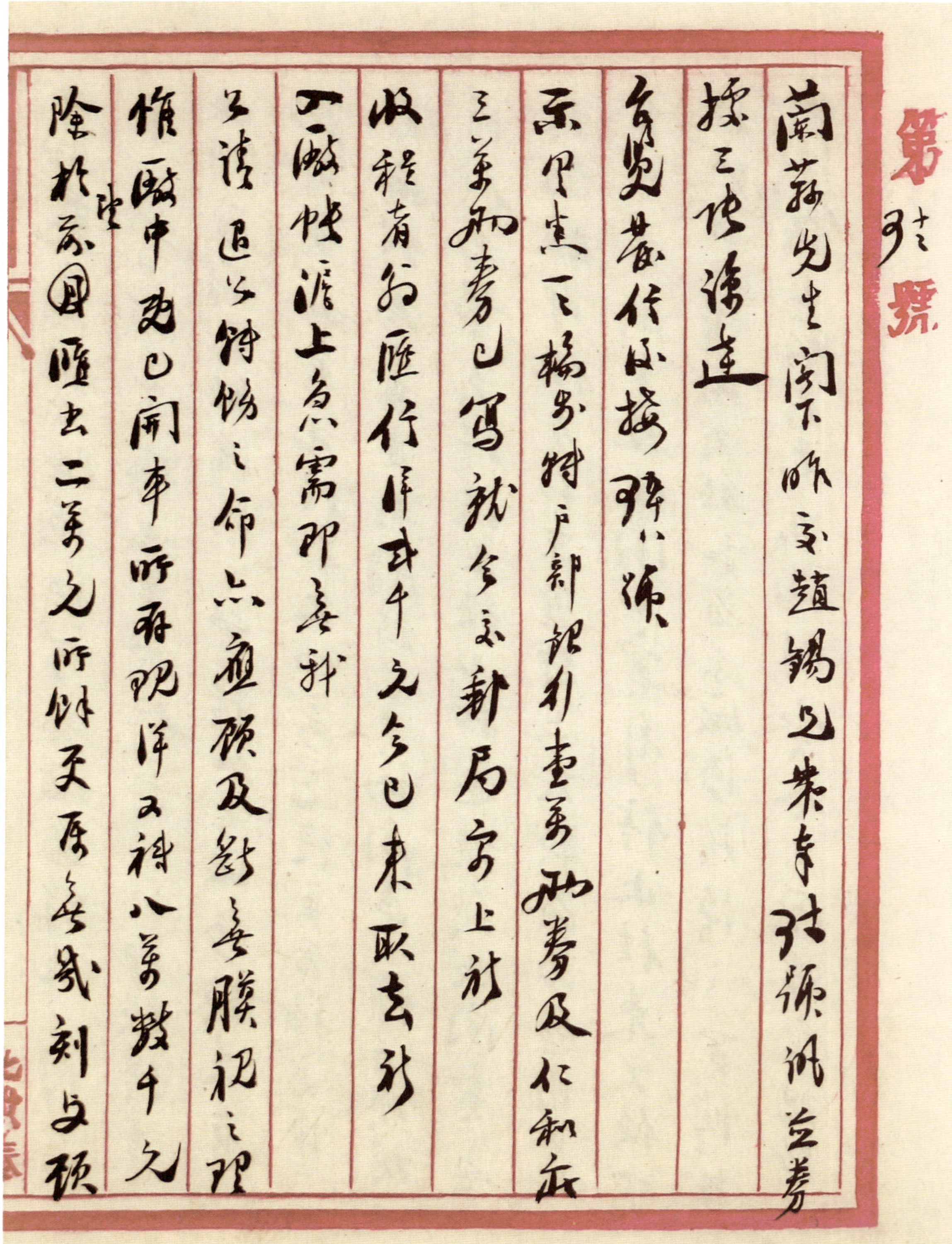

第一百十二號（九月初七日）

蘭蓀先生閣下：昨交趙錫兄帶奉一百十一號訊，并券據三張，諒達台覽。發信後接一百五十八號示，具悉一一。輪步轉户部銀行壹萬兩券及仁和莊三萬兩券已寫就，今交郵局寄上，祈收。程者翁匯信洋式千元，今已來取去，祈入廠帳。滬上急需，即無我公請退公轉飭之命，亦應顧及，斷無膜視之理。惟廠中既已開車，所存現洋又祗八萬數千元，除於望前匯出二萬元，所餘更屬無幾。刻與顧一翁熟商，彼云此款祗可留廠爲購花之用，若再分寄數萬，勢必立時停秤，停秤即須停車，此則通廠

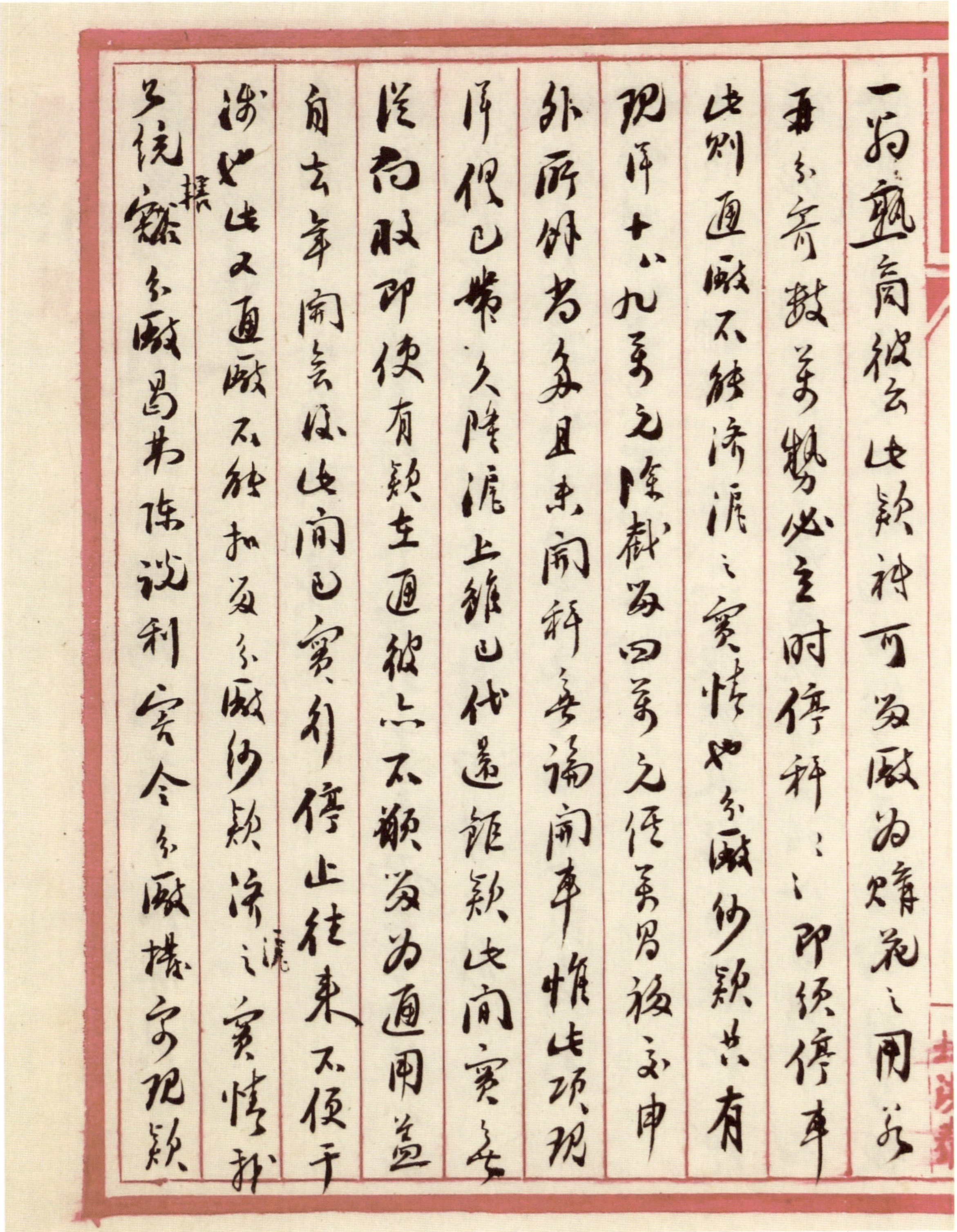

第一百十二號（九月初七日）

不能濟滬之實情也。分廠紗款共有現洋十八九萬元，除截留四萬元經萬昌福交申外，所餘尚多，且未開秤，無論開車。惟此項現洋俱已帶久隆，滬上雖已代還巨款，此間實無從向收，即便有款在通，彼亦不願留爲通用，蓋自去年開會後，此間已實行停止往來，不便干涉也。此又通廠不能扣留分廠紗款濟滬之實情。我公統轄分廠，曷弗陳説利害，令分廠撥寄現款濟滬，果爾，則通廠之擔荷亦可稍輕，不知公意云何？此布，即請籌安。本廠會計所啓。九月初七日

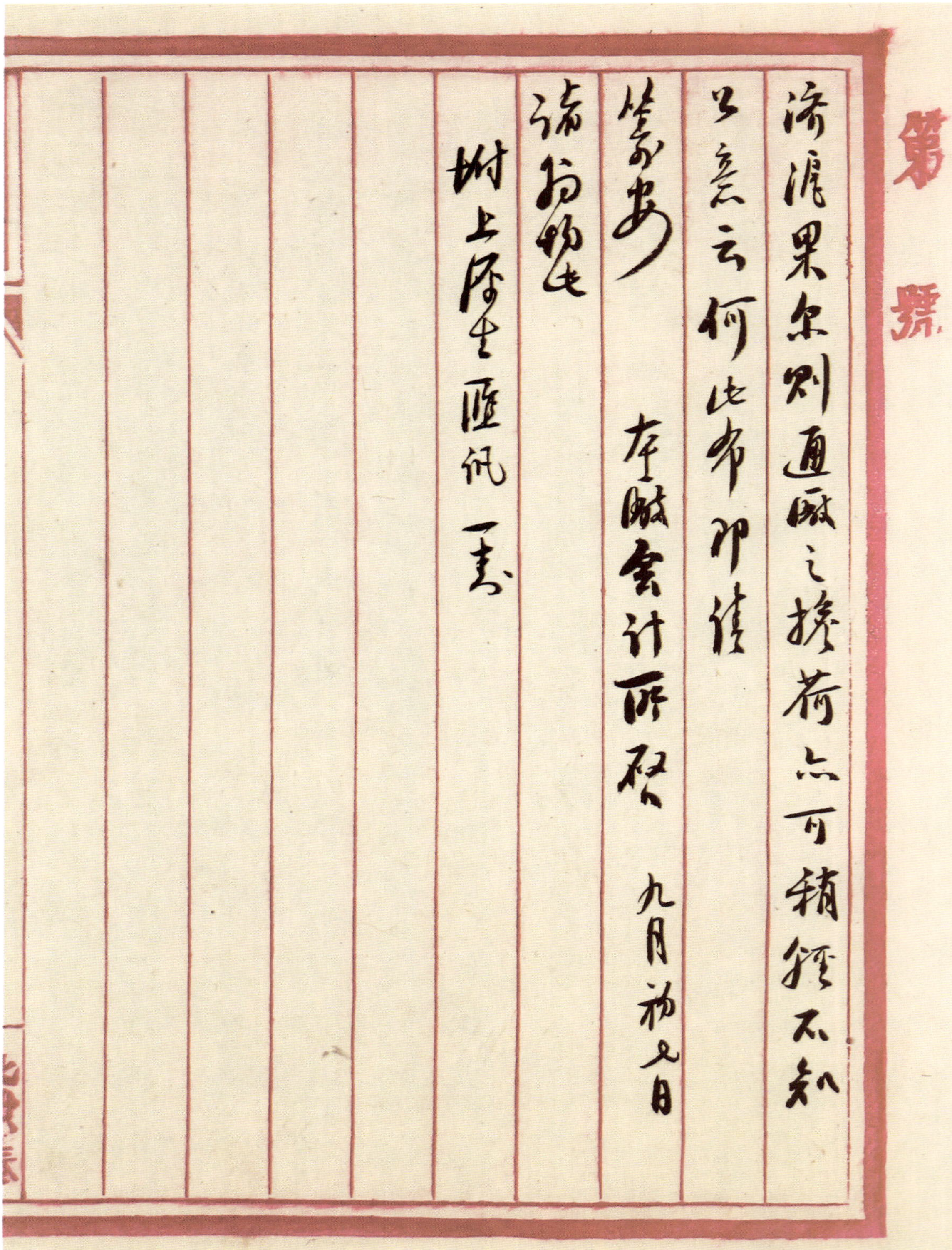

濟滬果尔則通融之撥荷亦可稍緩不知
尊意云何此布即請
籌安
本廠會計所啟 九月初七日
諸翁均此
附上源生匯訊一封

第一百十二號（九月初七日）

諸翁均此。

附上源生匯訊一封。

第一百十二號（九月初七日）

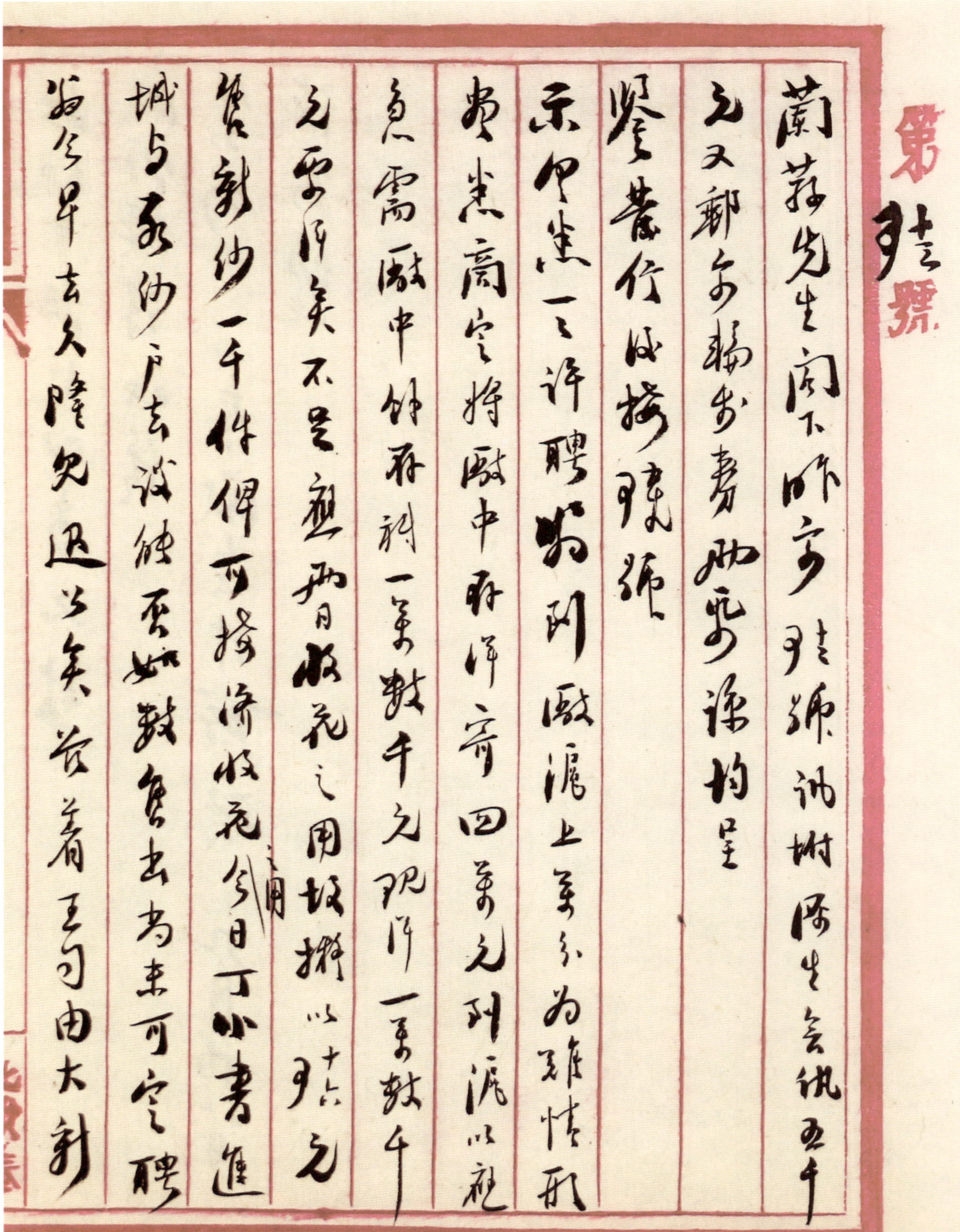

第一百十三號（九月初八日）

蘭蓀先生閣下：昨寄一百十二號訊，附源生會訊五千元，又郵寄輪步券兩紙，諒均呈鑒。發信後接一百五十九號示，具悉一一。許聘翁到廠，滬上萬分爲難情形盡悉，商定將廠中存洋寄四萬元到滬，以應急需。廠中餘存祇一萬數千元現洋、一萬數千元票洋矣，不足應兩日收花之用，故擬以一百十六元售新紗一千件，俾可接濟收花之用。今日丁小書進城，與各紗户去談，能否如數售出尚未可定。聘翁今早去久隆見退公矣。

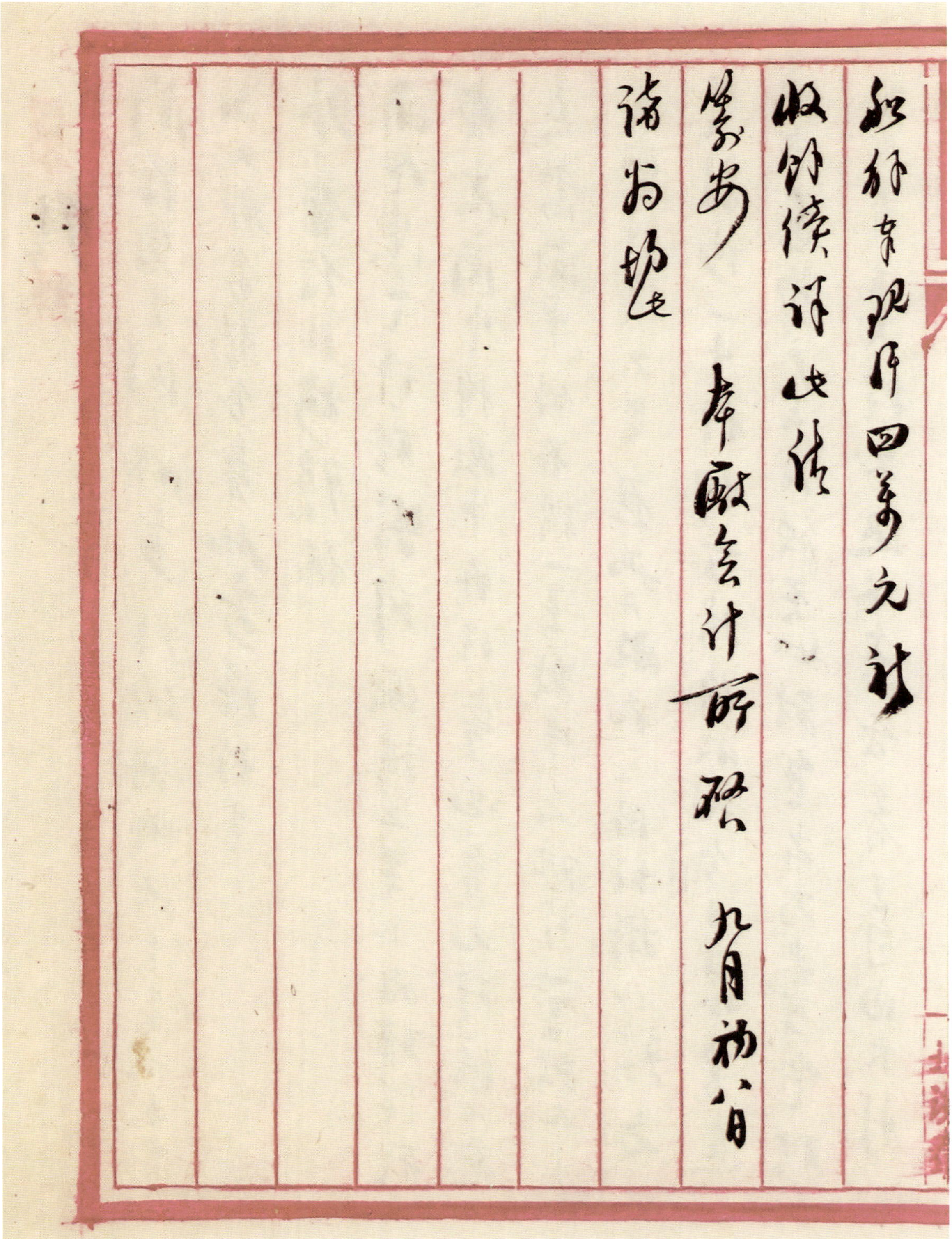
船解奉現洋四萬元祈
收餘續詳此請
籌安 本廠會計所啓 九月初八日
諸翁均此

第一百十三號（九月初八日）

茲着王司由大新船解奉現洋四萬元，祈收。餘續詳。此請籌安。本廠會計所啓。九月初八日

諸翁均此。

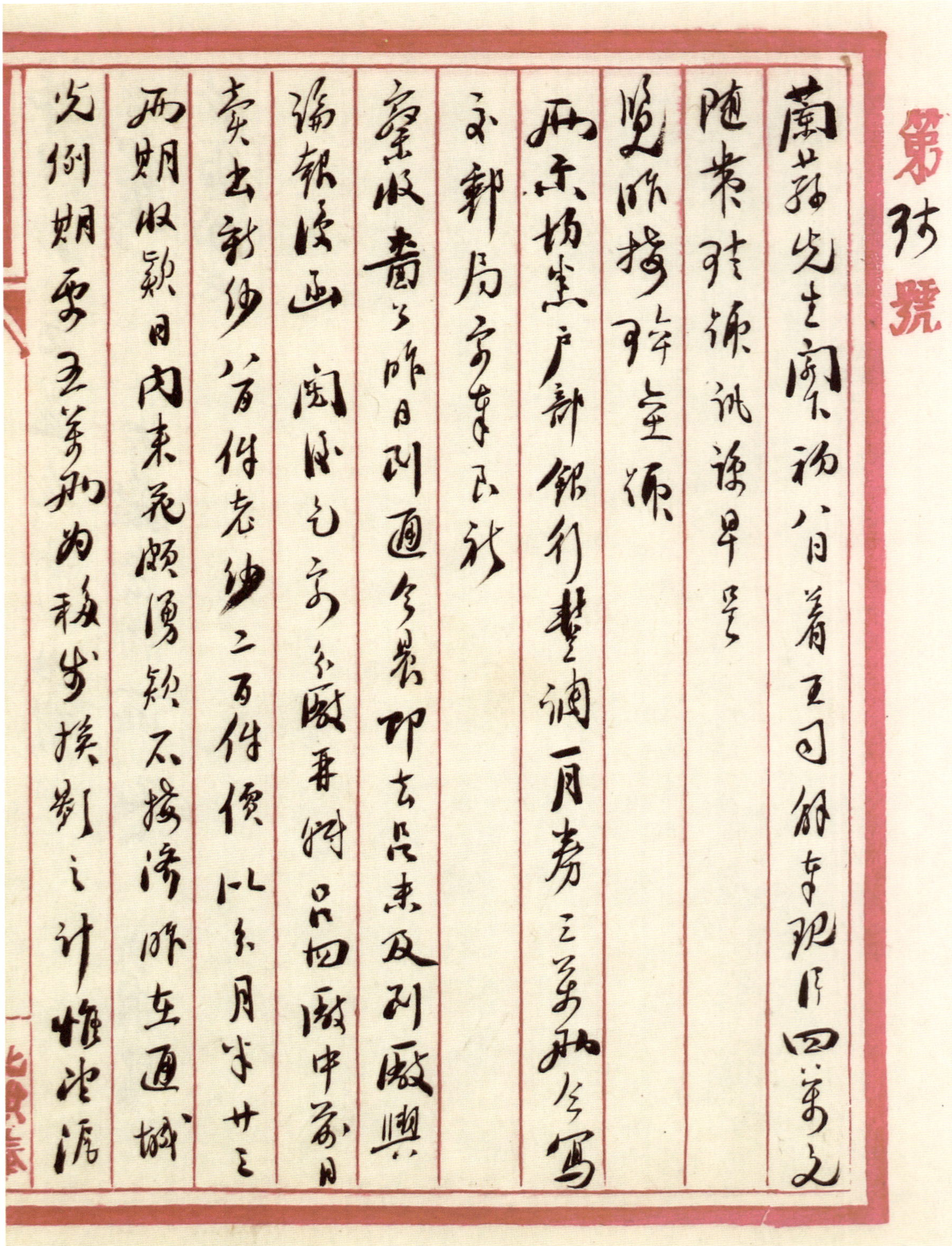

第一百十四號（九月十日）

蘭蓀先生閣下：初八日着王司解奉現洋四萬元，隨帶一百十三號訊，諒早呈覽。昨接一百六十、一百六十一號兩示，均悉。户部銀行暫調一月券三萬兩，今寫交郵局寄奉，至祈察收。嗇公昨日到通，今晨即去吕，未及到廠。《輿論報》復函，閱後乞寄分廠再轉吕四。廠中前日賣出新紗八百件，老紗二百件，價一百一十六，分月半、廿三兩期收款。日内來花頗涌，款不接濟，昨在通城兑例期票五萬兩，爲移步换影之計，惟望滬事早定，方是久計。此請籌安。本廠會計所啓。九月十日

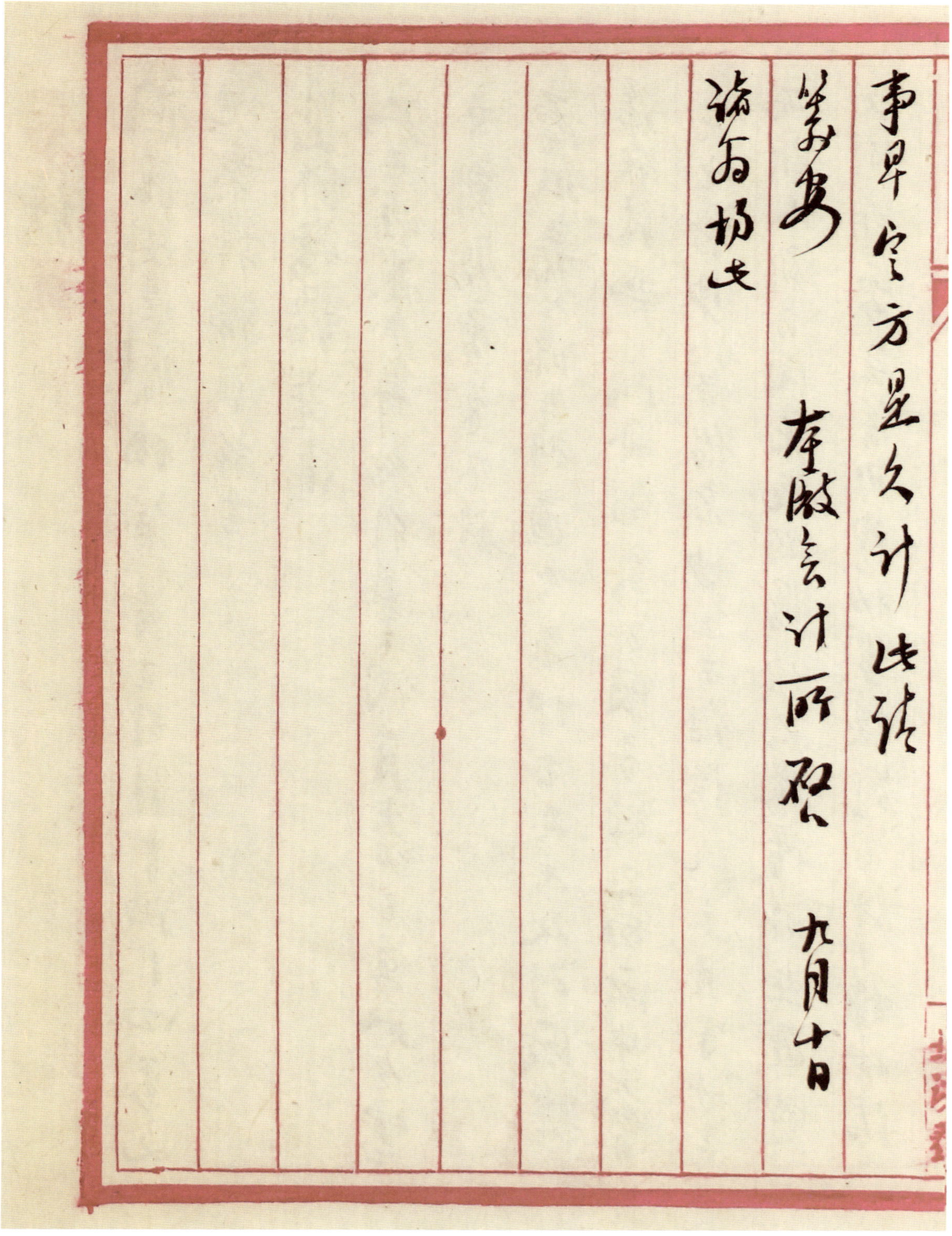

事早定方是久計此請
箸安
本館會計所啓 九月十日
諸翁均此

第一百十四號（九月十日）

諸翁均此。

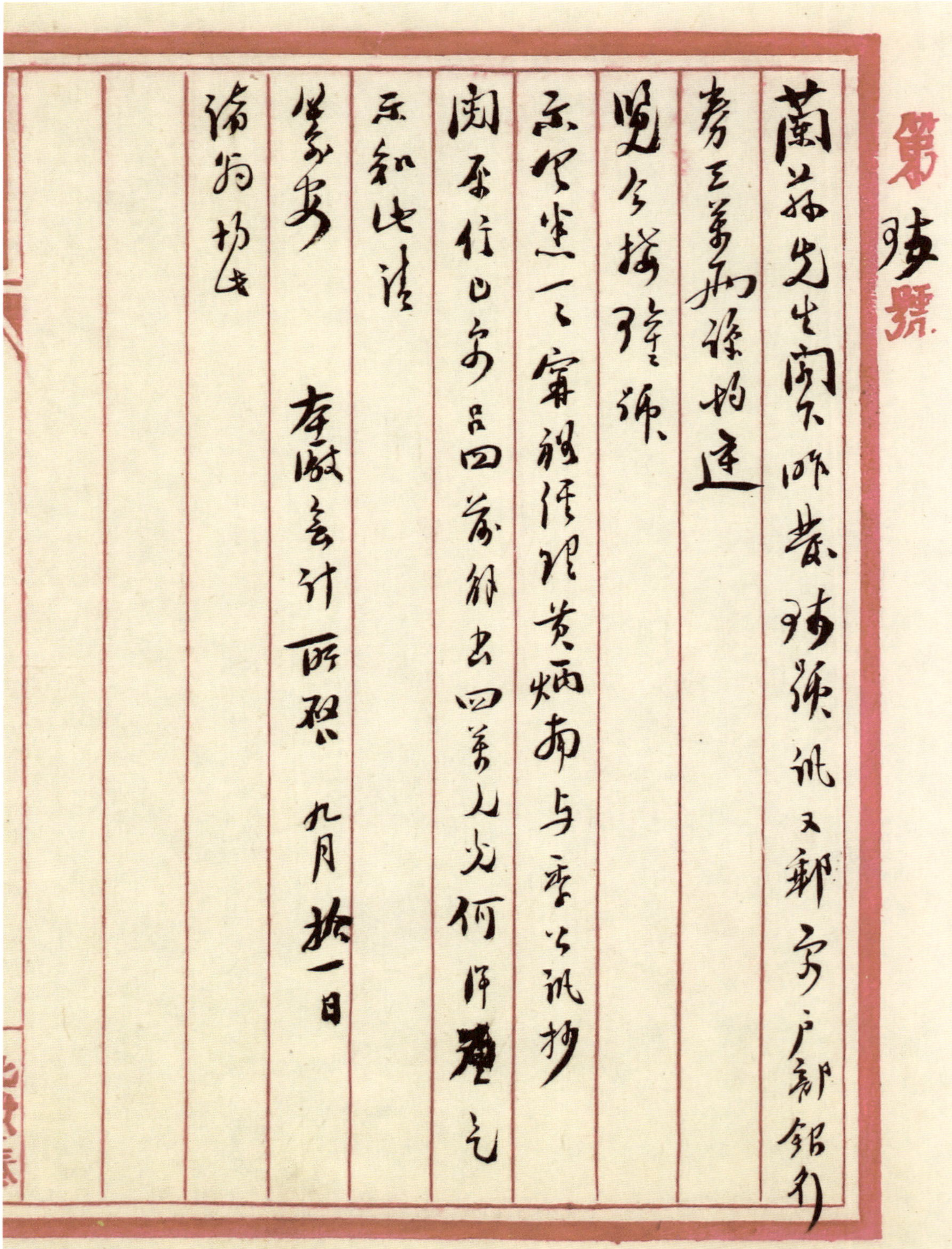
第 號
蘭蓀先生閣下昨發一百十四號訊又郵寄户部銀行
券三萬兩諒均達
覽今接一百六十二號
示具悉一一寧裕經理黄炳南與季公訊抄
閲原信已寄吕四前解出四萬元兑何洋厘乞
示知此請
籌安　本廠會計所啓　九月拾一日
諸翁均此

第一百十五號（九月十一日）

蘭蓀先生閣下：昨發一百十四號訊，又郵寄户部銀行券三萬兩，諒均達覽。今接一百六十二號示，具悉一一。寧裕經理黄炳南與季公訊抄閲，原信已寄吕四。前解出四萬元，兑何洋厘，乞示知。此請籌安。本廠會計所啓。九月拾一日
諸翁均此。

第一百十五號（九月十一日）

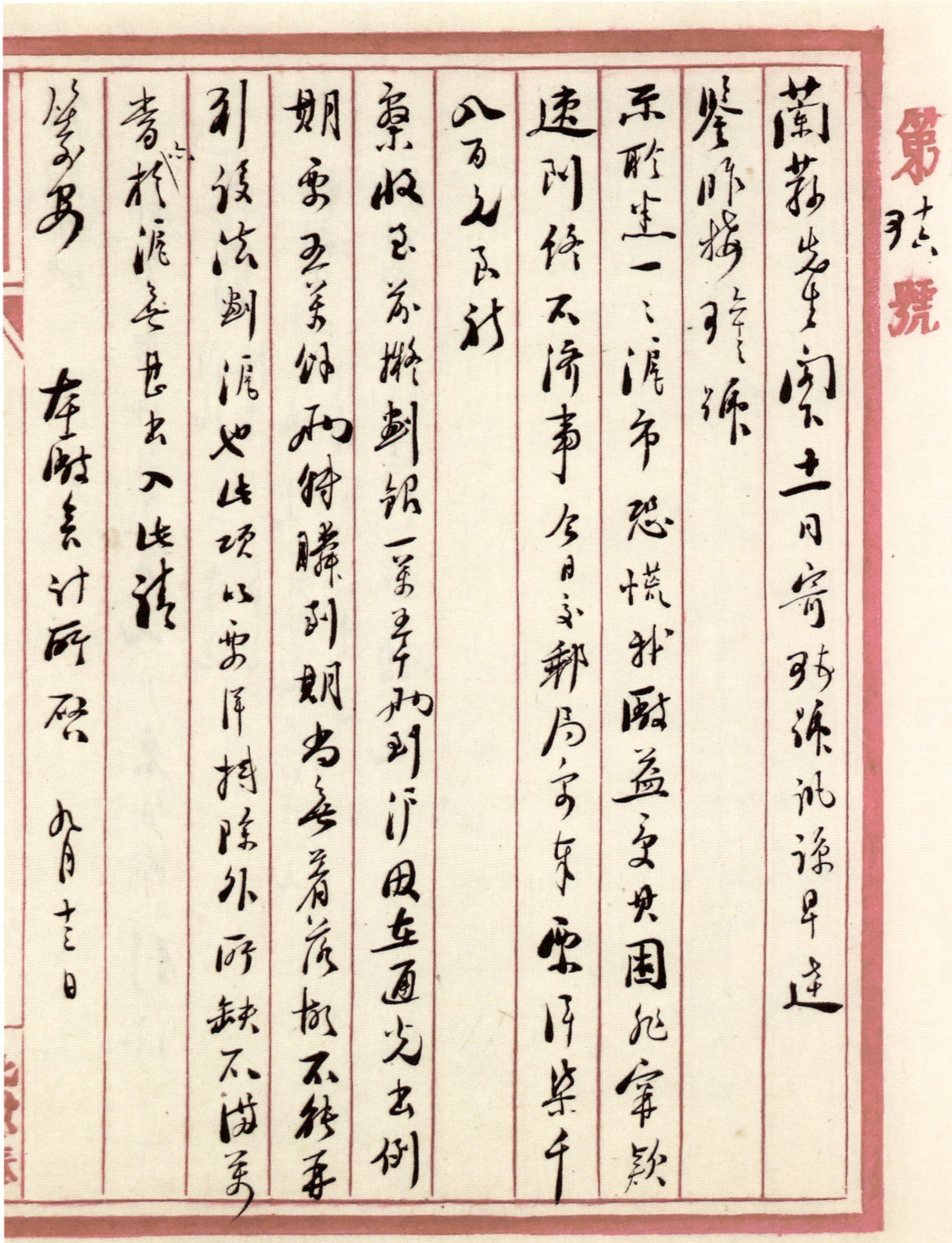

第一百十六號（九月十三日）

蘭蓀先生閣下：十一日寄一百十五號訊，諒早達鑒。昨接一百六十三號示，聆悉一一。滬市恐慌，我廠益受其困，非寧款速到，終不濟事。今日交郵局寄奉票洋柒千八百元，至祈察收。至前擬劃銀一萬五千兩到滬，因在通兑出例期票五萬餘兩轉瞬到期，尚無着落，故不能再行設法劃滬也。此項以票洋抵除外，所缺不滿萬，當亦於滬無甚出入。此請籌安。本廠會計所啓。九月十三日

諸翁均此。

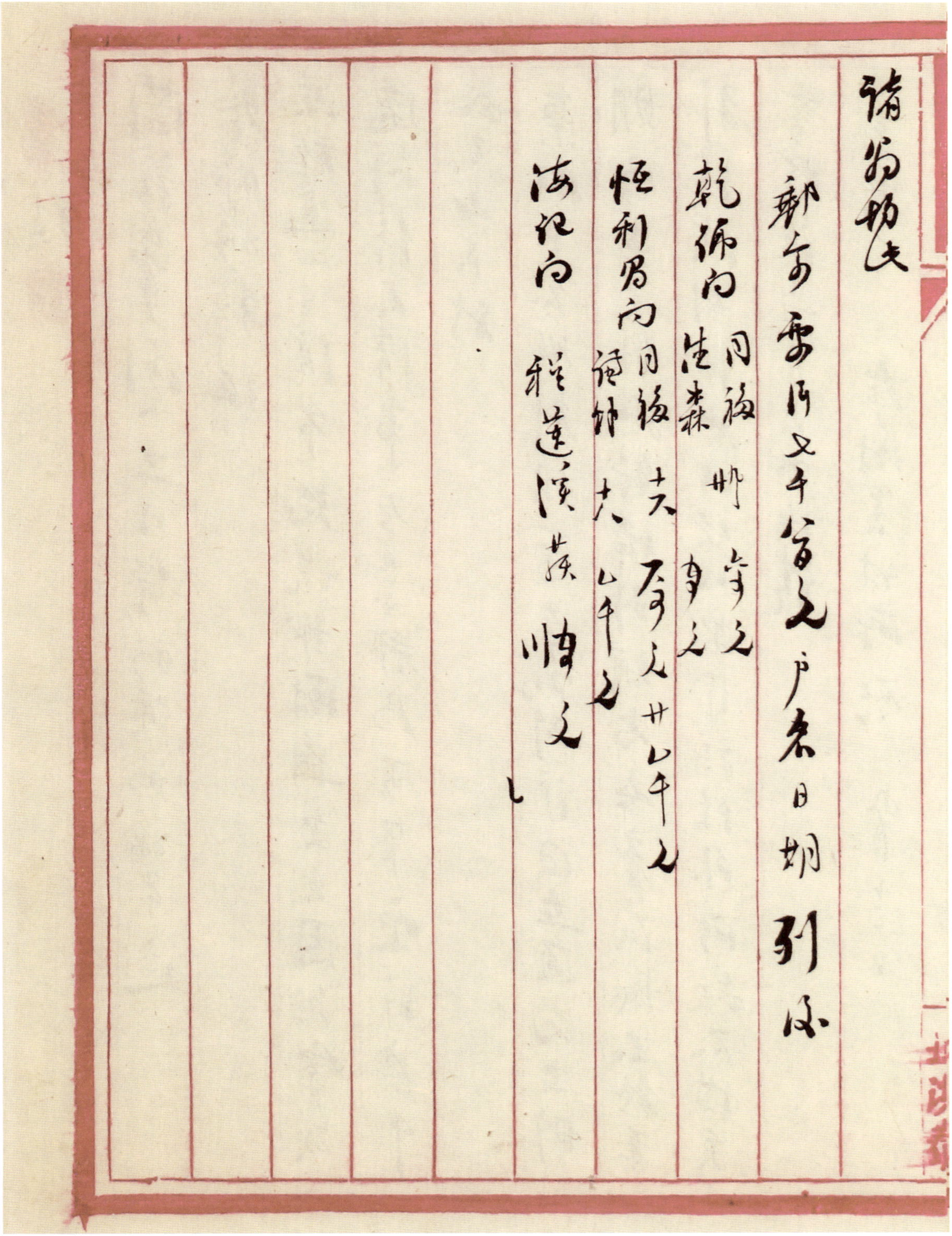

第一百十六號（九月十三日）

郵寄票洋七千八百元，户名、日期列後：

乾號向同福，九月廿，六百元；乾號向德森，九月廿，五百元

恒利昌向同福，十六，六百元，廿，一千元；恒利昌向謙餘，十八，一千元

海記向程蓮溪，廿（五天），三千五百元

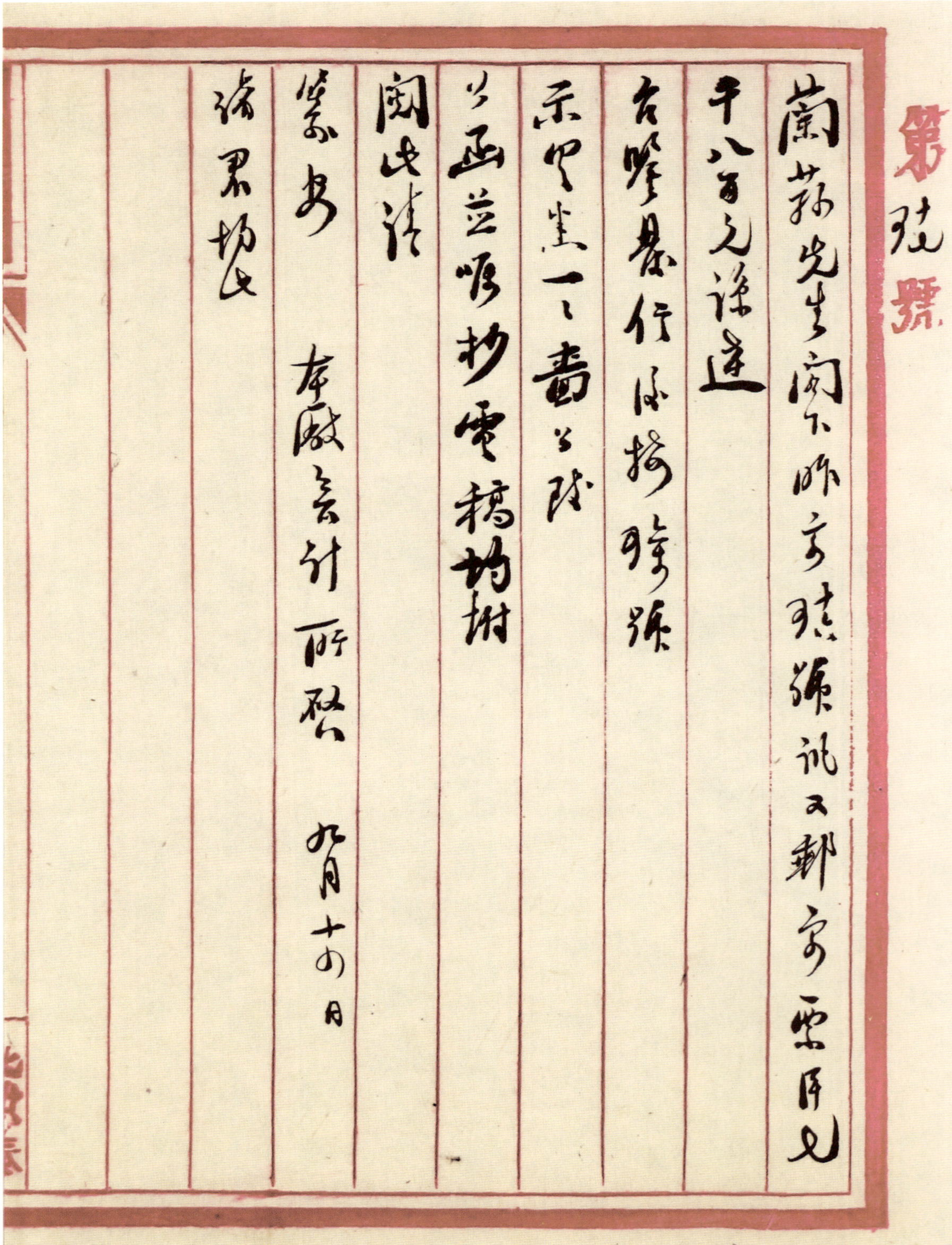

第一百十七號（九月十四日）

蘭蓀先生閣下：昨寄一百十六號訊，又郵寄票洋七千八百元，諒達台鑒。發信後接一百六十四號示，具悉一一。嗇公致公函，并囑抄電稿，均附閱。此請籌安。本廠會計所啓。九月十四日

諸君均此。

第一百十七號（九月十四日）

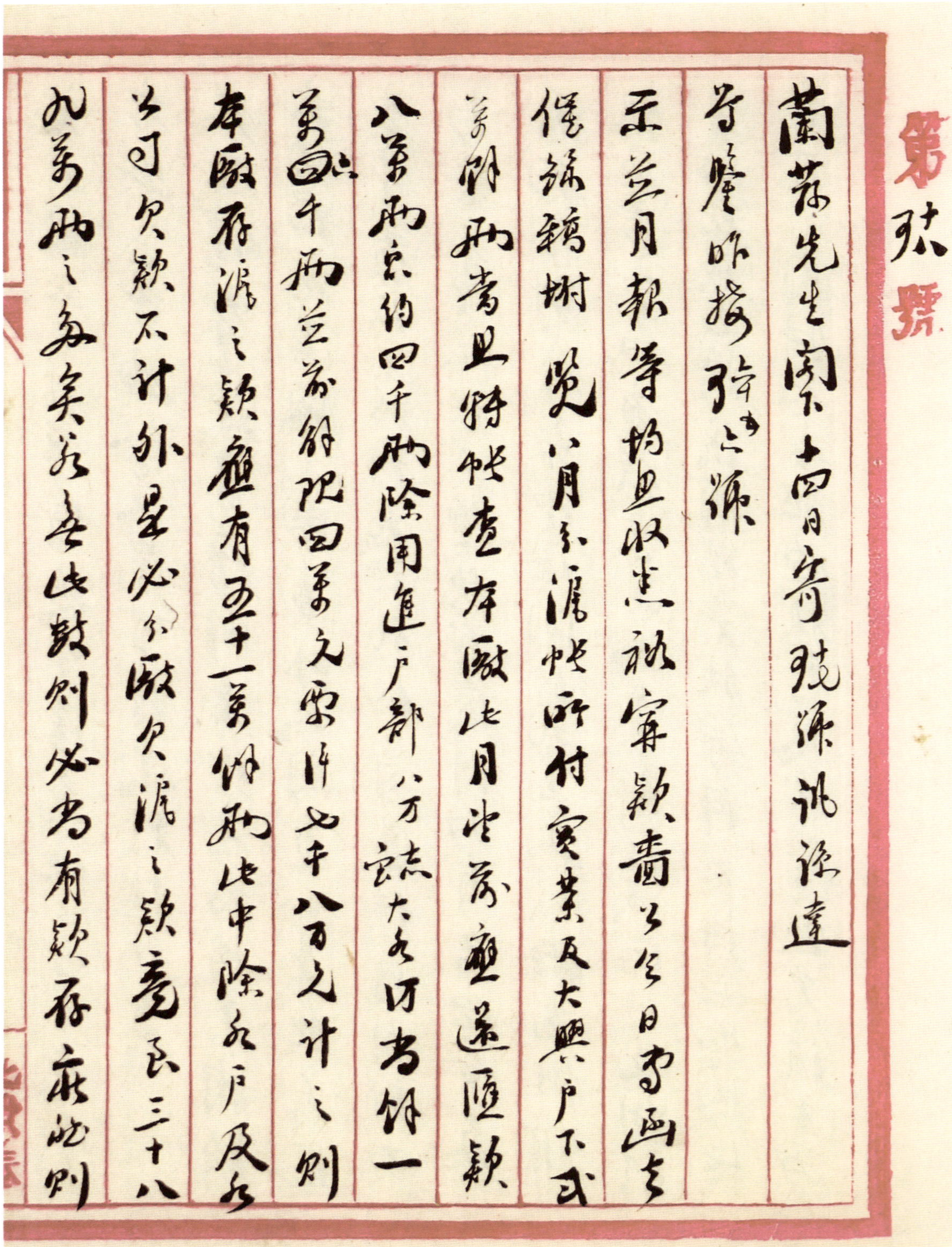

第一百十八號（九月十六日）

蘭蓀先生閣下：十四日寄一百十七號訊，諒達尊鑒。昨接一百六十五、一百六十六號示并月報等，均照收悉。裕寧款，嗇公今日專函去催，録稿附覽。八月分滬帳所付實業及大興户下式萬餘兩，當照轉帳。查本廠此月望前應還匯款八萬兩，息約四千兩，除用進户部八萬，志大、宏大各一萬，尚餘一萬六千兩，并前解現四萬元、票洋七千八百元計之，則本廠存滬之款應有五十一萬餘兩，此中除各户及各公司欠款不計外，是必分廠欠滬之款竟至三十八九萬兩之多矣。若無此數，則必尚有款存莊，

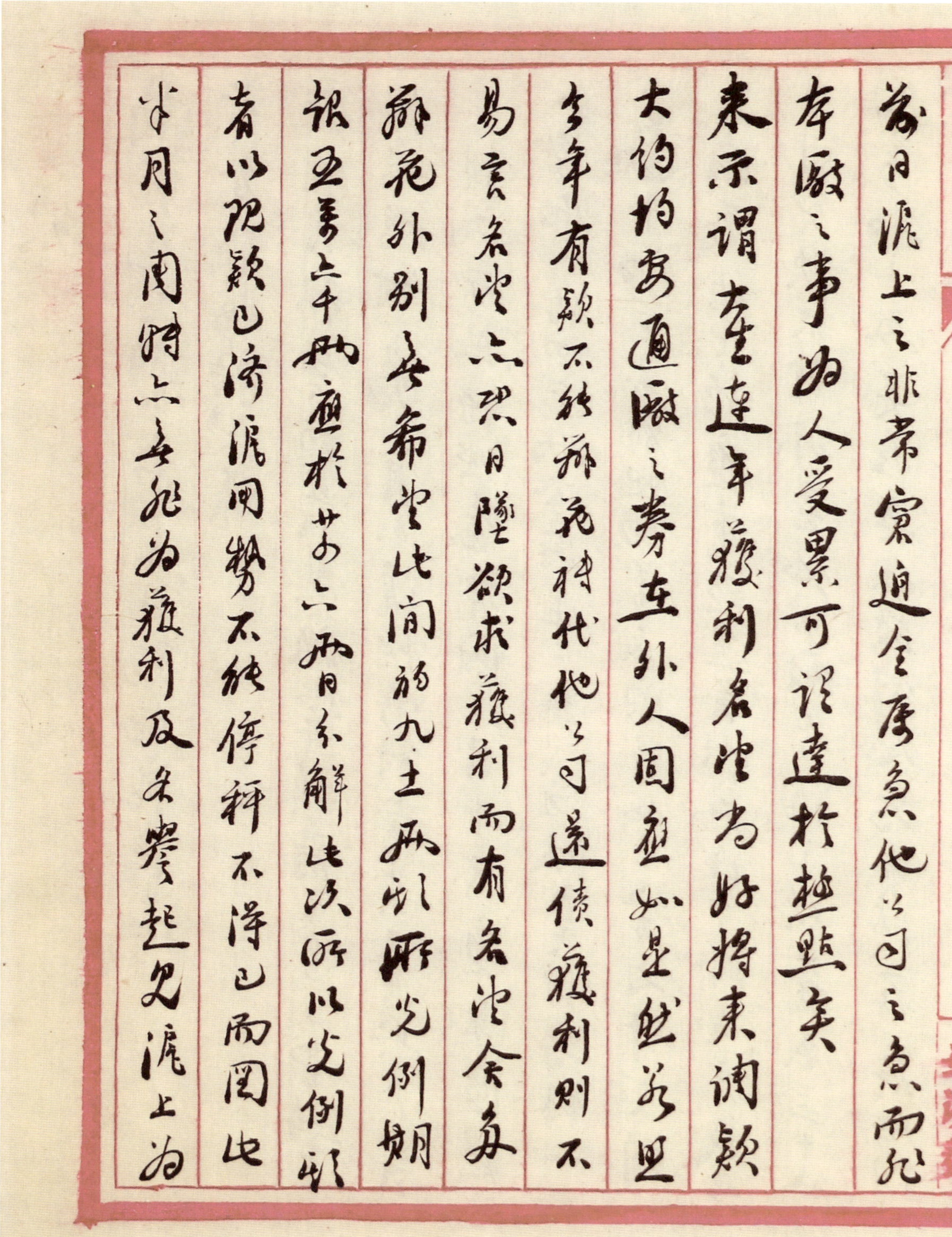

第一百十八號（九月十六日）

然則前日滬上之非常窘迫，全屬急他公司之急，而非本廠之事，爲人受累，可謂達於極點矣。來示謂大生連年獲利，名望尚好，將來調款大約均要通廠之券。在外人固應如是，然若照今年有款不能辦花，祇代他公司還債，獲利則不易言，名望亦恐日墜。欲求獲利而有名望，舍多辦花外，别無希望。此間初九、十一兩期所兑例期銀五萬六千兩，應於廿四、廿六兩日分解。此次所以兑例期者，以現款已濟滬用，勢不能停秤，不得已而圖。此半月之周轉，亦無非爲獲利及名譽起見。滬上爲他公

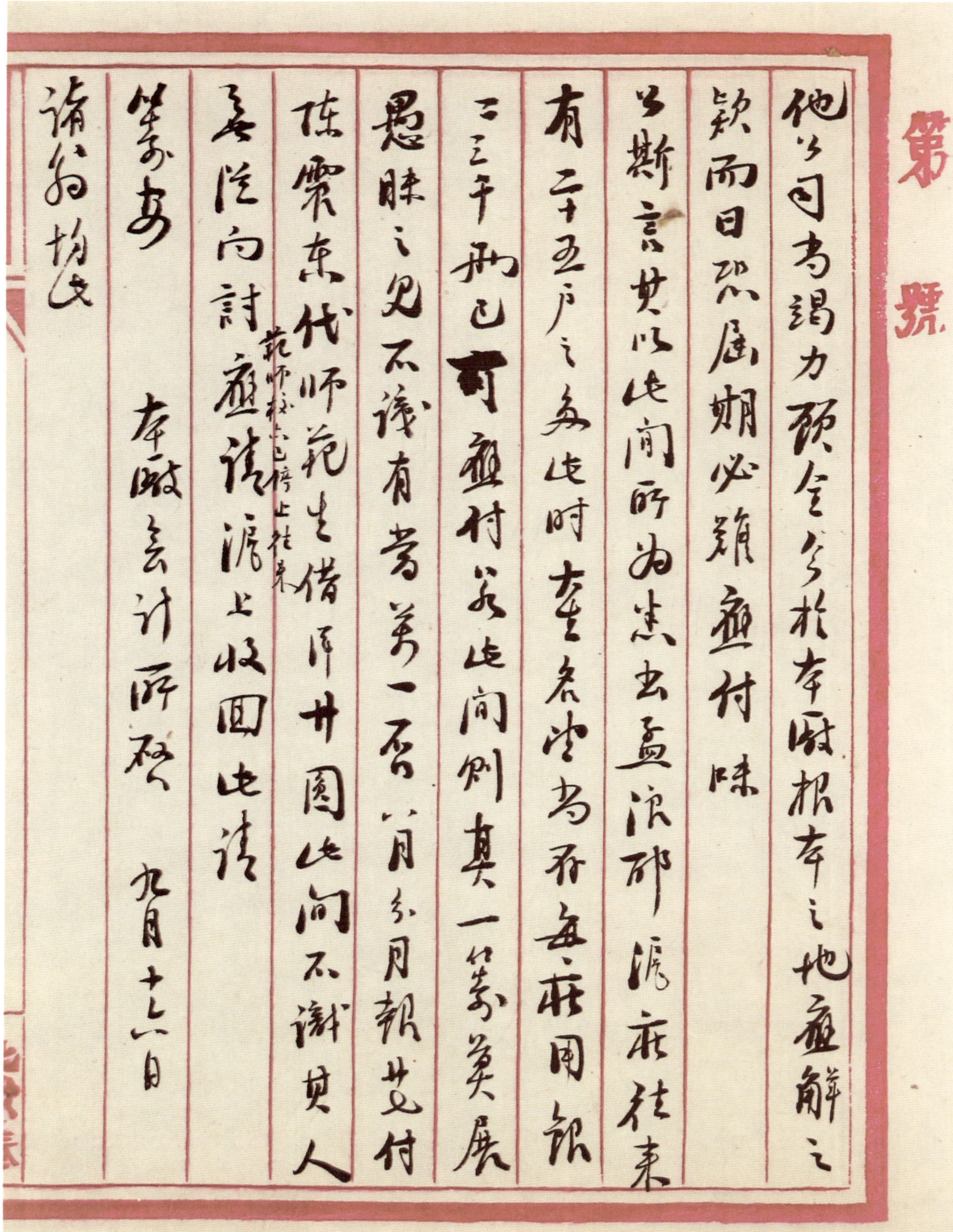

第一百十八號（九月十六日）

司尚竭力顧全，今於本廠根本之地應解之款，而曰恐屆期必難應付，味公斯言，其以此間所爲悉出孟浪耶？滬莊往來有二十五户之多，此時大生名望尚存，每莊用銀二三千兩已可應付，若此間則真一籌莫展。愚昧之見，不識有當萬一否？八月分月報廿七付陳震東代師範生借洋廿圓，此間不識其人，無從向討，範師〔師範〕校亦已停止往來，應請滬上收回。此請籌安。本廠會計所啓。九月十六日

諸君均此。

第一百十八號（九月十六日）

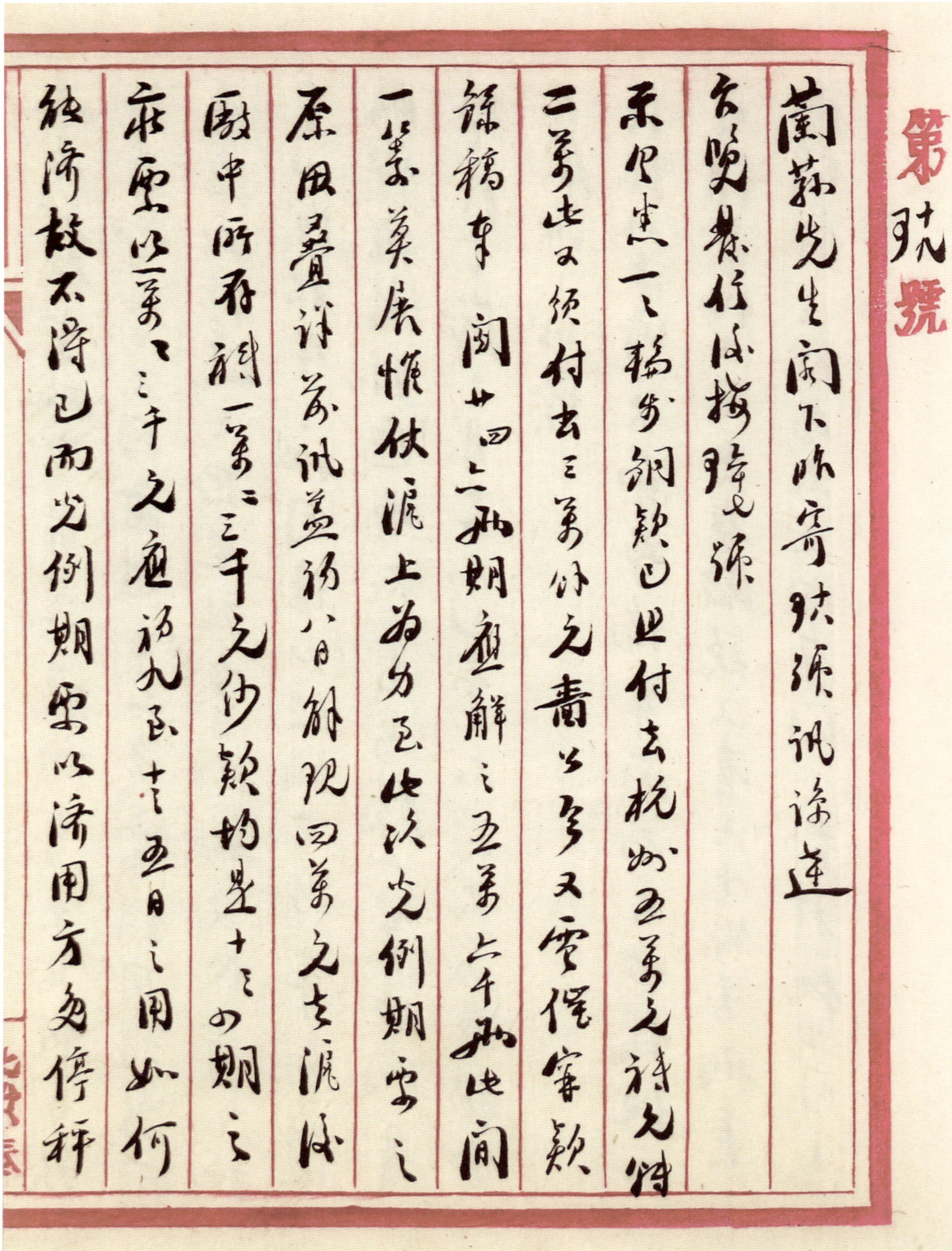
第一百十九號
蘭蓀先生閣下昨寄一百十八號訊諒達
台覽發信後接一百六十七號示
具悉一一輪步銅款已照付去杭州五萬元衹允轉
二萬此又須付去三萬餘元嗇公今又電催寧款
録稿奉閲廿四廿六兩期應解之五萬六千兩此間
一籌莫展惟仗滬上爲力至此次兑例期票之
原因疊詳前訊蓋初八日解現四萬元去滬後
廠中所存衹一萬二三千元紗款均是十三十四期之
莊票以一萬二三千元應初九至十三五日之用如何
能濟故不得已而兑例期票以濟用方免停秤

第一百十九號（九月十七日）

蘭蓀先生閣下：昨寄一百十八號訊，諒達台覽。發信後接一百六十七號示，具悉一一。輪步銅款已照付去。杭州五萬元衹允轉二萬，此又須付出三萬餘元。嗇公今又電催寧款，録稿奉閲。廿四、廿六兩期應解之五萬六千兩，此間一籌莫展，惟仗滬上爲力。至此次兑例期票之原因，疊詳前訊，蓋初八日解現四萬元去滬後，廠中所存衹一萬二三千元，紗款均是十三、十四期之莊票，以一萬二三千元應初九至十三五日之用，如何能濟？故不得已而兑例期票以濟用，方免停秤，亦無非保全根

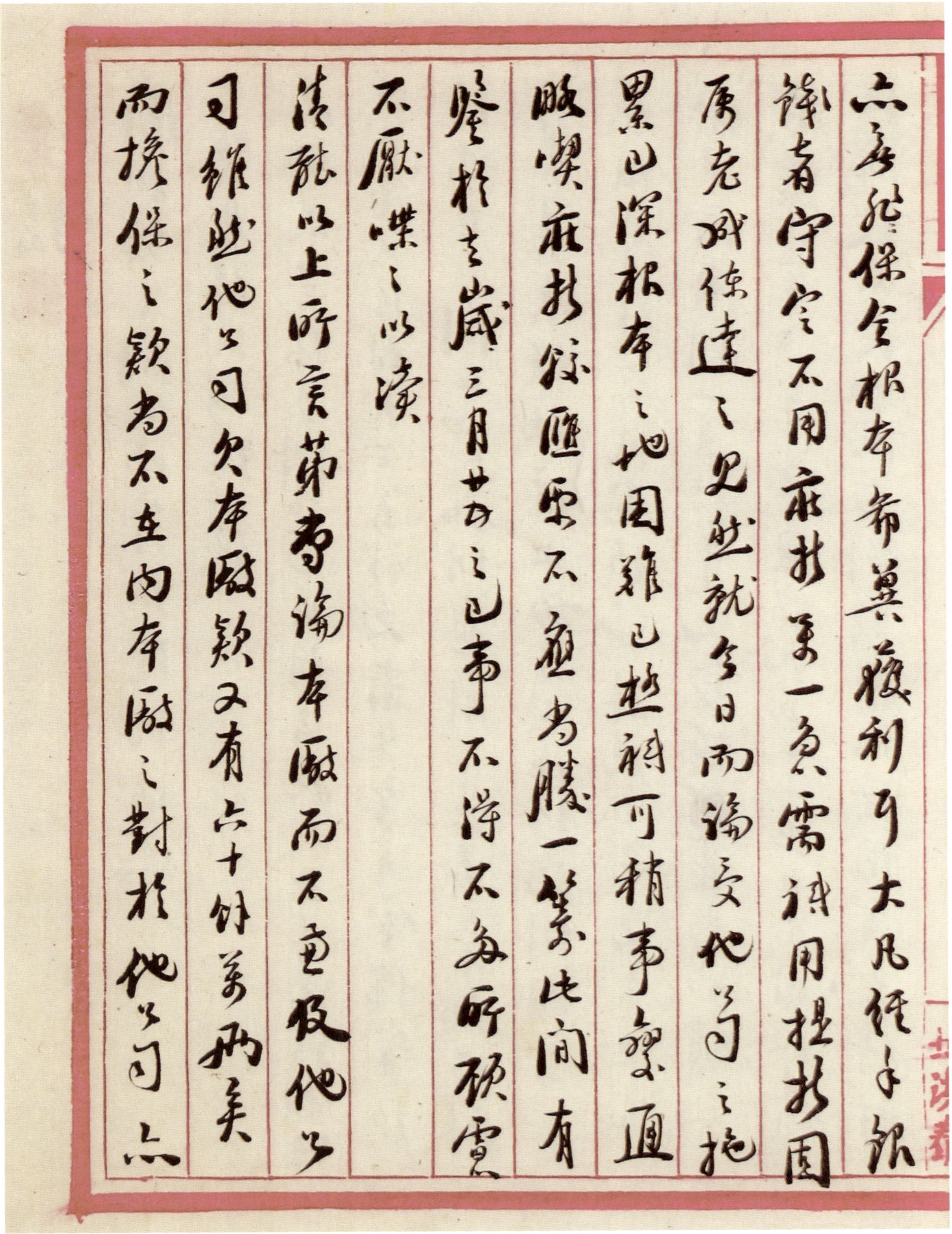
六分保全根本希冀獲利耳大凡經手銀
錢者守定不用莊折萬一急需祇用提折固
屬老成練達之見然就今日而論受他公司之拖
累已深根本之地困難已極祇可稍事變通
略吃莊折較匯票不應尚勝一籌此間有
鑒於去歲三月廿五之已事不得不多所顧慮
不厭喋喋以瀆
清聽以上所言第專論本廠而不兼及他公
司雖然他公司欠本廠款又有六十餘萬兩矣
而擔保之款尚不在內本廠之對於他公司亦

第一百十九號（九月十七日）

本，希冀獲利耳。大凡經手銀錢者，守定不用莊折，萬一急需，衹用提折，固屬老成練達之見。然就今日而論，受他公司之拖累已深，根本之地困難已極，衹可稍事變通，略吃莊折，較匯票不應尚勝一籌。此間有鑒於去歲三月廿五之已事，不得不多所顧慮，不厭喋喋，以瀆清聽。以上所言，第專論本廠而不兼及他公司，雖然他公司欠本廠款又有六十餘萬兩矣，而擔保之款尚不在內。本廠之對於他公司，亦可謂仁至義盡，後此設或紗能暢銷，而花未儲足，則利無可圖。再若紗亦不銷，則受

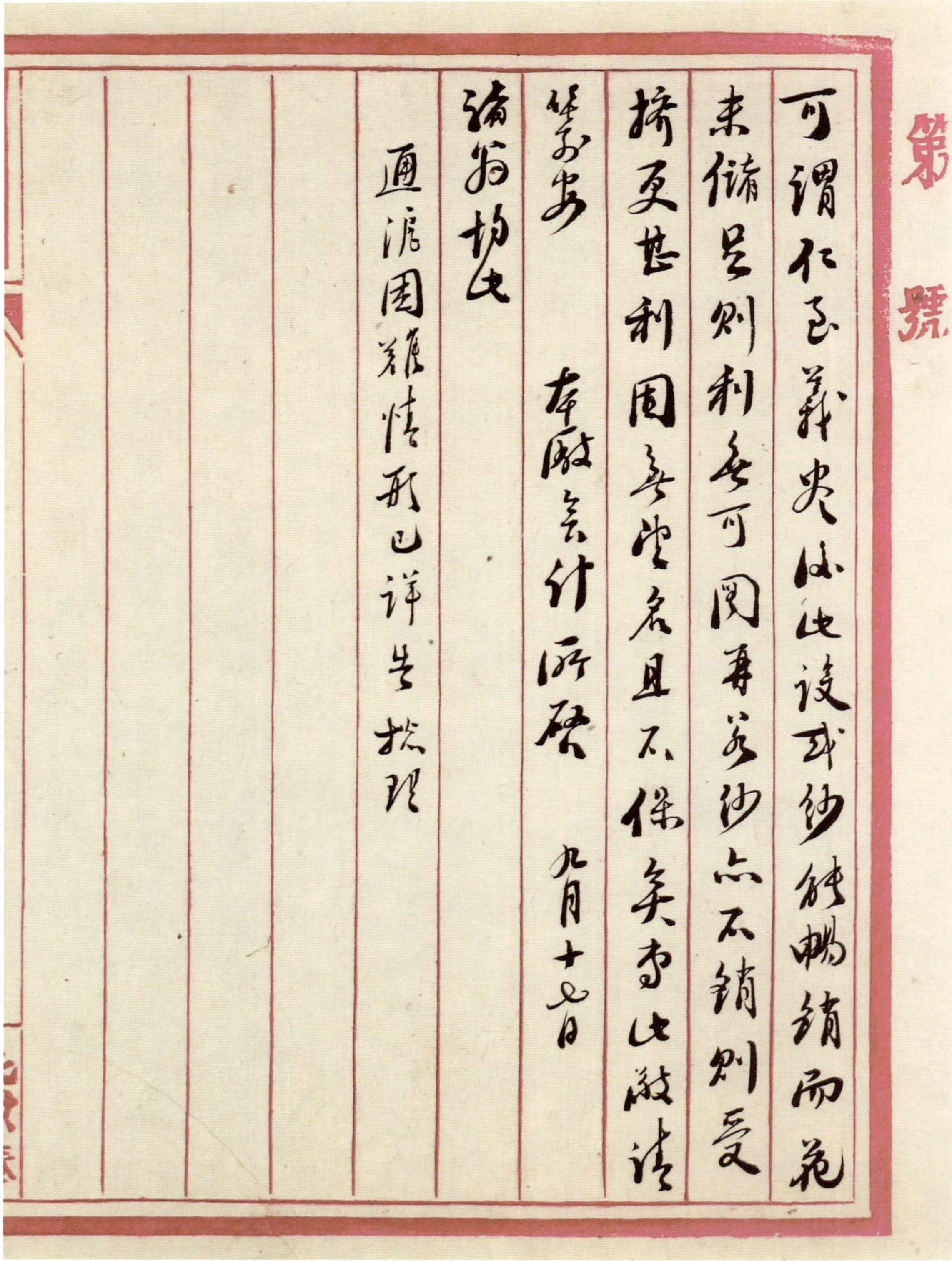

第一百十九號（九月十七日）

擠更甚，利固無望，名且不保矣。專此，敬請籌安。本廠會計所啓。九月十七日

諸翁均此。

通滬困難情形，已詳告總理。

第一百十九號（九月十七日）

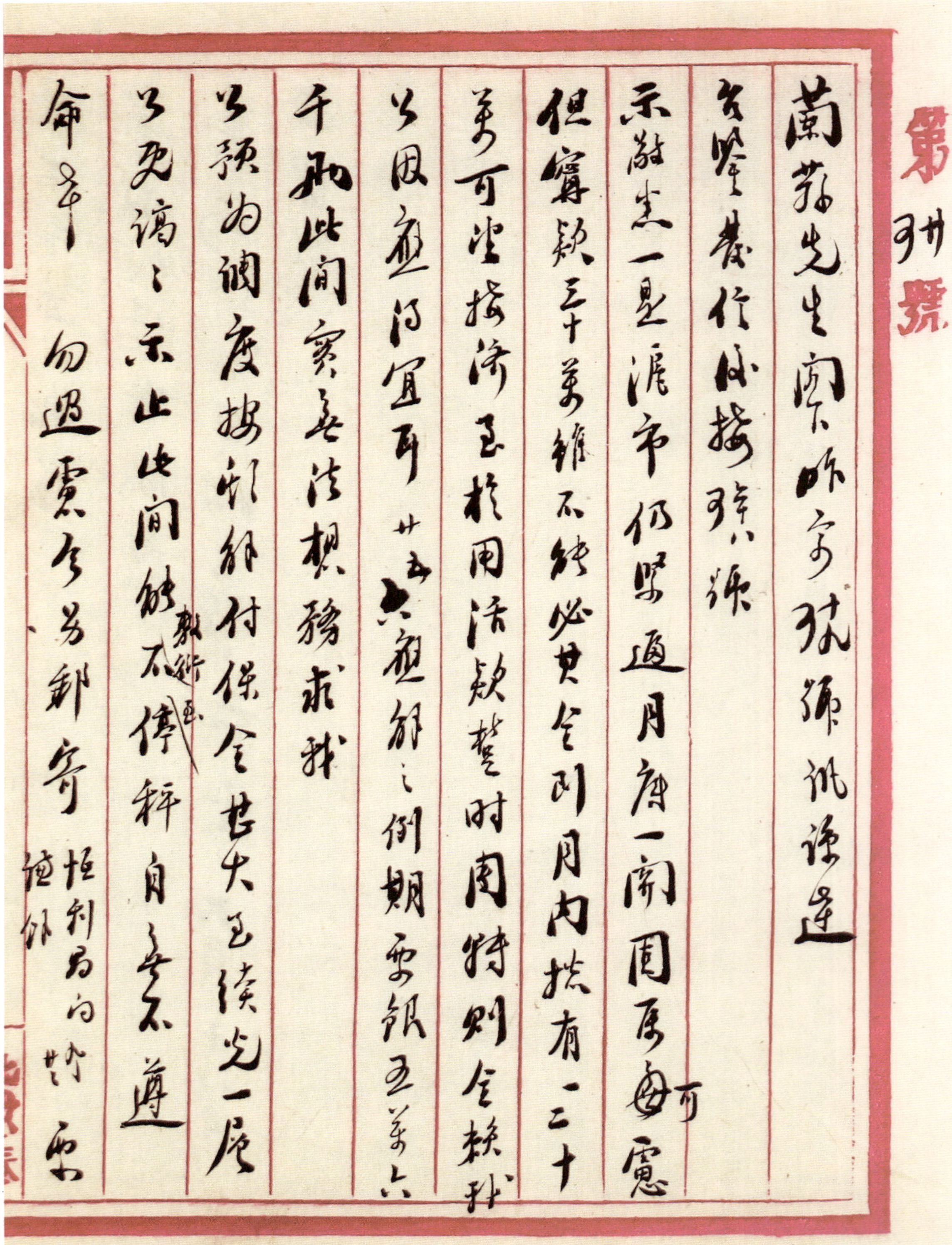

第一百二十號（九月十八日）

蘭蓀先生閣下：昨寄一百十九號訊，諒達台鑒。發信後接一百六十八號示，敬悉一是。滬市仍緊逼，月底一關固屬可慮，但寧款三十萬雖不能必其全到，月内總有一二十萬可望接濟。至於用活款暫時周轉，則全賴我公因應得宜耳。廿五、廿六應解之例期票銀五萬六千兩，此間實無法想，務求我公預爲調度，按期解付，保全甚大。至續兑一層，公既諄諄示止，此間能敷衍不至停秤，自無不遵命，幸勿過慮。今另郵寄恒利昌向謙餘九月廿二票洋壹千弍百元，祈察收。餘續陳。敬請籌安。本廠會計所啓。九月十八

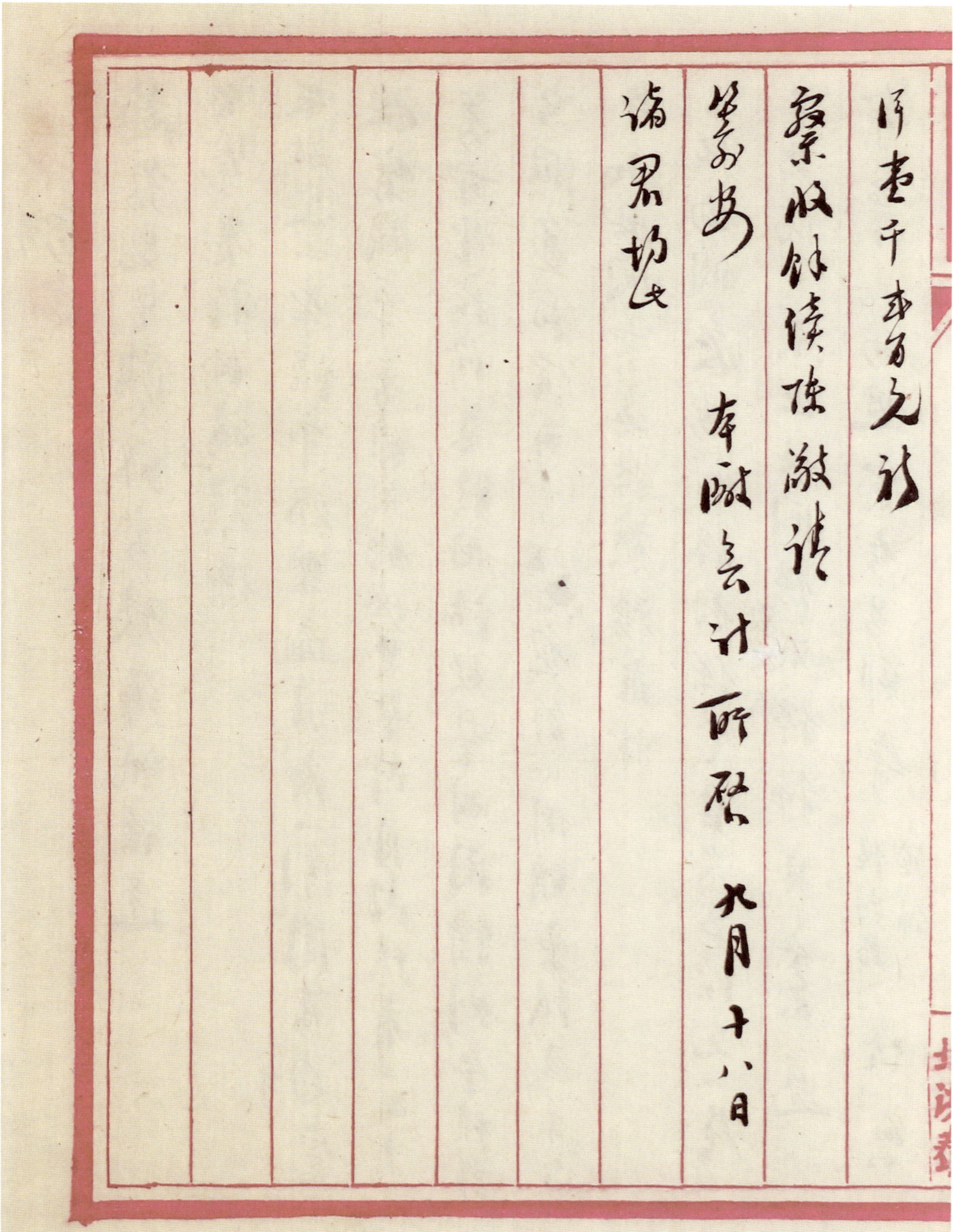
何者千萬之禱
察收外續陳徵請
筆安　本館會計所啟　九月十八日
諸君均此

第一百二十號（九月十八日）

日

諸君均此。

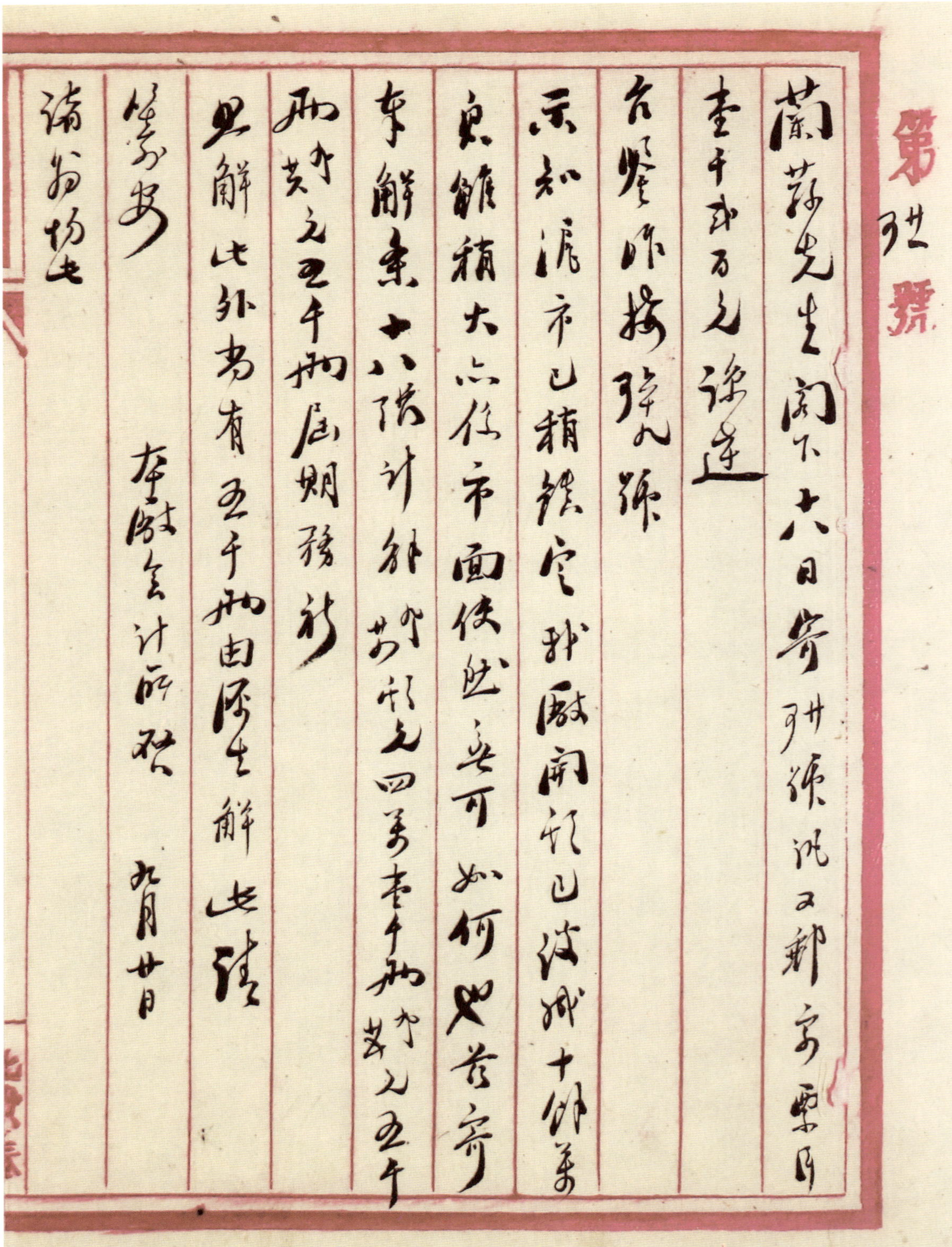

第一百二十一號（九月廿日）

蘭蓀先生閣下：十八日寄一百廿號訊，又郵寄票洋壹千弍百元，諒達台鑒。昨接一百六十九號示，知滬市已稍鎮定，我廠開期已談成十餘萬，息雖稍大，亦係市面使然，無可如何也。兹寄奉解條十八張，計解九月廿四期元四萬壹千兩、九月廿五元五千兩、九月廿六元五千兩，届期務祈照解。此外尚有五千兩，由源生解。此請籌安。本廠會計所啓。九月廿日

諸翁均此。

第一百二十一號（九月廿日）

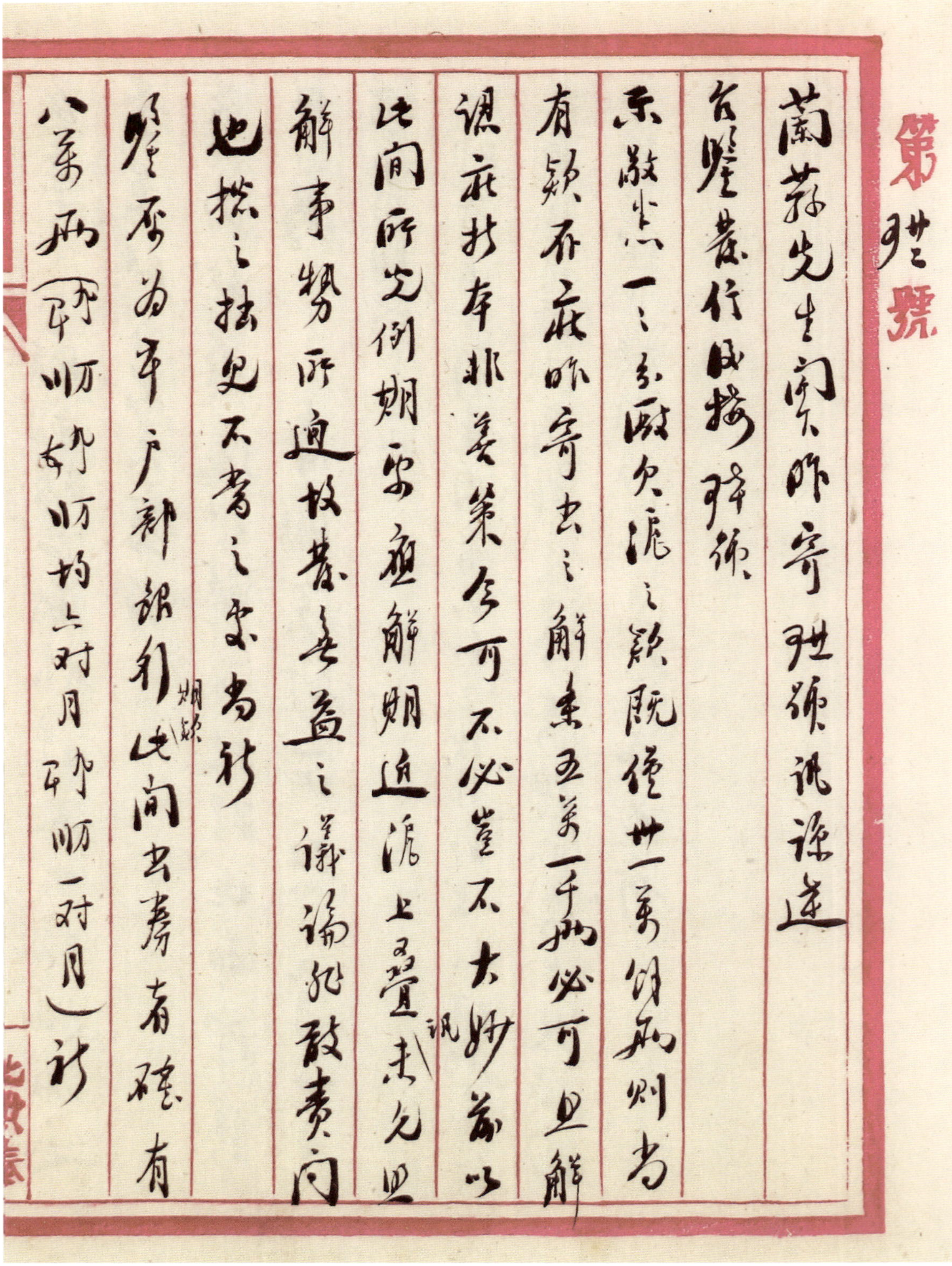

第一百二十二號（九月廿一日）

蘭蓀先生閣下：昨寄一百廿一號訊，諒達台鑒。發信後接一百七十號示，敬悉一一。分廠欠滬之款，既僅卅一萬餘兩，則尚有款存莊，昨寄出之解條五萬一千兩必可照解。認莊折本非善策，今可不必，豈不大妙。前以此間所兑例期票應解期近，滬上叠訊未允照解，事勢所迫，故發無益之議論，非敢責問也。總之，拙見不當之處，尚祈鑒原爲幸。户部銀行期款，此間出券者確有八萬兩（九月初十三萬、九月十五二萬，均六對月；九月初十三萬，一對月），祈更查之。分廠開期，正廠作保

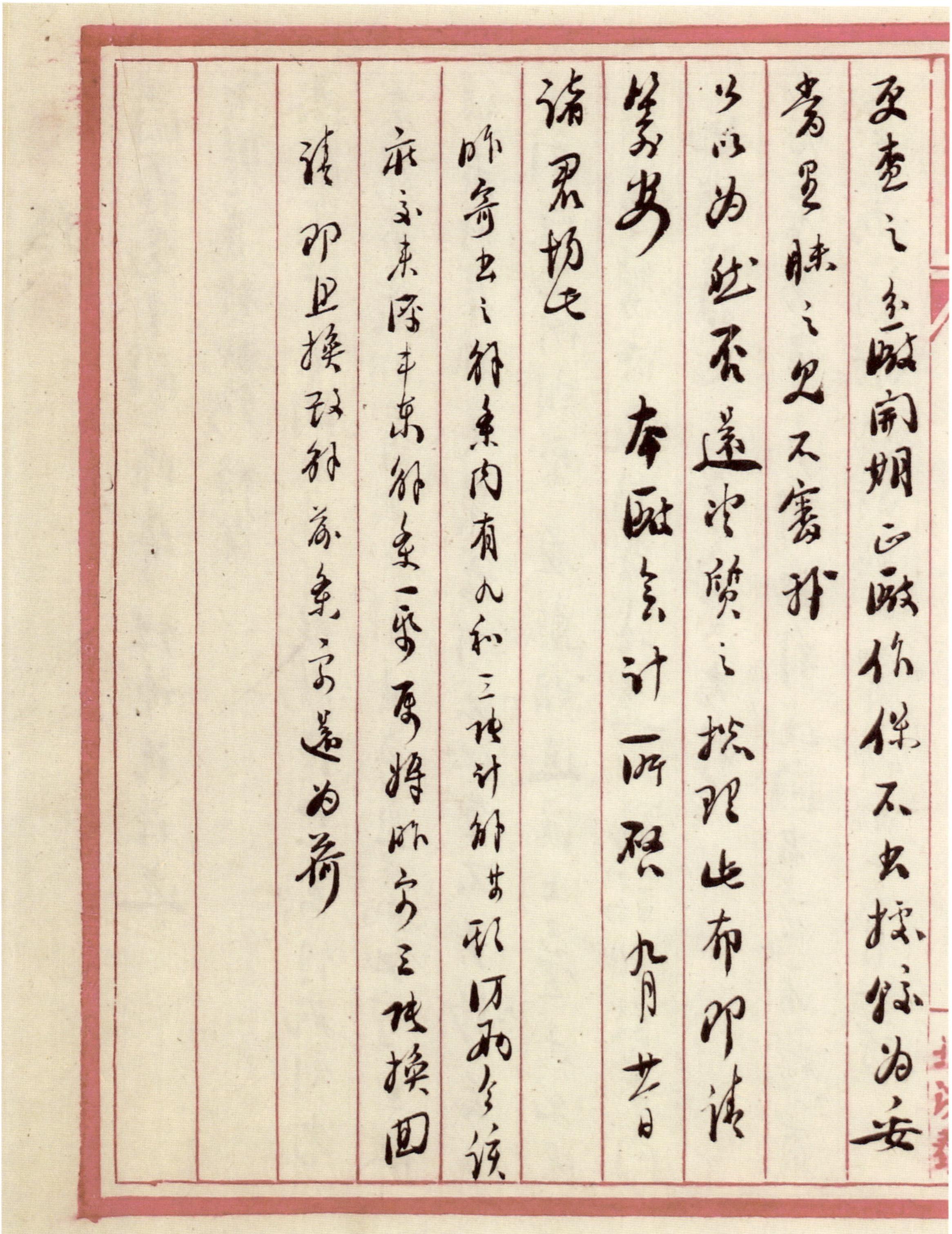
更查之本廠開期正廠作保不出據較為妥
當愚昧之見不審我
公以為然否還望質之總理此布即請
籌安　本廠會計所啓　九月廿一日
諸君均此
昨寄出之解條內有九和三張計解廿四期一萬兩今該
莊交來源豐泰解條一紙屬將昨寄三張換回
請即照換改解前條寄還為荷

第一百二十二號（九月廿一日）

不出據，較爲妥當。愚昧之見，不審我公以爲然否，還望質之總理。此布，即請籌安。

本廠會計所啓。九月廿一日

諸君均此。

昨寄出之解條，內有九和三張，計解廿四期一萬兩。今該莊交來源豐泰解條一紙，屬將昨寄三張換回，請即照換改解，前條寄還爲荷。

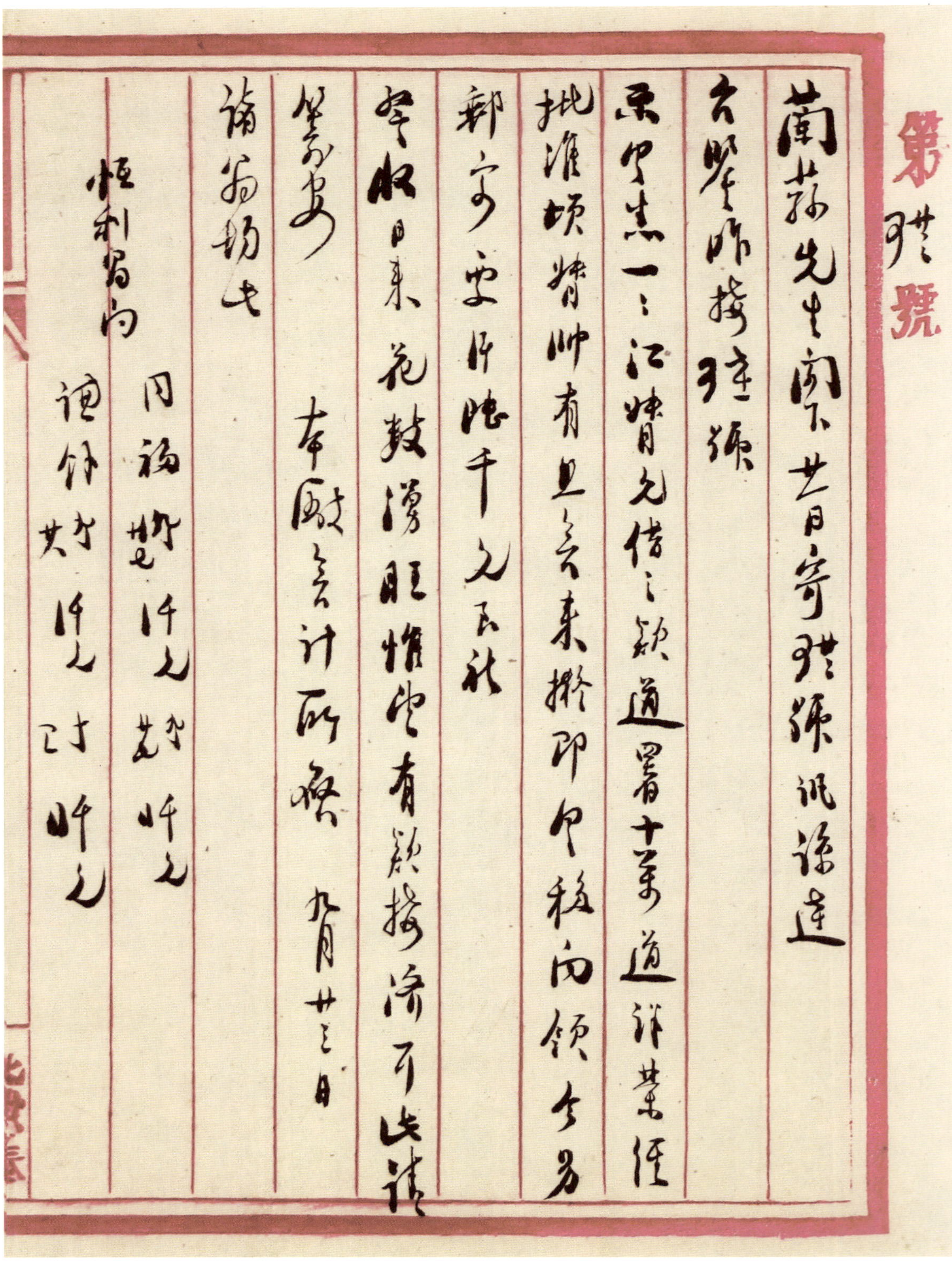

第一百二十三號（九月廿三日）

蘭蓀先生閣下：廿一日寄一百廿二號訊，諒達台鑒。昨接一百七十一號示，具悉一一。江督允借之款，道署十萬，道詳業經批准，頃督帥有照會來，擬即具移向領。今另郵寄票洋陸千元，至祈察收。日來花數涌旺，惟望有款接濟耳。此請籌安。本廠會計所啓。九月廿三日

諸翁均此。

恒利昌向同福，九月廿七，一千元；九月廿七，二千元

第一百二十三號（九月廿三日）

恒利昌向謙餘，九月廿八，一千元；十月初一，二千元

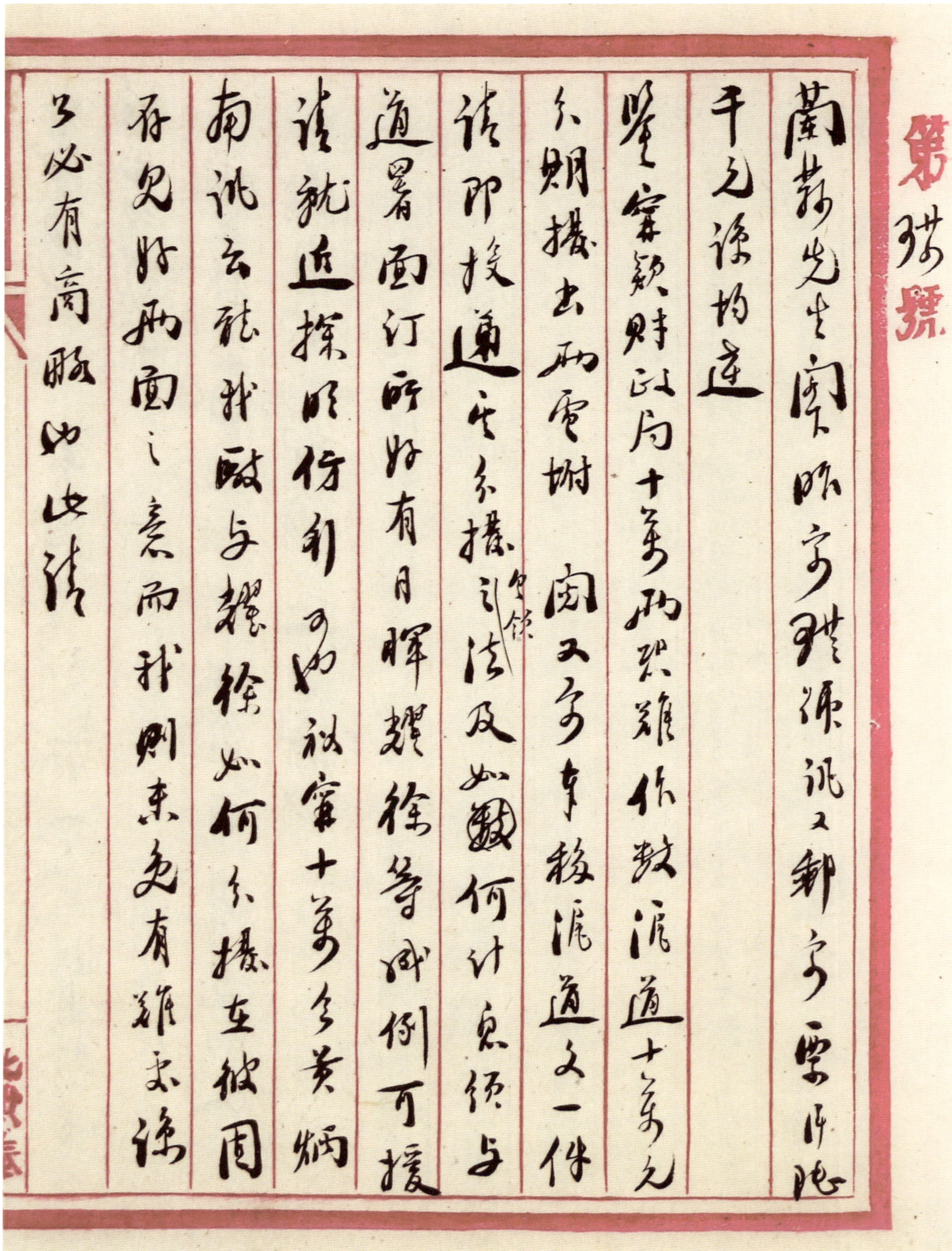

第一百二十四號（九月廿四日）

蘭蓀先生閣下：昨寄一百廿三號訊，又郵寄票洋陸千元，諒均達鑒。寧款財政局十萬兩恐難作數，滬道十萬元分期撥出，兩電附閱。又寄奉移滬道文一件，請即投遞。其分撥具領之法及如何計息，須與道署面訂，所好有日暉、耀徐等成例可援，請就近探明仿行可也。裕寧十萬，今黃炳南訊云聽我廠與耀徐如何分撥，在彼固存見好兩面之意，而我則未免有難處，諒公必有商略也。此請籌安。本廠會計所啓。九月廿四日

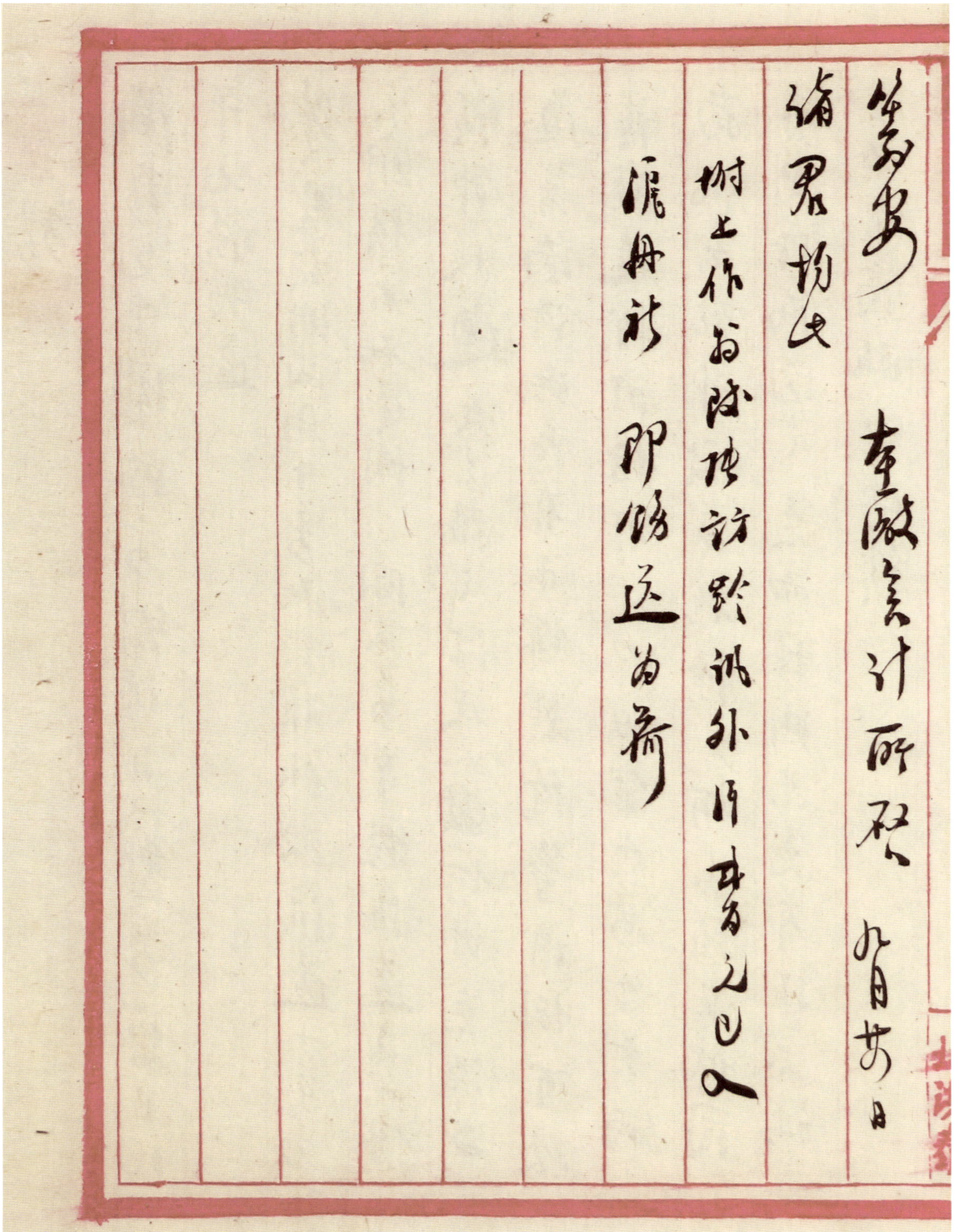

第一百二十四號（九月廿四日）

諸君均此。

附上作翁致張訪齡訊，外洋式百元已入滬册，祈即飭送爲荷。

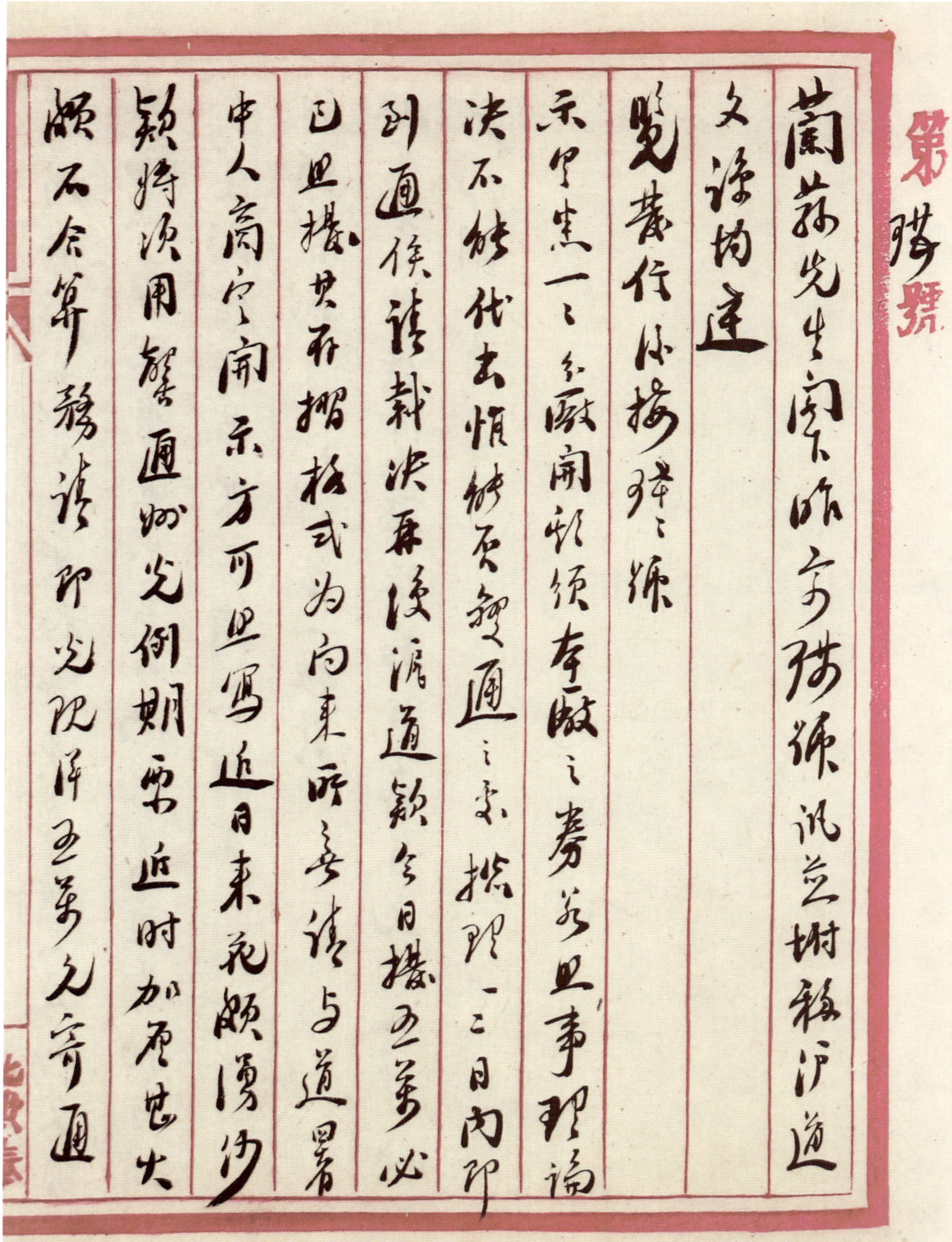

第一百二十五號

蘭蓀先生閣下：昨寄一百廿四號訊，并附移滬道文，諒均達覽。發信後接一百七十二號示，具悉一一。分廠開期須本廠之券，若照事理論，决不能代出，惟能否變通之處，總理一二日内即到通，俟請裁决再復。滬道款今日撥五萬，必已照撥，其存摺格式爲向來所無，請與道署中人商定開示，方可照寫。近日來花頗涌，紗款將次用罄，通州兑例期票，近時加厘甚大，頗不合算，務請即兑現洋五萬元寄通接濟，能於廿七日交大和帶來尤好，不及則廿九寄大新亦可。現有道款五萬兩，

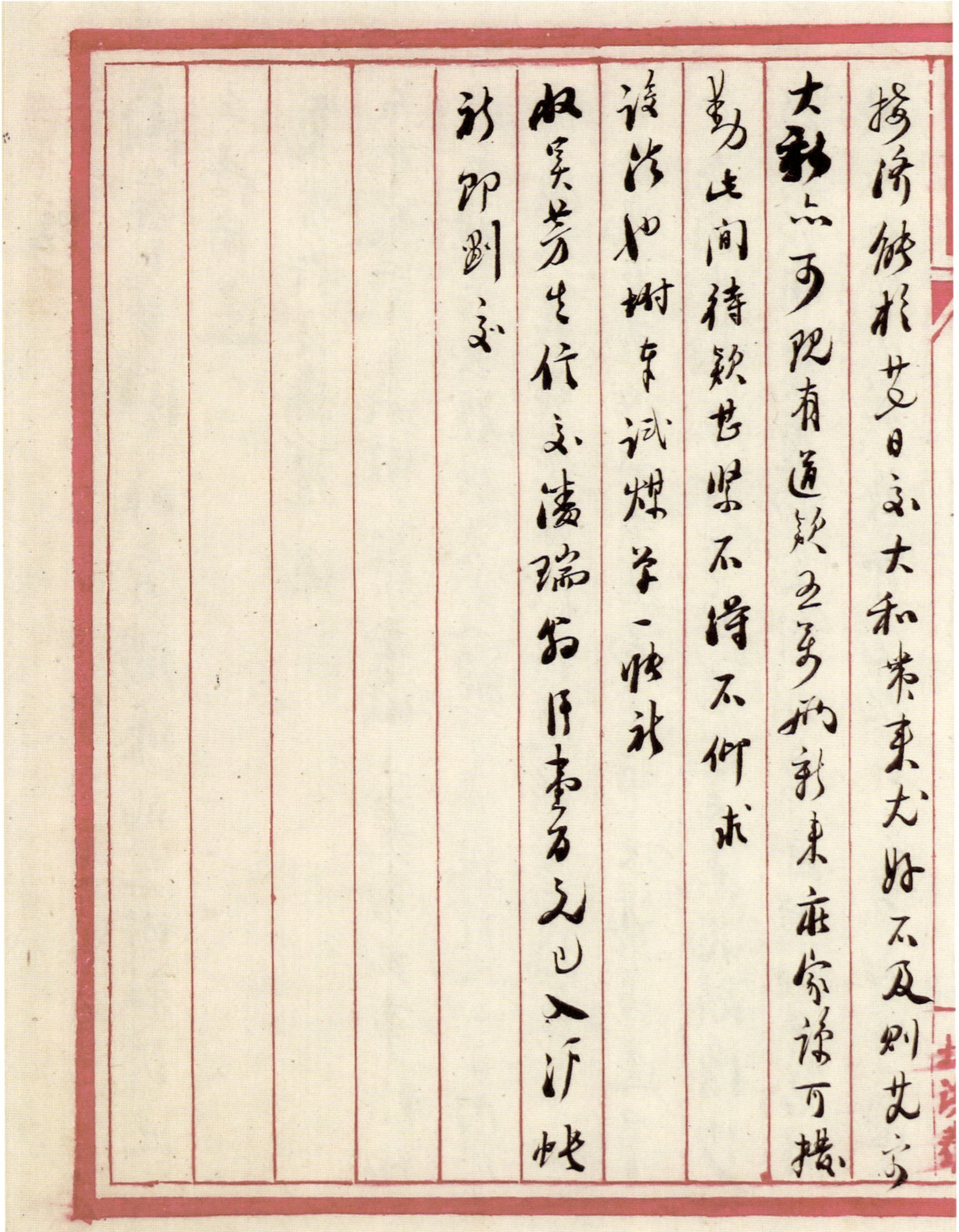

接濟能於廿五日之大和輪來尤好不及則廿六日之
大東輪亦可現有道款五萬兩新來莊家諒可撥
動此間待款甚緊不得不仰求
設法也附奉試煤單一張祈
收吳芳生信交潘瑞翁洋壹百元已入滬帳
祈即劃交

第一百二十五號

新來莊家諒可撥動，此間待款甚緊，不得不仰求設法也。附奉試煤單一張，祈收。吳芳生信交潘瑞翁洋壹百元，已入滬帳，祈即劃交。

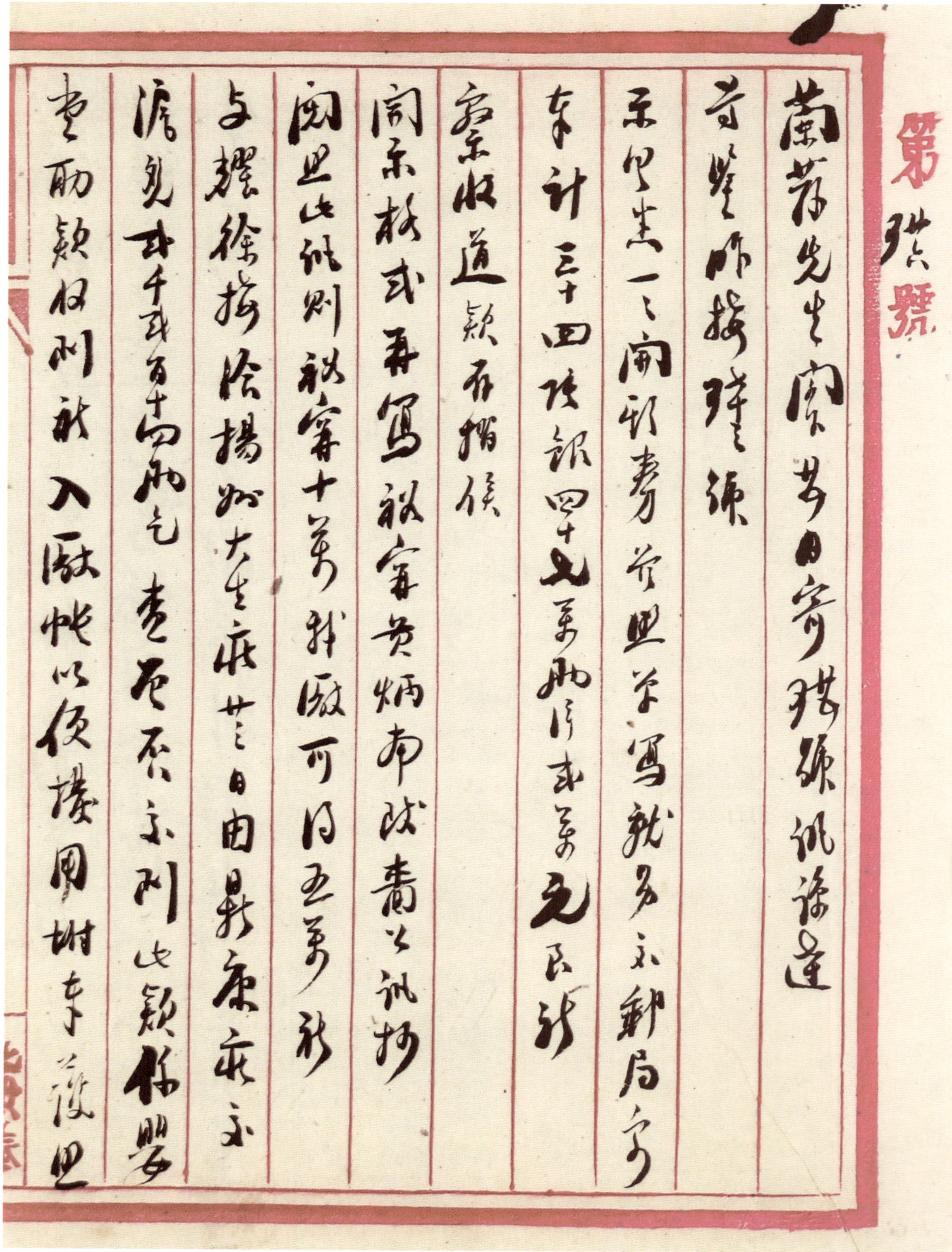

第一百二十六號（九月廿七日）

蘭蓀先生閣下：廿五日寄一百廿五號訊，諒達尊鑒。昨接一百七十三號示，具悉一一。開期券，兹照單寫就，另交郵局寄奉，計三十四張，銀四十七萬兩，洋式萬元，至祈察收。道款存摺，俟開示格式再寫。裕寧黄炳南致啬公訊抄閲，照此訊則裕寧十萬，我廠可得五萬，祈與耀徐接洽。揚州大生莊廿三日由鼎康莊交滬九八元式千式百十四兩，乞查曾否交到，此款係嬰堂助款，收到祈入廠帳，以便撥用。附奉護照壹張，祈收。廿四、廿五、廿六解條回單，乞即檢寄，各莊已來催問。此請

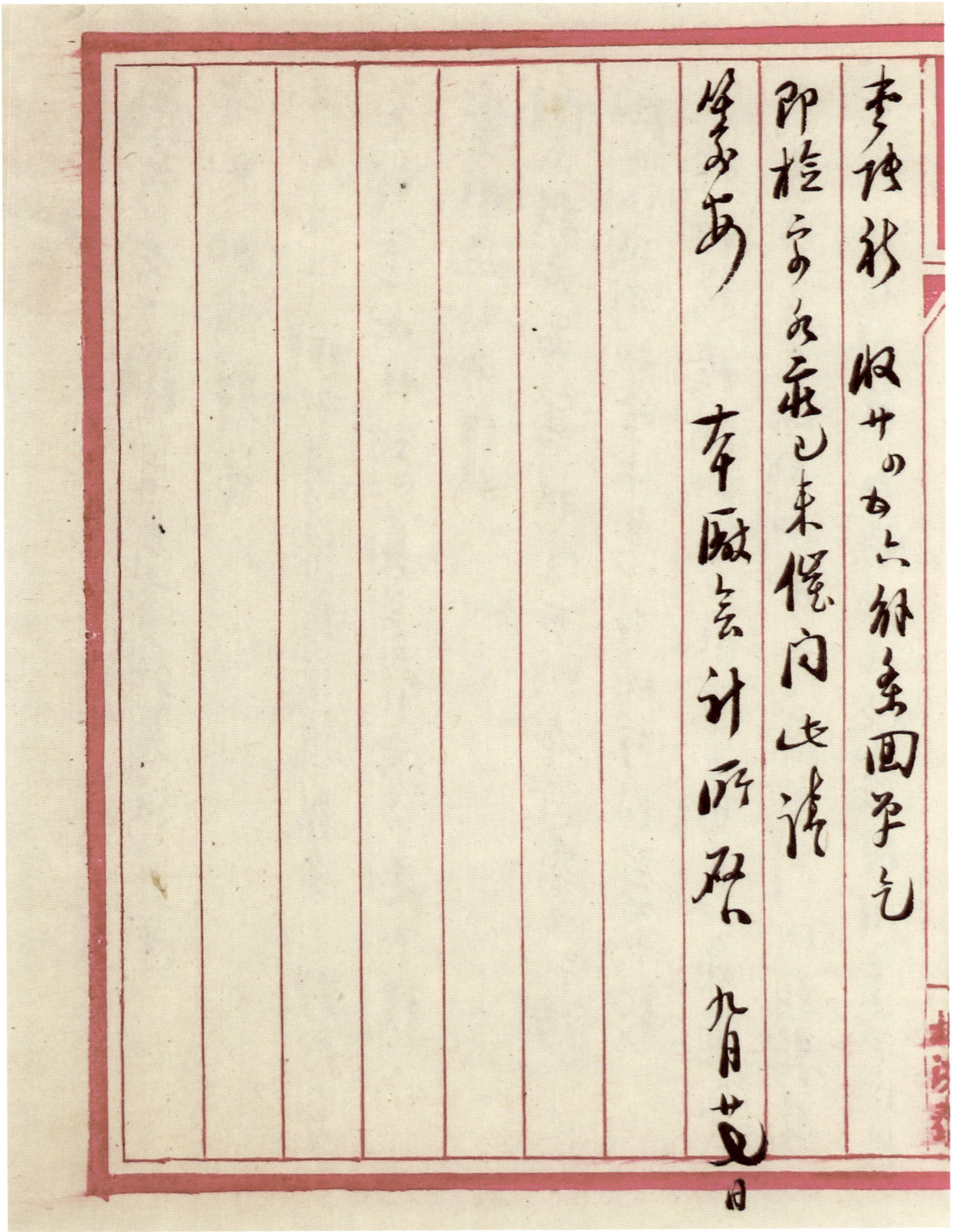
李總辦 收廿四五六號來函早已
即檢字句未齊已來償內此請
籌安 本廠會計所啓 九月廿七日

第一百二十六號（九月廿七日）

籌安。本廠會計所啓。九月廿七日

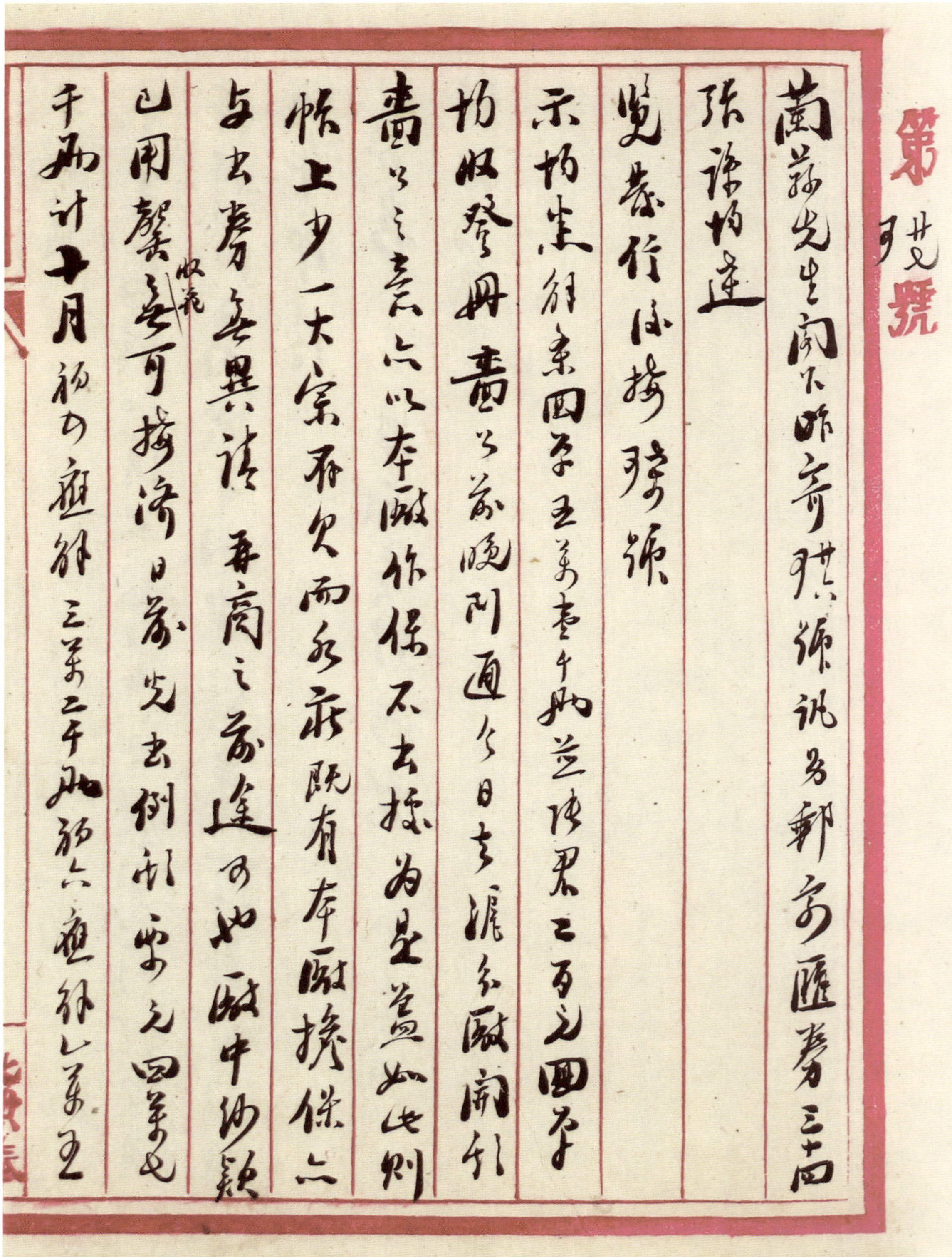

第一百二十七號（九月廿八日）

蘭蓀先生閣下：昨寄一百廿六號訊，另郵寄匯券三十四張，諒均達覽。發信後接一百七十四號示，均悉。解條回單五萬壹千兩，并張君二百元回單，均收登册。嗇公前晚到通，今日去滬。分廠開期，嗇公之意亦以本廠作保不出據爲是，蓋如此則帳上少一大宗存欠，而各莊既有本廠擔保，亦與出券無异，請再商之前途可也。廠中紗款已用罄，收花無可接濟，日前兑出例期票元四萬七千兩，計十月初五應解三萬二千兩，初六應解一萬五千兩，請早籌備。明知滬上銀緊，無如不兑例期即須

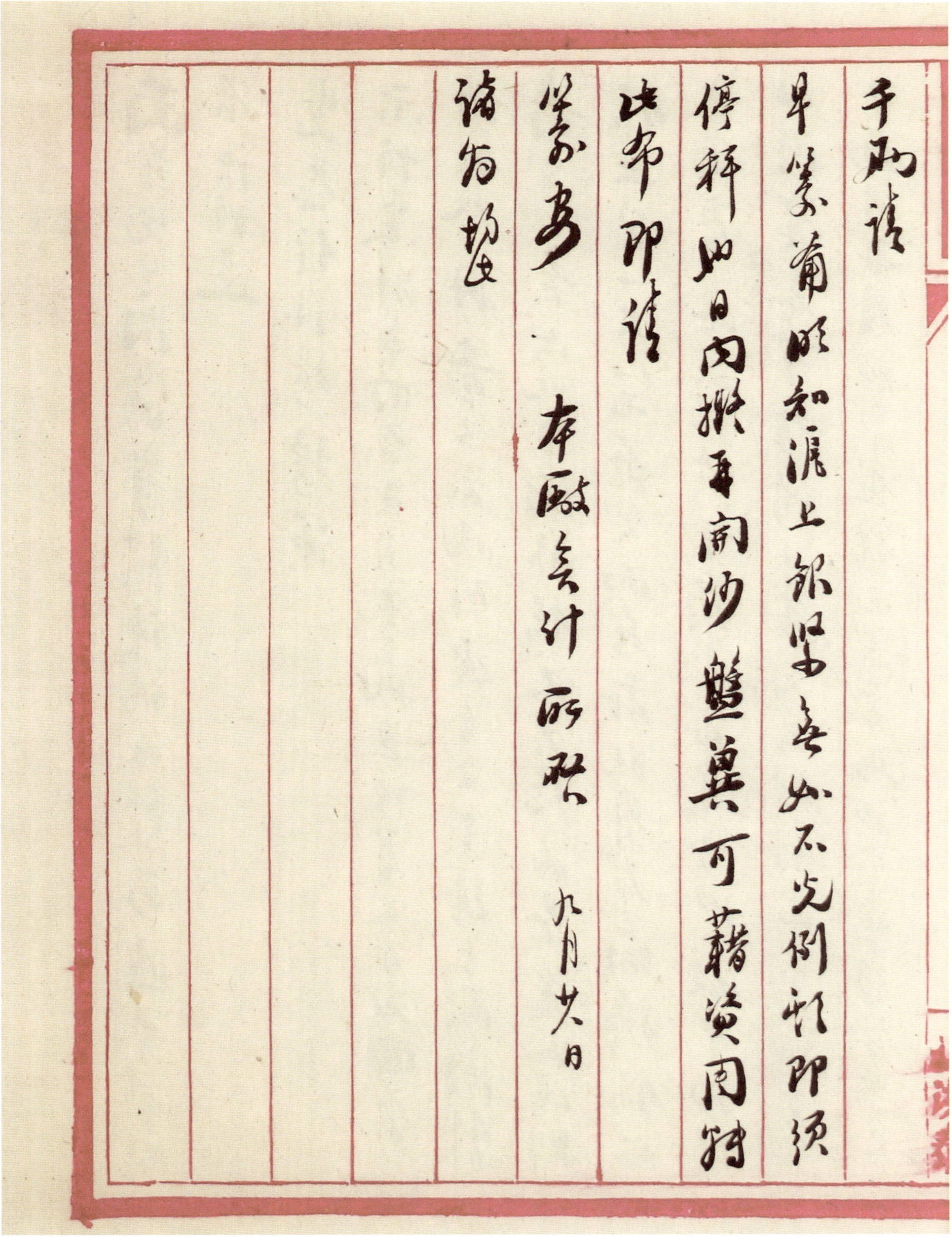

手函請
早察備昨知滬上錢莊無如不允例軋即須
停秤也日内擬再開紗盤冀可藉資周轉
此布即請
籌安　本廠會計所啓　九月廿八日
諸翁均此

第一百二十七號（九月廿八日）

停秤也。日内擬再開紗盤，冀可藉資周轉。此布，即請籌安。本廠會計所啓。九月廿八日

諸翁均此。

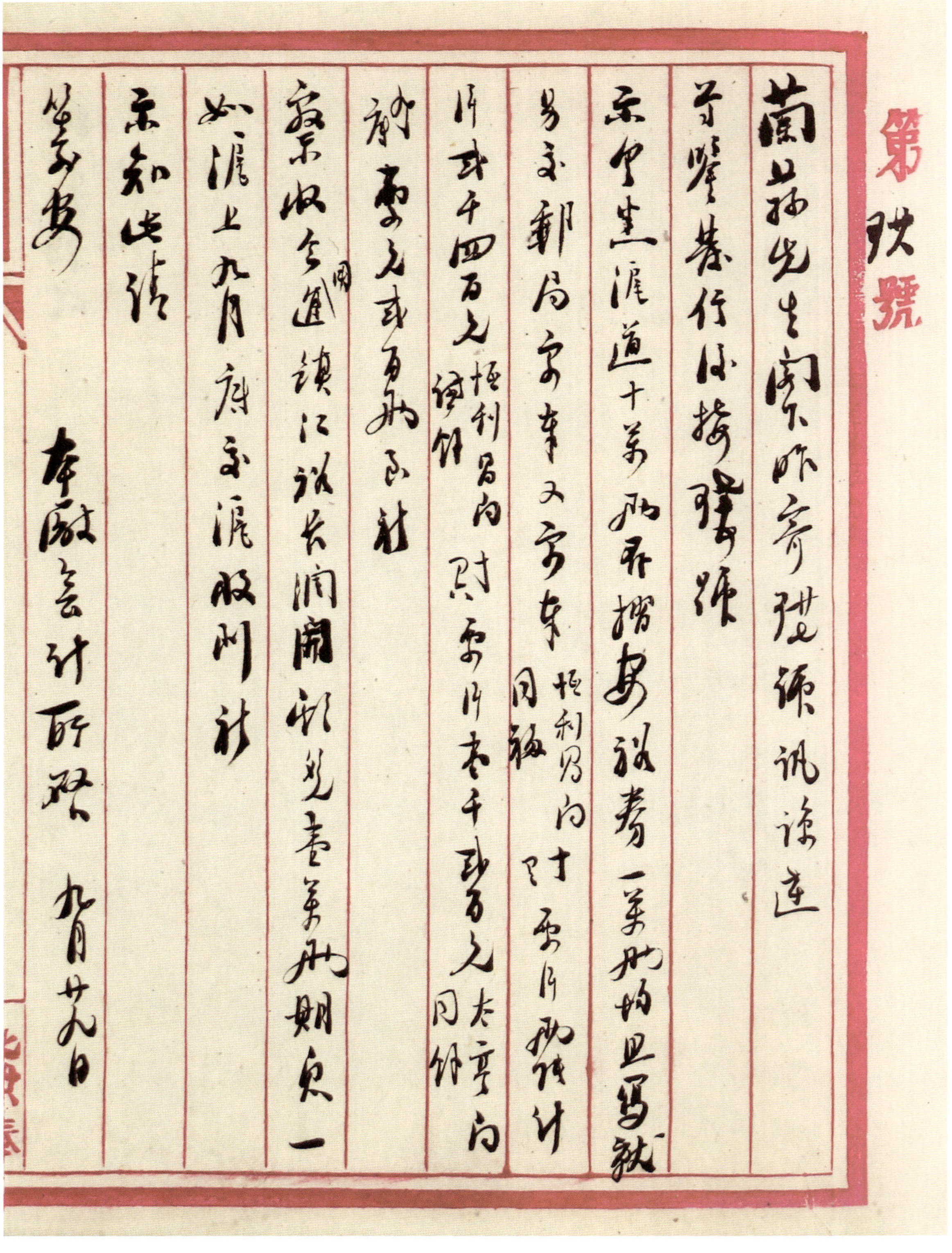

第一百二十八號（九月廿九日）

蘭蓀先生閣下：昨寄一百廿七號訊，諒達尊鑒。發信後接一百七十五號示，具悉。滬道十萬兩存摺，安裕券一萬兩，均照寫就，另交郵局寄奉。又寄奉恒利昌向同福十月初二票洋兩張，計洋式千四百元，恒利昌向謙餘十月初六票洋壹千式百元，太亨向同餘九月底票元式百兩，至祈察收。今用進鎮江裕長潤開期九八元壹萬兩，期息一如滬上，九月底交滬，收到祈示知。此請籌安。本廠會計所啓。九月廿九日

諸翁均此。

諸翁均此

第一百二十八號（九月廿九日）

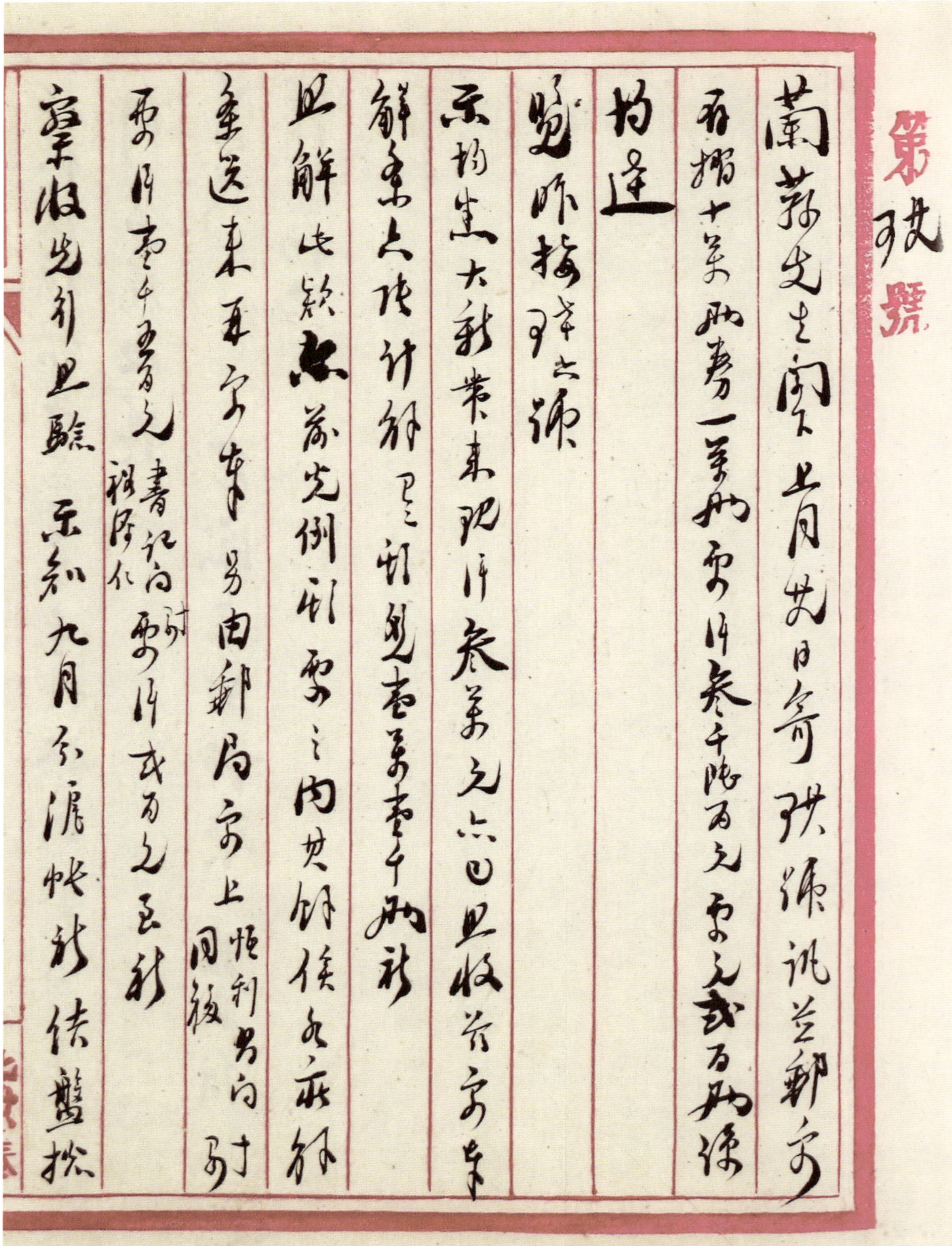

第一百二十九號（十月朔）

蘭蓀先生閣下：上月廿九日寄一百廿八號訊，并郵寄存摺十萬兩、券一萬兩、票洋叁千陸百元、票元弍百兩，諒均達覽。昨接一百七十六號示，均悉。大新帶來現洋叁萬元，亦已照收。茲寄奉解條六張，計解初三期九八元壹萬壹千兩，祈照解，此款亦前兑例期票之内，其餘俟各莊解條送來再寄奉。另由郵局寄上恒利昌向同福十月初四票洋壹千五百元，書記向裕源仁十月初四票洋弍百元，至祈察收，先行照驗示知。九月分滬帳，祈結盤總，以便統核，報告董事查帳，仍祈於月半

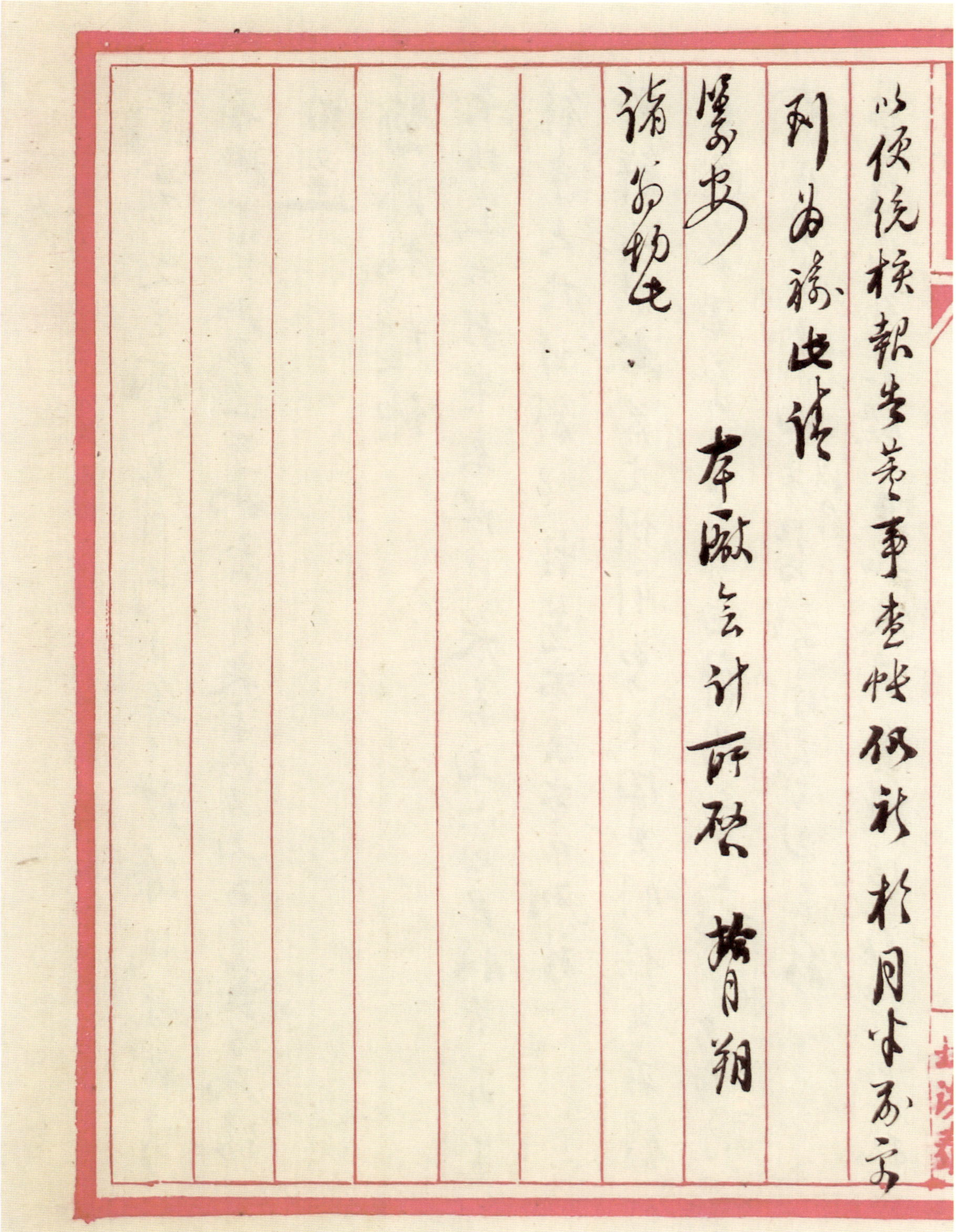

以便統核報告兼事查收備於月中前寄
到爲禱。此請
籌安 本廠會計所啓 拾月朔
諸翁均此。

第一百二十九號（十月朔）

前寄到爲禱。此請籌安。本廠會計所啓。拾月朔

諸翁均此。

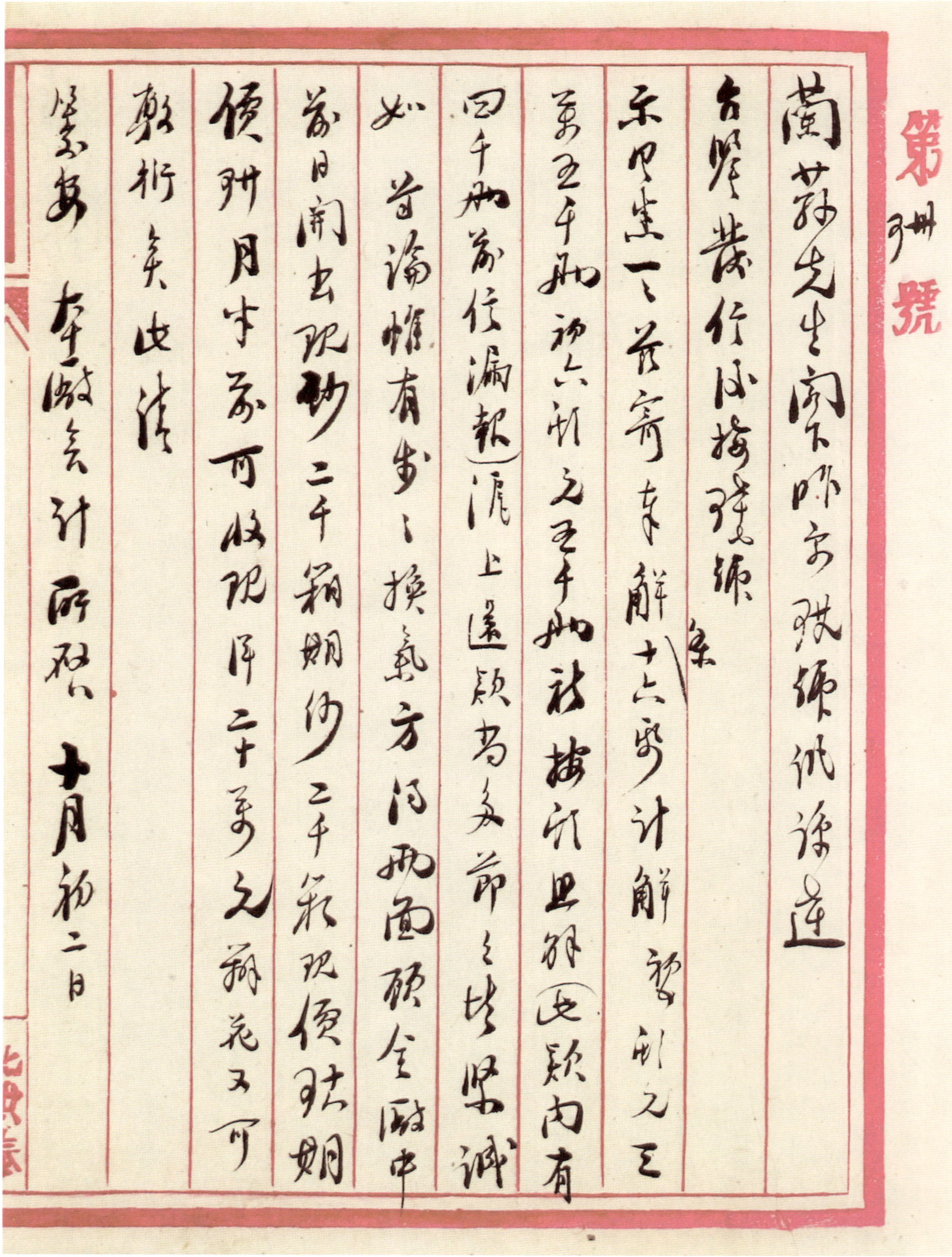

第一百三十號（十月初二日）

蘭蓀先生閣下：昨寄一百廿九號訊，諒達台鑒。發信後接一百七十七號示，具悉一一。玆寄奉解條十六紙，計解初五期元三萬五千兩、初六期元五千兩，祈按期照解（此款内有四千兩前信漏報）。滬上還款尚多，節節皆緊，誠如尊論，惟有步步换氣，方得兩面顧全。廠中前日開出現紗二千箱，期紗二千箱，現價一百十八，期價一百廿，月半前可收現洋二十萬元，辦花又可敷衍矣。此請籌安。本廠會計所啓。十月初二日

第一百三十號（十月初二日）

諸翁均此。

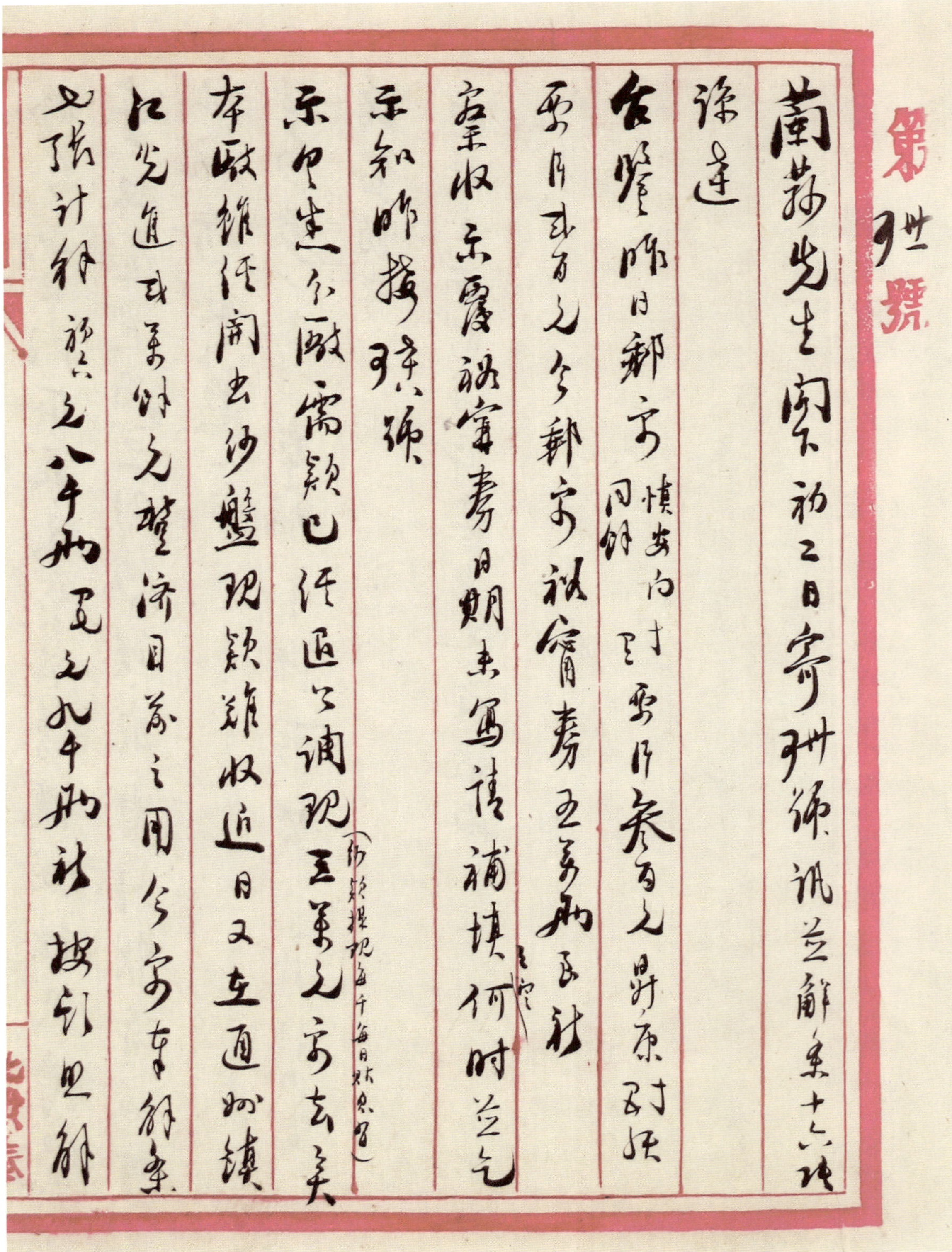

第一百三十一號（十月初四日）

蘭蓀先生閣下：初二日寄一百卅號訊，并解條十六張，諒達台鑒。昨日郵寄慎安向同餘十月初二票洋叁百元、昇康十月初五（五天）票洋式百元，今郵寄裕寧券五萬兩，至祈察收示覆。裕寧券日期未寫，請補填，填定何時，并乞示知。昨接一百七十八號示，具悉。分廠需款，已經退公調現三萬元（紗款提現每千每日貼息四錢）寄去矣。本廠雖經開出紗盤，現款難收，近日又在通州、鎮江兑進式萬餘元，暫濟目前之用。今寄奉解條七張，計解初六元八千兩、初七元九千兩，祈

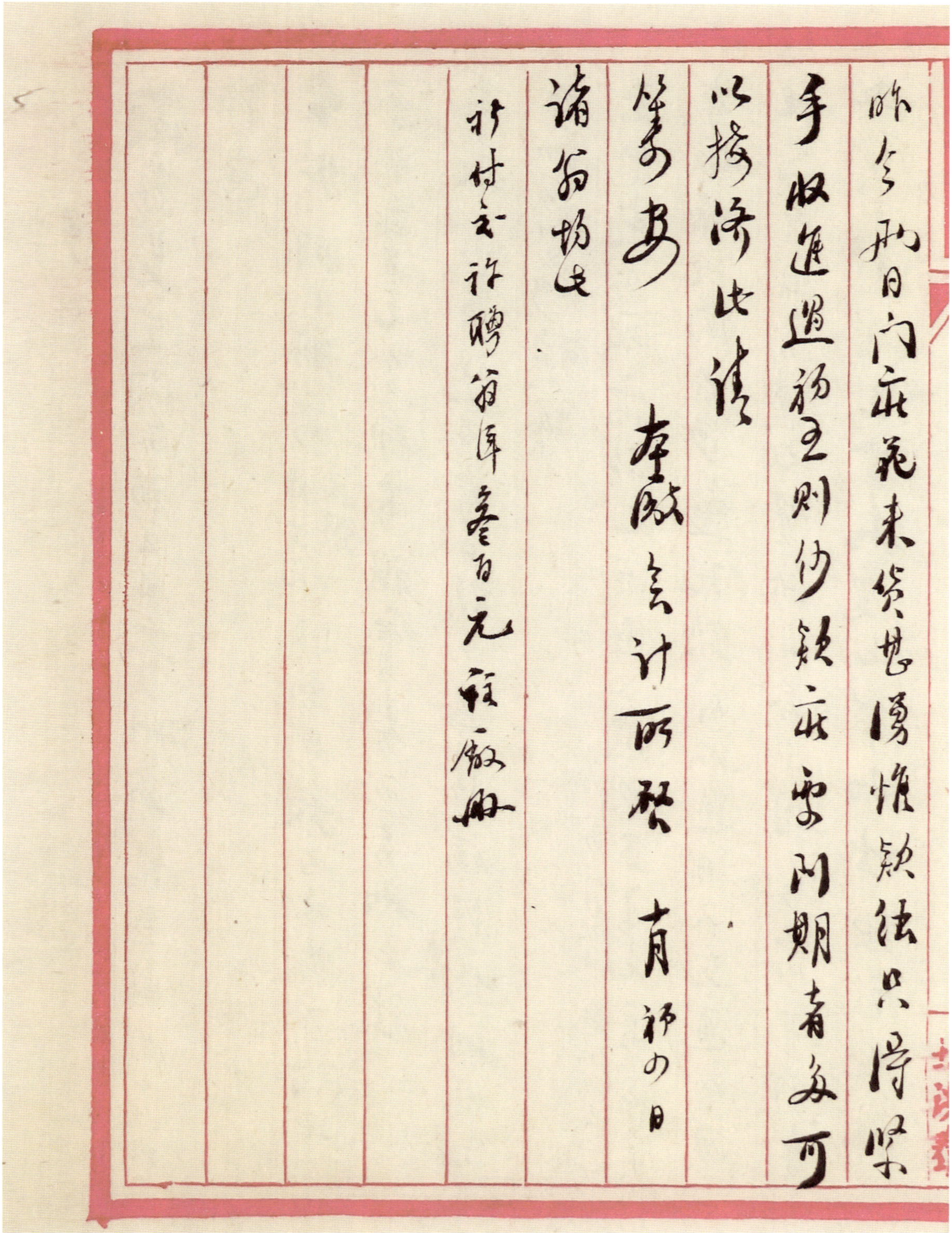

第一百三十一號（十月初四日）

按期照解。昨、今兩日門莊花來貨甚涌，惟款絀，衹得緊手收進，過初五則紗款莊票到期者多，可以接濟。此請籌安。本廠會計所啓。十月初四日
諸翁均此。
祈付交許聘翁洋叁百元，注廠册。

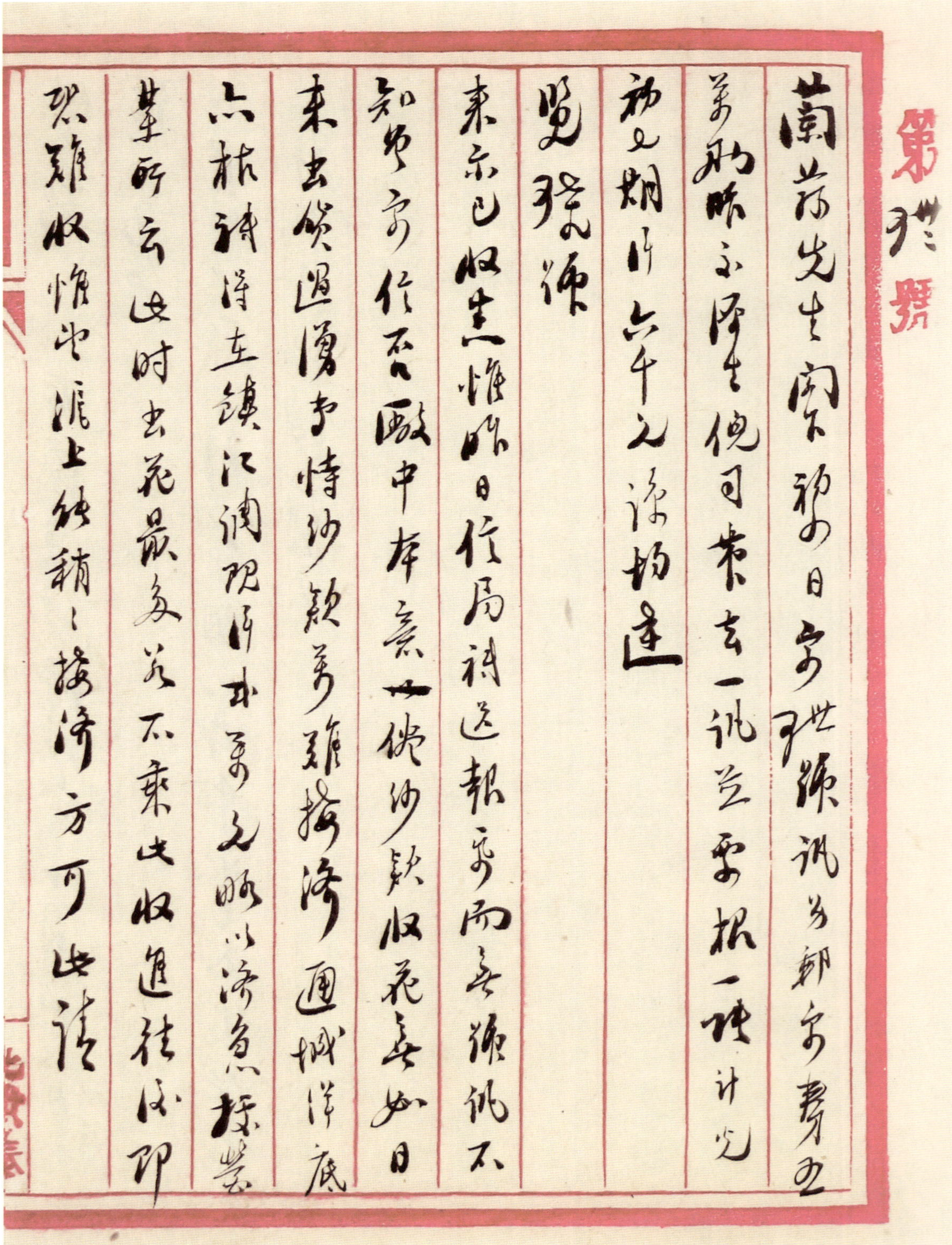

第一百三十二號（十月初六日）

蘭蓀先生閣下：初四日寄一百卅一號訊，另郵寄券五萬兩，昨交源生倪司帶去一訊，并票根一張，計兑初七期洋六千元，諒均達覽。一百七十九號來示已收悉，惟昨日信局衹送報紙而無號訊，不知曾寄信否。廠中本意儘紗款收花，無如日來出貨過涌，專恃紗款，萬難接濟，通城洋底亦枯，衹得在鎮江調現洋弍萬元，略以濟急。據營業所云，此時出花最多，若不乘此收進，往後即恐難收。惟望滬上能稍稍接濟方可。此請籌安。本廠會計所啓。十月初六日

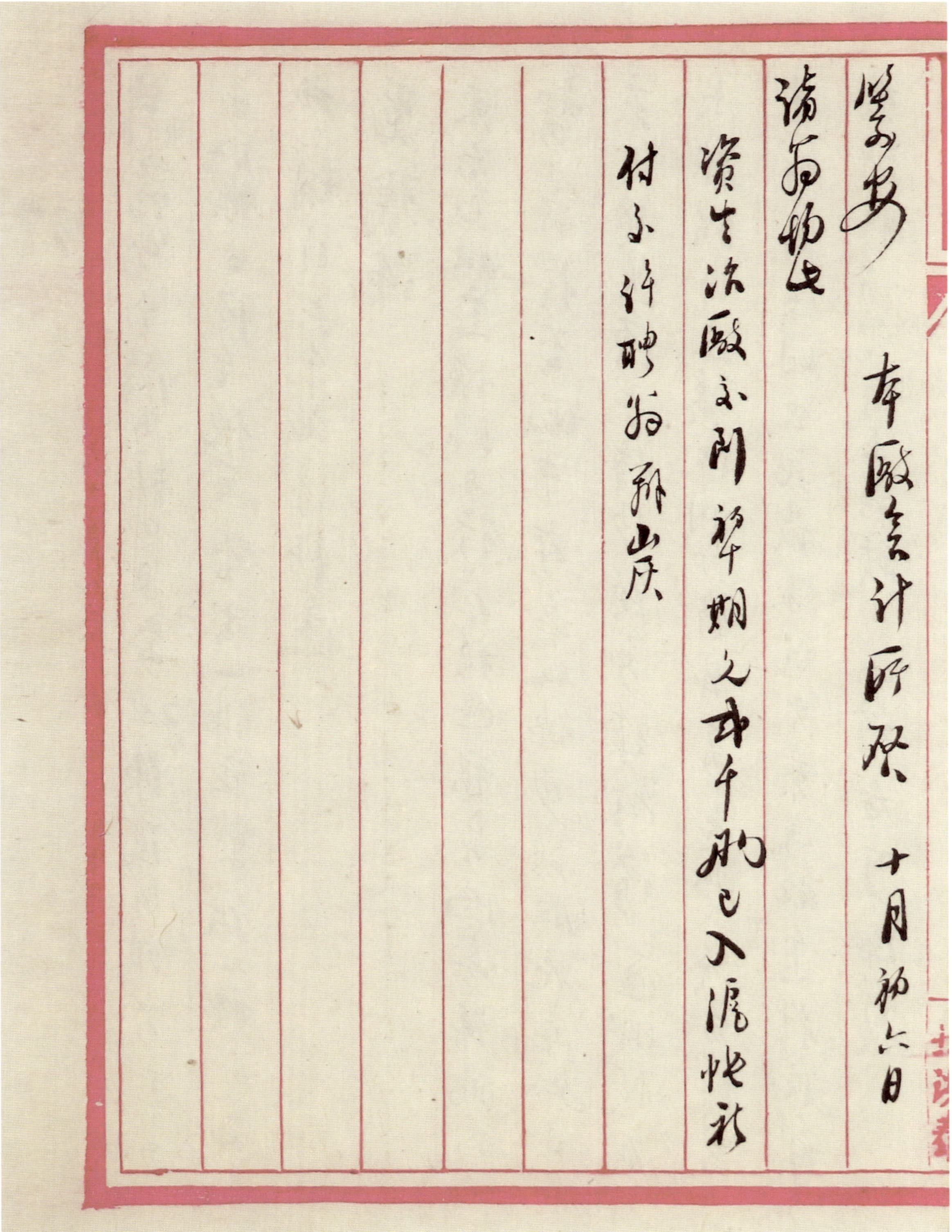
暨安　本廠會計所啟　十月初六日
諸翁均此
資生冶廠交到初十期元弍千兩已入滬帳祈
付交許聘翁辦炭

第一百三十二號（十月初六日）

諸翁均此。

資生冶廠交到初十期元弍千兩，已入滬帳，祈付交許聘翁辦炭。

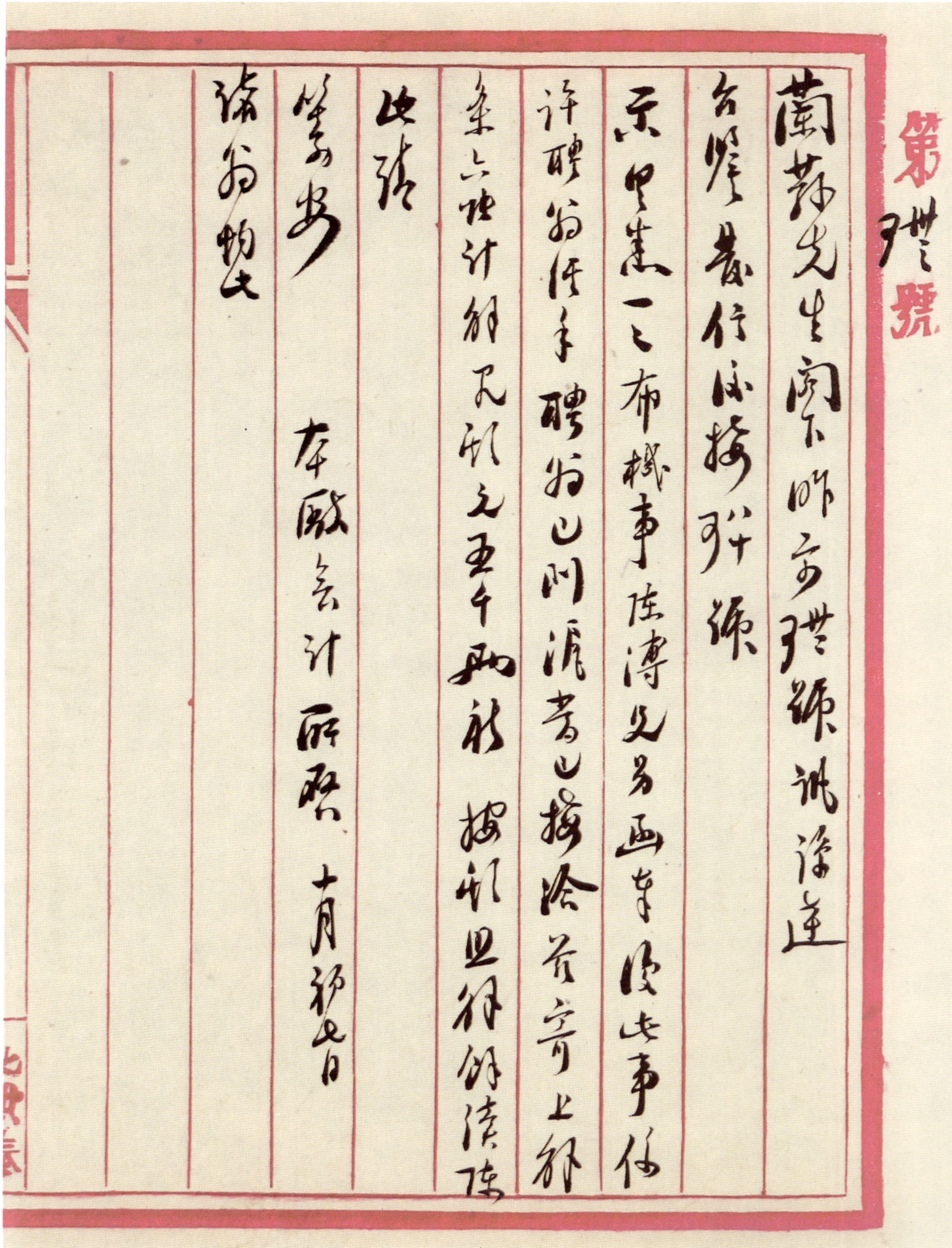

第一百三十三號（十月初七日）

蘭蓀先生閣下：昨寄一百卅二號訊，諒達台鑒。發信後接一百八十號示，具悉一一。布機事，陳溥兄另函奉復。此事係許聘翁經手，聘翁已到滬，當已接洽。兹寄上解條六張，計解初九期元五千兩，祈按期照解。餘續陳。此請籌安。本廠會計所啓。十月初七日

諸翁均此。

第一百三十三號（十月初七日）

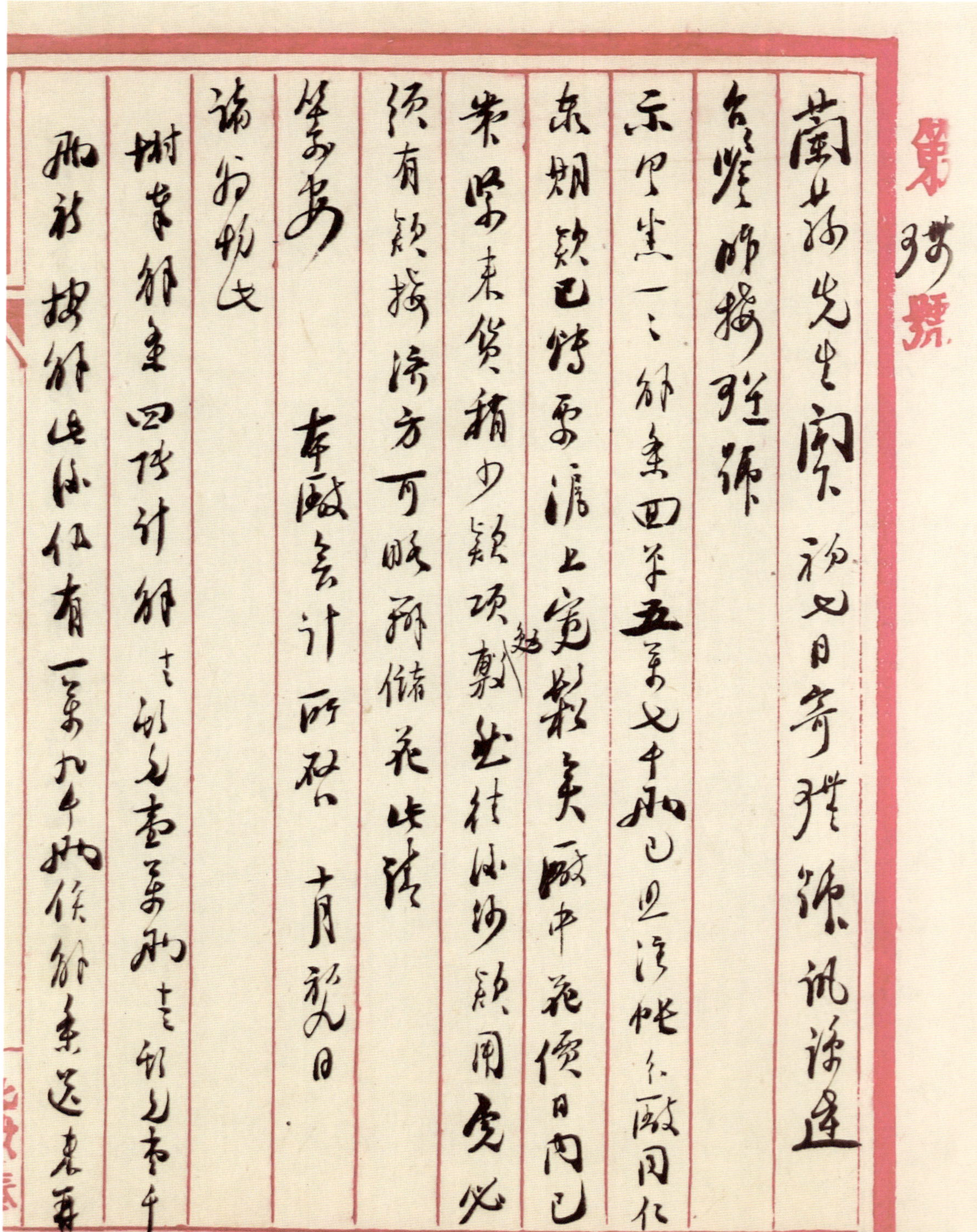

第一百三十四號（十月初九日）

蘭蓀先生閣下：初七日寄一百卅三號訊，諒達台鑒。昨接一百八十一號示，具悉一一。解條回單五萬七千兩已照注帳。分廠、同仁泰期款已轉票，滬上寬鬆矣。廠中花價日内已帶緊，來貨稍少，款項勉敷，然往後紗款用完，必須有款接濟，方可略辦儲花。此請籌安。本廠會計所啓。十月初九日

諸翁均此。

附奉解條四張，計解十二期元壹萬兩、十三期元壹千兩，祈按解。此後仍有一萬

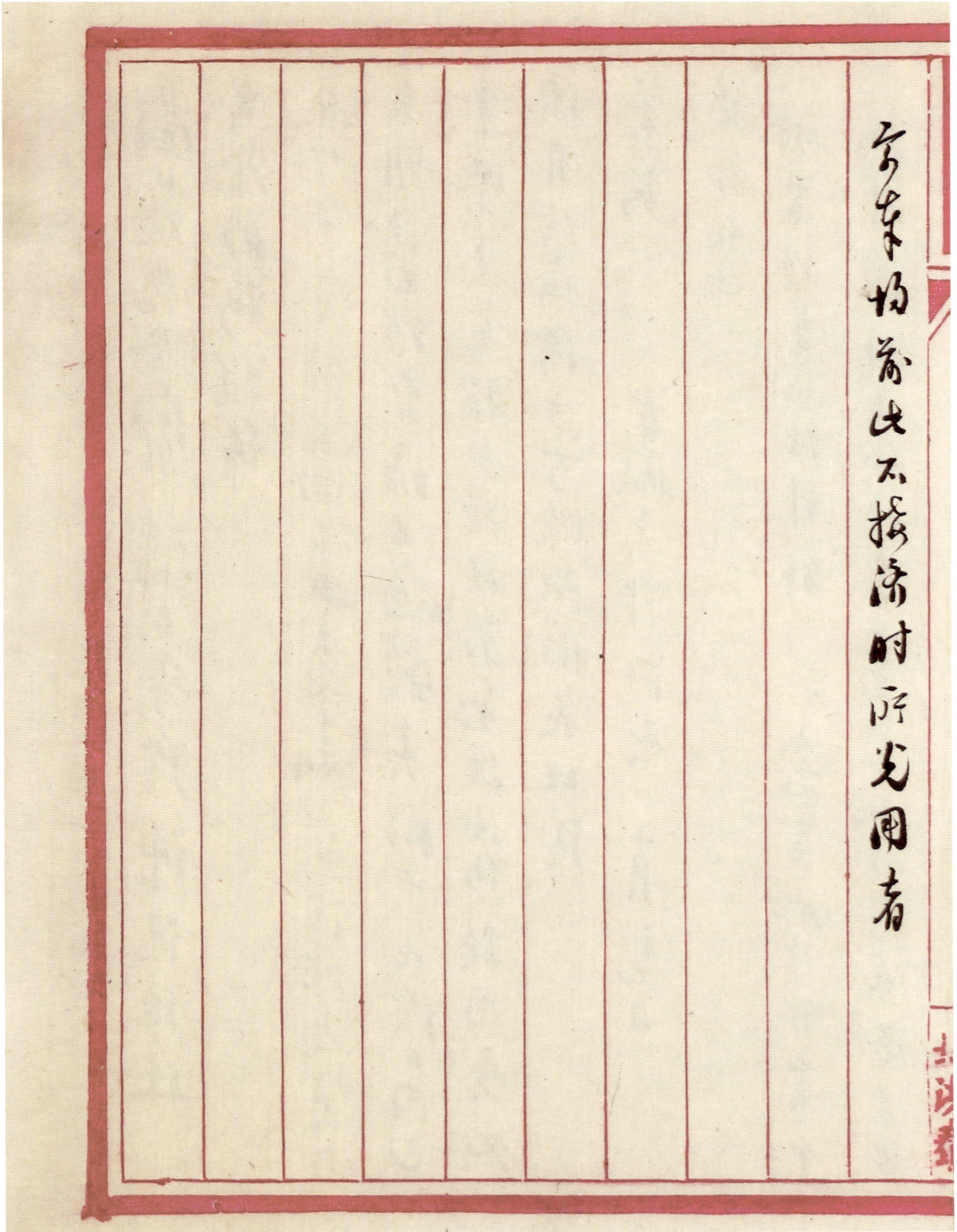

均前此不接济时所兑用者

第一百三十四號（十月初九日）

九千兩，俟解條送來再寄奉，均前此不接濟時所兑用者。

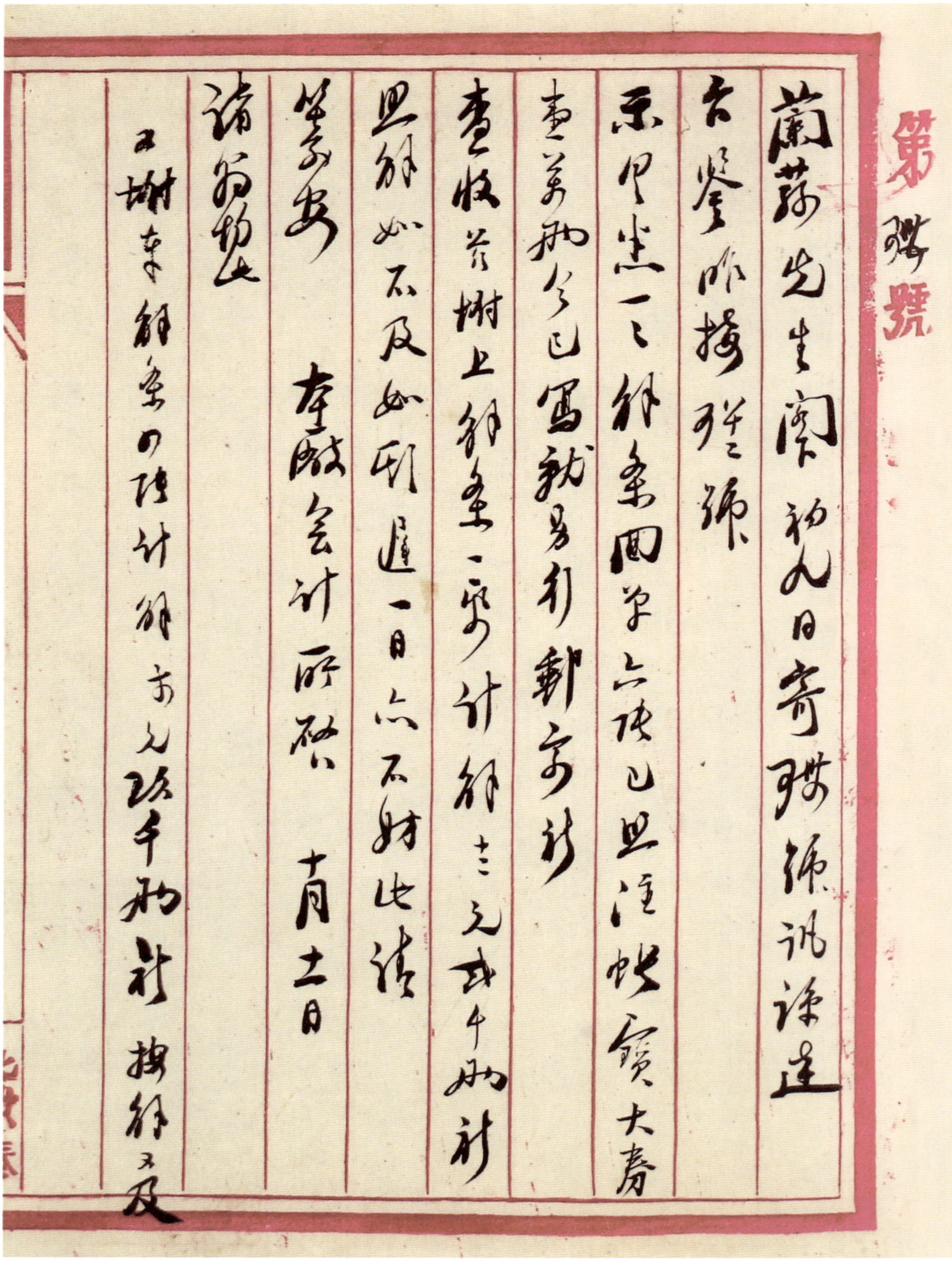

第一百三十五號（十月十一日）

蘭蓀先生閣下：初九日寄一百卅四號訊，諒達台鑒。昨接一百八十二號示，具悉一一。解條回單六張，已照注帳。寶大券壹萬兩今已寫就，另行郵寄，祈查收。兹附上解條一紙，計解十二元弍千兩，祈照解，如不及如期，遲一日亦不妨。此請籌安。本廠會計所啓。十月十一日

諸翁均此。

又附奉解條四張，計解十四元玖千兩，祈按解。又及。

第一百三十五號（十月十一日）

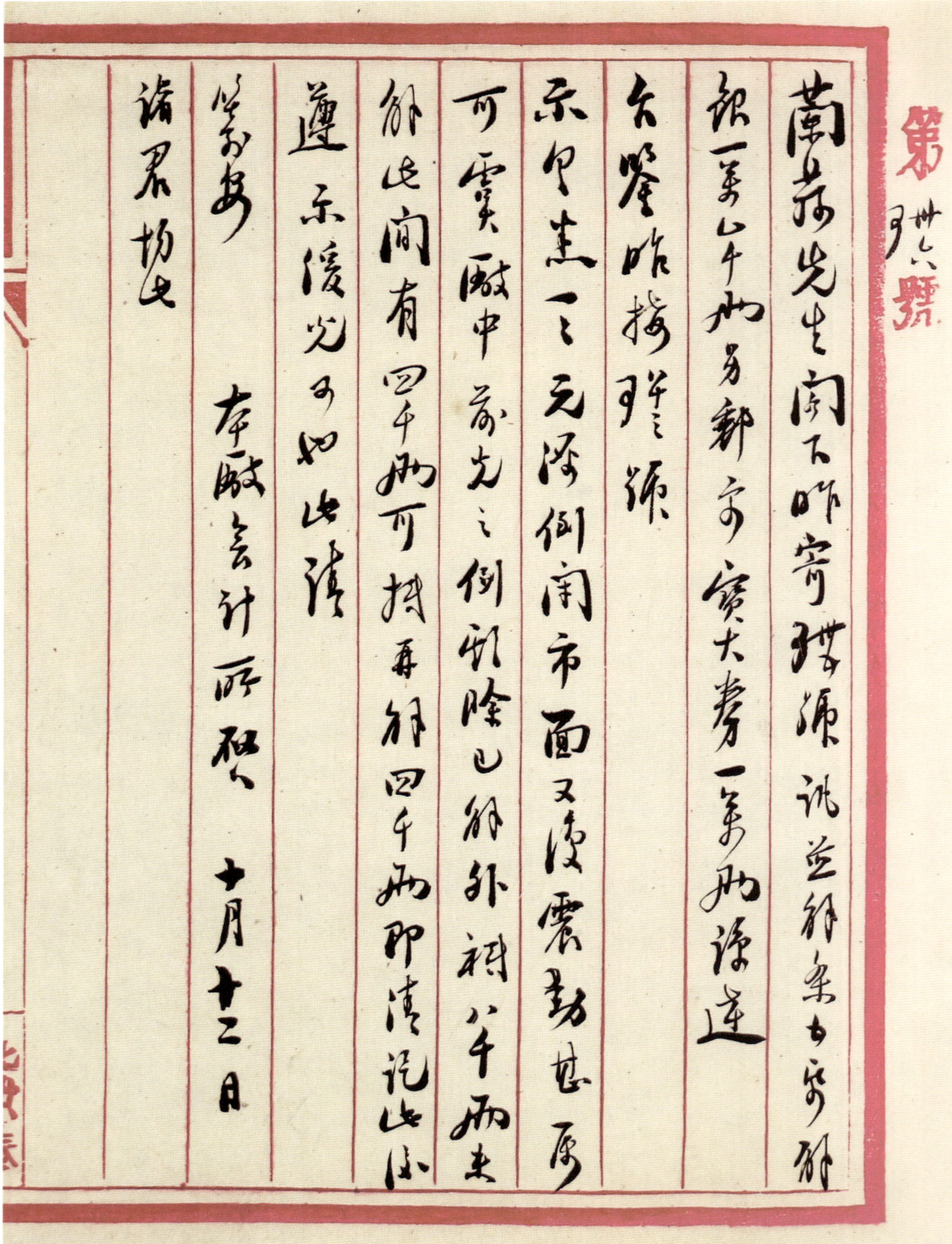

第一百三十六號（十月十二日）

蘭孫先生閣下：昨寄一百卅五號訊，并解條五紙，解銀一萬一千兩，另郵寄寶大券一萬兩，諒達台鑒。昨接一百八十三號示，具悉一一。元源倒閉，市面又復震動，甚屬可虞。廠中前兑之例期，除已解外，祇八千兩未解，此間有四千兩可抵，再解四千兩即清訖，此後遵示緩兑可也。此請籌安。本廠會計所啓。十月十二日

諸君均此。

第一百三十六號（十月十二日）

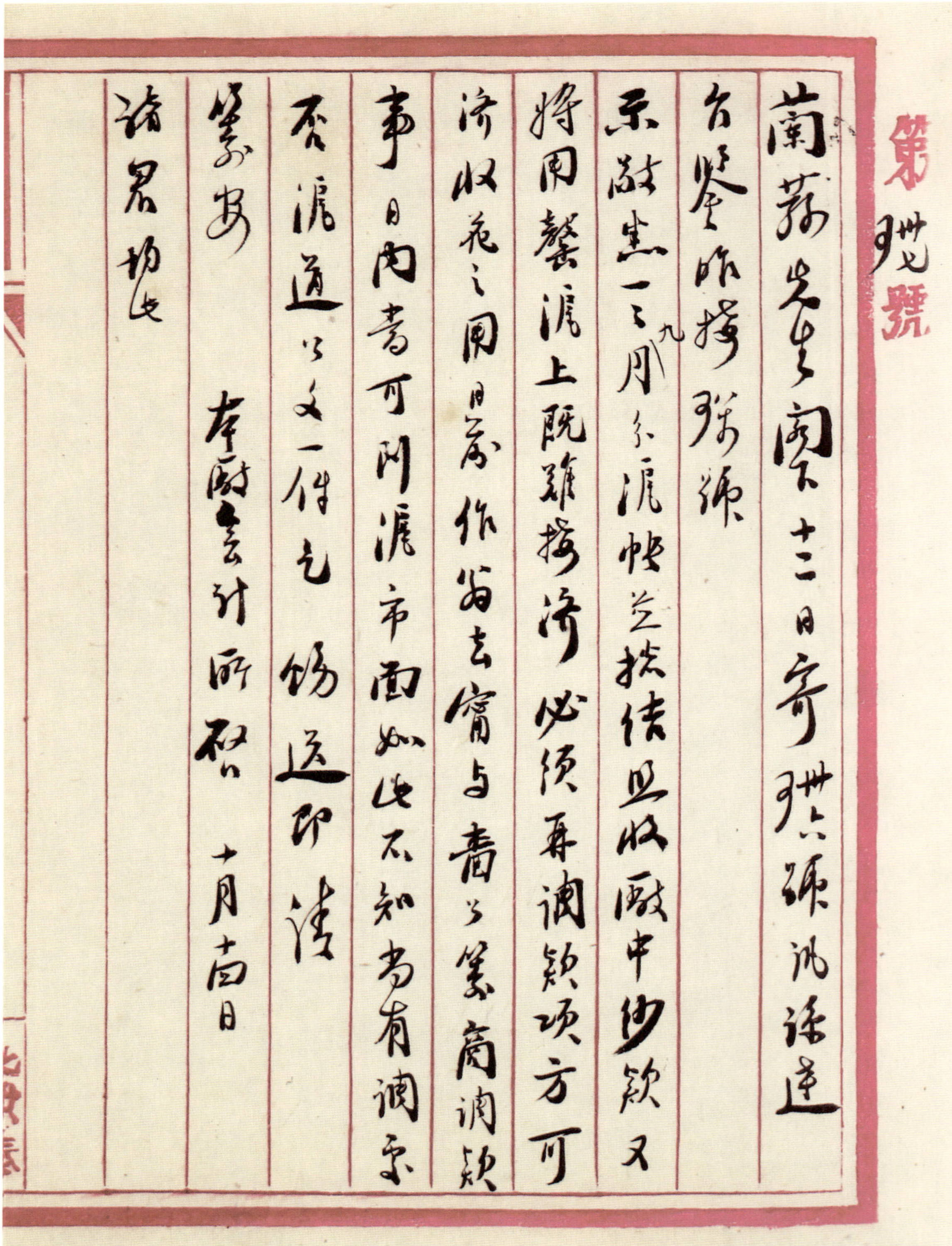

第一百三十七號（十月十四日）

蘭蓀先生閣下：十二日寄一百卅六號訊，諒達台鑒。昨接一百八十四號示，敬悉一一。九月分滬帳并總結照收。廠中紗款又將用罄，滬上既難接濟，必須再調款項，方可濟收花之用。日前作翁去寧，與嗇公籌商調款事，日内當可到滬。市面如此，不知尚有調處否？滬道公文一件，乞飭送。即請籌安。本廠會計所啓。十月十四日

諸君均此。

第一百三十七號（十月十四日）

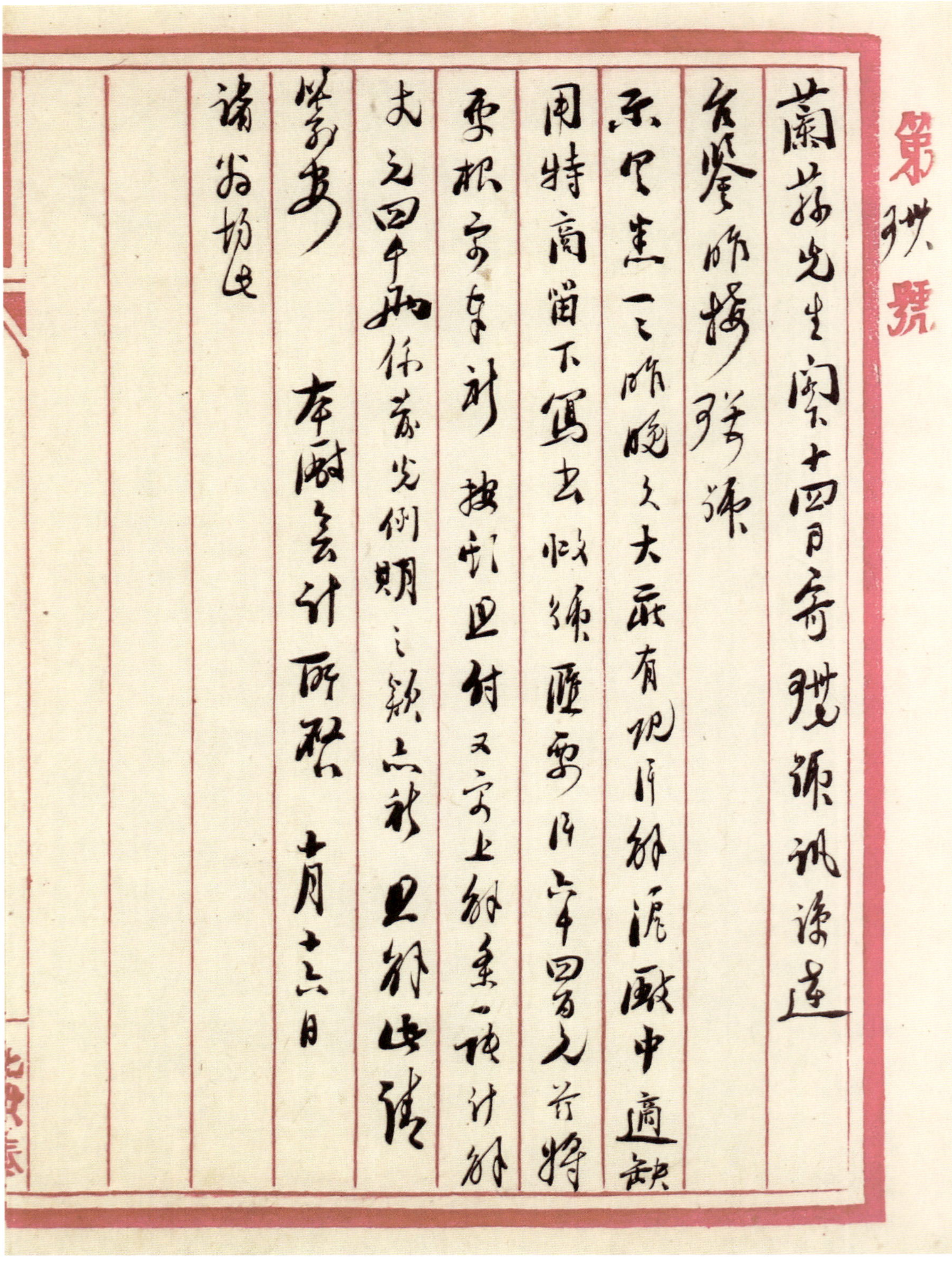

第一百三十八號（十月十六日）

蘭蓀先生閣下：十四日寄一百卅七號訊，諒達台鑒。昨接一百八十五號示，具悉一一。昨晚久大莊有現洋解滬，廠中適缺用，特商留下，寫出二二九號匯票洋六千四百元，玆將票根寄奉，祈按期照付。又寄上解條一張，計解十九元四千兩，係前兑例期之款，亦祈照解。此請籌安。本廠會計所啓。十月十六日

諸翁均此。

第一百三十八號（十月十六日）

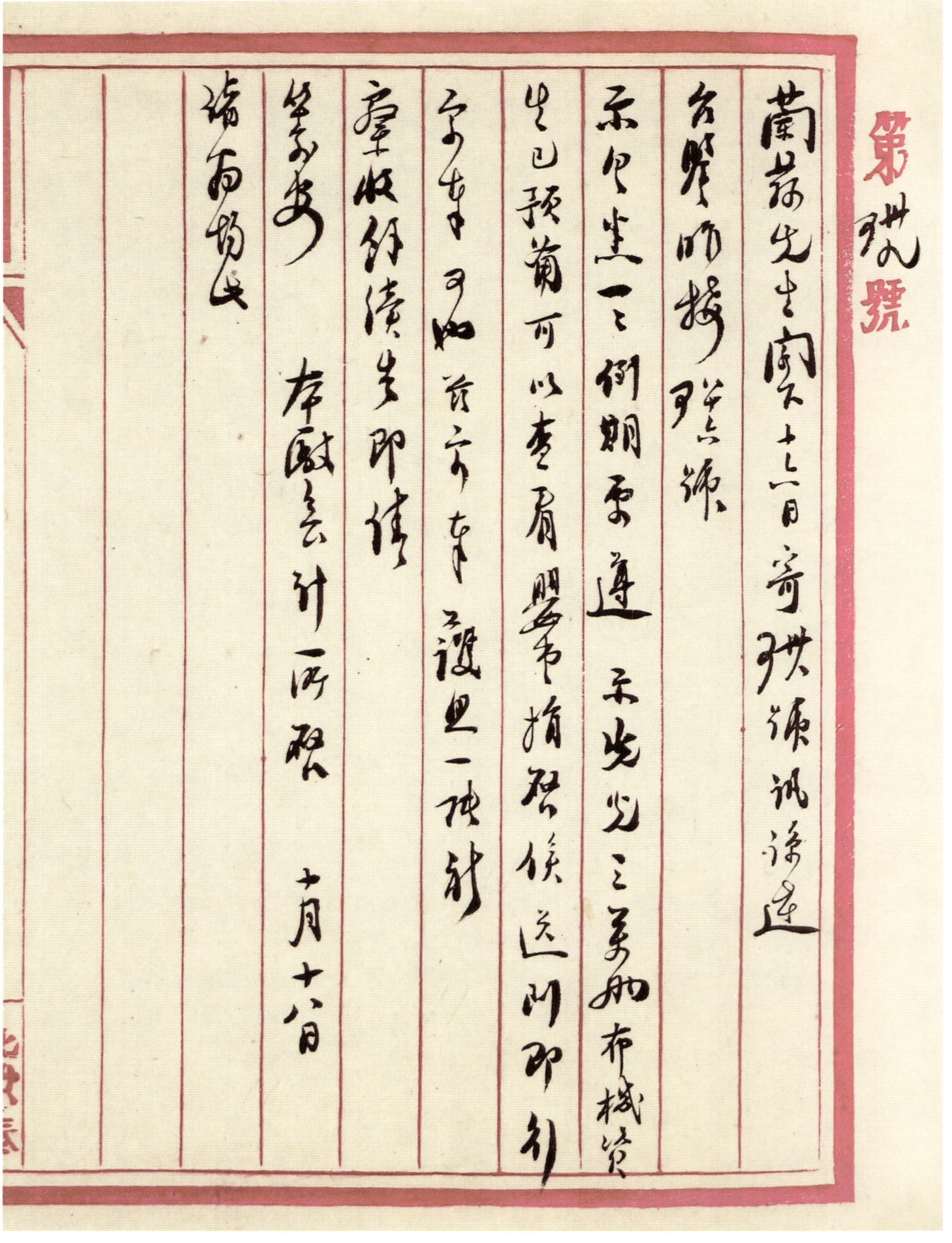

第一百三十九號（十月十八日）

蘭蓀先生閣下：十六日寄一百卅八號訊，諒達台鑒。昨接一百八十六號示，具悉一一。例期票，遵示先兑三萬兩。布機，資生已預備，可以查看。嬰堂捐啓，俟送到即行寄奉可也。玆寄奉護照一張，祈察收。餘續告。即請籌安。本廠會計所啓。十月十八日

諸翁均此。

第一百三十九號（十月十八日）

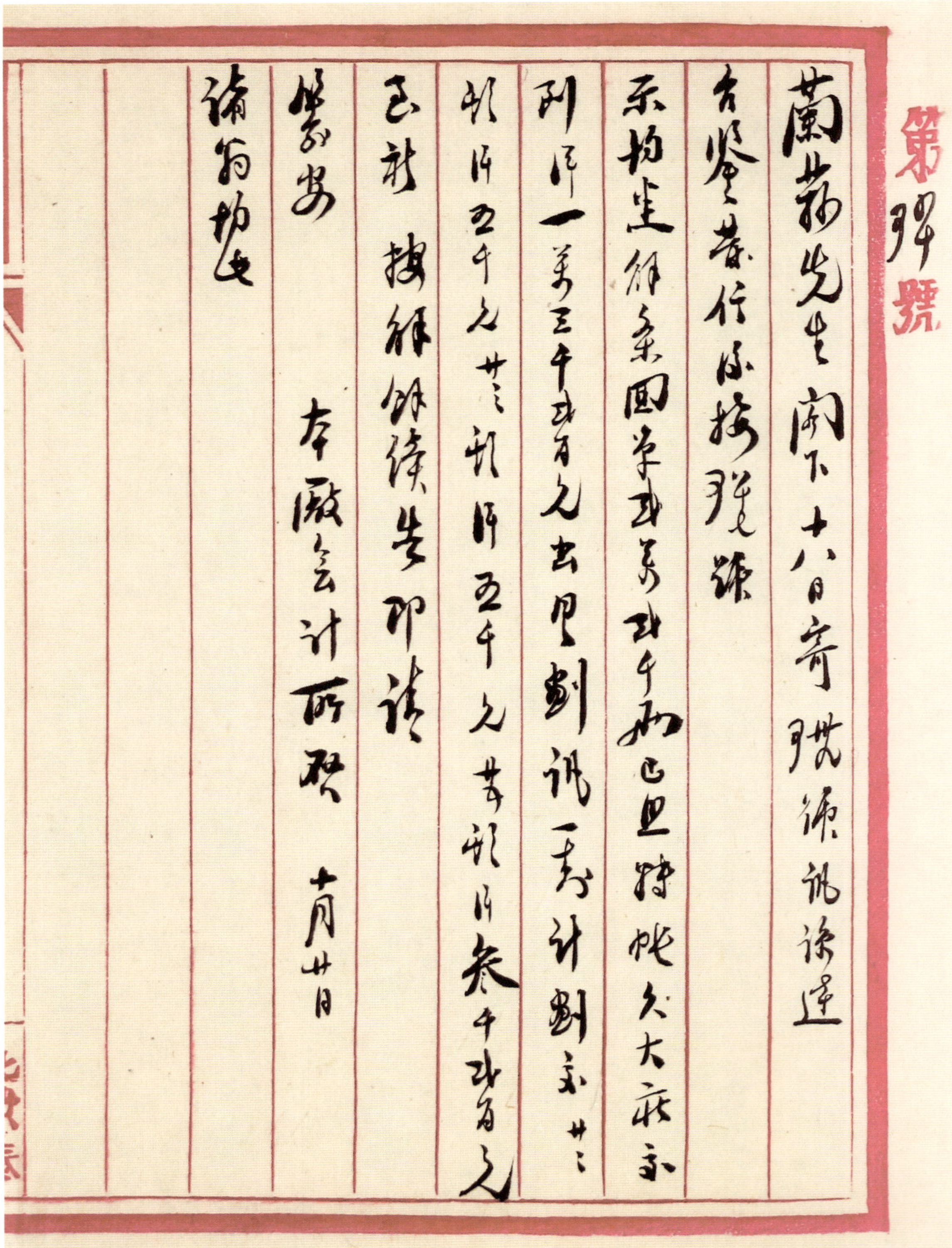

第一百四十號（十月廿日）

蘭蓀先生閣下：十八日寄一百卅九號訊，諒達台鑒。發信後接一百八十七號示，均悉。解條回單式萬式千兩已照轉帳。久大莊交到洋一萬三千式百元，出具劃訊一封，計劃交廿二期洋五千元、廿三期洋五千元、廿五期洋叁千式百元，至祈按解。餘續告。即請籌安。本廠會計所啓。十月廿日

諸翁均此。

第一百四十號（十月廿日）

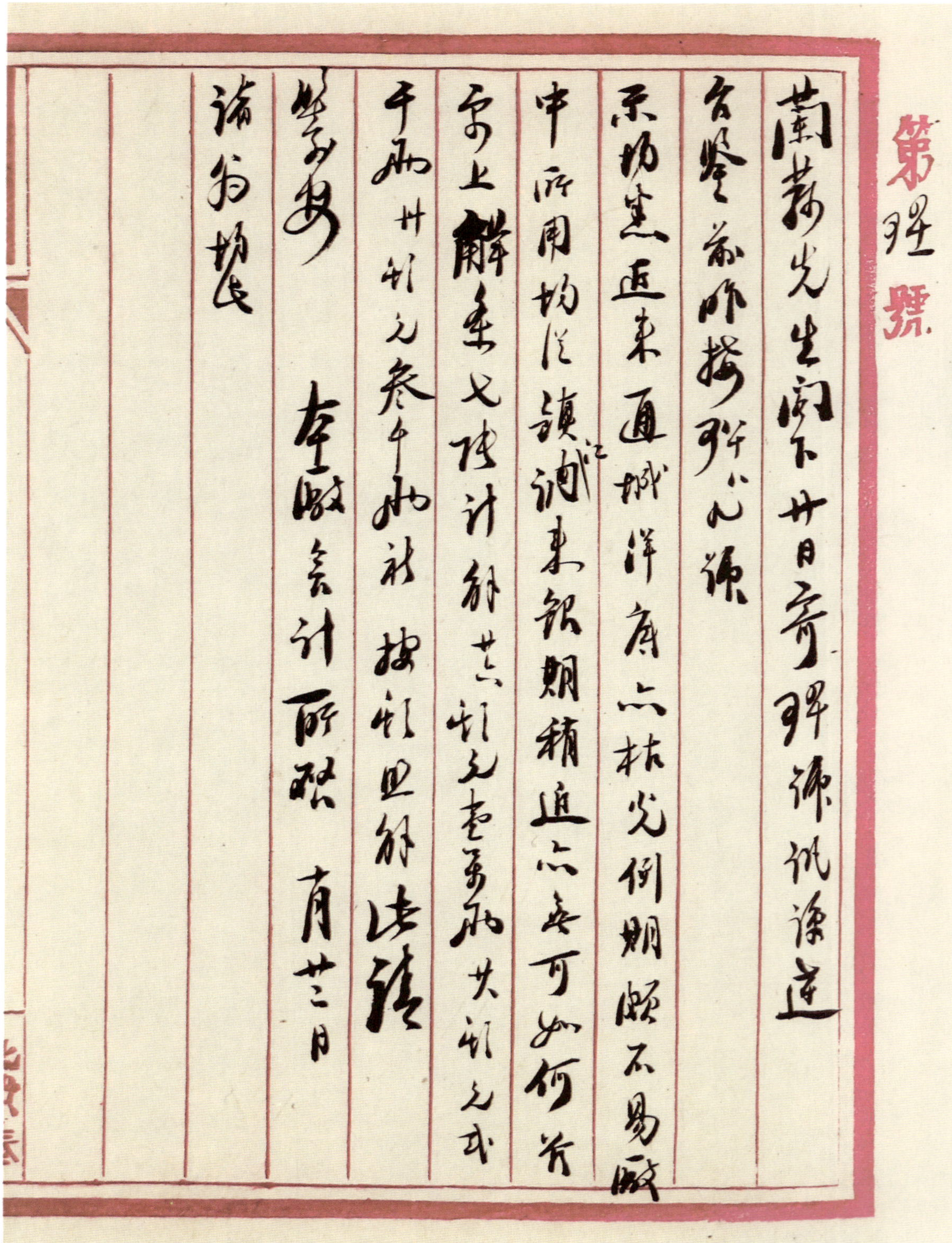

第一百四十一號（十月廿二日）

蘭蓀先生閣下：廿日寄一百四十號訊，諒達台鑒。前、昨接一百八十八、一百八十九號示，均悉。近來通城洋底亦枯，兑例期頗不易，廠中所用均從鎮江調來，銀期稍近，亦無可如何。兹寄上解條七張，計解廿六期元壹萬兩、廿八期元弍千兩、卅期元叁千兩，祈按期照解。此請籌安。本廠會計所啓。十月廿二日

諸翁均此。

第一百四十一號（十月廿二日）

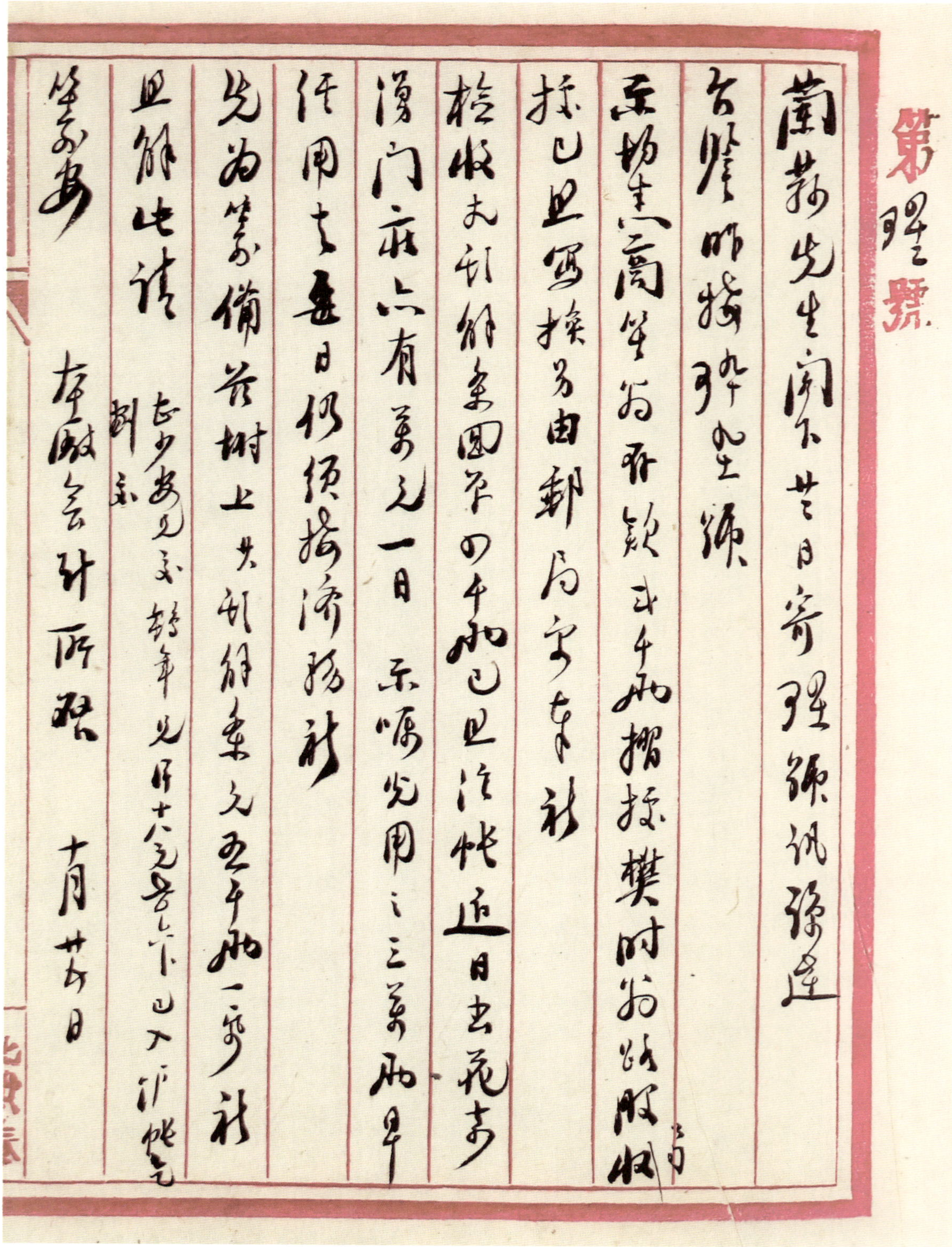

第一百四十二號（十月廿五日）

蘭蓀先生閣下：廿二日寄一百四十一號訊，諒達台鑒。昨接一百九十、一百九十一號示，均悉。商笙翁存款式千兩摺據、樊時翁路股公司收據已照寫換，另由郵局寄奉，祈檢收。十九期解條回單四千兩，已照注帳。近日出花奇涌，門莊亦有萬元一日，示囑兑用之三萬兩早經用去，每日仍須接濟，務祈先爲籌備。玆附上廿八期解條元五千兩一紙，祈照解。此請籌安。本廠會計所啓。十月廿五日

曹少安兄交鶴年兄洋十八元七角六分，已入滬帳，乞劃交。

第一百四十二號（十月廿五日）

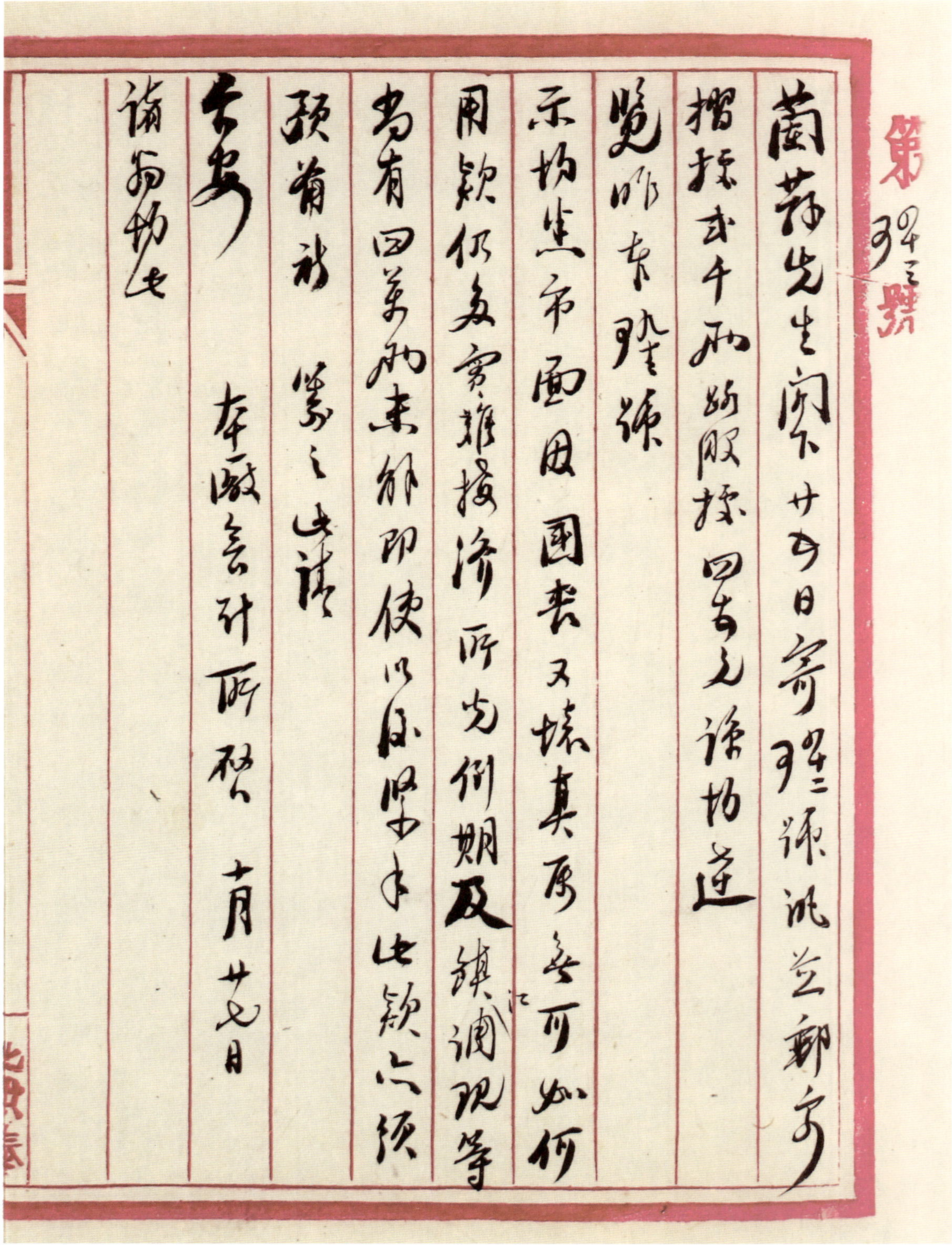

第一百四十三號（十月廿七日）

蘭蓀先生閣下：廿五日寄一百四十二號訊，并郵寄摺據弍千兩、路股據四十五元，諒均達覽。昨奉一百九十二號示，均悉。市面因國喪又壞，真屬無可如何，用款仍多，實難接濟，所兑例期及鎮江調現等尚有四萬兩未解，即使以後緊手，此款亦須預備，祈籌之。此請台安。本廠會計所啓。十月廿七日

諸翁均此。

第一百四十三號（十月廿七日）

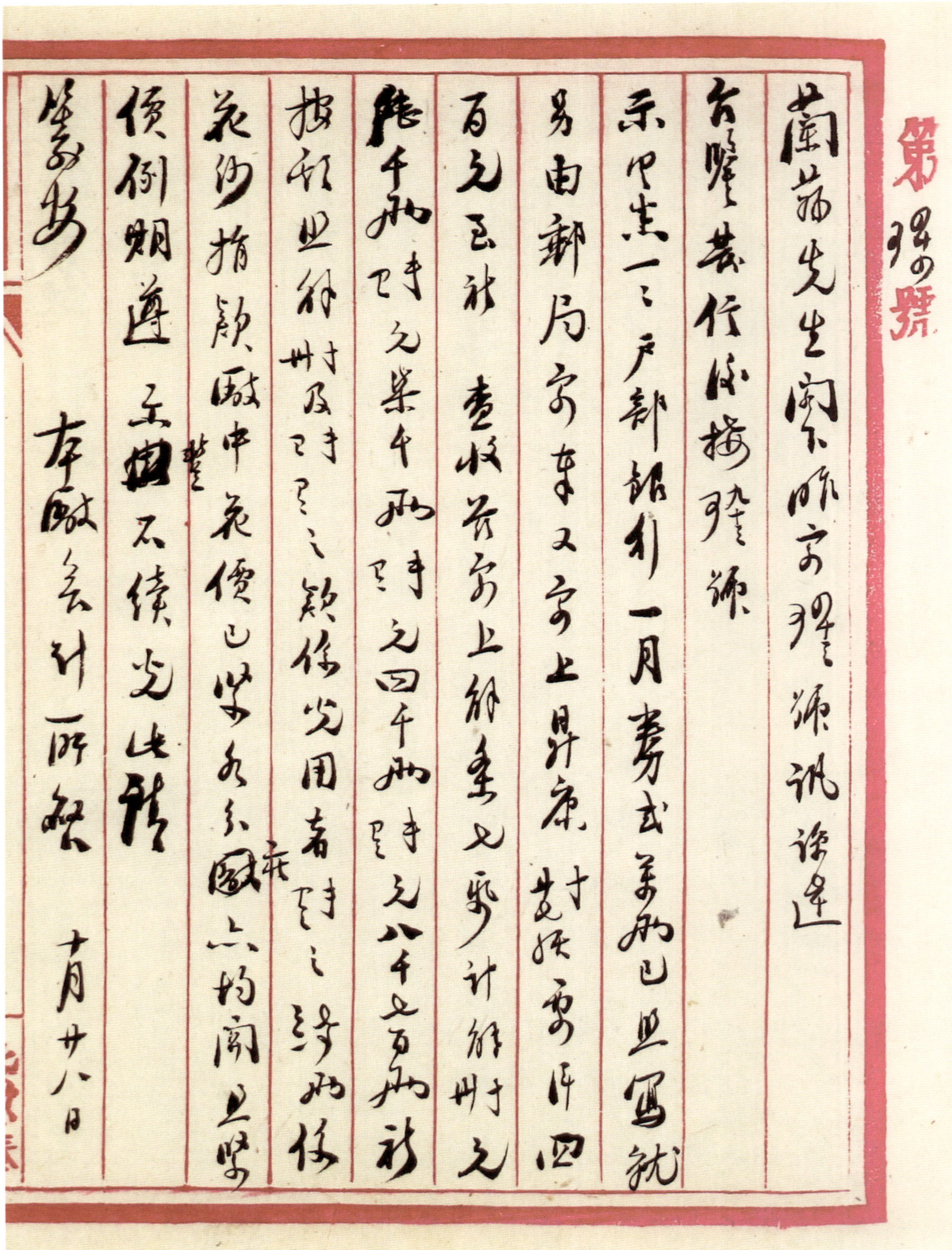

第一百四十四號（十月廿八日）

蘭蓀先生閣下：昨寄一百四十三號訊，諒達台鑒。發信後接一百九十三號示，具悉一一。户部銀行一月券式萬兩已照寫就，另由郵局寄奉。又寄上昇康十月廿七（五天）票洋四百元，至祈查收。兹寄上解條七紙，計解十月卅元陸千兩、十一月初一元柒千兩、十一月初二元四千兩、十一月初三元八千七百兩，祈按期照解。十月卅及十一月初一、初二之款，係兑用者；十一月初三之八千七百兩，係花紗捐款。廠中花價已緊，各分莊亦均關照緊價，例期遵示暫不續兑。此請籌安。本廠會計所啓。

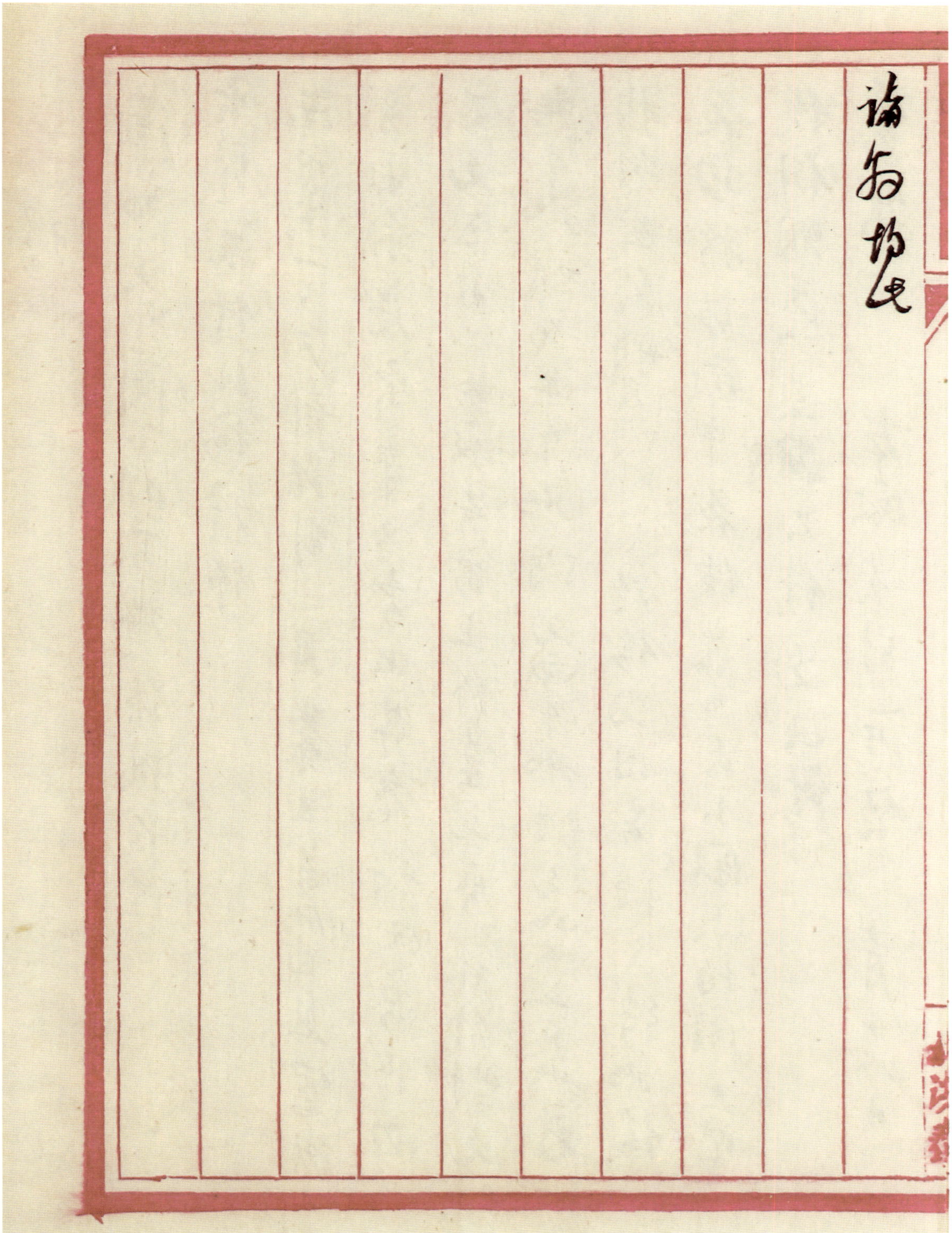
諸翁均此

第一百四十四號（十月廿八日）

十月廿八日

諸翁均此。

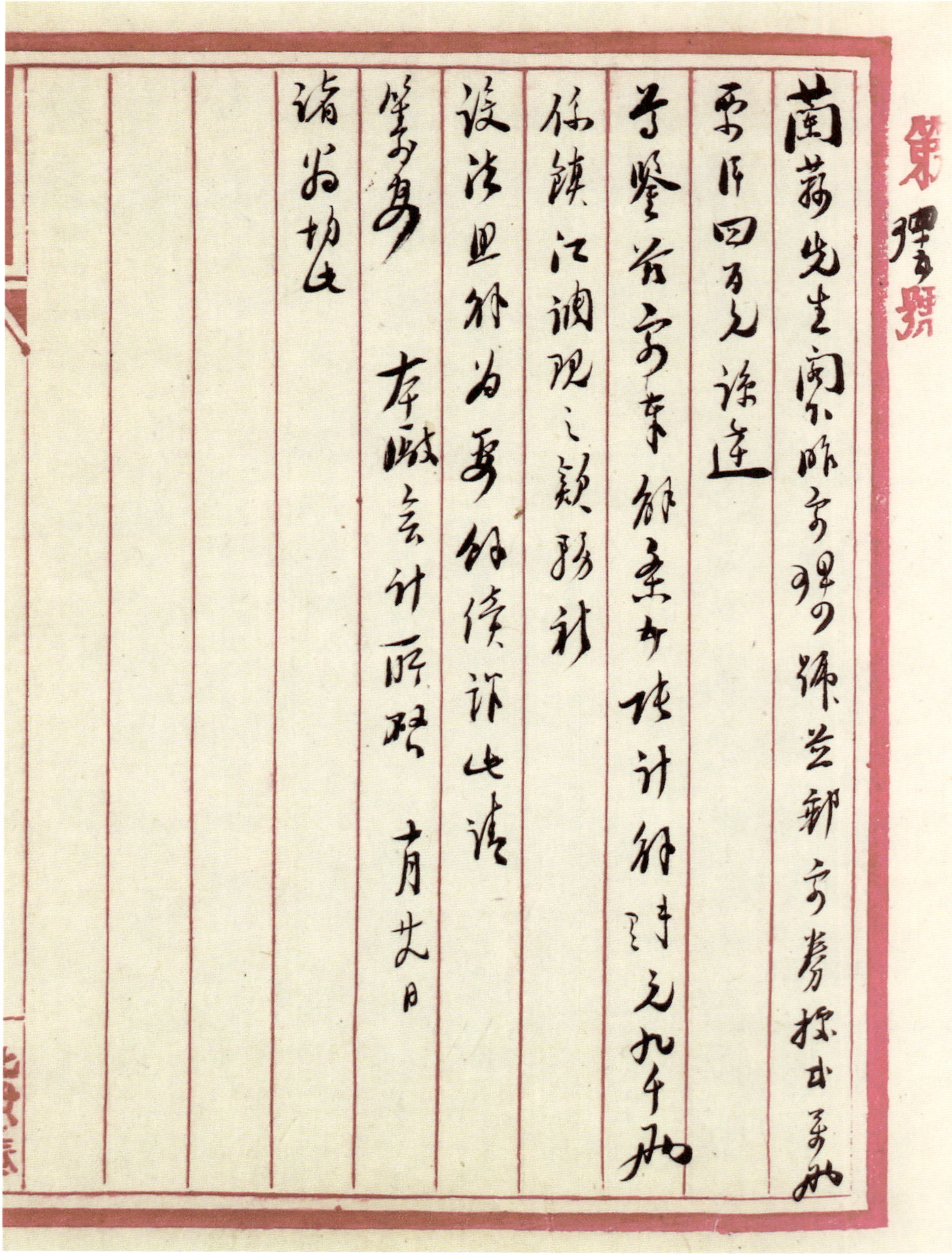

第一百四十五號（十月廿九日）

蘭蓀先生閣下：昨寄一百四十四號，并郵寄券據式萬兩、票洋四百元，諒達尊鑒。兹寄奉解條五張，計解十一月初二元九千兩，係鎮江調現之款，務祈設法照解爲要。餘續詳。此請籌安。本廠會計所啓。十月廿九日

諸翁均此。

第一百四十五號（十月廿九日）

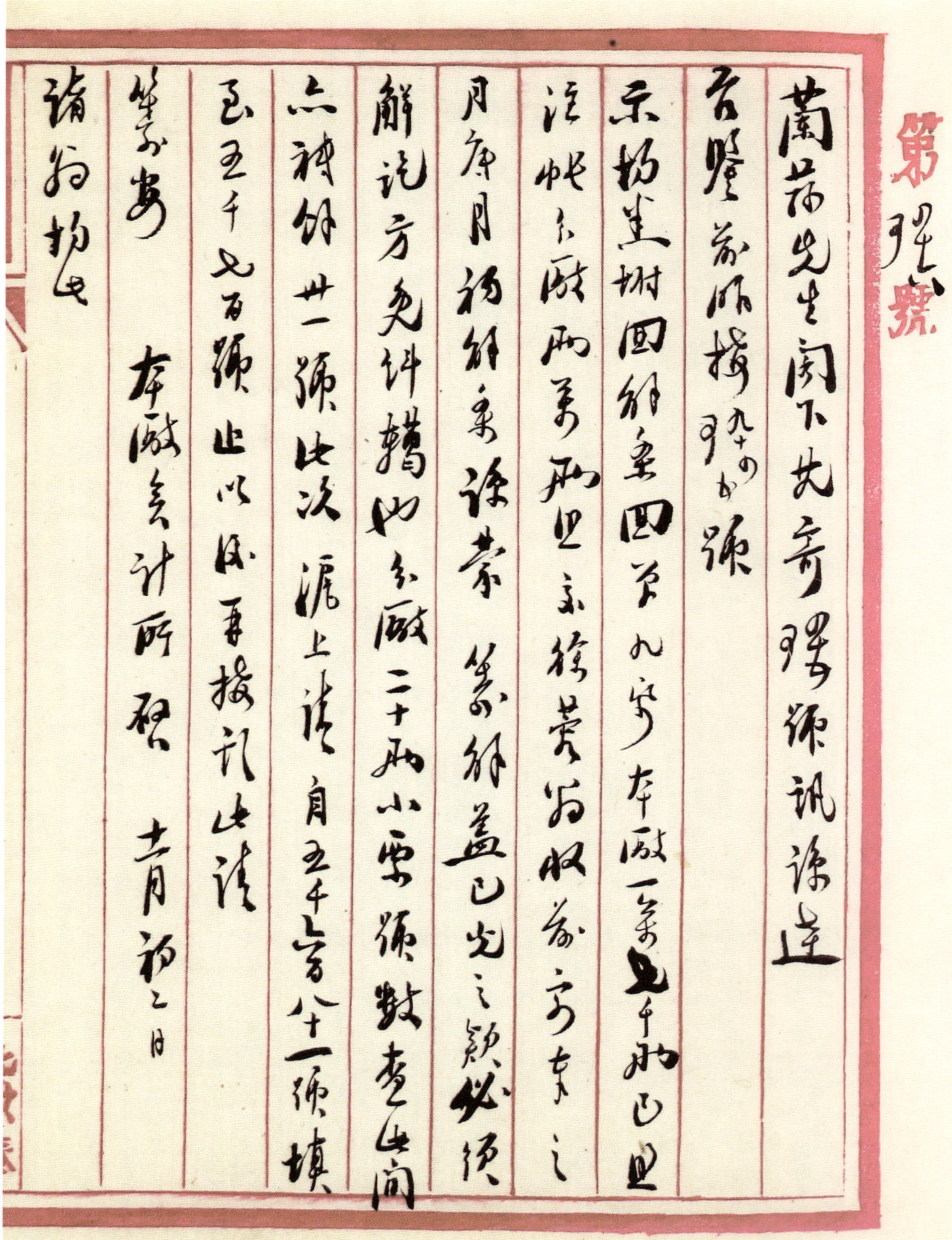

第一百四十六號（十一月初二日）

蘭蓀先生閣下：廿九寄一百四十五號訊，諒達台鑒。前、昨接一百九十四、一百九十五號示，均悉。附回解條回單九紙，本廠一萬七千兩已照注帳，分廠兩萬兩照交徐蓉翁收。前寄奉之月底、月初解條，諒蒙籌解，蓋已兑之款必須解訖，方免糾轕〔葛〕也。分廠二十兩小票號數，查此間亦衹餘卅一號，此次滬上請自五千六百八十一號填至五千七百號止，以後再接期。此請籌安。本廠會計所啓。十一月初二日

第一百四十六號（十一月初二日）

諸翁均此。

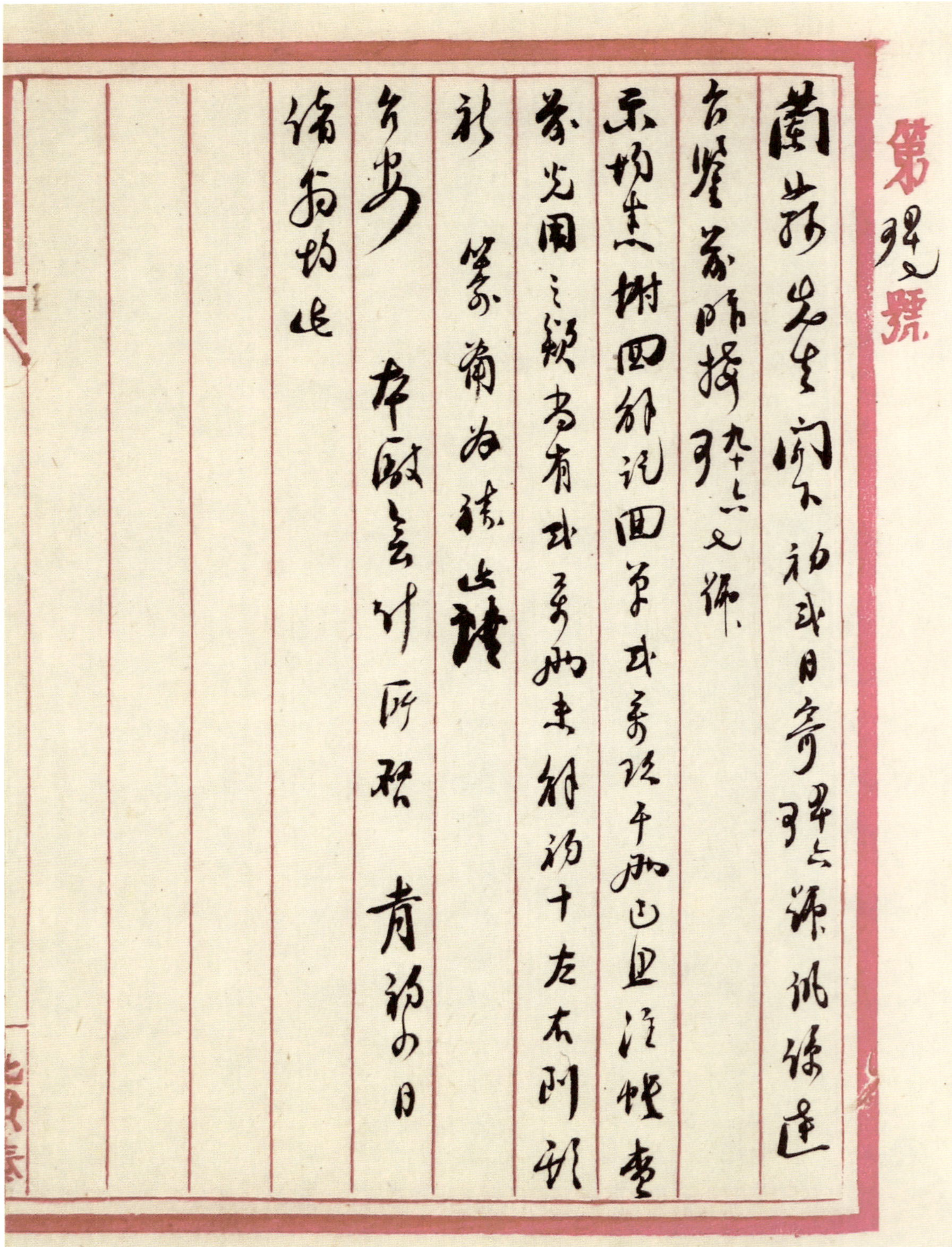

第一百四十七號（十一月初四日）

蘭蓀先生閣下：初弍日寄一百四十六號訊，諒達台鑒。前、昨接一百九十六、一百九十七號示，均悉。附回解訖回單弍萬玖千兩，已照注帳。查前兑用之款，尚有弍萬兩未解，初十左右到期，祈籌備爲禱。此請台安。本廠會計所啓。十一月初四日

諸翁均此。

第一百四十七號（十一月初四日）

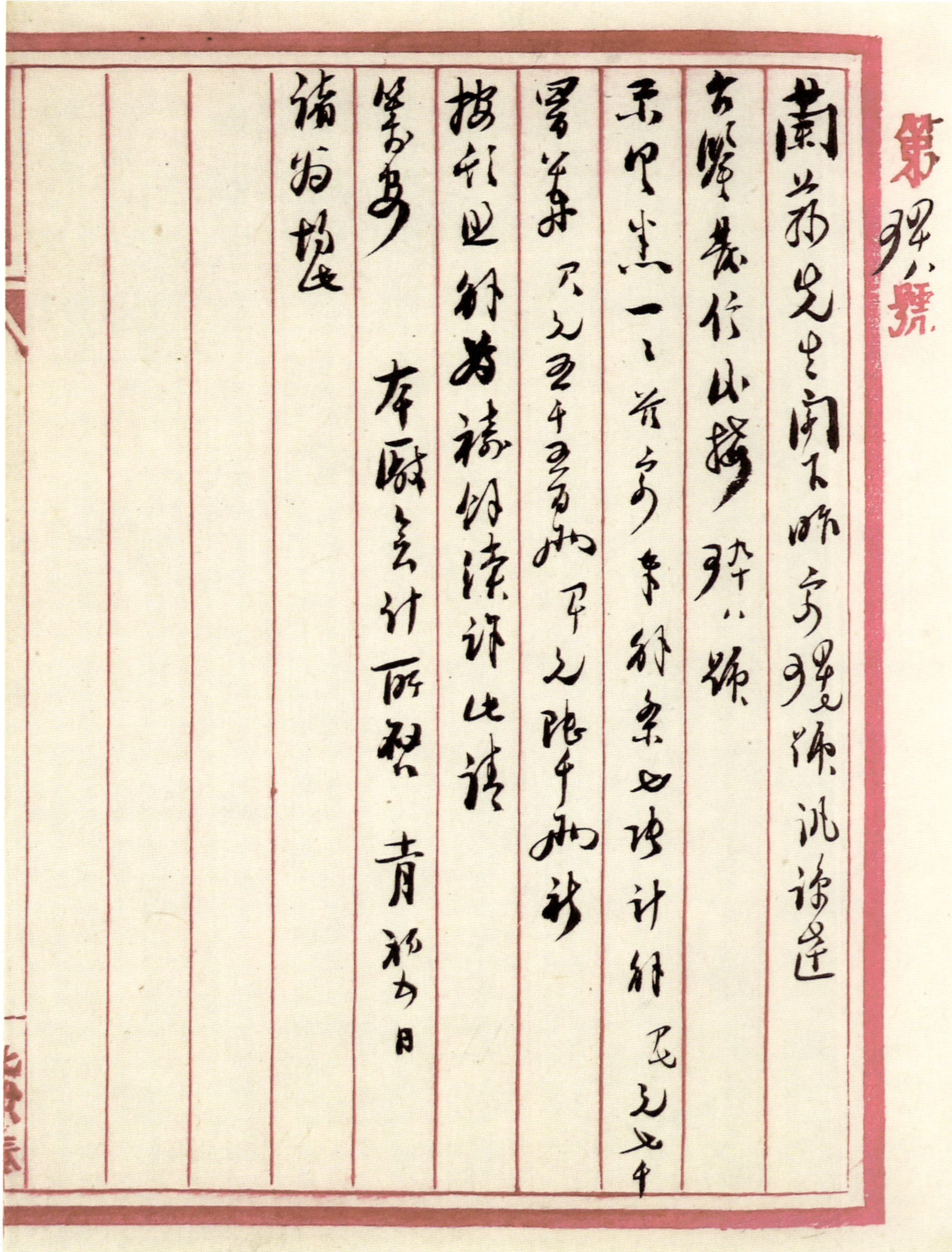

第一百四十八號（十一月初五日）

蘭蓀先生閣下：昨寄一百四十七號訊，諒達台鑒。發信後接一百九十八號示，具悉一一。玆寄奉解條七張，計解初七元七千四百八十五兩、初八元五千五百兩、初十元陸千兩，祈按期照解爲禱。餘續詳。此請籌安。本廠會計所啓。十一月初五日

諸翁均此。

第一百四十八號（十一月初五日）

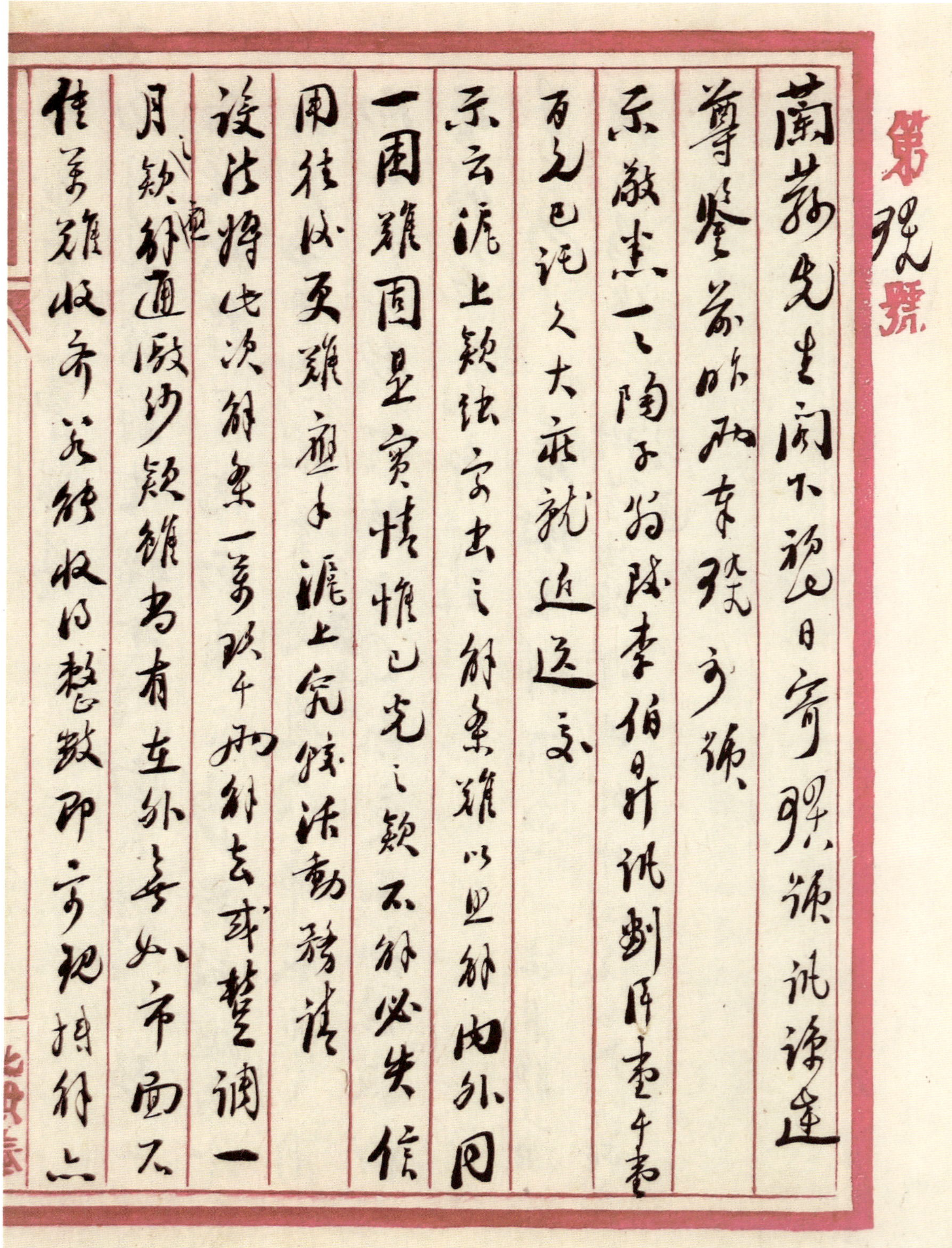

第一百四十九號（十一月初七日）

蘭蓀先生閣下：初七〔五〕日寄一百四十八號訊，諒達尊鑒。前、昨兩奉一百九十九、二百號示，敬悉一一。陶子翁致李伯昇訊，劃洋壹千壹百元，已托久大莊就近送交。示云滬上款絀，寄出之解條難以照解，内外同一困難，固是實情，惟已兑之款不解，必失信用，往後更難應手。滬上究較活動，務請設法將此次解條一萬玖千兩解去，或暫調一月之款應解。通廠紗款雖尚有在外，無如市面不佳，萬難收齊，若能收得整數，即寄現抵解，亦屬應行之事。務請先行設法解去，保

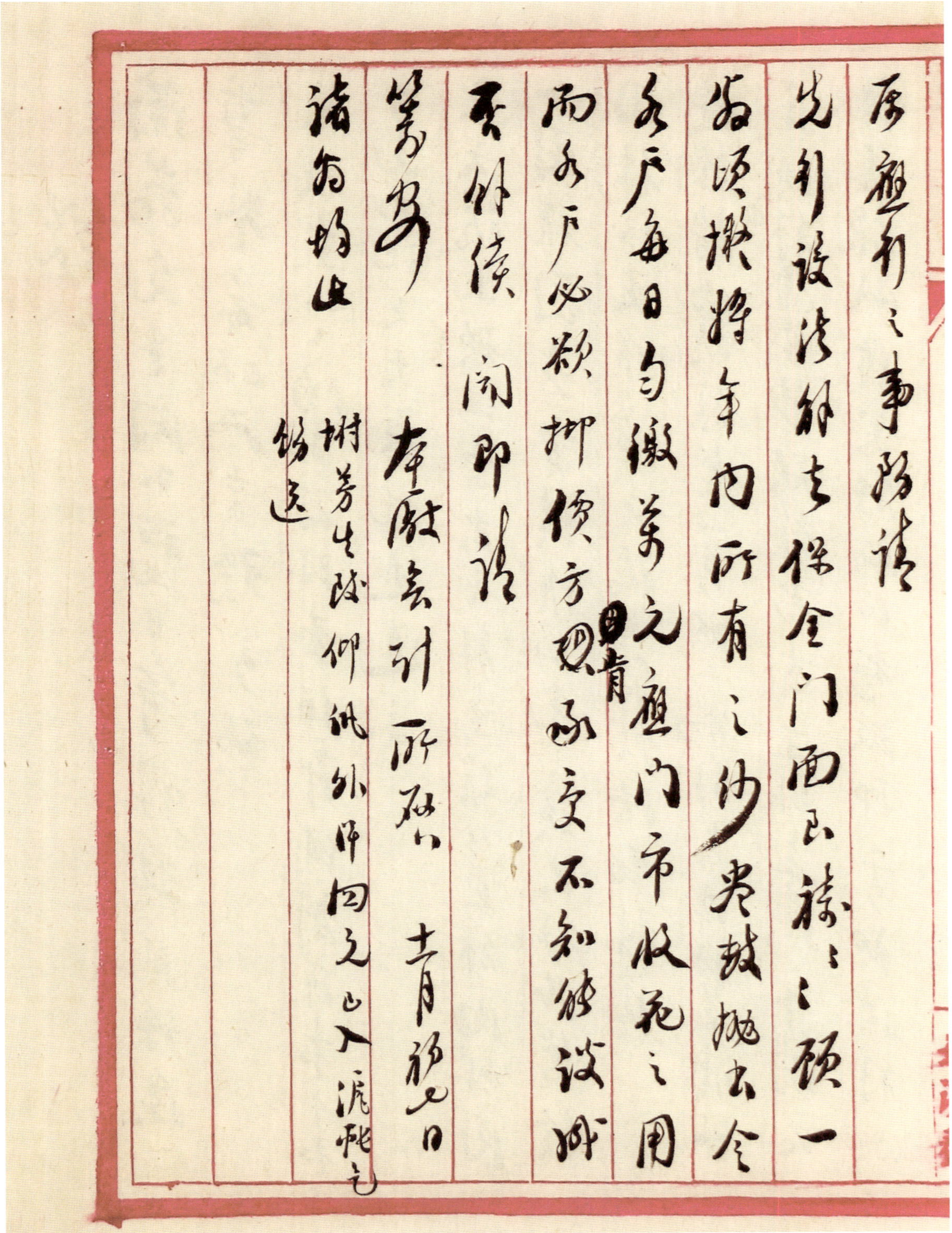

第一百四十九號（十一月初七日）

全門面，至禱至禱。顧一翁頃擬將年内所有之紗盡數拋出，令各户每日匀繳萬元，應門市收花之用，而各户必欲抑價方肯承受，不知能談成否。餘續聞。即請籌安。

本廠會計所啓。十一月初七日

諸翁均此。

附芳生致仰訊，外洋四元已入滬帳，乞飭送。

（按：本信首句“初七”，當爲“初五”之誤）

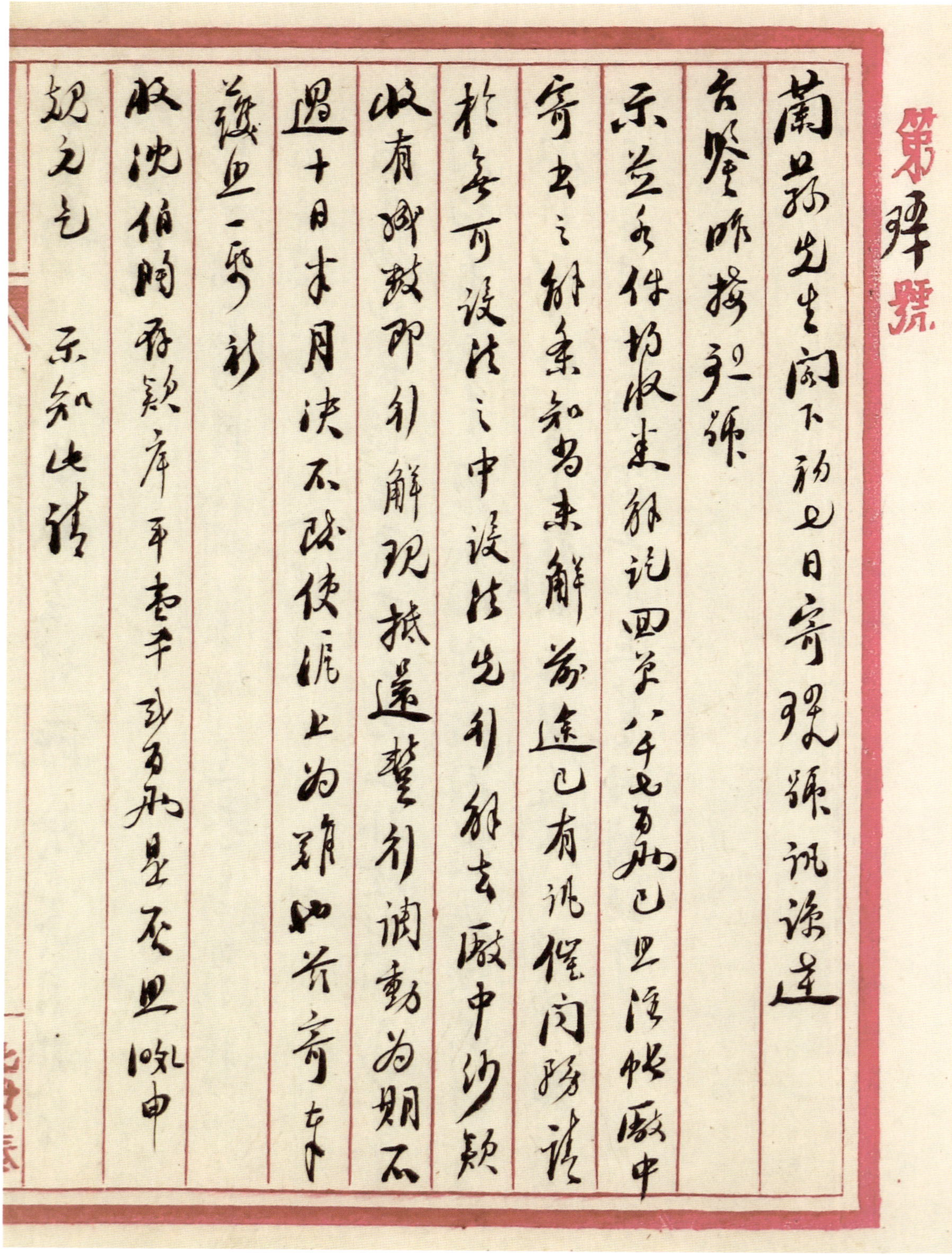

第一百五十號（冬月初九日）

蘭蓀先生閣下：初七日寄一百四十九號訊，諒達台鑒。昨接二百〇一號示并各件，均收悉。解訖回單八千七百兩，已照注帳。廠中寄出之解條知尚未解，前途已有訊催問，務請於無可設法之中設法先行解去。廠中紗款收有成數，即行解現抵還。暫行調動，爲期不過十日半月，决不致使滬上爲難也。兹寄奉護照一紙，祈收。沈伯陶存款庫平壹千弍百兩，是否照一〇九六申規元，乞示知。此請籌安。本廠會計所啓。冬月初九日

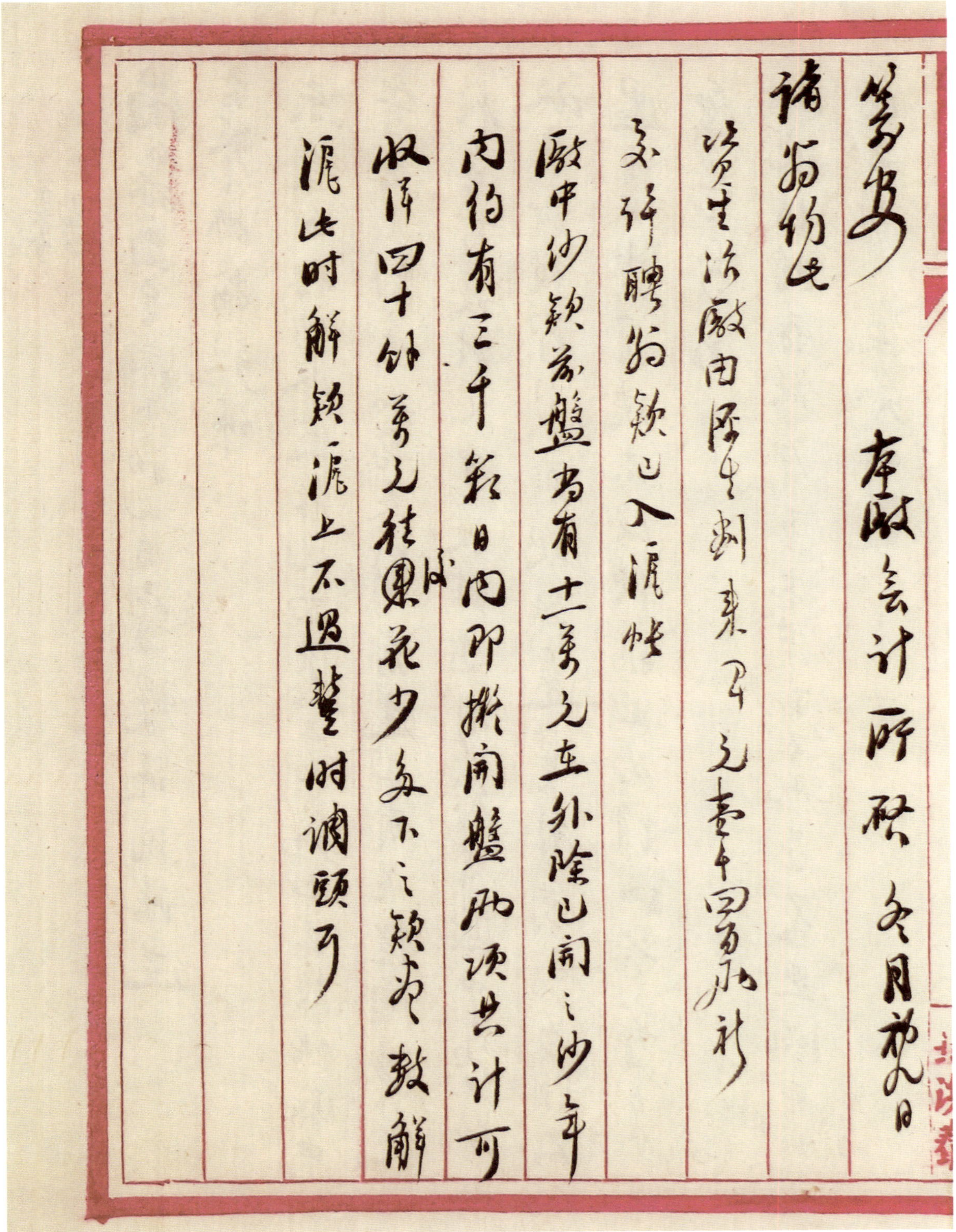

本廠會計所啟　冬月初九日
筠安
諸翁均此
資生冶廠由源生劃來初十元壹千四百兩祈
交許聘翁款已入滬帳
廠中紗款前盤尚有十一萬元在外除已開之紗年
内約有三千箱日内即擬開盤兩項共計可
收洋四十餘萬元往後花少多下之款盡數解
滬此時解款滬上不過暫時調頭耳

第一百五十號（冬月初九日）

諸翁均此。

資生冶廠由源生劃來初十元壹千四百兩，祈交許聘翁，款已入滬帳。

廠中紗款，前盤尚有十一萬元在外，除已開之紗，年内約有三千箱，日内即擬開盤，兩項共計可收洋四十餘萬元。往後花少，多下之款盡數解滬，此時解款，滬上不過暫時調頭耳。

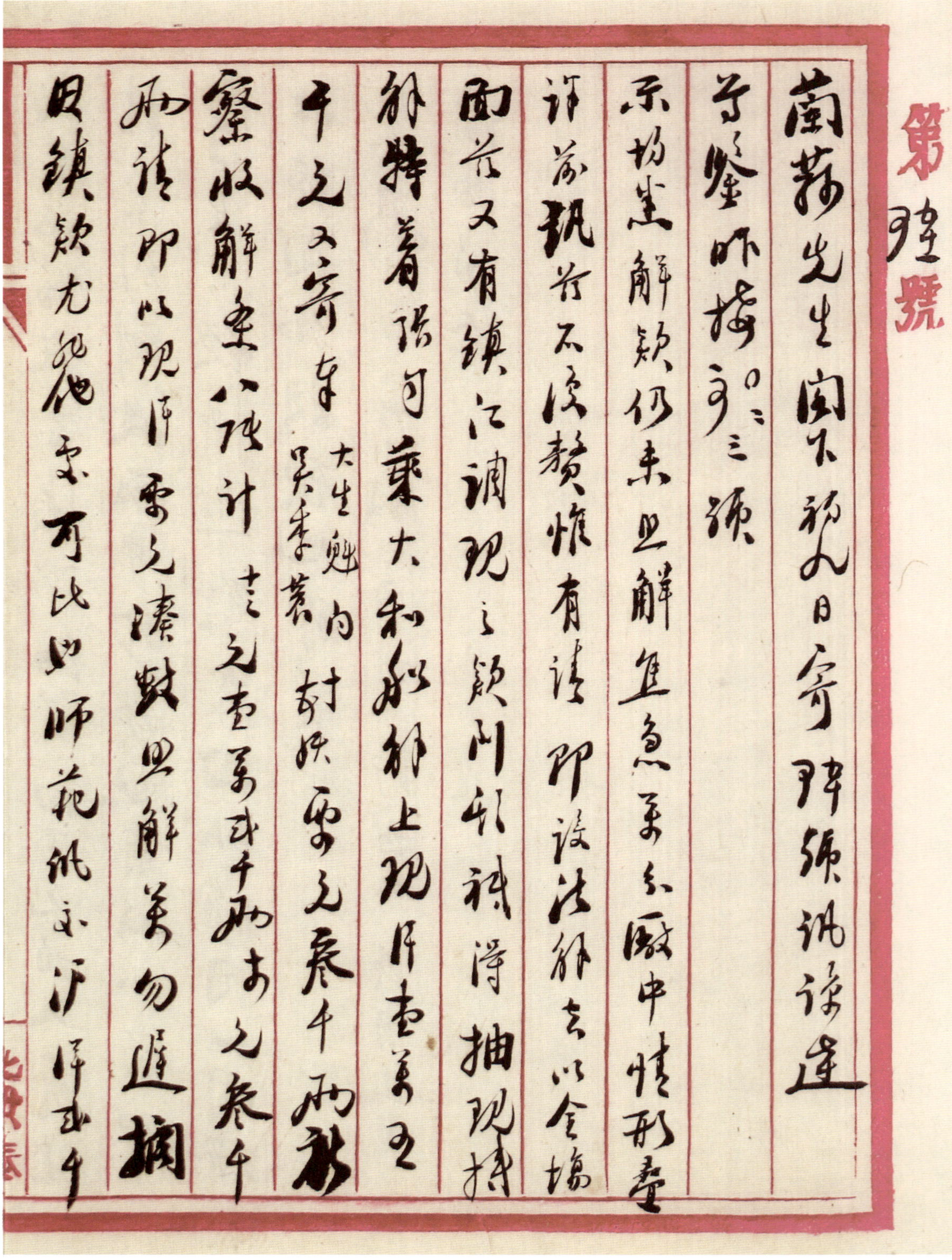

第一百五十一號（冬月十一日）

蘭蓀先生閣下：初九日寄一百五十號訊，諒達尊鑒。昨接二百〇二、二百〇三號示，均悉。解款仍未照解，焦急萬分，廠中情形，叠詳前訊，兹不復贅，惟有請即設法解去，以全場面。兹又有鎮江調現之款到期，祇得抽現抵解，特着張司乘大和船解上現洋壹萬五千元；又寄奉大生魁向吴季農十月十五（五天）票元叁千兩，祈察收；解條八張，計十三元壹萬弍千兩、十四元叁千兩，請即以現洋票元凑數照解，萬勿遲擱，因鎮款尤非他處可比也。師範訊交滬洋弍千元、吴和翁訊交潘瑞翁洋

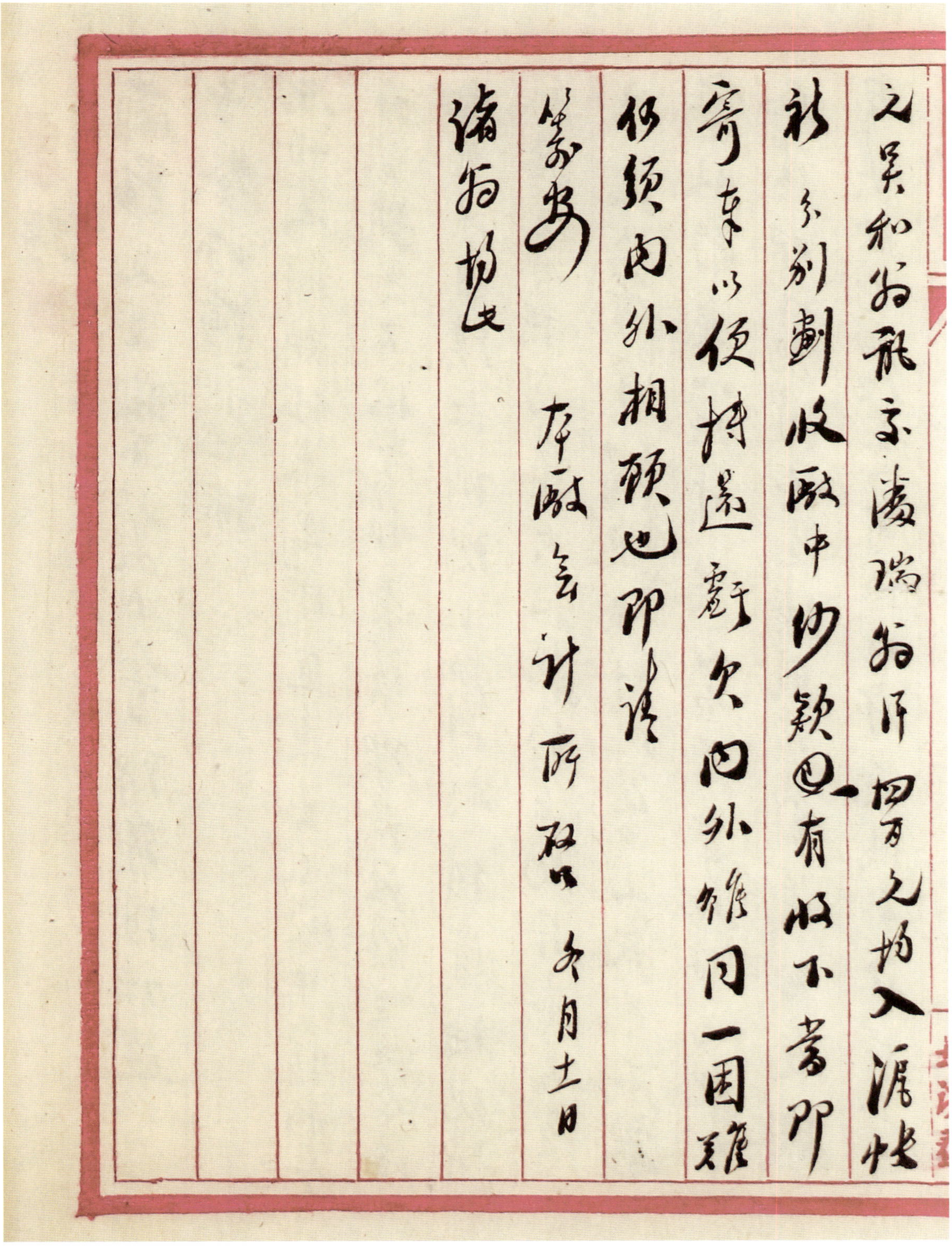
之吴和翁孫家滄瑞翁所四百元均入滬帳
祈分別劃收廠中紗款一有收下當即
寄奉以便抵還虧欠内外雖
仍須内外相顧也即請
籌安　本廠會計所啓　冬月十一日
諸翁均此

第一百五十一號（冬月十一日）

四百元，均入滬帳，祈分别劃收。廠中紗款一有收下，當即寄奉，以便抵還虧欠。内外雖同一困難，仍須内外相顧也。即請籌安。本廠會計所啓。冬月十一日

諸翁均此。

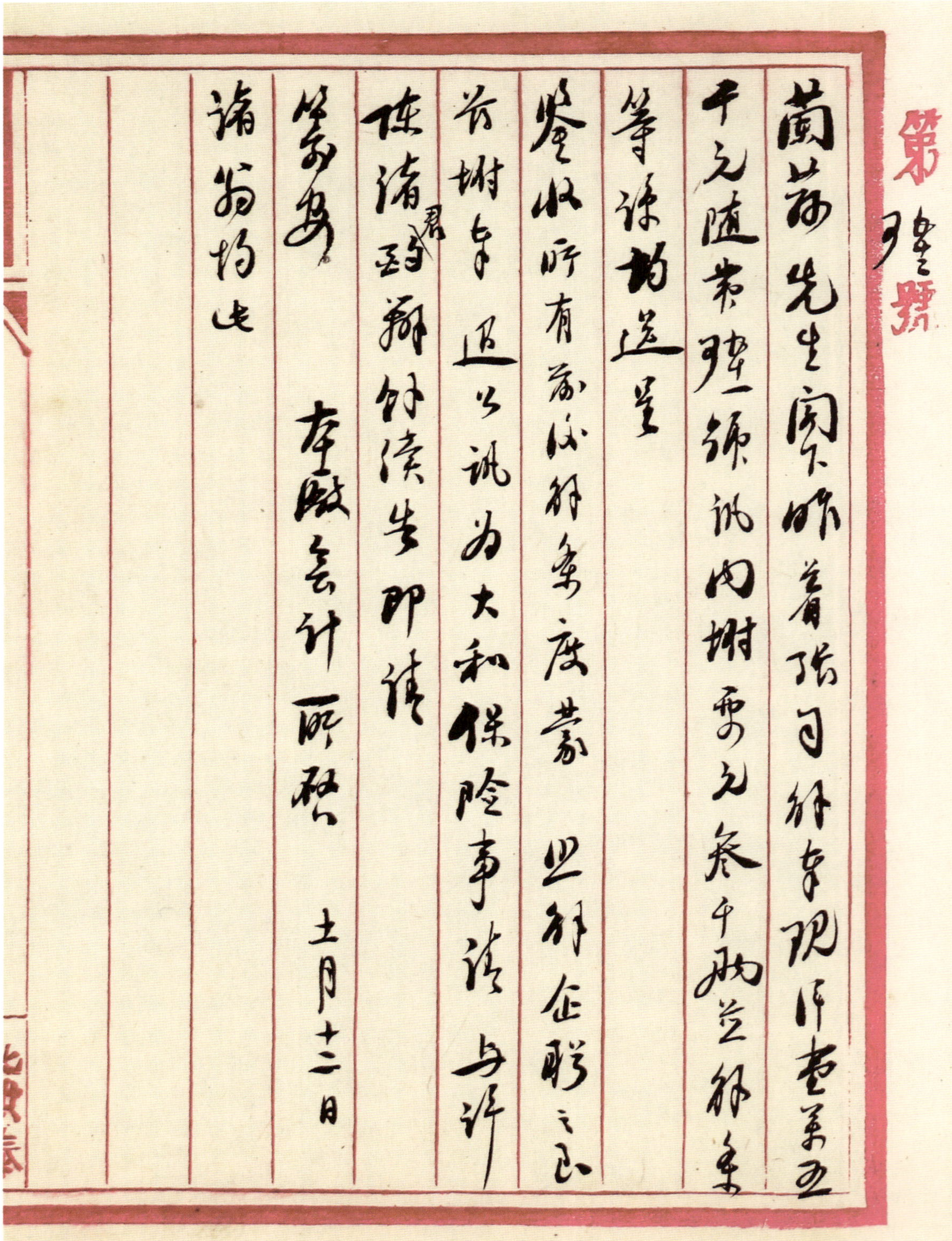

第一百五十二號（十一月十二日）

蘭蓀先生閣下：昨着張司解奉現洋壹萬五千元，隨帶一百五十一號訊，内附票元叁千兩并解條等，諒均送呈鑒收。所有前後解條，度蒙照解，企盼之至。兹附奉退公訊，爲大和保險事，請與許、陳諸君酌辦。餘續告。即請籌安。本廠會計所啓。十一月十二日

諸翁均此。

第一百五十二號（十一月十二日）

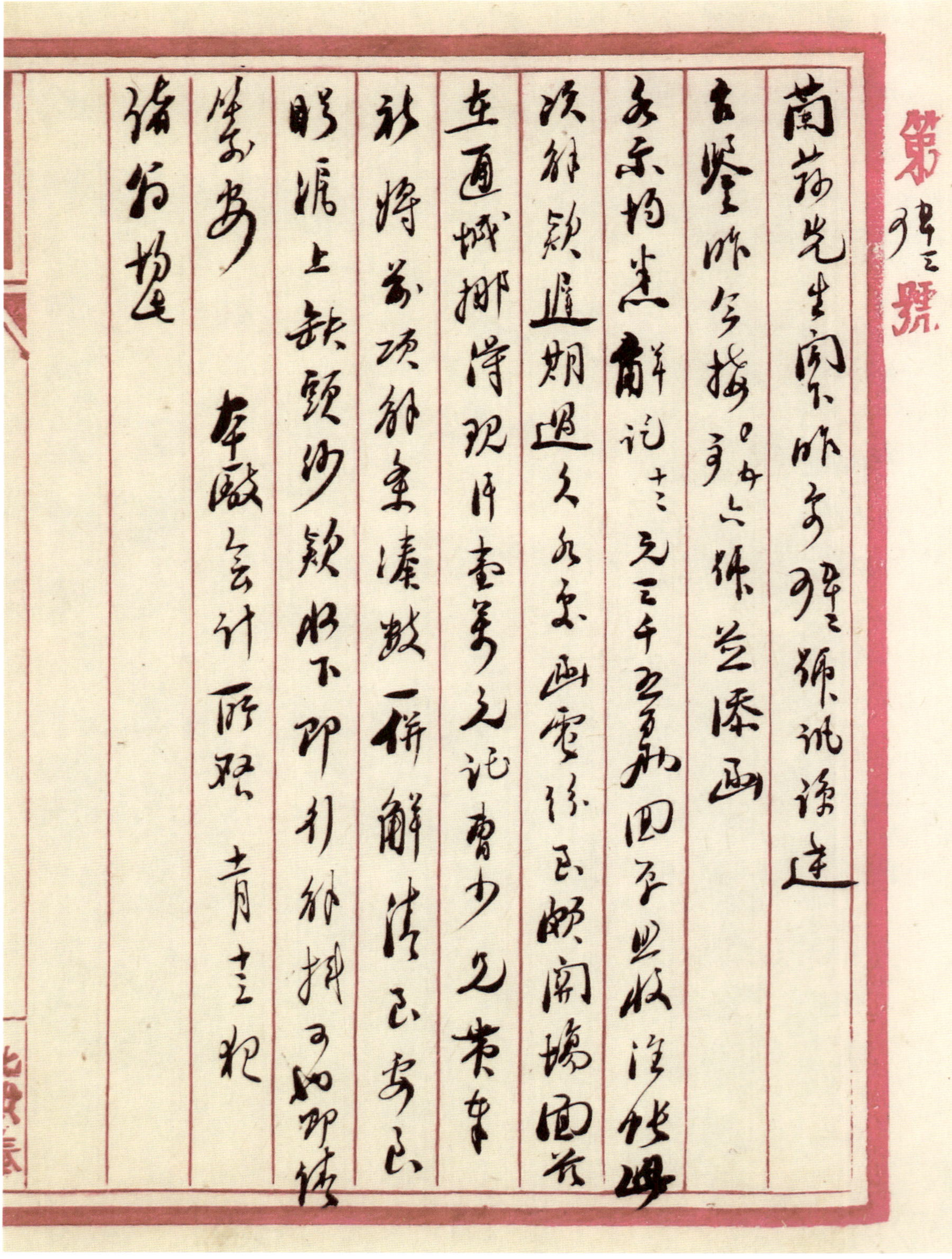

第一百五十三號（十一月十三日）

蘭蓀先生閣下：昨寄一百五十二號訊，諒達台鑒。昨、今接二百〇五、二百〇六號并添函各示，均悉。解訖十二元三千五百兩回單，照收注帳。此次解款遲期過久，各處函電紛至，頗關場面。兹在通城挪得現洋壹萬元，托曹少兄帶奉，祈將前項解條凑數，一并解清，至要至盼。滬上缺頭，紗款收下即行解抵可也。即請籌安。本廠會計所啓。十一月十三夜

諸翁均此。

第一百五十三號（十一月十三日）

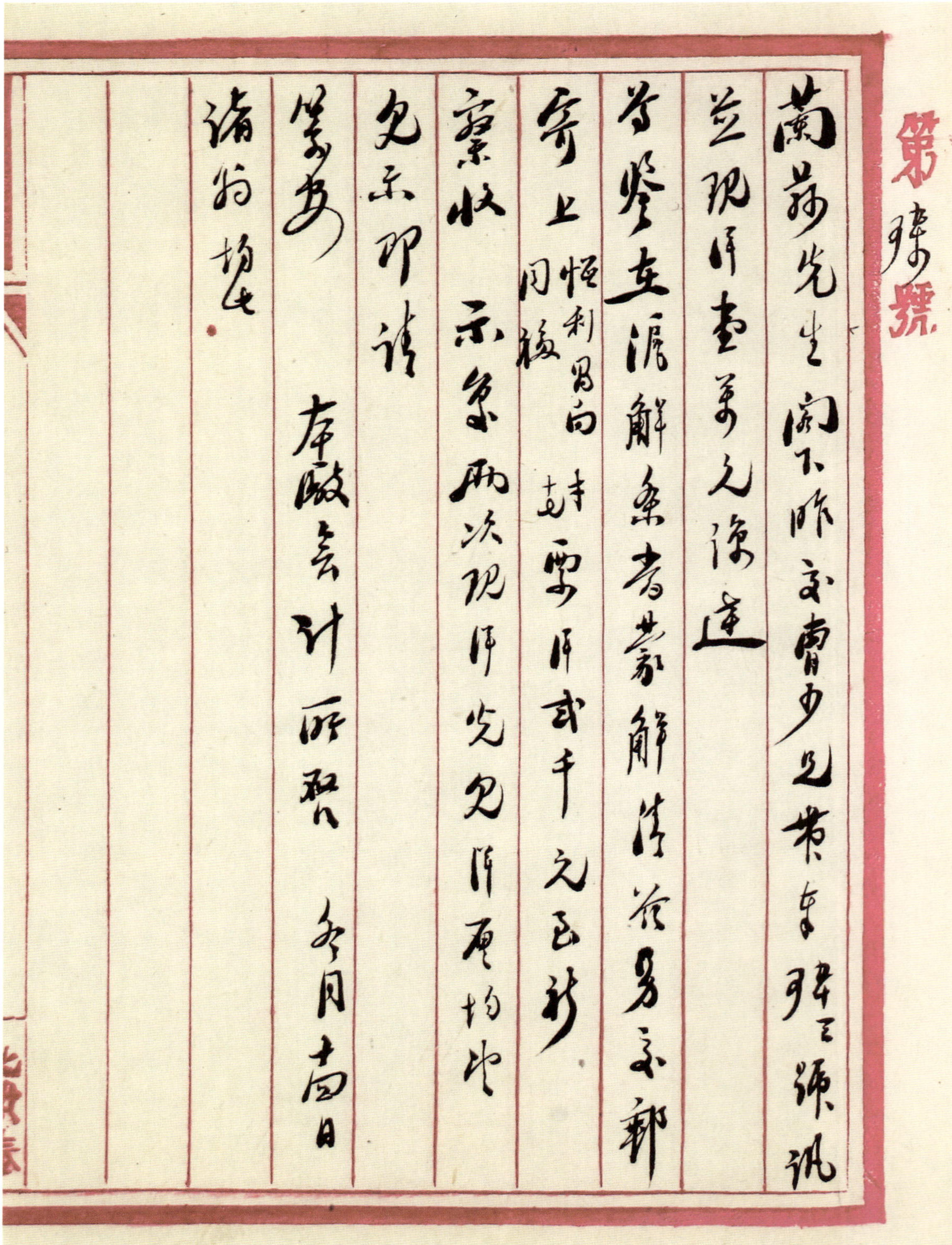

第一百五十四號（冬月十四日）

蘭蓀先生閣下：昨交曹少兄帶奉一百五十三號訊，并現洋壹萬元，諒達尊鑒。在滬解條，當蒙解清。茲另交郵寄上恒利昌向同福十一月十七票洋弍千元，至祈察收示復。兩次現洋兑見洋厘，均望見示。即請籌安。本廠會計所啓。冬月十四日

諸翁均此。

第一百五十四號（冬月十四日）

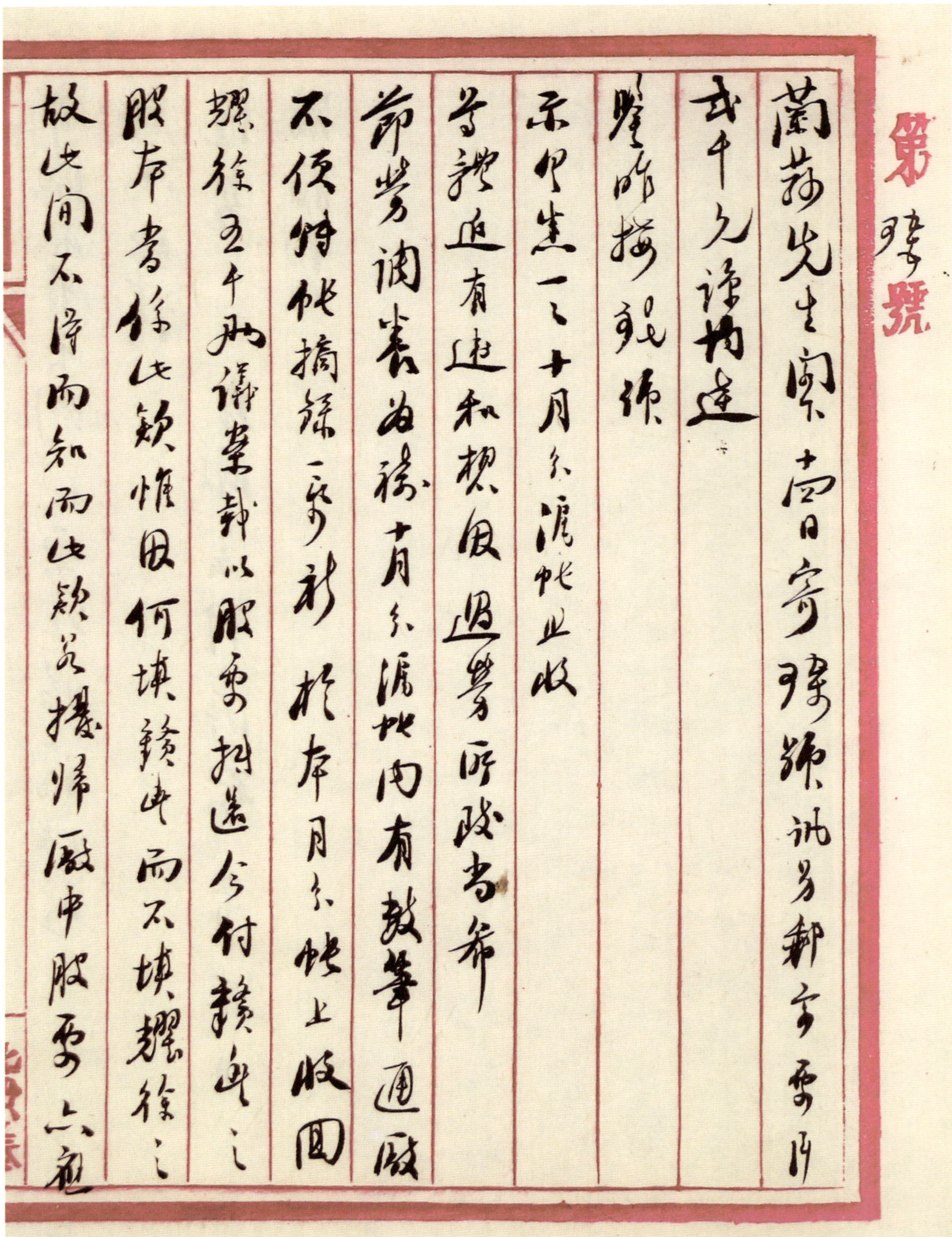

第一百五十五號（十一月十六日）

蘭蓀先生閣下：十四日寄一百五十四號訊，另郵寄票洋式千元，諒均達鑒。昨接二百〇七號示，具悉一一。十月分滬帳照收。尊體近有違和，想因過勞所致，尚希節勞調養爲禱。十月分滬帳内有數筆，通廠不便轉帳，摘録一紙，祈於本月分帳上收回。耀徐五千兩，議案載以股票抵還，今付贛豐之股本當係此款，惟因何填贛豐而不填耀徐之故，此間不得而知，而此款若撥歸廠中，股票亦應寄廠收存，否則款、票俱歸滬帳，祈酌示。此請健安。本廠會計所啓。十一月十六日

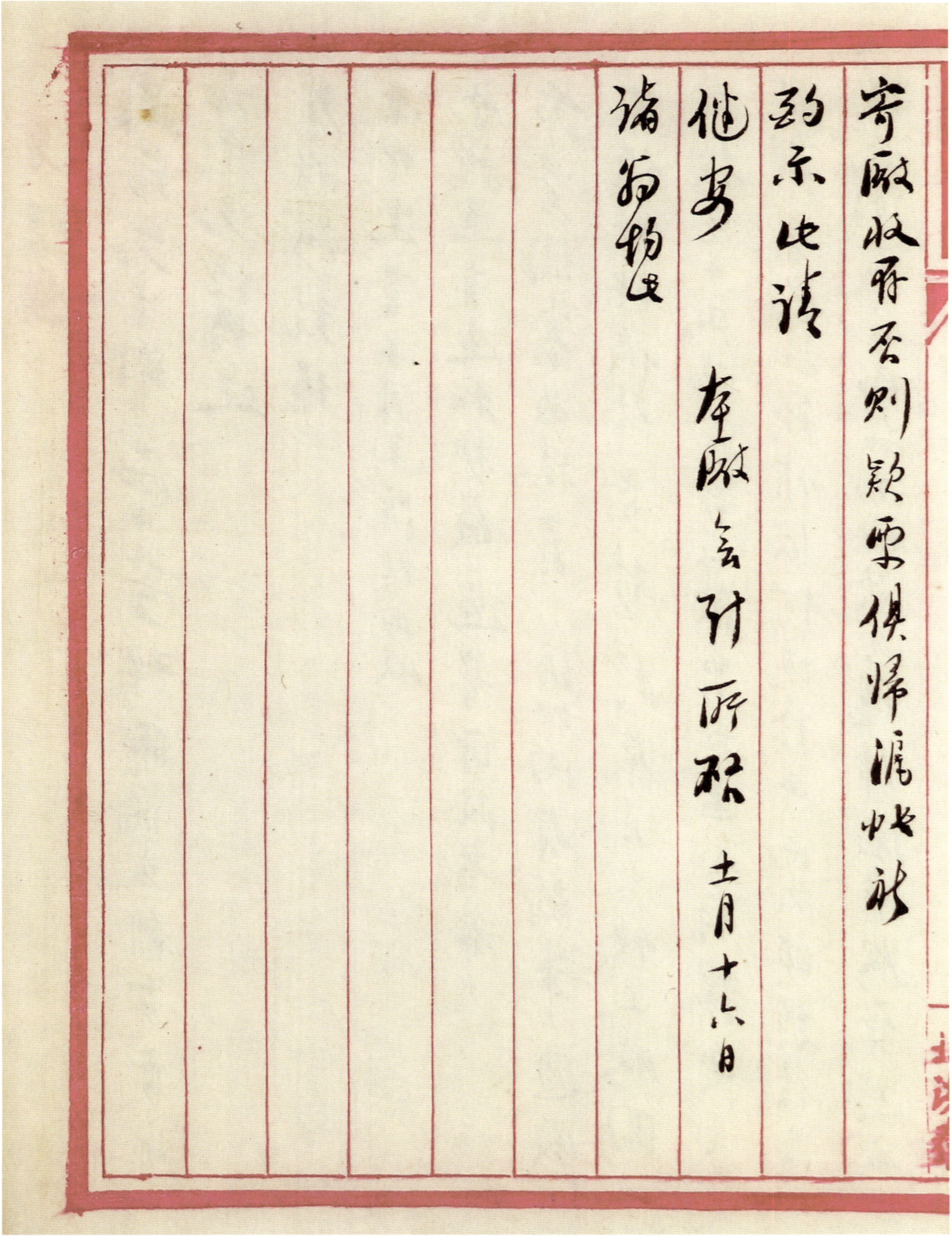
寄廠收取否則款票俱歸滬收於
致示此請
健安　本廠會計所啓　十一月十六日
諸翁均此

第一百五十五號（十一月十六日）

諸翁均此。

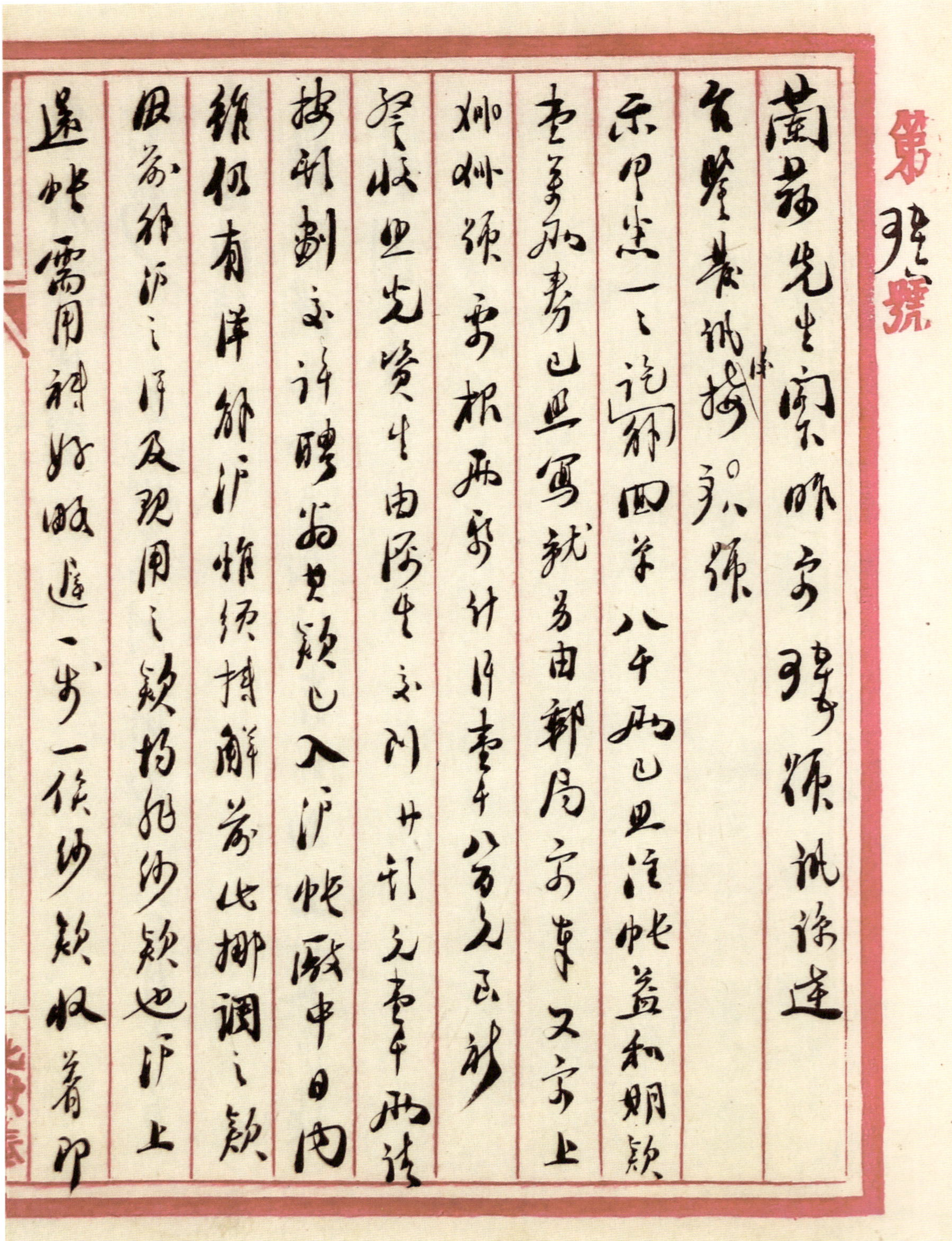

第一百五十六號（冬月十七日）

蘭蓀先生閣下：昨寄一百五十五號訊，諒達台鑒。發訊後接二百〇八號示，具悉一一。解訖回單八千兩，已照注帳。益和期款壹萬兩券已照寫就，另由郵局寄奉。又寄上四三〇、四三一號票根兩紙，計洋壹千八百元，至祈察收照兑。資生由源生交到廿期元壹千兩，請按期劃交許聘翁，其款已入滬帳。廠中日内雖仍有洋解滬，惟須抵解前此挪調之款，因前解滬之洋及現用之款均非紗款也。滬上還帳需用，祗好略遲一步，一俟紗款收着，即行解奉。此請籌安。本廠會計所啓。冬月十七日

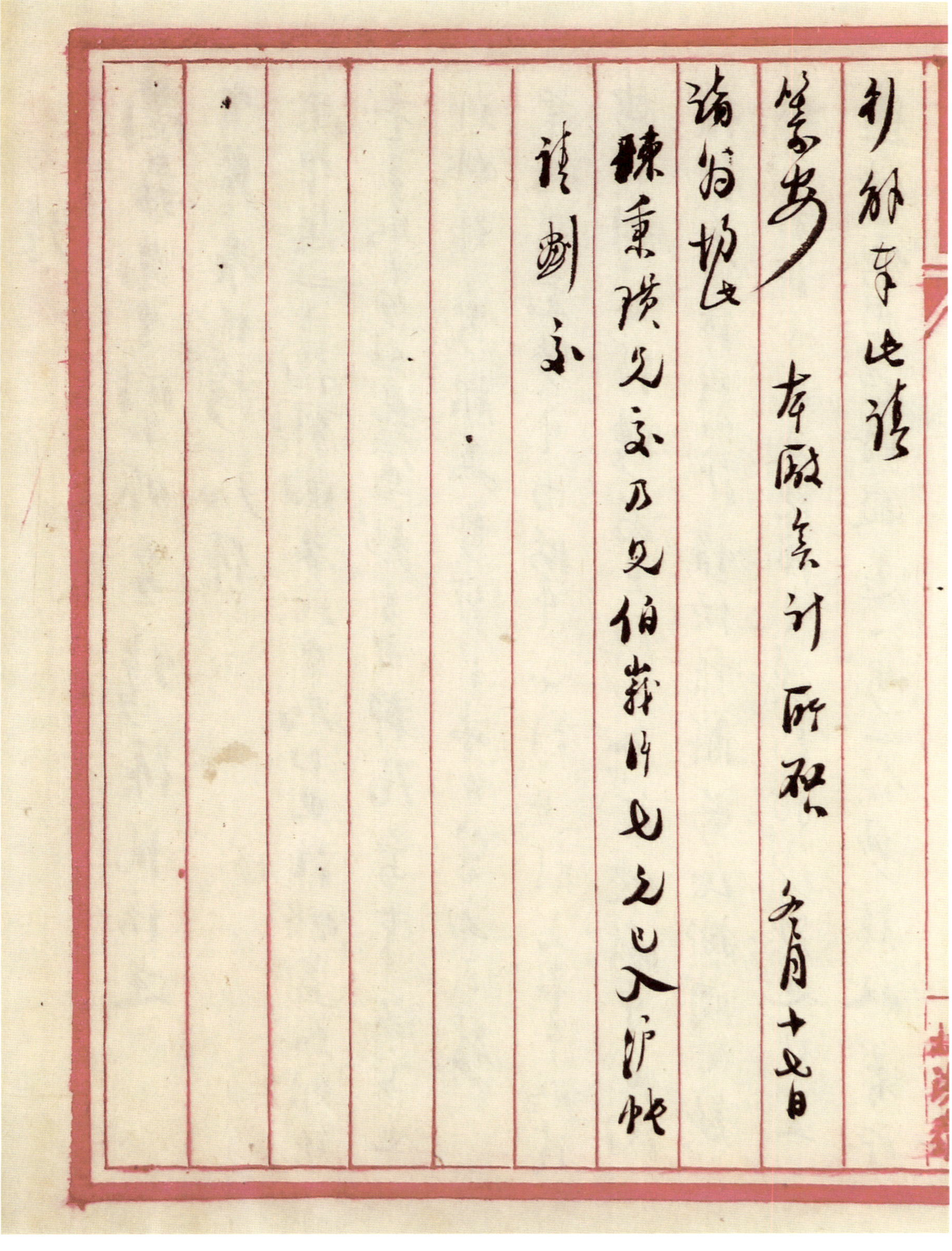
引解來此請
箸安　李厰余計　所積　冬月十七日
諸翁均此
陳秉璜兄交乃兄伯峨洋七元已入滬帳
請劃交

第一百五十六號（冬月十七日）

諸翁均此。

陳秉璜兄交乃兄伯峨洋七元，已入滬帳，請劃交。

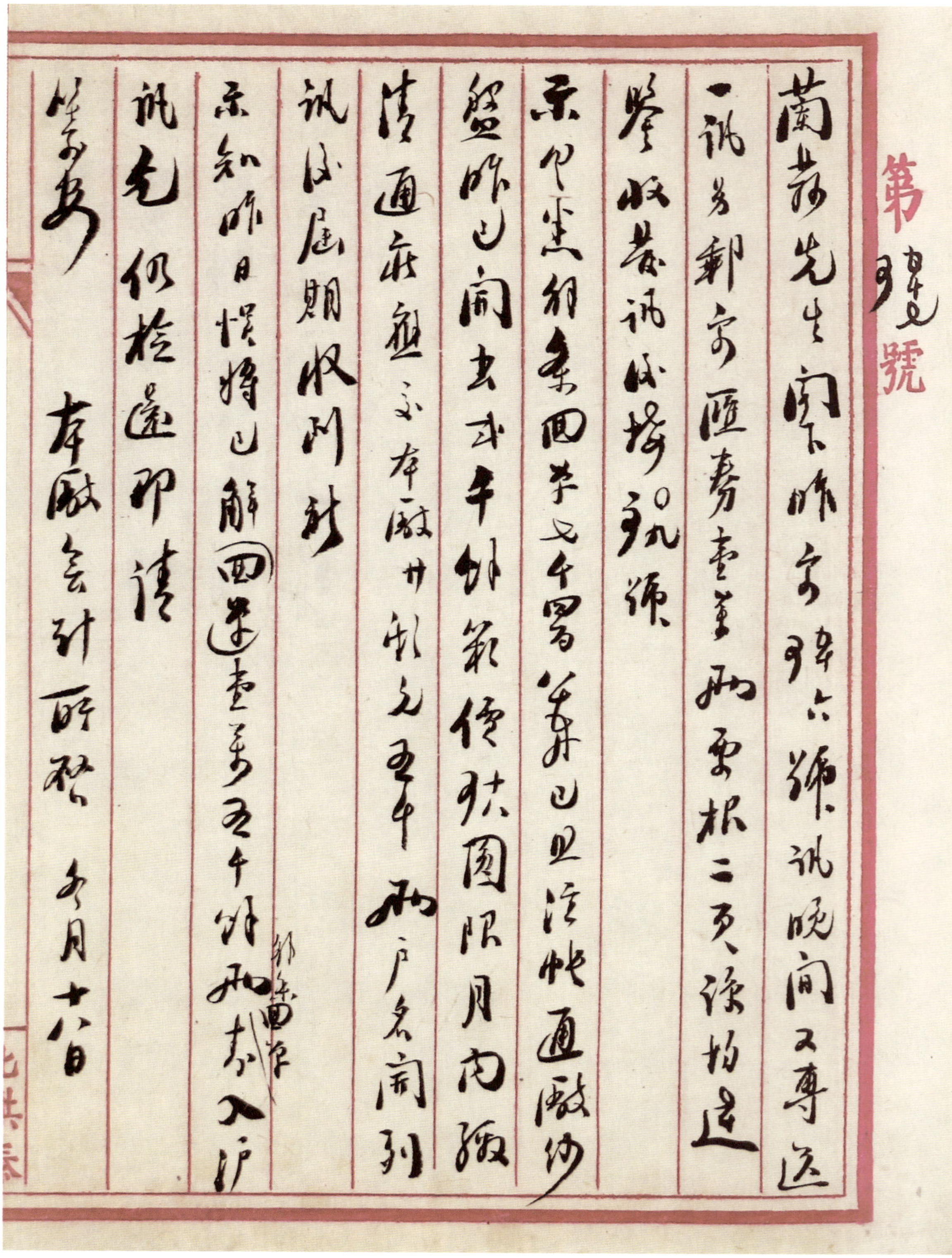

第一百五十七號（冬月十八日）

蘭蓀先生閣下：昨寄一百五十六號訊，晚間又專送一訊，另郵寄匯券壹萬兩票根二頁，諒均達鑒。收、發訊後接二百〇九號示，具悉。解條回單七千四百八十五兩，已照注帳。通廠紗盤昨已開出弍千餘箱，價一百十八圓，限月内繳清。通莊應交本廠廿期元五千兩，户名開列訊後，届期收到祈示知。昨日誤將已解壹萬五千餘兩解條回單封入滬訊，乞仍檢還。即請籌安。本廠會計所啓。冬月十八日

諸翁均此。

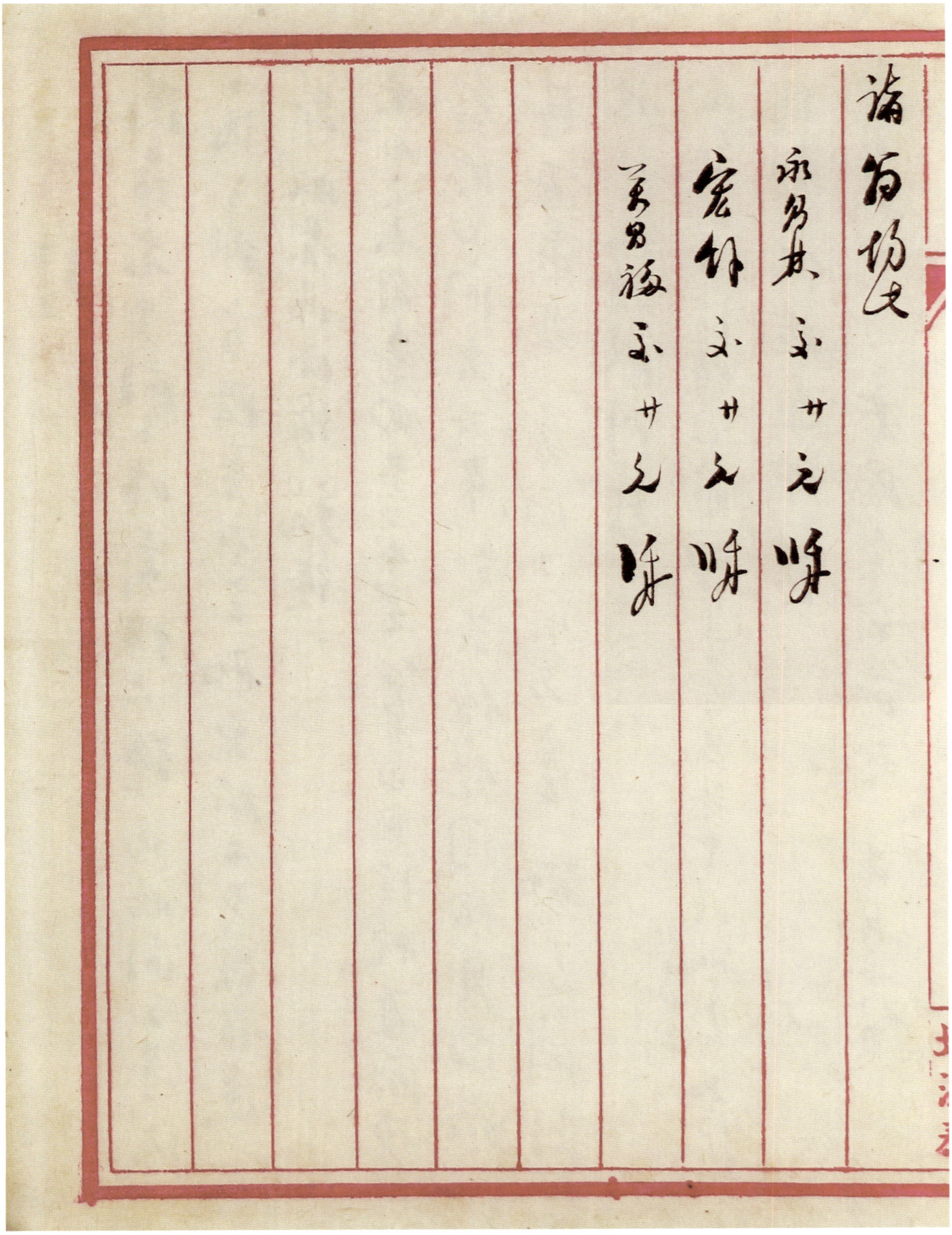

第一百五十七號（冬月十八日）

永昌林交廿元二千兩

宏餘交廿元二千兩

萬昌福交廿元一千兩

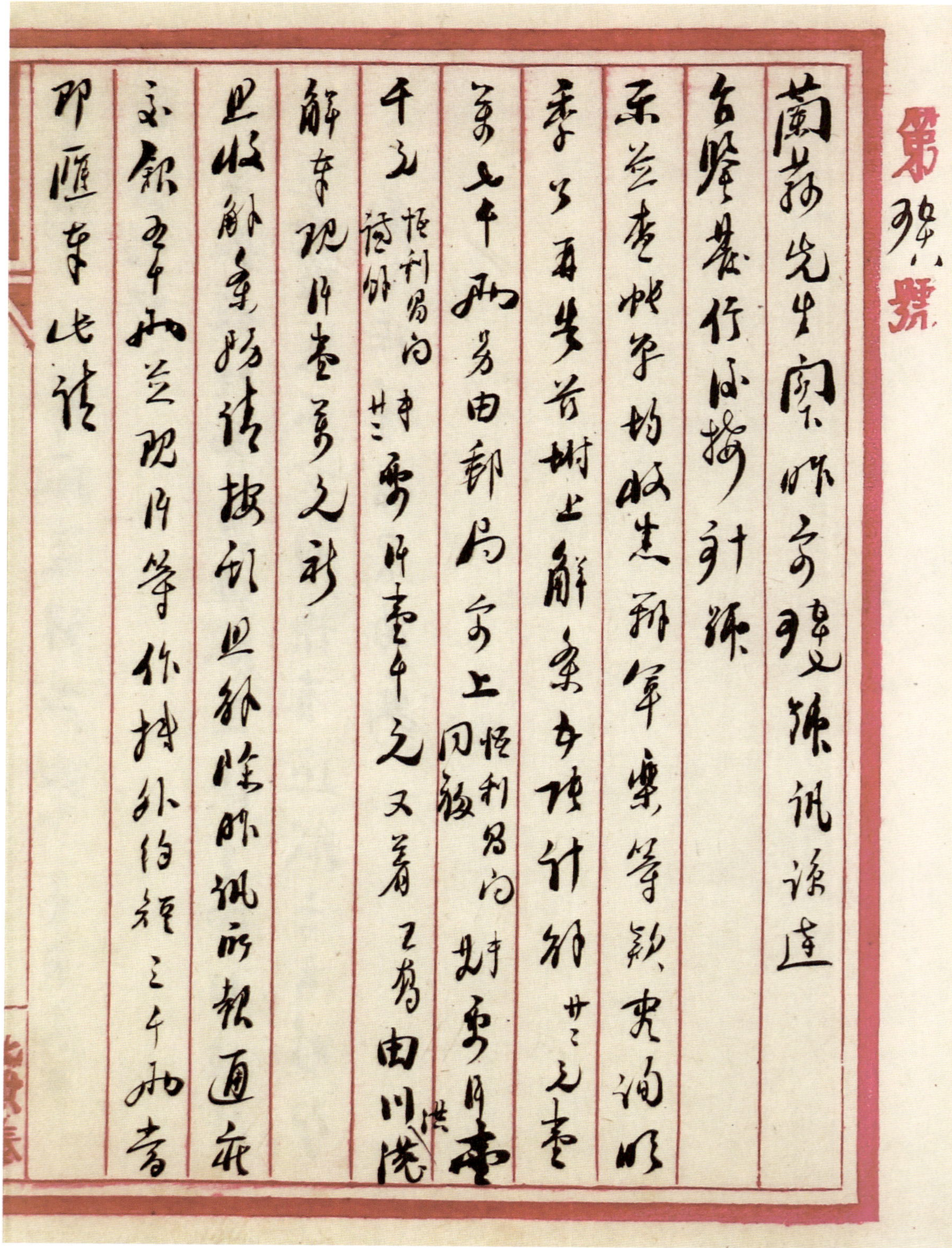

第一百五十八號（冬月十九日）

蘭蓀先生閣下：昨寄一百五十七號訊，諒達台鑒。發信後接二百十號示，并查帳單，均收悉。辦軍樂等款，容詢明季公再告。茲附上解條五張，計解廿二元壹萬七千兩；另由郵局寄上恒利昌向同福十一月廿九票洋壹千元、恒利昌向謙餘十一月廿二票洋壹千元；又着王喬由川洪港解奉現洋壹萬元，祈照收，解條務請按期照解。除昨訊所報通莊交銀五千兩并現洋等作抵外，約短三千兩，當即匯奉。此請籌安。本廠會計所啓。冬月十九日

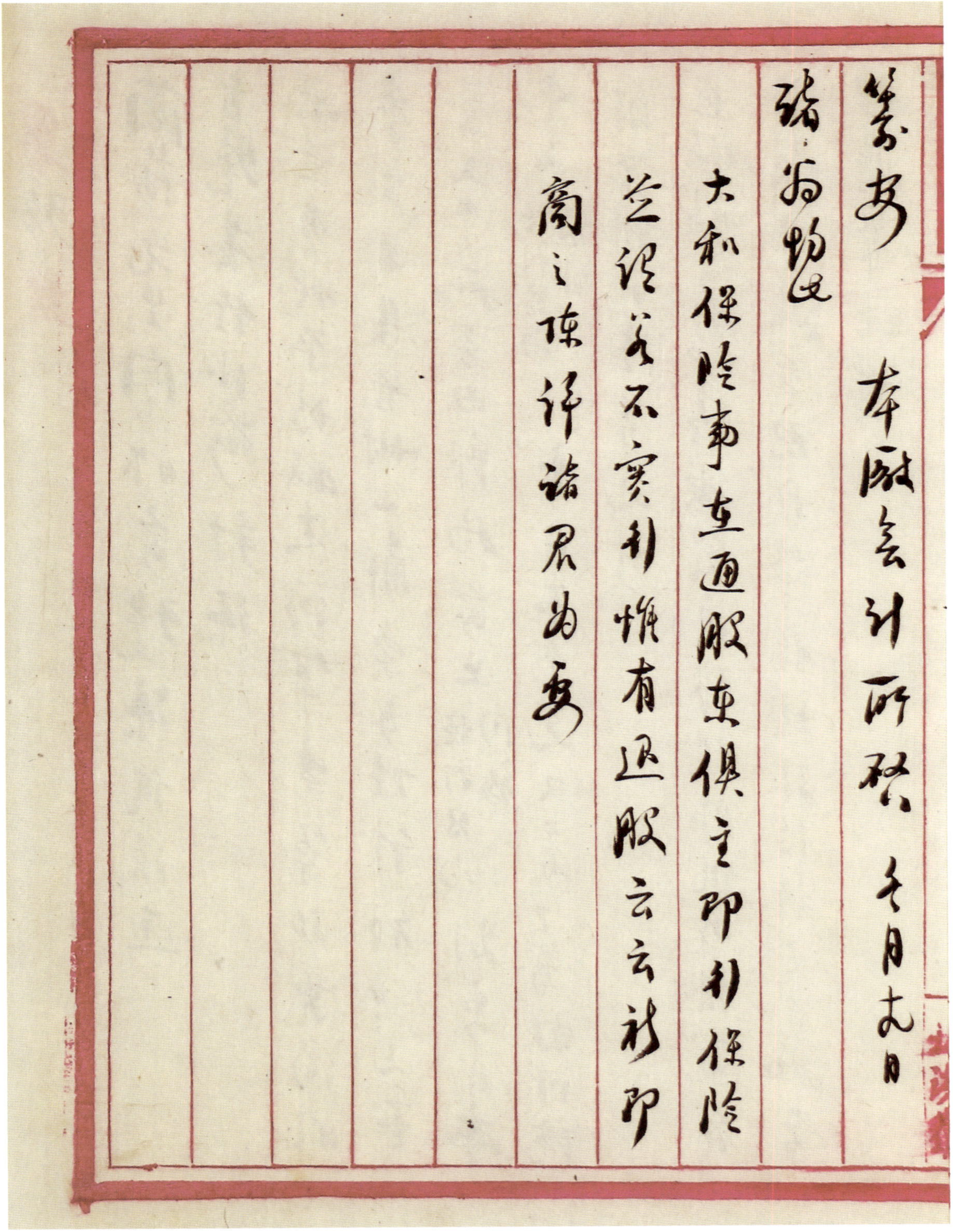
諸翁均鑒
大和保險事在通股東俱主即行保險
並謂若不實行惟有退股云云祈即
商之陳許諸君爲要
籌安 本廠會計所啓 冬月十九日

第一百五十八號（冬月十九日）

諸翁均此。

大和保險事，在通股東俱主即行保險，并謂若不實行，惟有退股云云。祈即商之陳、許諸君爲要。

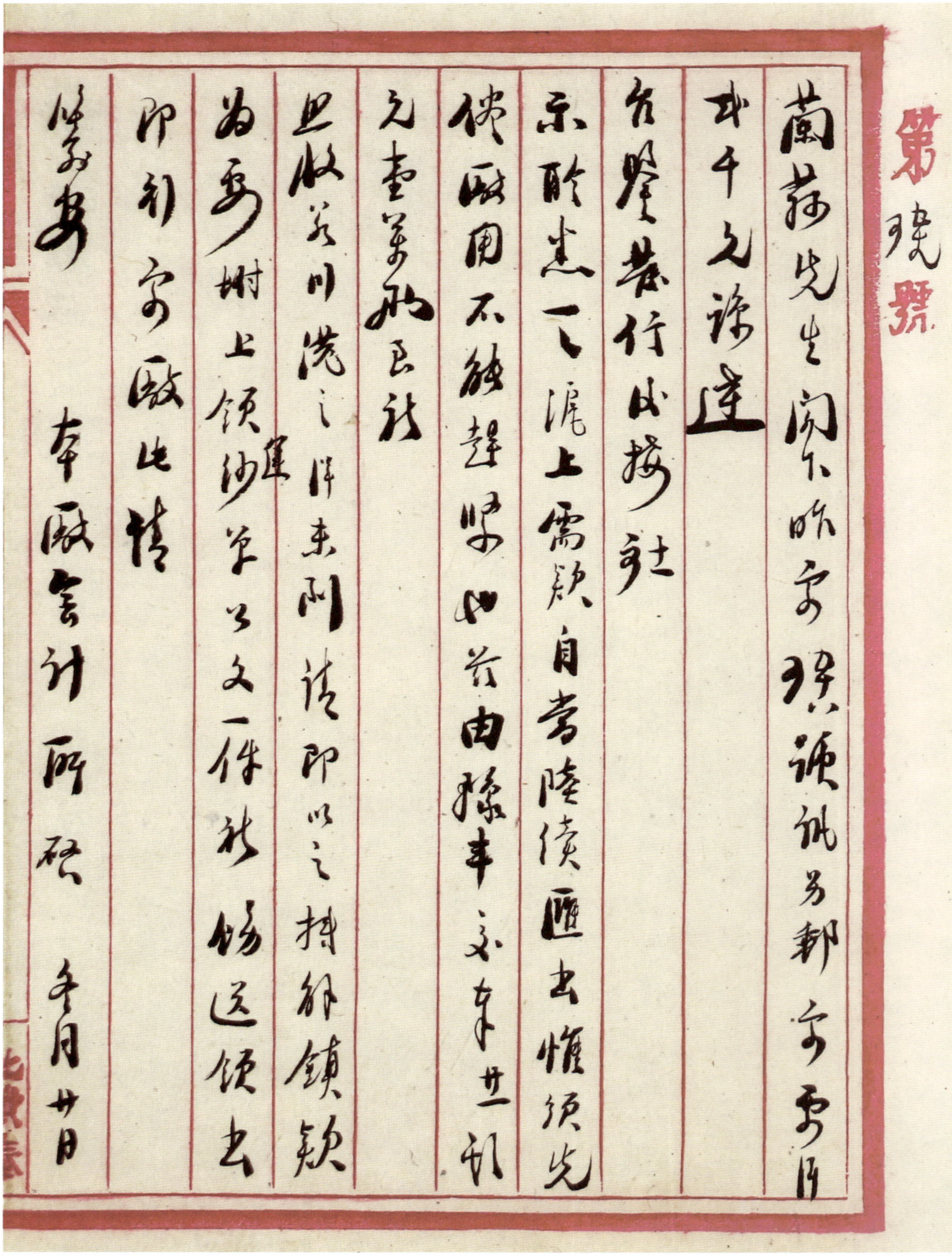

第一百五十九號（冬月廿日）

蘭蓀先生閣下：昨寄一百五十八號訊，另郵寄票洋弍千元，諒達台鑒。發信後接二百十一［號］示，聆悉一一。滬上需款，自當陸續匯出，惟須先儘廠用，不能趕緊也。兹由豫豐交奉廿一期元壹萬兩，至祈照收，若川港之洋未到，請即以之抵解鎮款爲要。附上領運紗單公文一件，祈飭送領出，即行寄廠。此請籌安。本廠會計所啓。冬月廿日
諸翁均此。

諸希協助

第一百五十九號（冬月廿日）

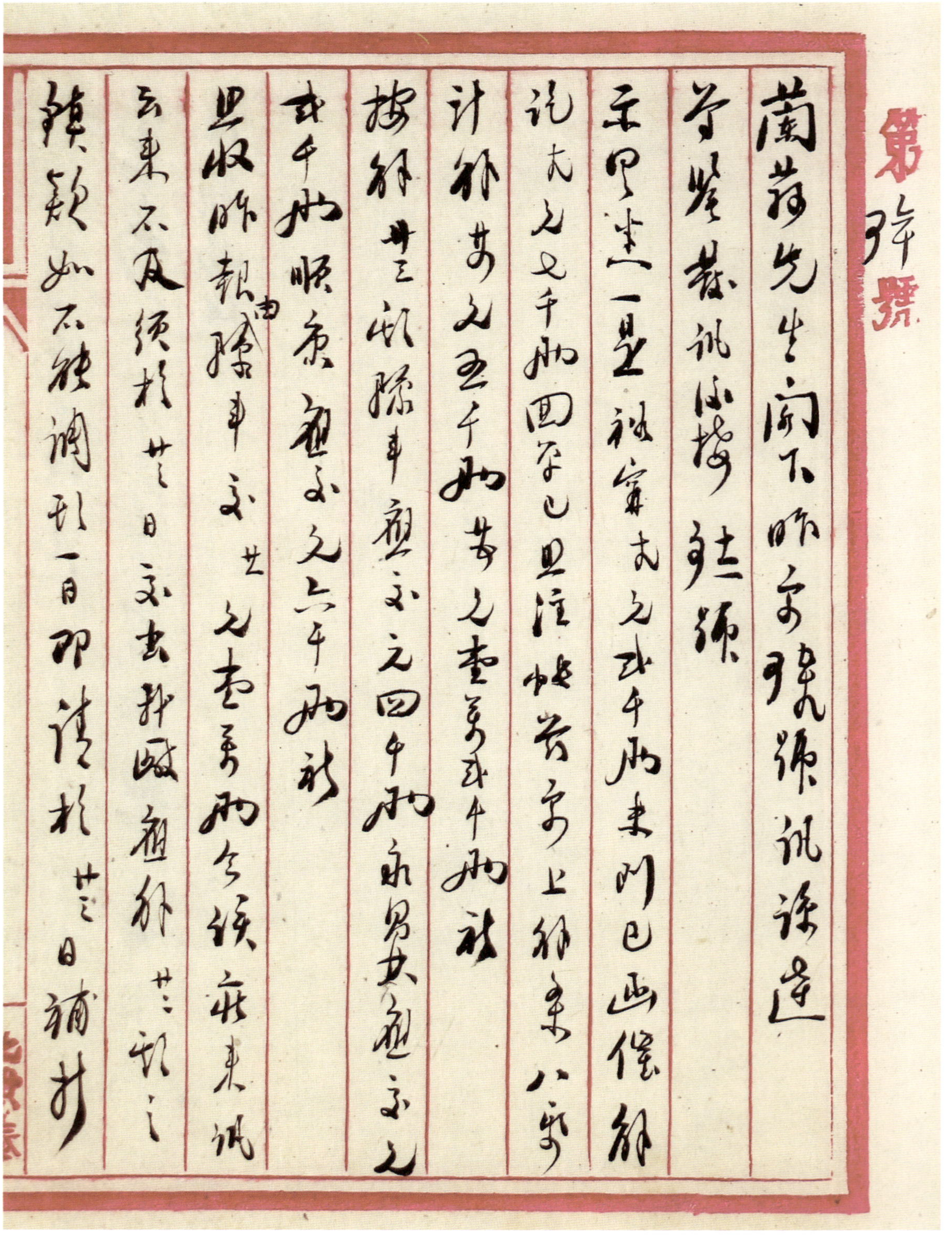

第一百六十號（冬月廿一日）

蘭蓀先生閣下：昨寄一百五十九號訊，諒達尊鑒。發訊後接二百十二號示，具悉一是。裕寧十九元弍千兩未到，已函催。解訖十九元七千兩回單，已照注帳。茲寄上解條八紙，計解廿四元五千兩、廿五元壹萬弍千兩，祈按解。廿三期豫豐應交元四千兩、永昌林應交元弍千兩、順康應交元六千兩，祈照收。昨報由豫豐交廿一元壹萬兩，今該莊來訊云來不及，須於廿三日交出。我廠應解廿二期之鎮款，如不能調期一日，即請於廿三日補折照交爲要。此請籌安。本廠會計所啓。冬月廿一

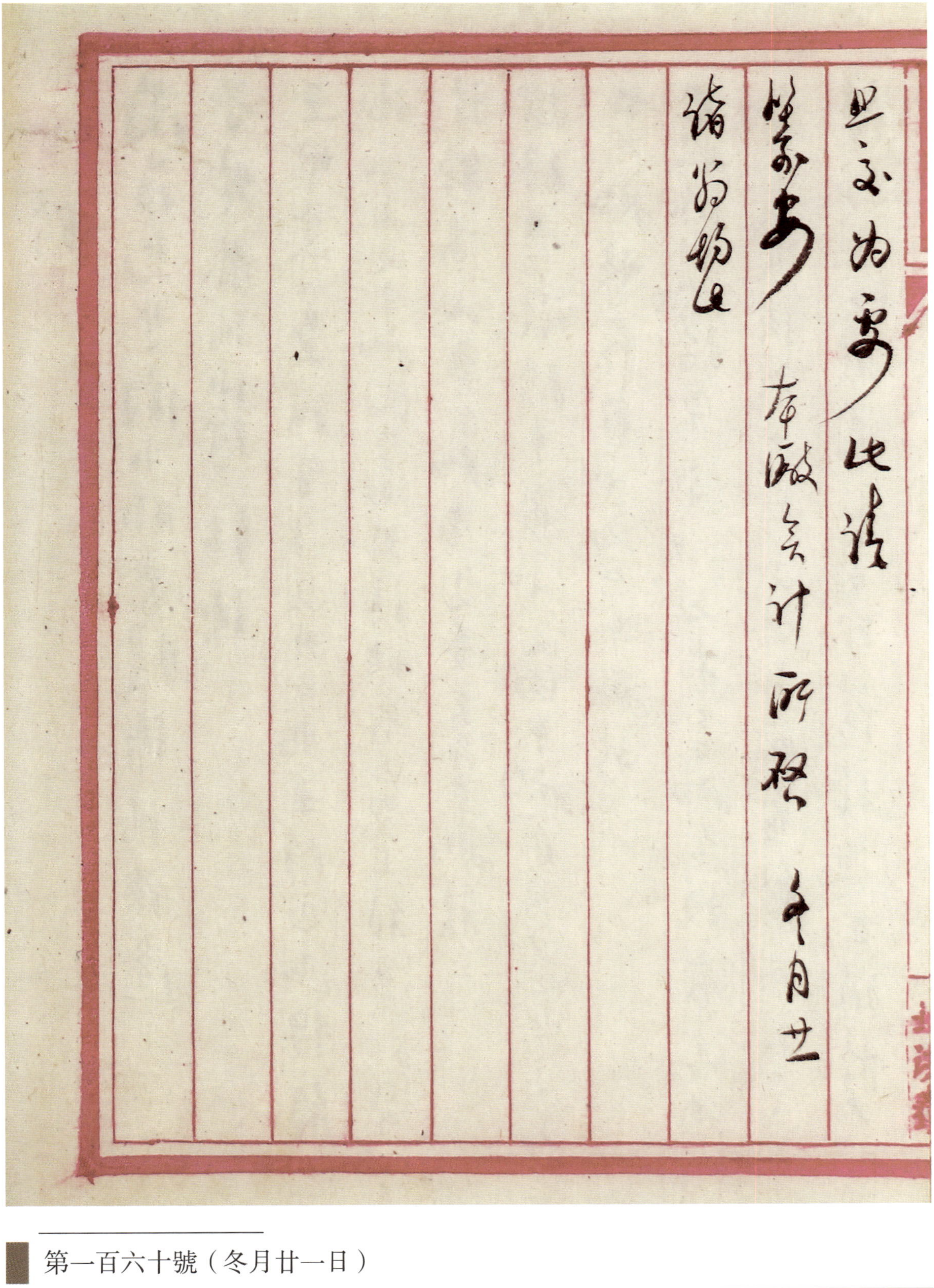

第一百六十號（冬月廿一日）

諸翁均此。

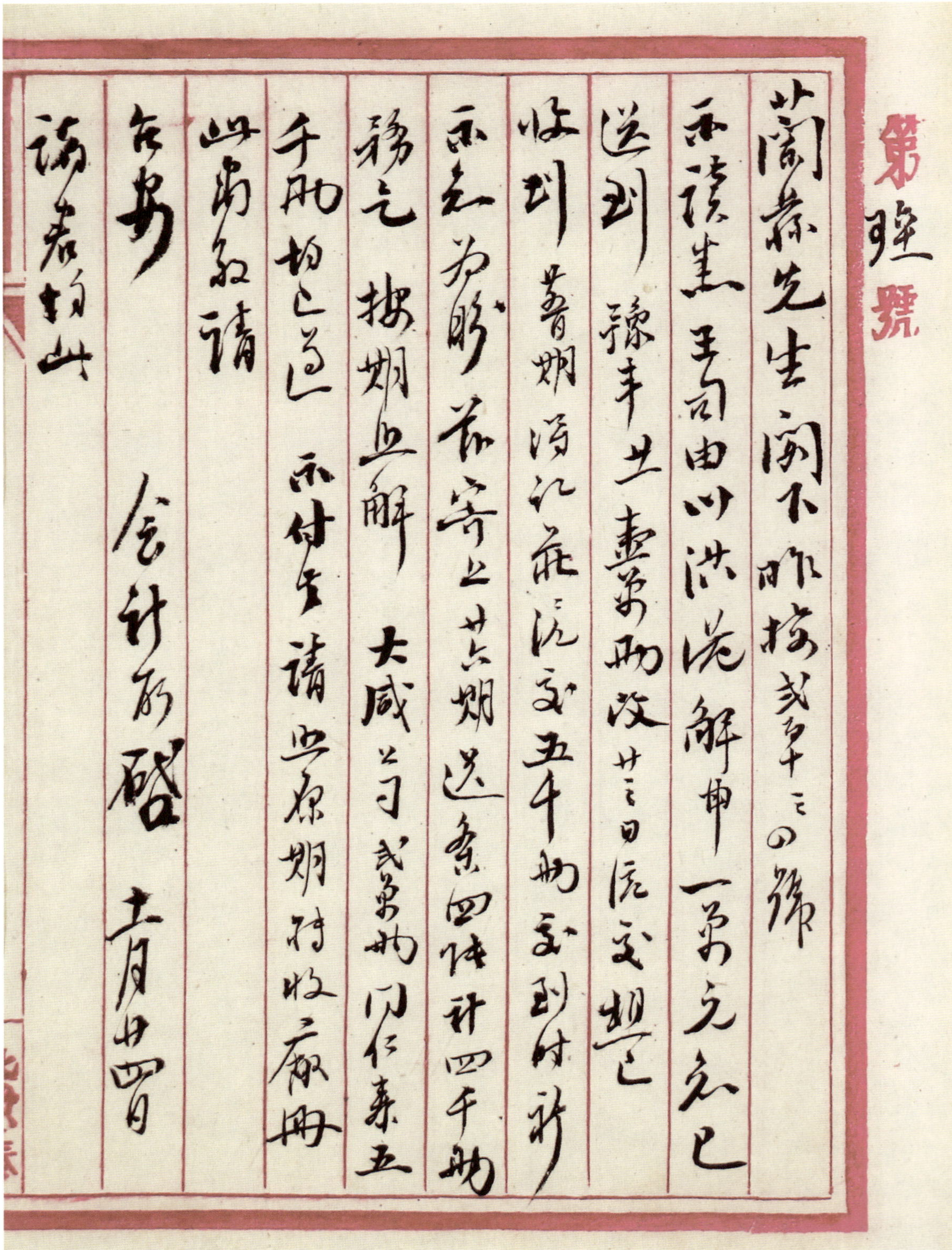

第一百六十一號（十一月廿四日）

蘭蓀先生閣下：昨接式百十三、式百十四號示，讀悉。王司由川洪港解申一萬元，知已送到。豫豐廿一壹萬兩，改廿三日滬交，想已收到。廿五日期得記莊滬交五千兩，交到時祈示知爲盼。茲寄上廿六期送條四張，計四千兩，務乞按期照解。大咸公司式萬兩、同仁泰五千兩，均已遵示付去，請照原期轉收廠册。此肅，敬請台安。

會計所啓。十一月廿四日

諸君均此。

第一百六十一號（十一月廿四日）

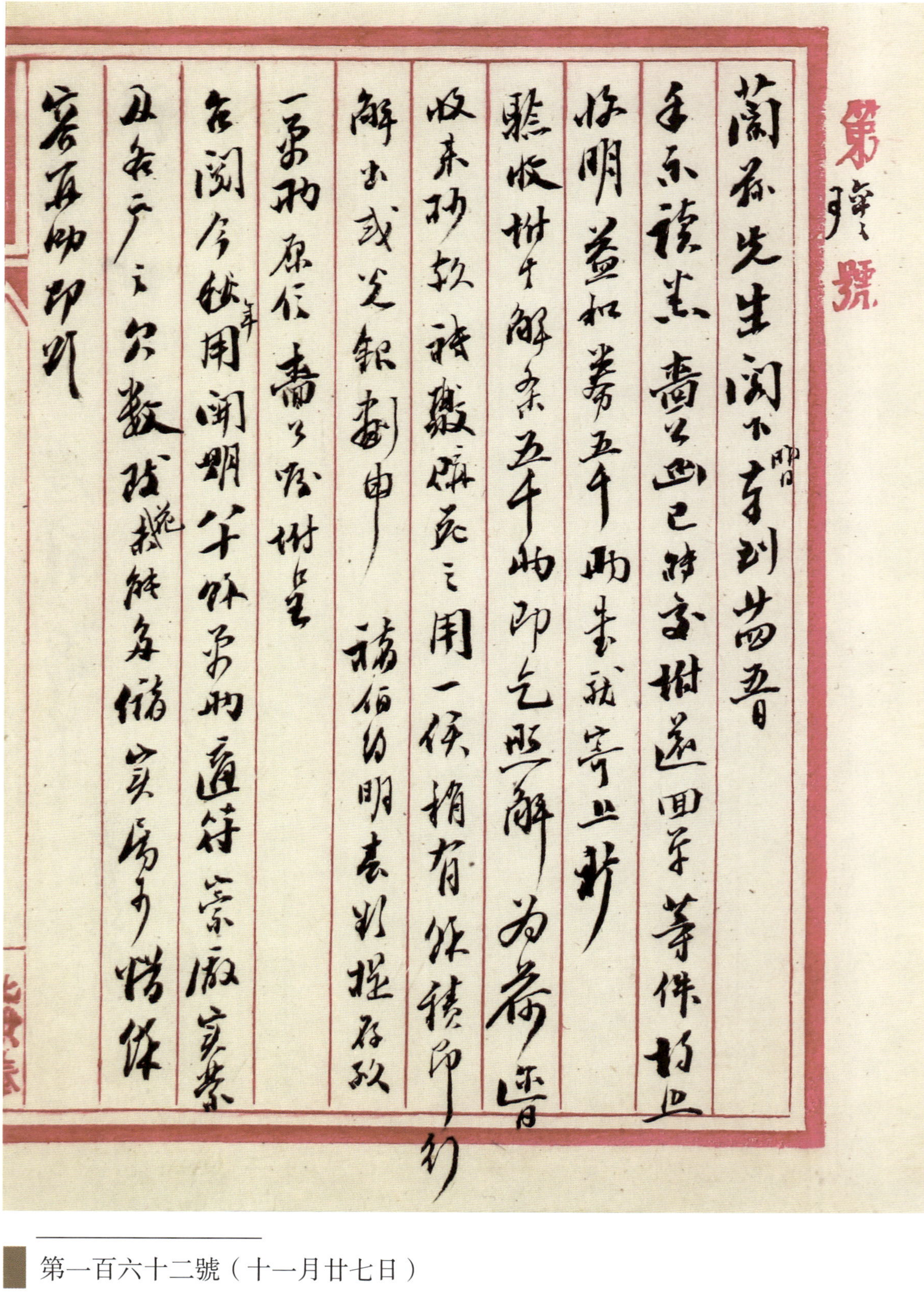

第一百六十二號（十一月廿七日）

蘭蓀先生閣下：昨日奉到廿四、廿五日手示，讀悉。嗇公函已轉交。附還回單等件，均照收明。益和券五千兩書就寄上，祈驗收。附去解條五千兩，即乞照解爲荷。邇日收來紗款，祇敷購花之用，一俟稍有餘積，即行解出，或兑銀劃申。褚伯約明春欲提存款一萬兩，原信嗇公囑附呈台閲。今年用開期八十餘萬兩，適符崇廠實業及各户之欠數，致花未能多儲，實屬可惜。餘容再泐。即頌台安。會計所具。十一月廿七日

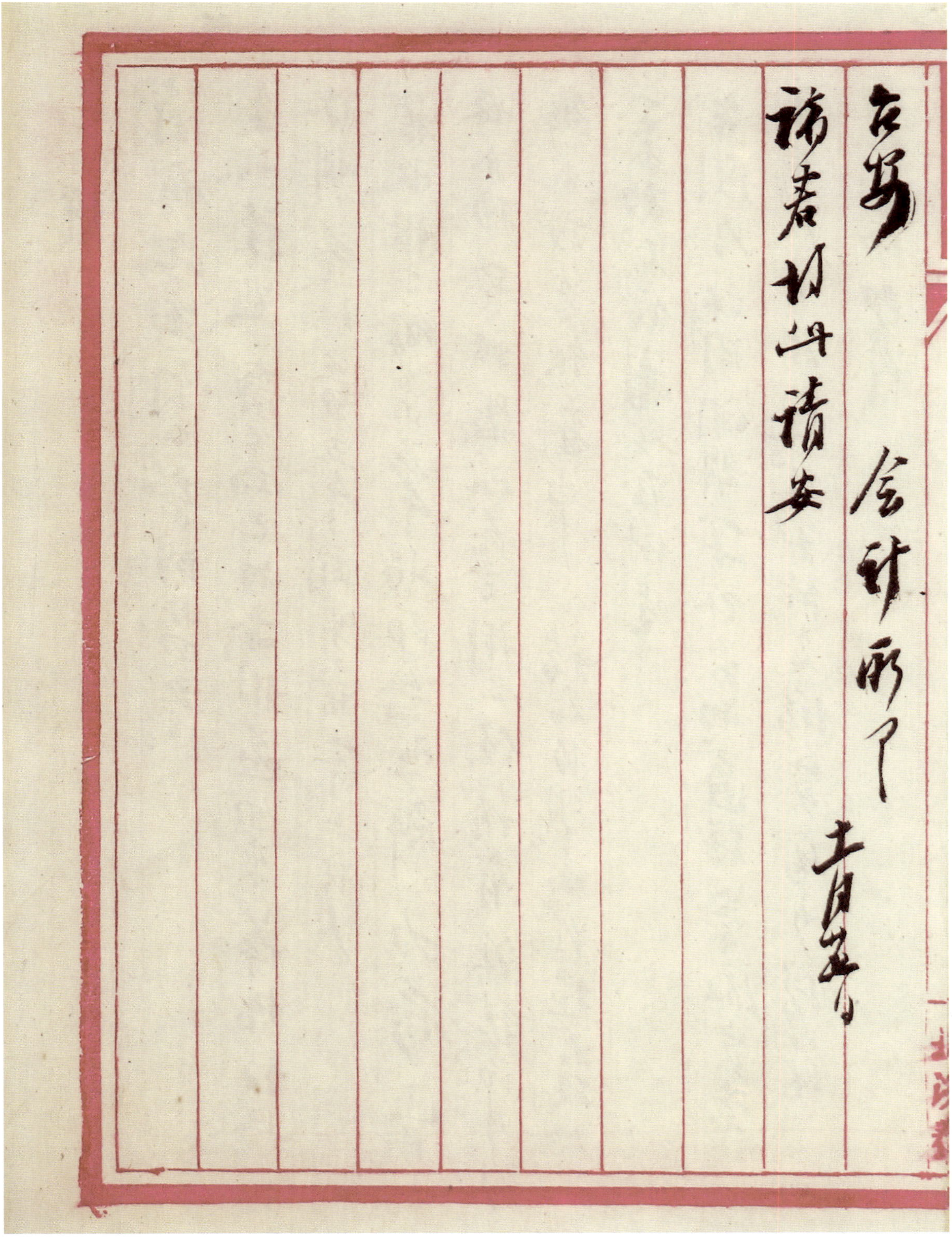

第一百六十二號（十一月廿七日）

諸君均此請安。

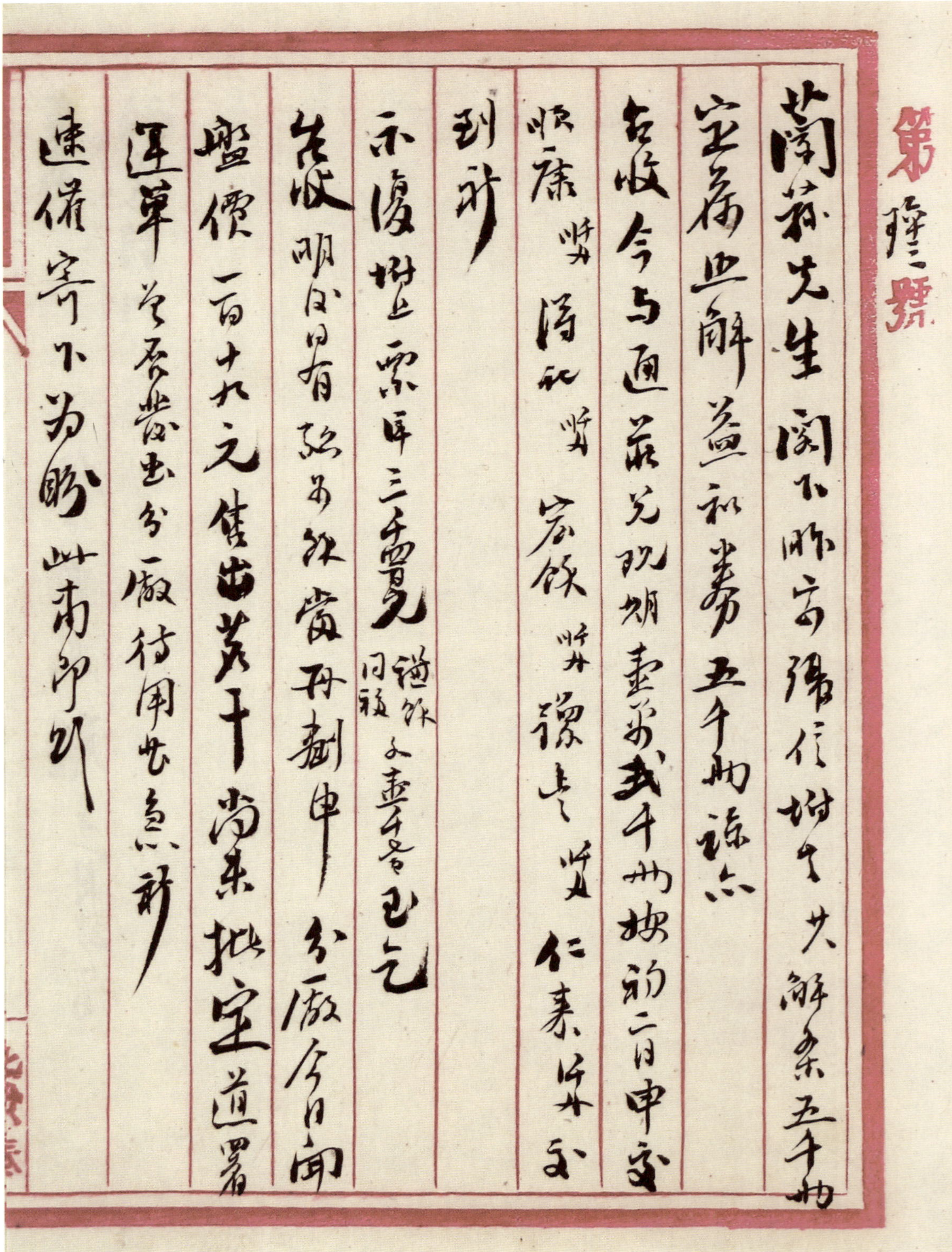

第一百六十三號（十一月廿八日）

蘭蓀先生閣下：昨寄號信，附去廿八解條五千兩，定荷照解。益和券五千兩，諒亦台收。今與通莊兑現期壹萬弍千兩，按初二日申交順康三千兩、得記三千兩、宏餘三千兩、豫豐二千兩、仁泰一千兩，交到祈示復。附上票洋三千四百元（謙餘、同福各一千七百），至乞台收。明、後日有款萬餘，當再劃申。分廠今日開盤，價一百十九元，售出若干尚未批定。道署運單曾否發出？分廠待用甚急，祈速催寄下爲盼。此肅，即頌台安。會計所啓。十一月廿八日

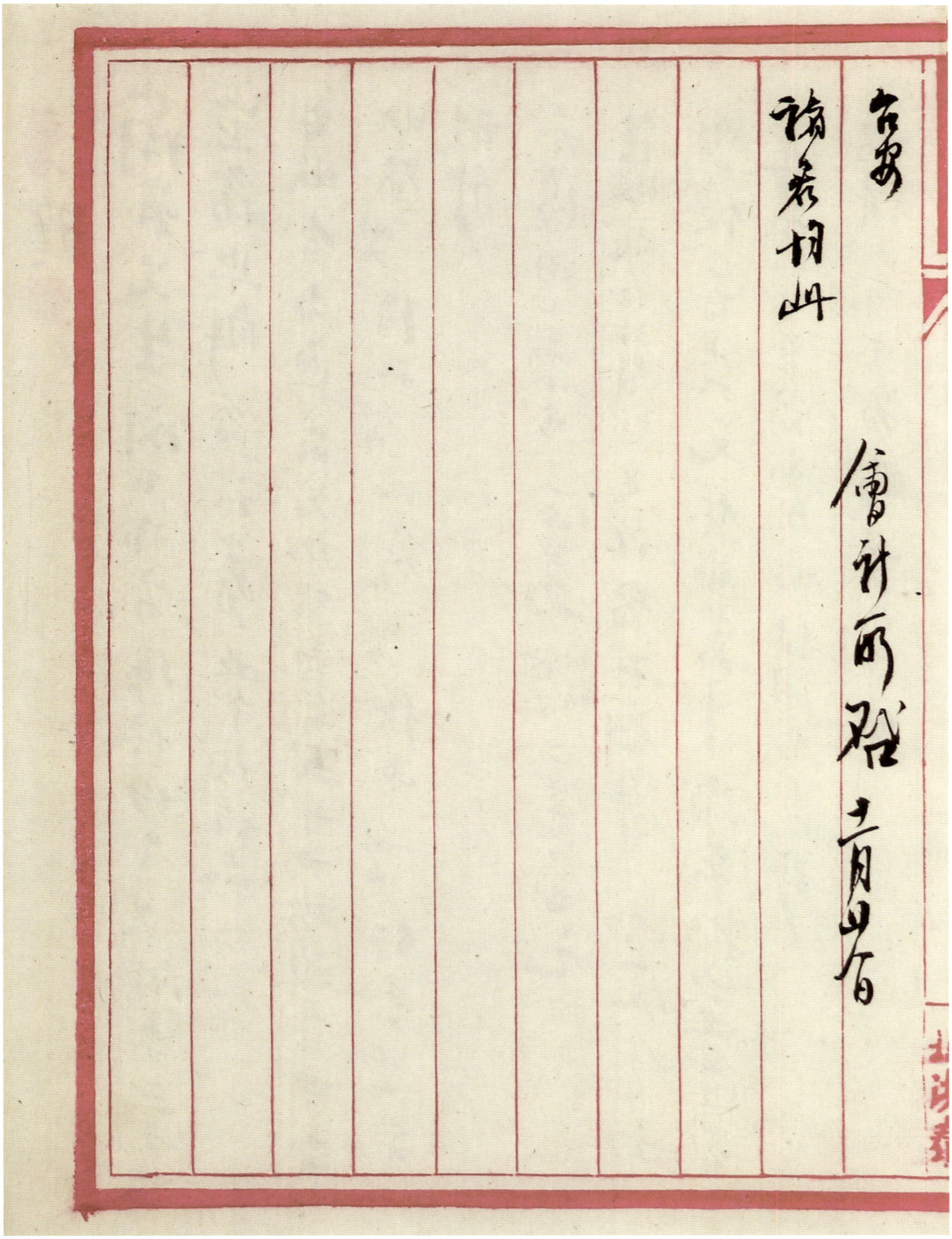

台安

諸君均此

十一月廿八日

第一百六十三號（十一月廿八日）

諸君均此。

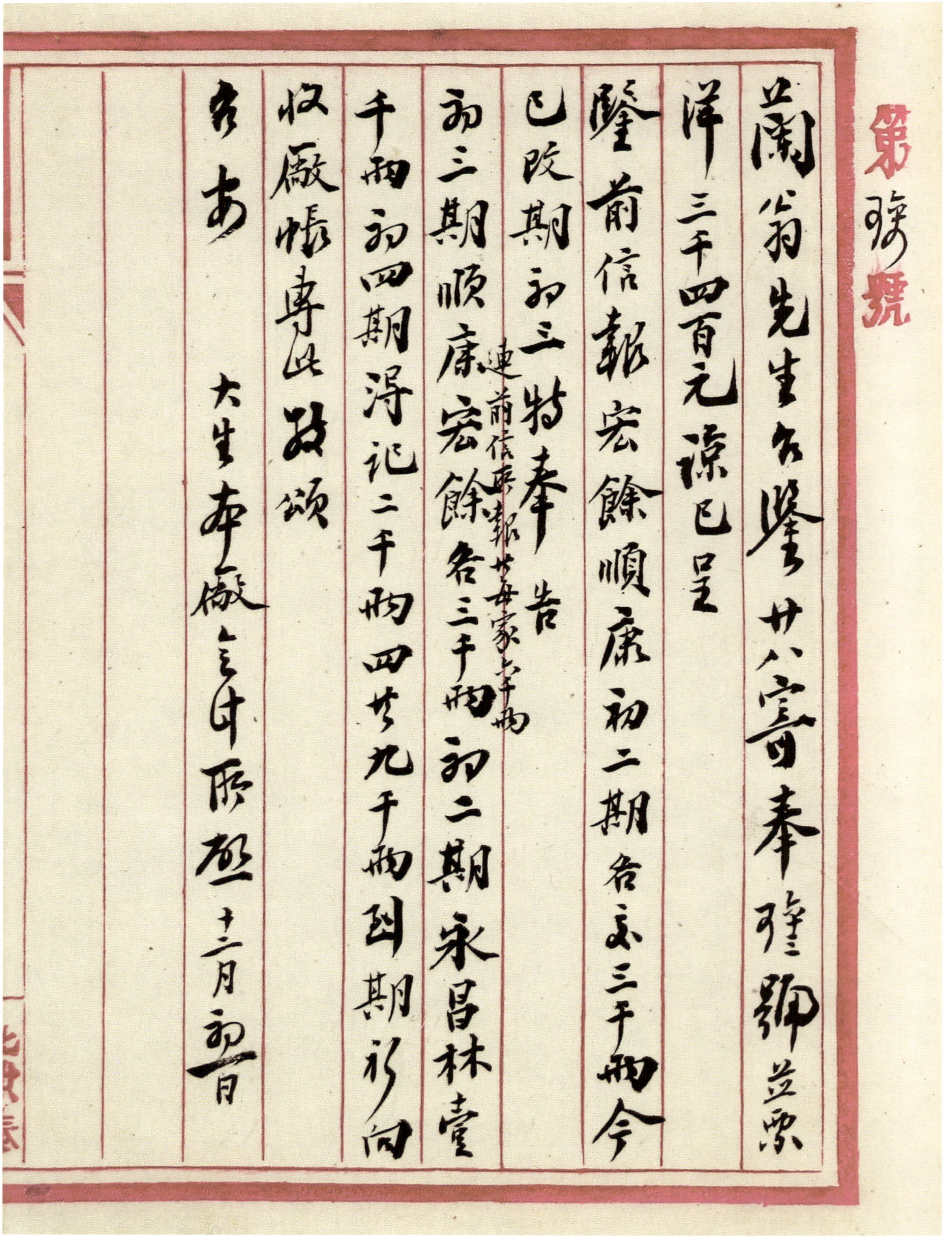

第一百六十四號（十二月初一日）

蘭翁先生台鑒：廿八寄奉一百六十三號，并票洋三千四百元，諒已呈鑒。前信報宏餘、順康初二期各交三千兩，今已改期初三，特奉告。初三期順康、宏餘各三千兩（連前信所報共每家六千兩），初二期永昌林壹千兩，初四期得記二千兩，四共九千兩，到期祈向收廠帳。專此，敬頌台安。大生本廠會計所啓。十二月初一日

第一百六十四號（十二月初一日）

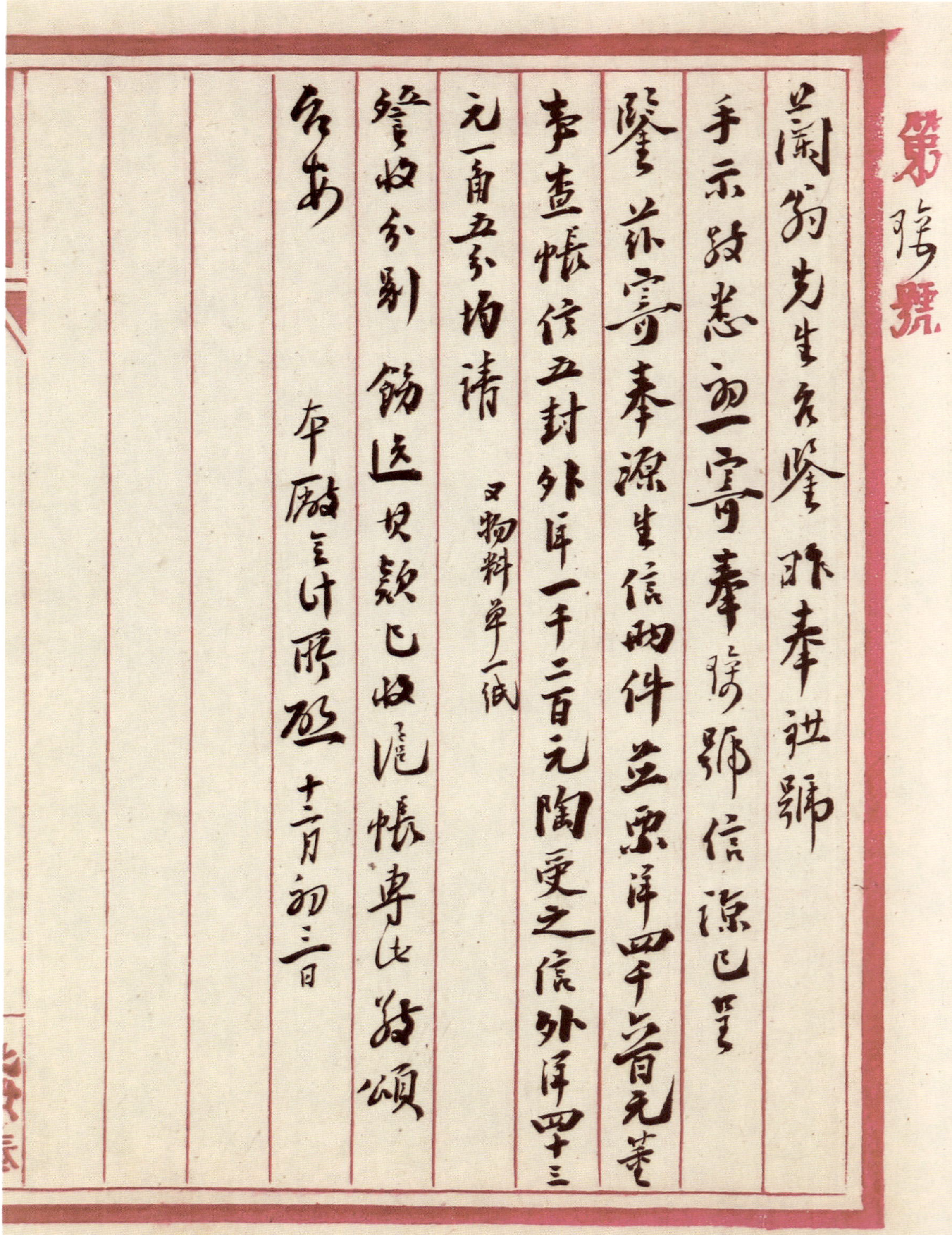

第一百六十五號（十二月初三日）

蘭翁先生台鑒：昨奉二百廿一號手示，敬悉。初一寄奉一百六十四號信，諒已呈鑒。兹寄奉源生信兩件，并票洋四千六百元；董事查帳信五封，外洋一千二百元；陶受之信，外洋四十三元一角五分，又物料單一紙，均請察收，分别飭送，其款已收滬帳。專此，敬頌台安。本廠會計所啓。十二月初三日

第一百六十五號（十二月初三日）

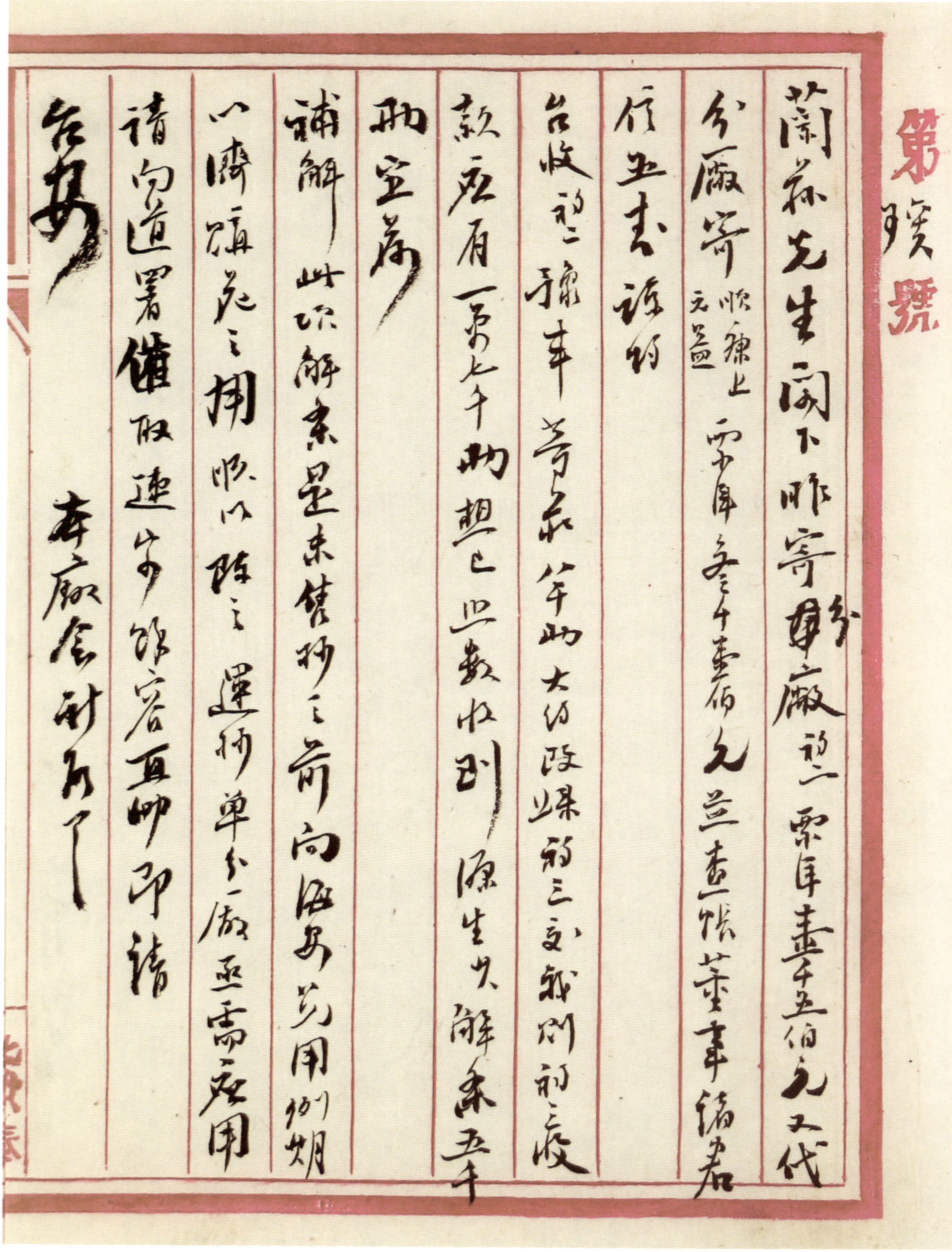

第一百六十六號（十二月初四日）

蘭蓀先生閣下：昨寄分廠初二票洋壹千五百元，又代分廠寄順康上元益票洋叁千壹佰元，并查帳董事諸君信五封，諒均台收。初二豫豐等莊八千兩，大約改歸初三交我，則初三收款應有一萬七千兩，想已照數收到。源生廿八解條五千兩，定荷補解，此項解條是未售紗之前向海安兑用例期，以濟購花之用，順以陳之。運紗單分廠亟需應用，請向道署催取速寄。餘容再泐。即請台安。本廠會計所具。

十二月初四日

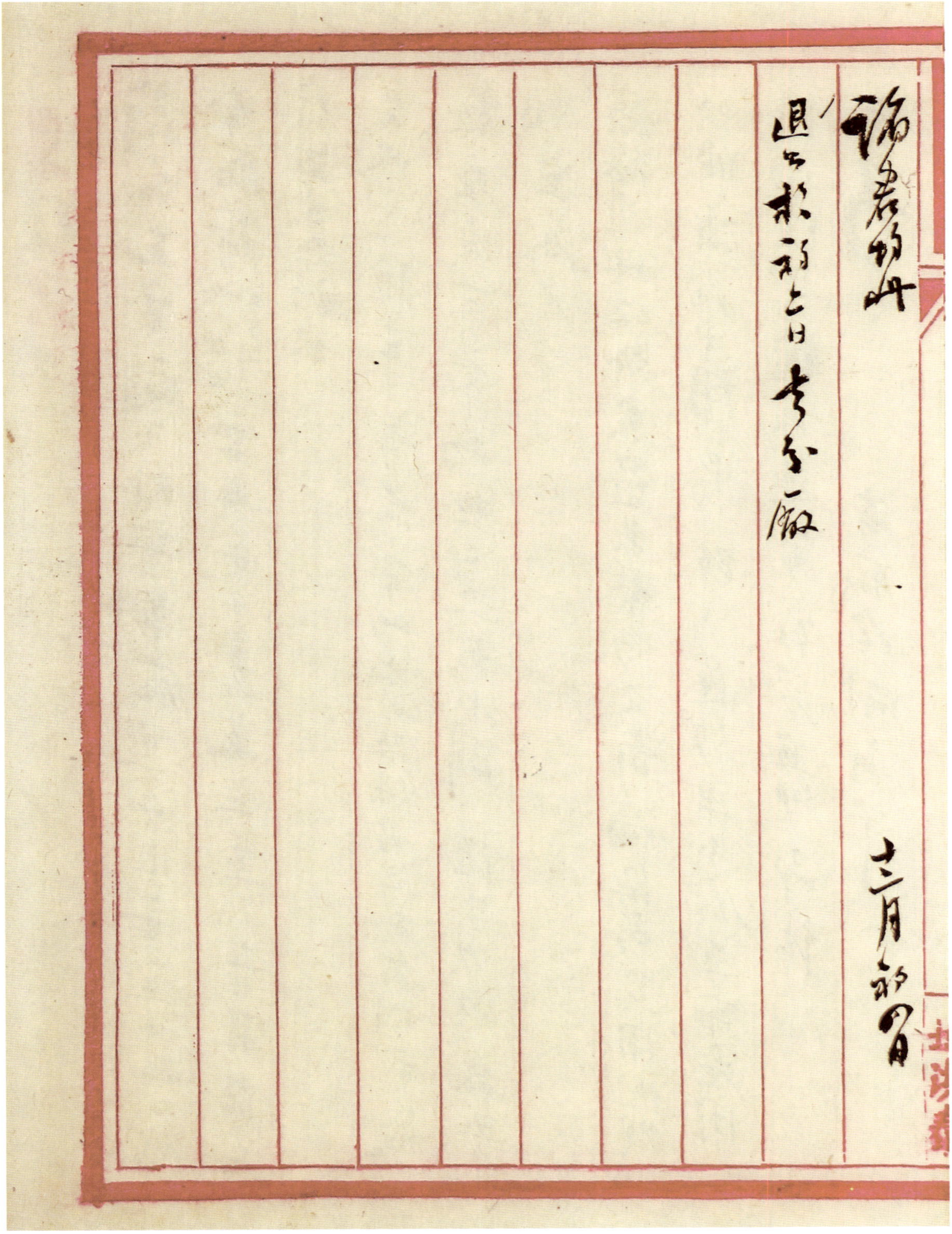
諸君均此
退公於初六日去分廠
十二月初四日

第一百六十六號（十二月初四日）

諸君均此。

退公於初六日去分廠。

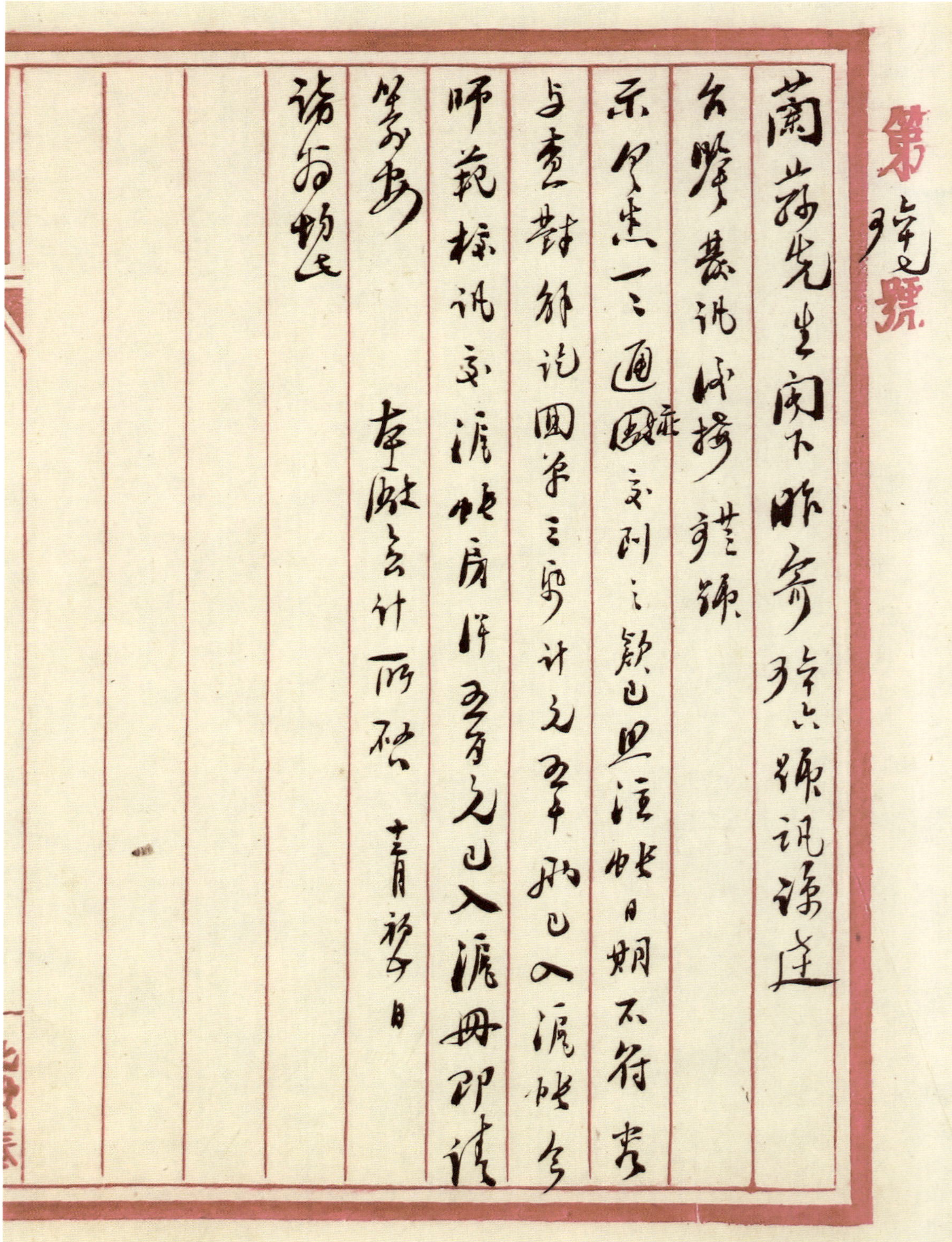

第一百六十七號（十二月初五日）

蘭蓀先生閣下：昨寄一百六十六號訊，諒達台鑒。發訊後接二百廿三號示，具悉一一。通莊交到之款已照注帳，日期不符，容與查對。解訖回單三紙，計元五十兩，已入滬帳。今師範校訊交滬帳房洋五百元，已入滬册。即請籌安。本廠會計所啓。十二月初五日

諸翁均此。

第一百六十七號（十二月初五日）

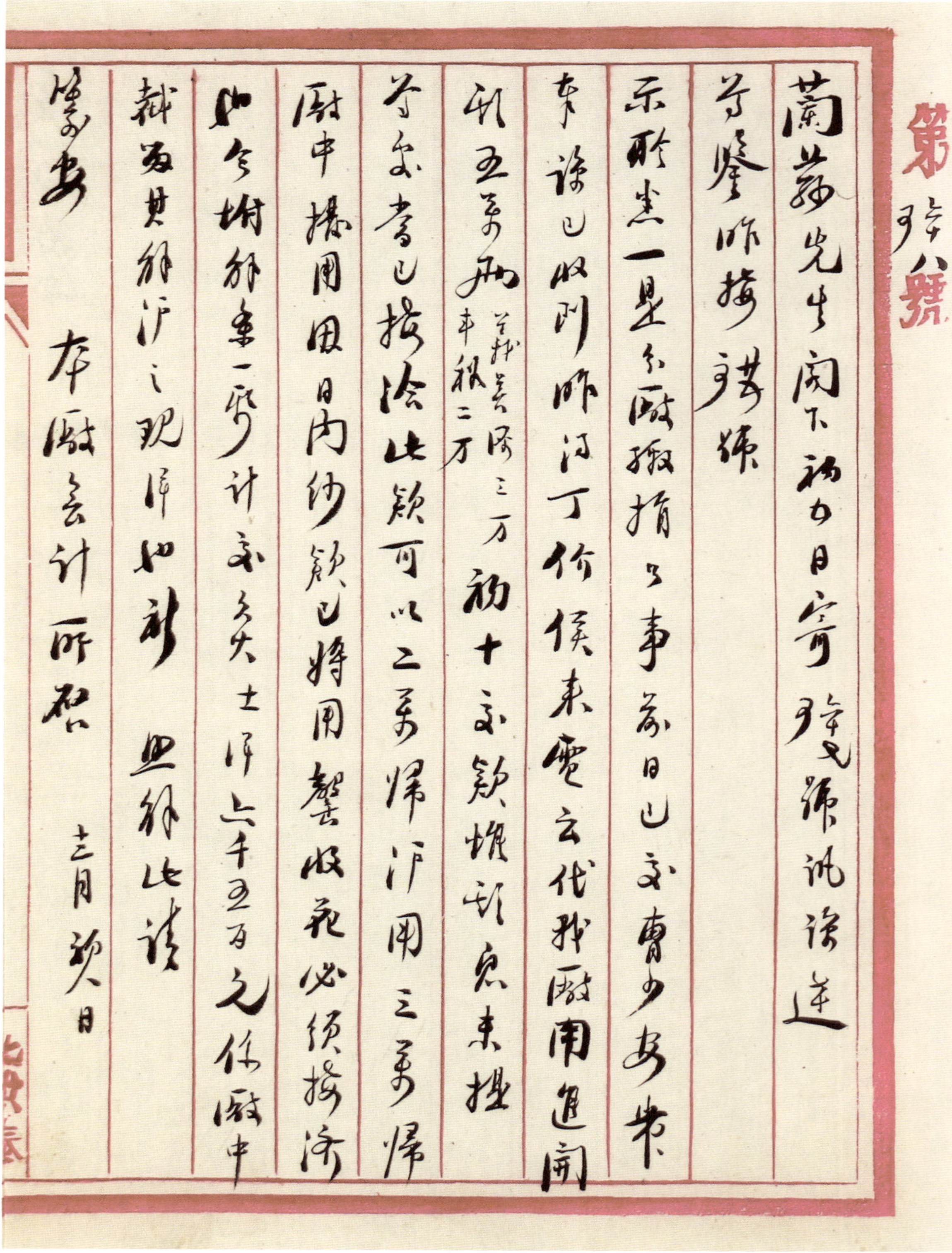

第一百六十八號（十二月初八日）

蘭蓀先生閣下：初五日寄一百六十七號訊，諒達尊鑒。昨接二百廿五號示，聆悉一是。分廠繳捐公事，前日已交曹少安帶奉，諒已收到。昨得丁价侯來電，云代我廠用進開期五萬兩（義善源三萬、豐裕二萬），初十交款，惟期息未提，尊處當已接洽。此款可以二萬歸滬用，三萬歸廠中撥用，因日内紗款已將用罄，收花必須接濟也。今附解條一紙，計交久大十一洋六千五百元，係廠中截留其解滬之現洋也，祈照解。此請籌安。本廠會計所啓。十二月初八日

諸翁均此

第一百六十八號（十二月初八日）

諸翁均此。

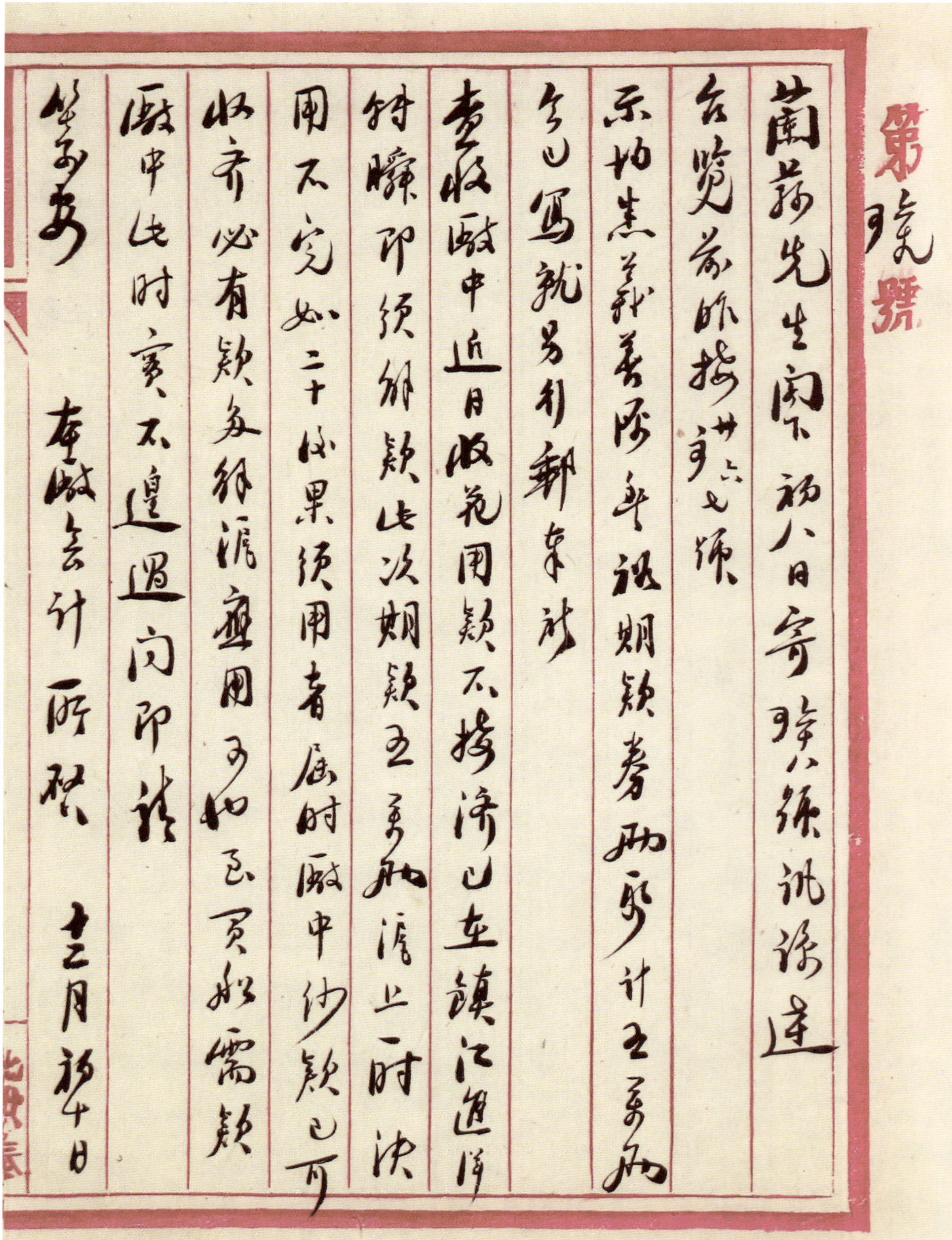

第一百六十九號（十二月初十日）

蘭蓀先生閣下：初八日寄一百六十八號訊，諒達台覽。前、昨接二百廿六、二百廿七號示，均悉。義善源、豐裕期款券兩紙，計五萬兩，今已寫就，另行郵奉，祈查收。廠中近日收花用款不接濟，已在鎮江進洋，轉瞬即須解款，此次期款五萬兩，滬上一時決用不完，如二十後果須用者，屆時廠中紗款已可收齊，必有款多，解滬應用可也。至買船需款，廠中此時實不遑過問。即請籌安。本廠會計所啓。十二月初十日

第一百六十九號（十二月初十日）

諸翁均此。

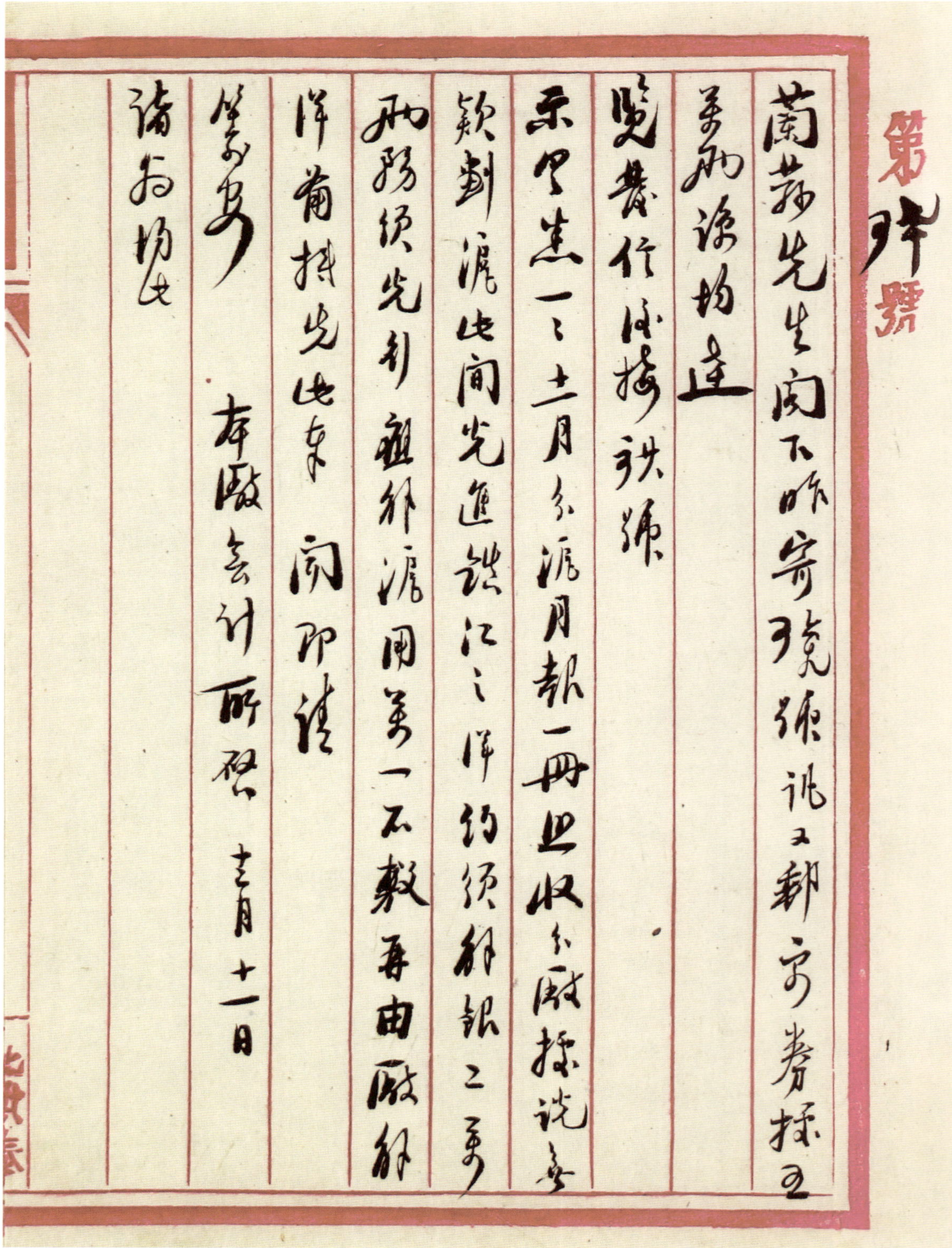

第一百七十號（十二月十一日）

蘭蓀先生閣下：昨寄一百六十九號訊，又郵寄券據五萬兩，諒均達覽。發信後接二百廿八號示，具悉一一。十一月分滬月報一册，照收。分廠據説無款劃滬，此間兑進鎮江之洋，約須解銀二萬兩，務須先行應解，滬用萬一不敷，再由廠解洋備抵。先此奉聞，即請籌安。本廠會計所啓。十二月十一日

諸翁均此。

第一百七十號（十二月十一日）

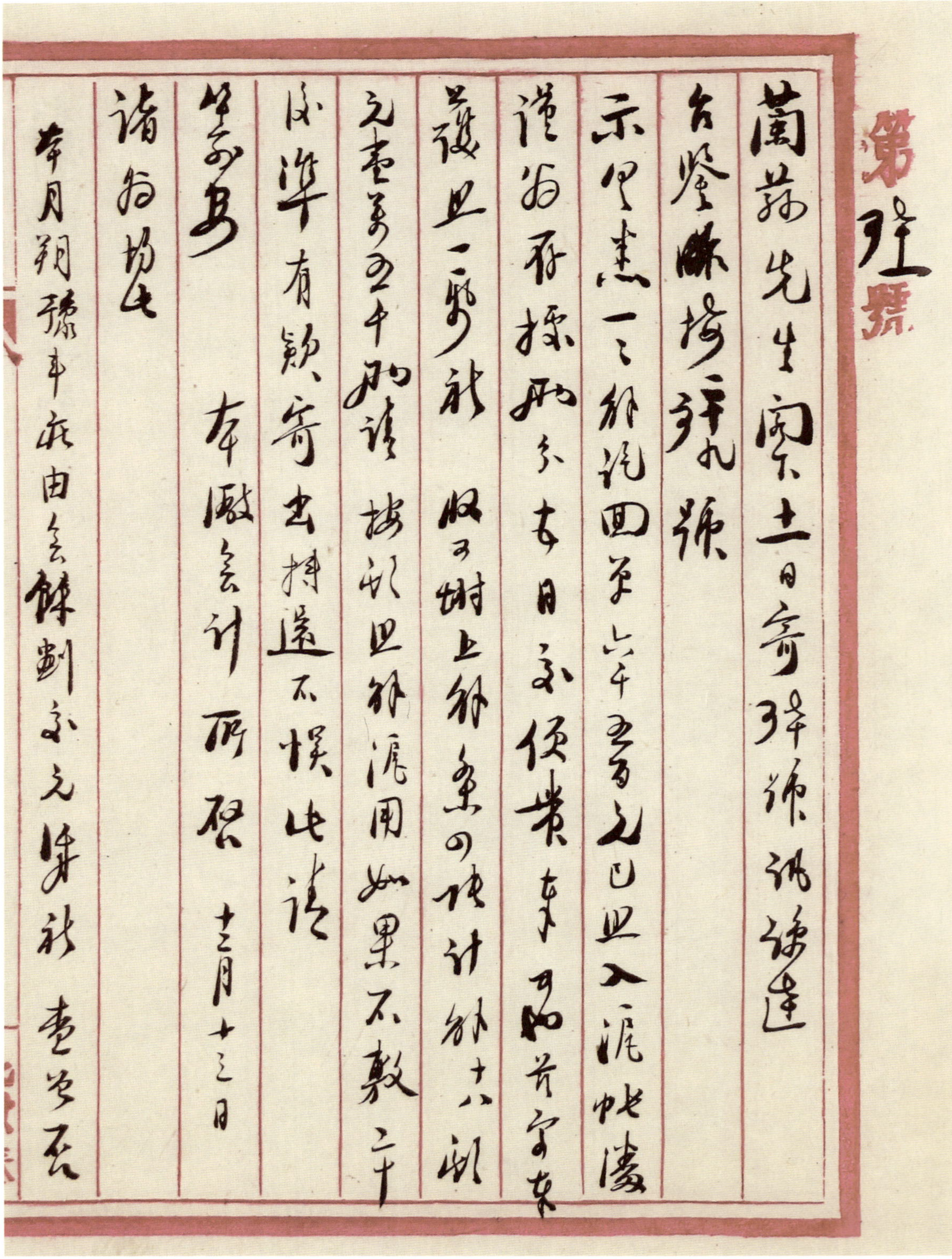

第一百七十一號（十二月十三日）

蘭蓀先生閣下：十一日寄一百七十號訊，諒達台鑒。昨接二百二十九號示，具悉一一。解訖回單六千五百元，已照入滬帳。潘謹翁存據兩分，十五日交便帶奉可也。茲寄奉護照一紙，祈收。又附上解條四張，計解十八期元壹萬五千兩，請按期照解，滬用如果不敷，二十後準有款寄出，抵還不誤。此請籌安。本廠會計所啓。十二月十三日

諸翁均此。

劃帐示知

第一百七十一號（十二月十三日）

本月朔豫豐莊由會餘劃交元一千兩，祈查曾否劃帳示知。

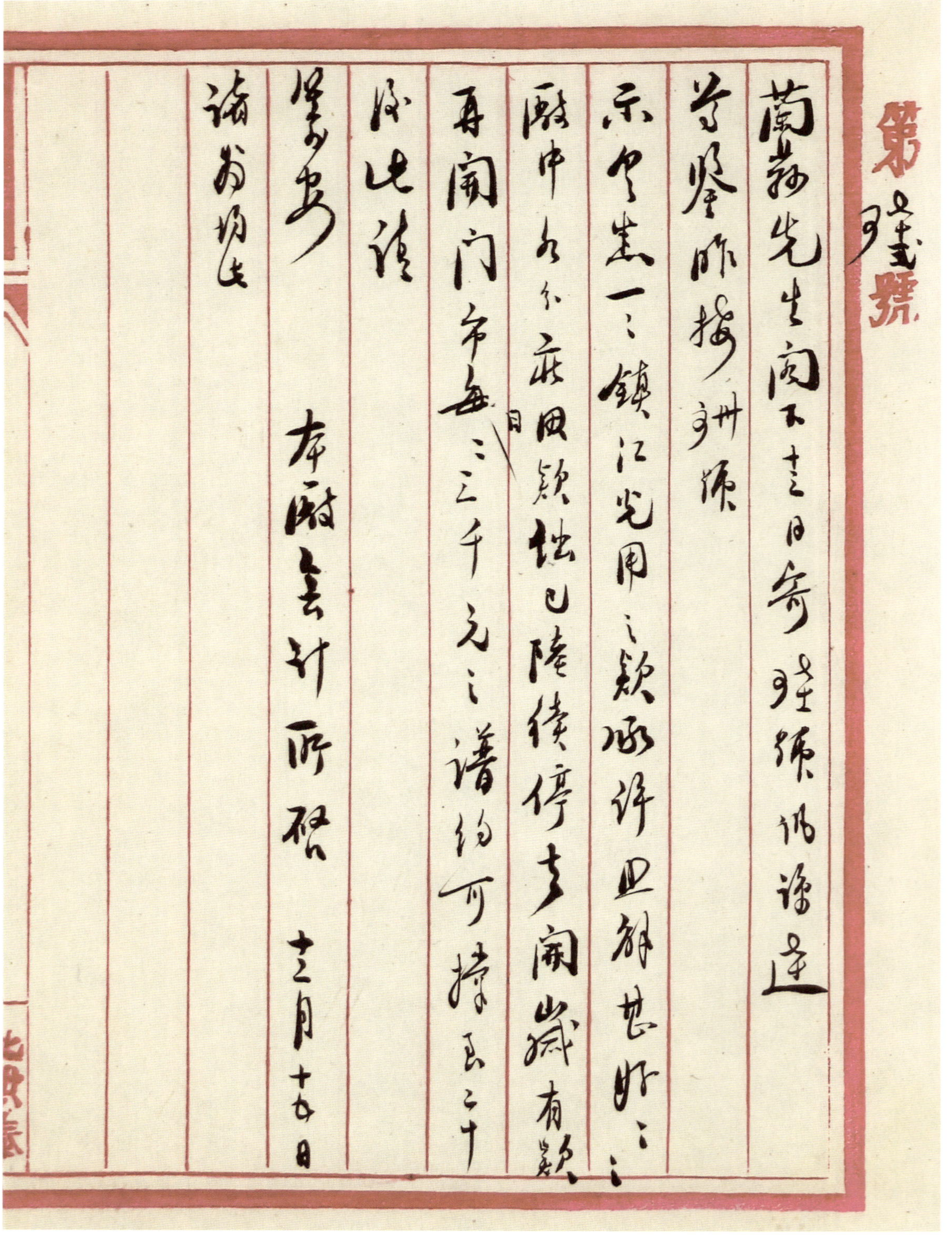

第一百七十二號（十二月十五日）

蘭蓀先生閣下：十三日寄一百七十一號訊，諒達尊鑒。昨接二百卅號示，具悉一一。鎮江兑用之款，承許照解，甚好甚好。廠中各分莊因款絀，已陸續停去，開歲有款再開。門市每日二三千元之譜，約可撑至二十後。此請籌安。本廠會計所啓。十二月十五日

諸翁均此。

第一百七十二號（十二月十五日）

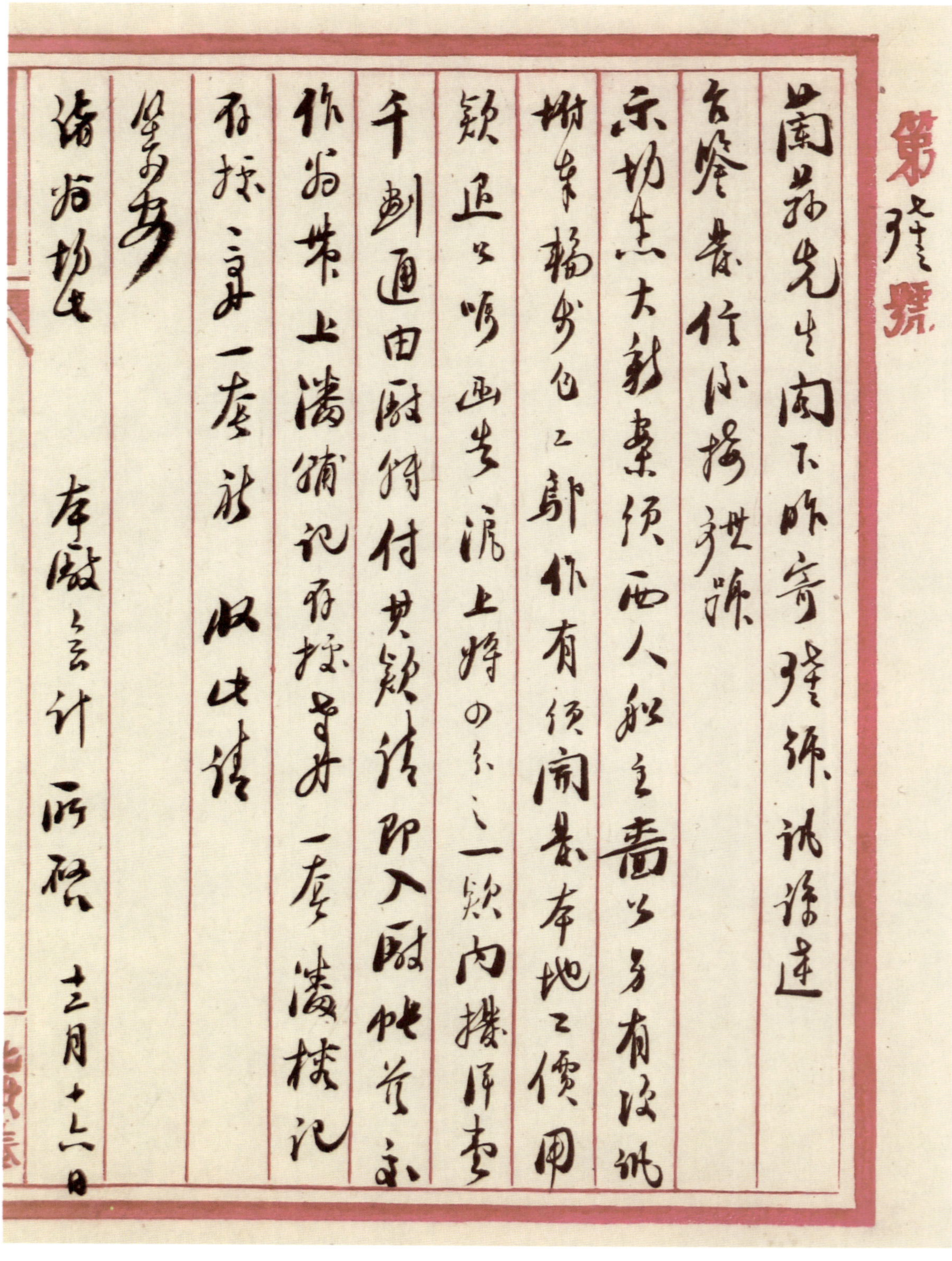

第一百七十三號（十二月十六日）

蘭蓀先生閣下：昨寄一百七十二號訊，諒達台鑒。發信後接二百卅一號示，均悉。大新案須西人船主，嗇公另有復訊附奉。輪步包工鄔作，有須開發本地工價用款，退公囑函告滬上，將四分之一款内撥洋壹千劃通，由廠轉付，其款請即入廠帳。茲交作翁帶上潘輔記存據七百兩一套、潘榕記存據三百兩一套，祈收。此請籌安。本廠會計所啓。十二月十六日

諸翁均此。

第一百七十三號（十二月十六日）

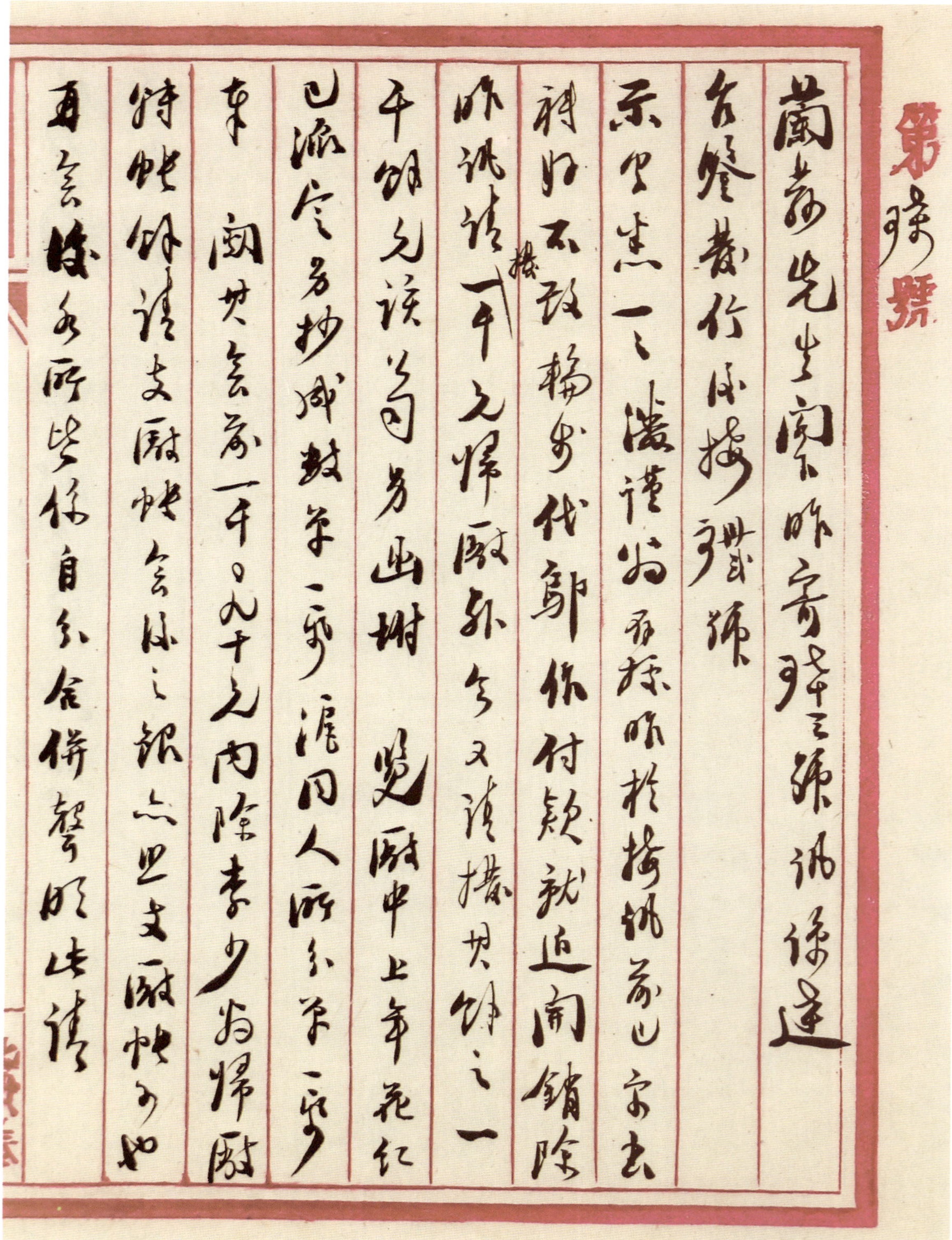

第一百七十四號

蘭蓀先生閣下：昨寄一百七十三號訊，諒達台鑒。發信後接二百卅弍號示，具悉一一。潘謹翁存據，昨於接訊前已寄出，衹好不改。輪步代鄔作付款就近開銷，除昨訊請撥一千元歸廠外，今又請撥其餘之一千餘元，該公司另函附覽。廠中上年花紅已派定，另抄成數單一紙、滬同人所分單一紙奉閱。其會前一千〇九十元內，除李少翁歸廠轉帳，餘請支廠帳；會後之銀，亦照支廠帳可也。再，會後各所皆係自分，合并聲明。此請籌安。本廠會計所啓。

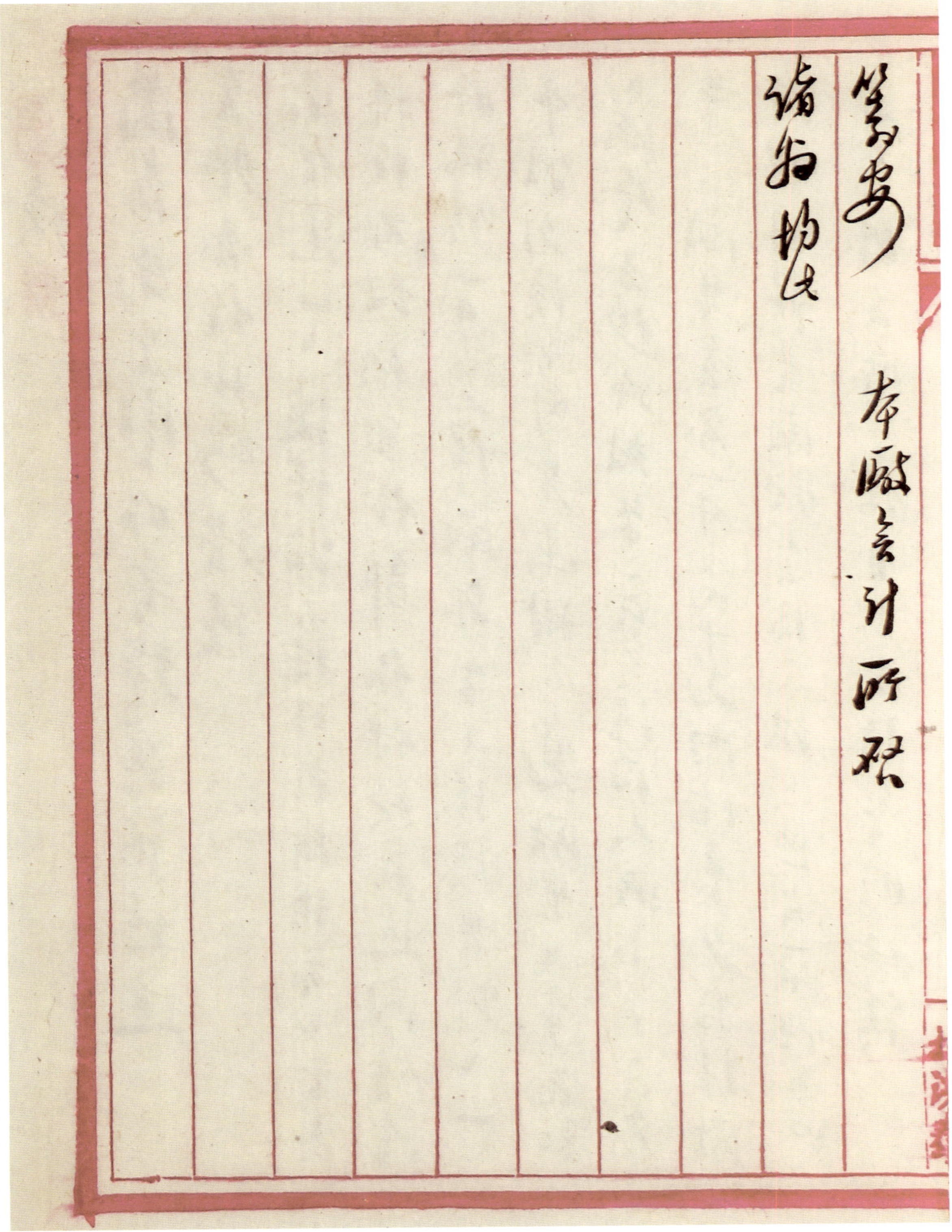

籌安　　本廠會計所啓
諸翁均此

第一百七十四號

諸翁均此。

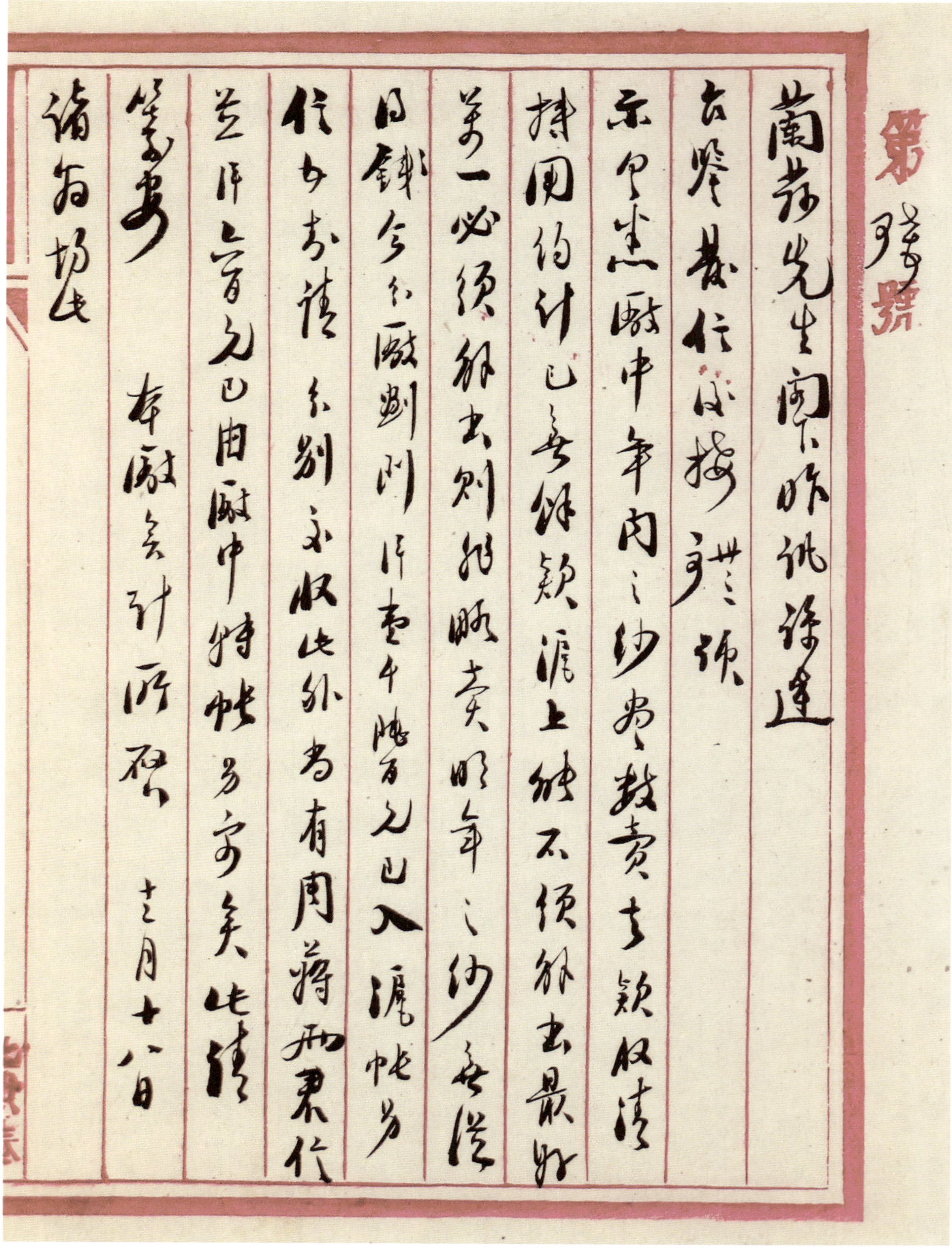

第一百七十五號（十二月十八日）

蘭蓀先生閣下：昨訊諒達台鑒。發信後接二百卅三號示，具悉。廠中年内之紗盡數賣去，款收清抵用，約計已無餘款，滬上能不須解出最好，萬一必須解出，則非略賣明年之紗，無從得錢。今分廠劃到洋壹千陸百元，已入滬帳。另信五封，請分別交收。此外尚有周、蔣兩君信，并洋六百元，已由廠中轉帳另寄矣。此請籌安。

本廠會計所啓。十二月十八日

諸翁均此。

第一百七十五號（十二月十八日）

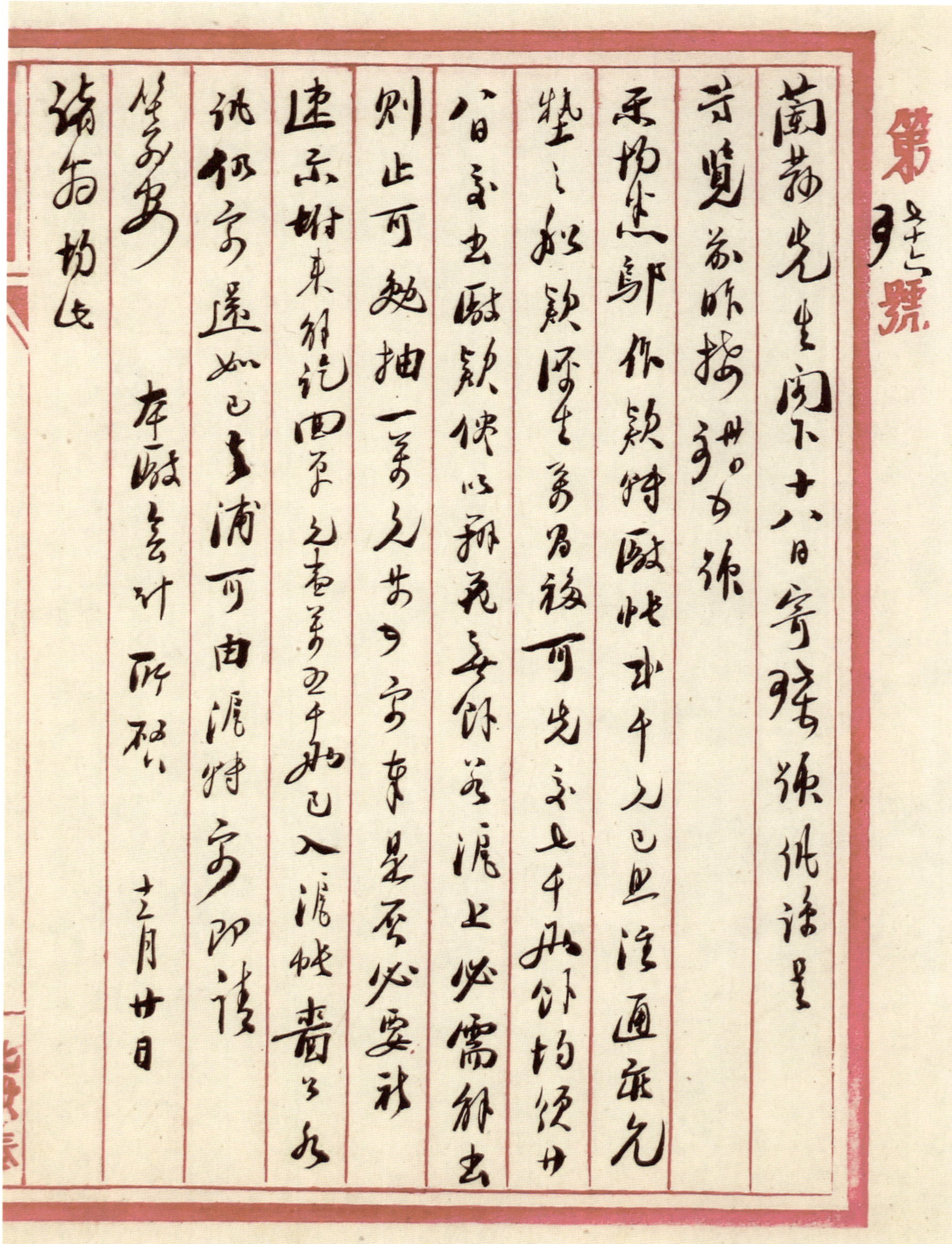

第一百七十六號（十二月廿日）

蘭蓀先生閣下：十八日寄一百七十五號訊，諒呈尊覽。前、昨接二百卅四、二百卅五號示，均悉。鄔作款轉廠帳弍千元，已照注。通莊允墊之船款，源生、萬昌福可先交七千兩，餘均須廿八日交出。廠款儘以辦花無餘，若滬上必需解出，則止可勉抽一萬元，廿四五寄奉，是否必要，祈速示。附來解訖回單元壹萬五千兩，已入滬帳。嗇公各訊仍寄還，如已去浦，可由滬轉寄。即請籌安。本廠會計所啓。十二月廿日

諸翁均此。

第一百七十六號（十二月廿日）

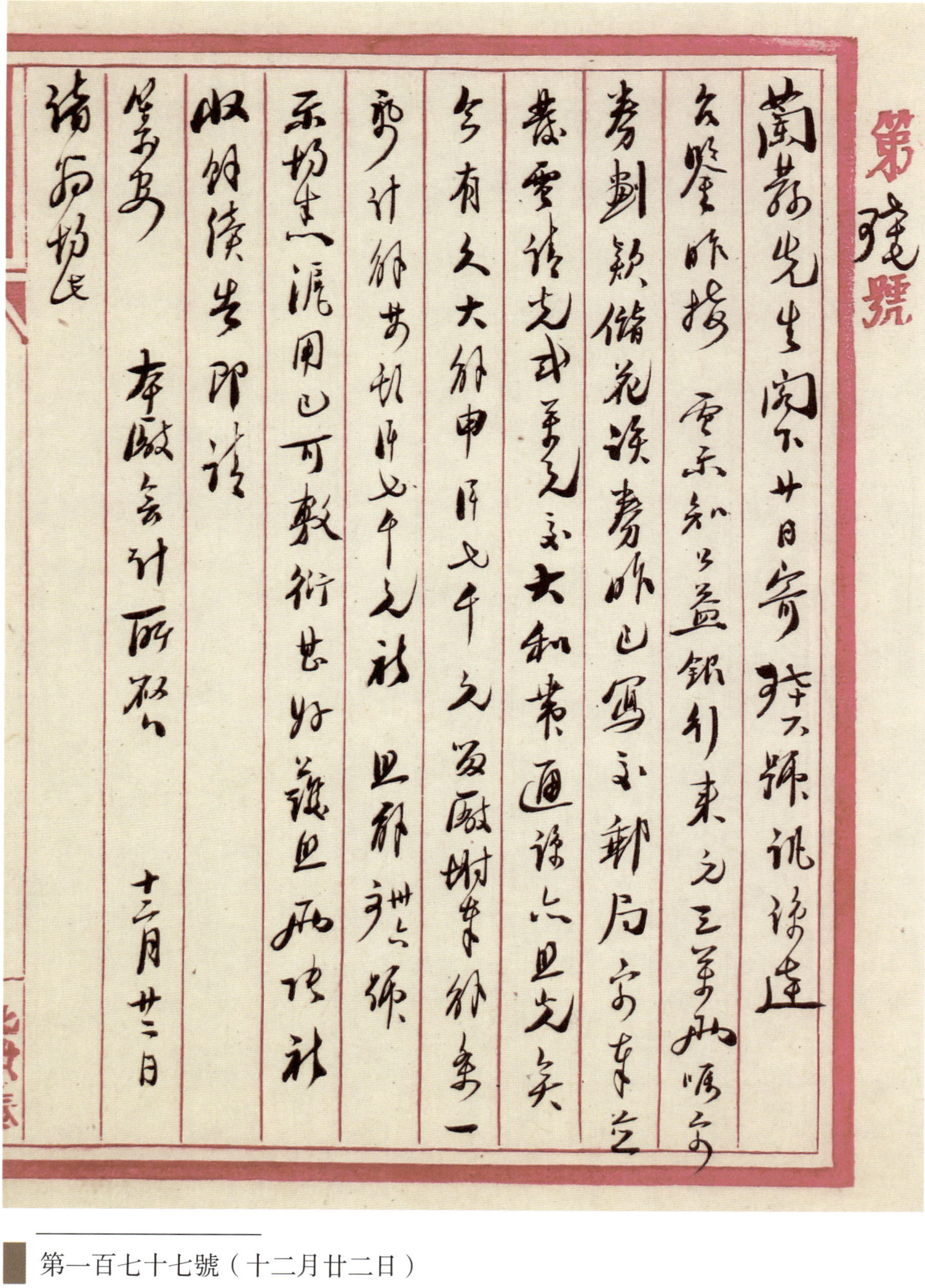

第一百七十七號（十二月廿二日）

蘭蓀先生閣下：廿日寄一百七十六號訊，諒達台鑒。昨接電示，知公益銀行來元三萬兩，囑寄券劃款儲花，該券昨已寫交郵局寄奉，并發電請兑弍萬元交大和帶通，諒亦照兑矣。今有久大解申洋七千元留廠，附奉解條一紙，計解廿四期洋七千元，祈照解。二百卅六號示均悉。滬用已可敷衍，甚好。護照兩張祈收。餘續告。即請籌安。本廠會計所啓。十二月廿二日

諸翁均此。

第一百七十七號（十二月廿二日）

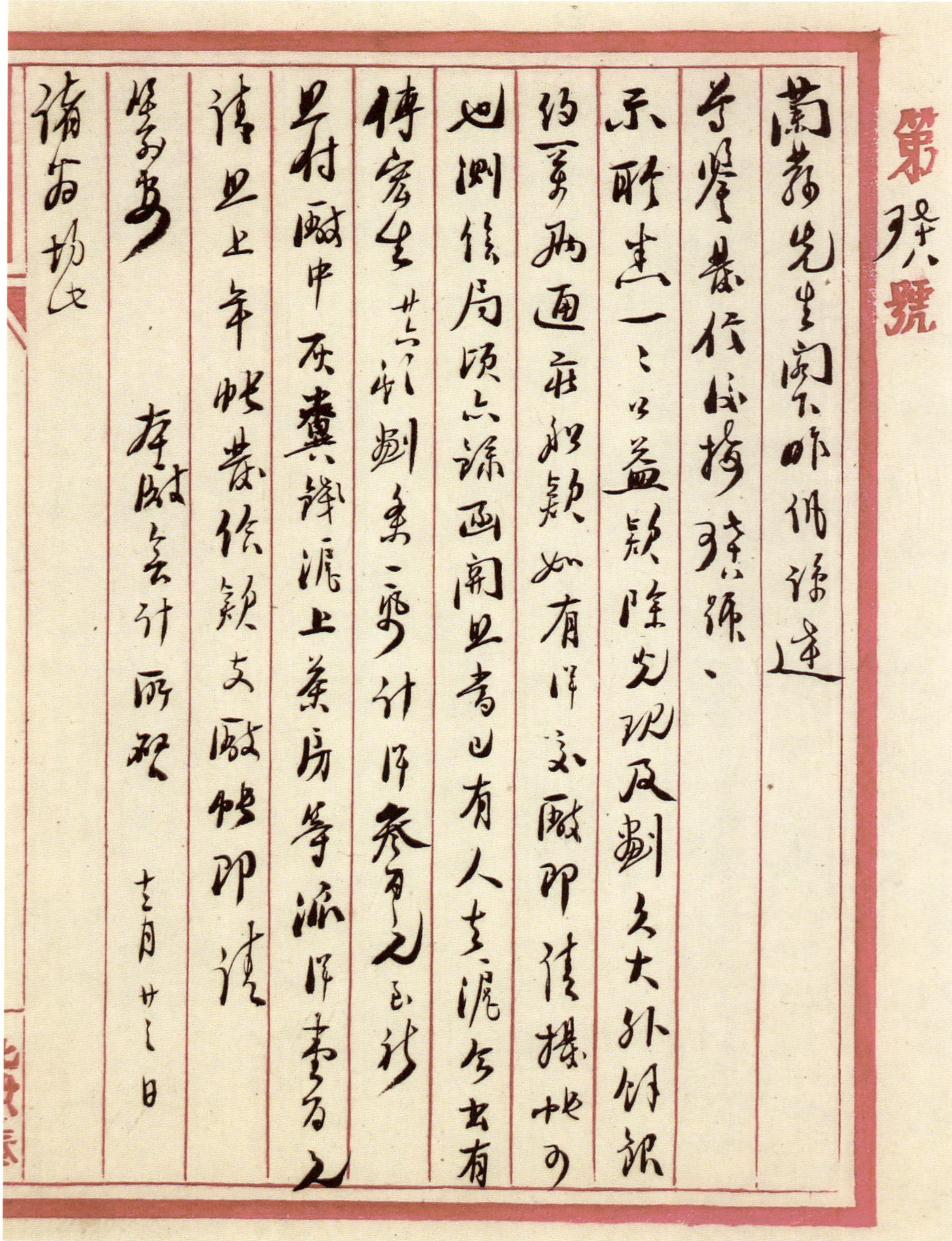

第一百七十八號（十二月廿三日）

蘭蓀先生閣下：昨訊諒達尊鑒。發信後接一百七十八〔二百卅七〕號示，聆悉一一。公益款除兑現及劃久大外，餘銀約一萬兩，通莊船款如有洋交廠，即請撥帳可也。測繪局頃亦録函關照，當已有人去滬。今出有傅宏生廿六期劃條一紙，計洋叁百元，至祈照付。廠中灰糞錢、滬上茶房等派洋壹百元，請照上年帳發給，款支廠帳。即請籌安。本廠會計所啓。十二月廿三日

諸翁均此。

第一百七十八號（十二月廿三日）

（按：本信中“一百七十八”，當爲“二百卅七”之誤）

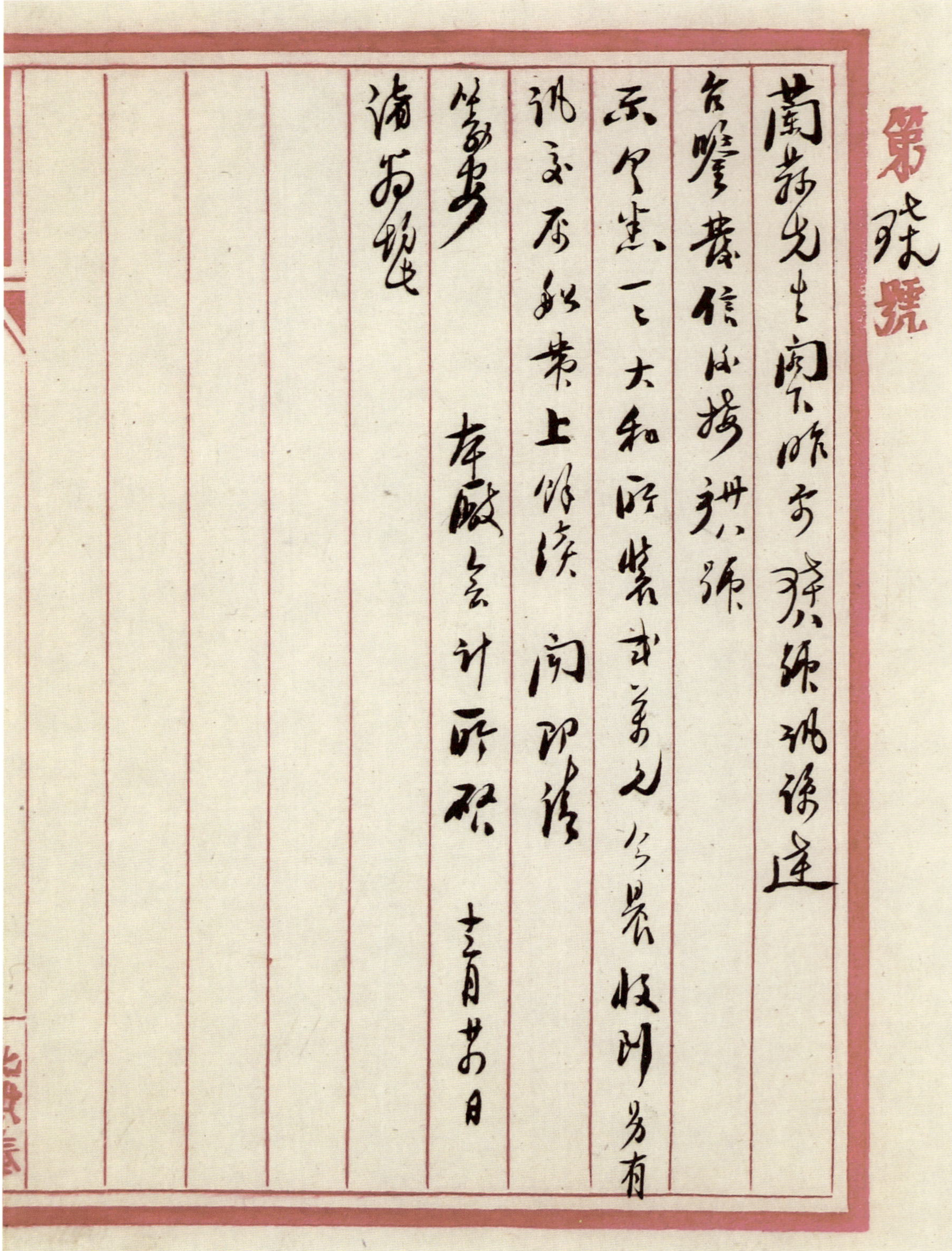

第一百七十九號（十二月廿四日）

蘭蓀先生閣下：昨寄一百七十八號訊，諒達台鑒。發信後接二百卅八號示，具悉一一。大和所裝式萬元，今晨收到，另有訊交原船帶上。餘續聞。即請籌安。本廠會計所啓。十二月廿四日

諸翁均此。

第一百七十九號（十二月廿四日）

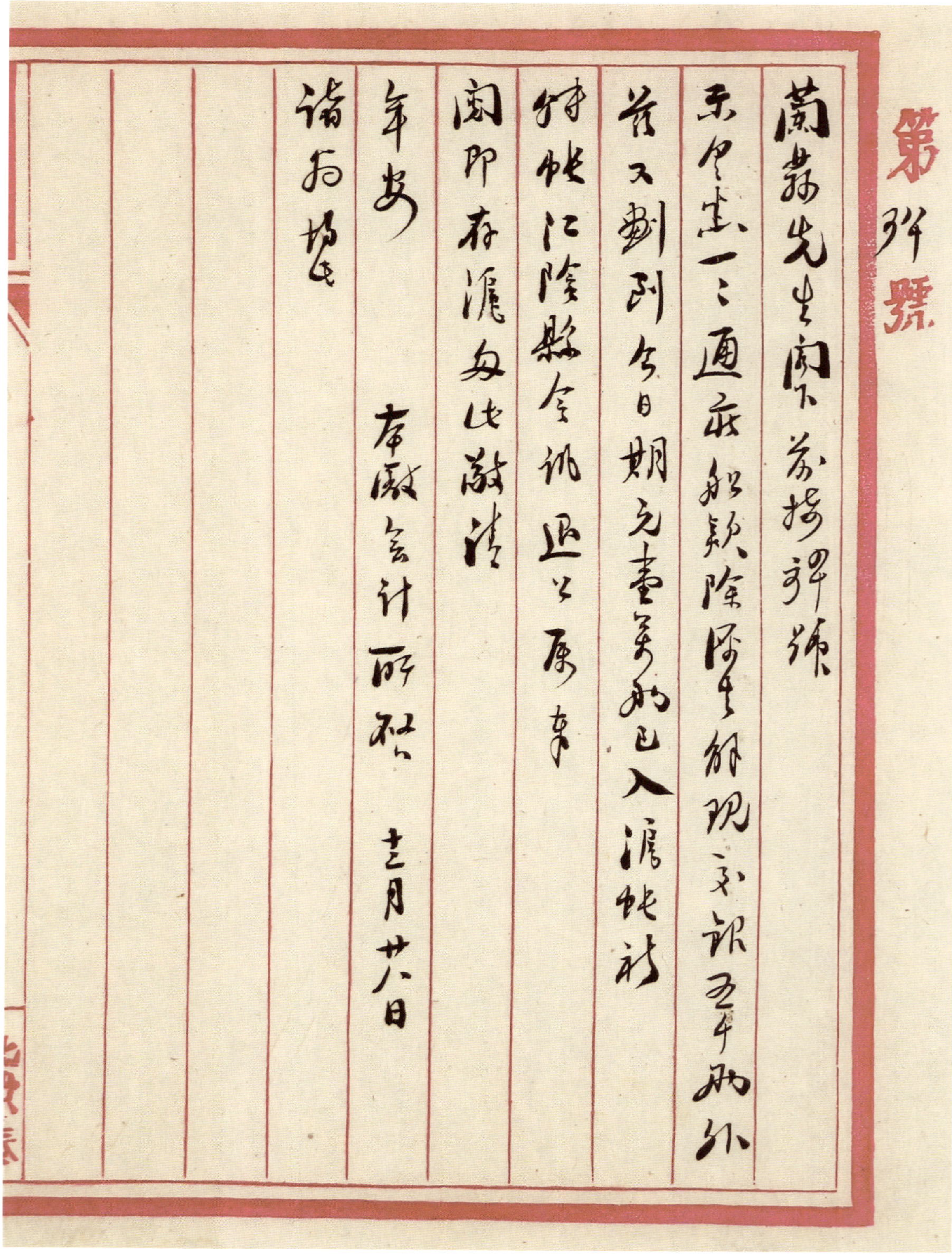

第一百八十號（十二月廿八日）

蘭蓀先生閣下：前接二百四十號示，具悉一一。通莊船款，除源生解現交銀五千兩外，兹又劃到今日期元壹萬兩，已入滬帳，祈轉帳。江陰縣令訊，退公屬奉閱，即存滬。匆此，敬請年安。本廠會計所啓。十二月廿八日
諸翁均此。

第一百八十號（十二月廿八日）